Webster's

CB000178

# WEBSTER'S ESCOLAR

PORTUGUÊS/INGLÊS
INGLÊS/PORTUGUÊS

John Whitlam

# Webster's

3ª edição

EDITORA RECORD
RIO DE JANEIRO • SÃO PAULO
2020

Copyright © 2016 by John Whitlam

PROJETO GRÁFICO DE MARIANA TABOADA

CIP-BRASIL. CATALOGAÇÃO NA PUBLICAÇÃO
SINDICATO NACIONAL DOS EDITORES DE LIVROS, RJ

---

Whitlam, John,

H83w Webster's / Antônio Houaiss. – 3. ed. – Rio de Janeiro: Record, 2020

ISBN 978-85-01-10739-8

1. Língua inglesa – Dicionários – Português. 2. Língua portuguesa – Dicionários –Inglês. I. Título.

15-26802

CDD: 423.69
CDU: 811.111'374.822

COPIA NÃO AUTORIZADA É CRIME
ABDR
EDITORA AFILIADA

Todos os direitos reservados. Proibida a reprodução, armazenamento ou transmissão de partes deste livro, através de quaisquer meios, sem prévia autorização por escrito.

Este livro foi revisado segundo o novo Acordo Ortográfico da Língua Portuguesa
Direitos desta tradução adquiridos pela
EDITORA RECORD
Rua Argentina 171 – 20921-380 – Rio de Janeiro, RJ – Tel.: (21) 2585-2000

Seja um leitor preferencial Record. Cadastre-se e receba informações sobre nossos lançamentos e nossas promoções.
Atendimento e venda direta ao leitor: sac@record.com.br

Este livro foi composto na tipologia Garamond, em corpo 12/18.5 pt, e impresso em papel off-set no Sistema Digital da Divisão Gráfica da Distribuidora Record.

Impresso no Brasil
2020

# INTRODUÇÃO

Este dicionário escolar Webster's é totalmente novo. Destina-se principalmente a estudantes e outros aprendizes de inglês dos níveis principiante e intermediário.

As palavras e expressões incluídas no dicionário foram criteriosamente selecionadas para atender às necessidades desse público-alvo e para refletir o léxico e os usos do inglês da segunda década do século XXI.

Como o dicionário se destina exclusivamente a usuários que tenham o português como língua materna, foi levado em conta que as duas partes do dicionário, inglês - português e português - inglês, servem finalidades diferentes. A parte inglês - português serve simplesmente para descodificar palavras e expressões em inglês, oferecendo uma tradução ou explicação dessas em português. Já a parte português - inglês não só oferece uma tradução em inglês de palavras e expressões em português, mas também visa ajudar o usuário a selecionar o equivalente indicado para o caso dele e a empregar esse corretamente numa frase. Consequentemente, os verbetes dessa parte do dicionário contêm mais informações, entre as quais indicadores semânticos (palavras entre parênteses que apontam para uma determinada acepção da entrada) e exemplos de uso, assim como informações gramaticais e outras dicas.

Os *phrasal verbs* mais usados do inglês (combinações de um verbo com um advérbio ou preposição que possuem um significado muito diferente do verbo em si, p.ex.: *take up*) aparecem listados no final do verbete do verbo. Da mesma forma, locuções substantivas não hifenizadas em português (p.ex.: *caixa de som*) aparecem listadas no final do verbete do primeiro substantivo.

O inglês apresentado no dicionário é o americano, mas informam-se as principais variantes lexicais e fonéticas britânicas mediante a abreviatura *Brit*.

*Rio de Janeiro, fevereiro de 2016*

# TRANSCRIÇÃO FONÉTICA

Uma das maiores dificuldades para quem estuda inglês é a relação entre a ortografia e a pronúncia: por motivos históricos, não existe uma correspondência direta entre os sons da língua e a grafia dos mesmos. Ou seja, o mesmo som pode ser representado por várias grafias diferentes, e a mesma grafia pode ser lida de várias formas. Por isso, é importantíssimo decorar a pronúncia das palavras, sem se deixar influenciar pela grafia.

Neste dicionário, como é de praxe nos livros didáticos de inglês, usam-se os símbolos do Alfabeto Fonético Internacional (IPA) entre colchetes para representar a pronúncia das entradas inglesas.

Veja abaixo os sons representados por esses símbolos:

## Os sons vocálicos

| SÍMBOLO FONÉTICO | EXEMPLOS | SOM MAIS PRÓXIMO EM PORTUGUÊS |
|---|---|---|
| [æ] | f*a*t, b*a*d, *a*fter, cl*a*ss | entre o *a* de *baque* e o *e* de *beque* |
| [ɑ] | f*a*ther, c*a*r, g*o*t, l*o*gic | o *a* de *caso* |
| [ɛ] | l*e*t, s*e*nd, h*ea*d, s*ai*d | é |
| [ɪ] | l*i*ft, h*i*t, br*i*ng, ch*i*p | um *i* curto |
| [i] | l*ea*f, h*ea*t, s*ee*n, ch*ea*p | um *i* longo |
| [ɔ] | *a*ll, th*ough*t, w*a*rm, *o*ff | ó |
| [ʌ] | c*u*t, f*u*n, tr*ou*ble, l*u*ng | parecido ao primeiro *a* de *cama* |

| SÍMBOLO FONÉTICO | EXEMPLOS | SOM MAIS PRÓXIMO EM PORTUGUÊS |
|---|---|---|
| [ʊ] | b*oo*k, f*oo*t, p*u*sh, f*u*ll | um *u* curto |
| [u] | b*oo*t, s*ui*t, sch*oo*l, tr*u*th | um *u* longo |
| [ɜr] | b*ir*th, w*or*d, f*ur*, h*ear*d | sem som parecido em português |
| [ə] | | som vocálico neutro que só ocorre em sílabas átonas. Esse som não existe em português, o mais próximo é o *a* final em expressões pronominais como *colocá-la*, *devolvê-la* etc. Exemplos: teach*er* [ˈtitʃər], appl*e* [ˈæpəl], tel*e*vis*io*n [ˈtɛləvɪʒən], *a*long [əˈlɔŋ] |

## Os ditongos

| SÍMBOLO FONÉTICO | EXEMPLOS | SOM MAIS PRÓXIMO EM PORTUGUÊS |
|---|---|---|
| [aɪ] | b*i*te, r*i*de, t*i*me, tr*y* | *ai* de *sai* |
| [aʊ] | *ou*t, n*ow*, s*ou*nd, d*ow*n | *au* de *Laura* |
| [eɪ] | d*ay*, m*a*ke, f*ai*th, l*a*te | *éi* de *papéis* |
| [ɔɪ] | b*oy*, c*oi*n, n*oi*se, t*oy* | *ói* de *dói* |
| [oʊ] | n*o*te, s*o*, sh*ow*, th*ough* | *ou* de *sou* |

## As consoantes

Os seguintes símbolos do Alfabeto Fonético Internacional representam os sons das letras correspondentes em português: [b, f, k, p, v]

## Sons consonantais com correspondente em português

| SÍMBOLO FONÉTICO | SOM MAIS PRÓXIMO EM PORTUGUÊS |
|---|---|
| [d] | sempre como o *d* de *dado* (nunca como o de *dia*) |
| [dʒ] | como o *d* de *dia* e o *dj* de *Djavan* |
| [g] | sempre como o *g* de *gado* (nunca como o de *gente*) |
| [h] | sempre como o *h* de *hall* (nunca mudo) |

| SÍMBOLO FONÉTICO | SOM MAIS PRÓXIMO EM PORTUGUÊS |
|---|---|
| [l] | sempre como o *l* de *luz* (nunca como o de *sal*) |
| [m] | sempre como o *m* de *mãe* (nunca como o de *tempo*) |
| [n] | sempre como o *n* de *nada* (nunca como o de *lindo*) |
| [s] | sempre como o *s* de *sol* (nunca como o de *rosa*) |
| [ʃ] | como o *ch* de *chegar* |
| [t] | sempre como o *t* de *tatu* (nunca como o de *tio*) |
| [tʃ] | como o *t* de *tio* e o *tch* de *tchã* |
| [z] | como o *z* de *zoológico* |
| [ʒ] | como o *j* de *jornal* |

## Sons consonantais sem correspondente em português

| | |
|---|---|
| [θ] | como *s* com a língua presa |
| [ð] | como *z* com a língua presa |

Esses dois sons, representados na ortografia inglesa pelo dígrafo *th,* produzem-se colocando a língua entre os dentes e soprando, como se fosse pronunciar um *s* ou um *z* com a língua presa.

| | |
|---|---|
| [ŋ] | como *ng* em *shopping, spinning* |
| [r] | em qualquer posição, o *r* do inglês americano é muito parecido com o *r* mineiro ou do interior de São Paulo em palavras como *porta, arma, corda*, ou seja, um *r* pronunciado com a língua enrolada para trás. |
| [w] | posicionam-se os lábios como se fosse dizer *u*, porém não se sopra |
| [j] | posicionam-se os lábios como se fosse dizer *i*, porém não se sopra |

## Outros símbolos

| | |
|---|---|
| [ˈ] | precede a tônica principal, p.ex. *paper* [ˈpeɪpər] |
| [ˌ] | precede a tônica secundária, p.ex. *knitting needle* [ˈnɪtɪŋˌnidl] |

## Algumas dicas sobre a pronúncia inglesa

### Consoantes finais e encontros consonantais

- As palavras portuguesas nunca terminam num som consonantal, a não ser *r*, *s* ou *z*. No caso das palavras importadas que terminem em consoante, adiciona-se um [i] final na pronúncia brasileira, p.ex. *clube, Ford, picape* etc. Já as palavras inglesas frequentemente terminam num som consonantal, e é preciso tomar cuidado para não adicionar um [i] na pronúncia. Exemplos: **top** [tɑp], **pot** [pɑt], **back** [bæk], **bad** [bæd], **fit** [fɪt], **off** [ɔf]

- Da mesma forma, ocorrem em inglês muitos encontros consonantais, isto é, combinações de duas ou três consoantes sem nenhuma vogal entre elas. Nesses casos também é importante não intercalar indevidamente um *i*. Exemplos: **advance** [əd'væns], **obstacle** ['ɑbstɪkəl], **doctor** ['dɑktər], **segment** ['sɛgmənt], **atmosphere** ['ætməsfɪr], **next** [nɛkst]

- É preciso evitar isso especialmente com as formas do passado que terminam em **-ed**. A palavra **looked** pronuncia-se [lʊkt] e não [lʊkid]. Exemplos:

  **ask – asked** [æsk - æskt], **cook – cooked** [kʊk - kʊkt], **step – stepped** [stɛp - stɛpt], **laugh – laughed** [læf - læft], **miss – missed** [mɪs - mɪst], **tax – taxed** [tæks - tækst], **wash – washed** [wɔʃ - wɔʃt], **reach – reached** [ritʃ - ritʃt]

  **rub – rubbed** [rʌb - rʌbd], **judge – judged** [dʒʌdʒ - dʒʌdʒd], **fill – filled** [fɪl - fɪld], **seem – seemed** [sim - simd], **phone – phoned** [foʊn - foʊnd], **share – shared** [ʃɛr - ʃɛrd], **live – lived** [lɪv - lɪvd]

- As consoantes *l* e *n* são pronunciadas sem vogal intercalar depois de [d, t, s, z]. Exemplos: **puddle** ['pʌdl], **sudden** ['sʌdn], **student** ['studnt], **bottle** ['bɑtl], **cotton** ['kɑtn], **whistle** ['wɪsl], **listen** ['lɪsn], **drizzle** ['drɪzl], **risen** ['rɪzn], **couldn't** ['kʊdnt], **didn't** ['dɪdnt], **hadn't** ['hædnt], **shouldn't** ['ʃʊdnt], **wouldn't** ['wʊdnt]

O *l* silábico também ocorre depois de [n, nt, st]: **tunnel** [ˈtʌnl], **dental** [ˈdɛntl], **pistol** [ˈpɪstl]

- Com palavras que começam por *s* + consoante, tome cuidado para não adicionar um [i] antes do *s*. A palavra **school** pronuncia-se [skul] e não [iskul]. Exemplos: **skill** [skɪl], **scratch** [skrætʃ], **speak** [spik], **splendid** [ˈsplɛndɪd], **spray** [spreɪ], **stop** [stɑp], **strong** [strɔŋ], **don't speak** [doʊnt spik], **dead straight** [dɛd streɪt], **quite strong** [kwaɪt strɔŋ], **next station** [nɛkst ˈsteɪʃən]. Compare: **specially** [ˈspɛʃəli] e **especially** [ɪˈspɛʃəli], **state** [steɪt] e **estate** [ɪˈsteɪt].

## Diferenças fonéticas entre o inglês americano e o britânico

Existem diferenças de pronúncia entre o inglês americano e o britânico. A transcrição fonética apresentada neste dicionário reflete o padrão da pronúncia americana. Informa-se a pronúncia britânica, introduzida pela abreviatura *Brit*, quando essa difere muito da americana.

De modo geral, o sotaque britânico difere do americano na pronúncia de algumas vogais e no fato de os britânicos não pronunciarem a letra *r* quando essa vem no final de uma sílaba. A presença do *r* tem o efeito de alongar a vogal precedente ou, em alguns casos, acrescentar o som [ə]. Compare:

| | INGLÊS AMERICANO | INGLÊS BRITÂNICO |
|---|---|---|
| **car** | [kɑr] | [kɑ:] |
| **door** | [dɔr] | [dɔ:] |
| **later** | [ˈleɪtər] | [ˈleɪtə] |
| **fear** | [fɪr] | [fiə] |
| **fire** | [faɪr] | [faɪə] |
| **hair** | [hɛr] | [hɛə] |

## Algumas dicas sobre a ortografia inglesa

### Dígrafos consonantais

Na ortografia inglesa existem os seguintes dígrafos consonantais que têm um valor especial:

| DÍGRAFO | SÍMBOLO IPA | PRONÚNCIA | EXEMPLOS |
|---|---|---|---|
| **ch** | [tʃ] | como *tch* em ***tchã**** | **choose**, **teacher**, **search** |

* Em algumas palavras, principalmente as de origem grega, o dígrafo *ch* pronuncia--se [k], p.ex. **chemistry** [ˈkɛməstri], **mechanic** [məˈkænɪk], **technical** [ˈtɛknɪkəl].

| | | | |
|---|---|---|---|
| **gh** | [g] | como *g* em *gato* | **Ghana**, **ghetto**, **ghost** |
| | [ ] | mudo | **light**, **through**, **though** |
| | [f] | como *f* em *fino* | **cough**, **laugh**, **tough** |
| **ng** | [ŋ] | como *ng* em *shopping* | **bring**, **singer**, **wrong** |
| **ph** | [f] | como *f* em *foto* | **photo**, **pharmacy**, **graphic** |
| **sh** | [ʃ] | como *ch* em *chegar* | **shirt**, **fashion**, **rush** |
| **th** | [θ] | como *s* com a língua presa | **thing**, **three**, **teeth** |
| **th** | [ð] | como *z* com a língua presa | **that**, **either**, **breathe** |

Observe-se que a combinação *qu* pronuncia-se [kw] como em *aquático*, mesmo antes de *e* e *i*. Exemplos: **queen** [kwin], **question** [ˈkwɛstʃən], **quiet** [ˈkwaɪət], **quick** [kwɪk].

### O *e* mudo

Uma característica da ortografia inglesa é um *e* mudo que ocorre no final de muitas palavras. Não se pronuncia, servindo apenas para assinalar uma modificação da pronúncia da vogal anterior. Observe os exemplos a seguir:

| LETRA | PRONÚNCIA SEM E FINAL | PRONÚNCIA COM E FINAL MUDO |
|---|---|---|
| **a** | [æ] **hat**, **tap**, **rack** | [eɪ] **hate**, **tape**, **rake** |
| **e** | [ɛ] **pet**, **gen** | [i] **Pete**, **gene** |
| **i** | [ɪ] **rip**, **kit**, **Tim** | [aɪ] **ripe**, **kite**, **time** |
| **o** | [ɑ] **hop**, **not**, **rob** | [oʊ] **hope**, **note**, **robe** |
| **u** | [ʌ] **cut**, **run**, **tub** | [(j)u] **cute**, **rune**, **tube** |

No caso de verbos que terminam no *-e* mudo, essa letra cai quando se adiciona a terminação *-ing* do gerúndio. Observe como se diferenciam as palavras ortograficamente nas formas flexionadas:

| INFINITIVO | FORMA EM –ING | PASSADO |
|---|---|---|
| **plan** [plæn] *planejar* | **planning** | **planned** |
| **plane** [pleɪn] *aplainar* | **planing** | **planed** |
| **hop** [hɑp] *saltitar* | **hopping** | **hopped** |
| **hope** [hoʊp] *esperar* | **hoping** | **hoped** |

Consoantes iniciais mudas

**gn** O *g* é mudo na combinação inicial *gn*. Exemplos: **gnat** [næt], **gnaw** [nɔ], **gnome** [noʊm]

**h** Na maioria dos casos, o *h* inicial é pronunciado como em *hall, hóquei* etc. Porém, existem algumas palavras em que o *h* inicial é mudo, tais como **hour** [aʊr], **herb** [ɜrb], **honor** [ˈɑnər].

**kn** O *k* é mudo na combinação incial *kn*. Exemplos: **know** [noʊ], **knee** [ni], **knot** [nɑt]

**pn, ps** O *p* é mudo nas combinações iniciais *pn* e *ps*. Exemplos: **pneumonia** [nʊ'moʊnjə], **psychology** [saɪˈkɑlədʒi], **psalm** [sɑm]

**rh** O *h* é mudo. Exemplos **rhythm** [ˈrɪðəm], **rhyme** [raɪm]

**wh** A combinação inicial *wh* pronuncia-se [w]. Exemplos: **white** [waɪt], **what** [wʌt], **where** [wɛr], **why** [waɪ]. Exceções: **who, whom, whose** [hu, hum, huz] e **whole** [hoʊl].

**wr** A combinação inicial *wr* pronuncia-se [r]. Exemplos: **write** [raɪt], **wrong** [rɔŋ], **wrist** [rɪst]

## Diferenças ortográficas entre o inglês americano e o britânico

Existem algumas diferenças sistemáticas de ortografia entre o inglês americano e o britânico, como segue:

| | ORTOGRAFIA AMERICANA | ORTOGRAFIA BRITÂNICA |
|---|---|---|
| Palavras terminadas em *-or/-our* | **color** | **colour** |
| Palavras terminadas em *-ior/-iour* | **behavior** | **behaviour** |
| Palavras terminadas em *-er/-re* | **center** | **centre** |
| Palavras terminadas em *-ense/-ence* | **defense** | **defence** |

Outros casos:

- No inglês britânico, diferentemente do inglês americano, se o radical do verbo termina em *-l*, dobra-se o *-l* ao se adicionar os sufixos -**ing**, -**ed** e -**er**: **travel** ▸ **travelling**, **travelled**, **traveller** (britânico); **traveling**, **traveled**, **traveler** (americano).

- Alguns verbos regulares possuem duas formas (uma regular e uma irregular) para o passado e o particípio passado, p.ex., **learn** ▸ **learned/ learnt**; **spell** > **spelled/spelt**. No inglês americano, são usadas apenas as formas regulares; no inglês britânico, empregam-se ambas, com preferência para as variantes irregulares.

- O particípio passado do verbo **get** é **gotten**, no inglês americano, e **got**, no inglês britânico.

- No inglês americano, a palavra **practice** pode ser substantivo ("prática") ou verbo ("praticar", "treinar"); no inglês britânico, o verbo é **practise** (com *s*).

- No inglês britânico, existe uma variante ortográfica do sufixo verbal -**ize**/-**yze** e do sufixo nominal derivado -**ization** escrita com -**s**-, p.ex., **realise**, **analyse**, **globalisation** etc. A variante com *-z-*, porém, é mais frequente hoje em dia, e é a única usada no inglês americano.

# ABREVIATURAS USADAS NESTE DICIONÁRIO

| | |
|---|---|
| *abbrev., abr.,* | abreviatura |
| *adj.* | adjetivo |
| *adv.* | advérbio |
| AM | inglês americano |
| *art.* | artigo |
| *Brit,* BRIT | inglês britânico |
| *comp.* | comparativo e superlativo |
| *conj.* | conjunção |
| *contr.* | contração |
| FAM | linguagem familiar |
| *fem.* | feminino |
| FORM | linguagem formal |
| *ger* | gerúndio |
| GÍR | gíria |
| *interj.* | interjeição |
| *masc.* | masculino |
| *num.* | numeral |
| *pl* | plural |
| *pp* | particípio passado |
| *prep.* | preposição |
| *pron.* | pronome |

| | |
|---|---|
| *ps* | passado simples |
| *s.* | substantivo |
| sb | somebody |
| *sg* | singular |
| *spl.* | substantivo plural |
| sth | something |
| tb | também |
| *v.* | verbo |

O símbolo • nas entradas inglesas indica onde se pode dividir a palavra com hífen para efeitos de translineação.

# PORTUGUÊS – INGLÊS

# A

**A, a** *s.* A, a / **a** *art.* the: *a casa* the house / **a** *pron.* 1 (referente a pessoa) her: *O Bob tem uma irmã, mas não a conheço.* Bob has a sister, but I don't know her. 2 (referente a coisa ou animal) it: *Ele procurou a chave, mas não a achou.* He looked for the key, but didn't find it. 3 (substituindo substantivo já mencionado) the one: *A Sandra é a de vestido azul.* Sandra is the one in the blue dress. / **a** *prep.* 1 (complemento indireto) to: *Dei as flores à minha mãe.* I gave the flowers to my mom. | *Enviei um e-mail a todo mundo.* I sent an e-mail to everyone. ▸ Observe que o complemento indireto fica sem preposição em inglês quando não é a informação mais importante da frase e por isso vem antes do complemento direto: *Mostrei a eles as fotos da minha viagem.* I showed them the pictures of my trip. | *Ela ensinou aos filhos como se comportarem.* She taught her children how to behave. 2 (deslocamento) to: *Vamos ao shopping?* Shall we go to the mall? 3 (horas) at: *às dez horas* at ten o'clock | *ao meio-dia* at midday 4 (cotação, preço, velocidade) at: *O dólar está a quanto hoje?* What's the dollar at today? | *maçã a R$5,00 o quilo* apples at R$5 a kilo | *O caminhão andava a 120 km/h.* The truck was going at 120 kph. 5 (idade) at: *aos quinze anos* at fifteen 6 (posição em frente a) at: *sentado à mesa* sitting at the table 7 (com dias da semana) on: *aos sábados* on Saturdays 8 (distância) ▸ A preposição *a* fica sem tradução em inglês: *São Paulo fica a mais de mil quilômetros daqui.* São Paulo is more than a thousand kilometers from here. | *Estamos a cinco minutos da praia.* We are five minutes from the beach. 9 (placar) to: *Ganharam o jogo por 3 a 1.* They won the game 3 to 1. ▸ A preposição fica sem tradução no inglês britânico. Quando o jogo está empatado, usa-se a palavra ***all***: *2 a 2* two all

**aba** *s.* 1 (parte dobrável) flap 2 (de chapéu) brim 3 (em informática) tab

**abacate** *s.* avocado

**abacaxi** *s.* pineapple: *suco de abacaxi* pineapple juice

**abafado** *adj.* 1 (tempo, dia) humid, muggy 2 (sala) stuffy

**abaixar** *v.* 1 (volume, música, TV etc.) to turn down: *Meu pai me mandou abaixar a música.* My dad told me to turn the music down. 2 **abaixar a cabeça/voz** to lower your head/voice 3 **abaixar a calça/a persiana** to pull your pants/the blind down 4 **abaixar o vidro** (do carro) to roll the window down / **abaixar-se** *v.* 1 (para pegar ou fazer algo) to bend down: *Ela se abaixou para pegar uma moeda no chão.* She bent down to pick up a coin. 2 (para se proteger ou esconder) to get down: *Quando o tiroteio começou, os policiais abaixaram-se atrás de sua viatura.* When the shooting started, the police got down behind their vehicle.

**abaixo** *adv.* 1 below: *Veja abaixo.* See below. 2 **escada/morro abaixo** downstairs/downhill / *interj.* down with …!: *Abaixo a corrupção!* Down with corruption! / **abaixo de** *prep.* below: *dez graus abaixo de zero* ten degrees below zero

**abaixo-assinado** *s.* 1 petition 2 **fazer um abaixo-assinado** to get up a petition

**abajur** *s.* lamp

**abalado** *adj.* upset (***com*** *about/at*): *O Tim ficou muito abalado com a morte da avó.* Tim was very upset at the death of his grandmother.

**abalar** *v.* 1 (sacudir) to rock: *Um terremoto abalou a cidade.* An earthquake rocked the city. 2 to upset: *O fim do namoro abalou-a muito.* The breakup upset her a lot.

**abanar** *v.* 1 (bandeira etc.) to wave 2 (com leque etc.) to fan 3 **abanar a cabeça** to shake your head: *O professor abanou a cabeça.* The teacher shook his head. 4 **abanar a mão/os braços** to wave your hand/your arms 5 **abanar o rabo** to wag its tail: *Os cachorros abanam o rabo quando estão contentes.* Dogs wag their tails when they're happy. / **abanar-se** *v.* to fan yourself: *Ela estava se abanando com o jornal.* She was fanning herself with the newspaper.

**abandonado** *adj.* 1 (animal, carro) abandoned 2 (prédio) derelict

**abandonar** *v.* 1 (na maioria dos casos) to abandon 2 **abandonar (o jogo/a corrida)** to pull out (of the game/the race) 3 **abandonar um amigo** to desert a friend

**abarrotado** *v.* 1 crammed full (***de*** *of*): *uma mala abarrotada de roupas* a suitcase crammed full of clothes 2 **abarrotado de gente** packed: *um estádio abarrotado de gente* a packed stadium

**abastecer** *v.* 1 (veículo) to fill up (***com*** *with*): *Paramos no posto para abastecer.* We stopped at the gas station to fill up. | *Meu pai sempre abastece o carro antes de pegar estrada.* My dad always fills the car up before a road trip. 2 (avião) to refuel 3 (de água, energia, alimentos etc.) to supply (***com/de*** *with*): *A represa abastece a cidade de água.* The reservoir supplies the city with water. 4 (despensa, geladeira) to stock up (***com*** *with*): *Ela abasteceu a geladeira com alimentos saudáveis.* She stocked up the fridge with healthy foods. / **abastecer-se** *v.* **abastecer-se de algo** to stock up on sth: *As pessoas costumam se abastecer de comida antes do Natal.* People usually stock up on food before Christmas.

**abastecimento** *s.* 1 (de veículo) filling up 2 (de avião, carro de corrida) refueling 3 supply: *o abastecimento de água* water supply

**abater** *v.* 1 (preço) to knock down: *Se eu pagar à vista, você abate o preço?* If I pay in cash will you knock the price down? 2 (porcentagem) to knock off: *Se pagar adiantado, abatem 10% da matrícula.* If you pay in advance, they knock 10% off the tuition. 3 (desanimar) to demoralize: *Não se deixe abater.* Don't get demoralized. 4 (gado) to slaughter 5 (avião) to shoot down

**abatido** *adj.* 1 (com aspecto triste) dejected 2 (com aspecto cansado) worn 3 (desanimado) demoralized

**abatimento** *s.* 1 (do valor) reduction 2 **fazer um abatimento (em algo)** a (reduzir o preço) to give a discount (on sth) b (conseguir um desconto) to get a reduction (on sth)

**abdômen** *s.* abdomen

**abdominal** *adj.* abdominal / **abdominais** *spl.* 1 (músculos) abs 2 (exercícios) sit-ups: *Ela faz 200 abdominais por dia.* She does 200 sit-ups a day.

**abecedário** *s.* alphabet

**abelha** *s.* bee

**abençoar** *v.* to bless

**aberto** *adj.* 1 (na maioria dos casos) open (***a*** *to*) 2 (torneira) on: *Ele escova os dentes com a torneira aberta.* He brushes his teeth with the faucet on. 3 (botão, zíper) undone: *O vestido dela estava aberto atrás.* Her dress was undone at the back.

**abertura** *s.* 1 (brecha) opening 2 (de evento) opening ceremony 3 (de programa de TV) title sequence

**abismado** *adj.* astonished (***com*** *at/by*): *Fiquei abismado com a atitude dele.* I was astonished by what he did.

**abóbada** *s.* dome

**abóbora** *s.* (legume) pumpkin / *adj, s.* (cor) orange

**abobrinha** *s.* 1 zucchini (BRIT: courgette) 2 **falar abobrinha** to make wisecracks

**abolir** *v.* to abolish

**abordagem** *s.* (de questão) approach (***de*** *to*)

**abordar** *v.* 1 (questão, problema) to tackle 2 **abordar alguém** to go/come up to sb: *Um homem me abordou pedindo dinheiro.* A man came up to me asking for money. 3 **abordar um assunto** to broach a subject

**aborrecer** *v.* 1 (chatear) to upset 2 (irritar) to annoy / **aborrecer-se** 1 (chatear-se) to get upset (***com algo*** *about sth*, ***com alguém*** *with sb*) 2 (irritar-se) to get annoyed (***com algo*** *about sth*, ***com alguém*** *with sb*)

**aborrecido** *adj.* 1 (chateado) upset (***com algo*** *about sth*, ***com alguém*** *with sb*) 2 (irritado) annoyed (***com algo*** *about sth*, ***com alguém*** *with sb*)

**aborrecimento** *s.* 1 (dor de cabeça) trouble, hassle 2 (irritação) annoyance

**abortar** *v.* 1 (fazer aborto) to have an abortion 2 (sofrer aborto) to miscarry

**aborto** *s.* 1 (provocado) abortion 2 (natural) miscarriage: *Ela teve um aborto.* She had a miscarriage. 3 **fazer um aborto** to have an abortion

**abotoadura** *s.* cufflink

**abotoar** *v.* to button

**abraçado** *adj.* 1 **abraçado com alguém** with your arm around sb: *Vi o Pedro abraçado com a Tati.* I saw Pedro with his arm around Tati. 2 **estar/ficar abraçado com alguém** to have/put your arm around sb 3 **abraçados** with their arms around each other: *Estamos abraçados na foto.* We have our arms around each other in the picture.

**abraçar** *v.* to hug: *Ele me abraçou e pediu desculpas.* He hugged me and said he was sorry. / **abraçar-se** *v.* to hug (each other)

**abraço** *s.* 1 hug 2 **dar um abraço em alguém** to give sb a hug 3 **mandar um abraço para alguém** to say hi to sb: *Manda um abraço para o seu irmão.* Say hi to your brother. ▸ Em relação a pessoas menos íntimas, pode-se traduzir por ***give my regards to sb***: *Manda um abraço para os seus pais.* Give my regards to your parents. 4 **alguém mandou/está mandando um abraço** sb said/says hi: *A Sandra mandou um abraço.* Sandra said hi. ▸ Em relação a pessoas menos íntimas, pode-se traduzir por ***sb sent/sends his/her regards***: *Meus pais mandaram um abraço.* My parents sent their regards.

▸ No final de um e-mail ou carta, o equivalente a *Um abraço* é algo como ***All the best***. Entre amigos íntimos, em sms, redes sociais, etc. escreve-se ***Hugs***. Na linguagem falada, por exemplo, no telefone, costuma-se dizer algo como ***Take care!***

**abrangente** *adj.* comprehensive

**abranger** *v.* to cover

**abreviar** *v.* 1 (palavra) to abbreviate 2 (viagem etc.) to cut short: *O presidente teve que abreviar a viagem por causa da crise.* The president had to cut short his trip because of the crisis.

**abreviatura** *s.* abbreviation

**abridor** *s.* opener

**abridor de garrafa** bottle opener **abridor de latas** can opener (BRIT: tin opener)

**abrigar** *v.* to house: *A antiga fábrica abriga um centro cultural.* The former factory houses a cultural center. | *As vítimas das enchentes serão abrigadas em barracas.* The flood victims will be housed in tents. / **abrigar-se** to shelter (***de*** *from*): *Nós nos abrigamos da chuva embaixo de uma marquise.* We sheltered from the rain under an awning.

**abrigo** *s.* 1 (para crianças, sem-teto etc.) shelter: *um abrigo de mulheres* a women's shelter 2 **buscar abrigo** to take shelter

**abril** *s.* April: *em abril* in April

**abrir** *v.* **1** (na maioria dos casos) to open: *Abro a janela?* Shall I open the window? | *A que horas abre o banco?* What time does the bank open? **2** (torneira, água) to turn on: *Abra a torneira e espere a água esquentar.* Turn the faucet on and wait for the water to warm up. **3** (fruta) to cut open: *Ela pegou uma faca grande para abrir a melancia.* She took a big knife to cut the watermelon open. **4** (tempo, céu) to brighten up: *Se o tempo abrir à tarde, vamos à praia.* If it brightens up this afternoon, we're going to the beach. **5** (semáforo) to go green: *Não atravesse até o sinal abrir.* Don't cross until the light goes green. **6 abrir um buraco** **a** (em geral) to make a hole **b** (cavando) to dig a hole **7 abrir uma exceção** to make an exception / **abrir-se 1** (porta etc.) to open **2** (desabafar) to open up (***com*** *to*): *Ela tem dificuldade para se abrir com as pessoas.* She has a hard time opening up to people.

**abrupto** *adj.* abrupt

**absolutamente** *adv.* **1** (na maioria dos casos) absolutely **2** (de forma alguma) not at all: *"Você se importa?"* - *"Absolutamente."* "Do you mind?" - "Not at all." **3 absolutamente nada** nothing at all: *Não comi absolutamente nada hoje.* I've eaten nothing at all today. ▶ Depois de outra palavra negativa na mesma frase, traduz-se por ***anything at all***: *Não falo absolutamente nada de francês.* I don't speak any French at all.

**absoluto** *adj.* **1** (na maioria dos casos) absolute **2** (vencedor, campeão) overall **3 em absoluto** (como resposta) not at all: *"Estou te atrapalhando?"* – *"Em absoluto."* "Am I disturbing you?" – "Not at all." **4 não ... em absoluto** not ... in the slightest: *Não me incomoda em absoluto.* It doesn't bother me in the slightest.

**absolver** *v.* (réu) to acquit

**absorto** *adj.* absorbed (***em*** *in*)

**absorvente** *adj.* **1** (material) absorbent **2** (envolvente) absorbing / *s.* (higiênico) sanitary napkin (BRIT: sanitary towel)

**absorver** *v.* to absorb

**abstrato** *adj, s.* abstract

**absurdo** *adj.* **1** (que não faz sentido) absurd **2** (que não tem cabimento) outrageous / *s.* **1 que absurdo!** **a** (que bobagem) what nonsense! **b** (estou chocado) that's outrageous! **2 ser um absurdo** **a** (não fazer sentido) to be nonsense **b** (não ter cabimento) to be outrageous: *Aquele restaurante é um absurdo de caro.* That restaurant is outrageously expensive.

**abundância** *s.* **1** abundance **2 em abundância** in abundance

**abundante** *adj.* plentiful

**abusado** *adj.* **ser abusado** **a** (ser folgado) to have a nerve (BRIT: to be cheeky): *O nosso vizinho de casa é muito abusado.* Our next-door neighbor has a lot of nerve. **b** (ser respondão) to be sassy (BRIT: to be cheeky) (***com*** *to*): *A Laura foi abusada com a professora.* Laura was sassy to the teacher.

**abusar** *v.* **1 abusar de algo** **a** (aproveitar-se) to take advantage of sth: *Os alunos abusam da bondade da professora.* The students take advantage of the teacher's good nature. **b** (exagerar) to overdo it with sth: *Não abuse de doces.* Don't overdo it with sweet things. **2 abusar de alguém** **a** (aproveitar-se) to take advantage of sb: *Ele abusa dos amigos.* He takes advantage of his friends. **b** (seviciar) to abuse sb

**abuso** *s.* **1** (na maioria dos casos) abuse: *abuso de menores* child abuse **2** (ato atrevido) liberty: *Que abuso!* What a liberty!

**a.C.** *abrev.* (= antes de Cristo) B.C. *[= before Christ]*

**a/c** *abrev.* (= aos cuidados de) c/o *[= in care of]*

**acabado** *adj.* **1** (terminado) finished **2 estar acabado** **a** (de aparência) to look old: *Hoje em dia, o ator está muito acabado.* These days, the actor looks very old. **b** (cansado) to be worn out: *Eu estava acabado depois do jogo.* I was worn out after the game.

**acabamento** *s.* finish

**acabar** *v.* **1** (chegar ao fim) to end: *A que horas acaba o filme?* What time does the movie end? ▸ Referindo-se a algo que já acabou, é comum usar ***to be over***: *O namoro deles acabou.* Their relationship is over. **2** (concluir) to finish: *Ainda tenho que acabar meu dever de casa.* I still have to finish my homework. **3** (esgotar-se) to run out: *Ele voltou dos EUA quando o dinheiro dele acabou.* He came back from the US when his money ran out. | *A bateria do meu telefone está acabando.* My phone battery is running out. ▸ Nesse tipo de frase em inglês, é mais comum inserir um sujeito pessoal conforme o caso. Observe a tradução dos exemplos: *Acabou o leite.* We're out of milk. | *A gasolina acabou antes deles chegarem ao posto.* They ran out of gas before they got to the filling station. | *O café acabou. Vou fazer mais.* There's no more coffee. I'll make some more. **4** (luz, água) to go out: *Acabou a luz do nosso prédio.* The power's gone out in our building. **5 acabar com algo** **a** (pôr fim a) to end sth: *Temos que acabar com a corrupção.* We have to end corruption. **b** (destruir) to ruin sth: *A chuva acabou com meu cabelo.* The rain ruined my hair. **c** (consumir tudo) to finish sth off: *Você acabou com aquele resto de bolo?* Did you finish off that piece of cake that was left? **6 acabar com alguém** **a** (derrotar) to wipe the floor with sb **b** (criticar) to trash sb (BRIT: to slate sb) **7 acabar em algo** **a** (resultar em) to end in sth: *A discussão acabou em briga.* The discussion ended in a fight. **b** (rua etc.) to lead to sth: *A avenida acaba na praça principal.* The avenue leads to the main square. **8 acabar fazendo algo** to end up doing sth: *Acabei dormindo no chão.* I ended up sleeping on the floor. **9 acabar de fazer algo** **a** to have just done sth: *O jogo acabou de começar.* The game has just started. | *Tínhamos acabado de jantar.* We had just had dinner. **b** (terminar de fazer) to finish doing sth: *Deixe eu acabar de falar.* Let me finish speaking. **10 acabou** (assunto encerrado) that's that: *Não vou te dar o dinheiro, e acabou.* I'm not going to give you the money, and that's that. **11 acabou o tempo** the time's up

**academia** *s.* **1** (de ginástica) gym: *Ela decidiu entrar numa academia.* She decided to join a gym. **2** (outras acepções) academy: *uma academia militar* a military academy **3 fazer academia** to go to the gym

**acadêmico** *adj, s.* academic

**acalmar** *v.* **acalmar alguém** to calm sb down / **acalmar-se** to calm down

**acampamento** *s.* **1** (atividade) camping **2** (local de camping) campground (BRIT: campsite) **3** (militar, de manifestantes etc.) camp

**acampar** *v.* **1** to camp **2 ir acampar** to go camping

**ação** *s.* **1** (movimentação, trama) action: *um filme de ação* an action movie **2** (da polícia, exército etc.) operation: *uma ação da Polícia Federal para reprimir a pirataria* a Federal Police operation to crack down on piracy **3** (de remédio, produto) effect **4** (de empresa) share (***de*** *in*): *ações da Petrobras* shares in Petrobras **5** (processo) lawsuit **6 entrar em ação** to go into action **7 ficar sem ação** to freeze **8 uma boa ação** a good deed

**acariciar** *v.* **1** (em geral) to stroke **2** (de forma sensual) to caress

**acaso** *s.* **1** accident: *A descoberta do tesouro foi um acaso.* Finding the treasure was an accident. **2 por acaso** **a** by chance: *Nós nos encontramos por acaso na rua.* We met by chance on the street. **b** (em perguntas) by any chance: *Você tem caneta por acaso?* Do you have a pen by any chance?
▸ *Fazer algo por acaso* também se pode traduzir por ***to happen to do sth***: *Você tem caneta por acaso?* ***Do you happen to have a pen?*** *Se por acaso você vir a Sandra, fala para ela me ligar.* ***If you happen to see Sandra, tell her to call me.***

**aceitação** *s.* **1** (fato de aceitar) acceptance: *um discurso de aceitação* an acceptance speech **2 ter boa aceitação de alguém** to go over well with sb (BRIT: to go down well with sb): *O filme teve boa aceitação do público.* The movie went over well with audiences.

**aceitar** *v.* 1 to accept 2 **aceitar fazer algo** to agree to do sth 3 **ser bem aceito** to be well received (***por*** *by*)

**aceitável** *adj.* acceptable

**aceleração** *s.* acceleration

**acelerador** *s.* accelerator ▸ No inglês americano, é mais comum dizer ***gas pedal*** ou simplesmente ***the gas***: *Pise no acelerador.* ***Step on the gas.***

**acelerar** *v.* 1 (falando de veículos) to accelerate 2 (agilizar) to speed up 3 **acelerar o passo** **a** (ao andar, correr) to go faster **b** (ao agir) to move faster

**acenar** *v.* 1 (dando tchau) to wave (***para*** *to*) 2 (chamando) to beckon ▸ Nesta acepção, *acenar para alguém* diz-se tanto ***beckon to sb*** como ***beckon sb*** 3 **acenar que sim (com a cabeça)** to nod (your head)

**acender** *v.* 1 (vela, fósforo, fogueira) to light: *Ela acendeu as velas do bolo.* She lit the candles on the cake. | *O gás não quer acender.* The gas won't light. 2 **acender a luz** to turn the light on: *O motorista acendeu o farol ao entrar no túnel.* The driver turned on his headlights as he drove into the tunnel. 3 **a luz acende** the light comes on: *Ao abrir a água quente, o boiler acende.* When you turn on the hot water, the boiler comes on.

**acento** *s.* accent: *"Resumé" é com acento.* 'Resumé' has an accent.
**acento agudo** acute accent **acento circunflexo** circumflex accent **acento grave** grave accent

**acentuar** *v.* 1 (enfatizar) to accentuate 2 (com sinal gráfico) to accent: *letras acentuadas* accented letters

**acepção** *s.* sense

**acertado** *adj.* 1 (resposta, pergunta) right 2 (decisão, medida) sensible 3 (combinado) agreed

**acertar** *v.* 1 (estar certo) to be right: *Sou bom em adivinhar a idade das pessoas. Sempre acerto.* I'm good at guessing people's ages. I'm always right. 2 (pergunta, resposta etc.) to get right: *Nunca acerto a pronúncia do nome dela.* I never get the pronunciation of her name right. 3 (atingir) to hit: *Tente acertar o centro do alvo.* Try to hit the center of the target. 4 (ser certeiro) to be on target: *O atacante chutou e acertou.* The striker took the shot and was on target. 5 (pagar o que deve) to settle up (***com*** *with*): *Eu pago e a gente acerta depois.* I'll pay and we'll settle up later. 6 (ajeitar) to adjust: *Ele olhou no espelho para acertar a gravata.* He looked in the mirror to adjust his tie. 7 (condições, preço etc.) to agree on 8 (relógio) to put right 9 **acertar o caminho** to find your way

**acervo** *s.* (de museu etc.) collection
**acervo cultural** cultural heritage **acervo histórico** archive

**aceso** *adj.* 1 (abajur, luz, TV etc.) on: *Ela dorme com a luz acesa.* She sleeps with the light on. | *Ele deixou o farol do carro aceso.* He left the car headlights on. 2 (fósforo, lareira, vela) lighted: *um cigarro aceso* a lighted cigarette ▸ Depois do verbo ***to be*** e outros, traduz-se por ***alight***: *As velas estavam acesas.* The candles were alight. | *Você deixa a lareira acesa durante a noite?* Do you leave the fire alight during the night?

**acessar** *v.* to access

**acessível** *adj.* 1 (lugar) accessible 2 (preço, produto) affordable 3 (pessoa) approachable

**acesso** *s.* 1 access (***a*** *to*): *acesso à internet* Internet access | *vias de acesso* access roads 2 (ataque) fit: *um acesso de tosse* a coughing fit 3 **de fácil/difícil acesso** easily accessible/inaccessible 4 **ter acesso a algo/alguém** to have access to sth/sb

**acessório** *s.* accessory

**acetona** *s.* (para unha) nail polish remover (BRIT: nail varnish remover)

**achado** *s.* 1 **achados e perdidos** lost and found (BRIT: lost property): *a seção de achados e perdidos* the lost and found 2 **ser um achado** to be a real find

**achar** *v.* 1 (encontrar) to find: *Achei o celular embaixo da cama.* I found my cell phone under the bed. ▸ Na negativa, costuma-se usar o verbo auxiliar ***can/could*** junto com o verbo ***find***: *Não achei o creme que você pediu.* I couldn't find the cream you asked for. ▸ A forma *estar achando*, no sentido de *conseguir achar*, traduz-se por ***can find***: *Você está achando algum erro no texto?* Can you find any mistakes in the text? | *Não estou achando a minha chave.* I can't find my key. 2 (pensar, considerar) to think (***de*** *of*): *O que você acha?* What do you think? | *Vou perguntar ao Daniel o que ele acha da ideia.* I'll ask Daniel what he thinks of the idea. ▸ Depois de ***think***, a conjunção ***that*** é opcional e é geralmente omitida na linguagem informal: *Acho que vai chover.* I think it's going to rain. ▸ Observe que, quando a oração subordinada é negativa em português, a negação transfere-se ao verbo ***to think*** em inglês: *Acho que ela não vem.* I don't think she's coming. | *Você acha que eu não sei disso?* Don't you think I know that? ▸ No sentido de *pensar*, não se costuma usar o verbo ***think*** nos tempos contínuos: *Estou achando que fiz algo errado.* I think I've done something wrong. 3 **achar algo/alguém algo** to think sth/sb is sth: *Ele acha o Brasil o melhor país do mundo.* He thinks Brazil is the best country in the world. | *Eu não a acho tão bonita assim.* I don't think she's that good-looking. ▸ Também se pode traduzir por ***to find sth/sb sth*** em muitos casos. Enquanto ***think*** expressa uma opinião, ***find*** refere-se à experiência de algo. Portanto, ***find*** é mais indicado quando se pensa na sensação que algo provoca, e não cabe quando se fala de algo que não se tenha vivenciado pessoalmente: *Não achei o filme tão engraçado assim.* I didn't find the movie that funny. | *Você acha Matemática interessante?* Do you find math interesting? | *Acho perigoso o bungee-jump.* I think bungee-jumping is dangerous. 4 **achar ... (algo/alguém) fazer algo/que ...** to think it's ... (for sth/sb) to do sth/(that) ...: *Acho melhor a gente esperar.* I think it's best for us to wait. | *Acho ótimo que o professor tenha prorrogado o prazo do trabalho.* I think it's great the teacher has extended the deadline for the assignment. 5 **achar de (algo/alguém) fazer algo** think about (sth/sb) doing sth: *O que você acha de a gente ir ao cinema?* What do you think about going to a movie? | *Perguntamos à professora o que ela achava de a escola montar uma biblioteca.* We asked the teacher what she thought about the school setting up a library. 6 **acho que não** I don't think so 7 **acho que sim** I think so / **achar-se** *v.* 1 (ser metido) to think you're it (BRIT: to fancy yourself): *Aquele cara se acha.* That guy thinks he's it. 2 **achar-se algo** (considerar-se) to think you're sth: *O Pedro se acha bonito.* Pedro thinks he's good-looking. | *Não me acho o aluno mais inteligente da sala.* I don't think I'm the smartest student in the class.

▸ Observe que, quando se expressa a primeira impressão de algo em português, costuma-se usar o pretérito perfeito do verbo *achar*, p.ex.: *Olha, o que você achou do meu tênis novo?, Achei lindo o seu cabelo assim!*. Em tais casos, usa-se o tempo presente em inglês: ***Look, what do you think of my new sneakers? I think your hair looks beautiful like that!***

**achatar** *v.* to flatten

**acidentado** *adj.* 1 (estrada) bumpy 2 (terreno) rugged 3 (avião, carro etc.) crashed 4 (viagem, vida etc.) eventful / *s.* (pessoa) accident victim

**acidental** *adj.* accidental

**acidente** *s.* 1 accident 2 **sofrer um acidente** to have an accident

**acidente aéreo** plane crash **acidente de carro** car accident **acidente de trânsito** traffic accident

**ácido** *s.* acid / *adj.* 1 (em geral) acidic 2 (falando do sabor) sharp: *Esse suco de laranja está muito ácido.* This orange juice is very sharp.

**acima** *adv.* 1 above 2 **mais acima** farther up (BRIT: further up) 3 **morro/rio acima**

uphill/up river / **acima de** *prep.* 1 (em geral) above: *acima da média* above average 2 (falando de idade) over: *acima de 16 anos* over 16 3 **acima de tudo** more than anything 4 **acima do peso** overweight

**acionar** *v.* 1 (bombeiros, polícia etc.) to call in 2 (alarme, aparelho) to activate 3 **acionar o seguro** to claim on the insurance

**acionista** *s.* stockholder (BRIT: shareholder)

**acne** *s.* acne

**aço** *s.* steel: *uma porta de aço* a steel door **aço inox** stainless steel

**acocorar-se** *v.* to squat down

**acolhedor** *adj.* welcoming

**acolher** *v.* 1 (visita) to welcome 2 (hóspede) to put up 3 (desabrigado, sem-teto) to take in 4 (pedido, proposta) to take up

**acolhida** *s.* 1 (recepção) welcome 2 (refúgio) refuge

**acomodado** *adj.* 1 (por comodismo) complacent 2 **bem acomodado** comfortable 3 **ficar acomodado** a (hospedado) to stay b (sentado) to be seated c (por comodismo) to get complacent

**acomodar** *v.* 1 (assentar) to seat: *Tivemos que esperar para ser acomodados no restaurante.* We had to wait to be seated in the restaurant. 2 (alojar, comportar) to accommodate 3 (guardar) to stow: *O comissário acomodou a bolsa no compartimento superior.* The flight attendant stowed the bag in the overhead bin. / **acomodar-se** *v.* 1 (em poltrona etc.) to make yourself comfortable: *Ela se acomodou no sofá.* She made herself comfortable on the couch. 2 (por comodismo) to get complacent 3 **acomodar-se a algo** (trabalho, vida etc.) to get settled into sth

**acompanhado** *adj.* 1 accompanied (***de/por*** *by*) ▸ A palavra ***accompanied*** soa formal em inglês. Na linguagem informal, é mais comum usar a preposição ***with***: *Você está acompanhada?* Are you with anyone? 2 **bem/mal acompanhado** in good/bad company 3 **vir acompanhado de algo** to come with sth: *O livro vem acompanhado de dois CDs.* The book comes with two CDs.

**acompanhamento** *s.* 1 (comida) side dish 2 (de médico, professor etc.) supervision 3 (musical) accompaniment **acompanhamento médico** medical supervision **acompanhamento psicológico** counseling (BRIT: counselling)

**acompanhante** *s.* 1 (em geral) companion 2 (cuidador) caregiver (BRIT: carer)

**acompanhar** *v.* 1 (ir/vir com) to go/come with: *Quer que eu te acompanhe?* Do you want me to go with you? | *O bife acompanha batata frita e arroz.* The steak comes with fries and rice. 2 (ir no mesmo ritmo) to keep up with: *O corredor brasileiro não conseguia acompanhar o líder da maratona.* The Brazilian runner couldn't keep up with the leader of the marathon. 3 (manter-se a par de, entender) to follow: *Você tem acompanhado a novela?* Have you been following the soap? | *Eu consegui acompanhar a conversa deles em inglês.* I managed to follow their conversation in English. 4 (tocar música para) to accompany: *Ela cantou e ele a acompanhou no violão.* She sang and he accompanied her on the guitar. 5 **acompanhar alguém até algo** a (fazer companhia a) to see sb to sth: *Vou te acompanhar até o ponto de ônibus.* I'll see you to the bus stop. | *Ela me acompanhou até a porta.* She saw me to the door. ▸ *acompanhar alguém até a porta* também se traduz por ***to see sb out***. b (guiar) to accompany sb to sth: *O garçom nos acompanhou até a mesa.* The waiter accompanied us to the table. 6 **com algo acompanhando** (como guarnição) with sth on the side: *um filé-mignon com fritas acompanhando* a fillet steak with fries on the side

**aconchegado** *adj.* (na cama etc.) snuggled up (***a*** *to*): *Eu estava todo aconchegado na cama.* I was all snuggled up in bed.

**aconchegante** cozy (BRIT: cosy)

**aconchegar** *v.* (pessoa na cama etc.) to tuck up / **aconchegar-se** *v.* to snuggle up (***a*** *to*)

**aconselhar** *v.* 1 to advise (***a*** *for*): *Você pode me aconselhar qual computador comprar?* Can you advise me which computer to buy? | *O moço do tempo aconselhou cautela a quem pegar estrada hoje.* The weatherman advised caution for anyone going out on the road today. 2 **aconselhar alguém a fazer algo** to advise sb to do sth: *Eu te aconselho a não fazer isso.* I advise you not to do that.

**aconselhável** *adj.* advisable

**acontecer** *v.* 1 to happen (***com*** *to*): *O que aconteceu com ele?* What happened to him? ▸ Para traduzir os tempos contínuos *está/estava acontecendo*, o *phrasal verb* ***to go on*** também é muito usado: *O que está acontecendo aqui?* What's going on here? 2 **acontecer de algo/alguém fazer algo** sth/sb happens to do sth: *Aconteceu de eles ficarem na mesma turma.* They happened to end up in the same class. 3 **aconteça o que acontecer** whatever happens 4 **acontece que** the fact is,: *Vai ter festa hoje, mas acontece que não quero ir.* There's going to be a party today, but the fact is, I don't want to go. 5 **fazer e acontecer** to make things happen

**acontecimento** *s.* event: *os acontecimentos daquela noite* the events of that night ▸ Quando se fala de uma situação que está evoluindo com uma série de acontecimentos, é mais comum usar a palavra ***development***: *Quais são os últimos acontecimentos no caso?* What are the latest developments in the case?

**acordado** *adj.* 1 (consciente) awake 2 (de pé) up: *Meus pais ainda estavam acordados quando cheguei em casa.* My parents were still up when I got home. 3 **ficar acordado** **a** (de pé) to stay up: *Vocês ficaram acordados até que horas ontem?* What time did you stay up till last night? **b** (sem dormir) to stay awake

**acordar** *v.* to wake up: *Acordei cedo hoje.* I woke up early this morning. | *Pedi para minha mãe me acordar às 7h30.* I asked my mom to wake me up at 7.30. ▸ Quando a diferença entre *acordar* e *levantar* não tem importância no contexto, tende-se a usar *acordar* em português, enquanto se prefere ***get up*** em inglês: ***She gets up early every day.*** (= Ela acorda cedo todos os dias.)

**acorde** *s.* chord

**acordeão** *s.* accordion

**acordo** *s.* 1 agreement 2 **chegar a um acordo** to reach an agreement 3 **de acordo com algo/alguém** according to sth/sb 4 **estar de acordo** to agree (***com*** *with*) 5 **fazer/fechar um acordo** to make an agreement (***com*** *with*)

**acostamento** *s.* shoulder (BRIT: hard shoulder): *Ele parou o carro no acostamento.* He stopped the car on the shoulder.

**acostumado** *adj.* **estar/ficar acostumado a (fazer) algo** to be/get used to (doing) sth: *Estou acostumado a usar lente.* I'm used to wearing contacts. ▸ Quando o complemento é subentendido em português, acrescenta-se ***to it*** em inglês: *O calor não me incomoda. Estou acostumado.* The heat doesn't bother me. I'm used to it.

▸ Nunca termine a frase com *I'm used*! O correto é ***I'm used to it***. Também não confunda ***I'm used to doing sth*** (= estou acostumado a fazer algo) com ***I used to do sth*** (= eu costumava fazer algo). A primeira locução contém o verbo ***to be*** e um gerúndio, enquanto a segunda contém um infinitivo sem o verbo ***to be***. Compare ***She's used to getting up early***. (= Ela está acostumada a levantar cedo.) e ***She used to get up early.*** (= Ele levantava cedo.)

**acostumar** *v.* **acostumar alguém a (fazer) algo** to get sb used to (doing) sth: *Estamos tentando acostumar o cachorro à nova ração.* We're trying to get the dog used to the new food. / **acostumar-se** *v.* **acostumar-se a (fazer) algo** to get used to (doing) sth: *Você já se acostumou ao horário de verão?* Have you gotten used to daylight saving time yet? | *Ela logo se acostumou a usar aparelho nos dentes.* She soon got used to wearing braces on her teeth. ▸ Quando

o complemento é subentendido em português, acrescenta-se ***to it*** em inglês: *Gosto da minha nova escola, mas demorei um pouco para me acostumar.* I like my new school, but I took a little while to get used to it.
▶ Nunca termine a frase com *get used!* O correto é ***get used to it***.

**açougue** *s.* butcher shop (BRIT: butcher's)

**açougueiro** *s.* butcher

**acreditar** *v.* **1** to believe: *Ela acredita que o celular foi roubado no ônibus.* She believes her cell phone was stolen on the bus. ▶ Quando o verbo não tem complemento em português, acrescenta-se o complemento ***it*** em inglês: *Perdemos o começo do filme! Você acredita?* We missed the start of the movie! Do you believe it? | *Não acredito!* I don't believe it! **2 acreditar em algo** **a** (não duvidar de) to believe sth: *Eu acreditei no que ela falou.* I believed what she said. **b** (acreditar na existência/poder de) to believe in sth: *Você acredita em fantasmas?* Do you believe in ghosts? | *Não sei se acredito na homeopatia.* I don't know if I believe in homeopathy. **3 acreditar em alguém** **a** (acreditar no que fala) to believe sb: *Ele conta cada mentira e as pessoas acreditam nele.* He tells the most amazing lies and people believe him. **b** (acreditar na capacidade de) to believe in sb: *O nadador agradeceu a todos que acreditaram nele desde o começo da carreira.* The swimmer thanked all those who had believed in him since the start of his career. **4 acreditar fazer/ter feito algo** to believe you do/did sth: *Ele acredita ser o homem mais alto do Brasil.* He believes he is the tallest man in Brazil. | *Eles acreditavam ter descoberto um novo planeta.* They believed they had discovered a new planet.

**acrescentar** *v.* to add (***a*** *to*)

**acréscimo** *s.* **1** (parte acrescentada) addition (***a*** *to*) **2** (aumento) increase (***em*** *in*) **3 sem acréscimo** (sem pagar mais) at no extra cost **4 acréscimos** (de jogo) stoppage time *[sg.]*

**acrobacia** *s.* piece of acrobatics ▶ O plural *acrobacias* traduz-se por ***acrobatics***: *A ginasta fez umas acrobacias.* The gymnast did some acrobatics.
**acrobacias aéreas** aerobatics

**acrobata** *s.* acrobat

**açúcar** *s.* sugar
**açúcar de confeiteiro** powdered sugar (BRIT: icing sugar) **açúcar mascavo** brown sugar

**açucareiro** *s.* sugar bowl

**acumular** *v.* **1** (juntar) to accumulate **2** (dívida) to run up **3** (duas funções) to combine (***com*** *with*) **4** (loteria) to roll over / **acumular-se** *v.* **1** (lixo, neve, papéis, trabalho etc.) to pile up **2** (dívidas, juros, problemas) to mount up

**acupuntura** *s.* **1** acupuncture **2 fazer acupuntura** (como paciente) to have acupuncture

**acusação** *s.* accusation (***de*** *of*)

**acusado** *adj, s.* accused (***de*** *of*)

**acusar** *v.* **1** to accuse (***de*** *of*): *Eles foram acusados de corrupção.* They were accused of corruption. **2** (revelar) to show up: *O exame antidoping acusou uma substância proibida.* The drug test showed up a banned substance. **3 acusar alguém de ser/ter feito algo** to accuse sb of being/doing sth: *Ela acusou o namorado de tê-la traído.* She accused her boyfriend of cheating on her. **4 acusar o recebimento de algo** to acknowledge receipt of sth

**acústica** *s.* acoustics *[pl.]*: *A acústica do teatro é perfeita.* The acoustics of the theater are perfect.

**acústico** *adj.* acoustic

**adaptação** *s.* adaptation (***a*** *to*, ***para*** *for*): *uma adaptação do romance para a TV* an adaptation of the novel for TV

**adaptador** *s.* adapter

**adaptar** *v.* to adapt (***a*** *to*, ***para*** *for*): *O prédio foi adaptado às necessidades dos cadeirantes.* The building has been adapted to the needs of wheelchair users. | *O livro foi adaptado para o teatro.* The book was adapted for the theater. ▸ No sentido de *transformar em, adaptar para* traduz-se por ***adapt into***: *O filme vai ser adaptado para um musical.* The movie is going to be adapted into a musical. / **adaptar-se** *v.* **1** (pessoa) to adapt (***a*** *to*): *É difícil se adaptar à vida no Japão.* It's difficult to adapt to life in Japan. **2 adaptar-se a algo/alguém** (corresponder a) to suit sth/sb: *Escolha o PC que mais se adapte às suas necessidades.* Choose the PC that best suits your needs.

**adega** *s.* **1** (porão) wine cellar **2** (geladeira) wine cooler **3** (bar) wine bar

**adequado** *adj.* **1** (certo, indicado) right (***para*** *for*): *Não sou a pessoa adequada para responder essa pergunta.* I'm not the right person to answer that question. **2** (que serve) suitable (***para*** *for*): *Qual seria o dicionário mais adequado para um principiante?* Which would be the most suitable dictionary for a beginner? **3** (suficiente) adequate

**adequar** *v.* to tailor (***to*** *a*) / *v.* **adequar-se a algo** **a** (ser adequado para) to be suited to sth **b** (a lei, norma) to conform to sth

**adereço** *s.* accessory

**aderir** *v.* **aderir (a algo)** **a** (campanha, moda, etc.) to join (sth): *Muitos famosos aderiram às manifestações.* A lot of celebrities joined the demonstrations. **b** (colar) to stick (to sth)

**adesivo** *s.* sticker / *adj.* adhesive

**adestrar** *v.* to train

**adeus** *interj, s.* **1** farewell: *um beijo de adeus* a farewell kiss **2 dar/dizer adeus** to say farewell (***a*** *to*)

**adiantado** *adj.* **1** (aluno, nível, obra, projeto) advanced: *O estádio novo já está bem adiantado.* The new stadium is already quite advanced. **2** (relógio) fast **3 estar adiantado** (pessoa) to be early (***para*** *for*): *Eu estava um pouco adiantado para a consulta.* I was a little early for the appointment. / *adv.* **1** (comprar, pagar) in advance **2 chegar adiantado** to arrive early

**adiantamento** *s.* (dinheiro) advance

**adiantar** *v.* **1** (tarefa, trabalho) to get ahead with: *Minha mãe já foi ao shopping para adiantar as compras de Natal.* My mom's already been to the mall to get ahead with her Christmas shopping. **2 adiantar algo a alguém** (dinheiro etc.) to advance sb sth: *O patrão dele lhe adiantou o dinheiro da condução da semana.* His boss advanced him the bus fare for the week. **3 adiantar (fazer algo)** ▸ Traduz-se usando a locução ***it is any/no use (doing sth)***. Veja os exemplos: *Não adianta chorar sobre o leite derramado.* It's no use crying over spilled milk. | *Será que adianta reiniciar o computador?* Do you think it's any use restarting the computer? | *Não adiantou nada reclamar com o professor.* It was no use at all complaining to the teacher. **4 adiantar o relógio** (no começo do verão) to put the clock forward

**adiante** *adv.* **1** ahead (***de*** *of*) **2 mais adiante** **a** (no espaço) farther on (BRIT: further on) ▸ Ao se falar de uma rua, é mais comum dizer ***farther down*** ou ***farther up***: *A casa deles fica mais adiante, na mesma calçada.* Their house is farther down, on the same side of the street. **b** (no tempo) later on **3 ir adiante** to go ahead (***com*** *with*) **4 levar algo adiante** to pursue sth **5 seguir adiante** to continue on

**adiar** *v.* **1** (remarcar para depois) to postpone (***para*** *until*, ***por*** *for*): *O jogo foi adiado para a semana que vem.* The game has been postponed until next week. **2** (protelar) to put off: *Preciso arrumar meu quarto, mas fico adiando.* I need to clean up my room, but I keep putting it off.

**adição** *s.* **1** addition **2 fazer a adição de algo** to add sth up **3 sem adicão de açúcar etc.** no added sugar etc.

**adicional** *adj.* additional

**adicionar** *v.* **1** (em geral) to add (***a*** *to*) **2** (em rede social) to friend: *Você me adiciona no Face?* Will you friend me on Facebook?

**adivinhar** *v.* **1** to guess **2 adivinhar o futuro** to tell the future

**adjetivo** *s.* adjective
**administração** *s.* 1 (de instituição, país etc.) administration 2 (gerenciamento) management **Administração de Empresas** (disciplina) business administration ▸ Também se traduz por ***management*** ou apenas ***business***, que soam menos formal.
**administrar** *v.* (gerenciar) to manage: *Você precisa administrar melhor o seu tempo.* You need to manage your time better.
**administrativo** *adj.* administrative
**admiração** *s.* 1 (respeito) admiration (***por*** *for*) 2 (surpresa) amazement
**admirado** *adj.* 1 (respeitado) admired 2 (surpreso) amazed 3 **ficar admirado** to be amazed
**admirador** *s.* admirer
**admirar** *v.* 1 (apreciar, respeitar) to admire 2 (causar admiração a) to surprise: *Não me admira que seus pais tenham reagido assim.* It doesn't surprise me your parents reacted that way. 3 **não é de admirar que ...** it's not surprising (that) ...: *Não é de admirar que ninguém goste dele.* It's not surprising nobody likes him. / **admirar-se** *v.* to be amazed (***de*** *at*)
**admirável** *adj.* admirable
**admissão** *s.* admission (***em*** *to*)
**admitir** *v.* 1 (reconhecer) to admit: *Ela admitiu que foi ela quem quebrou o vidro.* She admitted it was her who'd broken the window. 2 (permitir) to allow 3 (deixar entrar, contratar) to admit (***em*** *to*): *Ele foi admitido na faculdade de Medicina.* He was admitted to med school. 4 **admitir que algo/alguém faça algo** to allow sth/sb to do sth: *Não admito que você me trate assim.* I won't allow you to treat to me like that.
**adoçante** *s.* sweetener
**adoção** *s.* adoption
**adoçar** *v.* to sweeten
**adoecer** *v.* to fall sick (BRIT: to fall ill)
**adoidado** *adv.* like crazy
**adolescência** *s.* adolescence ▸ Quando denota o período, traduz-se por ***teens*** (*pl.*) na linguagem informal: *Meu pai aprontava muito na adolescência.* My dad acted up a lot in his teens.
**adolescente** *s.* teenager: *livros para adolescentes* books for teenagers ▸ Também se usam as palavras ***adolescent***, que é formal, e ***teen***, que é informal. / *adj.* teenage: *a moda adolescente* teenage fashion ▸ Também se usam as palavras ***adolescent***, que é formal, e ***teen***, que é informal.
**adorar** *v.* 1 (gostar muito) to love: *Adoro chocolate.* I love chocolate. 2 (amar pessoa) to adore: *Adoro a minha família.* I adore my family. 3 (venerar) to worship 4 **adorar fazer algo** to love doing sth: *Adoro ganhar presentes.* I love getting presents. ▸ Também se diz ***to love to do sth***. 5 **adorar que algo/alguém faça algo** to love sth/sb doing sth: *Ele adora que a mãe o paparique.* He loves his mom pampering him.
**adorável** *adj.* adorable
**adotar** *v.* to adopt
**adotivo** *s.* 1 (filho, irmão, país) adopted 2 (mãe, pai) adoptive
**adquirir** *v.* 1 (em geral) to acquire 2 (comprar) to purchase
**adrenalina** *s.* 1 (substância) adrenaline 2 **uma adrenalina** (sensação) an adrenaline rush
**adubar** *v.* to fertilize
**adubo** *s.* fertilizer
**adulto** *adj, s.* 1 adult: *Criança só entra acompanhada de adulto.* Children can only get in accompanied by an adult. | *um urso adulto* an adult bear 2 **idade adulta** adulthood
**advérbio** *s.* adverb
**adversário** *s.* opponent / *adj.* opposing: *o time adversário* the opposing team
**advertência** *s.* 1 warning (***sobre*** *about*) 2 **fazer uma advertência a alguém** to give sb a warning
**advertir** *v.* 1 (alertar) to warn (***de*** *of*, ***sobre*** *about*) 2 (fazer advertência a) to give a warning: *O síndico advertiu o nosso vizinho por conta da música alta.* The resident manager gave our neighbor a warning because of the loud music.
**advocacia** *s.* legal practice
**advogado** *s.* lawyer

**aéreo** *adj.* 1 (passagem, transporte etc.) air: *uma companhia aérea* an airline 2 (foto, vista) aerial 3 (pessoa) scatterbrained 4 **via aérea** by air
**aeróbica** *s.* aerobics: *uma aula de aeróbica* an aerobics class
**aerodinâmico** *adj.* aerodynamic
**aeronáutica** *adj.* (força aérea) air force
**aeronave** *s.* aircraft ▶ O plural também é ***aircraft***.
**aeroporto** *s.* airport: *o aeroporto de Heathrow* Heathrow Airport
**afastado** *adj.* 1 (um do outro) apart ▶ vem depois do substantivo: *Fique em pé com as pernas afastadas.* Stand with your legs apart. 2 (bairro, localidade etc.) outlying: *Ele mora num lugar muito afastado.* He lives in a very outlying place. 3 **afastado de algo** **a** (distante) a long way from sth: *É um bairro afastado do centro* It's a neighborhood a long way from downtown. **b** (sem tocar em) away from sth: *Fique com os braços afastados do corpo.* Hold your arms away from your body. 4 **estar/ficar afastado** (de amigo etc.) to have drifted/drift apart (***de*** *from*): *Hoje em dia, os dois estão afastados.* These days, the two of them have drifted apart. 5 **manter algo/alguém afastado** to keep sth/sb away (***de*** *from*)
**afastar** *v.* 1 (colocar mais longe) to move away (***de*** *from*): *Afastei minha cadeira um pouco da lareira.* I moved my chair away from the fire a little. 2 (tirar do caminho) to move aside: *O policial afastou os curiosos.* The police officer moved the onlookers aside. 3 (um do outro) to move apart: *Afaste mais os pés.* Move your feet farther apart. 4 (de cargo, time etc.) to remove (***de*** *from*) 5 (clientes, mosquitos etc.) to drive away 6 **afastar alguém de alguém** (fazer perder contato) to take sb away from sb: *O novo emprego a afastou das amigas.* The new job took her away from her friends. / **afastar-se** *v.* 1 (ficar mais longe) to move away (***de*** *from*): *Ficamos acenando enquanto o navio se afastava do cais.* We stood waving as the ship moved away from the quay. 2 (sair do caminho) to move aside: *Os bombeiros pediram aos curiosos para se afastarem.* The firefighters asked the onlookers to move aside. 3 (amigos, irmãos etc.) to drift apart (***de*** *from*): *Ele acabou se afastando do amigo de infância.* He ended up drifting apart from his childhood friend. 4 (tomar distância) to distance yourself (***de*** *from*): *Achei melhor me afastar daquela turma.* I thought it best to distance myself from that crowd. 5 **afastar-se do assunto** to get off the subject
**afazeres** *spl.* chores: *afazeres domésticos* household chores
**afetado** *adj.* affected
**afetar** *v.* to affect
**afetivo** *adj.* 1 emotional 2 **carência afetiva** lack of affection
**afeto** *s.* affection (***por*** *for*)
**afetuoso** *adj.* affectionate (***com*** *toward*)
**afiado** *adj.* 1 (cortante) sharp 2 (preparado) well-primed 3 (humor, língua) wicked
**afiar** *v.* to sharpen
**aficionado** *s.* enthusiast (***de/por*** *for*): *Ele é um aficionado por carros antigos.* He's a vintage car enthusiast.
**afilhada** *s.* goddaughter
**afilhado** *s.* 1 (homem) godson 2 (homem ou mulher) godchild
**afim** *adj.* similar
**afinado** *adj.* 1 (instrumento, voz) well-tuned 2 **estar afinado** to be in tune / *adv.* (cantar, tocar) in tune
**afinal** *adv.* 1 (finalmente) at last 2 **afinal de contas** **a** (pois na verdade) after all: *Cada um deve fazer sua parte para salvar o planeta. Afinal de contas, é o nosso futuro que está em jogo.* Everyone should do their bit to save the planet. After all, it's our future that's at stake. **b** (em conclusão) in the end: *Afinal de contas, você acha que valeu a pena?* In the end do you think it was worth it?
**afinar** *v.* 1 (instrumento) to tune 2 (ficar mais fino) to thin out
**afinidade** *s.* 1 affinity (***com*** *with*, ***entre*** *between*) 2 **ter afinidade/não ter afinidade** to have things/nothing in common (***com***

*with)* 3 **ter muita afinidade** to have a lot in common (***com** with*) 4 **por afinidade** (parentesco) by marriage
**afirmação** *s.* statement
**afirmar** *v.* to maintain
**afirmativo** *adj.* affirmative
**afivelar** *v.* (cinto) to fasten
**afixar** *v.* (aviso, cartaz) to post (***em** on*)
**aflição** *s.* 1 (mal-estar) distress 2 (preocupação) anguish 3 **dar aflição a alguém** to give sb the willies: *Barata me dá aflição.* Cockroaches give me the willies. 4 **ficar com aflição** to get the willies 5 **que aflição!** that gives me the willies!
**aflitivo** *adj.* 1 distressing 2 **ser aflitivo** (dar aflição) to give you the willies: *Aquela cena do filme é muito aflitiva.* That scene in the movie really gives you the willies.
**aflito** *adj.* (muito preocupado) anxious
**afobado** *adj.* 1 (com pressa) in a rush 2 (preocupado) in a flap (***com** over*)
**afobar** *v.* 1 (apressar) to rush 2 (deixar nervoso) to fluster / **afobar-se** *v.* 1 (apressar-se) to rush 2 (ficar nervoso) to get in a flap
**afogado** *adj.* **morrer afogado** to drown
**afogar** *v.* 1 (em geral) to drown 2 (carro, motor) to flood / **afogar-se** *v.* to drown
**afônico** *adj.* 1 hoarse 2 **estar/ficar afônico** to have lost/lose your voice: *Fiquei afônico de tanto gritar.* I lost my voice from shouting so much.
**afora** *adv.* 1 **pela noite afora** late into the night 2 **pela vida afora** throughout your life 3 **pelo mundo afora** around the world
**África** *s.* Africa
**africano** *adj, s.* African
**afrouxar** *v.* to loosen
**afugentar** *v.* to drive away
**afundar** *v.* 1 (em geral) to sink 2 (estrada, praia, terreno) to dip
**agachado** *adj.* crouching
**agachar-se** *v.* to crouch down
**agarrar** *v.* to grab (***por** by*) / **agarrar-se** *v.* 1 (segurar-se) to cling on (***a** to*) 2 (beijar-se) to make out (BRIT: to snog)
**agasalhado** *adj.* (contra o frio) wrapped up: *bem agasalhado* wrapped up warm
**agasalhar** *v.* (criança) to wrap up (***com** in*) / **agasalhar-se** *v.* 1 (com roupas) to wrap up (***com** in*): *Sempre me agasalho bem no inverno.* I always wrap up warm in winter. 2 (com cobertor etc.) to wrap yourself up (***com** in*)
**agasalho** *s.* 1 (casaco) coat 2 (blusa) sweater (BRIT: jumper)
**agência** *s.* 1 (empresa, órgão) agency 2 (de banco, correio) branch
**agência de correio** post office **agência de turismo/viagens** travel agency (BRIT: travel agent's)
**agenda** *s.* 1 (caderno) appointment book (BRIT: diary) 2 (compromissos) schedule: *Ela tem uma agenda muito cheia.* She has a very full schedule.
**agenda de endereços** address book
**agendar** *v.* to schedule (BRIT: to book)
**agente** *s.* agent: *um agente secreto* a secret agent
**ágil** *adj.* agile
**agilizar** *v.* 1 (tornar mais eficiente) to streamline 2 (tornar mais rápido) to speed up 3 (dar andamento em) to get moving on: *O governo precisa agilizar a melhoria das estradas.* The government needs to get moving on improving roads.
**agir** *v.* 1 to act: *Tentei agir com naturalidade.* I tried to act naturally. 2 **agir bem/mal** to do right/wrong
**agitado** *adj.* 1 (pessoa) agitated 2 (dia, semana, vida etc.) hectic 3 (mar) choppy 4 (sono) restless
**agitar** *v.* 1 (garrafa, produto etc.) to shake 2 (bandeira, braços, lenço) to wave 3 (animar) to liven up 4 (organizar) to organize
**agito** *s.* 1 (festa) bash: *um agito de aniversário* a birthday bash 2 (diversão) action
**agonia** *s.* 1 (ansiedade) agony 2 (indecisão) agonizing
**agoniado** *adj.* edgy
**agora** *adv.* 1 (em geral) now: *Eles moram no Canadá agora.* They live in Canada now.

| *O que vamos fazer agora?* What are we going to do now? 2 (há pouco) just now: *A Sandra não está. Ela saiu agora.* Sandra's not here. She's just now gone out. 3 (hoje em dia) nowadays 4 **agora mesmo** **a** (neste momento) right now **b** (há pouco) just now **c** (em seguida) right away 5 **agora que** now (that): *Agora que ela está namorando, não quer mais saber da gente.* Now she's in a relationship, she doesn't care about us anymore. | *É só agora que estamos começando a pensar nas férias.* It's only now we're starting to think about the vacation. 6 **a partir de agora/de agora em diante** from now on 7 **e agora?** (o que fazer?) what now? 8 **sexta-feira etc. agora** this Friday etc. coming / *conj.* but: *É isso que me disseram. Agora, se é verdade, não sei.* That's what I was told. But whether it's true or not, I don't know.

**agosto** *s.* August: *em agosto* in August

**agradar** *v.* 1 (ter boa aceitação) to go over well (BRIT: to go down well) (*a* *with*): *O discurso dele agradou.* His speech went over well. 2 **agradar a alguém** **a** (satisfazer) to please sb: *Ela estudou Medicina para agradar aos pais.* She studied medicine to please her parents. **b** (ser simpático) to be nice to sb: *Ele quer agradar às pessoas, mas acaba exagerando.* He means to be nice to people, but ends up overdoing it.

**agradável** *adj.* 1 (em geral) pleasant: *um tempo agradável* pleasant weather 2 (falando de uma atividade, experiência) enjoyable: *O romance é uma leitura muito agradável.* The novel is a very enjoyable read.

**agradecer** *v.* 1 (dizer obrigado) to say thank you (***por*** *for*): *Mandamos umas flores para agradecer.* We sent some flowers to say thank you. | *Ele nem agradeceu.* He didn't even say thank you. 2 (sentir gratidão por) to appreciate: *Agradeço a sua preocupação.* I appreciate your concern. | *"Parabéns!" - "Obrigado, eu agradeço."* "Congratulations!" - "Thanks, I appreciate it." 3 **agradecer a alguém** to thank sb (***por*** *for*): *Ela agradeceu aos pais pelo apoio.* She thanked her parents for their support. 4 **agradecer a alguém por fazer/ter feito algo** to thank sb for doing sth: *Quero te agradecer por ter me ajudado.* I want to thank you for helping me.

**agradecido** *adj.* grateful (***a*** *to*, ***por*** *for*)

**agradecimento** *s.* 1 (sentimento) appreciation (***por*** *for*) 2 **em agradecimento** as a thank-you 3 **agradecimentos** **a** (em geral) thanks (***a*** *to*, ***por*** *for*) **b** (título em livro, créditos) acknowledgements

**agrário** *adj.* **reforma agrária** land reform

**agravar** *v.* to worsen / **agravar-se** *v.* to worsen

**agredir** *v.* to attack ▸ Na linguagem jurídica, usa-se o verbo ***to assault*** quando se trata de uma agressão física.

**agressão** *s.* 1 (ataque) attack (***a*** *on*) ▸ Na linguagem jurídica, usa-se a palavra ***assault*** quando se trata de uma agressão física a outra pessoa. 2 (sentimento) aggression

**agressivo** *adj.* aggressive (***com*** *toward*)

**agressor** *s.* attacker

**agrião** *s.* watercress

**agricultor** *s.* farmer

**agricultura** *s.* agriculture

**agridoce** *adj.* sweet-and-sour

**agronomia** *s.* agronomy

**agropecuária** *s.* farming

**agrupar** *v.* to group / **agrupar-se** *v.* to group together

**água** *s.* 1 water 2 **água com/sem gás** sparkling/regular water (BRIT: fizzy/still water) 3 **dar água na boca de alguém** to make sb's mouth water ▸ Em frases genéricas, usa-se ***to make your mouth water***: *O cheiro da comida dá água na boca.* The smell of the food makes your mouth water. | *sobremesas de dar água na boca* mouth-watering desserts 4 **ir por água abaixo** to go down the drain **água benta** holy water **água corrente** running water **água da torneira** tap water **água de coco** coconut water **água doce**

fresh water **água encanada** running water **água mineral** mineral water **água pluvial** rainwater **água potável** drinking water **água salgada** salt water **água sanitária** bleach **água tônica** tonic water

**água-de-colônia** *s.* cologne

**aguado** *adj.* watery

**aguardar** *v.* **1** (esperar) to wait **2** (no telefone) to hold **3 aguardar algo/alguém** to wait for sth/sb **4 aguardar na linha** (no telefone) to hold the line

**aguardente** *s.* liquor (BRIT: spirit)

**água-viva** *s.* jelly fish

**aguçado** *adj.* (sentido) keen

**agudo** *adj.* **1** (acento, ângulo, doença) acute **2** (dor) sharp **3** (som, voz) high-pitched

**aguentar** *v.* **1** (suportar) to put up with: *Ela aguenta muita coisa.* She puts up with a lot. ▸ Em frases negativas e interrogativas, usa-se o verbo auxiliar ***can*** junto como o verbo ***stand***: *Não aguento aquele cara.* I can't stand that guy. | *Você aguenta mais uma semana desse calor?* Can you stand another week of this heat? ▸ Quando o complemento não é expresso em português, adiciona-se o complemento ***it*** em inglês: *Você vai ter que aguentar.* You'll have to put up with it. | *Não aguento mais!* I can't stand it anymore! | *Depois de uma semana, ele não aguentou e ligou para ela.* After a week, he couldn't stand it and called her. **2** (peso) to take: *Não suba na mesa que não vai aguentar o seu peso.* Don't get up on the table because it won't take your weight. **3** (durar) to last: *Esse tênis vai ter que aguentar mais um pouco.* These sneakers will have to last a little longer. | *Estava tão quente na praia que só aguentei meia hora.* It was so hot on the beach that I only lasted a half hour. **4 aguentar fazer algo** can stand to do sth: *Ele aguenta ficar vários dias sem dormir.* He can stand to go several days without sleeping. | *Não aguentei fazer mais de três repetições do exercício.* I couldn't stand to do more than three repetitions of the exercise. **5 aguentar firme** to hold out **6 aguentar o tranco** to take the strain **7 não aguentar de dor** to be in agony / **aguentar-se** *v.* **aguentar-se em pé** to manage to stand up ▸ usado junto com o verbo auxiliar ***can***: *O bêbado mal se aguentava em pé.* The drunk could hardly manage to stand up.

**águia** *s.* eagle

**agulha** *s.* **1** needle **2 enfiar a linha numa agulha** to thread a needle **agulha de tricô** knitting needle

**ai** *interj.* **1** (em geral) oh: *Ai, não sei.* Oh, I don't know. **2** (de dor) ouch!: *Ai, isso doeu!* Ouch, that hurt!

**aí** *adv.* **1** (nesse lugar) there: *Como está o tempo aí?* What's the weather like there? **2** (nesse momento) then: *Foi aí que dei por falta da minha carteira.* It was then I realized my wallet was missing. **3** (por isso) so: *Meu computador pifou, aí não deu para fazer o dever de casa.* My computer broke down so I couldn't do the homework. **4 aí dentro/fora** in/out there **5 e aí?** **a** (e depois?) and then what?: *"De repente apareceu uma cobra." – "E aí?"* "Suddenly a snake appeared." – "And then what?" **b** (cumprimento) what's up? (BRIT: all right?): *E aí? Tudo bem?* What's up? Doing OK? **6 é por aí** (é mais ou menos isso) that's about it **7 e por aí vai** and so on **8 esse/esses aí** that one/those ones: *Gostei da outra blusa também, mas essa aí ficou melhor em você.* I liked the other sweater too, but that one looks better on you. **9 por aí** **a** (perto de você) around there: *O meu celular está por aí?* Is my cell phone around there? **b** (em qualquer lugar) around: *Tem muito pilantra por aí.* There are a lot of crooks around. | *A gente se vê por aí.* See you around. **c** (nessa direção) that way **10 vir aí** (estar chegando) to be coming: *As férias vêm aí.* The vacation is coming. ▸ Para traduzir *aí vem ...*, diz-se ***here comes ...***: *Aí vem o nosso ônibus.* Here comes our bus. / *interj.* (é isso aí) that's it!

**AIDS** *s.* AIDS

**ainda** *adv.* **1** still: *Você ainda mora no mesmo lugar?* Do you still live in the same place? **2 ainda agora** just now **3 ainda assim** even so **4 ainda bem (que ...)** just as well (that ...): *"Ele não se machucou." - "Ainda bem."* "He didn't hurt himself." - "Just as well." | *ainda bem que você me lembrou* just as well you reminded me **5 ainda melhor/mais caro etc., melhor/mais caro etc. ainda** even better/more expensive etc.: *No dia seguinte, o tempo ficou pior ainda.* The next day, the weather got even worse. **6 ainda não** **a** (com resposta) not yet: *"Você já fez o seu dever de casa?" - "Ainda não."* "Have you done your homework?" - "Not yet." **b** (dando ênfase) still not: *Ele ainda não me ligou. Estou ficando preocupada.* He still hasn't called me. I'm getting worried. **7 não ... ainda** not ... yet: *O filme não começou ainda.* The movie hasn't started yet. / **ainda que** *conj.* **1** (referente ao futuro) even if: *Ainda que me implorassem, eu não iria.* Even if they begged me, I wouldn't go. **2** (referente ao presente ou passado) even though: *Ainda que o Paulo não estude, tira boas notas.* Even though Paulo doesn't study, he gets good grades. **3** (sem verbo) albeit: *Ela fala inglês fluentemente, ainda que com sotaque.* She speaks English fluently, albeit with an accent.

**aipim** *s.* manioc

**aipo** *s.* celery

**ajeitar** *v.* **1** (gravata, roupa) to straighten **2** (cabelo) to fix **3** (num lugar) to arrange / **ajeitar-se** **1** (acomodar-se) to make yourself comfortable **2** (entender-se) to work things out (***com*** *with*)

**ajoelhado** *adj.* **1** kneeling: *Ele estava ajoelhado no chão.* He was kneeling on the floor. **2 ficar ajoelhado** to kneel down

**ajoelhar** *v.* (tb **ajoelhar-se**) to kneel: *Eles se ajoelharam diante do rei.* They kneeled before the king. ▸ Quando o sentido é *ajoelhar-se no chão*, também se diz ***to kneel down***: *Ele ajoelhou para falar com a criança.* He kneeled down to talk to the child.

**ajuda** *s.* **1** (em geral) help: *Preciso da sua ajuda.* I need your help. | *Consegui fazer o dever de casa com a ajuda da minha mãe.* I managed to do the homework with my mom's help. ▸ *uma ajuda* traduz-se por ***some help***, ou às vezes também por ***a hand***, que soa mais informal e geralmente se refere a ajuda física: *Pedi uma ajuda ao professor.* I asked the teacher for some help. | *Quer uma ajuda com essas malas?* Do you want a hand with those cases? **2** (financeira, a país, região etc.) aid **3 dar uma ajuda a alguém** **a** (fisicamente) to give sb a hand **b** (de outra forma, tb com dinheiro) to help sb out

**ajudante** *s.* helper

**ajudar** *v.* **1** to help **2 ajudar (alguém) a fazer algo** to help (sb) to do sth ▸ Também se diz ***to help (sb) do sth*** sem ***to***: *Você me ajuda a fazer esse exercício?* Will you help me do this exercise? | *Reciclar ajuda a salvar o planeta.* Recycling helps to save the planet.

**ajuizado** *adj.* sensible

**ajustar** *v.* **1** (em geral) to adjust (***a/para*** *to*) **2** (aumentar) to raise / **ajustar-se** *v.* (adaptar-se) to adjust (***a*** *to*)

**ajuste** *s.* **1** (regulagem) adjustment **2** (aumento) increase: *um ajuste salarial* a pay increase **3** (acordo) agreement

**ala** *s.* **1** (de prédio) wing **2** (fileira) line (BRIT: row) **3** (de escola de samba etc.) section

**alagado** *adj.* flooded

**alagamento** *s.* **1** (processo) flooding **2** (tb **ponto de alagamento**) flood

**alagar** *v.* to flood

**alameda** *s.* boulevard

**alargar** *v.* **1** (rua, pista etc.) to widen **2** (roupa, sapato) to stretch

**alarmante** *adj.* alarming

**alarmar** *v.* to alarm

**alarme** *s.* **1** alarm: *um alarme falso* a false alarm **2 dar o alarme** to raise the alarm **alarme de incêndio** fire alarm

**alastrar** *v.* to spread / **alastrar-se** *v.* to spread
**alavanca** *s.* lever
**alavanca de mudanças** gear shift (BRIT: gear stick)
**albergue** *s.* hostel
**albergue da juventude** youth hostel
**álbum** *s.* album
**álbum de fotos** photo album **álbum de recortes** scrapbook
**alça** *s.* **1** (de roupa) strap **2** (de bolsa, mala, bule etc.) handle **3** (de rodovia) ramp (BRIT: slip road)
**alça de mira** sight
**alcachofra** *s.* artichoke
**alcançar** *v.* **1** (em geral) to reach: *Você consegue alcançar a lâmpada para trocá-la?* Can you reach the bulb to change it? | *Ele alcançou sua meta de vendas.* He reached his sales target. **2** (obter) to achieve: *A atriz alcançou a fama num programa infantil.* The actress achieved fame on a children's show. **3 alcançar alguém** (chegar ao mesmo lugar ou nível) to catch up with sb: *Vai indo que eu te alcanço.* You go on, I'll catch up with you.
**alcance** *s.* **1** (de antena, míssil etc.) range: *uma aeronave de longo alcance* a long-range aircraft **2 ao alcance** within reach (***de*** *of*) **3 ao alcance do ouvido** within earshot (***de*** *of*) **4 ao meu/seu etc. alcance** **a** (alcançável) within my/your etc. grasp: *O campeonato estava ao alcance deles.* The championship was within their grasp. **b** (na medida do possível) within my/your etc. power: *Vamos fazer tudo ao nosso alcance para ajudar.* We'll do everything in our power to help. **5 fora de alcance** out of reach **6 fora do alcance de alguém** out of sb's reach
**alcaparra** *s.* caper
**álcool** *s.* alcohol
▸ Nos países de língua inglesa, a palavra ***alcohol*** geralmente denota bebida alcoólica. O álcool que se usa no Brasil para limpeza seria chamado de ***disinfectant***.
**alcoólatra** *s.* alcoholic
**alcoólico** *adj.* **1** alcoholic **2 bebida alcoólica** (em geral) alcohol
**alcoolismo** *s.* alcoholism
**alcoolizado** *adj.* intoxicated
**aldeia** *s.* village
**alegação** *s.* claim
**alegar** *v.* **1** to claim: *Ele alega que não sabia de nada.* He claims he knew nothing about it. ▸ Também existe o verbo ***to allege***, que é usado em contextos jurídicos: *O réu alega que estava em casa naquele dia.* The defendant alleges he was at home that day. **2 alegar fazer/ser algo** to claim to do/be sth: *Ela alega não ter recebido meu e-mail.* She claims not to have received my e-mail.
**alegórico** *adj.* **carro alegórico** float
**alegrar** *v.* **1** (pessoa) to cheer up: *A música me alegra quando estou triste.* Music cheers me up when I'm sad. **2** (casa, quarto, dia etc.) to brighten up **3 alegrar a festa** to make the party go with a swing
**alegre** *adj.* **1** (pessoa, cor, decoração) cheerful **2** (ambiente, festa) lively **3** (bêbado) tipsy
**alegria** *s.* **1** (felicidade) joy **2** (animação, curtição) enjoyment **3 para minha alegria** to my delight **4 pular de alegria** to jump for joy
**aleijado** *adj.* crippled / *s.* cripple
**além** *adv.* **1** beyond **2 mais além** farther on (BRIT: further on) / **além de 1** (tirando) apart from: *Você pratica outros esportes, além de futebol?* Do you play other sports, apart from soccer? **2** (assim como) as well as: *Além de simpática, ela é muito inteligente.* As well as friendly, she's very smart. ▸ Nesta acepção, também se pode traduzir por ***in addition to***, que soa mais formal. **3** (do lado de lá de) beyond: *além do horizonte* beyond the horizon **4 além disso** apart from that ▸ Também se pode traduzir por ***besides***.
**Alemanha** *s.* Germany
**alemão** *adj, s.* German
**alergia** *s.* allergy (***a*** *to*): *Ele tem alergia ao glúten.* He has an allergy to gluten.
**alérgico** *adj.* allergic (***a*** *to*)
**alerta** *adj.* alert (***para*** *to*) / *s.* **1** (aviso) warning: *um alerta de enchente* a flood warning **2** (estado) alert: *um estado de alerta* a state

of alert **3** **dar o sinal de alerta** to sound the alert **4** **em alerta** on the alert (***para*** *for*)

**alerta de bomba** bomb scare

**alertar** *v.* **1** (avisar) to warn (***contra*** *against*, ***de*** *of*, ***sobre*** *about*): *A campanha alerta as pessoas dos riscos de fumar.* The campaign warns people of the risks of smoking. **2** (acionar) to alert: *Resolvemos alertar a polícia.* We decided to alert the police. **3** **alertar alguém para algo** to alert sb to sth **4** **alertar alguém para (não) fazer algo** to warn sb (not) to do sth

**alfabético** *adj.* alphabetical: *por ordem alfabética* in alphabetical order

**alfabetização** *s.* literacy

**alfabetizado** *adj.* able to read and write

**alfabetizar** *v.* to teach to read and write: *O Pierre foi alfabetizado em francês.* Pierre was taught to read and write in French.

**alfabeto** *s.* alphabet

**alface** *s.* lettuce

**alfândega** *s.* customs *[pl.]*: *Ainda temos que passar pela alfândega.* We still have to go through customs.

**alfandegário** *s.* customs officer / *adj.* customs: *taxas alfandegárias* customs duty

**alfazema** *s.* lavender

**alfinete** *s.* pin

**alfinete de segurança** safety pin

**algarismo** *s.* numeral: *em algarismo romano* in Roman numerals

**algas** *spl.* **1** (marinhas) seaweed *[sg.]* **2** (de água fresca) algae *[sg.]*

**algazarra** *s.* hubbub

**álgebra** *s.* algebra

**algemado** *adj.* in handcuffs

**algemar** *v.* to handcuff

**algemas** *spl.* handcuffs

**algo** *pron.* **1** something: *Quero comprar algo para ler.* I want to buy something to read. ▸ Em perguntas e frases condicionais, traduz-se por ***anything***: *Você já comeu algo hoje?* Have you eaten anything today? | *Se precisar de algo, é só me ligar.* If you need anything, all you have to do is call me. ▸ No entanto, usa-se ***something*** numa pergunta quando se espera uma reposta afirmativa, especialmente quando se trata de uma oferta ou pedido cortês: *Você quer tomar algo?* Would you like something to drink? | *Posso falar algo?* May I say something? **2** **algo mais** something else ▸ Em perguntas e frases condicionais, traduz-se por ***anything else***. / *adv.* (um tanto) somewhat: *uma situação algo delicada* a somewhat delicate situation

**algodão** *s.* cotton: *lençóis de algodão* cotton sheets ▸ No inglês britânico, o algodão hidrófilo chama-se ***cotton wool***.

**alguém** *pron.* **1** somebody, someone: *Tem alguém na porta.* There's someone at the door. ▸ Em perguntas e frases condicionais, traduz-se por ***anybody/anyone***: *Alguém ligou?* Did anyone call? | *Se alguém perguntar, fale que você não sabe de nada.* If anybody asks, say you don't know anything. ▸ No entanto, usa-se ***somebody/someone*** numa pergunta quando se espera uma reposta afirmativa, especialmente quando se trata de uma oferta ou pedido cortês: *Alguém pode me dizer as horas?* Can somebody tell me the time? **2** **alguém mais/mais alguém** somebody/someone else ▸ Em perguntas e frases condicionais, traduz-se por ***anybody/anyone else***.

**algum** *adj, pron.* **1** (um, uns) some: *Algum aluno esqueceu a mochila.* Some student has forgotten their backpack. | *Tenho algum dinheiro, mas é pouco.* I have some money, but it's not much. | *Algumas pessoas acreditam em fantasmas.* Some people believe in ghosts. | *Temos que lavar todos esses copos, alguns estão sujos.* We have to wash all theses glasses, some are dirty. ▸ Em frases interrogativas e condicionais, usa-se ***any***, que geralmente vem seguido de um substantivo no plural, desde que esse seja contável: *Algum aluno foi reprovado na prova?* Did any students fail the test? | *Se tiver alguma dúvida, levante a mão.* If you have any questions, raise your hand. ▸ Da mesma forma, ***any*** vem seguido de um verbo no plural quando substitui um substantivo contável: *Você contou as cartas do baralho? Alguma está faltando?* Have you counted the cards in the deck? Are there any missing? **2** (nenhum) no: *Em momento algum foi minha intenção te magoar.* At no time was it my intention to hurt you. **3 alguns** (vários, uns poucos) a few: *Faz algumas semanas que não vejo a Sandra.* I haven't seen Sandra for a few weeks. | *Quer uma bolacha? Pega logo algumas.* Do you want a cracker? Take a few. **4 algum deles/de nós/dos alunos etc.** one of them/us/the students etc.: *Alguma das crianças quebrou o brinquedo.* One of the children broke the toy. ▸ Em frases interrogativas e condicionais, traduz-se por ***any of them/us/the students*** etc. quando são mais de dois, e ***either of them/us/the students*** etc. quando são apenas dois: *Algum de vocês fala espanhol?* Do any of you speak Spanish? | *Ela usava um anel em alguma das mãos?* Was she wearing a ring on either of her hands? **5 alguns deles/de nós/dos alunos etc.** some of them/us/the students etc. ▸ Em frases interrogativas e condicionais, traduz-se por ***any of them/us/the students*** etc. **6 alguma coisa** something: *Alguma coisa está acontecendo.* Something is going on. ▸ Em frases interrogativas e condicionais, traduz-se por ***anything***: *Você quer alguma coisa do supermercado?* Do you want anything from the store? | *Se você precisar de alguma coisa, não se encabule.* If you need anything, don't be shy. **7 alguma vez** ever: *Se você alguma vez vier ao Brasil, pode ficar na minha casa.* If you ever come to Brazil, you can stay at my house. **8 algumas vezes** (várias vezes) a few times **9 em/para algum lugar** somewhere: *A chave tem que estar aqui em algum lugar.* The key must be here somewhere. ▸ Em frases interrogativas e condicionais, usa-se ***anywhere***: *Você viu meu celular em algum lugar?* Have you seen my cell phone anywhere? | *Se a gente for para algum lugar mais tarde, te aviso.* If we go anywhere later, I'll let you know.

**alheio** *adj.* **1** (dos outros) other people's: *Ela vive bisbilhotando a vida alheia.* She's always prying into other people's business. **2** (de outra pessoa) someone else's: *É uma sensação estranha usar uma roupa alheia.* It's a strange feeling wearing someone else's clothes.

**alho** *s.* garlic: *um dente de alho* a clove of garlic

**alho-poró** *s.* leek

**ali** *adv.* **1** (naquele lugar) there: *Vá até a praça. Ali tem um correio.* Go up to the square. There's a post office there. ▸ Ao se indicar um local que se pode ver, traduz-se por ***over there***: *Aquela senhora ali é a nossa professora de História.* That lady over there is our history teacher. **2** (aquele momento) then: *a partir dali* from then on **3 ali dentro/fora** in/out there **4 ali por** (aproximadamente) around about: *ali pelas oito horas* around about eight o'clock **5 por ali** **a** (naquela área) around there **b** (naquela direção) that way **6 é/foi ali que** that's where: *Você está vendo aquela igreja? Foi ali que meus pais se casaram.* Can you see that church? That's where my parents got married.

**aliado** *s.* ally / *adj.* allied

**aliança** *s.* **1** (anel) wedding ring **2** (pacto) alliance

**aliás** *adv.* **1** (a propósito) by the way: *Pretendo vender meu computador. Aliás, você conhece alguém que possa estar interessado?* I plan to sell my computer. By the way, do you know anyone who might be interested? **2** (na verdade) as a matter of fact: *Não escolhi uma roupa para a festa ainda. Aliás, nem sei se vou à festa.* I haven't picked out an outfit for the party yet. As a matter of fact, I'm not sure I'm going to the party. **3** (ou melhor) I mean: *Somos oito pessoas, aliás, nove.* There are eight of us, I mean, nine. **4** (ainda por cima) what's more: *A comida daquele restaurante é deliciosa. Aliás, é bem em conta também.* The food in that restaurant is delicious. What's more, it's very affordable.

**álibi** *s.* alibi
**alicate** *s.* **1** (ferramenta) pliers ▸ A palavra ***pliers*** é plural em inglês: *Onde está o alicate?* Where are the pliers? ▸ *Um alicate* traduz-se por ***some pliers*** ou ***a pair of pliers***: *Preciso de um alicate.* I need some pliers. **2** (tb **alicate de unha**) nail clippers ▸ A palavra ***nail clippers*** é plural em inglês: *Esse alicate de unha está quebrado.* These nail clippers are broken. ▸ *Um alicate de unha* traduz-se por ***some nail clippers*** ou ***a pair of nail clippers***: *Comprei um alicate novo.* I bought a new pair of nail clippers.
**alicerces** *spl.* foundations
**aliche** *s.* anchovy
**alienado** *adj.* **1** (fora da realidade) out of touch **2** (que se sente excluído) alienated
**alienígena** *adj, s.* alien
**alimentação** *s.* **1** (forma de se alimentar) diet: *uma alimentação saudável* a healthy diet **2** (alimentos) food *[sg.]*: *a praça de alimentação* the food court
**alimentar** *v.* **1** (dar comida a) to feed (***com*** *on*) **2** (ser nutritivo) to be nutritious: *O açaí alimenta.* Açaí is nutritious. **3** (aumentar) to fuel: *A ignorância alimenta o preconceito.* Ignorance fuels prejudice. **4 alimentar esperanças** **a** (dos outros) to raise hopes: *A vitória alimentou as esperanças da torcida.* The win raised fans' hopes. **b** (próprias) to hold out hope: *Ele ainda alimenta esperanças de voltar com a ex-namorada.* He still holds out hope of getting back together with his ex-girlfriend. / *adj.* eating: *hábitos alimentares* eating habits | *um distúrbio alimentar* an eating disorder / **alimentar-se** *v.* **1** to eat: *Tento me alimentar de forma saudável.* I try to eat healthily. **2 alimentar-se de algo** to live on sth: *Não dá para se alimentar de porcarias.* You can't live on junk food.
**alimentício** *adj.* **1** (da alimentação) food: *a indústria alimentícia* the food industry **2 gêneros alimentícios** foodstuffs **3 pensão alimentícia** alimony
**alimento** *s.* food: *alimentos dietéticos* diet foods
**alinhado** *adj.* **1** (texto) aligned **2** (elegante) sharp (BRIT: smart)
**alinhar** *v.* (texto) to align
**alisar** *v.* **1** (lençol, papel etc.) to smooth out **2** (acariciar) to stroke **3** (cabelo) to straighten ▸ Quando se fala de *alisar o cabelo* com o cabeleireiro, diz-se ***to have your hair straightened.***
**alistar-se** *v.* to enlist (***em*** *in*)
**aliviado** *adj.* relieved: *Fiquei aliviado quando encontrei a carteira.* I was relieved when I found my wallet.
**aliviar** *v.* **1** (amenizar) to relieve: *Ela tomou um remédio para aliviar a dor de cabeça.* She took a pill to relieve her headache. **2** (tornar mais leve) to lighten: *Tirei uns livros para aliviar a mochila.* I took some books out to lighten my backpack. **3 aliviar para alguém** (pegar leve) to go easy on sb
**alívio** *s.* relief: *Que alívio!* What a relief!
**alma** *s.* soul: *de corpo e alma* body and soul | *Não havia alma viva na rua.* There wasn't a living soul on the street.
**alma gêmea** soul mate
**almirante** *s.* admiral
**almoçar** *v.* to have lunch
**almoço** *s.* **1** lunch **2 comer algo no almoço** to have sth for lunch **3 na hora do almoço** at lunchtime
**almoço executivo** lunch special (BRIT: set lunch)
**almofada** *s.* **1** (em geral) cushion **2** (decorativa) pillow (BRIT: cushion)
**almôndega** *s.* meatball
**alô** *interj.* **1** (no telefone) hello! **2** (chamando atenção) hey!
**alojamento** *s.* **1** (hospedagem) accommodations (BRIT: accommodation) **2** (de estudantes) dormitory (BRIT: hall of residence) **3** (de sem-teto) hostel **4** (de militares) bunkhouse
**alojar** *v.* **1** (visita etc.) to put up: *Conhecemos uma família que nos alojou por alguns dias.* We got to know a family who put us up for a few days. ▸ Também existe o verbo ***to accommodate***, que soa mais formal. **2** (desalojado, sem-teto) to house / **alojar-se** *v.* (ficar hospedado) to lodge

**alongamento** *s.* 1 (série de exercícios) stretching 2 (um movimento) stretch
**alongar** *v.* (esticar) to stretch / **alongar-se** *v.* 1 (esticar-se) to stretch 2 (dizer muito) to go on at length
**alpinismo** *s.* mountaineering
**alpinista** *s.* mountaineer
**alta** *s.* 1 (de preços etc.) rise (***de*** *in*) 2 (do hospital) discharge 3 **dar alta a alguém** to discharge sb 4 **receber/ter alta** to be discharged (***de*** *from*)
**altar** *s.* altar
**alterado** *adj.* 1 (nervoso) worked up 2 **ficar alterado** to get worked up
**alterar** *v.* to alter / **alterar-se** *v.* 1 (mudar) to change 2 (ficar nervoso) to get worked up
**alternado** *adj.* alternate: *em dias alternados* on alternate days
**alternar** *v.* 1 to alternate (***com*** *with*) 2 **alternar com alguém** (revezar) to take turns with sb / **alternar-se** *v.* (pessoas) to take turns
**alternativa** *s.* alternative: *Não temos alternativa senão desistir.* We have no alternative but to quit.
**alternativo** *adj.* alternative
**altitude** *s.* altitude: *a 3.000 metros de altitude* at an altitude of 3,000 meters
**alto** *adj.* 1 (elevado, superior) high: *um muro alto* a high wall | *um alto nível de inglês* a high level of English 2 (árvore, pessoa, prédio) tall: *Ele é mais alto do que o pai.* He's taller than his dad. 3 (música, som, etc.) loud: *Abaixe a TV que está muito alta.* Turn the TV down, it's too loud. 4 (alcoolizado) tipsy 5 **em voz alta** out loud ▸ Também se diz ***aloud***. / *adv.* 1 (falar, tocar etc.) loudly ▸ Na linguagem familiar, também se diz *loud.* 2 (voar) high 3 **contar/explicar algo por alto** to tell/explain the gist of sth 4 **ler algo por alto** to skim through sth / *s.* 1 (topo) top: *no alto da montanha* at the top of the mountain 2 **de alto a baixo** from top to bottom 3 **jogar tudo para o alto** to drop everything 4 **no alto** high up / *interj.* 1 stop! 2 **alto lá!** stop right there!
**alto-astral** *adj.* upbeat: *O Pedro é uma pessoa muito alto-astral.* Pedro's a very upbeat person. / *s.* good vibes *[pl.]*
**alto-falante** *s.* loudspeaker
**alto-mar** *s.* open ocean (BRIT: open sea): *em alto-mar* on the open ocean ▸ Quando o sentido é *dentro do mar*, usa-se a preposição ***in***.
**altura** *s.* 1 (estatura, dimensão) height: *O sarrafo está em que altura?* What height is the bar at? 2 (momento) stage: *Em que altura da noite você deu por falta da carteira?* At what stage in the evening did you realize your wallet was missing? 3 (de rua, avenida etc.) point: *O restaurante fica em que altura da Via Dutra?* At which point along the Via Dutra is the restaurant? ▸ Nesta acepção, *em que altura de ...?* também se pode traduzir por ***whereabouts along*** ou ***on ...?***. Traduz-se *na altura de ...* por ***by***: *A loja fica na altura da igreja.* The store is by the church. 4 (em música) pitch 5 **à altura de alguém** (digno de) on sb's level: *Vai ser difícil ela arrumar um namorado à altura dela.* It'll be hard for her to find a boyfriend on her level. 6 **à altura de (fazer) algo** (cargo, desafio, tarefa etc.) up to (doing) sth: *Não sei se o time está à altura de ganhar o campeonato.* I don't know if the team is up to winning the championship. 7 **a certa altura** at some stage 8 **medir/ter ... de altura** **a** (árvore, pessoa, prédio) to be ... tall: *Ele tem 1,80 m de altura.* He's 1.80 m tall. | *Você tem quanto de altura?* How tall are you? **b** (outras coisas) to be ... high: *O Corcovado tem 706 m de altura.* Corcovado is 706 m high. 9 **nessa altura** **a** (aí) at that stage **b** (agora) at this stage 10 **nessa altura do campeonato** at this stage of the game 11 **qual a altura de ...?** **a** (árvore, pessoa, prédio) how tall is/are ...?: *Qual é a sua altura?* How tall are you? **b** (outras coisas) how high is/are ...?: *Que altura tem o Monte Everest?* How high is Mount Everest?
**alucinação** *s.* 1 hallucination 2 **ter alucinações** to hallucinate

**alucinado** *adj.* 1 (louco, furioso) crazy (***por*** *about*): *Ela é alucinada por aquele cachorro dela.* She's crazy about that dog of hers. 2 (desesperado) frantic: *alucinado de dor* frantic with pain 3 **estar alucinado com algo/alguém** (gostar muito) to be crazy about sth/sb 4 **deixar alguém alucinado** to drive sb crazy 5 **ficar alucinado com algo/alguém** (nervoso) to get infuriated with sth/sb

**alucinante** *adj.* 1 (irritante) infuriating 2 (difícil de assimilar) mind-boggling 3 (dor) excruciating

**alucinar** *v.* 1 (irritar) to infuriate 2 (enlouquecer) to drive crazy

**alugar** *v.* 1 (de alguém) to rent (***de*** *from*): *Alugamos uma casa na praia para passar as férias.* We rented a house at the beach for the vacation. | *Quero alugar uma bicicleta por dois dias.* I want to rent a bike for two days. ▸ No inglês britânico, usa-se o verbo *to hire* quando se trata de alugar carro, bicicleta, equipamento etc. 2 (um imóvel para alguém) to rent (***a/para*** *to*): *Eles pretendem alugar sua casa durante as Olimpíadas.* They plan to rent their house during the Olympics. | *"Aluga-se"* "For rent" ▸ Nesta acepção, usa-se ***to rent out*** no inglês britânico. 3 (carro, equipamento etc. para alguém) to rent out (BRIT: to hire out) (***a/para*** *to*): *A loja aluga patins.* The store rents out skates. 4 **alugar alguém** (ficar falando com) to bend sb's ear: *Ela vive me alugando.* She's always bending my ear.

**aluguel** *s.* 1 (de imóvel) rent 2 (de carro, equipamento etc.) rental (BRIT: hire) 3 **viver de aluguel** to live in a rental property (BRIT: to live in rented accommodation)

**alumínio** *s.* aluminum (BRIT: aluminium)

**aluno** *s.* 1 (escolar, universitário) student 2 (de aula particular etc.) pupil

**alvo** *s.* 1 target 2 **tiro ao alvo** target practice

**alvoroço** *s.* uproar

**amaciante** *s.* (para roupas) fabric softener

**amaciar** *v.* to soften

**amado** *adj, s.* beloved

**amador** *adj, s.* amateur

**amadurecer** *v.* 1 (fruta) to ripen 2 (pessoa, ideia) to mature

**amaldiçoar** *v.* to curse

**amamentar** *v.* to breast-feed

**amanhã** *adv.* 1 tomorrow: *o jornal de amanhã* tomorrow's paper 2 **amanhã de manhã/à tarde/à noite** tomorrow morning/afternoon/night 3 **depois de amanhã** the day after tomorrow

**amanhecer** *s.* 1 dawn 2 **ao amanhecer** at dawn / *v.* 1 (ficar dia claro) to get light: *Está amanhecendo lá fora.* It's getting light outside. 2 (pessoa) to wake up 3 (dia) to dawn

**amante** *s.* lover: *um amante da natureza* a nature lover

**amar** *v.* 1 to love 2 **amar fazer algo** to love doing sth ▸ Também se diz ***to love to do sth***. / **amar-se** *v.* to love each other: *Os dois se amam muito.* The two of them love each other very much.

**amarelar** *v.* (não ter coragem) to chicken out

**amarelo** *adj, s.* 1 (cor) yellow 2 (risada, sorriso) forced / *adv.* **rir/sorrir amarelo** to give a forced laugh/smile

**amargo** *adj.* 1 bitter 2 **chocolate amargo** plain chocolate

**amarrar** *v.* 1 (em geral) to tie (***em*** *to*): *Ele parou para amarrar o sapato.* He stopped to tie his shoe. | *Amarrei a etiqueta na minha bolsa.* I tied the tag to my bag. 2 (pessoa, animal) to tie up 3 (embarcação) to moor / **amarrar-se** *v.* **amarrar-se em algo** (gostar muito) to be really into sth: *Ele se amarra em filme antigo.* He's really into old movies.

**amarrotar** *v.* (roupa) to wrinkle (BRIT: to crease)

**amassado** *adj.* 1 (roupa) wrinkled (BRIT: creased): *A saia dela ficou toda amassada.* Her skirt got all wrinkled. 2 (papel) crumpled 3 (carro, objeto de metal) dented 4 (legumes) mashed

**amassar** *v.* 1 (roupa) to wrinkle (BRIT: to crease) 2 (papel) to screw up: *Ela amassou a carta e jogou no lixo.* She screwed the letter up and threw it in the trash. 3 (carro, objeto de metal) to dent: *A faxineira amassou a porta da geladeira.* The cleaner dented the fridge door. **4** (lata) to crush **5** (massa, pão) to knead **6** (legumes) to mash

**amável** *adj.* (gentil) kind (***com*** *to*)

**Amazonas** *s.* (rio) Amazon

**Amazônia** *s.* Amazon region

**amazônico** *adj.* Amazon: *a floresta amazônica* the Amazon rainforest

**ambição** *s.* ambition

**ambicioso** *adj.* ambitious

**ambiental** *adj.* environmental

**ambientalista** *adj.* environmental / *s.* environmentalist

**ambiente** *s.* **1** (meio) environment: *o ambiente familiar* the family environment **2** (clima) atmosphere: *um ambiente descontraído* a relaxed atmosphere **3** (de casa) sitting area / *adj.* **temperatura ambiente** room temperature

**ambíguo** *adj.* **1** (frase, palavra etc.) ambiguous **2 sentimentos ambíguos** mixed feelings

**ambos** *adj.* **ambos os/ambas as** both: *ambas as mãos* both hands / *pron.* **1** (nós dois) both of us ▸ Como sujeito do verbo, também se diz ***we both***. **2** (vocês dois) both of you ▸ Como sujeito do verbo, também se diz ***you both***. **3** (eles dois) both of them ▸ Como sujeito do verbo, também se diz ***they both***.

▸ Diferentemente do português, o uso do artigo definido com a palavra ***both*** é opcional. Assim, *ambas as irmãs* pode-se traduzir por ***both sisters, both the sisters*** ou até mesmo ***both of the sisters***. Em conjunto com um pronome de sujeito, ***both*** pode ser colocado depois do primeiro verbo auxiliar, se houver, ou ligado ao pronome com ***of***: ***We're both learning English*** ou ***Both of us are learning English*** (= Ambos estamos estudando inglês.).

**ambulância** *s.* ambulance

**ambulante** *adj.* **1** (vivo) walking: *Ele é um dicionário ambulante.* He's a walking dictionary. **2** (biblioteca, consultório etc.) mobile **3 circo ambulante** traveling circus (BRIT: travelling circus) **4 vendedor ambulante** street vendor

**ambulatório** *s.* outpatients' clinic

**ameaça** *s.* threat (***a/para*** *to*)

**ameaçador** *adj.* threatening

**ameaçar** *v.* **1** to threaten (***de*** *with*): *O aluno foi ameaçado de expulsão.* The student was threatened with expulsion. **2 ameaçar fazer algo** to threaten to do sth **3 ser ameaçado de morte** to get death threats

**ameixa** *s.* **1** (fresca) plum **2** (seca) prune

**amêndoa** *s.* almond

**amendoim** *s.* peanuts *[pl.]*: *um grão de amendoim* a peanut

**amenidades** *spl.* **1** (conversa) small talk *[sg.]* **2** (de hotel etc.) amenities **3 falar de amenidades** to make small talk

**ameno** *adj.* **1** (clima) mild **2** (lugar) pleasant

**América** *s.* America

**América Central** Central America **América do Norte** North America **América do Sul** South America **América Latina** Latin America

**americano** *adj, s.* American

**amigável** *adj.* friendly

**amígdala** *s.* tonsil

**amigdalite** *s.* tonsillitis

**amigo** *s.* friend: *um amigo nosso* a friend of ours / *adj.* **1** friendly **2 ser muito amigo** to be a good friend (***de*** *of*): *Somos muito amigos.* We're good friends. | *Ela é muito amiga minha.* She's a good friend of mine.

**amistoso** *adj, s.* friendly: *um amistoso entre Brasil e Itália* a friendly between Brazil and Italy

**amizade** *s.* **1** friendship **2 amizades** (amigos) friends **3 fazer amizade** to make friends (***com*** *with*)

**amolar** *v.* **1** (afiar) to sharpen **2** (incomodar) to bother

**amontoar** *v.* to pile up / **amontoar-se** *v.* to pile up

**amor** *s.* **1** love: *o amor à primeira vista* love at first sight **2 fazer amor** to make love (***com*** *with*) **3 (meu) amor** (tratamento) honey (BRIT: love) **4 ser um amor (de pessoa)** to be adorable (BRIT: to be sweet)

**amora** *s.* blackberry
**amoroso** *adj.* 1 (gesto, pessoa) loving 2 **caso amoroso** love affair 3 **decepção amorosa** broken love affair 4 **problemas amorosos** relationship problems 5 **vida amorosa** love life
**amor-próprio** *s.* 1 (autoestima) self-respect 2 (brios) pride
**amostra** *s.* sample
**amparar** *v.* to support
**ampliação** *s.* enlargement
**ampliar** *v.* 1 (imagem) to enlarge 2 (metrô, rodovia etc.) to extend 3 (conhecimentos, horizontes) to broaden
**amplificador** *s.* amplifier
**amplo** *adj.* 1 (abrangente) broad 2 (espaçoso) spacious
**amputar** *v.* to amputate ▸ No sentido de *ter algo amputado*, traduz-se por ***to have sth amputated***.
**amuleto** *s.* lucky charm
**anabolizante** *s.* steroid
**analfabetismo** *s.* illiteracy
**analfabeto** *adj.* illiterate / *s.* illiterate person
**analgésico** *s.* painkiller
**analisar** *v.* to analyze (BRIT: to analyse)
**análise** *s.* analysis ▸ O plural é *analyses.*
**analista** *s.* analyst
**analista de sistemas** systems analyst
**anão** *adj, s.* dwarf
**anão de jardim** garden gnome
**anarquista** *adj, s.* anarchist
**anatomia** *s.* anatomy
**ancião** *s.* (de tribo) elder
**ancinho** *s.* rake
**âncora** *s.* anchor
**andaime** *s.* scaffolding
**andamento** *s.* 1 (de projeto etc.) progress 2 (musical) tempo 3 **dar andamento a/em algo** to get sth underway 4 **em andamento** underway
**andar** *v.* 1 (caminhar) to walk: *Ele estava tão bêbado que mal conseguia andar.* He was so drunk he could hardly walk. ▸ Expressões como *ir/subir/voltar* etc. *andando* traduzem-se acrescentando um advérbio ou uma preposição de direção ao verbo ***to walk***: *Fomos andando até o cinema.* We walked to the movie theater. | *Tive que voltar tudo andando.* I had to walk all the way back. 2 (fila, trânsito, veículo etc.) to move: *O ônibus não andava.* The bus wasn't moving. 3 (falando da vida, dos negócios etc.) to go: *Como andam as coisas?* How are things going? 4 (falando da velocidade) to go: *A moto andava a 120 km/h.* The motorcycle was going at 120 km/h. 5 (relacionar-se) to go around (**com** *with*): *Ele anda com uma turma barra-pesada.* He goes around with a rough crowd. 6 (progredir) to move along: *O projeto não anda.* The project isn't moving along. 7 **andar cansado/triste etc.** (sensação) to have been feeling tired/sad etc.: *Ando meio estressado ultimamente.* I've been feeling a little stressed out lately. 8 **andar com algo** (ter tido) to have been having sth: *Eles andam com uns problemas de dinheiro.* They've been having some money problems. 9 **andar de avião** to fly: *Você já andou de avião?* Have you ever flown? 10 **andar de bicicleta** **a** (pedalar) to bike (BRIT: to cycle): *Gosto de andar de bicicleta.* I like biking. **b** (equilibrar-se) to ride a bike: *Você sabe andar de bicicleta?* Can you ride a bike? 11 **andar de metrô/ônibus/trem** to take the subway/bus/train 12 **andar ocupado** to have been busy: *Meu pai anda muito ocupado.* My dad's been very busy. 13 **andar logo** (apressar-se) to hurry up 14 **anda!** (rápido) come on! / *v. aux.* **andar fazendo algo** to have been doing sth: *Ando lendo muita ficção científica.* I've been reading a lot of sci-fi. / *s.* 1 (maneira de andar) walk: *Ele tem um andar estranho.* He has a strange walk. 2 floor: *Ela mora no último andar.* She lives on the top floor. 3 **de ... andares** ...-story (BRIT: ...-storey): *um prédio de dez andares* a ten-story building 4 **no andar de baixo/cima** downstairs/upstairs **andar térreo** first floor (BRIT: ground floor) ▸ Nos EUA, o andar térreo é chamado de ***first floor***,

o primeiro andar de ***second floor***, e assim por diante. Nos demais países de língua inglesa, o térreo chama-se ***ground floor***, o primeiro andar ***first floor*** etc. como no Brasil.

**anedota** *s.* anecdote

**anel** *s.* **1** (joia) ring: *um anel de brilhantes* a diamond ring **2** (elo) link

**anel rodoviário** beltway (BRIT: ring road)

**anestesia** *s.* anesthetic (BRIT: anaesthetic)

**anestesia geral/local** general/local anesthetic

**anestesiar** *v.* to anesthetize (BRIT: to anaesthetize)

**anexar** *v.* **1** (a e-mail ou com grampo) to attach (***a*** *to*) **2** (dentro do mesmo envelope) to enclose (***a*** *with*)

**anexo** *s.* **1** (a e-mail) attachment **2** (prédio) annex / *adj.* **1** (a e-mail ou grampeado) attached **2** (dentro do mesmo envelope) enclosed **3** (prédio, sala) adjoining **4 segue (em) anexo ...** **a** (em e-mail) please find attached ... **b** (em carta) please find enclosed ...

**anfiteatro** *s.* amphitheater (BRIT: amphitheatre)

**anfitriã** *s.* hostess

**anfitrião** *s.* host

**angariar** *v.* **1** (recursos) to collect **2** (votos) to canvass for

**anglicano** *adj, s.* Anglican

**anglo-saxão** *adj, s.* Anglo-Saxon

**Angola** *s.* Angola

**angolano -na** *adj, s.* Angolan

**ângulo** *s.* **1** angle **2 por outro ângulo** from a different angle

**ângulo reto** right angle

**angústia** *s.* anguish

**angustiado** *adj.* full of anguish

**angustiante** *adj.* **1** (espera, momentos etc.) nerve-racking **2** (problema, situação) distressing

**animação** *s.* **1** (vontade) enthusiasm **2** (clima, movimento) lively atmosphere **3** (desenhos animados) animation

**animado** *adj.* **1** (entusiasmado) enthusiastic (***com*** *about*) **2** (ansioso) excited (***com*** *about*) **3** (alegre, movimentado) lively **4 desenho animado** cartoon **5 estar animado para fazer algo** to be excited about doing sth: *Você está animado para viajar?* Are you excited about going on a trip?

**animal** *adj, s.* animal

**animal de estimação** pet

**animar** *v.* **1** (alegrar) to cheer up: *Minhas amigas sempre me animam quando fico triste.* My friends always cheer me up when I get sad. **2** (incentivar) to encourage: *Eu não estava muito a fim de ir ao show, mas os meus amigos me animaram.* I didn't really feel like going to the concert, but my friends encouraged me. **3** (conversa, festa, noite etc.) to liven up **4 animar alguém a fazer algo** to encourage sb to do sth / **animar-se** *v.* **1** (alegrar-se) to cheer up **2** (conversa, festa, noite etc.) to liven up **3** (entusiasmar-se) to work up the enthusiasm **4 animar-se a fazer algo** to work up the enthusiasm to do sth

**ânimo** *s.* **1** motivation **2 ânimos** tempers: *Os ânimos ficaram exaltados.* Tempers flared. **3 perder o ânimo** to get discouraged **4 sem ânimo para fazer algo** not feeling in the mood to do sth **5 ter ânimo de fazer algo** to be in the mood to do sth / *interj.* chin up!

**aniquilar** *v.* to annihilate

**aniversariante** *s.* (homem/mulher) birthday boy/girl

**aniversário** *s.* **1** (data de nascimento) birthday: *no meu aniversário de 10 anos* on my tenth birthday | *um presente de aniversário* a birthday present | *Feliz aniversário!* Happy birthday! **2** (comemoração) birthday celebration: *Fomos ao aniversário do meu primo.* We went to my cousin's birthday celebration. ▶ Se for uma festa, diz-se ***birthday party***. **3** (de acontecimento, cidade etc.) anniversary: *o aniversário da proclamação da república* the anniversary of the proclamation of the republic **4 de aniversário/no aniversário de alguém** for sb's birthday: *O que vamos dar para ela de aniversário?* What are we going to give her for her birthday? | *Ganhei essa blusa no meu aniversário.* I got this sweater for my birthday. 5 **fazer aniversário** ▸ Traduz-se usando ***to be sb's birthday***. Veja exemplos: *Quando você faz aniversário?* When is your birthday? | *Faço aniversário em março.* My birthday's in March. | *Ela vai fazer aniversário semana que vem.* It's her birthday next week. | *Ele está fazendo aniversário hoje.* It's his birthday today.

**aniversário de casamento** wedding anniversary

**anjo** *s.* angel

**anjo da guarda** guardian angel

**ano** *s.* 1 (em geral) year: *Eles moraram nos EUA durante dois anos.* They lived in the U.S. for two years. 2 (série escolar) grade (BRIT: year): *Em que ano você está?* What grade are you in? 3 **aos/com ... anos (de idade)** at the age of ...: *Ela veio para o Brasil aos cinco anos.* She came to Brazil at the age of five. 4 **de ... anos** **a** (falando de idade) ...-year-old: *uma mulher de 25 anos* a 25-year-old woman **b** (falando de duração) ...-year: *um curso de três anos* a three-year course 5 **de dois em dois/três em três etc. anos** every two/three etc. years 6 **em julho etc. do ano passado/que vem** last/next July etc. 7 **em maio etc. desse ano** this May etc. 8 **fazer anos** to have your birthday: *A Daniela fez anos ontem.* Daniela had her birthday yesterday. 9 **nesse ano** this year 10 **no ano passado/que vem** last/next year 11 **no ano retrasado** the year before last 12 **o ano todo** all year round 13 **os anos oitenta/noventa etc.** the eighties/nineties etc. ▸ Também se escreve ***the '80s/'90s*** ou ***the 1980s/1990s***: *nos anos setenta* in the seventies | *a música dos anos sessenta* sixties music 14 **passar de ano** (na escola) to be promoted 15 **por ano** a year: *duas vezes por ano* twice a year 16 **repetir o ano** to be held back 17 **ter ... anos (de idade)** to be ... (years old) ▸ Observe que se usa o verbo ***to be*** para falar da idade em inglês. A idade em si expressa-se com o número e mais nada, ou com o número seguido de ***years old***: *Ela tem 16 anos.* She's 16. ▸ *Quantos anos ...?* traduz-se por ***How old ...?*** com o verbo ***to be***: *Quantos anos você tem?* How old are you? 18 **todo ano** every year

**ano bissexto** leap year **ano letivo** school year

▸ Não fale **I'm fifteen years*, mas sim ***I'm fifteen*** ou ***I'm fifteen years old***.

**anoitecer** *v.* to get dark / *s.* 1 nightfall 2 **ao anoitecer** at nightfall ▸ Na linguagem informal, diz-se ***when it gets/got dark***.

**ano-luz** *s.* light year

**anonimato** *s.* anonymity

**anônimo** *adj.* anonymous

**ano-novo** *s.* New Year's (BRIT: New Year): *no ano-novo* at New Year's | *na véspera do ano-novo* on New Year's Eve

**anorexia** *s.* anorexia

**anoréxico** *adj, s.* anorexic

**anormal** *adj.* abnormal

**anotação** *s.* 1 note 2 **fazer anotações** (em aula etc.) to take notes

**anotar** *v.* to note down: *Vou anotar o seu endereço.* I'll note down your address.

**ânsia** *s.* 1 (desejo) longing (***de/por*** *for*) 2 (tb **ânsia de vômito**) nausea (BRIT: sickness) 3 **ânsia de fazer algo** (pressa) eagerness to do sth 4 **dar ânsia de vômito em alguém** to make sb nauseous (BRIT: to make sb feel sick): *Aquele cheiro me deu ânsia de vômito.* That smell made me nauseous. ▸ Em frases genéricas, diz-se ***to make you nauseous***: *O cheiro de ovo podre dá ânsia.* The smell of bad eggs makes you nauseous. 5 **ter ânsia de vômito** to feel nauseous (BRIT: to feel sick)

**ansiedade** *s.* anxiety

**ansioso** *adj.* 1 (animado) eager 2 (apreensivo) anxious 3 **estar ansioso para fazer algo** to be looking forward to doing sth: *Estamos ansiosos para viajar no fim de semana.* We're looking forward to going away at the weekend. 4 **estar ansioso por algo** (animado) to be looking forward to sth: *Estou ansioso pelas férias.* I'm looking forward to the vacation. | *A festa vai ser muito legal. Estou ansioso.* The party's going to be really good. I'm looking forward to it.

**anta** *s.* tapir

**Antártica** *s.* Antarctic

**antártico** *adj.* Antarctic

**antecedência** *s.* **com antecedência** in advance: *com muita antecedência* a long time in advance | *Compramos as passagens com seis meses de antecedência.* We bought the tickets six months in advance.

**antecedentes** *spl.* record *[sg.]*
**antecedentes criminais** criminal record *[sg.]*

**antecipadamente** *adv.* in advance

**antecipar** *v.* 1 (evento, reunião etc.) to bring forward: *Anteciparam para segunda-feira a reunião dos professores.* They brought the teachers' meeting forward to Monday. 2 **antecipar o voo** to get an earlier flight

**antena** *s.* 1 (de rádio, TV etc.) antenna (BRIT: aerial) 2 (de inseto) antenna ▸ Nesta acepção, o plural é ***antennae***.
**antena parabólica** satellite dish

**antenado** *adj.* **estar/ficar antenado** to have/keep your ear to the ground (***com*** *on*, ***em*** *for*): *Gosto de ficar antenado nas novidades tecnológicas.* I like to keep my ear to the ground for new tech products.

**anteontem** *adv.* 1 the day before yesterday 2 **anteontem à noite** the night before last

**antepassado** *s.* ancestor

**anterior** *adj.* previous: *na aula anterior* in the previous class ▸ Na linguagem informal, e especialmente em expressões de tempo, é mais comum usar ***before*** depois do substantivo: *no dia anterior* the day before | *no começo da semana anterior* at the beginning of the week before

**antes** *adv.* 1 before: *Eu devia ter pensado nisso antes.* I should have thought of that before. 2 **antes fosse!** I wish! / **antes de** *prep.* 1 before: *antes das férias* before the vacation 2 **antes de fazer algo** before doing sth: *Apague a luz antes de sair da sala.* Turn off the light before leaving the room. ▸ Na linguagem informal, é mais comum usar um verbo finito depois da conjunção ***before***: *Costumo ler antes de dormir.* I usually read before I go to sleep. 3 **antes de algo/alguém fazer algo** before sth/sb does sth: *Vamos arrumar aqui dentro antes de os convidados chegarem.* Let's clean up in here before the guests arrive. | *Ele chegou ao aeroporto quinze minutos antes de o voo sair.* He got to the airport fifteen minutes before the plane left. / **antes que** *conj.* before: *Vamos para casa antes que chova.* Let's go home before it rains.

**antibiótico** *adj, s.* antibiotic

**anticoncepcional** *adj, s.* contraceptive

**anticorpo** *s.* antibody

**antidoping** *adj.* **teste antidoping** drug test

**antídoto** *s.* antidote

**antigamente** *adv.* 1 (antes) before: *Antigamente eu fazia judô.* I used to do judo before. ▸ Observe que o significado da locução verbal ***used to do*** dispensa a tradução de *antigamente* em muitos casos: *Esse prédio era um cinema antigamente.* This building used to be a movie theater. 2 (em épocas passadas) in the past: *Antigamente as pessoas viajavam de carruagem.* In the past, people traveled by carriage. ▸ Também se diz *in the olden days* ou *in olden times*.

**antigo** *adj.* 1 (velho) old: *A banda tocou umas músicas antigas.* The band played some old songs. 2 (anterior) old: *minha antiga escola* my old school ▸ Na linguagem mais formal, traduz-se por *former*: *na antiga União Soviética* in the former Soviet Union 3 (do velho estilo) old-fashioned: *Ele ainda tem um daqueles telefones antigos a manivela.* He still has one of those old-fashioned wind-up telephones. 4 (de época) antique: *móveis antigos* antique furniture 5 (do mundo antigo) ancient: *a Grécia antiga* ancient Greece

**antiguidade** *s.* (objeto) antique: *uma feira de antiguidades* an open-air antique market ▸ Existe também a palavra ***antiquity***, que designa um objeto da época do mundo antigo, ou essa época em si.
**anti-higiênico** *adj.* unhygienic
**anti-horário** *adj.* **em sentido anti-horário** counterclockwise (BRIT: anticlockwise)
**antipatia** *s.* **1** dislike (***por*** *of*) **2 ter antipatia por algo/alguém** to dislike sth/sb
**antipático** *adj.* **1** (como pessoa) unfriendly (***com*** *to*) **2** (inconveniente) unpleasant (***com*** *to*)
**antiquado** *adj.* old-fashioned ▸ Também existe a palavra ***antiquated***, que soa mais formal.
**antiquário** *s.* **1** (loja) antique store (BRIT: antique shop) **2** (pessoa) antique dealer
**antisséptico** *adj, s.* antiseptic
**antissocial** *adj.* antisocial
**antologia** *s.* anthology
**antológico** *adj.* classic
**antônimo** *s.* antonym
**antropologia** *s.* anthropology
**antropólogo** *s.* anthropologist
**anual** *adj.* annual ▸ Também existe a palavra ***yearly***, que é menos usada. Com valores, traduz-se por ***a year***: *50 milhões anuais* 50 million a year
**anualmente** *adv.* annually ▸ Também existe a palavra ***yearly***, que é menos usada.
**anuário** *s.* yearbook
**anular** *v.* **1** (gol, ponto) to disallow **2** (contrato, concurso) to cancel **3** (efeito) to cancel out **4 anular o voto** to spoil your ballot / *s.* (dedo) ring finger
**anunciar** *v.* **1** (fazer propaganda de) to advertise **2** (comunicar) to announce
**anúncio** *s.* **1** (propaganda) ad (BRIT: advert) ▸ A palavra formal é ***advertisement***. **2** (aviso) announcement **3 colocar um anúncio** to place an ad ▸ *em* traduz-se por ***in*** se for veículo impresso, e ***on*** se for veículo eletrônico. **4 fazer um anúncio** (declaração) to make an announcement
**anzol** *s.* fishhook
**ao** *prep.* **ao fazer algo** **a** (no momento de) on doing sth: *Ao sair do banco, ele foi abordado por um policial.* On coming out of the bank, he was approached by a police officer. **b** (no ato de) when doing sth: *cuidados ao andar de bicicleta* precautions when riding a bike
**aonde** *adv.* **1** where ▸ O uso da preposição ***to*** é opcional, mas soa informal. É usado especialmente quando se quer enfatizar a ideia de deslocamento: *"Estou indo agora." - "Aonde?"* "I'm going now." - "Where to?" **2 aonde quer que** wherever
**apagado** *adj.* **1** (luz) off: *com as luzes apagadas* with the lights off **2** (fogo, incêndio) out **3** (cor, pessoa) dull **4** (desenho, marca etc.) faint
**apagador** *s.* eraser
**apagão** *s.* **1** (elétrico) power outage (BRIT: power cut) **2** (aéreo etc.) shutdown
**apagar** *v.* **1** (extinguir) to put out: *Demorou para apagar o incêndio.* It took a while to put the fire out. | *Apague a luz e durma.* Put the light out and go to sleep. ▸ Quando o que apaga é o vento, ou se apaga algo assoprando, traduz-se por ***to blow out***: *Você conseguiu apagar todas as velas de uma vez?* Did you manage to blow all the candles out in one go? **2** (extinguir-se) to go out: *De repente apagou a luz e ficamos no escuro.* Suddenly the light went out and we were left in the dark. ▸ Quando algo se apaga pela ação do vento, traduz-se por ***to blow out***: *A vela apagou com o vento.* The candle blew out in the wind. **3** (desligar abajur, TV etc.) to turn off: *Ela apagou a TV e foi dormir.* She turned the TV off and went to bed. **4** (desligar sozinho) to go off: *Meu computador apagou do nada.* My computer went off out of the blue. **5** (com borracha, apagador) to erase (BRIT: to rub out) **6** (deletar) to delete **7** (desmaiar, dormir) to pass out: *Apaguei na frente da TV.* I passed out in front of the TV.
**apaixonado** *adj.* **1** (pessoa) in love (***por*** *with*): *um homem apaixonado* a man in love **2** (beijo, olhar) passionate **3 estar/ficar apai-**

**xonado** to be/fall in love (***por*** *with*) 4 **ser apaixonado por algo** (ser aficionado) to be passionate about sth

**apaixonar-se** *v.* 1 (por pessoa, objeto etc.) to fall in love (***por*** *with*) 2 (por atividade, hobby etc.) to develop a passion (***por*** *for*)

**apalpar** *v.* 1 (tocar em) to feel 2 (fazer exame médico em) to examine

**apanhar** *v.* 1 (ser espancado) to get beaten up (***de*** *by*) 2 (levar surra) to be beaten (***de*** *by*) 3 (levar palmada) to get a spanking (***de*** *from*)

**aparafusar** *v.* to screw

**aparar** *v.* 1 (cabelo, grama, unhas etc.) to trim ▸ Quando se apara o cabelo no cabeleireiro, traduz-se por ***to get your hair trimmed***. 2 (lápis) to sharpen 3 (pegar no ar) to catch

**aparecer** *v.* 1 (surgir) to appear: *O assaltante apareceu do nada.* The mugger appeared out of nowhere. | *A nossa escola vai aparecer na TV.* Our school is going to appear on TV. 2 (ser visível) to show: *Não te preocupe, a mancha nem aparece.* Don't worry, the stain doesn't even show. 3 (chegar) to show up (BRIT: to turn up): *Ele finalmente apareceu às dez da noite.* He finally showed up at ten o'clock at night. 4 (depois de se perder) to turn up: *O marido dela apareceu depois de muitos anos.* Her husband turned up after many years. 5 (dar um pulo) to drop by: *Vira e mexe ela aparece lá em casa.* She drops by our house every so often. 6 (exibir-se) to show off: *Aquele cara só quer aparecer.* That guy just wants to show off.

**aparecimento** *s.* appearance

**aparelho** *s.* 1 (equipamento, de ginástica) piece of apparatus: *O ginasta chinês ganhou ouro em dois aparelhos.* The Chinese gymnast won gold on two pieces of apparatus. ▸ Quando o plural ***aparelhos*** tem sentido coletivo, traduz-se por ***apparatus***, que é incontável e singular: *Temos que guardar todos esses aparelhos.* We have to put away all this apparatus. 2 (máquina) machine 3 (nos dentes) braces (BRIT: brace): *Ele teve que usar aparelho nos dentes.* He had to wear braces on his teeth. 4 (telefone) handset 5 (eletrodoméstico) appliance 6 (do corpo) system: *o aparelho digestivo* the digestive system
**aparelho auditivo** hearing aid **aparelho de som** sound system

**aparência** *s.* 1 (em geral) appearance: *As aparências enganam.* Appearances are deceptive. 2 (tb **aparência física**) looks *[pl.]*: *Você acha que a aparência é importante?* Do you think looks are important? 3 **manter as aparências** to keep up appearances 4 **ter aparência estranha/saudável etc.** to look strange/healthy etc. 5 **ter boa aparência** to look good 6 **ter aparência de algo** to look like sth: *O scooter tem aparência de bicicleta.* The scooter looks like a bicycle.

**aparentar** *v.* 1 to appear: *É mais difícil do que aparenta.* It's more difficult than it appears. 2 **aparentar fazer algo** to appear to do sth 3 **aparentar estar/ser algo** to come across as sth: *Ele aparenta ser metido, mas não é.* He comes across as full of himself, but he isn't. 4 **aparentar ter ...** (falando de idade) to look ...: *Ela aparenta ter 30 anos.* She looks 30. 5 **aparentar ter mais/menos** (idade) to look older/younger

**aparente** *adj.* 1 (claro) apparent: *sem motivo aparente* for no apparent reason 2 (à mostra) exposed: *tijolos aparentes* exposed brickwork

**aparentemente** *adv.* apparently

**apartamento** *s.* apartment (BRIT: flat)

**apartar** *v.* 1 (briga) to break up 2 (lutadores) to separate

**apavorado** *adj.* terrified

**apavorante** *adj.* terrifying

**apavorar** *v.* to terrify / **apavorar-se** *v.* to be terrified (***com*** *by*)

**apegado** *adj.* attached (***a*** *to*): *Ela ficou muito apegada ao cachorrinho.* She got very attached to the puppy.

**apegar-se** *v.* to grow attached (***a*** *to*)

**apego** *s.* 1 attachment (***a*** *to*) 2 **ter apego a algo/alguém** to be attached to sth/sb

**apelação** *s.* (na mídia etc.) pandering

**apelar** *v.* 1 **apelar para algo** (usar de) to resort to sth 2 **apelar para alguém** to appeal to sb 3 **apelar para a ignorância** to resort to violence

**apelidar** *v.* **apelidar alguém de algo** to nickname sb sth: *Ele foi apelidado de Tropeço.* He was nicknamed Lurch.

**apelido** *s.* 1 nickname 2 **colocar um apelido em alguém** to give sb a nickname

**apelo** *s.* 1 appeal (***a*** *to*, ***para*** *for*, ***por*** *for*) 2 **fazer um apelo** to make an appeal

**apenas** *adv.* just

**apêndice** 1 (do intestino) appendix ▸ O plural nesta acepção é ***appendixes***. 2 (de livro) appendix ▸ O plural nesta acepção é ***appendices***.

**apendicite** *s.* appendicitis

**aperfeiçoar** *v.* to perfect

**aperitivo** *s.* 1 (drinque) aperitif 2 (petiscos) hors d'oeuvres *[pl.]*

**apertado** *adj.* 1 (firme, justo) tight: *Essa calça ficou apertada em mim.* These pants are too tight for me. | *uma agenda apertada* a tight schedule 2 (corrida, eleição, jogo) close 3 (margem, vitória) narrow 4 (espaço) cramped: *um apartamento apertado* a cramped apartment 5 (sem dinheiro) strapped for cash 6 (para ir no banheiro) bursting 7 **com o coração apertado** with a heavy heart 8 **estar com o tempo apertado** to be pressed for time

**apertar** *v.* 1 (reforçar, atarraxar) to tighten 2 (espremer) to squeeze 3 (botão, pedal, tecla) to press 4 (chuva) to get harder 5 (sapato) to pinch 6 **apertar a campainha** to ring the doorbell 7 **apertar a mão de alguém** to shake sb's hand / **apertar-se** *v.* 1 (espremer-se) to squeeze up 2 **apertar-se em algo** to squeeze into sth

**aperto** *s.* 1 (de muita gente) crush 2 **na hora do aperto** when the going gets tough 3 **passar um aperto** to get into a tight spot 4 **um aperto no coração** a heavy heart

**aperto de mão** 1 handshake 2 **dar um aperto de mão** to shake hands (***em*** *with*)

**apesar de** *prep.* 1 despite: *Nós nos divertimos apesar do mau tempo.* We enjoyed ourselves despite the bad weather. | *apesar de tudo* despite everything ▸ Também se diz ***in spite of***. Antes de um adjetivo traduz-se por ***despite being***: *Apesar de cansada, ela dançou muito.* Despite being tired, she danced a lot. 2 **apesar de (algo/alguém) fazer/ser algo** despite (sth/sb) doing/being sth: *Apesar de ter estudado francês, ela não fala muito bem.* Despite having studied French, she doesn't speak it very well. / **apesar de que** *conj.* despite the fact that

**apetite** *s.* 1 appetite 2 **abrir o apetite de alguém** **a** (dar fome) to give sb an appetite ▸ Em frases genéricas, traduz-se por ***to give you an appetite***: *A atividade física abre o apetite.* Physical exercise gives you an appetite. **b** (dar vontade) to whet sb's appetite 3 **tirar o apetite** to spoil your appetite

**apetitoso** *adj.* appetizing

**apetrechos** *s.pl.* gear *[sg.]*

**apetrechos de pesca** fishing tackle *[sg.]*

**apimentado** *adj.* spicy ▸ Também se diz ***hot***.

**apimentar** *v.* to spice up

**apinhado** *adj.* packed (***de*** *with*)

**apitar** *v.* 1 (chaleira, trem, com apito) to whistle 2 (aparelho, micro-ondas etc.) to beep 3 (arbitrar) to ref

**apito** *s.* 1 (em geral) whistle 2 (de aparelho eletrônico) beep

**aplaudir** *v.* 1 to applaud 2 **aplaudir (alguém) de pé** to give (sb) a standing ovation

**aplauso** *s.* 1 round of applause 2 **aplausos** applause *[sg.]*

**aplicação** *s.* 1 (uso) application 2 (empenho) hard work 3 (investimento) investment

**aplicado** *adj.* 1 (esforçado) hard-working 2 (disciplina) applied: *linguística aplicada* applied linguistics

**aplicar** *v.* 1 (em geral) to apply (***a/em*** *to*) 2 (investir) to invest (***em*** *in*) 3 **aplicar uma injeção em alguém** to give sb a shot (BRIT: to give sb an injection) / **aplicar-se** 1 (ser relevante) to apply (***a*** *to*): *As regras se aplicam* *a todos.* The rules apply to all. 2 (esforçar-se) to apply yourself

**aplicativo** *s.* app

**apoderar-se** *v.* **apoderar-se de algo** to take control of sth

**apodrecer** *v.* (alimento) to go rotten

**apoiado** *adj.* 1 (encostado) leaning (***contra/em*** *against*): *uma escada apoiada na parede* a ladder leaning against the wall 2 (descansado) resting (***em*** *on*): *Ela estava com a cabeça apoiada num travesseiro.* She had her head resting on a pillow.

**apoiar** *v.* 1 (dar apoio a) to support 2 **apoiar algo em algo** **a** (encostar) to lean sth against sth: *Apoiei o espelho na parede.* I leaned the mirror against the wall. **b** (descansar) to rest sth on sth: *Apoie os pés no banquinho.* Rest your feet on the stool. / **apoiar-se** *v.* 1 (encostar-se) to lean (***em*** *against*) 2 (repousar) to rest (***em*** *on*) 3 (segurar-se) to steady yourself (***em*** *on*)

**apoio** *s.* support (***a*** *for*)

**apologia** *s.* defense (BRIT: defence) (***a*** *of*)

**apontador** *s.* (para lápis) pencil sharpener

**apontar** *v.* 1 (com o dedo etc.) to point (***para*** *to*): *O professor fez uma pergunta e apontou para mim.* The teacher asked a question and pointed to me. ▸ Quando se trata de apontar para um objeto, também se usa a preposição ***at***. No caso de uma pessoa, o uso de ***at*** conota acusação, deboche etc.: *Todo mundo apontava para ele e dava risada.* Everyone was pointing at him and laughing. 2 (indicar, assinalar) to point out: *O policial apontou o farolete quebrado.* The police officer pointed out the broken parking light. | *Ele vive apontando meus defeitos.* He's always pointing out my faults. 3 (lápis) to sharpen 4 **apontar algo para algo/alguém** **a** (direcionar) to point sth at sth/sb: *Ela deu um sorriso quando apontei a câmera para ela.* She smiled when I pointed the camera at her. **b** (arma, projétil) to aim sth at sth/sb

**após** *prep.* 1 after 2 **após fazer algo** after doing sth

**aposentado** *adj.* retired / *s.* retiree (BRIT: pensioner)

**aposentadoria** *s.* 1 (dinheiro) pension 2 (período) retirement

**aposentar-se** *v.* to retire

**aposento** *s.* room

**aposta** *s.* 1 bet 2 **fazer/ganhar uma aposta** to make/win a bet

**apostar** *v.* 1 to bet 2 **apostar em algo** **a** (fazer aposta) to bet on sth **b** (apoiar) to back sth: *O governo aposta na energia hidrelétrica.* The government backs hydroelectric power.

**apostila** *s.* 1 (livro) textbook 2 (folheto) course manual

**apóstolo** *s.* apostle

**apóstrofo** *s.* apostrophe

**apreciar** *v.* 1 (prezar) to appreciate 2 (curtir) to enjoy

**apreender** *v.* 1 (bens, drogas etc.) to seize 2 (pessoa) to apprehend

**apreensivo** *adj.* (ansioso) apprehensive

**aprender** *v.* 1 to learn 2 **aprender a fazer algo** to learn to do sth

**aprendiz** *s.* 1 (pessoa que aprende) learner: *aprendizes de inglês* learners of English 2 (de ofício) apprentice: *um aprendiz de eletricista* an apprentice electrician
**aprendiz de motorista** student driver (BRIT: learner driver)

**aprendizado** *s.* 1 (de ofício, profissão) apprenticeship 2 **ser um aprendizado** to be a learning experience

**aprendizagem** *s.* 1 (estudo) learning: *a aprendizagem de inglês* learning English 2 (processo) learning process: *Foi uma aprendizagem para todos.* It was a learning process for everyone.

**apresentação** *s.* 1 (espetáculo) performance 2 (de pessoa) introduction 3 (de documento, projeto etc.) presentation: *Os alunos deram uma apresentação sobre Londres.* The students gave a presentation about London. 4 **fazer uma apresentação** **a** (com slides etc.) to do a presentation **b** (de dança, música etc.) to do a performance **c** (de pessoa) to make an introduction

**apresentador** *s.* presenter

**apresentar** *v.* **1** (pessoa) to introduce (***a*** *to*): *Quero te apresentar minha irmã.* I'd like to introduce you to my sister. **2** (como espetáculo) to perform: *O grupo de teatro apresentou uma peça de Shakespeare.* The theater group performed a play by Shakespeare. **3** (projeto, programa de TV etc.) to present (***a*** *to*) **4** (documento de identidade, sintomas) to show **5** **apresentar uma queixa** to lodge a complaint / **apresentar-se** *v.* **1** (identificar-se) to introduce yourself: *Vou me apresentar.* I'll introduce myself. **2** (artista) to perform **3** (ocasião, oportunidade) to present itself **4** **apresentar-se em algo/a alguém** (comparecer) to report to sth/sb: *Apresente-se na recepção com a carteira de identidade.* Report to the reception desk with your ID card.

**apressado** *adj.* **1** hurried **2** **estar apressado** (pessoa) to be in a hurry

**apressar** *v.* **1** to hurry **2** **apressar o passo** **a** (andando) to walk faster **b** (no trabalho etc.) to step up the pace / **apressar-se** *v.* to hurry

**aprimorar** *v.* to improve

**aprofundado** *adj.* **1** (conhecimento, estudo) in-depth **2** (exame, investigação etc.) thorough

**aprofundar** *v.* to deepen / **aprofundar-se** *v.* (entrar mais) to go deeper (***em*** *into*)

**aprontar** *v.* **1** (preparar) to get ready **2** (não se comportar) to act up **3** **aprontar algo** to be up to sth: *O que ele aprontou dessa vez?* What has he been up to this time? | *Eles estão aprontando alguma.* They're up to something. / **aprontar-se** *v.* to get ready

**apropriado** *adj.* **1** (adequado) suitable (***para*** *for*): *filmes apropriados para crianças* movies suitable for children **2** (conveniente) appropriate (***a*** *to*, ***para*** *for*): *uma roupa apropriada para um casamento* an appropriate outfit for a wedding

**aprovação** *s.* **1** (em geral) approval **2** (em prova) pass

**aprovado** *adj.* **1** (aceito) approved **2** (candidato em prova, concurso) successful

**aprovar** *v.* **1** (achar bom, gostar de) to approve of: *Os pais dela aprovam o namorado.* Her parents approve of her boyfriend. **2** (dar autorização) to give your approval: *Ele queria viajar com os amigos, mas os pais não aprovaram.* He wanted to go on a trip with his friends, but his parents didn't give their approval. **3** (sancionar oficialmente) to approve **4** (aluno, candidato) to pass **5** **ser aprovado (em algo)** (em prova etc.) to pass (sth)
▸ Não confunda ***to approve sth*** (= sancionar algo pelos trâmites oficiais) com ***to approve of sth/sb*** (= gostar de algo/alguém, ser a favor de algo/alguém).

**aproveitar** *v.* **1** (utilizar) to make use of: *Não dá para aproveitar essas caixas?* Can't you make use of these boxes? **2** (tirar proveito de) to take advantage of: *Acho que você devia aproveitar essa oportunidade.* I think you should take advantage of this opportunity. **3** (curtir) to enjoy: *Aproveite as suas férias.* Enjoy your vacation. **4** **aproveitar para fazer algo** to take the opportunity to do sth: *Já que eu estava no shopping, aproveitei para comprar umas camisetas novas.* As I was at the mall, I took the opportunity to get some new T-shirts. / **aproveitar-se** *v.* (abusar) to take advantage (***de*** *of*)

**aproximação** *s.* **1** (estimativa) approximation **2** (de avião) approach **3** (entre povos etc.) rapprochement (***com*** *with*, ***entre*** *between*)

**aproximado** *adj.* approximate

**aproximar** *v.* to bring closer: *Aproxime um pouco a sua cadeira.* Bring your chair a little closer. | *A experiência nos aproximou.* The experience brought us closer. / **aproximar-se** *v.* **1** (chegar perto) to get closer (***de*** *to*): *Aproxime-se um pouco do microfone.* Get a little closer to the microphone. | *O Natal está se aproximando.* Christmas is getting closer. ▸ Também existe o verbo ***to approach***, que soa mais formal e vem seguido de um complemento direto, sem preposição: *O avião já se aproximava da pista.* The plane was already approaching the runway. **2** (para abordar) to come over (***de*** *to*): *Ela se apro-*

*ximou e se apresentou.* She came over and introduced herself.

**aptidão** *s.* 1 (habilidade) aptitude 2 **ter aptidão para algo** a (talento) to have an aptitude for sth: *Ela tem aptidão para a música.* She has an aptitude for music. b (requisitos necessários) to be qualified for sth: *O candidato não tem aptidão para o cargo.* The candidate isn't qualified for the post.

**apto** *adj.* 1 (habilitado) qualified (***a/para*** *for*, ***em*** *in*) 2 **apto para fazer algo** qualified to do sth

**apunhalar** *v.* 1 to stab 2 **apunhalar alguém pelas costas** to stab sb in the back

**apurar** *v.* 1 (caso) to investigate 2 (votos) to count 3 (causas, verdade) to establish

**apuro** *s.* 1 (situação difícil) predicament 2 **em apuros** in trouble 3 **passar um apuro** to get into a predicament

**aquarela** *s.* watercolor (BRIT: watercolour)

**aquariano** *adj, s.* Aquarius

**Aquário** *s.* (signo) Aquarius

**aquário** *s.* 1 (em geral) aquarium ▸ Um aquário doméstico com peixes também se chama ***fishtank***. 2 (esférico) fishbowl

**aquático** *adj.* 1 (esporte) water: *esportes aquáticos* water sports 2 (animal, planta) aquatic 3 **esqui/polo aquático** water skiing/polo

**aquecedor** *s.* 1 (de ambiente) heater 2 (de água) boiler

**aquecer** *v.* 1 (água, ambiente) to heat 2 (comida) to heat up 3 (motor, músculos, pessoa) to warm up / **aquecer-se** *v.* (pessoa) to warm up

**aquecimento** *s.* 1 (para corrida, festa etc.) warm-up 2 (calefação) heating 3 **fazer aquecimento** (atleta) to warm up

**aquele** *adj.* 1 that: *De quem é aquela mochila?* Whose is that backpack? 2 **aqueles/aquelas** those: *Quem são aquelas pessoas?* Who are those people? / *pron.* 1 that one: *Essa blusa é bonita, mas prefiro aquela.* This sweater is nice, but I prefer that one. 2 **aqueles/aquelas** those: *Esses são os meus livros, aqueles são os seus.* These are my books, those are yours. ▸ Na linguagem informal, também se diz ***those ones***. 3 **aquele(s)/aquela(s) que** the one(s) that: *A sua camiseta é mais bonita do que aquela que eu comprei.* Your T-shirt is nicer than the one I bought.

**aqui** *adv.* 1 here 2 **aqui dentro/fora** in/out here 3 **aqui é ...** (no telefone) this is ...: *Aqui é John, amigo do Bruno.* This is John, a friend of Bruno's. 4 **aqui embaixo/em cima** down/up here 5 **aqui está/vai** (ao entregar/mandar algo) here it is ▸ Se a coisa entregue for mencionada, usa-se ***here is/are ...***: *Aqui vão as fotos que te prometi.* Here are the pictures I promised you. 6 **aqui perto** near here 7 **por aqui** a (perto daqui) around here: *Tem uma farmácia por aqui?* Is there a drugstore around here? b (nesta direção) this way: *O banheiro é por aqui.* The bathroom is this way.

**aquilo** *pron.* 1 that 2 **aquilo que** what: *Não foi aquilo que o professor falou.* That wasn't what the teacher said.

**aquisitivo** *adj.* **poder aquisitivo** wealth ▸ O termo econômico é ***purchasing power***.

**ar** *s.* 1 (em geral) air: *ar fresco* fresh air | *um ar de sofisticação* an air of sophistication | *Ela estava com ar de surpresa.* She had an air of surprise. 2 (ar-condicionado) air conditioning ▸ No inglês americano informal, diz-se ***AC*** ou ***air con***: *Quer que eu ligue o ar?* Would you like me to turn on the AC? 3 **ao ar livre** in the open air: *Onde podemos comer ao ar livre?* Where can we eat in the open air? ▸ Como adjunto adnominal, traduz-se por ***open-air***: *um show ao ar livre* an open-air concert 4 **dar a algo/alguém um ar de algo** to give sth/sb an air of sth: *A neblina dava à velha casa um ar de mistério.* The fog gave the old house an air of mystery. 5 **ir ao ar** a (programa) to air b (site) to go live 6 **no ar** a (no céu, no horizonte) in the air: *O amor está no ar.* Love is in the air. b (na TV, no rádio) on air c (site) live d (não definido) up in the air: *Tudo ficou no ar.* Everything was left up in the air. 7 **tomar ar** to get some air

**árabe** *adj.* 1 (cultura, país, povo) Arab 2 (alfabeto, língua, literatura) Arabic 3 (deserto, golfo, península) Arabian / *s masc/fem.* (pessoa) Arab / *s masc.* (idioma) Arabic

▸ ***Arab, Arabic*** ou ***Arabian***? A palavra ***Arab*** refere-se ao povo e à cultura árabes, enquanto ***Arabic*** se refere ao idioma e à literatura escrita em árabe. Já ***Arabian*** é um termo geográfico que se refere à região conhecida como a península árabe.

**Arábia** *s.*
**Arábia Saudita** Saudi Arabia
**arado** *s.* (ferramenta) plow (BRIT: plough)
**arame** *s.* wire
**arame farpado** barbed wire
**aranha** *s.* spider
**arar** *v.* to plow (BRIT: to plough)
**arara** *s.* 1 (ave) macaw 2 (para roupa) clothes rack (BRIT: clothes rail) 3 **ficar uma arara** to get bent out of shape (BRIT: to go ballistic)
**arbitragem** *s.* 1 (na maioria dos esportes) refereeing 2 (em tênis, beisebol) umpiring
**arbitrar** *v.* 1 (na maioria dos esportes) to referee 2 (em tênis, beisebol) to umpire
**arbitrário** *adj.* arbitrary
**árbitro** *s.* 1 (na maioria dos esportes) referee 2 (em tênis, beisebol) umpire
**arbusto** *s.* shrub
**arca** *s.* chest
**arca de Noé** Noah's ark
**arcar** *v.* 1 **arcar com algo** (custos, despesas) to meet sth 2 **arcar com as consequências** to deal with the consequences
**arcebispo** *s.* archbishop
**arco** *s.* 1 (de instrumento, para flechas) bow: *um arco de violino* a violin bow | *arco e flecha* bow and arrow 2 (em arquitetura) arch 3 **tiro com arco** archery
**arco-íris** *s.* rainbow
**ar-condicionado** *s.* 1 (sistema) air conditioning 2 (aparelho) air conditioner
**arder** *v.* 1 (doer) to sting: *Estou com os olhos ardendo.* My eyes are stinging. 2 (ser picante) to be hot: *Cuidado, esse molho arde muito.* Be careful, that sauce is very hot. 3 (queimar) to burn 4 **estar ardendo em febre** to be burning up
**árduo** *adj.* hard
**área** *s.* 1 (em geral) area 2 (tb **área de serviço**) utility room 3 (tb **grande área**) penalty area 4 **na área de algo** (no campo, ramo) in the field of sth: *Ela trabalha na área de informática.* She works in the IT field.
**área de trabalho** (de computador) desktop
**área verde** green space
**areia** *s.* 1 (em geral) sand: *um banco de areia* a sandbank 2 (como sujeira) grit
**areia movediça** quicksand
**arejar** *v.* 1 (ventilar) to air 2 (tomar ar) to get some air
**arena** *s.* arena
**arenoso** *adj.* sandy
**aresta** *s.* edge
**arfar** *v.* to pant
**Argentina** *s.* Argentina
**argentino** *adj, s.* Argentinian
**argila** *s.* clay
**argola** *s.* 1 (em geral) ring 2 (tb **brinco de argola**) hoop earring
**argumentar** *v.* to argue
**argumento** *s.* 1 (explicação) argument 2 (de filme, livro) storyline
**ariano** *adj, s.* (do signo Áries) Aries
**árido** *adj.* 1 (clima, região) arid 2 (assunto, livro etc.) dry
**Áries** *s.* (signo) Aries
**aristocrata** *s.* aristocrat
**aritmética** *s.* arithmetic
**arma** *s.* 1 (de fogo) gun 2 (de qualquer tipo) weapon 3 **disparar/sacar uma arma** to fire/pull a gun
**arma branca** knife **arma de fogo** firearm **armas nucleares** nuclear weapons **armas químicas** chemical weapons
**armação** *s.* 1 (de óculos) frame 2 (estrutura) framework 3 (golpe) set-up
**armadilha** *s.* 1 trap 2 **armar uma armadilha** to set a trap (***para*** *for*) 3 **cair numa armadilha** to fall into a trap
**armadura** *s.* suit of armor

**armamento** *s.* (tb **armamentos**) arms *[pl.]*: *o contrabando de armamentos* arms smuggling

**armar** *v.* **1** (equipar de armas) to arm **2** (montar) to set up **3** (alarme, armadilha) to set **4 armar confusão/uma briga** to cause trouble/start a fight **5 armar uma barraca** to put up a tent **6 armar para alguém** (aplicar golpe em) to set sb up: *Armaram para ele.* He was set up. ▸ Quando se trata de incriminar alguém injustamente, traduz-se por ***to frame sb***.

**armarinho** *s.* (loja) notions store (BRIT: haberdashery): *artigos de armarinho* notions

**armário** *s.* **1** (em geral) cupboard **2** (guarda-roupa) closet (BRIT: wardrobe) **3** (de banheiro, cozinha) cabinet **4** (com fechadura) locker: *Cada aluno tem um armário.* Every student has a locker.

**armazém** *s.* **1** (depósito) warehouse **2** (loja) grocery store (BRIT: grocer's)

**armazenar** *v.* to store

**aro** *s.* **1** (de óculos, roda) rim **2** (argola) ring

**aroma** *s.* **1** (de café, comida) aroma **2** (de flores) scent

**arqueologia** *s.* archaeology

**arqueológico** *adj.* archaeological

**arqueólogo** *s.* archaeologist

**arquibancada** *s.* bleachers (BRIT: stands) *[pl.]*

**arquitetar** *v.* to orchestrate

**arquiteto** *s.* architect

**arquitetônico** *adj.* architectural

**arquitetura** *s.* architecture

**arquivar** *v.* **1** (documento, papéis) to file **2** (caso, processo) to shelve

**arquivo** *s.* **1** (com dados ou papéis) file: *nome do arquivo* filename **2** (gaveteiro) file cabinet (BRIT: filing cabinet) **3** (acervo de informações) archive

**arraigado** *adj.* deep-rooted

**arrancar** *v.* **1** (veículo) to pull away **2** (em corrida) to start **3 arrancar algo (de algo)** **a** (de superfície) to pull sth off (sth): *É melhor arrancar o band-aid de uma vez.* It's best to pull the Band-Aid off in one go. **b** (de dentro) to pull sth out (of sth): *Ele não conseguiu arrancar o prego da tábua.* He couldn't pull the nail out of the board. **c** (erva daninha, planta) to pull sth up (out of sth): *Ela podou as plantas e arrancou as ervas daninhas.* She pruned the plants and pulled up the weeds. **d** (vento) to blow sth off (sth): *A ventania arrancou várias telhas do telhado.* The gale blew several tiles off the roof. **4 arrancar algo (de alguém)** **a** (tirar das mãos) to snatch sth (from sb): *O ladrão arrancou a bolsa da mulher e saiu correndo.* The thief snatched the woman's bag and ran off. **b** (confissão, dinheiro, informação etc.) to get sth (out of sb): *A polícia tentou arrancar do preso o nome dos envolvidos.* The police tried to get the names of those involved out of the prisoner. **c** (aplausos, lágrimas, risos etc.) to draw sth (from sb): *A peça arrancou gargalhadas da plateia.* The play drew gales of laughter from the audience. **5 arrancar um dente** (no dentista) to have a tooth pulled out

**arranha-céu** *s.* skyscraper

**arranhão** *s.* scratch

**arranhar** *v.* to scratch

**arranjar** *v.* **1** (obter, providenciar) to get: *Preciso arranjar uma carona para ir ao show.* I need to get a ride to go to the concert. **2** (encontrar) to find: *Tenho que arranjar um jeito de resolver isso.* I have to find a way to straighten this out. **3** (flores, música) to arrange / **arranjar-se** *v.* **1** (virar-se) to take care of yourself **2** (dar certo) to work out

**arranjo** *s.* **1** arrangement **2 arranjos** (providências) arrangements (***para*** *for*)

**arrasado** *adj.* devastated (***com*** *by*)

**arrasar** *v.* **1** (lugar, pessoa) to devastate **2** (fazer sucesso) to bring the house down: *A cantora arrasou no Rock in Rio.* The singer brought the house down at Rock in Rio. ▸ Na linguagem informal entre amigos, usa-se a expressão ***to nail it***: *Uau, você arrasou na pista de dança!* Wow, you nailed it on the dance floor!

**arrastar** *v.* **1** (na maioria dos casos) to drag **2** (água) to wash away: *Vários carros foram arrastados pela enchente.* Several cars were washed away by the flood. **3** (vento) to blow / **arrastar-se** *v.* **1** (de quatro) to crawl: *O fugitivo foi se arrastando pelo chão para não ser visto.* The escaped prisoner crawled along the ground so as not to be seen. **2** (em pé) to drag yourself: *Mesmo supergripada, fui me arrastando à escola.* Even though I had an awful cold, I dragged myself to school. **3** (semana, tempo) to drag by

**arrebentação** *s.* surf

**arrebentar** *v.* **1** (quebrar) to break **2** (estourar) to burst **3** (corda, elástico) to snap **4** (destruir) to smash up **5** (espancar, machucar) to beat up **6** (onda) to break **7** (fazer sucesso) to go great guns

**arrecadar** *v.* **1** (fundos) to raise **2** (impostos) to collect

**arredar** *v.* **arredar pé** to budge

**arredio** *adj.* **1** (pessoa) elusive **2** (animal) timid

**arredondar** *v.* **1** (para cima) to round up **2** (para baixo) to round down: *O taxista arredondou o preço da corrida para R$40,00.* The taxi driver rounded the fare down to R$40.

**arredores** *spl.* **1** (de cidade) outskirts: *nos arredores de Curitiba* on the outskirts of Curitiba **2** (de local) surrounding area *[sg.]*: *nos arredores da escola* in the surrounding area of the school

**arregaçar** *v.* **arregaçar as mangas** to roll up your sleeves

**arregalado** *adj.* **com os olhos arregalados** with your eyes wide

**arregalar** *v.* **arregalar os olhos** (de surpresa) to stare in amazement

**arreganhar** *v.* **arreganhar os dentes** **a** (sorrindo) to grin **b** (animal) to bare its teeth

**arrematar** **1** (em geral) to finish off **2** (em futebol) to shoot

**arremesso** *s.* throw

**arremesso de dardo** javelin **arremesso de disco** discus **arremesso de martelo** hammer throw **arremesso de peso** shot put

**arremeter** *v.* (avião, piloto) to abort the landing

**arrepender-se** *v.* **1** (ficar arrependido) to regret it: *Se você largar os estudos agora, pode se arrepender mais para a frente.* If you quit your studies now, you may regret it later on. **2** (de crime, pecado) to repent (***de*** *of*) **3** **arrepender-se de (ter feito) algo** to regret (doing) sth: *Ele se arrepende de não ter casado com ela.* He regrets not marrying her.

**arrependido** *adj.* **1** sorry (***de*** *about*) **2** (de crime, pecado) repentant (***de*** *for*) **3** **arrependido de ter feito algo** sorry about doing sth: *Você está arrependido de ter terminado o namoro?* Are you sorry about ending your relationship?

**arrependimento** *s.* **1** (em geral) regret **2** (de crime, pecado) repentance

**arrepiado** *adj.* **1** (estilo de cabelo) spiky **2** **estar/ficar arrepiado** **a** (na pele) to have/get goosebumps (BRIT: to have/get goose pimples) (***com*** *from*): *Ela ficou toda arrepiada.* She got goosebumps all over. **b** (pelos) to be standing/stand on end **c** (assustado) to be/get spooked (***com*** *by*)

**arrepiar** *v.* **1** (cabelo, penas) to ruffle **2** **arrepiar alguém** **a** (dar arrepios) to give sb goosebumps (BRIT: goose pimples) **b** (assustar) to horrify sb **3** **de arrepiar** horrifying: *cenas de arrepiar* horrifying scenes / **arrepiar-se** *v.* **1** (na pele) to get goosebumps (BRIT: to get goose pimples) **2** (estremecer) to shudder

**arrepio** *s.* **1** (estremecimento) shudder **2** **arrepios** **a** (na pele) goosebumps (BRIT: goose pimples) **b** (de febre, medo) shivers: *O grito me deu arrepios na espinha.* The scream sent shivers down my spine. **3** **dar arrepios em alguém** **a** (na pele) to give sb goosebumps (BRIT: goose pimples): *Aquela música me dá arrepios.* That song gives me goosebumps. **b** (assustar) to give sb the creeps

**arriscado** *adj.* risky

**arriscar** *v.* **1** (colocar em perigo) to risk **2** (tentar) to risk it: *É melhor não arriscar.* It's best not to risk it. / **arriscar-se** *v.* **1** to take a risk **2** **arriscar-se a fazer algo** to risk doing sth

**arroba** *s.* (@) at
**arrogante** *adj.* arrogant
**arrojado** *adj.* bold
**arrombar** *v.* 1 (casa, armário etc.) to break into: *O apartamento vizinho foi arrombado.* The next-door apartment was broken into. 2 (porta) to break down 3 (janela) to break 4 (cofre) to crack
**arrotar** *v.* to burp
**arroto** *s.* burp
**arroz** *s.* rice
**arroz branco** 1 (não integral) white rice 2 (sem nada misturado) plain rice **arroz integral** brown rice ▸ A denominação oficial é *wholegrain rice.*
**arroz-doce** *s.* rice pudding
**arruinar** *v.* to ruin / **arruinar-se** *v.* to be ruined
**arrumadeira** *s.* (de hotel) chambermaid
**arrumado** *adj.* 1 (em ordem) neat (BRIT: tidy): *A casa estava toda arrumada.* The house was all neat. 2 (pronto) ready: *Você já está arrumada para sair?* Are you ready to go out yet? 3 (bem-vestido) dressed up: *Ele estava todo arrumado para a formatura.* He was all dressed up for his graduation.
**arrumar** *v.* 1 (pôr em ordem) to clean up (BRIT: to tidy): *Minha mãe falou para eu arrumar meu quarto.* My mom told me to clean up my room. 2 (consertar, ajeitar) to fix: *Preciso mandar arrumar essa impressora.* I need to get this printer fixed. | *Ela estava no banheiro arrumando o cabelo.* She was in the bathroom fixing her hair. 3 (obter, providenciar) to get: *Dá para você arrumar uma cópia do livro para mim?* Can you get a copy of the book for me? 4 **arrumar a(s) mala(s)** to pack 5 **arrumar confusão/briga** to get into trouble/a fight 6 **arrumar emprego** to get a job 7 **arrumar um jeito de fazer algo/uma desculpa** to come up with a way to do sth/an excuse / **arrumar-se** *v.* 1 (aprontar-se) to get ready: *Eu estava me arrumando para sair.* I was getting ready to go out. 2 (vestir-se bem) to get dressed up: *Ela se arrumou toda para a festa.* She got all dressed up for the party.
**arte** *s.* 1 art 2 **fazer arte** (criança) to get up to mischief
**arte marcial** martial art **artes cênicas** performing arts **artes plásticas** visual arts
**artéria** *s.* artery
**artesanal** *adj.* handmade
**artesanato** *s.* 1 (arte) craftwork: *obras de artesanato* pieces of craftwork 2 **artesanatos** handicrafts: *uma loja de artesanatos* a handicraft store ▸ *um artesanato* traduz-se por *a piece of handicraft.*
**ártico** *adj.* arctic / *s.* **o Ártico** the Arctic
**articulação** *s.* (dos ossos) joint
**articular** *v.* to articulate
**artificial** *adj.* artificial
**artigo** *s.* 1 (de jornal, em gramática) article 2 (produto) item: *artigos de papelaria* stationery items 3 (acadêmico) paper
**artigo definido/indefinido** definite/indefinite article
**artilheiro** *s.* (jogador) top goalscorer
**artista** *s.* 1 (em geral) artist 2 (pessoa famosa) celebrity: *Tinha muitos artistas na festa.* There were a lot of celebrities at the party.
**artista de cinema** movie star **artista de TV** TV personality **artista plástico** artist
**artístico** *adj.* artistic
**artrite** *s.* arthritis
**árvore** *s.* 1 tree 2 **subir numa árvore** to climb a tree
**árvore de Natal** Christmas tree **árvore genealógica** family tree
**as** *art.* the: *as casas* the houses / *pron.* 1 them: *Gosto das minhas primas, mas não as vejo com muita frequência.* I like my cousins, but I don't see them very often. 2 (substituindo substantivo já mencionado) the ones: *Essas roupas são as que não uso mais.* These clothes are the ones I don't wear any more. | *As jogadoras de azul são as italianas, as de branco são as inglesas.* The players in blue are the Italians, the ones in white are the English. | *As casas grandes são mais*

*caras do que as pequenas.* The big houses are more expensive than the small ones.

**ás** *s.* ace: *o ás de paus* the ace of clubs

**asa** *s.* 1 (de ave, avião) wing 2 (de xícara) handle

**asa-delta** *s.* 1 (modalidade) hang-gliding 2 (equipamento) hang-glider 3 **pular/voar de asa-delta** to do hang-gliding

**ascensão** *s.* 1 rise: *uma ascensão meteórica* a meteoric rise 2 **em ascensão** up-and-coming: *uma tenista em ascensão* an up-and-coming tennis player

**ascensorista** *s.* elevator operator (BRIT: lift operator)

**asfaltado** *adj.* paved (BRIT: tarmacked)

**asfalto** *s.* 1 (pista) pavement (BRIT: road surface) 2 (em oposição ao morro) urbanized neighborhoods *[pl.]* 3 (substância) asphalt

**asfixiado** *adj.* **morrer asfixiado** to die of suffocation

**Ásia** *s.* Asia

**asiático** *adj, s.* Asian

**asilo** *s.* 1 (para idosos, órfãos etc.) home: *um asilo de idosos* a retirement home 2 (político) asylum: *requerentes de asilo* asylum seekers **asilo político** political asylum

**asma** *s.* asthma: *uma crise de asma* an asthma attack

**asmático** *adj, s.* asthmatic

**aspargo** *s.* (tb **aspargos**) asparagus

**aspas** *s.* quotation marks (BRIT: inverted commas): *entre aspas* in quotation marks

**aspecto** *s.* 1 (aparência) appearance 2 (de questão, problema) aspect 3 **estar com/ter um aspecto horrível/saudável etc.** to look horrible/healthy etc.: *Ela estava com um aspecto bom.* She looked well. | *Que aspecto tem uma banana madura?* What does a ripe banana look like? 4 **sob este/esse aspecto** in this/that respect 5 **sob todos os aspectos** in all respects

**áspero** *adj.* 1 (superfície) rough 2 (palavras, som, tom) harsh 3 (pessoa) blunt: *Ela foi áspera comigo.* She was blunt with me.

**aspiração** *s.* aspiration

**aspirador** *s.* 1 (tb **aspirador de pó**) vacuum cleaner (BRIT: Hoover®) 2 **passar o aspirador (em algo)** to vacuum (sth) (BRIT: to hoover (sth))

**aspirante** *s.* **um aspirante a algo** an aspiring sth: *uma aspirante a atriz* an aspiring actress

**aspirar** *v.* 1 (chão, sala etc. com aspirador) to vacuum (BRIT: to hoover) 2 (farelos, poeira etc. com aspirador) to vacuum up (BRIT: to hoover up) 3 (inalar) to breathe in 4 **aspirar a algo** to aspire to sth

**aspirina** *s.* aspirin

**asqueroso** *adj.* disgusting

**assado** *adj.* 1 (batata, carne, frango) roast: *peru assado* roast turkey 2 (bolo, pão, torta) baked 3 (pele) sore 4 **assim ou assado** like this or like that / *s.* roast

**assadura** *s.* 1 (na pele) sore spot (BRIT: sore patch) 2 (causada por fralda) diaper rash (BRIT: nappy rash)

**assalariado** *s.* salaried employee

**assaltante** *s.* 1 (em geral) robber: *um assaltante de banco* a bank robber 2 (de pessoas na rua) mugger

**assaltar** *v.* (em geral) to rob: *A joalheria já foi assaltada quatro vezes.* The jewelery store has already been robbed four times. ▸ Quando se trata de assaltar uma pessoa na rua, traduz-se por ***to mug***: *As pessoas evitam o centro da cidade à noite por medo de ser assaltadas.* People avoid the downtown area at night for fear of being mugged. ▸ Quando se trata de assaltar uma casa, escritório, loja etc. à noite ou quando não há ninguém, usa-se o verbo ***to burglarize*** (BRIT: ***to burgle***): *O apartamento deles foi assaltado enquanto estavam viajando.* Their apartment was burglarized while they were out of town.

**assalto** *s.* 1 (em geral) robbery (***a*** *of*): *um assalto a um posto de gasolina* a robbery of a gas station ▸ Quando se trata de um assalto a uma pessoa na rua, traduz-se por ***mugging***: *Tem muito assalto naquela praça.* There are a

lot of muggings in that square. ▸ Quando se trata de um assalto a uma casa, escritório, loja etc. à noite ou quando não há ninguém, usa-se a palavra ***burglary***: *O assalto à loja aconteceu de madrugada.* The burglary of the store happened in the early hours of the morning. 2 (de luta) round 3 **anunciar/praticar um assalto** to announce/carry out a robbery 4 **ser um assalto** (muito caro) to be daylight robbery
**assalto a mão armada** armed robbery

**assanhado** *adj.* frisky

**assar** *v.* 1 (batata, carne, frango etc.) to roast 2 (bolo, pão, torta) to bake 3 (pele) to chafe 4 (sentir calor) to roast: *Estou assando nessa blusa.* I'm roasting in this sweater.

**assassinar** *v.* 1 (em geral) to murder 2 (dirigente político) to assassinate

**assassinato** *s.* 1 (em geral) murder 2 (de dirigente político) assassination

**assassino** *s.* 1 (em geral) murderer 2 (de dirigente político) assassin / *adj.* killer: *abelhas assassinas* killer bees

**assediar** *v.* 1 (perseguir) to mob: *O cantor foi muito assediado pelos fãs na saída do hotel.* The singer was completely mobbed by fans as he left the hotel. 2 (importunar) to hound: *A família real é bastante assediada pela imprensa.* The royal family is hounded quite a lot by the press. 3 (sexualmente) to harass

**assédio** *s.* (de pessoa) harassment
**assédio moral** bullying **assédio sexual** sexual harassment

**assegurar** *v.* 1 (afirmar) to assure: *Eles me asseguraram que não iam atrasar.* They assured me they wouldn't be late. 2 (conseguir) to secure: *Uma boa formação acadêmica é fundamental para assegurar um bom emprego.* A good education is essential to securing a good job. / **assegurar-se** *v.* to make sure (***de*** *of*): *Você precisa se assegurar de que o e-mail não contém nenhum vírus.* You need to make sure the e-mail doesn't contain any viruses.

**assembleia** *s.* 1 (órgão) assembly 2 (reunião) meeting

**assentar** *v.* 1 (poeira) to settle 2 (colocar sentado) to seat / **assentar-se** *v.* 1 (estabelecer-se) to settle: *Os imigrantes alemães se assentaram no sul do país.* The German immigrants settled in the south of the country. 2 (sentar) to seat yourself

**assento** *s.* seat: *Ele cedeu o assento a uma senhora idosa.* He gave up his seat to an elderly lady.

**assessor** *s.* adviser
**assessor de imprensa** press secretary

**assessorar** *v.* to advise

**assessoria** *s.* advice

**assíduo** *adj.* 1 (cliente, frequentador, praticante etc.) regular 2 (aluno) with good attendance: *A Tati é muito assídua no curso de inglês.* Tati has very good attendance at the English course. 3 (dedicado) dedicated

**assim** *adv.* 1 (desta maneira) like this: *Coloque a mão na cabeça assim.* Put your hand on your head like this. ▸ Também se diz ***this way***. 2 (dessa/daquela maneira) like that: *Se você fizer assim, vai se machucar.* If you do it like that, you'll hurt yourself. ▸ Também se diz ***that way***. 3 (portanto) so: *Eu estava sem dinheiro para sair, e assim fiquei em casa.* I didn't have any money to go out and so I stayed at home. 4 **assim como** **a** (do mesmo jeito que) just like: *Ela é bonita, assim como a mãe.* She's good-looking, just like her mother. **b** (além de) as well as: *A pousada possui uma piscina, assim como quartos com ar-condicionado.* The inn has a pool, as well as air-conditioned rooms. 5 **assim de comprido/largo etc.** (mostrando com as mãos) this long/wide etc. 6 **como assim?** what do you mean? 7 **e assim por diante** and so on 8 **mesmo assim/assim mesmo** anyway 9 **tão … assim** that …: *Hoje em dia, viajar de avião não é tão caro assim.* These days, flying isn't that expensive. / **assim que** *conj.* as soon as: *Liga para mim assim que você chegar em casa.* Call me as soon as you get home. | *assim que possível* as soon as possible

**assimilar** *v.* to take in: *É muita coisa para assimilar.* It's a lot to take in.

**assinalar** *v.* **1** (marcar) to mark **2** (apontar) to point out

**assinante** *s.* subscriber (***de*** *to*): *assinantes da edição on-line da revista* subscribers to the online edition of the magazine

**assinar** *v.* **1** (rubricar) to sign **2** (revista, TV a cabo etc.) to subscribe to

**assinatura** *s.* **1** (em documento) signature **2** (de revista, TV a cabo etc.) subscription (***de*** *to*) **3** **fazer assinatura de algo** to take out a subscription to sth

**assistência** *s.* **1** (a criança, doente etc.) care (***a*** *for*) **2** (ajuda) assistance
**assistência médica** **1** (pontual) medical care **2** (à população em geral) health care **assistência técnica** technical support

**assistente** *s.* assistant

**assistir** *v.* **1** (doente) to care for **2** **assistir (a) algo** **1** (ver) to watch sth: *Vamos assistir um DVD?* Shall we watch a DVD? **2** (comparecer a) to go to sth: *Ela assistiu a uma palestra sobre dinossauros.* She went to a lecture on dinosaurs. ▸ Na linguagem mais formal, traduz-se por ***to attend sth***: *O diretor não vai poder assistir à reunião.* The principal will be unable to attend the meeting.

**assoalho** *s.* floor

**assoar** *v.* **assoar o nariz** to blow your nose

**assobiar** *v.* to whistle

**assobio** *s.* whistle

**associação** *s.* association: *a associação de moradores* the residents' association
**associação de pais e mestres** PTA *[= parent-teacher association]*

**associar** *v.* to associate (***a*** *with*) / **associar-se** *v.* **1** **associar-se a algo** to join sth **2** **associar-se com algo** (ter ligação) to be associated with sth

**assombração** *s.* ghost

**assombrado** *adj.* (com fantasmas) haunted

**assumido** *adj.* (declarado) self-confessed

**assumir** *v.* **1** (encarregar-se de) to take on: *Tome cuidado para não assumir mais do que você consegue fazer.* Take care not to take on more than you can do. **2** (as funções de outra pessoa) to take over: *Como a nossa professora estava doente, a diretora da escola assumiu as aulas dela hoje.* As our teacher was sick, the school principal took over her classes today. **3** (confessar) to admit to: *A companhia telefônica assumiu o erro.* The phone company admitted to the mistake. | *Se você ainda gosta dele, é melhor assumir.* If you still like him, it's best to admit to it. **4** (reconhecer-se homossexual) to come out **5** **assumir a culpa/responsabilidade** to take the blame/responsibility (***por*** *for*) **6** **assumir ser/ter feito algo** to admit to being/doing sth: *Ele assumiu ter mentido para o professor.* He admitted to lying to the teacher. **7** **assumir um atentado** to claim responsibility for an attack **8** **assumir um cargo** to take up a post

**assunto** *s.* **1** (tema) subject: *um assunto interessante* an interesting subject **2** **mudar de assunto** to change the subject **3** (caso) matter: *Tenho um assunto para tratar com você.* I have a matter to discuss with you.

**assustado** *adj.* frightened (***com*** *by*)

**assustador** *adj.* frightening

**assustar** *v.* to frighten ▸ Também se diz ***to scare***. / **assustar-se** *v.* to get frightened (***com*** *by*) ▸ Também se diz ***to get scared***.

**asterisco** *s.* asterisk

**astral** *s.* **1** (estado de espírito) mood **2** (vibe, clima) vibe: *A Laura tem um astral muito bom.* Laura has a really good vibe about her. / *adj.* **mapa astral** astrological chart

**astro** *s.* star: *um astro de Hollywood* a Hollywood star

**astrologia** *s.* astrology

**astronauta** *s.* astronaut

**astronomia** *s.* astronomy

**astronômico** *adj.* astronomical

**atacadista** *s.* wholesaler

**atacado** *adj.* **1** (irritadiço) cranky (BRIT: touchy) **2 por atacado** wholesale

**atacante** *s.* **1** (em futebol) striker **2** (em futebol americano) offensive player

**atacar** *v.* **1** (na maioria dos casos) to attack **2** (problema) to tackle **3** (comida) to dig into

**atadura** *s.* bandage

**atalho** *s.* **1** short cut **2 pegar um atalho** to take a short cut

**ataque** *s.* **1** attack (***a/contra*** *on*) **2 ter um ataque** (ficar nervoso) to have a fit
**ataque aéreo** air raid **ataque cardíaco** heart attack **ataque de raiva** fit of rage **ataque de riso** fit of the giggles: *Tive um ataque de riso.* I had a fit of the giggles. **ataque de tosse** coughing fit

**atar** *v.* to tie (***a*** *to*)

**atarefado** *adj.* busy

**atarracado** *adj.* short and stocky

**atarraxar** *v.* to screw

**até** *prep.* **1** (duração) until: *Vou esperar até a semana que vem.* I'll wait until next week. | *Ficamos conversando até meia-noite.* We went on talking until midnight. ▸ Na linguagem informal, também se diz ***till***: *Estou aqui até o final da semana.* I'm here till the end of the week. **2** (prazo) by: *Temos que entregar o trabalho até sexta.* We have to turn in the assignment by Friday. | *Até o final do dia, eles só conseguiram pintar metade do quarto.* By the end of the day, they only managed to paint half the room. **3** (deslocamento para) to: *Pegamos um táxi até o aeroporto.* We took a cab to the airport. | *Quanto tempo leva daqui até a praia?* How long does it take from here to the beach? ▸ Quando *até* serve para enfatizar a distância, traduz-se por ***all the way (to)***: *Eles foram até a Bolívia de carro.* They drove all the way to Bolivia. | *Você veio andando até aqui?* Did you walk all the way here? ▸ Quando se trata de atravessar uma pequena distância, traduz-se por ***over to***: *Ela foi até a janela.* She went over to the window. | *Ele veio até mim e se apresentou.* He came over to me and introduced himself. ▸ Quando se fala de ir até um certo ponto que representa um limite, usa-se ***up to*** quando a distância é de alguns passos, e ***as far as*** quando é maior: *Você vai até a esquina e vira à esquerda.* You go up to the corner and turn left. | *Peguei um ônibus até a rodoviária e depois segui a pé.* I took a bus as far as the bus station and then continued on foot. **4** (limite superior) up to: *A van tem lugar para até dez pessoas.* The van has room for up to ten people. | *Estávamos com água até o joelho.* We were up to our knees in water. **5** (limite inferior) down to: *temperaturas até 20 graus negativos* temperatures down to minus 20 | *Ela tem cabelo até a cintura.* She has hair down to her waist. **6** (ao se despedir) see you: *Até amanhã!* See you tomorrow! | *Até a próxima!* See you next time! | *Até mais!* See you again! **7 até agora** so far **8 até alguém fazer algo** until sb does/did sth: *Fiquei lendo até dormir.* I read until I fell asleep. | *Vou ficar aqui até ele voltar.* I'll stay here until he gets back. **9 até certo ponto** to a certain extent **10 até então** until then **11 até logo** goodbye **12 até quando?** how long?: *Você está aqui até quando?* How long are you here for? **13 até que ponto?** to what extent? ▸ Também se diz ***how far?***: *Depende até que ponto você confia nela.* It depends how far you trust her. / *adv.* (tb **até mesmo**) even: *Até uma criança sabe disso.* Even a child knows that. / **até que** *conj.* until: *Coloque um pano limpo na ferida e pressione até que pare de sangrar.* Place a clean cloth on the wound and press down until it stops bleeding.
▸ A palavra ***until*** é uma preposição de tempo; não se pode usar em relação ao espaço. Compare: ***The film festival is on until Sunday.*** (= O festival de cinema vai até domingo.), mas ***This street goes to the beach.*** (= Essa rua vai até a praia.)

**ateliê** *s.* studio

**atenção** *s.* **1** attention **2 chamar atenção** to attract attention **3 chamar a atenção de**

**alguém** **a** (interessar) to attract sb's attention **b** (repreender) to call sb out (BRIT: to pull sb up) **4 com atenção** carefully: *Li a carta com muita atenção.* I read the letter very carefully. **5 dar atenção a alguém** (visita etc.) to devote some attention to sb **6 prestar atenção** to pay attention (***a/em*** *to*) **7 voltar a atenção para algo** to turn your attention to sth / *interj.* careful!

**atenciosamente** *adv.* (em carta, e-mail) sincerely yours (BRIT: yours sincerely)

**atencioso** *adj.* **1** (em geral) thoughtful **2** (anfitrião, namorado) attentive

**atender** *v.* **1** (telefone, porta) to answer: *Já liguei para ele várias vezes, mas não atende.* I've already called him several times, but he doesn't answer. ▸ Na linguagem informal, usa-se muito o verbo ***to get*** nesse sentido: *Você atende o telefone para mim?* Will you get the phone for me? **2** (cliente) to serve: *A senhora já foi atendida?* Are you being served, ma'am? **3** (paciente) to see: *Por sorte, o dentista pôde me atender no mesmo dia.* Luckily, the dentist was able to see me the same day. ▸ Quando não há complemento, traduz-se por ***to see patients***: *O médico não atende no fim de semana.* The doctor doesn't see patients on the weekend. **4 atender pelo nome de algo** to answer to the name of sth **5 atender um pedido** to agree to a request

**atendimento** *s.* **1** (de empresa, loja, restaurante) service **2** (de profissional) consultation: *horário de atendimento* consultation hours

**atentado** *s.* **1** attack (***a*** *on*): *um atentado a bomba* a bomb attack **2 atentado contra alguém** attempt on sb's life

**atentamente** *adv.* (escutar, ler etc.) closely

**atento** *adj.* **1** (concentrado) attentive **2** (cuidadoso) careful **3 estar/ficar atento a algo** **a** (antenado) to have/keep an eye out for sth: *Minha mãe está sempre atenta a promoções no mercado.* My mom always has an eye out for specials at the grocery store. | *Aquela região é meio barra-pesada. É bom ficar atento.* That area is a little rough. It's a good idea to keep an eye out. **b** (prestando atenção) to have/keep your mind on sth: *Você deve estar sempre atento à pronúncia na hora de falar.* You should always have your mind on your pronunciation when you're speaking.

**aterrissagem** *s.* landing

**aterrissar** *v.* to land

**aterrorizar** *v.* **1** (ficar ameaçando) to terrorize: *Os traficantes aterrorizam os moradores do bairro.* The drug dealers terrorize local residents. **2** (apavorar) to terrify

**atestado** *s.* certificate

**atestado médico** medical certificate

**ateu** *adj, s.* atheist

**atinar** *v.* **atinar (com/em algo)** to figure (sth) out: *Não consigo atinar por que ela fez isso.* I can't figure out why she did that.

**atingir** *v.* **1** (acertar) to hit: *Uma mulher foi atingida por uma bala perdida.* A woman was hit by a stray bullet. | *a área atingida pelas enchentes* the area hit by floods **2** (afetar) to affect: *O aquecimento global atinge a todos nós.* Global warming affects us all. **3** (alcançar) to reach **4** (meta, objetivo) to achieve

**atirar** *v.* **1** (com arma) to shoot (***contra/em*** *at*) **2** (jogar) to throw (***em*** *at*) / **atirar-se** *v.* to throw yourself

**atitude** *s.* **1** (ato) action: *Ficamos chocados com a atitude dele.* We were shocked by his action. ▸ Na linguagem informal, é mais comum traduzir *a atitude de alguém* por ***what sb does/did*** (= o que alguém faz/fez): *A atitude dela foi ridícula.* What she did was ridiculous. ▸ Nesse sentido, *uma atitude* traduz-se por ***a thing to do***: *Foi uma atitude bonita comprar flores para a professora.* It was a nice thing to do to buy the teacher flowers. **2** (medida) step **3** (autoconfiança) attitude: *A cantora tem muita atitude.* The singer has a lot of attitude. **4 tomar uma atitude** to take action (***em relação a/sobre*** *on*): *O governo precisa tomar uma atitude firme.* The government needs to take firm action. ▸ Na linguagem informal, é mais comum

dizer ***to do something (about)***: *Em vez de reclamar, tome uma atitude a respeito.* Instead of complaining, do something about it.
▸ Observe que a palavra inglesa ***attitude*** denota o sentimento que se tem em relação a algo ou alguém, enquanto *atitude* em português denota uma forma de agir. Ou seja, geralmente não se pode traduzir ***attitude*** por *atitude*, ou vice-versa, exceto no sentido de *autoconfiança*.

**ativar** *v.* **1** (acionar) to activate **2** (estimular) to stimulate

**atividade** *s.* activity

**ativo** *adj.* active

**atlântico** *adj.* Atlantic / *s.* **o Atlântico** the Atlantic

**atlas** *s.* atlas

**atleta** *s.* athlete

**atlético** *adj.* athletic

**atletismo** *s.* track and field (BRIT: athletics)

**atmosfera** *s.* atmosphere

**ato** *s.* **1** act **2 no ato** on the spot: *O ladrão foi preso no ato.* The thief was arrested on the spot. **3 os atos de alguém** sb's actions: *Temos que assumir responsabilidade pelos nossos atos.* We have to take responsibility for our actions.

**ato público** demonstration

**atolado** *adj.* **1** (na lama) bogged down **2 atolado de trabalho** swamped (with work)

**atolar** *v.* (na lama) to get bogged down

**atômico** *adj.* atomic

**átomo** *s.* atom

**atônito** *adj.* dumbfounded

**ator** *s.* actor

**atordoado** *adj.* **1** (tonto) dazed **2** (atônito) stunned

**atormentar** *v.* to torment

**atração** *s.* **1** attraction (***por*** *to*) **2 sentir atração por alguém** to be attracted to sb

**atracar** *v.* (navio) to dock / **atracar-se** *v.* (lutar) to grapple (***com*** *with*)

**atraente** *adj.* attractive

**atrair** *v.* **1** to attract **2 atrair alguém** (agradar, interessar) to appeal to sb: *As artes marciais não me atraem.* Martial arts don't appeal to me.

**atrapalhar** *v.* **1** (dificultar) to be a hindrance: *O texto preditivo às vezes atrapalha mais do que ajuda.* Predictive text is sometimes more of a hindrance than a help. **2** (atravancar) to be in the way: *Onde posso guardar minhas coisas para não atrapalharem?* Where can I put my stuff so it's not in the way? **3** (perturbar) to disturb: *Desculpa te atrapalhar, mas preciso te fazer uma pergunta.* Sorry to disturb you, but I need to ask you a question. **4 atrapalhar o trânsito** to disrupt the traffic / **atrapalhar-se** *v.* **1** to mess up **2 atrapalhar-se com algo** (não fazer bem) to mess sth up: *A atriz se atrapalhou com as falas.* The actress messed up her lines.

**atrás** *adv.* **1** (na parte de trás) at the back: *O computador tem outra entrada USB atrás.* The computer has another USB socket at the back. **2** (atrás de algo) behind: *A limusine ia na frente com um carro da polícia atrás.* The limousine was going along in front with a police car behind. **3** (há) ago: *vinte anos atrás* twenty years ago **4 ir atrás** **a** (perseguir) to give chase: *O ladrão saiu correndo e um transeunte foi atrás.* The thief ran off and a passer-by gave chase. **b** (esforçar-se para conseguir) to go for it: *Se esse é o seu sonho, deve ir atrás.* If that's your ambition, you should go for it. **5 não ficar atrás** (ser igual) to be just the same / **atrás de** *prep.* **1** (posição) behind: *atrás da porta* behind the door **2** (perseguindo) after: *A polícia está atrás dele.* The police are after him. **3 estar atrás de algo/alguém** (procurando) to be looking for sth/sb **4 ir atrás de algo/alguém** (perseguir) to go after sth/sb **5 ir atrás de algo** (tentar conseguir) to pursue sth **6 um atrás do outro** **a** (sucessivamente) one after another: *Tivemos uma prova atrás da outra durante uma semana.* We had one test after another for a week. **b** (em fila) one behind the other

**atrasado** *adj.* **1** (pessoa) late **2** (trem, voo etc.) delayed **3** (aluguel, conta, trabalho) overdue **4** (relógio) slow 5 (país, região etc.) underdeveloped 6 **chegar/começar/sair etc. atrasado** to arrive/start/leave etc. late: *O Pedro chegou uma hora atrasado para o encontro.* Pedro arrived an hour late for the meeting. 7 **estar atrasado com algo** (aluguel, trabalho etc.) to be behind on sth: *Estou com o sono atrasado.* I'm behind on my sleep.

**atrasar** *v.* 1 (pessoa, tb **atrasar-se**) to be late (***para*** *for*): *Atrasei cinco minutos para a aula de Inglês.* I was five minutes late for the English class. 2 (show, trem, voo etc.) to be delayed: *O voo atrasou duas horas.* The flight was delayed two hours. 3 (aluguel, trabalho etc.) to be late with (***por*** *by*): *Ele atrasou a conta de telefone e a linha foi cortada.* He was late with the phone bill and the line was cut off. 4 (retardar) to delay: *A chuva atrasou a decolagem.* The rain delayed takeoff. 5 **atrasar o relógio** (no final do verão) to put the clock back 6 **atrasar(-se) para fazer algo** to be late doing sth: *Atrasei uma semana para entregar o trabalho.* I was a week late handing in the assignment. / **atrasar-se** *v.* (em estudos, pagamento etc.) to fall behind (***em*** *with*)

**atraso** *s.* 1 (de show, trem, voo etc.) delay: *um atraso de quarenta minutos* a delay of forty minutes ▸ Também se pode dizer ***a forty-minute delay***. 2 (de pagamento, pessoa) lateness ▸ Em relação a uma pessoa, é mais comum na linguagem informal dizer ***being late***: *Ela nem pediu desculpas pelo atraso.* She didn't even apologize for being late. 3 (de país, região) underdevelopment 4 **com atraso** late: *O voo chegou com atraso.* The flight arrived late. | *O show começou com uma hora de atraso.* The concert started an hour late. 5 **desculpe o atraso** sorry I'm late 6 **estar com atraso** to be delayed

**atrativo** *s.* attraction

**atravancar** *v.* (obstruir) to block

**através** *adv.* **através de algo/alguém** through sth/sb: *Ela conheceu o namorado através de uma amiga em comum.* She met her boyfriend through a mutual friend.

**atravessar** *v.* 1 (ir de um lado ao outro) to cross: *Vamos atravessar a rua.* Let's cross the street. ▸ Também se diz ***to go across***. Quando o sentido é *conseguir atravessar*, usa-se ***to get across***: *A avenida é muito larga e não tem como atravessar.* The avenue is very wide and there's no way to get across. ▸ Expressões tais como *atravessar a nado, atravessar correndo* etc. traduzem-se para o inglês usando um verbo que denota a maneira de se deslocar junto com o advérbio ou preposição ***across***: *O rio é muito largo para atravessarmos a nado.* The river is too wide for us to swim across. | *É perigoso atravessar a rua correndo.* It's dangerous to run across the street. 2 (passar por) to go through: *Atravessamos vários túneis.* We went through several tunnels.

**atrelar** *v.* 1 (reboque, vagão) to hitch (***a*** *to*) 2 (vincular) to tie (***a*** *to*)

**atrever-se** *v.* 1 to dare 2 **atrever-se a fazer algo** to dare to do sth

**atrevido** *adj.* brazen

**atribuir** *v.* **atribuir algo a algo** (considerar como resultado de) to put sth down to sth: *Atribuí o mau humor dela ao cansaço.* I put her bad mood down to tiredness.

**atrito** *s.* (tb **atritos**) friction

**atriz** *s.* actress

**atropelado** *adj.* **morrer atropelado** to be run over and killed

**atropelamento** *s.* (acidente) accident involving a pedestrian

**atropelar** *v.* 1 (com veículo) to run over: *Um homem foi atropelado na faixa.* A man was run over on the crosswalk. 2 (empurrando) to knock over

**atuação** *s.* 1 (ação) action 2 (desempenho, em filme, peça) performance 3 (arte de representar) acting

**atual** *adj.* 1 (do momento) current: *o atual campeão* the current champion 2 (de hoje) today's: *o mundo atual* today's world 3 (matéria, tema etc.) topical

**atualidade** *s.* 1 **a atualidade** the present time: *um dos melhores escritores da atuali-*

*dade* one of the best writers of the present time **2 atualidades** current affairs

**atualização** *s.* update

**atualizado** *adj.* up-to-date

**atualizar** *v.* to update / **atualizar-se** *v.* **1** (pessoa) to keep yourself up to date (***sobre*** *on*) **2** (programa) to update

**atualmente** *adv.* currently

**atuar** *v.* **1** (pessoa) to operate: *A polícia prendeu vários assaltantes que atuam na região.* The police have arrested a number of muggers who operate in the area. **2** (em filme, peça) to appear: *O ator já atuou num filme de Hollywood.* The actor has already appeared in a Hollywood movie. **3** (remédio etc.) to act

**atum** *s.* tuna: *um sanduíche de atum* a tuna sandwich

**aturar** *v.* to put up with: *Tivemos que aturar o barulho da festa até muito tarde.* We had to put up with the noise of the party until really late.

**audição** *s.* **1** (sentido) hearing **2** (teste de ator etc.) audition **3** (concerto) recital

**audiência** *s.* **1** (de programa) audience: *a novela de maior audiência* the soap with the biggest audience **2** (julgamento) hearing **3 campeão de audiência** top-rated show

**áudio** *s.* audio: *material em áudio* audio material

**audiovisual** *adj.* audiovisual

**auditório** *s.* **1** (público) audience **2** (sala) auditorium

**auge** *s.* **1** peak **2 no auge de algo** at the height of sth: *no auge da fama dele* at the height of his fame

**aula** *s.* **1** class: *uma aula de ginástica* an exercise class ▶ A palavra ***class*** é usada de forma incontável e sem artigo quando se pensa no decorrer da aula: *É proibido usar o celular durante a aula.* It's not allowed to use your cell phone during class. | *Hoje aprendemos umas músicas na aula de Inglês.* Today we learned some songs in English class. ▶ Usa-se a palavra ***lesson*** quando se trata de uma aula individual: *aulas de piano* piano lessons ▶ No inglês britânico, a palavra ***lesson*** também é usada para designar uma aula escolar. **2 as aulas** (horário ou período letivo) school ▶ Nesta acepção, a palavra ***school*** é incontável e usada sem artigo: *As aulas começam às 7h30.* School starts at 7.30 a.m. | *a volta às aulas* the return to school **3 assistir aula** to go to class ▶ Também se diz ***to attend class***, que soa mais formal. **4 dar aula (de algo) (a alguém)** to teach (sb) (sth): *Ela dá aula na universidade federal.* She teaches at the federal university. | *O Pedro tem um amigo americano que lhe dá aulas de inglês.* Pedro has an American friend who is teaching him English. **5 fazer aula** to take classes (BRIT: to do classes): *Ela faz aula de violão.* She takes guitar classes. **6 matar aula** to cut class (BRIT: to skive off) **7 ter aula** **a** (ter que ir à escola) to have school: *Não posso dormir tarde, tenho aula amanhã.* I can't go to bed late, I have school tomorrow. **b** (ter uma aula para assistir) to have a class: *Temos aula de Química agora.* We have a chemistry class now. **c** (fazer aula) to take classes (BRIT: to have classes): *A Sandra quer ter aula de canto.* Sandra wants to take singing classes.

**aumentar** *v.* **1** (em geral) to increase: *O número de carros nas estradas não para de aumentar.* The number of cars on the roads just keeps increasing. | *A queimada das florestas aumenta o aquecimento global.* Burning the forests increases global warming. ▶ O verbo ***increase*** soa um pouco formal. Na linguagem do dia a dia, é mais comum dizer ***to go up***, no sentido de *subir*, e ***to put up***, no sentido de *fazer subir*: *A passagem de ônibus aumentou de novo.* Bus fares have gone up again. | *O governo quer aumentar os impostos.* The government wants to put taxes up. **2** (música, rádio, TV) to turn up: *Como se faz para aumentar o toque desse celular?* How do you turn up the ring tone on this cell phone? **3** (casa, cômodo) to extend: *Eles fizeram obra para aumentar a cozinha.* They had work done to extend the kitchen. **4** (com lente, lupa) to magnify

**aumento** *s.* 1 (em geral) increase (***de/em*** *in*): *o aumento da população* the increase in the population 2 (de salário) raise (BRIT: rise): *um aumento de salário* a pay raise 3 (de casa, cômodo) extension
**auréola** *s.* halo
**ausência** *s.* 1 absence 2 **na ausência de algo/alguém** in the absence of sth/sb: *na minha ausência* in my absence
**ausente** *adj.* absent (***de*** *from*)
**Austrália** *s.* Australia
**australiano** *adj, s.* Australian
**Áustria** *s.* Austria
**austríaco** *adj, s.* Austrian
**autenticado** *adj.* authenticated
**autêntico** *adj.* 1 (verdadeiro, legítimo) genuine 2 (fiel ao original) authentic: *O figurino do filme é bem autêntico.* The costumes in the movie are very authentic.
**autobiografia** *s.* autobiography
**autobiográfico** *adj.* autobiographical
**autodefesa** *s.* self-defense (BRIT: self-defence)
**autódromo** *s.* racetrack
**autoescola** *s.* driving school
**autografar** *v.* to autograph
**autógrafo** *s.* autograph
**automático** *adj.* automatic
**automobilismo** *s.* motor racing
**automóvel** *s.* automobile (BRIT: motor car)
**autonomia** *s.* autonomy
**autônomo** *adj.* 1 (profissional) self-employed 2 (país, região) autonomous
**autópsia** *s.* autopsy (BRIT: post mortem)
**autor** *s.* 1 (de livro, texto) author 2 (de música) composer 3 (de crime) perpetrator
**autoridade** *s.* 1 (em geral) authority (***em*** *on*, ***sobre*** *over*): *Quem tem autoridade sobre a polícia?* Who has authority over the police? | *uma autoridade no assunto* an authority on the subject 2 (pessoa com poder) official
**autoritário** *adj.* authoritarian
**autorização** *s.* 1 authorization (***para*** *for*) 2 **autorização para fazer algo** authorization to do sth
**autorizado** *adj.* 1 (permitido) authorized 2 (credenciado) certified / *s.* (para consertos etc.) certified dealer
**autorizar** *v.* 1 to authorize 2 **autorizar alguém a fazer algo** to give sb permission to do sth: *Meus pais me autorizaram a contratar banda larga em casa.* My parents gave me permission to get broadband at home. ▸ Quando se trata de uma autorização oficial, traduz-se por ***to authorize sb to do sth***.
**autorretrato** *s.* self-portrait
**autossuficiente** *adj.* self-sufficient (***em*** *in*)
**auxiliar** *s.* (ajudante) assistant / *adj.* auxiliary / *v.* to help out (***em*** *with*)
**auxílio** *s.* 1 (ajuda) aid 2 (a desempregado etc.) welfare payment (BRIT: benefit) 3 **com o auxílio de algo/alguém** with the aid of sth/with sb's aid
**aval** *s.* approval
**avalanche** *s.* avalanche
**avaliação** *s.* 1 (de qualidade) evaluation 2 (de valor) valuation
**avaliar** *v.* 1 (julgar) to evaluate: *Precisamos avaliar a situação.* We need to evaluate the situation. 2 (estimar o valor de) to value (***em*** *at*): *O quadro foi avaliado em $2 milhões.* The painting was valued at $2 million. 3 (examinar o desempenho de) to assess: *O objetivo da prova é avaliar os alunos.* The aim of the test is to assess the students.
**avançado** *adj.* advanced
**avançar** *v.* 1 (deslocar(-se)) to move forward: *Avance o pé um pouco mais.* Move your foot a little farther forward. | *O ônibus avançava a passo de tartaruga.* The bus was moving forward at a snail's pace. 2 (em competição) to go forward: *O Brasil avançou para a semifinal.* Brazil went forward to the semifinal. 3 (ciência, exército etc.) to advance: *A tecnologia avança sem parar.* Technology is advancing all the time. 4 **avançar o sinal** to run a red light (BRIT: to jump the lights)
**avanço** *s.* advance: *os avanços da medicina* advances in medicine

**ave** *s.* 1 (em geral) bird 2 **aves** (como alimento) poultry *[sg.]*: *a criação de aves* poultry farming
**ave de rapina** bird of prey
**aveia** *s.* 1 (alimento) oatmeal: *mingau de aveia* oatmeal porridge 2 (cultivo) oats
**avelã** *s.* hazelnut
**avenida** *s.* avenue
**avental** *s.* apron
**aventura** *s.* 1 (em geral) adventure 2 (amorosa) fling
**aventurar-se** *v.* 1 to venture 2 **aventurar-se a fazer algo** to venture to do sth
**aventureiro** *adj.* 1 adventurous 2 **espírito aventureiro** spirit of adventure / *s.* adventurer
**averiguar** *v.* 1 (investigar) to investigate 2 (verificar) to check
**aversão** *s.* 1 aversion 2 **ter aversão a algo/alguém** to have an aversion to sth/sb
**avessas** *spl.* **às avessas** **a** (pelo avesso) inside out **b** (de trás para frente) backward (BRIT: backwards) **c** (de cabeça para baixo) upside down
**avesso** *s.* 1 (de tecido) wrong side 2 **pelo avesso** inside out
**avestruz** *s.* ostrich
**aviação** *s.* aviation
**avião** *s.* 1 plane ▸ A denominação formal é ***airplane*** (BRIT: ***aeroplane***). 2 **andar/ir/viajar etc. de avião** to fly: *Voltamos a São Paulo de avião.* We flew back to São Paulo. | *Você já andou de avião?* Have you ever flown? 3 **medo de avião** fear of flying 4 **ter medo de avião** to be afraid of flying
**avisar** *v.* 1 (informar) to tell (***de/sobre*** *about*): *Se resolver sair, eu te aviso.* If I decide to go out I'll tell you. ▸ Também se usa muito a locução ***to let sb know***: *Não é melhor avisar os seus pais que você vai chegar tarde em casa?* Hadn't you better let your parents know you're going to get home late? ▸ Porém, tanto o verbo ***tell*** como a locução ***to let sb know*** pedem um complemento direto que indique a quem se avisa. Se essa pessoa não for mencionada, usa-se ***to say***: *Eu avisei que não ia jantar em casa.* I said I wasn't going to have dinner at home. 2 (alertar, prevenir) to warn (***de*** *of*, ***sobre*** *about*): *Bem que eu te avisei!* I warned you! ▸ O verbo ***to warn*** sempre conota a possibilidade de algo ruim acontecer. 3 **avisar alguém para (não) fazer algo** to warn sb (not) to do sth: *O professor me avisou para não deixar o trabalho até em cima do prazo.* The teacher warned me not to leave the assignment until the last minute. 4 **sem avisar** **a** (sem falar com ninguém) without telling anyone **b** (inesperadamente) without notice
**aviso** *s.* 1 (comunicação) notice: *Havia um aviso no quadro.* There was a notice on the board. 2 (alerta) warning
**aviso prévio** notice
**avistar** *v.* to spot
**avó** *s.* 1 grandmother ▸ Na linguagem informal, diz-se ***grandma***. 2 **avós** (avô e avó) grandparents
**avô** *s.* grandfather ▸ Na linguagem informal, diz-se ***grandpa*** (BRIT: ***grandad***)
**avoado** *adj.* scatterbrained
**avos** *spl.* ▸ Traduz-se usando o número ordinal correspondente: *um vinte avos* a twentieth | *três dezesseis avos* three sixteenths
**avulso** *adj.* 1 (solto) loose: *uma folha avulsa* a loose sheet of paper 2 (individual) individual: *Você pode baixar o álbum inteiro ou músicas avulsas.* You can download the whole album or individual songs.
**axila** *s.* armpit
**azar** *s.* 1 bad luck: *Que azar!* What bad luck! 2 **azar o seu/dele etc.!** tough! 3 **dar azar** to be unlucky 4 **estar com/ter azar** to be unlucky / *interj.* too bad!
**azarado** *adj.* unlucky
**azarar** *v.* to hit on (BRIT: to chat up): *Ele vive azarando as meninas.* He's always hitting on the girls.
**azedar** *v.* (leite, alimento) to go bad (BRIT: to go off): *O leite azedou.* The milk's gone bad.
**azedo** *adj.* sour

**azeite** *s.* 1 (tb **azeite de oliva**) olive oil 2 (de cozinha) cooking oil
**azeitona** *s.* olive
**azia** *s.* heartburn
**azul** *adj, s.* blue
**azulejar** *v.* to tile
**azulejo** *s.* tile
**azul-marinho** *adj, s.* navy blue ▸ Também se diz apenas ***navy***.

# B

**B, b** *s.* B, b
**babá** *s.* 1 (de tempo integral) nanny 2 (temporária) babysitter
**babado** *s.* 1 (em roupa etc.) frill 2 (fofoca) piece of gossip
**babador** *s.* bib
**babar** *v.* 1 (em geral) to drool 2 (bebê) to dribble
**bacalhau** *s.* (seco) salt cod
**bacana** *adj.* cool
**bacharelado** *s.* bachelor's degree
**bacia** *s.* 1 (recipiente, de rio) basin 2 (do corpo) pelvis
**bacon** *s.* bacon
**bactéria** *s.* bacteria ▸ O plural é ***bacteria*** também.
**badalado** *adj.* 1 (artista, boate, restaurante etc.) in 2 (filme, escritor etc.) talked about
**badalar** *v.* (sino) to ring
**bafo** *s.* (mau hálito) bad breath: *Ele acordou com um bafo.* He woke up with bad breath.
**bafômetro** *s.* 1 Breathalyzer® 2 **fazer o teste do bafômetro** to take a breath test
**bagaço** *s.* **estar um bagaço** to look a wreck
**bagageiro** *s.* 1 (para carro) cargo carrier 2 (de bicicleta) cargo rack
**bagagem** *s.* baggage (BRIT: luggage) ▸ Na linguagem informal, é mais comum dizer ***bags*** (*pl.*): *Você tem muita bagagem?* Do you have a lot of bags?
**bagagem de mão** carry-on (BRIT: hand luggage)
**baguete** *s.* baguette
**bagunça** *s.* 1 (desarrumação) mess: *Meu quarto está uma bagunça.* My room is a mess. 2 (falta de organização) shambles: *A reunião foi uma bagunça.* The meeting was a shambles. 3 **fazer bagunça** a (desarrumar) to make a mess b (fazer besteira) to fool around c (criar confusão) to get rowdy
**bagunçado** *adj.* 1 (desarrumado) messy 2 (sem organização) chaotic
**bagunçar** *v.* to mess up
**bagunceiro** *adj.* 1 (que não arruma) messy 2 (que cria confusão) rowdy
**baía** *s.* bay: *a Baía de São Francisco* San Francisco Bay
**bailarino** *s.* ballet dancer ▸ Para *bailarina*, também se diz ***ballerina***, especialmente quando se pensa numa vestida de tutu.
**baile** *s.* ball: *um baile de Carnaval* a Carnival ball
**baile à fantasia** costume ball (BRIT: fancy-dress ball) **baile de formatura** prom **baile funk** funk party
**bainha** *s.* 1 (de calça, saia) hem 2 **fazer a bainha em algo** to hem sth
**bairrista** *adj.* parochial
**bairro** *s.* 1 (área) neighborhood (BRIT: area): *um bairro nobre* an upscale neighborhood | *as lojas do bairro* the neighborhood stores 2 (em oposição ao centro) uptown
**baixa** *s.* 1 (de preço etc.) drop (***de*** *in*): *uma baixa do dólar* a drop in the dollar 2 (vítima de guerra) casualty

**baixar** *v.* 1 (cair) to go down: *A temperatura vai baixar amanhã.* The temperature will go down tomorrow. 2 (colocar mais baixo) to lower: *O governo deveria baixar os impostos.* The government should lower taxes. | *Baixaram a bandeira em sinal de respeito.* They lowered the flag as a mark of respect. 3 (da internet) to download: *Dá para baixar o aplicativo de graça.* You can download the app for free. 4 (maré) to go out 5 (aparecer) to show up: *Todos os parentes baixaram lá em casa.* All the relatives showed up at our house. 6 **baixar uma ordem** to issue an order

**baixaria** *s.* 1 crudity 2 **que baixaria!** that's so crude! 3 **ser uma baixaria** to be crude

**baixista** *s.* bass player

**baixo** *adj.* 1 (em geral) low: *um muro baixo* a low wall | *Quem tirou a nota mais baixa?* Who got the lowest grade? | *em voz baixa* in a low voice 2 (pessoa) short: *Minha mãe é mais baixa do que eu.* My mom is shorter than me. 3 (sem classe, vulgar) crude / *adv.* 1 (falar) quietly 2 (voar) low / *s.* 1 (em música, cantor) bass 2 (guitarra) bass guitar ▸ Também se diz apenas ***bass***. 3 **ao/no andar de baixo** downstairs 4 **colocar alguém para baixo** to put sb down 5 **de baixo** **a** (inferior) bottom: *a gaveta de baixo* the bottom drawer **b** (do andar de baixo) downstairs: *o vizinho de baixo* the downstairs neighbor **c** (do chão) from below: *Olhando de baixo, o prédio nem parece tão alto.* From below, the building doesn't look that tall. 6 **de cima para baixo** from top to bottom 7 **na parte de baixo** at the bottom (***de*** *of*): *na parte de baixo da geladeira* at the bottom of the fridge 8 **para baixo** down: *mais para baixo* farther down 9 **por baixo** underneath: *Eu estava usando uma camisa com uma camiseta por baixo.* I was wearing a shirt with a T-shirt underneath. 10 **por baixo de algo** underneath sth: *O cachorro conseguiu passar por baixo da cerca.* The dog managed to get underneath the fence. ▸ Também se diz apenas ***under***.

**baixo-astral** *adj.* gloomy / *s.* 1 gloom 2 **estar de baixo-astral** to be feeling gloomy

**bala** *s.* 1 (projétil) bullet 2 (doce) candy (BRIT: sweet)

**bala de hortelã** mint **bala perdida** stray bullet

**balada** *s.* 1 (diversão) clubbing: *Ela não gosta de balada.* She doesn't like clubbing. 2 (boate) club: *Abriu uma balada nova no centro.* There's a new club open downtown. 3 (canção) ballad 4 **ir para a balada** to go clubbing: *Eles vão para a balada todo fim de semana.* They go clubbing every weekend. 5 **na balada** (numa noitada) on a night out: *Ela conheceu o namorado na balada.* She got to know her boyfriend on a night out.

**balança** *s.* scale (BRIT: scales)

**balançar** *v.* 1 (barco, berço, cadeira etc.) to rock: *Ela balançou o bebê até ele dormir.* She rocked the baby to sleep. 2 (carro, ônibus etc.) to shake ▸ Ao falar de um avião, é mais comum usar as palavras ***flight*** e ***bumpy***: *O avião balançou muito.* The flight was very bumpy. 3 (pendurar) to swing 4 (árvore, torre etc.) to sway 5 (comover) to shake up / **balançar-se** *v.* (em balanço, rede etc.) to swing

**balanço** *s.* 1 (brinquedo) swing 2 (de barco, berço) rocking 3 (de avião, ônibus) shaking 4 (de rede, coisa no ar) swinging

**balão** *s.* 1 (em geral) balloon 2 (em HQ etc.) speech bubble

**balcão** *s.* 1 (em aeroporto, hotel etc.) desk: *o balcão de check-in* the check-in desk 2 (de loja) counter 3 (de bar) bar 4 (em teatro) balcony (BRIT: circle)

**balcão de informações** information desk **balcão nobre** mezzanine (BRIT: dress circle)

**balconista** *s.* sales clerk (BRIT: assistant)

**balde** *s.* bucket

**baldeação** *s.* **fazer baldeação** to change (***para*** *onto*): *Você tem que fazer baldeação para a linha azul.* You have to change onto the blue line.

**baldio** *adj.* **terreno baldio** vacant lot (BRIT: piece of waste ground)

**balé** *s.* 1 ballet: *aulas de balé* ballet classes 2 **fazer balé** to do ballet

**balear** *v.* 1 to shoot 2 **morrer baleado** to be shot dead

**baleia** *s.* 1 whale: *a observação de baleias* whale watching 2 **estar uma baleia** (gordo) to be hugely fat

**baliza** *s.* 1 (manobra) parallel parking: *Ele é péssimo em baliza.* He's terrible at parallel parking. 2 **fazer baliza** to parallel park

**balneário** *s.* beach resort

**balsa** *s.* 1 (barca) ferry 2 (jangada) raft

**bambo** *adj.* 1 (móvel, pernas) wobbly 2 (corda) slack 3 **ficar de perna bamba** to go weak at the knees

**bambolê** *s.* 1 hula hoop 2 **fazer bambolê** to swing a hula hoop

**bambu** *s.* bamboo: *uma cadeira de bambu* a bamboo chair

**banal** *adj.* banal

**banana** *s.* 1 banana: *uma casca de banana* a banana peel 2 **a preço de banana** dirt cheap

**bananeira** *s.* 1 banana tree 2 **plantar bananeira** to do a handstand

**banca** *s.* 1 (tb banca de jornal) newsstand 2 (de feira) stand (BRIT: stall): *uma banca de frutas* a fruit stand

**banca examinadora** examination panel

**bancada** *s.* 1 (de cozinha, banheiro) counter (BRIT: worktop) 2 (mesa de trabalho) bench

**bancar** *v.* 1 (fazer-se de) to play: *Não adianta querer bancar o esperto.* It's no use trying to play the wiseguy. 2 (custear) to finance

**bancário** *adj.* bank: *uma conta bancária* a bank account / *s.* bank teller (BRIT: bank clerk)

**banco** *s.* 1 (instituição) bank: *Nos EUA, dá para trocar dinheiro num banco.* In the U.S., you can change money at a bank. ▸ Usa-se a preposição ***at*** quando se pensa na função do banco, e ***in*** quando se pensa no prédio em si: *Há vários caixas eletrônicos no banco.* There are several ATMs in the bank. 2 (de carro, ônibus etc.) seat: *no banco de trás* on the back seat 3 (de bicicleta) saddle 4 (assento para várias pessoas) bench 5 (tamborete) stool 6 (de igreja) pew 7 (bancada de trabalho) bench

**banco das testemunhas** witness stand (BRIT: witness box) **banco de areia** sandbank **banco de dados** database **banco de sangue** blood bank **banco dos réus** dock

**banda** *s.* 1 band: *uma banda de rock* a rock band 2 **por essas/aquelas bandas** around here/there

**banda larga** broadband: *uma conexão banda larga* a broadband connection

**band-aid**® *s.* Band-Aid® (BRIT: plaster)

**bandeira** *s.* 1 flag 2 **dar bandeira** to give yourself away: *Você deu a maior bandeira falando aquilo.* You really gave yourself away saying that.

**bandeirada** *s.* (de táxi) minimum charge

**bandeirante** *s masc/fem.* (na história) Brazilian pioneer / *s. fem.*(escoteira) Girl Scout (BRIT: Girl Guide)

**bandeirinha** *s.* (em futebol) linesman ▸ Se for mulher, diz-se ***lineswoman***. Na linguagem oficial do futebol, o bandeirinha é chamado de ***assistant referee*** (= árbitro assistente).

**bandeja** *s.* tray

**bandido** *s.* 1 (assaltante) robber 2 (criminoso) criminal

**bando** *s.* 1 (grupo) gang: *um bando de crianças* a gang of kids 2 (de aves) flock 3 **um bando de algo** (muitos) a whole bunch of sth: *O Pedro apareceu na festa com um bando de gente.* Pedro showed up at the party with a whole bunch of people.

**bandolim** *s.* mandolin

**bangue-bangue** *adj, s.* **(filme) bangue-bangue** western

**banguela** *adj.* toothless

**banha** *s.* 1 (de cozinhar) lard 2 (no corpo) flab ▸ É incontável, portanto também serve como tradução de *banhas*: *Preciso perder essas banhas.* I need to lose this flab.

**banhado** *adj.* **banhado de suor** bathed in sweat

**banhar** *v.* to bathe / **banhar-se** *v.* to bathe

**banheira** *s.* bathtub (BRIT: bath)
**banheira de hidromassagem** hot tub (BRIT: Jacuzzi®)
**banheiro** *s.* **1** (em casa etc.) bathroom: *o banheiro de hóspedes* the guest bathroom **2** (público) restroom (BRIT: toilet): *Por favor, onde fica o banheiro?* Excuse me, where's the restroom? **3 ir no banheiro** (usar o toalete) to go to the bathroom (BRIT: to go to the toilet)
**banheiro feminino/masculino** ladies'/men's room (BRIT: ladies'/men's toilet) **banheiro público** public restroom (BRIT: public toilet)
▸ No inglês americano, o uso da palavra ***bathroom*** corresponde ao de *banheiro* em português, ou seja, fala-se ***bathroom***, mesmo que se pense só no toalete. Em lugares públicos, prefere-se a palavra ***restroom***. No inglês britânico, usa-se a palavra ***toilet*** quando se quer dizer toalete, e ***bathroom*** apenas quando se pensa no aposento em que se toma banho.
**banhista** *s.* **1** (na água) bather **2** (na praia) beachgoer
**banho** *s.* **1** (chuveirada) shower **2** (de banheira) bath **3 dar banho em alguém** to give sb a bath **4 dar um banho de algo em alguém** (molhar) to tip sth all over sb: *Ele me deu um banho de cerveja.* He tipped beer all over me. **5 o banho** (ato de tomar banho) taking a bath: *na hora do banho* when taking a bath **6 tomar banho** **a** (de chuveiro) to take a shower **b** (de banheira) to take a bath **7 tomar um banho de algo** (molhar-se) to get sth all over you: *Tomei um banho de refrigerante na festa.* I got soda all over me at the party.
**banho de loja 1** shopping spree **2 dar um banho de loja** to go on a shopping spree **banho de mar 1** swimming in the ocean (BRIT: in the sea) **2 tomar banho de mar** to swim in the ocean **banho de sol 1** sunbathing **2 tomar banho de sol** to sunbathe
**banqueiro** *s.* banker
**banquete** *s.* banquet
**baque** *s.* **1** (som) thud: *um baque seco* a dull thud **2** (revés) blow (***para*** *to*) **3 levar um baque** to suffer a setback
**baqueta** *s.* drumstick ▸ Também se diz apenas ***stick***.
**bar** *s.* **1** (local) bar **2** (móvel) liquor cabinet (BRIT: drinks cabinet)
**baralho** *s.* **1** (as próprias cartas) deck of cards (BRIT: pack of cards) **2** (jogo) cards **3 jogar baralho** to play cards
**barão** *s.* baron
**barata** *s.* cockroach ▸ No inglês americano informal, diz-se ***roach***.
**barateiro** *adj.* cheap
**barato** *adj.* cheap: *Não tem nada mais barato?* Don't you have anything cheaper? / *adv.* **1** (comprar, vender) cheap **2 cobrar barato** not to charge much (***por*** *for*): *Esse técnico é bom e cobra barato.* This technician is good and doesn't charge much. **3 custar barato** to be cheap **4 sair mais barato** to work out cheaper / *s.* **1 cortar o barato de alguém** to spoil sb's fun **2 ser um barato** to be great
**barba** *s.* **1** beard **2 deixar a barba** to grow a beard **3 fazer a barba** to shave
**barbante** *s.* string
**barbaridade** *s.* **1** (truculência) barbarity **2** (absurdo) outrage
**bárbaro** *adj.* **1** (muito bom) awesome **2** (desumano) barbaric
**barbatana** *s.* fin
**barbeador** *s.* razor (BRIT: shaver)
**barbear** *v.* to shave / **barbear-se** *v.* to shave
**barbearia** *s.* barber shop
**barbeiro** *s.* **1** (cabeleireiro) barber **2** (motorista) bad driver
**barbudo** *adj.* bearded
**barca** *s.* ferry
**barcaça** *s.* barge
**barco** *s.* **1** boat: *Voltamos de barco.* We came back by boat. **2 estar no mesmo barco** to be in the same boat (***que*** *as*)
**barco a motor** motorboat **barco a remo** rowboat (BRIT: rowing boat) **barco a vela** sailboat (BRIT: sailing boat)

**barman** *s.* bartender (BRIT: barman)
**baronesa** *s.* baroness
**barra** *s.* 1 (pedaço, vara) bar: *uma barra de chocolate* a chocolate bar | *uma barra de ferro* an iron bar 2 (sinal gráfico) slash ▸ Ao ler uma URL, diz-se ***forward slash*** para diferenciar de ***backslash*** (= contrabarra). 3 (bainha) hem 4 **a barra está limpa** the coast is clear 5 **fazer a barra de algo** (calça, saia) to hem sth 6 **forçar a barra** to push it 7 **que barra!** that's tough! 8 **segurar a barra** to hang on in there 9 **ser uma barra** (difícil) to be tough **barra de ferramentas** toolbar **barra de rolagem** scroll bar **barra de tarefas** taskbar **barra fixa** (em ginástica) high bar **barras assimétricas** uneven bars **barras paralelas** parallel bars
**barraca** *s.* 1 (de feira) stand (BRIT: stall) 2 (de acampar) tent 3 (de praia) beach umbrella 4 **armar/desmontar uma barraca** to put up/take down a tent
**barraco** *s.* 1 shanty 2 **armar um barraco** to make a scene
**barragem** *s.* (de rio) dam
**barranco** *s.* embankment: *Um caminhão caiu no barranco.* A truck fell down the embankment.
**barra-pesada** *adj.* rough: *Aquele bairro é barra-pesada.* That neighborhood is rough.
**barraqueiro** *adj.* ornery (BRIT: bolshie)
**barrar** *v.* to turn away (***em*** *from*): *Fomos barrados na boate.* We were turned away from the club.
**barreira** *s.* 1 (obstáculo) barrier (***a*** *to*) 2 (em futebol) wall 3 (em atletismo) hurdle: *os 110m com barreiras* the 110m hurdles 4 **caiu uma barreira** (na estrada) there was a landslide 5 **queda de barreira** (deslizamento) landslide
**barreira de proteção** (de estrada, pista) crash barrier
**barrento** *adj.* muddy
**barricada** *s.* barricade
**barriga** 1 (estômago) stomach ▸ Na linguagem informal e infantil, também se diz ***tummy***: *dor de barriga* stomachache 2 (pança) belly
**barrigudo** *adj.* 1 potbellied 2 **estar/ficar barrigudo** to have/get a belly
**barril** *s.* barrel
**barro** 1 (argila) clay 2 (lama) mud 3 **de barro** earthenware: *uma jarra de barro* an earthenware pitcher
**barroco** *adj, s.* baroque
**barulheira** *s.* 1 racket 2 **fazer uma barulheira** to make a racket
**barulhento** *adj.* noisy
**barulho** *s.* 1 noise 2 **estar com um barulho** to be making a noise: *A geladeira estava com um barulho estranho.* The fridge was making a strange noise. 3 **fazer barulho** to make a noise
**base** *s.* 1 (parte de baixo, militar, de empresa) base: *a base do abajur* the base of the lamp | *A empresa tem uma base em São Paulo.* The company has a base in São Paulo. 2 (fundamento) basis: *Em que base você diz isso?* On what basis do you say that? | *a base do argumento dele* the basis of his argument 3 (noções básicas) grounding (***de/em*** *in*): *Tenho uma boa base de espanhol.* I have a good grounding in Spanish. 4 (creme) foundation 5 **as bases** (de partido, sociedade) the grass roots 6 **voltar às bases** (ao essencial) to go back to basics
**base aérea** airbase
**baseado** *adj.* **baseado em algo** based on sth / *s.* (de maconha) joint
**basear** *v.* to base (***em*** *on*): *O filme é baseado numa história real.* The movie is based on a true story. / **basear-se** *v.* **basear-se em algo** **a** (romance, teoria etc.) to be based on sth: *A série se baseia em fatos reais.* The series is based on actual events. **b** (pessoa) to base yourself on sth: *O autor do livro se baseou em várias fontes.* The author of the book based himself on a number of sources.
**básico** *adj.* 1 (em geral) basic 2 (roupa) plain / *s.* **o básico** the basics *[pl.]*: *Sei o básico de informática.* I know the basics of IT.

**basquete** *s.* basketball: *um jogo de basquete* a basketball game | *uma bola de basquete* a basketball

**bastante** *adj.* 1 (muito) quite a lot of: *Tinha bastante gente na festa.* There were quite a lot of people at the party. ▸ Também se dizem ***quite a bit of*** quando o substantivo que se segue é singular, e ***quite a few*** quando é plural: *bastante dinheiro* quite a bit of money | *bastantes erros* quite a few mistakes 2 (suficiente) sufficient: *Ela teve coragem bastante para encarar a situação.* She had sufficient courage to confront the situation. / *adv.* 1 (com adjetivos e advérbios) quite: *Ele é bastante conhecido como músico.* He's quite well known as a musician. | *Ela fala bastante rápido.* She talks quite fast. 2 (com verbos) quite a lot: *O inglês dele melhorou bastante com o curso que fez.* His English improved quite a lot with the course he did. 3 **(o) bastante** (suficiente) enough: *Estudei para a prova sim, mas não o bastante.* I did study for the test, but not enough.

**bastão** *s.* 1 (em revezamento) baton 2 (de beisebol) bat

**bastar** *v.* 1 to be enough (***a*** *for*) 2 **basta!** (chega) that's enough! 3 **basta de (fazer) algo** that's enough doing sth: *Basta de enrolação!* That's enough stalling! 4 **basta fazer algo** it's enough to do sth: *Basta olhar a cara dele para saber que está mentindo.* It's enough to look at his face to know he's lying.

**bastidores** *spl.* 1 (de teatro) wings 2 **nos bastidores** behind the scenes (***de*** *of*)

**batalha** *s.* 1 battle 2 **travar uma batalha** to fight a battle

**batalhador** *adj.* plucky / *s.* fighter

**batalhão** *s.* batallion

**batalhar** *v.* 1 to fight (***contra*** *against*, ***por*** *for*) 2 **batalhar para fazer algo** to fight to do sth: *Ela batalhou muito para conquistar uma bolsa.* She fought hard to win a scholarship.

**batata** *s.* 1 potato 2 **ser batata** (certo) to be a cert **batata cozida** boiled potatoes *[pl.]* **batata da perna** calf ▸ O plural é ***calves***. **batata frita** 1 (feita na hora) fries (BRIT: chips) *[pl.]*: *uma porção de batata frita* a portion of fries 2 (de pacote) potato chips (BRIT: crisps) *[pl.]*

**batata-doce** *s.* sweet potato

**bate-boca** *s.* 1 argument 2 **ter um bate-boca** to have an argument (***com*** *with*)

**batedor** *s.* (em moto) outrider: *batedores da polícia* police outriders **batedor de carteiras** pickpocket

**batente** *s.* 1 **estar no batente** to be at work 2 **pegar no batente** to start work **batente da porta** doorframe

**bate-papo** *s.* 1 chat: *uma sala de bate-papo* a chat room 2 **ter um bate-papo** to have a chat (***com*** *with*)

**bater** *v.* 1 (porta) to slam: *Não bata a porta.* Don't slam the door. | *A porta bateu e fiquei trancado do lado de fora.* The door slammed and I got locked out. 2 (adversário, recorde) to beat: *O ator bateu outros cinco candidatos para ganhar o prêmio.* The actor beat five other nominees to win the award. 3 (escanteio, falta) to take: *Quem bateu o pênalti foi o Neymar.* It was Neymar who took the penalty. 4 (coração) to beat 5 (conferir) to match up (***com*** *with*): *A versão da testemunha não bate com a dos policiais.* The witness's version doesn't match up with that of the police. 6 (massa, ovos) to beat 7 (as horas) to strike: *O relógio bateu meia-noite.* The clock struck midnight. 8 **bater (à/na porta)** to knock (at the door) 9 **bater com a cabeça/o joelho etc.** to hit your head/knee etc. (***em*** *on*): *Bati com o cotovelo na parede.* I hit my elbow on the wall. 10 **bater (com o carro)** to crash (the car) (***em*** *into*): *Por pouco não batemos.* We very nearly crashed. 11 **bater em algo/alguém** ◘ (acertar) to hit sth/sb: *O táxi bateu num poste.* The taxi hit a pole. | *O Rafa foi bater em mim, mas eu me esquivei.* Rafa went to hit me, but I dodged out of the way. ▸ Quando se trata de espancar alguém, traduz-se por ***to beat sb***: *O homem admitiu ter batido na esposa.* The man admitted beating his wife. **b** (luz, sol) to shine on sth/sb: *O sol bate na janela da nossa sala de aula a tarde inteira.* The sun shines on the window of our classroom the whole afternoon. **12 bater palmas** to clap **13 bater papo** to chat **14 não bater bem (da cabeça)** not to be right in the head

**bateria** *s.* **1** (de carro, celular etc.) battery: *Minha bateria está acabando.* My battery's dying. **2** (instrumento) drums *[pl.]*: *O Rafa toca bateria numa banda.* Rafa plays drums in a band. **3** (de escola de samba) percussion section

**baterista** *s.* drummer

**batida** *s.* **1** (de veículo) crash **2** (de música, coração) beat **3** (policial) raid **4** (drinque) rum cocktail: *uma batida de maracujá* a rum and passion fruit cocktail **5 dar uma batida** (com veículo) to have a crash (***com*** *with*): *Ele deu uma batida com a moto.* He had a crash with his motorcycle. **6 fazer uma batida em algo** (polícia) to raid sth

**batido** *adj.* **1** (roupa) worn **2** (assunto, piada etc.) hackneyed ▸ Também se diz ***old*** na linguagem informal. **3 passar batido** to go by unnoticed: *O erro ortográfico passou batido.* The spelling mistake went by unnoticed.

**batismo** *s.* baptism

**batizado** *s.* baptism (BRIT: christening)

**batizar** *v.* **1** (bebê) to baptize (BRIT: to christen) ▸ Quando se refere ao batismo como conceito religioso, usa-se ***baptize*** também no inglês britânico. **2 batizar algo/alguém de algo** to christen sth/sb sth: *O mascote da Copa de 2014 foi batizado de Fuleco.* The mascot of the 2014 World Cup was christened Fuleco.

**batom** *s.* lipstick: *Ela sempre usa batom vermelho.* She always wears red lipstick.

**batucar** *v.* to drum

**batuta** *s.* (de maestro) baton

**baú** *s.* trunk

**baunilha** *s.* vanilla

**bazar** *s.* **1** (loja) dime store (BRIT: pound shop) **2** (beneficente) bazaar

**bêbado** *adj, s.* **1** drunk **2 ficar bêbado** to get drunk

**bebê** *s.* baby

**bebedeira** *s.* **1** drinking binge **2 tomar uma bebedeira** to get drunk (***de*** *on*)

**bebedouro** *s.* drinking fountain

**beber** *v.* to drink

**bebida** *s.* **1** drink **2 tomar uma bebida** to have a drink

**bebida alcoólica** (em geral) alcohol

**beco** *s.* **1** alley **2 beco sem saída** blind alley

**bedelho** *s.* **meter o bedelho (em algo)** to stick your oar in(to sth)

**beicinho** *s.* **fazer beicinho** to pout

**beiço** *s.* lip

**beija-flor** *s.* hummingbird

**beijar** *v.* **1** to kiss **2 beijar alguém na boca** to kiss sb on the lips / **beijar-se** *v.* **1** (com paixão) to kiss **2** (como cumprimento) to kiss each other

**beijo** *s.* **1** kiss: *um beijo de boa-noite* a goodnight kiss **2 dar um beijo em alguém** to give sb a kiss: *Ela me deu um beijo na testa.* She gave me a kiss on the forehead. **3 mandar um beijo** to send your love (***para*** *to*): *Manda um beijo para a sua irmã.* Send my love to your sister. | *Meus pais mandaram um beijo.* My parents sent their love. **4 um beijo** **a** (em carta, e-mail etc.) love **b** (ao se despedir no telefone etc.) lots of love

**beira** *s.* **1** edge: *Ela sentou na beira do sofá.* She sat on the edge of the couch. **2 à beira de algo** (a ponto de) on the verge of sth: *Ele estava à beira de largar os estudos.* He was on the verge of giving up his schooling. **3 na beira d'água/da piscina/da praia** by the water/the pool/the beach **4 na beira da estrada/do rio** by the roadside/riverside

**beirada** *s.* edge: *na beirada da pia* on the edge of the sink

**beira-mar** *s.* **à beira-mar** on the oceanfront (BRIT: on the seafront)

**beirar** *v.* **1** (ir à beira de) to skirt: *A ciclovia beira o lago.* The bike path skirts the lake. **2** (falando de idade) to push: *Ele está beirando* *os sessenta anos.* He's pushing sixty. 3 (chegar às raias de) to verge on: *A empolgação dos fãs beirava a histeria.* The excitement of the fans was verging on hysteria.

**beisebol** *s.* baseball: *um jogo de beisebol* a baseball game | *uma bola de beisebol* a baseball

**belas-artes** *spl.* 1 fine arts 2 **museu de belas--artes** art gallery

**beleza** *s.* 1 beauty 2 **estar/ser uma beleza** (muito bom) to be great / *interj.* great!

**belga** *adj, s.* Belgian

**Bélgica** *s.* Belgium

**beliche** *s.* 1 (em dormitório) bunk 2 (em navio, trem) berth

**beliscão** *s.* pinch

**beliscar** *v.* 1 (pessoa) to pinch 2 (comida) to nibble

**belisquetes** *spl.* nibbles

**belo** *adj.* 1 (muito bom) fine: *um belo dia* one fine day 2 (pessoa) beautiful

**bem** *adv.* 1 (de desempenho ou saúde) well: *O nosso time jogou muito bem.* Our team played very well. | *Vou bem, obrigado.* I'm well, thanks. | *Ela não estava se sentindo bem.* She wasn't feeling well. ▸ Em frases negativas, tende-se a usar ***very well***: *Não estou te ouvindo bem.* I can't hear you very well. 2 (bastante) quite: *O sotaque sul-africano é bem diferente do americano.* The South African accent is quite different from the American one. 3 (extremamente) really: *Prefiro tomar refrigerante bem gelado.* I prefer to drink soda really cold. 4 (logo) right: *O hotel fica bem em frente à estação de metrô.* The hotel is right opposite the subway station. 5 (exatamente) quite: *Não foi bem isso que eu falei.* That wasn't quite what I said. 6 **bem feito (para você/ele/eles)!** it serves you/him/them right! ▸ Costuma-se omitir o ***it*** na linguagem falada. 7 **bem que eu falei/avisei** I told/warned you: *Eu bem que disse que isso ia acontecer.* I told you this would happen. 8 **ainda bem (que ...)** just as well (that ...): *"Ele não se machucou." - "Ainda bem."* "He didn't hurt himself." - "Just as well." | *ainda bem que você me lembrou* just as well you reminded me 9 **cheirar bem** to smell good 10 **de bem** (em boas relações) on good terms (***com*** *with*) ▸ No inglês americano informal, *estar de bem com alguém* traduz-se por ***to be good with sb***. 11 **está bem** (concordando) OK ▸ Também se diz ***all right***. 12 **estar bem** **a** (de saúde) to be OK ▸ Também se diz ***to be all right***: *Eu estive doente, mas já estou bem.* I was sick, but I'm OK now. **b** (de aparência) to look OK ▸ Também se diz ***to look all right***: *Estou bem com essa roupa?* Do I look OK in this outfit? 13 **ficar bem** (de aparência) to look good (***com/de*** *in*, ***em*** *on*): *Você fica bem de vermelho.* You look good in red. | *Essa calça não fica bem em mim.* These pants don't look good on me. 14 **tudo bem** **a** (respondendo a cumprimento) fine, thanks **b** (concordando, dando permissão) OK **c** (respondendo a pedido de desculpas) that's OK 15 **tudo bem?** **a** (cumprimento) how are you? **b** (está certo?) is that OK? / *s.* 1 (benefício) good: *o bem coletivo* the public good 2 **bens** (posses) property *[sg.]* 3 **do bem** good: *uma pessoa do bem* a good person | *Ele é do bem.* He's a good person. 4 **meu bem** (tratamento) honey (BRIT: darling) 5 **o bem** good: *o bem e o mal* good and evil 6 **para o bem de alguém** for the good of sb 7 **para o meu/seu etc. bem** for my/your etc. own good: *Ela proíbe o filho de sair à noite para o bem dele.* She doesn't allow her son to go out at night for his own good. / *interj.* 1 well: *Bem, isso é verdade.* Well, that's true. 2 **muito bem!** (parabenizando) good job! (BRIT: well done!)

**bem-comportado** *adj.* well-behaved

**bem-disposto** *adj.* on good form

**bem-educado** *adj.* well-mannered

**bem-estar** *s.* well-being

**bem-feito** *adj.* 1 (em geral) well done: *Os efeitos do filme são muito bem-feitos.* The effects in the movie are very well done. 2 (corpo) shapely

**bem-humorado** *adj.* 1 good-humored (BRIT: good-humoured) 2 **estar bem-humorado** to be in a good mood

**bem-intencionado** *adj.* well-intentioned

**bem-sucedido** *adj.* successful

**bem-vestido** *adj.* well-dressed: *o homem mais bem-vestido de Hollywood* Hollywood's best-dressed man

**bem-vindo** *adj.* welcome (***a*** *to*): *Bem-vindo ao Brasil!* Welcome to Brazil!

**bênção** *s.* blessing

**bendito** *adj.* blessed

**beneficente** *adj.* 1 charity: *um leilão beneficente* a charity auction 2 **entidade/obra beneficente** charity

**beneficiar** *v.* to benefit / **beneficiar-se** *v.* to benefit (***de*** *from*)

**benefício** *s.* 1 benefit 2 **em benefício de alguém** on behalf of sb: *uma campanha em benefício de crianças carentes* a campaign on behalf of children in need

**benéfico** *adj.* beneficial (***para*** *to*)

**bengala** *s.* walking stick

**benigno** *adj.* benign

**benzer** *v.* to bless / **benzer-se** *v.* to cross yourself

**berçário** *s.* nursery

**berço** *s.* 1 (caminha) crib (BRIT: cot) 2 (de balanço) cradle 3 (lugar de origem) birthplace: *o berço do futebol* the birthplace of soccer

**berinjela** *s.* eggplant (BRIT: aubergine)

**bermuda** *s.* shorts *[pl.]*: *Essa bermuda é pequena em mim.* These shorts are too small for me. ▸ A palavra ***shorts*** é plural em inglês. Portanto, *uma bermuda* traduz-se por ***some shorts*** ou ***a pair of shorts***, *duas bermudas* por ***two pairs of shorts*** etc.: *Vou pôr uma bermuda.* I'm going to put some shorts on. | *Levei três bermudas na mala.* I packed three pairs of shorts.

**berrante** *adj.* garish

**berrar** *v.* 1 (gritar) to yell (***com*** *at*): *Para de berrar comigo!* Stop yelling at me! 2 (chorar) to howl

**berro** *s.* 1 yell 2 **dar um berro** to yell out 3 **falar aos berros** to yell

**besouro** *s.* beetle

**besta** *adj.* 1 (burro) dumb (BRIT: stupid) 2 (tb metido a besta) full of yourself: *O Gabriel é muito besta.* Gabriel is very full of himself. 3 **ficar besta** (surpreso) to be amazed (***com*** *at*) / *s.* (idiota) fool

**besteira** *s.* 1 (idiotice) stupid thing: *Não acredito que ele falou uma besteira dessas!* I can't believe he said such a stupid thing! 2 (coisa sem importância) trivial thing: *Eles brigaram por uma besteira.* They fell out over a trivial thing. 3 **que besteira!** **a** (que idiotice) how stupid! **b** (que conversa sem cabimento) what nonsense! 4 **falar besteira** **a** (dizer coisas sem cabimento) to talk nonsense **b** (dizer coisas engraçadas) to crack jokes 5 **fazer uma besteira** to do something stupid 6 **ser besteira** to be stupid (***de*** *of*): *É besteira desistir agora.* It's stupid to quit now. | *Foi besteira minha.* It was stupid of me.
▸ No inglês americano informal, é muito comum usar a palavra ***dumb*** no lugar de ***stupid***.

**beterraba** *s.* beet (BRIT: beetroot)

**bexiga** *s.* 1 (no corpo) bladder 2 (balão) balloon

**bezerro** *s.* calf ▸ O plural é ***calves***.

**Bíblia** *s.* Bible

**bibliografia** *s.* bibliography

**biblioteca** *s.* library

**bibliotecário** *s.* librarian

**bica** *s.* 1 (torneira) faucet (BRIT: tap) 2 **suar em bicas** to sweat buckets

**bicampeão** *adj, s.* two-time champion: *a bicampeã olímpica* the two-time Olympic champion

**bicar** *v.* to peck / **bicar-se** *v.* **não se bicar** not to get along (BRIT: not to get on): *Os dois não se bicam.* The two of them don't get along.

**bíceps** *s.* biceps

**bicho** *s.* 1 (animal) animal: *um bicho de pelúcia* a stuffed animal 2 (inseto) bug (BRIT: insect) 3 **jogo do bicho** numbers game 4 **virar bicho** to freak
**bicho de sete cabeças** 1 big deal 2 **fazer de algo um bicho de sete cabeças** to make a big deal out of sth **bicho do mato** loner

**bicho-papão** *s.* bogeyman

**bicicleta** *s.* 1 (veículo) bike ▸ A denominação oficial é ***bicycle***. 2 (em futebol) bicycle kick: *um gol de bicicleta* a goal from a bicycle kick 3 **andar de bicicleta** a (pedalar) to bike (BRIT: to cycle): *Gosto de andar de bicicleta.* I like biking. b (equilibrar-se) to ride a bike: *Você sabe andar de bicicleta?* Can you ride a bike? 4 **dar uma bicicleta** (em futebol) to do a bicycle kick 5 **de bicicleta** (como meio) by bike ▸ Em conjunto com verbos de movimento, é mais comum usar o verbo ***to bike*** (*Brit:* ***to cycle***) seguido de um advérbio ou preposição de direção: *Ele vai para a escola de bicicleta.* He bikes to school. | *Voltamos para casa de bicicleta.* We biked back home.

**bicicleta ergométrica** exercise bike

**bicicletaria** *s.* bike store (BRIT: bike shop)

**bicicletário** *s.* bike rack

**bico** *s.* 1 (de pássaro) beak 2 (tb bico do peito) nipple 3 (de sapato) toe 4 (de bule, chaleira) spout 5 (de caneta) nib 6 (trabalho) casual job 7 **ficar de bico calado** to keep your mouth shut 8 **não abrir o bico** not to say a word 9 **fazer bico** (beicinho) to pout

**bidê** *s.* bidet

**bife** *s.* steak: *bife à milanesa* breaded steak ▸ Não confunda ***steak*** (= bife) com ***beef*** (= carne bovina).

**bifurcação** *s.* fork: *Pegue a esquerda na bifurcação.* Take the left fork.

**bifurcar** *v.* to fork

**bigode** *s.* 1 (de pessoa) mustache (BRIT: moustache) 2 (de animal) whiskers *[pl.]*

**bijuteria** *s.* 1 (coletivamente) costume jewelry (BRIT: costume jewellery) 2 **uma bijuteria** a piece of costume jewelry

**bilhão** *s.* 1 **um bilhão** ▸ Quando vem sem nenhum outro número, diz-se ***a billion***. Observe que não há preposição entre ***billion*** e o substantivo que se segue: *A obra custou um bilhão de reais.* The construction work cost a billion reais. 2 **dois/três etc. bilhões** two/three etc. billion ▸ Depois de outro número, ***billion*** não tem plural: *cinco bilhões de dólares* five billion dollars 3 **bilhões** billions ▸ Quando não vem acompanhado de nenhum outro número, usa-se o plural ***billions*** e a preposição ***of*** antes de um substantivo: *A estrela encontra-se a bilhões de quilômetros da Terra.* The star is billions of kilometers from Earth. 4 **aos bilhões** (em grande número) in their billions

**bilhar** *s.* pool: *uma mesa de bilhar* a pool table

**bilhete** *s.* 1 (mensagem) note 2 (passagem) ticket **bilhete de ida** one-way ticket (BRIT: single ticket) **bilhete de ida e volta** round-trip ticket (BRIT: return ticket) **bilhete de loteria** lottery ticket **bilhete eletrônico** e-ticket **bilhete único** transportation pass (BRIT: transport pass)

**bilheteria** *s.* 1 (de estação, estádio) ticket window 2 (de cinema, teatro) box office: *um sucesso de bilheteria* a box office hit

**bilíngue** *adj.* bilingual

**bilionário** *s.* billionaire / *adj.* 1 (empresário, marido etc.) billionaire 2 (contrato, orçamento etc.) billion-dollar (BRIT: billion-pound)

**bingo** *s.* 1 (jogo) bingo 2 (local) bingo hall

**binóculo** *s.* binoculars *[pl.]*: *Esse binóculo é muito bom.* These binoculars are very good. ▸ A palavra ***binoculars*** é plural em inglês. Portanto, *um binóculo* traduz-se por ***some binoculars*** ou ***a pair of binoculars***.

**biocombustível** *s.* biofuel

**biografia** *s.* biography

**biologia** *s.* biologia

**biológico** *adj.* biological

**biombo** *s.* screen

**biquíni** *s.* bikini

**birra** *s.* 1 (de criança) tantrum 2 **fazer birra** to have a tantrum

**birrento** *adj.* willful (BRIT: wilful)

**bis** *s.* encore / *interj.* encore!

**bisar** *v.* to play an encore: *A banda bisou duas vezes.* The band played two encores.

**bisavó** *s.* 1 great-grandmother ▸ Na linguagem informal, diz-se ***great-grandma***. 2 **bisavós** (de ambos os sexos) great-grandparents

**bisavô** *s.* great-grandfather ▸ Na linguagem informal, diz-se ***great-grandpa*** (*Brit:* ***great-grandad***).
**bisbilhotar** *v.* to nose into
**bisbilhoteiro** *adj.* nosy / *s.* busybody
**biscate** *s.* (serviço) odd job
**biscoito** *s.* **1** (doce) cookie (BRIT: biscuit) **2** (salgado) cracker
**bisnaga** *s.* **1** (tubo) tube **2** (pão) brioche roll (BRIT: bridge roll)
**bisneta** *s.* great-granddaughter
**bisneto** *s.* **1** (homem) great-grandson **2** (homem ou mulher) great-grandchild **3** **bisnetos** (de ambos os sexos) great-grandchildren
**bispo** *s.* bishop
**bissexto** *adj.* **ano bissexto** leap year
**bissexual** *adj, s.* bisexual
**bisturi** *s.* scalpel
**bitolado** *adj.* narrow-minded
**bizarro** *adj.* bizarre
**blasfêmia** *s.* blasphemy
**blecaute** *s.* power outage (BRIT: power cut)
**blefar** *v.* to bluff
**blefe** *s.* bluff
**blindado** *adj.* armored (BRIT: armoured): *uma limusine blindada* an armored limousine
**blitz** *s.* police roadblock
**bloco** *s.* **1** (tijolo, prédio) block **2** (de notas etc.) pad **3** (de programa de TV) segment **4** (tb bloco de carnaval) Carnival group ▸ Quando se fala do evento, pode-se traduzir por ***Carnival street parade***: *Vai ter bloco hoje à tarde.* There's going to be a Carnival street parade this afternoon.
**bloco de desenho** sketchpad **bloco de notas** notepad
**blog** *s.* blog
**blogueiro** *s.* blogger
**bloquear** *v.* **1** (em geral) to block **2** (cartão, cheque) to stop
**bloqueio** *s.* **1** (mental) mental block **2** (na estrada) roadblock **3** (em vôlei) block **4** (militar) blockade
**blusa** *s.* **1** (camisa feminina) blouse **2** (camisa masculina) shirt **3** (agasalho) sweater (BRIT: jumper)
**blusa de lã** woolen sweater (BRIT: woollen jumper)
**blusão** *s.* **1** (jaqueta) bomber jacket **2** (de atleta) sweat suit top (BRIT: track top)
**blush** *s.* blush (BRIT: blusher)
**B.O.** *s.* **1** (= boletim de ocorrência) police report **2** **fazer B.O.** to file a police report
**boa** *s.* **1** **estar/ficar numa boa** (em boa situação) to have/get a good thing going **2** **numa boa** **a** (tranquilamente, de bem) on good terms: *Tentei falar com ele numa boa, mas ele brigou comigo.* I tried talking to him on good terms, but he got mad at me. **b** (sem problemas) no problem: *Consegui me conectar numa boa.* I managed to get online no problem. / *interj.* good one!
**boa-noite** *s.* **1** goodnight: *um beijo de boa--noite* a goodnight kiss **2** **dar/dizer boa--noite** to say goodnight (***a*** *to*)
**boa-pinta** *adj.* good-looking
**boas-vindas** *spl.* **1** welcome: *uma festa de boas-vindas* a welcome party **2** **dar as boas-vindas a alguém** to welcome sb
**boa-tarde** *s.* **dar/dizer boa-tarde** to say good afternoon (***a*** *to*)
**boate** *s.* nightclub ▸ Também se diz apenas ***club***.
**boato** *s.* rumor (BRIT: rumour): *Corre um boato de que o diretor da escola vai sair.* There's a rumor going around that the school principal is going to leave.
**bobagem** *s.* **1** (balela) nonsense: *Ele só fala bobagem.* He talks nonsense the whole time. | *"Deixa eu te pagar os dois reais." - "Ah, bobagem!"* "Let me pay you the two reais." - "Nonsense!" **2** (ato, dito) something silly: *Fiz uma bobagem* I've done something silly. **3** **deixar de bobagem** to stop being silly **4** **que bobagem!** **a** (que conversa sem cabimento) what nonsense! **b** (que bobo) how silly! **5** **ser bobagem** to be silly: *Acho isso uma grande bobagem.* I think that's really silly.

**bobear** *v.* 1 (errar, perder a chance) to slip up 2 (deixar de prestar atenção) to drop your guard 3 **se bobear** (talvez) you never know

**bobo** *adj.* silly / *s.* 1 (idiota) fool: *Você pensa que eu sou bobo?* Do you take me for a fool? 2 (tb bobo da corte) jester 3 **fazer-se de bobo** to play dumb

**boca** *s.* 1 (do corpo) mouth: *Ele estava com um cigarro na boca.* He had a cigarette in his mouth. 2 (de metrô, túnel) entrance (***de*** *to*): *Eu te encontro na boca do metrô.* I'll meet you at the entrance to the subway. 3 (de fogão) burner (BRIT: ring): *um fogão cinco bocas* a five-burner stove 4 (tb boca de fumo) drug den 5 **boca a boca/de boca em boca** by word of mouth: *a divulgação boca a boca* publicity by word of mouth 6 **acordo de boca** verbal agreement 7 **bater boca** to argue (***com*** *with*) 8 **da boca para fora** without meaning it: *Ela pediu desculpas da boca para fora.* She said sorry without meaning it. | *Não ligue, ele está falando da boca para fora.* Don't take any notice, he doesn't mean it.

**boca a boca** 1 (respiração) CPR (BRIT: mouth-to-mouth) 2 (divulgação) word of mouth **boca de sino** (calça) flared

**bocado** *s.* 1 (quantidade na boca) mouthful 2 **um bocado de algo** (muito) a whole load of sth: *Ela tem um bocado de livros.* She has a whole load of books. 3 **um bocado de tempo** a very long time

**bocal** *s.* 1 (de instrumento, telefone) mouthpiece 2 (de lâmpada) socket

**boçal** *adj.* oafish / *s.* oaf

**boca-livre** *s.* free meal ▸ Também se pode traduzir por ***freebie***, que denota qualquer coisa oferecida de graça.

**bocejar** *v.* to yawn

**bocejo** *s.* yawn

**bochecha** *s.* cheek

**bochechar** *v.* to rinse your mouth out

**bodas** *spl.* wedding anniversary *[sg.]*

**bodas de ouro/prata** golden/silver wedding anniversary

**bode** *s.* 1 (animal) goat 2 **dá bode** there's trouble: *Quando o professor souber disso, vai dar bode.* When the teacher finds out about this there'll be trouble.

**bode expiatório** scapegoat

**bodyboard** *s.* 1 (modalidade) bodyboarding: *Ela faz bodyboard.* She does bodyboarding. 2 (prancha) bodyboard

**boêmio** *adj, s.* bohemian ▸ No inglês americano informal, também se diz ***boho***.

**bofetada** *s.* slap in the face: *Ela deu uma bofetada nele.* She gave him a slap in the face.

**boi** *s.* 1 (em geral) cow ▸ Estritamente falando, ***cow*** significa *vaca*, mas é a palavra usada de modo geral para designar vaca ou boi. 2 (macho) bull 3 (carreiro) ox ▸ O plural é ***oxen***.

**boia** *s.* 1 (circular inflável) swim ring (BRIT: rubber ring) 2 (objeto flutuante) float 3 (de sinalização) buoy

**boia de braço** waterwings *[pl.]* **boia salva-vidas** life buoy

**boiada** *s.* cattle

**boiadeiro** *s.* cattle driver

**boia-fria** *s.* (trabalhador rural) seasonal farm worker

**boiar** *v.* 1 (flutuar) to float 2 **estar boiando** (sem entender) to be lost (***em*** *in*): *Eu estava boiando na aula de Física.* I was lost in the physics class.

**boicotar** *v.* 1 (evento, produto etc.) to boycott 2 (pessoa) to ostracize

**boicote** *s.* 1 (de evento, produto etc.) boycott 2 (de pessoa) ostracism

**boina** *s.* beret

**bola** *s.* 1 ball: *uma bola de tênis* a tennis ball 2 **abaixar a bola** (ser mais humilde) to drop the attitude 3 **abaixar a bola de alguém** to cut sb down to size 4 **encher a bola de alguém** to talk sb up 5 **estar com a bola cheia** to be riding high 6 **não dar bola para algo/alguém** to ignore sth/sb 7 **pisar na bola** (errar) to screw up 8 **pisar na bola com alguém** to let sb down 9 **trocar as bolas** to get mixed up

**bola de cristal** crystal ball **bola de gude** marble **bola de neve** 1 snowball 2 **virar uma bola de neve** (dívida, problema etc.) to snowball

**bolacha** *s.* 1 (biscoito) cracker 2 (para copo) coaster (BRIT: beermat) 3 (bofetada) slap

**bolada** *s.* 1 (dinheiro) pile of money 2 **levar uma bolada** to get hit by the ball: *O goleiro levou uma bolada na cara.* The goalkeeper got hit in the face by the ball.

**bolar** *v.* 1 to think up 2 **bem bolado** clever

**boletim** *s.* 1 (escolar) report card (BRIT: report) 2 (de notícias) bulletin 3 (médico) update **boletim de ocorrência** 1 police report 2 **fazer um boletim de ocorrência** to file a police report

**bolha** *s.* 1 (de ar, sabão etc.) bubble 2 (na pele) blister

**boliche** *s.* 1 (jogo) bowling 2 (local) bowling alley 3 **jogar boliche** to bowl

**bolinho** *s.* ball: *bolinhos de bacalhau* salt cod balls

**Bolívia** *s.* Bolivia

**boliviano** *adj, s.* Bolivian

**bolo** *s.* 1 cake: *um bolo de aniversário* a birthday cake 2 **dá bolo** (confusão) there's trouble: *Se a professora souber disso, vai dar bolo.* If the teacher finds out about this, there'll be trouble. 3 **dar bolo em alguém** to stand sb up: *O Rafa me deu bolo ontem à noite.* Rafa stood me up last night. 4 **levar bolo** to be stood up (*de* by)

**bolor** *s.* mold (BRIT: mould)

**bolorento** *adj.* moldy (BRIT: mouldy)

**bolsa** *s.* 1 (mala) bag 2 (tb bolsa de mão) purse (BRIT: handbag) 3 (tb bolsa de estudos) scholarship 4 (tb bolsa de valores) stock market: *As bolsas despencaram.* Stock markets plummeted. ▸ Quando se refere a uma Bolsa específica, ou ao prédio, traduz-se por ***stock exchange***: *a Bolsa de Nova York* the New York stock exchange
**bolsa a tiracolo** shoulder bag

**bolsista** *s.* scholarship holder

**bolso** *s.* pocket: *um relógio de bolso* a pocket watch

**bom** *adj.* 1 (na maioria dos casos) good 2 **é bom fazer algo** (recomendável) it's a good idea to do sth: *É bom comprar passagem com bastante antecedência.* It's a good idea to buy a ticket well in advance. ▸ *É bom alguém fazer algo* traduz-se por ***sb had better do sth***: *É bom você levar uma blusa.* You'd better take a sweater. | *É bom eles não atrasarem.* They'd better not be late. 3 **está bom** **a** (concordando) OK: *"A gente se fala depois." – "Está bom."* "We'll talk later." – "OK." **b** (aprovando) that's fine: *"Assim está bom, ou quer mais?" – "Não, está bom."* "Is that OK, or do you want more?" – "No, that's fine." 4 **está bom?** OK? 5 **ficar bom** (recuperar-se) to get better: *Demorou bastante para ele ficar bom.* It took him quite a while to get better. ▸ Para traduzir *ficar bom de algo*, usa-se ***to get over sth***: *Você já ficou boa da gripe?* Have you gotten over your cold? 6 **que bom!** that's good! 7 **ser bom em algo** to be good at sth: *Ela é boa em Matemática.* She's good at math. 8 **tudo bom** (resposta a cumprimento) fine 9 **tudo bom?** (cumprimento) how're you doing? 10 **tudo de bom** (voto) all the best 11 **um bom tempo** a good while / *s.* **o bom (de algo) é que ...** the good thing (about sth) is (that) ...: *O bom do hotel é que fica na boca do metrô.* The good thing about the hotel is it's right by the subway station. / *interj.* 1 (então) well: *Bom, é complicado.* Well, it's complicated. 2 (mudando de assunto) OK: *Bom, vamos fazer um intervalo agora.* OK, let's take a break now. 3 (elogiando) good!

**bomba** *s.* 1 (explosivo) bomb 2 (de bombear) pump 3 (doce) cream puff 4 (notícia) bombshell 5 **levar bomba (em algo)** (ser reprovado) to flunk (sth) (BRIT: to fail (sth))
**bomba atômica** atomic bomb **bomba de chocolate** chocolate éclair **bomba de efeito moral** stun grenade

**bombar** *v.* 1 (ser animado) to go with a bang: *A festa bombou.* The party went with a bang. 2 (fazer sucesso) to boom: *O novo restauran-*

*te está bombando.* The new restaurant is booming.

**bombardear** *v.* **1** (com bombas) to bomb **2** (com mísseis) to shell **3** (com perguntas) to bombard (***com*** *with*)

**bomba-relógio** *s.* time bomb

**bombear** *v.* to pump

**bombeiro** *s.* **1** (do corpo de bombeiros) firefighter **2** (encanador) plumber **3 corpo de bombeiros** fire department (BRIT: fire brigade)

**bombom** *s.* chocolate

**bombordo** *s.* port

**bom-dia** *s.* **dar/dizer bom-dia** to say good morning (***a*** *to*)

**bom-senso** *s.* common sense

**bondade** *s.* goodness

**bonde** *s.* streetcar (BRIT: tram)

**bondinho** *s.* (teleférico) cable car

**bondoso** *adj.* kind (***com*** *to*)

**boné** *s.* cap: *um boné de beisebol* a baseball cap

**boneca** *s.* doll

**boneco** *s.* **1** (em geral) dummy **2** (brinquedo) boy doll

**boneco de neve** snowman

**bonitinho** *adj.* cute

**bonito** *adj.* **1** (pessoa) good-looking **2** (em outros casos) nice: *Ela tem um sorriso bonito.* She has a nice smile. **3 estar bonito** to look nice

**bonzinho** *adj.* nice

**boquiaberto** *adj.* **1** (de boca aberta) open-mouthed **2** (estupefato) blown away (BRIT: gobsmacked) (***com*** *by*)

**boquinha** *s.* **1** (lanche) bite to eat **2 fazer uma boquinha** to have a bite to eat

**borboleta** *s.* **1** (inseto, nado) butterfly **2** (catraca) turnstile

**borbulha** *s.* bubble

**borbulhar** *v.* to bubble

**borda** *s.* **1** (beira) edge: *na borda da mesa* on the edge of the table **2** (de objeto circular) rim: *a borda do copo* the rim of the glass **3** (desenho em volta) border **4 encher algo/cheio até a borda** to fill sth/full to the brim

**bordado** *s.* embroidery / *adj.* embroidered

**bordão** *s.* (de comediante etc.) catchphrase

**bordar** *v.* to embroider

**bordo** *s.* **a bordo (de algo)** on board (sth): *a bordo do avião* on board the plane ▸ Também se diz ***aboard (sth)***.

**borracha** *s.* **1** (material) rubber: *botas de borracha* rubber boots **2** (para apagar) eraser (BRIT: rubber)

**borracheiro** *s.* tire repair shop (BRIT: tyre centre)

**borrachudo** *adj.* (carne etc.) rubbery / *s.* (inseto) black fly

**borrado** *adj.* **1** (imagem) blurred **2** (tinta, maquiagem) smudged

**borrão** *s.* smudge

**borrar** *v.* to smudge

**borrifar** *v.* to spray (***de*** *with*)

**bosque** *s.* wood

**bota** *s.* **1** (o par) boots *[pl.]*: *Essa bota é boa para o frio.* These boots are good for cold weather. **2 uma bota** some boots/a pair of boots: *Ela estava usando uma bota linda.* She was wearing a beautiful pair of boots. | *duas botas* two pairs of boots ▸ O singular boot refere-se a um pé.

**bota de borracha** rubber boots (BRIT: wellingtons) *[pl.]* **bota de cano alto** high-leg boots *[pl.]*

**botânica** *s.* botany

**botânico** *adj.* botanical: *um jardim botânico* a botanical garden / *s.* botanist

**botão** *s.* **1** (de roupa, de apertar) button **2** (de girar) knob: *o botão de volume* the volume knob **3** (de flor) bud

**botar** *v.* **1** (em geral) to put: *Ele botou a roupa suja no cesto.* He put the dirty laundry in the hamper. **2** (no corpo) to put on: *Vou botar uma blusa porque estou com frio.* I'm going to put a sweater on because I'm cold. **3 botar a mesa** to set the table (BRIT: to lay the table) **4 botar algo em dia** to catch up on sth: *Vamos botar as fofocas em dia.* Let's catch up on the gossip. **5 botar defeito em algo** to find fault with sth **6 botar gasolina** to get gas (BRIT: to get petrol) 7 **botar para quebrar** to go all out (*com with*)

**bote** *s.* 1 (barco) boat 2 (de animal) pounce 3 **dar o bote** to pounce (*em on*)

**bote inflável** inflatable

**boteco** *s.* bar

**botequim** *s.* bar

**botijão** *s.* cylinder: *um botijão de gás* a gas cylinder

**boto** *s.* (animal) porpoise

**bovino** *adj.* 1 **carne bovina** beef 2 **gado bovino** beef cattle

**boxe** *s.* 1 boxing 2 **lutador de boxe** boxer

**boxeador** *s.* boxer

**brabo** *adj.* 1 (intenso) terrible: *um trânsito brabo* terrible traffic 2 (barra-pesada) rough

**braçada** *s.* 1 (em natação) stroke 2 (porção) armful

**bracelete** *s.* bracelet

**braço** *s.* 1 (do corpo, de cadeira) arm 2 (de rio) branch 3 (de violão etc.) neck 4 **de braço dado** arm in arm (*com with*) 5 **de braços abertos** (receber) with open arms 6 **ficar de braços cruzados** (não tomar atitude) to stand idly by 7 **não dar o braço a torcer** not to give in easily

**braguilha** *s.* fly (BRIT: flies)

**branco** *adj.* white / *s.* 1 (cor) white 2 (espaço vazio) blank: *O exercício consiste em preencher os brancos com a palavra certa.* The exercise consists of filling out the blanks with the right word. 3 **dá um branco em alguém** sb's mind goes blank: *Me deu um branco.* My mind went blank. 4 **um cheque/uma folha etc. em branco** a blank cheque/sheet of paper etc. 5 **uma noite em branco** a sleepless night

**brando** *adj.* 1 (clima, sol, pena) mild 2 (pessoa) gentle 3 (vento) light 4 **em fogo brando** over a low heat

**branquear** *v.* (dentes) to whiten

**brasa** *s.* 1 ember 2 **em brasa** red-hot 3 **na brasa** (grelhado) charbroiled (BRIT: chargrilled) 4 **mandar brasa** to go at it

**brasão** *s.* coat of arms

**Brasil** *s.* Brazil

**brasileiro** *adj, s.* Brazilian

**bravo** *adj.* 1 (com raiva) mad ▸ *bravo com* traduz-se por ***mad at sb*** e ***mad about sth***: *O professor ficou bravo comigo.* The teacher got mad at me. 2 (irritadiço) short-tempered 3 (animal) ferocious 4 (mar) rough

**brecar** 1 (frear) to brake 2 **brecar algo** to stop sth

**brecha** *s.* 1 (abertura) gap (*em in*): *Esperei uma brecha no trânsito para atravessar a rua.* I waited for a gap in the traffic to cross the street. 2 (momento livre, chance) opening (*em in*): *O cantor achou uma brecha na agenda para ir à praia.* The singer found an opening in his schedule to go to the beach. 3 (na lei) loophole (*em in*)

**brechó** *s.* secondhand store (BRIT: secondhand shop)

**brega** *adj.* tacky (BRIT: naff)

**brejo** *s.* **ir para o brejo** to go by the board: *A nossa viagem foi para o brejo.* Our trip's gone by the board.

**breu** *s.* (escuridão) pitch dark: *Estava um breu dentro da caverna.* It was pitch dark inside the cave.

**breve** *adj.* 1 (curto, sucinto) brief: *Recebi um breve e-mail dela.* I got a brief e-mail from her. | *Vou ser breve.* I'll be brief. 2 (rápido) prompt: *Obrigado pela breve resposta.* Thank you for the prompt reply. / *adv.* 1 **até em breve!** see you soon! 2 **em breve** soon

**briga** *s.* 1 (física) fight: *uma briga entre torcidas rivais* a fight between rival groups of fans | *Foi uma briga para entrar no ônibus.* It was a fight to get on the bus. 2 (bate-boca) argument ▸ Na linguagem informal, também se diz ***fight*** no inglês americano, e ***row*** no inglês britânico: *Ela tem brigas homéricas com o namorado.* She has huge fights with her boyfriend. 3 **comprar uma briga** to pick a fight

**brigada** *s.* brigade

**brigadeiro** *s.* 1 (doce) chocolate fudge 2 (militar) brigadier

**brigar** *v.* 1 (fisicamente) to fight (***por** over*): *Os dois cachorros vivem brigando.* The two dogs are always fighting. 2 (discutir) to argue (***por*** *about*) ▸ Na linguagem informal, também se diz ***to fight*** no inglês americano, e ***to row*** no inglês britânico: *Escutamos os vizinhos brigando.* We heard the neighbors fighting. 3 **brigar com alguém** a (ter um bate-boca) to have an argument with sb ▸ Na linguagem informal, também se diz ***to have a fight with sb*** no inglês americano, e ***to have a row with sb*** no inglês britânico: *Ele brigou com a namorada.* He had a fight with his girlfriend. b (dar bronca) to chew sb out (BRIT: to tell sb off): *Meu pai brigou comigo porque cheguei tarde em casa.* My dad chewed me out because I got home late. c (ficar bravo com) to get mad at sb (BRIT: to get cross with sb): *O taxista brigou comigo porque eu não tinha dinheiro suficiente.* The cab driver got mad at me because I didn't have enough money.

**briguento** *adj.* 1 (fisicamente) scrappy (BRIT: stroppy) 2 (contestador) argumentative

**brilhante** *adj.* 1 (inteligente, muito bom) brilliant 2 (estrela, luz etc.) bright 3 (brilhoso) shiny 4 (foto, papel) glossy / *s.* diamond: *um anel de brilhantes* a diamond ring

**brilhar** *v.* 1 (reluzir) to shine 2 (ter bom desempenho) to be brilliant

**brilho** *s.* 1 (inteligência, excelência) brilliance 2 (em cabelo, móvel, piso, sapato etc.) shine 3 (de estrela, luz) brightness 4 (no olho) twinkle 5 (batom) lip gloss 6 **dar brilho a/em algo** to make sth shine

**brilhoso** *adj.* shiny

**brincadeira** *s.* 1 (piada, pegadinha) joke 2 (joguinho) game 3 **brincadeira de mau gosto** sick joke 4 **estar de brincadeira (com alguém)** to be kidding (sb): *Você está de brincadeira comigo, não é?* You're kidding me, right? 5 **fazer algo de brincadeira** to do sth as a joke 6 **levar algo na brincadeira** to take sth as a joke 7 **sem brincadeira** no kidding

**brincalhão** *adj.* funny / *s.* joker

**brincar** *v.* 1 (como criança) to play: *Ela vive brincando com o cabelo.* She's always playing with her hair. 2 (gracejar) to kid (BRIT: to joke): *Você está brincando!* You're kidding! 3 **brincar com alguém** (zoar) to kid sb: *Estou brincando com você.* I'm kidding you. 4 **brincar de algo** to play sth: *Brincamos de esconde-esconde.* We played hide-and-seek.

**brinco** *s.* 1 (o par) earrings *[pl.]* ▸ Referindo-se ao par, *um brinco* traduz-se por ***some earrings*** ou ***a pair of earrings***. 2 (um só) earring: *O Igor colocou um brinco na orelha.* Igor's gotten an earring. 3 **estar um brinco** (muito limpo) to be spotless

**brindar** *v.* 1 (com bebida) to drink a toast 2 **brindar algo/alguém** to toast sth/sb: *Vamos brindar os noivos!* Let's toast the bride and groom! 3 **brindar alguém com algo** a (presentear) to present sb with sth b (proporcionar) to treat sb to sth: *Fomos brindados com uma apresentação de dança.* We were treated to a performance of dancing.

**brinde** *s.* 1 (com bebida) toast (***a*** *to*) 2 (presente) free gift 3 **de brinde** (gratuito) free: *Ganhei uma camiseta de brinde.* I got a free T-shirt. 4 **fazer um brinde** to propose a toast (***a*** *to*)

**brinquedo** *s.* 1 (objeto) toy: *uma loja de brinquedos* a toy store 2 (em parque de diversões) ride: *Vocês foram em que brinquedos?* What rides did you go on? 3 **de brinquedo** toy: *um caminhão de brinquedo* a toy truck

**brisa** *s.* breeze

**britânico** *adj.* British / *s.* 1 British person ▸ Na linguagem informal, diz-se ***Brit***. 2 **os britânicos** (em geral) the British ▸ Na linguagem informal, diz-se ***Brits***.

**broa** *s.* corn muffin

**broca** *s.* 1 (ferramenta) drill 2 (peça de furadeira) bit

**broche** *s.* brooch

**brochura** *s.* (encadernação) paperback

**brócolis** *spl.* broccoli *[sg.]*

**bronca** *s.* 1 scolding (BRIT: telling-off) 2 **dar uma bronca em alguém** to give sb a scolding (BRIT: a telling-off) 3 **levar uma**

**bronca** to get a scolding (BRIT: a telling-off) (*de from*)
**bronquite** *s.* bronchitis
**bronze** *s.* 1 (metal) bronze: *uma estátua de bronze* a bronze statue 2 (bronzeado) tan
**bronzeado** *adj.* (do sol) tanned / *s.* tan
**bronzeador** *s.* suntan lotion
**bronzear** *v.* to tan / **bronzear-se** *v.* to tan
**brotar** *v.* 1 (planta) to sprout 2 (flor) to bud 3 (água, prédios etc.) to spring up
**broto** *s.* 1 (de planta) shoot 2 (de flor) bud
**browser** *s.* browser
**bruços** *spl.* **de bruços** face down ▸ Também se diz ***on your front***.
**brusco** *adj.* 1 (repentino) sudden 2 (seco) brusque
**brutal** *adj.* 1 (cruel) brutal 2 (muito grande) huge: *uma diferença brutal* a huge difference
**bruto** *adj.* 1 (peso, salário etc.) gross: *Ele ganha quatro mil brutos por mês.* He makes four thousand a month gross. | *o produto interno bruto* the gross domestic product 2 (pessoa) rude (***com** to*) 3 (feições) coarse 4 (petróleo) crude 5 (diamante) uncut / *s.* brute
**bruxa** *s.* 1 (feiticeira) witch 2 (velha feia) hag
**bruxaria** *s.* witchcraft
**bruxo** *s.* wizard
**bucha** *s.* 1 (esponja) loofah 2 (para parafuso) Rawlplug®
**budismo** *s.* Buddhism
**budista** *adj, s.* Buddhist
**bueiro** *s.* storm drain
**bufar** *v.* to huff and puff
**bufê** *s.* 1 (refeição) buffet 2 (serviço) caterer 3 (local, tb bufê de festas) party venue
**bugiganga** *s.* knickknack
**bujão** *s.* cylinder: *um bujão de gás* a gas cylinder
**bula** *s.* (de remédio) directions *[pl.]*
**bule** *s.* 1 (para chá) teapot 2 (para café) coffee pot
**bumbum** *s.* bottom
**bunda** *s.* butt (BRIT: bum)
**bungee-jump** *s.* 1 (modalidade) bungee jumping 2 **pular de bungee-jump** to do a bungee jump
**buquê** *s.* bouquet
**buraco** *s.* 1 (em geral) hole (***em** in*) 2 (na pista de rolamento) pothole 3 (de agulha) eye 4 (jogo) rummy 5 **abrir um buraco** a (na parede etc.) to make a hole (***em** in*) b (na terra) to dig a hole (***em** in*)
**buraco da fechadura** keyhole
**burguês** *adj.* bourgeois / *s.* bourgeois type
**burocracia** *s.* bureaucracy
**burocrático** *adj.* bureaucratic
**burrice** *s.* 1 (qualidade) stupidity 2 (ato, dito) stupid thing 3 **fazer uma burrice** to be stupid: *Como você fez uma burrice dessas?* How could you be so stupid? 4 **que burrice!** how stupid! 5 **ser burrice** to be stupid: *Foi burrice minha.* It was stupid of me.
**burro** *adj.* stupid ▸ No inglês americano informal, também se diz ***dumb***. / *s.* 1 (idiota) fool 2 (jumento) donkey
**busca** *s.* 1 search (***de** for*): *a busca de informações* the search for information 2 **em busca de algo/alguém** in search of sth/sb 3 **fazer uma busca** to do a search (***de** for*) 4 **site de busca** search engine
**buscar** *v.* 1 (passar para pegar) to pick up: *Os pais do Felipe foram buscá-lo no aeroporto.* Felipe's parents went to pick him up at the airport. | *Passo mais tarde para buscar meus livros.* I'll stop by later to pick up my books. 2 (pegar) to get: *Ela foi buscar um copo d'água para mim.* She went to get me a glass of water. 3 (procurar) to search for: *Você poderia buscar a palavra na internet.* You could search for the word on the internet. 4 **mandar buscar algo/alguém** to send for sth/sb
**bússola** *s.* compass
**busto** *s.* bust
**butique** *s.* boutique
**buzina** *s.* horn
**buzinada** *s.* 1 honk on the horn 2 **dar uma buzinada** to honk your horn
**buzinar** *v.* to honk your horn (***para** at*): *O motorista buzinou para o ciclista.* The driver honked his horn at the cyclist. ▸ Também se diz apenas ***to honk***. A locução usada na linguagem formal é ***to sound your horn***.

# C

**C, c** *s.* C, c

**cá** *adv.* 1 here 2 **cá entre nós** between you and me 3 **de lá para cá** since then 4 **de uns tempos para cá** for a while now 5 **do lado de cá** on this side (*de of*) 6 **do mês passado etc. para cá** since last month etc. 7 **para cá** (até aqui) here 8 **vem cá** **a** (vem aqui) come here **b** (escuta) listen

**cabana** *s.* cabin

**cabeça** *s.* 1 head 2 **de cabeça** **a** (cair, pular) head-first: *É perigoso pular de cabeça no rio.* It's dangerous to dive head-first into the river. **b** (saber) off the top of your head: *Não sei o endereço de cabeça.* I don't know the address off the top of my head. **c** (calcular) in your head: *Fiz as contas de cabeça.* I did the math in my head. 3 **de cabeça para baixo** upside down 4 **estar sem cabeça/não estar com cabeça para algo/para fazer algo** not to be in the mood for sth/ to do sth: *Estou sem cabeça para escrever uma redação agora.* I'm not in the mood to write a composition now. 5 **meter algo na cabeça** to get sth into your head: *Ela meteu na cabeça que quer ser cantora.* She's gotten it into her head that she wants to be a singer. 6 **passar pela cabeça de alguém** to cross sb's mind: *Nunca me passou pela cabeça experimentar um cigarro.* It's never crossed my mind to try a cigarette. 7 **por cabeça** (por pessoa) per head 8 **quebrar a cabeça** **a** (pensar muito) to rack your brains: *Eu estava quebrando a cabeça com a lição de matemática.* I was racking my brains over the math homework. **b** (ferir-se) to crack your head open 9 **tirar algo da cabeça** to put sth out of your head

**cabeçada** *s.* 1 (na bola) header: *O jogador fez gol com uma cabeçada certeira.* The player scored with a well-aimed header. 2 (agressão) headbutt 3 **dar uma cabeçada (em algo)** (machucar-se) to bang your head (on sth) 4 **dar uma cabeçada em alguém** to headbutt sb 5 **dar uma cabeçada na bola** to head the ball

**cabeça-dura** *adj.* stubborn

**cabeçalho** *s.* 1 (de documento) header 2 (em papel timbrado) letterhead

**cabecear** *v.* (bola) to head: *O atacante cabeceou para o gol.* The striker headed toward the goal.

**cabeceira** *s.* 1 (de cama, mesa) head: *O aniversariante sentou na cabeceira.* The birthday boy sat at the head of the table. 2 **leitura de cabeceira** bedtime reading

**cabeleireiro** *s.* hairdresser: *Preciso ir ao cabeleireiro.* I need to go to the hairdresser.
▸ No inglês britânico, o estabelecimento designa-se ***hairdresser's***.

**cabelo** *s.* 1 hair 2 **cortar o cabelo** **a** (com cabeleireiro) to get your hair cut **b** (sozinho) to cut your hair 3 **de cabelo preso/solto**

with your hair up/down: *Ela fica linda de cabelo solto.* She looks beautiful with her hair down.

**cabeludo** *adj.* **1** (com muito cabelo) with a lot of hair: *O bebê nasceu cabeludo.* The baby was born with a lot of hair. **2** (peludo) hairy **3** (problema) tricky

**caber** *v.* **1** (entrar, passar) to fit (***em*** *in*, ***por*** *through*): *Aquele celular não cabe no bolso.* That cell phone doesn't fit in your pocket. **2** (pegar bem) to be appropriate: *Não cabe fazer uma pergunta dessas.* It's not appropriate to ask a question like that. **3 caber a alguém fazer algo** to be up to sb to do sth: *Cabe a você tomar uma decisão.* It's up to you to make a decision. **4 não caber em si de felicidade/tão contente** to be thrilled

**cabide** *s.* **1** (que vai no armário) hanger **2** (de pé) hat stand **3** (na parede) coat rack

**cabimento** *s.* **1 não ter cabimento** to be outrageous: *Tem cabimento uma coisa dessas?* Isn't that outrageous? **2 sem cabimento** outrageous

**cabine** *s.* **1** (provador) dressing room (BRIT: changing room) **2** (de avião) cockpit **3** (de caminhão) cab **4** (de navio) cabin **5** (de trem) compartment **6** (de banheiro público) stall (BRIT: cubicle) **7** (de telefone) booth (BRIT: box)

**cabisbaixo** *adj.* crestfallen

**cabo** *s.* **1** (de panela, vassoura etc.) handle **2** (fio) cable **3** (militar) corporal **4** (promontório) cape **5 canal/TV a cabo** cable channel/TV **6 levar algo a cabo** to carry sth out

**cabo eleitoral** campaign worker

**cabra** *s.* goat

**cabrito** *s.* kid

**caça** *s fem.* **1** (atividade) hunting: *a caça às baleias* whale hunting **2** (caçada) hunt (***a*** *for*): *A caça aos bandidos continua.* The hunt for the bandits is still on. **3** (animal, carne) game

**caça ao tesouro** treasure hunt **caça submarina** underwater fishing / *s masc.* (avião) fighter

**caçada** *s.* hunting trip

**caçador** *s.* hunter

**caça-níqueis** *s.* slot machine

**caçar** *v.* **1** (perseguir) to hunt **2** (capturar, matar) to catch **3** (procurar) to hunt for: *Passei a tarde no shopping caçando um tênis novo.* I spent the afternoon at the mall hunting for a new pair of sneakers. **4 ir caçar** to go hunting

**cacau** *s.* cocoa

**cachaça** *s.* Brazilian white rum

**cachê** *s.* fee

**cachecol** *s.* scarf

**cachimbo** *s.* pipe

**cacho** *s.* **1** (de banana, uva) bunch **2** (de cabelo) lock

**cachoeira** *s.* waterfall

**cachorrinho** *s.* **1** (filhote) puppy **2** (cão pequeno) little dog **3** (nado) dog paddle (BRIT: doggy paddle) **4 nadar cachorrinho** to do the dog paddle

**cachorro** *s.* dog

**cachorro-quente** *s.* hot dog

**cacique** *s.* chief

**caco** *s.* **1** (de louça, vidro etc.) shard ▸ Na linguagem informal, diz-se ***piece***. **2 estar/ficar um caco** (pessoa) to be a wreck

**cacto** *s.* cactus

**caçula** *adj, s.* youngest: *Ele é o caçula.* He's the youngest.

**cada** *adj.* **1** (considerando um por um) each: *Cada capítulo do livro tem uma média de 15 páginas.* Each chapter of the book has an average of 15 pages. **2** (considerando todos) every: *A escola possui computadores para cada aluno.* The school has computers for every student. **3** (uso enfático) ▸ Use ***the most amazing*** com substantivo no plural: *Ele sai com cada uma.* He comes out with the most amazing things. ▸ Se houver adjetivo com o substantivo, use ***the most amazingly***: *Ela usa cada roupa brega!* She wears the most amazingly tacky clothes! **4 cada um** **a** (referente a algo ou alguém já mencionado) each one: *Essas flores são muito caras. Cada uma custa R$50,00.* These flowers are very expensive. Each one costs R$50. **b** (cada pessoa) each person: *Cada um leva uma comida.* Each person brings something to eat. ▸ Nesse caso, usa-se ***their*** como possessivo: *Cada um paga sua parte.* Each person pays their share. **5 cada vez mais** more and more ▸ Observe como se traduz antes de um adjetivo: *cada vez maior* bigger and bigger | *cada vez mais caro* more and more expensive **6 cada vez menos** less and less: *cada vez menos dinheiro* less and less money **7 cada vez que** every time: *Cada vez que a vejo, ela está com um penteado diferente.* Every time I see her, she has a different hairstyle. **8 a cada dia (que passa)** (with) every day (that goes by): *Meu inglês está melhorando a cada dia.* My English is getting better every day. **9 a cada três horas/dois meses etc.** every three hours/two months etc.: *Vou para a casa dos meus avós a cada quinze dias.* I go to my grandparents' house every two weeks. **10 um de cada vez** one at a time / *adv.* each: *Os postais custam $4,00 cada.* The postcards cost $4 each.

**cadarço** *s.* shoelace

**cadastrar-se** *v.* to register

**cadastro** *s.* **1** (ato) registration: *O cadastro é gratuito.* Registration is free. **2** (dados de pessoa, cliente) file **3** (de todos os clientes, membros etc.) records *[pl.]*

**cadáver** *s.* corpse

**cadê** *adv.* where is/are?: *Cadê o meu celular?* Where's my cell phone? | *Cadê as fotos que você ia me mostrar?* Where are the pictures you were going to show me?

**cadeado** *s.* **1** padlock **2 fechar/trancar algo com cadeado** to padlock sth

**cadeia** *s.* **1** (prisão) jail ▸ Não se usa o artigo definido em inglês: *Ele foi parar na cadeia.* He wound up in jail. **2** (de lojas, hotéis etc.) chain **3 cadeia de montanhas** chain of mountains

**cadeira** *s.* **1** (móvel) chair **2** (assento) seat **3 cadeiras** (quadris) hips

**cadeira de balanço** rocking chair **cadeira de rodas** wheelchair

**cadeirante** *s.* wheelchair user / *adj.* in a wheelchair: *crianças cadeirantes* children in wheelchairs

**caderneta** *s.* **1** (caderno) notebook **2** (escolar) record book (BRIT: register)

**caderneta de poupança** savings account

**caderno** *s.* **1** (de aluno etc.) notebook **2** (de jornal) section: *o caderno de esportes* the sports section

**café** *s.* **1** (bebida, planta) coffee: *um grão de café* a coffee bean | *Você quer um café?* Would you like a coffee? **2** (cafeteria) coffee house (BRIT: café) **3 tomar café** **a** (comer de manhã) to have breakfast **b** (beber café) to drink coffee **4 tomar um café** to have a coffee

**café da manhã** breakfast: *O que você costuma comer no café da manhã?* What do you usually have for breakfast?

**cafeteira** *s.* **1** (bule) coffee pot **2** (tb cafeteira elétrica) coffee machine

**cafeteria** *s.* coffee bar

**cafezinho** *s.* black coffee

**cafona** *adj.* tacky (BRIT: naff)

**cãibra** *s.* **1** cramp **2 estar/ficar com cãibra** to have/get a cramp (*em in*)

**caído** *adj.* **1** (abatido) run-down **2 estar caído por alguém** to be smitten with sb

**caipira** *adj.* **1** country: *um sotaque caipira* a country accent **2 galinha/ovo caipira** free-range chicken/egg / *s.* (depreciativo) hick

**cair** *v.* **1** (na maioria dos casos) to fall **2** (do alto ao chão) to fall down: *Caiu uma árvore na nossa rua.* A tree fell down in our street. **3** (tombar) to fall over: *Escorreguei no gelo e caí.* I slipped on the ice and fell over. **4** (soltar-se) to come off: *A porta bateu e a maçaneta caiu.* The door slammed and the handle came off. **5** (temperatura, febre) to drop **6** (nível, qualidade) to go down: *Aquele restaurante caiu muito.* That restaurant's gone down a lot. **7** (avião) to crash **8** (conexão, internet) to go down **9** (cabelo, dente) to fall out **10** (ser enganado) to fall for it: *A ligação era golpe, mas ela caiu direitinho.* The call was a con trick, but she fell for it completely. 11 **cair a ligação** to get cut off: *Comecei a falar e caiu a ligação.* I started speaking and I got cut off. 12 **cair bem em alguém** (roupa) to suit sb: *Esse vestido cai bem em você.* That dress suits you. 13 **cair de algo** **a** (de objeto) to fall off sth: *Ele caiu da moto, mas não sofreu nada.* He fell off his motorcycle, but was unhurt. | *Tome cuidado para a garrafa não cair da mesa.* Be careful the bottle doesn't fall off the table. **b** (do corpo) to come off sth: *Esse anel vive caindo do meu dedo.* This ring is always coming off my finger. 14 **cair em algo** **a** (ser enganado) to fall for sth: *Não me diga que você caiu no papo dele!* Don't tell me you fell for his line! **b** (feriado etc.) to fall on sth: *O Natal cai numa terça-feira esse ano.* Christmas falls on a Tuesday this year. 15 **cair mal para alguém** (comida) to disagree with sb: *Aquele risoto me caiu mal.* That risotto disagreed with me. 16 **cair na real** to face facts 17 **cair no mar/na piscina** (dar um mergulho) to take a dip in the ocean/the pool 18 **deixar cair algo** to drop sth: *Não deixe cair esse vaso!* Don't drop that vase!

**cais** *s.* quay: *o cais do porto* the quayside

**caixa** *s fem.* 1 (recipiente) box 2 (de leite, suco) carton 3 (onde se paga em loja) cashier counter (BRIT: cash desk) 4 (onde se paga em supermercado) checkout

**caixa d'água** water tank **caixa de câmbio** gearbox **caixa de correio** mail box (BRIT: letterbox) **caixa de entrada** (de e-mail etc.) inbox **caixa de ferramentas** toolbox **caixa de saída** (de e-mail etc.) outbox **caixa de som** speaker **caixa postal** 1 (do celular) voice mail: *Quando ligo para ela, cai na caixa postal.* When I call her it goes to voice mail. | *Deixei recado na caixa postal dele.* I left a message on his voice mail. 2 (em endereços) PO box ▸ abreviação de ***post office box***. / *s masc/fem.* 1 (de supermercado) cashier 2 (bancário) teller (BRIT: cashier)

**caixa eletrônico** ATM (BRIT: cash machine)

**caixão** *s.* casket (BRIT: coffin)

**caixote** *s.* crate

**caju** *s.* cashew fruit: *suco de caju* cashew juice

**calado** *adj.* 1 quiet 2 **ficar calado** to keep quiet

**calafrio** *s.* 1 shudder 2 **dar calafrios em alguém** (de medo) to give sb the creeps 3 **estar com/sentir calafrios** (de febre) to feel shivery 4 **me dá um calafrio** I shudder

**calamidade** *s.* calamity

**calar** *v.* 1 (críticos etc.) to silence 2 **calar a boca** to shut up 3 **fazer alguém calar** to get sb to be quiet / **calar-se** *v.* 1 to go quiet: *Os alunos se calaram quando o professor entrou.* The students went quiet when the teacher walked in. ▸ Como ordem, traduz-se por ***be quiet***: *Calem-se!* Be quiet! 2 **mandar alguém se calar** to tell sb to be quiet

**calça** *s.* pants (BRIT: trousers) *[pl.]*: *Essa calça ficou ótima em você.* Those pants look great on you. ▸ *uma calça* traduz-se por ***a pair of pants*** ou ***some pants***, *duas calças* por ***two pairs of pants*** etc.: *Preciso comprar uma calça nova.* I need to get some new pants.

**calça jeans** jeans *[pl.]* ▸ *uma calça jeans* traduz-se por ***a pair of jeans*** ou ***some jeans***. **calça de moletom** sweatpants (BRIT: tracksuit bottoms) *[pl.]* ▸ *uma calça de moletom* traduz-se por ***a pair of sweatpants*** ou ***some sweatpants***.

**calçada** *s.* 1 sidewalk (BRIT: pavement): *É proibido estacionar na calçada.* Parking on the sidewalk is not allowed. 2 **na mesma/outra calçada** on the same/other side of the street (BRIT: of the road)

**calçados** *spl.* footwear *[sg.]*

**calcanhar** *s.* heel

**calcanhar de Aquiles** Achilles' heel

**calção** *s.* 1 (para esportes) shorts *[pl.]*: *Meu calção está na mochila.* My shorts are in my backpack. ▸ *um calção* traduz-se por ***a pair of shorts*** ou ***some shorts***, *dois calções* por ***two pairs of shorts*** etc. 2 (tb calção de banho) (swim) trunks *[pl.]* ▸ *um calção* traduz-se por ***a pair of trunks*** ou ***some trunks***: *Eu não trouxe calção.* I didn't bring any trunks.

**calçar** *v.* 1 (número) to wear (BRIT: to take): *Que número você calça?* What size shoes do you wear? 2 (pôr) to put on: *Só preciso calçar o sapato.* I just need to put my shoes on. 3 (ajustar-se) to fit

**calcinha** *s.* panties (BRIT: knickers) *[pl.]* ▸ *uma calcinha* traduz-se por ***a pair of panties*** ou ***some panties***, *duas calcinhas* por ***two pairs of panties*** etc.

**cálcio** *s.* calcium

**calço** *s.* wedge

**calculadora** *s.* calculator

**calcular** *v.* 1 (fazer o cálculo de) to work out: *Você consegue calcular quanto vai dar por pessoa?* Can you work out how much it'll be per person? ▸ Também existe o verbo ***to calculate***, que soa mais formal. 2 (incluir na conta) to allow: *Temos que calcular uma hora para o trajeto de ônibus.* We have to allow an hour for the bus ride. 3 (imaginar) to imagine: *Calculo o quanto você deve estar contente.* I imagine how happy you must be. 4 (estimar) to calculate (***em*** *at*)

**cálculo** *s.* 1 (conta) calculation 2 (renal etc.) stone 3 **fazer o cálculo de algo** to work sth out

**calda** *s.* 1 (de fruta) syrup 2 (molho) sauce: *calda de chocolate* chocolate sauce

**caldo** *s.* 1 (de cubinho etc.) bouillon (BRIT: stock): *caldo de galinha* chicken bouillon 2 (suco) juice: *caldo de cana* sugarcane juice 3 (sopa) broth
**caldo verde** potato and spring green broth

**calefação** *s.* heating

**calendário** *s.* calendar

**calha** *s.* gutter

**calhar** *v.* 1 **calha de alguém fazer algo** sb happens to do sth: *Calhou de eu topar com ele no shopping.* I happened to run into him at the mall. 2 **vir a calhar** to be a godsend

**cálice** *s.* 1 (copo) liqueur glass 2 (na igreja) chalice

**caligrafia** *s.* 1 (letra) handwriting 2 (arte) calligraphy

**calma** *s.* 1 (sossego) quiet 2 **fazer algo com calma** to take your time doing sth: *Depois quero ler a sua mensagem com calma.* Later I want to take my time reading your message. | *Vai com calma.* Take your time. 3 **manter a calma** to stay calm 4 **perder a calma** to lose your head 5 **ter calma** to be calm / *interj.* take it easy!: *Calma! Não precisa gritar!* Take it easy! There's no need to shout!

**calmante** *s.* (remédio) tranquilizer

**calmo** *adj.* 1 (mar, pessoa, voz) calm 2 (lugar, dia) quiet: *A rua deles é muito calma.* Their street is very quiet.

**calo** *s.* 1 (no pé) corn 2 (na mão) callus

**calor** *s.* 1 (escaldante) heat 2 (ameno, humano) warmth 3 **estar/fazer calor** to be hot: *Está fazendo muito calor hoje.* It's very hot today. 4 **estar/ficar com calor** to be/get hot 5 **estar morrendo de calor** to be boiling

**calorento** *adj.* 1 (pessoa) sensitive to the heat 2 (lugar, roupa) hot

**caloria** *s.* calorie

**calórico** *adj.* high-calorie

**caloroso** *adj.* warm

**calota** *s.* hubcap
**calota polar** polar ice cap

**calote** *s.* **dar o calote (em alguém)** not to pay what you owe (sb)

**calouro** *s.* 1 (estudante) freshman 2 (novato) newcomer 3 **show de calouros** talent show

**calvo** *adj.* (careca) bald

**cama** *s.* 1 bed 2 **arrumar/fazer a cama** to make the bed 3 **estar/ficar de cama** to be confined to bed 4 **ir para a cama** to go to bed 5 **levantar/sair da cama** to get out of bed
**cama de casal** double bed **cama de solteiro** single bed **cama elástica** trampoline

**camada** *s.* 1 (em geral) layer 2 (demão) coat
**camada de ozônio** ozone layer

**câmara** *s.* 1 (em geral) chamber: *a Câmara dos Deputados* the Chamber of Deputies 2 (em nomes estrangeiros) house: *a Câmara dos Representantes* the House of Representatives

**câmara de ar** inner tube **câmara municipal** 1 (órgão) city council ▸ de cidade pequena, ***town council*** 2 (prédio) city hall ▸ de cidade pequena, ***town hall***

**camarada** *s.* (amigo) buddy (BRIT: mate)

**camarão** *s.* shrimp (BRIT: prawn): *um coquetel de camarão* a shrimp cocktail

**camareira** *s.* (de hotel) chambermaid

**camarim** *s.* dressing room

**camarote** *s.* 1 (de teatro) box 2 (de navio) cabin 3 **assistir (algo) de camarote** to have a ringside seat (for sth)

**cambada** *s.* mob

**cambalear** *v.* to stagger

**cambalhota** *s.* 1 somersault 2 **dar uma cambalhota** to do a somersault

**câmbio** *s.* 1 (taxa) exchange rate 2 (divisas) foreign exchange 3 (de veículo) transmission

**cambista** *s.* 1 (de ingressos) scalper (BRIT: ticket tout) 2 (de divisas) money changer

**camburão** *s.* police van

**camelo** *s.* camel

**camelô** *s.* street trader

**câmera** *s fem.* 1 camera 2 **em câmera lenta** in slow motion / *s masc/fem.* (técnico) camera operator ▸ Também se diz ***cameraman*** (homem) ou ***camerawoman*** (mulher).

**caminhada** *s.* 1 (atividade) walking: *Ela gosta de caminhada.* She likes walking. 2 (passeio) walk: *uma caminhada na praia* a walk on the beach 3 **dar uma caminhada** to go for a walk 4 **fazer caminhada** to go walking

**caminhão** *s.* truck (BRIT: lorry)
**caminhão de lixo** garbage truck (BRIT: dust cart)

**caminhar** *v.* 1 (pessoa) to walk 2 (processo) to proceed

**caminho** *s.* 1 (em geral) way (***de/para*** *to*): *Qual é o caminho mais rápido para a praia?* What's the quickest way to the beach? | *Você veio por que caminho?* Which way did you come? 2 (trilha) path 3 (estrada de terra) track 4 **a caminho** on the way (***de*** *to*): *a caminho da escola* on the way to school 5 **a meio caminho** halfway (***de*** *to*, ***entre*** *between*) 6 **cortar caminho** to take a short-cut ▸ *cortar caminho por* traduz-se por ***to cut through***: *Cortamos caminho pelo parque.* We cut through the park. 7 **errar o caminho** to go the wrong way 8 **no caminho** on the way (***para*** *to*) 9 **no meio do caminho** **a** (a meio caminho) halfway **b** (obstruindo) in the way 10 **ser caminho** to be on the way: *Podemos te deixar na estação. É caminho.* We can drop you at the station. It's on the way. 11 **ser meio caminho andado** to be half the battle 12 **tirar algo do caminho** to move sth out of the way

**caminhoneiro** *s.* trucker (BRIT: lorry driver)

**caminhonete** *s.* (tipo picape) pick-up

**camisa** *s.* shirt
**camisa de força** straitjacket **camisa esporte** casual shirt **camisa polo** polo shirt **camisa social** dress shirt

**camiseta** *s.* 1 (blusa) T shirt 2 (de baixo) undershirt (BRIT: vest)

**camisinha** *s.* condom

**camisola** *s.* nightdress

**campainha** *s.* 1 doorbell ▸ Também se diz apenas ***bell***. 2 **tocar a campainha** to ring the doorbell

**campanha** *s.* 1 campaign 2 **fazer campanha** to campaign (***contra*** *against*, ***por*** *for*)
**campanha eleitoral** election campaign **campanha publicitária** advertising campaign

**campeão** *s.* champion: *um campeão de natação* a swimming champion
**campeão de audiência** hit show / *adj.* winning

**campeonato** *s.* championship: *um campeonato de tênis* a tennis championship

**camping** *s.* 1 (atividade) camping 2 (local) campground (BRIT: campsite) 3 **fazer camping** to go camping

**campo** *s.* 1 (na maioria dos casos) field 2 (zona rural) country: *uma casa de campo* a country home 3 **entrar em campo** **a** (time, antes do jogo) to come out **b** (jogador, durante o jogo)

to come on 4 **expulsar/tirar alguém de campo** to send/take sb off 5 **sair de campo** (jogador) to go off
**campo de futebol** soccer field (BRIT: football pitch) **campo de golfe** golf course
**camponês** *s.* peasant
**campus** *s.* campus ▸ O plural é ***campuses***.
**camuflagem** *s.* camouflage
**camuflar** *v.* to camouflage / **camuflar-se** *v.* to camouflage yourself
**camundongo** *s.* mouse
**camurça** *s.* suede: *uma bota de camurça* some suede boots
**cana** *s.* cane
**Canadá** *s.* Canada
**cana-de-açúcar** *s.* sugarcane
**canadense** *adj, s.* Canadian
**canal** *s.* 1 (de TV, vídeo etc.) channel: *Em que canal passa a série?* What channel is the series on? 2 (hidrovia) canal 3 (de dente) root canal
**canalizar** *v.* (emoções, energias, recursos etc.) to channel (***para*** *into*)
**canário** *s.* canary
**canavial** *s.* 1 (fazenda) sugarcane plantation 2 (campo) sugarcane field
**canção** *s.* song
**canção de ninar** lullaby
**cancela** *s.* barrier
**cancelamento** *s.* cancellation
**cancelar** *v.* to cancel
**Câncer** *s.* (signo) Cancer
**câncer** *s.* cancer
**câncer de mama** breast cancer **câncer de pulmão** lung cancer
**canceriano** *adj, s.* Cancerian
**candidatar-se** *v.* 1 (a emprego etc.) to apply (***a*** *for*): *Vou me candidatar a uma bolsa de estudos.* I'm going to apply for a scholarship. 2 (em eleição) to run (BRIT: to stand) (***a*** *for*): *Ele resolveu se candidatar a presidente.* He decided to run for president.
**candidato** *s.* 1 (a emprego etc.) applicant (***a*** *for*) 2 (a cargo político) candidate (***a*** *for*)
**candidatura** *s.* 1 (a emprego etc.) application (***a*** *for*) 2 (a cargo político) candidacy (***a*** *for*)
**caneca** *s.* 1 (de louça, vidro) mug 2 (de metal) tankard
**canela** *s.* 1 (especiaria) cinnamon: *canela em pó* ground cinnamon 2 (da perna) shin
**caneta** *s.* pen
**caneta esferográfica** ballpoint pen (BRIT: biro®)
**caneta-tinteiro** *s.* fountain pen
**canga** *s.* (de praia) beach wrap
**cangote** *s.* back of the neck: *Ele deu um beijo no cangote da namorada.* He kissed his girlfriend on the back of the neck.
**canhão** *s.* 1 (arma) cannon: *um tiro de canhão* a cannon salute 2 (de rio) canyon
**canhoto** *adj.* left-handed / *s.* left-handed person
**canil** *s.* kennel
**canivete** *s.* penknife
**canja** *s.* 1 (tb canja de galinha) chicken soup 2 (de músico) jam session 3 **dar uma canja** (músico) to jam
**cano** *s.* 1 (de água etc.) pipe 2 (de arma) barrel 3 (de bota) leg: *uma bota de cano alto* a pair of high-leg boots 4 **entrar pelo cano** to fall on your face (BRIT: to come unstuck)
**canoa** *s.* canoe
**canoagem** *s.* canoeing
**cansaço** *s.* 1 tiredness 2 **morto de cansaço** tired out 3 **sentir cansaço** to feel tired
**cansado** *adj.* 1 tired 2 **cansado de (fazer) algo** tired of (doing) sth 3 **estar/ficar cansado** to be/get tired
**cansar** *v.* 1 (deixar cansado) to tire out: *A corrida me cansou.* The run tired me out. 2 (ficar cansado) to get tired (***de*** *of*): *Ele pretendia malhar todos os dias, mas cansou logo.* He planned to work out every day, but got tired of it in no time. 3 (ser cansativo) to be tiring: *Levantar cedo todos os dias cansa.* Getting up early every day is tiring. 4 (deixar farto) to wear out: *Ela me cansa com tantas perguntas.* She wears me out with so many questions. / **cansar-se** *v.* 1 (ficar cansado) to

get tired: *Os idosos se cansam facilmente.* Elderly people get tired easily. 2 (fazendo muito esforço) to tire yourself out: *Ela se cansou com a aula de ginástica.* She tired herself out with the exercise class. 3 **cansar-se de (fazer) algo** to get tired of (doing) sth

**cansativo** *adj.* 1 (estafante) tiring 2 (entediante) boring 3 (pessoa) wearing

**cantada** *s.* 1 (dito) pick-up line (BRIT: chat-up line) 2 **dar uma cantada em alguém** to come on to sb (BRIT: to chat sb up)

**cantar** *v.* 1 (em geral) to sing: *Ela canta muito.* She can really sing. 2 (dar em cima de) to come on to (BRIT: to chat up): *O Rafa canta todas as meninas.* Rafa comes on to all the girls. 3 (falar em voz alta) to call out: *Quem vai cantar os números?* Who's going to call out the numbers? 4 **cantar pneu** to screech the tires (BRIT: tyres) 5 **cantei essa bola** I said this would happen

**cantarolar** *v.* to hum

**canteiro** *s.* 1 (com plantas) flowerbed 2 (tb canteiro de obra) construction site (BRIT: building site)

**cantiga** *s.*
**cantiga infantil** nursery rhyme

**cantil** *s.* water bottle

**cantina** *s.* cafeteria (BRIT: canteen)

**canto** *s.* 1 (local) corner: *no canto superior direito* in the top right-hand corner 2 (cantar) singing: *aulas de canto* singing lessons 3 (arte) song

**cantor** *s.* singer

**canudo** *s.* (para beber) straw

**cão** *s.* dog
**cão de guarda** guard dog **cão de guia** (para cego) Seeing Eye dog® (BRIT: guide dog) **cão de raça** pedigree dog **cão farejador** sniffer dog **cão policial** police dog

**caos** *s.* 1 chaos 2 **estar um caos** to be chaos 3 **ser um caos** to be chaotic 4 **virar um caos** to turn into chaos

**caótico** *adj.* chaotic

**capa** *s.* 1 (de livro, revista, CD, objeto) cover 2 (roupa) cape 3 (tb capa de chuva) raincoat 4 **de capa dura/mole** hardback/paperback

**capacete** *s.* helmet

**capacho** *s.* doormat

**capacidade** *s.* 1 (espaço) capacity (***para*** *for*) 2 **capacidade (de fazer algo)** ability (to do sth)

**capaz** *adj.* 1 able 2 **ser capaz de algo** to be capable of sth: *Como alguém pode ser capaz de uma crueldade dessas?* How can anyone be capable of such cruelty? 3 **ser capaz de fazer algo** **a** (conseguir) to be able to do sth: *Ele é capaz de entender um texto em inglês.* He's able to understand a text in English. **b** (ter o potencial) to be capable of doing sth: *Você acha que ela é capaz de fazer uma coisa dessas?* Do you think she's capable of doing something like that? **c** (provavelmente) to be likely to do sth: *É capaz de chover mais tarde.* It's likely to rain later.

**capela** *s.* chapel

**capenga** *s.* 1 (pessoa) limping 2 (cavalo) lame 3 (mesa) wobbly 4 (imperfeito) hit-and-miss

**capengar** *v.* to limp

**capim** *s.* grass

**capinar** *v.* to weed

**capital** *s fem.* (cidade) capital / *s masc.* (dinheiro) capital

**capitalismo** *s.* capitalism

**capitalista** *adj, s.* capitalist

**capitão** *s.* captain

**capítulo** *s.* 1 (de livro) chapter 2 (de novela) installment (BRIT: instalment)

**capô** *s.* hood (BRIT: bonnet)

**capoeira** *s.* 1 capoeira 2 **fazer/praticar capoeira** to do capoeira

**capoeirista** *s.* capoeira player

**capota** *s.* top

**capotar** *v.* (veículo) to overturn

**caprichado** *adj.* 1 (trabalho, objeto) well done 2 (porção) generous

**caprichar** *v.* 1 (esmerar-se) to take a lot of trouble (***em*** *over*): *Ela sempre capricha nos trabalhos.* She always takes a lot of trouble over her assignments. 2 (colocar muito) to be generous (***em*** *with*): *Capriche na calda de chocolate!* Be generous with the chocolate sauce!

**capricho** *s.* 1 (esmero) attention to detail: *um prato feito com capricho* a dish made with attention to detail 2 (vontade) whim
**caprichoso** *adj.* 1 (meticuloso) meticulous 2 (cheio de vontades) willful
**capricorniano** *adj, s.* Capricorn
**Capricórnio** *s.* Capricorn
**cápsula** *s.* capsule
**captar** *v.* 1 (entender) to grasp: *Não captei o que você quis dizer.* I didn't grasp what you meant. 2 (perceber nas entrelinhas) to pick up on: *Acho que você não captou a mensagem do filme.* I don't think you picked up on the message in the movie. 3 (canal, sinal, som etc.) to pick up: *O sensor do alarme capta qualquer movimento.* The sensor of the alarm picks up any movement. 4 (imagens) to capture 5 (recursos) to secure 6 (energia) to harness
**capturar** *v.* to capture
**capuz** *s.* hood
**caqui** *s.* persimmon
**cáqui** *adj, s.* khaki
**cara** *s fem.* 1 (rosto) face ▸ Usa-se a preposição ***on*** quando se fala da superfície da cara: *Passou protetor na cara?* Have you put sunblock on your face? | *Ela entrou com um sorriso na cara.* She came in with a smile on her face. ▸ Usa-se a preposição ***in*** em sentido figurado: *Ele bateu a porta na minha cara.* He slammed the door in my face. 2 (expressão) look: *com uma cara de decepção* with a look of disappointment 3 **cara a cara** face to face (***com*** *with*) 4 **cara ou coroa?** heads or tails? 5 **com cara de algo** **a** (com adjetivo) looking sth: *Ele se sentou com cara de satisfeito.* He sat down looking satisfied. **b** (com substantivo etc.) looking like sth: *Saí na foto com cara de idiota.* I came out in the picture looking like an idiot. 6 **dar de cara com alguém** to run into sb 7 **estar com cara de algo** to look sth: *Você está com cara de cansado.* You look tired. 8 **estar na cara** to be obvious: *Está na cara que eles não se bicam.* It's obvious they don't get along. 9 **ficar de cara amarrada** to frown 10 **(logo) de cara** right off the bat (BRIT: straightaway) 11 **ser a cara de alguém** **a** (muito parecido) to be the spitting image of sb: *Ele é a cara do pai.* He's the spitting image of his dad. **b** (fazer o gênero de) to be sb all over: *Essa camiseta é a sua cara.* That T-shirt is you all over. 12 **ter cara de algo** **a** (com adjetivo) to look sth: *Ela tem cara de simpática.* She looks friendly. **b** (com substantivo) to look like sth: *Ele tem cara de bandido.* He looks like a criminal.
**cara de pau** (atrevimento) nerve (BRIT: cheek): *Ele ainda teve a cara de pau de pedir dinheiro emprestado.* He even had the nerve to ask to borrow some money. / *s masc.* 1 (homem) guy: *Quem é aquele cara ali?* Who's that guy over there? 2 (como forma de tratamento) man: *E aí, cara?* What's up, man?
**cara de pau: ser cara de pau** (atrevido) to have a nerve (BRIT: to have a cheek): *Ele é o maior cara de pau.* He has a real nerve.
**caracol** *s.* 1 (animal) snail 2 (de cabelo) ringlet
**caractere** *s.* character
**característica** *s.* feature ▸ Também existe a palavra ***characteristic***, que soa um pouco mais formal.
**característico** *adj.* characteristic
**caracterização** *s.* (de atores) makeup
**caracterizar** *v.* 1 (definir, ser próprio de) to characterize 2 (ator) to make up (***de*** *as*) / **caracterizar-se** *v.* 1 (ator) to get into makeup 2 **caracterizar-se de algo** (fantasiar-se) to dress up as sth 3 **caracterizar-se por algo** to be characterized by sth
**carambola** *s.* starfruit
**caramelo** *s.* 1 (sabor, calda) caramel 2 (bala) toffee
**caramujo** *s.* snail
**caranguejo** *s.* crab
**caratê** *s.* karate
**caráter** *s.* 1 character: *Ele tem bom caráter.* He has a good character. 2 **a caráter** (fantasiado) in costume 3 **de caráter político/social etc.** political/social etc.: *uma iniciativa*

*de caráter educativo* an educational initiative 4 **falta de caráter** unscrupulousness 5 **vestir-se a caráter** to dress up

**caravela** *s.* caravel

**carboidrato** *s.* carbohydrate

**carbono** *s.* carbon

**cardápio** *s.* menu: *no cardápio* on the menu

**cardeal** *s.* cardinal

**cardíaco** *adj.* 1 **ataque cardíaco** heart attack 2 **parada cardíaca** cardiac arrest 3 **ser cardíaco** to have heart problems / *s.* heart patient

**cardume** *s.* shoal

**careca** *adj.* 1 bald 2 **ficar careca** to go bald / *s fem.* (área da cabeça) bald patch

**carência** *s.* 1 (falta) lack 2 (tb carência afetiva) lack of affection

**carente** *adj.* 1 (criança, bairro) deprived: *a população carente* the deprived 2 (de afeto) needy

**careta** *s.* 1 grimace ▸ Na linguagem informal, usa-se a palavra ***face***: *As caretas dela são muito engraçadas.* Her faces are really funny. 2 **fazer uma careta** to pull a face (***para*** *at*): *Ele vive fazendo careta.* He's always pulling faces. ▸ Também se diz ***to make a face***. / *adj.* (pessoa) old school

**carga** *s.* 1 (peso, de caminhão) load 2 (de navio, avião) cargo 3 (de trem) freight 4 (elétrica, explosiva) charge 5 (ato de carregar) loading 6 (em musculação) weight

**carga horária** workload

**cargo** *s.* 1 (de funcionário público, político) post 2 (em empresa privada) position 3 **estar/ficar a cargo de alguém** to be sb's responsibility

**cargueiro** *s.* (navio) cargo ship ▸ Também se diz ***freighter***.

**caricatura** *s.* caricature

**carícia** *s.* caress

**caridade** *s.* charity: *uma obra de caridade* a charity

**caridoso** *adj.* charitable

**cárie** *s.* 1 (uma) cavity 2 **cáries** (em geral) tooth decay *[sg.]*

**carimbar** *v.* to stamp

**carimbo** *s.* 1 stamp 2 (tb carimbo do correio) postmark

**carinho** *s.* 1 (sentimento) affection 2 (gesto) gesture of affection 3 **com carinho** **a** (com afeto) affectionately **b** (com cuidado) with loving care 4 **fazer carinho em alguém** to be affectionate with sb 5 **guardar algo com carinho** to treasure sth

**carinhoso** *adj.* affectionate (***com*** *toward*)

**carioca** *adj.* of/from Rio de Janeiro / *s.* person from Rio de Janeiro

**carnaval** *s.* carnival ▸ Quando se refere ao feriado, usa-se sem artigo definido: *O que você vai fazer no Carnaval?* What are you going to do at Carnival?

**carne** *s.* 1 (alimento) meat: *Ela não come carne vermelha.* She doesn't eat red meat. 2 (do corpo) flesh 3 **em carne e osso** in the flesh 4 **em carne viva** red raw

**carne de porco** pork **carne de vaca** beef **carne moída** ground beef (BRIT: mince)

▸ A palavra ***meat*** designa qualquer tipo de carne. Quando *carne* se refere especificamente à carne bovina, usa-se a palavra ***beef***. Não confunda ***beef*** (= carne bovina) com ***steak*** (= bife).

**carneiro** *s.* 1 (animal) ram 2 (carne) mutton

**carne-seca** *s.* beef jerky

**caro** *adj.* 1 (não barato) expensive 2 (querido) dear: *meu caro amigo* my dear friend / *adv.* 1 **cobrar/custar caro** to charge/cost a lot 2 **pagar caro** **a** (por compra) to pay a lot (***por*** *for*) **b** (por erro, crime) to pay dearly (***por*** *for*)

**carochinha** *s.* **conto da carochinha** fairy tale

**caroço** *s.* 1 (de laranja, maçã, melancia etc.) seed (BRIT: pip) 2 (de abacate, manga, pêssego etc.) pit (BRIT: stone) 3 (no corpo, na pele) lump

**carona** *s.* 1 ride (BRIT: lift) 2 **dar carona a alguém** to give sb a ride (BRIT: a lift) 3 **ir/viajar de carona** to hitchhike ▸ Também se diz apenas ***to hitch***: *Fomos de carona até a praia.* We hitched to the beach. | *Eles viajaram pelo Canadá de carona.* They hitchhiked around Canada. 4 **pedir carona** **a** (a um amigo etc.) to ask for a ride (BRIT: a lift)

**b** (à beira da estrada) to thumb a ride (BRIT: to hitch a lift) 5 **pegar carona** to get a ride (BRIT: a lift) (*com with*)

**carpete** *s.* carpet

**carpintaria** *s.* (ofício) carpentry

**carpinteiro** *s.* carpenter

**carrapato** *s.* tick

**carregador** *s.* 1 (de bateria) charger 2 (de bagagem) porter

**carregamento** *s.* load

**carregar** *v.* 1 (arma, mercadorias, veículo) to load 2 (levar) to carry 3 (bateria, celular etc.) to charge

**carreira** *s.* 1 (profissional) career: *uma carreira de cantor* a career as a singer 2 **a carreira de ator/modelo etc.** acting/modeling etc.: *Ela desistiu da carreira de modelo.* She gave up modeling. 3 **a carreira médica/política** (ramo) medicine/politics 4 **seguir uma carreira** to go into a career: *Ela quer seguir a carreira política.* She wants to go into politics.

**carreta** *s.* (caminhão) semi (BRIT: articulated lorry)

**carrinho** *s.* 1 (de empurrar) cart: *um carrinho de compras* a shopping cart 2 (para criança) stroller (BRIT: buggy) 3 (brinquedo) toy car

**carrinho de mão** wheelbarrow

**carro** *s.* 1 car 2 **de carro** by car

**carro alegórico** float **carro de bombeiros** fire truck (BRIT: fire engine) **carro de corrida** race car (BRIT: racing car) **carro esporte** sports car **carro fúnebre** hearse

**carroça** *s.* cart

**carro-forte** *s.* armored car (BRIT: security van)

**carro-pipa** *s.* water truck

**carrossel** *s.* 1 (de parque de diversões) carousel (BRIT: merry-go-round) 2 (de parquinho) merry-go-round (BRIT: roundabout)

**carruagem** *s.* carriage

**carta** *s.* 1 (correspondência) letter 2 (de baralho) card 3 (mapa) chart 4 **dar as cartas** to deal 5 **jogar cartas** to play cards

**carta de motorista** driver's license (BRIT: driving licence) **carta de recomendação** reference **carta registrada** certified letter (BRIT: registered letter)

**cartão** *s.* 1 card 2 **pagar com cartão** to pay with a card (BRIT: to pay by card)

**cartão de aniversário** birthday card **cartão de crédito** credit card **cartão de débito** debit card **cartão de embarque** boarding card **cartão de memória** memory card **cartão de fidelidade** loyalty card **cartão de Natal** Christmas card **cartão de visita** business card

**cartão-postal** *s.* 1 (cartão) postcard 2 (ponto turístico) famous sight

**cartaz** *s.* 1 poster 2 **em cartaz** (filme, peça) now playing 3 **entrar em cartaz** to open 4 **estar em cartaz** to be playing ▸ Também se diz *to be on*. 5 **ficar em cartaz** to run

**carteira** *s.* 1 (para dinheiro) wallet 2 (mesa) desk 3 (documento) card

**carteira de identidade** ID card (BRIT: identity card) **carteira de motorista** driver's license (BRIT: driving licence) **carteira de sócio** membership card

**carteiro** *s.* mailman (BRIT: postman) ▸ A denominação oficial nos EUA é ***postal carrier***.

**cartela** *s.* 1 (de bingo etc.) card 2 (de remédio) blister pack

**cartilha** *s.* primer

**cartola** *s fem.* (chapéu) top hat / *s masc/fem.* (de clube) director

**cartolina** *s.* cardboard (BRIT: card)

**cartomante** *s.* fortune-teller

**cartório** *s.* 1 (para registro) office of vital statistics (BRIT: registry office) 2 (para autenticação etc.) notary's office

**cartucho** *s.* (de impressora, arma) cartridge

**cartunista** *s.* cartoonist

**carvalho** *s.* 1 (árvore) oak tree 2 (madeira) oak

**carvão** *s.* 1 (mineral) coal: *uma mina de carvão* a coal mine 2 (de lenha, para desenho) charcoal

**casa** *s.* 1 (construção) house: *Eles moram numa casa antiga.* They live in an old house. 2

(lar) home: *A viagem vai ser a primeira vez dela longe de casa.* The trip will be her first time away from home. **3** (de tabuleiro) square **4** (decimal) place: *com três casas decimais* to three decimal places **5** (tb casa de botão) buttonhole **6 casa e comida** room and board (BRIT: board and lodging) **7 chegar em casa** to get home **8 em casa** at home: *Passei o dia inteiro em casa.* I spent the whole day at home. | *É raro o time perder em casa.* It's rare for the team to lose at home. ▸ *um jogo em casa* traduz-se por ***a home game***. **9 fora de casa** (jogar) away: *um jogo fora de casa* an away game **10 lá em casa** **a** (na minha casa) at my house: *Você pode dormir lá em casa.* You can stay the night at my house. **b** (na minha família) in my family: *Lá em casa somos sete pessoas.* There are seven of us in my family. **11 na casa dos vinte/trinta etc.** in your twenties/thirties etc.: *Ele está na casa dos cinquenta.* He's in his fifties. **12 na/para a casa de alguém** at/to sb's house: *Vou para a casa dos meus avós.* I'm going to my grandparents' house. ▸ É muito comum omitir a palavra ***house***, que fica subentendida: *Almoçamos na casa da Laura.* We had lunch at Laura's. | *Vou para a casa dos meus primos no feriado.* I'm going to my cousins' on the holiday. **13 para casa** home: *Decidimos voltar para casa.* We decided to go back home. **14 por conta da casa** on the house **15 sair de casa** to leave home **16 ser de casa** to be part of the family

**casa de câmbio** exchange office (BRIT: bureau de change) **casa de campo** country home **casa de cômodos** rooming house (BRIT: boarding house) **casa funerária** funeral home (BRIT: undertaker's) **casa lotérica** lottery store **casa noturna** nightclub **casa popular** low-cost home **casa de repouso** retirement home

**casacão** *s.* overcoat

**casaco** *s.* **1** (jaqueta) jacket **2** (casacão) coat **3** (de lã) sweater (BRIT: jumper)

**casado** *adj.* married (***com*** *to*)

**casal** *s.* **1** (de pessoas) couple **2** (de animais) pair **3 cama/quarto de casal** double bed/room **4 um casal de filhos** a boy and a girl

**casamento** *s.* **1** (solenidade, festa) wedding: *um bolo de casamento* a wedding cake **2** (matrimônio) marriage: *um pedido de casamento* a marriage proposal **3 pedir alguém em casamento** to propose to sb

**casar** *v.* **1** (tb casar-se) to get married: *Eles pretendem casar ano que vem.* They plan to get married next year. **2 casar com alguém** to marry sb **3 casar na igreja/no civil** to have a church/civil wedding ▸ No inglês britânico, a expressão para *casar no civil* é ***to have a registry office wedding***.

**casarão** *s.* mansion

**casca** *s.* **1** (de laranja, limão, maçã etc.) peel: *uma casca de banana* a banana peel ▸ No inglês britânico, diz-se ***banana skin***. **2** (de ovo, noz, coco) shell **3** (de pão) crust **4** (de árvore) bark **5** (de queijo) rind **6** (de ferida) scab

**cascalho** *s.* gravel

**cascavel** *s.* rattlesnake

**casco** *s.* **1** (de cavalo) hoof **2** (de navio) hull **3** (garrafa) empty

**cascudo** *s.* rap on the head

**caseiro** *adj.* **1** (comida etc.) homemade **2** (pessoa) homey (BRIT: homely) **3 ser caseiro** to be a homebody: *Ela é muito caseira.* She's a real homebody. / *s.* caretaker

**caso** *s.* **1** (em geral) case: *um caso à parte* a special case | *Nesse caso, acho melhor você não ir.* In that case, I think you'd better not go. | *em caso de emergência* in case of emergency **2** (história, anedota) story: *Ela contou uns casos engraçados.* She told some funny stories. **3** (amoroso) affair: *Ele teve um caso com a secretária.* He had an affair with his secretary. **4 cada caso é um caso** every case is different **5 criar caso** to cause trouble **6 em todo caso** in any case **7 não vir ao caso** to be irrelevant **8 no caso** in this case: *Digite o DDI, 55 no caso.* Key in the country code, 55 in this case. **9 ser**

**o caso de fazer algo** ▸ Use o verbo auxiliar ***should*** com o sujeito adequado ao contexto: *Você acha que é o caso de chamar a polícia?* Do you think we should call the police? / *conj.* (se) if: *O jogo pode ser cancelado caso chova.* The game may be called off if it rains.
**caspa** *s.* dandruff
**casquinha** *s.* (para sorvete) cone
**cassar** *v.* (carteira de motorista) to suspend
**cassetete** *s.* nightstick (BRIT: baton)
**cassino** *s.* casino
**castanha** *s.* **1** (tb castanha portuguesa) chestnut **2 castanhas** (de vários tipos) nuts *[pl.]*
**castanha-de-caju** *s.* cashew nut
**castanha-do-pará** *s.* brazil nut
**castanho** *adj, s.* (cor) brown
**castelo** *s.* castle
**castelo de areia** sandcastle
**castiçal** *s.* candlestick
**castigar** *v.* **1** to punish (***por*** *for*) **2 castigar alguém por ter feito algo** to punish sb for doing sth
**castigo** *s.* **1** punishment **2 ficar de castigo** to be punished ▸ Existe a expressão ***to be grounded***, que significa ser proibido de sair de casa como castigo: *Não posso sair hoje. Estou de castigo.* I can't go out today. I'm grounded.
**castor** *s.* beaver
**casual** *adj.* chance: *um encontro casual* a chance meeting
**casulo** *s.* cocoon
**catalisador** *s.* catalyst
**catálogo** *s.* catalog (BRIT: catalogue)
**catapora** *s.* chickenpox
**catar** *v.* **1** (procurar) to search for: *Vou ter que catar a carta nos meus papéis.* I'll have to search for the letter in my papers. **2** (do chão) to pick up
**catarata** *s.* **1** (de rio) waterfall **2** (no olho) cataract
**catarro** *s.* catarrh
**catástrofe** *s.* catastrophe
**cata-vento** *s.* **1** (bomba) wind pump **2** (que indica a direção do vento) weather vane **3** (brinquedo) pinwheel (BRIT: windmill)
**catecismo** *s.* catechism
**catedral** *s.* cathedral
**catedrático** *s.* full professor (BRIT: professor)
**categoria** *s.* **1** (classe) category: *na categoria júnior* in the youth category **2** (em hierarquia) rank **3** (tb categoria profissional) profession **4 de (alta) categoria** quality: *um hotel de categoria* a quality hotel **5 de primeira/segunda categoria** first-rate/second-rate ▸ Enquanto em português algo de muito ruim é classificado como sendo *de quinta categoria*, em inglês diz-se ***third-rate***: ***a third-rate movie*** (= um filme de quinta categoria).
**categórico** *adj.* categorical
**cativante** *adj.* captivating
**cativar** *v.* to captivate
**cativeiro** *s.* **1** (prisão) captivity: *um filhote de panda nascido em cativeiro* a panda cub born in captivity **2** (esconderijo) hideout: *A polícia estourou o cativeiro do empresário.* The police stormed the hideout where the businessman was being held.
**catolicismo** *s.* Catholicism
**católico** *s, adj.* Catholic
**catorze** *s.* **1** (numeral) fourteen **2** (dia do mês) fourteenth: *no dia 14 de julho* on July 14th
**cauda** *s.* tail
**caule** *s.* stem
**causa** *s.* **1** (motivo, ideal) cause: *a causa do problema* the cause of the problem **2** (na Justiça) case: *Ela processou a empresa e ganhou a causa.* She sued the company and won the case. **3 por causa de algo/alguém** because of sth/sb: *O trânsito complicou por causa da chuva.* The traffic got bad because of the rain. **4 por minha/nossa/sua causa** because of me/us/you
**causar** *v.* **1** to cause **2 causar algo a alguém** to cause sb sth: *Ele já causou muita preocupação aos pais.* He's caused his parents a lot of worry.
**cautela** *s.* caution
**cauteloso** *adj.* cautious
**cavado** *adj.* **1** (decote) low-cut **2** (perna) high-cut
**cavalaria** *s.* cavalry

**cavalariça** *s.* stable
**cavaleiro** *s.* **1** (pessoa a cavalo) rider **2** (guerreiro) knight
**cavalete** *s.* (de pintor) easel
**cavalgar** *v.* to ride
**cavalheiro** *s.* gentleman: *um acordo de cavalheiros* a gentleman's agreement
**cavalo** *s.* **1** (animal) horse: *uma corrida de cavalos* a horse race **2** (unidade de potência) horsepower: *um motor de 220 cavalos* a 220 horsepower engine **3** (em xadrez) knight **4 a cavalo** on horseback **5 pode tirar o cavalinho da chuva** you can think again
**cavalo com alças** pommel horse **cavalo de corrida** racehorse **cavalo de pau** (manobra) e-brake turn (BRIT: handbrake turn)
**cavalo-marinho** *s.* seahorse
**cavanhaque** *s.* goatee
**cavaquinho** *s.* miniature guitar
**cavar** *v.* to dig
**caveira** *s.* skull
**caverna** *s.* cave
**caxias** *adj.* conscientious
**caxumba** *s.* mumps
**CD** *s.* CD
**CD-ROM** *s.* CD-ROM
**cearense** *s.* person from Ceará / *adj.* of/from Ceará
**cebola** *s.* onion
**cebolinha** *s.* spring onion
**cê-dê-efe** *s.* grind (BRIT: swot)
**ceder** *v.* **1** (assento, lugar) to give up (***a/para*** *to*): *Ele cedeu o assento a uma senhora idosa.* He gave up his seat to an elderly lady. **2** (dar-se por vencido) to give in (***a*** *to*): *Acabei cedendo à tentação.* I ended up giving in to temptation. **3** (disponibilizar) to provide (***a/para*** *for*): *Uma escola do bairro cede a quadra ao nosso clube.* A local school provides its sports court for our club. **4** (emprestar) to lend (***a/para*** *to*) **5** (afundar, desabar) to give way
**cedilha** *s.* cedilla
**cedo** *adv.* **1** early: *Preciso dormir mais cedo hoje.* I need to go to bed earlier tonight. | *É cedo ainda para prever quem vai ganhar.* It's too early to predict who will win. **2 mais cedo ou mais tarde** sooner or later **3 não ... tão cedo** not ... any time soon: *Não vamos voltar àquele restaurante tão cedo.* We won't be going back to that restaurant any time soon. **4 quanto mais cedo melhor** the sooner the better
**cédula** *s.* **1** (nota) bill (BRIT: note): *uma cédula de cem dólares* a hundred-dollar bill **2** (tb cédula eleitoral) ballot paper
**cego** *adj.* **1** (sem visão) blind **2** (sem corte) blunt **3 ficar cego** (perder a visão) to go blind / *s.* **1** blind person **2 os cegos** (em geral) the blind
**cegonha** *s.* stork
**cegueira** *s.* blindness
**ceia** *s.* supper
**ceia de Natal** Christmas dinner
**cela** *s.* cell
**celebração** *s.* celebration
**celebrar** *v.* to celebrate
**celebridade** *s.* celebrity
**celeiro** *s.* barn
**celofane** *s.* cellophane
**célula** *s.* cell
**celular** *s.* **1** (aparelho) cell phone (BRIT: mobile) ▸ Também se diz apenas ***cell***. **2** (número) cell number (BRIT: mobile number)
**celulite** *s.* cellulite
**cem** *num.* **1** a hundred: *cem páginas* a hundred pages | *cem mil pessoas* a hundred thousand people ▸ Também se diz ***one hundred***, o que é obrigatório depois de *mil*: *dois mil e cem quilômetros* two thousand one hundred kilometers **2 cem por cento** a hundred percent
**cemitério** *s.* cemitery ▸ Também se diz ***graveyard***, especialmente quando se trata do cemitério de uma igreja.
**cena** *s.* **1** scene **2 em cena** (no palco) on stage **3 entrar em cena** **a** (entrar no palco) to come on stage **b** (aparecer) to come on the scene **4 fazer uma cena** to make a scene **5 sair de cena** **a** (sair do palco) to go off stage **b** (sumir) to disappear from the scene

**cenário** *s.* 1 (local) setting: *É o cenário perfeito para um piquenique.* It's the perfect setting for a picnic. 2 (materiais cênicos) set: *Parte do cenário caiu durante o peça.* Part of the set fell over during the play. 3 (atualidade) scene: *o cenário musical* the music scene

**cenoura** *s.* carrot

**censo** *s.* census

**censura** *s.* **a censura** **a** (sistema) censorship **b** (órgão) the censor

**censurar** *v.* (filme, livro etc.) to censor

**centavo** *s.* 1 (de dólar, euro) cent 2 (de real) centavo 3 **nem um centavo** not a cent

**centeio** *s.* rye: *pão de centeio* rye bread

**centelha** *s.* spark

**centena** *s.* 1 **centenas de algo** hundreds of sth 2 **às centenas** in their hundreds

**centésimo** *adj, s.* hundredth: *pela centésima vez* for the hundredth time | *um centésimo de segundo* a hundredth of a second

**centígrado** *adj.* centigrade: *cem graus centígrados* a hundred degrees centigrade

**centímetro** *s.* centimeter (BRIT: centimetre)

**cento** *num.* 1 a hundred: *cento e duas páginas* a hundred and two pages | *cento e cinquenta mil pessoas* a hundred and fifty thousand people ▸ Também se diz ***one hundred***, o que é obrigatório depois de *mil*: *dois mil cento e cinquenta quilômetros* two thousand one hundred and fifty kilometers 2 **por cento** percent: *50 por cento* 50 percent

**centopeia** *s.* centipede

**centrado** *adj.* centered (BRIT: centred) (***em*** *on*)

**central** *adj.* central / *s.* central office

**central de atendimento** service center (BRIT: centre)

**centrar** *v.* to center (BRIT: to centre) (***em*** *on*)

**centro** *s.* 1 (em geral) center (BRIT: centre) 2 (tb centro da cidade) downtown (BRIT: city centre): *O centro do Rio tem muitos prédios históricos.* Rio's downtown has many historic buildings. ▸ A palavra ***downtown*** funciona também como advérbio, com o significado *no/ao centro da cidade*: *Ela trabalha no centro da cidade.* She works downtown. | *A melhor maneira de ir ao centro é de metrô.* The best way to get downtown is on the subway. ▸ Também pode funcionar como adjetivo: *A sede da empresa fica no centro de São Paulo.* The company's head office is in downtown São Paulo.

**CEP** *s.* (= código de endereçamento postal) zip code (BRIT: postcode)

**cera** *s.* 1 (substância) wax 2 (para piso) floor polish

**cerâmica** *s.* pottery: *uma tigela de cerâmica* a pottery bowl

**cerca** *s.* fence

**cerca viva** hedge / **cerca de** *prep.* about: *cerca de mil pessoas* about a thousand people

**cercado** *adj.* **cercado de algo** surrounded by sth / *s.* enclosure

**cercar** *v.* 1 (rodear) to surround 2 (pôr cerca em) to fence off

**cerco** *s.* **fechar o cerco a/contra algo/alguém** to home in on sth/sb

**cereal** *s.* cereal

**cérebro** *s.* brain

**cereja** *s.* cherry

**cerimônia** *s.* 1 (solenidade) cerimony 2 **fazer cerimônia** to stand on ceremony: *Não faça cerimônia.* Don't stand on ceremony. 3 **sem cerimônia** (sem pedir licença) without so much as a by-your-leave

**cerração** *s.* mist

**certa** *s.* **na certa** for sure

**certamente** *adv.* certainly

**certeiro** *adj.* accurate

**certeza** *s.* 1 certainty 2 **com certeza** (sem dúvida) definitely 3 **dar certeza de que ...** to say for sure (that) ...: *Ele deu certeza de que vinha.* He said for sure he was coming. 4 **ter certeza** to be sure (***de*** *about*): *"Você tem certeza disso?" - "Absoluta."* "Are you sure about that?" - "Absolutely." 5 **ter certeza de que ...** to be sure (that) ...: *Eu tinha certeza de que você viria.* I was sure you'd come.

**certidão** *s.* certificate

**certidão de nascimento** birth certificate

**certificado** *s.* certificate

**certificar-se** *v.* 1 **certificar-se (de algo)** to check (sth) 2 **certificar-se de que ...** to make sure (that) ....: *Certifique-se de que o aparelho está desligado na tomada.* Make sure the appliance is unplugged.

**certo** *adj.* 1 (correto) right: *a resposta certa* the right answer | *Você está certo.* You're right. 2 (seguro) certain: *Não é certo que o nosso time vai ganhar.* It's not certain that our team will win. 3 (determinado) certain: *certas pessoas* certain people ▸ Antes de um substantivo singular, traduz-se por ***a certain***: *com certa urgência* with a certain urgency 4 (pré-definido) set: *O carteiro não passa num horário certo.* The mailman doesn't come at a set time. 5 **certo dia** one day 6 **até certo ponto** to a certain extent 7 **de certa forma** in a way 8 **(está) certo** (tudo bem) OK 9 **estar certo de algo/de que ...** to be certain of sth/(that) ...: *Você está certo de que temos prova hoje?* Are you certain we have a test today? / *s.* 1 **o certo** the right thing to do: *O certo seria conversar isso com os seus pais.* The right thing to do would be to talk this over with your parents. 2 **ao certo** for certain / *adv.* 1 (corretamente) right: *Você fez certo em contar para a professora.* You did right to tell the teacher. 2 **dar certo** to work: *O plano dele não deu certo.* His plan didn't work.

**cerveja** *s.* beer

**cesariana** *s.* C-section (BRIT: Caesarean)

**cessar-fogo** *s.* ceasefire

**cesta** *s.* 1 (em geral) basket 2 (de Natal etc.) hamper 3 **fazer cesta** (em basquete) to score a basket

**cesta básica** care package (BRIT: food parcel) **cesta de lixo** wastebasket (BRIT: wastepaper basket)

**cesto** *s.* basket

**cesto de roupa suja** laundry hamper (BRIT: laundry basket)

**cético** *adj.* skeptical (BRIT: sceptical) / *s.* skeptic (BRIT: sceptic)

**cetim** *s.* satin

**céu** *s.* 1 (ar) sky: *uma nuvem no céu* a cloud in the sky 2 **o céu** (paraíso) heaven: *Deus no céu* God in heaven

**céu da boca** roof of the mouth

**cevada** *s.* barley

**chá** *s.* tea

**chá de bebê** baby shower **chá de camomila** camomile tea **cha de ervas** herbal tea **chá de panela** bridal shower **chá preto** black tea **chá verde** green tea

**chácara** *s.* 1 (sítio) estate 2 (casa de campo) country home

**chacina** *s.* massacre

**chacoalhar** *v.* to shake

**chafariz** *s.* fountain

**chalé** *s.* chalet

**chaleira** *s.* kettle

**chama** *s.* 1 flame 2 **em chamas** on fire ▸ Também se diz ***in flames***, que soa mais literário.

**chamada** *s.* 1 (ligação) call: *uma chamada interurbana* a long-distance call | *chamadas recebidas* incoming calls 2 (na escola) roll call (BRIT: register) 3 (de programa de TV) trailer 4 **dar uma chamada em alguém** to chew sb out (BRIT: to give sb a telling-off) 5 **fazer a chamada** (na escola) to call the roll (BRIT: to take the register)

**chamado** *adj.* 1 (com o nome) named (BRIT: called): *um menino chamado Daniel* a boy named Daniel 2 (suposto) so-called: *a chamada rainha do funk* the so-called queen of funk / *s.* call

**chamar** *v.* 1 (mandar vir) to call: *O professor está te chamando.* The teacher's calling you. | *Resolvemos chamar a polícia.* We decided to call the police. 2 (convidar) to ask: *Eles me chamaram para jogar no time deles.* They asked me to play on their team. ▸ *chamar alguém para ir/vir a algo* traduz-se por ***to ask sb to sth***: *Ela me chamou para ir ao aniversário dela.* She asked me to her birthday party. 3 (tocar) to ring: *Chama, chama e ninguém atende.* There's no reply. 4 **chamar algo/alguém de algo** to call sth/sb sth: *Você está me chamando de mentiroso?* Are you calling me a liar? | *Ele prefere ser chamado de Nei.* He prefers to be called Nei. 5 **chamar alguém para sair** to ask sb out 6 **chamar atenção** to attract attention 7 **chamar a atenção de alguém** a (fazer notar) to attract sb's attention b (repreender) to call sb out (BRIT: to tell sb off) 8 **mandar chamar alguém** to send for sb / **chamar-se** *v.* 1 to be called: *Ela se chama Eugênia.* She's called Eugênia. 2 **como se chama ...?** what is ... called?: *Como se chama esse filme em inglês?* What's this movie called in English? ▸ Quando se pergunta o nome de uma pessoa, é mais comum dizer ***what's your/her*** etc. ***name?***: *Como se chama a sua irmã?* What's your sister's name?

**chamativo** *adj.* flashy

**chaminé** *s.* 1 (de casa) chimney 2 (de fábrica) smokestack (BRIT: chimney) 3 (de navio) smokestack (BRIT: funnel)

**champanhe** *s.* champagne

**champignon** *s.* mushroom

**chamuscar** *v.* to singe

**chance** *s.* 1 chance 2 **chance de (alguém) fazer algo** a (possibilidade) chance of (sb) doing sth: *O nosso time tem pouca chance de ganhar.* Our team has little chance of winning. b (oportunidade) chance (for sb) to do sth: *A viagem é uma chance de você treinar o seu inglês.* The trip is a chance for you to practice your English. 3 **ter boas chances de fazer algo** to have a good chance of doing sth

**chantagear** *v.* to blackmail

**chantagem** *s.* 1 blackmail: *chantagem emocional* emotional blackmail 2 **fazer chantagem com alguém** to blackmail sb

**chantilly** *s.* whipping cream (BRIT: whipped cream)

**chão** *s.* 1 (fora de casa) ground: *Os manifestantes sentaram no chão.* The protesters sat on the ground. 2 (dentro de casa) floor: *no chão da cozinha* on the kitchen floor

**chapa** *s.* 1 (na maioria dos casos) plate: *chapa de aço* steel plate 2 (de assar) griddle: *bife na chapa* griddled steak

**chapado** *adj.* (drogado) stoned

**chapéu** *s.* 1 hat 2 **tirar o chapéu para alguém** to take your hat off to sb

**charada** *s.* 1 riddle 2 **matar a charada** to solve the riddle

**charge** *s.* cartoon

**chargista** *s.* cartoonist

**charlatão** *s.* phoney

**charme** *s.* 1 charm 2 **fazer charme** (fazer-se de difícil) to play hard to get

**charmoso** *adj.* charming

**charrete** *s.* carriage

**charuto** *s.* cigar

**chat** *s.* 1 (bate-papo online) chat 2 (tb sala de chat) chat room

**chateação** *s.* annoyance

**chateado** *adj.* 1 **estar/ficar chateado (com algo/alguém)** a (triste) to be/get upset (about sth/with sb) b (irritado) to be/get annoyed (about sth/with sb) 2 **deixar alguém chateado** (triste) to upset sb

**chatear** *v.* 1 (deixar triste) to upset 2 (irritar) to annoy / **chatear-se** *v.* **chatear-se (com algo/alguém)** a (ficar triste) to get upset (about sth/with sb) b (irritar-se) to get annoyed (about sth/with sb)

**chatice** *s.* 1 (coisa entediante) bore: *O livro é uma chatice.* The book is a bore. 2 (incômodo) drag: *É uma chatice ter que ir até o centro da cidade.* It's a drag having to go all the way downtown.

**chato** *adj.* 1 (entediante) boring: *Que filme mais chato!* What a boring movie! 2 (irritante) annoying: *Gosto do Pedro, mas ele é chato às vezes.* I like Pedro, but he's annoying at times. 3 (difícil, cheio de frescura) fussy: *A Sandra é muito chata para comer.* Sandra is very fussy about eating. 4 (indelicado) rude: *É chato ir embora sem se despedir.* It's rude to leave without saying goodbye. 5 (constrangedor) awkward: *É uma situação chata. Não sei bem o que fazer.* It's an awkward situation. I'm not sure what to do. 6 **pé chato** flat feet 7 **uma dor chata** a dull ache

**chave** *s.* 1 (em geral) key (***de*** *to*): *a chave de casa* the house key | *a chave do problema* the key to the problem 2 (ferramenta) wrench (BRIT: spanner) 3 (sinal gráfico) wavy bracket (BRIT: curly bracket)
**chave de braço** armlock **chave de fenda** screwdriver **chave inglesa** monkey wrench (BRIT: adjustable spanner)
▸ O sufixo *-chave* corresponde ao prefixo ou adjetivo ***key***: ***a keyword*** (= uma palavra-chave), ***a key ingredient*** (= um ingrediente-chave).

**chaveiro** *s.* 1 (objeto) key chain (BRIT: key ring) 2 (quem faz chaves) key maker (BRIT: key cutter) 3 (quem mexe com fechaduras) locksmith

**checar** *v.* to check

**check-in** *s.* 1 check-in 2 **fazer o check-in** to check in

**check-out** *s.* 1 check-out 2 **fazer o check-out** to check out

**check-up** *s.* 1 check-up 2 **fazer check-up** to have a check-up

**chefe** *s.* 1 (patrão) boss: *Ela pediu um aumento ao chefe.* She asked her boss for a raise. 2 (pessoa que chefia, líder) head: *o chefe do departamento* the head of the department 3 (de polícia, bombeiros, tribo) chief
**chefe de cozinha** chef **chefe de Estado** head of state

**chefiar** *v.* to be in charge of

**chegada** *s.* arrival

**chegado** *adj.* 1 **ser chegado a algo** (gostar) to be fond of sth: *Não sou muito chegado a esportes.* I'm not very fond of sports. 2 **ser chegado a alguém** (próximo) to be close to sb

**chegar** *v.* 1 (ao destino) to arrive: *O voo deles chega a que horas?* What time does their flight arrive? ▸ Também se usa muito ***to get here/there***, principalmente na linguagem informal: *Devemos chegar por volta do meio-dia.* We should get there around midday. 2 (vir) to come: *Chegou uma encomenda para você.* A package came for you. | *O Natal está chegando.* Christmas is coming. 3 (ser suficiente) to be enough (***para*** *for*): *Chega, obrigado.* That's enough, thanks. | *Agora chega!* That's enough now! | *Para mim, chega. Não aguento mais.* I'm done. I can't take any more. ▸ *chega de algo* traduz-se por ***that's enough sth***: *Chega de reclamar!* That's enough complaining! 4 (deslocar) to move: *Chegue a sua cadeira mais para cá.* Move your chair over this way. 5 **chegar a/em algo** to get to sth ▸ Também se diz ***to arrive at/in sth***, que soa um pouco mais formal: *Já era noite quando chegamos ao hotel.* It was already nighttime when we got to the hotel. 6 **chegar a fazer/ser algo** to actually do/be sth: *Você chegou a falar com o prefeito?* Did you actually speak to the mayor? | *A fruta não chega a ser preta, mas quase.* The fruit isn't actually black, but almost. 7 **chegar de viagem** to get back 8 **chegar em casa** to get home 9 **chegar lá** (ter sucesso) to make it 10 **chegar mais** to get closer 11 **chegar para cá/lá** to scoot over (BRIT: to move up) 12 **chegar perto** to get close (***de*** *to*): *Chegue mais perto.* Get closer. 13 **aonde alguém quer chegar** (ao falar) what sb is getting at: *Não sei aonde você quer chegar.* I don't know what you're getting at.

**cheio** *adj.* 1 (repleto) full (***de*** *of*): *O cinema estava muito cheio.* The movie theater was very full. | *um texto cheio de erros* a text full of mistakes 2 (coberto) covered (***de*** *in*): *Meu sapato ficou cheio de lama.* My shoes got covered in mud. 3 (cansado) fed up (***de*** *with*): *Estou cheio das reclamações dela.* I'm fed up with her complaints. 4 **acertar em cheio** **a** (com tiro, bomba etc.) to score a direct hit **b** (com resposta, comentário) to hit the nail on the head 5 **estar cheio de algo** (ter muitos) to have lots of sth: *Ele está cheio de problemas.* He has lots of problems.

**cheirar** *v.* 1 (em geral) to smell 2 (cocaína, cola) to sniff 3 **cheirar a algo** **a** (ter cheiro de) to smell of sth: *O livro cheira a mofo.* The book smells of mold. **b** (ter semelhança com) to seem like sth: *Isso está me cheirando a desculpa esfarrapada.* That seems like a lame excuse to me. 4 **cheirar bem/mal** to smell good/bad 5 **não cheirar nem feder** to be very nondescript

**cheiro** *s.* 1 smell: *Tem um cheiro de queimado aqui dentro.* There's a smell of burning in here. 2 **estar com/ter cheiro de algo** **a** (com substantivo) to smell like sth: *O sabonete tem cheiro de morango.* The soap smells like strawberries. **b** (com adjetivo) to smell sth: *Esse leite está com cheiro de estragado.* This milk smells bad. 3 **estar com/ter um cheiro bom/ruim etc.** to smell good/bad etc.: *A sopa está com um cheiro delicioso.* The soup smells delicious.

**cheiroso** *adj.* 1 scented 2 **estar cheiroso** to smell good (BRIT: to smell nice)

**cheque** *s.* 1 check (BRIT: cheque) 2 **fazer um cheque** to write a check

**cheque em branco** blank check **cheque sem fundos** bad check

**chiado** *s.* 1 (de freios, pássaro, pneu) screech 2 (de fritura) sizzle 3 (de vapor) hiss

**chiar** *v.* 1 (freio, pássaro, pneu) to screech 2 (fritura) to sizzle 3 (vapor) to hiss

**chiclete** *s.* 1 chewing gum ▸ *um chiclete* traduz-se por ***a piece of chewing gum***. 2 **mascar chiclete** to chew gum

**chiclete de bola** bubble gum

**chicote** *s.* whip

**chifre** *s.* horn

**Chile** *s.* Chile

**chileno** *adj, s.* Chilean

**chilique** *s.* **ter um chilique** to have a fit

**chilrear** *v.* to twitter

**chimpanzé** *s.* chimpanzee ▸ Costuma-se dizer apenas ***chimp*** na linguagem informal.

**China** *s.* China

**chinelo** *s.* 1 (tb chinelo de dedo) flip-flops *[pl.]* ▸ O plural refere-se ao par, o singular a um pé: *Você vai de chinelo?* Are you going in flip-flops? ▸ *um chinelo* traduz-se por ***a pair of flip-flops*** ou ***some flip-flops***: *Preciso comprar um chinelo novo.* I need to buy a new pair of flip-flops. 2 (tipo pantufa) slippers *[pl.]* ▸ O plural refere-se ao par, o singular a um pé. *Um chinelo* traduz-se por ***a pair of slippers*** ou ***some slippers***.

**chinês** *adj.* Chinese / *s.* 1 (pessoa) Chinese person 2 (idioma) Chinese 3 **os chineses** (em geral) the Chinese

**chip** *s.* 1 (de computador etc.) chip 2 (de celular) SIM card

**chique** *adj.* 1 (roupa, visual) sharp (BRIT: smart) 2 (pessoa, loja, restaurante etc.) chic 3 **estar chique** to look sharp

**chiqueiro** *s.* pigsty

**chocado** *adj.* shocked

**chocante** *adj.* 1 (que choca) shocking 2 (impressionante) stunning

**chocar** *v.* 1 (assombrar) to shock 2 (ovos) to hatch / **chocar-se** *v.* 1 (colidir-se) to crash (***com/contra*** *into*) 2 (ficar chocado) to be shocked (***com*** *by*)

**chocho** *adj.* 1 (sem graça) dull 2 (voz) flat

**choco** *adj.* (refrigerante, cerveja) flat

**chocolate** *s.* chocolate: *um bolo de chocolate* a chocolate cake

**chocolate amargo** plain chocolate **chocolate ao leite** milk chocolate

**chope** *s.* draft beer (BRIT: draught beer)

**choque** *s.* 1 (abalo) shock 2 (elétrico) shock 3 (colisão) crash 4 (embate) clash: *choques entre policiais e manifestantes* clashes between police and demonstrators 5 **estar/ficar em estado de choque** to be in/go into shock 6 **levar um choque** to get a shock

**choramingar** *v.* to whine

**chorar** *v.* to cry

**choro** *s.* 1 (pranto) crying 2 **acabar em choro** to end in tears

**chover** *v.* 1 to rain 2 **chover pedra** to hail

**chuchu** *s.* chayote

**chulé** *s.* stinky feet *[pl.]*

**chulo** *adj.* vulgar

**chumbo** *s.* 1 lead 2 **estar um chumbo** to weigh a ton

**chupar** *v.* 1 (na boca) to suck 2 (absorver) to soak up 3 **chupar uma bala/um sorvete** to have a piece of candy/an ice cream ▸ *chupar uma bala* traduz-se por ***to have a sweet*** no inglês britânico.

**chupeta** *s.* pacifier (BRIT: dummy)
**churrascaria** *s.* barbecue restaurant
**churrasco** *s.* 1 (evento) barbecue 2 (comida) barbecued beef 3 **fazer churrasco** to have a barbecue
**churrasqueira** *s.* barbecue
**chutar** *v.* 1 (dar pontapé em) to kick 2 (adivinhar) to guess 3 **chutar (a bola)** (finalizar) to shoot
**chute** *s.* 1 (pontapé) kick 2 (a gol) shot 3 (tentativa de adivinhar) guess 4 **dar um chute** (adivinhar) to take a guess 5 **dar um chute em algo/alguém** (chutar) to kick sth/sb 6 **dar um chute em alguém** (namorado) to dump sb 7 **no chute** (adivinhando) by guesswork
**chuteira** *s.* soccer shoes (BRIT: football boots) *[pl.]* ▸ O plural refere-se ao par, o singular a um pé. *Uma chuteira* traduz-se por ***a pair of soccer shoes*** ou ***some soccer shoes***.
**chuva** *s.* 1 rain 2 **dia de chuva** rainy day 3 **pegar/tomar chuva** to get caught in the rain 4 **uma chuva** (chuvarada) a downpour: *Vai cair uma chuva a qualquer momento.* There's going to be a downpour any minute.
**chuva de granizo/pedra** hailstorm **chuva de verão** summer rain
**chuvarada** *s.* rainstorm
**chuveirada** *s.* shower
**chuveiro** *s.* shower
**chuviscar** *v.* to drizzle
**chuvoso** *adj.* rainy
**ciberespaço** *s.* cyberspace
**cicatriz** *s.* scar
**cicatrizar** *v.* to heal
**ciclismo** *s.* cycling
**ciclista** *s.* cyclist
**ciclo** *s.* cycle
**ciclofaixa** *s.* bike lane (BRIT: cycle lane)
**ciclovia** *s.* bike path (BRIT: cycle path)
**cidadania** *s.* citizenship
**cidadão** *s.* citizen
**cidade** *s.* 1 (grande) city: *a cidade de São Paulo* the city of São Paulo 2 (pequena) town: *Ele nasceu numa pequena cidade da Bahia.* He was born in a small town in Bahia. 3 **a cidade** (o centro) downtown (BRIT: city centre) ▸ A palavra ***downtown*** funciona também como advérbio, com o significado *no/ao centro da cidade*: *Ela trabalha na cidade.* She works downtown. | *Preciso ir à cidade para tirar meu passaporte.* I need to go downtown to get my passport.
**cidade natal** hometown
▸ A palavra ***city*** denota uma cidade grande, capital ou metrópole, como Porto Alegre, Recife, Nova York, Tóquio etc. Quando se trata de uma cidade menor, usa-se a palavra ***town***. Falando do Brasil, só as capitais seriam classificadas como ***cities***, as demais cidades do país não passam de ***towns***. Portanto, não se diz *I'm from a small city in the country*, mas sim ***I'm from a small town in the country*** (= sou de uma pequena cidade do interior).
**ciência** *s.* 1 science 2 **Ciências** (matéria) science *[sg.]*
**ciente** *adj.* 1 aware (*de* of): *Eles estão cientes dos riscos.* They're aware of the risks. ▸ A negativa traduz-se por ***to be unaware of sth***: *Não estávamos cientes do que tinha acontecido.* We were unaware of what had happened. 2 **estar ciente de que ...** to be aware (that) ...: *Estou ciente de que temos prova amanhã.* I'm aware we have a test tomorrow.
**científico** *adj.* scientific
**cientista** *s.* scientist
**cifra** *s.* (número) figure
**cifrão** *s.* dollar sign
**cigano** *adj, s.* gypsy
**cigarra** *s.* cicada
**cigarro** *s.* 1 cigarette: *um maço de cigarros* a pack of cigarettes 2 **o cigarro** (fumar) smoking: *O cigarro prejudica a saúde.* Smoking damages your health. | *Ele está tentando largar o cigarro.* He's trying to quit smoking.
**cilíndrico** *adj.* cylindrical
**cilindro** *s.* cylinder
**cílio** *s.* eyelash
**cima** *s.* 1 **ainda por cima** on top of that 2 **ao/no andar de cima** upstairs 3 **dar em cima de alguém** (paquerar) to hit on sb (BRIT: to try to chat sb up) 4 **de cima** **a** (superior) top: *a gaveta de cima* the top

drawer **b** (do andar de cima) upstairs: *o vizinho de cima* the upstairs neighbor **c** (do alto) from above: *A vista de cima é espetacular.* The view from above is spectacular. 5 **de cima para baixo** from top to bottom 6 **em cima** on top: *O sundae veio com uma cereja em cima.* The sundae came with a cherry on top. 7 **em cima de algo** **a** (em) on: *em cima da mesa* on the table **b** (no topo de) on top of sth: *em cima da geladeira* on top of the fridge 8 **lá em cima** **a** (naquele lugar) up there **b** (no andar de cima) upstairs 9 **na parte de cima** at the top (***de*** *of*): *na parte de cima do forno* at the top of the oven 10 **para cima** up: *mais para cima* farther up 11 **partir para cima de alguém** (atacar) to go for sb: *Um dos jogadores partiu para cima do árbitro.* One of the players went for the referee. 12 **por cima** over the top: *Polvilhe açúcar por cima.* Sprinkle sugar over the top. 13 **por cima de algo** over sth: *Ele usava uma bata por cima da roupa.* He was wearing a lab coat over his clothes.

**cimentar** *v.* to cement

**cimento** *s.* cement

**cinco** *num.* 1 (numeral) five 2 (dia do mês) fifth: *no dia 5 de maio* on May 5th

**cineasta** *s.* filmmaker

**cinema** *s.* 1 (prédio) movie theater (BRIT: cinema) 2 (arte) cinema: *o cinema francês* French cinema 3 (disciplina) film: *Ela fez faculdade de cinema.* She went to film school. 4 **ir ao cinema** to go see a movie (BRIT: to go to the cinema) 5 **pegar um cineminha** to catch a movie

**cinematográfico** *adj.* 1 (indústria, ramo) movie (BRIT: film) 2 (beijo, rosto) movie-star

**cínico** *adj.* 1 (pessoa) unscrupulous 2 (atitude) cynical / *s.* lowlife

**cinquenta** *num.* fifty

**cintilante** *adj.* sparkling

**cintilar** *v.* to sparkle

**cinto** *s.* 1 (peça de roupa) belt 2 (de segurança) seat belt 3 **apertar o cinto** **a** (em avião etc.) to fasten your seat belt **b** (economizar) to tighten your belt

**cinto de segurança** seat belt

**cintura** *s.* waist

**cinza** *adj.* gray (BRIT: grey) / *s.* 1 (material) ash 2 (cor) gray (BRIT: grey)

**cinzeiro** *s.* ashtray

**cinzento** *adj.* gray (BRIT: grey)

**cipó** *s.* vine

**circo** *s.* circus

**circuito** *s.* circuit

**circulação** *s.* circulation

**circular** *adj, s.* circular / *v.* 1 (pessoa, boato, vírus etc.) to go around 2 (ônibus, metrô) to run 3 (ar, sangue) to circulate 4 (marcar com círculo) to circle 5 **circulando!** (dito por policial) move along now!

**círculo** *s.* circle

**círculo vicioso** vicious circle

**circunflexo** *adj, s.* circumflex

**circunstância** *s.* 1 circumstance 2 **em nenhuma circunstância** under no circumstances 3 **nessas circunstâncias** under the circumstances

**cirurgia** *s.* 1 (ramo) surgery 2 (uma) operation 3 **fazer uma cirurgia** (paciente) to have an operation: *Ele já fez várias cirurgias.* He's already had several operations.

**cirurgia plástica** 1 (ramo) plastic surgery 2 (uma) bit of plastic surgery: *Ela quer fazer uma cirurgia plástica.* She wants to have a bit of plastic surgery.

**cirurgião** *s.* surgeon

**cirurgião plástico** plastic surgeon

**cirúrgico** *adj.* surgical

**cisco** *s.* speck

**cisma** *s.* 1 (mania) fixation (***de*** *with*) 2 (implicância) dislike (***com*** *for*)

**cismar** *v.* 1 **cismar com alguém** to take a dislike to sb 2 **cismar de fazer algo** to set your mind on doing sth: *Agora ela cismou de estudar teatro.* Now she's set her mind on studying drama. 3 **cismar em fazer algo** to insist on doing sth 4 **cismar que ...** to get it into your head that: *Ele cismou* *que eu não gosto dele.* He's gotten it into his head that I don't like him.

**cisne** *s.* swan

**citação** *s.* (de livro, pessoa famosa) quotation

**citar** *v.* 1 (autor, exemplo, frase, lei etc.) to quote 2 (dados, nomes) to mention

**ciúme** *s.* 1 (tb ciúmes) jealousy 2 **deixar alguém com ciúmes** to make sb jealous 3 **estar/ficar com ciúmes** to be/get jealous (***de*** *of*) 4 **ter ciúmes** to be jealous (***de*** *of*)

**ciumento** *adj.* jealous

**civil** *adj.* 1 (relativo à cidadania) civil: *uma união civil* a civil partnership 2 (não militar) civilian 3 **estado civil** marital status / *s.* (não militar) civilian

**civilização** *s.* civilization

**civilizado** *adj.* civilized

**clamor** *s.* outcry

**clandestino** *adj.* covert

**clara** *s.* egg white

**claraboia** *s.* skylight

**clarão** *s.* 1 (repentino) flash 2 (de fogo etc.) glow

**clarear** *v.* 1 (amanhecer) to get light: *Já está clareando lá fora.* It's already getting light outside. 2 (tempo, dia) to brighten up 3 (tornar a cor menos escura) to lighten: *Ela clareia o cabelo.* She lightens her hair. 4 (esclarecer) to clarify

**clareira** *s.* clearing

**clareza** *s.* 1 clarity 2 **com clareza** clearly

**claridade** *s.* 1 (luz) light 2 (luz intensa) brightness: *A claridade do sol estava me incomodando.* The brightness of the sun was bothering me.

**clarinete** *s.* clarinet

**claro** *adj.* 1 (limpo, nítido, fácil de entender) clear 2 (ambiente, apartamento, cor) light: *verde claro* light green 3 (cabelo, pele, pessoa) fair 4 **claro que não** of course not 5 **claro que sim** of course 6 **deixar claro que ...** to make it clear (that) ...: *Ele deixou bem claro que não queria ir.* He made it very clear he didn't want to go. 7 **dia claro** daylight: *Já é dia claro lá fora.* It's already daylight outside. 8 **é claro que ...** of course ...: *É claro que não quero te dar trabalho.* Of course I don't want to put you to any trouble. | *"Não sei se ela gosta de mim." - "É claro que ela gosta."* "I don't know if she likes me." - "Of course she does." 9 **ficar claro** to be clear: *Aquela parte do filme não ficou muito clara.* That part of the movie wasn't very clear. | *Fica claro que eles não querem participar.* It's clear they don't want to take part. 10 **luz clara** bright light 11 **olhos claros** light-colored eyes (BRIT: light-coloured eyes) 12 **uma noite em claro** a sleepless night / *adv.* (com clareza) clearly / *interj.* (com certeza) sure (BRIT: of course): *"Posso sentar aqui?" - "Claro!"* "May I sit here?" - "Sure!"

**classe** *s.* 1 (na maioria dos casos) class 2 (categoria profissional) profession: *a classe dos professores* the teaching profession 3 **de primeira classe** first-class: *um jogador de primeira classe* a first-class player ▸ Como advérbio, escreve-se sem hífen: *Ela só viaja de primeira classe.* She only travels first class.

**classe econômica** economy class **classe executiva** business class **classe média** middle class: *a classe média alta* the upper middle class **classe operária/trabalhadora** working class **classe social** social class

▸ Não se usa a classificação das classes sociais em A, B, C, D e E nos países de língua inglesa. As equivalências aproximadas são: ***upper class*** (=classe alta) classe A, ***upper middle class*** (= classe média alta) classe B, ***middle class*** (= classe média) classe C, ***working class*** (= classe trabalhadora) classe D, e ***lower class*** (= classe baixa) classe E.

**clássico** *adj.* 1 (típico, consagrado) classic: *um erro clássico* a classic mistake | *um filme clássico* a classic movie 2 (referente à música clássica ou à antiguidade) classical: *um pianista clássico* a classical pianist | *a arquitetura clássica* classical architecture / *s.* 1 (obra) classic 2 (jogo) local derby

▸ Não confunda ***classic*** (= típico, consagrado) com ***classical*** (= relativo à música clássica ou à antiguidade greco-romana).

**classificação** *s.* 1 (maneira de ordenar) classification 2 (ranking, colocação) ranking 3 (para a próxima fase da competição) qualification (***para*** *for*)

**classificado** *s.* 1 (time, jogador) qualifier 2 **classificados** (anúncios) classified ads

**classificar** *v.* 1 (colocar em categorias) to classify 2 (ordenar) to arrange 3 **classificar algo/alguém como/de algo** to describe sth/sb as sth: *A crítica classificou o filme de piegas.* The critics described the movie as schmaltzy. / **classificar-se** *v.* (em competição) to qualify (***para*** *for*): *O brasileiro se classificou para a final.* The Brazilian qualified for the final.

**classificatório** *adj.* qualifying

**claustrofobia** *s.* claustrophobia

**claustrofóbico** *adj.* claustrophobic

**cláusula** *s.* clause

**clave** *s.*

**clave de fá** bass clef **clave de sol** treble clef

**clavícula** *s.* collarbone ▸ A denominação médica é ***clavicle***.

**clicar** *v.* 1 (com o mouse) to click (***em*** *on*) 2 (tirar foto) to snap 3 **clicar à direita** to right-click (***em*** *on*) 4 **clicar duas vezes** to double-click (***em*** *on*)

**cliente** *s.* customer

▸ Também existe a palavra ***client***, que soa mais formal do que ***customer***, e que geralmente denota uma pessoa física ou empresa que paga um serviço, enquanto um ***customer*** compra um produto.

**clientela** *s.* customers *[pl.]* ▸ Também existe a palavra ***clientele***, que soa mais formal.

**clima** *s.* 1 (atmosférico) climate 2 (ambiente) atmosphere: *em clima de festa* in a party atmosphere | *Ficou um clima horrível depois da briga.* There was a horrible atmosphere after the fight. 3 **pinta/rola um clima** there's an attraction (***entre*** *between*): *Pintou um clima entre os dois.* There was an attraction between the two of them.

**climático** *adj.* climate: *mudanças climáticas* climate change

**climatizado** *adj.* air-conditioned

**clínica** *s.* clinic

**clínico** *adj.* clinical / *s.*

**clínico geral** family doctor (BRIT: GP) ▸ GP é abreviatura de ***general practitioner***.

**clipe** *s.* 1 (vídeo) video 2 (para papéis) paper clip

**clique** *s.* 1 (no mouse) click 2 (foto) snapshot

**clonar** *v.* to clone

**clone** *s.* clone

**cloro** *s.* chlorine

**close** *s.* 1 close-up 2 **dar um close em algo** to take a close-up of sth

**clube** *s.* club

**coadjuvante** *adj.* (ator, papel) supporting / *s.* (ator) supporting actor

**coador** *s.* strainer

**coagir** *v.* 1 to coerce 2 **coagir alguém a fazer algo** to coerce sb into doing sth

**coágulo** *s.* clot

**coalhada** *s.* milk curd

**coalhar** *v.* (leite) to curdle

**coalizão** *s.* coalition

**coar** *v.* to strain

**cobaia** *s.* guinea pig

**coberta** *s.* 1 (de cama) cover 2 (de navio) deck

**coberto** *adj.* 1 (em geral) covered (***com*** *with*, ***de*** *in*) 2 (piscina, quadra etc.) indoor

**cobertor** *s.* blanket

**cobertura** *s.* 1 (apartamento) penthouse 2 (de bolo, sorvete) topping 3 (de notícias, de seguro, de companhia telefônica) coverage 4 (telhado) roof

**cobiçado** *adj.* 1 coveted 2 **solteiro mais cobiçado** most eligible bachelor

**cobra** *s.* snake

**cobrador** *s.* conductor

**cobrança** *s.* 1 (exigência) demand (***de*** *for*) 2 (pressão) pressure 3 (tb cobrança de falta) free kick 4 (de dívida, impostos) collection

**cobrança de pênalti** penalty shot

**cobrar** *v.* 1 (preço, valor) to charge (***por*** *for*) 2 (dívida, pagamento) to collect 3 (exigir) to press for 4 **cobrar algo a/de alguém** **a** (dinheiro) to charge sb sth: *Quanto te cobraram?* How much did they charge you? **b** (coisa prometida ou devida) to press sb for sth: *Meus pais me cobram boas notas.* My parents press me for good grades. 5 **cobrar caro** to charge a lot (***por*** *for*) 6 **cobrar um escanteio/um pênalti** to take a corner/a penalty 7 **cobrar uma falta** (em futebol) to take a free kick 8 **cobrar uma promessa** to make sure a promise is kept / **cobrar-se** *v.* 1 to be hard on yourself 2 **cobrar-se por ter feito algo** to blame yourself for doing sth

**cobre** *s.* copper

**cobrir** *v.* to cover (***com*** *with*, ***de*** *in*) / **cobrir-se** *v.* (com cobertor, toalha etc.) to cover yourself up

**Coca®** *s.* Coke®

**cocaína** *s.* cocaine

**coçar** *v.* 1 (dar coceira) to itch 2 (com as unhas) to scratch

**cócegas** *spl.* 1 **fazer cócegas (em alguém)** to tickle (sb) 2 **sentir cócegas** to be ticklish

**coceira** *s.* 1 (momentânea) itch 2 (como sintoma) itching 3 **sentir coceira** to feel itchy

**cochichar** *v.* to whisper

**cochilar** *v.* to doze

**coco** *s.* coconut: *sabão de coco* coconut soap

**cocô** *s.* 1 poop (BRIT: poo): *cocô de cachorro* dog poop 2 **fazer cocô** to poop (BRIT: to poo)

**cócoras** *spl.* 1 **de cócoras** squatting 2 **ficar de cócoras** to squat down

**código** *s.* code

**código de barras** bar code **código postal** zip code (BRIT: postcode)

**codorna** *s.* quail: *ovos de codorna* quail's eggs

**coelho** *s.* rabbit

**coentro** *s.* cilantro (BRIT: coriander)

**coerente** *adj.* consistent

**cofre** *s.* safe

**cofrinho** *s.* (de moedas) piggy bank

**cogitação** *s.* **fora de cogitação** out of the question

**cogitar** *v.* 1 to contemplate 2 **cogitar (em) fazer algo** to contemplate doing sth

**cogumelo** *s.* mushroom

**coice** *s.* kick

**coincidência** *s.* 1 coincidence: *Que coincidência!* What a coincidence! 2 **por coincidência** by coincidence

**coincidir** *v.* to coincide (***com*** *with*)

**coisa** *s.* 1 thing 2 **coisa nenhuma** **a** (nem uma coisa) nothing at all: *Não entendi coisa nenhuma.* I understand nothing at all. **b** (em absoluto) not ... in the least: *Ela não é tímida coisa nenhuma.* She's not shy in the least. **c** (de jeito nenhum) there's no way ...: *Você não vai embora coisa nenhuma.* There's no way you're leaving. 3 **alguma/uma coisa** something: *Preciso te contar uma coisa.* I need to tell you something. ▸ Em perguntas, traduz-se por ***anything***: *Você quer alguma coisa do supermercado?* Do you want anything from the store? 4 **grande coisa!** (sentido irônico) big deal! 5 **muita coisa** a lot 6 **não estar/ser lá essas coisas** to be nothing special 7 **não falar coisa com coisa** not to make any sense 8 **outra coisa** something else ▸ Em perguntas e frases negativas, traduz-se por ***anything else***. 9 **pouca coisa** not much 10 **qualquer coisa** anything 11 **que coisa!** **a** (surpresa) gosh! **b** (irritação) honestly!: *Quer parar? Que coisa!* Will you stop it? Honestly! 12 **que coisa boa/horrível/triste etc.!** how nice/awful/sad etc.!

**coitado** *adj.* 1 poor 2 **coitado de algo/alguém** poor sth/sb: *Coitada dela!* Poor her! | *Coitado do seu irmão!* Your poor brother! / *s.* 1 poor thing: *A coitada quebrou o braço.* The poor thing broke her arm. 2 **o coitado de algo/alguém** the poor sth/sb: *O coitado do goleiro levou uma bolada na cara.* The poor goalkeeper got a ball in the face. / *interj.* poor thing!

**cola** *s.* 1 (adesivo) glue 2 (para prova) cheat sheet (BRIT: crib sheet) 3 **pedir cola para alguém** (em prova) to ask to copy sb's answers

**colaborador** *s.* (de projeto, revista etc.) contributor

**colaborar** *v.* 1 (ajudar) to help out (***em*** *with*) 2 **colaborar (com algo)** (contribuir) to con-

tribute (sth) 3 **colaborar com alguém** to work together with sb
**colagem** *s.* collage
**colapso** *s.* 1 collapse 2 **entrar em colapso** to collapse
**colar** *s.* necklace / *v.* 1 (grudar) to stick 2 (em informática) to paste 3 (em prova) to cheat (*de off*)
**colarinho** *s.* 1 (de camisa) collar 2 (de chope) head
**colateral** *adj.* **efeito colateral** side effect
**colcha** *s.* bedspread
**colcha de retalhos** patchwork quilt
**colchão** *s.* mattress
**colchão de ar** air mattress
**colchete** *s.* 1 (fecho) fastener 2 (sinal gráfico) bracket (BRIT: square bracket): *entre colchetes* in brackets
**colchonete** *s.* camping mattress
**coleção** *s.* 1 collection 2 **fazer coleção de algo** to collect sth
**colecionador** *s.* collector
**colecionar** *v.* to collect
**colega** *s.* 1 (amigo) friend 2 (pessoa da mesma condição) mate ▸ Sempre vem precedido de uma especificação do tipo de colega: *Ela se dá bem com os colegas de curso.* She gets along well with her course mates. | *O jogador passou a bola para um colega na lateral.* The player passed the ball to a teammate on the wing.
**colega de apartamento** roommate (BRIT: flatmate) **colega de escola** schoolmate (BRIT: schoolfriend) **colega de quarto** roommate **colega de sala de aula/turma** classmate **colega de time** teammate **colega de trabalho** co-worker (BRIT: colleague)
**colegial** *s.* (estudante) high school student (BRIT: secondary school pupil)
**colégio** *s.* 1 (qualquer escola) school 2 (escola de ensino médio) high school (BRIT: secondary school)
**coleira** *s.* 1 (de cachorro) leash (BRIT: lead) 2 **levar algo na coleira** to keep sth on a leash
**colesterol** *s.* cholesterol
**coleta** *s.* collection: *a coleta de lixo* garbage collection
**colete** *s.* vest (BRIT: waistcoat)
**colete à prova de balas** bulletproof vest **colete salva-vidas** life vest (BRIT: life jacket)
**coletiva** *s.* 1 (à imprensa) press conference 2 **dar uma coletiva** to hold a press conference
**coletivo** *adj.* 1 (para várias pessoas) communal: *um chuveiro coletivo* a communal shower 2 (da população) public: *o interesse coletivo* the public interest 3 **transporte coletivo** public transportation (BRIT: public transport) 4 **(treino) coletivo** practice game
**colheita** *s.* harvest: *a colheita de café* the coffee harvest
**colher**[1] *s.* 1 (talher) spoon 2 (quantidade) spoonful: *duas colheres de açúcar* two spoonfuls of sugar
**colher de chá** 1 (talher) teaspoon 2 (quantidade) teaspoonful 3 **dar uma colher de chá a alguém** to cut sb some slack **colher de sobremesa** dessertspoon **colher de sopa** soup spoon ▸ Como medida em receitas, o equivalente é ***dessertspoonful***.
**colher**[2] *v.* 1 (flores, frutas) to pick 2 (amostra, provas, sangue) to collect
**colherada** *s.* spoonful
**cólica** *s.* 1 stomach cramps *[pl.]* 2 (tb cólica menstrual) period pains *[pl.]*
**colidir** *v.* to collide (***com*** *with*)
**colina** *s.* hill
**colisão** *s.* collision
**colmeia** *s.* hive
**colo** *s.* 1 (regaço) lap: *O gato sentou no meu colo.* The cat sat on my lap. 2 (peito) chest 3 **pegar alguém no colo** (bebê) to pick sb up 4 **querer colo** **a** (bebê) to want to be picked up **b** (querer conchego) to want a cuddle
**colocação** *s.* 1 (em competição, ranking) position 2 (de peças, carpete etc.) fitting 3 (argumento) point
**colocar** *v.* 1 (em geral) to put 2 (vestir) to put on 3 (peça) to fit 4 (carpete, piso, tijolos) to lay

5 (azulejos, papel de parede) to put up 6 (argumento, questão) to put forward / **colocar-se** *v.* (em competição) to place: *Ele se colocou em terceiro.* He placed third.

**Colômbia** *s.* Colombia

**colombiano** *adj, s.* Colombian

**colônia** *s.* 1 (comunidade, território) colony 2 (perfume) cologne

**colônia de férias** summer camp

**colonial** *adj.* colonial

**colonizar** *v.* to colonize

**colono** *s.* 1 (imigrante) settler 2 (trabalhador rural) farmhand

**coloquial** *adj.* colloquial

**colorido** *adj.* 1 (de cor) colored (BRIT: coloured) 2 (com cores vivas) colorful (BRIT: colourful)

**colorir** *v.* 1 to color (BRIT: to colour) 2 **colorir algo de azul/vermelho etc.** to color sth blue/red etc.

**coluna** *s.* 1 (em geral) column 2 (tb coluna vertebral) spine: *O piloto quebrou a coluna no acidente.* The driver broke his spine in the accident. ▸ Na linguagem informal, traduz-se por ***back***: *Ela machucou a coluna.* She hurt her back. | *Estou com dor na coluna.* I have backache.

**colunista** *s.* columnist

**com** *prep.* (na maioria dos casos) with

▸ A preposição *com* é usada como regência de muitos adjetivos e verbos, tais como *gentil com, preocupado com, gritar com, surpreender-se com* etc. Procure a tradução correta no verbete do adjetivo ou verbo correspondente. Locuções do tipo *com clareza, com cuidado, com facilidade* etc. traduzem-se na linguagem informal por advérbios, tais como ***clearly, carefully, easily*** etc. Consulte o verbete do substantivo correspondente.

**coma** *s.* 1 coma: *O paciente está em coma.* The patient is in a coma. 2 **entrar em coma** to go into a coma

**comandante** *s.* (de navio, avião) captain

**comandar** *v.* 1 (operação, empresa etc.) to lead 2 (programa de TV) to host

**comando** *s.* 1 (em informática) command 2 (de empresa, time) leadership: *O novo técnico assumiu o comando do time.* The new coach has taken over the leadership of the team. 3 (de programa de TV) hosting 4 (grupo militar) commando unit 5 **comandos** (de avião etc.) controls 6 **sob o comando de alguém** under sb's leadership

**combate** *s.* 1 fight (***a*** *against*): *o combate ao câncer* the fight against cancer 2 **combates** fighting *[sg.]* 3 **em combate** in combat

**combater** *v.* to fight

**combinação** *s.* 1 (conjunto) combination (***com*** *and*): *uma combinação de celular com tablet* a combination of a cell phone and a tablet 2 (de encontro) arrangement 3 (acordo) agreement 4 (roupa) slip

**combinado** *adj.* agreed: *conforme combinado* as agreed

**combinar** *v.* 1 (encontro etc.) to arrange (***com*** *with*): *O que você combinou com a Helena?* What did you arrange with Helena? 2 (acertar) to agree on (***com*** *with*): *Vou comprar o celular do Pedro. Só falta combinarmos o preço.* I'm going to buy Pedro's cell phone. We just have to agree on the price. 3 **combinar (com algo)** **a** (ficar bem) to go (with sth): *Aquele quadro combina com a decoração.* That painting goes with the decor. ▸ Costuma-se adicionar ***together*** quando não tem ***with***: *Chocolate e queijo não combinam.* Chocolate and cheese don't go together. **b** (ter a mesma cor ou desenho) to match (sth): *O sapato dela combinava com o vestido.* Her shoes matched her dress. 4 **combinar de fazer algo** to arrange to do sth: *Eles combinaram de passar aqui às oito.* They arranged to stop by here at eight. 5 **combinar que ...** **a** (ao marcar encontro) to arrange (that) ...: *Combinamos que ele me buscaria no aeroporto.* We arranged he would pick me up at the airport. **b** (ao fazer um acordo) to agree (that) ...: *Foi combinado que a Laura ia fazer o bolo.* It was agreed Laura would make the cake. 6 **combinando** matching: *um sapato vermelho com bolsa combinando* some red shoes with a matching bag

**combustível** *s.* fuel

**combustível fóssil** fossil fuel

**começar** *v.* 1 to start 2 **começar a fazer algo** to start doing sth ▸ Também se diz ***to start to do sth***. 3 **começar fazendo algo** to start by doing sth 4 **para começar** to start with ▸ Existe também o verbo ***to begin***. Sinônimo de ***start***, soa um pouco mais formal.

**começo** *s.* 1 start ▸ Também se pode traduzir por ***beginning***. As duas palavras podem se substituir em muitos casos, mas ***start*** tende a designar o momento em que algo começa, enquanto ***beginning*** denota a primeira parte de algo: *Atrasaram o começo do filme.* They delayed the start of the movie. | *O começo do filme é muito emocionante.* The beginning of the movie is very exciting. 2 **no começo** **a** (de livro, filme, período definido) at the beginning (***de*** *of*): *No começo da aula, o professor explicou a diferença entre at e in.* At the beginning of the class, the teacher explained the difference between at and in. **b** (antes de uma mudança) at first: *No começo, eu não gostava muito de Inglês, mas agora é minha matéria preferida.* At first I didn't like English much, but now it's my favorite subject.

**comédia** *s.* 1 comedy 2 **ser uma comédia** (muito engraçado) to be comical

**comédia de situação** sitcom **comédia romântica** romantic comedy ▸ Também se diz ***romcom***.

**comediante** *s.* comedian

**comemoração** *s.* 1 (festa) celebration 2 (gritos) cheering 3 (recordação) commemoration

**comemorar** *v.* 1 (festejar) to celebrate 2 (gritar) to cheer 3 (recordar) to commemorate

**comentar** *v.* 1 (dizer de passagem) to mention 2 **comentar algo** (dar opinião) to comment on sth 3 **comentar algo com alguém** to discuss sth with sb

**comentário** *s.* 1 (observação) comment (***sobre*** *on*) 2 (análise) commentary (***sobre*** *on*) 3 **fazer um comentário** (observar) to make a comment 4 **sem comentários** no comment

**comentarista** *s.* 1 (jornalista) correspondent: *um comentarista de política* a political correspondent 2 (esportivo) pundit: *um comentarista de futebol* a soccer pundit

**comer** *v.* to eat

**comercial** *adj, s.* commercial

**comercializar** *v.* to market

**comerciante** *s.* 1 (lojista) store owner (BRIT: shop owner) 2 (de determinada mercadoria) dealer: *um comerciante de carros* a car dealer

**comércio** *s.* 1 (lojas) stores (BRIT: shops) *[pl.]*: *O comércio abre nos domingos?* Do the stores open Sundays? 2 (entre países) trade

**comércio eletrônico** e-commerce

**comestível** *adj.* edible

**cometa** *s.* comet

**cometer** *v.* 1 (crime, falta, pecado) to commit 2 **cometer um erro** to make a mistake

**comichão** *s.* itch

**comício** *s.* rally

**cômico** *adj.* 1 (filme, programa, série) comedy: *um quadro cômico* a comedy sketch 2 (engraçado) comical / *s.* comedian

**comida** *s.* 1 (em geral) food: *Tinha comida de sobra na festa.* There was plenty of food at the party. ▸ No sentido de *comida*, a palavra ***food*** é incontável e não pode vir precedida do artigo indefinido ***a***. 2 **uma comida** something to eat: *Vou fazer uma comida para nós.* I'll make us something to eat. 3 **comidas** things to eat: *Minha mãe faz umas comidas gostosas.* My mom makes some tasty things to eat.

**comida caseira** home cooking **comida pronta** convenience food

**comigo** *pron.* 1 with me 2 **comigo mesmo** with myself

**comilão** *s.* glutton

**comissão** *s.* 1 (sobre vendas etc.) commission (***sobre*** *on*) 2 (comitê) committee

**comissário** *s.* (tb comissário de bordo) flight attendant

**comitê** *s.* committee

**como** *adv.* 1 (de que forma) how: *Como vai?* How are you? | *Você me explica como chegar lá?* Will you explain to me how to get there? 2 **ter como fazer algo** to be able to do sth: *Você tem como me emprestar R$10,00?* Can you lend me R$10? ▸ Em frases impessoais, usa-se ***to be OK to do sth***: *Tem como estacionar aqui?* Is it OK to park here? 3 (pedindo repetição) pardon? ▸ Também se diz ***sorry?***. 4 (em frases exclamativas) ▸ traduz-se usando uma frase com ***so***: *Como está quente hoje!* It's so hot today! | *Como ela emagreceu!* She's lost so much weight! 5 **como assim?** what do you mean? 6 **como é/são ...?** **a** (perguntando da natureza de algo/alguém) what is/are ... like?: *Como é a sua professora de Inglês?* What's your English teacher like? | *Como foi a festa?* What was the party like? | *Como está o tempo aí?* What's the weather like there? **b** (perguntando da aparência de algo/alguém) what does/do ... look like?: *Como é a sua prima fisicamente?* What does your cousin look like? / *prep.* 1 (igual a) like: *Meu irmão é alto, como eu.* My brother is tall like me. | *cidades grandes como São Paulo* big cities like São Paulo 2 (na condição de) as ▸ vem seguido do artigo indefinido ***a*** antes de um substantivo contável no singular: *Ele trabalha como garçom.* He works as a waiter. | *Ela é muito famosa como cantora.* She's very famous as a singer. / *conj.* 1 (do jeito que) as: *Temos que entregar o trabalho na sexta, como o professor mandou.* We have to turn in the assignment on Friday, as the teacher told us to. | *Faça como quiser.* Do as you want. 2 (porque) as: *Como tenho que levantar cedo amanhã, já vou deitar.* As I have to get up early tomorrow, I'm going to bed now. 3 **como se** as if: *Ela estava pálida, como se tivesse visto um fantasma.* She was pale, as if she had seen a ghost.

**cômoda** *s.* dresser (BRIT: chest of drawers)

**comodidade** *s.* convenience

**cômodo** *adj.* 1 (confortável) comfortable 2 (conveniente) convenient / *s.* (aposento) room

**comovente** *adj.* moving

**comover** *v.* to move / **comover-se** *v.* to be moved (***com*** *by*)

**comovido** *adj.* 1 moved 2 **ficar comovido** to be moved (***com*** *by*)

**compacto** *adj.* compact / *s.* (disco) single

**compaixão** *s.* compassion (***por*** *for*)

**companheirismo** *s.* companionship

**companheiro** *s.* 1 (que faz companhia) companion 2 (forma de tratamento) buddy (BRIT: mate)

**companhia** *s.* 1 company: *a companhia telefônica* the phone company 2 **fazer companhia a alguém** to keep sb company 3 **ser uma boa/ótima etc. companhia** to be good/great etc. company (***para*** *for*) **companhia aérea** airline

**comparação** *s.* 1 comparison (***com*** *with*, ***entre*** *between*): *Não tem comparação.* There's no comparison. 2 **em comparação com algo/alguém** in comparison with sth/sb 3 **fazer uma comparação** to make a comparison

**comparar** *v.* to compare (***a*** *to*, ***com*** *with*) / **comparar-se** *v.* to compare (***a*** *to*, ***com*** *with*)

**comparável** *adj.* comparable (***a*** *to*, ***com*** *with*)

**comparecer** *v.* **comparecer (a algo)** **a** (reunião, festa etc.) to attend (sth): *Muitos famosos compareceram à estreia do filme.* A lot of celebrities attended the opening of the movie. **b** (na Justiça) to appear (in sth)

**compartilhar** *v.* to share

**compartimento** *s.* compartment **compartimento superior** (em avião) overhead bin (BRIT: overhead locker) ▸ Também se diz ***overhead compartment***, que soa mais formal.

**compasso** *s.* 1 (em música) beat 2 (instrumento para desenho) compass

**compatibilidade** *s.* compatibility (***com*** *with*)

**compatível** *adj.* compatible (***com*** *with*)

**compatriota** *s.* 1 (homem) fellow countryman 2 (mulher) fellow countrywoman

**compensação** *s.* 1 compensation 2 **em compensação** on the other hand

**compensar** *v.* 1 (contrabalançar) to make up for: *A medalha de ouro compensou todos os sacrifícios que ela fez.* The gold medal made up for all the sacrifices she had made. 2 (dar resultado) to pay off: *O esforço dele compensou e conseguiu entrar para a universidade federal.* His hard work paid off and he managed to get into the federal university. 3 (ser rentável) to pay: *O crime não compensa.* Crime doesn't pay. 4 **compensar fazer algo** to pay to do sth: *Não compensa comprar os ingressos pela internet.* It doesn't pay to buy the tickets online.

**competente** *adj.* competent

**competição** *s.* competition

**competidor** *s.* competitor / *adj.* (time etc.) competing

**competir** *v.* (em competição) to compete (***com*** *with*, ***por*** *for*)

**competitivo** *adj.* competitive

**complementar** *v.* to complement (***com*** *with*)

**completar** *v.* 1 (em geral) to complete 2 (encher) to top up: *Ela completou o meu copo.* She topped up my glass. 3 **completar ... anos (de idade)** to turn ...: *Ela está completando 60 anos hoje.* She's turning 60 today.

**completo** *adj.* 1 (em geral) complete 2 (nome, endereço) full 3 **por completo** completely

**complexado** *adj.* 1 with a complex 2 **ser complexado** to have a complex

**complexo** *adj, s.* complex

**complexo de inferioridade** inferiority complex

**complicação** *s.* complication

**complicado** *adj.* 1 (em geral) complicated 2 (trânsito) snarled (BRIT: snarled up)

**complicar** *v.* 1 (tornar complicado) to complicate 2 (trânsito) to snarl (BRIT: to snarl up): *A chuva complicou o trânsito.* The rain snarled traffic. / **complicar-se** *v.* 1 (ficar complicado) to get complicated 2 (trânsito) to get snarled (BRIT: to get snarled up)

**complô** *s.* plot

**componente** *s.* 1 (elemento) component 2 (pessoa) member

**compor** *v.* 1 (música, poesia) to compose 2 (fazer parte de) to make up: *os países que compõem o Reino Unido* the countries that make up the United Kingdom 3 (personagem) to create 4 **ser composto de algo** to be made up of sth / **compor-se** *v.* **compor-se de algo** to consist of sth

**comportamento** *s.* behavior (BRIT: behaviour) ▸ É incontável, portanto não pode vir precedido do artigo indefinido ***a***: *Nosso cachorro começou a ter um comportamento estranho.* Our dog has started to show strange behavior.

**comportar** *v.* to hold / **comportar-se** *v.* to behave

**composição** *s.* composition

**compositor** *s.* (de música) composer

**composto** *adj, s.* 1 compound 2 **composto de/por algo** consisting of sth: *uma equipe composta de oito pessoas* a team consisting of eight people ▸ Também se pode dizer ***made up of sth***.

**compostura** *s.* (calma) composure

**compra** *s.* 1 ▸ No sentido de *ato de comprar*, traduz-se usando o gerúndio do verbo ***to buy***: *Eles gastaram todo seu dinheiro com a compra da casa.* They spent all their money on buying the house. 2 **compras** a (atividade) shopping: *uma viagem de compras* a shopping trip b (coisas compradas) ▸ Se forem compras de supermercado, traduz-se por ***groceries***. Em outros casos, diz-se ***the things I/you*** etc. ***bought***: *Deixe eu te mostrar as minhas compras.* Let me show you the things I bought. ▸ No inglês britânico, usa-se a palavra ***shopping*** *(sg.)* em ambos os casos. 3 **uma boa/péssima etc. compra** a good/terrible etc. buy

**comprador** *s.* buyer

**comprar** *v.* to buy (***de*** *from*, ***para*** *for*)

**compreender** *v.* 1 (entender) to understand 2 (abranger) to comprise

**compreensão** *s.* 1 (empatia) understanding 2 (de linguagem) comprehension: *a compreensão de textos* reading comprehension **compreensão auditiva** listening comprehension

**compreensível** *adj.* understandable

**compreensivo** *adj.* understanding ▸ Também se pode traduzir por ***sympathetic***.

**comprido** *adj.* 1 long 2 **ao comprido** lengthwise

**comprimento** *s.* 1 length 2 **qual o comprimento de ...?** how long is/are ...?: *Qual o comprimento da piscina?* How long is the pool? 3 **ter ... de comprimento** to be ... long: *O muro tem 25 metros de comprimento.* The wall is 25 meters long. | *A corda tem quanto de comprimento?* How long is the rope?

**comprimido** *s.* pill

**comprometer** *v.* 1 (prejudicar) to compromise 2 (danificar) to damage 3 **comprometer alguém a (fazer) algo** to commit sb to (doing) sth / **comprometer-se** *v.* 1 **comprometer-se a (fazer) algo** to commit yourself to (doing) sth: *Ele se comprometeu a ajudá-los.* He committed himself to helping them. 2 **comprometer-se com alguém** (namorando, casando) to commit to sb

**comprometido** *adj.* 1 **estar comprometido** (namorando) to be involved (***com*** *with*) 2 **estar comprometido com algo** to be committed to sth

**compromisso** *s.* 1 commitment (***com*** *to*): *Tenho vários compromissos amanhã.* I have several commitments tomorrow. | *A firma tem compromisso com a qualidade.* The firm has a commitment to quality. 2 **assumir um compromisso** to take on a commitment 3 **sem compromisso** **a** (aula experimental, orçamento) with no obligation **b** (namoro etc.) casual 4 **ter o compromisso de fazer algo** to be committed to doing sth ▸ No sentido de *encontro marcado*, é mais comum na linguagem informal usar a palavra ***plans***: ***Do you have plans for Friday?*** (= Você tem compromisso para a sexta?), ***I already have plans.*** (= Já tenho compromisso.)

**comprovante** *s.* 1 (recibo) receipt 2 (prova) proof **comprovante de identidade** proof of identity **comprovante de residência** proof of address

**comprovar** *v.* to prove

**compulsivo** *adj.* compulsive

**computação** *s.* computing

**computador** *s.* computer

**computadorizado** *adj.* computerized

**comum** *adj.* 1 (normal) regular (BRIT: ordinary): *um táxi comum* a regular taxi 2 (coletivo, usual) common (***a*** *to*): *as partes comuns do prédio* the common areas of the building | *É comum ver isso hoje em dia.* That's a common sight these days. 3 **fora do comum** exceptional 4 **ter algo em comum** to have sth in common (***com*** *with*): *Temos muitos interesses em comum.* We have a lot of interests in common. 5 **um amigo em comum** a mutual friend 6 **um inimigo/uma característica/uma língua etc. em comum** a common enemy/feature/language etc.

**comungar** *v.* to take communion

**comunhão** *s.* 1 communion 2 **primeira comunhão** first communion

**comunicação** *s.* communication **Comunicação Social** media studies

**comunicar** *v.* 1 (transmitir) to convey (***a*** *to*) 2 (revelar) to announce (***a*** *to*) 3 **comunicar alguém de/sobre algo** to inform sb of/about sth / **comunicar-se** *v.* 1 (trocar informações) to communicate (***com*** *with*) 2 (entrar em contato) to get in contact (***com*** *with*)

**comunicativo -va** *adj.* communicative

**comunidade** *s.* community

**comunismo** *s.* Communism

**comunista** *adj, s.* Communist

**conceber** *v.* to conceive

**concebível** *adj.* conceivable

**conceder** *v.* 1 to grant 2 **conceder algo a/para alguém** to grant sb sth: *A cantora* *concedeu uma entrevista exclusiva ao jornalista.* The singer granted the reporter an exclusive interview. ▸ Também se diz ***to grant sth to sb*** quando é o caso de ressaltar a quem se concede algo.

**conceito** *s.* 1 (ideia) concept 2 (nota) grade (BRIT: mark) 3 (reputação) reputation 4 **cair/subir no conceito de alguém** to go down/up in sb's estimation

**conceituado** *adj.* **(bem) conceituado** highly regarded

**concentração** *s.* 1 (mental) concentration 2 (de time) training camp 3 (de participantes) assembly 4 (área) assembly point

**concentrado** *adj.* 1 (substância) concentrated 2 **estar/ficar concentrado** (pessoa) to be concentrating/to concentrate (***em*** *on*)

**concentrar** *v.* to concentrate (***em*** *on*) / **concentrar-se** *v.* 1 (mentalmente) to concentrate (***em*** *on*) 2 (participantes) to assemble

**concerto** *s.* 1 (apresentação) concert 2 (música) concerto: *um concerto para piano* a piano concerto

**concessionária** *s.* dealership

**concha** *s.* 1 (de marisco) shell 2 (colher) ladle

**conciliar** *v.* to reconcile (***com*** *with*): *Ela consegue conciliar carreira e filhos.* She manages to reconcile career and children.

**concluir** *v.* 1 (terminar) to complete 2 (deduzir) to conclude

**conclusão** *s.* 1 (em geral) conclusion 2 (de obra, projeto etc.) completion 3 **chegar à conclusão de que ...** to come to the conclusion that ... 4 **tirar conclusões precipitadas** to jump to conclusions

**concordar** *v.* 1 to agree (***com*** *with*): *Concordo plenamente.* I couldn't agree more. 2 **concordar em fazer algo** to agree to do sth

**concorrência** competition

**concorrente** *s.* competitor / *adj.* competing

**concorrer** *v.* **concorrer a algo** **a** (bolsa de estudos, emprego etc.) to apply for sth **b** (medalha, título etc.) to compete for sth **c** (a cargo político) to run for sth: *Ele pretende concorrer a governador ano que vem.* He intends to run for governor next year.

**concorrido** *adj.* 1 (evento) popular 2 (emprego, vaga) sought-after 3 (concurso, mercado, profissão) competitive

**concretizar** *v.* to realize / **concretizar-se** *v.* to become reality

**concreto** *s, adj.* concrete

**concurso** *s.* 1 (em geral) competition: *um concurso de fotografia* a photography competition 2 (de beleza, talentos) contest 3 (para cargo) open competition

**concurso de beleza** beauty pageant (BRIT: beauty contest) **concurso público** civil service exam

**condão** *s.* **vara de condão** magic wand

**conde** *s.* count ▸ O título equivalente na Grã-Bretanha é ***earl***.

**condecoração** *s.* decoration

**condecorar** *v.* to decorate

**condenar** *v.* 1 (réu) to convict (***por*** *of*): *O ministro foi condenado por corrupção.* The minister has been convicted of corruption. 2 (censurar) to condemn 3 **condenar alguém à morte/prisão** to sentence sb to death/imprisonment: *Ela foi condenada a dois anos de prisão.* She was sentenced to two years' imprisonment.

**condensado** *adj.* 1 condensed 2 **leite condensado** condensed milk

**condescendente** *adj.* 1 (transigente) lenient 2 (com ar de superioridade) condescending

**condessa** *s.* countess

**condição** *s.* 1 (pré-requisito) condition: *as condições do acordo* the conditions of the agreement 2 (situação social) status: *a condição da mulher na sociedade brasileira* the status of women in Brazilian society 3 (papel) capacity: *Ele compareceu à reunião na condição de representante dos alunos.* He attended the meeting in the capacity of student representative. 4 **condições** **a** (estado) condition *[sg.]*: *A bike está em ótimas condições.* The bike is in excellent condition. **b** (circunstâncias) conditions:

*condições de moradia precárias* poor living conditions **5 com/sob a condição de (que)** on condition that: *Meus pais me deixaram sair com a condição de chegar até as onze.* My parents let me go out on condition that I was home by eleven. **6 estar em/ter condições de fazer algo** (ter capacidade) to be able to do sth **7 estar sem condições de fazer algo** to be unable to do sth **8 ter condição/condições de fazer algo** (ter dinheiro) to be able to afford to do sth: *Ela não tem condições de pegar táxi toda hora.* She can't afford to take cabs all the time.

**condição física** physical fitness

**condicionador** *s.* conditioner

**condomínio** *s.* **1** (conjunto residencial) condo (BRIT: estate) **2** (taxa) service charge

**condomínio fechado** gated community (BRIT: private estate)

**condução** *s.* **1** (em geral) transportation (BRIT: transport) **2** (ônibus) bus

**conduta** *s.* conduct

**conduzir** *v.* (guiar, orientar) to lead

**cone** *s.* cone

**conectar** *v.* to connect (***a*** *to*)

**conexão** *s.* connection (***a*** *to*, ***com*** *with*, ***entre*** *between*)

**confeccionar** *v.* to make

**confeitaria** *s.* pastry shop (BRIT: cake shop)

**conferência** *s.* **1** (congresso) conference **2** (palestra) lecture

**conferencista** *s.* lecturer

**conferir** *v.* **1** (verificar) to check (***com*** *against*): *Confira os seus dados antes de assinar.* Check your details before signing. | *Conferi as minhas respostas com o gabarito.* I checked my answers against the key. **2** (ir ver, experimentar) to check out: *Fomos conferir a nova sorveteria.* We went to check out the new ice cream parlor. **3** (estar conforme) to check out (***com*** *with*): *A história dele não confere.* His story doesn't check out. **4 conferir algo a alguém** to award sb sth

▸ Também se diz ***to award sth to sb*** quando é o caso de ressaltar a quem se confere algo: *A escola conferiu um prêmio ao aluno que tirou as melhores notas.* The school awarded a prize to the student who got the highest grades.

**confessar** *v.* **1** (em geral) to confess: *Confesso que não fiz a lição de casa.* I confess I didn't do the homework. **2** (crime) to confess to: *O réu acabou confessando o assassinato.* The defendant eventually confessed to the murder. **3 confessar ter feito algo** to confess to doing sth: *Ele confessou ter roubado o celular.* He confessed to stealing the cell phone. / **confessar-se** *v.* (com padre) to confess

**confiança** *s.* **1** (sentimento de quem confia) trust (***em*** *in*) **2** (segurança) confidence (***em*** *in*) **3 dar confiança a alguém** (permitir intimidade) to be friendly to sb **4 de confiança** **a** (competente) reliable: *um eletricista de confiança* a reliable electrician **b** (em que se pode confiar) trustworthy: *Você pode deixar o dinheiro com o porteiro. Ele é de confiança.* You can leave the money with the doorman. He's trustworthy. | *um cargo de confiança* a position of trust **5 ter confiança em alguém** **a** (confiar em) to trust sb: *Não tenho mais confiança no Marcos depois do que ele me fez.* I don't trust Marcos anymore after what he did to me. **b** (acreditar na capacidade de) to have confidence in sb: *Você precisa ter mais confiança em você mesma.* You need to have more confidence in yourself.

**confiante** *adj.* confident (***em*** *of*)

**confiar** *v.* **1 confiar algo a alguém** to entrust sth to sb **2 confiar em alguém** to trust sb

**confiável** *adj.* **1** (infalível) reliable: *uma fonte confiável* a reliable source **2** (honesto) trustworthy

**confidência** *s.* **1** secret **2 fazer uma confidência a alguém** to tell sb a secret **3 trocar confidências** to tell each other secrets

**confidencial** *adj.* confidential

**confidente** *s.* confidant

**confirmação** *s.* confirmation

**confirmar** *v.* to confirm

**confiscar** *v.* to confiscate
**confissão** *s.* confession
**conflito** *s.* 1 conflict 2 **entrar em conflito** **a** (desentender-se) to come into conflict (***com*** *with*) **b** (brigar) to clash (***com*** *with*)
**conformado** *adj.* accepting (***com*** *of*)
**conformar-se** *v.* 1 (em geral) to come to terms with things 2 **conformar-se com algo** to come to terms with sth 3 **não se conformar com algo** **a** (não admitir) can't accept sth **b** (ficar surpreso) can't get over sth: *Eu ganhei! Não me conformo!* I won! I can't get over it!
**conforme** *prep.* 1 according to: *conforme as regras* according to the rules 2 **conforme o previsto/prometido** as expected/promised / *conj.* 1 (como, à medida que) as: *Fizemos tudo conforme a professora orientou.* We did everything as the teacher instructed. | *Conforme você lê, o seu vocabulário vai crescendo.* As you read, your vocabulary gets bigger. 2 (segundo) according to what: *Conforme nos falou o professor, não vai ter aula na sexta.* According to what the teacher told us, there'll be no school on Friday. / *adv.* 1 (de acordo) accordingly 2 (depende) it depends
**confortar** *v.* to comfort
**confortável** *adj.* comfortable
**conforto** *s.* comfort
**confronto** *s.* 1 confrontation 2 **confrontos** (combates) clashes (***com*** *with*, ***entre*** *between*)
**confundir** *v.* 1 (em geral) to confuse (***com*** *with*) 2 (reunir sem ordem) to mix up (***com*** *with*) / **confundir-se** *v.* to get confused (***com*** *with*)
**confusão** *s.* 1 (sensação) confusion 2 (equívoco) mix-up 3 (tumulto) commotion 4 (encrenca, briga) trouble 5 **arrumar confusão** to cause trouble 6 **dar confusão** to lead to trouble 7 **fazer confusão** to get confused (***com*** *with*, ***entre*** *between*)
**confuso** *adj.* 1 (difícil de entender) confusing 2 (perplexo) confused
**congelado** *adj.* frozen / **congelados** *spl.* frozen foods
**congelador** *s.* freezer
**congelar** *v.* to freeze
**congestionado** *adj.* congested
**congestionamento** *s.* 1 (engarrafamento) traffic jam: *Ficamos presos num congestionamento.* We got stuck in a traffic jam. 2 (da cidade, das ruas em geral) congestion: *o problema do congestionamento de trânsito* the problem of traffic congestion
**congestionar** *v.* to clog
**congressista** *s.* member of Congress
**congresso** *s.* congress
**conhaque** *s.* brandy
**conhecedor** *s.* connoisseur
**conhecer** *v.* 1 (em geral) to know: *Conheço a Laura há anos.* I've known Laura for years. | *Você conhece um bom técnico de informática?* Do you know a good IT technician? | *O público conhecia todas as músicas da banda.* The audience knew all the band's songs. 2 (encontrar pela primeira vez) to meet: *Ela conheceu o namorado numa festa.* She met her boyfriend at a party. | *Quero que você conheça a minha família.* I want you to meet my family. 3 (ir travando conhecimento) to get to know: *Gosto da Sandra. Quero conhecê-la melhor.* I like Sandra. I want to get to know her better. 4 (visitar) to visit: *Quero conhecer outros países.* I want to visit other countries. | *Venha conhecer a minha casa.* Come and visit my house. ▸ Quando se fala de lugares que já se conhece ou não, usa-se a expressão ***have been to***: *Você conhece a Argentina?* Have you been to Argentina? | *Não conheço São Paulo.* I've never been to São Paulo. 5 **conhecer alguém de nome/vista** to know sb by name/sight / **conhecer-se** *v.* 1 (ter relação) to know each other: *Nós nos conhecemos desde a pré-escola.* We've known each other since preschool. 2 (encontrar-se pela primeira vez) to meet: *Como vocês dois se conheceram?* How did you two meet? 3 (ir travando conhecimento) to get to know each other: *Eles estão se conhecendo agora.* They're just getting to know each other.

▸ O ato de *conhecer alguém pela primeira vez* traduz-se por ***to meet sb*** ou ***to get to know sb***. A locução ***to get to know sb/sth*** também denota o processo de ir conhecendo alguém ou algo melhor. Portanto, *estar/ir conhecendo* traduz-se por ***to be getting to know***. É incorreto dizer *to be knowing*.

**conhecido** *adj.* well known: *um pintor conhecido* a well known painter / *s.* acquaintance: *uma conhecida da minha mãe* an acquaintance of my mom's

**conhecimento** *s.* 1 (tb conhecimentos) knowledge: *um bom conhecimento do inglês* a good knowledge of English | *Tenho alguns conhecimentos de programação.* I have some knowledge of programming. 2 **não tomar conhecimento de algo** (desconsiderar) not to acknowledge sth 3 **ter conhecimento de algo** to know of sth 4 **tomar conhecimento de algo** (ficar sabendo) to hear about sth

**conjugação** *s.* conjugation

**conjugado** *s.* (apartamento) studio apartment (BRIT: studio flat)

**conjugar** *v.* 1 (juntar) to combine (***com*** *with*) 2 (verbo) to conjugate

**cônjuge** *s.* spouse

**conjunção** *s.* conjunction

**conjuntivite** *s.* conjunctivitis ▸ Na linguagem informal diz-se ***pink eye***.

**conjunto** *adj.* (conta, esforço etc.) joint / *s.* 1 (série, jogo) set: *um conjunto de pratos* a set of plates 2 (grupo musical) group 3 (roupa) outfit 4 (de prédios) complex 5 **em conjunto** jointly (***com*** *with*)

**conjunto estofado** living room set (BRIT: lounge suite) **conjunto habitacional** housing project (BRIT: housing estate) **conjunto residencial** housing development

**conosco** *pron.* with us

**conquista** *s.* 1 (proeza) achievement: *Parabéns pela conquista!* Congratulations on your achievement! 2 (de terras, amorosa) conquest

**conquistar** *v.* 1 (campeonato, medalha, título) to take: *A brasileira conquistou o ouro.* The Brazilian took the gold. 2 (fama, sonho etc.) to achieve: *Tomara que você conquiste tudo que você deseja.* Let's hope you achieve everything you wish for. 3 (pessoa, público) to win over: *A cantora conquistou a plateia com seu talento.* The singer won the audience over with her talent. 4 (país, terras) to conquer

**consagrado** *adj.* (reconhecido) established

**consciência** *s.* 1 (moral) conscience 2 (conhecimento) awareness (***de*** *of*) 3 (atividade mental) consciousness 4 **em sã consciência** in your right mind: *Quem em sã consciência faria uma coisa dessas?* Who in their right mind would do something like that? 5 **estar com a consciência limpa** to have a clear conscience 6 **estar/ficar com a consciência pesada** to have/get a guilty conscience 7 **perder a consciência** to lose consciousness 8 **ter/tomar consciência de algo** to be/become aware of sth

**consciente** *adj.* 1 (acordado, com consciência) conscious (***de*** *of*) 2 (ciente) aware (***de*** *of*) 3 (responsável, sério) conscientious

**conscientização** *s.* awareness (***sobre*** *on*): *uma campanha de conscientização sobre drogas* a drugs awareness campaign

**conscientizar** *v.* to educate (***de/sobre*** *on*) / **conscientizar-se** *v.* to become aware (***de*** *of*, ***sobre*** *about*)

**consecutivo** *adj.* consecutive: *Os três filmes da série serão exibidos em dias consecutivos.* The three movies in the series will be shown on consecutive days. ▸ Em expressões de duração, traduz-se por ***running***: *durante quatro horas consecutivas* for four hours running | *É o terceiro dia consecutivo que o Pedro falta à aula.* It's the third day running that Pedro has been absent.

**conseguir** *v.* 1 (arranjar) to get: *Ela conseguiu um emprego no shopping.* She's gotten a job at the mall. ▸ Para enfatizar a dificuldade envolvida, usa-se ***manage to get***: *Como você conseguiu convite para a festa?* How did you manage to get an invitation to the party? 2

**conseguir fazer algo** can do sth ▸ A forma do presente para todas as pessoas é ***can***, a do passado ***could***: *Você consegue alcançar aquela caixa?* Can you reach that box? | *Eu não conseguia levantar.* I couldn't get up. ▸ Nos demais tempos verbais, e no infinitivo, usa-se ***manage to do sth***: *Não sei se conseguimos terminar tudo hoje.* I don't know if we'll manage to finish everything today. | *Eles devem ter conseguido chegar em casa.* They must have managed to get home. ▸ A afirmativa do pretérito perfeito *consegui/conseguiu* etc. traduz-se por ***managed to do***: *Conseguimos comprar os ingressos pela internet.* We managed to buy the tickets online. ▸ Também existe a locução ***to succeed in doing sth*** (=fazer algo com sucesso) que soa um pouco mais formal: *A polícia finalmente conseguiu desvendar o mistério.* The police finally succeeded in solving the mystery. ▸ O verbo ***succeed*** é bastante usado quando o infinitivo fica subentendido, soando um pouco mais formal do que ***manage***: *"Espera, vou tentar de novo." – "E aí, conseguiu?"* "Wait, I'll try again." – "So did you manage?" | *Ela se propôs a ser presidente e conseguiu.* She set out to become president and she succeeded. **3 conseguir que alguém/algo faça algo** to get sb/sth to do sth

**conselho** *s.* **1** (dica) advice ▸ É incontável, portanto semanticamente corresponde a *conselhos*, mas gramaticalmente é singular: *Os conselhos dele são úteis.* His advice is useful. ▸ *um conselho* traduz-se por ***advice*** (sem artigo), ***some advice*** ou ***a piece of advice***, *dois conselhos* por ***two pieces of advice*** etc.: *Foi um bom conselho.* It was good advice./It was a good piece of advice. | *Tenho um conselho para te dar.* I have some advice for you./I have a piece of advice for you. ▸ Na linguagem informal, é comum dizer ***a bit of advice*** em vez de ***a piece of advice***. **2** (junta) council

**consentimento** *s.* consent

**consequência** *s.* **1** consequence **2 em consequência de algo** as a consequence of sth

**consequentemente** *adv.* consequently

**consertar** *v.* **1** (reparar) to fix ▸ Também existe o verbo ***to repair***, que soa um pouco mais formal. **2** (remediar) to put right: *Tentei consertar o erro que cometi.* I tried to put right the mistake I'd made.

**conserto** *s.* **1** repair **2 ter conserto** can be fixed: *Você acha que o relógio tem conserto?* Do you think the watch can be fixed? | *Falaram que a TV não tem conserto.* They said the TV can't be fixed. ▸ *não ter mais conserto* também se traduz por ***to be beyond repair***, que soa um pouco mais formal.

**conservado** *adj.* **bem conservado** well preserved

**conservador** *adj, s.* conservative

**conservante** *s.* preservative

**conservar** *v.* **1** (manter em bom estado) to preserve **2** (guardar, manter) to keep

**consideração** *s.* **1** consideration (***por*** *for*) **2 levar algo em consideração** to take sth into consideration **3 ser falta de consideração (de alguém) (fazer algo)** to be inconsiderate (of sb) (to do sth): *Desculpe, foi falta de consideração minha.* I'm sorry, it was inconsiderate of me. **4 ter muita consideração por alguém** (respeitar) to think very highly of sb

**considerar** *v.* **1** (em geral) to consider **2** (respeitar) to think highly of: *Todos a consideramos muito.* We all think very highly of her. **3 considerar algo/alguém algo** to consider sth/sb sth: *Considero a Tati minha melhor amiga.* I consider Tati my best friend. / **considerar-se** *v.* **considerar-se algo** to consider yourself sth: *Ele se considera um vitorioso.* He considers himself a winner.

**considerável** *adj.* considerable

**consigo** *pron.* **1** (com ele/ela) with him/her **2** (com eles/elas) with them **3** (com você/vocês) with you **4 consigo mesmo** **a** (com ele/ela) with himself/herself **b** (com eles/elas) with themselves **c** (com você/vocês) with yourself/yourselves

**consistência** *s.* consistency

**consistente** *adj.* 1 (espesso) thick 2 (duro) solid 3 (coerente) consistent
**consistir** *v.* **consistir em (fazer) algo** to consist of (doing) sth
**consoante** *s.* consonant
**consolação** *s.* consolation: *um prêmio de consolação* a consolation prize
**consolar** *s.* to console
**console** *s.* (em informática) console **console de videogame** games console
**consolo** *s.* consolation
**conspiração** *s.* conspiracy: *uma teoria de conspiração* a conspiracy theory
**constante** *adj.* constant
**constar** *v.* 1 **constar de algo** (ser composto de) to consist of sth 2 **constar em algo** (aparecer) to appear in/on sth: *Meu nome não consta na lista.* My name doesn't appear on the list. 3 **ao que me consta** as far as I am aware 4 **consta que alguém/algo faz algo** sb/sth is known to do sth: *Consta que ela cometeu vários crimes.* She is known to have committed several crimes.
**constatar** *v.* 1 (perceber) to observe 2 (determinar) to establish
**constelação** *s.* constellation
**constipado** *adj.* (com prisão de ventre) constipated
**constituição** *s.* constitution
**constituir** *v.* 1 (ser) to constitute 2 (formar) to form
**constrangedor** *adj.* embarrassing
**constranger** *v.* (deixar sem graça) to embarrass
**constrangimento** *s.* (embaraço) embarrassment
**construção** *s.* 1 (ramo) construction (BRIT: building) 2 (prédio) building 3 (canteiro) construction site (BRIT: building site)
**construir** *v.* 1 (em geral) to build 2 (argumento, frase, teoria) to construct
**construtora** *s.* construction company (BRIT: builder)
**cônsul** *s.* consul
**consulado** *s.* consulate
**consulta** *s.* 1 (com médico etc.) consultation (***com** with*) 2 (pedido de informação) inquiry (***a** to*) 3 **fazer uma consulta a alguém** to make an inquiry to sb 4 **horário de consulta** office hours (BRIT: surgery hours) *[pl.]* 5 **marcar consulta** to make an appointment (***com** with*) 6 **obra de consulta** reference book
**consultar** *v.* 1 (informar-se com) to consult 2 (dar consulta a) to see
**consultor** *s.* consultant
**consultoria** *s.* consultancy
**consultório** *s.* (de médico etc.) office (BRIT: surgery)
**consumidor** *s.* consumer
**consumir** *v.* 1 (em geral) to consume 2 (tempo) to take 3 (dinheiro, recursos) to use up 4 **consumir alguém** (dúvida, medo etc.) to eat away at sb
**consumo** *s.* 1 consumption: *consumo de gasolina* gas consumption 2 **algo é o sonho de consumo de alguém** sb dreams of having sth: *Um helicóptero é meu sonho de consumo.* I dream of having a helicopter. | *Qual é o seu sonho de consumo?* What do you dream of having?
**conta** *s.* 1 (em restaurante, bar) check (BRIT: bill): *Vê a conta, por favor.* Could we get the check, please? 2 (fatura) bill: *a conta de luz* the power bill 3 (em banco, com provedor etc.) account: *Ele tem conta no Banco do Brasil.* He has an account with Banco do Brasil. 4 (cálculo) sum: *Não consigo fazer essa conta de cabeça.* I can't do that sum in my head. 5 (de colar etc.) bead 6 **afinal de contas** after all 7 **dar conta** to cope (***de** with*): *Não sei como eles dão conta de tanto trabalho.* I don't know how they cope with so much work. 8 **dar conta do recado** to deliver 9 **dar-se conta de algo/que ...** to realize sth/(that) ...: *Foi aí que me dei conta de que não passava de um sonho.* It was then I realized it was just a dream. 10 **em conta** affordable: *a opção mais em conta* the most affordable option 11 **fazer a conta de algo** to work sth out: *Você já*

*fez a conta de quanto vai custar?* Have you worked out how much it's going to cost? **12 fazer as contas** to do the math (BRIT: to do your sums) **13 fazer de conta que ...** to pretend (that) ...: *Vamos fazer de conta que somos ricos.* Let's pretend we're rich. **14 levar algo em conta** to take sth into account: *Temos que levar em conta que muitos alunos moram longe da escola.* We have to take into account that many students live a long way from the school. **15 não ser da conta de alguém** to be none of sb's business: *Isso não é da sua conta.* That's none of your business. **16 no fim das contas** at the end of the day **17 perder a conta** to lose count (***de*** *of*): *Já perdi a conta das vezes que isso acontece.* I've lost count of the number of times this has happened. **18 por conta de algo/alguém** **a** (por causa de) because of sth/sb: *O jogo foi cancelado por conta da chuva.* The game was called off because of the rain. | *Atrasamos por sua conta.* We were late because of you. **b** (pago por) on sth/sb: *O almoço fica por minha conta.* Lunch is on me. | *por conta da casa* on the house **19 por conta de alguém** (em favor de) for sb: *Ela largou tudo por conta dos filhos.* She gave up everything for her children. ▸ *por minha conta* etc. traduz-se por ***for myself*** etc. quando significa *por conta própria*: *Comecei a estudar francês por minha conta.* I started learning French for myself. **20 por conta própria** for yourself: *Ela trabalha por conta própria.* She works for herself. **21 tomar conta de algo/alguém** **a** (assumir o comando) to take charge of sth/sb: *A Sandra tomou conta da organização da festa.* Sandra took charge of organizing the party. **b** (cuidar, olhar) to take care of sth/sb: *Quem vai tomar conta das crianças?* Who's going to take care of the kids? **c** (encher) to fill sth/sb: *Uma multidão tomou conta da praça.* A crowd filled the square. **d** (acometer) to overcome sth/sb ▸ É mais comum dizer ***sb/sth is overcome with sth***: *A emoção tomou conta de todos.* Everyone was overcome with emotion.

**conta bancária** bank account **conta conjunta** joint account

**contabilidade** *s.* **1** (ramo) accounting (BRIT: accountancy) **2** (contas) accounts *[pl.]* **3** (departamento) accounts department

**contador** *s.* **1** (de água, luz) meter: *o contador de luz* the power meter **2** (financeiro) accountant

**contagem** *s.* **1** (de votos etc.) count **2** (tb contagem dos pontos) scoring **3 abrir a contagem** to open the scoring

**contagem regressiva** countdown (***para*** *to*)

**contagiante** *adj.* contagious

**contagiar** *v.* to infect (***com*** *with*)

**contagioso** *adj.* contagious

**contaminar** *v.* to contaminate

**contanto que** *conj.* provided (that): *contanto que eles estejam de acordo* provided they agree

**contar** *v.* **1** (fazer contagem, valer) to count: *Contei as moedas que tinha no bolso.* I counted the coins I had in my pocket. | *Ter um bom nível de inglês conta muito hoje em dia.* Having a good level of English counts for a lot these days. **2** (caso, história, mentira, piada, segredo) to tell: *Ele contou uns casos engraçados.* He told some funny stories. ▸ São poucos os substantivos que podem ser usados como complemento direto do verbo ***tell***: ***joke, lie, secret*** e ***story***. Com outros substantivos, é preciso usar ***talk about*** ou ***tell sb about***: *Na entrevista, o ator conta a viagem que fez a Nova York.* In the interview, the actor talks about his trip to New York. | *Deixa eu te contar o meu dia.* Let me tell you about my day. **3 contar (algo) a/para alguém** to tell sb (sth): *Ela me contou o que aconteceu.* She told me what happened. **4 contar a alguém de algo** to tell sb about sth: *Ela estava me contando de seus problemas.* She was telling me about her problems. ▸ Se não houver menção da pessoa a quem se conta, é preciso usar ***to talk about***: *Ele contou de suas aventuras.* He talked about his adventures. 5 **contar com algo/alguém** **a** (depender de, prever) to count on sth/sb: *Sei que posso sempre contar com meu irmão.* I know I can always count on my brother. | *Não contávamos com tantos problemas.* We weren't counting on so many problems. **b** (ter) to have: *A academia conta com ótimos professores.* The gym has excellent instructors. 6 **contando com algo/alguém** (incluindo) counting sth/sb: *Somos quinze, contando com o Pedro.* There are fifteen of us, counting Pedro. 7 **sem contar algo/alguém** (sem incluir) not counting: *São cinquenta convidados, sem contar a gente.* There are fifty guests, not counting us. 8 **sem contar que ...** not to mention (the fact) that ...: *Não estou muito a fim de sair, sem contar que estou sem dinheiro.* I don't really feel like going out, not to mention that I don't have any money.

**contatar** *v.* to contact

**contato** *s.* 1 contact 2 **contatos** (telefone etc.) contact details: *Vou te dar meus contatos.* I'll give you my contact details. 3 **em contato com algo/alguém** **a** (em comunicação com) in touch with sth/sb **b** (encostando em) in contact with sth/sb 4 **entrar em contato** **a** (comunicar-se) to get in touch (***com*** *with*): *Preciso entrar em contato com a Júlia.* I need to get in touch with Julia. **b** (encostar, encontrar-se) to come into contact (***com*** *with*): *Esse material não deve entrar em contato com a água.* This material must not come into contact with water. 5 **manter/perder o contato** to stay in touch/lose touch (***com*** *with*): *Vamos manter o contato.* Let's stay in touch. 6 **ter contato com algo/alguém** **a** (ter como contatar) to be in touch with sth/sb: *Você ainda tem contato com seus ex-vizinhos?* Are you still in touch with your former neighbors? **b** (conviver com) to have contact with sth/sb: *A maioria dos brasileiros tem pouco contato com estrangeiros.* Most Brazilians don't have much contact with foreigners.

**contêiner** *s.* container

**contemplar** *v.* (olhar) to stare at

**contemporâneo** *adj, s.* contemporary

**contemporizar** *v.* to smooth things over

**contentar** *v.* to content / **contentar-se** *v.* 1 to be content (***com*** *with*) 2 **contentar-se em fazer algo** to content yourself with doing sth: *Tive que me contentar em comprar um tênis mais barato.* I had to content myself with buying some cheaper sneakers.

**contente** *adj.* 1 (satisfeito) pleased (***with*** *com*) 2 (feliz) happy 3 **ficar contente em fazer algo** to be pleased to do sth: *Fiquei contente em receber notícias suas.* I was pleased to hear from you.

**conter** *v.* 1 (ter como conteúdo) to contain: *O espinafre contém muito ferro.* Spinach contains a lot of iron. 2 (refrear) to control 3 **conter os gastos** to cut back / **conter-se** *v.* to control yourself: *Tive que me conter para não rir.* I had to control myself not to laugh.

**conterrâneo** *s.* fellow countryman ▸ *conterrânea* traduz-se por ***fellow countrywoman***.

**conteúdo** *s.* 1 (o que há dentro) contents *[pl.]* 2 (teor, informação) content ▸ Nesta acepção, a palavra ***content*** é incontável. No sentido de *informação*, o singular ***content*** corresponde a *conteúdos* e *um conteúdo* traduz-se por ***a piece of content*** ou ***some content***: *Os conteúdos do site são muito interessantes.* The content on the website is very interesting.

**contexto** *s.* context: *nesse contexto* in this context

**contigo** *pron.* 1 with you 2 **contigo mesmo** with yourself

**continência** *s.* 1 (de militar) salute 2 **bater continência (a/para alguém)** to salute (sb)

**continente** *s.* 1 (América, Europa etc.) continent 2 (em oposição a uma ilha) mainland: *Pegamos a balsa para voltar ao continente.* We took the ferry back to the mainland.

**continuação** *adj.* 1 (de processo, rua etc.) continuation 2 (de filme, livro) sequel

**continuar** *v.* 1 (não parar) to go on: *Desculpe ter interrompido. Continue.* Sorry for interrupting. Go on. | *A história continua no segundo livro da série.* The story goes on in the second book of the series. ▸ Também existe o verbo ***to continue***, que soa um pouco formal em inglês. **2** (estar/ser ainda) to still be: *O ator envelheceu, mas continua bonito.* The actor has aged, but he's still good-looking. | *Ela continua na faculdade?* Is she still in college? **3** (seguir andando) to keep going: *Continue reto até o final dessa rua.* Keep going straight ahead to the end of this street. **4 continuar fazendo algo** **a** (não parar) to go on doing sth: *Tocou a sineta, mas o professor continuou falando.* The bell rang, but the teacher went on talking. ▸ Também se diz ***to continue doing sth*** ou ***to continue to do sth***, que soam mais formais. **b** (fazer ainda) to still be doing sth: *Você continua morando na mesma casa?* Are you still living in the same house? | *Continuo não entendendo.* I still don't understand. **5 continuar (com) algo** to go on with sth: *Ela quer continuar com os estudos até conseguir um bom emprego.* She wants to go on with her studies until she gets a good job.

**contínuo** *adj.* **1** (ininterrupto) continuous: *12 horas de chuva contínua* 12 hours of continuous rain **2** (repetido) continual: *A empresa recebe reclamações contínuas sobre seu atendimento.* The company gets continual complaints about its service. / *s.* (bói) office messenger

▸ Até mesmo os nativos de inglês têm dificuldade para diferenciar as palavras ***continuous*** e ***continual***. ***Continuous*** denota algo que continua sem parar, enquanto ***continual*** denota algo que se repete muitas vezes.

**conto** *s.* **1** (gênero literário) short story **2** (lenda) tale

**conto de fadas** fairy tale ▸ Escreve-se numa só palavra quando usado como adjetivo: *um casamento de conto de fadas* a fairytale wedding

**contornar** *v.* **1** (dar a volta em) to go around: *O ônibus contorna a praça e volta pelo mesmo caminho.* The bus goes around the square and comes back the same way. **2** (driblar) to get around: *Temos que dar um jeito para contornar esse problema.* We have to find a way to get around this problem. **3** (com lápis etc.) to outline: *Ela contornou os olhos com delineador.* She outlined her eyes with eyeliner.

**contorno** *s.* **1** (borda) outline: *o contorno das montanhas* the outline of the mountains **2** (de rosto) profile **3 fazer o contorno de algo** to go around sth

**contra** *prep, adv.* against / *s.* **ser do contra** to be contrary

▸ *Contra* traduz-por ***against*** em todos os sentidos. Porém, existem algumas regências específicas que requerem uma tradução diferente, p.ex.: ***crash into*** (= chocar-se contra), ***shoot at*** (= atirar contra) etc. Tais casos são assinalados no verbete correspondente.

**contra-ataque** *s.* counterattack

**contrabaixo** *s.* double bass

**contrabandear** *v.* to smuggle

**contrabandista** *s.* smuggler

**contrabando** *s.* **1** (ato) smuggling: *o contrabando de drogas* drug smuggling **2** (mercadoria) contraband **3 fazer contrabando (de algo)** to smuggle (sth)

**contrabarra** *s.* backslash

**contradição** *s.* contradiction

**contraditório** *adj.* contradictory

**contradizer** *v.* to contradict

**contragosto** *s.* **a contragosto** against your will: *Ele aceitou a proposta a contragosto.* He accepted the proposal against his will.

**contrair** *v.* **1** (em geral) to contract **2** (hábito, vício) to acquire / **contrair-se** *v.* to contract

**contramão** *s.* **1 entrar na contramão** to turn the wrong way onto a one-way street **2 na contramão** **a** (da rua etc.) in the wrong direction: *Ela foi atropelada por uma moto que vinha na contramão.* She was knocked down by a motorcycle coming in the wrong direction. ▸ *na contramão da rodovia* traduz-se por ***on the wrong side of the highway***: *O cami-*

*nhão trafegava na contramão da Via Dutra.* The truck was driving on the wrong side of the Via Dutra. **b** (na forma de pensar etc.) against the flow (***de*** *of*) 3 **ser contramão** **a** (de sentido único) to be one-way (the other way) **b** (fora de mão) to be out of the way
**contraproducente** *adj.* counterproductive
**contrariar** *v.* 1 (ir de encontro a) to go against: *Isso contraria meus princípios.* This goes against my principles. 2 (chatear) to annoy: *Não quero contrariar meus pais.* I don't want to annoy my parents.
**contrário** *adj.* 1 (oposto) opposite (***a*** *to*): *em sentido contrário* in the opposite direction 2 (opinião) contrary 3 **contrário a algo** (contra) opposed to sth: *deputados contrários à reforma* deputies opposed to the reform 4 **caso contrário** otherwise 5 **do lado contrário** (roupa) inside out / *s.* 1 **o contrário** the opposite 2 **ao contrário** **a** (tb pelo contrário) on the contrary **b** (do jeito errado) the wrong way around: *A foto está ao contrário.* The picture's the wrong way around. 3 **ao contrário de algo/alguém** **a** (diferentemente de) unlike sth/sb: *Ao contrário de muitos jovens, ela curte música clássica.* Unlike many young people, she enjoys classical music. **b** (contrariando) contrary to sth/sb: *ao contrário da crença popular* contrary to popular belief 4 **ao contrário do que** contrary to what 5 **do contrário** (senão) otherwise 6 **muito pelo contrário** quite the opposite
**contrastante** *adj.* contrasting
**contrastar** *v.* to contrast (***com*** *with*)
**contraste** *s.* contrast (***com*** *with*)
**contratar** *v.* to hire (BRIT: to take on)
**contrato** *s.* 1 contract 2 **fechar contrato** to sign a contract (***com*** *with*)
**contribuição** *s.* contribution
**contribuinte** *s.* (de impostos) taxpayer
**contribuir** *v.* 1 to contribute (***para*** *to*) 2 **contribuir com algo** to contribute sth: *Você pode contribuir ou com dinheiro ou com alimentos.* You can contribute either money or food. 3 **contribuir para fazer algo** to contribute to doing sth
**controlar** *v.* 1 (manter sob controle) to control 2 (ficar de olho em) to check up on: *Meus pais me controlam muito.* My parents check up on me a lot. 3 (dinheiro, comida etc.) to ration / **controlar-se** *v.* to control yourself
**controle** *s.* 1 (domínio) control 2 (da TV etc.) remote ▸ O controle da TV também é chamado de ***clicker*** no inglês americano. 3 **fora de/sob controle** out of/under control 4 **manter/perder o controle** to keep/lose control (***de*** *of*) 5 **sair do controle** to get out of control
**controle remoto** remote control
**contudo** *conj.* however
**contundido** *adj.* (atleta, jogador) injured
**contusão** *s.* 1 (de atleta, jogador) injury 2 (hematoma) bruise
**convalescer** *v.* to convalesce
**convenção** *s.* convention
**convencer** *v.* 1 (fazer acreditar) to convince (***de*** *of*): *A defesa conseguiu convencer os jurados da inocência do réu.* The defense managed to convince the jury of the defendant's innocence. 2 (fazer concordar) to persuade 3 (ser convincente) to be convincing 4 **convencer alguém a fazer algo** to persuade sb to do sth: *Tentei convencê-lo a não desistir.* I tried to persuade him not to give up. / **convencer-se** *v.* to be persuaded: *Ela acabou se convencendo de que era melhor renunciar.* She was eventually persuaded that it was best to resign.
**convencido** *adj.* 1 (convicto) convinced (***de*** *of*): *Estou convencido de que temos prova amanhã.* I'm convinced we have a test tomorrow. 2 (metido) conceited
**convencional** *adj.* conventional
**conveniado** *adj.* (hospital, médico) authorized
**conveniência** *s.* 1 (comodidade) convenience 2 **loja de conveniência** convenience store
**conveniente** *adj.* 1 (cômodo, vantajoso) convenient: *num horário conveniente* at a convenient time 2 (recomendável) advisable

**convênio** *s.* 1 (seguro-saúde) health insurance 2 (acordo) agreement

**convento** *s.* convent

**conversa** *s.* 1 talk (***com*** *with*, ***sobre*** *about*): *Tivemos uma conversa interessante.* We had an interesting talk. ▸ Também existe a palavra ***conversation***, que soa um pouco mais formal e conota uma conversa mais estruturada: *uma conversa telefônica* a phone conversation 2 **levar uma conversa** to hold a conversation 3 **não ter conversa** not to have much to say for yourself: *Aquele cara não tem conversa.* That guy doesn't have much to say for himself. 4 **puxar conversa** to make conversation (***com*** *with*) 5 **ser conversa (de alguém)** (enrolação) to be just talk (sb spouts): *Isso é conversa dele!* That's just talk he spouts! 6 **ter uma conversinha** to have a little talk (***com*** *with*)

**conversação** *s.* conversation

**conversão** *s.* 1 conversion 2 **fazer a conversão** (de arquivos, moedas, medidas) to convert (***de*** *from*, ***para*** *to*)

**conversar** *v.* to talk (***com*** *to*, ***sobre*** *about*)

**conversível** *adj, s.* (carro) convertible

**converter** *v.* 1 (transformar) to convert (***em*** *into*) 2 (pessoa) to convert (***a*** *to*) / **converter-se** *v.* (pessoa) to convert (***to*** *a*): *Ele se converteu ao judaísmo.* He converted to Judaism.

**convés** *s.* deck

**convicção** *s.* 1 conviction 2 **convicções** beliefs: *as convicções políticas dele* his political beliefs

**convidado** *adj, s.* guest: *o palestrante convidado* the guest speaker

**convidar** *v.* 1 to invite (***para*** *to*) 2 **convidar alguém para fazer algo** to invite sb to do sth

**convidativo** *adj.* inviting

**convincente** *adj.* convincing

**convir** *v.* **convir a alguém** (ser bom para, agradar) to suit sb: *Espero encontrar um emprego que me convenha.* I hope to find a job that suits me.

**convite** *s.* 1 (para festa, visita etc.) invitation (***para*** *to*) ▸ Também se diz ***invite*** na linguagem informal. 2 (ingresso) ticket 3 **fazer um convite a alguém (para fazer algo)** to invite sb (to do sth)

**convivência** *s.* close contact

**conviver** *v.* 1 (viver junto) to live in close contact (***com*** *with*) 2 (coexistir) to coexist (***com*** *with*) 3 **conviver com algo** **a** (doença, situação difícil etc.) to live with sth **b** (ter experiência de) to have experience of sth

**convocar** *v.* 1 (eleições, reunião) to call 2 (pessoa) to summon

**cooperação** *s.* cooperation

**cooperar** *v.* to cooperate (***com*** *with*)

**cooperativa** *s.* 1 (de táxis) cab company 2 (em geral) cooperative

**coordenar** *v.* to coordinate

**copa** *s.* 1 (campeonato) cup: *a Copa do Mundo* the World Cup 2 (aposento) dining area 3 (de árvore) top 4 **copas** (naipe) hearts: *o rei de copas* the king of hearts

**cópia** *s.* 1 copy 2 **fazer/tirar uma cópia** to make/take a copy (***de*** *of*)

**copiadora** *s.* 1 (aparelho) copier 2 (loja) copy shop

**copiar** *v.* to copy (***de*** *from*)

**copiloto** *s.* 1 (de avião) copilot 2 (de carro) co-driver

**copo** *s.* glass
**copo de papel** paper cup

**coque** *s.* (no cabelo) bun

**coqueiro** *s.* coconut palm ▸ Na linguaguem informal, diz-se ***palm tree***.

**coquetel** *s.* cocktail

**cor**[1] *s fem.* 1 color (BRIT: colour) ▸ Observe que, ao mencionar a cor de algo, não se traduz a preposição *de*: *Quero uma camiseta dessa cor.* I want a T-shirt that color. | *Ela tinha uma bolsa da cor do sapato.* She had a bag the color of her shoes. | *Ele pintou o quarto de sua cor preferida.* He painted the room his favorite color. 2 **de cor** **a** (lápis etc.) colored (BRIT: coloured) **b** (pessoa) of color 3 **de que cor** what color: *De que* *cor é o seu notebook?* What color is your notebook? | *Você comprou tênis de que cor?* What color sneakers did you buy? **4 em cores** in color

**cor**[2] *s masc.* 1 **de cor** by heart 2 **saber algo de cor e salteado** to know sth inside and out (BRIT: to know sth inside out)

**coração** *s.* 1 heart: *no meu coração* in my heart 2 **amigo do coração** dear friend 3 **do fundo do coração** from the bottom of your heart: *Eu te agradeço do fundo do coração.* I thank you from the bottom of my heart.

**corado** *adj.* 1 (de vergonha) blushing 2 **ficar corado** to blush

**coragem** *s.* 1 courage 2 **ter a coragem (de fazer algo)** (cara de pau) to have the nerve (to do sth): *Ela ainda teve a coragem de me pedir dinheiro.* She even had the nerve to ask me for money. 3 **ter coragem (de fazer algo)** (atrever-se) to be brave enough (to do sth): *Você tem coragem de saltar de paraquedas?* Are you brave enough to skydive? | *Eu não teria coragem.* I wouldn't be brave enough. / *interj.* (animando) chin up!

**corajoso** *adj.* brave

**coral** *s.* 1 (de canto) choir: *o coral da igreja* the church choir 2 (no mar) coral: *um recife de corais* a coral reef ▸ O plural *corais* traduz-se por ***coral***, que, nesse caso, é incontável: *Os corais estão morrendo devido ao aquecimento global.* The coral is dying due to global warming.

**corante** *s.* artificial coloring (BRIT: colouring)

**corar** *v.* (de vergonha) to blush

**corcunda** *adj.* **ser corcunda** to have a hunched back / *s.* (de camelo) hump

**corda** *s.* 1 (para amarrar) rope 2 (de instrumento musical) string 3 **com a corda toda** (pessoa) full of beans 4 **dar corda a alguém** (instigar) to egg sb on 5 **dar corda em algo** **a** (relógio) to wind sth **b** (brinquedo etc.) to wind sth up 6 **pular corda** to jump rope (BRIT: to skip) **corda bamba** tightrope **corda de pular** jump rope (BRIT: skipping rope) **cordas vocais** vocal cords

**cordão** *s.* 1 (fio) cord 2 (de sapato) lace 3 (joia) chain

**cordeiro** *s.* lamb

**cor-de-rosa** *adj, s.* pink

**coreografia** *s.* 1 (arte) choreography 2 (dança) dance routine: *Ela sabe todas as coreografias da cantora.* She knows all the singer's dance routines.

**coreógrafo** *s.* choreographer

**coreto** *s.* bandstand

**coriza** *s.* runny nose: *Estou com coriza.* I have a runny nose.

**córner** *s.* corner

**coroa** *s.* 1 (de rei, dente) crown 2 (de flores) wreath

**coroar** *v.* to crown

**coronel** *s.* colonel

**corpete** *s.* bodice

**corpo** *s.* 1 (em geral) body 2 (físico de mulher) figure: *Ela tem um corpo bonito.* She has a nice figure. 3 **com a roupa do corpo** in what you have on: *Tive que ir ao casamento com a roupa do corpo.* I had to go to the wedding in what I had on. ▸ Quando se fala de situações mais extremas, traduz-se por ***the clothes on your back***: *As vítimas da enchente ficaram só com a roupa do corpo.* The flood victims were left with nothing but the clothes on their backs. 4 **no corpo** (vestido) on: *Quero ver como a calça fica no corpo.* I want to see what the pants look like on.

**corpo de bombeiros** fire department (BRIT: fire brigade) **corpo diplomático** diplomatic corps

**corporação** *s.* (de exército, polícia etc.) force

**corporal** *adj.* 1 (do corpo) physical 2 **linguagem corporal** body language

**correção** *s.* 1 (retificação) correction 2 (exatidão) correctness 3 **fazer uma correção** to make a correction

**corre-corre** *s.* 1 (confusão) stampede 2 (pressa) rush

**corredeira** *s.* rapids *[pl.]*

**corrediço** *adj.* sliding

**corredor** *s.* 1 (em casa, prédio, escola) hall (BRIT: corridor) 2 (em avião, supermercado, teatro) aisle 3 (atleta) runner

**correio** *s.* 1 (sistema, correspondência) mail (BRIT: post) 2 (agência) post office: *Onde fica o correio mais próximo?* Where is the nearest post office? 3 **os correios** the postal service *[sg.]* 4 **pelo correio** by mail (BRIT: by post)
**correio de voz** voice mail **correio eletrônico** e-mail

**corrente** *adj.* **água corrente** running water / *s.* 1 (de metal) chain: *uma corrente de ouro* a gold chain 2 (elétrica, marítima) current
**corrente de ar** draft (BRIT: draught)

**correnteza** *s.* current

**correr** *v.* 1 (a pé) to run: *Tive que correr por cinco quarteirões para chegar no horário.* I had to run for five blocks to get there on time. | *Ela corre todos os dias.* She runs every day. ▸ Expressões como *entrar/sair/descer* etc. *correndo* traduzem-se acrescentando um advérbio ou uma preposição de direção ao verbo ***to run***: *De repente, o cachorro saiu correndo.* Suddenly, the dog ran off. | *É perigoso atravessar a rua correndo.* It's dangerous to run across the street. 2 (de carro) to go fast: *O taxista corria muito.* The taxi driver was going too fast. 3 (apressar-se) to rush: *Vamos ter que correr para terminar tudo hoje.* We'll have to rush to finish everything today. 4 (ficar na correria) to run around: *Corri a semana inteira.* I've been running around the whole week. 5 **fazer algo correndo** to quickly do sth: *Liguei correndo para os meus pais.* I quickly called my parents. 6 **ir correndo a algo** (com pressa) to rush to sth: *Ela foi correndo ao supermercado antes que fechasse.* She rushed to the store before it closed. ▸ Outros verbos de movimento traduzem-se de forma semelhante: *Ele entrou correndo na cozinha com a carta na mão.* He rushed into the kitchen with the letter in his hand. 7 (transcorrer) to go: *Se tudo correr bem, chegamos em casa a tempo de ver o jogo.* If all goes well, we'll be home in time to watch the game. 8 (líquido) to run: *o rio que corre pela cidade* the river that runs through the town

**correria** *s.* 1 (pressa) rush 2 (corre-corre) stampede 3 **estar na correria** to be in a rush

**correspondência** *s.* 1 (tb correspondências) mail ▸ A palavra ***mail*** é incontável; *uma correspondência* traduz-se por ***a letter***. 2 (correlação) correspondence

**correspondente** *adj.* corresponding

**corresponder** *v.* 1 **corresponder a algo** **a** (ter correlação com) to correspond to sth: *O Federal Reserve dos EUA corresponde ao Banco Central brasileiro.* The US Federal Reserve corresponds to the Brazilian Central Bank. **b** (representar) to represent sth: *A redação corresponde a 40% da nota total.* The essay represents 40% of the total score. **c** (formar par com) to match sth: *Um pé da meia não corresponde ao outro.* One sock doesn't match the other. **d** (amor, cumprimento etc.) to reciprocate sth: *É falta de educação não corresponder a um cumprimento.* It's rude not to reciprocate a greeting. 2 **corresponder às expectativas** to live up to expectations / *v.* **corresponder-se com alguém** to correspond with sb

**correspondido** *adj.* (amor) requited

**corretivo** *s.* 1 (para corrigir textos) correction fluid ▸ É mais comum usar o nome de uma marca de corretivo. 2 (cosmético) cover stick (BRIT: concealer)

**correto** *adj.* 1 (certo) correct 2 (honesto) scrupulous 3 **politicamente correto** politically correct

**corretor** *s.* (de ações, seguros) broker
**corretor de imóveis** real estate agent (BRIT: estate agent)

**corrida** *s.* 1 (competição) race: *a corrida dos 100m* the 100m race 2 (ato de correr) running: *A corrida faz bem à saúde.* Running is good for you. 3 (treino) run: *Ela faz uma corrida de 5 km todos os dias.* She does a 5 km run every day. 4 (de táxi) ride 5 **apos-**

**tar corrida (com alguém)** to race (sb) ▸ Também se diz ***to have a race (with sb)***. 6 **cavalo/carro de corrida** racehorse/race car (BRIT: racing car) 7 **dar/fazer uma corrida** to go for a run 8 **praticar corrida** to go running
**corrida com obstáculos** steeplechase **corrida de cavalos** horse race **corrida de fundo** distance running **corrida de meio-fundo** middle-distance running **corrida de revezamento** relay race **corrida de velocidade** sprinting

**corrigir** *v.* to correct ▸ No sentido de *corrigir e dar uma nota para*, traduz-se por ***to grade*** (*Brit:* ***to mark***): *A professora não corrigiu as provas ainda.* The teacher hasn't graded the tests yet.

**corrimão** *s.* 1 (em geral) handrail 2 (de madeira) banister

**corriqueiro** *adj.* commonplace

**corrupção** *s.* corruption

**corrupto** *adj.* corrupt

**cortada** *s.* 1 (em tênis, vôlei) smash 2 **dar uma cortada em alguém** to snap at sb

**cortante** *adj.* 1 (faca, objeto etc.) sharp 2 (vento) biting

**cortar** *v.* 1 (fazer corte em) to cut: *Cortei o dedo na faca.* I cut my finger on the knife. | *A escola precisa cortar gastos.* The school needs to cut spending. | *Essa tesoura não corta.* These scissors don't cut. 2 (água, luz, ligação) to cut off: *Eles tiveram a luz cortada por não pagar a conta.* They had their power cut off for not paying the bill. 3 (árvore) to cut down: *Não se deve cortar a floresta.* The forest should not be cut down. 4 (eliminar da dieta etc.) to cut out: *Preciso cortar doces.* I need to cut out sweet things. 5 (no trânsito) to cut in on: *Um táxi nos cortou e quase batemos.* A taxi cut in on us and we almost crashed. 6 (tb cortar caminho) to cut: *Vamos cortar pelo parque.* Let's cut through the park. 7 (em tênis, vôlei) to smash 8 **cortar algo (de algo)** (decepar) to cut sth off (sth): *Descasque as cenouras e corte as pontas.* Peel the carrots and cut off the ends. 9 **cortar alguém** **a** (interromper) to cut in on sb: *Desculpa te cortar, mas não entendo.* Sorry to cut in on you, but I don't understand. **b** (de time etc.) to cut sb (BRIT: to drop sb) (***de*** *from*): *Ele foi cortado para o jogo de amanhã.* He has been cut for tomorrow's game. 10 **cortar o cabelo** **a** (com cabeleireiro) to get your hair cut **b** (sozinho) to cut your hair / **cortar-se** *v.* to cut yourself: *Ele se cortou na lata de sardinha.* He cut himself on the sardine can.

**corte**[1] *s masc.* 1 cut 2 **estar sem corte** **a** (faca, tesoura etc.) to be blunt **b** (cabelo) to have grown out 3 **fazer cortes** to make cuts (***em*** *in*)
**corte de luz** power outage (BRIT: power cut)

**corte**[2] *s fem.* (da realeza) court

**cortesia** *s.* 1 (delicadeza) courtesy 2 **de cortesia** (de brinde) complimentary: *Ganhamos uma sobremesa de cortesia.* We got a complimentary dessert. 3 **ser cortesia da casa** to be courtesy of the house

**cortiço** *s.* (prédio) slum building (BRIT: slum block)

**cortina** *s.* curtain
**cortina de rolo** window shade (BRIT: roller blind)

**coruja** *s.* owl / *adj.* (mãe, pai) doting

**corvo** *s.* crow

**coser** *v.* to stitch

**cosmético** *adj, s.* cosmetic

**cósmico** *adj.* cosmic

**cosmopolita** *adj.* cosmopolitan

**costa** *s.* coast

**Costa Rica** *s.* Costa Rica

**costa-riquenho** *adj, s.* Costa Rican

**costas** *spl.* 1 (parte do corpo) back *[sg.]*: *Ele estava com uma mochila nas costas.* He had a backpack on his back. | *dor nas costas* backache 2 (tb nado de costas) backstroke: *os 100m costas* the 100m backstroke 3 **de costas para algo/alguém** with your back to sth/sb: *Fique de costas para a parede.* Stand with your back to the wall. ▸ *estar* *de costas para algo/alguém* traduz-se por ***to have your back to sth/sb***: *Ela estava de costas para nós.* She had her back to us. 4 **deitar de costas** to lie on your back 5 **estar de costas** a (em pé, sentado) to have your back turned b (deitado) to be on your back 6 **ficar de costas** a (em pé, sentado) to turn your back b (deitado) to turn onto your back 7 **nadar de costas** to swim backstroke 8 **pelas costas (de alguém)** behind sb's back: *Não me importo com o que falam pelas minhas costas.* I don't care what people say behind my back. | *Ele estava traindo a namorada pelas costas.* He was cheating on his girlfriend behind her back.

**costela** *s.* rib

**costeleta** *s.* 1 (de carne) chop: *uma costeleta de porco* a pork chop 2 **costeletas** (nas faces) sideburns

**costelinha** *s.* spare rib

**costumar** *v.* **costumar fazer algo** ▸ No presente, traduz-se por ***to usually do sth***: *Costumo levantar cedo.* I usually get up early. ▸ No passado, traduz-se por ***used to do sth***: *Ela costumava correr todos os dias.* She used to run every day.

**costume** *s.* 1 (de pessoa) habit 2 (de povo) custom 3 **como de costume** as usual 4 **de costume** usual: *Peguei o ônibus de costume.* I took the usual bus. | *mais do que de costume* more than usual 5 **ter o costume de fazer algo** to be in the habit of doing sth

**costura** *s.* 1 (atividade) sewing 2 (linha de junção) seam 3 (pontos) stitching

**costurar** *v.* 1 (como atividade) to sew: *Ela costura muito bem.* She's very good at sewing. 2 (corte, rasgão, roupa rasgada) to sew up 3 (botão etc.) to sew on 4 **costurar no trânsito** to weave in and out of the traffic

**costureira** *s.* dressmaker

**cota** *s.* 1 (parcela) share: *Já paguei a minha cota.* I've already paid my share. 2 (quantidade estabelecida) quota: *um sistema de cotas* a quota system

**cotado** *adj.* 1 (conceituado) highly rated 2 **cotado para algo** tipped for sth: *cotado para o Oscar* tipped for the Oscar

**cotidiano** *adj.* everyday / *s.* (dia a dia) everyday life

**cotonete®** *s.* Q-tip® (BRIT: cotton bud)

**cotovelo** *s.* elbow

**couro** *s.* leather: *um sofá de couro* a leather couch

**couro cabeludo** scalp

**couve** *s.* kale

**couve-flor** *s.* cauliflower

**cova** *s.* (para enterro) grave

**covarde** *s.* coward / *adj.* cowardly

**covardia** *s.* 1 (falta de coragem) cowardice 2 (crueldade) cruelty 3 **ser covardia** (cruel) to be cruel

**covinha** *s.* dimple

**coxa** *s.* 1 (de pessoa) thigh 2 (de frango) leg

**coxinha** *s.* chicken croquette

**cozido** *adj.* 1 (no ponto) cooked ▸ Também se diz ***done***. 2 (batata, legume, ovo) boiled / *s.* (prato) stew: *cozido de legumes* vegetable stew

**cozinha** *s.* 1 (aposento) kitchen 2 (culinária) cuisine: *a cozinha italiana* Italian cuisine

**cozinhar** *v.* 1 to cook 2 **cozinhar bem** (pessoa) to be a good cook

**cozinheiro** *s.* cook

**crachá** *s.* badge

**crack** *s.* crack

**craniano** *s.* **traumatismo craniano** concussion

**crânio** *s.* 1 skull 2 **ser um crânio** (inteligente) to be a genius

**craque** *s.* 1 star: *um craque de futebol* a soccer star 2 **ser craque (em algo)** to be an expert (at sth)

**cratera** *s.* crater

**cravar** *v.* 1 (tempo) to clock 2 **cravar algo em algo** a (faca, prego) to stick sth into sth b (unhas) to dig sth into sth c (dentes, garras) to sink sth into sth

**cravo** *s.* 1 (flor) carnation 2 (especiaria) clove 3 (na pele) blackhead 4 (instrumento) harpsichord

**crawl** *s.* (nado) crawl
**creche** *s.* **1** (local) day care center (BRIT: crèche) **2** (tb serviço de creche) day care (BRIT: childcare)
**crédito** *s.* **1** credit **2 dar um crédito a alguém** to give sb some credit
**creme** *adj, s.* **1** cream **2 sorvete de creme** vanilla ice cream
**creme de leite** cream
**cremoso** *adj.* creamy
**crença** *s.* belief
**crente** *adj, s.* **1** (evangélico) born-again Christian **2 estar crente de que ...** to be convinced (that) ...: *Eu estava crente de que tínhamos prova hoje.* I was convinced we had a test today.
**crepe** *s.* crepe
**crepúsculo** *s.* twilight
**crer** *v.* **1** (achar) to think **2** (acreditar) to believe **3 creio que não/sim** I don't think so/I think so **4 crer em algo/alguém** to believe in sth/sb
**crescente** *adj.* growing
**crescer** *v.* **1** (em geral) to grow: *A cidade cresceu rápido.* The town has grown quickly. **2** (ser criado, virar adulto) to grow up: *O que você quer ser quando crescer?* What do you want to be when you grow up? **3** (bolo, pão) to rise **4** (ganhar força) to gain ground: *O candidato cresceu muito nas pesquisas.* The candidate has gained a lot of ground in the polls. **5 deixar crescer a barba/o cabelo** to grow a beard/your hair
**crescido** *adj.* grown up
**crescimento** *s.* growth
**crespo** *adj.* (cabelo) frizzy
**cria** *s.* (de animal) baby
**criação** *s.* **1** (produção) creation **2** (educação) upbringing **3** (de gado etc.) farming: *a criação de galinhas* chicken farming **4** (de animais domésticos) breeding **5** (local) farm: *Eles têm uma criação de avestruzes.* They have an ostrich farm. **6 de criação** (filho, mãe etc.) adoptive: *minha irmã de criação* my adoptive sister
**criado** *s.* servant
**criado-mudo** *s.* nightstand (BRIT: bedside table)
**criador** *s.* **1** (quem produziu) creator: *o criador da internet* the creator of the internet **2** (de animais) breeder: *um criador de gatos* a cat breeder
**criança** *s.* **1** child ▸ O plural é ***children***. Na linguagem informal, também se usa a palavra ***kid***. **2 de criança** (quando criança) as a child: *De criança, ele era muito levado.* As a child, he was very naughty. **3 desde criança** since I/he etc. was a child: *Ela estuda inglês desde criança.* She's been studying English since she was a child. **4 ser criança** (imaturo) to be immature: *Ele é muito criança ainda.* He's still very immature.
**criar** *v.* **1** (produzir) to create **2** (família, filhos, gado) to raise: *Ela foi criada nos EUA.* She was raised in the U.S. **3** (animais domésticos) to breed **4** (fundar) to start / **criar-se** *v.* (crescer) to grow up
**criatividade** *s.* creativity
**criativo** *adj.* creative
**criatura** *s.* creature
**crime** *s.* crime
**criminalidade** *s.* crime
**criminoso** *adj, s.* criminal
**crina** *s.* (de cavalo) mane
**críquete** *s.* cricket
**crise** *s.* **1** (situação ruim) crisis: *a crise econômica* the economic crisis **2** (de asma, alérgica) attack: *uma crise de asma* an asthma attack **3** (de choro, tosse) fit: *uma crise de tosse* a coughing fit **4 em crise** in crisis **5 entrar em crise** to hit a crisis
**crisma** *s.* confirmation
**crista** *s.* crest
**cristal** *s.* crystal: *uma bola de cristal* a crystal ball
**cristalino** *adj.* crystal clear
**cristão** *adj, s.* Christian
**cristianismo** *s.* Christianity
**Cristo** *s.* **1** Christ **2 antes/depois de Cristo** B.C./A.D. *[= before Christ/Anno Domini]*

**critério** *s.* 1 (base) criterion 2 (de pessoa) discretion

**crítica** *s.* 1 (censura) criticism: *uma crítica construtiva* a constructive criticism 2 (resenha) review 3 **a crítica** (os críticos) the critics *[pl.]*: *O filme foi malhado pela crítica.* The movie was panned by the critics. 4 **fazer uma crítica (a alguém/algo)** to criticize (sth/sb)

**criticar** *v.* to criticize

**crítico** *adj.* critical / *s.* critic

**crocante** *adj.* 1 (alface, pão etc.) crispy 2 (biscoito, chocolate, granola etc.) crunchy

**crocodilo** *s.* crocodile

**croissant** *s.* croissant

**cromo** *s.* chrome

**crônica** *s.* (gênero) social commentary

**crônico** *adj.* chronic

**cronista** *s.* social commentator

**cronológico** *adj.* chronological

**cronometrar** *v.* to time

**cronômetro** *s.* stopwatch

**croquete** *s.* croquette: *croquete de carne* beef croquette

**crosta** *s.* 1 (de pão) crust 2 (de ferida) scab

**cru** *adj.* (alimento) raw

**crucificar** *v.* to crucify

**crucifixo** *s.* crucifix

**cruel** *adj.* 1 cruel 2 **uma dúvida cruel** a tough choice

**crueldade** *s.* cruelty

**cruz** *s.* cross

**cruzada** *s.* crusade

**cruzado** *adj.* 1 **com os braços cruzados** with your arms folded 2 **com as pernas cruzadas** a (no chão) cross-legged b (em cadeira, em pé) with your legs crossed

**cruzamento** *s.* 1 (de ruas) intersection (BRIT: junction) 2 (acasalamento) breeding 3 (mistura de raças) cross 4 (da bola em jogo) cross

**cruzar** *v.* 1 (linha, rua) to cross 2 (animais) to breed 3 (informações) to crosscheck 4 **cruzar a bola** to cross (the ball) (***para*** *to*) 5 **cruzar as pernas** to cross your legs 6 **cruzar com alguém** to run into sb 7 **cruzar os braços** to fold your arms / **cruzar-se** *v.* 1 (linhas, ruas) to cross 2 (pessoas) to run into each other

**cruzeiro** *s.* 1 (viagem) cruise 2 **fazer um cruzeiro** to go on a cruise

**Cruzeiro do Sul** Southern Cross

**Cuba** *s.* Cuba

**cubano** *adj, s.* Cuban

**cúbico** *adj.* cubic: *um metro cúbico* a cubic meter

**cubo** *s.* cube

**cuco** *s.* 1 (pássaro) cuckoo 2 (relógio) cuckoo clock

**cueca** *s.* underpants *[pl.]* ▸ *uma cueca* traduz-se por ***a pair of underpants*** ou ***some underpants***, *duas cuecas* por ***two pairs of underpants*** etc.

**cuidado** *s.* 1 care (***com*** *with*) 2 **cuidados** precautions 3 **com cuidado** carefully 4 **ter cuidado** to be careful (***com*** *with*) 5 **tomar cuidado** to take care (***com*** *with*) 6 **ter/tomar cuidado para (não) fazer algo** to be careful/take care (not) to do sth: *Tome cuidado para não escorregar.* Take care not to slip. / *adj.* **bem cuidado** well cared for: *uma casa bem cuidada* a well cared for house / *interj.* 1 (tome cuidado) careful!: *Cuidado para não se queimar!* Careful you don't burn yourself! 2 (diante de perigo iminente) watch out!

**cuidadoso** *adj.* careful

**cuidar** *v.* **cuidar de algo/alguém** to take care of sb/sth: *Estamos cuidando do cachorro da vizinha.* We're taking care of the neighbor's dog. | *O Marcelo vai cuidar da música na festa.* Marcelo's taking care of the music at the party. / **cuidar-se** *v.* to take care of yourself: *Ele se cuida mais hoje em dia.* He takes better care of himself these days. | *Te cuida aí!* Take care of yourself! ▸ Como cumprimento, também se diz apenas ***Take care!***

**cujo** *pron.* 1 (referente a pessoa ou conjunto de pessoas) whose: *o aluno cuja nota for menos de 5* the student whose grade is less than 5 | *a escola cujo diretor se candidatou a vereador* the school whose principal ran for councilman 2 (referente a coisa) the … of which: *um carro cujo dono é desconhecido* a car the owner of which is unknown ▸ Embora correto gramaticalmente, ***the … of which*** soa muito formal. Na linguagem informal, usa-se ou ***whose*** ou outra formulação da frase.

**culatra** *s.* **sair pela culatra** to backfire

**culinária** *s.* 1 cooking: *um programa de culinária* a cooking show 2 **livro de culinária** cookbook (BRIT: cookery book)

**culote** *s.* (gordura) hip fat

**culpa** *s.* 1 (responsabilidade) blame (***por*** *for*) 2 (de réu) guilt 3 **a culpa é de alguém** it's sb's fault: *A culpa é minha.* It's my fault. 4 **assumir/levar a culpa** to take the blame (***por*** *for*) 5 **jogar a culpa em alguém** to shift the blame onto sb 6 **pôr a culpa em algo/alguém** to put the blame on sth/sb 7 **por culpa de algo/alguém** because of sth/sb: *Atrasamos por culpa minha.* We were late because of me. 8 **sentimento de culpa** guilt 9 **sentir/ter sentimento de culpa** to feel guilty (***por*** *for*) 10 **ser culpa de alguém** to be sb's fault: *É tudo culpa sua.* It's all your fault. 11 **ter culpa** to be to blame (***de*** *for*): *Ela não tem culpa de nada.* She's not to blame for anything.

**culpado** *adj.* 1 guilty (***de/por*** *of*) 2 **ser (o) culpado por algo** to be to blame for sth / *s.* culprit

**culpar** *v.* to blame (***por*** *for*)

**cultivar** *v.* 1 (cultivo, planta) to grow 2 (terra) to farm 3 (amizade) to cultivate

**cultivo** *s.* 1 (tipo de planta) crop 2 (de plantas) growing 3 (da terra) farming

**culto** *s.* 1 (veneração de divindade) worship: *a liberdade de culto* freedom of worship 2 (mania) cult (***a*** *of*): *o culto à beleza* the cult of beauty 3 (solenidade) service / *adj.* 1 (pessoa) cultured 2 (linguagem) educated: *a norma culta* the educated norm

**cultuado** *adj.* (cult) with cult status

**cultura** *s.* culture

**cultural** *adj.* cultural

**cumbuca** *s.* bowl

**cume** *s.* summit

**cúmplice** *s.* accomplice (***em*** *to*)

**cumprimentar** *v.* 1 (dizer oi) to say hello to: *Ela nem me cumprimentou.* She didn't even say hello to me. ▸ Existe também o verbo ***to greet***, que soa bastante formal. 2 (felicitar) to compliment: *Os convidados fizeram fila para cumprimentar os noivos.* The guests stood in line to compliment the bride and groom. / **cumprimentar-se** *v.* to say hello to each other ▸ Também se pode traduzir por ***to greet each other***, que soa bastante formal.

**cumprimento** *s.* 1 (saudação) greeting 2 (ato de cumprir) fulfillment (BRIT: fulfilment) 3 **cumprimentos** (felicitações) compliments (***a*** *to*)

**cumprir** *v.* 1 (obrigação, papel) to fulfill (BRIT: to fulfil) 2 (mandato, pena) to serve: *O condenado vai cumprir uma pena de 10 anos de prisão.* The convicted man will serve a 10-year prison sentence. 3 **cumprir a lei/uma ordem** to obey the law/an order 4 **cumprir (com) a palavra/uma promessa** to keep your word/a promise 5 **cumprir seu dever** to do your duty 6 **cumprir um prazo** to meet a deadline 7 **cumprir uma tarefa** to complete a task

**cúmulo** *s.* 1 **o cúmulo de algo** the height of sth: *o cúmulo da preguiça* the height of laziness 2 **ser o cúmulo** to be the limit: *Ah não, isso é o cúmulo!* Oh no, that's the limit!

**cunhada** *s.* sister-in-law ▸ O plural é ***sisters-in-law***.

**cunhado** *s.* 1 brother-in-law ▸ O plural é ***brothers-in-law***. 2 **os cunhados de alguém** **a** (cunhado e esposa) sb's brother-in-law and his wife **b** (cunhada e marido) sb's sister-in-law and her husband

**cupim** *s.* termite

**cupom** *s.* coupon

**cúpula** *s.* 1 (reunião) summit: *uma conferência de cúpula* a summit conference | *na cúpula do Rio* at the Rio summit 2 (de abajur) lampshade

**cura** *s.* 1 cure (***de*** *for*): *a cura da Aids* the cure for Aids 2 **ter/não ter cura** to be curable/incurable

**curandeiro** *s.* healer

**curar** *v.* to cure (***de*** *of*) / **curar-se** *v.* 1 (em geral) to be cured (***de*** *of*) 2 (por esforço próprio) to cure yourself (***de*** *of*)

**curativo** *s.* 1 dressing 2 **fazer um curativo em algo** to put a dressing on sth

**curinga** *s.* joker

**curiosidade** *s.* 1 curiosity 2 **por curiosidade** out of curiosity 3 **ter curiosidade (de fazer algo)** to be curious (to do sth): *Tenho curiosidade de conhecer Londres.* I'm curious to visit London.

**curioso** *adj.* 1 (pessoa) curious 2 (coisa, fato) odd: *O curioso é que ninguém viu nada.* The odd thing is that no one saw anything. / **curiosos** *spl.* onlookers

**currículo** *s.* 1 (de pessoa) resumé (BRIT: CV) 2 (de curso) curriculum

**cursar** *v.* 1 (disciplina) to study 2 (faculdade) to study at

**curso** *s.* 1 course: *um curso de espanhol* a Spanish course 2 **em curso** current: *a semana em curso* the current week 3 **fazer um curso** to take a course (BRIT: to do a course)

**curso superior** college degree (BRIT: university degree)

**cursor** *s.* cursor

**curta-metragem** *s.* short film ▸ Também se diz apenas ***short***.

**curtição** *s.* enjoyment

**curtir** *v.* 1 (gostar de) to like: *Não curto videogame.* I don't like videogames. ▸ Traduz-se por ***like*** também no sentido de *clicar no "curtir"*: *Curta nossa página no Facebook.* Like our page on Facebook. 2 (aproveitar) to enjoy: *Estamos curtindo umas férias na praia.* We're enjoying a vacation at the beach. 3 (divertir-se) to enjoy yourself: *Ele só quer curtir.* He just wants to enjoy himself.

**curto** *adj.* short / *s.* 1 (curto-circuito) short circuit: *Deu curto e a luz apagou.* There was a short circuit and the light went out. 2 **algo dá curto/dá curto em algo** sth shorts out: *A TV deu curto.* The TV shorted out.

**curto-circuito** *s.* short circuit

**curva** *s.* 1 (em estrada, rio) bend 2 (de corpo, linha) curve 3 **curva fechada** sharp bend 4 **fazer uma curva** (dirigindo) to take a bend

**curvar** *v.* to bend / **curvar-se** *v.* to bend

**curvo** *adj.* curved

**cuspe** *s.* spit

**cuspir** *v.* 1 to spit 2 **cuspir algo** (para tirar da boca) to spit sth out

**custar** *v.* 1 (preço) to cost: *Quanto custa a entrada?* How much does it cost to go in? 2 **custar (a alguém) fazer algo** (ser difícil) to be hard (for sb) to do sth: *Sempre me custa levantar de manhã.* It's always hard for me to get up in the morning. 3 **custar a fazer algo** (demorar) to take a while to do sth: *Custei a achar o lugar.* I took a while to find the place. 4 **custar barato/caro** not to cost much/to cost a lot: *Custa barato mandar um sms.* It doesn't cost much to send a text. 5 **custa você fazer algo?** would it hurt you to do sth?: *Custa você tampar a pasta de dente?* Would it hurt you to put the cap on the toothpaste? ▸ Também se diz ***would it kill you to …***, que soa mais informal. 6 **não custa (nada) fazer algo** there's no harm in doing sth: *Não custa nada tentar.* There's no harm in trying.

**custas** *s.* 1 **às custas de algo/alguém** at the expense of sth/at sb's expense: *Muitos políticos enriquecem às custas da população.* Many politicians get rich at the public's expense. 2 **viver às custas de alguém** to live off sb

**custear** *v.* to finance

**custo** *s.* 1 (preço) cost 2 (dificuldade) effort 3 **a muito custo** with a lot of effort 4 **ser um custo fazer algo** to be an effort to do sth

**custo de vida** cost of living

**cutícula** *s.* cuticle

**cútis** *s.* 1 (pele) skin 2 (tez) complexion

**cutucar** *v.* 1 (com dedo, objeto) to poke 2 (com cotovelo) to nudge

# D

**D, d** *s.* D, d
**dado** *s.* 1 (fato) fact: *O professor mencionou um dado interessante.* The teacher mentioned an interesting fact. 2 (peça de jogo) dice ▸ O plural também é ***dice***. 3 **dados** **a** (pessoais etc.) details: *Vou te passar todos os dados da viagem.* I'll send you all the details of the trip. **b** (em informática, pesquisa) data *[sg.]*: *Os dados mostram um aumento da criminalidade.* The data shows an increase in crime. ▸ A palavra ***data*** é singular e incontável. Usa-se ***piece of*** para torná-la contável: *um bilhão de dados* a billion pieces of data **dados bancários** bank details **dados pessoais** personal details / *adj.* 1 (comunicativo) outgoing 2 (determinado) given: *em dado momento* at a given moment 3 **ser dado a (fazer) algo** to be given to (doing) sth / **dado que** *conj.* given that
**daí** *adv.* 1 (desse lugar) from there: *Quando você volta daí?* When are you coming back from there? 2 (depois) then: *Fiz o dever de casa e daí fiquei vendo TV.* I did my homework and then I sat watching TV. 3 (por isso) so: *Não tenho dinheiro, daí não posso sair.* I don't have any money, so I can't go out. ▸ Em frases sem verbo, usa-se a palavra ***hence***: *O Palito é alto e magro. Daí o apelido.* Beanpole is tall and thin. Hence the nickname. 4 **daí por diante** from then on 5 **e daí?** **a** (e depois?) and then what?: *"De repente a namorada dele apareceu do nada." – "E daí?"* "Suddenly his girlfriend showed up from nowhere." – "And then what?" **b** (o que tem isso?) so what?: *"Mas eu não trouxe toalha." – "E daí? Eu te empresto."* "But I didn't bring a towel." – "So what? I'll lend you one." 6 **esse/esses daí** that one/those ones: *Não gosto muito de tatuagem, mas essa daí está bonita.* I don't like tattoos much, but that one looks nice. 7 **sai daí!** get out of there!
**dali** *adv.* 1 (daquele lugar) from there 2 **dali em diante** from then on
**daltônico** *adj.* color blind (BRIT: colour blind)
**dama** *s.* 1 (de baralho, xadrez) queen: *a dama de ouros* the queen of diamonds 2 (senhora) lady 3 (par) partner 4 **damas** (jogo) checkers (BRIT: draughts)
**dama de honra** maid of honor (BRIT: maid of honour)
**damasco** *s.* (fruta) apricot
**danado** *adj.* 1 (furioso) furious (*com* with) 2 (levado) naughty
**dança** *s.* dance
**dançar** *v.* 1 (bailar) to dance 2 (sair perdendo) to miss out
**dançarino** *s.* dancer
**danificar** *v.* to damage
**danos** *spl.* 1 damage *[sg.]*: *Felizmente, os danos foram pequenos.* Fortunately, the dam-

age was small. **2 causar danos** to cause damage (*a* *to*)

**danos morais** damages

**daqui** *adv.* 1 (deste lugar) from here: *Não sou daqui, estou passeando.* I'm not from here, I'm just visiting. **2 daqui a ...** in ...: *Voltamos daqui a duas semanas.* We'll be back in two weeks. **3 daqui a pouco** **a** (em seguida) in a moment ▸ Existem outras expressões com o mesmo significado, tais como: ***in a second, in a minute*** etc. **b** (em breve) soon ▸ Existem outras expressões com o mesmo significado, tais como ***in a little while, shortly*** etc. **4 daqui em diante/para frente** from now on

**dar** *v.* 1 (em geral) to give: *Ela deu um sorriso e acenou.* She gave a smile and waved. 2 (ser suficiente) to be enough (***para*** *for*): *Uma garrafa de refrigerante dá para todo mundo?* Is one bottle of soda enough for everybody? 3 (totalizar) to come to: *"A conta deu quanto?" – "Deu $45,00."* "How much did the check come to?" – "It came to $45." 4 (ao dizer as horas) ▸ Use o verbo ***to be***: *Já deu meia-noite.* It's midnight already. **5 dar algo a/em alguém** to give sb sth: *Dei ao meu irmão um livro no aniversário dele.* I gave my brother a book on his birthday. | *Ela me deu um abraço.* She gave me a hug. ▸ Também se diz ***to give sth to sb*** quando é o caso de ressaltar a quem se dá algo: *Dei o livro ao meu irmão.* I gave the book to my brother. **6 dar com algo em algo** (bater) to hit sth on sth: *Dei com a canela na quina da cama.* I hit my shin on the corner of the bed. **7 dar em algo** (levar a) to come to sth: *A ideia dele não deu em nada.* His idea didn't come to anything. | *Dá na mesma.* It comes to the same thing. **8 dar para algo** (porta, janela etc.) to give onto sth: *A casa dá para a praia.* The house gives onto the beach. **9 dá para (alguém) fazer algo** ▸ Use o verbo auxiliar ***can*** com o sujeito adequado ao contexto: *"Dá para sentar aqui?" - "Dá sim."* "Can I sit here?" - "Yes, you can." | *Não deu para ela mudar a passagem.* She couldn't change her ticket. ▸ A afirmativa *deu* traduz-se por ***was/were able to***: *"Deu para descansar um pouco?" – "Deu sim."* "Were you able to get some rest?" – "Yes I was." ▸ O infinitivo traduz-se por ***be able to***: *Acho que vai dar para a gente se encontrar amanhã.* I think we'll be able to meet tomorrow. ▸ Quando se fala de qualquer pessoa, usa-se o sujeito ***you***: *No Brasil não dá para trocar dinheiro no banco.* In Brazil you can't change money at the bank. **10 dá tempo (para algo/para fazer algo)** there is time (for sth/to do sth): *Acho que não vai dar tempo para fazer tudo hoje.* I don't think there'll be time to do everything today.
▸ O verbo *dar* é usado em conjunto com muitos substantivos, em locuções tais como *dar um jeito, dar um nó, dar um pulo, dar um tempo, dar uma volta* etc. Consulte o verbete do substantivo em questão para encontrar a tradução correta.

**dardo** *s.* 1 (que se joga no alvo) dart 2 (no atletismo) javelin

**data** *s.* 1 date: *nessa data* on this date **2 de longa data** longtime: *amigos de longa data* longtime friends

**data de nascimento** date of birth **data de validade** 1 (de alimento etc.) expiration date (BRIT: sell-by date) 2 (de cartão, passaporte) expiration date (BRIT: expiry date)

**datilografar** *v.* to type

**DDD** *s.* **código DDD** area code

**DDI** *s.* **código DDI** country code

**de** *prep.* 1 (posse) of: *o telhado da casa* the roof of the house ▸ Quando o possuidor é um ser vivo, é mais comum usar o possessivo, que se forma adicionando a letra s precedida de um apóstrofo. Observe que o possuidor vem antes da coisa possuída: *o livro do professor* the teacher's book | *a tigela do cachorro* the dog's bowl | *a mãe da Sandra* Sandra's mom ▸ No caso dos plurais regulares que terminam em -s, adiciona-se um apóstrofo depois do s do plural para indicar o possessivo: *o carro dos meus pais* my parents' car ▸ No caso dos plurais irregulares que não terminam em -s, adiciona-se 's: *os brin-*

*quedos das crianças* the children's toys ▸ O possessivo é usado também com substantivos que denotam uma coletividade de seres vivos, tais como ***government, company*** etc., assim como nomes de países e cidades: *o litoral do Brasil* Brazil's coastline ▸ Não se usa o possessivo quando o possuidor é uma coisa inanimada. **2** (conteúdo, quantidade) of: *um copo d'água* a glass of water | *um quilo de açúcar* a kilo of sugar **3** (parte de um conjunto) of: *um deles* one of them | *a maioria dos alunos* most of the students | *uma fatia de bolo* a slice of cake **4** (procedência) from: *Sou de São Paulo.* I'm from São Paulo. | *Viajamos de Nova York a Los Angeles.* We traveled from New York to Los Angeles. **5** (de dentro de) out of: *Ela tirou uma caneta da bolsa.* She got a pen out of her bag. **6** (de cima de) off: *O copo caiu da mesa.* The glass fell off the table. **7** (a partir de) from: *O banco abre das 10h às 16h.* The bank opens from 10 a.m. to 4 p.m. **8** (autoria) by: *uma peça de Shakespeare* a play by Shakespeare **9** (meio de transporte) by: *Vou para a escola de ônibus.* I go to school by bus. | *Fica a dez minutos de carro.* It's ten minutes away by car. **10** (características físicas e acessórios) with: *a menina de cabelo louro* the girl with blonde hair | *um homem de óculos* a man with glasses **11** (roupa) in: *a mulher de vestido vermelho* the woman in the red dress | *um homem de terno e gravata* a man in a suit and tie **12** (depois de superlativo) in: *o prédio mais alto do mundo* the tallest building in the world | *o aluno mais inteligente da sala* the smartest student in the class ▸ A preposição pode variar de acordo com o substantivo que se segue: *a melhor faixa do álbum* the best track on the album | *a menina mais bonita da festa* the prettiest girl at the party **13** ▸ Quando *de* introduz uma característica do substantivo precedente, traduz-se por uma locução adjetiva colocada antes do substantivo em inglês: *um menino de cinco anos* a five-year-old boy | *uma nota de dez dólares* a ten-dollar bill | *um apartamento de três quartos* a three-bedroom apartment | *uma blusa de algodão* a cotton blouse

▸ As locuções substantivas que contêm a preposição *de* geralmente se traduzem para o inglês colocando o segundo elemento antes do primeiro, sem preposição, p.ex. ***washing machine*** (= máquina de lavar roupa), ***English teacher*** (= professor de Inglês), ***train station*** (= estação de trem) etc. As combinações mais consagradas escrevem-se numa só palavra: ***tablecloth*** (= toalha de mesa), ***toothbrush*** (= escova de dentes) etc. Embora existam exceções, a regra geral nesses casos é que o primeiro substantivo fica no singular: ***photo album*** (= álbum de fotos), ***horse race*** (= corrida de cavalos) etc. As locuções substantivas mais usadas encontram-se nos verbetes correspondentes ao primeiro elemento.

**debaixo** *adv.* beneath / **debaixo de** *prep.* beneath: *debaixo da mesa* beneath the table

**debate** *s.* debate

**debater** *v.* (discutir) to debate / **debater-se** *v.* **1** (na água) to thrash around **2** (tentando escapar) to struggle **3** (de dor) to writhe

**débil** *adj.* feeble

**débito** *s.* debit

**debochar** *v.* to make fun (***de*** *of*): *Eles vivem debochando de mim.* They're always making fun of me.

**debruçar-se** *v.* **1** (inclinar o tronco) to bend over **2 debruçar-se na janela** to lean out of the window

**década** *s.* **1** decade **2 a década dos 80/90 *etc.*** the 80s/90s etc. *[pl.]*

**decadente** *s.* **1** (bairro, prédio etc.) run-down **2** (ator, cantor etc.) fading **3** (estilo de vida, sociedade) decadent

**decair** *v.* to go down

**decalque** *s.* **1** tracing **2 fazer um decalque de algo** to trace sth

**decatlo** *s.* decathlon

**decente** *adj.* decent

**decepção** *s.* disappointment

**decepção amorosa** broken love affair

**decepcionado** *adj.* disappointed (***com*** *with*)

**decepcionante** *adj.* disappointing

**decepcionar** *v.* to disappoint / **decepcionar--se** *v.* to be disappointed (***com*** *by*)

**decididamente** *adv.* (com certeza) definitely

**decidido** *adj.* 1 (definido) decided: *Nada está decidido ainda.* Nothing is decided yet. 2 (pessoa) determined 3 **estar decidido a fazer algo** to be determined to do sth

**decidir** *v.* 1 to decide 2 **decidir fazer algo** to decide to do sth: *Decidimos voltar para casa.* We decided to go back home. | *Ela decidiu não contar nada para ninguém.* She decided not to tell anyone anything. / **decidir-se** *v.* 1 to make up your mind: *Você precisa se decidir de uma vez por todas.* You need to make up your mind once and for all. 2 **decidir-se por algo** to decide on sth 3 **decidir-se por fazer algo** to make up your mind to do sth: *Ele se decidiu por seguir a carreira de ator.* He made up his mind to go into acting. 4 **decidir-se por não fazer algo** to decide against doing sth: *Eu me decidi por não tentar a faculdade de medicina.* I've decided against trying for med school.

**decifrar** *v.* to decipher

**decimal** *adj.* decimal: *Calculamos o valor com três casas decimais.* We worked out the amount to three decimal places.

**décimo** *adj, s.* tenth

**décimo nono** nineteenth **décimo oitavo** eighteenth **décimo primeiro** eleventh **décimo quarto** fourteenth **décimo quinto** fifteenth **décimo segundo** twelfth **décimo sétimo** seventeenth **décimo sexto** sixteenth **décimo terceiro** 1 (número) thirteenth 2 (salário) end-of-year bonus

**decisão** *s.* 1 decision 2 **tomar uma decisão** to make a decision

**decisivo** *adj.* decisive

**declaração** *s.* 1 (em geral) declaration 2 (de autoridade) statement

**declarar** *v.* 1 (dizer) to state 2 (publicamente) to announce (***a*** *to*) 3 (amor, feriado, guerra, bens na alfândega) to declare (***a*** *to*) / **declarar-se** *v.* 1 **declarar-se a alguém** to tell sb how you feel about them: *O Pedro resolveu se declarar à Tati.* Pedro decided to tell Tati how he felt about her. 2 **declarar-se a favor/contra algo** to come out in favor of/against sth: *Os professores se declararam contra a proposta.* The teachers came out against the proposal.

**decolagem** *s.* takeoff

**decolar** *v.* to take off

**decoração** *s.* 1 (ato) decoration 2 (visual) decor: *A decoração do restaurante é bem rústica.* The decor of the restaurant is very rustic.

**decoração de interiores** interior design

**decorador** *s.* interior designer ▶ Na linguagem informal, também se diz ***decorator***.

**decorar** *v.* 1 (gravar) to memorize: *Hoje em dia temos que decorar muitas senhas.* These days we have to memorize a lot of passwords. 2 (aprender de cor) to learn by heart: *A professora quer que decoremos o poema.* The teacher wants us to learn the poem by heart. 3 (enfeitar) to decorate

**decorativo** *adj.* decorative

**decorrer** *v.* 1 (tempo) to elapse 2 (evento) to come off (BRIT: to go off): *O casamento decorreu muito bem.* The wedding came off really well. 3 **decorrer de algo** to result from sth / *s.* 1 (do tempo) course 2 **com o decorrer de algo** over the course of sth: *O time evoluiu muito com o decorrer da competição.* The team came on a lot over the course of the competition. 3 **no decorrer de algo** in the course of sth: *O tempo deve melhorar no decorrer do dia.* The weather should improve in the course of the day.

**decotado** *adj.* (vestido) low-cut

**decote** *s.* 1 (de vestido etc.) neckline 2 (parte dos seios) cleavage

**decote em V** V-neck

**decretar** *v.* to decree

**decreto** *s.* decree

**dedal** *s.* thimble

**dedão** *s.* 1 (polegar) thumb 2 (tb dedão do pé) big toe

**dedicado** *adj.* 1 (em geral) dedicated (***a*** *to*) 2 (mãe, marido etc.) devoted (***a*** *to*)

**dedicar** *v.* to dedicate (***a*** *to*) / **dedicar-se** *v.* **dedicar-se a (fazer) algo** a (ocupar-se) to devote your time to (doing) sth: *Minha avó se dedica à jardinagem.* My grandma devotes her time to gardening. b (empenhar-se) to dedicate yourself to (doing) sth: *Ela sempre se dedicou a ajudar os outros.* She has always dedicated herself to helping others.

**dedicatória** *s.* dedication

**dedo** *s.* 1 (da mão) finger 2 (tb dedo do pé) toe 3 (quantidade) dash: *um dedo de leite* a dash of milk 4 **cheio de dedos** (sem graça) flustered 5 **dois dedos** (de líquido) a little drop: *dois dedos de uísque* a little drop of whiskey 6 **escolhido a dedo** handpicked 7 **não levantar um dedo** not to lift a finger

**dedo anular** ring finger **dedo indicador** index finger **dedo médio** middle finger **dedo mindinho** pinkie (BRIT: little finger)

**dedução** *s.* deduction

**dedurar** *v.* 1 (a professor, pais etc.) to tell on (***a*** *to*): *Um colega de sala dedurou o Zé ao diretor.* A classmate told on Zé to the principal. 2 (à polícia etc.) to inform on (***a*** *to*)

**deduzir** *v.* 1 (concluir) to deduce 2 (descontar) to deduct

**defeito** *s.* 1 (em geral) fault: *um defeito elétrico* an electrical fault | *Tenho meus defeitos como qualquer um.* I have my faults like anybody else. 2 (físico) defect 3 (de roupa) flaw 4 **estar com defeito** to be not working: *O elevador estava com defeito.* The elevator wasn't working. 5 **botar/pôr defeito** to find fault (***em*** *with*)

**defeituoso** *adj.* faulty

**defender** *v.* 1 (em geral) to defend (***contra*** *against*) 2 (goleiro) to save / **defender-se** *v.* 1 (opor defesa) to defend yourself (***de*** *against*): *Ele se defendeu contra as acusações.* He defended himself against the accusations. 2 (revidar) to stand up for yourself: *Ela sabe se defender e não deixa barato.* She can stand up for herself and doesn't take things lying down. 3 **defender-se de algo/alguém** (doença, agressor etc.) to fend sth/sb off: *Ele tentava se defender dos mosquitos com um jornal enrolado.* He was trying to fend off the mosquitoes with a rolled-up newspaper. 4 **defender-se sozinho** (virar-se) to fend for yourself: *Desde que saiu de casa, meu primo aprendeu a se defender sozinho.* Since he left home, my cousin has learned to fend for himself.

**defensiva** *s.* **na defensiva** on the defensive

**defesa** *s.* 1 (em geral) defense (BRIT: defence) 2 (de goleiro) save

**deficiência** *s.* 1 (física, mental) disability: *portadores de deficiência* people with disabilities 2 (falta) deficiency: *uma deficiência de cálcio* a calcium deficiency

**deficiente** *adj.* 1 (pessoa) disabled 2 (sistema, serviço etc.) defective 3 **deficiente em algo** deficient in sth / *s.* 1 disabled person 2 **os deficientes** (em geral) the disabled ▸ Também se diz ***disabled people***.

**deficiente físico** physically disabled person **deficiente mental** mentally disabled person

**definhar** *v.* (pessoa, animal) to waste away

**definição** *s.* definition: *uma tela de alta definição* a high-definition screen

**definido** *adj.* 1 (decidido) decided: *Já está tudo definido.* It's all decided already. 2 (corpo, músculo) defined 3 **artigo definido** definite article

**definir** *v.* 1 (palavra, meta, músculos etc.) to define: *Qual é a música que melhor te define?* Which song best defines you? 2 (data, detalhes, local etc.) to decide on: *O professor não definiu a data da prova ainda.* The teacher hasn't decided on the date of the test yet. ▸ Na voz passiva, usa-se ***to be decided***: *O time já foi definido para o jogo de amanhã.* The team has already been decided for tomorrow's game. | *local a definir* venue to be decided 3 (jogo, vencedor) to decide: *Foi aquele gol que definiu o jogo.* It was that goal that decided the game. / **definir-se** *v.* (decidir-se) to come to a decision

**definitivamente** *adv.* **1** (com certeza) definitely: *Essa é definitivamente a melhor opção.* This is definitely the best option. **2** (de vez) for good: *Parece que os dois terminaram definitivamente.* It seems the two of them have broken up for good. **3 dizer algo definitivamente** to say sth for definite

**definitivo** *adj.* **1** (decisão, número, resposta, versão) final **2** (cura, mudança, rompimento) permanent **3** (derrota, vitória) decisive

**deformado** *adj.* **1** (corpo, membro) deformed **2** (rosto) disfigured **3** (colchão, sapato etc.) out of shape

**defumado** *adj.* smoked

**defunto** *s.* **1** (corpo) dead body **2** (falecido) deceased: *o nome do defunto* the name of the deceased

**degelar** *v.* to thaw

**degrau** *s.* **1** (em geral) step **2** (de escada de mão) rung

**degustar** *v.* to taste

**deitado** *adj.* **1** (estendido) lying down: *O cachorro estava deitado no jardim.* The dog was lying down in the yard. ▸ Quando se especifica a superfície em que alguém está deitado, usa-se ***lying on***: *Estávamos deitados na praia.* We were lying on the beach. **2** (na cama) in bed: *Meus pais já estavam deitados quando o telefone tocou.* My parents were already in bed when the phone rang. **3 ficar deitado** **a** (deitar-se) to lie down (***em*** *on*) **b** (permanecer deitado) to stay lying down

**deitar** *v.* **1** (estender-se) to lie down: *Deitei no sofá e dormi.* I lay down on the couch and fell asleep. **2** (ir para a cama) to go to bed: *Ela estava morrendo de sono e foi deitar.* She was falling asleep and went to bed. **3 deitar alguém em algo** to lay sb on/in sth: *Ela deitou o bebê no berço.* She laid the baby in the crib.

▸ Não confunda o verbo ***lie***, que é intransitivo, com o verbo ***lay***, que é transitivo. Mas observe que a forma ***lay*** é também o passado de ***lie***. As formas dos dois verbos são: ***lie - lay - lain*** e ***lay - laid - laid***. Até os nativos de inglês misturam esses dois verbos, e é especialmente comum na linguagem falada ouvir ***lay*** usado no lugar de ***lie***, e ***laid*** no lugar de ***lain***.

**deixa** *s.* **1** (de ator) cue **2 aproveitar a deixa (para fazer algo)** to take the opportunity (to do sth)

**deixar** *v.* **1** (largar) to leave: *Minha mãe deixou o bolo na geladeira.* My mom left the cake in the fridge. | *Deixe a porta aberta, por favor.* Leave the door open, please. | *Vamos deixar o resto do trabalho para amanhã.* Let's leave the rest of the work until tomorrow. **2** (permitir) to let ▸ Tem que vir seguido de um complemento em inglês: *Eu queria ir, mas meus pais não deixaram.* I wanted to go, but my parents didn't let me. **3** (tornar) to make: *O filme me deixou triste.* The movie made me sad. | *Essa cera deixa o chão muito escorregadio.* This polish makes the floor very slippery. **4** (dar carona até) to drop: *Você me deixa na rodoviária, por favor?* Will you drop me at the bus station, please? | *O taxista nos deixou na frente do museu.* The taxi driver dropped us outside the museum. **5 deixar algo de lado** to put sth aside: *Deixe o medo de lado e vá em frente!* Put your fear aside and go ahead! **6 deixar algo para alguém** (legar) to leave sb sth: *Ele deixou muito dinheiro para os filhos.* He left his children a lot of money. ▸ Também se diz ***to leave sth to sb*** quando é o caso de ressaltar para quem se deixa algo: *Ela deixou a fortuna toda para o mordomo.* She left her entire fortune to the butler. **7 deixar alguém/algo fazer algo** to let sb/sth do sth: *O professor nos deixou sair mais cedo.* The teacher let us go early. | *Deixe eu ver essa foto.* Let me see that picture. | *Não deixe o leite ferver.* Don't let the milk boil. **8 deixar alguém em paz** to leave sb alone: *Me deixa em paz!* Leave me alone! **9 deixar alguém entrar/sair/passar** to let sb in/out/through: *O segurança da boate não os deixou entrar.* The bouncer at the club didn't let them in. **10 deixar claro que ...** to make it clear (that) ...: *A professora deixou claro que não ia prorrogar o prazo.* The teacher made it clear she wouldn't extend the deadline. **11 deixar de algo** (parar com) to stop sth: *Você precisa deixar de preguiça!* You need to stop being lazy! **12 deixar de fazer algo** **a** (parar) to stop doing sth: *Depois de algum tempo, ela deixou de me ligar.* After a while, she stopped calling me. **b** (omitir-se) to fail to do sth: *O motorista deixou de socorrer a vítima do acidente.* The driver failed to assist the accident victim. ▸ Essa expressão soa bastante formal. Na linguagem informal, é mais comum usar a negativa do verbo: *Se você deixar de entregar o trabalho, não vai passar de ano.* If you don't turn in the assignment, you won't be promoted. ▸ A negativa traduz-se por ***make sure***: *Não deixe de me ligar, hein?* Make sure you call me, OK? | *Ela não deixou de cumprimentar todo mundo.* She made sure she said hello to everyone. **13 deixa para lá** never mind **14 não poder deixar de fazer algo** **a** (não se conter) can't help doing sth: *Não posso deixar de sorrir quando penso naquela cena.* I can't help smiling when I think of that scene. **b** (não poder se permitir não fazer) to just have to do sth: *Não pude deixar de te dar os parabéns.* I just had to wish you a happy birthday. ▸ Na linguagem informal, também se diz ***can't not do sth***: *Você não pode deixar de ir à minha festa!* You can't not come to my party!

**dela** *pron.* **1 o(s)/a(s) ... dela** (como adjetivo) her: *o livro dela* her book | *as amigas dela* her friends **2 o(s)/a(s) dela** (como pronome) hers: *Minha bolsa é menor do que a dela.* My bag is smaller than hers. | *Aqueles não são os filhos dela. Os dela são mais velhos.* Those aren't her children. Hers are older. **3 ser dela** to be hers: *A Sandra estava com um cachorro, mas não é dela.* Sandra had a dog with her, but it's not hers. **4 um/uma ... dela** a ... of hers: *um primo dela* a cousin of hers

**delas** *pron.* **1 o(s)/a(s) ... delas** (como adjetivo) their: *a casa delas* their house **2 o(s)/a(s) delas** (como pronome) theirs: *Minhas irmãs não estudam na mesma escola que eu. A delas fica mais longe.* My sisters don't go to the same school as me. Theirs is farther away. **3 ser delas** to be theirs: *Essas da foto são minhas primas. A casa do fundo é delas.* These girls in the picture are my cousins. The house in the background is theirs. **4 um/uma ... delas** a ... of theirs: *um parente delas* a relative of theirs

**dele** *pron.* **1 o(s)/a(s) ... dele** (como adjetivo) his: *o livro dele* his book | *os amigos dele* his friends **2 o(s)/a(s) dele** (como pronome) his: *Meus óculos custaram mais caro do que os dele.* My glasses were more expensive than his. | *Aquele não é o carro do meu pai. O dele é preto.* That's not my dad's car. His is black. **3 ser dele** to be his: *O Tiago tem um celular assim. Deve ser dele.* Tiago has a cell phone like that. It must be his. **4 um/uma ... dele** a ... of his: *um amigo dele* a friend of his

**delegacia** *s.* (tb delegacia de polícia) police station

**delegado** *s.* **1** (tb delegado de polícia) police chief **2** (em conferência) delegate

**deles** *pron.* **1 o(s)/a(s) ... deles** (como adjetivo) their: *a casa deles* their house **2 o(s)/a(s) deles** (como pronome) theirs: *O nosso carro é preto. O deles é prata.* Our car is black. Theirs is silver. **3 ser deles** to be theirs: *Vi um carro novo na garagem dos vizinhos. Será que é deles?* I saw a new car on the neighbor's drive. I wonder if it's theirs? **4 um/uma ... deles** a ... of theirs: *um tio deles* an uncle of theirs

**deletar** *v.* to delete

**delicado** *adj.* **1** (amável) kind (***com*** *to*): *Ela foi muito delicada comigo.* She was very kind to me. **2** (em outros casos) delicate

**delícia** *s.* **1** delight **2 estar/ser uma delícia** **a** (comida, bebida) to be delicious **b** (outras coisas) to be delightful: *É uma delícia fi-*

*car sentado à beira-mar.* It's delightful to sit by the ocean. 3 **que delícia!** **a** (comida, bebida) how delicious! **b** (outras coisas) how delightful!

**delicioso** *adj.* 1 (comida, bebida) delicious 2 (prazeroso) delightful

**delineador** *s.* eyeliner

**delirar** *v.* 1 (ir ao delírio) to go wild: *O público delirava.* The audience was going wild. 2 (falar bobagem) to rave 3 (de febre etc.) to be delirious

**delírio** *s.* 1 **ir ao delírio** (plateia, torcida) to go wild 2 **levar alguém ao delírio** to drive sb wild

**delito** *s.* crime

**demais** *adv.* 1 (em excesso) too much: *Comi demais.* I ate too much. | *Evite tomar café demais.* Avoid drinking too much coffee. ▸ Quando se refere a um substantivo no plural, traduz-se por ***too many***: *Há alunos demais nas salas de aula.* There are too many students in the classes. ▸ Com adjetivos e advérbios, traduz-se por ***too***: *Está quente demais aqui dentro.* It's too hot in here. 2 **ser demais** (muito bom) to be awesome (BRIT: to be brilliant): *A festa foi demais!* The party was awesome! / *pron.* 1 (com substantivo) other: *os demais alunos* the other students | *demais benefícios* other benefits 2 **os demais** **a** (com referência específica) the others: *As primeiras casas da rua são estabelecimentos comerciais, as demais são residências.* The first houses on the street are commercial establishments, the others are residences. **b** (as outras pessoas em geral) others: *É importante respeitar os demais.* It's important to respect others.

**demanda** *s.* (por produto) demand (***por*** *for*)

**demão** *s.* coat

**demissão** *s.* 1 (devido a cortes) lay-off 2 (por justa causa) dismissal ▸ Na linguagem menos formal, também se diz ***firing***. 3 (tb pedido de demissão) resignation 4 **pedir demissão** to resign

**demitir** *v.* (mandar embora) to fire (BRIT: to sack) ▸ A palavra formal é ***to dismiss***. / **demitir-se** *v.* to resign (***de*** *from*)

**democracia** *s.* democracy

**democrático** *adj.* democratic

**demolir** *v.* to demolish

**demônio** *s.* demon

**demonstração** *s.* 1 demonstration 2 **fazer uma demonstração de algo** (produto) to demonstrate sth

**demonstrar** *v.* to demonstrate

**demora** *s.* 1 delay: *Desculpe a demora.* Sorry about the delay. | *sem demora* without delay 2 **que demora!** this is taking forever!

**demorado** *adj.* 1 (longo) lengthy: *um processo demorado* a lengthy process 2 (lento) slow: *O atendimento é muito demorado.* The service is very slow.

**demorar** *v.* 1 (para chegar ou voltar) to take a long time: *Ela está demorando. Será que se perdeu?* She's taking a long time. I wonder if she's gotten lost? ▸ Em frases negativas e perguntas, usa-se ***to be long***: *"Você vai demorar?" - "Não, não devo demorar muito."* "Will be you be long?" - "No, I shouldn't be very long." 2 (levar) to take: *Demoramos duas horas para chegar em casa.* We took two hours to get home. | *Demorou meses para concluir a reforma do prédio.* It took months to complete the renovation of the building. | *Quanto tempo vai demorar para o resultado da prova sair?* How long will it take for the test result to come out? 3 (durar) to go on for: *A cerimônia de formatura demorou uma eternidade.* The graduation ceremony went on forever. 4 **demorar a/para fazer algo** to take a while to do sth: *Ela demorou muito a responder meu e-mail.* She took a long while to answer my e-mail. ▸ Em frases negativas e perguntas, usa-se ***to take long***: *Você vai demorar para terminar?* Will you take long to finish? 5 **demorar para alguém/algo fazer algo** to take a while for sb/sth to do sth: *Vai demorar um pouco para a água ferver.* It'll take a little while for the water to boil. | *Demorou bastante para ele se tocar.* It took quite a while for him to take the hint. ▸ Em frases negativas e perguntas, usa-se ***to take long***: *Não demorou para eles entenderem.* It didn't take long for them to understand. 6 **demorar tanto** to take such a long time ▸ Em frases negativas e perguntas, traduz-se por ***to take so long***: *Por que demora tanto para tirar o visto?* Why does it take so long to get the visa?

**dendê** *s.* (óleo) palm oil

**dengue** *s.* (doença) dengue fever

**denso** *adj.* dense

**dentada** *s.* 1 bite 2 **dar uma dentada em algo** to take a bite of sth

**dentadura** *s.* (postiça) dentures *[pl.]* ▸ Na linguagem informal, também se diz ***false teeth*** (*pl.*)

**dente** *s.* 1 (em geral) tooth ▸ O plural é ***teeth***. 2 (de alho) clove

**dente de siso** wisdom tooth

**dentista** *s.* 1 dentist: *Vou ao dentista amanhã.* I'm going to the dentist tomorrow. 2 **ter dentista** (ter hora marcada) to have a dental appointment

**dentro** *adv.* 1 (no interior) inside: *Chegou um pacote. O que será que tem dentro?* A package has arrived. I wonder what there is inside? 2 **aí/aqui dentro** in there/here 3 **lá dentro** **a** (naquele lugar) in there **b** (dentro de casa) inside: *Vamos sentar lá dentro.* Let's go and sit inside. 4 **de dentro (de algo)** from inside (sth): *A barata saiu de dentro da despensa.* The cockroach came out from inside the pantry. 5 **estar/ficar por dentro** (saber) to be/get in the know (***de*** *about*): *Você está por dentro da festa que vai ter amanhã?* Are you in the know about the party there's going to be tomorrow? 6 **para dentro (de algo)** inside (sth) 7 **(para) dentro de casa** indoors: *Odeio passar o dia inteiro dentro de casa.* I hate spending the whole day indoors. 8 **por dentro** inside: *A fruta é vermelha por dentro.* The fruit is red inside. 9 **por dentro de algo** through sth: *Vamos passar por dentro do shopping para não pegar chuva.* Let's go through the mall so we don't get wet in the rain. / **dentro de** *prep.* 1 (espaço) inside: *dentro da loja* inside the store 2 (tempo) within: *dentro de três meses* within three months

**dentuço** *adj.* 1 with an overbite 2 **ser dentuço** to have an overbite

**denúncia** *s.* 1 (a autoridade, à polícia) report 2 (na mídia) allegation 3 **fazer uma denúncia** (à polícia etc.) to make a report (***a*** *to*)

**denunciar** *v.* 1 (a autoridade, à polícia) to report (***a*** *to*) 2 (na mídia) to expose

**deparar** *v.* 1 **deparar com algo** to come across sth 2 **deparar com alguém** to run into sb

**departamento** *s.* department: *o departamento de vendas* the sales department

**dependência** *s.* 1 (vício) addiction (***de*** *to*): *a dependência de crack* crack addiction 2 (o depender) dependence (***de*** *on*) 3 **dependências** (prédio) premises

**dependência química** drug addiction

**dependente** *adj.* dependent (***de*** *on*)

**depender** *v.* 1 to depend (***de*** *on*): *"Você vai à festa amanhã?" - "Depende."* "Are you going to the party tomorrow?" - "It depends." 2 **depender de alguém** **a** (financeiramente) to be dependent on sb: *Vou depender dos meus pais até conseguir um bom emprego.* I'll be dependent on my parents until I get a good job. **b** (ser decisão de) to be up to sb: *Para mim, tanto faz. Depende de você.* I don't mind. It's up to you. | *Se dependesse de mim, ele estaria na cadeia.* If it was up to me, he'd be in jail.

**depilação** *s.* 1 hair removal 2 **fazer depilação** **a** (nas pernas) to have your legs waxed **b** (na virilha) to have a bikini wax

**depilar** *v.* 1 (com cera) to wax ▸ *depilar as pernas* traduz-se por ***to wax your legs*** se a pessoa faz sozinha, e ***to have your legs waxed*** se ela faz com esteticista. 2 (raspar) to shave

**depoimento** *s.* 1 (relato) personal account (***sobre*** *of*): *Ela deu um depoimento comovente sobre sua experiência.* She gave a moving personal account of her experience. 2

(opinião) testimonial (***sobre*** *about*): *Deixe o seu depoimento sobre o nosso atendimento.* Leave your testimonial about our service. **3** (de testemunha) testimony **4** (à polícia) statement

**depois** *adv.* **1** (depois disso) afterwards: *Vamos à sessão das 19h e a gente janta depois.* Let's go to the 7 o'clock show and we'll have dinner afterwards. **2** (mais tarde) later: *A gente se fala depois.* We'll talk later. | *Vamos deixar esse assunto para depois.* Let's leave this subject till later. **3** (aí) then: *Fomos ao shopping e depois ao cinema.* We went to the mall and then to a movie. **4 logo/pouco depois** straight/shortly afterwards **5 muito depois** much later / **depois de** *prep.* **1** after: *depois do almoço* after lunch **2 depois de fazer algo** after doing sth: *Depois de fazer o dever de casa, saí com os meus amigos.* After doing my homework, I went out with my friends. ▸ Na linguagem falada, é mais comum usar um verbo finito depois de ***after***: *Depois de chegar em casa, fui direto para a cama.* After I got home, I went straight to bed. **3 depois de alguém/algo fazer algo** after sb/sth does sth: *O tiroteio começou depois de a polícia chegar no local.* The shoot-out started after the police arrived on the scene. / **depois que** *conj.* after: *Depois que ela me falou aquilo, fiquei pensando.* After she told me that, it set me thinking.

**depor** *v.* **1** (na delegacia) to give a statement **2** (no tribunal) to testify

**deportar** *v.* to deport

**depositar** *v.* (dinheiro) to deposit: *Ele depositou R$100,00 na minha conta.* He deposited R$100 in my account.

**depósito** *s.* **1** (dinheiro) deposit **2** (armazém) warehouse **3** (tanque) tank
**depósito de lixo** garbage dump (BRIT: rubbish dump)

**depredar** *v.* to vandalize

**depressa** *adv.* quickly / *interj.* quick!

**depressão** *s.* **1** depression **2 entrar em depressão** to get depressed

**deprimente** *adj.* depressing

**deprimido** *adj.* depressed

**deprimir** *v.* to depress

**deputado** *s.* (político) deputy
▸ Nos EUA, um deputado chama-se ***congressman***, uma deputada ***congresswoman***. Na Grã-Bretanha, diz-se ***MP***, abreviatura de ***Member of Parliament***.

**deriva** *s.* **1 à deriva** drifting **2 ir à deriva** to drift

**derramar** *v.* **1** (derrubar) to spill: *Não adianta chorar sobre o leite derramado.* It's no use crying over spilled milk. **2** (lágrimas, sangue) to shed

**derrame** *s.* (tb derrame cerebral) stroke

**derrapar** *v.* to skid

**derreter** *v.* to melt / **derreter-se** *v.* (pessoa) to get sappy (BRIT: to get soppy): *Quando a namorada aparece, o Rafa se derrete todo.* When his girlfriend shows up, Rafa gets all sappy.

**derrota** *s.* defeat

**derrotar** *v.* to defeat

**derrubar** *v.* **1** (entornar) to knock over: *Ele derrubou o copo e se molhou todo.* He knocked his glass over and got all wet. | *Uma onda me derrubou quando saía da água.* A wave knocked me over as I was coming out of the water. **2** (deixar cair) to drop: *O garçom derrubou uma bandeja cheia de pratos.* The waiter dropped a tray full of plates. ▸ Quando se fala em derrubar comida etc. em si mesmo, traduz-se por ***to get sth down sth***: *Derrubei molho de tomate na camiseta.* I got tomato sauce down my T-shirt. **3** (prédio) to tear down (BRIT: to knock down) **4** (adversário, avião, governo) to bring down: *O lutador derrubou o adversário.* The wrestler brought down his opponent. **5** (árvore) to cut down **6** (acometer) to lay low: *Essa gripe me derrubou.* This flu has laid me low.

**desabafar** *v.* **1** to get it off your chest (***com*** *to*): *Desculpa, mas eu precisava desabafar com alguém.* Sorry, but I needed to get it off my chest to someone. **2 desabafar algo**

to get sth off your chest (***com*** *to*) 3 **desabafar as mágoas** to pour out your troubles (***com*** *to*)
**desabar** *v.* 1 (ruir) to collapse 2 (fraquejar) to break down
**desabotoar** *v.* to unbutton
**desabrigado** *adj.* (pessoa) homeless
**desacato** *s.* 1 (tb desacato à autoridade) contempt 2 **desacato ao tribunal** contempt of court
**desacompanhado** *adj.* unaccompanied
**desacordado** *adj.* 1 unconscious 2 **ficar desacordado** to go unconscious
**desacostumado -da** *adj.* **desacostumado de (fazer) algo** unused to (doing) sth
**desafiar** *v.* 1 (instigar) to challenge (***para*** *to*) 2 (desrespeitar) to defy 3 **desafiar a sorte** to push your luck
**desafinado** *adj.* out of tune
**desafinar** *v.* (cantor) to sing out of tune
**desafio** *s.* challenge (***a*** *to*)
**desaforo** *s.* 1 abusive comment ▸ *desaforos* traduz-se por ***abuse***, que é singular e incontável. 2 **não levar desaforo para casa** to give as good as you get 3 **ouvir desaforos** to take abuse (***de*** *from*)
**desagradável** *adj.* unpleasant
**desajeitado** *adj.* clumsy
**desamarrar** *v.* to untie
**desamparado** *adj.* 1 (impotente) helpless 2 (abandonado) abandoned
**desandar** *v.* 1 (decair) to go bad 2 (mistura) to separate 3 **desandar em algo** (resultar em) to degenerate into sth
**desanimado** *adj.* (pessoa) disheartened
**desanimador** *adj.* disheartening
**desanimar** *v.* 1 (deixar desanimado) to dishearten 2 (tirar a vontade) to put off: *O que me desanima é o custo.* What puts me off is the cost. 3 (perder o ânimo) to get disheartened 4 **desanimar (de fazer algo)** to have second thoughts (about doing sth): *Já estou desanimando de viajar no feriado.* I'm already having second thoughts about going away over the holiday. 5 **desanimar alguém de fazer algo** to put sb off doing sth: *A chuva não nos desanimou de ir ao show.* The rain didn't put us off going to the concert.
**desânimo** *s.* discouragement
**desaparafusar** *v.* to unscrew
**desaparecer** *v.* to disappear
**desaparecido** *adj.* missing / *s.* missing person
**desaparecimento** *s.* disappearance
**desapontado** *adj.* disappointed (***com*** *with*)
**desapontar** *v.* to disappoint
**desaprovar** *v.* **desaprovar (algo/alguém)** to disapprove (of sth/sb): *Os pais desaprovam o namorado dela.* Her parents disapprove of her boyfriend.
**desarmamento** *s.* disarmament
**desarmar** *v.* 1 (pessoa) to disarm 2 (barraca) to take down
**desarrumado** *adj.* messy (BRIT: untidy)
**desarrumar** *v.* 1 (cabelo, quarto etc.) to mess up 2 (mala) to unpack
**desastrado** *adj.* 1 (estabanado) clumsy 2 (propenso a acidentes) accident-prone
**desastre** *s.* disaster
**desastre aéreo** plane crash **desastre natural** natural disaster
**desastroso** *adj.* disastrous
**desatar** *v.* 1 to untie 2 **desatar a chorar** to burst into tears 3 **desatar a correr** to break into a run 4 **desatar a rir** to burst out laughing
**desatarraxar** *v.* to unscrew
**desatento** *adj.* inattentive (***a*** *to*)
**desativado** *adj.* (armazém, fábrica etc.) disused
**desativar** *v.* 1 (empresa, fábrica etc.) to shut down 2 (explosivo) to defuse 3 (alarme, bomba-relógio) to deactivate
**desatualizado** *adj.* 1 (livro etc.) out of date 2 (pessoa) out of touch
**desbastar** *v.* (cabelo, vegetação) to thin out
**desbocado** *adj.* foul-mouthed
**desbotado** *adj.* faded
**desbotar** *v.* to fade
**descabelado** *adj.* disheveled (BRIT: dishevelled)
**descabelar** *v.* **descabelar alguém** to mess sb's hair up / **descabelar-se** *v.* (de nervoso)

to tear your hair: *Estou me descabelando com esse trabalho.* I'm tearing my hair with this assignment.

**descafeinado** *adj.* decaf ▸ A palavra formal é ***decaffeinated***.

**descalço** *adj.* 1 barefoot 2 **andar descalço** to walk around barefoot

**descampado** *s.* area of waste ground

**descansado** *adj.* 1 (sem cansaço) rested 2 (despreocupado) relaxed

**descansar** *v.* 1 (repousar) to rest 2 (relaxar) to relax

**descanso** *s.* 1 (repouso) rest 2 (para prato) tablemat 3 **sem descanso** without a break **descanso de tela** screen saver

**descarado** *adj.* shameless

**descarga** *s.* 1 (de privada) flush 2 (elétrica) discharge 3 (de mercadorias) unloading 4 **dar descarga** (na privada) to flush

**descarregado** *adj.* (bateria, celular etc.) dead

**descarregar** *v.* 1 (bagagem, mercadorias, veículo) to unload (***de** from*) 2 (bateria, celular etc.) to run down 3 (arma) to fire 4 **descarregar algo em cima de alguém** (descontar) to take sth out on sb: *Não descarregue em cima de mim!* Don't take it out on me!

**descartar** *v.* 1 (hipótese, suspeito etc.) to discount 2 (jogar fora) to discard

**descartável** *adj.* disposable

**descascar** *v.* 1 (em geral) to peel: *Você descasca as batatas?* Will you peel the potatoes? | *Meu nariz está descascando.* My nose is peeling. 2 (amendoim, nozes etc.) to shell

**descendência** *s.* descent: *Ele é de descendência italiana.* He's of Italian descent.

**descendente** *adj, s.* 1 descendant 2 **ser descendente de italiano/libanês *etc.*** to be of Italian/Lebanese etc. descent 3 **um descendente de alemão/japonês *etc.*** a person of German/Japanese etc. descent

**descer** *v.* 1 (ir/vir para baixo) to go/come down: *Desça aqui um pouco.* Come down here a minute. | *Você desce a escada e vira à direita.* You go down the stairs and turn right. ▸ Quando o sentido é *conseguir descer*, usa-se ***to get down***: *O menino subiu na árvore e não sabia como descer.* The boy climbed the tree and didn't know how to get down. 2 (de meio de transporte) to get off: *Vou descer na próxima estação.* I'm getting off at the next station. ▸ Quando se trata de um carro, usa-se ***to get out***: *O taxista parou para eu descer.* The cab driver stopped for me to get out. 3 (trazer para baixo) to get down (***de** from*): *Um comissário me ajudou a descer a bolsa do compartimento superior.* A flight attendant helped me get the bag down from the overhead locker. 4 **descer a escada/o morro *etc.*** to go down the stairs/the hill etc. 5 **descer a montanha/por uma corda *etc.*** to climb down the mountain/a rope etc. ▸ O uso de ***climb*** indica o uso das mãos além dos pés. 6 **descer da bicicleta/do cavalo *etc.*** to get off your bike/your horse etc.: *O policial desceu da moto e veio nos falar.* The police officer got off his motorcycle and came to speak to us. 7 **descer do ônibus/do trem *etc.*** to get off the bus/the train etc.

**descida** *s.* 1 (ida para baixo) way down: *A descida foi bem mais rápida do que a subida.* The way down was much quicker than the way up. 2 (trecho de estrada, rua) downward stretch: *A casa deles fica naquela descida.* Their house is on that downward stretch. 3 (de avião) descent 4 **na descida** on the way down: *Encontramos outros excursionistas na descida.* We met other hikers on the way down.

**desclassificar** *v.* (competidor) to disqualify

**descoberta** *s.* 1 discovery 2 **fazer uma descoberta** to make a discovery

**descoberto** *adj.* (cabeça, corpo) uncovered

**descobrimento** *s.* discovery

**descobrir** *v.* 1 (fazer a descoberta de) to discover: *O Brasil foi descoberto em 1500.* Brazil was discovered in 1500. | *Ela descobriu que o tataravô dela foi um príncipe africano.* She discovered that her great-great-great-grandfather had been an African prince. 2 (ficar sabendo) to find out: *Vou tentar descobrir os horários dos ônibus.* I'll try and find out the times of the buses. | *Ela só descobriu que tinha prova no dia.* She only found out there was a test on the day. 3 (destapar) to uncover

**descolado** *adj.* (na moda) trendy / *s.* trendsetter

**descolar** *v.* 1 (desprender-se) to come unstuck (***de*** *from*) 2 (conseguir) to get (***de*** *from*, ***para*** *for*): *A Aline me descolou um convite para a boate.* Aline got me an invitation to the club.

**desconfiado** *adj.* suspicious

**desconfiar** *v.* 1 to suspect: *Será que ele desconfia que estamos preparando uma surpresa?* Do you think he suspects we're preparing a surprise? 2 **desconfiar de algo** a (suspeitar) to suspect sth b (não acreditar em) to doubt sth 3 **desconfiar de alguém** a (suspeitar) to suspect sb b (não confiar em) to distrust sb

**desconfortável** *adj.* uncomfortable

**desconforto** *s.* discomfort

**descongelar** *v.* to defrost

**desconhecido** *adj.* unknown / *s.* stranger

**descontar** *v.* 1 (subtrair) to deduct (***de*** *from*): *Meu pai descontou o valor da minha mesada.* My dad deducted the amount from my allowance. 2 (cheque) to cash 3 **descontar algo (do preço)** to knock sth off (the price): *A loja descontou 20% do preço do notebook.* The store knocked 20% off the price of the notebook. 4 **descontar em cima de alguém** to take it out on sb: *Ele brigou com a namorada e descontou em cima da gente.* He had a fight with his girlfriend and took it out on us.

**desconto** *s.* 1 discount: *com 20% de desconto* with a 20% discount 2 **dar um desconto** a (no preço) to give a discount (***em*** *on*): *A loja me deu um desconto de 10% no livro.* The store gave me a 10% discount on the book. b (ser compreensivo) to make allowances (***para*** *for*): *Temos que dar um desconto para ele porque estava lesionado.* We have to make allowances for him because he was injured.

**descontraído** *adj.* relaxed

**descontrolado** *adj.* 1 (pessoa, veículo) out of control: *um caminhão descontrolado* an out of control truck 2 (desenfreado) uncontrolled: *raiva descontrolada* uncontrolled rage 3 **estar/ficar descontrolado** to be/get out of control

**descontrolar-se** *v.* 1 (pessoa) to lose control 2 (veículo) to go out of control 3 (situação) to get out of control

**desconversar** *v.* to change the subject

**descrever** *v.* to describe

**descrição** *s.* description

**descuidado** *adj.* careless

**descuido** *s.* 1 (qualidade) carelessness 2 (deslize) moment of inattention 3 **por um descuido** through carelessness: *por um descuido meu* through my own carelessness

**desculpa** *s.* 1 excuse (***por*** *for*): *Que desculpa mais esfarrapada!* What a lame excuse! 2 **arrumar/inventar uma desculpa** to come up with/make up an excuse 3 **pedido de desculpas** apology 4 **pedir desculpas** to apologize (***a*** *to*, ***por*** *for*): *Ela veio me pedir desculpas.* She came to apologize to me. ▸ Na linguagem informal, é mais comum dizer ***to say sorry (to sb for sth)***: *Ele chegou atrasado e nem pediu desculpas.* He arrived late and didn't even say sorry. 5 **pedir desculpas por ter feito algo** to apologize for doing sth: *Pedi desculpas a ele por não ter ligado* I apologized to him for not calling. ▸ Na linguagem informal, também se diz ***to say sorry for doing sth***

**desculpar** *v.* to excuse: *Vai me desculpar, mas você está errado.* You'll have to excuse me, but you're wrong. / **desculpar-se** *v.* 1 (pedir desculpas) to apologize (***com*** *to*) 2 (pedir licença) to excuse yourself: *Ela se desculpou e saiu.* She excused herself and left.

**desde** *prep.* 1 (de tempo) since: *desde meu primeiro dia de aula* since my first day at school 2 (de lugar) from: *Dá para ver o Cristo Redentor desde a minha janela.* You can see Christ the Redeemer from my window. 3 **desde ... até ...** from ... to ...: *Gosto de tudo quanto é música, desde funk até Mozart.* I like all kinds of music, from funk to Mozart. 4 **desde então** since then 5 **desde quando** since: *desde quando eu tinha cinco anos* since I was five years old 6 **desde quando?** how long?: *Desde quando você estuda inglês?* How long have you been studying English? ▸ Para expressar surpresa ou raiva, traduz-se por ***since when?***: *Desde quando você é craque em Matemática?* Since when have you been a whiz at math? 7 **desde sempre** forever: *Conheço o Pedro desde sempre.* I've known Pedro forever. / **desde que** 1 (de tempo) since: *Não para de chover desde que chegamos aqui.* It hasn't stopped raining since we got here. 2 (condicional) as long as: *Podemos escrever sobre qualquer coisa desde que seja em inglês.* We can write about anything as long as it's in English.

▸ Em expressões de tempo, a palavra ***since*** geralmente requer o uso do *present perfect* ou *past perfect*, simples ou contínuo, para descrever uma ação que começou anteriormente e continua no momento de que se fala: ***I've been learning English since last year.*** (= Estudo inglês desde o ano passado.) ***They had been dating since they met at high school.*** (= Eles namoravam desde que se conheceram no colégio.)

**desdobramento** *s.* (reflexo) implication

**desdobrar** *v.* (mapa etc.) to unfold / **desdobrar-se** *v.* **desdobrar-se para fazer algo** to make every effort to do sth

**desejar** *v.* 1 (querer) would like: *A senhora deseja sobremesa?* Would you like dessert, ma'am? 2 (almejar) to wish for: *Ser ator era tudo que ele sempre desejou.* Being an actor was all he had ever wished for. 3 (sentir desejo por) to desire 4 **desejar algo a alguém** to wish sb sth: *Eu te desejo tudo de bom.* I wish you all the best. | *Ela ligou para desejar Feliz Natal.* She called to wish us a merry Christmas. 5 **desejar fazer algo** would like to do sth: *Com quem deseja falar?* Who would you like to speak to? ▸ Na linguagem formal, também se diz ***to wish to do sth***: *Deseja deixar recado?* Do you wish to leave a message? 6 **desejar que alguém faça algo** would like sb to do sth: *O senhor deseja que chame um táxi?* Would you like me to call a cab, sir?

**desejo** *s.* 1 (vontade) wish: *meu maior desejo* my greatest wish 2 (alimentar) craving (***de/por*** for): *Estou com desejo de chocolate.* I have a craving for chocolate. 3 (sexual) desire 4 **desejo de fazer algo** **a** (vontade) desire to do sth **b** (compulsão) craving to do sth

**desembarcar** *v.* 1 (de avião/navio) to disembark ▸ Na linguagem informal, é mais comum dizer ***to get off the plane/ship***. 2 (bagagem, carga) to unload

**desembarque** *s.* 1 (de avião/navio) disembarkation 2 (setor do aeroporto) arrivals *[sg.]*: *O desembarque fica no andar inferior.* Arrivals is on the lower floor. | *o saguão de desembarque* the arrivals hall

**desembocar** *v.* **desembocar em algo** **a** (rua) to come out on sth: *Essa rua desemboca na rodovia.* This street comes out on the highway. **b** (rio) to flow into sth: *O Amazonas desemboca no Atlântico.* The Amazon flows into the Atlantic.

**desembolsar** *v.* (dinheiro) to fork over (BRIT: to fork out)

**desembrulhar** *v.* to unwrap

**desempatar** *v.* (tb desempatar o jogo) to go ahead

**desempenhar** *v.* 1 (papel) to play 2 (função, tarefa) to perform

**desempenho** *s.* performance

**desempregado** *adj.* unemployed / *s.* 1 unemployed person 2 **os desempregados** (em geral) the unemployed

**desemprego** *s.* unemployment

**desencadear** *v.* (provocar) to spark: *A decisão desencadeou uma onda de protestos.* The decision sparked a wave of protests.

**desencontrar-se** *v.* 1 (marcar encontro mas não se achar) to miss each other 2 (perder-se) to lose each other 3 **desencontrar-se com alguém** **a** (marcar encontro mas não achar) to miss sb **b** (perder-se de) to lose sb

**desencontro** *s.* failed rendezvous (***com*** *with*)

**desenfreado** *adj.* unbridled

**desengonçado** *adj.* (pessoa) awkward

**desenhar** *v.* 1 (retratar) to draw 2 (projetar) to design

**desenhista** *s.* designer: *um desenhista de móveis* a furniture designer

**desenho** *s.* 1 (retrato, arte) drawing: *um desenho a lápis* a pencil drawing | *uma aula de desenho* a drawing class 2 (tb desenho animado) cartoon: *um desenho da Disney* a Disney cartoon 3 (em outros casos) design: *desenho de calçados* shoe design | *uma camiseta com desenho* a T-shirt with a design on it 4 **fazer um desenho** to do a drawing (***de*** *of*)

**desenho animado** cartoon

**desenrolar** *v.* 1 (papel) to unroll 2 (barbante, fio) to unwind / **desenrolar-se** *v.* (enredo, acontecimentos) to unfold

**desentendido** *adj.* **fazer-se de desentendido** to feign ignorance

**desentendimento** *s.* disagreement

**desenterrar** *v.* to dig up

**desentupir** *v.* to unblock

**desenvolver** *v.* to develop / **desenvolver-se** to develop

**desenvolvido** *adj.* (país) developed

**desenvolvimento** *s.* 1 development 2 **um país em desenvolvimento** a developing country

**desequilibrado** *adj.* 1 (fisicamente) off balance 2 (mentalmente) unbalanced 3 (jogo, distribuição etc.) uneven

**desequilibrar-se** *v.* (quase cair) to lose your balance

**deserdar** *v.* to disinherit

**deserto** *s.* desert: *o deserto do Saara* the Sahara desert / *adj.* 1 (lugar) deserted 2 **ilha deserta** desert island

**desesperado** *adj.* 1 (sem esperança) desperate 2 (transtornado) frantic

**desesperar-se** *v.* 1 (perder a esperança) to despair (***de*** *of*) 2 (ficar transtornado) to get frantic

**desespero** *s.* 1 despair 2 **entrar em desespero** **a** (ficar transtornado) to get frantic **b** (não saber o que fazer) to get desperate 3 **no desespero** in desperation

**desfavorável** *adj.* unfavorable (BRIT: unfavourable) (***a*** *to*)

**desfazer** *v.* 1 (nó, costura, acordo) to undo 2 (banda, sociedade) to break up / **desfazer-se** *v.* 1 (nó, costura) to come undone 2 (banda, sociedade) to break up 3 **desfazer-se de algo** to get rid of sth: *Quero me desfazer de umas roupas que não uso mais.* I want to get rid of some clothes I don't wear anymore.

**desfecho** *s.* 1 (de história, filme etc.) ending 2 (resultado) outcome

**desfiar** *v.* 1 (tecido, roupa) to fray 2 (galinha) to shred

**desfilar** *v.* 1 (em festividade) to parade 2 (modelo) to model

**desfile** *s.* 1 (de Carnaval, militar etc.) parade 2 (de moda) runway show (BRIT: catwalk show)

**desfile de moda** fashion show

**desgastante** *adj.* 1 (cansativo) strenuous 2 (estressante) wearing

**desgastar** *v.* 1 (objeto, pessoa) to wear down 2 (relação) to take a toll on 3 (pessoa pública, imagem) to damage / **desgastar-se** *v.* 1 (objeto) to wear down 2 (pessoa) to wear yourself down 3 (relação) to go stale 4 (pessoa pública, imagem) to be damaged

**desgaste** *s.* 1 (de peças, máquina etc.) wear and tear 2 (físico, mental) exertion: *O jogador teve um desgaste físico muito grande.* The player went through a lot of physical exertion. 3 (em relação) friction: *Houve um desgaste entre eles.* There was some friction between them. 4 (de político, instituição) loss of credibility

**desgosto** *s.* 1 heartache 2 **dar desgosto a alguém** to give sb heartache

**desgraça** *s.* 1 (azar) misfortune 2 (calamidade) tragedy

**desgraçado** *adj.* wretched / *s.* wretch
**desgrudar** *v.* 1 **não desgrudar de algo** to be glued to sth: *Ele não desgruda do celular por um minuto.* He's glued to his cell phone the whole time. 2 **não desgrudar de alguém** to be with sb constantly
**desidratado** *adj.* dehydrated
**desidratar** *v.* to dehydrate
**design** *s.* design: *design de interiores* interior design
**desigual** *adj.* 1 (injusto) unequal 2 (irregular) uneven
**desigualdade** *s.* inequality
**desiludir** *v.* to disillusion / **desiludir-se** *v.* to get disillusioned
**desilusão** *s.* disillusionment
**desinchar** *v.* **algo desincha** the swelling in sth goes down: *O meu tornozelo desinchou.* The swelling in my ankle has gone down.
**desinfetante** *s.* disinfectant
**desinfetar** *v.* to disinfect
**desinibido** *adj.* uninhibited
**desinteressar-se** *v.* to lose interest (***de*** *in*)
**desinteresse** *s.* lack of interest (***por*** *in*)
**desistir** *v.* 1 (mudar de ideia) to change your mind: *Ele ia viajar no feriado, mas desistiu.* He was going to go away over the holiday, but he changed his mind. 2 (parar de tentar) to give up: *É difícil, mas não vou desistir.* It's hard, but I'm not giving up. 3 **desistir de alguém** to give up on sb: *Um bom professor nunca desiste dos alunos.* A good teacher never gives up on the students. 4 **desistir de (fazer) algo** **a** (mudar de ideia) to change your mind about (doing) sth: *Ele desistiu de estudar espanhol e optou pelo mandarim.* He changed his mind about studying Spanish and opted for Mandarin. **b** (abandonar) to give up (doing) sth: *Ela teve que desistir das aulas de dança.* She had to give up the dance classes.
**deslanchar** *v.* to take off
**desleixado** *adj.* 1 (no jeito de ser) sloppy 2 (na aparência) scruffy
**desligado** *adj.* 1 (aparelho) off: *O celular dela estava desligado.* Her cell phone was off. 2 (pessoa) scatterbrained
**desligar** *v.* 1 (aparelho) to turn off: *Não esqueça de desligar a TV.* Don't forget to turn the TV off. 2 (telefone) to hang up: *Ela desligou na minha cara.* She hung up on me. 3 **desligar algo da tomada** to unplug sth / **desligar-se** *v.* (distrair-se) to switch off (***de*** *from*)
**deslizar** *v.* to slide
**deslize** *s.* 1 slip 2 **cometer um deslize** to make a slip
**deslocado** *adj.* 1 (pessoa) out of place 2 (osso) dislocated
**deslocar** *v.* 1 (mudar de lugar) to move 2 (osso) to dislocate / **deslocar-se** *v.* 1 (mudar de lugar) to move 2 (locomover-se) to get around
**deslumbrado** *adj.* starry-eyed
**deslumbrante** *adj.* 1 (lindo) gorgeous 2 (suntuoso) lavish
**deslumbrar** *v.* to dazzle / **deslumbrar-se** *v.* to be dazzled (***com*** *by*)
**desmaiado** *adj.* unconscious
**desmaiar** *v.* 1 (cair) to faint 2 (perder a consciência) to go unconscious
**desmaio** *s.* 1 faint 2 **sofrer/ter um desmaio** to faint
**desmanchar** *v.* 1 (costura) to undo 2 (relação, noivado) to break off 3 (penteado, maquiagem etc.) to ruin 4 **desmanchar na boca** to melt in your mouth / **desmanchar-se** *v.* 1 (estragar-se) to be ruined 2 (dissolver) to dissolve 3 (costura) to come undone
**desmantelar** *v.* to dismantle
**desmascarar** *v.* to expose
**desmatamento** *s.* deforestation
**desmatar** *v.* 1 (região) to deforest 2 (em geral) to clear forest
**desmontar** *v.* 1 (construção) to take down 2 (aparelho, móvel etc.) to take apart
**desmoronar** *v.* (ruir) to collapse
**desnecessário** *adj.* 1 (que não é preciso) unnecessary 2 (infeliz) uncalled for 3 **desnecessário dizer que …** needless to say …

**desnorteado** *adj.* disoriented (BRIT: disorientated)
**desobedecer** *v.* 1 (criança, animal) to be disobedient 2 **desobedecer a algo/alguém** to disobey sth/sb
**desobediência** *s.* disobedience
**desobediente** *adj.* disobedient
**desocupado** *adj.* unoccupied
**desocupar** *v.* (deixar vago) to vacate
**desodorante** *s.* deodorant
**desonesto** *adj.* dishonest
**desordem** *s.* 1 (bagunça) mess 2 (civil) disorder
**desordenado** *adj.* 1 (sem ordem) disorderly 2 (fora da ordem) out of order
**desorganizado** *adj.* disorganized
**desorientado** *adj.* disoriented (BRIT: disorientated)
**despachado** *adj.* (pessoa) efficient
**despachar** *v.* (enviar) to send off
**despedaçar** *v.* (vidro etc.) to smash / **despedaçar-se** *v.* 1 (quebrar) to smash 2 (cair aos pedaços) to fall apart
**despedida** *s.* 1 (dizer tchau) farewell: *uma festa de despedida* a farewell party 2 (separação) parting
**despedida de solteira** bachelorette party (BRIT: hen night) **despedida de solteiro** bachelor party (BRIT: stag night)
**despedir** *v.* (funcionário) to fire (BRIT: to sack) / **despedir-se** *v.* to say goodbye (***de*** *to*): *Eu me despedi de todo mundo antes de ir embora.* I said goodbye to everyone before I left.
**despejar** *v.* 1 (líquido) to pour: *Despeje a mistura numa panela.* Pour the mixture into a pan. 2 (de casa) to evict
**despencar** *v.* to plummet
**despensa** *s.* pantry
**despenteado** *adj.* unkempt
**despentear** *v.* **despentear (o cabelo de) alguém** to mess sb's hair up
**despercebido** *adj.* **passar despercebido** to go unnoticed
**desperdiçar** *v.* to waste
**desperdício** *s.* waste: *Que desperdício!* What a waste!
**despertador** *s.* 1 alarm clock 2 **colocar o despertador para as sete** ***etc.*** to set the alarm for seven etc.
**despertar** *v.* 1 (acordar) to awake 2 (suspeitas) to arouse 3 (interesse) to generate
**despesa** *s.* expense
**despistar** *v.* to throw off the trail: *Os ladrões trocaram de carro para despistar a polícia.* The thieves changed cars to throw the police off the trail.
**despreocupado** *adj.* 1 (com algo específico) unconcerned (***com*** *about*) 2 (em geral) carefree
**desprevenido** *adj.* 1 (despreparado) off guard 2 **pegar alguém desprevenido** to catch sb off guard
**desprezar** *v.* 1 (pessoa) to despise: *Eu desprezo pessoas assim.* I despise people like that. 2 (não achar importante) to have no interest in: *Ela despreza futilidades.* She has no interest in trivial things. 3 (desconsiderar) to disregard
**desprezível** *adj.* 1 (vil) contemptible 2 (ínfimo) negligible
**desprezo** *s.* 1 contempt (***por*** *for*) 2 **ter desprezo por alguém** to feel contempt for sb
**desproporcional** *adj.* (desenho etc.) out of proportion (***a*** *with*)
**desprovido** *adj.* **desprovido de algo** **a** (carente) lacking sth: *desprovido de saneamento básico* lacking basic sanitation **b** (livre) devoid of sth: *desprovido de inveja* devoid of jealousy
**desqualificar** *v.* (competidor) to disqualify (***de*** *from*)
**desquitado** *adj.* legally separated
**desrespeitar** *v.* 1 (pessoa) to disrespect 2 (sinalização etc.) to disregard
**desrespeitoso** *adj.* disrespectful (***com*** *to*)
**destacar** *v.* 1 (ressaltar) to highlight 2 (folha) to detach / **destacar-se** *v.* to stand out
**destampar** *v.* 1 (panela) to uncover 2 (garrafa, vidro) to take the lid off
**destaque** *s.* 1 (coisa mais relevante) highlight 2 (pessoa) star 3 (do noticiário) headline 4 **ator/lugar** ***etc.*** **de destaque** prominent actor/

place etc. **5 em destaque** **a** (assunto, lançamento etc.) in the spotlight **b** (palavras de texto) highlighted

**destinar** *v.* **destinar algo a alguém** to intend sth for sb: *programas de TV destinados a crianças* TV shows intended for children / **destinar-se** *v.* **destinar-se a alguém/algo** to be intended for sb/sth

**destinatário** *s.* addressee

**destino** *s.* **1** (lugar) destination: *Qual o destino desse ônibus?* What is the destination of this bus? **2** (sina) fate: *Não sabemos qual vai ser o nosso destino.* We don't know what our fate will be. ▸ No sentido de *força do destino*, não se usa artigo em inglês: *O destino os uniu novamente.* Fate brought them back together again. **3 com destino a algo** bound for sth: *voo 267, com destino a Brasília* flight 267, bound for Brasilia

**destoar** *v.* not to fit in (***de** with*): *Aquela cadeira destoa do resto da sala.* That chair doesn't fit in with the rest of the room.

**destrancar** *v.* to unlock

**destreinado** *adj.* **1** (falando de habilidades) out of practice **2** (falando de esportes) out of training

**destro** *adj.* right-handed

**destroços** *spl.* ruins

**destruição** *s.* destruction

**destruído** *adj.* (muito cansado) beat

**destruir** *v.* to destroy

**destrutivo** *adj.* destructive

**desumano** *adj.* inhuman

**desvalorizar** *v.* (não dar valor a) to devalue / **desvalorizar-se** *v.* **1** (pessoa) to put yourself down **2** (imóvel, carro etc.) to drop in value **3** (moeda) to be devalued

**desvantagem** *s.* **1** disadvantage **2 em desvantagem** at a disadvantage

**desvendar** *v.* to solve

**desviar** *v.* **1** (ao dirigir) to swerve out of the way: *O motorista tentou desviar, mas não conseguiu.* The driver tried to swerve out of the way, but didn't manage to. **2** (trânsito) to divert **3** (dinheiro) to embezzle **4** (atenção) to distract **5** (golpe) to avert **6 desviar em algo** (ricochetear) to bounce off sth **7 desviar os olhos** to look away (***de** from*) / **desviar-se** *v.* **desviar-se de algo/alguém** to avoid sth/sb

**desvio** *s.* **1** (do trânsito) detour (BRIT: diversion) **2** (de dinheiro) embezzlement

**detalhadamente** *adv.* in detail

**detalhado** *adj.* detailed

**detalhe** *s.* **1** detail **2 entrar em detalhes** to go into detail

**detectar** *v.* to detect

**detenção** *s.* detention

**detentor** *s.* holder: *o detentor do título* the title holder

**deter** *v.* **1** (preso) to detain **2** (trânsito) to hold up **3** (recorde, título) to hold **4** (pessoa em determinado lugar) to keep

**detergente** *s.* detergent

**deteriorado** *adj.* **1** (prédio) run-down **2** (alimentos) spoiled (BRIT: spoilt)

**deteriorar-se** *v.* **1** (alimento) to go bad **2** (piorar) to deteriorate

**determinado** *adj.* **1** (certo) certain: *em determinados horários* at certain times **2** (decidido) determined

**determinar** *v.* to determine

**detestar** *v.* **1** to hate **2 detestar fazer algo** to hate doing sth ▸ Também se diz ***to hate to do sth*** **3 detestar que alguém/algo faça algo** to hate sb/sth doing sth: *Detesto que me façam esperar.* I hate being kept waiting.

**detetive** *s.* detective

**detonar** *v.* **1** (explodir) to blow up **2** (explosivo) to detonate **3** (destruir, criticar) to trash

**deturpar** *v.* (fatos, palavras) to distort

**deus** *s.* **1** god ▸ Escreve-se com maiúscula quando se refere a Deus, como em português. **2 Deus me livre!** heaven forbid! **3 (ai) meu Deus!** oh my God! **4 graças a Deus** thank God! **5 pelo amor de Deus** for heaven's sake ▸ Também se diz ***for God's sake***, que soa mais forte e dramático.

**deusa** *s.* goddess

**devagar** *adv.* slowly / *interj.* slow down!

**dever** *v. aux.* **1** ▸ Para expressar obrigação ou orientação, usa-se o verbo auxiliar ***must***: *O tra-*

*balho deve ser entregue até sexta-feira*. The assignment must be turned in by Friday. | *Você não deve falar durante a prova*. You must not talk during the test. **2** Para expressar suposição, usa-se o verbo auxiliar ***must***: *Você não comeu nada hoje. Deve estar com fome*. You haven't eaten anything today. You must be hungry. | *Faz mais de uma hora que eles saíram daqui. Já devem estar em casa*. It's been over an hour since they left here. They must be home by now. ▸ Suposições sobre o passado expressam-se com ***must have*** e o particípio passado: *Estamos perdidos. Devemos ter errado o caminho*. We're lost. We must have gone the wrong way. ▸ Suposições negativas sobre o passado expressam-se com ***can't have***: *Ela não deve ter recebido a mensagem*. She can't have gotten the message. ▸ Suposições negativas sobre o presente ou futuro expressam-se com ***I don't expect (that)***: *Eles estão viajando. Não devem vir à festa hoje*. They're out of town. I don't expect they'll come to the party today. ▸ Porém, *não deve ser* traduz-se por ***it can't be***: *Não deve ser barato morar naquele bairro*. It can't be cheap to live in that neighborhood. **3** ▸ Para expressar probabilidade, usa-se o verbo auxiliar ***should***: *Se tudo correr bem, devemos conseguir terminar tudo hoje*. If all goes well, we should get everything finished today. ▸ Na negativa, usa-se ***probably not***: *Como ele é estrangeiro, não deve entender português*. As he's a foreigner, he probably doesn't understand Portuguese. **4** ▸ Para expressar uma recomendação ou sugestão, usa-se o verbo auxiliar ***should***: *Você deve comprar um dicionário atualizado*. You should buy an up-to-date dictionary. | *Eles deveriam respeitar os mais velhos*. They should respect older people. **5** ▸ *devia/deveria ter feito* traduz-se por ***should have done***: *Você devia ter falado comigo*. You should have spoken to me. | *Ele não deveria ter contado para todo mundo*. He shouldn't have told everyone. / *v.* **dever algo a alguém** to owe sb sth: *O Pedro me deve R$20,00*. Pedro owes me R$20. ▸ Também se diz ***to owe sth to sb*** quando é o caso de ressaltar a quem se deve algo: *Estou devendo cinco reais à Laura, e dez ao Tiago*. I owe five reais to Laura, and ten to Tiago. | *Ela deve a vida aos bombeiros que a resgataram*. She owes her life to the firefighters who rescued her. / **dever-se** *v.* **dever-se a algo** to be due to sth: *O aquecimento global deve-se ao efeito estufa*. Global warming is due to the greenhouse effect. / *s.* **1** (obrigação) duty **2** (tb dever de casa) homework ▸ É incontável, portanto *um dever* traduz-se por ***some homework*** ou ***a piece of homework***. **3 cumprir seu dever** to do your duty **4 fazer o dever de casa** to do your homework **5 passar um dever** to give some homework (***para*** *to*): *O professor de História passou algum dever?* Did the history teacher give any homework?

**devidamente** *adv.* **1** (corretamente) properly: *Barram quem não estiver devidamente vestido*. They turn away anyone who is not properly dressed. **2** (como deve ser) duly: *Devolva o formulário devidamente preenchido*. Return the form duly filled out.

**devido** *s.* (apropriado) proper: *Colocamos tudo no devido lugar*. We put everything in its proper place. / **devido a** *prep.* due to: *O metrô não está funcionando devido a uma greve*. The subway is not running due to a strike.

**devolução** *s.* return

**devolver** *v.* **1** to return ▸ No sentido de *entregar ao dono*, também se diz ***to give back***. **2 devolver algo a alguém** to return sth to sb ▸ Na linguagem informal, é mais comum dizer ***to give sb sth back*** ou ***to give sth back to sb***: *Preciso devolver à Cristina o livro que ela me emprestou*. I need to give Cristina back the book she lent me.

**dez** *num.* **1** (numeral) ten **2** (dia do mês) tenth: *no dia 10 de fevereiro* on February 10th

**dezembro** *s.* December: *em dezembro* in December

**dezena** *s.* 1 **dezenas de algo** (muitos) dozens of sth: *dezenas de vezes* dozens of times ▸ Na realidade, a palavra ***dozen*** significa uma dúzia. 2 **dezenas de milhares/milhões** tens of thousands/millions (***de*** *of*) 3 **uma dezena de algo** about ten sth: *uma dezena de pessoas* about ten people

**dezenove** *num.* 1 (numeral) nineteen 2 (dia do mês) nineteenth

**dezesseis** *num.* 1 (numeral) sixteen 2 (dia do mês) sixteenth

**dezessete** *num.* 1 (numeral) seventeen 2 (dia do mês) seventeenth

**dezoito** *num.* 1 (numeral) eighteen 2 (dia do mês) eighteenth

**dia** *s.* 1 (em geral) day: *O dia está lindo hoje.* It's a beautiful day today. | *naquele dia* on that day 2 (data) date: *Que dia você volta da viagem?* What date do you get back from your trip? 3 **dia sim, dia não** every other day 4 **bom dia** good morning 5 **botar/colocar algo em dia** to get up to date with sth 6 **de dia** in the daytime 7 **de dois em dois/três em três** ***etc.*** **dias** every two/three etc. days 8 **em dia** up to date (***com*** *with*) 9 **hoje em dia** these days ▸ Também se diz ***nowadays***. 10 **no dia anterior** the day before 11 **no dia seguinte/no outro dia** the next day ▸ Também se diz ***the day after***. 12 **o dia inteiro/todo** all day ▸ Também se diz ***the whole day***: *A viagem leva o dia inteiro.* The journey takes the whole day. ▸ Para enfatizar mais a duração da ação, diz-se ***all day long*** ou ***the whole day long***: *Ontem fiquei dormindo o dia todo.* Yesterday I slept all day long. 13 **que dia é hoje?** **a** (data) what's the date today? **b** (dia da semana) what day is it today? 14 **ser dia claro** to be daylight 15 **todo dia/todos os dias** every day

**Dia da Independência** Independence Day **dia da semana** day of the week: *Você sabe os dias da semana em espanhol?* Do you know the days of the week in Spanish? **Dia das Bruxas** Halloween **Dia das Mães** Mother's Day **Dia de Ação de Graças** Thanksgiving **dia de semana** weekday: *em dia de semana* on a weekday **Dia dos Namorados** Valentine's Day ▸ cai no dia 14 de fevereiro nos países de língua inglesa. **Dia dos Pais** Father's Day **dia útil** workday (BRIT: working day)

▸ As datas escrevem-se com o nome do mês seguido do número do dia, p.ex. ***May 5th*** ou ***May 5***, ambas pronunciadas *May fifth*. No inglês britânico, escreve-se ***May 5th*** (pronunciado *May the fifth*) ou ***5th May*** (pronunciado *the fifth of May*). A preposição usada com datas é ***on***: ***on November 8th*** (= no dia 8 de novembro).

**diabete** *s.* diabetes

**diabético** *adj, s.* diabetic

**diabo** *s.* 1 devil 2 **o que/como** ***etc.*** **diabos ...?** what/how the devil ...?

**diagnosticar** *v.* 1 to diagnose 2 **ser diagnosticado com algo** to be diagnosed with sth

**diagnóstico** *s.* 1 diagnosis 2 **fazer um diagnóstico** to make a diagnosis

**diagonal** *adj, s.* diagonal

**diagrama** *s.* diagram

**dialeto** *s.* dialect

**diálogo** *s.* 1 (em geral) dialogue ▸ No inglês americano, também se escreve ***dialog***. 2 (na tela do computador) dialog box (BRIT: dialogue box)

**diamante** *s.* diamond: *um colar de diamantes* a diamond necklace

**diâmetro** *s.* diameter

**diante** *adv.* 1 **de agora/quarta/julho** ***etc.*** **em diante** from now/Wednesday/July etc. on: *daqui em diante* from here on 2 **e assim por diante** and so on / **diante de** *prep.* 1 (em frente de) in front of: *Ele se sente inseguro diante dos outros.* He feels insecure in front of others. 2 (perante) before: *diante do tribunal* before the court 3 (ao enfrentar) in the face of: *a atuação do governo diante da crise* government action in the face of the crisis

**dianteira** *s.* 1 (liderança) lead: *Os dois pilotos disputaram a dianteira da corrida.* The two drivers vied for the lead in the race. 2 (parte da frente) front: *a dianteira do carro* the front of the car **3 estar na dianteira** to be in the lead **4 tomar a dianteira** to take the lead (*de in*)

**dianteiro** *adj.* front: *as rodas dianteiras* the front wheels

**diária** *s.* **1** (pernoite em hotel) night: *Reservamos cinco diárias num albergue.* We've reserved five nights at a hostel. **2** (preço de hotel) price per night: *Quanto é a diária?* How much is the price per night? **3** (de trabalhador) daily wage

**diariamente** *adv.* daily

**diário** *adj.* daily / *s.* **1** (de pessoa) journal (BRIT: diary) **2** (jornal) daily

**diarista** *s.* cleaner

**diarreia** *s.* diarrhea (BRIT: diarrhoea)

**dica** *s.* tip (***sobre*** *on*): *O professor nos deu muitas dicas úteis.* The teacher gave us a lot of useful tips.

**dicionário** *s.* dictionary: *Procure a palavra num dicionário.* Look the word up in a dictionary.

**diesel** *adj, s.* diesel

**dieta** *s.* **1** diet **2 entrar em dieta** to go on a diet **3 estar de dieta** to be on a diet **4 fazer dieta** to diet

**dietético** *adj.* diet: *bebidas dietéticas* diet drinks

**diferença** *s.* **1** difference (***entre*** *between*): *Qual a diferença entre esses dois modelos?* What's the difference between these two models? | *uma diferença de idade* an age difference **2 fazer uma diferença** to make a difference: *Não faz nenhuma diferença.* It doesn't make any difference.

**diferenciado** *adj.* differential

**diferenciar** *v.* to differentiate (***de*** *from*, ***entre*** *between*) / **diferenciar-se** *v.* to be different (***de*** *from*)

**diferente** *adj.* **1** (não igual) different (***de*** *from*) **2** (fora do comum) unusual: *O carro tem um design muito diferente.* The car has a very unusual design. **3 diferentes** (vários) different: *pessoas de diferentes nacionalidades* people of different nationalities / *adv.* differently

**diferentemente** *adv.* **1** differently (***de*** *from*) **2 diferentemente de algo/alguém** unlike sth/sb

**difícil** *adj.* **1** (em geral) difficult: *É difícil entender o sotaque neozelandês.* It's difficult to understand the New Zealand accent. | *Ela é uma pessoa difícil.* She's a difficult person. **2** (pouco provável) unlikely: *Acho difícil ele nos ajudar.* I think it's unlikely he'll help us. | *Uma coisa dessas é difícil de acontecer.* Something like that is unlikely to happen. **3 difícil de fazer** difficult to do: *Essa janela é difícil de abrir.* This window is difficult to open. / *adv.* **falar difícil** to use a lot of big words

**dificuldade** *s.* **1** difficulty **2 ter dificuldade de/para fazer algo** to have difficulty doing sth ▶ Também se diz ***to find it difficult to do sth*** e, no inglês americano, ***to have a hard time doing sth***.

**dificultar** *v.* **1** (tornar difícil) to make difficult: *Isso só dificulta as coisas.* That just makes things difficult. **2** (atrapalhar) to hinder: *O político tentou dificultar a investigação policial.* The politician tried to hinder the police investigation.

**digerir** *v.* to digest

**digestão** *s.* **1** digestion **2 fazer digestão** to let your food go down

**digital** *adj.* digital

**digitalizar** *v.* to digitalize

**digitar** *v.* **1** (texto, mensagem) to type **2** (dados, senha etc.) to key in

**dígito** *s.* **1** (em geral) digit **2** (tracinho com número) dash

**digno** *adj.* worthy (***de*** *of*)

**diluir** *v.* **1** (adicionar líquido a) to dilute **2** (dissolver) to dissolve

**dimensão** *s.* **1** (tamanho) size: *a dimensão da casa* the size of the house **2** (de problema etc.) extent: *a dimensão da tragédia* the extent of the tragedy **3** (aspecto, em física) dimension: *a dimensão humana da questão* the human dimension of the issue | *a quarta dimensão* the fourth dimension **4 dimensões** (medidas) dimensions

**diminuir** *v.* 1 (reduzir) to reduce 2 (reduzir-se) to decrease ▸ Também se diz ***to go down***. 3 (ficar menor) to get smaller 4 (chuva, dor) to ease off 5 (tb diminuir a velocidade) to slow down

**diminutivo** *adj, s.* diminutive

**Dinamarca** *s.* Denmark

**dinamarquês** *adj.* Danish / *s.* 1 (nativo) Dane 2 (idioma) Danish

**dinâmico** *adj.* dynamic

**dinamite** *s.* dynamite

**dinheiro** *s.* 1 money 2 **em dinheiro** in cash 3 **fazer dinheiro** to make money 4 **um dinheiro** some money

**dinossauro** *s.* dinosaur

**dióxido** *s.* **dióxido de carbono** carbon dioxide

**diploma** *s.* diploma

**diplomacia** *s.* diplomacy

**diplomado** *adj.* certified

**diplomata** *s.* diplomat

**diplomático** *adj.* diplomatic

**direção** *s.* 1 (sentido) direction: *na mesma direção* in the same direction 2 (de veículo) driving: *aulas de direção* driving lessons 3 (manejo do volante) steering 4 (de empresa) management: *sob nova direção* under new management 5 (de filme) direction 6 **em direção a algo/alguém** toward sth/sb (BRIT: towards sth/sb) 7 **na direção** (dirigindo) at the wheel (***de*** *of*): *Quem estava na direção do carro?* Who was at the wheel of the car? 8 **perder a direção** (motorista) to lose control (***de*** *of*)

**direita** *s.* 1 right 2 **à/para a direita** on/to the right 3 **partido/político *etc.* de direita** right-wing party/politician etc. 4 **virar à direita** to turn right

**direito** *s.* 1 (regalia) right: *os direitos da criança* children's rights 2 (disciplina, legislação) law: *direito penal* criminal law | *Ela quer fazer faculdade de Direito.* She wants to go to law school. 3 **dar direito a algo** to entitle you to sth: *O cupom dá direito a um lanche.* The coupon entitles you to a snack. 4 **ter direito a algo** **a** (segundo a norma) to be entitled to sth: *Os estudantes têm direito a um desconto de15%.* Students are entitled to a 15% discount. **b** (de acordo com os direitos humanos) to have a right to sth 5 **ter o direito de fazer algo** **a** (segundo a norma) to be entitled to do sth **b** (de acordo com os direitos humanos) to have a right to do sth **direitos autorais** royalties **direitos humanos** human rights / *adj.* 1 (lado, mão, perna etc.) right: *do lado direito* on the right side 2 (honesto) honest 3 (no lugar, reto) straight / *adv.* 1 (de forma adequada) properly: *Quero que você me explique direito o que aconteceu.* I want you to explain to me properly what happened. 2 (na posição certa) straight

**diretamente** *adv.* directly

**direto** *adj.* (contato, voo etc.) direct / *adv.* 1 (diretamente) straight: *Fomos direto para casa.* We went straight home. | *O ônibus passou direto.* The bus went straight past. | *Ela veio direto falar comigo.* She came straight to talk to me. | *Ele foi direto ao assunto.* He got straight to the point. 2 (sem escalas) direct: *O voo vai direto a Goiânia.* The flight goes direct to Goiania. 3 (sem intervalo) straight through: *Dormi direto até meio-dia.* I slept straight through to midday. 4 (constantemente) the whole time: *Ele reclama direto.* He complains the whole time.

**diretor** *s.* 1 (de empresa, filme) director 2 (de escola) principal (BRIT: headteacher)

**diretoria** *s.* 1 (diretores) board of directors 2 (local) boardroom

**diretório** *s.* directory

**dirigente** *s.* (político) leader

**dirigir** *v.* 1 (veículo) to drive 2 (filme, peça, campanha) to direct 3 (empresa, equipe) to manage 4 **dirigir a palavra a alguém** to speak to sb / **dirigir-se** *v.* 1 **dirigir-se a/para algo** to make your way to sth: *Depois da solenidade, os convidados se dirigiram à recepção.* After the cerimony, the guests made their way to the reception. 2 **dirigir-se a alguém** to speak to sb

**discar** *v.* to dial

**disciplina** *s.* 1 (rigor) discipline 2 (matéria) subject
**disciplinado** *adj.* disciplined
**discípulo** *s.* disciple
**disco** *s.* 1 (em informática, CD, DVD) disk 2 (vinil) record 3 (em atletismo) discus: *o arremesso de disco* the discus
**disco rígido** hard disk **disco voador** flying saucer
**discordar** *v.* to disagree (***de*** *with*, ***em*** *on*)
**discoteca** *s.* (boate) disco ▸ O nome formal é *discotheque*.
**discreto** *adj.* 1 (em geral) discreet 2 (cor, roupa) understated
**discrição** *s.* discretion
**discriminação** *s.* discrimination (***a/de*** *against*): *a discriminação das mulheres* discrimination against women
**discriminado** *adj.* 1 (conta, lista) itemized 2 (minoria) discriminated against: *o grupo mais discriminado* the most discriminated against group
**discriminar** *v.* to discriminate against: *As mulheres ainda são muito discriminadas no Brasil.* Women are still very discriminated against in Brazil.
**discurso** *s.* 1 speech 2 **fazer um discurso** to make a speech
**discussão** *s.* 1 (conversa) discussion (***sobre*** *about*) 2 (briga) argument
**discutir** *v.* 1 (conversar sobre) to discuss 2 (brigar) to argue (***com*** *with*, ***por causa de*** *over*) 3 (contestar) to dispute
**disfarçar** *v.* 1 (aparência, voz) to disguise 2 (esconder) to hide 3 (fingir naturalidade) to act natural / **disfarçar-se** *v.* 1 to wear a disguise 2 **disfarçar-se de algo** to disguise yourself as sth: *Os assaltantes disfarçaram-se de policiais.* The robbers disguised themselves as police officers.
**disfarce** *s.* disguise
**disléxico** *adj, s.* dyslexic
**disparado** *adv.* 1 (muito rápido) like a shot 2 (de longe) by a long way: *a melhor música disparado* the best song by a long way 3 **ganhar disparado** to win by a mile 4 **sair disparado** to go off like a shot
**disparar** *v.* 1 (arma, tiro) to fire: *O policial nega ter disparado a arma.* The police officer denies firing his gun. 2 (alarme, arma) to go off: *A arma disparou acidentalmente.* The gun went off accidentally. 3 (número, preço) to shoot up: *O dólar disparou ontem.* The dollar shot up yesterday. 4 (competidor) to surge ahead 5 **disparar contra alguém/algo** to fire at sb/sth
**disparo** *s.* (tiro) shot
**dispensar** *v.* 1 (não querer) can do without: *Dispenso os seus comentários.* I can do without your comments. 2 (funcionário) to let go 3 (namorado) to dump 4 (táxi, vendedor etc.) to send away 5 **dispensar alguém de algo** to excuse sb from sth
**dispersar** *v.* (multidão) to disperse / **dispersar-se** *v.* 1 (multidão) to disperse 2 (pessoa) to get distracted (***de*** *from*): *Eu me disperso muito facilmente.* I get distracted very easily.
**disperso** *adj.* (pessoa) easily distracted
**disponível** *adj.* available
**dispor** *v.* 1 (objetos) to arrange 2 **dispor de algo** **a** (ter) to have sth: *A escola dispõe de internet sem fio em todas as salas.* The school has wireless internet in every classroom. **b** (lançar mão de) to make use of sth: *Se quiser, pode dispor do meu e-mail.* If you want, you can make use of my e-mail address. 3 **disponha!** at your service! / *s.* **ao seu dispor** at your disposal / **dispor-se** *v.* **dispor-se a fazer algo** (aceitar) to agree to do sth: *Meu pai se dispôs a me emprestar o dinheiro.* My dad agreed to lend me the money.
**disposição** *s.* 1 (de objetos) arrangement 2 (entusiasmo) enthusiasm 3 **estar à disposição de alguém** to be at sb's disposal 4 **estar com disposição para algo/para fazer algo** to be in the mood for sth/to do sth 5 **estar sem disposição para algo/para fazer algo** not to be in the mood for sth/to do sth

**dispositivo** *s.* device
**disposto** *adj.* **disposto a fazer algo** willing to do sth: *Ela está disposta a nos ajudar.* She's willing to help us. ▸ Também se diz ***prepared to do sth.***
**disputa** *s.* 1 (competição) contest (***por*** *for*) 2 (briga) dispute
**disputado** *adj.* 1 (campeonato, eleição etc.) hotly contested 2 (ingressos, lugares etc.) sought-after
**disputar** *v.* 1 (medalha, vaga, vitória etc.) to compete for 2 (corrida, eleição, final etc.) to contest
**dissimulado** *adj.* (pessoa) two-faced
**dissolver** *v.* to dissolve / **dissolver-se** *v.* to dissolve
**distância** *s.* 1 distance 2 **a ... de distância** ... away: *A loja fica a três quarteirões de distância.* The store is three blocks away. 3 **a distância** (falando de ensino) by distance learning: *Ele estuda inglês a distância.* He studies English by distance learning. | *aulas a distância* distance learning classes 4 **a pouca distância de algo** a short distance from sth 5 **a que distância ...?** how far ...?: *A que distância fica a praia daqui?* How far is the beach from here? 6 **qual a distância até/de/entre ...?** how far is it to/from/between ...?: *Qual a distância do Rio a São Paulo?* How far is it from Rio to São Paulo?
**distante** *adj.* distant
**distinção** *s.* 1 distinction 2 **fazer distinção** to make a distinction (***entre*** *between*)
**distinguir** *v.* to distinguish (***de*** *from*, ***entre*** *between*) / **distinguir-se** *v.* 1 (diferenciar-se) to be distinguished (***por*** *by*) 2 (brilhar) to distinguish yourself (***por*** *with*)
**distintivo** *s.* (de policial etc.) badge
**distinto** *adj.* 1 (diferente, nítido) distinct 2 (eminente, fino) distinguished
**distração** *s.* 1 (falta de atenção) lapse in concentration: *Foi distração minha.* I had a lapse in concentration. 2 (qualidade de quem é distraído) absent-mindedness 3 (diversão) amusement 4 **por distração** because of a lapse in concentration
**distraído** *adj.* 1 (como pessoa) absent-minded 2 **estar distraído** not to be paying attention: *Desculpe, eu estava distraído.* Sorry, I wasn't paying attention.
**distrair** *v.* 1 (desconcentrar) to distract (***de*** *from*) 2 (divertir) to amuse 3 (animar) ▸ use a expressão ***to take sb's mind off things***: *Como a Júlia estava triste, tentei distraí-la um pouco.* As Julia was feeling sad, I tried to take her mind off things a little. / **distrair-se** 1 (desconcentrar-se) to get distracted 2 (entreter-se) to amuse yourself (***com*** *with*) 3 (esquecer as preocupações) to take your mind off things: *Fui dar uma caminhada para me distrair.* I went out for a walk to take my mind off things.
**distribuição** *s.* 1 (em geral) distribution 2 (de casa) layout
**distribuir** *v.* 1 (entregar um por um) to hand out (***a/para*** *to*): *O professor distribuiu os livros.* The teacher handed out the books. 2 (repartir) to share out (***entre*** *among*) 3 (pela mesa, ao longo do dia etc.) to spread out 4 (enviar) to send out (***a/para*** *to*) 5 (produtos) to distribute
**distrito** *s.* 1 (área) district 2 (delegacia) precinct (BRIT: police headquarters)
**distúrbio** *s.* 1 (problema médico) disorder: *distúrbio de deficiência de atenção* attention deficit disorder 2 **distúrbios** (tumultos) troubles
**ditado** *s.* 1 (provérbio) saying 2 (exercício) dictation 3 **fazer ditado** to do dictation
**ditador** *s.* dictator
**ditadura** *s.* dictatorship
**ditar** *v.* to dictate
**dito** *s.* 1 (o que se diz) utterance 2 (ditado) saying / *adj.* **dito e feito** sure enough
**dito-cujo** *s.* **o dito-cujo** you-know-who
**ditongo** *s.* diphthong
**divã** *s.* couch
**diversão** *s.* 1 (sensação) fun 2 (entretenimento) entertainment 3 (passatempo) recreation 4 **por diversão** for fun
**diversidade** *s.* diversity

**diversificado** *adj.* diverse
**diverso** *adj.* 1 (diferente) different 2 **diversos** a (variados) various: *pessoas de diversos países* people from various countries b (vários) several: *Eles se encontraram diversas vezes.* They met several times.
**divertido** *adj.* 1 (que proporciona diversão) fun: *uma tarde divertida* a fun afternoon | *Sair para dançar é sempre um programa divertido.* Going out dancing is always a fun thing to do. ▸ Nesse caso, *muito divertido* traduz-se por ***really fun*** ou, depois do verbo ***to be***, ***good fun***: *uma noite muito divertida* a really fun evening | *O passeio foi muito divertido.* The trip was good fun. 2 (que entretém) entertaining: *uma leitura divertida* an entertaining read 3 (engraçado) funny: *O Daniel é muito divertido, só fala besteira.* Daniel is really funny, he's always making jokes.
**divertimento** *s.* entertainment
**divertir** *v.* to amuse / **divertir-se** *v.* to have a good time: *Divirta-se.* Have a good time! ▸ Pode-se substituir ***good*** por outros adjetivos: *A gente se divertiu muito!* We had a great time! ▸ Também se diz ***to enjoy yourself***: *Os seus amigos se divertiram?* Did your friends enjoy themselves?
**dívida** *s.* 1 debt 2 **cheio de dívidas** heavily in debt
**dividir** *v.* 1 (fazer a divisão de) to divide (***em*** *into*, ***por*** *by*): *Dividi o bolo em oito pedaços.* I divided the cake into eight pieces. | *Oito dividido por dois dá quatro.* Eight divided by two equals four. 2 (agrupar) to divide up (***em*** *into*): *A professora dividiu os alunos em quatro grupos.* The teacher divided up the students into four groups. 3 (compartilhar) to share: *Os dois irmãos dividem um quarto.* The two brothers share a room. / **dividir-se** *v.* (agrupar-se) to divide up (***em*** *into*): *Os alunos se dividiram em dois grupos.* The students divided up into two groups.
**divino** *adj.* divine
**divisa** *s.* 1 (entre municípios) boundary 2 (entre estados) state line 3 (entre países) border 4 **divisas** foreign currency *[sg.]* 5 **fazer divisa com algo** to border sth
**divisão** *s.* 1 (em geral) division 2 (compartilhamento) sharing: *a divisão das despesas* sharing expenses 3 (de armário, gaveta etc.) section
**divorciado** *adj.* divorced
**divorciar-se** *v.* 1 to get divorced 2 **divorciar-se de alguém** to divorce sb
**divórcio** *s.* 1 divorce 2 **pedir divórcio** to file for divorce
**divulgação** *s.* (de evento, produto) publicity (***de*** *for*)
**divulgar** *v.* to publicize
**dizer** *v.* 1 to say: *O que você disse?* What did you say? 2 **dizer a alguém que ...** to tell sb (that) ... ▸ O ***that*** é opcional e, na linguagem informal, é omitido na maioria dos casos: *O Igor me disse que ia viajar no fim de semana.* Igor told me he was going away for the weekend. 3 **dizer a verdade** to tell the truth 4 **dizer algo a/para alguém** a (informar) to tell sb sth: *Você não me disse o seu nome.* You didn't tell me your name. b (dizer palavras a) to say sth to sb: *Eu não disse nada para ninguém.* I didn't say anything to anyone. 5 **dizer para alguém fazer algo** to tell sb to do sth: *Minha mãe disse para eu estar em casa até as onze.* My mom told me to be home by eleven. 6 **dizer que ...** to say (that) ... ▸ O ***that*** é opcional e, na linguagem informal, é omitido na maioria dos casos: *Ela disse que estava com fome.* She said she was hungry. 7 **dizer respeito a algo/alguém** to concern sth/sb: *Isso não te diz respeito.* That doesn't concern you. | *no que diz respeito aos alunos* as far as the students are concerned 8 **diga** (pois não?) yes? 9 **digamos** let's say: *Eu te ligo, digamos, às oito.* I'll call you at, let's say, eight. 10 **por assim dizer** so to speak 11 **quer dizer** a (corrigindo, esclarecendo) I mean: *no sábado, quer dizer, domingo* on Saturday, I mean, Sunday | *Não sei se eu vou. Quer dizer, eu queria, mas estou sem dinheiro.* I don't know if I'm going. I mean, I'd like to, but

I don't have any money. **b** (ou seja) that is: *Brasília, quer dizer, a capital do país* Brasilia, that is, the capital of the country **12 querer dizer** to mean (***com*** *by*): *O que quer dizer "snippy"?* What does "snippy" mean? | *O que você quer dizer com isso?* What do you mean by that?

**dó** *s.* **1** (nota musical) C **2** (compaixão) pity: *Fico com dó vendo aquilo.* I feel pity when I see that. | *Tenha dó!* Have pity! **3 dá dó** it seems a shame: *Dá dó jogar fora essas roupas.* It seems a shame to throw out these clothes. **4 ficar com/ter dó de alguém** to feel sorry for sb **5 sem dó nem piedade** mercilessly

**doação** *s.* **1** donation (***para*** *to*): *a doação de órgãos* organ donation **2 fazer uma doação** to make a donation

**doador** *s.* donor: *doadores de sangue* blood donors

**doar** *v.* to donate (***para*** *to*)

**dobra** *s.* **1** (de pano, papel, pele) fold **2** (de calça) cuff (BRIT: turn-up)

**dobradiça** *s.* hinge

**dobrar** *v.* **1** (papel, roupa etc.) to fold: *Dobre a folha ao meio.* Fold the sheet of paper in half. ▸ Quando se trata de algo dobrável, usa-se ***to fold up***: *Dobrei o mapa e guardei no bolso.* I folded up the map and put it away in my pocket. **2** (braço, joelho, perna) to bend: *Não consigo dobrar o dedo.* I can't bend my finger. **3** (duplicar) to double: *O preço dobrou desde o ano passado.* The price has doubled since last year. **4** (virar) to turn: *Dobre à esquerda.* Turn left. **5** (sino) to toll **6 dobrar a esquina** to go around the corner: *Dobrando a esquina, o correio fica à direita.* The post office is around the corner on the right. ▸ Também se diz ***to turn the corner***. / **dobrar-se** *v.* (abaixar-se) to stoop

**dobro** *s.* **1 o dobro** double: *Ela ganha o dobro no novo emprego.* She earns double in her new job. **2 o dobro de algo** double sth: *o dobro da largura* double the width | *o dobro do que eu paguei* double what I paid

**doce** *adj.* **1** sweet **2 água doce** fresh water / *s.* **1 doces** sweet things: *Você devia cortar os doces.* You should cut out sweet things. **2 um doce** something sweet
**doce de leite** fudge

**docente** *adj.* **corpo docente** faculty (BRIT: teaching staff)

**dócil** *adj.* docile

**documentário** *s.* documentary

**documento** *s.* **1** (em geral) document **2** (identidade) ID: *Precisa apresentar um documento para entrar.* You need to show some ID to get in.

**doença** *s.* **1** (em geral) illness: *uma doença grave* a serious illness **2** (moléstia contagiosa, mal) disease: *doenças sexualmente transmissíveis* sexually transmitted diseases

**doente** *adj.* **1** sick: *um animal doente* a sick animal **2 estar/ficar doente** to be/get sick (BRIT: to be/get ill) **3 gravemente doente** seriously ill / *s.* **1** sick person ▸ O plural é ***sick people***. **2 os doentes** (em geral) the sick

**doentio** *adj.* unhealthy

**doer** *v.* to hurt: *Meu braço está doendo.* My arm's hurting. | *Dói quando você tosse?* Does it hurt when you cough? ▸ Existe também o verbo ***to ache***, que denota uma dor chata, um incômodo, como dores musculares, por exemplo: *Meu corpo todo dói depois daquela musculação ontem.* My whole body aches after that weight training yesterday.

**doido** *adj.* **1** crazy (***por*** *about*) ▸ Na linguagem informal, também se diz ***nuts***: *Ele é doido por futebol.* He's nuts about soccer. **2 estar doido para fazer algo** to be dying to do sth: *Estou doido para ver esse filme.* I'm dying to see that movie. / *s.* nutcase

**doído** *adj.* **1** (com dor) sore: *Estou todo doído.* I'm sore all over. **2** (que causa dor) painful: *uma injeção doída* a painful shot

**dois** *num.* **1** (numeral) two **2** (dia do mês) second: *no dia 2 de janeiro* on January 2nd **3 os dois** **a** (ambos) both: *Os dois irmãos têm olhos azuis.* Both brothers have blue eyes. |

*Ele quebrou as duas pernas.* He broke both legs. | *Tem duas Fernandas na minha sala. As duas são minhas amigas.* There are two Fernandas in my class. They're both my friends. | *Gostei dos dois, mas prefiro esse.* I like both of them, but I prefer this one. **b** (considerados como partes opostas) the two: *Os dois irmãos não se dão bem.* The two brothers don't get along. | *Houve uma discussão entre as duas professoras.* There was an argument between the two teachers. | *Os dois fizeram as pazes.* The two of them made up. | *As bolsas são muito parecidas. Qual a diferença entre as duas?* The bags are very similar. What's the difference between the two? **4 nós/vocês/eles dois** **a** (considerados juntos) both of us/you/them ▸ Também se diz ***we/you/they both*** como sujeito, e ***us/you/them both*** como complemento. **b** (considerados como partes opostas) the two of us/you/them ▸ Também se diz ***we/you/they two*** como sujeito, e ***us/you/them two*** como complemento.

▸ Diferentemente do português, o uso do artigo definido com a palavra ***both*** é opcional. Assim, *as duas meninas* pode-se traduzir por ***both girls, both the girls*** ou até mesmo ***both of the girls***. Em conjunto com um pronome de sujeito, ***both*** pode ser colocado depois do primeiro verbo auxiliar, se houver, ou ligado ao pronome com ***of***: ***We're both learning English*** ou ***Both of us are learning English*** (= Nós dois estamos estudando inglês.).

**dois-pontos** *s.* colon

**dólar** *s.* dollar

**dolorido** *adj.* painful

**doloroso** *adj.* painful

**dom** *s.* gift

**domar** *v.* to tame

**doméstica** *s.* (empregada) maid

**doméstico** *adj.* **1** (dentro de casa ou país) domestic: *violência doméstica* domestic violence | *voos domésticos* domestic flights **2** (familiar) home: *a vida doméstica dele* his home life **3 tarefas domésticas** household chores **4 trabalhos domésticos** housework *[sg.]*

**domicílio** *s.* **1** home **2 entrega em domicílio** home delivery **3 entregar em domicílio** to deliver

**dominante** *adj.* dominant

**dominar** *v.* **1** (jogo, mercado, ramo etc.) to dominate **2** (idioma) to have a command of: *Os candidatos devem dominar o inglês.* Candidates should have a command of English. **3** (assunto, matéria) to have a firm grasp of: *Um bom professor precisa dominar a matéria.* A good teacher needs to have a firm grasp of the subject. **4** (instrumento, técnica etc.) to have a mastery of: *Ela domina o violão.* She has a mastery of the guitar. **5** (pessoa à força) to overpower: *Um policial conseguiu dominar o jovem.* A police officer managed to overpower the youth. **6 dominar alguém no chão** to pin sb down

**domingo** *s.* Sunday: *aos domingos* on Sundays

**domínio** *s.* **1** (de idioma) command: *um bom domínio do espanhol* a good command of Spanish **2** (de assunto, matéria) grasp **3** (de instrumento, técnica) mastery **4** (sobre território, pessoas etc.) control (***sobre*** *over*): *domínio de bola* ball control **5** (área, tb da internet) domain: *um nome de domínio* a domain name

**dominó** *s.* (jogo) dominoes

**dona** *s.* **1** (proprietária) owner **2** ▸ O tratamento equivalente a *dona* em inglês seria ***Mrs.***, mas é usado com o sobrenome da mulher, que é geralmente o do marido: *Dona Lúcia (Cabral)* Mrs. Cabral

**dona de casa** housewife

**donativo** *s.* donation

**dono** *s.* owner

**dopado** *adj.* **1** (drogado) drugged **2** (atleta, cavalo) doped

**doping** *s.* doping

**dor** *s.* **1** (em geral) pain: *uma dor lancinante* a shooting pain ▸ Também existe a palavra ***ache***, que denota uma dor menos intensa porém contínua, um incômodo. **2** (de luto) grief **3 estar sentindo dor** to be in pain

**dor de barriga/estômago** stomach ache **dor de cabeça** headache: *Fiquei com dor de cabeça.* I got a headache. **dor de cotovelo** 1 (por amor) lovesickness 2 (inveja) jealousy 3 **estar com dor de cotovelo** a (por amor) to be lovesick b (com inveja) to be jealous **dor de dente** toothache **dor de garganta** sore throat: *Estou ficando com dor de garganta.* I'm getting a sore throat. **dor de ouvido** earache **dor nas costas** backache

**dormente** *adj.* numb: *Estou com a perna dormente.* My leg's gone numb.

**dormir** *v.* 1 (em geral) to sleep: *Ele dormiu como uma pedra.* He slept like a log. 2 (cair no sono) to fall asleep: *Eu quase dormi na aula de Português.* I almost fell asleep in the Portuguese class. 3 (ir para a cama) to go to bed: *Preciso dormir cedo hoje.* I need to go to bed early tonight. 4 (pernoitar) to stay the night: *Dormi na minha avó ontem.* I stayed the night at my grandma's last night. 5 **estar dormindo** to be sleeping (BRIT: to be asleep) 6 **ir dormir** to go to bed: *Ela foi dormir às dez.* She went to bed at ten. 7 **não deixar alguém dormir** to keep sb awake: *Ele não deixa ninguém dormir com o ronco dele.* He keeps everyone awake with his snoring.

**dormitório** *s.* 1 (coletivo) dormitory 2 (individual) bedroom

**dosagem** *s.* dosage

**dose** *s.* 1 (de remédio) dose 2 (de bebida) shot 3 **repetir a dose** to come back for more

**dourado** *adj.* 1 (cor) gold: *uma bolsa dourada* a gold bag 2 (areia, cabelo) golden 3 (cozido, bronzeado) golden brown 4 (revestido de ouro) gilt: *móveis dourados* gilt furniture

**doutor** *s.* doctor ▸ Usa-se o tratamento ***doctor*** somente para médicos.

**doutorado** *s.* doctorate

**doze** *num.* 1 (numeral) twelve 2 (dia do mês) twelfth: *no dia 12 de março* on March 12th

**dragão** *s.* dragon

**drama** *s.* 1 drama 2 **fazer drama** to make a fuss

**dramático** *adj.* dramatic

**dramatizar** *v.* to dramatize

**dramaturgo** *s.* playwright

**driblar** *v.* 1 (bola) to dribble 2 (lei, problema) to get around

**drinque** *s.* drink

**drive** *s.* drive

**droga** *s.* 1 (entorpecente) drug: *Ele se envolveu com drogas.* He got involved with drugs. | *drogas pesadas* hard drugs 2 (objeto que não presta) piece of junk 3 **que droga!** that sucks! 4 **ser uma droga** (ser ruim) to suck: *O show foi uma droga.* The concert sucked. / *interj.* damn!

**drogado** *adj.* on drugs / *s.* drug addict

**drogar** *v.* to drug / **drogar-se** *v.* to take drugs

**drogaria** *s.* drugstore (BRIT: chemist's)

**duas** *num.* two SEE dois

**dublado** *adj.* dubbed (***em*** *into*)

**dublagem** *s.* dubbing

**dublar** *v.* to dub (***em*** *into*)

**dublê** *s.* 1 double 2 (para cenas perigosas) stunt double

**ducha** *s.* 1 (chuveiro) shower 2 (para carro) carwash 3 **tomar uma ducha** to take a shower

**dueto** *s.* duet

**duna** *s.* dune

**dupla** *s.* 1 (atletas) pair: *uma dupla masculina* a men's pair 2 (parceiros) duo: *uma dupla sertaneja* a Brazilian country singing duo 3 (prova em tênis etc.) doubles: *dupla feminina* women's doubles

**dúplex** *s.* duplex apartment

**duplicar** *v.* (dobrar) to double

**duplo** *adj.* 1 (CD, dose etc.) double 2 **dupla nacionalidade** dual nationality

**duque** *s.* duke

**duquesa** *s.* duchess

**duração** *s.* 1 (de curso, filme etc.) length ▸ Existe também a palavra ***duration***, que é mais formal. 2 **com ... de duração** ... long: *um filme com três horas de duração* a movie three hours long ▸ Também se pode dizer ***a three-hour-long movie***. 3 **de curta/longa duração** short-term/long-term: *uma relação de longa duração* a long-term relationship 4 **ter ... de duração** to be ... long: *O curso tem seis meses de duração.* The course is six months long.

**durante** *prep.* 1 (no decorrer de) during: *durante as férias* during the vacation | *durante o dia* during the day 2 (por) for: *Eles moraram nos EUA durante dez anos.* They lived in the U.S. for ten years. | *Vou ficar lá durante um mês.* I'm going to stay there for a month. 3 **durante todo algo** **a** (com unidades de tempo) throughout sth: *durante o ano todo* throughout the year **b** (com eventos) all through sth: *Eu dormi durante todo o filme.* I slept all through the movie.

**durar** *v.* 1 (em geral) to last: *O curso durou seis meses.* The course lasted six months. | *Essas pilhas não duram.* These batteries don't last. ▸ No sentido de *durar demais*, traduz-se por ***to go on for***: *A greve durou semanas.* The strike went on for weeks. 2 **durar mais/tanto** to last longer/so long 3 **durar muito** to last a long time ▸ Em frases negativas e perguntas, usa-se ***last long***: *O namoro deles não durou muito.* Their relationship didn't last long. 4 **durar pouco** not to last long: *Esse tênis durou pouco.* These sneakers didn't last long.

**Durex®** *s.* Scotch tape® (BRIT: sellotape®)

**duro** *adj.* 1 (em geral) hard (***com*** *on*): *O pão ficou duro na geladeira.* The bread went hard in the fridge. | *Foi duro voltar ao local do acidente.* It was hard going back to the scene of the accident. | *O professor foi duro comigo.* The teacher was hard on me. 2 (carne) tough 3 (pessoa) tough 4 (clima, inverno) harsh 5 **estar/ser duro** (sem dinheiro) to be broke

**dúvida** *s.* 1 (hesitação, ressalva) doubt: *Pintou uma dúvida.* A doubt came into my mind. 2 (pergunta) question (***sobre*** *about*): *Tenho muitas dúvidas anotadas aqui.* I have a lot of questions noted down here. 3 (jogador lesionado) doubtful: *Ele é dúvida para o jogo de amanhã.* He's a doubtful for tomorrow's game. 4 **estar na dúvida** not to be sure: *Estou na dúvida se vou ou não à festa.* I'm not sure if I'm going to the party or not. 5 **ficar na dúvida** to start to have doubts: *Fiquei na dúvida agora.* I'm not so sure now. 6 **sem dúvida** definitely 7 **ter as suas dúvidas** to have your doubts: *Tenho as minhas dúvidas.* I have my doubts. 8 **tirar dúvidas** (responder) to answer questions: *A professora tirou as nossas dúvidas.* The teacher answered our questions. 9 **tirar dúvidas (com alguém)** (perguntar) to ask (sb) questions: *Preciso tirar minhas dúvidas com o professor.* I need to ask the teacher my questions.

**duvidar** *v.* 1 to doubt it: *"Você acha que ela vem?" - "Duvido."* "Do you think she's coming?" - "I doubt it." 2 **duvidar de algo/alguém** to doubt sth/sb: *Nunca duvidei da sua honestidade.* I've never doubted your honesty. 3 **duvidar que ...** to doubt (that) ...: *Duvido que ele volte.* I doubt he'll be back. | *Duvido que ela tenha feito o que pedi.* I doubt she's done what I asked.

**duvidoso** *adj.* doubtful

**duzentos** *num.* two hundred

**dúzia** *s.* 1 dozen ▸ usado sem preposição em inglês: *uma dúzia de ovos* a dozen eggs | *duas dúzias de pães* two dozen bread rolls 2 **meia dúzia** half a dozen: *meia dúzia de pessoas* half a dozen people

**DVD** *s.* 1 (disco) DVD 2 (tocador) DVD player 3 **em DVD** on DVD

# E

**E, e** *s.* E, e / **e** *conj.* 1 (em geral) and: *um cachorro e um gato* a dog and a cat 2 (introduzindo pergunta) what about ...?: *Eu estou com fome. E você?* I'm hungry. What about you? | *E o Pedro? Ele vai também?* What about Pedro? Is he going too? 3 ▸ Ao dizer as horas, usa-se ***after*** no inglês americano e ***past*** no inglês britânico, como segue: *São dez e vinte.* It's twenty after ten. | *à uma e quinze* at a quarter after one ▸ *... e meia* diz-se ***... thirty***: *ao meio-dia e meia* at twelve thirty ▸ No inglês britânico, também se diz ***half past ...***: *São oito e meia.* It's half past eight. 4 ▸ Ao escrever os numerais por extenso, usa-se ***and*** entre centenas e dezenas, mas apenas hífen entre dezenas e unidades: *duzentos e quarenta e cinco* two hundred and forty-five
▸ Não se usa ***and*** entre dois adjuntos adnominais em inglês, mas sim uma vírgula, a não ser que se trate de dois adjetivos que denotem cores: ***a tall, blonde girl*** (= uma garota alta e loura), mas ***a red and white flag*** (= uma bandeira vermelha e branca).
**eclipse** *s.* eclipse
**eco** *s.* 1 echo 2 **fazer eco** to echo
**ecologia** *s.* ecology
**ecológico** *adj.* 1 (referente à ecologia) ecological 2 (que não prejudica o meio-ambiente) environmentally friendly ▸ Também se diz ***green***.
**economia** *s.* 1 (de país etc.) economy 2 (ciência) economics 3 (o economizar) saving: *a economia de energia* energy saving 4 **economias** (poupança) savings 5 **fazer economias** (de dinheiro) to save money
**econômica** *adj, s.* **(classe) econômica** (em voo) economy (class): *Viajamos de econômica.* We flew economy.
**econômico** *adj.* 1 (referente à economia) economic: *o crescimento econômico* economic growth 2 (que custa ou gasta pouco) economical: *um carro econômico* an economical car
▸ Não confunda ***economic*** (= que tem a ver com a economia) com ***economical*** (= barato, parcimonioso).
**economizar** *v.* to save
**edição** *s.* 1 (de revista, programa etc.) edition 2 (ato de editar) publishing
**edifício** *s.* building
**editar** *v.* 1 (dados, documento) to edit 2 (livros) to publish
**editor** *s.* 1 (de jornal, revista) editor: *a editora de moda* the fashion editor 2 (de livros) publisher
**editora** *s.* (empresa) publisher
**editorial** *adj.* publishing / *s.* (artigo) editorial
**edredom** *s.* comforter (BRIT: duvet)
**educação** *s.* 1 (formação acadêmica) education 2 (criação) upbringing 3 (bons modos) manners *[pl.]*: *uma pessoa sem educação* a person with no manners 4 **ser falta de educação** to be rude: *É falta de educação ficar inter-*

*rompendo.* It's rude to keep interrupting. **Educação Física** physical education

▸ Costuma-se usar a abreviatura ***phys ed*** (*Brit:* ***PE***). A aula de Educação Física também se chama ***gym class*** (*Brit:* ***gym***).

**educacional** *adj.* education: *o sistema educacional brasileiro* the Brazilian education system

**educado** *adj.* (cortês) polite

**educar** *v.* **1** (instruir) to educate **2** (criar) to bring up **3** (adestrar) to train

**educativo** *adj.* educational

**efeito** *s.* **1** (em geral) effect (***em*** *on*) **2** (de bola) spin **3 fazer efeito** to take effect (***em*** *on*) **4 para todos os efeitos** for all intents and purposes **5 surtir efeito** to be effective **efeito colateral** side effect **efeito estufa** greenhouse effect **efeitos especiais** special effects

**efeminado** *adj.* effeminate

**efervescente** *adj.* (bebida) fizzy

**efetivar** *v.* to hire full-time: *Ela foi efetivada no final do estágio.* She was hired full-time at the end of the internship.

**efetivo** *adj.* (funcionário) full-time

**efetuar** *v.* **1** to carry out **2 efetuar um pagamento** to make a payment

**eficaz** *adj.* effective

**eficiência** *s.* efficiency

**eficiente** *adj.* efficient

**egípcio** *adj, s.* Egyptian

**Egito** *s.* Egypt

**egoísmo** *s.* selfishness

**egoísta** *adj.* selfish

**égua** *s.* mare

**ei** *interj.* (chamando atenção) hey!

**eixo** *s.* (de veículo) axle

**ela** *pron.* **1** (referente a pessoa, como sujeito de verbo) she: *Tenho uma irmã. Ela é mais nova do que eu.* I have a sister. She's younger than me. **2** (referente a pessoa, em outros casos) her: *Eu gosto dela.* I like her. | *Dei o livro a ela.* I gave her the book. | *Sou mais alta do que ela.* I'm taller than her. | *Não é a Débora ali? Acho que é ela sim.* Isn't that Debora over there? I think it is her. **3** (referente a coisa) it: *Essa bolsa é boa. Ela é grande.* This bag is good. It's big. | *Eles têm uma casa, mas não moram nela.* They have a house, but they don't live in it. **4 ela mesma** **a** (como sujeito) she ... herself: *Ela mesma disse isso.* She said that herself. **b** (como complemento) herself: *Ela surpreendeu a ela mesma.* She surprised herself. | *A noiva fez, ela mesma, o vestido.* The bride made the dress herself.

▸ Ao se referir a um animal, usa-se ***it*** como regra geral. O uso de ***he/she*** com referência a um animal conota carinho, p.ex. no caso de um bicho de estimação.

**elaborado** *adj.* elaborate

**elaborar** *v.* to put together

**elas** *pron.* **1** (como sujeito de verbo) they: *Elas são brasileiras.* They are Brazilian. **2** (em outros casos) them: *Vou com elas.* I'm going with them. **3 elas mesmas** **a** (como sujeito) they ... themselves: *Elas mesmas prepararam a comida.* They made the food themselves. **b** (como complemento) themselves: *As crianças de rua são obrigadas a cuidar delas mesmas.* Homeless children are forced to take care of themselves.

**elástico** *adj.* (pessoa, pele) supple / *s.* **1** (para papéis) rubber band **2** (de cueca etc.) elastic

**ele** *pron.* **1** (referente a pessoa, como sujeito de verbo) he: *Tenho um irmão. Ele é mais velho do que eu.* I have a brother. He's older than me. **2** (referente a pessoa, em outros casos) him: *Eu gosto dele.* I like him. | *Dei o livro a ele.* I gave him the book. | *Sou mais alto do que ele.* I'm taller than him. | *Você não pode acusar o Daniel sem ter certeza de que foi ele.* You can't accuse Daniel without being sure it was him. **3** (referente a coisa) it: *Gostou do meu computador? Ele é novo.* Do you like my computer? It's new. | *Nunca saio sem meu celular. Sempre ando com ele no bolso.* I never go out without my cell phone. I always carry it around in my pocket. **4 ele mesmo** **a** (como sujeito) he ... himself: *Ele mesmo não acredita.* He doesn't believe it himself. **b** (como complemento) himself: *Ele ficou chateado com ele mesmo.* He got annoyed at himself. | *Meu pai pintou, ele mesmo, a casa.* My dad painted the house himself.

▸ Ao se referir a um animal, usa-se ***it*** como regra geral. O uso de ***he/she*** com referência a um animal conota carinho, p.ex. no caso de um bicho de estimação.

**elefante** *s.* elephant
**elegância** *s.* elegance
**elegante** *adj.* elegant
**eleger** *v.* to elect: *A Dilma foi eleita presidente em 2010.* Dilma was elected president in 2010.
**eleição** *s.* election
**eleito** *adj.* elected
**eleitor** *s.* voter
**eleitorado** *s.* electorate
**elementar** *adj.* elementary
**elemento** *s.* **1** (na maioria dos casos) element **2** (dado) fact **3** (pessoa) individual **4 estar no seu elemento** to be in your element
**elenco** *s.* (de filme, peça) cast
**eles** *pron.* **1** (como sujeito de verbo) they: *Eles são canadenses.* They are Canadian. **2** (em outros casos) them: *Gosto deles.* I like them. | *Jogamos melhor do que eles.* We played better than them. **3 eles mesmos** **a** (como sujeito) they ... themselves: *Eles mesmos organizaram a festa.* They organized the party themselves. **b** (como complemento) themselves: *Os alunos apresentaram uma peça escrita por eles mesmos.* The students performed a play written by themselves.
**eletricidade** *s.* electricity
**eletricista** *s.* electrician
**elétrico** *adj.* **1** (movido à eletricidade) electric: *um carro elétrico* an electric car **2** (referente à eletricidade) electrical: *um defeito elétrico* an electrical fault

▸ Não confunda ***electric*** (= que funciona por meio de eletricidade) com ***electrical*** (= que tem a ver com a eletricidade).

**eletrizante** *adj.* electrifying
**eletrodoméstico** *s.* household appliance
**eletrônica** *s.* electronics
**eletrônico** *adj.* electronic
**elevado** *adj.* (alto) high / *s.* (via) elevated roadway
**elevador** *s.* elevator (BRIT: lift)
**eliminar** *v.* to eliminate
**eliminatória** *s.* **1** (corrida) heat **2** (fase) elimination stage
**eliminatório** *adj.* preliminary
**elite** *s.* elite
**elo** *s.* link
**elogiar** *v.* **1** (fazer elogio a) to compliment (***por*** *on*): *A professora me elogiou muito pela minha redação.* The teacher complimented me a lot on my essay. **2** (aprovar) to praise: *Os moradores elogiaram a ação da polícia.* The residents praised the police operation.
**elogio** *s.* **1** (dito) compliment (***por*** *on*): *Obrigada pelo elogio.* Thanks for the compliment. **2 elogios** (aprovação) praise *[sg.]*: *O técnico não poupou elogios aos jogadores.* The coach was full of praise for the players. **3 fazer um elogio a alguém** to pay sb a compliment
**em** *prep.* **1** (dentro de) in: *na gaveta* in the drawer | *no Brasil* in Brazil | *O queniano concluiu a prova em 2h16m.* The Kenyan completed the event in 2 hrs16 mins. **2** (para dentro de) into: *O professor entrou na sala de aula.* The teacher came into the classroom. **3** (em cima de) on: *A comida está na mesa.* The food is on the table. **4** (para cima de) onto: *O gato pulou no meu colo.* The cat jumped onto my lap. **5** (em frente de) at: *O ônibus parou no sinal.* The bus stopped at the traffic light. ▸ Usa-se a preposição ***at*** quando se pensa mais na função do local do que no espaço físico: *Comprei pão no supermercado.* I bought some bread at the grocery store. | *Fomos buscá-los no aeroporto.* We went to pick them up at the airport. **6** (com dias e datas) on: *na sexta* on Friday | *no dia 7 de setembro* on September 7 | *na véspera de Natal* on Christmas

Eve 7 (com meses, estações e anos) in: *em fevereiro* in February | *no verão* in the summer | *em 1960* in 1960 8 (com festas e momentos) at: *na Páscoa* at Easter | *Você vai viajar no Carnaval?* Are you going away at Carnival? | *naquela época* at that time 9 (com meios de transporte) on: *Ela esteve no mesmo voo que eu.* She was on the same flight as me. | *Ele subiu na bicicleta e saiu pedalando.* He got on his bike and rode off. ▸ No caso de carros, usa-se ***in***: *Você vai no carro de quem?* Whose car are you going in? | *Eu te ligo quando estiver no táxi.* I'll call you when I'm in the taxi. 10 (com idiomas) in: *em japonês* in Japanese 11 (com publicações em papel) in: *A matéria saiu no jornal.* The story appeared in the paper. | *Procure a palavra num dicionário.* Look the word up in a dictionary. 12 (com meios eletrônicos) on: *O que está passando na TV?* What's on TV? | *Ela está no telefone.* She's on the phone. 13 (indicando diferença de valor) by: *A passagem de ônibus aumentou em 10%.* Bus fares have gone up by 10%.

▸ Como preposição locativa, *em* traduz-se por ***in*** quando o significado é *dentro de*, e por ***on*** quando o significado é *em cima de*, falando de uma superfície horizontal ou vertical. Quando se refere à localização num ponto, ou seja, nem dentro nem em cima, traduz-se por ***at***. No caso de substantivos que designam um prédio com uma função específica, tais como ***bank, post office, station*** etc., usa-se ***at*** quando se pensa nessa função, e ***in*** quando se pensa no espaço físico, o prédio em si. Compare: ***We had breakfast at the hotel.*** (= Tomamos café no hotel.) e ***There's a restaurant in the hotel*** (= Há um restaurante no hotel). Enquanto as preposições ***in, on*** e ***at*** indicam localização, as correspondentes ***into, onto*** e ***to*** indicam deslocamento.

**emagrecer** *v.* 1 to lose weight: *O Tiago emagreceu muito.* Tiago has lost a lot of weight. | *Estou de dieta, mas não emagreci nada.* I'm on a diet but I haven't lost any weight. 2 **emagrecer ... quilos** to lose ... kilos: *Preciso emagrecer três quilos.* I need to lose three kilos.

**e-mail** *s.* 1 (sistema, mensagem) email: *por e-mail* by email 2 (endereço) email address: *Qual é o seu e-mail?* What's your email address? 3 **mandar algo (para alguém) por e-mail** to email (sb) sth: *Ela me mandou as fotos por e-mail.* She emailed me the pictures. 4 **mandar um e-mail para alguém** to email sb: *Eu te mando um e-mail.* I'll email you. 5 **ver seu e-mail** to check your email

**emaranhado** *adj.* 1 tangled 2 **ficar emaranhado** to get tangled up (***em*** *in*) / *s.* tangle: *um emaranhado de fios* a tangle of wires

**embaçado** *adj.* 1 (vidro) steamed up 2 (foto, visão) blurred

**embaçar** *v.* (vidro) to steam up

**embaixada** *s.* embassy

**embaixador** *s.* ambassador

**embaixo** *adv.* 1 (por baixo) underneath: *É um beliche com uma mesa embaixo.* It's a bunk bed with a desk underneath. 2 (na parte de baixo) at the bottom: *Quando fiz a mala, coloquei as calças embaixo.* When I packed, I put the pants at the bottom. 3 (no andar de baixo) downstairs: *Tem outro banheiro embaixo.* There's another bathroom downstairs. 4 **aqui embaixo** down here 5 **lá embaixo** **a** (naquele lugar) down there **b** (no andar de baixo) downstairs / **embaixo de** *prep.* under: *embaixo da cama* under the bed | *embaixo de tudo* right at the bottom

**embalagem** *s.* 1 (pacote) package (BRIT: packet) 2 (material) packaging

**embalar** *v.* 1 (mercadoria) to pack 2 (bebê, berço) to rock

**embalo** *s.* **ir no embalo (de alguém)** to follow the lead (of sb)

**embaraçado** *adj.* (constrangido) embarrassed

**embaralhar** *v.* 1 (papéis, pessoa etc.) to mix up 2 (cartas) to shuffle / **embaralhar-se** *v.* to get mixed up

**embarcação** *s.* vessel

**embarcar** *v.* 1 (passageiros) to board 2 (carga) to load (***em*** *onto*) 3 **embarcar em algo** **a** (avião, navio) to board sth **b** (deixar-se levar) to fall for sth: *Ela embarcou no papo dele.* She fell for his line.

**embarque** *s.* **1** (em avião etc.) boarding: *um cartão de embarque* a boarding card **2** (setor do aeroporto) departures *[sg.]*: *O embarque fica lá em cima.* Departures is upstairs. | *o salão de embarque* the departure lounge

**embate** *s.* clash

**embebedar** *v.* **embebedar alguém** to get sb drunk / **embebedar-se** *v.* to get drunk

**emblema** *s.* emblem

**embolsar** *v.* to pocket

**embora** *adv.* **1** (ir, levar, mandar) away **2 ir embora** **a** (partir) to leave (***para*** *for*): *Ele vai embora para o Canadá amanhã.* He's leaving for Canada tomorrow. | *Vamos embora.* Let's go. **b** (sumir) to go away: *Vá embora!* Go away! | *Estou com uma dor de cabeça que não vai embora.* I have a headache that won't go away. / *conj.* although: *Embora seja mais caro, vale a pena comprar o modelo novo.* Although it's more expensive, it's worth buying the new model.

**embreagem** *s.* clutch

**embriaguez** *s.* **embriaguez no volante** drunk driving (BRIT: drink-driving)

**embrulhar** *v.* **1** (presente etc.) to wrap (***em*** *in*) **2** (estômago) to upset **3 embrulhar algo para presente** to gift wrap sth **4 estar/ficar com o estômago embrulhado** to have/get an upset stomach

**embrulho** *s.* package (BRIT: parcel)

**emburrado** *v.* **1** sulking **2 ficar emburrado** to sulk

**embutido** *adj.* built-in

**emendar** *v.* **1** (corrigir, modificar) to amend **2** (unir) to join (***em*** *to*) **3 emendar o feriado** to make a long weekend of it **4 emendar uma coisa na outra** to move from one thing to another: *Ficamos horas conversando, emendando um assunto no outro.* We talked for hours, moving from one subject to another.

**emergência** *s.* emergency: *em caso de emergência* in an emergency | *a saída de emergência* the emergency exit

**emigração** *s.* **1** (de pessoas) emigration **2** (de aves) migration

**emigrante** *adj, s.* emigrant

**emigrar** *v.* **1** (pessoa) to emigrate **2** (ave) to migrate

**eminente** *adj.* eminent

**emissora** *s.* station: *uma emissora de TV* a TV station

**emitir** *v.* **1** (documento, comunicado) to issue **2** (grito, palavra, suspiro) to utter **3** (calor, luz etc.) to emit

**emoção** *s.* **1** (sensação) emotion: *um misto de emoções* mixed emotions **2** (tb emoções, de jogo, filme etc.) excitement **3 que emoção!** (falando de filme, jogo etc.) how exciting! **4 sentir/ser muita emoção** to feel/be very emotional

**emocionado** *adj.* emotional

**emocionante** *adj.* **1** (comovente) moving **2** (empolgante) exciting

**emocionar** *v.* (pessoa) to choke up: *O final do filme me emocionou muito.* The ending of the movie really choked me up. / **emocionar-se** *v.* to get emotional

**emoldurar** *v.* to frame

**emotivo** *adj.* emotional

**empacotar** *v.* (compras etc.) to pack

**empada** *s.* mini pie: *uma empada de camarão* a mini shrimp pie

**empadão** *s.* pie: *um empadão de galinha* a chicken pie

**empanturrar-se** *v.* to stuff yourself (***de*** *with*)

**emparelhar** *v.* **emparelhar com algo/alguém** (carro, corredor) to come alongside sth/sb

**empatado** *adj.* tied: *O jogo está empatado em dois a dois.* The game is tied at 2-2. ▸ Quando se trata de um jogo, diz-se ***drawn*** no inglês britânico.

**empatar** *v.* **1** to tie (***com*** *with*): *Flamengo e Botafogo empataram em 1 x 1.* Flamengo and Botafogo tied 1-1. ▸ Quando se trata de um jogo, diz-se ***to draw*** no inglês britânico. **2 empatar o jogo** **a** (em futebol) to equalize the game (BRIT: to equalize) **b** (em tênis, vôlei etc.) to tie the game

**empate** *s.* 1 (em geral) tie ▸ Quando se trata de um jogo, diz-se ***draw*** no inglês britânico. 2 (impasse) stalemate

**empenar** *v.* (porta etc.) to warp

**empenhar-se** *v.* 1 to apply yourself (***em*** *to*) 2 **empenhar-se em fazer algo** to make every effort to do sth

**empenho** *s.* (dedicação) commitment (***em*** *to*)

**emperrar** *v.* to jam

**empilhar** *v.* to pile ▸ Também existe o verbo ***to stack***, que conota uma pilha mais arrumada.

**empinado** *adj.* **com o nariz empinado** with your nose in the air

**empinar** *v.* 1 (cavalo) to rear 2 **empinar a bike/moto** to do a wheelie (on your bike/motorcycle)

**empoeirado** *adj.* dusty

**empolgado** *adj.* excited

**empolgante** *adj.* exciting

**empolgar** *v.* **empolgar alguém** to get sb excited / **empolgar-se** *v.* 1 (animar-se) to get excited (***com*** *at*) 2 (não se conter) to get carried away (***com*** *with*)

**empregada** *s.* (doméstica) maid

**empregado** *s.* (funcionário) employee

**empregar** *v.* to employ

**emprego** *s.* 1 (cargo) job: *Ele está procurando um emprego.* He's looking for a job. 2 (da população) employment: *a taxa de emprego* the employment rate 3 (uso) use 4 **arranjar/arrumar emprego** to get a job

**empresa** *s.* 1 (firma) company 2 (qualquer estabelecimento comercial) business

**empresarial** *adj.* business

**empresário** *s.* 1 (dono de empresa) business owner 2 (executivo) businessman ▸ *empresária* traduz-se por ***businesswoman***. 3 (de artista) agent

**emprestado** *adj.* 1 borrowed 2 **pedir algo emprestado** to ask to borrow sth: *Pedi uma caneta emprestada.* I asked to borrow a pen. 3 **pedir algo emprestado a alguém** to ask sb to lend you sth: *Ele pediu o dinheiro emprestado ao pai.* He asked his father to lend him the money. 4 **pegar/tomar algo emprestado** to borrow sth (***de*** *from*)

**emprestar** *v.* 1 to lend 2 **emprestar algo a alguém** to lend sb sth: *Você me empresta R$10,00?* Will you lend me R$10?

**empréstimo** *s.* 1 loan 2 **tomar um empréstimo** to take out a loan

**empurrão** *s.* 1 push 2 **dar um empurrão em algo/alguém** to push sth/sb

**empurrar** *v.* 1 to push: *Tivemos que empurrar o carro.* We had to push the car. 2 **empurrar algo em alguém** (vender) to talk sb into getting sth: *O vendedor tentou me empurrar o modelo mais caro.* The salesman tried to talk me into getting the most expensive model.

**encaixar** *v.* 1 (introduzir, inserir) to fit in: *A pilha não encaixa direito.* The battery doesn't fit in properly. | *O dentista vai me encaixar às 17h00.* The dentist is going to fit me in at 5 p.m. 2 (montar) to fit together: *Não consegui encaixar as peças do quebra-cabeça.* I couldn't fit the pieces of the puzzle together. 3 **encaixar (algo) com algo** to fit (sth) in with sth: *Ela não consegue encaixar a academia com o trabalho dela.* She can't manage to fit the gym in with her work. 4 **encaixar (algo) em algo** to fit (sth) into sth: *O plugue não encaixa na tomada.* The plug doesn't fit into the socket. | / **encaixar-se** *v.* to fit

**encalhado** *adj.* 1 (navio, baleia) beached 2 (mercadoria) unsold 3 (solteiro) unattached

**encalhar** *v.* (navio) to run aground

**encaminhar** *v.* 1 (pessoa) to direct (***a/para*** *to*): *O garçom nos encaminhou para a mesa.* The waiter directed us to the table. 2 (paciente) to refer (***a/para*** *to*) 3 (pedido, proposta) to submit (***a*** *to*) 4 (processo) to set in motion / **encaminhar-se** *v.* to make your way (***a/para*** *to*): *O turista se encaminhou à delegacia mais próxima.* The tourist made his way to the nearest police station.

**encanado** *adj.* **água encanada** running water
**encanador** *s.* plumber
**encanamento** *s.* 1 (dentro de casa) plumbing 2 (na rua) piping
**encantado** *adj.* 1 (muito contente) delighted (***com*** *with*) 2 (enfeitiçado) enchanted
**encantador** *adj.* delightful
**encanto** *s.* 1 (atrativo) charm 2 **quebrar o encanto** to break the spell 3 **ser um encanto** (pessoa) to be a delight
**encaracolado** *adj.* curly
**encarar** *v.* 1 (problema, realidade) to face up to 2 (fitar) to stare at
**encardido** *adj.* (sujo) grubby
**encarregado** *adj.* 1 **encarregado de (fazer) algo** in charge of (doing) sth: *Quem está encarregado da música?* Who is in charge of the music? 2 **ficar encarregado de (fazer) algo** to be put in charge of (doing) sth / *s.* person in charge (***de*** *of*): *O encarregado não está no momento.* The person in charge isn't here at the moment.
**encarregar** *v.* **encarregar alguém de (fazer) algo** to put sb in charge of (doing) sth: *A professora me encarregou de recolher os trabalhos.* The teacher put me in charge of collecting the assignments. / **encarregar-se** *v.* 1 **encarregar-se de algo/alguém** to take charge of sth/sb 2 **encarregar-se de fazer algo** to undertake to do sth
**encenação** *s.* 1 (de peça) production 2 (fingimento) play-acting
**encenar** *v.* (peça) to put on
**encerramento** *s.* 1 (final) close 2 (ato de encerrar) closing: *a cerimônia de encerramento* the closing ceremony
**encerrar** *v.* 1 (terminar) to close: *O assunto está encerrado.* The subject is closed. 2 (interromper o que se está fazendo) to call it a day: *Vamos encerrar por hoje.* Let's call it a day for today.
**encestar** *v.* to make a basket
**encharcado** *adj.* 1 (pessoa, roupa) drenched 2 (terreno) waterlogged
**encharcar** *v.* (pessoa) to drench
**enchente** *s.* flood
**encher** *v.* 1 (tornar cheio) to fill (***com*** *with*): *Enchi meu copo com água.* I filled my glass with water. | *Os alunos encheram o auditório.* The students filled the auditorium. 2 (ficar cheio) to fill up (***com*** *with*): *O ônibus começou a encher de gente.* The bus started to fill up with people. 3 (alagar) to flood: *Essa rua enche quando chove muito.* This street floods when it rains a lot. 4 (pneu) to pump up 5 (balão) to blow up 6 (ser chato) to be annoying: *Não enche!* Don't be annoying! 7 **encher algo de algo** (cobrir) to cover sth in sth: *Acabei enchendo a camiseta de manchas.* I ended up covering my T-shirt in stains. 8 **encher de algo/alguém** (cansar) to get fed up with sth/sb: *Já enchi deles.* I'm fed up with them already. 9 **encher o saco de alguém** to annoy sb / **encher-se** *v.* 1 (ficar cheio) to fill (***de*** *with*) 2 (empanturrar-se) to fill yourself up (***de*** *with*)
**enciclopédia** *s.* encyclopedia (BRIT: encyclopaedia)
**encoberto** *adj.* (céu, tempo) overcast
**encobrir** *v.* 1 (abafar) to cover up 2 (tapar) to hide
**encolher** *v.* 1 to shrink 2 **encolher os ombros** to shrug your shoulders
**encomenda** *s.* 1 (pedido) order 2 (pacote) package 3 **fazer uma encomenda** to place an order 4 **feito de encomenda** made to order
**encomendar** *v.* to order (***a*** *from*)
**encontrar** *v.* 1 (achar) to find: *Encontrei uma nota de dez reais no chão.* I found a ten-real bill on the ground. 2 (ter encontro com) to meet: *Sempre encontro algum conhecido no shopping.* I always meet someone I know at the mall. / **encontrar-se** *v.* 1 (estar) to be: *O presidente se encontra no exterior atualmente.* The president is abroad currently. 2 (existir) to be found ▸ geralmente usado com o auxiliar ***can***: *É o bairro onde se encontram os melhores restaurantes.* It's the neigh-

borhood where the best restaurants can be found. 3 **encontrar-se (com alguém)** to meet (sb): *Vamos nos encontrar às 20h.* Let's meet at 8 p.m.

**encontro** *s.* 1 (em geral) meeting 2 (tb encontro amoroso) date 3 **encontro marcado** appointment 4 **marcar um encontro (com alguém)** to arrange to meet (sb)

**encorajar** *v.* 1 to encourage 2 **encorajar alguém a fazer algo** to encourage sb to do sth

**encosta** *s.* 1 (ladeira) slope 2 (de morro) hillside

**encostado** *adj.* 1 (apoiado) leaning (*em* *against*): *Deixei a bicicleta encostada num poste.* I left my bike leaning against a pole. 2 (porta, janela) ajar

**encostar** *v.* 1 (carro) to pull over (BRIT: to pull in) 2 **encostar a porta** to leave the door ajar 3 **encostar algo em algo** **a** (apoiar) to lean sth against sth: *Ele encostou a escada na parede.* He leaned the ladder against the wall. **b** (descansar) to lean sth on sth: *Encoste a cabeça no meu ombro.* Lean your head on my shoulder. **c** (colocar bem próximo) to put sth up against sth: *Ela encostou a orelha na porta.* She put her ear up against the door. 4 **encostar em algo** (tocar) to touch sth: *Não encoste na tinta fresca.* Don't touch the wet paint.

**encosto** *s.* (de cadeira) back

**encrenca** *s.* 1 trouble 2 **meter-se numa encrenca** to get into trouble

**encrenqueiro** *s.* troublemaker

**encurtar** *v.* 1 to shorten 2 **para encurtar (a história)** to make a long story short (BRIT: to cut a long story short)

**endereço** *s.* address

**endireitar** *v.* to straighten

**endividado** *adj.* in debt

**endividar-se** *v.* to get into debt

**energético** *adj.* energy: *a matriz energética* the energy mix / *s.* (bebida) energy drink

**energia** *s.* 1 (em geral) energy 2 (elétrica) power **energia nuclear** nuclear power **energia solar** solar power

**enérgico** *adj.* 1 (forte) vigorous 2 (severo) tough

**enfaixar** *v.* to bandage

**enfarte** *s.* heart attack

**ênfase** *s.* 1 emphasis 2 **dar ênfase a algo** to put emphasis on sth

**enfático** *adj.* emphatic

**enfatizar** *v.* to emphasize

**enfeitar** *v.* to decorate / **enfeitar-se** *v.* to get dressed up

**enfeite** *s.* 1 decoration 2 **só de enfeite** just for show

**enfermagem** *s.* nursing

**enfermaria** *s.* (de hospital) ward

**enfermeiro** *s.* nurse

**enferrujado** *adj.* rusty

**enferrujar** *v.* to rust ▸ No sentido de *ficar enferrujado*, é mais comum dizer ***to turn rusty*** (*Brit:* ***to go rusty***): *A bicicleta está enferrujando.* The bike is turning rusty. ▸ Em sentido figurado, usa-se ***to get rusty***: *Sem treinar, seu inglês enferruja.* Without practice, your English gets rusty.

**enfiar** *v.* 1 (meter) to stick: *Enfiei o celular no bolso.* I stuck my cell phone in my pocket. 2 (roupa, sapato) to slip on: *Quando o despertador tocou, pulei da cama e enfiei a roupa.* When the alarm clock rang, I jumped out of bed and slipped my clothes on.

**enfim** *adv.* 1 (seja como for) anyway 2 **até que enfim** at last

**enforcar** *v.* 1 (pessoa) to hang 2 (dia) to treat as a holiday: *Quando quinta é feriado, todo mundo enforca a sexta.* When Thursday is a holiday, everyone treats Friday as one too. / **enforcar-se** *v.* to hang yourself

**enfraquecer** *v.* to weaken

**enfrentar** *v.* 1 to face 2 **enfrentar fila** to stand in line (BRIT: to queue)

**enganado** *adj.* 1 (errado) mistaken 2 (traído) cheated

**enganar** *v.* 1 (iludir) to fool: *Não se deixe enganar pelas promessas dele.* Don't let yourself be fooled by his promises. 2 (ser enganoso) to be deceptive: *As aparências enganam.* Appearances are deceptive. 3 **enganar a fome** to stave off your hunger / **enganar-se** *v.* 1 (errar) to make a mistake (***em*** *with*) 2 (iludir-se) to fool yourself 3 **se não me engano** if I'm not mistaken

**engano** *s.* 1 (erro) mistake 2 (no telefone) wrong number: *É engano. Não tem ninguém desse nome aqui.* You have the wrong number. There's no one by that name here. | *Desculpe, foi engano.* Sorry, I have the wrong number. 3 (mal-entendido) misunderstanding 4 **por engano** by mistake

**engarrafado** *adj.* 1 (trânsito, rua) jammed 2 (em garrafa) bottled

**engarrafamento** *s.* (de trânsito) traffic jam

**engasgar** *v.* (tb engasgar-se) to choke (***com*** *on*)

**engatinhar** *v.* to crawl

**engenharia** *s.* engineering

**engenheiro** *s.* engineer

**engenho** *s.* (de açúcar) sugar mill

**engenhoca** *s.* gadget

**engenhoso** *adj.* ingenious

**engessado** *adj.* in a cast (BRIT: in plaster)

**engessar** *v.* **engessar a perna/o braço *etc.*** (paciente) to have your leg/arm etc. put in a cast (BRIT: put in plaster)

**engolir** *v.* 1 (tragar, acreditar) to swallow 2 (comer/beber rápido) to gulp down 3 **engolir em seco** to gulp 4 **engolir sapo** to take put-downs

**engordar** *v.* 1 to put on weight: *O Sérgio engordou muito.* Sergio has put on a lot of weight. 2 **engordar ... quilos** to put on ... kilos: *Engordei três quilos nas férias.* I put on three kilos over the vacation.

**engraçado** *adj.* 1 funny 2 **o engraçado é que ...** the funny thing is (that) ...

**engravidar** *v.* 1 (ficar grávida) to get pregnant 2 **engravidar alguém** to get sb pregnant

**engraxar** *v.* (sapato) to shine

**engraxate** *s.* shoeshiner: *um serviço de engraxate* a shoeshine service

**engrossar** *v.* 1 (ficar/tornar espesso) to thicken 2 (exaltar-se) to get snippy (BRIT: to get stroppy) (***com*** *with*)

**enguiçar** *v.* to break down

**enjoado** *adj.* 1 (com náusea) nauseous (BRIT: sick) 2 (antipático) annoying 3 **enjoado de algo** (cansado) sick of sth

▸ Quando se sente enjoado num barco, diz-se ***seasick***, num carro ou outro veículo, ***carsick***.

**enjoar** *v.* 1 (sentir náusea) to get nauseous (BRIT: to feel sick) 2 **enjoar alguém** to make sb nauseous (BRIT: to make sb feel sick)

**enjoativo** *adj.* 1 (muito doce) sickly sweet 2 (cansativo) tedious

**enjoo** *s.* (náusea) nausea

▸ O enjoo que se sente num barco chama-se ***seasickness***, e num carro, ***carsickness***.

**enlatado** *adj.* canned (BRIT: tinned) / **enlatados** *spl.* canned foods (BRIT: tinned foods)

**enlouquecer** *v.* 1 (ficar louco) to go crazy (BRIT: to go mad) 2 **enlouquecer alguém** to drive sb crazy (BRIT: to drive sb mad)

**enorme** *adj.* enormous

**enquanto** *conj.* 1 while: *Você fica aqui enquanto eu vou à padaria.* You stay here while I go to the bakery. | *Ela é loura, enquanto a irmã é morena.* She's blonde while her sister is dark. 2 **enquanto isso** meanwhile / *adv.* **por enquanto** for the time being

**enredo** *s.* 1 (trama) plot 2 (de escola de samba) theme

**enriquecer** *v.* 1 (ficar rico) to get rich 2 (incrementar) to enrich 3 **enriquecer alguém** to make sb rich

**enrolado** *adj.* 1 (que não resolve as coisas) dithery 2 (complicado) involved 3 **estar/ficar enrolado** **a** (ocupado) to be/get tied up **b** (confuso) to be/get mixed up

**enrolar** *v.* 1 (papel, tapete etc.) to roll up 2 (protelar) to stall: *Para de enrolar e anda logo!* Quit stalling and hurry up! 3 **enrolar algo/alguém em algo** to wrap sth/sb up in sth: *Ela enrolou o filho num cobertor.* She wrapped her child up in a blanket. 4 **enrolar alguém** (enganar) to string sb along 5 **enrolar o cabelo** to curl your hair

/ **enrolar-se** *v.* 1 (embaralhar-se) to get mixed up: *Eu me enrolei todo.* I got all mixed up. 2 **enrolar-se em algo** (cobrir-se) to wrap yourself in sth

**enrugado** *adj.* wrinkled

**ensaiar** *v.* to rehearse

**ensaio** *s.* 1 (de peça, show etc.) rehearsal 2 (texto) essay 3 (tb ensaio fotográfico) pictorial
**ensaio geral** dress rehearsal

**ensanguentado** *adj.* bloody

**ensinar** *v.* 1 to teach 2 **ensinar algo a alguém** to teach sb sth: *A professora nos ensinou uma música em inglês.* The teacher taught us a song in English. ▸ Também se diz ***to teach sth to sb*** quando é o caso de ressaltar a quem se ensina: *Ele ensina português a estrangeiros.* He teaches Portuguese to foreigners. 3 **ensinar alguém a fazer algo** to teach sb to do sth: *Você me ensina a tocar violão?* Will you teach me to play guitar?

**ensino** *s.* 1 (ato de ensinar) teaching: *o ensino do inglês* English teaching 2 (educação em geral) education
**ensino a distância** distance learning **ensino fundamental** elementary education (BRIT: primary education) **ensino médio** secondary education **ensino superior** higher education

**ensolarado** *adj.* sunny

**ensopado** *adj.* (encharcado) soaked / *s.* (comida) stew

**ensurdecedor** *adj.* deafening

**entalar** *v.* 1 (enfiar) to stick (***em*** *in*) 2 (tb entalar-se) to get stuck

**entanto** *adv.* **no entanto** yet

**então** *adv.* 1 (naquele momento) then: *Ela decidiu então se tornar vegetariana.* She then decided to become a vegetarian. | *o então diretor da escola* the then principal of the school 2 (portanto) so: *Estou cansado, então vou ficar em casa.* I'm tired, so I'm going to stay home. 3 (introduzindo resposta) well: *"O que aconteceu?" – "Então, eu e a Júlia estávamos no ônibus e ..."* "What happened?" – "Well, Julia and I were on the bus and ..." 4 **até/desde então** until/since then 5 **pois então** in that case

**ente** *s.* **ente querido** loved one

**enteada** *s.* stepdaughter

**enteado** *s.* 1 (homem) stepson 2 (homem ou mulher) stepchild ▸ O plural é ***stepchildren***.

**entediado** *adj.* bored

**entender** *v.* 1 to understand: *Ela entende português?* Does she understand Portuguese? ▸ No sentido de *compreender*, é comum na conversação usar o verbo ***to see***: *"Não vou poder ir." – "Entendi."* "I won't be able to go." – "I see." | *É difícil, entende.* It's difficult, you see. 2 **entender de algo** to know about sth: *O Rafa entende tudo de computador.* Rafa knows all about computers. 3 **entender mal** to misunderstand 4 **dar a entender que** a (insinuar) to imply (that): *A imprensa deu a entender que o jogo foi comprado.* The press implied the game was rigged. b (deixar claro) to make it clear (that): *O professor deu a entender que o trabalho tem que ser entregue na sexta.* The teacher made it clear that the assignment has to be turned in on Friday. / **entender-se** *v.* 1 (dar-se) to get along (BRIT: to get on) (***com*** *with*): *Sempre me entendi bem com ela.* I've always gotten along well with her. 2 (fazer as pazes) to make up (***com*** *with*): *Eles brigam muito, mas sempre acabam se entendendo.* They fight a lot, but always end up making up. 3 **desde que me entendo por gente** for as long as I can remember

**entendido** *adj.* 1 (combinado) agreed 2 (versado) knowledgeable (***em*** *about*) / *s.* expert (***de*** *on*)

**enterrar** *v.* to bury

**enterro** *s.* 1 (cerimônia) funeral 2 (sepultamento) burial

**entonação** *s.* intonation

**entortar** *v.* to bend

**entrada** *s.* 1 (ato, local) entrance (***de*** *to*): *A entrada do museu é gratuita.* Entrance to the museum is free. | *Combinei com eles na entrada do shopping.* I arranged to meet them at the entrance to the mall. 2 (bilhete) ticket (***para*** *to*) **3** (prato) appetizer (BRIT: starter): *O que você quer de entrada?* What would you like as an appetizer? **4** (pagamento) down payment **5 entrada proibida** (placa) no entry **6 dar algo de entrada** (pagar sinal) to put sth down: *É preciso dar 20% de entrada.* You have to put 20% down. **7 dar entrada em algo** **a** (papéis, processo) to file sth **b** (pagar sinal) to make a down payment on sth **8 meia entrada** half-price ticket **entrada de serviço** service entrance

**entrar** *v.* **1** (ir/vir para dentro) to go/come in: *Olhei a vitrine da loja, mas não entrei.* I looked in the store window, but didn't go in. | *Quando chove, entra água pelo teto.* When it rains, water comes in through the ceiling. | *O porta-malas está cheio. Essa bolsa não entra.* The trunk is full. This bag won't go in. ▸ Quando o sentido é *conseguir entrar*, usa-se ***to get in***: *O ladrão entrou pela janela do banheiro.* The thief got in through the bathroom window. ▸ Expressões tais como *entrar correndo, entrar de fininho* etc. traduzem-se para o inglês usando um verbo que denota a maneira de se deslocar junto com o advérbio ***in***: *Meu pai entrou correndo com uma carta na mão.* My dad ran in with a letter in his hand. | *O ladrão entrou de fininho durante o recreio.* The thief snuck in during recess. **2** (começar as aulas) to start school: *O turno da manhã entra às 7h30.* The morning students start school at 7.30 a.m. **3** (começar a trabalhar) to start work: *O gerente entra mais tarde às segundas.* The manager starts work later Mondays. **4 entrar com algo** (contribuir) to put sth in: *Se cada um entrar com R$10,00, podemos pagar um táxi.* If everyone puts in R$10, we can pay for a cab. **5 entrar em algo** (ir/vir) to go/come into sth: *Vi a Sandra entrar na loja.* I saw Sandra go into the store. | *O professor entrou na sala e deu bom-dia.* The teacher came into the class and said good morning. | *A chave não entrava na fechadura.* The key wouldn't go into the lock. ▸ Quando o sentido é *conseguir entrar*, usa-se ***to get into sth***: *Entrou um ratinho na despensa.* A mouse got into the pantry. ▸ Também se usa ***get into*** em relação a carros, enquanto, com outros meios de transporte, usa-se ***to get onto***: *Ele entrou num táxi e foi embora.* He got into a taxi and left. | *Não conseguimos entrar no ônibus.* We didn't manage to get onto the bus. ▸ Expressões tais como *entrar correndo em, entrar na ponta dos pés em* etc. traduzem-se para o inglês usando um verbo que denota a maneira de se deslocar junto com a preposição ***into***: *Ela entrou correndo na cozinha.* She ran into the kitchen. | *Entrei no quarto na ponta dos pés para não acordar o bebê.* I tiptoed into the room so as not to wake the baby. **6 entrar em alguém** (caber) to fit sb: *Essa camiseta não entra mais em mim.* This T-shirt doesn't fit me anymore. **7 entrar para algo** **a** (clube, academia etc.) to join sth: *Decidi entrar para o coral da escola.* I decided to join the school choir. **b** (faculdade, livro dos recordes etc.) to get into sth: *Ela entrou para a universidade federal.* She got into the federal university.

**entre** *prep.* **1** (na maioria dos casos) between: *entre a mesa e a parede* between the table and the wall | *Qual a diferença entre essas duas palavras?* What's the difference between these two words? | *Eles dividiram o dinheiro entre os quatro.* They shared the money between the four of them. **2** (espalhados entre, no meio de) among: *Havia flores entre as árvores.* There were flowers among the trees. | *A carta se perdeu entre todos meus papéis.* The letter got lost among all my papers. | *É uma visão muito difundida entre os jovens.* It is a widespread view among young people. | *A faculdade está entre as melhores do Brasil.* The school is among the best in Brazil. **3 entre outras coisas** among other things **4 entre si** **a** (entre dois) between themselves: *Meus pais discutiram o assunto entre si.* My parents discussed the matter between themselves.

**b** (entre mais de dois) among themselves: *Os alunos competem muito entre si.* The students compete a lot among themselves.

**entreaberto** *adj.* half-open

**entrega** *s.* 1 (de correio, mercadorias) delivery 2 **a entrega dos Oscars/Grammy** ***etc.*** the Oscars/Grammys etc.
**entrega em domicílio** home delivery **entrega de prêmios** prize-giving

**entregar** *v.* 1 (correio, mercadorias) to deliver (***a*** *to*): *A loja entrega?* Does the store deliver? 2 (trabalho escolar) to turn in (BRIT: to hand in): *Tenho que entregar essa redação até sexta.* I have to turn this essay in by Friday. 3 (ceder, confiar) to hand over (***a*** *to*): *Fui obrigado a entregar o celular ao assaltante.* I was forced to hand my cell phone over to the mugger. | *Eles vão entregar o apartamento no final do mês.* They're going to hand over the apartment at the end of the month. 4 (devolver) to return (***a*** *to*): *Preciso entregar o livro que o Pedro me emprestou.* I must return the book Pedro lent me. 5 (prêmio) to present (***a*** *to*): *O ex-campeão entregou as medalhas aos atletas.* The former champion presented the medals to the athletes. 6 (à polícia) to turn in (***a*** *to*): *Ela acabou entregando o próprio filho.* She ended up turning in her own son. 7 (desmascarar) to give away: *Foi sua cara de decepção que te entregou.* It was your look of disappointment that gave you away. / **entregar-se** *v.* 1 (à polícia) to give yourself up (***a*** *to*): *Os bandidos se entregaram.* The bandits gave themselves up. 2 (revelar-se) to give yourself away: *Você se entregou quando falou aquilo.* You gave yourself away when you said that. 3 **entregar-se a algo/alguém** (dedicar-se) to devote yourself to sth/sb: *Ele se entregou aos estudos.* He devoted himself to his studies.

**entrelinhas** *spl.* **ler nas entrelinhas** to read between the lines

**entretanto** *conj.* (porém) however

**entretenimento** *s.* (em geral) entertainment
▸ É incontável em inglês. Portanto, *um entretenimento* traduz-se por ***a form of entertainment***.

**entreter** *v.* 1 (plateia, público) to entertain 2 (manter ocupado) to amuse: *A mãe me pediu para entreter minha irmãzinha enquanto saía.* My mom asked me to amuse my little sister while she went out. / **entreter-se** *v.* to amuse yourself (***com*** *with*)

**entrevista** *s.* 1 interview 2 **dar uma entrevista** to give an interview

**entrevistado** *s.* interviewee

**entrevistador** *s.* interviewer

**entrevistar** *v.* to interview

**entristecer** *v.* 1 (deixar triste) to sadden 2 (ficar triste) to become sad

**entrosado** *adj.* (time etc.) integrated

**entrosar-se** *v.* 1 (ser aceito) to fit in (***com*** *with*) 2 (como grupo) to integrate: *Os jogadores ainda precisam se entrosar.* The players still need to integrate. 3 **entrosar-se em algo** to fit into sth

**entulho** *s.* rubble

**entupido** *adj.* 1 (cano, nariz etc.) blocked 2 (de comida) full up

**entupir** *v.* to block / **entupir-se** *v.* **entupir-se de algo** (consumir muito) to fill yourself full of sth

**enturmar-se** *v.* to make friends (***com*** *with*)

**entusiasmado** *adj.* enthusiastic

**entusiasmar** *v.* to excite / **entusiasmar-se** *v.* to get enthusiastic

**entusiasmo** *s.* 1 enthusiasm (***por*** *for*) 2 **com/sem entusiasmo** enthusiastically/unenthusiastically

**envelhecer** *v.* to age

**envelope** *s.* envelope

**envenenar** *v.* to poison

**envergonhado** *adj.* 1 (sem graça) embarrassed 2 (com remorso) ashamed 3 (tímido) shy

**envergonhar** *v.* 1 (deixar constrangido) to embarrass 2 (desonrar) to shame / **envergonhar-se** *v.* 1 (ficar sem graça) to get embarrassed (***de*** *about*) 2 (sentir remorso) to be ashamed (***de*** *of*)

**enviar** *v.* 1 to send 2 **enviar algo a alguém** to send sb sth: *Ele me enviou uma cópia da carta.* He sent me a copy of the letter. ▸ Também se diz ***to send sth to sb*** quando é o caso de ressaltar a quem se envia: *Você não deveria ter enviado a mensagem a todo mundo.* You shouldn't have sent the message to everyone.

**envio** *s.* 1 (de correspondência, mercadoria) dispatch 2 (de dinheiro) remittance

**envolvente** *adj.* 1 (livro, filme) compelling 2 (pessoa, sorriso, música) captivating

**envolver** *v.* (implicar) to involve (***em*** *in*) / **envolver-se** *v.* (implicar-se) to get involved (***com*** *with*, ***em*** *in*)

**envolvido** *v.* (metido) involved (***com*** *with*, ***em*** *in*)

**enxaguar** *v.* to rinse

**enxaqueca** *s.* migraine

**enxergar** *v.* to see ▸ geralmente usado com o auxiliar ***can*** quando se refere à visão: *Ela não enxerga nada sem óculos.* She can't see anything without glasses. | *Você está enxergando alguma coisa?* Can you see anything? | *Ele não enxerga os próprios defeitos.* He doesn't see his own faults.

**enxoval** *s.* 1 (de bebê) layette 2 (de noiva) trousseau

**enxugar** *v.* 1 (secar) to dry 2 (reduzir) to trim down 3 **enxugar as lágrimas** to dry your eyes 4 **enxugar o suor** to wipe away the sweat / **enxugar-se** *v.* (com toalha etc.) to dry yourself

**enxurrada** *s.* torrent: *uma enxurrada de reclamações* a torrent of complaints

**enxuto** *adj.* 1 (seco) dry 2 (magro) trim

**epidemia** *s.* epidemic: *uma epidemia de dengue* a dengue fever epidemic

**epilepsia** *s.* epilepsy

**episódio** *s.* episode

**época** *s.* 1 (período) time: *Ela casou com um amigo da época da faculdade.* She married a friend from her time in college. 2 (estação) season: *Agora é época de morango.* Now is the season for strawberries. | *a época do frio* the cold season 3 (tb época do ano) time of year: *O tempo é sempre muito agradável nessa época.* The weather is always very pleasant at this time of year. 4 (era) age: *na época medieval* in the medieval age 5 **filme/roupas *etc.* de época** period movie/clothing etc. 6 **frutas de época** seasonal fruits 7 **na época** at the time: *Eu estava na pré-escola na época.* I was in preschool at the time. | *na época da Guerra de Secessão* at the time of the Civil War 8 **naquela/nessa época** at that time

**Equador** *s.* (país) Ecuador

**equador** *s.* (linha) equator

**equatoriano** *adj, s.* Ecuadorian

**equilibrar** *v.* to balance / **equilibrar-se** *v.* to balance

**equilíbrio** *s.* 1 balance 2 **manter/perder/recuperar o equilíbrio** to keep/lose/recover your balance

**equilibrista** *s.* (na corda bamba) tightrope walker

**equipamento** *s.* equipment: *equipamento de mergulho* diving equipment ▸ A palavra ***equipment*** é incontável em inglês. Portanto, o singular também serve de tradução do plural *equipamentos*, e *um equipamento* traduz-se por ***a piece of equipment***.

**equipar** *v.* to equip (***de*** *with*) / **equipar-se** *v.* to equip yourself (***de*** *with*)

**equipe** *s.* 1 team: *a equipe de vendas* the sales team | *Gosto de trabalhar em equipe.* I like working in a team. 2 **trabalho de/em equipe** teamwork

**equitação** *s.* horseback riding (BRIT: horseriding) ▸ Também se diz apenas ***riding***: *uma escola de equitação* a riding school

**equivalente** *adj, s.* equivalent (***a*** *to*)

**equivaler** *v.* **equivaler a algo** to be equivalent to sth

**equivocado** *adj.* mistaken

**equívoco** *s.* 1 (erro) mistake 2 (mal-entendido) misunderstanding

**era** *s.* 1 (época) age: *a era do gelo* the ice age 2 (em geologia, política) era: *a era Lula* the Lula era

**erguer** *v.* 1 (levantar) to raise 2 (construir) to erect 3 **erguer os ombros** to shrug your shoulders / **erguer-se** *v.* 1 (pessoa) to rise 2 (montanha, torre etc.) to rise up

**erótico** *adj.* erotic

**errado** *adj.* 1 wrong: *Liguei para o número errado.* I called the wrong number. | *Você está errado.* You're wrong. 2 **dar errado** to go wrong: *Deu tudo errado.* Everything went wrong.

**errar** *v.* 1 (pergunta, senha etc.) to get wrong: *Quantas questões você errou na prova?* How many questions did you get wrong on the test? | *Ele sempre erra as preposições em inglês.* He always gets the prepositions wrong in English. 2 (cometer um erro) to make a mistake: *Ela acha que fala espanhol, mas erra muito.* She thinks she speaks Spanish, but she makes a lot of mistakes. 3 (alvo, chute, tiro) to miss: *O jogador errou o pênalti.* The player missed the penalty. 4 **errar o caminho** to go the wrong way

**erro** *s.* 1 mistake 2 **cometer um erro** to make a mistake

**erro de ortografia** spelling mistake **erro tipográfico** typo

**erupção** *s.* 1 (de vulcão) eruption 2 (na pele) rash 3 **entrar em erupção** to erupt

**erva** *s.* 1 (tempero) herb 2 (maconha) weed

**erva daninha** weed

**ervilha** *s.* peas *[pl.]*: *um grão de ervilha* a pea

**esbanjar** *v.* 1 (desperdiçar) to squander (***em*** *on*) 2 **esbanjar alegria/saúde *etc.*** to burst with joy/health etc. 3 **esbanjar sorrisos** to be all smiles

**esbarrar** *v.* 1 **esbarrar com algo** (problemas) to run into sth 2 **esbarrar com alguém** (topar) to bump into sb 3 **esbarrar em algo/alguém** to bump into sth/sb

**esbelto** *adj.* slender

**esboço** *s.* 1 (ideia geral) outline 2 (desenho) sketch 3 (rascunho) draft

**escada** *s.* 1 (escadaria) stairs *[pl.]*: *Desci a escada correndo.* I ran down the stairs. ▸ Quando se descreve a escada, usa-se a palavra singular ***staircase***: *uma escada em caracol* a spiral staircase 2 (tb escada de mão) ladder 3 (tb escada de abrir) stepladder 4 **cair da escada** to fall down the stairs 5 **um lance de escada** a flight of stairs: *Tivemos que subir quatro lances de escada.* We had to go up four flights of stairs.

**escada de incêndio** fire escape **escada rolante** escalator

**escadaria** *s.* staircase

**escala** *s.* 1 (na maioria dos casos) scale: *em grande escala* on a large scale | *a escala de dó maior* the scale of C major | *a escala Richter* the Richter scale 2 (em viagem) stopover 3 **fazer escala** to stop over (***em*** *in*) 4 **sem escala** non-stop: *um voo sem escala* a non-stop flight

**escalada** *s.* 1 (esporte) rock climbing: *Ele pratica escalada.* He does rock climbing. 2 (subida) climb

**escalar** *v.* 1 (subir) to climb 2 (escolher) to select (***para*** *for*): *A atriz foi escalada para a próxima novela das oito.* The actress has been selected for the next eight o'clock soap.

**escancarado** *adj.* wide open

**escândalo** *s.* 1 (caso) scandal: *um escândalo de corrupção* a corruption scandal 2 (exaltação) fuss: *Por que tanto escândalo?* What's all the fuss about? 3 **fazer escândalo** to make a scene

**escandaloso** *adj.* 1 (vergonhoso) scandalous 2 (espalhafatoso) loud

**Escandinávia** *s.* Scandinavia

**escandinavo** *adj, s.* Scandinavian

**escanear** *v.* to scan

**escanteio** *s.* 1 corner 2 **cobrar/marcar um escanteio** to take/award a corner

**escapamento** *s.* exhaust: *fumaça de escapamento* exhaust fumes

**escapar** *v.* 1 (em geral) to escape (***de*** *from*): *Foi noticiado que um elefante escapou do zoológico.* It was reported that an elephant had escaped from the zoo. 2 (segredo, palavrão etc.) to slip out 3 **escapar a alguém**

to escape sb: *Nada escapa à minha mãe.* Nothing escapes my mom. | *O nome do filme me escapa.* The name of the movie escapes me. 4 **escapar da mão de alguém** to slip out of sb's hand: *O prato escapou da minha mão e caiu no chão.* The plate slipped out of my hand and fell on the floor. 5 **escapar de (fazer) algo** **a** (safar-se) to get out of (doing) sth: *Conseguimos escapar da prova de matemática.* We managed to get out of the math test. **b** (não sofrer) to escape (doing) sth: *O cachorro escapou por um triz de ser atropelado.* The dog narrowly escaped being run over. 6 **deixar escapar algo** **a** (palavrão, segredo) to let slip sth: *O jogador deixou escapar que pretende ir jogar na Europa.* The player let slip that he intends to go and play in Europe. **b** (chance, vitória) to let sth slip by: *Não deixe escapar essa oportunidade.* Don't let this opportunity slip by.

**escassez** *s.* shortage

**escasso** *adj.* 1 scant 2 **estar/ser escasso** to be in short supply

**esclarecer** *v.* to clarify

**escoar** *v.* to drain

**escocês** *adj.* Scottish / *s.* 1 Scot ▸ Também se diz ***Scotsman*** (homem) e ***Scotswoman*** (mulher) 2 **os escoceses** (em geral) the Scottish ▸ Também se diz ***the Scots***.

**Escócia** *s.* Scotland

**escola** *s.* school ▸ Quando se pensa na função da escola, usa-se sem artigo: *Ela só tem 16 anos, está na escola ainda.* She's only 16, she's still at school. | *Vou para a escola de ônibus.* I get to school by bus. ▸ Quando se pensa na escola como local, usa-se o artigo: *Há um concerto na escola hoje à noite.* There's a concert at the school tonight. | *Meus pais foram à escola para falar com o diretor.* My parents went to the school to talk to the principal.

**escola de samba** samba school **escola particular** private school **escola pública** public school (BRIT: state school) **escola técnica** technical school (BRIT: technical college)

**escolar** *adj.* school: *as férias escolares* the school vacation

**escolha** *s.* choice: *Não tivemos escolha.* We had no choice.

**escolher** *v.* 1 to choose 2 **escolher algo/alguém a dedo** to handpick sth/sb

**escombros** *s.* wreckage

**esconde-esconde** *s.* hide-and-seek: *As crianças brincavam de esconde-esconde.* The kids were playing hide-and-seek.

**esconder** *v.* to hide (***de*** *from*) / **esconder-se** *v.* to hide (***de*** *from*)

**esconderijo** *s.* 1 (em geral) hiding place 2 (covil) hideout

**escondidas** *spl.* **às escondidas** in secret (***de*** *from*): *Os dois namoravam às escondidas.* The two of them were having a relationship in secret.

**escondido** *adj.* hidden

**escorpiano** *adj, s.* Scorpio

**Escorpião** *s.* (signo) Scorpio

**escorpião** *s.* (animal) scorpion

**escorregadio** *adj.* slippery

**escorregador** *s.* slide

**escorregar** *v.* 1 (sem querer) to slip (***em*** *on*): *Escorreguei no piso molhado e levei um tombo.* I slipped on the wet floor and fell over. 2 (por diversão) to slide: *É divertido escorregar pela cachoeira.* It's fun to slide down the waterfall. 3 (ser escorregadio) to be slippery: *Cuidado que o chão está escorregando.* Be careful because the floor is slippery. 4 **escorregar de algo** **a** (de cima) to slip off sth: *Essa bolsa fica escorregando do meu ombro.* This bag keeps slipping off my shoulder. **b** (de dentro) to slip out of sth: *Minha carteira deve ter escorregado do bolso.* My wallet must have slipped out of my pocket.

**escorrer** *v.* 1 (tirar líquido) to drain: *Lave e escorra bem a salada.* Wash and drain the salad well. 2 (lágrimas, sangue, suor) to run:

*As lágrimas escorriam pelo rosto dela.* The tears were running down her cheeks.

**escoteiro** *s.* Boy Scout

**escova** *s.* 1 brush 2 **fazer escova** a (com cabeleireiro) to have a blow-dry b (em você mesma) to blow-dry your hair
**escova de cabelo** hairbrush **escova de dentes** toothbrush

**escovar** *v.* to brush

**escravidão** *s.* slavery

**escravizar** *v.* to enslave

**escravo** *adj, s.* slave

**escrever** *v.* 1 (em geral) to write (***para*** *to*) 2 (grafar) to spell: *Como se escreve essa palavra?* How do you spell that word?

**escrita** *s.* writing

**escrito** *adj.* 1 written 2 **por escrito** in writing / **escritos** *spl.* writings

**escritor** *s.* writer

**escritório** *s.* 1 (de empresa etc.) office 2 (em casa) study

**escrivaninha** *s.* writing desk

**escudo** *s.* 1 (anteparo) shield 2 (de time etc.) crest

**esculachar** *v.* **esculachar alguém** to mouth off at sb

**esculacho** *s.* 1 **dar um esculacho em alguém** (dar bronca) to give sb an earful 2 **levar um esculacho** to get an earful (***de*** *from*)

**escultor** *s.* sculptor

**escultura** *s.* sculpture

**escuna** *s.* schooner

**escurecer** *v.* 1 (ficar escuro) to get dark: *A que horas escurece?* What time does it get dark? 2 (tornar escuro) to darken

**escuridão** *s.* darkness

**escuro** *adj.* dark / *s.* 1 **no escuro** in the dark 2 **ter medo do escuro** to be afraid of the dark
▸ A palavra ***dark*** é usada também para descrever cores: ***a dark green sweater*** (= uma blusa de lã verde-escura).

**escutar** *v.* 1 (perceber sons/o som de) to hear: *Você escutou esse barulho?* Did you hear that noise? ▸ A forma *estar escutando*, no sentido de *conseguir ouvir*, traduz-se por ***can hear***: *A ligação está péssima, não estou te escutando.* It's a terrible line, I can't hear you. 2 (prestar atenção em) to listen to: *Escutamos o jogo no rádio do carro.* We listened to the game on the car radio. ▸ Quando usado sem complemento, cai a preposição: *Escuta, preciso te falar uma coisa.* Listen, I need to tell you something.

**esfaquear** *v.* 1 to stab 2 **morrer esfaqueado** to be stabbed to death

**esfarrapado** *adj.* 1 (roupa, pessoa) tattered 2 (desculpa) lame

**esfera** *s.* sphere

**esférico** *adj.* spherical

**esferográfica** *adj.* **caneta esferográfica** ballpoint pen

**esfolar** *v.* to skin: *Esfolei o joelho.* I skinned my knee.

**esfomeado** *adj.* starving

**esforçado** *adj.* hard-working

**esforçar-se** *v.* 1 (fazer esforço) to make an effort 2 (ser esforçado) to work hard

**esforço** *s.* 1 effort: *sem esforço* with no effort 2 **fazer esforço** (físico) to exert yourself: *O médico me falou para não fazer esforço.* The doctor told me not to exert myself. 3 **fazer um esforço** to make an effort

**esfregar** *v.* 1 (friccionar) to rub: *Ela acordou e esfregou os olhos.* She woke up and rubbed her eyes. 2 (para limpar) to scrub: *Tive que esfregar a camiseta para tirar a mancha.* I had to scrub the T-shirt to get the stain out.

**esfriar** *v.* 1 (ficar frio) to get cold: *Tome a sua sopa antes que esfrie.* Eat your soup before it gets cold. 2 (ficar menos quente) to cool down: *Deixe a sopa esfriar um pouco antes de tomar.* Let the soup cool down a little before you eat it.

**esganiçado** *adj.* (voz) screechy

**esgotado** *adj.* 1 (ingressos, mercadoria etc.) sold out 2 (exausto) exhausted

**esgotar** *v.* to exhaust / **esgotar-se** *v.* 1 (acabar) to run out: *O tempo se esgotou.* Time has run out. 2 (ingressos, mercadoria) to sell out

**esgoto** *s.* 1 (tubo) drain 2 (subterrâneo) sewer 3 (dejetos) sewage 4 **rede de esgoto** sewerage
**esgrima** *s.* fencing
**esmagar** *v.* 1 (em geral) to crush 2 (inseto, fruta) to squash
**esmalte** *s.* 1 (tb esmalte de unha) nail polish (BRIT: nail varnish) 2 (verniz) enamel
**esmola** *s.* 1 handout: *Eles vivem de esmolas.* They live on handouts. 2 **dar esmola** (na rua) to give money to beggars 3 **pedir esmola** to beg
**esnobar** *v.* 1 (menosprezar) to snub 2 (aparecer) to show off
**esnobe** *adj.* snobbish / *s.* snob
**espaçado** *adj.* far apart: *Os horários dos ônibus são mais espaçados no fim de semana.* The bus times are farther apart on the weekend.
**espaçamento** *s.* spacing
**espaçar** *v.* to space out
**espacial** *adj.* space: *o voo espacial* space flight
**espaço** *s.* 1 space 2 **conquistar seu espaço** to make your mark 3 **ir para o espaço** (dar em nada) to go out the window
**espaço de tempo** period of time **espaço em branco** blank space **espaço sideral** outer space
▸ No sentido de *espaço cósmico*, a palavra ***space*** é usada sem o artigo definido: ***the conquest of space*** (= a conquista do espaço).
**espaçoso** *adj.* 1 (grande) spacious 2 (abusado) intrusive
**espada** *s.* 1 sword 2 **espadas** (naipe) spades: *a dama de espadas* the queen of spades
**espaguete** *s.* spaghetti
**espairecer** *v.* to clear your head
**espalhado** *adj.* **espalhado por algo** all over sth: *A roupa dele estava espalhada pelo chão do quarto.* His clothes were all over the bedroom floor.
**espalhafatoso** *adj.* 1 (cor, roupa) garish 2 (pessoa) loud
**espalhar** *v.* 1 (na maioria dos casos) to spread: *Você espalha protetor nas minhas costas?* Will you spread sunscreen on my back? | *A doença é espalhada por mosquitos.* The disease is spread by mosquitoes. 2 (dispor) to spread out: *Espalhei as fotos em cima da mesa.* I spread the pictures out on the table. 3 (jogar de qualquer jeito) to scatter (***por*** *over*): *Meu irmãozinho espalha os brinquedos pela casa toda.* My little brother scatters his toys all over the house. 4 **espalhar que ...** to spread it around that ...: *Por que você espalhou que eu não gosto de você?* Why did you spread it around that I don't like you? / **espalhar-se** *v.* 1 (propagar-se) to spread 2 (por todos os lados) to scatter 3 (refestelar-se) to sprawl
**espancar** *v.* to beat up: *Eles foram espancados por torcedores rivais.* They were beaten up by rival fans.
**Espanha** *s.* Spain
**espanhol** *adj.* Spanish / *s.* 1 (nativo) Spaniard 2 (idioma) Spanish 3 **os espanhóis** (em geral) the Spanish
**espantalho** *s.* scarecrow
**espantar** *v.* 1 (assustar) to frighten 2 (surpreender) to amaze 3 (afugentar) to frighten off
**espanto** *s.* (surpresa) amazement: *para espanto de todos* to everyone's amazement
**esparadrapo** *s.* 1 (tira) Band-Aid® (BRIT: plaster) 2 (fita) sticking plaster
**esparramado** *adj.* 1 (espalhado) scattered 2 (deitado) sprawled
**esparramar** *v.* 1 (espalhar) to scatter 2 (derramar) to spill / **esparramar-se** *v.* 1 (espalhar-se) to scatter 2 (deitar) to sprawl
**espatifar** *v.* to shatter / **espatifar-se** *v.* 1 (quebrar) to shatter 2 (cair) to crash
**especial** *adj, s.* 1 special 2 **em especial** especially
**especialidade** *s.* specialty (BRIT: speciality)
**especialista** *adj, s.* specialist (***em*** *in*)
**especializado** *adj.* specialized (***em*** *in*)
**especializar-se** *v.* to specialize (***em*** *in*)
**especialmente** *adv.* 1 (sobretudo) especially: *Gosto de HQ, especialmente as japonesas.* I

like comic strips, especially Japanese ones. 2 (especificamente) specially: *O ator veio ao Brasil especialmente para a estreia do filme.* The actor came to Brazil specially for the première of the movie. | *É um computador especialmente projetado para crianças.* It's a computer specially designed for children. ▸ Não confunda ***especially*** (= sobretudo, principalmente) com ***specially*** (= especificamente, exclusivamente).

**especiaria** *s.* spice

**espécie** *s.* 1 (de animal, planta) species 2 (tipo) kind: *Ele é uma espécie de irmão para mim.* He's a kind of brother to me. 3 **em espécie** (em dinheiro vivo) in cash

**especificamente** *adv.* specifically

**especificar** *v.* to specify

**específico** *adj.* specific

**espectador** *s.* 1 (de espetáculo, filme) member of the audience ▸ Quando se refere aos espectadores coletivamente, o plural traduz-se por ***audience***, que é singular: *Os espectadores aplaudiram.* The audience applauded. 2 (de jogo, evento) spectator 3 (de TV) viewer

**espelhar** *v.* to mirror / **espelhar-se** *v.* 1 (refletir-se) to be mirrored (***em*** *in*) 2 **espelhar-se em alguém** to model yourself on sb

**espelho** *s.* mirror: *Saí de casa sem me olhar no espelho.* I left home without looking at myself in the mirror.

**espelho retrovisor** rearview mirror

**espera** *s.* 1 (período) wait: *uma espera de 20 minutos* a 20-minute wait 2 (aguardo) waiting: *depois de anos de espera* after years of waiting 3 **à espera de algo/alguém** waiting for sth/sb 4 **lista/sala *etc.* de espera** waiting list/room etc.

**esperança** *s.* hope

**esperançoso** *adj.* hopeful

**esperar** *v.* 1 (aguardar) to wait: *Faz uma hora que estou esperando aqui.* I've been waiting here for an hour. | *Espera aí!* Wait a second! 2 (ter esperança) to hope ▸ Depois do verbo ***hope***, a conjunção ***that*** é opcional e geralmente omitida na linguagem informal: *Espero que você goste do presente.* I hope you like the gift. 3 **esperar fazer algo** **a** (querer) to hope to do sth: *Ela espera ser médica.* She hopes to be a doctor. **b** (contar com) to expect to do sth: *Eu não esperava passar na prova porque foi muito difícil.* I didn't expect to pass the test because it was very difficult. 4 **esperar para fazer algo** to wait to do sth: *Tive que esperar para entrar na sala do diretor.* I had to wait to go into the principal's office. 5 **esperar (por) algo/alguém** **a** (aguardar) to wait for sb/sth: *Eu te espero em frente ao cinema.* I'll wait for you outside the movie theater. **b** (contar com, prever) to expect sth/sb: *Apareceram mais pessoas do que esperávamos.* More people showed up than we were expecting. | *Eu não esperava por isso.* I wasn't expecting that. 6 **espero que sim/não** I hope so/not: *"Será que vai chover?" – "Espero que não."* "I wonder if it's going to rain?" – "I hope not." 7 **estar esperando um filho** to be expecting a baby ▸ Na linguagem mais formal, diz-se ***expecting a child***. 8 **fazer alguém esperar** to keep sb waiting: *Ele sempre me faz esperar.* He always keeps me waiting.

**esperto** *adj.* 1 (inteligente) smart (BRIT: clever) 2 (espertalhão) crafty 3 **ficar esperto** to watch out (***com*** *for*): *É bom ficar esperto com aquele cara.* You should watch out for that guy.

**espesso** *adj.* thick

**espessura** *s.* 1 thickness 2 **qual a espessura de ...?** how thick is/are ...?: *Qual a espessura do colchão?* How thick is the mattress? 3 **ter ... espessura** to be ... thick: *As paredes têm meio metro de espessura.* The walls are half a meter thick. | *A tábua tem quanto de espessura?* How thick is the board?

**espetacular** *adj.* spectacular

**espetáculo** *s.* 1 (apresentação) show: *o mundo do espetáculo* show business 2 (cena grandiosa) spectacle 3 **estar/ser um espetáculo** to look/be awesome

**espião** *s.* spy
**espiar** *v.* 1 (olhar) to peep 2 **espiar algo/alguém** a (olhar) to peep at sth/sb b (espreitar) to spy on sth/sb
**espiga** *s.* 1 (da planta) ear 2 (de milho como alimento) cob: *espiga de milho* corn on the cob
**espinafre** *s.* spinach
**espingarda** *s.* shotgun
**espinha** *s.* 1 (na pele) pimple (BRIT: spot) ▸ No inglês informal, também se diz ***zit***. 2 (de peixe) bone 3 (coluna) spine
**espinho** *s.* 1 (de planta) thorn 2 (de animal) spine
**espionagem** *s.* spying ▸ Também se usa a palavra ***espionage***, que soa mais formal.
**espionar** *v.* to spy
**espiral** *s.* spiral: *uma escada em espiral* a spiral staircase
**espírita** *adj, s.* Spiritist
**espiritismo** *s.* Spiritism
**espírito** *s.* 1 spirit 2 **estado de espírito** mood 3 **estar com espírito confiante/generoso *etc.*** to be in a confident/generous etc. mood 4 **estar com espírito para algo/para fazer algo** to be in the mood for sth/to do sth: *Não estou com espírito para escrever redação.* I'm not in the mood to write an essay.
**Espírito Santo** Holy Spirit
**espiritual** *adj.* spiritual
**espirituoso** *adj.* witty
**espirrar** *v.* 1 (dar espirro) to sneeze 2 (respingar) to spatter
**espirro** *s.* 1 sneeze 2 **dar um espirro** to sneeze
**esponja** *s.* sponge
**espontâneo** *adj.* spontaneous
**espora** *s.* spur
**esporadicamente** *adv.* occasionally
**esporádico** *adj.* occasional
**esporte** *s.* 1 sport ▸ Quando se refere ao esporte em geral, os esportes coletivamente, usa-se o plural ***sports*** no inglês americano, e o singular incontável ***sport*** no inglês britânico: *Você gosta de esporte?* Do you like sports? ▸ Usa-se o plural ***sports*** antes de outro substantivo: *o caderno de esporte* the sports section 2 **fazer/praticar esporte** (em geral) to do/play sports (BRIT: to do/play sport) 3 **fazer/praticar um esporte** to play a sport: *Você faz algum esporte?* Do you play any sports? / *adj.* 1 (roupa) casual: *uma camisa esporte* a casual shirt 2 **esporte fino** dressy casual (BRIT: smart casual) 3 **carro esporte** sports car
**esportista** *s.* sports player (BRIT: sportsperson) ▸ Também existem as palavras ***sportsman*** (homem) e ***sportswoman*** (mulher). / *adj.* athletic (BRIT: sporty): *Sou muito esportista.* I'm very athletic.
**esportiva** *s.* **levar (algo) na esportiva** to see the funny side (of sth)
**esportivo** *adj.* 1 (referente a esporte) sports: *um comentarista esportivo* a sports commentator | *um carro esportivo* a sports car 2 (espírito, pessoa) sporting 3 (design, visual) sporty 4 **evento esportivo** sporting event
**esposa** *s.* wife
**espreguiçadeira** *s.* 1 (cadeira) beach chair (BRIT: deckchair) 2 (cama) lounge chair (BRIT: sun lounger)
**espreguiçar** *v.* (tb espreguiçar-se) to stretch
**espremer** *v.* 1 (fruta, espinha, esponja etc. ) to squeeze 2 (roupa) to wring / **espremer-se** *v.* 1 (pessoas) to squeeze up 2 **espremer-se para entrar em algo** to squeeze into sth
**espuma** *s.* 1 (em geral) foam: *um colchão de espuma* a foam mattress 2 (de cerveja, café) froth 3 (de sabão) lather
**espuma de banho** bubble bath **espuma de barbear** shaving foam **espuma de borracha** foam rubber
**espumante** *adj.* sparkling / *s.* sparkling wine
**esquadrinhar** *v.* to explore
**esquadro** *s.* triangle (BRIT: set square)
**esquecer** *v.* 1 to forget: *Esqueci que tinha prova hoje.* I forgot there was a test today. 2 **esquecer de fazer algo** to forget to do sth: *Esqueci de fazer o trabalho para amanhã.* I forgot to do the assignment for tomorrow. / **esquecer-se** to forget (***de*** *about*): *Eles se esqueceram completamente*

*da combinação.* They completely forgot about the arrangement.
▸ Quando se fala de esquecer alguma coisa em algum lugar, não se usa o verbo *forget* em inglês, mas sim o verbo ***to leave***: ***I left my cell phone at home.*** (= Esqueci o celular em casa).

**esquecido** *adj.* (pessoa) forgetful

**esquecimento** *s.* **cair no esquecimento** to be forgotten

**esqueleto** *s.* skeleton

**esquema** *s.* **1** (sistema) setup: *Qual é o esquema para entrar para a faculdade nos EUA?* What is the setup for getting into college in the U.S.? **2** (figura) diagram **3** (esboço) outline **4** (tramoia) scam
**esquema de segurança** security: *sob forte esquema de segurança* amid tight security

**esquentar** *v.* **1** (tempo) to get hotter ▸ significa *ficar muito calor*: *Amanhã vai esquentar mais ainda.* Tomorrow it's going to get even hotter. ▸ No sentido de *ficar ameno, ficar agradavelmente quente* usa-se ***to get warmer***: *Fez frio de manhã, mas à tarde esquentou um pouco.* It was cold in the morning, but in the afternoon it got a little warmer. **2** (comida) to heat up: *Esquentei o leite no micro-ondas.* I heated the milk up in the microwave. **3** (ambiente, motor, festa) to warm up: *Vamos acender a lareira, assim vai esquentar aqui dentro.* Let's light a fire, that way it'll warm up in here. **4** (roupa) to be warm: *Essa blusa esquenta muito.* This sweater is very warm. **5** (ficar nervoso) to get worked up (***com*** *about*) / **esquentar-se** *v.* (pessoa) to warm yourself up: *Precisei pôr uma blusa para me esquentar.* I had to put a sweater on to warm myself up.

**esquerda** *s.* **1** left **2 à/para a esquerda** on/to the left **3 partido/político *etc.* de esquerda** left-wing party/politician etc. **4 virar à esquerda** to turn left

**esquerdo** *adj.* left: *do lado esquerdo* on the left side

**esqui** *s.* **1** (esporte) skiing **2** (peça) ski **3 andar de esqui** to ski

**esqui aquático 1** (esporte) water skiing **2 andar de esqui aquático** to water ski

**esquiar** *v.* to ski: *Você sabe esquiar?* Can you ski? ▸ O verbo ***to ski*** pode ser usado com um advérbio ou uma preposição que indique a direção: *Descemos a montanha esquiando.* We skied down the mountain.

**esquilo** *s.* squirrel

**esquimó** *adj, s.* Eskimo

**esquina** *s.* **1** corner: *na esquina* on the corner **2 dobrar a esquina** to go around the corner **3 (logo) depois da esquina** (just) around the corner (***com*** *of*, ***de*** *from*)

**esquisitão** *s.* weirdo / *adj.* weird

**esquisito** *adj.* odd

**esquivar-se** *v.* **1** to dodge out of the way **2 esquivar-se de algo** to dodge sth **3 esquivar-se de alguém** to avoid sb

**esse** *adj.* **1** (daqui) this: *Olha essa caneta que comprei.* Look at this pen I bought. **2** (daí) that: *Esse seu relógio é novo?* Is that watch of yours new? **3 esses/essas** **a** (daqui) these: *Tenho que ler todos esses livros.* I have to read all these books. **b** (daí) those: *Esses óculos ficam ótimos em você.* Those glasses look great on you. / *pron.* **1** (daqui) this one: *Dos dois bonés, gostei mais desse.* Of the two caps, I like this one best. **2** (daí) that one: *Acho melhor você trocar sua camiseta. Essa está com uma mancha.* I think you should change your T-shirt. That one has a stain on it. **3 esses/essas** **a** (daqui) these: *Olha as fotos que tirei. Vamos escolher uma dessas para postar.* Look at the pictures I took. Let's choose one of these to post. ▸ Na linguagem informal, também se diz ***these ones***. **b** (daí) those: *Pode ficar com as revistas. Já li essas.* You can keep the magazines. I've already read those. ▸ Na linguagem informal, também se diz ***those ones***.
▸ Ao apresentar uma pessoa ou coisa com o verbo ***to be***, usa-se apenas ***this*** ou ***that*** (e não *this one/that one*): ***This is my boyfriend, Gabriel.*** (= Esse é meu namorado, Gabriel.) ***That's the worst joke I've ever heard.*** (= Essa é a pior piada que já ouvi.)

**essencial** *adj.* essential
**estabelecer** *v.* 1 (na maioria dos casos) to establish 2 (fundar) to set up 3 (prazo, recorde) to set / **estabelecer-se** *v.* (fixar residência) to set up home
**estabelecimento** *s.* establishment
**estabelecimento comercial** commercial establishment **estabelecimento de ensino** educational establishment
**estábulo** *s.* barn
**estaca** *s.* 1 stake 2 **voltar à estaca zero** to go back to square one
**estação** *s.* 1 (de trem, TV etc.) station 2 (do ano) season
**estação de metrô** subway station (BRIT: underground station) **estação de trem** train station **estação ferroviária** railroad station (BRIT: railway station) **estação rodoviária** bus station (BRIT: coach station)
**estacionamento** *s.* 1 (ao ar livre) parking lot (BRIT: car park) 2 (tipo prédio) parking garage (BRIT: multi-storey car park) 3 (ato de estacionar) parking
**estacionar** *v.* to park
**estadia** *s.* 1 (permanência) stay: *durante a nossa estadia no Canadá* during our stay in Canada 2 (hospedagem) accommodations (BRIT: accommodation)
**estádio** *s.* stadium: *um estádio de futebol* a soccer stadium
**estado** *s.* 1 (modo de estar) state: *Você precisava ver o estado do quarto dele!* You should have seen the state of his room! | *em estado de pânico* in a state of panic 2 (tb estado de saúde) condition: *O paciente está em estado grave.* The patient is in a serious condition. 3 (de conservação) condition: *A bicicleta está em perfeito estado.* The bike is in perfect condition. 4 (divisão de país) state: *o Estado de São Paulo* São Paulo state 5 **Estado** (nação) state
**estado civil** marital status **estado de choque** shock: *em estado de choque* in shock **estado de conservação** state of repair **estado de espírito** mood **estado de funcionamento** working order **estado mental** mental state
**Estados Unidos** *spl.* United States: *os Estados Unidos da América* the United States of America ▸ vem seguido de verbo no singular. ▸ Os norte-americanos chamam os EUA de ***America, the U.S.*** ou ***the States***, e em contextos mais formais, ***the United States*** ou ***the U.S.A.*** O nome mais usado entre outros falantes de inglês é ***America***.
**estadual** *adj.* state: *uma rodovia estadual* a state highway
**estagiar** *v.* to intern (BRIT: to work as a trainee)
**estagiário** *s.* intern (BRIT: trainee)
**estágio** *s.* 1 (em empresa etc.) internship (BRIT: traineeship): *Ele quer fazer estágio numa emissora de TV.* He wants to do an internship at a TV station. 2 (fase) stage
**estalar** *v.* 1 (máquina, motor, madeira) to click 2 (vidro) to crack 3 (graveto) to snap 4 (lenha no fogo) to crackle 5 **estalar a língua/os dedos** to click your tongue/fingers
**estaleiro** *s.* shipyard
**estalo** *s.* 1 (barulho) crack 2 (de dedos, língua) click 3 **dar um estalo** (fazer barulho) to click 4 **me deu um estalo** I had a flash of inspiration 5 **ter um estalo** to have a brainstorm (BRIT: to have a brainwave)
**estampa** *s.* 1 (desenho em tecido) print 2 (imagem) picture
**estampado** *adj, s.* print
**estante** *s.* 1 (para livros) bookshelf 2 (para partituras) music stand
**estar** *v.* 1 (na maioria dos casos) to be: *Onde está o meu celular?* Where's my cell phone? | *Você deve estar cansado.* You must be tired. | *Você já esteve nos EUA?* Have you ever been to the States? | *Está sol hoje.* It's sunny today. 2 (referente à aparência) to look: *Você está linda nesse vestido!* You look beautiful in that dress! 3 (estar presente) to be here/there: *O professor de Física não*

*está hoje.* The physics teacher isn't here today. | *Não curti a festa ontem porque minha amiga não estava.* I didn't enjoy the party yesterday because my friend wasn't there. | *Alô, a Lúcia está, por favor?* Hello, is Lucia there, please? **4** (estar em casa ou no trabalho) to be in: *A Lúcia não está no momento. Quer deixar recado?* Lucia's not in at the moment. Would you like to leave a message? **5 estar com algo** (ter) to have sth: *Você está com dinheiro aí?* Do you have any money on you? | *Estou com dor de cabeça.* I have a headache. ▸ Para encontrar a tradução de locuções tais como *estar com ciúmes/fome/sono* etc., consulte o verbete do substantivo correspondente. **6 estar sem algo** not to have sth: *Estou sem dinheiro.* I don't have any money. | *Ela estava sem a chave de casa.* She didn't have the house key. ▸ Para encontrar a tradução de locuções tais como *estar sem fome/jeito/sono* etc., consulte o verbete do substantivo correspondente. / *v. aux.* **1 estar fazendo algo** to be doing sth: *Está chovendo lá fora?* Is it raining outside? | *Ela estava me ajudando com meu dever de casa.* She was helping me with my homework. **2 estar para fazer algo** **a** (prestes a) to be about to do sth: *O avião estava para decolar.* The plane was about to take off. **b** (com a intenção) to mean to do sth: *Faz semanas que estou para te ligar.* I've been meaning to call you for weeks.

**estatal** *adj.* state-owned / *s.* (empresa) state-owned company

**estatística** *s.* **1** (número) statistic **2** (ciência) statistics *[sg.]*

**estátua** *s.* statue

**estatura** *s.* height: *Ele tem estatura mediana.* He's average height.

**estável** *adj.* **1** (em geral) stable **2** (tempo) settled

**este** *adj.* **1** this: *esta manhã* this morning **2 estes/estas** these: *estas coisas* these things / *pron.* **1** this one: *Prefiro este.* I prefer this one. **2 estes/estas** these: *Estes são os mais baratos.* These are the cheapest ones. ▸ Ao apresentar uma pessoa ou coisa com o verbo ***to be***, usa-se apenas ***this*** (e não *this one*): ***This is my opinion.*** (= Esta é a minha opinião.)

**esteira** *s.* **1** (ergométrica) treadmill **2** (de bagagem) carousel **3** (de barco) wake **4 fazer esteira** to go on the treadmill
**esteira rolante 1** (para carga) conveyor belt **2** (para pessoas) moving walkway

**estender** *v.* **1** (roupa para secar) to hang up to dry: *Não esqueça de estender a sua toalha.* Don't forget to hang your towel up to dry. ▸ Quando se estende ao ar livre, diz-se ***to hang out to dry***: *Ela estendeu a roupa no varal do quintal.* She hung the clothes out to dry on the line in the yard. **2** (mapa, tapete etc.) to spread out **3 estender a mão/os braços** to hold out your hand/your arms (*a to*) **4 estender as pernas** to straighten your legs / **estender-se 1** (terreno, rio etc.) to extend: *A praia estende-se por mais de 30 km.* The beach extends for more than 30 km. **2** (durar) to go on: *A reunião estendeu-se por três horas.* The meeting went on for three hours. **3** (deitar-se) to spread out **4 estender-se a algo/alguém** (abranger) to extend to sth/sb

**estepe** *s.* spare tire (BRIT: spare tyre)

**estereotipado** *adj.* stereotypical

**estereótipo** *s.* stereotype

**estética** *s.* **1** (aparência) appearance: *Os homens também cuidam da estética hoje em dia.* Men also take care of their appearance these days. **2** (padrão de beleza) esthetic (BRIT: aesthetic) **3 clínica/salão de estética** beauty clinic/salon

**esteticista** *s.* beautician

**estético** *adj.* **1** (referente ao belo) esthetic (BRIT: aesthetic) **2 cirurgia estética** cosmetic surgery **3 tratamento estético** beauty treatment

**estibordo** *s.* starboard

**esticado** *adj.* (teso) taut

**esticar** *v.* **1** to stretch **2 esticar num lugar** (continuar a noite) to go on to a place: *Acaba-*

*mos esticando numa boate.* We ended up going on to a club. / **esticar-se** *v.* to stretch

**estilhaço** *s.* splinter

**estilista** *s.* designer: *um estilista de sapatos* a shoe designer

**estilista de moda** fashion designer

**estilo** *s.* **1** style: *Ela tem estilo próprio.* She has her own style. **2 ao estilo de algo/alguém** in the style of sth/sb **3 com estilo** stylishly **4 em grande estilo** in style **5 fazer o estilo de alguém** to be sb's style: *Essa roupa não faz o meu estilo.* This outfit is not my style.

**estilo de vida** lifestyle

**estiloso** *adj.* stylish

**estimação** *s.* **1** esteem **2 animal/bicho de estimação** pet **3 de estimação** **a** (animal) pet: *uma cobra de estimação* a pet snake **b** (objeto) prized

**estimar** *v.* **1** (calcular) to estimate (***em*** *at*): *O valor do quadro é estimado em $10 mi.* The value of the painting is estimated at $10 million. **2** (gostar de) to be fond of

**estimativa** *s.* estimate

**estimular** *v.* to stimulate

**estímulo** *s.* stimulus (***para*** *for*)

**estirar** *v.* to stretch

**estojo** *s.* **1** (em geral) case: *meu estojo de óculos* my glasses case **2** (de maquiagem) compact

**estojo de joias** jewelry box (BRIT: jewellery box)

**estômago** *s.* stomach: *dor de estômago* stomach ache

**estoque** *s.* **1** (de loja) stock: *em estoque* in stock **2** (reserva) supply: *Ela sempre tem um estoque de lenços de papel na bolsa.* She always has a supply of tissues in her bag.

**estourado** *adj.* **1** (arrebentado) burst **2** (bravo) explosive **3 com o tempo estourado** out of time

**estourar** *v.* **1** (bolha, cano, pneu etc.) to burst **2** (bomba, fogos) to explode **3** (guerra, rebelião) to break out **4** (orçamento, prazo, tempo) to go over **5** (ficar nervoso) to blow up (***com*** *at*) **6** (fazer sucesso) to be a big hit **7** (boiada) to stampede **8 estourando** (no máximo) tops: *Posso gastar 100 reais, estourando 120.* I can spend 100 reais, 120 tops. **9 estar estourando** (quase chegando) to be arriving any time **10 estar estourando de dor de cabeça** to have a splitting headache

**estouro** *s.* **1** (explosão) explosion **2** (de raiva) outburst **3** (de boiada) stampede **4 ser um estouro** (ser sensacional) to be a sensation

**estrada** *s.* **1** road: *na estrada* on the road **2 pegar estrada** to go out on the road

**estragado** *adj.* **1** (alimento) bad (BRIT: off) **2** (criança) spoiled (BRIT: spoilt)

**estraga-prazeres** *s.* spoilsport ▸ Também se diz ***party pooper***, que é mais informal.

**estragar** *v.* **1** (comprometer, mimar) to spoil: *A chuva não chegou a estragar a festa.* The rain didn't manage to spoil the party. **2** (tb estragar-se, alimento) to go bad (BRIT: to go off)

**estrago** *s.* **1** (tb estragos) damage ▸ É incontável, portanto não se pode usar com o artigo *a*. **2 causar/fazer estragos/um estrago** to cause/do damage (***em*** *to*): *As chuvas causaram um estrago enorme.* The rains caused enormous damage. | *O estrago já foi feito.* The damage has already been done.

**estrangeiro** *adj.* foreign: *países estrangeiros* foreign countries / *s.* **1** (pessoa) foreigner **2 do estrangeiro** (de fora) from abroad **3 no/para o estrangeiro** (fora do país) abroad

**estrangular** *v.* to strangle

**estranhar** *v.* **1** (achar estranho) to find strange: *Estranhei a pergunta dele.* I found his question strange. **2** (não se adaptar) not to take to: *No começo, ela estranhou a comida no Japão.* At first, she didn't take to the food in Japan. ▸ A negativa em português traduz-se pela afirmativa ***to take to***: *Por sorte, não estranhei a cama nova e dormi superbem.* Luckily, I took to the new bed and slept really well. **3** (ser hostil) to turn on: *De repente ele estranhou um colega de sala e se meteu numa briga.* He suddenly turned on a classmate and got into a fight. 4 **estranhar alguém fazer algo** to find it strange (that) sb does sth: *Estou estranhando ela não ter ligado.* I find it strange she hasn't called. 5 **estou te estranhando** that's not like you 6 **você está me estranhando?** who do you take me for? / **estranhar-se** *v.* (brigar) to turn on each other

**estranho** *adj.* 1 strange 2 **algo não me é estranho** sth rings a bell: *Esse nome não me é estranho.* That name rings a bell. / *s.* 1 (desconhecido) stranger 2 **sentir-se um estranho no ninho** to feel like an outsider

**estratégia** *s.* strategy

**estratégico** *adj.* strategic

**estrear** *v.* 1 (filme, peça) to open 2 (atuar/aparecer pela primeira vez) to make your debut: *Ela estreou como atriz em 2005.* She made her acting debut in 2005. 3 (roupa) to wear for the first time: *Vou estrear minha calça nova na festa.* I'm going to wear my new pants for the first time at the party.

**estreia** *s.* 1 (de filme, peça etc.) premiere ▸ Também se diz ***opening***. 2 (de artista, jogador) debut 3 **filme/romance *etc.* de estreia** debut movie /novel etc. 4 **jogo/noite *etc.* de estreia** opening game/night etc.

**estreito** *adj.* narrow / *s.* (braço de mar) strait

**estrela** *s.* star: *uma estrela de cinema* a movie star | *um hotel cinco estrelas* a five-star hotel

**estrela cadente** shooting star

**estrelado** *adj.* 1 (céu, noite) starry 2 **ovo estrelado** fried egg

**estrela-do-mar** *s.* starfish

**estrelar** *v.* 1 (filme etc.) to star in: *A atriz vai estrelar a nova série.* The actress will star in the new series. 2 **estrelado por alguém** starring sb: *um filme estrelado por Brad Pitt* a movie starring Brad Pitt 3 **ser estrelado por alguém** to star sb

**estrelato** *s.* stardom: *rumo ao estrelato* headed for stardom

**estressado** *adj.* stressed out

**estressante** *adj.* stressful

**estressar** *v.* to stress out: *Essa prova está me estressando.* This test is stressing me out. / **estressar-se** *v.* to get stressed out (***com*** over)

**estresse** *s.* stress

**estria** *s.* stretch mark

**estribilho** *s.* chorus

**estridente** *adj.* shrill

**estrofe** *s.* verse

**estrutura** *s.* structure

**estudante** *s.* student: *um estudante do ensino médio* a high school student

**estudar** *v.* to study: *Preciso estudar para a prova.* I need to study for the test.

▸ No sentido de *cursar a escola*, usa-se ***to be at school***: ***I'm still at school.*** (= Eu estudo ainda). No sentido de *frequentar*, usa-se ***to go to school***: ***"Which school do you go to?" - "I go to Stanford High."*** (= "Em que escola você estuda?" - "Estudo na Stanford High.")

**estúdio** *s.* studio

**estudioso** *adj.* studious / *s.* scholar

**estudo** *s.* 1 study: *um estudo científico* a scientific study 2 **estudos** studies ▸ A palavra ***studies*** refere-se principalmente a estudos universitários. Quando se fala da escola, usa-se ***schoolwork*** (= trabalhos escolares): *Preciso focar mais nos meus estudos.* I need to focus more on my schoolwork. 3 **fazer um estudo de algo** to do a study of sth

**estufa** *s.* greenhouse

**estúpido** *adj.* (grosso) rude / *s.* lout

**estuprar** *v.* to rape

**estupro** *s.* rape

**esvaziar** *v.* 1 (em geral) to empty 2 (prédio, local) to clear 3 (pneu) to deflate (BRIT: to let down) / **esvaziar-se** *v.* (pneu) to deflate (BRIT: to go down)

**etapa** *s.* 1 (em geral) stage 2 (de competição, viagem) leg 3 **por etapas** in stages

**etário** *adj.* **faixa etária** age group

**etc.** *abrev.* (= et cetera) etc.

**eternidade** *s.* 1 eternity 2 **uma eternidade** (muito tempo) forever: *Esperei uma eternidade pelo ônibus.* I waited forever for the bus.

**eterno** *adj.* eternal
**ético** *adj.* ethical
**etimologia** *s.* etymology
**etiqueta** *s.* 1 (adesivo, em roupa) label 2 (com cordão) tag 3 (boas maneiras) etiquette
**etnia** *s.* ethnic group
**étnico** *adj.* ethnic
**eu** *pron.* 1 (como sujeito de verbo) I ▸ sempre maiúscula: *Eu sou brasileiro.* I'm Brazilian. 2 (em outros casos) me: *uma pessoa como eu* a person like me | *Abra a porta. Sou eu.* Open the door. It's me. | *Ela é mais velha do que eu.* She's older than me. | *"Estou com fome." – "Eu também."* "I'm hungry." – "Me too." 3 **eu mesmo** a (como sujeito) I … myself: *Eu mesmo não vi o que aconteceu.* I myself didn't see what happened. b (como complemento) myself: *Pintei o quadro eu mesma.* I painted the picture myself.
**eufórico** *adj.* (muito feliz) ecstatic
**euro** *s.* euro
**Europa** *s.* Europe
**europeu** *adj, s.* European: *a União Europeia* the European Union
**evangélico** *adj, s.* (crente) Evangelical Christian
**evaporar** *v.* (tb evaporar-se) to evaporate
**evasão** *s.*
**evasão escolar** truancy
**eventual** *adj.* possible
**eventualmente** *adv.* 1 (de vez em quando) occasionally 2 (possivelmente) possibly
**evidência** *s.* 1 (indício) piece of evidence: *várias evidências* several pieces of evidence ▸ O plural com sentido coletivo traduz-se por ***evidence***, que é incontável e singular: *Não há evidências que incriminem o suspeito.* There is no evidence to incriminate the suspect. 2 **estar em evidência** to be in the spotlight
**evidente** *adj.* evident
**evidentemente** *adv.* evidently
**evitar** *v.* 1 (fugir de) to avoid: *É melhor evitar o sol do meio-dia.* It's better to avoid the midday sun. | *Ela anda me evitando.* She's been avoiding me. 2 **evitar (de) fazer algo** to avoid doing sth 3 (prevenir) to prevent: *medidas para evitar a dengue* measures to prevent dengue fever
**evolução** *s.* 1 (transformação, tb biológica) evolution 2 (progresso, melhora) progression
**evoluir** *v.* 1 (transformar-se) to evolve (***para*** *into*) 2 (melhorar) to come on: *O time evoluiu muito de uns tempos para cá.* The team has come on a lot lately.
**ex-** *prefixo.* 1 (que foi dispensado) ex-: *a ex-namorada dele* his ex-girlfriend 2 (antigo) former: *meu ex-professor de Inglês* my former English teacher | *O jogador foi visitar sua ex-escola.* The soccer player went to visit his former school.
▸ Diferentemente do português, o prefixo inglês ***ex-*** conota que a pessoa foi destituída da condição por algum motivo. Se a pessoa simplesmente mudou de condição com o decorrer do tempo, usa-se ***former***. Tanto é que, na linguagem padrão, só se pode usar ***ex-*** em relação a pessoas. Compare: ***the former president*** (= o antigo presidente, que cumpriu mandato) e ***the ex-president*** (= o presidente que foi removido do cargo). Porém, na linguagem mais informal, usa-se ***ex-*** indiscriminadamente.
**exagerado** *adj.* 1 (pessoa) extreme 2 (em que há exagero) excessive: *Achei a roupa dela um pouco exagerada.* I thought her outfit was a little excessive. 3 **ser exagerado** a (no jeito de falar) to exaggerate b (no comportamento) to overdo it
**exagerar** *v.* 1 (na descrição de algo) to exaggerate: *Ele sempre exagera quando conta um caso.* He always exaggerates when he tells a story. 2 (no comportamento) to overdo it: *É importante fazer exercício, mas não exagere.* It's important to do exercise, but don't overdo it. 3 (ator) to overact 4 **exagerar em algo** to overdo it on sth: *No Natal todo mundo exagera na comida.* At Christmas everyone overdoes it on the food.
**exagero** *s.* 1 (na descrição de algo) exaggeration: *Não é exagero chamá-lo de gênio.* It's no exaggeration to call him a genius. 2 (no comportamento) excess ▸ Na linguagem informal, pode-se traduzir *exagero(s)* por ***overdoing it***: *Você*

*pode comer de tudo, mas evite exageros.* You can eat anything, but avoid overdoing it. **3** (de ator) overacting

**exalar** *v.* (cheiro, perfume) to give off

**exaltado** *adj.* **1** (pessoa) worked up **2** (tom, voz) angry

**exame** *s.* **1** (prova) exam: *um exame de Matemática* a math exam ▸ Também existe a palavra ***examination***, que é formal. **2** (diagnóstico) test: *um exame de sangue* a blood test **3** (de médico) exam (BRIT: examination) **4 fazer um exame** **a** (candidato) to take an exam (BRIT: to do an exam) **b** (paciente) to have a test **c** (médico) to do an exam (BRIT: to do an examination) (***em*** *on*)

**exame antidoping** drug test **exame de habilitação** driving test **exame de sangue** blood test **exame de vista** eye test **exame vestibular** university entrance exam

**examinar** *v.* to examine

**exatamente** *adv.* **1** exactly **2 exatamente agora/aqui/no meio *etc.*** right now/here/in the middle etc. **3 exatamente hoje** this very day

**exato** *adj.* **1** exact **2 nesse exato momento** at this precise moment / *interj.* (como resposta) exactly

**exaustivo** *adj.* **1** (cansativo) exhausting **2** (detalhado) thorough

**exausto** *adj.* exhausted

**exceção** *s.* **1** exception **2 abrir uma exceção** to make an exception **3 com exceção de algo/alguém** except for sth/sb

**excedente** *adj, s.* excess

**excelente** *adj.* excellent

**excêntrico** *adj.* eccentric

**excepcional** *adj.* **1** (em geral) exceptional **2** (deficiente) special-needs

**excessivo** *adj.* excessive

**excesso** *s.* **1** (exagero) excess **2 em excesso** too much: *Ele come em excesso.* He eats too much. | *Chocolate em excesso dá espinha.* Too much chocolate gives you pimples. ▸ Com um substantivo no plural, usa-se ***too many***: *A van transportava passageiros em excesso.* The van was carrying too many passengers. ▸ Com um adjetivo ou advérbio, traduz-se por ***overly***: *Ela é metódica em excesso.* She's overly methodical. **3 o excesso de algo** too much/many sth ▸ ***much*** com substantivo singular, ***many*** com substantivo plural: *O excesso de sal faz mal à saúde.* Too much salt is bad for you. | *A má qualidade do ar deve-se ao excesso de veículos nas ruas.* The poor air quality is due to too many vehicles on the roads.

**excesso de bagagem** excess baggage **excesso de peso** excess weight **excesso de velocidade** speeding

▸ O prefixo ***over-*** pode ser acrescentado a muitas palavras em inglês para dar a ideia de *em excesso*, p.ex.: ***overcautious*** (= cauteloso em excesso), ***overwork*** (= trabalho em excesso), ***to overeat*** (= comer em excesso) etc. Consulte um dicionário monolíngue.

**exceto** *prep.* except: *exceto eu* except me

**excluir** *v.* **1** (em geral) to exclude (***de*** *from*) **2** (deletar) to delete **3** (amigo de rede social) to unfriend

**excursão** *s.* **1** (em geral) excursion (***a*** *to*) **2** (de escola) field trip (BRIT: school trip) (***a*** *to*)

**excursão escolar** school field trip (BRIT: school trip)

**excursionismo** *s.* hiking

**excursionista** *s.* **1** (na mata) hiker **2** (visitante de um dia) excursionist (BRIT: day tripper)

**executar** *v.* **1** (tarefa, exercício etc.) to perform **2** (programa, pessoa) to execute

**executiva** *adj, s.* **(classe) executiva** business (class): *Ela sempre viaja de executiva.* She always travels business.

**exemplar** *s.* **1** (de livro) copy **2** (de planta, animal) specimen / *adj.* (excelente) exemplary

**exemplo** *s.* **1** example **2 dar o exemplo** to set an example **3 por exemplo** for example ▸ Também se diz ***for instance***. **4 seguir o exemplo de alguém** to follow sb's example

**exercer** *v.* **1** (profissão) to practice (BRIT: to practise) **2** (influência, pressão) to exert (***so-***

*bre on*) 3 (direitos, controle) to exercise (***sobre** over*) 4 **exercer uma atividade** to pursue an activity 5 **exercer uma função** to perform a function 6 **exercer um cargo** to hold a post

**exercício** *s.* 1 exercise: *Fizemos um exercício sobre preposições.* We did an exercise on prepositions. | *exercício físico* physical exercise 2 **fazer exercício** (físico) to do exercise

**exercitar** *v.* to exercise / **exercitar-se** *v.* to exercise

**exército** *s.* 1 army 2 **ir para o exército** to join the army

**exibido** *adj.* full of yourself: *Aquele cara é muito exibido.* That guy's really full of himself. / *s.* show-off

**exibir** *v.* 1 (filme, programa) to show 2 (em exposição) to exhibit 3 (mostrar, ostentar) to show off: *O Pedro gosta de exibir os músculos.* Pedro likes to show off his muscles. / **exibir-se** *v.* to show off (***para** to*)

**exigência** *s.* 1 (requisito) requirement (***para** for*) 2 (imposição) demand 3 **fazer exigências** to make demands

**exigente** *adj.* demanding

**exigir** *v.* 1 (reivindicar) to demand (***de** of*): *Os professores exigem muito dos alunos.* The teachers demand a lot of the students. 2 (requerer) to require (***de** of*): *O trabalho exige muita paciência.* The job requires a lot of patience. 3 **exigir fazer algo** to demand to do sth: *Exigi falar com o gerente.* I demanded to speak to the manager. 4 **exigir que alguém faça algo** to demand that sb do sth: *Ela exigiu que eu pedisse desculpas.* She demanded that I apologize.

**existência** *s.* existence

**existente** *adj.* existing

**existir** *v.* 1 (ter existência) to exist 2 **existe/existem ...** (há) there is/are ...: *Existe a possibilidade de eles não voltarem.* There is the possibility they may not come back. | *Existem pessoas que preferem trabalhar à noite.* There are people who prefer to work at night. ▸ Na negativa, usa-se ***there is/are no*** ...: *Não existe outra opção.* There is no other option. ▸ Quando se fala de algo rebuscado, traduz-se a negativa por ***there's no such thing as*** ...: *Não existe fantasma.* There's no such thing as ghosts. | *Como assim, ele conversa com animais? Isso não existe!* What do you mean, he talks to animals? That's impossible!

**êxito** *s.* 1 success 2 **com/sem êxito** successfully/unsuccessfully 3 **ter êxito** to be successful ▸ *não ter êxito* traduz-se por ***to be unsuccessful***.

**exótico** *adj.* exotic

**expectativa** *s.* 1 expectation 2 **estar/ficar na expectativa de algo/fazer algo** to be hoping for sth/to do sth 3 **estar/ficar na expectativa (para algo/para fazer algo)** (ansioso) to be excited (about sth/to do sth): *Já estou na maior expectativa para a viagem.* I'm already really excited about the trip.

**expectativa de vida** life expectancy

**expedição** *s.* 1 (viagem) expedition 2 **fazer uma expedição** to go on an expedition

**expediente** *s.* 1 (de banco, empresa etc.) working hours *[pl.]*: *durante o expediente* during working hours 2 (de pessoa) workday (BRIT: working day): *O expediente do meu pai termina às 19h00.* My dad's workday ends at 7.00 p.m. 3 **abrir/encerrar o expediente** to open/close 4 **meio expediente** part-time: *Minha mãe trabalha meio expediente.* My mom works part-time.

**experiência** *s.* 1 (em geral) experience 2 (experimento) experiment 3 **fazer uma experiência** to do an experiment

**experiente** *adj.* experienced

**experimentar** *v.* 1 (roupa, sapato) to try on: *Posso experimentar essa calça?* Can I try on these pants? 2 (comida, bebida) to try: *Quer experimentar minha sopa?* Do you want to try my soup? 3 (testar) to try out: *Você já experimentou esse aplicativo* *novo?* Have you tried out this new app? **4** (vivenciar) to experience **5** **experimentar com algo** to experiment with sth **6** **experimentar fazer algo** to try doing sth: *Já experimentei reiniciar o computador.* I've already tried restarting the computer.

**expirar** *v.* **1** (respirar) to breathe out **2** (acabar) to expire

**explicação** *s.* explanation

**explicar** *v.* to explain (***a*** *to*) / **explicar-se** *v.* to explain yourself

**explícito** *adj.* explicit

**explodir** *v.* to explode ▸ No sentido de *destruir com explosivos* não se usa o verbo *explode*, mas sim o *phrasal verb* ***to blow up***: *Os terroristas explodiram um ônibus.* The terrorists blew up a bus.

**exploração** *s.* **1** (de pessoas, recursos) exploitation **2** (do espaço, região etc.) exploration

**explorar** *v.* **1** (pessoas, recursos) to exploit **2** (o espaço, região etc.) to explore

**explosão** *s.* explosion

**explosivo** *adj, s.* explosive

**expor** *v.* **1** (colocar à mostra) to display: *O relógio estava exposto na vitrine.* The watch was displayed in the store window. **2** (em museu, galeria etc.) to exhibit: *A obra do pintor já foi exposta em Nova York.* The painter's work has been exhibited in New York. **3** (explicar) to explain: *Ele expôs seus motivos.* He explained his motives. **4** (revelar) to expose: *O escândalo foi exposto na mídia.* The scandal was exposed in the media. **5** (colocar em perigo) to put at risk: *A falta de saneamento básico expõe a saúde da população.* The lack of basic sanitation puts the public's health at risk. **6** (causar constrangimento a) to embarrass: *Ela me expôs postando uma foto minha no mural dela.* She embarrassed me by posting a photo of me on her wall. **7** **expor algo/alguém a algo** to expose sth/sb to sth: *Não exponha a área infectada ao sol.* Do not expose the infected area to the sun. / **expor-se** *v.* **1** (correr perigo) to put yourself at risk: *Os motoboys se expõem muito.* Motorcycle couriers put themselves at risk a lot. **2** (dar vexame) to embarrass yourself **3** **expor-se a algo** to expose yourself to sth

**exportação** *s.* export

**exportar** *v.* to export

**exposição** *s.* (de arte etc.) exhibit (BRIT: exhibition)

**exposto** *adj.* **1** (mercadoria, obra etc.) on display **2** (fio, pele etc.) exposed (***a*** *to*)

**expressão** *s.* expression

**expressar** *v.* to express / **expressar-se** *v.* to express yourself: *Ela se expressa através da música.* She expresses herself through music.

**expressivo** *adj.* **1** (rosto, olhar) expressive **2** (pessoa) demonstrative **3** (aumento, mudança) marked

**expresso** *adj.* express / *s.* **1** (trem, ônibus) express **2** (café) espresso

**exprimir** *v.* to express

**expulsar** *v.* **1** (de jogo) to send off: *O goleiro foi expulso de campo.* The goalkeeper was sent off. **2** (de aula) to send out (***de*** *of*): *O Daniel foi expulso da aula de Geografia.* Daniel was sent out of the geography class. **3** (de escola) to expel (***de*** *from*): *Um aluno foi expulso da escola por ter agredido um professor.* A student was expelled from school for assaulting a teacher. **4** (de boate, festa etc.) to throw out (***de*** *of*)

**extensão** *s.* **1** (aumento) extension: *a extensão do metrô* the extension of the subway **2** (tamanho) size: *a extensão do quintal* the size of the yard **3** (área) expanse: *uma vasta extensão de floresta* a vast expanse of forest **4** (fio) extension cord (BRIT: extension lead) **5** **curso de extensão** extension course

**extenso** *adj.* **1** (grande) extensive: *um jardim extenso* an extensive garden **2** (comprido) long: *o rio mais extenso do Brasil* the longest river in Brazil **3** **por extenso** in full

**exterior** *adj.* **1** (estrangeiro) foreign: *a política exterior* foreign policy **2** (camada) outer **3** **lado exterior** outside **4** **o mundo exterior**

the outside world / *s.* 1 (de prédio, pessoa) exterior 2 **do exterior** (de outro país) from abroad 3 **no/para o exterior** abroad: *Eu queria estudar no exterior.* I'd like to study abroad.

**externo** *s.* 1 (parede, raia) outside 2 **a parte externa** the outside

**extinção** *s.* 1 extinction 2 **em extinção** endangered: *uma espécie em extinção* an endangered species

**extinguir** *v.* 1 (espécie) to make extinct: *A caça ameaça extinguir as baleias.* Hunting threatens to make whales extinct. 2 (doença, pobreza etc.) to wipe out: *uma campanha para extinguir o analfabetismo* a campaign to wipe out illiteracy 3 (incêndio) to extinguish 4 (curso, órgão) to abolish / **extinguir-se** *v.* 1 (espécie) to become extinct 2 (incêndio) to be extinguished

**extinto** *adj.* 1 (espécie, vulcão) extinct 2 (banda, empresa, programa etc.) defunct 3 (idioma) dead

**extintor** *s.* (tb extintor de incêndio) fire extinguisher

**extra** *adj.* 1 extra: *um dinheiro extra* some extra money 2 **hora extra** overtime

**extracurricular** *adj.* extracurricular

**extrair** *v.* 1 (dente) to extract 2 (petróleo, gás natural) to pump (*de from*) 3 (minério, carvão etc.) to mine (*de from*) 4 (dados, informações) to retrieve (*de from*)

**extraordinário** *adj.* 1 extraordinary 2 **despesas extraordinárias** extras

**extraterrestre** *adj, s.* extraterrestrial

**extrato** *s.* 1 (de conta) statement: *um extrato bancário* a bank statement 2 (de texto) extract **extrato de tomate** tomato puree

**extravagante** *adj.* (pessoa, roupa) flamboyant

**extraviar-se** *v.* (correspondência) to get lost

**extremidade** *s.* 1 (ponta) end 2 (dos dedos) tip

**extremo** *adj.* 1 (intenso) extreme: *a extrema pobreza* extreme poverty 2 (mais distante) far: *à extrema esquerda da foto* on the far left of the picture **Extremo Oriente** Far East / *s.* 1 extreme 2 **ao extremo** (muito) in the extreme

**extrovertido** *adj, s.* extrovert

# F

**F, f** *s.* F, f

**fá** *s.* (nota musical) F: *fá sustenido* F sharp

**fã** *s.* **1** fan **2 ser fã de alguém** to be a fan of sb: *Sou muito fã dela.* I'm a big fan of hers.

**fábrica** *s.* factory: *uma fábrica de chocolate* a chocolate factory

**fabricação** *s.* **1** manufacture **2 de fabricação brasileira/italiana *etc.*** Brazilian-made/ Italian-made etc. **3 de fabricação caseira** homemade: *uma bomba de fabricação caseira* a homemade bomb

**fabricante** *s.* manufacturer

**fabricar** *v.* (produto) to make ▸ Também existe o verbo ***to manufacture***, muito usado quando se trata de fabricação industrial.

**faca** *s.* **1** knife **2 uma faca de dois gumes** a mixed blessing

**facada** *s.* **1** (ferimento) stab wound **2 dar facadas/uma facada em alguém** to stab sb **3 matar alguém/morrer a facadas** to stab sb/be stabbed to death

**façanha** *s.* feat

**facão** *s.* machete

**facção** *s.* faction

**face** *s.* **1** (lado) face **2** (bochecha) cheek **3 face a face** face to face

**fachada** *s.* façade

**fácil** *adj.* **1** (em geral) easy: *É fácil achar a casa.* It's easy to find the house. **2** (pessoa) easygoing **3 fácil de fazer** easy to do: *Essa câmera é muito fácil de usar.* This camera is very easy to use. / *adv.* easily: *Ganhamos fácil.* We won easily.

**facilidade** *s.* **1** (desembaraço) ease **2** (talento) flair (***para*** *for*): *Ele tem facilidade para idiomas.* He has a flair for languages. **3 com facilidade** easily ▸ Na linguagem mais formal, também se diz ***with ease***.

**facilitar** *v.* **1** (tornar as coisas mais fáceis) to make things easier: *Na hora de fazer um trabalho escolar, a Internet facilita muito.* When doing a school assignment, the Internet makes things a lot easier. **2 facilitar algo** to make sth easier: *Os celulares facilitaram a comunicação.* Cell phones have made communication easier.

**facilmente** *adv.* easily

**faculdade** *s.* **1** (universidade) college (BRIT: university) ▸ No inglês americano, também se diz ***school***. Quando se refere ao prédio, usa-se ***university***: *O ônibus para em frente à faculdade.* The bus stops outside the university. **2** (capacidade física) faculty: *faculdades mentais* mental faculties **3 estar na faculdade** (cursando) to be in college (BRIT: to be at university) **4 fazer faculdade** to go to college (BRIT: to go to university) **5 fazer faculdade de algo** to study sth in college (BRIT: to do sth at university): *Você gostaria de fazer faculdade de quê?* What would you like to study in college?

**faculdade de Direito** law school **faculdade de Medicina** med school (BRIT: medical school)

**facultativo** *adj.* optional

**fada** *s.* fairy: *um conto de fadas* a fairy tale

**fadiga** *s.* fatigue

**faísca** *s.* **1** spark **2 soltar faíscas/uma faísca** to spark

**faixa** *s.* **1** (para pedestres) crossing: *É mais seguro atravessar na faixa.* It's safer to cross at the crossing. **2** (da estrada) lane: *na faixa de ônibus* in the bus lane **3** (de CD) track **4** (de miss, presidente) sash **5** (em artes marciais) belt: *Ele é faixa preta de jiu-jítsu.* He's a black belt in jujitsu. **6** (cartaz) banner **7** (de terra) strip

**fajuto** *adj.* **1** (vagabundo) cheapo **2** (falsificado) fake

**fala** *s.* **1** (faculdade) speech: *uma perturbação da fala* a speech defect **2** (maneira de falar) way of speaking: *A professora tem uma fala mansa.* The teacher has a gentle way of speaking. **3** (de ator) line: *A atriz principal tem que decorar muitas falas.* The lead actress has to learn a lot of lines. **4** (de personagem em peça) speech: *uma famosa fala de Hamlet* a famous speech by Hamlet

**falado** *adj.* **1** (comentado) talked about **2** (língua) spoken: *o inglês falado* spoken English **3 ficar falado** to get a reputation

**falante** *adj.* talkative / *s.* speaker: *os falantes de inglês* English speakers

**falar** *v.* **1** (articular palavras, discursar) to speak: *Os animais não sabem falar.* Animals cannot speak. | *Você fala espanhol?* Do you speak Spanish? | *Vários deputados falaram no debate.* Several deputies spoke in the debate. **2** (conversar) to talk: *É proibido falar durante a prova.* You're not allowed to talk during the test. ▸ Existem muitos casos em que ***speak*** e ***talk*** podem se substituir livremente. **3** (dizer) to say: *O que você falou?* What did you say? **4 falar a alguém que ...** to tell sb (that) ... ▸ O ***that*** é opcional e, na linguagem informal, é omitido na maioria dos casos: *A Sandra me falou que vinha.* Sandra told me she was coming. **5 falar a verdade** to tell the truth **6 falar algo a/para alguém** **a** (informar) to tell sb sth: *Você não me falou o seu nome.* You haven't told me your name. **b** (dizer palavras a) to say sth to sb: *O Pedro nunca sabe o que falar para as meninas.* Pedro never knows what to say to girls. **7 falar com alguém** to speak to sb ▸ Também se diz ***to talk to sb***. Em muitos casos, as duas expressões podem se substituir livremente, mas ***speak*** tem mais o sentido de *dirigir a palavra a*, enquanto ***talk*** significa *conversar*: *Poderia falar com o gerente, por favor?* Could I speak to the manager, please? | *Quem é aquela menina com quem você estava falando?* Who is that girl you were talking to? ▸ No inglês americano, também se usa muito a preposição ***with*** em vez de ***to*** com esses verbos. **8 falar de/em algo/alguém** to talk about sth/sb: *Eles só falam de futebol.* All they talk about is soccer. | *O que você falou de mim?* What did you say about me? **9 falar mais alto** to win out: *Meu coração falou mais alto.* My heart won out. **10 falar para alguém fazer algo** to tell sb to do sth: *O professor falou para entregarmos o trabalho na sexta.* The teacher told us to turn in the assignment on Friday. **11 falar para dentro** to mumble **12 falar pelos cotovelos** to talk a blue streak (BRIT: to talk nineteen to the dozen) **13 falar que ...** to say (that) ... ▸ O ***that*** é opcional e, na linguagem informal, é omitido na maioria dos casos: *Ela falou que estava cansada.* She said she was tired. **14 falar sozinho** to talk to yourself: *Minha avó vive falando sozinha.* My grandma is always talking to herself. **15 falou!** OK! **16 para falar a verdade** to tell the truth **17 por falar em algo/alguém** speaking of sb/sth: *Por falar em jantar, o que vamos comer hoje?* Speaking of dinner, what are we going to have today? **18 por falar nisso** by the way **19 sem falar em algo/alguém** not to mention sth/sb **20 sem falar que ...** not to mention the fact that ...

**falecer** *v.* to pass away

**falência** *s.* **1** bankruptcy **2 ir à falência** to go bankrupt

**falha** *s.* **1** (mau funcionamento) failure: *uma falha mecânica* a mechanical failure **2** (erro) failing: *Houve falhas no atendimento ao paciente.* There were failings in the treatment of the patient. **3** (imperfeição) flaw (***de*** *in*)

**falha humana** human error

**falhar** *v.* **1** (não dar certo) to fail **2** (deixar de funcionar) to give out **3** (carro, motor) to misfire **4** (ligação telefônica) to break up **5** (pessoa) to be at fault

**falido** *adj.* bankrupt

**falir** *v.* to go bankrupt

**falível** *adj.* fallible

**falsidade** *s.* (de pessoa) insincerity

**falsificar** *v.* to forge

**falso** *adj.* **1** (não verdadeiro) false **2** (pessoa) insincere **3** (joia) fake **4** (cédula) counterfeit **5 pisar em falso** to lose your footing

**falta** *s.* **1** (carência) lack: *falta de verbas* lack of funding **2** (na escola) absence **3** (em esportes) foul **4 cobrar uma falta** **a** (em futebol) to take a free kick **b** (em basquete etc.) to take a free shot **5 cometer uma falta** (em jogo) to commit a foul **6 estar em falta** (mercadoria) to be sold out **7 estar em falta com alguém** to owe sb an apology **8 fazer falta** to be missed: *Ele vai fazer muita falta.* He'll be sorely missed. **9 fazer falta a alguém** ▸ Use o verbo ***to miss*** como no exemplo: *Você me faz muita falta.* I miss you a lot. **10 por falta de algo** for lack of sth **11 sem falta** without fail **12 sentir falta de alguém/algo** to miss sb/sth

**falta de ar** **1** breathlessness **2 estar/ficar com falta de ar** to be/get breathless **falta de consideração** **1** disregard (***por*** *for*) **2 ser uma falta de consideração** to be inconsiderate (***com*** *to*) **falta de educação: ser (uma) falta de educação (fazer algo)** to be rude (to do sth): *É falta de educação falar com a boca cheia.* It's rude to talk with your mouth full. **falta de senso** **1** thoughtlessness **2 ser uma falta de senso** to be thoughtless

**faltar** *v.* **1** (tb estar faltando) to be missing: *A última página do livro está faltando.* The last page of the book is missing. | *Alguém está faltando?* Is anyone missing? **2** (aluno, funcionário) to be absent (***a*** *from*): *O Pedro faltou à aula de Química.* Pedro was absent from the chemistry class. **3 falta/faltam ...** **a** (não há suficiente) there isn't/aren't enough ...: *Falta sal na sopa.* There's not enough salt in the soup. | *Faltavam cadeiras para todo mundo.* There weren't enough chairs for everyone. **b** (resta/restam) there is/are ... to go (***para*** *until*): *As férias estão chegando. Só faltam duas semanas.* The vacation's coming up. There are only two weeks to go. | *Faltavam duas voltas para o final da corrida.* There were two laps to go until the end of the race. ▸ Antes de um infinitivo pessoal, *para* traduz-se por ***until***, que vem seguido de um verbo finito: *Faltam cinco minutos para o trem chegar.* There are five minutes to go until the train arrives. ▸ Quando se fala do que falta para se completar uma tarefa, é mais comum dizer ***to have ... to go to do sth***: *Faltam quatro páginas para eu terminar o livro.* I have four pages to go to finish the book. | *Faltava um ponto para eles ganharem o jogo.* They had one point to go to win the game. **c** (não se encontra) there is/are ... missing: *Falta um botão na minha camisa.* There's a button missing on my shirt. | *Estão faltando duas cadeiras na mesa.* There are two chairs missing at the table. **4 falta alguém fazer algo** sb still has to do sth: *Falta a gente comprar um presente.* We still have to buy a present. **5 falta luz/água** there's no power/water: *Faltou luz durante 12 horas.* There was no power for 12 hours. **6 falta muito/pouco** **a** (tempo) there's a long time/not long to go (***para*** *before*): *Eu me formo só daqui a dois anos. Falta muito ainda.* I only graduate in two years' time. There's a long time to go yet. ▸ A pergunta *falta muito?* traduz-se por ***is there long to go?***: *Falta muito para o jantar ficar pronto?* Is there long to go before dinner's ready? **b** (distância) there's a long way/not far to go (***para*** *to*): *Estávamos quase chegando em casa. Faltava pouco.* We were almost home. There wasn't far to go. ▸ A pergunta *falta muito?* traduz-se por ***is there far to go?***: *Falta muito para o aeroporto?* Is there far to go to the airport? **c** (trabalho) there's a lot/not much left to do: *O estádio não está pronto. Falta muito ainda.* The stadium is not finished. There's a lot left to do. | *Falta pouco para terminarmos.* We're almost done. **7 faltam cinco/dez *etc.* para as ...** (ao dizer as horas) it's five/ten etc. to ...: *Faltam quinze para a uma.* It's a quarter to one. **8 faltar às aulas/ao trabalho** to be absent from school/work ▸ Também se diz ***to miss school/work***. **9 é só o que me faltava!** that's all I needed! **10 não falta/faltam ...** (há mais do que suficiente) there's/there are plenty of ...: *Não faltou comida na festa.* There was plenty of food at the party. | *Não faltam oportunidades para treinar o seu inglês.* There are plenty of opportunities to practice your English. **11 só falta algo/alguém fazer algo** **a** (só ter que) sb/sth just has to do sth: *Só falta eu escovar os dentes.* I just have to clean my teeth. | *Só falta a água ferver.* The water just has to boil. **b** (uso irônico) all it needs is for sth/sb to do sth: *Só falta a impressora quebrar agora!* All it needs is for the printer to break down now!

**fama** *s.* **1** (celebridade) fame **2** (reputação) reputation **3 alcançar a fama** to achieve fame **4 ganhar/ter fama de algo** to get/have a reputation as sth: *Ele tem fama de mulherengo.* He has a reputation as a womanizer.

**família** *s.* **1** family **2 em família** with the family: *Gosto de ir à praia em família.* I like going to the beach with my family. ▸ Como adjetivo, traduz-se por ***family***: *um jantar em família* a family dinner **3 ser de família** to run in the family: *O talento musical dela é de família.* Her musical talent runs in the family.

**familiar** *adj.* **1** (de família) family: *uma empresa familiar* a family business **2** (conhecido) familiar / *s.* family member: *somente familiares* family members only

**familiarizado** *adj.* familiar (***com*** *with*)

**familiarizar** *v.* to familiarize (***com*** *with*) / **familiarizar-se** *v.* to familiarize yourself (***com*** *with*)

**faminto** *adj.* starving

**famoso** *adj.* famous (***por*** *for*)

**fanático** *s.* **1** fanatic **2 um fanático por algo** a sth fanatic: *Ele é fanático por videogames.* He's a videogame fanatic. / *adj.* fanatical (***por*** *about*)

**fanfarrão** *s.* show-off

**fantasia** *s.* **1** (para festa etc.) costume: *uma fantasia de odalisca* an Arabian princess costume **2** (imaginação) imagination **3** (devaneio) fantasy **4 festa à fantasia** costume party (BRIT: fancy-dress party)

**fantasiado** *adj.* **1** in costume (BRIT: in fancy dress) **2 fantasiado de algo** dressed up as sth: *um menino fantasiado de Batman* a boy dressed up as Batman

**fantasiar-se** *v.* to dress up (***de*** *as*): *Ela se fantasiou de vampira.* She dressed up as a vampire.

**fantasma** *s.* ghost

**fantástico** *adj.* fantastic

**fantoche** *s.* puppet

**faqueiro** *s.* set of silverware (BRIT: set of cutlery)

**farda** *s.* uniform

**fardado** *adj.* in uniform: *um policial fardado* a police officer in uniform ▸ Também se diz ***a uniformed police officer***.

**farejador** *adj.* **cão farejador** sniffer dog

**farejar** *v.* **1** (cheirar) to sniff **2** (descobrir) to sniff out **3** (seguir a trilha de) to track

**farelo** *s.* **1** (de pão) crumb **2** (de madeira) sawdust

**farinha** *s.* 1 (em geral) flour 2 (tb farinha de mandioca) manioc flour
**farinha de rosca** breadcrumbs *[pl.]* **farinha de trigo** wheat flour **farinha integral** whole wheat flour (BRIT: wholemeal flour)
**farmacêutico** *adj.* pharmaceutical / *s.* pharmacist
**farmácia** *s.* drugstore (BRIT: chemist's) ▸ No inglês americano, também se diz ***pharmacy***.
**faro** *s.* 1 (de animal) sense of smell 2 **ter faro para algo** (pessoa) to have a nose for sth
**faroeste** *s.* (filme) western
**farofa** *s.* fried manioc flour
**farol** *s.* 1 (de carro etc.) headlight 2 (de bicicleta) light 3 (semáforo) traffic light 4 (no mar) lighthouse 5 **farol alto/baixo** high/low beam (BRIT: full beam/dipped headlights)
**farolete** *s.* parking light (BRIT: sidelight)
**farpa** *s.* 1 (de madeira) splinter 2 (crítica) barb
**farpado** *adj.* **arame farpado** barbed wire
**farra** *s.* 1 (farrear) partying 2 (festa) party 3 **cair na farra** to go out and party 4 **fazer farra** to party
**farrear** *v.* to party
**farsa** *s.* 1 (embuste) façade 2 (peça) farce
**farto** *adj.* 1 (refeição) plentiful 2 **farto de algo/alguém** fed up with sth/sb
**fascinação** *s.* fascination
**fascinante** *adj.* fascinating
**fascinar** *v.* to fascinate
**fascínio** *s.* fascination
**fase** *s.* 1 (etapa) stage 2 (da vida) phase 3 (de competição) round: *a fase eliminatória* the knockout round
**fashion** *adj.* (roupa, pessoa) trendy
**fatal** *adj.* fatal
**fatalidade** *s.* act of fate: *A morte dele foi uma fatalidade.* His death was an act of fate.
**fatalmente** *adv.* 1 (inevitavelmente) inevitably 2 (mortalmente) fatally
**fatia** *s.* slice: *uma fatia de bolo* a slice of cake
**fatiar** *v.* to slice: *pão fatiado* sliced bread
**fato** *s.* 1 (dado) fact: *um fato pouco conhecido* a little known fact 2 (acontecimento) event: *os fatos marcantes do ano* the year's memorable events 3 **de fato** **a** (na realidade) actually: *O que acontece de fato é o contrário.* What actually happens is the opposite. **b** (com certeza) indeed: *"Isso não é ilegal?" – "De fato, é ilegal sim."* "Isn't that illegal?" – "Indeed it is illegal." 4 **ir às vias de fato** to come to blows 5 **pelo fato de alguém/algo fazer algo** because sb/sth does sth: *Não devemos discriminar pessoas simplesmente pelo fato de serem pobres.* We should not discriminate against people just because they are poor. 6 **ser fato** to be a fact
**fator** *s.* factor: *o fator tempo* the time factor
**fatura** *s.* invoice: *uma fatura de $80,00* an invoice for $80
**faturamento** *s.* (total das vendas) turnover
**faturar** *v.* 1 (dinheiro) to make 2 (ganhar muito dinheiro) to rake it in
**fauna** *s.* wildlife
**favela** *s.* favela
▸ Hoje em dia, a palavra *favela* é usada em inglês também. É preferível a termos tais como ***slum***, que conota miséria e insalubridade, e ***shantytown***, que designa um bairro composto apenas de ***shanties*** (barracos).
**favor** *s.* 1 favor (BRIT: favour) 2 **favor fazer algo** (em aviso) kindly do sth: *Favor fechar a porta.* Kindly close the door. 3 **a favor de algo/alguém** in favor of sth/sb 4 **em favor de algo/alguém** in aid of sth/sb 5 **faça/você faz o favor de fazer algo** would you be kind enough to do sth: *Você faz o favor de dar um recado para ele?* Would you be kind enough to give him a message? 6 **fazer um favor para alguém** to do sb a favor: *Você me faz um favor?* Will you do me a favor? 7 **pedir um favor a alguém** to ask sb a favor 8 **por favor** **a** (pedindo) please **b** (chamando atenção) excuse me
**favorável** *adj.* 1 favorable (BRIT: favourable) (*a to*) 2 **ser favorável a algo** (a favor) to be in favor of sth (BRIT: to be in favour of sth)
**favorecer** *v.* to favor (BRIT: to favour)

**favorito** *adj, s.* favorite (BRIT: favourite)

**fax** *s.* 1 fax: *por fax* by fax 2 **mandar algo por fax (para alguém)** to fax sth (to sb)

**faxina** *s.* 1 (de casa etc.) cleaning 2 **fazer faxina** to do the cleaning

**faxineiro** *s.* cleaner

**fazenda** *s.* 1 (propriedade rural) farm ▸ Também se diz ***ranch*** quando se trata de uma fazenda destinada à criação de gado. 2 (tecido) fabric 3 **Ministério da Fazenda** Ministry of Finance

**fazendeiro** *s.* farmer ▸ Também se diz ***rancher*** quando se trata de pecuarista.

**fazer** *v.* 1 (dedicar-se a) to do: *O que você está fazendo?* What are you doing? | *Você já fez o dever de casa?* Have you done your homework yet? 2 (produzir) to make: *Você sabe fazer um avião de papel?* Do you know how to make a paper airplane? | *Vou fazer um bolo de chocolate.* I'm going to make a chocolate cake. 3 (em expressões de idade, temperatura e tempo) to be: *Ela vai fazer 15 anos em novembro.* She'll be 15 in November. | *Ontem fez 35 graus.* It was 35 degrees yesterday. | *Se fizer bom tempo amanhã, podemos ir à praia.* If it's good weather tomorrow, we can go to the beach. | *"Há quanto tempo você mora aqui?" – "Faz cinco anos já."* "How long have you lived here?" – "It's been five years already." ▸ Ao se referir à duração, a locução *faz … que* traduz-se usando a preposição ***for*** em conjunto com o *present perfect*: *Faz dois anos que estudo inglês.* I've been studying English for two years. | *Faz um mês que ele não me liga.* He hasn't called me for a month. ▸ *fazia … que* pede o *past perfect*: *Fazia muito tempo que ela não via o irmão.* She hadn't seen her brother for a long time. ▸ Ao se referir ao momento em que algo aconteceu no passado, usa-se ***ago*** com o *simple past*: *Faz cinco anos que eles mudaram para o Canadá.* They moved to Canada five years ago. ▸ Também se pode expressar essa relação temporal usando ***since***: *Faz duas semanas que começaram a obra.* It's been two weeks since they started the building work. | *Faz anos que ele não vai ao dentista.* It's been years since he went to the dentist. 4 **fazer algo para alguém** to make sb sth: *Vou fazer comida para nós.* I'm going to make us something to eat. 5 **fazer algo com algo/alguém** **a** (guardar em algum lugar) to do sth with sth/sb: *O que você fez com os papéis que estavam na mesa?* What did you do with the papers that were on the table? **b** (prejudicar) to do sth to sth/sb: *Nunca vou perdoar o que ela fez comigo.* I'll never forgive what she did to me. 6 **fazer alguém/algo fazer algo** to make sb/sth do sth: *O professor nos faz rir muito.* The teacher makes us laugh a lot. 7 **fazer bem a alguém** to do sb good: *O descanso vai me fazer bem.* The rest will do me good. 8 **fazer calor/frio** to be hot/cold: *Está fazendo muito frio hoje.* It's very cold today. 9 **fazer com que alguém/algo faça algo** to cause sb/sth to do sth 10 **fazer de algo algo** to make sth into sth: *Ela fez da caixa uma cama para o cachorro.* She made the box into a bed for the dog. 11 **fazer mal a alguém** to hurt sb: *Nosso cachorro não faria mal a ninguém.* Our dog wouldn't hurt anyone. 12 **fazer sol** to be sunny: *Amanhã vai fazer sol.* It'll be sunny tomorrow. / **fazer-se** *v.* 1 **fazer-se de bobo/morto** to play dumb/dead 2 **fazer-se de desentendido** to pretend not to know what's going on

▸ O verbo *fazer* é usado em conjunto com muitos substantivos, em locuções tais como *fazer uma pergunta, fazer uma promessa, fazer a barba, fazer um trabalho* etc. Em alguns desses casos, traduz-se por ***to do***, em outros por ***to make***, e às vezes até por outro verbo. Consulte o verbete do substantivo em questão para encontrar a tradução correta.

**fé** *s.* 1 faith (*em* in) 2 **botar fé** to believe (*em* in): *Boto fé!* For sure!

**febre** *s.* 1 (doença) fever 2 (mania) craze: *a febre dos smartphones* the smartphone craze 3 **estar com/ter febre** to have a temperature

**febril** *adj.* feverish

**fechado** *adj.* 1 (porta, olhos, loja etc.) closed 2 (sinal de trânsito) red 3 (torneira) off 4 (curva) sharp 5 (pessoa) uncommunicative 6 **de cara fechada** looking serious 7 **(negócio) fechado!** (it's a) deal!

**fechadura** *s.* 1 lock 2 **buraco da fechadura** keyhole

**fechamento** *s.* closure

**fechar** *v.* 1 (na maioria dos casos) to close: *Feche os olhos.* Close your eyes. | *A empresa fechou negócio com uma distribuidora na China.* The company has closed a deal with a distributor in China. 2 (terminar) to finish: *Fechei o treino com uns alongamentos.* I finished the training session with some stretches. 3 (sinal de trânsito) to go red 4 (torneira, água) to turn off 5 (roupa, zíper) to do up: *A saia fecha atrás.* The skirt does up at the back. 6 (tempo, céu) to cloud over 7 (no trânsito) to cut off (BRIT: to cut up): *Um caminhão nos fechou e quase batemos.* A truck cut us off and we nearly crashed. 8 **fechar a cara** to look serious 9 **fechar as portas** (empresa etc.) to close down 10 **fechar com alguém** (fechar contrato) to sign with sb: *O jogador brasileiro fechou com o Chelsea.* The Brazilian player has signed with Chelsea. 11 **fechar um acordo/contrato** to sign a deal/contract (***com*** *with*) / **fechar-se** 1 (isolar-se) to shut yourself (***em*** *in*): *Ela se fechou no quarto para falar no telefone.* She shut herself in her room to talk on the phone. 2 (calar-se) to clam up

**fecho** *s.* 1 (de roupa etc.) fastener 2 (de portão) latch 3 (de carta, e-mail) close

**feder** *v.* to stink (***a*** *of*)

**federação** *s.* federation

**federal** *adj.* federal

**federativo** *adj.* federal

**fedido** *adj.* smelly ▸ Também se diz ***stinking***, que é mais forte.

**fedor** *s.* stench ▸ Também se diz ***stink***, que soa mais informal: *Que fedor!* What a stink!

**feijão** *s.* beans *[pl.]*: *um grão de feijão* a bean **feijão branco** flageolet beans *[pl.]* **feijão carioquinha** pinto beans *[pl.]* **feijão preto** black beans *[pl.]*

**feijoada** *s.* black bean stew

**feinho** *adj.* 1 (pessoa) homely (BRIT: plain) 2 (coisa) unappealing

**feio** *adj.* 1 (de aparência) ugly: *um prédio feio* an ugly building 2 (desagradável, grave) nasty: *Que tempo feio!* What nasty weather! | *Ele sofreu um corte feio na cabeça.* He got a nasty cut on his head. 3 **ser feio** (falta de educação) to be rude: *É feio arrotar.* It's rude to burp. / *adv.* 1 (gravemente) badly: *Ele se machucou feio.* He got badly hurt. 2 **olhar feio para alguém** to glare at sb

**feira** *s.* 1 (venda) open-air market (BRIT: market): *uma feira de antiguidades* an open-air antique market 2 (tb feira livre) farmers' market (BRIT: market) 3 (exposição) fair: *uma feira de decoração* an interior design fair 4 **fazer a feira** to go to the farmers' market (BRIT: to go to the market)

**feirante** *s.* farmers' market seller (BRIT: market trader)

**feiticeira** *s.* good witch

**feiticeiro** *s.* wizard

**feitiço** *s.* spell

**feito** *adj.* 1 (fabricado) made 2 (resolvido, pronto) done 3 **feito à mão** handmade 4 **bem feito (para você/ele/eles)!** it serves you/him/them right! ▸ Costuma-se omitir o ***it*** na linguagem falada. 5 **um homem feito/uma mulher feita** a grown man/woman / *conj.* 1 (como) like: *feito uma barata tonta* like a headless chicken 2 **feito louco** like crazy / *s.* (ato) deed

**felicidade** *s.* 1 happiness 2 **felicidades** (parabéns) congratulations

**feliz** *adj.* happy: *Fiquei feliz em receber a sua mensagem.* I was happy to get your message.

**felizmente** *adv.* fortunately

**feltro** *s.* felt

**fêmea** *s.* female: *um elefante fêmea* a female elephant

**feminino** *adj.* 1 (para mulheres) women's: *roupa feminina* women's clothes | *o time feminino de vôlei* the women's volleyball team 2 (tb do sexo feminino) female 3 (substantivo etc.) feminine

**feminismo** *s.* feminism

**feminista** *adj, s.* feminist

**fenda** *s.* crack

**fenômeno** *s.* 1 phenomenon 2 **ser um fenômeno** (impressionante) to be phenomenal

**fera** *s.* 1 (animal) wild animal 2 (pessoa competente) whiz kid (BRIT: whizzkid) 3 **estar/ficar uma fera** to be/get mad 4 **ser fera em algo** to be a whiz at sth (BRIT: to be a whizz at sth)

**feriado** *s.* holiday (BRIT: public holiday)

▸ Na Grã-Bretanha, um feriado que cai num dia útil chama-se ***bank holiday***, porque os bancos e outras empresas não funcionam nesse dia.

**férias** *spl.* 1 vacation (BRIT: holiday) *[sg.]*: *O que você fez nas férias?* What did you do during the vacation? | *duas semanas de férias* two weeks' vacation | *as férias de verão* the summer vacation 2 **entrar/sair de férias** to start your vacation (BRIT: to start your holiday) 3 **estar de férias** to be on vacation (BRIT: to be on holiday) 4 **tirar férias** to take a vacation (BRIT: to take a holiday)

**ferida** *s.* 1 (corte) wound 2 (inflamação) sore 3 **tocar na ferida** to touch on a sore point

**ferido** *adj.* 1 (em geral) injured: *Ninguém ficou ferido no acidente.* No one was injured in the accident. 2 (por arma) wounded / *s.* 1 (em geral) injured person 2 (por arma) wounded person 3 **os feridos** **a** (em geral) the injured **b** (em batalha, tiroteio) the wounded

**ferimento** *s.* 1 (em geral) injury: *ferimentos leves* minor injuries | *O paciente não resistiu aos ferimentos.* The patient succumbed to his injuries. 2 (de arma, em guerra) wound: *um ferimento a bala* a bullet wound

**ferir** *v.* 1 (em geral) to injure 2 (com arma) to wound 3 (magoar) to hurt / **ferir-se** *v.* 1 (em geral) to be injured 2 (por arma) to be wounded

**fermento** *s.* yeast

**fermento em pó** baking powder

**feroz** *adj.* 1 (animal, ataque) ferocious 2 (crítico, luta, concorrência, oposição) fierce

**ferrado** *adj.* 1 **estar ferrado** to be screwed 2 **estar ferrado no sono** to be fast asleep

**ferradura** *s.* horseshoe

**ferragens** *spl.* 1 (peças de metal) hardware *[sg.]*: *uma loja de ferragens* a hardware store 2 (destroços) wreckage *[sg.]*: *O motorista foi retirado das ferragens com vida.* The driver was pulled from the wreckage alive.

**ferramenta** tool: *ferramentas informáticas* IT tools

**ferrão** *s.* (de inseto etc.) sting

**ferrar** *v.* 1 (pessoa) to screw 2 (cavalo) to shoe / **ferrar-se** *v.* to screw up

**ferro** *s.* 1 iron: *uma barra de ferro* an iron bar | *Esqueci o ferro ligado.* I left the iron on. 2 **passar algo a ferro** to iron sth

**ferro de passar roupa** clothing iron **ferro forjado** wrought iron **ferro fundido** cast iron

**ferrolho** *s.* bolt

**ferro-velho** *s.* junkyard

**ferrovia** *s.* railroad (BRIT: railway)

**ferroviário** *adj.* 1 rail: *a malha ferroviária* the rail network 2 **estação ferroviária** train station (BRIT: railway station)

**ferrugem** *s.* rust

**fértil** *adj.* fertile

**ferver** *v.* 1 to boil 2 **estar fervendo** (muito quente) to be boiling hot

**fervilhar** *v.* 1 (ferver) to bubble 2 (estar cheio) to teem (*de* with)

**festa** *s.* 1 (reunião) party: *Tinha muita gente na festa.* There were a lot of people at the party. 2 (data) festival 3 **Boas Festas!** Happy Holidays! (BRIT: Season's Greetings!) 4 **dar/fazer uma festa** to throw a party (BRIT: to have a party) 5 **fazer a festa** (esbaldar-se) to have a ball 6 **fazer festa em alguém/algo** to make a fuss over sb/sth (BRIT: of sb/sth)

**festa de aniversário** birthday party **festa de casamento** wedding reception **festa de despedida** farewell party **festa de formatura** graduation party **festa de quinze anos** fifteenth birthday party **festa junina** June fair (BRIT: June fête) ▸ Não existe equivalente nos países de língua inglesa. **festas de final de ano** end of year holidays

**festeiro** *s.* (pessoa) party animal / *adj.* party-loving: *Os brasileiros são muito festeiros.* Brazilians love a party.

**festejar** *v.* to celebrate

**festival** *s.* festival: *um festival de cinema* a film festival

**festividade** *s.* festivity

**feto** *s.* fetus (BRIT: foetus)

**fevereiro** *s.* February: *em fevereiro* in February

**fiança** *s.* bail: *O réu foi solto sob fiança.* The defendant was released on bail.

**fiapo** *s.* **1** (de pano) thread **2** (de cabelo) wisp

**fiasco** *s.* fiasco

**fibra** *s.* fiber (BRIT: fibre)

**fibra alimentar** dietary fiber (BRIT: dietary fibre) **fibra de vidro** fiberglass (BRIT: fibreglass) **fibra óptica: cabo de fibra óptica** fiber-optic cable (BRIT: fibre-optic cable)

**ficante** *s.* (homem/mulher) casual boyfriend/girlfriend

**ficar** *v.* **1** (tornar-se) to get: *Ela fica nervosa por qualquer coisa.* She gets upset at the slightest thing. | *Estava ficando tarde.* It was getting late. ▸ Quando se trata de uma reação emocional momentânea, usa-se o verbo ***to be***: *Fiquei surpreso quando ele falou aquilo.* I was surprised when he said that. | *Meu pai vai ficar bravo quando souber disso.* My dad will be mad when he finds out about this. ▸ Com adjetivos que denotam estados físicos ou cores, usa-se o verbo ***to go***: *Meu avô está ficando surdo.* My grandpa is going deaf. | *Se a luz ficar vermelha, é sinal que a bateria está acabando.* If the light goes red, it means the battery is low. **2** (localizar-se) to be: *Onde fica o banheiro?* Where's the bathroom? **3** (permanecer, hospedar-se) to stay: *Você fica aqui enquanto eu vou à farmácia.* You stay here while I go to the drugstore. | *Eles sempre ficam nos melhores hotéis.* They always stay at the best hotels. **4** (restar) to be left: *Se comermos dois pães cada um, vão ficar quatro para depois.* If we eat two bread rolls each, there'll be four left for later. **5** (ter aspecto) to look: *Você fica bonita de cabelo curto.* You look nice with short hair. | *Essa mesinha vai ficar ótima no canto da sala.* This little table will look great in the corner of the living room. ▸ Quando se fala do que se está vendo no momento, usa-se o tempo presente em inglês, diferentemente do português: *Esse vestido ficou lindo em você.* That dress looks beautiful on you. | *Olha, lavei meu tênis e ficou como novo!* Look, I've washed my sneakers and they look like new! **6** (sair) to turn out: *O bolo ficou ótimo.* The cake turned out really well. **7 ficar bem/mal** (pegar bem/mal) to look good/bad: *Não fica bem aparecer na casa dos outros de mãos vazias.* It doesn't look good to show up at someone's house empty-handed. **8 ficar bem de algo** (roupa, cor) to look good in sth: *Ele fica bem de terno.* He looks good in a suit. **9 ficar bem em alguém** (roupa etc.) to suit sb: *Amarelo não fica bem em você.* Yellow doesn't suit you. **10 ficar com algo** **a** (guardar para si) to keep sth: *Falei para o taxista ficar com o troco.* I told the cab driver to keep the change. **b** (receber, ser acometido por) to get sth: *Cada aluno fica com uma tarefa diferente.* Each student gets a different task. | *Fiquei com câibra na perna.* I got cramp in my leg. ▸ Para encontrar a tradução de locuções tais como *ficar com ciúmes/fome/sono* etc., consulte o verbete do substantivo correspondente. **11 ficar com alguém** **a** (trocar beijos) to make out with sb (BRIT: to get off with sb): *Você ficou com alguém na festa?* Did you make out with anyone at the party? **b** (ter relação sem compromisso) to have a casual relationship with sb: *Eles estão só ficando.* They're just having a casual relationship. 12 **ficar de fazer algo** **a** (combinar) to arrange to do sth: *Ficamos de nos encontrar hoje.* We arranged to meet up today. **b** (prometer) to say you'll do sth: *Ela ficou de me ligar mais tarde.* She said she'd call me later. 13 **ficar em algo** **a** (conta) to come to sth: *O jantar ficou em R$30,00 por pessoa.* The dinner came to R$30 per person. **b** (colocação) to come sth: *O brasileiro ficou em segundo.* The Brazilian came second. | *Quem ficou em último?* Who came last? ▸ *ficar em … lugar* traduz-se por ***to come in … place***: *Quem ficar em primeiro lugar vai para a final.* The person who comes in first place goes through to the final. 14 **ficar fazendo algo** **a** (repetidamente) to keep doing sth: *Ele fica me mandando mensagens.* He keeps sending me messages. **b** (durante um bom tempo) to go on doing sth: *A gente fica conversando horas a fio.* We go on talking for hours on end. ▸ Ao falar do passado, *fiquei/ficou etc. fazendo* traduz-se por ***was/were doing***: *Ela ficou me contando do namorado.* She was telling me about her boyfriend. 15 **ficar grande/pequeno *etc.* em alguém** (roupa) to be too big/small etc. for sb ▸ Quando se fala do que se está vendo no momento, usa-se o tempo presente em inglês, diferentemente do português: *Essa calça ficou apertada em você.* Those pants are too tight for you. 16 **ficar sem algo** **a** (esgotar) to run out of sth: *Se você ficar gastando assim, vai ficar sem dinheiro.* If you keep spending like that, you'll run out of money. | *Estou ficando sem bateria.* My battery's running out. **b** (passar sem) to do without sth: *Não consigo ficar sem internet.* I can't do without the internet. **c** (perder) to lose sth: *Ele ficou sem emprego.* He lost his job.

**ficção** *s.* fiction

**ficção científica** science fiction ▸ Também se usa muito a abreviação ***sci-fi***: *um filme de ficção científica* a sci-fi movie

**ficha** *s.* 1 (formulário) form: *Preencha essa ficha, por favor.* Please fill out this form. 2 (nota fiscal) ticket 3 (médica, na polícia) record: *Ele tem ficha na polícia.* He has a police record. 4 (de fichário) index card 5 (de telefone, metrô etc.) token 6 (em jogo de azar) chip 7 **a ficha de alguém** (dados pessoais) a rundown on sb: *Ela me passou toda a ficha do Sérgio.* She gave me a full rundown on Sérgio. 8 **cair a ficha** to sink in: *Não caiu a ficha ainda.* It hasn't sunk in yet.

**fichário** *s.* 1 (tipo caderno) file 2 (caixa) card index 3 (gaveteiro) file cabinet (BRIT: filing cabinet)

**fictício** *adj.* fictitious

**fidelidade** *s.* 1 (em geral) loyalty: *um cartão de fidelidade* a loyalty card 2 (entre casal) fidelity

**fiel** *adj.* 1 faithful (***a*** *to*) 2 **ser fiel a sua promessa/seus princípios** to be true to your promise/principles / *s.* 1 (seguidor) believer 2 **os fiéis** **a** (de uma religião) the faithful **b** (público de igreja) the congregation *[sg.]*

**fígado** *s.* liver

**figo** *s.* fig

**figura** *s.* 1 (forma, pessoa) figure 2 (gravura) picture 3 **estar uma figura** to look funny: *A Laura estava uma figura com aquela peruca.* Laura looked funny with that wig on. 4 **mudar de figura** to change 5 **ser muito/uma figura** (pessoa) to be a real character

**figurante** *s.* extra

**figurar** *v.* to figure

**figurinha** *s.* 1 (de coleção) trading card: *figurinhas de futebol* soccer trading cards 2 **ser figurinha difícil/fácil** (pessoa) to be a rare/familiar face 3 **trocar figurinha** (discutir) to swap notes (BRIT: to compare notes) (***com*** *with*, ***sobre*** *on*)

**fila** *s.* 1 (de espera) line (BRIT: queue) (***de*** *for*): *A fila de ingressos estava quilométrica.* The line for tickets was a mile long. | *Quem é o primeiro da fila?* Who's the first in line? 2 (de assentos) row: *Temos lugares na segunda fila.* We have seats in the second row. 3

**enfrentar/fazer fila** to stand in line (BRIT: to queue) 4 **furar fila** to cut in line (BRIT: to jump the queue) 5 **no começo/final da fila** at the front/back of the line (BRIT: of the queue)

**filar** *v.* to mooch (BRIT: to bum) (*de off*)

**filé** *s.* 1 (bife) filet steak (BRIT: fillet steak) 2 (de frango, peixe etc.) filet (BRIT: fillet)

**fileira** *s.* 1 (de pessoas, cadeiras etc.) row 2 (de tropas) rank

**filha** *s.* daughter

**filho** *s.* 1 (homem ou mulher) child 2 (homem) son 3 **filhos** **a** (em geral) children **b** (homens) sons 4 **ter um filho** to have a child

**filho único** only child

**filhota** *s.* little girl

**filhote** *s.* 1 (de cão) puppy 2 (de gato) kitten 3 (de fera) cub: *um filhote de panda* a panda cub 4 (de outros animais) baby 5 (filho homem) little boy

**filial** *s.* (de empresa) branch

**filipeta** *s.* flyer

**filmadora** *s.* camcorder

**filmagem** *s.* 1 filming: *uma equipe de filmagem* a film crew 2 **filmagens** filming *[sg.]*: *durante as filmagens da série* during filming of the series

**filmar** *v.* to film

**filme** *s.* 1 (de cinema) movie (BRIT: film): *um filme de terror* a horror movie 2 (para câmera) film

**filosofia** *s.* philosophy

**filosófico** *adj.* philosophical

**filósofo** *s.* philosopher

**filtro** *s.* filter

**fim** *s.* 1 end: *no fim do dia* at the end of the day 2 **estar a fim de (fazer) algo** to feel like (doing) sth: *Estou a fim de comer hambúrguer.* I feel like eating a hamburger. 3 **estar a fim de alguém** to like sb (BRIT: to fancy sb) 4 **ir até o fim** to go the whole way 5 **ser o fim (da picada)** to be the pits

**fim de semana** 1 weekend: *fim de semana passado* last weekend 2 **no fim de semana** on the weekend (BRIT: at the weekend)

**Finados** *spl.* (tb Dia de Finados) All Souls' Day

**final** *adj.* final / *s masc.* 1 (fim) end: *no final da aula* at the end of the class 2 (desfecho) ending: *O filme tem um final feliz.* The movie has a happy ending. 3 **no final das contas** in the end / *s fem.* 1 (de competição) final: *O Brasil vai para a final.* Brazil is through to the final. 2 **chegar à final** to get to the final

**finalidade** *s.* purpose: *Qual é a finalidade do projeto?* What is the purpose of the project?

**finalista** *s.* finalist

**finalização** *s.* (em futebol) shot

**finalizar** *v.* 1 (concluir, encerrar) to finish off 2 (em futebol) to shoot

**finanças** *spl.* finances

**financeiro** *adj.* financial

**financiamento** *s.* 1 (imobiliário) mortgage 2 (para veículo etc.) loan 3 **fazer um financiamento** **a** (imobiliário) to take out a mortgage **b** (para comprar carro etc.) to take out a loan

**financiar** *v.* to finance

**fingir** *v.* 1 to pretend ▸ Depois de ***pretend***, a conjunção ***that*** é opcional: *Ela finge que está tudo bem.* She pretends everything's fine. 2 **fingir fazer/ser algo** to pretend to do/be sth / **fingir-se** *v.* **fingir-se de algo** to pretend to be sth

**finlandês** *adj.* Finnish / *s.* 1 (habitante) Finn 2 (idioma) Finnish

**Finlândia** *s.* Finland

**fino** *adj.* 1 (de pouca grossura) thin 2 (pó, chuva, ponta, agulha) fine 3 (voz) high-pitched 4 (pessoa, gosto) refined 5 (nobre, chique) fancy (BRIT: posh)

**fio** *s.* 1 (elétrico) wire 2 (de algodão, lã etc.) thread 3 (cabo de aparelho) cord (BRIT: lead) 4 (de líquido) trickle 5 **estar por um fio** to be hanging by a thread 6 **horas *etc.* a fio** hours etc. on end 7 **perder o fio da meada** to lose the thread 8 **sem fio** **a** (wifi) wireless: *uma rede sem fio* a wireless network **b** (sem cabo) cordless: *uma furadeira sem fio* a cordless drill 9 **um fio de cabelo** a hair 10 **um fio de esperança** a ray of hope

**fio dental** 1 (para dentes) dental floss 2 (calcinha) thong: *um biquíni fio dental* a thong bikini 3 **passar fio dental** to floss

**firma** *s.* 1 (empresa) firm 2 (assinatura) signature 3 **reconhecer firma** to have your signature notarized

**firme** *adj.* 1 (na maioria dos casos) firm 2 (construção) solid 3 (emprego, namoro) steady 4 (tempo) settled / *adv.* 1 (segurar) tight 2 **namorar firme** to go steady (***com*** *with*)

**firmeza** *s.* 1 firmness 2 **sentir firmeza** to have confidence (***em*** *in*)

**fiscal** *s.* inspector: *um fiscal da Vigilância Sanitária* a public health inspector

**fiscalizar** *v.* 1 (vistoriar, revistar) to inspect 2 (monitorar) to monitor

**física** *s.* physics
**física quântica** quantum physics

**físico** *adj.* physical / *s.* 1 (corpo) physique 2 (cientista) physicist
▸ Não confunda ***physicist*** (= físico) e ***physician*** (= médico).

**fisionomia** *s.* face

**fisionomista** *s.* **ser bom/mau fisionomista** to be good/bad at remembering faces

**fisioterapia** *s.* physical therapy (BRIT: physiotherapy)

**fissurado** *adj.* hooked (***em*** *on*)

**fita** *s.* 1 (em geral) tape 2 (de enfeite) ribbon
**fita adesiva** adhesive tape (BRIT: sticky tape) **fita crepe** masking tape **fita isolante** insulating tape

**fivela** *s.* 1 (de cinto, sapato) buckle 2 (de cabelo) barrette (BRIT: slide)

**fixar** *v.* 1 (na maioria dos casos) to fix 2 **fixar a atenção/o olhar em algo/alguém** to fix your attention/eyes on sth/sb / **fixar-se** *v.* 1 (assentar-se) to settle 2 **fixar-se em algo** (enfocar) to focus on sth

**fixo** *adj.* 1 (firme, definido) fixed 2 (emprego, endereço) permanent

**flácido** *adj.* flabby

**flagrante** *s.* 1 incident in progress 2 **em flagrante** in the act: *A polícia pegou o ladrão em flagrante.* The police caught the thief in the act.

**flagrar** *v.* to catch

**flash** *s.* 1 (de câmera) flash 2 (notícia) news bulletin (BRIT: newsflash)

**flauta** *s.* 1 (tb flauta doce) recorder 2 (tb flauta transversa) flute

**flecha** *s.* arrow

**flerte** *s.* flirtation

**flexão** *s.* 1 (exercício) push-up (BRIT: press-up) 2 **fazer flexão** to do push-ups

**flexível** *adj.* flexible

**fliperama** *s.* 1 (máquina) arcade game 2 (local) amusement arcade

**floco** *s.* flake: *flocos de aveia* oat flakes
**floco de neve** snowflake **flocos de milho** cornflakes

**flor** *s.* 1 flower 2 **dar flor** (planta) to flower 3 **em flor** in flower

**floresta** *s.* forest

**floricultura** *s.* (loja) florist (BRIT: florist's)

**fluência** *s.* fluency

**fluente** *adj.* fluent (***em*** *in*)

**fluentemente** *adv.* fluently

**fluir** *v.* to flow

**fluminense** *adj.* of/from (the state of) Rio de Janeiro / *s.* person from (the state of) Rio de Janeiro

**flutuante** *adj.* floating

**flutuar** *v.* to float

**fluxo** *s.* flow

**fobia** *s.* phobia

**foca** *s.* seal

**focalizar, focar** *v.* 1 (câmera) to focus 2 (objeto, tema) to focus on 3 **focar/focalizar em algo** to focus on sth

**focinho** *s.* 1 (de cão, cavalo) muzzle 2 (de outros animais) snout

**foco** *s.* 1 (na maioria dos casos) focus 2 (ponto de vista) perspective 3 **fora de/em foco** out of/in focus

**fofo** *adj.* 1 (travesseiro, cama etc.) soft 2 (bicho peludo, mistura) fluffy 3 (bonitinho) cute 4 (pessoa, atitude) sweet

**fofoca** *s.* 1 piece of gossip 2 **fofocas** gossip *[sg.]* ▸ A palavra ***gossip*** é incontável. 3 **fazer fofoca** to gossip

**fofoqueiro** *s.* (pessoa) gossip / *adj.* gossipy: *O Rafa é muito fofoqueiro.* Rafa is a real gossip.

**fogão** *s.* stove (BRIT: cooker)

**fogo** *s.* 1 fire 2 **fogos** (tb fogos de artifício) fireworks: *Alguns torcedores soltaram fogos.* Some fans set off fireworks. 3 **abrir fogo** to open fire (***contra*** *on*) 4 **atear/botar fogo em algo** to set fire to sth 5 **em fogo alto/brando** over a high/low heat 6 **pegar fogo** a (incendiar-se) to catch fire b (com febre) to burn up c (jogo, novela etc.) to come alive (BRIT: to hot up) 7 **ser fogo** (difícil) to be terrible

**fogo cruzado** 1 crossfire 2 **ficar no fogo cruzado** to get caught in the crossfire

**fogueira** *s.* 1 (em geral) fire 2 (para queimar lixo ou em festa) bonfire

**foguete** *s.* rocket

**folclore** *s.* folklore

**folclórico** *adj.* (arte, dança etc.) folk: *música folclórica* folk music

**fôlego** *s.* 1 (respiração) breath 2 (pique) stamina 3 **sem fôlego** out of breath: *Corri tanto que fiquei sem fôlego.* I ran so fast I got out of breath. 4 **tomar fôlego** to get your breath back

**folga** *s.* 1 (tempo livre) time off ▸ Como ***time*** é incontável nesse sentido, *uma folga* traduz-se por ***some time off***: *Você tem uma folga durante a semana?* Do you have any time off during the week? 2 (vantagem) margin 3 (espaço livre) clearance 4 (de corda, parafuso) slack 5 **dia/tarde *etc.* de folga** day/afternoon etc. off: *Meu pai tirou uma semana de folga.* My dad took a week off. 6 **estar de folga** to be off 7 **não dar folga a alguém** not to give sb a moment's peace 8 **que folga!** what a nerve! 9 **ser uma folga** (um abuso) to be a nerve: *É muita folga pedir dinheiro assim.* It's a real nerve to ask for money like that. 10 **tirar uma folga/alguns dias *etc.* de folga** to take some time/a few days etc. off

**folgado** *adj.* 1 (roupa) baggy 2 (pessoa, atitude) brazen

**folgar** *v.* to be off: *Que dia você folga?* What day are you off?

**folha** *s.* 1 (de planta) leaf ▸ O plural é ***leaves***: *folhas de alface* lettuce leaves 2 (de papel) sheet: *uma folha de papel* a sheet of paper 3 (de caderno, jornal, trabalho escolar) page: *Quantas folhas você escreveu?* How many pages did you write? 4 **folhas** (de salada) salad leaves 5 **folha de grama** blade of grass 6 **novo em folha** brand new

**folha de pagamento** payroll

**folhear** *v.* (livro, revista) to leaf through: *Folheei umas revistas enquanto esperava.* I leafed through some magazines while I was waiting. ▸ Também se diz ***to flick through*** quando a ação é rápida: *Folheei o manual até encontrar a página certa.* I flicked through the manual until I found the right page.

**folheto** *s.* leaflet

**folia** *s.* (de Carnaval) revelry

**folião** *s.* reveler (BRIT: reveller)

**fome** *s.* 1 (sensação) hunger: 2 (escassez de comida) famine 3 **dar fome a alguém** to make sb hungry: *O cheiro de comida está me dando fome.* The smell of food is making me hungry. ▸ Quando não se especifica o alguém, traduz-se por ***make you hungry***: *A atividade física dá fome.* Physical exercise makes you hungry. 4 **estar/ficar com fome** to be/get hungry: *O cachorro estava com muita fome.* The dog was very hungry. 5 **estar morrendo de fome** (faminto) to be starving 6 **estar sem fome** not to be feeling hungry 7 **passar/ter fome** to go/be hungry

**fone** *s.* (de telefone) receiver

**fone de ouvido** 1 (que cobre a orelha) headphones *[pl.]* 2 (que entra no ouvido) earphones *[pl.]*

**fonética** *s.* phonetics

**fonético** *adj.* phonetic

**fonte** *s.* 1 (origem) source: *uma fonte de energia* a source of energy | *Recebemos a informação de uma fonte confiável.* We got the information from a reliable source. 2 (nascente) spring 3 (chafariz) fountain 4 (letra) font

**fonte de renda** source of income

**fora** *adv.* 1 (ao ar livre) outside 2 (na rua) out 3 (viajando) out of town (BRIT: away) 4 (no exterior) abroad 5 **fora de algo** a (sentido literal) outside sth: *Eles moram fora da cidade.* They live outside the city. b (sentido figurado) out of sth: *fora de perigo* out of danger 6 **com algo de fora** (à mostra) with sth showing: *Ela usava uma blusa amarrada com a barriga de fora.* She was wearing a knotted shirt with her midriff showing. 7 **de fora** a (do lado de fora) from outside b (do exterior) from abroad 8 **do lado de fora (de algo)** outside (sth) 9 **estar/ficar fora de si** to be beside yourself/flip: *Quando ela falou aquilo, ele ficou fora de si.* When she said that, he flipped. 10 **estar por fora** (não saber) to be in the dark 11 **estou fora!** (não quero) count me out! 12 **lá fora** a (naquele lugar) out there b (fora de casa) outside c (no exterior) abroad 13 **para fora** a (direção) out: *Coloquei o lixo para fora.* I put the trash out. b (para o exterior) abroad c (abrir) outward (BRIT: outwards) 14 **por fora** a (do lado de fora) on the outside b (ganhar, trabalhar etc.) cash in hand / *prep.* except: *todos fora o Pedro* everyone except Pedro / *interj.* 1 (saia!) get out! 2 **fora ...!** out with ...!: *Fora Collor!* Out with Collor! / *s.* 1 **dar um fora** (fazer gafe) to put your foot in your mouth (BRIT: to put your foot in it) 2 **dar um fora em alguém** a (destratar) to give sb the brush-off b (recusar investida amorosa) to turn sb down c (terminar namoro) to dump sb

**foragido** *adj.* on the run (*de from*): *um preso foragido* a prisoner on the run / *s.* fugitive

**forasteiro** *s.* outsider

**força** *s.* 1 (qualidade de forte) strength 2 (violência, ímpeto) force 3 (eletricidade) power 4 (ajuda) help: *Obrigado pela força!* Thanks for the help! 5 **forças** a (de pessoa) strength *[sg.]*: *com todas as minhas forças* with all my strength b (tropas) forces 6 **à força** by force 7 **com força** a (forte) hard: *Precisa puxar a porta com força para ela fechar direito.* You have to pull the door hard for it to shut properly. b (apertando) tightly: *Ela me abraçou com muita força.* She hugged me very tightly. 8 **dar uma força (a alguém)** to help (sb) out 9 **fazer força** a (com o corpo) to strain yourself b (grávida) to push **força de vontade** willpower **forças armadas** armed forces

**forçado** *adj.* 1 (pouso, sorriso) forced 2 (pouco natural) stilted

**forçar** *v.* 1 (em geral) to force 2 (parte do corpo, voz) to strain: *Tome cuidado para não forçar a vista.* Be careful not to strain your eyes. 3 **forçar alguém a fazer algo** to force sb to do sth

**forma**[1] *s.* 1 (modalidade, manifestação) form: *a forma de pagamento* the form of payment | *as formas do verbo* the forms of the verb 2 (formato) shape: *em forma de quadrado* in a square shape ▸ Como adjunto, usa-se ***-shaped***: *uma cozinha em forma de L* an L-shaped kitchen 3 (maneira) way: *Não gostei da forma como ela falou comigo.* I didn't like the way she spoke to me. ▸ A preposição *de* traduz-se por ***in***, que pode ser omitido em muitos casos: *Vou tentar explicar de outra forma.* I'll try to explain another way. ▸ A locução *de forma* + adjetivo pode ser traduzida por um advérbio terminado em ***-ly***: *Eles pensam de forma diferente.* They think differently. | *O Brasil ganhou de forma convincente.* Brazil won convincingly. 4 **forma de (alguém) fazer algo** a (meio) way (for sb) to do sth: *uma forma de eles ganharem a vida* a way for them to earn a living b (como se faz) (sb's) way of doing sth: *Aquela experiência mudou minha forma de pensar.* That experience changed my way of thinking. 5 **boa forma** fitness 6 **da mesma forma** in the same way 7 **de forma alguma** by any means: *Não fiquei ofendido de forma alguma.* I wasn't offended by any means. ▸ Como resposta, sem verbo, traduz-se por ***by no means***: *"Você se arrepende?" - "De for-*

*ma alguma.*" "Do you regret it?" - "By no means." **8 de forma que** so (that): *O governo reduziu os impostos, de forma que tudo ficou mais barato.* The government reduced taxes so everything got cheaper. **9 de qualquer forma** anyway **10 estar/ficar em forma** to be/get in shape (BRIT: to be/get fit) **11 manter a forma** to stay in shape (BRIT: to keep fit) **12 fora de forma** out of shape (BRIT: unfit) **13 tomar forma** (projeto) to take shape

**forma**[2] *s.* **1** (molde) mold (BRIT: mould) **2** (para bolo) cake pan (BRIT: cake tin)

**formação** *s.* **1** (constituição) formation **2** (tb formação acadêmica) education **3** (profissionalizante) training **4** (histórico) background

**formado** *adj.* **1** (por colégio, faculdade) graduated **2** (profissional) qualified **3 ser formado em algo** **a** (universitário) to be a graduate in sth (***por** from*): *Ela é formada em Direito pela Yale.* She's a graduate in law from Yale. **b** (profissional) to be qualified in sth

**formal** *adj.* formal

**formalidade** *s.* formality

**formar** *v.* **1** (constituir) to form **2** (qualificar) to train **3** (enfileirar-se) to form up / **formar-se** *v.* **1** (tomar forma) to form **2** (colegial, universitário) to graduate (***em** in*, ***por** from*) **3** (profissional) to qualify (***em** in*)

**formatar** *v.* to format

**formato** *s.* **1** (forma) shape: *A mesa tem que formato?* What shape is the table? **2** (dimensão, modalidade) format: *O formato dos reality shows é sempre o mesmo.* The format of reality shows is always the same.

**formatura** *s.* graduation

**formiga** *s.* ant

**formigueiro** *s.* **1** (ninho) ants' nest **2** (em forma de monte) anthill

**fórmula** *s.* formula

**formular** *v.* (frase, pergunta) to phrase

**formulário** *s.* form: *um formulário de inscrição* a registration form

**fornecer** *v.* to supply (***a** to*): *Aquela padaria fornece pão aos restaurantes do bairro.* That bakery supplies bread to local restaurants.
▸ Também usa-se a regência ***to supply sb with sth***.

**forno** *s.* **1** oven **2 estar um forno** (muito quente) to be boiling **3 levar algo ao forno** to put sth in the oven

**forrar** *v.* **1** (peça de roupa, parede etc.) to line (***com** with*) **2** (cadeira, sofá) to cover (***com** with*)

**forro** *s.* **1** (de roupa) lining **2** (de móvel) cover **3** (de casa) attic (BRIT: loft)

**forró** *s.* type of Brazilian dance music

**fortalecer** *v.* to strenghten

**fortaleza** *s.* fortress

**forte** *adj.* **1** (na maioria dos casos) strong **2** (chuva) heavy **3** (dor) severe **4** (com corpo musculoso) muscular **5** (aperto de mão) firm **6** (cena, filme) disturbing / *adv.* **1** (bater, chutar etc.) hard **2** (apertar) tight / *s.* (fortaleza) fort

**fortuna** *s.* fortune

**fosco** *adj.* **1** (vidro) frosted **2** (tinta) matte (BRIT: matt)

**fosforescente** *adj.* luminous

**fósforo** *s.* **1** (palito) match: *um palito de fósforo* a matchstick **2 riscar um fósforo** to strike a match **3 tem fósforo?** do you have a light?
▸ Observe a diferença entre ***a box of matches*** (= uma caixa cheia de fósforos) e ***a matchbox*** (= uma caixa tipo aquelas de fósforos).

**fossa** *s.* **1** (esgoto) septic tank **2 estar na fossa** to be feeling down

**fóssil** *s, adj.* fossil: *combustíveis fósseis* fossil fuels

**foto** *s.* **1** photo ▸ Na linguagem informal, é mais comum dizer ***picture***: *Você viu as fotos da festa?* Did you see the pictures of the party? **2 uma foto de alguém/algo** a photo of sb/sth: *Vou te mandar uma foto minha.* I'll send you a picture of me. **3 tirar uma foto** to take a photo/picture (***de** of*): *Quer que eu tire uma foto sua?* Do you want me to take a picture of you?
▸ Observe a diferença entre ***a picture of me/you/him*** (= uma foto que me/te/o retrata) e ***my/your/his picture*** (= a foto tirada por mim/você/ele).

**fotocópia** *s.* 1 photocopy 2 **tirar uma fotocópia** to take a photocopy (***de*** *of*)
**fotocopiar** *v.* to photocopy
**fotogênico** *adj.* photogenic
**fotografar** *v.* to photograph
**fotografia** *s.* 1 (retrato) photograph 2 (arte) photography
**fotográfico** *adj.* 1 photographic 2 **máquina fotográfica** camera
**fotógrafo** *s.* photographer
**foz** *s.* mouth
**fração** *s.* fraction
**fracassado** *adj.* failed / *s.* (pessoa) failure
**fracassar** *v.* to fail
**fracasso** *s.* 1 failure 2 **ser um fracasso (em algo)** (sem competência) to be useless (at sth): *Sou um fracasso em Matemática.* I'm useless at math.
**fraco** *adj.* 1 (na maioria dos casos) weak 2 (chuva) light 3 (luz) dim 4 (desempenho, filme etc.) poor 5 **fraco em algo** weak at sth: *Sou fraco em Português.* I'm weak at Portuguese. / *s.* (queda) weakness (***por*** *for*)
**frágil** *adj.* 1 (objeto) fragile 2 (pessoa) frail
**fragmento** *s.* fragment
**fralda** *s.* diaper (BRIT: nappy)
**fraldário** *s.* baby changing station (BRIT: baby changing room)
**framboesa** *s.* raspberry
**França** *s.* France
**francamente** *adv.* frankly
**francês** *adj.* French / *s.* 1 (pessoa) French person ▸ O plural é ***French people***. Ao especificar o sexo, também se diz ***Frenchman*** (homem) ou ***Frenchwoman*** (mulher). 2 (idioma) French 3 **os franceses** (em geral) the French 4 **sair à francesa** to leave without saying goodbye
**franco** *adj.* 1 frank 2 **entrada franca** free admission / *s.* (moeda) franc: *o franco suíço* the Swiss franc
**frango** *s.* chicken: *empada de frango* chicken pie
**franja** *s.* 1 (do cabelo) bangs (BRIT: fringe) 2 (debrum) fringe
**franquia** *s.* 1 (empresa) franchise 2 (de bagagem etc.) allowance
**franzir** *v.* 1 (em costura) to gather 2 **franzir a testa** to frown
**fraqueza** *s.* weakness
**frasco** *s.* bottle
**frase** *s.* sentence
**frase feita** fixed phrase
**fratura** *s.* fracture
**fraturar** *v.* to fracture
**fraudar** *v.* to defraud
**fraude** *s.* fraud
**fraudulento** *adj.* fraudulent
**freada** *s.* **dar uma freada** to brake
**frear** *v.* 1 to brake 2 **frear o carro** to brake ▸ Não se pode dizer **to brake the car* em inglês.
**freguês** *s.* customer
**freio** *s.* 1 (de veículo) brake 2 (de cavalo) bit
**freio de mão** emergency brake (BRIT: handbrake)
**freira** *s.* nun
**frenético** *adj.* frantic
**frente** *s.* 1 front: *o banco da frente* the front seat 2 **à frente** **a** (em competição, pesquisas etc.) ahead (***de*** *of*) **b** (na chefia) in charge (***de*** *of*) 3 **de frente** **a** (bater, encarar etc.) head-on **b** (foto) facing forward 4 **de frente para algo/alguém** facing sth/sb 5 **de trás para frente** **a** (contar, recitar) backward (BRIT: backwards) **b** (vestir) backward (BRIT: back to front) 6 **em frente** **a** (na frente) in front **b** (do outro lado da rua) opposite: *Eles moram no prédio em frente.* They live in the building opposite. **c** (ir, seguir) ahead 7 **em frente a/de algo** **a** (na frente) in front of sth: *em frente ao espelho* in front of the mirror ▸ Ao falar de um prédio, é mais comum dizer ***outside***: *Marcamos encontro em frente ao cinema.* We arranged to meet outside the movie theater. **b** (do outro lado da rua) opposite sth: *A loja fica em frente à igreja.* The store is opposite the church. 8 **mais para a frente** **a** (no espaço) farther forward (BRIT: further forward) **b** (no tempo) later on 9 **na frente** **a** (em frente) in front (***de*** *of*): *na frente de todo mundo* in front of everyone ▸ *na minha/sua/nossa* etc. *frente* traduz-se por ***in front of***

***me/you/us*** etc.: *O cachorro deitou na frente dela.* The dog lay down in front of her. **b** (na parte de frente) at the front (***de*** *of*): *Fico sentado na frente da sala.* I sit at the front of the class. ▸ Quando se trata de um espaço reduzido, p. ex., um carro, diz-se ***in the front***: *Meu pai sentou na frente, ao lado do motorista.* My dad sat in the front, next to the driver. ▸ Quando se trata de uma superfície, p.ex., uma folha de papel, diz-se ***on the front***: *Escrevi o nome do destinatário na frente do envelope.* I wrote the addressee's name on the front of the envelope. 10 **para a frente** **a** (até a parte da frente) to the front (***de*** *of*): *O professor me chamou para a frente da sala.* The teacher called me to the front of the class. **b** (indicando direção de movimento) forward: *Ele se inclinou um pouco para a frente.* He leaned forward a little. 11 **pela frente** **a** (no tempo) ahead: *Temos um semestre puxado pela frente.* We have a tough semester ahead. **b** (no espaço) in your way: *Os baderneiros destruíram tudo que encontraram pela frente.* The rioters destroyed everything they found in their way.

**frente fria** cold front

**frentista** *s.* gas station attendant (BRIT: petrol pump attendant) ▸ Quando já se fala em posto de gasolina, diz-se apenas ***attendant***.

**frequência** *s.* 1 frequency 2 **com (mais/menos/muita) frequência** (more/less/very) often 3 **com que frequência?** how often?

**frequentar** *v.* **frequentar algo** **a** (bar, loja, casa etc.) to often go to sth: *É uma boate que meu irmão frequentava muito.* It's a club my brother used to go to very often. ▸ Quando o sentido é *vir*, usa-se ***to often come to sth***: *Ela é amiga da minha mãe e frequenta nossa casa.* She's a friend of my mom's and often comes to our house. **b** (escola, curso, igreja) to attend sth: *Ela frequenta um curso de francês.* She attends a French course. ▸ Na linguagem informal, também se diz ***to go to sth***: *Que escola você frequenta?* What school do you go to?

**frequente** *adj.* frequent

**frequentemente** *adv.* often: *Vou frequentemente ao cinema.* I often go to the movies. ▸ Também existe a palavra ***frequently***, que soa mais formal.

**frescão** *s.* (ônibus) air-conditioned bus

**fresco** *adj.* 1 (alimentos, ar, flores etc.) fresh 2 (menos quente) cool 3 (pessoa) fussy 4 **tinta fresca** wet paint

**frescobol** *s.* beach tennis

**frescura** *s.* 1 **cheio de frescura** fussy 2 **deixar de frescura** to stop being fussy 3 **isso é frescura sua/dela** ***etc.*** you're/she's etc. just being fussy

**fresta** *s.* gap

**fretar** *v.* 1 (van, ônibus etc.) to hire 2 (avião, navio) to charter

**frete** *s.* 1 (de mercadoria) shipping 2 (de veículo) hire

**friagem** *s.* 1 (período) cold spell 2 (sensação) chill 3 **pegar friagem** to catch a chill

**frieira** *s.* chilblain

**frigideira** *s.* frying pan ▸ Alguns americanos usam a palavra ***skillet***.

**frigorífico** *s.* meat packing plant

**frio** *adj.* cold / *s.* 1 cold 2 **frios** cold cuts (BRIT: cold meats) 3 **estar/fazer frio** to be cold: *Está frio lá fora.* It's cold outside. 4 **estar/ficar com frio** to be/get cold 5 **estar morrendo de frio** to be freezing 6 **passar/sentir frio** to feel cold

**friorento** *adj.* **ser friorento** to feel the cold: *Sou muito friorenta.* I really feel the cold.

**frisar** *v.* (enfatizar) to stress

**fritar** *v.* to fry

**frito** *adj.* 1 fried 2 **estou frito/estamos fritos** I've/we've had it

**fritura** *s.* fried food

**fronha** *s.* pillowcase

**fronteira** *s.* 1 (de país) border 2 **fronteiras** (do sistema solar, da ciência etc.) frontiers 3 **fazer fronteira com algo** to share a border with sth

**frota** *s.* fleet

**frouxo** *adj.* 1 (parafuso, roupa, elástico) loose 2 (corda) slack 3 (pessoa) soft

**frustrante** *adj.* frustrating

**fruta** *s.* fruit ▸ A palavra ***fruit*** pode ser incontável ou contável em inglês. Como substantivo incontável, denota frutas coletivamente: *Comprei frutas e legumes.* I bought fruit and vegetables. | *As frutas são importantes fontes de vitaminas.* Fruit is an important source of vitamins. ▸ Nesse caso, *uma fruta* traduz-se por ***a piece of fruit*** ou ***some fruit***: *Tento comer duas frutas por dia.* I try to eat two pieces of fruit a day. | *Quer uma fruta?* Would you like some fruit? ▸ Porém, quando significa *tipo de fruta*, a palavra é contável: *A jaboticaba é uma fruta brasileira.* The jaboticaba is a Brazilian fruit. | *Ela fez uma salada com frutas da época.* She made a salad with seasonal fruits.

**fruta-do-conde** *s.* sugar apple

**fruteira** *s.* fruit bowl

**frutífero** *adj.* (proveitoso) fruitful

**fruto** *s.* **1** fruit **2 dar frutos** **a** (planta) to give fruit **b** (dar resultado) to bear fruit **3 ser fruto de algo** to be the result of sth

**frutos do mar** seafood *[sg.]*

**fuga** *s.* escape

**fugir** *v.* **1** (safar-se) to get away (***de*** *from*): *Os bandidos fugiram num carro roubado.* The bandits got away in a stolen car. **2** (sair correndo) to run away (***de*** *from*): *O nosso cachorro fugiu.* Our dog's run away. **3** (de prisão, cativeiro) to escape (***de*** *from*) **4 fugir de casa** to run away from home

**fulano** (tb fulano de tal) Joe Blow (BRIT: Joe Bloggs) ▸ Para *fulana*, diz-se ***Jane Blow*** (*Brit:* ***Jane Bloggs***).

**fulminante** *adj.* (infarto) massive

**fumaça** *s.* **1** (em geral) smoke **2** (vapor) steam **3** (de escapamento) fumes *[pl.]* **4 saindo fumaça** **a** (pegando fogo) with smoke coming out: *Está saindo fumaça do computador.* There's smoke coming out of the computer. **b** (café, comida) steaming

**fumante** *s.* smoker / *adj.* (espaço, quarto) smoking

**fumar** *v.* **1** to smoke **2 parar de fumar** to quit smoking (BRIT: to give up smoking) **3 proibido fumar** no smoking

**fumo** *s.* **1** (tabaco) tobacco **2** (maconha) dope

**função** *s.* **1** function **2 funções** (de funcionário) duties

**funcionamento** *s.* **1** (em geral) operation ▸ Em muitos casos, *o funcionamento de algo* pode ser traduzido por ***how sth works***: *O professor explicou o funcionamento do sistema digestivo.* The teacher explained how the digestive system works. **2** (de loja, banco etc.) opening: *horário de funcionamento* opening hours

**funcionar** *v.* **1** (em geral) to work: *Esse computador não funciona mais.* This computer doesn't work anymore. | *Como funciona o sistema de cotas?* How does the quota system work? | *O plano funcionou.* The plan worked. **2** (loja, banco, empresa) to open: *O supermercado funciona aos domingos?* Does the grocery store open Sundays? **3** (metrô, trem) to operate

**funcionário** *s.* **1** employee **2 (quadro dos) funcionários** staff *[sg.]*: *uma reunião dos funcionários* a staff meeting

**funcionário público** public employee

**fundação** *s.* foundation

**fundador** *s.* founder / *adj.* (sócio etc.) founding

**fundamental** *adj.* **1** (causa, diferença, erro, princípio) fundamental **2** (indispensável) essential

**fundamento** *s.* **1** foundation **2 não ter fundamento** to be unfounded **3 sem fundamento** unfounded

**fundar** *v.* **1** to found **2 fundar uma empresa** to set up a company ▸ Usa-se ***to found a company*** somente quando se trata de uma empresa grande e importante.

**fundo** *adj.* **1** (em geral) deep **2** (olhos) deep-set / *s.* **1** (parte de baixo) bottom: *uma mala com fundo falso* a suitcase with a false bottom | *do fundo do meu coração* from the bottom of my heart **2** (parte de trás) back: *A professora foi até o fundo da sala.* The teacher went to the back of the class. **3** (de imagem) background: *Vê-se o mar no fundo do quadro.* You can see the ocean in the background of the painting. | *A bandeira do Brasil tem um losango amarelo num fundo verde.* The Brazilian flag has a yellow diamond on a green background. **4** (de dinheiro) fund **5** (de piscina) deep end **6** (de agulha) eye **7** **fundos** **a** (de casa, prédio) back *[sg.]*: *Os fundos da casa dão para o rio.* The back of the house gives onto the river. | *a porta dos fundos* the back door **b** (recursos) funds: *um cheque sem fundos* a bad check **8** **no fundo** **a** (na parte de baixo) at the bottom: *no fundo do mar* at the bottom of the ocean **b** (na parte de trás) at the back: *no fundo da sala de aula* at the back of the class **c** (basicamente) basically: *No fundo, concordo com você.* Basically, I agree with you. **d** (no íntimo) deep down: *No fundo, ela tem um coração de ouro.* Deep down, she has a heart of gold. **9** **nos fundos** (de casa etc.) at the back: *nos fundos do prédio* at the back of the building

**fundo musical** background music

**funerária** *s.* funeral home (BRIT: undertaker's)

**fungar** *v.* to sniff

**furacão** *s.* hurricane

**furado** *adj.* **1** (meia, sapato etc.) holey **2** (balde, cano etc.) leaky **3** (orelha etc.) pierced **4** (plano, ideia) half-baked **5** **estar furado** **a** (roupa, sacola etc.) to have a hole in it: *Todas as minhas meias estão furadas.* All my socks have holes in them. **b** (estar vazando) to have a leak **6** **um pneu furado** a flat (BRIT: a puncture)

**furar** *v.* **1** (fazer furo em) to make a hole in: *O prego furou a minha calça.* The nail made a hole in my pants. **2** (com furadeira) to drill a hole in: *Furamos a parede para pendurar o quadro.* We drilled a hole in the wall to hang the picture. **3** (orelha etc.) to pierce **4** (pneu, bola) to puncture: *Um caco de vidro furou o pneu da minha bike.* A shard of glass punctured the tire of my bike. **5** (ficar com furo) to get a hole in it: *A sacola furou e as compras caíram no chão.* The bag got a hole in it and the groceries fell out. ▸ Ao falar de um pneu, diz-se ***to blow***: *Furou um pneu do ônibus e tivemos que descer.* The bus blew a tire and we had to get off. **6** (desistir) to poop out (BRIT: to cry off) (***com*** *on*): *Não vou combinar mais nada com o Pedro, ele sempre fura.* I'm not going to arrange anything with Pedro anymore, he always poops out. **7** **furar fila** to cut in line (BRIT: to jump the queue) **8** **furar uma greve** to break a strike

**furioso** *adj.* furious (***com*** *with*, ***por*** *about*)

**furo** *s.* **1** (buraco) hole: *O eletricista fez um furo na parede.* The electrician made a hole in the wall. **2** (em pneu, cano etc.) leak **3** (tb furo de reportagem) scoop **4** **dar um furo** (de reportagem) to get a scoop

**furtar** *v.* to steal

**furto** *s.* theft

**furúnculo** *s.* boil

**fusível** *s.* fuse: *Queimou um fusível.* A fuse has blown.

**fuso** *s.*: **fuso horário** time zone

**futebol** *s.* soccer (BRIT: football): *um jogador de futebol* a soccer player | *uma bola de futebol* a soccer ball

**futebol americano** football (BRIT: American football)

**fútil** *adj.* frivolous

**futilidade** *s.* **1** (qualidade) frivolousness **2** (coisa fútil) frivolous thing

**futsal** *s.* futsal: *um jogador de futsal* a futsal player

**futuro** *adj, s.* **1** future: *meu futuro emprego* my future job | *o futuro do país* the country's future **2** **no futuro** **a** (daqui para a frente) in future **b** (em épocas futuras) in the future **3** **num futuro próximo** in the near future

**fuzil** *s.* rifle

**fuzileiro** *s.*: **fuzileiro naval** marine

# G

**G, g** *s.* G, g / **G** *abrev.* (tamanho) large *[L]*: *Tem isso em G?* Do you have this in a large?
**gabarito** *s.* (respostas) answer key (***de** to*)
**gabar-se** *v.* to boast (***de** about*)
**gabinete** *s.* **1** (de diretor, funcionário) office **2** (em casa) study **3** (ministros) cabinet
**gado** *s.* **1** (tb gado bovino) cattle **2** (animais em geral) livestock
**gado leiteiro** dairy cattle
**gafanhoto** *s.* **1** (grilo) grasshopper **2** (praga) locust
**gafe** *s.* **1** gaffe **2 cometer uma gafe** to make a gaffe
**gago** *adj.* **ser gago** to have a stutter
**gaguejar** *v.* to stutter
**gaiola** *s.* cage
**gaita** *s.* harmonica
**gaita de foles** bagpipes *[pl.]*
**gaivota** *s.* seagull ▸ Também se diz apenas ***gull***.
**galã** *s.* (de novela etc.) leading man
**galera** *s.* **1** (turma) gang: *Vamos juntar a galera e ir para a balada.* Let's get the gang together and go for a night out. **2** (torcedores) crowd
**galeria** *s.* **1** (de arte) gallery **2** (com lojas) arcade: *uma galeria comercial* an arcade of stores **3** (de teatro) balcony
**galeria de arte** art gallery
**galês** *adj.* Welsh / *s.* **1** (pessoa) Welsh person ▸ O plural é ***Welsh people***. Ao especificar o sexo, também se diz ***Welshman*** (homem) ou ***Welshwoman*** (mulher). **2** (idioma) Welsh **3 os galeses** (em geral) the Welsh
**galho** *s.* **1** branch **2 quebrar um galho/o galho de alguém** to solve a problem/sb's problem
**galinha** *s.* **1** (em geral) chicken: *caldo de galinha* chicken stock **2** (fêmea) hen
**galo** *s.* **1** (ave) rooster (BRIT: cock) **2** (na cabeça etc.) bump
**galocha** *s.* (o par) rubber boots (BRIT: Wellingtons) *[pl.]*: *uma galocha* a pair of rubber boots ▸ ***a rubber boot*** significa um pé de galocha.
**galopar** *v.* to gallop
**galope** *s.* **1** gallop **2 a galope** at a gallop
**galpão** *s.* shed
**gama** *s.* (de produtos etc.) range
**gamão** *s.* backgammon
**game** *s.* videogame
**ganância** *s.* greed
**ganancioso** *adj.* greedy
**gancho** *s.* **1** (peça) hook **2** (de novela etc.) cliffhanger **3 fora do gancho** off the hook
**gangorra** *s.* teeter-totter (BRIT: seesaw)
**gangue** *s.* gang
**ganha-pão** *s.* livelihood
**ganhar** *v.* **1** (prêmio, título, jogo etc.) to win: *O nosso time está ganhando.* Our team is winning. **2** (dinheiro, salário) to earn: *Ele ganha pouco no trabalho dele.* He doesn't earn much in his job. **3** (presente) to get

(*de from*): *Onde você ganhou esse brinco?* Where did you get those earrings? | *Ganhei meu celular de presente dos meus pais.* I got my cell phone as a present from my parents. 4 (peso, experiência, confiança etc.) to gain: *Ganhei 5 kg num ano.* I've gained 5 kg in a year. 5 **ganhar a vida** to earn a living 6 **ganhar bem/mal** to be well/badly paid 7 **ganhar com algo** (tirar vantagem) to gain by sth: *O que você vai ganhar com isso?* What will you gain by that? 8 **ganhar de alguém** (derrotar) to beat sb: *O Brasil ganhou da Inglaterra.* Brazil beat England. 9 **ganhar tempo** to gain time 10 **sair ganhando** to come out better off

**ganho** *s.* 1 gain 2 **ganhos** **a** (dinheiro) earnings **b** (vantagem) gains

**ganso** *s.* goose ▸ O plural é ***geese***.

**garagem** *s.* 1 (construção) garage 2 (entrada para carro) drive

**garantia** *s.* 1 (em geral) guarantee: *Não há garantia de que o plano dê certo.* There's no guarantee the plan will work. 2 (de produto) warranty (BRIT: guarantee) 3 **estar na garantia** to be under warranty 4 **ter garantia** (produto) to come with a warranty: *O notebook tem garantia de dois anos.* The notebook comes with a two-year warranty.

**garantir** *v.* 1 to guarantee 2 **garantir a alguém que ...** to assure sb (that) ...: *A Carla me garantiu que vinha.* Carla assured me she was coming. / **garantir-se** *v.* 1 (precaver-se) to cover yourself: *Leve um dinheiro a mais para se garantir.* Take some extra money to cover yourself. 2 (defender-se) to hold your own (***contra*** *against*): *Eu me garanto na pista de dança.* I can hold my own on the dance floor.

**garçom** *s.* waiter

**garçonete** *s.* waitress

**garfo** *s.* fork

**gargalhada** *s.* 1 roar of laughter 2 **cair na gargalhada** to burst out laughing 3 **dar gargalhadas/uma gargalhada** to roar with laughter

**gargalo** *s.* 1 (de garrafa) neck 2 (atraso) bottleneck 3 **beber (algo) no gargalo** to drink (sth) from the bottle

**garganta** *s.* 1 (do corpo) throat: *dor de garganta* a sore throat 2 (desfiladeiro) gorge

**gargarejar** *v.* to gargle

**gari** *s.* street sweeper

**garoa** *s.* drizzle

**garoar** *v.* to drizzle

**garota** *s.* girl

**garoto** *s.* boy

**garra** *s.* 1 (de animal) claw 2 (de ave) talon 3 (determinação) guts *[pl.]*

**garrafa** *s.* bottle: *uma garrafa de vinho* a bottle of wine

**garrafa térmica** Thermos® (BRIT: flask)

▸ Observe a diferença entre ***a bottle of wine*** (= uma garrafa cheia de vinho) e ***a wine bottle*** (= uma garrafa tipo aquelas de vinho).

**garrancho** *s.* (letra) scrawl

**garupa** *s.* 1 (de moto) pillion 2 (de animal) rump 3 **andar/ir na garupa** to ride pillion ▸ Na linguagem informal, também se diz ***to ride on the back***.

**gás** *s.* 1 gas 2 **gases** (intestinais) gas (BRIT: wind) *[sg.]* 3 **com/sem gás** (água) sparkling/still

**gás de efeito estufa** greenhouse gas **gás lacrimogêneo** tear gas **gás natural** natural gas

**gasolina** *s.* 1 gas (BRIT: petrol): *um posto de gasolina* a gas station ▸ A denominação formal nos EUA é ***gasoline***. 2 **botar gasolina** to get gas (BRIT: to get petrol)

**gastar** *v.* 1 (dinheiro, tempo) to spend (***com*** *on*): *Não gaste o seu dinheiro com besteiras.* Don't spend your money on stupid things. | *Gastei duas horas tentando baixar o programa.* I spent two hours trying to download the program. 2 (eletricidade, combustível) to use: *Os chuveiros elétricos gastam muita força.* Electric showers use a lot of power. 3 (energia, papel) to use up 4 (roupa, sapato) to wear out: *Já gastei dois tênis esse ano.* I've already worn out two pairs of sneakers this year. 5 (salto, lápis etc.) to wear down 6 **gastar água** (à toa) to waste water 7 **gastar algo à toa** to waste sth

**gasto** *s.* (despesa) expense: *Tive muitos gastos esse mês.* I've had a lot of expenses this month. / *adj.* worn: *Meu tênis está muito gasto.* My sneakers are very worn. ▸ Quando o sentido é *completamente gasto*, traduz-se por ***worn out***: *uma empresa que recicla roupas gastas* a company that recycles worn-out clothes

**gastronomia** *s.* catering

**gata** *s.* 1 (animal) cat 2 (mulher) babe

**gatilho** *s.* 1 trigger 2 **puxar o gatilho** to pull the trigger

**gatinho** *s.* (filhote) kitten

**gato** *s.* 1 (animal) cat 2 (homem) hunk

**gaúcho** *s.* person from (the state of) Rio Grande do Sul / *adj.* of/from (the state of) Rio Grande do Sul

**gaveta** *s.* drawer: *Os talheres ficam na primeira gaveta.* The knives and forks are in the top drawer.

**gay** *adj.* gay / *s.* 1 gay man 2 **os gays** (em geral) gays

**gaze** *s.* gauze

**geada** *s.* frost

**gel** *s.* gel

**geladeira** *s.* fridge ▸ A denominação completa é ***refrigerator***, que também é bastante usada na linguagem falada dos EUA.

**gelado** *adj.* 1 (muito frio) freezing: *Estou gelado.* I'm freezing. 2 (bebida) ice-cold

**gelar** *v.* 1 (na geladeira) to chill: *Gele antes de servir.* Chill before serving. 2 (ficar/deixar muito frio) to freeze 3 **pôr algo para gelar** (bebida) to put sth on ice

**gelatina** *s.* Jell-O® (BRIT: jelly)

**geleia** *s.* jam: *geleia de morango* strawberry jam ▸ Também se usa a denominação ***jelly*** no inglês americano.

**geleira** *s.* glacier

**gelo** *s.* 1 (substância) ice: *uma pedra de gelo* an ice cube 2 (cor) ice gray (BRIT: ice grey) 3 **dar um gelo em alguém** to give sb the cold shoulder 4 **estar sem gelo** (bebida) not to be cold: *O guaraná está sem gelo.* The guaraná isn't cold. 5 **estar um gelo** to be freezing 6 **quebrar o gelo** to break the ice / *adj.* (cor) ice gray (BRIT: ice grey)

**gema** *s.* (egg) yolk

**gêmeo** *adj, s.* twin: *Elas são gêmeas.* They're twins.

**Gêmeos** *spl.* (signo) Gemini

**gemer** *v.* 1 (de dor, esforço, desânimo) to groan 2 (de prazer, delírio) to moan

**gemido** *s.* 1 (de dor, esforço, desânimo) groan 2 (de prazer, delírio) moan

**geminiano** *adj, s.* Gemini

**gene** *s.* gene

**genealógico** *adj.* 1 genealogical 2 **árvore genealógica** family tree

**general** *s.* general

**generalizado** *adj.* (muito difundido) widespread

**generalizar** *v.* to generalize / **generalizar-se** *v.* to become widespread

**genérico** *adj.* 1 (geral) general 2 (nome, termo, produto) generic / *s.* (remédio) generic drug

**gênero** *s.* 1 (sexo, tb na gramática) gender 2 (de arte, literatura) genre 3 **não fazer o gênero de alguém** **a** (coisa, atividade) not to be sb's thing: *O hip hop não faz o meu gênero.* Hip hop is not my thing. **b** (pessoa) not to be sb's type: *Ele não faz o gênero dela.* He's not her type.

**gêneros alimentícios** foodstuffs

**generoso** *adj.* generous

**genético** *adj.* genetic

**gengibre** *s.* ginger

**gengiva** *s.* gum

**genial** *adj.* (muito bom) fantastic

**gênio** *s.* 1 (pessoa, talento) genius 2 (pavio curto) temper 3 (de lâmpada, garrafa) genie 4 **ter gênio forte** to have a quick temper

**genro** *s.* son-in-law ▸ O plural é ***sons-in-law***.

**gente** *s.* 1 (pessoas) people *[pl.]*: *Muita gente gosta de música sertaneja.* A lot of people like Brazilian country music. 2 (alguém) someone: *O banheiro é aqui, mas tem gente.* The bathroom's here, but there's someone in there. ▸ Em perguntas, usa-se ***anyone***: *Tem gente sentada aqui?* Is anyone sitting here? **3** (como forma de tratamento) folks: *Vamos comer, gente!* Let's eat, folks! **4 a gente** **a** (como sujeito de verbo) we: *A gente se fala!* We'll be in touch! **b** (em outros casos) us: *O Pedro chamou a gente para sair.* Pedro asked us out. | *Você quer ir com a gente?* Do you want to come with us? ▸ *da gente* traduz-se por ***our***: *na sala da gente* in our class **5 gente grande** grown-ups *[pl.]* **6 ser gente boa/fina** to be a nice person / *interj.* jeez (BRIT: blimey): *Gente, não acredito!* Jeez, I don't believe it!

**gentil** *adj.* kind (***com*** *to*): *Foi muito gentil da parte dela.* It was very kind of her.

**gentileza** *s.* **1** kindness: *É muita gentileza sua.* It's very kind of you. **2 por gentileza** please

**genuíno** *adj.* genuine

**geografia** *s.* geography

**geográfico** *adj.* geographical

**geologia** *s.* geology

**geometria** *s.* geometry

**geração** *s.* **1** generation **2 de última geração** state-of-the-art: *um smartphone de última geração* a state-of-the-art smartphone

**gerador** *s.* generator

**geral** *adj.* **1** general **2 de modo geral** on the whole / *s.* **1** (em estádio) bleachers (BRIT: terraces) **2 em geral** in general

**gerar** *v.* to generate

**gerenciar** *v.* to manage

**gerente** *s.* manager

**gergelim** *s.* sesame ▸ Quando se fala dos grãos, traduz-se por ***sesame seeds***.

**germe** *s.* germ

**germe de trigo** wheatgerm

**gesso** *s.* plaster

**gestante** *s.* expectant mother

**gestão** *s.* **1** (em geral) management: *gestão de dados* data management **2** (política) administration

**gesticular** *v.* to gesticulate

**gesto** *s.* **1** gesture: *Conseguimos nos comunicar por gestos.* We managed to communicate by gestures. | *um gesto de gentileza* a gesture of kindness **2 os gestos de alguém** (movimentos característicos) sb's mannerisms: *O Gabriel imita os gestos dos professores.* Gabriel imitates the teachers' mannerisms.

**GG** *abrev.* (tamanho) extra large *[XL]*

**gibi** *s.* comic book (BRIT: comic)

**giga, gigabyte** *s.* gigabyte

**gigante** *adj, s.* giant

**gigantesco** *adj.* gigantic

**gilete** *s.* razor blade

**ginásio** *s.* (tb ginásio esportivo) gymnasium

**ginasta** *s.* gymnast

**ginástica** *s.* **1** (exercícios) exercises *[pl.]*: *uma aula de ginástica* an exercise class **2** (tb ginástica olímpica) gymnastics **3 fazer ginástica** to do exercises

**ginástica artística** artistic gymnastics **ginástica rítmica** rhythmic gymnastics

**ginecologista** *s.* gynecologist (BRIT: gynaecologist)

**girafa** *s.* giraffe

**girar** *v.* **1** (virar) to turn: *Gire o botão para aumentar o volume.* Turn the knob to increase the volume. **2** (rodar) to spin: *Após bater, o carro girou várias vezes.* After crashing, the car spun several times. **3 girar em torno de algo** **a** (ter como centro) to revolve around sth: *A Terra gira em torno do Sol.* The Earth revolves around the Sun. | *A discussão girava em torno do ensino público.* The discussion revolved around public education. **b** (ser mais ou menos) to be around sth: *O preço da passagem gira em torno de R$800,00.* The fare is around R$800.

**girassol** *s.* sunflower

**giratório** *adj.* **1 cadeira giratória** swivel chair **2 porta giratória** revolving door

**gíria** *s.* (palavra/expressão) slang word/expression: *"Phat" é uma gíria que significa "maneiro".* "Phat" is a slang word which means "cool". ▸ O plural coletivo *gírias* traduz-se por

*slang* que é singular e incontável: *Os adolescentes usam muitas gírias.* Teenagers use a lot of slang. | *As gírias são difíceis de traduzir.* Slang is difficult to translate.
▸ A palavra ***slang*** é incontável em inglês, portanto é incorreto dizer *a slang* ou *slangs*.

**giz** *s.* 1 (substância) chalk 2 (um pedaço) piece of chalk
**giz de cera** 1 (coletivamente) wax crayons *[pl.]* 2 (um lápis) wax crayon

**glândula** *s.* gland

**global** *adj.* 1 (mundial) global 2 (abrangente) overall: *o total global* the overall total 3 **visão global** overview

**globalização** *s.* globalization

**globo** *s.* (tb globo terrestre) globe
**globo ocular** eyeball

**glória** *s.* glory

**glorioso** *adj.* glorious

**glossário** *s.* glossary

**GLS** *adj.* gay: *uma boate GLS* a gay club

**goela** *s.* 1 gullet 2 **enfiar algo goela abaixo de alguém** to ram sth down sb's throat

**goiaba** *s.* guava

**goiabada** *s.* guava jelly

**gol** *s.* 1 goal 2 **fazer/marcar um gol** to score a goal 3 **sofrer um gol** to concede a goal
**gol de empate** equalizing goal (BRIT: equalizer)

**gola** *s.* collar
**gola em V** V-neck **gola rulê** turtleneck (BRIT: polo neck)

**gole** *s.* 1 mouthful 2 **dar um gole em/tomar um gole de algo** to take a mouthful of sth 3 **de um gole só** in one go

**goleiro** *s.* goalkeeper

**golfe** *s.* golf

**golfinho** *s.* dolphin

**golpe** *s.* 1 (físico ou emocional) blow: *A vítima recebeu um golpe na cabeça.* The victim received a blow to the head. | *A perda do marido foi um golpe duro.* The loss of her husband was a heavy blow. 2 (roubada) con 3 **golpe (de Estado)** coup (d'état): *um golpe militar* a military coup 4 **aplicar/dar um golpe em alguém** to con sb
**golpe baixo** 1 **dar um golpe baixo em alguém** to hit sb below the belt 2 **ser um golpe baixo** to be below the belt

**gomo** *s.* segment

**gorar** *v.* (plano) to fall through

**gordo** *adj.* 1 (em geral) fat: *Ela se acha gorda.* She thinks she's fat. 2 (carne) fatty 3 **deixar alguém gordo** (roupa etc.) to make sb look fat

**gordura** *s.* 1 (em geral) fat: *uma dieta com baixo teor de gordura* a low-fat diet 2 (sujeira) grease: *Esse produto tira a gordura do fogão.* This product gets the grease off the stove.

**gorduroso** *adj.* 1 (com alto teor de gordura) fatty 2 (oleoso, sujo) greasy

**gorila** *s.* gorilla

**gorjeta** *s.* 1 tip 2 **dar gorjeta** to tip: *Não se dá gorjeta no Brasil.* You don't tip in Brazil.

**gorro** *s.* (de lã) beanie

**gostar** *v.* 1 to like ▸ O verbo ***like*** não pode ficar sem complemento. Quando não tem complemento em português, é preciso acrescentar ***it*** em inglês: *"O que você achou do filme?" – "Gostei muito."* "What did you think of the movie?" – "I really liked it." | *O Fábio malha todo dia. Ele gosta.* Fabio works out every day. He likes it. | *Eu gosto quando me fazem festa.* I like it when people make a fuss over me. ▸ Quando se subentendem coisas no plural, acrescenta-se ***them***: *Comprei ameixa. Você gosta?* I bought plums. Do you like them? 2 **gostar de algo/alguém** to like sth/sb: *Ela sempre gostou de História.* She's always liked history. | *Não gosto muito do Marcos.* I don't like Marcos much. 3 **gostar de fazer algo** to like doing sth/like to do sth ▸ Ambas as formas são possíveis e muito usadas: *Você gosta de dançar?* Do you like dancing? | *Eu gosto de levantar cedo.* I like to get up early. 4 **gostar mais de algo** ◘ (comparativo) to like sth better: *Gosto mais de vôlei do que futebol.* I like volleyball better than soccer. ▸ Também se pode dizer ***to***

***like sth more***. **b** (superlativo) to like sth best: *De qual você gostou mais?* Which one do you like best? ▸ Também se pode dizer ***to like sth most***. 5 **gostar que alguém faça algo** **a** (preferir) to like sb to do sth: *Eu gosto que o professor me corrija quando falo inglês.* I like the teacher to correct me when I speak English. **b** (curtir) to like sb doing sth: *Você gosta que postem coisas no seu mural?* Do you like people posting things on your wall? 6 **gostaria de fazer algo** would like to do sth: *Eu gostaria de pedir um favor.* I'd like to ask a favor. / **gostar-se** *v.* to like each other: *A gente se gosta.* We like each other.

▸ Quando se fala da primeira impressão de algo, costuma-se usar o pretérito do verbo *gostar* em português, p.ex.: *"Olha, gostou do meu tênis novo?" - "Gostei muito sim!"*. Em tais casos, usa-se o tempo presente em inglês: ***"Look, do you like my new sneakers?" – "Yes, I really like them."***

**gosto** *s.* 1 (na maioria dos casos) taste (***para*** *in*): *Odeio o gosto de leite de soja.* I hate the taste of soy milk. | *Ela tem muito bom gosto para roupas.* She has very good taste in clothes. 2 (prazer) pleasure 3 **a gosto** to taste: *Coloque açúcar a gosto.* Add sugar to taste. 4 **com gosto** **a** (com bom gosto) tastefully: *Ele se veste com muito gosto.* He dresses very tastefully. **b** (com prazer) with gusto 5 **de bom/mau gosto** in good/bad taste 6 **estar com/ter gosto de algo** **a** (de um ingrediente) to taste of sth: *O pudim tem gosto de ovo.* The flan tastes of egg. **b** (ter gosto parecido) to taste like sth: *O suco tinha gosto de remédio.* The juice tasted like medicine. 7 **estar com/ter gosto de queimado/velho *etc.*** to taste burnt/stale etc. 8 **estar/ter um gosto delicioso/ruim *etc.*** to taste delicious/bad etc.: *Esse leite está com um gosto estranho.* This milk tastes funny. 9 **sentir o gosto de algo** to taste sth: *Dá para sentir o gosto de alho.* You can taste the garlic.

**gostoso** *adj.* 1 (comida, bebida) tasty 2 (muito agradável) nice: *Estava gostoso na praia.* It was nice on the beach. 3 (sensual) hot

**gota** *s.* 1 drop: *uma gota de suor* a drop of sweat 2 **a gota d'água** the last straw

**goteira** *s.* leak

**governador** *s.* governor

**governar** *v.* to govern

**governo** *s.* 1 (de país etc.) government 2 **o governo de alguém** the administration of sb: *o governo de Barack Obama* the administration of Barack Obama ▸ Observe a tradução sem preposição: *o governo Obama* the Obama administration

**gozado** *adj.* funny

**gozar** *v.* 1 (ter orgasmo) to come 2 **gozar (de) algo** (usufruir, ter) to enjoy sth: *Apesar de seus 90 anos, ela goza de boa saúde.* Despite being 90, she enjoys good health. 3 **gozar (de) alguém** to tease sb: *Só estou te gozando.* I'm just teasing you.

**Grã-Bretanha** *s.* Great Britain ▸ Também se diz apenas ***Britain***.

▸ Estritamente falando, ***Britain*** é o nome da ilha localizada ao largo do continente europeu que compreende os três países: Inglaterra, Escócia e País de Gales, enquanto ***Great Britain*** inclui também todas as pequenas ilhas situadas em volta da ilha principal.

**graça** *s.* 1 (dos movimentos) grace 2 **graças a algo/alguém** thanks to sth/sb: *Graças a você, consegui terminar o trabalho.* Thanks to you, I managed to finish the assignment. 3 **graças a Deus** thank goodness ▸ Também se pode dizer ***thank God***, que soa mais dramático. 4 **achar graça em algo** to find sth funny 5 **de graça** for free 6 **fazer graça** to fool around 7 **ficar sem graça** to get embarrassed 8 **não ver a graça** not to see the attraction (***de*** *of*, ***em*** *in*): *Não vejo a graça de ficar horas na praia.* I don't see the attraction of staying on the beach for hours. 9 **qual a graça?** **a** (por que está rindo?) what's funny? (***em*** *about*) **b** (que atrativo tem?) what's the attraction? (***de*** *of*) 10 **que graça!** **a** (que bonito) how adorable! (BRIT: how lovely!) **b** (que engraçado) how funny! 11 **sem graça** **a** (não engraçado) not funny: *uma piada sem graça* an unfunny joke **b** (sem atrativo, sem sabor) uninteresting: *O namorado dela é muito sem graça.* Her boyfriend's very uninteresting. **c** (sem jeito) embarrassed: *O comentário dela me deixou sem graça.* Her comment made me embarrassed. **12 ser uma graça** to be adorable (BRIT: to be lovely) **13 ter graça** **a** (ser engraçado) to be funny: *Aquela comédia não tem graça nenhuma.* That comedy's not funny at all. **b** (divertir) to be fun: *Não tem graça ver um filme sozinho.* It's no fun watching a movie on your own.

▸ A locução *graças a*, no sentido de *com a ajuda de*, traduz-se por ***thanks to***. Porém, a tradução de *graças a Deus* é ***thank God***, sem s, porque é abreviação de ***I thank God***.

**gracinha** **1** (dito irônico) little joke **2 estar/ser uma gracinha** to be cute (BRIT: to be sweet) **3 fazer gracinha** (mostrar-se) to show off (***para*** *to*) **4 que gracinha!** how cute! (BRIT: how sweet!)

**gradativamente** *adv.* gradually

**gradativo** *adj.* gradual

**grade** *s.* **1** (em janela) bars *[pl.]*: *Há uma grade na janela.* There are bars on the window. **2** (cerca) railings *[pl.]* **3** (tb grade de programação) schedule **4 atrás das grades** behind bars

**graduação** *s.* **1** undergraduate study **2 fazer graduação** to get a degree (***em*** *in*)

**graduado** *adj.* with a degree (***em*** *in*, ***por*** *from*): *uma psicóloga graduada pela USP* a psychologist with a degree from USP / *s.* **1** graduate (***em*** *in*, ***por*** *from*) **2 ser graduado em algo** to be a sth graduate: *Ele é graduado em Física.* He's a physics graduate.

▸ Nos EUA, a matéria principal que se estuda na faculdade chama-se ***major***, palavra que também pode designar o graduando ou graduado nessa matéria. Portanto, é comum ouvir expressões como: ***What's your major in college?*** (= Qual é a sua graduação?), ***She's a history major.*** (= Ela é graduanda/graduada em História). Existe também o verbo ***to major***, usado em frases como: ***He majored in Spanish.*** (=Ele se graduou em Espanhol), ***I'm majoring in business.*** (= Estou fazendo graduação de Administração).

**graduando** *s.* college senior (BRIT: final-year undergraduate) (***em*** *in*)

**graduar-se** *v.* to graduate (***em*** *in*, ***por*** *from*)

**gráfica** *s.* printer (BRIT: printer's)

**gráfico** *adj.* **1** graphic **2 acento gráfico** written accent **3 placa gráfica** graphics card / *s.* **1** (tabela) graph **2** (em videogame etc.) graphic: *com gráficos em 3D* with 3D graphics **gráfico de barras** bar chart **gráfico pizza** pie chart

**grafite** *s.* **1** (de lápis) lead **2** (obra de arte) graffiti piece ▸ O plural *grafites* traduz-se por ***graffiti***, que é singular em inglês: *Aqueles grafites são muito coloridos.* That graffiti is very colorful.

**grafiteiro** *s.* graffiti artist

**grama** *s fem.* (planta) grass / *s masc.* (peso) gram

**gramado** *s.* **1** (em jardim) lawn **2** (de futebol) field

**gramática** *s.* grammar

**gramatical** *adj.* grammatical

**grampeador** *s.* stapler

**grampear** *v.* **1** (papéis) to staple **2** (telefone) to bug

**grampo** *s.* **1** (de cabelo) bobby pin (BRIT: hair-grip) **2** (de grampeador) staple **3** (de telefone) bug

**granada** *s.* grenade **granada de mão** hand grenade

**grande** *adj.* **1** (não pequeno) big: *uma casa grande* a big house | *uma grande surpresa* a big surprise ▸ Também existe o sinônimo ***large***, que soa um pouco mais formal. É a palavra usada com substantivos que expressem quantidade, tais como ***amount, area, number, quantity, size*** etc., e ao falar de tamanhos de roupa ou porções: *uma grande quantia de dinheiro* a large amount of money | *Eu queria um milk-shake de chocolate grande.* I'd like a large chocolate milk shake. **2** (alto) tall **3** (importante) great: *uma grande escritora* a great writer | *Somos grandes amigos.* We're great friends.

▸ Usa-se também na linguagem mais formal para

indicar a intensidade de um substantivo abstrato: *em grande perigo* in great danger 4 **ficar/ser grande em alguém** (roupa) to be too big for sb: *Esse jeans ficou grande em mim.* These jeans are too big for me. 5 **grande parte de algo** a large proportion of sth: *Grande parte dos jovens brasileiros estuda inglês.* A large proportion of young Brazilians study English. ▸ Observe o verbo no plural em inglês.
▸ Observe a diferença entre ***a big book*** (= um livro grande) e ***a great book*** (= um grande livro), ***a big city*** (= uma cidade grande) e ***a great city*** (= uma grande cidade).

**grandioso** *adj.* grand

**granizo** *s.* 1 hail: *uma chuva de granizo* a hailstorm 2 **chover granizo** to hail

**granja** *s.* (avicultura) poultry farm

**grão** *s.* 1 (na maioria dos casos) grain: *um grão de arroz* a grain of rice 2 (de café) bean: *grãos de café* coffee beans 3 **um grão de amendoim/feijão/lentilha** a peanut/bean/lentil

**grão-de-bico** *s.* chickpeas [*pl.*]

**gratidão** *s.* gratitude

**gratificante** *adj.* rewarding

**grátis** *adj, adv.* free

**grato** *adj.* grateful (***a*** *to*, ***por*** *for*)

**gratuito** *adj.* 1 (grátis) free 2 (sem motivo) gratuitous

**grau** *s.* 1 degree: *dez graus negativos* ten degrees below | *queimaduras de terceiro grau* third-degree burns | *um ângulo de quinze graus* a fifteen-degree angle | *o grau de dificuldade* the degree of difficulty ▸ Ao falar de temperaturas, usa-se o verbo ***to be*** em inglês: *Amanhã vai fazer 40 graus.* Tomorrow it's going to be 40 degrees. 2 **o primeiro/segundo grau** (de ensino) elementary school/high school (BRIT: primary/secondary school): *Os candidatos devem ter o segundo grau completo.* Candidates must have finished high school.

**gravação** *s.* 1 (em áudio, vídeo) recording 2 (no telefone) recorded message 3 (inscrição) engraving

**gravado** *adj.* 1 (som, imagens) recorded 2 **ficar com algo gravado na memória** to have sth imprinted on your memory

**gravador** *s.* recorder: *um gravador de DVD* a DVD recorder

**gravadora** *s.* record company

**gravar** *v.* 1 (em áudio, vídeo) to record 2 (em metal) to engrave 3 (decorar) to memorize

**gravata** *s.* 1 (peça de vestuário) tie: *de terno e gravata* in a suit and tie 2 (golpe) headlock 3 **dar uma gravata em alguém** to get sb in a headlock

**gravata-borboleta** *s.* bow tie

**grave** *adj.* 1 (sério) serious: *em estado grave* in a serious condition 2 (voz, som) deep 3 (nota) low 4 **acento grave** grave accent

**gravemente** *adv.* seriously: *gravemente ferido* seriously injured

**grávida** *adj.* 1 pregnant: *Ela está grávida de quatro meses.* She's four months pregnant. 2 **ficar grávida** to get pregnant / *s.* pregnant woman

**gravidade** *s.* 1 (de problema, doença) seriousness 2 (da Terra) gravity

**gravidez** *s.* pregnancy

**gravura** *s.* 1 (em livro) picture 2 (quadro) print 3 (em metal) engraving

**graxa** *s.* 1 (lubrificante) grease 2 (para sapatos) shoe polish

**Grécia** *s.* Greece

**grego** *adj, s.* Greek

**grelha** *s.* 1 (em geral) grill 2 (de fogão) broiler (BRIT: grill) 3 **na grelha** (grelhado) broiled (BRIT: grilled)

**grelhado** *adj.* broiled (BRIT: grilled)

**grelhar** *v.* to broil (BRIT: to grill)

**grêmio** *s.* association
**grêmio estudantil** student council

**greve** *s.* 1 strike 2 **entrar em greve** to go on strike 3 **estar em greve** to be on strike 4 **fazer greve** to strike

**grevista** *s.* striker

**grifado** *adj.* in italics

**grife** *s.* 1 designer label: *a grife Gucci* the Gucci label 2 **jeans/óculos *etc.* de grife** designer jeans/glasses etc.

**grilo** *s.* 1 (inseto) cricket 2 (neura) hangup
**gringo** *s.* foreigner / *adj.* foreign
**gripado** *adj.* **estar/ficar gripado** to have/get a cold
**gripe** *s.* 1 (resfriado) cold 2 (influenza) flu 3 **estar com gripe** to have the flu
**grisalho** *adj.* 1 (cabelo) gray (BRIT: grey) 2 (pessoa) gray-haired (BRIT: grey-haired) 3 **ficar grisalho** to go gray: *Meu pai está ficando grisalho.* My dad's going gray.
**gritar** *v.* 1 (falar alto) to shout (***com*** *at*, ***para*** *to*): *Por que você está gritando comigo?* Why are you shouting at me? 2 (emitir som agudo, de dor ou susto) to scream: *Todo mundo gritou muito na montanha-russa.* Everyone screamed a lot on the roller coaster. 3 **gritar para alguém fazer algo** to shout to sb to do sth: *O professor gritou para sentarmos.* The teacher shouted to us to sit down.
**grito** *s.* 1 (berro) shout 2 (som agudo de dor ou susto) scream 3 **aos gritos** at the top of your voice: *Eles discutiam aos gritos.* They were arguing at the tops of their voices. 4 **dar um grito** a (falar alto) to shout out b (de dor, susto) to scream 5 **no grito** through intimidation
**groselha** *s.* red currant
**grosseiro** *adj.* 1 (pessoa) rude 2 (modos) coarse 3 (linguagem, piada) crude
**grosseria** *s.* 1 (qualidade) rudeness 2 (dito) rude remark 3 **fazer uma grosseria** to be rude (***com/para*** *to*) 4 **que grosseria!** how rude! 5 **ser uma grosseria** to be rude
**grosso** *adj.* 1 (espesso) thick 2 (pessoa) rude 3 (voz) gruff / *s.* **o grosso de algo** the bulk of sth: *o grosso dos manifestantes* the bulk of the protesters ▸ Quando não vem seguido de um substantivo, ***the bulk*** precisa ser completado com ***of it/them***: *O trabalho fica pronto amanhã. Já fizemos o grosso.* The job will be finished tomorrow. We've already done the bulk of it.
**grossura** *s.* 1 (espessura) thickness 2 (grosseria) rudeness 3 **ter … de grossura** to be … thick: *As paredes têm 50 cm de grossura.* The walls are 50 cm thick. | *O vidro tem quanto de grossura?* How thick is the glass?
**grotesco** *adj.* grotesque
**grudar** *v.* to stick (***em*** *to*) / **grudar-se** *v.* **grudar-se em alguém** to attach yourself to sb
**grunhir** *v.* to grunt
**grupo** *s.* 1 group: *um grupo de alunos* a group of students 2 **dividir-se em grupos** to divide up into groups 3 **trabalhar em grupo** to work in a group: *A professora disse para trabalharmos em grupos.* The teacher told us to work in groups.
**grupo sanguíneo** blood type
**gruta** *s.* cave
**guarda** *s masc/fem.* (policial) police officer (BRIT: policeman/policewoman) ▸ No inglês americano informal, também se diz ***cop***. / *s fem.* (de filho) custody: *O pai ganhou a guarda da menina.* The father was awarded custody of the girl.
**guarda civil** civil guard **guarda municipal** municipal guard
**guarda-chuva** *s.* 1 umbrella 2 **abrir/fechar o guarda-chuva** to put your umbrella up/down: *com o guarda-chuva aberto* with your umbrella up
**guarda-costas** *s.* bodyguard
**guarda-costeira** *s.* coast guard (BRIT: coastguard)
**guardador** *s.* (de carros) parking attendant
**guardanapo** *s.* napkin
**guardar** *v.* 1 (pôr no devido lugar) to put away: *Minha mãe me pediu para guardar a roupa limpa.* My mom asked me to put the clean clothes away. | *Ele guardou a carteira no bolso.* He put his wallet away in his pocket. ▸ Usa-se apenas ***put*** em conjunto com ***where***: *Não lembro onde guardei a chave.* I don't remember where I put the key. 2 (conservar, ficar com, reservar) to keep: *Guardo minhas canetas num estojo.* I keep my pens in a pencil case. | *Ela guardou a carta com muito carinho.* She kept the letter with loving care. | *Você guarda um lugar para mim?* Will you keep a seat for me? 3 (lembrar) to remember:

*Tenho dificuldade para guardar vocabulário em inglês.* I have a hard time remembering vocabulary in English. **4 guardar dinheiro** (poupar) to put money by **5 guardar um segredo** to keep a secret

**guarda-roupa** *s.* **1** (armário) closet (BRIT: wardrobe) **2** (roupa) wardrobe

**guarda-sol** *s.* (barraca) sunshade

**guarda-volumes** *s.* baggage room (BRIT: left luggage office)

**guarita** *s.* guardhouse

**guarnição** *s.* (acompanhamento) side dish

**Guatemala** *s.* Guatemala

**guatemalteco** *adj, s.* Guatemalan

**guerra** *s.* **1** war **2 estar em pé de guerra** to be up in arms
**guerra civil** civil war

**guerreiro** *s.* **1** (na História) warrior **2** (batalhador) fighter / *adj.* (batalhador) feisty: *uma mulher guerreira* a feisty woman

**guia** *s masc/fem.* (pessoa) guide: *um guia de turismo* a tourist guide / *s masc.* (livro) guide (**de** *to*): *um guia do Rio* a guide to Rio ▸ Também se diz ***guidebook***.

**guiado** *adj.* guided: *uma visita guiada* a guided tour

**Guiana** *s.* Guyana

**guianense** *adj, s.* Guyanese

**guiar** *v.* **1** (orientar) to guide **2** (dirigir) to drive / **guiar-se** *v.* **guiar-se por algo** to go by sth: *Quem compra um notebook não deve se guiar apenas pelo preço.* Anyone buying a notebook shouldn't go just by the price.

**guichê** *s.* **1** (tipo janela) window **2** (tipo balcão) counter **3** (de cinema, teatro) box office **4** (de metrô, trem) ticket booth

**guidom** *s.* handlebar

**guinada** *s.* **dar uma guinada** (veículo) to veer: *O carro deu uma guinada à esquerda.* The car veered to the left.

**guincho** *s.* **1** (máquina) winch **2** (som) screech

**guindaste** *s.* crane

**Guiné-Bissau** *s.* Guiné-Bissau

**guineense** *adj, s.* Guinean

**guitarra** *s.* (electric) guitar

**guitarrista** *s.* guitarist

**gula** *s.* greed

**guloseima** *s.* treat

**guloso** *adj.* greedy

**gume** *s.* **uma faca de dois gumes** a mixed blessing

# H

**H, h** *s.* H, h
**hábil** *adj.* (jeitoso) adept
**habilidade** *s.* skill
**habilidoso** *adj.* skilled
**habilitação** *s.* **1** (carteira) driver's license (BRIT: driving licence) **2** (qualificação) qualification (***para*** *for*)
**habilitado** *adj.* qualified (***para*** *for*)
**habitação** *s.* **1** (casa) dwelling **2** (questão) housing
**habitante** *s.* **1** (de país, cidade, área) inhabitant **2** (de imóvel) occupant
**habitar** *v.* **1** (região, planeta etc.) to inhabit **2** (imóvel) to occupy
**habitat** *s.* habitat
**hábito** *s.* **1** habit **2 pegar o hábito de fazer algo** to get into the habit of doing sth **3 por força de hábito** from force of habit **4 ter o hábito de fazer algo** to be in the habit of doing sth
**habituado** *adj.* **estar/ficar habituado a (fazer) algo** to be/get accustomed to (doing) sth: *Estou habituado a levantar cedo.* I'm accustomed to getting up early. ▸ Quando o complemento é subentendido, diz-se ***accustomed to it***: *Fazer tudo a pé não me incomoda. Estou habituado.* Walking everywhere doesn't bother me. I'm accustomed to it.
**habitual** *adj.* usual
**habituar** *v.* **habituar alguém a fazer algo** to get sb into the habit of doing sth / **habituar-se** *v.* **habituar-se a (fazer) algo** to get accustomed to (doing) sth ▸ Quando o complemento é subentendido, diz-se ***get accustomed to it***: *Você vai acabar se habituando.* You'll get accustomed to it eventually.
**hackear** *v.* to hack
**hacker** *s.* hacker
**Haiti** *s.* Haiti
**haitiano** *adj, s.* Haitian
**hálito** *s.* breath: *mau hálito* bad breath
**hall** *s.* **1** (de casa) hall: *o hall de entrada* the entrance hall **2** (de hotel) foyer
**haltere** *s.* dumbbell
**halterofilismo** *s.* body building
**halterofilista** *s.* body builder
**hambúrguer** *s.* hamburger
**hamster** *s.* hamster
**handebol** *s.* handball
**hardware** *s.* **1** piece of hardware **2 hardwares** hardware *[sg.]*
**harmonia** *s.* harmony
**harpa** *s.* harp
**haste** *s.* **1** (peça) shaft **2** (de bandeira) flagpole **3** (de planta) stem
**Havaí** *s.* Hawaii
**havaiano** *adj, s.* Hawaiian
**haver** *v.* **1 há** ◘ (existe) there is/are: *Há um problema.* There is a problem. | *Há várias possibilidades.* There are several possibilities. | *Houve uma explosão.* There was an explosion. | *Havia muita gente na rua.* There were a lot of people on the street. |

*Deve haver algum engano.* There must be some mistake. **b** (atrás) ago: *Eles mudaram para o Canadá há dois anos.* They moved to Canada two years ago. | *Ele morreu há muito tempo.* He died a long time ago. **c** (duração) for ▸ É obrigatório o uso do ***present perfect*** nesse tipo de frase em inglês, enquanto, em português, se usa o presente: *Estudo inglês há três anos.* I've been studying English for three years. | *Você está no Brasil há quanto tempo?* How long have you been in Brazil for? 2 **há pouco** a short time ago 3 **o que é que há?** what's wrong? 4 **o que é que houve? a** (qual é o problema?) what's wrong? **b** (o que aconteceu?) what's happened? / *v. aux.* **havia(m) feito algo** had done sth: *O jogo já havia começado.* The game had already begun.

**hebraico** *adj, s.* Hebrew
**hectare** *s.* hectare
**hélice** *s.* propeller
**helicóptero** *s.* helicopter ▸ Na linguagem informal, também se diz ***chopper***.
**hematoma** *s.* bruise
**hemisfério** *s.* hemisphere
**hemisfério norte/sul** northern/southern hemisphere
**hemorragia** *s.* hemorrhage (BRIT: haemorrhage)
**hemorragia nasal** nosebleed
**hepatite** *s.* hepatitis
**heptatlo** *s.* heptathlon
**hera** *s.* ivy
**herança** *s.* 1 (bens) inheritance 2 (cultural) heritage
**herdar** *v.* to inherit (*de from*)
**herdeiro** *s.* heir (*de to*): *Ele é o único herdeiro da fortuna do pai.* He's the sole heir to his father's fortune.
**hereditário** *adj.* hereditary
**hermético** *adj.* (recipiente, fecho) airtight
**herói** *s.* hero
**heroico** *adj.* heroic
**heroína** *s.* 1 (mulher) heroine 2 (droga) heroin
**heroísmo** *s.* heroism
**hesitar** *v.* 1 to hesitate 2 **hesitar em fazer algo** to hesitate to do sth
**hétero** *adj.* (heterossexual) straight
**heterogêneo** *adj.* diverse
**heterossexual** *adj, s.* heterosexual
**hidratante** *s.* (creme) moisturizer
**hidratar** *v.* (pele) to moisturize
**hidroelétrica** *s.* (usina) hydroelectric power plant
**hidroelétrico** *adj.* hydroelectric
**hidroginástica** *s.* aqua aerobics
**hierarquia** *s.* hierarchy
**hífen** *s.* hyphen: *com hífen* with a hyphen
**higiene** *s.* hygiene
**higiênico** *adj.* 1 hygienic 2 **papel higiênico** toilet paper
**hindu** *adj, s.* Hindu
**hinduísmo** *s.* Hinduism
**hinduísta** *adj, s.* Hindu
**hino** *s.* anthem
**hino nacional** national anthem
**hip hop** *adj, s.* hip-hop
**hipismo** *s.* 1 (equitação) horseback riding (BRIT: horse riding) 2 (turfe) horseracing
**hipnose** *s.* hypnosis
**hipnotizar** *v.* to hypnotize
**hipocondríaco** *adj, s.* hypochondriac
**hipocrisia** *s.* hyprocrisy
**hipócrita** *s.* hyprocrite / *adj.* hyprocritical
**hipódromo** *s.* racetrack
**hipopótamo** *s.* hippo ▸ Em contextos mais formais, usa-se o nome completo ***hippopotamus***.
**hipótese** *s.* 1 (possibilidade) possibility: *A Prefeitura está estudando a hipótese de implantar um sistema de bondes.* The City is studying the possibility of introducing a tram system. 2 (teoria científica) hypothesis 3 **em hipótese alguma/nenhuma** under no circumstances 4 **na hipótese de algo** in the event of sth: *na hipótese de o candidato ser eleito* in the event of the candidate being elected 5 **na melhor/pior das hipóteses** at best/worst
**histeria** *s.* hysteria
**histérico** *adj.* hysterical

**história** *s.* 1 (relato, caso) story: *uma história verídica* a true story 2 (histórico, disciplina) history: *a história do Brasil* the history of Brazil | *um professor de História* a history teacher 3 **entrar para a história** to go down in history
**história em quadrinhos** comic strip
**historiador** *s.* historian
**histórico** *adj.* 1 (marcante ou antigo) historic: *uma vitória histórica* a historic win | *os prédios históricos de Londres* London's historic buildings 2 (que tem a ver com a História) historical: *um romance histórico* a historical novel / *s.* 1 (evolução) history 2 (registro) record
**histórico escolar** transcript ▸ Nos EUA, também se chama ***permanent record***.
**hobby** *s.* hobby
**hoje** *adv.* 1 today: *Não falei com o Tiago hoje.* I haven't spoken to Tiago today. | *o jornal de hoje* today's paper ▸ No sentido de *de hoje em dia, de hoje* traduz-se por ***today's*** ou ***of today***: *a juventude de hoje* the youth of today 2 **hoje à noite** tonight ▸ Com referência ao período antes de dormir, também se pode dizer ***this evening***. 3 **hoje de manhã/à tarde** this morning/afternoon 4 **hoje em dia** nowadays ▸ Também se diz ***these days***. 5 **de hoje a duas semanas etc.** two weeks etc. from today: *De hoje a um mês entramos de férias.* A month from today we start our vacation. 6 **de hoje em diante** starting today 7 **de hoje para amanhã** (em seguida) overnight
**Holanda** *s.* Holland
**holandês** *adj.* Dutch / *s.* 1 (pessoa) Dutch person ▸ O plural é ***Dutch people***. Ao especificar o sexo, também se diz ***Dutchman*** (homem) ou ***Dutchwoman*** (mulher). 2 (idioma) Dutch 3 **os holandeses** (em geral) the Dutch
**holocausto** *s.* holocaust
**holofote** *s.* 1 (de teatro) spotlight 2 (de estádio, monumento) floodlight 3 **nos holofotes** (famoso) in the spotlight
**holograma** *s.* hologram
**homem** *s.* 1 man ▸ O plural é ***men***: *roupa de homem* men's clothes ▸ Ao especificar o sexo, usa-se ***boy***: *Eles têm três filhos: dois homens e uma mulher.* They have three children: two boys and a girl. 2 **o homem** (a humanidade) man ▸ nesta acepção, sem artigo: *O homem deve preservar o meio ambiente.* Man should protect the environment. 3 **um homem feito** a grown man / *adj.* (de sexo masculino) male: *meus primos homens* my male cousins
▸ Como as palavras ***brother*** e ***son*** denotam somente pessoas de sexo masculino, em muitos casos não é preciso traduzir *homem*: ***I have two brothers*** (= Tenho dois irmãos homens), ***She has three sons*** (= Ela tem três filhos homens).
**homem-bomba** *s.* suicide bomber
**homenagear** *v.* to pay tribute to
**homenagem** *s.* 1 tribute (*a to*) 2 **em homenagem a alguém/algo** in honor of sb/sth (BRIT: in honour of sb/sth) 3 **fazer homenagem a alguém** to pay tribute to sb
**homeopata** *s.* homeopathic doctor ▸ Em contextos mais especializados, também se diz ***homeopath***.
**homeopático** *adj.* homeopathic
**homicídio** *s.* homicide
**homicídio culposo** manslaughter
**homogêneo** *adj.* 1 (parecido) uniform 2 (mistura) smooth
**homossexual** *adj, s.* homosexual
**Honduras** *s.* Honduras
**hondurenho** *adj, s.* Honduran
**honesto** *adj.* honest
**honra** *s.* 1 honor (BRIT: honour): *o convidado de honra* the guest of honor 2 **fazer as honras da casa** to do the honors
**honrado** *adj.* 1 (honesto) honorable (BRIT: honourable) 2 (lisonjeado) honored (BRIT: honoured)
**honrar** *v.* to honor (BRIT: to honour)
**honroso** *adj.* honorable (BRIT: honourable)
**hóquei** *s.* field hockey
**hóquei no gelo** ice hockey

▸ Nos EUA e Canadá, ***hockey*** denota hóquei no gelo, enquanto na Inglaterra e Austrália denota hóquei de campo.

**hora** *s.* 1 (60 minutos) hour: *Passei duas horas no trânsito.* I spent two hours in traffic. | *cem reais por hora* a hundred reais an hour 2 (horário, momento) time: *Você chegou na hora certa.* You got here at the right time. 3 **horas** (pelo relógio) time: *Você tem horas?* Do you have the time? | *Você sabe dizer as horas em inglês?* Do you know how to tell the time in English? ▸ Ao dizer as horas, *horas* traduz-se por ***o'clock***: *às dez horas* at ten o'clock | *à uma hora* at one o'clock | *São cinco horas.* It's five o'clock. 4 **horas a fio** hours on end 5 **a cada duas horas** every two hours 6 **a que horas ...?** what time ...?: *A que horas começa o filme?* What time does the movie start? ▸ Na linguagem formal, também se diz ***at what time ...?*** 7 **altas horas** the small hours: *Ficamos conversando até altas horas.* We sat talking until the small hours. 8 **de quatro em quatro horas** every four hours 9 **de última hora** last-minute: *uma decisão de última hora* a last-minute decision 10 **em cima da hora** at the last minute: *Por que você sempre deixa tudo até em cima da hora?* Why do you always leave everything to the last minute? 11 **está na hora de (alguém) fazer algo** it's time (for sb) to do sth: *Está na hora de voltarmos para casa.* It's time for us to go back home. 12 **estava na hora (de alguém/algo fazer algo)** it's about time (sb/sth did sth): *Estava na hora de o governo tomar uma atitude.* It's about time the government took action. 13 **fazer hora** to kill time 14 **marcar hora** to make an appointment 15 **meia hora** a half hour (BRIT: half an hour) 16 **na hora** **a** (naquele momento) at the time: *Na hora não entendi.* At the time I didn't understand. **b** (no horário) on time: *O show começou na hora.* The concert started on time. **c** (imediatamente) on the spot: *Aceitei na hora.* I accepted on the spot. ▸ *morrer na hora* traduz-se por ***to be killed instantly***. 17 **na hora de fazer algo** **a** (quando) when I do/he does etc. sth: *Você passa fio dental na hora de escovar os dentes?* Do you floss when you brush your teeth? **b** (no exato momento de) as I am/he is etc. doing sth: *Na hora de descer do carro, ela levou um tombo.* As she was getting out of the car, she fell over. **c** (em expressões genéricas) when doing sth: *É preciso tomar bastante cuidado na hora de atravessar a rua.* You should be very careful when crossing the street. 18 **na hora H** **a** (no momento mais importante) at the crucial moment: *Na hora H, ele esqueceu o que ia falar.* At the crucial moment, he forgot what he was going to say. **b** (no último momento) at the last minute: *Na hora H, eles deram para trás.* At the last minute, they pulled out. 19 **na hora que** **a** (quando) when: *Só tinha mais duas pessoas aqui na hora que eu cheguei.* There were only two other people here when I arrived. **b** (à medida que) as ▸ vem seguido de um tempo verbal contínuo: *Acabou a luz na hora que eu estava subindo a escada.* The power went out as I was walking up the stairs. 20 **não vejo a hora de fazer algo** I can't wait to do sth: *Não vemos a hora de chegar em casa.* We can't wait to get home. 21 **nessas horas** at times like this 22 **numa hora dessas** at a time like this 23 **perder a hora** **a** (em geral) to lose track of time **b** (dormindo demais) to oversleep 24 **que horas são?** what time is it?
**hora do rush** rush hour **hora extra** overtime **hora marcada** appointment: *Você está com hora marcada?* Do you have an appointment?

**horário** *s.* 1 (hora) time: *O metrô está sempre lotado nesse horário.* The subway is always crowded at this time. | *os horários dos ônibus* the times of the buses | *às 9h00, horário de Brasília* at 9.00 a.m. Brasilia time

2 (lista de trens, aulas etc.) schedule (BRIT: timetable) 3 (aula) period: *Fazemos aula de natação no primeiro horário da tarde.* We have swimming class first period in the afternoon.
**horário comercial** business hours *[pl.]* **horário de funcionamento** opening hours *[pl.]* **horário de verão** daylight saving time (BRIT: summer time) **horário de visitas** visiting hours *[pl.]* **horário nobre** prime time / *adj.* 1 (por hora) hourly: *a taxa horária* the hourly rate 2 **em sentido horário** clockwise 3 **fuso horário** time zone

**horizontal** *adj.* horizontal

**horizonte** *s.* 1 horizon: *além do horizonte* over the horizon 2 **no horizonte** on the horizon

**hormônio** *s.* hormone

**horóscopo** *s.* horoscope

**horripilante** *adj.* horrifying

**horrível** *adj.* 1 (em geral) horrible 2 (pessoa) hideous
▸ Em inglês, ***a horrible person*** é uma pessoa má ou antipática.

**horror** *s.* 1 horror 2 **horrores** (muito) an awful lot 3 **falar horrores de alguém/algo** to bad-mouth sb/sth 4 **que horror!** how awful! 5 **ser um horror** to be awful 6 **ter horror a/de algo** **a** (odiar) to loathe sth **b** (ter medo) to be terrified of sth

**horrorizado** *adj.* horrified (***com*** *by*)

**horroroso** *adj.* 1 (em geral) horrendous 2 (muito feio) hideous

**horta** *s.* vegetable garden (BRIT: vegetable patch)

**hortaliça** *s.* green vegetable

**hortelã** *s.* mint: *chá de hortelã* mint tea

**hospedado** *adj.* 1 staying: *Onde você está hospedado?* Where are you staying? 2 **ficar hospedado** to stay

**hospedagem** *s.* 1 (alojamento) accommodations (BRIT: accommodation) 2 (pousada) inn

**hospedar** *v.* 1 (receber em casa) to have to stay: *Muitos moradores vão hospedar estrangeiros durante as Olimpíadas.* A lot of residents are going to have foreigners to stay during the Olympics. 2 (site) to host / **hospedar-se** *v.* to stay

**hóspede** *s.* guest: *o banheiro de hóspedes* the guest bathroom

**hospício** *s.* psychiatric hospital

**hospital** *s.* hospital

**hospitaleiro** *adj.* hospitable

**hospitalidade** *s.* hospitality

**hostil** *adj.* hostile (***a*** *to*)

**hostilidade** *s.* hostility

**hotel** *s.* hotel: *um hotel cinco estrelas* a five-star hotel

**humanidade** *s.* humanity

**humanitário** *adj.* humanitarian

**humano** *adj.* 1 (do homen) human 2 (humanitário) humane 3 **ser humano** human being
▸ Também se diz apenas ***human***: *Somos todos seres humanos.* We're all human beings.
▸ *o ser humano*, no sentido geral, traduz-se por ***humans*** quando se pensa nos seres biológicos, e por ***mankind***, sem artigo, quando significa *o homem*: *O ser humano não suporta calor excessivo.* Humans cannot stand excessive heat. | *a origem do ser humano* the origin of mankind

**humilde** *adj.* 1 (que tem humildade) humble 2 (pobre) poor

**humilhante** *adj.* humiliating

**humilhar** *v.* to humiliate

**humor** *s.* 1 (senso, graça) humor (BRIT: humour): *um senso de humor* a sense of humor 2 (estado de espírito) mood 3 **de bom/mau humor** in a good/bad mood

**humorista** *s.* 1 (na TV etc.) comedian 2 (escritor) humorist

**humorístico** *adj.* 1 (programa) comedy: *uma série humorística* a comedy series 2 (texto, livro) humorous

**húngaro** *adj, s.* Hungarian

**Hungria** *s.* Hungary

# I

**I, i** *s.* I, i
**iate** *s.* yacht
**iceberg** *s.* iceberg: *É só a ponta do iceberg.* It's just the tip of the iceberg.
**ícone** *s.* icon
**ida** *s.* **1** (viagem) trip (***a/para*** *to*): *a ida deles aos EUA* their trip to the US **2** (para time, partido, emissora etc.) move (***para*** *to*): *O jogador confirmou sua ida para o Chelsea.* The player confirmed his move to Chelsea. **3** (em oposição à volta) outward journey ▸ Na linguagem informal, diz-se ***trip there***: *A ida foi tranquila, mas a volta foi demorada.* The trip there was straightforward, but the trip back took a long time. **4 ida e volta** round trip: *São 500 km, ida e volta.* It's 500 km, round trip. ▸ Também se diz ***there and back***. **5 idas e vindas** comings and goings **6 na ida** on the way there: *Na ida, consegui dormir no avião.* On the way there, I managed to sleep on the plane. **7 na ida para algo** on the way to sth: *na ida para a escola* on the way to school **8 passagem de ida/de ida e volta** one-way/round-trip ticket (BRIT: single/return ticket)
**idade** *s.* **1** age: *Ele é alto para a idade dele.* He's tall for his age. **2 de idade** (idoso) elderly: *um senhor de idade* an elderly gentleman **3 na idade de ...** at the age of ...: *na minha idade* at my age **4 qual a sua idade?/que idade você tem?** How old are you? ▸ Também se pode dizer ***What age are you?***. **5 ser maior/menor de idade** to be of/under age **6 ter a mesma idade** to be the same age (***que*** *as*) **7 ter ... anos de idade** to be ... years old: *Ela tem treze anos de idade.* She's thirteen years old. ▸ Ao dizer a idade de alguém, pode-se mencionar apenas o número, ou o número seguido de ***years old***. É incorreto usar apenas *years*. **8 ter idade para fazer algo** to be old enough to do sth: *Ele tem idade para ser o pai dela.* He's old enough to be her father. | *Eu não tenho idade para tirar a carteira de motorista.* I'm not old enough to get my driver's license.
**Idade da Pedra** Stone Age **Idade Média** Middle Ages *[pl.]*
▸ Observe que, nas expressões de idade, se usa o verbo ***to be*** em inglês, enquanto, em português, se usa o verbo *ter*.
**ideal** *adj, s.* ideal
**idealismo** *s.* idealism
**idealista** *adj.* idealistic / *s.* idealist
**idealizar** *v.* **1** (criar) to devise **2** (imaginar como ideal) to idealize
**ideia** *s.* **1** idea **2 ideias** (opiniões) views **3 fazer ideia** to imagine **4 mudar de ideia** to change your mind **5 não fazer/ter ideia** to have no idea: *Você não faz ideia o quanto trabalhei nisso.* You have no idea how hard I worked on this. | *Não tenho a mínima ideia quanto custa.* I haven't the faintest

idea how much it costs. 6 **para dar uma ideia** to give you some idea

**idem** *adv.* ditto

**idêntico** *adj.* identical (***a*** *to*)

**identidade** *s.* 1 (em geral) identity 2 (tb carteira de identidade) identity card ▸ A carteira de identidade do tipo brasileiro chama-se ***identity card*** ou ***ID card***, mas na maioria dos países de língua inglesa, não existe carteira de identidade obrigatória. Usam-se outros documentos para comprovar a identidade, tais como carteira de motorista, passaporte etc. Quando se pede um documento a uma pessoa, diz-se ***Can I see some ID?*** (= Posso ver algum documento?).

**identificar** *v.* to identify / **identificar-se** 1 (ver-se espelhado) to identify (***com*** *with*): *Eu me identifiquei com o protagonista do filme.* I identified with the main character in the movie. 2 (dizer quem é) to identify yourself

**ideologia** *s.* ideology

**idioma** *s.* language

**idiomático** *adj.* 1 idiomatic 2 **expressão idiomática** idiom

**idiota** *adj.* stupid / *s.* idiot

**idiotice** *s.* 1 (ato, dito) stupid thing: *Ela disse tantas idiotices.* She said so many stupid things. 2 (qualidade) stupidity 3 **ser idiotice (fazer algo)** to be stupid (to do sth)

**idolatrar** *v.* to idolize

**ídolo** *s.* idol

**idoso** *adj.* elderly / *s.* 1 elderly person ▸ Também se diz ***elderly man*** (homem) ou ***elderly woman*** (mulher). 2 **os idosos** (em geral) the elderly ▸ Também se diz ***elderly people***.

**ignorado** *adj.* (desconhecido) unknown

**ignorância** *s.* 1 (falta de conhecimento) ignorance 2 (falta de educação) rudeness 3 **partir para a ignorância** to get abusive

**ignorante** *adj.* 1 (sem conhecimento) ignorant 2 (sem educação) rude / *s.* 1 (pessoa sem conhecimento) ignoramus 2 (pessoa sem educação) jackass (BRIT: lout)

**ignorar** *v.* 1 (não dar atenção a) to ignore: *Ela me ignorou na festa.* She ignored me at the party. 2 (desconhecer) not to know: *A polícia ignora o paradeiro do criminoso.* The police do not know the whereabouts of the criminal.

**igreja** *s.* church: *O prédio deles fica ao lado da igreja.* Their building is next to the church. | *a Igreja Católica* the Catholic Church ▸ A palavra ***church*** vem acompanhada de um artigo quando se refere ao edifício ou à instituição, mas sem artigo quando se pensa na função da igreja: *Eles vão à igreja todo domingo.* They go to church every Sunday.

**igual** *adj.* 1 (idêntico) the same (***a*** *as*): *Seu tênis é igual ao meu.* Your sneakers are the same as mine. 2 (do mesmo valor) equal (***a*** *to*): *Uma polegada é igual a 2,5 cm.* An inch is equal to 2.5 cm. 3 **igualzinho** exactly the same (***a*** *as*) / *adv.* 1 (do mesmo jeito) the same (***a*** *as*): *As duas irmãs se vestem igual.* The two sisters dress the same. 2 **igual (a)** (como) just like: *Ele canta igual ao Roberto Carlos.* He sings just like Roberto Carlos. | *No Brasil existe um distrito federal, igual nos EUA.* In Brazil there is a federal district, just like in the U.S. 3 **por igual** evenly / *s.* 1 equal 2 **de igual para igual** on equal terms 3 **sem igual** unparalleled: *uma beleza sem igual* unparalleled beauty

**igualar** *v.* 1 (ser igual a) to match 2 (nivelar) to even out

**igualdade** *s.* equality

**igualmente** *adv.* 1 (por igual) equally 2 (do mesmo jeito) likewise ▸ Ao desejar o mesmo, diz-se ***likewise*** ou ***the same to you***: *"Tudo de bom!" – "Obrigado, igualmente!"* "All the best!" - "Thanks, the same to you!"

**iguaria** *s.* delicacy

**ilegal** *adj.* illegal

**ilegível** *adj.* illegible

**ileso** *adj.* unharmed

**ilha** *s.* island: *numa ilha* on an island **ilha deserta** desert island

**ilhado** *adj.* stranded

**ilimitado** *adj.* unlimited

**ilógico** *adj.* illogical

**iludir** *v.* to deceive / **iludir-se** *v.* to kid yourself: *Não se iluda.* Don't kid yourself.

**iluminação** *s.* lighting
**iluminado** *adj.* 1 (com luz) illuminated 2 (estádio etc.) floodlit 3 (pessoa, pensamento) enlightened 4 **bem/mal iluminado** well/poorly lit 5 **estar/ficar/ser iluminado** to be lit up
**iluminar** *v.* 1 (tornar luminoso) to light up: *Colocamos velas para iluminar o ambiente.* We lit candles to light up the room. 2 (dar luz) to give light: *Esse abajur ilumina pouco.* This lamp doesn't give much light.
**ilusão** *s.* illusion: *uma ilusão de ótica* an optical illusion
**ilustrar** *v.* to illustrate
**ilustre** *adj.* illustrious
**ímã** *s.* magnet: *um ímã de geladeira* a fridge magnet
**imagem** *s.* 1 (foto, figura, de TV) picture: *A emissora não exibiu imagens dos protestos.* The TV station did not show pictures of the protests. 2 (conceito, reflexo, estátua) image: *a imagem do país no exterior* the country's image abroad
**imaginação** *s.* imagination: *na minha imaginação* in my imagination
**imaginar** *v.* 1 (fazer ideia de) to imagine 2 (supor) to guess (BRIT: to suppose) 3 (bolar) to think up 4 **imagina!** **a** (de jeito nenhum) no way! **b** (resposta a pedido de desculpas etc.) don't be silly! **c** (resposta a agradecimento) no problem! 5 **imagino que sim/não** I guess so/not (BRIT: I suppose so/not)
**imaginário** *adj.* imaginary / *s.* (imaginação) imagination
**imaginativo** *adj.* imaginative
**imaturo** *adj.* immature
**imbatível** *adj.* unbeatable
**imbecil** *adj.* stupid / *s.* idiot
**imediações** *spl.* vicinity *[sg.]*: *nas imediações do estádio* in the vicinity of the stadium
**imediatamente** *adv.* immediately
**imediato** *adj.* 1 immediate 2 **de imediato** immediately
**imenso** *adj.* huge
**imigração** *s.* immigration
**imigrante** *s, adj.* immigrant
**imigrar** *v.* to immigrate (***para*** *to*)
**iminente** *adj.* imminent
**imitação** *s.* 1 (em geral) imitation: *diamantes de imitação* imitation diamonds 2 (caricatura de pessoa) impression: *O Gabriel faz imitações de todos os professores.* Gabriel does impressions of all the teachers.
**imitar** *v.* 1 (em geral) to imitate 2 (assinatura) to forge
**imobiliária** *s.* real estate agency (BRIT: estate agent's)
**imobiliário** *adj.* real estate: *o mercado imobiliário* the real estate market
**imobilizar** *v.* to immobilize
**imoral** *adj.* immoral
**imóvel** *s.* 1 (prédio) property 2 **imóveis** real estate *[sg.]* / *adj.* motionless
**impaciência** *s.* impatience
**impaciente** *adj.* impatient
**impactante** *adj.* (impressionante) dramatic
**impacto** *s.* impact (***em*** *on*)
**impagável** *adj.* priceless
**ímpar** *adj.* 1 (número) odd 2 (apartamento, andar) odd-numbered 3 (único) unique
**imparcial** *adj.* impartial
**impasse** *s.* impasse
**impecável** *adj.* flawless
**impedido** *adj.* 1 (em futebol) offside 2 (obstruído) blocked
**impedimento** *s.* 1 (em futebol) offside 2 (empecilho) obstacle
**impedir** *v.* 1 (acontecimento) to prevent 2 (pessoa) to stop 3 **impedir alguém de fazer algo/que alguém faça algo** to stop sb doing sth
**impensado** *adj.* reckless
**imperador** *s.* emperor
**imperativo** *adj, s.* imperative
**imperatriz** *s.* empress
**imperceptível** *adj.* imperceptible
**imperdível** *adj.* unmissable
**imperdoável** *adj.* unforgivable
**imperfeição** *s.* imperfection
**imperfeito** *adj, s.* imperfect

**imperial** *adj.* imperial
**imperialismo** *s.* imperialism
**império** *s.* empire
**impermeável** *adj.* waterproof
**impertinente** *adj.* impertinent
**impessoal** *adj.* impersonal
**impetuoso** *adj.* impetuous
**implacável** *adj.* relentless
**implantar** *v.* 1 (introduzir) to introduce 2 (dente, cabelo etc.) to implant
**implante** *s.* 1 implant 2 **fazer implante** (paciente) to have an implant
**implemento** *s.* implement
**implicância** *s.* 1 ill will (*com against*) 2 **estar de implicância com alguém** to have it in for sb 3 **ficar de implicância com alguém** to pick on sb 4 **ter uma implicância com alguém/algo** to have a grudge against sb/sth
**implicante** *adj.* confrontational
**implicar** *v.* 1 **implicar com alguém** a (provocar) to pick on sb b (não ir com a cara) to take a dislike to sb 2 **implicar em algo** (acarretar) to involve sth
**implícito** *adj.* implicit
**implorar** *v.* 1 **implorar (algo) a alguém** to beg sb (for sth) 2 **implorar a alguém para que faça algo** to beg sb to do sth
**impor** *v.* 1 (em geral) to impose (*a on*) 2 (lei) to enforce 3 **impor respeito** to command respect (*a from*) / **impor-se** *v.* (ter pulso) to assert yourself
**importação** *s.* import
**importado** *adj.* imported
**importância** *s.* 1 (em geral) importance 2 (quantia) sum 3 **dar importância a algo** to care about sth: *Ela dá muita importância à aparência.* She cares a lot about her appearance. | *Dou pouca importância a futebol.* I don't care much about soccer. 4 **não tem importância** (não faz mal) it doesn't matter 5 **sem importância** unimportant 6 **ter importância** to be important: *O francês não tem tanta importância hoje em dia.* French is not so important nowadays.
**importante** *adj.* important / *s.* **o (mais) importante é (fazer) algo** the (most) important thing is (to do) sth: *O importante é que você não se machucou.* The important thing is you didn't get hurt.
**importar** *v.* 1 (ter importância) to matter (*a to*): *A sua felicidade é o que mais me importa.* Your happiness is what matters to me most. | *Os números não importam, é o princípio que conta.* The figures don't matter, it's the principle that counts. 2 (mercadorias) to import / **importar-se** *v.* 1 (preocupar-se) to care (*com about*): *Parece que você não se importa comigo.* You don't seem to care about me. | *Ela se importa muito com os detalhes.* She's cares a lot about the details. 2 (incomodar-se) to mind: *Você se importa se eu sentar aqui?* Do you mind if I sit here? 3 **importar-se de fazer algo** to mind doing sth: *Eu não me importo de ficar sozinho em casa.* I don't mind being home alone. 4 **importar-se que alguém faça algo** to mind sb doing sth: *Meus pais não se importam que eu saia à noite.* My parents don't mind me going out at night.
**impossibilidade** *s.* impossibility
**impossível** *adj.* impossible: *É impossível não se comover com a história deles.* It's impossible not to be moved by their story. | *O resultado é impossível de prever.* The result is impossible to predict. | *Minha mãe está impossível hoje.* My mom's being impossible today. / *s.* **o impossível** the impossible: *Você está querendo que eu faça o impossível!* You're expecting me to do the impossible!
**imposto** *s.* tax (*sobre on*)
**imposto de renda** income tax
**imprensa** *s.* **a imprensa** the press: *O jogador não quis comentar com a imprensa.* The player made no comment to the press.
**imprescindível** *adj.* essential: *É imprescindível tomar bastante água.* It's essential to drink plenty of water.
**impressão** *s.* 1 (efeito) impression (*em on*) 2 (ação de imprimir) printing 3 **causar uma**

**boa impressão** to make a good impression **4 ser impressão (de alguém)** to be sb's imagination: *É impressão, ou resfriou?* Is it my imagination, or has it gotten colder? | *"Você ouviu um barulho?" – "Não, foi impressão sua."* "Did you hear a noise?" – "No, it was just your imagination." **5 ter a impressão de que ...** to have the feeling (that) ...: *Tenho a impressão de que a professora não gosta de mim.* I have the feeling the teacher doesn't like me. **6 ter uma boa/má impressão de alguém** to get a good/bad impression of sb

**impressão digital** fingerprint

**impressionado** *adj.* **1** (com boa impressão) impressed (***com*** *with*) **2** (surpreso) amazed (***com*** *at/by*) **3** (chocado) shocked (***com*** *at/by*)

**impressionante** *adj.* **1** (em geral) amazing **2** (chocante) shocking

▸ Às vezes, é possível traduzir a palavra *impressionante* por ***impressive***, mas só quando se fala de algo que causa admiração pelo tamanho, grandeza ou importância, p.ex., ***an impressive achievement*** (= uma conquista impressionante).

**impressionar** *v.* **1** (causar boa impressão) to impress **2** (surpreender) to amaze **3** (chocar) to shock / **impressionar-se** *v.* **1** (ter boa impressão) to be impressed (***com*** *by*) **2** (surpreender-se) to be amazed (***com*** *at/by*) **3** (chocar-se) to be shocked (***com*** *at/buy*)

**impresso** *adj.* printed

**impressora** *s.* printer

**imprestável** *adj.* useless

**imprevisível** *adj.* unpredictable

**imprevisto** *adj.* unforeseen / *s.* **1 um imprevisto** an unforeseen circumstance **2 surgiu um imprevisto** something's come up: *Infelizmente, surgiu um imprevisto e não posso mais ir.* Unfortunately, something's come up and I can't go anymore. ▸ Ao contar um caso passado, usa-se o passado simples ***something came up***.

**imprimir** *v.* to print

**impróprio** *adj.* **1** (inapropriado) unsuitable (***para*** *for*) **2** (alimento) unfit for human consumption

**improvisado** *adj.* **1** (móvel, construção etc.) makeshift: *uma cama improvisada* a makeshift bed **2** (discurso, música) improvised

**improvisar** *v.* to improvise

**imprudência** *s.* carelessness

**imprudente** *adj.* careless

**impulsivo** *adj.* impulsive

**impulso** *s.* **1** (desejo repentino) impulse **2 dar impulso a algo/alguém** **a** (animar) to give sth/sb a boost **b** (ajudar a subir) to give sb a boost (BRIT: to give sb a leg-up) **3 dar novo impulso a algo** to give new impetus to sth **4 por impulso** on impulse **5 tomar impulso** **a** (em geral) to gather pace **b** (atleta correndo) to take a run-up

**impunidade** *s.* impunity

**imundície** *s.* filth

**imundo** *adj.* filthy

**imune** *adj.* immune (***a*** *to*)

**imunidade** *s.* immunity (***a*** *to*)

**inabalável** *adj.* unshakeable

**inabitado** *adj.* uninhabited

**inacabado** *adj.* unfinished

**inaceitável** *adj.* unacceptable

**inacessível** *adj.* inaccessible

**inacreditável** *adj.* unbelievable

**inadequado** *adj.* (inconveniente) inappropriate

**inalador** *s.* inhaler

**inalar** *v.* to inhale

**inalcançável** *adj.* unattainable

**inato** *adj.* innate

**inauguração** *s.* opening

**inaugurar** *v.* **1** (abrir) to open **2** (usar pela primeira vez) to christen

**incalculável** *adj.* incalculable

**incansável** *adj.* tireless

**incapaz** *adj.* **1** incapable (***de*** *of*) **2 incapaz de fazer algo** **a** (sem conseguir) unable to do sth **b** (incompetente) incapable of doing sth

**incendiar** *v.* to set on fire: *Os baderneiros incendiaram carros.* The rioters set cars on fire.

**incêndio** *s.* fire: *um extintor de incêndio* a fire extinguisher | *Os bombeiros apagaram o incêndio.* The firefighters put out the fire.

**incêndio criminoso** arson

**incenso** *s.* incense
**incentivar** *v.* **1** to encourage **2 incentivar alguém a fazer algo** to encourage sb to do sth
**incentivo** *s.* incentive
**incerteza** *s.* uncertainty
**incerto** *adj.* uncertain
**inchaço** *s.* swelling
**inchado** *adj.* **1** (em geral) swollen **2** (estômago, barriga) bloated
**inchar** *v.* to swell up
**incidente** *s.* **1** incident **2 cheio de incidentes** eventful
**incitar** *v.* to incite
**inclinado** *adj.* **1** (superfície, terreno) sloping: *um telhado inclinado* a sloping roof **2** (pessoa, corpo) leaning: *Ele estava inclinado para a frente.* He was leaning forward. **3 estar inclinado a fazer algo** to be inclined to do sth
**inclinar** *v.* (corpo, cabeça) to lean (***em*** *on*): *Ele inclinou a cabeça para o lado.* He leaned his head to one side. / **inclinar-se** *v.* (curvar-se) to lean (***sobre*** *over*)
**incluído** *adj.* included
**incluir** *v.* **1** to include **2 incluindo** including: *várias cidades, incluindo Rio e São Paulo* several cities, including Rio and São Paulo | *incluindo eu* including me
**inclusão** *s.* inclusion: *a inclusão social* social inclusion
**inclusive** *adv.* **1** (incluindo) including: *todos os dias, inclusive domingo* every day, including Sunday **2** (também) also: *Compramos inclusive uns salgadinhos.* We also bought some snacks.
**incluso** *adj.* included
**incoerente** *adj.* incoherent
**incógnita** *s.* unknown
**incolor** *adj.* colorless (BRIT: colourless)
**incomodar** *v.* to bother: *Meu sapato estava me incomodando.* My shoes were bothering me. | *Desculpe incomodar.* Sorry to bother you. | *O que ele falou me incomodou muito.* What he said really bothered me. / **incomodar-se** *v.* **1** (importar-se) to mind: *Você se incomoda se eu deixar minhas coisas aqui?* Do you mind if I leave my stuff here? **2** (esforçar-se) to bother: *Você não precisava se incomodar.* You shouldn't have bothered. **3 incomodar-se com algo** to be bothered by sth **4 incomodar-se de fazer algo** to mind doing sth: *Você se incomoda de chegar um pouco para lá?* Do you mind scooting over a little? **5 incomodar-se em fazer algo** **a** (dar-se ao trabalho) to bother to do sth: *Ela nem se incomodou em pedir desculpas.* She didn't even bother to apologize. **b** to be bothered about doing sth: *A atriz não se incomodou em ser fotografada na rua.* The actress wasn't bothered about being photographed on the street. **6 incomodar-se que alguém faça algo** to mind sb doing sth
**incômodo** *adj.* **1** (desconfortável) uncomfortable **2** (inconveniente) awkward / *s.* **1** (desconforto) discomfort **2** (trabalho, aborrecimento) bother: *Não é nenhum incômodo ter você aqui.* It's no bother having you here.
**incomparável** *adj.* incomparable
**incompatível** *adj.* incompatible (***com*** *with*)
**incompetente** *adj.* incompetent
**incompleto** *adj.* incomplete
**incompreensível** *adj.* incomprehensible
**incomunicável** *adj.* (pessoa) incommunicado
**inconcebível** *adj.* inconceivable
**incondicional** *adj.* **1** (fã) die-hard **2** (amor, liberdade etc.) unconditional
**inconformado** *adj.* disgruntled (***com*** *by/with*)
**inconfundível** *adj.* unmistakable
**inconsciência** *s.* unconsciousness
**inconsciente** *adj.* **1** (em geral) unconscious **2** (irresponsável) irresponsible
**inconscientemente** *adv.* unconsciously
**inconsequente** *adj.* **1** (pessoa, comportamento) erratic **2** (argumento) spurious
**inconsistente** *adj.* flimsy
**inconsolável** *adj.* inconsolable

**inconveniente** *adj.* 1 (inoportuno) inconvenient 2 (pessoa, comportamento) annoying 3 (pergunta, comentário) inappropriate / *s.* 1 (desvantagem) disadvantage 2 (problema) snag
**incorreto** *adj.* 1 (errado) incorrect 2 (conduta, atitude) improper
**incorrigível** *adj.* incorrigible
**incrementar** *v.* 1 (dar impulso a) to boost 2 (melhorar) to enhance 3 (tornar mais atraente) to jazz up 4 (carro, moto) to soup up
**incriminar** *v.* to incriminate
**incrível** *adj.* incredible
**indecente** *adj.* indecent
**indeciso** *adj.* 1 (por natureza) indecisive: *Ele é muito indeciso.* He's very indecisive. 2 (em determinada situação) undecided: *Estou indeciso se vou ou não.* I'm undecided whether to go or not.
**indefeso** *adj.* defenseless (BRIT: defenceless)
**indefinido** *adj.* 1 (não decidido) undecided 2 (artigo, pronome) indefinite
**indelicado** *adj.* 1 (rude) rude 2 (sem tato) tactless
**indenização** *s.* compensation
**indenizar** *v.* to compensate (***por*** *for*)
**independência** *s.* independence
**independente** *adj.* 1 independent 2 **independente de algo** (sem levar em conta) regardless of sth
**indescritível** *adj.* indescribable
**indesejável** *adj.* undesirable
**indestrutível** *adj.* indestructible
**indevido** *adj.* improper
**Índia** *s.* India
**indiano** *adj, s.* Indian
**indicação** *s.* 1 (do caminho) directions *[pl.]* 2 (a prêmio, cargo) nomination (***a*** *for*): *cinco indicações ao Oscar* five Oscar nominations 3 (recomendação) recommendation 4 **dar uma indicação a alguém** (do caminho) to give sb directions 5 **pedir uma indicação (a alguém)** to ask (sb) for directions 6 **por indicação de alguém** on sb's recommendation
**indicado** *adj.* 1 (apropriado) appropriate 2 (recomendado) recommended
**indicador** *s.* 1 (dedo) index finger 2 (medida) indicator 3 (marcador) gauge: *um indicador de pressão* a pressure gauge
**indicar** *v.* 1 (apontar, denotar, sugerir) to indicate 2 (recomendar) to recommend 3 (a prêmio, cargo) to nominate (***a*** *for*): *A atriz foi indicada ao Oscar.* The actress was nominated for an Oscar. 4 **indicar algo a alguém** **a** (apontar) to indicate sth to sb **b** (recomendar) to recommend sb sth 5 **indicar o caminho (para alguém)** to give (sb) directions (***até*** *to*)
**índice** *s.* 1 (lista) index: *um índice alfabético* an alphabetical index 2 (taxa) rate: *o índice de desemprego* the unemployment rate **índice(s) de audiência** ratings *[pl.]*
**indício** *s.* 1 (sinal) sign 2 (indicação) indication
**Índico** *adj.* (oceano) Indian
**indiferente** *adj.* 1 (nem aí) indifferent (***a*** *to*) 2 **ser indiferente** (não importa) it makes no difference
**indígena** *adj.* indigenous / *s.* indigenous person ▸ O plural é ***indigenous people***.
**indigestão** *s.* indigestion
**indigesto** *adj.* 1 (alimento) hard to digest 2 (leitura, filme) heavy-going 3 (difícil de aceitar) hard to stomach
**indignação** *s.* indignation (***com*** *at*)
**indignado** *adj.* 1 indignant 2 **estar/ficar indignado** to feel indignant (***com*** *at*)
**índio** *adj, s.* Indian
**indireta** *s.* 1 hint 2 **dar uma indireta** to drop a hint
**indireto** *adj.* indirect
**indiscreto** *adj.* indiscreet
**indispensável** *adj.* essential
**indisposto** *adj.* (doente) under the weather
**indistinto** *adj.* indistinct
**individual** *adj.* individual
**indivíduo** *s.* individual
**índole** *s.* 1 nature 2 **de boa índole** good-natured
**indolor** *adj.* painless
**indústria** *s.* industry
**industrial** *adj.* industrial / *s.* industrialist
**industrialização** *s.* industrialization

**industrializado** *adj.* industrialized
**inédito** *adj.* **1** (obra, foto) previously unpublished **2** (filme, imagens) previously unseen **3** (música, faixa) brand new **4** (sem precedentes) unprecedented
**ineficiente** *adj.* inefficient
**inesgotável** *adj.* inexhaustible
**inesperadamente** *adv.* unexpectedly
**inesperado** *adj.* unexpected
**inesquecível** *adj.* unforgettable
**inevitável** *adj.* inevitable
**inexistente** *adj.* nonexistent
**inexperiente** *adj.* inexperienced
**inexplicado** *adj.* unexplained
**inexpressivo** *adj.* (sem brilho) uninspiring
**infalível** *adj.* infallible
**infância** *s.* **1** childhood: *na infância dele* in his childhood | *um amigo de infância* a childhood friend **2 primeira infância** infancy
**infantil** *adj.* **1** (para crianças) children's: *um livro infantil* a children's book **2** (bobo) childish **3** (próprio de criança) childlike **4 trabalho infantil** child labor
**infartar** *v.* to have a heart attack
**infarto** *s.* heart attack
**infecção** *s.* infection
**infeccionar** *v.* **1** (contaminar) to infect (***com*** *with*) **2** (ferida etc.) to get infected
**infelicidade** *s.* **1** (sentimento) unhappiness **2** (desgraça) misfortune
**infeliz** *adj.* **1** (pessoa, vida) unhappy **2** (comentário, fato) unfortunate **3 ideia infeliz** bad idea **4 ser infeliz** (com comentário) to be out of line
**infelizmente** *adv.* unfortunately
**inferior** *adj.* **1** (mais baixo) lower (***a*** *than*): *o lábio inferior* the lower lip | *uma nota inferior a sete* a grade lower than seven **2** (menos bom) inferior (***a*** *to*) / *s.* inferior
**inferioridade** *s.* inferiority: *um complexo de inferioridade* an inferiority complex
**infernal** *adj.* (barulho, trânsito etc.) hellish
**inferno** *s.* **1** hell **2 ser um inferno** to be hell **3 vai para o inferno!** go to hell!
**infestar** *v.* to infest
**infiel** *adj.* unfaithful (***a*** *to*)
**infinitivo** *adj, s.* infinitive
**infinito** *adj.* infinite / *s.* **o infinito** infinity
**inflação** *s.* inflation
**inflamação** *s.* inflammation
**inflamado** *adj.* inflamed
**inflamável** *adj.* inflammable
**influência** *s.* influence (***em*** *on*, ***sobre*** *over*)
**influenciar** *v.* to influence
**influenciável** *adj.* impressionable
**influente** *adj.* influential
**influir** *v.* **influir em algo/alguém** to influence sth/sb
**informação** *s.* information: *uma campanha de informação* an information campaign ▸ A palavra ***information*** é incontável, portanto não tem plural e não pode vir precedida do artigo indefinido ***a***. O plural *informações* traduz-se pelo singular em inglês: *Essas informações são muito valiosas.* This information is very valuable. | *o balcão de informações* the information desk ▸ *uma informação* traduz-se por ***information*** (sem artigo), ***a piece of information*** ou ***some information***: *Pedimos uma informação no balcão.* We asked for information at the desk.
**informal** *adj.* informal
**informar** *v.* **1** (dados) to give: *Informe o seu endereço.* Give your address. | *Envie o seu currículo ao e-mail informado.* Send your resumé to the email given. **2** (dar informação sobre) to give information on: *O site informa os horários dos ônibus.* The website gives information on bus times. **3** (dar notícia) to report (***sobre*** *on*): *O médico informou sobre o estado do paciente.* The doctor reported on the patient's condition. **4** (comunicar) to announce: *A companhia aérea informou que o voo foi cancelado.* The airline announced that the flight had been canceled. **5 informar a alguém que ...** to inform sb (that) ... **6 informar algo a alguém** to tell sb sth: *O porteiro me informou o número do apartamento.* The doorman told me the number of the

apartment. 7 **informar alguém de/sobre algo** to inform sb of/about sth: *O ministro foi informado sobre os últimos acontecimentos.* The minister was informed about the latest developments. / **informar-se** *v.* 1 (pedir informação) to inquire (***sobre*** *about*) 2 (familiarizar-se) to get informed (***sobre*** *about*)

▸ O verbo inglês ***to inform*** pede um complemento direto que indique a quem se informa. Se não houver, é preciso usar outro verbo. Além disso, ***inform*** soa bastante formal em inglês.

**informática** *s.* IT *[= information technology]*: *noções de informática* IT skills

**informático** *adj.* IT *[= information technology]*: *um sistema informático* an IT system / *s.* (pessoa) IT specialist

**informatizar** *v.* to computerize

**infração** *s.* 1 (de trânsito etc.) violation (BRIT: offence) 2 (em esportes) foul

**infravermelho** *adj.* infrared

**infundado** *adj.* unfounded

**ingênuo** *adj.* naive

**Inglaterra** *s.* England

▸ Embora se costume usar o nome *Inglaterra* para se referir à ilha inteira em português, na realidade, ***England*** é só um dos três países que compõem a Grã-Bretanha, ilha situada ao largo do continente europeu. Os outros são ***Scotland*** (Escócia) e ***Wales*** (País de Gales). Em inglês, usa-se o nome ***Britain*** quando se refere aos três países coletivamente ou à ilha em si.

**inglês** *adj.* English / *s.* 1 (idioma) English 2 (pessoa) English person ▸ O plural é ***English people***. Ao especificar o sexo, também se diz ***Englishman*** (homem) ou ***Englishwoman*** (mulher). 3 **os ingleses** (em geral) the English

▸ Em inglês, a palavra ***English*** é usada somente para se referir àquela parte da Grã-Bretanha chamada ***England*** e aos nativos dela. Ao se referir à Grã-Bretanha inteira, incluindo Escócia e País de Gales, usa-se ***British***.

**ingrato** *adj.* 1 (pessoa) ungrateful 2 (trabalho) thankless

**ingrediente** *s.* ingredient

**íngreme** *adj.* steep

**ingressar** *v.* **ingressar em algo** **a** (equipe, empresa, exército etc.) to join sth **b** (faculdade, local) to enter sth

**ingresso** *s.* 1 (bilhete) ticket (***de/para*** *to*) 2 (ato de entrar) entry (***em*** *into*)

**inhame** *s.* yam

**inibição** *s.* inhibition

**inibido** *adj.* inhibited

**inibir** *v.* to inhibit

**inicial** *adj, s.* initial

**iniciar** *v.* to start

**iniciativa** *s.* 1 initiative 2 **por iniciativa própria** on your own initiative 3 **tomar a iniciativa (de fazer algo)** to take the initiative (to do sth)

**início** *s.* 1 start 2 **dar início a algo** to begin sth 3 **desde o início** from the start 4 **no início** at the start: *no início do livro* at the start of the book

**inimigo** *s, adj.* enemy

**injeção** *s.* 1 injection ▸ Na linguagem informal, diz-se ***shot*** (*Brit:* ***jab***). 2 **dar uma injeção em alguém** to give sb an injection ▸ Na linguagem informal, ***to give sb a shot*** (*Brit:* ***to give sb a jab***). 3 **tomar uma injeção** to have an injection ▸ Na linguagem informal, ***to get a shot*** (*Brit:* ***to have a jab***).

**injetado** *adj.* (olho) bloodshot

**injustiça** *s.* 1 (desrespeito aos direitos) injustice 2 (parcialidade) unfairness

**injustificável** *adj.* unjustifiable

**injusto** *adj.* 1 (em geral) unfair (***com*** *on/to*) 2 (país, rei) unjust

**inocência** *s.* innocence

**inocentar** *v.* to clear (***de*** *of*)

**inocente** *adj.* 1 innocent 2 **declarar-se inocente** (em juízo) to plead not guilty (***de*** *to*) / *s.* innocent person ▸ O plural é ***innocent people***.

**inofensivo** *adj.* harmless

**inoportuno** *adj.* inconvenient

**inóspito** *s.* inhospitable

**inovar** *s.* to innovate

**inox** *adj, s.* (tb aço inox) stainless steel: *panelas de inox* stainless steel pans

**inoxidável** *adj.* rustproof
**inquérito** *s.* 1 inquiry 2 **abrir um inquérito** to hold an inquiry (***sobre*** *into*)
**inquieto** *adj.* 1 (preocupado) uneasy (***com*** *about*) 2 (irrequieto) restless
**inquilino** *s.* tenant
**insano** *adj.* insane
**insatisfeito** *adj.* (pessoa) dissatisfied (***com*** *with*)
**inscrever** *v.* 1 (pessoa) to enroll (BRIT: to enrol) (***em*** *in*): *Meus pais me inscreveram num curso de inglês.* My parents have enrolled me in an English course. 2 **inscrever o nome de alguém** to put sb's name down: *Inscreveram meu nome na lista de candidatos.* They put my name down on the list of applicants. / **inscrever-se** *v.* **inscrever-se em algo** **a** (curso, academia etc.) to enroll in sth (BRIT: to enrol in sth) ▸ Também se diz ***to sign up for sth***: *Ela se inscreveu numa aula de canto.* She signed up for a singing class. **b** (concurso) to enter sth **c** (vaga) to apply for sth
**inscrição** *s.* 1 (matrícula) enrollment (BRIT: enrolment) (***em*** *in*) 2 (texto gravado) inscription
**insegurança** *s.* insecurity
**inseguro** *adj.* 1 (pessoa) insecure 2 (local, situação) unsafe
**insensível** *adj.* insensitive
**inseparável** *adj.* inseparable
**inserir** *v.* to insert (***in*** *em*)
**inseto** *s.* insect
**insignificante** *adj.* insignificant
**insistente** *adj.* insistent
**insistir** *v.* 1 to insist 2 **insistir em (fazer) algo** to insist on (doing) sth 3 **insistir em que alguém faça algo** to insist on sb doing sth: *Meus pais insistiram em que eu estudasse inglês.* My parents insisted on me studying English.
**insolação** *s.* 1 sunstroke 2 **pegar uma insolação** to get sunstroke
**insônia** *s.* insomnia
**insosso** *adj.* 1 (comida) tasteless 2 (pessoa) uninteresting
**inspecionar** *v.* to inspect
**inspiração** *s.* 1 (criatividade) inspiration 2 (inalação) inhalation
**inspirado** *adj.* inspired (***em*** *by*)
**inspirador** *adj.* inspiring
**inspirar** *v.* 1 (pessoa) to inspire 2 (inalar) to breathe in 3 **inspirar alguém a fazer algo** to inspire sb to do sth 4 **inspirar confiança** to inspire confidence / **inspirar-se** *v.* **inspirar-se em algo/alguém** to take your inspiration from sth/sb: *O escritor inspirou-se num fato real.* The writer took his inspiration from a real-life incident.
**instalação** *s.* 1 installation 2 **instalações** (de hotel etc.) facilities
**instalar** *v.* (aparelho, software, etc.) to install / **instalar-se** *v.* 1 (em poltrona, cidade etc.) to settle: *Eu me instalei no sofá para assistir ao filme.* I settled on the couch to watch the movie. | *A empresa se instalou no Paraná.* The company settled in Paraná. 2 (em residência) to move in ▸ *instalar-se em algo* traduz-se por ***to move into sth***: *Já nos instalamos no novo apartamento.* We've already moved into the new apartment. ▸ Se for hotel, ***to check into sth***: *A banda se instalou no Sheraton.* The band checked into the Sheraton. 3 (inverno, caos, medo etc.) to set in
**instantâneo** *adj.* instant
**instante** *s.* 1 moment: *nesse instante* at this moment 2 **dentro de instantes** in a few moments 3 **num instante** in an instant
**instável** *adj.* 1 (clima, tempo, pessoa) changeable 2 (com pouca estabilidade) unstable
**instintivo** *adj.* instinctive
**instinto** *s.* instinct
**instituição** *s.* institution
**instituto** *s.* institute: *um instituto de pesquisa* a research institute
**instrução** *s.* 1 (escolaridade) education 2 (ensino) tuition 3 **instruções** instructions
**instruído** *adj.* (culto) educated
**instruir** *v.* 1 (formar) to educate 2 **instruir alguém a fazer algo** to instruct sb to do sth / **instruir-se** *v.* to educate yourself

**instrumental** *adj.* 1 (música) instrumental 2 (inglês, matemática etc.) functional

**instrumento** *s.* instrument
**instrumento de cordas** stringed instrument **instrumento de percussão** percussion instrument **instrumento de sopro** wind instrument **instrumento musical** musical instrument

**instrutivo** *adj.* instructive

**instrutor** *s.* instructor: *um instrutor de judô* a judo instructor

**insuficiente** *adj.* insufficient

**insuperável** *adj.* insurmountable

**insuportável** *adj.* unbearable

**insustentável** *adj.* unsustainable

**intacto** *adj.* intact

**íntegra** *s.* **na íntegra** in full

**integral** *adj.* 1 (completo) full: *a versão integral do clipe* the full version of the video 2 **arroz/pão integral** brown rice/bread 3 **leite integral** whole milk (BRIT: full-fat milk)

**integrante** *s.* (de grupo, equipe etc.) member / *adj.* **parte integrante de algo** an integral part of sth

**inteiramente** *adv.* entirely: *inteiramente grátis* entirely free

**inteiro** *adj.* 1 (todo, completo) whole: *o dia inteiro* the whole day | *O chocolate contém avelãs inteiras.* The chocolate contains whole hazelnuts. 2 (ileso) unhurt 3 **por inteiro** completely
▸ No sentido de *todo*, existe também a palavra ***entire***, que soa mais formal e mais enfática do que ***whole***.

**intelectual** *adj, s.* intellectual

**inteligência** *s.* intelligence

**inteligente** *adj.* 1 (esperto) smart (BRIT: clever): *o aluno mais inteligente da sala* the smartest student in the class ▸ Existe também a palavra ***intelligent***, usada em contextos mais formais: *Os golfinhos são animais muito inteligentes.* Dolphins are very intelligent animals. 2 (trama, filme etc.) clever 3 (com chip) smart: *um cartão inteligente* a smart card

**intenção** *s.* 1 intention: *Essa não foi a minha intenção.* That wasn't my intention. 2 **com a intenção de fazer algo** with the intention of doing sth 3 **com a melhor das intenções** with the best intentions 4 **segundas intenções** an ulterior motive: *sem segundas intenções* with no ulterior motive 5 **ter a intenção de fazer algo** to intend to do sth

**intencional** *adj.* intentional

**intensivo** *adj.* intensive

**intenso** *adj.* 1 (chuva, trânsito) heavy 2 (frio, ódio, dor, atividade etc.) intense 3 **trabalho intenso** hard work

**interativo** *adj.* interactive

**intercâmbio** *s.* 1 (em geral) exchange 2 (estadia no exterior) exchange program (BRIT: exchange programme) 3 **fazer intercâmbio** to go on an exchange program

**interditado** *adj.* 1 (rua, boate) closed 2 (área) out of bounds: *A quadra da escola está interditada.* The school basketball court is out of bounds.

**interessado** *adj.* interested (***em*** *in*) / *s.* (pessoa com interesse) person interested ▸ O plural é ***people interested***: *Interessados mandem currículo.* Those interested please send a resumé.

**interessante** *adj.* interesting

**interessar** *v.* 1 (despertar interesse) to interest (***em*** *in*): *O projeto visa interessar meninas em Ciências.* The project aims to interest girls in science. 2 (importar) to matter: *A sua felicidade é o que mais interessa.* Your happiness is what matters most. | *Não interessa quem me contou.* It doesn't matter who told me. 3 **interessar a alguém** **a** (despertar interesse) to interest sb: *O site pode interessar a quem estuda inglês.* The website may interest those studying English. **b** (dizer respeito a) to concern: *Não te interessa com quem eu ando!* It doesn't concern you who I hang out with! 4 **a quem possa interessar** to whom it may concern / **interessar-se** *v.* 1 (ficar interessado) to take an interest 2

**interessar-se por algo** to be interested in sth: *Não me interesso muito por política.* I'm not very interested in politics.

**interesse** *s.* 1 (em geral) interest (*em/por in*) 2 (vantagem pessoal) self-interest 3 **interesses** (das elites) vested interests 4 **algo de interesse para alguém** sth of interest to sb: *questões de interesse para os alunos* issues of interest to students 5 **demonstrar interesse por algo** to show interest in sth 6 **por interesse** for what you can get: *Ele casou com ela por interesse.* He married her for what he could get.

**interesseiro** *adj.* self-seeking ▸ Na linguagem informal, a expressão *ser (um) interesseiro* traduz-se por ***to be only out for yourself***: *Aquele namorado dela é um interesseiro.* That boyfriend of hers is only out for himself.

**interestadual** *adj.* interstate

**interface** *s.* interface

**interfone** *s.* intercom

**interior** *s.* 1 (parte interior) interior: *o interior do palácio* the inside of the palace 2 (zona rural) country: *Minha mãe é do interior.* My mom's from the country. | *uma cidade de interior* a country town ▸ Pode-se traduzir *o interior de São Paulo/do Pará* etc. por ***rural São Paulo/Pará state***: *Eles moram no interior de Goiás.* They live in rural Goiás state. 3 **no interior de algo** (dentro) inside sth 4 **no/para o interior** a (longe da cidade) in/to the country b (longe do mar) inland / *adj.* 1 inner 2 **a parte interior** the inside

**interjeição** *s.* interjection

**intermediário** *adj.* intermediate / *s.* 1 (negociante) middleman 2 (mediador) intermediary

**internacional** *adj.* international

**internado** *adj.* (em hospital) in the hospital (BRIT: in hospital): *Ela ficou internada uma semana.* She was in the hospital for a week.

**internar** *v.* 1 (em hospital) to admit to the hospital (BRIT: to admit to hospital): *Ele passou mal e foi internado.* He got sick and was admitted to the hospital. 2 (em clínica/asilo) to put in a clinic/home: *Nos EUA, é comum internar os idosos.* In the U.S., it's common to put elderly people in homes. 3 (em hospício) to commit 4 **internar alguém em algo** to admit sb to sth: *Ela foi internada numa clínica de reabilitação.* She has been admitted to rehab. / **internar-se** *v.* 1 (por drogas, bebida) to go into rehab 2 **internar-se em algo** (clínica) to check into sth

**internato** *s.* boarding school

**internauta** *s.* internet user

**Internet** *s.* Internet: *na Internet* on the Internet

**interno** *adj.* 1 (raia, bolso etc.) inside 2 (dentro de organismo, empresa, país) internal 3 (aluno) boarding 4 **a parte interna** the inside 5 **uma piada interna** an in joke / *s.* (aluno) boarder

**interpretação** *s.* 1 (forma de entender) interpretation 2 (tradução) interpreting: *interpretação simultânea* simultaneous interpreting

**interpretar** *v.* 1 (entender) to interpret 2 (música) to perform 3 (papel, personagem) to play

**intérprete** *s.* 1 (tradutor) interpreter 2 (artista) performer

**interrogar** *v.* to question ▸ Existe também o verbo ***to interrogate***, que conota um interrogatório enérgico e prolongado, às vezes sob ameaças ou tortura.

**interrogatório** *s.* questioning ▸ Existe também a palavra ***interrogation***, que conota um interrogatório enérgico e prolongado, às vezes sob ameaças ou tortura.

**interromper** *v.* 1 (em geral) to interrupt 2 (trânsito) to block

**interruptor** *s.* switch

**interurbano** *adj.* long-distance

**intervalo** *s.* 1 (em geral) interval 2 (de aula, programa de TV) break: *no intervalo* in the break 3 (de jogo) halftime: *no intervalo* at halftime 4 (de show) intermission (BRIT: interval) 5 **fazer um intervalo** to take a break: *Fizemos um intervalo de dez minutos.* We took a ten-minute break.

**intestino** *s.* 1 intestine 2 **intestinos** bowels

**intimidade** *s.* 1 (qualidade de íntimo) intimacy 2 (entre pessoas) closeness 3 (privacidade) privacy **4** (vida privada) private life **5 ter intimidade com alguém** to be close friends with sb

**intimidar** *v.* **1** (inibir) to deter: *A câmera de segurança deve intimidar ladrões.* The security camera is supposed to deter thieves. **2** (ameaçar) to intimidate

**íntimo** *adj.* **1** (amigo, amizade) close (***de*** *to*): *Ele é íntimo da cantora.* He's close to the singer. **2** (particular) intimate / *s.* **1** (amigo) close friend: *Somos íntimos.* We're close friends. **2** (âmago) inner being **3 no íntimo** deep down: *No íntimo, ela tem medo.* Deep down, she's scared.

▶ Tome cuidado! *Ser íntimo de alguém* traduz-se por ***to be close to sb*** ou ***to be a close friend of sb***. Em inglês, a expressão ***to be intimate with sb*** significa *ter relações sexuais com alguém*.

**intitulado** *adj.* entitled

**intolerância** *s.* intolerance

**intolerante** *adj.* intolerant

**intoxicação** *s.* poisoning **intoxicação alimentar** food poisoning

**intransigente** *s.* uncompromising

**intransitável** *adj.* impassable

**intriga** *s.* intrigue

**intrigado** *adj.* intrigued

**intrigante** *adj.* intriguing

**intrigar** *v.* to intrigue

**intrincado** *adj.* intricate

**introdução** *s.* introduction (***a*** *to*)

**introduzir** *v.* **1** to introduce **2 introduzir algo em algo** to insert sth in sth

**intrometer-se** *v.* to interfere (***em*** *in*)

**intrometido** *adj.* interfering

**introvertido** *adj* introverted / *s.* introvert

**intruso** *s.* intruder

**intuição** *s.* **1** intuition **2 ter a intuição de que ...** to have a feeling (that) ...: *Tive a intuição de que ele mentia.* I had a feeling he was lying.

**inútil** *adj.* **1** (que não presta) useless **2** (esforço, tentativa) futile **3 ser inútil fazer algo** to be pointless doing sth: *É inútil reclamar.* It's pointless complaining.

**invadir** *v.* **1** (exército, torcedores, turistas etc.) to invade **2** (assaltantes) to burst into: *Três homens armados invadiram a loja.* Three armed men burst into the store. **3** (ocupar ilegalmente) to squat **4** (água) to flood

**inválido** *adj, s.* invalid

**invasão** *s.* invasion

**inveja** *s.* **1** (admiração) envy **2** (ódio) jealousy **3 dar/fazer inveja a alguém** to make sb jealous **4 estar com/ter inveja** **a** (admirar) to be envious (***de*** *of*) **b** (ter ódio) to be jealous (***de*** *of*) **5 estar morrendo de inveja** to be green with envy

**invejar** *v.* to envy

**invejoso** *adj.* jealous

**invenção** *s.* invention

**inventar** *v.* **1** (aparelho, técnica) to invent **2** (história, desculpa, nome etc.) to make up: *Nada daquilo era verdade. Ele inventou tudo.* None of that was true. He made it all up. **3 inventar de fazer algo** to take it into your head to do sth: *Ele inventou de comprar um jet ski.* He took it into his head to buy a jet ski. **4 inventar moda** **a** (inovar) to push the boundaries **b** (perder tempo) to fool around: *Ele deve parar de inventar moda e estudar.* He should quit fooling around and study.

**inventor** *s.* inventor

**inverno** *s.* winter: *no inverno* in winter

**inverossímil** *adj.* improbable

**inverso** *adj.* **1** (ordem) reverse **2** (caminho) opposite / *s.* **1 o inverso** the reverse **2 ao inverso de algo/alguém** unlike sth/sb

**inverter** *v.* to reverse

**invés** *s.* **ao invés de (fazer) algo** instead of (doing) sth

**investida** *s.* **1** (de cavalaria, touro) charge **2** (ataque) assault (***em*** *on*) **3** (amorosa) move (***em*** *on*) **4 dar uma investida em alguém** to make a move on sb

**investigação** *s.* investigation

**investigar** *v.* to investigate

**investir** *v.* **1** (dinheiro, tempo etc.) to invest (***em*** *in*) **2 investir contra alguém** to charge sb: *A tropa de choque investiu contra os manifestantes.* The riot police charged the protesters. 3 **investir em alguém** (amorosamente) to make a play for sb

**invicto** *adj.* unbeaten

**invisível** *adj.* invisible

**ioga** *s.* 1 yoga 2 **fazer ioga** to do yoga

**iogurte** *s.* 1 yogurt (BRIT: yoghurt): *um iogurte de maracujá* a passion fruit yogurt 2 **tomar um iogurte** to eat a yogurt

**ir** *v.* 1 (em geral) to go: *Você vai à praia hoje?* Are you going to the beach today? | *Como vão as coisas?* How are things going? ▸ Quando a forma de se ir é especificada, a tendência em inglês é substituir o ***go*** pelo verbo de movimento mais apropriado: *Fui correndo para a escola.* I ran to school. | *Vamos a São Paulo de avião.* We're flying to São Paulo. | *Meu pai vai trabalhar de carro.* My dad drives to work. ▸ Quando se fala em ir até onde está, ou vai estar, a pessoa com quem se fala, usa-se ***come*** (e não *go*) em inglês: *Is it OK if I come over later?* Tem problema para eu ir aí depois? ▸ Também se usa ***come*** quando a ideia é *ir junto*: *We're going to the beach. Do you want to come too?* Nós vamos à praia. Quer ir também? 2 ▸ Ao falar da saúde, usa-se o verbo ***to be***: *Como vai?* How are you? | *Vou bem, obrigado.* I'm fine, thanks. 3 (sair-se) to do: *Como você foi na prova?* How did you do on the test? | *Ela está indo bem na faculdade.* She's doing well in college. 4 (durar) to go on: *O filme vai até que horas?* What time does the movie go on till? 5 **ir embora** **a** (partir) to leave: *Vou embora amanhã.* I'm leaving tomorrow. **b** (sumir) to go away: *Vá embora!* Go away! / *v. aux.* 1 **ir fazendo algo** **a** (fazer a cada vez) to go along doing sth: *Vou anotando palavras novas num caderninho.* I go along noting down new words in a notebook. **b** (enquanto outra coisa acontece) to get on with doing sth: *Vou tomando banho enquanto você termina o seu café da manhã.* I'll get on with taking a shower while you finish your breakfast. 2 **ir fazer algo** **a** (expressando o futuro) to be going to do sth: *Vou estudar Medicina.* I'm going to study medicine. | *O que você vai fazer esse fim de semana?* What are you going to do this weekend? **b** (deslocar-se para fazer) to go to do sth: *Eu fui comprar pão.* I went to buy bread. ▸ Na linguagem informal, é muito comum falar ***to go and do sth***. Nesse caso, conjugam-se os dois verbos: *Fomos ver um filme.* We went and saw a movie. ▸ Depois da forma verbal ***go***, tende-se a omitir o ***to*** no inglês americano falado: *Você quer ir tomar sorvete?* Do you want to go get ice cream? ▸ Porém, o ***to*** ou ***and*** mantêm-se depois de outras formas do verbo (***goes, going, went, gone***). 3 **vamos fazer algo** **a** (como sugestão) let's do sth: *Vamos fazer pipoca.* Let's make popcorn. | *Vamos ao shopping.* Let's go to the mall. **b** (como pergunta) shall we do sth?: *Vamos sair depois?* Shall we go out later? ▸ Existem três formas de se traduzir *ir fazer algo* quando se refere ao futuro. A mais frequente, na linguagem informal, é ***to be going to do sth***. Porém, quando se trata de uma ação já programada ou combinada, é mais comum usar o presente contínuo: ***We're leaving on Friday.*** (= Vamos embora na sexta.) ***When are you meeting Pedro?*** (= Quando você vai se encontrar com o Pedro?). Em contextos mais formais e objetivos, expressa-se o futuro com ***will*** mais o infinitivo sem ***to***: ***The game will start at 3.00 p.m.*** (= O jogo vai começar às 15h00), ***It won't be easy to convince them.*** (= Não vai ser fácil convencê-los.).

**Irlanda** *s.* Ireland

**irlandês** *adj.* Irish / *s.* 1 (pessoa) Irish person ▸ O plural é ***Irish people***. Ao especificar o sexo, também se diz ***Irishman*** (homem) ou ***Irishwoman*** (mulher). 2 **os irlandeses** (em geral) the Irish 3 (idioma) Irish

**irmã** *s.* sister

**irmão** *s.* 1 brother: *Tenho três irmãos homens.* I have three brothers. 2 **irmãos** **a** (de ambos os sexos) brothers and sisters: *Você*

*tem irmãos?* Do you have any brothers and sisters? | *Quantos irmãos você tem?* How many brothers and sisters do you have?
▸ Ao falar dos irmãos, especifica-se o sexo: *Tenho dois irmãos, um irmão e uma irmã.* I have a brother and a sister. | *Somos cinco irmãos, três homens e duas mulheres.* We are three brothers and two sisters. **b** (um homem e uma mulher) brother and sister: *Pedro e Laura são irmãos.* Pedro and Laura are brother and sister.
▸ A palavra ***brother*** só designa uma pessoa de sexo masculino, portanto ***brothers*** só pode significar *irmãos homens*. Em contextos formais e científicos, também se usa a palavra ***sibling***, que significa *irmão* ou *irmã*, independente do sexo.

**ironia** *s.* irony
**irônico** *adj.* ironic
**irracional** *adj.* irrational
**irradiar** *v.* **1** (transmitir) to broadcast **2** (felicidade, simpatia) to radiate
**irreal** *adj.* **1** (impossível) unrealistic: *expectativas irreais* unrealistic expectations **2** (imaginário) unreal: *um mundo irreal* an unreal world
**irreconhecível** *adj.* unrecognizable
**irregular** *adj.* **1** (não regular) irregular: *dentes irregulares* irregular teeth | *um verbo irregular* an irregular verb **2** (superfície) uneven **3** (estrada) bumpy **4** (estabelecimento, atividade) unlicensed **5** (pessoa, comportamento, humor) erratic
**irrelevante** *adj.* irrelevant
**irrequieto** *adj.* restless
**irresistível** *adj.* irresistible
**irresponsável** *adj.* irresponsible
**irreverente** *adj.* irreverent
**irritadiço** *adj.* cranky ▸ Também se diz ***irritable***.
**irritante** *adj.* irritating
**irritar** *v.* to irritate / **irritar-se** *v.* to get irritated (***com*** *at*)
**isca** *s.* bait
**isento** *adj.* **1** exempt **2 isento de (fazer) algo** exempt from (doing) sth **3 isento de impostos** tax-free
**islâmico** *adj.* Islamic
**islamismo** *s.* Islam
**isolado** *adj.* isolated
**isolar** *v.* **1** (separar) to isolate **2** (fio elétrico) to insulate **3** (interditar) to seal off **4** (contra o azar) to knock on wood (BRIT: to touch wood)
**isopor** *s.* **1** (material) Styrofoam® (BRIT: polystyrene) **2** (recipiente) cooler
**isqueiro** *s.* lighter
**isso** *pron.* **1** (aí) that: *O que é isso que você tem na mão?* What's that you have in your hand? **2** (aqui) this: *Vou falar isso só uma vez.* I'm going to say this only once. **3 isso!** (acertou) that's right! **4 isso mesmo** exactly **5 é isso aí!** right on! **6 é isso aí por enquanto** that's all for now **7 só isso** that's all
▸ Na linguagem informal, usa-se ***that*** para se referir àquilo que a outra pessoa ou você mesmo mencionou antes: ***Why did you ask that?*** (= Por que você perguntou isso?) ***We got lost. Do you remember that?*** (= A gente se perdeu. Você se lembra disso?). Porém, na linguagem escrita mais formal, prefere-se ***this***: ***The polar ice caps are melting. This is due to global warming.*** (= As calotas polares estão derretendo. Isso se deve ao aquecimento global.)

**isto** *pron.* **1** this **2 isto é** that is ▸ Também se usa a abreviatura ***i.e.*** (do latim *id est*).
**Itália** *s.* Italy
**italiano** *adj, s.* Italian
**itálico** *s.* italic: *em itálico* in italic
**item** *s.* item
**itinerário** *s.* route

# J

**J, j** *s.* J, j

**já** *adv.* **1** (até o momento) already: *O jogo já começou.* The game has already started. | *Eu já sabia a resposta.* I already knew the answer. ▸ Em perguntas, traduz-se por ***yet***, que se coloca no final da frase: *Você já fez o seu dever de casa?* Have you done your homework yet? ▸ O uso de ***already*** numa pergunta expressa surpresa: *Nossa, você já leu o livro inteiro?* Gosh, have you already read the whole book? **2** (alguma vez na vida) ever: *Você já viajou para fora?* Have you ever traveled abroad? | *É o pior filme que eu já vi.* It's the worst movie I've ever seen. **3** (imediatamente) right away: *Acho melhor começarmos já.* I think we should start right away. **4** (agora sim) now: *Choveu de manhã, mas o tempo já abriu.* It rained this morning, but it's cleared up now. **5** (como resposta) yes: *"Você já leu Harry Potter?" - "Já."* "Have you read Harry Potter?" – "Yes." ▸ Pode-se completar a frase repetindo o verbo auxiliar da pergunta: *"Você já fez o exercício?" – "Já."* "Have you already done the exercise?" – "Yes, I have." **6 já já** **a** (daqui a alguns momentos) in a moment ▸ Na linguagem informal, também se diz ***in a second***: *Já já falo com você.* I'll talk to you in a second. **b** (em breve) in no time: *Continua tomando os remédios que já já você fica bom.* Keep taking the medication and you'll be fine in no time. **7 já não** not ... anymore: *Já não se compra CD hoje em dia.* People don't buy CDs anymore these days. **8 já sei!** I know! **9 já vai/vou!** coming! **10 até já!** see you shortly! **11 desde já** as of now ▸ A expressão *agradeço desde já* traduz-se por ***thanking you in advance***. / *conj.* (por outro lado) on the other hand: *Os brasileiros adoram futebol. Já os americanos, nem tanto.* Brazilians love soccer. Americans, on the other hand, less so. / *interj.* (iniciando corrida etc.) go! / **já que** *conj.* seeing as: *Vou sozinho ver o filme, já que você não quer ir.* I'll go on my own to see the movie seeing as you don't want to come. ▸ Na linguagem mais formal, traduz-se por ***since***: *Já que o país é tão grande, o transporte aéreo é muito importante no Brasil.* Since the country is so big, air travel is very important in Brazil. ▸ A noção de *já* é inerente ao tempo verbal ***present perfect*** em inglês. Portanto, em muitos casos, o uso do ***present perfect*** dispensa a tradução de *já*: ***Have you had lunch?*** (= Você já almoçou?), ***I've seen this movie.*** (= Já vi esse filme).

**jacaré** *s.* **1** alligator **2 pegar jacaré** (no mar) to body-surf

**jaguar** *s.* jaguar

**Jamaica** *s.* Jamaica

**jamaicano** *adj, s.* Jamaican

**jamais** *adv.* never ever: *Eu jamais faria isso.* I would never ever do that.

**janeiro** *s.* January: *em janeiro* in January

**janela** *s.* window
**jangada** *s.* raft
**jantar** *s.* 1 dinner 2 **comer algo no jantar** to have sth for dinner / *v.* 1 to have dinner 2 **jantar algo** to have sth for dinner: *O que vamos jantar hoje?* What are we having for dinner today?
**Japão** *s.* Japan
**japonês** *adj, s.* Japanese
**jaqueta** *s.* jacket
**jardim** *s.* garden
**jardim botânico** botanical garden **jardim de infância** kindergarten **jardim de inverno** sunroom (BRIT: conservatory)
▸ No inglês americano, o jardim de uma casa particular chama-se ***yard***.
**jardinagem** *s.* gardening
**jardineira** *s.* 1 (vaso) planter 2 (vestido) jumper (BRIT: pinafore dress) 3 (macacão) overalls (BRIT: dungarees) *[pl.]*
**jardineiro** *s.* gardener
**jarra** *s.* 1 (para bebida) pitcher (BRIT: jug) 2 (vaso) vase
**jarro** *s.* 1 (para bebida) pitcher 2 (sem alça) pot
**jato** *s.* jet
**jaula** *s.* cage
**jeans** *s.* jeans *[pl.]*: *Esse jeans fica bem em você.* Those jeans look good on you. ▸ A palavra ***jeans*** é plural em inglês. Portanto, *um jeans* traduz-se por ***some jeans*** ou ***a pair of jeans***: *Comprei um jeans novo.* I bought a new pair of jeans. | *duas calças jeans* two pairs of jeans
**jeito** *s.* 1 way: *Gosto do jeito como ela dança.* I like the way she dances. ▸ A preposição *de* traduz-se por ***in***, mas é omitido em muitos casos: *Por que você está sorrindo desse jeito?* Why are you smiling that way? | *Temos que fazer o trabalho do jeito que o professor explicou.* We have to do the assignment the way the teacher explained. 2 (macete, truque) knack 3 (tb jeito de ser) manner 4 **jeito de (alguém) fazer algo** **a** (meio) way (for sb) to do sth: *um jeito de chegar mais rápido* a way to get there quicker **b** (como se faz) (sb's) way of doing sth: *o meu jeito de ver as coisas* my way of looking at things 5 **com jeito** **a** (contar, falar) tactfully **b** (fazer) skillfully (BRIT: skilfully) 6 **dar um jeito** to fix it: *O Pedro deu um jeito para a gente entrar no show sem pagar.* Pedro fixed it for us to get into the concert without paying. 7 **dar um jeito de fazer algo** to find a way of doing sth 8 **dar um jeito em algo** **a** (consertar, retocar) to fix sth: *Preciso dar um jeito no cabelo.* I need to fix my hair. **b** (arrumar) to straighten sth up (BRIT: to tidy sth up): *Você tinha que dar um jeito nesse quarto!* You really should straighten up this room! **c** (resolver) to straighten sth out (BRIT: to sort sth out): *Temos que dar um jeito nessa situação.* We have to straighten out this situation. 9 **dar um (mau) jeito em algo** (torcer) to twist sth: *Ele deu um jeito no joelho.* He twisted his knee. 10 **de jeito nenhum** at all: *Eu não concordo de jeito nenhum.* I don't agree at all. ▸ Como resposta, sem verbo, traduz-se por ***no way*** ou ***certainly not*** quando se trata de uma recusa, e ***not at all*** quando se trata de negação: *"Eu vou pagar o seu." - "De jeito nenhum!"* "I'll get yours." – "No way!" | *"Você ficou chateado?" – "De jeito nenhum."* "Are you upset?" – "Not at all." 11 **de qualquer jeito** **a** (em todo caso) anyway **b** (sem falta) one way or another **c** (desordenadamente) anyhow 12 **do meu jeito/do jeito dele etc.** my/his etc. way 13 **estar/ficar sem jeito** to be/get embarrassed 14 **levar/ter jeito para (fazer) algo** to have a knack for (doing) sth 15 **não tem jeito** (não há solução) there's no way around it 16 **o jeito é fazer algo** the thing to do is do sth: *O jeito é voltar pelo mesmo caminho.* The thing to do is go back the same way. 17 **pegar o jeito de (fazer) algo** to get the hang of (doing) sth: *Depois de pegar o jeito, é fácil.* It's easy once you get the hang of it. 18 **pelo jeito** **a** (pelo visto) by the look of it: *Pelo jeito, vai chover daqui a pouco.* By the look of it, it's going to rain shortly.

**b** (pelo que estou ouvindo) by the sound of it: *Pelo jeito, vocês se divertiram na festa.* By the sound of it, you had a good time at the party. **19 tomar jeito** to shape up

**jeitoso** *adj.* (habilidoso) skillful (BRIT: skilful)

**jejuar** *v.* to fast

**jejum** *s.* **1** fast **2 em jejum** fasting **3 fazer jejum** to fast

**jiboia** *s.* boa constrictor

**jipe** *s.* jeep

**jiu-jítsu** *s.* **1** jujitsu **2 fazer/lutar jiu-jítsu** to do jujitsu

**joalheria** *s.* jewelry store (BRIT: jeweller's)

**joaninha** *s.* ladybug (BRIT: ladybird)

**joelheira** *s.* (proteção) knee pad

**joelho** *s.* **1** knee **2 de joelhos** kneeling **3 ficar de joelhos** to kneel down

**jogada** *s.* (lance) play (BRIT: move)

**jogador** *s.* **1** (em geral) player **2** (tb jogador de futebol) soccer player (BRIT: footballer) **3** (de jogo de azar) gambler

**jogar** *v.* **1** (lançar) to throw **2** (em jogo) to play (***contra*** *against*, ***por*** *for*) **3** (em jogo de azar) to gamble (***em*** *on*) **4 jogar algo fora** to throw sth away **5 jogar baralho** to play cards **6 jogar limpo/sujo** to play fair/dirty / **jogar-se** *v.* to throw yourself

**jogo** *s.* **1** (partida, brincadeira) game: *um jogo de basquete* a basketball game **2** (conjunto) set: *um jogo de toalhas* a set of towels **3 jogo limpo/sujo** fair/dirty play **4 abrir o jogo** to come clean (***com*** *with*) **5 esconder o jogo** to play your cards close to your chest **6 o jogo (de azar)** gambling: *um viciado no jogo* a gambling addict
**jogo americano** place mat **jogo da velha** tic-tac-toe (BRIT: noughts and crosses) **jogo da verdade** truth or dare **jogo de cintura 1** flexibility **2 ter jogo de cintura** to be flexible **jogo de palavras** play on words **jogo do bicho** numbers game **Jogos Olímpicos** Olympic Games

**joia** *s.* **1** (uma) piece of jewelry (BRIT: piece of jewellery) **2 joias** jewelry (BRIT: jewellery) *[sg.]*: *Ela tem poucas joias.* She doesn't have much jewelry. **3 estar/ser joia** (muito bom) to be great **4 tudo joia?** how're you doing? **5 tudo joia!** (resposta) fine!

**jóquei** *s.* jockey

**jornada** *s.* **1** (viagem) journey **2** (dia) day: *uma jornada de trabalho* a day's work

**jornal** *s.* **1** (impresso) newspaper ▸ Na linguagem informal, é mais comum dizer apenas ***paper***: *A notícia saiu no jornal.* The news was in the paper. **2** (na TV) news: *A matéria passou no jornal das 10h00.* The story was on the 10 o'clock news.
▸ No caso de veículos impressos, usa-se a preposição *in*: ***in the newspaper, in a magazine, in the dictionary*** etc. No caso de veículos eletrônicos, usa-se *on*: ***on the news, on TV, on the Internet*** etc.

**jornaleiro** *s.* news vendor (BRIT: newsagent)

**jornalismo** *s.* journalism

**jornalista** *s.* journalist

**jorrar** *v.* **1** (água) to gush **2** (sangue) to spurt

**jovem** *adj.* **1** (novo) young **2** (de aparência, jeito) youthful / *s.* **1** (homem) young man ▸ Na linguagem informal, é mais comum dizer ***boy***. **2** (mulher) young woman ▸ Na linguagem informal, é mais comum dizer ***girl***. **3 jovens** (de ambos os sexos) young people

**jovial** *adj.* jolly

**juba** *s.* (de leão) mane

**judaico** *adj.* Jewish

**judeu** *adj.* Jewish / *s.* Jew

**judiação** *s.* abuse (***com*** *against*)

**judiar** *v.* **judiar de alguém/algo** to ill-treat sb/sth

**judô** *s.* **1** judo **2 fazer/lutar judô** to do judo

**judoca** *s.* judo player

**juiz** *s.* **1** (na Justiça) judge **2** (em futebol, luta etc.) referee **3** (em tênis, beisebol etc.) umpire

**juízo** *s.* **1** (discernimento, opinião) judgment **2 criar/tomar juízo** to start behaving responsibly **3 não ter juízo** to be irresponsible **4 ter juízo** **a** (ter bom-senso) to be responsible **b** (não aprontar) to be good / *interj.* be good!

**julgamento** *s.* **1** (ato de julgar) judgment **2** (processo) trial
**julgar** *v.* to judge
**julho** *s.* July: *em julho* in July
**jumento** *s.* donkey
**junho** *s.* June: *em junho* in June
**júnior** *adj, s.* junior
**juntar** *v.* **1** (unir) to join (***a*** *to*): *É preciso juntar as duas pontas.* You have to join the two ends. **2** (recolher) to collect: *Estou juntando todos os documentos necessários.* I'm collecting all the necessary documents. **3** (reunir) to get together: *Vamos juntar todo mundo e ir comer pizza.* Let's get everyone together and go have pizza. **4** (colocar lado a lado ou no mesmo lugar) to put together: *O garçom juntou duas mesas.* The waiter put two tables together. | *Juntei todas as folhas numa só pasta.* I've put all the sheets together in one file. **5** (acrescentar) to add (***a*** *to*): *Junte o leite à mistura.* Add the milk to the mixture. **6** (aglomerar-se) to gather: *Juntou gente no local do acidente.* People gathered at the scene of the accident. **7 juntar dinheiro** (economizar) to save up / **juntar-se** *v.* **1** (aglomerar-se) to gather **2** (ir morar juntos) to move in together **3 juntar-se a alguém/algo** to join sb/sth: *Vocês não querem se juntar a nós?* Why don't you join us?
**junto** *adv.* **1** (indo junto) along (***com*** *with*): *Meus pais foram ao shopping e eu fui junto.* My parents went to the mall and I went along. **2** (estando/fazendo junto) together (***com*** *with*): *Quer sentar junto com a gente?* Do you want to sit together with us? **3 junto a/de algo/alguém** next to sth/sb / **juntos** *adj.* **1** (um com o outro) together: *Os dois estão juntos há dois anos.* The two of them have been together for two years. | *Cantamos todos juntos.* We all sang together. **2** (próximos um do outro) close together: *As mesas estão muito juntas.* The tables are too close together.
**jurado** *s.* **1** (na Justiça) juror **2** (em concurso etc.) judge
**juramento** *s.* **1** oath **2 prestar juramento** to swear an oath
**jurar** *v.* **1** to swear **2 jura?** (é mesmo?) really?
**júri** *s.* jury
**jurídico** *adj.* legal
**juros** *s.* **1** interest *[sg.]*: *Os juros são de 2% por mês.* The interest is 2% a month. | *a taxa de juros* the interest rate **2 sem juros** interest-free
**justamente** *adv.* **1** (exatamente) precisely **2** (com justiça) fairly
**justiça** *s.* **1** (perante a lei) justice **2** (imparcialidade) fairness **3 a Justiça** (sistema) the courts *[pl.]* **4 colocar alguém na Justiça** to take sb to court **5 fazer justiça com as próprias mãos** to take the law into your own hands **6 ir/recorrer à Justiça** to go to court
**justiceiro** *s.* vigilante
**justificar** *v.* to justify / **justificar-se** *v.* to give a justification (***por*** *for*)
**justificativa** *s.* justification
**justo** *adj.* **1** (imparcial) fair: *um tratamento justo* fair treatment **2** (apertado) tight: *uma calça justa* tight pants / *adv.* just: *justo naquele dia* just that day
**juvenil** *adj.* **1** (para jovens) teen: *moda juvenil* teen fashion **2** (integrado por jovens) youth: *uma orquestra juvenil* a youth orchestra **3** (esporte, time) junior **4** (jeito de ser) youthful
**juventude** *s.* youth: *na juventude deles* in their youth | *a juventude de hoje* today's youth

# L

**L, l** *s.* L, l

**lá** *adv.* 1 (lugar) there: *A gente se vê lá então.* We'll see each other there then. 2 (momento) then: *De lá para cá, tudo mudou.* Since then, everything's changed. 3 **lá dentro** a (naquele lugar) in there b (dentro de casa) inside 4 **lá embaixo/em cima** a (naquele lugar) down/up there b (no andar de baixo/cima) downstairs/upstairs 5 **lá fora** a (naquele lugar) out there b (fora de casa) outside c (no exterior) abroad 6 **lá para** (por volta de) around: *Vamos nos encontrar lá para as oito.* Let's meet around eight. | *lá para o final da tarde* around the end of the afternoon 7 **até lá** a (duração) until then: *Não podemos esperar até lá.* We can't wait until then. b (prazo) by then: *Acho que não conseguimos terminar até lá.* I don't think we'll manage to finish by then. c (ao se despedir) see you then! 8 **para lá** a (àquele lugar) there: *Fui para lá ontem.* I went there yesterday. b (para o lado) over: *Chega um pouco para lá.* Scoot over a little. | *mais para lá* farther over 9 **para lá de** incredibly: *um dia para lá de especial* an incredibly special day 10 **para lá e para cá** back and forth 11 **sei lá** I don't know / *s.* (em música) A

**lã** *s.* 1 (em geral) wool: *uma blusa de lã* a wool sweater 2 (para tricô) yarn (BRIT: wool): *um novelo de lã* a ball of yarn

**labareda** *s.* flame

**lábio** *s.* 1 lip 2 **lábio inferior/superior** bottom/top lip

**labirinto** *s.* maze

**laboratório** *s.* laboratory ▸ Usa-se muito a abreviação *lab.*

**laçar** *v.* (boi) to rope

**laço** *s.* 1 (enfeite) bow 2 (de gravata) knot 3 (para laçar gado) lasso 4 (entre pessoas) bond 5 **laços** (entre pessoas, países) ties: *laços de família* family ties

**lacrar** *v.* to seal

**lacre** *s.* seal

**lacrimejar** *v.* (olhos) to water

**lacrimogêneo** *adj.* **gás lacrimogêneo** tear gas

**ladeira** *s.* 1 hill: *É puxado subir aquela ladeira de bicicleta.* It's tough biking up that hill. 2 **ladeira abaixo/acima** downhill/uphill

**lado** *s.* 1 side: *O prédio fica desse lado da rua.* The building is on this side of the street. 2 **lado a lado** side by side (*com* *with*) 3 **ao/do lado** a (na casa, sala, mesa etc. vizinha) next door: *na casa do lado* in the house next door b (muito próximo) just around the corner: *O padaria fica aqui do lado.* The bakery is just around the corner from here. 4 **ao/do lado de algo/alguém** (localização) next to sth/sb: *O telefone fica ao lado da cama.* The phone is next to the bed. | *Ela estava sentada do meu lado.* She was sitting next to me. ▸ Também se pode traduzir por ***beside sth/sb***. Quando se fala de uma casa ou prédio, também se diz ***next door to***: *A sapataria fica ao lado do banco.* The shoe store is next door to the bank. **5 de lado** **a** (virado) sideways: *Tivemos que virar a mesa de lado para passar pela porta.* We had to turn the table sideways to get it through the door. **b** (deitado, dormindo) on your side: *Eu sempre durmo de lado.* I always sleep on my side. **6 de um lado para o outro** back and forth **7 do lado de alguém** **a** (tomando partido) on sb's side: *Os manifestantes têm a mídia do lado deles.* The demonstrators have the media on their side. **b** (junto com) by sb's side: *Vou estar sempre do seu lado.* I'll always be by your side. **8 do lado de cá/lá** on this side/the other side (***de*** *of*) **9 do lado de dentro/fora (de algo)** inside/outside (sth) **10 do outro lado de algo** on the other side of sth ▸ Quando se trata de algo que se pode atravessar, também se diz ***across sth***: *A farmácia fica do outro lado da rua.* The drugstore is across the street. **11 levar algo para o lado pessoal** to take sth personally **12 para todos os lados** in all directions **13 por esse/aquele lado** this/that way **14 por outro lado** on the other hand **15 por todos os lados** all around **16 por um lado** (de certa forma) in one way: *Por um lado, ele tem razão.* In one way he's right. **17 por um lado ... por outro ...** on the one hand ... on the other ...

**ladrão** *s.* **1** (em geral) thief **2** (que assalta casa) burglar

**ladrilho** *s.* tile

**lagarta** *s.* caterpillar

**lagartixa** *s.* gecko

**lagarto** *s.* lizard

**lago** *s.* **1** (em geral) lake: *o Lago Michigan* Lake Michigan **2** (em jardim) pond

**lagoa** *s.* lake

**lagosta** *s.* lobster

**lágrima** *s.* tear: *Os olhos dela encheram de lágrimas.* Her eyes filled with tears.

**laje** *s.* (de casa) roof

**lama** *s.* mud: *cheio de lama* covered in mud | *sujo de lama* muddy

**lamacento** *adj.* muddy

**lamber** *v.* to lick

**lambreta** *s.* scooter (BRIT: moped)

**lamentar** *v.* **1** (lastimar) to regret: *O prefeito lamentou o ocorrido.* The mayor regretted the incident. **2** (sentir) to be sorry (about): *Lamento muito a perda da sua avó.* I'm very sorry about the loss of your grandmother. **3 lamentar fazer algo** to regret to do sth: *Lamentamos informar que o voo foi cancelado.* We regret to announce that the flight has been canceled. / **lamentar-se** *v.* to moan

**lamentável** *adj.* **1** (que dá pena) pitiful **2** (deplorável) deplorable

**lâmina** *s.* blade
**lâmina de barbear** razor blade

**lâmpada** *s.* **1** (light) bulb: *Queimou a lâmpada.* The bulb's gone. **2 trocar uma lâmpada** to change a bulb

**lamúria** *s.* (reclamação) whine ▸ O plural traduz-se por ***whining***: *Chega de lamúrias.* That's enough whining.

**lançamento** *s.* **1** (de produto, foguete, navio) launch **2** (de filme, álbum) release **3** (de livro) publication **4** (filme/livro novo) new release **5** (produto novo) new product **6** (em futebol) throw-in

**lançar** *v.* **1** (produto, foguete, navio) to launch **2** (filme, álbum) to release **3** (livro) to publish **4** (bomba) to drop **5** (jogar) to throw / **lançar-se** *v.* (pular) to pounce (***sobre*** *on*)

**lance** *s.* **1** (fato, caso) thing (***de*** *about*): *Aquele lance da banda vir para o Brasil é verdade?* Is that thing about the band coming to Brazil true? | *O lance entre eles não durou muito.* The thing between them didn't last long. **2** (de jogo) move **3** (de filme, novela) bit: *um dos melhores lances do filme* one of the best bits in the movie **4** (em leilão) bid **5 lance de escada** flight of stairs **6 fazer um lance** (em leilão) to bid: *Alguém fez um lance* *de $1 milhão.* Someone bid $1 million. **7 o grande lance de algo** the big thing about sth **8 o lance de alguém é (fazer) algo** sb is into (doing) sth: *O lance dela é skate.* She's into skateboarding. **9 o lance é fazer algo** the thing is to do sth: *O lance é não desistir.* The thing is not to give up.

**lancha** *s.* speedboat

**lanchar** *v.* to have a snack

**lanche** *s.* **1** (boquinha) snack **2** (sanduíche) sandwich **3** (tipo hambúrguer) burger **4 fazer um lanche** **a** (comer) to have a snack **b** (fazer sanduíche) to make a sandwich

**lancheira** *s.* lunch box

**lanchonete** *s.* **1** (em geral) diner (BRIT: snack bar) **2** (tipo McDonald's) burger bar

**LAN house** *s.* internet café

**lanterna** *s.* **1** (elétrica) flashlight (BRIT: torch) **2** (de carro) rear light **3** (de pendurar) lantern

**lápis** *s.* pencil

**lápis de cera** wax crayon **lápis de cor** colored pencil (BRIT: coloured pencil)

**lapiseira** *s.* mechanical pencil (BRIT: propelling pencil)

**lar** *s.* home

**laranja** *s, adj.* orange: *suco de laranja* orange juice | *uma bolsa laranja* an orange bag

**laranjada** *s.* orangeade

**laranjeira** *s.* orange tree

**lareira** *s.* **1** fireplace **2 acender a lareira** to light a fire **3 ao pé da lareira** by the fire

**largada** *s.* **1** (de corrida) start **2 dar a largada** to start **3 dar largada em algo** to start sth

**largar** *v.* **1** (soltar) to let go of: *Me larga!* Let go of me! **2** (deixar cair) to drop: *O assaltante largou a arma e fugiu.* The robber dropped the gun and ran away. **3** (colocar) to leave: *Larguei o celular na cômoda e fui tomar banho.* I left my cell phone on the dresser and went to take a shower. **4** (desistir de, parar com) to quit (BRIT: to give up): *Não é bom você largar os estudos.* It's not a good idea for you to quit school. | *Ele finalmente conseguiu largar o cigarro.* He finally managed to quit smoking. **5 largar (de) alguém** (abandonar) to leave sb

**largo** *adj.* **1** (em geral) wide: *O rio é muito largo para atravessar nadando.* The river is too wide to swim across. **2** (ombros, costas) broad **3** (roupa) baggy / *s.* **1** (praça) square **2 ao largo de algo** (no mar) off sth: *ao largo da costa brasileira* off the Brazilian coast

**largura** *s.* **1** width **2 qual a largura de ...?** how wide is/are ...?: *Qual a largura da porta?* How wide is the doorway? **3 ter ... de largura** to be ... wide: *O rio tem uns 200 metros de largura.* The river is about 200 meters wide. | *O corredor tem quanto de largura?* How wide is the hallway?

**laringite** *s.* laryngitis

**lasanha** *s.* lasagna (BRIT: lasagne)

**lascar** *s.* to chip

**laser** *s.* laser: *depilação a laser* laser hair removal

**lata** *s.* **1** (recipiente) can: *uma lata de sardinha* a can of sardines ▸ No inglês britânico, é mais comum dizer ***tin*** quando se trata de uma lata de conserva. **2** (material) tin **3 em lata** canned: *atum em lata* canned tuna ▸ No inglês britânico, diz-se ***tinned*** quando se trata de alimentos em conserva.

▸ Observe a diferença entre ***a can of soda*** (= uma lata cheia de refrigerante) e ***a soda can*** (= uma lata tipo aquelas de refrigerante).

**latão** *s.* (material) brass

**lata-velha** *s.* clunker (BRIT: old banger)

**latejar** *v.* (de dor) to throb

**lateral** *adj.* side: *a entrada lateral* the side entrance / *s fem.* **1** (parte lateral) side **2** (do campo de futebol) wing / *s masc/fem.* (jogador) winger: *o lateral direito* the right winger

**laticínio** *s.* **1** dairy product **2 laticínios** dairy (BRIT: dairy produce) *[sg.]*

**latido** *s.* **1** (contínuo) barking **2** (um) bark

**latim** *s.* Latin

**latino** *adj, s.* **1** (em geral) Latin **2** (latino-americano) Latin American

▸ Nos EUA, usa-se a palavra ***Latino*** para designar pessoas de origem latino-americana que vivem no país.

**latino-americano** *adj, s.* Latin American
**latir** *v.* to bark
**latitude** *s.* latitude
**laudo** *s.* report
**lavabo** *s.* **1** (banheiro) bathroom (BRIT: toilet) **2** (pia) washbasin
**lavadora** *s.* washer (BRIT: washing machine)
**lavagem** *s.* **1** (ação) washing: *lavagem de carros* car washing **2** (lavada) wash: *A camiseta encolheu na primeira lavagem.* The T-shirt shrank in the first wash.
**lavagem a seco** dry cleaning **lavagem cerebral** **1** brainwashing **2** **fazer uma lavagem cerebral em alguém** to brainwash sb **3** **sofrer lavagem cerebral** to be brainwashed **lavagem de dinheiro** money laundering
**lavanderia** *s.* **1** (empresa) laundry **2** (em casa) laundry room
**lavanderia automática** Laundromat® (BRIT: launderette)
**lavar** *v.* **1** to wash **2** **lavar a cabeça** to wash your hair **3** **lavar algo a seco** to dry-clean sth ▸ No sentido de *mandar lavar a seco* na tinturaria, diz-se ***to have sth dry-cleaned***. **4** **lavar louça** to wash dishes (BRIT: to wash up) ▸ Também se diz ***to do dishes***. **5** **lavar roupa** to do laundry (BRIT: to do washing) / **lavar-se** *v.* to wash
**lazer** *s.* **1** leisure: *minhas horas de lazer* my leisure time **2** **área de lazer** (de casa) outdoor area
**leal** *adj.* loyal (***a*** *to*)
**Leão** *s.* (signo) Leo
**leão** *s.* lion
**lebre** *s.* hare
**lecionar** *v.* to teach
**legado** *s.* legacy
**legal** *adj.* **1** (agradável, simpático) nice: *Foi legal a noite.* It was a nice evening. | *A professora foi muito legal comigo.* The teacher was very nice to me. **2** (muito bom) great: *O show foi muito legal.* The concert was really great. **3** (lícito) legal **4** **estar/ficar legal** (de aparência) to look nice **5** **que legal!** that's great! **6** **tá legal** OK
**legalizar** *v.* to legalize
**legenda** *s.* **1** (de filme, programa) subtitle: *com legendas em português* with Portuguese subtitles **2** (de foto) caption
**legendado** *adj.* subtitled
**legislação** *s.* legislation
**legítimo** *adj.* **1** (autêntico) genuine: *uma bolsa Gucci legítima* a genuine Gucci bag **2** (herdeiro, filho) legitimate **3** **em legítima defesa** in self-defense (BRIT: in self-defence)
**legível** *adj.* legible
**légua** *s.* **correr léguas** (fugir) to run a mile
**legume** *s.* vegetable: *sopa de legumes* vegetable soup
**lei** *s.* **1** law **2** **infringir a lei** to break the law **3** **proibido por lei** against the law
**leigo** *s.* layman ▸ Também se diz ***layperson***.
**leilão** *s.* auction
**leiloar** *v.* to auction
**leite** *s.* milk
**leite condensado** condensed milk **leite de coco** coconut milk **leite desnatado** skim milk (BRIT: skimmed milk) **leite em pó** powdered milk **leite integral** whole milk (BRIT: full-fat milk) **leite materno** mother's milk **leite semidesnatado** two percent milk (BRIT: semi-skimmed milk)
**leiteiro** *adj.* (gado, produção etc.) dairy: *uma vaca leiteira* a dairy cow
**leito** *s.* **1** (cama) bed **2** (em vagão-leito) berth **3** (de rio) bed
**leitor** *s.* reader
**leitura** *s.* **1** (atividade) reading **2** (o que ler) reading matter **3** (abordagem) take (***de*** *on*): *uma nova leitura do assunto* a new take on the subject
**lema** *s.* **1** (de pessoa) motto **2** (de campanha) slogan
**lembrança** *s.* **1** (recordação) memory **2** (objeto) souvenir **3** **lembranças** (cumprimentos) regards (***a*** *to*): *Dê lembranças aos seus pais.* Give my regards to your parents. | *Minha mãe manda lembranças.* My mom sends her regards.

**lembrar** *v.* 1 (tb lembrar-se de) to remember: *Não lembro o nome dele.* I don't remember his name. 2 (parecer-se com) to be similar to: *A fruta lembra uma uva.* The fruit is similar to a grape. 3 **lembrar a alguém de fazer algo** to remind sb to do sth: *Você me lembra de ligar para o Pedro?* Will you remind me to call Pedro? 4 **lembrar algo a alguém** to remind sb of sth: *Essa música me lembra você.* This song reminds me of you. | *Isso me lembra: tenho que comprar um caderno.* That reminds me: I have to buy a notebook. 5 **lembrar de fazer algo** to remember to do sth: *Preciso lembrar de comprar leite.* I must remember to buy milk. 6 **lembrar de ter feito algo** to remember doing sth: *Lembro de ter visto aquela menina em algum lugar.* I remember seeing that girl somewhere. 7 **fazer alguém lembrar algo** to remind sb of sth: *O filme me fez lembrar aquela viagem que fizemos.* The movie reminded me of that trip we went on.
▸ Não confunda ***to remember doing sth*** (= lembrar de ter feito algo) e ***to remember to do sth*** (= lembrar de fazer algo).

**lembrete** *s.* reminder (***de*** *of,* ***que*** *that*)

**leme** *s.* (de barco) rudder

**lenço** *s.* 1 (para o nariz) handkerchief ▸ Na linguagem informal, é mais comum dizer ***hankie***. 2 (para o pescoço, cabeça) scarf 3 (de muçulmana) headscarf
**lenço de papel** tissue ▸ No inglês americano, é muito comum dizer ***Kleenex®***.

**lençol** *s.* sheet

**lenda** *s.* legend

**lendário** *adj.* legendary

**lenha** *s.* 1 firewood 2 **botar lenha na fogueira** to add fuel to the fire

**lente** *s.* 1 (de óculos etc.) lens 2 **lentes (de contato)** contact lenses 3 **usar lente** to wear contacts
**lente de aumento** magnifying glass

**lentidão** *s.* 1 (qualidade de lento) slowness 2 (do trânsito) congestion

**lentilha** *s.* lentils *[pl.]*: *um grão de lentilha* a lentil

**lento** *adj.* slow

**leonino** *adj, s.* (do signo Leão) Leo

**leopardo** *s.* leopard

**lepra** *s.* leprosy

**leque** *s.* 1 (de abanar) fan 2 (gama) array: *um leque de opções* an array of options

**ler** *v.* 1 to read 2 **ler algo em voz alta** to read sth out ▸ Também se diz ***to read sth aloud***.

**lerdo** *adj.* (duro de entender) dense

**lesão** *s.* injury: *uma lesão no calcanhar* an ankle injury
**lesão corporal** (crime) battery (BRIT: actual bodily harm)

**lésbica** *adj, s.* lesbian

**lesionado** *adj.* injured

**lesma** *s.* 1 (animal) slug 2 (pessoa) slowpoke (BRIT: slowcoach)

**leste** *s, adj.* 1 east: *no leste* in the east 2 **ao leste de algo** east of sth: *Recife fica ao leste de Salvador.* Recife is east of Salvador. | *50 km ao leste daqui* 50 km east of here 3 **mais ao leste** farther east

**letivo** *adj.* **ano letivo** school year ▸ Na linguagem mais formal, diz-se ***academic year***.

**letra** *s.* 1 (do alfabeto) letter: *uma palavra de duas letras* a two-letter word 2 (caligrafia) writing: *Não consegui ler a letra do médico.* I couldn't read the doctor's writing. ▸ Também se diz ***handwriting***, que soa um pouco mais formal. 3 (de música) words *[pl.]* ▸ Também se diz ***lyrics***. As duas palavras podem vir seguidas das preposições ***to*** ou ***of***: *Você sabe a letra do hino nacional?* Do you know the words to the national anthem? 4 (fonte de impressão) typeface 5 **Letras** (curso) languages ▸ Ao falar dos estudos de uma determinada pessoa, costuma-se especificar os idiomas estudados, especialmente se for um só. 6 **ao pé da letra** (traduzir, levar) literally: *uma tradução ao pé da letra* a literal translation 7 **dizer/falar algo com todas as letras** to spell sth out 8 **não com todas as letras** not in so many words 9 **tirar a letra de uma música** to get the words of a song **10 tirar algo de letra** to take sth in your stride

**letra de forma/imprensa** block capitals *[pl.]* **letras miúdas** fine print (BRIT: small print) *[sg.]*

**letreiro** *s.* (placa) sign: *um letreiro de neon* a neon sign

**leva** *s.* (de pessoas) batch

**levado** *adj.* (travesso) naughty

**levantador** *s.* (em vôlei) setter

**levantador de peso** weightlifter

**levantamento** *v.* **1** (pesquisa) survey **2 fazer um levantamento de algo** to do a survey of sth

**levantamento de peso** weightlifting

**levantar** *v.* **1** (da cama) to get up: *Levantei cedo hoje.* I got up early this morning. **2** (ficar em pé) to stand up: *Todos levantaram quando a noiva entrou.* Everyone stood up when the bride came in. ▸ Também se pode usar ***to get up*** nesta acepção. **3** (objeto pesado) to lift **4** (mão, cabeça, bandeira) to raise **5** (assunto, ponto) to bring up ▸ Também se pode usar ***to raise*** nesta acepção. **6** (dinheiro) to raise **7 levantar a voz** to raise your voice **8 levantar suspeitas** to arouse suspicion **9 levantar um muro** to build a wall **10 levantar voo** **a** (aeronave) to lift off **b** (pássaro etc.) to fly up into the air / **levantar-se** *v.* **1** (da cama, do chão etc.) to get up **2** (vento, tempestade) to blow up

**levar** *v.* **1** (na maioria dos casos) to take: *Meus pais me levaram ao shopping.* My parents took me to the mall. | *Quanto tempo você leva para chegar na escola?* How long do you take to get to school? | *Vou levar essas duas camisetas, por favor.* I'll take these two T-shirts, please. | *Levei o comentário dela como elogio.* I took her comment as a compliment. **2** (tb levar na mão) to carry: *Deixa que eu levo a sua bolsa.* Here, let me carry your bag. **3** (sofrer, tomar) to get: *Levei o maior susto.* I got a real fright. | *O goleiro levou uma bolada na cara.* The goalkeeper got a ball in the face. ▸ Para a tradução de tais expressões, veja o verbete do substantivo relevante. **4 levar a algo** to lead to sth **5 levar a melhor/pior** to come out on top/come off worse **6 levar algo adiante** to go ahead with sth **7 levar alguém a fazer algo** to make sb do sth: *O que levou você a se inscrever num curso de inglês?* What made you sign up for an English course? ▸ Na linguagem mais formal, diz-se ***to lead sb to do sth.*** **8 não levar a nada** **a** (não ter sentido) to be pointless: *Brigar não leva a nada.* Fighting is pointless. **b** (ficar nisso mesmo) to come to nothing: *A investigação não levou a nada.* The investigation came to nothing.

▸ Quando se fala em levar alguma coisa para onde está, ou vai estar, a pessoa com quem se fala, usa-se ***bring*** (e não *take*) em inglês: ***Is it OK if I bring a friend to your party?*** *(= Tem problema para eu levar um amigo na sua festa?).*

**leve** *adj.* **1** (na maioria dos casos) light **2** (ligeiro) slight: *uma leve dor de cabeça* a slight headache **3** (ferimento) minor **4 de leve** (sem força) gently **5 ter o sono leve** to be a light sleeper

**leviano** *adj.* irresponsible

**lhe** *pron.* **1** (a ele) him: *O professor me pediu para lhe mostrar o meu trabalho.* The teacher asked me to show him my assignment. **2** (a ela) her: *A mãe ficou brava porque a criança não lhe obedecia.* The mother got mad because the child wouldn't obey her. **3** (referente a coisa ou animal) it: *A escola trabalha com várias empresas que lhe fornecem serviços.* The school works with a number of companies which provide it with services. **4** (a você) you: *Vou lhe explicar o que aconteceu.* I'll explain to you what happened.

**lhes** *pron.* **1** (a eles/elas) them: *Os alunos não ficaram contentes com as notas que o professor lhes deu.* The students were not happy with the grades the teacher gave them. **2** (a vocês) you: *Quero agradecer-lhes pela presença.* I'd like to thank you for coming.

**libélula** *s.* dragon fly
**liberado** *adj.* 1 (livre) free 2 (permitido) allowed 3 (sem restrição) unlimited 4 (desinibido) liberated
**liberal** *adj, s.* liberal
**liberar** *v.* 1 (soltar, dispensar) to release 2 (permitir) to allow 3 (abrir) to open up
**liberdade** *s.* 1 freedom 2 **tomar a liberdade de fazer algo** to take the liberty of doing sth
**liberdade de expressão** freedom of speech
**liberdade de imprensa** freedom of the press
**libertar** *v.* 1 (pessoa) to free 2 (país) to liberate
**Libra** *s.* (signo) Libra
**libra** *s.* (peso, moeda) pound
**libra esterlina** pound sterling
**libriano** *adj, s.* Libra
**lição** *s.* 1 (matéria) lesson 2 (dever de casa) homework 3 **dar uma lição em alguém** to teach sb a lesson 4 **servir de lição para alguém** to be a lesson to sb
**licença** *s.* 1 (permissão) permission 2 (do trabalho, das forças armadas) leave 3 (documento) license (BRIT: licence) 4 **com/dá licença** excuse me 5 **dar licença a alguém** a (em situação social) to excuse sb: *Você me dá licença um pouco?* Will you excuse me for a minute? b (autorizar) to give sb permission: *O professor nos deu licença para sair mais cedo.* The teacher gave us permission to leave early. 6 **estar de licença** to be on leave 7 **pedir licença** a (em situações sociais) to excuse yourself: *Ela pediu licença e saiu da mesa.* She excused herself and left the table. b (pedir autorização) to ask permission: *Pedimos licença ao diretor para criar um blog da escola.* We asked the principal for permission to create a school blog.
**licença médica** sick leave
▸ Nos países de língua inglesa, não se costuma pedir licença ao entrar na casa de alguém ou ao aceitar um convite para sentar.
**licença-maternidade** *s.* maternity leave
**licenciatura** *s.* licentiate degree
**licor** *s.* liqueur
**lidar** *v.* **lidar com algo/alguém** to deal with sth/sb
**líder** *s.* leader
**liderança** *s.* 1 (em competição, corrida) lead 2 (cargo, qualidade) leadership 3 (pessoa) leader 4 **na liderança** (time, competidor) in the lead 5 **tomar a liderança** to take the lead
**liderar** *v.* to lead
**liga** *s.* 1 (em esportes) league: *a liga de basquete* the basketball league 2 (para meia) garter 3 (de metais) alloy
**ligação** *s.* 1 (entre duas coisas ou pessoas) connection (***a*** *to*, ***com*** *with*, ***entre*** *between*): *Há alguma ligação entre os dois casos?* Is there any connection between the two cases? ▸ Também se diz ***link***. 2 (telefonema) call: *Tinha várias ligações perdidas no meu celular.* There were several missed calls on my cell phone. 3 (conexão telefônica) line: *Não estou te ouvindo, a ligação está péssima.* I can't hear you, it's a terrible line. 4 **caiu a ligação** I got cut off. ▸ Quando se explica à pessoa com quem se falava antes de a ligação cair, diz-se ***We got cut off***. 5 **completar a ligação** to get through 6 **fazer uma ligação** (telefonar) to make a call (***para*** *to*)
**ligação a cobrar** collect call (BRIT: reverse-charge call) **ligação interurbana** long-distance call
**ligada** *s.* 1 **dar uma ligada** to call (BRIT: to ring) 2 **dar uma ligada para alguém** to give sb a call (BRIT: to give sb a ring)
**ligado** *adj.* 1 (luz, aparelho) on: *Fico com o meu celular ligado o tempo todo.* I keep my cell phone on all the time. 2 (relacionado, vinculado) linked (***a*** *to*, ***com*** *with*) 3 (conectado) connected (***a*** *to*) 4 (atento) alert 5 (muito acordado) wired 6 **ficar ligado em algo** to keep an eye on sth 7 **ser ligado em algo** (interessar-se por) to be into sth: *Não sou muito ligado em Carnaval.* I'm not very into Carnival.
**ligar** *v.* 1 (luz, aparelho) to turn on 2 (carro, motor) to start 3 (conectar, unir) to connect (***a*** *to*) 4 (relacionar) to connect (***a*** *to*, ***com*** *with*) ▸ Também se pode dizer ***to link*** nesta acepção. 5

(telefonar) to call **6 ligar para alguém** (telefonar) to call sb **7 não/nem ligar** **a** (não dar a mínima) not to care (***para*** *about*): *Ele nem liga para os próprios filhos.* He doesn't care about his own children. **b** (não prestar atenção) to take no notice (***para*** *of*): *Não ligue para o que os outros falam.* Take no notice of what others say. **c** (não ter interesse) not to be interested (***para*** *in*): *Não ligo para futebol.* I'm not interested in soccer.

**ligeiramente** *adv.* slightly

**ligeiro** *adj.* **1** (leve) slight: *uma ligeira dor de cabeça* a slight headache **2** (rápido) swift

**light** *adj.* **1** (alimento) low-fat **2** (refrigerante) diet **3** (fácil, leve) easy-going

**lilás** *adj, s.* mauve

**lima** *s.* **1** (fruta) sweet lime **2** (ferramenta) file

**limão** *s.* lemon: *suco de limão* lemon juice ▸ Nos países de língua inglesa, os ***lemons*** são amarelos. Quando encontrados, os de cor verde chamam-se ***limes***.

**limitação** *s.* limitation

**limitado** *adj.* limited

**limitar** *v.* to limit (***a*** *to*) / *v.* **limitar-se a fazer algo** to just do sth: *Ele se limitou a dizer que o problema estava resolvido.* He just said the problem was solved.

**limite** *s.* **1** limit: *o limite de idade* the age limit **2** (divisa) boundary **3 no limite** **a** (entre duas coisas) on the borderline **b** (em situação extrema) on the brink **4 passar dos limites** to go too far

**limoeiro** *s.* lemon tree

**limonada** *s.* lemonade

**limpador** *s.* **limpador de para-brisa** windshield wiper (BRIT: windscreen wiper)

**limpar** *v.* **1** (em geral) to clean (***de*** *off*): *Eu mesmo limpo o meu quarto.* I clean my room myself. | *A Prefeitura limpou as pichações dos monumentos.* The City cleaned the graffiti off the monuments. **2** (armário, caixa de entrada etc.) to clean out: *Os ladrões limparam a loja.* The thieves cleaned out the store. **3** (céu) to clear **4** (pele, rosto) to cleanse / **limpar-se** *v.* (pessoa) to clean yourself up

**limpeza** *s.* **1** (ato de limpar) cleaning **2** (qualidade de limpo) cleanliness
**limpeza de pele** facial

**limpo** *adj.* **1** (na maioria dos casos) clean **2** (céu, estrada) clear **3 estar com a consciência limpa** to have a clear conscience **4 passar algo a limpo** to make a clean copy of sth **5 tirar algo a limpo** to get to the bottom of sth / *adv.* **jogar limpo** to play fair

**lindo** *adj.* beautiful

**língua** *s.* **1** (da boca) tongue **2** (idioma) language

**linguagem** *s.* language

**linguarudo** *s, adj.* bigmouth

**linguiça** *s.* **1** sausage **2 encher linguiça** **a** (ao falar, escrever) to waffle **b** (em filme, novela) to pad out the story

**linguística** *s.* linguistics

**linguístico** *adj.* linguistic

**linha** *s.* **1** (na maioria dos casos) line **2** (de ônibus) route: *Ele sabe todas as linhas de ônibus.* He knows all the bus routes. ▸ Quando se fala de uma determinada linha, usa-se ***number*** em inglês: *A linha 707 vai até a prefeitura.* The number 707 goes to the city hall. | *Que linha de ônibus passa pela catedral?* Which number bus goes past the cathedral? **3** (de costura) thread **4 andar na linha** to toe the line **5 em linha reta** in a straight line **6 entrar na linha** to fall into line **7 não está dando linha** (telefone) there's no signal **8 perder a linha** to lose control ▸ Na linguagem informal, também se diz ***to lose it***.
**linha de metrô** subway line (BRIT: underground line) **linha de montagem** assembly line **linha de trem** train line

**linho** *s.* linen

**lipoaspiração** *s.* liposuction

**liquidação** *s.* **1** (em loja) sale **2 em liquidação** **a** (mercadoria) on sale (BRIT: in the sale) **b** (loja) having a sale

**liquidificador** *s.* blender (BRIT: liquidizer)

**líquido** *s.* liquid / *adj.* **1** (em forma de líquido) liquid **2** (lucro, peso etc.) net

**liso** *adj.* **1** (superfície, pele) smooth **2** (cabelo) straight **3** (sem desenho) plain

**lisonjear** *v.* to flatter

**lista** *s.* 1 (listagem) list 2 (tb lista telefônica) phone book 3 (tb lista de presença) roll (BRIT: register) 4 (listra) stripe 5 **fazer uma lista** to make a list (***de*** *of*)

**lista de espera** waiting list

**listra** *s.* stripe

**listrado** *adj.* striped

**literal** *adj.* literal

**literalmente** *adv.* literally

**literário** *adj.* literary

**literatura** *s.* literature: *a literatura brasileira* Brazilian literature

**litoral** *s.* coastline

**litro** *s.* liter (BRIT: litre)

**livrar** *v.* **livrar alguém de algo** a (acidente, perigo, etc.) to save sb from sth b (multa, acusação etc.) to get sb off sth / **livrar-se** *v.* 1 **livrar-se de algo/alguém** to get rid of sth/sb: *Não consigo me livrar dessa gripe.* I can't get rid of this cold. 2 **livrar-se de (fazer) algo** to get out of (doing) sth: *Ele conseguiu se livrar do serviço militar.* He managed to get out of military service.

**livraria** *s.* bookstore (BRIT: bookshop)

**livre** *adj.* 1 free (***de*** *of*) 2 **livre de impostos** tax-free 3 **ao ar livre** a (como advérbio) outdoors: *É melhor praticar esportes ao ar livre.* It's better to do sports outdoors. b (como adjetivo) open-air: *um show ao ar livre* an open-air concert

**livro** *s.* book

**livro de bolso** paperback **livro de consulta** reference book **livro de receitas** cookbook (BRIT: cookery book) **livro didático** textbook **livro escolar** schoolbook

**lixa** *s.* 1 (tb lixa de unha) nail file 2 (para madeira etc.) sandpaper: *uma lixa* a sheet of sandpaper

**lixar** *v.* 1 (unha) to file: *Ela lixou as unhas do pé.* She filed her toenails. 2 (madeira, porta etc.) to sand down

**lixeira** *s.* 1 (de cozinha, casa) trash can (BRIT: dustbin) ▸ Nos EUA, também se diz ***garbage can***. 2 (de banheiro, quarto) wastebasket (BRIT: bin) 3 (conduto de prédio) trash chute (BRIT: rubbish chute) ▸ Nos EUA, também se diz ***garbage chute***.

**lixeiro** *s.* trashman (BRIT: dustman) ▸ Nos EUA, também se diz ***garbage man*** ou ***trash/garbage collector***.

**lixo** *s.* 1 trash (BRIT: rubbish): *uma lata de lixo* a trash can ▸ Nos EUA, também se diz ***garbage***. 2 **estar/ficar um lixo** to be a mess: *Meu cabelo está um lixo.* My hair's a mess. 3 **jogar algo no lixo** to throw sth in the trash (BRIT: to bin sth)

**lixo atômico** nuclear waste **lixo industrial** industrial waste

**lobisomem** *s.* werewolf

**lobo** *s.* wolf

**lóbulo** *s.* earlobe

**locadora** *s.* 1 (de DVDs) video store 2 (de carros) rental agency

**local** *adj.* local / *s.* 1 (em geral) place 2 (de acidente, crime etc.) scene: *A polícia já está no local.* The police are already on the scene. 3 (de evento, show) venue: *um local de shows* a concert venue 4 (de fato histórico, prédio) site: *no local do novo estádio* on the site of the new stadium 5 (dependências) premises *[pl.]*: *É proibido fumar neste local.* Smoking is forbidden on these premises.

**local de nascimento** 1 (de pessoa comum) place of birth 2 (de pessoa famosa) birthplace

**localidade** *s.* 1 (área) locality 2 (povoação) small town

**localização** *s.* location

**localizado** *adj.* located: *um hotel muito bem localizado* a very well located hotel

**localizar** *v.* to locate / **localizar-se** *v.* to be located

**loção** *s.* lotion

**loção após-barba** aftershave

**locomotiva** *s.* locomotive

**locomover-se** *v.* to get around: *É fácil se locomover pela cidade de metrô.* It's easy to get around town on the subway.

**locução** *s.* phrase

**locutor** *s.* (de TV, rádio) announcer (BRIT: presenter)
**locutor esportivo** sportscaster (BRIT: sports commentator)

**lodo** *s.* mud

**lógica** *s.* 1 logic 2 **não ter lógica** to have no logic to it: *Os sonhos não têm lógica.* Dreams have no logic to them.

**lógico** *adj.* 1 logical 2 **é lógico que ...** of course ...: *É lógico que quero conhecer outros países.* Of course I want to visit other countries. 3 **(é) lógico que não** of course not / *interj.* **lógico!** of course!

**log in** *s.* 1 (nome de usuário) user name 2 **fazer o log in** to log on (*em to*)

**logo** *adv.* 1 (imediatamente) right away 2 (em breve) soon 3 **logo antes/depois** just before/after 4 **logo aqui/ali etc.** right here/ over there etc.: *O ponto de ônibus fica logo em frente da escola.* The bus stop is right outside the school. 5 **logo em seguida** shortly afterwards 6 **até logo** goodbye / *conj.* (portanto) therefore / **logo que** *conj.* (assim que) as soon as

**log off** *s.* **fazer o log off** to log off (*de from*)

**logotipo** *s.* logo

**loja** *s.* store (BRIT: shop): *uma loja de brinquedos* a toy store
**loja de conveniência** convenience store
**loja de departamentos** department store
**loja de presentes** gift store (BRIT: gift shop)

**lombada** *s.* (em estrada) speed bump

**lombar** *s.* small of your back: *Estou com dor na lombar.* I have a pain in the small of my back.

**lombinho** *s.* tenderloin

**lombo** *s.* 1 (carne) loin 2 (parte do corpo) back

**lona** *s.* 1 (material) canvas: *uma barraca de lona* a canvas tent 2 (de circo) big top 3 **estar na lona** to be down and out

**londrino** *adj.* London: *os táxis londrinos* London taxis / *s.* Londoner

**longa-metragem** *s.* feature film

**longe** *adv.* 1 a long way (*de from*): *Manaus fica longe de São Paulo.* Manaus is a long way from São Paulo. ▸ Em frases afirmativas, traduz-se por ***a long way***. Quando o sentido é *em lugar distante*, adiciona-se a palavra ***away***: *Eles moram longe.* They live a long way away. ▸ Em frases negativas e interrogativas, usa-se ***far***: *O shopping não é longe. Dá para ir a pé.* The mall isn't far away. It's walking distance. | *Você mora longe da escola?* Do you live far from the school? 2 **longe de fazer algo** far from doing sth 3 **longe de mim fazer algo** far be it from me to do sth 4 **longe disso** (muito pelo contrário) far from it 5 **ao longe** in the distance: *Dá para ver o mar ao longe.* You can see the ocean in the distance. 6 **de longe** **a** (à distância) from a distance: *Visto de longe, parece um cachorro.* Seen from a distance, it looks like a dog. **b** (por muito) by far: *de longe o melhor* by far the best 7 **ir longe** (ter sucesso) to go far 8 **ir longe demais** to go too far

**longínquo** *adj.* far-off

**longitude** *s.* longitude

**longo** *adj.* long / *s.* 1 (vestido) long dress 2 **ao longo de algo** **a** (no espaço) along: *ao longo da rodovia* along the highway **b** (no tempo) over: *ao longo dos últimos anos* over recent years

**losango** *s.* (formato) diamond

**lotação** *s.* 1 (de ônibus, teatro, estádio etc.) capacity 2 **estar com a lotação esgotada** to be sold out

**lotado** *adj.* crowded (**de** *with*)

**lotar** *v.* 1 (estádio, evento etc.) to pack: *Milhares de pessoas lotaram a praia.* Thousands of people packed the beach. 2 (ficar cheio) to get crowded: *O metrô lota durante o rush.* The subway gets crowded during the rush hour.

**lote** *s.* (porção) batch

**loteria** *s.* 1 lottery 2 **ganhar/jogar na loteria** to win/play the lottery

**louca** *s.* 1 (mulher) madwoman ▸ Na linguagem informal, diz-se ***nut***. 2 **dá a louca em alguém** sb goes crazy

**louça** *s.* 1 (conjunto de pratos etc.) crockery 2 (para lavar) dishes (BRIT: washing-up) 3 (material) china: *um bule de louça* a china teapot 4 **lavar a louça** to wash the dishes (BRIT: to do the washing-up)

**louco** *adj.* 1 crazy (BRIT: mad) (***de** with*): *Você está louco?* Are you crazy? | *Ela estava louca de ciúmes.* She was crazy with jealousy. 2 **deixar alguém louco** to drive sb crazy 3 **estar louco por algo/para fazer algo** to be dying for sth/to do sth: *Estou louco para tomar um banho.* I'm dying to take a shower. 4 **ficar louco** to go crazy 5 **ser louco por algo/alguém** to be crazy about sth/sb: *Ele é louco por futebol.* He's crazy about soccer. / *s.* 1 madman ▶ Na linguagem informal, diz-se ***nut***. 2 **louco varrido** total nutcase

**loucura** *s.* 1 (qualidade de louco) madness: *É loucura sair nessa chuva.* It's madness to go out in this rain. 2 (ato) crazy thing: *Ele faz muitas loucuras.* He does a lot of crazy things. 3 **estar/ser uma loucura** to be crazy (BRIT: to be mad) 4 **que loucura!** that's crazy!

**loura** *s.* (mulher) blonde

**louro** *adj.* 1 (de cabelo castanho-claro) fair 2 (de cabelo dourado) blonde ▶ Referente a homem, também se escreve ***blond***. / *s.* 1 (homem) blond 2 (tb folha de louro) bay leaf 3 (ave) parrot

**lousa** *s.* (quadro) board

**lua** *s.* 1 moon: *lua cheia* full moon 2 **no mundo da lua** in a dream world

**lua de mel** 1 honeymoon: *Eles estão em lua de mel.* They're on their honeymoon. | *uma viagem de lua de mel* a honeymoon trip 2 **viajar em lua de mel** to go on a honeymoon

**luar** *s.* moonlight: *ao luar* in the moonlight

**lúcido** *adj.* lucid

**lucrar** *v.* to make money (***com** on*)

**lucro** *s.* 1 profit (***com** on*) 2 **estar no lucro** (ter vantagem) to be at an advantage 3 **ter lucro** to make a profit (***com** on*)

**lugar** *s.* 1 (local) place: *Não sei o nome do lugar.* I don't know the name of the place. 2 (assento) seat: *Pedi um lugar no corredor.* I asked for an aisle seat. | *Esse lugar está ocupado?* Is this seat taken? 3 (espaço) room: *Não há lugar para todo mundo.* There isn't room for everyone. 4 (colocação) place: *Ela ficou em terceiro lugar.* She came in third place. 5 **em/para algum lugar** somewhere: *A chave tem que estar aqui em algum lugar.* The key must be here somewhere. ▶ Em frases interrogativas e condicionais, usa-se ***anywhere***: *Você viu meu celular em algum lugar?* Have you seen my cell phone anywhere? | *Se a gente for para algum lugar mais tarde, te aviso.* If we go anywhere later, I'll let you know. 6 **em/para lugar nenhum** nowhere: *"Onde você foi ontem à noite?" - "Para lugar nenhum."* "Where did you go last night?" - "Nowhere." ▶ Normalmente só se usa ***nowhere*** em frases sem verbo. Depois de um verbo acompanhado de ***not***, ou qualquer outra palavra negativa, usa-se ***anywhere***: *Não estou achando a minha carteira em lugar nenhum.* I can't find my wallet anywhere. 7 **em primeiro/segundo etc. lugar** **a** (listando motivos) firstly/secondly etc. **b** (colocação) in first/second etc. place 8 **em que lugar de algo** whereabouts in sth: *Em que lugar dos EUA você mora?* Whereabouts in the U.S. do you live? 9 **no lugar de algo/alguém** (em vez de) in place of sb/sth 10 **no meu/seu etc. lugar** (se fosse eu/você etc.) in my/your etc. position: *O que você faria no meu lugar?* What would you do in my position? 11 **tirar o primeiro etc. lugar** to get first etc. place

**lula** *s.* squid

**luminária** *s.* 1 (peça) light 2 (tipo japonesa) lantern

**luminoso** *adj.* 1 (ambiente, dia) bright 2 (que se ilumina) illuminated / *s.* (letreiro) neon sign

**lupa** *s.* magnifying glass

**lustra-móveis** *s.* furniture polish

**lustrar** *v.* to polish

**lustre** *s.* (luminária) chandelier
**luta** *s.* **1** (combate) fight (***com*** *with*, ***contra*** *against*, ***por*** *for*) **2** (tarefa ou campanha difícil) struggle: *Foi uma luta terminar tudo dentro do prazo.* It was a struggle to finish everything within the deadline. **3** (modalidade esportiva) wrestling **4 ir à luta** (esforçar-se) to go out there **5 vai à luta!** go for it!
**luta de boxe** boxing match **luta livre** wrestling
**lutador** *s.* **1** (de boxe, jiu-jítsu etc.) fighter **2** (de luta livre) wrestler **3** (batalhador) fighter
**lutador de boxe** boxer **lutador de jiu-jítsu** jujitsu fighter
**lutar** *v.* **1** (em geral) to fight (***com*** *with*, ***contra*** *against*, ***por*** *for*) **2** (com dificuldade) to struggle **3 lutar boxe/jiu-jítsu etc.** to do boxing/jujitsu etc.
**luto** *s.* **1** mourning **2 de luto** in mourning
**luva** *s.* **1** (o par) gloves *[pl.]* **2 uma luva** some gloves/a pair of gloves: *duas luvas* two pairs of gloves ▸ O singular glove refere-se a uma mão. **3 caber como uma luva** to fit like a glove
**luxação** *s.* sprain
**luxo** *s.* **1** luxury **2 de luxo** luxury: *um apartamento de luxo* a luxury apartment **3 que luxo!** that's fabulous!
**luxuoso** *adj.* luxurious
**luz** *s.* **1** (em geral) light **2** (eletricidade) power: *Acabou a luz.* The power's gone out. | *Demorou para a luz voltar.* It was a while before the power came back on. | *a conta de luz* the electric bill **3 à luz de vela** by candlelight **4 dar à luz (um filho)** to give birth (to a child) **5 dar uma luz a alguém** to give sb some guidance **6 em plena luz do dia** in broad daylight
**lycra**® *s.* Spandex® (BRIT: Lycra®): *um short de lycra* a pair of Spandex shorts

# M

**M, m** *s.* M, m / **M** *abrev.* (tamanho) medium *[M]*: *Tem isso em M?* Do you have this in a medium?

**maca** *s.* stretcher

**maçã** *s.* apple: *uma torta de maçã* an apple pie **maçã do rosto** cheekbone

**macacão** *s.* 1 (de trabalho) coveralls (BRIT: overalls) *[pl.]* 2 (de bebê) sleeper (BRIT: Babygro®) 3 (roupa feminina, de paraquedista etc.) jumpsuit 4 (calça com peitilho) overalls (BRIT: dungarees) *[pl.]*

**macaco** *s.* 1 (animal) monkey ▸ Existe também a palavra ***ape***, que designa os macacos hominídeos (tais como gorila, chimpanzé e orangotango). 2 (de carro) jack

**maçaneta** *s.* 1 (tipo alavanca) doorhandle 2 (tipo bola) doorknob

**maçante** *adj.* boring

**macarrão** *s.* pasta

**macete** *s.* (truque) trick

**machado** *s.* ax (BRIT: axe)

**machismo** *s.* sexism

**machista** *adj, s.* sexist

**macho** *s.* male / *adj.* (animal) male: *uma girafa macho* a male giraffe

**machucado** *adj.* 1 (pessoa) hurt 2 (parte do corpo) injured 3 (roxo, também falando de fruta) bruised 4 **ficar machucado** to get hurt / *s.* 1 (roxo) bruise 2 (ferimento) injury

**machucar** *v.* 1 (ferir) to hurt: *Ele machucou a perna.* He hurt his leg. 2 (fruta) to bruise / **machucar-se** *v.* 1 (por ação própria) to hurt yourself: *Ela caiu da bicicleta e se machucou.* She fell off her bike and hurt herself. 2 (por acaso, ou emocionalmente) to get hurt: *O ônibus bateu, mas ninguém se machucou.* The bus crashed, but no one got hurt. ▸ Quando a pessoa vai fazer alguma coisa e acaba se machucando, usa-se ***hurt yourself***. Quando é vítima da ação de outra pessoa, ou da natureza etc., usa-se ***get hurt***.

**maciço** *adj.* (ouro etc.) solid

**macieira** *s.* apple tree

**macio** *adj.* 1 (na maioria dos casos) soft 2 (falando de carne) tender

**maço** *s.* 1 (de cigarros) pack (BRIT: packet) 2 (de notas) wad

**maconha** *s.* marijuana

**madame** *s.* 1 (forma de tratamento) ma'am (BRIT: madam) 2 (mulher) lady

**madeira** *s.* 1 (em geral) wood 2 (um pedaço) piece of wood 3 **de madeira** (feito de madeira) wooden: *uma caixa de madeira* a wooden box **madeira de lei** hardwood ▸ A matéria-prima chama-se ***wood***. Como material de construção, também é chamada de ***lumber*** (*Brit:* ***timber***). A palavra ***timber*** designa coletivamente as árvores consideradas como fonte de madeira.

**madrasta** *s.* stepmother

**madrinha** *s.* 1 (de batismo) godmother 2 (de casamento) bridesmaid

**madrugada** *s.* 1 early hours of the morning [*pl.*]: *na madrugada de sábado* in the early hours of Saturday morning | *às quatro horas da madrugada* at four o'clock in the morning 2 **de madrugada** **a** (depois da meia-noite) in the early hours (of the morning): *Fomos dormir de madrugada.* We went to bed in the early hours of the morning. **b** (muito cedo) at the crack of dawn: *Eles têm que levantar de madrugada.* They have to get up at the crack of dawn.

**madrugar** *v.* to get up early

**maduro** *adj.* 1 (pessoa) mature: *Ele é muito maduro para a idade dele.* He's very mature for his age. 2 (fruta) ripe

**mãe** *s.* mother ▸ A palavra ***mother*** soa um tanto formal e impessoal em inglês. Na linguagem informal, e como forma de tratamento, usa-se ***mom*** (*Brit:* ***mum***): *A minha mãe vem me buscar.* My mom's coming to pick me up. | *O menino tinha se perdido da mãe.* The little boy had lost his mom.

**maestro** *s.* conductor

**máfia** *s.* mafia

**magia** *s.* magic

**magia negra** black magic

**mágica** *s.* 1 (magia) magic 2 (truque) magic trick 3 **(como) num passe de mágica** (as if) by magic 4 **fazer mágica** to do magic

**mágico** *s.* magician / *adj.* 1 (que usa mágica) magic: *uma varinha mágica* a magic wand 2 (encantador) magical: *Foi uma noite mágica.* It was a magical evening.

**magistério** *s.* **o magistério** the teaching profession

**magnata** *s.* magnate

**magnético** *adj.* magnetic

**magnífico** *adj.* magnificent

**mago** *s.* **os reis magos** the Three Wise Men ▸ também conhecidos como ***the Three Kings***

**mágoa** *s.* 1 (sentimento) hurt 2 **afogar as mágoas** to drown your sorrows 3 **chorar as mágoas** to pour out your troubles (***com*** *to*) 4 **esquecer as mágoas** to forget your troubles 5 **guardar/sentir mágoa** to hold/have a grudge (***de*** *against*, ***por*** *for*): *Ela ainda guarda mágoa do ex-namorado.* She still holds a grudge against her ex-boyfriend.

**magoado** *adj.* hurt (***com*** *by*)

**magoar** *v.* to hurt / **magoar-se** *v.* to be hurt (***com*** *by*)

**magro** *adj.* 1 (em geral) thin 2 (enxuto) slim 3 (carne) lean

**maio** *s.* May: *em maio* in May

**maiô** *s.* swimsuit

**maionese** 1 mayonnaise ▸ Na linguagem informal, fala-se ***mayo***. 2 **viajar na maionese** to get carried away

**maior** *adj.* 1 (de tamanho) bigger 2 (de importância) greater 3 (em música) major: *em dó maior* in C major 4 **a maior parte de algo** most of sth: *a maior parte do tempo* most of the time 5 **o maior** **a** (de tamanho) the biggest **b** (de importância) the greatest **c** (enfatizando) a real: *Levei o maior susto.* I got a real fright. 6 **ser maior de idade** to be of age

**maioria** *s.* 1 (número maior) majority 2 **a maioria de algo** most of sth: *a maioria deles* most of them ▸ Como sujeito, vem seguido de um verbo no plural: *A maioria dos meus amigos gosta do mesmo tipo de música que eu.* Most of my friends like the same kind of music as me. ▸ Quando vem seguido de um substantivo, existem duas possibilidades de tradução, dependendo do sentido. Compare ***most people*** (= a maioria das pessoas em geral) e ***most of the people*** (= a maioria daquelas pessoas das quais estou falando): *A maioria dos adolescentes tem celular hoje em dia.* Most teenagers have a cell phone these days. | *Gosto da maioria dos professores da minha escola.* I like most of the teachers at my school. 3 **a grande maioria** the vast majority (***de*** *of*) ▸ Como sujeito, vem seguido de verbo no plural: *A grande maioria dos alunos é daqui do bairro.* The vast majority of the students are from here in the neighborhood.

**maioridade** *s.* 1 majority 2 **alcançar a maioridade** to come of age

**mais** *adv.* 1 (comparativo) more: *Quer um pouco mais?* Would you like a little more? | *Achei o segundo livro mais interessante.* I found the second book more interesting. ▸ Lembre-se de que os adjetivos de uma sílaba e alguns de duas sílabas (tais como ***narrow, simple*** e todos os que terminam em ***-y***) formam o comparativo adicionando-se ***-er***: *mais velho* older | *mais feliz* happier 2 (superlativo) most: *Que matéria você gosta mais?* Which subject do you like most? | *Esse livro é o mais interessante.* This book is the most interesting. ▸ Lembre-se de que os adjetivos de uma sílaba e alguns de duas sílabas (tais como ***narrow, simple*** e todos os que terminam em ***-y***) formam o superlativo adicionando-se ***-est***: *o mais velho* the oldest | *o mais feliz* the happiest 3 (em matemática) plus 4 (em exclamações) ▸ fica sem tradução: *Que dia mais lindo!* What a lovely day! 5 **mais de** (com número) more than: *mais de cinco anos* more than five years ▸ Também se pode traduzir por ***over***: *Ela tem mais de oitenta anos.* She's over eighty. 6 **mais ou menos** **a** (aproximadamente) more or less **b** (nem tão bom) so-so 7 **a mais** **a** (mais) more: *Precisamos de quatro cadeiras a mais.* We need four more chairs. | *Ele tem dois anos a mais do que eu.* He's two years older than me. **b** (em excesso) too much/many: *Você me deu dinheiro a mais.* You gave me too much money. | *Tem duas cadeiras a mais na mesa.* There are two chairs too many at the table. **c** (adicional) extra: *É sempre bom levar umas camisetas a mais na mala.* It's always good to pack a few extra T-shirts. 8 **algo/nada mais** something/nothing else 9 **alguém/ninguém mais** somebody/nobody else 10 **até mais** see you later 11 **cada vez mais** more and more: *cada vez mais complicado* more and more complicated ▸ Lembre-se de que os adjetivos de uma sílaba e alguns de duas sílabas (tais como ***narrow, simple*** e todos os que terminam em ***-y***) formam o comparativo adicionando-se ***-er***: *cada vez mais alto* higher and higher 12 **não ... mais** not ... anymore ▸ ***anymore*** vai no final da frase: *Ninguém usa mais máquina de escrever.* Nobody uses typewriters anymore. 13 **onde/o que/quem mais?** where/what/who else? 14 **por mais que** as much as: *Por mais que eu goste dela, me irrita às vezes.* As much as I like her, she irritates me sometimes. 15 **quanto mais ... mais ...** the more ... the more ...: *Quanto mais você falar, mais fluência vai ter.* The more you speak, the more fluent you will become. ▸ Lembre-se de que os adjetivos de uma sílaba e alguns de duas sílabas (tais como ***narrow, simple*** e todos os que terminam em ***-y***) formam o comparativo adicionando-se ***-er***: *Quanto mais rápido, melhor.* The sooner the better. / *adj.* 1 (comparativo) more: *mais pessoas* more people 2 (superlativo) the most: *Ganha quem faz mais pontos.* The person who scores the most points wins. / *s.* 1 **além do mais** apart from anything else 2 **no mais** otherwise

**maiúscula** *s.* capital (letter): *Os dias da semana se escrevem com maiúscula em inglês.* The days of the week are spelled with a capital letter in English.

**maiúsculo** *adj.* capital: *com S maiúsculo* with a capital S

**majestade** *s.* majesty: *Sua Majestade a Rainha* Her Majesty the Queen

**majestoso** *adj.* majestic

**major** *s.* major

**mal** *adv.* 1 (de forma ruim) badly: *O nosso time jogou mal.* Our team played badly. 2 (de saúde, de cabeça) in a bad way: *Ele estava muito mal depois do acidente.* He was in a very bad way after the accident. 3 (quase não) hardly: *Hoje em dia, ela mal sai de casa.* These days, she hardly leaves the house. 4 **falar mal de alguém/algo** to badmouth sb/sth ▸ Na linguagem informal, também se diz ***to bitch about sb/sth***. 5 **ficar de mal** to fall out (***com*** *with*) 6 **ficar mal** **a** (fisicamente) to get sick (BRIT: to get ill) **b** (psicologicamente) to feel bad (***com*** *about*) 7 **passar mal** **a** (ter ânsia) to feel nauseous (BRIT: to feel sick) **b** (sofrer um mal-estar) to be taken sick (BRIT: to be taken ill) 8 **sentir-se mal** to feel bad (***por*** *about*) / *s.* 1 (coisa ruim) evil 2 (doença) disease 3 **males** (problemas) ills 4 **de mal a pior** from bad to worse 5 **dos males o menor** the lesser of two evils 6 **fazer mal a alguém/algo** **a** (à saúde) to be bad for sb/sth: *Sal em excesso faz mal.* Too much salt is bad for you. **b** (fazer passar mal) to disagree with sb/sth: *Aquele cachorro-quente me fez mal.* That hotdog disagreed with me. **c** (machucar) to harm sb/sth: *Ele não faria mal a ninguém.* He wouldn't harm anyone. 7 **levar algo/alguém a mal** to take sth/sb the wrong way: *Não me leve a mal.* Don't take me the wrong way. 8 **não faz mal** (não importa) never mind 9 **o mal** (força ruim) evil

**mal de Alzheimer** Alzheimer's (disease)

**mal de Parkinson** Parkinson's (disease) / *conj.* no sooner ... than ▸ ***no sooner*** pede inversão de sujeito e verbo auxiliar: *Mal sentamos para jantar, tocou a campainha.* No sooner had we sat down to dinner than the doorbell rang. ▸ Também se pode traduzir por ***hardly ... when***: *Mal cheguei em casa, começou a chover.* I'd hardly got home when it started to rain.

**mala** *s.* 1 (de viagem) case ▸ Também se diz ***suitcase*** 2 (do carro) trunk (BRIT: boot) 3 **malas** (bagagem) bags (BRIT: luggage) 4 **fazer/desfazer a mala** to pack/unpack 5 **levar/trazer algo na mala** to pack sth: *É bom levar um agasalho na mala por via das dúvidas.* It's a good idea to pack a sweater just in case.

**malabarismo** *s.* 1 (arte) juggling 2 **fazer malabarismo(s)** to juggle 3 **um malabarismo** a juggling act

**malabarista** *s.* juggler

**mal-agradecido** *adj.* ungrateful / *s.* ingrate

**malandro** *adj.* 1 (esperto) sly 2 (preguiçoso) bone idle / *s.* 1 (safado) rascal 2 (vigarista) hustler

**malária** *s.* malaria

**mal-assombrado** *adj.* haunted

**malcriado** *adj.* rude

**maldade** *s.* 1 (de pessoa, atitude) meanness 2 (do mundo) wickedness 3 (ato mau) dirty deed ▸ Na linguagem formal, usa-se ***misdeed***: *as maldades da vilã da novela* the dirty deeds of the villain in the soap 4 **fazer maldades com alguém/algo** to be mean to sb/sth 5 **que maldade!** that's wicked! 6 **ser uma maldade** to be mean

**maldição** *s.* curse

**maldito** *adj.* damned

**maldoso** *adj.* mean (BRIT: nasty)

**mal-educado** *adj.* rude

**mal-encarado** *adj.* shady-looking / *s.* shady character

**mal-entendido** *s.* misunderstanding

**mal-estar** *s.* 1 (indisposição) feeling of being out of sorts 2 (clima) awkward atmosphere 3 **sentir um mal-estar** to feel out of sorts (BRIT: to feel unwell)

**maleta** *s.* 1 (para documentos) briefcase 2 (para viagem) overnight bag

**maleta de maquiagem** beauty case (BRIT: vanity case)

**malfeito** *adj.* badly done

**malha** *s.* 1 (tecido) cotton jersey 2 (blusa de lã) sweater (BRIT: jumper) 3 (de ginástica, balé) leotard 4 (rede) network: *a malha rodoviária* the road network

**malhação** *s.* working out

**malhado** *adj.* 1 (sarado) toned 2 (animal) dappled

**malhar** *v.* 1 (treinar) to work out 2 (criticar) to pan

**mal-humorado** *adj.* 1 (de mau humor) in a bad mood 2 (rabugento) bad-tempered

**malícia** *s.* 1 (maldade) malice 2 (esperteza) guile 3 (marotice) mischief 4 (safadeza) suggestiveness

**malicioso** *adj.* 1 (maldoso) malicious 2 (esperto) wily 3 (maroto) mischievous 4 (sacana) suggestive

**maligno** *adj.* malignant

**malte** *s.* malt

**maltrapilho** *adj.* ragged / *s.* bum (BRIT: tramp)

**maltratar** *v.* to mistreat
**maluco** *adj.* crazy / *s.* (pessoa) nut
**maluquice** *s.* **1** (qualidade) madness **2** (ato, dito) crazy thing **3 ser uma maluquice** to be crazy
**malvado** *adj.* wicked
**malvisto** *adj.* **1** (pessoa) unpopular **2 ser malvisto** (atitude) to be frowned upon
**mama** *s.* breast: *câncer de mama* breast cancer
**mamadeira** *s.* (baby's) bottle
**mamãe** *s.* mom (BRIT: mum)
**mamão** *s.* papaya
**mamar** *v.* **1** (em geral) to feed **2** (no peito da mãe) to breast-feed **3 dar de mamar** to breast-feed
**mamífero** *s.* mammal
**mamilo** *s.* nipple
**manada** *s.* herd: *uma manada de elefantes* a herd of elephants
**mancada** *s.* **1** blunder **2 dar uma mancada** to make a blunder
**mancar** *v.* **1** (de uma perna) to limp **2** (das duas pernas) to hobble / **mancar-se** *v.* (tocar-se) to get the message
**mancha** *s.* **1** (de sujeira) stain: *As manchas de tinta são difíceis de tirar.* Ink stains are hard to get out. **2** (na pele) blotch
**manchado** *adj.* **1** (sujo) stained (***de*** *with*) **2** (pele) blotchy
**manchar** *v.* **1** (roupa) to stain (***com/de*** *with*) **2** (reputação, nome) to tarnish
**manchete** *s.* **1** headline **2 virar manchete** to make the headlines
**manco** *adj.* lame
**mandachuva** *s.* big shot
**mandado** *s.* warrant
**mandado de busca** search warrant **mandado de despejo** eviction notice **mandado de prisão** arrest warrant
**mandamento** *s.* commandment
**mandão** *adj.* bossy
**mandar** *v.* **1** (enviar) to send: *Já escrevi o e-mail, só preciso mandá-lo.* I've already written the email, I just need to send it. **2** (dar ordens) to give orders: *Ela gosta de mandar.* She likes giving orders. **3** (ser o chefe) to be in charge: *Quem manda aqui sou eu.* I'm in charge around here. **4 mandar alguém embora** (demitir) to fire sb **5 mandar alguém fazer algo** **a** (falar) to tell sb to do sth: *A recepcionista me mandou entrar.* The receptionist told me to go in. **b** (ordenar) to order sb to do sth: *O policial mandou o preso se calar.* The police officer ordered the prisoner to keep quiet. **c** (encarregar) to have sb do sth: *Ela mandou a empregada limpar os vidros.* She had the maid clean the windows. **6 mandar algo para alguém** to send sb sth: *Ele me mandou um torpedo.* He sent me a text. ▸ Quando se quer ressaltar o destinatário, traduz-se por ***send sth to sb:*** *Ele mandou um e-mail para a diretora da escola.* He sent an email to the school principal. **7 mandar dizer que ...** to send a message to say ...: *Ela mandou dizer que não vem.* She sent a message to say she's not coming. **8 mandar em alguém** to boss sb around **9 mandar fazer algo** **a** (por encomenda) to have sth done: *Meus pais mandaram pintar a casa.* My parents had the house painted. **b** (pedir) to ask for sth to be done: *O professor mandou fechar as janelas.* The teacher asked for the windows to be closed.
**mandato** *s.* (de presidente etc.) term (of office)
**mandíbula** *s.* jaw
**mandioca** *s.* manioc: *farinha de mandioca* manioc flour
**maneira** *s.* **1** way: *Não gosto da maneira como ela me trata.* I don't like the way she treats me. ▸ A preposição *de* traduz-se por ***in***, mas é omitido em muitos casos: *Você quer que eu ordene os livros de que maneira?* What way do you want me to arrange the books? | *Não fale comigo dessa maneira.* Don't talk to me that way. **2 maneira de (alguém) fazer algo** **a** (meio) way (for sb) to do sth: *uma maneira de ganharmos dinheiro* a way for us to make money **b** (como se faz) (sb's)

way of doing sth: *minha maneira de fazer as coisas* my way of doing things 3 **maneiras** (modos) manners 4 **de maneira alguma** by any means: *Não quero ser reprovado de maneira alguma.* I don't want to fail by any means. ▸ Como resposta, sem verbo, traduz-se por ***by no means***: *"Você se ofendeu?" - "De maneira alguma."* "Are you offended?" - "By no means." 5 **de maneira que** so that: *Ele diminuiu a marcha de maneira que ficasse mais fácil pedalar.* He geared down so that it would be easier to pedal. 6 **de qualquer maneira** **a** (em todo caso) anyway **b** (sem falta) one way or another

**maneirar** *v.* to ease up (***com/em*** *on*)

**maneiro** *adj.* cool

**manejar** *v.* to handle

**manequim** *s.* 1 (boneco) mannequin 2 (número) dress size

**manga** *s.* 1 (de roupa) sleeve 2 (fruta) mango: *suco de manga* mango juice 3 **arregaçar as mangas** to roll up your sleeves

**mangá** *s.* manga

**mangue** *s.* (lodaçal) mangrove swamp

**mangueira** *s.* 1 (tubo) hose 2 (árvore) mango tree

**manhã** *s.* 1 morning: *na manhã de domingo* on Sunday morning 2 **amanhã/ontem de manhã** tomorrow/yesterday morning 3 **às dez horas etc. da manhã** at ten etc. o'clock in the morning ▸ Também se diz ***at ten a.m.***, que soa um pouco mais formal. 4 **de manhã** in the morning 5 **de manhã cedo** early in the morning 6 **hoje de manhã** this morning 7 **no sábado etc. de manhã** (on) Saturday etc. morning

**mania** *s.* 1 (hábito) little habit: *Cada um tem suas manias.* Everyone has their little habits. 2 (modismo) craze (***de*** *for*): *A mania dos reality shows tomou conta da TV.* The craze for reality shows has taken over TV. 3 (obsessão doentia) mania 4 **ter mania de fazer algo** to have a habit of doing sth 5 **virar mania** **a** (virar moda) to become a craze **b** (na Internet) to go viral

**maníaco** *s.* maniac

**manicômio** *s.* insane asylum (BRIT: lunatic asylum)

**manicure** *s.* manicurist

**manifestação** *s.* 1 (ato público) demonstration: *Os alunos fizeram uma manifestação em frente à faculdade.* The students held a demonstration outside the college. 2 (expressão) manifestation 3 **fazer manifestação** to demonstrate

**manifestante** *s.* demonstrator

**manifestar** *v.* to manifest / **manifestar-se** *v.* 1 (tornar-se aparente) to manifest itself 2 (apresentar-se) to come forward: *O professor pediu um voluntário, mas ninguém se manifestou.* The teacher asked for a volunteer, but nobody came forward. 3 **manifestar-se a favor de/contra algo** to come out in favor of/against sth

**manipular** *v.* to manipulate

**manivela** *s.* handle

**manjericão** *s.* basil

**manobra** *s.* maneuver (BRIT: manoeuvre)

**manobrar** *v.* to maneuver (BRIT: to manoeuvre)

**manobrista** *s.* valet parker: *serviço de manobrista* valet parking

**mansão** *s.* mansion

**manso** *adj.* 1 (na maioria dos casos) gentle 2 (domado) tame 3 (mar) calm

**manta** *s.* blanket

**manteiga** *s.* butter: *pão com manteiga* bread and butter

**manteigueira** *s.* butter dish

**manter** *v.* 1 (na maioria dos casos) to keep: *Tento manter meu quarto arrumado.* I try to keep my room straight. 2 (não perder) to keep up: *dicas para manter o seu inglês* tips for keeping up your English 3 (sustentar) to support / **manter-se** *v.* 1 (na maioria dos casos) to stay: *Ela faz ioga para se manter em forma.* She does yoga to stay in shape. 2 (sustentar-se) to support yourself

**mantimentos** *spl.* provisions

**manual** *adj, s.* manual

**manuscrito** *adj.* (escrito à mão) handwritten / *s.* manuscript

**manusear** *v.* to handle

**manutenção** *s.* **1** (de aparelho, máquina) maintenance **2** (de prédio, jardim) upkeep

**mão** *s.* **1** (do corpo) hand **2** (de tinta) coat **3** (de rua) direction **4 mãos à obra!** let's get to work! **5 à mão** (escrito, feito etc.) by hand **6 abrir mão de algo** to give sth up **7 apertar a mão de alguém** to shake hands with sb: *Os dois jogadores se apertaram as mãos.* The two players shook hands. **8 dar a mão a alguém** to hold sb's hand **9 dar mão para algo** (rua) to go in the direction of sth **10 de mãos abanando** empty-handed **11 de mãos dadas** holding hands (*com with*) **12 deixar alguém na mão** to let sb down **13 de segunda mão** secondhand **14 estar com as mãos na massa** to be at it: *enquanto você está com as mãos na massa* while you're at it **15 fora de mão** out of the way **16 pôr a mão no fogo por alguém** to vouch for sb **17 ter algo em mãos** to have sth to hand

**mão de obra 1** labor **2 dar/ser uma mão de obra (fazer algo)** to be hard work (doing sth) **mão dupla** two-way: *Esse trecho é mão dupla.* This stretch is two-way. **mão única** one-way: *uma rua de mão única* a one-way street

**mapa** *s.* map

**mapa-múndi** *s.* world map

**maquete** *s.* model

**maquiador** *s.* makeup artist

**maquiagem** *s.* **1** makeup: *Ela usa muita maquiagem.* She wears a lot of makeup. **2 fazer a maquiagem** (maquiar-se) to do your makeup

**maquiar** *v.* (rosto, pessoa) to make up / **maquiar-se** *v.* **1** (em determinada ocasião) to put on your makeup: *Ela estava se maquiando para sair.* She was putting on her makeup to go out. **2** (em geral) to put on makeup: *Ela sempre se maquia para sair.* She always puts on makeup to go out.

**máquina** *s.* machine

**máquina de costura** sewing machine **máquina de escrever** typewriter **máquina de lavar** washing machine **máquina de lavar louça** dishwasher **máquina fotográfica** camera

**maquinista** *s.* (de trem) (train) driver

**mar** *s.* **1** sea: *o mar do Caribe* the Caribbean Sea ▸ Quando se fala do mar em geral, os americanos dizem ***the ocean***, enquanto outros falantes de inglês dizem ***the sea***: *um quarto com vista para o mar* a room with a view of the ocean | *Adoro dar um mergulho no mar.* I love taking a dip in the ocean. **2 mar adentro** out to sea **3 fazer-se ao mar** to put to sea **4 no mar** **a** (dentro da água) in the ocean (BRIT: in the sea) **b** (navegando) at sea **5 por mar** by sea

**maracujá** *s.* passion fruit: *suco de maracujá* passion fruit juice

**maratona** *s.* marathon

**maratonista** *s.* marathon runner

**maravilha** *s.* **1** wonder: *as sete maravilhas do mundo* the seven wonders of the world **2 às mil maravilhas** (correr, andar, ir) smoothly **3 estar às mil maravilhas** to be great **4 (que) maravilha!** that's just wonderful!

**maravilhar-se** *v.* **maravilhar-se com algo** to marvel at sth

**maravilhoso** *adj.* wonderful

**marca** *s.* **1** (sinal, mancha) mark **2** (cicatriz) scar: *Ela ficou com uma marca no rosto.* She was left with a scar on her face. **3** (de produto, roupa etc.) brand **4** (de carro, aparelho) make: *De que marca é o seu celular?* What make is your cell phone? **5 de marca** (de grife) designer: *Ele só usa roupa de marca.* He only wears designer clothes. **6 de marca maior** big fat: *Ele é um mentiroso de marca maior.* He's a big fat liar.

**marca registrada** trademark

**marcador** *s.* **1** (tb marcador de texto) highlighter **2** (tb marcador de livro) bookmark **3** (placar) scoreboard

**marcante** *adj.* memorable
**marcar** *v.* 1 (fazer marca em) to mark 2 (combinar) to arrange: *Que horas você marcou com os seus amigos?* What time did you arrange with your friends? 3 (agendar) to book: *Preciso marcar uma consulta com o dentista.* I need to book a visit to the dentist. 4 (gol, ponto) to score 5 (indicar) to show: *O termômetro marcava 40 graus.* The thermometer was showing 40 degrees. 6 (impressionar) to leave its mark on: *Foi uma experiência que marcou.* It was an experience that left its mark. 7 (deixar cicatriz em) to scar 8 (gado) to brand 9 (jogador adversário) to mark 10 **marcar hora** to make an appointment 11 **marcar lugar/passagem** to book a seat/a ticket 12 **marcar pênalti** (juiz) to give a penalty 13 **marcar um encontro (com alguém)** to arrange to meet (sb)
**marceneiro** *s.* cabinet-maker ▸ Na linguagem informal, é mais comum dizer ***carpenter***.
**marcha** *s.* 1 (de carro, bicicleta etc.) gear 2 (de militares ou manifestantes, música) march 3 (prova de atletismo) walk: *a marcha de 20 km* the 20 km walk 4 **aumentar/reduzir a marcha** to shift up/down (BRIT: to change up/down) 5 **engatar a marcha** to put it into gear 6 **passar a marcha** to shift gears (BRIT: to change gear) 7 **pôr algo em marcha** to set sth in motion
**marcha a ré** 1 reverse 2 **engatar a marcha a ré** to put it into reverse **marcha nupcial** wedding march
**marchar** *v.* to march
**marcial** *adj.* martial: *artes marciais* martial arts
**marco** *s.* milestone
**março** *s.* March: *em março* in March
**maré** *s.* 1 tide 2 **maré alta/baixa** high/low tide 3 **maré de sorte/azar** run of good luck/bad luck 4 **a maré sobe/baixa** the tide comes in/goes out
**marechal** *s.* marshal
**marfim** *s.* ivory
**margarida** *s.* daisy
**margarina** *s.* margarine
**margem** *s.* 1 (de página) margin 2 (de rio) bank 3 (de lago, mar) shore 4 (de floresta) edge 5 **à margem da sociedade** on the margins of society
**margem de erro** 1 (tb margem para erros) margin for error 2 (erro aceito) margin of error **margem de lucro** profit margin
**marginal** *s masc/fem.* (bandido) hoodlum / *s fem.* (via) riverside highway
**marido** *s.* husband
**marimbondo** *s.* hornet
**marina** *adj, s.* marina
**marinha** *s.* navy
**marinha mercante** merchant navy
**marinheiro** *s.* sailor
**marinho** *adj.* marine
**marionete** *s.* puppet
**mariposa** *s.* moth
**marisco** *s.* shellfish ▸ O plural é ***shellfish***.
**marítimo** *adj.* sea: *transporte marítimo* sea transportation
**marketing** *s.* marketing
**marmelada** *s.* 1 (doce) quince jelly 2 (resultado pré-combinado) fix
**marmita** *s.* lunchbox
**mármore** *s.* marble: *uma estátua de mármore* a marble statue
**marqueteiro** *s.* (na política) spin doctor
**marquise** *s.* (de prédio) awning
**marra** *s.* 1 **ganhar na marra** to steal a win 2 **na marra** **a** (à força) by force **b** (querendo ou não) like it or not: *Nos EUA, ela teve que aprender inglês na marra.* In the US, she had to learn English like it or not.
**marrento** *adj.* cocky
**marrom** *adj, s.* brown
**Marte** *s.* Mars: *em Marte* on Mars
**martelo** *s.* hammer
**mártir** *s.* martyr
**marxista** *adj, s.* Marxist
**mas** *conj.* but
**mascar** *v.* to chew
**máscara** *s.* mask
**mascarado** *adj.* masked
**mascote** *s.* 1 (que traz sorte) mascot 2 (bicho de estimação) pet

**masculino** *adj.* 1 (para homens) men's: *roupa masculina* men's clothes | *o time masculino de vôlei* the men's volleyball team 2 (tb do sexo masculino) male 3 (substantivo etc.) masculine

**massa** *s.* 1 (macarrão) pasta 2 (de pão) dough 3 (de torta) pastry 4 (de bolo) batter 5 (grande quantidade) mass 6 (argamassa) mortar 7 **em massa** a (em grande número) en masse b (de grande escala) mass: *demissões em massa* mass layoffs 8 **estar com as mãos na massa** to be at it: *enquanto você está com as mãos na massa* while you're at it

**massa de tomate** tomato paste **massa folheada** puff pastry **massa podre** pie crust (BRIT: shortcrust pastry)

**massacrante** *adj.* 1 (cansativo) punishing 2 (vitória, derrota) overwhelming 3 (implacável) unrelenting

**massacrar** *v.* 1 (matar, derrotar) to massacre 2 (cansar, oprimir) to wear down

**massagear** *v.* to massage

**massagem** *s.* 1 massage 2 **fazer massagem** (ser massageado) to have a massage 3 **fazer massagem em alguém/algo** to give sb/sth a massage

**massagista** *s.* masseur ▸ Existe também a forma feminina ***masseuse***.

**mastigar** *v.* to chew

**mastro** *s.* 1 (de barco) mast 2 (tb mastro de bandeira) flagpole

**mata** *s.* forest

**matagal** *s.* thicket

**matar** *v.* 1 (tirar a vida de) to kill 2 (terminar) to finish off: *Vamos matar esse bolo.* Let's finish off this cake. | *Ele matou o jogo de palavras cruzadas em dois minutos.* He finished off the crossword in two minutes. 3 (deixar de ir a) to skip: *Vários alunos mataram a aula de Educação Física.* Several students skipped the Phys. Ed. class. 4 (cansar muito) to wear out: *Subir aquela escada toda me mata.* Walking up all those stairs wears me out. 5 **matar a fome** to cure your hunger 6 **matar a saudade** (de pessoa) to catch up (***com with***) 7 **matar a sede** to quench your thirst 8 **matar aula** to cut class (BRIT: to bunk off) 9 **matar uma charada** to solve a riddle / **matar-se** *v.* 1 (suicidar-se) to kill yourself 2 (esforçar-se) to knock yourself out 3 **matar-se de estudar/trabalhar** to study/work like crazy (BRIT: like mad) 4 **matar-se de rir** to kill yourself (laughing)

**mate** *s.* 1 (tb chá-mate) yerba mate tea 2 (em xadrez) checkmate

**matemática** *s.* math (BRIT: maths): *uma prova de matemática* a math test ▸ A palavra formal é ***mathematics***.

**matemático** *adj.* mathematical / *s.* (pessoa) mathematician

**matéria** *s.* 1 (disciplina) subject: *Qual a sua matéria preferida?* What's your favorite subject? 2 (conteúdo de aula) topic 3 (em jornal, revista) item (***sobre about***) ▸ Falando de uma matéria de jornal ou revista, também se diz ***article***; falando de jornal televisivo, também se diz ***story***. 4 (substância) material

**material** *s.* 1 (em geral) material 2 (bagagem) stuff: *Tem onde posso guardar meu material?* Is there somewhere I can leave my stuff? 3 (instrumentos e produtos) supplies (BRIT: materials) *[pl.]*: *material de limpeza* cleaning supplies 4 (equipamento) equipment: *material de mergulho* diving equipment

**material de construção** construction supplies (BRIT: building materials) *[pl.]* **material de papelaria** stationery **material escolar** school supplies *[pl.]*

**matéria-prima** *s.* raw material

**maternidade** *s.* 1 (hospital) maternity hospital 2 (condição) motherhood

**materno** *adj.* 1 maternal 2 **língua materna** mother tongue

**matilha** *s.* pack

**matinal** *adj.* morning: *uma caminhada matinal* a morning walk / **matinais** *spl.* (alimentos) breakfast foods

**matinê** *s.* matinée
**matiz** *s.* (de cor) shade
**mato** *s.* 1 (terreno) scrubland 2 (tipo de vegetação) scrub 3 (ervas daninhas) weeds *[pl]*: *Aquela planta é mato.* That plant is a weed. 4 **cheio de mato** overgrown 5 **no meio do mato** in the middle of nowhere
**matrícula** *s.* 1 (procedimento) enrollment (BRIT: enrolment): *"Matrículas abertas"* "Now enrolling" 2 (taxa) enrollment fee (BRIT: enrolment fee) 3 **fazer a matrícula** to enroll (BRIT: to enrol) (***em*** *in*): *Fiz a matrícula num curso de inglês.* I've enrolled in an English course.
**matricular** *v.* to enroll (BRIT: to enrol) (***em*** *in*) / **matricular-se** to enroll (BRIT: to enrol) (***em*** *in*) ▸ No inglês americano, também se diz ***to sign up (for)***.
**matriz** *s.* (de empresa) head office
**maturidade** *s.* maturity
**mau** *adj.* 1 (em geral) bad: *mau tempo* bad weather | *de mau humor* in a bad mood 2 (cruel) mean (***com*** *to*)
**mau-caráter** *adj.* no-good / *s.* creep
**mauricinho** *adj.* preppy / *s.* preppy guy
**maxilar** *s.* jaw
**máxima** *s.* (temperatura) high: *com máxima de 40 graus* with a high of 40 degrees
**máximo** *s.* 1 maximum 2 **achar-se o máximo** to be so full of yourself: *Aquele cara se acha o máximo.* That guy's so full of himself. 3 **ao máximo** as much as possible: *Quero curtir a vida ao máximo.* I want to enjoy life as much as possible. ▸ Na linguagem informal, também se diz ***to the max***. 4 **no máximo** at most: *Vai levar uma hora no máximo.* It'll take an hour at most. 5 **o máximo** **a** (nada mais do que isso) the most: *O máximo que podemos fazer é esperar.* The most we can do is wait. **b** (muito bom) awesome: *O show foi o máximo.* The concert was awesome. | *"Gostou do filme?" - "Achei o máximo!"* "Did you like the movie?" - "I thought it was awesome!" 6 **o máximo possível** as much as possible / *adj.* 1 (temperatura, velocidade etc.) maximum 2 **o máximo** the greatest: *com o máximo cuidado* with the greatest care
**me** *pron.* 1 (uso oblíquo) me: *Ele me ajudou.* He helped me. | *Ela me deu um presente.* She gave me a present. 2 (uso reflexivo) myself: *Levei um tombo, mas não me machuquei.* I fell over, but I didn't hurt myself.
**meada** *s.* **perder o fio da meada** to lose your thread
**meados** *spl.* **meados de ...** mid-...: *em meados de maio* in mid-May | *desde meados dos anos 90* since the mid-90s ▸ Se a data não for especificada, usa-se ***the middle of***: *em meados do século passado* in the middle of the last century | *até meados do ano* until the middle of the year
**mecânica** *s.* (ciência) mechanics
**mecânico** *adj.* mechanical / *s.* (pessoa) mechanic
**mecanismo** *s.* mechanism
**mecha** *s.* 1 (de cabelo) lock 2 (de vela) wick 3 (de explosivo) fuse 4 **fazer mechas (no cabelo)** **a** (sozinho) to put highlights in (your hair) **b** (no cabeleireiro) to have highlights put in (your hair)
**medalha** *s.* 1 (objeto) medal: *a medalha de ouro* the gold medal 2 (pessoa) medalist (BRIT: medallist): *Ela foi medalha de prata no judô.* She was a silver medalist in judo.
**média** *s.* 1 (valor) average: *Durmo uma média de sete horas por noite.* I sleep an average of seven hours a night. ▸ Para traduzir *a média de*, usa-se um adjetivo em inglês: *a média de preço* the average price | *A média de idade dos alunos é de 16 anos.* The average age of the students is 16. 2 (de notas escolares) grade point average (BRIT: average mark) 3 (café) café au lait (BRIT: white coffee) 4 **abaixo/acima da média** below/above average 5 **em média** on average 6 **fazer média** to ingratiate yourself (***com*** *with*)
**mediano** *adj.* (médio) medium: *um homem de estatura mediana* a man of medium height
**medicamento** *s.* medication

**medicina** *s.* medicine ▸ Usa-se a forma abreviada ***med*** antes de substantivos tais como ***school*** e ***student***: *uma faculdade de Medicina* a med school

**médico** *adj.* medical / *s.* **1** doctor **2 ir ao médico** to go to the doctor (BRIT: to go to the doctor's) **3 ter médico** (ter consulta) to have a doctor's appointment: *Tenho médico amanhã às 10h00.* I have a doctor's appointment tomorrow at 10.

**medida** *s.* **1** (dimensão) measurement: *as medidas da sala* the measurements of the room **2** (providência) measure: *medidas de prevenção* preventive measures **3 à medida que** as: *Os dias ficam mais curtos à medida que o inverno se aproxima.* The days get shorter as winter approaches. **4 na medida do possível** as far as possible **5 sob medida** custom (BRIT: bespoke): *móveis sob medida* custom furniture | *feito sob medida* custom-made ▸ Ao falar de roupa, também se diz ***made-to-measure***. **6 tirar as medidas de alguém/algo** to take sb's measurements/the measurements of sth ▸ Também se diz ***to measure sb/sth up*** **7 tomar medidas** to take measures

**medieval** *adj.* medieval

**médio** *adj.* **1** (na maioria dos casos) average **2** (tamanho de bebida etc.) medium

**medíocre** *adj.* mediocre

**medir** *v.* **1** to measure: *A foto mede 3 cm por 4 cm.* The photo measures 3 cm by 4 cm. ▸ Ao falar da estatura de uma pessoa, usa-se ***to be … tall***: *Meu irmão mais novo já mede 1,80 m.* My kid brother is already six feet tall. **2 quanto mede …?** what size is …?: *Quanto medem as cortinas?* What size are the curtains? ▸ Ao falar de uma pessoa, diz-se ***how tall is …?***: *Quanto você mede?* How tall are you?

**meditar** *v.* **1** (fazer meditação) to meditate **2 meditar em/sobre algo** to think about sth

**medo** *s.* **1** fear (*de of*): *Ela estava tremendo de medo.* She was trembling with fear. | *o medo de lugares fechados* fear of enclosed spaces **2 com medo de fazer algo/que …** for fear of doing sth/for fear (that) …: *Ele nem contou para os amigos, com medo de que a namorada descobrisse.* He didn't even tell his friends for fear his girlfriend would find out. **3 dar medo** to be frightening ▸ Também se diz ***to be scary***, que soa mais informal. **4 dar medo em alguém** to frighten sb ▸ Também se diz ***to scare sb***. **5 estar com/ter medo** to be scared (*de of*) ▸ Também se diz ***to be afraid*** ou ***to be frightened***: *Não tenho medo de aranha.* I'm not scared of spiders. **6 estar com/ter medo de fazer algo** **a** (sentir medo) to be scared of doing sth ▸ Também se diz ***to be afraid/frightened of doing sth***: *Ela tem medo de ser assaltada.* She's frightened of being mugged. ▸ Usa-se o gerúndio quando se trata de uma ação involuntária que a pessoa prefere evitar. **b** (não se atrever) to be scared to do sth ▸ Também se diz ***to be afraid/frightened to do sth***: *O Tiago estava com medo de pular na água.* Tiago was scared to jump into the water. ▸ Usa-se o infinitivo quando se trata de uma ação voluntária que a pessoa não se atreve a fazer. **7 ficar com medo** to get frightened (*de of*) ▸ Também se diz ***to get scared*** **8 morrer de medo** to be terrified (*de of*) **9 que medo!** that's scary! **10 sentir medo** to feel scared (*de of*) ▸ Também se diz ***to feel afraid/frightened***

**medo de avião** fear of flying **medo de altura** fear of heights **medo do escuro** fear of the dark

**medonho** *adj.* **1** (horroroso) frightful **2** (assustador) scary

**medroso** *adj.* timid

**medula** *s.* marrow

**medula espinhal** spinal cord **medula óssea** bone marrow

**meia** *s fem.* **1** (curta, o par) socks *[pl.]*: *Você me empresta uma meia?* Will you lend me a pair of socks? ▸ *uma meia* traduz-se por ***a/one pair of socks*** ou ***some socks*** quando se refere ao par, e por ***a/one sock*** quando se refere a um só pé: *Achei uma meia sem par embaixo* *da cama.* I found an odd sock under the bed. ▸ *duas/três* etc. *meias* traduz-se por ***two/three** etc.* ***pairs of socks*** quando se refere a pares, e ***two/three** etc.* ***socks*** quando se refere a pés de meia: *Comprei quatro meias.* I bought four pairs of socks. **2** (meia-calça) pantyhose (BRIT: tights) **3** (de perna inteira, o par) stockings *[pl]* ▸ *uma meia* traduz-se por ***a/one pair of stockings*** ou ***some stockings*** quando se refere ao par, e por ***a/one stocking*** quando se refere a um só pé. **4** (seis) six **5** (meia-entrada) half-price ticket **6 comprar/pagar meia** to pay half price **7 ... e meia** (ao dizer as horas) ... thirty (BRIT: half past ...): *às sete e meia* at seven thirty

**meia arrastão** fishnet stockings *[pl.]* **meia natalina** Christmas stocking / *s masc/fem.* (jogador) midfielder

**meia-calça** *s.* pantyhose (BRIT: tights)

**meia-entrada** *s.* half-price ticket

**meia-idade** *s.* **1** middle age **2 de meia-idade** middle-aged: *um homem de meia-idade* a middle aged man

**meia-irmã** *s.* half-sister

**meia-noite** *s.* midnight: *à meia-noite* at midnight

▸ Ao dizer as horas, também se usa ***twelve***: ***it's half past twelve*** (= é meia-noite e meia).

**meia-volta** *s.* **dar/fazer meia-volta** (voltar) to turn back

**meigo** *adj.* **1** (pessoa, atitude) sweet **2** (tom, voz) gentle

**meio** *s.* **1** (centro) middle: *no meio da rua* in the middle of the street | *no meio da aula* in the middle of the class **2** (método, dispositivo) means: *um meio de proteção* a means of protection ▸ O plural também é ***means***. **3** (esfera social) scene: *o meio LGBT* the gay scene **4** (ambiente) environment: *o meio natural* the natural environment **5 meio de/para fazer algo** means of doing/to do sth: *vários meios de ganhar dinheiro* several means of making money | *um meio para alcançar um fim* a means to an end **6 meios** (dinheiro) means: *Ele não tem meios para pagar um aluguel.* He doesn't have the means to pay rent. **7 ao meio** in half: *Cortei a laranja ao meio.* I cut the orange in half. **8 comprar/dividir algo meio a meio** to split sth: *Vamos dividir a conta meio a meio?* Shall we split the check? **9 por meio de algo** by means of sth

**meio ambiente** environment: *a proteção do meio ambiente* protection of the environment **meio de campo 1** (posição) midfield **2** (jogador) midfielder **meio de comunicação 1** (meio de se comunicar) means of communication **2** (social) medium **3 os meios de comunicação** the media **meio de transporte** means of transportation (BRIT: means of transport) / *adv.* **1** (um tanto) rather: *Estou meio confuso.* I'm rather confused. **2** (pela metade) half: *meio morto* half dead **3 meio que** more or less: *Ele meio que se declarou para a menina.* He more or less told the girl he was in love with her. / *adj.* **1** half a(n): *meio litro* half a liter | *meia laranja* half an orange **2 meia hora** a half hour (BRIT: half an hour) **3 a meio caminho** halfway (***de*** *to*, ***entre*** *between*) **4 e meio** and a half ▸ vem antes do substantivo: *dois quilos e meio de carne* two and a half kilos of meat ▸ Observe que ***one and a half*** vem seguido de um substantivo no plural: *uma hora e meia* one and a half hours

▸ Não confunda: ***half past two** etc.* (= horário) e ***two** etc.* ***and a half hours*** (= duração).

**meio-dia** *s.* midday: *ao meio-dia* at midday ▸ Existe o sinônimo ***noon***, que é muito usado também.

▸ Ao dizer as horas, usa-se ***twelve***: ***it's half past twelve*** (= é meio-dia e meia). Só se usa ***midday*** ou ***noon*** quando se refere ao meio-dia em ponto.

**meio-fio** *s.* curb (BRIT: kerb)

**meio-irmão** *s.* half-brother

**meio-tempo** *s.* **1** (de jogo) half **2 nesse meio-tempo** in the meantime

**meio-termo** *s.* **1** compromise **2 chegar a um meio-termo** to reach a compromise

**mel** *s.* honey

**melado** *adj.* (grudento) sticky / *s.* molasses (BRIT: treacle)
**melancia** *s.* watermelon
**melancólico** *adj.* melancholy
**melão** *s.* melon
**melhor** *adj, adv.* 1 (comparativo) better: *O segundo livro da série é melhor do que o primeiro.* The second book in the series is better than the first. 2 (superlativo) best: *Quem é o melhor jogador do mundo?* Who's the best player in the world? 3 (de saúde) better: *Já estou me sentindo melhor.* I'm already feeling better. 4 **bem melhor** much better 5 **é melhor (alguém) fazer algo** (recomenda-se) it's best (for sb) to do sth: *É melhor pegar um táxi.* It's best to take a cab. | *É melhor não contar para ninguém.* It's best not to tell anyone. | *É melhor eles irem de metrô.* It's best for them to take the subway. 6 **ou melhor** or rather: *Vamos nos encontrar na quinta, ou melhor, na sexta.* Let's meet on Thursday, or rather, Friday. / *s.* 1 **o melhor é (alguém) fazer algo** the best thing is (for sb) to do sth: *O melhor é vocês esperarem aqui.* The best thing is for you to wait here. 2 **o melhor é que ...** the best thing is (that) ...: *O melhor é que não temos que levantar cedo.* The best thing is we don't have to get up early.
**melhora** *s.* 1 improvement (*em* *in*) 2 **melhoras!** get better! (BRIT: get well soon!)
**melhorar** *v.* 1 to improve: *Quero melhorar a minha pronúncia.* I want to improve my pronunciation. | *O tempo deve melhorar amanhã.* The weather should improve tomorrow. ▸ No uso intransitivo, no sentido de *ficar melhor*, também se diz ***to get better***: *Acho que o meu inglês está melhorando.* I think my English is getting better. 2 (de saúde) to feel better ▸ usa-se o presente contínuo quando se fala do atual estado: *Como você está? Melhorou?* How are you? Are you feeling better? | *Não fiquei bom ainda, mas já melhorei bastante.* I'm not over it yet, but I'm feeling much better. 3 **melhorar de algo** **a** (doença) to get over sth: *Melhorou da gripe?* Have you gotten over your cold? ▸ Também se pode dizer ***Are you over your cold?***. **b** (parte do corpo) ▸ Quando se fala de uma parte do corpo, começa-se a frase com a palavra correspondente seguida de ***get better***, mas observe o exemplo a seguir: *Você melhorou do estômago?* Is your stomach better?
**melodia** *s.* 1 (música) tune 2 (elemento de música) melody
**membro** *s.* 1 (integrante) member 2 (do corpo) limb ▸ Na linguagem menos especializada, *membros* traduz-se por ***arms and legs***.
**memória** *s.* 1 memory (***para*** *for*) 2 (trabalho acadêmico) dissertation 3 **memórias** (autobiografia) memoirs 4 **de memória** from memory
**memorizar** *v.* to memorize
**mencionar** *v.* to mention
**mendigar** *v.* to beg
**mendigo** *s.* beggar
**menina** *s.* 1 girl ▸ Quando se trata de um bebê, ou criança pequena, também se diz ***little girl***. 2 **ser a menina dos olhos de alguém** to be the apple of sb's eye
**menino** *s.* 1 boy ▸ Quando se trata de um bebê, ou criança pequena, também se diz ***little boy***. 2 **meninos** **a** (crianças de ambos os sexos) kids **b** (amigos) guys
**menor** *adj.* 1 (comparativo) smaller: *A Argentina é menor do que o Brasil.* Argentina is smaller than Brazil. 2 **o menor** **a** (superlativo) the smallest: *Qual é o menor país da América Latina?* Which is the smallest country in Latin America? **b** (o mínimo) the slightest: *sem a menor consideração para os outros* without the slightest consideration for others 3 (tb menor de idade) under age 4 (em música) minor: *em si menor* in B minor 5 **menor de 21 etc. anos** under 21 etc. / *s.* 1 (tb menor de idade) minor 2 **menores de 18 etc. anos** those under 18 etc. ▸ Também se diz ***under 18s*** como substantivo.
**menor infrator** juvenile offender (BRIT: young offender)

**menos** *adv.* 1 (comparativo) less: *menos caro* less expensive | *Gostei menos do segundo livro.* I liked the second book less. 2 (superlativo) the least: *a passagem menos cara* the least expensive ticket | *A matéria que eu menos gosto é Matemática.* The subject I like the least is math. 3 (em matemática e números) minus: *uma temperatura de menos cinco graus* a temperature of minus five degrees 4 **menos de** less than: *Custa menos de cem dólares.* It costs less than a hundred dollars. ▸ Quando *menos* se refere a pessoas ou coisas no plural, usa-se ***fewer than***: *Tinha menos de vinte pessoas na festa.* There were fewer than twenty people at the party. 5 **a menos** **a** (menos) less: *Meu irmão pesa cinco quilos a menos do que eu.* My brother weighs five kilos less than me. ▸ Quando *a menos* se refere a pessoas ou coisas no plural, usa-se ***fewer***: *Eram duas pessoas a menos do que o previsto.* There were two people fewer than expected. **b** (insuficiente) too little: *O taxista me devolveu $10,00 a menos.* The taxi driver gave me back $10 too little. ▸ Quando *a menos* se refere a pessoas ou coisas no plural, usa-se ***too few***: *Tem duas cadeiras a menos na mesa.* There are two chairs too few at the table. 6 **de menos** **a** (com substantivo singular) too little: *tempo de menos* too little time **b** (com substantivo plural) too few: *cadeiras de menos* too few chairs 7 **não é para menos** it's not surprising 8 **o menos possível** as little as possible 9 **pelo menos** at least 10 **muito menos** much less: *muito menos caro* much less expensive | *Ela não tem dinheiro para viajar, muito menos para a Europa.* She can't afford to go traveling, much less to Europe. / *adj.* 1 (no sentido comparativo) ▸ Com um substantivo singular, traduz-se por ***less***: *menos dinheiro* less money ▸ Com um substantivo plural, traduz-se por ***fewer***: *menos pessoas* fewer people 2 (no sentido superlativo) ▸ Com um substantivo singular, traduz-se por ***the least***: *Quem gastou menos dinheiro foi o Igor.* The person who spent the least money was Igor. ▸ Com um substantivo plural, traduz-se por ***the fewest***: *A pessoa com menos pontos é eliminada.* The person with the fewest points is eliminated. 3 **muito menos** **a** (com substantivo singular) much less: *muito menos dinheiro* much less money ▸ Também se diz ***far less***. **b** (com substantivo plural) many fewer: *muito menos pessoas* many fewer people ▸ Também se diz ***far fewer***. / *prep.* except: *todos menos eu* everyone except me / **a menos que** *conj.* unless: *A festa vai ser ao ar livre, a menos que chova.* The party will be outdoors unless it rains.

▸ Na linguagem informal, é comum os nativos de inglês trocarem ***fewer*** por ***less*** e ***fewest*** por ***least***. São erros que passam despercebidos.

**menosprezar** *v.* 1 (subestimar) to underrate 2 (colocar para baixo) to belittle

**mensageiro** *s.* messenger

**mensagem** *s.* message

**mensagem de texto** text message **mensagem de voz** voice message

**mensal** *adj.* monthly ▸ Com valores, traduz-se por ***a month***: *mil reais mensais* a thousand reais a month

**mensalidade** *s.* monthly fee ▸ Quando se trata de uma academia ou clube, traduz-se por ***membership fee***.

**mensalmente** *adv.* monthly

**menstruada** *adj.* **estar/ficar menstruada** to be having/getting your period

**menta** *s.* mint

**mental** *adj.* mental

**mentalidade** *s.* mentality

**mente** *s.* 1 mind 2 **ter algo em mente** **a** (estar pensando em) to have sth in mind **b** (lembrar) to bear sth in mind

**mentir** *v.* 1 to lie 2 **mentir a idade** to lie about your age

**mentira** *s.* 1 lie 2 **contar/falar uma mentira** to tell a lie / *interj.* **mentira!** **a** (não diga) you're kidding! **b** (isso é mentira) that's a lie!

**mentiroso** *s.* liar / *adj.* dishonest

**menu** *s.* menu
**mercado** *s.* 1 (em geral) market 2 (supermercado) grocery store (BRIT: supermarket) ▸ No inglês americano, também se diz ***market*** ou apenas ***store***: *Vou ao mercado. Quer alguma coisa?* I'm going to the store. Do you want anything?
**mercado de trabalho** job market
**mercadoria** *s.* 1 (tb mercadorias) goods *[pl.]* 2 **uma mercadoria** a goods item
**mercearia** *s.* grocery store
**merecer** *v.* 1 to deserve 2 **merecer fazer algo** to deserve to do sth
**merecido** *adj.* 1 deserved 2 **bem/muito merecido** well-deserved
**merenda** *s.* 1 (na escola) lunch 2 (para viagem) box lunch (BRIT: packed lunch)
**merenda escolar** school lunch ▸ Quando se fala da merenda escolar em geral, traduz-se por ***school lunches***: *os benefícios da merenda escolar* the benefits of school lunches
**merendeira** *s.* 1 (maleta) lunch box 2 (funcionária) lunch lady (BRIT: dinner lady)
**merendeiro** *s.* (funcionário) lunch server
**merengue** *s.* (suspiro) meringue
**mergulhador** *s.* diver
**mergulhar** *v.* 1 (praticar mergulho) to dive 2 **mergulhar algo em algo** to dip sth in sth 3 **mergulhar em algo** (água) to dive into sth 4 **ir mergulhar** to go diving
**mergulho** *s.* 1 (esporte) diving: *uma roupa de mergulho* a diving suit 2 (ato de mergulhar) dive 3 **dar um mergulho** (na piscina etc.) to take a dip (***em*** *in*)
**meridional** *adj.* southern
**mérito** *s.* 1 merit 2 **por mérito** on merit 3 **ser mérito de alguém** to be down to sb: *A vitória do time foi mérito do goleiro.* The team's win was down to the goalkeeper.
**mero** *adj.* mere
**mês** *s.* 1 month 2 **mês passado/que vem** last/next month 3 **por mês** per month ▸ Em expressões de valor ou frequência, é mais comum dizer ***a month***: *Quanto ele ganha por mês?* How much does he make a month? | *duas vezes por mês* twice a month
**mesa** *s.* 1 (em geral) table 2 (tb mesa de trabalho) desk 3 **na mesa** **a** (em cima da mesa) on the table **b** (à mesa) at the table 4 **pôr a mesa** to set the table (BRIT: to lay the table) 5 **tirar a mesa** to clear the table
**mesa de cabeceira** nightstand (BRIT: bedside table) **mesa de centro** coffee table **mesa de jantar** 1 (local) dinner table: *A família se reúne na mesa de jantar.* The family comes together at the dinner table. 2 (móvel) dining table **mesa de trabalho** desk
**mesada** *s.* allowance (BRIT: pocket money)
**mesma** *s.* 1 **na mesma** (sem mudar) the same as ever 2 **dar na mesma** to come to the same thing 3 **ficar na mesma** to be none the wiser: *Como assim? Fiquei na mesma!* What do you mean? I'm still none the wiser!
**mesmo** *adv.* 1 (exatamente) exactly: *Foi isso mesmo que o professor falou.* That's exactly what the teacher said. 2 (de verdade) really: *Você fala mesmo português?* Do you really speak Portuguese? 3 (até) even: *Mesmo sem entender tudo, consegui me comunicar.* Even without understanding everything, I managed to communicate. 4 **mesmo assim** even so 5 **mesmo fazendo algo** ▸ Traduz-se usando a conjunção ***even though***: *Fui ver o filme mesmo não querendo.* I went to see the movie even though I didn't want to. | *Mesmo os pais não gostando, ele quer ser ator.* Even though his parents don't like it, he wants to be an actor. ▸ Com referência ao futuro, usa-se ***even if***: *Vou conseguir um ingresso, mesmo tendo que ficar horas na fila.* I'm going to get a ticket even if I have to stand in line for hours. 6 **agora mesmo** **a** (neste momento) right now: *Vamos resolver isso agora mesmo.* Let's straighten this out right now. **b** (há pouco) just now: *Cheguei agora.* I arrived just now. 7 **aqui mesmo** right here 8 **assim mesmo** just like that 9 **é mesmo?** really? 10 **isso mesmo!** quite right! 11 **não mesmo**

certainly not **12 nem mesmo** not even **13 por isso mesmo (que)** that's exactly why / *adj.* **1** (igual) same (***que*** *as*): *Ele tem o mesmo tênis que eu.* He has the same sneakers as me. | *Não precisa trocar os pratos, podemos usar os mesmos.* There's no need to change the plates, we can use the same ones. **2** (próprio) ▸ Traduz-se por ***myself, yourself, himself, herself, itself, ourselves, yourselves*** ou ***themselves*** de acordo com o sujeito da frase: *Surpreendemos a nós mesmos com a vitória.* We surprised ourselves with the win. | *Fiquei decepcionado comigo mesmo.* I was disappointed with myself. ▸ Quando serve para enfatizar o sujeito, a palavra que termina em ***-self*** é colocada no final da frase: *Ela mesma consertou a bicicleta.* She fixed the bike herself. | *Vocês mesmos poderiam organizar a festa.* You could organize the party yourselves. / *s.* **1 o mesmo** the same (***que*** *as*): *Aconteceu comigo o mesmo que aconteceu com você.* The same happened to me as happened to you. **2 continuar o mesmo** to be still the same: *O problema continua o mesmo.* The problem is still the same. **3 dar no mesmo** to come to the same thing **4 para mim dá no mesmo** (tanto faz) it's all the same to me / **mesmo que** *conj.* **1** (referente ao futuro) even if: *Mesmo que seja difícil, vou tentar.* Even if it's difficult, I'm going to try. **2** (referente ao passado ou presente) even though: *Todos os passageiros são revistados, mesmo que a grande maioria não tenha nada a esconder.* All passengers are searched, even though the vast majority have nothing to hide.

**mesquinho** *adj.* **1** (sovina) stingy **2** (que implica com coisas pequenas) petty

**mesquita** *s.* mosque

**mestiço** *adj.* **1** (povo, pessoa) mixed-race **2** (animal) crossbred / *s.* person of mixed race

**mestrado** *s.* master's (degree): *Ela fez mestrado em Administração.* She did a master's in business.

**mestre** *s.* **1** (especialista) master **2** (professor) teacher ▸ Como forma de tratamento, diz-se ***sir***. **3 ser mestre em (fazer) algo** (ser muito bom) to be a master at (doing) sth

**meta** *s.* **1** (objetivo) goal **2** (valor a ser alcançado) target **3** (de corrida) finish line (BRIT: finishing line) **4 alcançar/cumprir uma meta** **a** (conseguir objetivo) to achieve a goal **b** (alcançar determinado valor) to reach a target

**metade** *s.* **1** half **2 metade de algo** half (of) sth: *Comi metade da maçã.* I ate half the apple. ▸ Quando ***half*** acompanha o sujeito da frase e se refere a várias pessoas ou coisas, vem seguido de um verbo no plural: *Metade dos participantes é brasileira.* Half the participants are Brazilian. **3 cortar/dividir algo pela metade** to cut/divide sth in half **4 estar pela metade** **a** (pessoa, com trabalho, livro etc.) to be halfway through **b** (obra, trabalho etc.) to be half finished **c** (copo, garrafa etc.) to be half full **5 fazer algo pela metade** **a** (chegar até a metade) to get halfway through doing sth: *Só assistimos ao filme pela metade.* We only got halfway through watching the movie. **b** (deixar sem terminar) to half do sth: *Só pintaram a escola pela metade.* They only half painted the school. **6 na/pela metade de algo** **a** (trabalho, livro, filme etc.) halfway through sth: *Dormi na metade do filme.* I fell asleep halfway through the movie. **b** (período) in the middle of sth: *na metade do século passado* in the middle of the last century **c** (escada, parede, montanha etc.) halfway up sth ▸ Dependendo do contexto, também se pode traduzir por ***halfway down sth*** **7 na/pela metade do caminho** halfway **8 pela metade do preço** half price: *Conseguimos os ingressos pela metade do preço.* We got the tickets half price. **9 reduzir algo pela metade** to halve sth

**metal** *s.* metal

**metálico** *adj.* metallic

**meteórico** *adj.* meteoric

**meteorito** *s.* meteorite

**meteorologista** *s.* (na TV) weather forecaster

**meter** *v.* **1** (introduzir) to put in **2** (colocar) to put: *Não sei onde meti a chave.* I don't know where I've put the key. / **meter-se** *v.* 1 (intrometer-se) to meddle (***em*** *in*) 2 (em conversa alheia) to butt in (***em*** *on*) 3 **meter--se com alguém** to get involved with sb 4 **meter-se em/com algo** (envolver-se) to get involved in/with sth 5 **aonde eu fui me meter?** what have I gotten myself into? 6 **não se meta!** stay out of it! ▸ Também existe a expressão mais brusca ***Butt out!***

**metido** *adj.* 1 (presunçoso) stuck-up 2 (intrometido) meddling 3 **ser metido a algo** to think you're sth (BRIT: to fancy yourself as sth): *Ela é metida a cantora.* She thinks she's a singer.

**metódico** *adj.* methodical

**método** *s.* 1 method 2 **método de/para (fazer) algo** method of/for (doing) sth

**metodologia** *s.* methodology

**metralhadora** *s.* machine gun

**métrico** *adj.* 1 (sistema, medida) metric 2 **fita métrica** tape measure

**metro** *s.* 1 (medida) meter (BRIT: metre): *uma corrida de 100 metros* a 100-meter race 2 (instrumento) meter ruler (BRIT: metre rule) **metro quadrado** square meter (BRIT: square metre)

**metrô** *s.* 1 subway (BRIT: underground): *uma estação de metrô* a subway station 2 **de metrô** on the subway: *Vamos de metrô.* Let's go on the subway.
▸ O nome oficial do metrô de Londres é ***the London Underground***, mas os londrinos o chamam de ***the tube*** (= o tubo): ***We can get there on the tube.*** (= Podemos ir até lá de metrô.), ***I'll meet you at the tube station.*** (= Eu te encontro na estação de metrô.)

**metrópole** *s.* metropolis

**meu** *adj.* 1 (antes de substantivo) my: *a minha casa* my house ▸ Nunca vem precedido do artigo definido em inglês. 2 (depois de substantivo) of mine: *uma prima minha* a cousin of mine | *uns amigos meus* some friends of mine 3 **ser meu** to be mine: *Esses livros são meus.* These books are mine. ▸ Nunca se usa o artigo definido com ***mine*** em inglês: *Essa bolsa é a minha.* This bag is mine. / *pron.* **o meu** (substituindo substantivo) mine: *A sua rua é mais barulhenta do que a minha.* Your street is noisier than mine. | *Esses óculos não são meus. Os meus são menores.* Those glasses aren't mine. Mine are smaller.

**mexer** *v.* 1 (mover) to move: *O médico disse para eu não mexer o braço.* The doctor told me not to move my arm. 2 (para misturar) to stir: *Mexa a panela de vez em quando.* Stir the pan from time to time. 3 **mexer com algo** to be involved with sth: *Ela mexe com web design.* She's involved with web design. 4 **mexer com alguém** **a** (impressionar) to get to sb: *O filme mexeu muito comigo.* The movie really got to me. **b** (zoar) to tease sb 5 **mexer em algo** **a** (tocar indevidamente) to mess with sth (BRIT: to meddle with sth) **b** (distraindo-se) to fiddle with sth: *Ela vive mexendo no cabelo.* She's always fiddling with her hair. / **mexer-se** *v.* 1 (mover-se) to move 2 (apressar-se) to get a move on

**mexerica** *s.* tangerine

**mexicano** *adj, s.* Mexican

**México** *s.* 1 Mexico 2 **Cidade do México** Mexico City

**mexido** *adj.* **ovos mexidos** scrambled eggs

**mexilhão** *s.* mussel

**mi** *s.* (em música) E

**miar** *v.* to meow (BRIT: to miaow)

**mico** *s.* 1 (animal) marmoset 2 **pagar mico** to embarrass yourself 3 **que mico!** how embarrassing!

**microfone** *s.* microphone

**micro-ondas** *s.* microwave: *pipoca de micro-ondas* microwave popcorn

**microscópico** *adj.* microscopic

**microscópio** *s.* microscope

**mídia** *s.* media

**migalha** *s.* crumb: *migalhas de pão* breadcrumbs

**migração** *s.* migration

**migrante** *adj, s.* migrant

**migrar** *v.* to migrate

**mijar** *v.* to pee
**mil** *num.* 1 ▸ Quando vem sem nenhum outro número, diz-se ***a thousand***: *Custa mil dólares.* It costs a thousand dollars. ▸ também no sentido de *muitos*: *Já te falei mil vezes!* I've already told you a thousand times! ▸ Quando vem seguido de outros números, diz-se ***one thousand***: *mil duzentos e cinquenta reais* one thousand two hundred and fifty reais 2 **dois/três etc. mil** two/three etc. thousand: *cinco mil dólares* five thousand dollars ▸ Só se insere ***and*** depois de ***thousand*** quando o número que se segue é menor de cem: *três mil e oitocentos* three thousand eight hundred | *duas mil e cinquenta* two thousand and fifty ▸ No caso dos números entre 1100 e 9900 que terminam em 00, é comum no inglês americano expressá-los em centenas : *cinco mil e quatrocentos dólares* fifty-four hundred dollars 3 **estar a mil** to be in overdrive
▸ Ao ler os anos entre 1000 e 2000, divide-se o número em duas partes, p.ex.: 1987 pronuncia-se ***nineteen eighty-seven***. Quando o ano termina em 01 a 09, o zero pronuncia-se como se fosse a letra o, p.ex.: 1808 ***eighteen oh eight***. No caso dos anos que terminam em 00, lê-se a segunda parte como ***hundred***, p. ex.: 1500 ***fifteen hundred***. De 2000 em diante, lê-se o ano como se fosse um só número, p.ex. 2009 ***two thousand and nine***. A partir de 2010, usam-se as duas formas, ou seja, 2016 pode-se ler ou ***two thousand and sixteen*** ou ***twenty sixteen***.
**milagre** *s.* 1 miracle 2 **fazer/operar um milagre** to work/perform a miracle 3 **por um milagre** miraculously
**milagroso** *adj.* miraculous
**milênio** *s.* millennium
**milésimo** *adj, s.* thousandth
**milha** *s.* mile
**milhão** *s.* 1 **um milhão** ▸ Quando vem sem nenhum outro número, diz-se ***a million***. Observe que não há preposição entre ***million*** e o substantivo que se segue: *Ela ganhou um milhão de reais.* She won a million reais. ▸ Quando vem seguido de outros números, diz-se ***one million***: *um milhão e quatrocentos mil reais* one million four hundred thousand reais 2 **dois/três etc. milhões** two/three etc. million ▸ Depois de outro número, ***million*** não tem plural: *cinco milhões de pessoas* five million people 3 **milhões** millions ▸ Quando não vem acompanhado de nenhum outro número, usa-se o plural ***millions*** e a preposição ***of*** antes de um substantivo: *um programa visto por milhões de pessoas* a show seen by millions of people 4 **aos milhões** (em grande número) in their millions
**milhar** *s.* 1 **milhares de algo** thousands of sth 2 **aos milhares** in their thousands
**milho** *s.* 1 (planta) corn (BRIT: maize) 2 (em grãos) corn (BRIT: sweetcorn) 3 (na espiga) corn on the cob
**miligrama** *s.* milligram
**mililitro** *s.* milliliter (BRIT: millilitre)
**milímetro** *s.* millimeter (BRIT: millimetre)
**milionário** *s.* millionaire / *adj.* 1 (empresário, marido etc.) millionaire 2 (contrato, orçamento etc.) multimillion-dollar (BRIT: multi-million-pound)
**militante** *adj, s.* militant
**militar** *adj.* military / *s.* 1 member of the military 2 **militares** military personnel *[sg.]*
**mim** *pron.* 1 me 2 **mim (mesmo)** myself
**mimado** *adj.* spoiled (BRIT: spoilt)
**mimar** *v.* to spoil
**mímica** *s.* 1 (gestos) miming 2 (arte) mime 3 (brincadeira) charades *[pl.]* 4 **fazer mímica** to mime
**mina** *s.* mine
**mina de carvão** coal mine **mina de ouro** gold mine **mina terrestre** landmine
**minar** *v.* to undermine
**mineiro** *s.* 1 (garimpeiro) miner 2 (pessoa de MG) person from (the state of) Minas Gerais / *adj.* 1 (de mineração) mining 2 (de MG) of/from (the state of) Minas Gerais
**mineração** *s.* mining
**mineral** *adj, s.* mineral
**minério** *s.* ore

**mingau** *s.* porridge
**minguar** *v.* 1 (diminuir) to dwindle 2 (lua) to wane
**minha** *adj, pron.* veja **meu**
**minhoca** *s.* worm
**miniatura** *s.* 1 miniature 2 **em miniatura** miniature: *uma versão em miniatura* a miniature version
**mínima** *s.* 1 (temperatura) low 2 **não dou a mínima** I could care less (BRIT: I couldn't care less) (***para*** *about*)
**mínimo** *adj.* 1 (mais baixo) minimum: *A idade mínima é de 16 anos.* The minimum age is 16. 2 (ínfimo) minimal: *A diferença é mínima.* The difference is minimal. 3 (muito pequeno) tiny: *um quarto mínimo* a tiny room 4 **o mínimo** (o menor) the slightest: *sem a mínima importância* without the slightest importance / *s.* 1 minimum 2 **no mínimo** at least 3 **o mínimo possível** as little as possible 4 **o mínimo que** the least that: *É o mínimo que eu posso fazer por você.* It's the least I can do for you.
**minissaia** *s.* miniskirt
**minissérie** *s.* miniseries
**ministério** *s.* ministry: *o Ministério da Educação* the Ministry of Education
**ministro** *s.* minister
**minoria** *s.* 1 minority 2 **ser a minoria** to be in the minority
**minucioso** *adj.* painstaking
**minúscula** *s.* small letter
**minúsculo** *adj.* 1 (letra) small: *com b minúsculo* with a small b 2 (muito pequeno) tiny
**minuto** *s.* minute: *Um minuto, por favor.* One minute, please. ▸ Na linguagem informal, *minutinho* traduz-se por ***second***: *Só um minutinho!* Just a second!
**miolo** *s.* 1 (de pão) soft part 2 **miolos** (cérebro) brains
**míope** *adj.* nearsighted (BRIT: short-sighted)
**miragem** *s.* mirage
**mirante** *s.* lookout point
**mirar** *v.* 1 (olhar) to gaze at 2 **mirar (em) algo** (com arma) to aim at sth
**mirim** *adj.* child: *um cantor mirim* a child singer
**miserável** *adj.* 1 (pobre) wretched 2 (sovina) stingy 3 (salário etc.) miserable / *s.* wretch
**miséria** *s.* abject poverty
**misericórdia** *s.* mercy
**missa** *s.* 1 mass 2 **ir à missa** to go to mass 3 **rezar uma missa** to say a mass: *Mandaram rezar uma missa pela avó.* They had a mass said for their grandmother.
**missa do galo** midnight mass
**missão** *s.* mission: *missão cumprida* mission accomplished
**míssil** *s.* missile
**missionário** *s.* missionary
**mistério** *s.* 1 mystery 2 **(fazer) algo não tem (nenhum/muito) mistério** (doing) sth is (very/quite) straightforward 3 **fazer mistério** to be secretive
**misterioso** *adj.* mysterious
**místico** *adj.* mystical
**misto** *adj.* 1 (em geral) mixed 2 (escola, turma) coed (BRIT: mixed) / *s.* 1 (mistura) mixture: *A capoeira é um misto de luta e dança.* Capoeira is a mixture of fighting and dance. 2 (sanduíche) ham and cheese sandwich
**misto-quente** *s.* grilled ham and cheese (BRIT: ham and cheese toastie)
**mistura** *s.* mixture
**misturar** *v.* 1 (juntar) to mix 2 (salada) to toss 3 (confundir, desordenar) to mix up (***com*** *with*) ▸ Também se diz ***to get sth mixed up***: *Sempre misturo as preposições em inglês.* I always get the prepositions mixed up in English. / **misturar-se** *v.* (pessoas) to mix (***com*** *with*)
**mito** *s.* 1 (em geral) myth 2 (pessoa) legend: *Ayrton Senna tornou-se um mito.* Ayrton Senna became a legend.
**mitologia** *s.* mythology
**miúdo** *adj.* 1 small 2 **letras miúdas** (em contrato etc.) fine print (BRIT: small print) *[sg.]* / **miúdos** *spl.* 1 (de ave) giblets 2 (de gado) organ meats (BRIT: offal)
**mixagem** *s.* 1 (música) mix 2 (processo) mixing

**mixaria** *s.* **uma mixaria** peanuts
**mobília** *s.* 1 furniture 2 **sem mobília** unfurnished
**mobiliado** *adj.* furnished
**moça** *s.* 1 young woman 2 (como forma de tratamento) miss
**moçambicano** *adj, s.* Mozambican
**Moçambique** *s.* Mozambique
**mochila** *s.* backpack
**mochilão** *s.* 1 backpacking tour 2 **fazer um mochilão** to go backpacking (***por*** *around*)
**mochileiro** *s.* backpacker
**moço** *s.* 1 young man 2 (como forma de tratamento) sir
**moda** *s.* 1 fashion: *a última moda* the latest fashion | *uma revista de moda* a fashion magazine 2 **moda de algo** fashion for sth: *a moda das unhas decoradas* the fashion for decorated nails 3 **à minha moda/a moda dele etc.** in my/his etc. own way 4 **estar/ficar fora da moda** to be out of fashion 5 **inventar moda** a (inovar) to push the boundaries b (perder tempo) to fool around: *Ele deve parar de inventar moda e estudar.* He should quit fooling around and study. 6 **na moda** in fashion 7 **roupa etc. fora da moda** unfashionable clothes etc. 8 **sair de moda** to go out of fashion 9 **virar moda** to become fashionable 10 **voltar à moda** to come back into fashion
**modalidade** *s.* 1 (tipo) form: *Existem várias modalidades de estágio.* There are various forms of internship. 2 (esportiva) event: *modalidades paraolímpicas* Paralympic events
**modelo** *s.* 1 (na maioria dos casos) model 2 (feitio de roupa) design
**modem** *s.* modem
**modem 3G** wireless internet card (BRIT: dongle)
**moderado** *adj.* moderate
**modernizar** *v.* to modernize
**moderno** *adj.* modern
**modernoso** *adj.* new-fangled
**modéstia** *s.* 1 modesty 2 **modéstia à parte** modesty aside
**modesto** *adj.* modest
**modificar** *v.* to modify
**modo** *s.* 1 (maneira) manner 2 **modo de fazer algo** manner of doing sth 3 **bons modos** good manners 4 **de modo que** so that 5 **de qualquer modo** anyway 6 **ser só modo de falar** to be just a manner of speaking
**módulo** *s.* module
**moeda** *s.* 1 (peça) coin: *uma moeda de cinquenta centavos* a fifty-cent coin 2 (de país) currency: *A moeda britânica é a libra esterlina.* The British currency is the pound sterling. 3 **pagar (a alguém) na mesma moeda** to give (sb) tit for tat
**moer** *v.* 1 (café etc.) to grind 2 (carne) to grind (BRIT: to mince)
**mofado** *adj.* moldy (BRIT: mouldy)
**mofar** *v.* to mold (BRIT: to mould)
**mofo** *s.* mold (BRIT: mould)
**moído** *adj.* 1 (café) ground 2 **carne moída** (bovina) ground beef (BRIT: mince)
**moinho** *s.* 1 (construção) mill: *um moinho de vento* a windmill 2 (aparelho) grinder: *um moinho de café* a coffee grinder
**moita** *s.* 1 bush 2 **na moita** (às escondidas) on the quiet
**mola** *s.* 1 (peça) spring 2 (de carro) suspension
**moldar** *v.* to mold (BRIT: to mould)
**molde** *s.* 1 (modelo oco) mold (BRIT: mould) 2 (de costura) pattern 3 (para desenho) template
**moldura** *s.* frame
**mole** *adj.* 1 (macio) soft 2 (com preguiça, lento) sluggish 3 (fácil) easy 4 **dar mole** a (não tomar cuidado) to let your guard down: *O time deu mole e perdeu o jogo.* The team let its guard down and lost the game. b (dar confiança) to give the come-on (***para*** *to*) 5 **é mole?** (dá para acreditar?) can you believe it? / *adv.* (facilmente) easily
**moleza** *s.* 1 (maciez) softness 2 (preguiça, lentidão) sluggishness 3 **ser moleza** (fácil) to be a piece of cake
**molhado** *adj.* wet
**molhar** *v.* 1 (sem querer) to get wet: *Quem molhou o chão do banheiro?* Who got the

bathroom floor wet? **2** (de propósito) to wet: *Molhei o pano para limpar a mesa.* I wet the cloth to clean the table. **3** (plantas) to water / **molhar-se** *v.* to get wet

**molho**[1] *s.* **1** (de chaves) bunch **2** (de lenha) bundle

**molho**[2] *s.* **1** (caldo) sauce: *molho de tomate* tomato sauce **2** (para salada) dressing **3** (para carne) gravy **4 deixar/pôr algo de molho** to leave sth to soak **5 estar de molho** **a** (doente) to be laid up **b** (roupa, alimento) to be soaking **6 ficar de molho** (alimento etc.) to soak

**momentâneo** *adj.* momentary

**momento** *s.* **1** (instante) moment: *Espere um momento.* Wait a moment. | *depois de alguns momentos* a few moments later **2** (ocasião) time: *no momento do acidente* at the time of the accident | *Passamos bons momentos juntos.* We spent some good times together. **3 a cada/todo momento** every minute **4 a qualquer momento** **a** (não importa quando) at any time ▸ Também se diz ***anytime***: *Com esse telefone, posso me conectar a qualquer momento.* With this phone I can go online at any time. **b** (em breve) any time (now): *Os resultados do concurso devem sair a qualquer momento.* The results of the competition should come out any time now. **c** (nos próximos momentos) any minute (now): *Vai cair um toró a qualquer momento.* It's going to pour down any minute now. **5 até o momento** so far **6 neste momento** (há pouco) just this minute: *Falei com ele neste momento.* I've just this minute spoken to him. **7 no momento** (atualmente) at the moment: *nesse exato momento* at this precise moment **8 o/no momento em que ...** the moment (that/when) ...: *No momento em que a viu, ele se apaixonou.* The moment he saw her, he fell in love.

**monarquia** *s.* monarchy

**monge** *s.* monk

**monitor** *s.* (tela) monitor

**monopólio** *s.* monopoly

**monótono** *adj.* monotonous

**monstro** *s.* **1** monster **2 ser um monstro** (de feio) to be hideous

**monstruosidade** *s.* monstrosity

**montagem** *s.* **1** (de produtos) assembly **2** (de peça, musical) production **3** (de vídeo, filme) editing

**montanha** *s.* **1** (pico) mountain **2** (serra) mountains *[pl.]*: *Eles passam o verão na montanha.* They spend the summer in the mountains.

**montanha-russa** *s.* roller coaster: *Você gosta de andar de montanha-russa?* Do you like riding roller coasters?

**montanhismo** *s.* mountaineering

**montanhoso** *adj.* mountainous

**montar** *v.* **1** (projeto, negócio, aparelho, palco, casa) to set up **2** (produto, móvel) to assemble **3** (peça, exposição) to put on **4** (peças, motor, quebra-cabeça) to put together **5** (filme, vídeo) to edit **6** (andar de cavalo) to ride **7 montar em algo** (cavalo, bicicleta etc.) to mount sth

**monte** *s.* **1** (pilha) pile **2** (em nomes) Mount: *o Monte Everest* Mount Everest **3 um monte (de algo)** a lot (of sth): *um monte de gente* a lot of people | *A gente riu um monte.* We laughed a lot. ▸ Existem diversas variantes informais, tais como ***lots of, a load of, tons of, a (whole) bunch of*** (americano) e ***loads of*** (britânico).

**monumento** *s.* monument

**moradia** *s.* **1** (habitação) housing: *moradia estudantil* student housing **2** (casa) home

**morador** *s.* resident

**moral** *adj.* moral / *s fem.* **1** (ética) morality **2** (de história) moral **3 dar moral para alguém** to encourage sb **4 na moral** **a** (numa boa) no sweat **b** (é sério) straight up / *s masc.* (ânimo) morale

**morango** *s.* strawberry: *iogurte de morango* strawberry yogurt

**morar** *v.* to live: *Onde você mora?* Where do you live?

**mórbido** *adj.* morbid

**morcego** *s.* bat

**mordaça** *s.* gag

**morder** *v.* 1 (em geral) to bite: *Ele foi mordido por um mosquito.* He was bitten by a mosquito. ▸ Quando se fala de dar a primeira mordida em algo, diz-se ***to bite into sth***: *Quando mordi a bolacha, estava com gosto de velha.* When I bit into the cracker, it tasted stale. 2 (comer fazendo barulho) to crunch: *Não morda a bala, vai quebrar os dentes!* Don't crunch the candy, you'll break your teeth!

**mordida** *s.* 1 bite: *uma mordida de cobra* a snake bite | *Me dá uma mordida do seu lanche.* Give me a bite of your sandwich. 2 **dar uma mordida (em algo)** (comer) to take a bite (of sth) 3 **dar uma mordida em alguém** to bite sb 4 **levar uma mordida** to get bitten (***de*** *by*)

**mordomia** *s.* 1 (em geral) luxury 2 (de funcionário) perk

**mordomo** *s.* butler

**morena** *s.* (mulher de cabelo moreno) brunette

**moreno** *adj.* 1 (por natureza) dark 2 (bronzeado) tanned (BRIT: brown)

**mormaço** *s.* 1 (referente ao tempo) muggy weather 2 (referente ao céu) hazy sunshine

**morno** *adj.* lukewarm

**morrer** *v.* 1 (em geral) to die ▸ Quando a morte é violenta, traduz-se por ***to be killed***: *Ele morreu num acidente de carro.* He was killed in a car accident. 2 (carro, motor) to stall 3 **morrer congelado/esfaqueado etc.** to freeze/be stabbed etc. to death ▸ Usa-se ***to death*** quando o sentido é *até a morte*. Em outros casos, quando a morte é instantânea, usa-se ***... and killed***: *Ela morreu atropelada.* She was knocked down and killed. ▸ Em alguns casos, p.ex. *morrer afogado/executado* etc., a ideia de morrer é implícita e portanto fica sem tradução. Consulte o verbete relevante. 4 **morrer na hora** to be killed instantly

▸ Para saber como traduzir expressões tais como *estar morrendo de fome/tédio/vontade* etc., consulte o verbete do substantivo correspondente.

**morro** *s.* 1 (colina) hill 2 (favela) favela

**morte** *s.* 1 death 2 **até a morte** to death: *espancado até a morte* beaten to death

**morto** *adj.* 1 dead: *O presidente foi encontrado morto em seu gabinete.* The president was found dead in his office. 2 **morto (de cansaço/sono)** dead tired ▸ Na linguagem informal, também se diz ***beat***. 3 **ser morto** (ser assassinado) to be killed / *s.* 1 dead person ▸ Quando se sabe o sexo, é mais comum dizer ***dead man*** ou ***dead woman***. Depois de um número, usa-se ***dead***: *Houve quatro mortos no atentado.* There were four dead in the attack. 2 **número de mortos** death toll 3 **os mortos** the dead ▸ Na linguagem informal, diz-se ***dead people***.

**mosaico** *s.* mosaic

**mosca** *s.* 1 fly 2 **às moscas** deserted

**mosquito** *s.* mosquito

**mostarda** *s.* mustard

**mosteiro** *s.* monastery

**mostra** *s.* **à mostra** showing: *O top deixa a barriga à mostra.* The top leaves your midriff showing.

**mostrador** *s.* 1 (de relógio) face 2 (de instrumento, rádio) dial

**mostrar** *v.* 1 to show 2 **mostrar algo a/para alguém** to show sb sth: *Ela me mostrou as fotos da festa.* She showed me the pictures of the party. ▸ Quando se quer destacar o beneficiário, traduz-se por ***to show sth to sb***: *Não sei por que ela não mostrou as fotos para mim.* I don't know why she didn't show the pictures to me. / **mostrar-se** *v.* 1 (revelar-se) to show yourself to be: *O técnico se mostrou satisfeito com a vitória.* The coach showed himself to be pleased with the win. 2 (exibir-se) to show off 3 **mostrar-se interessado em algo** to show interest in sth

**mostruário** *s.* display case

**motel** *s.* love motel

▸ Nos países de língua inglesa, a palavra ***motel*** designa um hotel barato à beira da estrada onde se pernoita.

**motim** *s.* riot

**motivação** *s.* motivation

**motivado** *adj.* (pessoa) motivated
**motivar** *v.* 1 to motivate 2 **motivar alguém a fazer algo** to motivate sb to do sth
**motivo** *s.* 1 (razão) reason (***de/para*** *for*): *por esse motivo* for this reason | *Qual foi o motivo da renúncia dele?* What was the reason for his resignation? 2 (de crime) motive 3 **dar motivo a algo** (levar a) to give rise to sth 4 **o motivo por que** the reason (why): *o motivo por que eu gosto dela* the reason I like her 5 **por que motivo** for what reason 6 **sem motivo** for no reason
**moto** *s.* motorcycle (BRIT: motorbike)
**motoboy** *s.* motorcycle courier
**motocicleta** *s.* motorcycle (BRIT: motorbike)
**motociclismo** *s.* motorcycling
**motociclista** *s.* motorcyclist
**motoqueiro** *s.* 1 (motociclista) motorcyclist 2 (fã de motos) biker
**motor** *s.* 1 (de carro, avião etc.) engine 2 (elétrico) motor
**motor de popa** outboard motor / *adj.* **coordenação motora** physical coordination
**motorista** *s.* driver
**mouse** *s.* mouse
**móvel** *s.* 1 piece of furniture: *um móvel novo* a new piece of furniture 2 **móveis** furniture *[sg.]*: *Os móveis da casa são antigos.* The furniture in the house is old-fashioned. / *adj.* mobile
**mover** *v.* 1 (movimentar) to move 2 (impelir) to drive / **mover-se** *v.* to move
**movido** *adj.* **movido a gasolina/pilha etc.** gasoline-powered/battery-powered etc.
**movimentado** *adj.* 1 (na maioria dos casos) busy 2 (badalado) popular 3 (música) up-tempo
**movimento** *s.* 1 (na maioria dos casos) movement 2 (de shopping, restaurante etc.) attendance 3 (de rua, bairro) activity 4 **o movimento aumenta/diminui** (de rua, loja etc.) it gets busier/less busy 5 **pôr algo em movimento** to set sth in motion 6 **pôr-se em movimento** (partir) to move off 7 **ter muito/pouco movimento** (comércio, rodovia etc.) to be very/not very busy: *Não tinha muito movimento no shopping.* It wasn't very busy at the mall.
**muamba** *s.* contraband
**muçulmano** *adj, s.* Muslim
**muda** *s.* (de planta) cutting
**mudança** *s.* 1 (em geral) change (***de*** *of*, ***em*** *in*) 2 (de uma casa a outra) move 3 (móveis) furniture 4 (de carro) transmission (BRIT: gearbox) 5 **estar de mudança** to be moving
**mudanças climáticas** climate change
**mudar** *v.* 1 (na maioria dos casos) to change 2 (tb mudar de casa) to move (***para*** *to*) 3 (tb mudar de lugar) to move: *Mudei o computador para o quarto.* I moved the computer to the bedroom. 4 **mudar de cor** to change color 5 **mudar de assunto** to change the subject 6 **mudar de ideia** to change your mind 7 **mudar de lugar** (sentar em outro lugar) to change places 8 **mudar de roupa** to change (your clothes) / **mudar-se** *v.* 1 (mudar de casa) to move (***para*** *to*) 2 (ir embora) to move away
**mudo** *adj.* 1 (pessoa) mute 2 (filme, letra) silent 3 (telefone) dead 4 **ficar mudo** **a** (sem palavras) to be speechless **b** (não comentar) to keep quiet **c** (telefone) to go dead / *s.* mute
**mugir** *v.* to moo
**muito** *adj.* 1 (em grande quantidade) a lot of: *muito dinheiro* a lot of money ▸ Em perguntas e frases negativas, usa-se ***much***: *Você tem muito trabalho?* Do you have much work? | *Não temos muito tempo.* We don't have much time. 2 (em excesso) too much: *Coloquei muito sal na pipoca e não dava para comer.* I put too much salt on the popcorn and you couldn't eat it. 3 **muitos** **a** (em grande quantidade) a lot of: *muitas pessoas* a lot of people ▸ Em perguntas e frases negativas, assim como na linguagem formal, usa-se ***many***: *Você teve muitos problemas?* Did you have many problems? | *Não sobraram muitos copos.* There aren't many glasses left. **b** (em excesso) too many: *Não deu tempo de terminar a prova. Eram muitas questões.*

There wasn't time to finish the test. There were too many questions. 4 **muita coisa** **a** (grande quantidade) a lot: *Tenho muita coisa para fazer.* I have a lot to do. ▸ Em perguntas e frases negativas, usa-se ***much***: *Não me lembro de muita coisa.* I don't remember much. | *Você fez muita coisa no fim de semana?* Did you do much on the weekend? **b** (excesso) too much: *É muita coisa para mim.* It's too much for me. 5 **muito (tempo)** a long time: *Ficamos conversando muito tempo.* We sat talking for a long time. | *muito tempo atrás* a long time ago ▸ Em perguntas e frases negativas, usa-se ***long***: *Você está esperando há muito tempo?* Have you been waiting long? | *Não ficamos muito na festa.* We didn't stay long at the party. 6 **muitas vezes** **a** (em muitas ocasiões) many times **b** (frequentemente) often / *pron.* 1 (grande quantidade) a lot: *Não precisa comprar leite, temos muito ainda.* There's no need to buy milk, we still have a lot. ▸ Em perguntas e frases negativas, usa-se ***much***: *Você gastou muito no shopping?* Did you spend much at the mall? | *Ele não ganha muito no trabalho dele.* He doesn't earn much in his job. 2 (excesso) too much: *Uma pizza inteira é muito para mim.* A whole pizza is too much for me. 3 **muitos** (muitas pessoas) many: *Muitos acreditam que existe vida em outros planetas.* Many believe there is life on other planets. / *adv.* 1 (com adjetivos e advérbios) very: *A Ana é muito simpática.* Ana is very friendly. | *O Gabriel escreve muito bem em inglês.* Gabriel writes very well in English. 2 (em demasia) too: *O rio é muito largo para atravessar nadando.* The river is too wide to swim across. | *Abaixa a música, está muito alta.* Turn the music down, it's too loud. 3 (com verbos) a lot: *Eu gosto muito dele.* I like him a lot. ▸ Em perguntas e frases negativas, usa-se ***much***: *Você sai muito à noite?* Do you go out much in the evening? | *Não gostei muito do filme.* I didn't like the movie much. 4 (com comparativos) much: *Meu irmão é muito mais novo do que eu.* My brother's much younger than me. | *A prova de Inglês foi muito mais difícil do que a de Espanhol.* The English test was much more difficult than the Spanish one. 5 **muito antes** long before 6 **muito depois** much later 7 **muito mais** much more

▸ Em contextos mais formais, usa-se ***a great deal (of)*** em vez de ***a lot (of)***.

**mula** *s.* mule

**muleta** *s.* 1 crutch 2 **andar de muleta** to walk on crutches

**mulher** *s.* 1 (em geral) woman 2 (esposa) wife

**multa** *s.* 1 fine: *uma multa de 500 dólares* a 500-dollar fine 2 **dar uma multa a alguém** to give sb a fine (***por*** *for*) 3 **levar uma multa** to get a fine (***por*** *for*)

▸ Nos EUA, a multa que se recebe por uma infração de trânsito é chamada de ***ticket***. Daí as expressões ***to give sb a ticket*** e ***to get a ticket***.

**multar** *adj.* 1 to fine 2 **multar alguém em $100,00 etc.** to fine sb $100 etc.: *A empresa foi multada em $2 milhões.* The company was fined $2 million.

**multidão** *s.* crowd: *no meio da multidão* in the crowd

**multimídia** *adj, s.* multimedia

**multinacional** *adj, s.* multinational

**multiplicar** *v.* to multiply

**múltiplo** *adj, s.* 1 multiple 2 **múltipla escolha** multiple choice: *uma prova de múltipla escolha* a multiple choice test

**mundial** *adj.* world: *a população mundial* the world population / *s.* 1 (campeonato) world championship: *o mundial de vôlei* the volleyball world championship 2 (de futebol) World Cup

**mundo** *s.* 1 world: *no mundo inteiro* in the whole world | *o prédio mais alto do mundo* the tallest building in the world ▸ Também se pode dizer ***the world's tallest building***. 2 **todo mundo** everybody, everyone: *Todo mundo gosta de música.* Everyone likes music. | *Você sabe o nome de todo mundo?* Do you know everybody's name?

**munição** *s.* ammunition
**municipal** *adj.* municipal
**município** *s.* municipal district
**munido** *adj.* **munido de algo** equipped with sth
**munir-se** *v.* **munir-se de algo** to equip yourself with sth
**mural** *s.* **1** (pintura) mural **2** (em rede social) wall
**murchar** *v.* **1** (planta, alface etc.) to wilt **2** (fruta, balão) to shrivel
**murcho** *adj.* **1** (planta, alface etc.) wilted **2** (fruta, balão) shriveled (BRIT: shrivelled) **3** (pessoa) deflated
**murmurar** *v.* to murmur
**muro** *s.* wall
**murro** *s.* **1** punch **2 dar murro em ponta de faca** to fight a losing battle **3 dar um murro em alguém** to punch sb
**musculação** *s.* weight training: *Faço musculação.* I do weight training.
**muscular** *adj.* muscle: *dores musculares* muscle pains
**músculo** *s.* muscle
**musculoso** *adj.* muscular
**museu** *s.* museum
**museu de belas-artes** art gallery
**musgo** *s.* moss
**música** *s.* music ▶ A palavra ***music*** é incontável; portanto, nunca vem precedida do artigo indefinido ***a*** e não tem plural.: *Prefiro música brasileira.* I prefer Brazilian music. ▶ Para traduzir *uma música* e *músicas*, e para se referir a uma determinada canção ou peça, usa-se ***a song*** e ***songs*** quando se trata de música popular: *Gosto de todas as músicas deles.* I like all their songs. | *Essa música é demais.* This song is awesome. ▶ Quando se trata de música clássica, diz-se ***a piece (of music)*** e ***pieces (of music)***: *uma música de Beethoven* a piece by Beethoven **música ao vivo** live music **música clássica** classical music **música country** country music **músic de câmara** chamber music **música de fundo** background music **música folclórica** folk music **música gospel** gospel music **música pop** pop music **música popular** popular music **música sertaneja** Brazilian country music
**musical** *adj, s.* musical
**músico** *s.* musician
**mutirão** *s.* **1** joint effort **2 fazer mutirão** to pitch in

# N

**N, n** *s.* N, n
**nabo** *s.* turnip
**nação** *s.* nation
**Nações Unidas** United Nations
**nacional** *adj.* **1** (em geral) national **2** (produzido no Brasil) Brazilian: *um filme nacional* a Brazilian movie
**nacionalidade** *s.* **1** nationality: *uma pessoa de nacionalidade britânica* a person of British nationality **2 dupla nacionalidade** dual nationality
**nada** *pron.* **1** nothing: *Nada foi decidido ainda.* Nothing has been decided yet. | *"O que você falou?" - "Nada."* "What did you say?" - "Nothing." ▸ Normalmente só se usa ***nothing*** quando vem antes do verbo, como sujeito, ou em frases sem verbo. Depois de um verbo acompanhado de ***not***, ou qualquer outra palavra negativa, usa-se ***anything***: *Não entendi nada.* I didn't understand anything. | *Ele nunca faz nada para nos ajudar.* He never does anything to help us. | *Ninguém me falou nada.* No one told me anything. **2 nada de algo** none of sth: *Nada daquilo é verdade.* None of that is true. ▸ Depois de negativa, usa-se ***any of***: *Não acredito em nada do que ele falou.* I don't believe any of what he said. **3 nada mais/mais nada** nothing else: *Não aconteceu mais nada.* Nothing else happened. ▸ Depois de negativa, usa-se ***anything else***: *Não quero mais nada.* I don't want anything else. **4 antes de mais nada** first of all **5 de/por nada** (resposta a agradecimento) you're welcome **6 mais que nada** more than anything **7 não ter nada a ver com algo/alguém** (não ter ligação) to have nothing to do with sth/sb: *Isso não tem nada a ver.* That has nothing to do with it. Veja **ter 8 por nada** (sem motivo) for the slightest reason: *Ela chora por nada.* She cries for the slightest reason. **9 quase nada** hardly anything: *Não entendi quase nada.* I understood hardly anything. / *adv.* (de forma alguma) at all: *O exercício não é nada fácil.* The exercise isn't at all easy. | *Não estou me sentindo nada bem.* I'm not feeling at all well. / *s.* **do nada** (de repente) out of the blue
**nadadeira** *s.* **1** (de peixe) fin **2** (de golfinho, nadador etc.) flipper
**nadador** *s.* swimmer
**nadar** *v.* to swim
**nádega** *s.* buttock
**nado** *s.* **1** swimming **2 a nado** ▸ Em inglês usa-se o verbo ***to swim*** com um advérbio ou uma preposição que indique a direção: *Atravessamos a nado.* We swam across. | *Foram a nado da praia até a ilha.* They swam from the beach to the island.
**nado borboleta** butterfly stroke **nado de cachorrinho** dog paddle (BRIT: doggy paddle) **nado de costas** backstroke **nado**

**de peito** breaststroke **nado livre** freestyle **nado sincronizado** synchronized swimming

**náilon** *s.* nylon: *uma mochila de náilon* a nylon backpack

**naipe** *s.* suit

**namorada** *s.* girlfriend

**namorado** *s.* 1 boyfriend 2 **namorados** (casal) loving couple *[sing.]* 3 **Dia dos Namorados** Valentine's Day 4 **ser namorados** to be a couple

**namorar** *v.* 1 (relacionar-se) to date (BRIT: to go out with): *Há quanto tempo eles estão namorando?* How long have they been dating? 2 (paquerar) to flirt with 3 (beijar-se etc.) to kiss and cuddle 4 (objeto desejado) to eye

**namoro** *s.* 1 (relação) relationship: *um namoro de cinco anos* a five-year relationship 2 (atividade) dating: *o namoro pela Internet* Internet dating

**não** *interj.* no: *"Você fala espanhol?" - "Não falo, não."* "Do you speak Spanish?" - "No, I don't." / *adv.* 1 not: *Precisamos falar disso, mas não agora.* We need to talk about that, but not now. | *Isso não é o que pedi.* This is not what I ordered. ▸ Diferentemente do português, o advérbio negativo ***not*** coloca-se depois do verbo em inglês, e só se pode vincular ao verbo ***to be*** ou a um verbo auxiliar (***do, have*** ou um dos verbos modais). Nos tempos verbais que não se formam por meio de um verbo auxiliar, a saber, o presente e o passado simples, é preciso acrescentar o auxiliar ***do*** para permitir a inserção do ***not*** na frase: *Eles não nos representam.* They do not represent us. | *Ele não passou na prova.* He did not pass the test. ▸ Na linguagem do dia a dia, costuma-se fazer do ***not*** a contração ***n't*** que se acrescenta ao final do verbo: *Ela não ligou.* She didn't call. | *Você não deve contar para ninguém.* You mustn't tell anyone. ▸ Prefere-se a forma completa na escrita mais formal, ou quando se quer enfatizar a negação. 2 **não é?** ▸ Repete-se o auxiliar da frase em forma de interrogativa negativa: *Eles são brasileiros, não é?* They're Brazilian, aren't they? | *Você gosta de videogame, não é?* You like videogames, don't you? ▸ Se a frase for negativa, acrescenta-se a interrogativa positiva do auxiliar: *Ela não fala inglês, não é?* She doesn't speak English, does she?

**narigudo** *adj.* 1 with a big nose 2 **ser narigudo** to have a big nose

**narina** *s.* nostril

**nariz** *s.* 1 nose: *Estou com o nariz entupido.* I have a stuffed-up nose. 2 **assoar o nariz** to blow your nose 3 **torcer o nariz** to turn your nose up (***para*** *at*)

**narração** *s.* 1 (de jogo, evento) commentary 2 (de história) narration

**narrador** *s.* 1 (de jogo etc.) commentator 2 (de história) narrator

**narrar** *v.* 1 (história, aventura etc.) to recount 2 (jogo, evento) to commentate on 3 (em livro, documentário) to narrate

**narrativa** *s.* narrative

**nasal** *adj.* nasal

**nascença** *s.* 1 birth: *uma marca de nascença* a birthmark 2 **de nascença** **a** (desde que nasceu) from birth: *Ele é cego de nascença.* He's been blind from birth. **b** (devido a onde nasceu) by birth: *Ela é uruguaia de nascença.* She's Uruguayan by birth.

**nascente** *adj.* (sol, lua) rising / *s.* 1 (fonte) spring 2 (de rio) source

**nascer** *v.* 1 (ser vivo) to be born: *Ele nasceu em 2000.* He was born in 2000. 2 (obra, empresa, tipo de música etc.) to come into being: *O futebol nasceu na Inglaterra.* Soccer came into being in England. 3 (sol, lua) to rise 4 (dente, pelo, espinha etc.) to grow 5 **nascer de novo** (depois de acidente etc.) to come back from the dead / *s.* **nascer do sol** sunrise

**nascido** *adj.* born: *Minha irmã não era nascida na época.* My sister wasn't born at the time.

**nascimento** *s.* 1 birth 2 **data/lugar de nascimento** date/place of birth 3 **de nascimento** by birth: *Ele é italiano de nascimento.* He's Italian by birth.

**nata** *s.* cream

**natação** *s.* 1 swimming: *um clube de natação* a swimming club 2 **fazer natação** to go swimming

**Natal** *s.* 1 Christmas: *no Natal* at Christmas | *um presente de Natal* a Christmas present 2 **Feliz Natal!** Merry Christmas!

**natal** *adj.* 1 home: *o país natal dele* his home country 2 **cidade natal** hometown 3 **terra natal** a (país) homeland b (cidade, região) birthplace

**natalidade** *s.* birth rate

**natalino** *adj.* 1 (referente ao Natal) Christmas: *o espírito natalino* the Christmas spirit 2 (com clima de Natal) Christmassy

**nativo** *s.* 1 (pessoa) native (***de*** *of*): *um nativo do país* a native of the country 2 **nativo da língua** native speaker 3 **nativo de inglês/espanhol etc.** English/Spanish etc. native speaker / *adj.* (planta, animal) native (***de*** *to*)

**nato** *adj.* born: *Ela é uma atriz nata.* She's a born actress.

**natural** *adj.* 1 natural 2 **de tamanho natural** life-size 3 **ser natural de** to be from: *Ele é natural da Bahia.* He's from Bahia.

**naturalidade** *s.* 1 (qualidade) naturalness 2 (local de nascimento) place of birth 3 **com naturalidade** a (agir) naturally b (falar) matter-of-factly

**naturalizar-se** *v.* to become naturalized: *Ela se naturalizou brasileira.* She became a naturalized Brazilian.

**natureza** *s.* 1 nature ▸ No sentido de *ambiente natural*, usa-se sem artigo: *Ela adora a natureza.* She loves nature. 2 **por natureza** by nature

**naufragar** *v.* 1 (navio) to be wrecked 2 (casamento) to fail

**naufrágio** *s.* wreck: *um navio naufragado* a shipwreck

**náufrago** *s.* 1 (vítima) shipwreck victim 2 (em ilha deserta) castaway

**náusea** *s.* nausea

**náutico** *adj.* nautical

**naval** *adj.* naval

**navalha** *s.* 1 (de barbeiro) razor 2 (tipo faca) flick knife

**nave** *s.* ship
**nave espacial** 1 (de verdade) spacecraft 2 (em histórias infantis etc.) spaceship

**navegação** *s.* navigation

**navegar** *v.* 1 (na água) to sail 2 (no ar, no espaço) to fly 3 (site) to navigate

**navio** *s.* ship
**navio de guerra** warship

**nazista** *adj, s.* Nazi

**neblina** *s.* fog

**necessaire** *s.* toiletry bag (BRIT: sponge bag)

**necessariamente** *adv.* necessarily: *não necessariamente* not necessarily

**necessário** *adj.* 1 necessary 2 **se for necessário** if necessary 3 **ser necessário que alguém faça algo** to be necessary for sb to do sth / *s.* **o necessário** the essentials *[pl.]*

**necessidade** *s.* 1 (precisão) need (***de*** *for*): *a necessidade de melhorias na educação* the need for improvements in education | *as necessidades dos idosos* the needs of the elderly | *Não há necessidade.* There's no need. 2 (coisa essencial) necessity 3 (pobreza) hardship 4 **necessidade de fazer algo** need to do sth 5 **em caso de necessidade** if need be 6 **passar necessidade** to suffer hardship 7 **por necessidade** out of necessity 8 **sem necessidade** unnecessarily

**necessitado** *adj.* (pessoa) in need: *crianças necessitadas* children in need

**necessitar** *v.* **necessitar de algo** to require sth

**necrotério** *s.* morgue

**negar** *v.* 1 (desmentir) to deny 2 (recusar) to say no (to): *Negaram o nosso pedido.* They said no to our request. 3 **negar ter feito algo** to deny doing sth / **negar-se** *v.* **negar-se a fazer algo** to refuse to do sth

**negativa** *s.* 1 (recusa) refusal 2 (na gramática) negative

**negativo** *adj, s.* negative / *interj.* no way!

**negligente** *adj.* negligent

**negociação** *s.* negotiation

**negociar** *v.* to negotiate

**negócio** *s.* 1 (ramo, empresa) business: *o negócio de carros usados* the used car business

| *Ela pretende montar um negócio próprio.* She plans to set up her own business. **2** (transação) deal: *um bom negócio* a good deal **3** (coisa) thing: *O negócio é que estou sem dinheiro.* The thing is, I haven't got any money. **4 negócios** business *[sg.]* ▸ usa-se sem artigo: *Os negócios vão de vento em popa.* Business is booming. | *uma viagem de negócios* a business trip **5 a/de negócios** on business **6 fazer negócios** to do business (***com*** *with*) **7 fazer um negócio** to do a deal (***com*** *with*) **8 o negócio é o seguinte** the thing is

**negro** *adj.* black / *s.* **1** (pessoa) black person: *os negros* black people ▸ Usa-se ***black man*** ou ***black woman*** para especificar o sexo **2** (cor) black

**nem** *adv.* **1** (tb nem mesmo/sequer) not even: *Ela nem nos cumprimentou.* She didn't even say hello to us. | *Nem o professor sabia a resposta.* Not even the teacher knew the answer. **2 nem por isso** that doesn't mean: *Não consegui dessa vez. Nem por isso vou desistir.* I didn't succeed this time. That doesn't mean I'm going to give up. **3 nem que** even if: *Pode me ligar a qualquer hora, nem que seja durante a noite.* You can call me anytime, even if it's during the night. **4 nem sempre** not always **5 nem tanto/tantos** not that much/many **6 nem tão** not that: *O inglês não é nem tão difícil.* English is not that difficult. **7 nem todo/todos/tudo** not every/all/everything: *Nem todos os brasileiros gostam de futebol.* Not all Brazilians like soccer. **8 nem todos/todo mundo** not everyone **9 que nem** just like: *Ele é alto, que nem o pai.* He's tall, just like his father. / *conj.* **1 (nem ...) nem** (neither ...) nor: *Nem o Pedro nem o irmão comem carne.* Neither Pedro nor his brother eat meat. ▸ Depois de ***not*** ou outra palavra negativa, traduz-se por ***(either ...) or***: *Não vi a Sandra nem hoje nem ontem.* I didn't see Sandra either today or yesterday. | *Ninguém entende nem inglês nem espanhol.* No one understands either English or Spanish. | *Não gosto de rap nem hip-hop.* I don't like rap or hip-hop. **2 nem eu/ele etc.** ▸ Na linguagem informal, diz-se ***me/him*** *etc.* ***neither***: *"Não gosto de quiabo."* - *"Nem eu."* "I don't like okra." – "Me neither." ▸ Na linguagem mais formal, acrescenta-se ao ***neither*** o verbo auxiliar da frase precedente mais o pronome reto, com inversão desses dois elementos: *"Não sei jogar xadrez."* – *"Nem eu."* "I don't know how to play chess." – "Neither do I." | *"Os pais do Ricardo não estavam satisfeitos com as notas dele."* – *"Nem ele."* Ricardo's parents weren't happy with his grades." - "Neither was he." ▸ Essa construção também é usada para completar uma afirmação: *A minha mãe não fala inglês e nem meu pai.* My mom doesn't speak English and neither does my dad.

**nenê, neném** *s.* baby

**nenhum** *adj.* **1** ▸ Quando acompanha o sujeito, antes do verbo, traduz-se por ***no***. Nesse caso, é mais comum colocar o substantivo no plural: *Nenhum aluno passou na prova.* No students passed the test. ▸ Depois de ***not*** ou outra palavra negativa, como ***never, without*** *etc.*, usa-se ***any***, geralmente seguido de um substantivo no plural: *Não li nenhum livro de Machado de Assis.* I haven't read any books by Machado de Assis. ▸ Quando associado ao verbo ***to be***, é mais comum traduzir *não ... nenhum* por ***no***: *Não há nenhuma dúvida.* There's no doubt. | *Ele não é nenhum idiota.* He's no fool. **2 em/para lugar nenhum** ▸ Depois de ***not*** ou outra palavra negativa, traduz-se por ***anywhere***: *Não achei a chave em lugar nenhum.* I couldn't find the key anywhere. ▸ Em frases sem verbo, traduz-se por ***nowhere***: *"Onde você vai?"* – *"Para lugar nenhum."* "Where are you going?" – "Nowhere." / *pron.* **1** (referindo-se a vários) ▸ Antes do verbo, como sujeito, traduz-se por ***none***, que, exceto na escrita formal, vem seguido de um verbo no plural: *Ele tem três celulares. Nenhum deles funciona.* He has three cell phones. None of them work. ▸ Depois de

***not*** ou outra palavra negativa, usa-se ***any***: *Não conheço nenhuma das amigas dela.* I don't know any of her friends. **2** (referindo-se a dois) ▸ Antes do verbo, como sujeito, traduz-se por ***neither***, que, exceto na escrita formal, vem seguido de um verbo no plural: *Nenhuma das duas irmãs puxou à mãe.* Neither of the two sisters take after their mother. ▸ Depois de ***not*** ou outra palavra negativa, usa-se ***either***: *Não gostei de nenhum dos dois.* I didn't like either of them.

**neozelandês** *adj.* New Zealand: *um sotaque neozelandês* a New Zealand accent / *s.* New Zealander

**nervo** *s.* **1** (do corpo) nerve **2** (em carne) piece of gristle ▸ *nervos* traduz-se por ***gristle***, que é incontável: *cheio de nervos* gristly

**nervosismo** *s.* **1** (ansiedade) nerves *[pl.]* **2** (incerteza) nervousness **3** (irritabilidade) irritability

**nervoso** *adj.* **1** (referente aos nervos, ansioso) nervous **2** (irritado) annoyed **3** (emocionado) upset **4** (irritadiço) irritable / *s.* (nervosismo) nerves *[pl.]*

**neta** *s.* granddaughter

**neto** *s.* **1** (homem) grandson **2** (homem ou mulher) grandchild: *Ela tem quatro netos.* She has four grandchildren.

**neura** *s.* hang-up

**neurótico** *adj.* neurotic

**neutro** *adj.* **1** (em geral) neutral **2** (na gramática) neuter

**nevar** *v.* to snow: *Começou a nevar.* It started snowing.

**nevasca** *s.* snowstorm

**neve** *s.* snow: *uma bola de neve* a snowball

**névoa** *s.* mist

**nevoeiro** *s.* fog

**nexo** *s.* **1 não ter nexo** to make no sense **2 sem nexo** nonsensical

**Nicarágua** *s.* Nicaragua

**nicaraguense** *adj, s.* Nicaraguan

**Nigéria** *s.* Nigeria

**nigeriano** *adj, s.* Nigerian

**ninguém** *pron.* **1** nobody, no one: *Ninguém falou nada.* Nobody said anything. | *"Quem está faltando?" - "Ninguém."* "Who's missing?" - "No one." ▸ Normalmente só se usa ***nobody/no one*** quando vem antes do verbo, como sujeito, ou em frases sem verbo. Depois de um verbo acompanhado de ***not***, ou qualquer outra palavra negativa, usa-se ***anybody/anyone***: *Não vi ninguém.* I didn't see anybody. | *Ela nunca se abre com ninguém.* She never opens up to anyone. | *Não conte nada para ninguém.* Don't tell anyone anything. **2 ninguém mais/mais ninguém** nobody/no one else: *Não ligou mais ninguém.* Nobody else called. ▸ Depois de ***not***, ou outra palavra negativa, usa-se ***anybody/anyone else***: *Não conte para mais ninguém.* Don't tell anyone else.

**ninho** *s.* nest

**níquel** *s.* (metal) nickel

**nisso** *adv.* (enquanto isso) meanwhile

**nítido** *adj.* **1** (na maioria dos casos) clear **2** (foto, imagem) sharp

**nível** *s.* **1** (na maioria dos casos) level **2** (qualidade) standard **3 de alto nível** top-class: *um atleta de alto nível* a top-class athlete **nível de vida** standard of living

**nivelamento** *s.* **teste de nivelamento** level test

**nivelar** *v.* **1** to level **2 nivelar por baixo** to lower standards

**nó** *s.* **1** knot **2 dar/desfazer um nó** to tie/untie a knot (***em*** *in*) **3 um nó na garganta** a lump in your throat: *Fiquei com um nó na garganta.* I got a lump in my throat. **nó do dedo** knuckle

**nobre** *adj.* **1** (pessoa, atitude) noble **2** (bairro, restaurante etc.) upscale (BRIT: upmarket) **3 horário nobre** prime time

**nobreza** *s.* nobility

**noção** *s.* **1** notion **2 não ter noção** **a** (não saber) to have no idea (***de*** *of*): *Você tem noção de quanto isso custou?* Do you have any idea how much that cost? **b** (não se tocar) to be thoughtless **3 sem noção** (que não se toca) thoughtless

**nocaute** *s.* **1** knockout **2 pôr alguém nocaute** to knock sb out

**nocautear** *v.* to knock out
**nocivo** *adj.* harmful (*a to*)
**noitada** *s.* **1** (na balada) night out **2** (que vai até tarde) late night **3 fazer noitada** to have a night out
**noite** *s.* **1** night ▸ Existe também a palavra ***evening*** que denota o período entre o final da tarde e a hora de deitar. Ao falar desse período, pode-se usar ou ***night*** ou ***evening***. O período em que a maioria das pessoas dorme só pode ser chamado de ***night***: *Acordei durante a noite.* I woke up during the night. **2 à noite** at night ▸ Com referência ao período antes de dormir, também se pode dizer ***in the evening*** **3 amanhã à noite** tomorrow night ▸ Com referência ao período antes de dormir, também se pode dizer ***tomorrow evening*** **4 às dez horas etc. da noite** at ten etc. o'clock at night ▸ Também se diz ***at ten p.m.***, que soa um pouco mais formal. **5 boa noite** **a** (no começo da noite, ao chegar) good evening **b** (no final da noite, ao se retirar ou despedir) good night **6 da noite para o dia** overnight **7 de noite** at night **8 essa noite/noite passada** last night **9 hoje à noite** tonight ▸ Com referência ao período antes de dormir, também se pode dizer ***this evening*** **10 no sábado etc. à noite** (on) Saturday etc. night ▸ Com referência ao período antes de dormir, também se pode dizer ***on Saturday evening*** **11 ontem à noite** last night ▸ Com referência ao período antes de dormir, também se pode dizer ***yesterday evening***
▸ Não cometa o erro de chegar falando ***Good night!***, que só se usa em inglês para se despedir no final da noite ou antes de dormir. Ao chegar, a expressão correta é ***Good evening!***
**noiva** *s.* **1** (no casamento) bride **2** (durante o noivado) fiancée
**noivado** *s.* engagement
**noivo** *s.* **1** (no casamento) bridegroom **2** (durante o noivado) fiancé **3 noivos** **a** (no casamento) bride and groom **b** (durante o noivado) engaged couple *[sg.]* **4 estar/ficar noivo** to be/get engaged
**nojento** *adj.* (horrível) disgusting ▸ Na linguagem informal, também se diz ***gross***.
**nojo** *s.* **1** disgust **2 dar nojo** to be revolting **3 dar nojo em alguém** to disgust sb **4 que nojo!** how disgusting! ▸ Na linguagem informal, também se diz ***that's so gross!*** **5 ter nojo de algo** to find sth revolting
**nome** *s.* **1** name: *Qual é o seu nome?* What's your name? **2 colocar o nome de ... em alguém** to name sb ...: *Eles colocaram o nome de Gabriel no bebê.* They named the baby Gabriel. **3 de nome** (conhecer) by name **4 em nome de alguém** on behalf of sb: *Quero agradecer em nome de todos aqui.* I'd like to say thank you on behalf of everyone here.
**nome completo** full name **nome de família** family name
**nomear** *v.* **1** (para cargo) to appoint **2** (citar o nome de) to name **3 nomear alguém algo** (empossar) to appoint sb sth: *Ela foi nomeada diretora da escola.* She was appointed principal of the school.
**nono** *adj, s.* ninth
**nora** *s.* daughter-in-law ▸ O plural é ***daughters-in-law***.
**nordeste** *s, adj.* **1** northeast: *no nordeste* in the northeast **2** ▸ A região do Brasil denominada *o Nordeste* pode-se traduzir por ***the Northeast region (of Brazil)*** **3 a nordeste de algo** northeast of sth: *O Rio fica a nordeste de São Paulo.* Rio is northeast of São Paulo.
**nordestino** *adj.* from/of the northeast of Brazil: *a cultura nordestina* the culture of the northeast of Brazil / *s.* person from the northeast of Brazil
**norma** *s.* (regra) rule
**normal** *adj.* normal / *s.* **1 o normal** the norm **2 voltar ao normal** to get back to normal
**normalidade** *s.* normalcy (BRIT: normality)
**normalizar-se** *v.* to return to normal
**normalmente** *adv.* normally
**noroeste** *s, adj.* **1** northwest: *no noroeste* in the northwest **2 a noroeste de algo** northwest of sth: *Toronto fica a noroeste de Nova York.* Toronto is northwest of New York.

**norte** *s, adj.* 1 north: *no norte* in the north 2 ▸ A região do Brasil denominada *o Norte* pode-se traduzir por ***the North region (of Brazil)*** 3 **ao norte de algo** north of sth: *Natal fica ao norte de João Pessoa.* Natal is north of João Pessoa. | *100 km ao norte daqui* 100 km north of here 4 **mais ao norte** farther north 5 **perder o norte** to lose your bearings

**norte-americano** *adj, s.* 1 (dos EUA) American: *o governo norte-americano* the American government 2 (da América do Norte) North American: *o continente norte-americano* the North American continent

**nortista** *s.* northerner / *adj.* northern

**Noruega** *s.* Norway

**norueguês** *adj, s.* Norwegian

**nos** *pron.* 1 (uso oblíquo) us: *Ele nos ajudou.* He helped us. | *Ela nos deu um presente.* She gave us a present. 2 (uso recíproco) each other: *Nós nos abraçamos.* We hugged each other. 3 (uso reflexivo) ourselves: *Devemos nos proteger do sol.* We should protect ourselves from the sun.

**nós** *pron.* 1 (como sujeito de verbo) we: *Nós somos brasileiros.* We're Brazilian. 2 (em outros casos) us: *Você está falando de nós?* Are you talking about us? | *Abra a porta. Somos nós.* Open the door. It's us. | *Eles são mais ricos do que nós.* They're richer than us. 3 **nós dois/três etc.** the two/three etc. of us: *uma mesa para nós quatro* a table for the four of us

**nosso** *adj.* 1 (antes de substantivo) our: *os nossos pais* our parents ▸ Nunca vem precedido do artigo definido em inglês. 2 (depois de substantivo) of ours: *uma amiga nossa* a friend of ours | *uns parentes nossos* some relatives of ours 3 **ser nosso** to be ours: *Esses livros são nossos.* These books are ours. ▸ Nunca se usa o artigo definido com ***ours*** em inglês: *Essa mesa é a nossa.* This table is ours. / *pron.* **o nosso** (substituindo substantivo) ours: *A escola deles é maior do que a nossa.* Their school is bigger than ours. | *Nos EUA, os limões são amarelos. Os nossos são verdes.* In the US, lemons are yellow. Ours are green.

**nota** *s.* 1 (conceito) grade (BRIT: mark): *Preciso melhorar as minhas notas.* I need to improve my grades. 2 (cédula) bill (BRIT: note): *uma nota de dez dólares* a ten-dollar bill ▸ Na linguagem informal, *uma nota de cinco, uma nota de dez* etc. traduzem-se por ***a five, a ten*** etc.: *Você tem duas notas de vinte?* Do you have two twenties? 3 (conta) check (BRIT: bill): *Vê a notinha, por favor.* Can I get the check, please? 4 (tb nota fiscal) receipt 5 (musical) note 6 **nota dez** (muito bom) perfect: *uma pizza nota dez* a perfect pizza | *um aluno nota dez* a straight-A student 7 **a nota máxima** top marks *[pl.]* 8 **tirar uma nota** to get a grade (BRIT: to get a mark): *Que nota você tirou na prova?* What grade did you get on the test? 9 **tomar nota de algo** **a** (anotar) to make a note of sth **b** (notar) to take note of sth 10 **uma nota** (muito dinheiro) a fortune: *Um celular daqueles custa uma nota.* A cell phone like that costs a fortune.

**nota de pé de página** footnote **nota fiscal** receipt

**notar** *v.* 1 to notice 2 **dá para notar** you can tell: *Dá para notar pelo sotaque dela que não é brasileira.* You can tell from her accent she's not Brazilian.

**notável** *adj.* remarkable

**notebook** *s.* notebook

**notícia** *s.* 1 news ▸ É incontável, portanto semanticamente corresponde a *notícias*, mas gramaticalmente é singular: *Essas notícias são interessantes.* This news is interesting. ▸ *uma notícia* traduz-se por ***news*** (sem artigo), ***some news*** ou ***a piece of news***, *duas notícias* por ***two pieces of news*** etc.: *Foi uma notícia surpreendente.* It was surprising news./It was a surprising piece of news. | *Tenho uma notícia para te dar.* I have some news for you./I have a piece of news for you. ▸ Na linguagem informal, é comum dizer ***a bit of news*** em vez de ***a piece of news***. 2 **dar notícia** to get in touch 3 **ter notícias de alguém** to hear from sb: *É sempre bom ter notícias suas.* It's always nice to hear from you.

**noticiar** *v.* to report

**noticiário** *s.* news: *Saiu no noticiário que o aeroporto estava fechado.* It came on the news that the airport was closed. ▸ A palavra ***news*** é incontável. *Um noticiário* traduz-se por ***a newscast*** (*Brit:* ***a news bulletin***), *noticiários* por ***newscasts*** (*Brit:* ***news bulletins***).

**notívago** *adj, s.* **ser notívago** (pessoa) to be a night person

**notório** *adj.* well-known

**noturno** *adj.* 1 (curso, ônibus, trabalho etc.) night: *um voo noturno* a night flight 2 (animal) nocturnal

**novamente** *adv.* again

**novato** *adj.* new (***em*** *at*) / *s.* 1 (recém-chegado) newcomer (***em*** *to*) 2 (principiante) novice (***em*** *at*) ▸ Na linguagem informal, usa-se também a palavra ***newbie***.

**Nova York** *s.* New York

**Nova Zelândia** *s.* New Zealand

**nove** *num.* 1 (numeral) nine 2 (dia do mês) ninth: *no dia 9 de junho* on June 9th

**novecentos** *num.* nine hundred

**novela** *s.* (de TV, rádio) soap: *um ator de novela* a soap actor | *a novela das oito* the eight o'clock soap

▸ Embora se costume traduzir *novela* por ***soap***, os ***soaps*** dos países de língua inglesa são bem diferentes das novelas brasileiras. Costumam durar anos (em alguns casos, mais de 30 anos), retratando a vida e as intrigas dos personagens, mas sem chegar a um desfecho final. É bastante difundido o uso da palavra *telenovela* para se referir à novela do tipo latino-americano.

**novelo** *s.* ball: *um novelo de lã* a ball of yarn

**novembro** *s.* November: *em novembro* in November

**noventa** *num.* 1 ninety 2 **noventa e um/noventa e dois etc.** ninety-one/ninety-two etc.

**novidade** *s.* 1 (notícia) news ▸ É incontável, portanto semanticamente corresponde a *novidades*, mas gramaticalmente é singular: *Quais são as novidades?* What's the news? ▸ *uma novidade* traduz-se por ***news*** (sem artigo), ***some news*** ou ***a piece of news***, *duas novidades* por ***two pieces of news*** etc.: *uma novidade interessante* an interesting piece of news | *Se tiver alguma novidade, eu te aviso.* If there's any news, I'll let you know. | *Isso é novidade para mim.* That's news to me. ▸ Na linguagem informal, é comum dizer ***a bit of news*** em vez de ***a piece of news***. 2 (coisa nova) novelty 3 **não ser (nenhuma) novidade** to be nothing new

**novo** *adj.* 1 (na maioria dos casos) new: *o novo álbum da banda* the band's new album | *Ele está de celular novo.* He has a new cell phone. 2 (jovem) young: *Meu irmão é mais novo do que eu.* My brother is younger than me. 3 **novo em folha** brand new 4 **de novo** again

**noz** *s.* 1 (da nogueira) walnut 2 (qualquer fruto seco) nut ▸ Em inglês, a palavra ***nut*** abrange nozes, avelãs, amêndoas, amendoim, pistache e todo tipo de castanha, entre outros.

**nu** *adj.* 1 (corpo, pessoa) naked 2 (parte do corpo) bare 3 **nu em pelo** stark naked 4 **a olho nu** with the naked eye / *s.* (imagem) nude

**nublado** *v.* cloudy

**nuca** *s.* back of your neck: *Ela estava com uma dor na nuca.* She had a pain in the back of her neck.

**nuclear** *adj.* nuclear

**nudez** *s.* nudity

**numerar** *v.* to number

**número** *s.* 1 (na maioria dos casos) number: *o número do meu celular* my cell phone number | *um grande número de alunos* a large number of students 2 (de sapato, roupa) size: *Que número você calça?* What size do you wear? 3 (de revista etc.) copy 4 (apresentação) act 5 **número par/ímpar** even/odd number 6 **fazer número** to make up the numbers

**numeroso** *adj.* 1 (com muitos integrantes) large: *uma família numerosa* a large family 2 (muitos) numerous: *numerosas vezes* numerous times

**nunca** *adv.* 1 never: *O Pedro nunca chega no horário.* Pedro never arrives on time.

| *"Você já esteve na Europa?" - "Nunca."* "Have you ever been to Europe?" - "Never." ▸ Normalmente só se usa ***never*** quando vem antes do verbo ou em frases sem verbo. Depois de um verbo acompanhado de ***not***, ou qualquer outra palavra negativa, usa-se ***ever***: *Ele não me liga nunca.* He never calls me. | *Ninguém nunca vai esquecer aquele dia.* No one will ever forget that day. | *Dá para entender o espanhol sem nunca ter estudado.* It's possible to understand Spanish without ever having studied it. **2 nunca mais** never again: *Ela nunca mais deu notícia.* She never got in touch again. ▸ Depois de ***not***, ou outra palavra negativa, usa-se ***ever again***: *Não volto lá nunca mais.* I'm not going back there ever again. **3 mais que nunca** more than ever **4 quase nunca** hardly ever: *Eu quase nunca assisto TV.* I hardly ever watch TV.

**nutrição** *s.* nutrition

**nutricionista** *s.* nutritionist

**nutritivo** *adj.* nutritious

**nuvem** *s.* **1** cloud **2 andar nas nuvens** to be on cloud nine **3 cair das nuvens** to be flabbergasted

# O

**O, o** *s.* O, o / **o** *art.* the: *o livro* the book / **o** *pron.* **1** (referente a pessoa) him: *A Júlia tem um irmão, mas não o conheço.* Julia has a brother, but I don't know him. **2** (referente a coisa ou animal) it: *Ela procurou o livro, mas não o achou.* She looked for the book, but didn't find it. **3** (substituindo substantivo já mencionado) the one: *Esse celular é parecido com o que eu tenho.* That cell phone is similar to the one I have. | *O nosso professor é o de óculos.* Our teacher is the one in glasses. **4 o que** **a** (em perguntas diretas e indiretas) what: *O que você disse?* What did you say? | *Não sei o que ele quer.* I don't know what he wants. **b** (como pronome relativo) which: *Ela foi pontual, o que me surpreendeu.* She was on time, which surprised me.

**oásis** *s.* oasis

**obcecado** *adj.* obsessed (***por*** *with*)

**obedecer** *v.* **1** to obey **2** ▸ Falando de uma criança, é mais comum dizer ***to do as you are told***: *A professora nos mandou sentar e obedecemos.* The teacher told us to sit down and we did as we were told. | *O irmãozinho dela nunca obedece.* Her little brother never does as he is told. **3 obedecer a alguém** to obey sb

**obediente** *adj.* obedient (***a*** *to*)

**obesidade** *s.* obesity

**obeso** *adj.* obese

**óbito** *s.* **1** death **2 atestado de óbito** death certificate

**objeção** *s.* objection

**objetivo** *s.* aim: *O nosso objetivo é ajudar os pobres.* Our aim is to help the poor. ▸ Existe também a palavra ***objective*** que soa mais formal. / *adj.* objective

**objeto** *s.* object

**oboé** *s.* oboe

**obra** *s.* **1** (de arte) work ▸ Nesse sentido, a palavra ***work*** é contável em inglês: *as obras de Shakespeare* the works of Shakespeare **2** (reforma) construction work (BRIT: building work) ▸ Nesse sentido, ***work*** é incontável. Portanto, ***uma obra*** traduz-se por ***some construction work***: *A casa vai precisar de uma obra.* The house will need some construction work. **3** (local) construction site (BRIT: building site) **4 obras** (na estrada) roadwork (BRIT: roadworks) **5 em obras** under repair **6 fazer uma obra** **a** (sozinho) to do some construction work **b** (mandar fazer) to have some construction work done **7 ser obra de alguém** to be the work of sb

**obra de arte** work of art **obra de consulta** reference work

**obra-prima** *s.* masterpiece

**obrigação** *s.* **1** obligation **2 por obrigação** out of obligation **3 ter a obrigação de fazer algo** to be obliged to do sth **4 ver-se na obrigação de fazer algo** to feel obliged to do sth

**obrigado** *adj.* 1 obliged 2 **sentir-se obrigado a fazer algo** to feel obliged to do sth / *interj.* 1 thank you (***por*** *for*): *Muito obrigado.* Thank you very much. | *Obrigado pela sua ajuda.* Thank you for your help. 2 **obrigado por fazer/ter feito algo** thank you for doing sth: *Obrigado por ter me convidado.* Thank you for inviting me.

**obrigar** *v.* 1 to force 2 **obrigar alguém a fazer algo** to force sb to do sth: *O ministro foi obrigado a renunciar.* The minister was forced to resign.

**obrigatório** *adj.* compulsory ▸ Também existe a palavra ***obligatory*** que soa muito formal.

**obsceno** *adj.* obscene

**observação** *s.* 1 (comentário) remark 2 (ato de observar) observation 3 **em observação** (paciente) under observation 4 **fazer uma observação** to make a remark

**observador** *adj.* observant / *s.* observer

**observar** *v.* 1 (olhar) to watch 2 (notar) to note 3 (comentar) to remark 4 **observar alguém/algo fazendo algo** to watch sb/sth doing sth

**obsessão** *s.* obsession (***por*** *with*)

**obsessivo** *adj.* obsessive

**obsoleto** *adj.* obsolete

**obstáculo** *s.* 1 (entrave) obstacle (***a*** *to*) 2 (para pular) fence

**obstrução** *s.* obstruction

**obstruir** *v.* (passagem) to block

**obter** *v.* to get ▸ Existe também o verbo ***to obtain***, mas soa muito formal em inglês.

**obturação** *s.* filling

**obturar** *v.* (dente) to fill

**óbvio** *adj.* obvious

**ocasião** *s.* occasion: *naquela ocasião* on that occasion

**ocasionar** *v.* to give rise to

**oceano** *s.* ocean

**oceano Atlântico** Atlantic Ocean **oceano Índico** Indian Ocean **oceano Pacífico** Pacific Ocean

**ocidental** *adj.* 1 (do oeste) western 2 (do Ocidente) Western / *s.* Westerner

**ocidente** *s.* 1 west 2 **o Ocidente** the West

**ocioso** *adj.* idle

**oco** *adj.* hollow

**ocorrência** *s.* incident

**ocorrer** *v.* 1 to occur 2 **ocorrer a alguém** to occur to sb

**ocular** *adj.* **testemunha ocular** eyewitness

**oculista** *s.* optometrist (BRIT: optician)

**óculos** *spl.* 1 (de grau) glasses 2 (de natação, esqui etc.) goggles ▸ ***goggles*** denota qualquer tipo de óculos de proteção.

**óculos escuros** dark glasses **óculos de sol** sunglasses

**ocultar** *v.* to conceal (***de*** *from*)

**ocupação** *s.* occupation

**ocupado** *adj.* 1 (pessoa) busy 2 (telefone) busy (BRIT: engaged) 3 (lugar) taken 4 (banheiro) occupied

**ocupar** *v.* 1 (espaço, tempo) to take up 2 (pessoa, mente) to occupy 3 (prédio, território) to occupy / **ocupar-se** *v.* 1 (manter-se ocupado) to occupy yourself (***com*** *with*) 2 **ocupar-se de algo** (tratar de) to deal with sth

**odiar** *v.* 1 to hate 2 **odiar fazer algo** to hate doing/to do sth

**ódio** *s.* 1 (inimizade) hate 2 (raiva) fury 3 **ficar com ódio** to get furious (***de*** *with*) 4 **que ódio!** how infuriating! 5 **ter ódio de alguém/algo** to hate sb/sth

**odontologia** *s.* dentistry

**odor** *s.* odor

**oeste** *s, adj.* west

**ofegante** *adj.* out of breath

**ofegar** *v.* to pant

**ofender** *v.* 1 (magoar) to offend 2 (insultar) to insult / **ofender-se** *v.* to take offense (***com*** *at*)

**ofensa** *s.* insult

**ofensivo** *adj.* offensive

**oferecer** *v.* 1 to offer 2 **oferecer algo a alguém** to offer sb sth / **oferecer-se** *v.* **oferecer-se para fazer algo** to offer to do sth

**oferta** *s.* 1 (o que se oferece) offer 2 (de produtos no mercado) supply

**oficial** *adj.* official / *s.* 1 (militar) officer 2 (autoridade) official

**oficina** *s.* 1 (em geral) workshop 2 (tb oficina mecânica) shop (BRIT: garage)
**ofício** *s.* 1 (profissão) trade 2 (carta) official letter
**oficioso** *adj.* unofficial
**ofuscar** *v.* 1 (embaçar a vista de) to dazzle 2 (eclipsar) to overshadow
**oi** *interj.* hi / *s.* **dar um oi** to say hi (***para*** *to*)
**oitavo** *adj, s.* eighth
**oitenta** *num.* 1 eighty 2 **oitenta e um/oitenta e dois etc.** eighty-one/eighty-two etc.
**oito** *num.* 1 (numeral) eight 2 (dia do mês) eighth: *no dia oito de novembro* on November 8th
**oitocentos** *num.* eight hundred
**olá** *interj.* hello
**óleo** *s.* oil
**oleoso** *adj.* 1 (em geral) greasy 2 (pele) oily
**olfato** *s.* sense of smell
**olhada** *s.* 1 look 2 **dar uma olhada** to take a look (***em*** *at*)
**olhar** *v.* 1 (ver) to look: *Olha! Um arco-íris!* Look! A rainbow! 2 (cuidar de) to watch: *Você olha as minha coisas?* Will you watch my stuff? 3 **olhar (para) algo/alguém** to look at sth/sb / **olhar-se** *v.* 1 (no espelho etc.) to look at yourself 2 (duas pessoas) to look at each other / *s.* look
**olheiras** *spl.* dark circles under your eyes: *Ela está com olheiras.* She has dark circles under her eyes.
**olho** *s.* 1 eye: *Ele tem olhos azuis.* He has blue eyes. 2 **estar de olho em algo/alguém** to have your eye on sth/sb 3 **ficar de olho em algo/alguém** to keep an eye on sth/sb
**olho grande** envy
**Olimpíadas** *spl.* Olympics: *as Olimpíadas do Rio* the Rio Olympics
**olímpico** *adj.* Olympic: *os Jogos Olímpicos* the Olympic Games
**ombro** *s.* 1 shoulder 2 **dar de ombros** to shrug your shoulders
**omelete** *s.* omelet (BRIT: omelette): *uma omelete de queijo e presunto* a cheese and ham omelet
**omitir** *v.* to leave out ▸ Também existe o verbo ***to omit*** que soa formal.
**omoplata** *s.* shoulder blade
**onça** *s.* (animal) cougar
**onça pintada** jaguar
**onda** *s.* 1 wave 2 **entrar na onda** to get in on the act 3 **entrar na onda de (fazer) algo** to get into (doing) sth 4 **ir na onda de alguém** to be taken in by sb 5 **pegar onda** to go surfing 6 **segurar a onda** to keep it together
**onde** *adv, pron.* 1 where: *De onde eles são?* Where are they from? | *o bairro onde eu moro* the neighborhood where I live 2 **onde quer que** wherever 3 **onde você for/quiser etc.** wherever you go/want etc.
**ondulado** *adj.* 1 (cabelo, linha) wavy 2 (ferro, papelão) corrugated
**ONG** *s.* (= organização não governamental) NGO *[= non-governmental organization]*
**ônibus** *s.* bus
**ônibus escolar** school bus **ônibus espacial** space shuttle
**on-line** *adj, adv.* online
**ontem** *adv.* 1 yesterday: *o jornal de ontem* yesterday's paper 2 **ontem à noite** last night ▸ Também se diz ***yesterday evening.*** 3 **ontem de manhã/à tarde** yesterday morning/afternoon
**ONU** *s.* (= Organização das Nações Unidas) UN *[= United Nations]*
**onze** *num.* 1 (numeral) eleven 2 (dia do mês) eleventh: *no dia 11 de maio* on May 11th
**opaco** *adj.* opaque
**opção** *s.* option
**opcional** *adj.* optional
**ópera** *s.* opera
**operação** *s.* 1 (na maioria dos casos) operation 2 (financeira) transaction
**operadora** *s.* (de telefonia) carrier
**operar** *v.* 1 (submeter-se a cirurgia) to have an operation 2 (máquina, aparelho) to operate 3 **operar (alguém)** to operate (on sb): *Decidiram operar o cachorro.* They decided to operate on the dog. 4 **operar a perna/o**

braço etc. to have an operation on your leg/arm etc.: *O Pedro operou o tornozelo.* Pedro had an operation on his ankle.

**operário** *s.* worker / *adj.* 1 (bairro, família) working-class 2 (população) working 3 **classe operária** working class

**opinar** *v.* 1 to give an opinion 2 **opinar sobre algo** to give your opinion on sth

**opinião** *s.* 1 opinion (***sobre*** *on*) 2 **na minha opinião** in my opinion 3 **pedir a opinião de alguém** to ask sb's opinion (***sobre*** *on*)

**oponente** *s.* opponent / *adj.* opposing

**opor** *v.* **opor resistência** to put up resistance (***a*** *to*) / **opor-se** *v.* **opor-se a algo** to oppose sth

**oportunidade** *s.* 1 opportunity 2 **ter a oportunidade de fazer algo** to have the opportunity to do sth

**oportuno** *adj.* 1 (momento) convenient 2 (visita etc.) timely

**oposição** *s.* 1 opposition (***a*** *to*) 2 **em oposição a algo** as opposed to sth

**oposto** *adj, s.* 1 opposite: *na direção oposta* in the opposite direction 2 **o oposto** the opposite

**opressão** *s.* oppression

**oprimir** *v.* to oppress

**optar** *v.* 1 to opt (***por*** *for*) 2 **optar por fazer algo** to opt to do sth

**ora** *adv.* 1 now 2 **ora ... ora ...** one minute ... the next ...: *Ora chovia, ora fazia sol.* One minute it was raining, the next it was sunny. 3 **por ora** for now / *interj.* well now!: *Ora, que surpresa!* Well now, what a surprise!

**oração** *s.* 1 (prece) prayer 2 (na gramática) clause 3 **fazer uma oração** to say a prayer

**oral** *adj.* oral

**orar** *v.* to pray

**órbita** *s.* 1 (de satélite etc.) orbit: *A Lua está em órbita ao redor da Terra.* The moon is in orbit around the Earth. 2 **colocar algo/entrar em órbita** to put sth/go into orbit

**orçamento** *s.* 1 (plano de despesas) budget 2 (preço de obra, conserto etc.) estimate (***de*** *for*) 3 **dar/fazer um orçamento** (de obra) to give/get an estimate

**ordeiro** *adj.* orderly

**ordem** *s.* 1 order 2 **às ordens de alguém** at sb's service: *Estou às ordens.* I'm at your service. 3 **colocar algo/estar em ordem** to put sth/be in order 4 **por ordem alfabética** in alphabetical order 5 **por ordem de alguém** on sb's orders 6 **por ordem de chegada** on a first come, first served basis

**ordenado** *adj.* organized / *s.* wage

**ordenar** *v.* 1 (dar ordem) to order 2 (colocar em ordem) to arrange: *Ordenei os livros por autor.* I arranged the books by author. 3 (arrumar) to organize 4 **ordenar que alguém faça algo** to order sb to do sth

**ordenhar** *v.* to milk

**ordinário** *adj.* 1 (sem qualidade) cheap 2 (pessoa) despicable

**orelha** *s.* ear

**orelhão** *s.* (telefone) payphone

**orfanato** *s.* orphanage

**órfão** *s, adj.* 1 orphan 2 **órfão de mãe/pai** motherless/fatherless child 3 **ficar órfão** to be orphaned

**orgânico** *adj.* organic

**organismo** *s.* 1 (corpo humano) system 2 (forma de vida) organism 3 (entidade) organization

**organização** *s.* organization

**organizador** *s.* organizer / *adj.* organizing

**organizar** *v.* to organize / **organizar-se** *v.* to get organized

**órgão** *s.* 1 (do corpo, instrumento) organ 2 (entidade) body

**orgulhar-se** *v.* to be proud (***de*** *of*)

**orgulho** *s.* 1 pride 2 **ter orgulho de algo/alguém** to be proud of sth/sb 3 **ter orgulho de fazer algo** to be proud to do sth

**orgulhoso** *adj.* proud (***de*** *of*)

**orientação** *s.* 1 (conselhos) guidance 2 (direção) orientation: *senso de orientação* sense of direction
**orientação sexual** sexual orientation
**orientação vocacional** careers guidance

**oriental** *adj.* 1 (do leste) eastern 2 (do leste asiático) oriental

**orientar** *v.* 1 (indicar o caminho a) to direct 2 (aluno, trabalho) to supervise 3 (dar conselhos a) to give guidance to 4 **orientar alguém a fazer algo** to instruct sb to do sth 5 **orientar sobre algo** to give guidance on sth

**oriente** *s.* East

**Oriente Médio** Middle East

**origem** *s.* 1 origin: *um nome de origem italiana* a name of Italian origin 2 **dar origem a algo** to give rise to sth 3 **ter origem em algo** to originate in sth

**original** *adj, s.* original

**orla** *s.* (tb orla marítima) oceanfront (BRIT: seafront): *Fomos passear pela orla.* We went for a stroll along the oceanfront.

**orquestra** *s.* orchestra

**ortodoxo** *adj.* orthodox

**ortografia** *s.* spelling: *um erro de ortografia* a spelling mistake

**ortográfico** *adj.* spelling: *a reforma ortográfica* the spelling reform

**orvalho** *s.* dew

**os** *art.* the: *os carros* the cars / *pron.* 1 them: *Gosto dos meus primos, mas não os vejo com muita frequência.* I like my cousins, but I don't see them very often. 2 (substituindo substantivo já mencionado) the ones: *Esses livros são os que já li.* These books are the ones I've already read. | *Os jogadores de azul são os italianos, os de branco são os ingleses.* The players in blue are the Italians, the ones in white are the English. | *Os carros importados são mais caros do que os nacionais.* Imported cars are more expensive than Brazilian ones.

**ossada** *s.* skeleton

**osso** *s.* bone

**ossudo** *adj.* bony

**ostentar** *v.* to show off

**ostra** *s.* oyster

**otário** *s.* sucker

**ótica** *s.* 1 (loja) glasses store (BRIT: optician's) 2 (visão) perspective (***sobre*** *on*): *uma nova ótica sobre a questão* a new perspective on the issue 3 (ciência) optics: *uma ilusão de ótica* an optical illusion 4 **sob a ótica de algo** from the perspective of sth

**ótico** *adj.* optical

**otimismo** *s.* optimism

**otimista** *adj.* optimistic (***com/sobre*** *about*) / *s.* optimist

**ótimo** *adj.* great: *Que ótimo!* That's great!

**otorrino** *s.* ear, nose and throat doctor ▸ Também se diz ***ENT doctor***.

**ou** *conj.* 1 or 2 **ou ... ou** either ... or: *Só tem dois sabores: ou morango ou chocolate.* There are only two flavors: either strawberry or chocolate. 3 **ou melhor** or rather: *Vamos nos encontrar na quinta, ou melhor, na sexta.* Let's meet on Thursday, or rather, Friday. 4 **ou seja** in other words: *Ela falou que vinha na segunda, ou seja, amanhã.* She said she was coming on Monday, in other words, tomorrow.

**ouriço** *s.* 1 (mamífero) hedgehog 2 (do mar) sea urchin

**ouro** *s.* 1 gold: *um anel de ouro* a gold ring 2 **ouros** (naipe) diamonds: *o ás de ouros* the ace of diamonds

**ousadia** *s.* 1 (coragem) daring 2 (cara de pau) nerve 3 (ato ousado) daring move

**ousado** *adj.* daring

**ousar** *v.* 1 to dare 2 **ousar fazer algo** to dare to do sth

**outdoor** *s.* billboard

**outono** *s.* fall (BRIT: autumn): *no outono* in the fall

**outro** *adj.* 1 (em geral) other: *do outro lado* on the other side ▸ Como adjetivo, antes de um substantivo, a palavra ***other*** não tem plural: *outras coisas* other things 2 (tb um outro) another: *Quer outra bala?* Would you like another candy? 3 (próximo) next: *A padaria fica na outra rua.* The bakery is on the next street. | *sem ser nesse sábado, no outro* not this Saturday, but the next 4 **outra coisa** something else 5 **outro dia** **a** (recentemente) the other day: *Estive com o Pedro outro dia.* I saw Pedro the other day. **b** (no futuro) another day: *Volto outro dia.* I'll come back another day. 6 **outra pessoa** someone else 7 **outra vez** again 8 **em/para outro lugar** somewhere else ▸ Também se diz ***elsewhere***, mas soa um pouco mais formal. / *pron.* 1 other one: *São gêmeos, mas um deles é louro, o outro moreno.* They're twins, but one of them's blond, the other one's dark. | *Gostei dessa camiseta, mas prefiro aquela outra.* I like this T-shirt, but I prefer that other one. ▸ É possível omitir o ***one***, mas soa bastante formal. 2 (tb um outro) another one: *Meu celular quebrou. Preciso comprar outro.* My cell phone's broken. I need to get another one. ▸ É possível omitir o ***one***, mas soa bastante formal. 3 **outros** others: *Se você não gostar desse modelo, temos outros.* If you don't like this model, we have others. | *Você avisa os outros?* Will you let the others know? ▸ Quando se refere a coisas, e não pessoas, também se pode dizer ***other ones***: *Coloque essa bolsa junto com as outras.* Put this bag together with the other ones.

▸ Antes de um número, *outros* traduz-se por ***another***: ***We need another 50 reais.*** (= Precisamos de outros 50 reais.). ***I've read four chapters, there are another three to go.*** (= Já li quatro capítulos, faltam outros três.).

**outubro** *s.* October: *em outubro* in October

**ouvido** *s.* 1 ear: *dor de ouvido* earache | *Ela tem bom ouvido para idiomas.* She has a good ear for languages. 2 **dar ouvidos a alguém** to listen to sb 3 **de ouvido** (tocar) by ear

**ouvinte** *s.* (de rádio) listener

**ouvir** *v.* 1 (perceber sons/o som de) to hear: *Você ouviu a campainha?* Did you hear the doorbell? | *Meu avô não ouve muito bem.* My grandfather doesn't hear very well. ▸ A forma *estar ouvindo*, no sentido de *conseguir ouvir*, traduz-se por ***can hear***: *Fala mais alto, não estou te ouvindo.* Speak up, I can't hear you. | *Você está me ouvindo?* Can you hear me? 2 (prestar atenção em) to listen to: *Gosto de ouvir música.* I like listening to music. 3 **ouvir dizer que ...** to hear (that) ...: *Ouvi dizer que ela vai casar.* I heard she's getting married. 4 **ouvir falar de algo/alguém** to hear of sth/sb: *Não conheço esse filme, nunca ouvi falar.* I don't know that movie, I've never heard of it.

**oval** *adj, s.* oval

**ovelha** *s.* sheep ▸ O plural é igual ao singular: *duas ovelhas* two sheep

**ovelha negra** black sheep

**overdose** *s.* overdose

**óvni** *s.* UFO *[= unidentified flying object]*

**ovo** *s.* egg

**ovo cozido** boiled egg **ovo duro** hard-boiled egg **ovo estrelado/frito** fried egg **ovos mexidos** scrambled eggs **ovo pochê** poached egg

**oxigenado** *adj.* (cabelo) bleached

**oxigênio** *s.* oxygen

**ozônio** *s.* ozone: *a camada de ozônio* the ozone layer

# P

**P, p** *s.* P, p / **P** *abrev.* (= pequeno) S *[= small]*
**pá** *s.* **1** (para retirar terra, neve etc.) shovel **2** (para cavar) spade **3** (de hélice, remo, moinho etc.) blade **4 ser da pá virada** to be a handful **pá de lixo** dustpan
**pacato** *adj.* (lugar) peaceful
**paciência** *s.* **1** (qualidade) patience **2** (jogo) solitaire (BRIT: patience)
**paciente** *adj, s.* patient
**pacífico** *adj.* **1** (solução etc.) peaceful **2** (oceano, litoral etc.) Pacific / *s.* **o (oceano) Pacífico** the Pacific (Ocean)
**pacote** *s.* **1** (embalagem) pack (BRIT: packet): *um pacote de biscoitos* a pack of biscuits **2** (encomenda) package **3** (de viagem, de medidas) package
**padaria** *s.* bakery
**padeiro** *s.* baker
**padrão** *s.* **1** (nível) standard **2** (desenho) pattern **padrão de vida** standard of living
**padrasto** *s.* stepfather
**padre** *s.* **1** (sacerdote) priest **2** (tratamento) Father: *o Padre Anchieta* Father Anchieta
**padrinho** *s.* **1** (de criança) godfather **2** (de noivos) groomsman (BRIT: usher) **3 padrinhos** **a** (padrinho e madrinha de batismo) godparents **b** (padrinhos e madrinhas de casamento) bridesmaids and groomsmen (BRIT: bridesmaids and ushers)
▸ Nos países de língua inglesa, costuma haver só um padrinho de casamento, tipicamente o melhor amigo ou irmão do noivo, que se chama ***best man***.
**padroeiro** *s.* (santo) patron saint
**padronizar** *v.* to standardize
**pagamento** *s.* payment: *Qual a forma de pagamento?* How would you like to pay?
**pagar** *v.* **1** to pay (***por*** *for*): *Onde pago?* Where do I pay? | *Quanto você pagou pelo seu celular?* How much did you pay for your cell phone? ▸ Quando o complemento direto for uma conta, um valor ou uma pessoa, usa-se complemento direto em inglês também, sem preposição: *Paguei cinco dólares pelo bilhete.* I paid five dollars for the ticket. | *Ele não tinha dinheiro para pagar o taxista.* He didn't have money to pay the cab driver. ▸ Quando o complemento direto for um item pelo qual se paga dinheiro, usa-se a preposição ***for*** em inglês: *Você já pagou o voo?* Have you already paid for the flight? | *Meu amigo pagou o almoço.* My friend paid for lunch. **2 pagar algo a/para alguém** **a** (dar dinheiro) to pay sb sth: *Ele me pagou o que me devia.* He paid me what he owed me. **b** (dar de presente) to buy sb sth: *Ela me pagou o jantar.* She bought me dinner. **3 pagar à vista/em dez vezes/parcelado** to pay in full/in ten installments/by installments **4 pagar caro** **a** (gastar muito) to pay a lot (***por*** *for*): *Tive que pagar caro pela passagem.* I had to pay a lot for the ticket. **b** (sofrer) to pay dearly (***por*** *for*): *O goleiro brasileiro pagou caro pelo seu erro.* The Brazilian

goalkeeper paid dearly for his mistake. **5 pagar com cartão** to pay by card **6 pagar em dinheiro** to pay cash

**página** *s.* **1** page: *na página 55* on page 55 **2 virar a página** to turn over the page **página inicial** (de site) homepage **página web** webpage

**pago** *adj.* paid

**pai** *s.* **1** father: *Quem é o pai da criança?* Who is the child's father? ▸ A palavra ***father*** soa um tanto formal e impessoal em inglês. Na linguagem menos formal, e como forma de tratamento, usa-se a palavra ***dad***: *Qual é o nome do seu pai?* What's your dad's name? | *O pai dela é médico.* Her dad's a doctor. **2 pais** (pai e mãe) parents: *Preciso ligar para os meus pais.* I must call my parents.

**painel** *s.* **1** (de carro) dashboard **2** (de aparelho) control panel **3** (quadrado) panel

**pai-nosso** *s.* Lord's prayer

**pairar** *v.* (no ar) to hover

**país** *s.* country

**paisagem** *s.* **1** (topografia) landscape: *a paisagem típica da região* the typical landscape of the region **2** (panorama) scenery: *Do alto da montanha dá para admirar a paisagem.* From the top of the mountain you can admire the scenery.

**paisana** *s.* **à paisana** **a** (policial) in plain clothes: *um policial à paisana* a plain-clothes police officer **b** (militar) in civilian clothes

**País de Gales** *s.* Wales

**paixão** *s.* **1** passion (***por*** *for*) **2 ter paixão por algo** to have a passion for sth

**palácio** *s.* palace

**paladar** *s.* **1** (sentido) sense of taste **2** (apreço dos alimentos) palate

**palanque** *s.* platform

**palavra** *s.* **1** word **2 cumprir/faltar com a palavra** to keep/break your word **3 dar sua palavra (a alguém)** to give (sb) your word **4 dirigir a palavra a alguém** to speak to sb **5 em outras palavras** in other words **palavra de ordem** slogan **palavras cruzadas** **1** (um jogo) crossword **2** (em geral) crosswords *[pl.]*

**palavrão** *s.* **1** swear word **2 falar palavrão** to swear

**palco** *s.* **1** stage **2 entrar em palco** to go/come on stage

**palestra** *s.* **1** lecture **2 dar uma palestra** to give a lecture

**palestrante** *v.* speaker

**paleta** *s.* palette

**paletó** *s.* jacket ▸ No inglês americano, também se diz ***suit coat***.

**palha** *s.* straw: *um chapéu de palha* a straw hat

**palhaçada** *s.* **1** (situação ridícula) farce **2 palhaçadas** (brincadeiras) clowning **3 fazer palhaçadas** to clown around

**palhaço** *s.* clown

**palheta** *s.* **1** (de violão) pick **2** (de clarinete etc.) reed

**pálido** *adj.* **1** pale **2 ficar pálido** to go pale

**palito** *s.* **1** (para os dentes) toothpick **2 estar/ser um palito** to be as thin as a rake **palito de fósforo** matchstick

**palma** *s.* **1** palm: *Ele tinha umas moedas na palma da mão.* He had some coins in the palm of his hand. **2 palmas** (aplausos) clapping **3 bater palmas (para alguém/algo)** to clap (sb/sth): *A plateia bateu palmas para o cantor.* The audience clapped the singer. **4 ter alguém na palma da mão** to have sb eating out of your hand **5 uma salva de palmas** a round of applause

**palmada** *s.* **1** smack **2 dar uma palmada em alguém** to smack sb

**palmeira** *s.* palm tree

**palmilha** *s.* insole

**palmito** *s.* palm heart: *salada de palmito* palm heart salad

**pálpebra** *s.* eyelid

**palpite** *s.* **1** (pressentimento) hunch **2** (opinião) comment **3 dar palpite** to make comments **4 ter o palpite de que** to have the feeling (that)

**Panamá** *s.* Panama: *o canal do Panamá* the Panama Canal
**panamenho** *adj, s.* Panamanian
**pança** *s.* paunch
**pancada** *s.* 1 (golpe) blow 2 (barulho) bang 3 **dar uma pancada em algo/alguém** to hit sth/sb 4 **levar uma pancada** to get hit
**pancada de chuva** shower
**panda** *s.* panda
**pandeiro** *s.* tambourine
**pane** *s.* 1 breakdown 2 **dar pane** to break down
**panela** *s.* saucepan ▸ Também se diz apenas ***pan***.
**panela de pressão** pressure cooker
**panfleto** *s.* pamphlet
**pânico** *s.* 1 panico 2 **entrar em pânico** to panic
**panificação** *s.* bakery
**pano** *s.* 1 cloth 2 (de palco) curtain 3 **passar um pano em algo** to wipe sth down
**pano de chão** floor cloth **pano de fundo** backdrop **pano de pó** dust cloth (BRIT: duster) **pano de prato** dish towel (BRIT: tea towel)
**panqueca** *s.* crepe
**pântano** *s.* swamp
**pantera** *s.* panther
**pantufa** *s.* (o par) slippers *[pl.]*: *uma pantufa de pelúcia* a pair of furry slippers ▸ O singular ***slipper*** refere-se a um pé.
**pão** *s.* bread: *A sopa acompanha pão.* The soup comes with bread. | *pão com manteiga* bread and butter ▸ A palavra ***bread*** é incontável em inglês. *Um pão* traduz-se por ***a loaf of bread***, quando se trata de um pão de forma, ou por ***a bread roll***, quando se trata de um pãozinho tipo francês. Da mesma forma, o plural *pães* traduz-se por ***loaves of bread*** ou ***bread rolls***: *Comi dois pães no café da manhã.* I had two bread rolls for breakfast.
**pão árabe/sírio** pita bread (BRIT: pitta bread) **pão de forma** 1 (estilo de pão) sandwich bread 2 (um pão) loaf of bread **pão de ló** sponge cake **pão de queijo** cheese bread **pão doce** sweet bun (BRIT: bun) **pão francês** 1 (estilo de pão) French bread 2 (pãozinho) bread roll **pão integral** whole wheat bread (BRIT: wholemeal bread) ▸ Na linguagem menos formal, diz-se ***brown bread***.
**pão-duro** *adj.* cheap (BRIT: mean) / *s.* cheapskate
**pãozinho** *s.* bread roll
**papa** *s. fem.* 1 (comida) baby food 2 **não ter papas na língua** not to mince your words: *Ela não tem papas na língua.* She doesn't mince her words. / *s. masc.* (pontífice) pope
**papagaio** *s.* 1 (ave) parrot 2 (pipa) kite 3 **soltar papagaio** to fly a kite
**papai** *s.* 1 dad ▸ Existe também o diminutivo ***daddy***, usado principalmente por crianças. 2 **Papai Noel** Santa Claus ▸ No inglês britânico, é mais comum dizer ***Father Christmas***.
**papel** *s.* 1 (material) paper: *uma folha de papel* a sheet of paper | *um chapéu de papel* a paper hat ▸ *Um papel*, no sentido de "um pedaço de papel", traduz-se por ***a piece of paper***. Em inglês, ***a paper*** significa um jornal, um trabalho acadêmico ou um papel com algo escrito, tipo um aviso. 2 (participação) role 3 **fazer o papel de alguém** to play the role of sb
**papel-alumínio** tinfoil **papel-bolha** bubble wrap **papel de carta** notepaper **papel de parede** wallpaper **papel de presente** giftwrap **papel de seda** tissue paper **papel-filme** Saran Wrap® (BRIT: clingfilm) **papel-filtro** filter paper **papel higiênico** toilet paper **papel pardo** brown paper **papel timbrado** headed notepaper
**papelada** *s.* paperwork
**papelão** *s.* 1 (material) cardboard: *uma caixa de papelão* a cardboard box 2 **fazer um papelão** to make a fool of yourself: *O Pedro fez um papelão na festa.* Pedro made a fool of himself at the party.
**papelaria** *s.* stationery store (BRIT: stationer's): *material de papelaria* stationery
**papo** *s.* 1 (conversa) chat 2 (gordura no queixo) double chin 3 **bater papo** to chat (*com with*) 4 **bater/ter um papo** to have a chat

(***com*** *with*) 5 **estar no papo** (estar ganho) to be in the bag 6 **não ter papo** not to have much to say for yourself: *O namorado dela não tem papo.* Her boyfriend doesn't have much to say for himself.

**papoula** *s.* poppy

**paquera** *s.* 1 (ação) flirtation 2 (pessoa) date: *o novo paquera dela* her new date

**paquerar** *v.* 1 to flirt 2 **paquerar alguém** to flirt with sb

**par** *s.* 1 (dupla) pair: *um par de tênis* a pair of sneakers 2 (parceiro) partner 3 (pessoa da mesma condição) peer 4 **colocar alguém a par de algo** to bring sb up to date with sth 5 **estar/ficar a par** to be/get up to date (***de*** *with*): *Você está a par da novidade?* Are you up to date with the news? 6 **sem par** unparalleled: *uma beleza sem par* unparalleled beauty / *adj.* 1 (número) even 2 (andar, apartamento) even-numbered

**para** *prep.* 1 (na maioria dos casos) for: *Comprei um presente para minha mãe.* I bought a present for my mom. | *O melhor café é cultivado para exportação.* The best coffee is grown for export. | *Esse trabalho é para sexta.* This assignment is for Friday. | *Ele é alto para a idade dele.* He's tall for his age. 2 (indicando destino ou destinatário) to: *Eles mudaram para São Paulo.* They moved to São Paulo. | *Vou dar essas flores para a minha mãe.* I'm going to give these flowers to my mom. | *Mandei um e-mail para a professora.* I sent an email to the teacher. 3 **para baixo/cima** down/up 4 **para cá/lá** here/there: *Vem para cá.* Come here. 5 **para dentro/fora** in/out ▸ Quando o sentido é dentro/fora de casa, também se diz ***inside/outside***. 6 **para mim/a Sandra etc.** (indicando opinião) in my/Sandra's etc. opinion: *Para mim, foi tudo armação.* In my opinion, it was all a set-up. 7 **para quê?** what for?: *Para quê você precisa de tanto dinheiro?* What do you need so much money for? 8 **para fazer algo** ▸ Quando o infinitivo tem o mesmo sujeito que a oração principal, traduz-se por ***to do sth***: *Tive que correr para pegar o ônibus.* I had to run to catch the bus. | *Para ligar o computador, aperte o botão verde.* To turn on the computer, press the green button. ▸ Quando o infinitivo tem sujeito próprio, diferente do da oração principal, usa-se a conjunção ***so*** (ou, mais formal, ***so that***) seguida do verbo ***can/could***, quando se trata de uma ação consciente e voluntária, ou seguida de ***will/would***, quando se trata de uma ação inconsciente e involuntária: *Você me empresta o seu celular para eu ver meus e-mails?* Will you lend me your cell phone so I can check my emails? | *Vamos estacionar embaixo da árvore para o carro ficar na sombra.* Let's park under the tree so the car will be in the shade. | *O taxista parou para o passageiro descer.* The cab driver stopped so the passenger could get out. | *Segurei a mão da minha avó para ela não cair.* I held my grandma's hand so she wouldn't fall. 9 **para não fazer algo** ▸ Traduz-se por ***so (that) ... do not*** (no passado, ... ***would not***) mesmo quando o sujeito do infinitivo é igual ao da oração principal: *Tire o sapato para não sujar o chão.* Take off your shoes so you don't dirty the floor. | *Anotei o compromisso na minha agenda para não esquecer.* I noted down the appointment in my datebook so I wouldn't forget. | *É melhor prender a porta para ela não bater.* It's better to stop the door so it doesn't bang. / **para que** *conj.* so that: *O governo vai tomar uma atitude para que isso não volte a acontecer.* The government is going to take action so that his does not happen again. | *O professor falou devagar para que os alunos entendessem.* The teacher spoke slowly so that the students would understand.

▸ ***for*** ou ***to***? Quando é possível em português substituir a preposição *para* pela preposição *a*, sem mudar o sentido, a preposição indicada em inglês é ***to***. Quando tal substituição é impossível, é preciso usar a preposição ***for***. Observe também que, antes de um infinitivo, só se pode usar ***to***.

**parabenizar** *v.* **parabenizar alguém** **a** (por conquista) to congratulate sb (***por*** *on*) **b** (pelo aniversário) to wish sb a happy birthday

**parabéns** *spl.* 1 (por conquista) congratulations (***por*** *on*): *Parabéns pela sua nota!* Congratulations on your grade! 2 (por aniversário) happy birthday 3 **parabéns por ter feito algo** congratulations on doing sth: *Parabéns por ter passado na prova!* Congratulations on passing the test! 4 **cantar parabéns** to sing happy birthday (***para*** *to*) 5 **dar os parabéns (a alguém)** **a** (por conquista) to give (sb) your congratulations (***por*** *on*) **b** to wish (sb) happy birthday

**parabólico** *adj.* **antena parabólica** satellite dish

**para-brisa** *s.* windshield (BRIT: windscreen)

**para-choque** *s.* (de carro) bumper

**parada** *s.* 1 (ação) stop 2 (pausa) break 3 (desfile) parade 4 **aguentar a parada** to tough it out 5 **as paradas** (de sucessos) the charts 6 **dar uma parada** (descansar) to take a break 7 **fazer uma parada** **a** (para visita etc.) to stop off **b** (ao dirigir) to come to a stop **c** (trem, ônibus) to make a stop **d** (descansar) to take a break 8 **topar a parada** to be up for it: *Ele topa qualquer parada.* He's up for anything.

**parada cardíaca** cardiac arrest **parada de ônibus** bus stop **parada de sucessos** chart: *o número um da parada de sucessos* number one on the chart

**paradeiro** *s.* whereabouts: *A polícia desconhece o paradeiro do foragido.* The police do not know the whereabouts of the fugitive.

**parado** *adj.* 1 (imóvel) still: *Ele não fica parado um minuto!* He doesn't keep still for one minute! 2 (em pé) standing: *O professor estava parado na frente da sala.* The teacher was standing at the front of the class. 3 (veículo) stopped: *O trânsito está parado por conta de um acidente.* The traffic is stopped because of an accident. 4 (desempregado) unemployed 5 (inativo) inactive

**parafrasear** *v.* to paraphrase

**parafuso** *s.* 1 (de parafusar) screw 2 (de porca) bolt 3 **entrar em parafuso** to freak out

**parágrafo** *s.* paragraph

**Paraguai** *s.* Paraguay

**paraguaio** *adj, s.* Paraguayan

**paraíso** *s.* paradise

**para-lama** *s.* 1 (de carro) fender (BRIT: wing) 2 (de bicicleta) fender (BRIT: mudguard)

**paralelo** *adj, s.* parallel (***a*** *to*)

**paralisado** *adj.* 1 (com paralisia) paralyzed: *Ele ficou paralisado num acidente de carro.* He was paralyzed in a car accident. 2 (chocado) stunned (***com*** *by*): *Fiquei paralisado com o que ela disse.* I was stunned by what she said. 3 (trânsito, fábrica, produção) at a standstill: *O trânsito ficou paralisado durante duas horas.* The traffic was at a standstill for two hours.

**paralisar** *v.* 1 (tornar paralítico) to paralyze 2 (trânsito, fábrica etc.) to bring to a standstill: *A chuva paralisou a cidade.* The rain brought the city to a standstill.

**paralisia** *s.* paralysis

**paralítico** *adj.* paralyzed / *s.* paralysis sufferer

**paraninfo** *s.* valedictorian

**parapeito** *s.* 1 (mureta) parapet 2 (de janela) windowsill

**parapente** *s.* 1 (modalidade) paragliding 2 (equipamento) paraglider 3 **saltar de parapente** to paraglide

**paraquedas** *s.* 1 parachute 2 **pular/saltar de paraquedas** **a** (como esporte) to skydive **b** (em outros casos) to parachute ▸ Quando se fala da experiência em si, diz-se ***to do a parachute jump***: *Você teria coragem de pular de paraquedas?* Would you dare to do a parachute jump?

**paraquedismo** *s.* 1 skydiving 2 **fazer paraquedismo** to go skydiving

**paraquedista** *s.* 1 (esportista) skydiver 2 (militar) paratrooper

**parar** *v.* 1 to stop 2 **parar com algo** to stop sth: *Para com isso!* Stop it! 3 **parar de fazer**

**algo** to stop doing sth: *Ela parou de fumar.* She's stopped smoking. | *Para de me interromper!* Stop interrupting me! **4 ir parar em** to end up in: *Pegamos o ônibus errado e fomos parar lá no centro.* We took the wrong bus and ended up downtown. **5 não parar** (pessoa) to be always on the go: *A minha mãe não para.* My mom's always on the go. **6 não parar de fazer algo** to just keep doing sth: *Os preços não param de subir.* Prices just keep going up. **7 sem parar** nonstop: *O cachorro do vizinho late sem parar.* The neighbor's dog barks nonstop.

**para-raios** *s.* lightning rod (BRIT: lightning conductor)

**parasita** *s.* parasite

**parceiro** *s.* partner

**parcela** *s.* **1** (prestação) installment **2** (parte) portion: *uma parcela da culpa* a portion of the blame

**parcelado** *adj, adv.* in installments

**parcelar** *v.* to pay in installments: *Dá para parcelar a passagem aérea em até 10 vezes.* You can pay for the air ticket in up to 10 installments.

**parceria** *s.* **1** partnership **2 em parceria com alguém** in partnership with sb

**parcial** *adj.* **1** (em parte) partial: *um eclipse parcial* a partial eclipse **2** (tendencioso) biased

**parcialidade** *s.* bias

**pardal** *s.* sparrow

**pardo** *adj.* **1** (papel, cor) brown **2** (pessoa) mixed-race

**parecer** *v.* **1** (dar a impressão) to seem: *O comportamento dele me pareceu estranho.* His behavior seemed strange to me. **2** (aparentar) to look: *Esquiar não é tão fácil como parece.* Skiing isn't as easy as it looks. **3** (soar) to sound: *O filme parece interessante.* The movie sounds interesting. **4 parece que ...** **a** (pelo visto) it looks like ...: *Parece que vai chover.* It looks like it's going to rain. **b** (pela descrição) it sounds like ...: *Parece que você se divertiu nas férias.* It sounds like you had fun on vacation. **c** (pelo que ouvi falar) it seems (that) ...: *Parece que eles terminaram o namoro.* It seems they broke up. **5 parece/não parece, parece que sim/não** **a** (pelo visto) it looks like it/it doesn't look like it **b** (pela descrição) it sounds like it/it doesn't sound like it **c** (pela impressão) it seems like it/it doesn't seem like it **6 parecer fazer/ser algo** to seem to do/be sth: *Ela parece gostar de você.* She seems to like you. **7 parecer(-se com) alguém/algo** to look like sb/sth: *A fruta parece uma maçã.* The fruit looks like an apple. | *Ele parece o Brad Pitt.* He looks like Brad Pitt. ▸ Usa-se ***look like*** somente quando a semelhança é visual. Deve-se usar outra expressão quando se trata de outro tipo de semelhança, a saber, ***sound like*** (auditiva), ***taste like*** (gustativa), ***smell like*** (olfativa) ou ***feel like*** (tátil): *A música parece uma dos Beatles.* The song sounds like one by the Beatles. | *Esse tecido é muito liso. Parece seda.* This cloth is very smooth. It feels like silk. **8 até parece!** yeah, right!: *"É você que paga?" - "Até parece!"* "Are you paying?" - "Yeah, right!" / **parecer-se** *v.* to be alike: *Os dois irmãos se parecem muito.* The two brothers are very much alike. ▸ Também se pode dizer ***look alike*** quando se refere à aparência, ou ***sound alike*** quando se refere ao som. / *s.* expert opinion

**parecido** *adj.* **1** (de natureza) similar (*com to*): *Os dois idiomas são muito parecidos.* The two languages are very similar. **2 ser parecido com alguém/algo** (de aparência) to look like sb/sth: *Ela é muito parecida com aquela atriz.* She looks very much like that actress. **3 serem parecidos** (de aparência) to look alike: *Os dois carros são muito parecidos.* The two cars look very much alike.

**parede** *s.* wall: *um quadro na parede* a picture on the wall

**parente** *s.* relative

**parentesco** *s.* **1** relationship (*com to*) **2 grau de parentesco** relationship (*com to*) **3 sem parentesco** unrelated: *duas pessoas sem*

*parentesco* two unrelated people 4 **ter parentesco com alguém** to be related to sb
**parêntese** *s.* parenthesis (BRIT: bracket): *entre parênteses* in parentheses
**páreo** *s.* 1 race 2 **ser páreo duro** (ser difícil) to be a tough one 3 **ser páreo duro para alguém/algo** to be a match for sb/sth
**parir** *v.* 1 to give birth 2 **parir filhotes** (cachorro) to give birth to puppies
**Paris** *s.* Paris
**parisiense** *adj, s.* Parisian
**parlamentar** *s.* (deputado) member of parliament / *adj.* (sistema) parliamentary
**parlamento** *s.* parliament
**parmesão** *adj, s.* Parmesan
**paródia** *s.* parody
**parodiar** *v.* to parody
**paróquia** *s.* parish
**parque** *s.* park
**parque aquático** water park **parque de diversões** amusement park **parque infantil** children's playground **parque temático** theme park
**parquímetro** *s.* parking meter
**parquinho** *s.* playground
**parte** *s.* 1 (na maioria dos casos) part: *Gastei parte do dinheiro.* I spent part of the money. 2 (cota) share: *Quanto deu minha parte da conta?* How much did my share of the check come to? 3 (de contrato, em processo) party 4 **a maior parte de algo** most of sth: *a maior parte do tempo* most of the time | *Não gostei do livro. A maior parte é chata.* I didn't like the book. Most of it is boring. 5 **à parte** a (de lado) aside: *modéstia à parte* modesty aside b (isolado) apart: *um caso à parte* a case apart 6 **a parte de baixo/cima** the bottom/top: *Coloque o bolo na parte de cima do forno.* Place the cake in the top of the oven. 7 **a parte de frente/trás** the front/back: *Prefiro sentar na parte de trás do avião.* I prefer to sit at the back of the plane. 8 **da parte de alguém** a (depois de adjetivo) of sb: *Foi muito gentil da parte dela.* It was very kind of her. b (em nome de) from sb: *Mande um abraço para a sua mãe da minha parte.* Give your mom a hug from me. 9 **dar parte de algo/alguém** to report sth/sb (***a*** *to*): *Ele foi assaltado, mas não deu parte.* He was robbed, but didn't report it. 10 **fazer parte de algo** to be part of sth: *O Reino Unido não faz parte da zona do euro.* The UK is not part of the eurozone. 11 **ir por partes** to take it one step at a time 12 **por toda parte** everywhere
**participação** *s.* 1 (em evento) participation (***em*** *in*) 2 (em filme, programa) appearance (***em*** *in/on*) 3 (cota) share (***em*** *in*) 4 **fazer uma participação em algo** to make an appearance in/on sth: *Ele fez uma participação no novo álbum da Madonna.* He made an appearance on the new Madonna album.
**participante** *s.* participant / *adj.* participating
**participar** *v.* to take part (***de/em*** *in*): *Todos os alunos participaram da peça.* All the students took part in the play. ▸ Existe também o verbo ***to participate***, que soa mais formal.
**particípio** *s.* participle: *o particípio passado* the past participle
**particular** *adj.* private: *aulas particulares* private classes / *s.* 1 (indivíduo) private individual 2 **em particular** a (de portas fechadas) in private b (especialmente) in particular
**particularmente** *adv.* 1 (especialmente) particularly 2 (pessoalmente) personally
**partida** *s.* 1 (saída) departure 2 (jogo) match: *uma partida de tênis* a tennis match 3 (de corrida) start: *a linha de partida* the starting line 4 (de motor) starter: *o botão de partida* the starter button 5 **dar partida (em algo)** to start up (sth): *Ele teve dificuldade para dar partida no carro.* He had a hard time starting the car up. 6 **estar de partida** to be about to depart (***para*** *for*)
**partidário** *s.* supporter
**partido** *s.* 1 (político) party 2 **tirar partido de algo** to take advantage of sth 3 **um bom partido** a good catch 4 **tomar partido** to

take sides **5 tomar o partido de alguém** to take sb's side / *adj.* broken: *de coração partido* broken-hearted

**partir** *v.* 1 (sair) to depart (***de** from*, ***para** for*): *voos partindo do Brasil para a Europa* flights departing from Brazil for Europe 2 (quebrar) to break: *É de partir o coração!* It's heart-breaking! 3 (dividir) to divide: *Parti o pão em dois.* I divided the bread roll in two. 4 **partir para algo** **a** (dedicar-se) to pursue sth: *O Rodrigo quer partir para uma carreira de ator.* Rodrigo wants to pursue an acting career. **b** (recorrer a) to resort to sth: *Não precisava partir para a violência.* There was no need to resort to violence. 5 **partir para cima de alguém** to go for sb: *Vários jogadores partiram para cima do juiz.* Several players went for the referee. 6 **partir para outra** to move on 7 **a partir de** from … on: *a partir de agora* from now on | *a partir das 10h00* from 10 a.m. on / **partir-se** *v.* to break

**partitura** *s.* 1 ▸ Quando se toca um instrumento, refere-se à partitura como ***the music***: *Ela colocou a partitura no suporte.* She put the music on the stand. ▸ Partituras coletivamente chamam-se ***music*** ou ***sheet music***: *Não sei tocar sem partitura.* I can't play without music. | *Você sabe ler partituras?* Can you read music? 2 (para orquestra) score

**parto** *s.* 1 (momento de dar à luz) delivery: *Ela teve um parto difícil.* She had a difficult delivery. | *a sala de parto* the delivery room 2 (em geral) childbirth: *um livro sobre parto* a book on childbirth

**Páscoa** *s.* Easter: *O que você fez na Páscoa?* What did you do at Easter? | *as férias de Páscoa* the Easter vacation

**pasmo** *adj.* amazed (***com** at*)

**passa** *s.* raisin

**passada** *s.* 1 (passo) stride 2 **dar uma passada em algo** to drop by sth: *Precisamos dar uma passada no mercado.* We need to drop by the store.

**passado** *s.* past: *no passado* in the past / *adj.* 1 (mês, semana etc.) last: *no fim de semana passado* last weekend | *o Carnaval do ano passado* last year's Carnival ▸ Tais expressões com ***last*** ficam sem preposição em inglês. 2 (do passado) past: *experiência passada* past experience 3 (fruta) overripe 4 (chocado) shocked (***com** at*): *Fiquei passado com a notícia.* I was shocked at the news. 5 **bem passado** well done 6 **mal passado** rare

**passageiro** *s.* (viajante) passenger / *adj.* (fase, sentimento etc.) passing

**passagem** *s.* 1 (bilhete) ticket: *passagens aéreas* air tickets 2 (tarifa) fare: *Quanto é a passagem de ônibus?* How much is the bus fare? 3 (caminho) passage 4 **abrir passagem (por algo)** to make your way through (sth): *Abrimos passagem pela multidão.* We made our way through the crowd. 5 **dar/abrir passagem a/para alguém/algo** to let sb/sth through: *Deram passagem à ambulância.* They let the ambulance through. 6 **de passagem** **a** (de viagem) passing through: *Estamos aqui de passagem.* We're just passing through. **b** (sem entrar em detalhes) in passing: *Ele tocou no assunto de passagem.* He mentioned the subject in passing. 7 **diga-se de passagem** incidentally 8 **ter passagem pela polícia** to have a police record (***por** for*)

**passante** *s.* passer-by

**passaporte** *s.* passport

**passar** *v.* 1 (deslocar-se) to go by/past: *Passou uma viatura da polícia a toda velocidade.* A police car went by at top speed. ▸ Nessa acepção, ***by*** e ***past*** são sinônimos. Expressões tais como *passar correndo, passar dirigindo* etc. traduzem-se para o inglês usando um verbo que denota a maneira de se deslocar junto com o advérbio ***by*** ou ***past***: *Uma moto passou voando.* A motorcycle zoomed past. | *Vimos os atletas passarem correndo.* We saw the athletes run by. 2 (ônibus, carteiro etc.) to come: *O lixeiro passa na sexta.* The garbage man comes on Friday. | *O ônibus passa de quin-*

*ze em quinze minutos.* The bus comes every fifteen minutes. ▸ Nesse caso, o particípio passado é ***been***: *O carteiro já passou?* Has the mailman been yet? **3** (falando de programa, filme) to be on ▸ *estar passando* também se traduz por ***to be on***: *A novela passa depois do jornal.* The soap is on after the news. | *O que está passando no cinema?* What's on at the movies? | *Já passou a previsão do tempo?* Has the weather forecast been on yet? **4** (falando do decorrer do tempo) to go by: *Passou uma meia-hora.* A half-hour went by. **5** (falando do uso do tempo) to spend: *Passei duas horas na livraria.* I spent two hours in the bookstore. | *Onde você pretende passar as suas férias?* Where do you plan to spend your vacation? **6** (dar com a mão) to pass (***para*** *to*): *Você me passa um guardanapo?* Will you pass me a napkin? **7** (dar) to give: *Pode me passar os seus contatos?* Could you give me your contact details? | *A professora passou um exercício para fazermos em casa.* The teacher gave us an exercise to do at home. | *Ele me passou a gripe.* He gave me his cold. **8** (mandar) to send (***para*** *to*): *Vou te passar um torpedo.* I'll send you a text. **9** (a ferro) to iron: *Preciso passar uma camisa.* I need to iron a shirt. ▸ *Passar roupa* diz-se ***to iron*** ou ***to do the ironing***: *Ela odeia passar roupa.* She hates ironing. **10** (em prova) to pass **11** (falando de dor, sensação etc.) to wear off: *Demorou para a anestesia passar.* It took a while for the anesthetic to wear off. **12** (creme, perfume etc.) to put on: *Você passou protetor?* Have you put sunblock on? **13 passar a fazer algo** to start to do sth: *Depois de um tempo, ela passou a gostar da nova escola.* After a while, she started to like the new school. **14 passar a fronteira/uma ponte/um rio** to cross the border/a bridge/a river **15 passar algo em algo** **a** (aplicar) to put sth on sth: *Gosto de passar geleia em torrada.* I like to put jam on toast. **b** (mover por) to run sth over sth: *Passei o aspirador no carpete.* I ran the vacuum cleaner over the carpet. | *Ele passou a mão no rosto.* He ran his hand over his face. **16 passar algo para a frente** **a** (tb passar algo adiante) to pass sth on (***para*** *to*) **b** (bola) to pass sth forward **17 passar algo para algo** **a** (mudar de lugar) to move sth to sth: *Passamos a cama para o outro quarto.* We moved the bed to the other room. **b** (copiar) to copy sth to sth: *Passei as fotos para o meu PC.* I copied the pictures to my PC. **18 passar algo por algo** (fio, linha etc.) to thread sth through sth **19 passar bem** (paciente) to be doing well **20 passar em algo** **a** (parar em) to stop by sth: *Preciso passar na farmácia.* I need to stop by the pharmacy. **b** (em prova) to pass sth: *Ela passou em Matemática.* She passed math. **21 passar mal** **a** (ter ânsia) to feel sick **b** (sofrer um mal-estar) to be taken sick (BRIT: to be taken ill) **22 passar na frente de algo/alguém** **a** (andando) to go past sth/sb: *O ônibus passa bem na frente da minha casa.* The bus goes right past my house. ▸ Quando o movimento é em direção a quem fala, usa-se ***come past***: *Uma ambulância passou em frente de casa.* An ambulance came past our house. **b** (em fila, corrida, ranking) to go ahead of sth/sb: *Uma senhora idosa pediu para passar na nossa frente.* An elderly lady asked to go ahead of us. **23 passar para algo** to move into sth: *O time vai passar para a primeira divisão.* The team is going to move into the first division. **24 passar por algo** **a** (passar em frente) to go past sth: *Você passa pela igreja e vira à direita.* You go past the church and turn right. **b** (fazer caminho por) to go via sth: *A linha 73 passa pela praia.* The 73 goes via the beach. **c** (parar em) to go by sth: *Vamos passar pela padaria e comprar pão.* Let's go by the bakery and buy bread. ▸ Em todas as expressões acima, usa-se ***come*** em vez de ***go*** se o movimento for em direção a quem fala.: *O diretor passou pela nossa sala para dar um recado.* The principal came by our class to give a message. **d** (caber) to go through sth: *A mesa não passa pela porta.* The table won't go through the door. **e** (atravessar, vivenciar) to go through sth: *Todo mundo tem que passar pelo controle de segurança.* Everyone has to go through the security check. | *Ele está passando por uma fase difícil.* He's going through a difficult phase. 25 **passar por cima de algo** to go over sth 26 **passar um túnel** to go through a tunnel 27 **fazer-se passar por alguém** to pass yourself off as sb: *Ele se fez passar por repórter.* He passed himself off as a reporter. 28 **já passou** (acabou) it's over: *As férias já passaram.* The vacation is over. 29 **não passar de algo** to be no more than sth: *Ele não passa de um vigarista.* He's no more than a conman. | *O tempo de espera não deve passar de dez minutos.* The waiting time should be no more than ten minutes. 30 **passou/passava de ...** (falando das horas) it is/was past ...: *Passava da meia-noite quando chegamos em casa.* It was past midnight when we got home. / **passar-se** *v.* 1 (transcorrer) to go by: *Passaram-se duas semanas.* Two weeks went by. 2 (acontecer) to go on: *Ninguém sabia o que se passava.* No one knew what was going on.

**passarela** *s.* 1 (para desfile) runway (BRIT: catwalk) 2 (ponte) pedestrian bridge

**passarinho** *s.* 1 little bird 2 (linguagem infantil) birdie: *Olha o passarinho!* Watch the birdie!

**pássaro** *s.* bird

**passatempo** *s.* pastime

**passe** *s.* 1 (crachá, bilhete) pass 2 (em futebol etc.) pass 3 **comprar/vender o passe de um jogador** to buy/sell a player

**passe de mágica: (como) num passe de mágica** (as if) by magic

**passear** *v.* 1 (a pé) to take a walk 2 (de carro) to take a drive 3 (fazer passeios) to go out and about 4 (viajar) to travel around 5 **estar passeando** (de visita num lugar) to be on vacation (BRIT: to be on holiday) 6 **levar o cachorro para passear/passear o cachorro** to take the dog for a walk/to walk the dog

**passeata** *s.* demonstration

**passeio** *s.* 1 (a pé) walk 2 (de carro) drive 3 (excursão) outing 4 (viagem) trip 5 **dar um passeio** **a** (a pé) to take a walk **b** (de carro) to take a drive 6 **de passeio** (passeando) on vacation (BRIT: on holiday) 7 **fazer um passeio** **a** (excursão) to go on an outing **b** (viagem) to go on a trip

**passivo** *adj.* 1 passive 2 **a voz passiva** the passive

**passo** *s.* 1 step: *É um passo importante.* It's an important step. 2 (barulho) footstep: *Ouvimos passos no corredor.* We heard footsteps in the corridor. 3 (ritmo) pace: *a passo lento* at a slow pace 4 **passo a passo** step by step 5 **a dois passos de algo** a stone's throw from sth 6 **ao passo que** whereas 7 **apressar o passo** **a** (andando) to walk faster **b** (no trabalho etc.) to step up the pace 8 **dar um passo (à frente/atrás)** to take a step (forward/back) 9 **um passo a passo** (instruções) a step-by-step guide

**pasta** *s.* 1 (maleta) briefcase 2 (arquivo) folder 3 (massa) paste 4 (acompanhamento de petiscos) dip: *Ela fez uma pastinha de atum.* She made a tuna dip.

**pasta de dentes** toothpaste

**pastagem** *s.* 1 (área) pasture 2 (ração) fodder

**pastar** *v.* to graze

**pastel** *s.* 1 (para comer) samosa: *pastéis de queijo* cheese samosas 2 (para desenhar) pastel

**pastelão** *s.* (tipo de comédia) slapstick

**pastelaria** *s.* samosa stand

**pastilha** *s.* pastille: *pastilhas para garganta* throat pastilles

**pastor** *s.* 1 (sacerdote) pastor 2 (de ovelhas) shepherd

**pastor alemão** (cão) German shepherd (BRIT: Alsatian)

**pata** *s.* 1 (com unha) paw: *O cachorro deu a pata.* The dog held up its paw. 2 (com casco) foot 3 (fêmea do pato) duck

**patada** *s.* 1 (coice) kick 2 **dar uma patada (em alguém)** a (dar chute) to kick (sb) b (criticar) to lash out (at sb) 3 **levar uma patada** a (levar chute) to get kicked (*de by*) b (levar bronca) to get an earful (*de from*)
**patamar** *s.* 1 (de escada) landing 2 (nível) level
**patente** *s.* 1 (de militar) rank 2 (de invenção) patent / *adj.* (evidente) patent
**patentear** *v.* (invenção) to patent
**paterno** *adj.* paternal
**patético** *adj.* pathetic
**patim** *s.* skate
**patins de gelo** ice skates **patins de rodas** roller skates **patins inline** inline skates, Rollerblades®
**patinação** *s.* skating: *uma pista de patinação* a skating rink
**patinação inline** inline skating, rollerblading **patinação no gelo** ice skating **patinação sobre rodas** roller skating
**patinador** *s.* skater
**patinador inline** inline skater, rollerblader **patinador no gelo** ice skater
**patinar** *v.* 1 (de patins) to skate 2 (deslizar) to skid 3 **patinar no gelo/sobre rodas** to ice-skate/roller-skate
**patinete** *s.* kick scooter
**pátio** *s.* 1 (de escola) schoolyard (BRIT: playground) 2 (de fábrica etc.) yard 3 (de prédio, castelo) courtyard
**pato** *s.* 1 duck 2 **pagar o pato** to take the heat (BRIT: to carry the can)
**patrão** *s.* boss
**pátria** *s.* homeland
**patrimônio** *s.* 1 (herança) heritage: *o patrimônio cultural do Brasil* Brazil's cultural heritage | *um patrimônio da humanidade* a World Heritage site 2 (de pessoa, empresa) assets *[pl.]*: *Ele quer construir um patrimônio para os filhos.* He wants to accumulate some assets for his children.
**patriota** *adj.* patriotic / *s.* patriot
**patriótico** *adj.* patriotic
**patriotismo** *s.* patriotism
**patroa** *s.* 1 (chefe) boss 2 **a patroa** (esposa) the wife
**patrocinador** *s.* sponsor
**patrocinar** *v.* to sponsor
**patrocínio** *s.* sponsorship
**patrulha** *s.* patrol
**patrulhar** *v.* to patrol
**pau** *s.* 1 (pedaço de madeira) stick 2 **paus** (naipe) clubs: *o ás de paus* the ace of clubs 3 **a meio pau** at half mast 4 **levar pau (em algo)** to flunk (sth) 5 **meter o pau em alguém** (criticar) to badmouth sb 6 **nem a pau** not for anything in the world: *Não vou nem a pau.* I'm not going for anything in the world. 7 **quebrar o pau** to have a major fight
**paulada** *s.* 1 **dar pauladas/uma paulada em alguém/algo** to club sb/sth 2 **levar uma paulada** to get clubbed (*de by*) 3 **matar alguém/algo a pauladas** to club sb/sth to death
**paulista** *adj.* from/of São Paulo / *s.* person from São Paulo
**pausa** *s.* 1 pause 2 **fazer uma pausa** to have a pause
**pausado** *adj.* (lento) deliberate
**pauta** *s.* 1 (de reunião) agenda 2 (de jornal, programa) running order 3 (em partitura) stave
**pautado** *adj.* (papel) lined
**pavão** *s.* peacock
**pavilhão** *s.* pavilion
**pavimento** *s.* 1 (de rua) road surface 2 (andar) story (BRIT: storey)
**pavio** *s.* 1 (de vela) wick 2 (de bomba) fuse 3 **ter pavio curto** to have a short temper
**pavor** *s.* 1 terror 2 **ter pavor de (fazer) algo** to be terrified of (doing) sth
**pavoroso** *adj.* frightful
**paz** *s.* 1 peace 2 **deixar alguém em paz** to leave sb alone 3 **fazer as pazes** to make up (*com with*)
**pé** *s.* 1 (parte do corpo) foot ▸ Observe que o plural é ***feet***. 2 (de montanha, escada) foot: *no pé da cama* at the foot of the bed 3 (de móvel) leg 4 (planta) plant: *um pé de manjericão* a basil plant ▸ Quando se trata de uma árvore, usa-se ***tree***: *um pé de goiaba* a guava tree 5 **a pé**

on foot ▸ Com verbos que expressam movimento numa determinada direção, traduz-se para o inglês usando o verbo ***to walk*** em conjunto com um advérbio ou preposição de direção: *Tivemos que subir oito andares a pé.* We had to walk up eight floors. | *Podemos ir a pé até a estação de metrô.* We can walk to the subway station. 6 **ao pé da letra** literally 7 **com um pé atrás** warily 8 **com um pé nas costas** with your hands tied behind your back 9 **dar/não dar pé** (água, piscina) to be shallow enough/too deep to stand up in 10 **de pé** a (em pé) standing: *O público estava de pé.* The audience were standing. b (confirmado) on: *A festa continua em pé?* Is the party still on? 11 **em pé** a (pessoa, animal) standing b (objeto) upright 12 **em pé de guerra** a (revoltado) up in arms b (em conflito) at war 13 **em pé de igualdade** on equal terms 14 **ficar em pé** a (pessoa, animal) to stand up b (objeto) to stay upright 15 **meter os pés pelas mãos** to put your foot in it 16 **não chegar aos pés de algo/alguém** not to come close to sth/sb: *O segundo filme não chega aos pés do primeiro.* The second movie doesn't come close to the first one. 17 **pegar no pé de alguém** to get on sb's case: *Minha mãe vive pegando no meu pé por causa das minhas notas.* My mom is always getting on my case because of my grades.

**pé de moleque** (doce) peanut brittle **pé de pato** (o par) flippers [*pl.*] **pé de vento** gust of wind

**peão** *s.* 1 (trabalhador) laborer 2 (vaqueiro) cowhand 3 (em xadrez) pawn

**peça** *s.* 1 (de teatro) play 2 (de máquina, carro etc.) part 3 (em jogo, quebra-cabeça) piece 4 (de arte, música) piece 5 **pregar uma peça em alguém** to play a trick on sb

**peça de reposição** replacement part **peça de roupa/vestuário** item of clothing **peça sobressalente** spare part

**pecado** *s.* sin

**pecador** *s.* sinner

**pecaminoso** *adj.* sinful

**pecar** *v.* 1 (cometer pecado) to sin 2 (errar) to fall down (***por*** *with*): *O filme peca pela sua trama fraca.* The movie falls down with its weak plot.

**pechincha** *s.* bargain

**pechinchar** *v.* to haggle

**pecuária** *s.* stock raising (BRIT: livestock farming)

**peculiar** *adj.* 1 (característico) distinctive 2 **peculiar a algo/alguém** peculiar to sth/sb

**pedaço** *s.* 1 piece: *um pedaço de queijo* a piece of cheese 2 **aos pedaços** a (quebrado) in pieces b (rasgado) in tatters 3 **caindo aos pedaços** a (quebrado) falling to pieces b (exausto) totally beat

**pedágio** *s.* 1 (taxa) toll 2 (posto) tollbooth

**pedagogia** *s.* education

**pedal** *s.* pedal

**pedalada** *s.* 1 bike ride 2 **dar uma pedalada** to go for a bike ride

**pedalar** *v.* 1 (andar de bicicleta) to bike (BRIT: to cycle): *Vou pedalando para a escola.* I bike to school. 2 (mover pedais) to pedal

**pedante** *adj.* pretentious

**pé-de-meia** *s.* nest egg

**pedestal** *s.* pedestal

**pedestre** *s, adj.* pedestrian

**pediatra** *s.* pediatrician

**pediatria** *s.* pediatrics

**pedicure** *s.* pedicurist

**pedido** *s.* 1 (solicitação) request (***de*** *for*): *um pedido de ajuda* a request for help 2 ( em restaurante, encomenda) order (***de*** *for*) 3 **a pedido de alguém** at sb's request 4 **fazer um pedido** a to make a request b to place an order

**pedido de casamento** marriage proposal **pedido de desculpas** apology (***a*** *to*, ***por*** *for*)

**pedinte** *s.* beggar

**pedir** *v.* 1 (solicitar) to ask for: *O policial pediu minha identidade.* The police officer asked for my ID. 2 (em restaurante, comércio) to order: *Vamos pedir uma pizza.* Let's order a pizza. **3 pedir algo a alguém** to ask sb for sth: *Pedimos ao professor mais tempo para fazer o trabalho.* We asked the teacher for more time to do the assignment. **4 pedir a alguém para fazer algo/que faça algo** to ask sb to do sth: *Se você vir a Raquel, peça a ela para me ligar.* If you see Raquel, ask her to call me. **5 pedir algo emprestado** to ask to borrow sth (***a/de*** *from*): *Ele me pediu o celular emprestado.* He asked to borrow my cell phone. ▸ Quando o pedido é atendido, usa-se apenas ***to borrow***: *Eu estava sem caneta, mas pedi uma emprestada.* I didn't have a pen on me, but I borrowed one. **6 pedir alguém em casamento** to propose to sb **7 pedir desculpas** to apologize (***a*** *to*, ***por*** *for*): *Pedi desculpas à professora pelo atraso.* I apologized to the teacher for being late. **8 pedir para fazer algo** to ask to do sth: *Ela pediu para sair da mesa.* She asked to leave the table.

▸ Observe que o correto é: ***I asked my dad for R$10***. Não diga: **I asked R$10 for my dad.*

**pedra** *s.* **1** (matéria) stone: *uma estátua de pedra* a stone statue **2** (pedaço de pedra) rock (BRIT: stone): *As crianças jogavam pedras no rio.* The childrens were throwing rocks into the river. **3 chover pedra** to hail: *Choveu pedra ontem.* It hailed yesterday. **4 dormir/duro igual a uma pedra** to sleep like a log/as hard as a rock

**pedra de gelo** ice cube **pedra preciosa** precious stone

**pedregoso** *adj.* stony

**pedregulho** *s.* (pequena pedra) pebble

**pedreiro** *s.* construction worker (BRIT: builder)

**pegada** *s.* **1** (de pessoa) footprint **2** (de animal) track

**pegadinha** *s.* prank

**pegajoso** *adj.* **1** (grudento) sticky **2** (pessoa) slimy

**pegar** *v.* **1** (tomar, buscar) to get: *Pegue um garfo na gaveta.* Get a fork from the drawer. | *Ele teve que voltar para casa para pegar a carteira.* He had to go back home to get his wallet. **2** (buscar pessoa) to pick up: *Minha mãe passou para me pegar na escola.* My mom stopped by to pick me up from school. **3** (ônibus, metrô, rua etc.) to take: *Acabamos pegando um táxi.* We ended up taking a cab. | *Pegue a segunda à direita.* Take the second on the right. **4** (capturar, segurar) to catch: *Ele jogou a bola e eu a peguei.* He threw the ball and I caught it. | *O nosso gato pegou um ratinho no quintal.* Our cat caught a mouse in the backyard. **5** (doença) to catch (***de*** *from*): *Cuidado para não pegar friagem!* Careful you don't catch a chill! **6** (captar) to get: *Não peguei a primeira parte do que você falou.* I didn't get the first part of what you said. | *Ele não conseguia pegar sinal no celular.* He couldn't get a signal on his cell phone. **7** (motor) to start **8** (virar moda) to catch on **9 pegar bem/mal** to go over well/badly (BRIT: to go down well/badly) **10 pegar em algo** to get hold of sth **11 pegar fogo** to catch fire **12 pegar no sono** to get to sleep / **pegar-se** *v.* (brigar) to come to blows

▸ Observe que, ao mencionar o lugar em que se pega algo, usa-se a preposição ***from*** em inglês: *Peguei um iogurte na geladeira.* ***I got a yogurt from the fridge.***

**peitar** *v.* to stand up to

**peito** *s.* **1** (em geral) chest **2** (de mulher) bosom **3** (de ave) breast: *peito de peru* turkey breast **4 amigo do peito** bosom buddy

**peitoril** *s.* **1** (de janela) windowsill **2** (mureta) parapet

**peixaria** *s.* fish market (BRIT: fishmonger's)

**peixe** *s.* **1** fish: *filé de peixe* fish fillet **2 Peixes** (signo) Pisces

**pejorativo** *adj.* pejorative

**pelada** *s.* (jogo) kick-around

**peladão** *adj.* (nu) buck naked (BRIT: starkers)

**pelado** *adj.* (nu) naked

**pelanca** *s.* roll of fat

**pele** *s.* **1** (em geral) skin: *pessoas de pele clara* fair-skinned people **2** (como agasalho ou enfeite) fur: *um casaco de pele* a fur coat **3** (curtida de animal) hide **4 estar (em) pele e osso** to be skin and bones **5 sentir algo na pele** to experience sth first-hand

**pelo** *s.* **1** hair **2** (de animal) fur **3 montar em pelo** to ride bareback **4 nu em pelo** stark naked

**pelotão** *s.* platoon

**pelúcia** *s.* **1** (tecido) fur fabric: *um casaco de pelúcia* a furry jacket **2 bicho de pelúcia** stuffed animal (BRIT: soft toy) **3 ursinho de pelúcia** teddy bear

**peludo** *adj.* **1** (pessoa, perna etc.) hairy **2** (animal) furry

**pena** *s.* **1** (lástima, dó) pity ▸ A expressão ***it's a pity*** vem seguida de uma oração em inglês. A conjunção ***that*** pode ser omitida: *É uma pena termos perdido o começo do filme.* It's a pity we missed the start of the movie. **2** (penalidade) penalty: *a pena de morte* the death penalty **3** (de ave) feather **4 cumprir pena** (na cadeia) to serve time **5 dar pena** to be pitiful: *Dá pena ver um animal sofrendo.* It's pitiful to see an animal suffering. **6 dar pena a alguém** to grieve sb: *Me dá pena jogar essas roupas fora.* It grieves me to throw these clothes out. **7 estar com/ter pena de alguém** to feel sorry for sb **8 que pena!** what a pity!: *Que pena que você não possa vir à festa!* What a pity you can't come to the party! **9 valer a pena** to be worth it: *Não vou discutir com ele. Não vale a pena.* I'm not going to argue with him. It's not worth it. **10 valer a pena fazer algo** to be worth doing sth: *Vale a pena conferir o preço do livro online.* It's worth checking out the price of the book online.

**penalidade** *s.* penalty

**pênalti** *s.* **1** penalty: *Perdemos o jogo nos pênaltis.* We lost the game on penalties. **2 cobrança de pênalti** penalty kick **3 cobrar um pênalti** to take a penalty

**pendência** *s.* outstanding item

**pendente** *adj.* **1** (questão) outstanding **2** (caído) hanging

**pendrive** *s.* Memory Stick®

**pendurar** *v.* to hang: *Pendure a sua jaqueta no cabide.* Hang your jacket on the rack. ▸ Quando não se especifica onde a coisa é pendurada, é mais comum usar o *phrasal verb* ***hang up***: *Minha mãe pediu para eu pendurar as minhas roupas.* My mom asked me to hang my clothes up.

**penetra** *s.* **1** gatecrasher **2 entrar de penetra (em algo)** to gatecrash (sth)

**penetrar** *v.* **1** (furar) to pierce **2 penetrar em algo** to penetrate sth

**penhasco** *s.* cliff

**penitenciária** *s.* penitentiary

**penoso** *adj.* **1** (tratamento, viagem, experiência etc.) grueling **2** (decisão) tough

**pensador** *s.* thinker

**pensamento** *s.* **1** thought **2 ler o pensamento de alguém** to read sb's mind

**pensão** *s.* **1** (casa de cômodos) boarding house **2** (por filho) child support **3 pensão completa** American plan (BRIT: full board) **4 meia pensão** modified American plan (BRIT: half board)

**pensão alimentícia** alimony

**pensar** *v.* **1** to think (***de*** *of*, ***sobre*** *about*): *Pense bem.* Think carefully. ▸ No sentido de *pensar no caso*, traduz-se por ***think about it***: *Não sei que modelo comprar. Preciso pensar.* I don't know which model to buy. I need to think about it. **2 pensando bem** (depois de refletir) on second thoughts: *Pensando bem, prefiro ficar em casa.* On second thoughts, I'd prefer to stay home. **3 pensar duas vezes** to think twice **4 pensar em algo/alguém** **a** (lembrar-se de) to think of sth/sb **b** (refletir sobre) to think about sth/sb **5 pensar em fazer algo** to think of doing sth ▸ Também se diz ***think about doing sth***: *Ele está pensando em comprar um carro.* He's thinking of buying a car. **6 nem pensar!** no way! **7 só de pensar** just thinking about it

**pensativo** *adj.* thoughtful

**pente** *s.* comb

**penteadeira** *s.* dressing table

**penteado** *s.* hairstyle

**pentear** *v.* **1** to comb **2 pentear o cabelo** to comb your hair / **pentear-se** *v.* to do your hair: *Não me penteei ainda.* I haven't done my hair yet.

**penúltimo** *adj, s.* last but one: *o penúltimo jogo da temporada* the last but one game of the season

**pepino** *s.* **1** (legume) cucumber **2** (problema) hitch

**pequenininho** *adj.* tiny

**pequeno** *adj.* **1** small **2** ▸ Falando de roupa etc. que não cabe, diz-se ***too small***: *Essa calça está pequena em mim.* These pants are too small for me.

**pera** *s.* pear

**perambular** *v.* to wander

**perceber** *v.* **1** (dar-se conta) to realize: *Foi aí que percebi o meu erro.* It was then I realized my mistake. **2** (reparar em) to notice: *Não dá para perceber o sotaque brasileiro dele.* You don't notice his Brazilian accent.

**percentual** *s.* percentage

**percepção** *s.* perception

**percevejo** *s.* **1** (tachinha) thumbtack (BRIT: drawing pin) **2** (inseto) bed bug

**percorrer** *v.* **1** (ir por todas as partes de) to go around: *Percorri o shopping inteiro atrás de um presente para a minha mãe.* I went around the whole mall looking for a gift for my mom. **2** (ir ao longo de) to go along: *A rodovia percorre o litoral.* The highway goes along the coast. **3** (distância, trajeto) to cover: *Percorremos 500 km num dia.* We covered 500 km in one day.

**percurso** *s.* **1** (caminho) route **2** (espaço percorrido) course

**percussão** *s.* percussion: *um instrumento de percussão* a percussion instrument

**perda** *s.* **1** loss **2 uma perda de dinheiro/tempo** a waste of money/time

**perdão** *s.* **1** forgiveness **2 pedir perdão a alguém** to ask sb to forgive you: *Ele pediu perdão à namorada.* He asked his girlfriend to forgive him. / *interj.* sorry!

**perdedor** *adj.* (time etc.) losing / *s.* loser

**perder** *v.* **1** (ficar sem) to lose: *O Cláudio perdeu os óculos.* Claudio lost his glasses. **2** (não pegar, deixar escapar) to miss: *Ela não perde um capítulo da novela.* She doesn't miss one episode of the soap. **3** (não ganhar) to lose (***de/para*** *to*): *O Brasil perdeu a final por 1 a 0.* Brazil lost the final one-zero. **4** (tempo) to waste: *Perdi a tarde inteira esperando a entrega.* I wasted the whole afternoon waiting for the delivery. **5 perder algo/alguém de vista** to lose sight of sth/sb **6 perder a direção** (motorista) to lose control **7 perder a hora** **a** (dormindo demais) to oversleep **b** (por desatenção) to lose track of time / **perder-se** *v.* **1** to get lost **2 perder-se de alguém** to lose sb

**perdido** *adj.* **1** (em geral) lost **2** (extraviado) missing: *Ela achou o brinco perdido.* She found the missing earring. **3 estar/ficar perdido** to be/get lost

**perdoar** *v.* **1** to forgive (***por*** *for*) **2 perdoar alguém por ter feito algo** to forgive sb for doing sth

**perecível** *adj.* perishable: *alimentos não perecíveis* non-perishable foods

**peregrinação** *s.* pilgrimage

**peregrino** *s.* pilgrim

**pereira** *s.* pear tree

**perereca** *s.* tree frog

**perfeição** *s.* perfection

**perfeitamente** *adv.* perfectly / *interj.* (tudo bem) very well

**perfeito** *adj.* perfect

**perfil** *s.* profile

**perfilado** *adj.* (em fileira) lined up

**perfilar** *v.* (descrever) to profile / **perfilar-se** *v.* to line up

**perfumado** *adj.* **1** (lenço, vela etc.) scented **2** (pessoa) sweet-smelling **3 estar perfumado** to smell of perfume

**perfumar** *v.* to perfume / **perfumar-se** *v.* to put on perfume

**perfume** *s.* **1** (de mulher) perfume **2** (de homem) cologne (BRIT: aftershave) **3** (de flores etc.) scent

**pergunta** *s.* 1 question 2 **fazer uma pergunta (a alguém)** to ask (sb) a question

**perguntar** *v.* 1 to ask 2 **perguntar (algo) a/para alguém** to ask sb (sth): *Perguntamos ao professor o que ia cair na prova.* We asked the teacher what would come up on the test. 3 **perguntar por alguém** to ask about sb (BRIT: to ask after sb) / **perguntar-se** *v.* to wonder: *Fiquei me perguntando o que devia fazer.* I kept wondering what I should do.

▸ Observe que é incorreto dizer **to ask to sb*. O correto é sem preposição: ***to ask sb***.

**periferia** *s.* **a periferia** (subúrbio) the working class suburbs *[pl.]*

**perigo** *s.* 1 danger 2 **correr perigo** to be at risk 3 **correr perigo de (fazer) algo** to risk (doing) sth 4 **correr perigo de vida** to be in a life-threatening situation 5 **fora de/em perigo** out of/in danger 6 **pôr algo/alguém em perigo** to put sth/sb at risk 7 **ser um perigo** to be dangerous

**perigoso** *adj.* dangerous

**periodicidade** *s.* frequency

**periódico** *adj.* periodic / *s.* (revista) periodical

**período** *s.* 1 (temporada) period 2 (letivo) semester (BRIT: term)

**periquito** *s.* (de estimação) parakeet (BRIT: budgie)

**perito** *adj, s.* expert (***em*** *in*)

**permanecer** *v.* to remain

**permanente** *adj.* 1 (para sempre) permanent 2 (constante) constant / *s.* 1 (penteado) perm 2 **fazer permanente** to get a perm

**permissão** *s.* 1 permission (***para*** *for*) 2 **dar permissão a alguém (para fazer algo)** to give sb permission (to do sth)

**permitir** *v.* 1 to allow ▸ Existe também o verbo ***to permit*** com o mesmo significado, mas soa muito formal. 2 **permitir a alguém/algo fazer algo/que faça algo** **a** (autorizar) to allow sb/sth to do sth: *A escola não permite que os alunos usem celular na sala de aula.* The school does not allow students to use cell phones in the classroom. **b** (possibilitar) to enable sb/sth to do sth: *A senha permite ao usuário acessar sua conta on-line.* The password enables the user to access their account online. 3 **permitir algo a alguém** to allow sb sth

**perna** *s.* 1 leg 2 **de pernas cruzadas** **a** (no chão) cross-legged **b** (em cadeira) with your legs crossed 3 **de pernas para o ar** (bagunçado) in a state 4 **passar a perna em alguém** to cheat sb 5 **trocando as pernas** (bêbado) the worse for wear

**perna de pau** 1 (de brincadeira) stilt 2 (de amputado) wooden leg **perna mecânica** artificial leg

**perneta** *adj.* one-legged

**pernil** *s.* 1 (em geral) leg 2 (de porco) leg of pork

**pernilongo** *s.* mosquito

**pernoitar** *v.* to stay overnight

**pernoite** *s.* overnight stay

**pérola** *s.* 1 (joia) pearl: *um colar de pérolas* a pearl necklace 2 (dito) gem

**perplexo** *adj.* 1 (pasmo) taken aback (***com*** *by*): *Ficamos perplexos com a notícia.* We were taken aback by the news. 2 (sem entender) puzzled (***com*** *at/by*): *A polícia continua perplexa.* The police are still puzzled.

**perseguição** *s.* 1 (tentativa de capturar) chase (***a*** *after*): *uma perseguição de carro* a car chase 2 (política, religiosa) persecution (***a*** *of*) 3 **em perseguição** in pursuit (***a*** *of*)

**perseguidor** *s.* 1 (quem correr atrás) pursuer 2 (quem oprime) persecutor

**perseguir** *v.* 1 (correr atrás) to chase 2 (meta, objetivo) to pursue 3 (oprimir) to persecute

**perseverar** *v.* to perservere

**persiana** *s.* blind

**persignar-se** *v.* to cross yourself

**persistente** *adj.* persistent

**persistir** *v.* to persist

**personagem** *s.* 1 (em livro, filme etc.) character 2 (pessoa de destaque) figure

**personalidade** *s.* personality

**personalizado** *adj.* personalized

**perspectiva** *s.* 1 (expectativa) prospect: *um emprego sem perspectivas* a job with no prospects 2 (ponto de vista) perspective 3 (panorama) view 4 **na perspectiva de alguém** from sb's perspective 5 **nessa perspectiva** from this perspective

**perspicaz** *adj.* perceptive

**persuadir** *v.* 1 to persuade 2 **persuadir alguém a fazer algo** to persuade sb to do sth

**pertencer** *v.* to belong (***a*** *to*)

**pertences** *spl.* belongings

**perto** *adv.* 1 nearby: *A estação de metrô fica perto.* The subway station is nearby. 2 **aqui perto** near here 3 **de perto** close up / **perto de** *prep.* 1 (na vizinhança de) near: *Ele mora perto da escola.* He lives near the school. 2 (quase) close to: *perto de mil pessoas* close to a thousand people

**perturbado** *adj.* 1 (aflito) troubled 2 (com distúrbio mental) disturbed

**perturbador** *adj.* (preocupante) disturbing

**perturbar** *v.* 1 (na maioria dos casos) to disturb 2 (afligir) to trouble

**Peru** *s.* Peru

**peru** *s.* turkey

**perua** *s.* 1 (carro) station wagon (BRIT: estate) 2 (van, kombi) passenger van (BRIT: minibus) 3 (mulher) Barbie doll

**peruano** *adj, s.* Peruvian

**peruca** *s.* wig

**pervertido** *adj.* perverted / *s.* pervert

**pesadelo** *s.* nightmare

**pesado** *adj.* 1 (na maioria dos casos) heavy 2 (falando de comida) rich 3 (leitura, filme etc.) heavy-going 4 **sono pesado** deep sleep / *adv.* **pegar pesado** to come down hard (***com*** *on*)

**pêsames** *spl.* 1 condolences 2 **dar os pêsames a alguém** to offer sb your condolences

**pesar** *v.* 1 (ter/medir peso) to weigh: *Quanto você pesa?* How much do you weigh? 2 (avaliar) to weigh up 3 (influir) to carry weight: *O fator dinheiro pesou muito na decisão dele.* The money factor carried a lot of weight in his decision. / **pesar-se** *v.* to weigh yourself / *s.* regret

**pesca** *s.* fishing

**pescada** *s.* (peixe) hake

**pescador** *s.* fisherman

**pescar** *v.* 1 (fazer pesca) to fish 2 (pegar) to catch: *Eles pescaram um tubarão.* They caught a shark.

**pescaria** *s.* 1 (passeio) fishing trip 2 **fazer uma pescaria** to go on a fishing trip

**pescoço** *s.* neck

**peso** *s.* 1 weight 2 **peso bruto/líquido** gross/net weight 3 **de peso** (importante) influential: *uma obra de peso* an influential work 4 **dois pesos e duas medidas** double standards 5 **ganhar/perder peso** to gain/lose weight

**pesquisa** *s.* 1 (acadêmica, científica) research ▸ A palavra ***research*** é incontável em inglês. Portanto, *uma pesquisa* traduz-se por ***a piece of research*** ou ***a study*** 2 (enquete) survey 3 (eleitoral) poll 4 **fazer (uma) pesquisa** to do research

**pesquisa de mercado** market research

**pesquisa eleitoral** opinion poll

**pesquisador** *s.* researcher

**pesquisar** *v.* to research (***sobre*** *into*)

**pêssego** *s.* peach

**pessegueiro** *s.* peach tree

**pessimismo** *s.* pessimism

**pessimista** *adj.* pessimistic / *s.* pessimist

**péssimo** *adj.* terrible

**pessoa** *s.* 1 person: *Quem é aquela pessoa?* Who's that person? ▸ Observe que o plural é ***people***, sem s.: *Quantas pessoas você convidou?* How many people did you invite? 2 **as pessoas** (em geral) people: *As pessoas não confiam nos políticos.* People don't trust politicians. 3 **em pessoa** **a** (pessoalmente) in person: *Ele é mais bonito em pessoa do que na TV.* He's better looking in person than on TV. **b** (personificado) personified: *Ela era a felicidade em pessoa.* She was happiness personified. 4 **outra pessoa** someone else 5 **por pessoa** per person 6 **uma pessoa** (alguém) someone

**pessoa física** private individual **pessoa jurídica** legal entity

**pessoal** *adj.* personal: *um assunto pessoal* a personal matter / *s.* 1 (amigos, familiares) folks *[pl.]*: *Oi, pessoal!* Hi, folks! | *o pessoal de casa* the folks at home 2 (turma) gang: *Vamos reunir o pessoal e ir comer pizza.* Let's get the gang together and go have pizza. 3 (pessoas) people *[pl.]*: *Meu irmão convidou um pessoal amigo dele.* My brother invited some people who are friends of his. 4 (funcionários) staff

**pestana** *s.* 1 eyelash 2 **tirar uma pestana** to take a nap

**pestanejar** *v.* 1 to blink 2 **sem pestanejar** (sem hesitar) without missing a beat

**peste** *s.* 1 (doença) plague 2 (pessoa chata) pest

**pétala** *s.* petal

**peteca** *s.* **não deixar a peteca cair** to keep things going

**peteleco** *s.* 1 flick 2 **dar um peteleco em algo** to flick sth

**petiscar** *v.* **quem não arrisca, não petisca** nothing ventured, nothing gained

**petisco** *s.* savory snack

**petroleiro** *s.* (navio) oil tanker

**petróleo** *s.* oil

**petrolífera** *s.* (empresa) oil company

**petrolífero** *adj.* 1 (poço, indústria etc.) oil: *uma plataforma petrolífera* an oil rig 2 (país, região) oil-producing

**petulante** *adj.* rude

**pia** *s.* 1 (de cozinha) sink 2 (de banheiro) washbasin

**pia batismal** font

**piada** *s.* 1 joke 2 **contar uma piada** to tell a joke

**pianista** *s.* pianist

**piano** *s.* 1 piano 2 **tocar piano** to play the piano

**piano de cauda** grand piano

**piar** *v.* to cheep

**PIB** *s.* (= produto interno bruto) GDP *[= gross domestic product]*

**picada** *s.* 1 (de abelha, água-viva etc.) sting 2 (de mosquito, cobra) bite 3 (de agulha) prick 4 (de avião) nose dive 5 **ser o fim da picada** to be the pits

**picadeiro** *s.* (de circo) ring

**picadinho** *s.* (prato) beef hash

**picado** *adj.* 1 (alimento) chopped 2 **gelo picado** crushed ice 3 **papel picado** a (confete) ticker tape: *uma chuva de papel picado* a ticker tape shower b (lixo) shredded paper

**picanha** *s.* cap of rump

**picante** *adj.* 1 (comida) spicy 2 (filme, história, detalhe etc.) raunchy

**pica-pau** *s.* woodpecker

**picar** *v.* 1 (abelha, água-viva etc.) to sting 2 (mosquito, cobra) to bite 3 (agulha, espinho) to prick 4 (pinicar) to prickle 5 (alimentos) to chop / **picar-se** *v.* (com agulha etc.) to prick yourself

**picareta** *s.* (ferramenta) pickax / *s.* (vigarista) crook

**pichação** *s.* piece of graffiti ▸ A palavra ***graffiti*** é incontável: *O prédio está cheio de pichações.* The building is covered in graffiti.

**pichar** *v.* 1 (muro, prédio) to spray with graffiti 2 (criticar) to knock

**pico** *s.* 1 peak: *o horário de pico* the peak time 2 **... e pico** a little after ...: *Chegamos em casa às dez e pico.* We got home a little after ten.

**picolé** *s.* popsicle® (BRIT: ice lolly): *um picolé de coco* a coconut popsicle

**picuinha** *s.* 1 needling 2 **fazer picuinha (com alguém)** to needle (sb)

**piegas** *adj.* schmaltzy

**píer** *s.* jetty

**pifar** *v.* to conk out

**pigarrear** *v.* to clear your throat

**pigarro** *s.* frog in your throat: *Ele estava com um pigarro na garganta.* He had a frog in his throat.

**pijama** *s.* pajamas (BRIT: pyjamas) *[pl.]* ▸ *um pijama* traduz-se por ***some pajamas*** ou ***a pair of pajamas***, *duas pijamas* por ***two pairs of pajamas*** etc.

**pilastra** *s.* pillar

**pilha** *s.* 1 (bateria) battery: *movido a pilha* battery-powered 2 (monte) pile: *uma pilha de revistas* a pile of magazines 3 **botar pilha em alguém** to egg sb on 4 **uma pilha de nervos** a bundle of nerves

**pilhado** *adj.* (animado) psyched up
**pilotar** *v.* **1** (carro) to drive **2** (avião) to fly **3** (fogão, computador etc.) to operate
**piloto** *s.* **1** (de avião) pilot **2** (de carro) driver: *um piloto de F-1* an F-1 driver **3** (de programa de TV) pilot **4** (de gás) pilot light
**piloto automático** autopilot: *em piloto automático* on autopilot **piloto de automobilismo/corridas** race car driver (BRIT: racing driver) **piloto de provas 1** (aviador) test pilot **2** (motorista) test driver
**pílula** *s.* **1** pill **2 a pílula** (anticoncepcional) the pill: *Ela está tomando a pílula.* She's on the pill.
**pimenta** *s.* pepper
**pimenta-do-reino** *s.* black pepper
**pimenta-malagueta** *s.* chili pepper
**pimentão** *s.* bell pepper (BRIT: sweet pepper)
**pimentão verde/vermelho** green/red pepper
**pinça** *s.* **1** (de depilar) tweezers *[pl.]* ▸ *uma pinça* traduz-se por ***some tweezers*** ou ***a pair of tweezers***, *duas pinças* por ***two pairs of tweezers*** etc. **2** (de caranguejo, lagosta) claw
**pincel** *s.* (de pintar) paintbrush ▸ Dentro do contexto da pintura, diz-se apenas ***brush***.
**pincel de barba** shaving brush **pincel de maquiagem** makeup brush
**pincelada** *s.* brushstroke
**pinga** *s.* white rum
**pingado** *adj.* (café) with a dash of milk
**pingar** *v.* **1** (verter gotas) to drip **2** (chuviscar) to sprinkle (BRIT: to spit)
**pingente** *s.* pendant
**pingo** *s.* **1** (gota) drip **2** (no i) dot **3 pôr os pingos nos is** to set things straight **4 um pingo de algo** **a** (pequena quantidade) a dash of sth: *com um pingo de leite* with a dash of milk **b** (um mínimo) an ounce of sth: *Ela não tem nem um pingo de respeito com a professora.* She doesn't have even an ounce of respect for the teacher.
**pingue-pongue** *s.* ping-pong
**pinguim** *s.* penguin
**pinheiro** *s.* pine tree
**pinho** *s.* pine
**pino** *s.* **1** (peça) pin **2 com o sol a pino** with the sun beating down **3 estar batendo pino** to be on your last legs
**pinta** *s.* **1** (na pele) mole **2 dar pinta** (marcar presença) to make an appearance (***de*** *as*) **3 dar pinta de (fazer) algo/de que ...** (dar mostras) to look like (doing) sth/like ...: *O time deu pinta de que poderia ser campeão.* The team looked like it could win the championship. **4 ter boa pinta** (homem) to be good looking **5 ter pinta de algo** to have the look of sth: *Ele tem pinta de modelo.* He has the look of a model.
**pintar** *v.* **1** (com tinta) to paint **2** (surgir) to come up: *Pintou um emprego de garçom.* A job came up as a waiter. **3** (aparecer) to show up: *Foi aí que pintou a polícia.* That was when the police showed up. **4 pinta um clima** things get romantic (***com*** *with*, ***entre*** *between*) **5 pintar as unhas** to paint your nails **6 pintar o cabelo** to dye your hair **7 pintar o rosto/os lábios** to make up your face/lips / **pintar-se** *v.* (maquiar-se) to put on makeup: *Ela nunca sai sem se pintar.* She never goes out without putting on makeup. ▸ Quando se refere a uma ocasião específica, diz-se ***to put on your makeup***: *Ela se pintou e saiu.* She put on her makeup and went out.
**pinto** *s.* (ave) chick
**pintor** *s.* painter
**pintura** *s.* **1** (ação) painting **2** (área pintada) paintwork: *a pintura do carro* the paintwork of the car
**piolho** *s.* louse ▸ Observe que o plural é ***lice***.
**pioneiro** *s.* pioneer / *adj.* pioneering
**pior** *adj, adv.* **1** (comparativo) worse: *A Sandra foi pior do que eu na prova.* Sandra did worse than me on the test. **2** (superlativo) worst: *É o pior filme que já vi.* It's the worst movie I've ever seen. **3 na pior das hipóteses** at worst **4 o pior é que ...** the worst thing is (that) ...

**piorar** *v.* 1 (ficar pior) to get worse: *O tempo estava piorando.* The weather was getting worse. 2 (fazer pior) to make worse: *Isso só vai piorar a situação.* That'll only make the situation worse. 3 **para piorar** (ainda por cima) to make things worse
**pipa** *s.* 1 (papagaio) kite 2 **soltar pipa** to fly a kite
**pipoca** *s.* popcorn
**pipocar** *v.* (surgir) to pop up
**pipoqueiro** *s.* popcorn seller
**pique** *s.* 1 (disposição) energy: *A banda tem um pique impressionante.* The band has amazing energy. | *Não tenho pique para malhar todos os dias.* I don't have the energy to work out every day. 2 **perder o pique** to flag
**piquenique** *s.* 1 picnic 2 **fazer um piquenique** to have a picnic
**pirado** *adj.* crazy
**pirâmide** *s.* pyramid
**piranha** *s.* 1 (peixe) piranha 2 (de cabelo) jaw clip
**pirar** *v.* to freak out
**pirata** *s, adj.* pirate
**piratear** *v.* to pirate
**pires** *s.* saucer
**pirueta** *s.* pirouette
**pirulito** *s.* lollipop
**pisar** *v.* 1 to step (***em*** *on*): *Alguém pisou no meu pé.* Someone stepped on my toe. ▸ Quando, ao pisar em algo, o pé afunda, usa-se a preposição ***in***: *Cuidado para não pisar na lama.* Careful you don't step in the mud. 2 **pisar (em) algo** (botar os pés em) to set foot in/on sth: *Ele nunca mais pisou em solo brasileiro.* He never set foot on Brazilian soil again. 3 **pisar na bola** (errar) to screw up 4 **pisar na bola com alguém** to let sb down
**pisca-alerta** *s.* hazard lights *[pl.]*
**pisca-pisca** *s.* (de carro) blinker (BRIT: indicator)
**piscar** *v.* 1 (pestanejar) to blink 2 (dar sinal fechando o olho) to wink (***para*** *at*) 3 (luz) to flash
**pisciano** *adj, s.* Pisces
**piscina** *s.* pool ▸ Também se diz ***swimming pool***
**piso** *s.* 1 (assoalho) floor 2 (revestimento) flooring 3 (andar) floor: *no piso superior* on the upper floor 4 (em tênis) surface
**pista** *s.* 1 (de corridas) track: *Os 800 m são duas voltas da pista.* The 800 m is two laps of the track. 2 (asfalto) road: *O motorista perdeu a direção e saiu da pista.* The driver lost control and came off the road. 3 (faixa da estrada) lane: *a pista da direita* the right-hand lane 4 (de decolagem) runway 5 (de dança) dance floor 6 (indício, dica) clue: *A polícia não achou nenhuma pista.* The police haven't found any clues. 7 (rastro) trail **pista de atletismo** running track **pista de automobilismo** racetrack **pista de corrida de cavalos** racetrack (BRIT: racecourse) **pista de dança** dance floor **pista de esqui** ski slope **pista de patinação** skating rink **pista de skate** skatepark **pista dupla** divided highway (BRIT: dual carriageway)
**pistache** *s.* pistachio
**pistola** *s.* pistol
**pistolão** *s.* (pessoa) contact
**pitada** *s.* pinch: *uma pitada de sal* a pinch of salt
**pitoresco** *adj.* picturesque
**pixaim** *adj.* frizzy
**pizza** *s.* pizza: *uma pizza de peperoni* a pepperoni pizza
**pizzaria** *s.* pizza parlor (BRIT: pizzeria) ▸ Na linguagem informal, é mais comum dizer ***pizza place***.
**placa** *s.* 1 (de veículo) license plate (BRIT: number plate): *o número de placa* the license number 2 (de sinalização) sign 3 (em porta etc.) nameplate 4 (comemorativa) plaque 5 (de computador) motherboard 6 (de som, vídeo) card: *uma placa de memória* a memory card 7 (dentária) plaque
**placar** *s.* 1 (pontos) score 2 (painel) scoreboard
**plágio** *s.* plagiarism
**planador** *s.* glider
**planalto** *s.* plateau

**planar** *v.* to glide
**planejamento** *s.* planning
**planejar** *v.* 1 to plan 2 **planejar fazer algo** to plan to do sth
**planície** *s.* plain
**planilha** *s.* spreadsheet
**plano** *s.* 1 plan 2 **deixar algo/ficar em segundo plano** to let sth take/take a back seat 3 **primeiro/segundo plano** foreground/background
**plano de saúde** health plan / *adj.* (nivelado) flat
**planta** *s.* 1 (que cresce) plant 2 (de prédio, cidade) plan 3 (do pé) sole
**planta baixa** floor plan
**plantação** *s.* 1 (terreno) plantation: *uma plantação de arroz* a rice plantation 2 (ação) planting
**plantão** *s.* 1 (noturno) night shift 2 (especial) continuous service 3 **de plantão** a (em serviço) on duty b (esperando) camped out c (inveterado) diehard: *um livro para os românticos de plantão* a book for diehard romantics 4 **farmácia de plantão** all-night pharmacy 5 **fazer plantão** a (atender) to provide continous service b (esperar) to be camped out: *Os fãs faziam plantão na porta do hotel.* The fans were camped out at the door of the hotel.
**plantão de notícias** news bulletin (BRIT: newsflash)
**plantar** *v.* 1 (colocar na terra) to plant: *Plantaram árvores ao longo da avenida.* They planted trees along the avenue. 2 (cultivar) to grow: *Muitos agricultores passaram a plantar cana.* Many farmers have switched to growing sugar cane. 3 **deixar alguém plantado** to stand sb up
**plantio** *s.* planting
**plaqueta** *s.* 1 (em informática) chip 2 (sanguínea) platelet
**plástica** *s.* 1 (em geral) plastic surgery ▸ A locução ***plastic surgery*** é incontável em inglês, portanto *uma plástica* traduz-se por ***some plastic surgery*** ou ***a round of plastic surgery***. 2 (lifting) facelift 3 **fazer plástica** a (em geral) to have plastic surgery: *Ele teve que fazer várias plásticas.* He had to have several rounds of plastic surgery. b (fazer lifting) to have a facelift
**plástica de nariz** (rinoplastia) nose job: *Ela já fez plástica no nariz.* She's had a nose job.
**plástico** *adj.* 1 plastic 2 **artista plástico** artist / *s.* 1 (material) plastic: *um brinquedo de plástico* a plastic toy 2 (para cobrir) plastic sheet
**plastificar** *v.* (documento) to laminate
**plataforma** *s.* platform
**plataforma petrolífera** oil rig
**plateia** *s.* 1 (público) audience 2 (setor do teatro) orchestra (BRIT: stalls)
**plausível** *adj.* plausible
**plebeu** *s.* commoner
**plenário** *s.* 1 (assembleia) plenary assembly 2 (local) plenary chamber
**pleno** *adj.* 1 full 2 **em pleno algo** in the middle of sth: *em pleno inverno* in the middle of winter | *O Pedro dormiu em plena aula.* Pedro fell asleep in the middle of the class. | *Um elefante em plena Londres!* An elephant in the middle of London! 3 **em pleno voo** in mid-flight
**plugar** *v.* **plugar algo em algo** to plug sth into sth
**plugue** *s.* plug
**pluma** *s.* feather
**plural** *s, adj.* plural: *no plural* in the plural
**pneu** *s.* 1 tire (BRIT: tyre) 2 **pneu furado** flat (tire)
**pneumonia** *s.* pneumonia ▸ É incontável em inglês, portanto *uma pneumonia* traduz-se por ***pneumonia***, sem ***a***, ou por ***a bout of pneumonia***: *Ele pegou uma forte pneumonia.* He got a serious bout of pneumonia.
**pó** *s.* 1 (substância moída) powder 2 (poeira) dust 3 (cocaína) coke 4 **em pó** powdered: *leite em pó* powdered milk 5 **tirar o pó (de algo)** (limpar) to dust (sth)
**pó de arroz** face powder

**pobre** *adj.* poor / *s.* 1 poor man 2 **os pobres** (em geral) the poor ▸ Na linguagem informal, é mais comum dizer ***poor people***.

**pobreza** *s.* poverty

**poça** *s.* 1 (de chuva) puddle 2 (de água, sangue etc.) pool

**pochê** *adj.* poached

**poço** *s.* 1 (de água) well 2 (de elevador) shaft **poço de petróleo** oil well **poço de visita** manhole

**poder** *v. aux.* 1 ▸ A forma do presente para todas as pessoas é ***can***, a do passado ***could***: *Posso usar o telefone?* Can I use the phone? | *Eles disseram que podiam nos ajudar.* They said they could help us. ▸ Nos demais tempos verbais, e no infinitivo, usa-se a locução ***be able to***: *Não sei se vou poder ir à festa.* I don't know if I'll be able to go to the party. | *É bom poder falar com um nativo da língua.* It's good to be able to talk to a native speaker. ▸ Observe que a negativa é ***cannot***, tudo junto, ou a forma contraída ***can't***: *Não posso sair hoje à noite.* I can't go out tonight. 2 ▸ No sentido de *talvez*, traduz-se pelo verbo ***may***: *Pode chover mais tarde.* It may rain later. | *Eles podem não vir.* They may not come. ▸ Usa-se ***may*** também para fazer uma concessão: *O notebook pode ser bom, mas é muito caro.* The notebook may be good, but it's too expensive. 3 **pode etc. ter feito algo** may have done sth: *A carta pode ter se extraviado.* The letter may have gone astray. 4 **podia/poderia etc. ter feito algo** could have done sth: *Ele podia ter morrido no acidente.* He could have been killed in the accident. | *Você podia ter me avisado!* You could have warned me! 5 **não pode/podia etc. ter feito** **a** (suposição) can't/couldn't have done sth **b** (indignação) shouldn't have done sth: *Você não podia ter contado para ela!* You shouldn't have told her! 6 **pode/podia etc. não ter feito algo** may/might not have done sth: *O nosso time pode não ter ganho, mas jogamos melhor.* Our team may not have won, but we played better. 7 **pode ser** **a** (talvez) maybe ▸ Na linguagem falada, também se diz ***could be***: *"De repente ela esqueceu." - "Pode ser."* "Perhaps she's forgotten." - "Maybe." **b** (aceitando) ok then: *"Quer um café?" - "Pode ser."* "Would you like a coffee?" - "OK then." 8 **pode ser que ...** ▸ Traduz-se usando o verbo auxiliar ***may***. Veja os exemplos: *Pode ser que ela não venha.* She may not come. | *Pode ser que ele tenha tentado ligar.* He may have tried to call. 9 **pode ser que não** maybe not ▸ Quando o presente do verbo *poder* expressa eventualidade, traduz-se por ***may***, e não por ***can***: ***it may rain later*** (= pode chover mais tarde). Observe a diferença entre ***it can happen*** (= é teoricamente possível ou permitido que aconteça) e ***it may happen*** (= talvez aconteça), e entre ***it can't happen*** (= não pode acontecer) e ***it may not happen*** (= pode não acontecer). Igualmente a *poderia/podia* em português, a forma ***might*** é usada com referência ao futuro também, conotando ainda mais incerteza do que ***may***: ***it might rain later*** (= podia chover mais tarde). / *s.* 1 power 2 **assumir o poder** to take power 3 **em poder de alguém** in the hands of sb 4 **entrar no poder** to come into power 5 **estar no poder** to be in power

**poder aquisitivo** purchasing power **poder de fogo** firepower

**poderio** *s.* might

**poderoso** *adj.* powerful

**podre** *adj.* 1 (apodrecido) rotten 2 (cansado) beat (BRIT: knackered) 3 (indisposto) lousy 4 **podre de rico** filthy rich

**poeira** *s.* dust

**poeirento** *adj.* dusty

**poesia** *s.* 1 (gênero) poetry: *Ela escreve poesia.* She writes poetry. 2 (poema) poem: *Ela escreveu uma poesia.* She wrote a poem.

**poeta** *s.* poet

**poético** *adj.* poetic

**point** *s.* (lugar na moda) in place: *O bar é o point da garotada.* The bar is the in place for teenagers.

**pois** *adv.* 1 (nesse caso) then: *Quer passar na prova? Pois estude.* Do you want to pass the test? Then study. 2 **pois é** (concordando) that's right 3 **pois não** **a** (permissão) go ahead: *"Posso pegar um folheto?" - "Pois não."* "Can I take a leaflet?" - "Go ahead." **b** (oferecendo ajuda) can I help you? / *conj.* (porque) as: *Não entendi, pois não falo alemão.* I didn't understand as I don't speak German.

**polegada** *s.* inch

**polegar** *s.* thumb

**polêmica** *s.* controversy

**polêmico** *adj.* controversial

**pólen** *s.* pollen

**polichinelo** *s.* (exercício) star jump

**polícia** *s.* (corporação) police ▸ A palavra ***police*** vem seguida de um verbo no plural: *A polícia foi acionada.* The police were called in.
**polícia civil** civil police **Polícia Federal** Federal Police **polícia militar** military police **polícia rodoviária** highway patrol (BRIT: traffic police)
▸ Nos países de língua inglesa, só existe uma polícia, cujos integrantes se dividem em ***detectives***, que fazem o mesmo trabalho de investigação que a polícia civil brasileira, e ***uniformed police officers***, que correspondem a PMs. O equivalente norte-americano da Polícia Federal brasileira é o ***FBI*** (***Federal Bureau of Investigation***). Observe que, nesses países, o termo ***military police*** denota uma polícia própria das forças armadas.

**policial** *s.* police officer ▸ Na linguagem menos formal, também se usam as palavras ***policeman***, para um homem, e ***policewoman***, para uma mulher. No inglês americano informal, diz-se ***cop***. / *adj.* 1 (relativo à polícia) police: *um cão policial* a police dog 2 (romance, filme etc.) detective: *uma trama policial* a detective story

**polido** *adj.* 1 (limpo) polished 2 (educado) polite

**polir** *v.* to polish

**política** *s.* 1 (ramo) politics: *Ela quer entrar na política.* She wants to go into politics. 2 (medidas) policy: *a política econômica do governo* the government's economic policy

**político** *adj.* political / *s.* (pessoa) politician

**politizado** *adj.* political

**polo** *s. masc.* 1 (da Terra, de ímã) pole 2 (esporte) polo
**polo aquático** water polo **Polo Norte/Sul** North/South Pole / *s. fem.* (camisa) polo shirt

**polonês** *adj.* Polish / *s.* 1 (pessoa) Pole 2 (língua) Polish

**Polônia** *s.* Poland

**polpa** *s.* 1 (na fruta) flesh 2 (quando tirada da fruta) pulp

**poltrona** *s.* 1 (de casa) armchair 2 (de avião, cinema) seat

**poluição** *s.* pollution

**poluído** *adj.* 1 (contaminado) polluted 2 (visualmente) messy

**poluir** *v.* to pollute

**polvilhar** *v.* to sprinkle (***com*** *with*)

**polvilho** *s.* tapioca flour: *biscoito de polvilho* tapioca crackers

**polvo** *s.* octopus

**pólvora** *s.* gunpowder

**pomada** *s.* ointment

**pomar** *s.* orchard

**pomba** *s.* dove

**pombo** *s.* pigeon

**pomo** *s.* **pomo de Adão** Adam's apple **pomo da discórdia** bone of contention

**ponderar** *v.* 1 (avaliar) to weigh up 2 **ponderar em/sobre algo** to ponder sth

**ponta** *s.* 1 (de agulha, faca, lápis) point 2 (de dedo, língua, iceberg) tip 3 (de corda, linha, rua etc.) end: *O Rafael estava sentado na outra ponta da mesa.* Rafael was sitting at the other end of the table. 4 (papel pequeno) minor role 5 (de emoção, dor) twinge: *Senti uma ponta de tristeza.* I felt a twinge of sadness. 6 (zona de campo) wing: *Ele joga na ponta.* He plays on the wing. 7 **aguentar/segurar as pontas** to hang on in there 8 **de ponta a ponta** **a** (por toda a extensão) from end to end **b** (do começo ao fim) from start to finish 9 **fazer uma ponta** to play a minor role 10 **na ponta dos pés** on tiptoe 11 **saber/**

**ter algo na ponta da língua** to have sth at your fingertips
**ponta de estoque** 1 (mercadoria) end of line 2 (loja) outlet store / *s.* (jogador) winger

**ponta-cabeça** *s.* **de ponta-cabeça** upside down

**pontada** *s.* (dor) stabbing pain

**pontapé** *s.* 1 kick 2 **arrombar/derrubar algo aos pontapés** to kick sth down 3 **dar pontapés/um pontapé em algo** to kick sth 4 **dar um pontapé em alguém** (dispensar) to give sb the boot 5 **pôr alguém para fora/tratar alguém aos pontapés** to kick sb out/around
**pontapé inicial** 1 kick-off 2 **dar o pontapé inicial (em algo)** to kick (sth) off

**pontaria** *s.* 1 aim 2 **fazer pontaria** to take aim (***em** at*) 3 **ter boa pontaria** to be a good shot

**ponte** *s.* 1 bridge 2 **fazer a ponte entre algo e algo** to bridge the gap between sth and sth
**ponte aérea** shuttle **ponte de safena** heart bypass: *Ele colocou três pontes de safena.* He had a triple heart bypass. **ponte levadiça** drawbridge **ponte pênsil** suspension bridge

**ponteiro** *s.* 1 (de relógio) hand: *o ponteiro das horas* the hour hand 2 (de medidor) needle 3 (para apontar) pointer 4 (jogador) winger 5 **acertar os ponteiros** (ajustar-se) to get in sync (***com** with*)

**pontiagudo** *adj.* pointed

**pontilhado** *adj.* **linha pontilhada** dotted line / *s.* (linha) dotted line

**pontinho** *s.* (marca) dot

**ponto** *s.* 1 (marca, sinal) dot: *ponto com* dot com 2 (lugar) point: *um ponto de encontro* a meeting point 3 (de cidade, país) part: *em vários pontos da cidade* in several parts of the city 4 (de ônibus) stop: *Vou descer no próximo ponto.* I'm getting off at the next stop. 5 (de táxi) rank 6 (em jogo, competição) point 7 (de nota escolar) point (BRIT: mark) 8 (de costura, tricô, sutura) stitch 9 (em final de frase) period (BRIT: full stop) 10 (no ouvido) earpiece 11 (pessoa no teatro) prompter 12 (tema, colocação) point: *Você levantou um ponto interessante.* You raised an interesting point. 13 (nível, altura, grau de avanço) point: *Você chegou até que ponto no livro?* What point have you got to in the book? | *Como é que as coisas chegaram a esse ponto?* How did things get to this point? 14 **ao ponto** (carne) medium 15 **a ponto de fazer algo** to the point of doing sth: *Ela ficou muito chateada, a ponto de chorar.* She got really upset, to the point of crying. 16 **até certo ponto** to a certain extent 17 **bater o ponto** to punch in (BRIT: to clock in) 18 **chegar/estar a ponto de fazer algo** to get to the point/be on the point of doing sth 19 **dormir no ponto** (perder oportunidade) to miss the boat 20 **em ponto** on the dot: *às nove em ponto* at nine on the dot 21 **em ponto de bala** (para prova, corrida etc.) on top form 22 **entregar os pontos** to throw in the towel 23 **estar no ponto** (estar perfeito) to be just right 24 **fazer ponto** **a** (trabalhar) to operate **b** (em bar etc.) to hang out 25 **levar pontos** (de sutura) to have stitches
**ponto alto** high point **ponto cardeal** point of the compass **ponto culminante** (auge) culmination **ponto de congelamento** freezing point **ponto de ebulição** boiling point **ponto de exclamação** exclamation point (BRIT: exclamation mark) **ponto de interrogação** question mark **ponto de ônibus** bus stop **ponto de partida** 1 (de viagem) point of departure 2 (de argumento) starting point **ponto de táxi** taxi rank **ponto de vista** point of view **ponto e vírgula** semicolon **ponto final** 1 (em texto) period (BRIT: full stop) 2 (de ônibus, trem) terminus 3 (fim) end point **ponto morto** (de motor) neutral: *em ponto morto* in neutral **ponto pacífico: ser ponto pacífico** to be a given (BRIT: to be taken as read) **ponto turístico** tourist attraction

**pontuação** *s.* punctuation

**pontual** *adj.* 1 (no horário) punctual 2 (erro, fiscalização etc.) occasional

**pontualidade** *s.* punctuality

**pontuar** *v.* 1 (texto) to punctuate 2 (ganhar pontos) to get points

**popa** *s.* stern

**população** *s.* 1 population 2 **a população** (o grande público) the public

**popular** *adj.* 1 (cultura, música etc.) popular 2 (destinado ao povo) people's: *uma biblioteca popular* a people's library 3 (apreciado) popular 4 **carro/casa popular** economy car/low-cost house 5 **preços populares** affordable prices / *s.* (pessoa) member of the public

**popularidade** *s.* popularity

**populoso** *adj.* densely populated

**pôquer** *s.* poker

**por** *prep.* 1 (por todos os lados de) around: *uma viagem pelos EUA* a trip around the U.S. 2 (por dentro de) through: *Cortamos caminho pelo parque.* We cut through the park. 3 (ao longo de) along: *uma caminhada pela praia* a walk along the beach 4 (durante) for: *Ele vai ao Canadá por um ano.* He's going to Canada for a year. 5 (por volta de) around: *Devemos voltar lá pelas dez.* We should get back around ten. 6 (em razão de) for: *O ator ganhou vários prêmios por sua atuação no filme.* The actor has won several awards for his performance in the movie. 7 (em troca de) for: *Venderam a casa por dois milhões.* They sold the house for two million. 8 (periodicidade) a: *duas vezes por semana* twice a week | *cem quilômetros por hora* a hundred kilometers an hour 9 (proporção) per: *R$ 20,00 por pessoa* R$ 20 per person | *cinco por cento* five percent 10 (a favor de) for: *uma greve por melhores salários* a strike for better wages 11 (divisão aritmética) by: *Divida o total por três.* Divide the total by three. 12 (dimensão) by: *uma foto de 3 cm por 4 cm* a photo 3 cm by 4 cm 13 (por meio de) by: *por e-mail* by email 14 (agente de frase em voz passiva) by: *O gato foi resgatado pelos bombeiros.* The cat was rescued by the fire department. 15 ▸ Antes de um infinitivo, com sentido causal, *por* traduz-se usando a conjunção ***because*** e uma oração: *Ele não vai para a academia por não ter tempo.* He doesn't go to the gym because he doesn't have time. | *Desistiram da viagem por ser muito cara.* They decided against the trip because it was too expensive. 16 ▸ Em frases como *por incrível que pareça, por mais que eu tente* etc. traduz-se por ***as ... as***: *por incrível que pareça* as incredible as it may seem | *Por mais que ele tentasse, não conseguiu abrir a porta.* As hard as he tried, he couldn't get the door open. 17 **por aí** **a** (em geral) around: *Tem muito ladrão por aí.* There are a lot of thieves around. **b** (perto daí) around there **c** (por esse caminho) that way 18 **por ali/lá** **a** (perto dali/de lá) around there **b** (naquela direção) that way 19 **por aqui** **a** (perto daqui) around here **b** (nessa direção) this way 20 **por isso (que)** that's why: *Por isso não te liguei.* That's why I didn't call you. 21 **por mim** (no que me diz respeito) as far I'm concerned: *Por mim, vocês podem ficar aqui.* As far as I'm concerned, you can stay here. | *Por mim tudo bem.* That's fine by me. 22 **por quê?** why?

**pôr** *v.* 1 (colocar) to put 2 (no corpo) to put on: *A professora pôs os óculos.* The teacher put her glasses on. 3 (música, disco etc.) to put on: *Vou pôr uma música.* I'll put some music on. 4 **pôr a mesa** to set the table 5 **pôr o despertador** to set the alarm (***para*** *for*) 6 **pôr um ovo** to lay an egg / **pôr-se** *v.* 1 (sol) to set 2 **pôr-se a fazer algo** to set about doing sth 3 **pôr-se ao trabalho** to get to work 4 **pôr-se no caminho** to set out / *s.* **pôr do sol** sunset

**porão** *s.* 1 (subsolo) basement ▸ Também se diz ***cellar***. 2 (de navio, avião) hold

**porca** *s.* (de parafuso) nut

**porção** *s.* 1 (de comida) portion: *uma porção de fritas* a portion of fries 2 **uma porção de algo** a lot of sth: *uma porção de gente* a lot of people

**porcaria** *s.* 1 (sujeira ou trabalho malfeito) mess 2 (coisa de má qualidade ou inútil) piece of junk: *Esse mouse é uma porcaria.* This mouse is a piece of junk. ▸ A palavra ***junk*** é incontável e usada em sentido coletivo: *Aquela loja só vende porcaria.* That store just sells junk. 3 (comida pouco nutritiva) junk food 4 **estar uma porcaria** (comida) to be disgusting

**porcelana** *s.* porcelain: *uma boneca de porcelana* a porcelain doll

**porcentagem** *s.* percentage

**porco** *s.* 1 (animal) pig 2 (tb carne de porco) pork: *costelinha de porco* pork ribs 3 (pessoa nojenta) slob / *adj.* 1 (sujo) filthy 2 (nojento) gross

**porco-espinho** *s.* porcupine

**porém** *conj.* yet ▸ Na linguagem falada, é mais comum dizer ***and yet***. Existe também a palavra ***however*** que soa mais formal e assinala um contraste mais forte.

**pormenor** *s.* detail

**pormenorizado** *adj.* detailed

**pornô** *adj.* porn

**pornografia** *s.* pornography ▸ É muito usada a abreviatura ***porn***.

**pornográfico** *adj.* pornographic

**poro** *s.* pore

**porque** *conj.* because

**porquê** *s.* 1 **o porquê** the reason why 2 **o porquê de algo** the reason for sth

**porquinho-da-índia** *s.* guinea pig

**porre** *s.* 1 **de porre** (bêbado) drunk 2 **ser/estar um porre** to be a real bore 3 **tomar um porre** to get drunk

**porta** *s.* 1 door: *o vão da porta* the doorway 2 **de porta em porta** door to door 3 **de portas fechadas** behind closed doors 4 **na porta** **a** (à porta) at the door: *Tem gente na porta.* There's someone at the door. **b** (encostado na porta) on the door: *Havia um aviso na porta.* There was a notice on the door. ▸ *bater na porta* traduz-se por ***knock at*** ou ***on the door***. **c** (no vão da porta) in the doorway: *Ela se abrigou da chuva na porta de uma loja.* She sheltered from the rain in the doorway of a store. **porta corrediça** sliding door **porta da frente** front door **porta de casa** front door **porta dos fundos** back door **porta giratória** revolving door

**porta-aviões** *s.* aircraft carrier

**portador** *s.* (de vírus) carrier **portador de deficiência** person with a disability ▸ O plural é ***people with disabilities***.

**porta-joias** *s.* jewelry box (BRIT: jewellery box)

**portal** *s.* (na Internet) portal

**porta-luvas** *s.* glove compartment

**porta-malas** *s.* trunk (BRIT: boot)

**porta-níqueis** *s.* change purse (BRIT: purse)

**portanto** *conj.* therefore

**portão** *s.* gate **portão de embarque** boarding gate

**portar** *v.* to carry / **portar-se** *v.* to carry yourself

**porta-retrato** *s.* photo frame

**portaria** *s.* 1 (recepção) reception desk 2 (entrada) lobby 3 (lei) ruling

**portátil** *adj.* portable

**porta-voz** *s.* 1 (homem) spokesman 2 (mulher) spokeswoman
▸ Quando não se sabe ou não se quer especificar o sexo do porta-voz, diz-se ***spokesperson***.

**porte** *s.* 1 (tamanho) size: *um evento desse porte* an event of this size 2 (frete) postage 3 (de arma, drogas) possession 4 **de grande/médio/pequeno porte** large/medium-sized/small

**porteira** *s.* gate

**porteiro** *s.* (de prédio) doorman **porteiro eletrônico** intercom (BRIT: Entryphone®)

**porto** *s.* 1 port 2 **vinho do Porto** port **porto de escala** port of call

**Porto Rico** *s.* Puerto Rico

**porto-riquenho** *adj, s.* Puerto Rican

**portuário** *adj.* 1 port 2 **a zona portuária** the docks / *s.* (operário) dock worker

**português** *adj.* Portuguese / *s.* 1 (idioma) Portuguese 2 **português/portuguesa** (pessoa) Portuguese man/woman ▸ As palavras ***man/woman*** podem ser substituídas por outras, tais

como ***boy/girl***, conforme o caso. **3 os portugueses** (em geral) the Portuguese
**português de Portugal** European Portuguese **português do Brasil** Brazilian Portuguese

**pós-** *prefixo* post(-): *pós-operatório* postoperative

**posar** *v.* to pose

**pose** *s.* **1** (de modelo) pose **2** (foto) exposure **3 fazer pose** (para foto) to strike a pose **4 perder a pose** to blow your cool

**pós-escrito** *s.* P.S.

**pós-graduação** *s.* **1** graduate degree (BRIT: postgraduate degree): *alunos de pós-graduação* graduate students **2 fazer pós-graduação** to go to grad school (BRIT: to do a postgrad degree)

**pós-guerra** *adj.* post-war / *s.* (período) postwar period

**posição** *s.* position: *na mesma posição* in the same position

**posicionar** *v.* to position / **posicionar-se** *v.* **1** (pôr-se em posição) to position yourself **2** (pronunciar-se) to take a stance (***a favor de*** *in favor of*, ***contra*** *against*, ***sobre*** *on*)

**positivo** *adj.* positive / *s.* **1 sinal de positivo** thumbs up **2 fazer sinal de positivo (para alguém)** to give (sb) the thumbs up

**possante** *adj.* powerful

**posse** *s.* **1** (fato de ter no seu poder ou coisa possuída) possession: *a posse de drogas* the possession of drugs | *todas as minhas posses* all my possessions **2** (de presidente etc.) inauguration **3 de posse de algo** in the possession of sth (BRIT: in possession of sth) **4 tomar posse** (autoridade) to take office **5 ter/tomar posse de algo** to have/take possession of sth
**posse de bola** possession

**possessivo** *adj.* possessive

**possesso** *adj.* **1** (furioso) livid **2** (do demônio) possessed

**possibilidade** *s.* **1** possibility **2 a possibilidade de (algo/alguém) fazer algo** the possibility of (sth/sb) doing sth **3 ter possibilidade de fazer algo** to have the chance to do sth

**possibilitar** *v.* **1** to enable **2 possibilitar a alguém/algo fazer algo** to enable sb/sth to do sth

**possível** *adj.* **1** possible **2 o mais rápido possível** as soon as possible **3 se for possível** if possible / *s.* **1 fazer o possível** to do your best: *Vou fazer o possível.* I'll do my best. **2 na medida do possível** as far as possible

**possuir** *v.* **1** (ter) to have: *O hotel possui uma piscina.* The hotel has a pool. ▸ Existe também o verbo ***to possess***, mas soa muito formal e, diferentemente do *possuir* em português, o sujeito do verbo só pode ser uma pessoa. **2** (ser dono de) to own: *Ele possui três casas.* He owns three houses.

**post** *s.* (na Internet) post

**posta** *s.* steak: *uma posta de atum* a tuna steak

**postagem** *s.* **1** (na Internet) posting **2** (pelo correio) mailing (BRIT: posting)

**postal** *adj.* postal / *s.* (cartão) postcard

**postar** *v.* **1** (na Internet) to post **2** (correspondência) to mail (BRIT: to post) **3** (posicionar) to post / **postar-se** *v.* to take up position

**poste** *s.* **1** (à beira da estrada) pole (BRIT: post) **2** (de cerca etc.) post
**poste de iluminação** light pole (BRIT: lamp-post)

**pôster** *s.* poster

**posteridade** *s.* posterity

**posterior** *adj.* (que vem depois) later (***a*** *than*): *Ela fez o mesmo papel em dois filmes posteriores.* She played the same part in two later movies.

**posteriormente** *adv.* later

**postiço** *adj.* false

**posto** *s.* **1** (de gasolina) gas station (BRIT: petrol station): *um posto Shell* a Shell station **2** (cargo, posição) post
**posto de gasolina** gas station (BRIT: petrol station) **posto de salvamento** lifeguard station **posto de saúde** health center

**póstumo** *adj.* posthumous

**postura** *s.* **1** (do corpo) posture **2** (ponto de vista) attitude (***diante de*** *to*)
**potável** *adj.* **água potável** drinking water
**pote** *s.* **1** (em geral) pot **2** (de vidro) jar
**potência** *s.* power
**potencial** *adj, s.* **1** potential **2 em potencial** potential: *um cliente em potencial* a potential customer **3 realizar seu potencial** to realize your potential
**potente** *adj.* powerful
**potro** *s.* foal
**pouco** *adj, pron.* **1** little: *Ela tem pouca paciência.* She has little patience. | *Entendi pouco do que ele falou.* I understood little of what he said. ▸ Nesse uso, ***little*** soa um tanto formal ou literário. Na linguagem normal, usa-se ***not much***: *Saí de casa com pouco dinheiro no bolso.* I left home without much money on me. | *Tem leite na geladeira, mas pouco.* There's milk in the fridge, but not much. **2 poucos** few: *Ele tem poucos amigos.* He has few friends. | *Dos 200 candidatos, poucos passaram na prova.* Of the 200 candidates, few passed the test. ▸ Nesse uso, ***few*** soa um tanto formal ou literário. Na linguagem normal, usa-se ***not many***: *Tinha pouca gente na festa.* There weren't many people at the party. | *Todos os alunos foram convidados, mas poucos apareceram.* All the students were invited, but not many showed up. **3 pouca coisa** not much **4 muito pouco/poucos** very little/few: *Temos muito pouco tempo.* We have very little time. **5 pouco tempo** not long: *Ficamos pouco tempo na praia.* We didn't stay long on the beach. | *Estive com a Sandra há pouco tempo.* I saw Sandra not long ago. / *adv.* **1** (referente a verbo) not much: *Ela fala pouco.* She doesn't say much. **2** (referente a adjetivo ou advérbio) not very: *Ficamos pouco satisfeitos com o atendimento.* We weren't very satisfied with the service. ▸ Em alguns casos, *pouco* corresponde ao prefixo negativo ***un-*** em inglês: *pouco convincente* unconvincing | *pouco apetitoso* unappetizing **3 pouco a pouco** gradually **4 pouco antes/depois** shortly before/after **5 pouco mais/menos de** a little over/under **6 daqui a pouco** **a** (em seguida) in a moment ▸ Existem outras expressões com o mesmo significado, tais como: ***in a second, in a minute*** etc. **b** (em breve) soon ▸ Existem outras expressões com o mesmo significado, tais como ***in a little while, shortly*** etc. **7 falta pouco** **a** (referente a tempo) there's not long to go (***para*** *until*) **b** (referente a distância, grau de avanço) there's not far to go (***para*** *to*) **c** (referente a trabalho etc.) there's not much more to do: *Falta pouco para eu terminar.* I'm almost done. **8 há pouco** a short while ago **9 por pouco** just about: *Pegamos o avião por pouco.* We just about caught the plane. | *Essa foi por pouco!* That was close! **10 por pouco ... não** very nearly: *A vítima não morreu por pouco.* The victim very nearly died. / *s.* **1 aos poucos** **a** (em pequenas quantidades) in small amounts **b** (gradativamente) gradually **2 um pouco** **a** (não muito) a little: *Ele é um pouco tímido.* He's a little shy. ▸ Quando se refere a uma quantidade de alguma coisa, usa-se ***some***, a não ser que se queira enfatizar a pouca quantidade: *Tem sorvete. Quer um pouco?* There's ice cream. Do you want some? **b** (um tempinho) a little while: *Dormi um pouco à tarde.* I slept for a little while in the afternoon. **c** (um minutinho) a second: *Vem aqui um pouco.* Come here a second. **3 um pouco de algo** a little sth: *Adicione um pouco de leite.* Add a little milk. ▸ Quando não se enfatiza a pouca quantidade, usa-se ***some***: *Você quer um pouco de sorvete?* Would you like some ice cream? ▸ *um pouco do/da* traduz-se por ***a little of the*** ou ***some of the***: *Comi um pouco do bolo que sobrou da festa.* I ate some of the cake that was left over from the party.

▸ No inglês britânico, é mais comum dizer ***a bit*** do que ***a little***. No inglês americano, ***a little*** é usado em todas as situações, enquanto, no inglês britânico, soa um tanto formal.

**poupança** *s.* 1 (dinheiro) savings *[pl.]* 2 (conta) savings account
**poupar** *v.* 1 (dinheiro, energias) to save 2 (parte do corpo) to protect 3 (não matar, não deixar sofrer) to spare 4 **poupar algo a alguém** to save sb sth: *Isso vai nos poupar trabalho.* That will save us work. 5 **poupar alguém de algo** to spare sb sth 6 **poupar a vida de alguém** to spare sb's life 7 **não poupar esforços/gastos** to spare no effort/expense / **poupar-se** *v.* 1 (pegar leve) to take it easy 2 **poupar-se algo** (trabalho etc.) to save yourself sth
**pouquinho** *adj, adv, pron.* 1 very little 2 **pouquinhos** very few / *s.* **um pouquinho (de algo)** a little bit (of sth)
**pousada** *s.* inn (BRIT: guesthouse)
**pousar** *v.* 1 to land 2 **pousar algo** to put sth down
**pouso** *s.* landing
**povo** *s.* people ▸ vem seguido de verbo no plural: *O povo aqui é muito acolhedor.* The people here are very welcoming.
▸ A palavra ***people*** é plural, exceto no sentido de *nação, etnia*, quando pode vir precedida do artigo indefinido ***a*** e tem o plural ***peoples***: ***the indigenous peoples of the Amazon*** (= os povos indígenas da Amazônia).
**povoado** *s.* village
**praça** *s.* square
**prado** *s.* meadow
**praga** *s.* 1 (maldição) curse 2 (bicho) pest 3 (planta) weed 4 (de insetos, ratos etc.) plague 5 **rogar uma praga a alguém** to put a curse on sb
**pragmático** *adj.* pragmatic
**praguejar** *v.* to curse
**praia** *s.* 1 beach: *a Praia de Ipanema* Ipanema Beach 2 **na praia** **a** (na areia) on the beach: *É proibido levar cachorro na praia.* You're not allowed to take dogs on the beach. **b** (à beira-mar) at the beach: *Passamos o verão na praia.* We spent summer at the beach. 3 **morrer na praia** to fall at the last hurdle 4 **não ser a praia de alguém** not to be sb's thing: *Futebol não é a minha praia.* Soccer's not my thing. ▸ Também se pode dizer ***I'm not into soccer.***
**praiano** *adj.* beach: *uma cidade praiana* a beach town
**praieiro** *adj, s.* **ser praieiro** to be a beachlover
**prancha** *s.* board
**prancha de surfe** surfboard **prancha de windsurfe** windsurfer
**pranto** *s.* **aos prantos** in floods of tears
**prata** *s.* silver: *uma colher de prata* a silver spoon
**prataria** *s.* silver
**prateado** *adj.* 1 (cor) silver 2 (revestido de prata) silver-plated
**prateleira** *s.* shelf
**prática** *s.* 1 practice 2 **estar sem prática** to be out of practice 3 **na prática** in practice 4 **perder a prática** to get out of practice 5 **pôr algo em prática** to put sth into practice 6 **ter prática em (fazer) algo** to be well practiced in (doing) sth
**praticamente** *adv.* practically
**praticante** *adj.* practicing / *s.* practitioner
**praticar** *v.* 1 (em geral) to practice (BRIT: to practise) 2 (modalidade esportiva) to do: *Meu irmão pratica judô.* My brother does judo. 3 (crime) to commit 4 **praticar esporte** to play sports (BRIT: to do sport)
**prático** *adj.* practical
**prato** *s.* 1 (recipiente) plate 2 (comida) dish: *um prato italiano* an Italian dish 3 (parte de refeição) course 4 (de toca-disco) turntable 5 (na bateria) cymbal 6 **pôr algo em pratos limpos** to clear sth up 7 **ser um prato cheio para alguém** to be a field day for sb
**prato de mesa** dinner plate **prato de sobremesa** dessert plate **prato de sopa** soup dish **prato feito** blue-plate special (BRIT: set dish) **prato fundo** dish **prato principal** entrée (BRIT: main course) **prato raso** plate
▸ Observe a diferença entre ***a dessert plate*** (= um prato para sobremesa) e ***a plate of dessert*** (= um prato cheio de sobremesa).

**praxe** *s.* 1 **como de praxe** as per usual 2 **ser de praxe** to be the norm

**prazer** *s.* 1 pleasure 2 **(muito) prazer!** (ao ser apresentado) nice to meet you! ▸ Existe também a expressão mais formal ***it's a pleasure to meet you*** (= prazer em conhecê-lo/la). 3 **foi um prazer!** (ao se despedir) it was nice meeting you 4 **o prazer foi meu!** you too! 5 **ter prazer em fazer algo** to be pleased to do sth

**prazo** *s.* 1 (limite) deadline (***para*** *for*): *o prazo para matrícula no curso* the deadline for registration on the course | *Temos um prazo de um mês para entregar o trabalho.* We have a deadline of a month to turn in the assignment. 2 (período, vigência) period: *durante o prazo do contrato* during the contract period 3 **a curto prazo** (sem aviso prévio) on short notice (BRIT: at short notice) 4 **a curto/médio/longo prazo** in the short/medium/long term 5 **cumprir/prorrogar o prazo** to make/extend the deadline 6 **dentro do prazo** within the deadline

**pré-** *prefixo* pre-

**precário** *adj.* 1 (inoperante) poor 2 (emprego, vida) insecure 3 (equilíbrio) shaky

**precaução** *s.* 1 precaution 2 **por precaução** as a precaution 3 **tomar precauções** to take precautions

**prece** *s.* prayer

**precedência** *s.* **ter precedência** to take precedence (***sobre*** *over*)

**precedente** *adj.* preceding / *s.* 1 precedent 2 **abrir um precedente** to set a precedent 3 **sem precedentes** unprecedented

**preceder** *v.* to precede

**precioso** *adj.* precious

**precipício** *s.* precipice

**precipitado** *adj.* (impensado) rash

**precipitar-se** *v.* 1 (agir sem pensar) to jump the gun 2 (mover-se rápido) to rush

**precisamente** *adv.* precisely

**precisão** *s.* 1 (correção) accuracy 2 (exatidão) precision 3 **com precisão** **a** (corretamente) accurately **b** (exatamente) precisely

**precisar** *v.* 1 (especificar) to specify 2 **precisar de algo** to need sth: *Você precisa de uma carona?* Do you need a ride? ▸ O verbo ***need*** não pode ficar sem complemento em inglês. Às vezes é preciso adicionar ***it, one*** etc.: *Tem mais papel se você precisar.* There's more paper if you need it. | *Eu trouxe vários agasalhos se por acaso precisar.* I brought several sweaters in case I need one. 3 **precisar fazer algo** **a** (ter necessidade de fazer) to need to do sth: *Preciso estudar para a prova.* I need to study for the test. **b** (dever fazer) ▸ No presente, usa-se o verbo auxiliar modal ***must*** que tem a mesma forma para todas as pessoas e que vem seguido do infinitivo sem ***to***. No passado, usa-se ***had to*** e, no futuro, ***will have to***: *Preciso ligar para os meus pais.* I must call my parents. ▸ Não existe muita diferença de significado entre ***need to do sth*** e ***must do sth*** e, em muitos casos, qualquer um dos dois serve. Com ***need to*** enfatiza-se a necessidade, enquanto ***must*** enfatiza a obrigação autoimposta. 4 **precisar que alguém faça algo** to need sb to do sth: *Preciso que você me ajude.* I need you to help me. 5 **não precisar fazer algo** not to need to do sth: *Você não precisa me acompanhar.* You don't need to come with me. 6 **precisa-se de alguém/algo** (em anúncios) sb/sth wanted ▸ Quando se omite o infinitivo para evitar a repetição, mantém-se o ***to*** depois do ***need***: ***You can sleep here if you need to*** (=você pode dormir aqui se precisar). "***I'll wash the dishes." - "You don't need to."*** (= "Vou lavar a louça." - "Não precisa."). Observe também que, quando não se especifica o sujeito do verbo *precisar* em português, usa-se ***you*** em inglês: ***You need to book in advance.*** (= precisa reservar com antecedência).

**preciso** *adj.* 1 (necessário) necessary 2 (correto) accurate 3 (exato) precise 4 **é preciso algo** you need sth: *É preciso dedicação para conseguir.* You need dedication to succeed. 5 **é preciso fazer algo** you have to do sth: *É preciso estudar muito para ser médico.* You have to study hard to become a doctor. ▸ ***you*** é usado como sujeito em generalizações, mas o contexto pode exigir outro sujeito: *O avião teve um problema e foi preciso voltar ao aeroporto.* The plane developed a problem and had to return to the airport. | *É preciso revermos essa questão.* We have to review this issue. 6 **se for preciso** if necessary

**preço** *s.* 1 price 2 **a qualquer preço** at any price 3 **a preço de banana** dirt cheap
**preço no varejo** retail price

**precoce** *adj.* 1 (aposentadoria, detecção, idade etc.) early 2 (criança) precocious

**preconceito** *s.* 1 prejudice (***contra*** *against*) 2 **ter preconceito** to be prejudiced

**preconceituoso** *adj.* prejudiced

**precursor** *s.* forerunner

**predileto** *adj, s.* favorite

**prédio** *s.* building
**prédio de apartamentos** apartment building

**preencher** *v.* 1 (formulário etc.) to fill out (BRIT: to fill in) 2 (requisitos) to fulfill (BRIT: to fulfil) 3 (tempo, vão, vaga etc.) to fill

**pré-escola** *s.* preschool (BRIT: nursery school)

**pré-escolar** *adj.* preschool

**prefácio** *s.* preface

**prefeito** *s.* mayor

**prefeitura** *s.* 1 (prédio) city hall (BRIT: town hall) 2 **a Prefeitura** (órgão) the city (BRIT: the local authority) ▸ No inglês americano, também se usa ***City Hall*** nessa acepção, com maiúscula e sem artigo. Em nomes, usa-se ***City Council***, p.ex.: ***São Paulo City Council***.

**preferência** *s.* 1 (em geral) preference (***por*** *for*) 2 (no trânsito) right of way 3 **dar preferência** **a** (preferir) to give preference (***a*** *to*) **b** (no trânsito) to yield (BRIT: to give way) (***a*** *to*) 4 **de preferência** preferably

**preferencial** *adj.* 1 preferential 2 **rua preferencial** main road

**preferido** *adj.* favorite

**preferir** *v.* 1 to prefer (***a*** *to*, ***do que*** *than*): *Prefiro suco a refrigerante.* I prefer juice to soda. 2 **preferir fazer algo** to prefer to do sth: *Prefiro ficar em casa.* I prefer to stay home. ▸ Observe que *preferiria/preferia ter feito* se traduz por ***would have preferred to do***: *Ela preferia ter passado o dia na praia.* She would have preferred to spend the day on the beach. ▸ Quando o infinitivo não se refere a uma opção, mas sim a uma atividade, traduz-se pelo gerúndio: *Prefiro ouvir música a ver TV.* I prefer listening to music to watching TV. 3 **preferir que alguém faça algo** to prefer sb to do sth: *Eu preferiria que você ficasse aqui.* I'd prefer you to stay here.
▸ Para expressar uma preferência, existe também a locução ***would rather***. ***I'd rather stay at home*** (= prefiro ficar em casa), ***Would you rather I came with you?*** (= você prefere que eu vá com você?).

**preferível** *adj.* preferable

**prefixo** *s.* 1 (de palavra) prefix 2 (código DDD) area code

**prega** *s.* pleat

**pregador** *s.* (de roupa) clothespin (BRIT: clothes peg)

**pregão** *s.* (da Bolsa) trading

**pregar** *v.* 1 (proferir sermões, preconizar) to preach 2 (com prego) to nail (***em*** *to*) 3 **pregar um botão** to sew on a button 4 **pregar um susto em alguém** to give sb a fright 5 **pregar uma peça em alguém** to play a trick on sb 6 **não pregar o olho** not to get a wink of sleep: *Não preguei o olho a noite inteira.* I didn't get a wink of sleep the whole night.

**prego** *s.* nail

**preguiça** *s.* 1 (em geral) laziness 2 (bicho) sloth 3 **alguém está com preguiça (de fazer algo)** sb can't be bothered (to do sth): *Eu estava com preguiça de arrumar o meu quarto.* I couldn't be bothered to clean up my room. 4 **dar (uma) preguiça** to be too much of an effort: *Eu ia malhar, mas deu preguiça.* I was going to work out, but it was too much of an effort. 5 **que preguiça!** (referindo-se a si mesmo) I'm feeling so lazy!

**preguiçoso** *adj.* lazy / *s.* lazybones

**prejudicar** *v.* 1 (causar danos a) to damage 2 (causar prejuízo a) to hit 3 (atrapalhar) to hamper / **prejudicar-se** *v.* to do yourself a disservice

**prejudicial** *adj.* 1 (à saúde) harmful (*a to*) 2 (que traz prejuízo) disadvantageous (*a for*)

**prejuízo** *s.* 1 (perda de dinheiro) loss 2 (danos materiais) damage 3 **dar/trazer prejuízo (a alguém)** **a** (a empresa etc.) to make (sb) a loss **b** (a indivíduo) to cost (sb) money 4 **sofrer/ter prejuízo** **a** (empresa) to make a loss **b** (indivíduo) to lose out

**preliminar** *adj, s.* preliminary

**prelo** *s.* 1 printing press 2 **no prelo** (prestes a ser publicado) forthcoming

**prematuro** *adj.* premature

**premeditado** *adj.* premeditated

**premiação** *s.* (cerimônia) award ceremony

**premiado** *adj.* 1 (bilhete, número etc.) winning 2 (artista, livro, filme etc.) award-winning

**premiar** *v.* 1 to give an award to 2 **ser premiado** to win a prize/an award

**prêmio** *s.* 1 (dinheiro ou prenda) prize: *o prêmio Nobel* the Nobel prize 2 (distinção) award: *O filme ganhou muitos prêmios.* The movie won a lot of awards. | *o prêmio de melhor atriz* the award for Best Actress 3 (de seguro) premium 4 **Grande Prêmio** (de F-1 etc.) Grand Prix: *o Grande Prêmio do Brasil* the Brazilian Grand Prix

**prêmio de consolação** consolation prize

**prenda** *s.* 1 (prêmio) prize 2 (penalidade em brincadeira) forfeit: *Quem errar tem que pagar uma prenda.* Anyone who makes a mistake has to pay a forfeit. 3 (presente) gift

**prendas domésticas** housework [*sg.*]

**prendado** *adj.* domesticated

**prender** *v.* 1 (fixar) to fix (*em to*): *Ela prendeu o cartaz na porta com uma tachinha.* She fixed the notice to the door with a thumbtack. 2 (tornar imóvel) to secure: *Usamos pedras para prender os tirantes da barraca.* We used rocks to secure the tent ropes. 3 (capturar) to arrest: *O ladrão foi preso.* The thief was arrested. 4 (entalar) to catch: *Ele prendeu o dedo na gaveta.* He caught his finger in the drawer. 5 (controlar) to keep a hold on: *Ela prende muito os filhos.* She keeps a firm hold on her children. 6 **prender (a atenção de) alguém** to hold sb's attention: *O filme prende do começo ao fim.* The movie holds your attention from start to finish. 7 **prender a porta/janela** to hold the door/window open 8 **prender a respiração** to hold your breath 9 **prender o cabelo** to put your hair up / **prender-se** *v.* 1 (agarrar-se) to get caught (*em on*): *A minha camiseta se prendeu num prego.* My T-shirt got caught on a nail. 2 (num relacionamento) to get tied down

**prenome** *s.* first name

**prensar** *v.* 1 (apertar com força) to press down 2 (machucar) to crush

**preocupação** *s.* 1 (angústia) worry: *Ela tem muitas preocupações.* She has a lot of worries. 2 (inquietação) concern (*com about/over/with*): *a preocupação com as mudanças climáticas* concern about climate change

▸ Enquanto ***worry*** é uma sensação involuntária e muito pessoal, ***concern*** é um sentimento mais objetivo que pode ser compartilhado com outras pessoas.

**preocupado** *adj.* 1 (angustiado) worried (*com about*) 2 (inquieto) concerned (*com about*)

**preocupante** *adj.* worrying

**preocupar** *v.* 1 (angustiar) to worry 2 (inquietar) to concern / **preocupar-se** *v.* to worry (*com about*): *Não se preocupe!* Don't worry!

**preparar** *v.* to prepare (*para for*) / **preparar-se** *v.* 1 to prepare (*para for*) 2 **preparar-se para fazer algo** to prepare to do sth

**preparativos** *spl.* 1 preparations (*de/para for*) 2 **fazer os preparativos** to make preparations (*para for*)

**preparatório** *adj.* preparatory

**preparo** *s.* 1 (preparação) preparation 2 (cultura) education 3 (competência) capacity 4 **ter preparo para algo/para fazer algo** to be prepared for sth/to do sth

**preparo físico** fitness

**preposição** *s.* preposition
**presa** *s.* **1** (caça) prey **2** (de cobra, vampiro etc.) fang **3** (de elefante) tusk **4** (de ave de rapina) talon
**presença** *s.* **1** presence **2 marcar presença** to put in an appearance **3 na presença de alguém** in sb's presence **4 ter presença** (aluno) to be present
**presença de espírito** presence of mind
**presencial** *adj.* **aula presencial** face-to-face class
**presenciar** *v.* **1** (testemunhar) to witness **2** (assistir a) to attend
**presente** *adj.* **1** (na maioria dos casos) present ▸ O adjetivo ***present*** vem antes do substantivo quando significa *relativo ao presente* e depois quando significa *que está presente*: *o tempo presente* the present tense | *os alunos presentes* the students present **2** (pai) involved / *s.* **1** (tempo) present **2** (brinde) present: *um presente de Natal* a Christmas present **3 os presentes** (os que estão) those present
**presentear** *v.* **presentear alguém (com algo)** to give sb (sth as) a present: *O pai dele o presenteou com um carro.* His father gave him a car as a present.
**presépio** *s.* Nativity scene (BRIT: crib)
**preservar** *v.* **1** (manter intacto) to conserve **2** (proteger) to protect
**preservativo** *s.* (camisinha) condom
**presidência** *s.* **1** (de país, empresa grande) presidency **2** (de comitê, clube, reunião) chairmanship
**presidente** *s.* **1** (de país, empresa) president **2** (de comitê, clube, reunião) chairperson / *adj.* (juiz etc.) presiding
**presidiário** *s.* prison inmate
**presídio** *s.* jail
**presidir** *v.* **1** (clube, reunião etc.) to chair **2** (país) to lead
**presilha** *s.* **1** (fecho) fastener **2** (de cabelo) barrette (BRIT: slide)
**preso** *adj.* **1** (sem poder sair) stuck: *Ficamos presos no trânsito.* We got stuck in traffic. **2** (firme) fixed **3 estar preso** **a** (pela polícia) to be under arrest **b** (na cadeia) to be in jail **4 ir preso** to be arrested / *s.* prisoner
**pressa** *s.* **1** hurry: *Não tem pressa.* There's no hurry. **2 às pressas** hurriedly **3 estar com pressa** to be in a hurry **4 sem pressa** unhurriedly
**pressão** *s.* **1** (na maioria dos casos) pressure (*em on*) **2** (fecho) snap (BRIT: popper) **3 botar/pôr pressão em alguém** to put pressure on sb
**pressentimento** *s.* **1** feeling **2 ter um mau pressentimento (sobre/de que ...)** to have a bad feeling (about/that ...)
**pressentir** *v.* **1** (sentir antes do fato) to sense **2** (prever) to foresee
**pressionar** *v.* **1** (apertar) to press **2** (pôr pressão em) to pressure **3 pressionar alguém a fazer algo** **a** (pôr pressão) to pressure sb to do sth: *Ela está pressionando o namorado a casar com ela.* She's pressuring her boyfriend to marry her. **b** (convencer) to pressure sb into doing sth: *Ela pressionou o namorado a casar com ela.* She pressured her boyfriend into marrying her.
**pressupor** *v.* to presuppose
**prestação** *s.* **1** (parcela) installment (BRIT: instalment) **2** (pagamento) repayment **3 à prestação** in installments
**prestar** *v.* **1** (servir) to be good (***para*** *for*): *Essa câmera só presta para tirar fotos na luz do dia.* This camera is only good for taking pictures in daylight. **2** (serviço, apoio etc.) to provide: *O motorista deixou o local sem prestar socorro.* The driver left the scene without providing assistance. **3** (exame, prova) to take: *Ela prestou vestibular para a universidade federal.* She took the entrance exam for the federal university. **4 prestar atenção** to pay attention (***em*** *to*) **5 não prestar** to be no good: *Essa faca não presta para cortar carne.* This knife's no good for cutting meat. ▸ Essa expressão pode ocorrer na forma ***be any good*** em perguntas: *Será que esse sabão presta?* I wonder if this detergent is any good? ▸ A mesma expressão

pode ser aplicada a uma pessoa: *O marido dela não presta.* Her husband's no good. / **prestar-se** *v.* **prestar-se a algo** to lend itself to sth: *Os livros se prestam à adaptação para o cinema.* The books lend themselves to movie adaptation.

**prestativo** *adj.* helpful

**prestes** *adj.* **prestes a fazer algo** about to do sth: *O avião estava prestes a decolar.* The plane was about to take off.

**prestigiar** *v.* **1** (favorecer) to favor **2** (comparecer a) to attend

**prestígio** *s.* **1** prestige **2 de prestígio** prestigious: *uma faculdade de prestígio* a prestigious college

**presunçoso** *adj.* smug

**presunto** *s.* ham

**pretendente** *s.* **1** (candidato) applicant (***a*** *for*) **2** (admirador) suitor

**pretender** *v.* **pretender fazer algo** to intend to do sth: *Você pretende fazer faculdade?* Do you intend to go to college? ▸ Na linguagem informal, é mais comum usar ***to plan to do sth***: *Pretendo viajar no feriado.* I plan to go away over the holiday.

**pretensão** *s.* **1** pretension **2 ser muita pretensão (de alguém) (fazer algo)** to be very presumptuous (of sb) (to do sth)

**pretensioso** *adj.* **1** (convencido) presumptuous **2** (afetado) pretentious

**pretexto** *s.* excuse

**preto** *adj, s.* black **preto e branco** black and white: *uma foto preto e branco* a black and white photo

**prevenido** *adj.* (preparado) well prepared (***para*** *for*)

**prevenir** *v.* **1** (impedir) to prevent **2** (avisar) to warn / **prevenir-se** *v.* to take precautions (***contra*** *against*)

**prever** *v.* **1** (prognosticar) to predict **2** (contar com) to expect

**previdência** *s.* (social) welfare (BRIT: social security)

**prévio** *adj.* prior: *aviso prévio* prior notice

**previsão** *s.* **1** (do tempo) forecast: *A previsão é de chuva.* The forecast is for rain. **2** (de horário, duração) estimated time (***para*** *for*): *Não há previsão para a loja reabrir.* There is no estimated time for the store to reopen. **3** (prognóstico) prediction
**previsão do tempo** weather forecast

**previsto** *adj.* expected

**prezado** *adj.* **1** dear **2 Prezado Senhor/Prezada Senhora** Dear Sir/Dear Madam

**prezar** *v.* (valorizar) to value / **prezar-se** *v.* **que se preza** self-respecting: *Todo brasileiro que se preza gosta de Carnaval.* Any self-respecting Brazilian likes Carnival.

**primário** *adj.* **1** (erro) basic **2** (ensino, professor etc.) elementary (BRIT: primary) **3 ser primário** (criminoso) to be a first offender

**primavera** *s.* **1** (estação) spring: *na primavera* in spring **2** (flor) primrose

**primaveril** *adj.* springlike

**primeira** *s.* **1** (marcha) first: *Engate a primeira.* Put it into first. **2 de primeira** **a** (de primeira categoria) first-rate: *atendimento de primeira* first-rate service **b** (produto, alimento) top-quality **c** (na primeira oportunidade) right off the bat (BRIT: straight off)

**primeira-dama** *s.* first lady

**primeiramente** *adv.* firstly

**primeiro** *adj, s.* first: *Eu fui o primeiro a chegar.* I was the first to arrive.
**primeiro plano** (de imagem) foreground / *adv.* **1** first **2 primeiro de tudo** first of all

**primeiro-ministro** *s.* prime minister

**primitivo** *adj.* primitive

**primo** *s.* cousin
**primo de segundo grau** second cousin

**primogênito** *adj, s.* eldest

**primo-irmão** *s.* first cousin

**primordial** *adj.* **1** (pré-histórico) primordial **2** (fundamental) fundamental

**primoroso** *adj.* outstanding

**princesa** *s.* princess

**principal** *adj.* **1** (mais importante) main: *a rua principal* the main street **2** ▸ Quando vem antes do substantivo, traduz-se por ***major***: *as principais capitais do mundo* the major capitals of the world / *s.* **o principal** the main thing

**príncipe** *s.* 1 prince: *o Principe Harry* Prince Harry 2 **os príncipes** (ele e ela) the prince and princess

**príncipe encantado** Prince Charming **príncipe herdeiro** crown prince

**principiante** *s.* beginner

**princípio** *s.* 1 (regra) principle 2 (começo) beginning: *no princípio* at the beginning 3 **a princípio** to begin with 4 **em princípio** in principle 5 **por princípio** on principle

**prioridade** *s.* priority (***sobre*** *over*)

**prioritário** *adj.* priority: *atendimento prioritário* priority service

**priorizar** *v.* to prioritize

**prisão** *s.* 1 (cadeia) prison ▸ Quando se refere à função da prisão, e não ao prédio, usa-se a palavra ***prison*** sem artigo: *Ele passou muitos anos na prisão.* He spent many years in prison. 2 (encarceramento) imprisonment: *dez anos de prisão* ten years' imprisonment 3 (pela polícia) arrest: *um mandado de prisão* an arrest warrant 4 **dar a alguém/receber voz de prisão** to place sb/be placed under arrest **prisão de ventre** constipation **prisão domiciliar** house arrest: *em prisão domiciliar* under house arrest **prisão perpétua** life imprisonment ▸ frequentemente abreviado para ***life***: *O assassino pegou perpétua.* The murderer got life. **prisão preventiva** custody

**prisioneiro** *s.* prisoner

**privacidade** *s.* privacy

**privações** *spl.* hardship [*sg.*]

**privada** *s.* toilet

**privado** *adj.* 1 (particular) private 2 **privado de algo** deprived of sth

**privar** *v.* to deprive (***de*** *of*) / **privar-se** *v.* to deprive yourself (***de*** *of*)

**privativo** *adj.* private

**privilegiado** *adj.* 1 (pessoa, educação etc.) privileged 2 (vista, localização etc.) exceptional

**privilégio** *s.* privilege

**pró** *s.* **os prós e os contras** the pros and cons

**pró-** *prefixo* pro-: *pró-americano* pro-American

**proa** *s.* bow

**probabilidade** *s.* 1 probability 2 **a probabilidade de alguém/algo fazer algo** the probability of sb/sth doing sth

▸ Exceto na matemática, a palavra ***likelihood*** pode ser usada como sinônimo de ***probability***.

**problema** *s.* 1 problem: *O problema é que não lembro.* The problem is I don't remember. 2 **resolver um problema** to solve a problem 3 **sem problemas** without any problem ▸ Na linguagem informal e como resposta diz-se ***no problem*** : *Encontramos o lugar sem problemas.* We found the place no problem. | *"Vou atrasar um pouco."* - *"Sem problemas."* "I'm going to be a little late." - "No problem."

**problemático** *adj.* 1 (questão) problematic 2 (pessoa, relação) troubled

**procedência** *s.* origin

**procedente** *adj.* 1 (argumento) watertight 2 **procedente de algo** originating from sth

**proceder** *v.* 1 (em geral) to proceed 2 (argumento) to hold up 3 **proceder de algo** to stem from sth 4 **procede que ...** it is true that ...

**procedimento** *s.* (processo) procedure

**processador** *s.* processor

**processador de texto** word processor

**processamento** *s.* processing

**processamento de dados** data processing **processamento de texto** word processing

**processar** *v.* 1 (tratar) to process 2 (na Justiça) to sue

**processo** *s.* 1 (procedimento) process: *o processo de seleção* the selection process 2 (ação judicial) case 3 (julgamento) trial 4 **abrir/entrar com um processo** to bring a case (***contra*** *against*)

**procissão** *s.* procession

**proclamar** *v.* to proclaim

**procura** *s.* 1 (demanda) demand (***de*** *for*) 2 (busca) search (***de*** *for*) 3 **à procura de algo** in search of sth 4 **ter procura** to be in demand: *Esse tipo de curso tem procura crescente.* This type of course is increasingly in demand.

**procuração** *s.* power of attorney

**procurador** *s.* (advogado) prosecutor

▸ Um procurador chama-se ***district attorney*** ou ***D.A.*** nos EUA.

**procurar** *v.* **1** (buscar) to look for: *Ela estava procurando as chaves na bolsa.* She was looking for her keys in her bag. ▸ Quando o verbo é usado sem complemento, cai a preposição também: *Vou continuar procurando até achar aquele livro.* I'm going to keep looking until I find that book. **2** (em dicionário, índice etc.) to look up: *Procurei as palavras que não conhecia no dicionário.* I looked up the words I didn't know in the dictionary. **3** (entrar em contato com) to contact: *Ela parou de procurar os amigos.* She stopped contacting her friends. **4 procurar fazer algo** to try to do sth: *Procuro não comer porcaria.* I try not to eat junk food.

**prodígio** *s.* prodigy

**produção** *s.* **1** (em geral) production **2** (equipe) production team

**produtivo** *adj.* productive

**produto** *s.* **1** product: *um produto de limpeza* a cleaning product **2** ▸ Na linguagem informal, referindo-se a uma substância indefinida, usa-se a palavra incontável ***stuff***: *Comprei um produto para limpar a tela do computador.* I bought some stuff to clean the computer screen.

**produzir** *v.* to produce / **produzir-se** *v.* (arrumar-se) to get dressed up: *Ela se produziu toda para ir à festa.* She got all dressed up to go to the party.

**proeminente** *adj.* prominent

**proeza** *s.* **1** feat **2 conseguir uma proeza** to accomplish a feat

**profecia** *s.* prophecy

**proferir** *v.* **1** (palavra, grito) to utter **2** (discurso, fala) to deliver

**professor** *s.* **1** (em geral) teacher **2** (de ensino superior) professor (BRIT: lecturer) **professor catedrático** full professor (BRIT: professor) **professor universitário** college professor (BRIT: university lecturer)

▸ Nos países de língua inglesa, os alunos dirigem-se ao professor usando o sobrenome dele, precedido de ***Mr.***, ou de ***Ms., Mrs.*** ou ***Miss*** no caso de uma professora, conforme a preferência dela. Observe que nunca se deve usar a palavra ***teacher*** como forma de tratamento.

**profeta** *s.* prophet

**profetizar** *v.* to prophesy

**profissão** *s.* **1** (trabalho) job: *Qual é a sua profissão?* What's your job? ▸ Na linguagem mais formal, diz-se ***occupation***. **2** (formação) profession

▸ Em inglês, a palavra ***profession*** denota uma profissão que exija formação acadêmica, como a de médico, advogado etc. Em outros casos, usa-se ***job*** ou, em contextos mais formais, ***occupation***.

**profissional** *adj, s.* **1** professional: *um atleta profissional* a professional athlete | *uma postura pouco profissional* an unprofessional attitude **2 ser um bom profissional** to be good at your job

**profissionalismo** *s.* professionalism

**profissionalizante** *adj.* vocational

**profundamente** *adv.* **1** (na maioria dos casos) deeply **2** (dormir) soundly **3** (afetar, mudar) profoundly

**profundidade** *s.* **1** depth **2 qual a profundidade de ...?** how deep is/are ...?: *Qual a profundidade do poço?* How deep is the well? **3 ter ... de profundidade** to be ... deep: *O lago tem até 100 metros de profundidade.* The lake is up to 100 meters deep. | *A piscina tem quanto de profundidade?* How deep is the pool?

**profundo** *adj.* **1** (na maioria dos casos) deep **2** (efeito, impacto, mudança) profound

**prognosticar** *v.* to forecast

**prognóstico** *s.* **1** (previsão) forecast **2** (de doença) prognosis

**programa** *s.* **1** (de TV, rádio) show (BRIT: programme): *um programa de TV* a TV show | *o programa do Jô Soares* the Jô Soares show 2 (de computador) program 3 (de peça, espetáculo) program (BRIT: programme) 4 (atividade) thing to do: *Ir ao cinema é sempre um bom programa.* Going to the movies is always a good thing to do. | *Qual é o programa para hoje à noite?* What are we doing tonight? 5 **não estava no programa** (foi inesperado) it wasn't in the program 6 **ser programa de índio** to be a bore

**programa de estudos** syllabus

▸ A grafia britânica ***programme*** não é usada quando se trata de um programa de computador.

**programação** *s.* 1 (de período, TV, eventos etc.) schedule: *a programação cultural da cidade* the city's cultural schedule 2 (de computadores) programming

**programação visual** graphic design

**programador** *s.* (informático) computer programmer

**programar** *v.* 1 (computador, aparelho) to program 2 (tempo) to plan: *Preciso programar o meu fim de semana.* I need to plan my weekend. 3 (agendar) to schedule (***para*** *for*): *O lançamento do filme é programado para o final do ano.* The release of the movie is scheduled for the end of the year. / **programar-se** *v.* 1 to organize yourself 2 **programar-se para fazer algo** to plan to do sth: *Eu tinha me programado para levantar cedo.* I had planned to get up early.

**progredir** *v.* to progress

**progressista** *adj, s.* progressive

**progressivo** *adj.* progressive

**progresso** *s.* 1 (melhora) progress ▸ A palavra ***progress*** é incontável e não tem plural. Portanto, *progressos*, no sentido de *melhoras*, traduz-se pelo singular ***progress*** e *um progresso* traduz-se por ***a step forward***: *O sistema de cotas tem sido um progresso para a educação.* The quota system has been a step forward for education. 2 (avanço) advance (***de*** *in*): *os progressos da tecnologia* advances in technology 3 **fazer progresso** to make progress

**proibição** *s.* ban (***de*** *on*): *a proibição do cigarro* the ban on smoking

**proibido** *adj.* 1 (com infinitivo) not allowed ▸ vem precedido do gerúndio: *É proibido comer em sala de aula.* Eating in class is not allowed. ▸ Existem também as traduções ***forbidden*** e ***prohibited***, bastante usadas em avisos e placas, que soam muito formais. Nesse caso ocorre também ***no*** com o gerúndio: *"Proibido fumar"* "No smoking". 2 (livro, substância, partido etc.) banned 3 (amor, prazer etc.) forbidden

**proibir** *v.* 1 (tornar ilegal) to ban: *Por que o governo não proíbe a venda de cigarros?* Why doesn't the government ban the sale of cigarettes? 2 (não permitir) not to allow: *Os pais dela proibiram bebida alcoólica na festa.* Her parents didn't allow alcohol at the party. ▸ A negativa pode ser traduzida por ***do allow***: *A escola não proíbe celulares em sala de aula.* The school does allow cell phones in the classroom. ▸ Existe também o verbo ***forbid*** mas soa muito formal. 3 **proibir alguém de fazer algo** to tell sb not to do sth: *A professora nos proibiu de falar durante a prova.* The teacher told us not to talk during the test. ▸ Também é possível dizer ***to forbid sb to do sth*** mas soa muito formal.

**projetar** *v.* 1 (desenhar) to design 2 (filme, slide etc.) to project

**projeto** *s.* 1 (obra, trabalho) project 2 (intento) plan 3 (planta, desenho) design

**projeto de lei** draft bill

**projetor** *s.* 1 (aparelho) projector 2 (luz) floodlight

**prol** *s.* **em prol de alguém/algo** on behalf of sb/sth

**prole** *s.* offspring

**prolongar** *v.* to prolong / **prolongar-se** *v.* to go on

**promessa** *s.* 1 promise 2 **cumprir/fazer/quebrar uma promessa** to keep/make/break a promise 3 **pagar uma promessa** to give thanks for a blessing received 4 **uma promessa de fazer algo** a promise to do sth

**prometer** *v.* 1 (fazer promessa) to promise 2 (ser promissor) to look promising: *A festa* *promete.* The party looks promising. **3 prometer (a alguém) que ...** to promise (sb) (that) ...: *Você me prometeu que não ia contar para ninguém.* You promised me you wouldn't tell anyone. **4 prometer algo a alguém** to promise sb sth: *Ele me prometeu uma resposta até amanhã.* He promised me an answer by tomorrow. **5 prometer fazer algo** to promise to do sth: *Ela prometeu não me deixar na mão.* She promised not to let me down.

**promissor** *adj.* promising

**promoção** *s.* **1** (em geral) promotion **2** (oferta) special offer **3 em promoção** (mercadoria) on special (BRIT: on special offer)

**promover** *v.* to promote

**pronome** *s.* pronoun

**prontidão** *s.* **1** readiness **2 de prontidão** on alert

**prontificar-se** *v.* **prontificar-se a fazer algo** to offer to do sth

**pronto** *adj.* **1** (preparado) ready (***para*** *for*) **2** (produto) ready-made: *Comprei um molho pronto.* I bought a ready-made sauce. **3 pronto para fazer algo** ready to do sth **4 comida pronta** TV dinner (BRIT: ready meal) **5 de pronto** right away **6 ficar pronto** **a** (conserto, comida etc.) to be ready **b** (projeto, construção etc.) to be finished / *interj.* **1** (estou pronto) OK **2** (terminei) that's it

**pronto-socorro** *s.* emergency room (BRIT: casualty)

**pronúncia** *s.* pronunciation

**pronunciar** *v.* to pronounce

**propaganda** *s.* **1** (anúncio) ad (BRIT: advert): *uma propaganda de pasta de dente* a toothpaste ad **2** (publicidade) advertising: *A propaganda de cigarro já foi proibida.* Cigarette advertising has already been banned. **3** (política) propaganda **4 fazer propaganda (de algo)** to advertise (sth)

**propina** *s.* (suborno) bribe

**propor** *v.* **1** (sugerir) to propose (***a*** *to*) **2** (apresentar) to put forward / **propor-se** *v.* **propor-se a fazer algo** **a** (oferecer-se) to volunteer to do sth **b** (pretender) to set out to do sth

**proporção** *s.* **1** (em geral) proportion ▸ No sentido figurado, usa-se o plural em inglês: *a proporção do problema* the proportions of the problem **2 de grandes/pequenas proporções** of large/small proportions

**proporcionado** *adj.* (do tamanho certo) in proportion (***com*** *with*)

**proporcionar** *v.* **1** (oferecer) to provide **2 proporcionar algo a alguém** to provide sb with sth

**proposital** *adj.* deliberate

**propósito** *s.* **1** (objetivo) purpose **2 a propósito** by the way **3 a propósito de algo** on the subject of sth **4 de propósito** on purpose

**proposta** *s.* **1** (sugestão) proposal **2** (oferta) offer

**propriamente** *adv.* **propriamente dito** proper ▸ vem depois do substantivo: *o começo da aula propriamente dita* the start of the class proper

**propriedade** *s.* **1** (na maioria dos casos) property **2** (sítio) estate: *uma propriedade rural* a country estate

**proprietário** *s.* **1** (em geral) owner **2** (de imóvel alugado) landlord ▸ A forma feminina é ***landlady***.

**próprio** *adj.* **1** (individual) own: *meu próprio computador* my own computer **2** (propriamente dito) actual: *O professor corrigiu a prova na própria aula.* The teacher corrected the test in the actual class. **3** ▸ No sentido de *mesmo*, traduz-se por ***himself*** (referente a homem), ***herself*** (referente a mulher) ou ***itself*** (referente a coisa ou animal), colocado depois do substantivo: *uma carta da própria rainha* a letter from the queen herself | *O próprio governo pode cair.* The government itself may fall. ▸ Usa-se ***themselves*** depois de qualquer substantivo no plural: *a opinião dos próprios jogadores* the opinions of the players themselves **4 ele próprio/ela própria** he himself/she herself **5 eles próprios/elas próprias** they themselves **6 eu próprio/nós próprios** I myself/we ourselves **7 um**

... **próprio** a ... of your own: *Minha irmã tem quarto próprio.* My sister has a room of her own. | *Todos querem uma casa própria.* Everyone wants a home of their own. 8 **você próprio/vocês próprios** you yourself/you yourselves / *pron.* 1 **o próprio/a própria** he himself/she herself 2 **os próprios/as próprias** they themselves

**prorrogação** *s.* 1 (de prazo) extension 2 (de jogo) overtime (BRIT: extra time): *Ganhamos na prorrogação.* We won in overtime.

**prorrogar** *v.* (prazo) to extend

**prosa** *s.* (estilo de escrita) prose

**prospecto** *s.* (folheto) brochure

**prosperar** *v.* to prosper

**prosperidade** *s.* prosperity

**próspero** *adj.* prosperous

**prosseguir** *v.* **prosseguir (algo)** to proceed (with sth)

**prostituta** *s.* prostitute

**protagonista** *s.* 1 (personagem) main character 2 (ator) lead

**proteção** *s.* protection (***de** from*)

**proteger** *v.* to protect (***de** from*)

**proteína** *s.* protein

**protelar** *v.* (adiar) to put off: *Ele fica protelando.* He keeps putting it off.

**protestante** *adj, s.* Protestant

**protestantismo** *s.* Protestantism

**protestar** *v.* to protest (***contra** against, **por** for*)

**protesto** *s.* 1 protest 2 **fazer um protesto** to make a protest

**protetor** *s.* 1 (solar) sunblock 2 (pessoa) protector

**protetor de tela** screen saver **protetor solar** sunblock / *adj.* protective

**protótipo** *s.* prototype

**prova** *s.* 1 (exame) test: *uma prova de História* a history test ▸ Quando se refere a uma prova importante, como a de final de ano ou de curso, usa-se a palavra ***exam***. 2 (esportiva) event: *as provas de atletismo* the track and field events 3 (aquilo que comprova) proof ▸ A palavra ***proof*** é incontável, ou seja, não tem plural e não pode vir precedida do artigo indefinido ***a***: *Já tive várias provas da honestidade dele.* I've had proof of his honesty on several occasions. | *Isso é uma prova de que tudo é possível.* This is proof that anything is possible. 4 (evidência) piece of evidence ▸ A palavra ***evidence*** é incontável, portanto corresponde ao plural *provas* em português: *Todas as provas incriminam o réu.* All the evidence incriminates the defendant. 5 (de roupa) fitting 6 **à prova d'água/de bala/de choques etc.** waterproof/bullet-proof/shockproof etc. 7 **pôr algo à prova** to put sth to the test

**provação** *s.* ordeal

**provador** *s.* dressing room (BRIT: fitting room)

**provar** *v.* 1 (comida, bebida) to try: *Quer provar a minha pizza?* Do you want to try my pizza? ▸ Também se pode traduzir por ***to taste***. 2 (roupa) to try on: *Posso provar essa calça?* Can I try these pants on? 3 (comprovar) to prove (***a** to*)

**provável** *adj.* 1 probable: *a provável causa do acidente* the probable cause of the accident ▸ Existe também a palavra ***likely*** que tem o mesmo significado. 2 **é provável** (como resposta) probably 3 **é provável que alguém/algo faça algo** sb/sth will probably do sth ▸ usa-se ***will*** quando a expressão se refere ao futuro: *É provável que ela ganhe a eleição.* She'll probably win the election. | *É provável que ele tenha se perdido.* He's probably gotten lost. | *É provável que eles se conheçam.* They probably know each other. 4 **o mais provável é que alguém/algo faça algo** sb/sth will most probably do sth ▸ usa-se ***will*** quando a expressão se refere ao futuro: *O mais provável é que eles mudem para São Paulo.* They'll most probably move to São Paulo. | *O mais provável é que ela tenha pego trânsito.* She's most probably hit traffic. 5 **pouco provável** unlikely: *É pouco provável que ele consiga o emprego.* It's unlikely he'll get the job.

**provavelmente** *adv.* probably ▸ geralmente colocado entre sujeito e verbo: *Provavelmente eles nem falam português.* They probably don't even speak Portuguese.

**provedor** *s.* provider

**proveito** *s.* 1 benefit 2 **bom proveito!** enjoy! 3 **em proveito de alguém/algo** in aid of sb/sth 4 **tirar proveito de algo** to take advantage of sth

**proveitoso** *adj.* worthwhile

**proveniente** *adj.* **proveniente de algo** coming from sth

**provérbio** *s.* proverb

**providência** *s.* 1 (medida) step 2 **tomar providências** to take steps

**providenciar** *v.* 1 (arranjar) to get a hold of: *Vou providenciar as passagens.* I'll get a hold of the tickets. 2 (organizar) to arrange: *Providenciamos um táxi para te buscar.* We've arranged a taxi to pick you up.

**província** *s.* province

**provinciano** *adj.* provincial

**provir** *v.* to come (***de*** *from*)

**provisório** *adj.* provisional

**provocante** *adj.* provocative

**provocar** *v.* 1 (causar) to cause 2 (implicar com) to provoke

**próximo** *adj.* 1 (seguinte) next: *A próxima aula é na quinta.* The next class is on Thursday. 2 (que fica perto) nearby: *Os feridos foram levados a um hospital próximo.* The injured were taken to a nearby hospital. 3 (parente, amigo) close (***de*** *to*): *Somos muito próximos um do outro.* We're very close to each other. 4 (iminente) close: *O meu aniversário está próximo.* My birthday is close. 5 **o mais próximo** (o mais perto) the nearest: *Onde fica a farmácia mais próxima?* Where is the nearest drugstore? / *adv.* 1 close: *Eles moram próximo daqui.* They live close to here. 2 **próximo a algo** close to sth: *O shopping fica próximo ao metrô.* The mall is close to the subway. / *s.* 1 (outro ser humano) fellow man 2 **o próximo** the next one: *O próximo a chegar foi o Pedro.* The next one to arrive was Pedro. 3 **ser o próximo** to be next: *Quem é o próximo?* Who's next?

**prudente** *adj.* 1 (sensato) sensible 2 (cauteloso) careful

**pseudônimo** *s.* pseudonym

**psicanalista** *s.* psychoanalyst

**psicologia** *s.* psychology

**psicológico** *adj.* psychological

**psicólogo** *s.* psychologist

**psiu** *interj.* 1 (chamando) psst! 2 (mandando calar) sssh!

**publicação** *s.* publication

**publicar** *v.* to publish

**publicidade** *s.* advertising: *uma agência de publicidade* an advertising agency

**publicitário** *adj.* 1 (campanha etc.) advertising 2 **golpe publicitário** publicity stunt / *s.* advertising executive

**público** *adj.* public / *s.* 1 (plateia) audience 2 (população) public 3 **em público** in public

**pudico** *adj.* prudish

**pudim** *s.* pudding

**pudim de leite** flan (BRIT: creme caramel)

**pudor** *s.* 1 modesty 2 **atentado ao pudor** indecent exposure 3 **atentado violento ao pudor** indecent assault

**pueril** *adj.* childish

**pugilista** *s.* boxer

**puído** *adj.* threadbare

**pula-pula** *s.* (inflável) bounce house (BRIT: bouncy castle)

**pular** *v.* 1 (dar um pulo) to jump: *O preço pulou para R$100,00.* The price has jumped to R$100. 2 (transpor pulando) to jump over 3 (omitir) to skip: *Pulei algumas páginas do livro.* I skipped a few pages of the book. 4 **pular carnaval** to celebrate Carnival 5 **pular corda** to jump rope (BRIT: to skip) 6 **pular de alegria** to jump for joy 7 **pular um muro** (escalando) to climb over a wall 8 **pular uma janela** (para sair/entrar) to climb out of/in a window

**pulga** *s.* flea

**pulmão** *s.* lung

**pulo** *s.* 1 jump 2 **dar pulos** to jump up and down 3 **dar um pulo/pulinho em algo** to stop by sth: *Preciso dar um pulinho no mercado.* I need to stop by the store.

**pulôver** *s.* pullover

**pulseira** *s.* 1 (de identificação, enfeite) wristband 2 (bijuteria) bangle 3 (de relógio) strap

**pulso** *s.* 1 (parte do braço) wrist 2 (arterial) pulse 3 **abrir o pulso** (dar mau jeito) to sprain your wrist 4 **cortar os pulsos** to slash your wrists 5 **tirar/tomar o pulso de alguém** to take sb's pulse

**pulverizar** *v.* (com spray) to spray

**pungente** *adj.* (comovente) poignant

**punhado** *s.* handful

**punhal** *s.* dagger

**punhalada** *s.* 1 stab wound 2 **dar uma punhalada em alguém** to stab sb 3 **levar uma punhalada** to get stabbed 4 **matar alguém a punhaladas** to stab sb to death 5 **uma punhalada nas costas** (traição) a stab in the back

**punho** *s.* 1 (mão fechada) fist 2 (pulso) wrist 3 (cabo) handle 4 (de camisa) cuff 5 **de próprio punho** handwritten 6 **fechar o punho** to clench your fist

**punição** *s.* punishment

**punir** *v.* to punish

**punk** *adj.* (duro) heavy

**pupila** *s.* pupil

**purê** *s.* 1 (tb purê de batata) mashed potatoes 2 (de legume, fruta) puree

**purificar** *v.* to purify

**puro** *adj.* 1 (em geral) pure 2 (uísque, vodca etc.) straight (BRIT: neat) 3 (café) black with no sugar 4 **puro e simples** pure and simple 5 **a pura verdade** the plain truth 6 **ar puro** fresh air

**pus** *s.* pus

**puxa** *interj.* 1 (surpresa) gosh! 2 (chateação) darn! 3 **puxa vida!** (chateação) for heaven's sake!

**puxado** *adj.* 1 (difícil) tough 2 **olhos puxados** slanted eyes

**puxador** *s.* handle

**puxão** *s.* 1 tug 2 **dar um puxão em algo** to tug on sth

**puxão de orelha** 1 (bronca) dressing-down 2 **dar um puxão de orelha em alguém** to give sb a dressing-down 3 **levar um puxão de orelha** to get a dressing-down

**puxa-puxa** *adj.* (bala etc.) chewy

**puxar** *v.* 1 (em geral) to pull 2 (tirar do lugar) to pull out: *Tem que puxar o sofá para limpar por baixo.* You have to pull out the couch to clean underneath it. 3 (arquivo, dados) to pull up 4 (saia, capuz etc.) to pull down 5 (faca, arma) to pull 6 (força, combustível) to use 7 (fio) to run: *Ele puxou o cabo da Internet para o quarto.* He ran the Internet cable to the bedroom. 8 **puxar a alguém** to take after sb: *Ele puxou ao pai.* He takes after his father. ▸ Observe que se usa o tempo presente em inglês. 9 **puxar conversa** to make conversation (*com with*) 10 **puxar o saco de alguém** to kiss up to sb (BRIT: to suck up to sb) 11 **puxar uma cadeira** to pull up a chair

**puxa-saco** *s.* brown-noser (BRIT: creep)

# Q

**Q, q** *s.* Q, q
**quadra** *s.* 1 (quarteirão) block: *O correio fica a três quadras daqui.* The post office is three blocks from here. 2 (de tênis etc.) court: *uma quadra de vôlei* a volleyball court
**quadrado** *adj, s.* square
**quadragésimo** *num.* fortieth
**quadriculado** *adj.* 1 (bandeira etc.) checkered 2 **papel quadriculado** graph paper
**quadril** *s.* hip: *Ela caiu e quebrou o quadril.* She fell and broke her hip. ▸ referindo-se aos dois lados do corpo, usa-se o plural ***hips***: *A calça veste bem no quadril.* The pants fit well around the hips.
**quadrilha** *s.* 1 (de criminosos) gang 2 (estilo de dança) square dancing 3 (uma dança) square dance 4 **dançar quadrilha** to square-dance
**quadrinhos** *s.* **história em quadrinhos** comic strip
**quadro** *s.* 1 (na parede) picture: *Havia muitos quadros nas paredes.* There were a lot of pictures on the walls. 2 (tela) painting: *um quadro de Van Gogh* a painting by Van Gogh 3 (em sala de aula etc.) board: *A professora escreveu a resposta no quadro.* The teacher wrote the answer on the board. 4 (em livro, revista) box: *Veja quadro abaixo.* See box below. 5 (time) squad 6 (clínico) symptoms *[pl.]* 7 (situação) state of affairs: *o atual quadro do país* the current state of affairs in the country 8 (de programa de TV) segment 9 (humorístico) sketch 10 (de bicicleta) frame 11 (de instalação elétrica) fuse box **quadro de avisos** bulletin board **quadro de funcionários** staff **quadro social** (de clube) membership
**quadro-negro** *s.* blackboard
**qual** *pron.* 1 (entre poucas opções) which: *Dos dois livros, qual você gostou mais?* Of the two books, which did you like best? | *Não sei quais as fotos que já te mostrei.* I don't know which pictures I've already shown you. ▸ Referindo-se a um substantivo contável singular já mencionado, pode-se usar ***which*** ou ***which one***; referindo-se a um substantivo plural, ***which*** ou ***which ones***:: *Tem duas mochilas aqui. Qual é a sua?* There are two backpacks here. Which one is yours? | *Das músicas dela, quais são as melhores?* Of her songs, which ones are the best? 2 (entre muitas opções) what: *Qual é o seu nome?* What's your name? | *Quais são os seus filmes preferidos?* What are your favorite movies? 3 **o/a qual, os/as quais** **a** (referente a coisa) which: *o segundo livro da escritora, o qual estou lendo* the writer's second book, which I'm reading | *oito times, dos quais apenas quatro irão para as semifinais* eight teams, of which just four will go through to the semifinals **b** (referente a pessoa) who: *a testemunha do crime, a qual chamou a polícia* the witness to the crime,

who called the police ▸ Quando o pronome relativo é complemento direto do verbo da oração relativa, ou quando vem depois de uma preposição, usa-se a forma ***whom***: *várias pessoas, as quais a polícia quer interrogar* a number of people, whom the police want to question | *o homem com o qual ela falava* the man with whom she was speaking

**qualidade** *s.* **1** (de produto etc.) quality: *ensino de qualidade* quality education **2** (de pessoa) good quality: *Ele tem muitas qualidades.* He has many good qualities.

**qualificação** *s.* **1** (conhecimento adquirido) qualification: *É importante obter uma qualificação profissional.* It's important to get a professional qualification. **2** (formação) training: *a qualificação de funcionários* staff training

**qualificar** *v.* **1** (formar) to train **2 qualificar algo/alguém como algo** to describe sth/sb as sth: *A imprensa qualificou a vitória de Obama como marco histórico.* The press described Obama's win as a historic landmark. / **qualificar-se** *v.* **1** (formar-se) to train (***em*** *in*) ▸ também se pode dizer ***to get a qualification*** **2** (em torneio) to qualify (***para*** *for*): *O brasileiro se qualificou para a semifinal.* The Brazilian qualified for the semifinal.

**qualquer** *adj.* **1** any: *Qualquer ônibus serve.* Any bus will do. **2 qualquer coisa** anything: *Qualquer coisa, me liga.* If anything comes up, call me. **3 qualquer pessoa** anyone, anybody **4 qualquer um** **a** (de várias coisas ou pessoas) any one: *Você me empresta uma caneta? Pode ser qualquer uma.* Will you lend me a pen? Any one is fine. ▸ Pode-se usar apenas ***any*** quando vem seguido de ***of***: *qualquer um dos alunos* any of the students **b** (qualquer pessoa) anyone, anybody: *O programa é muito fácil de usar. Qualquer um consegue.* The program is very easy to use. Anyone can do it. **c** (de duas coisas ou pessoas) either (one): *Ambas as gêmeas são lindas. Qualquer uma delas dava para modelo.* Both twins are beautiful. Either one of them could be a model. ▸ Antes de um substantivo, *qualquer um de* traduz-se por ***either (one) of*** ou simplesmente ***either***: *Ela consegue desenhar com qualquer uma das mãos.* She can draw with either hand. | *a assinatura de qualquer um dos pais* either parent's signature **5 a qualquer hora** any time **6 de qualquer forma/maneira** anyway **7 de qualquer jeito** **a** (de qualquer forma) anyway **b** (mal feito) anyhow ▸ Na linguagem informal, também se diz ***any old how***: *Ele guarda as coisas de qualquer jeito.* He puts things away any old how. **8 em/para qualquer lugar** anywhere **9 por qualquer coisa** for the slightest reason: *Eles brigam por qualquer coisa.* They fight for the slightest reason. **10 um ... qualquer** any old ...: *Pode pôr uma roupa qualquer.* You can put on any old outfit. | *Mas esse não é um carro qualquer.* But this is not just any old car.

▸ Observe que *qualquer um*, quando se refere a coisas ou pessoas já mencionadas, se escreve ***any one***, enquanto, no sentido de *qualquer pessoa*, se escreve ***anyone***. As palavras ***anyone*** e ***anybody*** são sinônimos absolutos e podem se substituir livremente.

**quando** *adv, conj.* **1** when: *Quando começam as aulas?* When does school start? | *Quando você vir a Renata, fala para ela me ligar.* When you see Renata, tell her to call me. **2 quando muito** at most: *Só havia quinze pessoas na plateia, quando muito.* There were only fifteen people in the audience, at most. **3 desde quando?** since when? ▸ vem seguido de um tempo verbal perfeito em inglês: *Desde quando você estuda inglês?* Since when have you been studying English?

**quantia** *s.* amount: *Eles gastaram uma quantia enorme na reforma da casa.* They spent a huge amount on renovating the house. ▸ Na linguagem um pouco mais formal, também se diz ***sum***.

**quantidade** *s.* **1** (seguido de substantivo singular) amount: *Conseguimos reduzir a quanti-*

*dade de papel que usamos.* We have managed to reduce the amount of paper we use. ▸ Neste uso, existe também a palavra ***quantity*** que soa mais formal em inglês. **2** (seguido de substantivo plural) number: *uma quantidade enorme de livros* a huge number of books **3** (como conceito) quantity: *Parece que, às vezes, a quantidade vale mais do que a qualidade.* Sometimes quantity seems to count for more than quality. **4 em quantidade** in large amounts

▸ *A quantidade de* também se pode traduzir por ***how much*** (com um substantivo no singular) ou ***how many*** (com um substantivo no plural): *É impressionante a quantidade de sapatos que ela tem.* ***It's amazing how many pairs of shoes she has.*** *O bolo leva canela, mas não sei a quantidade exata.* ***The cake has cinnamon in it, but I don't know how much exactly.***

**quanto** *adj, pron.* **1** (em perguntas) how much: *Quanto custa um celular desses?* How much does a cell phone like that cost? | *Você sabe quanta manteiga vai no bolo?* Do you know how much butter goes into the cake? **2** (em exclamações) what a lot of ...: *Nossa, quanta gente!* Gosh, what a lot of people! ▸ Em exclamações que contêm um verbo em vez de um substantivo, traduz-se por ***how***: *Quanto rimos!* How we laughed! **3 quantos** **a** (em perguntas) how many: *Vocês são quantos?* How many are you? | *O livro tem quantas páginas?* How many pages are there in the book? **b** (em exclamações) what a lot of ...: *Quantos CDs você tem!* What a lot of CDs you have! **4 o quanto** **a** (até que ponto) how much: *Fiquei impressionado com o quanto ela mudou.* I was amazed at how much she's changed. **b** (quão) how ▸ vem seguido de adjetivo ou advérbio: *Imagine o quanto deve ser difícil viver assim.* Imagine how difficult it must be to live like that. | *Você não sabe o quanto me sinto mal com isso.* You don't know how badly I feel about this. **5 quanto tempo** how long: *Quanto tempo você vai ficar aqui?* How long are you staying here? | *Quanto tempo ele passou nos EUA?* How long did he spend in the U.S.? ▸ Quando se refere a uma ação que começou no passado e continua no presente, vem acompanhado do *present perfect* contínuo ou simples: *Faz quanto tempo que você estuda inglês?* How long have you been learning English? | *Há quanto tempo eles moram no Brasil?* How long have they lived in Brazil? / *conj.* **1** (ligando orações) as much as: *Coma quanto quiser.* Eat as much as you want. | *Beba quanta água puder.* Drink as much water as you can. **2 quantos** as many as: *Posso baixar quantas músicas eu quiser.* I can download as many songs as I like. **3** (em comparações) as: *Ele é tão alto quanto o pai.* He's as tall as his father. / *adv.* **1 quanto a** **a** (introduzindo o assunto) as for: *Quanto à data, não sabemos ainda.* As for the date, we don't know yet. | *quanto a mim* as for me **b** (em relação a) as to: *Sempre fico na dúvida quanto ao uso das preposições.* I'm always in doubt as to how to use prepositions. **2 quanto antes** as soon as possible **3 quanto mais** (muito menos) let alone: *Ele mal conseguia andar, quanto mais correr.* He could hardly walk, let alone run. **4 quanto mais/menos** the more/the less: *Quanto mais estudo inglês, mais eu gosto.* The more I study English, the more I like it. **5 quanto maior/melhor etc.** the bigger/the better etc.: *Quanto mais barata a passagem, melhor.* The cheaper the ticket, the better. | *Quanto mais detalhado for um dicionário, mais útil será.* The more detailed a dictionary is, the more useful it will be.

**quarenta** *num.* forty

**quarentão** *adj, s.* forty-year-old

**quarentena** *s.* quarantine

**quaresma** *s.* Lent

**quarta** *s.* Wednesday: *na quarta* on Wednesday

**quarta de final** quarterfinal

**quarta-feira** *s.* Wednesday: *às quartas--feiras* on Wednesdays
**quarteirão** *s.* block: *A livraria fica no próximo quarteirão.* The bookstore is on the next block.
**quartel** *s.* (militar) barracks *[pl.]*
**quartel de bombeiros** fire station
**quartel-general** *s.* headquarters
**quarteto** *s.* quartet: *um quarteto de cordas* a string quartet
**quarto** *adj.* fourth: *O brasileiro ficou em quarto.* The Brazilian came fourth. / *s.* 1 (fração) quarter: *três quartos da população* three quarters of the population | *um quarto de hora* a quarter of an hour ▸ No inglês americano, também se diz ***fourth***. 2 (dormitório) bedroom: *um apartamento de dois quartos* a two-bedroom apartment ▸ Quando não é preciso especificar, também se diz apenas ***room***: *Tenho que arrumar o meu quarto.* I have to clean up my room. 3 **estar no quarto** (paciente) to be back on the ward
**quarto de empregada** maid's room **quarto de hóspedes** guest room **quarto de solteiro** single room **quarto duplo/de casal** double room
**quase** *adv.* 1 almost, nearly ▸ As palavras ***almost*** e ***nearly*** são sinônimos e podem se substituir: *O estádio estava quase cheio.* The stadium was almost full. | *Ela quase caiu da escada.* She nearly fell down the stairs. 2 **quase nada** hardly anything: *Não entendi quase nada do que ele falou.* I understood hardly anything of what he said. ▸ Também se pode dizer ***almost nothing***, que é mais enfático. 3 **quase não** **a** (mal) hardly: *Quase não dormi essa noite.* I hardly slept last night. **b** (por pouco) almost … not: *Quase não pegamos o ônibus.* We almost didn't catch the bus. 4 **quase ninguém** hardly anybody 5 **quase nunca** hardly ever: *Eu quase nunca vejo TV.* I hardly ever watch TV. 6 **quase sempre** nearly always
**quatorze** *num.* 1 (numeral) fourteen 2 (dia do mês) fourteenth: *no dia 14 de julho* on July 14th
**quatro** *num.* 1 (numeral) four 2 (dia do mês) fourth: *no dia 4 de maio* on May 4th
**quatrocentos** *num.* four hundred
**que** *conj.* 1 that: *Ele disse que ia nos ajudar.* He said that he would help us. | *É importante que eles observem as regras.* It's important that they abide by the rules. | *Fazia tanto calor que não conseguimos dormir.* It was so hot that we couldn't sleep. ▸ Costuma-se omitir esse ***that*** em inglês, especialmente na linguagem falada. Pode-se muito bem omitir o ***that*** em todos os exemplos acima. 2 (do que) than: *Ele é mais alto que eu.* He's taller than me. 3 (porque) because ▸ Na linguagem coloquial, pronuncia-se */kəz/*. Em diálogos, mensagens de texto, etc., costuma-se usar a grafia ***cuz*** (ou ***cos***, no inglês britânico): *Leva um guarda--chuva, que pode chover.* Take an umbrella because it might rain. / *pron.* 1 ▸ Como pronome relativo, traduz-se por ***who*** ou ***that*** quando se refere a pessoas, e por ***which*** ou ***that*** quando se refere a coisas.: *a mulher que mora do lado* the woman who lives next door | *o livro que está na mesa* the book which is on the table ▸ Porém, quando o pronome teria a função de objeto direto da oração relativa, costuma-se omitir, especialmente na linguagem falada: *a mulher que eu vi* the woman I saw | *o livro que estou lendo* the book I'm reading ▸ Não se costuma usar um pronome relativo depois de uma preposição. No caso, a preposição fica sem termo dependente, na posição que ocuparia numa oração normal: *a mulher com quem eu falava* the woman I was talking to | *O livro que estou procurando é de Dickens.* The book I'm looking for is by Dickens. | *Essa é a causa a que eles têm dedicado a vida.* This is the cause they have dedicated their lives to. 2 (antes de substantivo em perguntas) what: *A que horas começa o filme?* What time does the movie start? | *Que tipo de música você ouve?* What kind of music do you lis-

ten to? ▸ Quando as opções são poucas, usa-se ***which***: *Que sabor você quer? Tem morango ou chocolate.* Which flavor do you want? There's strawberry or chocolate. **3** (antes de substantivo em exclamações) what ▸ Se o substantivo for contável singular, usa-se ***what a(n)***; se for incontável singular ou plural, apenas ***what***: *Que casa linda!* What a beautiful house! | *Que tempo horrível!* What horrible weather! | *Que flores maravilhosas!* What wonderful flowers! **4** (antes de adjetivo em exclamações) how: *Que interessante!* How interesting! | *Que chatice!* How boring! **5** (depois de preposição em perguntas) what ▸ Repare na posição da preposição em inglês: *Para que ele precisa do dinheiro?* What does he need the money for? | *Em que ela se formou na faculdade?* What did she major in at college? **6 o que** **a** (em perguntas) what: *O que você falou?* What did you say? **b** (como pronome relativo) which: *O namoro deles não deu certo, o que não me surpreende.* Their relationship didn't work out, which doesn't surprise me. **c** (qualquer coisa que) whatever: *O que você precisar, é só pedir.* Whatever you need, just ask.

**quê** *pron.* **1** what: *Ela trabalha em quê?* What does she do for a living? **2 não tem de quê** don't mention it **3 para quê?** what for? **4 por quê?** why?

**quebra-cabeça** *s.* **1** (enigma) puzzle **2** (de montar) jigsaw (puzzle) **3 montar um quebra-cabeça** to do a jigsaw

**quebradiço** *adj.* brittle

**quebrado** *adj.* **1** (partido) broken: *um copo quebrado* a broken glass **2** (com defeito) broken down: *A impressora está quebrada.* The printer has broken down. **3** (falido) bankrupt **4** (doído) aching: *Acordei todo quebrado.* I woke up aching all over.

**quebra-molas** *s.* speed bump

**quebra-nozes** *s.* nutcracker

**quebra-quebra** *s.* riot

**quebrar** *v.* **1** (na maioria dos casos) to break: *O Pedro quebrou a perna.* Pedro has broken his leg. | *O prato quebrou no chão.* The plate broke on the floor. **2** (enguiçar, ficar com defeito) to break down: *O carro quebrou a caminho da praia.* The car broke down on the way to the beach. **3** (empresa) to go bust **4 quebrar a cabeça** **a** (pensar muito) to rack your brains: *Eu estava quebrando a cabeça com a lição de matemática.* I was racking my brains over the math homework. **b** (ferir-se) to crack your head open **5 quebrar o galho de alguém** to help sb out **6 quebrar um galho** to come in handy

**queda** *s.* **1** (tombo) fall: *O ciclista brasileiro sofreu uma queda.* The Brazilian rider had a fall. **2** (de avião) crash: *A cantora morreu numa queda de avião.* The singer was killed in a plane crash. **3** (no valor) drop (***de/em*** *in*): *a queda das vendas de livros* the drop in book sales **4** (de governo etc.) fall: *a queda do comunismo* the fall of Communism **5 ter uma queda por alguém** to have a soft spot for sb

**queda-d'água** *s.* waterfall

**queijo** *s.* cheese

**queijo coalho** grilling cheese **queijo de minas** white cheese **queijo parmesão** Parmesan cheese **queijo prato** regular cheese **queijo suíço** Swiss cheese **queijo tipo cottage** cottage cheese

**queijo-quente** *s.* grilled cheese

**queima** *s.*

**queima de estoque** clearance sale **queima de fogos** firework display

**queimado** *adj.* **1** (na maioria dos casos) burned (BRIT: burnt) **2** (lâmpada, fusível) blown **3** (bronzeado) tanned: *queimado do sol* suntanned / *s.* **1** (jogo) dodgeball **2 cheiro de queimado** smell of burning: *Havia um forte cheiro de queimado.* There was a strong smell of burning.

**queimadura** *s.* burn: *queimaduras de terceiro grau* third-degree burns

**queimaduras de sol** sunburn

**queimar** *v.* **1** (na maioria dos casos) to burn **2** (lâmpada, fusível, aparelho) to blow **3** (bronzear) to tan 4 (estoque, mercadoria) to sell off 5 **queimar a largada** to make a false start / **queimar-se** *v.* 1 (ferir-se) to burn yourself: *Ela se queimou no ferro de passar.* She burned herself on the iron. 2 (ficar com queimaduras de sol) to burn: *Cuidado para não se queimar no sol.* Be careful not to get burned in the sun. 3 (bronzear-se) to get a tan: *Vou à praia me queimar.* I'm going to the beach to get a tan. 4 (perder a moral) to blow it: *O Rafael fez um papelão e se queimou com a namorada.* Rafael made a fool of himself and blew it with his girlfriend.

**queixa** *s.* 1 complaint (***de*** *about*, ***para*** *to*): *O transporte é motivo de queixa da população.* Transportation is a cause for complaint from the public. 2 **apresentar uma queixa (contra alguém)** to file a complaint (against sb) 3 **dar queixa (na polícia)** to file a (police) report 4 **dar queixa de algo/contra alguém** to report sth/sb: *Fomos à delegacia dar queixa do furto.* We went to the police station to report the theft. | *Ela não quis dar queixa contra o marido.* She didn't want to report her husband. 5 **fazer queixa de algo** to make a complaint about sth

**queixar-se** *v.* to complain ▸ Vem seguido da preposição ***of*** quando se fala de sintomas ou problemas, e de ***about*** quando se fala de outros motivos de queixa: *Ela se queixava de dores fortes na barriga.* She was complaining of sharp pains in her stomach. | *Não posso me queixar da minha vida.* I can't complain about my life.

**queixo** *s.* 1 chin 2 **bater queixo** to shiver 3 **ficar de queixo caído** to be blown away (***com*** *by*): *Fiquei de queixo caído com os efeitos especiais do filme.* I was blown away by the special effects in the movie.

**quem** *pron.* 1 (em perguntas) who: *Quem é aquela menina?* Who's that girl? | *Não sei quem devo convidar.* I don't know who I should invite. ▸ Repare na posição da preposição em inglês: *Com quem você vai sair?* Who are you going out with? | *De quem vocês estão falando?* Who are you talking about? 2 (como pronome relativo) ▸ Não se costuma usar um pronome relativo depois de uma preposição no inglês normal. No caso, a preposição fica sem termo dependente, na posição que ocuparia numa oração normal: *as pessoas com quem ele anda* the people he goes around with | *o ator de quem estávamos falando* the actor we were talking about ▸ Na linguagem formal, usa-se o pronome relativo ***whom*** precedido da preposição: *o cientista a quem foi conferido o prêmio* the scientist to whom the prize was awarded 3 (qualquer um que) anyone who: *Quem gosta de camarão vai adorar essa receita.* Anyone who likes shrimp will love this recipe. | *Quem se interessar pode acessar o nosso site.* Anyone interested can access our website. ▸ Quando teria a função de objeto direto da oração relativa, omite-se o pronome relativo ***who***: *Você pode convidar quem você quiser.* You can invite anyone you like. 4 (alguém/ninguém que) someone/anyone/no one: *Preciso de quem me ajude.* I need someone to help me. | *Ela não tem com quem ir ao baile.* She doesn't have anyone to go to the dance with. | *Não há quem supere os brasileiros quando o assunto é Carnaval.* There is no one to match Brazilians when it comes to Carnival. ▸ Quando se refere a várias pessoas, traduz-se por ***people who***: *Há quem acredita em discos voadores.* There are people who believe in flying saucers. 5 (em frases enfáticas que apontam o autor de uma ação): *Quem quebrou o vidro foi o Pedro.* The one who broke the window was Pedro. | *Foi o Pedro quem quebrou o vidro.* It was Pedro who broke the window. 6 **quem (me) dera** I wish: *"Você está de férias?" - "Quem dera!"* "Are you on vacation?" - "I wish!" | *Quem me dera poder voltar no tempo.* I wish I could turn back time. 7 **quem quer que** whoever: *quem quer que seja* whoever it is 8 **de quem** (indicando posse) whose: *Você vai no carro de quem?* Whose car are you going in? | *Você sabe de quem é essa bolsa?* Do you know whose bag this is? 9 **seja quem for** whoever it is

**quente** *adj.* 1 (escaldante) hot: *Está quente lá fora.* It's hot outside. | *Cuidado, a sopa está muito quente.* Be careful, the soup is very hot. 2 (ameno, morno) warm: *O pão que comprei estava quente ainda.* The bread I bought was still warm. | *Essa pantufa de pelúcia é quentinha.* These furry slippers are nice and warm.

**quentinha** *s.* 1 (prato para viagem) takeout (BRIT: takeaway) 2 (com a sobra) doggy bag 3 **fazer uma quentinha** (com a sobra) to put the rest in a doggy bag: *Pedimos ao garçom fazer uma quentinha.* We asked the waiter to put the rest in a doggy bag.

**quer** *conj.* 1 **quer … quer/ou** whether … or : *quer queira ou não* like it or not 2 **o que/quem/onde etc. quer que** whatever/whoever/wherever etc.

**querer** *v.* 1 to want: *Se você quiser, podemos ver um filme.* If you want, we can watch a movie. | *Você quer sobremesa?* Do you want dessert? ▸ Ao oferecer algo a um cliente, um convidado etc., soa mais delicado perguntar ***Would you like …?*** 2 **quer dizer** that is: *Você pode ficar aqui, quer dizer, se quiser.* You can stay here, that is, if you want to. 3 **quer dizer que …?** so …?: *Quer dizer que ela está apaixonada?* So she's in love? 4 **querer dizer** to mean (***com*** *by*): *O que quer dizer essa palavra?* What does this word mean? | *O que é que você quer dizer com isso?* What do you mean by that? | *Não foi isso que eu quis dizer.* That wasn't what I meant. 5 **querer fazer algo** to want to do sth: *A Sandra quer ser atriz.* Sandra wants to be an actress. ▸ Quando se omite o infinitivo para evitar a repetição, mantém-se o ***to*** depois do ***want***: *Ele chamou a menina para dançar, mas ela não quis.* He asked the girl to dance, but she didn't want to. 6 **querer que alguém faça algo** to want sb to do sth: *Eu quero que você me ajude.* I want you to help me. ▸ Quando se omite o infinitivo para evitar a repetição, mantêm-se o complemento e o ***to***: *"Por que eu vou ficar aqui?" - "Porque eu quero."* "Why should I stay here?" - "Because I want you to." 7 **sem querer** **a** (por acidente) accidentally: *Sem querer pisei no pé dela.* I accidentally stepped on her foot. | *Desculpe, foi sem querer.* Sorry, it was an accident. **b** (sem essa intenção) without meaning to: *Desculpe se te magoei. Foi sem querer.* Sorry if I hurt you. I didn't mean to.
▸ Em português, usa-se a forma *eu queria …* para expressar pedidos e desejos de uma forma mais delicada do que *eu quero …*. O equivalente em inglês é ***I'd like …*** ou ***I would like …***: *Eu queria falar com a Lúcia, por favor.* ***I'd like to speak to Lucia, please.*** *Você queria beber alguma coisa?* ***Would you like a drink?*** *Eu queria conhecer a China um dia* ***I'd like to visit China one day.***

**querido** *adj, s.* 1 dear: *a minha mãe querida* my dear mom ▸ em carta: *Querida Laura* Dear Laura 2 **ser muito querido** **a** (ser simpático) to be very sweet **b** (ser apreciado) to be much loved (***por*** *by*)

**quermesse** *s.* fair

**quesito** *s.* 1 (de avaliação) requirement 2 **em todos os quesitos** in all respects

**questão** *s.* 1 (em prova) question: *Empaquei na questão 5.* I got stuck on question 5. 2 (tema) issue: *A energia limpa é uma questão muito atual.* Clean energy is a very topical issue. 3 **em questão** in question: *a pessoa em questão* the person in question 4 **em questão de segundos/minutos etc.** in a matter of seconds/minutes etc. 5 **essa é a questão/a questão é essa** that's the point 6 **fazer questão** to insist (***de*** *on*): *Faço questão que você venha.* I insist you come. 7 **fazer questão de fazer algo** **a** (insistir) to insist on doing sth: *Ele fez questão de me acompanhar até em casa.* He insisted on seeing me home. **b** (dar-se ao trabalho) to make a point of doing sth: *Ela faz questão de ligar para a avó todos os dias.* She makes a point of calling her grandma every day. **8** **não fazer questão de (fazer) algo** (não ter interesse) not to care about (doing) sth: *Não faço questão que todos gostem de mim.* I don't care whether everyone likes me. **9** **por uma questão pessoal** for personal reasons **10** **ser uma questão de (fazer) algo** to be a matter of (doing) sth

**questionar** *v.* to question

**questionário** *s.* questionnaire

**quiabo** *s.* okra

**quicar** *v.* to bounce

**quieto** *adj.* **1** (calado) quiet: *Fique quieto!* Be quiet! **2** (parado) still: *O cachorrinho não para quieto um minuto.* The puppy doesn't keep still for one moment.

**quilo** *s.* kilo

**quilograma** *s.* kilogram

**quilométrico** *adj.* **uma fila quilométrica** a line a mile long

**quilômetro** *s.* kilometer (BRIT: kilometre)

**química** *s.* chemistry

**químico** *adj.* chemical: *um produto químico* a chemical / *s.* chemist

**quina** *s.* **1** (de mesa, parede etc.) corner **2** (em sorteio) five correct numbers **3** **acertar/fazer a quina** to get five correct numbers **4** **de quina** edgewise (BRIT: edgeways)

**quindim** *s.* coconut egg custard

**quinhentos** *num.* **1** five hundred **2** **ser outros quinhentos** to be another story

**quinta** *s.* **1** (dia) Thursday: *na quinta à noite* on Thursday night **2** (marcha) fifth

**quinta-feira** *s.* Thursday

**quintal** *s.* backyard

**quinto** *adj, s.* fifth

**quinze** *num.* **1** (numeral) fifteen **2** (dia do mês) fifteenth: *no dia 15 de março* on March 15th **3** **quinze dias** two weeks (BRIT: a fortnight)

▸ Ao dizer as horas, ***10.15*** leia-se ***ten fifteen***. Também se diz ***a quarter after ten*** no inglês americano, e ***quarter past ten*** no inglês britânico. ***10.45*** leia-se ***ten forty-five***, ou ***a quarter of eleven*** no inglês americano, e ***quarter to eleven*** no inglês britânico.

**quinzena** *s.* (do mês) half: *a primeira quinzena de maio* the first half of May

**quiosque** *s.* kiosk

**quitanda** *s.* produce store (BRIT: greengrocer's)

**quitandeiro** *s.* produce seller (BRIT: greengrocer)

**quitar** *v.* (dívida, carro etc.) to pay off

**quite** *adj.* **estar quite** to be straight (***com*** *with*)

**quitinete** *s.* studio apartment (BRIT: studio flat)

# R

**R, r** *s.* R, r
**rã** *s.* frog
**rabanada** *s.* cinnamon toast
**rabanete** *s.* radish
**rabiscar** *v.* **1** (escrever) to scribble: *Rabisquei o endereço num guardanapo.* I scribbled the address on a napkin. **2** (cobrir de rabiscos) to scribble on: *Não rabisque o meu caderno.* Don't scribble on my notebook. **3** (fazer desenhos) to doodle
**rabo** *s.* **1** (cauda) tail **2** (bunda) backside **3 com o rabo do olho** out of the corner of your eye: *Eu olhava o professor com o rabo do olho.* I was looking at the teacher out of the corner of my eye.
**rabo de cavalo** (penteado) ponytail
**rabugento** *adj.* grouchy (BRIT: grumpy)
**raça** *s.* **1** (de seres humanos) race: *a raça humana* the human race **2** (de animais) breed **3 de raça** **a** (cachorro, gato) pedigreed (BRIT: pedigree): *um poodle de raça* a pedigreed poodle **b** (cavalo) thoroughbred
**ração** *s.* **1** (para animal de estimação) food: *ração para cães* dog food **2** (para gado, aves etc.) feed: *ração para gado* cattle feed
**racha** *s.* (de carros) drag race
**rachadura** *s.* **1** (na maioria dos casos) crack: *rachaduras na parede* cracks in the wall **2** (em madeira) split
**rachar** *v.* **1** (dividir) to split: *Vamos rachar as despesas.* Let's split the expenses. **2** (trincar) to crack: *O vidro rachou.* The glass cracked. **3** (madeira) to split **4 rachar lenha** to chop firewood **5 calor/sol de rachar** scorching heat/sun: *Está um calor de rachar hoje.* It's scorching hot today. **6 frio de rachar** bitter cold: *Está um frio de rachar.* It's bitterly cold.
**racial** *adj.* racial
**raciocinar** *v.* **1** (pensar) to think: *Eu estava tão cansado que nem conseguia raciocinar.* I was so tired I couldn't even think. **2** (empregar a razão) to reason: *Raciocine comigo.* Follow my reasoning.
**raciocínio** *s.* reasoning
**racional** *adj.* rational
**racionamento** *s.* rationing
**racionar** *v.* to ration
**racismo** *s.* racism
**racista** *s, adj.* racist
**radar** *s.* **1** (sistema) radar **2** (na estrada) radar trap
**radiador** *s.* radiator
**radiante** *adj.* (muito contente) thrilled
**radical** *adj.* extreme: *Você está sendo um pouco radical.* You're being a little extreme. | *esportes radicais* extreme sports
**rádio** *s masc.* (aparelho, sistema) radio: *no rádio* on the radio / *s fem.* (emissora) radio station
**radioativo** *adj.* radioactive
**rádio-despertador** *s.* radio alarm
**radiografia** *s.* **1** (chapa) X-ray **2 tirar uma radiografia** (como paciente) to have an X-ray:

*Tive que tirar umas radiografias.* I had to have some X-rays.

**radiopatrulha** *s.* patrol car

**raia** *s.* **1** (em pista, piscina) lane **2 fugir da raia** to weasel out

**rainha** *s.* queen: *a rainha Elizabeth* Queen Elizabeth

**raio** *s.* **1** lightning ▸ Sendo incontável, a palavra ***lightning*** não pode vir precedida do artigo indefinido ***a(n)***: *A árvore foi atingida por um raio.* The tree was struck by lightning. ▸ O plural se traduz por ***lightning strikes***: *Caem muitos raios por aqui.* There are a lot of lightning strikes around here. **2** (de luz) ray: *os raios do sol* the sun's rays **3** (de roda) spoke **4** (de círculo) radius

**raio laser** laser beam **raio X 1** X-ray **2 fazer um raio X** (como paciente) to have an X-ray

**raiva** *s.* **1** (revolta) anger **2** (doença) rabies **3 estar/ficar com raiva (de alguém)** to be/ to get mad (at sb): *O namorado dela ficou com raiva e foi embora.* Her boyfriend got mad and left. **4 ter raiva de alguém** (rancor) to have it in for sb: *Acho que ela tem raiva de mim.* I think she has it in for me.

**raivoso** *adj.* **1** (pessoa) cranky **2** (cachorro etc.) rabid

**raiz** *s.* **1** root **2 criar raízes** to put down roots **3 cortar algo pela raiz** to nip sth in the bud

**rajada** *s.* **1** (de vento) gust: *uma rajada de vento* a gust of wind **2 rajada de balas/tiros** hail of bullets/gunfire

**ralador** *s.* grater

**ralar** *v.* **1** (alimentos) to grate: *queijo ralado* grated cheese **2** (esfolar) to scrape: *Ralei o joelho no chão.* I scraped my knee on the ground. **3** (trabalhar muito) to work hard: *Vamos ter que ralar muito para ganhar a competição.* We'll have to work very hard to win the competition.

**ralo** *adj.* **1** (cabelo) thinning **2** (sopa, café, molho etc.) watery / *s.* (de pia etc.) drain: *Não jogue óleo pelo ralo.* Don't pour oil down the drain.

**ramal** *s.* **1** (de telefone) extension: *Ramal 456, por favor.* Extension 456, please. **2** (de ferrovia) branch

**ramo** *s.* **1** (área de negócios) industry: *o ramo do turismo* the tourist industry **2** (de flores) bunch: *um ramo de cravos vermelhos* a bunch of red carnations **3** (de árvore) branch: *um ramo de oliveira* an olive branch **4** (de erva) sprig: *uma ramo de salsa* a sprig of parsley

**rampa** *s.* ramp

**ranger** *v.* **1** (fazer som grave) to creak: *A escada rangia.* The stairs creaked. **2** (fazer som agudo) to squeak: *Ouvi um ranger de freios.* I heard a squeaking of brakes. **3 ranger os dentes** to grind your teeth: *Ele range os dentes enquanto dorme.* He grinds his teeth in his sleep.

**ranhura** *s.* (para introduzir moeda) slot

**rap** *s.* (música) rap

**rapadura** *s.* raw brown sugar

**rapaz** *s.* young man ▸ Na linguagem informal, também se pode dizer ***guy***

**rapidez** *s.* speed

**rápido** *s.* **1** (veloz, ágil) fast: *O computador novo é muito rápido.* The new computer is very fast. **2** (que se faz em pouco tempo) quick: *Vou tomar um banho rápido.* I'm going to take a quick shower. / *adv.* **1** (depressa) fast: *Não entendo quando as pessoas falam rápido.* I don't understand when people talk fast. **2** (em pouco tempo) quickly: *Terminei a prova rápido.* I finished the test quickly. **3 o mais rápido possível** (quanto antes) as soon as possible: *Você me avisa o mais rápido possível?* Will you let me know as soon as possible?

**rapina** *s.* **ave de rapina** bird of prey

**raposa** *s.* fox

**raptar** *v.* to abduct

**raquete** *s.* **1** (de tênis etc.) racket (BRIT: racquet): *uma raquete de tênis* a tennis racket **2** (de pingue-pongue) paddle (BRIT: bat)

**raramente** *adv.* rarely: *Raramente assisto televisão.* I rarely watch television.

**raro** *s.* 1 rare: *uma ave rara* a rare bird 2 **raras vezes** seldom

**rascunho** *s.* rough draft: *Fiz um rascunho da redação.* I did a rough draft of the essay.

**rasgado** *adj.* (roupa etc.) torn

**rasgar** *v.* 1 (sem querer) to tear: *Ele rasgou a capa do livro.* He tore the cover of the book. | *A minha calça rasgou.* My pants tore. 2 (de propósito) to tear up: *Rasguei a carta e joguei fora.* I tore up the letter and threw it away. / **rasgar-se** *v.* to tear

**raso** *adj.* 1 (água, rio etc.) shallow: *a parte rasa da piscina* the shallow end of the pool 2 (colher) level: *duas colheres de sopa rasas de farinha* two level tablespoonfuls of flour

**raspadinha** *s.* 1 (doce) slush 2 (bilhete de loteria) scratch card

**raspão** *s.* 1 **passar de raspão em algo/alguém** to graze sth/sb: *A bala passou de raspão no braço do policial.* The bullet grazed the policeman's arm. 2 **passar de raspão por algo** to narrowly miss sth: *A bola passou de raspão pela trave.* The ball narrowly missed the post.

**raspar** *v.* 1 (roçar) to scrape: *O escapamento do carro ficou raspando no chão.* The car's tailpipe kept scraping on the ground. 2 (remover) to scrape off: *Tivemos que raspar a tinta velha.* We had to scrape the old paint off. 3 **raspar a barba** to shave off your beard 4 **raspar a cabeça/as pernas** to shave your head/legs: *Ele fica bonito com a cabeça raspada.* He looks good with his head shaved.

**rastejar** *v.* (no chão) to crawl

**rastrear** *v.* 1 (acompanhar) to track: *Você pode rastrear a sua encomenda pela Internet.* You can track your order over the Internet. 2 (encontrar) to trace: *A polícia conseguiu rastrear a ligação.* The police managed to trace the call.

**rastro** *s.* (na maioria dos casos) trail: *O avião deixou um rastro no céu.* The plane left a trail in the sky.

**ratazana** *s.* rat

**rato** *s.* 1 (ratazana) rat 2 (camundongo) mouse

**ratoeira** *s.* 1 (para ratazanas) rattrap 2 (para camundongos) mousetrap

**razão** *s.* 1 (motivo) reason: *por essa razão* for this reason | *a razão por que nos desentendemos* the reason (why) we fell out ▶ O *why* é opcional em inglês 2 **com razão** with good reason: *Muitas pessoas reclamaram com razão.* Many people complained with good reason. 3 **dar razão a alguém** to agree with sb: *Nesse caso, dou razão ao professor.* In this case, I agree with the teacher. 4 **sem razão** for no reason: *Ele foi expulso da sala de aula sem razão.* He was sent out of the class for no reason. 5 **ter razão** to be right: *Você tem toda a razão.* You're quite right.

**razoável** *adj.* reasonable

**ré** *s fem.* 1 **dar ré** to back up (BRIT: to reverse) 2 **entrar/sair de ré** to back in/out: *Entramos de ré na vaga.* We backed into the parking spot. 3 Veja **réu** / *s masc.* (nota musical) D: *ré bemol menor* D flat minor

**reabastecer** *v.* (carro, avião) to refuel

**reação** *s.* reaction (***a*** *to*)

**reagir** *v.* 1 (ter uma reação) to react (***a*** *to*): *Como eles reagiram às críticas?* How did they react to the criticisms? 2 (em luta, jogo) to fight back: *O time reagiu no segundo tempo.* The team fought back in the second half. 3 **reagir ao tratamento/aos medicamentos** to respond to treatment/to the medication

**reajuste** *v, s.* (de preço, salário etc,) increase: *um reajuste do aluguel* a rent increase

**real** *adj.* 1 (verdadeiro) real: *na vida real* in real life | *em tempo real* in real time 2 (relativo à realeza) royal: *o palácio real* the royal palace 3 (que parece real) realistic: *As cenas de ação do filme são muito reais.* The action scenes in the movie are very realistic. / *s masc.* (moeda) real: *uma nota de vinte reais* a twenty-real bill / *s fem.* **cair na real** to face facts

**realçar** *v.* 1 (cor, olhos etc.) to bring out: *Essa cor realça os seus olhos.* That color brings out your eyes. 2 (problema, aspecto, ponto) to highlight

**realeza** *s.* royalty

**realidade** *s.* 1 reality. 2 **na realidade** actually: *Na realidade, essa mochila é do meu irmão.* Actually, this backpack is my brother's.

**realista** *adj.* realistic: *Seja realista.* Be realistic.

**realização** *s.* 1 (conquista) achievement 2 (de um sonho, desejo, meta etc.) fulfillment (BRIT: fulfilment) 3 (satisfação) fulfillment (BRIT: fulfilment)

**realizado** *adj.* (satisfeito) fulfilled: *Ela se sente realizada.* She feels fulfilled.

**realizar** *v.* 1 (evento) to hold: *A escola realizou um bazar beneficente.* The school held a charity sale. 2 (tarefa, teste, experiência etc.) to carry out: *Realizaram uma enquete.* They carried out a survey. 3 (proeza, feito) to achieve: *O jogador já realizou muita coisa.* The player has already achieved a lot. 4 **realizar o sonho de alguém** to make sb's dream come true 5 **realizar um sonho** to realize a dream: *Realizei meu sonho de desfilar no Carnaval.* I realized my dream of taking part in the carnival parade. / **realizar-se** *v.* 1 (evento) to take place: *O concurso se realiza no sábado.* The contest takes place on Saturday. 2 (sonho, desejo) to come true: *Que todos os seus desejos se realizem!* May all your wishes come true! 3 (pessoa) to find fulfillment (BRIT: to find fulfilment)

**realmente** *adv.* really

**reanimar** *v.* (ferido) to revive

**reapresentação** *s.* (de filme, programa de TV) rerun

**reatar** *v.* **reatar (o namoro)** to get back together (***com*** *with*): *Os dois reataram o namoro.* The two of them got back together.

**reaver** *v.* to get back: *Pensei que nunca fosse reaver a minha carteira.* I thought I'd never get my wallet back.

**rebaixamento** *s.* (de time) relegation

**rebaixar** *v.* 1 (tornar mais baixo) to lower 2 (time) to relegate

**rebanho** *s.* 1 (de gado) herd 2 (de ovelhas) flock

**rebater** *v.* 1 (responder) to hit back 2 **rebater a bola** ▣ (em futebol) to clear the ball ▣ (em tênis) to return the ball 3 **rebater críticas/boatos etc.** to hit back at criticism/rumors etc.

**rebelde** *s.* rebel / *adj.* 1 (adolescente, índole etc.) rebellious 2 (grupo, líder etc.) rebel

**rebelião** *s.* 1 (política) rebellion 2 (de presos) riot

**rebentação** *s.* surf

**rebentar** *v.* Veja **arrebentar**

**rebocar** *v.* to tow: *Tiveram o carro rebocado.* They had their car towed.

**reboque** *s.* 1 (guincho) towtruck 2 (veículo puxado) trailer 3 (corda) towrope 4 **a reboque** in tow: *O navio foi levado a reboque.* The ship was taken in tow.

**rebuliço** *s.* commotion

**recado** *s.* 1 (mensagem) message **deixar recado** to leave a message 2 (coisa a resolver) errand

**recarregar** *v.* (bateria) to recharge

**recarregável** *adj.* rechargeable

**receber** *v.* 1 (na maioria dos casos) to get: *Você recebeu o meu e-mail?* Did you get my e-mail? ▸ Também existe o verbo ***to receive*** que soa mais formal 2 (convidados) to entertain: *Meus pais gostam de receber gente em casa.* My parents like entertaining people at home. 3 (receber salário ou pagamento) to get paid: *Ele recebe no final do mês.* He gets paid at the end of the month.

**receio** *s.* fear

**receita** *s.* 1 (culinária) recipe: *uma receita de bolo de chocolate* a recipe for chocolate cake 2 (médica) prescription: *O médico me deu uma receita de uma pomada.* The doctor gave me a prescription for some ointment. 3 (de venda, evento) proceeds *[pl.]* 4 (de loja, restaurante etc.) takings *[pl.]*

**Receita Federal** (Brazilian) Federal Revenue ▸ O órgão equivalente dos EUA é ***the IRS (Internal Revenue Service)*** e da Grã-Bretanha, ***the Inland Revenue***.

**receitar** v. (remédio) to prescribe: *O médico me receitou um antialérgico.* The doctor prescribed me an antihistamine.
**recém-casado** s, adj. newly-wed
**recém-nascido** s. newborn baby / adj. new-born
**recente** adj. recent
**recentemente** adv. recently
**recepção** s. (na maioria dos casos) reception ▸ Quando se fala da recepção de um hotel ou de uma empresa, usa-se ***reception*** sem artigo: *Apresentei a identidade na recepção.* I showed my identity card at reception.
**recepcionista** s. receptionist
**recessão** s. (econômica) recession
**recheio** s. **1** (de bolo, torta) filling **2** (de pizza) topping **3** (de carne, peru etc.) stuffing
**rechonchudo** adj. chubby
**recibo** s. receipt
**reciclagem** s. recycling
**reciclar** v. to recycle: *latas recicladas* recycled cans
**recife** s. reef
**recipiente** s. container
**recíproco** adj. mutual
**recital** s. recital
**recitar** v. to recite
**reclamação** s. **1** complaint **2 fazer uma reclamação** to make a complaint
**reclamar** v. **1** to complain: *Eles só reclamam.* All they do is complain. **2 reclamar (com alguém) de algo** to complain (to sb) about sth: *Não adianta reclamar comigo.* It's no use complaining to me. | *Os vizinhos reclamaram do barulho.* The neighbors complained about the noise.
**reclinar** v. (assento) to recline / **reclinar-se** v. (pessoa) to lie back
**recobrar** v. (consciência, força etc.) to regain
**recolher** v. **1** (copos, papéis etc.) to collect up: *A professora recolheu as provas.* The teacher collected up the test papers. **2** (informações, amostras, fundos) to collect **3 recolher algo do chão** to pick sth up: *Eu me abaixei para recolher as moedas do chão.* I bent down to pick up the coins. / **recolher-se** v. (ir para a cama) to retire
**recomeçar** v. to start again
**recomendação** s. recommendation
**recomendar** v. **1** to recommend: *O que é que você recomenda?* What do you recommend? **2 recomendar algo a alguém** to recommend sb sth: *Você pode me recomendar um bom romance em inglês?* Can you recommend me a good novel in English? **3 recomendar que alguém faça algo** to recommend (that) sb does sth ▸ O ***that*** é opcional: *Recomendo que você compre a passagem com antecedência.* I recommend you buy your ticket in advance.
**recompensa** s. reward: *Ganhei um computador novo como recompensa por ter tirado boas notas.* I got a new computer as a reward for getting good grades.
**recompensar** v. to reward (***por*** *for*)
**reconhecer** v. **1** (na maioria dos casos) to recognize: *Quase não reconheci a minha prima.* I hardly recognized my cousin. **2** (admitir) to admit: *Reconheço que errei.* I admit I was wrong.
**reconhecimento** s. recognition
**reconstituir** v. (cena, crime) to reconstruct
**reconstruir** v. to rebuild
**recordação** s. **1** (na memória) recollection **2** (objeto) keepsake
**recordar** v. to recall / **recordar-se** v. **1 recordar-se de algo** to recollect sth **2 recordar-se de ter feito algo** to recall doing sth
**recorde** s. **1** record: *o recorde mundial* the world record **2 bater/deter/quebrar o recorde** to beat/to hold/to break the record
**recordista** s. record holder: *a recordista dos 100 metros rasos* the 100 meters record holder
**recorrer** v. **1** (de sentença, multa) to appeal (***de*** *against*) **2 recorrer a algo** to resort to sth: *Como ele não sabia a palavra em inglês, teve que recorrer à mímica.* As he didn't know the word in English, he had to resort to miming. **3 recorrer a alguém**

to go to sb: *Para tingir o cabelo, é melhor recorrer a um cabeleireiro qualificado.* To dye your hair, it's best to go to a qualified hairdresser.

**recortar** *v.* (do jornal etc.) to cut out: *Recortei o anúncio do jornal.* I cut the ad out of the newspaper.

**recorte** *s.* (de jornal etc.) clipping: *recortes de jornal* newspaper clippings

**recreio** *s.* (intervalo) recess (BRIT: break): *Os meninos sempre jogam bola no recreio.* The boys always play soccer at recess.

**recruta** *s.* recruit

**recrutar** *v.* to recruit

**recuar** *v.* **1** (ir para trás) to move back **2** (exército, combatentes) to retreat **3** (ceder) to back down

**recuo** *s.* retreat

**recuperar** *v.* **1** (reaver) to get back: *O policial conseguiu recuperar a bolsa roubada.* The policeman managed to get the stolen bag back. **2** (coisa perdida) to catch up on: *Tive que estudar muito para recuperar as matérias perdidas.* I had to study hard to catch up on the topics I'd missed. **3 recuperar a saúde** to regain your health **4 recuperar as forças** to get your strength back **5 recuperar o sono** to catch up on your sleep / **recuperar-se** *v.* to recover (***de*** *from*): *Ela já se recuperou da cirurgia.* She's already recovered from the operation.

**recurso** *s.* **1** (material) resource: *recursos naturais* natural resources **2** (expediente) course of action: *A respiração boca a boca é um recurso que pode salvar a vida de uma pessoa.* Mouth-to-mouth resuscitation is a course of action that can save a person's life. **3** (à Justiça) appeal **4 recursos** (dinheiro) funds

**recusa** *s.* **1** refusal **2 recusa em fazer algo** refusal to do sth

**recusar** *v.* to refuse / **recusar-se** *v.* **1** to refuse **2 recusar-se a fazer algo** to refuse to do sth: *Ela se recusou a me dizer o que aconteceu.* She refused to tell me what had happened.

**redação** *s.* **1** (composição) essay: *Temos que escrever uma redação sobre o aquecimento global.* We have to write an essay on global warming. **2** (departamento) editorial department: *Ela trabalha na redação de uma revista.* She works in the editorial department of a magazine. **3** (redatores) editorial staff

**redator** *s.* editor

**rede** *s.* **1** (tecido de fios entrelaçados) net: *uma rede de vôlei* a volleyball net **2** (para deitar) hammock: *Adoro deitar na rede.* I love lying in the hammock. **3** (sistema interligado) network: *uma rede de transportes* a transportation network **4** (de hotéis, lojas etc.) chain: *uma rede de lanchonetes* a fast-food chain
**rede de área local** local area network *[LAN]* **rede de esgoto** sewerage **rede de pesca** fishing net **rede de televisão** television network **rede elétrica** power grid **rede sem fio** wireless network **rede social** social network

**rédea** *s.* rein

**redigir** *v.* (carta) to write

**redondezas** *s.* **nas redondezas (de algo)** in the area (around sth)

**redondo** *adj.* round

**redor** *s.* **1 ao redor (de algo)** around (sth): *Olhei ao redor, procurando meus amigos.* I looked around, trying to find my friends. | *Estavam sentados ao redor da mesa.* They were sitting around the table. **2 ao meu/seu/nosso redor** around me/you/us

**redução** *s.* reduction

**reduzido** *adj.* (pequeno) small: *um curso de inglês com turmas reduzidas* an English course with small classes

**reduzir** *v.* (diminuir) to reduce / **reduzir-se** *v.* to be reduced (***a*** *to*)

**reembolsar** *v.* to refund

**reembolso** *s.* refund

**reencontrar** *v.* **reencontrar alguém** to meet up again with sb: *Ela reencontrou uma amiga de infância.* She met up again with

a childhood friend. / **reencontrar-se** *v.* to meet up again: *Reencontraram-se depois de muitos anos.* They met up again after many years.
**reencontro** *s.* reunion
**refazer** *v.* (fazer de novo) to redo: *Tivemos que refazer tudo.* We had to redo everything.
**refeição** *s.* **1** meal **2 fazer uma refeição** (comer) to have a meal
**refeitório** *s.* cafeteria
**refém** *s.* **1** hostage **2 fazer/manter alguém refém** to take/to hold sb hostage: *Os assaltantes fizeram uma mulher refém.* The robbers took a woman hostage. **3 fazer um refém** to take a hostage
**referência** *s.* **1** (na maioria dos casos) reference **2 fazer referência a algo/alguém** to make reference to sth/sb **3 (ponto de) referência** (para se localizar) landmark **4 ser referência** to set the standard: *A faculdade é referência em engenharia.* The college sets the standard in engineering.
**referir-se** *v.* **referir-se a algo/alguém** to refer to sth/sb: *Não sei ao que você está se referindo.* I don't know what you're referring to.
**refletir** *v.* **1** (espelhar) to reflect: *A água reflete a luz do sol.* Water reflects sunlight. | *O comportamento deles reflete a mentalidade que têm.* Their behavior reflects the mentality they have. **2** (pensar) to think about it: *Refleti muito antes de tomar uma decisão.* I thought about it a lot before making a decision. ▸ Também se usa o verbo ***to reflect*** nesse sentido, mas soa formal. **3 refletir sobre algo** to think about sth / **refletir-se** *v.* to be reflected: *As árvores se refletem na água.* The trees are reflected in the water.
**reflexo** *adj.* reflex: *um ato reflexo* a reflex action / *s.* **1** (imagem) reflection **2** (consequência) knock-on effect **3** (do corpo) reflex **4 reflexos** (no cabelo) highlights
**reflorestamento** *s.* reforestation
**refogar** *v.* (cebola, alho etc.) to brown
**reforçar** *v.* to reinforce
**reforço** *s.* **1** reinforcement **2 chamar reforço** (policial) to call for backup
**reforma** *s.* **1** (de casa, instalações etc.) renovation **2** (melhora) reform: *reformas políticas* political reforms **3 em reforma** being renovated: *O prédio está em reforma.* The building is being renovated. **4 fazer reforma (em algo)** to renovate (sth): *Pretendem fazer reforma no apartamento.* They plan to renovate the apartment.
**reformado** *adj.* (militar) retired
**reformar** *v.* **1** (casa, prédio) to renovate **2** (roupa) to alter **3** (sistema, lei) to reform
**refrão** *s.* (de canção) chorus
**refrescante** *adj.* refreshing
**refrescar** *v.* **1** (tempo) to cool down: *Refresca à noite.* It cools down in the evening. **2** (na geladeira) to chill **3** (memória, página web, pessoa) to refresh / **refrescar-se** *v.* to cool off: *Tomei um banho frio para me refrescar.* I took a cold shower to cool off.
**refresco** *s.* fruit drink: *um refresco de maracujá* a passion fruit drink
**refrigerado** *s.* (sala, ônibus etc.) air-conditioned
**refrigerante** *s.* soda (BRIT: soft drink)
**refugiado** *s.* refugee
**refúgio** *s.* refuge
**regador** *s.* watering can
**regalia** *s.* privilege
**regar** *v.* (plantas) to water
**regata** *s.* **1** (tb camisa regata) tank top (BRIT: singlet) **2** (competição) regatta
**regatear** *v.* to bargain
**regente** *s.* (maestro) conductor
**reggae** *s, adj.* reggae
**região** *s.* region
**regime** *s.* **1** (dieta) diet **2** (governo) regime: *um regime militar* a military regime **3 estar de regime** to be on a diet **4 fazer regime** to go on a diet ▸ Também existe o verbo ***to diet***
**regional** *adj.* regional
**registrado** *adj.* (carta) certified (BRIT: registered)

**registrar** *v.* 1 (dados, acontecimentos etc.) to record 2 (carta) to certify (BRIT: to register) 3 (filho, nascimento, propriedade etc.) to register

**registro** *s.* 1 (de dados, acontecimento) record: *Não há registro de acidentes.* There is no record of any accidents. 2 (de filho, nascimento, propriedade etc.) registration 3 (lista) register 4 (de água, gás) stopcock

**regra** *s.* (norma) rule

**regressar** *v.* to return

**regressivo** *adj.* **contagem regressiva** countdown

**regresso** *s.* return

**régua** *s.* ruler

**regulamento** *s.* regulations *[pl.]*

**regular** *adj.* 1 (exames, intervalos etc.) regular 2 (normal) normal 3 (sofrível) adequate / *v.* 1 (controlar) to regulate: *Esse botão regula a temperatura da água.* This knob regulates the water temperature. 2 (motor) to tune

**rei** *s.* 1 king: *o rei Henrique VIII* King Henry VIII 2 **dia de Reis** Epiphany 3 **os (três) Reis Magos** the Three Kings ▸ Também se diz ***the Three Wise Men***

**reinado** *s.* (de monarca) reign

**reinar** *v.* to reign

**reiniciar** *v.* to restart

**reino** *s.* 1 kingdom 2 **o Reino Unido** the United Kingdom

**reivindicar** *v.* (direitos) to demand

**rejeitar** *v.* to reject

**relação** *s.* 1 (ligação) relationship: *Qual a relação entre eles?* What is the relationship between them? 2 (lista) list 3 **relações** a (entre pessoas, países etc.) relations b (contatos influentes) connections 4 **relações (sexuais)** (sexual) intercourse *[sg.]* 5 **em relação a algo** in relation to sth 6 **ter relação com algo** to be related to sth: *As mudanças têm relação com o aquecimento global.* The changes are related to global warming.

**relacionado** *adj.* 1 related (***a/com*** *to*): *Este problema está relacionado com outras questões.* This problem is related to other issues. 2 **bem relacionado** (pessoa) well connected

**relacionamento** *s.* relationship

**relacionar** *v.* to relate (***com*** *to*): *Os especialistas relacionam a criminalidade com questões sociais.* Experts relate crime to social issues. / **relacionar-se** *v.* **relacionar-se com alguém** a (travar amizade com) to socialize with sb: *Ele não se relaciona com outros adolescentes.* He doesn't socialize with other teenagers. b (namorar) to have a relationship with sb

**relâmpago** *s.* lightning ▸ A palavra ***lightning*** é incontável, portanto não tem plural. *Um relâmpago* se diz ***a flash of lightning***: *Os relâmpagos iluminaram o céu.* The lightning lit up the sky. | *Vi um relâmpago.* I saw a flash of lightning.

**relampejar** *v.* **relampeja** there is lightning: *Relampejava muito.* There was a lot of lightning.

**relance** *s.* **olhar algo/alguém de relance** to glance at sth/sb

**relatar** *v.* 1 (registrar) to report: *O comerciante relatou o caso à polícia.* The store owner reported the case to the police. 2 (contar) to describe: *Os moradores relatam ter ouvido um barulho estranho.* The residents describe hearing a strange noise.

**relativamente** *adv.* relatively

**relativo** *adj.* relative

**relato** *s.* 1 (registro) report 2 (descrição) account

**relatório** *s.* report

**relaxado** *adj.* 1 (descontraído) relaxed 2 (no trabalho, nos estudos) lackadaisical 3 (na aparência) scruffy

**relaxamento** *s.* 1 (descontração) relaxation 2 (do cabelo) relaxing 3 **fazer relaxamento** (com o cabeleireiro) to have your hair relaxed

**relaxar** *v.* 1 (descontrair) to relax 2 (cabelo) to relax

**relembrar** *v.* to remember

**reler** *v.* to reread

**relevante** *adj.* relevant

**relevar** *v.* (perdoar) to overlook

**relevo** *s.* (paisagem) terrain: *uma área de relevo acidentado* an area of hilly terrain
**religião** *s.* religion
**religioso** *adj.* religious
**relógio** *s.* **1** (de pulso, de bolso) watch: *Estou sem relógio.* I don't have a watch on. **2** (de parede, de mesa, em lugar público etc.) clock **3** (de água, gás) meter **4 atrasar/adiantar os relógios** to put the clocks back/to put the clocks forward
**relógio de sol** sundial
**relojoaria** *s.* (loja) watch store (BRIT: watch shop)
**relutar** *v.* **1** to be reluctant **2 relutar em fazer algo** to be reluctant to do sth
**remar** *v.* to row ▸ O verbo ***row*** pode vir acompanhado de um advérbio ou uma preposição que denote a direção do movimento: *Atravessaram o rio remando.* They rowed across the river.
**remédio** *s.* **1** (medicamento) drug: *um remédio para gripe* a flu drug ▸ Na linguagem coloquial, é mais comum falar ***pill*** ou ***pills*** *comprimido(s)*: *Você tem um remédio para dor de cabeça?* Do you have any headache pills? | *Tomei um remédio para não sentir enjoo no carro.* I took a pill so I wouldn't get carsick. **2** (caseiro) remedy: *um remédio caseiro* a home remedy **3** (solução) remedy
**remendar** *v.* to patch
**remendo** *s.* patch
**remetente** *s.* (de carta, pacote) sender
**remeter** *v.* **remeter alguém a algo** (fazer lembrar) to make sb think of sth: *Essa música remete a minha infância.* This song makes me think of my childhood.
**remexer** *v.* **remexer em algo** **a** (em bolsa, gaveta etc.) to rummage through sth: *Ela remexeu na bolsa à procura de uma caneta.* She rummaged through her bag for a pen. **b** (em caso, passado etc.) to delve into sth: *A mídia remexeu no passado dos candidatos.* The media delved into the candidates' pasts.
**remissão** *s.* (em livro) cross-reference
**remo** *s.* **1** (de barco a remo) oar **2** (de canoa, bote) paddle **3** (atividade) rowing **4 a remo** ▸ Em inglês usa-se o verbo ***to row*** com um advérbio ou uma preposição que indique a direção: *Atravessamos a remo.* We rowed across. | *Foram a remo da praia até a ilha.* They rowed from the beach to the island. **5 barco a remo** rowboat (BRIT: rowing boat)
**remoer** *v.* **ficar remoendo algo** to brood over sth: *Não adianta ficar remoendo o que já passou.* There's no point brooding over what's already past.
**remontar** *v.* **remontar a algo** (datar de) to date back to sth: *A cidade remonta ao Brasil colônia.* The town dates back to when Brazil was a colony.
**remoto** *adj.* remote
**remover** *v.* to remove
**remuneração** *s.* pay
**remunerar** *v.* to pay: *um estágio não remunerado* an unpaid internship
**rena** *s.* reindeer
**renda** *s.* **1** (dinheiro) income **2** (tecido) lace
**render** *v.* **1** (comida, tinta etc.) to go a long way: *O bom da feijoada é que rende.* The good thing about bean stew is that it goes a long way. ▸ Em frases negativas, diz-se ***not go far***: *Esse protetor solar não rende muito.* This sunblock doesn't go very far. **2** (conversa) to go on: *A conversa rendeu bastante.* The conversation went on for quite a while. **3** (assunto, matéria) to be fruitful **4** (lucro, juros) to earn: *O investimento rendeu um bom retorno.* The investment earned a good return. **5** (com arma etc.) to hold up: *Os assaltantes renderam os funcionários do banco.* The robbers held up the bank staff. / **render-se** *v.* to surrender
**rendição** *s.* surrender
**rendimento** *s.* **1** (dinheiro) earnings *[pl.]* **2** (desempenho) performance **3** (de carro, motor etc.) fuel efficiency
**renovar** *v.* to renew
**rentável** *adj.* profitable

**rente** *adv.* 1 (cabelo, grama) short 2 **rente a algo** close to sth: *A asa-delta voava rente ao chão.* The hang-glider was flying close to the ground.
**renúncia** *s.* (de político etc.) resignation
**renunciar** *v.* 1 (a um cargo) to resign: *O primeiro ministro foi obrigado a renunciar.* The prime minister was forced to resign. 2 **renunciar a um cargo** to resign from a post: *Ela renunciou ao cargo de vereadora.* She resigned from the post of councilwoman. 3 **renunciar a um direito/ao trono etc.** to give up a right/the throne etc.
**reorganizar** *v.* to reorganize
**reparar** *v.* 1 (notar) to notice: *Ele nem reparou que eu estava com um penteado novo.* He didn't even notice that I had a new hairstyle. 2 (consertar) to repair 3 **reparar a situação** to rectify the situation 4 **reparar em algo/alguém** to notice sth/sb: *Não reparei no erro de ortografia.* I didn't notice the spelling mistake.
**reparo** *s.* repair
**repartição** *s.* **repartição (pública)** government bureau (BRIT: government office)
**repartir** *v.* 1 (dividir) to divide up: *Repartimos a pizza entre nós.* We divided up the pizza between us. 2 **repartir o cabelo** to part your hair: *Ele reparte o cabelo no meio.* He parts his hair in the middle.
**repassar** *v.* 1 (matéria) to review (BRIT: to revise) 2 (recursos) to pass on (***a*** *to*)
**repelente** *s.* (contra mosquitos) mosquito repellent
**repente** *s.* **de repente** **a** (repentinamente) suddenly: *De repente o telefone tocou.* Suddenly the phone rang. **b** (talvez) maybe: *De repente eles não vêm.* Maybe they're not coming.
**repentino** *adj.* sudden
**repercussão** *s.* 1 (na mídia) coverage: *O fato teve grande repercussão na imprensa.* The incident got a lot of coverage in the press. 2 (consequência) impact (***em*** *on*): *a repercussão dos agrotóxicos na saúde humana* the impact of insecticides on human health 3 **repercussões** repercussions (***em*** *on*)
**repercutir** *v.* **repercutir em algo** (afetar) to have an impact on sth
**repertório** *s.* (de músico) repertoire
**repetição** *s.* repetition
**repetidamente** *adv.* repeatedly
**repetido** *adj.* 1 repeated 2 **repetidas vezes** repeatedly
**repetir** *v.* 1 (dizer ou fazer de novo) to repeat: *Pode repetir, por favor?* Could you repeat that please? | *Repita comigo.* Repeat after me. 2 (vestir de novo) to wear twice: *Não posso repetir a mesma roupa.* I can't wear the same outfit twice. 3 **repetir (algo)** (falando de comida) to have seconds (of sth): *Você quer repetir?* Would you like seconds? | *Eu não deveria ter repetido a sobremesa.* I shouldn't have had seconds of dessert. 4 **repetir de ano** (na escola) to repeat the year / **repetir-se** *v.* 1 (pessoa) to repeat yourself: *O professor se repetiu várias vezes.* The teacher repeated himself several times. 2 (fato) to recur: *É um problema que se repete em outras cidades.* It's a problem which recurs in other towns.
**replay** *s.* replay
**repleto** *adj.* **repleto de algo** full of sth: *O site está repleto de informações úteis.* The website is full of useful information.
**repolho** *s.* cabbage
**repor** *v.* 1 (substituir) to replace: *Ele ficou de repor os copos quebrados.* He said he would replace the broken glasses. 2 **repor uma aula** to make up a class: *Alguns alunos vão ter que repor aula durante as férias.* Some students will have to make up classes during the vacation.
**reportagem** *s.* 1 (matéria) report: *uma reportagem sobre a eleição* a report on the election 2 (atividade) reporting
**repórter** *s.* reporter
**reposição** *s.* 1 replacement: *peças de reposição* replacement parts 2 **reposição de aula** class make-up

**repouso** *s.* rest
**represa** *s.* **1** (barragem) dam **2** (lago) reservoir
**represália** *s.* reprisal: *Ninguém falou nada por medo de represálias.* No one said anything for fear of reprisals.
**representante** *s.* representative: *o representante da turma* the class representative
**representar** *v.* **1** (na maioria dos casos) to represent **2** (como ator) to act **3 representar um papel** to play a part: *Ele vai representar o papel de um vampiro no novo filme.* He's going to play the part of a vampire in the new movie.
**reprimir** *v.* **1** (sentimentos) to repress **2** (criminalidade) to crack down on: *A nova lei visa reprimir os motoristas alcoolizados.* The new law aims to crack down on drunk drivers.
**reprise** *s.* rerun
**reprodução** *s.* reproduction
**reproduzir** *v.* to reproduce
**reprovação** *s.* (em prova) failure
**reprovar** *v.* **1** (aluno) to fail: *A professora de Matemática me reprovou.* The math teacher failed me. **2 ser reprovado (em algo)** to fail (sth): *Fui reprovado em Biologia.* I failed biology.
**réptil** *s.* reptile
**república** *s.* **1** (país) republic **2** (casa de estudantes) shared house ▸ Se for apartamento, diz-se ***shared apartment***
**republicano** *s, adj.* republican
**reputação** *s.* reputation
**requeijão** *s.* cheese spread
**requentar** *v.* (comida) to reheat
**requerer** *v.* **1** (exigir) to require: *Ser atleta olímpico requer muita dedicação.* It requires a lot of dedication to become an Olympic athlete. **2** (passaporte, carteira etc.) to apply for: *Fui à Polícia Federal requerer o passaporte.* I went to the Federal Police to apply for my passport. **3** (benefício, direito) to claim
**requerimento** *s.* **1** (de documento) application (***de*** *for*): *um requerimento de passaporte* a passport application **2** (de benefício, direito) claim (***de*** *for*)
**requintado** *adj.* exquisite
**requisito** *s.* requirement (***para*** *for*)
**resenha** *s.* (de livro, filme) review
**reserva** *s fem.* **1** (em hotel, voo, restaurante) reservation: *O senhor tem reserva?* Do you have a reservation, sir? **2** (estoque) reserve: *uma reserva de dinheiro* a reserve of money **3** (área de proteção) reserve: *uma reserva natural* a nature reserve **4** (terra indígena) reservation **5** (dúvida) reservation: *Tenho algumas reservas sobre o plano.* I have some reservations about the plan. **6 de reserva** spare: *uma lâmpada de reserva* a spare bulb **7 fazer reserva** to make a reservation: *Você pode fazer reserva online.* You can make a reservation online. / *s masc/fem.* (jogador) substitute
**reservado** *adj.* (pessoa) reserved
**reservar** *v.* to reserve
**reservatório** *s.* **1** (lago) reservoir **2** (de combustível) tank
**resfriado** *adj.* **estar/ficar resfriado** to have/to get a cold: *Acho que estou ficando resfriado.* I think I'm getting a cold. / *s.* **1** cold **2 pegar um resfriado** to catch a cold
**resfriar** *v.* to cool / **resfriar-se** *v.* to catch a cold
**resgatar** *v.* **1** (salvar) to rescue: *A criança foi resgatada pelos bombeiros.* The child was rescued by firefighters. **2** (recuperar) to recover: *Consegui resgatar os dados do meu HD.* I managed to recover the data from my hard disk.
**resgate** *s.* **1** (salvamento) rescue: *uma operação de resgate* a rescue operation **2** (por refém) ransom: *A família do sequestrado decidiu pagar o resgate.* The family of the kidnapped man decided to pay the ransom.
**residência** *s.* **1** (casa oficial) residence: *a residência do prefeito* the mayor's residence **2** (domicílio) home: *Qual o endereço da sua residência?* What is your home address? **3** (direito de residir) residence
**residencial** *adj.* residential
**residente** *s, adj.* resident

**residir** *v.* to reside
**resistência** *s.* 1 (oposição) resistance 2 (fôlego) endurance
**resistente** *adj.* 1 (pessoa, material) tough 2 (relutante) resistant (***a*** *to*)
**resistir** *v.* 1 (ter resistência física) to make it: *Conseguiram resistir até o final da corrida.* They managed to make it to the end of the race. | *O ferido não resistiu.* The injured man didn't make it. 2 **resistir (a algo/alguém)** (lutar contra) to resist (sth/sb): *Resisti à tentação de colar na prova.* I resisted the temptation to cheat on the test. ▶ *Não resisti* diz-se ***I couldn't resist***: *Sei que não era para contar para ninguém, mas não resisti.* I know I wasn't supposed to tell anyone, but I couldn't resist. 3 **resistir a algo** (aguentar) to withstand sth: *O barraco não resistiu ao temporal.* The shack did not withstand the storm.
**resmungar** *v.* to grumble
**resolver** *v.* 1 (decidir) to decide: *Você já resolveu que roupa vai usar?* Have you decided what you're going to wear? 2 (tratar de) to straighten out (BRIT: to sort out): *Tenho várias coisas para resolver essa semana.* I have several things to straighten out this week. 3 (adiantar) to help: *Tomei remédio mas não resolveu.* I took a pill but it didn't help. 4 **resolver fazer algo** to decide to do sth: *Ela resolveu terminar com o namorado.* She decided to break up with her boyfriend. 5 **resolver um problema** to solve a problem 6 **resolver uma disputa** to settle a dispute
**respectivo** *adj.* respective
**respeitar** *v.* to respect
**respeitável** *adj.* respectable
**respeito** *s.* 1 (estima) respect (***a*** *for*): *Deveríamos ter respeito aos mais velhos.* We should have respect for our elders. 2 **a respeito de algo/alguém** about sth/sb: *O que é que o professor falou a respeito do trabalho?* What did the teacher say about the assignment? | *Ouvi coisas boas ao seu respeito.* I've heard good things about you. | *Não sei nada a respeito.* I don't know anything about it. 3 **dizer respeito a alguém/algo** to concern sb/sth: *Isso não diz respeito a você.* This does not concern you. 4 **faltar ao respeito com alguém** to show a lack of respect for sb: *Ele faltou ao respeito com a professora.* He showed a lack of respect for the teacher. 5 **no que diz respeito a alguém/algo** as far as sb/sth is concerned: *no que diz respeito aos meus estudos* as far as my studies are concerned 6 **uma falta de respeito** a lack of respect (***com*** *for*): *Isso é uma falta de respeito com o cidadão.* This is a lack of respect for citizens.
**respeitoso** *adj.* respectful
**respingar** *v.* to splash (***em*** *onto*): *O café respingou na minha calça branca.* The coffee splashed onto my white pants.
**respiração** *s.* breathing
**respirar** *v.* to breathe
**responder** *v.* 1 to answer: *Chamei a minha mãe, mas ela não respondeu.* I called my mom, but she didn't answer. **responder que sim/não** to answer yes/no 2 ▶ Também existe o verbo ***to reply*** que soa mais formal do que ***to answer***, mas que é mais comum quando se trata de uma resposta escrita. Note-se que o verbo ***to reply*** pede a preposição ***to*** antes do complemento: *Preciso responder ao e-mail dele.* I must reply to his email. 3 **responder a algo** to answer sth: *Ele não respondeu à minha pergunta.* He didn't answer my question. 4 **responder para alguém** to answer sb: *O professor não soube me responder.* The teacher wasn't able to answer me. 5 **responder (para alguém)** (ser abusado) to answer (sb) back: *Não se deve responder para o professor.* You shouldn't answer the teacher back.
**responsabilidade** *s.* 1 responsibility (***por*** *for*): *Isso não é da minha responsabilidade.* That isn't my responsibility. 2 **assumir responsabilidade por algo** to take responsibility for sth

**responsabilizar** *v.* **responsabilizar alguém por algo** to blame sb for sth: *A torcida responsabilizou o goleiro pela derrota.* The fans blamed the goalkeeper for the defeat. / **responsabilizar-se** *v.* to take responsibility (***por*** *for*)

**responsável** *adj.* responsible (***por*** *for*) / *s.* **1** (encarregado) person in charge: *Quero falar com o responsável.* I want to talk to the person in charge. **2 o responsável pela limpeza/pelas reservas etc.** the person in charge of cleaning/reservations etc. **3 o responsável pelo crime/pela derrota etc.** (culpado) the person responsible for the crime/the defeat etc.: *A polícia está atrás dos responsáveis.* The police are after those responsible.

**resposta** *s.* **1** answer (***a*** *to*): *Não recebi resposta à minha pergunta.* I didn't get an answer to my question. **2** (por escrito) reply (***a*** *to*): *Você já leu a resposta que te mandei?* Have you read the reply I sent you? **3** (reação) response (***a*** *to*): *A resposta à campanha de conscientização foi muito positiva.* The response to the awareness campaign has been very positive.

**ressaca** *s.* **1** (depois de beber) hangover **2** (do mar) swell **3 estar de ressaca** **a** (pessoa) to have a hangover **b** (mar) to be rough

**ressaltar** *v.* (acentuar) to bring out: *Essa cor ressalta os seus olhos.* That color brings out your eyes.

**ressecado** *adj.* **1** (pele, boca etc.) dry **2** (terra) parched

**ressentido** *adj.* resentful

**ressentimento** *s.* resentment

**ressonância** *s.* resonance
**ressonância magnética** (exame) MRI scan

**ressuscitar** *v.* (doente) to resuscitate

**restante** *s.* remainder

**restar** *v.* **1** (sobrar) to be left: *Quanto dinheiro resta?* How much money is left? ▸ Quando *restar* vem antes do sujeito em português, começa-se a frase por ***There is/are …*** em inglês, conforme os exemplos abaixo: *Ainda resta tempo.* There is still time left. | *Restam poucos ingressos para o show.* There aren't many tickets left for the concert. ▸ *me/nos resta(m) …* traduz-se por ***I/we have … left***: *Só nos resta uma semana de férias.* We only have one week of vacation left. | *Me restavam R$10,00.* I had 10 reais left. **2 resta saber se …** it remains to be seen whether …: *Resta saber se o plano vai dar certo.* It remains to be seen whether the plan will work.

**restaurante** *s.* restaurant
**restaurante a quilo** pay-per-pound buffet restaurant

**restaurar** *v.* to restore

**resto** *s.* **1** (restante) rest: *O que é que você fez com o resto do dinheiro?* What did you do with the rest of the money? **2 restos** **a** (de comida aproveitável) leftovers: *Hoje jantamos os restos de ontem.* Today we had yesterday's leftovers for dinner. **b** (de comida a jogar fora) scraps: *Ela deu os restos ao cachorro.* She gave the scraps to the dog. **c** (de cadáver) remains **3 do resto** (no mais) otherwise: *Do resto está tudo bem.* Otherwise everything's fine. **4 um resto de arroz/café etc.** some leftover rice/coffee etc.: *Tem um resto de sorvete no freezer.* There's some leftover ice cream in the freezer.

**restrição** *s.* restriction (***a*** *on*)

**restrito** *adj.* restricted

**resultado** *s.* **1** result **2 dar resultado** (surtir efeito) to work: *O plano não deu resultado.* The plan didn't work.

**resultar** *v.* **1** to result (***de*** *from*) **2 resultar em algo** to result in sth: *A discussão resultou em pancadaria.* The argument resulted in a brawl.

**resumir** *v.* to summarize

**resumo** *s.* **1** summary **2 em resumo** in short

**reta** *s.* straight line

**retalho** *s.* **1** (para remendar) patch **2** (resto) scrap **3 colcha de retalhos** patchwork quilt

**retangular** *adj.* rectangular

**retângulo** *s.* rectangle
**retardatário** *s.* 1 (que chega atrasado) latecomer 2 (em corrida) straggler
**reter** *v.* 1 (memorizar) to remember: *Não vou conseguir reter o nome de todo mundo.* I won't be able to remember everybody's name. 2 (guardar) to keep: *Retiveram o meu passaporte.* They kept my passport. 3 **reter alguém** (atrasar) to hold sb up: *Não quero reter você.* I don't want to hold you up. 4 **reter as lágrimas** to hold back your tears
**retificar** *v.* **retificar algo** to put sth right
**retirada** *s.* (de tropas) retreat
**retirar** *v.* 1 (afastar) to take away: *Retirei a mão quando o cachorro tentou me morder.* I took my hand away when the dog tried to bite me. 2 (bilhete, ingresso) to pick up: *Temos que retirar os ingressos na bilheteria.* We have to pick up the tickets at the box office. 3 (fazer sair) to take out: *Retiraram as crianças da sala.* They took the children out of the room. 4 (palavras) to take back: *Você retira o que falou?* Do you take back what you said?
**reto** *adj, adv.* straight: *Continue reto.* Keep going straight.
**retocar** *v.* 1 (maquiagem, foto) to touch up: 2 (texto) to perfect
**retomar** *v.* (começar de novo) to resume
**retoque** *s.* 1 **dar os últimos retoques em algo** to put the finishing touches to sth 2 **dar um retoque em algo** to fix sth
**retornar** *v.* 1 (devolver) to give back: *O taxista me retornou o troco.* The taxi driver gave me back the change. 2 (regressar) to return
**retorno** *s.* 1 (regresso) return (*a to*) 2 (resposta) response 3 (reação) feedback 4 (faixa da estrada) U-turn lane 5 **dar retorno** (na estrada) to make a U-turn (BRIT: to do a U-turn) 6 **dar um retorno a alguém** (dar resposta) to get back to sb
▸ Em correspondências, a frase *Aguardo o seu retorno* pode ser traduzida por ***I look forward to hearing from you***.

**retrasado** *adj.* before last: *o ano retrasado* the year before last
**retratar** *v.* (descrever) to portray (***como*** *as*) / **retratar-se** *v.* **retratar-se de algo** to take sth back: *Ele foi obrigado a se retratar.* He was forced to take it back.
**retrato** *s.* 1 (quadro) portrait 2 (descrição) portrayal (***como*** *as*) 3 (foto) picture
**retribuir** *v.* 1 (por algo recebido) to reciprocate 2 (favor, gentileza) to return
**retrovisor** *s.* rearview mirror
**réu** *s.* defendant
**reumatismo** *s.* rheumatism
**reunião** *s.* 1 (de trabalho) meeting 2 (social) get-together 3 **fazer uma reunião** **a** (de trabalho) to have a meeting **b** (social) to have a get-together
**reunir** *v.* 1 (pessoas) to bring together 2 (dados, documentos) to collect / **reunir-se** *v.* 1 (de trabalho) to meet (***com*** *with*) 2 (amigos) to get together (***com*** *with*)
**revanche** *s.* 1 (jogo) return game (BRIT: return match) 2 (desforra) revenge
**réveillon** *s.* New Year's Eve
**revelação** *s.* 1 (de segredo etc.) revelation 2 (de fotos) development 3 (artista novo) promising newcomer
**revelar** *v.* 1 (segredo etc.) to reveal 2 (fotos) to develop
**rever** *v.* 1 (fazer revisão de) to revise 2 (ver de novo) to see again 3 (repensar) to review
**reverência** *s.* 1 (movimento) bow 2 **fazer uma reverência** to bow
**reversível** *adj.* reversible: *uma faixa reversível* a reversible lane
**reverso** *s.* reverse
**revés** *s.* setback
**revestir** *v.* 1 (cobrir) to cover (***de*** *with*) 2 (forrar) to line (***de*** *with*) 3 (com tinta, líquido) to coat (***de*** *with*)
**revezamento** *s.* (corrida) relay
**revezar** *v.* 1 to take turns (***com*** *with*) 2 **revezar alguém** (entrar no lugar de) to take over from sb / **revezar-se** *v.* to take turns

**revidar** *v.* 1 (a ataque) to strike back 2 (a ofensas, críticas) to hit back 3 (soco, ofensa, etc.) to return

**revirar** *v.* 1 (gaveta, armário etc.) to turn inside out: *Ela revirou a bolsa atrás da chave.* She turned her bag inside out looking for the key. 2 **revirar os olhos** to roll your eyes

**reviravolta** *s.* 1 turnaround 2 **dar uma reviravolta** to take an unexpected turn

**revisão** *s.* 1 (de carro, aparelho) service 2 (de texto) revision

**revisar** *v.* 1 (carro, aparelho) to service 2 (texto) to revise

**revista** *s.* 1 (publicação) magazine: *uma revista feminina* a women's magazine 2 (de tropas) review 3 (busca) search 4 **passar algo/alguém em revista** to review sth/sb

**revistar** *v.* to search

**revitalizar** *v.* (bairro) to redevelop

**reviver** *v.* 1 (relembrar, voltar a sentir) to relive 2 (voltar à vida) to revive

**revolta** *s.* 1 (indignação) anger (***com*** *at*) 2 (rebelião) revolt

**revoltado** *adj.* (indignado) angry (***com*** *at/about*)

**revoltante** *adj.* disgusting

**revoltar-se** *v.* 1 (indignar-se) to be angry (***com*** *at*) 2 (rebelar-se) to revolt (***contra*** *against*)

**revolto** *adj.* 1 (mar) choppy 2 (cabelo) ruffled

**revolução** *s.* revolution

**revolucionar** *v.* to revolutionize

**revolucionário** *adj, s.* revolutionary

**revólver** *s.* revolver

**rezar** *v.* 1 to pray (***por*** *for*) 2 **rezar para algo/alguém fazer algo** to pray sth/sb does sth: *Temos que rezar para não chover.* We have to pray it doesn't rain.

**riacho** *s.* creek

**rico** *adj.* rich (***em*** *in*) / *s.* 1 rich man 2 **os ricos** (em geral) rich people ▸ Na linguagem mais formal, também se diz ***the rich***.

**ridicularizar** *v.* to ridicule

**ridículo** *adj.* ridiculous

**rifa** *s.* 1 (sorteio) raffle 2 (bilhete) raffle ticket

**rifar** *v.* to raffle

**rígido** *adj.* 1 (duro) hard: *um disco rígido* a hard disk 2 (severo) strict

**rigoroso** *adj.* 1 (na maioria dos casos) strict 2 (inverno, seca, repressão) harsh

**rijo** *adj.* rigid

**rim** *s.* kidney

**rima** *s.* rhyme

**rimar** *v.* to rhyme

**rímel** *s.* mascara

**ringue** *s.* ring

**rinite** *s.* **rinite alérgica** hay fever

**rinoceronte** *s.* rhinoceros

**rinque** rink: *um rinque de patinação* a skating rink

**rio** *s.* 1 river: *o rio São Francisco* the São Francisco River 2 **rio acima/abaixo** upstream/downstream

▸ No inglês americano, costuma-se colocar ***River*** depois do nome, p.ex., ***the Hudson River***, enquanto, no inglês britânico, vem antes, p.ex., ***the River Thames***.

**riqueza** *s.* 1 (dinheiro) wealth 2 (qualidade de rico) richness 3 **riquezas** riches

**rir** *v.* 1 to laugh (***de*** *at*) 2 **fazer alguém rir** to make sb laugh 3 **morrer de rir** to fall about laughing

**risada** *s.* 1 laugh 2 **dar risada** to laugh

**risca** *s.* 1 (linha) line 2 (listra) stripe 3 (do cabelo) part (BRIT: parting) 4 (arranhão) scratch 5 **à risca** to the letter

**riscar** *v.* 1 (rasurar) to cross out 2 (arranhar) to scratch 3 (rabiscar em) to scribble on 4 **riscar um fósforo** to strike a match

**risco** *s.* 1 (perigo) risk 2 (arranhão) scratch 3 (rasura) crossing-out: *um texto cheio de riscos* a text full of crossings-out 4 **correr risco** to be at risk 5 **correr o risco de fazer algo** to risk doing sth: *Os praticantes de esportes radicais correm o risco de se machucarem.* People who do radical sports risk getting hurt.

**riso** *s.* 1 laughter 2 **risos** laughter *[sg.]*

**risonho** *adj.* 1 (rosto) smiling 2 (pessoa) cheerful

**ríspido** *adj.* rude (***com*** *to*)

**ritmo** *s.* 1 (de música) rhythm 2 (velocidade) pace: *num ritmo lento* at a slow pace
**ritual** *s, adj.* ritual
**rival** *adj, s.* 1 rival 2 **sem rivais** unrivalled
**rivalidade** *s.* rivalry
**rixa** *s.* feud
**robe** *s.* robe (BRIT: dressing gown)
**robô** *s.* robot
**robusto** *adj.* robust
**roça** *s.* 1 (zona rural) country: *Eles moram na roça.* They live in the country. 2 (propriedade rural) farm: *Ele trabalha na roça.* He works on the farm.
**roçar** *v.* to brush (***em*** *against*)
**rocha** *s.* rock
**rochedo** *s.* rock face
**rock** *s, adj.* rock: *uma banda de rock* a rock band
**roda** *s.* 1 (peça) wheel 2 (de pessoas) circle: *Sentamos numa roda.* We sat in a circle. 3 **fazer uma roda** to form a circle
**roda dentada** cog
**rodada** *s.* round
**roda-gigante** *s.* Ferris wheel (BRIT: big wheel)
**rodamoinho** *s.* 1 (em água) whirlpool 2 (de vento) whirlwind 3 (de cabelo) swirl
**rodapé** *s.* 1 (de página) footer 2 (de parede) baseboard (BRIT: skirting board) 3 **nota de rodapé** footnote
**rodar** *v.* 1 (programa, vídeo) to run 2 (filme, cena) to shoot 3 (distância) to do: *O carro já rodou uns 50.000 km.* The car's already done about 50,000 km. 4 (percorrer) to go around: *Rodamos a cidade inteira.* We went around the whole town. 5 (girar) to turn around
**rodeado** *adj.* surrounded (***de*** *by*)
**rodear** *v.* to encircle
**rodeio** *s.* 1 (event) rodeo 2 **falar sem rodeios** to come straight out with it 3 **fazer rodeios** to beat around the bush
**rodela** *s.* 1 (fatia) slice: *uma rodela de limão* a slice of lemon 2 (peça) washer
**rodízio** *s.* 1 rota 2 **rodízio de carnes/sushi etc.** all-you-can-eat barbecue/sushi etc.
**rodo** *s.* 1 (de puxar água) squeegee 2 **dinheiro a rodo** oceans of money
**rodopiar** *v.* 1 (dançarino etc.) to whirl around 2 (poeira etc.) to swirl
**rodovia** *s.* highway (BRIT: motorway)
**rodoviária** *s.* bus station (BRIT: coach station)
**rodoviário** *adj.* 1 road: *um mapa rodoviário* a road map 2 **polícia rodoviária** highway patrol (BRIT: traffic police)
**roer** *v.* 1 to gnaw 2 **roer as unhas** to bite your nails
**rojão** *s.* rocket
**rolante** *adj.* **escada rolante** escalator
**rolar** *v.* 1 (mover[-se] girando) to roll 2 (acontecer) to happen: *A viagem não rolou.* The trip didn't happen. ▸ Quando vem no começo da frase nessa acepção, traduz-se por ***there is/are***: *Rolou uma briga entre os dois.* There was a fight between the two of them. 3 **rolar na cama** to toss and turn
**roleta** *s.* 1 (catraca) turnstile 2 (jogo) roulette
**rolha** *s.* 1 (de cortiça) cork 2 (de vidro, borracha etc.) stopper
**rolo** *s.* 1 (de papel, filme etc.) roll 2 (para pintar ou nivelar) roller 3 (bobe) roller 4 (confusão) brawl
**rolo compressor** steamroller **rolo de massa** rolling pin
**Roma** *s.* Rome
**romã** *s.* pomegranate
**romance** *s.* 1 (livro) novel 2 (namoro) romance
**romancista** *s.* novelist
**romano** *adj, s.* Roman
**romântico** *adj.* romantic
**romantismo** *s.* (qualidade de romântico) romance
**rombo** *s.* hole
**romper** *v.* 1 (relações, noivado etc.) to break off 2 (contrato, acordo) to break 3 (terminar namoro) to break up (***com*** *with*) 4 (barreiras) to break down 5 **romper com algo** (rotina, tradição etc.) to break with sth / **romper-se** *v.* 1 (corda) to snap 2 (barragem) to burst
**roncar** *v.* 1 (dormindo) to snore 2 (estômago) to rumble

**ronco** *s.* 1 (de quem dorme) snore 2 (de motor) roar 3 **roncos** snoring *[sg.]*
**ronda** *s.* 1 rounds *[pl.]* 2 **fazer a ronda** to make your rounds (BRIT: to do your rounds)
**rondar** *v.* (animal, assaltante etc.) to prowl around
**roque** *s.* (em xadrez) rook
**roqueiro** *s.* rocker
**rosa** *s.* 1 (flor) rose 2 (cor) pink / *adj.* pink
**rosário** *s.* rosary
**rosbife** *s.* roast beef
**rosca** *s.* 1 (biscoito) doughnut 2 (de parafuso) thread
**rosê** *adj, s.* (vinho) rosé
**roseira** *s.* rose bush
**rosnar** *v.* (cachorro) to growl
**rosto** *s.* face: *Ele tem uma marca no rosto.* He has a scar on his face.
**rota** *s.* route
**rotatória** *s.* traffic circle (BRIT: roundabout)
**roteirista** *s.* scriptwriter
**roteiro** *s.* 1 (de viagem) itinerary 2 (de filme, novela) script
**rotina** *s.* routine: *um exame de rotina* a routine exam
**rotineiro** *adj.* routine
**rótula** *s.* (do joelho) kneecap
**rotular** *v.* 1 to label 2 **rotular alguém/algo de algo** to label sb/sth (as) sth: *Ele foi rotulado de trapaceiro.* He was labeled a cheat. ▸ Repare no uso do artigo indefinido ***a*** em inglês.
**rótulo** *s.* label
**roubada** *s.* (mau negócio) rip-off
**roubar** *v.* 1 (dinheiro, objeto etc.) to steal (*de from*): *Roubaram a minha bicicleta.* My bike's been stolen. 2 (casa) to burglarize (BRIT: to burgle) 3 (em jogo) to cheat 4 **roubar alguém** to rob sb: *Ela foi roubada.* She was robbed.
**roubo** *s.* 1 (de dinheiro, objeto) theft 2 (de pessoa, loja) robbery 3 **ser um roubo** (mau negócio) to be a rip-off
**roubo de casa** burglary
**rouco** *adj.* 1 (afônico) hoarse 2 (voz) husky
**round** *s.* round
**roupa** *s.* 1 (tb roupas) clothes *[pl.]*: *Ela tem muita roupa.* She has a lot of clothes. 2 (conjunto) outfit: *Comprei uma roupa nova para a festa.* I bought a new outfit for the party. | *Essa roupa ficou legal em você.* That outfit looks good on you. 3 (suja ou lavada) laundry (BRIT: washing): *Estendi a roupa no varal.* I hung the laundry on the clothesline. 4 **roupa para passar** ironing
**roupa de baixo** underwear **roupa de banho** bath linen **roupa de cama** bed linen **roupa íntima** underwear
**roupão** *s.* bathrobe
**roxo** *adj.* 1 (de cor roxa) purple 2 (machucado) bruised / *s.* 1 (cor) purple 2 (hematoma) bruise
**rua** *s.* 1 street: *a rua Tiradentes* Tiradentes Street ▸ *na rua* traduz-se por ***on the street*** no inglês americano, e ***in the street*** no inglês britânico: *Ela mora na mesma rua que eu.* She lives on the same street as me. 2 **na rua** (fora de casa) out: *Passei o dia inteiro na rua.* I've been out all day. | *Vamos comer uma coisa na rua.* Let's eat something out. / *interj.* get out!
**rubéola** *s.* German measles *[sg.]*
**rubi** *s.* ruby
**rúcula** *s.* arugula (BRIT: rocket)
**rude** *adj.* (grosseiro) rude
**ruela** *s.* backstreet
**ruga** *s.* wrinkle
**rugado** *adj.* wrinkled
**rúgbi** *s.* rugby
**rugir** *v.* to roar
**ruído** *s.* 1 (barulho) noise 2 **ruídos** (interferência) interference
**ruim** *adj.* 1 bad 2 **achar ruim** (ficar nervoso) to get mad 3 **ser ruim com alguém** to be mean to sb 4 **ser ruim em algo** to be bad at sth
**ruína** *s.* 1 ruin 2 **levar alguém/algo à ruína** to ruin sb/sth
**ruir** *v.* 1 (prédio etc.) to collapse 2 (sonho etc.) to crumble
**ruivo** *adj.* 1 (pessoa) red-haired 2 (cabelo) red / *s.* redhead
**rulê** *adj.* **gola rulê** turtleneck

**rum** *s.* rum
**rumo** *s.* **1** (rota) course **2** (direção) heading **3** **ir rumo a algo** to be bound for sth **4** **sem rumo** aimlessly
**rural** *adj.* **1** rural **2** **a zona rural** the countryside
**rush** *s.* rush hour
**Rússia** *s.* Russia
**russo** *adj, s.* Russian
**rústico** *adj.* rustic

# S

**S, s** *s.* S, s
**sábado** *s.* Saturday: *no sábado* on Saturday
**sabão** *s.* **1** (em geral) soap **2** (para lavar roupa) laundry detergent (BRIT: washing powder)
**sabatina** *s.* quiz (BRIT: test)
**sabedoria** *s.* wisdom
**saber** *v.* **1** (na maioria dos casos) to know: *Você sabe que ônibus vai ao centro?* Do you know which bus goes downtown? | *Não sei o nome dela.* I don't know her name. | *Se eu soubesse, não teria vindo.* If I'd have known, I wouldn't have come. **2** (ficar sabendo) to hear: *Eu soube que você está namorando.* I heard you're seeing someone. **3** (descobrir) to find out: *Vou tentar saber quem é o responsável.* I'm going to try and find out who is responsible. **4 saber de algo** **a** (ter conhecimento) to know about sth: *Eu não sabia nada da festa.* I didn't know anything about the party. **b** (tomar conhecimento) to hear about sth: *Como você soube do show?* How did you hear about the concert? **c** (descobrir) to find out about sth: *Quando meu pai souber disso, vai brigar comigo.* When my dad finds out about this, he's going to tell me off. **5 saber fazer algo** to know how to do sth: *Você sabe consertar um pneu furado?* Do you know how to fix a flat tire? ▶ Quando se trata de uma habilidade que se aprende, pode-se usar o verbo ***can*** também: *Você sabe ler chinês?* Can you read Chinese? | *Ele não sabe nadar.* He can't swim. **6 eu sei disso/ele sabe disso etc.** I know that/he knows that etc.: *"Temos que entregar o trabalho amanhã."* – *"Eu sei disso."* "We have to turn in the assignment tomorrow." – "I know that". **7 já sei!** I know!: *Já sei! Vamos gravar um vídeo!* I know! Let's record a video! **8 nunca se sabe** you never know **9 que eu saiba/até onde eu sei** as far as I know **10 quem sabe?** who knows? **11 quem sabe ... (não) ...** (talvez) maybe: *Quem sabe não é melhor assim.* Maybe it's better this way. **12 sei lá** I don't know / *s.* knowledge
**sabiá** *s.* thrush
**sabichão** *s.* know-it-all (BRIT: know-all)
**sábio** *adj.* wise
**sabonete** *s.* soap ▶ ***Soap*** é incontável, portanto *um sabonete* diz-se ***a bar of soap***
**sabor** *s.* **1** flavor (BRIT: flavour): *Você gosta de sorvete de que sabor?* What flavor ice cream do you like? **2 com sabor de banana/morango etc.** banana-flavor/strawberry-flavor etc.: *um milkshake com sabor de chocolate* a chocolate-flavor milkshake **3 sem sabor** tasteless
**saborear** *v.* to savor (BRIT: savour)
**saboroso** *adj.* tasty
**saca** *s.* sack
**sacada** *s.* **1** (varanda) balcony **2** (ideia) idea: *Ela tem umas boas sacadas.* She has some good ideas.

**sacar** *v.* 1 (dinheiro do banco) to draw out (*de* *from*): *Posso sacar dinheiro com esse cartão?* Can I draw money out with this card? ▸ Na linguagem mais formal, usa-se o verbo **to withdraw**. 2 (arma, faca) to draw: *O policial sacou a arma.* The police officer drew his gun. 3 (em vôlei, tênis etc.) to serve 4 (entender) to get: *Saquei o que ele queria dizer.* I got what he meant.

**saca-rolha** *s.* corkscrew

**sacerdote** *s.* priest

**saco** *s.* 1 (sacola, pacote) bag: *um saco plástico* a plastic bag 2 **encher o saco** to be annoying: *Aquele barulho enche o saco.* That noise is annoying. 3 **encher o saco de alguém** to annoy sb: *Ele está me enchendo o saco.* He's annoying me. 4 **estar de saco cheio** to be fed up (*com* *with*) 5 **que saco!** a (que chateação) what a pain! b (que tédio) how boring! 6 **ser/estar um saco** to be a drag
**saco de dormir** sleeping bag **saco de lixo** garbage bag (BRIT: rubbish bag)

**sacola** *s.* bag

**sacolejar** *v.* to shake

**sacrificar** *v.* 1 (abrir mão de) to sacrifice: 2 **sacrificar um animal** (no veterinário) to have an animal put down: *Tivemos que sacrificar o nosso cachorro.* We had to have our dog put down.

**sacrifício** *s.* 1 sacrifice 2 **fazer sacrifício** to make sacrifices 3 **ser um sacrifício fazer algo** to be a struggle doing sth: *Foi um sacrifício subir o morro de bicicleta.* It was a struggle cycling up the hill.

**sacudir** *v.* to shake

**sadio** *adj.* healthy

**safar-se** *v.* 1 (não ser punido) to get away with it: *Ele roubou milhões e conseguiu se safar.* He stole millions and managed to get away with it. 2 (virar-se) to get by: *A Tati sabe se safar sozinha.* Tati knows how to get by on her own. 3 (fugir) to get away: *O ladrão se safou.* The thief got away. 4 **safar-se de algo** (livrar-se de obrigação) to get out of sth: *O Carlos não veio à aula para se safar da prova.* Carlos didn't come to class to get out of the test.

**safo** *adj.* (esperto) streetwise

**safra** *s.* crop: *a safra de soja deste ano* this year's soy crop

**sagitariano** *s, adj.* 1 Sagittarian 2 **ser sagitariano** to be a Sagittarius

**Sagitário** *s.* (signo) Sagittarius

**sagrado** *adj.* sacred

**saguão** *s.* 1 (de hotel, prédio) lobby 2 (de aeroporto, estação) concourse

**saia** *s.* skirt

**saída** *s.* 1 (porta) exit: *Onde fica a saída?* Where is the exit? 2 (de rodovia) exit: *Pegue a saída para o aeroporto internacional.* Take the exit for the international airport. 3 (partida) departure 4 (opção) way out: *Não tínhamos outra saída.* We had no other way out. 5 **dar uma saída** (sair) to go out 6 **estar de saída** to be on your way out: *Eu estava de saída quando você ligou.* I was on my way out when you called. 7 **na saída (de algo)** (ao sair) on the way out (of sth): *Encontrei meu primo na saída do cinema.* I met my cousin on the way out of the movie theater.
**saída de emergência** emergency exit **saída de praia** (canga) beach wrap

**sair** *v.* 1 (ir/vir para fora) to go/come out (*de* *of*): *A Karina passou mal e teve que sair da sala.* Karina felt sick and had to go out of the class. | *Vi o Rafael saindo de uma loja.* I saw Rafael coming out of a store. | *Abri a torneira, mas não saiu água.* I turned on the faucet, but no water came out. ▸ Quando o sentido é *conseguir sair*, usa-se ***to get out***: *O ladrão saiu pela janela do banheiro.* The thief got out through the bathroom window. ▸ Expressões tais como *sair correndo, sair de fininho* etc. traduzem-se para o inglês usando um verbo que denota a maneira de se deslocar junto com o advérbio ***out***: *O cachorro saiu correndo para me cumprimentar.* The dog ran out to greet me. | *O Pedro saiu de fininho da sala de aula.* Pedro snuck out of the class. **2** (partir) to leave: *O avião sai às 11h30.* The plane leaves at 11.30. **3** (para se divertir) to go out: *Você saiu no sábado à noite?* Did you go out on Saturday night? **4** (desprender-se) to come off: *A tinta está saindo da porta.* The paint is coming off the door. **5** (ser publicado ou lançado) to come out: *A revista sai nas bancas amanhã.* The magazine comes out tomorrow. **6** (em jornal, na TV etc.) to be: *A foto saiu no jornal de ontem.* The picture was in yesterday's paper. | *Saiu no noticiário que a polícia prendeu um suspeito.* It was on the news that the police have arrested a suspect. **7** (sol, lua) to come out **8** (mancha) to come out **9 sair com algo** (dizer) to come out with sth: *A Laís sai com cada uma!* Laís comes out with the most amazing things! **10 sair de algo** (deixar) to leave sth: *Saímos da festa à meia-noite.* We left the party at midnight. **11 sair de casa** to leave home: *Saio de casa às sete da manhã.* I leave home at seven in the morning. **12 sair mais barato/mais caro** to work out cheaper/more expensive **13 sair por ...** to work out at ...: *A viagem saiu por R$100,00 por pessoa.* The trip worked out at R$100 per person. / **sair-se** *v.* **1** (conseguir) to fare: *Como você se saiu na competição?* How did you fare in the competition? **2 sair-se bem/mal** to fare well/badly

**sal** *s.* salt

**sala** *s.* **1** (em casa) living room (BRIT: lounge) **2** (de aula) class **3** (escritório) office **4** (para concerto etc.) hall

**sala de aula** classroom **sala de bate-papo, sala de chat** chat room **sala de embarque** departure lounge **sala de espera** waiting room **sala de jantar** dining room **sala de operações** operating room (BRIT: operating theatre) **sala de TV** TV room **sala íntima** den (BRIT: family room)

**salada** *s.* salad: *uma salada de tomate e cebola* a tomato and onion salad

**salada de frutas** fruit salad

**salame** *s.* salami

**salão** *s.* **1** (em aeroporto, hotel etc.) lounge **2** (de cabeleireiro) salon **3** (feira) show: *um salão náutico* a boat show

**salão de beleza** beauty salon **salão de cabeleireiro** hairdressing salon **salão de festas** party room

**salário** *s.* salary

**salário mínimo** minimum wage

**saldo** *v.* (de conta) balance

**saleiro** *s.* salt shaker (BRIT: salt cellar)

**salgadinho** *s.* **1** (coxinha, empadinha etc.) savory pastry **2 salgadinhos** **a** (de pacote) snacks **b** (em coquetel) canapés

**salgado** *adj.* **1** (com muito sal) salty **2** (não doce) savory (BRIT: savoury) **3** (preço) steep **4 água salgada** salt water

**salgar** *v.* **1** (pôr sal) to salt **2** (exagerar no sal) to oversalt

**saliva** *s.* saliva

**salmão** *s.* **1** (peixe) salmon **2** (cor) salmon pink

**salmão defumado** smoked salmon

**salpicar** *v.* **1** (polvilhar) to sprinkle (***de** with*) **2** (manchar) to splash (***de** with*)

**salsa** *s.* **1** (erva) parsley **2** (música) salsa

**salsicha** *s.* frankfurter

**saltador** *s.* (atleta) diver

**saltar** *v.* **1** (dar um pulo) to leap: *Saltei da cama para atender o telefone.* I leapt out of bed to answer the phone. **2** (transpor) to leap over: *O cavalo saltou a cerca e fugiu.* The horse leapt over the fence and ran away. **3** (de veículo) to get off: *Salte na estação Luz.* Get off at Luz station. | *Saltei do ônibus em frente ao museu.* I got off the bus outside the museum. **4** (na água) to dive: *O salva-vidas saltou na piscina para salvar o menino.* The lifeguard dived into the pool to save the boy. **5** (omitir) to skip **6 saltar de paraquedas** to skydive

**saltitar** *v.* **1** (pessoa) to skip **2** (pássaro) to hop

**salto** *s.* 1 (de sapato) heel 2 (pulo) leap 3 (ornamental) dive 4 **estar de salto (alto)** to be in (high) heels
**salto com vara** pole vault **salto em altura** high jump **salto em distância** long jump **salto mortal** somersault **saltos ornamentais** (modalidade) diving **salto triplo** triple jump

**salva** *s.* **salva de palmas** round of applause

**salvar** *v.* (tb em informática) to save / **salvar-se** *v.* 1 (não morrer) to survive 2 **salvar-se de algo** to survive sth: *O motorista se salvou do acidente.* The driver survived the accident.

**salva-vidas** *s.* lifeguard / *adj.* 1 **bote salva-vidas** life raft 2 **colete salva-vidas** life vest (BRIT: life jacket)

**salvo** *adj.* 1 safe. 2 **estar a salvo** to be safe (*de from*) 3 **são e salvo** safe and sound / **salvo** *prep.* (exceto) save

**samambaia** *s.* fern

**samba** *s.* samba

**samba-canção** *s.* **cueca samba-canção** boxer shorts *[pl.]*

**sambar** *v.* to dance the samba

**sandália** *s.* (o par) sandals *[pl.]*: *Comprei uma sandália nova.* I bought some new sandals. | *duas sandálias* two pairs of sandals ▸ O singular ***sandal*** refere-se a um pé.

**sanduíche** *s.* sandwich: *um sanduíche de presunto* a ham sandwich

**saneamento** *s.* **saneamento básico** basic sanitation

**sanfona** *s.* accordion

**sangrar** *v.* to bleed

**sangue** *s.* blood

**sanidade** *s.* **sanidade mental** sanity

**sanitário** *adj.* **água sanitária** bleach / *s.* (banheiro) rest room (BRIT: toilet)

**santo** *s.* saint: *Santo André* Saint Andrew / *adj.* 1 holy: *a Terra Santa* the Holy Land 2 **todo santo dia** every single day

**são, sã** *adj.* 1 (mentalmente) sane 2 **são e salvo** safe and sound: *Chegamos sãos e salvos.* We arrived safe and sound. / **São** *s.* Saint: *São Pedro* Saint Peter

**sapataria** *s.* shoe store (BRIT: shoe shop)

**sapateado** *s.* tap dancing

**sapateiro** *s.* (que conserta) shoe repairer

**sapatilha** *s.* 1 (de balé) ballet shoes *[pl.]* 2 (sapato sem salto) flats (BRIT: pumps) *[pl.]*

**sapato** *s.* 1 (o par) shoes *[pl.]*: *Esse sapato não combina com a minha calça.* These shoes don't go with my pants. 2 **um sapato** some shoes/a pair of shoes: *Preciso de um sapato novo.* I need some new shoes. | *Acabei comprando dois sapatos.* I ended up buying two pairs of shoes. ▸ O singular **shoe** refere-se a um pé.

**sapo** *s.* toad

**saque** *s.* 1 (de dinheiro) withdrawal 2 (em vôlei, tênis etc.) serve 3 (de lojas) looting

**saquear** *v.* (lojas) to loot

**sarado** *adj.* (musculoso) toned

**sarampo** *s.* measles

**sarar** *v.* 1 (melhorar) to get better 2 (machucado, ferida) to heal 3 **sarar de algo** to get over sth: *Você já sarou da gripe?* Have you gotten over the flu?

**sarda** *s.* (na pele) freckle

**sardinha** *s.* 1 (peixe) sardine 2 (como comida) sardines *[pl.]* 3 **como sardinha em lata** packed like sardines

**sargento** *s.* sergeant

**sarjeta** *s.* gutter

**satélite** *s.* satellite

**satírico** *adj.* satirical

**satisfação** *s.* 1 (contentamento) satisfaction 2 (prazer) pleasure 3 **dar satisfações a alguém** to explain yourself to sb 4 **pedir satisfações a alguém** to ask sb for an explanation 5 **tirar satisfações com alguém** to have it out with sb

**satisfatório** *adj.* satisfactory

**satisfazer** *v.* to satisfy / **satisfazer-se** *v.* (contentar-se) to be satisfied (***com*** *with*)

**satisfeito** *adj.* 1 (contentado) satisfied (***com*** *with*): *Meu pai não ficou satisfeito com a minha desculpa.* My dad wasn't satisfied with my excuse. 2 (feliz) pleased (***com*** *with*): *Estou muito satisfeito com a nota que tirei.*

I'm very pleased with the grade I got. 3 (de comer) full: *"Quer mais?" - "Obrigada, estou satisfeita."* "Do you want some more?" - "No thanks, I'm full".

**saturado** *adj.* 1 (rua, bairro etc.) congested (***de*** *with*) 2 **estar/ficar saturado de algo** (farto) to be/get fed up with sth

**saudade** *s.* 1 **estar com/sentir saudade(s) (de alguém/algo)** to miss sb/sth: *Estou com saudade da minha família.* I miss my family. | *Sinto saudades daquela época.* I miss that time. ▸ O verbo ***miss*** exige um complemento: *Que bom te ver! Estava com saudade!* It's so nice to see you! I missed you! ▸ *estar/sentir saudade(s) de casa/do seu país* pode-se traduzir também por ***to be/feel homesick***: *Sinto muita saudade de casa.* I feel very homesick./I miss home a lot. 2 **estar morrendo de saudades de alguém** to miss sb like crazy 3 **matar saudades (de alguém)** to catch up (with sb): *Vamos nos encontrar e matar saudades!* Let's meet and catch up! 4 **matar saudades de algo** to get a dose of sth: *Ela foi matar saudades da terra dela.* She's gone to get a dose of home. 5 **que saudade (de alguém/algo)!** I miss sb/sth so much!: *Que saudade do Brasil!* I miss Brazil so much!

**saudar** *v.* 1 (cumprimentar) to salute: *Os jogadores saudaram a torcida.* The players saluted the fans. 2 (decisão, atitude) to welcome

**saudável** *adj.* healthy

**saúde** *s.* 1 health 2 **fazer bem à saúde** to be good for you: *As maçãs fazem bem à saúde.* Apples are good for you. / *interj.* 1 (ao brindar) cheers! 2 (para quem espirra) bless you!

**sauna** *s.* 1 sauna 2 **fazer sauna** to take a sauna

**saxofone** *s.* saxophone

**scanner** *s.* scanner

**se**[1] *conj.* 1 (em frases condicionais) if: *Se chover, vou ficar em casa.* If it rains I'll stay at home. 2 (em perguntas indiretas) if, whether ▸ Os dois são muito usados: *Ela me perguntou se eu conhecia você.* She asked me if I knew you. | *Não sei se devo ou não contar para os meus pais.* I don't know whether I should tell my parents or not. 3 **como se** as if: *Ela abriu a boca, como se quisesse dizer algo.* She opened her mouth as if she wanted to say something. / **se bem que** *conj.* though: *Ele não fala muito bem inglês, se bem que entende tudo.* He doesn't speak English very well, though he understands everything. ▸ Na linguagem falada, é comum colocar a palavra ***though*** no final da frase, quando essa vem mais afastada da frase anterior: *Eu sei jogar xadrez, sim. Se bem que não jogo muito bem.* I do know how to play chess. I don't play very well, though.

**se**[2] *pron.* 1 ▸ Não existem verbos pronominais em inglês e, portanto, o pronome *se* não se traduz, a não ser no caso de alguns verbos com sentido reflexivo. Nesse caso, *se* traduz-se por ***himself*** (ele mesmo), ***herself*** (ela mesma), ***itself*** (ele mesmo/ela mesma, referente a coisa ou animal), ***yourself*** (você mesmo/a), ***yourselves*** (vocês mesmos/as) ou ***themselves*** (eles mesmos/elas mesmas): *Você se machucou?* Did you hurt yourself? | *Ela se olhou no espelho.* She looked at herself in the mirror. 2 ▸ Com sentido recíproco, o pronome *se* traduz-se por ***each other***: *Eles se amam.* They love each other. ▸ Com alguns verbos, esse ***each other*** é opcional: *Eles se beijaram.* They kissed each other./They kissed. 3 ▸ O *se* apassivador/impessoal não tem equivalente em inglês. Quando o verbo que acompanha *se* é transitivo direto, traduz-se por uma frase passiva em inglês: *Os dias da semana se escrevem com maiúscula em inglês.* The days of the week are written with a capital letter in English. ▸ Costuma-se omitir o verbo ***to be*** em anúncios, avisos etc.: *Consertam-se sapatos.* Shoes repaired. | *Procura-se professor.* Teacher wanted. ▸ Em outros casos emprega-se o sujeito ***people***: *Fala-se muito em mudanças climáticas hoje em dia.* People talk a lot about climate change these days.

**sebo** *s.* (livraria) second-hand bookstore (BRIT: bookshop)

**seca** *s.* (estiagem) drought
**secador** *s.* **1 secador (de cabelo)** hairdryer **2 secadora (de roupa)** (clothes) dryer (BRIT: tumble dryer)
**seção** *s.* **1** (parte) section **2** (em loja) department: *Onde fica a seção de roupa masculina?* Where's the menswear department? **3** (em empresa) division: *a seção de vendas* the sales division
**secar** *v.* **1** (tornar/ficar seco) to dry **2** (planta, rio, poço) to dry up **3** (emagrecer) to slim down / **secar-se** *v.* (pessoa) to dry yourself: *Sentei no sol para me secar.* I sat in the sun to dry myself.
**seco** *adj.* **1** (na maioria dos casos) dry: *A roupa já está seca.* The clothes are already dry. | *um clima seco* a dry climate **2** (magrelo) skinny **3** (sarado) trim **4** (alimento) dried: *frutas secas* dried fruits **5** (tom, resposta) curt: *Ela foi muito seca comigo.* She was very curt with me. / *s.* **1 engolir em seco** to gulp **2 lavar a seco** to dry-clean / **secos** *spl.* (alimentos) dried goods
**secretaria** *s.* (de escola, faculdade etc.) secretary's office
**secretário** *s.* secretary
**secretária eletrônica** answering machine (BRIT: answerphone)
**secreto** *adj.* secret
**século** *s.* **1** century: *no século 21* in the 21st century **2 séculos** (muito tempo) ages: *Não vejo a Sandra há séculos.* I haven't seen Sandra for ages.
**secundário** *adj.* secondary
**seda** *s.* silk: *uma blusa de seda* a silk blouse
**sedativo** *s, adj.* sedative
**sede**[1] *s.* **1** (de empresa) head office **2** (de clube) clubhouse **3** (de Olimpíada, evento) host ▸ Também se dizem ***host country*** (país) e ***host city*** (cidade) **4** (de governo) seat
**sede**[2] *s.* **1** (vontade de beber) thirst **2 dar sede** to make you thirsty: *Fazer exercício dá sede.* Doing exercise makes you thirsty. | *Aquela batata frita me deu sede.* Those chips made me thirsty. **3 estar com sede** to be thirsty: *Estou com muita sede.* I'm very thirsty. **4 estar morrendo de sede** to be dying of thirst **5 ficar com sede** to get thirsty **6 matar a sede** to quench your thirst
**sediado** *adj.* **sediado em** based in: *A empresa está sediada em Los Angeles.* The company is based in Los Angeles.
**sediar** *v.* (evento) to host: *O Rio vai sediar as Olimpíadas de 2016.* Rio is going to host the 2016 Olympics.
**sedoso** *adj.* silky
**sedutor** *adj.* (pessoa, olhar etc.) seductive
**seduzir** *v.* to seduce
**segmento** *s.* segment
**segredo** *s.* **1** (mistério) secret **2** (de cofre) combination **3 em segredo** in secret: *A atriz casou em segredo.* The actress got married in secret. **4 guardar segredo** to keep a secret: *Você sabe guardar segredo?* Can you keep a secret? **5 manter algo em segredo** to keep sth secret: *Tivemos que manter a festa em segredo.* We had to keep the party secret.
**seguida** *s.* **em seguida** **a** (logo depois) right away: *Cheguei em casa e me deitei em seguida.* I got home and went to bed right away. **b** (na sequência) next: *Em seguida, refogue a cebola.* Next, brown the onions.
**seguido** *adj.* **1** (consecutivo) running: *três dias seguidos* three days running **2 seguido de algo** followed by sth: *O verbo vem seguido de uma preposição.* The verb is followed by a preposition.
**seguinte** *adj.* **1** (próximo) next ▸ Também se pode dizer ***following***, que soa mais formal: *no dia seguinte* the next day/the following day **2** (abaixo mencionado) following: *Os ônibus saem nos seguintes horários:* The buses leave at the following times: **3 da seguinte maneira/forma** as follows: *Prepare o bolo da seguinte maneira.* Prepare the cake as follows. **4 é o seguinte** (explicando) the thing is: *É o seguinte: não vou poder ir.* The thing is, I won't be able to go.
**seguir** *v.* **1** (na maioria dos casos) to follow: *Tinha alguém me seguindo.* There was some-

one following me. | *Seguimos a trilha até a cachoeira.* We followed the path as far as the waterfall. | *Eles têm que seguir o regulamento.* They have to follow regulations. **2** (continuar) to keep going: *Siga reto no cruzamento.* Keeping going straight ahead at the intersection. / **seguir-se** *v.* **1** to follow **2 seguir-se a algo** to follow sth: *Ao relâmpago seguiu-se um trovão forte.* The lightning was followed by a loud clap of thunder.

**segunda** *s.* **1** (dia) Monday: *nas segundas* on Mondays **2** (marcha) second: *Subimos a ladeira em segunda.* We went up the hill in second.

**segunda-feira** *s.* Monday: *na segunda-feira* on Monday

**segundo** *num.* **1** second: *É a segunda vez que vejo esse filme.* This is the second time I've seen this movie. **2 ficar em segundo (lugar)** to come second / *s.* (unidade de tempo) second: *três décimos de segundo* three tenths of a second | *Espera um segundo!* Wait a second! / *prep.* according to: *Segundo o noticiário, a polícia já prendeu um suspeito.* According to the news, the police have already arrested a suspect. / *conj.* according to what: *Segundo disse o professor, isso não vai cair na prova.* According to what the teacher said, this won't be on the test. / *adv.* (ao enumerar motivos etc.) secondly: *Segundo, quero mandar um beijo para a minha avó.* Secondly, I want to say hi to my grandma.

**segurança** *s fem.* **1** (proteção) security: *O terrorismo ameaça a segurança do país.* Terrorism threatens the country's security. **2** (falta de perigo) safety: *A tripulação é responsável pela segurança dos passageiros.* The crew is responsible for passengers' safety. **3** (autoconfiança) assurance: *Ela cantou com muita segurança.* She sang with plenty of assurance. **4 com/em segurança** (de forma segura) safely: *O avião conseguiu pousar em segurança.* The plane managed to land safely. **5 estar em segurança** to be safe / *s masc/fem.* **1** (de banco, prédio etc.) security guard **2** (de político, celebridade etc.) bodyguard

**segurança pública** law and order

▸ ***security*** ou ***safety***? *Security* tem a ver com a proteção de países, bens e pessoas, enquanto *safety* se refere à falta de perigo ou à integridade física das pessoas. Por exemplo, *airport security* é o esquema de segurança montado nos aeroportos para evitar atentados, sequestros etc., enquanto *airport safety* trata da prevenção de acidentes aéreos no âmbito do aeroporto.

**segurar** *v.* **1** (com a mão) to hold: *Você segura a porta para mim?* Will you hold the door for me, please? **2 segurar as lágrimas/o riso** to stop yourself from crying/laughing: *Não consegui segurar o riso.* I couldn't stop myself from laughing. **3 segurar um emprego** to hold down a job **4 segurar uma namorada/um marido etc.** to hold on to a girlfriend/a husband etc. / **segurar-se** *v.* **1** (para não cair) to hold on **2** (controlar-se) to hold on to yourself: *Tive que me segurar para não berrar com ele.* I had to hold on to myself not to yell at him. **3 segurar-se em algo** to hold on to sth: *Se eu não tivesse me segurado no corrimão, teria caído.* If I hadn't held on to the handrail, I would have fallen.

**seguro** *adj.* **1** (sem perigo) safe: *É melhor guardar o passaporte num lugar seguro.* It's best to keep your passport in a safe place. **2** (firme) secure: *Verifique se a escada está segura antes de subir.* Make sure the ladder is secure before climbing up. **3 seguro de si** self-assured / *s.* **1** insurance **2 acionar o seguro** to claim on the insurance **3 estar no seguro** to be insured: *Por sorte, a bicicleta estava no seguro.* Luckily, the bike was insured. **4 fazer um seguro** to take out insurance **5 pôr algo no seguro** to insure sth

**seguro-saúde** *s.* health insurance

**seio** *s.* breast

**seis** *num.* 1 (numeral) six 2 (dia do mês) sixth: *no dia seis de junho* on June 6th
**seiscentos** *num.* six hundred
**seita** *s.* sect
**sela** *s.* saddle
**seleção** *s.* 1 (escolha) selection 2 (time) national team: *a seleção brasileira de vôlei* the Brazilian national volleyball team
**seletiva** *s.* (faixa para ônibus) bus lane
**seleto** *adj.* select
**selim** *s.* seat (BRIT: saddle)
**selo** *s.* (para carta) stamp: *um selo de 50 centavos* a 50-cent stamp
**selva** *s.* jungle
**selvagem** *adj.* wild
**sem** *prep.* 1 without: *Não enxergo nada sem óculos.* I can't see anything without glasses. ▸ Quando *sem* vem logo antes de um substantivo contável no singular, insere-se o artigo indefinido ***a(n)*** em inglês: *Não se pode pegar o metrô sem bilhete.* You can't take the subway without a ticket. 2 **sem alguém/algo fazer algo** without sb/sth doing sth: *A Juliana foi à festa sem os pais saberem.* Juliana went to the party without her parents knowing. 3 **sem fazer algo** without doing sth: *Ele foi embora sem se despedir.* He left without saying goodbye. 4 **sem nada/ninguém etc.** without anything/anybody etc. ▸ ***without*** vem seguido dos pronomes que começam por ***any-***: *sem nenhum problema* without any problem 5 **estar sem algo** to have no sth: *Estou sem dinheiro no bolso.* I have no money on me. 6 **estar sem fazer algo há ...** not to have done sth for ...: *Estamos há dois meses sem nos falar.* We haven't spoken to each other for two months. 7 **ficar sem algo** **a** (não ter mais) to run out of sth: *Ficamos sem gasolina no meio do túnel.* We ran out of gas in the middle of the tunnel. **b** (passar sem) to do without sth: *O Davi não consegue ficar sem o celular.* Davi can't do without his cell phone. 8 **ficar sem fazer algo** to go without doing sth: *Ele ficou meia hora sem se mexer.* He went for half an hour without moving. / **sem que** *conj.* without ▸ vem seguido da forma verbal em ***-ing***: *Saímos da sala sem que o professor notasse.* We left the class without the teacher noticing.
**semana** *s.* 1 week: *na primeira semana de abril* in the first week of April 2 **(na) semana passada** last week: *Voltamos às aulas semana passada.* We went back to school last week. 3 **(na) semana que vem** next week: *Nós nos vemos semana que vem.* We'll see each other next week. 4 **(na) semana retrasada** the week before last
**semanal** *adj.* weekly
**semear** *v.* to sow
**semelhança** *s.* 1 (em geral) similarity 2 (de aparência) resemblance
**semelhante** *adj.* similar (*a* to)
**semente** *s.* 1 (que se planta) seed 2 (de maçã, uva etc.) seed (BRIT: pip)
**semestre** *s.* 1 (seis meses) half year 2 (período letivo) semester (BRIT: term) 3 **o primeiro/segundo semestre** the first/second half of the year: *o primeiro semestre de 2012* the first half of 2012
**semicírculo** *s.* semicircle
**semifinal** *s.* semifinal
**sempre** *adv.* 1 always: *Ele sempre liga no domingo.* He always calls on Sunday. | *Eu sempre quis conhecer os Estados Unidos.* I've always wanted to visit the U.S. 2 **como sempre** as usual: *Acordei às sete, como sempre.* I woke up at seven, as usual. 3 **o(s)/a(s) ... de sempre** the usual ...: *Nós nos encontramos no lugar de sempre.* We met in the usual place. 4 **para sempre** forever 5 **quase sempre** nearly always / **sempre que** *conj.* whenever: *Visito a minha avó sempre que posso.* I visit my grandma whenever I can.
**sem-terra** *s.* landless worker / *adj.* 1 landless 2 **o Movimento Sem-Terra** the Landless Workers' Movement
**sem-teto** *s.* 1 homeless person *[pl. homeless people]* 2 **os sem-teto** (em geral) the homeless / *adj.* homeless

**sem-vergonha** *s.* scoundrel
**senado** *s.* senate
**senador** *s.* senator
**senão** *conj.* 1 (caso contrário) otherwise: *Anda logo, senão perdemos o ônibus.* Hurry up, otherwise we'll miss the bus. ▸ Também se pode dizer ***or else*** 2 (mas) but: *não só alguns, senão todos os alunos* not just some, but all the students
**senha** *s.* 1 (em site) password 2 (de cartão bancário) PIN number 3 (para fazer fila) ticket
**senhor** *s.* 1 (forma cortês de se referir a um homem) gentleman: *Aquele senhor é o seu pai?* Is that gentleman your father? 2 (tratamento) sir: *Bom dia, senhor.* Good morning, sir. 3 (seguido de nome) Mr. *[pronúncia: /ˈmɪstər/]* 4 (idoso) elderly man 5 **o senhor** (forma de tratamento) you ▸ A cortesia expressa-se em inglês acrescentando o tratamento ***sir*** no final da frase: *O senhor deseja uma bebida?* Would you like a drink, sir? | *Qual o nome do senhor?* What's your name, sir? 6 **o Senhor** (Deus) the Lord 7 **Prezado Senhor** (em carta) Dear Sir
▸ Nos países de língua inglesa, a abreviatura ***Mr.*** vem seguida do sobrenome da pessoa, ou às vezes de prenome e sobrenome, mas nunca só do prenome. Portanto, um homem chamado *Ricardo Teixeira* seria tratado de ***Mr. Teixeira*** ou de ***Mr. Ricardo Teixeira***, mas nunca de *Mr. Ricardo.*
**senhora** *s.* 1 (forma cortês de se referir a uma mulher) lady: *Aquela senhora é a sua mãe?* Is that lady your mother? 2 (tratamento) ma'am (BRIT: madam): *Boa tarde, senhora.* Good afternoon, ma'am. 3 (seguido de nome) Ms. *[pronúncia: /məz/]* 4 (idosa) elderly lady 5 **a senhora** (forma de tratamento) you ▸ A cortesia expressa-se em inglês acrescentando o tratamento ***ma'am*** no final da frase: *A senhora já escolheu?* Have you decided, ma'am? | *É a bolsa da senhora?* Is it your bag, ma'am? 6 **Prezada Senhora** (em carta) Dear Madam
▸ Nos países de língua inglesa, a abreviatura ***Ms.*** vem seguida do sobrenome da pessoa, ou às vezes de prenome e sobrenome. Existe também a abreviatura ***Mrs.*** (pronúncia: *ˈmɪsɪz*), usada apenas para mulheres casadas, mas é melhor evitá-la, a não ser que a própria mulher se autointitule ***Mrs.***
**senhorita** *s.* 1 (forma cortês de se referir a uma jovem) young lady: *Essa senhorita é a sua filha?* Is this young lady your daughter? 2 (tratamento) miss: *Pois não, senhorita?* Can I help you, miss?
**senil** *adj.* senile
**sensação** *s.* 1 (impressão) feeling: *Eu tinha a sensação de que alguém estava me observando.* I had the feeling someone was watching me. ▸ A palavra inglesa ***sensation*** se usa principalmente para falar de sensações físicas 2 (repercussão) sensation: *A revelação causou sensação.* The revelation caused a sensation.
**sensacional** *adj.* sensational
**sensato** *adj.* sensible
**sensibilidade** *s.* sensitivity
**sensibilizar** *v.* 1 (comover) to touch: *A história sensibilizou a todos.* The story touched everyone. 2 (conscientizar) to sensitize (***para*** to): *A campanha visa sensibilizar os professores para essa questão.* The campaign aims to sensitize teachers to this issue. / **sensibilizar-se** *v.* (comover-se) to be touched
**sensível** *adj.* sensitive
▸ Note-se que *sensível* se traduz por ***sensitive*** em inglês. A palavra inglesa ***sensible*** significa *sensato, ajuizado.*
**senso** *s.* sense
**senso de humor** sense of humor (BRIT: humour)
**sensual** *adj.* sexy
**sentado** *adj.* 1 sitting 2 **estar sentado** to be sitting: *Estávamos sentados no chão.* We were sitting on the ground.
**sentar** *v.* to sit: *Posso sentar aqui?* Can I sit here? / **sentar-se** *v.* to sit down: *Sente-se, por favor.* Please sit down.
**sentença** *s.* 1 (frase) sentence 2 (pena) sentence
**sentido** *s.* 1 (na maioria dos casos) sense: *um sexto sentido* a sixth sense | *no sentido figurado da palavra* in the figurative sense of the word | *Qual o sentido em fazer tudo*

*de novo?* What's the sense in doing it all again? **2** (direção) way: *Você sabe em que sentido temos que ir?* Do you know which way we have to go? **3 fazer sentido** to make sense: *Não faz sentido pagar duas vezes.* It doesn't make sense to pay twice. **4 perder os sentidos** to black out **5 recuperar os sentidos** to come around / *adj.* (ressentido) hurt: *Minha mãe ficou sentida.* My mom was hurt.

**sentimental** *adj.* sentimental

**sentimento** *s.* **1** feeling: *um sentimento de culpa* a feeling of guilt **2 meus sentimentos** (pêsames) my condolences

**sentir** *v.* **1** (na maioria dos casos) to feel: *Senti uma mão no meu ombro.* I felt a hand on my shoulder. | *Acho que ela ainda sente alguma coisa por ele.* I think she still feels something for him. ▸ Em combinação com alguns substantivos que denotam uma sensação física, e.g. *sentir fome, sentir calor, sentir medo* etc.,usa-se um adjetivo em inglês no lugar do substantivo, e.g. ***to feel hungry, to feel hot, to feel scared*** etc. Consulte o verbete do substantivo relevante. **2 sinto muito** I'm sorry ▸ Essa expressão pode vir seguida de uma oração subordinada, em que o uso da conjunção ***that*** é opcional: *Sinto muito você não ter gostado da comida.* I'm sorry (that) you didn't like the food. **3** (perceber) to sense: *Eu senti que ele estava escondendo alguma coisa.* I sensed that he was hiding something. **4 sinto muito por algo** **a** (expressando solidariedade) I'm sorry about sth ▸ Ao expressar solidariedade por um fato que a outra pessoa acabou de contar, é mais comum dizer ***I'm sorry to hear about sth***: *Sinto muito pelo que aconteceu com o seu cachorro.* I'm sorry (to hear) about what happened to your dog. **b** (pedindo desculpas) I'm sorry for sth: *Sinto muito pelo mal-entendido.* I'm sorry for the misunderstanding. **5 sinto muito (por) ter feito algo** ▸ Ao pedir desculpas, pode-se dizer ***I'm sorry for doing sth*** ou ***I'm sorry (that) I did sth***: *Sinto muito ter te ofendido.* I'm sorry for offending you./ I'm sorry (that) I offended you. / **sentir-se** *v.* to feel: *Como você se sente?* How do you feel? | *Estou me sentindo cansado hoje.* I'm feeling tired today. ▸ Quando *sentir-se* vem seguido de substantivo, traduz-se por ***to feel like***: *Ela se sentia uma estrela naquele carro imenso.* She felt like a star in that huge car.

**separação** *s.* separation

**separadamente** *adv.* separately

**separado** *adj.* **1** (não junto) separate: *Os dois dormem em quartos separados.* The two of them sleep in separate rooms. **2** (do cônjuge) separated: *Os pais dela são separados.* Her parents are separated.

**separar** *v.* **1** (dividir) to separate (***de*** *from*): *Uma cortina separa a cozinha da sala.* A curtain separates the kitchen from the living room. **2** (selecionar) to sort out: *Já separei a roupa que vou levar.* I've already sorted out the clothes I'm going to take. **3** (reservar) to put aside: *Pedi ao jornaleiro para separar uma cópia da revista para mim.* I asked the news vendor to put a copy of the magazine aside for me. / **separar-se** *v.* **1** (namorados) to split up (***de*** *with*): *Ela se separou do namorado ano passado.* She split up with her boyfriend last year. **2** (cônjuges) to separate (***de*** *from*): *Os pais dele se separaram.* His parents have separated.

**sequência** *s.* **1** (série) succession: *uma sequência de desastres* a succession of disasters **2** (de filme, livro etc.) sequel (***de*** *to*): *A sequência do filme foi uma decepção.* The sequel to the movie was a disappointment. **3** (série ordenada) sequence: *uma sequência de números* a sequence of numbers **4 dar sequência a algo** to follow sth up: *Queremos dar sequência a esse sucesso inicial.* We want to follow up this initial success. **5 na sequência** **a** (um atrás do outro) in succession: *Essa semana tem três aniversários na sequência.* This week there are three birthdays in succession. **b** (depois disso) next: *Na sequência, fomos ao museu.* Next, we went to the museum. **6 uma sequência de vitórias/derrotas** a run of wins/losses

**sequer** *adv.* 1 even: *Ele passou sem sequer nos cumprimentar.* He went by without even saying hello to us. 2 **nem sequer** not even: *Ela nem sequer me ofereceu um copo d'água.* She didn't even offer me a glass of water.

**sequestrador** *s.* 1 (de pessoa) kidnapper 2 (de avião, ônibus etc.) hijacker

**sequestrar** *v.* 1 (pessoa) to kidnap 2 (avião, ônibus, etc.) to hijack

**sequestro** *s.* 1 (de pessoa) kidnapping 2 (de avião, ônibus etc.) hijacking

**ser** *v.* 1 (na maioria dos casos) to be: *Somos brasileiros.* We're Brazilian. | *A padaria é na esquina.* The bakery is on the corner. | *A festa vai ser no sábado.* The party will be on Saturday. ▸ Com substantivos no singular que denotem a profissão, a religião ou outras afiliações da pessoa, usa-se o artigo indefinido ***a(n)*** depois do verbo ***to be*** em inglês: *Meu tio é médico.* My uncle's a doctor. | *Ela é muçulmana.* She's a Muslim. | *Meu irmão é flamenguista.* My brother's a Flamengo fan. 2 (em frases passivas) ▸ Exatamente como em português, a voz passiva dos verbos ingleses forma-se usando o verbo ***to be*** com o particípio passado: *Ele foi eleito presidente.* He was elected president. | *Esses carros são importados.* These cars are imported. | *As provas vão ser recolhidas.* The tests will be collected. 3 **ser de algo** **a** (originário de) to be from sth: *Sou do Brasil.* I'm from Brazil. | *De onde você é?* Where are you from? **b** (feito de) to be made of sth: *O vestido é de algodão.* The dress is made of cotton. 4 **ser de alguém** to be sb's: *Aquela bolsa é do Ricardo.* That bag is Ricardo's. | *Os carros são dos moradores.* The cars are the residents'. ▸ Traduz-se por ***to belong to sb*** em contextos mais formais ou para evitar mal-entendidos : *O parque é da Prefeitura.* The park belongs to the City. | *Os carros são dos moradores do prédio.* The cars belong to the residents of the building. 5 **ser de fazer algo** **a** (costumar) to be one to do sth: *A Tânia não é de matar aula.* Tania's not one to cut class. **b** (chegar a) to be enough to do sth: *Aquele barulho é de enlouquecer.* That noise is enough to drive you crazy. 6 **a não ser** except: *Posso ir qualquer dia, a não ser segunda.* I can go any day, except Monday. 7 **ou seja** in other words: *Ou seja, você esqueceu.* In other words, you forgot. | *a maior cidade do país, ou seja, São Paulo* the biggest city in the country, in other words, São Paulo 8 **sou eu/é ele/somos nós/são eles etc.** it's me/it's him/it's us/it's them etc.: *Oi, pai. Sou eu, Ana.* Hi, dad. It's me, Ana. | *Foi o Fábio que me contou.* It was Fabio who told me. / **a não ser que** *conj.* unless: *Vamos fazer churrasco no domingo, a não ser que chova.* We're going to have a barbecue on Sunday unless it rains. / *s.* (criatura) being: *seres de outro planeta* beings from another planet

**ser humano** human being ▸ Também se pode dizer apenas ***human*** **ser vivo** living being

**sereia** *s.* mermaid

**sereno** *adj.* (calmo) calm / **sereno** *s.* (orvalho) dew

**seriado** *s.* (de TV) series

**série** *s.* 1 (sequência) series: *Não li o último livro da série ainda.* I haven't read the last book in the series yet. 2 (escolar) grade (BRIT: year): *Estou na oitava série.* I'm in the eighth grade. 3 (de TV) series 4 **uma série de** (vários) a series of: *Tiveram uma série de reclamações.* They've had a series of complaints.

**seringueiro** *s.* rubber tapper

**sério** *adj.* 1 (na maioria dos casos) serious: *um problema sério* a serious problem | *Ela estava com uma cara muito séria.* She was looking very serious. 2 (dedicado) conscientious: *um professor muito sério* a very conscientious teacher 3 (honesto) reputable: *Se quiser estudar inglês, procure um curso sério.* If you want to study English, find a reputable course. 4 **sério?** really?: *"Vou para Nova York." - "Sério?"* "I'm going to New York." - "Really?" 5 **É sério!** (é verdade) I'm serious!: *"Eu não acredito!" - "É sério!"*

"I don't believe it!" - "I'm serious!" / *s.* **1 levar/tomar algo/alguém a sério** to take sth/sb seriously: *Ele deveria levar os estudos mais a sério.* He should take his education more seriously. | *Eu nunca pensei que você fosse me tomar a sério.* I never thought you'd take me seriously. **2 tirar alguém do sério** to drive sb crazy: *Aquele cara me tira do sério.* That guy drives me crazy. / *adv.* **1 fala sério!** come off it!: *Se te empresto cem reais? Fala sério!* Will I lend you a hundred reais? Come off it! **2 falar sério** to be serious: *Você está falando sério?* Are you being serious?

**sermão** *s.* **1** (na igreja) sermon **2** (repreensão) lecture: *Levei um sermão do professor.* I got a lecture from the teacher. **3 passar um sermão em alguém** to give sb a lecture

**serpentina** *s.* (de papel) streamer

**serra** *s.* **1** (montanhas) sierra (BRIT: mountains) **2** (ferramenta) saw

**serra elétrica** chainsaw

**serralheiro** *s.* locksmith

**serrano** *adj.* mountain: *uma região serrana* a mountain region

**serrar** *v.* to saw

**serrote** *s.* handsaw

**sertanejo** *adj.* **1 cantor sertanejo** (Brazilian) country singer **2 dupla sertaneja** (Brazilian) country singing duo **3 música sertaneja** Brazilian country music

**sertão** *s.* **1** (região) interior: *no sertão baiano* in the interior of Bahia **2** (paisagem) scrubland

**servente** *s.* (que limpa) cleaner

**serviço** *s.* **1** (na maioria dos casos) service: *O serviço está incluído?* Is the service included? **2** (trabalho) work: *A oficina tem muito serviço.* The shop has a lot of work. | *Eles saem do serviço às 18h00.* They get off work at 6.00 p.m. ▸ *um serviço* se traduz ***a job***: *Pintou um serviço no supermercado.* A job came up at the grocery store. **3 de serviço** (policial etc.) on duty **4 fora de serviço** **a** (policial etc.) off duty ▸ *um policial fora de serviço* diz-se ***an off-duty police officer*** **b** (máquina) out of order

**serviço militar** military service

**servir** *v.* **1** (comida, bebidas, pessoas) to serve: *O café da manhã é servido a que horas?* What time is breakfast served? | *Mamãe me pediu para servir os convidados.* Mom asked me to serve the guests. ▸ Falando de um garçom ou garçonete, traduz-se *servir alguém* por ***to wait on sb***: *O rapaz que nos serviu foi muito simpático.* The guy who waited on us was very friendly. **2** (ser adequado) to be OK: *Esse ônibus serve?* Is this bus OK? **3** (como militar) to serve: *O pai dela serviu na Marinha.* Her father served in the navy. ▸ No sentido de *prestar o serviço militar*, traduz-se por ***to do military service***: *Meu irmão mais velho teve que servir.* My oldest brother had to do military service. **4 servir de algo** (ser útil) to serve as sth: *O sofá pode servir de cama para alguém.* The couch can serve as a bed for someone. **5 servir algo a alguém** to serve sb sth: *O que vamos servir aos convidados?* What are we going to serve the guests? ▸ Quando se refere ao ato de verter a bebida no copo, na xícara etc., traduz-se *servir algo (a alguém)* por ***to pour (sb) sth***: *Sirvo o café?* Shall I pour the coffee? | *Posso te servir outra taça de vinho?* Can I pour you another glass of wine? **6 servir mesa** (como garçom) to wait tables: *O Davi serve mesa numa pizzaria.* Davi waits tables in a pizza restaurant. **7 servir para alguma coisa** to be useful for something: *Não jogue fora o vidro, pode servir para alguma coisa.* Don't throw the jar out, it might be useful for something. ▸ Em frases interrogativas, traduz-se por ***to be any use***: *Esse velho rádio serve para alguma coisa?* Is this old radio any use? **8 não servir** (não ser adequado) to be no good: *Esse bilhete não serve.* This ticket's no good **9 não servir para nada** to be no use: *Aquelas caixas não servem para nada.* Those boxes are no use. **10 para que serve/servem ...?** what is/are ... for?: *Para que* *serve esse botão?* What's this button for? / **servir-se** *v.* (à mesa) to help yourself (***de*** *to*): *Sirva-se de arroz e salada.* Help yourself to rice and salad.

**sessão** *s.* **1** (de cinema, teatro) show (BRIT: performance): *a sessão das dez* the ten o'clock show **2** (de fotos, terapia etc.) session: *Ela fez quatro sessões de acupuntura.* She had four sessions of acupuncture. **3** (de assembleia) session

**sessenta** *num.* **1** sixty **2 sessenta e um/sessenta e dois etc.** sixty-one/sixty-two etc.

**seta** *s.* **1** (símbolo) arrow: *seta para a direita* right arrow **2** (de carro etc.) blinker (BRIT: indicator) **3 dar seta** to signal (BRIT: to indicate): *O motociclista deu seta para a esquerda.* The motorcyclist signaled left.

**sete** *num.* **1** (numeral) seven **2** (dia do mês) seventh: *no dia sete de setembro* on September 7th

**setecentos** *num.* seven hundred

**setembro** *s.* September: *em setembro* in September

**setenta** *num.* **1** seventy **2 setenta e um/setenta e dois etc.** seventy-one/seventy-two etc.

**sétimo** *s, adj.* seventh

**seu, sua** *pron.* **1** (o/a ... de você: antes de substantivo) your: *Qual o seu nome?* What's your name? | *Pode deixar as suas coisas aqui.* You can leave your things here. **2** (o/a de você: substituindo substantivo) yours: *Meu celular é legal, mas prefiro o seu.* My cell phone's nice, but I prefer yours. | *Essas canetas são suas?* Are these pens yours? **3** ▸ Referindo-se a um sujeito indefinido, tal como *todo mundo, cada um, ninguém* etc., usa-se ***their*** antes de um substantivo, e ***theirs*** para substituir um substantivo: *Todo mundo tem seus problemas.* Everyone has their problems. | *Vamos colocar todas as bolsas aqui e cada um pega a sua.* Let's put all the bags here and each person takes theirs. **4** (tratamento) you: *Olha o que você fez, seu idiota!* Look what you've done, you idiot! | *Sua mentirosa!* You liar! **5** ▸ Não existe equivalente ao tratamento de respeito *seu* usado com o prenome (p.ex. *seu Francisco* etc.). O mesmo nível de respeito se mostra em inglês usando o sobrenome da pessoa precedido de ***Mr.*** **6 um parente seu/amigas suas etc.** a relative of yours/friends of yours etc.: *Qual o nome daquele amigo seu, o alto?* What's the name of that friend of yours, the tall guy?
▸ Para traduzir *seu(s)/sua(s)* no sentido de *dele/dela/deles/delas*, consulte esses verbetes.

**severo** *adj.* **1** (rígido) strict: *O técnico é muito severo com os jogadores.* The coach is very strict with the players. **2** (punição, palavras) harsh

**sexo** *s.* **1** sex **2 do sexo masculino/feminino** male/female: *pacientes do sexo masculino* male patients **3 fazer sexo** to have sex (***com*** *with*)

**sexta** *s.* Friday: *às sextas* on Fridays

**sexta-feira** *s.* Friday: *na sexta-feira* on Friday
**Sexta-feira da Paixão** Good Friday

**sexto** *num.* sixth

**sexual** *adj.* **1** (relação, experiência, orientação) sexual **2 educação sexual** sex education **3 vida sexual** sex life

**sexualidade** *s.* sexuality

**shopping** *s.* mall (BRIT: shopping centre): *Gosto de andar no shopping.* I like walking around the mall.

**shorts** *s.* shorts *[pl.]*: *Esse shorts é bonito.* Those shorts are nice. ▸ A palavra ***shorts*** é plural em inglês. Portanto, *um shorts* traduz-se por ***some shorts*** ou ***a pair of shorts***: *Comprei um shorts de lycra.* I bought some Spandex shorts.

**show** *s.* **1** (de música) concert ▸ O nome do artista vem antes da palavra ***concert*** sem o 's possessivo: *Você foi ao show da Beyoncé?* Did you go to the Beyoncé concert? **2 fazer um show** to do a concert **3 ser show (de bola)** to be awesome: *A festa foi show.* The party was awesome.

**shoyu** *s.* soy sauce (BRIT: soya sauce)

**si** *pron.* 1 ▸ Referindo-se a um sujeito indefinido, tal como *todo mundo, alguém* etc., traduz-se por ***themselves***. Na linguagem falada, ouve-se também ***themself***: *Todo mundo só pensa em si mesmo.* Everyone only thinks of themselves. | *Ninguém falou de si.* No one talked about themselves. 2 ▸ Referindo-se às pessoas em geral, traduz-se por ***yourself***: *É importante poder rir de si mesmo.* It's important to be able to laugh at yourself. 3 ▸ Referindo-se a um sujeito específico, *si* traduz-se por ***himself*** (ele mesmo), ***herself*** (ela mesma), ***itself*** (ele mesmo/ela mesma, referente a coisa ou animal), ***yourself*** (você mesmo/a), ***yourselves*** (vocês mesmos/as) ou ***themselves*** (eles mesmos/elas mesmas): *O filme fala por si só.* The movie speaks for itself. | *Os sanduíches daquela barraca são uma refeição em si.* The sandwiches from that stand are a meal in themselves. / *s.* (nota musical) B

**sibilar** *v.* (cobra) to hiss

**siderúrgica** *s.* (usina) steelworks *[sg.]*

**sigilo** *s.* 1 secrecy 2 **em sigilo** in secret

**sigiloso** *adj.* confidential

**sigla** *s.* acronym

**significado** *s.* meaning: *Qual o significado dessa expressão?* What's the meaning of this expression?

**significar** *v.* to mean: *O que significa essa palavra?* What does this word mean? | *Essa conquista significa muito para mim.* This achievement means a lot to me.

**significativo** *adj.* significant

**signo** *s.* sign: *Qual é o seu signo?* What sign are you?

**sílaba** *s.* syllable: *uma palavra de duas sílabas* a word with two syllables/a two-syllable word

**silêncio** *s.* 1 silence 2 **estar/ficar em silêncio** to be/to stay silent 3 **fazer silêncio** to be silent

**silencioso** *adj.* 1 (com pouco barulho) quiet: *A nossa rua é muito silenciosa.* Our street is very quiet. 2 (sem voz ou barulho) silent: *uma oração silenciosa* a silent prayer

**silhueta** *s.* silhouette

**silicone** *s.* 1 silicone 2 **pôr silicone** (nos seios) to have breast implants

**sim** *adv.* 1 yes ▸ Em respostas do tipo *Falo sim, Posso sim*, etc., o ***yes*** vem em primeiro lugar em inglês, seguido da repetição do verbo modal ou auxiliar da pergunta: *"Você fala espanhol?" – "Falo sim."* "Do you speak Spanish?" – "Yes, I do." | *"Você pode vir amanhã?" – "Posso sim."* "Can you come tomorrow?" – "Yes, I can." | *"Você leu Harry Potter?" – "Li sim."* "Have you read Harry Potter?" – "Yes, I have." 2 ▸ Quando *sim* é usado para enfatizar uma afirmação, não tem tradução em inglês. O mesmo significado se dá em inglês enfatizando o verbo auxiliar da frase. Na falta de um verbo auxiliar (p.ex. nos presente e passado simples) insere-se o auxiliar ***do/does*** (presente) ou ***did*** (passado), exceto com formas do verbo ***to be***: *Gosto dele sim, mas é chato às vezes.* I do like him, but he's annoying at times. | *Fiz a lição sim, mas esqueci em casa.* I did do the homework, but I left it at home. | *Isso é importante sim.* This is important. 3 **acho/espero que sim** I think/I hope so: *"Você foi bem na prova?" - "Acho que sim."* "Did you do OK on the test?" - "I think so." 4 **claro que sim!** yes, of course! 5 **falar/responder que sim** to say/answer yes: *Perguntei ao Pedro se queria vir e ele disse que sim.* I asked Pedro if he wanted to come and he said yes. / *s.* 1 yes 2 **dar o sim** **a** (consentir) to say yes (***a*** *to*) **b** (casar) to tie the knot

**simbólico** *adj.* 1 symbolic 2 **valor simbólico** (quantia) token amount

**simbolizar** *v.* to symbolize

**símbolo** *s.* symbol

**símbolo sexual** sex symbol

**simétrico** *adj.* symmetrical

**simpatia** *s.* 1 (de uma pessoa) friendliness: *a simpatia do povo* the friendliness of the people 2 (por uma pessoa) liking (***por*** *for*) 3 (feitiço) charm 4 **sentir/ter simpatia por alguém** to feel/be fond of sb: *Tenho muita simpatia por eles.* I'm very fond of them.

▸ Note-se que a palavra inglesa ***sympathy*** significa *compreensão, solidariedade*.

**simpático** *adj.* friendly ▸ Também se pode dizer ***nice*** na linguagem informal.
▸ Note-se que a palavra inglesa ***sympathetic*** significa *compreensivo, solidário*.

**simpatizar** *v.* **simpatizar com alguém** to take to sb: *Simpatizei com ela logo de cara.* I took to her right away.

**simples** *adj.* **1** (na maioria dos casos) simple: *uma pergunta simples* a simple question | *um vestido simples* a simple dress | *Foi uma simples dor de cabeça.* It was a simple headache. **2** (humilde) simple: *Ele é de uma família simples.* He's from a simple family. **3** (sem pretensões) down-to-earth: *Para uma atriz tão famosa, ela é bem simples.* For such a famous actress, she's very down-to-earth.

**simplicidade** *s.* simplicity

**simplificar** *v.* to simplify

**simulado** *s.* (prova) practice test (BRIT: mock)

**simultâneo** *adj.* simultaneous

**sinagoga** *s.* synagogue

**sinal** *s.* **1** (indício) sign: *Não havia nenhum sinal de vida na casa.* There was no sign of life in the house. | *Isso é um bom sinal.* That's a good sign. **2** (gesto que sinaliza) signal: *Não comecem até eu dar o sinal.* Don't start until I give the signal. **3** (tb sinal de trânsito) (traffic) light (BRIT: (traffic) lights *pl.*): *Vire à esquerda no próximo sinal.* Make a left at the next light. **4** (símbolo) sign: *o sinal de menos* the minus sign **5** (no telefone) tone **6** (de celular, wireless, TV etc.) signal **7** (no colégio) bell: *Tocou o sinal do recreio.* The bell rang for recess. **8** (pagamento) down payment **9** (na pele) birthmark **10 sinal fechado/aberto** red/green light **11 avançar o sinal** to run a red light (BRIT: to jump the lights) **12 dar sinais de (fazer) algo** to show signs of (doing) sth: *A chuva não dava sinais de parar.* The rain showed no signs of stopping. **13 dar sinal de vida** (entrar em contato) to get in touch **14 em sinal de protesto/respeito etc.** as a sign of protest/respect etc. **15 fazer sinal de luz (para alguém)** (ao dirigir) to flash your headlights (at sb) **16 fazer sinal (para alguém fazer algo)** to signal (sb to do sth): *O policial fez sinal para pararmos.* The policeman signaled us to stop. **17 o sinal fecha/abre** the light turns red/green: *O sinal abriu e o táxi arrancou.* The light turned green and the taxi moved off. **18 pagar um sinal** to make a down payment (***de*** *of*) **19 por sinal** actually: *Depois a Laura cantou uma música, muito bem por sinal.* Then Laura sang a song, very well actually.
**sinal de linha** dial tone (BRIT: dialling tone) **sinal de ocupado** busy signal (BRIT: engaged tone) **sinal de pontuação** punctuation mark

**sinalização** *s.* (na estrada) signs *[pl.]*: *Siga a sinalização para Lindoia.* Follow the signs to Lindoia.

**sinalizado** *adj.* (área, caminho) signposted: *A trilha está muito bem sinalizada.* The trail is very well signposted.

**sinceridade** *s.* honesty

**sincero** *adj.* **1** honest **2 para ser sincero** to be honest: *Para ser sincero, não gostei deles.* To be honest, I didn't like them.

**sindicato** *s.* labor union (BRIT: trade union)
▸ Também se diz apenas ***union***: *o sindicato dos metalúrgicos* the steelworkers' union

**síndico** *s.* (de prédio) resident manager

**sinfonia** *s.* symphony

**sinfônico** *adj.* **orquestra sinfônica** symphony orchestra

**singelo** *adj.* simple

**singular** *s.* singular: *no singular* in the singular / *adj.* **1** (em gramática) singular **2** (peculiar) unique

**sinistro** *adj.* **1** (ameaçador) sinister **2** (impressionante) heavy

**sino** *s.* bell

**sinônimo** *s.* (palavra) synonym / *adj.* synonymous

**sinopse** *s.* (de livro, filme) synopsis
**sintético** *adj.* 1 (material) synthetic 2 (breve) succinct: *A redação precisa ser mais sintética.* The essay needs to be more succinct.
**sintoma** *s.* symptom
**sintomas de abstinência** withdrawal symptoms
**sintonizar** *v.* 1 **sintonizar o rádio/a TV em algo** to tune the radio/TV to sth 2 **sintonizar uma emissora** to tune into a station
**sinuca** *s.* snooker
**sinusite** *s.* sinusitis
**siri** *s.* crab
**Síria** *s.* Syria
**sírio** *s, adj.* Syrian
**sistema** *s.* system
**sistema educacional** education system
**sistema imunológico** immune system
**sistema operacional** operating system
**sistema solar** solar system
**sistemático** *adj.* 1 (ordenado) systematic 2 (pessoa, comportamento) obsessive
**sisudo** *adj.* serious
**site** *s.* website: *Acesse o nosso site.* Visit our website.
**site de busca** search engine **site de relacionamentos** social networking site
**sítio** *s.* 1 (moradia rural) country cottage 2 (fazendola) small farm
**situação** *s.* 1 (na maioria dos casos) situation 2 **a situação** (na política) the party in power 3 **estar em boa situação econômica** to be well-off
**situado** *adj.* 1 situated 2 **estar situado** to be situated: *A pousada está situada de frente ao mar.* The inn is situated overlooking the ocean.
**situar** *v.* 1 (localizar) to situate 2 (ambientar) to set: *O filme é situado na Itália.* The movie is set in Italy. / **situar-se** *v.* 1 (estar situado) to be situated 2 (entender) to get your bearings: *Ainda não me situei no game.* I haven't gotten my bearings in the game yet. 3 (tomar posição) to decide where you stand: *Você tem que se situar em relação a isso.* You have to decide where you stand on this.
**skate** *s.* 1 (esporte) skateboarding 2 (prancha) skateboard 3 **andar de skate** to skateboard
**skatista** *s.* skateboarder
**smoking** *s.* tuxedo (BRIT: dinner jacket) ▸ Também se diz apenas ***tux***
**só** *adv.* 1 only: *Eu só cheguei ontem.* I only got here yesterday. | *O filme tem legendas, mas só em português.* The movie has subtitles, but only in Portuguese. ▸ Quase sinônimo de ***only*** é ***just*** e, em muitos casos, pode-se usar um ou outro. Porém, com ***only***, subentende-se que o resultado é considerado insatisfatório, e com ***just***, satisfatório. Compare: ***I only read the introduction of the book.*** *Só li a introdução do livro (deveria ter lido mais).* e ***I just read the introduction of the book.*** *(achei isso o suficiente).* Usa-se ***just*** também para minimizar pedidos e expressões de intenção: *Só um minutinho, por favor.* Just a moment, please. | *Só quero fazer uma pergunta rápida.* I just want to ask a quick question. 2 **é só** that's all: *"Mais alguma coisa?" - "É só, obrigado."* "Anything else?" – "No, that's all, thanks." | *Por enquanto é só.* That's all for now. 3 **é só pedir/ligar etc.** all you have to do is ask/call etc.: *Para acessar o site, é só se cadastrar.* To access the website, all you have to do is register. 4 **não só** not just, not only: *Isso seria melhor, não só para você, mas para todo mundo.* That would be better, not just for you, but for everyone. ▸ Começar a frase por ***not only*** exige a inversão de verbo auxiliar e sujeito em inglês: *Não só ele chegou atrasado, nem pediu desculpas.* Not only did he arrive late, he didn't even apologize. / *adj.* 1 (sozinho) alone: *Prefiro ficar só.* I prefer to be alone. | *Ele se sentia muito só.* He was feeling very alone. 2 **a sós** alone: *Eu queria falar com você a sós.* I wanted to talk to you alone. 3 **um(a) só ...** just one, only one: *Eram oito pessoas num só carro.* There were eight of them in just one car. / **só que** *conj.* except (that) ▸ O ***that*** é opcional: *Gostei*

*do filme, só que o achei muito violento.* I liked the movie, except I thought it was very violent. ▸ Também se usa ***only*** nesse sentido: *Íamos fazer churrasco, só que choveu.* We were going to have a barbecue, only it rained.

**soar** *v.* to sound

**sob** *prep.* 1 (na maioria dos casos) under: *Está tudo sob controle.* Everything is under control. 2 **sob aplausos/vaias etc.** amid applause/booing etc.: *O gol foi anulado sob protestos da torcida.* The goal was disallowed amid protests from the fans.

**sobra** *s.* 1 (excedente) surplus 2 **sobras** (de comida) scraps 3 **tempo/dinheiro etc. de sobra** (muito) plenty of time/money etc.: *Sirva-se à vontade, tem comida de sobra.* Help yourself to as much as you want, there's plenty of food. ▸ No sentido de *de margem*, traduz-se por ***to spare***: *Terminei a prova com 15 minutos de sobra.* I finished the test with 15 minutes to spare.

**sobrado** *s.* (casa) two-story house (BRIT: two-storey house)

**sobrancelha** *s.* eyebrow

**sobrar** *v.* 1 (restar) to be left: *Nada sobrou da casa depois do incêndio.* Nothing was left of the house after the fire. ▸ Quando *sobrar* vem antes do sujeito em português, começa-se a frase por ***There is/are …*** em inglês, conforme os exemplos abaixo. Note-se também que o pretérito *sobrou/sobraram* traduz-se por ***There is/are …*** quando se refere à situação presente: *Sobrou um bife de ontem.* There's a steak left from yesterday. | *Se sobrarem lugares, podemos embarcar no próximo voo.* If there are any seats left, we can get on the next flight. ▸ Traduz-se por ***to be left over*** quando se quer enfatizar que havia mais do que precisava: *Sobrou um monte de comida da festa.* There was loads of food left over from the party. | *Ela fez uma capa de almofada com o tecido que sobrou.* She made a cushion cover with the cloth that was left over. 2 **sobrar para alguém** (envolver) to mean trouble for sb: *Essa história ainda vai sobrar para nós.* This business is going to mean trouble for us. 3 **ficar sobrando** (não se entrosar) to be left out: *Enquanto os outros se divertiam, eu fiquei meio que sobrando.* While the others were having fun, I was a little left out. 4 **ter um(a) … sobrando** **a** (impessoal) there is a spare …: *Tem um lugar sobrando no nosso carro.* There's a spare seat in our car. **b** (com sujeito pessoal) to have a spare …: *Você tem uma caneta sobrando?* Do you have a spare pen?

**sobre** *prep.* 1 (a respeito de) about: *O livro é sobre vampiros.* The book's about vampires. ▸ Também se pode traduzir por ***on***: *um documentário sobre elefantes* a documentary on elephants 2 (por cima de) over: *Jogamos um lençol sobre o sofá.* We threw a sheet over the couch. 3 (acima de) above: *Havia uma placa sobre a porta.* There was a sign above the door. 4 (na base de) on: *uma comissão sobre as vendas* a commission on sales

**sobreaviso** *s.* **estar de sobreaviso** to be on alert

**sobrecarga** *s.* overload

**sobrecarregado** *adj.* 1 (veículo, fio elétrico etc.) overloaded 2 (pessoa) overwhelmed

**sobrecarregar** *v.* 1 (na maioria dos casos) to overload 2 (bateria) to overcharge

**sobreloja** *s.* mezzanine: *na sobreloja* on the mezzanine

**sobremesa** *s.* dessert: *Tomamos sorvete de sobremesa.* We had ice cream for dessert.

**sobrenatural** *adj.* supernatural

**sobrenome** *s.* surname: *Como se pronuncia o seu sobrenome?* How do you pronounce your surname?

**sobressair** *v.* to stand out

**sobressalente** *adj.* spare

**sobressalto** *s.* (movimento brusco) start: *Acordei com um sobressalto.* I woke up with a start.

**sobretudo** *adv.* (especialmente) particularly / *s.* (casaco) overcoat

**sobrevivência** *s.* survival

**sobrevivente** *s.* survivor / *adj.* surviving

**sobreviver** *v.* 1 to survive 2 **sobreviver a algo** to survive sth: *Por um milagre, todos sobreviveram ao acidente.* Miraculously, everyone survived the accident. 3 **sobreviver a alguém** to outlive sb: *É natural os filhos sobreviverem aos pais.* It's natural for children to outlive their parents.

**sobrinha** *s.* niece

**sobrinho** *s.* 1 nephew 2 **sobrinhos** ▸ Quando se refere a homens e mulheres, traduz-se por ***nephews and nieces***, ou ***nephew and niece*** se for apenas um casal.: *Você tem sobrinhos?* Do you have any nephews and nieces?

**sóbrio** *adj.* sober

**socar** *v.* 1 (com o punho) to punch 2 (para amassar) to pound

**social** *adj.* 1 social: *vida social* social life 2 **camisa social** dress shirt 3 **elevador/banheiro social** guest elevator/bathroom

**socialismo** *s.* socialism

**socialista** *s, adj.* socialist

**sociável** *adj.* sociable

**sociedade** *s.* 1 (população) society: *na sociedade moderna* in modern society ▸ ***society*** é usado sem o artigo definido ***the***, a não ser que venha seguido de uma oração adjetiva: *a sociedade em que vivemos* the society we live in 2 (de sócios) partnership: *Ele entrou numa sociedade com o irmão.* He went into partnership with his brother. 3 (empresa) company

**sócio** *s.* 1 (de clube) member 2 (de empresa) partner 3 **tornar-se sócio (de algo)** to become a member (of sth)

**sociologia** *s.* sociology

**soco** *s.* 1 punch 2 **dar um soco em alguém** to punch sb 3 **levar um soco** to get punched (***de*** *by*)

**socorrer** *v.* 1 to aid 2 **ir/vir socorrer alguém** to go/come to sb's aid: *O salva-vidas foi socorrer a menina.* The lifeguard went to the girl's aid. | *Um policial veio me socorrer.* A police officer came to my aid.

**socorro** *s.* 1 help 2 **pedir socorro** to call for help 3 **primeiros socorros** first aid / **socorro!** *interj.* help!

**soda** *s.* soda water
**soda limonada** lemon soda (BRIT: lemonade)

**sofá** *s.* couch (BRIT: sofa)

**sofá-cama** *s.* sofa-bed

**sofisticado** *adj.* sophisticated

**sofrer** *v.* 1 (na maioria dos casos) to suffer: *Ninguém gosta de sofrer.* No one likes to suffer. | *Eles sofreram muito preconceito.* They suffered a lot of prejudice. 2 **sofrer de algo** to suffer from sth: *Ela sofre de enxaqueca.* She suffers from migraine. 3 **sofrer do coração** to have a heart condition 4 **sofrer mudanças** to undergo changes 5 **sofrer um acidente** to have an accident

**sofrimento** *s.* 1 suffering 2 **ser um sofrimento (para alguém)** to be an ordeal (for sb): *Foi um sofrimento esperar o resultado.* It was an ordeal waiting for the result.

**sofrível** *adj.* passable

**software** *s.* software ▸ A palavra ***software*** é incontável em inglês, portanto não tem plural, e ***um software*** traduz-se por ***a piece of software*** ou ***a software package***

**sogra** *s.* mother-in-law

**sogro** *s.* 1 father-in-law 2 **sogros** (sogro e sogra) parents-in-law ▸ Na linguagem informal diz-se também ***in-laws***.

**soja** *s.* soy (BRIT: soya): *leite de soja* soy milk

**sol** *s.* 1 sun: *O sol está forte hoje.* The sun is strong today. 2 (nota musical) G 3 **fazer sol** to be sunny: *Amanhã vai fazer sol.* It's going to be sunny tomorrow. 4 **tomar sol** **a** (por prazer) to sunbathe: *Tomamos sol à beira da piscina.* We sunbathed by the pool. **b** (expor-se) to get the sun: *O médico falou que não devo tomar sol.* The doctor said I mustn't get the sun. 5 **um dia/uma tarde etc. de sol** a sunny day/afternoon etc.

**sola** *s.* 1 sole 2 **a sola do pé** the sole of the foot ▸ Geralmente usa-se um adjetivo possessivo com ***foot***, p.ex., ***the sole of your foot***. Referindo-se aos dois pés, usa-se o plural dos dois substantivos em inglês: *Preciso lavar a sola do pé.* I need to wash the soles of my feet.

**solar** *v.* (bolo) to fall
**solavanco** *s.* 1 (de veículo) jolt 2 **dar um solavanco** to jolt
**soldado** *s.* soldier
**solene** *adj.* solemn
**soletrar** *v.* to spell: *Pode soletrar, por favor?* Can you spell that, please?
**solicitar** *v.* (pedir) to request
**solícito** *adj.* (prestativo) obliging
**solidão** *s.* loneliness
**solidariedade** *s.* solidarity
**solidário** *adj.* sympathetic
**sólido** *s, adj.* solid
**solista** *s.* soloist
**solitário** *adj.* 1 (pessoa, lugar) lonely 2 (trabalho, atividade, existência) solitary
**solo** *s.* 1 (em música etc.) solo: *O guitarrista tocou um solo.* The guitarist played a solo. 2 (chão) ground: *O avião já está em solo.* The plane is already on the ground. 3 (terra) soil: *O solo aqui é muito fértil.* The soil here is very fertile. 4 (território) soil: *em solo americano* on American soil / *adj, adv.* solo: *uma carreira solo* a solo career
**soltar** *v.* 1 (da mão) to let go of: *Soltei o guarda-chuva e o vento o levou.* I let go of the umbrella and it blew away. | *Me solta!* Let go of me! 2 (do cativeiro) to let go: *Os bandidos soltaram dois reféns.* The bandits let two hostages go. ▸ Também se usa o verbo ***to release***, que é a única opção na passiva: *Depois de pesados, os peixes são soltos novamente.* After being weighed, the fish are released again. 3 (deixar correr solto) to let loose: *Nunca soltamos o nosso cachorro na rua.* We never let our dog loose in the street. 4 (desatar) to untie: *Não consegui soltar o nó.* I couldn't untie the knot. 5 (afrouxar) to loosen: *Usei uma chave-inglesa para soltar as porcas.* I used a wrench to loosen the nuts. 6 **soltar o cabelo** to let your hair down 7 **soltar pipa/papagaio** to fly a kite 8 **soltar um grito/um suspiro etc.** to let out a scream/a sigh etc. 9 **soltar um palavrão** to swear / **soltar-se** 1 (animal) to get loose: *O cachorro do vizinho se soltou e mordeu o carteiro.* The neighbor's dog got loose and bit the mailman. 2 (desprender-se) to come off: *O botão da minha calça se soltou.* The button's come off my pants. 3 (afrouxar-se) to come loose: *Deve ter se soltado um parafuso.* A screw must have come loose. 4 (desfazer-se) to come undone: *O nó se soltou.* The knot came undone. 5 (descontrair-se) to loosen up: *Preciso me soltar mais quando falo inglês.* I need to loosen up more when I speak English.
**solteira** *s.* single woman
**solteiro** *adj.* single: *O seu irmão é solteiro ainda?* Is your brother still single? | *uma mãe solteira* a single mother / *s.* (homem) single man ▸ Quando se refere a homens e mulheres, o plural *solteiros* traduz-se por ***singles*** ou ***single people***: *uma festa para solteiros* a singles' party
**solto** *adj.* 1 (animal, fugitivo) loose: *Cuidado que o cachorro está solto.* Be careful, the dog's loose. 2 (parafuso, corda, páginas etc.) loose 3 **de cabelo solto** with your hair down: *A Laura fica bonita de cabelo solto.* Laura looks nice with her hair down.
**solução** *s.* solution ▸ vem seguido da preposição ***to***: *a solução do problema* the solution to the problem
**soluçar** *v.* 1 (ao chorar) to sob 2 (ao beber ou comer) to hiccup
**solucionar** *v.* to solve
**soluço** *s.* 1 (ao chorar) sob 2 (ao beber ou comer) hiccup 3 **estar/ficar com soluço** to have/get the hiccups
**som** *s.* 1 (na maioria do casos) sound: *os sons do inglês* the sounds of English | *um vídeo sem som* a video without sound 2 (aparelho de som) stereo: *O meu som não está funcionando.* My stereo's not working. 3 **um som** (música) some music: *Vamos botar um som?* Shall we put some music on?
**soma** *s.* sum
**somar** *v.* to add up: *O garçom somou a conta.* The waiter added up the check.

**sombra** *s.* **1** (ao abrigo do sol) shade: *Vamos andar na sombra.* Let's walk in the shade. **2** (silhueta projetada) shadow: *Vi a sombra de um gato na parede.* I saw the shadow of a cat on the wall. | *Havia um vulto nas sombras.* There was a figure in the shadows. **3** (maquiagem) eye shadow: *Ela usava sombra azul.* She was wearing blue eye shadow. **4 à sombra de algo** in the shade of sth: *Sentamos à sombra dos coqueiros.* We sat in the shade of the palm trees. **5 projetar uma sombra (em algo)** to cast a shadow (on sth)

▸ ***Shade*** ou ***shadow***? ***Shade*** refere-se à área, geralmente mais fresca e agradável, que se encontra ao abrigo do sol. ***Shadow*** refere-se à forma preta projetada numa superfície por uma pessoa ou um objeto iluminado pelo sol ou outra fonte de luz. ***Shade*** é incontável, enquanto ***shadow*** pode ser usado com o artigo indefinido ***a*** e também no plural.

**sombrinha** *s.* **1** (guarda-chuva) umbrella **2** (guarda-sol) parasol

**sombrio** *adj.* **1** (dia, tempo) dull **2** (sala, prédio) gloomy **3** (clima, previsão, expressão) somber (BRIT: sombre)

**somente** *adv.* only

**sonâmbulo** *s.* sleepwalker

**sondar** *v.* **1** (descobrir) to find out: *Vou sondar se ela já tem namorado.* I'll find out if she already has a boyfriend. **2 sondar alguém** to sound sb out: *Preciso sondar os meus pais a respeito.* I need to sound my parents out about it.

**soneca** *s.* **1** nap **2 tirar uma soneca** to take a nap

**sonhar** *v.* **1** to dream: *Sonhei que estava voando.* I dreamed I was flying. **2 sonhar com alguém/algo** to dream about sb/sth: *Sonhei com você essa noite.* I dreamed about you last night. **3 sonhar em fazer algo** to dream of doing sth: *O Bruno sonha em ser ator.* Bruno dreams of becoming an actor.

**sonho** *s.* **1** (na maioria dos casos) dream: *O meu sonho é conhecer Paris.* My dream is to visit Paris. **2** (doce) doughnut **3 ter um sonho** to have a dream (***com*** *about*): *Tive um sonho estranho com a minha mãe.* I had a strange dream about my mom.

**sonho de consumo** ▸ *meu sonho de consumo é* ... traduz-se por ***I dream of having*** ...: *Qual é o seu sonho de consumo?* What do you dream of having?

**sono** *s.* **1** sleep **2 dar sono a alguém** to make sb sleepy: *Viajar de ônibus me dá sono.* Traveling by bus makes me sleepy.

▸ Em afirmações gerais, traduz-se por ***to make you sleepy***: *Comer muito dá sono.* Eating a lot makes you sleepy. **3 estar/ficar com sono** to be/get sleepy: *Fiquei com sono depois do almoço.* I got sleepy after lunch. **4 estar morrendo/caindo de sono** to be falling asleep **5 estar sem sono** not to be feeling sleepy: *Deitei na cama mas estava sem sono.* I lay on the bed but I wasn't feeling sleepy. **6 pegar no sono** to get to sleep: *Demorei para pegar no sono.* I took a while to get to sleep. **7 que sono!** I'm so sleepy! **8 ter/estar com cara de sono** to look sleepy **9 ter sono leve/pesado** to be a light/heavy sleeper: *Meu primo tem sono pesadíssimo.* My cousin is a really heavy sleeper.

**sonolento** *adj.* sleepy

**sonso** *adj.* devious

**sopa** *s.* soup: *sopa de tomate* tomato soup

▸ Note-se que *tomar sopa* se traduz por ***to eat soup*** quando se toma com uma colher, e ***to drink soup*** quando se toma numa caneca.

**soprar** *v.* **1** to blow: *Dava para ouvir o vento soprando lá fora.* You could hear the wind blowing outside. **2** (para esfriar) to blow on: *Ela soprou o café antes de tomar um gole.* She blew on the coffee before taking a mouthful. **3 soprar uma vela/um fósforo etc.** to blow out a candle/a match etc.

**sopro** *s.* **1** (de ar, vento) puff **2 instrumento de sopro** wind instrument

**sórdido** *adj.* (bar, bairro, etc.) seedy

**soro** *s.* **1** (em medicina) saline solution **2 tomar soro** (no hospital) to have a saline IV (BRIT: to be put on a drip)

**soropositivo** *adj.* HIV positive ▸ também se diz apenas ***HIV*** / *s.* person with HIV
**sorridente** *adj.* smiling
**sorrir** *v.* 1 to smile 2 **sorrir para alguém** to smile at sb
**sorriso** *s.* 1 smile 2 **dar um sorriso** to give a smile
**sorriso amarelo** forced smile
**sorte** *s.* 1 luck: *Boa sorte com a prova!* Good luck with the test! | *Dizem que as ferraduras trazem sorte.* They say that horseshoes bring luck. 2 **sorte sua** lucky for you 3 **a sorte que ...** luckily, ...: *A sorte que ninguém se feriu.* Luckily, no one was injured. 4 **de sorte** lucky: *um homem de sorte* a lucky man | *Esse é meu bracelete de sorte.* This is my lucky bracelet. 5 **estar sem/não ter sorte** to be unlucky: *Eu queria ser escolhido, mas não tive sorte.* I wanted to be chosen, but I was unlucky. 6 **falta de sorte** bad luck: *Que falta de sorte!* How unlucky! 7 **por sorte** luckily 8 **que sorte!** how lucky! 9 **tentar a sorte** to try your luck 10 **ter a sorte de fazer algo** to be lucky enough to do sth: *Tive a sorte de ser escalado para o time de vôlei.* I was lucky enough to be picked for the volleyball team. 11 **ter/estar com sorte** to be lucky: *Você teve muita sorte que não se machucou.* You were very lucky you didn't get hurt. 12 **tirar a sorte grande** to hit the jackpot.
**sortear** *v.* (rifar) to raffle
**sorteio** *s.* 1 (rifa) raffle 2 (da loteria) draw
**sortido** *adj.* assorted: *biscoitos sortidos* assorted cookies
**sortimento** *s.* assortment
**sortudo** *adj.* lucky
**sorvete** *s.* ice cream: *sorvete de coco* coconut ice cream **tomar sorvete** to have ice cream ▸ Também se diz ***to eat ice cream***.
**sorvete de creme** vanilla ice cream **sorvete de flocos** chocolate chip ice cream
**sósia** *s.* 1 (de pessoa comum) double 2 (de celebridade) look-alike: *um sósia de Elvis* an Elvis look-alike
**sossegado** *adj.* 1 (pessoa) calm 2 (lugar) peaceful
**sossegar** *v.* 1 (acalmar-se) to settle: *Minha mãe não sossega enquanto eu não chegar em casa.* My mom doesn't settle until I get home. 2 (acalmar) to settle down: *Ela cantou uma musiquinha para sossegar o bebê.* She sang a little song to settle the baby down.
**sossego** *s.* 1 peace and quiet 2 **não dar sossego a alguém** not to give sb a minute's peace: *Aquele cara não me dá sossego!* That guy doesn't give me a minute's peace!
**sótão** *s.* attic: *no sótão* in the attic
**sotaque** *s.* 1 accent: *Ele não tem sotaque.* He doesn't have an accent. 2 **com sotaque brasileiro/americano etc.** with a Brazilian/an American etc. accent
**soterrar** *v.* to bury
**sovaco** *s.* armpit
**sovina** *adj.* stingy / *s.* skinflint
**sozinho** *adj.* 1 (desacompanhado) on your own, by yourself ▸ As duas traduções são muito usadas. As palavras ***your*** e ***yourself*** mudam de acordo com a pessoa a quem se refere. Veja os exemplos: *Eu estava sozinha em casa.* I was at home on my own/by myself. | *Não podemos deixar as crianças sozinhas.* We can't leave the children on their own/by themselves. | *Não tem graça viajar sozinho.* It's no fun traveling on your own/by yourself. ▸ Também se podem substituir essas expressões pela palavra ***alone*** 2 (sem ajuda) myself, yourself, ourselves etc. ▸ muda de acordo com a pessoa a quem se refere: *Escrevi a peça sozinho.* I wrote the play myself. | *Os alunos vão organizar a festa sozinhos.* The students are going to organize the party themselves. 3 (solitário) lonely: *Às vezes ela se sente muito sozinha.* Sometimes she feels very lonely.
**spray** *s.* spray: *um repelente em spray* a repellent spray
**sua** *pron.* Veja **seu**, **sua**
**suado** *adj.* sweaty: *Eu estava todo suado.* I was all sweaty.

**suar** *v.* 1 to sweat 2 **suar em bicas** to sweat buckets 3 **estar suando frio** to be in a cold sweat

**suave** *adj.* 1 (pessoa, toque, voz, brisa, balanço, dor) gentle 2 (luz, cor, música) soft 3 (pele, sabor, vinho) smooth 4 (perfume) delicate

**suavemente** *s.* gently

**subconsciente** *s, adj.* subconscious

**subestimar** *v.* to underestimate

**subida** *s.* 1 (ida para cima) way up: *A descida foi bem mais rápida do que a subida.* The way down was much quicker than the way up. 2 (de caminho, estrada) climb: *É uma subida íngreme até a cachoeira.* It's a steep climb to the waterfall. 3 (ladeira) hill: *A casa deles fica na metade da subida.* Their house is halfway up the hill. 4 (aumento) rise: *a subida dos preços* the rise in prices 5 **na subida** on the way up: *Paramos para descansar várias vezes na subida.* We stopped to rest several times on the way up.

**subir** *v.* 1 (ir/vir para cima) to go/come up: *Suba aqui um pouco.* Come up here a minute. | *Você sobe a escada e vira à esquerda.* You go up the stairs and turn left. ▸ Quando o sentido é *conseguir subir*, usa-se ***to get up***: *O velho carro mal conseguia subir a ladeira.* The old car could hardly get up the hill. ▸ Expressões tais como *subir a pé, subir pedalando* etc. se traduzem para o inglês usando um verbo que denota a maneira de se deslocar junto com o advérbio ***up***: *O elevador estava quebrado e tivemos que subir a pé.* The elevator was broken and we had to walk up. | *O entregador de jornal sobe a nossa rua pedalando.* The paperboy cycles up our street. 2 (em meio de transporte) to get on: *O motorista parou para eu subir.* The driver stopped for me to get on. 3 (aumentar) to go up: *A temperatura deve voltar a subir amanhã.* The temperature is supposed to go up again tomorrow. | *A gasolina subiu muito.* Gas has gone up a lot. 4 (levar/trazer para cima) to take/bring up: *Pedi ao porteiro para subir a encomenda.* I asked the doorman to bring up the package. 5 (arquivo, dados etc.) to upload (***em*** *to*): *Subi a foto no meu mural.* I uploaded the picture to my wall. 6 (maré) to come in: *A maré está subindo.* The tide's coming in. 7 (rio, água) to rise 8 **subir no ônibus/no trem etc.** to get on the bus/the train etc. 9 **subir numa árvore/numa montanha** to climb a tree/a mountain 10 **subir numa bicicleta/num cavalo etc.** to get on a bike/a horse etc.: *O policial subiu na moto e foi embora.* The police officer got on his motorcycle and rode off. 11 **subir numa cadeira/no telhado etc.** to get up on a chair/the roof etc.: *Eu subi na mesa para trocar a lâmpada.* I got up on the table to change the light bulb. ▸ O uso de ***climb*** no lugar de ***get*** nesses exemplos denota maior dificuldade em subir

**subjetivo** *adj.* subjective

**sublinhar** *v.* to underline

**submarino** *adj.* underwater: *caça submarina* underwater fishing / *s.* submarine

**submeter** *v.* **submeter alguém/algo a algo** to subject sb/sth to sth: *Os presos foram submetidos a espancamento.* The prisoners were subjected to beating. / **submeter-se** *v.* **submeter-se a algo** **a** (sofrer) to undergo sth: *Ele teve que se submeter a uma cirurgia de emergência.* He had to undergo emergency surgery. **b** (aceitar) to go along with sth: *Ele sempre se submete às vontades da namorada.* He always goes along with what his girlfriend wants.

**submisso** *adj.* dutiful

**subornar** *v.* to bribe

**suborno** *s.* 1 (dinheiro) bribe: *O senador teria aceito um suborno.* The senator allegedly took a bribe. 2 (ato) bribery: *tentativa de suborno* attempted bribery

**subsidiar** *v.* to subsidize

**subsídio** *s.* subsidy

**subsistência** *s.* 1 (de um trabalhador) livelihood: *A poluição ameaça a subsistência dos pescadores.* The pollution threatens the livelihood of the fishermen. 2 **meio de subsistência** livelihood

**subsistir** *v.* to survive (***com*** *on*)
**subsolo** *s.* basement: *no subsolo* in the basement
**substância** *s.* substance
**substantivo** *s.* (em gramática) noun
**substituir** *v.* **1** to replace: *A loja vai substituir o notebook defeituoso.* The store is going to replace the faulty notebook. | *Veio um estagiário para substituir a nossa professora de histŏra, que está doente.* A student teacher has come to replace our history teacher, who is sick. **2 substituir algo/alguém por algo/alguém** to replace sth/sb with sth/sb: *Os operários foram substituídos por robôs.* The workers were replaced with robots.
**substituto** *s, adj.* substitute
**subterrâneo** *adj.* underground: *um túnel subterrâneo* an underground tunnel
**subtrair** *v.* to subtract (***de*** *from*)
**subúrbio** *s.* suburb ▸ *O subúrbio*, no sentido coletivo de *a periferia*, pode-se traduzir pelo plural ***the working class suburbs***. Nos países de língua inglesa, ***the suburbs*** por si só faz pensar em bairros residenciais de classe média: *Anchieta, no subúrbio carioca* Anchieta, a working class suburb of Rio
**sucata** *s.* scrap
**sucatear** *v.* to scrap
**suceder** *v.* **1** (acontecer) to happen **2 suceder (a) alguém** (no poder) to succeed sb
**sucessão** *s.* **1** (série) succession: *uma sucessão de problemas* a succession of problems **2** (de líder, monarca etc.) succession
**sucesso** *s.* **1** (na maioria dos casos) success: *O bazar beneficente foi um grande sucesso.* The charity sale was a big success. **2** (música, filme, musical etc.) hit: *A banda toca sucessos dos anos 90.* The band plays nineties' hits. **3 fazer/ter sucesso** to be successful: *O cantor fez muito sucesso na América Latina.* The singer was very successful in Latin America.
**sucessor** *s.* successor
**suco** *s.* juice: *suco de abacaxi* pineapple juice
**suculento** *adj.* juicy
**sudeste** *s, adj.* **1** southeast: *no sudeste* in the southeast **2** ▸ A região do Brasil denominada *o Sudeste* pode-se traduzir por ***the Southeast region (of Brazil)*** **3 a sudeste de algo** southeast of sth: *Santos fica a sudeste de São Paulo.* Santos is southeast of São Paulo.
**Sudeste Asiático** Southeast Asia
**sudoeste** *s, adj.* **1** southwest: *no sudoeste* in the southwest **2 a sudoeste de algo** southwest of sth: *Goiânia fica a sudoeste de Brasília.* Goiania is southwest of Brasilia.
**Suécia** *s.* Sweden
**sueco** *adj.* Swedish / *s.* **1** (idioma) Swedish **2** (habitante) Swede
**suéter** *s.* sweater
**suficiente** *adj.* enough: *Eu não tinha dinheiro suficiente para comprar a revista.* I didn't have enough money to buy the magazine. ▸ Existe também a palavra ***sufficient***, mas é bastante formal em inglês. / **o suficiente** *adv.* enough: *Não estudei o suficiente para a prova.* I didn't study enough for the test. | *Essa caixa é grande o suficiente para caber tudo.* This box is big enough to fit everything in.
**sufocante** *adj.* (calor, atmosfera) stifling
**sufocar** *v.* to suffocate
**sufoco** *s.* **1** (dificuldade) struggle: *Foi um sufoco achar uma vaga para estacionar.* It was a struggle to find a parking place. **2** (experiência penosa) ordeal: *Foi o pior sufoco da minha vida.* It was the worst ordeal of my life. **3 passar (um) sufoco** to struggle: *O nosso time passou sufoco no primeiro tempo.* Our team struggled in the first half.
**sugerir** *v.* **1** to suggest: *O que você sugere?* What do you suggest? **2 sugerir algo a alguém** to suggest sth to sb: *Vou sugerir a ideia aos meus pais.* I'll suggest the idea to my parents. **3 sugerir fazer algo** to suggest doing sth: *O Rafael sugeriu ir ao cinema.* Rafael suggested going to a movie. **4 sugerir que alguém faça algo** to suggest (that) sb does sth ▸ o ***that*** é opcional: *O que você*

*sugere que eu faça?* What do you suggest (that) I do?
**sugestão** *s.* 1 suggestion 2 **dar/fazer uma sugestão** to make a suggestion
**Suíça** *s.* Switzerland
**suicidar-se** *v.* to commit suicide
**suicídio** *s.* suicide
**suíço** *adj.* Swiss / *s.* 1 (homem/mulher) Swiss man/woman ▸ As palavras ***man/woman*** podem ser substituídas por outras, tais como ***boy/girl***, conforme o caso. 2 **os suíços** (em geral) the Swiss *[pl.]*
**suíte** *s.* 1 (banheiro) private bathroom (BRIT: en-suite bathroom) 2 (em hotel) suite
**sujar** *v.* 1 to get dirty: *A saia branca é linda, mas suja facilmente.* The white skirt is lovely, but it gets dirty easily. | *Tire o sapato para não sujar o chão.* Take your shoes off so you don't get the floor dirty. 2 **sujar as mãos/a roupa etc. de algo** to get sth on your hands/clothes etc.: *Sujei o meu caderno de chocolate.* I got chocolate on my exercise book. / **sujar-se** (ficar sujo) to get dirty: *Caí na lama e me sujei todo.* I fell in the mud and got all dirty.
**sujeira** *s.* 1 (imundície) dirt: *Tentei tirar a sujeira do meu tênis.* I tried to get the dirt off my sneakers. 2 (golpe baixo) dirty trick 3 **fazer sujeira** to make a mess: *Minha mãe me disse para não fazer sujeira na cozinha.* My mom told me not to make a mess in the kitchen. 4 **fazer uma sujeira com alguém** to pull a dirty trick on sb: *Eles fizeram uma sujeira com a gente.* They pulled a dirty trick on us.
**sujeito** *s.* 1 (em gramática) subject 2 (pessoa) character / *adj.* **sujeito a algo** subject to sth: *O cronograma está sujeito a alterações.* The timetable is subject to alteration.
**sujo** *adj.* dirty
**sul** *s, adj.* 1 south: *no sul* in the south 2 ▸ A região do Brasil denominada *o Sul* pode-se traduzir por ***the South region (of Brazil)*** 3 **ao sul de algo** south of sth: *Porto Seguro fica ao sul de Salvador.* Porto Seguro is south of Salvador. | *100 km ao sul daqui* 100 km south of here 4 **mais ao sul** farther south
**sul-africano** *s, adj.* South African
**sul-americano** *s, adj.* South American
**sulista** *adj.* (sotaque etc.) southern / *s.* (pessoa) southerner
**sumir** *v.* 1 (desaparecer) to disappear: *O avião sumiu nas nuvens.* The plane disappeared into the clouds. ▸ Quando se dá pela falta de algo ou alguém, traduz-se *sumiu/sumiram* por ***has/have gone***: *Minha bolsa sumiu!* My bag's gone! 2 (não dar notícia) to drop out of touch: *Você tem notícia do Bruno? Ele sumiu.* Have you heard from Bruno? He's dropped out of touch. 3 **sumir do mapa** to disappear off the face of the earth
**sunga** *s.* trunks ▸ A palavra ***trunks*** é plural em inglês, portanto *uma sunga* traduz-se por ***some trunks*** or ***a pair of trunks***
**suor** *s.* sweat
**superação** *s.* (em geral) triumph over adversity
**superar** *v.* 1 (dificuldades, doença etc.) to overcome: *Ele superou a pobreza da infância para se tornar médico.* He overcame the poverty of his childhood to become a doctor. 2 (ser superior a) to outdo: *Os brasileiros superam os americanos em tempo conectado à Internet.* Brazilians outdo Americans in time connected to the Internet. / **superar-se** *v.* to outdo yourself: *A banda se superou com esse último CD.* The band has outdone itself with this latest CD.
**superestimar** *v.* to overestimate
**superficial** *adj.* superficial
**superfície** *s.* 1 (na maioria dos casos) surface: *Os mergulhadores voltaram à superfície.* The divers came back to the surface. 2 (medida) area: *O Amazonas é o maior estado em superfície.* Amazonas is the largest state in area.
**super-herói** *s.* superhero
**superior** *adj.* 1 (de cima) upper: *o lábio superior* the upper lip 2 (excelente) superior: *O jovem jogador tem um talento superior.*

The young player has superior talent. 3 **superior a algo** **a** (mais alto) higher than sth: *Preciso tirar uma nota superior a 6 nessa prova.* I need to get a higher grade than 6 on this test. **b** (melhor) superior to sth: *A nova versão do game é muito superior à antiga.* The new version of the game is far superior to the old one.

**superlotado** *adj.* overcrowded

**supermercado** *s.* grocery store (BRIT: supermarket) ▸ *O supermercado* traduz-se também por ***the store*** ou ***the market*** na linguagem falada: *Fui ao supermercado comprar leite.* I went to the store to buy milk.

**superstição** *s.* superstition

**supersticioso** *adj.* superstitious

**supervisionar** *v.* to supervise

**suplemento** *s.* supplement

**supletivo** *s.* GED *[General Equivalency Diploma]*: *Meu primo está fazendo o supletivo.* My cousin's taking his GED.

**supor** *v.* 1 to suppose 2 **supondo que** supposing (that) ▸ o ***that*** é opcional: *Supondo que venha todo mundo, quantos vamos ser?* Supposing everyone comes, how many of us will there be? 3 **vamos supor que** suppose (that) ▸ o ***that*** é opcional: *Vamos supor que você ganhasse na loteria. O que você faria com o dinheiro?* Suppose you won the lottery. What would you do with the money? ▸ Depois de ***supposing (that)*** e ***suppose (that)*** usa-se o tempo presente do verbo inglês para traduzir o presente do subjuntivo e o passado simples para traduzir o imperfeito do subjuntivo (veja exemplos acima).

**suportar** *v.* 1 (tolerar) to stand ▸ No presente, vem acompanhado de ***can/can't*** e, no passado, de ***could/couldn't***: *Não sei como você suporta aquele barulho.* I don't know how you can stand that noise. | *Eu não suportava a ex--namorada do meu irmão.* I couldn't stand my brother's ex-girlfriend. 2 (sustentar) to support: *A bicicleta não foi feita para suportar duas pessoas.* The bike wasn't made to support two people. 3 **suportar fazer algo** to stand doing sth: *Não suporto ver um animal sofrer.* I can't stand seeing an animal suffer.

**suporte** *s.* 1 (para segurar algo) stand: *Compramos um suporte para a TV.* We bought a stand for the TV. 2 (apoio) support 3 (em informática) support: *O programa tem suporte a webcam.* The program has webcam support.

**suposição** *s.* assumption

**supostamente** *adv.* supposedly

**suposto** *adj.* supposed: *o suposto culpado pelo crime* the supposed culprit for the crime

**suprassumo** *s.* **o suprassumo de algo** the height of sth: *o suprassumo do luxo* the height of luxury

**supremo** *adj.* supreme: *o Supremo Tribunal Federal* the Federal Supreme Court

**surdo** *adj.* 1 deaf: *Ele é surdo de um ouvido.* He's deaf in one ear. 2 **ficar surdo** to go deaf / *s.* 1 (pessoa) deaf person 2 **os surdos** (em geral) deaf people ▸ Também se diz ***the deaf*** que soa mais formal.

**surdo-mudo** *adj.* deaf and unable to speak: *uma criança surda-muda* a child who is deaf and unable to speak / *s.* (pessoa) person who is deaf and unable to speak

**surfe** *s.* 1 surfing: *uma praia de surfe* a surfing beach 2 **fazer/praticar surfe** to do surfing

**surfista** *s.* surfer

**surgir** *v.* 1 (problema, necessidade etc.) to arise: *Sempre que surge uma dúvida, consulto o dicionário.* Whenever a doubt arises, I consult the dictionary. 2 (aparecer) to appear: *Um navio surgiu no horizonte.* A ship appeared on the horizon.

**surpreendente** *adj.* surprising

**surpreender** *v.* to surprise: *A notícia surpreendeu a todos.* The news surprised everyone. / **surpreender-se** *v.* to be surprised (**com** *at*): *Eu me surpreendi com a reação dela.* I was surprised at her reaction.

**surpresa** *s.* 1 surprise 2 **aparecer/chegar de surpresa** to make a surprise appearance/ visit 3 **fazer uma surpresa para alguém** to give sb a surprise: *Os meus amigos me fizeram uma surpresa no meu aniversário.* My friends gave me a surprise on my birthday. 4 **pegar alguém de surpresa** to take sb by surprise: *Fui pego de surpresa.* I was taken by surprise.

**surpreso** *adj.* surprised (***com*** *at*)

**surra** *s.* 1 **dar uma surra em alguém** **a** (espancar) to give sb a beating **b** (vencer) to thrash sb 2 **levar uma surra** **a** (ser espancado) to get a beating (***de*** *from*) **b** (ser derrotado) to get thrashed (***de*** *by*)

**surrado** *adj.* (gasto) worn-out: *um jeans surrado* some worn-out jeans

**surtar** *v.* (pessoa) to freak out

**surtir** *v.* **surtir efeito** to be effective: *O tratamento surtiu efeito.* The treatment was effective.

**surto** *s.* 1 (de doença) outbreak: *um surto de dengue* an outbreak of dengue fever 2 (crise nervosa) fit

**suscetível** *adj.* (melindroso) touchy

**suspeita** *s.* 1 suspicion 2 **por suspeita de algo** on suspicion of sth: *O político foi preso por suspeita de corrupção.* The politician was arrested on suspicion of corruption.

**suspeitar** *v.* 1 to suspect: *O médico suspeita que o paciente esteja com sarampo.* The doctor suspects the patient has measles. 2 **suspeitar de algo** **a** (achar provável) to suspect sth: *A polícia suspeita do envolvimento de uma segunda pessoa.* The police suspect the involvement of a second person. **b** (achar suspeito) to be suspicious of sth: *Comecei a suspeitar dos motivos dele.* I started to be suspicious of his motives. 3 **suspeitar de alguém** to suspect sb: *Ninguém suspeitava do homem que foi preso.* No one suspected the man who was arrested.

**suspeito** *adj.* suspicious: *um pacote suspeito* a suspicious package / *s.* (pessoa) suspect: *O suspeito foi interrogado pela polícia.* The suspect was questioned by the police.

**suspender** *v.* 1 (penalizar) to suspend: *O jogador foi suspenso por três jogos.* The player was suspended for three games. 2 (interromper) to stop: *O árbitro suspendeu o jogo por conta da chuva.* The referee stopped the game on account of the rain. 3 (cancelar) to call off: *Decidimos suspender a festa.* We decided to call off the party. 4 (pedido, contrato etc.) to cancel: *Pedi ao garçom para suspender a sobremesa.* I asked the waiter to cancel the dessert.

**suspense** *s.* 1 suspense 2 **fazer suspense** ▸ Veja os exemplos : *Para de fazer suspense! Fala logo!* Stop keeping me in suspense! Tell me! | *O técnico fez suspense com a escalação do time.* The coach kept everyone in suspense about the line-up of the team. 3 **filme/livro de suspense** thriller

**suspensórios** *spl.* suspenders (BRIT: braces)

**suspirar** *v.* to sigh.

**suspiro** *s.* 1 (gemido) sigh: *Ela deu um suspiro de alívio.* She gave a sigh of relief. 2 (doce) meringue

**sussurrar** *v.* 1 (falar baixo) to whisper 2 **sussurrar algo para alguém** to whisper sth to sb

**sussurro** *s.* whisper

**sustentar** *v.* 1 (bancar) to support: *Não sei como ele consegue sustentar tantos filhos.* I don't know how he manages to support so many children. 2 (suportar) to hold up: *Uma viga sustenta o teto.* There is a beam that holds the ceiling up. / **sustentar-se** *v.* (financeiramente) to support yourself: *Estou juntando dinheiro para me sustentar nos EUA.* I'm saving money to support myself in the US.

**susto** *s.* 1 fright: *Tive um susto quando acendi a luz.* I had a fright when I turned on the light. 2 **dar um susto em alguém** to give sb a fright: *Você me deu um susto!* You gave me a fright! 3 **levar um susto** to get a fright: *Levei um susto tão grande que soltei um grito.* I got such a fright I screamed.

**4 que susto!** ▸ Pode-se traduzir por ***I got such a fright!*** quando se conta um caso, ou ***You gave me such a fright!*** quando quem deu o susto foi a pessoa com quem se fala. Também se diz ***That made me jump!*** ou ***You made me jump!*** quando se dá um sobressalto de susto.

**sutiã** *s.* bra

**sutil** *adj.* subtle

# T

**T, t** *s.* T, t
**tabaco** *s.* tobacco
**tabela** *s.* **1** (na maioria dos casos) table **2** (em basquete) backboard
**tabela de preços** price list
**tablete** *s.* **tablete de chocolate** bar of chocolate
**tabu** *s, adj.* taboo
**tábua** *s.* **1** (pedaço de madeira) board **2** (de cozinha) chopping board
**tábua corrida** floorboard **tábua de passar roupa** ironing board
**tabuada** *s.* times table
**tabuleiro** *s.* **1** (para jogo) board: *um tabuleiro de xadrez* a chess board **2** (para levar ao forno) baking sheet
**taça** *s.* **1** (copo) glass: *uma taça de champanhe* a glass of champagne **2** (troféu, campeonato) cup: *a Taça Libertadores* the Libertadores Cup
**tacada** *s.* (em jogo) shot
**tacar** *v.* **1** (jogar) to chuck: *Taquei o CD no lixo.* I chucked the CD in the trash. **2** (bola em bilhar, golfe etc.) to hit **3 tacar fogo em algo** to set light to sth
**tachinha** *s.* thumbtack (BRIT: drawing pin)
**taco** *s.* **1** (de bilhar) cue **2** (de beisebol) bat **3** (de golfe) club
**tal** *adj.* **1** (desse tipo) such: *É melhor evitar tais pessoas.* It's best to avoid such people. **2** (esse) this *[pl. these]*: *Não sabíamos que tal problema existia.* We didn't know that this problem existed. **3 tal/tais como ...** such as ...: *frutas tropicais, tais como manga, mamão e abacaxi* tropical fruits, such as mango, papaya and pineapple **4 que tal ...?** **a** (fazendo sugestão) how about ...?: *Que tal um cinema?* How about a movie? ▸ Também se diz ***what about ...?*** **b** (pedindo opinião) how is/are ...?: *Que tal a sua pizza?* How's your pizza? ▸ Referindo-se a algo no passado, usa-se ***how was/were ...?***: *Que tal a viagem?* How was the trip? **5 que tal fazer ...?** how about doing ...?: *Que tal nos encontrarmos amanhã?* How about (us) meeting tomorrow? | *Que tal você vir ao Brasil?* How about (you) coming to Brazil? ▸ Nesses exemplos, os pronomes ***us*** e ***you*** são opcionais porque o contexto deixa claro a quem se refere. ***How about*** também pode vir seguido de um verbo no presente simples, precedido ou não de ***if***: *Que tal nos encontrarmos amanhã?* How about (if) we meet tomorrow? | *Que tal eu passar na sua casa?* How about (if) I drop by your house? **6 um/uma tal ...** such a(n) ...: *Não é fácil resolver um tal problema.* It's not easy to solve such a problem. ▸ Não se pode usar o artigo ***a(n)*** com substantivos que são incontáveis em inglês: *Uma tal beleza é rara.* Such beauty is rare. **7 um/uma tal de ...** ▸ Referindo-se a uma pessoa, traduz-se por ***someone named ...***;

referindo-se a uma coisa, traduz-se por ***something called ...***: *Um tal de Ricardo ligou.* Someone named Ricardo phoned. | *Ele está com uma tal de bursite.* He has something called bursitis. ▸ Antes do nome de uma pessoa, também se pode traduzir pelo artigo ***a(n)***: *Você conhece uma tal de Cristina?* Do you know a Cristina?

**talão** *s.* **talão de cheques** checkbook (BRIT: chequebook)

**talco** *s.* talc

**talento** *s.* talent: *A Laís tem talento para o desenho.* Laís has a talent for drawing.

**talentoso** *adj.* talented: *um jogador talentoso* a talented player

**talher** *s.* **1 um talher** **a** (conjunto para uma pessoa) a knife and fork ▸ usa-se como se fosse um único substantivo no singular: *Esse talher é o seu.* This knife and fork is yours. **b** (uma peça) piece of silverware (BRIT: piece of cutlery) **2 talheres** silverware (BRIT: cutlery) ▸ Essas palavras são singulares em inglês: *Os talheres ficam na primeira gaveta.* The silverware goes in the top drawer. ▸ Também se pode dizer ***knives and forks***, que é plural.

**talvez** *adv.* maybe ▸ Também se usa ***perhaps*** que soa um pouco mais formal: *Talvez ele tenha esquecido.* Maybe he's forgotten./Perhaps he's forgotten. | *"Você vai também?" - "Talvez."* "Are you going too?" - "Maybe." ▸ Também se pode traduzir *talvez* usando o verbo auxiliar ***may*** ou ***might***, especialmente quando se fala do futuro: *Talvez chova à tarde.* It may rain this afternoon./It might rain this afternoon. | *Talvez ele tenha esquecido.* He may have forgotten./He might have forgotten.

**tamanco** *s.* **1** (com salto baixo) clogs *[pl.]*: *Comprei um tamanco.* I bought a pair of clogs. **2** (com salto alto) wedges *[pl.]*

**tamanduá** *s.* anteater

**tamanho** *s.* size: *Qual é o seu tamanho?* What size are you? | *Vou postar a foto num tamanho menor.* I'm going to post the photo in a smaller size. ▸ Com a palavra ***size*** a preposição *de* não se traduz. Veja os exemplos: *De que tamanho é a foto?* What size is the photo? | *Nunca vi uma aranha daquele tamanho.* I've never seen a spider that size. | *Os copos são do mesmo tamanho.* The glasses are the same size. | *O celular é do tamanho de uma caixa de fósforos.* The cell phone is the size of a matchbox. ▸ A pergunta *Qual é o tamanho de ...?, De que tamanho é/são ...?* também se pode traduzir por ***How big is/are ...?***, especialmente quando se fala de uma coisa que não vem em tamanhos predeterminados: *Qual o tamanho da piscina?* How big is the pool? ▸ Quando se mostra o tamanho com as mãos, *desse tamanho* traduz-se por ***this big***: *O peixe era desse tamanho.* The fish was this big.
**tamanho natural** life size: *um retrato em tamanho natural* a life-size portrait

**tâmara** *s.* date

**também** *adv.* **1** (em frases afirmativas) also ▸ coloca-se antes do verbo principal da frase: *Eu falo espanhol também.* I also speak Spanish. ▸ Se o verbo principal for uma forma do verbo ***to be***, coloca-se ***also*** logo depois dessa: *Eu também sou brasileiro.* I'm also Brazilian. ▸ Se houver um verbo auxiliar na frase, coloca-se ***also*** entre esse e o verbo principal: *Também posso ver você amanhã.* I can also see you tomorrow. | *Já estive no Canadá também.* I've also been to Canada. ▸ Na linguagem falada, é muito comum o uso da palavra ***too*** em vez de ***also***. Porém, o ***too*** sempre se coloca no final da frase: *Eu falo espanhol também.* I speak Spanish too. | *Já estive no Canadá também.* I've been to Canada too. **2** (em frases negativas) either ▸ coloca-se no final da frase: *Eu também não gostei do filme.* I didn't like the film either. | *O professor também não disse nada.* The teacher didn't say anything either. **3** ▸ Em respostas e acréscimos do tipo *eu também, ... e a minha irmã também* etc. usa-se a palavra ***so*** seguida da repetição do verbo auxiliar da frase precedente: *"Eu sei nadar." - "Eu* *também.*" "I can swim." – "So can I." | *Eu já li Harry Potter, e a minha irmã também.* I've read Harry Potter, and so has my sister. ▸ Na falta de um verbo auxiliar (p.ex., quando o verbo é presente ou passado simples) usa-se o auxiliar ***do/does*** (presente) ou ***did*** (passado), exceto com formas do verbo ***to be***: *Minha mãe fala um pouco de inglês, e meu pai também.* My mom speaks a little English, and so does my dad. | *"Eu gostei do filme." – "Eu também."* "I liked the movie." – "So did I." | *Meu irmão é canhoto, e eu também.* My brother's left-handed and so am I. ▸ Na linguagem falada, pode-se simplesmente usar a palavra ***too*** precedida de ***me, you, him, her, us, them*** ou outra palavra: *"Eu gostei do filme." – "Eu também."* "I liked the movie." – "Me too." | *Eu já li Harry Potter, e a minha irmã também.* I've read Harry Potter, and my sister too. **4** ▸ Em respostas e acréscimos do tipo *eu também não, ... e o Pedro também não* etc. usa-se a palavra ***neither*** seguida da repetição do verbo auxiliar da frase precedente: *"Eu não sei dançar." - "Eu também não."* "I can't dance." – "Neither can I." | *Eu não terminei ainda, e o Pedro também não.* I haven't finished yet, and neither has Pedro. ▸ Na falta de um verbo auxiliar (p.ex., quando o verbo é presente ou passado simples) usa-se o auxiliar ***do/does*** (presente) ou ***did*** (passado), exceto com formas do verbo ***to be***: *Minha mãe não fala inglês, meu pai também não.* My mom doesn't speak English, and neither does my dad. | *"Eu não gostei da pizza." – "Eu também não."* "I didn't like the pizza." – "Neither did I." | *Meus pais não são religiosos, e eu também não.* My parents aren't religious and neither am I. ▸ Na linguagem falada, pode-se simplesmente usar a palavra ***neither*** precedida de ***me, you, him, her, us, them*** ou outra palavra: *"Eu não gostei da pizza." – "Eu também não."* "I didn't like the pizza." – "Me neither." | *Eu não terminei ainda, e o Pedro também não.* I haven't finished yet, and Pedro neither.

**tambor** *s.* (instrumento) drum

**tamborim** *s.* tambourine

**tampa** *s.* **1** (de panela, caixa etc.) lid **2** (de garrafa, caneta, tubo) cap (BRIT: top) **3** (de pia, banheiro, tanque) plug

**tampar** *v.* **1** (panela, caixa, etc.) to put the lid on: *Tampe a panela e deixe cozinhar em fogo lento.* Put the lid on the saucepan and leave to simmer. **2** (garrafa, caneta, tubo) to put the cap on: *Se você não tampar o marcador, vai secar.* If you don't put the cap on the highlighter, it'll dry out. **3** (ralo, buraco) to plug

**tanga** *s.* **1** (tipo biquíni) G-string **2** (de índio etc.) loincloth

**tangerina** *s.* tangerine

**tanque** *s.* **1** (de combustível etc.) tank **2** (para lavar roupa) laundry sink **3** (de guerra) tank

**tanto** *pron, adv.* **1** so much *[pl. so many]*: *Por que você fez tanta comida?* Why did you make so much food? | *Já te falei isso tantas vezes.* I've already told you that so many times. | *Gosto tanto da Laura.* I like Laura so much. ▸ Em frases que expressam uma consequência, do tipo *tanto ... que*, o *que* pode-se traduzir por ***that***, mas é muito comum omiti-lo, especialmente na linguagem falada: *Suei tanto que tive que tomar banho.* I sweated so much (that) I had to take a shower. | *Houve tantas reclamações que interditaram a boate.* There were so many complaints (that) they shut the club down. **2 tanto assim** that much *[pl. that many]*: *Acho que não custa tanto assim.* I don't think it costs that much. | *Não tenho tantos CDs assim.* I don't have that many CDs. **3 tanto ... como ...** both ... and ...: *Tanto o Pedro como o Miguel tocam violão.* Both Pedro and Miguel play guitar. **4 tanto faz** it makes no difference: *Pode pagar com cartão ou dinheiro, tanto faz.* You can pay with a card or cash, it makes no difference. **5 (para mim,) tanto faz** I don't mind: *"Você prefere chá ou café?" - "Tanto faz."* "Do you prefer tea or coffee?" - "I don't mind." **6 tanto ... quanto** as much ... as [pl. as many ... as]: *Não tenho tanto tempo livre quanto no ano passado.* I don't have as much free time as last year. | *O meu irmão tem tantas camisetas quanto eu.* My brother has as many T-shirts as I do. | *O celular não custava tanto quanto eu pensava.* The cell phone didn't cost as much as I thought. 7 **tanto (tempo)** so long: *Faz tanto tempo que não vejo um bom filme.* It's been so long since I saw a good movie. | *O ônibus demorou tanto que acabei me atrasando.* The bus took so long I ended up being late.

**tão** adv. 1 so: *Estou tão cansado.* I'm so tired. | *Como é que você fala tão bem português?* How come you speak Portuguese so well? ▸ Em frases que expressam uma consequência, do tipo *tão ... que*, o *que* pode-se traduzir por ***that***, mas é muito comum omiti-lo, especialmente na linguagem falada: *O professor falou tão rápido que não captamos o que disse.* The teacher spoke so fast (that) we didn't catch what he said. | *Ando tão ocupado que nem tenho olhado meus e-mails.* I've been so busy (that) I haven't even been checking my email. ▸ Não se pode colocar ***so*** antes de um adjetivo quando esse vem seguido de um substantivo. Nesse caso, usa-se ***such a(n)*** se o substantivo for singular e contável, e ***such*** se for incontável ou plural: *Nunca vi um cachorro tão grande.* I've never seen such a big dog. | *Tivemos sorte de pegar um tempo tão bom.* We were lucky to have such good weather. | *Não gosto de filmes tão violentos.* I don't like such violent movies. 2 **tão ... assim** that ...: *A passagem não foi tão cara assim.* The ticket wasn't that expensive. 3 **tão ... quanto** as ... as: *O Ricardo não é tão alto quanto eu.* Ricardo isn't as tall as me. | *A Júlia canta tão bem quanto qualquer artista famoso.* Julia sings as well as any famous artist.

**tapa** s. 1 slap 2 **dar um tapa em alguém** to slap sb: *Ela deu um tapa na cara do namorado.* She slapped her boyfriend in the face.

**tapar** v. 1 (com um pano, com a mão etc.) to cover: *Tapei a boca com a mão para esconder um bocejo.* I covered my mouth with my hand to hide a yawn. 2 (buraco, fenda) to fill in: *Taparam os buracos da nossa rua.* They filled in the holes in our street. 3 (vista, TV) to block: *Os prédios altos tapam a vista do mar.* The tall buildings block the view of the ocean.

**tapete** s. 1 (grande) rug 2 (para sair do banho, para limpar os pés etc.) mat

**tarado** s. pervert

**tardar** s. **no mais tardar** at the latest: *Devemos chegar ao meio-dia, no mais tardar.* We should get there at midday at the latest.

**tarde** s. 1 (parte do dia) afternoon: *Tenho a tarde livre hoje.* I have the afternoon free today. 2 **à tarde** in the afternoon: *À tarde assistimos ao jogo.* In the afternoon we watched the game. ▸ No sentido de *todo dia à tarde*, também se pode dizer ***afternoons*** sem preposição: *Ela só trabalha à tarde.* She only works afternoons. ▸ No sentido de *hoje à tarde*, traduz-se por ***this afternoon***: *Vou sair à tarde.* I'm going out this afternoon. 3 **às três etc. da tarde** at three etc. in the afternoon ▸ Também se diz ***at three p.m.***, que soa um pouco mais formal. 4 **boa tarde** good afternoon ▸ Ao se despedir, diz-se ***have a good afternoon***. 5 **hoje à tarde** this afternoon: *Que tal nos encontrarmos hoje à tarde?* How about we meet this afternoon? 6 **na segunda/no sábado etc. à tarde** on Monday/on Saturday etc. afternoon: *Vai ter churrasco no domingo à tarde.* There's going to be a barbecue on Sunday afternoon. ▸ Observe-se como se expressa o plural em inglês: *Tenho aula de balé nas quintas à tarde.* I have ballet class on Thursday afternoons. 7 **ontem/amanhã à tarde** yesterday/tomorrow afternoon / adv. 1 (em hora avançada) late: *Já é tarde. Vou dormir.* It's late. I'm going to bed. 2 (tarde demais) too late: *Tentei avisá-los, mas já era tarde.* I tried to warn them, but it was too late. | *Os bombeiros chegaram tarde para salvar a casa.* The firefighters arrived too late to save the house. 3 **mais tarde** later: *A gente se fala mais tarde.* We'll talk later. | *Até mais tarde!* See you later!

**tardinha** *s.* 1 late afternoon 2 **à tardinha** at the end of the afternoon

**tarefa** *s.* 1 (incumbência) task: *Faço várias tarefas em casa.* I do various tasks at home. 2 (escolar) assignment: *Meu pai me ajudou com a minha tarefa escolar.* My dad helped me with my school assignment.
**tarefas domésticas** household chores

**tarifa** *s.* 1 (de transporte) fare: *tarifas aéreas* air fares 2 (por serviço) charge: *tarifas telefônicas* phone charges

**tartaruga** *s.* turtle ▸ No inglês britânico e na linguagem mais científica, a tartaruga terrestre chama-se ***tortoise***.

**tatear** *v.* (no escuro) to feel one's way: *Fui tateando até achar o interruptor de luz.* I felt my way until I found the light switch.

**tática** *s.* (em jogo, batalha etc.) tactics *[pl.]*: *O técnico decidiu mudar de tática no segundo tempo.* The coach decided to change tactics in the second half.

**tático** *adj.* tactical: *uma manobra tática* a tactical maneuver

**tato** *s.* 1 (sentido) touch: *o sentido do tato* the sense of touch 2 (diplomacia) tact 3 **falta de tato** tactlessness: *Ele pediu desculpas pela falta de tato.* He apologized for his tactlessness. 4 **ser falta de tato (de alguém)** to be tactless (of sb): *Foi falta de tato dela dizer aquilo.* It was tactless of her to say that.

**tatu** *s.* armadillo

**tatuagem** *s.* 1 tattoo 2 **fazer uma tatuagem** to get a tattoo

**tatuar** *v.* to tattoo ▸ Quando se manda fazer por um profissional, traduz-se *tatuar algo* por ***to have sth tattooed***: *Ele tatuou o nome da namorada no braço.* He had his girlfriend's name tattooed on his arm. / **tatuar-se** *v.* (com um profissional) to get tattooed

**taurino** *s, adj.* 1 Taurus 2 **ser taurino** to be a Taurus

**taxa** *s.* 1 (custo) fee: *Cobram uma taxa pelo uso dos computadores.* They charge a fee for the use of the computers. ▸ Também se pode traduzir por ***charge***. 2 (índice) rate: *a taxa de natalidade* the birth rate
**taxa de câmbio** exchange rate

**táxi** *s.* 1 taxi, cab ▸ As duas palavras são muito usadas: *Vamos de táxi.* Let's go by taxi. 2 **chamar/pedir/pegar um táxi** to call/to order/to take a taxi: *Pegamos um táxi até o aeroporto.* We took a taxi to the airport. ▸ Parar um táxi na rua fazendo sinal diz-se ***to hail a taxi*** (*ou* ***a cab***): *É mais fácil parar um táxi na rua.* It's easier to hail a cab on the street.

**taxista** *s.* taxi driver ▸ Também se diz ***cab driver***

**tchau** *interj.* bye! / *s.* **dar tchau** (com a mão) to wave

**tcheco** *s, adj.* Czech: *a República Tcheca* the Czech Republic

**te** *pron.* you ▸ coloca-se sempre depois do verbo: *Eu te amo.* I love you. | *Eu te empresto o dinheiro.* I'll lend you the money. ▸ Com verbos pronominais, o *te* não tem tradução na maioria dos casos. Porém, quando o verbo tem sentido reflexivo, traduz-se por ***yourself***: *Não te preocupe!* Don't worry! | *Toma cuidado para não te cortar.* Be careful you don't cut yourself.

**teatro** *s.* theater (BRIT: theatre)

**tecer** *v.* to weave

**tecido** *s.* 1 (pano) fabric ▸ Também se diz ***material*** 2 (em medicina) tissue

**tecla** *s.* key: *a tecla Control* the Control key

**tecladista** *s.* keyboard player

**teclado** *s.* keyboard

**teclar** *v.* to key

**técnica** *s.* technique

**técnico** *s.* 1 (que faz consertos etc.) technician: *Tive que chamar um técnico para consertar meu computador.* I had to call a technician to repair my computer. ▸ Na linguagem informal, a pessoa que vem em casa consertar aparelhos diz-se ***repairer*** ou ***repairman*** (se for homem): *um técnico de TV* a TV repairman 2 (de time) coach (BRIT: manager) / *adj.* technical: *um curso técnico* a technical course

**tecnologia** *s.* 1 technology: *novas tecnologias* new technologies 2 **de alta tecnologia** hi-tech: *empresas de alta tecnologia* hi-tech companies

**tecnologia de ponta** cutting-edge technology ▸ Também se diz ***state-of-the-art technology***

**teco-teco** *s.* light aircraft

**tédio** *s.* 1 boredom 2 **estar morrendo de tédio** to be bored stiff

**teia** *s.* web

**teia de aranha** 1 (com aranha) spider's web 2 (sinal de abandono) cobweb

**teimar** *v.* 1 to insist: *Ele teima que a culpa não foi dele.* He insists it wasn't his fault. 2 **teimar em fazer algo** to insist on doing sth: *Os pais eram contra, mas ela teimou em ser atriz.* Her parents were against it, but she insisted on becoming an actress.

**teimoso** *adj.* stubborn

**tela** *s.* 1 (de computador, TV, cinema etc.) screen: *na tela da TV* on the TV screen 2 (tecido, tb. para pintura) canvas 3 (quadro) painting: *uma tela de Portinari* a painting by Portinari 4 (de proteção) mesh: *tela de arame* wire mesh

**telão** *s.* (em estádio, show etc.) big screen

**telecomunicações** *spl.* telecommunications

**teleférico** *s.* 1 (de cabine) cable car 2 (de cadeira) chairlift

**telefonar** *v.* 1 to phone 2 **telefonar para alguém** to phone sb: *Decidimos telefonar para a polícia.* We decided to phone the police.

**telefone** *s.* 1 (aparelho) phone ▸ Também existe ***telephone***, que soa um pouco antiquado ou formal: *O telefone tocou duas vezes e parou.* The phone rang twice and stopped. 2 (número) phone number: *Anota aí meu telefone.* Make a note of my phone number. ▸ Também se pode dizer apenas ***number***: *Qual o seu telefone?* What's your number? 3 **atender o telefone** to answer the phone: *Foi o irmão dela que atendeu o telefone.* It was her brother who answered the phone. 4 **desligar o telefone** to hang up 5 **no telefone** on the phone: *Quem era no telefone?* Who was it on the phone? | *Ele passa horas falando no telefone.* He spends hours talking on the phone. 6 **pelo telefone** over the phone: *Não quero falar disso pelo telefone.* I don't want to talk about this over the phone.

**telefone celular** cell phone (BRIT: mobile phone) **telefone público** pay phone

**telefonema** *s.* 1 phone call 2 **dar/receber um telefonema** to make/to get a phone call

**telefonista** *s.* telephone operator ▸ Dentro do contexto da telefonia, diz-se apenas ***operator***: *Para falar com a telefonista, digite 0.* To speak to the operator, press 0.

**telegrama** *s.* telegram

**telejornal** *s.* TV news: *A matéria passou no telejornal.* The story was on the TV news.

**telenovela** *s.* TV soap opera

**telepatia** *s.* 1 telepathy 2 **por telepatia** by telepathy

**telescópio** *s.* telescope

**telespectador** *s.* viewer

**televisão** *s.* 1 television ▸ Na linguagem informal, diz-se ***TV***. 2 **assistir/ver televisão** to watch television 3 **na televisão** on television: *Meu pai saiu na televisão.* My dad was on television.

**televisionar** *v.* to televise: *O casamento vai ser televisionado.* The wedding is going to be televised.

**televisivo** *adj.* **ser televisivo** to be a TV addict: *O Gabriel é muito televisivo.* Gabriel is a real TV addict.

**telha** *s.* tile

**telhado** *s.* roof

**tema** *s.* 1 (assunto) topic: *O tema da aula de hoje é o aquecimento global.* The topic of today's class is global warming. 2 (linha condutora) theme: *É um tema que percorre* *toda a obra do escritor.* It's a theme which runs through all the writer's work. 3 (música) theme

**tema musical** 1 (de programa de TV, de personagem) theme tune 2 (de filme) theme music ▸ Quando se trata de uma canção, diz-se ***theme song***.

**temer** *v.* to fear

**tempão** *s.* **um tempão** a long while: *Tivemos que esperar um tempão.* We had to wait a long while.

**temperado** *adj.* 1 (comida) seasoned 2 (salada) dressed 3 (clima) temperate

**temperamento** *s.* temperament

**temperar** *v.* 1 (comida) to season: *Não esqueça de temperar o feijão.* Don't forget to season the beans. 2 (salada) to dress: *Tempere a salada com limão e sal.* Dress the salad with lemon juice and salt.

**temperatura** *s.* temperature: *A temperatura hoje é de 40 graus.* The temperature today is 40 degrees.

**temperatura ambiente** room temperature

**tempero** *s.* 1 (sal, pimenta etc.) seasoning 2 (de salada) dressing

**tempestade** *s.* 1 storm 2 **fazer uma tempestade num copo d'água** to make a mountain out of a molehill

**tempestuoso** *adj.* (tempo, céu, mar) stormy

**templo** *s.* temple

**tempo** *s.* 1 (anos, dias, segundos etc.) time: *Precisamos de mais tempo.* We need more time. | *No tempo dos nossos avós ainda se usava a máquina de escrever.* In our grandparents' time, people still used typewriters. ▸ Como conceito geral, *o tempo* traduz-se por ***time***, sem ***the***: *O tempo não para.* Time does not stand still. 2 (clima) weather: *Como está o tempo aí?* What's the weather like there? ▸ Note-se que a palavra ***weather*** é incontável e, portanto, não pode vir precedida do artigo indefinido ***a(n)***: *Pegamos um tempo maravilhoso.* We had wonderful weather. 3 (do verbo) tense: *os tempos contínuos* the continuous tenses 4 **a tempo** in time: *O jogador deve se recuperar a tempo para jogar na final.* The player should recover in time to play in the final. 5 **antes do tempo** ahead of time: *É arriscado comemorar antes do tempo.* It's risky to celebrate ahead of time. 6 **ao mesmo tempo** at the same time 7 **dá tempo (de/para fazer algo)** there is time (to do sth): *Não sei se vai dar tempo para fazer tudo.* I don't know if there'll be time to do everything. | *Não deu tempo de falar com todo mundo.* There wasn't time to talk to everyone. 8 **dar tempo ao tempo** to bide your time: *Precisamos dar tempo ao tempo.* We need to bide our time. 9 **dar um tempo** **a** (esperar) to wait a while: *Se der ocupado, dá um tempo e tenta de novo.* If the line's busy, wait a while and try again. **b** (num namoro) to take a break: *Os dois resolveram dar um tempo na relação.* The two of them decided to take a break from the relationship. 10 **dá um tempo!** (para de implicar) give me a break! 11 **de todos os tempos** of all time: *o livro mais vendido de todos os tempos* the best selling book of all time 12 **de uns tempos para cá** lately: *Meu computador ficou muito lento de uns tempos para cá.* My computer has gotten very slow lately. 13 **fazer tempo bom** to be good weather ▸ Usa-se sempre o sujeito ***it*** com esta expressão: *Se fizer tempo bom amanhã, podemos ir à praia.* If it's good weather tomorrow, we can go to the beach. 14 **ganhar/perder tempo** to gain/to waste time 15 **há tempos** **a** (durante muito tempo) for some time: *Não vejo o meu primo há tempos.* I haven't seen my cousin for some time. **b** (muito tempo atrás) some time ago: *Eles mudaram para São Paulo há tempos.* They moved to São Paulo some time ago. 16 **muito tempo** a long time: *A fábrica fechou as portas há muito tempo.* The factory closed down a long time ago. ▸ Em frases interrogativas e negativas, traduz-se por ***long***: *Faz muito tempo que você está esperando aqui?* Have you been waiting here long? | *Não* *ficamos muito tempo.* We didn't stay long. 17 **nesse meio tempo** in the meantime 18 **o tempo inteiro** the whole time 19 **o tempo todo** all the time: *O Bruno fica mexendo com o celular o tempo todo.* Bruno keeps fiddling with his cell phone all the time. 20 **pouco tempo** not long: *Tivemos pouco tempo para conversar.* We didn't have long to talk. ▸ Geralmente, o ***not*** se junta ao verbo da frase, como no exemplo acima. Porém, isso não acontece no caso da expressão ***not long ago***: *Eles se casaram há pouco tempo.* They got married not long ago. 21 **primeiro/segundo tempo** (de jogo) first/second half: *O nosso time reagiu no segundo tempo.* Our team fought back in the second half. 22 **quanto tempo?** how long?: *Quanto tempo leva a viagem de ônibus?* How long does the bus journey take? | *Há quanto tempo vocês se conhecem?* How long have you known each other? 23 **ter tempo (para algo/para fazer algo)** to have time (for sth/to do sth): *Não temos tempo para isso agora.* We don't have time for that now. | *Você vai ter tempo para se encontrar comigo amanhã?* Will you have time to meet me tomorrow? 24 **um bom tempo** quite a while: *Gastei um bom tempo escrevendo a redação.* I spent quite a while writing the essay. ▸ Também se diz ***a good while***. 25 **um tempo** a while: *Moramos um tempo em Manaus.* We lived for a while in Manaus.

**temporada** *s.* 1 (período) period of time: *Eu queria passar uma temporada fora para melhorar meu inglês.* I'd like to spend a period of time abroad to improve my English. 2 (estação) season 3 **a alta/baixa temporada** the high/low season

**temporal** *s.* storm: *Vai cair um temporal mais tarde.* There's going to be a storm later.

**temporário** *adj.* temporary

**tenda** *s.* tent

**tendão** *s.* tendon

**tendência** *s.* 1 (evolução) trend: *as tendências da moda* trends in fashion 2 (inclinação) tendency 3 **a tendência é que ...** the likelihood is that ...: *A tendência é que o tempo melhore no fim de semana.* The likelihood is that the weather will get better on the weekend. 4 **ter tendência a fazer algo** to have a tendency to do sth

**tender** *v.* **tender a fazer algo** to tend to do sth: *O Marcos tende a se esquecer das coisas.* Marcos tends to forget things.

**tenebroso** *adj.* (horrível) appalling

**tenente** *s.* lieutenant

**tênis** *s.* 1 (jogo) tennis: *Você sabe jogar tênis?* Do you know how to play tennis? 2 (sapato) sneakers (BRIT: trainers) *[pl.]*: *Esse tênis é muito confortável.* These sneakers are very comfortable. | *Só tenho um tênis.* I only have one pair of sneakers. ▸ O singular ***sneaker*** refere-se a um pé.

**tênis de mesa** table tennis

**tenista** *s.* tennis player

**tensão** *s.* 1 (na maioria dos casos) tension: *Sentia-se a tensão no ar.* You could feel the tension in the air. 2 (elétrica) voltage: *fios de alta tensão* high voltage power lines

**tenso** *adj.* 1 (na maioria dos casos) tense: *Fico tensa antes de uma prova.* I get tense before a test. 2 (corda) taut

**tentação** *s.* 1 temptation 2 **cair em tentação** to give in to temptation 3 **resistir à tentação** to resist temptation

**tentador** *adj.* tempting: *uma oferta tentadora* a tempting offer

**tentar** *v.* 1 (fazer uma tentativa) to try: *Não sei se vou conseguir, mas vou tentar.* I don't know if I'll succeed, but I'll try. 2 (criar desejo em) to tempt 3 **tentar alguém a fazer algo** to tempt sb to do sth: *Nunca me senti tentado a experimentar drogas.* I've never felt tempted to experiment with drugs. 4 **tentar fazer algo** to try to do sth: *Tentei convencê-lo.* I tried to convince him. | *Tente não fazer barulho.* Try not to make a noise.

**tentativa** *s.* **1** attempt: *uma tentativa frustrada de resgate* a failed rescue attempt **2 (fazer) uma tentativa de fazer algo** (to make) an attempt to do sth: *Fizeram uma tentativa de escalar a montanha.* They made an attempt to climb the mountain.
**teologia** *s.* theology
**teor** *s.* content: *o teor da carta* the content of the letter | *teor alcoólico* alcohol content
**teoria** *s.* theory
**teoricamente** *adv.* theoretically
**teórico** *adj.* **1** theoretical **2 aula teórica** theory class
**ter** *v.* **1** (na maioria dos casos) to have: *Tenho um computador novo.* I have a new computer. | *Não tivemos tempo de falar muito.* We didn't have time to talk much. | *O nosso cachorro teve seis filhotes.* Our dog had six puppies. ▸ Depois do verbo ***to have***, usa-se o artigo indefinido ***a(n)*** antes de um substantivo contável no singular: *Você tem celular?* Do you have a cell phone? | *Não temos carro.* We don't have a car. ▸ Notem-se os seguintes casos em que não se usa o verbo ***to have*** em inglês, mas sim ***to be***. Falando de idade: *Quantos anos você tem?* How old are you? | *Meu irmão tem vinte anos.* My brother is twenty years old. ▸ Falando de medidas: *O Rafael tem 1,80 m de altura.* Rafael is six foot tall. | *Quanto tem a piscina de profundidade?* How deep is the pool? ▸ Em certas outras expressões: *Você tem razão.* You're right. | *A Cristina tem medo de barata.* Cristina is afraid of cockroaches. **2 tem** (há) there is/are ▸ Usa-se ***is*** antes de um substantivo no singular e ***are*** antes de um substantivo no plural: *Tem leite na geladeira.* There's milk in the fridge. | *Tem vários erros no texto.* There are several mistakes in the text. ▸ Para formar uma pergunta, invertem-se ***there*** e o verbo: *Tem um lugar para mim?* Is there a place for me? | *Tem fotos no site?* Are there pictures on the website? ▸ A negativa ***there isn't/aren't*** vem seguida de ***a(n)*** antes de um substantivo contável, ou de ***any*** antes de um substantivo incontável ou plural: *Não tem livraria por aqui.* There isn't a bookstore around here. | *Não tem leite.* There isn't any milk. ▸ Veja exemplos com outros tempos verbais: *Tinha muita gente na praia.* There were a lot of people on the beach. | *Teve um acidente na rodovia ontem.* There was an accident on the highway yesterday. | *Não sei se vai ter espaço para tudo na mala.* I don't know if there'll be space for everything in the case. | *Não teve nenhum problema até agora.* There haven't been any problems so far. **3 ter a ver com algo/alguém** (ter relação com) to have to do with sth/sb: *A questão da violência tem a ver com a pobreza.* The issue of violent crime has to do with poverty. | *Isso não tem nada a ver comigo.* That has nothing to do with me. | *O que isso tem a ver?* What does that have to do with it? **4 ter que fazer algo** to have to do sth: *Temos que entregar o trabalho amanhã.* We have to turn in the assignment tomorrow. | *Você teve que esperar muito?* Did you have to wait long? | *Você não tem que ir.* You don't have to go. **5 ter tudo/nada a ver com alguém** (ser/não ser ideal para) to be just right/totally wrong for sb: *Jornalismo tem tudo a ver com ela.* Journalism is just right for her. | *Os dois não têm nada a ver um com o outro.* The two of them are totally wrong for each other. **6 o que é que tem/têm ...?** (qual é o problema com) what´s the matter with ...?: *O que é que você tem?* What's the matter with you? | *O que é que têm as minhas notas?* What's the matter with my grades? **7 o que tem isso?** what does that matter? / *v. aux.* **1** (no pretérito perfeito) **tenho/ele tem feito etc.** I have/he has been doing etc.: *Temos nos visto muito ultimamente.* We've been seeing each other a lot lately. ▸ O pretérito perfeito do verbo português traduz-se pelo presente perfeito contínuo em inglês, exceto no caso do verbo ***to be***, em que se usa o presente perfeito simples: *Tem sido difícil dormir com esse calor.* It's been difficult to

sleep in this heat. **2** (no pretérito mais-que-perfeito) **eu/ele tinha feito etc.** I/he had done etc.: *Eles não tinham chegado ainda.* They hadn't arrived yet. | *Você já tinha visto o filme?* Had you already seen the movie? **3** (no infinitivo perfeito) **ter feito** to have done: *Ela deve ter esquecido.* She must have forgotten. | *Você poderia ter se machucado.* You could have hurt yourself. ▸ Depois de uma preposição, o infinitivo perfeito traduz-se pelo gerúndio simples em inglês. Veja alguns exemplos: *Ele foi preso por ter roubado um carro.* He was arrested for stealing a car. | *Ela se arrepende de ter comprado aquela bota.* She regrets buying those boots. **4** (em outros tempos compostos) ▸ Traduz-se pelo tempo relevante do verbo auxiliar ***to have*** seguido do particípio passado do verbo principal: *Se você tivesse me avisado que vinha, eu teria te esperado.* If you had let me know you were coming, I would have waited for you. | *Até as oito horas, vou ter terminado o meu dever de casa.* By eight o'clock I will have finished my homework.

**terapia** *s.* **1** therapy **2 fazer terapia** to have therapy

**terça** *s.* (dia) Tuesday: *nas terças* Tuesdays

**terça-feira** *s.* Tuesday: *na terça-feira* on Tuesday

**terceira** *s.* (marcha) third: *Não dá para fazer a curva em terceira.* You can't take the corner in third.

**terceiro** *num.* **1** third **2 ficar em terceiro (lugar)** to come third

**Terceiro Mundo** Third World: *um país de Terceiro Mundo* a Third World country

**terço** *s.* a third: *dois terços da população* two thirds of the population

**terçol** *s.* sty ▸ Também se escreve ***stye***.

**térmico** *adj.* **garrafa térmica** Thermos

**terminal** *s, adj.* terminal

**terminar** *v.* **1** (concluir) to finish: *Preciso terminar a minha tarefa escolar.* I need to finish my school assignment. **2** (chegar ao fim) to end: *O filme termina à meia-noite.* The movie ends at midnight. **3** (pôr fim a) to end: *Decidiram terminar o namoro.* They decided to end their relationship. **4 terminar (com alguém)** to break up (with sb): *A Susana terminou com o namorado.* Susana has broken up with her boyfriend. | *Os dois terminaram.* The two of them broke up. **5 terminar de fazer algo** to finish doing sth: *Você já terminou de comer?* Have you finished eating? **6 terminar em algo** to end in sth: *A discussão terminou em briga.* The argument ended in a fight.

**termo** *s.* (vocábulo) term: *um termo jurídico* a legal term

**termômetro** *s.* thermometer

**terno** *adj.* (carinhoso) tender / *s.* (traje) suit: *Os funcionários usam terno e gravata.* The employees wear suits and ties.

**terra** *s.* **1** (sem ser o mar) land: *Era um alívio estar em terra firme novamente.* It was a relief to be on dry land again. **2 a Terra** (the) Earth ▸ O uso do artigo definido ***the*** é opcional: *a vida na Terra* life on (the) Earth | *o planeta Terra* planet Earth **3** (terreno) land ▸ Sendo incontável, a palavra ***land*** não tem plural: *Ele é dono de muitas terras na região.* He owns a lot of land in the region. **4** (pátria) country: *Como é a comida da sua terra?* What's the food like in your country? ▸ Quando se refere a uma região de um país, traduz-se por ***region***: *Agora que meu avô se aposentou, quer voltar à terra dele.* Now my grandpa has retired, he wants to move back to his region. **5** (solo) earth: *Colocamos terra nos vasos para plantar as mudas.* We put earth in the pots to plant the seedlings. **6** (barro) dirt: *Tirei o sapato que estava cheio de terra.* I took off my shoes which were covered in dirt. | *uma estrada de terra batida* a dirt road **7** (aterramento elétrico) ground (BRIT: earth): *um fio terra* a ground wire. **8 ir à terra** to go ashore: *Os passageiros do cruzeiro foram à terra em Búzios.* The cruise passengers went ashore in Buzios. **9 por terra** overland: *Viajaram por terra até Manaus.* They traveled overland to Manaus.

**terra natal** homeland

**terraço** *s.* terrace
**terremoto** *s.* earthquake
**terreno** *s.* land: *Quem é dono do terreno?* Who owns the land? ▸ A palavra ***land*** é incontável em inglês. Portanto, *um terreno* traduz-se por ***a plot of land***: *Compraram um terreno para construir uma casa.* They bought a plot of land to build a house.
**terreno baldio** empty lot (BRIT: piece of waste ground)
**térreo** *adj.* 1 **casa térrea** one-story house (BRIT: bungalow) 2 **apartamento térreo** ground-floor apartment 3 **no andar térreo** on the ground floor / *s.* ground floor: *Moramos no térreo.* We live on the ground floor.
▸ Nos EUA, o térreo muitas vezes se denomina ***the first floor***, de modo que o primeiro andar se denomina ***the second floor***, e assim por diante.
**território** *s.* territory: *em território brasileiro* on Brazilian territory
**terrível** *adj.* terrible
**terror** *s.* 1 (pavor) terror 2 (gênero de filme, romance etc.) horror 3 **filme/história de terror** horror movie/story
**terrorismo** *s.* terrorism
**terrorista** *s, adj.* terrorist: *O avião foi sequestrado por terroristas.* The plane was hijacked by terrorists. | *um ataque terrorista* a terrorist attack
**tese** *s.* thesis
**tesoura** *s.* scissors ▸ A palavra ***scissors*** é plural em inglês: *Onde está a tesoura?* Where are the scissors? ▸ *Uma tesoura* traduz-se por ***some scissors*** ou ***a pair of scissors***: *Precisamos de uma tesoura nova.* We need some new scissors.
**tesouro** *s.* (ouro, joias etc.) treasure: *um mapa de tesouro* a treasure map ▸ *Um tesouro* traduz-se por ***some treasure***: *Acharam um tesouro enterrado.* They found some buried treasure.
**testa** *s.* forehead: *Ela tem um sinal na testa.* She has a birthmark on her forehead.
**testamento** *s.* 1 will 2 **fazer um testamento** to make a will 3 **o Antigo/Novo Testamento** the Old/New Testament
**testar** *v.* 1 (na maioria dos casos) to test: *Ainda estão testando o novo sistema.* They're still testing the new system. 2 (veículo) to test-drive: *Um piloto brasileiro foi o primeiro a testar o novo carro.* A Brazilian race driver was the first to test-drive the new car.
**teste** *s.* 1 (prova) test: *um teste de inglês* an English test 2 (para artista) audition 3 (para jogador) try-out 4 **fazer um teste (em algo/alguém)** to do a test (on sth/sb) 5 **fazer um teste para algo/para fazer algo** **a** (artista) to audition for sth/to do sth: *A Daiane fez um teste para uma novela.* Daiane auditioned for a soap. **b** (jogador) to try out for sth/to do sth: *Quero fazer um teste para ser jogador de futebol.* I want to try out to be a soccer player.
**teste antidoping** drug test **teste de DNA** DNA test **teste de gravidez** pregnancy test
**testemunha** *s.* 1 witness (***de*** *to*): *a única testemunha do crime* the only witness to the crime 2 **ser testemunha de algo** to be witness to sth: *Você é testemunha de que entreguei o trabalho.* You are witness to the fact that I turned in the assignment.
**testemunha ocular** eyewitness
**testemunhar** *v.* 1 (presenciar) to witness: *Ninguém testemunhou o acidente.* No one witnessed the accident. 2 (dar testemunho) to testify: *O policial testemunhou que viu o assaltante fugindo.* The police officer testified that he saw the robber running away.
**testemunho** *s.* (em processo) testimony
**testículo** *s.* testicle
**teta** *s.* (bico) teat
**teto** *s.* 1 (de construção) ceiling 2 (de carro etc.) roof
**teto solar** sunroof
**teu, tua** *pron.* 1 (antes de substantivo) your: *Esse é o teu copo?* Is this your glass? 2 (substituindo substantivo) yours: *Minha caneta acabou.*

*Posso usar a tua?* My pen's run out. Can I use yours? **3 um parente teu/amigas tuas etc.** a relative of yours/friends of yours etc.

**tevê** *s.* TV: *na tevê* on TV

**têxtil** *s, adj.* textile

**texto** *s.* text

**textura** *s.* texture

**ti** *pron.* **1** (você) you: *Estou torcendo por ti.* I'm rooting for you. **2** (ti mesmo/a) yourself: *Fica com isso para ti.* Keep this for yourself.

**tia** *s.* aunt

**tia-avó** *s.* great aunt

**ticar** *v.* (com tique) to check (BRIT: to tick): *Tique a opção "aparecer on-line".* Check the "appear online" option.

**tigela** *s.* bowl

**tigre** *s.* tiger

**tijolo** *s.* brick

**til** *s.* tilde: *um O com til* an O with a tilde over it

**timbrado** *adj.* **papel timbrado** letterhead (BRIT: headed notepaper)

**time** *s.* team: *O Davi joga num time profissional.* Davi plays on a professional team. ▸ No inglês britânico, usa-se a preposição ***in*** em vez de ***on***

**tímido** *adj.* shy

**tímpano** *s.* (do ouvido) eardrum

**tingir** *v.* to dye: *Ele tingiu o cabelo de verde.* He dyed his hair green.

**tinta** *s.* **1** (de pintar) paint: *A minha roupa ficou cheia de tinta.* My clothes got covered in paint. **2** (de escrever) ink: *Temos que escrever à tinta.* We have to write in ink. **3** (de tingir) dye: *tinta de cabelo* hair dye **4 tinta fresca** wet paint
**tinta a óleo** oil paint

**tintim** *s.* **contar algo tintim por tintim** to give a blow-by-blow account of sth / *interj.* (ao brindar) cheers!

**tinto** *s, adj.* (vinho) red: *um tinto argentino* an Argentinian red

**tinturaria** *s.* dry cleaners: *Deixei as roupas na tinturaria.* I left the clothes at the dry cleaners.

**tio** *s.* **1** uncle **2 tios** (tio e tia) uncle and aunt: *Fui à casa dos meus tios.* I went to my uncle and aunt's house.

**tio-avô** *s.* great uncle

**típico** *adj.* **1** (característico) typical (***de*** *of*): *Esse comentário é típico dela.* That comment is typical of her. | *O John é o típico inglês.* John is typically English. **2** (da região) traditional: *trajes típicos* traditional costumes | *É um prato típico mineiro.* It's a dish traditional to the state of Minas Gerais.

**tipo** *s.* **1** (espécie) type: *Que tipo de música você gosta?* What type of music do you like? ▸ Também é muito usada a palavra ***kind*** nesse sentido: *É um tipo de geleia.* It's a kind of jam. **2** (referindo-se a uma pessoa) type: *Ela é do tipo calado.* She's the quiet type. **3 ... desse/daquele tipo** this/that kind of ...: *Não gosto de filmes desse tipo.* I don't like this kind of movie. **4 fazer tipo** (fingir) to put it on **5 todo tipo de ...** all kinds of ...: *Gosto de todo tipo de comida.* I like all kinds of food. / *adv.* **1** (como) like: *Gosto de esportes tipo skate, surfe etc.* I like sports like skateboarding, surfing etc. | *No almoço como uma coisinha, tipo um sanduíche.* For lunch I have something small, like a sandwich. **2** (mais ou menos) like around: *Eu te ligo tipo oito horas.* I'll call you like around eight.

**tipoia** *s.* sling: *O professor estava de tipoia.* The teacher had his arm in a sling.

**tique** *s.* **1** (facial etc.) twitch: *um tique nervoso* a nervous twitch **2** (sinal) check (BRIT: tick): *Fiz um tique ao lado das tarefas cumpridas.* I put a check next to the completed tasks.

**tíquete** *s.* ticket

**tira** *s.* **1** (de papel, pano etc.) strip: *uma tira de couro* a strip of leather **2** (de quadrinhos) strip: *uma tira de quadrinhos* a comic strip

**tiracolo** *s.* **a tiracolo** **a** (no ombro) over your shoulder: *Ele estava com a bolsa a tiracolo.* He had his bag over his shoulder. **b** (junto) in tow: *Ela está sempre com o namorado* *a tiracolo.* She always has her boyfriend in tow.

**tiragem** *s.* (de jornal, revista) circulation

**tira-gosto** *s.* hors d'oeuvre

**tirante** *s.* (de mochila etc.) strap

**tirar** *v.* **1** (tirar de cima) to take off: *Pus a caixa na mesa e tirei a tampa.* I put the box on the table and took the lid off. ▸ O ***off*** também pode funcionar como preposição equivalente a *de*: *Tirei as minhas coisas da mesa.* I took my things off the table. ▸ No sentido de *conseguir tirar*, traduz-se por ***to get off***: *Não consegui tirar a tinta da minha calça.* I couldn't get the paint off my pants. **2** (tirar de dentro) to take out: *Abri a geladeira e tirei a sobremesa.* I opened the fridge and took out the dessert. ▸ O ***out*** pode vir seguido da preposição ***of***, equivalente a *de*: *Ela tirou a chave da bolsa.* She took her key out of her bag. ▸ No sentido de *conseguir tirar*, traduz-se por ***to get out***: *Como você vai tirar o coco da casca?* How are you going to get the coconut out of the shell? **3** (falando de roupa e acessórios) to take off: *Ele tirou os óculos.* He took his glasses off. | *A gente tira o sapato na porta.* We take our shoes off at the door. **4** (nota) to get: *Que nota você tirou em matemática?* What grade did you get in math? **5 tirar a mesa** to clear the table: *Ajudei a minha mãe a tirar a mesa.* I helped my mom clear the table. **6 tirar a roupa** to take your clothes off: *O médico me disse para tirar a roupa.* The doctor told me to take my clothes off. ▸ Também se pode dizer ***to get undressed***: *Tirei a roupa no vestiário.* I got undressed in the locker room. **7 tirar férias** to take vacation (BRIT: to take holiday): *Meus pais querem tirar umas férias.* My parents want to take some vacation. **8 tirar um dia/uma semana etc. de folga** to take a day/a week etc. off **9 tirar uma cópia** to make a copy (***de*** *of*) **10 tirar uma folga** to take some time off **11 tirar uma foto** to take a photo (***de*** *of*): *Você tira uma foto nossa?* Will you take a picture of us? ▸ Se a foto for tirada por outra pessoa, traduz-se por ***to have a photo taken***: *Vou tirar umas fotos para o meu passaporte.* I'm going to have some photos taken for my passport. **12 tirar uma radiografia** (como paciente) to have an X-ray

**tiro** *s.* **1** (de arma) shot: *Ouvimos uns tiros.* We heard some shots. **2** (esporte) shooting: *o time de tiro* the shooting team **3** (chute) kick: *O atacante bateu o tiro livre e marcou.* The striker took the free kick and scored. **4** (corrida rápida) sprint: *Na aula de spinning, fazemos tiros de três minutos.* In spinning class we do three-minute sprints. **5 dar um tiro** to fire a shot **6 dar um tiro em alguém/algo** to shoot sb/sth ▸ Uma frase do tipo *dar um tiro na perna de alguém* traduz-se por ***to shoot sb in the leg***: *O homem deu um tiro no próprio pé.* The man shot himself in the foot. **7 levar um tiro** to get shot: *O policial levou um tiro no braço.* The police officer got shot in the arm. **8 ser tiro e queda** to work like a charm: *Para estômago embrulhado, chá de boldo é tiro e queda.* For an upset stomach, boldo tea works like a charm.

**tiro ao alvo** target practice **tiro com arco** archery **tiro de meta** goal kick **tiro livre (direto/indireto)** (direct/indirect) free kick

**tiroteio** *s.* **1** (confronto armado) gun battle: *um tiroteio entre policiais e traficantes* a gun battle between police and drug traffickers ▸ Também existe a palavra ***shoot-out*** que denota um tiroteio de menor escala. **2** (tiros) shooting ▸ Também se diz ***gunfire***, que soa mais formal: *o som de tiroteio* the sound of shooting

**títere** *s.* puppet

**titia** *s.* auntie, aunty

**titio** *s.* uncle

**titular** *s.* **1** (de time) first-string player (BRIT: first-team player) **2** (de conta, cartão, passaporte etc.) holder / *adj.* (jogador) first-string (BRIT: first-team): *o pivô titular do time* the team's first string center

**título** *s.* title: *Qual é o título do livro?* What's the title of the book? | *O time tem grandes chances de conquistar o título.* The team has a good chance of winning the title.

**toa** *s.* **1 à toa** **a** (em vão) for nothing: *Fui até o centro da cidade à toa.* I went all the way downtown for nothing. **b** (sem motivo) for no reason: *Ele se exalta à toa.* He gets worked up for no reason. **c** (sem objetivo) at loose ends (BRIT: at a loose end): *Fiquei à toa o fim de semana inteiro.* I was at loose ends the whole weekend. **2 não é à toa que ...** it's not for nothing that ...: *Não é à toa que o Rio é chamado de "Cidade Maravilhosa."* It's not for nothing that Rio is called the "Wonderful City".

**toalete** *s.* (banheiro) restroom (BRIT: toilet)

**toalha** *s.* towel

**toalha de banho** bath towel **toalha de mesa** tablecloth **toalha de papel** paper towel **toalha de praia** beach towel **toalha de rosto** hand towel

**tobogã** *s.* slide

**toca-CD** *s.* CD player

**toca-discos** *s.* record player

**tocador** *s.* (aparelho) player: *um tocador de MP3* an MP3 player

**tocar** *v.* **1** (encostar) to touch **2** (música, instrumento, CD etc.) to play: *Você toca violão?* Do you play guitar? | *Qual o nome da música que está tocando?* What's the name of the song that's playing? | *O Rafael toca numa banda.* Rafael plays in a band. **3** (telefone, campainha etc.) to ring: *O telefone está tocando.* The phone's ringing. | *Toquei a campainha, mas ninguém atendeu.* I rang the doorbell, but there was no answer. **4** (empresa, negócios) to run: *Meu tio toca uma loja de bicicleta.* My uncle runs a bike store. **5** (sensibilizar) to touch: *A tragédia tocou o país inteiro.* The tragedy touched the whole country. **6 tocar a alguém** (dizer respeito) to concern sb: *Obrigado pela parte que me toca.* Thank you for the part that concerns me. | *no que me toca* as far as I'm concerned **7 tocar a alguém fazer algo** (caber) to be up to sb to do sth: *Toca a você dar o primeiro passo.* It's up to you to make the first move. **8 tocar em algo** (mencionar) to mention sth: *Achei melhor não tocar no assunto.* I thought it was better not to mention the subject. **9 tocar em algo/alguém** (encostar) to touch sth/sb: *Não toque nas minhas coisas.* Don't touch my things. **10 toca fazer algo** (é preciso) there's nothing for it but to do sth: *Toca começar tudo de novo.* There's nothing for it but to start all over again. / **tocar-se** *v.* **1** (perceber) to realize: *Só agora eu me toquei que estou sem dinheiro no bolso.* I've only just realized I have no money on me. **2** (mancar-se) to get the message: *Já tentei falar com ele, mas não se toca.* I've tried talking to him, but he doesn't get the message. **3** (encostar-se) to touch: *Os fios se tocaram e deram curto.* The wires touched and shorted out.

**tocha** *s.* torch

**toco** *s.* (de árvore etc.) stump

**todo, toda** *pron.* **1** (com substantivo incontável ou plural) all: *Gastamos todo o dinheiro.* We spent all the money. | *Convidei todos os meus amigos.* I invited all my friends. ▸ Note-se que o uso do artigo definido ***the*** depois de ***all*** depende do significado: omite-se o artigo em inglês quando se trata de uma generalização: *Todas as crianças gostam de sorvete.* All children like ice cream. **2** (com substantivo contável no singular) every: *Vou ao shopping todo fim de semana.* I go to the mall every weekend. **3** (inteiro) whole: *A turma toda passou na prova.* The whole class passed the test. **4** (substituindo um substantivo no plural) they all: *Chamei cinco amigos e todos vieram.* I invited five friends and they all came. ▸ Coloca-se a palavra ***all*** depois do verbo ***to be*** e outros verbos auxiliares: *Tenho três celulares e todos estão quebrados.* I have three cell phones and they are all broken. ▸ Como objeto usa-se ***them all***: *Comprei seis donuts e comi todos.* I bought six doughnuts and ate them all. 5 (uso adverbial com adjetivos e verbos) all: *A minha camiseta está toda suja.* My T-shirt is all dirty. | *Hoje a professora foi toda simpática comigo.* Today the teacher was all nice to me. | *Eu me confundi todo na prova.* I got all confused on the test. 6 **todos** (todo mundo) everybody, everyone ▸ As duas traduções são muito usadas: *Todos precisam estudar inglês hoje em dia.* Everyone needs to study English nowadays. 7 **todo dia/todos os dias** every day: *Levanto às seis todo dia.* I get up at six every day. 8 **todo mundo** everybody, everyone ▸ As duas traduções são muito usadas: *Todo mundo quer ser feliz.* Everybody wants to be happy. | *Conheço todo mundo por aqui.* I know everyone around here. 9 **todos nós/vocês/eles** all of us/you/them: *Ela é a mais alta de todas elas.* She's the tallest of all of them. 10 **nós/vocês/eles todos** a (como sujeito) we/you/they all: *Elas todas têm o mesmo corte de cabelo.* They all have the same hairstyle. ▸ Coloca-se a palavra ***all*** depois do verbo ***to be*** e outros verbos auxiliares: *Vocês todos estão convidados.* You're all invited. | *Eles todos já viram o filme.* They've all seen the movie. ▸ Lembre-se que o pronome de sujeito não pode ser omitido em inglês, como às vezes acontece em português: *Todos gostamos da professora.* We all like the teacher. b (como objeto) us/you/them all: *Ele surpreendeu a nós todos.* He surprised us all. 11 **o dia todo** all day: *Hoje fiquei em casa o dia todo.* Today I stayed home all day. 12 **o tempo todo** all the time: *Ela mexe com o cabelo o tempo todo.* She fiddles with her hair all the time. / *s.* 1 (totalidade) whole: *a sociedade como um todo* society as a whole 2 **ao todo** altogether: *Quanto deu ao todo?* How much does it come to altogether? 3 **de todo** totally: *Não estou de todo convencido.* I'm not totally convinced. 4 **de todo bom/ruim** all good/bad: *A experiência não foi de todo ruim.* The experience wasn't all bad.

**toldo** *s.* 1 (marquise) awning 2 (persiana) blind

**tolerância** *s.* tolerance

**tolerante** *adj.* tolerant

**tolerar** *v.* to tolerate

**tolo** *s.* fool / *adj.* foolish

**tom** *s.* 1 (de voz) tone: *Não gosto quando você fala com esse tom.* I don't like it when you speak in that tone. | *em tom de brincadeira* jokingly 2 (de cor) shade: *vários tons de azul* various shades of blue 3 (em música) key: *no tom de Dó maior* in the key of C major

**tomada** *s.* 1 (na parede) outlet (BRIT: socket) 2 (plugue) plug 3 **ligar algo/desligar algo na tomada** to plug sth in/to unplug sth: *Esqueci de ligar o computador na tomada.* I forgot to plug the computer in.

**tomar** *v.* 1 (pegar) to take: *Toma o que você quiser.* Take what you want. 2 (beber) to drink: *Você deve tomar bastante água.* You should drink plenty of water. ▸ Também se usa o verbo ***to have***, especialmente quando o que interessa é o tipo de bebida: *Vou tomar um suco de laranja.* I'll have an orange juice. ▸ Observe a tradução idiomática das seguintes frases: *Quer tomar alguma coisa?* Would you like something to drink? | *Quer tomar água?* Would you like a drink of water? ▸ Com sorvete e sopa, usam-se os verbos ***to have*** ou ***to eat*** em inglês: *Vamos tomar sorvete?* Shall we have ice cream? | *Tome a sopa antes que esfrie.* Eat your soup before it gets cold. 3 (remédio) to take: *Tomei um analgésico para a dor de cabeça.* I took a painkiller for my headache. 4 (banho) to take (BRIT: to have): *Tomei uma boa chuveirada.* I took a nice shower. 5 (meio de transporte, caminho) to take: *Pode tomar qualquer ônibus.* You can take any bus. | *Tomamos a via expressa.* We took the expressway. 6 (confiscar) to take away: *O professor tomou meu celular.* The teacher took away my cell phone. 7 (considerar) to take: *Ela tomou o comentário como elogio.* She took the comment as a compliment. 8 **tomar café (da manhã)** to have breakfast: *Já tomou café?* Have you had breakfast? 9 **tomar uma injeção** to get a shot (BRIT: to have an injection) 10 **toma** (ao dar algo) here you are: *Toma, isso é para você.* Here you are, this is for you.

**tomara** *interj.* 1 let's hope so: *"Vai dar tudo certo." - "Tomara!"* "Everything will be fine." - "Let's hope so!" 2 **tomara que ...** let's hope ...: *Tomara que cheguem a tempo!* Let's hope they get there in time! 3 **tomara que não/sim** let's hope not/so

**tomate** *s.* tomato: *molho de tomate* tomato sauce

**tombar** *v.* 1 (caminhão) to overturn 2 (prédio) to declare a heritage building: *A casa foi tombada.* The house has been declared a heritage building.

**tombo** *s.* 1 fall 2 **levar um tombo** to fall over

**tomografia** *s.* CT scan

**tonelada** *s.* metric ton

▸ No sistema americano de medidas, ***a ton*** equivale a 907 kg, e no britânico, a 1.016 kg. Por isso é preferível a tradução ***metric ton*** quando se trata de 1000 kg.

**tonto** *adj.* 1 (sentindo tontura) dizzy 2 (bobo) silly

**tontura** *s.* 1 (sensação) dizziness 2 (momento de tontura) dizzy spell: *Ela tem sentido tonturas.* She's been having dizzy spells. 3 **sentir tontura** to feel dizzy

**topada** *s.* **dar uma topada em algo** to stub your toe on sth

**topar** *v.* 1 (aceitar) to say yes: *Pedi ao Sérgio e ele topou.* I asked Sergio and he said yes. 2 **topar com algo** to come across sth: *Topei com um artigo interessante no site da BBC.* I came across an interesting article on the BBC website. 3 **topar com alguém** to run into sb: *Topamos com a Tatiana no shopping.* We ran into Tatiana at the mall. 4 **topar (fazer) algo** (estar disposto) to be up for (doing) sth: *O Bruno topa qualquer parada.* Bruno is up for anything. | *Você topa dividir uma sobremesa?* Are you up for sharing a dessert? 5 **topar fazer algo** (concordar) to agree to do sth: *Ele topou nos ajudar.* He agreed to help us. 6 **eu topo!** count me in!

**topete** *s.* (no cabelo) quiff

**tópico** *s.* topic

**topo** *s.* top: *no topo da lista* at the top of the list

**toque** *s.* 1 (contato) touch: *Dá para acessar a Internet com um toque na tela.* You can access the Internet with one touch of the screen. 2 (de telefone, campainha) ring: *Ele atendeu no segundo toque.* He answered on the second ring. 3 (de celular) ringtone 4 (elemento) touch: *com um toque de classe* with a touch of class 5 **dar um toque em alguém** to have a word with sb **toque de bola** ball control **toque de recolher** curfew

**tora** *s.* (de madeira) log

**torcedor** *s.* fan: *um torcedor do Corinthians* a Corinthians fan

**torcer** *v.* 1 (virar) to twist 2 (para tirar a água) to wring: *Torci o pano e estendi no varal.* I wrang the cloth and hung it on the line. 3 (centrifugar) to spin: *Coloquei as toalhas para torcer na máquina.* I put the towels on to spin in the machine. 4 **torcer o pé** to twist your ankle: *O jogador torceu o pé.* The player twisted his ankle. ▸ Também se usa o verbo ***to sprain*** no sentido de *deslocar*: *Torci o pulso.* I sprained my wrist. 5 **torcer para alguém/algo fazer algo** to root for sb/sth to do sth: *Estamos torcendo para ele passar em medicina.* We're rooting for him to get into med school. | *Eu torcia para não chover no dia do show.* I was rooting for it not to rain on the day of the concert. 6 **torcer por alguém/algo** to root for sb/sth: *Estou torcendo por você.* I'm rooting for you. | *Você torce por que time?* What team do you root for? ▸ No inglês britânico, usa-se ***to support*** quando se trata de torcer por um time: *Ele torce pelo Chelsea.* He supports Chelsea.

**torcicolo** *s.* a stiff neck: *Acordei com torcicolo.* I woke up with a stiff neck.

**torcida** *s.* (torcedores) fans *[pl.]*: *A torcida vaiava.* The fans were booing. | *a torcida do*

*Grêmio* the Grêmio fans ▸ Referindo-se ao conjunto dos torcedores, traduz-se por ***fan base***: *O Flamengo tem a maior torcida do Brasil.* Flamengo has the biggest fan base in Brazil.

**tormento** *s.* **ser um tormento** to be a trial

**tornar** *v.* (deixar) to make: *A música torna o exercício menos maçante.* Music makes exercise less boring. / **tornar-se** *v.* (virar) to become: *O ator já se tornou um astro de Hollywood.* The actor has become a Hollywood star. ▸ Com substantivos que denotem uma profissão, usa-se o artigo indefinido ***a(n)*** depois do verbo ***to become*** em inglês: *Ela se tornou médica.* She became a doctor.

**torneio** *s.* tournament: *um torneio de xadrez* a chess tournament

**torneira** *s.* **1** faucet (BRIT: tap) **2 abrir/fechar a torneira** to turn on/turn off the faucet **3 água da torneira** tap water

**torno: em torno de** *prep.* around: *em torno de R$ 5 mi* around five million reais

**tornozelo** *s.* ankle: *Torci o tornozelo.* I sprained my ankle.

**toró** *s.* **1** downpour **2 cair um toró** to pour down ▸ Usa-se sempre o sujeito ***it*** com esta expressão: *Vai cair um toró a qualquer momento.* It's going to pour down any minute now.

**torpedo** *s.* **1** (bomba) torpedo **2** (mensagem) text: *Recebi um torpedo da minha irmã.* I got a text from my sister.

**torrada** *s.* toast ▸ A palavra ***toast*** é incontável. Portanto, *uma torrada* traduz-se por ***some toast*** ou ***a piece of toast***: *Comi uma torrada com geleia.* I had some toast with jam on it. | *Quantas torradas você quer?* How many pieces of toast do you want?

**torradeira** *s.* toaster

**torrar** *v.* **1** (pão) to toast **2** (café) to roast **3** (dinheiro) to blow (***em*** on): *Ele ganhou um dinheirão e torrou tudo num carro importado.* He won a load of money and blew it all on an imported car.

**torre** *s.* **1** (construção) tower **2** (em xadrez) rook

**torrencial** *adj.* torrential

**torresmo** *s.* pork cracklings (BRIT: crackling)

**torta** *s.* **1** (com cobertura de massa) pie: *torta de maçã* apple pie **2** (sem cobertura) tart: *uma torta de abacaxi* a pineapple tart

**torto** *adj.* **1** (objeto) bent: *A roda da bicicleta ficou torta.* The bicycle wheel got bent. **2** (linha, posição) crooked: *Aquele quadro está torto.* That picture is crooked.

**tortura** *s.* torture

**torturar** *v.* to torture

**tosar** *v.* **1** (cachorro) to clip **2** (ovelha) to shear **3** (cabelo) to crop

**tosco** *adj.* rough

**tosse** *s.* cough

**tossir** *v.* to cough

**tostão** *s.* **estar sem um tostão** to be penniless

**total** *s, adj.* **1** total **2 no total** (ao todo) in total

**totalmente** *adv.* totally

**totó** *s.* foosball (BRIT: table football)

**touca** *s.* (de banho, natação) cap
**touca de banho** shower cap

**toucinho** *s.* bacon

**toupeira** *s.* mole

**Touro** *s.* (signo) Taurus

**touro** *s.* (animal) bull

**trabalhador** *s.* worker: *trabalhadores rurais* farm workers / *adj.* hard-working: *uma funcionária trabalhadora* a hard-working employee

**trabalhar** *v.* to work ▸ Quando se pensa no tipo de empresa em que uma pessoa trabalha, usa-se a preposição ***for***: *Ela trabalha numa agência de viagens.* She works for a travel agency. ▸ Quando se pensa mais no ambiente, usa-se ***in***: *Trabalhei numa livraria durante as férias.* I worked in a bookstore over the vacation. ▸ Observe a tradução da frase a seguir: *O seu pai trabalha em quê?* What does your dad do for a living?

**trabalho** *s.* **1** (na maioria dos casos) work: *Eles sempre têm muito trabalho.* They always have a lot of work. | *O trabalho dela é muito bom.* Her work is very good. ▸ No sentido de *trabalho*, a palavra ***work*** é incontável. Para traduzir *um trabalho*, usa-se ***a job***: *Ela arranjou um trabalho de merendeira.* She got a job as a lunch lady. | *Ele faz vários trabalhos ao mesmo tempo.* He does several jobs at the same time. **2** (tarefa escolar) project: *Temos que fazer um trabalho de Biologia sobre DNA.* We have to do a biology project on DNA. **3** (incômodo) trouble **4 dar trabalho (a alguém)** to be trouble (to sb): *O nosso cachorro não dá trabalho.* Our dog is no trouble. | *Não quero te dar trabalho.* I don't want to be any trouble to you. **5 dar-se ao trabalho de fazer algo** to take the trouble to do sth: *Ele nem se deu ao trabalho de responder o meu e-mail.* He didn't even take the trouble to answer my email. **6 dá trabalho fazer algo** it's time-consuming doing sth: *Deu trabalho organizar a festa.* It was time-consuming organizing the party. **7 estar no trabalho** to be at work: *Minha mãe está no trabalho.* My mom's at work.

**trabalho de parto** labor (BRIT: labour): *Ela entrou em trabalho de parto.* She went into labour. **trabalhos domésticos** housework **trabalhos manuais** handicrafts

**trabalhoso** *adj.* **1** laborious **2 ser trabalhoso** to be a lot of work

**traça** *s.* moth

**traçar** *v.* **1** (desenhar) to draw: *Tracei o contorno da árvore a lapis.* I drew the outline of the tree in pencil. **2 traçar um plano** to draw up a plan

**traço** *s.* **1** (de pincel, caneta etc.) stroke **2** (sinal de pontuação) dash **3** (linha) line **4** (característica) trait **5** (vestígio) trace **6 traços** (do rosto) features

**tradição** *s.* tradition

**tradicional** *adj.* traditional

**tradução** *s.* **1** translation **2 fazer uma tradução** to do a translation

**tradutor** *s.* translator

**traduzir** *v.* **1** to translate **2 traduzir de algo para algo** to translate from sth into sth: *Traduzi a letra da música do inglês para o português.* I translated the words of the song from English into Portuguese.

**trafegar** *v.* **1** (transportes) to run: *Os ônibus não trafegam aos domingos.* The buses don't run Sundays. **2** (motorista) to drive

**tráfego** *s.* traffic

**tráfego aéreo** air traffic

**traficante** *s.* (bandido) trafficker: *um traficante de drogas* a drug trafficker ▸ Um pequeno traficante denomina-se ***dealer*** ou ***pusher***.

**tráfico** *s.* **1** (comércio) traffic: *o tráfico de drogas* the drug traffic **2** (atividade) trafficking: *Ele foi condenado por tráfico de armas.* He was convicted of arms trafficking. **3** (traficantes) drug gangs *[pl.]*: *A favela está dominada pelo tráfico.* The slum is controlled by the drug gangs.

**tragar** *v.* (ao fumar) to inhale

**tragédia** *s.* tragedy

**trágico** *adj.* tragic

**trago** *s.* (gole) mouthful: *Me dá um trago da sua água?* Can I have a mouthful of your water?

**traição** *s.* betrayal

**traidor** *s.* traitor

**trailer** *s.* **1** (de filme) trailer **2** (veículo) trailer (BRIT: caravan)

**trair** *v.* **1** (companheiro, país, causa) to betray: *Ele os traiu por dinheiro.* He betrayed them for money. **2** (namorado, esposa etc.) to cheat on: *Ele traiu a namorada.* He cheated on his girlfriend.

**traje** *s.* **1** (roupa especializada) suit: *um traje de mergulho* a diving suit **2** (roupa típica) costume: *um traje de palhaço* a clown costume **3** (conjunto) dress: *traje de formatura* graduation dress

**traje de gala, traje a rigor** evening wear **traje esporte** casual dress

**trajeto** *s.* route

**trama** *s.* (de romance, filme etc.) plot

**tramar** *v.* to plot

**trampolim** *s.* (de piscina) diving board

**tranca** *s.* **1** (de porta) latch **2** (de carro) lock

**trança** *s.* braid (BRIT: plait)

**trancar** *v.* (com chave) to lock: *Você trancou a porta?* Did you lock the door? | *Ele trancou a chave dentro do carro.* He locked the key inside the car. / **trancar-se** *v.* to lock yourself: *Ela se trancou no banheiro.* She looked herself in the bathroom. | *Acabei me trancando do lado de fora.* I ended up locking myself out.

**trançar** *v.* (cabelo) to braid (BRIT: to plait)

**tranco** *s.* 1 **aguentar o tranco** to take the strain 2 **aos trancos e barrancos** in fits and starts

**tranquilidade** *s.* 1 (calma) calm 2 (sossego) peace and quiet

**tranquilizar** *v.* **tranquilizar alguém** **a** (deixar despreocupado) to put sb's mind at rest: *Liguei para casa para tranquilizar a minha mãe.* I called home to put my mom's mind at rest. **b** (deixar menos preocupado) to reassure sb: *O jogador tranquilizou a torcida que a lesão não era nada grave.* The player reassured fans that the injury was nothing serious. / **tranquilizar-se** *v.* 1 (despreocupar-se) to stop worrying 2 (ficar menos preocupado) to feel reassured

**tranquilo** *adj.* 1 (lugar, sono) peaceful: *A rua deles é muito tranquila.* Their street is very peaceful. 2 (pessoa, temperamento) easy-going: *um cara tranquilo* an easy-going guy 3 (despreocupado) relaxed / *adv.* (sem problema) easily: *Ganhamos tranquilo.* We won easily.

**transa** *s.* (sexo) sex

**transar** *v.* (fazer sexo) to have sex

**transatlântico** *adj.* transatlantic / *s.* (navio) cruise liner

**transbordar** *v.* 1 (recipiente, líquido) to overflow: *O copo estava transbordando.* The glass was overflowing. 2 (rio) to burst its banks: *Choveu muito e o córrego transbordou.* It rained a lot and the stream burst its banks. 3 (panela em fervura) to boil over: *Não deixe o leite transbordar.* Don't let the milk boil over.

**transe** *s.* trance: *O médium entrou em transe.* The medium went into a trance.

**transeunte** *s.* passer-by *[pl.* passers-by*]*

**transferir** *v.* to transfer

**transformação** *s.* 1 (de visual, decoração etc.) makeover 2 (mudança radical) transformation 3 **fazer uma transformação** (no visual) to have a makeover 4 **fazer uma transformação em algo/alguém** to give sth/sb a makeover

**transformador** *s.* transformer

**transformar** *v.* 1 (mudar muito) to transform: *O novo prefeito transformou a cidade.* The new mayor has transformed the city. 2 **transformar algo em algo** to turn sth into sth: *Transformamos o quarto de empregada em escritório.* We turned the maid's room into an office. ▸ Observe o uso do artigo indefinido ***a(n)*** em inglês. / **transformar-se** *v.* 1 (mudar muito) to be transformed: *O país se transformou nos últimos dez anos.* The country has been transformed in the last ten years. 2 **transformar-se em algo** to turn into sth: *O jogo se transformou em pancadaria.* The game turned into a brawl.

**transfusão** *s.* transfusion: *uma transfusão de sangue* a blood transfusion

**trânsito** *s.* 1 traffic: *Tem muito trânsito hoje.* There's a lot of traffic today. | *Ficamos presos no trânsito.* We got stuck in traffic. ▸ Sendo incontável, a palavra ***traffic*** não pode vir precedida do artigo indefinido ***a(n)***: *Pegamos um trânsito intenso por causa do feriado.* We hit heavy traffic because of the holiday. 2 **em trânsito** (passageiro) in transit

**transmissão** *s.* (na TV etc.) broadcast

**transmitir** *v.* 1 (na TV etc.) to broadcast: *A entrevista vai ser transmitida pela Internet.* The interview will be broadcast over the Internet. 2 (notícias, votos, sentimentos) to convey: *Não consigo transmitir o que estou sentindo por escrito.* I can't convey what I'm feeling in writing. 3 **transmitir algo ao vivo** to broadcast sth live

**transparente** *adj.* transparent ▸ Falando de roupa, geralmente se diz ***see-through***: *uma blusa transparente* a see-through blouse

**transpirar** *v.* (suar) to perspire
**transplante** *s.* transplant: *um transplante de fígado* a liver transplant
**transportar** *v.* to transport
**transporte** *s.* transportation (BRIT: transport) ▸ Sendo incontável, a palavra ***transportation*** não tem plural: *O prefeito prometeu melhorar os transportes na cidade.* The mayor promised to improve transportation in the city.
**transporte(s) coletivo(s)** public transportation (BRIT: public transport)
**transtornado** *adj.* 1 (pessoa) in a state (***com*** *about*) 2 **ficar transtornado** to get into a state
**transtornar** *v.* (atrapalhar) to disrupt
**transtorno** *s.* disruption
**transversal** *adj.* 1 **rua transversal** side street 2 **ser transversal a algo** to be a side street off sth: *A minha rua é transversal à avenida.* My street is a side street off the main road.
**trapézio** *s.* (de circo) trapeze
**trapo** *s.* 1 rag 2 **estar/ficar um trapo** (exausto) to be worn out
**trás** *adv, prep.* 1 **a parte de trás** the back: *Prefiro sentar na parte de trás do avião.* I prefer to sit at the back of the plane. 2 **a roda/o banco etc. de trás** the back wheel/seat etc. 3 **de trás para frente** **a** (contar, recitar) backward (BRIT: backwards) **b** (vestir) backward (BRIT: back to front) 4 **deixar alguém/algo para trás** to leave sb/sth behind 5 **para trás** back: *Vai um pouco mais para trás.* Go a bit farther back. | *Ela nem olhou para trás.* She didn't even look back. | *Você fica linda com o cabelo para trás.* You look lovely with your hair back. 6 **por trás de algo** behind sth: *A linha do trem passa por trás da nossa casa.* The train line runs along behind our house. | *Quem está por trás desse boato?* Who is behind this rumor?
**traseira** *s.* (de carro) rear
**traseiro** *adj.* 1 (roda, porta etc.) rear: *o vidro traseiro* the rear window 2 **pata traseira** hind leg / *s.* behind: *Ele caiu com o traseiro no chão.* He fell over on his behind.
**traslado** *s.* (do aeroporto) transfer
**tratado** *s.* (acordo) treaty: *um tratado de paz* a peace treaty
**tratamento** *s.* 1 (na maioria dos casos) treatment ▸ Geralmente usado como incontável sem ***a(n)***: *Ele teve que fazer um tratamento para asma.* He had to have treatment for asthma. ▸ Pode ser contável quando significa *tipo de tratamento*: *tratamentos alternativos* alternative treatments 2 (ao falar com alguém) form of address
**tratar** *v.* 1 (medicar) to treat (***de*** *for*): *Ela está sendo tratada de pneumonia.* She's being treated for pneumonia. 2 (agir de certa maneira com) to treat (***como*** *like*): *Eles sempre me trataram bem.* They've always treated me well. | *Ela trata o filho como criança.* She treats her son like a child. 3 **tratar algo (com alguém)** (combinar) to arrange sth (with sb): *Tratei a forma de pagamento com o gerente.* I arranged the payment terms with the manager. 4 **tratar alguém de algo** (usar certo tratamento) to address sb as sth: *Tratamos os clientes de "senhor".* We address customers as "sir". 5 **tratar de algo** (ocupar-se com) to deal with sth: *Vamos tratar disso mais tarde.* Let's deal with that later. | *O documentário trata do aquecimento global.* The documentary deals with global warming. / **tratar-se** *v.* 1 (medicar-se) to get treatment: *Ele precisa se tratar.* He needs to get treatment. 2 **tratar-se com alguém** to be treated by sb: *Nós nos tratamos com o mesmo dentista.* We are treated by the same dentist. 3 **trata-se de algo** ▸ Traduz-se por ***it is*** quando vem seguido de um substantivo no singular, e por ***they are*** com um substantivo no plural: *Trata-se de um golpe.* It's a con. | *Tratava-se de casos isolados.* They were isolated cases.
**trato** *s.* 1 (acordo) deal 2 (tratamento) treatment 3 **dar um trato em algo** to fix sth: *Ela foi no banheiro para dar um trato no cabelo.*

She went to the bathroom to fix her hair. 4 **fazer um trato com alguém** to make a deal with sb

**trator** *s.* tractor

**trauma** *s.* trauma

**traumatizar** *v.* to traumatize: *Ela ficou traumatizada com a experiência.* She was traumatized by the experience.

**travar** *v.* 1 (máquina, gaveta etc.) to jam: *A impressora travou.* The printer's jammed. 2 (pessoa) to tense up: *Na hora de falar inglês, eu travo.* When I have to speak English I tense up. 3 (rodas) to lock 4 (coluna) to seize up

**trave** *s.* (em futebol) post: *O chute foi na trave.* The shot hit the post.

**travessa** *s.* 1 (de comida) platter (BRIT: serving dish) 2 (rua) side street 3 (para o cabelo) barrette (BRIT: slide)

**travessão** *s.* 1 (em futebol) crossbar 2 (sinal de pontuação) dash

**travesseiro** *s.* pillow

**travessia** *s.* crossing

**travesso** *adj.* (criança) naughty

**trazer** *v.* (na maioria dos casos) to bring: *O Ricardo vai trazer salgadinhos.* Ricardo is bringing snacks. | *Isso pode trazer problemas.* This may bring problems.

**trecho** *s.* 1 (de estrada, viagem etc.) stretch: *um trecho perigoso da rodovia* a dangerous stretch of the highway 2 (de texto ou música) passage: *um trecho da Bíblia* a passage from the Bible

**treco** *s.* **ter um treco** **a** (ficar doente) to get sick (BRIT: to fall ill) **b** (zangar-se) to have a fit

**trégua** *s.* 1 (em batalha) truce 2 **dar trégua** (chuva) to let up

**treinador** *s.* coach

**treinamento** *s.* 1 (de esportista, funcionário) training: *O estagiário está em treinamento.* The intern is in training. 2 (de habilidade) practice: *Isso requer muito treinamento.* This requires a lot of practice.

**treinar** *v.* 1 (na maioria dos casos) to practice (BRIT: to practise): *Preciso treinar o meu inglês.* I need to practice my English. 2 (exercitar-se) to train: *O time treina todos os dias.* The team trains every day. 3 **treinar um time** to coach a team

**treino** *s.* 1 (de atividade física) training session 2 (de habilidade) practice session

**trem** *s.* 1 train: *Perdemos o trem.* We missed the train. 2 **de trem** by train
**trem de aterrissagem** landing gear

**trem-bala** *s.* high-speed train

**tremendo** *adj.* tremendous

**tremer** *v.* 1 (na maioria dos casos) to shake: *A minha mão tremia.* My hand was shaking. ▸ Também existe o verbo ***to tremble*** que soa um pouco mais formal. 2 (de frio) to shiver: *Vamos sair do vento, estou tremendo.* Let's get out of the wind, I'm shivering.

**trenó** *s.* 1 (brinquedo) sled (BRIT: sledge) 2 (com cavalos, renas etc.) sleigh 3 **andar de trenó** to go sledding (BRIT: to go sledging)

**trepar** 1 (escalar) to climb 2 (fazer sexo) to do it

**três** *num.* 1 (numeral) three 2 (dia do mês) third: *no dia três de novembro* on November 3rd

**trevo** *s.* 1 (planta) clover 2 (em rodovia) interchange

**treze** *num.* 1 (numeral) thirteen 2 (dia do mês) thirteenth: *no dia treze de maio* on May 13th

**trezentos** *num.* three hundred

**triangular** *adj.* triangular

**triângulo** *s.* triangle

**triatlo** *s.* triathlon

**tribo** *s.* tribe

**tribunal** *s.* court

**tricô** *s.* 1 knitting 2 **de tricô** knitted: *um cachecol de tricô* a knitted scarf

**tricotar** *v.* to knit

**trigêmeos** *spl.* triplets

**trigésimo** *num.* thirtieth

**trigo** *s.* wheat

**trilha** *s.* 1 (caminho) trail 2 (atividade) hiking 3 **fazer trilha** to go hiking
**trilha sonora** soundtrack

**trilho** *s.* (de trem) track

**trimestral** *adj.* quarterly

**trimestre** *s.* quarter
**trincar** *v.* (vidro) to crack
**trinco** *s.* (de porta) catch
**trinta** *num.* 1 (numeral) thirty 2 (dia do mês) thirtieth: *no dia trinta do mês* on the thirtieth of the month 3 **trinta e um/trinta e dois etc.** thirty-one, thirty-two etc.
**trio** *s.* trio
**tripé** *s.* tripod
**triplo** *adj.* triple / *s.* 1 **o triplo** three times as much 2 **o triplo de tempo** three times as long
**tripulação** *s.* crew
**tripulante** *s.* crew member
**triste** *adj.* 1 sad: *uma história triste* a sad story 2 **estar/ficar triste com algo/alguém** to be upset at sth/with sb: *Fiquei triste com a notícia.* I was upset at the news. | *Você está triste comigo?* Are you upset with me?
**tristeza** *s.* 1 sadness 2 **que tristeza!** how sad!
**triturar** *v.* to grind
**triunfo** *s.* triumph
**triz** *s.* 1 **por um triz** just: *Peguei o ônibus por um triz.* I just caught the bus. | *Ele errou o gol por um triz.* He just missed the goal. 2 **escapar por um triz** to have a narrow escape 3 **não fazer algo por um triz** (escapar) to narrowly escape doing sth: *Ele não foi atropelado por um triz.* He narrowly escaped being run over.
**troca** *s.* 1 exchange: *Houve troca de tiros.* There was an exchange of gunfire. 2 **em troca (de algo)** in return (for sth): *O que é que eu ganho em troca?* What do I get in return?
**trocado** *s.* change: *Você tem trocado?* Do you have any change? | *O mendigo pediu uns trocados.* The beggar asked for some change.
**trocador** *s.* conductor
**trocar** *v.* 1 (na maioria dos casos) to change: *É preciso trocar a lâmpada.* The bulb needs changing. | *Vou trocar a camisa.* I'm going to change my shirt. | *Preciso trocar dinheiro.* I need to change money. 2 (dar e receber) to swap: *Trocamos telefones.* We swapped phone numbers. | *A família se reúne na véspera de Natal para trocar presentes.* The family gets together on Christmas Eve to swap presents. ▸ Também se pode usar o verbo ***to exchange*** nesses casos, e é o verbo preferido quando a troca não é de objetos físicos: *Trocamos alguns e-mails.* We've exchanged a few e-mails. 3 (compra) to exchange (BRIT: to change) (***por*** *for*): *Posso trocar essa camiseta por um tamanho maior?* Can I exchange this T-shirt for a bigger size? 4 (misturar) to mix up: *Sempre troco essas palavras em inglês.* I always mix up these words in English. 5 **trocar de lugar/trem etc.** to change places/trains etc.: *Trocamos de mesa para sair do sol.* We changed tables to get out of the sun. 6 **trocar de lugar com alguém** to swap places with sb 7 **trocar de roupa** to change / **trocar-se** *v.* to change ▸ Também se diz ***to get changed***
**troco** *s.* 1 (dinheiro) change: *Acho que você me deu o troco errado.* I think you gave me the wrong change. 2 **dar o troco (em alguém)** to get your own back (on sb): *Ainda dou o troco nele.* I'll get my own back on him.
**troço** *s.* 1 (coisa) thing 2 **ter um troço** to have a fit
**troféu** *s.* trophy
**tromba** *s.* 1 (de elefante) trunk 2 (de outro animal) snout
**trombadinha** *s.* bag snatcher
**trombone** *s.* trombone
**trompete** *s.* trumpet
**tronco** *s.* trunk
**trono** *s.* throne
**tropa** *s.* 1 (corporação) force: *uma tropa de elite* an elite force 2 **tropas** troops: *tropas pacificadoras* peace-keeping troops **tropa de choque** riot police
**tropeçar** *v.* to trip (***em*** *on*): *Tropecei no cadarço do meu tênis.* I tripped on the lace of my sneaker.
**tropical** *adj.* tropical

**trópico** *s.* tropic: *nos trópicos* in the tropics **trópico de Câncer** Tropic of Cancer **trópico de Capricórnio** Tropic of Capricorn

**trotar** *v.* to trot

**trote** *s.* **1** (fato falso) hoax: *O alerta de bomba foi trote.* The bomb scare was a hoax. **2** (de calouros) hazing prank ▸ *Trotes* em geral traduz-se por ***hazing***: *A faculdade proibiu trotes.* The college has banned hazing. **3** (de cavalo) trot **4** **dar um trote em alguém** (calouro) to haze sb **5** **passar um trote (em alguém)** (por telefone) to make a hoax call (to sb)

**trouxa** *s.* **1** (de roupa) bundle **2** (pessoa) sucker / *adj.* (tolo) gullible

**trovão** *s.* thunder: *O nosso cachorro tem medo de trovão.* Our dog is afraid of thunder. ▸ *Um trovão* traduz-se por ***a clap of thunder***: *um trovão ensurdecedor* a deafening clap of thunder

**trovejar** *v.* to thunder ▸ Usa-se sempre o sujeito ***it*** com este verbo: *Começou a trovejar.* It started to thunder.

**trovoada** *s.* thunderstorm

**truque** *s.* trick

**truta** *s.* trout

**tu** *pron.* you

**tubarão** *s.* shark

**tuberculose** *s.* tuberculosis

**tubo** *s.* tube

**tucano** *s.* toucan

**tudo** *pron.* **1** (na maioria dos casos) everything: *Tudo deu errado.* Everything went wrong. ▸ Quando *tudo* se refere a uma coisa específica já mencionada, traduz-se por ***it all***: *Comprei um litro de água e tomei tudo.* I bought a liter of water and drank it all. **2** (qualquer coisa) anything: *Tudo pode acontecer.* Anything can happen. **3** **tudo bem** **a** (respondendo a cumprimento) fine, thanks **b** (concordando, dando permissão) OK **c** (respondendo a pedido de desculpas) that's OK **4** **tudo bem?** **a** (cumprimento) how are you? **b** (está certo?) is that OK? **5** **tudo isso** all that

**tulipa** *s.* (flor) tulip

**tumor** *s.* tumor (BRIT: tumour)

**túmulo** *s.* tomb

**tumulto** *s.* **1** (alvoroço) commotion **2** (empurra-empurra) scuffle

**tumultuar** *v.* to disrupt

**túnel** *s.* tunnel: *Atravessamos o túnel.* We went through the tunnel.

**turbulência** *s.* turbulence

**turco** *adj.* Turkish / *s.* **1** (pessoa) Turk **2** (idioma) Turkish

**turfe** *s.* horse racing

**turismo** *s.* **1** tourism **2** **fazer turismo** **a** (numa cidade) to go sightseeing **b** (viajar) to go on vacation (BRIT: to go on holiday)

**turista** *s.* tourist

**turístico** *adj.* **1** (de turismo) tourist: *uma cidade turística* a tourist city **2** (cheio de turistas) touristy: *A ilha é muito turística.* The island is very touristy.

**turma** *s.* **1** (de alunos) class: *um colega de turma* a classmate **2** (de amigos) gang: *Convidei a turma toda.* I invited the whole gang.

**turnê** *s.* **1** tour: *A banda vai fazer uma turnê ano que vem.* The band is going to do a tour next year. **2** **sair em turnê** to go on tour

**turno** *s.* **1** (de trabalho etc.) shift **2** (escolar) ▸ Não existe o sistema de turnos escolares nos países de língua inglesa. Portanto, é preciso expressar a ideia de outra forma, p.ex.: *Estudo no turno da manhã.* I have class in the mornings. | *Não estamos no mesmo turno.* We have class at different times. **3** (de eleição, competição) round: *A eleição vai para o segundo turno.* The election is going to a second round. **4** **em turnos** in shifts **5** **o turno do dia/da noite** the day/night shift

**turquesa** *s, adj.* turquoise

**Turquia** *s.* Turkey

**turvo** *adj.* **1** (rio, água) muddy **2** (bebida) cloudy

**tutor** *s.* (law) guardian

**TV** *s.* TV **na TV** on TV **TV a cabo** cable TV ▸ Também se diz apenas ***cable***

# U

**U, u** *s.* U, u
**uísque** *s.* whiskey (BRIT: whisky)
**uivar** *v.* to howl
**úlcera** *s.* ulcer
**ultimamente** *adv.* lately: *Tenho dormido muito mal ultimamente.* I've been sleeping very badly lately.
**último** *adj.* **1** (final) last: *Quem comeu o último pedaço de bolo?* Who ate the last piece of cake? **2** (anterior) last: *A última prova foi mais fácil do que essa.* The last test was easier than this one. **3** (mais atual) latest: *a última moda* the latest fashion **4 da última vez** last: *Quando você viu o Marcos da última vez?* When did you last see Marcos? **5 da última vez que** last time: *Da última vez que fui ao shopping, gastei demais.* Last time I went to the mall I spent too much. ▸ No inglês mais formal, diz-se ***the last time that*** **6 deixar algo/alguém por último** to leave sth/sb till last **7 em último caso** as a last resort **8 ficar em último (lugar)** to come last: *Fiquei em último na corrida.* I came last in the race. **9 na última gaveta** in the bottom drawer **10 no último andar** on the top floor **11 o último a fazer algo** the last to do sth: *A Elaine foi a última a chegar.* Elaine was the last to arrive. **12 pela última vez** for the last time **13 por último** **a** (no final) last: *É melhor comprar o sorvete por último.* It's best to buy the ice cream last. **b** (concluindo) lastly: *Por último, quero agradecer a todos pela presença.* Lastly, I want to thank you all for coming.
**ultrapassado** *adj.* (tecnologia, visão etc.) outdated
**ultrapassar** *v.* **1** (veículo, pessoa) to pass (BRIT: to overtake): *Queríamos ultrapassar o caminhão.* We wanted to pass the truck. **2** (superar) to overtake: *O Brasil já ultrapassou os EUA na produção de carros.* Brazil has overtaken the USA in car production.
**ultrassom, ultrassonografia** *s.* (exame) ultrasound scan
**ultravioleta** *s, adj.* ultraviolet
**um, uma** *art.* (artigo indefinido) a: *um livro* a book | *uma casa* a house ▸ Antes de um som vocálico, usa-se ***an***: *uma maçã* an apple | *um livro velho* an old book ▸ Existem palavras que começam por *h* mudo e portanto pedem ***an***: *uma hora* an hour | *um homem honesto* an honest man ▸ Algumas palavras que começam por *u* e todas as que começam por *eu* têm o som inicial /ju/, que se considera consoante. Portanto, tais palavras pedem ***a***: *uma universidade* a university | *a European country* um país europeu ▸ O mesmo vale para palavras que começam por ***one***, pronunciado /wʌn/: *uma nota de um dólar* a one-dollar bill / *num.* one: *um, dois, três ...* one, two, three ... | *Aquelas rosas são bonitas. Quanto custa uma?* Those roses are nice. How much does one cost?

▸ Usa-se ***one*** antes de um substantivo quando se pensa no número, querendo deixar claro que se trata de um só, e não de vários: *O prédio só tem uma saída.* The building only has one exit. | *Uma colherada de açúcar é suficiente.* One spoonful of sugar is enough. | *Éramos sete pessoas num carro.* There were seven of us in one car. ▸ Compare ***I bought a book*** (comprei um livro, não outra coisa) e ***I bought one book*** (comprei um só livro, não vários) / *pron.* **1** one ▸ usado para evitar a repetição: *O Gabriel tem um daqueles scooters. Eu também queria um.* Gabriel has one of those scooters. I'd like one, too. **2 um ao outro, uma à outra etc.** each other ▸ Também se pode dizer ***one another***, que soa um pouquinho mais formal: *Os dois se ajudam um ao outro.* The two of them help each other. ▸ Veja alguns outros exemplos do uso de ***each other***: *Eles ficam irritados um com o outro.* They get irritated with each other. | *Elas se pentearam uma à outra.* They did each other's hair.

**umbigo** *s.* navel ▸ Na linguagem informal, diz-se ***belly button***

**umidade** *s.* **1** (de clima frio, em parede etc.) damp: *Esse produto tira a umidade dos armários.* This product removes the damp from closets. **2** (de clima quente) humidity: *90% de umidade* 90% humidity

**úmido** *adj.* **1** (não seco) damp: *A roupa no varal está úmida ainda.* The clothes on the line are still damp. **2** (abafado) humid

**unânime** *adj.* unanimous

**unha** *s.* **1** (nos dedos) nail **2** (de gato) claw **3 fazer a(s) unha(s)** **a** (com manicure) to have your nails done: *Fiz a unha no cabeleireiro.* I had my nails done at the hairdresser's. **b** (sozinho) to do your nails **4 roer as unhas** to bite your nails: *Ele vive roendo as unhas.* He's always biting his nails.

**união** *s.* **1** (conjunto) union **2** (de família, países etc.) unity

**União Europeia** European Union

**único** *adj.* **1** (ímpar) unique: *uma oportunidade única* a unique opportunity **2 o único ...** the only ...: *Ela é a única menina da turma.* She's the only girl in the class. | *Essa é a nossa única chance.* This is our only chance. **3 preço único/taxa única** flat price/fee **4 um único ...** a single ...: *Há uma única árvore na praça.* There is a single tree in the square. | *Ela não falou uma única palavra.* She didn't say a single word.

**unidade** *s.* unit

**unido** *adj.* **1** (família, amigos) close: *Somos muito unidos.* We're very close. **2** (países) united

**uniforme** *s.* (roupa) uniform: *Você usa uniforme na escola?* Do you wear a uniform at school? / *adj.* (igual) uniform

**unir** *v.* **1** (juntar) to connect (***a*** *to*, ***com*** *with*): *A ponte une a ilha ao continente.* The bridge connects the island to the mainland. **2** (família, amigos) to bring closer: *Foi uma experiência que uniu os amigos.* It was an experience which brought the friends closer. **3** (países) to unite: *A tragédia uniu o país.* The tragedy united the country. / **unir-se** *v.* **1** (família, amigos) to get closer **2** (países, povos) to unite **3 unir-se a alguém** to join with sb

**unissex** *adj.* unisex

**universal** *adj.* universal

**universidade** *s.* university: *na Universidade de Harvard* at Harvard University

**universitário** *s.* (aluno) college student (BRIT: university student) / *adj.* college (BRIT: university): *um professor universitário* a college professor

**universo** *s.* universe

**uns, umas** *art.* **1** (artigo indefinido) some: *Tenho umas coisas para resolver.* I have some things to take care of. **2** (antes de número) about: *Ela deve ter uns cinquenta anos.* She must be about fifty. | *Eu te ligo a umas oito horas.* I'll call you at about eight o'clock. / *pron.* **1** some ▸ usado para evitar a repetição: *Tenho muitos amigos, uns do colégio e outros* *da minha rua.* I have a lot of friends, some from school and others from my street. **2 uns aos outros** each other ▸ Também se pode dizer ***one another***, que soa um pouquinho mais formal.: *Os macacos se perseguiam uns aos outros.* The monkeys were chasing each other.

**untar** *v.* (forma) to grease: *Unte a forma com manteiga.* Grease the tin with butter.

**upgrade** *s.* **1** upgrade **2 fazer um upgrade (de algo)** to upgrade (sth)

**upload** *s.* **1** upload **2 fazer o upload de algo** to upload sth

**urbanismo** *s.* town planning

**urbano** *adj.* (de cidade) urban

**urgência** *s.* **1** (pressa) urgency **2** (médica) emergency **3 com urgência** urgently **4 em caso de urgência** in an emergency **5 ter urgência em fazer algo** to urgently need to do sth: *Tenho urgência em vender o meu computador.* I urgently need to sell my computer.

**urgente** *adj.* urgent

**urgentemente** *adv.* urgently

**urina** *s.* urine

**urinar** *v.* to urinate

**urna** *s.* **1** (em eleição) ballot box **2 ir às urnas** to go to the polls

**urna eletrônica** electronic voting machine

**ursinho** *s.* (de pelúcia) teddy bear

**urso** *s.* bear

**urso-branco** *s.* polar bear

**urtiga** *s.* stinging nettle

**urubu** *s.* black vulture

**Uruguai** *s.* Uruguay

**uruguaio** *s, adj.* Uruguayan

**usado** *adj.* **1** (de segunda mão) used: *carros usados* used cars **2** (palavra, expressão) common: *uma palavra muito usada* a very common word

**usar** *v.* **1** (utilizar) to use: *Usei uma faca para abrir o pacote.* I used a knife to open the package. | *Como se usa essa palavra?* How is this word used? **2** (no corpo) to wear: *O meu irmão usa óculos.* My brother wears glasses. | *Que perfume você está usando?* What perfume are you wearing? ▸ Note-se que, em inglês, não se diz ***to use*** quando se trata de usar no corpo, mas sim ***to wear***. O verbo ***to wear*** não se aplica somente a vestuário, mas também a qualquer coisa usada no corpo, como sapatos, óculos e outros acessórios, joias, perfume e maquiagem.

**usina** *s.* **1** (elétrica) power plant (BRIT: power station) **2** (fábrica) plant **3** (de açúcar) mill

**usina atômica** atomic power plant **usina de açúcar** sugar mill **usina elétrica** power plant **usina hidrelétrica** hydroelectric power plant **usina nuclear** nuclear power plant

**uso** *s.* **1** (utilização) use: *o uso de agrotóxicos* the use of pesticides **2** (no corpo) wearing: *O uso de joias é proibido.* The wearing of jewelry is not allowed. ▸ Soa menos formal dizer ***Wearing jewelry is not allowed.***

**usuário** *s.* user: *nome de usuário* user name

**utensílio** *s.* (de cozinha etc.) utensil: *utensílios domésticos* household utensils

**útero** *s.* womb ▸ Na linguagem técnica diz-se ***uterus***.

**UTI** *s.* intensive care: *Ele está na UTI.* He's in intensive care.

**útil** *adj.* **1** useful: *uma dica útil* a useful tip **2 dia útil** workday (BRIT: working day) **3 em que eu posso ser útil?** how can I help you?

**utilizar** *v.* **1** (usar) to use **2** (aproveitar) to utilize

**uva** *s.* (uma) grape ▸ Quando se refere ao cacho ou à uva em geral, usa-se o plural ***grapes*** em inglês: *Você gosta de uva?* Do you like grapes?

# V

**V, v** *s.* V, v
**vaca** *s.* cow
**vacilar** *v.* **1** (hesitar) to waver **2** (chama) to flicker
**vacina** *s.* **1** vaccine: *vacina contra a gripe* flu vaccine **2 tomar vacina (contra algo)** to be vaccinated (against sth)
**vacinar** *v.* to vaccinate (***contra*** *against*)
**vácuo** *s.* vacuum
**vadiar** *v.* (aluno) to goof off
**vaga** *s.* **1** (para estacionar) parking spot (BRIT: parking space): *Custamos para achar uma vaga.* We had a hard time finding a parking spot. **2** (para estudar) place: *É difícil conseguir uma vaga na Universidade Federal.* It's difficult to get a place at the Federal University. **3** (em hotel etc.) vacancy: *Não tinha vaga na pousada.* There were no vacancies at the inn. **4** (para trabalhar) opening (BRIT: vacancy): *A loja tem vagas para vendedores.* The store has openings for salesclerks.
**vagabundo** *s.* (pessoa vadia) bum (BRIT: layabout): *O namorado dela é vagabundo.* Her boyfriend's a bum. / *adj.* (de má qualidade) cheapo: *um relógio vagabundo* a cheapo watch
**vaga-lume** *s.* firefly
**vagamente** *adv.* vaguely
**vagão** *s.* **1** (para passageiros) car (BRIT: carriage) **2** (para carga) freight car (BRIT: truck)
**vagar** *v.* **1** (mesa, apartamento etc.) to open up **2** (andar sem rumo) to wander
**vagem** *s.* **1** (tipo de feijão) green beans *[pl.]* **2** (de ervilha etc.) pod
**vago** *adj.* **1** (lugar, mesa, apartamento) free: *Esse lugar está vago?* Is this seat free? **2** (resposta, lembrança) vague **3 horas vagas** spare time: *O que você faz nas horas vagas?* What do you do in your spare time?
**vaiar** *v.* to boo: *O cantor foi vaiado pelo público.* The singer was booed by the audience.
**vaidoso** *adj.* vain
**vale** *s.* **1** (de rio etc.) valley: *o vale do Paraíba* the Paraíba valley **2** (para pagamento) voucher
**valentão** *s.* tough guy
**valente** *adj.* tough
**valer** *v.* **1** (ter um valor de) to be worth: *A casa vale um milhão de reais.* The house is worth a million reais. | *Aquele carro velho não vale muito.* That old car's not worth much. **2** (custar) to cost: *Quanto vale um celular desses?* How much does a cell phone like that cost? **3** (ter validade) to be valid ▸ No inglês americano, também se diz ***to be good*** neste sentido: *Esse bilhete vale para o metrô também.* This ticket is also good for the subway. **4** (ter importância) to matter: *Na área do turismo, o que vale é falar bem inglês.* In the tourism field, what matters

is speaking good English. 5 **valer a pena** to be worth it: *A viagem foi cansativa, mas valeu a pena.* The journey was tiring, but it was worth it. 6 **valer a pena fazer algo** to be worth doing sth: *Vale a pena ler esse livro.* It's worth reading this book. 7 **assim não vale!** that's not fair! 8 **para valer** for real: *O curso começa para valer semana que vem.* The course starts for real next week. 9 **vale tudo** anything goes 10 **valeu!** nice one!

**vale-refeição** *s.* meal ticket (BRIT: luncheon voucher)

**valete** *s.* (em baralho) jack

**vale-transporte** *s.* transportation voucher (BRIT: transport voucher)

**validade** *s.* 1 (de produto) expiration date (BRIT: sell-by date): *Esse iogurte já passou da validade.* This yogurt is past the expiration date. 2 (de cartão) expiration date (BRIT: expiry date) 3 (de documento, argumento etc.) validity

**válido** *adj.* valid

**valioso** *adj.* valuable

**valor** *s.* 1 (o quanto vale algo) value: *Qual o valor dessa moeda?* What is the value of this coin? 2 (quantia) amount: *Qual é o valor que tenho que pagar?* What's the amount I have to pay? 3 (preço) price: *A loja reembolsou o valor da impressora.* The shop refunded the price of the printer. 4 **valores** **a** (objetos) valuables **b** (convicções) values 5 **dar valor a algo/alguém** to appreciate sth/sb: *As pessoas não dão valor aos prédios históricos da cidade.* People don't appreciate the town's historical buildings. 6 **no valor de** worth: *uma casa no valor de $1 milhão* a house worth $1 million 7 **sem valor** worthless: *Não achamos nada interessante no sótão, só alguns objetos sem valor.* We didn't find anything interesting in the attic, just a few worthless objects.

**valorizar** *v.* 1 (dar valor a) to value: *Deveríamos valorizar mais a nossa cultura.* We should value our culture more. 2 (tornar mais valioso) to increase the value of: *A obra vai valorizar a casa.* The remodeling work will increase the value of the house. 3 (ou valorizar-se) to increase in value: *O real valorizou em relação ao dólar.* The real has increased in value against the dollar.

**valsa** *s.* waltz

**válvula** *s.* valve

**válvula de segurança** safety valve

**vampiro** *s.* vampire

**van** *s.* minibus

**vandalismo** *s.* vandalism

**vantagem** *s.* 1 (benefício) advantage: *A vantagem desse dicionário é que cabe no bolso.* The advantage of this dictionary is that it fits in your pocket. 2 (em jogo, corrida etc.) lead: *O nosso time abriu dois gols de vantagem no primeiro tempo.* Our team took a two-goal lead in the first half. 3 **contar vantagem** to boast 4 **levar vantagem (sobre alguém)** to be at an advantage (over sb) 5 **tirar vantagem de algo** to take advantage of sth

**vão** *s.* 1 (abertura) gap 2 **em vão** in vain / *adj.* (inútil) futile

**vapor** *s.* steam

**vaquinha** *s.* 1 (dinheiro) collection 2 **fazer uma vaquinha** to take up a collection

**vara** *s.* pole

**vara de condão** magic wand **vara de pescar** fishing rod

**varal** *s.* clothesline (BRIT: washing line): *no varal* on the clothesline

**varanda** *s.* 1 (de casa) veranda 2 (de apartamento) balcony

**variado** *adj.* varied

**variar** *v.* 1 to vary 2 **para variar** **a** (para mudar) for a change: *Vamos a um lugar novo, para variar.* Let's go to a new place for a change. **b** (como sempre) as usual: *O ônibus estava lotado, para variar.* The bus was packed as usual.

**variedade** *s.* variety

**vários** *adj.* 1 (mais de um) several: *Já vi o filme várias vezes.* I've seen the movie several times. 2 (diferentes) various: *Tenho amigos de várias nacionalidades.* I have friends of various nationalities. / *pron.* ▶ Quando *vários/as* é usado sem substantivo, traduz-se por ***several***: *Os CDs estavam tão baratos que acabei comprando vários.* The CDs were so cheap I ended up buying several. | *Quando penso nas minhas amigas, várias delas têm namorado.* When I think of my friends, several of them have boyfriends.

**variz** *s.* varicose vein

**varrer** *v.* (com vassoura) to sweep

**vasculhar** *v.* 1 (procurar em) to search through: *Vasculhei os meus papéis, mas não achei a carta.* I searched through my papers, but I didn't find the letter. 2 (área, prédio) to search: *A polícia vasculhou a casa.* The police searched the house.

**vaselina** *s.* vaseline

**vasilha** *s.* 1 (tigela) bowl 2 (jarra) pitcher (BRIT: jug)

**vaso** *s.* 1 (para flores cortadas) vase 2 (para plantar) flowerpot ▶ Também se diz apenas ***pot*** 3 (tb vaso sanitário) toilet: *Não jogue papel no vaso.* Don't throw paper down the toilet. **vaso sanguíneo** blood vessel

**vassoura** *s.* broom

**vasto** *adj.* vast

**vazamento** *s.* leak: *um vazamento de gás* a gas leak

**vazar** *v.* 1 (água, gás, cano, pneu etc.) to leak: *Tinha água vazando do cano.* There was water leaking from the pipe. | *O carro está vazando óleo.* The car is leaking oil. 2 (notícia) to get out: *A notícia vazou para a imprensa.* The news got out to the press. 3 (maré) to go out

**vazio -zia** *adj.* empty: *A sala de aula estava vazia.* The classroom was empty.

**veado** *s.* (animal) deer

**vegetação** *s.* vegetation

**vegetal** *s, adj.* vegetable

**vegetariano** *s, adj.* vegetarian

**veia** *s.* vein

**veículo** *s.* vehicle

**vela** *s.* 1 (que se acende) candle. 2 (pano) sail 3 (esporte) sailing: *um curso de vela* a sailing course 4 **à luz de vela** by candlelight 5 **acender uma vela** to light a candle 6 **assoprar as velas** to blow the candles out 7 **barco a vela** sailboat (BRIT: sailing boat) 8 **praticar vela** to go sailing

**veleiro** *s.* 1 (esportivo) sailboat (BRIT: sailing boat) ▶ A palavra ***yacht*** é usada para designar um veleiro grande com lugar para dormir 2 (navio antigo) sailing ship

**velejador** *s.* yachtsman *[fem.* yachtswoman*]*

**velejar** *v.* to sail

**velhice** *s.* old age: *Os meus avós se mantêm ativos na velhice.* My grandparents keep themselves active in their old age.

**velho** *adj.* 1 (pessoa, objeto) old: *um carro velho* an old car | *um velho amigo* an old friend 2 (pão etc.) stale 3 **ficar velho** to get old: *O nosso cachorro está ficando velho.* Our dog's getting old. 4 **mais velho** older: *Tenho uma irmã mais velha.* I have an older sister. 5 **o mais velho** the oldest: *Meu irmão mais velho já casou.* My oldest brother is already married. / *s.* (senhor) old man ▶ Falando de uma velha, ***old lady*** soa menos pejorativo do que ***old woman***

**velocidade** *s.* 1 speed 2 **em alta velocidade** at high speed 3 **excesso de velocidade** (de motorista) speeding: *O motorista levou multa por excesso de velocidade.* The driver was fined for speeding.

**velocímetro** *s.* speedometer

**velório** *s.* wake

**veloz** *adj.* fast

**veludo** *s.* velvet

**vencedor** *s.* winner: *o vencedor da competição* the winner of the competition / *adj.* winning: *o time vencedor* the winning team

**vencer** *v.* 1 (ganhar) to win: *Quem você acha que vai vencer?* Who do you think will win? 2 (derrotar) to beat: *A Espanha venceu a Holanda na final.* Spain beat Holland in the final. 3 (superar) to beat: *A minha mãe* *conseguiu vencer o medo de avião.* My mum managed to beat her fear of flying. **4** (passaporte, cartão etc.) to expire **5** (conta, pagamento) to be due: *O aluguel vence no primeiro do mês.* The rent is due on the first of the month.

**vencido** *adj.* **1** (conta, pagamento) overdue: *A conta do meu celular está vencida.* My cell phone bill is overdue. **2** (documento, alimento, remédio) expired

**vencimento** *s.* (de conta, pagamento) due date

**venda** *s.* **1** (de mercadoria etc.) sale: *a venda da casa* the sale of the house | *o departamento de vendas* the sales department **2** (loja) grocery store (BRIT: corner shop) **3** (para tapar os olhos) blindfold

**vendar** *v.* **1 com os olhos vendados** blindfolded (BRIT: blindfold) **2 vendar os olhos de alguém** to blindfold sb

**vendaval** *s.* gale

**vendedor** *s.* **1** (de loja) salesclerk (BRIT: shop assistant) **2** (profissional de vendas) salesman *[fem.* saleswoman*]*: *um vendedor de carros usados* a used car salesman ▸ Também se diz ***salesperson*** (*pl.* ***salespeople***) para se referir a homem ou mulher **3** (pessoa que vende) seller: *um vendedor de balas* a candy seller

**vender** *v.* **1** to sell. **2 vender algo para alguém/vender para alguém algo** to sell sth to sb/to sell sb sth: *Vendi a minha bicicleta para um colega de colégio.* I sold my bike to a school friend. | *O homem queria nos vender um cachorrinho.* The man wanted to sell us a puppy.

**veneno** *s.* poison

**venenoso** *adj.* poisonous

**veneziana** *s.* Venetian blind

**Venezuela** *s.* Venezuela

**venezuelano** *s, adj.* Venezuelan

**ventania** *s.* gale

**ventar** *v.* to be windy ▸ Usa-se sempre o sujeito ***it*** com esta expressão: *Venta muito aqui.* It's very windy here. | *Estava ventando na praia.* It was windy on the beach. | *De repente começou a ventar.* It suddenly started to get windy. | *Parou de ventar.* The wind has dropped.

**ventilador** *s.* fan: *um ventilador de teto* a ceiling fan

**vento** *s.* **1** wind: *um vento gelado* a bitter wind **2 ir de vento em popa** to be going strong **3 pé de vento** gust of wind

**ver** *v.* **1** (na maioria dos casos) to see: *Você viu quem pegou o dinheiro?* Did you see who took the money? | *Faz mais de um ano que não vejo o meu primo.* I haven't seen my cousin for over a year. **2** (tratar de) to see about: *Precisamos ver as passagens para a nossa viagem.* We need to see about the tickets for our trip. | *"Você já achou um curso de inglês?" – "Vou ver isso amanhã."* "Have you found an English course yet?" – "I'm going to see about that tomorrow." **3 ver alguém fazer/fazendo algo** to see sb do/doing sth: *Você viu alguém sair da casa?* Did you see anyone come out of the house? | *Vi a sua irmã subindo no ônibus.* I saw your sister getting on the bus. **4 ver televisão** to watch television **5 estar vendo** ▸ No sentido de *conseguir ver, enxergar*, traduz-se por ***can/can't see***: *Você está vendo aquela casa branca?* Can you see that white house? | *Não estou vendo o meu nome nessa lista.* I can't see my name on this list. **6 ter a ver com algo/alguém** Veja **ter 7 vai ver que ...** (provavelmente) probably: *Vai ver que ela esqueceu.* She probably forgot. **8 vamos ver** let's see: *Vamos ver, quanto dinheiro sobrou?* Let's see, how much money do we have left? **9 vê se você ...** make sure you ...: *Vê se você não atrasa!* Make sure you're not late! **10 viu** **a** (não falei?) see?: *Viu? Eu acertei.* See? I was right. **b** (ouviu?) OK?: *Não esqueça, viu?* Don't forget, OK? **c** (para falar a verdade) actually: *"Como foi a prova?" - "Foi difícil, viu."* "How was the test?" - "It was difficult actually." / **ver-se 1** (reunir-se) to see each other: *A gente se vê mais tarde.* We'll see each other later. **2** (olhar-se) to see yourself: *Você precisa se ver* *nessa foto!* You should see yourself in this picture! 3 (imaginar-se) to see yourself: *Não me vejo trabalhando num escritório.* I don't see myself working in an office. 4 (encontrar-se) to find yourself: *Eu me vi deitado no chão.* I found myself lying on the ground.

**verão** *s.* summer: *no verão* in the summer

**verba** *s.* (recursos) funding

**verbo** *s.* verb: *verbos irregulares* irregular verbs

**verdade** *s.* 1 truth: *Nunca vamos saber a verdade.* We will never know the truth. 2 **de verdade** really: *Ele gosta dela de verdade.* He really likes her. 3 **(é) verdade?** really?: *"Não tem aula amanhã." - "Verdade?"* "There's no school tomorrow." - "Really?" 4 **falar/dizer a verdade** to tell the truth: *Será que ela estava falando a verdade?* I wonder if she was telling the truth? 5 **na verdade** actually: *Na verdade, eu prefiro ficar em casa.* Actually, I'd rather stay home. 6 **ser verdade** to be true: *É verdade que você vai embora?* Is it true you're leaving? | *O boato não é verdade.* The rumor is not true. 7 **(um/uma) ... de verdade** (a) real ...: *É um diamante de verdade.* It's a real diamond.

**verdadeiro** *adj.* 1 (real) true: *Ele é um verdadeiro gênio.* He's a true genius. | *uma história verdadeira* a true story 2 (sincero) genuine: *Gosto dela porque ela é verdadeira.* I like her because she's genuine.

**verde** *s, adj.* green

**verdura** *s.* (hortaliça) green vegetable

**verdureiro** *s.* produce vendor (BRIT: greengrocer)

**vereador** *s.* councilman (BRIT: councillor) *[fem.* councilwoman*]*

**veredito** *s.* verdict

**vergonha** *s.* 1 (constrangimento) embarrassment 2 (sentimento de culpa) shame 3 (fato vergonhoso) disgrace: *É uma vergonha a forma como as pessoas são tratadas naquele hospital.* It's a disgrace the way people are treated at that hospital. 4 **estar com vergonha** (tímido) to be shy: *A menininha estava com vergonha e se escondia atrás da mãe.* The little girl was shy and hid behind her mother. 5 **estar com/ter vergonha** (com remorso) to be ashamed (*de* of): *Ele está com vergonha do que fez.* He's ashamed of what he did. 6 **ficar com vergonha** to get embarrassed: *Fiquei com vergonha quando todo mundo olhou para mim.* I got embarrassed when everyone looked at me. 7 **não ter vergonha na cara** to have no respect 8 **passar vergonha** to be embarrassed 9 **que vergonha!** how embarrassing!: *Tive que cantar na frente de todos. Que vergonha!* I had to sing in front of everyone. How embarrassing! 10 **ter/criar vergonha (na cara)** to have more respect

**vergonhoso** *adj.* 1 (fato) disgraceful 2 (ato) shameful

**verídico** *adj.* true

**verificar** *v.* 1 to check 2 **verificar se ...** to check that ...: *Fui verificar se a porta estava trancada.* I went to check that the door was locked.

**verme** *s.* worm

**vermelho** *s, adj.* red

**verniz** *s.* 1 (líquido) varnish 2 (couro brilhoso) patent leather: *sapatos de verniz* patent leather shoes

**verruga** *s.* wart

**versão** *s.* 1 version 2 (tradução) translation into a foreign language

**versátil** *adj.* versatile

**verso** *s.* 1 (de papel etc.) back: *no verso do cheque* on the back of the check 2 (estrofe) verse 3 (linha de poema) line

**vértebra** *s.* vertebra

**vertical** *adj.* vertical

**vertigem** *s.* 1 dizziness 2 (por causa da altura) vertigo 3 **sentir vertigem** to feel dizzy

**vesgo** *adj.* cross-eyed

**vespa** *s.* wasp

**véspera** *s.* 1 **na véspera (de algo)** (dia) the day before (sth): *Estudei muito na véspera da prova.* I studied hard the day before the test. 2 **nas vésperas de algo** (período) in the run-up to sth: *nas vésperas da eleição* in the run-up to the election

**véspera de Natal** Christmas Eve: *na véspera de Natal* on Christmas Eve

**vestiário** *s.* 1 (para se trocar) locker room (BRIT: changing room) 2 (provador) dressing room (BRIT: changing room) 3 (em teatro, museu etc.) coat check (BRIT: cloakroom)

**vestibular** *s.* college entrance exam

**vestido** *s.* dress / *adj.* 1 (com roupa) dressed 2 **vestido de azul/de terno etc.** dressed in blue/in a suit etc. 3 **vestido de palhaço/de vampiro etc.** dressed as a clown/as a vampire etc.

**vestígio** *s.* trace

**vestir** *v.* 1 (usar) to wear: *Não sei o que vestir para a festa.* I don't know what to wear to the party. 2 (pôr no corpo) to put on: *Tive que vestir uma roupa de neoprene antes de entrar na água.* I had to put on a wetsuit before going into the water. 3 (pôr roupa em) to dress: *Ela sempre veste o bebê de rosa.* She always dresses the baby in pink. / **vestir-se** *v.* 1 to dress: *Ele se vestiu rápido e saiu.* He dressed quickly and went out. ▸ Quando se refere à capacidade de uma pessoa se vestir, traduz-se por ***to dress yourself***: *O filhinho dela já sabe se vestir.* Her little son can already dress himself. 2 **vestir-se de branco/de smoking etc.** to dress in white/in a tuxedo etc. 3 **vestir-se de caipira/de bruxa etc.** to dress as a hick/as a witch etc.

**vestuário** *s.* 1 clothing 2 **peça de vestuário** item of clothing

**vetar** *v.* 1 (na política) to veto 2 **vetar (algo)** (dizer não) to say no (to sth): *Eu queria ir ao show, mas meu pai vetou.* I wanted to go to the concert, but my dad said no.

**veterinária** *s.* veterinary medicine

**veterinário** *s.* vet ▸ Em contextos mais formais, usa-se a forma completa ***veterinarian***

**veto** *s.* veto

**véu** *s.* veil

**vexame** *s.* 1 embarrassing spectacle 2 **dar vexame** to make a spectacle of yourself: *Ela deu vexame na frente de todo mundo.* She made a spectacle of herself in front of everybody.

**vez** *s.* 1 (ocasião) time: *Você se lembra daquela vez que nos perdemos?* Do you remember that time we got lost? 2 (em revezamento) turn: *De quem é a vez?* Whose turn is it? 3 **vezes** (em múltiplos) times: *O Brasil é três vezes maior do que a Argentina.* Brazil is three times as big as Argentina. 4 **alguma vez** (no passado) ever: *Você alguma vez viu neve?* Have you ever seen snow? 5 **algumas vezes** a few times 6 **às vezes** sometimes: *Às vezes volto do colégio a pé.* I sometimes walk home from school. 7 **cada vez (que)** each time: *Cada vez que vejo o Pedro, ele está mais magro.* Each time I see Pedro he's thinner. 8 **certa vez** once 9 **de uma vez por todas** once and for all 10 **de uma vez só** in one go: *Ele tomou o copo inteiro de uma vez só.* He drank the whole glass in one go. 11 **de vez** for good: *Eles foram para São Paulo de vez.* They've gone to São Paulo for good. 12 **de vez em quando** occasionally 13 **dessa vez** this time 14 **em vez de** instead of: *Em vez de pegarmos o ônibus, voltamos para casa a pé.* Instead of taking the bus, we walked home. 15 **era uma vez ...** (em contos) once upon a time there was ... 16 **muitas vezes** **a** (em muitos casos) often: *O ônibus muitas vezes demora para passar.* The bus often takes a while to come. **b** (várias vezes) many times: *Eu já andei de avião muitas vezes.* I've flown in a plane many times. 17 **outra vez** again 18 **poucas vezes** not very often: *Estive poucas vezes naquele shopping.* I haven't been to that mall very often. 19 **repetidas vezes** repeatedly 20 **toda vez (que)** every time: *Toda vez que ela vem para cá, traz um bolo.* Every time she comes here she brings a cake. 21 **três/quatro/cinco etc. vezes** three/four/five etc. times 22 **um/**

**dois/três etc. de cada vez** one/two/three etc. at a time: *Só um aluno pode sair da sala de cada vez.* Only one student is allowed out of the classroom at a time. 23 **uma vez/duas vezes** once/twice 24 **várias vezes** several times / **uma vez que** *conj.* (já que) since

**via** *s.* 1 (estrada) road: *as principais vias da cidade* the city's main roads 2 (cópia) copy 3 **em duas vias** in duplicate 4 **por via aérea/marítima/terrestre** by air/by sea/overland 5 **por via das dúvidas** just in case 6 **por via de regra** as a rule 7 **segunda via** duplicate / *prep.* (passando por) via: *Voltaram para o Rio via Madri.* They came back to Rio via Madrid.

**via de acesso** access route **via expressa** expressway

**viaduto** *s.* overpass (BRIT: flyover)

**viagem** *s.* 1 (ida, passeio) trip (***para*** *to*): *Estamos planejando uma viagem para a Amazônia.* We're planning a trip to Amazonia. ▸ Quando se pensa mais na jornada em si, usa-se a palavra ***journey***: *A viagem de avião leva onze horas.* The plane journey takes eleven hours. | *Você dormiu na viagem?* Did you sleep on the journey? 2 (o viajar) travel: *uma empresa de viagem* a travel company 3 (de navio, nave espacial) voyage 4 **a viagem de ida/de volta** the journey there/back: *A viagem de ida foi mais rápida.* The journey there was quicker. 5 **boa viagem!** have a good trip! 6 **fazer uma viagem** to go on a trip (***para*** *to*): *Vamos fazer uma viagem para a Disney.* We're going on a trip to Disneyland.

**viagem de formatura** graduation trip **viagem de negócios** business trip

**viajante** *s.* traveler (BRIT: traveller)

**viajar** *v.* 1 (deslocar-se, passear) to travel: *Gosto muito de viajar.* I really like traveling. | *Vamos viajar de ônibus para a Bahia.* We're going to travel by bus to Bahia. 2 (fazer uma viagem) to go away: *Você vai viajar no final do ano?* Are you going away over New Year's? ▸ Quando se trata de uma viagem de mais de alguns dias ou de um pacote, pode-se dizer também ***to go on vacation*** (*Brit: **to go on holiday***): *No verão vamos viajar para Florianópolis.* In the summer we're going on vacation to Florianópolis. 3 (devanear) to daydream: *Desculpa, eu estava viajando.* Sorry, I was daydreaming. 4 **estar viajando** to be away: *A Sílvia está viajando. Volta no domingo.* Silvia's away. She's back on Sunday. ▸ No inglês americano, também se diz ***to be out of town***.

**viatura** *s.* (da polícia) patrol car

**viável** *adj.* viable

**vibrar** *v.* 1 (tremer) to vibrate 2 (empolgar-se) to get excited (***com*** *at*)

**vice** *s.* 1 (de político, oficial etc.) deputy ▸ Também usado antes de outro substantivo, p.ex.: *o vice-governador* ***the deputy governor*** 2 (em competição) runner-up 3 (vice-presidente) vice-president

**vice-campeão** *s.* runner-up [*pl.* runners-up]

**vice-presidente** *s.* vice-president

**vice-versa** *adv.* vice-versa

**viciado** *adj.* 1 **ser/estar viciado (em algo)** to be addicted (to sth): *Ele é viciado na Internet.* He's addicted to the Internet. 2 **ficar viciado (em algo)** to get addicted (to sth) / *s.* addict: *um viciado em crack* a crack addict

**viciante** *adj.* addictive

**viciar** *v.* (criar vício) to be addictive: *O cigarro vicia.* Smoking is addictive. / **viciar-se** *v.* to get addicted (***em*** *to*)

**vício** *s.* 1 (mau hábito) bad habit 2 (em drogas, bebida etc.) addiction (***em*** *to*)

**vicioso** *adj.* **um círculo vicioso** a vicious circle

**vida** *s.* 1 life [*pl.* lives]: *Ela passou a vida inteira no mesmo lugar.* She's spent her whole life in the same place. | *na minha vida* in my life ▸ Quando se refere à vida das pessoas em geral, à condição de vivo ou a seres vivos coletivamente, a palavra ***life*** é usada sem o artigo ***the***: *A vida no Brasil se torna cada vez mais cara.* Life in Brazil is becoming more and more expensive. | *a vida e a morte* life and death | *O aquecimento global ameaça a vida no planeta Terra.* Global warming threatens life on planet Earth. 2 **com vida** alive: *O desaparecido foi encontrado com vida.* The missing man was found alive. 3 **custo/padrão de vida** cost/standard of living 4 **estar bem de vida** to be well off 5 **ganhar a vida** to make a living

**vidente** *s.* fortune teller

**vídeo** *s.* 1 (recurso, clipe, fita) video *[pl.* videos*]* 2 (tela da TV) TV screen 3 **em vídeo** on video

**videoclipe** *s.* video *[pl.* videos*]*

**videogame** *s.* 1 video game 2 **jogar videogame** to play video games

**vidro** *s.* 1 (material) glass: *uma garrafa de vidro* a glass bottle 2 (de carro) window: *Andamos de vidros fechados.* We drive with the windows closed. 3 (de janela) windowpane 4 (pote) jar: *um vidro de geleia* a jar of jam 5 (frasco) bottle: *um vidro de perfume* a bottle of perfume 6 **abaixar o vidro** to roll the window down 7 **quebrar um vidro** to break a window

**viela** *s.* 1 (rua estreita) lane 2 (passagem) alley

**viga** *s.* 1 (de madeira) beam 2 (de aço) girder

**vigarista** *s.* con man ▶ Também se diz ***con artist***, que pode denotar tanto mulher como homem.

**vigésimo** *num.* twentieth

**vigia** *s.* 1 (pessoa) guard 2 (soldado) sentry 3 (janela de barco) porthole 4 **estar/ficar de vigia** to stand guard

**vigiar** *v.* 1 (ficar de olho em) to watch: *A polícia vigiava o suspeito já havia algum tempo.* The police had been watching the suspect for some time. 2 (ser vigia de) to guard: *Dois seguranças vigiam a entrada do prédio.* Two security men guard the entrance to the building. 3 **ficar vigiando** to keep watch: *Um dos ladrões ficou vigiando do lado de fora.* One of the thieves kept watch outside.

**vigor** *s.* **entrar em vigor** (lei, regra etc.) to come into effect

**vila** *s.* 1 (rua fechada) gated street 2 (vilarejo) village
**vila olímpica** Olympic village

**vilão** *s.* (de filme, livro etc.) villain

**vilarejo** *s.* village

**vime** *s.* wicker: *uma cadeira de vime* a wicker chair

**vinagre** *s.* vinegar

**vinagrete** *s.* vinaigrette

**vinco** *s.* crease

**vínculo** *s.* link

**vinda** *s.* 1 (visita) visit: *a vinda da atriz ao Brasil* the actress's visit to Brazil 2 (chegada) arrival: *com a vinda dos europeus* with the arrival of Europeans

**vingança** *s.* revenge

**vingar** *v.* 1 (planta) to take 2 (empresa) to succeed / **vingar-se** *v.* to take revenge

**vingativo** *adj.* vindictive

**vinha** *s.* 1 (planta) vine 2 (plantação) vineyard

**vinhedo** *s.* vineyard

**vinho** *s.* wine.: *uma garrafa de vinho* a bottle of wine
**vinho branco** white wine **vinho espumante** sparkling wine **vinho tinto** red wine

**vinil** *s.* 1 (disco) vinyl record 2 (material) vinyl

**vinte** *num.* 1 (numeral) twenty 2 (dia do mês) twentieth: *no dia vinte de maio* on May 20th 3 **vinte e um/vinte e dois etc.** twenty-one/twenty-two etc.

**violão** *s.* 1 guitar 2 **tocar violão** to play guitar

**violência** *s.* violence ▶ Quando se refere à criminalidade, diz-se ***violent crime***: *medidas para reduzir a violência nas nossas cidades* measures to reduce violent crime in our cities

**violento** *adj.* violent

**violeta** *s, adj.* violet

**violinista** *s.* violinist

**violino** *s.* violin

**violoncelista** *s.* cellist

**violoncelo** *s.* cello

**violonista** *s.* guitarist

**VIP** *s, adj.* VIP *[pronuncia-se /ˌvi aɪ ˈpi/ em inglês]*: *tratamento VIP* VIP treatment

**vir** *v.* 1 to come: *Vem aqui!* Come here! | *Eu vim sozinho.* I came on my own. | *O eta-*

*nol vem da cana-de-açúcar.* Ethanol comes from sugar cane. **2 vir a ser** **a** (tornar-se) to come to be: *um homem de origem humilde que veio a ser presidente* a man of humble origins who came to be president **b** (revelar-se) to turn out to be: *Essa viria a ser a decisão mais importante da vida dela.* This would turn out to be the most important decision of her life. **3 vir fazendo algo** to have been doing something: *Venho tirando notas melhores esse ano.* I've been getting better grades this year. **4 vir fazer algo** to come to do sth: *O professor veio falar comigo.* The teacher came to talk to me. **5 ano/mês/semana que vem** next year/month/week ▸ Não se usa preposição antes dessas expressões em inglês: *Eles vão embora na semana que vem.* They're leaving next week. **6 ir e vir** to come and go: *Tinha muita gente indo e vindo na estação.* There were a lot of people coming and going in the station. **7 isso não vem ao caso** that's irrelevant **8 já venho** I'll be right back **9 vem cá** **a** (vem aqui) come here **b** (escuta) listen: *Vem cá, você não quer dividir uma pizza comigo?* Listen, how about sharing a pizza with me?

**vira-lata** *s, adj.* mongrel

**virar** *v.* **1** (mudar de direção ou posição) to turn **2** (tb virar-se) to turn around: *Quando virei, vi um cachorro atrás de mim.* When I turned around, I saw a dog behind me. **3** (tornar-se) to become ▸ Em inglês, usa-se o artigo indefinido ***a(n)*** depois de ***become***: *A casa virou museu.* The house has become a museum. | *O jogador pretende virar técnico depois de se aposentar.* The soccer player plans to become a coach after he retires. **4** (folha, carta, omelete etc.) to turn over: *Virei a folha para ler o que estava escrito no outro lado.* I turned the paper over to read what was written on the other side. **5** (tempo) to change: *Parece que o tempo vai virar amanhã.* Apparently, the weather's going to change tomorrow. **6** (derrubar) to knock over: *Virei o meu café e manchei a toalha.* I knocked my coffee over and stained the tablecloth. **7** (capotar) to turn over: *O barco virou e fomos parar na água.* The boat turned over and we ended up in the water. **8** (na cama) to turn over **9 virar a cara** to look the other way **10 virar à esquerda/direita** to turn left/right **11 virar a esquina** to turn the corner **12 virar a página** to turn the page **13 virar algo de cabeça para baixo** to turn sth upside down **14 virar (algo) de lado** to turn (sth) sideways **15 virar algo (do avesso)** to turn sth inside out: *É melhor virar as meias na hora de lavá-las.* It's best to turn socks inside out when you wash them. **16 virar (algo) para cá/para lá** to turn (sth) this way/that way **17 virar de costas para algo/alguém** to turn with your back to sth/sb **18 virar de frente para algo/alguém** to turn to face sth/sb **19 virar para alguém/algo** to turn to sb/sth: *Ela virou para mim e sorriu.* She turned to me and smiled. / **virar-se 1** (defender-se) to manage: *Não se preocupe que eu me viro.* Don't worry, I'll manage. **2** (em idioma) to get by ▸ No presente, ***get by*** vem precedido do verbo ***can***: *Meu pai se vira em inglês.* My dad can get by in English.

**virgem** *s.* **1** (pessoa) virgin **2** (signo) Virgo **3 ser virgem** to be a virgin / *adj.* **1** (CD, DVD) blank **2 floresta/mata virgem** virgin forest

**virgindade** *s.* virginity

**virginiano** *s, adj.* **1** Virgo **2 ser virginiano** to be a Virgo

**vírgula** *s.* **1** comma **2** ▸ As frações decimais se escrevem com um ponto nos países de língua inglesa. Esse ponto se lê ***point***: *3,5* 3.5 (three point five) **3 ponto e vírgula** semicolon

**virilha** *s.* groin

**virtual** *adj.* virtual

**vírus** *s.* (em medicina e informática) virus

**visão** *s.* **1** (dos olhos) vision: *visão embaçada* blurred vision **2** (opinião) view (***de/sobre*** *of/on*): *Qual a sua visão sobre o aquecimento global?* What's your view on global warming? **3** (aparição) vision

**visar** *v.* 1 (alvo) to aim at: *Visei a cesta e joguei a bola.* I aimed at the basket and threw the ball. ▸ Quando o sujeito do verbo é um tiro, um chute etc., ou um comentário, uma crítica etc., traduz-se por ***to be aimed at***: *O comentário da professora visava os retardatários.* The teacher's comment was aimed at the latecomers. 2 **visar fazer algo** (atitude, medida) to be intended to do sth: *A nova lei visa melhorar a situação.* The new law is intended to improve the situation. ▸ Quando o sujeito do verbo é uma pessoa, ou um conjunto de pessoas, traduz-se por ***to aim to do sth***: *O governo visa criar novos empregos.* The government aims to create new jobs.

**visita** *s.* 1 (estada) visit (***a*** *to*): *uma visita ao Pão de Açúcar* a visit to the Sugar Loaf 2 (pessoa) visitor 3 **estar com/ter visita (em casa)** to have visitors: *Estamos com visita em casa no momento.* We have visitors at the moment. 4 **fazer uma visita a alguém** to go/come to see sb: *A minha tia nos fez uma visita.* My aunt came to see us. 5 **receber visita de alguém** to get a visit from sb

**visitante** *s.* visitor (***de*** *to*): *visitantes do museu* visitors to the museum / *adj.* (time, professor) visiting

**visitar** *v.* to visit

**visível** *adj.* visible

**vista** *s.* 1 (de lugar alto etc.) view: *um quarto com vista para o mar* a room with a view of the ocean 2 (capacidade de enxergar) eyesight: *Os morcegos têm vista ruim.* Bats have poor eyesight. 3 (sentido) sight 4 **à primeira vista** at first sight 5 **à vista** (pagamento) in full 6 **conhecer alguém de vista** to know sb by sight 7 **exame de vista** eye test 8 **fazer vista grossa** to turn a blind eye (***para*** *to*) 9 **forçar a vista** to strain your eyes 10 **perder algo/alguém de vista** to lose sight of sth/sb 11 **perder/recuperar a vista** to lose/regain your sight: *Minha avó está perdendo a vista.* My grandma is losing her sight.

**visto** *s.* 1 (no passaporte) visa: *um visto de turista* a tourist visa 2 **pelo visto** by the looks of it: *Pelo visto, você não dormiu bem.* By the looks of it, you didn't sleep well. / *adj.* **não é bem visto** (não pega bem) it doesn't go over well

**vistoria** *s.* (para licenciamento de veículo) annual inspection (BRIT: MOT test)

**vistoso** *adj.* showy

**visual** *adj.* visual / *s.* 1 (aparência) look: *um novo visual* a new look 2 (vista) view

**visualizar** *v.* (na tela) to view

**vitamina** *s.* 1 (substância) vitamin: *vitamina C* vitamin C 2 (bebida) smoothie: *uma vitamina de morango* a strawberry smoothie

**vitela** *s.* veal

**vítima** *s.* 1 (de crime, desastre, doença etc.) victim: *as vítimas das enchentes* the flood victims 2 (ferido ou morto) casualty: *As vítimas foram levadas a um hospital próximo.* The casualties were taken to a nearby hospital. 3 **ser vítima de algo** to be the victim of sth: *Você já foi vítima de fraude na Internet?* Have you ever been the victim of Internet fraud?

**vitória** *s.* 1 (em jogo, competição) win: *três vitórias consecutivas* three straight wins 2 (em batalha, guerra, eleição) victory 3 (conquista) achievement: *É uma vitória passar para a Faculdade de Medicina.* It's an achievement to get into medical school. 4 **ganhar uma vitória** to win a victory

**vitrine** *s.* 1 store window (BRIT: shop window): *Vi o sapato que eu quero numa vitrine.* I saw the shoes I want in a store window. ▸ Quando é entendido que se trata de uma loja, diz-se apenas ***window***: *Quanto é aquela bolsa na vitrine?* How much is that bag in the window? 2 **ver vitrines** to window-shop

**viúva** *s.* widow

**viúvo** *s.* (viúvo) widower / *adj.* 1 widowed 2 **ficar viúvo** to be widowed

**viva** *interj.* hooray! / *s.* (grito) cheer

**vivalma** *s.* a soul: *Não havia vivalma na rua.* There wasn't a soul on the street.

**viva-voz** *s.* (de telefone) speakerphone: *no viva-voz* on speakerphone

**viver** *v.* 1 to live: *Você gostaria de viver até os 200 anos?* Would you like to live till you were 200? | *Eles viveram muitos anos no Canadá.* They lived for many years in Canada. 2 (vivenciar) to experience: *Vivemos uns momentos de terror.* We experienced some terrifying moments. 3 (fazer o papel de) to play: *Ela vai viver a vilã da nova novela.* She's going to play the villain in the new soap. 4 **viver de algo** a (ganhar a vida) to make a living from sth: *As mulheres vivem do artesanato.* The women make a living from handicrafts. b (comer) to live on sth: *Vivemos de pão e água durante uma semana.* We lived on bread and water for a week. 5 **viver fazendo algo** to always be doing sth: *Ela vive reclamando.* She's always complaining. 6 **viver ocupado/cansado etc.** to always be busy/tired etc.: *Ele vive estressado.* He's always stressed out. 7 **viver uma experiência** to have an experience: *Foi a melhor experiência que já vivi.* It was the best experience I've ever had.

**vivo** *adj.* 1 (animal) live ▸ só se usa antes do substantivo: *um jacaré vivo* a live alligator 2 (pessoa) living ▸ só se usa antes do substantivo: *O cantor é uma lenda viva.* The singer is a living legend. | *um ser vivo* a living thing 3 (cor) bright: *um vermelho vivo* a bright red 4 (esperto) sharp 5 **ser encontrado vivo** to be found alive 6 **ser/estar vivo** (com vida) to be alive: *O cachorro estava ferido, mas vivo.* The dog was injured, but alive. / *s.* 1 **ao vivo** live: *O show será transmitido ao vivo de Londres.* The concert will be broadcast live from London. | *música ao vivo* live music 2 **os vivos** the living

▸ Note-se que a palavra ***live*** 'vivo, ao vivo' se pronuncia */laɪv/* enquanto o verbo ***live*** 'viver' se pronuncia */lɪv/*, e o substantivo ***lives*** 'vidas' (plural de ***life***) se pronuncia */laɪvz/* enquanto a forma verbal ***lives*** 'vive' se pronuncia */lɪvz/*.

**vizinhança** *s.* (os vizinhos) neighborhood (BRIT: neighbourhood)

**vizinho** *s.* neighbor (BRIT: neighbour): *o quintal do vizinho* the neighbor's yard / *adj.* 1 (casa, prédio) next-door: *Ela mora no apartamento vizinho.* She lives in the next-door apartment. 2 (país) neighboring (BRIT: neighbouring)

**vó** *s.* grandma

**vô** *s.* grandpa (BRIT: grandad)

**voador** *adj.* flying: *um disco voador* a flying saucer

**voar** *v.* 1 (pelo ar, de avião) to fly: *O helicóptero voava muito baixo.* The helicopter was flying very low. 2 (tempo) to fly by: *Esse ano voou.* This year has flown by. 3 (papéis, folhas etc. no vento) to blow around 4 (chapéu no vento) to blow off 5 **entrar/sair etc. voando** to race in/out etc.: *Desci a escada voando para atender a porta.* I raced down the stairs to answer the door.

**vocabulário** *s.* vocabulary

**vocábulo** *s.* word

**vocação** *s.* 1 vocation 2 **ter vocação para algo** to have what it takes to be sth: *Ela tem vocação para enfermeira.* She has what it takes to be a nurse.

**vocal** *adj.* vocal

**vocalista** *s.* (de banda) lead singer

**você** *pron.* you: *Quem é você?* Who are you? | *Conheço você de algum lugar.* I know you from somewhere.

**vocês** *pron.* 1 you: *Vocês são primos?* Are you cousins? | *Vi vocês no shopping ontem.* I saw you at the mall yesterday. ▸ Na linguagem coloquial dos EUA, também se diz ***you guys*** quando se dirige a palavra a várias pessoas: *Vocês gostam de música brasileira?* Do you guys like Brazilian music? 2 **o(s)/a(s) ... de vocês** your: *a casa de vocês* your house 3 **o(s)/a(s) de vocês** yours: *Vamos juntar a nossa mesa com a de vocês.* Let's put our table together with yours. 4 **ser de vocês** to be yours: *Esses lugares são de vocês?* Are these seats yours?

**vodca** *s.* vodka

**vogal** *s.* (letra) vowel

**volante** *s.* 1 (de carro etc.) steering wheel 2 **no volante** at the wheel

**vôlei** *s.* volleyball: *um jogador de vôlei* a volleyball player

**volt** *s.* volt

**volta** *s.* **1** (viagem de volta) trip back: *A volta foi mais rápida do que a ida.* The trip back was quicker than the trip there. **2** (regresso) return (***a*** *to*): *a volta dos jogadores ao Brasil* the players' return to Brazil | *a volta às aulas* the return to school **3** (de pista) lap: *Os competidores têm que dar dez voltas na pista.* The competitors have to do ten laps of the track. **4 dar a volta em algo** to go around sth: *Se eu tivesse dinheiro, daria a volta no mundo.* If I had money, I'd go around the world. **5 dar a volta por cima** to bounce back **6 de volta** back: *Eles já estão de volta?* Are they back yet? | *Coloquei o porta-retrato de volta no lugar.* I put the photo frame back in its place. **7 em/à volta de algo/alguém** around sth/sb: *Há um muro em volta do jardim.* There is a wall around the garden. | *as pessoas à minha volta* the people around me **8 (ir) dar uma volta** **a** (a pé) to take a walk: *Vamos dar uma volta no parque?* Shall we take a walk in the park? **b** (de carro) to go for a drive: *Fomos dar uma volta no carro novo.* We went for a drive in the new car. **9 na volta** **a** (no caminho) on the way back: *Na volta de São Paulo, paramos em Aparecida.* On the way back from São Paulo, we stopped in Aparecida. **b** (depois de voltado) ▸ traduz-se ***when I'm back, when you're back*** etc. conforme o caso: *Eu te ligo na volta.* I'll call you when I'm back. **10 por volta de** around: *Devem chegar por volta das nove.* They should arrive around nine.

**volta olímpica** victory lap (BRIT: lap of honour)

**voltagem** *s.* voltage

**voltar** *v.* **1** (regressar) to come/go back: *Ela voltou do Canadá no ano passado.* She came back from Canada last year. | *Voltamos para casa amanhã.* We're going back home tomorrow. ▸ Quando o sentido é *estar de volta*, usa-se ***to be back*** em inglês: *O Rodrigo está viajando. Ele volta no domingo.* Rodrigo's away. He's back on Sunday. | *Espera aqui que já volto.* Wait here - I'll be right back. ▸ Quando o sentido é *conseguir voltar*, usa-se ***to get back***: *Demorou duas horas para voltar do aeroporto.* It took two hours to get back from the airport. ▸ Expressões tais como *voltar correndo, voltar de avião* etc. se traduzem para o inglês usando um verbo que denota a maneira de se deslocar junto com o advérbio ***back***: *Voltamos correndo para casa.* We ran back home. | *Ele decidiu voltar de avião.* He decided to fly back. **2** (dor, problema, etc.) to come back: *Aquele barulho estranho voltou.* That strange noise has come back. **3** (luz, água, Internet etc.) to come back on: *A luz só voltou à meia-noite.* The power only came back on at midnight. **4** (dar em troca) to give back: *O taxista me voltou o troco.* The taxi driver gave me back the change. **5** (fita) to rewind: *Voltei o vídeo para ver a cena de novo.* I rewound the video to watch the scene again. **6 voltar a algo** (assunto) to go back to sth: *voltando ao que estávamos falando antes ...* going back to what we were talking about before ... **7 voltar a fazer algo** **a** (recomeçar) to go back to doing sth: *Meu tio voltou a fumar.* My uncle has gone back to smoking. **b** (fazer de novo) to do sth again: *Se isso voltar a acontecer, vamos chamar a polícia.* If this happens again, we'll call the police. **8 voltar a ligar (para alguém)** to call (sb) back: *Volto a te ligar mais tarde.* I'll call you back later. **9 voltar a si** to come to **10 voltar atrás** **a** (mudar de ideia) to change your mind: *O comprador voltou atrás.* The buyer changed his mind. **b** (voltar sobre seus passos) to turn around and go back **11 voltar tudo** to go all the way back: *Esqueci a carteira e tive que voltar tudo.* I forgot my wallet and had to go all the way back. / **voltar-se** *v.* (virar-se) to turn around

**volume** *s.* 1 (de som) volume 2 (quantidade) volume: *o volume de trânsito* the volume of traffic 3 (peça de bagagem) piece of luggage 4 (livro) volume 5 **aumentar/abaixar o volume** to turn up/turn down the volume

**volumoso** *adj.* bulky

**voluntário** *s.* 1 volunteer: *O professor pediu um voluntário.* The teacher asked for a volunteer. 2 **oferecer-se como voluntário (para algo/para fazer algo)** to volunteer (for sth/to do sth) / *adj.* voluntary: *trabalho voluntário* voluntary work

**volúvel** *adj.* (pessoa) capricious

**vomitar** *v.* to vomit

**vômito** *s.* vomit

**vontade** *s.* 1 (sentimento de querer) will: *força de vontade* willpower 2 **comer/beber etc. à vontade** (quanto quiser) to eat/drink etc. as much as you want 3 **contra a vontade de alguém** against sb's wishes: *Ela casou contra a vontade dos pais.* She got married against her parents' wishes. 4 **dá vontade de fazer algo** it makes you feel like doing sth: *Quando faz frio assim, dá vontade de ficar na cama.* When it's cold like this, it makes you feel like staying in bed. 5 **estar/ficar com vontade de fazer algo** to feel like doing something: *Estou com vontade de tomar sorvete.* I feel like having ice cream. | *Você não fica com vontade de dançar quando toca essa música?* Don't you feel like dancing when this song comes on? 6 **estar/ficar/sentir-se à vontade** to feel comfortable: *Não me sinto à vontade com os amigos dele.* I don't feel comfortable with his friends. 7 **estar morrendo de vontade de fazer algo** to be dying to do sth: *Estou morrendo de vontade de tirar o sapato.* I'm dying to take my shoes off. 8 **fazer algo de boa/má vontade** to do sth willingly/grudgingly 9 **fazer a(s) vontade(s) de alguém** to do what sb wants 10 **fique à vontade!** a (acolhendo visita) make yourself at home! b (dando permissão) feel free!: *"Posso ligar a TV?" - "Claro, fica à vontade!"* "Can I turn on the TV? - "Sure, feel free!" | *Fique à vontade para usar o computador.* Feel free to use the computer. 11 **me deu vontade de fazer algo** I felt like doing sth: *Hoje me deu vontade de ir à praia.* Today I felt like going to the beach. 12 **não estou com vontade** I don't feel like it: *"Vamos sair?" - "Não estou com muita vontade."* "Shall we go out?" - "I don't really feel like it." 13 **perdi a vontade de ...** I don't feel like ... anymore: *Perdi a vontade de ir ao cinema.* I don't feel like going to a movie anymore. | *"Quer sair então?" - "Já perdi a vontade."* "Do you want to go out then?" - "I don't feel like it anymore." 14 **que vontade de ...!** I so want to ...!: *Que vontade de comer chocolate!* I so want to have some chocolate! 15 **ter vontade de fazer algo** ▸ traduz-se por ***would like to do sth***: *Tenho vontade de aprender francês.* I'd like to learn French. | *Você não tem vontade de conhecer outros países?* Wouldn't you like to visit other countries?

**voo** *s.* 1 flight: *Estávamos no mesmo voo.* We were on the same flight. 2 **levantar voo** to take off

**voo livre** hang-gliding

**votação** *s.* 1 vote 2 **fazer uma votação** to take a vote

**votar** *v.* 1 to vote 2 **votar a favor de/contra algo** to vote for/against sth 3 **votar em alguém** to vote for sb

**voto** *s.* 1 (em votação) vote 2 (desejo) wish: *com os melhores votos de Boas Festas* with best wishes for happy holidays 3 (promessa) vow: *votos de casamento* marriage vows

**vovó** *s.* grandma

**vovô** *s.* grandpa (BRIT: grandad)

**voz** *s.* 1 voice 2 **voz grossa/fina** deep/high voice 3 **em voz alta/baixa** loudly/quietly 4 **estar com uma voz animada/triste etc.** to sound excited/sad etc.: *A minha mãe estava com uma voz cansada.* My mom sounded tired. 5 **ler algo em voz alta** to read sth aloud **6 ter voz (ativa)** to have a say

**vulcão** *s.* volcano

**vulgar** *adj.* vulgar

**vulnerável** *adj.* vulnerable

**vulto** *s.* (de pessoa) figure: *Vi um vulto no escuro.* I saw a figure in the dark.

# W

**W, w** *s.* W, w
**web** *adj.* web: *página web* web page | *endereço web* web address
**webcam** *s.* webcam
**windsurfe** *s.* 1 windsurfing: *uma prancha de windsurfe* a windsurfer 2 **andar de windsurfe** to windsurf 3 **fazer/praticar windsurfe** to do windsurfing
**windsurfista** *s.* windsurfer

# X

**X, x** *s.* X, x

**xadrez** *s.* 1 (jogo) chess: *uma peça de xadrez* a chessman | *um tabuleiro de xadrez* a chessboard 2 (desenho) check 3 **um jogo de xadrez** a (partida) a game of chess b (conjunto de peças) a chess set / *adj.* check: *uma camisa xadrez* a check shirt

**xale** *s.* shawl

**xampu** *s.* shampoo

**xará** *s.* (pessoa com o mesmo nome) namesake: *Ele é o seu xará.* He's your namesake.

**xarope** *s.* 1 (para tosse) cough medicine 2 (líquido açucarado) syrup

**xeque** *s.* 1 (em xadrez) check 2 **em xeque** in check

**xeque-mate** *s.* (em xadrez) checkmate

**xereta** *adj.* nosy

**xeretar** *v.* 1 (investigar) to nose around 2 **xeretar algo** to nose into sth

**xerife** *s.* (nos EUA) sheriff

**xerocar** *v.* to photocopy

**xerox** *s.* 1 (cópia) photocopy ▸ Geralmente diz-se apenas ***copy*** 2 (aparelho) photocopier 3 **tirar xerox de algo** to make a copy of sth

**xícara** *s.* 1 (recipiente) cup 2 (quantidade) cup: *duas xícaras de farinha* two cups of flour 3 **uma xícara de café/chá** a (quantidade) a cup of coffee/tea: *Tomei duas xícaras de café.* I had two cups of coffee. b (tipo de xícara) a coffee cup/teacup: *Essas xícaras de chá eram da minha avó.* These teacups were my grandmother's.

**xingar** *v.* 1 **xingar alguém** to swear at sb: *O ciclista me xingou.* The cyclist swore at me. 2 **xingar alguém de algo** to call sb sth: *Ela xingou o namorado de canalha.* She called her boyfriend a swine.

**xixi** *s.* 1 pee 2 **fazer xixi** to pee

**xodó** *s.* 1 (pessoa ou coisa estimada) pride and joy: *O carro do vizinho é o xodó dele.* The neighbor's car is his pride and joy. 2 (namorado/a) sweetheart 3 **ter um xodó por alguém** to have a soft spot for sb: *Eu sempre tive um xodó por ela.* I've always had a soft spot for her.

# Z

**Z, z** *s.* Z, z
**zagueiro** *s.* defender
**zangado** *adj.* angry: *Meu pai ficou zangado comigo.* My dad got angry with me.
**zarpar** *v.* to set sail (***para*** *for*, ***rumo a*** *bound for*)
**zelador** *s.* janitor (BRIT: caretaker)
**zero** *s.* **1** (valor) zero: *dez graus abaixo de zero* ten degrees below zero **2** (algarismo) zero (BRIT: nought): *Um bilhão tem nove zeros.* A billion has nine zeros. **3** (em placar) nothing (BRIT: nil): *Ganhamos o jogo de três a zero.* We won the game three to nothing. **4** (em números de telefone, horários e frações) ▸ Lê-se */oʊ/* como se fosse a letra O: *409 - 7500* four-o-nine seven-five-double o | *7.05 a.m.* seven-o-five a.m. | *3.02 seconds* three-point-o-two seconds **5 começar do zero** to start from scratch **6 estar a zero** (sem dinheiro) to be all out of cash / *adj.* (carro) brand-new: *O meu tio comprou um Fiat zero.* My uncle bought a brand-new Fiat.
**zero-quilômetro** *adj.* (carro etc.) brand-new
**zíper** *s.* **1** zipper (BRIT: zip) **2 abrir o zíper de algo** to unzip sth: *Eu abri o zíper da bolsa para tirar a carteira.* I unzipped my bag to get my wallet out. | *Não consigo abrir esse zíper.* I can't get this zipper undone. **3 fechar o zíper de algo** to zip sth up: *É melhor fechar o zíper da sua bolsa.* You'd best zip up your bag.
**zoar** *v.* **1** (fazer bagunça) to fool around **2 zoar alguém** to kid sb around
**zona** *s.* **1** (área) zone: *a zona de perigo* the danger zone **2** (de cidade) district: *uma zona residencial* a residential district ▸ Para traduzir *Zona Norte, Zona Sul* etc., pode-se dizer ***North Side, South Side*** etc.: *Moro na Zona Sul.* I live on the South Side. **3** (lugar desarrumado) mess: *O quarto do meu irmão está uma zona.* My brother's room is a mess. **4** (lugar caótico) zoo: *O aeroporto estava uma zona.* The airport was a zoo. **5 a zona** (área de prostituição) the red-light district
**zona rural** countryside
**zonzo** *adj.* **1** (tonto) dizzy **2** (de sono etc.) woozy
**zoologia** *s.* zoology
**zoológico** *s.* (parque) zoo: *o Zoológico de San Diego* San Diego Zoo
**zoom** *s.* **1** (de câmera) zoom **2 abrir o zoom** to zoom out **3 fechar o zoom (em algo)** to zoom in (on sth)
**zumbir** *v.* **1** (mosquito, abelha) to buzz **2** (motor, aparelho) to hum
**zunir** *v.* **1** (vento) to whistle **2** (bala) to whizz

# OS PRINCIPAIS VERBOS IRREGULARES DO INGLÊS

| INFINITIVO | PASSADO SIMPLES | PARTICÍPIO PASSADO |
|---|---|---|
| arise | arose | arisen |
| awake | awoke | awoken |
| be | was/were | been |
| bear | bore | borne |
| beat | beat | beaten |
| become | became | become |
| begin | began | begun |
| bend | bent | bent |
| bet | bet | bet |
| bind | bound | bound |
| bite | bit | bitten |
| bleed | bled | bled |
| blow | blew | blown |
| break | broke | broken |
| breed | bred | bred |
| bring | brought | brought |
| broadcast | broadcast | broadcast |
| build | built | built |
| burst | burst | burst |
| buy | bought | bought |
| cast | cast | cast |

| INFINITIVO | PASSADO SIMPLES | PARTICÍPIO PASSADO |
|---|---|---|
| catch | caught | caught |
| choose | chose | chosen |
| cling | clung | clung |
| come | came | come |
| cost | cost | cost |
| creep | crept | crept |
| cut | cut | cut |
| deal | dealt | dealt |
| dig | dug | dug |
| do | did | done |
| draw | drew | drawn |
| drink | drank | drunk |
| drive | drove | driven |
| eat | ate | eaten |
| fall | fell | fallen |
| feed | fed | fed |
| feel | felt | felt |
| fight | fought | fought |
| find | found | found |
| flee | fled | fled |
| fling | flung | flung |
| fly | flew | flown |
| forbid | forbade | forbidden |
| forecast | forecast | forecast |
| foresee | foresaw | foreseen |
| forget | forgot | forgotten |
| forgive | forgave | forgiven |
| forgo | forwent | forgone |
| freeze | froze | frozen |
| get | got | *Am* gotten, *Brit* got |
| give | gave | given |
| go | went | gone |

| INFINITIVO | PASSADO SIMPLES | PARTICÍPIO PASSADO |
| --- | --- | --- |
| grind | ground | ground |
| grow | grew | grown |
| hang | hung | hung |
| have | had | had |
| hear | heard | heard |
| hide | hid | hidden |
| hit | hit | hit |
| hold | held | held |
| hurt | hurt | hurt |
| keep | kept | kept |
| know | knew | known |
| lay | laid | laid |
| lead | led | led |
| leave | left | left |
| lend | lent | lent |
| let | let | let |
| lie | lay | lain |
| light | lit | lit |
| lose | lost | lost |
| make | made | made |
| mean | meant | meant |
| meet | met | met |
| mistake | mistook | mistaken |
| misunderstand | misunderstood | misunderstood |
| mow | mowed | mown/mowed |
| outdo | outdid | outdone |
| overcome | overcame | overcome |
| overdo | overdid | overdone |
| overhear | overheard | overheard |
| oversleep | overslept | overslept |
| overtake | overtook | overtaken |
| pay | paid | paid |

| INFINITIVO | PASSADO SIMPLES | PARTICÍPIO PASSADO |
|---|---|---|
| put | put | put |
| quit | quit | quit |
| read | read | read |
| ride | rode | ridden |
| ring | rang | rung |
| rise | rose | risen |
| run | ran | run |
| saw | sawed | sawn/sawed |
| say | said | said |
| see | saw | seen |
| seek | sought | sought |
| sell | sold | sold |
| send | sent | sent |
| set | set | set |
| sew | sewed | sewn/sewed |
| shake | shook | shaken |
| shed | shed | shed |
| shine | shone | shone |
| shoot | shot | shot |
| show | showed | shown |
| shrink | shrank/shrunk | shrunk |
| shut | shut | shut |
| sing | sang | sung |
| sink | sank/sunk | sunk |
| sit | sat | sat |
| sleep | slept | slept |
| sow | sowed | sown/sowed |
| slide | slid | slid |
| speak | spoke | spoken |
| spend | spent | spent |
| spin | spun | spun |
| spit | spat/spit | spat/spit |

| INFINITIVO | PASSADO SIMPLES | PARTICÍPIO PASSADO |
|---|---|---|
| split | split | split |
| spread | spread | spread |
| stand | stood | stood |
| steal | stole | stolen |
| stick | stuck | stuck |
| sting | stung | stung |
| stink | stank | stunk |
| strike | struck | struck |
| swear | swore | sworn |
| sweep | swept | swept |
| swim | swam | swum |
| swing | swung | swung |
| take | took | taken |
| teach | taught | taught |
| tear | tore | torn |
| tell | told | told |
| think | thought | thought |
| throw | threw | thrown |
| tread | trod | trodden |
| undergo | underwent | undergone |
| understand | understood | understood |
| upset | upset | upset |
| wake | woke | woken |
| wear | wore | worn |
| weave | wove | woven |
| weep | wept | wept |
| wet | wet/wetted | wet/wetted |
| win | won | won |
| wind | wound | wound |
| withdraw | withdrew | withdrawn |
| wring | wrung | wrung |
| write | wrote | written |

Além das formas regulares, os seguintes verbos possuem formas irregulares no inglês britânico:

| | | |
|---|---|---|
| burn | burnt | burnt |
| dream | dreamt | dreamt |
| kneel | knelt | knelt |
| lean | leant | leant |
| leap | leapt | leapt |
| learn | learnt | learnt |
| smell | smelt | smelt |
| spell | spelt | spelt |
| spill | spilt | spilt |
| spoil | spoilt | spoilt |

# FORMAÇÃO DO PLURAL DOS SUBSTANTIVOS INGLESES

## Plural regular

Adiciona-se *-s* para formar o plural da maioria dos substantivos em inglês:

**car ▸ cars**
**house ▸ houses**

Observe as seguintes regras ortográficas:

- Substantivos que terminam em *-ch*, *-s*, *-sh*, *-x* ou *-z*: adiciona-se *-es*:

  **watch ▸ watches**
  **box ▸ boxes**

- Substantivos que terminam em consoante + y: substitui-se o *-y* por *-ies*:

  **party ▸ parties**
  **fly ▸ flies**

  OBS.: Substantivos que terminam em vogal + y são regulares:

  **day ▸ days**
  **boy ▸ boys**

- Substantivos que terminam em *-o*: adiciona-se *-es*:

  **potato ▸ potatoes**
  **cargo ▸ cargoes**
  EXCEÇÕES: **photo ▸ photos, radio ▸ radios, video ▸ videos**

- Substantivos que terminam em *-f(e)*: substitui-se *-f(e)* por *-ves*:

  **wife ▸ wives**
  **thief ▸ thieves**
  EXCEÇÕES: **belief ▸ beliefs, cliff ▸ cliffs, roof ▸ roofs**

### Plural irregular

O plural de alguns substantivos forma-se mudando a vogal tônica da palavra:

**foot ▸ feet**
**goose ▸ geese**
**louse ▸ lice**
**man ▸ men**
**mouse ▸ mice**
**tooth ▸ teeth**
**woman ▸ women**

Outros plurais irregulares:

**child ▸ children**
**ox ▸ oxen**

### Plural de substantivos de origem grega

- Substantivos que terminam em *-is*: substitui-se *-is* por *-es*:

  **analysis ▸ analyses**
  **crisis ▸ crises**

- Substantivos que terminam em *-on*: substitui-se *-on* por *-a*:

  **criterion ▸ criteria**
  **phenomenon ▸ phenomena**

### Plural invariável

Alguns substantivos têm a mesma forma no plural que no singular:

- animais tais como **deer**, **fish**, **salmon**, **sheep**
- gentílicos que terminam em *-ese*, tais como **Chinese**, **Japanese**, **Portuguese**
- a palavra **craft**, no sentido de "embarcação", e compostos, tais como **aircraft**, **hovercraft**, **spacecraft**

# INGLÊS – PORTUGUÊS

# A

**A, a** [eɪ] *s.* A, a / **A** *s.* 1 lá [nota musical] 2 melhor nota escolar na escala de A a F / **a** *art.* 1 um(a): *a book* um livro | *She's a doctor.* Ela é médica. 2 por [em expressões de frequência e razão]: *three times a day* três vezes por dia | *$300 a month* $300,00 por mês 3 ▸ em preços: *R$5 a liter R$5 o litro*

**aback** [ə'bæk] *adv.* **to be taken aback** ficar pasmo (*by com*)

**aban•don** [ə'bændən] *v.* abandonar

**ab•bey** ['æbi] *s.* abadia

**ab•bre•vi•ate** [ə'brivieɪt] *v.* abreviar

**ab•bre•via•tion** [əbrivi'eɪʃən] *s.* abreviatura

**ABCs**, BRIT: **ABC** [eɪ bi'si(z)] *spl.* abecedário

**ab•di•cate** ['æbdɪkeɪt] *v.* abdicar

**ab•do•men** ['æbdəmən] *s.* abdômen

**ab•domi•nal** [æb'dɑmənl] *adj.* abdominal

**ab•duct** [əb'dʌkt] *v.* raptar, abduzir

**ab•duc•tion** [əb'dʌkʃən] *s.* sequestro

**ab•hor•rent** [əb'hɔrənt] *adj.* abominável

**abide** [ə'baɪd] *v.* 1 suportar 2 **to abide by sth** observar/acatar algo [lei, decisão]

**abil•ity** [ə'bɪləti] *s.* [*pl* **abilities**] 1 capacidade 2 (nível de) competência 3 **ability to do sth** capacidade de fazer algo 4 **to the best of your ability** o melhor que puder

**ab•ject** ['æbdʒɛkt] *adj.* mais absoluto [fracasso, pobreza]

**ablaze** [ə'bleɪz] *adj.* em chamas

**able** ['eɪbəl] *adj.* 1 competente 2 **to be able to do sth** poder/conseguir/saber fazer algo: *I don't think I'll be able to go to the party.* Acho que não vou poder ir à festa. | *Luckily, they were able to save the dog.* Por sorte conseguiram salvar o cachorro. | *His dream is to be able to meet his idol.* O sonho dele é poder conhecer seu ídolo. | *At the age of three she was already able to read.* Aos três anos de idade ela já sabia ler.

▸ A expressão ***be able to*** faz as vezes dos verbos auxiliares ***can/could*** nos tempos verbais em que esses não existem, notavelmente o futuro, a afirmativa do pretérito perfeito e o infinitivo.

**able-bodied** [ˌeɪbəl'bɔdɪd] *adj.* sem deficiência

**ably** ['eɪbli] *adv.* habilmente

**ab•nor•mal** [æb'nɔrməl] *adj.* anormal

**aboard** [ə'bɔrd] *adv, prep.* a bordo (de)

**abode** [ə'boʊd] *s.* **of/with no fixed abode** FORM sem moradia fixa

**abol•ish** [ə'bɔliʃ] *v.* abolir

**abo•li•tion** [æbə'lɪʃən] *s.* abolição

**abo•rigi•nal** [æbə'rɪdʒənəl] *adj, s.* indígena

**Abo•rigi•ne** [æbə'rɪdʒəni] *s.* aborígine [indígena da Austrália]

**abort** [ə'bɔrt] *v.* 1 abandonar, suspender [missão] 2 tirar [bebê]

**abor•tion** [ə'bɔrʃən] *s.* 1 aborto [provocado] 2 **to have an abortion** fazer aborto

**abor•tive** [ə'bɔrtɪv] *adj.* fracassado, malsucedido

**about** [ə'baʊt] *prep.* 1 sobre, a respeito de: *a documentary about whales* um documentário sobre baleias 2 com [indica causa de reação]: *I'm worried about you.* Estou preocupado com você. | *We're excited about going to New York.* Estamos animados para ir a Nova York. 3 em [falando de características]: *What I liked most about the movie was the ending.* O que eu mais gostei no filme foi o final. 4 BRIT por [local]: *I like walking about town.* Gosto de andar pela cidade. 5 **how/what about sth?** **a** e algo?: *I'm having dessert. How about you?* Vou comer sobremesa. E você? | *What about the door? Shall I close it?* E a porta? Será que fecho? **b** que tal algo?: *How about a pizza?* Que tal uma pizza? 6 **how/what about doing sth?** que tal fazer algo?: *How about renting a DVD?* Que tal alugarmos um DVD? 7 **to be (all) about (doing) sth** ser (tudo) uma questão de (fazer) algo: *Professional sport is all about winning.* O esporte profissional é tudo uma questão de vencer. 8 **while you're about it** FAM enquanto você está com as mãos na massa / *adv.* 1 (tb **around about**) por volta de: *about 8 o'clock* por volta das oito 2 cerca de, aproximadamente: *about 20 people* umas 20 pessoas 3 por aí, por perto: *Is your dad about?* Seu pai está por aí? 4 BRIT por todos os lados 5 **to be about to do sth** estar prestes a fazer algo: *I was just about to call you.* Eu ia te ligar agora.

▸ O advérbio ***about*** ocorre como segundo elemento de muitos *phrasal verbs*, p.ex., ***to bring about, to come about*** etc. É também uma variante britânica de ***around***, com o mesmo significado. Procure o significado de tais combinações no verbete do respectivo verbo, p.ex., ***bring, come***.

**above** [ə'bʌv] *prep.* 1 em cima de: *The school is above a shoe store.* A escola fica em cima de uma sapataria. 2 acima de: *above average* acima da média 3 **above all** sobretudo 4 **above all else** acima de tudo / *adv.* 1 em cima 2 acima 3 **and above** para cima: *for people of 55 and above* para pessoas de 55 anos para cima

**abreast** [ə'brɛst] *adv.* **to be/keep abreast of sth** estar/ficar a par de algo

**abridged** [ə'brɪdʒd] *adj.* resumido

**abroad** [ə'brɔd] *adv.* para o/no exterior

**ab•rupt** [ə'brʌpt] *adj.* 1 abrupto 2 brusco

**ab•rupt•ly** [ə'brʌptli] *adv.* 1 abruptamente 2 bruscamente

**abs** [æbz] *spl.* FAM músculos abdominais

**ab•scess** ['æbsɛs] *s.* abscesso

**ab•sence** ['æbsəns] *s.* 1 falta (***from*** *a*): *Tim's had no absences this semester.* O Tim não teve nenhuma falta esse semestre. 2 ausência: *in my absence* na minha ausência 3 **in the absence of sth** na falta de algo

**ab•sent** *adj.* ['æbsənt] 1 ausente (***from*** *de*) 2 distraído [olhar] 3 **to be absent** faltar (***from*** *a*): *She's often absent from school.* Ela falta às aulas com frequência. / *v.* [əb'sɛnt] **to absent yourself** ausentar-se

**ab•sen•tee** [æbsən'ti] *adj, s.* ausente

**absent-minded** [ˌæbsənt'maɪndɪd] *adj.* distraído, avoado

**ab•so•lute** ['æbsəlut] *adj.* 1 absoluto 2 total: *an absolute nightmare* um pesadelo total | *absolute nonsense* pura bobagem

**ab•so•lute•ly** [æbsə'lutli] *adv.* 1 absolutamente: *absolutely nothing* absolutamente nada | *I'm absolutely sure.* Tenho certeza absoluta. | *You're absolutely right.* Você tem toda a razão. 2 totalmente 3 **absolutely!** FAM exato! 4 **absolutely not!** FAM de jeito nenhum!

**ab•sorb** [əb'sɔrb] *v.* 1 absorver 2 assimilar [informações] 3 **to be absorbed in sth** estar absorto em algo

**ab•sor•bent** [əb'sɔrbənt] *adj.* absorvente

**ab•sorb•ing** [əb'sɔrbɪŋ] *adj.* envolvente

**ab•stain** [əb'steɪn] *v.* abster-se (***from*** *de*)

**ab•sten•tion** [əb'stɛnʃən] *s.* abstenção [de voto]

**ab•sti•nence** ['æbstɪnəns] *s.* abstinência

**ab•stract** ['æbstrækt] *adj.* abstrato / *s.* resumo

**ab•surd** [əb'sɜrd] *adj.* absurdo
**ab•surd•ity** [əb'sɜrdəti] *s.* [*pl* **absurdities**] absurdo
**abun•dance** [ə'bʌndəns] *s.* 1 abundância 2 fartura
**abun•dant** [ə'bʌndənt] *adj.* abundante
**abun•dant•ly** [ə'bʌndəntli] *adv.* 1 em abundância 2 **abundantly clear** claríssimo
**abuse** *s.* [ə'bjus] 1 abuso(s) 2 insultos, impropérios / *v.* [ə'bjuz] 1 abusar de 2 insultar, xingar
**abu•sive** [ə'bjusɪv] *adj.* 1 abusivo 2 injurioso
**abys•mal** [ə'bɪzməl] *adj.* péssimo
**abyss** [ə'bɪs] *s.* abismo
AC [eɪ'si] *s.* (= air conditioning) ar-condicionado
**aca•dem•ic** [ækə'dɛmɪk] *adj.* 1 acadêmico 2 puramente teórico [questão] 3 estudioso / *s.* professor universitário
**acad•emy** [ə'kædəmi] *s.* [*pl* **academies**] academia [escola]
**ac•cel•er•ate** [ək'sɛləreɪt] *v.* acelerar
**ac•cel•era•tor** [ək'sɛləreɪtər] *s.* acelerador
**ac•cent** ['æksɛnt] *s.* 1 sotaque 2 acento
**ac•cen•tu•ate** [ək'sɛntʃueɪt] *v.* acentuar
**ac•cept** [ək'sɛpt] *v.* 1 aceitar 2 admitir 3 assumir [responsabilidade]
**ac•cept•able** [ək'sɛptəbəl] *adj.* aceitável (***to*** *para*)
**ac•cept•ance** [ək'sɛptəns] *s.* aceitação
**ac•cess** ['æksɛs] *s.* acesso (***to*** *a*): *Internet access* acesso à Internet
**ac•ces•sible** [ək'sɛsəbəl] *adj.* acessível (***to*** *para*): *easily accessible* de fácil acesso
**ac•ces•so•ry** [ək'sɛsəri] *s.* [*pl* **accessories**] 1 acessório 2 cúmplice (***to*** *de*)
**ac•ci•dent** ['æksədənt] *s.* 1 acidente: *a road accident* um acidente de carro 2 acaso, casualidade 3 **an accident waiting to happen** uma tragédia anunciada 4 **by accident** **a** por acaso **b** sem querer 5 **it was an accident** foi sem querer 6 **to have an accident** sofrer um acidente
**ac•ci•den•tal** [æksə'dɛntl] *adj.* por acidente, acidental
**ac•ci•den•tal•ly** [æksə'dɛntli] *adv.* 1 sem querer 2 por engano 3 acidentalmente
**accident-prone** ['æksədənt proʊn] *adj.* desastrado
**ac•claim** [ə'kleɪm] *s.* elogios / *v.* aclamar
**ac•cli•mate**, BRIT: **ac•cli•ma•tize** ['ækləmeɪt/ ə'klaɪmətaɪz] *v.* (tb **acclimate yourself**) aclimatar-se (***to*** *a*)
**ac•co•lade** ['ækəleɪd] *s.* premiação
**ac•com•mo•date** [ə'kɑmədeɪt] *v.* 1 acomodar 2 alojar 3 atender a [necessidades] 4 acatar [opinião]
**ac•com•mo•dat•ing** [ə'kɑmədeɪtiŋ] *adj.* solícito, cooperativo
**ac•com•mo•da•tions**, BRIT: **ac•com•mo•da•tion** [əkɑmə'deɪʃənz] *spl.* alojamento
**ac•com•pa•ni•ment** [ə'kʌmpənimənt] *s.* acompanhamento
**ac•com•pa•ny** [ə'kʌmpəni] *v.* [*ps e pp* **accompanied**] acompanhar
**ac•com•plice** [ə'kʌmplɪs] *s.* cúmplice
**ac•com•plish** [ə'kʌmplɪʃ] *v.* 1 cumprir [missão] 2 realizar
**ac•com•plished** [ə'kʌmplɪʃt] *adj.* consumado, talentoso
**ac•com•plish•ment** [ə'kʌmplɪʃmənt] *s.* 1 realização 2 proeza 3 mérito
**ac•cord** [ə'kɔrd] *s.* 1 acordo 2 / *v.* FORM conceder (***to*** *a*)
**ac•cord•ance** [ə'kɔrdəns] *s.* **in accordance with sth** FORM de acordo com algo
**ac•cord•ing** [ə'kɔrdɪŋ] *adv.* 1 **according to** segundo, conforme 2 **to go according to plan** sair conforme o planejado
**ac•cord•ing•ly** [ə'kɔrdɪŋli] *adv.* 1 conforme 2 consequentemente
**ac•cor•di•on** [ə'kɔrdjən] *s.* sanfona, acordeão
**ac•cost** [ə'kɔst] *v.* abordar
**ac•count** [ə'kaʊnt] *s.* 1 conta: *a bank account* uma conta bancária 2 relato, descrição 3 depoimento 4 **accounts** contabilidade 5 **by all accounts** pelo jeito 6 **on account of sth** por conta de algo 7 **on no account** em hipótese alguma 8 **to take ac-**

count of sth/take sth into account levar algo em conta / *v.* **to account for sth** **a** corresponder a/representar algo [porcentagem] **b** explicar algo **c** localizar algo
**ac•count•able** [əˈkaʊntəbəl] *adj.* 1 responsável (*for por*, *to para com*) 2 **to hold sb accountable** responsabilizar alguém (*for por*)
**ac•count•ancy** [əˈkaʊntənsi] *s.* contabilidade
**ac•count•ant** [əˈkaʊntənt] *s.* contador
**ac•count•ing** [əˈkaʊntɪŋ] *s.* contabilidade
**ac•cu•mu•late** [əˈkjumjəleɪt] *v.* acumular(-se)
**ac•cu•ra•cy** [ˈækjərəsi] *s.* precisão
**ac•cu•rate** [ˈækjərət] *adj.* 1 preciso, exato 2 certeiro
**ac•cu•sa•tion** [ækjəˈzeɪʃən] *s.* 1 acusação 2 denúncia
**ac•cuse** [əˈkjuz] *v.* 1 acusar (*of de*) 2 **to accuse sb of doing sth** acusar alguém de ter feito/fazer algo
**ac•cus•ing** [əˈkjuzɪŋ] *adj.* acusador
**ac•cus•tom** [əˈkʌstəm] *v.* 1 habituar (*to a*) 2 **to accustom yourself to (doing) sth** habituar-se a (fazer) algo
**ac•cus•tomed** [əˈkʌstəmd] *adj.* 1 **to be accustomed to (doing) sth** estar habituado a (fazer) algo 2 **to become/get/grow accustomed to sth** habituar-se a algo
**ace** [eɪs] *s.* ás / *adj.* de elite [piloto, atirador etc.] / *v.* AM FAM arrebentar em [prova]
**ache** [eɪk] *s.* 1 incômodo, dor [leve mas constante] 2 **aches and pains** achaques / *v.* estar doído
**achieve** [əˈtʃiv] *v.* 1 conseguir 2 realizar 3 alcançar [meta]
**achieve•ment** [əˈtʃivmənt] *s.* 1 conquista 2 proeza 3 realização
**acid** [ˈæsɪd] *s, adj.* ácido
**acid•ic** [əˈsɪdɪk] *adj.* ácido
**acid•ity** [əˈsɪdəti] *s.* acidez
**ac•knowl•edge** [əkˈnɑlɪdʒ] *v.* 1 reconhecer 2 agradecer 3 **to acknowledge (receipt of) sth** acusar recebimento de algo
**ac•knowl•edge•ment, ac•knowl•edg•ment** [əkˈnɑlɪdʒmənt] *s.* 1 reconhecimento 2 **acknowledgements** agradecimentos 3 **in acknowledgement of sth** em reconhecimento por algo
**acne** [ˈækni] *s.* acne
**acorn** [ˈeɪkɔrn] *s.* bolota [de carvalho]
**acous•tic** [əˈkustɪk] *adj.* acústico
**acous•tics** [əˈkustɪks] *s.* acústica
**ac•quaint•ance** [əˈkweɪntəns] *s.* 1 conhecido: *an acquaintance of mine* um conhecido meu | *a mutual acquaintance* um conhecido em comum 2 **to make sb's acquaintance** FORM travar conhecimento com alguém
**ac•quaint•ed** [əˈkweɪntɪd] *adj.* 1 **to be acquainted** conhecer-se 2 **to be acquainted with sb** conhecer alguém 3 **to be acquainted with sth** estar familiarizado com algo 4 **to get acquainted** travar conhecimento (*with com*)
**ac•quire** [əˈkwaɪr] *v.* FORM adquirir
**ac•qui•si•tion** [ækwəˈzɪʃən] *s.* aquisição
**ac•quit** [əˈkwɪt] *v.* [-**tt**-] absolver (*of de*)
**ac•quit•tal** [əˈkwɪtəl] *s.* absolvição
**acre** [ˈeɪkər] acre [medida de área, = 4.047 m²]
**acri•mo•ni•ous** [ækrəˈmoʊniəs] *adj.* FORM conflituoso
**ac•ro•bat** [ˈækrəbæt] *s.* acrobata
**ac•ro•bat•ic** [ækrəˈbætɪk] *adj.* acrobático
**ac•ro•bat•ics** [ækrəˈbætɪks] *spl.* acrobacias
**ac•ro•nym** [ˈækrənɪm] *s.* sigla (*for de*)
**across** [əˈkrɔs] *prep.* 1 para o outro lado de: *Let's go across the street.* Vamos atravessar a rua. 2 do outro lado de (*from de*): *They live across the bay.* Moram do outro lado da baía. 3 por: *They cut across the park.* Cortaram caminho pelo parque. 4 sobre: *a bridge across the Thames* uma ponte sobre o Tâmisa 5 **right across sth** por todo algo: *right across the country* por todo o país 6 **to run/swim etc. across (sth)** atravessar (algo) correndo/nadando etc. / *adv.* 1 para o outro lado 2 transversalmente 3 **to be 50 meters etc. across** ter 50 metros etc. de largura

▸ O advérbio ***across*** ocorre como segundo elemento de muitos *phrasal verbs*, p.ex., ***to come across, to get across*** etc. Procure o significado de tais combinações no verbete do respectivo verbo, p.ex., ***come, get***.

**acryl•ic** [əˈkrɪlɪk] *adj, s.* acrílico

**act** [ækt] *s.* 1 ato 2 farsa, encenação 3 número, show 4 artista 5 lei 6 **to catch sb in the act** pegar alguém em flagrante 7 **to get in on the act** FAM entrar na onda 8 **to get your act together** FAM organizar-se 9 **to put on an act** fingir, fazer tipo / *v.* 1 agir 2 comportar-se 3 atuar, representar 4 ser ator 5 **to act as sth** **a** funcionar/atuar como algo **b** servir de algo 6 **to act on/upon sth** agir baseado em algo 7 **to act the fool** fazer-se de idiota

**act out: to act sth out** encenar algo

**act up** 1 apronta 2 dar problema

**act•ing** [ˈæktiŋ] *s.* 1 atuação [de ator] 2 teatro: *acting classes* aulas de teatro / *adj.* interino

**ac•tion** [ˈækʃən] *s.* 1 ação 2 atuação 3 atitude: *Campaigners want tougher action on polluters.* Ativistas cobram uma atitude mais enérgica contra poluidores. 4 combate: *killed in action* morto em combate 5 **out of action** **a** com defeito **b** fora de ação 6 **sb's actions** os atos de alguém 7 **to put sth into action** pôr algo em ação 8 **to take action** tomar uma atitude (***on*** *em relação a*)

**action-packed** [ˈækʃən pækt] *adj.* cheio de ação

**ac•ti•vate** [ˈæktəveɪt] *v.* acionar

**ac•tive** [ˈæktɪv] *adj.* 1 ativo 2 atuante / *s.* voz ativa [de verbo]

**ac•tiv•ist** [ˈæktəvɪst] *s.* ativista

**ac•tiv•ity** [ækˈtɪvəti] *s.* [*pl* **activities**] atividade

**ac•tor** [ˈæktər] *s.* ator

**ac•tress** [ˈæktrəs] *s.* atriz

**ac•tual** [ˈæktʃuəl] *adj.* 1 real, verdadeiro: *His actual name is Fred.* Seu nome verdadeiro é Fred. 2 exato: *I don't know the actual figure, but it's a lot.* Não sei o número exato, mas é muito. 3 próprio, propriamente dito: *I'll decide what to wear on the actual day.* Vou decidir o que vestir no próprio dia. | *The actual concert doesn't start until 9.30.* O show propriamente dito só começa às 21h30. 4 **in actual fact** na realidade 5 **sb's actual words** as palavras textuais de alguém

**ac•tual•ly** [ˈæktʃuəli] *adv.* 1 na verdade, para falar a verdade: *Actually, I don't really like rap music.* Na verdade, não gosto muito de rap. 2 aliás: *Yes, I have a dog. Two, actually.* Tenho cachorro sim. Aliás, dois. 3 de verdade, para valer, mesmo: *Did you actually call the police?* Você chamou mesmo a polícia? | *What date are they actually getting married?* Que dia eles vão mesmo casar? | *He actually expected me to pay for everything!* Ele simplesmente queria que eu bancasse tudo!

**acu•punc•ture** [ˈækjəpʌŋktʃər] *s.* acupuntura

**acute** [əˈkjut] *adj.* 1 agudo 2 aguçado 3 grave [problema, escassez] 4 exacerbado

**acute•ly** [əˈkjutli] *adv.* extremamente

**A.D.** [eɪˈdi] *abrev.* (= Anno Domini) ▸ d.C.

**ad** [æd] *s.* FAM anúncio: *job ads* anúncios de emprego

**ada•mant** [ˈædəmənt] *adj.* categórico

**Adam's ap•ple** [ˌædəmzˈæpəl] *s.* pomo de adão

**adapt** [əˈdæpt] *v.* adaptar(-se) (***to*** *a*)

**adapt•able** [əˈdæptəbəl] *adj.* adaptável (***to*** *a*)

**ad•ap•ta•tion** [ædæpˈteɪʃən] *s.* adaptação (***for*** *para*, ***to*** *a*)

**adap•ter, adap•tor** [əˈdæptər] *s.* adaptador

**add** [æd] *v.* 1 acrescentar, adicionar (***to*** *a*) 2 somar 3 conferir [toque] 4 **add(ed) to that** ainda por cima 5 **to add to sth** aumentar algo

**add up** 1 **not to add up** **a** não fazer sentido [fatos] **b** não bater [números] 2 **to add sth up** somar algo

**add•ed** [ˈædɪd] *adj.* 1 adicional 2 **with added calcium etc.** com adição de cálcio etc.: *no added sugar* sem adição de açúcar
**ad•dict** [ˈædɪkt] *s.* viciado: *a crack addict* um viciado em crack
**ad•dict•ed** [əˈdɪktɪd] *adj.* viciado (***to*** *em*)
**ad•dic•tion** [əˈdɪkʃən] *s.* vício (***to*** *em*), dependência (***to*** *de*)
**ad•dic•tive** [əˈdɪktɪv] *adj.* viciante, que vicia
**ad•di•tion** [əˈdɪʃən] *s.* 1 adição (***to*** *a*) 2 acréscimo (***to*** *a*) 3 AM puxado, aumento [de casa] 4 **in addition** além disso 5 **in addition to sth** além de algo
**ad•di•tion•al** [əˈdɪʃənəl] *adj.* 1 adicional 2 complementar
**ad•di•tive** [ˈædətɪv] *s.* aditivo
**ad•dress** [əˈdrɛs] *s.* 1 endereço 2 discurso / *v.* 1 endereçar (***to*** *a*) 2 dirigir (***to*** *a*) 3 FORM dirigir a palavra a, dirigir-se a 4 discursar para 5 **to address sb as sth** tratar alguém de/por algo
**ad•dressee** [ædrɛˈsi] *s.* destinatário
**adept** [əˈdɛpt] *adj.* hábil (***at*** *em*)
**ad•equa•cy** [ˈædəkwəsi] *s.* suficiência
**ad•equate** [ˈædəkwət] *adj.* 1 suficiente 2 satisfatório
**ad•equate•ly** [ˈædəkwətli] *adv.* 1 suficientemente 2 satisfatoriamente
**ad•here** [ədˈhir] *v.* **to adhere to sth** **a** aderir a algo **b** observar algo [princípio, regra]
**ad•he•sive** [ədˈhisɪv] *adj.* adesivo / *s.* cola
**ad•he•sive tape** [ədˌhisɪvˈteɪp] *s.* fita adesiva
**ad•ja•cent** [əˈdʒeɪsənt] *adj.* FORM adjacente (***to*** *a*)
**ad•jec•tive** [ˈædʒɪktɪv] *s.* adjetivo
**ad•join•ing** [əˈdʒɔinɪŋ] *adj.* FORM contíguo
**ad•journ** [əˈdʒɜrn] *v.* 1 encerrar/suspender a sessão 2 adiar
**ad•journ•ment** [əˈdʒɜrnmənt] *s.* adiamento
**ad•ju•di•cate** [əˈdʒudɪkeɪt] *v.* FORM arbitrar
**ad•just** [əˈdʒʌst] *v.* 1 ajustar, regular 2 adaptar-se (***to*** *a*)
**ad•just•able** [əˈdʒʌstəbəl] *adj.* ajustável, regulável
**ad•just•ment** [əˈdʒʌstmənt] *s.* 1 ajuste 2 adaptação (***to*** *a*)
**ad-lib** [ædˈlɪb] *v.* [-**bb**-] improvisar
**ad•min•is•ter** [ədˈmɪnəstər] *s.* 1 administrar 2 ministrar (***to*** *a*) 3 aplicar [injeção, castigo, justiça]
**ad•min•is•tra•tion** [ədmɪnəˈstreɪʃən] *s.* 1 administração 2 governo: *the Obama administration* o governo Obama
**ad•min•is•tra•tive** [ədˈmɪnəstreɪtɪv] *adj.* administrativo
**ad•min•is•tra•tor** [ədˈmɪnəstreɪtər] *s.* administrador, gestor
**ad•mi•rable** [ˈædmərəbəl] *adj.* admirável
**ad•mi•ral** [ˈædmərəl] *s.* almirante
**ad•mi•ra•tion** [ædməˈreɪʃən] *s.* admiração (***for*** *por*)
**ad•mire** [ədˈmaɪr] *v.* admirar
**ad•mir•er** [ædˈmaɪrər] *s.* admirador
**ad•mis•sion** [ədˈmɪʃən] *s.* 1 admissão (***to*** *a*) 2 entrada (***to*** *em*): *"Admission free."* "Entrada gratuita." 3 internação (***to*** *em*)
**ad•mit** [ədˈmɪt] *v.* [-**tt**-] 1 admitir 2 **to admit sb (to the hospital)** internar alguém
**ad•mit•tance** [ədˈmɪtəns] *s.* FORM entrada: *"No admittance."* "Entrada proibida."
**ad•mit•ted•ly** [ədˈmɪtɪdli] *adv.* 1 sem dúvida 2 justiça seja feita
**ado•les•cence** [ædəˈlɛsəns] *s.* adolescência
**ado•les•cent** [ædəˈlɛsənt] *adj, s.* adolescente
**adopt** [əˈdɑpt] *v.* 1 adotar 2 aprovar [lei, proposta]
**adopt•ed** [əˈdɑptɪd] *adj.* adotivo, adotado
**adop•tion** [əˈdɑpʃən] *s.* adoção
**adop•tive** [əˈdɑptɪv] *adj.* adotivo
**ador•able** [əˈdɔrəbəl] *adj.* adorável
**adore** [əˈdɔr] *v.* adorar
**adorn** [əˈdɔrn] *v.* FORM adornar
**adrena•lin, adrena•line** [əˈdrɛnəlɪn] *s.* adrenalina
**adrift** [əˈdrɪft] *adv.* à deriva
**adu•la•tion** [ædʒəˈleɪʃən] *s.* adulação
**adult** [ˈædʌlt, əˈdʌlt] *s.* adulto / *adj.* 1 adulto 2 para adultos
**adul•tery** [əˈdʌltəri] *s.* adultério

**adult•hood** [ə'dʌlthʊd] *s.* idade adulta

**ad•vance** [əd'væns] *s.* 1 avanço (***on*** *sobre/para*) 2 adiantamento (***on*** *de*) 3 **advances** investidas [amorosas] 4 **in advance** com antecedência, antecipadamente: *two weeks in advance* com duas semanas de antecedência 5 **in advance of sth** **a** antes de algo **b** à frente de algo / *v.* 1 avançar (***on*** *para*) 2 fazer avançar [conhecimento] 3 promover [causa, interesses] 4 **to advance sb sth/sth to sb** adiantar algo a alguém [dinheiro] 5 **to advance your career** avançar na carreira / *adj.* prévio: *advance warning* aviso prévio

**ad•vanced** [əd'vænsd] *adj.* avançado, de nível avançado

**ad•van•tage** [əd'væntɪdʒ] *s.* 1 vantagem (***over*** *sobre*) 2 **to be at/have an advantage** levar vantagem (***over*** *sobre*) 3 **to be to sb's advantage** ser vantajoso para alguém 4 **to take advantage of sb** aproveitar-se/abusar de alguém 5 **to take avantage of sth** aproveitar algo

**ad•van•ta•geous** [ædvæn'teɪdʒəs] *adj.* vantajoso

**ad•vent** ['aedvɛnt] *s.* advento

**ad•ven•ture** [əd'vɛntʃər] *s.* aventura

**ad•ven•tur•er** [əd'vɛntʃərər] *s.* aventureiro

**ad•ven•tur•ous** [əd'vɛntʃərəs] *adj.* 1 aventureiro 2 atirado

**ad•verb** ['ædvɜrb] *s.* advérbio

**ad•ver•sary** ['ædvərsɛri] *s.* [*pl* **adversaries**] FORM adversário

**ad•verse** ['ædvɜrs] *adj.* FORM adverso

**ad•ver•sity** [æd'vɜrsəti] *s.* FORM adversidade

**ad•vert** [əd'vɜrt] *s.* BRIT anúncio

**ad•ver•tise** ['ædvərtaɪz] *v.* 1 anunciar 2 **to advertise for sth** colocar um anúncio para encontrar algo, procurar algo [com anúncio]

**ad•ve•rtise•ment** [ædvər'taɪzmənt, *Brit:* əd'vɜrtɪsmənt] *s.* 1 anúncio (***for*** *de*) 2 propaganda (***for*** *de*)

**ad•ver•tis•ing** ['ædvərtaɪzɪŋ] *s.* 1 publicidade: *an advertising campaign* uma campanha publicitária 2 propaganda

**ad•vice** [əd'vaɪs] *s.* 1 conselhos (***about/on*** *sobre*) 2 orientação [jurídica etc.] 3 **a piece/word of advice** um conselho 4 **on sb's advice** por conselho de alguém 5 **to take sb's advice** seguir o conselho de alguém

**ad•vis•able** [əd'vaɪzəbəl] *adj.* aconselhável

**ad•vise** [əd'vaɪz] *v.* 1 aconselhar 2 orientar, dar consultoria (a) (***on*** *sobre*) 3 assessorar 4 **to advise sb against doing sth** desaconselhar alguém a fazer algo 5 **to advise (sb) against sth** desaconselhar algo (a alguém) 6 **to advise sb to do sth** aconselhar alguém a fazer algo 7 **you would be well/ill advised to do sth** é/não é aconselhável fazer algo

**ad•vis•ed•ly** [əd'vaɪzɪdli] *adv.* FORM deliberadamente

**ad•vis•er, ad•vis•or** [əd'vaɪzər] *s.* 1 assessor 2 consultor

**ad•vi•so•ry** [əd'vaɪzəri] *adj.* consultivo

**ad•vo•ca•cy** ['ædvəkəsi] *s.* defesa

**ad•vo•cate** *s.* ['ædvəkət] defensor, partidário / *v.* ['ædvəkeɪt] preconizar, defender

**aer•ial** ['ɛriəl] *adj.* aéreo / *s.* BRIT antena

**aero•bics** [ə'roʊbɪks] *s.* aeróbica

**aero•dy•nam•ic** [ɛroʊdaɪ'næmɪk] *adj.* aerodinâmico

**aero•plane** ['ɛrəpleɪn] *s.* BRIT avião

**aes•thet•ic** [ɛs'θɛtɪk] *adj.* estético

**af•fair** [ə'fɛr] *s.* 1 caso 2 **to be sb's affair** ser assunto de alguém 3 **affairs** **a** assuntos: *current affairs* atualidades **b** negócios

**af•fect** [ə'fɛkt] *v.* 1 afetar 2 abalar

**af•fect•ed** [ə'fɛktɪd] *adj.* afetado

**af•fec•tion** [ə'fɛkʃən] *s.* carinho, afeto (***for*** *por*)

**af•fec•tion•ate** [ə'fɛkʃənət] *adj.* carinhoso, afetuoso (***toward*** *com*)

**af•fili•ate** *s.* [ə'fɪliət] 1 afiliado 2 subsidiária / *v.* [ə'fɪlieɪt] 1 **to affiliate to sth** filiar-se a algo 2 **to be affiliated to/with sth** ser filiado a algo

**af•filia•tion** [əfɪli'eɪʃən] *s.* filiação

**af•fin•ity** [ə'fɪnəti] *s.* [*pl* **affinities**] afinidade (***for/with*** *com*)

**af•firm** [ə'fɜrm] *v.* FORM confirmar, afirmar
**af•fir•ma•tion** [æfər'meɪʃən] *s.* FORM 1 confirmação 2 afirmação
**af•firma•tive** [ə'fɜrmətɪv] *adj.* afirmativo / *s.* 1 afirmativa 2 **in the affirmative** afirmativamente
**af•flict** [ə'flɪkt] *v.* FORM 1 acometer 2 **to be afflicted with/by sth** sofrer de/com algo
**af•flic•tion** [ə'flɪkʃen] *s.* FORM mal, mazela
**af•flu•ence** ['æfluəns] *s.* afluência, prosperidade
**af•flu•ent** [æfluəns] *adj.* afluente, próspero
**af•ford** [ə'fɔrd] *v.* 1 ter condições de pagar/comprar, conseguir pagar: *They can't afford a new car.* Eles não têm condições de comprar um carro novo. | *I don't know how he affords it.* Não sei de onde ele tira o dinheiro. 2 ter recursos para 3 permitir-se: *We can't afford any more mistakes.* Não podemos nos permitir mais erros. 4 **to afford sb sth** FORM proporcionar algo a alguém 5 **to afford the time** dispor de tempo 6 **to afford to do sth** **a** ter condições de fazer algo **b** permitir-se/dar-se ao luxo de fazer algo
**af•ford•able** [ə'fɔrdəbəl] *adj.* acessível [preço]
**Af•ghan** ['æfgæn] *adj, s.* afegão
**Af•ghani•stan** [æf'gænɪstæn] *s.* Afeganistão
**afield** [ə'fild] *adv.* 1 **as far afield as** (em/para) lugares tão distantes como 2 **farther/further afield** mais longe
**afloat** [ə'floʊt] *adv.* 1 flutuando 2 **to stay afloat** manter-se à tona
**afoot** *adv.* em marcha
**afraid** [ə'freɪd] *adj.* 1 com medo 2 **I'm afraid** infelizmente, sinto muito mas: *I'm afraid we've run out of milk.* Sinto muito, mas não tem mais leite. 3 **I'm afraid not** infelizmente não 4 **I'm afraid so** infelizmente 5 **to be afraid of (doing) sth** **a** estar com/ter medo de (fazer) algo **b** estar com/ter receio de (fazer) algo 6 **to be afraid to do sth** estar com/ter medo de fazer algo
**afresh** [ə'frɛʃ] *adv.* de novo
**Af•ri•ca** ['æfrɪkə] *s.* África
**Af•ri•can** ['æfrɪkən] *adj, s.* africano
**African-American** [ˌæfrɪkənə'mɛrɪkən] *adj, s.* afro-americano
**af•ter** ['æftər] *prep.* 1 depois de: *after lunch* depois do almoço | *after doing my homework* depois de fazer meu dever de casa 2 atrás de: *The police were after him.* A polícia estava atrás dele. | *I'm after a book on horses.* Estou atrás de um livro sobre cavalos. 3 AM ▸ ao dizer as horas: *at a quarter after eight* às oito e quinze 4 em homenagem a: *She's named Rose, after her grandmother.* Ela se chama Rose, em homenagem à avó. 5 **after all** afinal (de contas) 6 **after you** FAM vai você primeiro 7 **day after day** dia após dia 8 **one after another/the other** um atrás do outro / *adv.* 1 depois: *not long after* pouco tempo depois 2 **the day after** no dia seguinte / *conj.* depois que: *after you told me* depois que você me contou
**after•effect** ['æftərəfɛkt] *s.* sequela
**after•life** ['æftərlaɪf] *s.* vida depois da morte
**after•math** ['æftərmæθ] *s.* 1 consequências 2 **in the aftermath of sth** logo após algo
**after•noon** [æftər'nun] *s.* 1 tarde: *on Sunday afternoon* no domingo à tarde | *afternoon tea* chá da tarde 2 **in the afternoon** à tarde: *at four in the afternoon* às quatro da tarde 3 **this afternoon** hoje à tarde
**after•shave** ['æftərʃeɪv] *s.* loção pós-barba
**after•taste** *s.* gostinho que fica na boca
**after•thought** ['æftərθɔt] *s.* 1 reflexão tardia 2 **as an afterthought** só depois
**after•ward, after•wards** ['æftərwərd(z)] *adv.* depois
**again** [ə'gɛn] *adv.* 1 de novo, outra vez 2 FAM mesmo [ao pedir repetição]: *What was your name again?* Qual era o seu nome mesmo? 3 **again and again/over and over again** repetidas vezes, mais e mais vezes 4 **all over again** tudo de novo: *We had to start all over again.* Tivemos que começar tudo de novo. 5 **as much again** mais a mesma quantia 6 **never again** nunca mais 7 **once again** mais uma vez 8 **then/there again** se bem que

**against** [ə'gɛnst] *prep.* contra

**age** [eɪdʒ] *s.* 1 idade: *at the age of 20* aos 20 anos de idade | *She's 15 years of age.* Ela tem 15 anos de idade. | *We're the same age.* Temos a mesma idade. | *What age is he?* Que idade ele tem? 2 época, era: *the ice age* a era do gelo 3 **ages** FAM séculos: *We've been waiting here for ages.* Estamos esperando aqui há séculos. 4 **to come of age** atingir a maioridade 5 **under age** menor (de idade) / *v.* [*ger* **aging/ageing**] envelhecer

**aged** *adj.* [eɪdʒd] **aged 16 etc.** de 16 etc. anos (de idade): *a boy aged eight* um menino de oito anos / *adj.* ['eɪdʒɪd] 1 idoso 2 **the aged** os idosos

**age group** ['eɪdʒ grup] *s.* faixa etária

**age•ing** ['eɪdʒɪŋ] BRIT *adj, s.* ver **ag•ing**

**agen•cy** ['eɪdʒənsi] *s.* [*pl* **agencies**] 1 agência 2 órgão [governamental]

**agen•da** [ə'dʒɛndə] *s.* 1 ordem do dia 2 agenda [de partido político etc.] 3 pauta [de reunião]

**agent** ['eɪdʒənt] *s.* 1 agente 2 representante

**ag•gra•vate** ['ægrəveɪt] *v.* 1 agravar, piorar 2 irritar

**ag•gra•vat•ing** ['ægrəveɪtɪŋ] *adj.* irritante

**ag•gra•va•tion** [ægrə'veɪʃən] *s.* 1 aborrecimento 2 agravamento

**ag•gres•sion** [ə'grɛʃən] *s.* 1 agressão 2 agressividade

**ag•gres•sive** [ə'grɛsɪv] *adj.* agressivo

**aghast** [ə'gæst] *adj.* horrorizado (***at*** *com*)

**ag•ile** ['ædʒəl, *Brit:* 'ædʒaɪl] *adj.* ágil

**agil•ity** [ə'dʒɪləti] *s.* agilidade

**ag•ing** ['eɪdʒɪŋ] *adj.* envelhecido / *s.* envelhecimento

**agi•tat•ed** ['ædʒəteɪtɪd] *adj.* 1 agitado 2 nervoso

**agi•ta•tion** [ædʒə'teɪʃən] *s.* agitação

**ago** [ə'goʊ] *adv.* 1 há: *I got here three days ago.* Cheguei aqui há três dias. | *How long ago was it that you saw him?* Faz quanto tempo que você o viu? 2 **as long ago as** já em/nos idos de: *The first computer was built as long ago as 1888.* O primeiro computador foi construído já nos idos de 1888. 3 **long/not long ago** há muito/pouco tempo 4 **some time ago** há algum tempo

**ago•nize**, BRIT tb: **-nise** ['ægənaɪz] *v.* ficar angustiado (***about/over*** *sobre*)

**ago•niz•ing**, BRIT tb: **-nising** ['ægənaɪzɪŋ] *adj.* 1 angustiante [espera] 2 excruciante [dor] 3 muito difícil [decisão]

**ago•ny** ['ægəni] *s.* [*pl* **agonies**] 1 dor insuportável 2 agonia 3 **to be in agony** não estar aguentando de dor

**agree** [ə'gri] *v.* 1 concordar (***with*** *com*, ***on*** *sobre*) 2 conferir, bater (***with*** *com*) 3 **sth does not agree with sb** algo não faz bem a alguém: *Cucumber doesn't agree with me.* Pepino não me faz bem. 4 **to agree (on) sth** combinar/acertar algo 5 **to agree to do sth** combinar de fazer algo 6 **to agree to (do) sth** concordar em/aceitar (fazer) algo 7 **to agree with sth** ser de acordo com algo

**agree•able** [ə'griəbəl] *adj.* 1 agradável 2 conveniente (***to*** *para*) 3 **to be agreeable** estar de acordo (***to*** *com*)

**agree•ably** [ə'griəbli] *adv.* **agreeably surprised** surpreso no bom sentido

**agreed** [ə'grid] *adj.* 1 combinado 2 **to be agreed** estar de acordo (***on*** *sobre*)

**agree•ment** [ə'grimənt] *s.* 1 acordo 2 consenso 3 concordância 4 **to come to/reach an agreement** chegar a um acordo

**ag•ri•cul•tur•al** [ægrɪ'kʌltʃərəl] *adj.* agrícola

**ag•ri•cul•ture** ['ægrɪ'kʌltʃər] *s.* agricultura

**aground** [ə'graʊnd] *adv.* **to run aground** encalhar

**ahead** [ə'hɛd] *adv.* 1 na frente 2 para a frente 3 à frente, na dianteira 4 adiante 5 com antecedência: *two hours ahead* com duas horas de antecedência 6 **ahead of its/your time** à frente de seu tempo 7 **ahead of sb/sth** a na frente de alguém/algo b à frente de alguém/algo c antes de alguém/algo 8 **ahead of schedule** adiantado 9 **ahead of time** com antecedência, antes da hora 10

**straight ahead** sempre em frente 11 **the months/years etc. ahead** os meses/anos etc. por vir 12 **up ahead** lá na frente
**aid** [eɪd] *s.* 1 ajuda, auxílio 2 recurso [de ensino etc.] 3 **in aid of sth** em prol de algo 4 **to come/go to sb's aid** socorrer alguém
**aide** [eɪd] *s.* assessor
**AIDS** [eɪdz] *s.* AIDS
**ail•ment** [eɪlmənt] *s.* achaque
**aim** [eɪm] *v.* 1 apontar (***at/for*** *para*) 2 fazer pontaria 3 **to aim at/for sth** almejar algo 4 **to aim high** ter altas aspirações 5 **to aim to do sth** a pretender fazer algo b programar-se para fazer algo c visar fazer algo 6 **to be aimed at doing sth** visar fazer algo 7 **to be aimed at sb/sth** a destinar-se a alguém/algo b visar alguém/algo 8 **well aimed** certeiro / *s.* 1 objetivo 2 pontaria 3 **to take aim** fazer pontaria
**aim•less** [ˈeɪmləs] *adj.* sem rumo
**aim•less•ly** [ˈeɪmləsli] *adv.* sem rumo
**air** [ɛr] *s.* 1 ar 2 **air crash/traffic etc.** acidente/tráfego aéreo etc. 3 **by air** de avião, por via aérea 4 **in the air** a no ar b (tb **up in the air**) para o alto 5 **in the open air** ao ar livre 6 **on/off (the) air** no/fora do ar [programa] 7 **to be up in the air** estar no ar [planos] 8 **to get some air** tomar um ar 9 **to put on airs** dar-se ares / *v.* 1 (tb **air out**) arejar 2 ir/levar ao ar [programa] 3 expor [opiniões, queixas]
**air-con•di•tioned** [ˈɛrkəndɪʃənd] *adj.* refrigerado
**air con•di•tion•ing** [ˈɛr kənˌdɪʃənɪŋ] *s.* ar-condicionado
**air•craft** [ˈɛrkræft] *s.* [*pl* **aircraft**] aeronave
**air•craft car•rier** [ˈɛrkræftˌkæriər] *s.* porta-aviões
**air•fare** [ˈɛrfɛr] *s.* passagem/tarifa aérea
**air•field** [ˈɛrfild] *s.* aeródromo
**air force** [ˈɛr fɔrs] *s.* aeronáutica
**air•line** [ˈɛrlaɪn] *s.* companhia aérea
**airmail** [ˈɛrmeɪl] *s, adv.* **(by) airmail** por via aérea
**air•plane** [ˈɛrpleɪn] *s.* AM avião
**air•port** [ˈɛrpɔrt] *s.* aeroporto
**air raid** [ˈɛr reɪd] *s.* ataque aéreo
**air•tight** [ˈɛrtaɪt] *adj.* hermético
**air traf•fic con•trol•ler** [ˌɛrˌtræfɪk kənˈtroʊlər] *s.* controlador de tráfego aéreo
**air travel** [ˈɛr trævəl] *s.* 1 viagens aéreas 2 transporte aéreo
**aisle** [aɪl] *s.* 1 corredor 2 nave [de igreja]
**ajar** [əˈdʒɑr] *adj.* entreaberto
**akin** [əˈkɪn] *adj.* FORM **akin to sth** semelhante a algo
**alarm** [əˈlɑrm] *s.* 1 alarme: *a burglar alarm* um alarme antirroubo 2 despertador 3 **in alarm** alarmado 4 **to raise/sound the alarm** dar o alarme / *v.* alarmar
**alarm clock** [əˈlɑrm klɔk] *s.* despertador
**alarmed** [əˈlɑrmd] *adj.* alarmado, assustado (***at/by*** *com*)
**alarm•ing** [əˈlɑrmɪŋ] *adj.* alarmante
**alas** [əˈlæs] *adv.* infelizmente / *interj.* ai de mim!
**al•be•it** [ɔlˈbiɪt] *conj.* FORM embora
**al•bum** [ˈælbəm] *s.* álbum
**al•co•hol** [ˈælkəhɔl] *s.* 1 álcool 2 bebida alcoólica
**al•co•hol•ic** [ælkəˈhɔlɪk] *adj.* 1 alcoólico 2 alcoólatra / *s.* alcoólatra
**ale** [eɪl] *s.* cerveja
**alert** [əˈlɜrt] *adj.* atento (***to*** *a*) / *s.* 1 alerta 2 **on (the) alert** em alerta (***for*** *para*) / *v.* alertar (***to*** *para*)
**al•ge•bra** [ˈældʒəbrə] *s.* álgebra
**ali•as** [ˈeɪliəs] *s.* nome falso / *prep.* vulgo
**ali•bi** [ˈæləbaɪ] *s.* álibi
**al•ien** [ˈeɪliən] *s.* 1 alienígena, extraterrestre 2 FORM estrangeiro / *adj.* 1 estranho (***to*** *para*) 2 extraterrestre, alienígena 3 FORM estrangeiro
**al•ien•ate** [ˈeɪliəneɪt] *v.* afastar
**alienated** [ˈeɪliəneɪtɪd] *adj.* alienado (***from*** *de*)
**alight** [əˈlaɪt] *adj.* 1 aceso 2 **to set sth alight** incendiar algo / *v.* FORM 1 apear (***from*** *de*) 2 pousar
**align** [əˈlaɪn] *v.* 1 alinhar 2 **to align yourself with sb** alinhar-se com alguém
**alike** [əˈlaɪk] *adj.* parecidos: *The two brothers are not at all alike.* Os dois irmãos não

são nada parecidos. / *adv.* 1 igual: *The two of them think alike.* Os dois pensam igual. 2 **... and ... alike** tanto ... como ...: *popular with young and old alike* apreciado tanto por jovens como por idosos

**ali•mony** ['æləmoʊni, -məni] *s.* pensão alimentícia

**alive** [ə'laɪv] *adj.* 1 vivo, com vida 2 **alive and kicking/well** firme e forte 3 **alive with sth** fervilhando de algo 4 **to come alive** tomar vida 5 **to keep sb/sth alive** manter alguém/algo vivo 6 **to stay alive** manter-se vivo, sobreviver

**all** [ɔl] *adj, pron.* 1 todo: *all the money* todo o dinheiro | *all my life* toda a minha vida 2 todos: *all the students* todos os alunos | *We all like him.* Nós todos gostamos dele. 3 FORM tudo: *I'm doing all I can.* Estou fazendo tudo ao meu alcance. | *All I want is to be happy.* Tudo o que eu quero é ser feliz. 4 **all day/night etc.** o dia todo/a noite toda etc. 5 **all in all** de modo geral 6 **all of it/it all** tudo: *What about the cake? Have you eaten it all?* E o bolo? Você comeu tudo? 7 **all of sth** todo algo: *all of the money* todo o dinheiro | *all of the students* todos os alunos 8 **all of us/you/them** todos nós/vocês/eles 9 **all the time** o tempo todo 10 **for all sth** apesar de algo: *For all his achievements, he's very modest.* Apesar de suas conquistas, ele é muito humilde. 11 **in all** ao todo 12 **today of all days/you of all people etc.** logo hoje/você etc. / *adv.* 1 todo, completamente: *Your shoes are all muddy.* O seu sapato está todo cheio de lama. | *He built the house all by himself.* Ele construiu a casa completamente sozinho. 2 **all along** FAM desde o começo 3 **all around/round** de modo geral 4 **all at once** **a** de uma vez só **b** de repente 5 **all but** quase, praticamente: *all but non-existent* praticamente inexistente 6 **all of a sudden** de repente 7 **all the better/more etc.** tanto melhor/mais etc. 8 **all too** muito: *all too often* muitas vezes 9 **after all** afinal (de contas) 10 **at all** **a** um pouco: *Are you feeling better at all?* Você melhorou um pouco? **b** por acaso: *Have you heard from Anne at all?* Você tem notícias da Anne por acaso? 11 **not at all** **a** nada: *The hotel's not bad at all.* O hotel não é nada mau. | *That's not at all funny.* Isso não tem graça nenhuma. **b** de jeito nenhum, não mesmo: *"Do you mind?" - "Not at all."* "Você se importa?" - "Não mesmo." **c** não tem de quê 12 **nothing at all** absolutamente nada 13 **once and for all** de uma vez por todas 14 **two/three etc.-all** 2 a 2/3 a 3 etc. [placar] / *s.* **to give (it) your all** dar tudo de si

▸ Existe uma diferença em inglês entre p.ex. ***all the students*** e ***all students***. Usa-se o artigo quando se trata de um grupo específico de alunos, já mencionados. Porém, quando se trata de alunos em geral, omite-se o artigo.

**all-around** [ɔlə'raʊnd] *adj.* AM versátil, polivalente

**al•lay** [ə'leɪ] *v.* diminuir, afastar [preocupações, suspeitas]

**all-clear** [ɔl'klɪr] *s.* **the all-clear** **a** sinal verde **b** liberação médica

**al•le•ga•tion** [ælə'geɪʃən] *s.* denúncia

**al•lege** [ə'lɛdʒ] *v.* alegar

**al•leged** [ə'lɛdʒd] *adj.* 1 suposto 2 **sb is alleged to be sth/have done sth** alguém seria algo/teria feito algo [supostamente]

**al•leg•ed•ly** [ə'lɛdʒɪdli] *adv.* supostamente

▸ As palavras ***alleged*** e ***allegedly*** são muito usadas em reportagens para deixar claro que uma denúncia não foi comprovada. Equivale ao uso do verbo no condicional em português: ***The car was allegedly stolen.*** *O carro teria sido roubado.*

**al•le•giance** [ə'lidʒəns] *s.* lealdade

**al•ler•gic** [ə'lɜrdʒɪk] *adj.* alérgico (***to*** *a*)

**al•ler•gy** ['ælərdʒi] *s.* [*pl* **allergies**] alergia (***to*** *a*)

**al•le•vi•ate** [ə'livieɪt] *v.* 1 aliviar 2 mitigar, diminuir

**al•ley** ['æli] *s.* 1 (tb **alleyway**) viela 2 pista [de boliche]

**al•li•ance** [əˈlaɪəns] *s.* aliança

**al•lied** [ˈælaɪd] *adj.* 1 aliado 2 afim 3 **to be allied to sth** estar relacionado a algo

**al•li•ga•tor** [ˈæləgeɪtər] *s.* jacaré

**al•lo•cate** [ˈæləkeɪt] *v.* 1 alocar (***to** para*) 2 distribuir (***to** a*)

**al•lo•ca•tion** [æləˈkeɪʃən] *s.* 1 alocação 2 distribuição

**al•lot** [əˈlɔt] *v.* [-**tt**-] 1 destinar, dedicar (***to** a*) 2 **to be allotted sth** receber uma cota/um lote de algo

**al•lot•ment** [əˈlɔtmənt] *s.* 1 cota 2 distribuição 3 BRIT horta alugada

**all-out** [ɔlˈaʊt] *adj.* 1 generalizado [ataque, guerra] 2 máximo [esforço] / **all out** *adv.* **to go all out** esforçar-se ao máximo

**al•low** [əˈlaʊ] *v.* 1 permitir: *Smoking is not allowed.* Não é permitido fumar. 2 calcular (***for** para*): *You should allow an hour to get to the airport.* Você deve calcular uma hora para chegar ao aeroporto. 3 FORM admitir 4 **sb is allowed in/out etc.** alguém pode entrar/sair etc. 5 **sb is allowed sth** alguém pode ter algo: *He's not allowed candy.* Ele não pode comer doces. 6 **sb is allowed to do sth** alguém pode fazer algo, é permitido a alguém fazer algo 7 **to allow for sth** **a** levar algo em conta **b** permitir algo 8 **to allow sb in/out etc.** deixar alguém entrar/sair etc. 9 **to allow sb sth** permitir algo a alguém 10 **to allow sb/sth to do sth** permitir a alguém/algo fazer algo

**al•low•ance** [əˈlaʊəns] *s.* 1 AM mesada 2 ajuda de custo (***for** para*) 3 quantidade permitida 4 franquia [de bagagem] 5 **to make allowances (for sb)** dar um desconto (a alguém) 6 **to make allowance(s) for sth** levar algo em conta

**al•loy** [ˈælɔɪ] *s.* liga [de metais]

**all right** [ɔlˈraɪt] *adj, adv.* 1 bem: *Are you all right?* Você está bem? 2 bom: *Is 8.30 all right for you?* 8h30 está bom para você? 3 razoável, sofrível 4 **that's all right** **a** de nada **b** tudo bem [perdoando] 5 **to be all right to do sth** não ter problema para fazer algo: *Is it all right to bring a friend?* Tem problema para levar uma amiga? / *interj.* tudo bem, está bom

**all-round** [ɔlˈraʊnd] BRIT *adj.* versátil, polivalente

**all-time** [ˈɔl taɪm] *adj.* sem precedentes, inédito

**al•lu•sion** [əˈluʒən] *s.* alusão (***to** a*)

**ally** [ˈælaɪ] *s.* [*pl* **allies**] aliado / *v.* [*ps e pp* **allied**] **to ally (yourself) to/with sb** aliar-se a/com alguém

**al•mighty** [ɔlˈmaɪti] *adj.* 1 todo poderoso 2 FAM tremendo

**al•mond** [ˈɑmənd] *s.* amêndoa: *an almond tree* uma amendoeira

**al•most** [ˈɔlmoʊst] *adv.* 1 quase 2 **almost certainly** é quase certo que: *She'll almost certainly win.* É quase certo que ela ganhe.

**alone** [əˈloʊn] *adj, adv.* 1 sozinho, só 2 a sós 3 **all alone** completamente sozinho 4 **let alone** muito menos: *He can't even afford a bike, let alone a car.* Ele nem tem dinheiro para comprar uma bicicleta, muito menos um carro. 5 **sb/sth alone** só alguém/algo: *The ticket alone costs $800.* Só a passagem custa $800,00. | *You alone can decide.* Só você pode decidir. 6 **to go it alone** trabalhar/viver por conta própria 7 **to leave sb alone** deixar alguém em paz 8 **to leave sth alone** parar de mexer em algo

**along** [əˈlɔŋ] *prep.* 1 ao longo de: *along the river* ao longo do rio 2 mais adiante em: *The bathroom is just along the hall.* O banheiro é logo adiante no corredor. 3 **all along sth** por toda a extensão de algo / *adv.* 1 ▸ sem tradução em português, indica movimento para a frente: *He was driving along when suddenly a tire burst.* Ele estava dirigindo quando de repente estourou um pneu. 2 junto: *Why don't you come along?* Por que você não vai junto? 3 **along with sb/sth** junto com alguém/algo

▸ O advérbio ***along*** ocorre como segundo elemento de muitos *phrasal verbs*, p.ex., ***to bring along***, ***to come along***, ***to get along*** etc. Procure o significado de tais combinações no verbete do respectivo verbo, p.ex., ***bring, come, get***.

**along•side** [əlɔŋˈsaɪd] *prep.* **1** ao lado de **2** emparelhado com / *adv.* **1** ao lado **2 to come alongside (sth)** emparelhar (com algo)

**aloof** [əˈluf] *adj.* **1** distante [pessoa] **2 aloof from sb** afastado de alguém

**aloud** [əˈlaʊd] *adv.* **1** em voz alta **2** alto

**al•pha•bet** [ˈaelfəbɛt] *s.* **1** alfabeto **2** abecedário

**al•pha•beti•cal** [ælfəˈbɛtɪkəl] *adj.* alfabético

**al•ready** [ɔlˈrɛdi] *adv.* já

**al•right** [ɔlˈraɪt] *adj, adv, interj.* ver **all right**

**also** [ˈɔlsoʊ] *adv.* também

**al•tar** [ˈɔltər] *s.* altar

**al•ter** [ˈɔltər] *v.* **1** alterar, mudar **2** ajustar [roupa]

**al•tera•tion** [ɔltəˈreɪʃən] *s.* **1** alteração, modificação **2** ajuste [de roupa] **3 to make alterations to sth** fazer modificações em algo

**al•ter•ca•tion** [ɔltərˈkeɪʃən] *s.* FORM desentendimento

**al•ter•nate** *adj.* [ˈɔltərnət, *Brit*: ɔlˈtɜnət] **1** alternado **2 on alternate days** dia sim, dia não / *v.* [ˈɔltərneɪt] **1** revezar(-se) **2** alternar(-se)

**al•ter•na•tive** [ɔlˈtɜrnətɪv] *s.* alternativa: *They had no alternative but to leave.* Eles não tiveram outra alternativa a não ser ir embora. / *adj.* alternativo

**al•ter•na•tive•ly** [ɔlˈtɜrnətɪvli] *adv.* senão

**al•though** [ɔlˈðoʊ] *conj.* **1** embora: *Although she understands English, she doesn't speak it very well.* Embora ela entenda inglês, não fala muito bem. **2** se bem que: *The bus isn't usually late, although you never know.* O ônibus não costuma atrasar, se bem que nunca se sabe.

**al•ti•tude** [ˈaeltətud] *s.* altitude

**al•to•geth•er** [ɔltəˈgɛðər] *adv.* **1** completamente **2** ao todo **3 altogether more** muito mais: *altogether more complicated* muito mais complicado **4 not altogether** não totalmente: *not altogether surprising* não totalmente surpreendente

**alu•mi•num**, BRIT: **alu•mi•nium** [əˈlumɪnəm/ æləˈminiəm] *s.* alumínio: *aluminum foil* papel-alumínio

**al•ways** [ˈɔlweɪz] *adv.* **1** sempre **2** também [em sugestões]: *You could always take a cab.* Você também podia pegar um táxi.

**Alzheimer's** [ˈɑltshaɪmərz] *s.* mal de Alzheimer

**am** [æm] *v.* ▸ *1ª pessoa do singular do presente do verbo* BE

**a.m.**, BRIT: **am** [ˌeɪ ˈɛm] *abrev.* (= ante meridiem) da manhã

**amal•gam•ate** [əˈmælgəmeɪt] *v.* FORM fundir(-se)

**amass** [əˈmæs] *v.* acumular, juntar

**ama•teur** [ˈaemətʃər] *s, adj.* amador

**ama•teur•ish** [ˈaemətʃərɪʃ] *adj.* amadoresco, tosco

**amaze** [əˈmeɪz] *v.* impressionar

**amazed** [əˈmeɪzd] *adj.* impressionado (***at/ by*** *com*)

**amaze•ment** [əˈmeɪzmənt] *s.* espanto: *to my amazement* para espanto meu

**amaz•ing** [əˈmeɪzɪŋ] *adj.* **1** impressionante **2** incrível

**amaz•ing•ly** [əˈmeɪzɪŋli] *adv.* **1** incrivelmente **2** por incrível que pareça

**am•bas•sa•dor** [æmˈbaesədər] *s.* embaixador

**am•ber** [ˈæmbər] *s, adj.* **1** âmbar **2** BRIT amarelo [semáforo]

**am•bi•gu•ity** [æmbiˈgjuəti] *s.* [*pl* **ambiguities**] ambiguidade

**am•bigu•ous** [æmˈbigjuəs] *adj.* ambíguo

**am•bi•tion** [æmˈbiʃən] *s.* ambição

**am•bi•tious** [æmˈbiʃəs] *adj.* ambicioso

**am•bu•lance** [ˈæmbjələns] *s.* ambulância

**am•bush** [ˈæmbʊʃ] *s.* emboscada / *v.* emboscar

**ame•nable** [əˈminəbəl] *adj.* **1** dócil **2 amenable to sth** aberto a algo

**amend** [əˈmɛnd] *v.* FORM emendar, modificar

**amend•ment** [əˈmɛndmənt] *s.* **1** emenda [de lei] **2** modificação

**amends** [ə'mɛndz] *s.* 1 **to make amends** fazer reparação (***to** a*) 2 **to make amends for sth** reparar algo

**amen•ity** [ə'mɛnəti] *s.* [*pl* **amenities**] 1 comodidade 2 **amenities** serviços [de bairro etc.]

**Ameri•ca** [ə'mɛrɪkə] *s.* 1 Estados Unidos 2 América

**Ameri•can** [ə'mɛrɪkən] *adj, s.* 1 norte-americano 2 americano

**ami•able** ['eɪmiəbəl] *adj.* amável

**ami•cable** ['æmɪkəbəl] *adj.* amigável

**amid, amidst** [ə'mɪd(st)] *prep.* FORM 1 em meio a 2 sob [gritos, vaias etc.]

**amiss** [ə'mɪs] *adj.* **sth is amiss** há algum problema / *adv.* BRIT 1 **sth would not go amiss** FAM algo cairia bem 2 **to take sth amiss** levar algo a mal

**am•mu•ni•tion** [æmjə'nɪʃən] *s.* munição

**am•nes•ty** ['æmnəsti] *s.* [*pl* **amnesties**] anistia / *v.* [*ps e pp* **amnestied**] anistiar

**among, amongst** [ə'mʌŋ(st)] *prep.* 1 entre 2 no meio de

**amount** [ə'maʊnt] *s.* 1 quantia 2 quantidade 3 **a certain/fair amount of sth** bastante algo 4 **a large/enormous amount of sth** muito/muitíssimo algo 5 **any amount of sth** muito algo 6 **no amount of sth**: *No amount of trying could get the door open.* Por mais que se tentasse, a porta não abriu. / *v.* 1 **not amount to much/anything** não ser grande coisa 2 **to amount to sth** ◘ chegar a algo [somando] ◘ equivaler a algo 3 **to amount to the same thing** dar no mesmo

**am•phibi•ous** [æm'fɪbiəs] *adj.* anfíbio

**am•phi•thea•ter**, BRIT: **am•phi•thea•tre** ['æmfəθiətər] *s.* anfiteatro

**am•ple** ['æmpəl] *adj.* **ample sth** algo de sobra: *We have ample reason to be worried.* Temos motivos de sobra para nos preocupar.

**am•pli•fi•er** ['æmpləfaɪər] *s.* amplificador

**am•pli•fy** ['æmpləfaɪ] *v.* [*ps e pp* **-fied**] 1 amplificar 2 FORM desenvolver [colocação]

**am•ply** ['æmpli] *adv.* a contento

**am•pu•tate** ['æmpjəteɪt] *v.* amputar

**amuse** [ə'mjuz] *v.* 1 divertir 2 distrair, entreter 3 **to amuse oneself** distrair-se, entreter-se

**amused** [ə'mjuzd] *adj.* 1 de diversão [olhar, sorriso] 2 **not to be amused** não gostar 3 **to be amused** divertir-se (***at/by** com*) 4 **to keep sb amused** entreter alguém

**amuse•ment** [ə'mjuzmənt] *s.* 1 diversão 2 **in/with amusement** divertido 3 **(much) to sb's amusement** o que fez alguém rir (muito)

**amuse•ment park** [ə'mjuzmənt pɑrk] *s.* parque de diversões

**amus•ing** [ə'mjuzɪŋ] *adj.* divertido

**an** *art.* ver **A, a**

**anach•ro•nism** [ə'nækrənɪzm] *s.* anacronismo

**anaemia** [ə'nimiə] *s.* BRIT anemia

**anaemic** [ə'nimɪk] *adj.* BRIT anêmico

**an•aes•thet•ic** *s, adj.* BRIT ver **an•es•thet•ic**

**anal•ogy** [ə'nælədʒi] *s.* [*pl* **analogies**] 1 analogia (***with** com*): *by analogy* por analogia 2 **to draw/make an analogy** fazer uma analogia

**ana•lyse** ['ænəlaɪz] *v.* BRIT analisar

**analy•sis** [ə'næləsɪs] *s.* [*pl* **analyses**] análise: *in the final analysis* em última análise

**ana•lyst** ['ænəlɪst] *s.* analista

**ana•ly•tic, ana•lyti•cal** [ænə'lɪtɪk(əl)] *adj.* analítico

**ana•lyze** ['ænəlaɪz] *v.* AM analisar

**an•ar•chic** [ə'nɑrkɪk] *adj.* anárquico

**an•ar•chist** ['ænərkɪst] *s, adj.* anarquista

**an•ar•chy** ['ænərki] *s.* anarquia

**anato•my** [ə'nætəmi] *s.* [*pl* **anatomies**] anatomia

**an•ces•tor** ['ænsɛstər] *s.* antepassado

**an•ces•tral** [æn'sɛstrəl] *adj.* ancestral

**an•ces•try** ['ænsɛstri] *s.* [*pl* **ancestries**] FORM linhagem, ascendência

**an•chor** ['æŋkər] *s.* 1 âncora 2 **at anchor** ancorado 3 **to drop/weigh anchor** lançar/

levantar ferro / *v.* 1 ancorar 2 fixar, prender (*to em*)

**an•cho•vy** [ˈæntʃəvi] *s.* [*pl* **anchovies**] 1 alici 2 anchova

**an•cient** [ˈeɪnʃənt] *adj.* 1 antigo 2 muito velho

**and** [ənd, ænd] *conj.* 1 e 2 com [falando de comida]: *bread and butter* pão com manteiga 3 ▸ entre dois verbos iguais: *She cried and cried.* Ela não parava de chorar. 4 **again and again** mais e mais vezes 5 **better and better/more and more etc.** cada vez melhor/mais etc. 6 **to go and see/try and do etc.** ir ver/tentar fazer etc. ▸ substitui **to** na linguagem falada.

**an•ec•dote** [ˈænɪkdoʊt] *s.* caso [história divertida]

**anemia** [əˈnimiə] *s.* AM anemia

**anemic** [əˈnimɪk] *adj.* AM anêmico

**an•es•thet•ic** [ænəsˈθɛtɪk] *s.* AM 1 anestesia 2 **under anesthetic** com anestesia

**anes•the•tist** [əˈnɛsθətɪst] *s.* AM anestesista

**anes•the•tize**, BRIT tb: **-tise** [əˈnɛsθətaɪz] *v.* AM anestesiar

**an•gel** [ˈeɪndʒəl] *s.* anjo

**an•ger** [ˈæŋgər] *s.* 1 raiva 2 revolta / *v.* 1 irritar 2 revoltar

**an•gle** [ˈæŋgəl] *s.* 1 ângulo 2 ponto de vista 3 **at an angle** inclinado, torto / *v.* **to angle for sth** tentar conseguir algo

**an•gler** [ˈæŋglər] *s.* pescador esportivo

**an•gling** [ˈæŋglɪŋ] *s.* pesca esportiva

**an•gri•ly** [ˈæŋgrəli] *adv.* com raiva

**an•gry** [ˈæŋgri] *adj.* [*comp* **angrier, angriest**] 1 com raiva (***at/with** de*), zangado (***at/with** com*) 2 revoltado (***at/with** com*) 3 **to make sb angry** deixar alguém nervoso/revoltado

**an•guish** [ˈæŋgwɪʃ] *s.* angústia

**an•gu•lar** [ˈæŋgjələr] *adj.* 1 anguloso 2 angular

**ani•mal** [ˈænəməl] *s, adj.* animal: *the animal kingdom* o reino animal

**ani•mat•ed** [ˈænəmeɪtɪd] *adj.* animado

**ani•ma•tion** [ænəˈmeɪʃən] *s.* animação

**ani•mos•ity** [ænəˈmɒsəti] *s.* animosidade

**an•kle** [ˈæŋkəl] *s.* tornozelo

**an•nals** [ˈænəlz] *spl.* anais

**an•nex**, BRIT: **an•nexe** [ˈænɛks] *s.* anexo [de prédio]

**an•ni•hi•late** [əˈnaɪəleɪt] *v.* aniquilar

**an•ni•ver•sa•ry** [ænəˈvɜrsəri] *s.* [*pl* **anniversaries**] 1 aniversário 2 (tb **wedding anniversary**) bodas: *their diamond anniversary* suas bodas de diamante

**an•nounce** [əˈnaʊns] *v.* 1 anunciar 2 informar

**an•nounce•ment** [əˈnaʊnsmənt] *s.* 1 comunicação 2 declaração 3 chamada [em aeroporto etc.] 4 aviso

**an•nounc•er** [əˈnaʊnsər] *s.* locutor

**an•noy** [əˈnɔɪ] *v.* irritar, incomodar

**an•noy•ance** [əˈnɔɪəns] *s.* 1 irritação 2 aborrecimento

**an•noyed** [əˈnɔɪd] *adj.* irritado, nervoso (***at/with, about/by** com*)

**an•noy•ing** [əˈnɔɪɪŋ] *adj.* chato, irritante

**an•nual** [ˈænjuəl] *adj.* anual / *s.* anuário

**an•nual•ly** [ˈænjuəli] *adv.* anualmente

**anoma•ly** [əˈnɒməli] *s.* [*pl* **anomalies**] anomalia

**ano•nym•ity** [ænəˈnɪməti] *s.* anonimato

**anony•mous** [əˈnɑnəməs] *adj.* anônimo

**ano•rak** [ˈænəræk] *s.* 1 jaqueta de inverno, anoraque 2 BRIT FAM nerd

**ano•rexia** [ænəˈrɛksiə] *s.* anorexia

**ano•rex•ic** [ænəˈrɛksɪk] *adj, s.* anoréxico

**an•oth•er** [əˈnʌðər] *adj, pron.* 1 outro 2 mais um 3 mais: *another two hours* mais duas horas 4 **another one** **a** outro **b** mais um 5 **not another …** **a** nem mais um …: *not another word* nem mais uma palavra **b** outro …!: *Not another test!* Outra prova! 6 **one another** um ao outro, uns aos outros: *with one another* um com o outro 7 **one after another** um atrás do outro 8 **one … or another** um ou outro …: *at one time or another* em uma ou outra ocasião

**an•swer** [ˈænsər] *s.* 1 resposta (***to** a*) 2 solução (***to** para*) 3 **in answer to sth** em resposta/respondendo a algo 4 **there's no answer** ninguém atende / *v.* 1 responder (a) 2 atender [telefone, porta] 3 resolver [problema] 4

**to answer for sth/sb** responder por algo/alguém 5 **to answer a description** corresponder a uma descrição 6 **to answer a need** atender a uma necessidade 7 **to answer to sb** dever satisfações a alguém 8 **to answer to the name of sth** atender pelo nome de algo
**answer back: to answer (sb) back** responder (a alguém) [ser respondão]
**an•swer•able** [ˈænsərəbəl] *adj.* responsável (*for por*)
**ant** [ænt] *s.* formiga
**an•tago•nism** [ænˈtægənɪzm] *s.* antagonismo (***to/toward*** *a*)
**an•tago•nis•tic** [æntægəˈnɪstɪk] *adj.* hostil
**an•tago•nize**, BRIT tb: **-nise** [ænˈtægənaɪz] *v.* hostilizar
**Ant•arc•tic** [ænˈtɑrktɪk] *adj.* antártico / *s.* **the Antarctic** o Antártico
**An•tarc•tica** [ænˈtɑrktɪkə] *s.* Antártida
**ante•lope** [ˈæntəloʊp] *s.* antílope
**an•ten•na** [ænˈtɛnə] *s.* antena
**an•them** [ˈænθəm] *s.* hino
**ant•hill** [ˈænthɪl] *s.* formigueiro
**an•thol•ogy** [ænˈθɑlədʒi] *s.* [*pl* **anthologies**] antologia
**an•thro•polo•gist** [ˌænθrəˈpɑlədʒɪst] *s.* antropólogo
**an•thro•pol•ogy** [ˌænθrəˈpɑlədʒi] *s.* antropologia
**anti•bi•ot•ic** [ˌæntɪbaɪˈɑtɪk] *adj, s.* antibiótico
**anti•body** [ˈæntibɑdi] *s.* [*pl* **antibodies**] anticorpo
**an•tici•pate** [ænˈtɪsəpeɪt] *v.* 1 prever 2 antecipar-se a 3 **eagerly anticipated** ansiosamente aguardado
**an•tici•pa•tion** [æntɪsəˈpeɪʃən] *s.* 1 expectativa 2 **in anticipation of sth** na expectativa de algo
**anti•clock•wise** [æntiˈklɑkwaɪz] *adv.* BRIT em sentido anti-horário
**an•tics** [ˈæntɪks] *spl.* estripulias
**anti•dote** [ˈæntɪdoʊt] *s.* antídoto
**anti•quat•ed** [ˈæntɪkweɪtɪd] *adj.* antiquado
**an•tique** [ænˈtik] *s.* antiguidade [objeto]: *an antique store* uma loja de antiguidades | *an antique dealer* um antiquário / *adj.* antigo
**an•tiq•uity** [ænˈtɪkwəti] *s.* [*pl* **antiquities**] antiguidade
**anti•sep•tic** [æntəˈsɛptɪk] *adj, s.* antisséptico
**anti•social** [æntiˈsoʊʃəl] *adj.* 1 pouco sociável, arredio 2 antissocial
**ant•ler** [ˈæntlər] *s.* armação, galhada [de veado]
**an•to•nym** [ˈæntənɪm] *s.* antônimo
**an•vil** [ˈænvɪl] *s.* bigorna
**anxi•ety** [æŋˈzaɪəti] *s.* [*pl* **anxieties**] 1 ansiedade (***about/over*** *sobre*) 2 **anxiety to do sth** afã de fazer algo
**anx•ious** [ˈæŋkʃəs] *adj.* 1 ansioso, apreensivo (***about*** *sobre*) 2 angustiante [espera, momento] 3 **to be anxious for sb to do sth** querer que alguém faça algo 4 **anxious for sth/to do sth** desejoso de algo/de fazer algo
**any** [ˈɛni] *adj.* 1 qualquer: *Any day is fine for me.* Qualquer dia é bom para mim. | *We're grateful for any used books.* Agradecemos qualquer livro usado. 2 (em perguntas) algum(a), alguns/algumas [porém muitas vezes sem tradução em português]: *Do you have any money on you?* Você está com algum dinheiro aí? | *Are there any letters for me?* Tem alguma correspondência para mim? 3 (em frases negativas) nenhum(a) [porém muitas vezes sem tradução em português]: *You can't go out without any money.* Você não pode sair sem dinheiro. | *The gymnast didn't make any mistakes.* A ginasta não fez nenhum erro. 4 **any old ...** FAM um ... qualquer: *Just put on any old clothes!* Põe uma roupa qualquer! 5 **any one** qualquer um: *Can you lend me a T-shirt? Any one will do.* Você me empresta uma camiseta? Qualquer uma serve. 6 **not just any (old)** ... não um ... qualquer: *It's not just any old car, it's a limo.* Não é um carro qualquer, é uma limusine. / *pron.* 1 (em frases negativas) nenhum(a) [porém muitas vezes sem

tradução em português]: *We're out of milk and you didn't buy any.* Acabou o leite e você não comprou. | *She said there were eggs in the fridge, but I didn't find any.* Ela falou que tinha ovos na geladeira, mas não achei nenhum. **2** (em perguntas) algum(a), alguns/algumas [porém muitas vezes sem tradução em português]: *I don't have any change. Do you have any?* Não tenho trocado. Você tem? | *Of all your books, are there any you haven't read?* De todos os seus livros, tem alguns que você não leu? **3 any of us/you/them/the students etc.** **a** qualquer um de nós/de vocês/deles/dos alunos etc. **b** (em frases negativas) nenhum de nós/de vocês/deles/dos alunos etc. **c** (em perguntas) algum de nós/de vocês/deles/dos alunos etc. **4 any of it** **a** (em frases negativas) nada: *The food was horrible and I didn't eat any of it.* A comida estava horrível e não comi nada. **b** (em perguntas) alguma coisa, um pouco: *There's a lot of slang in that movie. Did you understand any of it?* Tem muita gíria naquele filme. Você entendeu alguma coisa? | *There's a whole pizza left. Do you want any of it?* Sobrou uma pizza inteira. Quer um pouco? / *adv.* **1** (nem) um pouco [porém muitas vezes sem tradução em português]: *Are you feeling any better?* Você está se sentindo um pouco melhor? | *I can't walk any faster.* Não consigo andar mais rápido. **2 not ... any longer/more** não ... mais: *They don't live there any more.* Eles não moram mais lá.

▸ Em frases afirmativas, a palavra ***any*** e afins (***anybody***, ***anything***, ***anywhere*** etc.) têm o sentido de *qualquer*, enquanto, em frases negativas e perguntas, geralmente têm o sentido de *nenhum* e *algum* respectivamente. No sentido de *nenhum/algum*, ***any*** é usado somente com substantivos incontáveis e plurais, correspondendo ao uso de ***some*** com os mesmos em frases afirmativas.

**any•body** [ˈɛnibɑdi] *pron.* = **any•one**

**any•how** [ˈɛnihaʊ] *adv.* **1** de qualquer jeito **2** seja como for, em todo caso **3** mesmo assim

**any•more** [ɛniˈmɔr] *adv.* mais: *He doesn't live there anymore.* Ele não mora mais lá.

**any•one** [ˈɛniwʌn] *pron.* **1** qualquer pessoa/um: *Anyone knows that.* Qualquer um sabe disso. **2** (em frases negativas) ninguém: *Don't tell anyone!* Não conte para ninguém! **3** (em perguntas) alguém: *Did you see anyone?* Você viu alguém? **4 anyone else** **a** qualquer outra pessoa **b** outra pessoa, mais alguém **c** mais ninguém **5 anyone you like** quem você quiser

**any•place** [ˈɛnipleɪs] *adv.* AM = **any•where**

**any•thing** [ˈɛniθɪŋ] *pron.* **1** qualquer coisa: *Anything will do.* Qualquer coisa serve. **2** (em frases negativas) nada: *I didn't do anything yesterday.* Não fiz nada ontem. **3** (em perguntas) alguma coisa, algo: *I'm going to the store. Do you want anything?* Vou ao supermercado. Quer alguma coisa? **4** (em comparações) tudo: *better than anything* melhor que tudo **5 anything but** **a** tudo menos: *I eat anything but shellfish.* Como de tudo menos mariscos. **b** nem um pouco: *She was anything but happy.* Ela não ficou nem um pouco contente. **6 anything else** **a** qualquer outra coisa **b** mais nada **c** outra coisa, mais alguma coisa **7 anything like**: *She doesn't look anything like her brother.* Ela não parece nada com o irmão. | *Is aikido anything like karate?* O aiquidô é um pouco parecido ao caratê? | *The second album isn't anything like as good as the first.* O segundo álbum não chega aos pés do primeiro. **8 anything you like** o que você quiser **9 if anything** pelo contrário: *Things are no better. If anything, they're worse.* As coisas não melhoraram. Pelo contrário, pioraram.

**any•time** [ˈɛnitaɪm] *adv.* **1** a qualquer momento/hora **2 not ... anytime soon** não ... tão cedo

**any•way** [ˈɛniweɪ] *adv.* **1** mesmo assim **2** de qualquer jeito **3** em todo caso **4** seja como for **5** enfim

**any•where** [ˈɛniwɛr] *adv.* 1 em/para qualquer lugar 2 (em frases negativas) em/para lugar nenhum 3 (em perguntas) em/para algum lugar 4 onde quer que 5 **anywhere else** a em/para qualquer outro lugar b em/para nenhum outro lugar c em/para outro lugar 6 **anywhere you like** onde você quiser 7 **not ... anywhere near sth** longe de algo

**apart** [əˈpɑrt] *adv.* 1 afastado(s), separado(s) (***from*** *de*) 2 **apart from sth/sb** a além de algo/alguém b tirando algo/alguém 3 **how far apart?** a que distância um do outro?: *How far apart are London and Paris?* Qual a distância entre Londres e Paris? 4 **two meters etc. apart** a dois metros um do outro / *adj.* 1 separado(s) (***from*** *de*) 2 **with your feet apart** com os pés afastados

▸ O advérbio ***apart*** ocorre como segundo elemento de alguns *phrasal verbs*, p.ex., ***to come apart, to fall apart, to take apart*** etc. Procure o significado de tais combinações no verbete do respectivo verbo, p.ex., ***come, fall, take.***

**apart•ment** [əˈpɑrtmənt] *s.* apartamento: *an apartment building* um prédio de apartamentos

**apa•thet•ic** [æpəˈθɛtɪk] *adj.* apático

**apa•thy** [ˈæpəθi] *s.* apatia

**ape** [eɪp] *s.* macaco [antropoide] / *v.* macaquear

**apiece** [əˈpis] *adv.* cada

**apolo•getic** [əpɑləˈdʒɛtɪk] *adj.* 1 pedindo desculpas [carta] 2 de desculpas [tom, sorriso] 3 **to be apologetic** pedir desculpas (***about*** *por*)

**apolo•geti•cal•ly** [əpɑləˈdʒɛtɪkli] *adv.* em tom de desculpas

**apolo•gize**, BRIT tb: **-gise** [əˈpɑlədʒaɪz] *v.* 1 pedir desculpas (***for*** *por*, ***to*** *a*) 2 **to apologize for doing sth** pedir desculpas por ter feito algo

**apol•ogy** [əˈpɑlədʒi] *s.* [*pl* **apologies**] 1 pedido de desculpas (***for*** *por*, ***from*** *de*, ***to*** *a*) 2 **my apologies** FORM: *My apologies for not replying sooner.* Peço desculpas pela demora em responder. 3 **to owe sb an apology** dever pedir desculpas a alguém 4 **to send your apologies** mandar desculpas

**apos•tle** [əˈpɑsəl] *s.* apóstolo

**apos•tro•phe** [əˈpɑstrəfi] *s.* apóstrofo

**ap•pall**, BRIT: **appal** [əˈpɔl] *v.* horrorizar

**ap•palled** [əˈpɔld] *adj.* horrorizado (***at/by*** *com*)

**ap•pall•ing** [əˈpɔlɪŋ] *adj.* 1 terrível 2 péssimo

**ap•pa•rat•us** [æpəˈrætəs] *s.* 1 aparelhagem 2 aparelho

**ap•par•ent** [əˈpærənt] *adj.* 1 aparente 2 evidente

**ap•par•ent•ly** [əˈpærəntli] *adv.* aparentemente, pelo jeito

**ap•peal** [əˈpil] *s.* 1 apelo (***for*** *por*, ***to*** *a*) 2 recurso [na Justiça] 3 atração, encanto / *v.* 1 recorrer (***against*** *de*) 2 **to appeal to sb** atrair/agradar a alguém 3 **to appeal (to sb) for sth** fazer um apelo (a alguém) por algo

**ap•peal•ing** [əˈpilɪŋ] *adj.* 1 atraente 2 pidão [olhar, sorriso]

**ap•pear** [əˈpɪr] *v.* 1 parecer: *He appeared worried.* Ele parecia preocupado. | *We tried to appear calm.* Tentamos aparentar calma. | *It appears that we were right.* Parece que tínhamos razão. 2 aparecer, surgir 3 sair [no jornal, na TV] 4 atuar, trabalhar [em filme, peça] 5 comparecer 6 **to appear to be/do sth** parecer ser/fazer algo: *There appears to have been a misunderstanding.* Parece que houve um mal-entendido.

**ap•pear•ance** [əˈpɪrəns] *s.* 1 aparência, aspecto 2 aparecimento, surgimento 3 atuação, apresentação [de famoso] 4 comparecimento 5 **to keep up appearances** manter as aparências 6 **to put in/make an appearance** dar as caras, marcar presença

**ap•pease** [əˈpiz] *v.* FORM aplacar, apaziguar

**ap•pen•di•ces** [əˈpɛndɪsiz] *spl.* ▸ *pl de* APPENDIX

**ap•pen•di•ci•tis** [əpɛndəˈsaɪtəs] *s.* apendicite

**ap•pen•dix** [əˈpɛndɪks] *s.* apêndice

▸ Referindo-se à parte do corpo, usa-se o plural regular ***appendixes***; quando se trata dos anexos de um livro, usa-se o plural irregular ***appendices***.

**ap•pe•tite** [ˈæpətaɪt] *s.* 1 apetite 2 fome, desejo (*for de*) 3 **to give sb an appetite** abrir o apetite de alguém 4 **to lose your appetite** perder o apetite 5 **to work up an appetite** abrir o apetite

**ap•pe•tiz•er**, BRIT tb: **-tiser** [ˈæpətaɪzər] *s.* AM entrada [prato]

**ap•pe•tiz•ing**, BRIT tb: **-tising** [ˈæpətaɪzɪŋ] *adj.* apetitoso

**ap•plaud** [əˈplɔd] *v.* aplaudir

**ap•plause** [əˈplɔz] *s.* aplausos: *a round of applause* um aplauso

**ap•ple** [ˈæpəl] *s.* maçã: *apple pie* torta de maçã | *an apple tree* uma macieira

**ap•pli•ance** [əˈplaɪəns] *s.* 1 aparelho 2 **domestic/electrical appliance** eletrodoméstico

**ap•pli•cable** [əˈplɪkəbəl] *adj.* 1 aplicável (*to a*) 2 **to be applicable to sb/sth** aplicar-se a alguém/algo 3 **if/where applicable** se for pertinente

**ap•pli•cant** [ˈæplɪkənt] *s.* 1 candidato (*for a*) 2 requerente (*for de*)

**ap•pli•ca•tion** [æplɪˈkeɪʃən] *s.* 1 requerimento, pedido (*for de*): *job applications* pedidos de emprego 2 candidatura (*for a*) 3 aplicação 4 aplicativo

**ap•pli•ca•tion form** [æplɪˈkeɪʃən fɔrm] *s.* 1 ficha de inscrição 2 requerimento

**ap•ply** [əˈplaɪ] *v.* [*ps e pp* **applied**] 1 aplicar (-se) (*to a*) 2 acionar [freios] 3 **to apply for sth** ⓐ candidatar-se a algo ⓑ requerer/pedir algo 4 **to apply pressure (to sth/sb)** pressionar (algo/alguém) 5 **to apply to sth** ⓐ aplicar-se a algo ⓑ pleitear uma vaga em algo [faculdade] 6 **to apply yourself** aplicar-se, esforçar-se

**ap•point** [əˈpɔɪnt] *v.* 1 nomear 2 **the appointed time** a hora marcada 3 **to appoint sb (as) sth** nomear alguém algo 4 **to appoint sb to sth** nomear alguém para algo [cargo]

**ap•point•ment** [əˈpɔɪntmənt] *s.* 1 compromisso 2 consulta [médica] 3 hora marcada 4 nomeação (*as como, to para*) 5 **by appointment** ⓐ com hora marcada ⓑ fornecedor da Casa Real 6 **to make/schedule an appointment** ⓐ marcar hora ⓑ agendar uma consulta

**ap•point•ment book** [əˈpɔɪntmənt bʊk] *s.* AM agenda

**ap•prais•al** [əˈpreɪzəl] *s.* avaliação

**ap•praise** [əˈpreɪz] *v.* avaliar

**ap•pre•ci•able** [əˈpriʃəbəl] *adj.* perceptível, sensível

**ap•pre•ci•ate** [əˈpriʃieɪt] *v.* 1 reconhecer, compreender 2 valorizar, dar valor a 3 agradecer 4 (saber) apreciar

**ap•pre•cia•tion** [əpriʃiˈeɪʃən] *s.* 1 gratidão, reconhecimento 2 compreensão 3 apreciação 4 valorização

**ap•pre•cia•tive** [əˈpriʃətɪv] *adj.* 1 receptivo [público] 2 de aprovação [aplausos]

**ap•pre•hen•sion** [æprɪˈhɛnʃən] *s.* apreensão

**ap•pre•hen•sive** [æprɪˈhɛnsɪv] *adj.* apreensivo (*about com*)

**ap•pren•tice** [əˈprɛntɪs] *s.* aprendiz: *an apprentice welder* um aprendiz de soldador

**ap•pren•tice•ship** [əˈprɛntɪsʃɪp] *s.* aprendizado

**ap•proach** [əˈproʊtʃ] *v.* 1 aproximar-se (de) 2 procurar [pessoa com pedido ou proposta] 3 abordar [problema] 4 beirar [valor] / *s.* 1 abordagem (*to para*) 2 investida (*to em*), pedido (*to a*): *The player has already had approaches from Europe.* O jogador já recebeu investidas da Europa. 3 aproximação 4 acesso (*to a*): *an approach road* uma via de acesso

**ap•proach•able** [əˈproʊtʃəbəl] *adj.* acessível

**ap•pro•pri•ate** *adj.* [əˈproʊpriət] 1 adequado, apropriado 2 conveniente, cabível 3 **as appropriate** conforme o caso / *v.* [əˈproʊprieɪt] 1 apropriar-se de 2 alocar

**ap•prov•al** [əˈpruvəl] *s.* 1 aval 2 aprovação 3 **to give sth your approval/give your approval for sth** dar seu aval a algo

**ap•prove** [əˈpruv] *v.* 1 aprovar 2 **to approve of sth/sb** aprovar algo/alguém

**ap•pro•ving** [əˈpruvɪŋ] *adj.* de aprovação [olhar, gesto]

**ap•proxi•mate** *adj.* [ə'praksəmət] aproximado / *v.* [ə'praksəmeɪt] 1 aproximar 2 **to approximate to sth** FORM chegar perto de algo [valor]
**ap•proxi•mate•ly** [ə'praksəmətli] *adv.* aproximadamente
**ap•proxi•ma•tion** [əpraksə'meɪʃən] *s.* valor aproximado, estimativa
**apri•cot** ['eɪprɪkat] *s.* damasco: *an apricot tree* um damasqueiro
**April** ['eɪprəl] *s.* abril
**April fool** [ˌeɪprəl'ful] *s.* brincadeira de primeiro de abril
**apron** ['eɪprən] *s.* avental
**apt** [æpt] *adj.* 1 apropriado 2 **to be apt to do sth** ter a tendência de fazer algo
**ap•ti•tude** ['æptətud] *s.* aptidão (***for*** *para*)
**aquar•ium** [ə'kwɛriəm] *s.* aquário
**Aquar•ius** [ə'kwɛriəs] *s.* 1 Aquário [signo] 2 aquariano
**Arab** ['ærəb] *adj, s.* árabe
**Ara•bic** ['ærəbɪk] *s, adj.* árabe
**ar•able** ['ærəbəl] *adj.* cultivável
**ar•bi•trary** [arbə'trɛri, *Brit:* 'arbɪtrəri] *adj.* arbitrário
**ar•bi•trate** ['arbətreɪt] *v.* FORM arbitrar
**arc** [ark] *s.* arco
**ar•cade** [ar'keɪd] *s.* 1 galeria [de lojas] 2 fliperama
**arch** [artʃ] *s.* arco / *v.* arquear
**ar•chaic** [ar'keɪɪk] *adj.* arcaico
**arch•bishop** [artʃ'bɪʃəp] *s.* arcebispo
**arch•enemy** [artʃ'ɛnəmi] *s.* [*pl* **arch-enemies**] arqui-inimigo
**ar•che•olo•gist**, BRIT: **ar•chae•olo•gist** [arki'alədʒɪst] *s.* arqueologista
**ar•che•ol•ogy**, BRIT: **ar•chae•ol•ogy** [arki'alədʒi] *s.* arqueologia
**arch•er** ['artʃər] *s.* arqueiro
**ar•chery** ['artʃəri] *s.* tiro com arco
**archi•pela•go** [arkə'pɛləgoʊ] *s.* arquipélago
**archi•tect** ['arkətɛkt] *s.* arquiteto
**archi•tec•tur•al** [arkə'tɛktʃərəl] *adj.* arquitetônico
**archi•tec•ture** ['arkətɛktʃər] *s.* arquitetura
**ar•chive** ['arkaɪv] *s.* arquivo
**arch•way** ['artʃweɪ] *s.* arcada
**Arc•tic** ['arktɪk] *adj.* ártico / *s.* **the Arctic** o Ártico
▸ No sentido de *muito frio*, escreve-se com minúscula.
**ar•dent** ['ardənt] *adj.* ardoroso, fervoroso
**ar•du•ous** ['ardʒuəs] *adj.* árduo
**are** [ər, ar] *v.* ▸ *2ª pessoa do singular e todas as pessoas do plural do verbo* BE
**area** ['ɛriə] *s.* área
**area code** ['ɛriə koʊd] *s.* código de área, DDD
**arena** [ə'rinə] *s.* arena
**aren't** *contr.* 1 ▸ = ARE NOT 2 ▸ usado como interrogativa negativa de I am: *I'm right, aren't I?* Estou certo, não estou?
**Ar•gen•tina** [ardʒən'tinə] *s.* Argentina
**Ar•gen•tin•ian** [ardʒən'tɪniən] *adj, s.* argentino
**ar•gu•able** ['argjuəbəl] *adj.* 1 discutível 2 **it is arguable that** tem fundamento a afirmação de que
**ar•gu•ably** ['argjuəbli] *adv.* possivelmente
**ar•gue** ['argju] *v.* 1 discutir, brigar (***about/over*** *sobre*, ***with*** *com*) 2 argumentar (***against*** *contra*, ***for*** *a favor de*)
**ar•gu•ment** ['argjumənt] *s.* 1 discussão, briga (***about/over*** *sobre*, ***with*** *com*) 2 argumento (***against*** *contra*, ***for*** *a favor de*)
**ar•gu•men•ta•tive** [argjə'mɛntətɪv] *adj.* briguento
**arid** ['ærɪd] *adj.* árido
**Aries** ['ɛriz] *s.* 1 Áries [signo] 2 ariano
**arise** [ə'raɪz] *v.* [*pt, pp* **arose, arisen**] 1 surgir 2 **should the need arise** se houver necessidade 3 **to arise from sth** resultar de algo
**ar•is•toc•ra•cy** [ærə'stakrəsi] *s.* [*pl* **aristocracies**] aristocracia
**aris•to•crat** [ə'rɪstəkræt, *Brit:* 'ærɪstəkræt] *s.* aristocrata
**aris•to•crat•ic** [ərɪstə'krætɪk] *adj.* aristocrático
**arith•me•tic** [ə'rɪθmətɪk] *s.* aritmética

**arm** [ɑrm] *s.* 1 braço 2 manga [de roupa] 3 **arms** armamentos: *an arms race* uma corrida armamentista 4 **arm in arm** de braço dado (***with*** *com*) 5 **to be up in arms** estar em pé de guerra 6 **to cross/fold your arms** cruzar os braços / *v.* armar(-se)

**ar•ma•dil•lo** [ɑrmə'dɪloʊ] *s.* tatu

**ar•ma•ments** ['ɑrməmənts] *s.* armamentos

**arm•chair** ['ɑrmtʃɛr] *s.* poltrona

**armed** ['ɑrmd] *adj.* 1 armado: *the armed forces* as forças armadas | *armed robbery* assalto à mão armada 2 **armed with sth** munido de algo

**arm•ful** *s.* braçada [quantidade]

**arm•hole** ['ɑrmhoʊl] *s.* cava da manga

**ar•mor**, BRIT: **ar•mour** ['ɑrmər] *s.* 1 armadura: *a suit of armor* uma armadura 2 blindagem

**ar•mored**, BRIT: **ar•moured** ['ɑrmərd] *adj.* blindado

**arm•pit** ['ɑrmpɪt] *s.* axila, sovaco

**army** ['ɑrmi] *s.* [*pl* **armies**] 1 exército 2 **to join the army** entrar para o exército

**aro•ma** [ə'roʊmə] *s.* aroma

**arose** [ə'roʊz] *v.* ▸ *ps de* ARISE

**around** [ə'raʊnd] *prep.* 1 em volta de: *There's a fence around the yard.* Há uma cerca em volta do quintal. 2 por volta de: *I'll see you around 8.00.* Eu te vejo por volta das 8h00. 3 (tb **around about**) em torno de, cerca de: *around 200 people* cerca de 200 pessoas 4 por: *She went around the house dusting.* Ela andou pela casa tirando o pó. 5 **around here/there** por aqui/lá / *adv.* 1 em volta: *The children sat around listening to the story.* As crianças ficaram sentadas em volta ouvindo a história. 2 para lá e para cá, para cima e para baixo: *I've been rushing around all day.* Ando correndo para cima e para baixo o dia inteiro. 3 por aí: *There are a lot of dishonest people around.* Tem muita gente desonesta por aí. 4 por perto: *Don't mention the subject when Sue's around.* Não toque no assunto quando a Sue estiver por perto. 5 **all around (us/you etc.)** por todos os lados

▸ O advérbio ***around*** ocorre como segundo elemento de muitos *phrasal verbs*, p.ex., ***to come around, to get around, to play around*** etc. Procure o significado de tais combinações no verbete do respectivo verbo, p.ex., ***come, get, play***.

**around-the-clock** [əˌraʊnd ðə'klɑk] *adj.* 24 horas [atendimento]

**arouse** [ə'raʊz] *v.* 1 despertar [interesse, suspeitas] 2 excitar

**ar•range** [ə'reɪndʒ] *v.* 1 marcar [encontro, hora etc.] 2 combinar: *as arranged* conforme combinado 3 organizar 4 dispor, arrumar 5 arranjar [música] 6 **to arrange for sb/sth to do sth** providenciar que alguém/algo faça algo 7 **to arrange (for) sth** providenciar algo 8 **to arrange to do sth** combinar de fazer algo

**ar•range•ment** [ə'reɪndʒmənt] *s.* 1 combinação, acordo 2 disposição [de objetos etc.] 3 (tb **arrangements**) esquema 4 arranjo [de música, flores] 5 **arrangements** **a** preparativos (***for*** *para*) **b** providências (***for*** *para*) 6 **to make arrangements** tomar providências

**ar•ray** [ə'reɪ] *s.* 1 leque, gama 2 coleção

**ar•rears** [ə'rirz] *spl.* 1 atrasados [dívidas] 2 **to be in arrears with sth** estar com algo atrasado: *They're two months in arrears with the rent.* Eles estão com o aluguel atrasado há dois meses.

**ar•rest** [ə'rɛst] *v.* 1 prender [suspeito] 2 FORM retardar 3 sofrer uma parada cardíaca 4 **to arrest sb for (doing) sth** prender alguém por (ter feito) algo / *s.* 1 prisão: *an arrest warrant* um mandado de prisão 2 **cardiac arrest** parada cardíaca 3 **to be under arrest** estar preso 4 **to make an arrest** prender um suspeito

**ar•ri•val** [ə'raɪvəl] *s.* 1 chegada 2 **arrivals** desembarque [setor do aeroporto]: *the arrivals lobby* o saguão de desembarque 3 **a new/recent arrival** **a** um recém-chegado **b** uma novidade [produto]

**ar•rive** [ə'raɪv] *v.* chegar (***at/in*** *em/a*)

**ar•ro•gance** [ˈærəgəns] *s.* arrogância
**ar•ro•gant** [ˈærəgənt] *adj.* arrogante
**ar•row** [ˈæroʊ] *s.* 1 flecha 2 seta
**arse** [ɑ:s] *s.* BRIT GÍR ver **ass**
**ar•son** [ˈɑrsən] *s.* incêndio criminoso
**art** *s.* 1 arte 2 **arts** Humanas 3 **the arts** a cultura
**ar•tery** [ˈɑrtəri] *s.* [*pl* **arteries**] artéria
**art gal•lery** [ˈɑrtˌgæləri] *s.* [*pl* **galleries**] 1 museu de belas-artes 2 galeria de arte
**ar•thri•tis** [ɑrˈθraɪtɪs] *s.* artrite
**ar•ti•choke** [ˈɑrtɪtʃoʊk] *s.* alcachofra
**ar•ti•cle** [ˈɑrtɪkəl] *s.* 1 artigo 2 **an article of clothing** uma peça de roupa
**ar•ticu•late** *adj.* [ɑrˈtɪkjələt] que fala com desenvoltura / *v.* [ɑrˈtɪkjəleɪt] 1 expressar em palavras 2 articular
**ar•ti•fi•cial** [ɑrtəˈfɪʃəl] *adj.* artificial
**ar•til•lery** [ɑrˈtɪləri] *s.* artilharia
**ar•ti•san** [ˈɑrtəzən, ˈɑtəzæn] *s.* artesão
**art•ist** [ˈɑrtɪst] *s.* 1 artista 2 artista plástico
**ar•tis•tic** [ɑrˈtɪstɪk] *adj.* artístico
**art•work** [ˈɑrtwɜrk] *s.* 1 obra de arte 2 arte--final
**as** [æz] *adv.* 1 **as … as** tão … quanto: *My kid brother is as tall as me.* Meu irmão mais novo é tão alto quanto eu. | *It didn't cost as much as I expected.* Não custou tanto quanto eu esperava. 2 **as … as possible** o mais … possível: *as soon as possible* o mais rápido possível 3 **just as** do mesmo jeito, tão … quanto: *This cheap shampoo is just as good.* Esse xampu barato é bom do mesmo jeito. / *prep.* 1 como: *She works as a waitress.* Ela trabalha como garçonete. | *He's regarded as a national hero.* Ele é considerado um herói nacional. 2 quando: *He read a lot as a child.* Ele lia muito quando criança. 3 **the same as** o mesmo que / *conj.* 1 como: *as I explained before* como expliquei antes | *As it was raining, the game was canceled.* Como chovia, o jogo foi cancelado. 2 na hora que, quando: *It started to snow as I was coming home.* Começou a nevar na hora que eu estava voltando para casa. 3 enquanto: *She was shaking as she spoke.* Ela tremia enquanto falava. 4 à medida que, conforme: *As we get older, we need less sleep.* À medida que vamos envelhecendo, precisamos de menos sono. 5 por mais: *Try as they might, they couldn't get the door open.* Por mais que tentassem, não conseguiram abrir a porta. | *As incredible as it may seem, no one was injured.* Por incrível que pareça, ninguém ficou ferido. 6 **as … as** tão … quanto: *I didn't eat as much as you did.* Não comi tanto quanto você. | *You can stay as long as you want.* Você pode ficar o tempo que quiser. 7 **as for sb/sth** quanto a alguém/algo 8 **as from/of sth** a partir de algo 9 **as if/though** como se 10 **as it is** **a** desse jeito, do jeito que está **b** já: *Don't open the window! It's freezing in here as it is!* Não abra a janela! Já está um gelo aqui dentro! 11 **as it were** por assim dizer 12 **as to sth** quanto a algo 13 **just as** **a** exatamente como **b** no (exato) momento em que
**asap, ASAP** [eɪ ɛs eɪˈpi] *abrev.* (= as soon as possible) quanto antes
**as•bes•tos** [æsˈbɛstəs] *s.* amianto
**as•cend** [əˈsɛnd] *v.* FORM subir: *in ascending order* em ordem ascendente
**as•cent** [əˈsɛnt] *s.* 1 escalada 2 subida 3 ascensão (*to a*)
**as•cer•tain** [æsərˈteɪn] *v.* FORM averiguar, apurar
**as•cribe** [əˈskraɪb] *v.* FORM atribuir (*to a*)
**ash** [æʃ] *s.* 1 cinza 2 (tb **ash tree**) freixo
**ashamed** [əˈʃeɪmd] *s.* 1 envergonhado (*of de*) 2 **to be ashamed of sth/sb** ter vergonha de algo/alguém 3 **to be ashamed of yourself** ter vergonha, envergonhar-se 4 **to be ashamed to do sth** ter vergonha de fazer algo
**ashore** [əˈʃɔr] *adv.* 1 em terra (firme) 2 **to go ashore** ir em terra
**ash•tray** [ˈæʃtreɪ] *s.* cinzeiro
**Asia** [ˈeɪʒə] *s.* Ásia
**Asian** [ˈeɪʒən] *adj, s.* asiático

▸ Nos EUA, o termo ***Asian*** é usado para denotar principalmente imigrantes originários do leste asiático (chineses, coreanos e japoneses), enquanto, na Inglaterra, denota os originários do subcontinente indiano, ou seja, indianos, paquistaneses e bangladeshianos.

**aside** [ə'saɪd] *adv.* 1 de lado 2 à parte: *joking aside* brincadeiras à parte 3 **aside from sth/sb** ◼a além de algo/alguém ◼b tirando algo/alguém 4 **to leave sth aside** deixar algo de lado 5 **to move/step aside** pôr-se de lado 6 **to put/set sth aside** ◼a pôr algo de lado, reservar/guardar algo ◼b deixar algo de lado 7 **to take sb aside** chamar/puxar alguém de lado / *s.* aparte

**ask** [æsk] *v.* 1 perguntar (a) (***about*** *sobre/por*) 2 pedir (a) 3 chamar, convidar (***to*** *para*): *Who are you asking to the party?* Quem você vai chamar para a festa? 4 **to ask after sb** BRIT perguntar por alguém 5 **to ask for sb** pedir para falar com alguém 6 **to ask (sb) a question** fazer uma pergunta (a alguém) 7 **to ask (sb) for sth** pedir algo (a alguém) 8 **to ask sb sth** perguntar algo a alguém: *I asked the teacher when we had to turn in the assignment.* Perguntei ao professor quando tínhamos que entregar o trabalho. 9 **to ask sb to do sth** pedir a alguém para fazer algo 10 **to ask to do sth** pedir para fazer algo 11 **to ask yourself sth** perguntar-se algo 12 **to be asking for it** FAM estar pedindo 13 **to be asking for trouble** estar procurando encrenca 14 **don't ask!** FAM nem fala! 15 **don't ask me** FAM sei lá 16 **if you ask me** FAM para mim, na minha opinião

**ask around** perguntar por aí [a várias pessoas]

**ask in: to ask sb in** convidar alguém para entrar, mandar alguém entrar

**ask out: to ask sb out** chamar alguém para sair

▸ Observe que é incorreto dizer *ask to sb* em inglês.

**asleep** [ə'slip] *adv.* 1 dormindo 2 **fast/sound asleep** dormindo profundamente 3 **half asleep** caindo de sono, sonado 4 **to fall asleep** dormir [adormecer]

**as•para•gus** [ə'spærəgəs] *s.* aspargo

**as•pect** ['æspɛkt] *s.* aspecto

**as•phalt** ['æsfɔlt] *s.* asfalto

**as•phyxi•ate** [ə'sfɪksieɪt] *v.* asfixiar

**as•pi•ra•tion** [æspə'reɪʃən] *s.* aspiração

**as•pire** [ə'spaɪr] *v.* **to aspire to sth** aspirar a algo

**as•pi•rin** ['æsprɪn] *s.* aspirina

**as•pir•ing** [ə'spaɪrɪŋ] *adj.* **an aspiring artist etc.** um aspirante a artista etc.

**ass** [æs] *s.* AM GÍR 1 bunda, rabo 2 babaca 3 **to make an ass of yourself** fazer um papelão

**as•sail•ant** [ə'seɪlənt] *s.* FORM agressor

**as•sas•sin** [ə'sæsən] *s.* 1 assassino [de político] 2 matador [de aluguel]

**as•sas•si•nate** [ə'sæsəneɪt] *s.* assassinar [político etc.]

**as•sas•si•na•tion** [əsæsə'neɪʃən] *s.* assassinato [de político etc.]: *an assassination attempt* um atentado

**as•sault** [ə'sɔlt] *s.* 1 ataque (***on*** *a*) 2 agressão / *v.* agredir

**as•sem•ble** [ə'sɛmbəl] *v.* 1 reunir(-se) 2 montar

**as•sem•bly** [ə'sɛmbli] *s.* [*pl* **assemblies**] 1 assembleia 2 montagem: *an assembly plant* uma montadora 3 (tb **school assembly**) reunião diária ou semanal de todos os alunos e professores de uma escola

**as•sem•bly line** [ə'sɛmbli laɪn] *s.* linha de montagem

**as•sert** [ə'sɜrt] *v.* 1 impor [autoridade] 2 afirmar, asseverar 3 **to assert yourself** impor-se

**as•ser•tion** [ə'sɜrʃən] *s.* afirmação

**as•ser•tive** [ə'sɜrtɪv] *adj.* assertivo

**as•ser•tive•ness** [ə'sɜrtɪvnəs] *s.* assertividade

**as•sess** [ə'sɛs] *v.* avaliar

**as•sess•ment** [ə'sɛsmənt] *s.* avaliação

**as•set** ['æsɛt] *s.* 1 vantagem, trunfo 2 **assets** ◼a ativos [de empresa] ◼b bens, patrimônio 3 **sb is an asset to sth** alguém é valioso para algo

**ass•hole** ['æshoʊl] *s.* AM GÍR babaca

**as•sign** [ə'saɪn] *v.* 1 atribuir, designar (*to a*) 2 **to be assigned sth** ter algo atribuído/designado 3 **to assign sb sth** atribuir/designar algo a alguém 4 **to assign sb to (do) sth** designar alguém para (fazer) algo

**as•sign•ment** [ə'saɪnmənt] *s.* 1 trabalho [escolar] 2 missão 3 atribuição, designação

**as•simi•late** [ə'sɪməleɪt] *v.* 1 assimilar [informações] 2 integrar-se, assimilar-se

**as•sist** [ə'sɪst] *v.* FORM auxiliar, ajudar

**as•sis•tance** [ə'sɪstəns] *s.* 1 auxílio, ajuda 2 assistência

**as•sis•tant** [ə'sɪstənt] *s, adj.* 1 assistente 2 BRIT vendedor

**as•so•ci•ate** *v.* [ə'soʊʃieɪt] 1 associar (*with a/com*) 2 **to associate with sb** relacionar-se com alguém 3 **to be associated with sth** estar ligado a algo / *s.* [ə'soʊʃiət] parceiro, contato: *a business associate* um parceiro de negócios

**as•so•cia•tion** [əsoʊʃi'eɪʃən] *s.* 1 associação 2 ligação (*with com*) 3 **in association with sb/sth** em parceria com alguém/algo

**as•sort•ed** [ə'sɔrtɪd] *adj.* sortido, variado

**as•sort•ment** [ə'sɔrtmənt] *s.* 1 sortimento, variedade 2 coleção [de coisas diversas]

**as•sume** [ə'sum] *v.* 1 supor, imaginar: *Let's assume they're telling the truth.* Vamos supor que eles estejam falando a verdade. 2 assumir [controle, ar etc.] 3 **assuming (that) ...** supondo que ... 4 **an assumed name** um nome falso

**as•sump•tion** [ə'sʌmpʃən] *s.* 1 suposição 2 **on the assumption that** na suposição de que 3 **to make an assumption** fazer uma suposição

**as•sur•ance** [ə'ʃʊrəns] *s.* 1 garantia 2 segurança [confiança] 3 **to get/give an assurance that** ter/dar uma garantia de que

**as•sure** [ə'ʃʊr] *v.* 1 garantir 2 **to assure sb of sth/that ...** assegurar/garantir a alguém algo/que ...: *I assure you I had no idea.* Eu te garanto que não sabia de nada. 3 **to assure sb (of) sth** garantir algo a alguém: *A win would assure Brazil of a place in the next round.* Uma vitória garantiria ao Brasil uma vaga na próxima fase. 4 **you can rest assured (that) ...** você pode ter certeza de que ...

**as•sured** [ə'ʃʊrd] *adj.* 1 garantido 2 seguro de si 3 **to be assured of sth** ter algo garantido

**as•ter•isk** ['æstərɪsk] *s.* asterisco

**asth•ma** ['æzmə] *s.* asma

**asth•mat•ic** [æz'mætɪk] *s, adj.* asmático

**aston•ish** [ə'stɑnɪʃ] *v.* espantar, deixar pasmo

**aston•ished** [ə'stɑnɪʃt] *adj.* pasmo, espantado

**aston•ish•ing** [ə'stɑnɪʃɪŋ] *adj.* espantoso, extraordinário

**aston•ish•ment** [ə'stɑnɪʃmənt] *s.* espanto

**astound** [ə'staʊnd] *v.* assombrar

**astound•ed** [ə'staʊndɪd] *adj.* estupefato, pasmo

**astound•ing** [ə'staʊndɪŋ] *adj.* assombroso, chocante

**astray** [ə'streɪ] *adv.* 1 **to go astray** extraviar-se 2 **to lead sb astray** levar alguém para o mau caminho

**astride** [ə'straɪd] *adv, prep.* a cavalo/montado (em)

**as•trol•ogy** [ə'strɑlədʒi] *s.* astrologia

**as•tro•naut** ['æstrənɔt] *s.* astronauta

**as•trono•mer** [ə'strɑnəmər] *s.* astrônomo

**as•tro•nomi•cal** [æstrə'nɑmɪkəl] *adj.* astronômico

**as•trono•my** [ə'strɑnəmi] *s.* astronomia

**as•tute** [ə'stut] *adj.* perspicaz, esperto

**asy•lum** [ə'saɪləm] *s.* 1 asilo: *an asylum seeker* um requerente de asilo 2 manicômio

**at** [æt] *prep.* 1 em: *at the end of the street* no final da rua | *at the airport* no aeroporto | *There's someone at the door.* Tem alguém na porta. | *We all met up at Tim's.* O pessoal todo se reuniu na casa do Tim. | *What are you doing at Carnival?* O que você vai fazer no Carnaval? 2 a: *She was sitting at the table.* Ela estava sentada à mesa. | *at* *ten o'clock* às dez horas | *at night* à noite | *The truck was going at 140 kph.* O caminhão andava a 140 km/h. | *apples at R$5 a kilo* maçã a R$5,00 o quilo | *She graduated at 22.* Ela se formou aos 22 anos. **3** para: *She smiled at me.* Ela sorriu para mim. **4 at best/most** quando muito **5 at your/its best/worst etc.** no seu melhor/pior etc. momento **6 good/bad etc. at (doing) sth** bom/ruim etc. em (fazer) algo **7 sb is at it again** FAM lá vai alguém de novo: *He's at it again, sticking his nose in.* Lá vai ele de novo, metendo o bedelho. **8 while I'm/you're etc. at it** FAM enquanto estou/você está etc. com as mãos na massa

**athe•ism** [ˈeɪθiɪzm] *s.* ateísmo

**athe•ist** [ˈeɪθiɪst] *s, adj.* ateu

**ath•lete** [ˈæθlit] *s.* atleta

**ath•let•ic** [æθˈlɛtɪk] *adj.* atlético

**ath•let•ics** [æθˈlɛtɪks] *s.* BRIT atletismo

**At•lan•tic** [ətˈlæntɪk] *s.* Atlântico / *adj.* atlântico

**at•las** [ˈætləs] *s.* atlas

**ATM** [eɪ tiˈɛm] *s.* caixa eletrônico

**at•mos•phere** [ˈætməsfɪr] *s.* **1** atmosfera **2** ambiente **3** clima

**at•mos•pher•ic** [ætməsˈfɛrɪk] *adj.* **1** atmosférico **2** sugestivo [música, decoração]

**atom** [ˈætəm] *s.* átomo

**atom•ic** [əˈtɑmɪk] *adj.* atômico

**atro•cious** [əˈtroʊʃəs] *adj.* péssimo, horrível

**atroc•ity** [əˈtrɑsəti] *s.* [*pl* **atrocities**] atrocidade

**at•tach** [əˈtætʃ] *v.* **1** prender (***to*** *a/em*) **2** colar (***to*** *em*) **3** anexar (***to*** *a*) **4 to attach importance to sth** dar importância a algo

**at•tached** [əˈtætʃt] *adj.* **1** anexo: *Attached some pictures of my family.* Seguem anexas algumas fotos da minha família. **2** apegado (***to*** *a*) **3 to become/get attached to sb/sth** apegar-se a alguém/algo

**at•tach•ment** [əˈtætʃmənt] *s.* **1** anexo [em e-mail] **2** acessório **3** apego (***to*** *a*)

**at•tack** [əˈtæk] *s.* **1** ataque (***on*** *a*) **2** agressão (***on*** *a*) **3** acesso, crise: *a panic attack* uma crise de pânico **4 to be/come under attack** ser atacado (***from*** *por*) / *v.* **1** atacar **2** agredir

**at•tack•er** [əˈtækər] *s.* **1** agressor **2** atacante

**at•tain** [əˈteɪn] *v.* FORM **1** alcançar **2** chegar a

**at•tain•able** [əˈteɪnəbəl] *adj.* FORM alcançável

**at•tain•ment** [əˈteɪnmənt] *s.* FORM realização, consecução

**at•tempt** [əˈtɛmpt] *v.* **1** tentativa (***at*** *de*): *at the first attempt* na primeira tentativa **2 an attempt on sb's life** um atentado a alguém, uma tentativa de matar alguém **3 attempt to do sth/at doing sth** tentativa de fazer algo / *v.* **1** tentar **2 attempted murder/robbery etc.** tentativa de assassinato/assalto etc. **3 to attempt to do sth** tentar fazer algo

**at•tend** [əˈtɛnd] *v.* **1** assistir a, estar presente em [reunião etc.] **2** prestigiar [evento] **3** frequentar [escola, igreja] **4** tratar [doente] **5 to attend to sb** atender alguém **6 to attend to sth** tratar de/resolver algo

**at•tend•ance** [əˈtɛndəns] *s.* **1** número de presentes (***at*** *em*) **2** frequência [escolar] **3** presença, comparecimento (***at*** *em*) **4 in attendance** presente

**at•tend•ant** [əˈtɛndənt] *s.* **1** atendente **2** frentista / *adj.* FORM concomitante

**at•ten•tion** [əˈtɛnʃən] *s.* **1** atenção **2 the center/focus of attention** o centro/foco das atenções **3 to attract/catch/get sb's attention** chamar a atenção de alguém **4 to call/draw attention to sth** chamar atenção para algo **5 to pay attention** prestar atenção (***to*** *a*) **6 to stand to attention** ficar em posição de sentido

**at•ten•tive** [əˈtɛntɪv] *adj.* **1** atento (***to*** *a*) **2** atencioso

**at•test** [əˈtɛst] *v.* FORM **to attest to sth** atestar algo

**at•tic** [ˈætɪk] *s.* sótão

**at•ti•tude** [ˈætətud] *s.* **1** postura (***to/toward*** *em relação a*) **2** visão (***to*** *sobre*) **3** FAM tom abusado: *Don't give me that attitude!* Não fale comigo nesse tom! **4** FAM atitude [autoconfiança] 5 **to drop/lose the attitude** FAM baixar a bola 6 **to have an attitude problem** ser malcriado

▸ Observe que a palavra inglesa ***attitude*** denota uma forma de pensar, diferentemente da palavra portuguesa *atitude*, que denota uma forma de agir.

**at•tor•ney** [əˈtɜrni] *s.* AM 1 advogado 2 **Attorney General** procurador-geral do Estado

**at•tract** [əˈtrækt] *v.* 1 atrair 2 **to attract (sb's) attention** chamar (a) atenção (de alguém) 3 **to be/feel attracted to sb** sentir atração por alguém

**at•trac•tion** [əˈtrækʃən] *s.* 1 atração (***to*** *por*) 2 atrativo 3 **tourist attraction** ponto turístico

**at•trac•tive** [əˈtræktɪv] *adj.* atraente

**at•trib•ut•able** [əˈtrɪbjətəbəl] *adj.* atribuível (***to*** *a*)

**at•trib•ute** *v.* [əˈtrɪbjut] FORM atribuir (***to*** *a*) / *s.* [ˈætrəbjut] atributo

**atypi•cal** [eɪˈtɪpɪkəl] *adj.* atípico

**auber•gine** [ˈoʊbəʒin] *s.* BRIT berinjela

**auburn** [ˈɔbərn] *adj.* castanho [cabelo]

**auc•tion** [ˈɔkʃən] *s.* leilão / *v.* (tb **auction off**) leiloar

**auc•tion•eer** [ɔkʃəˈnɪr] *s.* leiloeiro

**auda•cious** [ɔˈdeɪʃəs] *adj.* audaz

**audac•ity** [ɔˈdæsəti] *s.* audácia

**audible** [ˈɔdəbəl] *adj.* 1 audível 2 **sth is barely audible** mal dá para ouvir algo (***above/ over*** *com*)

**audi•ence** [ˈɔdiəns] *s.* 1 público: *the target audience* o público-alvo 2 plateia: *a member of the audience* uma pessoa da plateia 3 (tb **live audience**) auditório 4 audiência

**audio•visual** [ɔdioʊˈvɪʒuəl] *adj.* audiovisual

**audit** [ˈɔdɪt] *s.* auditoria / *v.* 1 auditar 2 **to be audited** AM cair na malha fina

**audi•tion** [ɔˈdɪʃən] *s.* teste (***for*** *para*) / *v.* 1 fazer um teste (***for*** *para*) 2 fazer teste com [artista]

**audi•to•rium** [ɔdɪˈtɔriəm] *s.* [*pl* **auditoria/ auditoriums**] auditório

**August** [ˈɔgəst] *s.* agosto

**aunt** [ænt] *s.* tia

**auntie, aunty** [ˈænti] *s.* FAM tia

**aura** [ˈɔrə] *s.* aura

**aus•pi•cious** [ɔˈspɪʃəs] *adj.* FORM auspicioso

**aus•tere** [ɔˈstɪr] *adj.* austero

**aus•ter•ity** [ɔˈstɛrəti] *s.* austeridade

**Aus•tral•ia** [ɔˈstreɪljə] *s.* Austrália

**Aus•tral•ian** [ɔˈstreɪljən] *adj, s.* australiano

**Aus•tria** [ˈɔstriə] *s.* Áustria

**Aus•trian** [ˈɔstriən] *adj, s.* austríaco

**authen•tic** [ɔˈθɛntɪk] *adj.* autêntico

**au•then•tic•ity** [ɔθɛnˈtɪsəti] *s.* autenticidade

**author** [ˈɔθər] *s.* autor

**authori•tar•ian** [ɔθɔrəˈtɛriən] *adj.* autoritário

**authori•ta•tive** [ɔˈθɔrətətɪv] *adj.* 1 conceituado [estudo] 2 de autoridade [voz, ar]

**author•ity** [ɔˈθɔrəti] *s.* [*pl* **authorities**] 1 autoridade (***on*** *em*) 2 **on good authority** de fonte limpa

**authori•za•tion**, BRIT tb: **-sation** [ɔθəraɪˈzeɪʃən] *s.* autorização

**author•ize**, BRIT tb: **-ise** [ˈɔθəraɪz] *v.* 1 autorizar 2 **to be authorized to do sth** estar autorizado a fazer algo

**auto** [ˈɔtoʊ] *s, adj.* automóvel: *the auto industry* a indústria automobilística

**auto•bio•graphi•cal** [ɔtəbaɪəˈgræfikəl] *adj.* autobiográfico

**auto•bi•og•ra•phy** [ɔtəbaɪˈɑgrəfi] *s.* [*pl* **autobiographies**] autobiografia

**auto•graph** [ˈɔtəgrɑf] *s.* autógrafo / *v.* autografar

**auto•mat•ic** [ɔtəˈmætɪk] *adj.* automático / *s.* 1 carro com câmbio automático 2 arma automática

**auto•mati•cal•ly** *adv.* 1 automaticamente 2 sozinho

**auto•ma•tion** [ɔtəˈmeɪʃən] *s.* automação

**auto•mo•bile** [ɔtəməˈbil] *s, adj.* automóvel

**autono•mous** [ɔˈtɑnəməs] *adj.* autônomo

**autono•my** [ɔˈtɑnəmi] *s.* autonomia

**autop•sy** [ˈɔtɑpsi] *s.* [*pl* **autopsies**] autópsia

**autumn** [ˈɔtəm] *s.* outono

**autum•nal** [ɔˈtʌmnəl] *adj.* outonal
**aux•ilia•ry** [ɔgˈzɪləri] *adj, s.* [*pl* **auxiliaries**] auxiliar
**avail** [əˈveɪl] *s.* **to no avail** em vão
**avail•abil•ity** [əveɪləˈbɪləti] *s.* disponibilidade
**avail•able** [əˈveɪləbəl] *adj.* 1 disponível 2 à venda
**ava•lanche** [ˈævəlæntʃ] *s.* 1 avalancha 2 enxurrada [de e-mails etc.]
**avant-garde** [ævɑntˈgɑrd] *adj.* de vanguarda
**avenge** [əˈvɛndʒ] *v.* vingar
**av•enue** [ˈævənu] *s.* 1 avenida 2 caminho, meio
**av•er•age** [ˈævrɪdʒ] *s.* 1 média 2 **above/below average** acima/abaixo da média 3 **on average** em média / *adj.* 1 médio 2 regular, sofrível / *v.* ter/fazer/consumir etc. uma média de: *He averages about 20 hours a week on the Internet.* Ele passa uma média de 20 horas por semana na Internet.
**average out** 1 **to average out at sth** dar uma média de algo 2 **to average sth out** tirar a média de algo
**averse** [əˈvɜrs] *adj.* 1 **averse to sth** FORM avesso a algo 2 **not to be averse to (doing) sth** não ter nada contra (fazer) algo
**aver•sion** [əˈvɜrʒən] *s.* aversão (***to*** *a*)
**avert** [əˈvɜrt] *v.* 1 evitar [tragédia, crise] 2 desviar [olhar]
**avia•tion** [eɪvieɪʃən] *s.* aviação
**avid** [ˈævɪd] *adj.* ávido
**avo•ca•do** [ævəˈkɑdoʊ] *s.* abacate
**avoid** [əˈvɔɪd] *v.* 1 evitar 2 desviar-se de 3 esquivar-se de 4 **to avoid doing sth** evitar fazer algo
**avoid•able** [əˈvɔɪdəbəl] *adj.* evitável
**await** [əˈweɪt] *v.* FORM 1 aguardar 2 estar reservado para, esperar: *What future awaits us?* Que futuro nos espera?
**awake** [əˈweɪk] *adj.* 1 acordado 2 **awake to sth** atento a algo 3 **to keep sb awake** não deixar alguém dormir 4 **to lie awake** ficar acordado, não conseguir dormir: *She would lie awake at night worrying.* Ela passava as noites em claro, preocupada. / *v.* [*ps, pp* **awoke, awoken**] FORM acordar
**awak•en** [əˈweɪkən] *v.* FORM despertar
**awak•en•ing** [əˈweɪkənɪŋ] *s.* despertar
**award** [əˈwɔrd] *s.* 1 prêmio (***for*** *de*) 2 condecoração 3 indenização / *v.* 1 entregar (***to*** *a*) 2 conceder, conferir (***to*** *a/para*) 3 adjudicar (***to*** *a*)
**aware** [əˈwɛr] *adj.* 1 ciente (***of*** *de*) 2 consciente (***of*** *de*) 3 conscientizado: *politically aware* politizado 4 **as far as I'm aware** que eu saiba 5 **not that I'm aware** que eu saiba não 6 **to be/become aware of sth/that ...** **a** saber algo/que ...: *I'm well aware of that.* Sei muito bem disso. **b** sentir algo/que ...: *She became aware of someone following her.* Ela sentiu que alguém a seguia.
**aware•ness** [əˈwɛrnəs] *s.* 1 consciência (***of*** *de*) 2 **to raise awareness** conscientizar (***about/of*** *sobre/para*)
**away** [əˈweɪ] *adv.* 1 a: *The beach is five minutes' drive away.* A praia fica a cinco minutos de carro. 2 embora: *Go away!* Vai embora! 3 fora de casa [jogar, ganhar] 4 ▸ enfatiza a continuidade: *They're were talking away for hours.* Ficaram conversando durante horas. 5 **a long way/far away** longe: *The mall's not very far away.* O shopping não fica muito longe. 6 **right/straight away** imediatamente, já 7 **to be away** **a** faltar (***from*** *a*): *Our teacher was away twice this week.* Nossa professora faltou duas vezes essa semana. **b** estar viajando/fora 8 **to keep/stay away** ficar longe (***from*** *de*) / *adj.* 1 **away game** jogo fora de casa 2 **away team** time visitante

▸ O advérbio ***away*** ocorre como segundo elemento de muitos *phrasal verbs*, p.ex., ***to go away, to run away, to throw away*** etc. Procure o significado de tais combinações no verbete do respectivo verbo, p.ex., ***go, run, throw***.

**awe** [ɔ] *s.* 1 assombro, deslumbramento 2 **to be in awe of sb/sth** ter uma grande admiração por alguém/algo
**awe•some** [ˈɔsəm] *adj.* 1 impressionante 2 FAM bom demais, tudo de bom

**aw•ful** [ˈɔfəl] *adj.* 1 péssimo 2 horrível 3 **an awful lot** um monte
**aw•ful•ly** [ˈɔfəli] *adv.* muito
**awk•ward** [ˈɔkwərd] *adj.* 1 constrangedor, delicado 2 sem graça 3 inoportuno 4 desajeitado 5 complicado 6 difícil [pessoa]
**awn•ing** [ˈɔnɪŋ] *s.* 1 toldo 2 marquise
**awoke** [əˈwoʊk] *v.* ▸ *ps de* AWAKE
**awok•en** [əˈwoʊkən] *v.* ▸ *pp de* AWAKE
**axe, ax** [æks] *s.* machado / *v.* cortar
**axis** [ˈæksɪs] *s.* [*pl* **axes**] eixo
**axle** [ˈæksəl] *s.* eixo [de veículo]
**aye** [aɪ] *adv.* sim / *s.* voto a favor

# B

**B, b** [bi] *s.* B, b / **B** *s.* 1 si [nota musical] 2 nota escolar boa na escala de A a F

**B.A.** [biˈeɪ] *s.* (= Bachelor of Arts) bacharelado [em Humanas]

**baby** [ˈbeɪbi] *s.* [*pl* **babies**] 1 bebê, neném: *a baby boy* um menino 2 filhote: *a baby elephant* um filhote de elefante 3 AM FAM meu amor 4 **to be expecting/have a baby** estar esperando/ter um filho

**baby car•riage** [ˈbeɪbi ˌkærɪdʒ] *s.* AM carrinho de bebê

**baby•sit** [ˈbeɪbɪsɪt] *v.* [-**tt**-] [*ps e pp* **babysat**] tomar conta da(s) criança(s)

**baby•sitter** [ˈbeɪbisɪtər] *s.* babá [temporária]

**bach•elor** [ˈbætʃələr] *s.* 1 solteirão 2 **bachelor's degree** bacharelado

**back** [bæk] *s.* 1 costas 2 coluna 3 parte de trás 4 traseira 5 fundo(s) 6 verso 7 **at the back** **a** no(s) fundo(s) (*of de*) **b** no final (*of de livro, fila etc.*) 8 **at/in the back of your mind** no fundo da sua cabeça 9 **back to back** **a** de costas um para o outro **b** um atrás do outro 10 **back to front** BRIT ao contrário 11 **behind sb's back** nas costas de alguém 12 **(flat) on your back** (deitado) de costas 13 **in back** AM **a** no banco de trás (*of de*) **b** no(s) fundo(s) (*of de*) 14 **in the back** **a** no banco de trás (*of de*) **b** no final (*of de livro etc.*) 15 **out back** AM no quintal 16 **the back of beyond** FAM o fim do mundo 17 **with your back to sth/sb** de costas para algo/alguém / *adj.* 1 de trás, traseiro: *the back wheel* a roda de trás 2 dos fundos: *the back door* a porta dos fundos 3 anterior: *back copies* números anteriores 4 **back page** última página / *adv.* 1 de volta 2 para trás 3 para retribuir/revidar 4 atrás: *a few years back* alguns anos atrás 5 **back in** nos idos de: *back in the 1980s* nos idos dos anos 80 / *v.* 1 apoiar 2 bancar 3 apostar em 4 (tb **back up**) fundamentar 5 dar ré (com) 6 recuar

**back away** recuar, afastar-se

**back down** ceder

**back off** recuar, afastar-se

**back onto** dar de fundos para

**back out** voltar atrás (*of em*), desistir (*of de*)

**back up** 1 **to back sb up** apoiar/respaldar alguém 2 **to back sth up** **a** dar ré com algo **b** fazer backup de algo **c** respaldar/fundamentar algo

**back•ache** [ˈbækeɪk] dor nas costas

**back•board** [ˈbækbɔrd] *s.* tabela [em basquete]

**back•bone** [ˈbækboʊn] *s.* 1 coluna vertebral 2 esteio [da economia etc.] 3 firmeza [de pessoa]

**back•drop** [ˈbækdrɑp] *s.* pano de fundo (*to de*)

**back•er** [ˈbækər] *s.* financiador, patrocinador

**back•fire** [bækˈfaɪr] *v.* sair pela culatra

**back•ground** [ˈbækgraʊnd] *s.* 1 origens [de pessoa]: *people from different backgrounds* pessoas de diferentes meios 2 formação [acadêmica, profissional] 3 histórico (*to de*) 4 fundo 5 **in the background** ■a ao fundo ■b nos bastidores / *adj.* 1 de fundo [música, ruído] 2 complementar [material, informações]

**back•ing** [ˈbækɪŋ] *s.* 1 apoio, respaldo 2 patrocínio

**back•lash** [ˈbæklæʃ] *s.* reação contrária

**back•log** [ˈbæklɑg] *s.* acúmulo [de trabalho]

**back•pack** [ˈbækpæk] *s.* mochila / *v.* (tb **go backpacking**) fazer um mochilão

**back•pack•er** [ˈbækpækər] *s.* mochileiro

**back seat** [bækˈsit] *s.* 1 banco de trás 2 **to take a back seat** ficar em segundo plano

**back•side** [ˈbæksaɪd] *s.* FAM traseiro

**back•slash** [ˈbækslæʃ] *s.* contrabarra

**back•stage** [bækˈsteɪdʒ] *adv.* nos bastidores / *adj.* **a backstage pass** acesso aos bastidores

**back•street** [ˈbækstrit] *s.* ruela

**back•stroke** [ˈbækstroʊk] *s.* nado de costas

**back•up** [ˈbækʌp] *s.* 1 backup 2 reforço [policial] 3 AM reserva [jogador]

**back•ward** [ˈbækwərd] *adj.* 1 para trás 2 atrasado [país, região] 3 retardado / *adv.* AM ver **back•wards**

**back•wards** [ˈbækwərdz] *adv.* 1 para trás 2 de trás para frente 3 ao contrário [roupa etc.] 4 **backwards and forwards** ■a para frente e para trás ■b de cor e salteado 5 **to bend over backwards (to do sth)** desdobrar-se (para fazer algo)

**back•yard** [bækˈjɑrd] *s.* quintal

**ba•con** [ˈbeikən] *s.* bacon

**bac•te•ria** [bækˈtɪriə] *spl.* bactérias

**bad** [bæd] *adj.* [*comp* **worse, worst**] 1 ruim 2 mau 3 estragado [alimento] 4 grave [acidente, ferimento] 5 forte [dor de cabeça, gripe etc.] 6 malcriado, levado 7 **bad language** linguagem de baixo calão 8 **a bad back/leg etc.** um problema na coluna/perna etc. 9 **not bad** FAM ■a razoável ■b nada mau 10 **not so/too bad** FAM razoável 11 **to be bad at (doing) sth** ser ruim em (fazer) algo 12 **to be bad for you/your health** fazer mal à saúde 13 **to be in a bad way** FAM estar mal 14 **to feel bad** sentir-se mal (***about/for** por*) 15 **to go bad** estragar [alimento] 16 **to go from bad to worse** ir de mal a pior 17 **too bad** FAM ■a uma pena: *It's too bad you can't stay longer.* É uma pena você não poder ficar mais tempo. ■b azar o seu / *s.* **my bad** FAM foi mal [pedindo desculpas]

**bade** [beɪd] *v.* ▸ *ps de* BID

**badge** [bædʒ] *s.* 1 crachá 2 distintivo [de policial] 3 emblema 4 BRIT botom

**badg•er** [ˈbædʒər] *s.* texugo / *v.* importunar

**bad guy** [ˈbæd gaɪ] *s.* vilão [de filme]

**bad•ly** [ˈbædli] *adv.* [*comp* **worse, worst**] 1 mal 2 gravemente [ferido, espancado] 3 muito [precisar, querer] 4 **badly in need of sth** precisando urgentemente de algo 5 **not badly off** relativamente bem de vida 6 **to do badly** ir mal 7 **to go badly wrong** dar muito errado

**bad•min•ton** [ˈbædnəs] *s.* badminton

**bad-tempered** [bædˈtɛmpərd] *adj.* rabugento, irritadiço

**baf•fle** [ˈbæfəl] *v.* deixar perplexo

**baf•fled** [ˈbæfəld] *adj.* perplexo

**baf•fling** [ˈbæflɪŋ] *adj.* inexplicável

**bag** [bæg] *s.* 1 bolsa 2 sacola 3 saco, saquinho 4 **bags under your eyes** olheiras 5 **in the bag** FAM no papo [vitória etc.] 6 **old bag** FAM bruxa

**bag•gage** [ˈbægɪdʒ] *s.* bagagem

**bag•gy** [ˈbægi] *adj.* [*comp* **baggier, baggiest**] folgado, largo [roupa]

**bag•pipes** [ˈbægpaɪp] *s.* gaita de foles

**ba•guette** [bæˈgɛt] *s.* baguete

**bail** [beɪl] *s.* 1 (liberdade sob) fiança 2 **on bail** sob fiança / *v.* 1 AM FAM desistir, dar para trás 2 BRIT libertar sob fiança 3 **to bail on sb** AM FAM deixar alguém na mão **bail out** 1 saltar de paraquedas 2 **to bail sb out** pagar a fiança de alguém 3 **to bail sb/sth out** socorrer alguém/algo

**bail-out** [ˈbeɪlaʊt] *s.* resgate [financeiro]

**bait** [beɪt] *s.* 1 isca 2 **to rise to the bait** deixar-se provocar

**bake** [beɪk] *v.* 1 assar [bolo, pão] 2 fazer bolos
**baked beans** [beɪkt'binz] *spl.* feijão branco em molho de tomate
**bak•er** ['beɪkər] *s.* 1 padeiro 2 **baker's** BRIT padaria
**bak•ery** ['beɪkəri] *s.* [*pl* **bakeries**] 1 padaria 2 panificadora [fábrica]
**bal•ance** ['bæləns] *s.* 1 equilíbrio 2 saldo 3 **on balance** de modo geral 4 **to be/hang in the balance** estar por um fio 5 **to keep/lose your balance** manter/perder o equilíbrio 6 **to knock/throw sb off balance** desequilibrar alguém / *v.* 1 equilibrar(-se) 2 **to balance sth against sth** pesar algo com algo
**bal•anced** ['bælənst] *adj.* 1 equilibrado 2 imparcial
**bal•co•ny** ['bælkəni] *s.* [*pl* **balconies**] 1 sacada 2 AM balcão [em teatro]
**bald** [bɔld] *adj.* 1 careca 2 **a bald patch/spot** uma careca 3 **to go bald** ficar careca / *v.* **to be balding** estar ficando careca
**bald•ness** ['bɔldnəs] *s.* calvície
**ball** [bɔl] *s.* 1 bola 2 novelo 3 baile 4 **on the ball** FAM esperto, despachado 5 **to have a ball** FAM fazer a festa, esbaldar-se
**bal•lad** ['bæləd] *s.* balada [canção]
**bal•last** ['bæləst] *s.* lastro
**bal•le•ri•na** [bælə'rinə] *s.* bailarina
**bal•let** [bæ'leɪ, *Brit*: 'bæleɪ] *s.* balé: *a ballet dancer* um bailarino
**ball game** ['bɔlgeɪm] *s.* 1 AM jogo [de beisebol etc.] 2 **a whole different/new ball game** outra história
**bal•loon** [bə'lun] *s.* balão
**bal•lot** ['bælət] *s.* 1 votação 2 (tb **ballot paper**) cédula de voto / *v.* consultar [por votação]
**bal•lot box** ['bælət bɑks] *s.* urna
**ball park** ['bɔl pɑrk] *s.* campo de beisebol / **ball-park** *adj.* aproximado [número]
**ball•point pen** [ˌbɔlpɔɪnt'pɛn] *s.* caneta esferográfica
**ball•room** ['bɔlrum] *s.* salão de baile
**bam•boo** [bæm'bu] *s.* bambu
**ban** [bæn] *s.* proibição (*on de*) / *v.* [-**nn**-] 1 proibir 2 **to ban sb from doing sth** proibir alguém de fazer algo
**ba•na•na** [bə'nænə] *s.* banana: *a banana plant* uma bananeira
**band** [bænd] *s.* 1 banda: *a rock band* uma banda de rock 2 bando 3 faixa 4 tira 5 listra / *v.*
**band together** juntar-se, unir-se
**band•age** ['bændɪdʒ] *s.* atadura / *v.* enfaixar
**Band-Aid®** ['bændeɪd] *s.* AM Band-Aid®
**ban•dit** ['bændɪt] *s.* bandido
**band•stand** ['bændstænd] *s.* coreto
**band•wagon** ['bændwægən] *s.* **to climb/jump on the bandwagon** entrar na onda
**band•width** ['bændwɪdθ] *s.* largura de banda
**bang** [bæŋ] *s.* 1 estrondo 2 pancada 3 **bangs** AM franja / *v.* 1 bater [porta] 2 **to bang on sth** esmurrar algo [porta, mesa] 3 **to bang sth on sth** bater com algo em algo / *adv.* FAM 1 bem: *bang up to date* bem atual | *bang on time* em ponto 2 **to go bang** estourar / *interj.* bum!
**bang•er** ['bæŋər] *s.* BRIT FAM 1 (tb **old banger**) lata-velha 2 linguiça 3 busca-pé
**ban•gle** ['bæŋgəl] *s.* pulseira
**ban•ish** ['bænɪʃ] *v.* 1 expulsar (*from de*) 2 desterrar (*to para*) 3 afastar [lembrança, pensamento]
**ban•is•ter** ['bænɪstər] *s.* corrimão
**bank** [bæŋk] *s.* 1 banco 2 margem [de rio, lago] 3 barranco / *v.* 1 depositar [cheque, dinheiro] 2 **to bank at/with HSBC etc.** ter conta no HSBC etc. 3 **to bank on sb/sth** contar com alguém/algo 4 **to bank on sb doing sth** contar com que alguém faça algo
**bank•er** ['bæŋkər] *s.* banqueiro
**bank holi•day** [bæŋk'hɑlədeɪ] *s.* BRIT feriado: *a bank holiday weekend* um feriadão
**bank•ing** ['bæŋkɪŋ] *s.* 1 serviços bancários 2 ramo bancário: *the banking system* o sistema bancário
**bank•note** ['bæŋknoʊt] *s.* nota bancária

**bank•rupt** ['bæŋkrʌpt] *adj.* 1 falido 2 **to go bankrupt** falir, ir à falência / *v.* levar à falência

**bank•rupt•cy** ['bæŋkrʌpsi] *s.* [*pl* **bankruptcies**] falência

**ban•ner** ['bænər] *s.* faixa [com inscrição]

**ban•quet** ['bæŋkwɪt] *s.* banquete

**bap•tism** ['bæptɪzm] *s.* batismo

**bap•tize**, BRIT tb: **-tise** [bæp'taɪz] *v.* batizar

**bar** [bɑr] *s.* 1 bar 2 balcão [de bar] 3 barra 4 grade 5 **behind bars** atrás das grades / *prep.* 1 exceto, salvo 2 **bar none** de longe / *v.* [-**rr**-] 1 barrar 2 **to bar sb from doing sth** impedir alguém de fazer algo

**barb** [bɑrb] *s.* farpa

**bar•bar•ian** [bɑr'bɛriən] *adj, s.* bárbaro

**bar•bar•ic** ['bɑrbərɪzm] *adj.* bárbaro [crime etc.]

**bar•becue** ['bɑrbɪkju] *s.* 1 churrasco 2 churrasqueira / *v.* grelhar [na churrasqueira]

**barbed wire** [bɑrbd 'waɪr] *s.* arame farpado

**bar•ber** ['bɑrbər] *s.* 1 barbeiro 2 **barber's** BRIT barbearia

**barber•shop** ['bɑrbərʃɑp] *s.* AM barbearia

**bar code** ['bɑr koʊd] *s.* código de barras

**bare** [bɛr] *adj.* [*comp* **barer, barest**] 1 nu 2 descoberto 3 desenfeitado 4 descampado 5 **in/with bare feet** descalço 6 **the bare essentials/necessities** o mínimo indispensável 7 **the bare facts** os simples fatos 8 **the bare minimum** o mínimo necessário 9 **with your bare hands** com as próprias mãos / *v.* 1 descobrir [parte do corpo] 2 **to bare your teeth** arreganhar os dentes

**bare•foot** ['bɛrfʊt] *adj, adv.* descalço

**bare•ly** ['bɛrli] *adv.* mal: *He could barely stand.* Ele mal conseguia ficar de pé.

**bar•gain** ['bɑrgən] *s.* 1 pechincha, boa compra 2 trato 3 **into the bargain** de quebra 4 **to make/strike a bargain** fazer um trato (*with com*) / *v.* 1 regatear, pechinchar 2 **to bargain for/on sth** contar com/prever algo 3 **to get more than you bargained for** ser pego de surpresa

**bar•gain•ing** ['bɑrgənɪŋ] *s.* negociação

**barge** [bɑrdʒ] *s.* barcaça / *v.* andar aos esbarrões

**barge in(to sth)** ir entrando (em algo) [sem mais nem menos]

**bari•tone** ['bærətoʊn] *s.* barítono

**bark** [bɑrk] *v.* latir / *s.* 1 latido 2 casca [de árvore]

**bar•ley** ['bɑrli] *s.* cevada

**bar•man** ['bɑrmən] *s.* [*pl* **barmen**] barman

**barn** [bɑrn] *s.* 1 celeiro 2 estábulo

**ba•rom•eter** [bə'rɑmətər] *s.* barômetro

**bar•on** ['bærən] *s.* barão

**bar•racks** ['bærəks] *spl.* quartel

**bar•rage** [bə'rɑʒ, *Brit*:'bærɑʒ] *s.* saraivada [de críticas, perguntas]

**bar•rel** ['bærəl] *s.* 1 barril 2 cano [de arma]

**bar•ren** ['bærən] *adj.* 1 decampado, ermo 2 estéril, árido

**bar•rette** [bæ'rɛt] *s.* AM presilha

**bar•ri•cade** ['bærəkeɪd] *s.* barricada / *v.* fazer uma barricada em

**barri•er** ['bæriər] *s.* barreira (*to para*)

**bar•ring** ['bɑrɪŋ] *prep.* salvo

**bar•ris•ter** ['bærɪstər] *s.* BRIT advogado

**bar•row** ['bæroʊ] *s.* carrinho de mão

**bar•tender** ['bɑrtɛndər] *s.* AM barman

**base** [beɪs] *s.* 1 base 2 sede [de empresa] / *v.* 1 basear (*on em*) 2 **to be based in sth** estar sediado em algo 3 **to be based on sth** basear-se/ser baseado em algo

**base•ball** ['beɪsbɔl] *s.* beisebol: *a baseball bat* um taco de beisebol

**base•ment** ['beɪsmənt] *s.* subsolo

**bash** [bæʃ] *v.* bater (com)

**bash into** 1 chocar-se com 2 esbarrar em / *s.* FAM 1 festança 2 **to have a bash (at sth)** BRIT tentar (algo)

**ba•sic** ['beɪsɪk] *adj.* 1 básico 2 de base 3 elementar 4 primário 5 simples

**ba•si•cal•ly** ['beɪsɪkli] *adv.* 1 basicamente 2 no fundo

**ba•sics** ['beɪsɪks] *spl.* **the basics** o básico

**bas•il** ['beɪzəl, Brit:'bæzəl] *s.* manjericão

**ba•sin** ['beɪsən] *s.* 1 bacia 2 BRIT pia

**ba•sis** ['beɪsɪs] *s.* [*pl* **bases**] 1 base 2 **on a regular/daily basis etc.** regularmente/diariamente etc. 3 **on the basis of sth/that ...** com base em algo/no fato de que ...

**bas•ket** [ˈbæskɪt] *s.* 1 cesta 2 cesto

**basket•ball** [ˈbæskɪtbɔl] *s.* basquete

**bass** [beɪs] *s.* 1 baixo [em música] 2 contrabaixo / *adj.* (de) baixo

**bas•tard** [ˈbæstərd] *s.* GÍR safado

**bat** [bæt] *s.* 1 morcego 2 taco, bastão 3 BRIT raquete [de pingue-pongue] / *v.* [-**tt**-] 1 rebater [em beisebol etc.] 2 **without batting an eye(lid)** sem pestanejar

**batch** [bætʃ] *s.* 1 lote 2 leva 3 fornada

**bath** [bæθ] *s.* 1 banho 2 BRIT banheira 3 **to have/take a bath** tomar banho / *v.* BRIT dar banho em

**bathe** [beɪð] *v.* 1 AM tomar banho 2 AM dar banho em 3 banhar(-se)

**bath•er** [ˈbeɪðər] *s.* banhista

**bath•robe** [ˈbæθroʊb] *s.* roupão de banho

**bath•room** [ˈbæθrum] *s.* banheiro

**bath•tub** [ˈbæθtʌb] *s.* AM banheira

**baton** [bəˈtɑn, *Brit*:ˈbætən] *s.* 1 bastão 2 batuta 3 cassetete

**bat•tal•ion** [bəˈtæliən] *s.* batalhão

**bat•ter** [ˈbætər] *s.* massa [de panqueca, bolo] / *v.* 1 bater em 2 **to batter on the door** esmurrar a porta 3 **to batter sb to death** espancar alguém até a morte

**bat•tered** [ˈbætərd] *adj.* 1 surrado, arrebentado 2 vítima de violência doméstica

**bat•tery** [ˈbætəri] *s.* [*pl* **batteries**] 1 pilha 2 bateria

**bat•tle** [ˈbætl] *s.* 1 batalha (***against*** *contra*, ***for*** *por*, ***with*** *com*) 2 **to be half the battle** ser meio caminho andado 3 **to do battle/fight a battle** travar uma batalha / *v.* 1 combater 2 lutar (***against/with*** *contra*) 3 **to battle it out** enfrentar-se na disputa (***for*** *por*) 4 **to battle to do sth** lutar para fazer algo

**battle•field** [ˈbætlfild] *s.* campo de batalha

**battle•ground** [ˈbætlgraʊnd] *s.* campo de batalha

**battle•ship** [ˈbætlʃɪp] *s.* couraçado [navio]

**bawl** [bɔl] *v.* FAM 1 berrar 2 **to bawl your eyes out** chorar horrores

**bay** [beɪ] *s.* 1 baía 2 **loading bay** pátio de carga e descarga 3 **to keep sb/sth at bay** afastar alguém/algo, manter alguém/algo à distância

**bay leaf** [ˈbeɪ lif] *s.* [*pl* **leaves**] folha de louro

**bayo•net** [ˈbeɪənɛt] *s.* baioneta

**ba•zaar** [bəˈzɑr] *s.* bazar

**B&B** [biənˈbi] *s.* (= bed and breakfast) pousada

**B.C.** [biˈsi] *abrev.* (= before Christ) a. C.

**be** [bi] *v.* [*ps e pp* **was/were, been**] 1 ser 2 estar / *v auxiliar.* [*ps e pp* **was/were, been**] 1 **to be doing sth** estar fazendo algo 2 **to be done** ser feito [voz passiva]: *The house was sold for $1 million.* A casa foi vendida por $1 milhão. 3 **to be to do sth** FORM dever fazer algo: *They are to marry next year.* Eles devem se casar no ano que vem. 4 **to be to be seen/found etc.** ver-se/encontrar-se etc.: *The key was nowhere to be found.* A chave não se encontrava em nenhum lugar.

▸ Em inglês usa-se o verbo ***to be*** também para falar da idade, p.ex.: ***"How old are you?" - "I'm sixteen."*** *"Quantos anos você tem?" - "Tenho dezesseis."*, e com adjetivos que denotam uma sensação física: ***I'm cold*** *Estou com frio.* ***Are you hungry?*** *Você está com fome?* ***My sister is scared of spiders.*** *Minha irmã tem medo de aranha.*

**beach** [bitʃ] *s.* praia

**bea•con** [ˈbikən] *s.* 1 farol 2 radiofarol

**bead** [bid] *s.* 1 conta [de vidro etc.] 2 gota [de suor]

**beak** [bik] *s.* bico

**beak•er** [ˈbikər] *s.* copo

**beam** [bim] *s.* 1 raio [de luz] 2 facho [de lanterna etc.] 3 viga 4 trave [de ginástica] / *v.* 1 estar radiante, sorrir (***at*** *para*) 2 transmitir, irradiar

**bean** [bin] *s.* 1 grão de feijão: *beans and rice* feijão com arroz 2 vagem 3 grão [de café] 4 semente [de cacau]

**bear** [bɛr] *s.* urso / *v.* [*ps, pp* **bore, borne**] 1 suportar, aguentar 2 arcar com [custos, despesas] 3 **I can't bear (to do) sth** não aguento (fazer) algo 4 **to bear a relation/**

**resemblance** ter relação/semelhança (*to* com) 5 **to bear sth in mind** ter algo em mente: *Bear in mind that Brazil is a very big country.* Tenha em mente que o Brasil é um país muito grande. 6 **bear with me** aguarde um momento
**bear down: to bear down on sb/sth** ameaçar alguém/algo
**bear out** 1 **to bear sb out** confirmar o que alguém diz 2 **to bear sth out** confirmar algo

**bear•able** ['bɛrəbəl] *adj.* suportável

**beard** [bɪrd] *s.* barba

**beard•ed** ['bɪrdɪd] *adj.* barbudo

**bear•er** ['bɛrər] *s.* portador

**bear•ing** ['bɛrɪŋ] *s.* 1 porte [de pessoa] 2 **to find/get your bearings** orientar-se 3 **to have a bearing on sth** influir em algo 4 **to lose your bearings** ficar desnorteado, perder o norte

**beast** [bist] *s.* 1 animal, bicho 2 bruto

**beat** [bit] *v.* [*ps, pp* **beat, beaten**] 1 bater 2 espancar 3 dar uma surra em 4 ganhar de, vencer 5 superar, ultrapassar 6 combater [doença, inflação etc.] 7 adiantar-se a 8 FAM ser melhor do que: *It beats being stuck indoors.* É melhor do que ficar enfurnado dentro de casa. 9 **beat it!** FAM cai fora! 10 **(it) beats me** FAM sei lá 11 **to be/get beaten** **a** perder (***by** para*) **b** apanhar, levar uma surra (***by** de*) 12 **to beat sb to death** espancar alguém até a morte 13 **to beat sb to it/to the punch** FAM adiantar-se a alguém
**beat up: to beat sb up/beat up on sb** espancar alguém / *s.* 1 batimento 2 batida 3 compasso 4 ronda [de policial]

**beat•ing** ['bitɪŋ] *s.* 1 surra 2 **to take a beating** levar uma surra (***from** de*)

**beau•ti•ful** ['bjutəfəl] *adj.* lindo

**beau•ty** ['bjuti] *s.* [*pl* **beauties**] 1 beleza 2 beldade

**beau•ty parlor** ['bjuti ˌpɑrlər] *s.* AM salão de beleza

**beau•ty queen** ['bjuti kwin] *s.* miss

**beau•ty sa•lon** ['bjuti sæˌlɑn] *s.* salão de beleza

**beau•ty spot** ['bjuti spɑt] *s.* paisagem pitoresca

**bea•ver** ['bivər] *s.* castor

**be•came** [bɪ'keɪm] *v.* ▸ *ps de* BECOME

**be•cause** [bɪ'kɔz] *conj.* porque / **because of** *prep.* por causa de: *because of you* por sua causa

**beck•on** ['bɛkən] *v.* acenar (para), fazer sinal (para) [chamando]

**be•come** [bɪ'kʌm] *v.* [*ps, pp* **became, become**] 1 tornar-se 2 virar 3 ficar 4 **what became of sb/sth** o que aconteceu com alguém/algo 5 **what will become of sb/sth** o que será de alguém/algo

**bed** [bɛd] *s.* 1 cama 2 leito 3 fundo [do mar, lago] 4 canteiro [para plantas] 5 **in bed** na cama 6 **to go to bed** ir para a cama, deitar-se 7 **to go to bed with sb** transar com alguém 8 **to make the bed** arrumar a cama

**bed and break•fast** [ˌbɛdn'brɛkfəst] *s.* pousada com café da manhã

**bed•clothes** ['bɛdkloʊðz] *spl.* cobertas, roupa de cama

**bed•ding** ['bɛdɪŋ] *s.* roupa de cama

**bed•rid•den** ['bɛdrɪdn] *adj.* acamado

**bed•room** ['bɛdrum] *s.* quarto [de dormir]

**bed•side** ['bɛdsaɪd] *s.* **at sb's bedside** à cabeceira de alguém

**bed•side table** [ˌbɛdsaɪd'teɪbəl] *s.* BRIT mesa de cabeceira

**bed•sit** ['bɛdsɪt] *s.* BRIT conjugado

**bed•spread** ['bɛdsprɛd] *s.* colcha

**bed•time** ['bɛdtaɪm] *s.* hora de dormir

**bee** [bi] *s.* 1 abelha 2 AM mutirão [de costura] 3 **to have a bee in your bonnet** FAM estar cismado (***about** com*)

**beech** [bitʃ] *s.* (tb **beech tree**) faia [árvore]

**beef** [bif] *s.* carne bovina

**beef•bur•ger** ['bifbɜrgər] *s.* BRIT hambúrguer

**bee•hive** ['bihaɪv] *s.* colmeia

**been** [bin] *v.* ▸ *pp de* BE
▸ A palavra ***been*** faz as vezes de particípio passado dos verbos ***go*** e ***come*** quando o sentido é *ir/vir*

*e voltar*, p.ex.: ***Have you been to the store yet?*** *Você já foi ao supermercado?* ***I've been here before.*** *Já vim aqui antes.* Compare o uso de ***been*** e ***gone***: ***He's been to the US.*** *Ele já esteve nos EUA* (= foi e voltou). ***He's gone to the US.*** *Ele foi aos EUA* (= está lá ainda).

**beep** [bip] *v.* 1 apitar [aparelho] 2 **to beep (your horn)** buzinar / *s.* 1 apito, sinal 2 buzinada

**beer** [bɪr] *s.* cerveja

**beet** [bit] *s.* AM beterraba

**bee•tle** [ˈbitəl] *s.* besouro

**beet•root** [ˈbitrut] *s.* BRIT beterraba

**be•fall** [bɪˈfɔl] *v.* [*ps, pp* **befell, befallen**] FORM suceder a [acontecer]

**be•fit** [bɪˈfɪt] *v.* [-**tt**-] FORM convir a

**be•fore** [bɪˈfɔr] *prep.* 1 antes de: *before lunch* antes do almoço | *before leaving* antes de ir embora 2 diante de, perante / *adv.* 1 antes 2 **the day/week etc. before** o dia/a semana etc. anterior / *conj.* 1 antes que/de: *before you go* antes de você ir | *before they get back* antes que eles voltem 2 **before you know it** quando você vê, rapidinho

**before•hand** [bɪˈfɔrhænd] *adv.* antes

**be•friend** [bɪˈfrɛnd] *v.* tornar-se amigo de, fazer amizade com

**beg** [bɛg] *v.* [-**gg**-] 1 implorar (a) 2 pedir esmola, mendigar 3 **to beg sb for sth** **a** implorar algo a alguém **b** mendigar algo a alguém 4 **to beg sb to do sth** implorar a alguém para fazer algo 5 **I beg your pardon** **a** como é que é? **b** perdão

**be•gan** [bɪˈgɛt] *v.* ▸ *ps de* BEGIN

**beg•gar** [ˈbɛgər] *s.* mendigo, pedinte

**be•gin** [bɪˈgɪn] *v.* [-**nn**-] [*ps, pp* **began, begun**] 1 começar, iniciar(-se) 2 **to begin doing/to do sth** começar a fazer algo 3 **to begin with** **a** para começar **b** no início **c** já antes

**be•gin•ner** [bɪˈgɪnər] *s.* principiante

**be•gin•ning** [bɪˈgɪnɪŋ] *s.* 1 começo, início 2 **beginnings** **a** começo **b** origens

**be•grudge** [bɪˈgrʌdʒ] *v.* 1 **to begrudge doing sth** fazer algo a contragosto 2 **to begrudge sb sth** **a** invejar algo de alguém **b** dar algo a alguém a contragosto

**be•gun** [bɪˈgʌn] *v.* ▸ *pp de* BEGIN

**behalf** [bɪˈhæf] *s.* **in/on sb's behalf** **a** em nome de alguém **b** em prol de/por alguém

**be•have** [bɪˈheɪv] *v.* 1 comportar-se 2 agir 3 **to behave yourself** comportar-se [criança]

**be•hav•ior**, BRIT: **behaviour** [bɪˈheɪvjər] *s.* comportamento

**be•head** [bɪˈhɛd] *v.* decapitar

**be•hind** [bɪˈhaɪnd] *prep.* 1 atrás de: *right behind you* logo atrás de você 2 por trás de: *Who is behind the attack?* Quem está por trás do atentado? 3 **behind schedule** atrasado 4 **to be behind sb/sth** apoiar alguém/algo / *adv.* 1 atrás: *There was a police car close behind.* Uma viatura da polícia vinha logo atrás. 2 **to be behind** estar atrasado (***with*** *com*) 3 **to fall/get behind with sth** atrasar algo [trabalho, aluguel etc.] / *s.* FAM traseiro

**beige** [beɪʒ] *adj.* beige

**be•ing** [ˈbiɪŋ] *s.* 1 ser: *human beings* seres humanos 2 **to come into being** nascer, tomar forma

**be•lat•ed** [bɪˈleɪtɪd] *adj.* atrasado

**be•lat•ed•ly** [bɪˈleɪtɪdli] *adv.* com atraso, atrasado

**belch** [bɛltʃ] *v.* 1 arrotar 2 (tb **belch out**) jogar [fumaça] / *s.* arroto

**Bel•gian** [ˈbɛldʒən] *adj, s.* belga

**Bel•gium** [ˈbɛldʒəm] *s.* Bélgica

**be•lief** [bɪˈlif] *s.* 1 crença (***in*** *em*) 2 convicção 3 fé, confiança (***in*** *em*) 4 **beyond belief** (a ponto de ser) inacreditável 5 **in the belief that** crente que

**be•liev•able** [bɪˈlivəbəl] *adj.* plausível, verossímil

**be•lieve** [bɪˈliv] *v.* 1 acreditar (em) 2 **believe it or not** acredite se quiser 3 **sb/sth is believed to be/do sth** acredita-se que alguém/algo é/faz algo 4 **to believe in sth** acreditar em algo

**be•liev•er** [bɪˈlivər] *s.* 1 crente, fiel 2 **a firm/great believer in sth** um grande defensor de algo

**bell** [bɛl] *s.* 1 campainha 2 sino 3 sineta 4 guizo 5 **to ring a bell** FAM: *The name rings a bell.* O nome não me é estranho.
**bel•lig•er•ent** [bə'lɪdʒərənt] *adj.* belicoso, agressivo
**bel•low** ['bɛloʊ] *v.* berrar
**bel•lows** ['bɛloʊz] *spl.* fole
**bel•ly** ['bɛli] *s.* [*pl* **bellies**] FAM barriga
**bel•ly but•ton** ['bɛli bʌtn] *s.* FAM umbigo
**be•long** [bɪ'lɔŋ] *v.* 1 **to belong in sth** **a** ir em algo: *The eggs belong in the fridge.* Os ovos vão na geladeira. **b** merecer estar em: *He belongs in jail.* Ele merece estar na cadeia. 2 **to belong to sb** pertencer a alguém, ser de alguém 3 **to belong to sth** **a** ser sócio de algo **b** fazer parte de algo
**be•long•ings** [bɪ'lɔŋɪŋz] *spl.* pertences
**be•lov•ed** [bɪ'lʌvɪd] *adj, s.* amado
**be•low** [bɪ'loʊ] *prep.* 1 abaixo de: *below freezing* abaixo de zero 2 embaixo de / *adv.* 1 abaixo 2 embaixo: *down below* lá embaixo
**belt** [bɛlt] *s.* 1 cinto 2 região 3 correia 4 faixa [em artes marciais]: *She's a black belt in judo.* Ela é faixa preta no judô. 5 **below the belt** FAM baixo [golpe] 6 **to have sth under your belt** ter algo no currículo, ter emplacado algo
**be•moan** [bɪ'moʊn] *v.* FORM lamentar
**be•mused** [bɪ'mjuzd] *adj.* perplexo
**bench** [bɛntʃ] *s.* 1 banco 2 banco de reservas
**bend** [bɛnd] *s.* curva / *v.* [*ps e pp* **bent**] 1 dobrar [braço, joelho etc.] 2 vergar 3 entortar 4 virar [estrada] 5 **to bend over backwards (to do sth)** desdobrar-se (para fazer algo)
**bend down** abaixar-se
**bend over** debruçar-se (em)
**be•neath** [bɪ'niθ] *prep.* FORM sob, debaixo de
**ben•efac•tor** ['bɛnəfæktər] *s.* doador
**ben•efi•cial** [bɛnə'fɪʃəl] *adj.* benéfico (***for/to*** *para*)
**ben•efit** ['bɛnəfɪt] *s.* 1 benefício 2 vantagem 3 proveito 4 (tb **benefit concert**) show beneficente: *a benefit game* um jogo beneficente 5 BRIT auxílio [dinheiro] 6 **for sb's benefit** para alguém / *v.* 1 beneficiar 2 **to benefit (from sth)** beneficiar-se (de algo)
**be•nign** [bɪ'naɪn] *adj.* benigno
**bent** [bɛnt] *adj.* 1 torto 2 BRIT FAM corrupto 3 **bent on doing sth** decidido a fazer algo / *v.* ▸ *ps e pp de* BEND
**be•queath** [bɪ'kwið] *v.* **to bequeath sth to sb/sb sth** legar algo a alguém
**be•reaved** [bə'rivd] *adj.* 1 enlutado, de luto 2 **the bereaved** os enlutados
**be•reave•ment** [bə'rivmənt] *s.* FORM perda, luto
**be•ret** [bə'reɪ, *Brit*:'bɛreɪ] *s.* boina
**ber•ry** ['bɛri] *s.* [*pl* **berries**] baga, frutinha
**ber•serk** [bər'sɜrk] *adj.* **to go berserk** FAM virar bicho
**berth** [bɜrθ] *s.* 1 beliche [em navio] 2 leito [em trem] 3 atracadouro
**be•set** [bɪ'sɛt] *v.* [-**tt**-] [*ps e pp* **beset**] 1 atrapalhar 2 **beset with/by sth** cercado de algo
**be•side** [bɪ'saɪd] *prep.* 1 ao lado de 2 **to be beside the point** não interessar, não vir ao caso 3 **to be beside yourself** estar transtornado (***with*** *de*) 4 **to be beside yourself with joy** não caber em si de alegria
**be•sides** [bɪ'saɪdz] *adv.* 1 além disso 2 além do mais / *prep.* além de: *Besides studying, he also works.* Além de estudar, ele também trabalha. | *There were no other Brazilians besides us.* Não tinha outros brasileiros fora nós.
**be•siege** [bɪ'sidʒ] *v.* 1 sitiar 2 **besieged by sb** assediado por alguém
**best** [bɛst] *adj, s.* 1 o/a melhor: *The best thing is it's all free.* O melhor é que é tudo de graça. 2 **all the best** tudo de bom 3 **at best** quando muito, na melhor das hipóteses 4 **at your best** em sua melhor forma 5 **to do/try your best** fazer o possível 6 **to make the best of sth** tirar algum proveito de algo 7 **to the best of your ability** da melhor forma possível / *adv.* 1 melhor: *This year, I did best in sciences.* Esse ano, fui melhor em Exatas. | *Which one do you like best?* Qual você gosta mais? 2 **as best you**

**can** da melhor forma possível **3 sb had best do sth** é melhor alguém fazer algo: *You'd best ask your parents.* É melhor você pedir aos seus pais.

**best man** [bɛst'mæn] *s.* padrinho de casamento

▸ Nos países de língua inglesa, é costume ter só um padrinho de casamento, geralmente o melhor amigo do noivo.

**be•stow** [bɪ'stoʊ] *v.* outorgar (***on/upon*** *a*)

**best•sell•er** [bɛst 'sɛlər] *s.* best-seller: *the bestseller list* a lista dos mais vendidos

**bet** [bɛt] *v.* [-**tt**-] [*ps e pp* **bet**] **1** apostar (***on*** *em*) **2 to bet sb sth** apostar algo com alguém **3 I bet** FAM **a** aposto que ...: *I bet he won't come.* Aposto que ele não vem. **b** imagino: *"I'm exhausted." - "I bet."* "Estou exausto." - "Imagino." **c** até parece **4 I wouldn't bet on it** FAM estou pagando para ver **5 you bet** FAM com certeza / *s.* **1** aposta **2 a good/safe bet** uma boa opção **3 to have a bet** fazer uma aposta (***on*** *sobre*) **4 your best bet** o melhor: *Your best bet would be to take a cab.* O melhor seria você pegar um táxi.

**be•tray** [bɪ'treɪ] *v.* trair

**be•tray•al** [bɪ'treɪəl] *s.* traição

**better** ['bɛtər] *adj, adv.* **1** melhor **2** bem [recuperado] **3 better late than never** mais vale tarde do que nunca **4 better off** em melhor situação, numa melhor **5 better off with/without sth** melhor com/sem algo **6 sb is better off doing sth** é melhor alguém fazer algo **7 sb had better do sth** **a** é melhor alguém fazer algo: *You'd better wait here.* É melhor você esperar aqui. **b** ai de alguém se não fizer algo: *She'd better not tell anyone!* Ai dela se contar para alguém! **8 the sooner the better** quanto mais rápido melhor **9 to get better** **a** melhorar **b** ficar bem/bom / *s.* **1 for the better** para melhor **2 to get the better of sb** **a** falar mais alto: *Curiosity got the better of me and I opened the envelope.* A curiosidade falou mais alto e abri o envelope. **b** levar a melhor sobre alguém / *v.* **1** superar **2 to better yourself** avançar na vida

**be•tween** [bɪ'twin] *prep.* **1** (tb **in between**) entre **2** juntos: *Between the two of them they managed to get the door open.* Os dois juntos conseguiram abrir a porta. **3 between you and me** cá entre nós / *adv.* (tb **in between**) no meio

**bev•er•age** ['bɛvərɪdʒ] *s.* FORM bebida

**be•ware** [bɪ'wɛr] *v.* **1** tomar cuidado (***of*** *com*) **2 to beware of doing sth** tomar cuidado para não fazer algo, evitar de fazer algo / *interj.* cuidado (***of*** *com*)

**be•wil•dered** [bɪ'wɪldərd] *adj.* desnorteado

**be•wil•der•ing** [bɪ'wɪldərɪŋ] *adj.* desnorteante

**be•yond** [bɪ'jɑnd] *prep.* **1** além de **2 beyond belief/doubt etc.** inacreditável/indubitável etc. **3 to be beyond repair** não ter conserto / *adv.* (mais) além

**bias** ['baɪəs] *s.* parcialidade, viés (***against*** *contra,* ***toward*** *a favor de*) / *v.* **1** enviesar, influenciar **2** predispor

**bi•ased** ['baɪəst] *adj.* **1** parcial, tendencioso **2 to be biased against/toward sb/sth** ter uma predisposição contra/a favor de alguém/algo

**bib** [bɪb] *s.* babador

**bi•ble** ['baɪbəl] *s.* bíblia: *the Bible* a Bíblia

**bib•li•cal** ['bɪblɪkəl] *adj.* bíblico

**bib•li•og•ra•phy** [bɪblɪ'ɑgrəfi] *s.* [*pl* **bibliographies**] bibliografia

**bick•er** ['bɪkər] *v.* bater boca, discutir

**bi•cy•cle** ['baɪsɪkəl] *s.* bicicleta

**bid** [bɪd] *s.* **1** lance, oferta (***for*** *por*) **2** tentativa **3 a bid to do sth** uma tentativa de fazer algo / *v.* [-**dd**-] [*ps e pp* **bid**] **1** fazer um lance/uma oferta (de) (***for*** *por*) **2 to bid for sth** disputar algo [contrato] / *v.* [-**dd**-] [*ps, pp* **bade/bid, bid/bidden**] **to bid sb farewell/good night etc.** FORM dar adeus/boa-noite etc. a alguém

**bide** [baɪd] *v.* **to bide your time** esperar o melhor momento

**big** [bɪg] *adj.* [*comp* **bigger, biggest**] **1** grande **2 big brother/sister** irmão mais velho/

irmã mais velha 3 **in a big way** para valer 4 **to be big** estar fazendo sucesso/bombando 5 **to make it big** fazer sucesso, estourar

**big•headed** [bɪg'hɛdɪd] *adj.* convencido, besta

**big•ot** ['bɪgət] *s.* preconceituoso

**big•ot•ed** ['bɪgətɪd] *adj.* preconceituoso

**big•ot•ry** ['bɪgətri] *s.* intolerância, preconceito

**big shot** ['bɪg ʃɑt] *s.* FAM mandachuva

**big time** *s.* **to hit the big time** alcançar o estrelato/a fama / *adv.* AM FAM para valer: *He screwed up big time.* Ele pisou na bola para valer. / **big-time** *adj.* graúdo

**bike** [baɪk] *s.* 1 bicicleta: *a bike ride* uma pedalada 2 FAM moto / *v.* pedalar, ir de bicicleta

**bike lane** ['baɪk leɪn] *s.* AM ciclofaixa

**bike path** ['baɪk pæθ] *s.* AM ciclovia

**bik•er** *s.* 1 motoqueiro 2 ciclista

**bi•ki•ni** *s.* biquíni: *her bikini top* a parte de cima do biquíni dela

**bi•lin•gual** [baɪ'lɪŋgwəl] *adj.* bilíngue

**bill** [bɪl] *s.* 1 conta: *the electricity bill* a conta de luz 2 fatura 3 nota, cédula: *a five-dollar bill* uma nota de cinco dólares 4 projeto de lei 5 **to fill/fit the bill** preencher todos os requisitos, servir / *v.* 1 **to be billed as sth** ser anunciado como algo 2 **to bill sb (for sth)** cobrar de alguém (por algo) [por fatura]: *I was billed for a call I didn't make.* Foi cobrada uma ligação que não fiz.

**bill•board** ['bɪlbɔrd] *s.* outdoor

**bill•fold** ['bɪlfoʊld] *s.* AM carteira

**bil•liards** ['bɪljərdz] *s.* bilhar

**bil•lion** ['bɪljən] *s.* bilhão: *a billion dollars* um bilhão de dólares ▸ Acrescenta-se *s* para formar o plural, exceto depois de outro número: *It cost billions of reais.* Custou bilhões de reais. | *two billion people* dois bilhões de pessoas

**bil•lion•aire** ['bɪljənɛr] *s, adj.* bilionário

**bin** [bɪn] *s.* 1 BRIT lixeira 2 depósito

**bi•na•ry** ['baɪnəri] *adj.* binário

**bind** [baɪnd] *v.* [*ps e pp* **bound**] 1 amarrar 2 (tb **bind together**) unir 3 comprometer, vincular (*to a*) 4 encadernar / *s.* FAM 1 chatice 2 **in a bind** num sufoco

**bind•er** ['baɪndər] *s.* fichário

**bind•ing** ['baɪndɪŋ] *adj.* vinculante: *legally binding* juridicamente vinculante / *s.* encadernação

**binge** [bɪndʒ] FAM *s.* 1 farra [de comida, compras etc.]: *binge drinking* bebedeiras descontroladas 2 **to go on a binge** cair na farra / *v.* extrapolar (***on*** *em*)

**bin•go** ['bɪŋgoʊ] *s.* bingo

**bin•ocu•lars** [bɪ'nɑkjələrz] *spl.* binóculo

**bio•chem•is•try** [baɪoʊ'kɛmɪstri] *s.* bioquímica

**bio•degrad•able** [baɪoʊdɪ'greɪdəbəl] *adj.* biodegradável

**bio•diver•sity** [baɪoʊdɪ'vɜrsəti] *s.* biodiversidade

**bio•fuel** ['baɪoʊfjul] *s.* biocombustível

**bi•ograph•er** [baɪ'ɑgrəfər] *s.* biógrafo

**bio•graphi•cal** [baɪə'græfɪkəl] *adj.* biográfico

**bi•og•ra•phy** [baɪ'ɑgrəfi] *s.* [*pl* **biographies**] biografia

**bio•logi•cal** [baɪə'lɑdʒɪkəl] *adj.* biológico

**bi•olo•gist** [baɪ'ɑlədʒɪst] *s.* biólogo

**bi•ol•ogy** [baɪ'ɑlədʒi] *s.* biologia

**bi•op•sy** ['baɪɑpsi] *s.* [*pl* **biopsies**] biópsia

**bird** [bɜrd] *s.* pássaro, ave

**bird of prey** [ˌbɜrd əv'preɪ] *s.* ave de rapina

**biro**® ['baɪroʊ] *s.* BRIT caneta esferográfica

**birth** [bɜrθ] *s.* 1 nascimento 2 **by birth** de nascença 3 **to give birth (to sb)** dar à luz (alguém)

**birth cer•tifi•cate** ['bɜrθ sər'tɪfɪkət] *s.* certidão de nascimento

**birth con•trol** ['bɜrθ kənˌtroʊl] *s.* anticoncepcionais

**birth•day** ['bɜrθdeɪ] *s.* aniversário: *a birthday cake* um bolo de aniversário

**birth•mark** ['bɜrθmɑrk] *s.* sinal de nascença

**birth•place** ['bɜrθpleɪs] *s.* lugar de nascimento

**birth rate** [ˈbɜrθ reɪt] *s.* taxa de natalidade
**bis•cuit** [ˈbɪskɪt] *s.* 1 BRIT biscoito 2 AM broa
**bish•op** [ˈbɪʃəp] *s.* bispo
**bit** [bɪt] *s.* 1 pedaço, pedacinho 2 caco 3 bit [em informática] 4 broca [de furadeira] 5 freio [de cavalo] 6 **bit by bit** pouco a pouco 7 **bits and pieces** FAM coisinhas 8 **a bit** um pouco (*of de*) 9 **a little bit** um pouquinho (*of de*) 10 **not a bit/not in the least bit** nem um pouco 11 **quite a bit (of sth)** bastante (algo) 12 **to do your bit** fazer a sua parte 13 **to fall to bits** cair aos pedaços / *v.* ▸ *ps de* BITE
**bitch** [bɪtʃ] *s.* 1 FAM vaca, malvada 2 cadela [fêmea do cão] / *v.* FAM 1 AM chiar, reclamar (***about** de*, ***to** com*) 2 falar mal (***about** de*, ***to** com*)
**bite** [baɪt] *v.* [*ps, pp* **bit, bitten**] 1 morder 2 picar 3 **to bite into sth** dar uma mordida em algo 4 **to bite the dust** FAM ir para o brejo 5 **to bite your nails** roer as unhas
**bite off: to bite off more than you can chew** dar um passo maior do que a perna / *s.* 1 mordida 2 picada: *mosquito bites* picadas de mosquito 3 **to have/take a bite** dar uma mordida (***of** em*) 4 **a bite (to eat)** FAM uma boquinha
**bit•ten** [ˈbɪtn] *v.* ▸ *pp de* BITE
**bit•ter** [ˈbɪtər] *adj.* 1 amargo 2 duro, penoso 3 grande [decepção] 4 acirrado 5 gelado [vento, frio]
**bit•ter•ly** [ˈbɪtərli] *adv.* 1 amargamente 2 **bitterly cold** gelado 3 **bitterly disappointed** extremamente decepcionado
**bit•ter•ness** [ˈbɪtərnəs] *s.* amargura
**bi•zarre** [bɪˈzɑr] *adj.* bizarro
**black** [blæk] *adj, s.* [*comp* **blacker, blackest**] 1 preto 2 negro 3 puro, sem leite [café, chá] 4 FAM encardido 5 **black and blue** roxo [com hematomas] 6 **in black and white** **a** em preto e branco **b** por escrito 7 **to be pitch black** estar um breu / *v.*
**black out** apagar, desmaiar
**black•berry** [ˈblækbəri] *s.* [*pl* **blackberries**] amora
**black•bird** [ˈblækbɜrd] *s.* melro
**black•board** [ˈblækbɔrd] *s.* quadro-negro, lousa
**black box** [blækˈbɑks] *s.* caixa-preta [de avião]
**black•cur•rant** [ˈblækkɜrənt] *s.* cassis
**black•en** [ˈblækən] *v.* 1 escurecer 2 denegrir
**black eye** [blækˈaɪ] *s.* olho roxo
**black•head** [ˈblækhɛd] *s.* cravo [na pele]
**black•list** [ˈblæklɪst] *s.* lista negra / *v.* boicotar
**black•mail** [ˈblækmeɪl] *s.* chantagem / *v.* chantagear
**black mar•ket** [blæk ˈmɑrkɪt] *s.* mercado negro
**black•out** [ˈblækaʊt] *s.* apagão: *a news blackout* um apagão de notícias
**black sheep** [blæk ˈʃip] *s.* ovelha negra
**black•smith** [ˈblæksmɪθ] *s.* ferreiro
**blad•der** [ˈblædər] *s.* bexiga
**blade** [bleɪd] *s.* 1 lâmina [de faca etc.] 2 folha [de grama] 3 pá [de hélice, remo]
**blame** [bleɪm] *v.* 1 culpar, pôr a culpa em 2 **I don't blame you/her etc.** não é para menos 3 **to be to blame** ter culpa (***for** de*) 4 **to blame sb for sth** culpar alguém por algo 5 **to blame sth on sb** pôr a culpa de algo em alguém / *s.* 1 culpa (***for** de/por*) 2 **to get/take the blame** levar/assumir a culpa (***for** por*) 3 **to put the blame on sb** pôr a culpa em alguém
**blame•less** [ˈbleɪmləs] *adj.* sem culpa
**bland** [blænd] *adj.* insosso
**blank** [blæŋk] *adj.* 1 em branco [folha, cheque, tela] 2 virgem [CD, fita] 3 inexpressivo [olhar, cara] 4 **sb's mind goes blank** dá um branco em alguém: *My mind went blank.* Me deu um branco. 5 **to go blank** ficar branco [tela] / *s.* 1 espaço em branco 2 bala de festim 3 **my mind's a blank** FAM me deu um branco 4 **to draw a blank** FAM não encontrar nada
**blan•ket** [ˈblæŋkɪt] *s.* cobertor
**blare** [blɛr] *v.* (tb **blare out**) tocar alto
**blas•phe•mous** [ˈblæsfəməs] *adj.* blasfemo
**blas•phe•my** [ˈblæsfəmi] *s.* blasfêmia

**blast** [blæst] *s.* 1 rajada 2 explosão 3 toque [de apito etc.] 4 **(at) full blast** a no último volume b a todo vapor 5 **to be a blast** FAM ser o máximo 6 **to have a blast** FAM divertir-se horrores / *v.* 1 explodir 2 balear 3 (tb **blast out**) tocar alto 4 **to blast a hole in sth** abrir um buraco em algo [com explosivos] **blast off** ser lançado [foguete] / *interj.* droga!

**bla•tant** [ˈbleɪtənt] *adj.* descarado, gritante

**blaze** [bleɪz] *s.* 1 incêndio 2 esplendor [de luz, cores] 3 **blaze of publicity** explosão midiática / *v.* 1 arder em chamas 2 resplandecer, ofuscar

**blaz•er** [ˈbleɪzər] *s.* blazer [tipo de paletó]

**bleach** [blitʃ] *s.* água sanitária / *v.* 1 branquear 2 descolorir, oxigenar

**bleach•ers** *spl.* AM arquibancada

**bleak** [blik] *adj.* 1 sombrio [futuro, perspectiva] 2 gelado 3 descampado, inóspito

**bleary-eyed** [ˌblɪriˈaɪd] *adj.* com cara de sono

**bleat** [blit] *v.* balir

**bleed** [blid] *v.* 1 sangrar 2 **to bleed to death** sangrar até a morte

**bleed•ing** [ˈblidɪŋ] *s.* sangramento

**bleep** [blip] *v.* 1 apitar 2 (tb **bleep out**) bipar [palavrão] / *s.* apito

**blem•ish** [ˈblɛmɪʃ] *s.* mancha

**blend** [blɛnd] *v.* 1 (tb **blend together**) mesclar (-se) (*with* *com*) 2 misturar [ingredientes] **blend in** 1 harmonizar-se (*with* *com*) 2 passar despercebido / *s.* 1 mistura 2 mescla

**blend•er** [ˈblɛndər] *s.* liquidificador

**bless** [blɛs] *v.* 1 abençoar (*with* *com*) 2 **bless you!** saúde! [para quem espirrou]

**bless•ed** [ˈblɛsɪd] *adj.* bendito

**bless•ing** [ˈblɛsɪŋ] *s.* 1 bênção 2 **a blessing in disguise** um mal que veio para o bem 3 **a mixed blessing** uma faca de dois gumes 4 **to count your blessings** considerar-se abençoado

**blew** *v.* ▸ *ps de* BLOW

**bli•mey** [ˈblaɪmi] *interj.* BRIT FAM caramba!

**blind** [blaɪnd] *adj.* 1 cego 2 **the blind** os cegos 3 **to be blind to sth** não enxergar algo 4 **to go blind** ficar cego 5 **to turn a blind eye** fazer vista grossa (*to* *a*) / *v.* 1 cegar 2 ofuscar / *s.* 1 persiana 2 **Venetian blind** veneziana

**blind date** [blaɪnd ˈdeɪt] *s.* encontro às escuras

**blind•fold** [ˈblaɪndfoʊld] *s.* venda [para os olhos] / *v.* vendar os olhos de / *adj.* BRIT (tb **blindfolded**) de olhos vendados

**blind•ing** [ˈblaɪndɪŋ] *adj.* ofuscante

**blind•ly** [ˈblaɪndli] *adv.* 1 às cegas 2 cegamente

**blind•ness** [ˈblaɪndnəs] *s.* cegueira

**blink** [blɪŋk] *v.* piscar / *s.* 1 **in the blink of an eye** num piscar de olhos 2 **on the blink** FAM com defeito

**blink•ered** [ˈblɪŋkərd] *adj.* bitolado

**bliss** [blɪs] *s.* felicidade

**bliss•ful** [ˈblɪsfəl] *adj.* 1 ditoso, feliz 2 **blissful ignorance** santa ignorância

**blis•ter** [ˈblɪstər] *s.* bolha

**blithe•ly** [blaɪð] *adv.* olimpicamente

**blitz** [blɪts] *s.* **to have a blitz on sth** a FAM dar uma geral em algo b pegar pesado em algo

**bliz•zard** [ˈblɪzərd] *s.* nevasca

**bloat•ed** [ˈbloʊtɪd] *adj.* estufado

**block** [blɑk] *s.* 1 bloco 2 quarteirão, quadra 3 prédio: *an apartment block* um prédio de apartamentos 4 (tb **mental block**) bloqueio [mental] 5 lote / *v.* 1 bloquear, obstruir 2 (tb **block up**) entupir 3 interromper [trânsito] 4 vetar 5 impedir 6 **to block sb's way** impedir/obstruir a passagem de alguém

**block•ade** [blɑˈkeɪd] *s.* bloqueio / *v.* bloquear

**block•age** [ˈblɑkɪdʒ] *s.* entupimento

**block•bust•er** [ˈblɑkbʌstər] *s.* campeão de bilheteria

**block capi•tals** [blɑkˈkæpətlz] *spl.* letra de forma

**block let•ters** [blɑkˈlɛtərz] *spl.* letra de forma

**blog** [blɑg] *s.* blog

**blog•ger** [ˈblɑgər] *s.* blogueiro

**bloke** [bloʊk] *s.* BRIT FAM cara, sujeito
**blond** [blɑnd] *adj.* louro
**blonde** [blɑnd] *adj.* louro / *s.* loura
**blood** [blʌd] *s.* 1 sangue 2 **in cold blood** a sangue frio
**blood group** [ˈblʌd grup] *s.* grupo sanguíneo
**blood pres•sure** [ˈblʌd ˌprɛʃər] *s.* pressão arterial
**blood•shed** [ˈblʌdʃɛd] *s.* derramamento de sangue
**blood•shot** [ˈblʌdʃɑt] *adj.* injetado [olho]
**blood•stream** [ˈblʌdstrim] *s.* corrente sanguínea
**blood•thirsty** [ˈblʌdθɜrsti] *adj.* 1 sanguinário 2 sangrento
**blood ves•sel** [ˈblʌd ˌvɛsəl] *s.* vaso sanguíneo
**bloody** [ˈblʌdi] *adj.* [*comp* **bloodier, bloodiest**] 1 sangrento, ensanguentado 2 BRIT GÍR maldito, desgraçado / *adv.* BRIT GÍR pra cacete
**bloom** [blum] *s.* 1 flor 2 **in bloom** em flor 3 **in full bloom** em plena florescência 4 **to come into bloom** florescer / *v.* florescer
**blos•som** *s.* flor(es) [de árvore frutífera] / *v.* 1 florescer 2 (tb **blossom out**) desabrochar [pessoa]
**blot** [blɑt] *s.* 1 borrão 2 **a blot on the landscape** uma monstruosidade / *v.* [**-tt-**] secar (com mata-borrão)
**blot out: to blot sth out** ◼a tapar algo ◼b apagar algo [problema, lembrança]
**blotch** [blɑtʃ] *s.* mancha [na pele]
**blot•ting paper** [ˈblɑtɪŋ ˌpeɪpər] *s.* mata-borrão
**blouse** [blaʊs, *Brit*: blaʊz] *s.* blusa [feminina]
**blow** [bloʊ] *v.* [*ps, pp* **blew, blown**] 1 soprar 2 (fazer) voar [no vento, pelos ares] 3 tocar [apito] 4 queimar [fusível] 5 **to blow on(to)/in(to) sth** soprar algo 6 **to blow sth apart/to pieces** explodir algo 7 **to blow (sth) open/shut** abrir/fechar (algo) [com o vento] 8 **to blow your horn/whistle** buzinar/apitar 9 **to blow your nose** assoar o nariz
**blow away** 1 ser levado pelo vento 2 **to blow sb away** AM FAM impressionar alguém
**blow down** 1 ser derrubado pelo vento 2 **to blow sth down** derrubar algo
**blow off** 1 voar [chapéu] 2 **to blow off steam** AM desestressar 3 **to blow sb/sth off** AM FAM dispensar alguém/faltar a algo
**blow out** 1 **to blow (sth) out** apagar (algo) 2 **to blow out the candles** soprar as velas
**blow over** passar [tempestade, briga]
**blow up** 1 explodir 2 **to blow sth up** ◼a explodir algo ◼b encher algo de ar [pneu, balão] ◼c ampliar algo [foto] / *s.* 1 golpe, baque (*to para*) 2 pancada (*to em*) 3 sopro 4 **to come to blows** pegar-se, chegar a vias de fato (*over por causa de, with com*)
**blow-dry** [ˈbloʊ draɪ] *s.* escova [no cabelo] / *v.* [*ps e pp* **blow-dried**] fazer escova em
**blown** [ˈbloʊn] *v.* ▸ *pp de* BLOW
**blow•out** [ˈbloʊaʊt] *s.* 1 pneu estourado 2 FAM festança
**blue** [blu] *adj.* 1 azul 2 FAM triste, deprimido 3 FAM de sacanagem [filme, piada] 4 **once in a blue moon** uma vez na vida, outra na morte 5 **till you're blue in the face** FAM quanto quiser / *s.* 1 azul 2 **blues** blues [estilo de música] 3 **out of the blue** FAM do nada, sem mais nem menos 4 **to get/have the blues** FAM ficar/estar triste
**blue•print** [ˈbluprɪnt] *s.* projeto (*for para*)
**bluff** [blʌf] *v.* blefar / *s.* blefe
**blun•der** [ˈblʌndər] *s.* vacilada / *v.* 1 vacilar, bobear 2 andar às cegas 3 **to blunder into sth** esbarrar em algo
**blunt** [blʌnt] *adj.* 1 cego, sem corte 2 sem ponta [lápis] 3 franco, sem rodeios / *v.* cegar, embotar
**blunt•ly** [ˈblʌntli] *adv.* sem rodeios, francamente
**blur** [blɜr] *s.* 1 borrão 2 **to be a blur** estar embaralhado na memória / *v.* [**-rr-**] 1 borrar 2 embaçar
**blurb** [blɜrb] *s.* sinopse, descrição
**blurred** [blɜrd] *adj.* 1 borrado, tremido 2 embaçado 3 embaralhado
**blurt** [blɜrt] *v.*
**blurt out: to blurt sth out** soltar/deixar escapar algo [notícia etc.]

**blush** [blʌʃ] *v.* corar (***with*** *de*) / *s.* 1 rubor 2 AM blush
**blush•er** [ˈblʌʃər] *s.* BRIT blush
**blus•tery** [ˈblʌstəri] *adj.* ventoso
**BO** [biˈoʊ] *s.* (= body odor) cê-cê, c.c.
**board** [bɔrd] *s.* 1 painel [de informações] 2 quadro, lousa 3 tábua 4 tabuleiro 5 prancha 6 diretoria 7 conselho, junta 8 **board and lodging/room and board** casa e comida 9 **above board** lícito 10 **across the board** de todas as categorias, sob todos os aspectos 11 **full/half board** pensão completa/meia pensão 12 **on board** **a** a bordo (de) **b** envolvido, participando 13 **to go by the board** ir por água abaixo 14 **to take sth on board** levar algo em conta / *v.* 1 embarcar (em) 2 alojar-se
**board up: to board sth up** colocar um tapume em algo
**board•er** [ˈbɔrdər] *s.* 1 aluno interno 2 pensionista, hóspede
**board•ing** [ˈbɔrdɪŋ] *s.* embarque: *a boarding gate* um portão de embarque
**board•ing card, board•ing pass** [ˈbɔrdɪŋ kard/pæs] *s.* cartão de embarque
**board•ing school** [ˈbɔrdɪŋ skul] *s.* internato
**boast** [boʊst] *v.* 1 gabar-se (***about/of*** *de*) 2 contar com [possuir]
**boat** [boʊt] *s.* 1 barco 2 **to be in the same boat** estar no mesmo barco (***as*** *que*)
**bob** [bab] *v.* [-**bb**-] (tb **bob up and down**) balançar, boiar / *s.* corte chanel, pajem
**bob•by pin** [ˈbabi pɪn] *s.* AM grampo
**bode** [boʊd] *v.* **to bode well/ill** ser de bom/mau agouro (***for*** *para*)
**bod•ice** [/ˈbadɪs] *s.* corpete [de vestido]
**bodi•ly** [ˈbadəli] *adj.* 1 corporal, físico 2 **bodily functions** funções fisiológicas
**body** [ˈbadi] *s.* [*pl* **bodies**] 1 corpo 2 tronco 3 entidade, órgão 4 grupo 5 conjunto [de provas, conhecimentos] 6 carroceria 7 consistência 8 **body of water** extensão de água 9 **student body** corpo discente
**body builder** [ˈbadiˌbɪldər] *s.* halterofilista
**body building** [ˈbadiˌbɪldɪŋ] *s.* halterofilismo
**body•guard** [ˈbadigard] *s.* guarda-costas, segurança
**body lan•guage** [ˈbadiˌlæŋgwɪdʒ] *s.* linguagem corporal
**body•suit** [ˈbadisut] *s.* AM collant, body
**body•work** [ˈbadiwɜrk] *s.* 1 carroceria 2 AM lanternagem
**bog** [bag] *s.* atoleiro, brejo / *v.*
**bog down: to get bogged down** ficar atolado, emperrar
**bo•gus** [ˈboʊgəs] *adj.* FAM falso, fajuto
**boil** [bɔɪl] *v.* 1 ferver: *The kettle's boiling.* A água da chaleira está fervendo. 2 cozinhar [na água]: *a boiled egg* um ovo cozido 3 **to boil the kettle** botar água para ferver
**boil down to** resumir-se a
**boil over** transbordar [por ferver] / *s.* 1 furúnculo 2 **to bring sth to a/the boil** deixar algo levantar fervura 3 **to come to a/the boil** levantar fervura
**boil•er** [ˈbɔɪlər] *s.* boiler, caldeira
**boil•ing** [ˈbɔɪlɪŋ] *adj.* 1 fervente 2 **to be boiling** FAM **a** estar um forno **b** estar assando/morrendo de calor
**boil•ing point** *s.* ponto de ebulição
**bois•ter•ous** [ˈbɔɪstərəs] *adj.* turbulento, bagunceiro
**bold** [boʊld] *adj.* [*comp* **bolder, boldest**] 1 ousado, arrojado 2 destemido 3 bem definido 4 vivo [cor] / *s.* (tb **bold type**) negrito: *in bold* em negrito
**bold•ly** [ˈboʊldli] *adj.* corajosamente
**Bo•liv•ia** *s.* Bolívia
**Bo•liv•ian** *adj, s.* boliviano
**bol•ster** [ˈboʊlstər] *v.* 1 (tb **bolster up**) reforçar 2 incrementar / *s.* rolo [de cama]
**bolt** [boʊlt] *s.* 1 ferrolho 2 parafuso [de porca] 3 **bolt of lightning** raio 4 **a bolt from/out of the blue** uma surpresa total / *v.* 1 sair em disparada 2 (tb **bolt down**) engolir [comida] 3 aferrolhar 4 aparafusar (***to*** *em*) / *adv.* **bolt upright** completamente ereto
**bomb** [bam] *s.* 1 bomba: *a car bomb* um carro-bomba 2 AM FAM fracasso retumbante 3 **to cost/make a bomb** BRIT FAM

custar/ganhar uma nota / *v.* 1 bombardear 2 AM FAM ser um fracasso retumbante 3 AM FAM levar bomba (em)

**bom•bard** [bɑm'bɑrd] *v.* bombardear (***with*** *com*)

**bom•bard•ment** [bɑm'bɑrdmənt] *s.* bombardeio

**bomb•er** ['bɑmər] *s.* 1 autor de atentado a bomba 2 bombardeiro [avião]

**bomb•ing** ['bɑmɪŋ] *s.* 1 atentado a bomba 2 bombardeio

**bomb•shell** ['bɑmʃɛl] *s.* notícia bombástica

**bond** [bɑnd] *s.* 1 laço, vínculo 2 título [de dívida] 3 **bonds** amarras / *v.* 1 colar 2 entrosar-se (***with*** *com*) 3 criar um laço afetivo (***with*** *com*)

**bone** [boʊn] *s.* 1 osso 2 espinha [de peixe] 3 **bone of contention** pomo da discórdia 4 **to have a bone to pick with sb** precisar ter uma conversinha com alguém 5 **to make no bones about doing sth** não ter nenhum problema em fazer algo / *adv.* **bone dry** totalmente seco

**bone mar•row** *s.* medula óssea

**bon•fire** ['bɑnfaɪr] *s.* fogueira

**Bon•fire Night** ['bɑnfaɪr naɪt] *s.* noite de 5 de novembro, em que os britânicos comemoram com fogueiras e queima de fogos o fracasso de um complô que visava explodir o parlamento em 1605.

**bon•net** ['bɑnɪt] *s.* 1 touca 2 BRIT capô

**bo•nus** ['boʊnəs] *s.* 1 bônus 2 vantagem

**bony** ['boʊni] *adj.* [*comp* **bonier, boniest**] ossudo

**boo** [bu] *v.* vaiar / *s.* vaia

**booby trap** ['bubi træp] *s.* armadilha (explosiva)

**book** [bʊk] *s.* 1 livro (***by*** *de*, ***on*** *sobre*) 2 **books** contas, contabilidade 3 **by the book** de acordo com as normas / *v.* 1 reservar 2 **fully booked/booked up** lotado

**book•case** ['bʊkkeɪs] *s.* estante

**book•ing** ['bʊkɪŋ] *s.* BRIT reserva

**book•let** ['bʊklət] *s.* folheto

**book•maker** ['bʊkmeɪkər] *s.* (tb **bookmaker's**) agência/corretora de apostas

**book•mark** ['bʊkmɑrk] *s.* marcador [de livro ou site] / *v.* adicionar aos favoritos

**book•sell•er** ['bʊksɛlər] *s.* 1 livreiro 2 livraria

**book•shelf** ['bʊkʃɛlf] *s.* [*pl* **bookshelves**] estante

**book•shop** ['bʊkʃɔp] *s.* BRIT livraria

**book•store** ['bʊkstɔr] *s.* AM livraria

**boom** [bum] *s.* 1 boom [crescimento rápido] 2 estrondo / *v.* 1 viver um boom: *Business is booming.* Os negócios vão de vento em popa. 2 ribombar, retumbar

**boost** [bust] *v.* 1 aumentar 2 reforçar [confiança, moral] / *s.* 1 impulso (***to*** *para*) 2 **to give sb/sth a boost** a dar um impulso em alguém/algo b dar uma força a alguém/algo

**boot** [but] *s.* 1 bota 2 BRIT mala, porta-malas [de carro] 3 AM trava na roda 4 **to boot** de quebra 5 **to give sb the boot** a mandar alguém embora b dar um chute em alguém [namorado] / *v.* 1 (tb **boot up**) iniciar [computador, programa] 2 FAM chutar 3 AM colocar uma trava na roda de

**boot out: to boot sb out** FAM expulsar alguém (***of*** *de*)

**booth** [buθ] *s.* 1 cabine [de votação etc.] 2 barraca [de feira] 3 **ticket booth** bilheteria

**boo•ty** ['buti] *s.* [*pl* **booties**] 1 butim 2 AM FAM bumbum

**booze** [buz] FAM *s.* bebida alcoólica / *v.* encher a cara

**bor•der** ['bɔrdər] *s.* 1 fronteira: *a border town* uma cidade fronteiriça 2 borda 3 canteiro / *v.* 1 fazer fronteira com 2 margear, ladear 3 **to border on sth** a confinar com algo b chegar às raias de algo

**border•line** ['bɔrdərlaɪn] *s.* limite: *on the borderline* no limite / *adj.* 1 discutível [caso, decisão] 2 quase: *a borderline alcoholic* um quase alcoólatra

**bore** [bɔr] *v.* 1 entediar, cansar 2 **to bore a hole in sth** furar algo / *s.* 1 chato 2 chatice

**bored** [bɔrd] *adj.* 1 entediado, cansado 2 **to get bored** cansar (***with*** *de*) 3 **to be bored stiff/to death/to tears** FAM estar morrendo de tédio

**bore•dom** [ˈbɔrdəm] *s.* tédio
**bor•ing** [ˈbɔrɪŋ] *adj.* chato, cansativo
**born** [bɔrn] *v.* **to be born** nascer / *adj.* nato
**borne** [bɔrn] *v.* ▸ *pp de* BEAR
**bor•ough** [ˈbɜroʊ, *Brit*:ˈbʌrə] *s.* município
**bor•row** [ˈbɑroʊ] *v.* pedir/pegar/tomar emprestado (***from*** *de*): *Can I borrow your pen?* Você me empresta a sua caneta?
**bos•om** [ˈbʊzəm] *s.* peito [de mulher]
**boss** [bɔs] *s.* 1 chefe 2 patrão 3 **to be (the) boss** ser quem manda / *v.*
**boss around: to boss sb around** mandar em alguém
**bossy** [ˈbɔsi] *adj.* [*comp* **bossier, bossiest**] mandão
**bo•tani•cal gar•den** [bəˌtænɪkəlˈgɑrdən] *s.* jardim botânico
**bota•nist** [ˈbɑtnɪst] *s.* botânico
**bota•ny** [ˈbɑtni] *s.* botânica
**botch** [bɑtʃ] *v.* FAM (tb **botch up**) atamancar
**both** [boʊθ] *adj, pron.* 1 ambos, os dois: *both hands* as duas mãos | *They both speak English.* Os dois falam inglês. | *Me and my brother both play tennis.* Tanto eu como meu irmão jogamos tênis. 2 **both of them/ they both** os dois: *I like them both.* Gosto dos dois. 3 **both of us/we both** nós dois: *She invited us both.* Ela convidou nós dois. 4 **both of you/you both** vocês dois / *conj.* **both … and …** tanto … como …: *both in Brazil and in the US* tanto no Brasil como nos EUA | *The movie is both funny and sad.* O filme é engraçado e triste ao mesmo tempo.
**both•er** [ˈbɑðər] *v.* 1 incomodar(-se): *Sorry to bother you.* Desculpe incomodar. | *Don't bother.* Não se incomode. 2 **sb can't/ couldn't be bothered (to do sth)** BRIT alguém está/estava com preguiça (de fazer algo) 3 **to bother about/with sth** incomodar-se/importar-se com algo 4 **to bother doing sth/to do sth** dar-se ao trabalho de fazer algo / *s.* BRIT 1 trabalho 2 aborrecimento 3 **to be a bother** dar trabalho 4 **to go to the bother of doing sth** dar-se ao trabalho de fazer algo
**bot•tle** [ˈbɑtl] *s.* 1 garrafa 2 mamadeira 3 vidro [de perfume] 4 frasco / *v.* engarrafar
**bottle•neck** [ˈbɑtlnɛk] *s.* gargalo
**bot•tom** [ˈbɑtəm] *s.* 1 parte de baixo 2 fundo 3 pé [de escada, página] 4 bumbum 5 **bottoms** calça [de pijama] 6 **at the bottom (of sth)** ◼a embaixo (de algo) ◼b no fundo (de algo) 7 **to get to the bottom of sth** tirar algo a limpo / *adj.* 1 último, mais baixo 2 de baixo, inferior
**bought** [bɔt] *v.* ▸ *ps e pp de* BUY
**boul•der** [ˈboʊldər] *s.* pedregulho
**boule•vard** [ˈbʊləvɑrd] *s.* avenida
**bounce** [baʊns] *v.* 1 quicar 2 (tb **bounce up and down**) pular 3 voltar [cheque sem fundos]
**bounce back** 1 dar a volta por cima 2 voltar [e-mail] / *s.* quique
**bounc•er** [ˈbaʊnsər] *s.* leão de chácara, segurança
**bouncy** [ˈbaʊnsi] *adj.* [*comp* **bouncier, bounciest**] 1 com mola 2 alegre
**bound** [baʊnd] *adj.* 1 **bound for sth** com destino a algo 2 **sb/sth is bound to do sth** com certeza alguém/algo vai fazer algo: *She's bound to find out.* Com certeza ela vai descobrir. | *It's bound to be difficult at first.* Claro que vai ser difícil no começo. / *s.* 1 salto, pulo 2 **bounds** limites 3 **by/in leaps and bounds** BRIT rapidamente 4 **out of bounds** de acesso proibido (***to*** *para*) / *v.* ir a passos largos, correr
**bounda•ry** [ˈbaʊndəri] *s.* [*pl* **boundaries**] 1 divisa 2 fronteira [da ciência etc.] 3 limite
**bou•quet** [boʊˈkeɪ] *s.* 1 buquê 2 aroma [de vinho]
**bour•geois** [bʊrˈʒwɑ] *adj, s.* burguês
**bout** [baʊt] *s.* 1 disputa, luta [de boxe etc.] 2 **a bout of depression/flu** uma depressão/ uma gripe
**bou•tique** [buˈtik] *s.* butique
**bow**[1] [baʊ] *v.* 1 fazer reverência 2 baixar [a cabeça] / *s.* 1 reverência 2 proa 3 **to take a bow** agradecer os aplausos

**bow**² [boʊ] *s.* 1 arco [arma, de violino etc.] 2 laço [em fita etc.] 3 **to tie sth in a bow** dar um laço em algo

**bow•el** [ˈbaʊəl] *s.* intestino

**bowl** [boʊl] *s.* 1 tigela 2 cumbuca 3 vasilha, bacia 4 **bowls** BRIT bocha / *v.* 1 jogar, arremessar 2 jogar boliche

**bow•ler** [ˈboʊlər] *s.* 1 jogador de boliche 2 (tb **bowler hat**) chapéu-coco 3 arremessador [em críquete]

**bowl•ing** [ˈboʊlɪŋ] *s.* 1 boliche 2 **to go bowling** jogar boliche

**bowl•ing al•ley** [ˈboʊlɪŋˌæli] *s.* pista de boliche

**bowl•ing green** [ˈboʊlɪŋ grin] *s.* campo de bocha

**bow tie** [boʊˈtaɪ] *s.* gravata-borboleta

**box** [bɑks] *s.* 1 caixa: *a cardboard box* uma caixa de papelão 2 quadrado, casinha [em formulário] 3 camarote / *v.* lutar boxe

**box•er** [ˈbɑksər] *s.* 1 pugilista 2 **boxers** (tb **boxer shorts**) cueca samba-canção

**box•ing** [ˈbɑksɪŋ] *s.* boxe: *boxing gloves* luvas de boxe

**Box•ing Day** [ˈbɑksɪŋ deɪ] *s.* BRIT feriado do dia 26 de dezembro

**box of•fice** [ˈbɑksˌɔfɪs] *s.* bilheteria: *a box office hit* um sucesso de bilheteria

**boy** [bɔɪ] *s.* 1 menino, garoto 2 filho / *interj.* FAM (tb **oh boy!**) nossa!

**boy•cott** [ˈbɔɪkɑt] *s.* boicote / *v.* boicotar

**boy•friend** [ˈbɔɪfrɛnd] *s.* namorado

**boy•hood** [ˈbɔɪhʊd] *s.* meninice, infância

**boy•ish** [ˈbɔɪɪʃ] *adj.* de menino/moleque

**Boy Scout** [ˈbɔɪ skaʊt] *s.* escoteiro

**bra** [brɑ] *s.* sutiã

**brace** [breɪs] *s.* 1 (tb **braces**) aparelho [ortodôntico] 2 **braces** BRIT suspensórios / *v.* **to brace yourself** preparar-se (***for*** *para*)

**brace•let** [ˈbreɪslət] *s.* bracelete, pulseira

**brack•et** [ˈbrækɪt] *s.* 1 AM chave [sinal gráfico] 2 BRIT (tb **round bracket**) parêntese: *in brackets* entre parênteses 3 faixa [de renda, idade]: *a tax bracket* uma faixa tributária 4 braçadeira, mão-francesa 5 **square bracket** colchete / *v.* pôr entre parênteses

**brag** [bræg] *v.* [-**gg**-] contar vantagem (***about*** *sobre*)

**braid** *s.* 1 AM trança 2 galão / *v.* AM trançar

**braille** [breɪl] *s.* braile

**brain** [breɪn] *s.* 1 cérebro 2 cabeça [pessoa] 3 **brains** **a** inteligência **b** miolos 4 **sb has sth on the brain** FAM algo não sai da cabeça de alguém

**brain dam•age** [ˈbreɪnˌdæmɪdʒ] *s.* danos cerebrais

**brain•storm** [ˈbreɪnstɔrm] *s.* AM ideia brilhante / *v.* fazer brainstorming (de)

**brain•wash** [ˈbreɪnwɑʃ] *v.* fazer lavagem cerebral em

**brain•wave** [ˈbreɪnweɪv] *s.* BRIT ideia brilhante

**brainy** [ˈbreɪni] *adj.* [*comp* **brainier, brainiest**] FAM inteligente

**braise** [breɪzd] *v.* estufar [carne]

**brake** [breɪk] *s.* freio (***on*** *em*) / *v.* frear, brecar

**bram•ble** [ˈbræmbəl] *s.* sarça, espinheiro [planta]

**bran** [bræn] *s.* farelo [de trigo etc.]

**branch** [bræntʃ] *s.* 1 galho 2 agência [de banco] 3 filial [de empresa] 4 ramo [de atividade, família] 5 (tb **branch line**) ramal [de ferrovia] / *v.* bifurcar-se

**branch off** 1 bifurcar-se (***from*** *de*) 2 desviar-se do assunto

**branch out** diversificar, partir para outra

**brand** [brænd] *s.* marca / *v.* 1 marcar [com ferro] 2 **to brand sb (as) sth** estigmatizar alguém de algo

**bran•dish** [ˈbrændɪʃ] *v.* brandir

**brand-new** [brændˈnu] *adj.* 1 novo em folha, novinho 2 zero-quilômetro

**bran•dy** [ˈbrændi] *s.* [*pl* **brandies**] conhaque

**brash** [bræʃ] *adj.* 1 impertinente 2 chamativo

**brass** [bræs] *s.* 1 latão 2 (tb **brass section**) metais [de orquestra] 3 **the (top) brass** FAM o primeiro escalão

**brass band** [bræs 'bænd] *s.* fanfarra
**brat** [bræt] *s.* FAM pirralho, fedelho
**bra•va•do** [brə'vɑdoʊ] *s.* bravata
**brave** [breɪv] *adj.* [*comp* **braver, bravest**] 1 valente, corajoso 2 **to put on a brave face** fazer cara boa / *v.* enfrentar
**brav•ery** ['breɪvəri] *s.* coragem, bravura
**bravo** [brɑ'voʊ] *interj.* bravo!
**brawl** [brɔl] *s.* pancadaria, briga / *v.* brigar, engalfinhar-se
**brawn** [brɔn] *s.* muque
**brawny** ['brɔni] *adj.* [*comp* **brawnier, brawniest**] forte, parrudo
**Bra•zil** [brə'zɪl] *s.* Brasil
**Bra•zil•ian** [brə'zɪliən] *adj, s.* brasileiro
**Brazil nut** [brə'zɪl nʌt] *s.* castanha-do-pará
**breach** [britʃ] *s.* 1 violação, infração 2 **breach of contract** quebra de contrato 3 **breach of the peace** atentado contra a ordem pública 4 **breach of trust** abuso de confiança 5 **in breach of sth** infringindo algo
**bread** [brɛd] *s.* pão: *a loaf of bread* um pão | *brown bread* pão integral | *bread and butter* pão com manteiga
**bread•crumbs** ['brɛdkrʌmz] *spl.* farinha de rosca
**breadth** [brɛdθ] *s.* 1 largura 2 amplitude
**bread•winner** ['brɛdwɪnər] *s.* arrimo de família
**break** [breɪk] *v.* [*ps, pp* **broke, broken**] 1 quebrar 2 infringir [lei, regra] 3 fazer intervalo 4 tornar-se público [notícia] 5 virar [tempo] 6 mudar [voz de menino] 7 **dawn/day breaks** o dia raia, amanhece 8 **to break free/loose** soltar-se 9 **to break sb's heart** partir o coração de alguém 10 **to break the news to sb** dar a notícia a alguém 11 **to break your word** faltar com a palavra
**break away** 1 separar-se (***from*** *de*) 2 desvencilhar-se (***from*** *de*) 3 abrir vantagem (***from*** *sobre*) 4 soltar-se
**break down** 1 quebrar, enguiçar 2 fracassar, desandar 3 **to break down (in tears)** emocionar-se 4 **to break sth down** **a** arrombar algo [porta] **b** acabar com algo [barreiras, preconceito]
**break in** 1 invadir a casa/o local 2 interromper
**break into** 1 invadir [arrombando] 2 ingressar em [ramo, mercado] 3 **to break into a run** desatar a correr
**break off** 1 parar de falar 2 soltar-se 3 **to break sth off** **a** arrancar algo (de) **b** romper algo [noivado, relações]
**break out** 1 começar [guerra, incêndio, tumulto] 2 fugir (***of*** *de*) 3 **to break out in a sweat** começar a suar
**break through** penetrar, atravessar
**break up** 1 terminar, romper (***with*** *com*) 2 desfazer-se 3 desintegrar-se 4 BRIT entrar de férias [escola] 5 **to break sb up** AM FAM matar alguém de rir 6 **to break sth up** **a** apartar algo [briga] **b** desfazer/desmanchar algo / *s.* 1 intervalo 2 descanso 3 (viagem de) férias 4 BRIT (tb **break time**) recreio 5 brecha (***in*** *em*) 6 fratura 7 rompimento 8 FAM chance 9 **give me a break!** FAM dá um tempo!, me poupe! 10 **to catch a break** AM FAM dar sorte, ter uma chance 11 **to give sb a break** FAM pegar leve com alguém 12 **to have/take a break** **a** fazer um intervalo **b** descansar **c** FAM dar um tempo [na relação]
**break•able** ['breɪkəbəl] *adj.* frágil
**break•age** ['breɪkɪdʒ] *s.* 1 quebra 2 objeto quebrado
**break•down** ['breɪkdaʊn] *s.* 1 enguiço, pane 2 (tb **nervous breakdown**) esgotamento nervoso 3 desagregação [de casamento, familiar] 4 fracasso [de negociações] 5 ruptura [nas relações] 6 discriminação, detalhamento 7 **to have a breakdown** **a** enguiçar **b** sofrer um esgotamento nervoso
**break•er** ['breɪkər] *s.* onda de rebentação
**break•fast** ['brɛkfəst] *s.* 1 café da manhã: *I have cereal for breakfast.* Como cereal no café da manhã. 2 **to have breakfast** tomar café
**break-in** ['breɪkɪn] *s.* assalto [a casa, prédio]

**break•through** ['breɪkθru] *s.* avanço importante

**break•up** ['breɪkʌp] *s.* 1 rompimento 2 desintegração 3 dissolução

**breast** [brɛst] *s.* 1 seio 2 peito

**breast can•cer** ['brɛst,kænsər] *s.* câncer de mama

**breast•stroke** ['brɛststroʊk] *s.* 1 nado de peito 2 **to do the breaststroke** nadar de peito

**breath** [brɛθ] *s.* 1 hálito: *bad breath* mau hálito 2 respiração 3 **a breath of fresh air** uma lufada de ar fresco 4 **don't hold your breath!** FAM espera sentado! 5 **out of breath** ofegante, sem fôlego 6 **to catch your breath/get your breath back** recuperar o fôlego 7 **to hold your breath** prender a respiração 8 **to take a breath** respirar: *Take a deep breath.* Respire fundo. 9 **to take sb's breath away** tirar o fôlego de alguém 10 **under your breath** a meia-voz

**breathe** [brið] *v.* respirar

**breathe in** inspirar

**breathe out** expirar

**breath•ing** ['briðɪŋ] *s.* respiração

**breath•ing space** ['briðɪŋ speɪs] *s.* tempo para respirar, pausa

**breath•less** ['brɛθləs] *adj.* 1 ofegante, sem fôlego 2 com falta de ar

**breath•taking** ['brɛθteɪkɪŋ] *adj.* de tirar o fôlego

**breed** [brid] *v.* [*ps e pp* **bred**] 1 reproduzir-se 2 criar [animais] 3 gerar, provocar / *s.* 1 raça [de animal] 2 tipo

**breed•er** ['bridər] *s.* criador

**breed•ing** ['bridɪŋ] *s.* 1 reprodução [de animais] 2 criação [de animais]

**breeze** [briz] *s.* 1 brisa 2 **to be a breeze** FAM ser facinho

**breezy** ['brizi] *adj.* [*comp* **breezier, breeziest**] 1 de brisa: *a breezy day* um dia de brisa 2 alegre [pessoa] 3 **to be breezy** ter brisa

**brew** [bru] *v.* 1 fazer [cerveja, chá, café] 2 ficar em infusão [chá] 3 **to be brewing** estar se armando [temporal, crise]

**brew•ery** ['bruəri] *s.* [*pl* **breweries**] cervejaria [fábrica]

**bribe** [braɪb] *s.* suborno / *v.* subornar

**brib•ery** ['braɪbəri] *s.* suborno

**brick** [brɪk] *s.* 1 tijolo 2 BRIT bloco [brinquedo] / *v.*

**brick up: to brick sth up** fechar algo com tijolos

**brid•al** ['braɪdəl] *adj.* 1 nupcial [suíte] 2 **bridal gown** vestido de noiva

**bride** [braɪd] *s.* noiva [no casamento]: *the bride and groom* os noivos

**bridegroom** ['braɪdgrum] *s.* noivo [no casamento]

**brides•maid** ['braɪdzmeɪd] *s.* madrinha de casamento

**bridge** [brɪdʒ] *s.* 1 ponte 2 ponte de comando 3 bridge [jogo] 4 cavalete [do nariz] / *v.* reduzir [diferenças]

**bri•dle** [braɪdəl] *s.* cabeçada, brida [para cavalo]

**brief** [brif] *adj.* 1 breve 2 sumário [roupa] / *s.* 1 instruções 2 **briefs** cueca, calcinha [tipo sunga] 3 **in brief** em resumo / *v.* informar (***on*** *sobre*)

**brief•case** ['brifkeɪs] *s.* pasta, maleta [para papéis]

**briefly** ['brifli] *adv.* 1 rapidamente 2 em resumo

**brigade** [brɪ'geɪd] *s.* brigada

**bright** [braɪt] *adj.* [*comp* **brighter, brightest**] 1 forte [luz] 2 brilhante 3 luminoso 4 inteligente 5 vivo [cor] 6 animado 7 promissor [futuro] 8 **bright and early** cedinho 9 **to look on the bright side** ver o lado positivo / **brights** *spl.* AM farol alto

**bright•en** ['braɪtən] *v.* 1 (tb **brighten up**) clarear 2 (tb **brighten up**) alegrar 3 (tb **brighten up**) animar-se

**bright•ly** ['braɪtli] *adv.* 1 forte [brilhar] 2 **brightly colored** muito colorido 3 **brightly lit** bem iluminado

**bright•ness** ['braɪtnəs] *s.* 1 brilho 2 luminosidade

**bril•liance** [ˈbrɪljəns] *s.* brilho, talento [de pessoa]

**bril•liant** [ˈbrɪljənt] *adj.* 1 brilhante 2 BRIT FAM ótimo

**brim** [brɪm] *s.* 1 aba [de chapéu] 2 **full to the brim** cheio até a borda (***with*** *de*) / *v.* **to be brimming with sth** estar esbanjando algo

**bring** [brɪŋ] *v.* [*ps e pp* **brought**] 1 trazer 2 **cannot/could not bring yourself to do sth** não tem/teve coragem de fazer algo
**bring about: to bring sth about** provocar algo
**bring along: to bring sb/sth along** trazer alguém/algo junto
**bring back** 1 **to bring sth back** a trazer algo (de volta) b devolver algo c reintroduzir algo 2 **to bring back memories** trazer recordações
**bring down: to bring sth down** a trazer algo para baixo b reduzir algo [preços, inflação etc.] c abater algo [avião] d derrubar algo [governo]
**bring forward: to bring sth forward** antecipar algo (***to*** *para*)
**bring in** 1 **to bring sth in** a entrar com algo b introduzir algo c render algo 2 **to bring sb in** a mandar alguém entrar b envolver/acionar alguém
**bring on** 1 **to bring sth on** provocar/causar algo 2 **bring it on!** FAM pode vir!
**bring out** 1 **to bring sth out** a sacar algo b ressaltar/realçar algo c lançar algo [livro, produto] 2 **to bring out the best/worst in sb** fazer aflorar o melhor/pior de alguém
**bring together: to bring sb together** a reunir alguém b unir alguém
**bring up** 1 **to bring sb up** criar alguém [filho] 2 **to bring sth up** a trazer algo para cima b levantar/tocar em algo [assunto] c puxar/visualizar algo [na tela]
▸ De modo geral, o verbo ***bring*** corresponde a *trazer* e ***take*** a *levar*. Porém, quando se fala em levar algo até onde está a pessoa com quem se está conversando, usa-se ***bring*** em inglês, p.ex., ***I'm coming over to see you. Do you want me to bring anything?*** *Vou aí te visitar. Quer que eu leve alguma coisa?* No inglês americano, usa-se ***bring*** também para falar em levar algo até uma terceira pessoa: ***John must be cold out there in the yard. I think I'll bring him a sweater.*** *O John deve estar com frio lá fora no quintal. Vou levar um agasalho para ele.*

**brink** [brɪŋk] *s.* beira: *on the brink of disaster* à beira do desastre

**brisk** [brɪsk] *adj.* 1 rápido 2 enérgico

**bris•tle** [ˈbrɪsəl] *s.* 1 cerda 2 pelo duro / *v.* encrespar-se [de raiva]

**Brit** [brɪt] *s.* FAM britânico, inglês

**Brit•ain** [ˈbrɪtn] *s.* Grã-Bretanha
▸ O nome ***Britain*** abrange três países: Inglaterra, Escócia e País de Gales. Em português, costuma-se usar o nome *Inglaterra* para designar o conjunto desses três países, mas, em inglês, o nome ***England*** não inclui Escócia e País de Gales.

**Brit•ish** [ˈbrɪtɪʃ] *adj.* 1 britânico 2 **the British** os britânicos

**Brit•on** [ˈbrɪtən] *s.* FORM britânico

**brit•tle** [ˈbrɪtəl] *adj.* quebradiço

**broach** [broʊtʃ] *v.* abordar [assunto]

**broad** [brɔd] *adj.* 1 largo 2 amplo 3 vasto 4 geral 5 forte [sotaque] 6 **in broad daylight** em plena luz do dia

**broad•band** [ˈbrɔdbænd] *s.* banda larga

**broad bean** [brɔdˈbin] *s.* BRIT fava

**broad•cast** [ˈbrɔdkæst] *v.* [*ps e pp* **broadcast**] transmitir / *s.* transmissão

**broad•cast•er** [ˈbrɔdkæstər] *s.* 1 emissora 2 locutor

**broad•cast•ing** [ˈbrɔdkæstɪŋ] *s.* radiodifusão

**broad•en** [ˈbrɔdn] *v.* 1 ampliar 2 (tb **broaden out**) alargar

**broad•ly** [ˈbrɔdli] *adv.* 1 em termos gerais 2 **broadly speaking** de modo geral

**broad-minded** [brɔdˈmaɪndɪd] *adj.* mente aberta

**broad•sheet** [ˈbrɔdʃit] *s.* jornal de qualidade

**broc•co•li** [ˈbrɑkəli] *s.* brócolis

**bro•chure** [broʊˈʃʊr, *Brit*:ˈbroʊʃə] *s.* folheto, prospecto

**broil** [brɔɪl] *v.* AM grelhar

**broke** [broʊk] *adj.* FAM duro, falido / *v.* ▸ *ps de* BREAK

**bro•ken** [ˈbroʊkən] *adj.* quebrado / *v.* ▸ *pp de* BREAK

**broken-hearted** [ˌbroʊˈkənˈhɑrtɪd] *adj.* de coração partido

**bro•ker** [ˈbroʊkər] *s.* corretor

**bron•chi•tis** [brɑŋˈkaɪtɪs] *s.* bronquite

**bronze** [brɑnz] *s.* bronze: *a bronze medal* uma medalha de bronze

**brooch** [broʊtʃ] *s.* broche

**brood** [brud] *v.* **to brood (about/over/on sth)** remoer (algo) / *s.* ninhada

**brook** [brʊk] *s.* arroio, riacho

**broom** [brum] *s.* vassoura

**broom•stick** [ˈbrumstɪk] *s.* vassoura [de bruxa]

**broth** [brɔθ] *s.* caldo

**broth•er** [ˈbrʌðər] *s.* **1** irmão **2 big brother** irmão mais velho **3 kid/little brother** irmão mais novo

**brother•hood** [ˈbrʌðərhʊd] *s.* **1** fraternidade **2** confraria, irmandade

**brother-in-law** [ˈbrʌðər ɪn lɔ] *s.* [*pl* **brothers-in-law**] cunhado

**brought** [brɔt] *v.* ▸ *ps e pp de* BRING

**brow** [braʊ] *s.* **1** fronte, testa **2** sobrancelha **3** cume

**brown** [braʊn] *adj, s.* **1** marrom **2** castanho **3** moreno, bronzeado / *v.* **1** refogar **2** dourar [alimentos]

**brown bread** [braʊnˈbrɛd] *s.* pão integral

**brownie** [ˈbraʊni] *s.* brownie

**brown paper** [braʊnˈpeɪpər] *s.* papel pardo

**brown sugar** [braʊnˈʃʊgər] *s.* açúcar mascavo

**browse** [braʊz] *v.* **1** (tb **browse around**) dar uma olhada (em) [loja] **2** buscar (em) [HD, Internet] **3** pastar **4 to browse through sth** olhar por alto/folhear algo

**brows•er** [ˈbraʊzər] *s.* browser

**bruise** [bruz] *s.* **1** hematoma, mancha roxa **2** machucado [em fruta] / *v.* machucar(-se)

**bru•nette** [bruˈnɛt] *s.* morena

**brunt** [brʌnt] *s.* **to bear/take the brunt of sth** ser o mais atingido por algo

**brush** [brʌʃ] *s.* **1** escova **2** pincel **3** mato **4 5 a brush with death/the law** um encontro com a morte/uma passagem pela polícia / *v.* **1** escovar **2** pincelar **3 to brush (against) sth** roçar (em) algo **4 to brush sth off sth** tirar algo de algo

**brush aside, brush off: to brush sth aside/off** rebater algo

**brush up: to brush sth up/brush up on sth** desenferrujar algo [idioma]

**Brus•sels sprout** [ˌbrʌsəlzˈspraʊt] *s.* couve-de-bruxelas

**bru•tal** [ˈbrutəl] *adj.* brutal

**bru•tal•ity** [bruˈtæləti] *s.* [*pl* **brutalities**] brutalidade, crueldade

**brute** [brut] *s.* bruto / *adj.* **brute force/strength** força bruta

**B.S.** [biˈɛs] *s.* AM **1** (= Bachelor of Science) bacharelado [em Exatas] **2** GÍR (= bullshit) balela

**BSc** [biɛsˈsi] *s.* BRIT (= Bachelor of Science) bacharelado [em Exatas]

**bub•ble** [ˈbʌbəl] *s.* bolha, borbulha / *v.* borbulhar

**bub•ble bath** [ˈbʌbəl bæθ] *s.* **1** espuma para banho **2** banho de espuma

**bub•ble gum** [ˈbʌbəl gʌm] *s.* chiclete de bola

**bub•ble wrap** [ˈbʌbl ræp] *s.* papel bolha

**bub•bly** [ˈbʌbli] *adj.* [*comp* **bubblier, bubbliest**] **1** efervescente **2** alegre, espevitado

**buck** [bʌk] *s.* **1** FAM dólar **2 big/mega bucks** FAM uma nota preta **3 the buck stops with sb** o responsável é alguém **4 to pass the buck** fazer jogo de empurra / *adv.* **buck naked** AM FAM peladão / *v.* **1** corcovear **2** contrariar [tendência]

**buck up** FAM animar-se

**buck•et** [ˈbʌkɪt] *s.* **1** balde **2 to cry/weep buckets** FAM chorar horrores

**buck•et•ful** [ˈbʌkɪtfəl] *s.* balde [quantidade]: *by the bucketful* aos baldes
**bucket list** [ˈbʌkɪt lɪst] *s.* lista do que fazer antes de morrer
**buck•le** [ˈbʌkəl] *s.* fivela / *v.* 1 afivelar 2 empenar, vergar 3 ceder
**buckle up** apertar o cinto [de segurança]
**bud** [bʌd] *s.* botão [de flor] / *v.* [-**dd**-] dar botões
**Buddha** [ˈbʊdə] *s.* Buda
**Bud•dhism** [ˈbʊdɪzəm] *s.* budismo
**Bud•dhist** [ˈbʊdɪst] *adj, s.* budista
**bud•ding** [ˈbʌdɪŋ] *adj.* 1 iniciante [carreira, romance] 2 **a budding actor etc.** um aspirante a ator etc.
**bud•dy** [ˈbʌdi] *s.* [*pl* **buddies**] 1 FAM amigo, camarada 2 **to be buddy-buddy** AM FAM ser amiguinho (***with*** *de*)
**budge** [bʌdʒ] *v.* 1 mexer(-se) 2 arredar pé
**budg•et** [ˈbʌdʒɪt] *s.* 1 orçamento: *a low-budget movie* um filme de orçamento pequeno 2 **to go over budget** estourar o orçamento / *v.* 1 administrar o seu dinheiro 2 **to budget for sth** incluir algo no orçamento / *adj.* a preço reduzido, barato
**budgie** [ˈbʌdʒi] *s.* periquito
**buff** [bʌf] *s.* aficionado: *a wine buff* um aficionado por vinho / *adj.* FAM sarado
**buf•fa•lo** [ˈbʌfəloʊ] *s.* [*pl* **buffalo/buffaloes**] búfalo
**buff•er** [ˈbʌfər] *s.* buffer [memória temporária] / *v.* carregar [no buffer]
**buf•fet**[1] [bəˈfeɪ, *Brit*: ˈbʊfeɪ] *s.* 1 bufê 2 AM aparador
**buf•fet**[2] [ˈbʌfɪt] *v.* fustigar
**bug** [bʌg] *s.* 1 AM FAM inseto, bicho 2 FAM vírus: *a tummy bug* um vírus estomacal 3 FAM mania: *the travel bug* a mania de viajar 4 bug, erro 5 grampo [para escuta secreta] / *v.* [-**gg**-] 1 FAM irritar 2 grampear [sala]
**bug•gy** [ˈbʌgi] *s.* [*pl* **buggies**] 1 carrinho de bebê 2 bugre [veículo]
**bu•gle** [ˈbjugəl] *s.* corneta
**build** [bɪld] *v.* [*ps e pp* **built**] 1 construir 2 fazer 3 (tb **build up**) aumentar [tensão, confiança etc.] 4 **to be built of sth** ser feito de algo 5 **to be built on sth** basear-se em algo 6 **to build on sth** aproveitar algo [sucesso]
**build up** 1 ir crescendo 2 acumular(-se) 3 **to build sth up** a desenvolver algo b acumular algo 4 **to build up to sth** criar expectativa para algo 5 **to build your hopes up** alimentar esperanças / *s.* tipo físico, biotipo
**build•er** [ˈbɪldər] *s.* BRIT 1 pedreiro 2 construtora
**build•ing** [ˈbɪldɪŋ] *s.* 1 prédio 2 construção: *building supplies* material de construção
**build•ing site** [ˈbɪldɪŋ saɪt] *s.* BRIT obra, construção [local]
**build-up** [ˈbɪldʌp] *s.* 1 acúmulo 2 preparativos (*to para*) 3 **to give sth a big build-up** criar muita expectativa sobre algo
**built** [bɪlt] *v.* ▸ *ps e pp de* BUILD
**built-in** [bɪltˈɪn] *adj.* embutido
**built-up** [bɪltˈʌp] *adj.* urbanizado
**bulb** [bʌlb] *s.* 1 (tb **light bulb**) lâmpada 2 bulbo
**bulge** [bʌldʒ] *s.* bojo / *v.* 1 fazer bojo 2 **to be bulging with sth** estar abarrotado de algo
**bulk** [bʌlk] *s.* 1 volume 2 **in bulk** a granel 3 **the bulk of sth** a maioria/o grosso de algo
**bulky** [ˈbʌlki] *adj.* [*comp* **bulkier, bulkiest**] volumoso
**bull** [bʊl] *s.* 1 touro, boi 2 FAM balela
**bull•doze** [ˈbʊldoʊz] *v.* derrubar [com carregadeira]
**bull•doz•er** [ˈbʊldoʊzər] *s.* carregadeira
**bul•let** [ˈbʊlɪt] *s.* bala [de arma]: *a bullet wound* um ferimento a bala
**bul•letin** [ˈbʊlətɪn] *s.* boletim
**bul•letin board** [ˈbʊlətɪn bɔrd] *s.* AM quadro de avisos
**bull•fight** [ˈbʊlfaɪt] *s.* tourada
**bull's-eye** [ˈbʊlzaɪ] *s.* centro do alvo, mosca
**bull•shit** [ˈbʊlʃɪt] GÍR *s.* balela, mentira / *v.* [-**tt**-] mentir (para), enrolar
**bul•ly** [ˈbʊli] *s.* [*pl* **bullies**] 1 assediador [moral] 2 tirano / *v.* [*ps e pp* **bullied**] 1 fazer bullying com, assediar moralmente: *He was bullied at school.* Ele sofria bullying

na escola. **2** implicar com, intimidar **3 to bully sb into doing sth** intimidar alguém para que faça algo

**bum** [bʌm] FAM *s.* **1** AM mendigo **2** vagabundo, vadio **3** BRIT bunda / *v.* [**-mm-**] BRIT filar

**bum around** vadiar, ficar à toa / *adj.* **1** AM ruim **2 to get a bum deal** dar-se mal

**bum•mer** [ˈbʌmər] *s.* FAM coisa chata

**bump** [bʌmp] *v.* bater com (***on*** *em*)

**bump along** ir aos solavancos

**bump into** **1** esbarrar em **2** topar com / *s.* **1** galo [na cabeça etc.] **2** lombada **3** baque

**bump•er** [ˈbʌmpər] *s.* **1** BRIT para-choque [de carro] **2 bumper to bumper** engarrafado [trânsito] / *adj.* **1** gigante [edição, embalagem] **2 bumper crop/harvest** supersafra

**bumpy** [ˈbʌmpi] *adj.* [*comp* **bumpier, bumpiest**] **1** acidentado [terreno, estrada] **2** com muitos solavancos: *It was a bumpy flight.* O avião balançou muito.

**bun** [bʌn] *s.* **1** pão [tipo hambúrguer] **2** BRIT pão doce **3** coque [no cabelo] **4 buns** AM FAM bumbum

**bunch** [bʌntʃ] *s.* **1** molho [de chaves] **2** cacho [de uvas] **3** penca [de banana] **4** ramalhete **5** FAM turma **6 a (whole) bunch of sth** AM FAM um monte de algo / *v.*

**bunch together, bunch up** juntar-se

**bun•dle** [ˈbʌndəl] *s.* **1** trouxa **2** maço **3** feixe / *v.* **1 to bundle sb into/out of sth** empurrar alguém para dentro/fora de algo **2 to bundle sth with sth** incluir algo em algo

**bundle off: to bundle sb off** despachar alguém

**bung** [bʌŋ] *s.* batoque / *v.* BRIT FAM tacar

**bung up** **1 to bung sth up** BRIT FAM tapar algo **2 to be bunged up** BRIT FAM estar com o nariz entupido

**bun•ga•low** [ˈbʌŋgəloʊ] *s.* **1** bangalô **2** BRIT casa térrea

**bungee jump** [ˈbʌndʒi dʒʌmp] *s.* salto de bungee jump

**bungee jump•ing** [ˈbʌndʒi ˌdʒʌmpɪŋ] *s.* bungee jump [salto com corda elástica]

**bunk** [bʌŋk] *s.* **1** (cama de) beliche **2 bunk beds** beliche [móvel] / *v.* FAM dormir

**bun•ker** [ˈbʌŋkər] *s.* bunker

**bun•ny** [ˈbʌni] *s.* [*pl* **bunnies**] FAM coelhinho

**buoy** [ˈbui, *Brit*: bɔɪ] *s.* boia [no mar] / *v.* (tb **buoy up**) animar

**bur•den** [ˈbɜrdən] *s.* fardo, peso / *v.* **1 to be burdened with/by sth** estar sobrecarregado de algo **2 to burden sb with sth** incomodar alguém com algo

**bu•reau** [ˈbjʊroʊ] *s.* **1** agência **2** repartição **3** AM cômoda **4** BRIT escrivaninha

**bu•reau•cra•cy** [bjʊˈrɑkrəsi] *s.* [*pl* **bureaucracies**] burocracia

**bu•reau•crat** [ˈbjʊrəkræt] *s.* burocrata

**bu•reau•crat•ic** [bjʊrəˈkrætɪk] *adj.* burocrático

**bureau de change** [ˌbjʊroʊ dəˈʃɑndʒ] *s.* BRIT casa de câmbio

**burg•er** [ˈbɜrgər] *s.* hambúrguer

**bur•glar** [ˈbɜrglər] *s.* ladrão [que assalta casas]

**bur•glar alarm** [ˈbɜrglər əˌlɑrm] *s.* alarme antirroubo

**bur•glar•ize** [ˈbɜrglərаɪz] *v.* AM assaltar: *We've been burglarized.* Assaltaram a nossa casa.

**bur•gla•ry** [ˈbɜrgləri] *s.* [*pl* **burglaries**] assalto [a casa, escritório etc.]

**bur•gle** [ˈbɜrgəl] *v.* BRIT assaltar

**bur•ial** [ˈbɛriəl] *s.* enterro

**bur•ly** [ˈbɜrli] *adj.* [*comp* **burlier, burliest**] corpulento, parrudo

**burn** [bɜrn] *v.* [*ps e pp* **burned/burnt**] **1** queimar **2** arder **3** gravar (***onto*** *em CD-ROM*) **4 to burn to death** morrer queimado **5 to burn to the ground** ser reduzido a cinzas

**burn down** **1** (tb **be burned down**) ser destruído pelo fogo **2 to burn sth down** incendiar algo

**burn out** **1** apagar-se: *The fire burned itself out.* O fogo se apagou sozinho. **2** (tb **be burned out**) sofrer um esgotamento profissional

**burn up** 1 queimar 2 **to be burning up** estar pegando fogo [de febre] / *s.* queimadura: *third-degree burns* queimaduras de terceiro grau

**burn•ing** [ˈbɜrnɪŋ] *adj.* 1 em chamas 2 ardente [desejo, ambição] 3 crucial [questão] 4 **burning sensation** queimação / *adv.* **burning hot** escaldante / *s.* 1 queima 2 **smell of burning** cheiro de queimado

**burnt** [bɜrnt] *v.* BRIT ▸ *ps e pp de* BURN / *adj.* queimado

**burp** [bɜrp] *v.* 1 arrotar 2 colocar para arrotar [bebê] / *s.* arroto

**bur•row** [ˈbʌroʊ] *s.* toca [de animal] / *v.* **to burrow into sth** cavar algo

**burst** [bɜrst] *v.* [*ps e pp* **burst**] 1 estourar 2 **to be bursting with sth** ⓐ estar cheio de algo ⓑ estar esbanjando algo 3 **to burst into flames** incendiar-se 4 **to burst into sth** entrar de supetão em/invadir algo 5 **to burst into tears** desatar a chorar 6 **to burst its banks** transbordar [rio]

**burst in** 1 entrar de supetão 2 **to burst in on sb** entrar sem avisar alguém

**burst out: to burst out crying/laughing** desatar a chorar/rir / *s.* 1 furo [em cano] 2 rajada [de tiros] 3 surto [de atividade, entusiasmo] 4 **a burst of speed** uma disparada / *adj.* furado

**bury** [ˈbɛri] *v.* [*ps e pp* **buried**] 1 enterrar 2 soterrar 3 enfiar (***in*** *em*, ***under*** *embaixo de*)

**bus** [bʌs] *s.* ônibus: *a bus driver* um motorista de ônibus

**bus fare** [ˈbʌs fɛr] *s.* (dinheiro da) passagem de ônibus

**bush** [bʊʃ] *s.* 1 arbusto 2 moita 3 matagal 4 **to beat around/about the bush** fazer rodeios [ao falar]

**busi•ly** [ˈbɪzəli] *adv.* com afinco

**busi•ness** [ˈbɪznɪs] *s.* 1 negócios: *a business trip* uma viagem de negócios | *a business deal* um negócio 2 empresa 3 ramo: *the music business* o ramo da música 4 (tb **the business world**) o mundo dos negócios 5 administração de empresas [disciplina] 6 (tb **business class**) classe executiva 7 lance, negócio: *He needs to stop this business of going out every night.* Ele precisa parar com esse negócio de sair toda noite. 8 **it's business as usual** as coisas continuam como antes 9 **it's none of your business** não é da sua conta 10 **mind your own business!** cuida da sua vida! 11 **on business** de negócios 12 **to be in business** ⓐ atuar, funcionar [empresa] ⓑ FAM estar pronto para começar 13 **to be minding/mind your own business** FAM estar/ficar na sua 14 **to go about your business** fazer as suas coisas 15 **to go out of business** falir 16 **to have no business doing sth** não ter nada que fazer algo 17 **to mean business** FAM não estar para brincadeiras / *adv.* **to fly business** viajar de executiva

**busi•ness card** [ˈbɪznɪs kɑrd] *s.* cartão de visita

**busi•ness class** [ˈbɪznɪs klæs] *s.* classe executiva

**busi•ness hours** [ˈbɪznɪs aʊrz] *spl.* horário comercial

**business•like** [ˈbɪznɪslaɪk] *adj.* 1 prático, objetivo 2 profissional

**business•man** [ˈbɪznɪsmən] *s.* [*pl* **businessmen**] 1 homem de negócios, executivo 2 empresário

**busi•ness school** [ˈbɪznɪs skul] *s.* faculdade de Administração

**busi•ness trip** [ˈbɪznɪs trɪp] *s.* viagem de negócios

**business•woman** [ˈbɪznɪswʊmən] *s.* [*pl* **businesswomen**] 1 mulher de negócios, executiva 2 empresária

**busk** [bʌsk] *v.* tocar música na rua

**busk•er** [ˈbʌskər] *s.* músico de rua

**bus station** [ˈbʌsˌsteɪʃən] *s.* rodoviária

**bus stop** [ˈbʌs stɑp] *s.* ponto de ônibus

**bust** [bʌst] *v.* [*ps e pp* **busted/bust**] 1 FAM quebrar 2 prender (***for*** *por*) 3 flagrar 4 FAM fazer uma batida em 5 **to bust a gut/your butt** FAM matar-se [de trabalhar] / *adj.* 1 FAM quebrado **2** **to go bust** falir, quebrar / *s.* **1** busto **2** FAM batida [policial]: *a drugs bust* uma batida de drogas

**bus•tle** [ˈbʌsəl] *s.* movimento [na rua etc.] / *v.* mexer-se

**busy** [ˈbɪzi] *adj.* [*comp* **busier, busiest**] **1** ocupado (***with*** *com*) **2** movimentado [local] **3** cheio [dia, agenda etc.] / *v.* [*ps e pp* **busied**] **to busy yourself with sth** ocupar-se de algo

**busy•body** [ˈbɪzibɑdi] *s.* [*pl* **busybodies**] enxerido, intrometido

**but** [bʌt] *conj.* **1** mas **2** senão, mas sim: *not just once, but several times* não só uma, senão várias vezes **3** a não ser: *There's nothing we can do but wait.* Não tem nada o que fazer a não ser esperar. **4** **but for sth/sb** **a** se não fosse algo/alguém **b** fora algo/alguém **5** **but then (again)** **a** mas por outro lado **b** mas também **6** **sb cannot (help) but do sth** alguém não pode deixar de fazer algo / *prep.* menos, fora, além de: *all but one* todos menos um | *nothing but the truth* nada além da verdade / *adv.* apenas: *to name but a few* para mencionar apenas alguns | *We can but try.* Não custa tentar.

**butch•er** [ˈbʊtʃər] *s.* **1** açougueiro **2** (tb **butcher's**) açougue **3** assassino / *v.* **1** abater **2** trucidar

**but•ler** [ˈbʌtlər] *s.* mordomo

**butt** [bʌt] *s.* **1** AM FAM bunda **2** guimba, bituca [de cigarro] **3** alvo [de piadas] **4** coronha **5** **to work your butt off** AM FAM matar-se de trabalhar / *v.*

**butt in** **1** interromper **2** intrometer-se (***on*** *em*)

**butt out** AM FAM não se meter

**but•ter** [ˈbʌtər] *s.* manteiga: *a butter dish* uma manteigueira / *v.* passar manteiga em: *buttered toast* torradas com manteiga

**butter•fly** [ˈbʌtərflaɪ] *s.* [*pl* **butterflies**] **1** borboleta **2** (tb **butterfly stroke**) nado borboleta **3** **to have/get butterflies (in your stomach)** FAM sentir um frio na barriga

**but•tock** [ˈbʌtək] *s.* nádega

**but•ton** [ˈbʌtən] *s.* **1** botão **2** AM botom / *v.* (tb **button up**) abotoar

**button•hole** [ˈbʌtənhoʊl] *s.* casa de botão

**buy** [baɪ] *v.* [*ps e pp* **bought**] **1** comprar **2** ganhar [tempo] **3** FAM engolir, acreditar em **4** **to buy sb sth/buy sth for sb** comprar algo para alguém

**buy into** **1** comprar [ideia] **2** comprar uma participação em

**buy off: to buy sb off** comprar alguém

**buy out: to buy sb out** comprar a parte de alguém

**buy up: to buy sth up** comprar algo todo / *s.* compra

**buy•er** [ˈbaɪər] *s.* comprador

**buzz** [bʌz] *v.* **1** zumbir **2** tocar (o interfone) **3** **to be buzzing with activity** estar uma agitação só

**buzz in: to buzz sb in** abrir para alguém [pelo interfone] / *s.* **1** zumbido **2** agito **3** FAM barato **4** **to give sb a buzz** FAM dar uma ligada para alguém

**buzz•er** *s.* cigarra, campainha

**by** [baɪ] *prep.* **1** (agente) por: *He was bitten by a snake.* Ele foi picado por uma cobra. **2** (meio de transporte) de: *We went by train.* Fomos de trem. **3** (autoria) de: *a book by Jorge Amado* um livro de Jorge Amado | *Who's this song by?* De quem é essa música? **4** (proximidade) ao lado de: *I prefer to sit by the window.* Prefiro sentar ao lado da janela. **5** (passando) por, em frente de: *She walked by me.* Ela passou por mim. | *The bus goes by my house.* O ônibus passa em frente da minha casa. **6** (prazo) até: *We have to finish the job by Monday.* Temos que terminar o trabalho até segunda. | *By the time I got home I was exhausted.* Até chegar em casa eu estava exausto. **7** (diferença) em: *Gas has gone up by 10%.* A gasolina subiu em 10%. **8** (via) por: *The goods are sent by air.* A mercadoria é enviada por via aérea. **9** (caminho) por: *He left by the back door.* Ele saiu pela porta dos fundos. **10** (ponto de contato) por: *She grabbed me by the arm.* Ela me agarrou pelo braço. **11** (de acordo com) por: *by Brazilian standards* pelos padrões brasileiros **12** (medidas) por: *It's two meters long by 90 cm wide.* Tem dois metros de comprimento por 90 cm de largura. **13 by day/night** de dia/noite **14 by doing sth** fazendo algo [referindo-se à maneira como se consegue fazer algo]: *They escaped by climbing over the wall.* Eles fugiram pulando o muro. **15 by myself/yourself etc.** sozinho **16 by now** já / *adv.* **1 by and large** de modo geral **2 to go by** passar **3 to run/fly etc. by** passar correndo/voando etc.

**bye** [baɪ] *interj.* FAM (tb **bye-bye**) tchau

**by•gone** [ˈbaɪgɔn] *adj.* passado / **bygones** *spl.* **to let bygones be bygones** esquecer o que passou

**by•pass** [ˈbaɪpæs] *s.* **1** (tb **heart bypass**) ponte de safena **2** estrada de contorno / *v.* contornar

**by•product** [ˈbaɪprɑdʌkt] *s.* subproduto

**by•stander** [ˈbaɪstændər] *s.* transeunte

**by•word** [ˈbaɪwɜrd] *s.* sinônimo (*for de*)

# C

**C,c** [si] *s.* C, c / **C** *s.* 1 dó [nota musical] 2 nota escolar mediana na escala de A a F
**cab** [kæb] *s.* 1 táxi: *a cab driver* um taxista 2 **cab fare** valor da corrida de táxi
**cab•bage** [ˈkæbɪdʒ] *s.* repolho
**cab•in** [ˈkæbɪn] *s.* 1 cabine 2 camarote [de navio] 3 cabana [de madeira]
**cabi•net** [ˈkæbənət] *s.* 1 armário 2 (tb **Cabinet**) gabinete, conselho de ministros
**ca•ble** [ˈkeɪbəl] *s.* 1 cabo 2 (tb **cable TV**) TV a cabo: *a cable channel* um canal a cabo 3 **on cable** na TV a cabo
**ca•ble car** [ˈkeɪbəl kɑr] *s.* teleférico
**cac•tus** [ˈkæktəs] *s.* cacto
**ca•det** [kəˈdɛt] *s.* cadete
**cae•sar•ean** [sɪˈzɛriən] *s.* BRIT cesariana
**café** [kæˈfeɪ, *Brit*: ˈkæfeɪ] *s.* café [estabelecimento]
**caf•eteria** [kæfəˈtɪriə] *s.* 1 cafeteria 2 refeitório [de escola, firma]
**caf•feine** [kæˈfin] *s.* cafeína
**cage** [keɪdʒ] *s.* 1 jaula 2 gaiola / *v.* 1 enjaular 2 engaiolar
**cag•ey** [ˈkeɪdʒi] *adj.* FAM misterioso (***about*** *sobre*)
**cake** [keɪk] *s.* 1 bolo: *a wedding cake* um bolo de casamento 2 bolinho 3 **to be a piece of cake** FAM ser facinho
**caked** [keɪkt] *adj.* **to be caked with/in sth** estar cheio de algo
**ca•lam•ity** [kəˈlæməti] *s.* [*pl* **calamities**] calamidade
**cal•cium** [ˈkælsiəm] *s.* cálcio
**cal•cu•late** [ˈkælkjəleɪt] *v.* 1 calcular 2 **to be calculated to do sth** ser calculado para fazer algo
**cal•cu•la•tion** [kælkjəˈleɪʃən] *s.* cálculo
**cal•cu•la•tor** [ˈkælkjəleɪtər] *s.* calculadora
**cal•en•dar** [ˈkæləndər] *s.* 1 calendário 2 AM agenda
**calf** [kæf] *s.* [*pl* **calves**] 1 bezerro 2 filhote [de baleia, elefante etc.] 3 panturrilha, batata da perna
**cali•ber**, BRIT: **calibre** [ˈkæləbər] *s.* calibre
**call** [kɔl] *v.* 1 chamar (***by*** *por*) 2 ligar/telefonar (para) 3 convocar [eleição, greve etc.] 4 BRIT passar [de visita] 5 BRIT parar (***at*** *em*): *a fast train calling at Cambridge* um trem expresso com parada em Cambridge 6 **to be called** chamar-se: *What's this called in English?* Como se chama isso em inglês? 7 **to call for sb** BRIT passar para pegar alguém 8 **to call for sth** exigir/pedir algo 9 **to call for sb to do sth** exigir/pedir que alguém faça algo 10 **to call on sb** visitar alguém 11 **to call on sb to do sth** convocar alguém a fazer algo 12 **to call (sb) collect** AM ligar a cobrar (para alguém) 13 **to call sb names** xingar alguém 14 **to call sb/sth sth** **a** chamar alguém/algo de algo: *She called me a liar.* Ela me chamou de mentiroso. **b** BRIT colocar o nome algo em alguém/algo: *They decided to call*

*the dog Patch.* Decidiram colocar o nome Patch no cachorro. 15 **to call the shots** FAM mandar 16 **to call to sb** chamar alguém

**call back: to call (sb) back** a retornar a ligação (de alguém), retornar/ligar de volta (para alguém) b voltar a ligar (para alguém)

**call in** 1 telefonar 2 BRIT dar uma passada (***at/on*** *em*) 3 **to call in sick** telefonar avisando que está doente 4 **to call sb in** acionar alguém [polícia etc.]

**call off: to call sth off** a cancelar algo b suspender algo

**call out** 1 **to call out to sb** chamar alguém 2 **to call sb out** a chamar a atenção de alguém (***on*** *por*) b acionar alguém [bombeiros etc.] c BRIT chamar alguém [médico, encanador etc.] 3 **to call sth out** a chamar algo [em voz alta] b cantar algo [números]

**call round** BRIT dar uma passada

**call up** 1 **to call sb up** AM FAM ligar para alguém 2 **to call sth up** acessar algo [no computador] / *s.* 1 ligação, chamada 2 grito 3 chamado 4 visita 5 pedido (***for*** *de*): *calls for the minister to resign* pedidos de renúncia do ministro 6 **a tough call** FAM uma decisão difícil 7 **good call!** AM FAM boa pedida! 8 **it's your call** FAM a decisão é sua, você que sabe 9 **on call** de sobreaviso 10 **there isn't much call for sth** há pouca demanda por algo 11 **there's no call for sth** algo não tem cabimento 12 **to get/make a call** receber/fazer uma ligação 13 **to give sb a call** dar uma ligada para alguém 14 **to have a close call** escapar por pouco

**call box** [ˈkɔlbɑks] *s.* BRIT cabine telefônica

**call•er** [ˈkɔlər] *s.* 1 chamador 2 visita

**call•er ID** [ˌkɔlər aɪˈdi] *s.* bina, identificação de chamadas

**call wait•ing** [kɔlˈweɪtɪŋ] *s.* chamada em espera

**calm** [kɑm] *adj.* 1 calmo 2 **to keep/stay calm** manter a calma / *v.* acalmar

**calm down** 1 acalmar-se 2 **to calm sb down** acalmar alguém

**calo•rie** [ˈkæləri] *s.* caloria

**calves** [kɑvz] *spl.* ▸ CALF

**cam•cord•er** [ˈkæmkɔrdər] *s.* filmadora

**came** [keɪm] *v.* ▸ *ps de* COME

**cam•el** [ˈkæməl] *s.* camelo

**cam•era** [ˈkæmrə] *s.* 1 câmera 2 máquina fotográfica

**camera•man** [ˈkæmrəmæn] *s.* [*pl* **cameramen**] câmera, cinegrafista

**camou•flage** [ˈkæməflɑʒ] *s.* 1 camuflagem 2 **in camouflage** camuflado / *v.* camuflar

**camp** [kæmp] *s.* 1 acampamento 2 campo [de refugiados etc.] 3 (tb **summer camp**) colônia de férias / *v.* 1 acampar 2 **to go camping** (ir) acampar

**cam•paign** [kæmˈpeɪn] *s.* campanha / *v.* fazer campanha (***against*** *contra*, ***for*** *por*)

**cam•paign•er** [kæmˈpeɪnər] *s.* ativista (***for*** *por*)

**camp•ground** [ˈkæmpgraʊnd] *s.* AM (área de) camping

**camp•ing** [ˈkæmpɪŋ] *s.* camping, campismo

**camp•site** [ˈkæmpsaɪt] *s.* BRIT (área de) camping

**cam•pus** [ˈkæmpəs] *s.* [*pl* **campuses**] 1 campus 2 **on/off campus** dentro/fora do campus

**can** [kæn] *v auxiliar.* 1 (permissão) poder: *Can I come in?* Posso entrar? | *You can't park here.* Não pode estacionar aqui. 2 (possibilidade) poder: *You can pay by credit card.* Dá para pagar com cartão. | *Can you lend me a pen?* Você pode me emprestar uma caneta? | *That can't be right.* Isso não pode estar certo. 3 (capacidade) conseguir: *Can you stand on your head?* Você consegue fazer uma parada de cabeça? | *I just can't remember.* Não consigo lembrar. 4 (habilidade) saber: *I can speak Spanish.* Sei falar espanhol. | *He can't dance.* Ele não sabe dançar. 5 ▸ usa-se junto com alguns verbos de percepção, diferentemente do português: *Can you see that white car?* Você está vendo aquele carro branco? | *I can't hear you.* Não estou te ouvindo. / *s.* 1 lata 2 AM galão [de tinta etc.] / *v.* [-**nn**-] AM **1** enlatar **2** FAM mandar embora [funcionário]

**Ca•na•da** ['kænədə] *s.* Canadá

**Ca•na•dian** [ke'neɪdiən] *adj, s.* canadense

**ca•nal** [ke'næl] *s.* canal [hidrovia]

**ca•nary** [ke'nɛri] *s.* [*pl* **canaries**] canário

**can•cel** ['kænsəl] *v.* **1** cancelar **2** desmarcar ▸ *Am:* ***canceling, canceled*** *Brit:* ***cancelling, cancelled***

**can•cel•la•tion** [kænsə'leɪʃən] *s.* **1** cancelamento **2** desistência

**Can•cer** ['kænsər] *s.* **1** Câncer **2** canceriano

**can•cer** ['kænsər] *s.* câncer: *lung cancer* câncer do pulmão

**can•di•da•cy** ['kændədəsi] *s.* [*pl* **candidacies**] (tb **candidature**) candidatura

**can•di•date** ['kændədeɪt] *s.* candidato (***for*** *a*)

**can•dle** ['kændəl] *s.* vela

**candle•light** ['kændl-laɪt] *s.* **by candlelight** à luz de vela

**candle•lit** ['kændl-lɪt] *adj.* à luz de velas

**candle•stick** ['kændəlstɪk] *s.* castiçal

**can•dy** ['kændi] *s.* [*pl* **candies**] AM **1** balas e chocolate: *a candy bar* uma barra de chocolate **2 a (piece of) candy** **a** uma bala **b** um chocolate

**cane** [keɪn] *s.* **1** vime: *a cane chair* uma cadeira de vime **2** bengala **3** vara

**can•na•bis** ['kænəbɪs] *s.* maconha

**canned** [kænd] *adj.* enlatado: *canned goods* enlatados

**can•ni•bal** ['kænəbəll] *s.* canibal

**can•non** ['kænən] *s.* [*pl* **cannon/cannons**] canhão

**can•not** ['kænɑt] *v auxiliar.* ▸ negativo de CAN ver **can**

**can•ny** ['kæni] *adj.* esperto

**ca•noe** [kə'nu] *s.* canoa / *v.* andar/ir de canoa

**ca•noe•ing** [kə'nuɪŋ] *s.* **1** canoagem **2 to go canoeing** fazer canoagem

**can open•er** ['kænoʊpənər] *s.* abridor de latas

**cano•py** ['kænəpi] *s.* [*pl* **canopies**] **1** toldo **2** dossel

**can't** [kænt] *v.* ▸ negativo de CAN ver **can**

**can•teen** [kæn'tin] *s.* **1** cantil **2** BRIT refeitório

**can•vas** ['kænvəs] *s.* **1** lona **2** tela [de pintor]

**can•vass** ['kænvəs] *v.* **1** (tb **canvass for votes**) angariar votos **2** entrevistar [em enquete]

**can•yon** ['kænjən] *s.* desfiladeiro

**cap** [kæp] *s.* **1** boné **2** boina [com viseira] **3** quepe **4** tampa, tampinha [de caneta, garrafa] **5** espoleta **6** teto (***on*** *para*) / *v.* [-**pp**-] **1** estabelecer um teto para [gastos etc.] **2** superar

**ca•pa•bil•ity** [keɪpə'bɪləti] *s.* [*pl* **capabilities**] **1** capacidade **2 capabilities** habilidades

**ca•pable** ['keɪpəbəl] *adj.* **1** competente **2 capable of (doing) sth** capaz de (fazer) algo

**ca•pac•ity** [kə'pæsəti] *s.* [*pl* **capacities**] **1** lotação: *a capacity crowd* lotação completa **2** capacidade (***for*** *de*) **3** FORM condição [profissional, oficial] **4 capacity to do sth** capacidade de fazer algo **5 at full capacity** a/em plena capacidade **6 filled/full to capacity** com a lotação completa **7 in my/your capacity as sth** na minha/sua condição de algo

**cape** [keɪp] *s.* **1** capa [agasalho] **2** cabo [promontório]

**ca•per** ['keɪpər] *s.* **1** alcaparra **2** estripulia **3** FAM negócio, parada

**capi•tal** ['kæpətl] *s.* **1** (tb **capital city**) capital [cidade] **2** (tb **capital letter**) maiúscula **3** capital [dinheiro] / *adj.* maiúsculo: *with a capital B* com B maiúsculo

**capi•tal•ism** ['kæpətlɪzəm] *s.* capitalismo

**capi•tal•ist** ['kæpətlɪst] *adj, s.* capitalista

**capi•tal•ize**, BRIT tb: **-ise** ['kæpətlaɪz] *v.* **to capitalize on sth** capitalizar (em cima de) algo, tirar proveito de algo

**capi•tal let•ter** [ˌkæpətl 'lɛtər] *s.* letra maiúscula

**capi•tal pun•ish•ment** [ˌkæpətl'pʌnɪʃmənt] *s.* pena capital

**ca•pitu•late** [kə'pɪtjəleɪt] *v.* FORM capitular

**ca•pri•cious** [kə'prɪʃəs] *adj.* inconstante, volúvel

**Cap•ri•corn** ['kæprɪkɔrn] *s.* **1** Capricórnio **2** capricorniano

**cap•size** [kæpˈsaɪz] *v.* emborcar, virar [barco]
**cap•sule** [ˈkæpsəl] *s.* cápsula
**cap•tain** [ˈkæptən] *s.* 1 capitão 2 comandante [de navio, avião] / *v.* 1 capitanear 2 comandar
**cap•tain•cy** [ˈkæptənsi] *s.* [*pl* **captaincies**] condição de capitão
**cap•tion** [ˈkæpʃən] *s.* legenda
**cap•ti•vate** [ˈkæptəveɪt] *v.* cativar
**cap•ti•vat•ing** [ˈkæptəveɪtɪŋ] *adj.* cativante
**cap•tive** [ˈkæptɪv] *adj.* 1 cativo, em cativeiro 2 **to hold sb captive** manter alguém em cativeiro 3 **to take sb captive** capturar alguém / *s.* prisioneiro, cativo
**cap•tiv•ity** [kæpˈtɪvəti] *s.* cativeiro: *animals in captivity* animais em cativeiro
**cap•tor** [ˈkæptər] *s.* FORM captor
**cap•ture** [ˈkæptʃər] *v.* 1 captar 2 capturar 3 tomar [cidade] / *s.* 1 captura 2 tomada [de cidade]
**car** [kɑr] *s.* 1 carro 2 AM vagão 3 **by car** de carro
**cara•mel** [ˈkærəmɛl] *s.* caramelo
**car•at** [ˈkærət] *s.* quilate
**cara•van** [ˈkærəvæn] *s.* 1 caravana 2 BRIT trailer 3 BRIT carroção [de cigano]
**car•bo•hy•drate** [kɑrboʊˈhaɪdreɪt] *s.* carboidrato
**car bomb** [ˈkɑr bɑm] *s.* carro-bomba
**car•bon** [ˈkɑrbən] *s.* carbono
**car•bon copy** [ˌkɑrbənˈkɑpi ] *s.* [*pl* **copies**] cópia exata
**car•bon di•ox•ide** [ˌkɑrbən daɪˈɑksaɪd] *s.* dióxido de carbono
**car•bon mon•ox•ide** [ˌkɑrbən məˈnɑksaɪd] *s.* monóxido de carbono
**car•bon off•set•ting** [ˌkɑrbənˈɔfsɛtɪŋ] *s.* compensação de carbono
**car•bon pa•per** [ˈkɑrbənˌpeɪpər] *s.* papel-carbono
**car•bu•retor**, BRIT: **car•bu•ret•tor** [ˈkɑrbəreɪtər, *Brit*: kɑbʊˈrɛtər] *s.* carburador
**car•cass** [ˈkɑrkəs] *s.* carcaça
**card** [kɑrd] *s.* 1 cartão: *a birthday card* um cartão de aniversário 2 carteira: *a student card* uma carteira de estudante 3 carta [de baralho] 4 ficha [de fichário] 5 BRIT cartolina 6 **to be in/on the cards** ser provável 7 **to keep/play your cards close to your chest** esconder o jogo 8 **to play cards** jogar baralho 9 **to play your cards right** jogar as cartas certas, não vacilar 10 **to put/lay your cards on the table** abrir o jogo
**card•board** [ˈkɑrdbɔrd] *s.* papelão: *a cardboard box* uma caixa de papelão
**card•holder** [ˈkɑrdhoʊldər] *s.* titular (do cartão)
**car•di•ac** [ˈkɑrdiæk] *adj.* cardíaco: *a cardiac arrest* uma parada cardíaca
**car•di•gan** [ˈkɑrdɪgən] *s.* cardigã, blusão de lã
**car•di•nal** [ˈkɑrdnəl] *s.* cardeal / *adj.* 1 fundamental [regra, importância] 2 capital [pecado, erro]
**car•di•nal num•ber** [ˌkɑrdnəl ˈnʌmbər] *s.* número cardinal
**card in•dex** [ˈkɑrd ˌɪndɛks] *s.* BRIT fichário
**care** [kɛr] *s.* 1 assistência (*for/of a*) 2 cuidado(s) 3 **(in) care of sb** aos cuidados de alguém [em endereço] 4 **in sb's care** aos cuidados de alguém 5 **take care!** FAM te cuida!, vai com Deus! 6 **to take care** tomar cuidado 7 **to take care of sb/sth** cuidar de alguém/algo 8 **to take care over/with sth** caprichar com algo, ter cuidado com algo / *v.* 1 importar-se (***about*** *com*), interessar-se (***about*** *por*): *Winning is all she cares about.* Ganhar é a única coisa que importa para ela. | *I don't care what you do.* Não me interessa o que você fizer. 2 **sb couldn't care less** FAM alguém não está nem aí (***about*** *para*) 3 **to care for sb/sth** **a** cuidar de alguém/algo **b** AM gostar de alguém/algo 4 **who cares?** FAM e daí? 5 **would you care for sth/to do sth?** FORM aceita algo?/gostaria de fazer algo?: *Would you care for a drink?* Aceita uma bebida?
**ca•reen** [kəˈrin] *v.* AM andar/ir desgovernado: *The car careened down the hill.* O carro desceu desgovernado a ladeira.

**ca•reer** [kə'rɪr] *s.* 1 carreira: *her singing career* sua carreira de cantora 2 profissão / *v.* BRIT andar/ir desgovernado
**care•free** ['kɛrfri] *adj.* despreocupado
**care•ful** ['kɛrfəl] *adj.* 1 cuidadoso 2 prudente 3 criterioso, meticuloso 4 **(be) careful!** cuidado!: *Careful you don't slip!* Cuidado para não escorregar! 5 **to be careful** tomar cuidado (***with/about*** *com*) 6 **to be careful (not) to do sth** tomar cuidado para (não) fazer algo
**care•ful•ly** ['kɛrfəli] *adv.* 1 com cuidado 2 cuidadosamente 3 **to think carefully** pensar bem
**care•less** ['kɛrləs] *adj.* 1 descuidado, desatento: *a careless mistake* um erro de desatenção 2 imprudente 3 relapso 4 **to be careless of sb** ser descuido/desatenção de alguém
**care•less•ly** ['kɛrləsli] *adv.* 1 por descuido 2 descuidadamente 3 com imprudência
**care•less•ness** ['kɛrləsnəs] *s.* 1 descuido, desatenção 2 imprudência
**car•er** ['kɛrər] *s.* BRIT 1 cuidador 2 acompanhante
**ca•ress** [kə'rɛs] *v.* acariciar / *s.* carícia
**care•taker** ['kɛrteɪkər] *s.* 1 AM cuidador, acompanhante 2 BRIT zelador
**car•go** ['kɑrgoʊ] *s.* [*pl* **cargos/cargoes**] 1 carga 2 carregamento
**cari•ca•ture** ['kærəkətʃər] *s.* caricatura / *v.* caricaturar
**car•ing** ['kɛrɪŋ] *adj.* 1 atencioso 2 acolhedor [ambiente]
**car•nage** ['kɑrnɪdʒ] *s.* carnificina
**car•na•tion** [kɑr'neɪʃən] *s.* cravo [flor]
**car•ni•val** ['kɑrnəvəl] *s.* 1 carnaval: *a carnival atmosphere* um clima de alegria 2 AM parque de diversões 3 AM gincana
**car•ni•vore** ['kɑrnəvɔr] *s.* carnívoro
**car•nivo•rous** [kɑr'nɪvərəs] *adj.* carnívoro
**car•ol** ['kærəl] *s.* (tb **Christmas carol**) cântico natalino
**carou•sel** [kærə'sɛl] *s.* 1 esteira [de bagagem] 2 AM carrossel
**car park** ['kɑr pɑrk] *s.* BRIT estacionamento
**car•pen•ter** ['kɑrpəntər] *s.* carpinteiro
**car•pen•try** ['kɑrpəntri] *s.* carpintaria
**car•pet** ['kɑrpɪt] *s.* 1 carpete 2 tapete / *v.* 1 acarpetar 2 atapetar (***with*** *de/com*)
**car•pool** ['kɑrpul] *s.* grupo de transporte solidário [compartilhamento de carros] / *v.* AM fazer transporte solidário
**car•riage** ['kærɪdʒ] *s.* 1 carruagem 2 BRIT vagão
**carriage•way** ['kærɪdʒweɪ] *s.* BRIT pista [de estrada]
**car•ri•er** ['kæriər] *s.* 1 transportadora 2 AM operadora [de telefonia] 3 portador [de doença]
**car•ri•er bag** ['kæriər bæg] *s.* BRIT sacola
**car•rot** ['kærət] *s.* cenoura
**car•rou•sel** [kærə'sɛl] *s.* AM ver **carou•sel**
**car•ry** ['kæri] *v.* [*ps e pp* **carried**] 1 carregar 2 levar 3 transportar 4 levar no colo 5 portar 6 andar com [dinheiro etc.] 7 ser portador de [doença] 8 projetar-se [som, voz]
**carry around: to carry sth around** a andar com algo [passaporte etc.] b ficar carregando algo
**carry away: to get carried away** a empolgar-se b extrapolar
**carry off: to carry sth off** a dar conta de algo b levar algo [prêmio]
**carry on** 1 continuar (***with*** *com*) 2 **to carry on doing sth** BRIT continuar fazendo algo 3 **to carry on a conversation** levar uma conversa
**carry out: to carry sth out** a realizar algo b cumprir algo [ordem, ameaça etc.]
**carry-on** ['kæriɑn] *adj, s.* AM (tb **carry-on bag**) bagagem de mão
**cart** [kɑrt] *s.* 1 AM carrinho [de compras etc.] 2 carroça 3 **to put the cart before the horse** colocar o carro na frente dos bois / *v.* FAM carregar
**car•ton** [''kɑrtən] *s.* caixa [de leite etc.]
**car•toon** ['kɑr'tun] *s.* 1 desenho animado 2 história em quadrinhos 3 charge
**car•toon•ist** [kɑr'tunɪst] *s.* cartunista, chargista

**car•tridge** [ˈkɑrtrɪdʒ] *s.* cartucho

**carve** [kɑrv] *v.* 1 entalhar, esculpir (***out of/ from*** *em*) 2 gravar 3 trinchar
**carve out: to carve out a career** construir uma carreira
**carve up: to carve sth up** retalhar algo [país, empresa]

**carv•ing** [ˈkɑrvɪŋ] *s.* 1 escultura, (obra de) talha 2 gravura

**carv•ing knife** [ˈkɑrvɪŋ naɪf] *s.* faca de trinchar

**cas•cade** [kæˈskeɪd] *s.* cascata / *v.* (tb **cascade down**) cair em cascata

**case** [keɪs] *s.* 1 caso: *in most cases* na maioria dos casos 2 processo [judicial] 3 causa [na Justiça] 4 argumentos (***against*** *contra*, ***for*** *a favor de*): *There is a strong case for legalizing marijuana.* Há fortes argumentos a favor da legalização da maconha. 5 estojo: *a glasses case* um estojo de óculos 6 caixa, caixote 7 BRIT mala 8 **in any case** de qualquer forma, em todo caso 9 **in that/which case** nesse caso 10 **(just) in case** a por via das dúvidas, pelo sim pelo não b se por acaso: *Take a sweater in case it gets cold.* Leva um agasalho se por acaso esfriar. 11 **to be on sb's case** FAM estar pegando no pé de alguém 12 **to make a/the case for sth** argumentar a favor de algo

**cash** [kæʃ] *s.* 1 dinheiro (vivo) 2 **cash on delivery** entrega contra reembolso 3 **in cash** em dinheiro/espécie 4 **to pay (in) cash** pagar em dinheiro / *v.* descontar [cheque]
**cash in: to cash sth in** converter algo em dinheiro

**cash desk** [ˈkæʃ dɛsk] *s.* caixa [balcão]

**cash•ew** [ˈkæʃu] *s.* (tb **cashew nut**) castanha-de-caju

**cash•ier** [kæˈʃɪr] *s.* caixa [funcionário]

**cash ma•chine** [ˈkæʃ məˌʃin] *s.* caixa eletrônico

**cash•mere** [ˈkæʃmɪr] *s.* cashmere [lã finíssima]

**cash•point** [ˈkæʃpɔɪnt] *s.* BRIT caixa eletrônico

**cash reg•is•ter** [ˈkæʃ ˌrɛdʒəstər] *s.* caixa registradora

**ca•si•no** *s.* cassino

**cask** [kæsk] *s.* barrica

**cas•ket** [ˈkæskɪt] *s.* 1 caixinha, porta-joias 2 AM caixão

**cas•se•role** [ˈkæsəroʊl] *s.* 1 guisado 2 (tb **casserole dish**) refratário

**cas•sette** [kəˈsɛt] *s.* fita [cassete]

**cast** [kæst] *v.* [*ps e pp* **cast**] 1 escalar [ator]: *She was cast alongside Brad Pitt.* Ela foi escalada para contracenar com Brad Pitt. 2 escalar o elenco de [filme, peça] 3 lançar [luz, olhar, dúvidas, encanto] 4 projetar [sombra] 5 depositar [voto] 6 fundir [metal] 7 **to cast an/your eye over sth** dar uma olhada em algo 8 **to cast sb as sth/in the role of sth** escalar alguém para o papel de algo
**cast aside: to cast sth/sb aside** deixar algo/alguém de lado / *s.* 1 elenco: *an all-star cast* um elenco estelar 2 (tb **plaster cast**) gesso: *Pedro had his leg in a cast.* O Pedro estava com a perna engessada.

**cast•away** [ˈkæstəweɪ] *s.* náufrago

**caste** [keɪst] *s.* casta

**cast iron** [kæst ˈaɪərn] *s.* ferro fundido

**cas•tle** [ˈkæsəl] *s.* 1 castelo 2 torre [no xadrez]

**cas•trate** [kæˈstreɪt] *v.* castrar

**cas•ual** [ˈkæʒuəl] *adj.* 1 despreocupado 2 displicente 3 esporte, casual [roupa] 4 informal 5 sem compromisso, passageiro [relação] 6 desatento [observador, olhar]

**cas•ual•ly** [ˈkæʒuəli] *adv.* 1 despreocupadamente 2 como quem não quer nada 3 **casually dressed** com roupa esporte/casual

**casu•al•ty** [ˈkæʒəlti] *s.* [*pl* **casualties**] 1 vítima 2 baixa [de guerra] 3 BRIT pronto-socorro

**cat** [kæt] *s.* 1 gato 2 felino 3 **to let the cat out of the bag** dar com a língua nos dentes, revelar o segredo 4 **to put/set the cat among the pigeons** dar uma confusão danada

**cata•log, cata•logue** [ˈkætlɔg] *s.* catálogo / *v.* catalogar

**cata•lyst** [ˈkætlɪst] *s.* catalisador

**cata•pult** [ˈkætəpʌlt] *s.* 1 catapulta 2 BRIT atiradeira, estilingue / *v.* catapultar

**cata•ract** [ˈkætərækt] *s.* catarata [de olho]
**ca•tarrh** [kəˈtɑr] *s.* catarro
**catas•tro•phe** [kəˈtæstrəfi] *s.* catástrofe
**cata•stroph•ic** [kætəˈstrɑfɪk] *adj.* catastrófico
**catch** [kætʃ] *v.* [*ps e pp* **caught**] 1 pegar 2 (tb **catch hold of**) pegar em 3 flagrar 4 capturar, prender 5 alcançar [trem, pessoa] 6 prender(-se) (***in/on*** *em*): *I caught my finger in the door.* Prendi o dedo na porta. 7 ouvir/entender bem: *Sorry, I didn't catch your name.* Desculpe, qual é o seu nome mesmo? 8 **catch you later** FAM até mais 9 **to catch a movie** AM FAM pegar um cineminha 10 **to catch sb at it/in the act/red-handed** pegar alguém em flagrante/com a boca na botija 11 **to catch sb doing sth** flagrar/pegar alguém fazendo algo 12 **to catch yourself doing sth** pegar-se fazendo algo 13 **to get caught** a ser pego/flagrado b ficar preso
**catch on** 1 virar moda, pegar 2 sacar, entender
**catch out: to catch sb out** a pegar alguém [com pergunta capciosa, na mentira] b pegar alguém desprevenido
**catch up** 1 alcançar os outros 2 recuperar o atraso 3 FAM colocar a conversa em dia, matar saudades 4 **to catch up with sb/catch sb up** alcançar alguém 5 **to catch up on sth** a pôr algo em dia [trabalho etc.] b ficar atualizado sobre algo 6 **to catch up on your sleep** recuperar o sono perdido / *s.* 1 pegada [de bola] 2 FAM pegadinha, cilada 3 quantidade de pescado 4 fecho, lingueta 5 **to play catch** jogar a bola um para o outro
**catch•ing** [ˈkætʃɪŋ] *adj.* contagioso
**catch•phrase** [ˈkætʃfreɪz] *s.* bordão
**catchy** [ˈkætʃi] *adj.* [*comp* **catchier, catchiest**] contagiante
**cat•echism** [ˈkætəkɪzəm] *s.* catecismo
**cat•egori•cal** [kætəˈgɔrɪkəl] *adj.* 1 categórico 2 terminante
**cate•gori•cal•ly** [kætəˈgɔrɪkli] *adv.* 1 categoricamente 2 terminantemente
**cat•ego•rize**, BRIT tb: **-rise** [ˈkætəgəraɪz] *v.* classificar (***as*** *como*)
**cat•ego•ry** [ˈkætəgɔri] *s.* [*pl* **categories**] categoria
**ca•ter** [ˈkeɪtər] *v.* 1 fornecer o bufê (para) 2 **to cater to/for sb/sth** atender a alguém/algo
**ca•ter•er** [ˈkeɪtərər] *s.* serviço de bufê, banqueteiro
**ca•ter•ing** [ˈkeɪtərɪŋ] *s.* 1 (serviço de) bufê 2 gastronomia [ramo]
**cat•e•rpil•lar** [ˈkætərpɪlər] *s.* lagarta
**ca•thedral** [kəˈθidrəl] *s.* catedral
**Catho•lic** [ˈkæθəlɪk] *adj, s.* católico
**catho•lic** [ˈkæθəlɪk] *adj.* eclético
**Ca•tholi•cism** [kəˈθɑləsɪzəm] *s.* catolicismo
**cat•tle** [kætl] *s.* gado [bovino]
**cau•cus** [ˈkɔkəs] *s.* AM comitê político
**caught** [kɔt] *v.* ▸ *ps e pp de* CATCH
**caul•dron** [ˈkɔldrən] *s.* caldeirão
**cau•li•flower** [ˈkɔlɪflaʊr] *s.* couve-flor
**cause** [kɔz] *s.* 1 causa 2 motivo (***for*** *de*): *cause for concern* motivo de preocupação 3 **cause to do sth** motivo para fazer algo / *v.* 1 causar, provocar 2 **to cause sb/sth to do sth** a levar alguém/algo a fazer algo b fazer com que alguém/algo faça algo 3 **to cause trouble** criar confusão/problemas
**cause•way** [ˈkɔzweɪ] *s.* passarela, elevado
**caus•tic** [ˈkɔstɪk] *adj.* cáustico
**cau•tion** [ˈkɔʃən] *s.* 1 cautela 2 advertência / *v.* 1 advertir (***against*** *contra*) 2 **to caution sb (not) to do sth** advertir alguém para (não) fazer algo
**cau•tious** [ˈkɔʃəs] *adj.* 1 cauteloso 2 prudente
**cav•al•ry** [ˈkævəlri] *s.* [*pl* **cavalries**] cavalaria
**cave** [keɪv] *s.* caverna, gruta / *v.* AM FAM ceder
**cave in** 1 desabar 2 ceder
**cave•man** [ˈkeɪvmæn] *s.* [*pl* **cavemen**] 1 homem das cavernas 2 troglodita
**cavern** [ˈkævərn] *s.* caverna
**cav•ity** [ˈkævəti] *s.* [*pl* **cavities**] 1 cavidade 2 cárie

**CD** [si'di] *s.* (= compact disk) CD
**CD play•er** [si'di ˌpleɪər] *s.* tocador de CDs
**CD-ROM** [sidi'rɑm] *s.* CD-ROM
**cease** [sis] *v.* FORM **1** cessar **2 to cease doing sth/to do sth** cessar de fazer algo
**cease•fire** ['sisfaɪr] *s.* cessar-fogo
**cease•less** ['sisləs] *adj.* FORM incessante
**ce•dar** ['sidər] *s.* cedro
**cede** [sid] *v.* FORM ceder (***to*** *a*)
**ceil•ing** ['silɪŋ] *s.* teto
**cel•ebrate** ['sɛləbreɪt] *v.* **1** comemorar **2** celebrar
**cel•ebrat•ed** ['sɛləbreɪtɪd] *adj.* célebre
**cel•ebra•tion** [sɛlə'breɪʃən] *s.* **1** comemoração **2** celebração **3 in celebration of sth** em comemoração a algo
**cel•ebra•tory** ['sɛləbrətɔri, *Brit*: sɛlə'breɪtəri] *adj.* de comemoração
**ce•leb•rity** [sə'lɛbrəti] *s.* [*pl* **celebrities**] **1** famoso **2** celebridade
**cel•ery** ['sɛləri] *s.* aipo
**cell** [sɛl] *s.* **1** célula **2** cela **3** AM celular
**cel•lar** ['sɛlər] *s.* **1** porão **2** adega
**cel•list** ['tʃɛlɪst] *s.* violoncelista
**cel•lo** ['tʃɛloʊ] *s.* violoncelo
**cell phone** ['sɛl foʊn] *s.* AM telefone celular
**ce•ment** [sɪ'mɛnt] *s.* cimento / *v.* cimentar
**cem•etery** ['sɛmətɛri] *s.* [*pl* **cemeteries**] cemitério
**cen•sor** ['sɛnsər] *v.* censurar / *s.* **1** censor **2 the censor** a censura
**cen•sor•ship** ['sɛnsərʃɪp] *s.* censura
**cen•sure** ['sɛnʃər] FORM *s.* censura / *v.* censurar
**cen•sus** ['sɛnsəs] *s.* censo
**cent** [sɛnt] *s.* centavo
**cen•te•nary** [sɛn'tinəri] *s.* [*pl* **centenaries**] BRIT centenário
**cen•ten•nial** [sɛn'tɛniəl] *s.* AM centenário
**cen•ter**, BRIT: **cen•tre** ['sɛntər] *s.* **1** centro **2** pivô [em basquete] / *v.* **1** centralizar **2 to center/be centered around sth** girar em torno de algo **3 to center on sth** centrar-se em algo
**center•piece**, BRIT: **centre•piece** ['sɛntərpis] *s.* **1** carro-chefe **2** centro de mesa
**Cen•ti•grade** ['sɛntəgreɪd] *s.* centígrado
**cen•ti•meter**, BRIT: **cen•ti•metre** ['sɛntəmitər] *s.* centímetro
**cen•ti•pede** ['sɛntəpid] *s.* centopeia
**cen•tral** ['sɛntrəl] *adj.* **1** central **2 central London etc.** o centro de Londres etc.
**Cen•tral Ameri•ca** [ˌsɛntrəl ə'mɛrɪkə] *s.* América Central
**Cen•tral Ameri•can** [ˌsɛntrəl ə'mɛrɪkən] *adj, s.* centro-americano
**cen•tral heat•ing** [ˌsɛntrəl'hitɪŋ] *s.* aquecimento central
**cen•tral•ize**, BRIT tb: **-ise** ['sɛntrəlaɪz] *v.* centralizar
**cen•tral•ly** ['sɛntrəli] *adj.* **1** centralmente **2 centrally located** localizado no centro da cidade
**cen•tre** ['sɛntər] *s, v.* BRIT ver **cen•ter**
**cen•tu•ry** ['sɛntʃəri] *s.* [*pl* **centuries**] século: *in the 19th century* no século XIX
**ce•ram•ic** [sə'ræmɪk] *adj.* **1** cerâmico **2** de cerâmica
**ce•ram•ics** [sə'ræmɪks] *s.* cerâmica
**ce•real** ['sɪriəl] *s.* cereal
**cere•bral** [sə'ribrəl, *Brit*: 'sɛrəbrəl] *adj.* cerebral
**cer•emo•nial** [sɛrə'moʊniəl] *adj.* **1** cerimonial **2** formal / *s.* cerimonial
**cer•emo•ny** ['sɛrəməni] *s.* [*pl* **ceremonies**] **1** cerimônia **2** solenidade **3 to stand on ceremony** fazer cerimônia
**cer•tain** ['sɜrtən] *adj.* **1** certo: *to a certain extent* até certo ponto | *One thing is certain: it won't be easy.* Uma coisa é certa: não vai ser fácil. **2 for certain** com certeza, na certa **3 sb/sth is certain to do sth** alguém/algo certamente fará algo **4 sb/sth looks/seems certain to do sth** parece certo que alguém/algo fará algo **5 to be/feel certain** ter certeza (***about/of*** *de*) **6 to be certain of doing sth** ter certeza de fazer algo **7 to make certain (that)** certificar-se de que

**cer•tain•ly** [ˈsɜrtənli] *adv.* 1 com certeza, certamente 2 claro [como resposta]: *"Can I take this chair?"* - *"Certainly!"* "Posso pegar essa cadeira?" - "Claro!" 3 pois não: *"I'd like a mineral water, please."* - *"Certainly, sir."* "Eu queria uma água, por favor." - "Pois não, senhor." 4 pode deixar: *"Say hi to your brother!"* - *"I certainly will."* "Manda um abraço no seu irmão!" - "Pode deixar." 5 **certainly not** de jeito nenhum

**cer•tain•ty** [ˈsɜrtənti] *s.* [*pl* **certainties**] certeza

**cer•tifi•cate** [sɜrˈtɪfɪkət] *s.* 1 certificado 2 certidão

**cer•ti•fied** [ˈsɜrtəfaɪd] *adj.* 1 diplomado [profissional] 2 AM registrado [correio, carta] 3 **certified copy** cópia autenticada

**cer•ti•fy** [ˈsɜrtəfaɪ] *v.* [*ps e pp* **-fied**] 1 atestar 2 interditar [pessoa]

**ce•sar•ean**, BRIT: **cae•sar•ean** [səˈzɛriən] *s.* cesariana

**chain** [tʃeɪn] *s.* 1 corrente 2 rede [de hotéis, lojas etc.] 3 cadeia [de montanhas, ilhas] 4 **chain of events** série de acontecimentos 5 **in chains** acorrentado / *v.* (tb **chain up**) acorrentar (*to a*)

**chain re•ac•tion** [tʃeɪn rɪˈækʃən] *s.* reação em cadeia

**chain•saw** [ˈtʃeɪnsɔ] *s.* serra elétrica

**chain-smoke** [ˈtʃeɪnsmoʊk] *v.* fumar um cigarro atrás do outro

**chain store** [ˈtʃeɪn stɔr] *s.* loja de rede

**chair** [tʃɛr] *s.* 1 cadeira 2 presidência [de reunião] 3 cátedra

**chair•man** [ˈtʃɛrmən] *s.* [*pl* **chairmen**] presidente

**chair•person** [ˈtʃɛrpɜrsən] *s.* presidente

**chair•woman** [ˈtʃɛrwʊmən] *s.* [*pl* **chairwomen**] presidente

**cha•let** [ʃæˈleɪ, *Brit*:ˈʃæleɪ] *s.* chalé

**chal•ice** [ˈtʃælɪs] *s.* cálice

**chalk** [tʃɔk] *s.* giz / *v.*

**chalk up: to chalk sth up** emplacar algo

**chal•lenge** [ˈtʃæləndʒ] *s.* 1 desafio (*to a*) 2 contestação (*to de*) / *v.* 1 desafiar (*to para*) 2 contestar 3 **to challenge sb to do sth** desafiar alguém a fazer algo

**chal•leng•er** [ˈtʃæləndʒər] *s.* desafiante (*for de*)

**chal•leng•ing** [ˈtʃæləndʒɪŋ] *adj.* desafiante

**cham•ber** [ˈtʃeɪmbər] *s.* 1 câmara 2 sala de audiência

**chamber•maid** [ˈtʃeɪmbərmeɪd] *s.* camareira

**chamber mu•sic** [ˈtʃeɪmbər mjuzɪk] *s.* música de câmara

**cha•me•le•on** [kəˈmiliən] *s.* camaleão

**cham•pagne** [ʃamˈpeɪn] *s.* champanhe

**cham•pi•on** [ˈtʃæmpiən] *s.* 1 campeão: *the reigning champion* o atual campeão 2 defensor / *v.* defender

**cham•pi•on•ship** [ˈtʃæmpiənʃɪp] *s.* campeonato

**chance** [tʃæns] *s.* 1 chance: *a chance to rest* uma chance de descansar | *We have a good chance of winning.* Temos boas chances de ganhar. 2 acaso: *sheer chance* mero acaso 3 **chances are (that) ...** FAM a tendência é que ... 4 **any chance of sth?** FAM: *Any chance of a coffee?* Será que rola um cafezinho? 5 **by any chance** por acaso 6 **by chance** por acaso 7 **no chance/fat chance!** FAM sem chance! 8 **on the off chance** pelo sim pelo não 9 **to be in with a chance** ter chances 10 **to stand a (good) chance of doing sth** ter (boas) chances de fazer algo 11 **to take chances/a chance** arriscar, expor-se / *adj.* casual [encontro, descoberta] / *v.* 1 **to chance doing sth** arriscar fazer algo 2 **to chance it** FAM arriscar 3 **to chance on sth** FORM topar com algo

**chan•cel•lor** [ˈtʃænsələr] *s.* 1 reitor [de faculdade] 2 BRIT (tb **Chancellor of the Exchequer**) ministro da Fazenda 3 chanceler [na Alemanha etc.]

**chan•de•lier** [ʃændəˈlɪr] *s.* lustre

**change** [tʃeɪndʒ] *v.* 1 mudar (*from de*, *to para*) 2 trocar (*for por*) 3 mudar/trocar de: *Let's change the subject.* Vamos mudar de assunto. | *Would you change places with* *me?* Você troca de lugar comigo? 4 (tb **get changed**) trocar-se, trocar de roupa 5 fazer baldeação: *You need to change onto the Blue Line.* Você precisa fazer baldeação e pegar a Linha Azul. 6 **to change your mind** mudar de ideia

**change into** 1 **to change into sth** ⓐ transformar-se em algo ⓑ pôr algo [roupa diferente] 2 **to change sth/sb into sth** transformar algo/alguém em algo

**change out of: to change out of sth** tirar algo [roupa, para pôr outra]

**change over: to change over to sth** fazer a transição/mudar para algo (***from*** *de*) / *s.* 1 mudança (***from*** *de*, ***in*** *em*, ***to*** *para*) 2 troco 3 (tb **small change**) trocado(s): *Do you have change for a fifty?* Você troca uma nota de cinquenta? 4 **a change for the better/worse** uma mudança para melhor/pior 5 **a change of clothes** uma troca de roupa 6 **for a change** para variar 7 **to have a change of heart** mudar de ideia 8 **to make a change** ⓐ fazer uma mudança ⓑ FAM ser novidade: *John was on time? That makes a change!* O John foi pontual? Isso é novidade! 9 **to make change (for sth)** AM trocar (algo): *Can you make change for $20?* Você troca $20,00?

**change•able** [ˈtʃeɪndʒəbəl] *adj.* instável [clima, tempo]

**change•over** [ˈtʃeɪndʒoʊvər] *s.* mudança, transição (***to*** *para*)

**chang•ing room** [ˈtʃeɪndʒɪŋ rum] *s.* BRIT vestiário

**chan•nel** [ˈtʃænəl] *s.* 1 canal: *What channel is the movie on?* O filme passa em que canal? 2 via, trâmite: *through the usual channels* seguindo os trâmites normais 3 **the (English) Channel** o Canal da Mancha: *the Channel Tunnel* o túnel sob o Canal da Mancha 4 **to change channels** mudar de canal / *v.* canalizar (***into*** *para*)

**chant** [tʃænt] *s.* 1 grito [de torcida, manifestantes] 2 cântico / *v.* 1 entoar 2 gritar, entoar gritos

**cha•os** [ˈkeɪɑs] *s.* 1 caos 2 **to be in chaos** estar um caos

**cha•ot•ic** [keɪˈɑtɪk] *adj.* caótico

**chap** [tʃæp] *s.* BRIT FAM sujeito, cara

**chap•el** [ˈtʃæpəl] *s.* capela

**chap•er•one** [ˈʃæpəroʊn] *s.* 1 acompanhante 2 dama de companhia / *v.* acompanhar

**chap•lain** [ˈtʃæplɪn] *s.* capelão

**chapped** [tʃæpt] *adj.* rachado [lábio etc.]

**chap•ter** [ˈtʃæptər] *s.* capítulo

**char** [tʃɑr] *v.* carbonizar(-se), torrar

**char•ac•ter** [ˈkærəktər] *s.* 1 personalidade 2 caráter: *a character trait* um traço de caráter 3 jeito de ser 4 personagem 5 sujeito [pessoa] 6 figura [pessoa excêntrica] 7 caractere 8 **to be out of character for sb (to do sth)** não ser da natureza de alguém (fazer algo)

**char•ac•ter•is•tic** [kærəktəˈrɪstɪk] *s.* característica / *adj.* característico (***of*** *de*)

**char•ac•ter•ize**, BRIT tb: **-ise** [ˈkærəktəraɪz] *v.* caracterizar (***as*** *como*)

**cha•rade** [ʃəˈreɪd, *Brit*: ʃəˈrɑd] *s.* 1 farsa 2 **charades** mímica [brincadeira]

**char•coal** [ˈtʃɑrkoʊl] *s.* carvão [de lenha]

**charge** [tʃɑrdʒ] *s.* 1 taxa: *a boarding charge* uma taxa de embarque 2 acusação (***against*** *contra*): *He was arrested on a charge of homicide.* Ele foi preso sob acusação de homicídio. 3 investida [de animal, cavalaria] 4 carga [elétrica, explosiva] 5 **free of charge** grátis 6 **in charge of sth** encarregado de algo, responsável por algo: *the person in charge* o responsável 7 **in sb's charge** sob os cuidados de alguém 8 **to be in charge** ⓐ mandar ⓑ ser o responsável 9 **to bring charges against sb** indiciar alguém 10 **to make a charge** cobrar uma taxa (***for*** *por*) 11 **to put sb in charge** encarregar alguém (***of*** *de*) 12 **to take charge of sth** ⓐ encarregar-se de algo ⓑ assumir o controle de algo / *v.* 1 cobrar (***for*** *por*) 2 AM pagar com cartão 3 (tb **charge up**) carregar [bateria etc.] 4 precipitar-se 5 **to charge (at/toward) sb/sth** investir contra alguém/algo 6 **to charge sb (for sth)**

cobrar de alguém (por algo): *He charged me $10 for the haircut.* Ele me cobrou $10 pelo corte de cabelo. **7 to charge sth to sb/sth** jogar algo na conta de alguém/algo
**charge card** [ˈtʃɑrdʒ kɑrd] *s.* cartão de loja
**charg•er** [ˈtʃɑrdʒər] *s.* carregador
**chari•ot** [ˈtʃæriət] *s.* biga
**cha•ris•ma** [kəˈrɪzmə] *s.* carisma
**char•is•mat•ic** [kærɪzˈmætɪk] *adj.* carismático
**chari•table** [ˈtʃærətəbəl] *adj.* **1** de caridade, beneficente **2** caridoso
**char•ity** [ˈtʃærəti] *s.* [*pl* **charities**] **1** entidade beneficente, instituição de caridade **2** (obras de) caridade: *charity work* trabalho beneficente
**charm** [tʃɑrm] *s.* **1** encanto, charme **2** amuleto **3 lucky charm** talismã **4 to work like a charm** funcionar direitinho / *v.* encantar
**charm•ing** [ˈtʃɑrmɪŋ] *adj.* **1** encantador **2** charmoso
**chart** [tʃɑrt] *s.* **1** gráfico, tabela **2** mapa **3** carta náutica **4 the charts** as paradas de sucesso: *a chart hit* um sucesso nas paradas / *v.* **1** traçar **2** mapear
**char•ter** [ˈtʃɑrtər] *s.* **1** estatuto **2** fretamento / *v.* fretar
**char•ter flight** [ˈtʃɑrtər flaɪt] *s.* voo charter
**chase** [tʃeɪs] *v.* **1** perseguir **2 to chase after sb/sth** correr atrás de alguém/algo
**chase away, chase off 1 to chase sb away/off** afugentar alguém **2 to chase sth away/off** enxotar algo
**chase down: to chase sb/sth down** localizar alguém/algo
**chase up: to chase sb/sth up** BRIT correr atrás de alguém/algo / *s.* perseguição: *a car chase* uma perseguição de carros
**chasm** [ˈkæzəm] *s.* abismo
**chas•sis** [ˈʃæsi] *s.* [*pl* **chassis**] chassi
**chat** [tʃæt] *v.* bater papo, conversar (***about*** *sobre*, ***to/with*** *com*)
**chat up: to chat sb up** BRIT cantar alguém / *s.* **1** bate-papo **2** chat **3 to have a chat** BRIT bater um papo
**chat room** [ˈtʃæt rum] *s.* sala de bate-papo
**chat•ter** [ˈtʃætər] *v.* **1** (tb **chatter away**) tagarelar, papear **2 sb's teeth are chattering** alguém está batendo queixo / *s.* **1** tagarelice **2** burburinho
**chatter•box** [ˈtʃætərbɑks] *s.* FAM tagarela
**chat•ty** [ˈtʃæti] *adj.* [*comp* **chattier, chattiest**] FAM **1** falante, tagarela **2** informal [estilo]
**chauf•feur** [ˈʃoʊfər] *s.* chofer, motorista
**chau•vin•ist** [ˈʃoʊvənɪst] *adj, s.* **1** (tb **male chauvinist**) machista **2** chauvinista
**cheap** [tʃip] *adj.* [*comp* **cheaper, cheapest**] **1** barato **2** ordinário, vagabundo [produto] **3** AM FAM pão-duro **4** baixo [pessoa, atitude] / *adv.* **1** barato **2 not to come cheap** custar caro **3 to be going cheap** estar barato / *s.* **on the cheap** sem gastar muito
**cheap•en** [ˈtʃipən] *v.* **1** baratear **2** rebaixar, desvalorizar
**cheap•ly** [tʃip] *adv.* barato, a preço baixo
**cheap•skate** [ˈtʃipdʒæk] *s.* FAM pão-duro
**cheat** [tʃit] *v.* **1** trapacear, roubar [em jogo] **2** colar [em prova] **3** enganar **4 to cheat on sb** trair alguém [chifrando] **5 to cheat sb (out) of sth** enganar alguém para tirar algo dele / *s.* trapaceiro
**check** [tʃɛk] *v.* **1** conferir **2** verificar, checar **3** conter, refrear **4** AM despachar [bagagem] **5** AM ticar **6 to check on sb/sth** dar uma olhada em alguém/algo **7 to check on sth** conferir algo **8 to check sth against sth** confrontar algo com algo **9 to check yourself** conter-se, segurar-se
**check in 1** fazer o check-in **2** AM dar notícias (***with*** *a*) **3 to check sth in** despachar algo [bagagem] **4 to check into a hotel** ir a um hotel
**check out 1** fazer o check-out (***of*** *de*), deixar o hotel **2** conferir, bater (***with*** *com*) **3 to check sth out** **a** conferir algo **b** AM tomar algo emprestado **4 to check sb/sth out** olhar alguém/algo
**check over: to check sth/sb over** revisar algo/examinar alguém
**check up 1 to check up on sb** controlar alguém **2 to check up on sth** conferir/ve-

rificar algo / *s.* 1 controle, fiscalização (*on de*) 2 revisão, verificação 3 AM conta [em restaurante] 4 AM cheque 5 xadrez [desenho]: *check pants* calça xadrez 6 AM (tb **check mark**) tique [sinal] 7 xeque [em xadrez] 8 **a check on sth** um freio em algo 9 **coat/hat check** AM chapelaria 10 **to carry out/do/run a check on sth/sb** verificar algo/investigar alguém 11 **to hold/keep sth/sb in check** conter/refrear algo/alguém 12 **to keep a check on sb/sth** controlar alguém/algo

**check•book**, BRIT: **cheque•book** [ˈtʃɛkbʊk] *s.* talão de cheques

**checked** [tʃɛkt] *adj.* xadrez

**check•ered** [ˈtʃɛkərd] *adj.* 1 quadriculado 2 acidentado [carreira, vida]

**check•ers** [ˈtʃɛkərz] *s.* damas [jogo]

**check-in** [ˈtʃɛkɪn] *s.* check-in [no aeroporto]

**check•ing ac•count** [ˈtʃɛkɪŋ əˌkaʊnt] *s.* AM conta corrente

**check•list** [ˈtʃɛklɪst] *s.* lista de checagem

**check•mate** [tʃɛkˈmeɪt] *s.* xeque-mate

**check•out** [ˈtʃɛkaʊt] *s.* caixa [de supermercado]

**check•point** [ˈtʃɛkpɔɪnt] *s.* ponto de controle

**check•up** [ˈtʃɛkʌp] *s.* checkup, exame de rotina

**cheek** [tʃik] *s.* 1 bochecha, face 2 BRIT cara de pau, atrevimento

**cheek•bone** [ˈtʃik boʊn] *s.* maçã do rosto

**cheeky** [ˈtʃiki] *adj.* [*comp* **cheekier, cheekiest**] BRIT abusado, atrevido

**cheep** [tʃip] *v.* piar

**cheer** [tʃɪr] *s.* viva, aplauso / *v.* aplaudir, gritar

**cheer on: to cheer sb on** torcer por alguém [gritando]

**cheer up** 1 animar-se 2 **to cheer sb up** animar alguém

**cheer•ful** [ˈtʃɪrfəl] *adj.* alegre, bem disposto

**cheer•ful•ly** [ˈtʃɪrfəli] *adv.* alegremente

**cheer•ful•ness** [ˈtʃɪrfəlnəs] *s.* alegria

**cheer•ing** [ˈtʃɪrɪŋ] *s.* vivas, aplausos

**cheerio** [tʃiriˈoʊ] *interj.* BRIT FAM tchau tchau

**cheer•leader** [ˈtʃɪrlidər] *s.* animadora de torcida

**cheers** [tʃɪrz] *interj.* 1 saúde! [ao brindar] 2 BRIT FAM valeu! 3 BRIT FAM abraço! [ao se despedir]

**cheery** [ˈtʃɪri] *adj.* [*comp* **cheerier, cheeriest**] alegre, bem-disposto

**cheese** [tʃiz] *s.* queijo: *a grilled cheese* um queijo quente

**chee•tah** [ˈtʃitə] *s.* guepardo

**chef** [ʃɛf] *s.* chefe de cozinha, cozinheiro

**chemi•cal** [ˈkɛmɪkəl] *adj.* químico / *s.* produto químico

**chem•ist** [ˈkɛmɪst] *s.* 1 químico 2 BRIT farmacêutico 3 BRIT (tb **chemist's**) farmácia

**chem•is•try** [ˈkɛməstri] *s.* química

**cheque** [tʃɛk] *s.* BRIT cheque

**cheque•book** [ˈtʃɛkbʊk] *s.* BRIT talão de cheques

**cheq•uered** [ˈtʃɛkərd] *adj.* BRIT ver **check•ered**

**cher•ish** [ˈtʃɛrɪʃ] *v.* 1 guardar com carinho, valorizar: *my most cherished possession* meu bem mais precioso 2 querer bem a

**cher•ry** [ˈtʃɛri] *s.* [*pl* **cherries**] cereja: *a cherry tree* uma cerejeira

**chess** [tʃɛs] *s.* xadrez: *a chess set* um jogo de xadrez

**chess•board** [ˈtʃɛs bɔrd] *s.* tabuleiro de xadrez

**chest** [tʃɛst] *s.* 1 peito 2 arca, baú 3 **to get it off your chest** desabafar

**chestnut** [ˈtʃɛsnʌt] *s.* castanha / *adj.* castanho

**chest of drawers** [ˌtʃɛstəvˈdrɔz] *s.* cômoda

**chew** [tʃu] *v.* 1 mastigar 2 mascar

**chew over: to chew sth over** ponderar algo

**chew•ing gum** [ˈtʃuɪŋ gʌm] *s.* chiclete

**chewy** [ˈtʃui] *adj.* [*comp* **chewier, chewiest**] 1 puxa-puxa [doce] 2 duro [carne]

**chic** [ʃik] *adj.* chique

**chick** [tʃɪk] *s.* 1 pinto 2 filhote [de pássaro]

**chick•en** [ˈtʃɪkən] *s.* 1 galinha: *chicken soup* caldo de galinha 2 frango 3 FAM medroso

**4 to count your chickens (before they're hatched)** cantar vitória antes do tempo / **chicken out** FAM amarelar
**chicken•pox** [ˈtʃɪkənpɑks] *s.* catapora
**chick•pea** [ˈtʃɪkpi] *s.* grão-de-bico
**chico•ry** [ˈtʃɪkəri] *s.* 1 chicória 2 BRIT endívia
**chief** [tʃif] *adj.* 1 principal 2 chefe: *the chief editor* o editor chefe / *s.* 1 chefe 2 cacique
**chief•ly** [ˈtʃifli] *adv.* principalmente
**chil•blain** [ˈtʃɪlbleɪn] *s.* frieira
**child** [tʃaɪld] *s.* [*pl* **children**] 1 criança: *children's books* livros infantis 2 filho 3 **an only child** filho único 4 **as a child** quando criança
**child•birth** [ˈtʃaɪldbɜrθ] *s.* parto
**childcare** [ˈtʃaɪldkɛr] *s.* serviço de creche/babá
**childhood** [ˈtʃaɪldhʊd] *s.* infância: *early childhood* a primeira infância
**child•ish** [ˈtʃaɪldɪʃ] *adj.* infantil [bobo]
**child•less** [ˈtʃaɪldləs] *adj.* sem filhos
**child•like** [ˈtʃaɪldlaɪk] *adj.* de criança, infantil [inocente]
**child•minder** [ˈtʃaɪldmaɪndər] *s.* BRIT babá
**chil•dren** [ˈtʃɪldrən] *spl.* ▸ *pl de* CHILD
**Chile** [ˈtʃɪli] *s.* Chile
**Chile•an** [ˈtʃɪliən] *adj, s.* chileno
**chili**, BRIT: **chil•li** [ˈtʃɪli] *s.* [*pl* **chilies**] (tb **chili pepper**) pimenta-malagueta: *chili sauce* molho de pimenta
**chili beans**, BRIT: **chilli beans** [ˈtʃɪli binz] *spl.* feijão rosinha
**chill** [tʃɪl] *s.* 1 friagem, frio 2 calafrio, arrepio 3 **to catch a chill** pegar friagem 4 **to send a chill through sb/down sb's spine** dar um arrepio em alguém 5 **to take the chill off sth** dar uma esquentada em algo / *v.* 1 gelar 2 FAM (tb **chill out**) relaxar
**chil•ling** [ˈtʃɪlɪŋ] *adj.* arrepiante, assustador
**chil•ly** [ˈtʃɪli] *adj.* [*comp* **chillier, chilliest**] 1 friozinho 2 frio [recepção] 3 **to feel chilly** **a** sentir frio **b** estar friozinho
**chime** [tʃaɪm] *v.* 1 repicar 2 bater as horas / *s.* repique, badalada
**chim•ney** [ˈtʃɪmni] *s.* chaminé
**chimp, chim•pan•zee** [tʃɪmp, tʃɪmpænˈzi] *s.* chimpanzé
**chin** [tʃɪn] *s.* 1 queixo 2 **chin up!** FAM ânimo!
**Chi•na** [ˈtʃaɪnə] *s.* China
**chi•na** [ˈtʃaɪnə] *s.* 1 louça 2 porcelana
**Chi•nese** [tʃaɪˈniz] *adj, s.* [*pl* **Chinese**] 1 chinês 2 **the Chinese** os chineses
**chink** [tʃɪŋk] *s.* fresta, fenda
**chi•nos** [ˈtʃinoʊz] *spl.* calça chino
**chintzy** [ˈtʃɪntsi] *adj.* [*comp* **chintzier, chintziest**] AM FAM 1 fuleiro, vagabundo 2 mão de vaca
**chip** [tʃɪp] *s.* 1 AM (tb **potato chip**) batata frita [de saquinho] 2 BRIT batata frita [quente] 3 (tb **microchip**) chip 4 lasca 5 ficha [em jogo] 6 **to have a chip on your shoulder** sentir-se injustiçado 7 **when the chips are down** FAM quando o bicho pega / *v.* [**-pp-**] lascar(-se)
**chip away: to chip away at sth** ir minando algo
**chip in** 1 entrar na conversa 2 colaborar, contribuir [com dinheiro]
**chirp, chir•rup** [tʃɜrp, ˈtʃɪrəp] *v.* trilar, chilrear
**chirpy** [ˈtʃɜrpi] *adj.* [*comp* **chirpier, chirpiest**] FAM alegre, bem-disposto
**chis•el** [ˈtʃɪsəl] *s.* 1 formão 2 cinzel / *v.* entalhar
▸ *Am:* ***chiseling, chiseled*** *Brit:* ***chiselling, chiselled***
**chiv•al•rous** [ˈʃɪvəlrəs] *adj.* cavalheiresco
**chiv•al•ry** [ˈʃɪvəlri] *s.* cavalheirismo
**chives** [tʃaɪvz] *spl.* cebolinho
**chlo•rine** [ˈklɔrin] *s.* cloro
**chock-full** [tʃɑkˈfʊl] *adj.* FAM abarrotado, lotado (*of* *de*)
**choco•late** [ˈtʃɑklɪt] *s.* 1 chocolate: *a chocolate bar* uma barrinha de chocolate 2 bombom
**choco•latey** [ˈtʃɑkləti] *adj.* achocolatado [sabor]
**choice** [tʃɔɪs] *s.* 1 escolha 2 opção 3 variedade, sortimento 4 **by choice** por opção 5 **to have a choice** poder escolher 6 **to have no**

**choice** não ter escolha 7 **to make a choice** fazer uma escolha / *adj.* FORM seleto, selecionado
**choir** [kwaɪr] *s.* coral
**choir•boy** [ˈkwaɪrbɔɪ] *s.* corista [menino]
**choke** [tʃoʊk] *v.* 1 sufocar 2 engasgar (***on*** *com*) 3 estrangular 4 entupir [ruas etc.] 5 **to choke to death** morrer engasgado/sufocado / *s.* afogador
**chol•era** [ˈkɑlərə] *s.* cólera [doença]
**cho•les•ter•ol** [kəˈlɛrɪk] *s.* colesterol
**choose** [tʃuz] *v.* [*ps, pp* **chose, chosen**] 1 escolher (***between*** *entre*, ***from*** *entre*) 2 **to choose to do sth** optar por/preferir fazer algo
**choosy** [ˈtʃuzi] *adj.* [*comp* **choosier, choosiest**] exigente, seletivo (***about*** *com*)
**chop** [tʃɑp] *v.* [**-pp-**] 1 rachar [lenha] 2 (tb **chop up**) picar [legumes etc.]: *finely chopped garlic* alho bem picado
**chop down: to chop sth down** cortar algo [árvore]
**chop off: to chop sth off** a cortar algo fora b decepar algo / *s.* 1 costeleta: *a pork chop* uma costeleta de porco 2 golpe [com a mão]
**chop•per** [ˈtʃɑpər] *s.* 1 FAM helicóptero 2 BRIT cutelo
**chop•ping board** [ˈtʃɑpɪŋ bɔrd] *s.* tábua de cortar
**chop•py** [ˈtʃɑpi] *adj.* [*comp* **choppier, choppiest**] agitado, encapelado [mar]
**chop•sticks** [ˈtʃɑpstɪks] *spl.* hashis, pauzinhos [talher oriental]
**cho•ral** [ˈkɔrəl] *adj.* coral
**chord** [kɔrd] *adj.* 1 acorde 2 **to strike a chord** encontrar eco (***with*** *com*)
**chore** [tʃɔr] *s.* 1 tarefa 2 chatice 3 **household chores** afazeres domésticos
**cho•reo•graph** [ˈkɔriəgræf] *v.* coreografar
**cho•reog•ra•pher** [kɔriˈɑgrəfər] *s.* coreógrafo
**cho•reog•ra•phy** [kɔriˈɑgrəfi] *s.* coreografia
**cho•rus** [ˈkɔrəs] *s.* 1 refrão, estribilho 2 coro / *v.* dizer em coro
**chose** [tʃoʊz] *v.* ▸ *ps de* CHOOSE
**cho•sen** [ˈtʃoʊzən] *v.* ▸ *pp de* CHOOSE
**chow•der** [ˈtʃaʊdər] *s.* sopa de creme: *clam chowder* creme de vôngole
**Christ** [kraɪst] *s.* Cristo
**chris•ten** [ˈkrɪsən] *v.* 1 batizar 2 FAM inaugurar 3 **to christen sb/sth sth** batizar alguém/algo de algo: *He was christened James.* Ele foi batizado de James.
**chris•ten•ing** [ˈkrɪsənɪŋ] *s.* batizado
**Christian** [ˈkrɪstʃən] *adj, s.* cristão
**Chris•ti•an•ity** [krɪstʃiˈænəti] *s.* cristianismo
**Christian name** [ˈkrɪstʃən neɪm] *s.* prenome
**Christ•mas** [ˈkrɪsməs] *s.* Natal: *Merry Christmas!* Feliz Natal!
**Christ•mas cake** [ˈkrɪsməs keɪk] *s.* bolo natalino
**Christ•mas card** [ˈkrɪsməs kɑrd] *s.* cartão de Natal
**Christ•mas carol** [ˌkrɪsməsˈkærəl] *s.* canção natalina
**Christ•mas cracker** [ˌkrɪsməsˈkrækər] *s.* tubinho de papel colorido usado para enfeitar a mesa natalina que, ao se puxarem as extremidades, abre com um estalo, brindando quem ficou com a parte maior com uma prenda e uma coroa de papel
**Christ•mas Day** [ˌkrɪsməsˈdeɪ] *s.* dia de Natal
**Christ•mas Eve** [ˌkrɪsməsˈiv] *s.* véspera de Natal
**Christ•mas pres•ent** [ˈkrɪsməsˌprɛzənt] *s.* presente de Natal
**Christ•mas stock•ing** [ˌkrɪsməsˈstɑkɪŋ] *s.* meia para Papai Noel
**Christ•mas tree** [ˈkrɪsməs tri] *s.* árvore de Natal
**chrome** [kroʊm] *s.* cromo
**chro•mo•some** [ˈkroʊməsoʊm] *s.* cromossomo
**chron•ic** [ˈkrɑnɪk] *adj.* crônico
**chroni•cle** [ˈkrɑnɪkəl] *s.* crônica [registro histórico] / *v.* narrar
**chrono•logi•cal** [krɑnəˈlɑdʒɪkəl] *s.* cronológico
**chry•san•themum** [krɪˈzænθəməm] *s.* crisântemo

**chub•by** [ˈtʃʌbi] *adj.* [*comp* **chubbier, chubbiest**] rechonchudo, roliço

**chuck** [tʃʌk] *v.* BRIT FAM **1** tacar, jogar **2** dar o chute em [namorado]

**chuck away: to chuck sth away** jogar algo fora

**chuck in: to chuck sth in** largar algo

**chuck out: to chuck sb out** expulsar alguém

**chuck•le** [ˈtʃʌkəl] *v.* rir baixo (***about*** *de*)

**chum** [tʃʌm] *s.* FAM camarada

**chunk** [tʃʌŋk] *s.* naco, pedação

**chunky** [ˈtʃʌŋki] *adj.* [*comp* **chunkier, chunkiest**] **1** pesado **2** grandão

**church** [tʃɜrtʃ] *s.* igreja

**church•goer** [ˈtʃɜrtʃmən] *s.* frequentador de igreja

**church•yard** [ˈtʃɜrtʃjɑrd] *s.* cemitério [anexo a igreja]

**churn** [tʃɜrn] *s.* latão [de leite] / *v.* (tb **churn up**) revolver(-se)

**churn out: to churn sth out** produzir algo em série

**chute** [ʃut] *s.* **1** rampa, escorregador **2** FAM paraquedas

**ci•der** [ˈsaɪdər] *s.* sidra

▸ Nos EUA e Canadá, o termo ***cider*** refere-se a um tipo de suco de maçã caseiro sem álcool, enquanto a sidra alcoólica é chamada de ***hard cider***.

**ci•gar** [sɪˈgɑr] *s.* charuto

**ciga•rette** [sɪgəˈrɛt] *s.* cigarro

**ci•lan•tro** [səˈlɑntroʊ] *s.* AM coentro

**cinch** [sɪntʃ] *s.* **to be a cinch** FAM ser facinho

**cin•der** [ˈsɪndər] *s.* cinza [quente]

**cin•ema** [ˈsɪnəmə] *s.* cinema

**cin•na•mon** [ˈsɪnəmən] *s.* canela

**circle** [ˈsɜrkəl] *s.* **1** círculo **2** roda [de pessoas etc.] **3** BRIT balcão [no teatro] / *v.* **1** dar voltas [avião] **2** circular [resposta]

**cir•cuit** [ˈsɜrkɪt] *s.* **1** circuito **2** volta

**cir•cui•tous** [sərˈkjuətəs] *adj.* tortuoso

**cir•cu•lar** [ˈsɜrkjələr] *adj, s.* circular

**cir•cu•late** [ˈsɜrkjəleɪt] *v.* circular

**cir•cu•la•tion** [sɜrkjəˈleɪʃən] *s.* **1** circulação **2** tiragem [de jornal, revista]

**cir•cum•cise** [ˈsɜrkəmsaɪz] *v.* circuncidar

**cir•cum•fer•ence** [sərˈkʌmfərəns] *s.* circunferência

**cir•cum•stance** [ˈsɜrkəmstæns] *s.* **1** circunstância **2 under no/any circumstances** de forma alguma **3 under the circumstances** diante das circunstâncias

**cir•cum•vent** [sɜrkəmˈvɛnt] *v.* FORM contornar, driblar

**cir•cus** [ˈsɜrkəs] *s.* circo

**cis•tern** [ˈsɪstərn] *s.* caixa acoplada [de privada]

**ci•ta•tion** [saɪˈteɪʃən] *s.* **1** AM menção honrosa **2** AM multa [de trânsito] **3** citação [da justiça]

**cite** [saɪt] *v.* FORM **1** citar **2** intimar

**citi•zen** [ˈsɪtəzən] *s.* cidadão

**citi•zen•ship** [ˈsɪtəzənʃɪp] *s.* cidadania

**city** [ˈsɪti] *s.* [*pl* **cities**] **1** cidade [grande] **2 the city** AM a prefeitura [órgão] **3 the City** BRIT o centro financeiro de Londres

**city hall** [ˌsɪti ˈhɔl] *s.* prefeitura

**civ•ic** [ˈsɪvɪk] *adj.* **1** municipal **2** cívico

**civ•il** [ˈsɪvəl] *adj.* **1** civil **2** educado, cortês

**ci•vil•ian** [səˈvɪljən] *adj, s.* **1** civil **2 in civilian dress** à paisana

**civi•li•za•tion**, BRIT tb: **-sation** [sɪvələˈzeɪʃən] *s.* civilização

**civi•lized**, BRIT tb: **-lised** [ˈsɪvəlaɪzd] *adj.* civilizado

**civ•il serv•ant** [ˌsɪvəl ˈsɜrvənt] *s.* servidor público

**civ•il ser•vice** [ˈsɪvəl ˈsɜrvɪs] *s.* serviço público

**civil war** [ˌsɪvəl ˈwɔr] *s.* guerra civil

**clad** [klæd] *adj.* **clad in sth** trajando algo

**claim** [kleɪm] *v.* **1** alegar **2** requerer [benefício] **3** reivindicar **4** assumir [responsabilidade] **5** procurar [objeto perdido] **6** ceifar [vida] **7 to claim on the insurance** acionar o seguro

**claim back: to claim sth back** requerer o reembolso de algo / *s.* **1** alegação **2** requerimento **3** reivindicação **4** pedido de indenização [a seguradora] **5 sb's claim to fame** o motivo da fama de alguém

**claim•ant** [ˈkleɪmənt] *s.* requerente
**clair•voy•ant** [klɛrˈvɔɪənt] *s.* vidente
**clam** [klæm] *s.* vôngole / *v.* [-**mm**-]
**clam up** FAM ficar calado
**clam•ber** [ˈklæmbər] *v.* subir com dificuldade
**clam•my** [ˈklæmi] *adj.* [*comp* **clammier, clammiest**] pegajoso
**clam•or**, BRIT: **clam•our** [ˈklæmər] *s.* clamor / *v.* **to clamor for sth** clamar por algo
**clamp** [klæmp] *s.* 1 grampo [ferramenta] 2 BRIT (tb **wheel clamp**) trava de roda / *v.* 1 (tb **clamp together**) apertar com grampo 2 BRIT colocar trava na roda de 3 **to clamp your hand over sth** tapar algo com a mão
**clamp down: to clamp down on sth/sb** reprimir algo/alguém
**clamp•down:** [ˈklæmpdaʊn] *s.* repressão (*on de*)
**clan** [klæn] *s.* clã
**clan•des•tine** [klænˈdɛstɪn] *adj.* clandestino
**clang** [klæŋ] *v.* retinir, ressoar
**clank** [klæŋk] *v.* tinir
**clap** [klæp] *v.* [-**pp**-] 1 bater palmas (para) 2 **to clap sb on the shoulder** bater no ombro de alguém 3 **to clap your hand over sth** tapar algo com a mão 4 **to clap your hands** bater palmas / *s.* 1 salva de palmas 2 **a clap of thunder** um trovão
**clap•trap** [ˈklæptræp] *s.* FAM bobagem
**clari•fi•ca•tion** [klærəfəˈkeɪʃən] *s.* esclarecimento
**clari•fy** [ˈklærəfaɪ] *v.* [*ps e pp* -**fied**] esclarecer
**clari•net** [klærəˈnɛt] *s.* clarinete
**clar•ity** [ˈklærəti] *s.* clareza
**clash** [klæʃ] *v.* 1 entrar em confronto/conflito (*with com*) 2 não combinar (*with com*) 3 BRIT coincidir (*with com*) / *s.* 1 confronto 2 embate
**clasp** [klæsp] *v.* 1 agarrar, segurar 2 agarrar-se a 3 estreitar [mão, braços] / *s.* fecho
**class** [klæs] *s.* 1 aula: *a Spanish class* uma aula de espanhol 2 turma [de alunos] 3 classe: *economy class* a classe econômica 4 categoria 5 **in a class of your/its own** hors-concours, fora de série / *v.* classificar (*as como*)
**clas•sic** [ˈklæsɪk] *adj, s.* 1 clássico 2 **classics** letras clássicas
**clas•si•cal** [ˈklæsɪkəl] *adj.* clássico
**clas•si•fied** [klæsəfəˈkeɪʃən] *adj.* confidencial / *s.* (tb **classified ad**) classificado [anúncio]
**clas•si•fy** [ˈklæsəfaɪ] *v.* [*ps e pp* -**fied**] classificar
**class•mate** [ˈklæsmeɪt] *s.* colega de turma
**class•room** [ˈklæsrum] *s.* sala de aula
**classy** [ˈklæsi] *adj.* [*comp* **classier, classiest**] FAM 1 chique 2 de primeira 3 classudo
**clat•ter** [ˈklætər] *v.* 1 fazer estrondo 2 chocar-se com estrondo / *s.* estrondo
**clause** [klɔz] *s.* 1 oração [em gramática] 2 cláusula
**claus•tro•pho•bia** [klɔstrəˈfoʊbiə] *s.* claustrofobia
**claus•tro•pho•bic** [klɔstrəˈfoʊbɪk] *adj.* claustrofóbico
**claw** [klɔ] *s.* 1 garra 2 unha [de gato] 3 pinça, tenaz [de lagosta etc.] / *v.* (tb **claw at**) arranhar
**clay** [kleɪ] *s.* argila, barro
**clean** [klin] *adj.* [*comp* **cleaner, cleanest**] 1 limpo 2 sadio, saudável 3 **to come clean** FAM abrir o jogo / *v.* limpar
**clean out** 1 **to clean sth out** limpar algo 2 **to clean sb out** FAM deixar alguém a zero
**clean up** 1 arrumar 2 (tb **clean yourself up**, **get cleaned up**) lavar-se 3 **to clean sth up** **a** limpar algo **b** sanear algo 4 **to clean up after sb** limpar a bagunça de alguém 5 **to clean up your act** FAM tomar jeito / *adv.* completamente
**clean•er** [ˈklinər] *s.* 1 BRIT faxineiro 2 limpador [produto] 3 **the cleaner's** a tinturaria
**clean•ing** [ˈklinɪŋ] *s.* limpeza [atividade]
**clean•li•ness** [ˈklɛnlɪnəs] *s.* 1 higiene, limpeza 2 asseio
**clean•ly** [ˈklinli] *adv.* completamente [quebrar, cortar]
**cleanse** [klɛnz] *v.* limpar
**cleans•er** [ˈklɛnzər] *s.* creme de limpeza

**clean-shaven** [klin'ʃeɪvən] *adj.* com a barba feita, de cara limpa

**clean•up** ['klinʌp] *s.* limpeza

**clear** [klɪr] *adj.* [*comp* **clearer, clearest**] 1 claro (***to** para*) 2 evidente 3 nítido 4 limpo [céu, estrada, cútis, consciência] 5 transparente, cristalino [líquido, vidro] 6 livre [período] 7 **to be clear about sth** a ser claro sobre algo b entender bem algo 8 **to get sth clear** esclarecer algo: *Let me get this clear.* Deixe eu ver se entendi bem. 9 **to make it clear that ...** deixar claro que ... 10 **to make sth clear** deixar algo claro 11 **to make yourself clear** explicar-se bem: *Do I make myself clear?* Ficou claro? / *v.* 1 limpar 2 desobstruir (***of** de*) 3 desmatar 4 esvaziar [prédio, área] 5 inocentar (***of** de*) 6 autorizar 7 abrir [tempo, céu] 8 dissipar-se [nevoeiro, fumaça] 9 transpor, passar por (cima de) 10 saldar [dívida] 11 compensar [cheque] 12 **to clear a space** abrir um espaço (***for** para*) 13 **to clear sth from/off sth** tirar algo de algo 14 **to clear sth with sb** obter a autorização de alguém para algo 15 **to clear the air** colocar tudo em pratos limpos (***with** com*) 16 **to clear the table** tirar a mesa 17 **to clear the way for sth** abrir caminho para algo 18 **to clear your head** a espairecer b curar a bebedeira 19 **to clear your name** limpar o nome 20 **to clear your throat** limpar a garganta

**clear away: to clear sth away** tirar/guardar algo

**clear off** BRIT FAM cair fora, vazar

**clear out: to clear sth out** dar uma limpada em algo

**clear up** 1 arrumar 2 abrir [tempo] 3 sarar 4 **to clear sth up** a arrumar/limpar algo b esclarecer algo / *adv.* 1 fora (***of** de*) 2 longe (***of** de*) 3 **clear of sb** à frente de alguém [em corrida, pesquisas] 4 **to keep/stay/steer clear** ficar longe (***of** de*) 5 **to stand clear of sth** afastar-se de algo / *s.* **in the clear** a inocentado b sem nada [de doença]

**clear•ance** ['klɪrəns] *s.* 1 liberação 2 autorização 3 limpeza [de neve, terreno] 4 retirada [de mato, barracos etc.] 5 folga, espaço livre

**clear•ance sale** ['klɪrəns seɪl] *s.* liquidação total, queima de estoque

**clear-cut** [klɪr'kʌt] *adj.* claro

**clear•ing** ['klɪrɪŋ] *s.* clareira

**clear•ly** ['klɪrli] *adv.* 1 obviamente, evidentemente 2 claramente

**cleav•age** ['klivɪdʒ] *s.* decote [peito]

**clef** [klɛf] *s.* **bass/treble clef** clave de fá/sol

**clench** [klɛntʃ] *v.* cerrar [punho, dentes]

**cler•gy** ['klɜrdʒi] *s.* clero

**clergy•man** ['klɜrdʒimən] *s.* [*pl* **clergymen**] clérigo

**cler•ic** ['klɛrɪk] *s.* clérigo

**cleri•cal** ['klɛrɪkəl] *adj.* 1 burocrático [trabalho, funcionário] 2 clerical

**clerk** [klɜrk, *Brit*: klɑk] *s.* 1 escriturário 2 caixa [de banco]: *a bank clerk* um bancário 3 AM balconista, vendedor 4 AM (tb **desk clerk**) recepcionista

**clev•er** ['klɛvər] *adj.* [*comp* **cleverer, cleverest**] 1 esperto 2 inteligente 3 engenhoso 4 BRIT habilidoso

**clev•er•ly** ['klɛvərli] *adv.* 1 engenhosamente 2 inteligentemente

**cli•ché** [kli'ʃeɪ, *Brit*: 'kliʃeɪ] *s.* chavão, clichê

**cli•chéd** [kli'ʃeɪd, *Brit*: 'kliʃeɪd] *adj.* 1 batido 2 repleto de chavões

**click** [klɪk] *v.* 1 clicar (***on** em*) 2 estalar [dedos, língua] 3 FAM dar-se bem, ir com a cara um do outro 4 **it clicked** FAM me deu um estalo / *s.* 1 clique 2 estalo, estalido

**cli•ent** ['klaɪənt] *s.* cliente

**cli•en•tele** [klaɪən'tɛl] *s.* clientela

**cliff** [klɪf] *s.* 1 penhasco, escarpa 2 falésia

**cli•mate** ['klaɪmət] *s.* clima

**cli•mate change** ['klaɪmət tʃeɪndʒ] *s.* mudanças climáticas

**cli•mat•ic** [klaɪ'mætɪk] *adj.* climático

**cli•max** ['klaɪmæks] *s.* 1 clímax 2 auge

**climb** [klaɪm] *v.* 1 subir (em) (***up** por*) 2 escalar 3 **to climb into bed** entrar na cama 4

**to climb out of/through the window** sair pela/pular a janela
**climb down** descer (por)
**climb over** 1 passar por cima de 2 pular [muro]
**climb up** subir / *s.* 1 subida 2 escalada
**climb•er** [ˈklaɪmər] *s.* 1 escalador 2 (tb **mountain climber**) alpinista
**climb•ing** [ˈklaɪmɪŋ] *s.* 1 (tb **rock climbing**) escalada 2 (tb **mountain climbing**) alpinismo 3 **to go climbing** fazer escalada/alpinismo
**clinch** [klɪntʃ] *v.* 1 decidir, garantir [jogo, vitória] 2 fechar [negócio] 3 **to clinch it** FAM ser decisivo
**cling** [klɪŋ] *v.* [*ps e pp* **clung**] **to cling to sth/sb** ◼a agarrar-se a algo/alguém ◼b grudar em algo/alguém
**cling•film**® [ˈklɪŋfɪlm] *s.* BRIT papel-filme
**clin•ic** [ˈklɪnɪk] *s.* clínica
**clini•cal** [ˈklɪnɪkəl] *adj.* clínico
**clink** [klɪŋk] *v.* tilintar, tinir / *s.* tinido
**clip** [klɪp] *s.* 1 clipe 2 grampo [de cabelo] 3 fecho [de joia etc.] 4 pente [de balas] / *v.* [-**pp**-] 1 aparar, podar 2 tosar 3 recortar (***from/out of*** *de*) 4 raspar, atingir de raspão 5 **to clip sth onto/to sth** prender algo em algo 6 **to clip your nails** cortar as unhas
**clip•board** [ˈklɪpbɔrd] *s.* 1 prancheta 2 área de transferência
**clip•pers** [ˈklɪpərz] *spl.* 1 máquina [de cortar cabelo] 2 alicate [de unha]
**clip•ping** [ˈklɪpɪŋ] *s.* 1 recorte [de jornal] 2 apara 3 tosa
**clique** [klik] *s.* panelinha, grupinho
**cloak** [kloʊk] *s.* capa
**cloak•room** [ˈkloʊkrum] *s.* 1 vestiário [de teatro etc.] 2 BRIT toalete 3 BRIT lavabo
**clock** [klɑk] *s.* 1 relógio: *the church clock* o relógio da igreja | *against the clock* contra o relógio 2 **around the clock** dia e noite, 24 horas por dia 3 **the clocks go forward/back** BRIT começa/acaba o horário de verão 4 **to turn back the clock** voltar o relógio do tempo / *v.* marcar [tempo, velocidade]
**clock in, clock on** BRIT bater ponto [ao entrar]
**clock off, clock out** BRIT bater ponto [ao sair]
**clock•wise** [ˈklɑkwaɪz] *adv, adj.* (tb **in a clockwise direction**) no sentido horário
**clock•work** [ˈklɑkwɜrk] *s.* **like clockwork** perfeitamente / *adj.* de corda [brinquedo, rádio]
**clog** [klɑg] *v.* [-**gg**-] (tb **clog up**) entupir, obstruir / *s.* tamanco
**clois•ter** [ˈklɔɪstər] *s.* claustro
**clone** [kloʊn] *s.* clone / *v.* clonar
**close**[1] [kloʊs] *adj.* [*comp* **closer, closest**] 1 próximo (***to*** *a*) 2 íntimo (***to*** *com*) 3 unido [família] 4 disputado, apertado [jogo, corrida] 5 grande [semelhança] 6 estreito [laços, cooperação] 7 **close together** próximos um do outro 8 **close to doing sth** prestes a fazer algo 9 **close to tears/despair** à beira das lágrimas/do desespero 10 **at close quarters** de perto 11 **that was close!** essa foi por pouco! 12 **to be/have a close call/shave** ser/escapar por pouco 13 **to get/have/take a close look at sth** olhar/examinar algo de perto 14 **to keep a close eye/watch on sb/sth** ficar bem de olho em alguém/algo 15 **to pay close attention** prestar muita atenção (***to*** *em*) / *adv.* 1 perto (***to*** *de*) 2 **close behind** logo atrás (de) 3 **close together** juntos um do outro 4 **close up/up close** de perto 5 **to come/get close** chegar perto (***to*** *de*) 6 **to come close to doing sth** quase chegar a fazer algo / *s.* BRIT rua [sem saída]
**close**[2] [kloʊz] *v.* 1 fechar 2 encerrar 3 ser encerrado 4 interditar [rua]
**close down** 1 fechar as portas 2 **to close sth down** ◼a fechar algo ◼b interditar algo [boate etc.]
**close in** 1 fechar o cerco (***on*** *sobre*) 2 chegar [noite] 3 piorar [tempo]
**close up** 1 fechar 2 **to close sth up** fechar algo / *s.* 1 encerramento, término 2 **to draw to a close** chegar ao fim
**closed** [kloʊzd] *adj.* fechado

**close-knit** [kloʊsˈnɪt] *adj.* unido
**close•ly** [ˈkloʊsli] *adv.* 1 atentamente 2 estreitamente, em estreita colaboração 3 de perto 4 **closely fought/contested** muito disputado, acirrado
**close•ness** [ˈkloʊsnəs] *s.* 1 proximidade (*to a*) 2 intimidade (*to com*)
**clos•et** [ˈklɑzɪt] *s.* 1 armário 2 guarda-roupa / *adj.* não assumido, enrustido
**close-up** [ˈkloʊsʌp] *s.* close
**clos•ing** [ˈkloʊzɪŋ] *adj.* 1 final 2 **closing date** data limite (*for para*) 3 **closing time** horário de encerramento
**clo•sure** [ˈkloʊʒər] *s.* 1 fechamento 2 interdição [de local]
**clot** [klɑt] *s.* 1 coágulo 2 BRIT FAM idiota / *v.* coagular(-se)
**cloth** [klɔθ] *s.* 1 tecido 2 pano 3 toalha [de mesa]
**clothe** [kloʊð] *s.* 1 vestir 2 **fully clothed** totalmente vestido
**clothes** [kloʊðz] *spl.* roupa(s)
**clothes•line** [ˈkloʊðzlaɪn] *s.* varal
**clothes•pin**, BRIT: **clothes peg** [ˈkloʊðzpɪn/pɛg] *s.* pregador de roupa
**cloth•ing** [ˈkloʊðɪŋ] *s.* FORM 1 vestuário, roupas 2 **article/item of clothing** peça de vestuário
**cloud** [klaʊd] *s.* nuvem / *v.*
**cloud over** ficar nublado, fechar: *It's clouding over.* O tempo está fechando.
**cloud•less** [ˈklaʊdləs] *adj.* sem nuvens, limpo
**cloudy** [ˈklaʊdi] *adj.* [*comp* **cloudier, cloudiest**] 1 nublado 2 turvo
**clout** [klaʊt] *s.* FAM 1 peso, influência 2 BRIT bofetada
**clove** [kloʊv] *s.* 1 cravo-da-índia 2 **clove of garlic** dente de alho
**clo•ver** [ˈkloʊvər] *s.* trevo
**clown** [klaʊn] *s.* palhaço / *v.*
**clown around** fazer palhaçadas
**club** [klʌb] *s.* 1 clube 2 boate 3 taco [de golfe] 4 cacete 5 **clubs** paus [naipe] / *v.* [-**bb**-] 1 dar uma cacetada/paulada em 2 **to go clubbing** ir a uma boate
**club together** fazer uma vaquinha
**cluck** [klʌk] *v.* cacarejar
**clue** [klu] *s.* 1 pista (*to sobre*) 2 dica [de palavras cruzadas] 3 **not to have a clue** não ter a mínima ideia
**clue•less** [ˈkluləs] *adj.* FAM **to be clueless** ser uma negação
**clump** [klʌmp] *s.* grupo [de árvores, plantas]
**clum•sy** [ˈklʌmzi] *adj.* [*comp* **clumsier, clumsiest**] 1 desastrado, estabanado 2 desajeitado
**clung** [klʌŋ] *v.* ▸ *ps e pp de* CLING
**clus•ter** [ˈklʌstər] *s.* aglomerado, grupo / *v.* (tb **cluster together**) aglomerar-se (***around*** *em volta de*)
**clutch** [klʌtʃ] *v.* 1 agarrar 2 empunhar 3 **to clutch at sth** tentar agarrar algo / *s.* 1 embreagem 2 **sb's clutches** as garras de alguém
**clut•ter** [klʌtər] *s.* bagunça, tralha / *v.* 1 (tb **clutter up**) atravancar, bagunçar 2 **to be cluttered (up) with sth** estar cheio de algo
**cm** *abrev.* (= centimeter) cm
**Co.** [koʊ] *abrev.* (= company) Cia.
**c/o** *abrev.* (= (in) care of) aos cuidados de
**coach** [koʊtʃ] *s.* 1 técnico, treinador 2 BRIT ônibus [de turismo] 3 BRIT vagão 4 carruagem 5 diligência 6 AM classe econômica / *v.* 1 treinar 2 dar aulas de reforço (a)
**coach•ing** [ˈkoʊtʃɪŋ] *s.* 1 treinamento 2 aulas de reforço
**coal** [koʊl] *s.* carvão
**coa•li•tion** [koʊəˈlɪʃən] *s.* coalizão
**coal mine** [ˈkoʊlmaɪn] *s.* mina de carvão
**coal min•er** [ˈkoʊlˌmaɪnər] *s.* mineiro de carvão
**coarse** [kɔrs] *adj.* 1 grosso 2 áspero 3 tosco 4 grosseiro
**coast** [koʊst] *s.* 1 costa 2 **the coast is clear** FAM a barra está limpa / *v.* 1 (tb **coast along**) andar em ponto morto/sem pedalar 2 andar acomodado, não se esforçar
**coast•al** [ˈkoʊstəl] *adj.* costeiro

**coast•er** ['koʊstər] *s.* porta-copo, descanso de copo
**coast guard** ['koʊst gɑrd] *s.* guarda costeira
**coast•line** ['koʊstlaɪn] *s.* litoral
**coat** [koʊt] *s.* 1 casaco 2 AM paletó 3 jaleco, bata 4 pelo, pelagem 5 demão [de tinta] / *v.* cobrir, revestir (***with/in*** *com*)
**coat hang•er** ['koʊt hæŋər] *s.* cabide
**coat•ing** ['koʊtɪŋ] *s.* 1 cobertura, revestimento 2 camada
**coat of arms** [ˌkoʊtəv'ɑrmz] *s.* brasão
**coax** [koʊks] *v.* 1 persuadir 2 **to coax sb into doing sth/coax sb to do sth** persuadir alguém a fazer algo 3 **to coax sb out of doing sth** persuadir alguém a não fazer algo 4 **to coax sth out of sb** extrair algo de alguém [verdade, dinheiro]
**cob•ble** ['kɑbəl] *s.* (tb **cobblestone**) paralelepípedo /
**cobble together: to cobble sth together** FAM improvisar algo
**cob•bler** ['kɑblər] *s.* AM torta de fruta com crosta de massa: *peach cobbler* torta de pêssego
**cob•web** ['kɑbwɛb] *s.* teia de aranha
**co•caine** [koʊ'keɪn] *s.* cocaína
**cock** [kɑk] *s.* 1 galo 2 macho [de ave] / *v.* 1 inclinar [cabeça] 2 engatilhar [arma]
**cock•er•el** ['kɑkrəl] *s.* galeto
**cock•ney** ['kɑkni] *adj, s.* denota os nativos do leste de Londres ou seu sotaque
**cock•pit** ['kɑkpɪt] *s.* cabine de comando
**cock•roach** ['kɑkroʊtʃ] *s.* barata
**cock•tail** ['kɑkteɪl] *s.* coquetel
**cocky** ['kɑki] *adj.* [*comp* **cockier, cockiest**] FAM metido, marrento
**co•coa** ['koʊkoʊ] *s.* 1 cacau: *cocoa powder* chocolate em pó 2 chocolate quente
**coco•nut** ['koʊkənʌt] *s.* coco: *coconut water* água de coco | *a coconut palm* um coqueiro
**co•coon** [kə'kun] *s.* casulo / *v.* **to be cocooned in sth** a estar protegido por algo b estar aconchegado em algo
**cod** [kɑd] *s.* bacalhau
**code** [koʊd] *s.* código
**coed** [koʊ'ɛd] *adj.* AM 1 misto 2 unissex
**co•er•cion** [koʊ'ɜrʃən] *s.* coação
**cof•fee** ['kɔfi] *s.* café
**cof•fee house** ['kɔfi haʊs] *s.* AM café [local]
**cof•fee pot** ['kɔfi pɔt] *s.* cafeteira
**cof•fee shop** ['kɔfi ʃɑp] *s.* café, cafeteria
**cof•fee table** ['kɔfiˌteɪbəl] *s.* mesa de centro
**cof•fin** ['kɔfɪn] *s.* caixão
**cog** [kɑg] *s.* roda dentada
**co•her•ent** [koʊ'hirənt] *adj.* coerente
**coil** [kɔɪl] *s.* 1 rolo [de corda] 2 rosca [de cobra] / *v.* enroscar(-se), enrolar(-se) (***around*** *em*)
**coin** [kɔɪn] *s.* 1 moeda: *a one-real coin* uma moeda de um real 2 **the other side of the coin** o reverso da medalha / *v.* cunhar [palavra]
**co•in•cide** [koʊɪn'saɪd] *v.* coincidir (***with*** *com*)
**co•in•ci•dence** [koʊ'ɪnsədəns] *s.* coincidência: *by coincidence* por coincidência
**coke** [koʊk] *s.* 1 FAM coca, pó [cocaína] 2 coque [combustível] 3 **Coke**® coca [bebida]: *a Diet Coke*® uma coca light
**col•an•der** ['kɑləndər] *s.* coador
**cold** [koʊld] *adj.* [*comp* **colder, coldest**] 1 frio: *freezing cold* gelado 2 **to be/feel cold** estar com/sentir frio 3 **to get cold** a ficar com frio b (tb **turn cold**) resfriar c (tb **go cold**) esfriar 4 **to get cold feet** FAM amarelar 5 **to give sb the cold shoulder** FAM dar um gelo em alguém / *s.* 1 frio 2 resfriado 3 **to catch (a) cold** pegar um resfriado 4 **to get/have a cold** ficar/estar resfriado / *adv.* **out cold** FAM desmaiado
**cold-blooded** [ˌkoʊld'blʌdɪd] *adj.* 1 a sangue frio [assassinato] 2 impiedoso
**cold cuts** ['koʊld kʌts] *spl.* AM frios
**cold•ness** ['koʊldnəs] *s.* frieza
**col•labo•rate** [kə'læbəreɪt] *v.* colaborar
**col•labo•ra•tion** [kəlæbə'reɪʃən] *s.* colaboração
**col•lapse** [kə'læps] *v.* 1 desabar, desmoronar, ruir 2 sofrer um colapso 3 entrar em colapso / *s.* 1 colapso 2 desabamento, desmoronamento

**col•lar** ['kɑlər] *s.* 1 colarinho 2 gola 3 coleira
**collar•bone** ['kɑlərboʊn] *s.* clavícula
**col•league** ['kɑlig] *s.* (tb **work colleague**) colega de trabalho
**col•lect** [kə'lɛkt] *v.* 1 recolher 2 colecionar 3 juntar 4 fazer a coleta de 5 arrecadar (dinheiro) 6 acumular(-se) 7 cobrar [aluguel, dívida] 8 BRIT buscar 9 FORM aglomerar-se 10 coletar [amostras]
**collect up: to collect sth up** BRIT recolher algo / *adv.* **to call collect** AM ligar a cobrar
**col•lect call** [kə'lɛkt kɔl] *s.* AM ligação a cobrar
**col•lec•tion** [kə'lɛkʃən] *s.* 1 coleção 2 coletânea 3 amontoado 4 coleta 5 arrecadação 6 vaquinha 7 cobrança [de dívidas] 8 acervo
**col•lec•tive** [kə'lɛktɪv] *adj.* 1 coletivo 2 conjunto
**col•lec•tor** [kə'lɛktər] *s.* 1 colecionador 2 **collector's item** peça de colecionador
**col•lege** ['kɑlɪdʒ] *s.* 1 AM faculdade 2 escola profissionalizante 3 colégio [denota uma das instituições que integram as universidades de Cambridge, Oxford ou London]
**col•lide** [kə'laɪd] *v.* colidir, chocar-se (***with*** *com*)
**col•li•sion** [kə'lɪʒən] *s.* colisão: *a head-on collision* uma colisão frontal
**col•lo•quial** [kə'loʊkwiəl] *adj.* coloquial
**co•logne** [kə'loʊn] *s.* colônia [perfume]
**Co•lom•bia** [kə'lʌmbiə] *s.* Colômbia
**Co•lom•bian** [kə'lʌmbiən] *adj, s.* colombiano
**co•lon** ['koʊlən] *s.* 1 dois-pontos 2 cólon
**colo•nel** ['kɜrnl] *s.* coronel
**co•lo•nial** [kə'loʊniəl] *adj.* colonial
**colo•nize**, BRIT tb: **-nise** ['kɑlənaɪz] *v.* colonizar
**colo•ny** ['kɑləni] *s.* [*pl* **colonies**] colônia [de imigrantes]
**col•or**, BRIT: **colour** ['kʌlər] *s.* 1 cor: *What color is your bag?* De que cor é a sua bolsa? 2 **to show your true colors** deixar cair a máscara / *v.* 1 (tb **color in**) colorir 2 tingir: *She colored her hair blue.* Ela tingiu o cabelo de azul. 3 influenciar / *adj.* a cores [TV, foto etc.]
**color-blind**, BRIT: **colour-blind** ['kʌlər blaɪnd] *adj.* daltônico
**col•ored**, BRIT: **coloured** ['kʌlərd] *adj.* 1 de cor 2 colorido
**col•or•ful**, BRIT: **colourful** ['kʌlərfəl] *adj.* 1 colorido 2 cheio de histórias [passado, vida] 3 **a colorful character** uma figura
**col•or•ing**, BRIT: **colouring** ['kʌlərɪŋ] *s.* 1 corante 2 colorir: *a coloring book* um livro de colorir 3 tez 4 colorido [de animal]
**col•or•less**, BRIT: **colourless** ['kʌlərləs] *adj.* 1 incolor 2 insípido
**color scheme** ['kʌlər skim] *s.* paleta de cores
**co•los•sal** [kə'lɑsəl] *adj.* colossal
**col•our** ['kʌlər] *s, v, adj.* BRIT = color
**colt** [koʊlt] *s.* potro
**col•umn** ['kɑləm] *s.* 1 coluna 2 comboio
**coma** ['koʊmə] *s.* coma: *in a coma* em coma
**comb** [koʊm] *s.* pente / *v.* 1 pentear: *He combed his hair.* Ele penteou o cabelo. 2 vasculhar (***for*** *em busca de*)
**com•bat** *s.* ['kɑmbæt] combate(s) / *v.* [kəm'bæt, 'kɑmbæt] [-**t(t)**-] combater
**com•bi•na•tion** [kɑmbə'neɪʃən] *s.* 1 combinação 2 conjunto 3 segredo [de cofre] 4 **in combination** em conjunto (***with*** *com*)
**com•bine** [kəm'baɪn] *v.* 1 combinar(-se), conjugar(-se) (***with*** *com*) 2 juntar(-se) (***with*** *a*) 3 conciliar (***with*** *com*)
**com•bined** [kəm'baɪnd] *adj.* 1 conjunto 2 juntos
**come** [kʌm] *v.* 1 vir: *Come here a minute.* Vem aqui um pouco. | *Here comes the bus.* Lá vem o ônibus. | *She comes from Manaus.* Ela é de Manaus. 2 **come to think of it** FAM pensando bem 3 **how come?** como assim? 4 **how come ...?** como é que ...?: *How come you got to know each other?* Como é que vocês se conheceram? 5 **to come and go** ir e vir 6 **to come as a**

**shock/relief etc.** ser um choque/alívio etc. (*to para*) 7 **to come by sth** obter/encontrar algo 8 **to come easily/naturally to sb** ser fácil/natural para alguém 9 **to come first/ second/last etc.** ficar em primeiro/segundo/último etc.: *Where did she come in the race?* Ela ficou em que lugar na corrida? 10 **to come loose/open/undone** soltar-se/abrir-se/desfazer-se 11 **to come to do sth** a (tb **come and do sth**) vir fazer algo b passar/chegar a fazer algo 12 **to come to sth** a chegar a algo [ponto, conclusão etc.] b ficar em/dar algo [conta]: *How much does that come to in total?* Dá quanto no total? 13 **when it comes to sth** FAM quando o assunto é algo

**come about** acontecer, surgir

**come across** 1 **to come across as (being) sth** dar a impressão de ser algo 2 **to come across sth/sb** deparar-se com algo/alguém

**come along** 1 aparecer 2 ir/vir junto 3 **to be coming along** FAM ir indo: *How's your English coming along?* Como vai indo o seu inglês?

**come apart** 1 desfazer-se 2 despedaçar-se

**come around** 1 passar aqui/aí [na casa de alguém] 2 acabar concordando (*to com*) 3 voltar a si 4 chegar [verão, aniversário etc.]

**come away** 1 soltar-se 2 vir embora

**come back** voltar

**come by** passar (em)

**come down** 1 descer 2 baixar [preço etc.] 3 cair 4 **to come down to sth** resumir-se a algo 5 **to come down with sth** pegar algo [doença]

**come forward** manifestar-se

**come in** 1 entrar 2 chegar [trem etc.] 3 subir [maré] 4 **to come in for sth** receber algo [críticas, atenção etc.]

**come into** 1 entrar em 2 ter a ver com: *Money doesn't come into it.* O dinheiro não tem nada a ver. 3 **to come into your/ its own** mostrar seu valor

**come off** 1 soltar-se (de) 2 cair (de) 3 sair (de) [mancha, tinta etc.] 4 FAM concretizar-se 5 FAM dar certo 6 **to come off better/ worse** levar a melhor/pior

**come on** 1 acender-se, ligar-se 2 começar 3 entrar em campo/cena 4 ir (bem) 5 **to come on to sb** FAM dar em cima de alguém 6 **to come on to sth** passar a falar de algo

**come out** 1 sair (*of de*) 2 vir à tona 3 assumir [homossexualidade] 4 **to come out against/in favor of sth** pronunciar-se contra/a favor de algo 5 **to come out in a rash etc.** ficar com manchas no corpo etc. 6 **to come out with sth** sair com algo [frase, palavra]: *The things he comes out with!* Ele sai com cada uma!

**come over** 1 vir para cá/ir aí [à casa ou ao país de alguém] 2 **to come over as (being) sth** dar a impressão de ser algo 3 **to come over sb** dar em/tomar conta de alguém: *I don't know what came over me.* Não sei o que deu em mim.

**come round** BRIT ▸ *ver* COME AROUND

**come through** 1 chegar [notícia, ordem] 2 ser aprovado 3 **to come through sth** sobreviver a/superar algo 4 **to come through for sb** FAM não abandonar alguém

**come to** voltar a si

**come up** 1 aproximar-se (*to de*) 2 surgir [problema, assunto] 3 nascer [sol, lua] 4 brotar 5 **coming (right) up!** FAM é para já! 6 **to come up against sth** esbarrar com algo 7 **to come up to sb** abordar alguém 8 **to come up to sth** chegar até/a algo [nível] 9 **to come up with sth** a bolar algo [ideia] b arranjar algo [dinheiro, desculpa]

▸ De modo geral, o verbo ***come*** corresponde a *vir* e ***go*** a *ir*. Porém, quando se fala em ir até onde está a pessoa com quem se está conversando, ou em ir junto com ela, usa-se ***come*** em inglês, p.ex., ***I'll come over there and help you.*** *Vou aí te ajudar.* ***We're going to see a movie. Do you want to come?*** *Vamos ao cinema. Quer ir?*

**come•back** [ˈkʌmbæk] *s.* 1 volta à ativa/aos palcos 2 volta à moda 3 **to make a comeback** voltar à ativa/à moda

**co•median** [kə'midiən] *s.* comediante, humorista
**com•edy** ['kɑmədi] *s.* [*pl* **comedies**] comédia
**comet** ['kɑmɪt] *s.* cometa
**com•fort** ['kʌmfərt] *s.* conforto / *v.* confortar
**com•fort•able** ['kʌmftərbəl] *adj.* 1 confortável 2 cômodo 3 bem de vida 4 à vontade 5 amplo [vitória, vantagem] 6 **to make yourself comfortable** a acomodar-se b ficar à vontade
**com•fort•ably** ['kʌmftərbli] *adv.* 1 confortavelmente 2 **comfortably off** bem de vida
**com•fort•ing** ['kʌmfərtɪŋ] *adj.* reconfortante
**com•ic** ['kɑmɪk] *adj.* cômico / *s.* 1 humorista 2 BRIT gibi 3 **comics** AM histórias em quadrinhos
**comi•cal** ['kɑmɪkəl] *adj.* cômico
**comic book** ['kɑmɪk bʊk] *s.* AM gibi
**comic strip** ['kɑmɪk strɪp] *s.* história em quadrinhos
**com•ing** ['kʌmɪŋ] *s.* 1 chegada 2 advento 3 **comings and goings** ir e vir / *adj.* próximo, vindouro: *this Thursday coming* na quinta agora
**com•ma** ['kɑmə] *s.* vírgula
**com•mand** [kə'mænd] *s.* 1 ordem 2 comando 3 domínio: *a good command of French* um bom domínio do francês 4 **to be in command** a estar no comando (*of de*) b ter o domínio (*of de*) / *v.* 1 ordenar 2 comandar 3 inspirar [respeito] 4 poder cobrar/exigir [cachê, salário] 5 **to command sb to do sth** ordenar a alguém que faça algo
**com•mand•er** [kə'mændər] *s.* comandante
**com•mand•ment** [kə'mændmənt] *s.* mandamento
**com•man•do** [kə'mændoʊ] *s.* [*pl* **commandos/commandoes**] soldado das forças especiais: *a commando unit* uma unidade de forças especiais
**com•memo•rate** [kə'mɛməreɪt] *v.* comemorar
**com•mence** [kə'mɛns] *v.* FORM iniciar(-se)
**com•mend** [kə'mɛnd] *v.* FORM louvar
**com•mend•able** [kə'mɛndəbəl] *adj.* FORM louvável
**com•ment** ['kɑmɛnt] *s.* comentário (*on sobre*): *no comment* sem comentários / *v.* **to comment (on sth)** comentar (algo)
**com•men•tary** ['kɑməntɛri] *s.* [*pl* **commentaries**] 1 (tb **running commentary**) narração [de jogo, evento] 2 comentário [de texto]
**com•men•tate** ['kɑmənteɪt] *v.* **to commentate (on sth)** narrar (algo) [jogo etc.]
**com•men•ta•tor** ['kɑmənteɪtər] *s.* 1 narrador [de jogo etc.] 2 comentarista
**com•merce** ['kɑmərs] *s.* comércio
**com•mer•cial** [kə'mɜrʃəl] *adj, s.* 1 comercial 2 **commercial break** intervalo [em programa de TV]
**com•mis•er•ate** [kə'mɪzəreɪt] *v.* FORM **to commiserate with sb** consolar alguém
**com•mis•sion** [kə'mɪʃən] *s.* 1 comissão (*on sobre*) 2 encomenda [de obra] 3 **out of commission** fora de serviço, com defeito 4 **to work on commission** ganhar comissão / *v.* 1 encomendar [obra] 2 **to commission sb to do sth** encarregar alguém de fazer algo
**com•mis•sion•er** [kə'mɪʃənər] *s.* comissário
**com•mit** [kə'mɪt] *v.* [**-tt-**] 1 cometer 2 comprometer (*to a*) 3 destinar (*to a*) 4 ter compromisso (*to com*) 5 **to commit yourself (to doing sth)** comprometer-se (a fazer algo)
**com•mit•ment** [kə'mɪtmənt] *s.* 1 compromisso (*to com*) 2 engajamento
**com•mit•ted** [kə'mɪtɪd] *adj.* 1 dedicado (*to a*) 2 engajado 3 **to be committed to sb** ter compromisso com alguém
**com•mit•tee** [kə'mɪti] *s.* comitê
**com•mod•ity** [kə'mɑdəti] *s.* [*pl* **commodities**] mercadoria
**com•mon** ['kɑmən] *adj.* 1 comum (*to a*) 2 vulgar 3 **common ground** pontos de consenso 4 **to be common knowledge** ser de conhecimento geral / *s.* 1 parque 2 **the Commons** a Casa dos Comuns [do parla-

mento britânico] **3 to have sth in common** ter algo em comum (***with*** *com*)

**com•mon•ly** [ˈkɑmənli] *adv.* comumente

**common•place** [ˈkɑmənpleɪs] *adj.* corriqueiro

**com•mon sense** [ˌkɑmən ˈsɛns] *s.* bom-senso

**Common•wealth** [ˈkɑmənwɛlθ] *s.* Comunidade Britânica [formada pelo Reino Unido e suas ex-colônias]

**com•mo•tion** [kəˈmoʊʃən] *s.* tumulto, alvoroço

**com•mu•nal** [kəˈmjunl] *adj.* comunitário

**com•mune** [ˈkɑmjun] *s.* comunidade alternativa / *v.* **to commune with nature** ter contato com a natureza

**com•mu•ni•cate** [kəˈmjunəkeɪt] *v.* **1** comunicar-se (***with*** *com*) **2** transmitir (***to*** *a*)

**com•mu•ni•ca•tion** [kəmjunəˈkeɪʃən] *s.* **1** comunicação: *means of communication* meio de comunicação **2** FORM comunicado **3 communications** comunicações

**com•mun•ion** [kəˈmjuniən] *s.* **1** comunhão: *Holy Communion* Santa Comunhão **2 to take communion** comungar

**com•mu•ni•qué** [kəˈmjunɪkeɪ] *s.* comunicado oficial

**Com•mun•ism** [ˈkɑmjənɪzəm] *s.* comunismo

**Com•mun•ist** [ˈkɑmjənɪst] *adj, s.* comunista

**com•mu•nity** [kəˈmjunəti] *s.* [*pl* **communities**] comunidade

**com•mute** [kəˈmjut] *v.* (tb **commute to work**) viajar para trabalhar

**com•mut•er** [kəˈmjutər] *s.* pessoa que viaja diariamente para trabalhar

**com•pact** [kəmˈpækt] *adj.* compacto

**com•pan•ion** [kəmˈpænjən] *s.* companheiro

**com•pan•ion•ship** [kəmˈpænjənʃɪp] *s.* companheirismo

**com•pa•ny** [ˈkʌmpəni] *s.* [*pl* **companies**] **1** empresa **2** companhia **3 to keep sb company** fazer companhia a alguém

**com•pa•rable** [ˈkɑmpərəbəl] *adj.* comparável (***to/with*** *a*)

**com•para•tive** [kəmˈpærətɪv] *adj.* **1** comparativo **2** relativo / *s.* comparativo

**com•para•tive•ly** [kəmˈpærətɪvli] *adv.* relativamente

**com•pare** [kəmˈpɛr] *v.* **1** comparar(-se) (***to*** *a*, ***with*** *com*) **2** cotejar, confrontar (***with*** *com*) **3 to compare notes** FAM trocar figurinha (***with*** *com*)

**com•pari•son** [kəmˈpærəsən] *s.* **1** comparação (***between*** *entre*, ***to*** *a*, ***with*** *com*) **2** cotejo (***with*** *com*) **3 by/in comparison** em comparação

**com•part•ment** [kəmˈpɑrtmənt] *s.* **1** compartimento **2** cabine [de trem]

**com•pass** [ˈkʌmpəs] *s.* **1** bússola **2** (tb **compasses**) compasso [instrumento] **3 points of the compass** pontos cardeais

**com•pas•sion** [kəmˈpæʃən] *s.* compaixão (***for*** *por*)

**com•pas•sion•ate** [kəmˈpæʃənət] *adj.* **1** compassivo **2 on compassionate grounds** por motivos humanitários

**com•pat•ible** [kəmˈpætəbəl] *adj.* compatível (***with*** *com*)

**com•pel** [kəmˈpɛl] *v.* [-**ll**-] **1 to compel sb to do sth** compelir alguém a fazer algo **2 to feel compelled to do sth** sentir-se na obrigação de fazer algo

**com•pel•ling** [kəmˈpɛlɪŋ] *adj.* **1** envolvente [trama, livro] **2** convincente [argumento, motivo]

**com•pen•sate** [ˈkɑmpənseɪt] *v.* **1** indenizar (***for*** *por*) **2 to compensate for sth** compensar algo

**com•pen•sa•tion** [kɑmpənˈseɪʃən] *s.* **1** indenização **2** compensação

**com•pete** [kəmˈpit] *v.* **1** competir (***against/with*** *com*) **2 to compete for sth** concorrer a algo, disputar algo

**com•pe•tence** [ˈkɑmpətəns] *s.* competência

**com•pe•tent** [ˈkɑmpətənt] *adj.* **1** competente **2** satisfatório

**com•pe•ti•tion** *s.* **1** competição **2** concurso **3** concorrência **4 to go in for/enter a competition** participar de um concurso

**com•peti•tive** [kəmˈpɛtətɪv] *adj.* competitivo
**com•peti•tor** [kəmˈpɛtətər] *s.* 1 competidor 2 concorrente
**com•pi•la•tion** [kampəˈleɪʃən] *s.* coletânea, compilação: *a compilation album* um álbum de compilação
**com•pile** [kəmˈpaɪl] *v.* compilar, redigir
**com•pla•cen•cy** [kəmˈpleɪsənsi] *s.* acomodação, comodismo
**com•pla•cent** [kəmˈpleɪsənt] *adj.* acomodado, comodista
**com•plain** [kəmˈpleɪn] *v.* 1 reclamar (***about*** *de*, ***to*** *com*) 2 **to complain of sth** queixar-se de algo [dores etc.]
**com•plaint** [kəmˈpleɪnt] *s.* 1 reclamação 2 queixa 3 FORM problema [de saúde] 4 **to make a complaint** fazer uma reclamação (***about*** *sobre*, ***to*** *a*)
**com•ple•ment** [ˈkampləmənt] *s.* complemento (***to*** *de*) / *v.* complementar
**com•plete** [kəmˈplit] *adj.* 1 completo 2 total: *complete nonsense* uma bobagem total 3 pronto, concluído 4 **complete with sth** **a** com algo incluído **b** com direito a algo / *v.* 1 concluir, terminar 2 completar 3 preencher [formulário]
**com•plete•ly** [kəmˈplitli] *adv.* completamente
**com•ple•tion** [kəmˈpliʃən] *s.* 1 conclusão 2 **to be nearing completion** estar para ser concluído
**com•plex** [ˈkamplɛks] *s, adj.* complexo
**com•plex•ion** [kəmˈplɛkʃən] *s.* cútis, tez
**com•plex•ity** [kəmˈplɛkʃəti] *s.* [*pl* **complexities**] complexidade
**com•pli•ance** [kəmˈplaɪəns] *s.* FORM 1 cumprimento (***with*** *de*) 2 **in compliance with sth** de acordo com algo
**com•pli•cate** [ˈkampləkeɪt] *v.* complicar
**com•pli•cat•ed** [ˈkampləkeɪtɪd] *adj.* complicado
**com•pli•ca•tion** [kampləˈkeɪʃən] *s.* complicação
**com•pli•ment** *s.* [ˈkampləmənt] 1 elogio 2 **compliments** cumprimentos 3 **to pay sb a compliment** fazer um elogio a alguém / *v.* [ˈkampləmɛnt] elogiar (***on*** *por*)
**com•pli•men•tary** [kampləˈmɛntri] *adj.* 1 elogioso 2 de cortesia [ingresso, bebida etc.] 3 **to be complimentary about sb/sth** elogiar alguém/algo
**com•ply** [kəmˈplaɪ] *v.* [*ps e pp* **complied**] FORM 1 cumprir 2 **to comply with sth** cumprir algo
**com•po•nent** [kəmˈpoʊnənt] *s.* 1 componente 2 peça
**com•pose** [kəmˈpoʊz] *v.* 1 compor 2 redigir 3 **to compose oneself** recompor-se 4 **to be composed of sth** compor-se de algo
**com•posed** [kəmˈpoʊzd] *adj.* sereno, calmo
**com•pos•er** [kəmˈpoʊzər] *s.* compositor
**com•po•si•tion** [kampəˈzɪʃən] *s.* 1 composição 2 redação
**com•po•sure** [kəmˈpoʊʒər] *s.* 1 compostura 2 serenidade
**com•pound** *adj, s.* [ˈkampaʊnd] composto / *v.* [kəmˈpaʊnd] FORM agravar
**com•pre•hend** [kamprəˈhɛnd] *v.* FORM compreender
**com•pre•hen•sible** [kamprəˈhɛnsəbəl] *adj.* inteligível
**com•pre•hen•sion** [kamprəˈhɛnʃən] *s.* compreensão
**com•pre•hen•sive** [kamprəˈhɛnsɪv] *adj.* 1 abrangente 2 pormenorizado / *s.* BRIT (tb **comprehensive school**) escola pública [de ensino médio]
**com•press** [kəmˈprɛs] *v.* 1 comprimir 2 condensar (***into*** *em*)
**com•prise** [kəmˈpraɪz] *v.* FORM 1 (tb **be comprised of**) compor-se de, ser composto de 2 constituir
**com•pro•mise** [ˈkamprəmaɪz] *s.* 1 meio-termo 2 concessão 3 transigência / *v.* 1 fazer concessões, chegar a um meio-termo (***on*** *em*) 2 comprometer [princípios, integridade] 3 **to compromise yourself** comprometer-se
**com•pro•mis•ing** [ˈkamprəmaɪzɪŋ] *adj.* comprometedor

**com•pul•sion** [kəm'pʌlʃən] *s.* compulsão

**com•pul•sive** [kəm'pʌlsɪv] *adj.* 1 compulsivo 2 **compulsive reading/viewing** leitura/programa envolvente

**com•pul•so•ry** [kəm'pʌlsəri] *adj.* obrigatório

**com•put•er** [kəm'pjutər] *s.* computador

**com•put•er game** [kəm'pjutər geɪm] *s.* videogame

**com•put•er science** [kəm,pjutər'saɪəns] *s.* computação [ciência]

**com•put•ing** [kəm'pjutɪŋ] *s.* informática

**com•rade** ['kɑmreɪd] *s.* camarada

**con** [kɑn] FAM *s.* golpe, roubada / *v.* [-nn-] 1 aplicar um golpe em 2 engambelar 3 **to con sb into doing sth** engambelar alguém para fazer algo 4 **to con sb out of sth** arrancar algo de alguém [praticando golpe]

**con•ceal** [kən'sil] *v.* ocultar, esconder (***from*** *de*)

**con•cede** [kən'sid] *v.* 1 admitir 2 (tb **concede defeat**) dar-se por vencido 3 ceder [gol, ponto]

**con•ceit•ed** [kən'sitɪd] *adj.* convencido, presunçoso

**con•ceiv•able** [kən'sivəbəl] *adj.* concebível, imaginável

**con•ceiv•ably** [kən'sivəbli] *adv.* concebivelmente

**con•ceive** [kən'siv] *v.* conceber

**con•cen•trate** ['kɑnsəntreɪt] *v.* concentrar (-se) (***on*** *em*)

**con•cen•tra•tion** [kɑnsən'treɪʃən] *s.* concentração

**con•cen•tra•tion camp** [kɑnsən'treɪʃən kæmp] *s.* campo de concentração

**con•cept** ['kɑnsɛpt] *s.* conceito

**con•cep•tion** [kən'sɛpʃən] *s.* concepção

**con•cern** [kən'sɜrn] *s.* 1 preocupação (***about/for/over/with*** *com*) 2 (motivo de) interesse (***for/to*** *para*) 3 **to be a cause for concern** ser motivo de preocupação 4 **to be sb's concern** ser da conta de alguém: *It's none of my concern.* Não é da minha conta. / *v.* 1 dizer respeito a 2 tratar de 3 **to concern yourself with sth** FORM preocupar-se com algo

**con•cerned** [kən'sɜrnd] *adj.* 1 interessado, envolvido (***with/in*** *em*) 2 preocupado (***with/for*** *com*) 3 **as far as sb is concerned** para alguém, na opinião de alguém: *As far as I'm concerned, Brazil has the best beaches in the world.* Para mim, o Brasil tem as melhores praias do mundo. 4 **as far as/where sth/sb is concerned** no que diz respeito a algo/alguém

**con•cern•ing** [kən'sɜrnɪŋ] *prep.* a respeito de

**con•cert** ['kɑnsərt] *s.* 1 concerto: *a concert hall* uma sala de concertos 2 show

**con•cert•ed** [kən'sɜrtɪd] *adj.* conjunto [esforço]

**con•cer•to** [kən'tʃɜrtoʊ] *s.* concerto: *a piano concerto* um concerto para piano

**con•ces•sion** [kən'sɛʃən] *s.* 1 concessão 2 AM quiosque 3 BRIT tarifa reduzida

**con•ces•sion stand** [kən'sɛʃən stænd] *s.* AM quiosque

**con•cise** [kən'saɪs] *adj.* conciso

**con•clude** [kən'klud] *v.* 1 chegar à conclusão, deduzir 2 concluir 3 encerrar(-se)

**con•clud•ing** [kən'kludɪŋ] *adj.* final

**con•clu•sion** [kən'kluʒən] *s.* 1 conclusão 2 FORM encerramento 3 **to come to the conclusion (that) ...** chegar à conclusão de que ... 4 **to jump to conclusions** tirar conclusões precipitadas

**con•clu•sive** [kən'klusɪv] *adj.* conclusivo, decisivo

**con•coct** [kən'kɑkt] *v.* inventar

**con•coc•tion** [kən'kɑkʃən] *s.* mistureba

**con•course** ['kɑnkɔrs] *s.* saguão

**con•crete** *s.* ['kɑŋkrit] concreto: *a concrete block* um bloco de concreto / *adj.* [kɑn'krit, *Brit*:'kɑŋkrit] concreto

**con•cur•rent** [kən'kʌrənt] *adj.* simultâneo

**con•cus•sion** [kən'kʌʃən] *s.* traumatismo craniano

**con•demn** [kən'dɛm] *v.* condenar (***to*** *a*)

**con•dem•na•tion** [kɑndəm'neɪʃən] *s.* condenação

**con•den•sa•tion** [kɑndən'seɪʃən] *s.* condensação

**con•dense** [kən'dɛns] *v.* condensar(-se) (***into*** *em*)

**con•de•scend** [kɑndə'sɛnd] *v.* **to condescend to do sth** dignar-se a fazer algo

**con•de•scend•ing** [kɑndə'sɛndɪŋ] *adj.* 1 de superioridade [ar, tom] 2 soberbo

**con•di•tion** [kən'dɪʃən] *s.* 1 condição: *on one condition* com uma condição 2 estado, condições: *in good condition* em bom estado de conservação 3 estado de saúde: *in critical condition* em estado grave 4 problema, doença: *She has a heart condition.* Ela é cardíaca. 5 **conditions** **a** condições: *living conditions* condições de moradia **b** condições climáticas: *in freezing conditions* em temperaturas abaixo de zero 6 **on condition (that) ...** com a condição de que ... 7 **out of condition** fora de forma 8 **to be in no condition to do sth** não estar em condições de fazer algo / *v.* condicionar

**con•di•tion•al** [kən'dɪʃənəl] *adj.* 1 condicional 2 **to be condicional on/upon sth** estar condicionado a algo

**con•di•tion•er** [kən'dɪʃənəl] *s.* 1 condicionador 2 BRIT amaciante [de roupas]

**con•di•tion•ing** [kən'dɪʃənɪŋ] *s.* condicionamento

**con•do•lences** [kən'doʊlənsɪz] *spl.* pêsames, condolências

**con•dom** ['kɑndəm] *s.* preservativo, camisinha

**con•done** [kən'doʊn] *v.* fazer apologia a

**con•du•cive** [kən'dusɪv] *adj.* FORM propício (***to*** *a*)

**con•duct** *v.* [kən'dʌkt] 1 realizar 2 reger [orquestra] 3 conduzir [eletricidade, calor] 4 **to conduct yourself** FORM portar-se / *s.* FORM conduta

**con•duc•tor** [kən'dʌktər] *s.* 1 regente, maestro 2 AM chefe de trem 3 BRIT cobrador [de ônibus]

**cone** [koʊn] *s.* 1 cone 2 casquinha [para sorvete]

**con•fec•tion•ery** [kən'fɛkʃənɛri] *s.* doces

**con•fed•era•tion** [kənfɛdə'reɪʃən] *s.* confederação

**con•fer** [kən'fɜr] *v.* 1 conferir (***on/upon*** *a*) 2 conferenciar, deliberar (***with*** *com*)

**con•fer•ence** ['kɑnfərəns] *s.* 1 conferência [reunião] 2 congresso

**con•fess** [kən'fɛs] *v.* 1 confessar 2 **to confess to (doing) sth** confessar (ter feito) algo

**con•fes•sion** [kən'fɛʃən] *s.* confissão

**con•fet•ti** [kən'fɛti] *s.* confete

**con•fi•dant** ['kɑnfɪdɑnt] *s.* confidente

**con•fide** [kən'faɪd] *v.* 1 confidenciar (***to*** *a*) 2 **to confide in sb** fazer confidências a alguém, abrir-se com alguém

**con•fi•dence** ['kɑnfədəns] *s.* 1 confiança (***in*** *em*) 2 autoconfiança 3 confidência 4 **in confidence** confidencialmente

**con•fi•dent** ['kɑnfədənt] *adj.* 1 confiante (***of*** *em*): *They are confident of winning.* Eles estão confiantes na vitória. 2 autoconfiante, seguro de si

**con•fi•den•tial** [kɑnfə'dɛnʃəl] *adj.* confidencial

**con•fi•dent•ly** ['kɑnfədəntli] *adv.* com segurança/confiança

**con•fine** [kən'faɪn] *v.* 1 restringir (***to*** *a*) 2 confinar 3 **confined to bed** acamado 4 **a confined space** um espaço reduzido 5 **to be confined to sth** restringir-se a algo 6 **to confine yourself to doing sth** restringir-se a fazer algo

**con•fine•ment** [kən'faɪnmənt] *s.* 1 confinamento 2 **solitary confinement** prisão de cela solitária

**con•firm** [kən'fɜrm] *v.* confirmar

**con•fir•ma•tion** [kɑnfər'meɪʃən] *s.* confirmação

**con•firmed** [kən'fɜrmd] *adj.* convicto [solteirão, ateu etc.]

**con•fis•cate** ['kɑnfɪskeɪt] *v.* confiscar

**con•flict** ['kɑnflɪkt] *s.* ['kɑnflɪkt] conflito / *v.* [kən'flɪkt] 1 divergir (***with*** *de*) 2 coincidir (***with*** *com*)

**con•flict•ing** [kən'flɪktɪŋ] *adj.* 1 divergente 2 conflitante
**con•form** [kən'fɔrm] *v.* 1 enquadrar-se (***to*** *a/em*) 2 seguir o padrão
**con•front** [kən'frʌnt] *v.* 1 encarar [problema, desafio] 2 tirar satisfações com (***about*** *sobre*) 3 **to be confronted by sb** ser abordado por alguém 4 **to be confronted with sth** enfrentar algo: *the problems confronting the government* os problemas enfrentados pelo governo 5 **to confront sb with sth** confrontar alguém com algo
**con•fron•ta•tion** [kɑnfrən'teɪʃən] *s.* confronto
**con•fuse** [kən'fjuz] *v.* confundir (***with*** *com*)
**con•fused** [kən'fjuzd] *adj.* 1 confuso 2 **to get confused** confundir-se
**con•fus•ing** [kən'fjuzɪŋ] *adj.* confuso
**con•fu•sion** [kən'fjuʒən] *s.* confusão (***about/over*** *sobre*)
**con•gen•ial** [kən'dʒiniəl] *adj.* agradável
**con•geni•tal** [kən'dʒɛnətəl] *adj.* congênito
**con•gest•ed** [kən'dʒɛstɪd] *adj.* congestionado
**con•ges•tion** [kən'dʒɛstʃən] *s.* 1 congestionamento 2 congestão
**con•glom•er•ate** [kən'glɑmərət] *s.* conglomerado
**con•gratu•late** [kən'grætʃəleɪt'] *v.* parabenizar, congratular (***on*** *por*)
**con•gratu•la•tions** [kəngrætʃə'leɪʃənz] *spl.* parabéns (***on*** *por*): *Congratulations on winning the game!* Parabéns por ter ganho o jogo!
**con•gre•gate** ['kɑngrəgeɪt] *v.* reunir-se
**con•gre•ga•tion** [kɑngrə'geɪʃən] *s.* 1 congregação 2 **the congregation** os fiéis
**con•gress** ['kɑŋgrɪs] *s.* congresso
**congress•man** ['kɑŋgrɪsmən] *s.* [*pl* **congressmen**] AM congressista
**congress•woman** ['kɑŋgrɪswʊmən] *s.* [*pl* **congresswomen**] AM congressista [mulher]
**con•jec•ture** [kən'jɛktʃər] *s.* FORM conjetura, suposição
**con•junc•tion** [kən'dʒʌŋkʃən] *s.* 1 conjunção 2 **in conjunction with sth** **a** junto com algo **b** associado a algo
**con•jure** ['kɑndʒər] *v.* fazer prestidigitação **conjure up: to conjure sth up** **a** evocar algo [imagem, ideia] **b** arranjar algo [dinheiro]
**con•jur•er** ['kɑndʒərər] *s.* prestidigitador, ilusionista
**con•jur•ing** ['kɑndʒərɪŋ] *s.* prestidigitação, ilusionismo: *a conjuring trick* uma mágica
**con•man** ['kɑnmæn] *s.* [*pl* **conmen**] FAM golpista
**con•nect** [kə'nɛkt] *v.* 1 ligar(-se) (***to/with*** *a*) 2 conectar(-se) (***to*** *a*, ***with*** *com*) 3 juntar(-se) (***to*** *a*) 4 associar (***to/with*** *a*) 5 fazer conexão (***to*** *para*, ***with*** *com*): *a connecting flight* um voo de conexão 6 AM dar-se bem (***with*** *com*) 7 **to connect sb** completar a ligação de alguém
**con•nect•ed** [kə'nɛktɪd] *adj.* 1 conectado (***to*** *a*) 2 ligado (***to*** *a*, ***with*** *com*) 3 **to be well connected** ter bons contatos
**con•nec•tion** [kə'nɛkʃən] *s.* 1 ligação (***between*** *entre*, ***to*** *a*, ***with*** *com*) 2 conexão (***to*** *a*): *an Internet connection* uma conexão à Internet | *We missed our connection to Miami.* Perdemos a nossa conexão para Miami. 3 **connections** contatos: *political connections* contatos na política 4 **in connection with sth** **a** ligado/em relação a algo **b** sob suspeita de envolvimento em algo 5 **loose connection** mau contato
**con•nois•seur** [kɑnə'sɜr] *s.* conhecedor, apreciador
**con•quer** ['kɑnkər] *v.* 1 conquistar 2 derrotar 3 superar [medo]
**con•quest** ['kɑnkwɛst] *s.* conquista
**con•science** ['kɑnʃəns] *s.* 1 consciência 2 **to have a clear/guilty conscience** estar com a consciência limpa/pesada 3 **to have sth on your conscience** ter algo pesando na consciência
**con•sci•en•tious** [kɑnʃi'ɛnʃəs] *adj.* aplicado, sério, consciencioso

**con•sci•en•tious ob•ject•or** [kɑnʃiˌɛnʃəs əbˈdʒɛktər] *s.* objetor de consciência
**con•scious** [ˈkɑnʃəs] *adj.* 1 consciente (***of*** *de*) 2 ciente
**con•scious•ness** [ˈkɑnʃəsnəs] *s.* 1 consciência 2 **to lose/regain consciousness** perder/recuperar a consciência
**con•script** [kɑnskrɪpt] *s.* recruta
**con•scrip•tion** [kənˈskrɪpʃən] *s.* serviço militar obrigatório
**con•secu•tive** [kənˈsɛkjətɪv] *adj.* consecutivo
**con•sen•sus** [kənˈsɛnsəs] *s.* consenso
**con•sent** [kənˈsɛnt] *s.* 1 consentimento 2 **by common/mutual consent** de comum acordo / *v.* consentir (***to*** *em*)
**con•se•quence** [ˈkɑnsəkwɛns] *s.* 1 consequência 2 **of little/no consequence** FORM de pouca/nenhuma importância
**con•se•quent•ly** [ˈkɑnsəkɛntli] *adv.* consequentemente
**con•ser•va•tion** [kɑnsərˈveɪʃən] *s.* 1 preservação: *a conservation area* uma área de preservação ambiental 2 economia: *water conservation* economia de água
**con•ser•va•tion•ist** [kɑnsərˈveɪʃənɪst] *s.* conservacionista
**con•serva•tive** [kənˈsɜrvətɪv] *adj, s.* conservador: *the Conservative Party* o Partido Conservador
**con•serva•tory** [kənˈsɜrvətɔri, *Brit*: kənˈsɜrvətri] *s.* [*pl* **conservatories**] 1 jardim de inverno 2 conservatório [de música]
**con•serve** [kənˈsɜrv] *v.* 1 preservar 2 economizar
**con•sid•er** [kənˈsɪdər] *v.* 1 considerar 2 levar em consideração 3 estudar, analisar [proposta] 4 ter consideração por 5 **to consider sth/sb (to be) sth** considerar algo/alguém algo 6 **to consider yourself (to be) sth** considerar-se algo 7 **to consider doing sth** cogitar fazer algo
**con•sid•er•able** [kənˈsɪdərəbəl] *adj.* considerável
**con•sid•er•ably** [kənˈsɪdərəbli] *adv.* 1 bem: *considerably more expensive* bem mais caro 2 bastante: *She's aged considerably.* Ela envelheceu bastante.
**con•sid•er•ate** [kənˈsɪdərət] *adj.* 1 atencioso, delicado: *It's very considerate of you to offer to help.* É muita delicadeza sua oferecer ajuda. 2 **to be considerate toward sb** ter consideração por alguém
**con•sid•era•tion** [kənsɪdəˈreɪʃən] *s.* 1 consideração (***for*** *por*) 2 reflexão 3 análise [de proposta] 4 **in consideration of sth** FORM em recompensa por algo 5 **out of consideration for sb** em consideração a alguém 6 **under consideration** sob análise 7 **to show consideration for sb/sth** ter consideração por alguém/algo 8 **to take sth into consideration** levar algo em consideração
**con•sid•er•ing** [kənˈsɪdərɪŋ] *prep.* levando em conta, considerando / *conj.* (tb **considering that**) levando em conta que / *adv.* FAM considerando tudo: *The price isn't bad, considering.* O preço não é nada mau, considerando tudo.
**con•sign** [kənˈsaɪn] *v.* **to consign sb/sth to sth** FORM relegar alguém/algo a algo
**con•sign•ment** [kənˈsaɪnmənt] *s.* partida, carregamento
**con•sist** [kənˈsɪst] *v.* **to consist of (doing) sth** consistir em (fazer) algo
**con•sist•en•cy** [kənˈsɪstənsi] *s.* [*pl* **consistencies**] 1 coerência 2 consistência
**con•sist•ent** [kənˈsɪstənt] *adj.* 1 coerente 2 condizente, consistente (***with*** *com*) 3 constante
**con•sist•ent•ly** [kənˈsɪstəntli] *adv.* 1 sistematicamente 2 coerentemente
**con•so•la•tion** [kɑnsəˈleɪʃən] *s.* consolo, consolação: *a consolation prize* um prêmio de consolação
**con•sole** *v.* [kənˈsoʊl] consolar / *s.* [ˈkɑnsoʊl] console: *a games console* um console de videogame
**con•soli•date** [kənˈsɑlədeɪt] *v.* consolidar
**con•so•nant** [ˈkɑnsənənt] *s.* consoante

**con•sor•tium** [kən'sɔrtiəm] *s.* consórcio [de empresas]
**con•spicu•ous** [kən'spɪkjuəs] *adj.* 1 visível 2 **to be conspicuous** chamar atenção, aparecer: *She felt very conspicuous in her red dress.* Ela sentia que chamava muita atenção com seu vestido vermelho. 3 **to be conspicuous by your absence** brilhar pela ausência
**con•spira•cy** [kən'spɪrəsi] *s.* [*pl* **conspiracies**] conspiração: *a conspiracy theory* uma teoria de conspiração
**con•spire** [kən'spaɪr] *v.* conspirar
**con•stable** ['kanstəbəl] *s.* BRIT policial, guarda
**con•stabu•lary** [kən'stæbləri] *s.* [*pl* **constabularies**] BRIT corporação policial
**con•stant** ['kanstənt] *adj.* constante
**con•stant•ly** ['kanstəntli] *adv.* constantemente
**con•stel•la•tion** [kanstə'leɪʃən] *s.* constelação
**con•sti•pat•ed** ['kanstəpeɪtɪd] *adj.* com prisão de ventre
**con•sti•pa•tion** [kanstə'peɪʃən] *s.* prisão de ventre
**con•stitu•en•cy** [kən'stɪtjuənsi] *s.* [*pl* **constituencies**] distrito eleitoral
**con•stitu•ent** [kən'stɪtjuənt] *s.* 1 eleitor 2 componente
**con•sti•tute** ['kanstətut] *v.* constituir
**con•sti•tu•tion** ['kanstətuʃən] *s.* constituição
**con•straint** [kən'streɪnt] *s.* restrição (***on*** *em*)
**con•strict** [kən'strɪkt] *v.* constringir(-se)
**con•struct** [kən'strʌkt] *v.* construir
**con•struc•tion** [kən'strʌkʃən] *s.* construção
**con•struc•tive** [kən'strʌktɪv] *adj.* construtivo
**con•strue** [kən'stru] *v.* interpretar, entender (***as*** *como*)
**con•sul** ['kansəl] *s.* cônsul
**con•su•late** ['kansəlɪt] *s.* consulado
**con•sult** [kən'sʌlt] *v.* consultar
**con•sul•tan•cy** [kən'sʌltənsi] *s.* [*pl* **consultancies**] consultoria
**con•sult•ant** [kən'sʌltənt] *s.* 1 consultor 2 BRIT médico-chefe
**con•sul•ta•tion** [kansəl'teɪʃən] *s.* 1 consulta 2 **in consultation with sb** em consulta com alguém
**con•sume** [kən'sum] *v.* 1 consumir 2 **to be consumed with sth** roer-se de algo [ciúmes, remorso etc.]
**con•sum•er** [kən'sumər] *s.* consumidor
**con•sump•tion** [kən'sʌmpʃən] *s.* consumo
**con•tact** ['kantækt] *s.* 1 contato 2 **to come into contact with sth/sb** **a** entrar em contato com algo/alguém **b** ter contato com algo/alguém 3 **to get in/make contact** entrar em contato (***with*** *com*) / *v.* contatar
**con•tact lens** ['kantækt lɛnz] *s.* lente de contato
**con•ta•gious** [kən'teɪdʒəs] *adj.* 1 contagioso 2 contagiante
**con•tain** [kən'teɪn] *v.* 1 conter 2 **to contain yourself** conter-se
**con•tain•er** [kən'teɪnər] *s.* 1 recipiente 2 contêiner
**con•tami•nate** [kən'tæməneɪt] *v.* contaminar
**con•tami•na•tion** [kəntæmə'neɪʃən] *s.* contaminação
**con•tem•plate** ['kantəmpleɪt] *v.* 1 cogitar 2 contemplar 3 meditar em 4 **to contemplate doing sth** cogitar fazer algo
**con•tem•po•rary** [kən'tɛmpəri] *adj, s.* [*pl* **contemporaries**] contemporâneo
**con•tempt** [kən'tɛmpt] *s.* 1 desprezo, desdém 2 (tb **contempt of court**) desacato ao tribunal
**con•temp•tu•ous** [kən'tɛmptjuəs] *adj.* 1 desdenhoso 2 **to be contemptuous of sth/sb** desdenhar algo/alguém
**con•tend** [kən'tɛnd] *v.* 1 sustentar, afirmar 2 **to contend for sth** disputar algo
**con•tend•er** [kən'tɛndər] *s.* concorrente (***for*** *a*)

**con•tent** *s.* ['kɑntɛnt] 1 conteúdo 2 teor: *a high fat content* um alto teor de gordura 3 **contents** ⓐ conteúdo ⓑ sumário [em livro] / *adj.* [kən'tɛnt] 1 satisfeito, contente (*with com*) 2 **content (for sb) to do sth** contente em (deixar alguém) fazer algo 3 **to your heart's content** à vontade / *v.* **to content yourself with sth/doing sth** contentar-se com algo/em fazer algo

**con•tent•ed** [kən'tɛntɪd] *adj.* contente, satisfeito

**con•ten•tion** [kən'tɛnʃən] *s.* 1 FORM afirmação 2 FORM discórdia, desavenças: *a bone of contention* um pomo de discórdia 3 **in/out of contention** na/fora da disputa (*for por*)

**con•ten•tious** [kən'tɛnʃəs] *adj.* polêmico

**con•tent•ment** [kən'tɛntmənt] *s.* contentamento, satisfação

**con•test** *s.* ['kɑntɛst] 1 disputa (*for por*): *a close contest* uma disputa acirrada 2 concurso: *a talent contest* um concurso de talentos / *v.* [kən'tɛst] contestar

**con•text** ['kɑntɛkst] *s.* contexto

**con•ti•nent** ['kɑntənənt] *s.* 1 continente 2 **the Continent** BRIT a Europa continental

**con•ti•nen•tal** [kɑntə'nɛntl] *adj.* 1 continental 2 **continental breakfast** café da manhã de café e pães, como o brasileiro

**con•tin•gen•cy** [kən'tɪndʒənsi] *s.* [*pl* **contingencies**] contingência: *a contingency plan* um plano de contingência

**con•tin•gent** [kən'tɪndʒənt] *s.* contingente

**con•tin•ual** [kən'tɪnjuəl] *adj.* constante

**con•tinu•al•ly** [kən'tɪnjuəli] *adv.* sem parar

**con•tinu•ation** [kəntɪnju'eɪʃən] *s.* 1 continuação 2 continuidade

**con•tinue** [kən'tɪnju] *v.* 1 continuar 2 **to continue doing/to do sth** continuar fazendo/a fazer algo

**con•tinued** [kən'tɪnjud] *adj.* contínuo: *the continued existence of poverty* a continuidade da pobreza

**con•ti•nu•ity** [kɑntə'njuəti] *s.* continuidade

**con•tinu•ous** [kən'tɪnjuəs] *adj.* contínuo, ininterrupto

**con•tinu•ous•ly** [kən'tɪnjuəsli] *adv.* continuamente, ininterruptamente

**con•tour** ['kɑntʊr] *s.* 1 contorno 2 (tb **contour line**) curva de nível

**contra•cep•tion** [kɑntrə'sɛpʃən] *s.* 1 contracepção 2 anticoncepcionais

**contra•cep•tive** [kɑntrə'sɛptɪv] *adj, s.* anticoncepcional

**con•tract** *s.* ['kɑntrækt] 1 contrato 2 **under contract** sob contrato (*to com*) / *v.* [kən'trækt] 1 contrair(-se) 2 contratar

**con•trac•tion** [kən'trækʃən] *s.* contração

**con•trac•tor** ['kɑntræktər, *Brit*: kən'træktə] *s.* empreiteiro

**contra•dict** [kɑntrə'dɪkt] *v.* 1 contradizer: *He contradicted himself.* Ele se contradisse. 2 contrariar

**contra•dic•tion** [kɑntrə'dɪkʃən] *s.* contradição

**contra•dic•tory** [kɑntrə'dɪktəri] *adj.* contraditório

**con•tra•ry** ['kɑntrəri] *s.* FORM 1 contrário: *quite the contrary* muito pelo contrário 2 **on the contrary** pelo contrário 3 **to the contrary** em contrário / *adj.* contrário / *adv.* contrariamente (*to a*)

**con•trast** *s.* ['kɑntræst] 1 contraste 2 **by contrast** ao contrário 3 **in contrast to/with sth** ao contrário de algo, em contraste com algo / *v.* [kən'træst] 1 comparar, confrontar (*with com*) 2 **to contrast with sth** fazer contraste/contrastar com algo

**con•trib•ute** [kən'trɪbjut] *v.* 1 contribuir (com) (*to para*) 2 colaborar (*to em livro, revista etc.*) 3 participar (*to em debate*)

**con•tri•bu•tion** [kɑntrə'bjuʃən] *s.* 1 contribuição (*to/toward para*) 2 colaboração

**con•tribu•tor** [kən'trɪbjutər] *s.* colaborador [de revista etc.]

**con•tribu•tory** [kən'trɪbjətəri] *adj.* contribuinte [fator]

**con•trived** [kən'traɪvd] *adj.* forçado

**con•trol** [kən'troʊl] *s.* 1 controle (***of*** *de*, ***over*** *sobre*): *the volume control* o controle de volume 2 **controls** comandos [de avião etc.] 3 **out of control** a fora de controle b desgovernado c descontrolado 4 **to be in control** ter o controle (***of*** *de*) 5 **to bring/keep sth under control** controlar algo 6 **to get out of control** sair de controle 7 **to go out of control** desgovernar-se 8 **to lose control** a perder o controle (***of*** *de*) b perder a direção (***of*** *de*) c desgovernar-se [veículo] 9 **to lose control (of yourself)** descontrolar-se 10 **to take control** tomar o controle (***of*** *de*) 11 **under control** sob controle / *v.* [-**ll**-] 1 controlar 2 dominar 3 **to control yourself** controlar-se

**con•trolled** [kən'troʊld] *adj.* controlado

**con•tro•ver•sial** [kɑntrə'vɜrʃəl] *adj.* polêmico

**con•tro•ver•sy** ['kɑntrəvɜrsi] *s.* [*pl* **controversies**] polêmica (***surrounding*** *em torno de*, ***over*** *sobre*)

**con•va•lesce** [kɑnvə'lɛs] *v.* convalescer

**con•vene** [kən'vin] *v.* 1 convocar 2 reunir-se

**con•veni•ence** [kən'viniəns] *s.* 1 conveniência 2 comodidade 3 **at your convenience** de acordo com a sua conveniência

**con•veni•ence food** [kən'viniəns fud] *s.* 1 comida pronta 2 alimento pronto

**con•veni•ence store** [kən'viniəns stɔr] *s.* loja de conveniência

**con•veni•ent** [kən'viniənt] *adj.* 1 conveniente 2 cômodo 3 próximo (***for/to*** *a*)

**con•veni•ent•ly** [kən'viniəntli] *adv.* 1 convenientemente 2 **conveniently located** de fácil acesso

**con•vent** ['kɑnvɛnt] *s.* convento

**con•ven•tion** [kən'vɛnʃən] *s.* 1 convenção 2 convenções sociais

**con•ven•tion•al** [kən'vɛnʃənəl] *adj.* 1 convencional 2 conservador, careta

**con•verge** [kən'vɜrdʒ] *v.* 1 convergir 2 **to converge on sth** afluir para algo

**con•ver•sant** [kən'vɜrsənt] *adj.* 1 **conversant with sth** FORM familiarizado com algo 2 **to be conversant in sth** AM saber falar algo [idioma]

**con•ver•sa•tion** [kɑnvɜr'seɪʃən] *s.* 1 conversa 2 conversação 3 **to have/hold a conversation** ter/manter uma conversa (***with*** *com*) 4 **to make conversation** puxar conversa (***with*** *com*)

**con•verse** *v.* [kən'vɜrs] conversar / *s.* ['kɑnvɜrs] FORM inverso

**con•verse•ly** [kən'vɜrsli] *adv.* inversamente

**con•ver•sion** [kən'vɜrʒən] *s.* 1 conversão (***to*** *a*) 2 transformação (***into*** *em*)

**con•vert** *v.* [kən'vɜrt] 1 converter(-se) (***to*** *a*) 2 transformar (***into*** *em*) / *s.* ['kɑnvɜrt] convertido (***to*** *a*)

**con•vert•ible** [kən'vɜrtəbəl] *s.* conversível

**con•vey** [kən'veɪ] *v.* 1 transmitir, comunicar (***to*** *a*) 2 FORM transportar

**con•vey•or** [kən'veɪjər] *s.* (tb **conveyor belt**) esteira

**con•vict** *v.* [kən'vɪkt] condenar (***of*** *por*) / *s.* ['kɑnvɪkt] presidiário

**con•vic•tion** [kən'vɪkʃən] *s.* 1 convicção 2 condenação (***for*** *por*) 3 **to lack conviction** não convencer

**con•vince** [kən'vɪns] *v.* 1 convencer (***of*** *de*) 2 **to convince sb to do sth** convencer alguém a fazer algo

**con•vinced** [kən'vɪnst] *adj.* convencido, convicto

**con•vinc•ing** [kən'vɪnsɪŋ] *adj.* convincente

**con•voy** ['kɑnvɔɪ] *s.* comboio

**con•vul•sion** [kən'vʌlʃən] *s.* convulsão

**cook** [kʊk] *v.* 1 cozinhar 2 fazer, preparar [comida, jantar] / *s.* 1 cozinheiro 2 **to be a good cook** cozinhar bem

**cook•book** ['kʊkbʊk] *s.* livro de receitas

**cooked** [kʊkt] *adj.* cozido: *only half cooked* meio cru

**cook•er** ['kʊkər] *s.* BRIT fogão

**cook•ery** ['kʊkəri] *s.* culinária

**cookie** ['kʊki] *s.* 1 AM biscoito 2 cookie: *cookie dough* massa de cookies

**cookie cut•ter** ['kʊkiˌkʌtər] *s.* cortador de biscoitos / *adj.* AM padronizado

**cookie sheet** [ˈkʊki ʃit] *s.* AM tabuleiro, assadeira
**cook•ing** [ˈkʊkɪŋ] *s.* 1 cozinhar: *I like cooking.* Gosto de cozinhar. 2 culinária 3 comida: *home cooking* comida caseira 4 **to do the cooking** cozinhar
**cool** [kul] *adj.* [*comp* **cooler, coolest**] 1 fresco 2 calmo 3 FAM maneiro, bacana 4 FAM tranquilo (***about*** *com*): *Don't worry. It's cool.* Não se preocupe. Está tranquilo. | *My dad's cool about what I wear.* Meu pai é tranquilo com a roupa que eu uso. 5 frio, indiferente (***toward*** *com*) 6 **cool!** FAM beleza! 7 **a cool head** sangue-frio 8 **to keep/stay cool** manter o sangue-frio, ficar frio / *v.* 1 refrescar 2 esfriar 3 arrefecer 4 **to cool it** FAM maneirar, pegar leve
**cool down, cool off** 1 refrescar 2 acalmar-se / *s.* 1 frescor 2 **to keep/lose your cool** manter/perder o sangue-frio / *adv.* **to play it cool** chegar como quem não quer nada
**cool•er** [ˈkulər] *s.* AM isopor [caixa]
**coop** [kup] *s.* (tb **chicken coop**) galinheiro
**cooped up** [kuptˈʌp] *adj.* enfurnado
**co•operate** [koʊˈɑpəreɪt] *v.* cooperar (***with*** *com*)
**co•operation** [koʊɑpəˈreɪʃən] *s.* cooperação
**co•operative** [koʊˈɑpərətɪv] *adj.* 1 prestativo 2 cooperativo / *s.* cooperativa
**co•ordinate** *v.* [koʊˈɔrdəneɪt] coordenar / *s.* [koʊˈɔrdənət] coordenada
**cop** [kɑp] *s.* AM FAM policial: *the cops* a polícia / *v.* [**-pp-**]
**cop out** FAM tirar o corpo fora
**cope** [koʊp] *v.* 1 virar-se 2 dar conta, aguentar 3 **to cope with sth** **a** dar conta de algo **b** lidar com algo
**cop-out** [ˈkɑpaʊt] *s.* FAM **to be a cop-out** ser uma forma de tirar o corpo fora
**cop•per** [ˈkɑpər] *s.* 1 cobre: *copper wire* fio de cobre 2 BRIT FAM policial
**copy** [ˈkɑpi] *s.* [*pl* **copies**] 1 cópia 2 exemplar [de livro] 3 edição [de revista, jornal] / *v.* [*ps e pp* **copied**] 1 copiar (***from*** *de*) 2 tirar cópia de 3 colar [em prova]
**copy down: to copy sth down** copiar/anotar algo
**copy out: to copy sth out** copiar algo
**copy•right** [ˈkɑpiraɪt] *s.* direitos autorais
**copy shop** [ˈkɑpi ʃɑp] *s.* copiadora [loja]
**cor•al** [ˈkɔrəl] *s.* corais [marinhos]: *a coral reef* um recife de corais
**cord** [kɔrd] *s.* 1 corda 2 cordão 3 fio, cabo 4 **cords** calça de veludo cotelê
**cord•less** [ˈkɔrdləs] *s.* sem fio
**corduroy** [ˈkɔrdərɔɪ] *s.* veludo cotelê
**core** [kɔr] *s.* 1 caroço [de maçã] 2 cerne, âmago 3 **to the core** até a alma / *adj.* 1 obrigatório [matéria] 2 principal [atividade] 3 fundamental [valor]
**co•ri•an•der** [kɔrɪˈændər] *s.* BRIT coentro
**cork** [kɔrk] *s.* 1 rolha 2 cortiça
**cork•screw** [ˈkɔrkskru] *s.* saca-rolhas
**corn** [kɔrn] *s.* 1 AM milho 2 BRIT cereais, grãos 3 **corn on the cob** espiga de milho
**corned beef** [kɔrnd ˈbif] *s.* carne enlatada
**cor•ner** [ˈkɔrnər] *s.* 1 canto: *in the top right-hand corner* no canto superior direito | *a corner table* uma mesa de canto 2 esquina: *on the corner of Broadway and Canal* na esquina da Broadway com a Canal 3 curva [de estrada] 4 (tb **corner kick**) escanteio 5 **in a (tight) corner** num sufoco 6 **(just) around the corner** **a** (logo) depois da esquina **b** do lado, pertinho (***from*** *de*) **c** na porta [Natal, verão etc.] 7 **out of the corner of your eye** pelo canto do olho 8 **to cut corners** fazer de qualquer jeito 9 **to take a corner** **a** fazer uma curva [motorista] **b** cobrar um escanteio 10 **to turn the corner** **a** dobrar a esquina **b** dar a volta por cima / *v.* 1 acuar, encurralar 2 fazer as curvas 3 **to corner the market** monopolizar o mercado (***in*** *de*)
**corner•stone** [ˈkɔrnərstoʊn] *s.* fundamento, base
**corn•flakes** [ˈkɔrnfleɪks] *spl.* flocos de milho
**coro•na•tion** [kɔrəˈneɪʃən] *s.* coroação

**coro•ner** [ˈkɔrənər] *s.* médico-legista
**cor•po•ral** [ˈkɔrprəl] *s.* cabo [militar]
**cor•po•ral pun•ish•ment** [ˌkɔrprəlˈpʌnɪʃmənt] *s.* castigos corporais
**cor•po•rate** [ˈkɔrpərət] *adj.* **1** da empresa [sede, identidade etc.] **2** empresarial
**cor•po•ra•tion** [ˈkɔrpeˈreɪʃən] *s.* empresa, corporação
**corps** [kɔr] *s.* corpo [diplomático etc.]
**corpse** [kɔrps] *s.* cadáver
**cor•rect** [kəˈrɛkt] *adj.* correto / *v.* corrigir
**cor•rec•tion** [kəˈrɛkʃən] *s.* correção
**cor•rect•ly** [kəˈrɛktli] *adv.* corretamente
**cor•rect•ness** [kəˈrɛktnəs] *s.* correção
**cor•re•la•tion** [kɔrəˈleɪʃən] *s.* correlação (***between*** *entre*, ***with*** *com*)
**cor•re•spond** [kɔrəˈspɑnd] *v.* **1** conferir (***to/with*** *com*) **2** corresponder-se (***with*** *com*) **3 to correspond to sth** corresponder a algo
**cor•re•spond•ence** [kɔrəˈspɑndəns] *s.* correspondência
**cor•re•spond•ent** [kɔrəˈspɑndənt] *s.* correspondente
**cor•re•spond•ing** [kɔrəˈspɑndɪŋ] *adj.* correspondente
**cor•ri•dor** [ˈkɔrədər] *s.* corredor
**cor•robo•rate** [kəˈrɑbəreɪt] *v.* FORM corroborar
**cor•rode** [kəˈroʊd] *v.* corroer
**cor•ru•gat•ed** [ˈkɔrəgeɪtɪd] *adj.* ondulado [papelão, chapa]
**cor•rupt** [kəˈrʌpt] *adj.* corrupto / *v.* corromper
**cor•rup•tion** [kəˈrʌpʃən] *s.* **1** corrupção **2** corruptela
**cos•met•ic** [kɑzˈmɛtɪk] *adj.* **1** estético: *cosmetic surgery* cirurgia estética **2** superficial / **cosmetics** *spl.* cosméticos
**cos•mo•poli•tan** [kɑzməˈpɑlətn] *adj.* cosmopolita
**cost** [kɔst] *s.* **1** custo: *the cost of living* o custo de vida **2** preço, valor: *for a cost of $25* pelo valor de $25,00 **3 at all costs** a todo custo **4 at any cost/whatever the cost** custe o que custar **5 (court) costs** custas processuais **6 to discover etc. to your cost** descobrir etc. a duras penas / *v.* [*ps e pp* **cost**] **1** custar **2 to cost sb sth** custar algo a alguém: *The mistake cost him his job.* O erro lhe custou o emprego.
**co-star** [ˈkoʊstɑr] *s.* coastro/coestrela / *v.* **1** ser coestrelado por **2 to co-star in sth** coestrelar algo
**Costa Rica** [ˌkɑstəˈrikə] *s.* Costa Rica
**Costa Rican** [ˌkɑstəˈrikən] *adj, s.* costa-riquenho
**cost-effective** [ˌkɔstɪˈfɛktɪv] *adj.* rentável
**cost•ly** [ˈkɔstli] *adj.* [*comp* **costlier, costliest**] caro, custoso
**cos•tume** [ˈkɑstum] *s.* **1** fantasia [roupa] **2** traje **3 costumes** figurino [de peça, filme] **4 national/period costume** traje típico/de época
**cos•tume party** [ˈkɑstumˌpɑrti] *s.* [*pl* **parties**] AM festa à fantasia
**cosy** [ˈkoʊzi] *adj.* [*comp* **cosier, cosiest**] BRIT aconchegante
**cot** [kɑt] *s.* **1** AM cama de lona, catre **2** BRIT berço
**cot•tage** [ˈkɑtɪdʒ] *s.* casinha de campo, chalé
**cot•tage cheese** [ˌkɑtɪdʒˈtʃiz] *s.* queijo tipo cottage
**cot•ton** [ˈkɑtn] *s.* **1** algodão **2** BRIT linha [de costura]
**cot•ton wool** [ˌkɑtnˈwʊl] *s.* BRIT algodão [hidrófilo]
**couch** [kaʊtʃ] *s.* **1** sofá **2** divã / *v.* **couched in sth** FORM redigido em algo [linguagem]
**cough** [kɔf] *s.* tosse / *v.* tossir
**cough up 1** FAM pagar logo **2 to cough sth up** **a** cuspir algo **b** FAM desembolsar algo
**cough medi•cine** [ˈkɔfˌmɛdəsən] *s.* xarope [para tosse]
**could** [kʊd] *v auxiliar* **1** poderia(m)/podia(m): *They said it could rain later.* Disseram que poderia chover mais tarde. | *Could you put me through to customer service, please?* Poderia me passar o SAC, por favor? | *We could go see a movie.* A gente podia ir ver um filme. | *You could*

*at least say you're sorry.* Você podia pelo menos pedir desculpas. **2** podia(m), conseguia(m), sabia(m): *Could you already speak English at the time?* Você já sabia falar inglês na época? | *I couldn't finish the test.* Não consegui terminar a prova. **3 could do with sth** estar precisando de algo: *I could do with a vacation.* Estou precisando de férias. | *These jeans could do with a wash.* Esse jeans está precisando ser lavado. **4 could have** poderia(m)/podia(m) ter: *Someone could have been injured.* Alguém poderia ter se ferido. | *It couldn't have been John because he was with me.* Não pode ter sido o John porque ele estava comigo. | *You could have told me!* Você tinha que me avisar! | *I was so mad I could have killed him!* Fiquei tão nervoso que queria matá-lo!

**couldn't** [ˈkʊdnt] *v auxiliar* ▸ = COULD NOT

**coun•cil** [ˈkaʊnsəl] *s.* **1** conselho [assembleia] **2** câmera municipal **3** BRIT prefeitura

**council estate** [ˈkaʊnsəl ɪˌsteɪt] *s.* BRIT cohab

**council house** [ˈkaʊnsəlˌhaʊs] *s.* BRIT moradia da Prefeitura

**coun•ci•lor**, BRIT: **councillor** [ˈkaʊnsələr] *s.* vereador

**coun•sel** [ˈkaʊnsəl] *s.* advogado / *v.* **1** dar apoio psicológico a **2 to counsel sb to do sth** FORM aconselhar alguém a fazer algo

▸ *Am:* ***counseling, counseled*** *Brit:* ***counselling, counselled***

**coun•sel•ing**, BRIT: **counselling** [ˈkaʊnsəlɪŋ] *s.* aconselhamento, apoio psicológico

**coun•sel•or**, BRIT: **counsellor** [ˈkaʊnsələr] *s.* aconselhador, psicólogo [de apoio]

**count** [kaʊnt] *v.* **1** contar (***as*** *como*, ***toward*** *para*): *I can count to ten in Chinese.* Sei contar até dez em chinês. | *That doesn't count.* Isso não conta. **2 not counting sth** sem contar algo **3 to count on sb/sth** contar com alguém/algo **4 to count on sb doing sth** contar com que alguém faça algo **5 to count yourself lucky** considerar-se sortudo

**count in: to count sb in** incluir alguém: *Count me in!* Estou dentro!

**count out: to count sb out** **a** não contar com alguém: *Count me out!* Estou fora! **b** desconsiderar alguém

**count up: to count (sth) up** contar (algo) / *s.* **1** contagem **2** conde **3 on all/both etc. counts** sob todos/ambos etc. os aspectos **4 to keep count of sth** fazer a contagem de algo **5 to lose count** perder a conta (***of*** *de*)

**count•able** [ˈkaʊntəbəl] *adj.* contável

▸ O termo ***countable*** designa os substantivos ingleses que têm plural e que podem vir acompanhados do artigo indefinido **a** ou do número ***one*** no singular.

**count•down** [ˈkaʊntdaʊn] *s.* contagem regressiva (***to*** *para*)

**coun•ter** [ˈkaʊntər] *s.* **1** balcão **2** AM bancada [de cozinha] **3** ficha [de jogo] **4** contador [dispositivo] / *v.* **1** rebater [argumento, crítica etc.] **2** reverter [efeito] / *adv.* **to be/go/run counter to sth** contrariar algo

**counter•act** [kaʊnterˈækt] *v.* neutralizar

**counter•attack** [ˈkaʊntərətæk] *s.* contra-ataque / *v.* contra-atacar

**counter•clockwise** [kaʊntərˈklɑkwaɪz] *adv, adj.* AM (tb **in a counterclockwise direction**) em sentido anti-horário

**counter•feit** [ˈkaʊntərfɪt] *adj.* falsificado, falso / *s.* falsificação

**counter•part** [ˈkaʊntərpɑrt] *s.* **1** homônimo **2** equivalente

**counter•productive** [kaʊnterprəˈdʌktɪv] *adj.* contraproducente

**counter-terrorism** [kaʊnterˈtɛrərɪzəm] *s.* contraterrorismo

**coun•tess** [ˈkaʊntɪs] *s.* condessa

**count•less** [ˈkaʊntləs] *adj.* inúmeros

**coun•try** [ˈkʌntri] *s.* [*pl* **countries**] **1** país: *his country of origin* seu país de origem **2** pátria **3** interior, roça, campo: *in the country* no interior | *a country house* uma casa de campo **4** região **5** (tb **country music**) música country / *adj.* **1** rural **2** de interior

**coun•try and west•ern** [ˌkʌntri ən ˈwɛstərn] *s.* música country

**country•man** [ˈkʌntrimən] *s.* [*pl* **country-men**] (tb **fellow countryman**) compatriota

**country•side** [ˈkʌntrisaɪd] *s.* 1 interior, zona rural 2 paisagem

**country•woman** [ˈkʌntriwʊmən] [*pl* **countrywomen**] (tb **fellow countrywoman**) compatriota [mulher]

**coun•ty** [ˈkaʊnti] *s.* [*pl* **counties**] condado: *Dade County* o condado de Dade

**coup** [ku] *s.* 1 (tb **coup d'état**) golpe (de Estado): *a military coup* um golpe militar 2 êxito, proeza

**cou•ple** [ˈkʌpəl] *s.* 1 casal: *a married couple* um casal casado 2 **a couple (of sth)** alguns/algumas (algo): *a couple of days* alguns dias | *There aren't enough spoons. We need a couple more.* Não tem colheres suficientes. Precisamos de mais algumas. / *v.* **coupled with sth** associado a algo

**cou•pon** [ˈkupɑn] *s.* cupom

**cour•age** [ˈkʌrɪdʒ] *s.* coragem

**cou•ra•geous** [kəˈreɪdʒəs] *adj.* corajoso

**cour•gette** [kɔrˈʒɛt] *s.* BRIT abobrinha

**cou•ri•er** [ˈkuriər] *s.* 1 motoboy, bikeboy 2 (tb **courier company**) empresa de entrega rápida 3 BRIT guia turístico 4 **by courier** por entrega rápida / *v.* mandar por entrega rápida (*to para*)

**course** [kɔrs] *s.* 1 curso (*in de, on sobre*): *a French course* um curso de francês 2 rumo 3 rota 4 prato [de refeição]: *a four-course meal* uma refeição de quatro pratos 5 campo [de golfe] 6 pista [de corrida de cavalos] 7 **a course of action** um recurso, uma atitude 8 **a course of treatment** um tratamento: *a course of antibiotics* um tratamento com antibióticos 9 **first/main course** entrada/prato principal 10 **in due course** no devido tempo 11 **in/during/over the course of sth** no decorrer de algo 12 **of course** claro (que) 13 **of course not** claro que não 14 **on/off course** dentro/fora da rota 15 **on course for sth/to do sth** no caminho certo para algo/para fazer algo 16 **to run/take its course** seguir seu curso

**court** [kɔrt] *s.* 1 tribunal 2 corte 3 quadra [de tênis etc.] 4 **to go to court** entrar na Justiça 5 **to take sb to court** colocar alguém na Justiça / *v.* cortejar

**court case** [ˈkɔrt keɪs] *s.* processo

**cour•teous** [ˈkɜrtiəs] *adj.* cortês, educado

**cour•tesy** [ˈkɜrtəsi] *s.* [*pl* **courtesies**] 1 cortesia: *a courtesy car* um carro de cortesia 2 **courtesy of sb** por cortesia de alguém

**court•house** [ˈkɔrthaʊs] *s.* AM fórum [prédio]

**court-martial** [kɔrtˈmɑrʃəl] *s.* corte marcial / *v.* julgar em corte marcial

▸ *Am:* ***court-martialing, court-martialed*** *Brit:* ***court-martialling, court-martialled***

**court•ship** [ˈkɔrtʃɪp] *s.* corte [namoro]

**court•yard** [ˈkɔrtjɑrd] *s.* pátio

**cous•in** [ˈkʌzən] *s.* 1 primo 2 **second cousin** primo de segundo grau

**cove** [koʊv] *s.* enseada

**cov•er** [ˈkʌvər] *v.* 1 cobrir (***with/in** com*) 2 tampar [panela] 3 tapar [olhos, ouvidos] 4 percorrer [distância] 5 abranger, incluir 6 dar cobertura a/para 7 **covered in sth** **a** coberto de algo **b** cheio de algo 8 **to cover for sb** **a** substituir alguém **b** dar cobertura a alguém

**cover up** 1 **to cover sth up** **a** cobrir algo **b** encobrir algo [caso] 2 **to cover up for sb** acobertar alguém / *s.* 1 capa 2 coberta 3 tampa 4 abrigo 5 cobertura 6 fachada (*for para*) 7 **to take cover** abrigar-se (*from de*) 8 **under cover** infiltrado [policial]

**cov•er•age** [ˈkʌvərɪdʒ] 1 cobertura 2 repercussão [na mídia]

**cov•er•ing** [ˈkʌvərɪŋ] *s.* 1 capa, invólucro 2 revestimento 3 camada [de poeira]

**cov•er•ing let•ter** [ˈkʌvərɪŋ ˌlɛtər] *s.* carta anexa

**cov•ert** [ˈkoʊvɜrt] *adj.* secreto, clandestino

**cov•et** [ˈkʌvət] *v.* FORM cobiçar

**cow** [kaʊ] *s.* vaca

**cow•ard** [ˈkaʊərd] *s.* covarde

**cow•ard•ice** [ˈkaʊərdɪs] *s.* covardia

**cow•ard•ly** [ˈkaʊərdli] *adj.* covarde
**cow•boy** [ˈkaʊbɔɪ] *s.* 1 vaqueiro 2 BRIT vigarista
**cow•er** [ˈˈkaʊər] *v.* encolher-se
**coy** [kɔɪ] *adj.* 1 dengoso 2 **to be coy about sth** fazer mistério de algo
**cozy**, BRIT: **cosy** [ˈkoʊzi] *adj.* [*comp* **cozier, coziest**] aconchegante
**crab** [kræb] *s.* caranguejo
**crack** [kræk] *v.* 1 rachar, trincar 2 estalar 3 pirar 4 desvendar [problema, código, caso] 5 arrombar [cofre] 6 **to crack a joke** fazer uma piada 7 **to crack your head on sth** bater com a cabeça em algo 8 **to get cracking** FAM mandar brasa
**crack down: to crack down on sth/sb** reprimir algo/alguém
**crack up** 1 FAM morrer de rir 2 FAM pirar 3 **to crack sb up** FAM matar alguém de rir / *s.* 1 rachadura, trinca 2 fenda, fresta 3 estalido 4 (tb **crack cocaine**) crack 5 FAM piada 6 **at the crack of dawn** ao raiar do dia 7 **to have/take a crack (at sth)** FAM tentar (algo) / *adj.* de elite [tropas, atirador etc.]
**crack•down** [ˈkrækdaʊn] *adj.* repressão (*on a*)
**cracked** [ˈkrækt] *adj.* 1 rachado 2 trincado 3 FAM pirado
**crack•er** [ˈkrækər] *s.* 1 bolacha 2 bombinha [de São João] 3 ver **Christmas cracker**
**crack•ers** [ˈkrækərz] *adj.* FAM biruta, doido
**crack•le** [ˈkrækəl] *v, s.* 1 crepitar 2 estalar
**cra•dle** [kreɪdl] *s.* berço / *v.* aninhar
**craft** [kræft] *s.* [*pl* **crafts**] 1 ofício 2 **crafts** artesanato / *s.* [*pl* **craft**] embarcação
**crafts•man** [ˈkræftsmən] *s.* [*pl* **craftsmen**] artesão, artífice
**crafts•man•ship** [ˈkræftsmənʃɪp] *s.* 1 acabamento 2 habilidade
**crafty** [ˈkræfti] *adj.* [*comp* **craftier, craftiest**] astuto, manhoso
**crag** [kræg] *s.* penhasco
**cram** [kræm] *v.* [-**mm**-] 1 abarrotar (***with** de*): *a shelf crammed with books* uma estante abarrotada de livros 2 lotar 3 enfiar (***into** em*) 4 estudar (***for** para*) 5 **to cram into sth** espremer-se em algo
**cramp** [kræmp] *s.* 1 cãibra 2 **(stomach) cramps** cólica / *v.* **to cramp sb's style** FAM tirar a liberdade de alguém
**cramped** [kræmpt] *adj.* apertado: *in cramped conditions* num espaço reduzido
**crane** [kreɪn] *s.* 1 guindaste, grua 2 grou / *v.* (tb **crane your neck**) espichar o pescoço
**crank** [kræŋk] *s.* 1 manivela 2 FAM excêntrico, maníaco 3 **crank call** trote [telefonema]
**cranky** [ˈkræŋki] [*comp* **crankier, crankiest**] FAM irritado, atacado
**crap** *s.* GÍR 1 porcaria(s): *a piece of crap* uma porcaria 2 balela 3 bosta
**crap•py** *adj.* [*comp* **crappier, crappiest**] GÍR vagabundo, fuleiro
**crash** [kræʃ] *v.* 1 bater (com) [carro] 2 cair [avião] 3 fazer estrondo 4 cair/chocar-se com um grande estrondo 5 travar [computador] 6 despencar [bolsa] 7 quebrar [falir] 8 FAM (tb **crash out**) dormir 9 FAM entrar de penetra em [festa]
**crash into** chocar-se/espatifar-se contra / *s.* 1 batida [de veículos]: *a head-on crash* uma batida de frente 2 queda, desastre [de avião etc.] 3 quebra [falência]
**crash course** [ˈkræʃ kɔrs] *s.* curso intensivo (***in** de*)
**crash hel•met** [ˈkræʃˌhɛlmɪt] *s.* capacete
**crash landing** [kræʃˈlændɪŋ] *s.* aterrissagem forçada
**crate** [kreɪt] *s.* 1 engradado 2 caixote
**cra•ter** [ˈkreɪtər] *s.* cratera
**crave** [kreɪv] *v.* 1 ter/sentir fissura por 2 ansiar por
**crav•ing** [ˈkreɪvɪŋ] *s.* 1 fissura (***for** por*) 2 desejo [de grávida] 3 **to get/have a craving for sth** ficar/estar louco por algo
**crawl** [krɔl] *v.* 1 engatinhar 2 rastejar, arrastar-se 3 (tb **crawl along**) andar a passo de tartaruga 4 **to be crawling with sth** estar infestado de algo / *s.* 1 crawl [nado] 2 passo de tartaruga
**cray•fish** [ˈkreɪfɪʃ] *s.* [*pl* **crayfish**] lagostim, pitu
**cray•on** [ˈkreɪɑn] *s.* 1 lápis de cor 2 (tb **wax crayon**) lápis de cera

**craze** [kreɪz] *s.* mania, febre (***for*** *de*)

**crazy** [ˈkreɪzi] *adj.* [*comp* **crazier, craziest**] 1 louco, maluco (***about*** *por*) 2 **to go crazy** ficar louco, ir à loucura

**creak** [krik] *v.* ranger / *s.* rangido

**cream** [krim] *s.* 1 creme 2 creme de leite 3 pomada 4 nata / *adj.* creme

**creamy** [ˈkrimi] *adj.* [*comp* **creamier, creamiest**] cremoso

**crease** [kris] *s.* 1 vinco 2 ruga / *v.* amassar, amarrotar

**cre•ate** [kriˈeɪt] *v.* criar

**crea•tion** [kriˈeɪʃən] *s.* criação

**crea•tive** [kriˈeɪtɪv] *adj.* criativo

**crea•tiv•ity** [krieɪˈtɪvəti] *s.* criatividade

**crea•tor** [kriˈeɪtər] *s.* criador

**crea•ture** [ˈkritʃər] *s.* 1 ser: *living creatures* seres vivos 2 bicho 3 monstro

**creche** [krɛʃ] *s.* 1 AM presépio 2 BRIT creche

**cre•den•tials** [krəˈdɛnʃəls] *spl.* credenciais

**cred•ibil•ity** [krɛdəˈbɪləti] *s.* credibilidade

**cred•ible** [ˈkrɛdəbəl] *adj.* 1 crível 2 plausível

**cred•it** [ˈkrɛdɪt] *s.* 1 crédito 2 mérito 3 **credits** créditos [de filme ou curso] 4 **on credit** a crédito 5 **to be a credit to sb/sth, to do sb/sth credit** ser um orgulho para alguém/algo 6 **to be in credit** ter saldo positivo 7 **to have sth to your credit** ter algo a seu crédito 8 **to sb's credit** mérito para alguém / *v.* 1 creditar (***to*** *a*) 2 FORM acreditar em 3 **to credit sb's account with sth** creditar algo na conta de alguém 4 **to credit sb with (doing) sth** dar o crédito a alguém por (ter feito) algo

**cred•it card** [ˈkrɛdɪt kard] *s.* cartão de crédito

**credi•tor** [ˈkrɛdɪtər] *s.* credor

**creek** [krik] *s.* 1 AM riacho, córrego 2 **to be up the creek (without a paddle)** FAM estar ferrado

**creep** [krip] *v.* [*ps e pp* **crept**] 1 ir de mansinho: *He crept up the stairs.* Ele subiu a escada de mansinho. 2 ir rastejando
**creep up: to creep up on sb** a chegar perto de alguém de mansinho b chegar de repente para alguém
**creep out: to creep sb out** AM FAM dar um medo em alguém / *s.* 1 AM FAM nojento 2 BRIT FAM puxa-saco 3 **to give sb the creeps** dar arrepios em alguém

**creep•er** [ˈkripər] *s.* trepadeira

**creepy** [ˈkripi] *adj.* [*comp* **creepier, creepiest**] 1 arrepiante, sinistro 2 AM FAM nojento

**cre•mate** [ˈkrimeɪt] *v.* cremar

**cre•ma•tion** [krɪˈmeɪʃən] *s.* cremação

**crema•to•rium** [kriməˈtɔriəm] *s.* [*pl* **crematoriums/crematoria**] crematório

**crema•tory** [ˈkrimətɔri] *s.* [*pl* **crematories**] AM crematório

**crept** [krɛpt] *v.* ▸ *ps e pp de* CREEP

**cres•cen•do** [krəˈʃɛndoʊ] *s.* crescendo

**cres•cent** [ˈkrɛsənt] *s.* 1 crescente 2 meia-lua 3 rua [em forma de meia-lua]

**cress** [krɛs] *s.* agrião

**crest** [krɛst] *s.* 1 crista 2 emblema, timbre

**crest•fallen** [ˈkrɛstfɔlən] *adj.* cabisbaixo

**crev•ice** [ˈkrɛvɪs] *s.* fenda, greta

**crew** [kru] *s.* 1 tripulação: *a crew member* um tripulante 2 equipe / *v.* tripular

**crew cut** [ˈkru kʌt] *s.* corte/cabelo à escovinha

**crib** [krɪb] *s.* 1 AM berço 2 BRIT presépio 3 AM GÍR casa

**crick•et** [ˈkrɪkɪt] *s.* 1 grilo 2 críquete [jogo]

**crime** [kraɪm] *s.* 1 crime 2 criminalidade

**crimi•nal** [ˈkrɪmənəl] *s.* criminoso / *adj.* 1 criminoso: *a criminal offense* um crime 2 penal [direito]

**crimi•nal re•cord** [ˌkrɪmənəlˈrɛkərd] *s.* antecedentes criminais, ficha na polícia

**crim•son** [ˈkrɪmzən] *adj, s.* carmesim

**cringe** [krɪndʒ] *v.* 1 encolher-se 2 sentir vergonha alheia 3 morrer de vergonha

**crink•ly** [ˈkrɪŋkli] *adj.* [*comp* **crinklier, crinkliest**] 1 enrugado 2 encrespado

**crip•ple** [ˈkrɪpəl] *s.* aleijado / *v.* 1 aleijar 2 paralisar

**crip•pling** [ˈkrɪplɪŋ] *adj.* paralisante

**cri•sis** [ˈkraɪsɪs] *s.* [*pl* **crises**] crise

**crisp** [krɪsp] *adj.* 1 crocante 2 quebradiço 3 engomado [lençol, camisa] 4 novinho [cédula] 5 friozinho [tempo] 6 seco [tom] 7 nítido [som, imagem] / *s.* BRIT batata frita [de saquinho]

**crispy** [ˈkrɪspi] *adj.* [*comp* **crispier, crispiest**] crocante

**cri•teri•on** [kraɪˈtɪriə] *s.* [*pl* **criteria**] critério, padrão

**crit•ic** [ˈkrɪtɪk] *s.* crítico

**criti•cal** [ˈkrɪtɪkəl] *adj.* 1 crítico (***of*** *em relação a*) 2 crucial (***to*** *para*)

**criti•cal•ly** [ˈkrɪtɪkli] *adv.* 1 criticamente 2 gravemente [doente, ferido] 3 **critically important** de suma importância

**criti•cism** [ˈkrɪtəsɪzəm] *s.* crítica(s)

**criti•cize,** BRIT tb: **-cise** [ˈkrɪtəsaɪz] *v.* criticar (***for*** *por*)

**cri•tique** [krɪˈtik] *s.* análise crítica / *v.* analisar criticamente

**croak** [kroʊk] *v.* 1 coaxar 2 falar com voz rouca 3 FAM empacotar [morrer]

**croaky** [ˈkroʊki] *adj.* [*comp* **croakier, croakiest**] rouco

**cro•chet** [kroʊˈʃeɪ, *Brit*: ˈkroʊʃeɪ] *s.* crochê / *v.* fazer (de) crochê

**crock•ery** [ˈkrɑkəri] *s.* louça

**croco•dile** [ˈkrɑkədaɪl] *s.* crocodilo

**cro•cus** [ˈkroʊkəs] *s.* açafrão [flor]

**cro•ny** [ˈkroʊni] *s.* [*pl* **cronies**] coleguinha [de político etc.]

**crook** [krʊk] *s.* FAM vigarista, pilantra

**crook•ed** [ˈkrʊkɪd] *adj.* 1 torto 2 FAM desonesto, corrupto

**crop** [krɑp] *s.* 1 cultivo 2 safra / *v.* [**-pp-**] 1 tosar 2 recortar [foto] 3 pastar [capim]
**crop up** surgir

**cross** [krɔs] *v.* 1 atravessar 2 cruzar(-se) 3 **to cross sb's mind** passar pela cabeça de alguém 4 **to cross your fingers/keep your fingers crossed** torcer (***for*** *por*) 5 **to cross yourself** benzer-se
**cross off: to cross sth off (sth)** riscar algo (de algo) [de lista etc.]
**cross out: to cross sth out** riscar algo
**cross over** 1 atravessar 2 fazer a transição (***to*** *para*) / *s.* 1 cruz 2 cruzamento [de raças ou da bola] 3 **a cross between sth and sth** uma mistura de algo com algo / *adj.* BRIT 1 bravo (***with*** *com*) 2 **to get cross** ficar bravo

**cross•bar** [ˈkrɔsbɑr] *s.* 1 travessão [do gol] 2 quadro [de bicicleta]

**cross-country** [krɔsˈkʌntri] *adj.* cross-country [corrida, esqui]

**cross-examine** [krɔs igˈzæmɪn] *v.* interrogar [testemunha]

**cross-eyed** [ˈkrɔsaɪd] *adj.* vesgo

**cross•fire** [ˈkrɔsfaɪr] *s.* 1 fogo cruzado 2 **to get caught in the crossfire** ficar no fogo cruzado (***between*** *entre*)

**cross•ing** [ˈkrɔsɪŋ] *s.* 1 faixa de pedestres 2 cruzamento 3 (tb **grade/level crossing**) passagem de nível 4 travessia

**cross-legged** [krɔsˈlɛgɪd] *adv.* de pernas cruzadas

**cross•over** [ˈkrɔsoʊvər] *s.* transição (***to*** *para*)

**cross-purposes** [krɔsˈpɜrpəsɪz] *spl.* **to be (talking) at cross-purposes** estar falando de coisas diferentes [sem perceber]

**cross-reference** [krɑsˈrɛfrəns] *s.* remissão (***to*** *para*)

**cross•roads** [ˈkrɑsroʊd] *s.* [*pl* **crossroads**] 1 cruzamento [de ruas] 2 encruzilhada

**cross section** [krɑsˈsɛkʃən] *s.* 1 corte transversal 2 amostra representativa

**cross•walk** [ˈkrɔswɔk] *s.* AM faixa de pedestres

**cross•word** [ˈkrɑswɜrd] *s.* (tb **crossword puzzle**) palavras cruzadas

**crotch** [krɑtʃ] *s.* 1 virilha 2 entrepernas [de calça]

**crouch** [kraʊtʃ] *v.* (tb **crouch down**) agachar-se

**crow** [kroʊ] *s.* 1 corvo 2 canto [de galo] 3 **as the crow flies** em linha reta / *v.* 1 cantar [galo] 2 contar vantagem (***about*** *sobre*)

**crow•bar** [ˈkroʊbɑr] *s.* pé de cabra

**crowd** [kraʊd] *s.* 1 multidão 2 público [em jogo etc.] 3 FAM galera, turma / *v.* 1 lotar 2 **to crowd into/onto sth** apinhar-se em algo

**crowd around** aglomerar-se/amontoar-se (em volta de)
**crowd•ed** [ˈkraʊdɪd] *adj.* lotado (***with*** *de*)
**crown** [kraʊn] *s.* coroa / *v.* 1 coroar: *She was crowned queen.* Ela foi coroada rainha. 2 **to crown it all** FAM para completar
**cru•cial** [ˈkruʃəl] *adj.* crucial (***to*** *para*)
**cru•ci•fix** [ˈkrusəfɪks] *s.* crucifixo
**cru•ci•fix•ion** [krusəˈfɪkʃən] *s.* crucificação
**cru•ci•fy** [ˈkrusəfaɪ] *v.* [*ps e pp* **-fied**] crucificar
**crude** [krud] *adj.* 1 grosseiro 2 rude, tosco / *s.* (tb **crude oil**) petróleo bruto
**cruel** [ˈkruəl] *adj.* cruel (***to*** *com*)
**cru•el•ty** [ˈkruəlti] *s.* [*pl* **cruelties**] 1 crueldade (***to*** *com*) 2 **cruelty to animals** maus-tratos aos animais
**cruise** [kruz] *s.* 1 cruzeiro 2 **to go on a cruise** fazer um cruzeiro / *v.* 1 fazer um cruzeiro (por) 2 (tb **cruise along**) andar [em velocidade constante] 3 FAM não se esforçar: *Brazil cruised to victory.* O Brasil levou a vitória sem maior esforço. 4 AM paquerar (em)
**cruise liner** [ˈkruzˌlaɪnər] *s.* transatlântico
**cruis•er** [ˈkruzər] *s.* 1 lancha 2 cruzador 3 AM radiopatrulha
**cruise ship** [ˈcruz ʃɪp] *s.* transatlântico
**cruis•ing speed** [ˈkruzɪŋ spid] *s.* velocidade de cruzeiro
**crumb** [krʌm] *s.* 1 migalha 2 miolo [do pão]
**crumble** [ˈkrʌmbəl] *v.* 1 esfarelar(-se) 2 desmoronar
**crum•my** [ˈkrʌmi] *adj.* [*comp* **crummier, crummiest**] FAM vagabundo, fuleiro
**crum•ple** [ˈkrʌmpəl] *v.* 1 (tb **crumple up**) amassar 2 desabar [no chão]
**crunch** [krʌntʃ] *v.* 1 morder 2 ranger / *s.* 1 ranger 2 baque 3 arrocho: *the credit crunch* o arrocho do crédito 4 **crunch time/the crunch** a hora da verdade: *when the crunch comes* na hora da verdade
**crunchy** [ˈkrʌntʃi] *adj.* [*comp* **crunchier, crunchiest**] crocante
**cru•sade** [kruˈseɪd] *s.* cruzada
**crush** [krʌʃ] *v.* 1 amassar 2 prensar 3 esmagar 4 triturar [gelo] 5 acabar com [esperanças] 6 **to be crushed** ficar arrasado [pessoa] / *s.* 1 empurra-empurra, aglomeração [de pessoas] 2 paixonite 3 refresco: *orange crush* refresco de laranja 4 **to have a crush on sb** estar apaixonado por alguém
**crush•ing** [ˈkrʌʃɪŋ] *adj.* esmagador
**crust** [krʌst] *s.* 1 casca [de pão] 2 crosta
**crusty** [ˈkrʌsti] *adj.* [*comp* **crustier, crustiest**] crocante [pão]
**crutch** [krʌtʃ] *s.* 1 muleta: *on crutches* de muleta 2 suporte
**crux** [krʌks] *s.* **the crux of the matter** o X da questão
**cry** [kraɪ] *v.* [*ps e pp* **cried**] 1 chorar (***about/over*** *por*) 2 (tb **cry out**) gritar (***to*** *para*) 3 **to cry for help** gritar por socorro 4 **to cry your eyes out** chorar muito
**cry out** 1 dar um grito 2 **to be crying out for sth** FAM estar precisando urgentemente de algo / *s.* [*pl* **cries**] 1 grito: *a cry of pain* um grito de dor 2 **a cry for help** um pedido de socorro 3 **to be a far cry from sth** ser muito diferente de algo
**crypt** [krɪpt] *s.* cripta
**cryp•tic** [ˈkrɪptɪk] *adj.* enigmático
**crys•tal** [ˈkrɪstəl] *s.* cristal
**crys•tal ball** [ˌkrɪstəlˈbɔl] *s.* bola de cristal
**crys•tal clear** [ˌkrɪstəlˈklɪr] *adj.* 1 cristalino 2 claríssimo
**C-section** [ˈsiˌsɛkʃən] AM *s.* cesariana
**cub** [kʌb] *s.* filhote
**Cuba** [ˈkjubə] *s.* Cuba
**Cu•ban** [ˈkjubən] *adj, s.* cubano
**cube** [kjub] *s.* 1 cubo 2 cubinho
**cu•bic** [ˈkjubɪk] *adj.* cúbico
**cu•bi•cle** [ˈkjubəkəl] *s.* 1 cabine [de banheiro, provador] 2 boxe [de chuveiro] 3 cubículo [de trabalho]
**cuckoo** [ˈkʊku] *s.* cuco
**cu•cum•ber** [ˈkjukʌmbər] *s.* pepino
**cud•dle** [ˈkʌdəl] *v.* abraçar(-se)
**cuddle up** aconchegar-se (***to*** *a*) / *s.* abraço, aconchego, chamego

**cud•dly** [ˈkʌdli] *adj.* [*comp* **cuddlier, cuddliest**] 1 fofo 2 **cuddly toy** bicho de pelúcia

**cue** [kju] *s.* 1 deixa (***for*** *para*) 2 taco [de bilhar] 3 **(as if/right) on cue** bem na hora certa 4 **sb's cue to do sth** a deixa para alguém fazer algo 5 **to take your cue from sb** seguir o exemplo de alguém

**cuff** [kʌf] *s.* 1 punho [de manga] 2 AM bainha virada 3 tabefe, bofetada / *v.* dar um tabefe em

**cuff link** [ˈkʌf lɪŋk] *s.* abotoadura

**cui•sine** [kwɪˈzin] *s.* cozinha [culinária]

**cul-de-sac** [ˈkʌldəsæk] *s.* rua sem saída

**cull** [kʌl] *s.* abate seletivo / *v.* 1 fazer um abate seletivo de 2 FORM juntar [informações] (***from*** *de*)

**cul•mi•nate** [ˈkʌlmɪneɪt] *v.* **to culminate in sth** culminar em algo

**cul•mi•na•tion** [kʌlmɪˈneɪʃən] *s.* coroamento

**cul•prit** [ˈkʌlprət] *s.* culpado

**cult** [kʌlt] *s.* 1 culto 2 seita / *adj.* cult, cultuado

**cul•ti•vate** [ˈkʌltəveɪt] *v.* cultivar

**cul•ti•vat•ed** [ˈkʌltəveɪtɪd] *adj.* 1 culto 2 cultivado

**cul•ti•va•tion** [kʌltəˈveɪʃən] *s.* cultivo

**cul•tur•al** [ˈkʌltʃərəl] *adj.* cultural

**cul•ture** [ˈkʌltʃər] *s.* cultura: *culture shock* choque cultural

**cul•tured** [ˈkʌltʃərd] *adj.* culto

**cum•ber•some** [ˈkʌmbərsəm] *adj.* 1 volumoso, pesado 2 complicado [processo]

**cu•mu•la•tive** [ˈkjumjələtɪv] *adj.* cumulativo

**cun•ning** [ˈkʌnɪŋ] *adj.* 1 esperto, astuto 2 engenhoso / *s.* astúcia

**cup** [kʌp] *s.* 1 xícara 2 taça, copa: *the World Cup* a Copa do Mundo 3 **it's not my cup of tea** FAM não é a minha praia / *v.* [**-pp**] 1 segurar [com a mão em concha] 2 **to cup your hands** colocar as mãos em concha (***around*** *em volta de*)

**cup•board** [ˈkʌbərd] *s.* armário

**cup•ful** [ˈkʌpfʊl] *s.* xícara [quantidade]

**cur•able** [ˈkjurəbəl] *adj.* curável

**cu•ra•tor** [kjuˈreɪtər] *s.* curador(-diretor) [de museu]

**curb** [kɜrb] *v.* conter, coibir / *s.* 1 AM meio-fio 2 freio (***on*** *em*)

**cur•dle** [ˈkɜrdl] *v.* coalhar

**cure** [kjʊr] *s.* cura (***for*** *para*) / *v.* curar (***of*** *de*)

**cur•few** [ˈkɜrfju] *s.* 1 toque de recolher 2 AM horário para chegar em casa

**cu•ri•os•ity** [kjuriˈɑsəti] *s.* curiosidade: *out of curiosity* por curiosidade

**cu•ri•ous** [ˈkjuriəs] *adj.* 1 curioso (***about*** *a respeito de*) 2 **to be curious to know/see etc.** estar curioso para saber/ver etc.

**curl** [kɜrl] *s.* cacho [de cabelo] / *v.* 1 encaracolar(-se) 2 enrolar(-se) 3 enroscar(-se) **curl up** 1 encolher-se, aconchegar-se 2 enroscar-se

**curl•er** [ˈkɜrlər] *s.* rolo, bobe

**curly** [ˈkɜrli] *adj.* [*comp* **curlier, curliest**] encaracolado, cacheado

**cur•rant** [ˈkʌrənt] *s.* passa de Corinto

**cur•ren•cy** [ˈkʌrənsi] *s.* [*pl* **currencies**] 1 moeda 2 aceitação

**cur•rent** [ˈkʌrənt] *adj.* 1 atual 2 corrente [ano, mês] / 1 correnteza 2 corrente [elétrica]

**cur•rent ac•count** [ˈkʌrənt əˌkaʊnt] *s.* BRIT conta corrente

**cur•rent af•fairs** [ˌkʌrənt əˈfɛrz] *spl.* atualidades

**cur•rent•ly** [ˈkʌrəntli] *adv.* atualmente

**cur•ricu•lum** [kəˈrɪkjələm] *s.* [*pl* **curriculums/curricula**] currículo [de ensino]

**cur•ry** [ˈkʌri] *s.* [*pl* **curries**] curry [especiaria ou prato]

**curse** [kɜrs] *v.* 1 falar palavrão 2 xingar 3 amaldiçoar / *s.* 1 palavrão 2 maldição, praga 3 **to put a curse on sb** rogar uma praga em alguém

**cur•sor** [ˈkɜrsɪd] *s.* cursor

**cur•sory** [ˈkɜrsəri] *adj.* superficial, por alto

**curt** [kɜrt] *adj.* seco [tom]

**cur•tail** [kərˈteɪl] *v.* FORM 1 abreviar 2 reduzir

**cur•tain** [ˈkɜrtən] *s.* 1 cortina 2 **to be curtains for sb/sth** FAM ser o fim de alguém/algo

**curt•sy, curt•sey** [ˈkɜrtsi] *s.* [*pl* **curtsies/curtseys**] reverência / *v.* [*ps e pp* **curtsied/curtseyed**] fazer reverência (***to** a*)

**curve** [kɜrv] *s.* curva / *v.* fazer/descrever uma curva

**curved** [kɜrvd] *adj.* curvo

**cush•ion** [ˈkʊʃən] *s.* 1 almofada 2 colchão [financeiro etc.] / *v.* 1 amortecer 2 amenizar 3 proteger (***against** contra*)

**cushy** [ˈkʊʃi] *adj.* [*comp* **cushier, cushiest**] FAM mole [fácil]

**cus•tard** [ˈkʌstərd] *s.* 1 BRIT creme inglês 2 (tb **egg custard**) pudim de leite

**cus•to•dy** [ˈkʌstədi] *s.* 1 guarda [de menor] 2 **in custody** preso 3 **to take sb into custody** prender alguém

**cus•tom** [ˈkʌstəm] *s.* 1 costume 2 FORM clientela / *adj.* feito sob medida

**cus•tom•ary** [ˈkʌstəmɛri] *adj.* 1 usual 2 **to be customary (for sb) to do sth** ser costume (alguém) fazer algo

**cus•tom•er** [ˈkʌstəmər] *s.* 1 cliente 2 freguês 3 FAM sujeito [pessoa]

**cus•tom•ize,** BRIT tb: **-ise** [ˈkʌstəmaɪz] *v.* customizar

**custom-made** [ˌkʌstəmˈmeɪd] *adj.* feito sob medida

**cus•toms** [ˈkʌstəmz] *spl.* alfândega: *a customs officer* um alfandegário | *customs duty* direitos alfandegários

**cut** [kʌt] *v.* [*ps e pp* **cut**] 1 cortar 2 reduzir (***by** em, **to** a*) 3 **to cut across/through sth** cortar caminho por algo 4 **to cut both ways** ser uma faca de dois gumes 5 **to cut class** AM FAM matar aula 6 **to cut in line** AM furar fila 7 **to cut sth in half/in two** cortar algo ao meio/em dois 8 **to cut sth open** abrir algo [cortando] 9 **to cut yourself** cortar-se (***on** com*) 10 **to get/have your hair cut** cortar o cabelo [com cabeleireiro]

**cut back** 1 fazer cortes (***on** em*) 2 **to cut sth back** **a** reduzir/cortar algo **b** podar algo

**cut down** 1 **to cut down (on sth)** diminuir (algo) 2 **to cut sth down** **a** reduzir algo **b** cortar algo [árvore]

**cut in: to cut in on sb** **a** cortar alguém [interrompendo] **b** fechar alguém [no trânsito]

**cut off** 1 **to cut sth off** **a** cortar algo **b** isolar algo 2 **to cut sb off** **a** cortar relações com alguém **b** cortar alguém [interrompendo] **c** AM fechar alguém [no trânsito] 3 **to get cut off**: *We got cut off.* Caiu a ligação.

**cut out** 1 morrer [motor] 2 **to cut sth out** **a** recortar algo (***from/of** de*) **b** cortar algo 3 **to be cut out for sth/to be sth** nascer para algo/para ser algo

**cut up: to cut sth up** cortar algo (em pedaços) / *s.* 1 corte (***in** em*) 2 parte, cota 3 **to be a cut above sth/sb** ser superior a algo/alguém

**cut•back** [ˈkʌtbæk] *s.* corte (***in** em*)

**cute** [kjut] *adj.* 1 bonitinho: *That's so cute!* Que gracinha! 2 bonito, interessante [fisicamente]

**cut•lery** [ˈkʌtləri] *s.* 1 BRIT talheres 2 AM cutelaria

**cut•let** [ˈkʌtlət] *s.* costeleta

**cut•off** [ˈkʌtɔf] *s.* 1 (tb **cutoff point**) limite 2 (tb **cutoff date**) data limite

**cut-price** [kʌtˈpraɪs] *adj.* a preço reduzido

**cut•ting** [ˈkʌtɪŋ] *s.* 1 muda [de planta] 2 BRIT recorte [de jornal] / *adj.* mordaz

**cut•ting edge** [ˌkʌtɪŋˈɛdʒ] *s.* vanguarda / **cutting-edge** *adj.* [ˈkʌtɪŋˌɛdʒ] 1 de ponta, de última geração 2 de vanguarda

**CV** [siˈvi] *s.* BRIT (= curriculum vitae) currículo

**cyber•crime** [ˈsaɪbərkraɪm] *s.* cibercrime

**cyber•space** [ˈsaɪbərspeɪs] *s.* ciberespaço

**cy•cle** [ˈsaɪkəl] *s.* ciclo / *v.* BRIT pedalar/ir pedalando, andar/ir de bicicleta

**cy•cle lane** [ˈsaɪkəl leɪn] *s.* BRIT ciclofaixa

**cy•cle path** [ˈsaɪkəl pɑθ] *s.* BRIT ciclovia

**cy•cling** [ˈsaɪklɪŋ] *s.* ciclismo

**cy•clist** [ˈsaɪklɪst] *s.* ciclista

**cy•clone** [ˈsaɪkloʊn] *s.* ciclone

**cyl•in•der** [ˈsɪləndər] *s.* 1 cilindro 2 botijão
**cyl•in•dri•cal** [səˈlɪndrɪkəl] *adj.* cilíndrico
**cym•bals** [ˈsɪmbəlz] *spl.* pratos [instrumento]
**cyn•ic** [ˈsɪnɪk] *s.* descrente
**cyni•cal** [ˈsɪnɪkəl] *adj.* 1 descrente [pessoa] 2 cínico [ato]
**cyni•cism** [ˈsɪnɪsɪzəm] *s.* 1 descrença 2 cinismo
**cyst** [sɪst] *s.* quisto
**Czech** [tʃɛk] *adj, s.* tcheco
**Czech Re•pub•lic** [tʃɛk rɪˈpʌblɪk] *s.* República Tcheca

# D

**D, d** [di] *s.* D, d / **D** *s.* **1** ré [nota musical] **2** nota escolar baixa na escala de A a F
**dab** [dæb] *v.* [-**bb**-] **1** tocar de leve [com pincel, pano etc.] **2 to dab sth on sth** aplicar algo em algo de leve
**dab•ble** [ˈdæbəl] *v.* **to dabble in/with sth** mexer com algo [como passatempo]
**dad** [dæd] *s.* FAM pai, papai
**dad•dy** [ˈdædi] *s.* [*pl* **daddies**] FAM papai
**daf•fo•dil** [ˈdæfədɪl] *s.* narciso [flor]
**daft** [dæft] *adj.* BRIT bobo
**dag•ger** [ˈdægər] *s.* punhal
**dai•ly** [ˈdeɪli] *adj.* **1** diário, cotidiano **2 daily life** o dia a dia, o cotidiano / *adv.* diariamente / *s.* [*pl* **dailies**] diário [jornal]
**dain•ty** [ˈdeɪnti] *adj.* [*comp* **daintier, daintiest**] **1** delicado **2** elegante
**dairy** [ˈdɛri] *s.* [*pl* **dairies**] **1** AM laticínios **2** indústria de laticínios **3** leiteria / *adj.* **1** leiteiro **2 dairy products/produce** laticínios
**dai•sy** [ˈdeɪzi] *s.* [*pl* **daisies**] margarida
**dam** [dæm] *s.* represa, barragem / *v.* [-**mm**-] represar
**dam•age** [ˈdæmɪdʒ] *s.* **1** estragos, danos (***to*** *em*) **2** prejuízo (***to*** *a*) **3 damages** danos morais / *v.* **1** danificar, comprometer **2** prejudicar
**dam•ag•ing** [ˈdæmɪdʒɪŋ] *adj.* prejudicial (***to*** *a*)
**damn** [dæm] FAM *interj.* (tb **damn it!**) droga! / *adj.* maldito / *adv.* pra caramba: *damn hot* quente pra caramba / *v.* **1 (I'm) damned if** ... não ... de jeito nenhum: *I'm damned if I know.* Não tenho a mínima ideia. **2 I'll be damned!** minha nossa senhora! / *s.* **not give a damn** não estar nem aí (***about*** *para*)
**damned** [dæmd] *adj.* FAM maldito
**damn•ing** [ˈdæmɪŋ] *adj.* contundente
**damp** [dæmp] *adj.* úmido / *s.* umidade / *v.* umedecer
**damp•en** [ˈdæmpən] *v.* **1** umedecer **2 to dampen sb's enthusiasm** arrefecer o entusiasmo de alguém
**damp•er** [ˈdæmpər] *s.* **to put a damper on sth** ofuscar o brilho de algo
**dance** [dæns] *v.* dançar / *s.* **1** dança **2** baile
**danc•er** [ˈdænsər] *s.* **1** dançarino **2** bailarino **3 to be a good dancer** dançar bem
**danc•ing** [ˈdænsɪŋ] *s.* dança / *adj.* dançante
**dan•de•lion** [ˈdændəlaɪən] *s.* dente-de-leão
**dan•druff** [ˈdændrʌf] *s.* caspa: *dandruff shampoo* xampu anticaspa
**Dane** [deɪn] *s.* dinamarquês
**dan•ger** [ˈdeɪndʒər] *s.* **1** perigo: *in danger* em perigo **2 to be in danger of doing sth** correr perigo de fazer algo
**dan•ger•ous** [ˈdeɪndʒərəs] *adj.* perigoso
**dan•gle** [ˈdæŋgəl] *v.* **1** estar pendurado **2** balançar
**Dan•ish** [ˈdeɪnɪʃ] *adj.* dinamarquês / *s.* **1** dinamarquês [língua] **2** (tb **Danish pastry**) pão doce recheado

**dank** [dæŋk] *adj.* frio e úmido

**dap•per** [ˈdæpər] *adj.* bem-vestido

**dare** [dɛr] *v.* 1 atrever-se, ter coragem: *Don't you dare!* Não se atreva! 2 **to dare sb to do sth** desafiar alguém a fazer algo 3 **to dare (to) do sth** atrever-se a fazer algo, ter coragem de fazer algo: *How dare you speak to me like that?* Como você se atreve a falar assim comigo? / *s.* 1 desafio 2 **on/for a dare** para um desafio

▸ No tempo presente, o verbo ***dare*** pode se comportar ou como verbo auxiliar, sem a terminação s na terceira pessoa do singular e seguido do infinitivo sem ***to***, ou como verbo comum, seguido do infinitivo com ou sem ***to: She daren't tell her parents./ She doesn't dare (to) tell her parents.*** *Ela não se atreve a contar para os pais.* ***Dare they try again?/ Do they dare (to) try again?*** *Eles se atrevem a tentar de novo?*

**dare•devil** [ˈdɛrdɛvəl] *s, adj.* temerário

**daren't** [ˈdɛrnt] *contr.* ▸ = DARE NOT

**dar•ing** [ˈdɛrɪŋ] *adj.* ousado, atrevido / *s.* ousadia

**dark** [dɑrk] *adj.* [*comp* **darker, darkest**] 1 escuro: *dark green* verde escuro 2 moreno 3 obscuro [segredo, lado] 4 **to get dark** escurecer / *s.* 1 escuro: *She's afraid of the dark.* Ela tem medo do escuro. 2 **in the dark** no escuro 3 **after/before dark** depois/antes do anoitecer

**dark•en** [ˈdɑrkən] *v.* escurecer(-se)

**dark glas•ses** [dɑrkˈglæsɪz] *spl.* óculos escuros

**dark•ness** [ˈdɑrknəs] *s.* 1 escuridão 2 **darkness falls** anoitece 3 **in darkness** às escuras

**dar•ling** [ˈdɑrlɪŋ] *s.* 1 meu bem [tratamento] 2 amor de pessoa

**darn** [dɑrn] *v.* cerzir / *adj.* FAM (tb **darned**) maldito / *adv.* FAM (tb **darned**) pra caramba: *darn cold* frio pra caramba | *too darn right!* pode crer!

**dart** [dɑrt] *s.* dardo / *v.* 1 ir correndo 2 **to dart in and out of sth** ir ziguezagueando entre algo

**dart•board** [ˈdɑrtbɔrd] *s.* alvo de dardos

**dash** [dæʃ] *v.* 1 correr: *He stopped the car and dashed into the store.* Ele parou o carro e entrou correndo na loja. 2 aniquilar [esperanças]

**dash off** 1 sair correndo 2 **to dash sth off** escrever algo correndo / *s.* 1 gotas [de vinagre etc.] 2 pitada [de romance, ironia etc.] 3 corrida 4 AM painel [de carro] 5 **to make a dash for sth** (tentar) correr para algo

**dash•board** [ˈdæʃbɔrd] *s.* painel (de instrumentos) [de carro]

**data** [ˈdeɪtə] *s.* dados: *a piece of data* um dado

**data•base** [ˈdeɪtəbeɪs] *s.* banco de dados

**date** [deɪt] *s.* 1 data: *date of birth* data de nascimento 2 dia: *What's the date today?* Que dia é hoje? | *I'm busy on that date.* Tenho compromisso naquele dia. 3 encontro [para namoro] 4 AM acompanhante, paquera 5 tâmara 6 **at a later date** FORM posteriormente 7 **out of date** desatualizado, ultrapassado ver **out-of-date** 8 **to date** até hoje 9 **to go out on a date** sair para namorar 10 **up to date** atualizado, moderno ver **up-to-date** / *v.* 1 datar (***from*** *de*): *a letter dated May 5* uma carta datada de 5 de maio | *The church dates from 1800.* A igreja data de 1800. 2 AM namorar 3 sair de moda

**date back: to date back to sth** datar de algo

**date•book** [ˈdeɪtbʊk] *s.* AM agenda

**dat•ed** [ˈdeɪtɪd] *adj.* antiquado, ultrapassado

**daub** [dɔb] *v.* borrar (***with*** *com*)

**daugh•ter** [ˈdɔtər] *s.* filha

**daughter-in-law** [ˈdɔtər ɪn lɔ] *s.* [*pl* **daughters-in-law**] nora

**daunt•ing** [ˈdɔntɪŋ] *adj.* desafiador

**daw•dle** [ˈdɔdl] *v.* ficar enrolando, fazer cera

**dawn** [dɔn] *s.* amanhecer / *v.* 1 amanhecer 2 **it dawned on me that …** eu me dei conta de que …

**day** [deɪ] *s.* 1 dia: *on the same day* no mesmo dia 2 **day after day/day in day out** dia após dia 3 **day by day** a cada dia 4 **all day**

o dia todo 5 **all day long** o dia inteiro 6 **by day** de dia 7 **every day** todo dia, todos os dias 8 **every other day** dia sim, dia não 9 **in those days** naquela época 10 **one day** um dia 11 **some day** um dia [no futuro] 12 **the day after/before** no dia seguinte/anterior 13 **the day after tomorrow** depois de amanhã 14 **the day before yesterday** anteontem 15 **the following/previous day** no dia seguinte/anterior 16 **the other day** outro dia [recentemente] 17 **these days** hoje em dia 18 **to call it a day** encerrar

**day•break** [ˈdeɪbreɪk] *s.* raiar do dia

**day care** [ˈdeɪ kɛr] *s.* AM (serviço de) creche

**day•care center** [ˈdeɪ kɛr ˌsɛntər] *s.* AM creche

**daydream** [ˈdeɪ drim] *v.* sonhar acordado, devanear / *s.* sonho acordado, devaneio

**day•light** [ˈdeɪlaɪt] *s.* 1 luz do dia, claridade: *It's already daylight outside.* Já é dia claro lá fora. 2 **in broad daylight** em plena luz do dia

**day•light sav•ing time** [ˌdeɪlaɪtˈseɪvɪŋ taɪm] *s.* horário de verão

**day off** [deɪˈɔf] *s.* dia de folga

**day•time** [ˈdeɪtaɪm] *s.* **in/during the daytime** de dia, durante o dia / *adj.* diurno

**day-to-day** [deɪtəˈdeɪ] *adj.* 1 diário 2 **day-to-day life** o dia a dia

**day trip** [ˈdeɪ trɪp] *s.* BRIT passeio de um dia

**daze** [deɪz] *s.* **in a daze** atordoado

**dazed** [deɪzd] *adj.* atordoado

**daz•zle** [ˈdæzəl] *v.* 1 ofuscar 2 deslumbrar

**dazz•ling** [ˈdæzlɪŋ] *adj.* 1 ofuscante 2 deslumbrante

**dead** [dɛd] *adj.* 1 morto 2 mudo [telefone] 3 descarregado, gasto [bateria, pilha] 4 dormente [perna, mão etc.] 5 **dead body** cadáver 6 **shot dead** morto à bala 7 **to drop dead** cair morto 8 **to go dead** ⓐ dormir [perna, mão etc.] ⓑ ficar mudo [telefone] / *adv.* FAM 1 completamente [certo, reto, plano etc.]: *My parents are dead against it.* Meus pais são completamente contra. 2 muito: *dead tired* muito cansado 3 **dead ahead/on time** exatamente em frente/na hora / *s.* 1 **in the dead of night/winter** no meio da noite/do inverno 2 **the dead** os mortos

**dead•beat** [ˈdɛdbit] *s.* 1 vagabundo 2 caloteiro

**dead•en** [ˈdɛdən] *v.* 1 anestesiar 2 abafar [som]

**dead end** [dɛd ˈɛnd] *s.* 1 rua sem saída 2 impasse 3 **dead end job** emprego sem perspectivas

**dead heat** [dɛd ˈhit] *s.* empate [em corrida]

**dead•line** [ˈdɛdlaɪn] *s.* 1 prazo: *a tight deadline* um prazo apertado 2 **to make/meet the deadline** cumprir o prazo 3 **to miss the deadline** perder o prazo

**dead•lock** [ˈdɛdlɑk] *s.* impasse

**dead•ly** [ˈdɛdli] *adj.* [*comp* **deadlier, deadliest**] mortal, mortífero / *adv.* **deadly serious** extremamente sério

**deaf** [dɛf] *adj.* 1 surdo 2 **the deaf** os surdos 3 **to go deaf** ficar surdo

**deaf•en** [ˈdɛfən] *v.* ensurdecer

**deaf•en•ing** [ˈdɛfənɪŋ] *adj.* ensurdecedor

**deaf•ness** [ˈdɛfnəs] *s.* surdez

**deal** [dil] *s.* 1 negócio 2 trato, acordo 3 condições: *a better deal for women* melhores condições para as mulheres 4 **a great/good deal (of sth)** muito (algo): *a great deal of time* muito tempo | *a good deal more* muito mais 5 **big deal** FAM grande coisa! 6 **it's a deal** negócio fechado 7 **to do a deal** fazer um negócio 8 **to get a fair/raw deal** receber um tratamento justo/injusto 9 **to make a deal** fazer um trato/acordo / *v.* [*ps e pp* **dealt**] 1 dar (as cartas) 2 FAM traficar 3 **to deal a blow to sth** desferir um golpe contra algo 4 **to deal in sth** mexer com algo [mercadoria] 5 **to deal with sb** ⓐ tratar com alguém ⓑ lidar com alguém 6 **to deal with sth** ⓐ tratar de algo ⓑ resolver algo ⓒ lidar com algo

**deal out: to deal sth out** ⓐ dar algo [cartas] ⓑ impor algo [punição]

**deal•er** [ˈdilər] *s.* 1 negociante 2 traficante 3 pessoa que dá as cartas

**deal•ing** [ˈdilɪŋ] *s.* 1 comércio 2 tráfico 3 **dealings** a negócios b relações [de trabalho]
**dean** [din] *s.* AM reitor [de faculdade]
**dear** [dɪr] *adj.* 1 querido 2 prezado, caro [em correspondência]: *Dear Sir* Prezado Senhor | 3 BRIT caro [não barato] / *s.* querido, meu bem [tratamento] / *interj.* **Oh dear!/Dear oh dear!** Ai meu Deus!
**dear•ly** [ˈdɪrli] *adv.* 1 muito [amar, querer] 2 caro [pagar, custar]
**dearth** [dɜrθ] *s.* escassez, carência
**death** [dɛθ] *s.* 1 morte 2 **bored/scared to death** morrendo de tédio/medo 3 **to beat/stab sb to death** espancar alguém até a morte/matar alguém a facadas 4 **to freeze/starve to death** morrer congelado/de fome 5 **to put sb to death** executar alguém 6 **to (the) death** até a morte
**death•ly** [ˈdɛθli] *adj.* sepulcral [silêncio]
**death pen•al•ty** [ˈdɛθ ˌpɛnəlti] *s.* pena de morte
**death sen•tence** [ˈdɛθˌsɛntəns] *s.* sentença de morte
**death trap** [ˈdɛθ træp] *s.* **to be a death trap** FAM ser um perigo [prédio, veículo]
**de•ba•cle** [deɪˈbɑkəl] *s.* fiasco
**de•bat•able** [dɪˈbeɪtəbəl] *adj.* discutível
**de•bate** [dɪˈbeɪt] *s.* debate / *v.* debater, discutir
**deb•it** [ˈdɛbɪt] *s.* débito / *v.* debitar
**deb•it card** [ˈdɛbɪt kɑrd] *s.* cartão de débito
**de•bris** [dəˈbri, *Brit*: ˈdeɪbri] *s.* escombros, destroços
**debt** [dɛt] *s.* 1 dívida 2 **in debt** endividado: *He's $1000 in debt.* Ele está devendo $1000,00.
**de•but** [deɪˈbju] *s.* estreia: *his debut album* o álbum de estreia dele | *her movie debut* a estreia dela no cinema / *v.* estrear
**dec•ade** [ˈdɛkeɪd] *s.* década
**deca•dence** [ˈdɛkədəns] *s.* decadência
**deca•dent** [ˈdɛkədənt] *adj.* decadente
**de•caf, de•caff** [ˈdikæf] *s.* FAM café descafeinado
**de•capi•tate** [dɪˈkæpəteɪt] *v.* decapitar
**de•cay** [dɪˈkeɪ] *v.* 1 deteriorar-se 2 decompor-se 3 cariar / *s.* 1 deterioração 2 decomposição 3 cáries
**de•ceased** [dɪˈsist] *adj, s.* FORM falecido
**de•ceit** [dɪˈsit] *s.* falsidade, mentira
**de•ceit•ful** [dɪˈsitfəl] *adj.* mentiroso, falso
**de•ceive** [dɪˈsiv] *v.* enganar
**De•cem•ber** [dɪˈsɛmbər] *s.* dezembro
**de•cen•cy** [ˈdisənsi] *s.* 1 decência 2 decoro
**de•cent** [ˈdisənt] *adj.* 1 decente 2 gentil, bacana 3 **to be decent** estar vestido
**de•cep•tion** [dɪˈsɛpʃən] *s.* 1 fraude, meios fraudulentos 2 dissimulação
**de•cep•tive** [dɪˈsɛptɪv] *adj.* enganador, traiçoeiro: *Appearances can be deceptive.* As aparências enganam.
**de•cide** [dɪˈsaɪd] *v.* 1 decidir 2 convencer [pessoa] 3 **to decide against doing sth** decidir não fazer algo 4 **to decide on sth** definir/escolher algo 5 **to decide sb to do sth** levar alguém a fazer algo 6 **to decide to do sth** decidir fazer algo
**de•cid•ed** [dɪˈsaɪdɪd] *adj.* FORM nítido [melhoria, vantagem]
**de•cid•ed•ly** [dɪˈsaɪdɪdli] *adv.* decididamente
**deci•mal** [ˈdɛsəməl] *adj, s.* 1 decimal 2 **decimal place** casa decimal
**deci•mal point** [ˌdɛsəməlˈpɔɪnt] ponto decimal ▸ Nos países de língua inglesa, usa-se ponto em vez de vírgula.
**deci•mate** [ˈdɛsəmeɪt] *v.* dizimar
**de•ci•pher** [dɪˈsaɪfər] *v.* decifrar
**de•ci•sion** [dɪˈsɪʒən] *s.* 1 decisão 2 **to make/take a decision** tomar uma decisão
**de•ci•sive** [dɪˈsaɪsɪv] *adj.* 1 decisivo 2 decidido
**deck** [dɛk] *s.* 1 AM baralho 2 convés 3 deque 4 andar [de ônibus]
**deck•chair** [ˈdɛktʃɛr] *s.* espreguiçadeira [tipo cadeira]
**dec•la•ra•tion** [dɛkləˈreɪʃən] *s.* declaração
**de•clare** [dɪˈklɛr] *v.* declarar
**de•cline** [dɪˈklaɪn] *s.* 1 queda, baixa (***in*** *em*) 2 declínio, decadência / *v.* 1 diminuir 2 FORM declinar (de) [convite] 3 **to decline to do sth** declinar de fazer algo

**de•code** [dɪˈkoʊd] *v.* descodificar
**de•com•pose** [dikəmˈpoʊz] *v.* decompor-se
**de•cor** [ˈdeɪkɔr] *s.* decoração
**deco•rate** [ˈdɛkəreɪt] *v.* 1 pintar, reformar [casa, ambiente] 2 enfeitar, decorar 3 condecorar (*for por*)
**deco•ra•tion** [dɛkəˈreɪʃən] *s.* 1 enfeite 2 pintura, reforma [de casa, ambiente] 3 decoração 4 condecoração
**deco•ra•tive** [ˈdɛkərətɪv] *adj.* decorativo
**deco•ra•tor** [ˈdɛkəreɪtər] *s.* 1 pintor [de casas] 2 decorador
**de•co•rum** [dɪˈkɔrəm] *s.* decoro
**de•coy** [ˈdikɔɪ] *s.* chamariz
**de•crease** *v.* [dɪˈkris] 1 diminuir 2 reduzir / *s.* [ˈdikris] diminuição, queda (*in em*)
**de•cree** [dɪˈkri] *s.* decreto / *v.* decretar
**de•crep•it** [dɪˈkrɛpɪt] *adj.* decrépito, caquético
**dedi•cate** [ˈdɛdəkeit] *v.* 1 dedicar (*to a*) 2 **to dedicate yourself to sth** dedicar-se a algo
**dedi•cat•ed** [ˈdɛdəkeitɪd] *adj.* dedicado
**dedi•ca•tion** [dɛdəˈkeiʃən] *s.* 1 dedicação 2 dedicatória
**de•duce** [dɪˈdus] *v.* deduzir (*from de*)
**de•duct** [dɪˈdʌkt] *v.* descontar, deduzir (*from de*)
**de•duc•tion** [dɪˈdʌkʃən] *s.* dedução
**deed** [did] *s.* 1 ação: *a good deed* uma boa ação 2 feito 3 escritura [de imóvel]
**deem** [dim] *v.* FORM julgar
**deep** [dip] *adj.* 1 fundo: *How deep is the well?* O poço tem quanto de profundidade? | *a hole a meter deep* um buraco com um metro de profundidade 2 profundo 3 intenso, forte [cor] 4 grave [voz, som] 5 **to take a deep breath** respirar fundo / *adv.* 1 fundo: *deep in the forest* no fundo da floresta 2 **deep down** no fundo
**deep•en** [ˈdipən] *v.* 1 aprofundar(-se) 2 agravar(-se)
**deep freeze** [ˈdip friz] *s.* freezer
**deep•ly** [ˈdipli] *adv.* 1 profundamente 2 fundo [respirar]
**deep-rooted** [dipˈrutɪd] *adj.* arraigado
**deer** [dɪr] *s.* [*pl* **deer**] veado, cervo
**de•face** [dɪˈfeɪs] *v.* 1 depredar 2 estragar
**de•fault** [ˈdifɔlt] *s.* 1 (tb **default option**) opção padrão 2 calote (***on** em*) 3 **by default** automaticamente / *adj.* padrão [ajuste, opção] / *v.* dar calote (***on** em*)
**de•feat** [dɪˈfit] *s.* 1 derrota 2 **to admit defeat** dar-se por vencido / *v.* derrotar
**de•feat•ist** [dɪˈfitɪst] *adj, s.* derrotista
**de•fect** *s.* [ˈdifɛkt] defeito / *v.* [dɪˈfɛkt] desertar [espião, diplomata etc.]
**de•fec•tive** [dɪˈfɛktɪv] *adj.* defeituoso
**de•fence** [dɪˈfɛns] *s.* BRIT defesa
**de•fence•less** [dɪˈfɛnsləs] *adj.* BRIT indefeso
**de•fend** [dɪˈfɛnd] *v.* 1 defender (***against** contra*) 2 **the defending champion** o atual campeão
**de•fend•ant** [dɪˈfɛndənt] *s.* réu
**de•fend•er** [dɪˈfɛndər] *s.* 1 defensor 2 zagueiro
**de•fense**, BRIT: **defence** *s.* [dɪˈfɛns] defesa / *s.* [ˈdifɛns] AM defesa, zaga
**de•fense•less**, BRIT: **defenceless** [dɪˈfɛnsləs] *adj.* indefeso
**de•fen•sive** [dɪˈfɛnsɪv] *adj.* defensivo / *s.* **on the defensive** na defensiva
**de•fer** [dɪˈfɜr] *v.* [-**rr**-] adiar, pospor
**def•er•ence** [ˈdɛfərəns] *s.* FORM 1 deferência 2 **out of/in deference to sth** por/em deferência a algo
**de•fi•ance** [dɪˈfaɪəns] *s.* 1 desobediência 2 provocação 3 **in defiance of sth** a despeito de algo
**de•fi•ant** [dɪˈfaɪənt] *adj.* 1 desafiador 2 provocador
**de•fi•cien•cy** [dɪˈfɪʃənsi] *s.* [*pl* **deficiencies**] FORM deficiência
**de•fi•cient** [dɪˈfɪʃənt] *adj.* deficiente (***in** em*)
**defi•cit** [ˈdɛfəsɪt] *s.* déficit
**de•fine** [dɪˈfaɪn] *v.* definir
**defi•nite** [ˈdɛfənət] *adj.* 1 definitivo 2 claro, nítido 3 **to be definite about sth** ter se definido sobre algo
**defi•nite•ly** [ˈdɛfənətli] *adv.* 1 com certeza 2 decididamente 3 **definitely not** de jeito nenhum

**defi•ni•tion** [dɛfəˈnɪʃən] *s.* definição
**de•fini•tive** [dɪˈfɪnətɪv] *adj.* definitivo
**de•flate** [dɪˈfleɪt] *v.* desinflar(-se), esvaziar
**de•flect** [dɪˈflɛkt] *v.* desviar
**de•for•esta•tion** [difɔrəsˈteɪʃən] *s.* desmatamento
**de•formed** [dɪˈfɔrmd] *adj.* deformado
**de•form•ity** [dɪˈfɔrməti] *s.* [*pl* **deformities**] deformidade
**de•fraud** [dɪˈfrɔd] *v.* fraudar (***of*** *em*)
**de•frost** [dɪˈfrɔst] *v.* descongelar
**deft** [dɛft] *adj.* destro, hábil
**de•funct** [dɪˈfʌŋkt] *adj.* FORM 1 extinto 2 desativado
**de•fuse** [diˈfjuz] *v.* 1 desativar [bomba] 2 debelar, acalmar
**defy** [dɪˈfaɪ] *v.* [*ps e pp* **defied**] 1 desafiar 2 desacatar, desrespeitar
**de•gen•er•ate** [dɪˈdʒɛnəreɪt] *v.* degenerar (***into*** *em*)
**deg•ra•da•tion** [dɛgrəˈdeɪʃən] *s.* degradação
**de•grade** [dɪˈgreɪd] *v.* degradar(-se)
**de•grad•ing** [dɪˈgreɪdɪŋ] *adj.* degradante
**de•gree** [dɪˈgri] *s.* 1 grau 2 diploma universitário (***in*** *em*): *She has a degree in physics.* Ela fez faculdade de Física. 3 **by degrees** gradualmente 4 **to a/some degree** até certo ponto. 5 **to do/get a degree** fazer faculdade
**de•hy•drat•ed** [dihaɪˈdreɪtɪd] *adj.* desidratado
**deign** [deɪn] *v.* **to deign to do sth** dignar-se a fazer algo
**de•ity** [ˈdeɪəti] *s.* [*pl* **deities**] divindade
**de•ject•ed** [dɪˈdʒɛktɪd] *adj.* desanimado, cabisbaixo
**de•jec•tion** [dɪˈdʒɛkʃən] *s.* desânimo
**de•lay** [dɪˈleɪ] *s.* 1 atraso (***in*** *em*) 2 demora 3 retenção [na estrada] 4 **without delay** sem demora / *v.* 1 adiar 2 atrasar 3 **to be delayed** **a** atrasar **b** estar com atraso
**del•egate** *s.* [ˈdɛləgət] delegado, representante / *v.* [ˈdɛləgeɪt] 1 delegar (***to*** *a*) 2 **to delegate sb to do sth** encarregar alguém de fazer algo
**del•ega•tion** [dɛləˈgeɪʃən] *s.* delegação
**de•lete** [dɪˈlit] *v.* 1 excluir, deletar 2 apagar 3 suprimir
**de•letion** [dɪˈliʃən] *s.* 1 deleção, exclusão 2 supressão
**deli** [ˈdɛli] *s.* 1 delicatessen [loja de frios e alimentos finos] 2 **deli counter** seção de frios
**de•lib•er•ate** *adj.* [dɪˈlɪbərət] 1 deliberado, proposital 2 pausado / *v.* [dɪˈlɪbəreɪt] deliberar
**de•lib•er•ate•ly** [dɪˈlɪbərətli] *adv.* deliberadamente, propositalmente
**de•lib•era•tion** [dɪlɪbəˈreɪʃən] *s.* deliberação
**deli•ca•cy** [ˈdɛləkəsi] *s.* [*pl* **delicacies**] 1 iguaria 2 delicadeza
**deli•cate** [ˈdɛləkət] *adj.* delicado
**deli•ca•tes•sen** [dɛləkəˈtɛsən] *s.* delicatessen [loja de frios e alimentos finos]
**de•li•cious** [dɪˈlɪʃəs] *adj.* delicioso
**de•light** [dɪˈlaɪt] *s.* 1 alegria 2 encanto 3 **to take delight in (doing) sth** ter prazer em (fazer) algo / *v.* 1 encantar 2 **to delight in (doing) sth** comprazer-se em (fazer) algo
**de•light•ed** [dɪˈlaɪtɪd] *adj.* 1 muito contente, felicíssimo (***with/at*** *com*) 2 **to be delighted to do sth** ter muito prazer em fazer algo
**de•light•ful** [dɪˈlaɪtfəl] *adj.* 1 encantador 2 delicioso
**de•lin•quent** [dɪˈlɪŋkwənt] *adj, s.* delinquente
**de•liri•ous** [dɪˈlɪriəs] *adj.* 1 delirante 2 **to be delirious** delirar
**de•liv•er** [dɪˈlɪvər] *v.* 1 entregar [encomenda, carta etc.] 2 fornecer [serviço, assistência] 3 proferir [discurso, palestra, veredicto] 4 emitir [alerta] 5 realizar o parto de [criança] 6 **to deliver on a promise** cumprir uma promessa 7 **to deliver (the goods)** dar conta (do recado)
**de•liv•ery** [dɪˈlɪvəri] *s.* [*pl* **deliveries**] 1 entrega 2 fornecimento 3 parto 4 **to take delivery of sth** receber algo [encomenda]
**del•ta** [ˈdɛltə] *s.* delta
**de•lude** [dɪˈlud] *v.* 1 iludir 2 **to delude yourself** iludir-se
**del•uge** [ˈdɛljudʒ] *s.* 1 enxurrada [de reclamações etc.] 2 dilúvio / *v.* **to be deluged with sth** receber uma enxurrada de algo

**de•lu•sion** [dɪˈluʒən] *s.* 1 ilusão 2 delírio: *delusions of grandeur* delírios de grandeza

**deluxe** [dɪˈlʌks] *adj.* de luxo

**delve** [dɛlv] *v.* **to delve into sth** aprofundar-se em algo

**de•mand** [dɪˈmænd] *s.* 1 procura, demanda (***for*** *por*) 2 exigência (***for*** *de*) 3 reivindicação 4 **to be in demand** ser muito procurado / *v.* 1 exigir (***of*** *de*) 2 reivindicar 3 **to demand to do sth** exigir fazer algo

**de•mand•ing** [dɪˈmændɪŋ] *adj.* 1 exigente 2 desgastante

**de•mean•ing** [diˈminɪŋ] *adj.* aviltante (***to*** *para*)

**de•mean•or**, BRIT: **demeanour** [dɪˈminər] *s.* FORM jeito [de pessoa]

**de•ment•ed** [dɪˈmɛntɪd] *adj.* demente

**de•mise** [dɪˈmaɪz] *s.* FORM 1 fim, extinção 2 falecimento

**demo** [ˈdɛmoʊ] *s.* FAM 1 demo [fita, software] 2 demonstração [de produto] 3 BRIT passeata

**de•moc•ra•cy** [dɪˈmɑkrəsi] *s.* democracia

**demo•crat** [ˈdɛməkræt] *s.* democrata

**demo•crat•ic** [dɛməˈkrætɪk] *adj.* 1 democrático 2 **Democratic** democrata [do partido democrata dos EUA]

**de•mol•ish** [dɪˈmɑlɪʃ] *v.* demolir

**de•mo•li•tion** [dɛməˈlɪʃən] *s.* demolição

**de•mon** [ˈdimən] *s.* demônio

**dem•on•strate** [ˈdɛmənstreɪt] *v.* 1 demonstrar 2 fazer manifestação/passeata

**dem•on•stra•tion** [dɛmənˈstreɪʃən] *s.* 1 demonstração 2 manifestação, passeata

**de•mon•strative** [dɪˈmɑnstrətɪv] *adj.* 1 expansivo 2 demonstrativo

**de•mon•stra•tor** [ˈdɛmənstreɪtər] *s.* manifestante

**de•mor•al•ize**, BRIT tb: **-ise** [dɪˈmɔrəlaɪz] *v.* abalar o moral de

**de•mor•al•iz•ing**, BRIT tb: **-ising** [dɪˈmɔrəlaɪzɪŋ] *adj.* desmoralizante

**den** [dɛn] *s.* 1 AM sala íntima 2 toca 3 antro

**de•ni•al** [dɪˈnaɪəl] *s.* 1 negação 2 desmentido 3 **in denial** em estado de negação

**den•im** [ˈdɛnəm] *s.* jeans [tecido]: *a denim jacket* uma jaqueta de jeans

**Den•mark** [ˈdɛnmɑrk] *s.* Dinamarca

**de•nomi•na•tion** [dɪˈnɑməneɪʃən] *s.* 1 denominação [religiosa] 2 valor [de moeda, nota]

**de•note** [dɪˈnoʊt] *v.* FORM denotar

**de•nounce** [dɪˈnaʊns] *v.* condenar

**dense** [dɛns] *adj.* 1 denso 2 FAM lerdo

**den•sity** [ˈdɛnsəti] *s.* [*pl* **densities**] densidade

**dent** [dɛnt] *s.* mossa / *v.* 1 amassar [carroceria etc.] 2 abalar [confiança, reputação etc.]

**den•tal** [ˈdɛntl] *adj.* dental

**den•tal floss** [ˌdɛntlˈflɑs] *s.* fio dental

**den•tist** [ˈdɛntɪst] *s.* dentista

**den•tis•try** [ˈdɛntɪstri] *s.* odontologia

**den•tures** [ˈdɛntʃərs] *spl.* dentadura [postiça]

**deny** [dɪˈnaɪ] *v.* [*ps e pp* **denied**] 1 negar 2 desmentir 3 **to deny doing sth** negar ter feito algo 4 **to deny sb sth** negar algo a alguém: *He was denied a visa.* Ele teve o visto negado.

**de•odor•ant** [dɪˈoʊdərənt] *s.* desodorante

**de•part** [dɪˈpɑrt] *v.* partir (***for*** *para*)

**de•part•ment** [dɪˈpɑrtmənt] *s.* 1 departamento: *the sales department* o departamento de vendas 2 seção [de loja]: *the menswear department* a seção de roupa masculina 3 repartição

**de•part•ment store** [dɪˈpɑrtmənt stɔr] *s.* loja de departamentos, magazine

**de•par•ture** [dɪˈpɑrtʃər] *s.* 1 partida 2 **departures** embarque [no aeroporto]: *the departure lounge* o salão de embarque

**de•pend** [dɪˈpɛnd] *v.* 1 **it/that depends** depende 2 **to depend on sth/sb** **a** depender de algo/alguém **b** contar com algo/alguém

**de•pend•able** [dɪˈpɛndəbəl] *adj.* 1 confiável 2 seguro

**de•pend•ant** [dɪˈpɛndənt] *s.* BRIT dependente

**de•pend•ence** [dɪˈpɛndəns] *s.* dependência (***on*** *de*)

**de•pen•den•cy** [dɪˈpɛndənsi] *s.* dependência (***on*** *de*)

**de•pend•ent** [dɪˈpɛndənt] *adj.* 1 dependente (*on de*) 2 **to be dependent on sth** depender de algo / *s.* AM dependente [filho etc.]
**de•pict** [dɪˈpɪkt] *v.* retratar
**de•plete** [dɪˈplit] *v.* reduzir
**de•plor•able** [dɪˈplɔrəbəl] *adj.* deplorável
**de•plore** *v.* [dɪˈplɔr] FORM deplorar
**de•ploy** [dɪˈplɔɪ] *v.* 1 mobilizar 2 instalar [mísseis] 3 colocar em ação 4 acionar(-se)
**de•port** [dɪˈpɔrt] *v.* deportar
**de•por•ta•tion** [dɪpɔrˈteɪʃən] *s.* deportação
**de•pose** [dɪˈpoʊz] *v.* depor [ditador etc.]
**de•pos•it** [dɪˈpɑzɪt] *s.* 1 entrada, sinal [dinheiro] 2 depósito 3 jazida 4 **to put down a deposit on sth** dar entrada em algo / *v.* depositar
**depo•si•tion** [dɛpəˈzɪʃən] *s.* FORM depoimento
**de•pot** [ˈdipoʊ, *Brit:* ˈdɛpoʊ] *s.* 1 depósito [de mercadorias] 2 AM estação [ferroviária ou rodoviária]
**de•press** [dɪˈprɛs] *v.* deprimir
**de•pressed** [dɪˈprɛst] *adj.* deprimido, depressivo
**de•press•ing** [dɪˈprɛsɪŋ] *adj.* deprimente
**de•pres•sion** [dɪˈprɛʃən] *s.* depressão
**dep•ri•va•tion** [dɛprəˈveɪʃən] *s.* 1 privação 2 privações, miséria
**de•prive** [dɪˈpraɪv] *v.* **to deprive sb of sth** privar alguém de algo
**de•prived** [dɪˈpraɪvd] *adj.* carente [criança, bairro]
**depth** [dɛpθ] *s.* 1 profundidade 2 intensidade [de sentimento] 3 gravidade [de problema] 4 **depths** profundezas 5 **in depth** a fundo 6 **the depths of despair/recession etc.** o abismo do desespero/da recessão etc. 7 **to be out of your depth** estar boiando [por não entender nada]
**depu•tize**, BRIT tb: **-tise** [ˈdɛpjətaɪz] *v.* 1 AM designar como seu substituto 2 **to deputize for sb** BRIT substituir alguém
**depu•ty** [ˈdɛpjəti] *s.* [*pl* **deputies**] 1 vice: *the deputy governor* o vice-governador 2 AM delegado suplente 3 deputado
**de•rail** [dɪˈreɪl] *v.* 1 descarrilar 2 atrapalhar
**der•elict** [ˈdɛrəlɪkt] *adj.* abandonado [prédio]
**de•ri•sion** [dɪˈrɪʒən] *s.* escárnio
**de•riva•tive** [dɪˈrɪvətɪv] *s.* derivado / *adj.* derivativo
**de•rive** [dɪˈraɪv] *v.* 1 tirar [prazer, lucro, proveito etc.] (*from de*) 2 **to derive/be derived from sth** derivar de algo
**de•roga•tory** [dɪˈrɑgətɔri] *adj.* depreciativo, pejorativo
**de•scend** [diˈsɛnd] *v.* 1 FORM descer 2 **to be descended from sb** descender de alguém
**de•scend•ant** [diˈsɛndənt] *s.* descendente
**de•scent** [diˈsɛnt] *s.* 1 descida 2 descendência: *people of Italian descent* pessoas de descendência italiana
**de•scribe** [diˈskraɪb] *v.* 1 descrever 2 **to describe sth/sb as sth** qualificar/caracterizar algo/alguém como algo
**de•scrip•tion** [diˈskrɪpʃən] *s.* 1 descrição 2 **of all descriptions/of every description** de todos os tipos 3 **of some description**: *a cloth of some description* algum tipo de pano
**de•scrip•tive** [diˈskrɪptɪv] *adj.* descritivo
**des•ert** *s.* [ˈdɛzərt] deserto / *v.* [dɪˈzɜrt] 1 abandonar 2 desertar
**de•sert•ed** [dɪˈzɜrtɪd] *adj.* deserto
**de•sert•er** [dɪˈzɜrtər] *s.* desertor
**de•ser•tion** [dɪˈzɜrʃən] *s.* deserção
**des•ert is•land** [ˌdɛzərtˈaɪlənd] *s.* ilha deserta
**des•erts** [dɪˈzɜrts] *spl.* **to get your just deserts** ter o que merece
**de•serve** [dɪˈzɜrv] *v.* 1 merecer 2 **to deserve to do sth** merecer fazer algo
**de•serv•ed•ly** [dɪˈzɜrvɪdli] *adv.* merecidamente
**de•serv•ing** [dɪˈzɜrvɪŋ] *adj.* merecedor (*of de*)
**de•sign** [dɪˈzaɪn] *s.* 1 projeto 2 design 3 desenho 4 estampa 5 (tb **industrial design**) desenho industrial 6 **by design** propositadamente 7 **to have designs on sth** estar de olho em algo / *v.* 1 projetar 2 **designed**

to do sth destinado a fazer algo 3 **to be designed for sb** destinar-se a alguém

**des•ig•nate** [ˈdɛzɪgneɪt] *v.* designar (*as como*)

**de•sign•er** [dɪˈzaɪnər] *s.* 1 projetista 2 estilista 3 desenhista / *adj.* 1 de grife 2 **designer label** grife

**de•sir•able** [dɪˈzaɪrəbəl] *adj.* 1 desejável 2 atraente 3 muito procurado [bairro]

**de•sire** [dɪˈzaɪr] *s.* 1 desejo (*for de*) 2 **a desire to do sth** uma vontade de fazer algo / *v.* 1 desejar 2 **to leave a lot to be desired** deixar muito a desejar

**desk** [dɛsk] *s.* 1 mesa (de trabalho) 2 carteira [escolar] 3 escrivaninha 4 balcão [de informações etc.]

**desk•top** [ˈdɛsktɑp] *s.* área de trabalho

**desk•top com•put•er** [ˌdɛsktɑp kəmˈpjutər] *s.* computador de mesa, PC

**deso•late** [ˈdɛsələt] *adj.* desolado

**des•pair** [dɪˈspɛr] *s.* desespero: *in despair* em desespero / *v.* 1 desesperar-se 2 **to despair of doing sth** perder a esperança de fazer algo 3 **to despair of sb** achar que alguém não tem jeito

**des•patch** [dɪˈspætʃ] *s.* BRIT = dispatch

**des•per•ate** [ˈdɛspərət] *adj.* 1 desesperado 2 desesperador 3 **to be desperate** FAM estar apertado [para ir ao banheiro] 4 **to be desperate for a cigarette/drink** estar louco para fumar/beber alguma coisa 5 **to be desperate to do sth** estar louco para fazer algo

**des•per•ate•ly** [ˈdɛspərətli] *adv.* 1 desesperadamente 2 urgentemente 3 extremamente [pobre, doente, infeliz]

**des•pera•tion** [dɛspəˈreɪʃən] *s.* 1 desespero 2 **in desperation** no desespero

**des•pic•able** [dɪˈspɪkəbəl] *adj.* desprezível

**des•pise** [dɪˈspaɪz] *v.* desprezar, desdenhar

**de•spite** [dɪˈspaɪt] *prep.* 1 apesar de 2 **despite the fact that** apesar de que

**de•spond•ent** [dɪˈspɑndənt] *adj.* desanimado

**des•sert** [dɪˈzɜrt] *s.* 1 sobremesa 2 **for dessert** de sobremesa

**dessert•spoon** [dɪˈzɜrtspun] *s.* BRIT colher de sobremesa

**dessert•spoon•ful** [dɪˈzɜrtspunfʊl] *s.* BRIT colher de sobremesa [quantidade]

**des•ti•na•tion** [dɛstəˈneɪʃən] *s.* destino

**des•tined** [ˈdɛstɪnd] *adj.* 1 **destined for sth** a predestinado/fadado a algo b com destino a algo 2 **destined to do sth** predestinado/fadado a fazer algo

**des•ti•ny** [ˈdɛstəni] *s.* [*pl* **destinies**] sina, destino

**des•ti•tute** [ˈdɛstətut] *adj.* indigente, necessitado

**de•stroy** [dɪˈstrɔɪ] *v.* 1 destruir 2 acabar com 3 sacrificar [animal]

**de•stroy•er** [dɪˈstrɔɪər] *s.* destróier

**de•struc•tion** [dɪˈstrʌkʃən] *s.* destruição

**de•struc•tive** [dɪˈstrʌktɪv] *adj.* destrutivo

**de•tach** [dɪˈtætʃ] *v.* 1 remover (*from de*) 2 destacar [formulário] 3 **to detach yourself from sb/sth** distanciar-se de alguém/algo

**de•tach•able** [dɪˈtætʃəbəl] *adj.* removível

**de•tached** [dɪˈtætʃt] *adj.* 1 distanciado 2 **detached house** BRIT casa isolada

**de•tach•ment** [dɪˈtætʃmənt] *s.* 1 distanciamento 2 destacamento

**de•tail** [ˈditeɪl] *s.* 1 detalhe 2 **details** a informações: *Visit our website for further details.* Acesse o nosso site para maiores informações. b dados: *personal details* dados pessoais 3 **in detail** em detalhes: *in great detail* com muitos detalhes 4 **to go into detail** entrar em detalhes / *v.* 1 detalhar 2 AM higienizar [veículo]

**de•tailed** [ˈditeɪld] *adj.* detalhado

**de•tain** [dɪˈteɪn] *v.* 1 deter 2 reter [pessoa]

**de•tect** [dɪˈtɛkt] *v.* 1 detectar 2 notar

**de•tec•tion** [dɪˈtɛkʃən] *s.* 1 descoberta 2 detecção 3 **to avoid/escape detection** evitar ser descoberto

**de•tec•tive** [dɪˈtɛktɪv] *s.* 1 detetive 2 investigador de polícia

**de•tec•tive story** [dɪˈtɛktɪv ˌstɔri] *s.* [*pl* **stories**] trama policial

**de•tec•tor** [dɪˈtɛktər] *s.* detector: *a metal detector* um detector de metais

**de•ten•tion** [dɪˈtɛnʃən] *s.* 1 detenção 2 castigo em que o aluno fica retido depois do horário da aula: *Tim was given detention.* O Tim ficou retido de castigo.

**de•ter** [dɪˈtɜr] *v.* [-**rr**-] 1 intimidar [ladrões etc.] 2 **to deter sb from (doing) sth** inibir alguém de (fazer) algo

**de•ter•gent** [dɪˈtɜrdʒənt] *s.* detergente

**de•terio•rate** [dɪˈtɪriəreɪt] *v.* deteriorar-se

**de•terio•ra•tion** [dɪtɪriəˈreɪʃən] *s.* deterioração (***in*** *em*)

**de•ter•mi•na•tion** [dɪtɜrmɪˈneɪʃən] *s.* determinação

**de•ter•mine** [dɪˈtɜrmɪn] *v.* determinar

**de•ter•mined** [dɪˈtɜrmɪnd] *adj.* 1 determinado, decidido 2 **determined to do sth** determinado a fazer algo

**de•ter•rent** [dɪˈtɜrənt, dɪˈtɛrənt] *s.* 1 elemento/fator dissuasivo 2 **to act as a deterrent** intimidar / *adj.* dissuasivo [efeito]

**de•test** [dɪˈtɛst] *v.* detestar

**deto•nate** [ˈdɛtəneɪt] *v.* detonar [bomba]

**de•tour** [ˈditʊr] *s.* 1 desvio 2 **to make/take a detour** dar uma volta [para evitar trânsito etc.]

**de•tract** [dɪˈtrækt] *v.* **to detract from sth** desmerecer algo

**det•ri•ment** [ˈdɛtrəmənt] *s.* **to the detriment of sth** em detrimento de algo

**det•ri•men•tal** [dɛtrəˈmɛntl] *adj.* prejudicial (***to*** *a*)

**de•value** [diˈvælju] *v.* desvalorizar

**dev•as•tate** [ˈdɛvəsteɪt] *v.* 1 devastar, assolar 2 arrasar

**dev•as•tat•ed** [ˈdɛvəsteɪtɪd] *adj.* arrasado

**dev•as•tat•ing** [ˈdɛvəsteɪtɪŋ] *adj.* 1 devastador 2 arrasador

**dev•as•ta•tion** [dɛvəˈsteɪʃən] *s.* devastação

**de•vel•op** [dɪˈvɛləp] *v.* 1 desenvolver(-se) 2 ficar com [doença, problema] 3 criar [músculos, consciência etc.] 4 aperfeiçoar [habilidade] 5 urbanizar [bairro, região] 6 revelar [fotos, filme] 7 **to develop a liking/taste for sth** passar a gostar de algo 8 **to develop into sth** transformar-se em algo

**de•vel•op•er** [dɪˈvɛləpər] *s.* construtora

**de•vel•op•ing** [dɪˈvɛləpɪŋ] *adj.* em desenvolvimento

**de•vel•op•ment** [dɪˈvɛləpmənt] *s.* 1 desenvolvimento 2 acontecimento 3 avanço 4 urbanização 5 complexo [de prédios]: *a housing development* um complexo habitacional

**de•vi•ate** [ˈdivieɪt] *v.* desviar-se (***from*** *de*)

**de•via•tion** [diviˈeɪʃən] *s.* desvio

**de•vice** [dɪˈvaɪs] *s.* 1 dispositivo, aparelho 2 **to leave sb to their own devices** deixar alguém por conta própria

**dev•il** [ˈdɛvəl] *s.* diabo

**de•vi•ous** [ˈdiviəs] *adj.* dissimulado, ardiloso

**de•vise** [dɪˈvaɪz] *v.* criar, bolar, idealizar

**de•void** [dɪˈvɔɪd] *adj.* **devoid of sth** desprovido de algo

**de•vote** [dɪˈvoʊt] *v.* 1 dedicar (***to*** *a*) 2 destinar (***to*** *a*) 3 **to devote yourself to sth/sb** dedicar-se a algo/alguém

**de•vot•ed** [dɪˈvoʊtɪd] *adj.* dedicado (***to*** *a*)

**de•vo•tion** [dɪˈvoʊʃən] *s.* dedicação (***to*** *a*)

**de•vour** [dɪˈvaʊr] *v.* devorar

**de•vout** [dɪˈvaʊt] *adj.* devoto

**dew** [du] *s.* orvalho, sereno

**dex•ter•ity** [dɛksˈtɛrəti] *s.* destreza

**dia•be•tes** [daɪəˈbitɪz] *s.* diabete

**dia•bet•ic** [daɪəˈbɛtɪk] *s, adj.* diabético: *diabetic foods* alimentos para diabéticos

**dia•boli•cal** [daɪəˈbɑlɪkəl] *adj.* 1 diabólico 2 BRIT FAM lamentável

**di•ag•nose** [daɪəgˈnoʊz] *v.* 1 diagnosticar 2 identificar [problema, falha] 3 **to be diagnosed with sth** ser diagnosticado com algo

**di•ag•no•sis** [daɪəgˈnoʊsɪs] *s.* diagnóstico

**di•ago•nal** [daɪˈægənəl] *adj.* diagonal

**di•ago•nal•ly** [daɪˈægnəli] *adv.* diagonalmente, na diagonal

**dia•gram** [ˈdaɪəgræm] *s.* diagrama

**dial** [ˈdaɪəl] *v.* discar / *s.* 1 mostrador [de relógio etc.] 2 dial

▸ *Am:* ***dialing, dialed*** *Brit:* ***dialling, dialled***

**dia•lect** [ˈdaɪəlɛkt] *s.* dialeto
**dia•logue, dia•log** [ˈdaɪəlɔg] *s.* diálogo
**dial tone**, BRIT: **dial•ling tone** [ˈdaɪəl(ɪŋ) toʊn] *s.* sinal de discar
**di•am•eter** [daɪˈæmɪtər] *s.* diâmetro
**dia•mond** [ˈdaɪmənd] *s.* 1 diamante 2 **diamonds** ouros [naipe]: *the queen of diamonds* a dama de ouros
**dia•mond an•ni•ver•sa•ry** [ˌdaɪmənd ænəˈvɜrsəri] *s.* [*pl* **anniversaries**] bodas de diamante
**dia•per** [ˈdaɪpər] *s.* AM fralda
**di•ar•rhea**, BRIT: **di•ar•rhoea** [daɪəˈriə] *s.* diarreia
**dia•ry** [ˈdaɪəri] *s.* [*pl* **diaries**] 1 diário 2 BRIT agenda
**dice** [daɪs] *s.* [*pl* **dice**] 1 dado [para jogar] 2 dados [jogo] / *v.* 1 (tb **dice up**) cortar em cubinhos 2 **to dice with death** brincar com a morte
**dicey** [ˈdaɪsi] *adj.* FAM 1 duvidoso 2 arriscado
**dic•tate** [dɪkˈteɪt] *v.* 1 ditar 2 determinar 3 **to dictate to sb** mandar em alguém
**dic•ta•tion** [dɪkˈteɪʃən] *s.* ditado
**dic•ta•tor** [dɪkˈteɪtər] *s.* ditador
**dic•ta•tor•ship** [dɪkˈteɪtərʃɪp] *s.* ditadura
**dic•tion•ary** [ˈdɪkʃənɛri] *s.* [*pl* **dictionaries**] dicionário
**did** [dɪd] *v.* ▸ *ps de* DO
**didn't** [ˈdɪdnt] *contr.* ▸ = DID NOT
**die** [daɪ] *v.* [*ger* **dying**] 1 morrer (***from/of*** *de*, ***for*** *por*) 2 **to be dying for sth/to do sth** FAM estar louco por algo/para fazer algo
**die down** 1 acalmar [tempestade, vento] 2 diminuir [barulho, entusiasmo etc.]
**die out** extinguir-se
**die-hard** [ˈdaɪ hɑrd] *adj.* inveterado
**die•sel** [ˈdizəl] *s.* 1 diesel 2 locomotiva a diesel
**diet** [ˈdaɪət] *s.* 1 dieta 2 **to be on a diet** estar de dieta 3 **to go on a diet** fazer dieta / *v.* fazer dieta
**dif•fer** [ˈdɪfər] *v.* 1 diferir (***from*** *de*) 2 variar 3 divergir (***about/on/over*** *sobre*)
**dif•fer•ence** [ˈdɪfrəns] *s.* 1 diferença (***between*** *entre*): *the time difference* a diferença de horário 2 divergência [de opinião] 3 **difference in age/price/size etc.** diferença de idade/preço/tamanho etc. 4 **difference of opinion** desentendimento 5 **it makes no difference/it doesn't make any difference** ▣a não tem nada a ver (***to*** *com*) ▣b dá no mesmo 6 **it makes no difference to me** para mim tanto faz 7 **to make a difference** fazer uma diferença (***to*** *em*)
**dif•fer•ent** [ˈdɪfrənt] *adj.* diferente (***from/to/than*** *de*)
**dif•fer•en•ti•ate** [dɪfəˈrɛnʃieɪt] *v.* diferenciar (***between*** *entre*, ***from*** *de*)
**dif•fer•ent•ly** [ˈdɪfrəntli] *adv.* de forma diferente
**dif•fi•cult** [ˈdɪfəkʌlt] *adj.* 1 difícil 2 **to find it difficult to do sth** ter dificuldade para fazer algo 3 **to make sth difficult** dificultar algo 4 **difficult to find/open/understand etc.** difícil de achar/abrir/entender etc.
**dif•fi•cul•ty** [ˈdɪfəkʌlti] *s.* [*pl* **difficulties**] 1 dificuldade 2 **in difficulty** em dificuldades 3 **to get into difficulty** ter dificuldades 4 **to have difficulty doing sth** ter dificuldade para fazer algo
**dig** [dɪg] *v.* [-gg-] [*ps e pp* **dug**] 1 cavar 2 cravar, fincar (***into*** *em*) 3 cutucar
**dig in** FAM atacar [começar a comer]
**dig out: to dig sth out** ▣a desenterrar algo ▣b catar algo [que está guardado]
**dig up: to dig sth up** ▣a desenterrar algo ▣b furar algo [calçada, asfalto] / *s.* 1 escavação [arqueológica] 2 cutucada 3 FAM alfinetada 4 **to have a dig at sb** FAM alfinetar alguém
**di•gest** [daɪˈdʒɛst] *v.* digerir
**di•ges•tion** [daɪˈdʒɛstʃən] *s.* digestão
**di•ges•tive** [daɪˈdʒɛstɪv] *adj.* digestivo
**dig•ger** [ˈdɪgər] *s.* escavadeira
**dig•it** [ˈdɪdʒɪt] *s.* dígito: *a four-digit PIN* uma senha de quatro dígitos
**digi•tal** [ˈdɪdʒɪtl] *adj.* digital
**dig•ni•fied** [ˈdɪgnəfaɪd] *adj.* digno
**dig•nity** [ˈdɪgnəti] *s.* dignidade
**di•gress** [daɪˈgrɛs] *v.* fugir do assunto

**dike** [daɪk] *s.* dique
**di•lapi•da•ted** [dɪˈlæpədeɪtɪd] *adj.* deteriorado
**di•lem•ma** [daɪˈlɛmə] *s.* dilema
**dili•gence** [ˈdɪlədʒəns] *s.* 1 diligência, zelo 2 aplicação
**dili•gent** [ˈdɪlədʒənt] *adj.* 1 diligente, zeloso 2 aplicado [aluno]
**di•lute** [daɪˈlut] *v.* diluir
**dim** [dɪm] *adj.* [*comp* **dimmer, dimmest**] 1 fraco [brilho, luz] 2 indistinto [contorno] 3 vago [lembrança] 4 FAM burro 5 **to take a dim view of sth** não ver algo com bons olhos / *v.* [-**mm**-] 1 diminuir 2 **to dim your lights** AM baixar o farol
**dime** [daɪm] *s.* moeda de dez centavos [nos EUA e no Canadá]
**di•men•sion** [dɪˈmɛnʃən] *s.* 1 dimensão 2 **dimensions** a dimensões [medidas] b dimensão [de problema]
**di•min•ish** [dɪˈmɪnɪʃ] *v.* diminuir
**di•minu•tive** [dɪˈmɪnjətɪv] *adj.* baixinho / *s.* diminutivo
**dim•ly** [ˈdɪmli] *adv.* 1 vagamente [lembrar] 2 **dimly lit** mal iluminado
**dim•ple** [ˈdɪmpəl] *s.* covinha
**din** [dɪn] *s.* barulheira
**dine** [daɪn] *v.* FORM 1 jantar 2 **to dine on sth** jantar algo
**dine out** jantar fora
**din•er** [ˈdaɪnər] *s.* 1 AM lanchonete 2 comensal
**din•ghy** [ˈdɪŋgi] *s.* [*pl* **dinghies**] bote [inflável, à vela etc.]
**din•gy** [ˈdɪndʒi] *adj.* [*comp* **dingier, dingiest**] sórdido
**din•ing car** [ˈdaɪnɪŋ kɑr] *s.* vagão-restaurante
**din•ing room** [ˈdaɪnɪŋ rum] *s.* sala de jantar
**din•ner** [ˈdɪnər] *s.* 1 jantar 2 **to go out for/to dinner** sair para jantar 3 **to have/eat dinner** jantar 4 **to have sth for dinner** comer algo no jantar
**din•ner jack•et** [ˈdɪnərˌdʒækɪt] *s.* BRIT smoking
**din•ner par•ty** [ˈdɪnərˌpɑrti] *s.* [*pl* **parties**] jantar [com convidados]
**din•ner•time** [ˈdɪnərtaɪm] *s.* hora do jantar
**di•no•saur** [ˈdaɪnəsɔr] *s.* dinossauro
**dip** [dɪp] *v.* 1 mergulhar (***in/into*** *em*) 2 inclinar(-se), baixar 3 **to dip into your savings** recorrer às suas economias 4 **to dip your headlights** BRIT baixar o farol / *s.* 1 queda (***in*** *em*) 2 depressão [no terreno] 3 pastinha [como tira-gosto]
**di•plo•ma** [dɪˈploʊmə] *s.* diploma (***in*** *em*)
**di•plo•ma•cy** [dɪˈploʊməsi] *s.* diplomacia
**dip•lo•mat** [ˈdɪpləmæt] *s.* diplomata
**dip•lo•mat•ic** [dɪpləˈmætɪk] *adj.* diplomático
**dire** [daɪr] *adj.* 1 terrível, calamitoso 2 FAM péssimo 3 **in dire need of sth** precisando urgentemente de algo 4 **in dire straits** em situação periclitante
**di•rect** [dəˈrɛkt, daɪˈrɛkt] *adj, adv.* direto / *v.* 1 dirigir (***at/to/toward*** *a/para*) 2 **to direct sb to sth** indicar a alguém o caminho para algo
**di•rec•tion** [dəˈrɛkʃən, daɪˈrɛkʃən] *s.* 1 direção 2 **directions** a uma indicação [do caminho] b instruções 3 **in the direction of sth** em direção a algo 4 **in the opposite/wrong direction** na direção oposta/errada 5 **to give sb directions to sth** indicar a alguém o caminho para algo
**di•rect•ly** [dəˈrɛktli, daɪˈrɛktli] *adv.* diretamente
**di•rec•tor** [dəˈrɛktər, daɪˈrɛktər] *s.* diretor
**di•rec•tory** [dəˈrɛktəri, daɪˈrɛktəri] *s.* [*pl* **directories**] 1 lista [telefônica etc.] 2 diretório
**dirt** [dɜrt] *s.* 1 sujeira 2 terra 3 **dirt road/track** estrada/caminho de terra batida 4 **to treat sb like dirt** tratar alguém que nem cachorro / *adv.* **dirt cheap** FAM baratinho
**dirty** [ˈdɜrti] *adj.* [*comp* **dirtier, dirtiest**] 1 sujo 2 de sacanagem [filme, piada] 3 **dirty trick** golpe baixo 4 **to get dirty** sujar-se 5 **to give sb a dirty look** olhar feio para alguém / *v.* [*ps e pp* **dirtied**] sujar(-se)
**dis•abil•ity** [dɪsəˈbɪləti] *s.* [*pl* **disabilities**] 1 deficiência [física, mental] 2 AM auxílio deficiência

**dis•able** [dɪˈseɪbəl] *v.* 1 incapacitar 2 inabilitar

**dis•abled** [dɪˈseɪbəld] *adj.* 1 deficiente 2 **the disabled** os deficientes

**dis•ad•vant•age** [dɪsədˈvæntɪdʒ] *s.* 1 desvantagem 2 inconveniente 3 **to be at a disadvantage** estar em desvantagem

**dis•ad•van•taged** [dɪsədˈvæntɪdʒd] desfavorecido

**dis•ad•van•ta•geous** [dɪsædvænˈteɪdʒəs] *adj.* desvantajoso

**dis•af•fect•ed** [dɪsəˈfɛktɪd] *adj.* FORM descontente, insatisfeito

**dis•agree** [dɪsəˈgri] *v.* 1 não concordar (***with*** *com*), discordar (***on/about*** *sobre*, ***with*** *de*) 2 **to disagree with sb** fazer mal a alguém [comida, clima etc.]

**dis•agree•able** [dɪsəˈgriəbəl] *adj.* FORM 1 desagradável 2 antipático

**dis•agree•ment** [dɪsəˈgrimənt] *s.* 1 divergência 2 desentendimento

**dis•al•low** [dɪsəˈlaʊ] *v.* anular [gol]

**dis•ap•pear** [dɪsəˈpɪr] *v.* desaparecer, sumir

**dis•ap•pear•ance** [dɪsəˈpɪrəns] *s.* desaparecimento

**dis•ap•point** [dɪsəˈpɔɪnt] *v.* 1 decepcionar 2 desapontar

**dis•ap•point•ed** [dɪsəˈpɔɪntɪd] *adj.* decepcionado (***with/about/in*** *com*)

**dis•ap•point•ing** [dɪsəˈpɔɪntɪŋ] *adj.* decepcionante

**dis•ap•point•ment** [dɪsəˈpɔɪntmənt] *s.* decepção

**dis•ap•prov•al** [dɪsəˈpruvəl] *s.* 1 desaprovação 2 reprovação

**dis•ap•prove** [dɪsəˈpruv] *v.* 1 **to disapprove of sb/sth** desaprovar alguém/algo 2 **to disapprove of sb doing sth** não achar bom alguém fazer algo

**dis•arm** [dɪsˈɑrm] *v.* desarmar(-se)

**dis•arma•ment** [dɪsˈɑrməmənt] *s.* desarmamento

**dis•ar•ray** [dɪsəˈreɪ] *s.* **in disarray** num caos

**dis•as•so•ci•ate** [dɪsəˈsoʊsieɪt] *v.* **to disassociate yourself from sth/sb** dissociar-se de algo/alguém

**dis•as•ter** [dɪˈzæstər] *s.* desastre

**dis•as•trous** [dɪˈzæstrəs] *adj.* desastroso

**dis•be•lief** [dɪsbəˈlif] *s.* incredulidade

**disc** [dɪsk] *s.* BRIT disco

**dis•card** [dɪsˈkɑrd] *v.* FORM 1 descartar 2 desfazer-se de

**dis•cern** [dɪˈsɜrn] *v.* FORM discernir

**dis•cern•ible** [dɪˈsɜrnəbəl] *adj.* FORM perceptível, discernível

**dis•charge** *v.* [dɪsˈtʃɑrdʒ] 1 dar alta a (***from*** *de*) 2 dispensar (***from*** *de*) 3 expulsar (***from*** *de*) 4 lançar, jogar [esgoto, gás] 5 **to be discharged** **a** receber alta (***from*** *de*) **b** dar baixa (***from*** *de*) **c** ser expulso (***from*** *de*) / *s.* [ˈdɪstʃɑrdʒ] FORM 1 alta [de hospital] 2 baixa [das forças armadas] 3 descarga [elétrica] 4 secreção

**dis•ci•ple** [dɪˈsaɪpəl] *s.* discípulo

**dis•ci•pline** [ˈdɪsəplɪn] *s.* disciplina / *v.* 1 penalizar, punir 2 impor disciplina a

**disc jockey** [ˈdɪskˌdʒɑki] *s.* BRIT radialista

**dis•close** [dɪsˈkloʊz] *v.* FORM revelar

**dis•co** [ˈdɪskoʊ] *s.* 1 discoteca 2 música disco

**dis•col•ored**, BRIT: **discoloured** [dɪsˈkʌlərd] *adj.* manchado

**dis•com•fort** [dɪsˈkʌmfərt] *s.* 1 desconforto 2 incômodo

**dis•con•cert•ing** [dɪskənˈsɜrtɪŋ] *adj.* desconcertante

**dis•con•nect** [dɪskəˈnɛkt] *v.* 1 desligar 2 desconectar

**dis•con•tent** [dɪskənˈtɛnt] *s.* descontentamento

**dis•con•tent•ed** [dɪskənˈtɛntɪd] *adj.* descontente, insatisfeito

**dis•con•tinue** [dɪskənˈtɪnju] *v.* interromper/suspender (a produção de)

**dis•count** [ˈdɪskaʊnt] *s.* 1 desconto: *a 30% discount* um desconto de 30% 2 **at a discount** com desconto / *adj.* promocional, descontado [preço, passagem etc.] / *v.* 1 descartar 2 dar desconto em

**dis•cour•age** [dɪsˈkɜrɪdʒ] *v.* 1 desincentivar 2 dissuadir 3 desanimar 4 **to discourage sb from doing sth** dissuadir alguém de fazer algo

**dis•cour•age•ment** [dɪsˈkɜrɪdʒmənt] *s.* 1 desânimo 2 desincentivo (*of a*)

**dis•cour•ag•ing** [dɪsˈkɜrɪdʒɪŋ] *adj.* desanimador

**dis•cov•er** [dɪsˈkʌvər] *v.* descobrir

**dis•cov•ery** [dɪsˈkʌvəri] *s.* [*pl* **discoveries**] 1 descoberta 2 descobrimento 3 **to make a discovery** fazer uma descoberta

**dis•cred•it** [dɪsˈkrɛdɪt] *v.* desacreditar, desmoralizar

**dis•creet** [dɪˈskrit] *adj.* discreto

**dis•crep•an•cy** [dɪˈskrɛpənsi] *s.* [*pl* **discrepancies**] discrepância

**dis•cre•tion** [dɪˈskrɛʃən] *s.* 1 discrição 2 critério [de alguém] 3 **at sb's discretion** a critério de alguém

**dis•crimi•nate** [dɪˈskrɪməneɪt] *v.* 1 discriminar (***between*** *entre*, ***from*** *de*) 2 **to discriminate against sb** discriminar alguém

**dis•crimi•na•tion** [dɪskrɪməˈneɪʃən] *s.* discriminação (***against*** *de/contra*)

**dis•cuss** [dɪˈskʌs] *v.* discutir, conversar sobre

**dis•cus•sion** [dɪˈskʌʃən] *s.* discussão, conversa (***about*** *sobre*)

**dis•dain** [dɪsˈdeɪn] *s.* desdém

**dis•ease** [dɪˈziz] *s.* doença

**dis•em•bark** [dɪsɪmˈbɑrk] *v.* desembarcar

**dis•en•chant•ed** [dɪsɪnˈtʃæntɪd] *adj.* desencantado (***com*** *with*)

**dis•fig•ure** [dɪsˈfɪgjər] *v.* desfigurar

**dis•grace** [dɪsˈgreɪs] *s.* 1 desonra 2 vergonha (***to*** *para*): *The country's health system is a disgrace.* O sistema de saúde do país é uma vergonha. 3 **in disgrace** desonrado, em desonra / *v.* 1 desonrar 2 envergonhar 3 **to disgrace yourself** dar vexame

**dis•grace•ful** [dɪsˈgreɪsfəl] *adj.* vergonhoso

**dis•grun•tled** [dɪsˈgrʌntəld] *adj.* 1 aborrecido, irritado 2 descontente

**dis•guise** [dɪsˈgaɪz] *s.* 1 disfarce 2 **in disguise** disfarçado / *v.* 1 disfarçar 2 **to disguise yourself as sth** disfarçar-se de algo

**dis•gust** [dɪsˈgʌst] *s.* 1 revolta (***at/with*** *com*) 2 nojo 3 **in disgust** revoltado / *v.* 1 revoltar 2 horrorizar 3 dar nojo em

**dis•gust•ed** [dɪsˈgʌstɪd] *adj.* 1 revoltado 2 horrorizado

**dis•gust•ing** [dɪsˈgʌstɪŋ] *adj.* 1 nojento 2 revoltante, de dar nojo

**dish** [dɪʃ] *s.* 1 prato fundo 2 travessa 3 prato [comida] 4 **the dishes** a louça 5 **to do/wash the dishes** lavar a louça / *v.*

**dish out: to dish sth out** FAM distribuir algo

**dish up: to dish sth up** servir algo

**dis•heart•ened** [dɪsˈhɑrtənd] *adj.* FORM desalentado

**dis•heart•en•ing** [dɪsˈhɑrtnɪŋ] *adj.* desalentador

**di•shev•eled**, BRIT: **dishevelled** [dɪˈʃɛvəld] *adj.* amarfanhado

**dis•hon•est** [dɪsˈɑnɪst] *adj.* desonesto

**dis•hon•es•ty** [dɪsˈɑnɪsti] *s.* desonestidade

**dis•hon•or**, BRIT: **dishonour** [dɪsˈɑnər] FORM *s.* desonra / *v.* desonrar

**dis•hon•or•able**, BRIT: **dishonourable** [dɪsˈɑnərəbəl] *adj.* desonroso

**dish tow•el** [ˈdɪʃˌtaʊəl] *s.* AM pano de prato

**dish•washer** [ˈdɪʃwɔʃər] *s.* máquina de lavar louça

**dish•wash•ing liquid** [ˈdɪʃwɔʃɪŋˌlɪkwɪd] *s.* AM detergente

**dis•il•lu•sioned** [dɪsəˈluʒənd] *adj.* desiludido (***with*** *com*)

**dis•il•lu•sion•ment** [dɪsəˈluʒənmənt] *s.* desilusão

**dis•in•fect** [dɪsɪnˈfɛkt] *v.* desinfetar

**dis•in•fect•ant** [dɪsɪnˈfɛktənt] *s.* desinfetante

**dis•in•te•grate** [dɪsˈɪntəgreɪt] *v.* desintegrar-se

**dis•in•ter•est•ed** [dɪsˈɪntrɪstɪd] *adj.* FORM desinteressado, imparcial

**dis•joint•ed** [dɪsˈjɔɪntɪd] *adj.* desconexo, incoerente

**disk** [dɪsk] *s.* disco
**disk drive** [ˈdɪsk draɪv] *s.* drive, unidade de disco
**disk jock•ey** [ˈdɪsk ˌdʒɑki] *s.* AM radialista
**dis•like** [dɪsˈlaɪk] *v.* 1 não gostar de 2 **to dislike doing sth** não gostar de fazer algo / *s.* 1 aversão (*of/for a/por*) 2 **to take a dislike to sb/sth** antipatizar com alguém/criar aversão a algo
**dis•lo•cate** [ˈdɪsloʊkeɪt] *v.* deslocar
**dis•lodge** [dɪsˈlɑdʒ] *v.* desalojar
**dis•loy•al** [dɪsˈlɔɪəl] *adj.* desleal (*to com*)
**dis•mal** [ˈdɪzməl] *adj.* 1 sombrio, deprimente 2 pífio [desempenho] 3 **dismal failure** fracasso retumbante
**dis•man•tle** [dɪsˈmæntl] *v.* desmontar
**dis•may** [dɪsˈmeɪ] FORM *s.* 1 consternação 2 **in/with dismay** consternado / *v.* consternar
**dis•miss** [dɪsˈmɪs] *v.* 1 rejeitar, descartar 2 FORM demitir, exonerar
**dis•mis•sal** [dɪsˈmɪsəl] *s.* FORM demissão, exoneração
**dis•mis•sive** [dɪsˈmɪsɪv] *adj.* desdenhoso (*of de*)
**dis•mount** [dɪsˈmaʊnt] *v.* apear-se [de cavalo]
**dis•obedi•ence** [dɪsəˈbidiəns] *s.* desobediência
**dis•obedi•ent** [dɪsəˈbidiənt] *adj.* desobediente
**dis•obey** [dɪsəˈbeɪ] *v.* desobedecer (a)
**dis•or•der** [dɪsˈɔrdər] *s.* 1 desordem 2 distúrbio: *an eating disorder* um distúrbio alimentar
**dis•or•der•ly** [dɪsˈɔrdərli] *adj.* FORM 1 desordenado 2 desordeiro
**dis•or•gan•ized**, BRIT tb: **-ised** [dɪsˈɔrgənaɪzd] *adj.* desorganizado
**dis•ori•ent•ed**, BRIT: **dis•ori•en•tat•ed** [dɪsˈɔriəntɪd/dɪsˈɔriənteɪtɪd] *adj.* desnorteado
**dis•own** [dɪsˈoʊn] *v.* renegar
**dis•par•ag•ing** [dɪˈspærɪdʒɪŋ] *adj.* depreciativo
**dis•par•ity** [dɪˈspærəti] *s.* [*pl* **disparities**] disparidade
**dis•patch** [dɪˈspætʃ] *v.* enviar, despachar / *s.* 1 comunicado 2 relato 3 envio
**dis•pel** [dɪˈspɛl] *v.* [**-ll-**] dissipar
**dis•pense** [dɪˈspɛns] *v.* FORM 1 distribuir 2 fornecer [bebida, dinheiro] 3 **to dispense with sth** dispensar algo
**dis•pens•er** [dɪˈspɛnsər] *s.* máquina [de fornecer produto]: *a soap dispenser* um porta--sabonete
**dis•perse** [dɪˈspɜrs] *v.* dispersar(-se)
**dis•place** [dɪsˈpleɪs] *v.* 1 desalojar 2 substituir
**dis•play** [dɪˈspleɪ] *s.* 1 arranjo [de objetos] 2 espetáculo: *a firework display* uma queima de fogos 3 demonstração [de carinho, emoção etc.] 4 mostrador 5 tela [de computador] 6 **on display** exposto / *v.* 1 expor [objeto] 2 exibir [na tela] 3 demonstrar [emoção] 4 ostentar [riqueza etc.]
**dis•pos•able** [dɪsˈpoʊzəbəl] *adj.* descartável
**dis•pos•al** [dɪˈspoʊzəl] *s.* 1 disposição [de resíduos] 2 AM (tb **waste disposal**) triturador [de lixo] 3 **at sb's disposal** ao dispor de alguém, às ordens de alguém: *at your disposal* ao seu dispor
**dis•pose** [dɪˈspoʊz] *v.* 1 **to dispose of sth** desfazer-se de algo 2 descartar [resíduos]
**dis•posed** [dɪsˈpoʊzd] *adj.* FORM **well/favourably disposed to/toward sb/sth** favorável a alguém/algo
**dis•prove** [dɪsˈpruv] *v.* refutar
**dis•pute** [dɪˈspjut] *s.* 1 disputa 2 desavença, desentendimento / *v.* 1 contestar 2 questionar
**dis•quali•fy** [dɪsˈkwɑləfaɪ] *v.* [*ps e pp* **-fied**] desclassificar, desqualificar
**dis•re•gard** [dɪsrɪˈgɑrd] *v.* desconsiderar, ignorar / *s.* desrespeito, desprezo (*for/of por/a*)
**dis•re•pair** [dɪsrɪˈpɛr] *s.* **in a state of disrepair** em mau estado de conservação
**dis•repu•table** [dɪsˈrɛpjətəbəl] *adj.* 1 de má fama, problemático 2 desleal 3 desonesto 4 mau-caráter

**dis•re•pute** [dɪsrɪˈpjut] *s.* **to bring sth into disrepute** manchar a reputação de algo
**dis•re•spect** [dɪsrɪˈspɛkt] *s.* desrespeito (***for*** *a*) / *v.* desrespeitar
**dis•re•spect•ful** [dɪsrɪˈspɛktfəl] *adj.* desrespeitoso (***to*** *com*)
**dis•rupt** [dɪsˈrʌpt] *v.* 1 atrapalhar, complicar 2 tumultuar
**dis•rup•tion** [dɪsˈrʌpʃən] *s.* transtorno
**dis•rup•tive** [dɪsˈrʌptɪv] *adj.* 1 indisciplinado 2 perturbador (***of*** *de*)
**dis•sat•is•fac•tion** [dɪsaetɪsˈfækʃən] *s.* insatisfação, descontentamento
**dis•sat•is•fied** [dɪˈsaetɪsfaɪd] *adj.* insatisfeito (***with*** *com*)
**dis•sect** [daɪˈsɛkt] *v.* dissecar
**dis•sent** [dɪˈsɛnt] *s.* dissenção
**dis•ser•ta•tion** [dɪsərˈteɪʃən] *s.* monografia, TCC
**dis•si•dent** [ˈdɪsədənt] *adj, s.* dissidente
**dis•so•ci•ate** [dɪˈsoʊʃieɪt] *v.* **to dissociate yourself from sth/sb** dissociar-se de algo/alguém
**dis•solve** [dɪˈzɑlv] *v.* dissolver
**dis•suade** [dɪˈsweɪd] *v.* **to dissuade sb (from doing sth)** dissuadir/demover alguém (de fazer algo)
**dis•tance** [ˈdɪstəns] *s.* 1 distância: *at a distance of three meters* a uma distância de três metros 2 **at/from a distance** de longe 3 **in the distance** ao longe 4 **some/a short distance from sth** a certa/pouca distância de algo 5 **to go the distance** FAM aguentar até o fim 6 **to keep your distance** manter distância (***from*** *de*) / *v.* **to distance yourself** distanciar-se (***from*** *de*)
**dis•tant** [ˈdɪstənt] *adj.* distante
**dis•taste** [dɪsˈteɪst] *s.* aversão, horror (***for*** *a*)
**dis•taste•ful** [dɪsˈteɪstfəl] *adj.* repugnante
**dis•till**, BRIT: **distil** [dɪˈstɪl] *v.* destilar
**dis•till•ery** [dɪˈstɪləri] *s.* [*pl* **distilleries**] alambique [fábrica]
**dis•tinct** [dɪˈstɪŋkt] *adj.* 1 distinto (***from*** *de*) 2 nítido, claro 3 **as distinct from sth** diferente de algo
**dis•tinc•tion** [dɪˈstɪŋkʃən] *s.* 1 distinção 2 honra, mérito
**dis•tinc•tive** [dɪˈstɪŋktɪv] *adj.* característico, peculiar
**dis•tin•guish** [dɪˈstɪŋgwɪʃ] *v.* 1 distinguir (***between*** *entre*, ***from*** *de*) 2 **distinguishing feature** característica distintiva 3 **to distinguish yourself** distinguir-se
**dis•tin•guished** [dɪˈstɪŋgwɪʃd] *adj.* 1 eminente, notável 2 elegante, distinto
**dis•tort** [dɪˈstɔrt] *v.* 1 distorcer 2 deturpar
**dis•tor•tion** [dɪˈstɔrʃən] *s.* 1 distorção 2 deturpação
**dis•tract** [dɪˈstrækt] *v.* 1 distrair, desviar a atenção de (***from*** *de*) 2 desconcentrar 3 **to distract sb's attention** desviar a atenção de alguém
**dis•trac•tion** [dɪˈstrækʃən] *s.* distração
**dis•traught** [dɪˈstrɔt] *adj.* transtornado, desesperado
**dis•tress** [dɪˈstrɛs] *s.* 1 aflição, angústia 2 **distress signal** sinal de perigo 3 **in distress** a aflito, angustiado b necessitado c em perigo
**dis•tressed** [dɪˈstrɛst] *adj.* aflito, abalado
**dis•tress•ing** [dɪˈstrɛsɪŋ] *adj.* aflitivo, angustiante
**dis•trib•ute** [dɪˈstrɪbjət] *v.* distribuir
**dis•tri•bu•tion** [dɪstrɪˈbjuʃən] *s.* distribuição
**dis•tribu•tor** [dɪˈstrɪbjətər] *s.* distribuidora
**dis•trict** [ˈdɪstrɪkt] *s.* 1 região, zona 2 distrito
**dis•trict at•tor•ney** [ˌdɪstrɪkt əˈtɜrni] *s.* AM promotor público
**dis•trust** [dɪsˈtrʌst] *s.* desconfiança / *v.* desconfiar de
**dis•trust•ful** [dɪsˈtrʌstfəl] *adj.* desconfiado
**dis•turb** [dɪˈstɜrb] *v.* 1 perturbar, atrapalhar 2 incomodar, inquietar
**dis•turb•ance** [dɪˈstɜrbəns] *s.* 1 distúrbio, tumulto 2 perturbação
**dis•turb•ed** [dɪˈstɜrbd] *adj.* perturbado
**dis•turb•ing** [dɪˈstɜrbɪŋ] *adj.* perturbador, impressionante
**dis•used** [dɪsˈjuzd] *adj.* desativado

**ditch** [dɪtʃ] *s.* vala / *v.* FAM 1 abandonar 2 dar o chute em [namorado] 3 AM matar [aula]
**dith•er** [ˈdɪðər] *v.* vacilar
**dit•to** [ˈdɪtoʊ] *adv.* idem
**dive** [daɪv] *v.* [*ps, pp* **dove/dived, dived**] 1 mergulhar 2 saltar [na água] 3 jogar-se [goleiro] / *s.* 1 salto [ornamental] 2 mergulho 3 FAM espelunca
**div•er** [ˈdaɪvər] *s.* 1 mergulhador 2 saltador [ornamental]
**di•verse** [dəˈvɜrs] *adj.* diverso, variado
**di•ver•si•fy** [dəˈvɜrsəfaɪ] *v.* [*ps e pp* **-fied**] diversificar
**di•ver•sion** [dəˈvɜrʒən] *s.* 1 distração 2 BRIT desvio
**di•ver•sity** [dəˈvɜrsəti] *s.* diversidade
**di•vert** [dəˈvɜrt] *v.* 1 desviar 2 **to divert attention from sth** desviar a atenção de algo
**di•vide** [dəˈvaɪd] *v.* 1 dividir(-se) (***among/between*** *entre*, ***by*** *por*, ***into*** *em*) 2 separar (***from*** *de*)
**divide up: to divide sth up** dividir algo (***into*** *em*) / *s.* fosso [social, racial etc.]
**di•vid•ed high•way** [dəˌvaɪdɪdˈhaɪweɪ] *s.* AM pista dupla
**divi•dend** [ˈdɪvədɛnd] *s.* 1 dividendo 2 **to pay dividends** trazer vantagens
**di•vine** [dəˈvaɪn] *adj.* divino
**div•ing** [ˈdaɪvɪŋ] *s.* 1 mergulho 2 salto ornamental [modalidade]
**div•ing board** [ˈdaɪvɪŋ bɔrd] *s.* trampolim
**di•vi•sion** [dəˈvɪʒən] *s.* 1 divisão 2 setor [de empresa]
**di•vorce** [dəˈvɔrs] *s.* 1 divórcio 2 **to get a divorce** divorciar-se / *v.* 1 divorciar-se (de) 2 **to get divorced** divorciar-se
**di•vor•cé** [dəvɔrˈsi] *s.* AM divorciado
**di•vor•cee** [dəvɔrˈsi] *s.* 1 divorciada 2 BRIT divorciado
**di•vulge** [dəˈvʌldʒ] *v.* FORM 1 divulgar 2 **to divulge sth to sb** revelar algo a alguém
**DIY** [diaɪˈwaɪ] *s.* (= do it yourself) bricolagem
**diz•zi•ness** [ˈdɪzinəs] *s.* tontura, vertigem
**diz•zy** [ˈdɪzi] *adj.* [*comp* **dizzier, dizziest**] 1 tonto 2 vertiginoso
**DJ** [ˈdidʒeɪ] *s.* 1 DJ, discotecário 2 radialista

**do** [du] *v.* [*ps, pp* **did, done**] 1 fazer: *What did you do last weekend?* O que você fez fim de semana passado? | *I haven't done my homework yet.* Não fiz o meu dever de casa ainda. 2 ir [bem, mal]: *How are you doing?* Como vai? | *I did badly on the test.* Fui mal na prova. 3 chegar, bastar: *That will do.* Chega. 4 dar [ser suficiente]: *There's not much milk, but it'll do for the two of us.* Não tem muito leite, mas dá para nós dois. 5 servir [ser adequado]: *There are no cups. Will a mug do?* Não tem xícara. Uma caneca serve? 6 vender, ter [mercadoria]: *Do you do any other colors?* Vocês têm outras cores? 7 servir [comida]: *Does the hostel do breakfast?* O albergue serve café da manhã? 8 FAM passar [tempo]: *She did a year in Canada before starting college.* Ela passou um ano no Canadá antes de começar a faculdade. 9 FAM usar [drogas] 10 **could do with sth** estar precisando de algo: *I could do with a vacation.* Estou precisando de férias. | *These jeans could do with a wash.* Esse jeans está precisando ser lavado. 11 **how do you do?** FORM muito prazer em conhecê-lo 12 **it doesn't do to do sth** não é bom fazer algo 13 **it won't do (to do sth)** (fazer algo) não dá [é inaceitável] 14 **to be/have nothing to do with sth/sb** não ter nada a ver com algo/alguém 15 **to be/have (something) to do with sth/sb** ter (algo) a ver com algo/alguém 16 **to do sth for a living** trabalhar em algo: *What does he do for a living?* Ele trabalha em quê? 17 **to do sth to sth/sb** fazer algo com algo/alguém: *What have you done to this computer?* O que você fez com esse computador? 18 **to do your hair** pentear o cabelo 19 **to have your hair/nails done** fazer o cabelo/a unha [com profissional]
**do away with** acabar com
**do over: to do sth over** AM fazer algo de novo
**do up** 1 **to do sth up** **a** fechar/abotoar algo [roupa] **b** FAM reformar algo [casa etc.] 2 **to**

**do up your buttons/zipper** abotoar os botões/fechar o zíper 3 **to do up your laces/shoes** amarrar o sapato
**do without** ficar/passar sem: *I can't do without my cell phone.* Não consigo ficar sem meu celular. / *v auxiliar.* 1 ▸ usado para formar a negativa e a interrrogativa dos tempos presente e passado simples: *We didn't have class yesterday.* Não tivemos aula ontem. | *Do you speak Spanish?* Você fala espanhol? | *Didn't you like the movie?* Você não gostou do filme? 2 ▸ usado em *tag questions*, respostas curtas e acréscimos para evitar a repetição do verbo principal : *You arrived yesterday, didn't you?* Você chegou ontem, não é? | *"Do you like pizza?" - "Yes, I do."* "Você gosta de pizza?" - "Gosto sim." | *"I didn't go out last night." - "Neither did I."* "Não saí ontem à noite." - "Nem eu." | *Bob plays tennis and so does his brother.* O Bob joga tênis e o irmão dele também. 3 ▸ usado em frases afirmativas para dar ênfase: *He does speak English, but not very well.* Ele fala inglês sim, mas não muito bem. | *"You said you'd call me." - "But I did call you."* "Você falou que ia me ligar." - "Mas eu te liguei sim." / *s.* 1 FAM festa 2 AM FAM penteado 3 **dos and don'ts** o que se deve e o que não se deve fazer, dicas
▸ Observe a diferença entre ***to do sth with sth/sb*** *(= colocar em algum lugar)* e ***to do sth to sth/sb*** *(= mexer em, afetar)*. Compare: ***What have you done with my cell phone?*** *O que você fez com meu celular? (= onde colocou?)* e ***What have you done to my cell phone?*** *O que você fez no meu celular? (= você mexeu nele).*

**doc•ile** [ˈdasəl, *Brit*: ˈdoʊsaɪl] *adj.* dócil, manso

**dock** [dak] *s.* 1 doca, cais 2 estaleiro 3 banco dos réus 4 AM píer 5 **the docks** o porto, a zona portuária / *v.* 1 atracar 2 descontar em [salário] 3 acoplar-se [nave espacial]

**doc•tor** [ˈdaktər] *s.* 1 médico 2 doutor / *v.* adulterar, falsificar

**doc•tor•ate** [ˈdaktərət] *s.* doutorado

**doc•trine** [ˈdaktrɪn] *s.* doutrina

**docu•ment** *s.* [ˈdakjəmənt] documento / *v.* [ˈdakjəmɛnt] documentar

**docu•men•tary** [dakjəˈmɛntri] *s.* [*pl* **documentaries**] documentário / *adj.* documental

**docu•men•ta•tion** [dakjəmɛnˈteɪʃən] *s.* documentação

**dodge** [ˈdadʒ] *v.* 1 esquivar-se de 2 desviar-se (de) 3 esconder-se

**dodgy** [ˈdadʒi] *adj.* [*comp* **dodgier, dodgiest**] BRIT FAM 1 com defeito 2 suspeito 3 arriscado

**does** [dʌz] *v.* ▸ *3ª pessoa do singular do presente do verbo* DO

**doesn't** [ˈdʌznt] *contr.* ▸ = DOES NOT

**dog** [dɔg] *s.* cão, cachorro / *v.* **to be dogged by sth** ser perseguido por algo [azar, lesões etc.]

**dog•ged** [ˈdɔgɪd] *adj.* 1 teimoso 2 inquebrantável [determinação]

**doing** [ˈduɪŋ] *s.* 1 **to be sb's doing** ser obra de alguém: *Is this your doing?* Isso é obra sua? 2 **to take some doing** não ser moleza

**do-it-yourself** [duɪtjɔrˈsɛlf] *s.* bricolagem

**doll** [dal] *s.* boneca

**dol•lar** [ˈdalər] *s.* dólar: *a ten-dollar bill* uma nota de dez dólares

**dol•phin** [ˈdalfɪn] *s.* golfinho

**do•main** [dəˈmeɪn] *s.* domínio: *a domain name* um nome de domínio

**dome** [doʊm] *s.* cúpula, abóbada

**do•mes•tic** [dəˈmɛstɪk] *adj.* 1 doméstico 2 interno [de país] 3 nacional 4 **domestic appliance** eletrodoméstico

**do•mes•ti•cat•ed** [dəˈmɛstɪkeɪtɪd] *adj.* 1 domesticado 2 prendado

**domi•nance** [ˈdamənəns] *s.* 1 supremacia 2 predominância

**domi•nant** [ˈdamənənt] *adj.* 1 dominante 2 predominante

**domi•nate** [ˈdaməneɪt] *v.* dominar

**domi•na•tion** [daməˈneɪʃən] *s.* dominação

**domi•neer•ing** [daməˈnɪrɪŋ] *adj.* dominador, prepotente

**Do•mini•can** [dəˈmɪnɪkən] *adj, s.* dominicano

**Do•mini•can Re•pub•lic** [dəˌmɪnɪkən rɪˈpʌblɪk] *s.* República Dominicana
**domi•no** [dɑməˈnoʊ] *s.* [*pl* **dominoes**] 1 (peça de) dominó 2 **dominoes** dominó [jogo] 3 **domino effect** efeito dominó
**do•nate** [ˈdoʊneɪt] *v.* doar
**do•na•tion** [doʊˈneɪʃən] *s.* 1 doação 2 donativo
**done** [dʌn] *v.* ▸ *pp de* DO / *adj.* 1 pronto 2 cozido 3 **done!** fechado! 4 **I'm done** a terminei b AM FAM para mim chega 5 **it's not the done thing (to do sth)** pega mal (fazer algo)
**don•key** [ˈdɑnki] *s.* jumento
**do•nor** [ˈdoʊnər] *s.* doador: *a blood donor* um doador de sangue
**don't** [doʊnt] *contr.* ▸ = DO NOT
**do•nut** [ˈdoʊnʌt] AM 1 donut [tipo rosca] 2 sonho [com recheio]
**doom** [dum] *s.* 1 perdição 2 **doom and gloom** desgraça
**doomed** [dumd] *adj.* 1 fatídico 2 **to be doomed** estar fadado ao fracasso/ao desastre/à extinção 3 **to be doomed to failure** estar fadado ao fracasso
**door** [dɔr] *s.* 1 porta 2 **(from) door to door** a de porta em porta [vender etc.] b de porta a porta [duração de viagem] 3 **out of doors** ao ar livre 4 **two etc. doors up/down** duas etc. casas mais adiante 5 **to answer/get the door** atender a porta
**door•bell** [ˈdɔrbɛl] *s.* campainha
**door•knob** [ˈdɔrnɑb] *s.* maçaneta
**door•man** [ˈdɔrmən] *s.* [*pl* **doormen**] porteiro
**door•mat** [ˈdɔrmæt] *s.* capacho
**door•step** [ˈdɔrstɛp] *s.* 1 soleira (da porta) 2 **on the/your doorstep** na porta de casa
**door-to-door** [dɔrtəˈdɔr] *adj.* de porta em porta [venda]
**door•way** [ˈdɔrweɪ] *s.* (vão da) porta
**dope** [doʊp] *s.* FAM 1 maconha 2 idiota 3 **dope test** teste antidoping / *v.* dopar
**dorm** [dɔrm] *s.* FAM dormitório [estudantil, coletivo]
**dor•mant** [ˈdɔrmənt] *adj.* 1 latente 2 inativo [vulcão]
**dor•mi•tory** [ˈdɔrmətɔri] *s.* [*pl* **dormitories**] dormitório [estudantil, coletivo]
**dos•age** [ˈdoʊsɪdʒ] *s.* dosagem
**dose** [doʊs] *s.* dose
**dot** [dɑt] *s.* 1 ponto 2 **on the dot** em ponto / *v.* 1 **dotted around sth** espalhados por algo 2 **to be dotted with sth** estar pontilhado de algo
**dote** [doʊt] *v.* **to dote on sb** ser louco por alguém
**dot•ing** [ˈdoʊtɪŋ] *adj.* coruja [pai, avó etc.]
**dot•ted line** [ˌdɑtɪdˈlaɪn] *s.* linha pontilhada
**double** [ˈdʌbəl] *adj.* 1 duplo 2 BRIT dois [ao soletrar ou informar números]: *The word is spelt with a double s.* A palavra se escreve com dois s. 3 **double figures** dois dígitos 4 **double garage** garagem com duas vagas 5 **double room** quarto de casal / *s.* 1 o dobro 2 sósia 3 dose dupla [de bebida] 4 dublê 5 **doubles** duplas [em tênis]: *the men's doubles* as duplas masculinas 6 **on/at the double** FAM rapidinho / *adv.* 1 o dobro de: *We had to pay double the price.* Tivemos que pagar o dobro do preço. 2 **to be seeing double** estar vendo dobrado / *v.* 1 dobrar 2 duplicar 3 **to double (up) as sth** fazer as vezes de algo
**double back** dar meia-volta
**double up: to be doubled up with laughter/pain** estar morrendo de rir/dor
**double-barreled**, BRIT: **double-barrelled** [ˌdʌbəlˈbærəld] *adj.* 1 de cano duplo 2 BRIT composto [sobrenomo]
**double bass** [ˌdʌbəlˈbeɪs] *s.* contrabaixo
**double bed** [ˌdʌbəl ˈbɛd] *s.* cama de casal
**double-breasted** [ˌdʌbəl ˈbrɛstɪd] *adj.* transpassado [paletó]
**double-check** [ˌdʌbəlˈtʃɛk] *v.* rechecar, verificar de novo
**double-click** [ˌdʌbəlˈklɪk] *v.* clicar duas vezes (*on* em)
**double-cross** [ˌdʌbəl ˈkrɔs] *v.* trair

**double-decker** [ˌdʌbəlˈdɛkər] *s.* (tb **double--decker bus**) ônibus de dois andares
**double glaz•ing** [ˌdʌbəl ˈgleɪzɪŋ] *s.* vidros duplos
**dou•bly** [ˌdʌbli] *adv.* duplamente, em dobro
**doubt** [daʊt] *s.* 1 dúvida (***about*** *sobre*): *There's no doubt he's guilty.* Não há dúvida de que ele é culpado. 2 **beyond doubt** acima de qualquer dúvida 3 **if/when in doubt** na dúvida 4 **in doubt** em dúvida, duvidoso 5 **no doubt (about it)/without doubt** sem dúvida 6 **to be in no doubt about sth** não ter a menor dúvida de algo 7 **to have your doubts** ter suas dúvidas / *v.* duvidar (de): *"Do you think he'll call?" - "I doubt it."* "Você acha que ele vai ligar?" - "Duvido."
**doubt•ful** [ˈdaʊtfəl] *adj.* 1 duvidoso 2 indeciso 3 **to be doubtful about sth/about doing sth** estar na dúvida sobre algo/se faz ou não algo
**doubt•less** [ˈdaʊtləs] *adv.* sem dúvida, certamente
**dough** [doʊ] *s.* 1 massa [de pão, torta] 2 FAM grana [dinheiro]
**dough•nut** [ˈdoʊnʌt] *s.* 1 donut [tipo rosca] 2 sonho [com recheio]
**douse** [daʊs] *v.* 1 apagar [fogo] 2 encharcar (***in/with*** *de/com*)
**dove** *s.* [dʌv] pomba / *v.* [doʊv] AM ▸ *ps de* DIVE
**down** [daʊn] *adv.* 1 para baixo 2 embaixo 3 **down at/to sth** lá em algo: *Sue's gone down to the store.* A Sue foi lá no supermercado. 4 **down there** lá embaixo 5 **down with sth/sb!** abaixo algo/alguém! 6 **to be down** **a** estar triste/deprê **b** estar perdendo: *Brazil were 2-0 down.* O Brasil estava perdendo por 2 a 0. **c** ter caído: *The Internet's down.* A Internet caiu. 7 **to be down to sb to do sth** tocar/caber a alguém fazer algo 8 **to be down to sth** **a** só ter algo: *The team was down to ten men.* O time estava com apenas dez jogadores. **b** dever-se a algo: *His success is down to hard work.* O sucesso dele se deve a muito trabalho. / *prep.* ▸ *down* como preposição não tem equivalente em português. A ideia é *descendo por*. Veja os exemplos a seguir: *I ran down the hill.* Desci a ladeira correndo. | *We carried the boxes down the stairs.* Descemos a escada com as caixas. | *They paddled down the river.* Desceram o rio remando. | *He lives just down the street from us.* Ele mora pertinho da gente, na mesma rua. / *s.* penugem / *v.* engolir
**down•fall** [ˈdaʊnfɔl] *s.* 1 queda, ruína 2 perdição
**down•grade** [daʊnˈgreɪd] *v.* rebaixar
**down•hearted** [daʊnˈhɑrtɪd] *adj.* desanimado
**down•hill** [daʊnˈhɪl] *adv.* 1 ladeira abaixo 2 **to go downhill** decair, degringolar / *adj.* 1 em declive [trecho] 2 **downhill skiing** esqui alpino 3 **it's all downhill/downhill all the way (from here)** daqui para a frente é moleza
**down•load** [daʊnˈloʊd] *v.* baixar [da Internet]
**down•market** [daʊnˈmɑrkɪt] *adj.* BRIT popular [bairro, jornal etc.]
**down payment** [daʊnˈpeɪmənt] *s.* entrada, sinal [em compra]
**down•pour** [ˈdaʊnpɔr] *s.* pancada de chuva, toró
**down•right** [ˈdaʊnraɪt] *adv.* totalmente, realmente / *adj.* total: *a downright lie* uma mentira deslavada
**down•scale** [ˈdaʊnskeɪl] *adj.* AM popular [bairro, jornal etc.]
**down•side** [ˈdaʊnsaɪd] *s.* lado negativo, desvantagem
**Down's syndrome** [ˈdaʊnzˌsɪndroʊm] *s.* síndrome de Down
**down•stairs** [ˈdaʊnstɛrz] *adv.* 1 lá embaixo, no andar de baixo 2 para baixo: *She ran downstairs.* Ela desceu a escada correndo. / *adj.* (do andar) de baixo: *the downstairs neighbors* os vizinhos de baixo / *s.* andar de baixo
**down•stream** [daʊnˈstrim] *adv.* rio abaixo
**down-to-earth** [daʊntuˈɜrθ] *adj.* pé no chão, realista

**down•town** [ˈdaʊntaʊn] AM *adv.* ao/no centro (da cidade) / *adj.* 1 do centro (da cidade) 2 **downtown Atlanta etc.** o centro de Atlanta etc.
**down•turn** [ˈdaʊntɜrn] *s.* queda (***in** em*)
**down•ward** [ˈdaʊnwɜrd] *adj.* descendente / *adv.* (tb **downwards**) para baixo
**dow•ry** [ˈdaʊri] *s.* [*pl* **dowries**] dote [de casamento]
**dowse** [daʊs] *v.* 1 apagar [fogo] 2 encharcar (***in/with** de/com*)
**doze** [doʊz] *v.* cochilar
**doze off** cochilar / *s.* cochilo
**doz•en** [ˈdʌzən] *s.* 1 dúzia: *two dozen eggs* duas dúzias de ovos 2 **dozens (of sth)** dezenas (de algo)
**drab** [dræb] *adj.* 1 sombrio 2 sem graça
**draft** [dræft] *s.* 1 (tb **rough draft**) rascunho 2 esboço 3 AM corrente de ar 4 AM chope 5 AM alistamento militar obrigatório 6 BRIT ordem de pagamento 7 **on draft** AM em barril / *v.* 1 rascunhar 2 redigir, lavrar 3 AM convocar [para servir]
**draft beer** [dræftˈbɪr] *s.* AM chope
**drafts•man**, BRIT: **draughtsman** [ˈdræftsmən] *s.* [*pl* **draftsmen**] desenhista, projetista
**drafty**, BRIT: **draughty** [ˈdræfti] *adj.* [*comp* **draftier, draftiest**] com muita corrente de ar
**drag** [dræg] *v.* [**-gg-**] 1 arrastar 2 arrastar-se [tempo] 3 dragar 4 **to drag yourself** arrastar--se
**drag on** prolongar-se / *s.* 1 tragada [de cigarro] 2 **a drag** FAM um saco 3 **in drag** vestido de mulher
**drag•on** [ˈdrægən] *s.* dragão
**dragon•fly** [ˈdrægənflaɪ] *s.* [*pl* **dragonflies**] libélula
**drain** [dreɪn] *s.* 1 ralo 2 bueiro 3 BRIT (cano do) esgoto 4 **a drain on sth** um escoadouro de algo [recursos] 5 **money etc. down the drain** FAM dinheiro etc. jogado fora 6 **to go down the drain** FAM ir para o brejo / *v.* 1 (deixar) escorrer (***from** de*) 2 drenar 3 esgotar [pessoa, recursos]
**drain away** escorrer
**drain•age** [ˈdreɪnɪdʒ] *s.* 1 drenagem 2 rede de esgoto
**drained** [dreɪnd] *adj.* esgotado
**drain•ing board** [ˈdreɪnɪŋ bɔrd] *s.* escorredor [de pia]
**drain•pipe** [ˈdreɪnpaɪp] *s.* cano de esgoto
**dra•ma** [ˈdrɑmə] *s.* 1 drama 2 teatro [disciplina]
**drama series** [ˈdrɑməˌsɪrɪz] *s.* série dramática
**dra•mat•ic** [drəˈmætɪk] *adj.* 1 dramático 2 drástico, radical 3 teatral
**drama•tist** [ˈdræmətɪst] *s.* dramaturgo
**drama•tize**, BRIT tb: **-tise** [ˈdræmətaɪz] *v.* 1 adaptar para o cinema/a TV/o teatro 2 dramatizar 3 fazer um drama (de)
**drank** [dræŋk] *v.* ▸ *ps de* DRINK
**drape** [dreɪp] *v.* 1 **to drape sth over/around sth** colocar algo sobre/em volta de algo 2 **to be draped in/with sth** estar coberto por/com algo
**drapes** [dreɪps] *spl.* AM cortinas
**dras•tic** [ˈdræstɪk] *adj.* drástico
**draught** [dræft] *s.* BRIT ver **draft**
**draughts•man** [ˈdræftsmən] *s.* BRIT ver **drafts•man**
**draughty** [ˈdræfti] *adj.* BRIT ver **drafty**
**draw** [drɔ] *v.* [*ps, pp* **drew, drawn**] 1 desenhar 2 puxar: *a horse-drawn carriage* uma carruagem puxada por cavalos 3 sacar [arma, dinheiro] 4 fechar [cortinas] 5 atrair (***to** para*) 6 tirar [conclusão, conforto etc.] (***from** de*) 7 provocar, render [críticas, resposta, risos] (***from** de*) 8 arrancar [aplausos, elogios] 9 BRIT empatar 10 **to draw alongside sth** emparelhar com algo 11 **to draw attention to sth** chamar atenção para algo 12 **to draw into sth** entrar em algo 13 **to draw level with sb** alcançar alguém [em corrida etc.] 14 **to draw near/closer** aproximar-se 15 **to draw on sth** basear-se em algo [experiência, dados etc.]

16 **to draw sb aside** puxar alguém de lado
17 **to draw to a close/an end** chegar ao fim
**draw back** recuar
**draw into: to draw sb into sth** envolver alguém em algo
**draw out: to draw sth out** a sacar algo [dinheiro] b prolongar algo
**draw up** 1 parar 2 **to draw sth up** redigir/lavrar algo 3 **to draw up a list** fazer uma lista 4 **to draw up a chair** puxar uma cadeira / *s.* 1 empate 2 sorteio

**draw•back** [ˈdrɔbæk] *s.* desvantagem, inconveniente

**drawer** [drɔr] *s.* gaveta: *the bottom drawer* a última gaveta

**draw•ing** [ˈdrɔ-ɪŋ] *s.* 1 desenho 2 AM sorteio

**draw•ing pin** [ˈdrɔ-ɪŋ pɪn] *s.* BRIT tachinha

**drawl** [drɔl] *v.* falar arrastado / *s.* fala arrastada

**drawn** [drɔn] *v.* ▸ *pp de* DRAW / *adj.* abatido

**dread** [drɛd] *v.* 1 morrer de medo de 2 **I dread to think** não quero nem pensar 3 **to dread (sb) doing sth** morrer de medo de (alguém) fazer algo / *s.* pavor

**dread•ful** [ˈdrɛdfəl] *adj.* 1 terrível 2 péssimo

**dread•ful•ly** [ˈdrɛdfəli] *adv.* 1 demais 2 pessimamente

**dream** [drim] *s.* 1 sonho (***about*** *com*, ***of*** *de*): *a bad dream* um pesadelo | *a dream job* um emprego dos sonhos 2 **sb's wildest dreams** os sonhos mais loucos de alguém 3 **to live in a dream world** viver no mundo da lua / *v.* [*ps e pp* **dreamed/dreamt**] 1 sonhar (***about*** *com*) 2 imaginar: *She never dreamed she would win.* Ela nunca imaginou que fosse ganhar. 3 **to dream of doing sth** sonhar em fazer algo 4 **would not dream of doing sth**: *I wouldn't dream of telling anyone.* Eu jamais contaria para ninguém.

**dream•er** [ˈdrimər] *s.* sonhador

**dreamy** [ˈdrimi] *adj.* [*comp* **dreamier, dreamiest**] 1 distraído 2 aéreo

**dreary** [ˈdrɪri] *adj.* [*comp* **drearier, dreariest**] 1 monótono 2 sombrio

**dredge** [drɛdʒ] *v.* dragar
**dredge up: to dredge sth up** desenterrar algo

**dregs** [drɛgz] *spl.* 1 borra 2 escória

**drench** [drɛntʃ] *v.* encharcar, ensopar

**dress** [drɛs] *s.* 1 vestido 2 traje(s): *evening dress* traje a rigor / *v.* 1 vestir(-se) (***in*** *de/em*) 2 fazer curativo em 3 temperar [salada] 4 **to get dressed** vestir-se
**dress up** 1 fantasiar-se (***as*** *de*) 2 usar uma roupa formal, arrumar-se muito

**dress circle** [ˈdrɛs ˌsɜrkəl] *s.* BRIT balcão nobre

**dress•er** [ˈdrɛsər] *s.* 1 AM cômoda 2 BRIT guarda-louças

**dress•ing** [ˈdrɛsɪŋ] *s.* 1 vinagrete, molho [de salada etc.] 2 curativo 3 AM recheio

**dress•ing gown** [ˈdrɛsɪŋ gaʊn] *s.* BRIT roupão, robe

**dress•ing room** [ˈdrɛsɪŋ rum] *s.* 1 camarim 2 AM provador

**dress•ing table** [ˈdrɛsɪŋ teɪbəl] *s.* penteadeira

**dress•maker** [ˈdrɛsmeɪkər] *s.* costureira

**dress re•hears•al** [ˈdrɛs rɪˌhɜrsəl] *s.* ensaio geral

**drew** [dru] *v.* ▸ *ps de* DRAW

**dribble** [ˈdrɪbəl] *v.* 1 babar 2 escorrer 3 driblar / *s.* 1 baba 2 fio [de líquido]

**dried** [draɪd] *v.* ▸ *ps e pp de* DRY / *adj.* seco

**dri•er** [ˈdraɪər] *adj.* ▸ *comp de* DRY / *s.* secadora

**drift** [drɪft] *v.* 1 ser levado [pela correnteza]: *The boat drifted out to sea.* O barco foi levado para o alto-mar. 2 estar/ir à deriva 3 andar/ir sem rumo 4 **to drift into sth** meter-se em algo por acaso
**drift apart** ir se afastando
**drift away** ir embora aos poucos / *s.* 1 banco [de neve] 2 **the drift of sth** a ideia geral de algo 3 **to catch/get sb's drift** entender o que alguém quer dizer

**drill** [drɪl] *s.* 1 broca 2 furadeira 3 exercício(s): *a fire drill* um exercício de simulação de incêndio / *v.* 1 furar 2 **to drill**

**a hole in sth** furar algo 3 **to drill for oil** explorar petróleo 4 **to drill sb (in sth)** fazer alguém treinar (algo)

**dri•ly** [ˈdraɪli] *adv.* sarcasticamente

**drink** [drɪŋk] *v.* [*ps, pp* **drank, drunk**] 1 beber, tomar: *Would you like something to drink?* Você quer tomar alguma coisa? 2 **to drink to sth/sb** brindar algo/alguém
**drink up: to drink (sth) up** beber (algo) logo / *s.* 1 bebida 2 drinque 3 **a drink of water** um pouco d'água 4 **soft drink** refrigerante 5 **to go for a drink** ir tomar um drinque 6 **to have a drink** tomar um drinque

**drink•er** [ˈdrɪŋkər] *s.* 1 bebedor 2 **to be a (heavy) drinker** beber (muito)

**drink•ing water** [ˈdrɪŋkɪŋ ˌwɔtər] *s.* água potável

**drip** [drɪp] *v.* [**-pp-**] 1 pingar 2 **to be dripping with sth** estar pingando de algo / *s.* 1 pingo 2 pinga-pinga 3 BRIT infusão de soro 4 **to be on a drip** BRIT estar tomando soro 5 **to put sb on a drip** BRIT dar soro a alguém

**drive** [draɪv] *v.* [*ps, pp* **drove, driven**] 1 dirigir [veículo] 2 ir de carro 3 levar [de carro] 4 obrigar a ir 5 impelir 6 conduzir, tocar [gado] 7 fincar (***into*** *em*) 8 impulsionar, mover 9 **to drive sb crazy/mad** enlouquecer alguém 10 **to drive sb to do sth** levar/impelir alguém a fazer algo 11 **what sb is driving at** aonde alguém quer chegar
**drive away** 1 ir embora [dirigindo] 2 **to drive sb away** afugentar alguém 3 **to drive sth away** espantar algo
**drive off** arrancar [veículo]
**drive out: to drive sb out** expulsar alguém / *s.* 1 volta (de carro): *Dad took us for a drive in the new car.* Papai nos levou para dar uma volta no carro novo. 2 viagem de carro: *It's a three hour drive from here to the airport.* São três horas de carro daqui ao aeroporto. 3 entrada (para carros), garagem descoberta [de residência] 4 drive, leitor [de CD-ROM etc.]: *the hard drive* o HD 5 campanha: *an economy drive* uma campanha de economia 6 garra [de pessoa] 7 tração [de veículo]: *four-wheel drive* tração 4x4 8 **sex drive** libido 9 **to go for a drive** dar uma volta de carro

**drive-in** [ˈdraɪv ɪn] *s.* 1 drive-thru [lanchonete] 2 drive-in [cinema ao ar livre]

**driven** [ˈdrɪvən] *v.* ▸ *pp de* DRIVE / *adj.* obsessivo

**driv•er** [ˈdraɪvər] *s.* 1 motorista 2 maquinista [de trem] 3 **taxi/truck driver** taxista/caminhoneiro 4 **to be a good/bad driver** dirigir bem/mal

**driv•er's li•cense** [ˈdraɪvərz ˌlaɪsəns] *s.* AM carteira de motorista

**drive•way** [ˈdraɪvweɪ] *s.* entrada (para carros), garagem descoberta [de residência]

**driv•ing li•cence** [ˈdraɪvɪŋ ˌlaɪsəns] *s.* BRIT carteira de motorista

**driv•ing school** [ˈdraɪvɪŋ skul] *s.* autoescola

**driv•ing test** [ˈdraɪvɪŋ tɛst] *s.* exame (prático) de direção

**driz•zle** [ˈdrɪzəl] *v.* chuviscar, garoar / *s.* chuvisco, garoa

**drone** [droʊn] *v.* zumbir
**drone on** alongar-se muito (***about*** *sobre*)

**drool** [drul] *v.* babar(-se) (***over*** *por*)

**droop** [drup] *v.* 1 murchar 2 baixar 3 ficar caído

**drop** [drɑp] *v.* [**-pp-**] 1 deixar cair, derrubar [no chão]: *I dropped my cell phone.* Meu celular caiu no chão. 2 jogar [bomba de avião] 3 cair 4 diminuir [preço, velocidade] 5 largar, abandonar [proposta, matéria etc.] 6 (tb **drop off**) deixar [de carona]: *Could you drop me at the station?* Você pode me deixar na estação? 7 cortar [jogador] 8 **to drop a hint** dar uma indireta 9 **to drop by/into sth** passar em algo [loja etc.] 10 **to drop dead** cair morto, morrer de repente 11 **to drop sb a line** FAM mandar notícias para alguém 12 **to drop the subject** não falar mais no assunto 13 **to let the matter drop** dar o assunto por encerrado
**drop back** ficar para trás

**drop behind** ficar para trás (de)
**drop by** aparecer [de visita]
**drop in** 1 aparecer [de visita] 2 **to drop in on sb** dar um pulo/aparecer na casa de alguém
**drop off** 1 cair 2 dormir 3 diminuir 4 **to drop sb/sth off** deixar alguém/algo [em algum lugar]
**drop out** 1 desistir 2 **to drop out of a race** abandonar uma corrida 3 **to drop out of college/school** largar os estudos / *s.* 1 gota 2 pingo [de leite etc.] 3 queda (***in*** *em/de*) 4 **a drop in the bucket/ocean** uma gota d'água no oceano 5 **at the drop of a hat** de um momento para outro, sem pensar duas vezes 6 **eye drops** colírio

**drop•out** [ˈdrɑpaʊt] *s.* 1 aluno desistente 2 bicho-grilo

**drought** [draʊt] *s.* seca

**drove** [droʊv] *v.* ▸ *ps de* DRIVE / *s.* **in droves** em massa

**drown** [draʊn] *v.* 1 afogar(-se) 2 morrer afogado 3 (tb **drown out**) abafar [som]

**drowsy** [ˈdraʊzi] *adj.* [*comp* **drowsier, drowsiest**] sonolento

**drug** [drʌg] *s.* 1 remédio (***for*** *para*): *a drug company* uma empresa farmacêutica 2 droga 3 **drug(s) test** exame antidoping 4 **on drugs** ▣ drogado ▣ tomando remédios / *v.* [-**gg**-] 1 drogar 2 dopar

**drug ad•dict** [ˈdrʌg ˌædɪkt] *s.* viciado em drogas, drogado

**drug•store** [ˈdrʌgstɔr] *s.* AM drogaria

**drug traf•fick•ing** [ˈdrʌg əˌdɪkʃən] *s.* tráfico de drogas

**drum** [drʌm] *s.* 1 tambor 2 barril 3 **drums** bateria / *v.* [-**mm**-] 1 tamborilar 2 batucar
**drum into: to drum sth into sb** inculcar algo em alguém
**drum up: to drum up support/business** angariar apoio/clientes

**drum•mer** [ˈdrʌmər] *s.* 1 baterista 2 tamboreiro

**drum•stick** [ˈdrʌmstɪk] *s.* 1 baqueta 2 drumet [de frango]

**drunk** [drʌŋk] *adj.* 1 bêbado 2 **to get drunk** ficar bêbado, embebedar-se (***on*** *de*) 3 **to get sb drunk** embebedar alguém / *s.* (tb **drunkard**) bêbado

**drunk driv•ing** [drʌŋkˈdraɪvɪŋ] *s.* AM embriaguez no volante

**drunk•en** [ˈdrʌŋkən] *adj.* 1 bêbado 2 de bêbados [briga, festa]

**dry** [draɪ] *adj.* [*comp* **drier, driest**] 1 seco 2 sem chuva: *Tomorrow will be mainly dry.* O dia amanhã vai ser de pouca chuva. 3 ressecado 4 árido 5 sarcástico [humor] 6 **to run dry** secar [rio] 7 **dry bread** pão sem nada 8 **dry land** terra firme / *v.* [*ps e pp* **dried**] 1 secar 2 enxugar 3 **to dry yourself** enxugar-se, secar-se
**dry off** secar(-se)
**dry out** 1 secar 2 ressecar 3 **to dry sth out** deixar algo para secar
**dry up** 1 secar 2 acabar 3 BRIT enxugar a louça 4 **to dry sth up** enxugar algo

**dry-clean** [draɪˈklin] *v.* lavar a seco

**dry clean•er** [draɪˈklinər] *s.* (tb **dry cleaner's**) tinturaria

**dry clean•ing** [draɪˈklinɪŋ] *s.* 1 lavagem a seco 2 roupa da tinturaria

**dry•er** [ˈdraɪər] *s.* 1 secadora 2 (tb **hairdryer**) secador (de cabelo)

**dry•ly** [ˈdraɪli] *adv.* sarcasticamente

**dry•ness** [ˈdraɪnəs] *s.* secura

**dry wall** [ˈdraɪ wɔl] *s.* (divisória de) gesso acartonado

**dual** [ˈduəl] *adj.* duplo

**dual carriage•way** [ˌduəlˈkærɪdʒweɪ] *s.* BRIT pista dupla

**dub** [ˈdʌb] *v.* [-**bb**-] 1 dublar (***into*** *em*) 2 **to be dubbed sth** ser denominado de algo

**du•bi•ous** [ˈdubiəs] *adj.* 1 duvidoso 2 dúbio 3 **to be dubious** ficar com dúvidas (***about*** *sobre*) 4 **to be dubious about doing sth** ficar na dúvida se deve ou não fazer algo

**duch•ess** [ˈdʌtʃɪs] *s.* duquesa

**duck** [dʌk] *s.* pato / *v.* 1 (tb **duck down**) abaixar-se 2 esquivar-se de [assunto, pergunta] 3 **to duck your head** abaixar a cabeça

**duck out: to duck out of sth** a livrar-se de algo [responsabilidade, tarefa] b matar algo [aula, reunião]

**duck•ling** [ˈdʌklɪŋ] *s.* patinho

**dud** [dʌd] *s.* 1 coisa bichada/pifada 2 nota/moeda fria / *adj.* 1 bichado 2 frio

**dude** [dud] *s.* AM FAM cara

**due** [du] *adj.* 1 devido (*to* a) 2 **in due course** oportunamente 3 **sb/sth is due for sth** está na hora de alguém/algo ter algo: *I'm due for a dental checkup.* Está na hora de eu fazer um checkup odontológico. 4 **to be due** a estar previsto (*in/on para*): *The baby's due in August.* O bebê está previsto para agosto. b ter que estar: *I'm due home at ten.* Tenho que estar em casa às dez. c estar para chegar/nascer: *The train is due any minute.* O trem está para chegar a qualquer momento. d vencer [aluguel, conta] 5 **to be due back** a dever voltar: *Sue's due back on Monday.* A Sue deve voltar na segunda. b ter que ser devolvido: *When are the DVDs due back?* Os DVDs têm que ser devolvidos até quando? 6 **to be due to do sth** a estar previsto para/dever fazer algo: *They're due to arrive this afternoon.* Eles devem chegar hoje à tarde. b estar para fazer algo: *The concert is due to start.* O show está para começar. 7 **with (all) due respect** com todo o respeito (*to* a) / *s.* 1 **dues** mensalidade 2 **to give sb his/her due** justiça seja feita a alguém / *adv.* **due north/south** diretamente ao norte/sul

**due date** [ˈdu deɪt] *s.* 1 data prevista 2 vencimento [de conta]

**duel** [ˈduəl] *s.* duelo / *v.* duelar

**duet** [duˈɛt] *s.* dueto

**dug** [dʌg] *v.* ▶ *ps e pp de* DIG

**duke** [duk] *s.* duque

**dull** [dʌl] *adj.* [*comp* **duller, dullest**] 1 maçante, enfadonho 2 sombrio 3 apagado [cor] 4 nublado, encoberto [tempo] 5 leve [dor] 6 seco, abafado [som] / *v.* 1 embotar [sentidos] 2 amenizar [dor]

**duly** [ˈduli] *adv.* 1 devidamente 2 como previsto

**dumb** [dʌm] *adj.* 1 AM FAM burro, idiota 2 mudo / *v.*

**dumb down: to dumb sth down** nivelar algo por baixo

**dum•my** [ˈdʌmi] *s.* [*pl* **dummies**] 1 boneco 2 réplica 3 BRIT chupeta 4 AM FAM idiota, bobo

**dump** [dʌmp] *v.* 1 largar 2 jogar [lixo] 3 jogar fora 4 desovar [corpo] 5 FAM dar o fora em [namorado] 6 **to dump sth on sb** FAM empurrar algo para alguém / *s.* 1 depósito: *a garbage dump* um depósito de lixo 2 FAM lixo, muquifo 3 **to be down in the dumps** FAM estar triste/deprimido

**dune** [dun] *s.* duna

**dung** [dʌŋ] *s.* esterco

**dun•ga•rees** [dʌŋgəˈriz] *spl.* BRIT macacão [tipo jardineira]

**dun•geon** [ˈdʌndʒən] *s.* masmorra, calabouço

**dun•no** [dəˈnoʊ] *contr.* FAM ▶ = don't know: *I dunno.* Sei não.

**duo** [ˈduoʊ] *s.* 1 dupla: *a singing duo* uma dupla de cantores 2 duo

**dupe** [dup] *v.* **to dupe sb (into doing sth)** engambelar alguém (a fazer algo)

**du•pli•cate** *s, adj.* [ˈdupləkət] 1 duplicata: *a duplicate key* uma chave duplicata 2 (tb **duplicate copy**) segunda via / *v.* [ˈdupləkeɪt] 1 reproduzir 2 copiar

**du•rable** [ˈdʊrəbəl] *adj.* durável

**du•ra•tion** [dʊˈreɪʃən] *s.* FORM 1 duração 2 **for the duration of sth** durante todo algo

**dur•ing** [ˈdʊrɪŋ] *prep.* durante

**dusk** [dʌsk] *s.* crepúsculo, anoitecer

**dust** [dʌst] *s.* poeira / *v.* 1 tirar o pó (de) 2 polvilhar (*with* com)

**dust down, dust off: to dust sth down/off** tirar o pó de algo

**dust•bin** [ˈdʌstbɪn] *s.* BRIT lata de lixo

**dust•er** [ˈdʌstər] *s.* pano de pó

**dust•man** [ˈdʌstmən] *s.* [*pl* **dustmen**] BRIT lixeiro

**dust•pan** [ˈdʌstpæn] *s.* pá de lixo

**dusty** [ˈdʌsti] *adj.* [*comp* **dustier, dustiest**] empoeirado, poeirento

**Dutch** [dʌtʃ] *adj, s.* holandês

**Dutch•man** [ˈdʌtʃmən] *s.* [*pl* **Dutchmen**] holandês

**Dutch•woman** [ˈdʌtʃwʊmən] *s.* [*pl* **Dutchwomen**] holandesa

**du•ti•ful** [ˈdutifəl] *adj.* 1 obediente 2 respeitoso

**duty** [ˈduti] *s.* 1 dever 2 taxas alfandegárias (***on*** *sobre*) 3 **duties** funções [de funcionário] 4 **on/off duty** em/fora de serviço 5 **to do your duty** cumprir seu dever 6 **to have a duty to do sth** ter obrigação de fazer algo

**duty-free** [ˌdutiˈfri] *adj, adv.* 1 livre de impostos 2 **duty-free store** free shop

**du•vet** [duˈveɪ, *Brit*: ˈduveɪ] *s.* edredom

**DVD** [diviˈdi] *s.* DVD

**DVD player** [diviˈdiˌpleɪər] *s.* tocador de DVD

**dwarf** [dwɔrf] *s.* [*pl* **dwarfs/dwarves**] anão / *v.* 1 fazer parecer pequeno 2 **to be dwarfed by sth** ficar pequeno perto de algo

**dwell** [dwɛl] *v.* [*ps e pp* **dwelled/dwelt**] 1 FORM habitar 2 **to dwell on sth** **a** ficar remoendo algo **b** estender-se sobre algo

**dwell•ing** [ˈdwɛlɪŋ] *s.* FORM moradia

**dwindle** [dwɪndəl] *v.* minguar

**dye** [daɪ] *s.* tintura, tinta [para cabelo, tecido] / *v.* [*ger* **dyeing**] 1 tingir 2 **to dye sth green etc.** tingir algo de verde etc.

**dy•ing** [ˈdaɪɪŋ] *adj.* 1 agonizante, moribundo 2 último [desejo, minutos] / *v.* ▸ *ger de* DIE

**dyke** [daɪk] *s.* dique

**dy•nam•ic** [daɪˈnæmɪk] *adj.* dinâmico

**dy•nam•ics** [daɪˈnæmɪks] *spl.* dinâmica

**dy•na•mite** [ˈdaɪnəmaɪt] *s.* dinamite / *v.* dinamitar

**dyn•as•ty** [ˈdaɪnəsti, *Brit*: ˈdɪnəsti] *s.* dinastia

**dys•lexia** [dɪsˈlɛksiə] *s.* dislexia

**dys•lex•ic** [dɪsˈlɛksɪk] *adj, s.* disléxico

# E

**E, e** [i] *s.* E, e / **E** *s.* **1** mi [nota musical] **2** nota escolar baixa na escala de A a F / **E** *abrev.* (= East) L

**each** [itʃ] *adj.* **1** cada: *each time* cada vez **2** **each one** cada um(a) **3** **each and every one** todos/todas **4** **each other** se, um ao outro: *How long have you known each other?* Faz quanto tempo que vocês se conhecem? | *We take care of each other.* Nós cuidamos um do outro. | *They looked into each other's eyes.* Olharam um nos olhos do outro. / *pron.* cada um(a): *each of us* cada um de nós / *adv.* cada: *The students each have a computer.* Cada aluno tem um computador. | *The postcards are a dollar each.* Os postais custam um dólar cada.

**eager** ['igər] *adj.* **1** animado **2** ansioso **3** **eager to do sth** ansioso para fazer algo

**eager•ly** ['igərli] *adv.* ansiosamente

**eager•ness** ['igərnəs] *s.* **eagerness to do sth** ânsia/afã de fazer algo

**eagle** ['igəl] *s.* águia

**ear** [ɪr] *s.* **1** orelha **2** ouvido **3** espiga [de trigo] **4** **to be all ears** FAM ser todo ouvidos **5** **to play it by ear** ver o que acontece

**ear•ache** ['ɪreɪk] *s.* dor de ouvido

**ear•drum** ['ɪrdrʌm] *s.* tímpano

**earl** [ɜrl] *s.* conde

**ear•ly** ['ɜrli] *adj.* [*comp* **earlier, earliest**] **1** ▸ refere-se à primeira parte de um período: *in the early 90s* no começo dos anos 90 | *He's in his early sixties.* Ele tem sessenta e poucos anos. **2** ▸ refere-se a algo que acontece mais cedo do que de costume: *We had an early lunch.* Almoçamos cedo. | *I want an early night tonight.* Quero dormir cedo hoje. **3** primeiro: *Mozart's early works* as primeiras obras de Mozart **4** precoce [aposentadoria etc.] **5** **at an early age** na infância/mocidade **6** **at the earliest**: *10 p.m. at the earliest* não antes das 22h00 **7** **it's early days yet** é cedo ainda **8** **the early hours (of the morning)** a madrugada **9** **to be early** **a** chegar adiantado (*for para*): *The train was a few minutes early.* O trem chegou alguns minutos adiantado. **b** ser cedo: *It's too early to say who will win.* É cedo para dizer quem vai ganhar. **10** **to make an early start** começar/sair cedo / *adv.* [*comp* **earlier, earliest**] **1** cedo **2** no começo: *early next year* no começo do ano que vem | *earlier this week* no começo desta semana **3** **early on** logo (no começo)

**ear•ly riser** [ˌɜrli 'raɪzər] *s.* madrugador

**ear•mark** ['ɪrmɑrk] *v.* **1** reservar (*for para*) **2** destinar (*for a*) **3** apontar (*as como*)

**earn** [ɜrn] *v.* **1** ganhar [dinheiro] **2** merecer **3** **to earn a/your living** ganhar a vida **4** **to earn sb sth** valer algo a alguém: *Her performance earned her an Oscar.* A atuação dela lhe valeu um Oscar.

**ear•nest** ['ɜrnɪst] *adj.* **1** sério **2** **in earnest** para valer **3** **to be in earnest** estar falando sério

**earn•ings** [ˈɜrnɪŋz] *spl.* 1 renda, vencimentos 2 receitas

**ear•phones** [ˈɪrfoʊnz] *spl.* fone de ouvido

**ear•ring** [ˈɪrɪŋ] *s.* brinco

**ear•shot** [ˈɪrʃɑt] *s.* 1 **out of earshot** longe [onde não dá para escutar] 2 **within earshot** por perto [onde dá para escutar]

**earth** [ɜrθ] *s.* 1 terra 2 BRIT (fio) terra 3 **the Earth** a Terra 4 **to charge/cost/pay the earth** FAM cobrar/custar/pagar os olhos da cara 5 **what/why etc. on earth ...?** o que/por que etc. cargas d'água ...?

**earthen•ware** [ˈɜrθənwɛr] *s.* (louça de) barro

**earth•ly** [ˈɜrθli] *adj.* 1 mundano 2 **no earthly reason/use** razão alguma/sentido algum

**earth•quake** [ˈɜrθkweɪk] *s.* terremoto

**ear•wig** [ˈɪrwɪg] *s.* tesoura [inseto]

**ease** [iz] *s.* 1 facilidade: *with ease* com facilidade 2 **at ease** à vontade 3 **ill at ease** pouco à vontade / *v.* 1 aliviar [dor] 2 facilitar 3 mover(-se) com cuidado: *He eased his boots off.* Ele tirou a bota com cuidado. | *She eased herself into a chair.* Ela sentou com cuidado numa cadeira. 4 **to ease sb's mind** tranquilizar alguém 5 **to ease the way for sth** abrir caminho para algo

**ease off** diminuir [chuva, trânsito]

**ease up** 1 maneirar, pegar leve (***on*** *com/em*) 2 diminuir [chuva]

**easel** [ˈizəl] *s.* cavalete [de pintor]

**easi•ly** [ˈizəli] *adv.* 1 facilmente 2 de longe: *easily the best* de longe o melhor 3 **sb/sth can/could/might easily do sth** é bem capaz de alguém/algo fazer algo: *They could easily get lost.* É bem capaz de eles se perderem.

**east** [ist] *s.* leste / *adj.* leste, oriental / *adv.* 1 para o leste 2 **east of sth** ao leste de algo: *50 km east of San Diego* a 50 km ao leste de San Diego

**east•bound** [ˈistbaʊnd] *adj, adv.* em direção ao leste

**East•er** [ˈistər] *s.* Páscoa: *at Easter* na Páscoa

**East•er egg** [ˈistər ɛg] *s.* ovo de Páscoa

**east•er•ly** [ˈistərli] *adj.* leste: *in an easterly direction* em direção ao leste

**East•er Mon•day** [ˌistərˈmʌndeɪ] *s.* BRIT feriado na segunda depois da Páscoa

**east•ern** [ˈistərn] *adj.* 1 oriental 2 **Eastern Europe** o Leste Europeu

**East•er Sun•day** [ˌisterˈsʌndeɪ] *s.* domingo de Páscoa

**east•ward** [ˈistwərd] *adj, adv.* ao leste

**east•wards** [ˈistwərdz] *adv.* para o leste

**easy** [ˈizi] *adj.* [*comp* **easier, easiest**] 1 fácil 2 **not to have an easy time (of it)** passar por dificuldades 3 **to take the easy way out** optar pela solução mais fácil / *adv.* [*comp* **easier, easiest**] 1 **to be easier said than done** FAM não ser tão fácil 2 **to go easy on sb** pegar leve com alguém 3 **to go easy on/with sth** maneirar em/com algo 4 **to take it/things easy** **a** descansar **b** ir com calma 5 **take it easy!** FAM **a** calma! **b** AM tchau!

**easy chair** [ˌizi ˈtʃɛr] *s.* poltrona

**easy•going** [iziˈgoʊɪŋ] *adj.* fácil, tranquilo [pessoa]

**eat** [it] *v.* [*ps, pp* **ate, eaten**] comer

**eat away: to eat away at sth/eat sth away** corroer algo

**eat in** 1 comer em casa 2 comer no local [em vez de levar para viagem]

**eat into: to eat into sth** **a** corroer algo **b** consumir algo [economias]

**eat out** comer fora

**eat up** 1 comer logo 2 **to eat sth up** **a** comer algo todo **b** consumir muito algo

**eat•en** [ˈitn] *v.* ▸ *pp de* EAT

**eat•er** [ˈitər] *s.* 1 **to be a big eater** ser de comer muito 2 **to be a fussy eater** ser enjoado para comer

**eaves•drop** [ˈivzdrɑp] *v.* [-**pp**-] **to eavesdrop (on sth/sb)** escutar (algo/alguém) às escondidas

**ebb** [ɛb] *s.* 1 (tb **ebb tide**) (maré) vazante 2 **the ebb and flow of sth** o vaivém de algo 3 **to be at a low ebb** estar na fossa

**eb•ony** [ˈɛbəni] *s.* ébano
**ec•cen•tric** [ɪkˈsɛntrɪk] *adj, s.* excêntrico
**echo** [ˈɛkoʊ] *s.* [*pl* **echoes**] eco / *v.* ecoar
**eclipse** [ɪˈklɪps] *s.* eclipse / *v.* eclipsar
**eco•logi•cal** [ikəˈlɑdʒɪkəl] *adj.* ecológico
**ecol•ogy** [ɪˈkɑlədʒi] *s.* ecologia
**e-commerce** [ˈiˌkɑmɜrs] *s.* comércio eletrônico
**eco•nom•ic** [ɛkəˈnɑmɪk] *adj.* econômico [relativo à economia]
**eco•nomi•cal** [ɛkəˈnɑmɪkəl] *adj.* 1 econômico [que consome pouco] 2 **to be economical with sth** ser parcimonioso com algo
**eco•nom•ics** [ɛkəˈnɑmɪks] *s.* economia [ciência]
**econo•mist** [ɪˈkɑnəmɪst] *s.* economista
**econo•mize**, BRIT tb: **-mise** [ɪˈkɑnəmaɪz] *v.* economizar (***on*** *em*)
**econo•my** [ɪˈkɑnəmi] *s.* [*pl* **economies**] 1 economia [de país etc.] 2 (tb **economy class**) classe econômica / *adv.* **to fly economy** viajar de classe econômica
**eco•sys•tem** [ˈikoʊsɪstəm] *s.* ecossistema
**ec•sta•sy** [ˈɛkstəsi] *s.* [*pl* **ecstasies**] 1 êxtase 2 ecstasy [droga]
**ec•stat•ic** [ɪkˈstætɪk] *adj.* eufórico
**Ecua•dor** [ˈɛkwədɔr] *s.* Equador
**Ecua•dor•ian** [ɛkwəˈdɔriən] *adj, s.* equatoriano
**edge** [ɛdʒ] *s.* 1 beirada, beira 2 borda 3 periferia [de cidade] 4 fio, gume [de lâmina] 5 vantagem 6 **on edge** tenso 7 **on the edge of sth** à beira de algo 8 **to get an edge/have the edge** levar vantagem (***on/over*** *sobre*) / *v.* 1 (tb **edge your way**) mover-se aos poucos 2 ladear, debruar 3 **to be edged with sth** ter debrum de algo
**edge away** ir se afastando aos poucos
**edge forward** avançar aos poucos
**edge•ways, edge•wise** [ˈɛdʒweɪz, -waɪz] *adv.* de lado
**edgy** [ˈɛdʒi] *adj.* [*comp* **edgier, edgiest**] 1 tenso, nervoso 2 arrojado, descolado
**ed•ible** [ˈɛdəbəl] *adj.* comestível
**edit** [ˈɛdɪt] *v.* 1 editar 2 revisar [texto]
**edit•ing** [ˈɛdɪtɪŋ] *s.* 1 edição 2 revisão [de texto]
**edi•tion** [ɪˈdɪʃən] *s.* edição
**edi•tor** [ˈɛdətər] *s.* 1 editor 2 redator
**edi•to•rial** [ɛdəˈtɔriəl] *s, adj.* editorial
**edu•cate** [ˈɛdʒəkeɪt] *v.* 1 instruir [criança] 2 educar (***about/on*** *sobre*) 3 **to be educated** estudar, formar-se
**edu•cat•ed** [ˈɛdʒəkeɪtɪd] *adj.* 1 culto, instruído 2 **an educated guess** um chute inteligente
**edu•ca•tion** [ɛdʒəˈkeɪʃən] *s.* 1 ensino, educação 2 formação acadêmica, instrução 3 pedagogia
**edu•ca•tion•al** [ɛdʒəˈkeɪʃənəl] *adj.* 1 educativo 2 educacional
**eel** [il] *s.* enguia
**eerie** [ˈɪri] *adj.* 1 sinistro 2 assustador [silêncio]
**ef•fect** [ɪˈfɛkt] *s.* 1 efeito (***on*** *sobre*) 2 ação [de remédio etc.] 3 **effects** FORM pertences: *personal effects* pertences pessoais 4 **in effect** a em vigor b com efeito 5 **to come into effect** entrar em vigor 6 **to put sth into effect** pôr algo em prática 7 **to take effect** a fazer efeito b entrar em vigor 8 **to that effect** nesse sentido / *v.* FORM promover
**ef•fec•tive** [ɪˈfɛktɪv] *adj.* 1 eficaz 2 efetivo 3 de grande efeito
**ef•fec•tive•ly** [ɪˈfɛktɪvli] *adv.* 1 eficazmente 2 efetivamente
**ef•fec•tive•ness** [ɪˈfɛktɪvnəs] *s.* eficácia
**ef•femi•nate** [ɪˈfɛmənət] *adj.* efeminado
**ef•fi•cien•cy** [ɪˈfɪʃənsi] *s.* eficiência
**ef•fi•cient** [ɪˈfɪʃənt] *adj.* eficiente
**ef•fort** [ˈɛfərt] *s.* 1 esforço 2 tentativa 3 **in an effort to do sth** na tentativa de fazer algo 4 **to be worth the effort** valer a pena 5 **to make an effort (to do sth)** fazer um esforço/esforçar-se (para fazer algo) 6 **to make every effort to do sth** fazer o possível para fazer algo 7 **to put a lot of effort into sth** empenhar-se em algo
**ef•fort•less** [ˈɛfərtləs] *adj.* fácil, sem esforço
**e.g.** [iˈdʒi] *abrev.* (= exempli gratia) p.ex.

**egg** [ɛg] *s.* 1 ovo 2 óvulo 3 **to put all your eggs in one basket** apostar todas as fichas numa só opção / *v.*
**egg on: to egg sb on** instigar/incitar alguém
**egg•plant** [ˈɛgplænt] *s.* AM berinjela
**egg•shell** [ˈɛgʃɛl] *s.* casca de ovo
**egg white** [ˈɛg waɪt] *s.* clara de ovo
**egg yolk** [ˈɛg joʊk] *s.* gema de ovo
**ego** [ˈigoʊ] *s.* ego
**ego boost** [ˈigoʊ bust] *s.* **to give sb an ego boost** aumentar a autoestima de alguém
**ego trip** [ˈigoʊ trɪp] *s.* **to be on an ego trip** FAM estar se achando (o rei da cocada preta)
**Egypt** [ˈidʒɪpt] *s.* Egito
**Egyp•tian** [ɪˈdʒɪpʃən] *adj, s.* egípcio
**eider•down** [ˈaɪdərdaʊn] *s.* edredom
**eight** [eɪt] *num.* oito
**eight•een** [eɪˈtin] *num.* dezoito
**eight•eenth** [eɪˈtinθ] *adj.* décimo oitavo / *s.* dia dezoito
**eighth** [eɪtθ] *adj.* oitavo / *s.* 1 oitavo 2 dia oito
**eighti•eth** [ˈeɪtiəθ] *adj.* octogésimo
**eighty** [ˈeɪti] *num.* 1 oitenta 2 **the eighties** os anos 80 3 **to be in your eighties** estar na casa dos oitenta
**either** [ˈiðər, *Brit*: ˈaɪðər] *conj.* **either ... or** **a** ou ... ou: *Either you tell him or I will.* Ou você fala para ele ou eu falo. **b** (em frases negativas) nem ... nem: *I've never been to either the US or England.* Eu nunca estive nem nos EUA nem na Inglaterra. / *adj, pron.* 1 qualquer (um) [de dois]: *"Orange or mango juice?" - "Either."* "Suco de laranja ou manga?" - "Qualquer um." | *The player shoots well with either foot.* O jogador chuta bem com qualquer pé. 2 algum, um [de dois]: *Do either of you speak Spanish?* Algum de vocês fala espanhol? 3 (em frases negativas) nenhum (dos dois): *I've seen both movies, but I didn't like either of them.* Vi os dois filmes, mas não gostei de nenhum deles. | *He had nothing in either hand.* Ele não tinha nada em nenhuma das mãos. 4 **either way** **a** de qualquer jeito **b** seja lá como for 5 **at either end** em cada ponta 6 **on either side** de cada lado / *adv.* (em frases negativas) também não: *"I haven't done my homework." - "I haven't either."* "Não fiz o meu dever de casa." - "Eu também não."
**eject** [ɪˈdʒɛkt] *v.* 1 ejetar(-se) 2 expulsar
**eke** [ik] *v.*
**eke out** 1 **to eke sth out** fazer algo durar/render [dinheiro, comida] 2 **to eke out a living** ir levando a vida
**elabo•rate** *adj.* [ɪˈlæbərət] elaborado / *v.* [ɪˈlæbəreɪt] entrar em detalhes (*on sobre*)
**elapse** [ɪˈlæps] *v.* FORM decorrer
**elas•tic** [ɪˈlæstɪk] *adj, s.* elástico
**elas•tic band** [ɪˌlæstɪkˈbænd] *s.* BRIT elástico [para prender papéis]
**elat•ed** [ɪˈleɪtɪd] *adj.* exultante, eufórico
**el•bow** [ˈɛlboʊ] *s.* cotovelo / *v.* 1 **to elbow sb out of the way** afastar alguém às cotoveladas 2 **to elbow your way through sth** abrir caminho em algo com os cotovelos
**el•der** [ˈɛldər] *adj.* mais velho / *s.* 1 ancião [de tribo etc.] 2 **your elders** os mais velhos
**el•der•ly** [ˈɛldərli] *adj.* 1 idoso 2 **the elderly** os idosos
**eld•est** [ˈɛldɪst] *adj.* 1 o mais velho 2 primogênito
**elect** [ɪˈlɛkt] *v.* eleger
**elec•tion** [ɪˈlɛkʃən] *s.* eleição
**elec•tor•ate** [ɪˈlɛktər] *s.* eleitorado
**elec•tric** [ɪˈlɛktrɪk] *adj.* 1 elétrico [movido a eletricidade] 2 eletrizante
**elec•tri•cal** [ɪˈlɛktrɪkəl] *adj.* elétrico [relativo à eletricidade]
**elec•tri•cian** [ɪlɛkˈtrɪʃən] *s.* eletricista
**elec•tric•ity** [ɪlɛkˈtrɪsəti] *s.* eletricidade
**elec•tric shock** [ɪˌlɛktrɪkˈʃak] *s.* choque elétrico
**elec•tri•fy** [ɪˈlɛktrəfaɪ] *v.* [*ps e pp* **-fied**] 1 eletrificar 2 eletrizar
**elec•tro•cute** [ɪˈlɛktrəkjut] *v.* eletrocutar
**elec•tron•ic** [ɪlɛkˈtrɑnɪk] *adj.* eletrônico
**elec•tron•ics** [ɪlɛkˈtrɑnɪks] *s.* eletrônica
**el•egance** [ˈɛləgəns] *s.* elegância

**el•egant** [ˈɛləgənt] *adj.* elegante

**el•ement** [ˈɛləmənt] *s.* 1 elemento 2 **an element of truth** um fundo de verdade 3 **the elements** as intempéries 4 **to be in your element** estar no seu elemento

**el•emen•ta•ry** [ɛləˈmɛntri] *adj.* 1 elementar 2 primário [ensino, erro]

**el•emen•ta•ry school** [ɛləˈmɛntri skul] *s.* AM escola primária

**el•ephant** [ˈɛləfənt] *s.* elefante

**el•eva•tor** [ˈɛləveɪtər] *s.* AM elevador

**elev•en** [ɪˈlɛvən] *num.* onze

**elev•enth** [ɪˈlɛvənθ] *adj.* 1 décimo primeiro 2 **at the eleventh hour** em cima da hora / *s.* dia onze

**elf** [ɛlf] *s.* [*pl* **elves**] duende

**elic•it** [ɪˈlɪsɪt] *v.* FORM 1 obter (***from*** *de*) 2 provocar [resposta]

**eli•gible** [ˈɛlədʒəbəl] *adj.* 1 habilitado, qualificado 2 **eligible bachelor** solteiro cobiçado 3 **to be eligible for sth/to do sth** ter direito a algo/a fazer algo

**elimi•nate** [ɪˈlɪməneɪt] *v.* eliminar

**elimi•na•tion** [ɪlɪməˈneɪʃən] *s.* 1 eliminação: *the elimination round* a fase eliminatória 2 **by a process of elimination** por exclusão

**elite** [eɪˈlit] *s.* elite

**elm** [ɛlm] *s.* olmo [árvore]

**elope** [ɪˈloʊp] *v.* fugir para casar

**elo•quent** [ˈɛləkwənt] *adj.* eloquente

**else** [ɛls] *adv.* 1 mais: *something else* mais alguma coisa | *nobody else* ninguém mais | *what else?* que mais? 2 outro: *something else* outra coisa | *anywhere else* em qualquer outro lugar 3 **or else** **a** senão, caso contrário **b** ou senão

**else•where** [ˈɛlswɜr] *adv.* em/para outro lugar

**elude** [ɪˈlud] *v.* 1 despistar 2 escapar a

**elu•sive** [ɪˈlusɪv] *adj.* 1 esquivo, arisco 2 difícil de alcançar/captar

**ema•ci•at•ed** [ɪˈmeɪsieɪtɪd] *adj.* macilento

**e-mail, email** [ˈimeɪl] *s.* e-mail / *v.* 1 **to e-mail sb** mandar (um) e-mail para alguém 2 **to e-mail (sb) sth/sth (to sb)** mandar algo por e-mail (para alguém)

**ema•nate** [ˈɛməneɪt] *v.* FORM emanar (***from*** *de*)

**eman•ci•pa•tion** [ɪmænsəˈpeɪʃən] *s.* emancipação

**em•balm** [ɪmˈbɑm] *v.* embalsamar

**em•bank•ment** [ɪmˈbæŋkmənt] *s.* 1 barranco 2 beira-rio

**em•bar•go** [ɪmˈbɑrgoʊ] *s.* [*pl* **embargoes**] embargo (***on*** *a*)

**em•bark** [ɪmˈbɑrk] *v.* 1 embarcar (***for*** *para*) 2 **to embark on sth** partir para/empreender algo

**em•bar•rass** [ɪmˈbærəs] *v.* 1 fazer passar vergonha, deixar sem graça 2 embaraçar 3 **to embarrass yourself** dar vexame

**em•bar•rassed** [ɪmˈbærəst] *adj.* 1 sem graça, com vergonha 2 constrangido 3 constrangedor [silêncio] 4 **to feel/get embarrassed** ficar sem graça/com vergonha

**em•bar•rass•ing** [ɪmˈbærəsɪŋ] *adj.* 1 constrangedor 2 embaraçoso

**em•bar•rass•ment** [ɪmˈbærəsmənt] *s.* 1 constrangimento 2 (motivo de) vergonha (***to*** *para*) 3 embaraço

**em•bas•sy** [ˈɛmbəsi] *s.* [*pl* **embassies**] embaixada

**em•bed•ded** [ɪmˈbɛdɪd] *adj.* 1 encravado, fincado (***in*** *em*) 2 embutido [jornalista]

**em•ber** [ˈɛmbər] *s.* brasa, tição

**em•blem** [ˈɛmbləm] *s.* emblema

**em•bodi•ment** [ɪmˈbɑdɪmənt] *s.* personificação

**em•body** [ɪmˈbɑdi] *v.* [*ps e pp* **embodied**] personificar

**em•brace** [ɪmˈbreɪs] *v.* 1 abraçar 2 FORM adotar 3 FORM abranger / *s.* abraço

**em•broi•der** [ɪmˈbrɔɪdər] *v.* bordar

**em•broi•dery** [ɪmˈbrɔɪdəri] *s.* bordado

**em•bryo** [ˈɛmbrioʊ] *s.* embrião

**em•er•ald** [ˈɛmərəld] *s, adj.* esmeralda

**emerge** [ɪˈmɜrdʒ] *v.* FORM 1 emergir, surgir (***from*** *de*) 2 vir à tona [fato, verdade]: *It emerged that she had lied.* Veio à tona que ela mentiu.

**emer•gence** [ɪˈmɜrdʒəns] *s.* surgimento, aparecimento

**emer•gen•cy** [ɪˈmɜrdʒənsi] *s.* [*pl* **emergencies**] emergência

**emer•gen•cy brake** [ɪˌmɜrdʒənsiˈbreɪk] *s.* AM freio de mão

**emer•gen•cy exit** [ɪˌmɜrdʒənsiˈɛgzɪt] *s.* saída de emergência

**emer•gen•cy room** [ɪˈmɜrdʒənsi rum] *s.* AM pronto-socorro

**emi•grant** [ˈɛməgrənt] *s, adj.* emigrante

**emi•grate** [ˈɛməgreɪt] *v.* emigrar

**emi•gra•tion** [ɛməˈgreɪʃən] *s.* emigração

**emi•nent** [ˈɛmənənt] *adj.* eminente

**emi•nent•ly** [ˈɛmənəntli] *adv.* eminentemente

**emis•sion** [ɪˈmɪʃən] *s.* emissão: *carbon emissions* emissões de carbono

**emit** [ɪˈmɪt] *v.* [**-tt-**] emitir

**emo•tion** [ɪˈmoʊʃən] *s.* emoção

**emo•tion•al** [ɪˈmoʊʃənəl] *adj.* **1** emocional **2** emotivo **3** emocionante **4** **to get emotional** ficar emocionado

**emo•tive** [ɪˈmoʊtɪv] *adj.* polêmico

**em•pa•thy** [ˈɛmpəθi] *s.* empatia

**em•per•or** [ˈɛmpərər] *s.* imperador

**em•pha•sis** [ˈɛmfəsɪs] *s.* [*pl* **emphases**] **1** ênfase (***on*** *em*) **2** tônica [na pronúncia] **3** **to place/put emphasis on sth** dar ênfase/importância a algo

**em•pha•size**, BRIT tb: **-sise** [ˈɛmfəsaɪz] *v.* enfatizar

**em•phat•ic** [ɪmˈfætɪk] *adj.* **1** enfático **2** enérgico, categórico

**em•pire** [ˈɛmpaɪr] *s.* império

**em•ploy** [imˈplɔɪ] *v.* **1** empregar **2** contratar **3** **to be employed (as sth)** trabalhar (como algo)

**em•ployee** [imˈplɔɪ-i] *s.* funcionário

**em•ploy•er** [imˈplɔɪər] *s.* patrão, empregador

**em•ploy•ment** [imˈplɔɪmənt] *s.* emprego

**em•power** [imˈpaʊər] *v.* empoderar, dar poder a

**em•press** [ˈɛmprɪs] *s.* imperatriz

**emp•ti•ness** [ˈɛmptɪnəs] *s.* vazio

**emp•ty** [ˈɛmpti] *adj.* [*comp* **emptier, emptiest**] **1** vazio **2** vago [lugar] / *v.* **1** (tb **empty out**) esvaziar(-se) **2** **to empty into sth** desaguar em algo [rio] **3** **to empty sth into/onto sth** despejar algo em algo

**empty-handed** [ˌɛmptiˈhændɪd] *adv.* de mãos vazias, com as mãos abanando

**en•able** [ɪˈneɪbəl] *v.* **1** habilitar [função]: *Internet-enabled* habilitado para Internet **2** **to enable sb to do sth** **a** permitir a alguém fazer algo **b** capacitar alguém a fazer algo **3** **to enable sth to do sth** permitir que algo faça algo

**en•act** [ɪˈnækt] *v.* FORM encenar

**enam•el** [ɪˈnæməl] *s.* esmalte

**en•am•ored**, BRIT: **enamoured** [ɪˈnæmərd] *adj.* **to be enamored of/with sth** estar gostando de algo

**en•chant•ing** [ɪnˈtʃæntɪŋ] *adj.* encantador

**en•circle** [ɪnˈsɜrkəl] *v.* rodear, circundar

**en•close** [ɪnˈkloʊz] *v.* **1** anexar [em carta]: *Please find enclosed a receipt of payment.* Segue anexo um recibo de pagamento. **2** cercar

**en•clo•sure** [ɪnˈkloʊʒər] *s.* **1** cercado **2** anexo [em correspondência]

**en•com•pass** [ɪnˈkʌmpəs] *v.* FORM abranger, encerrar

**en•core** [ˈɑŋkɔr] *s.* bis / *interj.* bis!

**en•coun•ter** [ɪnˈkaʊntər] *s.* **1** encontro (***with*** *com*): *a chance encounter* um encontro casual **2** contato (***with*** *com*) **3** combate (***with*** *com*) / *v.* FORM enfrentar, deparar-se com

**en•cour•age** [ɪnˈkɜrɪdʒ] *v.* **1** incentivar **2** animar **3** **to encourage sb to do sth** incentivar/animar alguém a fazer algo

**en•cour•age•ment** [ɪnˈkɜrɪdʒmənt] *s.* incentivo, estímulo

**en•cour•ag•ing** [ɪnˈkɜrɪdʒɪŋ] *adj.* animador

**en•croach** [ɪnˈkroʊtʃ] *v.* **to encroach on/upon sth** invadir algo

**en•cy•clo•pedia**, BRIT: **encyclopaedia** [ɪnsaɪkləˈpidiə] *s.* enciclopédia

**end** [ɛnd] *s.* 1 final, fim 2 ponta, extremidade: *at the far end* na outra ponta 3 lado [de campo] 4 **at the end (of sth)** no final/na ponta (de algo) 5 **at the end of the day** afinal de contas 6 **in the end** afinal 7 **no end (of sth)** FAM muito (algo): *We've had no end of problems.* Tivemos muitos problemas. 8 **hours/weeks etc. on end** horas/semanas etc. a fio 9 **to be at an end** ter acabado 10 **to bring sth to an end** pôr fim a algo 11 **to come to an end** chegar ao fim, acabar 12 **to make ends meet** fechar o mês 13 **to put/bring an end to sth** acabar com algo, pôr fim a algo 14 **your own ends** seus próprios fins / *v.* 1 terminar, acabar 2 **to end in sth** acabar em algo: *The game ended in a tie.* O jogo acabou em empate.
**end up** 1 ir parar, acabar 2 **to end up doing sth** acabar fazendo algo

**en•dan•ger** [ɪnˈdeɪndʒər] *v.* 1 pôr em perigo 2 **endangered species** espécie em extinção

**en•dear•ing** [ɪnˈdɪrɪŋ] *adj.* adorável, encantador

**en•deav•or**, BRIT: **en•deav•our** [ɪnˈdɛvər] FORM *s.* 1 empenho, esforço 2 empreendimento / *v.* **to endeavor to do sth** empenhar-se em fazer algo

**end•ing** [ˈɛndɪŋ] *s.* 1 final, desfecho 2 desinência, terminação

**en•dive** [ˈɛndaɪv] *s.* AM endívia

**end•less** [ˈɛndləs] *adj.* 1 sem fim, interminável 2 ilimitado

**end•less•ly** [ˈɛndləsli] *adv.* 1 sem parar 2 constantemente, sempre

**en•dorse** [ɪnˈdɔrs] *v.* endossar

**en•dorse•ment** [ɪnˈdɔrsmənt] *s.* 1 endosso 2 aval, aprovação

**en•dow** [ɪnˈdaʊ] *v.* 1 dotar (***with*** *de*) 2 **to be endowed with sth** ser dotado de algo

**en•dur•ance** [ɪnˈdʊrəns] *s.* resistência [física]

**en•dure** [ɪnˈdʊr] *v.* suportar, aguentar

**en•dur•ing** [ɪnˈdʊrɪŋ] *adj.* duradouro

**en•emy** [ˈɛnəmi] *s.* [*pl* **enemies**] inimigo

**en•er•get•ic** [ɛnərˈdʒɛtɪk] *adj.* cheio de energia, com muito pique

**en•er•gy** [ˈɛnərdʒi] *s.* [*pl* **energies**] energia

**en•force** [ɪnˈfɔrs] *v.* aplicar, fazer cumprir [lei]

**en•force•ment** [ɪnˈfɔrsmənt] *s.* 1 aplicação [de lei] 2 **law enforcement** policiamento

**en•gage** [ɪnˈgeɪdʒ] *v.* FORM 1 contratar 2 engajar 3 **to engage in sth** **a** praticar algo **b** envolver-se em algo 4 **to engage sb in conversation** travar conversa com alguém 5 **to engage with sb/sth** interagir/engajar-se com alguém/algo

**en•gaged** [ɪnˈgeɪdʒd] *adj.* 1 noivo (***to*** *de*) 2 **to be engaged in sth** FORM estar envolvido em algo 3 **to get engaged** ficar noivo 4 BRIT ocupado [telefone, toilete]: *the engaged tone* o sinal de ocupado

**en•gage•ment** [ɪnˈgeɪdʒmənt] *s.* 1 noivado (***to*** *com*): *an engagement ring* um anel de noivado 2 FORM compromisso

**en•gine** [ˈɛndʒɪn] *s.* 1 motor 2 locomotiva

**en•gi•neer** [ɛndʒəˈnɪr] *s.* 1 engenheiro 2 AM maquinista 3 BRIT técnico / *v.* arquitetar [plano]

**en•gi•neer•ing** [ɛndʒəˈnɪrɪŋ] *s.* engenharia

**Eng•land** [ˈɪŋglənd] *s.* Inglaterra

**Eng•lish** [ˈɪŋglɪʃ] *adj, s.* 1 inglês 2 **the English** os ingleses

**Eng•lish•man** [ˈɪŋglɪʃmən] *s.* [*pl* **Englishmen**] inglês

**Eng•lish•woman** [ˈɪŋglɪʃwʊmən] *s.* [*pl* **Englishwomen**] inglesa

**en•grave** [ɪnˈgreɪv] *v.* gravar

**en•grav•ing** [ɪnˈgreɪvɪŋ] *s.* gravura

**en•grossed** [ɪnˈgroʊst] *adj.* absorto (***in*** *em*)

**en•gulf** [ɪnˈgʌlf] *v.* 1 tomar conta de 2 **to be engulfed in sth** ser tomado por algo

**en•hance** [ɪnˈhæns] *v.* 1 acentuar, realçar 2 incrementar

**en•ig•mat•ic** [ɛnɪgˈmætɪk] *adj.* enigmático

**en•joy** [ɪnˈdʒɔɪ] *v.* 1 gostar de 2 aproveitar 3 gozar de, desfrutar de 4 **to enjoy doing sth** gostar de fazer algo 5 **to enjoy yourself** divertir-se

**en•joy•able** [ɪnˈdʒɔɪəbəl] *adj.* 1 agradável 2 divertido

**en•joy•ment** [ɪnˈdʒɔɪmənt] *s.* prazer
**en•large** [ɪnˈlɑrdʒ] *v.* 1 ampliar 2 aumentar 3 **to enlarge on/upon sth** FORM entrar em detalhes sobre algo
**en•large•ment** [ɪnˈlɑrdʒmənt] *s.* 1 ampliação 2 aumento
**en•light•en** [ɪnˈlɑɪtən] *v.* FORM **to enlighten sb about/as to/on sth** esclarecer a alguém algo
**en•light•en•ment** [ɪnˈlɑɪtənmənt] *s.* FORM esclarecimento
**en•list** [ɪnˈlɪst] *v.* 1 recrutar 2 alistar-se 3 **to enlist sb's help** procurar a ajuda de alguém
**enor•mous** [ɪˈnɔrməs] *adj.* enorme
**enor•mous•ly** [ɪˈnɔrməsli] *adv.* 1 enormemente 2 extremamente
**enough** [ɪˈnʌf] *adv.* 1 o suficiente: *big enough* grande o suficiente 2 bastante: *Her boyfriend seems nice enough.* O namorado dela parece ser bastante simpático. 3 já: *The situation is difficult enough as it is.* A situação já está difícil. 4 **funnily/strangely enough** por incrível que pareça / *adj, pron.* 1 suficiente: *Will there be enough for everyone?* Vai ter suficiente para todo mundo? | *enough glasses* copos suficientes 2 **that's enough** chega: *That's enough fighting!* Chega de brigar! 3 **to have had enough (of sth)** FAM estar cheio (de algo)
**en•quire** [ɪnˈkwaɪr] *v.* BRIT ver **in•quire**
**en•quiry** [ɪnˈkwaɪri, ˈɪŋkwəri] *s.* [*pl* **enquiries**] BRIT ver **in•quiry**
**en•rage** [ɪnˈreɪdʒ] *v.* enfurecer
**en•rich** [ɪnˈrɪtʃ] *v.* enriquecer
**en•roll**, BRIT: **enrol** [ɪnˈroʊl] *v.* inscrever(-se), matricular(-se) (***in*** *em*)
**en•roll•ment**, BRIT: **enrolment** [ɪnˈroʊlmənt] *s.* inscrição, matrícula (***in*** *em*)
**en•sue** [ɪnˈsu] *v.* FORM 1 decorrer (***from*** *de*) 2 seguir-se
**en•su•ing** [ɪnˈsuɪŋ] *adj.* subsequente
**en•sure** [ɪnˈʃʊr] *v.* BRIT 1 garantir 2 verificar, certificar-se
**en•tail** [ɪnˈteɪl] *v.* 1 implicar em 2 consistir em 3 **to entail doing sth** implicar/consistir em fazer algo
**en•tan•gle** [ɪnˈtæŋgəl] *v.* 1 emaranhar 2 **to become/get entangled in sth** a emaranhar-se em algo b meter-se em algo 3 **to get entangled with sb** meter-se com alguém
**en•ter** [ˈɛntər] *v.* 1 entrar (em) 2 ingressar (em) 3 digitar [senha etc.] 4 inserir [dados] 5 inscrever-se em [concurso] 6 escrever [em formulário]
**enter into** 1 **to enter into sth** entrar em algo [acordo, negociações etc.] 2 **sth does not enter into it** algo não tem nada a ver
**en•ter•prise** [ˈɛntərpraɪz] *s.* 1 empreendimento 2 empreendedorismo 3 empreitada
**en•ter•pris•ing** [ˈɛntərpraɪzɪŋ] *adj.* empreendedor
**en•ter•tain** [ɛntərˈteɪn] *v.* 1 divertir, entreter 2 receber [convidados] 3 FORM cogitar [ideia]
**en•ter•tain•er** [ɛntərˈteɪnər] *s.* 1 artista [de variedades] 2 animador [de festas etc.]
**en•ter•tain•ing** [ɛntərˈteɪnɪŋ] *adj.* divertido
**en•ter•tain•ment** [ɛntərˈteɪnmənt] *s.* 1 diversão 2 entretenimento 3 **the entertainment world** o mundo do espetáculo
**en•thrall•ing** [ɪnˈθrɔlɪŋ] *adj.* fascinante, envolvente
**en•thu•si•asm** [ɪnˈθuziæzəm] *s.* entusiasmo (***for*** *por*)
**en•thu•si•ast** [ɪnˈθuziæst] *s.* aficionado: *a car enthusiast* um aficionado por carros
**en•thu•si•as•tic** [ɪnˈθuziæstɪk] *adj.* 1 entusiasmado (***about*** *com*) 2 ardoroso [apoiador]
**en•tice** [ɪnˈtaɪs] *v.* atrair, seduzir
**en•tire** [ɪnˈtaɪr] *adj.* inteiro
**en•tire•ly** [ɪnˈtaɪrli] *adv.* inteiramente
**en•tirety** [ɪnˈtaɪrəti] *s.* 1 totalidade 2 **in its/their entirety** em sua totalidade
**en•ti•tle** [ɪnˈtaɪtəl] *v.* 1 intitular 2 **to be entitled to (do) sth** ter direito a (fazer) algo 3 **to entitle sb to do sth** dar a alguém o direito de fazer algo 4 **to entitle sb to sth** dar a alguém direito a algo

**en•ti•tle•ment** [ɪn'taɪtəlmənt] *s.* direito (*to a*)
**en•tity** ['ɛntəti] *s.* [*pl* **entities**] entidade
**en•tou•rage** [ɑntu'rɑʒ] *s.* BRIT séquito
**en•trance** ['ɛntrəns] *s.* 1 entrada (***into/to*** *em*, ***to/of*** *de*): *an entrance fee* uma taxa de entrada 2 ingresso (***into*** *em*)
**en•trant** ['ɛntrənt] *s.* inscrito, participante (***in*** *em*)
**en•trée** ['ɑntreɪ] *s.* AM prato principal
**en•tre•pre•neur** [ɑntrəprə'nɜr] *s.* empreendedor
**en•trust** [ɪn'trʌst] *v.* 1 confiar 2 **to entrust sb with sth/entrust sth to sb** confiar algo a alguém
**en•try** ['ɛntri] *s.* [*pl* **entries**] 1 entrada (***into/to*** *em*): *no entry* entrada proibida 2 ingresso (***into/to*** *em*) 3 trabalho [inscrito em concurso] 4 verbete [de dicionário etc.] 5 anotação [de diário]
**en•velope** ['ɛnvəloʊp] *s.* envelope
**en•vi•able** ['ɛnviəbəl] *adj.* invejável
**en•vi•ous** ['ɛnviəs] *adj.* 1 invejoso 2 **to be envious (of sb/sth)** estar com/ter inveja (de alguém/algo)
**en•vi•ron•ment** [ɪn'vaɪərnmənt] *s.* 1 meio ambiente 2 meio [social etc.] 3 ambiente [natural etc.]
**en•vi•ron•men•tal** [ɪnvaɪərn'mɛntl] *adj.* ambiental
**en•vi•ron•men•tal•ist** [ɪnvaɪərn'mɛntlɪst] *s.* ambientalista
**en•vi•ron•men•tal•ly friend•ly** [ɪnvaɪərn,mɛntəli'frɛndli] *adj.* ecológico, que respeita o meio ambiente
**en•vi•sion**, BRIT: **envisage** [ɪn'vɪʒən, *Brit*: ɪn'vɪzɪdʒ] *v.* 1 prever 2 imaginar 3 **to envision doing sth** ver-se fazendo algo
**en•voy** ['ɛnvɔɪ] *s.* enviado
**envy** ['ɛnvi] *v.* [*ps e pp* **envied**] invejar / *s.* inveja
**epic** ['ɛpɪk] *adj.* épico / *s.* 1 épico [filme] 2 epopeia
**epi•dem•ic** [ɛpə'dɛmɪk] *s.* epidemia / *adj.* epidêmico
**epi•lep•sy** ['ɛpəlɛpsi] *s.* epilepsia
**epi•lep•tic** [ɛpə'lɛptɪk] *adj, s.* epiléptico
**epi•logue** ['ɛpəlɑg] *s.* epílogo
**epi•sode** ['ɛpəsoʊd] *s.* 1 episódio 2 capítulo [de seriado]
**epi•taph** ['ɛpətæf] *s.* epitáfio
**epito•me** [ɪ'pɪtəmi] *s.* suprassumo, personificação
**epito•mize**, BRIT tb: **-mise** [ɪ'pɪtəmaɪz] *v.* resumir, personificar
**equal** ['ikwəl] *adj.* 1 igual (***to*** *a*) 2 **equal in size/height etc.** de tamanho/altura etc. igual 3 **equal opportunities/rights** igualdade de oportunidades/direitos 4 **on equal terms/on an equal footing** em pé de igualdade / *s.* igual / *v.* 1 ser igual a 2 igualar
▸ *Am:* ***equaling, equaled*** *Brit:* ***equalling, equalled***
**equali•ty** [ɪ'kwɑləti] *s.* igualdade
**equal•ize**, BRIT tb: **-ise** ['ikwəlaɪz] *v.* 1 igualar 2 BRIT empatar o jogo, marcar o gol de empate
**equal•ly** ['ikwəli] *adv.* 1 igualmente 2 por igual 3 ao mesmo tempo
**equate** [ɪ'kweɪt] *v.* 1 equiparar (***with*** *a*) 2 **to equate to sth** corresponder a algo
**equa•tion** [ɪ'kweɪʒən] *s.* equação
**equa•tor** [ɪ'kweɪtər] *s.* equador
**equi•lib•rium** [ikwə'lɪbriəm] *s.* equilíbrio
**equip** [ɪ'kwɪp] *v.* [**-pp-**] 1 equipar (***with*** *com*) 2 **to be equipped with sth** **a** estar/ser equipado com algo **b** ser dotado de algo 3 **to equip sb for sth/to do sth** capacitar alguém para algo/para fazer algo
**equip•ment** [ɪ'kwɪpmənt] *s.* 1 equipamento(s): *a piece of equipment* um equipamento 2 material
**equi•table** ['ɛkwətəbəl] *adj.* equitativo
**equiva•lent** [ɪ'kwɪvələnt] *adj, s.* equivalente (***to*** *a*)
**era** ['ɪrə, 'ɛrə] *s.* era
**eradi•cate** [ɪ'rædəkeɪt] *v.* erradicar
**erase** [ɪ'reɪz] *v.* apagar
**eras•er** [ɪ'reɪzər] *s.* 1 borracha [de apagar] 2 apagador [de quadro-negro]
**erect** [ɪ'rɛkt] *adj.* ereto / *v.* erguer [monumento, prédio]

**erec•tion** [ɪˈrɛkʃən] *s.* ereção
**erode** [ɪˈroʊd] *v.* 1 erodir(-se) 2 minar
**ero•sion** [ɪˈroʊʒən] *s.* erosão
**erot•ic** [ɪˈrɑtɪk] *adj.* erótico
**er•rand** [ˈɛrənd] *s.* 1 serviço de rua, recado 2 **to run an errand** fazer um serviço de rua: *I have some errands to run.* Tenho umas coisas para resolver na rua.
**er•rat•ic** [ɪˈrætɪk] *adj.* 1 errático [comportamento] 2 irregular [respiração]
**er•ror** [ˈɛrər] *s.* 1 erro: *an error message* uma mensagem de erro 2 **in error** por engano 3 **human error** falha humana 4 **to make an error** cometer um erro
**erupt** [ɪˈrʌpt] *v.* 1 entrar em erupção 2 estourar, explodir
**erup•tion** [ɪˈrʌpʃən] *s.* 1 erupção 2 explosão [de violência]
**es•ca•late** [ˈɛskəleɪt] *v.* 1 intensificar(-se), aumentar 2 agravar(-se) 3 (fazer) disparar [custos, preço]
**es•ca•la•tion** [ɛskəˈleɪʃən] *s.* 1 escalada [de violência] 2 agravamento 3 disparada [de preços]
**es•ca•la•tor** [ˈɛskəleɪtər] *s.* escada rolante
**es•cape** [ɪˈskeɪp] *v.* 1 fugir (***from*** *de*, ***to*** *para*) 2 escapar (de) (***from*** *de*): *His name escapes me.* O nome dele me escapou agora. 3 **there's no escaping the fact that …** não há como fugir do fato de que … 4 **to escape sb's attention/notice** passar despercebido a/por alguém 5 **to escape unhurt/unharmed** escapar ileso / *s.* 1 fuga (***from*** *de*) 2 **to have a lucky/narrow escape** escapar por um triz
**es•cort** *v.* [ɪˈskɔrt] 1 escoltar 2 acompanhar / *s.* [ˈɛskɔrt] 1 escolta 2 acompanhante
**Es•ki•mo** [ˈɛskəmoʊ] *s, adj.* [*pl* **Eskimo/Eskimos**] esquimó
**es•pe•cial•ly** [ɪˈspɛʃəli] *adv.* especialmente
**es•pio•nage** [ˈɛspiənɑʒ] *s.* espionagem
**es•say** [ˈɛseɪ] *s.* 1 redação [na escola] 2 trabalho, artigo [na faculdade] 3 ensaio [texto]
**es•sence** [ˈɛsəns] *s.* 1 essência 2 **in essence** essencialmente
**es•sen•tial** [ɪˈsɛnʃəl] *adj.* essencial / *s.* 1 coisa essencial 2 **the (bare) essentials** (apenas) o essencial
**es•sen•tial•ly** [ɪˈsɛnʃəli] *adv.* essencialmente
**es•tab•lish** [ɪˈstæblɪʃ] *v.* 1 estabelecer 2 fundar 3 determinar 4 consagrar 5 **to establish yourself** consagrar-se (***as*** *como*)
**es•tab•lished** [ɪˈstæblɪʃt] *adj.* 1 estabelecido 2 consagrado
**es•tab•lish•ment** [ɪˈstæblɪʃmənt] *s.* 1 estabelecimento 2 fundação 3 **the Establishment** as elites
**es•tate** [ɪˈsteɪt] *s.* 1 propriedade [rural] 2 espólio [de morto] 3 BRIT cohab, conjunto residencial 4 BRIT (tb **estate car**) perua [carro]
**es•tate agent** [ɪˈsteɪt ˌeɪdʒənt] *s.* BRIT 1 corretor de imóveis 2 **estate agent's** imobiliária
**es•teem** [ɪˈstim] *s.* 1 estima, apreço 2 **to hold sb in high esteem** ter muita estima por alguém
**es•thet•ic**, BRIT: **aesthetic** [ɛsˈθɛtɪk] *adj.* estético
**es•ti•mate** *s.* [ˈɛstəmət] 1 estimativa: *a rough estimate* uma estimativa aproximada 2 orçamento [para serviço] / *v.* [ˈɛstəmeɪt] 1 estimar (***at*** *em*) 2 **to be estimated to be worth/to cost etc. …** ter valor/custo estimado de …
**es•ti•ma•tion** [ɛstəˈmeɪʃən] *s.* 1 conceito [de alguém] 2 **to go up/down in sb's estimation** subir/cair no conceito de alguém
**es•tu•ary** [ˈɛstʃuɛri] *s.* [*pl* **estuaries**] estuário, foz
**ETA** [itiˈeɪ] *s.* (= estimated time of arrival) hora de chegada prevista
**eter•nal** [ɪˈtɜrnəl] *adj.* eterno
**eter•nity** [ɪˈtɜrnəti] *s.* eternidade
**ethi•cal** [ˈɛθɪkəl] *adj.* ético
**eth•ics** [ˈɛθɪks] *s.* ética
**eth•nic** [ˈɛθnɪk] *adj.* étnico
**eth•nic group** [ˌɛθnɪkˈgrup] *s.* etnia
**eth•nic mi•nor•ity** [ˌɛθnɪk məˈnɔrəti] *s.* [*pl* **minorities**] minoria étnica
**e-ticket** [ˈiˌtɪkɪt] *s.* bilhete eletrônico

**eti•quette** [ˈɛtıkɛt] *s.* etiqueta [bons modos]
**EU** [iˈju] *s.* (= European Union) UE [União Europeia]
**euphemism** [ˈjufəmızəm] *s.* eufemismo
**euro** [ˈjʊroʊ] *s.* euro [moeda]
**Europe** [ˈjʊrəp] *s.* Europa
**Euro•pean** [jʊrəˈpiən] *adj, s.* europeu
**Euro•pean Un•ion** [jʊrəˌpiənˈjuniən] *s.* União Europeia
**euro•zone** [ˈjʊroʊzoʊn] *s.* zona do euro
**eutha•na•sia** [juθəˈneıʒə] *s.* eutanásia
**evacu•ate** [ıˈvækjueıt] *s.* evacuar
**evade** [ıˈveıd] *v.* **1** evadir-se de **2** esquivar-se de [pergunta, assunto] **3** sonegar [imposto]
**evalu•ate** [ıˈvæljueıt] *v.* avaliar
**evapo•rate** [ıˈvæpəreıt] *v.* evaporar(-se)
**eva•sion** [ıˈveıʒən] *s.* **1** evasiva(s) **2 tax evasion** sonegação de impostos
**eva•sive** [ıˈveısıv] *adj.* evasivo
**eve** [iv] *s.* **1** véspera **2 on the eve of sth** **a** na véspera de algo **b** às vesperas de algo
**even** [ˈivən] *adv.* **1** até, mesmo: *He even remembered my name.* Ele até lembrava meu nome. **2** ainda [com comparativos]: *even better* melhor ainda | *an even bigger car* um carro ainda maior **3 even if** mesmo que **4 even now** até hoje **5 even so/then** mesmo assim **6 even though** apesar de que, embora **7 not even** nem (mesmo/sequer): *She didn't even apologize.* Ela nem pediu desculpas. / *adj.* **1** plano, nivelado [superfície] **2** constante [temperatura, ritmo] **3** igual [parte, placar] **4** par [número]: *even-numbered houses* casas pares **5** equilibrado, parelho [jogo, disputa] **6 to be even** FAM estar quite(s) (***with*** *com*) **7 to break even** fechar sem lucro nem prejuízo **8 to get even (with sb)** FAM dar o troco (em alguém) (***for*** *de*) / *v.*
**even out** nivelar(-se)
**even up: to even sth up** equilibrar algo [jogo etc.]
**eve•ning** [ˈivnıŋ] *s.* **1** noite, noitinha: *on Friday evening* na sexta à noite **2 in the evening** à noite: *at nine o'clock in the evening* às nove horas da noite **3 this evening** hoje à noite **4 good evening** boa noite
**eve•ning class** [ˈivnıŋ klæs] *s.* curso noturno [para adultos]
**eve•ning dress** [ˈivnıŋ drɛs] *s.* **1** traje a rigor **2** vestido de gala
**eve•ning meal** [ˌivnıŋ mil] *s.* jantar
**even•ly** [ˈivənli] *adv.* **1** uniformemente **2** por igual **3** regularmente [espaçar, respirar] **4 evenly matched** parelhos [times]
**event** [ıˈvɛnt] *s.* **1** acontecimento **2** evento **3** prova, modalidade [esportiva] **4 in any event** de qualquer maneira **5 in the event of sth** em caso de algo: *in the event of a tie* em caso de empate
**event•ful** [ıˈvɛntfəl] *adj.* cheio de acontecimentos
**even•tual** [ıˈvɛntʃuəl] *adj.* final
**even•tu•al•ity** [ıvɛntʃuˈæləti] *s.* FORM eventualidade
**even•tu•al•ly** [ıˈvɛntʃʊəli] *adv.* **1** finalmente: *We eventually got home at midnight.* Finalmente chegamos em casa à meia-noite. **2** com o tempo: *Eventually you'll be speaking English fluently.* Com o tempo você vai falar inglês fluentemente.
**ever** [ˈɛvər] *adv.* **1** já, alguma vez: *Have you ever been to the US?* Você já esteve nos EUA? | *It's the best movie I've ever seen.* É o melhor filme que já vi. **2** nunca [em frases negativas e comparativas]: *She hasn't ever been abroad.* Ela nunca viajou para fora. | *The team is playing better than ever.* O time está jogando melhor do que nunca. **3** um dia [em frases condicionais]: *if you ever go to London* se um dia você for a Londres **4 ever since** **a** desde que: *ever since we've lived here* desde que moramos aqui **b** desde então **5 as ever** como sempre **6 for ever** para sempre **7 hardly ever** quase nunca **8 never ever** FAM jamais
**every** [ˈɛvri] *adj.* **1** todo: *every day* todo dia | *every Saturday* todo sábado **2** cada: *There are two beds in every room.* Tem duas camas em cada quarto. | *every four years* a cada quatro anos **3 every now and then/every once in a while** de vez em quando

4 **every other day** dia sim, dia não 5 **every single** cada: *every single thing* cada coisinha | *every single day* todo santo dia | *every single one of them* cada um deles
**every•body** [ˈɛvribɑdi] *pron.* 1 todo mundo, todos: *everybody's comments* os comentários de todo mundo 2 **everybody else** todos os outros
**every•day** [ˈɛvrideɪ] *adj.* cotidiano: *everyday life* o dia a dia
**every•one** [ˈɛvriwʌn] *pron.* 1 todo mundo, todos: *everyone's ideas* as ideias de todo mundo 2 **everyone else** todos os outros
**every•thing** [ˈɛvriθɪŋ] *pron.* tudo
**every•where** [ˈɛvriwɛr] *adv.* por toda parte, em/para tudo quanto é lugar
**evict** [ɪˈvɪkt] *v.* despejar [inquilino]
**evi•dence** [ˈɛvədəns] *s.* 1 evidências, provas: *a piece of evidence* uma evidência 2 testemunho, depoimento 3 **to give evidence** depor, testemunhar
**evi•dent** [ˈɛvədənt] *adj.* evidente
**evi•dent•ly** [ˈɛvədəntli] *adv.* evidentemente
**evil** [ˈivəl] *adj.* mau, maligno / *s.* mal
**evoke** [ɪˈvoʊk] *v.* 1 evocar [lembranças, atmosfera] 2 provocar [resposta]
**evo•lu•tion** [ɛvəˈluʃən] *s.* evolução
**evolve** [ɪˈvɑlv] *v.* evoluir (***from/out of*** *de*, ***into*** *para*)
**ewe** [ju] *s.* ovelha
**ex•act** [ɪgˈzækt] *adj.* exato: *the exact opposite* o exato oposto
**ex•act•ing** [ɪgˈzæktɪŋ] *adj.* 1 exigente 2 rigoroso
**ex•act•ly** [ɪgˈzæktli] *adv.* 1 exatamente 2 **exactly!** exato! 3 **not exactly** a não exatamente b ▸ uso irônico: *The hotel's OK, but it's not exactly near the beach.* O hotel é bom, mas perto da praia não fica.
**ex•ag•ger•ate** [ɪgˈzædʒəreɪt] *v.* exagerar
**ex•ag•gera•tion** [ɪgzædʒəˈreɪʃən] *s.* exagero
**exam** [ɪgˈzæm] *s.* 1 prova: *a written exam* uma prova escrita 2 AM exame [médico]: *an eye exam* uma prova de vista 3 **to do/take an exam** fazer uma prova
**ex•ami•na•tion** [ɪgzæməˈneɪʃən] *s.* 1 exame 2 FORM prova
**ex•am•ine** [ɪgˈzæmɪn] *v.* examinar
**ex•am•ple** [ɪgˈzæmpəl] *s.* 1 exemplo 2 **for example** por exemplo 3 **to set an example** dar o exemplo (***for*** *a*)
**ex•as•per•ate** [ɪgˈzæspəreɪt] *v.* exasperar
**ex•as•pera•tion** [ɪgzæspəˈreɪʃən] *s.* exasperação
**ex•ca•vate** [ˈɛkskəveɪt] *v.* escavar
**ex•ceed** [ɛkˈsid] *v.* FORM 1 ultrapassar [limite] 2 superar [expectativas] 3 abusar de [autoridade]
**ex•ceed•ing•ly** [ɛkˈsidɪŋli] *adv.* extremamente
**ex•cel** [ɪkˈsɛl] *v.* 1 destacar-se, sobressair (***in*** *em*) 2 **to excel yourself** superar-se
**ex•cel•lence** [ˈɛksələns] *s.* excelência
**ex•cel•lent** [ˈɛksələnt] *adj.* excelente
**ex•cept** [ɪkˈsɛpt] *prep.* (tb **except for**) exceto, tirando, fora / *conj.* (tb **except that**) só que
**ex•cep•tion** [ɪkˈsɛpʃən] *s.* 1 exceção 2 **to make an exception** abrir uma exceção 3 **to take exception to sth** ofender-se com algo
**ex•cep•tion•al** [ɪkˈsɛpʃənəl] *adj.* excepcional
**ex•cerpt** [ˈɛksɜrpt] *s.* excerto, trecho
**ex•cess** [ɪkˈsɛs] *s.* 1 excesso 2 **in excess of sth** superior a algo 3 **to excess** em excesso / *adj.* 1 em excesso 2 **excess baggage/weight etc.** excesso de bagagem/peso etc.
**ex•ces•sive** [ɪkˈsɛsɪv] *adj.* excessivo
**ex•change** [ɪksˈtʃeɪndʒ] *s.* 1 troca 2 intercâmbio 3 câmbio 4 **in exchange** em troca (***for*** *de*) / *v.* trocar (***for*** *por*)
**ex•change rate** [ɪksˈtʃeɪndʒ reɪt] *s.* taxa de câmbio
**ex•cite** [ɪkˈsaɪt] *v.* 1 empolgar, entusiasmar 2 excitar
**ex•cit•ed** [ɪkˈsaɪtɪd] *adj.* 1 animado (***about*** *com/para*) 2 entusiasmado, empolgado (***about*** *com*) 3 excitado 4 **excited to do sth/about doing sth** a animado para fazer algo b empolgado em fazer algo
**ex•cite•ment** [ɪkˈsaɪtmənt] *s.* 1 animação 2 empolgação, entusiasmo 3 (grandes) emoções

**ex•cit•ing** [ɪk'saɪtɪŋ] *adj.* 1 emocionante 2 empolgante

**ex•claim** [ɪk'skleɪm] *v.* FORM exclamar

**ex•cla•ma•tion** [ɛksklə'meɪʃən] *s.* exclamação

**ex•cla•ma•tion point**, BRIT: **exclamation mark** [ɛksklə'meɪʃən pɔɪnt/mɑrk] *s.* ponto de exclamação

**ex•clude** [ɪk'sklud] *v.* 1 excluir (***from*** *de*) 2 descartar [hipótese]

**ex•clud•ing** [ɪk'skludɪŋ] *prep.* excluindo

**ex•clu•sion** [ɪk'skluʒən] *s.* exclusão (***from*** *de*)

**ex•clu•sive** [ɪk'sklusɪv] *adj.* 1 exclusivo (***to*** *a*) 2 **exclusive of sth** fora algo / *s.* exclusiva [entrevista etc.]

**ex•clu•sive•ly** [ɪk'sklusɪvli] *adv.* 1 exclusivamente 2 com exclusividade

**ex•cru•ci•at•ing** [ɪk'skruʃieɪtɪŋ] *adj.* 1 lancinante [dor] 2 constrangedor

**ex•cur•sion** [ɪk'skɜrʃən] *s.* excursão, passeio

**ex•cuse** *s.* [ɪk'skjus] 1 desculpa (***for*** *por*) 2 pretexto (***for*** *para*) 3 AM atestado médico, bilhete [justificando falta] 4 **there is no excuse for sth** não há justificativa para algo 5 **to make excuses for sb/sth** defender alguém/algo / *v.* [ɪk'skjuz] 1 desculpar (***for*** *por*) 2 dispensar (***from*** *de*) 3 justificar 4 **excuse me** a por favor [chamando atenção] b desculpe c com licença d AM como? [pedindo repetição] e AM como é que é? [mostrando indignação] 5 **to excuse yourself** pedir licença

**ex•ecute** ['ɛksɪkjut] *v.* executar

**ex•ecu•tion** [ɛksɪ'kjuʃən] *s.* execução

**ex•ecu•tion•er** [ɛksɪ'kjuʃənər] *s.* carrasco

**ex•ecu•tive** [ɪg'zɛkjətɪv] *adj, s.* 1 executivo 2 **the executive** o poder executivo

**ex•em•pla•ry** [ɪg'zɛmpləri] *adj.* exemplar

**ex•empt** [ɪg'zɛmpt] *adj.* isento (***from*** *de*) / *v.* isentar (***from*** *de*)

**ex•emp•tion** [ɪg'zɛmpʃən] *s.* 1 isenção 2 dispensa

**ex•er•cise** ['ɛksərsaɪz] *s.* 1 exercício 2 atividade física / *v.* 1 exercitar-se, fazer exercício 2 exercitar 3 FORM exercer [direito, função, controle etc.]

**ex•er•cise bike** ['ɛksərsaɪz baɪk] *s.* bicicleta ergométrica

**ex•ert** [ɪg'zɜrt] *v.* 1 exercer [influência, pressão] 2 **to exert yourself** esforçar-se, fazer esforço

**ex•er•tion** [ɪg'zɜrʃən] *s.* esforço

**ex•hale** [ɛks'heɪl] *v.* exalar

**ex•haust** [ɪg'zɔst] *v.* esgotar / *s.* escapamento [de veículo]: *the exhaust pipe* o cano de escapamento | *exhaust fumes* fumaça de escapamento

**ex•haust•ed** [ɪg'zɔstɪd] *adj.* exausto, esgotado

**ex•haust•ing** [ɪg'zɔstɪŋ] *adj.* exaustivo [cansativo]

**ex•haus•tion** [ɪg'zɔstʃən] *s.* exaustão

**ex•haus•tive** [ɪg'zɔstɪv] *adj.* exaustivo [minucioso]

**ex•hib•it** [ɪg'zɪbɪt] *v.* 1 expor [obras] 2 FORM apresentar [sintomas, comportamento] / *s.* 1 AM exposição 2 obra exposta

**ex•hi•bi•tion** [ɛksə'bɪʃən] *s.* 1 exposição 2 demonstração 3 **to make an exhibition of yourself** fazer um papelão

**ex•hil•arat•ing** [ɪg'zɪləreɪtɪŋ] *adj.* revigorante, estimulante

**ex•ile** ['ɛgzaɪl] *s.* 1 exílio 2 exilado / *v.* exilar

**ex•ist** [ɪg'zɪst] *v.* 1 existir 2 **to exist on sth** sobreviver à base de algo

**ex•ist•ence** [ɪg'zɪstəns] *s.* 1 existência 2 **to be in existence** existir

**ex•ist•ing** [ɪg'zɪstɪŋ] *adj.* 1 existente 2 atual

**exit** ['ɛgzɪt] *s.* 1 saída (***from*** *de*) 2 **to make an exit** sair / *v.* sair (de)

**ex•ot•ic** [ɪg'zɑtɪk] *adj.* exótico

**ex•pand** [ɪk'spænd] *v.* 1 expandir(-se) 2 dilatar(-se) 3 **to expand on sth** desenvolver algo [ideia, colocação]

**ex•panse** [ɪk'spæns] *s.* 1 extensão 2 **vast expanse** vastidão

**ex•pan•sion** [ɪk'spænʃən] *s.* 1 expansão 2 dilatação

**ex•pat•ri•ate** [ɛks'peɪtriət] *s, adj.* expatriado

**ex•pect** [ɪk'spɛkt] *v.* 1 esperar (***from/of** de*): *They managed to raise more than they expected.* Conseguiram arrecadar mais do que esperavam. 2 prever, contar com 3 exigir (***from/of** de*): *She expects a lot of her students.* Ela exige muito de seus alunos. 4 **as expected** ▣ como previsto ▣ como é/era de se esperar 5 **I expect (that) ...** ▸ expressando uma suposição, corresponde ao uso do verbo *dever* em português: *I expect you're tired.* Você deve estar cansado. 6 **I expect so** acho que sim 7 **to be expected to do sth** dever fazer algo [previsão, exigência]: *The good weather is expected to last until the weekend.* O bom tempo deve durar até o fim de semana. | *We're expected to write a composition in English.* Devemos escrever uma redação em inglês. 8 **to be expecting (a baby)** estar esperando um filho 9 **to expect sb/sth to do sth** ▣ esperar que alguém/algo faça algo: *We weren't expecting it to rain.* Não esperávamos que fosse chover. ▣ querer/exigir que alguém/algo faça algo: *You don't expect me to believe that, do you?* Você não quer que eu acredite nisso, não é? 10 **to expect to do sth** ▣ dever fazer algo [previsão]: *We expect to get there around eight.* Devemos chegar aí por volta das oito. ▣ esperar fazer algo [expectativa]: *I didn't expect to see you here.* Eu não esperava ver você aqui.

**ex•pec•tancy** [ɪk'spɛktənsi] *s.* expectativa

**ex•pec•tant** [ɪk'spɛktənt] *adj.* 1 cheio de expectativa 2 **expectant mother** gestante

**ex•pec•ta•tion** [ɛkspɛk'teɪʃən] *s.* expectativa: *contrary to expectations* contrariando as expectativas

**ex•pedi•tion** [ɛkspə'dɪʃən] *s.* 1 expedição 2 **to go on an expedition** fazer uma expedição 3 **to go on a shopping expedition** sair para fazer compras

**ex•pel** [ɪk'spɛl] *v.* [**-ll-**] expulsar (***from** de*)

**ex•pendi•ture** [ɪk'spɛndətʃər] *s.* FORM despesas, gastos (***on** com*)

**ex•pense** [ɪk'spɛns] *s.* 1 despesa 2 custo 3 **all expenses paid** com tudo pago 4 **at sb's expense, at the expense of sb/sth** às custas de alguém/algo 5 **on expenses** por conta da empresa

**ex•pen•sive** [ɪk'spɛnsɪv] *adj.* caro

**ex•peri•ence** [ɪk'spiriəns] *s.* 1 experiência 2 **to know/speak from experience** saber/falar por experiência própria / *v.* 1 viver, vivenciar 2 ter [problemas, sensação] 3 enfrentar [dificuldades, preconceito etc.] 4 sentir [dor]

**ex•peri•enced** [ɪk'spiriənst] *adj.* experiente

**ex•peri•ment** [ɪk'spɛrəmənt] *s.* experiência, experimento / *v.* 1 fazer experiências (***on** com*) 2 **to experiment with sth** experimentar algo

**ex•pert** ['ɛkspɜrt] *s.* perito, especialista (***on/in** em*) / *adj.* de especialista(s): *expert advice* orientação de um especialista

**ex•per•tise** [ɛkspər'tiz] *s.* expertise (***in** em*)

**ex•pi•ra•tion** [ɛkspə'reɪʃən] *s.* AM vencimento

**ex•pi•ra•tion date** [ɛkspə'reɪʃən deɪt] *s.* AM validade [de cartão, alimento]

**ex•pire** [ik'spaɪr] *v.* vencer, expirar

**ex•pi•ry** [ɪk'spaɪri] *s.* BRIT vencimento

**ex•pi•ry date** *s.* BRIT validade [de cartão, alimento]

**ex•plain** [ik'spleɪn] *v.* 1 explicar (***to** a*) 2 **to explain yourself** explicar-se

**ex•pla•na•tion** [ɛksplə'neɪʃən] *s.* explicação

**ex•plana•tory** [ik'splænətɔri] *adj.* explicativo

**ex•pletive** [ik'splitɪv] *s.* impropério, palavrão

**ex•plic•it** [ik'splɪsɪt] *adj.* explícito

**ex•plode** [ik'sploʊd] *v.* explodir

**ex•ploit** *v.* [ik'splɔɪt] explorar [aproveitar] / *s.* ['ɛksplɔɪt] façanha, proeza

**ex•ploi•ta•tion** [ɛksplɔɪ'teɪʃən] *s.* exploração [aproveitamento]

**ex•plo•ra•tion** [ɛksplə'reɪʃən] *s.* 1 exploração [esquadrinhamento] 2 investigação (***into/of** de*)

**ex•plore** [ɪk'splɔr] *v.* 1 examinar, estudar 2 explorar, esquadrinhar 3 **to explore for oil/gold etc.** procurar petróleo/ouro etc.

**ex•plor•er** [ɪkˈsplɔrər] *s.* explorador [descobridor]

**ex•plo•sion** [ɪkˈsploʊʒən] *s.* explosão

**ex•plo•sive** [ɪkˈsploʊsɪv] *s, adj.* explosivo

**ex•port** *v.* [ɪkˈspɔrt] exportar / *s.* [ˈɛkspɔrt] exportação

**ex•pose** [ɪkˈspoʊz] *v.* 1 revelar 2 expor (***to*** *a*) 3 denunciar [escândalo] 4 desmascarar

**ex•po•sure** [ɪkˈspoʊʒər] *s.* 1 exposição (***to*** *a*): *media exposure* exposição na mídia 2 revelação, denúncia 3 desmascaramento 4 congelamento: *The climbers nearly died of exposure.* Os alpinistas por pouco não morreram congelados. 5 pose [em rolo de filme]

**ex•press** [ɪkˈsprɛs] *v.* 1 expressar 2 **to express yourself** expressar-se / *adj, s.* expresso

**ex•pres•sion** [ɪkˈsprɛʃən] *s.* 1 expressão 2 expressividade

**ex•pres•sive** [ɪkˈsprɛsɪv] *adj.* expressivo

**ex•press•ly** [ɪkˈsprɛsli] *adv.* FORM 1 expressamente 2 especificamente

**ex•press•way** [ɪkˈsprɛswei] *s.* AM via expressa

**ex•pul•sion** [ɪkˈspʌlʃən] *s.* expulsão

**ex•quis•ite** [ɪkˈskwɪzɪt] *adj.* 1 requintado, finíssimo 2 primoroso

**ex•tend** [ɪkˈstɛnd] *v.* 1 estender(-se) (***to*** *a*) 2 prorrogar (***by*** *em*, ***for*** *por*, ***until*** *até*) 3 aumentar [casa, sala] 4 ampliar [vantagem]

**ex•ten•sion** [ɪkˈstɛnʃən] *s.* 1 extensão 2 prorrogação 3 aumento [de prédio] 4 ramal [telefônico] 5 prorrogação 6 **(hair) extensions** megahair 7 BRIT puxadinho

**ex•ten•sion cord**, BRIT: **extension lead** [ɪkˈstɛnʃən kɔrd/lid] *s.* extensão [cabo]

**ex•ten•sive** [ɪkˈstɛnsɪv] *adj.* 1 extenso [terreno] 2 grande [estrago, conserto, repercussão] 3 amplo [conhecimento, pesquisa]

**ex•ten•sive•ly** [ɪkˈstɛnsɪvli] *adj.* 1 amplamente 2 extensamente

**ex•tent** [ɪkˈstɛnt] *s.* 1 dimensão [de problema, estragos etc.] 2 extensão 3 **to a certain/to some extent** até certo ponto 4 **to what extent** até que ponto

**ex•te•ri•or** [ɪkˈstɪrɪər] *s.* 1 exterior, parte externa 2 aparência [de pessoa] / *adj.* externo

**ex•ter•mi•nate** [ɪkˈstɜrməneɪt] *v.* exterminar

**ex•ter•nal** [ɪkˈstɜrnl] *adj.* 1 externo 2 exterior

**ex•tinct** [ɪkˈstɪŋkt] *adj.* extinto

**ex•tinc•tion** [ɪkˈstɪŋkʃən] *s.* extinção

**ex•tin•guish** [ɪkˈstɪŋgwɪʃ] *v.* FORM extinguir

**ex•tin•guish•er** [ɪkˈstɪŋgwɪʃər] *s.* extintor

**ex•tor•tion•ate** [ɪkˈstɔrʃənət] *adj.* exorbitante, extorsivo

**ex•tra** [ˈɛkstrə] *adj.* extra, adicional: *at no extra cost* sem custo adicional | *an extra two hours* duas horas adicionais / *adv.* 1 a mais, extra: *There is one plate per person and a few extra.* Tem um prato por pessoa e alguns a mais. 2 especialmente, muito: *extra special* muito especial 3 **to be/cost extra** não estar incluído (no preço) / *s.* 1 adicional 2 acessório 3 figurante 4 **optional extras** opcionais [de carro etc.]

**ex•tract** *v.* [ɪkˈstrækt] 1 FORM extrair (***from*** *de*) 2 arrancar [dinheiro, informações] (***from*** *de*) / *s.* [ˈɛkstrækt] 1 trecho (***from*** *de*) 2 extrato

**ex•trac•tion** [ɪkˈstrækʃən] *s.* 1 extração 2 descendência: *people of German extraction* pessoas de descendência alemã

**extra•dite** [ˈɛkstrədaɪt] *v.* extraditar

**extraor•di•nary** [ɪkˈstrɔrdnɛri] *adj.* 1 extraordinário 2 excepcional

**ex•trava•gance** [ɪkˈstrævəgəns] *s.* 1 esbanjamento 2 extravagância

**ex•trava•gant** [ɪkˈstrævəgənt] *adj.* 1 extravagante 2 esbanjador

**ex•treme** [ɪkˈstrim] *adj.* 1 extremo 2 radical [esporte, opinião, pessoa] / *s.* 1 extremo 2 **in the extreme** ao extremo 3 **to take sth to extremes** levar algo ao extremo

**ex•treme•ly** [ɪkˈstrimli] *adv.* extremamente

**ex•trem•ist** [ɪkˈstrimɪst] *s, adj.* extremista

**ex•tri•cate** [ˈɛkstrəkeɪt] *v.* 1 livrar 2 **to extricate yourself** livrar-se (***from*** *de*)

**extro•vert** [ˈɛkstrəvɜrt] *s, adj.* extrovertido

**extro•vert•ed** [ˈɛkstrəvɜrtɪd] *adj.* extrovertido

**eye** [aɪ] *s.* 1 olho 2 fundo [de agulha] 3 **to believe your eyes** acreditar no que está vendo 4 **to catch sb's eye** chamar a atenção de alguém 5 **to have your eye on sth** estar de olho em algo 6 **to keep an eye on sb/sth** ficar de olho em alguém/algo 7 **to keep an eye out for sb/sth** ficar atento para alguém/algo 8 **to set/lay eyes on sb/sth** pôr os olhos em alguém/algo / *v.* medir com os olhos

**eye•ball** [ˈaɪbɔl] *s.* globo ocular

**eye•brow** [ˈaɪbraʊ.] *s.* 1 sobrancelha 2 **to raise eyebrows** causar espanto

**eye-catching** [ˈaɪˌkætʃɪŋ] *adj.* chamativo

**eye con•tact** [ˈaɪˌkɑntækt] *s.* contato visual

**eye•lash** [ˈaɪlæʃ] *s.* pestana

**eye•lid** [ˈaɪlɪd] *s.* pálpebra

**eye•liner** [ˈaɪlaɪnər] *s.* delineador

**eye shadow** [ˈaɪˌʃædoʊ] *s.* sombra [maquiagem]

**eye•sight** [ˈaɪsaɪt] *s.* vista, visão

**eye•sore** [ˈaɪsɔr] *s.* monstruosidade

**eye•witness** [ˈaɪwɪtnɪs] *s.* testemunha ocular: *eyewitness accounts* relatos de testemunhas

# F

**F, f** [ɛf] *s.* F, f / **F** *s.* 1 fá [nota musical] 2 ▸ nota escolar mais baixa da escala de A a F

**fa•ble** [ˈfeɪbəl] *s.* fábula

**fab•ric** [ˈfæbrɪk] *s.* tecido, pano

**fabu•lous** [ˈfæbjələs] *adj.* 1 fabuloso 2 FAM sensacional

**fa•çade** [fəˈsɑd] *s.* fachada

**face** [feɪs] *s.* 1 rosto 2 cara: *a sad face* uma cara de tristeza 3 face: *He's disappeared off the face of the earth.* Ele desapareceu da face da terra. 4 mostrador [de relógio] 5 **face down/up** a de bruços/costas b virado para baixo/cima 6 **face to face** cara a cara 7 **in the face of sth** diante de algo 8 **on the face of it** a julgar pelas aparências, à primeira vista 9 **to have a long face** estar com a cara amarrada 10 **to keep a straight face** manter uma cara séria 11 **to make/pull a face** fazer careta 12 **to tell sb sth to their face** dizer algo na cara de alguém / *v.* 1 enfrentar 2 encarar 3 estar/ficar de frente para 4 dar para, estar voltado para [casa etc.] 5 **can't face (doing) sth** não aguentar (fazer) algo: *I can't face going all the way back again.* Não aguento voltar tudo de novo. 6 **let's face it** FAM vamos combinar 7 **to be faced with sth** estar diante de algo, estar enfrentando algo 8 **to face facts/face it** cair na real

**face up to** encarar [fato]

**face•lift** [ˈfeɪslɪft] *s.* 1 plástica [de rosto] 2 reforma [de prédio]

**fac•et** [ˈfæsɪt] *s.* 1 faceta 2 aspecto [de questão]

**fa•cetious** [fəˈsiʃəs] *adj.* debochado

**face-to-face** [feɪstəˈfeɪs] *adj.* face a face [encontro]

**face value** [feɪs ˈvælju] *s.* 1 valor nominal 2 **to take sth at face value** levar algo ao pé da letra

**fa•cial** [ˈfeɪʃəl] *s.* limpeza de pele / *adj.* facial

**fa•cili•tate** [fəˈsɪləteɪt] *v.* FORM facilitar

**fa•cil•ity** [fəˈsɪləti] *s.* [*pl* **facilities**] 1 facilidade 2 função [de aparelho] 3 complexo, centro [esportivo, de pesquisa etc.] 4 **facilities** instalações

**fact** [fækt] *s.* 1 fato 2 fatos reais: *a movie based on fact* um filme baseado em fatos reais 3 **facts and figures** fatos e dados 4 **as a matter of fact** na verdade, aliás 5 **in (actual) fact** a de fato b na verdade 6 **the fact (of the matter) is (that) …** a verdade é que …

**fac•tion** [ˈfækʃən] *s.* facção

**fac•tor** [ˈfæktor] *s.* fator

**fac•to•ry** [ˈfæktəri] *s.* fábrica

**fac•ul•ty** [ˈfækəlti] *s.* [*pl* **faculties**] 1 departamento [de faculdade]: *the Arts Faculty* o Departamento de Ciências Humanas 2 AM corpo docente 3 faculdade [física, mental]

**fad** [fæd] *s.* modismo

**fade** [feɪd] *v.* 1 (tb **fade away**) desvanecer-se, apagar-se [esperança, memória etc.] 2 desbotar 3 (tb **fade away**) definhar

**fail** [feɪl] *v.* 1 fracassar 2 falhar (a) 3 ser reprovado (em) [prova, matéria]: *She failed math.* Ela ficou em Matemática. 4 reprovar [aluno] 5 falir [empresa] 6 **to fail to do sth** a não conseguir fazer algo b deixar de fazer algo / *s.* 1 reprovação 2 **without fail** sem falta

**fail•ing** [ˈfeɪlɪŋ] *adj.* 1 fraco [memória, vista] 2 frágil [saúde] / *s.* defeito / *prep.* 1 na falta de 2 **failing that** se isso não for possível

**fail•ure** [ˈfeɪljər] *s.* 1 fracasso 2 fracassado [pessoa] 3 falha [no motor] 4 falência [de empresa] 5 **failure to do sth** FORM o não fazer algo: *failure to comply with regulations* o não cumprimento das normas 6 **heart/liver etc. failure** insuficiência cardíaca/hepática etc. 7 **sb's failure to do sth** (o fato de) alguém não (conseguir) fazer algo: *Bob's parents were disappointed at his failure to get into medical school.* Os pais do Bob se decepcionaram com o fato de ele não ter passado para a faculdade de Medicina.

**faint** [feɪnt] *adj.* [*comp* **fainter, faintest**] 1 tênue [luz, esperança] 2 vago [som, sorriso] 3 zonzo, fraco 4 **not to have the faintest idea** não ter a mínima ideia / *v.* desmaiar / *s.* desmaio

**faint•ly** [ˈfeɪntli] *adj.* 1 ligeiramente 2 vagamente 3 tenuemente

**fair** [fɛr] *adj.* 1 justo (***to/on*** *com*) 2 limpo [jogo, eleição] 3 leal [concorrência] 4 regular, mediano [desempenho] 5 louro [cabelo, pessoa] 6 claro (de pele) 7 bom [tempo] 8 BRIT considerável [número, tamanho etc.] 9 **fair enough** BRIT FAM tudo bem 10 **to be fair** justiça seja feita / *s.* 1 feira: *a book fair* uma feira de livros 2 parque de diversões 3 BRIT quermesse / *adv.* 1 **fair and square** com todos os méritos [ganhar] 2 **to play fair** jogar limpo

**fair•ground** [ˈfɛrgraʊnd] *s.* recinto de feiras

**fair-haired** [fɛrˈhɛrd] *adj.* de cabelo louro

**fair•ly** [ˈfɛrli] *adv.* 1 bastante 2 com justiça

**fair•ness** [ˈfɛrnəs] *s.* 1 justiça 2 **in fairness (to sb)** justiça seja feita (a alguém)

**fairy** [ˈfɛri] *s.* [*pl* **fairies**] fada

**fairy tale** [ˈfɛri teɪl] *s.* conto de fadas / **fairy-tale** *adj.* de conto de fadas [casamento, final]

**faith** [feɪθ] *s.* 1 fé (***in*** *em*) 2 confiança (***in*** *em*) 3 **in good faith** de boa fé 4 **to put your faith in sth/sb** depositar sua confiança em algo/alguém

**faith•ful** [ˈfeɪθfəl] *adj.* 1 fiel (***to*** *a*) 2 leal

**faith•ful•ly** [ˈfeɪθfəli] *adv.* 1 lealmente 2 **Yours faithfully** BRIT Atenciosamente [em carta]

**fake** [feɪk] *s.* 1 falsificação 2 fraude, charlatão / *adj.* 1 falsificado, contrafeito 2 falso 3 sintético / *v.* 1 falsificar 2 fingir 3 **to fake it** FAM fingir

**fal•con** [ˈfælkən] *s.* falcão

**fall** [fɔl] *v.* [*ps, pp* **fell, fallen**] 1 cair 2 **to fall asleep** dormir [pegar no sono] 3 **to fall down a hole/the stairs** cair num buraco/da escada 4 **to fall for sb** FAM ficar caidinho por alguém 5 **to fall for sth** cair em algo [golpe] 6 **to fall in love** apaixonar-se (***with*** *por*) 7 **to fall to pieces/bits** cair aos pedaços

**fall apart** 1 cair aos pedaços 2 desmanchar-se, desfazer-se

**fall back on** recorrer a

**fall behind** 1 ficar para trás 2 **to fall behind schedule** atrasar [obra, projeto] 3 **to fall behind with sth** atrasar algo [pagamento, trabalho]

**fall down** 1 cair 2 desabar 3 falhar [argumento, teoria]

**fall off** 1 diminuir 2 **to fall off (sth)** cair (de algo): *He fell off his bike.* Ele caiu da bicicleta.

**fall out** 1 cair (***of*** *de*): *The vase fell out of the window.* O vaso caiu da janela. 2 desentender-se (***with*** *com*)

**fall over** 1 cair (no chão), tombar 2 levar um tombo 3 **to fall over sth** tropeçar em algo

**fall through** ir por água abaixo, furar [plano, negócio] / *s.* 1 queda 2 tombo 3 baixa (***in*** *de*) 4 AM outono 5 **falls** (plural) cataratas 6 **to have a fall** levar um tombo

**fall•en** ['fɔlən] *v.* ▸ *pp de* FALL / *adj.* caído
**false** [fɔls] *adj.* 1 falso: *a false alarm* um alarme falso 2 postiço 3 **false move/step** movimento/passo em falso 4 **false teeth** dentadura
**fal•si•fy** ['fɔlsəfaɪ] *v.* [*ps e pp* **-fied**] falsificar
**fal•ter** ['fɔltər] *v.* vacilar, titubear
**fame** [feɪm] *s.* fama
**fa•mili•ar** [fə'mɪljər] *adj.* 1 conhecido (***to*** *por*) 2 **sth looks/sounds familiar** algo não me é estranho: *That girl looks familiar.* A cara daquela menina não me é estranha. 3 **to be a familiar sight** ser cena comum 4 **to be familiar with sth** estar familiarizado com/conhecer algo
**fa•mili•ar•ity** [fəmɪli'ærəti] *s.* 1 familiaridade (***with*** *com*) 2 intimidade
**fa•mil•iar•ize**, BRIT tb: **-ise** [fə'mɪljəraɪz] *v.* **to familiarize yourself with sth** familiarizar-se com algo
**fami•ly** ['fæmli] *s.* [*pl* **families**] 1 família: *a family reunion* uma reunião de família 2 filhos 3 **to run in the family** ser de família [doença, característica] 4 **to start a family** ter filhos
**fami•ly name** ['fæmli neɪm] *s.* sobrenome
**fami•ly tree** [ˌfæmli'tri] *s.* árvore genealógica
**fam•ine** ['fæmɪn] *s.* fome [generalizada numa região]
**fa•mous** ['feɪməs] *adj.* famoso (***for*** *por*)
**fan** [fæn] *s.* 1 fã: *a Justin Bieber fan* uma fã do Justin Bieber 2 torcedor: *the Chelsea fans* a torcida do Chelsea 3 ventilador 4 leque / *v.* [**-nn-**] 1 abanar 2 **to fan yourself** abanar-se
**fa•nat•ic** [fə'nætɪk] *s.* fanático: *sports fanatics* fanáticos por esportes
**fa•nati•cal** [fə'nætɪkəl] *adj.* fanático
**fan club** ['fæn klʌb] *s.* fã-clube
**fan•cy** ['fænsi] *adj.* [*comp* **fancier, fanciest**] 1 fino, chique 2 muito elaborado [objeto, comida etc.]: *The food is nothing fancy, but very good.* A comida é simples, mas muito boa. / *v.* BRIT FAM 1 estar a fim de 2 **to fancy doing sth** estar a fim de fazer algo 3 **to fancy yourself (as sth)** achar-se (algo): *He fancies himself.* Ele se acha. / *s.* BRIT 1 **to take a fancy to sb/sth** interessar-se por alguém/algo [por achar atraente] 2 **to take sb's fancy** chamar a atenção de alguém [por ser atraente]
**fan•cy dress** [ˌfænsi 'drɛs] *s.* fantasia [roupa]
**fang** [fæŋ] *s.* presa [de cobra, vampiro etc.]
**fan mail** ['fæn meɪl] *s.* cartas de fãs
**fan•ta•size**, BRIT tb: **-sise** ['fæntəsaɪz] *v.* fantasiar (***about*** *sobre*)
**fan•tas•tic** [fæn'tæstɪk] *adj.* fantástico
**fan•ta•sy** ['fæntəsi] *s.* [*pl* **fantasies**] fantasia
**FAQ** [fæk] *s.* (= frequently asked question) pergunta frequente
**far** [fɑr] *adv.* [*comp* **farther/further, farthest/furthest**] 1 longe (***from*** *de*): *Is it far from here?* É longe daqui? | *The one who throws the ball the farthest wins.* Ganha quem jogar a bola mais longe. 2 muito [com comparativo]: *Flying is far more expensive.* Ir de avião é muito mais caro. 3 **far away** longe (***from*** *de*) 4 **far from (doing) sth** longe de (fazer) algo: *"Was he pleased?" - "Far from it!"* "Ele ficou satisfeito?" - "Longe disso!" | *The test was far from easy.* A prova não foi nada fácil. 5 **far too** demais, muito: *We can't go to the concert, the tickets are far too expensive.* Não podemos ir ao show, os ingressos são muito caros. 6 **as far as I know** que eu saiba 7 **as far as sth** até algo: *This bus only goes as far as the main square.* Esse ônibus só vai até a praça principal. 8 **by far** de longe: *That's by far the best solution.* Essa é de longe a melhor solução. 9 **how far** **a** (a) que distância: *How far did you run?* Que distância você correu? **b** até que ponto 10 **how far is it ...?** qual a distância ...?: *How far is it to the beach from here?* Qual a distância daqui até a praia? 11 **so far** **a** até agora: *So far everything's fine.* Até agora está tudo bem. **b** tão longe 12 **to go too far** ir longe demais / *adj.* 1 extremo [norte, direita etc.]: *on the far left of the picture*

à extrema esquerda da foto 2 **the far end** a o fundo [de corredor, sala etc.] b a outra ponta 3 **the far side** o outro lado, o lado de lá

**far•away** [ˈfɑrəweɪ] *adj.* distante

**farce** [fɑrs] *s.* 1 fiasco 2 farsa [peça]

**far•ci•cal** [ˈfɑrsɪkəl] *adj.* ridículo, absurdo

**fare** [fɛr] *s.* 1 (preço/dinheiro da) passagem: *Bus fares have gone up again.* A passagem de ônibus subiu de novo. 2 **full fare** passagem integral 3 **half-fare** meia passagem / *v.* sair-se

**fare•well** [fɛrˈwɛl] *s.* 1 despedida 2 **to bid farewell to sb** despedir-se de alguém / *adj.* de despedida [festa, discurso] / *interj.* adeus!

**far-fetched** [fɑr ˈfɛtʃt] *adj.* mirabolante, inverossímil

**far-flung** [fɑrˈflʌŋ] *adj.* longínquo

**farm** [fɑrm] *s.* fazenda / *v.* 1 cultivar, lavrar [terra] 2 dedicar-se à agropecuária, ser agricultor

**farm•er** [ˈfɑrmər] *s.* agricultor, fazendeiro

**farm•hand** [ˈfɑrmhænd] *s.* trabalhador rural

**farm•house** [ˈfɑrmhaʊs] *s.* casa da fazenda

**farm•ing** [ˈfɑrmɪŋ] *s.* agropecuária, agricultura

**farm•yard** [ˈfɑrmjɑrd] *s.* terreiro [de fazenda]

**far-off** [ˈfɑr ɔf] *adj.* longínquo

**far-reaching** [fɑr ˈritʃɪŋ] *adj.* profundo, importante [mudanças, consequências]

**fart** [fɑrt] FAM *v.* peidar / *s.* peido

**far•ther** [ˈfɑrðər] *adv.* ▸ *comparativo de* FAR

**far•thest** [ˈfɑrðɪst] *adv.* ▸ *superlativo de* FAR

**fas•ci•nate** [ˈfæsəneɪt] *v.* fascinar

**fas•ci•nat•ing** [ˈfæsəneɪtɪŋ] *adj.* fascinante

**fas•ci•na•tion** [fæsəˈneɪʃən] *s.* fascinação, fascínio (***with/for*** *por*)

**fas•cism** [ˈfæʃɪzəm] *s.* fascismo

**fas•cist** [ˈfæʃɪst] *adj, s.* fascista

**fash•ion** [ˈfæʃən] *s.* 1 moda 2 FORM modo: *in an appropriate fashion* de modo adequado 3 **after a fashion** mais ou menos 4 **in fashion** na moda 5 **out of fashion** fora de moda

**fash•ion•able** [ˈfæʃənəbəl] *adj.* 1 na moda [roupa etc.] 2 da moda, badalado

**fast** [fæst] *adj.* 1 rápido, veloz 2 adiantado [relógio] / *adv.* 1 rápido 2 **fast asleep** dormindo profundamente 3 **how fast** a que velocidade / *s.* jejum / *v.* jejuar

**fas•ten** [ˈfæsən] *v.* 1 (tb **fasten up**) fechar [roupa] 2 trancar [janela, porta] 3 afivelar, apertar [cinto de segurança] 4 prender, fixar (***to*** *em*)

**fas•ten•er** [ˈfæsənər] *s.* fecho

**fast-forward** [ˌfæstˈfɔrwərd] *s.* fast forward, avançar / *v.* dar fast forward (em), avançar [vídeo]

**fat** [fæt] *adj.* [*comp* **fatter, fattest**] 1 gordo 2 grosso 3 **to get fat** engordar / *s.* gordura

**fa•tal** [ˈfeɪtl] *adj.* fatal

**fa•tal•ity** [fəˈtæləti] *s.* [*pl* **fatalities**] fatalidade [morte]

**fate** [feɪt] *s.* destino [sina]

**fate•ful** [ˈfeɪtfəl] *adj.* fatídico

**father** [ˈfɑðər] *s.* 1 pai 2 **Father** Padre [em nomes] / *v.* virar pai de

**Father Christ•mas** [ˌfɑðər ˈkrɪsməs] *s.* BRIT Papai Noel

**fa•ther fig•ure** [ˈfɑðərˌfɪgjər] *s.* figura paterna

**father•hood** [ˈfɑðərhʊd] *s.* paternidade

**father-in-law** [ˈfɑðər ɪn lɔ] *s.* [*pl* **fathers-in-law**] sogro

**fath•om** [ˈfæðəm] *v.* (tb **fathom out**) atinar (com)

**fa•tigue** [fəˈtig] *s.* fadiga

**fat•ten** [ˈfætn] *v.* engordar [animais]

**fat•ten•ing** [ˈfætnɪŋ] *adj.* engordativo

**fat•ty** [ˈfæti] *adj.* [*comp* **fattier, fattiest**] gorduroso

**fau•cet** [ˈfɔsət] *s.* AM torneira

**fault** [fɔlt] *s.* 1 culpa: *It's your fault.* A culpa é sua. 2 defeito 3 (tb **fault line**) falha [na crosta terrestre] 4 **at fault** errado 5 **to a fault** até demais [generoso etc.] 6 **to find fault with sth/sb** botar defeito em algo/alguém / *v.* botar defeito em, criticar

**fault•less** [ˈfɔltləs] *adj.* impecável, perfeito

**faulty** [ˈfɔlti] *adj.* [*comp* **faultier, faultiest**] com defeito, defeituoso

**fava bean** [ˈfɑvə bin] *s.* AM fava

**fa•vor**, BRIT: **favour** [ˈfeɪvər] *s.* 1 favor 2 **in favor of (doing) sth** a favor de (fazer) algo 3 **in sb's favor** a favor de alguém 4 **to ask sb a favor** pedir um favor a alguém 5 **to do sb a favor** fazer um favor para alguém 6 **to find favor with sb** cair nas graças de alguém / *v.* 1 preferir (***over*** *a*) 2 favorecer (***over*** *sobre*)

**fa•vor•able**, BRIT: **favourable** [ˈfeɪvərəbəl] *adj.* favorável (***for*** *para*, ***to*** *a*)

**fa•vor•ite**, BRIT: **favourite** [ˈfeɪvrət] *adj.* favorito, predileto / *s.* 1 favorito 2 preferido [filho etc.]

**fax** [fæks] *s.* fax: *by fax* por fax / *v.* 1 mandar por fax 2 **to fax sb sth** mandar algo por fax para alguém

**fear** [fɪr] *s.* 1 medo (***of*** *de*) 2 temor (***of*** *de*) 3 **for fear of sth/(that) ...** por medo de algo/de que ... / *v.* temer (***for*** *por*)

**fear•ful** [ˈfɪrfəl] *adj.* 1 medroso 2 receoso (***of*** *de*) 3 medonho

**fear•less** [ˈfɪrləs] *adj.* destemido

**fear•some** [ˈfɪrsəm] *adj.* temível

**fea•sibil•ity** [fizəˈbɪləti] *s.* viabilidade

**fea•sible** [ˈfizəbəl] *adj.* viável, praticável

**feast** [fist] *s.* festim, banquete

**feat** [fit] *s.* façanha

**feath•er** [ˈfɛðər] *s.* 1 pena 2 pluma

**fea•ture** [ˈfitʃər] *s.* 1 característica 2 matéria [de jornal, revista] 3 função [de aparelho] 4 **features** feições, traços / *v.* 1 apresentar 2 contar com, dispor de 3 **to feature/be featured in sth** figurar em algo

**Feb•ru•ary** [ˈfɛbjuɛri] *s.* fevereiro

**fed** [fɛd] *v.* ▸ *pс e pp de* FEED / *adj.* 1 **fed up** FAM chateado 2 **to be/get fed up with (doing) sth** estar/ficar cheio de (fazer) algo

**fed•er•al** [ˈfɛdərel] *adj.* federal

**fed•era•tion** [fɛdəˈreɪʃən] *s.* federação

**fee** [fi] *s.* 1 taxa: *an entrance fee* uma taxa de entrada 2 cachê 3 (tb **fees**) honorários 4 **annual/monthly fee** anuidade/mensalidade 5 **school/tuition fees** mensalidade escolar

**feeble** [ˈfibəl] *adj.* 1 fraco, débil 2 **a feeble excuse** uma desculpa esfarrapada

**feed** [fid] *v.* [*ps e pp* **fed**] 1 dar de comer/mamar a 2 mamar 3 alimentar(-se) (***on*** *de*) / *s.* forragem, ração

**feed•back** [ˈfidbæk] *s.* 1 retorno, comentários 2 realimentação

**feel** [fil] *v.* [*ps e pp* **felt**] 1 sentir(-se): *How are you feeling?* Como você está se sentindo? | *I'm feeling cold.* Estou sentindo frio. | *He could feel the sweat running down his face.* Ele sentia o suor escorrendo pelo rosto. 2 (parecer) estar, ser ... ao tato: *The sheets felt damp.* Os lençóis pareciam estar úmidos. | *Lamb's wool feels very soft.* A lã de cordeiro é muito macia ao tato. 3 apalpar 4 **it feels ... (to be/to do sth)** é uma sensação ... (estar/fazer algo): *It feels good to help others.* É uma sensação boa ajudar os outros. 5 **to feel about (doing) sth** achar de (fazer) algo, pensar sobre algo: *How do you feel about going to college?* O que você acha de fazer faculdade? 6 **to feel for sb** sentir por alguém 7 **to feel like/as if/as though ...** ter a sensação de que ...: *She felt as though she had done well on the test.* Ela tinha a sensação de ter ido bem na prova. 8 **to feel like (doing) sth** estar com vontade de fazer algo: *I feel like ice cream.* Estou com vontade de tomar sorvete. 9 **to feel like sth** parecer algo: *The earthquake only lasted a few seconds, but it felt like much longer.* O terremoto só durou alguns segundos, mas pareceu muito mais. 10 **to feel (that) ...** achar que ... 11 **to feel your way** ir tateando

**feel up to: to feel up to doing sth** FAM sentir-se em condições de fazer algo / *s.* 1 sensação 2 toque [moderno, descontraído etc.]: *The place has an exotic feel about it.* O lugar tem um toque exótico. 3 tato

**feel-good** [ˈfilgʊd] *adj.* alto-astral [filme, música etc.]

**feel•ing** [ˈfilɪŋ] *s.* 1 sentimento 2 sensação 3 opinião (***about/on*** *sobre*) 4 sensibilidade [do corpo] 5 **to get/have the feeling (that) ...** ter a impressão de que ... 6 **to hurt sb's feelings** magoar alguém

**feet** [fit] *spl.* ▸ *pl de* FOOT
**feign** [feɪn] *v.* FORM fingir, simular
**fell** [fɛl] *v.* cortar [árvore] / *v.* ▸ *ps de* FALL
**fel•low** [ˈfɛloʊ] *s.* **1** colega, companheiro **2** sujeito [homem] **3** AM bolsista de pós-graduação
**fel•low country•man** [ˌfɛloʊ ˈkʌntrɪmən] *s.* [*pl* **countrymen**] compatriota
**fel•low•ship** [ˈfɛloʊʃɪp] *s.* **1** companheirismo **2** AM bolsa de pós-graduação
**fel•low travel•er**, BRIT: **fellow travel•ler** [ˌfɛloʊ ˈtrævələr] *s.* companheiro de viagem
**fel•on** [ˈfɛlən] *s.* criminoso
**felo•ny** [ˈfɛləni] *s.* [*pl* **felonies**] crime hediondo
**felt** [fɛlt] *v.* ▸ *ps e pp de* FEEL / *s.* feltro
**felt-tip pen** [fɛltˌtɪpˈpɛn] *s.* (tb **felt-tip**) caneta hidrográfica
**fe•male** [ˈfimeɪl] *adj.* **1** (do sexo) feminino: *a female president* uma presidente mulher **2** de mulher **3** fêmea [animal] / *s.* **1** fêmea **2** FORM mulher
**femi•nine** [ˈfɛmənɪn] *adj.* **1** feminino **2** feminil
**femi•nism** [ˈfɛmənɪzəm] *s.* feminismo
**femi•nist** [ˈfɛmənɪst] *adj, s.* feminista
**fence** [fɛns] *s.* **1** cerca **2** obstáculo [em hipismo] / *v.* **1** (tb **fence off**) cercar **2** esgrimir [com espada]
**fenc•ing** [ˈfɛnsɪŋ] *s.* **1** esgrima **2** cerca
**fend** [fɛnd] *v.* **to fend for yourself** defender-se sozinho
**fend•er** [ˈfɛndər] *s.* AM para-lama
**fen•nel** [ˈfɛnəl] *s.* funcho, erva-doce
**fer•ment** [fərˈmɛnt] *v.* fermentar
**fern** [fɜrn] *s.* samambaia
**fe•ro•cious** [fəˈroʊʃəs] *adj.* feroz
**fe•roc•ity** [fəˈrɑsəti] *s.* ferocidade
**Fer•ris wheel** [ˈfɛrɪs wil] *s.* AM roda-gigante
**fer•ry** [ˈfɛri] *s.* [*pl* **ferries**] **1** barca **2** balsa / *v.* [*ps e pp* **ferried**] **1** transportar **2** **to ferry sb/sth across sth** levar alguém/algo ao outro lado de algo
**fer•ry•boat** [ˈfɛriboʊt] *s.* **1** barca **2** balsa
**fer•tile** [ˈfɜrtl] *adj.* fértil
**fer•til•ity** [fərˈtɪləti] *s.* fertilidade
**fer•ti•lize**, BRIT tb: **-lise** [ˈfɜrtl-aɪz] *v.* **1** fecundar **2** adubar
**fer•ti•liz•er**, BRIT tb: **-liser** [ˈfɜrtl-aɪzər] *s.* adubo
**fer•vent** [ˈfɜrvənt] *adj.* fervoroso
**fes•ter** [ˈfɛstər] *v.* supurar, infeccionar
**fes•ti•val** [ˈfɛstəvəl] *s.* **1** festival **2** festa [religiosa etc.]
**fes•tive** [ˈfɛstɪv] *adj.* festivo
**fes•tiv•ities** [fɛˈstɪvəti] *spl.* festividades
**fetch** [fɛtʃ] *v.* **1** alcançar, render [preço em leilão] **2** BRIT buscar, pegar (***from*** *em*) **3** **to fetch sb sth/sth for sb** BRIT buscar/pegar algo para alguém
**fête** [feɪt] *s.* **1** AM festa [ao ar livre] **2** BRIT quermesse
**fe•tus**, BRIT: **foe•tus** [ˈfitəs] *s.* feto
**feud** [fjud] *s.* rixa / *v.* brigar (***over*** *por*, ***with*** *com*)
**fe•ver** [ˈfivər] *s.* febre
**fe•ver•ish** [ˈfivərɪʃ] *adj.* febril
**few** [fju] *adj, pron.* [*comp* **fewer, fewest**] **1** poucos: *Few students passed the test.* Poucos alunos passaram na prova. **2** **fewer than** menos de/do que: *fewer than six people* menos de seis pessoas **3** **a few** alguns: *in a few days* daqui a alguns dias **4** **quite a few** bastantes **5** **the last/next few days/years etc.** os últimos/próximos dias/anos etc.
**fi•an•cé** [fiɑnˈseɪ] *s.* noivo [antes de casar]
**fi•an•cée** [fiɑnˈseɪ] *s.* noiva [antes de casar]
**fi•as•co** [fiˈæskoʊ] *s.* [*pl* **fiascoes/fiascos**] fiasco
**fib** [fɪb] FAM *s.* mentirinha / *v.* [**-bb-**] dizer mentirinhas
**fi•ber**, BRIT: **fi•bre** [ˈfaɪbər] *s.* **1** fibra **2** fibras [alimentares]: *a high-fiber diet* uma alimentação rica em fibras
**fiber•glass**, BRIT: **fibre•glass** [ˈfaɪbərglæs] *s.* fibra de vidro
**fick•le** [ˈfɪkəl] *adj.* volúvel
**fic•tion** [ˈfɪkʃən] *s.* ficção

**fic•tion•al** [ˈfɪkʃənəl] *adj.* fictício
**fic•ti•tious** [fɪkˈtɪʃəs] *adj.* fictício
**fid•dle** [ˈfɪdl] *s.* FAM 1 violino 2 BRIT fraude / *v.* 1 BRIT FAM fraudar, falsificar 2 **to fiddle with sth** brincar com algo, mexer em algo
**fid•dly** [ˈfɪdli] *adj.* [*comp* **fiddlier, fiddliest**] BRIT FAM ruim de fazer/mexer
**fi•del•ity** [fəˈdɛləti] *s.* fidelidade
**fidg•et** [ˈfɪdʒət] *v.* remexer-se / *s.* **to be a fidget** FAM não parar quieto
**fidg•ety** [ˈfɪdʒəti] *adj.* FAM irrequieto
**field** [fild] *s.* 1 campo 2 área [de conhecimento] / *v.* 1 pegar [bola] 2 responder a [pergunta] 3 atender [ligação] 4 colocar em campo [time] 5 fazer a defesa [em beisebol]
**field•er** [ˈfildər] *s.* defensor [em beisebol ou críquete]
**fiend•ish** [ˈfindɪʃ] *adj.* 1 diabólico [plano] 2 dificílimo, cabeludo [questão]
**fierce** [fɪrs] *adj.* 1 feroz 2 brabo 3 acirrado
**fif•teen** [fɪfˈtin] *num.* quinze
**fif•teenth** [fɪfˈtinθ] *adj.* décimo quinto / *s.* dia quinze
**fifth** [fɪfθ] *adj.* quinto / *s.* 1 dia cinco 2 quinto [fração]
**fif•ti•eth** [ˈfɪftiəθ] *adj.* quinquagésimo
**fif•ty** [ˈfɪfti] *num.* 1 cinquenta 2 **the fifties** os anos 50 3 **to be in your fifties** estar na casa dos 50
**fifty-fifty** [ˌfɪftiˈfɪfti] *adv.* meio a meio / *adj.* **a fifty-fifty chance** 50% de chance
**fig** [fɪg] *s.* figo
**fight** [faɪt] *v.* 1 lutar/batalhar (contra) 2 brigar (***about/over*** *por*) 3 combater 4 disputar [eleição etc.] 5 **to fight a battle** travar uma batalha 6 **to fight for sth** a lutar/batalhar por algo b disputar algo 7 **to fight sb for sth** disputar algo com alguém 8 **to fight to do sth** lutar/batalhar para fazer algo 9 **to fight your way through sth** lutar para abrir caminho em algo
**fight back** reagir (***against*** *contra*)
**fight off: to fight sb off** repelir alguém / *s.* 1 briga (***about/over*** *por*, ***with*** *com*) 2 luta (***against*** *contra*, ***for*** *por*) 3 disputa (***for*** *por*) 4 combate (***against*** *a*) 5 **to put up a fight** opor resistência, brigar
**fight•er** [ˈfaɪtər] *s.* 1 (tb **fighter plane**) caça [avião]: *a fighter pilot* um piloto de caça 2 lutador 3 pugilista 4 batalhador, guerreiro
**fight•ing** [ˈfaɪtɪŋ] *s.* 1 combates 2 brigas
**fig•ment** [ˈfɪgmənt] *s.* **a figment of sb's imagination** fruto da imaginação de alguém
**fig•ure** [ˈfɪgjər, ˈfɪgə] *s.* 1 número, cifra: *sales figures* números de vendas 2 dígito: *a six-figure salary* um salário de seis dígitos 3 quantia, valor 4 figura [pessoa] 5 silhueta, corpo / *v.* 1 figurar (***among*** *entre*, ***in*** *em*) 2 FAM imaginar, achar 3 **go figure** AM FAM vai entender 4 **that figures/(it) figures** FAM (é) lógico 5 **to figure on sth** FAM contar com algo
**figure out** 1 **to figure sth out** atinar com algo 2 **to figure sb out** entender alguém
**file** [faɪl] *s.* 1 arquivo 2 ficha [policial, médica etc.] 3 dossiê 4 pasta, fichário 5 lixa 6 **to keep sth on file** manter algo arquivado / *v.* 1 (tb **file away**) arquivar (***under*** *em*) 2 entrar com [processo, queixa] 3 lixar 4 andar em fila, desfilar 5 **to file for divorce** pedir divórcio
**fill** [fɪl] *v.* 1 (tb **fill up**) encher(-se) (***with*** *de/com*) 2 preencher 3 ocupar [tempo] 4 obturar [dente] 5 (tb **fill in**) tapar [buraco, fenda] 6 **to fill the bill** AM atender a todos os requisitos
**fill in** 1 **to fill sth in** a preencher algo [formulário etc.] b tapar algo [buraco, fenda] 2 **to fill sb in on sth** pôr alguém a par de algo 3 **to fill in for sb** substituir alguém
**fill out** 1 encorpar [jovem] 2 **to fill sth out** preencher algo [formulário etc.]
**fil•let** [fɪˈleɪ, *Brit*: ˈfɪlɪt] *s.* filé
**fill•ing** [ˈfɪlɪŋ] *adj.* pesado [alimento] / *s.* 1 obturação 2 recheio 3 enchimento
**film** [fɪlm] *s.* 1 filme: *a horror film* um filme de terror | *the film industry* a indústria cinematográfica 2 película / *v.* filmar
**film-maker** [ˈfɪlmˌmeɪkər] *s.* cineasta
**film star** [ˈfɪlm stɑr] *s.* BRIT astro/estrela de cinema

**fil•ter** [ˈfɪltər] *s.* filtro / *v.* 1 filtrar 2 ir aos poucos: *The students started to filter in.* Os alunos começaram a entrar aos poucos.

**filth** [fɪlθ] *s.* 1 imundície 2 obscenidades

**filthy** [ˈfɪlθi] *adj.* [*comp* **filthier, filthiest**] 1 imundo 2 obsceno

**fin** [fɪn] *s.* barbatana

**fi•nal** [ˈfaɪnl] *adj.* 1 final 2 definitivo / *s.* final [de competição]

**fi•na•le** [fɪˈnæli] *s.* final [de show]

**fi•nal•ist** [ˈfaɪnlɪst] *s.* finalista

**fi•nal•ize**, BRIT tb: **-ise** [ˈfaɪnlaɪz] *v.* ultimar

**fi•nal•ly** [ˈfaɪnl-i] *adv.* 1 finalmente 2 por último

**fi•nance** [fəˈnæns, ˈfaɪnæns] *s.* 1 finanças 2 financiamento / *v.* financiar

**fi•nan•cial** [fəˈnænʃəl] *adj.* financeiro

**fi•nan•ci•er** [faɪnænˈsɪr, fəˈnænsiə] *s.* financista

**find** [faɪnd] *v.* [*ps e pp* **found**] 1 achar 2 encontrar 3 descobrir, constatar 4 arranjar, arrumar 5 **sb/sth is nowhere to be found** alguém/algo sumiu 6 **sth/sb is found to be/do sth** descobre-se que algo/alguém é/faz algo 7 **to be found** encontrar-se: *The plant is found in the Amazon.* A planta encontra-se na Amazônia. 8 **to find its way** FAM ir parar: *Somehow the money found its way into his pocket.* De alguma forma o dinheiro foi parar no bolso dele. 9 **to find sb sth/sth for sb** arranjar algo para alguém: *She said she'd find me a job.* Ela disse que ia me arranjar um emprego. 10 **to find sth easy/interesting etc.** achar algo fácil/interessante etc. 11 **to find your way** encontrar o caminho: *He managed to find his way back home.* Ele conseguiu encontrar o caminho de volta para casa.
**find out** 1 descobrir, saber 2 **to find out sth** saber de/descobrir algo 3 **to find out about sth** **a** informar-se sobre algo **b** ficar sabendo de algo 4 **to find sb out** flagrar alguém / *s.* achado

**find•ings** [ˈfaɪndɪŋz] *spl.* 1 conclusões 2 laudo

**fine** [faɪn] *adj.* 1 FAM bom: *"See you at eight!" - "OK, fine."* "Até as oito!" - "Tá bom." | *fine weather* tempo bom 2 bem: *I'm fine, thanks.* Estou bem, obrigado. 3 belo: *one fine day* um belo dia 4 fino 5 **a fine day** um dia bonito 6 **that's fine (by/with me)** FAM (por mim,) tudo bem / *adv.* 1 bem 2 **to do fine** FAM ir bem / *v.* 1 multar (***for*** *por*) 2 **to be/get fined** levar multa: *They were fined $50.* Levaram uma multa de $50,00. 3 **to fine sb $100 etc.** multar alguém em $100,00 etc. / *s.* multa: *a $20 fine* uma multa de $20,00

**fine arts** [faɪn ˈɑrts] *spl.* belas-artes

**fine•ly** [ˈfaɪnli] *adv.* finamente: *a finely chopped onion* uma cebola picadinha

**fin•ger** [ˈfɪŋgər] *s.* 1 dedo 2 **to keep your fingers crossed (that) ...** torcer para ...: *We're keeping our fingers crossed it all goes well.* Estamos torcendo para tudo correr bem.

**finger•nail** [ˈfɪŋgərneɪl] *s.* unha (do dedo)

**finger•print** [ˈfɪŋgərprɪnt] *s.* impressão digital

**finger•tip** [ˈfɪŋgərtɪp] *s.* 1 ponta do dedo 2 **to have sth at your fingertips** ter algo na ponta da língua

**fin•icky** [ˈfɪnɪki] *adj.* difícil, nojento [pessoa]

**fin•ish** [ˈfɪnɪʃ] *v.* 1 terminar 2 matar [resto] 3 **the finishing touches** os últimos retoques 4 **to finish doing sth** terminar de fazer algo 5 **to finish first/last etc.** chegar em primeiro/último etc.
**finish off: to finish sth off** **a** finalizar algo **b** matar algo [resto de comida etc.]
**finish up** 1 BRIT FAM ir parar 2 **to finish sth up** matar [resto de comida etc.] / *s.* 1 final, fim 2 chegada [de corrida]: *a close finish* uma chegada apertada 3 acabamento

**fin•ished** [ˈfɪnɪʃt] *adj.* 1 acabado 2 final [produto] 3 **to be finished** **a** estar pronto **b** ter terminado: *Are you finished with the dictionary?* Você já terminou com o dicionário?

**fin•ish line**, BRIT: **fin•ish•ing line** [ˈfɪnɪʃ laɪn] *s.* linha de chegada
**fi•nite** [ˈfaɪnaɪt] *adj.* finito, limitado
**Fin•land** [ˈfɪnlənd] *s.* Finlândia
**Finn** [fɪn] *s.* finlandês
**Finn•ish** [ˈfɪnɪʃ] *adj, s.* finlandês
**fir** [fɜr] *s.* (tb **fir tree**) abeto
**fire** [faɪr] *s.* **1** fogo **2** incêndio **3** fogueira **4 on fire** em chamas **5 to catch fire** pegar fogo, incendiar-se **6 to come under fire** **a** ser atacado a tiros (***from*** *por*) **b** ficar sob fogo cerrado (***from*** *de*) **7 to open fire** abrir fogo (***on*** *em*) **8 to set fire to sth** atear/botar fogo em algo **9 to set sth on fire** incendiar algo / *v.* **1** disparar (***at/on*** *contra*) **2** demitir, mandar embora [funcionário] **3 to be/get fired** ser demitido
**fire alarm** [ˈfaɪr əˌlɑrm] *s.* alarme de incêndio
**fire•arm** [ˈfaɪrɑrm] *s.* FORM arma de fogo
**fire bri•gade** [ˈfaɪr brɪˌgeɪd] *s.* BRIT corpo de bombeiros
**fire de•part•ment** [ˈfaɪr dɪˌpɑrtmənt] *s.* AM corpo de bombeiros
**fire drill** [ˈfaɪr drɪl] *s.* treinamento de incêndio
**fire en•gine** [ˈfaɪr ˌɛndʒɪn] *s.* carro de bombeiros
**fire es•cape** [ˈfaɪr ɪsˌkeɪp] *s.* **1** escada de incêndio **2** saída de emergência
**fire ex•tin•guish•er** *s.* extintor de incêndio
**fire•fighter** [ˈfaɪrfaɪtər] *s.* bombeiro
**fire•man** [ˈfaɪrmən] *s.* [*pl* **firemen**] bombeiro
**fire•place** [ˈfaɪrpleɪs] *s.* lareira
**fire sta•tion** [ˈfaɪrˌsteɪʃən] *s.* quartel de bombeiros
**fire truck** [ˈfaɪr trʌk] *s.* AM carro de bombeiros
**fire•wood** [ˈfaɪrwʊd] *s.* lenha
**fire•work** [ˈfaɪrwɜrk] *s.* fogo de artifício: *a firework display* uma queima de fogos
**fir•ing line** [ˈfaɪrɪŋ laɪn] *s.* **in the firing line** na berlinda
**fir•ing squad** [ˈfaɪrɪŋ skwɔd] *s.* pelotão de fuzilamento
**firm** [fɜrm] *adj.* **1** firme **2** definitivo [data, proposta] / *s.* firma [empresa]
**first** [fɜrst] *adj.* **1** primeiro: *Is this the first time you've been to the US?* É a primeira vez que você vem aos EUA? **2 first thing** de manhã cedo **3 at first hand** **a** em primeira mão **b** na pele **4 at first sight** à primeira vista **5 for the first time** pela primeira vez **6 in the first place** no começo / *adv.* **1** primeiro **2** pela primeira vez **3** primeiramente **4 first come, first served** por ordem de chegada **5 first of all** em primeiro lugar, antes de mais nada **6 first off** FAM em primeiro lugar **7 to come first** chegar/vir em primeiro lugar / *s.* **1** primeiro: *She was the first to arrive.* Ela foi a primeira a chegar. | *Queen Elizabeth the First* a rainha Elizabeth Primeira **2** dia primeiro: *on the first of the month* no primeiro do mês **3** primeira [marcha] **4** fato inédito (***for*** *para*) **5 at first** no começo **6 the first I heard** a primeira notícia que tive (***about*** *sobre*, ***of*** *de*)
**first aid** [fɜrstˈeɪd] *s.* primeiros socorros
**first class** [fɜrstˈklæs] *s.* primeira classe / *adv.* de primeira classe [viajar] / **first-class** *adj.* de primeira classe [passagem, passageiro etc.]
**first floor** [fɜrstˈflɔr] *s.* **1** AM térreo **2** BRIT primeiro andar
**first-hand** [ˈfɜrsthænd] *adj.* de primeira mão [experiência, relato] / *adv.* **1** em primeira mão **2** na pele
**first•ly** [ˈfɜrstli] *adv.* primeiramente, em primeiro lugar
**first name** [ˈfɜrst neɪm] *s.* **1** prenome **2 to be on a first name basis/on first name terms** ser íntimo (***with*** *de*)
**first-rate** [fɜrstˈreɪt] *adj.* **1** de primeira categoria **2** excelente
**fish** [fɪʃ] *s.* [*pl* **fish**] peixe / *v.* **1** pescar **2 to go fishing** ir pescar
**fish around: to fish around in sth** remexer em algo
**fish out: to fish sth out** retirar/tirar algo (***of*** *de*)

**fisher•man** ['fɪʃərmən] *s.* [*pl* **fishermen**] pescador
**fish•ing** ['fɪʃɪŋ] *s.* pesca: *a fishing trip* uma pescaria
**fish•ing boat** ['fɪʃɪŋ boʊt] *s.* barco de pesca
**fish•ing rod** ['fɪʃɪŋ rɑd] *s.* vara de pesca
**fish•monger** ['fɪʃmʌŋgər] *s.* BRIT 1 peixeiro 2 **fishmonger's** peixaria
**fishy** ['fɪʃi] *adj.* [*comp* **fishier, fishiest**] 1 de peixe [gosto, cheiro] 2 FAM suspeito
**fist** *s.* punho
**fit** [fɪt] *v.* [-**tt**-] [*ps e pp* **fitted/fit**] 1 servir (em) [roupa]: *These jeans don't fit me anymore.* Esse jeans não serve mais em mim. 2 caber (em) 3 encaixar(-se) (***into*** *em*) 4 colocar, instalar 5 corresponder a, enquadrar-se em 6 **to be fitted with sth** **a** ser equipado com algo **b** colocar algo [aparelho nos dentes, marca-passo etc.]
**fit in** 1 entrosar-se (***with*** *com*) 2 **to fit sth/sb in** encaixar algo/alguém 3 **to fit in with sth** ajustar-se a algo
**fit into** 1 enquadrar-se em [categoria] 2 entrosar-se em
**fit together** 1 encaixar-se 2 **to fit sth together** encaixar algo / *adj.* [*comp* **fitter, fittest**] 1 em forma [física] 2 apto 3 **fit for sth/to do sth** **a** apto para algo/para fazer algo **b** em condições para algo/de fazer algo 4 **to keep fit** manter a forma 5 **to see/think fit (to do sth)** julgar apropriado (fazer algo) / *s.* 1 acesso: *a coughing fit* um acesso de tosse | *a fit of temper* um acesso de raiva 2 ataque, convulsão 3 chilique 4 ajuste ao corpo 5 **by/in fits and starts** aos trancos e barrancos 6 **to be a perfect/tight fit** ficar perfeito no corpo/estar apertado
**fit•ness** ['fɪtnəs] *s.* 1 (tb **physical fitness**) boa forma, preparo físico 2 aptidão (***for*** *para*)
**fit•ted** ['fɪtɪd] *adj.* 1 ajustado ao corpo 2 BRIT embutido [armário]: *a fitted kitchen* uma cozinha planejada 3 **to be fitted with sth** estar equipado com algo
**fit•ting** ['fɪtɪŋ] *s.* 1 colocação, instalação 2 prova [com costureira] 3 **fittings** acessórios / *adj.* 1 apropriado 2 digno [final] 3 **a fitting tribute** uma justa homenagem
**fit•ting room** ['fɪtɪŋ rum] *s.* provador
**five** [faɪv] *num.* 1 cinco 2 AM nota de cinco
**fiv•er** ['faɪvər] *s.* BRIT nota de cinco [libras]
**fix** [fiks] *v.* 1 consertar 2 prender (***to/on*** *a/em*) 3 fixar 4 AM FAM preparar [comida, bebida] 5 FAM organizar, agitar 6 **to fix (it) for sb to do sth** FAM dar um jeito para alguém fazer algo
**fix up** 1 **to fix sth up** **a** marcar algo [encontro, hora etc.] **b** pintar/reformar algo 2 **to fix sb up with sth/sb** arranjar algo/alguém para alguém / *s.* 1 solução 2 dose [de droga etc.] 3 **in a fix** num sufoco
**fixed** [fɪkst] *adj.* 1 fixo 2 preso (***to/on*** *a/em*) 3 **how are you fixed for time/money etc.?** FAM como você está de tempo/dinheiro etc.?
**fix•ings** ['fɪksɪŋz] *spl.* AM acompanhamentos [de prato]
**fix•ture** ['fɪkstʃər] *s.* 1 BRIT jogo 2 **fixtures** equipamentos [de casa]
**fizz** [fɪz] *v.* efervescer, borbulhar / *s.* gás [em bebida]
**fizzy** ['fɪzi] *adj.* [*comp* **fizzier, fizziest**] efervescente, gasoso: *fizzy water* água com gás
**flab•by** ['flæbi] *adj.* [*comp* **flabbier, flabbiest**] FAM flácido
**flag** [flæg] *s.* bandeira / *v.* [-**gg**-] enfraquecer, cansar
**fla•grant** ['fleɪgrənt] *adj.* flagrante
**flair** [flɛr] *s.* talento, facilidade (***for*** *para*)
**flake** [fleɪk] *s.* 1 floco 2 lasca 3 AM FAM cabeça de vento / *v.* 1 (tb **flake off**) descascar 2 esfarelar(-se)
**flaky** ['fleɪki] *adj.* [*comp* **flakier, flakiest**] 1 quebradiço 2 AM FAM avoado, desligado [pessoa] 3 **flaky pastry** massa podre
**flam•boy•ant** [flæm'bɔɪənt] *adj.* 1 extravagante 2 espalhafatoso
**flame** [fleɪm] *s.* 1 chama, labareda 2 **to burst into flames** entrar em chamas
**flam•mable** ['flæməbəl] *adj.* inflamável
**flan** [flæn] *s.* 1 AM pudim de leite 2 torta

**flank** [flæŋk] *s.* flanco / *v.* ladear

**flan•nel** [ˈflænəl] *s.* 1 flanela 2 BRIT pano para lavar o rosto

**flap** [flæp] *s.* 1 aba 2 flape [de avião] 3 **in a flap** FAM afobado / *v.* [-**pp**-] 1 bater [asas] 2 agitar(-se)

**flare** [flɛr] *v.* 1 (tb **flare up**) acender-se 2 (tb **flare up**) estourar [violência]: *Tempers flared.* Os ânimos se exaltaram.
**flare up** piorar [doença, lesão] / *s.* 1 sinal luminoso 2 **flares** (plural) calça boca de sino

**flared** [flɛrd] *adj.* 1 **flared pants/trousers** calça boca de sino 2 **flared skirt** saia evasê

**flash** [flæʃ] *v.* 1 (tb **flash on and off**) piscar [luz, farol] 2 lampejar, relampejar 3 mostrar [sorriso, documento] 4 **to flash across/through sth** passar rápido por algo
**flash by, flash past** passar voando / *s.* 1 clarão 2 flash [de câmera] 3 lampejo [de inspiração, gênio etc.] 4 **a flash in the pan** fogo de palha 5 **a flash of lightning** um relâmpago 6 **in/like a flash, quick as a flash** num instante

**flash•back** [ˈflæʃbæk] *s.* 1 flashback [volta ao passado em filme, romance etc.] 2 flashback [momento de reviver o passado]

**flash drive** [ˈflæʃ draɪv] *s.* pendrive

**flash flood** [ˈflæʃ flʌd] *s.* enchente repentina

**flash•light** [ˈflæʃlaɪt] *s.* AM lanterna

**flashy** [ˈflæʃi] *adj.* [*comp* **flashier, flashiest**] FAM chamativo

**flask** [flæsk] *s.* 1 garrafa de bolso 2 cantil 3 BRIT garrafa térmica

**flat** [flæt] *adj.* [*comp* **flatter, flattest**] 1 plano 2 único [preço, tarifa] 3 vazio [pneu, bola] 4 choco [bebida] 5 baixo [sapato, salto] 6 bemol: *B flat* si bemol 7 desafinado [cantor] 8 BRIT descarregado / *s.* 1 AM pneu furado 2 BRIT apartamento 3 bemol 4 **flats** AM (plural) sapato baixo / *adv.* 1 desafinado 2 **flat out** FAM a mil 3 **ten seconds etc. flat** menos de dez segundos etc. 4 **to be lying/lie flat** estar/ficar deitado 5 **to fall flat** FAM não dar certo [piada]

**flat•ly** [ˈflætli] *s.* 1 terminantemente [recusar] 2 categoricamente [negar]

**flat•mate** [ˈflætmeɪt] *s.* BRIT colega de apartamento

**flat•ten** [ˈflætn] *v.* 1 (tb **flatten out**) achatar 2 arrasar [cidade, prédio]
**flatten out** aplainar-se

**flat•ter** [ˈflætər] *v.* 1 lisonjear 2 favorecer [falando de roupa, cor] 3 **to flatter yourself** iludir-se

**flat•ter•ing** [ˈflætərɪŋ] *adj.* 1 lisonjeiro 2 que favorece [cor, roupa]

**flat•tery** [ˈflætəri] *s.* lisonjas

**flaunt** [flɔnt] *v.* ostentar

**fla•vor**, BRIT: **fla•vour** [ˈfleɪvər] *s.* 1 sabor: *strawberry-flavor yogurt* iogurte sabor morango 2 gostinho / *v.* temperar

**fla•vor•ing**, BRIT: **fla•vour•ing** [ˈfleɪvərɪŋ] *s.* aromatizante

**flaw** [flɔ] *s.* 1 defeito 2 falha

**flawed** [flɔd] *adj.* falho

**flaw•less** [ˈflɔləs] *adj.* impecável

**flea** [fli] *s.* pulga

**flee** [fli] *v.* [*ps e pp* **fled**] fugir (de)

**fleece** [flis] *s.* 1 velocino, tosão 2 (casaco) fleece

**fleet** [flit] *s.* frota

**fleet•ing** [ˈflitɪŋ] *adj.* fugaz, passageiro

**Flem•ish** [ˈflɛmɪʃ] *adj, s.* flamengo

**flesh** [flɛʃ] *s.* 1 carne [no corpo] 2 polpa [de fruta] 3 **in the flesh** em carne e osso, em pessoa 4 **to make sb's flesh creep/crawl** dar arrepios em alguém [de horror] 5 **your own flesh and blood** sangue do seu sangue

**flew** [flu] *v.* ▸ *ps de* FLY

**flex** [flɛks] *v.* flexionar / *s.* BRIT cabo [de aparelho]

**flex•ible** [ˈflɛksəbəl] *adj.* flexível

**flick** [flɪk] *v.* 1 dar um peteleco em 2 jogar [cabelo, cinza] 3 sacudir, balançar [rabo] 4 **to flick a switch** acionar um interruptor
**flick through** folhear / *s.* 1 peteleco 2 movimento rápido [do pulso etc.] 3 AM filme 4 **at the flick of a switch** ao toque de um botão

**flick•er** [ˈflɪkər] *v.* bruxulear, piscar / *s.* 1 pontinha [de emoção, dúvida etc.] 2 bruxuleio

**fli•er** ['flaɪər] *s.* 1 filipeta, folheto 2 aviador
**flight** [flaɪt] *s.* 1 voo 2 lance [de escada] 3 fuga
**flight at•tend•ant** ['flaɪt ə,tɛndənt] *s.* comissário de bordo
**flim•sy** ['flɪmzi] *adj.* [*comp* **flimsier, flimsiest**] 1 fino [tecido, roupa] 2 frágil, inconsistente 3 fraco [argumento, prova, desculpa]
**flinch** [flɪntʃ] *v.* 1 retrair-se [pessoa] 2 **not to flinch from sth/from doing sth** não recuar diante de algo/não vacilar em fazer algo
**fling** [flɪŋ] *v.* [*ps e pp* **flung**] 1 jogar 2 **to fling sth open** escancarar algo [porta, janela] / *s.* FAM aventura [amorosa]
**flint** [flɪnt] *s.* 1 pederneira 2 pedra de isqueiro
**flip** [flɪp] *v.* [-**pp**-] 1 (tb **flip over**) virar 2 (tb **to flip open**) abrir 3 acionar [interruptor] 4 **to flip a coin** tirar cara ou coroa
**flip through** folhear
**flip-flop** ['flɪp flɑp] *s.* 1 chinelo de dedo 2 AM FAM guinada [no pensamento]
**flip•pant** ['flɪpənt] *adj.* leviano [comentário]
**flirt** [flɜrt] *v.* **to flirt (with sb)** paquerar (alguém) / *s.* paquerador
**flir•ta•tious** [flər'teɪʃəs] *adj.* paquerador
**float** [floʊt] *v.* 1 flutuar, boiar 2 pairar / *s.* 1 carro alegórico 2 boia 3 AM refrigerante com sorvete
**float•ing** ['floʊtɪŋ] *adj.* flutuante
**flock** [flɑk] *s.* 1 rebanho 2 bando [de pássaros] / *v.* afluir, ir em massa
**flog** [flɑg] *v.* [-**gg**-] 1 chicotear 2 FAM vender
**flood** [flʌd] *s.* 1 enchente 2 alagamento 3 enxurrada [de e-mails, reclamações etc.] 4 **in floods of tears** aos prantos / *v.* 1 alagar, inundar 2 transbordar [rio] 3 ir em grande número: *The fans flooded out of the stadium.* Os torcedores saíram do estádio em grande número. 4 **to be flooded with sth** receber uma enxurrada de algo
**flood•ing** ['flʌdɪŋ] *s.* 1 enchentes 2 alagamentos
**flood•light** ['flʌdlaɪt] *s.* holofote
**flood•lit** ['flʌdlɪt] *adj.* iluminado por holofotes
**floor** [flɔr] *s.* 1 chão: *The glass fell on the floor.* O copo caiu no chão. 2 andar [de prédio]: *on the top floor* no último andar 3 assoalho, piso 4 fundo [do oceano] 5 solo [da floresta] / *v.* 1 desconcertar, pegar de surpresa 2 derrubar [pessoa] 3 **to floor it** AM FAM enfiar o pé na tábua
▸ Nos EUA, ***first floor*** denota o andar térreo, ***second floor*** o primeiro andar, e assim por diante. Na Grã-Bretanha, a numeração dos andares corresponde àquela usada no Brasil.
**floor•board** ['flɔrbɔrd] *s.* tábua corrida [de assoalho]
**floor•ing** ['flɔrɪŋ] *s.* piso, assoalho
**flop** [flɑp] *v.* [-**pp**-] 1 (tb **flop down**) jogar-se 2 (tb **flop over**) cair 3 FAM fracassar / *s.* FAM fracasso
**flop•py** ['flɑpi] *adj.* [*comp* **floppier, floppiest**] 1 mole 2 caído
**flo•ral** ['flɔrəl] *adj.* 1 floral 2 florido [vestido]
**flo•rist** ['flɔrɪst] *s.* 1 florista 2 (tb **florist's**) floricultura [loja]
**floss** [flɑs] *s.* (tb **dental floss**) fio dental / *v.* passar fio dental (em)
**floun•der** ['flaʊndər] *v.* 1 atrapalhar-se 2 debater-se [em água] 3 estar em situação periclitante
**flour** [flaʊr] *s.* farinha
**flour•ish** ['flɜrɪʃ] *v.* 1 florescer 2 prosperar 3 vicejar 4 brandir
**flour•ish•ing** ['flɜrɪʃɪŋ] *adj.* 1 florescente 2 próspero
**flow** [floʊ] *v.* 1 fluir 2 correr [água, lágrimas etc.] 3 **to flow into sth** desaguar em algo / *s.* 1 fluxo 2 **to go with the flow** FAM ir na onda
**flow•er** ['flaʊər] *s.* 1 flor 2 **in flower** em flor / *v.* florescer, florir
**flow•er bed** ['flaʊər bɛd] *s.* canteiro [de flores]
**flower•pot** ['flaʊərpɑt] *s.* vaso [para plantar]
**flown** [floʊn] *v.* ▸ *pp de* FLY
**flu** [flu] *s.* gripe
**fluc•tu•ate** ['flʌktʃueɪt] *v.* oscilar [preço, câmbio, número]

**fluc•tua•tion** [flʌktʃuˈeɪʃən] *s.* oscilação [de preços, câmbio etc.]
**flu•en•cy** [ˈfluənsi] *s.* fluência
**flu•ent** [ˈfluənt] *adj.* 1 fluente 2 **to be fluent in French etc./to speak fluent French etc.** falar francês etc. fluentemente
**flu•ent•ly** [ˈfluəntli] *adv.* fluentemente
**fluff** [flʌf] *s.* 1 fiapos, felpas: *a piece of fluff* um fiapo 2 penugem, lanugem 3 futilidades / *v.* 1 FAM atrapalhar-se com 2 (tb **fluff up**) afofar [travesseiro]
**fluf•fy** [ˈflʌfi] *adj.* [*comp* **fluffier, fluffiest**] 1 fofo 2 felpudo
**flu•id** [ˈfluɪd] *s.* FORM fluido / *adj.* 1 instável [situação] 2 fluido [movimento]
**flu•id ounce** [ˌfluɪdˈaʊns] *s.* medida de líquidos, = 30 ml nos EUA e 28 ml na Grã-Bretanha
**fluke** [fluk] *s.* FAM golpe de sorte
**flung** [flʌŋ] *v.* ▸ *ps e pp de* FLING
**flunk** [flʌŋk] *v.* AM FAM levar bomba (em) [matéria]
**flunk out** bombar (*of em*)
**fluo•res•cent** [flʊˈrɛsənt] *adj.* fluorescente
**fluo•ride** [ˈflɔraɪd] *s.* flúor
**flur•ry** [ˈflɜri] *s.* [*pl* **flurries**] 1 rajada [de neve] 2 onda [de atividade etc.]
**flush** [flʌʃ] *v.* 1 corar, ruborizar 2 **to flush (the toilet)** dar descarga 3 **to flush sth down the toilet** jogar algo na privada / *s.* descarga [de privada] / *adj.* rente (***with*** *a*)
**flus•tered** [ˈflʌstərd] *v.* atrapalhado
**flute** [flut] *s.* flauta [transversa]
**flut•ter** [ˈflʌtər] *v.* 1 esvoaçar [borboleta, pássaro] 2 tremular [bandeira] 3 agitar(-se) [asas] 4 palpitar [coração]
**fly** [flaɪ] *v.* [*ps, pp* **flew, flown**] 1 voar 2 ir/andar de avião: *She flew back to New York.* Ela voltou de avião para Nova York. | *fear of flying* medo de avião 3 pilotar [avião] 4 transportar/levar (de avião) 5 hastear, desfraldar [bandeira] 6 **to fly a kite** soltar uma pipa 7 **to fly open** abrir-se de repente
**fly away, fly off** voar [para longe] / *s.* [*pl* **flies**] 1 mosca 2 (tb **flies**) zíper da calça, braguilha
**fly•er** [ˈflaɪər] *s.* 1 filipeta, folheto 2 aviador
**fly•ing** [ˈflaɪɪŋ] *s.* 1 aviação 2 andar de avião / *adj.* 1 voador 2 **flying glass** estilhaços de vidro
**fly•ing sau•cer** [ˌflaɪɪŋˈsɔsər] *s.* disco voador
**fly•over** [ˈflaɪoʊvər] *s.* 1 AM desfile aéreo 2 BRIT viaduto
**foal** [foʊl] *s.* potro
**foam** [foʊm] *s.* espuma / *v.* espumar
**fo•cus** [ˈfoʊkəs] *s.* 1 foco 2 **in/out of focus** em/fora de foco / *v.* 1 focar 2 **to focus on sth** focar(-se) em algo
**fod•der** [ˈfɑdər] *s.* forragem
**foe•tus** [ˈfitəs] *s.* feto
**fog** [fɑg] *s.* neblina, cerração
**fog•gy** [ˈfɑgi] *adj.* [*comp* **foggier, foggiest**] 1 de neblina 2 **it's foggy** há neblina
**foil** [fɔɪl] *s.* papel alumínio / *v.* frustrar [plano]
**fold** [foʊld] *v.* 1 dobrar 2 fechar as portas [empresa] 3 **a folding chair** uma cadeira dobrável 4 **to fold sth in half/in two** dobrar algo ao meio/em dois 5 **to fold your arms** cruzar os braços
**fold up: to fold sth up** dobrar algo [para guardá-lo] / *s.* dobra
**fold•er** [ˈfoʊldər] *s.* pasta [para papéis, arquivos]
**fo•li•age** [ˈfoʊliɪdʒ] *s.* folhagem
**folk** [foʊk] *s.* 1 gente 2 **folks** FAM **a** pessoal: *Hi, folks!* Oi, pessoal! **b** AM pais, família / *adj.* folclórico
**folk•lore** [ˈfoʊklɔr] *s.* folclore
**folk music** [ˈfoʊkˌmjuzɪk] *s.* 1 música folk 2 música folclórica
**folk song** [ˈfoʊk sɔŋ] *s.* canção folclórica
**fol•low** [ˈfɑloʊ] *v.* 1 seguir 2 acompanhar 3 seguir-se (a): *The wedding was followed by lunch.* Ao casamento seguiu-se um almoço. 4 **as follows** **a** como segue **b** da seguinte maneira
**follow around: to follow sb around** andar atrás de alguém
**follow through: to follow sth through** levar a cabo algo

**follow up: to follow sth up** **a** dar seguimento a algo **b** investigar algo [pista, denúncia etc.]

**fol•low•er** [ˈfɑloʊər] *s.* seguidor

**fol•low•ing** [ˈfɑloʊɪŋ] *adj.* seguinte: *the following day* o dia seguinte | *the following example* o seguinte exemplo / *s.* **1** (número de) seguidores **2 the following** o(s) seguinte(s) / *prep.* após, na sequência de

**follow-up** [ˈfɑloʊˌʌp] *s.* **1** acompanhamento **2** sequência, continuação (*to de*) / *adj.* de continuação

**fol•ly** [ˈfɑli] *s.* [*pl* **follies**] FORM tolice

**fond** [fɑnd] *adj.* **1** carinhoso [olhar, sorriso etc.] **2 fond memories** boas recordações **3 to be fond of sb** ter carinho por alguém, gostar de alguém **4 to be fond of (doing) sth** ser chegado em (fazer) algo, gostar de (fazer) algo **5 to grow fond of sb/sth** apegar-se a alguém/algo

**fon•dle** [ˈfɑndl] *v.* acariciar

**fond•ness** [ˈfɑndnəs] *s.* **1** carinho (*for por*) **2** queda (*for por*)

**font** [fɑnt] *s.* **1** fonte [letra] **2** pia batismal

**food** [fud] *s.* **1** comida **2** alimento **3 to give sb food for thought** dar a alguém o que pensar

**food poi•son•ing** [ˈfudˌpɔɪznɪŋ] *s.* intoxicação alimentar

**food pro•ces•sor** [ˈfudˌprɑsɛsər] *s.* processador de alimentos

**food•stuff** [ˈfudstʌf] *s.* gênero alimentício

**fool** [ful] *s.* **1** idiota **2** bobo **3 to make a fool of yourself** fazer um papelão, dar vexame **4 to make a fool (out) of sb** fazer alguém de idiota / *v.* **1** enganar **2** brincar **3 to fool yourself** iludir-se **4 you could have fooled me** FAM até parece

**fool around** **1** fazer bagunça, brincar **2** pular a cerca

**fool•hardy** [ˈfulhɑrdi] *adj.* temerário

**fool•ish** [ˈfulɪʃ] *adj.* **1** insensato, tolo **2 a foolish thing/something foolish** uma besteira

**fool•proof** [ˈfulpruf] *adj.* infalível

**foot** [fʊt] *s.* **1** pé **2** unidade de comprimento = 30,48 cm: *He's six feet tall.* Ele tem 1,80 m de altura. ▸ Depois de um número, usa-se também ***foot*** como plural: *It's two foot long.* Tem 60 cm de comprimento. **3** pata **4** sopé [de montanha] **5 at the foot of sth** ao pé/sopé de algo **6 on foot** a pé **7 on your feet** em pé **8 to get cold feet** amarelar **9 to get/start off on the right/wrong foot** **a** começar com o pé direito/esquerdo **b** começar bem/mal (***with*** *com*) **10 to get to your feet** ficar em pé, pôr-se de pé **11 to put your feet up** FAM relaxar **12 to put your foot down** **a** bater o pé [insistir] **b** FAM enfiar o pé na tábua [acelerar] **13 to put your foot in your mouth/put your foot in it** FAM cometer uma gafe, dar uma rata [falando o que não devia] **14 to set foot in/on sth** botar os pés em algo / *v.* **to foot the bill** pagar a conta

**foot•ball** [ˈfʊtbɔl] *s.* **1** AM futebol americano: *a football player* um jogador de futebol americano **2** BRIT futebol: *a football match* um jogo de futebol **3** bola de futebol (americano)

**foot•ball•er** [ˈfʊtbɔlər] *s.* BRIT jogador de futebol

**foot•hold** [ˈfʊthoʊld] *s.* **1** apoio para os pés **2 to gain/get a foothold in sth** conquistar um espaço em algo

**foot•ing** [ˈfʊtɪŋ] *s.* **1** fundamento, base **2 on an equal footing/on the same footing** em pé de igualdade (***with/as*** *com*) **3 to lose your footing** pisar em falso

**foot•note** [ˈfʊtnoʊt] *s.* nota de pé de página

**foot•path** [ˈfʊtpæθ] *s.* BRIT trilha

**foot•print** [ˈfʊtprɪnt] *s.* pegada: *a carbon footprint* uma pegada de carbono

**foot•step** [ˈfʊtstɛp] *s.* passo

**foot•wear** [ˈfʊtwɛr] *s.* calçados

**for** [fɔr, fər] *prep.* **1** para: *I bought a present for my mom.* Comprei um presente para a minha mãe. | *"What this for?" - "It's for chopping onions."* "Para que serve isso?" - "É para picar cebola." | *He's tall for his age.* Ele é alto para a idade. **2** por: *for various* *reasons* por vários motivos | *He was fined for speeding.* Ele levou multa por excesso de velocidade. | *I'd like to exchange this T-shirt for a larger size.* Eu queria trocar essa camiseta por um número maior. | *She's going to the States for two months.* Ela vai para os EUA por dois meses. 3 durante: *They lived in Bahia for five years.* Eles moraram na Bahia durante cinco anos. 4 há, faz [em expressões de tempo]: *They have lived in Rio for ten years.* Eles moram no Rio há dez anos. 5 de: *a check for $1 million* um cheque de $1 milhão | *T for Tommy* T de tatu | *There's ice cream for dessert.* Tem sorvete de sobremesa. 6 em: *Are you going away for Carnival?* Você vai viajar no Carnaval? | *We had fish for lunch.* Comemos peixe no almoço. 7 a favor de: *The employees voted for the strike.* Os funcionários votaram a favor da greve. 8 **for good** para sempre 9 **for the moment/the time being** por enquanto 10 **if it wasn't/weren't for sb/sth, if it hadn't been for sb/sth** se não fosse alguém/algo: *If it hadn't been for the lifeguard, she would have drowned.* Se não fosse o salva-vidas, ela teria morrido afogada. 11 **to be (in) for it** FAM estar frito / *conj.* FORM pois: *They hurried home, for it was already getting dark.* Voltaram para casa às pressas, pois já escurecia.

**for•bade** [fər'bæd/fər'beɪd] *v.* ▸ *ps de* FORBID

**for•bid** [fər'bɪd] *v.* [*ps, pp* **forbade, forbidden**] FORM 1 proibir 2 **God/Heaven forbid!** Deus me livre! 3 **to forbid sb to do sth/forbid sb from doing sth** proibir alguém de fazer algo

**for•bid•den** [fər'bɪdn] *adj.* proibido: *Smoking is strictly forbidden.* É terminantemente proibido fumar. / *v.* ▸ *pp de* FORBID

**for•bid•ding** [fər'bɪdɪŋ] *adj.* ameaçador, amedrontador

**force** [fɔrs] *s.* 1 força 2 **by force** à força 3 **in force** a em vigor, vigente b em grande número 4 **to come into force** entrar em vigor 5 **to join forces** unir forças (***with*** *com*) / *v.* 1 obrigar (***into*** *a*) 2 forçar 3 **to force sb to do sth/force sb into doing sth** obrigar alguém a fazer algo 4 **to force sth open** abrir algo à força 5 **to force your way into/through sth** entrar em/abrir caminho por algo à força

**forced** [fɔrst] *adj.* forçado

**force•ful** ['fɔrsfəl] *adj.* 1 enérgico, vigoroso 2 consistente [argumento]

**for•cibly** ['fɔrsəbli] *adv.* à força

**fore** [fɔr] *s.* **to come to the fore** ficar em evidência

**fore•arm** ['fɔrɑrm] *s.* antebraço

**fore•bear** ['fɔrbɛr] *s.* FORM antepassado

**fore•cast** ['fɔrkæst] *s.* 1 previsão [do tempo etc.] 2 prognóstico / *v.* [*ps e pp* **forecast/forecasted**] prever, prognosticar

**fore•finger** ['fɔrfɪŋgər] *s.* dedo indicador

**fore•front** ['fɔrfrʌnt] *s.* **at/in the forefront of sth** na vanguarda de algo

**fore•go** [fɔr'goʊ] *v.* ver **for•go**

**fore•gone con•clu•sion** [ˌfɔrgɑn kən'kluʒən] *s.* **to be a foregone conclusion** estar garantido

**fore•ground** ['fɔrgraʊnd] *s.* primeiro plano

**fore•head** ['fɔrhɛd, 'fɔrəd] *s.* testa

**for•eign** ['fɔrɪn] *adj.* 1 estrangeiro 2 **foreign affairs** relações exteriores 3 **foreign policy** política externa

**for•eign•er** ['fɔrɪnər] *s.* estrangeiro

**fore•man** ['fɔrmən] *s.* [*pl* **foremen**] chefe de obras

**fore•most** ['fɔrmoʊst] *adj.* principal / *adv.* **first and foremost** primeiramente

**fore•run•ner** ['fɔrrʌnər] *s.* precursor

**fore•see** [fɔr'si] *v.* [*ps, pp* **foresaw, foreseen**] prever

**fore•see•able** [fɔr'siəbəl] *adj.* **for/in the foreseeable future** num futuro próximo

**fore•sight** ['fɔrsaɪt] *s.* previdência [qualidade]

**for•est** ['fɔrɪst] *s.* floresta

**fore•stall** [fɔr'stɔl] *v.* FORM prevenir

**fore•tell** [fɔr'tɛl] *v.* [*ps e pp* **foretold**] FORM predizer

**fore•word** ['fɔrwərd] *s.* prefácio

**for•feit** ['fɔrfɪt] *v.* abrir mão de, renunciar a / *s.* **to pay a forfeit** pagar uma prenda

**for•gave** [fər'geɪv] *v.* ▸ *ps de* FORGIVE

**forge** [fɔrdʒ] *v.* 1 falsificar 2 criar [laços] **forge ahead** ir de vento em popa / *s.* forja

**for•gery** ['fɔrdʒəri] *s.* [*pl* **forgeries**] falsificação

**for•get** [fər'gɛt] *v.* [-**tt**-] [*ps, pp* **forgot, forgotten**] 1 esquecer 2 **to forget to do sth** esquecer de fazer algo: *Don't forget to water the plants.* Não esqueça de molhar as plantas. 3 **to forget (all) about sth** esquecer-se (completamente) de algo 4 **forget it** FAM esqueça, pode esquecer

**for•get•ful** [fər'gɛtfəl] *adj.* esquecido [pessoa]

**for•give** [fər'gɪv] *v.* [*ps, pp* **forgave, forgiven**] 1 perdoar 2 **to forgive sb for (doing) sth** perdoar alguém por (ter feito) algo

**for•give•ness** [fər'gɪvnəs] *s.* perdão

**for•giv•ing** [fər'gɪvɪŋ] *adj.* indulgente

**for•go** [fɔr'goʊ] *v.* [*ps, pp* **forwent, forgone**] abrir mão de, ficar sem

**for•got** [fər'gɑt] *v.* ▸ *ps de* FORGET

**for•got•ten** [fər'gɑtn] *v.* ▸ *pp de* FORGET

**fork** [fɔrk] *s.* 1 garfo 2 bifurcação 3 forcado / *v.* 1 bifurcar(-se) 2 **to fork left/right** pegar a esquerda/direita [em bifurcação] **fork over, fork out** 1 FAM desembolsar 2 **to fork over/out for sth** FAM bancar algo

**for•lorn** [fər'lɔrn] *s.* 1 triste 2 abandonado 3 vão [esperança, tentativa]

**form** [fɔrm] *s.* 1 forma 2 tipo 3 formulário 4 **in the form of sth** em forma de algo / *v.* 1 formar(-se) 2 constituir

**for•mal** ['fɔrməl] *adj.* 1 formal 2 **formal dress/wear** traje a rigor, roupa de gala / *s.* AM baile de gala

**for•mal•ity** [fɔr'mæləti] *s.* formalidade

**for•mal•ly** ['fɔrməli] *adv.* formalmente

**for•mat** ['fɔrmæt] *s.* formato / *v.* [-**tt**-] formatar

**for•ma•tion** [fɔr'meɪʃən] *s.* formação

**for•mer** ['fɔrmər] *adj.* 1 antigo, ex-: *the former Yugoslavia* a antiga Iugoslávia | *the former president* o ex-presidente 2 **in former times** antigamente / *s.* **the former** FORM o primeiro, aquele: *Of the two solutions, the former is preferable.* Das duas soluções, a primeira é preferível.

**for•mer•ly** ['fɔrmərli] *adv.* antigamente

**for•mi•dable** [fɔr'mɪdəbəl] *adj.* 1 temível [adversário] 2 enorme [tarefa, desafio] 3 impressionante

**for•mu•la** ['fɔrmjələ] *s.* [*pl* **formulas/formulae**] fórmula

**for•mu•late** ['fɔrmjəleɪt] *v.* formular

**for•sake** [fər'seɪk] *v.* [*ps, pp* **forsook, forsaken**] FORM 1 abandonar [pessoa] 2 renunciar a [princípios]

**fort** [fɔrt] *s.* forte [fortaleza]

**forth** [fɔrθ] *adv.* **and so forth** e assim por diante

**forth•com•ing** [fɔrθ'kʌmɪŋ] *adj.* 1 próximo [evento] 2 comunicativo 3 **to be forthcoming** vir, ser dado [resposta, informação]

**forth•right** ['fɔrθraɪt] *adj.* franco, direto

**forth•with** [fɔrθ'wɪð] *adv.* FORM imediatamente

**for•ti•eth** ['fɔrtiəθ] *adj.* quadragésimo

**for•ti•fi•ca•tion** [fɔrtəfə'keɪʃən] *s.* fortificação

**for•ti•fy** ['fɔrtəfaɪ] *v.* 1 fortificar 2 fortalecer

**fort•night** ['fɔrtnaɪt] *s.* BRIT quinze dias

**fort•night•ly** ['fɔrtnaɪtli] BRIT *adj.* quinzenal / *adv.* quinzenalmente

**for•tress** ['fɔrtrəs] *s.* fortaleza

**for•tu•nate** ['fɔrtʃənət] *adj.* 1 afortunado 2 **it's fortunate that …** ainda bem que …

**for•tu•nate•ly** ['fɔrtʃənətli] *adv.* felizmente

**for•tune** ['fɔrtʃən] *s.* 1 fortuna 2 **fortunes** (plural) sorte [de pessoa, time etc.] 3 **to have the good fortune to do sth** ter a sorte de fazer algo 4 **to tell sb's fortune** ler a sorte de alguém

**fortune-teller** ['fɔrtʃən,tɛlər] *s.* vidente

**for•ty** ['fɔrti] *num.* 1 quarenta 2 **the forties** os anos 40 3 **to be in your forties** estar na casa dos quarenta

**fo•rum** ['fɔrəm] *s.* 1 fórum 2 foro

**for•ward** ['fɔrwərd] *adv.* 1 (tb **forwards**) para a frente 2 adiante 3 **going forward** daqui para a frente / *adj.* 1 para a frente [movimento]

2 dianteiro 3 **forward planning** planejamento prévio / *v.* encaminhar, remeter (*to a/para*) / *s.* atacante [jogador]

**for•ward•ing ad•dress** [ˈfɔrwərdɪŋˌædrɛs] *s.* endereço de contato [de quem se mudou]

**for•wards** [ˈfɔrwərdz] *adv.* para a frente

**for•ward slash** [ˈfɔrwərd slæʃ] *s.* barra [/]

**fos•sil** [ˈfɑsəl] *s.* fóssil / *adj.* **fossil fuel** combustível fóssil

**fos•ter** [ˈfɑstər] *adj.* 1 de criação [filho, pais] 2 **foster home** lar adotivo / *v.* 1 criar [como filho sem adotar legalmente] 2 fomentar

**fought** [fɔt] *v.* ▸ *ps e pp de* FIGHT

**foul** [faʊl] *adj.* 1 ruim [gosto, cheiro] 2 pútrido [água] 3 viciado [ar] 4 BRIT horrível [tempo] 5 **foul language** palavras de baixo calão 6 **in a foul mood** BRIT de péssimo humor / *s.* falta [em futebol etc.] / *v.* 1 cometer falta em 2 sujar

**foul up: to foul (sth) up** FAM atrapalhar-se (com algo)

**foul-up** [ˈfaʊlʌp] *s.* FAM trapalhada

**found** [faʊnd] *v.* fundar / *v.* ▸ *ps e pp de* FIND

**foun•da•tion** [faʊnˈdeɪʃən] *s.* 1 alicerce 2 base, fundamento 3 fundação 4 base [para a pele]

**found•er** [ˈfaʊndər] *s.* fundador

**foun•tain** [ˈfaʊntən] *s.* chafariz, fonte

**foun•tain pen** [ˈfaʊntən pɛn] *s.* caneta-tinteiro

**four** [fɔr] *num.* quatro / *s.* **on all fours** de quatro [posição]

**four•some** [ˈfɔrsəm] *s.* grupo de quatro [pessoas]

**four•teen** [fɔrˈtin] *num.* catorze

**four•teenth** [fɔrˈtinθ] *adj.* décimo quarto / *s.* dia catorze

**fourth** [fɔrθ] *adj.* quarto / *s.* 1 dia quatro 2 quarto [fração] 3 quarta [marcha]

**Fourth of July** [ˌfɔrθ əv dʒʊˈlaɪ] *s.* Dia da Independência [dos EUA]

**fowl** [faʊl] *s.* [*pl* **fowl/fowls**] ave (doméstica)

**fox** [fɑks] *s.* raposa

**foy•er** [ˈfɔɪər] *s.* 1 saguão, vestíbulo 2 AM hall de entrada

**frac•tion** [ˈfrækʃən] *s.* fração: *a fraction of a second* uma fração de segundo

**frac•ture** [ˈfræktʃər] *v.* fraturar / *s.* fratura

**frag•ile** [ˈfrædʒəl, *Brit*: ˈfrædʒaɪl] *adj.* frágil

**frag•ment** *s.* [ˈfrægmənt] fragmento / *v.* [frægˈmɛnt] fragmentar(-se)

**fra•grance** [ˈfreɪgrəns] *s.* 1 fragrância 2 perfume

**fra•grant** [ˈfreɪgrənt] *adj.* perfumado, aromático

**frail** [freɪl] *adj.* frágil [pessoa, corpo, saúde]

**frame** [freɪm] *s.* 1 moldura [de quadro] 2 armação [de óculos, móvel etc.] 3 esquadria [de porta, janela] 4 (tb **photo frame**) porta-retrato 5 quadro [de bicicleta] 6 corpo [grande, magro etc.] / *v.* 1 emoldurar 2 FORM formular [pergunta] 3 **to frame sb** armar para alguém: *The defendant claims he was framed.* O réu alega ter sido vítima de uma armação.

**frame of mind** [ˌfreɪm əv ˈmaɪnd] *s.* 1 estado de espírito 2 **to be in the right frame of mind for sth** estar com cabeça para algo

**frame•work** [ˈfreɪmwɜrk] *s.* 1 armação, estrutura 2 quadro [jurídico, de ideias etc.]

**France** [fræns] *s.* França

**fran•chise** [ˈfræntʃaɪz] *s.* franquia

**frank** [fræŋk] *adj.* 1 franco 2 **to be frank** para ser franco

**frank•ly** [ˈfræŋkli] *adv.* francamente

**fran•tic** [ˈfræntɪk] *adj.* 1 frenético 2 desesperado [de preocupação]

**fra•ter•nity** [fræˈtɜrnəti] *s.* [*pl* **fraternities**] 1 AM confraria de estudantes: *a fraternity house* uma república masculina 2 fraternidade

**fraud** [frɔd] *s.* fraude

**fraught** [frɔt] *adj.* 1 tenso 2 **fraught with sth** cheio de algo [problemas, perigo etc.]

**fray** [freɪ] *v.* 1 desfiar, puir 2 **tempers fray** os ânimos se exaltam

**frayed** [freɪd] *adj.* puído

**freak** [frik] *s.* 1 FAM fanático: *a computer freak* um fanático por computadores 2 esquisitão 3 aberração 4 **control freak** controlador fanático / *adj.* 1 anormal [onda,

tempestade] **2 freak accident** acidente inusitado / *v.* FAM (tb **freak out**) surtar, pirar
**freak out: to freak sb out** FAM fazer alguém pirar
**freck•le** [ˈfrɛkəl] *s.* sarda
**free** [fri] *adj.* 1 livre (***from/of*** *de*) 2 gratuito 3 vago [lugar, tempo] 4 **-free** sem: *fat-free* sem gordura 5 **free and easy** descontraído 6 **free gift** brinde 7 **free speech** liberdade de expressão 8 **feel free (to do sth)** FAM fique à vontade (para fazer algo) 9 **to set sb free** libertar alguém / *adv.* 1 (tb **free of charge/ for free**) de graça, grátis 2 **to break free** libertar-se (***from/of*** *de*) / *v.* [*ps e pp* **freed**] 1 libertar 2 livrar (***from/of*** *de*) 3 soltar 4 retirar [das ferragens] 5 (tb **free up**) desocupar
**free•bie** [ˈfribi] *s.* FAM brinde, cortesia
**free•dom** [ˈfridəm] *s.* 1 liberdade 2 **freedom of speech** liberdade de expressão
**free kick** [friˈkɪk] *s.* cobrança de falta
**free•lance** [ˈfrilæns] *adj.* freelance / *v.* (tb **work freelance**) trabalhar como freelance
**free•lancer** [ˈfrilænsər] *s.* freelance [pessoa]
**free•ly** [ˈfrili] *adv.* 1 livremente 2 abertamente [admitir, reconhecer] 3 **freely available** à disposição do público
**free-range** [friˈreɪndʒ] *adj.* caipira [ovo, galinha]
**free•way** [ˈfriweɪ] *s.* AM via expressa
**freeze** [friz] *v.* [*ps, pp* **froze, frozen**] 1 congelar 2 gear 3 (tb **freeze to death**) morrer de frio 4 gelar [de medo] 5 **freeze!** parado! / *s.* 1 congelamento 2 onda de frio
**freez•er** [ˈfrizər] *s.* 1 freezer 2 AM congelador
**freez•ing** [ˈfrizɪŋ] *adj.* 1 gelado 2 morrendo de frio 3 **freezing temperatures** temperaturas negativas / *s.* **above/below freezing** acima/abaixo de zero
**freez•ing point** [ˈfrizɪŋ pɔɪnt] *s.* ponto de congelamento
**freight** [freɪt] *s.* 1 mercadorias 2 carga 3 frete
**freight train** [ˈfreɪt treɪn] *s.* AM trem de carga
**French** [frɛntʃ] *adj, s.* 1 francês 2 **the French** os franceses
**French fries** [frɛntʃˈfraɪz] *spl.* AM batata frita
**French•man** [ˈfrɛntʃmən] *s.* [*pl* **Frenchmen**] francês [pessoa]
**French win•dows** [frɛntʃ ˈwɪndoʊz] *spl.* porta envidraçada
**French•woman** [ˈfrɛntʃwʊmən] *s.* [*pl* **Frenchwomen**] francesa
**fren•zied** [ˈfrɛnzɪd] *adj.* 1 frenético 2 enfurecido [ataque]
**frenzy** [ˈfrɛnzi] *s.* 1 frenesi 2 **a frenzy of activity** uma atividade frenética
**fre•quen•cy** [ˈfrikwənsi] *s.* frequência
**fre•quent** *adj.* [ˈfrikwənt] frequente / *v.* [frɪˈkwɛnt] frequentar
**fre•quent•ly** [ˈfrikwəntli] *adv.* frequentemente
**fresh** [frɛʃ] *adj.* [*comp* **fresher, freshest**] 1 fresco 2 novo 3 limpo [lençol, toalha etc.] 4 friozinho 5 descansado 6 **fresh out of sth** **a** (tb **fresh from sth**) recém-saído de algo **b** AM FAM sem algo [há pouco tempo]: *We're fresh out of bread.* O pão acabou agora. 7 **fresh water** água doce 8 **to make a fresh start** começar uma vida nova / *adv.* AM na hora: *fresh-made* feito na hora
**fresh•en** [ˈfrɛʃən] *v.* (tb **freshen up**) refrescar (-se)
**fresh•ly** [ˈfrɛʃli] *adv.* na hora: *freshly squeezed orange juice* suco de laranja natural
**fresh•man** [ˈfrɛʃmən] *s.* [*pl* **freshmen**] AM calouro
**fresh•water** [frɛʃˈwɔtər] *adj.* de água doce
**fric•tion** [ˈfrɪkʃən] *s.* atrito(s)
**Fri•day** [ˈfraɪdeɪ, ˈfraɪdi] *s.* sexta-feira
**fridge** [frɪdʒ] *s.* geladeira
**fried** [fraɪd] *adj.* frito / *v.* ▸ *ps e pp de* FRY
**friend** [frɛnd] *s.* 1 amigo 2 **to be friends with sb** ser amigo de alguém 3 **to make friends** fazer amigos 4 **to make friends with sb** fazer amizade com alguém / *v.* FAM adicionar [em rede social]

**friend•ly** [ˈfrɛndli] *adj.* [*comp* **friendlier, friendliest**] 1 simpático (***to/toward*** *com*) 2 amigável 3 amigo [fogo, país, abraço] 4 BRIT amistoso [jogo] 5 **-friendly** a receptivo a: *child-friendly* receptivo a crianças b inofensivo para: *ozone-friendly* inofensivo para a camada de ozônio 6 **to be friendly with sb** ser amigo de alguém / *s.* BRIT amistoso

**friend•ship** [ˈfrɛndʃɪp] *s.* amizade

**fries** [fraɪz] *spl.* batata frita

**fright** [fraɪt] *s.* 1 susto 2 **to get/have a fright** levar um susto 3 **to give sb a fright** dar um susto em alguém 4 **to take fright** assustar--se

**fright•en** [ˈfraɪtn] *v.* 1 assustar 2 dar medo em 3 **to frighten sb (half) to death/ frighten the life out of sb** quase matar alguém de susto

**frighten away, frighten off: to frighten sb away/off** amedrontar alguém

**fright•ened** [ˈfraɪtnd] *adj.* 1 assustado (***by*** *com*) 2 com medo (***of*** *de*) 3 **frightened to death** morrendo de medo 4 **frightened to do sth** com medo de fazer algo 5 **to get frightened** ficar assustado/com medo

**fright•en•ing** [ˈfraɪtnɪŋ] *adj.* 1 assustador 2 **to be frightening** assustar, dar medo

**fright•ful** [ˈfraɪtfəl] *adj.* medonho

**frill** [frɪl] *s.* 1 babado 2 **no frills** sem mordomias

**fringe** [frɪndʒ] *s.* 1 franja 2 margem [da sociedade etc.]

**frisk** [frɪsk] *v.* revistar [apalpando]

**frit•ter** [ˈfrɪtər] *s.* bolinho [frito]: *an apple fritter* um bolinho de maçã / *v.*

**fritter away: to fritter sth away** gastar algo à toa, desperdiçar algo (***on*** *com*)

**frivo•lous** [ˈfrɪvələs] *adj.* fútil, frívolo

**friz•zy** [ˈfrɪzi] *adj.* [*comp* **frizzier, frizziest**] crespo [cabelo]

**fro** [froʊ] *adv.* **to and fro** de um lado para o outro, para cima e para baixo

**frock** [frɑk] *s.* vestido

**frog** [frɔg] *s.* 1 rã 2 **to have a frog in your throat** estar com pigarro

**from** [frɑm, frəm] *prep.* de: *Where are you from?* Você é de onde? | *from nine to five* das nove às cinco | *Is it far from here?* É longe daqui?

**front** [frʌnt] *s.* 1 frente 2 fachada 3 capa [de revista] 4 **at the/in front** na frente 5 **in front of sb** na frente de alguém: *in front of me* na minha frente 6 **in front of sth** em frente a algo 7 **on your front** de bruços

**front cover** [frʌntˈkʌvər] *s.* capa [de revista, livro]

**front door** [frʌnt ˈdɔr] *s.* porta de entrada

**fron•tier** [frʌnˈtɪr] *s.* fronteira

**front page** [ˈfrʌntˈpeɪdʒ] *s.* primeira página [de jornal]

**frost** [frɔst] *s.* geada

**frost•bite** [ˈfrɔstbaɪt] *s.* queimaduras do frio

**frost•ing** [ˈfrɔstɪŋ] *s.* AM glacê

**frosty** [ˈfrɔsti] *adj.* [*comp* **frostier, frostiest**] 1 de geada [dia, tempo] 2 coberto de geada 3 frio [olhar, recepção]

**froth** [frɔθ] *s.* espuma / *v.* espumar

**frown** [fraʊn] *v.* 1 amarrar/fechar a cara 2 **to frown on/upon sth** desaprovar algo / *s.* cara amarrada

**froze** [froʊz] *v.* ▸ *ps de* FREEZE

**fro•zen** [ˈfroʊzən] *adj.* 1 congelado 2 morrendo de frio / *v.* ▸ *pp de* FREEZE

**fruit** [frut] *s.* [*pl* **fruit/fruits**] 1 fruta(s) 2 fruto

**fruit•ful** [ˈfrutfəl] *adj.* frutífero, proveitoso

**frui•tion** [fruˈɪʃən] *s.* **to come to fruition** realizar-se

**fruit•less** [ˈfrutləs] *adj.* infrutífero, inútil

**fruit ma•chine** [ˈfrut məˌʃin] *s.* BRIT caça--níqueis

**fruit sal•ad** [frutˈsæləd] *s.* salada de frutas

**fruity** [ˈfruti] *adj.* [*comp* **fruitier, fruitiest**] frutado

**frus•trate** [ˈfrʌstreɪt] *v.* frustrar

**frus•trat•ed** [ˈfrʌstreɪtɪd] *adj.* frustrado

**frus•trat•ing** [ˈfrʌstreɪtɪŋ] *adj.* frustrante

**frus•tra•tion** [frʌˈstreɪʃən] *s.* frustração

**fry** [fraɪ] *v.* [*ps e pp* **fried**] fritar
**fry•ing pan** [ˈfraɪɪŋ pæn] *s.* frigideira
**ft.** *abrev.* ▸ = feet ver **foot**
**fudge** [fʌdʒ] *s.* doce de leite
**fuel** [fjul] *s.* combustível / *v.* 1 abastecer 2 alimentar [debate, especulação etc.]
▸ *Am:* ***fueling, fueled*** *Brit:* ***fuelling, fuelled***
**fu•gi•tive** [ˈfjudʒətɪv] *s.* fugitivo
**ful•fill**, BRIT: **fulfil** [fʊlˈfɪl] *v.* 1 cumprir (com) 2 realizar 3 atender a [necessidade] 4 desempenhar [função] 5 corresponder a [expectativas]
**ful•fill•ment**, BRIT: **fulfilment** [fʊlˈfɪlmənt] *s.* 1 realização 2 cumprimento
**full** [fʊl] *adj.* [*comp* **fuller, fullest**] 1 cheio (***of*** *de*) 2 (tb **full up**) lotado 3 completo [nome, serviço etc.] 4 pleno 5 integral 6 (tb **full up**) satisfeito [de comida] 7 **full blast** FAM no máximo 8 **full of yourself** cheio de si 9 **at full speed** a toda velocidade / *s.* 1 **in full** **a** por extenso **b** integralmente [pagar] 2 **to the full/fullest** plenamente, ao máximo / *adv.* 1 em cheio 2 **full on** no máximo [aparelho] 3 **full well** muito bem
**full•back** [ˈfʊlbæk] *s.* zagueiro
**full board** [fʊlˈbɔrd] *s.* pensão completa
**full-length** [fʊl ˈlɛŋθ] *adj.* 1 de corpo inteiro [espelho, foto] 2 comprido [casaco, vestido] 3 completo [livro, filme etc.]
**full moon** [fʊlˈmun] *s.* lua cheia
**full-scale** [fʊlˈskeɪl] *adj.* 1 completo [inquérito] 2 verdadeiro [ataque, guerra]
**full stop** [fʊlˈstɑp] *s.* BRIT ponto (final)
**full-time** [fʊl ˈtaɪm] *adj.* de tempo integral [trabalho, funcionário] / *adv.* em tempo integral
**ful•ly** [ˈfʊli] *adv.* completamente, plenamente
**fum•ble** [ˈfʌmbəl] *v.* 1 **to fumble (around) for sth** tatear em busca de algo 2 **to fumble (the ball)** perder a bola 3 **to fumble with sth** atrapalhar-se com algo / *s.* frango [em futebol]
**fume** [fjum] *v.* morder-se de raiva (***at/about/over*** *por*)
**fumes** *spl.* vapores, gases: *exhaust fumes* gases de escapamento
**fun** [fʌn] *s.* 1 diversão 2 **for fun/for the fun of it** para diversão 3 **to be fun** ser divertido 4 **to be no fun** não ter graça 5 **to have fun** divertir-se 6 **to make fun of sb/sth** debochar de alguém/algo / *adj.* divertido
**func•tion** [ˈfʌŋkʃən] *s.* 1 função 2 evento / *v.* funcionar (***as*** *como*)
**func•tion•al** [ˈfʌŋkʃənl] *adj.* funcional
**fund** [fʌnd] *s.* fundo / *v.* custear, financiar
**fun•da•men•tal** [fʌndəˈmɛntl] *adj.* fundamental
**fund•ing** [ˈfʌndɪŋ] *s.* verba(s)
**fund•rais•er** [ˈfʌndreɪzər] *s.* 1 evento de arrecadação 2 arrecadador de fundos
**fund•rais•ing** [ˈfʌndreɪzɪŋ] *s.* arrecadação de fundos
**fu•ner•al** [ˈfjunərəl] *s.* 1 enterro 2 funeral
**fu•ner•al home** [ˈfjunərəl hoʊm] *s.* casa funerária
**fun•fair** [ˈfʌnfɛr] *s.* BRIT parque de diversões
**fun•gus** [ˈfʌŋgəs] *s.* fungo
**funky** [ˈfʌŋki] *adj.* [*comp* **funkier, funkiest**] FAM 1 diferente, fashion 2 funkado
**fun•nel** [ˈfʌnəl] *s.* 1 funil 2 BRIT chaminé [de navio ou locomotiva]
**fun•ni•ly** [ˈfʌnəli] *adv.* **funnily enough** por incrível que pareça
**fun•ny** [ˈfʌni] *adj.* [*comp* **funnier, funniest**] 1 engraçado 2 estranho
**fur** [fɜr] *s.* 1 pele [de animal]: *a fur coat* um casaco de pele 2 pelo [de animal]
**fu•ri•ous** [ˈfjʊriəs] *adj.* 1 furioso (***at/about*** *com*) 2 acirrado [debate, batalha] 3 alucinante [ritmo]
**fur•nace** [ˈfɜrnɪs] *s.* fornalha
**fur•nish** [ˈfɜrnɪʃ] *v.* 1 mobiliar: *a furnished apartment* um apartamento mobiliado 2 FORM fornecer 3 **to furnish sb/sth with sth** FORM fornecer algo a alguém
**fur•nish•ings** [ˈfɜrnɪʃɪŋz] *spl.* mobiliário
**fur•ni•ture** [ˈfɜrnɪtʃər] *s.* móveis: *a piece of furniture* um móvel
**fur•row** [ˈfɜroʊ] *s.* sulco
**fur•ry** [ˈfɜri] *adj.* [*comp* **furrier, furriest**] peludo [animal]

**fur•ther** [ˈfɜrðər] *adv.* 1 mais longe: *How much further is it?* Falta quanto para chegar? 2 mais: *The matter will be discussed further.* O assunto será discutido mais. 3 **further along/down/on** mais adiante / *adj.* 1 adicional 2 mais, maiores [detalhes, informações]: *a further 15 minutes* mais quinze minutos 3 **until further notice** até segunda ordem / *v.* promover

**further•more** [ˈfɜrðərmɔr] *adv.* FORM além disso, ademais

**fur•thest** [ˈfɜrðɪst] *adj.* mais afastado, mais distante (***from*** *de*) / *adv.* mais longe

**fury** [ˈfjʊri] *s.* fúria

**fuse** [fjuz] *s.* 1 fusível 2 estopim / *v.* BRIT queimar [luz, aparelho]

**fu•sion** [ˈfjuʒən] *s.* fusão

**fuss** [fʌs] *s.* 1 alvoroço, escândalo: *I can't see what all the fuss is about.* Não entendo por que tanto alvoroço. 2 **to kick up/make a fuss** fazer escândalo, criar caso (***about*** *por*) 3 **to make a fuss over/of sb** fazer festa em alguém, paparicar alguém / *v.* 1 fazer escândalo, ficar nervoso 2 **to fuss over sb** paparicar alguém 3 **to fuss with sth** ficar mexendo em algo

**fus•sy** [ˈfʌsi] *adj.* [*comp* **fussier, fussiest**] 1 difícil, chato, exigente (***about*** *com*): *He's a fussy eater.* Ele é chato para comer. 2 espalhafatoso [objeto, roupa etc.] 3 **I'm not fussy** FAM para mim, tanto faz

**fu•tile** [ˈfjutl, *Brit*: ˈfjutaɪl] *adj.* inútil, vão

**fu•ture** [ˈfjutʃər] *s.* 1 futuro: *in the future* no futuro 2 **in future** **a** no futuro **b** da próxima vez: *In future, please call ahead.* Da próxima vez, faça o favor de ligar antes. 3 **in the near/not too distant future** num futuro próximo / *adj.* futuro

**fuz•zy** [ˈfʌzi] *adj.* [*comp* **fuzzier, fuzziest**] 1 desfocado, borrado [foto, imagem] 2 indistinto, tênue

# G

**G, g** [dʒi] *s.* G, g / **G** *s.* sol [nota musical] / **g** *abrev.* (= gram) g
**gadg•et** [ˈgædʒɪt] *s.* engenhoca, bugiganga
**gag** [gæg] *s.* 1 mordaça 2 FAM piada / *v.* [-**gg**-] 1 amordaçar 2 engasgar
**gage** [geɪdʒ] *s.* AM ver **gauge**
**gain** [geɪn] *v.* 1 ganhar [peso, velocidade, fama, experiência etc.] 2 obter 3 lucrar (*from de*) 4 adiantar-se [relógio] 5 **to gain access** ter acesso (*to a*) 6 **to gain control of sth** tomar o controle de algo 7 **to gain on sb** alcançar alguém [que se persegue] 8 **to gain 10 kilos etc.** engordar 10 quilos etc. / *s.* 1 ganho 2 aumento
**gal•axy** [ˈgæləksi] *s.* [*pl* **galaxies**] galáxia
**gale** [geɪl] *s.* vendaval
**gal•lery** [ˈgæləri] *s.* [*pl* **galleries**] 1 galeria 2 (tb **art gallery**) museu de belas-artes
**gal•ley** [ˈgæli] *s.* cozinha [de navio]
**gal•lon** [ˈgælən] *s.* galão [medida de líquidos = 3,78 litros nos EUA e 4,52 litros na Grã-Bretanha]
**gal•lop** [ˈgæləp] *v.* galopar, ir galopando / *s.* 1 galope 2 **at a gallop** a galope
**gal•lows** [ˈgæloʊz] *s.* [*pl* **gallows**] forca
**gam•ble** [ˈgæmbəl] *v.* 1 jogar [na jogatina] 2 apostar (*on em*): *They're gambling on everything being ready in time.* Estão apostando em que tudo fique pronto a tempo. 3 **to gamble with sth** colocar algo em risco **gamble away: to gamble sth away** perder algo no jogo
**gam•bler** [ˈgæmblər] *s.* jogador [de jogos de azar]
**gam•bling** [ˈgæmblɪŋ] *s.* jogo, jogatina
**game** [geɪm] *s.* 1 jogo 2 videogame 3 game [em tênis] 4 caça [animais]: *big game* caça grossa 5 **games** **a** jogos: *the Olympic Games* os Jogos Olímpicos **b** BRIT Educação Física [aula] 6 **to give the game away** estragar a surpresa
**game show** [ˈgeɪm ʃoʊ] *s.* jogo [programa de TV]
**gang** [gæŋ] *s.* 1 gangue: *gang members* membros de gangues 2 bando 3 quadrilha 4 FAM turma [de amigos] / *v.*
**gang up: to gang up on sb** juntar-se contra alguém
**gang•sta** [ˈgæŋstʌ] *s.* AM FAM membro de gangue
**gang•ster** [ˈgæŋstər] *s.* 1 bandido 2 gângster
**gang•way** [ˈgæŋweɪ] *s.* 1 corredor, coxia [de teatro, trem] 2 rampa de desembarque [de navio]
**gaol** [dʒeɪl] BRIT *s, v.* ver **jail**
**gap** [gæp] *s.* 1 vão 2 intervalo 3 brecha 4 distância [entre ricos e pobres] 5 diferença: *the age gap* a diferença de idade 6 fresta 7 lacuna
**gape** [geɪp] *v.* olhar boquiaberto (***at*** *para*)
**gap•ing** [ˈgeɪpɪŋ] *adj.* enorme [buraco, ferida]
**gap year** [ˈgæp jɪr] *s.* BRIT ano entre o ensino médio e a faculdade que os jovens passam viajando ou fazendo estágio

**gar•age** [gəˈrɑʒ, *Brit*: ˈgærɪdʒ] *s.* **1** garagem **2** BRIT oficina **3** BRIT posto de gasolina
**gar•bage** [ˈgɑrbɪdʒ] *s.* **1** AM lixo **2** bobagem
**gar•bage can** [ˈgɑrbɪdʒ kæn] *s.* AM lata de lixo, lixeira
**gar•bage dump** [ˈgɑrbɪdʒ dʌmp] *s.* AM depósito de lixo
**gar•bage man** [ˈgɑrbɪdʒ mæn] *s.* [*pl* **men**] AM lixeiro, gari
**gar•bled** [ˈgɑrbəld] *adj.* truncado [texto]
**gar•den** [ˈgɑrdən] *s.* **1** jardim **2** horta / *v.* jardinar
**gar•den•er** [ˈgɑrdnər] *s.* jardineiro
**gar•den•ing** [ˈgɑrdnɪŋ] *s.* jardinagem
**gar•gle** [ˈgɑrgəl] *v.* gargarejar
**gar•ish** [ˈgærɪʃ] *adj.* **1** espalhafatoso, chamativo **2** berrante [cor]
**gar•land** [ˈgɑrlənd] *s.* **1** guirlanda **2** grinalda
**gar•lic** [ˈgɑrlɪk] *s.* alho
**gar•ment** [ˈgɑrmənt] *s.* peça de roupa
**gar•nish** [ˈgɑrnɪʃ] *s.* guarnição [de comida] / *v.* guarnecer (***with*** *com*)
**gar•ri•son** [ˈgærəsən] *s.* guarnição [de tropas]
**gar•ter** [ˈgɑrtər] *s.* liga [de meia]
**gas** [gæs] *s.* **1** gás: *a gas leak* um vazamento de gás | *a gas stove* um fogão a gás **2** AM gasolina **3** AM gases [intestinais] **4** **the gas** AM o acelerador
**gash** [gæʃ] *s.* corte, talho / *v.* cortar, talhar
**gaso•line** [ˈgæsəlin] *s.* AM gasolina
**gasp** [gæsp] *v.* **1** sufocar um grito (***at*** *ao ver/ouvir*, ***in/with*** *de*) **2** ofegar, arfar **3** **to gasp for air/breath** tentar recuperar o fôlego / *s.* **1** grito sufocado **2** arfada
**gas sta•tion** [ˈgæs ˌsteɪʃən] *s.* AM posto de gasolina
**gate** [geɪt] *s.* **1** portão **2** (tb **boarding gate**) portão (de embarque): *Flight 341 is now boarding at Gate 10.* O voo 341 está pronto para o embarque no portão 10. **3** porteira **4** porta [de cidade]
**gate•crash** [ˈgeɪtkræʃ] *v.* entrar de penetra (em)
**gate•crash•er** [ˈgeɪtkræʃər] *s.* penetra
**gated com•mu•nity** [ˌgeɪtɪd kəˈmjunəti] *s.* [*pl* **communities**] AM condomínio fechado
**gate•way** [ˈgeɪtweɪ] *s.* **1** portal **2** porta de entrada (***to*** *para*)
**gath•er** [ˈgæðər] *v.* **1** juntar(-se) **2** reunir(-se) **3** acumular(-se) **4** entender: *You're Brazilian, I gather.* Você é brasileiro, se entendi bem. **5** **as far as I can gather/from what I can gather** pelo que eu entendi **6** **to gather speed/strength** ganhar velocidade/força
**gather around** chegar perto [para ouvir/ver algo]
**gather up: to gather sth up** recolher algo
**gath•er•ing** [ˈgæðərɪŋ] *s.* reunião
**gaudy** [ˈgɔdi] *adj.* [*comp* **gaudier, gaudiest**] berrante, espalhafatoso
**gauge** [geɪdʒ] *s.* medidor, indicador / *v.* avaliar
**gaunt** [gɔnt] *adj.* macilento, descarnado [rosto]
**gauze** [gɔz] *s.* gaze
**gave** [geɪv] *v.* ▸ *ps de* GIVE
**gay** [geɪ] *adj.* **1** gay, homossexual **2** GLS **3** alegre / **gays** *spl.* gays
**gaze** [geɪz] *v.* **to gaze at sth/sb** olhar fixamente (para) algo/alguém / *s.* olhar fixo
**GDP** [dʒidiˈpi] *s.* (= gross domestic product) PIB [produto interno bruto]
**gear** [gɪr] *s.* **1** marcha [de carro, bicicleta]: *in third gear* em terceira marcha **2** equipamentos, apetrechos **3** **in gear** engrenado **4** **to change/shift gears** **a** passar a marcha **b** aumentar o ritmo **5** roupa: *rain gear* roupa de chuva **6** FAM coisas: *Can I leave my gear here?* Posso deixar minhas coisas aqui? / *v.* **to be geared to sb/sth** adequar-se a alguém/algo
**gear up** **1** preparar-se (***for*** *para*) **2** **to be geared up for sth/to do sth** estar preparado para algo/para fazer algo
**gear•box** [ˈgɪrbɑks] *s.* caixa de câmbio
**geese** [gis] *spl.* ▸ *pl de* GOOSE
**gel** [dʒɛl] *s.* gel

**gem** [dʒɛm] *s.* 1 pedra preciosa 2 joia [coisa especial]
**Gemi•ni** [ˈdʒɛmənaɪ] *s.* 1 Gêmeos [signo] 2 geminiano
**gen•der** [ˈdʒɛndər] *s.* gênero
**gene** [dʒin] *s.* gene: *gene therapy* terapia genética
**gen•er•al** [ˈdʒɛnərəl] *adj.* 1 geral 2 **the general public** a população, o grande público / *s.* 1 general 2 **in general** em geral
**gen•er•ali•za•tion**, BRIT tb: **-sation** [dʒɛnərəlaɪˈzeɪʃən] *s.* generalização
**gen•er•al•ize**, BRIT tb: **-ise** [ˈdʒɛnərəlaɪz] *v.* **to generalize (about sth)** generalizar (algo)
**general know•ledge** [ˌdʒɛnərəlˌnɑlɪdʒ] *s.* cultura geral
**gen•e•ral•ly** [ˈdʒɛnərəli] *adv.* 1 de modo geral 2 em geral 3 geralmente 4 **generally speaking** de modo geral, no geral
**gen•er•al prac•ti•tion•er** [ˌdʒɛnərəl prækˈtɪʃənər] *s.* clínico geral
**gen•er•ate** [ˈdʒɛnəreɪt] *v.* gerar
**gen•era•tion** [dʒɛnəˈreɪʃən] *s.* geração: *a generation gap* um conflito de gerações
**gen•era•tor** [ˈdʒɛnəreɪtər] *s.* gerador
**gen•er•os•ity** [dʒɛnəˈrɑsəti] *s.* generosidade
**gen•er•ous** [ˈdʒɛnərəs] *adj.* generoso (***to*** *com*)
**ge•net•ic** [dʒəˈnɛtɪk] *s.* genético
**ge•neti•cal•ly modi•fied** [dʒəˌnɛtɪkli ˈmɑdəfaɪd] *adj.* transgênico
**ge•net•ics** [dʒəˈnɛtɪks] *s.* genética
**gen•ial** [ˈdʒiniəl] *adj.* cordial, afável
**geni•tals** [ˈdʒɛnətəlz] *spl.* órgãos genitais
**ge•ni•us** [ˈdʒiniəs] *s.* gênio
**gen•re** [ˈʒɑnrə] *s.* gênero [de literatura, filme]
**gent** [dʒɛnt] *s.* BRIT 1 FAM cavalheiro 2 **the gents** o banheiro masculino
**gen•tle** [ˈdʒɛntl] *adj.* 1 delicado (***with*** *com*) 2 suave [toque, voz, brisa, movimento] 3 leve [exercício, pancada, subida] 4 meigo [pessoa] 5 manso [bicho]
**gentle•man** [ˈdʒɛntlmən] *s.* [*pl* **gentlemen**] 1 senhor 2 cavalheiro: *a gentleman's agreement* um acordo de cavalheiros
**gentle•man•ly** [ˈdʒɛntlmənli] *adj.* cavalheiresco
**gen•tle•ness** [ˈdʒɛntlnəs] *s.* 1 delicadeza 2 suavidade 3 meiguice
**gen•tly** [ˈdʒɛntli] *adv.* 1 delicadamente 2 suavemente
**genu•ine** [ˈdʒɛnjuɪn] *adj.* 1 genuíno [preocupação, interesse etc.] 2 legítimo [couro, refugiado etc.] 3 autêntico [quadro, obra] 4 verdadeiro [pessoa]
**genu•ine•ly** [ˈdʒɛnjuɪnli] *adv.* realmente
**geo•graphi•cal** [dʒiəˈgræfikəl] *adj.* geográfico
**ge•og•ra•phy** [dʒɪˈɑgrəfi] *s.* geografia
**geo•logi•cal** [dʒiəˈlɑdʒɪkəl] *adj.* geológico
**ge•olo•gist** [dʒiˈɑlədʒɪst] *s.* geólogo
**ge•ol•ogy** [dʒɪˈɑlədʒi] *s.* geologia
**geo•met•ric, geo•met•ri•cal** [dʒiəˈmɛtrɪk(əl)] *adj.* geométrico
**ge•om•etry** [dʒɪˈɑmətri] *s.* geometria
**ge•ra•nium** [dʒəˈreɪniəm] *s.* gerânio
**geri•at•ric** [dʒɛriˈætrɪk] *adj.* 1 geriátrico 2 FAM velho caduco
**germ** [dʒɜrm] *s.* 1 germe 2 bacilo
**Ger•man** [ˈdʒɜrmən] *adj, s.* alemão
**Ger•man mea•sles** [ˌdʒɜrmənˈmizəlz] *s.* rubéola
**Ger•many** [ˈdʒɜrməni] *s.* Alemanha
**ges•ture** [ˈdʒɛstʃər] *s.* gesto / *v.* 1 fazer gestos 2 **to gesture for sb to do sth** fazer sinal para alguém fazer algo
**get** [gɛt] *v.* [*ps, pp* **got, gotten/got**] 1 receber, ganhar (***from*** *de*): *Did you get my e-mail?* Você recebeu meu e-mail? | *I got this pen for free.* Ganhei essa caneta de graça. 2 obter, conseguir: *You need to get your parents' permission.* Você precisa obter permissão dos seus pais. | *She got a job in a grocery store.* Ela conseguiu emprego num supermercado. 3 pegar (***from*** *em*): *Get a spoon from the drawer.* Pega uma colher na gaveta. | *We can get a bus to the station.* Podemos pegar ônibus até a estação. 4 buscar (***from*** *em*): *She went to get the kids from school.* Ela foi buscar as crianças na escola.

5 comprar (***from*** *em*): *Where did you get those sneakers?* Onde você comprou esse tênis? 6 chegar (***to*** *a/em*): *What time did you get home?* Que horas você chegou em casa? | *I haven't gotten to that part of the book yet.* Não cheguei nessa parte do livro ainda. 7 ir: *How do you get to school?* Como você vai para a escola? ▸ Usa-se ***get***, em vez de ***go***, quando se pensa na maneira, ou na possível dificuldade, de ir de um lugar a outro. 8 ficar [nervoso, cansado, mais alto etc.]: *The teacher got mad at me.* O professor ficou bravo comigo. | *The dinner's getting cold.* O jantar está esfriando. 9 ficar com [doença, sensação, impressão etc.]: *I got a headache from all the noise.* Fiquei com dor de cabeça de tanto barulho. 10 deixar [alguém animado, algo pronto etc.]: *You're getting me worried now.* Você está me deixando preocupado agora. | *This detergent doesn't get the laundry clean.* Esse sabão não deixa a roupa limpa. 11 ter [tempo, chance etc.]: *We get a lot of rain in the winter.* Temos muita chuva no inverno. 12 tirar [nota]: *She got an A in math.* Ela tirou 10 em Matemática. 13 fazer, preparar [comida]: *It's time to get the dinner.* Está na hora de fazer o jantar. 14 FAM entender [piada, dica etc.]: *I don't get how you upload a picture.* Não entendi como se faz para postar uma foto. 15 FAM atender [telefone, porta]: *That's the phone - can you get it?* É o telefone - pode atender? 16 **to get at sb** pegar no pé de alguém 17 **to get at sth** **a** querer chegar a algo: *I don't know what you're getting at.* Não sei aonde você quer chegar. **b** ter acesso a/alcançar algo 18 **to get sb sth** **a** conseguir algo para alguém: *Can you get us tickets to the game?* Você consegue ingresso do jogo para nós? **b** pegar/buscar algo para alguém: *Will you get me a soda from the fridge?* Você me pega um refrigerante na geladeira? **c** comprar algo para alguém: *I got him a book for his birthday.* Comprei um livro para o aniversário dele. **d** fazer algo para alguém [de comida]: *Shall I get you a sandwich?* Eu te faço um sanduíche? 19 **to get sth done** **a** conseguir fazer algo: *I didn't get my homework finished.* Não consegui terminar meu dever de casa. **b** mandar fazer algo: *We got the house painted.* Mandamos pintar a casa. ▸ Usa-se ***get sth done*** ou ***have sth done*** quando se coloca outra pessoa para fazer a ação do verbo: *I need to get my hair cut.* Preciso cortar o cabelo. 20 **to get sb to do sth** **a** falar para alguém fazer algo **b** conseguir que alguém faça algo 21 **to get sth to do sth** fazer algo fazer algo: *He couldn't get the printer to work.* Ele não conseguia fazer funcionar a impressora. 22 **to get to be sth** FAM passar a ser/virar algo 23 **to get to do sth** FAM ter a chance de fazer algo: *She got to meet her idol.* Ela teve a chance de conhecer seu ídolo.

**get across** 1 **to get across sth** (conseguir) atravessar algo 2 **to get sth across** passar/transmitir algo [mensagem, ideia]

**get ahead** 1 ter sucesso 2 **to get ahead with sth** adiantar algo [trabalho]

**get along** 1 dar-se, entender-se (***with*** *com*): *We get along really well.* Nós nos damos muito bem. 2 ir, sair-se: *He's getting along well at school.* Ele está indo bem na escola. 3 virar-se

**get around** 1 locomover-se (em/por) 2 espalhar-se, circular [notícia, boato] 3 **to get around sb** convencer alguém 4 **to get around sth** contornar algo 5 **to get around to (doing) sth** conseguir um tempo para (fazer) algo

**get away** 1 (conseguir) sair (***from*** *de*): *Get away from me!* Sai de perto de mim! 2 fugir (***from*** *de*) 3 **sb gets away with doing sth/sb does sth and gets away with it** alguém faz algo e fica por isso mesmo: *He stole the painting and got away with it.* Ele roubou o quadro e ficou por isso mesmo. 4 **to get away with sth** safar-se com algo [pena branda, pouco trabalho]

**get back** 1 voltar (***to*** *a*) 2 **to get back at sb/**

**get sb back** dar o troco em alguém (*for por*) 3 **to get sth back** recuperar algo 4 **to get back to sb** dar um retorno a alguém (*on sobre*)
**get behind** 1 ficar para trás 2 atrasar-se (*with em*)
**get by** 1 sobreviver (*on com*) 2 virar-se
**get down** 1 descer 2 **to get sth down** a trazer algo para baixo b anotar algo c engolir algo 3 **to get sb down** deixar alguém para baixo 4 **to get down to (doing) sth** concentrar-se em (fazer) algo
**get in** 1 (conseguir) entrar 2 chegar [trem, voo] 3 chegar em casa 4 ser eleito [político] 5 **to get sb in** chamar alguém [técnico, médico] 6 **to get sth in** a (conseguir) enfiar algo b comprar [comida] c colher [safra]
**get into** 1 **to get into sth** a (conseguir) entrar/ingressar em algo b passar para algo [faculdade] c chegar a/em algo [destino] d FAM começar a curtir algo 2 **what's got into sb?** o que é que deu em alguém?
**get off** 1 descer, saltar [de ônibus, trem] 2 safar-se (*with com*) 3 **to get off sth** a descer de algo [ônibus, trem] b tirar as mãos de algo 4 **to get sth off (sth)** tirar algo (de algo) 5 **to get off with sb** FAM ficar com alguém [para namoro]
**get on** 1 subir [em ônibus, trem] 2 ir, sair-se: *How are you getting on?* Como é que está indo? 3 BRIT dar-se, entender-se (*with com*) 4 **to get on sth** subir em/pegar algo [ônibus, trem] 5 **to get sth on** pôr algo [roupa] 6 **to get on with sth** ir fazendo/adiantar algo
**get out** 1 (conseguir) sair (*of de*) 2 escapar (*of de*) 3 descer (*of de carro*) 4 vazar [notícia, segredo] 5 **to get out of (doing) sth** safar-se de (fazer) algo 6 **to get sth out** tirar algo (*of de*) 7 **to get sth out of sb** arrancar algo de alguém [confissão, dinheiro]
**get over** 1 **to get over sth** a (conseguir) transpor algo [muro, rio] b recuperar-se de algo c superar algo 2 **to get sth over with** acabar logo com algo
**get through** 1 completar a ligação 2 **to get through to sb** a conseguir falar com alguém [no telefone] b fazer alguém entender 3 **to get through sth** a (conseguir) terminar algo [tarefa, livro] b gastar algo [dinheiro, papel etc.] c FAM comer/consumir algo d sobreviver a algo
**get together** 1 encontrar-se, reunir-se (*with com*) 2 **to get sb/sth together** reunir alguém/algo 3 **to get your act together** FAM tomar jeito
**get up** 1 levantar 2 **to get sb up** acordar alguém 3 **to get up to sth** a chegar até algo [ponto, página etc.] b aprontar algo [o que não devia]

**get•away** [ˈgɛtəweɪ] *s.* 1 fuga: *the getaway car* o carro de fuga 2 **to make a/your getaway** fugir
**get-go** [ˈgɛtgoʊ] *s.* **from the get-go** AM FAM desde o começo
**get-together** [ˈgɛt təgɛðər] *s.* FAM reunião [de amigos, familiares]
**ghast•ly** [ˈgæstli] *adj.* [*comp* **ghastlier, ghastliest**] horrível
**gher•kin** [ˈgɜrkɪn] *s.* BRIT pepino em conserva
**ghet•to** [ˈgɛtoʊ] *s.* [*pl* **ghettos/ghettoes**] gueto
**ghost** [goʊst] *s.* 1 fantasma 2 **to give up the ghost** FAM a pifar b partir desta para melhor
**ghost•ly** [ˈgoʊstli] *adj.* fantasmagórico
**ghost writ•er** [ˈgoʊst ˌraɪtər] *s.* escritor-fantasma
**gi•ant** [ˈdʒaɪənt] *adj, s.* gigante
**gibe** [ˈdʒaɪb] *s.* deboche
**gid•dy** [ˈgɪdi] *adj.* [*comp* **giddier, giddiest**] 1 tonto 2 **to feel giddy** sentir tontura 3 **to make sb giddy** dar tontura em alguém
**gift** [gɪft] *s.* 1 presente 2 dom 3 dádiva 4 **free gift** brinde
**gift cer•tifi•cate** [ˈgɪft sərˌtɪfɪkət] *s.* AM vale-presente
**gift•ed** [ˈgɪftɪd] *adj.* talentoso
**gift shop** [ˈgɪft ʃɑp] *s.* loja de presentes

**gift to•ken** [ˈgɪft ˌtoʊkən] *s.* BRIT vale-presente

**gift wrap** [ˈgɪft ræp] *s.* papel de presente / **gift-wrap** *v.* embrulhar para presente

**gig** [gɪg] *s.* FAM **1** show **2** AM bico [trabalho]

**gi•gan•tic** [dʒaɪˈgæntɪk] *adj.* gigantesco

**gig•gle** [ˈgɪgəl] *v.* rir [sem querer] / *s.* **1** risadinha **2 to get/have the giggles** FAM ter um ataque de riso

**gill** [gɪl] *s.* guelra [de peixe]

**gilt** [gɪlt] *adj, s.* dourado

**gim•mick** [ˈgɪmɪk] *s.* FAM jogada de marketing

**gin** [dʒɪn] *s.* gim

**gin•ger** [ˈdʒɪndʒər] *s.* gengibre

**gin•ger•ly** [ˈdʒɪndʒərli] *adv.* cautelosamente

**gip•sy** [ˈdʒɪpsi] *s.* [*pl* **gipsies**] cigano

**gi•raffe** [dʒɪˈræf] *s.* girafa

**gir•der** [ˈgɜrdər] *s.* viga [de metal]

**girl** [ˈgɜrl] *s.* **1** menina, garota **2** filha

**girl•friend** [ˈgɜrlfrɛnd] *s.* **1** namorada **2** AM amiga

**gist** [dʒɪst] *s.* **1 the gist** o sentido geral, o essencial **2 to get the gist (of sth)** entender o essencial (de algo)

**give** [gɪv] *v.* [*ps, pp* **gave, given**] **1** dar **2 to give sb sth/sth to sb** dar algo a alguém: *The teacher gave me a ride home.* A professora me deu carona para casa.

**give away 1 to give sth away** **a** dar algo [de graça ou por não querer mais] **b** revelar algo [segredo] **2 to give sb away** entregar alguém: *What gave him away was his accent.* O que o entregou foi o sotaque dele.

**give back 1 to give sth back** devolver algo (*to a/para*) **2 to give sb back sth** devolver algo a alguém

**give in 1** ceder (*to a*) **2** pedir arrego **3 to give sth in** BRIT entregar algo [trabalho escolar]

**give out 1** falhar **2 to give sth out** distribuir algo (*to a*)

**give up 1** desistir **2 to give up doing sth** **a** parar de fazer algo **b** desistir de fazer algo **3 to give sth up** **a** largar algo [estudos, emprego] **b** desistir de algo [busca, tentativa] **c** dar/ceder algo (*to a*) **4 to give yourself up** entregar-se [à polícia]

**giv•en** [ˈgɪvən] *adj.* **1** determinado, dado [momento etc.] **2 given to (doing) sth** FORM dado a (fazer) algo / *prep.* **1** dado, visto: *It's understandable, given the situation.* É compreensível, dada a situação. **2 given that** dado/visto que / *s.* **to be a given** AM ser ponto pacífico / *v.* ▸ *pp de* GIVE

**given name** [ˈgɪvən neɪm] *s.* AM prenome

**glaci•er** [ˈgleɪʃər, *Brit*: ˈglæsiə] *s.* geleira, glaciar

**glad** [glæd] *adj.* **1** contente (***about*** *com*): *I'm glad to hear that you're keeping well.* Fico contente em saber que você anda bem. **2 to be glad of sth** agradecer (por ter) algo **3 to be glad to do sth** ter prazer em fazer algo: *"Could you help me?" - "I'd be glad to."* "Dá para você me ajudar?" - "Com prazer."

**glad•ly** [ˈglædli] *v.* com todo o prazer

**glam•or•ous** [ˈglæmərəs] *adj.* glamouroso

**glam•our, glam•or** [ˈglæmər] *s.* glamour

**glance** [glæns] *v.* **1 to glance at sth/sb** olhar algo/alguém de relance **2 to glance at/through sth** passar os olhos por algo

**glance off: to glance off sth** ricochetear em algo / *s.* **1** olhar de relance **2 at a glance** logo de cara **3 at first glance** à primeira vista

**gland** [ˈglænd] *s.* glândula

**glare** [glɛr] *v.* **1** brilhar forte **2** olhar feio/com raiva (***at*** *para*) / *s.* **1** brilho ofuscante **2** olhar de raiva

**glar•ing** [ˈglɛrɪŋ] *adj.* **1** ofuscante **2** gritante [erro, omissão]

**glass** [glæs] *s.* **1** vidro **2** copo, taça **3 glasses** (plural) óculos

▸ Observe-se a diferença entre ***a glass of wine*** *uma taça (cheia) de vinho* e ***a wine glass*** *uma taça para vinho.*

**glaze** [gleɪz] *v.* vitrificar

**glaze over: sb's eyes glaze over** alguém fica com olhar distante

**gleam** [glim] *v.* brilhar, fulgurar / *s.* brilho

**glean** [glin] *v.* extrair, colher [informações] (***from*** *de*)
**glee** [gli] *s.* satisfação [por ter levado vantagem]
**glee club** *s.* [ˈgli klʌb] AM coral
**glide** [glaɪd] *v.* 1 planar 2 deslizar (***across/ over*** *por*)
**glid•er** [ˈglaɪdər] *s.* planador
**glim•mer** [ˈglɪmər] *s.* 1 luz tênue 2 bruxuleio 3 **a glimmer of hope** um fio de esperança / *v.* bruxulear
**glimpse** [glɪmps] *s.* 1 vislumbre 2 **to catch/ get a glimpse of sth** vislumbrar algo / *v.* vislumbrar, entrever
**glint** [glɪnt] *v.* faiscar / *s.* brilho
**glis•ten** [ˈglɪsən] *v.* brilhar
**glit•ter** [ˈglɪtər] *v.* brilhar, cintilar, resplandecer / *s.* 1 purpurina 2 brilho
**gloat** [gloʊt] *v.* tripudiar (***over*** *sobre*)
**glob•al** [ˈgloʊbəl] *adj.* global: *global warming* aquecimento global
**glob•ali•za•tion**, BRIT tb: **-sation** [gloʊ bəlaɪˈzeɪʃən] *s.* globalização
**globe** [gloʊb] *s.* 1 globo terrestre 2 globo [com mapa-múndi] 3 **the globe** o mundo: *around the globe* pelo mundo inteiro
**gloom** [glum] *s.* 1 penumbra 2 baixo astral, desalento
**gloomy** [ˈglumi] *adj.* [*comp* **gloomier, gloomiest**] 1 sombrio, lúgubre 2 de baixo astral 3 desalentador
**glo•ri•ous** [ˈglɔriəs] *adj.* 1 glorioso 2 magnífico
**glo•ry** [ˈglɔri] *s.* [*pl* **glories**] 1 glória 2 brilho, esplendor: *The theater has been restored to its former glory.* Uma reforma devolveu ao teatro seu antigo esplendor.
**gloss** [glɔs] *s.* 1 brilho 2 (tb **gloss paint**) tinta esmalte / *v.*
**gloss over: to gloss over sth** não entrar em detalhes sobre algo
**glos•sa•ry** [ˈglɔsəri] *s.* [*pl* **glossaries**] glossário
**glossy** [ˈglɔsi] *adj.* [*comp* **glossier, glossiest**] 1 lustroso, brilhante 2 **glossy magazine** revista de papel brilhante
**glove** [glʌv] *s.* luva
**glove box, glove com•part•ment** [ˈglʌv bɑks/kəmˌpɑrtmənt] *s.* porta-luvas
**glow** [gloʊ] *s.* brilho / *v.* 1 reluzir, brilhar 2 emitir luz 3 **to glow with health** esbanjar saúde 4 **to glow with pride/happiness** irradiar orgulho/felicidade
**glue** [glu] *s.* cola / *v.* [*ger* **gluing/glueing**] 1 colar (***to*** *em*) 2 **to be glued to sth** FAM não desgrudar de algo [TV etc.]
**glum** [glʌm] *adj.* [*comp* **glummer, glummest**] desanimado, baixo-astral
**glut•ton** [ˈglʌtn] *s.* comilão
**gm.** *abrev.* (= gram) g
**gnaw** [nɔ] *v.* roer
**gnome** [noʊm] *s.* gnomo
**go** [goʊ] *v.* [*ps, pp* **went, gone**] 1 ir: *I'm going home.* Vou para casa. | *How are things going?* Como vão as coisas? 2 ir embora: *We have to go soon.* Temos que ir embora daqui a pouco. 3 ficar: *He's going bald.* Ele está ficando careca. | *The silverware goes in the top drawer.* Os talheres ficam na primeira gaveta. 4 correr, andar [atividade]: *Everything went according to plan.* Tudo correu conforme o planejado. 5 funcionar: *The printer won't go.* A impressora não quer funcionar. 6 combinar (***with*** *com*): *I need a top to go with this skirt.* Preciso de uma blusa para combinar com essa saia. 7 acabar [bateria, pilha] 8 queimar [lâmpada, fusível] 9 fazer [falando de som, movimento]: *The engine went bang.* O motor fez um estouro. | *He went like this with his arm.* Ele fez assim com o braço. 10 tocar [telefone, sino]: *Just then, the doorbell went.* Naquele momento tocou a campainha. 11 **sb has ... to go (to do sth)** falta/faltam a alguém ... (para fazer algo): *I still have ten pages to go to finish the book.* Ainda me faltam dez páginas para terminar o livro. 12 **that goes for sth/ sb too** isso vale para algo/alguém também 13 **(there is/are ...) to go** falta/faltam ...: *There are two weeks to go to the wedding.* Faltam duas semanas para o casamento.

**14 the same goes for sth/sb** o mesmo vale para algo/alguém **15 to be going to do sth** ir fazer algo: *I'm going to buy a new computer.* Vou comprar um computador novo. | *It's going to rain any minute.* Vai chover a qualquer momento. **16 to get going** **a** ir indo: *We'd best get going.* É melhor a gente ir indo. **b** começar (***on*** *com*) **17 to get sth going** **a** fazer algo funcionar [máquina] **b** iniciar algo [conversa etc.] **18 to go** para viagem [comida]: *a chocolate milkshake to go* um milk-shake de chocolate para viagem **19 to go (and) do/see etc. sth** ir fazer/ver etc. algo **20 to go by sth** orientar-se por/seguir algo **21 to go for a walk/swim/run etc.** dar uma volta/um mergulho/uma corrida etc. **22 to go for sth/sb** **a** ir buscar algo/alguém **b** ir atrás de algo/alguém: *Go for it!* Vai à luta! **c** preferir algo/alguém **23 to go on a trip/a cruise/a guided tour etc.** fazer uma viagem/um cruzeiro/uma visita guiada etc. **24 to go shopping/swimming/skiing etc.** fazer compras/natação/esqui etc.

**go about** **1 to go about doing sth** fazer para fazer algo: *How do I go about extending my visa?* Como faço para prorrogar meu visto? **2 to go about your business** fazer o que tem que fazer

**go after: to go after sb/sth** ir/correr atrás de alguém/algo

**go against** **1 to go against sb** **a** ser contra alguém [decisão, voto] **b** contrariar alguém **2 to go against sth** ir de encontro a/contrariar algo

**go ahead** **1** ir na frente [antes dos outros] **2** ir em frente/adiante (***with*** *com*) **3 go ahead!** FAM **a** vai lá! [convidando] **b** pode falar!

**go along** **1** andar [carro etc.] **2 as you go along** conforme vai fazendo **3 to go along with sth/sb** concordar com algo/alguém

**go around** **1** girar **2** circular [boato etc.] **3 to go around doing sth** sair por aí fazendo algo **4 enough to go around** suficiente para todo mundo

**go away** **1** ir embora **2** viajar **3** passar [dor]

**go back** **1** voltar (***to*** *a/para*) **2 to go back for sth** voltar para pegar algo **3 to go back on sth** voltar atrás em algo [decisão, promessa] **4 to go back to sth** remontar a algo **5 there's no going back** não tem volta

**go by** passar

**go down** **1** descer **2** cair [preço, temperatura, avião, sistema] **3** decair **4** afundar [navio] **5** pôr-se [sol] **6 to go down well/badly** pegar bem/mal (***with*** *com*) **7 to go down with sth** BRIT FAM ficar com algo [doença]

**go in** **1** entrar **2 to go in for sth** **a** participar de algo [concurso] **b** gostar de algo

**go into** **1 to go into sth** entrar em algo [local, assunto, detalhes, ramo] **2 to go into (doing) sth** ser preciso para (fazer) algo: *A lot of hard work went into organizing the event.* Foi preciso muito empenho para organizar o evento.

**go off** **1** ir embora **2** explodir [bomba] **3** disparar [alarme, despertador, arma] **4** desligar, apagar **5** BRIT estragar [comida, leite] **6 to go off sth/sb** BRIT deixar de gostar de algo/alguém **7 to go off on sb** AM FAM brigar com alguém

**go on** **1** continuar **2** passar-se, acontecer: *What's going on?* O que está acontecendo? **3** durar: *The movie goes on for three hours.* O filme dura três horas. **4** ligar, acender **5 go on!** FAM vai!: *Go on, help yourself!* Vai, sirva-se! **6 to go on doing sth** continuar fazendo algo **7 to go on and on** **a** continuar sem parar **b** falar sem parar (***about*** *de*) **8 to go on to sth/to do sth** passar para algo/a fazer algo

**go out** **1** sair **2** apagar **3 to go out (with sb)** namorar (alguém)

**go over** **1 to go over sth** **a** passar por cima de algo **b** examinar algo **c** repassar algo **d** remoer algo **2 to go over well** AM agradar, pegar bem **3 to go over to sth** passar para algo

**go through** **1** ser aprovado **2 to go through sth** **a** passar por algo **b** revistar/vasculhar algo **c** gastar/consumir algo **d** repassar algo 3 **to go through with sth** ir em frente com/cumprir algo [plano, ameaça]

**go together** 1 ir juntos 2 encaixar-se [peças] 3 andar de mãos dadas [fatos]

**go up** 1 subir 2 aumentar 3 **to go up in flames** incendiar-se

**go without** 1 **to go without (sth)** passar/ficar sem (algo) 2 **it goes without saying (that ...)** desnecessário dizer (que ...) / *s.* [*pl* **goes**] 1 tentativa: *He got it first go.* Ele acertou na primeira tentativa. 2 vez [de jogar etc.]: *It's your go.* É a sua vez. 3 **at/in one go** de uma vez (só) 4 **on the go** FAM **a** na correria **b** em andamento 5 **to give sth a go** tentar algo 6 **to have a go** tentar 7 **to have a go at (doing) sth** tentar (fazer) algo 8 **to make a go of sth** FAM tocar em frente algo

**go-ahead** [ˈgoʊ eˌhɛd] *s.* **to give (sb)/get the go-ahead** dar (a alguém)/receber sinal verde

**goal** [goʊl] *s.* 1 gol 2 objetivo, meta 3 rede [do gol] 4 **to score a goal** fazer/marcar um gol

**goalie** [ˈgoʊli] *s.* FAM goleiro

**goal•keeper** [ˈgoʊlkipər] *s.* goleiro

**goal•post** [ˈgoʊlpoʊst] *s.* trave [do gol]

**goat** [goʊt] *s.* cabra

**goatee** [ˈgoʊti] *s.* cavanhaque

**gob•ble** [ˈgɑbəl] *v.* FAM (tb **gobble up, gobble down**) devorar

**go-cart**, BRIT: **go-kart** [ˈgoʊkɑrt] *s.* kart

**god** [gɑd] *s.* 1 deus 2 **God** Deus 3 **God forbid!** FAM Deus me livre! 4 **God (only) knows** FAM só Deus sabe: *God knows where my key's gone.* Só Deus sabe onde foi parar minha chave. 5 **for God's sake!** FAM pelo amor de Deus! 6 **(oh) (my) God!** FAM (ai) meu Deus!

**god•child** [ˈgɑdtʃaɪld] *s.* [*pl* **godchildren**] afilhado

**god•daughter** [ˈgɑdˌdɔtər] *s.* afilhada

**god•dess** [ˈgɑdɪs] *s.* deusa

**god•father** [ˈgɑdfɑðər] *s.* padrinho [de batismo]

**god•mother** [ˈgɑdmʌðər] *s.* madrinha

**god•parents** [ˈgɑdpɛrənts] *spl.* padrinhos

**god•send** [ˈgɑdsɛnd] *s.* bênção

**god•son** [ˈgɑdsʌn] *s.* afilhado

**gog•gles** [ˈgɑgəlz] *spl.* óculos [de natação/proteção]

**going** [ˈgoʊɪŋ] *s.* 1 **to be hard/heavy/slow etc. going** estar duro/difícil/demorado etc.: *It was tough going, but we managed to get to the top.* Foi puxado, mas conseguimos chegar lá em cima. 2 **when the going gets tough** quando a barra pesa 3 **while the going's good** FAM enquanto está bom / *adj.* 1 **a going concern** um negócio rentável 2 **the biggest/best etc. going** o maior/melhor etc. que tem 3 **the going rate** o preço de mercado (*for de*) 4 **to have a lot going for you/it** ter muito ao seu favor

**go-kart** [ˈgoʊkɑrt] *s.* BRIT kart

**gold** [goʊld] *s.* ouro: *a gold ring* um anel de ouro / *adj.* dourado

**gold•en** [ˈgoʊldən] *adj.* 1 de ouro: *a golden opportunity* uma oportunidade de ouro 2 dourado

**gold•fish** [ˈgoʊldfɪʃ] *s.* [*pl* **goldfish**] peixe dourado [de aquário]

**gold•mine** [ˈgoʊld maɪn] *s.* mina de ouro

**golf** [goʊlf] *s.* golfe

**golf club** [ˈgoʊlf klʌb] *s.* 1 taco de golfe 2 clube de golfe

**golf course** [ˈgoʊlf kɔrs] *s.* campo de golfe

**golf•er** [ˈgoʊlfər] *s.* golfista

**gone** [gɑn] *v.* ▸ *pp de* GO / *adj.* 1 **sb is gone** alguém se foi 2 **sth is gone** algo sumiu: *When I turned around, the bag was gone.* Quando me virei, a bolsa tinha sumido. / *prep.* BRIT FAM passado: *It's gone midnight.* Já passou da meia-noite.

**gong** [gɑŋ] *s.* gongo

**gon•na** [ˈgənə] *contr.* FAM ▸ = going to: *I'm gonna send you the pics.* Vou te mandar as fotos.

▸ Usa-se a forma ***gonna*** na linguagem coloquial falada. Escreve-se apenas quando se quer retratar a língua falada, p.ex., num diálogo escrito, na letra de uma música ou numa mensagem de texto a um amigo. Nesse sentido, é comparável com formas tais como *pra, pro* e *tô* em português.

**good** [gʊd] *adj.* [*comp* **better, best**] **1** bom: *Did you have a good trip?* Você fez boa viagem? | *Is Monday good for you?* Segunda-feira está bom para você? | *We waited a good while.* Esperamos um bom tempo. | *It's a good ten kilometers from here.* São uns bons dez quilômetros daqui. **2** válido (***for*** *para*): *Is this ticket also good for the subway?* Esse bilhete vale também para o metrô? **3** bonzinho [criança] **4** bondoso, legal (***to*** *com*): *It was good of you to come.* Foi legal você ter vindo. **5 good at (doing) sth** bom em (fazer) algo **6 good to go** AM FAM pronto **7 a good deal (of sth)** muito (algo): *a good deal cheaper* muito mais barato | *a good deal of time* muito tempo **8 a good many/few** bastantes **9 as good as** praticamente **10 as good as new** como novo **11 I'm good** AM FAM estou bem **12 (it's a) good thing/job (that) ...** ainda bem que ...: *It's a good thing you remembered.* Ainda bem que você lembrou. **13 the good thing is (that) ...** o bom é que ... **14 to be good** comportar-se [criança]: *Be good!* Juízo! **15 to be good for you** fazer bem à saúde / *s.* **1** bem: *for your own good* para o seu próprio bem **2** ver **goods 3 for good** para sempre, definitivamente **4 it's no good (doing sth)** não adianta (fazer algo) **5 to be no good/not much good** **a** não servir (***for*** *para*): *Tuesday's no good for me.* Terça não serve para mim. **b** não ser bom [filme, profissional etc.]: *Is your dentist any good?* O seu dentista é bom? **c** não prestar **6 to be no good at (doing) sth** ser péssimo em (fazer) algo **7 to do sb good** fazer bem a alguém / *interj.* muito bem: *"Here comes the bus." - "Oh, good."* "Lá vem o ônibus." - "Ah, muito bem."

**good•bye** [gʊdˈbaɪ] *interj.* tchau, até logo / *s.* **1** despedida **2 to say goodbye** despedir-se (***to*** *de*)

**Good Fri•day** [gʊd ˈfraɪdeɪ] *s.* Sexta-feira Santa

**good guy** [ˈgʊd gaɪ] *s.* mocinho [em filme]

**good-humored**, BRIT: **good-humoured** [gʊdˈhjumərd] *adj.* bem-humorado

**good-looking** [gʊd ˈlʊkɪŋ] *adj.* bonito

**good looks** [gʊd ˈlʊks] *spl.* beleza [do rosto]

**good-natured** [gʊdˈneɪtʃərd] *adj.* **1** afável **2** bem-humorado

**good•ness** [ˈgʊdnəs] *s.* **1** bondade **2 goodness (only) knows** FAM sei lá, Deus sabe **3 for goodness' sake** FAM pelo amor de Deus **4 my goodness/goodness me!** FAM nossa!

**good night** [gʊdˈnaɪt] *interj.* boa noite / *s.* **1 to kiss sb good night/give sb a good night kiss** dar um beijo de boa-noite em alguém **2 to say good night (to sb)** dar boa-noite (a alguém)

▸ Usa-se a expressão ***good night*** apenas para se despedir no final da noite ou na hora de dormir. Para cumprimentar alguém no decorrer da noite, diz-se ***good evening.***

**goods** [gʊdz] *spl.* **1** mercadoria(s) **2** bens **3 to come up with/deliver the goods** FAM dar conta do recado

**good•will** [gʊdˈwɪl] *s.* boa vontade: *a goodwill gesture* um gesto de boa vontade

**goo•ey** [ˈgui] *adj.* [*comp* **gooier, gooiest**] FAM **1** molengo **2** babão [por amor]

**goof** [guf] *v.* AM FAM (tb **goof up**) atrapalhar-se (com)

**goof off** vadiar

**google** [ˈgugəl] *v.* jogar/pesquisar no Google®

**goose** [gus] *s.* [*pl* **geese**] ganso

**goose•berry** [ˈgusbɛri] *s.* [*pl* **gooseberries**] **1** groselha verde [fruta] **2 to be a/play gooseberry** FAM segurar vela

**goose bumps, goose pim•ples** [ˈgus bʌmps/ˌpɪmpəlz] *spl.* **1 to get/have goose bumps** ficar/estar arrepiado **2 to give sb goose bumps** deixar alguém arrepiado

**gorge** [gɔrdʒ] *s.* desfiladeiro / *v.* **to gorge yourself** empanturrar-se (***on*** *de*)

**gor•geous** [ˈgɔrdʒəs] *adj.* lindo

**go•ril•la** [gəˈrɪlə] *s.* gorila

**gory** [ˈgɔri] *adj.* [*comp* **gorier, goriest**] **1** sangrento, violento [filme, cena] **2 the gory details** os detalhes escabrosos

**gosh** [ˈgɑʃ] *interj.* FAM poxa, nossa

**gos•pel** [ˈgɑspəl] *s.* **1** evangelho **2** (tb **gospel music**) música gospel

**gos•sip** [ˈgɑsɪp] *s.* **1** fofocas: *a piece of gossip* uma fofoca **2** fofoqueiro **3** bate-papo / *v.* fofocar (***about*** *sobre*)

**gos•sip col•umn** [ˈgɑsɪp ˌkɑləm] *s.* crônica social [em jornal]

**got** [gɑt] *v.* **1** ▸ *ps de* GET **2** BRIT ▸ *pp de* GET

**Goth** [gɑθ] *s, adj.* gótico

**Goth•ic** [ˈgɑθɪk] *adj.* gótico

**got•ta** [ˈgɑtə] *contr.* FAM ▸ = got to: *I gotta go.* Tenho que ir.

▸ Usa-se a forma ***gotta*** na linguagem coloquial falada. Escreve-se apenas quando se quer retratar a língua falada, p.ex., num diálogo escrito, na letra de uma música ou numa mensagem de texto a um amigo. Nesse sentido, é comparável com formas tais como *pra*, *pro* e *tô* em português.

**got•ten** [ˈgɑtn] *v.* AM ▸ *pp de* GET

**gouge** [gaʊdʒ] *v.* escavar (***out of*** *em*)

**gouge out: to gouge sb's eyes out** arrancar os olhos de alguém

**gov•ern** [ˈgʌvərn] *v.* governar

**gov•ern•ment** [ˈgʌvərmənt] *s.* governo

**gov•er•nor** [ˈgʌvərnər] *s.* **1** governador **2** BRIT administrador [de instituição]

**gown** [gaʊn] *s.* **1** vestido: *a wedding gown* um vestido de noiva **2** toga [de juiz] **3** beca [de professor etc.] **4** robe **5** bata [de hospital]

**G.P.**, BRIT: **GP** [dʒiˈpi] *s.* (= general practitioner) clínico geral

**GPA** [dʒipiˈeɪ] *s.* AM (= grade point average) média geral de notas

**grab** [græb] *v.* [-**bb**-] **1** agarrar **2** FAM tomar/comer rapidinho: *Let's grab a bite to eat before the movie.* Vamos fazer uma boquinha rapidinha antes do filme. **3 to grab at sth/sb** tentar agarrar algo/alguém

**grace** [greɪs] *s.* **1** graça [dos movimentos, de Deus] **2** (tb **grace period**) colher de chá [tempo extra]: *The teacher gave us a week's grace to turn in the assignment.* O professor nos deu uma semana de colher de chá para entregarmos o trabalho. **3 to have the (good) grace to do sth** ter a decência de fazer algo **4 social graces** bons modos **5 to say grace** dar graças [antes de comer] **6 with good/bad grace** de bom/mau grado

**grace•ful** [ˈgreɪsfəl] *adj.* gracioso

**gra•cious** [ˈgreɪʃəs] *adj.* **1** amável, gentil **2** fino, refinado

**grad** [græd] *s.* AM FAM graduado

**grade** [greɪd] *s.* **1** AM nota **2** AM série, ano [escolar]: *Tom's in sixth grade.* O Tom está na sexta série. **3** escalão [de cargo] **4** qualidade [de produto] **5** AM aclive, declive **6 to make the grade** chegar lá [ter sucesso] / *v.* **1** AM corrigir [dando nota] **2** classificar [produtos etc.]

**grade cros•sing** [ˈgreɪdˌkrɔsɪŋ] *s.* AM passagem de nível

**grade point av•er•age** [ˈgreɪd pɔɪntˌævrɪdʒ] *s.* AM média geral de notas

**grade school** [ˈgreɪd skul] *s.* AM escola primária

**gra•di•ent** [ˈgreɪdiənt] *s.* aclive, declive

**grad school** [ˈgræd skul] AM FAM **1** curso de pós-graduação **2 to go to grad school** fazer pós-graduação

**grad•ual** [ˈgrædʒuəl] *adj.* gradual, gradativo

**gradu•al•ly** [ˈgrædʒuəli] *adv.* gradualmente, gradativamente

**gradu•ate** *s.* [ˈgrædʒuət] **1** graduado (***in*** *em*) **2 high-school graduate** AM pessoa com o ensino médio completo / *v.* [ˈgrædʒueɪt] **1** formar-se (***from*** *em/por*, ***in*** *em*) **2 to graduate (from sth) to sth** progredir (de algo) para algo

**gradua•tion** [grædʒuˈeɪʃən] *s.* formatura

**graf•fi•ti** [grəˈfiti] *s.* **1** pichações: *a piece of graffiti* uma pichação | *The building is covered in graffiti.* O prédio está todo pichado. **2** grafite: *a graffiti artist* um grafiteiro

**graft** [græft] *s.* 1 enxerto: *a skin graft* um enxerto de pele 2 AM corrupção / *v.* enxertar (***onto*** *em*)

**grain** [greɪn] *s.* 1 cereais 2 grão [de areia, arroz etc.] 3 pingo [de verdade, bom-senso] 4 veio [em madeira] 5 **to go against the grain** não combinar comigo/com ele etc.: *It goes against the grain to lie.* Mentir não combina comigo.

**gram** [græm] *s.* grama [unidade de peso]

**gram•mar** [ˈgræmər] *s.* gramática: *a grammar book* um livro de gramática

**gram•mati•cal** [grəˈmætɪkəl] *adj.* gramatical

**gran** [græn] *s.* BRIT FAM vó

**grand** [grænd] *adj.* 1 grandioso 2 **grand total** total geral

**gran•dad** [ˈgrændæd] *s.* BRIT FAM (tb **granddad**) vô

**grand•child** [ˈgræntʃaɪld] *s.* [*pl* **grandchildren**] neto

**grand•daughter** [ˈgrændɔtər] *s.* neta

**gran•deur** [ˈgrændʒər] *s.* grandiosidade

**grand•father** [ˈgrænfɑðər] *s.* avô

**grand•ma** [ˈgrænmɑ] *s.* FAM vó

**grand•mother** [ˈgrænmʌðər] *s.* avó

**grand•pa** [ˈgrænpɑ] *s.* FAM vô

**grand•parents** [ˈgrænpɛrənts] *spl.* avós

**grand piano** [grænd piˈænoʊ] *s.* piano de cauda

**Grand Prix** [grɑnˈpri] *s.* Grande Prêmio [de F1]

**grand•son** [ˈgrænsʌn] *s.* neto [homem]

**grand•stand** [ˈgrændstænd] *s.* arquibancada

**gran•ite** [ˈgrænɪt] *s.* granito

**gran•ny** [ˈgræni] *s.* [*pl* **grannies**] vovó

**grant** [grænt] *v.* 1 **to grant sb sth/sth to sb** conceder algo a alguém 2 **to take it for granted (that) …** dar por certo que … 3 **to take sth/sb for granted** não dar valor a algo/alguém / *s.* subsídio

**grape** [greɪp] *s.* uva: *a bunch of grapes* um cacho de uvas

**grape•fruit** [ˈgreɪpfrut] *s.* grapefruit, toranja

**grape•vine** [ˈgreɪpvaɪn] *s.* 1 parreira 2 **to hear through/on the grapevine (that) …** ouvir dizer que …

**graph** [græf] *s.* gráfico [diagrama]

**graph•ic** [ˈgræfɪk] *adj.* 1 gráfico: *graphic design* design gráfico 2 minucioso, detalhado [relato, descrição]: *in graphic detail* em detalhes minuciosos 3 forte [cena, imagem] / **graphics** *spl.* gráficos [na tela]

**graph paper** [ˈgræf ˌpeɪpər] *s.* papel quadriculado

**grap•ple** [ˈgræpəl] *v.* 1 engalfinhar-se (***with*** *com*) 2 **to grapple with sth** estar às voltas com algo [problema etc.]

**grasp** [græsp] *v.* 1 agarrar 2 compreender 3 **to grasp at sth** tentar agarrar algo / *s.* 1 compreensão, domínio (***of*** *de*): *You have to have a thorough grasp of the language.* É preciso ter pleno domínio do idioma. 2 **beyond/within sb's grasp** fora do/ao alcance de alguém 3 **to slip from sb's grasp** escapar da mão de alguém 4 **to tighten your grasp on sth** segurar algo mais forte

**grass** [græs] *s.* 1 grama [planta] 2 FAM erva, maconha

**grass•hopper** [ˈgræshɑpər] *s.* gafanhoto [pequeno]

**grass•land** [ˈgræslænd] *s.* campina, prado

**grass roots** [græsˈruts] *spl.* base [de partido, organização]: *at grass roots level* nas bases

**grate** [greɪt] *v.* 1 ralar [queijo, cenoura etc.] 2 irritar 3 **to grate on sb('s nerves)** irritar alguém / *s.* grade

**grate•ful** [ˈgreɪtfəl] *adj.* 1 agradecido, grato (***for*** *por*, ***to*** *a*) 2 **to be grateful for sth** agradecer algo: *I'd be grateful for your help.* Eu agradeceria a sua ajuda.

**grat•er** [ˈgreɪtər] *s.* ralador

**gratify•ing** [ˈgrætəfaɪɪŋ] *adj.* gratificante

**grati•tude** [ˈgrætətud] *s.* gratidão (***for*** *por*, ***to/toward*** *a*)

**gra•tui•tous** [grəˈtuətəs] *adj.* gratuito [violência]

**gra•tu•ity** [grəˈtuəti] *s.* [*pl* **gratuities**] FORM gratificação [caixinha]

**grave** [greɪv] *s.* 1 túmulo 2 cova / *adj.* sério
**grav•el** [ˈgrævəl] *s.* cascalho
**grave•stone** [ˈgreɪvstoʊn] *s.* lápide
**grave•yard** [ˈgreɪvjɑrd] *s.* cemitério
**grave•yard shift** [ˈgreɪvjɑrd ʃɪft] *s.* AM turno da madrugada
**grav•ity** [ˈgrævəti] *s.* 1 gravidade 2 seriedade
**gra•vy** [ˈgreɪvi] *s.* molho [feito do caldo da carne assada]
**gray**, BRIT: **grey** [greɪ] *adj.* 1 cinza, cinzento 2 grisalho 3 sombrio, encoberto [tempo, dia] 4 **a gray hair** um cabelo branco 5 **to go gray** ficar grisalho / *s.* cinza [cor]
**graze** [greɪz] *v.* 1 esfolar [joelho etc.] 2 pastar 3 atingir de raspão / *s.* arranhão, escoriação
**grease** [gris] *s.* 1 graxa 2 gordura / *v.* 1 lubrificar 2 untar
**greasy** [ˈgrisi] *adj.* [*comp* **greasier, greasiest**] 1 gorduroso 2 engordurado 3 oleoso [cabelo] 4 seboso
**great** [greɪt] *adj.* [*comp* **greater, greatest**] 1 grande 2 FAM ótimo 3 **great big** FAM imenso: *a great big dog* um cachorro imenso 4 **a great deal (of sth)** muito (algo) 5 **to have a great time** divertir-se muito
**great-grandchild** [greɪtˈgræntʃaɪld] *s.* [*pl* **great-grandchildren**] bisneto
**great-granddaughter** [greɪtˈgrændɔtər] *s.* bisneta
**great-grandfather** [greɪtˈgrænfɑðər] *s.* bisavô
**great-grandmother** [greɪtˈgrænmʌðər] *s.* bisavó
**great-grandparents** [greɪtˈgrænpɛrənts] *spl.* bisavós
**great-grandson** [greɪtˈgrænsʌn] *s.* bisneto [homem]
**great•ly** [ˈgreɪtli] *adv.* muito, enormemente
**great•ness** [ˈgreɪtnəs] *s.* grandeza
**Greece** [gris] *s.* Grécia
**greed** [grid] *s.* 1 gula 2 ganância
**greedy** [ˈgridi] *adj.* [*comp* **greedier, greediest**] 1 guloso 2 ganancioso
**Greek** [grik] *adj, s.* grego
**green** [grin] *adj.* [*comp* **greener, greenest**] 1 verde 2 ecológico 3 FAM inexperiente 4 **green with envy** morrendo de inveja / *s.* 1 verde 2 área verde 3 green [em golfe] 4 **greens** verduras
**green card** [grinˈkɑrd] *s.* visto permanente para residência nos EUA
**green•ery** [ˈgrinəri] *s.* folhagem
**green•grocer** [ˈgringroʊsər] *s.* BRIT 1 quitandeiro 2 **greengrocer's** quitanda
**green•house** [ˈgrinhaʊs] *s.* estufa
**green•house ef•fect** [ˈgrinhaʊs ɪˌfɛkt] *s.* efeito estufa
**green•house gas** [ˈgrinhaʊs gæs] *s.* gás de efeito estufa
**greet** [grit] *v.* 1 cumprimentar, saudar 2 **to be greeted with/by sth** ser recebido com algo
**greet•ing** [ˈgritɪŋ] *s.* 1 cumprimento 2 **birthday/Christmas etc. greetings** votos de Feliz Aniversário/Natal etc.
**gre•nade** [grəˈneɪd] *s.* granada
**grew** [gru] *v.* ▸ *ps de* GROW
**grey** [greɪ] *adj, s.* BRIT ver **gray**
**grey•hound** [ˈgreɪhaʊnd] *s.* galgo
**grid** [grɪd] *s.* 1 grade 2 (tb **grid pattern**) quadriculado [de ruas etc.] 3 rede elétrica 4 grid: *the starting grid* o grid de largada
**grid•lock** [ˈgrɪdlɑk] *s.* paralisação total do trânsito
**grief** [grif] *s.* 1 dor [pela morte de alguém] 2 FAM aborrecimento, dor de cabeça 3 **to come to grief** dar-se mal 4 **to give sb grief** FAM pegar no pé de alguém
**griev•ance** [ˈgrivəns] *s.* 1 (motivo de) queixa (***against*** *contra*) 2 ressentimento (***against*** *contra*) 3 **to air your grievances** dar vazão às suas queixas
**grieve** [griv] *v.* 1 estar/ficar de luto 2 **to grieve for sb** sofrer pela morte de alguém
**grill** [grɪl] *s.* 1 grelha 2 grade / *v.* 1 grelhar 2 interrogar (***about/on*** *sobre*)
**grille** [grɪl] *s.* grade
**grim** [grɪm] *adj.* [*comp* **grimmer, grimmest**] 1 sombrio [futuro, perspectiva] 2 severo [tom,

cara] 3 FAM podre [de saúde] 4 BRIT FAM horrível 5 **grim determination** uma inabalável determinação

**gri•mace** [ˈgrɪməs] *v.* fazer careta / *s.* careta [de dor, nojo]

**grime** [graɪm] *s.* sujeira

**grimy** [ˈgraɪmi] *adj.* [*comp* **grimier, grimiest**] encardido, sujo

**grin** [grɪn] *v.* [**-nn-**] 1 dar um sorriso largo (***at*** *para*) 2 **to grin and bear it** aguentar / *s.* sorriso largo

**grind** [graɪnd] *v.* [*ps e pp* **ground**] 1 (tb **grind up**) moer: *freshly ground pepper* pimenta moída na hora 2 amolar, afiar [faca] 3 **to grind sth into sth** esmagar algo em algo 4 **to grind to a halt** parar, ficar parado 5 **to grind your teeth** ranger os dentes **grind down: to grind sth down** triturar algo / *s.* 1 sacrifício [coisa penosa] 2 AM FAM cê-dê-efe 3 **the daily grind** a lida diária

**grip** [grɪp] *s.* 1 mão apertada (***on*** *em*) 2 aderência 3 **to come/get to grips with sth** aprender a lidar com algo 4 **to loosen your grip (on sth)** soltar (algo) 5 **to tighten your grip on sth** apertar/agarrar algo com mais força / *v.* [**-pp-**] 1 segurar, segurar-se a 2 tomar (conta de): *gripped by fear* tomado por medo 3 prender (a atenção de): *a movie that grips you* um filme que prende 4 aderir a [superfície]

**grip•ping** [ˈgrɪpɪŋ] *adj.* envolvente

**gris•ly** [ˈgrɪzli] *adj.* horripilante

**gris•tle** [ˈgrɪsəl] *s.* cartilagem [em carne]

**grit** [grɪt] *s.* 1 saibro, areia 2 garra [qualidade] / *v.* 1 espalhar areia em [estrada nevada] 2 **to grit your teeth** aguentar firme

**griz•zly bear** [ˌgrɪzliˈbɛr] *s.* urso pardo

**groan** [groʊn] *v.* 1 gemer 2 chiar, bufar / *s.* gemido

**gro•cer** [ˈgroʊsər] *s.* 1 dono de mercearia 2 **grocer's** BRIT mercearia

**gro•cery** [ˈgroʊsəri] *s.* [*pl* **groceries**] 1 AM (tb **grocery store**) supermercado 2 **groceries** ⓐ alimentos ⓑ compras [de supermercado]

**gro•cery cart** [ˈgroʊsəri kɑrt] *s.* AM carrinho de supermercado

**gro•cery store** [ˈgroʊsəri stɔr] *s.* AM supermercado

**grog•gy** [ˈgrɑgi] *adj.* [*comp* **groggier, groggiest**] grogue, zonzo

**groin** [grɔɪn] *s.* virilha

**groom** [grum] *v.* 1 tratar de [cavalo] 2 **to groom sb for sth/to do sth** preparar alguém para algo/para fazer algo / *s.* 1 noivo [no casamento] 2 cavalariço

**groove** [gruv] *s.* 1 ranhura, encaixe 2 sulco

**grope** [groʊp] *v.* 1 FAM bolinar [pessoa] 2 **to grope around** tatear 3 **to grope for sth** procurar tateando algo 4 **to grope your way** andar/ir tateando

**gross** [groʊs] *adj.* 1 bruto [salário, peso] 2 FAM nojento: *Oh, gross!* Ai que nojo! 3 grave [negligência, má conduta] / *v.* **gross out: to gross sb out** AM FAM dar nojo em alguém

**gross•ly** *adv.* extremamente

**gro•tesque** [groʊˈtɛsk] *adj.* grotesco

**grouchy** [ˈgraʊtʃi] *adj.* [*ps, pp* **grouchier, grouchiest**] FAM rabugento, irritadiço

**ground** [graʊnd] *s.* 1 chão 2 solo, terra: *below ground* embaixo da terra 3 terreno 4 AM (fio) terra 5 BRIT estádio, campo 6 **grounds** ⓐ terreno [de mansão etc.] ⓑ motivo (***for*** *para*) ⓒ borra [de café] 7 **on grounds of sth** por motivos de algo: *on health grounds* por motivos de saúde 8 **on the grounds that** pelo motivo que 9 **to gain/lose ground** ganhar/perder terreno (***to*** *para*) 10 **to get off the ground** deslanchar 11 **to hold/stand your ground** não arredar pé / *v.* 1 FAM pôr de castigo [com proibição de sair] 2 reter em solo [avião] 3 encalhar [navio] / *v.* ▸ *pp de* GRIND / *adj.* moído: *ground beef* carne moída

**ground floor** [graʊnd ˈflɔr] BRIT *s.* andar térreo / **ground-floor** *adj.* térreo [apartamento]

**ground•ing** [ˈgraʊndɪŋ] *s.* base [de conhecimento] (***in*** *em*)

**ground•less** [ˈgraʊndləs] *adj.* infundado, sem fundamento

**group** [grup] *s.* grupo / *v.* 1 (tb **group together**) agrupar(-se) 2 classificar

**grove** [groʊv] *s.* 1 pequeno bosque 2 **orange/coconut etc. grove** laranjal/coqueiral etc.

**grov•el** [ˈgrɑvəl] *v.* rastejar-se (***to*** *aos pés de*) ▸ *Am:* ***groveling, groveled*** *Brit:* ***grovelling, grovelled***

**grow** *v.* [*ps, pp* **grew, grown**] 1 crescer 2 aumentar 3 plantar, cultivar 4 ficar, tornar-se: *as you grow older* à medida que você vai envelhecendo 5 **to grow a beard/a mustache** deixar a barba/o bigode crescer 6 **to grow in size/popularity etc.** ganhar tamanho/popularidade etc. 7 **sth grows on sb** alguém passa a gostar de algo com o tempo

**grow into: to grow into sth** a transformar-se em algo [com o tempo] b crescer e poder usar algo [roupa]

**grow out of: to grow out of sth** a ▸ não poder mais usar por ter crescido: *I've grown out of these jeans.* Esse jeans ficou pequeno para mim. b ultrapassar/superar algo [com a idade] c ter sua origem em algo

**grow up** 1 crescer [tornar-se adulto] 2 ser criado: *He grew up in Bahia.* Ele foi criado na Bahia.

**grow•er** [ˈgroʊər] *s.* plantador, produtor [de cultivo]: *orange growers* produtores de laranja

**grow•ing** [ˈgroʊɪŋ] *adj.* 1 crescente, cada vez maior/mais 2 em fase de crescimento

**growl** [graʊl] *v.* rosnar (***at*** *para*) / *s.* rosnado

**grown** [groʊn] *adj.* 1 crescido, adulto 2 **a grown man/woman** um homem feito/uma mulher feita

**grown-up** *adj.* [groʊnˈʌp] adulto / *s.* [ˈgroʊnʌp] adulto

**growth** [groʊθ] *s.* 1 crescimento (***in/of*** *de*) 2 tumor

**grub** [grʌb] *s.* 1 larva [de inseto] 2 FAM rango, gororoba

**grub•by** [ˈgrʌbi] *adj.* [*comp* **grubbier, grubbiest**] sujo, encardido

**grudge** [grʌdʒ] *s.* 1 rancor 2 **to bear/harbour/hold a grudge** guardar rancor (***against*** *de*) 3 **to have a grudge against sb** ter ódio de alguém / *v.* 1 queixar-se de 2 dar de má vontade 3 invejar 4 **to grudge doing sth** fazer algo a contragosto 5 **to grudge sb sth** ter ódio por alguém ter algo

**grudg•ingly** [ˈgrʌdʒɪŋli] *adv.* de má vontade, a contragosto

**gru•el•ing**, BRIT: **gru•el•ling** [ˈgruəlɪŋ] *adj.* estafante, extenuante

**grue•some** [ˈgrusəm] *adj.* horripilante

**gruff** [grʌf] *adj.* áspero, rude [tom, pessoa]

**grumble** [ˈgrʌmbəl] *v.* resmungar (***about/at*** *por causa de*) / *s.* resmungo

**grumpy** [ˈgrʌmpi] *adj.* [*comp* **grumpier, grumpiest**] rabugento, mal-humorado

**grunt** [grʌnt] *v.* grunhir / *s.* grunhido

**guar•an•tee** [gærənˈti] *s.* 1 garantia 2 **under guarantee** na garantia [produto] / *v.* garantir

**guard** [gɑrd] *s.* 1 vigia 2 sentinela 3 guarda [grupo] 4 protetor [dispositivo] 5 **on your guard** prevenido (***against*** *contra*) 6 **to be on guard** estar de guarda 7 **to catch sb off guard** pegar alguém desprevenido 8 **to keep/stand guard (over sb/sth)** vigiar (alguém/algo) 9 **under guard** vigiado: *under police guard* vigiado por policiais / *v.* 1 vigiar 2 guardar: *a closely guarded secret* um segredo guardado a sete chaves 3 **to guard against (doing) sth** evitar (de fazer) algo

**guard•ed** [ˈgɑrdɪd] *adj.* cauteloso

**guard•ian** [ˈgɑrdiən] *s.* 1 tutor [de criança] 2 guardião

**guard•ian an•gel** [ˌgɑrdiən ˈeɪndʒəl] *s.* anjo da guarda

**Gua•te•mala** [gwɑtəˈmɑlə] *s.* Guatemala

**Gua•te•malan** [gwɑtəˈmɑlən] *adj, s.* guatemalteco

**gua•va** [ˈgwɑvə] *s.* goiaba

**guer•ril•la** [gəˌrɪlə] *s.* 1 guerrilheiro 2 **guerrilla war/warfare** guerrilha

**guess** [gɛs] *v.* 1 adivinhar, chutar 2 imaginar, sacar (***from*** *de*) 3 **guess what!** FAM você não sabe da maior! 4 **I guess** FAM **a** ▸ introduz uma suposição, correspondendo ao uso do verbo *dever* em português: *I guess you're right.* Você deve ter razão. | *I guess you think you're really smart, don't you?* Você deve se achar muito esperto, não é? **b** ▸ usa-se quando se aceita algo com relutância: *I guess he can come with us.* Ele pode ir com a gente, vai. 5 **I guess not** acho que não 6 **I guess so** FAM **a** acho que sim **b** tudo bem, vai [aceitando com relutância] 7 **to guess at sth** conjeturar sobre algo 8 **to guess (sth) right/wrong** acertar/errar algo [adivinhando] 9 **to keep sb guessing** fazer suspense com alguém 10 **you'll never guess who/what etc.** FAM você não sabe quem/o que etc. / *s.* 1 chute, palpite: *an educated guess* um palpite fundamentado 2 **sth is anybody's guess** algo, ninguém sabe: *Where they are now is anybody's guess.* Onde eles estão agora, ninguém sabe. 3 **to take/have a guess** tentar adivinhar, dar um chute

**guess•work** [ˈgɛswɜrk] *s.* adivinhação

**guest** [gɛst] *s.* 1 visita [pessoa] 2 hóspede 3 convidado

**guest•house** [ˈgɛsthaʊs] *s.* 1 pensão 2 AM casa de hóspedes

**guid•ance** [ˈgaɪdəns] *s.* orientação (***on*** *sobre*): *careers guidance* orientação vocacional

**guide** [gaɪd] *s.* 1 guia (***to*** *de*) 2 **(Girl) Guide** BRIT bandeirante [garota] / *v.* 1 conduzir [pessoa]: *The waiter guided us to the table.* O garçom nos conduziu até a mesa. 2 orientar

**guide•book** [ˈgaɪdbʊk] *s.* guia [livro]

**guide•line** [ˈgaɪdlaɪn] *s.* 1 diretriz 2 dica

**guilt** [gɪlt] *s.* (sentimento de) culpa (***about/at/over*** *por*)

**guilty** [ˈgɪlti] *adj.* [*comp* **guiltier, guiltiest**] 1 culpado (***about*** *por*, ***of*** *de*) 2 **to find sb guilty/not guilty** declarar alguém culpado/inocente (***of*** *de*) 3 **to have a guilty conscience** estar com a consciência pesada 4 **to plead guilty/not guilty** declarar-se culpado/inocente (***to*** *de*)

**guinea pig** [ˈgɪni pɪg] *s.* 1 porquinho-da-índia 2 cobaia

**gui•tar** [gɪˈtɑr] *s.* 1 violão 2 (tb **electric guitar**) guitarra

**gui•tar•ist** [gɪˈtɑrɪst] *s.* 1 violonista 2 guitarrista

**gulf** [gʌlf] *s.* 1 golfo 2 fosso [entre grupos diferentes] 3 **the Gulf** o golfo Pérsico

**gull** [gʌl] *s.* gaivota

**gul•lible** [ˈgʌləbəl] *adj.* crédulo, trouxa

**gulp** [gʌlp] *v.* 1 (tb **gulp down**) tragar, engolir [rápido] 2 engolir em seco / *s.* 1 gole 2 **in one gulp** de uma vez só

**gum** [gʌm] *s.* 1 gengiva 2 chiclete

**gun** [gʌn] *s.* 1 arma (de fogo): *a gun battle* um tiroteio | *gun control* o controle de armas 2 canhão 3 pistola [de tinta etc.] 4 **the gun** o tiro de partida [em corrida] 5 **to pull a gun** sacar uma arma (***on*** *para*) / *v.* [-**nn**-] **gun down: to gun sb down** balear alguém

**gun•fight** [ˈgʌnfaɪt] *s.* tiroteio

**gun•fire** [ˈgʌnfaɪr] *s.* tiros

**gunk** [gʌŋk] *s.* AM FAM meleca [substância qualquer]

**gun•man** [ˈgʌnmən] *s.* [*pl* **gunmen**] 1 atirador 2 pistoleiro

**gun•point** [ˈgʌnpɔɪnt] *s.* **at gunpoint** sob a mira de uma arma

**gun•powder** [ˈgʌnpaʊdər] *s.* pólvora

**gun•shot** [ˈgʌnʃɑt] *s.* 1 tiro, disparo 2 **gunshot wound** ferimento à bala

**gur•gle** [ˈgɜrgəl] *v.* 1 gorgolejar 2 fazer gugu-dadá [bebê]

**gush** [gʌʃ] *v.* (tb **gush out**) jorrar (***from*** *de*)

**gust** [gʌst] *s.* rajada [de vento]

**gut** [gʌt] *s.* 1 intestino 2 FAM barriga, pança: *a beer gut* uma barriga de chope 3 **guts a** FAM coragem **b** entranhas, vísceras 4 **to have the guts to do sth** ter coragem de fazer algo / *v.* [-**tt**-] 1 limpar [peixe] 2 destruir o interior de: *The house was gutted by fire.* O interior da casa foi destruído por um incêndio.

**gut feel•ing** [gʌt'filɪŋ] *s.* FAM intuição
**gut re•ac•tion** [gʌt rɪ'ækʃən] *s.* FAM reação instintiva
**gut•ter** ['gʌtər] *s.* **1** sarjeta **2** calha
**guy** [gaɪ] *s.* FAM **1** cara, sujeito **2 guys** pessoal [tratamento]: *Hi, guys!* Oi, pessoal! **3 the guys** **a** o pessoal: *the guys from my English course* o pessoal do meu curso de inglês **b** a rapaziada **4 you guys** vocês
**guz•zle** ['gʌzəl] *v.* FAM **1** beber/comer horrores de **2 to guzzle gas** gastar horrores de gasolina
**gym** [dʒɪm] *s.* **1** academia **2** sala de ginástica **3 to go to the gym** fazer academia, malhar
**gym•na•sium** [dʒɪm'neɪziəm] *s.* [*pl* **gymnasiums/gymnasia**] **1** sala de ginástica **2** ginásio esportivo
**gymnast** ['dʒɪmnæst] *s.* ginasta
**gym•nas•tics** [dʒɪm'naestiks] *s.* ginástica olímpica
**gy•ne•colo•gist**, BRIT: **gy•nae•colo•gist** [gaɪnə'kɑlədʒɪst] *s.* ginecologista
**gyp•sy** ['dʒɪpsi] *s.* [*pl* **gypsies**] cigano

# H

**H, h** [eɪtʃ] *s.* H, h

**hab•it** [ˈhæbɪt] *s.* **1** hábito, costume **2** vício: *a drug habit* um vício em drogas **3 out of/from habit** por força de hábito **4 to break/kick the habit** largar o vício **5 to get into the habit of doing sth** criar o hábito de fazer algo **6 to have a habit of doing sth** **a** ter o hábito de fazer algo **b** costumar fazer algo

**ha•bitu•al** [həˈbɪtʃuəl] *adj.* contumaz [infrator]

**hack** [hæk] *v.* **1 to hack (into) sth** hackear algo **2 to hack sb to death** matar alguém a machadadas/facãozadas **3 to hack your way through sth** abrir caminho por algo com facão

**hack off: to hack sth off** cortar algo fora [com facão/machado]

**hack•er** [ˈhækər] *s.* hacker

**hack•neyed** [ˈhæknɪd] *adj.* batido [chavão, frase]

**hack•saw** [ˈhæksɔ] *s.* serra tico-tico

**had** [hæd] *v.* ▸ *ps e pp de* HAVE

**hadn't** [ˈhædnt] *contr.* ▸ = HAD NOT

**hag•gard** [ˈhægərd] *adj.* abatido [rosto, pessoa]

**hag•gle** [ˈhægəl] *v.* **to haggle (over the price)** regatear (o preço)

**hail** [heɪl] *s.* **1** granizo, chuva de pedra **2 a hail of sth** uma saraivada de algo / *v.* **1** chover granizo/pedra **2 to hail a cab/taxi** chamar um táxi [na rua] **3 to hail sb/sth as sth** aclamar alguém/algo como algo

**hail•stone** [ˈheɪlstoʊn] *s.* pedra de granizo

**hail•storm** [ˈheɪlstɔrm] *s.* chuva de pedra

**hair** [hɛr] *s.* **1** cabelo **2** pelo **3 fair-haired/long-haired etc.** de cabelo louro/comprido etc. **4 to do/fix your hair** pentear o cabelo **5 to get/have your hair cut** cortar o cabelo [no cabeleireiro] **6 to let your hair down** FAM soltar-se [pessoa] **7 to tear your hair (out)** descabelar-se

**hair•brush** [ˈhɛrbrʌʃ] *s.* escova de cabelo

**hair•cut** [ˈhɛrkʌt] *s.* **1** corte de cabelo **2 to get/have a haircut** cortar o cabelo

**hair•do** [ˈhɛrdu] *s.* FAM penteado

**hair•dresser** [ˈhɛrdrɛsər] *s.* **1** cabeleireiro **2 hairdresser's** BRIT cabeleireiro [salão]

**hair•dryer** [ˈhɛrdraɪər] *s.* secador de cabelo

**hair•pin** [ˈhɛrpɪn] *s.* grampo [de cabelo]

**hair•pin bend** [ˌhɛrpɪnˈbɛnd] *s.* curva fechada

**hair-raising** [ˈhɛr ˌreɪzɪŋ] *adj.* arrepiante, de arrepiar os cabelos

**hair•style** [ˈhɛrstaɪl] *s.* penteado, corte

**hairy** [ˈhɛri] *adj.* [*comp* **hairier, hairiest**] **1** peludo, cabeludo **2** FAM perigoso

**half** [hæf] *adj.* **1 half a** meio: *half a kilometer* meio quilômetro **2 half the** metade de: *half the students* metade dos alunos | *half my money* metade do meu dinheiro **3 a half hour/half an hour** meia hora / *s.* [*pl* **halves**] **1** metade: *half of the students* metade dos alunos **2 half past one/two**

**etc.** uma/duas etc. e meia **3 by half** pela metade [reduzir, cortar] **4 first/second half** **a** primeira/segunda metade **b** primeiro/segundo tempo [de jogo] **5 in half** ao meio: *The plate broke in half.* O prato se partiu ao meio. **6 one/two etc. and a half** um/dois etc. e meio: *three and a half weeks* três semanas e meia / *adv.* **1** pela metade: *The door was only half closed.* A porta estava fechada pela metade só. **2** meio (que): *I half expected that to happen.* Eu meio que imaginava que isso ia acontecer. **3 half as big/wide etc.** metade do tamanho/da largura etc.: *The new building is only half as tall as the old one.* O novo prédio só tem a metade da altura do antigo. **4 half as much/many** a metade: *The same phone costs half as much in the U.S.* O mesmo telefone custa a metade nos EUA. **5 half-empty/half-full** pela metade [recipiente]
▸ Não confunda ***... and a half*** com ***half past ...***: ***for four and a half hours*** *durante quatro horas e meia*, ***at half past four*** *às quatro e meia*.

**half-baked** [hæf 'beɪkt] *adj.* mal pensado

**half•brother** ['hæfbrʌðər] *s.* meio-irmão

**half-hearted** [hæf'hɑrtɪd] *adj.* **1** hesitante **2** sem ânimo

**half•sister** ['hæfsɪstər] *s.* meia-irmã

**half•time** [hæf'taɪm] *s.* intervalo [de jogo]

**half•way** [hæf'weɪ] *adv.* **1** a meio caminho (***between*** *entre*, ***to*** *de*): *They were halfway to the airport.* Estavam a meio caminho do aeroporto. **2 halfway decent** FAM razoável **3 halfway through (sth)** pela metade (de algo) **4 halfway up/down** no meio da subida/descida: *halfway up the stairs* no meio da escada / *adj.* **1 the halfway mark** o meio do caminho **2 the halfway stage** a metade [de corrida, projeto etc.]

**hall** [hɔl] *s.* **1** hall de entrada **2** corredor **3** salão, auditório

**hall•mark** ['hɔlmɑrk] *s.* marca, característica

**Hal•low•een** [hæloʊ'in] *s.* Dia das Bruxas [dia 31 de outubro]

**hal•lu•ci•nate** [hə'lusəneɪt] *v.* ter alucinações

**hal•lu•ci•na•tion** [həlusə'neɪʃən] *s.* alucinação

**hall•way** ['hɔlweɪ] *s.* corredor

**halo** ['heɪloʊ] *s.* auréola

**halt** [hɔlt] *s.* **1 to bring sth to a halt** paralisar algo **2 to call a halt to sth** suspender algo **3 to come/grind to a halt** ficar parado / *v.* **1** deter(-se) **2** suspender / *interj.* alto!

**halve** [hæv] *v.* **1** reduzir pela metade **2** cortar ao meio

**halves** [hævz] *spl.* ▸ *pl de* HALF

**ham** [hæm] *s.* presunto

**ham•burg•er** ['hæmbɜrgər] *s.* **1** hambúrguer **2** AM carne moída

**ham•mer** ['hæmər] *s.* martelo / *v.* martelar

**ham•mock** ['hæmək] *s.* rede [de dormir]

**ham•per** ['hæmpər] *v.* tolher, dificultar / *s.* **1** AM cesta de roupa suja **2** cesta [de comida]

**ham•ster** ['hæmstər] *v.* hamster

**hand** ['hænd] *s.* **1** mão **2** ponteiro [de relógio] **3** trabalhador, peão **4 a hand** uma ajuda: *Do you need a hand?* Precisa de uma ajuda? **5 (at) first hand** na pele, ao vivo **6 by hand** à mão [feito, escrito, lavado etc.] **7 on hand** disponível **8 (on the one hand ...) on the other hand** (por um lado ...) por outro lado **9 out of hand** fora de controle **10 sb has a hand in sth** tem o dedo de alguém em algo **11 to get your hands on sth/sb** botar as mãos em algo/alguém **12 to give/lend (sb) a hand** dar uma ajuda (a alguém) **13 to go hand in hand** andar de mãos dadas (***with*** *com*) **14 to have/gain the upper hand** levar vantagem (***over*** *sobre*) **15 to hold hands** ficar de mãos dadas (***with*** *com*) **16 to hold sb's hand** dar a mão a alguém **17 to live from hand to mouth** viver em situação precária / *v.* **1 to hand sb sth/sth to sb** passar algo para alguém **2 to hand sth to sb** entregar algo a alguém

**hand around: to hand sth around** distribuir/circular algo

**hand in** 1 **to hand sth in** entregar algo 2 **to hand in your resignation** pedir demissão
**hand out: to hand sth out** distribuir algo (***to*** *a*)
**hand over** 1 **to hand sth/sb over** entregar algo/alguém (***to*** *a*) 2 **to hand (sth) over to sb** passar (algo) para alguém
**hand•bag** [ˈhændbæg] *s.* bolsa [de mulher]
**hand•book** [ˈhændbʊk] *s.* manual
**hand•brake** [ˈhændbreɪk] *s.* BRIT freio de mão
**hand•cuff** [ˈhændkʌf] *v.* algemar (***to*** *a*) / **handcuffs** *spl.* algemas
**hand•ful** [ˈhændfʊl] *s.* 1 punhado 2 **a handful of people/cases etc.** umas poucas pessoas/uns poucos casos etc.
**hand gre•nade** [ˈhænd grəˌneɪd] *s.* granada
**hand•held** [ˈhændhɛld] *adj.* de mão [computador etc.]
**handi•cap** [ˈhændikæp] *s.* 1 desvantagem 2 deficiência
**handi•capped** [ˈhændikæpt] *adj.* 1 deficiente 2 **physically/mentally handicapped** deficiente físico/mental
**handi•craft** [ˈhændikræft] *s.* 1 trabalho manual 2 **handicrafts** artesanato
**handi•work** [ˈhændiwɜrk] *s.* obra
**hand•ker•chief** [ˈhæŋkərtʃif] *s.* lenço [de bolso]
**han•dle** [ˈhændl] *v.* 1 tratar de, encarregar-se de 2 lidar com 3 aguentar [pressão etc.] 4 manusear 5 manejar 6 **hard/difficult to handle** de difícil trato / *s.* 1 cabo [de vassoura, panela, faca etc.] 2 asa [de xícara, cesta etc.] 3 (tb **door handle**) maçaneta 4 puxador 5 alça [de bolsa, mala] 6 manivela 7 **to get a handle on sth** compreender algo
**handle•bars** [ˈhændlbɑrz] *spl.* guidom
**hand•made** [hændˈmeɪd] *adj.* feito à mão
**hand•out** [ˈhændaʊt] *s.* 1 esmola 2 auxílio [do governo] 3 folha de apoio
**hand•over** [ˈhændoʊvər] *s.* 1 transferência (***to*** *para*) 2 entrega
**hand•set** [ˈhændsɛt] *s.* aparelho [de telefone]
**hand•shake** [ˈhændʃeɪk] *s.* aperto de mão
**hand•some** [ˈhænsəm] *adj.* 1 bonito 2 belo [lucro, cachê]
**hands-on** [hændzˈɔn] *adj.* prático
**hand•writing** [ˈhændraɪtɪŋ] *s.* letra, caligrafia
**handy** [ˈhændi] *adj.* [*comp* **handier, handiest**] 1 útil 2 conveniente 3 habilidoso 4 **to come in handy** ser uma mão na roda 5 **to have/keep sth handy** FAM ter algo à mão
**hang** [hæŋ] *v.* [*ps e pp* **hung**] 1 pendurar 2 estar pendurado 3 cair [cabelo, roupa] 4 AM FAM ficar de bobeira, fazer hora 5 **to hang a left/right** AM FAM entrar à esquerda/direita
**hang around** 1 FAM fazer hora 2 **to hang around with sb** andar com alguém
**hang on** 1 segurar-se (***to*** *em*) 2 BRIT esperar 3 **to hang on to sth** guardar algo
**hang out** 1 FAM ficar de bobeira 2 FAM fazer ponto 3 **to hang out with sb** FAM andar com alguém 4 **to hang sth out** estender algo [roupa lavada]
**hang up** 1 **to hang up (the phone)** desligar (o telefone) 2 **to hang up on sb** desligar na cara de alguém 3 **to hang sth up** pendurar algo / *v.* [*ps e pp* **hanged**] 1 enforcar 2 **to hang yourself** enforcar-se / *s.* **to get the hang of (doing) sth** FAM pegar o jeito de (fazer) algo
**hang•er** [ˈhæŋər] *s.* cabide
**hang-gliding** [ˈhæŋˌglaɪdɪŋ] *s.* asa-delta [esporte]
**hang•ing** [ˈhæŋɪŋ] *adj.* pendente / *s.* enforcamento
**hang•over** [ˈhæŋoʊvər] *s.* ressaca [de bebedeira]
**hang-up** [ˈhæŋʌp] *s.* FAM grilo, complexo (***about*** *com*)
**hankie, hanky** [ˈhæŋki] *s.* [*pl* **hankies**] FAM lenço [de bolso]
**hap•hazard** [hæpˈhæzərd] *adj.* desordenado, inconsequente
**hap•pen** [ˈhæpən] *v.* 1 acontecer (***to*** *com*): *whatever happens* aconteça o que acontecer 2 **as it happens/it just so happens**

acontece que… 3 **to happen to do sth** fazer algo por acaso: *If you happen to pass a newsstand, buy a paper.* Se por acaso você passar por uma banca, compra um jornal.

**hap•pen•ing** [ˈhæpənɪŋ] *s.* acontecimento

**hap•pi•ly** [ˈhæpəli] *adv.* 1 com todo o prazer 2 com felicidade 3 felizmente 4 **happily married** bem casado

**hap•pi•ness** [ˈhæpɪnəs] *s.* felicidade

**hap•py** [ˈhæpi] *adj.* [*comp* **happier, happiest**] 1 feliz 2 satisfeito, contente (***with*** *com*) 3 **happy for sb** feliz/contente por alguém 4 **to be happy to do sth** fazer algo com prazer

**happy-go-lucky** [ˌhæpi goʊ ˈlʌki] *adj.* de bem com a vida

**har•ass** [həˈræs, ˈhærəs] *v.* assediar, importunar

**har•ass•ment** [həˈræsmənt, ˈhærəsmənt] *s.* assédio

**har•bor**, BRIT: **har•bour** [ˈhɑrbər] *s.* porto / *v.* 1 abrigar [bacilos, criminoso] 2 alimentar [ideias, ilusão, desejo]

**hard** [hɑrd] *adj.* [*comp* **harder, hardest**] 1 duro 2 difícil 3 forte [pancada, empurrão] 4 concreto [fatos, informações] 5 rigoroso [inverno] 6 **hard copy** cópia impressa 7 **hard feelings** rancor: *No hard feelings!* Sem rancor! 8 **hard going** **a** puxado **b** cansativo [pessoa] 9 **hard luck** azar 10 **hard work** esforço, empenho 11 **to be hard at it/hard at work** FAM estar mandando brasa [com o trabalho] 12 **to be hard on sb** **a** pegar pesado com alguém **b** ser duro para alguém 13 **to find it hard to do sth/have a hard time doing sth** ter dificuldade para fazer algo 14 **to give sb a hard time** pegar no pé de alguém / *adv.* [*comp* **harder, hardest**] 1 muito: *He works hard.* Ele trabalha muito. | *As hard as I tried, I couldn't convince them.* Por mais que eu tentasse, não consegui convencê-los. 2 com força, forte [bater, puxar] 3 duro 4 **hard up** **a** duro [sem dinheiro] **b** carente (***for*** *de*) 5 **to be hard hit/hit hard** ser muito atingido (***by*** *por*) 6 **to try hard** esforçar-se 7 **to try your hardest (to do sth)** fazer o máximo (para fazer algo)

**hard•back** [ˈhɑrdbæk] *s.* 1 (tb **hardback book**) livro de capa dura 2 **in hardback** em capa dura

**hard-boiled** [hɑrd ˈbɔɪld] *adj.* cozido [ovo]

**hard disk** [hɑrdˈdɪsk] *s.* disco rígido, HD

**hard•en** [ˈhɑrdən] *v.* endurecer

**hard•ly** [ˈhɑrdli] *adv.* 1 mal [quase não]: *He could hardly believe it.* Ele mal conseguia acreditar. 2 não exatamente: *He's hardly Prince Charming.* Ele não é exatamente o príncipe encantado. 3 **hardly any** quase nenhum: *There was hardly any traffic.* Quase não tinha trânsito. 4 **hardly anyone/anything** quase ninguém/nada 5 **hardly ever** quase nunca 6 **hardly … when/before** mal …: *I'd hardly sat down when the doorbell rang.* Mal sentei, tocou a campainha. ▸ Na linguagem mais literária, o ***hardly*** pode vir no começo da frase. Nesse caso, pede inversão de sujeito e verbo auxiliar: *Hardly had the war ended before there was another crisis.* Mal acabou a guerra, já havia outra crise.

**hard•ship** [ˈhɑrdʃɪp] *s.* 1 dificuldade 2 privação

**hard•ware** [ˈhɑrdwɜr] *s.* 1 hardware [equipamentos físicos] 2 ferragens 3 **military hardware** armamentos

**hard-working** [hɑrdˈwɜrkɪŋ] *adj.* trabalhador

**hardy** [ˈhɑrdi] *adj.* [*comp* **hardier, hardiest**] resistente

**hare** [hɛr] *s.* lebre

**harm** [hɑrm] *s.* 1 mal 2 danos 3 **out of harm's way** onde não pode sofrer/causar nenhum mal 4 **there's no harm in doing sth** não custa nada fazer algo 5 **to come to no harm/not come to any harm** não sofrer nada/danos 6 **to do sb/sth harm** fazer mal a alguém/algo, prejudicar alguém/algo 7 **to mean no harm/not mean any**

**harm** não fazer por mal / *v.* 1 fazer mal a 2 prejudicar
**harm•ful** [ˈhɑrmfəl] *adj.* nocivo, prejudicial (*to a*)
**harm•less** [ˈhɑrmləs] *adj.* 1 inofensivo 2 inocente [pergunta, brincadeira]
**har•mo•ny** [ˈhɑrməni] *s.* harmonia
**har•ness** [ˈhɑrnəs] *s.* 1 cinturão [paraquedas] 2 arreio / *v.* 1 aproveitar [energia, recursos] 2 arrear
**harp** [hɑrp] *s.* harpa
**har•row•ing** [ˈhæroʊɪŋ] *adj.* horripilante
**harsh** [hɑrʃ] *adj.* 1 severo 2 duro 3 áspero [tom, voz]
**har•vest** [ˈhɑrvɪst] *s.* 1 colheita 2 safra / *v.* 1 fazer a colheita (de) 2 colher [safra]
**has** [hæz, həz] *v.* ▸ *3ª pessoa do singular do presente do verbo* HAVE
**hash** [hæʃ] *s.* 1 picadinho [de carne e legumes] 2 BRIT jogo da velha, quadrado [símbolo #] 3 **to make a hash of sth** atrapalhar-se com algo
**hash browns** [hæʃˈbraʊnz] *spl.* batata rosti
**hasn't** [ˈhæznt] *contr.* ▸ = HAS NOT
**has•sle** [ˈhæsəl] FAM *s.* 1 aborrecimento, trabalho 2 AM briga / *v.* encher a paciência de
**haste** [heɪst] *s.* 1 pressa 2 **in haste** FORM às pressas
**has•ten** [ˈheɪsən] 1 apressar 2 antecipar 3 **to hasten to do sth** ir logo fazendo algo
**hasti•ly** [ˈheɪstəli] *adv.* às pressas
**has•ty** [ˈheɪsti] *adj.* 1 precipitado 2 apressado
**hat** [hæt] *s.* 1 chapéu 2 **at the drop of a hat** de um momento para outro
**hatch** [hætʃ] *v.* 1 chocar [ovos] 2 (tb **hatch out**) nascer 3 tramar [plano] / *s.* 1 escotilha 2 passa-prato
**hate** [heɪt] *v.* 1 odiar 2 detestar 3 **I hate to ask/say it etc., but …** desculpe perguntar/falar etc., mas … 4 **to hate doing/to do sth** odiar fazer algo / *s.* ódio (*for a*)
**hate•ful** [ˈheɪtfəl] *adj.* odioso, detestável
**ha•tred** [ˈheɪtrəd] *s.* ódio (*of/for/toward a*)
**haul** [hɔl] *v.* 1 puxar 2 **to haul yourself** mexer-se com muito esforço: *He hauled himself out of bed.* Ele saiu da cama com muito esforço. / *s.* 1 roubo [coisas roubadas] 2 **a haul of sth** um carregamento de algo 3 **for the long haul** até o fim
**haunt** [hɔnt] *s.* lugar frequentado / *v.* 1 assombrar [casa, castelo etc.] 2 atormentar [pessoa]
**haunt•ed** [ˈhɔntɪd] *adj.* mal-assombrado
**have** [hæv] *v.* [*ps e pp* **had**] 1 (tb **have got**) ter 2 comer: *We had fish for dinner.* Comemos peixe no jantar. 3 tomar [bebida]: *I'm going to have some juice.* Vou tomar um suco. 4 **to have a good time** divertir-se 5 **to have had it** estar frito [pessoa]: *We've had it now!* Estamos fritos agora! 6 **to have had it with sth/sb** não ter mais paciência com algo/alguém 7 **to have lunch/a meal** almoçar/comer 8 **to have sb do sth** mandar alguém fazer algo: *The teacher had him read out his composition.* A professora o mandou ler sua redação em voz alta. 9 **to have sth done** **a** mandar fazer algo [por outra pessoa]: *I've had my hair cut.* Cortei o cabelo **b** ▸ expressa um prejuízo sofrido: *He had his bike stolen.* Roubaram a bicicleta dele. 10 **to have to do sth** (tb **to have got to do sth**) ter que fazer algo: *We have to finish this by tomorrow.* Temos que terminar isso até amanhã. / *v auxiliar* 1 ▸ usado com o particípio passado para formar os tempos perfeitos: *Have you ever been to the U.S.?* Você já esteve nos EUA? | *I had forgotten my password.* Eu tinha esquecido a minha senha. | *Having met him, I understand why you like him.* Depois de conhecê-lo, eu entendo por que você gosta dele. 2 **sb had better/best do sth** é melhor alguém fazer algo: *We'd better get going.* É melhor a gente se mexer. | *You'd best take a cab.* É melhor pegar um táxi. 3 **had sb done sth** FORM se alguém tivesse feito algo: *Had I known, I would have come sooner.* Se eu soubesse, teria vindo antes.

**have in 1 to have (got) it in for sb** implicar com alguém **2 to have (got) it in you to do sth** ser capaz de fazer algo
**have on: to have (got) sth on** **a** estar usando algo [no corpo] **b** ter algo ligado [aparelho] **c** BRIT ter algo que fazer [compromisso]
**have out 1 to have a tooth out** tirar um dente **2 to have it out with sb** FAM tirar satisfações com alguém
▸ As formas alternativas com ***got*** são mais usadas no inglês britânico. Observe-se a diferença entre a formação da interrogativa e da negativa do verbo *to have* como verbo principal (com *do*) e como verbo auxiliar (sem *do*). Verbo principal: ***"We have a dog. Do you have one?" - "No, we don't have a dog, we have a cat."*** *"Nós temos um cachorro. Vocês têm?" - "Não temos cachorro, temos um gato."* Verbo auxiliar: ***"I've been to Paris. Have you been to Europe?" - "No, I haven't been to Europe, but I have been to the U.S."*** *"Eu já estive em Paris. Você já esteve na Europa?" - "Não, eu nunca estive na Europa, mas já estive nos Estados Unidos."*

**ha•ven** [ˈheɪvən] *s.* refúgio
**haven't** *contr.* ▸ = HAVE NOT
**hav•oc** [ˈhævək] *s.* **1 to cause/create havoc** provocar/criar o caos **2 to wreak havoc on sth** fazer estragos em algo
**hawk** [hɔk] *s.* falcão
**hay** [heɪ] *s.* feno
**hay fe•ver** [ˈheɪ ˌfivər] *s.* febre do feno, rinite alérgica
**haz•ard** [ˈhæzərd] *s.* **1** perigo, risco: *a health hazard* um risco à saúde **2 an occupational hazard** um dos ossos do ofício / *v.* **to hazard a guess** arriscar um palpite
**haz•ard•ous** [ˈhæzərdəs] *adj.* perigoso
**haze** [heɪz] *s.* **1** névoa **2 a haze of smoke/dust** uma nuvem de fumaça/poeira
**ha•zel** [ˈheɪzəl] *adj.* castanho-claro / *s.* aveleira
**hazel•nut** [ˈheɪzəlnʌt] *s.* avelã
**hazy** [ˈˈheɪzi] *adj.* **1** nebuloso **2** vago [lembrança]
**he** [hi] *pron.* ele
**head** [hɛd] *s.* **1** cabeça **2** chefe **3** cabeceira [de mesa, cama] **4** frente [de fila, desfile] **5** BRIT diretor [de escola] **6** colarinho [de cerveja] **7 to come to a head** tornar-se crítico **8 to get/put sth out of your head** tirar algo da cabeça **9 to get sth into your head** botar algo na cabeça **10 to go to sb's head** subir à cabeça de alguém **11 to keep your head/keep a cool head** manter o sangue frio **12 to laugh/scream your head off** FAM rir/gritar até não poder mais **13 to lose your head** perder o sangue frio **14 to take it into your head to do sth** inventar de fazer algo / *v.* **1** chefiar, estar à frente de **2** cabecear [bola] **3 to be headed/heading for sth** estar indo rumo a algo **4 to head/be headed for sb** ir na direção de alguém **5 to head for sth** dirigir-se para algo
**head back** voltar
**head off** ir embora
**head•ache** [ˈhɛdeɪk] *s.* dor de cabeça
**head•er** [ˈhɛdər] *s.* **1** cabeceio, cabeçada [da bola] **2** cabeçalho
**head-first** [hɛdˈfɜrst] *adv.* de cabeça [cair, pular]
**head•ing** [ˈhɛdɪŋ] *s.* **1** título **2** rubrica
**head•land** [ˈhɛdlənd] *s.* promontório, cabo
**head•light** [ˈhɛdlaɪt] *s.* farol [dianteiro de veículo]
**head•line** [ˈhɛdlaɪn] *s.* **1** manchete **2 the (news) headlines** os destaques (do noticiário) **3 to make/hit the headlines** virar manchete
**head•master** [hɛdˈmæstər] *s.* BRIT diretor [de escola]
**head•mistress** [hɛdˈmɪstrɪs] *s.* BRIT diretora [de escola]
**head of•fice** [hɛdˈɔfɪs] *s.* sede, matriz [de empresa]
**head-on** [hɛdˈɔn] *adv.* de frente [bater, encarar] / *adj.* frontal [colisão]
**head•phones** [ˈhɛdfoʊnz] *s.* fone de ouvido
**head•quarters** [hɛdˈkwɔrtərz] *s.* **1** sede [de empresa, organização] **2** quartel-general
**head•scarf** [ˈhɛdskɑrf] *s.* [*pl* **headscarves**] lenço de cabeça

**head start** [hɛd'stɑrt] *s.* 1 vantagem inicial 2 **to get a head start** começar com vantagem
**heads-up** [hɛdz'ʌp] *s.* FAM alerta
**head•teacher** [hɛd'titʃər] *s.* BRIT diretor [de escola]
**head•way** ['hɛdweɪ] *s.* **to make headway** avançar (*with com*)
**heal** [hil] *v.* 1 curar 2 (tb **heal up**) cicatrizar
**health** [hɛlθ] *s.* 1 saúde 2 **ill health** má saúde 3 **to be in good/poor health** estar bem/mal de saúde
**health food** ['hɛlθ fud] *s.* alimentos naturais
**healthy** ['hɛlθi] *adj.* [*comp* **healthier, healthiest**] 1 saudável 2 bem de saúde
**heap** [hip] *s.* 1 pilha, monte 2 **heaps of sth** FAM algo de sobra / *v.* 1 (tb **heap up**) empilhar, amontoar 2 **a heaping/heaped teaspoonful** uma colher de chá cheia 3 **to be heaped with sth** estar cheio de algo
**hear** [hɪr] *v.* [*ps e pp* **heard**] 1 ouvir, escutar: *I can't hear you.* Não estou te ouvindo. | *I didn't hear her come in.* Não a ouvi entrar. 2 ouvir dizer, saber: *I'm glad to hear you're keeping well.* Fico contente em saber que você vai bem. 3 **to hear about sth** saber/ouvir falar de algo 4 **to hear from sb** **a** receber/ter notícias de alguém: *I look forward to hearing from you.* Aguardo o seu retorno. **b** ouvir a opinião de alguém 5 **to hear of sth/sb** ouvir falar em algo/alguém: *Granger Street? I've never heard of it.* A rua Granger? Nunca ouvi falar.
**hear out: to hear sb out** deixar alguém terminar de falar
**heard** [hɜrd] *v.* ▸ *ps e pp de* HEAR
**hear•ing** ['hɪrɪŋ] *s.* 1 audição 2 audiência
**hear•ing aid** ['hɪrɪŋ eɪd] *s.* aparelho de surdez
**hear•say** ['hɪrseɪ] *s.* boataria
**hearse** [hɜrs] *s.* carro fúnebre
**heart** [hɑrt] *s.* 1 coração 2 ânimo 3 âmago 4 **hearts** copas [naipe]: *the ace of hearts* o ás de copas 5 **at heart/in your heart** no fundo 6 **at the heart of sth** no âmago/centro de algo 7 **by heart** de cor 8 **from the (bottom of your) heart** do fundo do seu coração 9 **in the heart of sth** em pleno algo: *in the heart of Manhattan* em plena Manhattan 10 **sb's heart sinks** alguém desanima 11 **the heart of the matter/problem** o xis da questão/do problema 12 **to learn sth by heart** decorar algo 13 **to lose heart** desanimar 14 **to set your heart on (doing) sth** decidir-se por (fazer) algo 15 **to take sth to heart** levar algo a sério 16 **to your heart's content** até não poder mais 17 **with all your heart** de todo o coração
**heart•ache** ['hɑrteɪk] *s.* sofrimento
**heart at•tack** ['hɑrt əˌtæk] *s.* ataque cardíaco, enfarte
**heart•beat** ['hɑrtbit] *s.* 1 batimento cardíaco 2 **in a heartbeat** AM num instante
**heart•break** ['hɑrtbreɪk] *s.* sofrimento, dor
**heart•break•ing** ['hɑrtbreɪkɪŋ] *adj.* de partir o coração
**heart•broken** ['hɑrtˌbroʊkən] *adj.* de coração partido, arrasado
**heart•burn** ['hɑrtbɜrn] *s.* azia
**heart•en•ing** ['hɑrtnɪŋ] *adj.* alentador
**heart•felt** ['hɑrtfɛlt] *adj.* sincero
**hearth** [hɑrθ] *s.* lareira
**hearti•ly** ['hɑrtəli] *adv.* com vontade [comer, rir]
**heart•less** ['hɑrtləs] *adj.* 1 desnaturado 2 cruel
**heart•rend•ing** ['hɑrtrɛndɪŋ] *adj.* de rasgar o coração, trágico
**hearty** ['hɑrti] *adj.* 1 caloroso 2 **a hearty laugh** uma risada gostosa 3 **a hearty meal** uma refeição farta
**heat** [hit] *s.* 1 calor 2 fogo [para cozinhar]: *Brown the meat over medium heat.* Refogue a carne em fogo médio. 3 AM aquecimento 4 eliminatória 5 **in the heat of the moment** no calor do momento / *v.* aquecer
**heat up: to heat (sth) up** esquentar (algo)

**heat•ed** [ˈhitɪd] *adj.* 1 aquecido 2 com calefação 3 acalorado [debate]
**heat•er** [ˈhitər] *s.* aquecedor
**heath** [hiθ] *s.* charneca
**heath•er** [ˈhɛðər] *s.* urze
**heat•ing** [ˈhitɪŋ] *s.* aquecimento, calefação
**heat wave** [ˈhit weɪv] *s.* onda de calor
**heave** [hiv] *v.* 1 levantar/puxar com muito esforço: *They heaved the piano up the stairs.* Com muito esforço, subiram a escada carregando o piano. 2 lançar com muito esforço 3 FAM ter ânsia de vômito: *The smell made me heave.* O cheiro me deu ânsia de vômito. 4 balançar [navio] 5 **to heave a sigh** soltar um suspiro
**heav•en** [ˈhɛvən] *s.* 1 (tb **Heaven**) céu [de Deus] 2 FAM paraíso 3 **heaven forbid** FAM Deus me livre 4 **heaven (only) knows** FAM só Deus sabe 5 **for heaven's sake** FAM pelo amor de Deus 6 **(good) heavens!** meu Deus!
**heav•en•ly** [ˈhɛvənli] *adj.* 1 divino, delicioso 2 celestial 3 celeste
**heavi•ly** [ˈhɛvəli] *adv.* 1 muito [beber, fumar, chover etc.] 2 pesadamente [cair, dormir, investir]
**heavy** [ˈhɛvi] *adj.* [*comp* **heavier, heaviest**] 1 pesado 2 intenso [trânsito, combate, agenda, dia] 3 forte [chuva, resfriado] 4 excessivo [consumo] 5 **heavy going** prolixo, denso [livro, filme] 6 **to be a heavy drinker/smoker** beber/fumar muito 7 **to be heavy on sth** FAM **a** exagerar em algo [sal etc.] **b** consumir muito algo
**heavy-duty** [ˌhɛvi ˈduti] *adj.* 1 resistente [material] 2 de serviço pesado [máquina, veículo]
**heavy•weight** [ˈhɛviweɪt] *s.* peso-pesado
**He•brew** [ˈˈhibru] *adj, s.* hebraico
**heck•le** [ˈhɛkəl] *v.* interromper com gritos [orador]
**hec•tare** [ˈhɛktɛr] *s.* hectare
**hec•tic** [ˈhɛktɪk] *adj.* atribulado, agitado
**he'd** [hid] *contr.* 1 ▸ = HE HAD 2 ▸ = HE WOULD
**hedge** [hɛdʒ] *s.* cerca viva / *v.* **to hedge your bets** não colocar todos os ovos na mesma cesta
**hedge•hog** [ˈhɛdʒhɔg] *s.* ouriço
**heel** [hil] *s.* 1 calcanhar 2 salto [de sapato]
**hefty** [ˈhɛfti] *adj.* [*comp* **heftier, heftiest**] 1 corpulento 2 grandão, pesadão 3 **a hefty fine** uma multa pesada
**height** [haɪt] *s.* 1 altura: *He's scared of heights.* Ele tem medo de altura. 2 estatura: *They are the same height.* Eles têm a mesma estatura. 3 auge: *at the height of her career* no auge da carreira dela 4 **the height of sth** o cúmulo de algo
**height•en** [ˈhaɪtn] *v.* aumentar
**heir** [ɛr] *s.* herdeiro (***to*** *de*)
**heir•ess** [ˈɛrɪs] *s.* herdeira
**heir•loom** [ˈɛrlum] *s.* **family heirloom** relíquia familiar
**held** [hɛld] *v.* ▸ *ps e pp de* HOLD
**heli•cop•ter** [ˈhɛlɪkɑptər] *s.* helicóptero
**hell** [hɛl] *s.* 1 inferno: *The traffic's hell today.* O trânsito está um inferno hoje. 2 **a/one hell of a sth** FAM o maior/um baita algo: *a hell of a long way* longe pra dedéu 3 **for the hell of it** FAM para diversão 4 **like hell** FAM pra caramba 5 **to make sb's life hell** infernizar a vida de alguém 6 **what/how etc. the hell ...?** FAM o que/como etc. diabos ...?
**he'll** [hil] *contr.* ▸ = HE WILL
**hello** [həˈloʊ] *s.* 1 olá, oi 2 alô [no telefone] 3 **to say hello to sb** cumprimentar alguém
**helm** [hɛlm] *s.* leme
**hel•met** [ˈhɛlmət] *s.* capacete
**help** [hɛlp] *v.* 1 ajudar 2 **I can't/couldn't help doing sth** não posso/pude deixar de fazer algo 3 **I can't/couldn't help it** é/foi mais forte do que eu 4 **it can't be helped** FAM agora já foi 5 **to help sb (to) do sth** ajudar alguém a fazer algo 6 **to help yourself** servir-se (***to*** *de*): *Help yourself to salad.* Sirva-se de salada.
**help out: to help (sb) out** ajudar (alguém) (***with*** *com*) / *s.* 1 ajuda 2 **to be of help (to sb)** ser de ajuda (para alguém) 3 **the help** AM a empregada, os empregados [da casa] / *interj.* socorro!

**help•er** ['hɛlpər] *s.* ajudante
**help•ful** ['hɛlpfəl] *adj.* 1 útil 2 prestativo
**help•ing** ['hɛlpɪŋ] *s.* porção [de comida]
**help•less** ['hɛlpləs] *adj.* 1 desamparado 2 sem ação 3 **helpless to do sth** incapaz de fazer algo
**help•line** ['hɛlplaɪn] *s.* telefone de ajuda
**hem** [hɛm] *s.* bainha, barra [de saia, calça]
**hemi•sphere** ['hɛməsfɪr] *s.* hemisfério
**hen** [hɛn] *s.* galinha
**hence** [hɛns] *adv.* FORM daí: *The instructions are in Chinese, hence the problem.* As instruções são em chinês, daí o problema.
**hence•forth** [hɛns'fɔrθ] *adv.* FORM doravante
**hence•forward** [hɛns'fɔrwərd] *adv.* FORM doravante
**her** [hɜr] *pron.* 1 a: *I don't know her.* Não a conheço. 2 lhe, a ela: *I lent her a pen.* Eu lhe emprestei uma caneta. 3 ela: *I haven't heard from her.* Não tenho notícias dela. | *I'm older than her.* Sou mais velho do que ela. / *adj.* o(s)/a(s) ... dela, seu(s)/sua(s): *her brother* o irmão dela
**her•ald** ['hɛrəld] *v.* 1 anunciar 2 alardear (***as*** *como*)
**her•ald•ry** ['hɛrəldri] *s.* heráldica
**herb** [ɜrb, *Brit*: hɜrb] *s.* erva [aromática, medicinal]
**herb•al** ['ɜrbəl, *Brit*:'hɜrbəl] *adj.* 1 natural [remédio, medicina] 2 **herbal tea** chá de ervas
**herd** [hɜrd] *s.* manada, rebanho / *v.* 1 arrebanhar 2 **to herd people into sth** juntar pessoas em algo
**here** [hɪr] *adv.* 1 aqui 2 para cá 3 **here and there** aqui e ali 4 **here comes/come ...** lá vem/vêm ...: *Here comes the bus.* Lá vem o ônibus. 5 **here is/are ...** aqui está/estão ... 6 **here you are/go** FAM toma 7 **around here** por aqui 8 **in/out here** aqui dentro/fora 9 **over here** aqui / *interj.* 1 toma 2 BRIT ei
**here•after** [hɪr'æftər] *adv.* FORM doravante / *s.* **the hereafter** a vida futura
**here•by** ['hɪrbaɪ] *adv.* FORM pelo presente, por este meio
**he•redi•tary** [hə'rɛdəteri] *adj.* hereditário
**her•esy** ['hɜrəsi] *s.* [*pl* **heresies**] heresia
**her•etic** ['hɜrətɪk] *s.* herege
**her•it•age** ['hɜrətɪdʒ] *s.* patrimônio, herança: *The city is a World Heritage site.* A cidade faz parte do Patrimônio Mundial da Humanidade.
**her•mit** ['hɜrmɪt] *s.* ermitão
**hero** ['hɪroʊ] *s.* herói
**he•ro•ic** [hɪ'roʊɪk] *adj.* heroico
**hero•in** ['hɛroʊɪn] *s.* heroína [droga]
**hero•ine** ['hɛroʊɪn] *s.* heroína [mulher]
**hero•ism** ['hɛroʊɪzəm] *s.* heroísmo
**her•on** ['hɛrən] *s.* garça
**her•ring** ['hɛrɪŋ] *s.* [*pl* **herrings/herring**] arenque
**hers** [hɜrz] *pron.* o(s)/a(s) dela: *This isn't Jane's bag. Hers is black.* Essa não é a bolsa da Jane. A dela é preta. | *Sue brought a cousin of hers.* A Sue trouxe um primo dela. | *Julie said the key was hers.* A Julie disse que a chave era dela.
**her•self** [hər'sɛlf] *pron.* 1 (como objeto) se, si, ela mesma: *She introduced herself to everybody.* Ele se apresentou a todos. | *She was mad at herself.* Ela ficou brava com ela mesma. 2 (enfatizando o sujeito) mesma, sozinha ▸ Observe que ***herself*** geralmente se coloca no final da frase em inglês: *She called me herself.* Ela mesma me ligou. | *She made the dress herself.* Ela fez o vestido sozinha. 3 **(all) by herself** sozinha: *She did everything all by herself.* Ela fez tudo sozinha. | *She wanted to be by herself for a while.* Ela queria ficar um tempo sozinha.
**he's** [hiz] *contr.* 1 ▸ = HE IS 2 ▸ = HE HAS
**hesi•tant** ['hɛzətənt] *adj.* 1 hesitante 2 **to be hesitant about doing sth** estar na dúvida se faz ou não algo
**hesi•tate** ['hɛzəteɪt] *v.* 1 hesitar 2 **don't hesitate to do sth** não deixe de fazer algo: *Don't hesitate to call me if you need help.* Não deixe de me ligar se você precisar de

ajuda. 3 **to hesitate to do sth** hesitar em fazer algo

**hesi•ta•tion** [hɛzəˈteɪʃən] *s.* 1 hesitação 2 **to have no hesitation in doing sth** fazer algo sem hesitar

**hetero•sex•ual** [hɛtəroʊˈsɛkʃuəl] *adj, s.* heterossexual

**hex** [hɛks] AM *s.* praga (***on*** *em/para*) / *v.* amaldiçoar

**hey** [heɪ] *interj.* 1 ei 2 AM FAM oi

**hey•day** [ˈheɪdeɪ] *s.* auge, apogeu

**hi** [haɪ] *interj.* FAM 1 oi 2 **to say hi** a dar um oi b mandar um abraço/beijo: *Sandra says hi.* A Sandra está mandando um beijo. 3 **to say hi to sb** a cumprimentar alguém b mandar um abraço/beijo para alguém: *Say hi to your parents for me.* Manda um abraço meu para os seus pais.

**hi•ber•nate** [ˈhaɪbərneɪt] *v.* hibernar

**hic•cup, hic•cough** [ˈhɪkʌp] *s.* 1 soluço 2 probleminha, contratempo 3 **to get/have the hiccups** ficar/estar com soluço

**hid** [hɪd] *v.* ▸ *ps de* HIDE

**hid•den** [ˈhɪdn] *adj.* escondido / *v.* ▸ *pp de* HIDE

**hide** [haɪd] *v.* [*ps, pp* **hid, hidden**] esconder (-se) (***from*** *de*) / *s.* pele, couro [de animal]

**hide-and-seek** [ˌhaɪdnˈsik] *s.* esconde--esconde

**hid•eous** [ˈhɪdiəs] *adj.* horroroso

**hide•out** [ˈhaɪdaʊt] *s.* esconderijo

**hid•ing** [ˈhaɪdɪŋ] *s.* 1 surra 2 **to be in hiding** estar escondido 3 **to go into hiding** esconder-se

**hid•ing place** [ˈhaɪdɪŋ pleɪs] *s.* esconderijo

**hi•er•ar•chy** [ˈhaɪrɑrki] *s.* [*pl* **hierarchies**] hierarquia

**high** [haɪ] *adj.* [*comp* **higher, highest**] 1 alto: *waves 30 meters high* ondas de 30 metros de altura 2 agudo [som, nota, voz] 3 FAM doidão (***on*** *de*): *high on drugs* drogado 4 **high in sth** com alto teor de algo [gordura, sal etc.] 5 **a high wind** um vento forte 6 **how high is/are ...?** qual a altura de ...? 7 **it is high time sb did sth** está mais do que na hora de alguém fazer algo 8 **knee/waist etc. high** até o joelho/a cintura etc. 9 **to have a high opinion of sb** admirar muito alguém / *adv.* 1 alto 2 **high above sth** muito acima de algo 3 **high up/above** lá no alto / *s.* 1 alta, máxima 2 barato [de droga] 3 **highs and lows** altos e baixos 4 **to be on a high** FAM estar eufórico

**high•brow** [ˈhaɪbraʊ] *adj.* intelectual, erudito

**high-class** [haɪˈklæs] *adj.* de alto nível, nobre

**high•er edu•ca•tion** [ˌhaɪər ɛdʒəˈkeɪʃən] *s.* ensino superior

**high heels** [haɪˈhilz] *spl.* (sapato de) salto alto

**high jump** [ˈhaɪ dʒʌmp] *s.* salto em altura

**high•lands** [ˈhaɪləndz] *spl.* 1 região montanhosa 2 planalto

**high-level** [haɪˈlɛvəl] *adj.* de alto nível

**high•light** [ˈhaɪlaɪt] *s.* 1 ponto alto 2 **highlights** a melhores momentos/lances b luzes [no cabelo] / *v.* 1 ressaltar, realçar 2 destacar [texto]

**high•light•er** [ˈhaɪlaɪtər] *s.* caneta marca--texto

**high•ly** [ˈhaɪli] *adj.* 1 muito, extremamente 2 **to speak highly of sb** falar bem de alguém 3 **to think highly of sb** estimar muito alguém

**high•ness** [ˈhaɪnəs] *s.* alteza: *Her Royal Highness* Sua Alteza Real

**high-pitched** [haɪˈpɪtʃt] *adj.* agudo [som, voz]

**high-powered** [haɪˈpaʊərd] *adj.* 1 possante 2 poderoso

**high-rise** [haɪˈraɪs] *adj.* 1 alto [prédio] 2 **high-rise apartment** apartamento em andar alto / **high rise** *s.* espigão

**high school** [ˈhaɪ skul] *s.* escola de ensino médio: *high school students* estudantes de ensino médio

**high-speed** [haɪˈspid] *adj.* de alta velocidade

**high spir•its** [haɪ ˈspɪrɪts] *spl.* 1 animação 2 **to be in high spirits** estar animado

**high street** [ˈhaɪ strit] *s.* BRIT rua principal
**high•way** [ˈhaɪweɪ] *s.* rodovia
**hi•jack** [ˈhaɪdʒæk] *v.* **1** sequestrar [avião] **2** usurpar / *s.* (tb **hijacking)** sequestro [de avião]
**hi•jacker** [ˈhaɪdʒækər] *s.* sequestrador [de avião]
**hike** [haɪk] *s.* **1** caminhada, trilha **2** AM FAM aumento (***in*** *de/em*) / *v.* fazer trilha, caminhar
**hik•er** [ˈhaɪkər] *s.* excursionista, trilheiro
**hi•lari•ous** [hɪˈlɛriəs] *adj.* hilariante, hilário
**hill** [hɪl] *s.* **1** colina, morro **2** ladeira, subida
**hill•side** [ˈhɪlsaɪd] *s.* encosta
**hilly** [ˈhɪli] *adj.* [*comp* **hillier, hilliest**] ondulado [terreno]
**hilt** [hɪlt] *s.* punho [de espada]
**him** [hɪm] *pron.* **1** o: *I saw him last week.* Eu o vi semana passada. **2** lhe, a ele: *I wrote him a letter.* Eu lhe escrevi uma carta. **3** ele: *"Who broke the window?" - "It was him!"* "Quem quebrou o vidro?" - "Foi ele!" | *I'm taller than him.* Sou mais alto do que ele. | *He asked me to go with him.* Ele me pediu para ir com ele.
**him•self** [hɪmˈsɛlf] *pron.* **1** (como objeto) se, si, ele mesmo: *He hurt himself.* Ele se machucou. | *He was surprised at himself.* Ele se surpreendeu com ele mesmo. **2** (enfatizando o sujeito) mesmo, sozinho ▸ Observe que ***himself*** geralmente se coloca no final da frase em inglês: *He admitted that himself.* Ele mesmo admitiu isso. | *He built the house himself.* Ele construiu a casa sozinho. **3 (all) by himself** sozinho: *He takes care of the children all by himself.* Ele cuida dos filhos sozinho. | *He spent the weekend by himself.* Ele passou o fim de semana sozinho.
**hind** [haɪnd] *adj.* traseiro [pata]
**hin•der** [ˈhɪndər] *v.* atrapalhar, dificultar, estorvar
**hin•drance** [ˈhɪndrəns] *s.* **1** estorvo (***to*** *para*) **2 to be more of a hindrance than a help** atrapalhar mais do que ajudar
**hind•sight** [ˈhaɪndsaɪt] *s.* **with/in hindsight** olhando em retrospecto
**Hin•du** [hɪnˈdu] *adj, s.* hindu
**Hin•du•ism** [ˈhɪnduɪzəm] *s.* hinduísmo
**hinge** [hɪndʒ] *s.* dobradiça / *v.* **to hinge on sth** depender de algo
**hint** [hɪnt] *s.* **1** indireta **2** dica **3 a hint of sth** uma pitada de algo **4 to drop a hint** dar uma indireta **5 to take the hint** entender a indireta, tocar-se / *v.* **1** dar a entender, deixar nas entrelinhas **2 to hint at sth** insinuar algo
**hip** [hɪp] *s.* quadril / *adj.* [*comp* **hipper, hippest**] FAM descolado
**hip•po** [ˈhɪpoʊ] *s.* hipopótamo
**hippo•pota•mus** [hɪpəˈpɑtəməs] *s.* hipopótamo
**hire** [haɪr] *v.* **1** contratar [funcionário] **2** BRIT alugar
**hire out: to hire sth out** BRIT alugar algo (***to*** *para*) / *s.* **for hire** BRIT aluga-se
**his** [hɪz] *adj.* o(s)/a(s) … dele, seu(s)/sua(s): *his sister* a irmã dele / *pron.* o(s)/a(s) dele: *My grades are better than his.* Minhas notas são melhores do que as dele. | *a friend of his* um amigo dele | *The bike is his.* A bicicleta é dele.
**His•pan•ic** [hɪˈspænɪk] *adj, s.* hispânico
**hiss** [hɪs] *v.* **1** sibilar, silvar **2** vaiar / *s.* silvo
**his•to•rian** [hɪˈstɔriən] *s.* historiador
**his•tor•ic** [hɪˈstɔrɪk] *adj.* histórico
**his•tori•cal** [hɪˈstɔrɪkəl] *adj.* histórico
**his•to•ry** [ˈhɪstəri] *s.* [*pl* **histories**] **1** história: *She studies history.* Ela estuda História. **2** histórico **3 to go down in/make history** entrar para a história
**hit** [hɪt] *v.* [*ps e pp* **hit**] **1** bater em **2** atingir: *The dog was hit by a car.* O cachorro foi atingido por um carro. | *the region worst hit by the drought* a região mais atingida pela seca **3** acertar [alvo] **4** chocar-se contra **5** bater com (***against*** *contra*, ***on*** *em*): *I hit my head on the shelf.* Bati com a cabeça na prateleira. **6** rebater [bola com taco] **7 it hit me/him etc. that …** me/lhe etc. caiu a ficha de que … **8 to hit a problem/snag** esbarrar num problema **9 to hit it off** FAM

dar-se bem (*with com*) 10 **to hit on an idea** ter uma ideia 11 **to hit on sb** AM FAM dar em cima de alguém 12 **to hit the road** FAM ir indo [embora]
**hit back** 1 revidar, rebater 2 **to hit back at sth** rebater algo [acusação] / *s.* 1 sucesso [música, peça etc.]: *a hit movie* um filme de sucesso 2 tiro certeiro 3 resultado [de busca na web] 4 clique [em site] 5 **to be a hit with sb** fazer sucesso com alguém 6 **to take a hit** ser atingido

**hitch** [hɪtʃ] *v.* 1 ir/viajar de carona 2 (tb **hitch up**) puxar [saia, calça] 3 **to get hitched** FAM casar 4 **to hitch a ride/lift** pegar carona (*with com*) 5 **to hitch sth to sth** atar/ligar algo a algo / *s.* contratempo, problema

**hitch•hike** [ˈhɪtʃhaɪk] *v.* ir/viajar de carona

**hitch•hiker** [ˈhɪtʃhaɪkər] *s.* caroneiro

**hi-tech** [haɪˈtɛk] *adj.* de alta tecnologia / *s.* tecnologia de ponta

**HIV** [eɪtʃaɪˈvi] *s.* 1 HIV 2 **HIV positive** soropositivo

**hive** [haɪv] *s.* colmeia

**hoard** [hɔrd] *v.* 1 estocar 2 acumular / *s.* 1 estoque 2 tesouro

**hoard•ing** [ˈhɔrdɪŋ] *s.* BRIT outdoor

**hoarse** [hɔrs] *adj.* rouco

**hoax** [hoʊks] *s.* 1 trote 2 invenção

**hob•ble** [ˈhɑbəl] *v.* mancar

**hob•by** [ˈhɑbi] *s.* [*pl* **hobbies**] hobby

**hobo** [ˈhoʊboʊ] *s.* AM vagabundo [sem-teto]

**hock•ey** [ˈhɑki] *s.* 1 AM hóquei no gelo 2 BRIT (tb **field hockey**) hóquei [na grama]

**hoe** [hoʊ] *s.* enxada

**hog** [hɑg] *s.* 1 AM porco 2 **to go the whole hog** FAM ir até o fim / *v.* [**-gg-**] FAM monopolizar

**hoist** [hɔɪst] *v.* içar

**hold** [hoʊld] *v.* 1 segurar 2 promover, realizar [evento, eleição] 3 abraçar 4 deter [posição, recorde] 5 ocupar [cargo] 6 comportar [pessoas, quantidade] 7 aguentar [peso] 8 valer [convite, oferta etc.] 9 **hold it!** FAM espera!, para! 10 **if the weather holds** se o tempo se firmar 11 **to hold hands** estar/ficar de mãos dadas (*with com*) 12 **to hold sb hostage/prisoner** manter alguém refém/prisioneiro 13 **to hold talks/a conversation** manter conversas/uma conversa (*with com*) 14 **to hold (the line)** aguardar (na linha) 15 **to hold your own** garantir-se (*against contra*)
**hold against: to hold sth against sb** culpar alguém por algo
**hold back** 1 **to hold sth back** conter algo [riso, lágrimas etc.] 2 **to hold sb/sth back** **a** reter alguém/algo **b** atrapalhar alguém/algo
**hold down** 1 **to hold sth down** segurar/prender algo 2 **to hold sb down** dominar/imobilizar alguém [no chão etc.] 3 **to hold down a job** manter um emprego
**hold on** 1 FAM esperar: *Just hold on a minute.* Espera um pouco. 2 segurar-se (*em to*): *Hold on tight!* Segure-se firme! 3 aguentar firme 4 **to hold on to sth** guardar algo
**hold out** 1 resistir 2 durar [estoque] 3 **to hold out your hand** estender a mão
**hold up** 1 **to hold sth up** **a** levantar algo [mão, cartaz etc.] **b** sustentar algo [estrutura] **c** retardar algo [processo] 2 **to hold sb up** reter alguém 3 **to hold sb up (at gunpoint)** render alguém 4 **to hold up a bank etc.** assaltar um banco etc. à mão armada / *s.* 1 porão [de navio, avião] 2 **no holds barred** sem limites 3 **on hold** **a** parado, suspenso **b** em espera [no telefone] 4 **to get (a) hold of sb** entrar em contato com/encontrar alguém 5 **to get (a) hold of sth** **a** pegar em algo **b** arranjar algo 6 **to grab hold of sth/sb** agarrar algo/alguém 7 **to have a hold over/on sb** ter um poder sobre alguém 8 **to keep hold of sth** ficar segurando/não soltar algo 9 **to put sb on hold** colocar alguém em espera [no telefone] 10 **to put sth on hold** parar/suspender algo 11 **to take hold of sth** pegar em algo

**hold•er** [ˈhoʊldər] *s.* 1 detentor 2 portador 3 titular [de cartão, conta] 4 ▸ denota um objeto que serve para segurar algo. A tradução muda de acordo com a coisa segurada: *a cup holder* um porta-copo | *a candle holder* um castiçal

**hold-up** [ˈhoʊldʌp] *s.* 1 retenção [do trânsito] 2 atraso 3 assalto (à mão armada)

**hole** [hoʊl] *s.* 1 buraco 2 furo 3 toca

**holi•day** [ˈhɑlədeɪ] *s.* 1 feriado 2 BRIT (tb **holidays**) férias 3 BRIT viagem de férias 4 **on holiday** BRIT ⓐ de férias ⓑ viajando, passeando 5 **the holidays/holiday season** AM as festas de final de ano 6 **to go on holiday** BRIT viajar [de férias]

**holi•day•maker** [ˈhɑlədiˌmeɪkər] *s.* BRIT veranista

**Hol•land** [ˈhɑlənd] *s.* Holanda

**hol•low** [ˈhɑloʊ] *adj.* oco / *s.* depressão [no terreno]

**hol•ly** [ˈhɑli] *s.* azevinho [planta usada como enfeite natalino]

**holo•caust** [ˈhɑləkɔst] *s.* holocausto

**hol•ster** [ˈhoʊlstər] *s.* coldre

**holy** [ˈhoʊli] *adj.* [*comp* **holier, holiest**] 1 santo, sagrado 2 **holy water** água benta

**Holy Ghost** [ˌhoʊli ˈgoʊst] *s.* Espírito Santo

**Holy Grail** [ˌhoʊliˈgreɪl] *s.* Santo Graal

**hom•age** [ˈhɑmɪdʒ] *s.* 1 homenagem 2 **to pay homage to sth/sb** prestar homenagem a algo/alguém

**home** [hoʊm] *s.* 1 lar, casa 2 terra/cidade natal 3 moradia 4 asilo 5 **at home** em casa 6 **make yourself at home** fique à vontade 7 **to feel at home** sentir-se em casa/à vontade / *adv.* 1 para casa 2 em casa 3 **back home** ⓐ de volta para casa ⓑ lá em casa / *adj.* 1 residencial 2 doméstico 3 interno 4 **home game** jogo em casa 5 **home team/crowd** time/torcida da casa

**home ad•dress** [hoʊm əˈdrɛs] *s.* endereço residencial

**home cook•ing** [hoʊmˈkʊkɪŋ] *s.* comida caseira

**home de•liv•ery** [hoʊm dɪˈlɪvəri] *s.* entrega a domicílio

**home•land** [ˈhoʊmlænd] *s.* 1 terra natal 2 pátria: *homeland security* segurança da pátria

**home•less** [ˈhoʊmləs] *adj.* 1 sem-teto 2 desabrigado 3 **the homeless** os sem-teto 4 **to be made homeless** ser desabrigado

**home•ly** [ˈhoʊmli] *adj.* [*comp* **homelier, homeliest**] 1 AM feioso 2 BRIT aconchegante

**home•made** [hoʊmˈmeɪd] *adj.* feito em casa, caseiro

**home num•ber** [hoʊmˈnʌmber] *s.* telefone de casa

**home•page** [ˈhoʊmpeɪdʒ] *s.* página inicial [de site]

**home room** [ˈhoʊm rum] *s.* AM sala onde a turma se reúne no começo do dia escolar

**home run** [hoʊmˈrʌn] *s.* home run [em beisebol, corrida pelas quatro bases de uma vez]

**home•sick** [ˈhoʊmsɪk] *adj.* com saudade de casa/de seu país: *She's homesick for Brazil.* Ela está com saudade do Brasil.

**home stretch**, BRIT: **home straight** [hoʊmˈstrɛtʃ/streɪt] *s.* reta final

**home•town**, BRIT: **home town** [hoʊmˈtaʊn] *s.* cidade natal

**home•ward** [ˈhoʊmwərd] *adv.* (tb **homewards**) para casa / *adj.* **the homeward journey** a volta para casa

**home•work** [ˈhoʊmwɜrk] *s.* dever de casa

**homey** [ˈhoʊmi] *adj.* AM aconchegante / *s.* AM FAM companheiro

**homi•cide** [ˈhɑməsaɪd] *s.* homicídio

**homo•sex•ual** [hoʊməˈsɛkʃuəl] *adj, s.* homossexual

**homo•sex•ual•ity** [hoʊməsɛkʃuˈæləti] *s.* homossexualidade

**Hon•dur•an** [hɑnˈdʊrən] *adj, s.* hondurenho

**Hon•dur•as** [hɑnˈdʊrəs] *s.* Honduras

**hon•est** [ˈɑnɪst] *adj.* 1 sincero 2 honesto 3 **honest!** FAM de verdade! 4 **to be honest (with you)** para ser sincero

**hon•est•ly** [ˈɑnɪstli] *adv.* 1 sinceramente 2 de verdade: *I didn't mean it. Honestly.* Foi sem querer. De verdade. 3 com sinceridade 4 honestamente

**hon•es•ty** [ˈhɑnəsti] *s.* 1 sinceridade 2 honestidade

**hon•ey** [ˈhʌni] *s.* 1 mel 2 AM meu amor [tratamento]

**honey•moon** [ˈhʌnimun] *s.* (viagem de) lua de mel / *v.* passar a lua de mel

**hon•or**, BRIT: **hon•our** [ˈɑnər] *s.* 1 honra 2 honraria 3 honradez 4 **in honor of sb/sth** em homenagem a alguém/algo 5 **to do the honors** FAM fazer as honras da casa 6 **Your Honour** Meritíssimo [falando com juiz] / *v.* 1 homenagear (***with*** *com*) 2 honrar 3 **to be/feel honored (to do sth)** ficar/sentir-se honrado (em fazer algo)

**hon•or•able**, BRIT: **hon•our•able** [ˈɑnərəbəl] *adj.* honrado, digno

**hon•or•ary** [ˈɑnərɛri] *adj.* honorário

**hood** [hʊd] *s.* 1 capuz 2 AM capô

**hoof** [huf] *s.* [*pl* **hooves/hoofs**] casco [de cavalo etc.]

**hook** [hʊk] *s.* 1 gancho 2 anzol 3 **off the hook** **a** fora do gancho **b** livre / *v.* 1 enganchar(-se) (***onto/to*** *em*) 2 pescar, ferrar [peixe]

**hook up: to hook up with sb** AM FAM **a** ficar com alguém [começar relação] **b** encontrar-se com alguém

**hooked** [hʊkt] *adj.* FAM viciado (***on*** *em*)

**hoo•li•gan** [ˈhulɪgən] *s.* arruaceiro

**hoop** [hup] *s.* 1 aro 2 **to shoot hoops** AM FAM jogar basquete

**hoo•ray** [hʊˈreɪ] *interj.* hurra!, viva!

**hoot** [hut] *v.* 1 piar [coruja] 2 (tb **hoot your horn**) buzinar (***at*** *para*) / *s.* 1 pio 2 buzinada 3 **to be a hoot** FAM ser muito divertido

**Hoo•ver®** [ˈhuvər] BRIT *s.* aspirador / **hoover** *v.* passar o aspirador (em)

**hooves** [huvz] *spl.* ▸ *pl de* HOOF

**hop** [hɑp] *v.* [**-pp-**] 1 pular/ir pulando num pé só 2 saltitar, ir saltitando 3 FAM ir rapidinho: *He hopped on his bike and rode off.* Ele subiu rapidinho na bicicleta e saiu pedalando. / *s.* 1 pulinho 2 lúpulo

**hope** [hoʊp] *v.* 1 esperar: *I hope you're well.* Espero que você esteja bem. | *I hope they didn't get lost.* Espero que eles não tenham se perdido. | *I hope I'll see you again.* Espero te ver de novo. 2 **I hope so/not** espero que sim/não 3 **to hope for sth** esperar ter algo 4 **to hope to do sth** esperar fazer algo 5 **I should hope so (too)** FAM pelo menos isso / *s.* 1 esperança 2 **hope of (doing) sth** esperança de (fazer) algo 3 **to get sb's hopes up/raise sb's hopes** criar expectativa em alguém 4 **to give up/lose hope** perder a esperança 5 **to pin your hopes on sth/sb** depositar suas esperanças em algo/alguém

**hope•ful** [ˈhoʊpfəl] *adj.* 1 esperançoso 2 promissor 3 **to be hopeful that** ter esperança de que / *s.* aspirante

**hope•ful•ly** [ˈhoʊpfəli] *adv.* 1 espero (que): *I'll hopefully hear from you soon.* Espero receber notícias suas em breve. 2 esperançosamente

**hope•less** [ˈhoʊpləs] *adj.* 1 inútil 2 desesperador 3 **hopeless at (doing) sth** BRIT FAM uma negação em (fazer) algo

**hope•less•ly** [ˈhoʊpləsli] *adv.* completamente

**horde** [hɔrd] *s.* horda

**ho•ri•zon** [həˈraɪzən] *s.* 1 horizonte 2 **to broaden your horizons** ampliar seus horizontes

**hori•zon•tal** [hɔrəˈzɑntl] *adj, s.* horizontal

**hor•mone** [ˈhɔrmoʊn] *s.* hormônio

**horn** [hɔrn] *s.* 1 chifre 2 buzina 3 trompa, corneta

**horny** [ˈhɔrni] *adj.* FAM assanhado, com tesão

**horo•scope** [ˈhɔrəskoʊp] *s.* horóscopo

**hor•ren•dous** [həˈrɛndəs] *s.* 1 horrendo 2 FAM terrível

**hor•ri•ble** [ˈhɔrəbəl] *adj.* 1 horrível 2 antipático (***to*** *com*)

**hor•rid** [ˈhɔrɪd] *adj.* BRIT FAM 1 horrível 2 mau (***to*** *com*)

**hor•rif•ic** [həˈrɪfɪk] *adj.* horrendo, horripilante

**hor•ri•fy** ['hɔrəfaɪ] *v.* [*ps e pp* **-fied**] horrorizar

**hor•ri•fy•ing** ['hɔrəfaɪɪŋ] *adj.* horrendo, horripilante

**hor•ror** ['hɔrər] *s.* 1 horror (*of a*) 2 terror [gênero] 3 **in/with horror** horrorizado

**hor•ror movie**, BRIT: **hor•ror film** ['hɔrər,muvi/fɪlm] *s.* filme de terror

**horse** [hɔrs] *s.* cavalo.

**horse•back** ['hɔrsbæk] *adv.* **on horseback** a cavalo

**horse•back rid•ing** ['hɔrsbæk,raɪdɪŋ] *s.* AM equitação

**horse•man** ['hɔrsmən] *s.* [*pl* **horsemen**] cavaleiro

**horse•power** ['hɔrspaʊr] *s.* [*pl* **horsepower**] cavalo-vapor

**horse rac•ing** ['hɔrs reɪsɪŋ] *s.* turfe

**horse•radish** ['hɔrsrædɪʃ] *s.* raiz-forte

**horse-riding** ['hɔrsraɪdɪŋ] *s.* BRIT equitação

**horse•shoe** ['hɔrsʃu] *s.* ferradura

**horse•woman** ['hɔrswʊmən] *s.* [*pl* **horsewomen**] amazona

**hor•ti•cul•ture** ['hɔrtəkʌltʃər] *s.* horticultura

**hose** [hoʊz] *s.* (tb **hosepipe**) mangueira

**hos•pice** ['hɑspɪs] *s.* clínica para doentes terminais

**hos•pi•table** [hɑ'spɪtəbəl] *adj.* hospitaleiro

**hos•pi•tal** ['hɑspɪtl] *s.* 1 hospital: *a hospital bed* um leito de hospital 2 **in (the) hospital** internado 3 **to go into (the) hospital** ser internado

**hos•pi•tal•ity** [hɑspə'tæləti] *s.* hospitalidade

**host** [hoʊst] *s.* 1 anfitrião 2 apresentador [de programa] 3 (tb **host city/country**) sede [de evento] 4 **a (whole) host of sth** um sem-número de algo / *v.* 1 sediar 2 apresentar, comandar [programa]

**hos•tage** ['hɑstɪdʒ] *s.* 1 refém 2 **to hold/take sb hostage** manter/fazer alguém refém

**hos•tel** ['hɑstl] *s.* 1 albergue 2 abrigo

**host•ess** ['hoʊstɪs] *s.* 1 anfitriã 2 apresentadora [de programa]

**hos•tile** ['hɑstl, *Brit:* 'hɔstaɪl] *adj.* 1 hostil 2 inimigo [território, fogo] 3 **hostile to/toward sth** contra algo

**hos•til•ity** [hɑ'stɪləti] *s.* [*pl* **hostilities**] hostilidade

**hot** [hɑt] *adj.* [*comp* **hotter, hottest**] 1 quente 2 com calor [pessoa] 3 apimentado 4 ardido, picante 5 FAM badalado, na moda 6 FAM gostoso [pessoa]

**hot dog** ['hɑt dɔg] *s.* cachorro-quente

**ho•tel** [hoʊ'tɛl] *s.* hotel

**hot•line** ['hɑtlaɪn] *s.* telefone de atendimento

**hot•ly** ['hɑtli] *adv.* 1 acaloradamente 2 energicamente 3 **hotly pursued** perseguido de perto

**hot-water bot•tle** [hɑt'wɔtər,bɑtl] *s.* bolsa de água quente

**hound** [haʊnd] *s.* cão de caça / *v.* assediar

**hour** [aʊr] *s.* 1 hora [60 minutos]: *He's paid $50 an hour.* Ele recebe $50,00 por hora. 2 **hours** horário: *opening hours* horário de funcionamento 3 **after hours** depois do expediente 4 **by the hour** por hora 5 **(every hour) on the hour** a cada hora cheia 6 **in the early hours (of the morning)** de madrugada 7 **the small hours** altas horas da noite 8 **working hours** expediente

**hour•ly** ['aʊrli] *adj.* 1 de hora em hora: *an hourly bus service* um ônibus de hora em hora 2 horário [valor] / *adv.* de hora em hora

**house** *s.* [haʊs] 1 casa: *at John's house* na casa do John 2 câmara [do congresso, parlamento]: *the House of Representatives* a Câmara dos Representantes 3 **on the house** por conta da casa / *v.* [haʊz] 1 alojar 2 abrigar 3 acomodar

**house•hold** ['haʊshoʊld] *adj.* 1 doméstico 2 **household name** nome consagrado / *s.* lar, família

**house•holder** ['haʊshoʊldər] *s.* FORM 1 proprietário de casa 2 chefe de família

**house•keeper** ['haʊskipər] *s.* governanta

**house•plant** ['haʊsplænt] *s.* planta de casa

**house•warm•ing** ['haʊswɔrmɪŋ] *s.* (tb **housewarming party**) festa para inaugurar a casa

**house•wife** [ˈhaʊswaɪf] *s.* [*pl* **housewives**] dona de casa

**house•work** [ˈhaʊswɜrk] *s.* trabalhos domésticos

**hous•ing** [ˈhaʊzɪŋ] *s.* 1 habitação 2 moradia

**hous•ing de•vel•op•ment**, BRIT: **housing estate** [ˈhaʊzɪŋ dɪˌvɛləpmənt/ɪˌsteɪt] *s.* condomínio [de casas]

**hov•er** [ˈhʌvər, *Brit*: ˈhɔvər] *v.* pairar

**how** [haʊ] *adv.* 1 como: *How are you?* Como vai? | *John explained how to get to the museum.* O John explicou como chegar ao museu. 2 que [em exclamações]: *How interesting!* Que interessante! 3 como, o quanto: *It's amazing how cheap the food is.* É impressionante como a comida é barata. ▸ Neste uso, o ***how*** tem o sentido de *quão*, só que geralmente se expressa a frase de outra forma em português: *How big is the apartment?* Qual o tamanho do apartamento? | *How well do your parents speak English?* Os seus pais têm que nível de inglês? 4 **how about ...?** que tal ...?: *How about watching a movie?* Que tal assistirmos um filme? | *How about next Saturday?* Que tal sábado que vem? 5 **how come ...?** por que (não) ...?: *How come you were late?* Por que você chegou atrasado? | *"I didn't do the homework." - "How come?"* "Não fiz o dever de casa." - "Por que não?" 6 **how far?** **a** a que distância?: *How far is it to Brasília from here?* Brasília fica a que distância daqui? **b** até onde?: *How far did you get in the book?* Você leu até onde no livro? 7 **how long?** **a** quanto tempo?: *How long are you staying?* Quanto tempo você vai ficar? **b** qual o comprimento?: *How long is the rope?* Qual o comprimento da corda? 8 **how much/many?** quanto/quantos? 9 **how often?** **a** quantas vezes? **b** com que frequência? / *conj.* como: *I don't know how she managed to get in.* Não sei como ela conseguiu entrar. | *You can arrange the icons how you want.* Você pode dispor os ícones como quiser.

**how•ever** [haʊˈɛvər] *adv.* 1 porém, contudo 2 por mais ... que: *any problem, however small* qualquer problema, por menor que seja | *however long it takes* não importa quanto tempo demore 3 **however much/many** não importa quanto/quantos / *conj.* como quer que: *however you like* como você quiser

**howl** [haʊl] *v.* uivar / *s.* 1 uivo 2 **howls of laughter** gargalhadas

**HQ** [eɪtʃˈkju] *s.* 1 (= headquarters) sede [de empresa] 2 QG

**hr.** *abrev.* (= hour) h

**hub** [hʌb] *s.* 1 polo [regional, aeroportuário] 2 cubo [de roda]

**hud•dle** [ˈhʌdl] *v.* 1 (tb **huddle together/up**) amontoar-se [por estarem com frio ou medo] 2 encolher-se [de frio ou medo] / *s.* 1 aglomerado 2 **to get/go into a huddle** confabular (***with*** *com*)

**hue** [hju] *s.* matiz

**huff** [hʌf] *s.* **in a huff** ofendido

**hug** [hʌg] *v.* [**-gg-**] abraçar(-se) / *s.* abraço

**huge** [hjudʒ] *adj.* imenso, enorme

**hula hoop** [ˈhulə hup] *s.* bambolê

**hull** [hʌl] *s.* casco [de navio]

**hum** [hʌm] *v.* [**-mm-**] 1 cantarolar 2 zumbir / *s.* zumbido

**hu•man** [ˈhjumən] *adj.* 1 humano [do homem]: *human rights* os direitos humanos 2 **to be only human** não ser de ferro / *s.* (tb **human being**) ser humano

**hu•mane** [hjuˈmeɪn] *adj.* humano [sem crueldade]

**hu•mani•tar•ian** [hjumænəˈtɛriən] *adj.* humanitário

**hu•man•ity** [hjuˈmænəti] *s.* 1 humanidade 2 **humanities** Ciências Humanas

**hum•ble** [ˈhʌmbəl] *adj.* humilde

**hu•mid** [ˈhjumɪd] *adj.* úmido [calor]

**hu•mid•ity** [hjuˈmɪdəti] *s.* umidade [do ar]

**hu•mili•ate** [hjuˈmɪlieɪt] *v.* humilhar

**hu•mili•at•ing** [hjuˈmɪlieɪtɪŋ] *adj.* humilhante

**hu•milia•tion** [hjumɪliˈeɪʃən] *s.* humilhação

**hu•mil•ity** [hju'mɪləti] *s.* humildade

**humming•bird** ['hʌmɪŋbɜrd] *s.* beija-flor

**hu•mor**, BRIT: **hu•mour** ['hjumər] *s.* 1 humor: *a sense of humor* um senso de humor 2 graça / *v.* não contrariar, fazer a vontade de

**hu•mor•ous** ['hjumərəs] *adj.* 1 engraçado 2 humorístico

**hump** [hʌmp] *s.* 1 corcova 2 giba 3 **to get/have the hump** BRIT FAM estar/ficar emburrado

**hunch** [hʌntʃ] *s.* palpite, pressentimento

**hun•dred** ['hʌndrəd] *num, s.* 1 cem, cento: *a hundred and twenty* cento e vinte 2 centena: *hundreds of people* centenas de pessoas | *a few hundred meters* algumas centenas de metros 3 **in their hundreds (of thousands)** às centenas (de milhares)

▸ ***two hundred*** *duzentos,* ***three hundred*** *trezentos,* ***four hundred*** *quatrocentos,* ***five hundred*** *quinhentos,* ***six hundred*** *seiscentos,* ***seven hundred*** *setecentos,* ***eight hundred*** *oitocentos,* ***nine hundred*** *novecentos.*

**hun•dredth** ['hʌndrədθ] *adj, s.* centésimo

**hung** [hʌŋ] *v.* ▸ *ps e pp de* HANG

**Hun•gar•ian** [hʌŋ'geriən] *adj, s.* húngaro

**Hun•gary** ['hʌŋgri] *s.* Hungria

**hun•ger** ['hʌŋgər] *s.* fome

**hun•gry** ['hʌŋgri] *adj.* [*comp* **hungrier, hungriest**] 1 faminto 2 **to be/get hungry** estar/ficar com fome 3 **to go hungry** passar fome

**hung-up** [hʌŋ'ʌp] *adj.* FAM grilado (***about/on*** *com*)

**hunk** [hʌŋk] *s.* 1 naco 2 FAM gato [homem]

**hunt** [hʌnt] *v.* 1 caçar 2 **to go hunting** ir caçar 3 **to hunt for sth/sb** procurar algo/alguém

**hunt down: to hunt sb down** dar caça a alguém / *s.* 1 caçada, caça (***for*** *a*) 2 busca (***for*** *por*)

**hunt•er** ['hʌntər] *s.* caçador

**hunt•ing** ['hʌntɪŋ] *s.* caça

**hur•dle** ['hɜrdl] *s.* 1 barreira: *the 110 meter hurdles* os 110 metros com barreiras 2 obstáculo

**hurl** [hɜrl] *v.* arremesar, lançar (***at*** *contra/em*)

**hur•rah** [hʊ'rɑ] *interj.* hurra!, viva!

**hur•ray** [hʊ'reɪ] *interj.* hurra!, viva!

**hur•ri•cane** ['hɜrɪkeɪn, *Brit*: 'hʌrɪkən] *s.* furacão

**hur•ried** ['hɜrid] *adj.* apressado, rápido

**hur•ry** ['hɜri] *s.* 1 pressa: *There's no hurry.* Não tem pressa. 2 **to be in a hurry/in no hurry** estar com/sem pressa / *v.* [*ps e pp* **hurried**] 1 apressar(-se) 2 ir correndo/às pressas

**hurry up** 1 andar/fazer logo: *Hurry up!* Anda logo! 2 **to hurry sth/sb up** apressar algo/alguém

**hurt** [hɜrt] *v.* [*ps e pp* **hurt**] 1 machucar 2 doer 3 magoar 4 prejudicar 5 **it won't/doesn't hurt (sb) to do sth** não custa (alguém) fazer algo 6 **to be hurt** machucar-se, ferir-se 7 **to be hurting** AM FAM estar sofrendo 8 **to hurt sb's feelings** magoar alguém 9 **to hurt yourself** machucar-se / *adj.* 1 ferido, machucado 2 magoado, sentido 3 **to get hurt** machucar-se, ficar ferido / *s.* dor, sofrimento

**hurt•ful** ['hɜrtfəl] *adj.* maldoso, cruel [comentário]

**hurt•le** ['hɜrtl] *v.* andar desgovernado/a toda

**hus•band** ['hʌzbənd] *s.* marido, esposo

**hush** [hʌʃ] *interj.* silêncio! / *v.* 1 mandar calar 2 calar-se

**hush up: to hush sth up** encobrir/abafar algo / *s.* silêncio

**husky** ['hʌski] *adj.* [*comp* **huskier, huskiest**] 1 rouco 2 AM parrudo, forte / *s.* [*pl* **huskies**] cão esquimó

**hus•tle** ['hʌsəl] *v.* 1 empurrar, levar aos empurrões 2 AM esforçar-se 3 AM mexer-se, andar rápido / *s.* **hustle and bustle** agitação [de lugar]

**hus•tler** ['hʌslər] *s.* AM vigarista

**hut** [hʌt] *s.* cabana

**hutch** [hʌtʃ] *s.* 1 gaiola [para coelho] 2 AM guarda-louça

**hya•cinth** ['haɪəsɪnθ] *s.* jacinto [flor]

**hy•brid** [ˈhaɪbrɪd] *s, adj.* híbrido
**hy•drant** [ˈhaɪdrənt] *s.* hidrante
**hy•drau•lic** [haɪˈdrɔlɪk] *adj.* hidráulico
**hydro•elec•tric** [haɪdroʊɪˈlɛktrɪk] *adj.* hidrelétrico: *a hydroelectric plant* uma hidrelétrica
**hydro•gen** [ˈhaɪdrədʒən] *s.* hidrogênio
**hy•ena** [haɪˈinə] *s.* hiena
**hy•giene** [ˈhaɪdʒin] *s.* higiene
**hy•gien•ic** [haɪˈdʒinɪk] *adj.* higiênico
**hymn** [hɪm] *s.* cântico, hino
**hype** [haɪp] *s.* badalação [na mídia] / *v.* badalar, promover
**hy•phen** [ˈhaɪfən] *s.* hífen
**hyp•no•sis** [hɪpˈnoʊsɪs] *s.* hipnose
**hyp•not•ic** [hɪpˈnɑtɪk] *adj.* hipnótico
**hyp•no•tism** [ˈhɪpnətɪzəm] *s.* hipnotismo
**hyp•no•tist** [ˈhɪpnətɪst] *s.* hipnotizador
**hyp•no•tize**, BRIT tb: **-tise** [ˈhɪpnətaɪz] *v.* hipnotizar
**hypo•chon•dri•ac** [haɪpəˈkɑndriæk] *s.* hipocondríaco
**hy•poc•ri•sy** [hɪˈpɑkrəsi] *s.* hipocrisia
**hypo•crite** [ˈhɪpəkrɪt] *s.* hipócrita
**hypo•criti•cal** [hɪpəˈkrɪtɪkəl] *adj.* hipócrita
**hy•poth•esis** [haɪˈpɑθəsɪs] *s.* [*pl* **hypotheses**] hipótese [teoria]
**hypo•theti•cal** [haɪpəˈθɛtɪkəl] *adj.* hipotético
**hys•te•ria** [hɪˈstɪriə] *s.* histeria
**hys•teri•cal** [hɪˈstɛrɪkəl] *adj.* histérico
**hys•ter•ics** [hɪsˈtɛrɪks] *spl.* **1 in hysterics** rindo às gargalhadas **2 to go into hysterics** ficar histérico

# I

**I, i** [aɪ] *s.* i / **I** *pron.* eu: *I'm Brazilian.* Sou brasileiro.
**ice** [aɪs] *s.* gelo
**ice•berg** [ˈaɪsbɜrg] *s.* iceberg
**ice-cold** [aɪsˈkoʊld] *adj.* gelado
**ice cream** [aɪsˈkrim] *s.* sorvete
**ice cube** [ˈaɪs kjub] *s.* pedra de gelo
**iced** [aɪst] *adj.* **1** gelado [bebida] **2** coberto com glacê [bolo]
**ice hock•ey** [ˈaɪsˌhɑki] *s.* BRIT hóquei no gelo
**Ice•land** [ˈaɪslənd] *s.* Islândia
**Ice•land•ic** [aɪsˈlændɪk] *adj, s.* islandês
**ice lol•ly** [ˈaɪsˌlɑli] *s.* [*pl* **lollies**] BRIT picolé
**ice rink** [ˈaɪs rɪŋk] *s.* pista de gelo
**ice skate** [ˈaɪs skeɪt] *s.* patim de gelo / **ice-skate** *v.* patinar no gelo
**ice-skat•ing** [ˈaɪsˌskeɪtɪŋ] *s.* patinação no gelo
**ici•cle** [ˈaɪsɪkəl] *s.* pingente de gelo
**ic•ing** [ˈaɪsɪŋ] *s.* **1** glacê **2 the icing on the cake** a cereja do bolo
**icon** [ˈaɪkɑn] *s.* ícone
**icy** [ˈaɪsi] *adj.* [*comp* **icier, iciest**] **1** glacial **2** gelado
**ID** [aɪˈdi] *s.* documento de identidade
**I'd** [aɪd] *contr.* **1** ▸ = I HAD **2** ▸ = I WOULD
**idea** [aɪˈdiə] *s.* **1** ideia **2** noção **3 to get the idea** pegar o jeito **4 to get the wrong idea** ficar com uma impressão errada (***about*** *de*) **5 to have no idea** **a** não ter a mínima ideia **b** não fazer ideia
**ideal** [aɪˈdiəl] *adj, s.* ideal (***para*** *for*)
**ideal•ism** [aɪˈdiəlɪzəm] *s.* idealismo
**ideal•ist** [aɪˈdiəlɪst] *s.* idealista
**ideal•is•tic** [aɪdiəˈlɪstɪk] *adj.* idealista
**ideal•ize**, BRIT tb: **-ise** [aɪˈdiəlaɪz] *v.* idealizar
**ideal•ly** [aɪˈdiəli] *adv.* **1** o ideal seria: *Ideally, we should leave by eight.* O ideal seria sairmos antes das oito. **2 ideally suited for/to sth** ideal para algo
**iden•ti•cal** [aɪˈdɛntɪkəl] *adj.* idêntico (***to*** *a*)
**iden•ti•fi•ca•tion** [aɪdɛntəfəˈkeɪʃən] *s.* **1** identificação **2** documento de identidade
**iden•ti•fy** [aɪˈdɛntəfaɪ] *v.* [*ps e pp* **-fied**] **1** identificar **2 to identify with sb/sth** identificar-se com alguém/algo
**iden•tity** [aɪˈdɛntəti] *s.* [*pl* **identities**] identidade: *mistaken identity* erro de identificação
**iden•tity card** [aɪˈdɛntəti kɑrd] *s.* carteira de identidade
**ideol•ogy** [aɪdiˈɑlədʒi] *s.* [*pl* **ideologies**] ideologia
**idi•om** [ˈɪdiəm] *s.* expressão idiomática
**idio•syn•cra•sy** [ɪdiəˈsɪŋkrəsi] *s.* [*pl* **idiosyncrasies**] **1** mania [de pessoa] **2** peculiaridade
**id•iot** [ˈɪdiət] *s.* idiota
**idi•ot•ic** [ɪdiˈɑtɪk] *adj.* idiota
**idle** [ˈaɪdl] *adj.* **1** desocupado **2** ocioso **3** preguiçoso **4 idle curiosity** mera curiosidade

5 **idle moments** momentos de ócio 6 **idle threat** ameaça vã 7 **to lie idle** ficar sem uso
**idol** [ˈaɪdl] *s.* ídolo
**idol•ize**, BRIT tb: **-ise** [ˈaɪdl-aɪz] *v.* idolatrar
**idyl•lic** [aɪˈdɪlɪk] *adj.* idílico
**i.e.** [aɪˈi] *abrev.* isto é
**if** [ɪf] *conj.* 1 se: *You can stay here if you like.* Você pode ficar aqui se quiser. | *If I had known, I wouldn't have come.* Se eu soubesse, não teria vindo. | *Ask your sister if she wants to come with us.* Pergunta à sua irmã se ela quer ir com a gente. 2 **even if** mesmo que: *I couldn't go even if I wanted to.* Mesmo querendo, eu não poderia ir. 3 **if not** senão 4 **if only** se pelo menos, quem dera: *if only I could remember his name* se pelo menos eu lembrasse o nome dele 5 **if so** se for
**ig•nite** [ɪgˈnaɪt] *v.* FORM 1 acender 2 inflamar-se
**ig•ni•tion** [ɪgˈnɪʃən] *s.* 1 contato [de carro]: *The key's in the ignition.* A chave está no contato. 2 ignição
**ig•no•rance** [ˈɪgnərəns] *s.* ignorância
**ig•no•rant** [ˈɪgnərənt] *adj.* 1 ignorante 2 **to be ignorant about/of sth** não ter conhecimento sobre/de algo
**ig•nore** [ɪgˈnɔr] *v.* 1 ignorar 2 desconsiderar 3 não fazer caso de
**I'll** [aɪl] *contr.* 1 ▸ = I WILL 2 ▸ = I SHALL
**ill** [ɪl] *adj.* 1 BRIT doente 2 **ill at ease** sem graça, pouco à vontade 3 **ill effects** efeitos negativos 4 **ill feeling** rancor 5 **ill health** problemas de saúde 6 **to fall/be taken ill** ficar doente, adoecer 7 **to feel ill** passar mal / *adv.* **sb can ill afford (to do) sth** alguém não pode se permitir (fazer) algo
**il•legal** [ɪˈligəl] *adj.* ilegal
**il•leg•ible** [ɪˈlɛdʒəbəl] *adj.* ilegível
**il•legiti•mate** [ɪləˈdʒɪtəmət] *adj.* ilegítimo
**ill-fated** [ɪl ˈfeɪtɪd] *adj.* malfadado
**il•lic•it** [ɪˈlɪsɪt] *adj.* 1 ilícito 2 proibido [prazer]
**il•lit•era•cy** [ɪˈlɪtərəsi] *s.* analfabetismo
**il•lit•er•ate** [ɪˈlɪtərət] *adj.* analfabeto
**ill•ness** [ˈɪlnəs] *s.* doença
**il•logi•cal** [ɪˈlɑdʒɪkəl] *adj.* ilógico
**ill-treatment** [ɪlˈtritmənt] *s.* maus-tratos
**il•lu•mi•nate** [ɪˈlumәneɪt] *v.* iluminar
**il•lu•mi•nat•ing** [ɪˈlumәneɪtɪŋ] *adj.* FORM esclarecedor
**il•lu•mi•na•tion** [ɪluməˈneɪʃən] *s.* 1 iluminação 2 **illuminations** luminárias
**il•lu•sion** [ɪˈluʒən] *s.* 1 ilusão 2 **to be under the illusion (that)** ter a ilusão de que
**il•lus•trate** [ˈɪləstreɪt] *v.* ilustrar
**il•lus•tra•tion** [ɪləˈstreɪʃən] *s.* ilustração
**I'm** [aɪm] *contr.* ▸ = I AM
**im•age** [ˈɪmɪdʒ] *s.* imagem
**im•agi•nable** [ɪˈmædʒənəbəl] *adj.* imaginável
**im•agi•nary** [ɪˈmædʒənɛri] *adj.* imaginário
**im•agi•na•tion** [ɪmædʒəˈneɪʃən] *s.* imaginação
**im•agin•a•tive** [ɪˈmædʒənətɪv] *adj.* imaginativo
**im•ag•ine** [ɪˈmædʒɪn] *v.* 1 imaginar 2 **to imagine doing sth** imaginar fazer algo 3 **to imagine sb/sth doing sth** imaginar alguém/algo fazendo algo: *I can't imagine myself working in an office.* Não consigo me imaginar trabalhando num escritório.
**im•bal•ance** [ɪmˈbæləns] *s.* desequilíbrio
**im•becile** [ˈɪmbəsəl] *s.* imbecil
**imi•tate** [ˈɪməteɪt] *v.* imitar
**imi•ta•tion** [ɪməˈteɪʃən] *s.* imitação / *adj.* sintético, falso [pele, couro]
**im•macu•late** [ɪˈmækjələt] *adj.* impecável
**im•ma•teri•al** [ɪməˈtɪriəl] *adj.* FORM irrelevante
**im•ma•ture** [ɪməˈtʃʊr] *adj.* imaturo
**im•medi•ate** [ɪˈmidiət] *adj.* 1 imediato 2 **immediate family** familiares mais próximos 3 **in the immediate area/vicinity** nas imediações
**im•medi•ate•ly** [ɪˈmidiətli] *adv.* imediatamente
**im•memo•ri•al** [ɪməˈmɔriəl] *adj.* **from/since time immemorial** desde tempos imemoriais

**im•mense** [ɪˈmɛns] *adj.* imenso
**im•mense•ly** [ɪˈmɛnsli] *adv.* muitíssimo: *an immensely powerful tool* uma ferramenta poderosíssima
**im•merse** [ɪˈmɜrs] *v.* 1 FORM imergir, mergulhar 2 **immersed in sth** imerso em algo 3 **to immerse yourself in sth** mergulhar em algo [estudos etc.]
**im•mer•sion** [ɪˈmɜrʃən] *s.* 1 imersão (***in*** *em*) 2 **immersion course** curso de imersão
**im•mi•grant** [ˈɪməgrənt] *s, adj.* imigrante
**im•mi•gra•tion** [ɪməˈgreɪʃən] *s.* 1 imigração 2 o controle/serviço de imigração
**im•mi•nent** [ˈɪmənənt] *adj.* iminente
**im•mo•bile** [ɪˈmoʊbəl, *Brit*: ɪˈmoʊbaɪl] *adj.* 1 imóvel 2 imobilizado
**im•mo•bi•lize**, BRIT tb: **-lise** [ɪˈmoʊbəlaɪz] *v.* 1 imobilizar 2 paralisar
**im•mor•al** [ɪˈmɔrəl] *adj.* imoral
**im•mor•tal** [ɪˈmɔrtəl] *adj.* imortal
**im•mor•tal•ity** [ɪmɔrˈtæləti] *s.* imortalidade
**im•mune** [ɪˈmjun] *adj.* 1 imune (***to*** *a*) 2 imunológico [sistema, resposta]
**im•mun•ity** [ɪˈmjunəti] *s.* imunidade (***to*** *a*)
**im•mun•ize**, BRIT tb: **-ise** [ˈɪmjənaɪz] *v.* imunizar (***against*** *contra*)
**im•pact** [ˈɪmpækt] *s.* 1 impacto 2 **to have an impact** causar impacto (***on*** *em*) / *v.* AM **to impact on sth** impactar em algo
**im•pair** [ɪmˈpɛr] *v.* prejudicar, afetar
**im•paired** [ɪmˈpɛrd] *adj.* **hearing/visually impaired** com deficiência visual/auditiva
**im•part** [ɪmˈpɑrt] *v.* FORM 1 conferir (***to*** *a*) 2 comunicar, transmitir (***to*** *a*)
**im•par•tial** [ɪmˈpɑrʃəl] *adj.* imparcial
**im•passe** [ˈɪmpæs] *s.* impasse
**im•pas•sioned** [ɪmˈpæʃənd] *adj.* emocionado [discurso]
**im•pas•sive** [ɪmˈpæsɪv] *adj.* impassível
**im•pa•tience** [ɪmˈpeɪʃəns] *s.* impaciência
**im•pa•tient** [ɪmˈpeɪʃənt] *adj.* 1 impaciente 2 **impatient to do sth** impaciente para fazer algo 3 **to become/get/grow impatient** perder a paciência (***with*** *com*)
**im•pec•cable** [ɪmˈpɛkəbəl] *adj.* impecável
**im•pede** [ɪmˈpid] *v.* dificultar
**im•pedi•ment** [ɪmˈpɛdəmənt] *s.* 1 defeito [físico]: *a speech impediment* um defeito de fala 2 entrave (***to*** *a/para*)
**im•pend•ing** [ɪmˈpɛndɪŋ] *adj.* iminente
**im•pen•etrable** [ɪmˈpɛnətrəbəl] *adj.* impenetrável
**im•pera•tive** [ɪmˈpɛrətɪv] *adj, s.* imperativo
**im•per•cep•tible** [ɪmpərˈsɛptəbəl] *adj.* imperceptível
**im•per•fect** [ɪmˈpɜrfɪkt] *adj.* imperfeito / *s.* pretérito imperfeito
**im•per•fec•tion** [ɪmpərˈfɛkʃən] *s.* imperfeição
**im•perial** [ɪmˈpɪriəl] *adj.* 1 imperial 2 ▸ refere-se ao sistema inglês de pesos e medidas: *an imperial gallon* um galão inglês
**im•peri•al•ism** [ɪmˈpɪriəlɪzəm] *s.* imperialismo
**im•peri•al•ist** [ɪmˈpɪriəlɪst] *adj, s.* imperialista
**im•per•son•al** [ɪmˈpɜrsənəl] *adj.* impessoal
**im•per•son•ate** [ɪmˈpɜrsəneɪt] *v.* 1 fazer-se passar por 2 imitar
**im•per•sona•tion** [ɪmpɜrsəˈneɪʃən] *s.* imitação [de outra pessoa]
**im•per•ti•nence** [ɪmˈpɜrtənəns] *s.* impertinência
**im•per•ti•nent** [ɪmˈpɜrtənənt] *adj.* impertinente
**im•per•vious** [ɪmˈpɜrviəs] *adj.* FORM indiferente (***to*** *a*)
**im•petu•ous** [ɪmˈpɛtʃuəs] *adj.* 1 impetuoso [pessoa] 2 precipitado, irrefletido [decisão]
**im•petus** [ˈɪmpətəs] *s.* 1 impulso 2 **to give impetus to sth** dar impulso a algo
**im•plant** *v.* [ɪmˈplænt] implantar / *s.* [ˈɪmplænt] implante
**im•plau•sible** [ɪmˈplɔzəbəl] *adj.* 1 implausível 2 difícil de acreditar
**im•ple•ment** *v.* [ˈɪmpləmɛnt] implementar / *s.* [ˈɪmpləmənt] 1 implemento 2 utensílio
**im•pli•cate** [ˈɪmplɪkeɪt] *v.* 1 comprometer [suspeito] 2 **to be implicated in sth** ser suspeito de envolvimento em algo 3 **to impli-**

**cate sb in sth** comprovar o envolvimento de alguém em algo

**im•pli•ca•tion** [ɪmplɪˈkeɪʃən] *s.* 1 implicação, desdobramento, reflexo 2 **the implication of sb (in sth)** a denúncia de envolvimento de alguém (em algo) 3 sugestão, insinuação 4 **by implication** por implicação 5 **the implication being that ...** o que dá/deu a entender que ...

**im•plic•it** [ɪmˈplɪsɪt] *adj.* 1 implícito, subentendido 2 inabalável [fé, confiança]

**im•plore** [ɪmˈplɔr] *v.* FORM **to implore sb (to do sth)** implorar a alguém (que faça algo)

**im•ply** [ɪmˈplaɪ] *v.* [*ps e pp* **implied**] 1 insinuar 2 sugerir 3 dar a entender 4 implicar (em)

**im•po•lite** [ɪmpəˈlaɪt] *adj.* 1 indelicado (*to com*) 2 **to be impolite (to do sth)** ser falta de educação (fazer algo)

**im•port** *s.* [ˈɪmpɔrt] importação / *v.* [ɪmˈpɔrt] importar [mercadorias]

**im•por•tance** [ɪmˈpɔrtəns] *s.* 1 importância: *the utmost importance* extrema importância 2 **to be of no importance** não ter importância

**im•por•tant** [ɪmpɔrtənt] *adj.* 1 importante (*to para*) 2 **to be important for sb to do sth** ser importante alguém fazer algo

**im•por•ta•tion** [ɪmpɔrˈteɪʃən] *s.* importação

**im•port•er** [ɪmˈpɔrtər] *s.* importador(a)

**im•pose** [ɪmˈpoʊz] *v.* 1 impor (*on a*) 2 abusar (*on de*)

**im•pos•ing** [ɪmˈpoʊzɪŋ] *adj.* imponente

**im•pos•sibil•ity** [ɪmpɑsəˈbiləti] *s.* impossibilidade

**im•pos•sible** [ɪmˈpɑsəbəl] *adj.* 1 impossível 2 delicado [posição, situação]

**im•pos•sibly** [ɪmˈpɑsəbli] *adv.* absurdamente [difícil, caro]

**im•pos•tor** [ɪmˈpɑstər] *s.* impostor

**im•po•tence** [ˈɪmpətəns] *s.* impotência

**im•po•tent** [ˈɪmpətənt] *adj.* impotente

**im•pov•er•ish** [ɪmˈpɑvərɪʃ] *v.* empobrecer

**im•prac•ti•cal** [ɪmˈpræktɪkəl] *adj.* 1 impraticável 2 pouco prático

**im•press** [ɪmˈprɛs] *v.* 1 impressionar 2 **to be impressed by/with sth** ficar impressionado com algo 3 **to impress sth on sb** inculcar algo em alguém

**im•pres•sion** [ɪmˈprɛʃən] *s.* 1 impressão 2 imitação [de outra pessoa] 3 **to be under the impression (that) ...** estar crente que ... 4 **to get/have the impression (that) ...** ficar com/ter a impressão de que ... 5 **to make a good/bad impression** causar boa/má impressão

**im•pres•sion•able** [ɪmˈprɛʃnəbəl] *adj.* impressionável

**im•pres•sive** [ɪmˈprɛsɪv] *adj.* 1 impressionante 2 admirável

**im•print** [ˈɪmprɪnt] *s.* marca

**im•pris•on** [ɪmˈprɪzən] *v.* prender, encarcerar

**im•pris•on•ment** [ɪmˈprɪzənmənt] *s.* prisão, encarceramento

**im•prob•able** [ɪmˈprɑbəbəl] *adj.* improvável

**im•promp•tu** [ɪmˈprɑmptu] *adj.* improvisado

**im•prop•er** [ɪmˈprɑpər] *adj.* 1 impróprio, inconveniente 2 indevido [uso]

**im•prove** [ɪmˈpruv] *v.* 1 melhorar 2 **to improve on/upon sth** melhorar algo

**im•prove•ment** [ɪmˈpruvmənt] *s.* 1 melhoria, melhora 2 **room for improvement** espaço para melhorar 3 **to be an improvement on sth** representar uma melhoria em relação a algo, ser melhor do que algo

**im•pro•vise** [ˈɪmprəvaɪz] *v.* improvisar

**im•pulse** [ˈɪmpʌls] *s.* 1 impulso 2 **on impulse** por impulso

**im•pul•sive** [ɪmˈpʌlsiv] *adj.* impulsivo

**im•pu•nity** [ɪmˈpjunəti] *s.* **with impunity** impunemente

**in** [ɪn] *prep.* 1 em: *in the box* na caixa | *in the car* no carro | *in August* em agosto | *in our English class* na nossa aula de inglês | *in Portuguese* em português | *in a loud voice* em voz alta | *in a difficult situation* numa situação difícil | *She completed the marathon in four hours.* Ela completou a maratona em quatro horas. **2** de: *in the morning* de manhã | *dressed in white* vestido de branco | *the girl in the red skirt* a garota de saia vermelha | *the tallest building in the world* o prédio mais alto do mundo | *in a bad mood* de mau humor **3** daqui a: *See you in an hour!* Até daqui a uma hora! | *He'll be back in two weeks.* Ele volta daqui a duas semanas. ▸ Também se diz *in ...'s time*: *in a month's time* daqui a um mês | *in three days' time* daqui a três dias **4** ▸ com substantivos que denotam um estado de ânimo: *He looked at me in disbelief.* Ele me olhou incrédulo. | *She was in a bad mood.* Ela estava de mau humor. **5 in here/there** aqui/lá dentro / *adv.* **1** em casa: *We decided to stay in.* Decidimos ficar em casa. **2** dentro **3 to be in** **a** estar (em casa): *Is Jane in?* A Jane está? **b** estar na moda **c** estar dentro [bola] **4 to be in for sth** ir ter algo [decepção, choque etc.]: *They're in for a surprise when they see this!* Eles vão ter uma surpresa quando virem isso! **5 to be in on sth** estar por dentro de algo [segredo, esquema] **6 to have it in for sb** FAM implicar com alguém / *adj.* badalado [bar, loja]: *the in place for young people* o point dos jovens ▸ O advérbio ***in*** ocorre como segundo elemento de muitos *phrasal verbs*, p.ex., ***to break in, to get in, to take in*** etc. Procure o significado de tais combinações no verbete do respectivo verbo, p.ex., ***break, get, take.***

**in•abil•ity** [ɪnəˈbɪləti] *s.* **inability to do sth** incapacidade de fazer algo

**in•ac•ces•sible** [ɪnɪkˈsɛsəbəl] *adj.* **1** de difícil acesso **2** inacessível

**in•ac•cu•ra•cy** [ɪnˈækjərəsi] *s.* imprecisão

**in•ac•cu•rate** [ɪnˈækjərət] *adj.* inexato, impreciso

**in•ac•tive** [ɪnˈæktiv] *adj.* **1** inativo **2** inerte

**in•ad•equa•cy** [ɪnˈædəkwəsi] *s.* [*pl* **inadequacies**] **1** deficiência **2** inépcia

**in•ad•equate** [ɪnˈædəkwət] *adj.* **1** insuficiente **2** inepto [pessoa]

**in•ad•vert•ent•ly** [ɪnədˈvɜrtəntli] *adv.* FORM inadvertidamente

**in•ane** [ɪˈneɪn] *adj.* [*comp* **inaner, inanest**] bobo

**in•ap•pro•pri•ate** [ɪnəˈproʊpriət] *adj.* impróprio, inadequado

**in•augu•rate** [ɪnˈɔgjəreɪt] *v.* **1** empossar (*as* como) **2** inaugurar

**in•box** [ˈɪnbɑks] *s.* caixa de entrada

**Inc.** *abrev.* (= Incorporated) grupo empresarial

**in•ca•pable** [ɪnˈkeɪpəbəl] *adj.* **incapable of (doing) sth** incapaz de (fazer) algo

**in•ca•pac•ity** [ɪnkəˈpæsəti] *s.* FORM incapacidade

**in•cense** [ˈɪnsɛns] *s.* incenso

**in•censed** [ɪnˈsɛnst] *adj.* enfurecido (*at* com)

**in•cen•tive** [ɪnˈsɛntɪv] *s.* **1** incentivo **2** estímulo

**in•ces•sant** [ɪnˈsɛsənt] *adj.* incessante, constante

**in•ces•sant•ly** [ɪnˈsɛsəntli] *adv.* incessantemente, sem parar

**in•cest** [ˈɪnsɛst] *s.* incesto

**inch** [ɪntʃ] *s.* **1** polegada [unidade de comprimento = 2,54 cm] **2 inch by inch** pouco a pouco **3 every inch** **a** sob todos os aspectos **b** cada milímetro **4 to not give an inch** não ceder um milímetro / *v.*

**inch forward** avançar pouco a pouco

**in•ci•dence** *s.* incidência

**in•ci•dent** [ˈɪnsədənt] *s.* incidente

**in•ci•den•tal•ly** [ɪnsəˈdɛntli] *adv.* a propósito, por falar nisso

**in•ci•sive** [ɪnˈsaɪsɪv] *adj.* **1** incisivo [comentário] **2** mordaz [humor] **3** perspicaz [mente]

**in•cite** [ɪnˈsaɪt] *v.* **1** incitar **2 to incite sb to do sth** incitar alguém a fazer algo

**in•cli•na•tion** [ɪnkləˈneɪʃən] *s.* **1** disposição, vontade **2** tendência, inclinação

**in•cline** [ˈɪnklaɪn] *s.* **1** inclinação **2** declive, aclive

**in•clined** [ɪnˈklaɪnd] *v.* **to be inclined to do sth** **a** tender a fazer algo **b** estar disposto a fazer algo

**in•clude** [ɪnˈklud] *v.* incluir
**in•clud•ing** [ɪnˈkludɪŋ] *prep.* 1 incluindo, com 2 **not including** não incluindo, sem
**in•clu•sion** [ɪnˈkluʒən] *s.* inclusão
**in•clu•sive** [ɪnˈklusɪv] *adj.* 1 com tudo incluído [preço] 2 **inclusive of sth** incluindo algo, com algo incluído 3 inclusive: *from March to June inclusive* de março a junho, inclusive
**in•co•her•ent** [ɪnkoʊˈhɪrənt] *adj.* 1 incoerente, desconexo 2 **to be incoherent** não falar coisa com coisa
**in•come** [ˈɪŋkʌm] *s.* renda [dinheiro]
**in•come tax** [ˈɪŋkəm tæks] *s.* imposto de renda
**in•com•ing** [ˈɪnkʌmɪŋ] *adj.* 1 **incoming call** chamada recebida 2 **incoming flight** (voo de) chegada
**in•com•mu•ni•ca•do** [ɪnkəmjunɪˈkɑdoʊ] *adv, adj.* incomunicável
**in•com•pa•rable** [ɪnˈkɑmpərəbəl] *adj.* incomparável
**in•com•pat•ible** [ɪnkəmˈpætəbəl] *adj.* incompatível
**in•com•pe•tence** [ɪnˈkɑmpətəns] *s.* incompetência
**in•com•pe•tent** [ɪnˈkɑmpətənt] *adj.* incompetente
**in•com•plete** [ɪnkəmˈplit] *adj.* incompleto
**in•com•pre•hen•sible** [ɪnkɑmprəˈhɛnsəbəl] *adj.* incompreensível
**in•con•ceiv•able** [ɪnkənˈsivəbəl] *adj.* inconcebível
**in•con•clu•sive** [ɪnkənˈklusɪv] *adj.* inconclusivo
**in•con•gru•ous** [ɪnˈkɑŋgruəs] *adj.* destoante
**in•con•sid•er•ate** [ɪnkənˈsɪdərət] *adj.* 1 folgado 2 indelicado
**in•con•sist•en•cy** [ɪnkənˈsɪstənsi] *s.* [*pl* **inconsistencies**] 1 inconsistência 2 incoerência
**in•con•sist•ent** [ɪnkənˈsɪstənt] *adj.* 1 inconsistente (***with** com*) 2 incoerente 3 inconstante
**in•con•sol•able** [ɪnkənˈsoʊləbəl] *adj.* inconsolável
**in•con•spicu•ous** [ɪnkənˈspɪkjuəs] *adj.* 1 discreto 2 **to look inconspicuous** não chamar atenção
**in•con•ven•ience** [ɪnkənˈviniəns] *s.* 1 transtorno 2 incômodo / *v.* incomodar
**in•con•ven•ient** [ɪnkənˈviniənt] *adj.* 1 inconveniente 2 inoportuno
**in•cor•po•rate** [ɪnˈkɔrpəreɪt] *v.* incorporar (***into/in** a*)
**in•cor•rect** [ɪnkəˈrɛkt] *adj.* incorreto
**in•crease** *v.* [ɪnˈkris] 1 aumentar (***by** em*, ***to** para*) 2 **to increase in price/value** subir de preço/valorizar / *s.* [ˈɪnkris] 1 aumento (***in** de/em*) 2 **to be on the increase** estar aumentando
**in•creas•ing** [ɪnˈkrisɪŋ] *adj.* crescente
**in•creas•ing•ly** [ɪnˈkrisɪŋli] *adv.* cada vez mais
**in•cred•ible** [ɪnˈkrɛdəbəl] *adj.* incrível, inacreditável
**in•cred•ibly** [ɪnˈkrɛdəbli] *adv.* 1 FAM extremamente: *incredibly difficult* dificílimo 2 por incrível que pareça
**in•crimi•nate** [ɪnˈkrɪməneɪt] *v.* incriminar
**in•cu•ba•tor** [ˈɪnkjəbeɪtər] *s.* incubadora
**in•cur** [ɪnˈkɜr] *v.* [**-rr-**] 1 incorrer em [multa, penalidade] 2 acumular [dívida] 3 acarretar [custos] 4 **to incur sb's wrath** atrair a ira de alguém
**in•cur•able** [ɪnˈkjʊrəbəl] *adj.* incurável
**in•debt•ed** [ɪnˈdɛtɪd] *adj.* 1 endividado 2 **to be (deeply/greatly) indebted to sb** ser (muito/imensamente) grato a alguém (***for** por*)
**in•de•cent** [ɪnˈdisənt] *adj.* indecente
**in•de•ci•sive** [ɪndɪˈsaɪsɪv] *adj.* indeciso
**in•deed** [ɪnˈdid] *adv.* 1 de fato, realmente: *The replay showed that it was indeed a goal.* O replay mostrou que foi de fato gol. 2 sim [em respostas]: *"Did you want to speak to me?" - "I did indeed."* "Você queria falar comigo?" - "Queria sim." | *Yes indeed.* Sim, com certeza. 3 por sinal 4 FORM na verda-

de 5 **very ... indeed** BRIT muitíssimo: *very good indeed* muitíssimo bom
**in•de•fen•sible** [ɪndɪˈfɛnsəbəl] *adj.* indefensável
**in•defi•nite** [ɪnˈdɛfənət] *adj.* 1 indeterminado 2 por tempo indeterminado [greve, prisão etc.] 3 indefinido
**in•defi•nite•ly** [ɪnˈdɛfənətli] *adv.* por tempo indeterminado
**in•dent** [ɪnˈdɛnt] *v.* indentar [linha, parágrafo]
**in•de•pend•ence** [ɪndɪˈpɛndəns] *s.* independência
**in•de•pend•ent** [ɪndɪˈpɛndənt] *adj.* independente
**in-depth** [ɪnˈdɛpθ] *adj.* aprofundado
**in•de•scrib•able** [ɪndɪˈskraɪbəbəl] *adj.* indescritível
**in•de•struct•ible** [ɪndɪˈstrʌktəbəl] *adj.* indestrutível
**in•dex** [ˈɪndɛks] *s.* [*pl* **indices/indexes**] 1 índice 2 fichário
**in•dex card** [ˈɪndɛks kɑrd] *s.* ficha de arquivo
**in•dex fin•ger** [ˈɪndɛks ˌfɪŋgər] *s.* dedo indicador
**In•dia** [ˈɪndiə] *s.* Índia
**In•dian** [ˈɪndiən] *adj, s.* 1 indiano 2 índio
**in•di•cate** [ˈɪndəkeɪt] *v.* 1 indicar 2 dar a entender 3 BRIT dar seta
**in•di•ca•tion** [ɪndəˈkeɪʃən] *s.* 1 indício 2 previsão
**in•di•ca•tive** [ɪnˈdɪkətɪv] *s, adj.* 1 indicativo 2 **to be indicative of sth** ser indício de algo
**in•di•ca•tor** [ˈɪndəkeɪtər] *s.* 1 indicador 2 BRIT seta [de carro]
**in•di•ces** [ˈɪndəsiz] *spl.* ▸ *pl de* INDEX
**in•dict** [ɪnˈdaɪt] *v.* AM indiciar (***for*** *por*)
**in•dict•ment** [ɪnˈdaɪtmənt] *s.* 1 AM indiciamento 2 **to be an indictment of sth** ser uma denúncia contra algo
**in•dif•fer•ence** [ɪnˈdɪfrəns] *s.* indiferença
**in•dif•fer•ent** [ɪnˈdɪfrənt] *adj.* 1 indiferente 2 regular, medíocre
**in•dig•enous** [ɪnˈdɪdʒənəs] *adj.* 1 indígena 2 nativo (***to*** *de*)
**in•di•ges•tion** [ɪndɪˈdʒɛstʃən] *s.* indigestão
**in•dig•nant** [ɪnˈdɪgnənt] *adj.* indignado (***at*** *com*)
**in•dig•na•tion** [ɪndɪgˈneɪʃən] *s.* indignação
**in•dig•nity** [ɪnˈdɪgnəti] *s.* [*pl* **indignities**] humilhação
**in•di•rect** [ɪndaɪˈrɛkt] *adj.* indireto
**in•di•rect•ly** [ɪndaɪˈrɛktli] *adv.* indiretamente
**in•dis•creet** [ɪndɪˈskrit] *adj.* indiscreto
**in•dis•cre•tion** [ɪndɪˈskrɛʃən] *s.* indiscrição
**in•dis•crimi•nate** [ɪndɪˈskrɪmənət] *adj.* indiscriminado
**in•dis•pen•sable** [ɪndɪsˈpɛnsəbəl] *adj.* indispensável
**in•dis•put•able** [ɪndɪˈspjutəbəl] *adj.* incontestável
**in•dis•tinct** [ɪndɪˈstɪŋkt] *adj.* indistinto
**in•di•vid•ual** [ɪndəˈvɪdʒuəl] *adj.* 1 individual 2 específico [caso] 3 de cada um: *individual taste* o gosto de cada um 4 peculiar [estilo] 5 **each/the individual student, individual students etc.** cada aluno etc.: *That depends on the individual customer.* Isso depende de cada cliente. / *s.* indivíduo
**in•di•vidu•al•ity** [ɪndəvɪdʒuˈæləti] *s.* individualidade
**in•di•vid•ual•ly** [ɪndəˈvɪdʒuəli] *adv.* individualmente
**in•doc•tri•nate** [ɪnˈdɑktrəneɪt] *v.* doutrinar
**in•door** [ˈɪndɔr] *adj.* 1 de salão, indoor 2 **indoor plant** planta de interior 3 **indoor pool** piscina coberta
**in•doors** [ɪnˈdɔrz] *adv.* 1 dentro de casa 2 **to go indoors** ir para dentro
**in•duce** [ɪnˈdus] *v.* FORM 1 induzir 2 **to be induced** (gestante) ter o parto induzido 3 **to induce sb to do sth** induzir alguém a fazer algo
**in•duce•ment** [ɪnˈdusmənt] *s.* incentivo
**in•dulge** [ɪnˈdʌldʒ] *v.* 1 satisfazer [vontade, gosto] 2 fazer as vontades de 3 **to indulge in sth** permitir-se algo, entregar-se a algo 4 **to indulge yourself** satisfazer sua vontade
**in•dul•gence** [ɪnˈdʌldʒəns] *s.* 1 excesso 2 luxo 3 complacência

**in•dul•gent** [ɪnˈdʌldʒənt] *adj.* complacente
**in•dus•trial** [ɪnˈdʌstriəl] *adj.* industrial
**in•dus•tri•al•ist** [ɪnˈdʌstriəlɪst] *s.* industrial
**in•dus•tri•al•ized**, BRIT tb: **-ised** [ɪnˈdʌstriəlaɪzd] *adj.* industrializado
**in•dus•try** [ˈɪndəstri] *s.* [*pl* **industries**] indústria: *the music industry* a indústria da música
**in•ed•ible** [ɪnˈɛdəbəl] *adj.* 1 não comestível 2 incomível
**in•ef•fec•tive** [ɪnəˈfɛktɪv] *adj.* ineficaz
**in•ef•fi•ciency** [inəˈfɪʃənsi] *s.* ineficiência
**in•ef•fi•cient** [inəˈfɪʃənt] *adj.* ineficiente
**in•eli•gible** [ɪnˈɛlədʒəbəl] *adj.* **to be ineligible for sth/to do sth** não ter direito a algo/fazer algo
**in•ept** [ɪˈnɛpt] *adj.* inepto
**in•equal•ity** [ɪnɪˈkwɑləti] *s.* [*pl* **inequalities**] desigualdade
**in•ert** [ɪˈnɜrt] *adj.* inerte
**in•er•tia** [ɪˈnɜrʃə] *s.* inércia
**in•es•cap•able** [ɪnɪˈskeɪpəbəl] *adj.* inescapável, inelutável
**in•evi•table** [ɪˈnɛvətəbəl] *adj.* inevitável
**in•evi•tably** [ɪˈnɛvətəbli] *adv.* inevitavelmente
**in•ex•cus•able** [ɪnɪkˈskjuzəbəl] *adj.* indesculpável, imperdoável
**in•ex•haust•ible** [ɪnɪgˈzɔstəbəl] *adj.* inesgotável
**in•ex•pen•sive** [ɪnɪkˈspɛnsɪv] *adj.* barato
**in•ex•pe•ri•enced** [ɪnɪkˈspɪriənst] *adj.* inexperiente
**in•ex•pli•cable** [ɪniksˈplɪkəbəl] *adj.* inexplicável
**in•ex•tri•cably** [ɪnɪksˈtrɪkəbly] *adv.* inextricavelmente
**in•fal•lible** [ɪnˈfæləbəl] *adj.* infalível
**in•fa•mous** [ˈɪnfəməs] *adj.* infame, mal-afamado
**in•fan•cy** [ˈɪnfənsi] *s.* 1 primeira infância 2 **to be in its infancy** estar engatinhando
**in•fant** [ˈɪnfənt] *s.* FORM bebê
**in•fan•tile** [ˈɪnfəntaɪl] *adj.* infantil
**in•fant mor•tal•ity** [ˌɪnfənt mɔrˈtæləti] *s.* mortalidade infantil
**in•fan•try** [ˈɪnfəntri] *s.* infantaria
**infant school** [ˈɪnfənt skul] *s.* BRIT pré-escola
**in•fatu•at•ed** [ɪnˈfætʃueɪtɪd] *adj.* encantado (***with*** *por*)
**in•fat•ua•tion** [ɪnfætʃuˈeɪʃən] *s.* encantamento (***with*** *por*)
**in•fect** [ɪnˈfɛkt] *v.* 1 infectar 2 contagiar 3 infeccionar
**in•fec•tion** [ɪnˈfɛkʃən] *s.* 1 infecção 2 contágio
**in•fec•tious** [ɪnˈfɛkʃəs] *adj.* 1 contagioso 2 contagiante
**in•fer** [ɪnˈfɜr] *v.* [**-rr-**] deduzir, concluir
▸ Muitos nativos do inglês usam o verbo ***infer*** de forma incorreta, no sentido de *sugerir, insinuar.*
**in•fer•ence** [ˈɪnfərəns] *s.* conclusão
**in•fe•ri•or** [ɪnˈfɪriər] *adj, s.* inferior (***to*** *a*)
**in•fe•ri•or•ity** [ɪnfɪriˈɔrəti] *s.* inferioridade: *an inferiority complex* um complexo de inferioridade
**in•fer•tile** [ɪnˈfɜrtl, *Brit*: ɪnˈfɜrtaɪl] *adj.* 1 infértil 2 improdutivo
**in•fer•til•ity** [ɪnfərˈtɪləti] *s.* infertilidade
**in•fest** [ɪnˈfɛst] *v.* infestar
**in•fi•del•ity** [ɪnfəˈdɛləti] *s.* [*pl* **infidelities**] infidelidade
**in•fil•trate** [ˈɪnfəltreɪt] *v.* infiltrar-se (em)
**in•fi•nite** [ˈɪnfənət] *adj.* infinito
**in•fi•nite•ly** [ˈɪnfənətli] *adv.* infinitamente
**in•fini•tive** [ɪnˈfɪnətɪv] *s.* infinitivo
**in•fin•ity** [ɪnˈfɪnəti] *s.* infinito
**in•fir•ma•ry** [ɪnˈfɜrməri] *s.* [*pl* **infirmaries**] 1 hospital 2 enfermaria
**in•flamed** [ɪnˈfleɪmd] *adj.* inflamado
**in•flam•mable** [ɪnˈflæməbəl] *adj.* inflamável
**in•flam•ma•tion** [ɪnfləˈmeɪʃən] *s.* inflamação
**in•flam•ma•tory** [ɪnˈflæmətɔri] *adj.* incendiário
**in•flat•able** [ɪnˈfleɪtəbəl] *adj.* inflável / *s.* bote inflável
**in•flate** [ɪnˈfleɪt] *v.* 1 inflar 2 inflacionar
**in•fla•tion** [ɪnˈfleɪʃən] *s.* inflação
**in•flex•ible** [ɪnˈflɛksəbəl] *adj.* 1 inflexível 2 intransigente

**in•flict** [ɪn'flɪkt] *v.* 1 infligir (*on a*) 2 impingir (*on a*)
**in•flu•ence** ['ɪnfluəns] *s.* influência (*on em*) / *v.* influenciar, influir em
**in•flu•en•tial** [ɪnflu'ɛnʃəl] *adj.* influente
**in•flu•en•za** [ɪnflu'ɛnzə] *s.* FORM gripe
**in•flux** ['ɪnflʌks] *s.* afluência
**in•form** [ɪn'fɔrm] *v.* 1 informar a 2 **to inform on sb** delatar alguém (*to a*) 3 **to inform sb about/of sth** informar alguém sobre/de algo 4 **to keep sb informed** manter alguém informado
**in•for•mal** [ɪn'fɔrməl] *adj.* informal
**in•form•ant** [ɪn'fɔrmənt] *s.* informante
**in•for•ma•tion** [ɪnfər'meɪʃən] *s.* informações (***about/on*** *sobre*): *a piece of information* uma informação
**in•for•ma•tion tech•nol•ogy** [ɪnfər ˌmeɪʃən tɛk'nɑlədʒi] *s.* informática
**in•forma•tive** [ɪn'fɔrmətɪv] *adj.* informativo
**in•formed** [ɪn'fɔrmd] *adj.* consciente, criterioso [escolha, decisão]
**in•form•er** [ɪn'fɔrmər] *s.* informante
**infra•struc•ture** ['ɪnfrəstrʌktʃər] *s.* infraestrutura
**in•fre•quent** [ɪn'frikwənt] *adj.* pouco frequente, raro
**in•fre•quent•ly** [ɪn'frikwəntli] *adv.* com pouca frequência
**in•fringe** [ɪn'frɪndʒ] *v.* 1 infringir [lei, regra] 2 violar [direito]
**in•furi•at•ing** [ɪn'fjʊrieɪtɪŋ] *adj.* enlouquecedor, exasperante
**in•fuse** [ɪn'fjuz] *v.* FORM infundir (***into*** *a/em*)
**in•gen•ious** [ɪn'dʒiniəs] *adj.* engenhoso
**in•genu•ity** [ɪndʒə'nuəti] *s.* engenhosidade
**in•grati•tude** [ɪn'grætətud] *s.* ingratidão
**in•gre•di•ent** [ɪn'gridiənt] *s.* ingrediente
**in•hab•it** [ɪn'hæbɪt] *v.* habitar
**in•hab•it•ant** [ɪn'hæbətənt] *s.* habitante
**in•hale** [ɪn'heɪl] *v.* 1 inalar 2 tragar [fumaça de cigarro]
**in•her•ent** [ɪn'hɪrənt] *adj.* inerente (***in*** *a*)
**in•her•it** [ɪn'hɛrɪt] *v.* herdar
**in•her•it•ance** [ɪn'hɛrɪtəns] *s.* herança
**in•hib•it** [ɪn'hɪbɪt] *v.* 1 inibir 2 **to inhibit sb from doing sth** inibir alguém de fazer algo
**in•hi•bi•tion** [ɪnhɪ'bɪʃən] *s.* inibição
**in•hos•pi•table** [ɪnhɑ'spɪtəbəl] *adj.* 1 inóspito [lugar] 2 inospitaleiro [povo]
**in•hu•man** [ɪn'hjumən] *adj.* 1 desumano 2 inumano
**ini•tial** [ɪ'nɪʃəl] *adj, s.* inicial / *v.* rubricar
**ini•tial•ly** [ɪ'nɪʃəli] *adv.* no início, inicialmente
**ini•ti•ate** [ɪ'nɪʃieɪt] *v.* 1 iniciar, dar início a 2 **to initiate sb into sth** iniciar alguém em algo
**ini•tia•tion** [ɪnɪʃi'eɪʃən] *s.* iniciação
**ini•tia•tive** [ɪ'nɪʃətɪv] *s.* 1 iniciativa 2 **on your own initiative** por iniciativa própria 3 **to take the initiative** tomar a iniciativa
**in•ject** [ɪn'dʒɛkt] *v.* 1 injetar (***into*** *em*) 2 **to inject sb with sth** injetar algo em alguém
**in•jec•tion** [ɪn'dʒɛkʃən] *s.* 1 injeção 2 **to have an injection** tomar uma injeção
**in•jure** ['ɪndʒər] *v.* 1 ferir 2 **to be/get injured** a ferir-se, ficar ferido b lesionar-se [atleta]
**in•jured** ['ɪndʒərd] *adj.* 1 ferido 2 lesionado [atleta, jogador]
**in•ju•ry** ['ɪndʒəri] *s.* [*pl* **injuries**] 1 ferimento: *minor injuries* ferimentos leves 2 lesão [de atleta]
**in•ju•ry time** ['ɪndʒəri taɪm] *s.* BRIT os acréscimos [de jogo]
**in•jus•tice** [ɪn'dʒʌstɪs] *s.* injustiça
**ink** ['ɪŋk] *s.* 1 tinta [de escrever ou imprimir] 2 **to write in ink** escrever à tinta
**ink•ling** ['ɪŋklɪŋ] *s.* 1 palpite 2 noção
**in•land** *adj.* ['ɪnlænd](do) interior / *adv.* [ɪn'lænd] para o/no interior
**In•land Rev•enue** [ˌɪnlænd'rɛvənju] *s.* BRIT o fisco britânico
**in-laws** ['ɪnlɔz] *spl.* FAM sogros
**in•let** ['ɪnlɛt] *s.* enseada
**in•mate** ['ɪnmeɪt] *s.* 1 interno [de instituição] 2 presidiário

**inn** [ɪn] *s.* pousada
**in•nate** [ɪˈneɪt] *adj.* inato
**in•ner** [ˈɪnər] *adj.* 1 interior, interno 2 íntimo
**in•ner city** [ˌɪnərˈsɪti] *s.* [*pl* **cities**] centro urbano / **inner-city** *adj.* dos centros urbanos
**in•ner tube** [ˈɪnər tub] *s.* câmara de ar
**in•ning** [ˈɪnɪŋz] *s.* rodada [vez de rebater em beisebol]
**in•no•cence** [ˈɪnəsəns] *s.* 1 inocência 2 ingenuidade
**in•no•cent** [ˈɪnəsənt] *adj.* 1 inocente (***of*** *de*) 2 ingênuo
**in•nocu•ous** [ɪˈnɑkjuəs] *adj.* inócuo, inofensivo
**in•no•va•tion** [ɪnəˈveɪʃən] *s.* 1 inovação 2 novidade
**in•no•va•tive** [ˈɪnəveɪtɪv] *adj.* inovador
**in•nu•en•do** [ɪnjuˈɛndoʊ] *s.* [*pl* **innuendoes/innuendos**] 1 insinuação 2 malícia
**in•nu•mer•able** [iˈnjumərəbəl] *adj.* inúmeros
**in•ocu•late** [ɪˈnɑkjəleɪt] *v.* vacinar (***against*** *contra*)
**in•of•fen•sive** [ɪnəˈfɛnsɪv] *adj.* inofensivo [pessoa, comentário]
**in•put** [ˈɪnpʊt] *s.* 1 contribuição 2 entrada [de dados]
**in•quest** [ˈɪŋkwɛst] *s.* perícia do IML (***into*** *sobre*)
**in•quire** [ɪnˈkwaɪr] *v.* 1 pedir uma informação 2 informar-se (***about*** *sobre*) 3 FORM indagar, perguntar
**in•quiry** [ɪnˈkwaɪri, ˈɪŋkwəri] *s.* [*pl* **inquiries**] 1 pedido de informação (***about*** *sobre*) 2 indagação 3 inquérito (***into*** *sobre*) 4 investigação [policial] 5 **to make inquiries** informar-se
**in•quisi•tive** [ɪnˈkwɪzətɪv] *adj.* inquisitivo, curioso
**in•roads** [ˈɪnroʊdz] *spl.* **to make inroads into sth** a impactar em/afetar algo b adiantar algo [trabalho]
**in•sane** [ɪnˈseɪn] *adj.* 1 maluco 2 insano
**in•san•ity** [ɪnˈsænəti] *s.* [*pl* **insanities**] 1 loucura 2 insanidade mental
**in•scribe** [ɪnˈskraɪb] *v.* gravar (***on/in*** *em*)
**in•scrip•tion** [ɪnˈskrɪpʃən] *s.* 1 inscrição 2 dedicatória
**in•sect** [ˈɪnsɛkt] *s.* inseto
**in•sec•ti•cide** [ɪnˈsɛktəsaɪd] *s.* inseticida
**in•secure** [ɪnsɪˈkjʊr] *adj.* inseguro
**in•secu•rity** [ɪnsɪˈkjʊrəti] *s.* [*pl* **insecurities**] insegurança
**in•sen•si•tive** [ɪnˈsɛnsətɪv] *adj.* 1 insensível (***to*** *a*) 2 indelicado [comentário, pergunta]
**in•sepa•rable** [ɪnˈsɛpərəbəl] *adj.* inseparável
**in•sert** *v.* [ɪnˈsɜrt] inserir / *s.* [ˈɪnsɜrt] encarte
**in•side** [ˈɪnsaɪd, ɪnˈsaɪd] *adv.* 1 (para) dentro 2 dentro de casa / *prep.* dentro de: *inside the house* dentro da casa / *s.* 1 lado/parte de dentro, interior 2 **inside out** do avesso [roupa] 3 **on the inside** a por dentro b do lado de dentro 4 **to know sth inside (and) out** conhecer algo de trás para frente 5 **to turn sth inside out** a virar algo do avesso b revirar/vasculhar algo / *adj.* 1 interno 2 **inside lane** a AM faixa de ultrapassagem b BRIT faixa de baixa velocidade c raia interna 3 **the inside story** o outro lado da história
**in•sight** [ˈɪnsaɪt] *s.* 1 perspectiva, percepção (***into*** *sobre*) 2 perspicácia
**in•sig•nifi•cance** [ɪnsɪgˈnɪfəkəns] *s.* insignificância
**in•sig•nifi•cant** [ɪnsɪgˈnɪfəkənt] *adj.* insignificante
**in•sin•cere** *adj.* [ɪnsɪnˈsɪr] falso, dissimulado
**in•sin•cer•ity** [ɪnsɪnˈsɛrəti] *s.* falsidade
**in•sinu•ate** [ɪnˈsɪnjueɪt] *v.* insinuar
**in•sist** [ɪnˈsɪst] *v.* 1 insistir 2 **to insist on (doing) sth** insistir em (fazer) algo
**in•sist•ence** [ɪnˈsɪstəns(i)] *s.* insistência
**in•sist•ent** [ɪnˈsɪstənt] *adj.* 1 insistente 2 **to be insistent that .../on sth** insistir em que .../em algo
**in•so•lence** [ˈɪnsələns] *s.* insolência
**in•so•lent** [ˈɪnsələnt] *adj.* insolente
**in•som•nia** [ɪnˈsɑmniə] *s.* insônia
**in•spect** [ɪnˈspɛkt] *v.* 1 examinar 2 inspecionar 3 vistoriar

**in•spec•tion** [ɪn'spɛkʃən] *s.* 1 exame: *on close inspection* após exame minucioso 2 inspeção 3 vistoria
**in•spec•tor** [ɪn'spɛktər] *s.* 1 inspetor, fiscal 2 comissário [de polícia]
**in•spi•ra•tion** [ɪnspə'reɪʃən] *s.* inspiração
**in•spire** [ɪn'spaɪr] *v.* 1 motivar, instigar 2 inspirar [confiança etc.] 3 **to be inspired by sth** ser inspirado em algo [obra] 4 **to inspire sb to do sth** motivar/instigar alguém a fazer algo
**in•spir•ing** [ɪn'spaɪrɪŋ] *adj.* inspirador
**in•stabil•ity** [ɪnstə'bɪləti] *s.* instabilidade
**in•stall** [ɪn'stɔl] *v.* instalar
**in•stal•la•tion** [ɪnstə'leɪʃən] *s.* instalação
**in•stall•ment**, BRIT: **in•stal•ment** [ɪn'stɔlmənt] *s.* 1 prestação [pagamento] 2 capítulo [de novela] 3 fascículo
**in•stance** ['ɪnstəns] *s.* 1 caso 2 **for instance** por exemplo 3 **in the first instance** em primeiro lugar
**in•stant** ['ɪnstənt] *adj.* 1 instantâneo 2 imediato / *s.* instante
**in•stan•ta•neous** [ɪnstən'teɪniəs] *adj.* instantâneo
**in•stant•ly** ['ɪnstəntli] *adv.* 1 na hora 2 instantaneamente
**in•stant re•play** [ˌɪnstənt'ripleɪ] *s.* AM replay
**in•stead** [ɪn'stɛd] *adv.* 1 em vez disso 2 no seu/meu lugar 3 **instead of (doing) sth** em vez de (fazer) algo 4 **instead of sb** no lugar de alguém
**in•sti•gate** ['ɪnstəgeɪt] *v.* 1 instaurar 2 incitar, fomentar
**in•still**, BRIT: **in•stil** [ɪn'stɪl] *v.* [-ll-] **to instill sth into/in sb** incutir/infundir algo em alguém
**in•stinct** ['ɪnstɪŋkt] *s.* instinto
**in•stinc•tive** [ɪn'stɪŋktɪv] *adj.* instintivo
**in•sti•tute** ['ɪnstətut] *s.* instituto / *v.* FORM instituir
**in•sti•tu•tion** [ɪnstə'tuʃən] *s.* instituição
**in•sti•tu•tion•al** [ɪnstə'tuʃənəl] *adj.* institucional
**in•struct** [ɪn'strʌkt] *v.* 1 **to instruct sb to do sth** mandar alguém fazer algo, instruir alguém a fazer algo 2 **to instruct sb in sth** FORM instruir alguém em/sobre algo
**in•struc•tion** [ɪn'strʌkʃən] *s.* 1 FORM instrução (***in*** *sobre*) 2 **instructions** **a** instruções **b** ordens
**in•struc•tive** [ɪn'strʌktɪv] *adj.* instrutivo
**in•struc•tor** [ɪn'strʌktər] *s.* instrutor: *a driving instructor* um instrutor de autoescola
**in•stru•ment** ['ɪnstrəmənt] *s.* instrumento
**in•stru•men•tal** [ɪnstrə'mɛntl] *adj.* 1 instrumental 2 **to be instrumental in (doing) sth** FORM ter um papel fundamental em (fazer) algo, concorrer para (fazer) algo
**in•suf•fi•cient** [ɪnsə'fɪʃənt] *adj.* insuficiente
**in•su•late** ['ɪnsəleɪt] *v.* 1 isolar 2 vedar
**in•su•la•tion** [ɪnsə'leɪʃən] *s.* 1 isolamento 2 vedação
**in•sult** *v.* [ɪn'sʌlt] ofender / *s.* ['ɪnsʌlt] 1 ofensa 2 **to add insult to injury** para piorar
**in•sult•ing** [ɪn'sʌltɪŋ] *adj.* ofensivo (***to*** *a*)
**in•sur•ance** [ɪn'ʃʊrəns] *s.* 1 seguro (***against*** *contra*, ***on*** *de*): *an insurance company* uma seguradora 2 **to claim on the insurance** acionar o seguro 3 **to take out insurance** fazer um seguro
**in•sure** [ɪn'ʃʊr] *v.* 1 pôr no seguro 2 AM garantir 3 AM verificar, certificar-se 4 **to be insured** **a** estar no seguro [bem] **b** ter seguro [pessoa]
**in•su•rmount•able** [ɪnsər'maʊntəbəl] *adj.* insuperável
**in•tact** [ɪn'tækt] *adj.* intacto
**in•take** ['ɪnteɪk] *s.* 1 consumo [de comida etc.] 2 número de admissões
**in•te•gral** ['ɪntəgrəl, ɪn'tɛgrəl] *adj.* 1 integrante 2 **to be integral to sth** ser parte integrante de algo
**in•te•grate** ['ɪntəgreɪt] *v.* integrar(-se) (***into*** *a/em*, ***with*** *com*)
**in•te•gra•tion** [ɪntə'greɪʃən] *s.* 1 integração (***into*** *em*, ***with*** *com*) 2 integração racial

**in•teg•rity** [ɪn'tɛgrəty] *s.* integridade
**in•tel•lect** ['ɪntəlɛkt] *s.* intelecto, inteligência
**in•tel•lec•tual** [ɪntə'lɛktʃuəl] *adj, s.* intelectual
**in•tel•li•gence** [ɪn'tɛlədʒəns] *s.* 1 inteligência 2 informações [sobre inimigos] 3 serviço de informações
**in•tel•li•gent** [ɪn'tɛlədʒənt] *adj.* inteligente
**in•tel•li•gi•ble** [ɪn'tɛlədʒəbəl] *adj.* inteligível
**in•tend** [ɪn'tɛnd] *v.* 1 pretender 2 **sb intends sb/sth to do sth** é a intenção de alguém que alguém/algo faça algo: *I didn't intend him to read the letter.* Não era minha intenção que ele lesse a carta. 3 **to be intended as sth** ser pensado como algo 4 **to be intended for sb/sth** ser destinado a alguém/algo 5 **to be intended to do sth** destinar-se a fazer algo 6 **to intend to do sth/intend doing sth** pretender fazer algo
**in•tense** [ɪn'tɛns] *adj.* 1 intenso 2 forte [interesse, antipatia]
**in•tense•ly** [ɪn'tɛnsli] *adv.* 1 intensamente 2 extremamente
**in•ten•si•fy** [ɪn'tɛnsəfaɪ] *v.* intensificar(-se)
**in•ten•sity** [ɪn'tɛnsəti] *s.* intensidade
**in•ten•sive** [ɪn'tɛnsɪv] *adj.* intensivo
**in•ten•sive care** [ɪnˌtɛnsɪv'kɛr] *s.* **in intensive care** na UTI
**in•tent** [ɪn'tɛnt] *adj.* 1 compenetrado (*on em*) 2 **to be intent on doing sth** estar determinado a fazer algo / *s.* 1 intenção, intuito 2 **for/to all intents and purposes** para todos os efeitos
**in•ten•tion** [ɪn'tɛnʃən] *s.* 1 intenção 2 **to have every/no intention of doing sth** ter a firme/não ter a menor intenção de fazer algo
**in•ten•tion•al** [ɪn'tɛnʃənəl] *adj.* intencional
**in•ten•tion•al•ly** [ɪn'tɛnʃənəli] *adv.* intencionalmente, de propósito
**in•tent•ly** [ɪn'tɛntli] *adv.* 1 atentamente 2 fixamente
**inter•act** [ɪntər'ækt] *v.* interagir (***with*** *com*)
**inter•ac•tion** [ɪntər'ækʃən] *s.* interação (***with*** *com*)
**inter•ac•tive** [ɪntər'æktɪv] *adj.* interativo
**inter•cept** [ɪntər'sɛpt] *v.* interceptar
**inter•change** *s.* ['ɪntərtʃeɪndʒ] 1 intercâmbio 2 trevo [rodoviário] / *v.* [ɪntər'tʃeɪndʒ] intercambiar, permutar
**inter•change•able** [ɪntər'tʃeɪndʒəbəl] *adj.* intercambiável, permutável (***with*** *com*)
**inter•com** [ɪntərkəm] *s.* interfone
**inter•con•nect•ed** [ɪntərkə'nɛktɪd] *adj.* interligado
**inter•course** ['ɪntərkɔrs] *s.* (tb **sexual intercourse**) relações (sexuais)
**in•ter•est** ['ɪntrɛst] *s.* 1 interesse (***in*** *em/por*) 2 juros (***on*** *sobre*): *interest rates* as taxas de juros 3 participação (***in*** *em*) 4 **in the interest(s) of sth** no interesse de algo 5 **to be of (no) interest to sb** (não) interessar a alguém 6 **to show an interest in (doing) sth** mostrar interesse em (fazer) algo 7 **to take an interest in sth** interessar-se por algo / *v.* 1 interessar a 2 despertar o interesse de (***in*** *por*)
**in•ter•est•ed** ['ɪntrɛstɪd] *adj.* 1 interessado (***in*** *em*) 2 **to be interested in doing sth** ter interesse em fazer algo 3 **to be interested in sth** interessar-se por algo
**in•ter•est•ing** ['ɪntrɛstɪŋ] *adj.* interessante
**in•ter•est•ing•ly** ['ɪntrɛstɪŋli] *adv.* o interessante é que
**inter•fere** [ɪntər'fɪr] *v.* 1 intrometer-se (***in*** *em*) 2 **to interfere with sth** atrapalhar/prejudicar algo
**inter•fer•ence** [ɪntər'fɪrəns] *s.* 1 intromissão (***in*** *em*) 2 interferência
**inter•fer•ing** [ɪntər'fɪrɪŋ] *adj.* intrometido
**in•ter•im** ['ɪntərɪm] *adj.* interino / *s.* **in the interim** nesse ínterim
**in•te•ri•or** [ɪn'tɪriər] *s.* interior / *adj.* interno
**inter•jec•tion** [ɪntər'dʒɛkʃən] *s.* interjeição
**inter•lude** ['ɪntərlud] *s.* 1 intervalo 2 interlúdio
**inter•medi•ate** [ɪntər'midiət] *s, adj.* 1 intermediário 2 de nível intermediário
**inter•mis•sion** [ɪntər'mɪʃən] *s.* intervalo
**inter•mit•tent** [ɪntər'mɪtənt] *adj.* intermitente

**in•tern** *s.* [ˈɪntɜrn] 1 estagiário 2 residente [médico] / *v.* [ɪnˈtɜrn] confinar

**in•ter•nal** [ɪnˈtɜrnəl] *adj.* 1 interno 2 **internal flight** voo doméstico

**in•ter•nal•ly** [ɪnˈtɜrnəli] *adv.* internamente

**inter•nation•al** [ɪntərˈnæʃənəl] *adj.* internacional

**Inter•net** [ˈɪntərnɛt] *s.* Internet: *Internet dating* namoro on-line

**Inter•net Ser•vice Pro•vid•er** [ˌɪntərnɛtˈsɜrvɪs prəˌvaɪdər] *s.* provedor de Internet

**intern•ship** [ˈɪntɜrnʃɪp] *s.* AM 1 estágio 2 residência [médica]

**in•ter•pret** [ɪnˈtɜrprɪt] *v.* 1 interpretar 2 traduzir [oralmente]

**in•ter•pre•ta•tion** [ɪntɜrprəˈteɪʃən] *s.* interpretação

**in•ter•pret•er** [ɪnˈtɜrprətər] *s.* intérprete [tradutor]

**inter•re•lated** [ɪntərɪˈleɪtɪd] *adj.* inter-relacionado

**in•ter•ro•gate** [ɪnˈtɛrəgeɪt] *v.* interrogar

**in•ter•ro•ga•tion** [ɪntɛrəˈgeɪʃən] *s.* interrogatório

**in•ter•roga•tive** [ɪntəˈrɑgətɪv] *adj.* interrogativo

**in•ter•rupt** [ɪntəˈrʌpt] *v.* interromper

**in•ter•rup•tion** [ɪntəˈrʌpʃən] *s.* interrupção

**inter•sect** [ɪntərˈsɛkt] *v.* cruzar(-se), entrecortar(-se)

**inter•sec•tion** [ˈɪntərsɛkʃən] *s.* cruzamento

**inter•sperse** [ɪntərˈspɜrs] *v.* entremear (***with*** *com*)

**in•ter•val** [ˈɪntərvəl] *s.* 1 intervalo 2 **at hourly/two-minute etc. intervals** em intervalos de uma hora/dois minutos etc. 3 **at regular intervals** a intervalos regulares 4 **sunny intervals** períodos de sol

**inter•vene** [ɪntərˈvin] *v.* intervir, interferir (***in*** *em*)

**inter•ven•ing** [ɪntərˈvinɪŋ] *adj.* decorrido desde então [tempo, anos]

**inter•ven•tion** [ɪntərˈvɛnʃən] *s.* intervenção (***in*** *em*)

**inter•view** [ˈɪntərvju] *s.* entrevista / *v.* entrevistar

**inter•viewee** [ɪntərvjuˈi] *s.* entrevistado

**inter•view•er** [ˈɪntərvjuər] *s.* entrevistador

**in•tes•tine** [ɪnˈtɛstɪn] *s.* intestino

**in•ti•ma•cy** [ˈɪntəməsi] *s.* intimidade

**in•ti•mate** [ˈɪntəmət] *adj.* 1 íntimo 2 aconchegante [ambiente] 3 profundo [conhecimento]

**in•timi•date** [ɪnˈtɪmədeɪt] *v.* intimidar

**in•timi•dat•ing** [ɪnˈtɪmədeɪtɪŋ] *adj.* intimidante

**in•timi•da•tion** [ɪntɪməˈdeɪʃən] *s.* intimidação

**into** [ˈɪntu] *prep.* 1 em 2 **to be into sth** FAM curtir algo

**in•tol•er•able** [ɪnˈtɑlərəbəl] *adj.* intolerável

**in•tol•er•ance** [ɪnˈtɑlərəns] *s.* intolerância

**in•tol•er•ant** [ɪnˈtɑlərənt] *adj.* intolerante (***of*** *a*): *lactose-intolerant* intolerante à lactose

**in•to•na•tion** [ɪntəˈneɪʃən] *s.* entonação

**in•toxi•cat•ed** [ɪnˈtɑksəkeɪtɪd] *adj.* FORM embriagado

**in•trep•id** [ɪnˈtrɛpɪd] *adj.* intrépido

**in•tri•ca•cy** [ˈɪntrəkəsi] *s.* [*pl* **intricacies**] complexidade

**in•tri•cate** [ˈɪntrəkət] *adj.* intrincado

**in•trigue** *v.* [ɪnˈtrig] intrigar / *s.* [ˈɪntrig] intriga

**in•tri•guing** [ɪnˈtrigɪŋ] *adj.* intrigante

**in•trin•sic** [ɪnˈtrɪnzɪk] *adj.* intrínseco

**intro•duce** [ɪntrəˈdus] *v.* 1 apresentar [pessoas, programa de TV] 2 introduzir (***into*** *em*) 3 **to introduce sb to sb** apresentar alguém a alguém 4 **to introduce sb to sth** iniciar alguém em algo 5 **to introduce yourself** apresentar-se [falar o nome etc.]

**intro•duc•tion** [ɪntrəˈdʌkʃən] *s.* 1 introdução (***to*** *a*) 2 apresentação [de pessoas] 3 iniciação (***to*** *em*)

**intro•duc•tory** [ɪntrəˈdʌktəri] *adj.* 1 introdutório 2 **introductory offer** promoção de lançamento

**intro•vert** [ˈɪntrəvɜrt] *s.* introvertido

**intro•vert•ed** [ɪntrəˈvɜrtɪd] *adj.* introvertido

**in•trude** [ɪn'trud] *v.* intrometer-se (***into/on*** *em*)
**in•trud•er** [ɪn'trudər] *s.* intruso
**in•tru•sion** [ɪn'truʒən] *s.* intrusão (***into/on*** *em*)
**in•tru•sive** [ɪn'trusɪv] *adj.* intrusivo
**in•tui•tion** [ɪntu'ɪʃən] *s.* intuição
**in•tui•tive** [ɪn'tuətɪv] *adj.* intuitivo
**in•un•date** ['ɪnʌndeɪt] *v.* 1 FORM inundar 2 **to be inundated with sth** receber uma enxurrada de algo [ligações, e-mails etc.]
**in•vade** [ɪn'veɪd] *v.* invadir
**in•vad•er** [ɪn'veɪdər] *s.* invasor
**in•va•lid**[1] [ɪn'vælɪd] *adj.* 1 sem validade 2 inválido [argumento] 3 **to be invalid** não ter validade
**in•va•lid**[2] ['ɪnvəlɪd] *s, adj.* inválido [pessoa]
**in•valu•able** [ɪn'væljəbəl] *adj.* inestimável
**in•vari•ably** [ɪn'vɛriəbli] *adj.* invariavelmente
**in•va•sion** [ɪn'veɪʒən] *s.* invasão
**in•vent** [ɪn'vɛnt] *v.* inventar
**in•ven•tion** [ɪn'vɛnʃən] *s.* 1 invenção 2 invento
**in•ven•tive** [ɪn'vɛntɪv] *adj.* inventivo
**in•ven•tor** [ɪn'vɛntər] *s.* inventor
**in•ven•tory** ['ɪnvɛntɔri] *s.* [*pl* **inventories**] inventário
**in•vert•ed com•mas** [ɪn'vɜrt] *spl.* BRIT aspas
**in•vest** [ɪn'vɛst] *v.* investir (***in*** *em*)
**in•ves•ti•gate** [ɪn'vɛstəgeɪt] *v.* 1 investigar 2 apurar
**in•ves•ti•ga•tion** [invɛstə'geɪʃən] *s.* investigação (***into*** *de/sobre*)
**in•ves•ti•gative** [ɪn'vɛstəgətɪv] *adj.* investigativo
**in•ves•ti•ga•tor** [ɪn'vɛstəgeɪtər] *s.* investigador
**in•vest•ment** [ɪn'vɛstmənt] *s.* investimento
**in•ves•tor** [ɪn'vɛstər] *s.* investidor
**in•vig•or•at•ing** [ɪn'vɪgəreɪtɪŋ] *adj.* revigorante
**in•vin•cible** [ɪn'vɪnsəbəl] *adj.* invencível
**in•vis•ible** [ɪn'vɪzəbəl] *s.* invisível
**in•vi•ta•tion** [ɪnvə'teɪʃən] *s.* convite (***to*** *para*)
**in•vite** *v.* [ɪn'vaɪt] 1 convidar (***to*** *para*) 2 solicitar, pedir 3 atrair, provocar [problemas, críticas] 4 **to invite sb for dinner/a drink etc.** convidar alguém para jantar/um drinque etc. 5 **to invite sb to do sth** **a** convidar alguém para fazer algo **b** solicitar a alguém que faça algo
**invite along: to invite sb along** chamar alguém para ir junto
**invite back: to invite sb back (to your house)** convidar alguém para ir na sua casa [no final da noite]
**invite in: to invite sb in** convidar alguém para entrar
**invite out: to invite sb out** convidar alguém para sair
**invite over: to invite sb over** convidar alguém para vir na sua casa
**invite round** BRIT ▸ = INVITE OVER / *s.* ['ɪnvaɪt] FAM convite (***to*** *para*)
**in•vit•ing** [ɪn'vaɪtɪŋ] *adj.* convidativo
**in•voice** ['ɪnvɔɪs] *s.* fatura
**in•vol•un•tary** [ɪn'vɑlənteri] *adj.* involuntário
**in•volve** [ɪn'vɑlv] *v.* 1 envolver (***in*** *em*) 2 implicar (em) 3 consistir em 4 incluir (***in*** *em*) 5 **to be involved** **a** estar envolvido/metido (***in*** *em*, ***with*** *com*) **b** participar (***in*** *de*) 6 **to get involved** envolver-se, meter-se (***in*** *em*, ***with*** *com*)
**in•volved** [ɪn'vɑlvd] *adj.* complicado
**in•volve•ment** [ɪn'vɑlvmənt] *s.* 1 envolvimento (***in*** *em*, ***with*** *com*) 2 participação (***in*** *em*)
**in•ward** ['ɪnwərd] *adj.* 1 íntimo 2 interno / *adv.* (tb **inwards**) para dentro
**in•ward•ly** ['ɪnwərdli] *adv.* intimamente
**IQ** [aɪ 'kju] *s.* (= **intelligence quotient**) QI
**irate** [aɪ'reɪt] *adj.* exaltado, nervoso
**Ire•land** ['aɪrlənd] *s.* Irlanda
**iris** ['aɪrɪs] *s.* íris
**Irish** ['aɪrɪʃ] *adj.* 1 irlandês 2 **the Irish** os irlandeses

**Irish•man** [ˈaɪrɪʃmən] *s.* [*pl* **Irishmen**] irlandês
**Irish•woman** [ˈaɪrɪʃwʊmən] *s.* [*pl* **Irishwomen**] irlandesa
**iron** [ˈaɪərn] *s.* **1** ferro [metal]: *an iron bar* uma barra de ferro **2** ferro (de passar roupa) / *v.* **1** passar a ferro **2** passar roupa **iron out: to iron sth out** resolver algo
**iron•ic, ironi•cal** [aɪˈrɑnɪk(əl)] *adj.* irônico
**ironi•cal•ly** [aɪˈrɑnɪkli] *adv.* ironicamente
**iron•ing** [ˈaɪərnɪŋ] *s.* **1** roupa para passar **2** roupa passada **3 to do the ironing** passar roupa
**iron•ing board** [ˈaɪərnɪŋ bɔrd] *s.* tábua de passar roupa
**iro•ny** [ˈaɪrəni] *s.* [*pl* **ironies**] ironia
**ir•ra•tion•al** [ɪˈræʃənəl] *adj.* irracional
**ir•regu•lar** [ɪˈrɛgjələr] *adj.* irregular
**ir•rel•evance** [ɪˈrɛləvəns] *s.* irrelevância
**ir•rel•evant** [ɪˈrɛləvənt] *adj.* irrelevante (***to*** *para*)
**ir•re•place•able** [ɪrɪˈpleɪsəbəl] *adj.* insubstituível
**ir•re•press•ible** [ɪrɪˈprɛsəbəl] *adj.* irreprimível
**ir•re•sist•ible** [ɪrɪˈzɪstəbəl] *adj.* irresistível
**ir•re•spec•tive** [ɪrɪˈspɛktɪv] *adv.* **irrespective of sth** independente de algo
**ir•re•spon•sible** [ɪrɪˈspɑnsəbəl] *adj.* irresponsável
**ir•ri•ga•tion** [ɪrɪˈgeɪʃən] *s.* irrigação
**ir•ri•table** [ˈɪrətəbəl] *adj.* irritadiço, atacado
**ir•ri•tate** [ˈɪrəteɪt] *v.* **1** irritar **2 to be/get irritated** estar/ficar irritado (***with*** *com*)
**ir•ri•tat•ing** [ˈɪrəteɪtɪŋ] *adj.* irritante
**ir•ri•ta•tion** [ɪrɪˈteɪʃən] *s.* **1** irritação **2** aborrecimento
**IRS** [aɪɑrˈɛs] *s.* AM (= Internal Revenue Service) o fisco dos EUA
**is** [ɪz] *v.* ▸ *3ª pessoa do singular do presente do verbo* BE
**Is•lam** [ˈɪzlɑm] *s.* islamismo, Islã
**Is•lam•ic** [ɪzˈlæmɪk] *adj.* islâmico
**is•land** [ˈaɪlənd] *s.* ilha
**is•land•er** [ˈaɪləndər] *s.* ilhéu
**isle** [aɪl] *s.* ilha [usado em nomes]: *the British Isles* as Ilhas Britânicas
**isn't** [ˈɪzənt] *contr.* ▸ = IS NOT
**iso•late** [ˈaɪsəleɪt] *v.* isolar
**iso•lat•ed** [ˈaɪsəleɪtɪd] *adj.* isolado
**iso•la•tion** [aɪsəˈleɪʃən] *s.* **1** isolamento **2 in isolation** isoladamente
**ISP** [aɪɛsˈpi] *s.* (= Internet Service Provider) provedor [de Internet]
**Is•rael** [ˈɪzreɪl] *s.* Israel
**Is•rae•li** [ɪzˈreɪli] *adj, s.* israelense
**is•sue** [ˈɪʃu] *s.* **1** questão, tema **2** edição, número [de revista, jornal] **3** emissão [de documento etc.] **4 issues** FAM problemas: *She has food issues.* Ela tem problemas de alimentação. **5 at issue** FORM em questão **6 to make an issue (out) of sth** fazer um cavalo de batalha de algo **7 to take issue with sth/sb** contestar algo/alguém (***over*** *sobre*) / *v.* **1** emitir [documento, declaração] **2 to issue sb with sth** munir alguém de algo
**IT** [aɪˈti] *s.* (= information technology) informática: *IT skills* conhecimentos de informática
**it** [ɪt] *pron.* **1** ele/ela, o/a, lhe [refere-se a um objeto ou animal já mencionado]: *I like your cell phone. Is it new?* Gostei do seu celular. Ele é novo? | *I didn't get your message. Can you send it again?* Não recebi a sua mensagem. Pode mandá-la de novo? | *She took the dog into the kitchen to feed it.* Ela levou o cachorro na cozinha para lhe dar de comer. ▸ Quando se sente afeto por um animal, é mais comum se referir a ele com ***he/him*** ou ***she/her***, de acordo com o sexo dele: *We have a little dog. She's called Trixie.* Temos uma cadelinha. Ela se chama Trixie. ▸ Usa-se ***it*** para se referir a uma criança quando não se sabe o sexo dela: *If it's a girl, they're going to call it Emma.* Se for menina, vão colocar o nome Emma. **2** ▸ Usa-se ***it*** como sujeito da frase em expressões impessoais, p.ex., ao falar do tempo, das horas, da data e de distâncias. Esse ***it*** não tem equivalente em português e fica sem tradução: *It's raining.* Está chovendo. | *It's half past three.* São três e meia. | *What day is it today?*

Que dia é hoje? | *It's 300 km from here to São Paulo.* São 300 km daqui a São Paulo. **3** ▸ Usa-se ***it*** também para introduzir frases do seguinte tipo: *It's dangerous to run across the street.* É perigoso atravessar a rua correndo. | *It seems we have no choice.* Parece que não temos escolha. **4** ▸ ***It*** pode denotar as coisas em geral, a situação: *He doesn't like it here.* Ele não gosta daqui. | *I can't make it on Tuesday.* Não posso na terça. **5** ▸ Usa-se ***it's*** (= ***it is***) para identificar uma pessoa ou coisa, ou para realçar um elemento da frase: *Hi, it's me again.* Oi, sou eu de novo. | *Look! It's a hummingbird!* Olha! É um beija-flor! | *Is it tomorrow you're leaving?* É amanhã que você vai embora?

▸ Como, em muitos casos, o ***it*** não tem equivalente em português, é preciso tomar cuidado, na hora de se expressar em inglês, para não omitir o ***it*** onde deve entrar. Veja os exemplos a seguir: ***It's cold in here.*** *Está frio aqui dentro.* ***They've bought a new car. It's a Ford.*** *Compraram um carro novo. É um Ford.* ***I made this cake myself. Do you like it?*** *Fiz esse bolo sozinho. Você gostou?* ***"Did you get my e-mail?" - "Yes, I saw it this morning."*** *"Você recebeu meu e-mail?" - "Recebi sim, vi hoje de manhã."*

**Ital•ian** [ɪˈtæliən] *adj, s.* italiano

**ital•ics** [ɪˈtælɪks] *spl.* **in italics** em itálico

**Ita•ly** [ˈɪtəli] *s.* Itália

**itch** [ɪtʃ] *v.* **1** coçar **2 to be itching to do sth** FAM estar louco para fazer algo / *s.* coceira, comichão

**itchy** [ˈɪtʃi] *adj.* [*comp* **itchier, itchiest**] **1** que coça: *My nose is itchy.* Meu nariz está coçando. **2** que pinica, piniquento [roupa]

**it'd** [ˈɪtəd] *contr.* **1** ▸ = IT HAD **2** ▸ = IT WOULD

**item** [ˈaɪtəm] *s.* **1** item: *an item on the list* um item da lista **2** artigo: *luxury items* artigos de luxo **3** (tb **news item**) notícia **4 item of clothing** peça de vestuário **5 item of furniture** móvel **6 to be an item** FAM ser um casal

**itin•er•ary** [aɪˈtɪnər] *s.* [*pl* **itineraries**] roteiro

**it'll** [ˈɪtl] *contr.* ▸ = IT WILL

**its** [ɪts] *adj.* o(s)/a(s) ... dele/dela, seu(s)/sua(s) [refere-se a um objeto ou animal já mencionado]: *the country and its people* o país e seu povo ▸ Usa-se ***its*** para se referir a uma criança quando não se sabe o sexo dela: *A baby usually cries when its diaper needs changing.* Um bebê geralmente chora quando é preciso trocar a fralda dele.

**it's** [ɪts] *contr.* **1** ▸ = IT IS **2** ▸ = IT HAS

**it•self** [ɪtˈsɛlf] *pron.* **1** (como objeto) se, si, ele mesmo/ela mesma [refere-se a um objeto ou animal já mencionado]: *The oven cleans itself.* O forno se limpa sozinho. **2** (enfatizando o sujeito) sozinho/a: *The cat managed to open the door itself.* O gato conseguiu abrir a porta sozinho. **3** (com substantivo) próprio/a, em si: *You should read the book itself before you give an opinion.* Você deveria ler o próprio livro antes de dar uma opinião. | *The special effects are amazing, but the movie itself is boring.* Os efeitos especiais são impressionantes, mas o filme em si é chato. **4 (all) by itself** sozinho/a **5 in itself** em si: *That in itself doesn't bother me.* Isso em si não me incomoda.

**I've** [aɪv] *contr.* ▸ = I HAVE

**ivo•ry** [ˈaɪvəri] *s.* marfim / *adj.* cor de marfim

**Ivo•ry Coast** [ˈaɪvəri koʊst] *s.* Costa do Marfim

**ivy** [ˈaɪvi] *s.* hera

# J

**J, j** [dʒeɪ] *s.* J, j
**jab** [dʒæb] *v.* [-**bb**-] **1** espetar (***into*** *em*, ***with*** *com*) **2 to jab (at) sth/sb** cutucar algo/alguém / *s.* **1** espetada **2** cutucada **3** soco **4** BRIT FAM injeção, vacina
**jack** [dʒæk] *s.* **1** macaco [para carro] **2** valete [em baralho]
**jack•ass** [ˈdʒækæs] *adj.* AM GÍR babaca, palhaço
**jack•et** [ˈdʒækɪt] *s.* **1** jaqueta **2** paletó **3** sobrecapa [de livro]
**jack•pot** [ˈdʒækpɑt] *s.* **1** o prêmio mais alto [em loteria, caça-níquel] **2 to hit the jackpot** tirar a sorte grande
**jade** [dʒeɪd] *s.* jade
**jad•ed** [ˈdʒeɪdɪd] *adj.* desentusiasmado
**jag•ged** [ˈdʒægɪd] *adj.* **1** pontudo, pontiagudo [rocha, borda] **2** irregular [corte]
**jagu•ar** [ˈdʒægjuər] *s.* jaguar, onça-pintada
**jail** [dʒeɪl] *s.* cadeia, prisão: *a jail sentence* uma pena de prisão / *v.* prender, encarcerar
**jam** [dʒæm] *s.* **1** geleia **2** (tb **traffic jam**) congestionamento **3** FAM enrascada, aperto **4** canja [musical] / *v.* [-**mm**-] **1** emperrar, travar **2** enguiçar **3** (tb **jam up**) congestionar **4** dar uma canja [musical] **5 to jam on the brakes** frear com tudo **6 to jam sth into sth** enfiar algo em algo **7 to jam sth up against sth** prensar algo contra algo
**Ja•mai•ca** [dʒəˈmeɪkə] *s.* Jamaica
**Ja•mai•can** [dʒəˈmeɪkən] *adj, s.* jamaicano
**jam•med** [ˈdʒæmd] *adj.* **1** emperrado, enguiçado **2** preso, entalado [dedo etc.] **3** lotado (***with*** *de*) **4** apinhado (***in*** *em*)
**jam-packed** [dʒæmˈpækt] *adj.* FAM lotado (***with*** *de*)
**jan•gle** [ˈdʒæŋgəl] *v.* chacoalhar
**jani•tor** [ˈdʒænətər] *s.* AM zelador
**Janu•ary** [ˈdʒænjuɛri] *s.* janeiro
**Ja•pan** [dʒəˈpæn] *s.* Japão
**Japa•nese** [dʒæpəˈniz] *adj, s.* japonês
**jar** [dʒɑr] *s.* pote, vidro / *v.* [-**rr**-] **1** luxar **2** destoar (***with*** *de*) **3 to jar (on sb)** irritar (alguém)
**jar•gon** [ˈdʒɑrgən] *s.* jargão
**jas•mine** [ˈdʒæzmɪn] *s.* jasmim
**jaun•dice** [ˈdʒɔndɪs] *s.* icterícia
**jave•lin** [ˈdʒævəlɪn] *s.* **1** dardo **2 the javelin** o lançamento de dardo [prova]
**jaw** [dʒɔ] *s.* **1** maxilar **2** mandíbula **3 the Jaws of Life®** uma tesoura hidráulica
**jazz** [dʒæz] *s.* **1** jazz: *a jazz musician* um jazzista **2 and all that jazz** FAM e aquela parada toda / *v.*
**jazz up** FAM **to jazz sth up** incrementar algo
**jeal•ous** [ˈdʒɛləs] *adj.* **1** ciumento **2 to be jealous (of sb/sth)** **a** estar com/ter ciúmes (de alguém/algo) **b** estar com/ter inveja (de alguém/algo)
**jeal•ousy** *s.* [ˈdʒɛləsi] [*pl* **jealousies**] **1** ciúme(s) **2** inveja

**jeans** [dʒinz] *spl.* (calça) jeans: *a pair of designer jeans* um jeans de marca
**jeep** [dʒip] *s.* jipe
**jeer** [dʒɪr] *v.* 1 debochar 2 **to jeer (at) sb** a debochar de alguém b xingar alguém
**Jell-O®, jello** [ˈdʒɛloʊ] *s.* AM gelatina
**jel•ly** [ˈdʒɛli] *s.* [*pl* **jellies**] 1 AM geleia 2 BRIT gelatina
**jelly•fish** [ˈdʒɛlifɪʃ] *s.* [*pl* **jellyfish**] água-viva
**jeop•ard•ize**, BRIT tb: **-ise** [ˈdʒɛpərdaɪz] *v.* colocar em risco
**jeop•ardy** [ˈdʒɛpərdi] *s.* 1 **in jeopardy** em risco, ameaçado 2 **to put/place sth in jeopardy** colocar algo em risco
**jerk** [dʒɜrk] *v.* 1 mexer(-se) bruscamente 2 **to jerk (at/on) sth** dar um puxão em algo / *s.* 1 movimento brusco 2 solavanco 3 puxão 4 FAM palhaço, idiota
**jerky** [ˈdʒɜrki] *s.* AM carne-seca
**jer•sey** [ˈdʒɜrsi] *s.* 1 camisa [de jogador] 2 BRIT blusa [de lã] 3 malha [tecido]
**jet** [dʒɛt] *s.* 1 jato: *a private jet* um jatinho 2 **jet aircraft/plane** avião a jato
**jet fight•er** [dʒɛtˈfaɪtər] *s.* caça [avião]
**jet lag** [ˈdʒɛt læg] *s.* jet lag [cansaço e mal-estar provocados pela mudança de fuso horário]
**jet-lagged** [ˈdʒɛt lægd] *adj.* com jet lag
**jet•ty** [ˈdʒɛti] *s.* [*pl* **jetties**] cais, píer
**Jew** [dʒu] *s.* judeu
**jew•el** [ˈdʒuəl] *s.* 1 pedra preciosa 2 **jewels** joias
**jew•el•er**, BRIT: **jew•el•ler** [ˈdʒuələr] *s.* 1 joalheiro 2 **jeweller's** BRIT joalheria
**jew•el•ry**, BRIT: **jew•el•lery** [ˈdʒulәri, ˈdʒuəlri] *s.* joias: *a piece of jewelry* uma joia | *a jewelry store* uma joalheria
**Jew•ish** [ˈdʒuɪʃ] *adj.* 1 judeu 2 judaico
**jig•saw** [ˈdʒɪgsɔ] *s.* (tb **jigsaw puzzle**) quebra-cabeça [de montar]
**jin•gle** [ˈdʒɪŋgəl] *v.* tilintar / *s.* 1 jingle [musiquinha de comercial] 2 tilintar
**jinx** [dʒɪŋks] *s.* urucubaca
**jinxed** [dʒɪŋkst] *adj.* com urucubaca, urucubacado
**job** [dʒɑb] *s.* 1 emprego, serviço 2 trabalho 3 tarefa: *the job of washing the dishes* a tarefa de lavar a louça 4 função [de pessoa] 5 **good job!** AM FAM muito bem! 6 **(it's a) good job (that) ...** BRIT FAM ainda bem que ...: *Good job you remembered!* Ainda bem que você lembrou! 7 **to do a good/great etc. job** fazer um bom/ótimo etc. trabalho 8 **to have a job doing/to do sth** BRIT FAM ter dificuldade para fazer algo 9 **to make a good job of sth** fazer algo bem feito
**job•less** [ˈdʒɑbləs] *adj.* 1 desempregado 2 **the jobless** os desempregados
**jock•ey** [ˈdʒɑki] *s.* jóquei
**jog** [dʒɑg] *v.* [-gg-] 1 fazer jogging 2 esbarrar em 3 **to jog sb's memory** refrescar a memória de alguém
**jog along** FAM ir indo [pessoa, trabalho] / *s.* 1 jogging 2 **at a jog** trotando 3 **to go for a jog** fazer um jogging
**jog•ger** [ˈdʒɑgər] *s.* pessoa que faz jogging
**jog•ging** [ˈdʒɑgɪŋ] *s.* 1 jogging 2 **to go jogging** (ir) fazer jogging
**join** [dʒɔɪn] *v.* 1 tornar-se sócio de [clube] 2 entrar para, ingressar em [organização] 3 juntar-se a [outra pessoa] 4 aderir a [campanha] 5 alistar-se em [forças armadas] 6 juntar (-se) (*to* a) 7 ligar (*to* a) 8 **sb is joined by sb** a a alguém se junta alguém b alguém conta com a presença de alguém 9 **to join hands** ficar de mãos dadas 10 **to join the line/queue** entrar na fila
**join in: to join in (sth)** participar (de algo)
**join together** 1 juntar-se 2 **to join sth together** juntar algo / *s.* junção
**join up** 1 alistar-se 2 **to join up with sb/sth** juntar-se com alguém/algo
**joint** [dʒɔɪnt] *s.* 1 articulação [joelho etc.] 2 junção 3 FAM lugar [bar etc.]: *a strip joint* uma casa de striptease 4 FAM baseado 5 BRIT peso (de carne) 6 **out of joint** deslocado [osso] / *adj.* 1 (em) conjunto 2 co-: *the joint owners* os coproprietários
**joint•ly** [ˈdʒɔɪntli] *adv.* conjuntamente
**joke** [dʒoʊk] *s.* 1 piada 2 brincadeira: *a sick joke* uma brincadeira de mau gosto

**3 to play a (practical) joke on sb** pregar uma peça em alguém **4 to tell a joke** contar uma piada / *v.* 1 brincar (***about*** *com*) **2 you're joking/you must be joking!** a você está brincando! b imagina!

**jok•er** [ˈdʒoʊkər] *s.* 1 FAM imbecil 2 curinga

**jol•ly** [ˈdʒɑli] *adj.* [*comp* **jollier, jolliest**] alegre, animado / *adv.* BRIT FAM muito: *jolly expensive* muito caro

**jolt** [dʒoʊlt] *v.* 1 dar um solavanco 2 (tb **jolt along**) ir aos solavancos 3 sacudir / *s.* 1 solavanco 2 sacudida 3 choque

**jos•tle** [ˈdʒɑsəl] *v.* acotovelar(-se), empurrar(-se)

**jot** [dʒɑt] *v.* [**-tt-**]

**jot down: to jot sth down** anotar algo [rapidamente]

**jour•nal** [ˈdʒ3rnəl] *s.* 1 diário 2 revista [acadêmica]

**jour•nal•ism** [ˈdʒ3rnəlizəm] *s.* jornalismo

**jour•nal•ist** [ˈdʒ3rnəlɪst] *s.* jornalista

**jour•ney** [ˈdʒ3rni] *s.* 1 viagem **2 to go on a journey** fazer uma viagem / *v.* viajar

**joy** [dʒɔɪ] *s.* 1 alegria **2 to jump for joy** pular de alegria **3 sth is a joy to watch/read etc.** dá prazer assistir/ler etc. algo: *Jill is a pleasure to talk to.* Dá prazer conversar com a Jill.

**joy•ful** [ˈdʒɔɪfəl] *adj.* alegre, cheio de alegria

**joy•rid•ing** [ˈdʒɔɪraɪdɪŋ] *s.* ato de roubar um carro e dirigi-lo em alta velocidade, para diversão

**joy•stick** [ˈdʒɔɪstɪk] *s.* 1 joystick 2 manche [de avião]

**ju•bi•lant** [ˈdʒubələnt] *adj.* exultante

**ju•bi•lee** [ˈdʒubəli] *s.* jubileu

**Ju•da•ism** [ˈdʒudeɪ-ɪzəm] *s.* judaísmo

**judge** [dʒʌdʒ] *s.* 1 juiz 2 jurado [em concurso] **3 to be a good/bad judge of sth** saber/não saber avaliar algo **4 to be the judge of sth** avaliar algo / *v.* 1 julgar 2 avaliar, calcular **3 judging by/from sth** a julgar por algo **4 to be judged (to be) sth** ser considerado algo

**judg•ment**, BRIT: **judge•ment** [ˈdʒʌdʒmənt] 1 juízo 2 julgamento

**judg•men•tal**, BRIT: **judge•men•tal** [dʒʌdʒˈmɛntl] *adj.* julgador

**judo** [ˈdʒudoʊ] *s.* judô

**jug** [dʒʌg] *s.* 1 AM botija 2 BRIT jarra

**jug•gle** [ˈdʒʌgəl] *v.* 1 fazer malabarismo (com) 2 conciliar (***with*** *com*)

**jug•gler** [ˈdʒʌglər] *s.* malabarista

**jug•gl•ing** [ˈdʒʌglɪŋ] *s.* malabarismo

**juice** [dʒus] *s.* 1 suco: *pineapple juice* suco de abacaxi 2 caldo

**juice box** [ˈdʒus bɑks] *s.* AM caixinha de suco

**juicy** [ˈdʒusi] *adj.* suculento

**juke•box** [ˈdʒuk bɑks] *s.* jukebox [toca-discos de bar, acionado por ficha ou moeda]

**July** [dʒuˈlaɪ] *s.* julho

**jum•ble** [ˈdʒʌmbəl] *s.* 1 miscelânea, confusão 2 BRIT roupas e objetos usados / *v.* (tb **jumble up**) misturar, embaralhar

**jum•ble sale** [ˈdʒʌmbəl seɪl] *s.* BRIT bazar [beneficente]

**jum•bo** [ˈdʒʌmboʊ] *adj, s.* jumbo

**jum•bo jet** [ˈdʒʌmboʊ dʒɛt] *s.* jumbo [avião]

**jump** [dʒʌmp] *v.* 1 pular 2 levar um susto **3 to jump at sth** agarrar algo [chance] **4 to jump rope** AM pular corda **5 to jump the gun** precipitar-se **6 to jump to conclusions** tirar conclusões precipitadas **7 to make sb jump** dar um susto em alguém **jump up** levantar-se de um pulo / *s.* pulo, salto

**jump•er** [ˈdʒʌmpər] *s.* 1 AM jardineira [roupa] 2 BRIT blusa [de lã] 3 saltador

**jump rope** [ˈdʒʌmp roʊp] *s.* AM corda de pular

**junc•tion** [ˈdʒʌŋkʃən] 1 cruzamento [de estradas] 2 entroncamento [ferroviário]

**junc•ture** [ˈdʒʌŋktʃər] *s.* altura: *at this juncture* nessa altura

**June** [dʒun] *s.* junho

**jun•gle** [ˈdʒʌŋgəl] *s.* selva

**jun•ior** [ˈdʒuniər] *adj.* 1 subalterno (***to*** *a*) 2 júnior **3 junior year** AM penúltimo ano [do colégio ou da faculdade] / *s.* **1 to be five years etc. sb's junior/be sb's junior by five years**

etc. ser cinco anos etc. mais novo do que alguém **2** AM aluno no penúltimo ano **3** júnior [jogador]

**jun•ior col•lege** [ˌdʒuniər'kɑlɪdʒ] *s.* AM faculdade com cursos de dois anos

**jun•ior high school** [ˌdʒuniər'haɪskul] *s.* AM (tb **junior high**) colégio para alunos dos 12 aos 14 anos de idade

**jun•ior school** ['dʒuniər skul] *s.* BRIT escola para alunos dos 7 aos 11 anos de idade

**junk** [dʒʌŋk] *s.* **1** tralhas **2** porcarias [comida]

**junk food** ['dʒʌŋk fud] *s.* porcarias [comida]

**junkie** ['dʒʌŋki] *s.* FAM drogado

**junk mail** ['dʒʌŋk meɪl] *s.* correio publicitário não solicitado

**junk shop** ['dʒʌŋk ʃɑp] *s.* brechó

**Ju•pi•ter** ['dʒupətər] *s.* Júpiter

**ju•ror** ['dʒʊrər] *s.* jurado

**jury** ['dʒʊri] *s.* [*pl* **juries**] júri: *jury duty* serviço de jurado | *the members of the jury* os jurados

**just** [dʒʌst] *adv.* **1** exatamente, justamente: *The skirt was just what she was looking for.* A saia era exatamente o que ela estava procurando. | *Bob's backpack is just like mine.* A mochila do Bob é igualzinha à minha. **2** só, apenas: *It's just a scratch.* É só um arranhão. | *Just a minute!* Só um minutinho! **3** simplesmente: *The evening was just wonderful.* A noite foi simplesmente maravilhosa. **4** por pouco: *He just passed the test.* Ele passou na prova por pouco. **5 only just** **a** por um triz: *We only just caught the train.* Pegamos o trem por um triz. **b** agora mesmo: *I've only just gotten here.* Cheguei agora mesmo. **6 just about** quase: *We've just about finished.* Estamos quase terminando. | *"Are you ready?" - "Just about."* "Você está pronta?" - "Quase." **7 just as** **a** exatamente como: *just as I told you* exatamente como te falei **b** na hora que: *Just as I was leaving the house, the phone rang.* Na hora que eu estava saindo de casa, tocou o telefone. **8 just as big/expensive etc.** tão grande/caro etc. quanto **9 (it's) just as well (that ...)** ainda bem (que ...): *It's just as well no one was injured.* Ainda bem que ninguém ficou ferido. **10 just before/after** logo antes/depois (de) **11 just enough** exatamente o suficiente **12 just in case** por via das dúvidas **13 just now** agora mesmo **14 just over** um pouco mais de **15 just then** naquele momento **16 to be just about/going to do sth** já ir fazer algo: *I was just about to call you.* Eu já ia te ligar. **17 to be just doing sth** estar fazendo algo [nesse exato momento]: *I'm just writing you an e-mail.* Estou te escrevendo um e--mail agora mesmo. | *They were just leaving.* Eles estavam de saída. **18 to have just done sth** acabar de fazer algo: *The guests have just arrived.* Os convidados acabaram de chegar. | *We'd just had lunch.* Tínhamos acabado de almoçar. / *adj.* FORM justo

**jus•tice** ['dʒʌstɪs] *s.* **1** justiça **2** AM juiz, magistrado **3 to bring sb to justice** levar alguém à Justiça **4 to do justice to sth/sb, do sth/sb justice** fazer justiça a algo/alguém **5 to do yourself justice** mostrar toda a sua capacidade

**jus•ti•fi•able** [dʒʌstə'faɪəbəl] *adj.* justificável, justificado

**jus•ti•fi•ably** [dʒʌstə'faɪəbli] *adv.* com razão, com motivo

**jus•ti•fi•ca•tion** [dʒʌstəfə'keɪʃən] *s.* justificativa

**jus•ti•fied** ['dʒʌstəfaɪd] *adj.* **1** justificado **2 to be justified in doing sth** ter motivo para fazer algo

**jus•ti•fy** ['dʒʌstəfaɪ] *v.* [*ps e pp* **-fied**] justificar

**just•ly** ['dʒʌstli] *s.* **1** com razão **2** com justiça

**jut** [dʒʌt] *v.* [**-tt-**] (tb **jut out**) sobressair, projetar-se

**ju•venile** ['dʒuvənaɪl] *adj.* juvenil / *s.* menor

**ju•venile hall** [ˌdʒuvənaɪl'hɔl] *s.* AM reformatório juvenil

# K

**K, k** [keɪ] *s.* K, k
**ka•bob** [kə'bɑb] *s.* AM kebab [espetinho ou fatias de carne em pão árabe]
**kale** [keɪl] *s.* couve
**kan•ga•roo** [kæŋgə'ru] *s.* canguru
**kar•at**, BRIT: **car•at** ['kærət] *s.* quilate
**ka•ra•te** [kə'rɑti] *s.* caratê
**ke•bab** [kə'bæb] *s.* BRIT ver **kabob**
**keel** [kil] *s.* 1 quilha 2 **on an even keel** estável / *v.*.
**keel over** 1 desmaiar [pessoa] 2 murchar-se [planta]
**keen** [kin] *adj.* 1 agudo, aguçado 2 BRIT dedicado [tenista, aluno etc.] 3 **to be keen on sth/sb** BRIT FAM ser chegado em algo/gostar de alguém 4 **to be keen to do sth** BRIT estar com vontade de fazer algo
**keep** [kip] *v.* [*ps e pp* **kept**] 1 manter(-se): *I prefer to keep the window open.* Prefiro manter a janela aberta. | *Keep to the right.* Mantenha-se à direita. 2 ficar com [não dar]: *Can I keep this map?* Posso ficar com esse mapa? 3 guardar: *Where do you keep the coffee?* Onde você guarda o café? 4 reter [pessoa] 5 criar [animais] 6 sustentar [filhos] 7 cumprir [promessa, palavra] 8 durar [alimento] 9 **to keep going** continuar 10 **to keep (on) doing sth** a ficar fazendo algo b continuar fazendo algo 11 **to keep sb going** segurar alguém 12 **to keep sb/sth from doing sth** impedir alguém/algo de fazer algo 13 **to keep sb waiting** fazer alguém esperar 14 **to keep sth to yourself** não contar algo para ninguém 15 **to keep to sth** a respeitar algo [prazo, regra] b não se afastar de algo [caminho, assunto] 16 **to keep to yourself/keep yourself to yourself** ficar na sua
**keep away** 1 ficar longe (*from* de) 2 **to keep sb/sth away** manter alguém/algo longe (*from* de)
**keep back** 1 ficar afastado 2 **to keep sth back** esconder algo (*from* de)
**keep down** 1 **to keep sth down** manter algo baixo [preço, quantidade] 2 **to keep your voice down** falar baixo
**keep off** 1 **to keep off the grass** não pisar na grama 2 **to keep sth off (sth)** manter algo longe (de algo)
**keep on** 1 **to keep sb on** efetivar alguém 2 **to keep on about sth** BRIT FAM não parar de falar em algo
**keep out** 1 não entrar (*of em*) 2 **to keep sb/sth out** não deixar alguém/algo entrar (*of em*) 3 **to keep out of sth** não se meter em algo [briga, encrenca]
**keep up** 1 acompanhar (o ritmo) 2 **to keep up with sb/sth** acompanhar alguém/algo 3 **to keep sth up** continuar com/manter algo / *s.* 1 **to earn your keep** trabalhar por casa e comida 2 **for keeps** FAM para sempre
**keep•er** ['kipər] *s.* 1 tratador [de zoológico] 2 curador [de acervo] 3 BRIT goleiro

**keep•ing** [ˈkipɪŋ] *s.* 1 **in keeping (with sth)** de acordo (com algo) 2 **out of keeping (with sth)** destoante (de algo)

**ken•nel** [ˈkɛnəl] *s.* canil

**kept** [kɛpt] *v.* ▸ ps e pp de KEEP

**kerb** [kɜrb] *s.* BRIT meio-fio [da calçada]

**kero•sene** [ˈkɛrəsin] *s.* querosene

**ketch•up** [ˈkɛtʃʌp] *s.* ketchup

**ket•tle** [ˈkɛtl] *s.* 1 chaleira 2 AM caldeirão 3 **a different kettle of fish** FAM outros quinhentos 4 **to put the kettle on** colocar água para esquentar [na chaleira]

**key** [ki] *s.* 1 chave (*to de*): *the front-door key* a chave de casa | *the key to success* a chave do sucesso 2 tecla 3 clave: *in the key of C* na clave de Dó 4 (tb **answer key**) gabarito, respostas 5 legenda [de mapa] / *v.* digitar
**key in: to key sth in** digitar algo / *adj.* 1 -chave: *a key role* um papel-chave 2 fundamental (*to para*)

**key•board** [ˈkibɔrd] *s.* teclado

**key chain** [ˈkitʃeɪn] *s.* AM chaveiro

**key•hole** [ˈkihoʊl] *s.* buraco da fechadura

**key•pad** [ˈkipæd] *s.* teclado

**key ring** [ˈkirɪŋ] *s.* chaveiro

**kg** *abrev.* (= kilogram) kg

**khaki** [ˈkæki] *s, adj.* 1 cáqui 2 **khakis** AM (plural) calça cáqui

**kick** [kɪk] *v.* 1 chutar 2 espernear 3 dar coice 4 **to kick the bucket** FAM bater as botas 5 **to kick yourself** ficar frustrado, querer morrer [por ter perdido uma chance, errado etc.]
**kick back** AM relaxar
**kick in** FAM começar a fazer efeito
**kick off** 1 dar o pontapé inicial 2 **to kick (sth) off** começar (algo)
**kick out: to kick sb out** expulsar alguém (*of de*) / *s.* 1 chute 2 pontapé 3 coice 4 **for kicks** para diversão 5 **to get a kick out of/from (doing) sth** ter prazer em (fazer) algo

**kick•off** [ˈkɪkɔf] *s.* pontapé inicial, início [de jogo]

**kick-start** [ˈkɪk stɑrt] *v.* 1 dar um gás em 2 dar partida em [moto, com o pé]

**kid** [kɪd] *s.* 1 FAM criança: *activities for kids* atividades para a criançada 2 FAM filho 3 cabrito / *adj.* **kid brother/sister** AM irmão mais novo/irmã mais nova / *v.* [-**dd**-] 1 brincar (com): *You're kidding!* Você está brincando! 2 enganar: *Who are they trying to kid?* Querem enganar quem? 3 **to kid yourself** iludir-se

**kid•nap** [ˈkɪdnæp] *v.* sequestrar

**kid•nap•per** [ˈkɪdnæpər] *s.* sequestrador

**kid•nap•ping** [ˈkɪdnæpɪŋ] *s.* sequestro

**kid•ney** [ˈkɪdni] *s.* rim

**kill** [kɪl] *v.* 1 matar 2 **to be killed** **a** morrer [em acidente etc.]: *The driver was killed instantly.* O motorista morreu na hora. **b** ser morto 3 **to kill time** fazer hora 4 **to kill yourself** matar-se
**kill off: to kill sth/sb off** acabar com algo/alguém

**kill•er** [ˈkɪlər] *s.* 1 assassino, matador 2 **to be a killer** FAM ser dose

**kill•ing** [ˈkɪlɪŋ] *s.* 1 assassinato 2 matança 3 **to make a killing** FAM fazer rios de dinheiro

**kilo** [ˈkiloʊ] *s.* quilo

**kilo•gram**, BRIT: **kilogramme** [ˈkɪləgræm] *s.* quilograma

**kilo•meter**, BRIT: **kilometre** [kiˈlɑmətər] *s.* quilômetro

**kilt** [kɪlt] *s.* saia escocesa

**kin** [kɪn] *spl.* 1 familiares 2 **next of kin** parente mais próximo

**kind** [kaɪnd] *s.* 1 tipo: *a kind of bread* um tipo de pão | *What kind of music do you like?* De que tipo de música você gosta? 2 **kind of** FAM meio (que): *The movie's kind of boring.* O filme é meio chato. | *I kind of like Sara.* Eu meio que gosto da Sara. 3 **all kinds of sth** todo tipo de algo 4 **nothing/anything of the kind** nada disso / *adj.* [*comp* **kinder, kindest**] 1 gentil, delicado (*to com*): *That's very kind of you.* É muito gentil da sua parte. 2 **to be kind enough to do sth** ter a gentileza de fazer algo

**kin•der•gar•ten** [ˈkɪndərgɑrtən] *s.* pré-escola

**kind•ly** [ˈkaɪndli] *adv.* 1 gentilmente 2 **kindly do sth** FORM favor fazer algo [em avisos escritos]: *Kindly remove your shoes.* Favor tirar o sapato. 3 **will/would you kindly ...?** FORM quer fazer o favor de ...?: *Would you kindly wait here a moment?* O senhor faz o favor de esperar aqui um momento? / *adj.* [comp **kindlier**, **kindliest**] bondoso

**kind•ness** [ˈkaɪndnəs] *s.* 1 gentileza 2 bondade

**king** [kɪŋ] *s.* rei

**king•dom** [ˈkɪŋdəm] *s.* reino

**kiosk** [ˈkiɑsk] *s.* 1 banca 2 quiosque

**kip•per** [ˈkɪpər] *s.* arenque defumado

**kiss** [kɪs] *s.* 1 beijo 2 **the kiss of life** BRIT respiração boca a boca 3 **to give sb a kiss** dar um beijo em alguém / *v.* 1 beijar(-se) 2 **to kiss sb goodbye/good night** dar um beijo de despedida/boa-noite em alguém

**kit** [kɪt] *s.* 1 kit 2 equipamento [de militar]

**kitch•en** [ˈkɪtʃən] *s.* cozinha

**kite** [kaɪt] *s.* 1 pipa, papagaio 2 **to fly a kite** soltar uma pipa

**kit•ten** [ˈkɪtn] *s.* filhote (de gato), gatinho

**kit•ty** [ˈkɪti] *s.* [*pl* **kitties**] fundo comum

**klutz** [klʌtz] *s.* AM estabanado

**km** *abrev.* (= kilometer) km

**knack** [næk] *s.* FAM 1 jeito 2 **a knack for/of doing sth** uma facilidade para fazer algo 3 **to get/have the knack of (doing) sth** pegar/ter o jeito de (fazer) algo

**knead** [nid] *v.* amassar [massa de pão]

**knee** [ni] *s.* 1 joelho 2 **on your knees** de joelhos 3 **to get down on your knees** ficar de joelhos

**knee•cap** [ˈnikæp] *s.* rótula

**kneel** [nil] *v.* [*ps e pp* **knelt/kneeled**] 1 (tb **kneel down**) ajoelhar-se, ficar de joelhos 2 **to be kneeling** estar ajoelhado/de joelhos

**knew** [nju] *v.* ▸ ps de KNOW

**knick•ers** [ˈnɪkərs] *spl.* BRIT calcinha

**knick-knack** [ˈnɪknæk] *s.* bibelô

**knife** [naɪf] *s.* [*pl* **knives**] faca / *v.* esfaquear

**knight** [naɪt] *s.* 1 cavaleiro 2 cavalo [em xadrez] / *v.* **to be knighted** receber o título de cavaleiro

**knight•hood** [ˈnaɪthʊd] *s.* título de cavaleiro

**knit** [nɪt] *v.* tricotar

**knit•ting** [ˈnɪtɪŋ] *s.* tricô

**knit•ting nee•dle** [ˈnɪtɪŋ ˌnidl] *s.* agulha de tricô

**knives** [naɪvz] ▸ pl de KNIFE

**knob** [nɑb] *s.* 1 maçaneta 2 botão [de aparelho] 3 puxador [de gaveta etc.]

**knock** [nɑk] *v.* 1 derrubar: *A woman was knocked to the ground.* Uma mulher foi derrubada no chão. | *Someone knocked my glass out of my hand.* Alguém derrubou o copo da minha mão. 2 esbarrar em [ao passar] 3 **to knock (at/on the door)** bater (na porta) 4 **to knock a hole in/through sth** furar algo [com martelo, punho etc.] 5 **to knock sb unconscious** deixar alguém inconsciente [pancada, soco] 6 **to knock sth on/against sth** bater com algo em algo: *I knocked my head on the cupboard door.* Bati com a cabeça na porta do armário. 7 **to knock sth/sb flying** derrubar algo/alguém no chão

**knock down** 1 **to knock sb down** atropelar alguém: *A child got knocked down.* Uma criança foi atropelada. 2 **to knock sth/sb down** derrubar algo/alguém 3 **to knock sth down** FAM abater o preço de algo (*to para*)

**knock off** 1 **to knock off (work)** FAM encerrar o expediente, sair do trabalho 2 **to knock sth off (sth)** **a** derrubar algo (de algo) **b** FAM dar um desconto de algo (em algo): *They knocked $50 off the price of the room.* Deram um desconto de $50,00 na diária.

**knock out: to knock sb out** **a** deixar alguém inconsciente **b** pôr alguém a nocaute **c** eliminar alguém [de competição]

**knock over** 1 **to knock sb over** atropelar alguém 2 **to knock sth/sb over** derrubar algo/alguém / *s.* 1 pancada (*on em*) 2 batida [som]: *There was a knock at the door.* Bateram na porta.

**knock-on effect** [ˈnɑkɔn ɪˌfɛkt] *s.* BRIT reflexo (***on*** *em*)

**knock•out** [ˈnɑkaʊt] *s.* nocaute / *adj.* eliminatório [competição, fase]

**knot** [nɑt] *s.* **1** nó **2 to tie a knot (in sth)** dar um nó (em algo) / *v.* [-**tt**-] dar um nó em

**know** [noʊ] *v.* [*ps, pp* **knew, known**] **1** saber: *How should I know?* Eu vou saber? **2** conhecer: *Have you known her long?* Faz tempo que você a conhece? **3** reconhecer: *I'd know that voice anywhere.* Eu reconheceria aquela voz até debaixo d'água. **4 as far as I know** que eu saiba **5 should know better (than to do sth)** saber que não deve (fazer algo): *He should know better than to bike without a helmet.* Ele sabe que não deve pedalar sem capacete. **6 should have known better (than to do sth)** não devia (ter feito algo): *We should have known better than to trust her.* Não devíamos ter confiado nela. **7 to get to know sb** conhecer/ir conhecendo alguém **8 to get to know sth** familiarizar-se com algo **9 to know about sth** **a** saber de algo: *Did you know about the party?* Você sabia da festa? **b** entender de algo: *Bob knows all about computers.* O Bob entende tudo de computador. **10 to know each other** conhecer-se: *We've known each other for years.* A gente se conhece há anos. **11 to know how to do sth** saber fazer algo **12 to know of sth/sb** conhecer algo/alguém: *Do you know of a good English course?* Você conhece um bom curso de inglês? **13 to know sb by name/sight** conhecer alguém de nome/vista **14 to know sth by heart** saber algo de cor **15 to let sb know** avisar alguém **16 you never know** nunca se sabe / *s.* **in the know** FAM por dentro [do assunto]

**know•ing** [ˈnoʊɪŋ] *adj.* cúmplice [olhar, sorriso] / *s.* **there is no knowing ...** não há como saber ...

**know•ing•ly** [ˈnoʊɪŋli] *adv.* **1** com cumplicidade **2** conscientemente

**knowl•edge** [ˈnɑlɪdʒ] *s.* **1** conhecimento(s) (***about*** *sobre*, ***of*** *de*): *a good knowledge of French* bons conhecimentos do francês | *The police had no knowledge of the incident.* A polícia não tinha conhecimento do incidente. **2 it's common knowledge that ...** é sabido de todos que ... **3 (not) to my knowledge** que eu saiba (não) **4 safe/secure in the knowledge that ...** tranquilo por saber que ... **5 without sb's knowledge** sem o conhecimento de alguém

**knowl•edge•able** [ˈnɑlɪdʒəbəl] *adj.* entendido (***about*** *em*)

**known** [noʊn] *adj.* **1** conhecido (***for*** *por*) **2** sabido / *v.* ▸ pp de KNOW

**knuck•le** [ˈnʌkəl] *s.* nó do dedo

**koa•la** [koʊˈɑlə] *s.* (tb **koala bear**) coala

**Ko•ran** [kəˈræn] *s.* Alcorão

**Ko•rea** [kəˈriə] *s.* Coreia: *North Korea* a Coreia do Norte

**Ko•rean** [kəˈriən] *adj, s.* coreano

**ko•sher** [ˈkoʊʃər] *adj.* **1** casher [de acordo com a lei judaica] **2** FAM confiável

**kph** *abrev.* (= kilometers per hour) km/h

**ku•dos** [ˈkudoʊs] *interj.* AM FAM mandou bem!

# L

**L, l** [ɛl] *s.* L, l
**lab** [læb] *s.* laboratório
**la•bel** [ˈleɪbəl] *s.* 1 etiqueta 2 rótulo 3 (tb **record label**) selo [de gravadora] / *v.* 1 etiquetar 2 **to label sth/sb (as) sth** rotular algo/alguém de algo
▸ *Am:* ***labeling, labeled*** *Brit:* ***labelling, labelled***
**la•bor**, BRIT: **labour** [ˈleɪbər] *s.* 1 trabalho 2 mão de obra 3 trabalho de parto 4 **Labour** BRIT Partido Trabalhista 5 **labor dispute** conflito trabalhista 6 **to be in/go into labor** estar/entrar em trabalho de parto / *v.* labutar, esforçar-se
**la•bora•tory** [ˈlæbrətɔri, *Brit*: ləˈbɑrətri] *s.* [*pl* **laboratories**] laboratório
**la•bored**, BRIT: **la•boured** [ˈleɪbərd] forçado
**la•bor•er**, BRIT: **la•bour•er** [ˈleɪbərər] *s.* peão, trabalhador
**la•bor force**, BRIT: **la•bour force** [ˈleɪbər fɔrs] *s.* força de trabalho
**la•bo•ri•ous** [ləˈbɔriəs] *adj.* trabalhoso
**la•bor un•ion** [ˈleɪbər ˌjuniən] *s.* AM sindicato
**La•bour Par•ty** [ˈleɪbər ˌpɑrti] *s.* Partido Trabalhista [na Grã-Bretanha]
**laby•rinth** [ˈlæbərɪnθ] *s.* labirinto
**lace** [leɪs] *s.* 1 cadarço 2 renda [tecido] / *v.* (tb **lace up**) amarrar
**lack** [læk] *s.* 1 falta, carência 2 **for/through lack of sth** por falta de algo / *v.* não ter, carecer de
**lack•ing** [ˈlækɪŋ] *adj.* 1 **to be lacking** faltar 2 **lacking in sth** desprovido/carente de algo
**lad** [læd] *s.* BRIT FAM 1 rapaz 2 **the lads** a rapaziada
**lad•der** [ˈlædər] *s.* 1 escada (de mão) 2 BRIT fio corrido [em meia]
**lad•en** [ˈleɪdn] *adj.* carregado (***with*** *de*)
**ladies** [ˈleɪdɪz] *spl.* ▸ *pl de* LADY / *s.* **the ladies' (room)** o banheiro feminino
**la•dle** [ˈleɪdl] *s.* concha [de sopa]
**lady** [ˈleɪdi] *s.* [*pl* **ladies**] 1 senhora, dama 2 **ladies and gentlemen** senhoras e senhores 3 **Lady** título honorífico
**lady•bird** [ˈleɪdibərd] *s.* BRIT joaninha
**lady•bug** [ˈleɪdi ˌkɪlər] *s.* AM joaninha
**lag** [læg] *v.* [**-gg-**]
**lag behind** ficar para trás (de) / *s.* (tb **time lag**) defasagem, intervalo
**la•ger** [ˈlɑgər] *s.* BRIT 1 cerveja [igual à brasileira] 2 **draught lager** chope
**la•goon** [ləˈgun] *s.* laguna
**laid** [leɪd] *v.* ▸ *pc e pp de* LAY
**laid-back** [leɪdˈbæk] *adj.* despreocupado, tranquilão
**lain** [leɪn] *v.* ▸ *pp de* LIE[1]
**lake** [leɪk] *s.* lago
**lamb** [læm] *s.* cordeiro
**lame** [leɪm] *adj.* 1 manco 2 esfarrapado [desculpa] 3 FAM fraco, sem graça
**la•ment** [ləˈmɛnt] *v.* lamentar
**lamp** [læmp] *s.* 1 abajur 2 luminária

**lamp-post** [ˈlæmp poʊst] *s.* poste (de iluminação)
**lamp•shade** [ˈlæmpʃeɪd] *s.* cúpula [de abajur]
**land** [lænd] *s.* 1 terra(s) 2 **a piece/plot of land** um terreno 3 **by land** por terra 4 **on (dry) land** em terra (firme) 5 **to live off the land** viver da terra 6 **to work the land** lavrar a terra / *v.* 1 pousar 2 aterrissar 3 aportar 4 cair, ir parar 5 FAM conseguir [emprego etc.] 6 fazer parar: *The accident landed her in the hospital.* O acidente a fez parar no hospital. 7 **to land sb in trouble** meter alguém numa encrenca 8 **to land on your feet** dar a volta por cima 9 **to land sb with sth** FAM empurrar algo para alguém [tarefa]: *I was landed with washing the dishes.* Sobrou para mim lavar a louça.
**land up** BRIT FAM ir parar, acabar
**land•ing** [ˈlændɪŋ] *s.* 1 pouso, aterrissagem: *a crash landing* um pouso de emergência 2 patamar [de escada]
**land•lady** [ˈlændleɪdi] *s.* [*pl* **landladies**] senhoria, proprietária
**land•lord** [ˈlændlɔrd] *s.* senhorio, proprietário
**land•mark** [ˈlændmɑrk] *s.* 1 ponto de referência [para se orientar] 2 marco
**land mine** [ˈlændmaɪn] *s.* mina terrestre
**land•owner** [ˈlændoʊnər] *s.* proprietário de terras, latifundiário
**land•scape** [ˈlændskeɪp] *s.* paisagem
**land•slide** [ˈlændslaɪd] *s.* 1 deslizamento de terra, queda de barreira 2 (tb **landslide victory**) vitória esmagadora
**lane** [leɪn] *s.* 1 faixa, pista [de estrada] 2 raia 3 caminho 4 beco 5 **fast/slow lane** faixa de alta/baixa velocidade 6 **inside/outside lane** faixa da direita/esquerda
**lan•guage** [ˈlæŋgwɪdʒ] *adj.* 1 língua, idioma 2 linguagem 3 **bad language** palavrões
**lan•tern** [ˈlæntərn] *s.* lanterna [com alça]
**lap** [læp] *s.* 1 regaço 2 volta [de pista, piscina] 3 etapa 4 **in the lap of luxury** no luxo 5 **on sb's lap** no colo de alguém / *v.* [-**pp**-] 1 **to lap (against) sth** bater em algo [água, mar] 2 dar uma volta de vantagem em
**lap up: to lap sth up** **a** adorar algo **b** lamber algo [água, leite]
**la•pel** [ləˈpɛl] *s.* lapela
**lapse** [læps] *s.* 1 lapso: *a memory lapse* um lapso de memória | *a lapse of concentration* um momento de desconcentração 2 intervalo / *v.* morrer [conversa]
**large** [lɑrdʒ] *adj.* [*comp* **larger, largest**] 1 grande 2 **larger than life** espalhafatoso [pessoa] 3 **by and large** de modo geral 4 **society/the public at large** a sociedade/o público em geral 5 **to be at large** estar em liberdade
**large•ly** [ˈlɑrdʒli] *adv.* em grande parte
**large-scale** [lɑrdʒˈskeɪl] *adj.* em grande escala
**lark** [lɑrk] *s.* 1 cotovia 2 **as/for a lark** FAM de brincadeira
**lar•yn•gi•tis** [lærənˈdʒaɪtɪs] *s.* laringite
**la•sag•na** [ləˈzɑnjə] *s.* lasanha
**la•ser** [ˈleɪzer] *s.* laser: *a laser beam* um raio laser
**lash** [læʃ] *v.* 1 amarrar (*to em*) 2 fustigar 3 dar chicotadas em 4 sacudir [cauda]
**lash out: to lash out at sb** **a** atacar alguém **b** agredir alguém / *s.* 1 chibatada 2 cílio
**lass** [læs] *s.* moça, garota
**las•so** [ˈlæsoʊ, *Brit*: ləˈsu] *s.* [*pl* **lassos/lassoes**] laço [para laçar animais] / *v.* laçar
**last** [læst] *adj.* 1 último 2 passado: *last week* semana passada 3 **last but one** penúltimo 4 **last night** ontem à noite 5 **last thing (at night)** antes de dormir 6 **every last** cada / *adv.* 1 da última vez 2 por último 3 **to come last** chegar em último 4 **last but not least** por último, mas não menos importante / *pron.* 1 último: *She was the last to arrive.* Ela foi a última a chegar. 2 **at (long) last** finalmente, até que enfim 3 **the last of sth** o resto de algo 4 **the week/year etc. before last** semana retrasada/ano retrasado etc. / *v.* 1 durar 2 (tb **last out**) aguentar 3 **to last sb** **a** durar para alguém: *Those sneakers only*

*lasted me six months.* Aquele tênis só me durou seis meses. **b** segurar alguém: *We have $100 to last us until the end of the week.* Temos $100,00 para nos segurar até o final da semana.

**last•ing** [ˈlæstɪŋ] *adj.* duradouro

**last•ly** [ˈlæstli] *adv.* por último

**last-minute** [læstˈmɪnɪt] *adj.* de última hora

**last name** [ˈlæst neɪm] *s.* sobrenome

**latch** [lætʃ] *s.* 1 trinco 2 **on the latch** encostada [porta] / *v.*

**latch onto** 1 **to latch onto sth** apegar-se a algo [ideia] 2 **to latch onto sb** grudar-se em alguém

**late** [leɪt] *adj.* [*comp* **later, latest**] 1 atrasado 2 ▸ refere-se à última parte de um período: *in the late 70s* no final dos anos 70 | *She's in her late twenties.* Ela está beirando os trinta anos. 3 ▸ refere-se a algo que acontece mais tarde do que de costume: *We had a late lunch.* Almoçamos tarde. | *I had a late night last night.* Fui dormir tarde ontem. 4 falecido 5 **to be late** **a** atrasar(-se) (*for* *para*): *The flight was an hour late.* O voo atrasou uma hora. | *Sorry I'm late.* Desculpe o atraso. **b** ser tarde: *We wanted to help, but we were too late.* Queríamos ajudar, mas já era tarde. 6 **to get late** ficar tarde / *adv.* [*comp* **later, latest**] 1 (até) tarde: *The stores stay open late on Fridays.* As lojas ficam abertas até tarde nas sextas-feiras. 2 atrasado, com atraso: *The game started 15 minutes late.* O jogo começou com 15 minutos de atraso. 3 **late at night/in the evening** tarde da noite 4 **late in life** com mais idade 5 **late in the afternoon** no final da tarde 6 **too late** tarde (demais)

**late•ly** [ˈleɪtli] *adv.* 1 ultimamente 2 recentemente

**lat•er** [ˈleɪtər] *adv.* 1 (tb **later on**) mais tarde, depois 2 **no/not later than** no mais tardar a/em / *adj.* 1 ▸ refere-se a algo que acontece mais tarde: *They decided to take a later train.* Decidiram pegar um trem mais tarde. 2 posterior 3 mais recente 4 **at a later date** posteriormente 5 **at a later stage** mais para a frente 6 **in later life** numa idade mais avançada

**lat•est** [ˈleɪtɪst] *adj.* último, mais recente / *s.* 1 **the latest in sth** a última palavra em algo 2 **at the latest** no mais tardar

**lath•er** [ˈlæðər] *s.* espuma [de sabão]

**Lat•in** [ˈlætn] *s.* latim / *adj.* 1 latino 2 em/do latim

**Lat•in Ameri•ca** [ˌlætn əˈmɛrɪkə] *s.* América Latina

**Lat•in Ameri•can** [ˌlætn əˈmɛrɪkən] *adj, s.* latino-americano

**lati•tude** [ˈlætətud] *s.* latitude

**lat•ter** [ˈlætər] *adj.* FORM 1 segundo: *the latter half of the 20th century* a segunda metade do século 20 2 último: *in the latter case* nesse último caso 3 **the latter part of sth** o final de algo / *pron.* **the latter** **a** o segundo **b** o último, este

**laud•able** [ˈlɔdəbəl] *adj.* louvável

**laugh** [læf] *v.* rir, dar risada (***at*** *de*)

**laugh off: to laugh sth off** ironizar algo [boato etc.] / *s.* 1 risada 2 **for laughs** para se divertir 3 **that's a laugh!** FAM até parece! 4 **to be a (good) laugh** ser um barato 5 **to have a laugh** divertir-se 6 **to have the last laugh** rir por último

**laugh•able** [ˈlæfəbəl] *adj.* risível

**laugh•ing** [ˈlæfɪŋ] *s.* risos / *adj.* **to be no laughing matter** não ser motivo de brincadeira

**laugh•ing stock** [ˈlæfɪŋ stɑk] *s.* motivo de chacota

**laugh•ter** [ˈlæftər] *s.* 1 risos 2 **to roar with laughter** cair na gargalhada

**launch** [lɔntʃ] *v.* 1 lançar 2 iniciar 3 lançar à água 4 **to launch into sth** partir para algo [sem mais nem menos] / *s.* 1 lançamento 2 escaler

**laun•der•ette** [lɔnˈdrɛt] *s.* BRIT lavanderia automática

**laun•dro•mat** [ˈlɔndrəmæt] *s.* AM lavanderia automática

**laun•dry** ['lɔndri] *s.* [*pl* **laundries**] 1 roupa para lavar/lavada: *dirty laundry* roupa suja 2 lavanderia 3 **to do the laundry** lavar roupa
**lava** ['lɑvə] *s.* lava
**lava•tory** ['lævətɔri] *s.* [*pl* **lavatories**] FORM 1 toalete 2 privada
**lav•en•der** ['lævəndər] *s.* alfazema, lavanda
**lav•ish** ['lævɪʃ] *adj.* 1 luxuoso 2 suntuoso [banquete] 3 generoso (***with*** *com*) / *v.* **to lavish sb with sth/lavish sth on sb** encher alguém de algo [carinho, presentes]
**law** [lɔ] *s.* 1 lei: *by law* por lei 2 direito: *She's studying law.* Ela estuda Direito. 3 **law and order** a ordem pública 4 **against the law** proibido por lei 5 **to break the law** infringir a lei 6 **to lay down the law** pontificar, dar ordens 7 **to take the law into your own hands** fazer justiça com as próprias mãos
**law-abiding** ['lɔ əˌbaɪdɪŋ] *adj.* cumpridor das leis
**law•ful** ['lɔfəl] *adj.* FORM legítimo, lícito
**law•less** ['lɔləs] *adj.* sem lei
**lawn** [lɔn] *s.* gramado
**lawn mow•er** ['lɔn ˌmoʊər] *s.* cortador de grama
**law school** ['lɔ skul] *s.* faculdade de Direito
**law•suit** ['lɔsut] *s.* 1 ação judicial, processo 2 **to file/bring a lawsuit** entrar com/mover uma ação judicial (***against*** *contra*)
**law•yer** ['lɔjər] *s.* advogado
**lax** [læks] *adj.* 1 deficiente [disciplina, segurança] 2 negligente, omisso
**lay** [leɪ] *v.* [*ps e pp* **laid**] 1 colocar, pôr 2 assentar [alicerces, tijolos] 3 **to lay an egg** botar um ovo 4 **to lay the table** BRIT pôr a mesa
**lay down** 1 **to lay sth/sb down** deitar algo/alguém 2 **to lay down sth/that ...** estipular algo/que ... 3 **to lay down your arms** depor as armas
**lay off: to lay sb off** demitir alguém
**lay on** 1 **to lay sth on** BRIT oferecer/providenciar algo 2 **to lay it on (thick)** FAM carregar nas tintas
**lay out: to lay sth out** **a** abrir algo [mapa etc.] **b** projetar algo [cidade, jardim] / *v.* ▸ *ps de* LIE / *adj.* leigo
**lay•er** ['leɪər] *s.* camada
**lay•man** ['leɪmən] *s.* [*pl* **laymen**] 1 leigo 2 **in layman's terms** em linguagem para leigos
**lay-off** ['leɪɔf] *s.* demissão [por corte de pessoal]
**lay•out** ['leɪaʊt] *s.* 1 planta [de casa, cidade] 2 projeto [de jardim] 3 diagramação
**laze** [leɪz] *v.* relaxar
**laze around** 1 vadiar 2 relaxar
**lazi•ness** ['leɪzɪnəs] *s.* preguiça
**lazy** ['leɪzi] *adj.* [*comp* **lazier, laziest**] preguiçoso
**lead**[1] [lid] *v.* [*ps e pp* **led**] 1 conduzir [pessoa] 2 ir na frente (de) 3 comandar, chefiar 4 estar na liderança, ganhar 5 liderar 6 **to lead a normal etc. life** levar uma vida normal etc. 7 **to lead sb to do sth** levar alguém a fazer algo 8 **to lead the way** **a** ir na frente **b** tomar a dianteira 9 **to lead to sth** levar a algo, dar em algo
**lead off: to lead off (sth)** sair (de algo): *a street leading off the square* uma rua que sai da praça
**lead on: to lead sb on** **a** enrolar alguém **b** dar confiança a alguém [pretendente]
**lead up: to to lead up to sth** **a** preceder algo **b** querer chegar em algo [na conversa] / *s.* 1 liderança, dianteira: *Who's in the lead?* Quem está na dianteira? 2 vantagem (***over*** *sobre*): *a narrow lead* uma pequena vantagem 3 pista [em investigação criminal] 4 (tb **lead role**) papel principal 5 protagonista 6 BRIT coleira [de cão] 7 BRIT cabo [de conexão] 8 **to follow sb's lead** seguir o exemplo de alguém 9 **to take the lead (in doing sth)** tomar a dianteira (para fazer algo) / *adj.* principal [guitarrista, vocal]
**lead**[2] [lɛd] *s.* 1 chumbo 2 grafite [de lápis]
**lead•er** ['lidər] *s.* 1 líder 2 dirigente
**lead•er•ship** ['lidərʃɪp] *s.* 1 liderança, comando 2 capacidade de liderança

**lead•ing** ['lidɪŋ] *adj.* 1 principal 2 **leading lady/man** protagonista feminina/masculino

**leaf** [lif] *s.* 1 folha 2 **to take a leaf out of sb's book** seguir o exemplo de alguém 3 **to turn over a new leaf** mudar de vida
**leaf through: to leaf through sth** folhear algo

**leaf•let** ['liflət] *s.* folheto

**leafy** ['lifi] *adj.* [*comp* **leafier, leafiest**] 1 folhudo 2 arborizado [bairro]

**league** [lig] *s.* 1 liga 2 **in a different league** em outro nível 3 **in league (with sb)** mancomunado (com alguém) 4 **to be out of your league** não ter nível suficiente

**leak** [lik] *v.* 1 vazar 2 ter goteira(s) / *s.* 1 vazamento 2 goteira

**leaky** ['liki] *adj.* 1 furado 2 com goteiras

**lean** [lin] *v.* 1 inclinar-se 2 estar inclinado 3 **to lean against sth** encostar(-se) em algo 4 **to lean on sth** apoiar(-se) em algo 5 **to lean out of the window** debruçar-se na janela
**lean back** recostar-se
**lean forward** inclinar-se para a frente
**lean over: to lean over (sth)** debruçar-se (em algo) / *adj.* 1 magro 2 enxuto

**leant** [lɛnt] *v.* BRIT ▸ *ps e pp de* LEAN

**leap** [lip] *v.* 1 saltar 2 **to leap at sth** agarrar algo [chance, oportunidade] 3 **to leap to your feet** levantar-se de um salto / *s.* 1 salto 2 **by/in leaps and bounds** a passos largos

**leapt** [lɛpt] *v.* BRIT ▸ *ps e pp de* LEAP

**leap year** ['lip jɪr] *s.* ano bissexto

**learn** [lɜrn] *v.* 1 aprender 2 decorar 3 FORM tomar conhecimento, saber (***of/about*** *de*) 4 **to learn (how) to do sth** aprender a fazer algo

**learn•ed** ['lɜrnɪd] *adj.* erudito

**learn•er** ['lɜrnər] *s.* 1 aprendiz, estudante 2 BRIT (tb **learner driver**) aprendiz de motorista 3 **learner's permit** AM carteira provisória [de motorista]

**learn•ing** ['lɜrnɪŋ] *s.* 1 erudição, saber 2 aprendizagem

**learn•ing curve** ['lɜrnɪŋ kɜrv] *s.* **a steep learning curve** um aprendizado intenso

**lease** [lis] *s.* 1 contrato de arrendamento (***on*** *de*) 2 **a new lease on/of life** vida nova / *v.* 1 arrendar (***from*** *de*) 2 (tb **lease out**) arrendar (***to*** *a*)

**leash** [liʃ] *s.* coleira [de cão]

**least** [list] *pron.* 1 **the least** o mínimo: *It's the least I can do.* É o mínimo que posso fazer. 2 **at least** pelo menos, no mínimo 3 **not in the least** **a** nem um pouco **b** de maneira alguma 4 **to say the least** no mínimo / *adv.* 1 menos: *the least expensive option* a opção menos cara | *when you least expect it* quando menos se espera 2 **least of all** muito menos / *adj.* 1 menor, mínimo 2 **not the least bit** nem um pouco

**leath•er** ['lɛðər] *s.* couro: *a leather bag* uma bolsa de couro

**leave** [liv] *v.* [*ps e pp* **left**] 1 deixar: *Don't leave the door open.* Não deixe a porta aberta. 2 ir embora (de) (***for*** *para*): *I'm leaving tomorrow.* Vou embora amanhã. 3 sair (de) (***for*** *para*): *She left the room.* Ela saiu da sala. 4 esquecer [algo em algum lugar] 5 largar [emprego, família] 6 **to leave home/school** sair de casa/da escola 7 **leave it to me** deixa comigo 8 **to leave sb alone** **a** deixar alguém em paz **b** deixar alguém sozinho 9 **to leave sth alone** não tocar em algo
**leave behind: to leave sth/sb behind** **a** deixar algo/alguém para trás **b** esquecer algo/alguém
**leave out** 1 **to leave sth out** omitir/pular algo 2 **to leave sb out** deixar alguém de fora 3 **to feel left out** sentir-se excluído / *s.* 1 licença: *sick leave* licença médica 2 **on leave** de licença

**leaves** [livz] *spl.* ▸ *pl de* LEAF

**lec•ture** ['lɛktʃər] *s.* 1 palestra (***on*** *sobre*) 2 aula [na faculdade] 3 sermão [dos pais etc.] / *v.* 1 fazer sermão para 2 dar palestra(s) 3 lecionar [em faculdade]

**lec•tur•er** [ˈlɛktʃərər] *s.* 1 palestrante 2 BRIT professor universitário
**led** [lɛd] *v.* ▸ *ps e pp de* LEAD[1]
**ledge** [lɛdʒ] *s.* 1 saliência 2 borda
**leek** [lik] *s.* alho-poró
**left** [lɛft] *adj.* 1 esquerdo 2 **to be left** sobrar, restar 3 **to have sth left** ter algo ainda: *Do you have any money left?* Você está com dinheiro ainda? 4 **there is sth left** sobrou algo, tem algo ainda: *Are there any cookies left?* Sobrou biscoito? 5 **to be left over** sobrar / *s.* 1 esquerda 2 **on/to the left** à esquerda (*of de*) / *adv.* 1 à esquerda 2 **to turn left** virar à esquerda / *v.* ▸ *ps e pp de* LEAVE
**left-hand** [ˈlɛfthænd] *adj.* 1 esquerdo 2 **on the left-hand side** do lado esquerdo
**left-handed** [lɛftˈhændɪd] *adj.* canhoto
**left lug•gage of•fice** [lɛftˈlʌgɪdʒˌɔfɪs] *s.* BRIT guarda-volumes
**left•over** [ˈlɛftoʊvər] *adj.* que sobrou, restante
**left•overs** [ˈlɛftoʊvərz] *spl.* restos, sobras
**left-wing** [lɛftˈwɪŋgər] *adj.* esquerdista, de esquerda
**leg** [lɛg] *s.* 1 perna 2 pata 3 pé [de mesa, cadeira] 4 pernil 5 coxa [de frango] 6 etapa [de viagem, corrida] 7 **to pull sb's leg** brincar com alguém
**lega•cy** [ˈlɛgəsi] *s.* [*pl* **legacies**] 1 legado 2 herança
**le•gal** [ˈligəl] *adj.* 1 legal 2 jurídico 3 **to take legal action** abrir processo (***against*** *contra*)
**le•gal•ize**, BRIT tb: **-ise** [ˈligəlaɪz] *v.* legalizar
**leg•end** [ˈlɛdʒənd] *s.* lenda
**leg•end•ary** [ˈlɛdʒəndɛri] *adj.* lendário
**leg•gings** [ˈlɛgɪŋz] *spl.* legging
**leg•ible** [ˈlɛdʒəbəl] *adj.* legível
**leg•is•late** [ˈlɛdʒəsleɪt] *v.* legislar
**leg•is•la•tion** [lɛdʒəsˈleɪʃən] *s.* legislação: *a piece of legislation* uma legislação
**le•giti•mate** [leˈdʒɪtəmət] *adj.* 1 legítimo 2 válido
**lei•sure** [ˈliʒər, *Brit*: ˈlɛʒə] *s.* 1 lazer: *a leisure activity* uma atividade de lazer 2 **at (your) leisure** com calma 3 **leisure time** tempo de lazer
**lei•sure•ly** [ˈliʒərli, *Brit*: ˈlɛʒəli] *adj.* sem pressa, tranquilo
**lem•on** [ˈlɛmən] *s.* limão: *lemon juice* suco de limão / *adj.* amarelo-claro
▸ Nos países de língua inglesa, ***lemon*** denota o limão-siciliano, de cor amarela. O limão verde encontrado no Brasil chama-se ***lime***.
**lem•on•ade** [lɛməˈneɪd] *s.* limonada
**lend** [lɛnd] *v.* [*ps e pp* **lent**] 1 emprestar 2 **to lend itself to sth** prestar-se a algo 3 **to lend (sb) a hand** ajudar (alguém) 4 **to lend sb sth/sth to sb** emprestar algo a alguém
**length** [lɛŋθ] *s.* 1 comprimento 2 duração 3 extensão 4 pedaço [de corda, cano etc.] 5 volta [na piscina] 6 **at length** longamente 7 **the (full/whole) length of sth** por toda a extensão de algo: *We walked the whole length of the beach.* Percorremos a praia inteira. 8 **to go to any/great lengths to do sth** fazer qualquer coisa/de tudo para fazer algo
**length•en** [ˈlɛŋθən] *v.* 1 alongar(-se) 2 encomprida r
**length•wise, length•ways** [ˈlɛŋθwaɪz, -weɪz] *adv.* no comprimento, ao comprido
**lengthy** [ˈlɛŋθi] *adj.* [*comp* **lengthier, lengthiest**] longo
**le•ni•ent** [ˈliniənt] *adj.* condescendente
**lens** [lɛnz] *s.* 1 lente 2 objetiva
**Lent** [lɛnt] *s.* Quaresma
**lent** [lɛnt] *v.* ▸ *ps e pp de* LEND
**len•til** [ˈlɛntəl] *s.* lentilha
**Leo** [ˈlioʊ] *s.* 1 Leão [signo] 2 leonino
**leop•ard** [ˈlɛpərd] *s.* leopardo
**leo•tard** [ˈliətɑrd] *s.* collant
**les•bian** [ˈlɛzbiən] *s.* lésbica
**less** [lɛs] *adj, adv, pron, prep.* 1 menos: *less money* menos dinheiro | *The second book in the series is less interesting than the first.* O segundo livro da série é menos interessante do que o primeiro. 2 **less and less** cada vez menos 3 **no less than sth** nada menos que algo

**less•en** ['lɛsən] *v.* diminuir

**less•er** ['lɛsər] *adj.* FORM 1 menor: *to a lesser extent* em grau menor 2 **the lesser of two evils** dos males o menor

**les•son** ['lɛsən] *s.* 1 aula: *a driving lesson* uma aula de direção 2 lição 3 **let that be a lesson to you** que isso te sirva de lição 4 **to have/take lessons** ter aulas (***in*** *de*) 5 **to learn your lesson** aprender a lição 6 **to teach sb a lesson** dar uma lição em alguém

**let** [lɛt] *v.* [**-tt-**] [*ps e pp* **let**] 1 deixar 2 BRIT alugar 3 **let alone** quanto mais: *I can't even walk that far, let alone run.* Não consigo nem andar tanto, quanto mais correr. 4 **let's ...** vamos ...: *Let's order a pizza.* Vamos pedir uma pizza. 5 **let's not ...** não vamos ...: *Let's not stay here.* Não vamos ficar aqui. 6 **to let sb/sth do sth** deixar alguém/algo fazer algo 7 **to let sb go** **a** soltar alguém **b** mandar alguém embora [de emprego] 8 **to let sth go/let go of sth** soltar algo 9 **to let yourself go** **a** soltar-se **b** deixar de se cuidar 10 **to let sb have sth** dar algo a alguém 11 **to let sb know (sth)** avisar alguém (de algo)

**let down** 1 **to let sb down** **a** decepcionar alguém **b** deixar alguém na mão 2 **to let your hair down** **a** soltar o cabelo **b** FAM soltar-se

**let in** 1 **to let sb/sth in** deixar alguém/algo entrar 2 **to let sb in on/into a secret** contar um segredo para alguém

**let off** 1 **to let sb off (sth)** liberar alguém (de algo): *He was let off with a fine.* Ele foi multado e liberado. 2 **to let sth off** soltar algo [fogos]

**let out** 1 **to let sb/sth out** deixar alguém/algo sair 2 **to let out a scream/cry** soltar um grito

**let through: to let sb/sth through** deixar alguém/algo passar

**let•down** ['lɛtdaʊn] *s.* decepção

**le•thal** ['liθəl] *s.* letal

**le•thar•gic** [lə'θɑrdʒɪk] *adj.* letárgico, mole

**let's** [lɛts] *contr.* ▸ = LET US

**let•ter** ['lɛtər] *s.* 1 carta 2 letra [do alfabeto] 3 **to the letter** à risca, ao pé da letra

**let•ter•box** ['lɛtər bɑks] *s.* BRIT 1 caixa do correio 2 abertura em porta para correspondências

**let•tuce** ['lɛtis] *s.* alface

**lev•el** ['lɛvəl] *s.* 1 nível 2 altura: *at eye level* à altura dos olhos 3 piso [de prédio] 4 **at street level** no térreo 5 **on a personal/practical etc. level** do ponto de vista pessoal/prático etc. / *adj.* 1 nivelado 2 raso: *a level teaspoon of sugar* uma colher de chá rasa de açúcar 3 **a level playing field** igualdade de condições 4 **to be level (with sth)** estar na mesma altura (que algo) / *v.* 1 nivelar [terreno] 2 arrasar [prédio, cidade] 3 **to level with sb** FAM ser sincero com alguém

**level off, level out** 1 nivelar [avião] 2 estabilizar-se [preços, inflação]

▸ *Am:* ***leveling, leveled*** *Brit:* ***levelling, levelled***

**lev•el cros•sing** [ˌlɛvəl'krɔsɪŋ] *s.* BRIT passagem de nível

**level-headed** [ˌlɛvəl'hɛdɪd] *adj.* sensato

**lev•er** ['lɛvər, Brit: 'livər] *s.* alavanca

**lev•er•age** ['lɛvərɪdʒ] *s.* influência

**lewd** [lud] *adj.* obsceno

**lia•bil•ity** [laɪə'bɪləti] *s.* [*pl* **liabilities**] 1 responsabilidade (***for*** *por*) 2 **to be a liability** ser um problema (***to*** *para*)

**lia•ble** ['laɪəbəl] *adj.* 1 responsável (***for*** *por*) 2 **to be liable to do sth** ser capaz de fazer algo 3 **to be liable to sth** **a** estar sujeito a algo [multa, imposto] **b** ser propenso a algo [lesões etc.]

**li•aise** [li'eɪz] *v.* fazer a ponte (***with*** *com*)

**liai•son** [li'eɪzɑn] *s.* 1 colaboração (***between*** *entre,* ***with*** *com*) 2 aventura [amorosa]

**liar** ['laɪər] *s.* mentiroso

**li•bel** ['laɪbəl] *s.* difamação

**li•bel•ous,** BRIT: **li•bel•lous** ['laɪbələs] *adj.* difamatório

**lib•er•al** ['lɪbərəl] *adj, s.* liberal

**lib•er•ate** ['lɪbəreɪt] *v.* libertar (***from*** *de*)

**lib•era•tion** [lɪbə'reɪʃən] *s.* libertação

**lib•er•ty** ['lɪbərti] *s.* [*pl* **liberties**] 1 liberdade 2 **to take liberties with sth/sb** tomar liberdades com algo/alguém 3 **at liberty to do sth** FORM livre para fazer algo
**Li•bra** ['librə] *s.* 1 Libra [signo] 2 libriano
**li•brar•ian** [laɪ'brɛriən] *s.* bibliotecário
**li•brary** ['laɪbrɛri] *s.* [*pl* **libraries**] biblioteca
**lice** [laɪs] *spl.* 1 ▸ *pl de* LOUSE 2 **to have lice** estar com piolho
**li•cense**, BRIT: **li•cence** ['laɪsəns] *s.* 1 carteira [de motorista] 2 autorização, licença / *v.* 1 autorizar 2 **to be licensed to do sth** estar autorizado a fazer algo
**li•cense num•ber** ['laɪsəns,nʌmbər] *s.* AM (número da) placa
**li•cense plate** ['laɪsəns pleɪt] *s.* AM placa [de veículo]
**lick** [lɪk] *v.* lamber / *s.* lambida
**lid** [lɪd] *s.* 1 tampa: *a saucepan lid* uma tampa de panela 2 pálpebra
**lie**[1] [laɪ] *v.* [*ps, pp* **lay, lain**] 1 estar/ficar deitado 2 deitar-se 3 estar situado, ficar 4 **to lie on your back/front** deitar de costas/de bruços 5 **to lie with sth/sb** ser de algo/alguém: *The blame lies with the government.* A culpa é do governo.
**lie ahead** estar por vir
**lie around** 1 ficar à toa 2 **to leave sth lying around** deixar algo jogado
**lie back** recostar-se
**lie down** deitar-se
**lie in** BRIT dormir até tarde
**lie**[2] [laɪ] *v.* [*ps e pp* **lied**] mentir (***to*** *para*) / *s.* 1 mentira 2 **to tell a lie** mentir
**lieu•ten•ant** [lu'tɛnənt, *Brit*: lɛf'tɛnənt] *s.* tenente
**life** [laɪf] *s.* 1 vida 2 (tb **life imprisonment**) (prisão) perpétua 3 **for life** por toda a vida 4 **in real life** na vida real 5 **to bring sth to life** dar vida a algo 6 **to come to life** **a** tomar vida **b** pegar fogo [jogo, show] 7 **true to life** fiel à realidade
**life belt** ['laɪfbɛlt] *s.* 1 AM cinto salva-vidas 2 BRIT boia
**life•boat** ['laɪfboʊt] *s.* barco salva-vidas
**life ex•pec•tan•cy** [laɪfɪk'spɛktənsi] *s.* expectativa de vida
**life guard** ['laɪf gɑrd] *s.* salva-vidas [pessoa]
**life jack•et** ['laɪfdʒækɪt] *s.* BRIT colete salva-vidas
**life•less** ['laɪfləs] *adj.* sem vida
**life•line** ['laɪflaɪn] *s.* corda salva-vidas
**life•long** ['laɪflɔŋ] *s.* de toda a vida
**life raft** ['laɪf ræft] *s.* bote salva-vidas
**life•sav•er** ['laɪfseɪvər] *s.* **to be a lifesaver** ser o salvador/a salvação da pátria
**life-size** ['laɪf saiz] *adj.* de tamanho natural
**life•style** ['laɪfstaɪl] *s.* 1 (estilo de) vida 2 **lifestyle magazine** revista de tendências
**life•time** ['laɪftaɪm] *s.* 1 vida: *in our lifetime* durante a nossa vida 2 **the chance/experience etc. of a lifetime** uma chance/experiência etc. única na vida
**life vest** ['laɪf vɛst] *s.* AM colete salva-vidas
**lift** [lɪft] *v.* 1 (tb **lift up**) levantar 2 suspender [proibição] 3 dissipar-se [neblina] 4 **to lift sth into/onto sth** levantar algo e colocá-lo em algo
**lift off** levantar voo / *s.* 1 BRIT elevador 2 BRIT carona 3 **to give sb a lift** BRIT dar carona a alguém
**light** [laɪt] *s.* 1 luz 2 sinal [de trânsito]: *The light went green.* O sinal abriu. 3 farol [de carro] 4 luminária 5 **a light** fósforo [para acender cigarro]: *Do you have a light?* Tem fósforo? 6 **green/red light** sinal aberto/fechado 7 **in (the) light of sth** tendo em vista algo 8 **in a new/bad etc. light** sob uma nova perspectiva/uma perspectiva negativa etc. 9 **to come to light** vir à tona 10 **to set light to sth** incendiar algo 11 **to shed/throw light on sth** esclarecer algo / *adj.* [*comp* **lighter, lightest**] 1 leve 2 claro [dia, cor, apartamento]: *light blue* azul-claro 3 **to be a light sleeper** ter sono leve 4 **to get light** clarear [dia] 5 **to make light of sth** ironizar algo / *v.* [*ps e pp* **lit**] 1 acender 2 iluminar
**light up** iluminar(-se)
**light bulb** ['laɪt bʌlb] *s.* lâmpada
**light•ed** ['laɪtɪd] *adj.* aceso

**light•en** ['laɪtən] *v.* 1 aliviar [carga, clima] 2 clarear
**lighten up** FAM soltar-se mais
**light•er** ['laɪtər] *s.* isqueiro
**light•head•ed** [laɪt'hɛdɪd] *adj.* zonzo
**light•heart•ed** [laɪt'hɑrtɪd] *adj.* bem-humorado
**light•house** ['laɪthaʊs] *s.* farol [construção]
**light•ing** ['laɪtɪŋ] *s.* iluminação
**light•ly** ['laɪtli] *adv.* 1 de leve 2 levemente 3 **to get off lightly** receber uma pena branda
**light•ning** ['laɪtnɪŋ] *s.* 1 relâmpagos, raios: *a flash of lightning* um relâmpago | *a lightning bolt* um raio 2 **to be struck by lightning** ser atingido por um raio
**light•weight** ['laɪtweɪt] *adj.* 1 leve 2 peso-leve / *s.* peso-leve [lutador]
**lik•able** ['laɪkəbəl] *adj.* simpático
**like** [laɪk] *v.* 1 gostar de: *I really liked the movie.* Gostei muito do filme. | *How do you like my new jeans?* Você gostou do meu jeans novo? 2 **as long as/whatever etc. you like** o tempo que/o que etc. você quiser 3 **if/whenever you like** se/quando você quiser 4 **I/we would like (to do) sth** eu queria/nós queríamos (fazer) algo 5 **to get to like sb/sth** passar a gostar de alguém/algo 6 **to like doing/to do sth** gostar de fazer algo 7 **would you like (to do) sth?** você quer (fazer) algo? / *prep.* 1 como: *someone like me* alguém como eu 2 **like this/that** assim 3 **just like sth/sb** igualzinho a algo/alguém 4 **just like that** FAM sem mais nem menos 5 **more like** mais para 6 **to be like sth/sb** ser parecido/parecer-se com algo/alguém 7 **what is sb/sth like?** como é alguém/algo? / *s.* 1 **likes and dislikes** gostos e desgostos, preferências 2 **and the like** e coisas assim 3 **the likes of us/her etc.** pessoas como a gente/ela etc. / *conj.* FAM 1 como: *like I said* como eu falei 2 como se: *It was like he wanted to get caught.* Era como se ele quisesse ser pego.
▸ A palavra ***like*** é muito usada na linguagem coloquial falada, da mesma forma que se usa *tipo (assim)* em português: ***He must be, like, 80 years old.*** *Ele deve ter, tipo, 80 anos.* Na linguagem dos jovens, usa-se muito para introduzir a fala ou o pensamento de uma pessoa ao contar um caso: ***She was like "Hi!" and I'm like "Who's this?"*** *Ela assim: "Oi!" e eu pensando: "Quem é essa pessoa?".*
**like•able** ['laɪkəbəl] *adj.* ver **lik•able**
**like•li•hood** ['laɪklɪhʊd] *s.* probabilidade
**like•ly** ['laɪkli] *adj.* [*comp* **likelier, likeliest**] 1 provável 2 possível 3 **to be likely to do sth** ser capaz de fazer algo: *He's likely to be late.* Ele é capaz de chegar atrasado. / *adv.* 1 provavelmente 2 **most/very likely** o mais provável é que …
**like-minded** [laɪk 'maɪndɪd] *adj.* que pensa(m) da mesma forma
**lik•en** ['laɪkən] *v.* comparar (***to*** *a*)
**like•ness** ['laɪknəs] *s.* 1 semelhança (***to*** *a*) 2 retrato
**like•wise** ['laɪkwaɪz] *adv.* FORM 1 do mesmo jeito 2 igualmente 3 **to do likewise** fazer o mesmo
**lik•ing** ['laɪkɪŋ] *s.* 1 **a liking for sb** uma simpatia por alguém 2 **a liking for sth** um gosto por algo 3 **for my liking** para o meu gosto 4 **to take a liking to sb** simpatizar com alguém
**li•lac** ['laɪlək] *s, adj.* lilás
**lily** ['lɪli] *s.* [*pl* **lilies**] lírio
**limb** [lɪm] *s.* 1 membro [do corpo] 2 **out on a limb** desamparado
**lime** [laɪm] *s.* 1 limão [de cor verde] 2 (tb **lime green**) verde-limão 3 tília 4 cal
**lime•light** ['laɪmlaɪt] *s.* **in/out of the limelight** nos/longe dos holofotes
**lime•stone** ['laɪmstoʊn] *s.* calcário
**lim•it** ['lɪmɪt] *s.* 1 limite: *the speed limit* o limite de velocidade 2 **off limits** terreno proibido (***to*** *para*) 3 **over the limit** com teor de álcool acima do permitido [motorista] 4 **within limits** dentro do razoável / *v.* 1 limitar (***to*** *a*) 2 **to limit yourself to sth** limitar-se a algo
**limi•ta•tion** [lɪmə'teɪʃən] *s.* limitação

**lim•it•ed** [ˈlɪmɪtɪd] *adj.* 1 limitado 2 escasso
**limo** [ˈlɪmoʊ] *s.* FAM limusine: *a stretch limo* uma limusine comprida
**lim•ou•sine** [ˈlɪməzin] *s.* limusine
**limp** [lɪmp] *v.* mancar, ir mancando / *s.* **to walk with a limp** mancar / *adj.* 1 mole, flácido 2 murcho
**line** [laɪn] *s.* 1 linha 2 fila 3 fileira: *in a line* enfileirado 4 divisa: *the state line* a divisa estadual 5 ligação: *It's a terrible line.* A ligação está péssima. 6 fala [de ator] 7 varal 8 **along the lines of sth** do tipo algo 9 **along these/those lines** desse tipo 10 **in line with sth** de acordo com algo 11 **straight/dotted line** linha reta/pontilhada 12 **to be in line for sth/to do sth** estar sendo considerado para algo/para fazer algo 13 **to be on the line** estar em jogo 14 **to be on the right lines** estar na direção certa 15 **to be out of line** FAM ter passado dos limites 16 **to cut in line** AM furar fila 17 **to draw the line at doing sth** não estar disposto a fazer algo 18 **to drop sb a line** FAM escrever para alguém 19 **to fall into line** entrar na linha 20 **to hold the line** aguardar na linha 21 **to stand/wait in line** AM fazer fila / *v.* 1 forrar, revestir (***with*** *com*) 2 margear: *a tree-lined avenue* uma avenida margeada por árvores
**line up** 1 fazer fila 2 **to line sth/sb up** enfileirar algo/alguém 3 **to line sth up** **a** alinhar algo (***with*** *com*) **b** FAM arranjar/providenciar algo
**lined** [laɪnd] *adj.* 1 forrado 2 pautado [papel] 3 sulcado [rosto]
**lin•en** [ˈlɪnən] *s.* 1 roupa de cama e mesa: *bed linen* roupa de cama 2 linho: *a linen jacket* uma jaqueta de linho
**lin•er** [ˈlaɪnər] *s.* (tb **ocean liner**) transatlântico
**lines•man** [ˈlaɪnzmən] *s.* [*pl* **linesmen**] juiz de linha, bandeirinha
**lineup** [ˈlaɪnʌp] *s.* 1 elenco [de time] 2 programação [de festival, TV] 3 AM (tb **police lineup**) sessão de reconhecimento [de suspeito]
**lin•ger** [ˈlɪŋgər] *v.* 1 demorar-se (***over*** *em*) 2 (tb **linger on**) permanecer
**lin•ger•ing** [ˈlɪŋgərɪŋ] *adj.* 1 persistente [dúvida, aroma] 2 demorado
**lin•guist** [ˈlɪŋgwɪst] *s.* linguista
**lin•guis•tic** [lɪŋˈgwɪstɪk] *adj.* linguístico
**lin•guis•tics** [lɪŋˈgwɪstɪks] *s.* linguística
**lin•ing** [ˈlaɪnɪng/] *s.* forro
**link** [ˈlɪŋk] *v.* 1 ligar (***a*** *to*) 2 (tb **link up**) conectar (***to/with*** *a*) 3 **to be linked** estar relacionado (***to/with*** *a*) 4 **to link arms** ficar de braços dados
**link up** interligar-se, fazer conexão (***with*** *com*) / *s.* 1 ligação (***between*** *entre*, ***to*** *a*, ***with*** *com*): *road links* ligações rodoviárias 2 vínculo (***between*** *entre*, ***with*** *com*) 3 link [na Internet] 4 elo
**lion** [ˈlaɪən] *s.* leão
**li•on•ess** [ˈlaɪənɛs] *s.* leoa
**lip** [lɪp] *s.* lábio
**lip-read** [ˈlɪprid] *v.* [*ps e pp* **lip-read**] ler lábios
**lip•stick** [ˈlɪpstɪk] *s.* batom
**li•queur** [lɪˈkɜr] *s.* licor
**liq•uid** [ˈlɪkwɪd] *s, adj.* líquido
**liq•uid•iz•er**, BRIT tb: **-iser** [ˈlɪkwədaɪzər] *s.* BRIT liquidificador
**liq•uor** [ˈlɪkər] *s.* AM bebida alcoólica [destilada]
**lisp** [lɪsp] *v.* falar com a língua presa / *s.* 1 língua presa 2 **to have a lisp** ter a língua presa
**list** [lɪst] *s.* lista: *a shopping list* uma lista de compras / *v.* 1 fazer/dar uma lista de, listar 2 adernar [navio]
**lis•ten** [ˈlɪsən] *v.* 1 escutar 2 **to listen for sth** ficar atento para ouvir algo 3 **to listen to sth/sb** **a** escutar algo/alguém **b** ouvir algo/alguém [dar ouvidos]
**listen up** AM FAM prestar atenção
**lis•ten•er** [ˈlɪsənər] *s.* 1 ouvinte 2 **to be a good listener** saber ouvir
**list•less** [ˈlɪstləs] *adj.* apático, mole
**lit** [lɪt] *v.* ▸ *ps e pp de* LIGHT
**li•ter**, BRIT: **litre** [ˈlitər] *s.* litro

**lit•era•cy** [ˈlɪtərəsi] *s.* alfabetização
**lit•er•al** [ˈlɪtərəl] *adj.* literal
**lit•er•al•ly** [ˈlɪtərəli] *adv.* literalmente
**lit•er•ary** [ˈlɪtərɛri] *adj.* literário
**lit•er•ate** [ˈlɪtərət] *adj.* 1 alfabetizado 2 **computer literate** com conhecimentos de informática
**lit•era•ture** [ˈlɪtərətʃər] *s.* 1 literatura 2 material informativo
**li•tre** [ˈlitər] *s.* BRIT litro
**lit•ter** [ˈlɪtər] *s.* 1 lixo 2 ninhada 3 areia sanitária [para gatos]: *a litter tray* uma caixinha de areia / *v.* 1 estar espalhado por 2 jogar lixo 3 **to be littered with sth** estar cheio de algo [espalhado]
**lit•ter bin** [ˈlɪtər bɪn] *s.* lixeira [na rua]
**lit•tle** [ˈlɪtl] *adj.* 1 pequeno 2 ▸ corresponde ao uso do diminutivo do substantivo em português: *a little house* uma casinha | *little Pedro* o Pedrinho 3 **little boy/girl** menino/menina 4 **little brother/sister** irmão mais novo/irmã mais nova 5 **a little bit (of sth)** um pouquinho (de algo) 6 **a little something** FAM uma coisinha 7 **a little while** um pouco, um tempinho: *in a little while* daqui a pouco / *pron, adj.* [*comp* **less, least**] 1 pouco: *I understood little of what they said.* Entendi pouco do que eles falaram. | *We have very little time.* Temos muito pouco tempo. 2 **a little** um pouco (de): *"Would you like some cake?" - "Just a little."* "Quer bolo?" - "Só um pouquinho." | *a little milk* um pouco de leite 3 **as little as** apenas: *Prices start from as little as $5.* Os preços começam em apenas $5,00. 4 **as little as possible** o mínimo possível / *adv.* 1 pouco: *I've traveled very little in South America.* Viajei muito pouco na América do Sul. 2 **little by little** pouco a pouco 3 **a little** um pouco
**lit•tle fin•ger** [ˌlɪtl ˈfɪŋgər] *s.* dedo mindinho
**live** *v.* [lɪv] 1 morar 2 viver 3 **to live a healthy etc. life** ter uma vida saudável etc. 4 **to live off sb** viver às custas de alguém 5 **to live on sth** **a** viver (à base) de algo [alimento] **b** viver com algo [quantia] 6 **to live with sth** conviver com algo [doença, situação]
**live up** 1 **to live it up** FAM ficar no bem-bom 2 **to live up to sth** corresponder a algo [expectativas, obrigações] / *adj.* [laɪv] 1 vivo [animal] 2 ao vivo 3 eletrificado [fio, trilho] 4 **live ammunition** munição de verdade / *adv.* [laɪv] ao vivo
**live•li•hood** [ˈlaɪvlɪhʊd] *s.* (meio de) subsistência, sustento
**live•ly** [ˈlaɪvli] *adj.* [*comp* **livelier, liveliest**] 1 agitado [criança, vida noturna] 2 movimentado [lugar] 3 animado [música, debate]
**liv•en**
**liven up** 1 ficar mais animado [festa] 2 **to liven sth up** **a** animar algo [festa] **b** incrementar algo [ambiente, prato]
**liv•er** [ˈlɪvər] *s.* fígado
**lives** [laɪvz] *spl.* ▸ *pl de* LIFE
**live•stock** [ˈlaɪvstɑk] *s.* gado
**liv•id** [ˈlɪvɪd] *adj.* furioso
**liv•ing** [ˈlɪvɪŋ] *s.* 1 ganha-pão, sustento 2 **for a living**: *What does she do for a living?* Ela trabalha em quê? 3 **the living** os vivos 4 **to earn/make a living** ganhar a vida / *adj.* 1 vivo: *living things* seres vivos 2 **living arrangements** esquema de morar 3 **living expenses** despesas de subsistência 4 **living standards** padrão de vida
**liv•ing room** [ˈlɪvɪŋ rum] *s.* sala (de estar)
**liz•ard** [ˈlɪzərd] *s.* 1 lagarto 2 lagartixa
**load** [loʊd] *s.* 1 carregamento 2 carga 3 **a bus/truck etc. load of sth** um ônibus/caminhão etc. cheio de algo 4 **a load (of sth)/loads (of sth)** FAM um monte (de algo) / *v.* 1 carregar (*with* com) 2 **to load sth into/onto sth** acomodar algo em algo
**load down: to be loaded down with sth** estar carregado de algo [bolsas]
**load up** 1 **to load (sth/sb) up** carregar (algo/alguém) (*with* com) 2 **to load up on sth** AM estocar algo
**load•ed** [ˈloʊdɪd] *adj.* 1 carregado (*with* de) 2 FAM cheio da grana 3 AM FAM bebum 4

chumbado [dado] 5 **loaded question** pergunta tendenciosa

**loaf** [loʊf] *s.* [*pl* **loaves**] pão: *a loaf of bread* um pão

**loan** [loʊn] *s.* 1 empréstimo 2 **on loan** emprestado 3 **to take out a loan** fazer um empréstimo (***from*** *com/em*) / *v.* **to loan sb sth/sth to sb** emprestar algo a alguém

**loathe** [loʊð] *v.* detestar

**loaves** [loʊvz] *spl.* ▸ *pl de* LOAF

**lob•by** [ˈlɑbi] *s.* [*pl* **lobbies**] 1 saguão 2 lobby: *the gun lobby* o lobby das armas / *v.* [*ps e pp* **lobbied**] fazer lobby (com)

**lob•ster** [ˈlɑbstər] *s.* lagosta

**lo•cal** [ˈloʊkəl] *adj.* 1 local 2 do bairro/da região / *s.* morador (do bairro/da região)

**lo•cal author•ity** [ˌloʊkəl ɔˈθɔrəti] *s.* [*pl* **authorities**] município

**lo•cal gov•ern•ment** [ˌloʊkəl ˈgʌvərmənt] *s.* 1 AM município 2 BRIT administração municipal

**lo•cal•ity** [loʊˈkæləti] *s.* localidade

**lo•cal•ly** [ˈloʊkəli] *adv.* 1 perto 2 no bairro/na região

**lo•cate** [ˈloʊkeɪt] *v.* 1 localizar 2 **to be located** estar localizado

**lo•ca•tion** [loʊˈkeɪʃən] *s.* 1 localização 2 local 3 **on location** **a** em externa [filmagem] **b** gravando externas

**loch** [lɑk] *s.* lago

**lock** [lɑk] *v.* 1 trancar 2 travar

**lock away: to lock sth/sb away** trancafiar algo/alguém

**lock in: to lock sb in** trancar alguém [dentro de um lugar]: *She locked herself in the bathroom.* Ela se trancou no banheiro.

**lock out: to lock sb out** trancar alguém do lado de fora (***of*** *de*): *He locked himself out of the car.* Ele se trancou do lado de fora do carro.

**lock up** 1 trancar tudo 2 **to lock sb/sth up** trancafiar alguém/algo / *s.* 1 fechadura 2 eclusa 3 cacho, madeixa 4 **under lock and key** trancafiado

**lock•er** [ˈlɑkər] *s.* armário [com chave]

**lo•cust** [ˈloʊkəst] *s.* gafanhoto

**lodge** [lɑdʒ] *v.* 1 alojar(-se) 2 BRIT apresentar [queixa, protesto, recurso] / *s.* chalé

**lodg•er** [ˈlɑdʒər] *s.* inquilino [de quarto]

**lodg•ing** [ˈlɑdʒɪŋ] *s.* 1 alojamento 2 **board and lodging** cama e mesa

**loft** [lɔft] *s.* 1 AM loft [tipo de apartamento] 2 BRIT sótão

**log** [lɑg] *s.* 1 tora, tronco 2 diário de bordo / *v.* [-gg-] registrar

**log off** fazer logoff (***from*** *de*)

**log on** fazer login (***to*** *em*)

**log•ger•heads** [ˈlɑgərhɛd] *s.* **to be at loggerheads** estar às turras (***with*** *com*)

**log•ic** [ˈlɑdʒɪk] *s.* lógica

**logi•cal** [ˈlɑdʒɪkəl] *adj.* lógico

**logo** [ˈloʊgoʊ] *s.* logotipo

**loi•ter** [ˈlɔɪtər] *v.* ficar parado

**lol•li•pop** [ˈlɑlipɑp] *s.* pirulito

**Lon•don** [ˈlʌndən] *s.* Londres / *adj.* londrino

**Lon•don•er** [ˈlʌndənər] *s.* londrino

**lone•li•ness** [ˈloʊnlɪnəs] *s.* solidão

**lone•ly** [ˈloʊnli] *adj.* 1 sozinho 2 solitário 3 isolado [lugar]

**lon•er** [ˈloʊnər] *s.* ermitão, solitário

**long** [lɔŋ] *adj.* [*comp* **longer, longest**] 1 comprido: *a rope ten meters long* uma corda de dez metros de comprimento 2 longo: *The movie is three hours long.* O filme tem três horas de duração. 3 **a long time/while** muito tempo, um tempão 4 **a long way** longe 5 **how long is/are ...?** **a** qual o comprimento de ...?: *How long is the cable?* Qual o comprimento do cabo? **b** qual a duração de ...? 6 **in the long run** a longo prazo 7 **to be a long time/be long** demorar ▸ Usa-se ***a long time*** em frases afirmativas, ***long*** em frases negativas e interrogativas: *You were a long time. What happened?* Você demorou. O que houve? | *I won't be long.* Não vou demorar. / *adv.* [*comp* **longer, longest**] 1 muito tempo [em frases negativas e interrogativas]: *Have you been waiting long?* Faz muito tempo que você está esperando? | *It didn't take long.* Não levou muito tempo. **2 long after/before** muito antes/depois (de) **3 long ago** há muito **4 all day/summer etc. long** o dia/verão etc. inteiro **5 before long** em breve **6 how long?** quanto tempo?: *How long have you been studying English?* Faz quanto tempo que você estuda inglês? **7 no longer/not any longer** não … mais: *They no longer live in that house.* Eles não moram mais naquela casa. | *She couldn't take it any longer.* Ela não aguentava mais. **8 as long as** **a** o tempo que: *You can stay as long as you like.* Você pode ficar o tempo que quiser. **b** (tb **so long as**) desde que: *as long as you're home by eleven* desde que você esteja em casa antes das onze / *v.* **1 to long for sth** ansiar por algo, estar louco por algo **2 to long to do sth** morrer de vontade de fazer algo, estar ansioso para fazer algo

**long-distance** [lɔŋ ˈdɪstəns] *adj.* **1** interurbano/internacional, DDD/DDI [chamada] **2** de longa distância: *a long-distance runner* um fundista / *adv.* **to call long-distance** fazer uma chamada interurbana/internacional

**long•ing** [ˈlɔŋɪŋ] *s.* **1** desejo (*for* de): *a longing to travel* um desejo de viajar **2** saudade (*for* de)

**lon•gi•tude** [ˈlɑndʒətud] *s.* longitude

**long jump** [ˈlɔŋ dʒʌmp] *s.* salto em distância

**long•sight•ed** [lɔŋˈsaɪtɪd] *adj.* BRIT hipermetrope

**long-standing** [lɔŋˈstændɪŋ] *adj.* de longa data

**long-term** [lɔŋˈtɜrm] *adj.* de longo prazo

**long•ways** [ˈlɔŋweɪz] *adv.* ao comprido

**look** [lʊk] *v.* **1** olhar **2** procurar **3** estar (com cara de): *You look great in that dress!* Você está ótima com esse vestido! | *She was looking tired.* Ela estava com cara de cansada. **4 to look as if/as though/like** parecer que: *It looks like the game will be canceled.* Parece que o jogo vai ser cancelado. | *You look as if you need a rest.* Você tem cara de quem precisa descansar. **5 to look at sth/sb** olhar (para) algo/alguém **6 to look for sth/sb** procurar algo/alguém **7 to look like sb/sth** parecer(-se com) alguém/algo: *He doesn't look very much like his brother.* Ele não se parece muito com o irmão.

**look after: to look after sb/sth** BRIT cuidar de alguém/algo

**look ahead** olhar para o futuro

**look around** **1** olhar em volta **2** virar-se [para ver] **3** dar uma olhada [em loja] **4 to look around sth** conhecer algo [casa, cidade etc.]

**look back** **1** olhar para trás **2 to look back on sth** relembrar algo

**look down** **1** olhar para baixo **2 to look down on sb/sth** menosprezar alguém/algo

**look forward to** **1 to look forward to sth** esperar ansioso (por) algo **2 to look forward to doing sth** estar ansioso/animado para fazer algo

**look into: to look into sth** investigar algo

**look on** **1** ficar olhando **2 to look on sth/sb as sth** ver algo/alguém como algo

**look out** **1** tomar cuidado (*for* com): *Look out!* Cuidado! **2 to look out for sth/sb** ficar de olho para ver/encontrar algo/alguém

**look over: to look sth/sb over** dar uma olhada em algo/alguém

**look round** BRIT ▸ = LOOK AROUND

**look through: to look through sth** **a** folhear algo **b** procurar em algo **c** dar uma olhada em algo

**look up** **1** olhar para cima **2 to look sth up** procurar algo [em dicionário, lista etc.] **3 to look up to sb** admirar alguém / *s.* **1** olhada **2** olhar **3** cara, ar: *a look of disgust* uma cara de nojo | *You should have seen the look on his face!* Você precisava ver a cara dele! **4** visual, look: *a new look* um novo visual **5 looks** aparência [física]: *good looks* beleza **6 by the looks of it** pelo visto/jeito **7 to have a look (for sth)** procurar (algo) **8 to have/take a look** dar uma olhada (*at* *em)* 9 **to like the look of sb** ir com a cara de alguém

**look•out** [ˈlʊkaʊt] *s.* **to be on the lookout for sth** **a** estar atento a algo **b** estar de olho para encontrar algo

**loom** [lum] *v.* 1 surgir 2 estar iminente/na porta

**loony** [ˈluni] *s, adj.* [*pl* **loonies**] FAM doido

**loop** [lup] *s.* 1 volta, laçada [de corda, fio] 2 **to be in the loop/out of the loop** estar por dentro/fora / *v.* 1 dar uma volta 2 **to loop sth around/over sth** passar algo em volta de algo

**loop•hole** [ˈluphoʊl] *s.* brecha [na lei etc.]

**loose** [lus] *adj.* 1 frouxo 2 solto 3 folgado [roupa] 4 **loose change** trocados 5 **loose tooth** dente mole 6 **at a loose end/loose ends** à toa [sem nada para fazer] 7 **to break/get loose** ficar solto, escapar 8 **to come loose** **a** soltar-se **b** afrouxar-se 9 **to let/set/turn sth loose** soltar algo

**loose•ly** [ˈlusli] *adv.* 1 folgadamente 2 por alto, aproximadamente 3 **loosely based on sth** parcialmente baseado em algo

**loos•en** [ˈlusən] *v.* 1 afrouxar(-se) 2 soltar (-se) [parafuso]

**loosen up** soltar-se [pessoa]

**loot** [lut] *v.* saquear

**loot•er** [ˈlutər] *s.* saqueador

**loot•ing** [ˈlutɪŋ] *s.* saques [de lojas etc.]

**lop•sided** [lɑpˈsaɪdɪd] *adj.* torto

**lord** [lɔrd] *s.* 1 lorde 2 **Lord** Senhor [Deus] 3 **the Lords** BRIT a Câmara dos Lordes [câmara superior do parlamento britânico]

**lor•ry** [ˈlɔri] *s.* [*pl* **lorries**] BRIT caminhão

**lose** [luz] *v.* [*ps e pp* **lost**] 1 perder 2 atrasar [relógio] 3 **to lose one's way** perder-se

**lose out** sair perdendo (*to para*), dançar

**los•er** [ˈluzər] *s.* 1 perdedor 2 FAM zé-mané, otário

**loss** [lɔs] *s.* 1 perda 2 prejuízo [financeiro] 3 baixa [vítima] 4 **to be at a loss** estar perplexo 5 **to be at a loss for words** estar sem palavras 6 **to make a loss** ter prejuízo

**lost** [lɔst] *adj.* 1 perdido 2 **lost in sth** absorto em algo: *She was lost in thought.* Ela estava muito pensativa. 3 **to be lost** **a** estar perdido **b** estar boiando [por não entender] 4 **to be lost for words** estar sem palavras 5 **to be lost without sth/sb** não poder viver sem algo/alguém 6 **to get lost** **a** perder-se **b** extraviar-se **c** FAM cair fora / *v.* ▸ *ps e pp de* LOSE

**lot** [lɑt] *s.* 1 AM terreno 2 lote 3 leva [de pessoas] 4 **a lot** muito: *I like him a lot.* Gosto muito dele. | *a lot better* muito melhor | *Thanks a lot!* Muito obrigado! 5 **a lot of** muito(s): *a lot of money* muito dinheiro | *a lot of books* muitos livros 6 **lots of** FAM muito(s): *lots of people* muita gente 7 **the lot** FAM tudo 8 **to draw lots** tirar a sorte

**lo•tion** [ˈloʊʃən] *s.* loção

**lot•tery** [ˈlɑtəri] *s.* loteria

**loud** [laʊd] *adj.* [*comp* **louder, loudest**] 1 alto, forte [som] 2 berrante [cor] / *adv.* [*comp* **louder, loudest**] 1 (tb **loudly**) alto 2 **loud and clear** de forma bem clara 3 **out loud** em voz alta

**loud•speaker** [laʊdˈspikər] *s.* alto-falante

**lounge** [laʊndʒ] *s.* 1 salão: *the departure lounge* o salão de embarque 2 BRIT sala (de estar) / *v.* refestelar-se

**lounge around** ficar à toa, vadiar

**louse** [laʊs] *s.* [*pl* **lice**] 1 piolho 2 AM FAM canalha

**lousy** [ˈlaʊzi] *adj.* [*comp* **lousier, lousiest**] FAM 1 péssimo 2 podre [de saúde] 3 pífio

**lout** [laʊt] *s.* brutamontes, estúpido

**lov•able** [ˈlʌvəbəl] *adj.* adorável

**love** [lʌv] *s.* 1 amor (*for por*) 2 **love from** um beijo [final de carta ou e-mail] 3 **love of sth** paixão por algo 4 **in love** apaixonado (*with por*) 5 **to fall in love** apaixonar-se (*with por*) 6 **to give/send sb your love** mandar um beijo para alguém: *Give my love to Jane.* Manda um beijo para a Jane. | *Tom sends his love.* O Tom mandou um beijo. 7 **to make love** transar (*to com*) / *v.* 1 amar 2 adorar 3 **to love doing sth/to do sth** adorar fazer algo: *I'd love to go, but I can't.* Eu adoraria ir, mas não posso.

**love•able** [ˈlʌvəbəl] *adj.* adorável

**love af•fair** [ˈlʌv əˌfɛr] *s.* romance [relação amorosa]

**love•ly** [ˈlʌvli] *adj.* [*comp* **lovelier, loveliest**] BRIT 1 lindo 2 FAM ótimo: *We had a lovely time.* Nós nos divertimos muito. 3 FAM gostoso [comida, sensação] 4 adorável [pessoa] 5 **lovely and warm/clean etc.** quentinho/limpinho etc.

**lov•er** [ˈlʌvər] *s.* 1 amante 2 **a book/theater etc. lover** um amante de livros/do teatro etc.

**lov•ing** [ˈlʌvɪŋ] *adj.* 1 carinhoso 2 **loving care** carinho

**low** [loʊ] *adj.* [*comp* **lower, lowest**] 1 baixo 2 desanimado, na fossa 3 **low battery** bateria fraca 4 **low in sth** com baixo teor de algo 5 **to be/get/run low** estar acabando [estoque, bateria] 6 **to be/get/run low on sth** ter pouco algo: *We're running low on milk.* Temos pouco leite. / *adv.* [*comp* **lower, lowest**] 1 baixo 2 **low down** bem em baixo 3 **lower down** mais em baixo / *s.* 1 mínima [de temperatura] 2 baixa [de preços etc.]: *an all-time low* uma baixa histórica

**low-calorie, low-cal** [loʊˈkæləri, loʊˈkæl] *adj.* de baixa caloria, diet

**low•er** [ˈloʊər] *adj.* mais baixo, inferior / *v.* 1 baixar 2 abaixar

**low•er case** [ˌloʊərˈkeɪs] *adj.* minúsculo [letra] / *s.* minúsculas

**low-fat** [loʊˈfæt] *adj.* com baixo teor de gordura, light

**low-key** [loʊˈki] *adj.* discreto

**low•ly** [ˈloʊli] *adj.* humilde

**loy•al** [ˈlɔɪəl] *adj.* leal

**loy•al•ty** [ˈlɔɪəlti] *s.* [*pl* **loyalties**] lealdade

**loy•al•ty card** [ˈlɔɪəlti kɑrd] *s.* cartão de fidelidade

**Ltd.** [ˈlɪmətɪd] *abrev.* (= Limited) Ltda.

**luck** [lʌk] *s.* 1 sorte 2 **any luck?/no luck?** FAM conseguiu?/não conseguiu? 3 **bad luck** azar 4 **good luck/best of luck!** boa sorte! 5 **to be in luck/out of luck** estar com/sem sorte 6 **to try your luck** tentar a sorte 7 **to wish sb luck** desejar boa sorte a alguém 8 **with (any) luck/with a bit of luck** FAM se der sorte, com um pouco de sorte / *v.*

**luck out** AM FAM dar sorte

**lucki•ly** [ˈlʌkəli] *adv.* por sorte

**lucky** [ˈlʌki] *adj.* [*comp* **luckier, luckiest**] 1 sortudo 2 **to be lucky** ter/dar sorte 3 **to be lucky enough to do sth** ter a sorte de fazer algo

**lu•cra•tive** [ˈlukrətɪv] *adj.* lucrativo

**lu•di•crous** [ˈludɪkrəs] *adj.* absurdo, ridículo

**lug•gage** [ˈlʌgɪdʒ] *s.* bagagem

**luke•warm** [lukˈwɔrm] *adj.* morno

**lull** [lʌl] *s.* intervalo, pausa / *v.* 1 **to lull sb to sleep** embalar alguém para dormir 2 **to lull sb into a false sense of security** induzir alguém a uma falsa sensação de segurança

**lulla•by** [ˈlʌləbaɪ] *s.* [*pl* **lullabies**] cantiga de ninar

**lum•ber** [ˈlʌmbər] *s.* AM madeira / *v.* 1 avançar pesadamente 2 **to be/get lumbered with sth** FAM ser obrigado a lidar com algo

**lumber•jack** [ˈlʌmbərdʒæk] *s.* lenhador

**lu•mi•nous** [ˈlumənəs] *adj.* luminoso

**lump** [lʌmp] *s.* 1 pedaço 2 torrão [de açúcar] 3 caroço [em molho, no corpo] 4 **a lump in your throat** um nó na garganta / *v.* **to lump it** FAM aguentar

**lump together: to lump sth/sb together** colocar algo/alguém no mesmo saco

**lump sum** [lʌmp ˈsʌm] *s.* pagamento único, bolada

**lumpy** [ˈlʌmpɪ] *adj.* [*comp* **lumpier, lumpiest**] 1 encaroçado, cheio de caroços [molho] 2 cheio de calombos [colchão]

**lu•na•cy** [ˈlunəsi] *s.* loucura

**lu•na•tic** [ˈlunətɪk] *s, adj.* louco

**lunch** [lʌntʃ] *s.* 1 almoço 2 **to have lunch** almoçar 3 **to have sth for lunch** comer algo no almoço / *v.* FORM almoçar

**lunch hour** [ˈlʌntʃ aʊr] *s.* hora do almoço

**lunch•time** [ˈlʌntʃtaɪm] *s.* hora do almoço

**lung** [lʌŋ] *s.* pulmão
**lurch** [lɜrtʃ] *v.* 1 dar um solavanco 2 ir cambaleando 3 **to lurch forward** arrancar com um solavanco / *s.* solavanco
**lure** [lʊr] *v.* atrair (*to a*)
**lu•rid** [ˈlʊrɪd] *adj.* 1 sensacionalista [relato] 2 berrante [cor]
**lurk** [lɜrk] *v.* estar escondido
**lush** [lʌʃ] *adj.* luxuriante [vegetação]
**lust** [lʌst] *s.* 1 tesão, atração sexual 2 **lust for sth** ânsia de algo / *v.* 1 **to lust after sb** sentir tesão por alguém 2 **to lust after sth** cobiçar algo
**luxu•ri•ous** [lʌgˈʒʊriəs] *adj.* luxuoso
**luxu•ry** [ˈlʌkʃəri] *s.* [*pl* **luxuries**] 1 luxo 2 mordomia / *adj.* de luxo: *a luxury hotel* um hotel de luxo
**ly•ing** [ˈlaɪ-ɪŋ] *v.* ▸ *ger de* LIE / *s.* mentira(s) / *adj.* mentiroso
**lynch** [lɪntʃ] *v.* linchar
**lyr•ics** [ˈlɪrɪks] *spl.* letra [de música]

# M

**M, m** [ɛm] *s.* M, m / **m** *abrev.* (= meter(s)) m
**M.A.** [ɛmˈeɪ] *s.* (= Master of Arts) mestrado [em Humanas]
**ma'am** [mæm] *s.* AM senhora [forma de tratamento]
**ma•ca•bre** [məˈkɑbrə] *adj.* macabro
**maca•ro•ni** [mækəˈroʊni] *s.* macarrão [tipo caracol]
**ma•chine** [məˈʃin] *s.* máquina
**ma•chine gun** [məˈʃin gʌn] *s.* metralhadora
**ma•chin•ery** [məˈʃinəri] *s.* maquinaria
**macho** [ˈmɑtʃoʊ] *adj.* FAM machão
**macke•rel** [ˈmækərəl] *s.* cavala [peixe]
**mad** [mæd] *adj.* [*comp* **madder, maddest**] **1** AM FAM bravo (***at*** *com*): *Don't get mad!* Não fique bravo! **2** BRIT louco **3 like mad** adoidado **4 to be mad about sth/sb** BRIT ser louco por algo/alguém **5 to drive sb mad** BRIT enlouquecer alguém **6 to go mad** **a** BRIT enlouquecer **b** ficar furioso **7 to make sb mad** tirar alguém do sério
**mad•am** [ˈmædəm] *s.* senhora [forma de tratamento]
**mad•den•ing** [ˈmædnɪŋ] *adj.* irritante
**made** [meɪd] *v.* ▸ *ps e pp de* MAKE / *adj.* **to have got it made** FAM estar em cima da carne-seca
**made-to-order** [meɪd tə ˈɔrdər] *adj.* feito sob encomenda
**made-up** [meɪd ˈʌp] *adj.* **1** inventado **2** maquiado
**mad•ly** [ˈmædli] *adv.* loucamente
**mad•ness** [ˈmædnəs] *s.* loucura
**maga•zine** [mægəˈzin] *s.* revista: *a women's magazine* uma revista feminina
**mag•got** [ˈmægət] *s.* larva [de mosca]
**mag•ic** [ˈmædʒɪk] *s.* **1** mágica **2** magia **3** encanto **4 as if by/like magic** como num passe de mágica / *adj.* mágico
**magi•cal** [ˈmædʒɪkəl] *adj.* mágico
**ma•gi•cian** [məˈdʒɪʃən] *s.* mágico
**magic wand** [ˌmædʒɪkˈwɑnd] *s.* vara de condão
**mag•is•trate** [ˈmædʒəstreɪt] *s.* juiz de Direito
**mag•net** *s.* [ˈmægnɪt] ímã
**mag•net•ic** [mægˈnɛtɪk] *adj.* magnético
**mag•net•ism** [ˈmægnətɪzəm] *s.* magnetismo
**mag•nifi•cent** [mægˈnɪfəsənt] *adj.* magnífico
**mag•ni•fy** [ˈmægnəfaɪ] *v.* [*ps e pp* **-fied**] **1** ampliar **2** aumentar
**mag•ni•fy•ing glass** [ˈmægnəfaɪɪŋ glæs] *s.* lente de aumento, lupa
**mag•ni•tude** [ˈmægnətud] *s.* magnitude
**mag•pie** [ˈmægpaɪ] *s.* pega [pássaro]
**ma•hoga•ny** [məˈhɑgəni] *s.* mogno
**maid** [meɪd] *s.* empregada [doméstica]
**maid•en** [ˈmeɪdn] *adj.* inaugural [viagem, voo] / *s.* donzela
**maid•en name** [ˈmeɪdn neɪm] *s.* nome de solteira

**mail** [meɪl] *s.* 1 AM correio 2 correspondências / *v.* 1 AM pôr no correio 2 **to mail sth (to sb)** a AM mandar algo (para alguém) pelo correio b mandar algo (para alguém) por e-mail

**mail•box** [ˈmeɪlbɑks] *s.* AM caixa de correio

**mail•ing list** [ˈmeɪlɪŋ lɪst] *s.* cadastro para mala direta

**mail•man** [ˈmeɪlmæn] *s.* [*pl* **mailmen**] AM carteiro

**mail or•der** [meɪl ˈɔrdər] *s.* encomenda postal

**maim** [meɪm] *v.* mutilar

**main** [meɪn] *adj.* 1 principal 2 **the main thing** o principal / *s.* 1 adutora [de água, gás]: *a burst water main* uma adutora estourada 2 **the mains** BRIT a rede elétrica

**main•land** [ˈmeɪnlənd] *s.* continente [em oposição a uma ilha]: *Most of the islanders work on the mainland.* A maioria dos ilhéus trabalha no continente. / *adj.* continental: *mainland China* a China continental

**main•ly** [ˈmeɪnli] *adv.* principalmente

**main road** [meɪnˈroʊd] *s.* rua principal

**main•stream** [ˈmeɪnstrim] *adj.* convencional / *s.* **the mainstream** a corrente dominante

**Main Street** [ˈmeɪn strit] *s.* AM 1 avenida principal da cidade 2 o norte-americano médio

**main•tain** [meɪnˈteɪn] *v.* 1 manter 2 afirmar, sustentar 3 fazer a manutenção de

**main•te•nance** [ˈmeɪntənəns] *s.* 1 manutenção 2 BRIT pensão (alimentícia)

**maize** [meɪz] *s.* BRIT milho

**ma•jes•tic** [məˈdʒɛstɪk] *adj.* majestoso

**maj•es•ty** [ˈmædʒəsti] *s.* [*pl* **majesties**] majestade: *Her Majesty the Queen* Sua Majestade a Rainha

**ma•jor** [ˈmeɪdʒər] *adj.* 1 importante 2 principal 3 sério [problema, revés] 4 maior [em música]: *C major* Dó maior 5 **a major sth** FAM o maior algo: *The two of them had a major fight.* Os dois tiveram a maior briga. / *s.* 1 major 2 AM (disciplina de) graduação 3 AM graduando: *a biology major* um graduando em Biologia / *v.* **to major in sth** AM fazer graduação/graduar-se em algo

**ma•jor•ity** [məˈdʒɔrəti] *s.* [*pl* **majorities**] 1 maioria 2 **to be in the majority** ser a maioria 3 **majority decision/verdict** decisão majoritária

**make** [meɪk] *v.* [*ps e pp* **made**] 1 fazer: *Let's make a cake.* Vamos fazer um bolo. | *Try not to make any noise.* Tente não fazer barulho. 2 tornar, deixar: *The news made us worried.* A notícia nos deixou preocupados. | *E-mail has made it easier to stay in touch.* Com e-mail ficou mais fácil manter o contato. 3 ir/vir/chegar a: *Our team made the final.* Nosso time chegou à final. | *I can't make Thursday.* Não posso na quinta. 4 alcançar [trem, voo] 5 ganhar [dinheiro] 6 fabricar 7 dar: *That makes $12.50 altogether.* Dá $12,50 ao total. | *He'd make a great father.* Ele daria um ótimo pai. 8 **to be made from sth** ser feito a partir de algo 9 **to be made (out) of sth** ser feito de algo: *a statue made of bronze* uma estátua feita de bronze 10 **to make do** virar-se (***with*** *com*) 11 **to make it** a conseguir chegar (***to*** *em*): *We just made it to the airport in time.* Chegamos no aeroporto em cima da hora. b ir/vir [a evento]: *I won't be able to make it to the party.* Não vou poder ir à festa. c chegar lá [como artista etc.] d resistir [não morrer, desistir etc.] 12 **to make for sth** a dirigir-se a algo b dar/proporcionar algo 13 **to make sth from/out of sth** fazer algo de algo 14 **to make sth of sth/sb** pensar algo de algo/alguém: *What do you make of the idea?* O que você pensa da ideia? 15 **to make sth/sb (into) sth** fazer de algo/alguém algo, transformar algo/alguém em algo: *The movie made her a star.* O filme fez dela uma estrela. | *They made the bedroom into an office.* Eles transformaram o quarto em escritório. 16 **to make sb/sth do sth** a fazer alguém/algo fazer algo: *She makes us laugh.* Ela nos faz rir. b levar alguém/algo a fazer algo: *What could have made him do such a thing?* O que será que o levou a fazer uma coisa dessas? **c** obrigar alguém/algo a fazer algo: *The teacher made us do the test again.* O professor nos obrigou a refazer a prova. 17 **to make sb sth** fazer algo para alguém: *She made me a coffee.* Ela me fez um café. 18 **to make the team** ser escalado [jogador]

**make out** 1 **to make sth out** **a** distinguir algo [forma, som] **b** entender algo 2 **to make out a check** fazer um cheque (*to em nome de*) 3 **to make sb out** entender qual é a de alguém 4 **to make sth/sb out to be sth** dizer algo/alguém ser algo 5 **to make out (that ...)** afirmar que ... 6 AM sair-se 7 AM FAM beijar-se 8 **to make out with sb** AM FAM beijar alguém

**make up** 1 fazer as pazes (***with*** *com*) 2 **to be made up of sth** ser composto de algo 3 **to make up sth** constituir/compor algo 4 **to make sth up** **a** inventar algo **b** recuperar/repor algo [tempo, trabalho] 5 **to make up for sth** compensar algo 6 **to make up for lost time** recuperar o tempo perdido, tirar o atraso 7 **to make it up to sb** compensar alguém / *s.* marca

▸ Assim como o verbo *fazer* em português, o verbo inglês ***make*** é usado em conjunto com muitos substantivos, p.ex.: ***to make a mistake*** *fazer um erro*, ***to make an effort*** *fazer um esforço*, ***to make a call*** *fazer uma ligação* etc., além de fazer parte de outras expressões, tais como: ***to make sure*** *verificar*, ***to make yourself understood*** *fazer-se entender* etc.

**mak•er** [ˈmeɪkər] *s.* fabricante: *a furniture maker* um fabricante de móveis

**make•shift** [ˈmeɪkʃɪft] *adj.* provisório, improvisado

**make-up** [ˈmeɪkʌp] *s.* 1 maquiagem 2 composição [de time] 3 jeito de ser 4 constituição [genética etc.] 5 **to put on (your) make-up** maquiar-se

**mak•ing** [ˈmeɪkɪŋ] *s.* 1 feitura 2 fabricação 3 confecção 4 **in the making** em formação 5 **to be five years etc. in the making** levar cinco anos etc. para ser feito 6 **to be the making of sb** ser decisivo na vida de alguém 7 **to have the makings of sth** ter tudo para ser algo

**ma•laria** [məˈlɛriə] *s.* malária

**male** [meɪl] *adj.* 1 (do sexo) masculino 2 de homem 3 macho 4 **male child/friend etc.** filho/amigo etc. homem / *s.* 1 macho 2 homem

**mal•ice** [ˈmælɪs] *s.* maldade

**ma•li•cious** [məˈlɪʃəs] *adj.* maldoso

**ma•lig•nant** [məˈlɪgnənt] *adj.* maligno

**mall** [mɔl] *s.* shopping

**mal•nu•tri•tion** [mælnuˈtrɪʃən] *s.* desnutrição

**malt** [mɔlt] *s.* malte

**mam•mal** [ˈmæməl] *s.* mamífero

**mam•moth** [ˈmæməθ] *adj.* gigantesco / *s.* mamute

**man** [mæn] *s.* [*pl* **men**] 1 homem 2 o homem: *the biggest planet known to man* o maior planeta conhecido pelo homem
▸ No sentido de *a humanidade*, ***man*** é usado sem o artigo definido ***the*** em inglês. / *v.* [**-nn-**] 1 operar [equipamento, posto] 2 tripular

**man•age** [ˈmænɪdʒ] *v.* 1 conseguir: *We managed in the end.* Finalmente conseguimos. 2 virar-se 3 dirigir [empresa] 4 administrar, gerenciar 5 **to manage to do sth** conseguir fazer algo 6 ▸ O verbo ***to manage*** também pode significar *conseguir fazer/dar* ou *conseguir comer/beber*: *She managed a smile.* Ela conseguiu dar um sorriso. | *I won't be able to manage dessert.* Não vou conseguir comer sobremesa.

**man•age•able** [ˈmænɪdʒəbəl] *adj.* 1 fácil de manejar 2 fácil de pentear [cabelo]

**man•age•ment** [ˈmænɪdʒmənt] *s.* 1 administração 2 gestão 3 gerência 4 direção [de empresa]: *under new management* sob nova direção

**man•ag•er** [ˈmænɪdʒər] *s.* 1 gerente 2 técnico [de time] 3 empresário [de artista]

**man•ag•er•ess** [ˈmænɪdʒərəs] *s.* gerente [mulher]

**mana•gerial** [mænəˈdʒɪriəl] *adj.* gerencial
**man•ag•ing di•rec•tor** [ˌmænɪdʒɪŋ dəˈrɛktər] *s.* diretor executivo
**man•date** [ˈmændeɪt] *s.* mandato
**man•da•tory** [ˈmændətɔri] *adj.* obrigatório
**mane** [meɪn] *s.* 1 crina 2 juba
**man•eu•ver**, BRIT: **man•oeu•vre** [məˈnuvər] *s.* manobra / *v.* manobrar
**man•gle** [ˈmæŋgəl] *v.* 1 retorcer 2 estropiar
**man•go** [ˈmæŋgoʊ] *s.* [*pl* **mangoes**] manga
**man•hole** [ˈmænhoʊl] *s.* 1 poço de inspeção [em rede de esgotos] 2 **manhole cover** tampa de bueiro
**man•hood** [ˈmænhʊd] *s.* 1 virilidade 2 idade adulta [de homem]
**ma•nia** [ˈmeɪniə] *s.* mania (***for*** *de*): *soccer mania* mania de futebol
**ma•ni•ac** [ˈmeɪniæk] *s.* maníaco
**man•ic** [ˈmænɪk] *adj.* FAM 1 muito acelerado [pessoa] 2 enlouquecido
**mani•cure** [ˈmænɪkjʊr] *s.* 1 sessão de manicure 2 **to have a manicure** fazer as unhas [com manicure]
**mani•fest** [ˈmænɪfɛst] FORM *v.* 1 manifestar 2 **to be manifested/manifest itself** manifestar-se / *adj.* evidente, patente
**mani•fes•ta•tion** [mænəfɛsˈteɪʃən] *s.* FORM manifestação
**mani•fes•to** [mænəˈfɛstoʊ] *s.* [*pl* **manifestos**] 1 manifesto 2 projeto eleitoral
**ma•nipu•late** [məˈnɪpjəleɪt] *v.* manipular
**ma•nipu•la•tive** [məˈnɪpjələtɪv] *adj.* manipulador
**man•kind** [mænˈkaɪnd] *s.* a humanidade, os homens
**man•ly** [ˈmænli] *adj.* [*comp* **manlier, manliest**] másculo
**man-made** [mænˈmeɪd] *adj.* 1 sintético [tecido] 2 artificial
**man•ner** [ˈmænər] *s.* 1 jeito (***toward*** *com*) 2 FORM modo, forma: *in the usual manner* como de praxe 3 **manners** modos: *good manners* bons modos 4 **bad manners** falta de educação 5 **in a manner of speaking** por assim dizer
**man•ner•ism** [ˈmænərɪzəm] *s.* maneirismo
**man•oeu•vre** [məˈnuvər] BRIT ver **man•eu•ver**
**man•or** [ˈmænər] *s.* (tb **manor house**) solar [casa]
**man•power** [ˈmænpaʊər] *s.* mão de obra
**man•sion** [ˈmænʃən] *s.* mansão
**man•slaughter** [ˈmænslɔtər] *s.* homicídio culposo
**mantel•piece** [ˈmæntlpis] *s.* console da lareira
**manu•al** [ˈmænjuəl] *s.* manual / *adj.* 1 manual 2 braçal
**manu•fac•ture** [mænjəˈfæktʃər] *v.* fabricar, manufaturar
**manu•fac•tur•er** [mænjəˈfæktʃərər] *s.* fabricante
**ma•nure** [məˈnʊr] *s.* esterco
**manu•script** [ˈmænjəskrɪpt] *s.* manuscrito
**many** [ˈmɛni] *adj, pron.* 1 muitos 2 **many a time** muitas vezes 3 **a great/a good/very many** muitos 4 **as many as** **a** tantos quanto: *She doesn't have as many friends as me.* Ela não tem tantos amigos quanto eu. **b** até: *There were as many as 200 people in the line.* Havia até 200 pessoas na fila. 5 **how many?** quantos? 6 **not many** poucos 7 **one too many** um a mais 8 **so many** tantos 9 **too many** demais, muitos: *too many people* pessoas demais 10 **twice/three times etc. as many** duas/três etc. vezes mais
**map** [mæp] *s.* mapa
**ma•ple** [ˈmeɪpəl] *s.* bordo [árvore]: *maple syrup* xarope de bordo
**mar** [mɑr] *v.* [**-rr-**] ofuscar o brilho de, estragar
**mara•thon** [ˈmærəθɑn] *s.* maratona: *a marathon runner* um maratonista / *adj.* longo
**mar•ble** [ˈmɑrbəl] *s.* 1 mármore: *a marble statue* uma estátua de mármore 2 bola de gude 3 **to play marbles** jogar bola de gude
**March** [mɑrtʃ] *s.* março
**march** [mɑrtʃ] *v.* 1 marchar, ir marchando (***on*** *sobre*) 2 fazer passeata (***on*** *até*) 3 ir pisando forte: *She marched out of the store.*

Ela saiu da loja pisando forte. / *s.* 1 passeata 2 marcha
**march•er** [ˈmartʃər] *s.* manifestante
**mare** [mɛr] *s.* égua
**mar•ga•rine** [mardʒəˈrin] *s.* margarina
**mar•gin** [ˈmardʒɪn] *s.* margem
**mar•gin•al** [ˈmardʒənl] *adj.* ínfimo, mínimo
**mar•gin•al•ly** [ˈmardʒənli] *adv.* ligeiramente
**ma•ri•jua•na** [mærəˈwanə] *s.* maconha
**ma•ri•na** [məˈrinə] *s.* marina
**ma•rine** [məˈrin] *adj.* marinho / *s.* fuzileiro naval
**mari•tal sta•tus** [ˌmærətlˈsteɪtəs] *s.* estado civil
**mark** [mark] *s.* 1 marca 2 sinal 3 BRIT nota [conceito]: *full marks* a nota máxima 4 **as a mark of respect** em sinal de respeito 5 **to make your mark** deixar sua marca / *v.* 1 marcar 2 indicar 3 deixar marca em 4 comemorar 5 BRIT corrigir [prova, trabalho]
**mark down: to mark sth down** **a** anotar algo **b** reduzir o preço de algo
**mark out: to mark sth out** traçar algo
**mark up: to mark sth up** aumentar o preço de algo
**mark•ed** [ˈmarkt] *adj.* 1 acentuado 2 notável
**mark•er** [ˈmarkər] *s.* marcador
**mar•ket** [ˈmarkɪt] *s.* 1 mercado 2 feira 3 AM supermercado 4 bolsa [de valores etc.] 5 **on the market** à venda 6 **the job/property market** o mercado de trabalho/imobiliário / *v.* comercializar
**mar•ket•ing** [ˈmarkɪtɪŋ] *s.* marketing
**market•place** [ˈmarkɪtpleɪs] *s.* praça, mercado
**mar•ket re•search** [ˌmarkɪt ˈrisɜrtʃ] *s.* pesquisa de mercado
**mark•ing** [ˈmarkɪŋ] *s.* 1 marcação 2 marca [em pele de animal] 3 BRIT correção [de provas etc.]
**marks•man** [ˈmarksmən] *s.* [*pl* **marksmen**] atirador de elite
**mar•ma•lade** [ˈmarməleɪd] *s.* geleia de laranja
**ma•roon** [məˈrun] *adj, s.* vinho [cor] / *v.* **to be marooned** ficar ilhado
**mar•quee** [marˈki] *s.* 1 AM cartaz [de cinema, teatro] 2 BRIT tenda [para evento]
**mar•riage** [ˈmærɪdʒ] *s.* casamento
**mar•ried** [ˈmærɪd] *adj.* 1 casado (***to*** *com*) 2 **married couple** casal 3 **married life** a vida conjugal 4 **to get married** casar(-se) (***to*** *com*)
**mar•row** [ˈmæroʊ] *s.* 1 tutano, medula 2 BRIT tipo de abóbora comprida com casca verde
**mar•ry** [ˈmæri] *v.* [*ps e pp* **married**] casar(-se) (com): *She married an actor.* Ela casou com um ator.
**Mars** [marz] *s.* Marte
**marsh** [marʃ] *s.* pântano
**mar•shal** [ˈmarʃəl] *s.* 1 marechal 2 AM oficial de justiça / *v.* 1 concatenar [ideias] 2 reunir [forças, apoio]
▸ *Am:* ***marshaling, marshaled*** *Brit:* ***marshalling, marshalled***
**marshy** [ˈmarʃi] *adj.* pantanoso
**mar•tial art** [ˌmarʃəlˈart] *s.* arte marcial
**Mar•tian** [ˈmarʃən] *s, adj.* marciano
**mar•tyr** [ˈmartər] *s.* mártir
**mar•tyr•dom** [ˈmartərdəm] *s.* martírio
**mar•vel** [ˈmarvəl] *s.* maravilha / *v.* **to marvel at sth** maravilhar-se com algo
▸ *Am:* ***marveling, marveled*** *Brit:* ***marvelling, marvelled***
**mar•vel•ous**, BRIT: **mar•vel•lous** [ˈmarvələs] *adj.* maravilhoso
**Marx•ism** [ˈmarksɪzəm] *s.* marxismo
**Marx•ist** [ˈmarksɪst] *s, adj.* marxista
**mar•zi•pan** [ˈmarzɪpæn] *s.* marzipã
**mas•cara** [mæˈskærə] *s.* rímel
**mas•cot** [ˈmæskat] *s.* mascote [de time etc.]
**mas•cu•line** [ˈmæskjəlɪn] *adj.* 1 masculino 2 másculo / *s.* masculino
**mas•cu•lin•ity** [mæskjəˈlɪnəti] *s.* masculinidade
**mash** [mæʃ] *v.* triturar, amassar / *s.* BRIT FAM purê
**mashed** [mæʃt] *adj.* **mashed potato(es)** purê de batata

**mask** [mæsk] *s.* máscara / *v.* 1 mascarar: *a masked gunman* um bandido mascarado 2 disfarçar

**mass** [mæs] *s.* 1 massa 2 missa 3 **masses/a mass of sth** um monte de algo 4 **the masses** as massas / *adj.* 1 maciço, de massa: *the mass media* a mídia de massa 2 **mass murderer** assassino em massa 3 **mass transit** AM transporte coletivo

**mas•sa•cre** [ˈmæsəkər] *s.* massacre / *v.* massacrar

**mas•sage** [məˈsɑʒ, ˈmæsɑʒ] *s.* massagem / *v.* massagear

**mas•sive** [ˈmæsɪv] *adj.* 1 imenso, gigantesco 2 fulminante [infarto etc.]

**mass-produced** [mæsprəˈdust] *adj.* fabricado em série

**mast** [mæst] *s.* 1 mastro 2 BRIT torre [de transmissão]

**mas•ter** [ˈmæstər] *s.* 1 mestre (***at*** *em*) 2 dono [de cão] 3 senhor [de criados] / *adj.* 1 mestre, principal 2 **master copy** original / *v.* 1 dominar [idioma, habilidade] 2 superar [medo]

**master•piece** [ˈmæstərpis] *s.* obra-prima

**mas•tery** [ˈmæstəri] *s.* domínio: *a mastery of English* o domínio do inglês

**mat** [mæt] *s.* 1 capacho 2 tapete 3 descanso [de copo, prato] 4 jogo americano 5 **beer mat** bolacha [de chope]

**match** [mætʃ] *s.* 1 fósforo 2 partida, jogo: *a tennis match* uma partida de tênis 3 **to be a match for sth** combinar com algo: *The shoes are a perfect match for the dress.* O sapato combina perfeitamente com o vestido. 4 **to be no match for sb** não chegar aos pés de alguém / *v.* 1 combinar (com) 2 corresponder (a), bater (com) 3 atender a [necessidades] 4 emparelhar (***to*** *a*, ***with*** *com*) **match up** 1 bater (***with*** *com*) 2 **to match sth/sb up** juntar algo/alguém (***with*** *com*) 3 **to match up to sth** corresponder a algo [expectativas]

**match•box** [ˈmætʃbɑks] *s.* caixa de fósforos

**match•ing** [ˈmætʃɪŋ] *adj.* 1 combinando: *with matching shoes* com sapato combinando 2 igual

**mate** [meɪt] *s.* 1 colega, companheiro: *my class mates* meus colegas de turma 2 parceiro [para o acasalamento] 3 BRIT FAM cara, meu [forma de tratamento] / *v.* 1 acasalar-se 2 cruzar [animal]

**ma•terial** [məˈtɪriəl] *s.* 1 fazenda, tecido 2 (tb **materials**) material: *building materials* material de construção / *adj.* material

**ma•teri•al•ist** [məˈtɪriəlɪst] *s.* materialista

**ma•teri•al•is•tic** [mətɪriəˈlɪstɪk] *adj.* materialista

**ma•teri•al•ize**, BRIT tb: **-ise** [məˈtɪriəlaɪz] *v.* 1 concretizar-se 2 aparecer

**ma•ter•nal** [məˈtɜrnəl] *adj.* 1 maternal 2 materno

**ma•ter•nity** [məˈtɜrnəti] *s.* 1 maternidade 2 **maternity hospital/ward** maternidade [hospital/ala] 3 **maternity leave** licença-maternidade

**math** [mæθ] *s.* AM 1 matemática 2 **to do the math** fazer os cálculos

**math•emati•cal** [mæθˈmætɪkəl] *adj.* matemático

**math•ema•ti•cian** [mæθməˈtɪʃən] *s.* matemático

**math•emat•ics** [mæθˈmætɪks] *s.* matemática

**maths** [mæθs] *s.* BRIT matemática

**mati•née** [mætnˈeɪ, *Brit*: ˈmætɪneɪ] *s.* matinê, sessão da tarde

**mat•ri•mo•ny** [ˈmætrəmoʊni, *Brit*: ˈmætrəməni] *s.* matrimônio

**matte**, BRIT: **matt** [mæt] *adj.* fosco, sem brilho

**mat•ter** [ˈmætər] *s.* 1 questão: *It's only a matter of time.* É só uma questão de tempo. 2 matéria [orgânica etc.] 3 caso: *a matter of life and death* um caso de vida ou morte 4 **as a matter of fact** na verdade, aliás 5 **for that matter** aliás: *I don't like soccer, or any sports for that matter.* Não gosto de futebol, aliás de nenhum esporte. 6 **in a mat-**

ter of seconds em questão de segundos 7 matters as coisas, a situação: *The rain didn't help matters.* A chuva só piorou a situação. 8 **no matter what/how etc.** não importa o que/como etc. 9 **something's/nothing's the matter** tem algum problema/não é nada: *Is anything the matter?* Tem algum problema? 10 **to make matters worse** para piorar 11 **what's the matter?** o que é que foi? 12 **what's the matter with ...?** o que tem ...?, qual é o problema com ...? / *v.* 1 importar (*to* para): *What does it matter?* O que importa? 2 **it doesn't matter** a não importa b não faz mal c tanto faz 3 **it doesn't matter about sth** algo não importa

**matter-of-fact** [ˌmætərəv'fækt] *adj.* objetivo [tom, pessoa]

**mat•tress** ['mætrəs] *s.* colchão

**ma•ture** [mə'tʃʊr] *adj.* maduro / *v.* 1 amadurecer 2 envelhecer [vinho]

**ma•tur•ity** [mə'tʃʊrəti] *s.* maturidade

**maul** [mɔl] *v.* atacar

**mauve** [moʊv] *adj, s.* lilás [cor]

**max•im•ize**, BRIT tb: **-ise** ['mæksəmaɪz] *v.* maximizar

**maxi•mum** ['mæksəməm] *s, adj.* máximo

**May** [meɪ] *s.* maio

**may** [meɪ] *v auxiliar* 1 (possibilidade) poder: *It may rain later.* Pode chover mais tarde. | *The car may be small, but it's very powerful.* O carro pode ser pequeno, mas é muito potente. | *The plan may not work.* O plano pode não dar certo. 2 (permissão) poder: *May I come in?* Posso entrar? | *You may sit down.* Podem sentar. ▸ Nesse sentido, o uso de ***may*** soa formal. Pode-se sempre substituí-lo por ***can***, que soa menos formal. 3 **may have done sth** poder ter feito algo: *They may have gotten lost.* Eles podem ter se perdido.

**may•be** ['meɪbi] *adv.* talvez, de repente

**may•on•naise** ['meɪəneɪz, meɪə'neɪz] *s.* maionese

**mayor** [mɛr] *s.* prefeito

**maze** [meɪz] *s.* labirinto

**me** [mi] *pron.* 1 me: *She helped me.* Ela me ajudou. | *He gave me a ride.* Ele me deu carona. 2 mim: *without me* sem mim | *with me* comigo 3 eu: *"Who wants ice cream?" - "Me!"* "Quem quer sorvete?" - "Eu!" | *Hi, it's me.* Oi, sou eu. | *She's taller than me.* Ela é mais alta do que eu. 4 **me too** eu também

**mead•ow** ['mɛdoʊ] *s.* prado

**mea•ger**, BRIT: **mea•gre** ['migər] *adj.* escasso, parco

**meal** [mil] *s.* 1 refeição 2 **to go out for a meal** comer fora 3 **to have a meal** fazer uma refeição, comer 4 **evening/midday meal** jantar/almoço

**mean** [min] *v.* [*ps* e *pp* **meant**] 1 significar: *What does "tingle" mean?* O que significa "tingle"? 2 querer dizer: *I see what you mean.* Eu entendo o que você quer dizer. 3 falar de/com, referir-se a: *Do you mean me?* É comigo? 4 **I mean** a sabe: *It's not my fault. I mean, how was I supposed to know?* Não é culpa minha. Sabe, como é que eu ia saber? b quer dizer: *It's on Thursday, I mean, Friday.* É na quinta, quer dizer, sexta. 5 **I/he etc. didn't mean it** a foi sem querer b eu/ele etc. estava falando da boca para fora 6 **sb/sth is meant to do sth** é para alguém/algo fazer algo, alguém/algo deve fazer algo: *You were meant to be here at 9.00.* Era para você estar aqui às 9h00. 7 **to be meant for sb/sth** ser pensado para alguém/algo, destinar-se a alguém/algo 8 **to mean it** falar sério: *You don't mean it, do you?* Você não está falando sério, está? 9 **to mean (for) sb/sth to do sth** querer/pretender que alguém/algo faça algo: *I didn't mean this to happen.* Eu não queria que isso acontecesse. 10 **to mean to do sth** estar para fazer algo, pretender fazer algo: *I've been meaning to call you for a while.* Estou para te ligar há algum tempo. 11 **to mean well** ter boas intenções 12 **what/how do you mean?** como assim? / *adj.* [*comp* **meaner, meanest**] 1 mau, maldoso

2 mesquinho 3 BRIT sovina, pão-duro 4 FAM sensacional: *He plays a mean game of soccer.* Ele bate um bolão. 5 **no mean feat/task** uma proeza/tarefa nada fácil

**me•ander** [mi'ændər] *v.* 1 serpentear 2 perambular

**mean•ing** ['minɪŋ] *s.* 1 significado 2 sentido

**mean•ing•ful** ['minɪŋfəl] *adj.* significativo

**mean•ing•less** ['minɪŋləs] *adj.* sem sentido

**means** [minz] *s.* [*pl* **means**] 1 meio: *a means of transportation* um meio de transporte | *a means to an end* um meio para alcançar um fim 2 (plural) meios, recursos 3 **by all means** claro 4 **by means of sth** FORM por meio de algo 5 **by no means/not by any means** nada, de jeito nenhum: *It's by no means certain who will win.* Não é nada certo quem vai ganhar.

**meant** [mɛnt] ▸ *ps e pp de* MEAN

**mean•time** ['mintaɪm] *s.* **(in the) meantime** nesse meio-tempo, enquanto isso, nisso

**mean•while** ['minwaɪl] *adv.* 1 **(in the) meanwhile** enquanto isso 2 por outro lado

**mea•sles** ['mizəlz] *s.* sarampo

**meas•ure** ['mɛʒər] *v.* 1 medir 2 tirar as medidas de

**measure up** 1 estar à altura, dar conta (*to de*) 2 **to measure (sth) up** medir (algo) / *s.* 1 medida: *safety measures* medidas de segurança 2 **a measure of sth** a uma demonstração de algo b um grau de algo 3 **half measures** meias medidas 4 **for good measure** para garantir

**meas•ure•ment** ['mɛʒərmənt] *s.* 1 medida 2 medição 3 **to take sb's measurements** tomar as medidas de alguém

**meat** [mit] *s.* carne [alimento]

▸ Em inglês, *meat* denota qualquer tipo de carne, ou seja, bovina, suína, de aves etc.

**meat•ball** ['mitbɔl] *s.* almôndega

**me•chan•ic** [mɪ'kænɪk] *s.* mecânico

**me•chani•cal** [mɪ'kænɪkəl] *adj.* mecânico

**me•cha•nics** [mɪ'kænɪks] *s.* 1 mecânica [ciência] 2 **the mechanics of sth** (plural) o funcionamento de algo 3 **the mechanics of doing sth** (plural) o procedimento de fazer algo

**mecha•nism** ['mɛkənɪzəm] *s.* mecanismo

**med•al** ['mɛdl] *s.* medalha: *a silver medal* uma medalha de prata

**med•al•ist**, BRIT: **med•al•list** ['mɛdəlist] *s.* medalhista: *the gold medalist* o medalhista de ouro

**med•dle** ['mɛdl] *v.* 1 intrometer-se (*in em*) 2 **to meddle with sth** BRIT mexer em algo [indevidamente]

**me•dia** ['midiə] *s.* 1 mídia: *media coverage* repercussão na mídia 2 **media studies** Comunicação Social [disciplina] / *spl.* ▸ *pl de* MEDIUM

**me•di•aeval** [mɛdi'ivəl] *adj.* BRIT medieval

**me•di•ate** ['midieɪt] *v.* 1 mediar 2 ser mediador (de)

**me•dia•tor** ['midieɪtər] *s.* mediador

**medi•cal** ['mɛdɪkəl] *adj.* 1 médico 2 **medical school/student** faculdade/estudante de Medicina 3 **the medical profession** a a carreira médica b os médicos

**medi•ca•tion** [mɛdɪ'keɪʃən] *s.* medicação

**medi•cine** ['mɛdəsən] *s.* 1 remédio, medicamento 2 Medicina

**me•di•eval** [mɪ'divəl, *Brit*: mɛdi'ivəl] *adj.* medieval

**me•dio•cre** [midi'oʊkər] *adj.* medíocre

**medi•tate** ['mɛdəteɪt] *v.* meditar (*on sobre*)

**medi•ta•tion** [mɛdə'teɪʃən] *s.* meditação

**Medi•ter•ra•nean** [mɛdətə'reɪniən] *s, adj.* mediterrâneo

**me•dium** ['midiəm] *s.* [*pl* **media**] meio / *s.* [*pl* **mediums**] médium / *adj.* 1 médio 2 mediano 3 (tb **medium rare**) ao ponto [carne]

**medium-size, medium-sized** ['midiəm,saɪz(d)] *adj.* de médio porte, mediano

**med•ley** ['mɛdli] *s.* pot-pourri [de músicas]

**med school** ['mɛd skul] *s.* FAM faculdade de Medicina

**meet** [mit] *v.* [*ps e pp* **met**] 1 encontrar [pessoa] 2 encontrar-se (com) 3 conhecer(-se) [pela primeira vez] 4 buscar [no aeroporto etc.] 5 reunir-se (com) 6 enfrentar [adversário, resistência etc.] 7 cumprir [condição, meta, prazo, requisito] 8 atender a [necessidade, exigência] 9 **to arrange to meet** marcar um encontro 10 **to meet with sb** reunir-se com alguém 11 **to meet with sth** enfrentar/receber algo [oposição, apoio etc.]

**meet up** 1 encontrar-se 2 reunir-se

**meet•ing** [ˈmitɪŋ] *s.* 1 reunião 2 encontro

**meet•ing place** [ˈmitɪŋ pleɪs] *s.* ponto de encontro

**mega•phone** [ˈmɛgəfoʊn] *s.* megafone

**mel•an•choly** [ˈmɛlənkɑli] *adj.* melancólico

**mel•low** [ˈmɛloʊ] *adj.* 1 suave [luz, som, sabor] 2 sossegado, calmo [pessoa] / *v.* sossegar, maneirar

**melo•dra•ma** [ˈmɛlədrɑmə] *s.* dramalhão

**melo•dra•mat•ic** [mɛlədrəˈmætɪk] *adj.* melodramático

**melo•dy** [ˈmɛlədi] *s.* melodia

**mel•on** [ˈmɛlən] *s.* melão

**melt** [mɛlt] *v.* 1 derreter 2 fundir 3 (tb **melt away**) esvair-se [raiva, determinação] 4 **to melt in your mouth** desmanchar na boca

**melt•ing pot** [ˈmɛltɪŋ pɑt] *s.* mistura de povos

**mem•ber** [ˈmɛmbər] *s.* 1 membro 2 sócio [de clube] 3 **Member of Parliament** BRIT deputado 4 **family member** familiar

**mem•ber•ship** [ˈmɛmbərʃɪp] *s.* 1 condição de membro/sócio: *a membership card* uma carteira de sócio 2 (número de) membros/sócios 3 quadro de membros/sócios

**me•men•to** [məˈmɛntoʊ] *s.* [*pl* **mementos**] lembrança [objeto]

**memo** [ˈmɛmoʊ] *s.* [*pl* **memos**] memorando

**mem•oirs** [ˈmɛmwɑrz] *spl.* memórias, autobiografia

**memo•rable** [ˈmɛmrəbəl] *adj.* memorável

**memo•ran•dum** [mɛməˈrændəm] *s.* [*pl* **memoranda/memorandums**] FORM memorando

**me•mo•rial** [məˈmɔriəl] *s.* 1 monumento comemorativo (*to de*) 2 memorial (*to de*) / *adj.* comemorativo

**memo•rize**, BRIT tb: **-rise** [ˈmɛməraɪz] *v.* decorar, memorizar

**memo•ry** [ˈmɛmri] *s.* [*pl* **memories**] 1 memória 2 lembrança 3 **from memory** de memória 4 **in living memory** de que há memória 5 **in memory of sb** em memória de alguém

**memo•ry card** [ˈmɛmri kɑrd] *s.* cartão de memória

**men** [mɛn] ▸ *pl de* MAN

**men•ace** [ˈmɛnəs] *s.* 1 ameaça (*to a*) 2 peste [pessoa] / *v.* ameaçar

**mend** [mɛnd] *v.* 1 remendar 2 BRIT consertar 3 **to mend your ways** emendar-se / *s.* 1 remendo 2 **to be on the mend** estar melhorando

**me•nial** [ˈminiəl] *adj.* 1 trivial [tarefa] 2 rotineiro [trabalho]

**men•in•gi•tis** [mɛnənˈdʒaɪtɪs] *s.* meningite

**meno•pause** [ˈmɛnəpɔz] *s.* menopausa

**men's room** [ˈmɛnz rum] *s.* AM banheiro masculino

**men•stru•ate** [ˈmɛnstrueɪt] *v.* ficar menstruada

**men•strua•tion** [mɛnstruˈeɪʃən] *s.* menstruação

**mens•wear** [ˈmɛnzwɛr] *s.* roupa masculina

**men•tal** [ˈmɛntl] *adj.* 1 mental 2 **mental block** bloqueio mental 3 **mental hospital/patient** hospital/paciente psiquiátrico 4 **to make a mental note (of sth)** anotar mentalmente (algo)

**men•tal•ity** [mɛnˈtæləti] *s.* [*pl* **mentalities**] mentalidade

**men•tal•ly** [ˈmɛntəli] *adv.* 1 mentalmente 2 **mentally handicapped** com deficiência mental

**men•tion** [ˈmɛnʃən] *v.* 1 mencionar, falar de 2 **don't mention it** de nada, imagina [resposta a agradecimento] 3 **not to mention sth** sem falar em algo / *s.* 1 menção 2 **to get a mention** ser mencionado 3 **to make no mention of sth** não mencionar algo

**men•tor** [ˈmɛntɔr] *s.* mentor

**menu** [ˈmɛnju] *s.* 1 cardápio 2 menu 3 **set menu** menu fixo

**meow** [miaow] AM *v.* miar / *s.* miau

**mer•ce•nary** [ˈmɜrsənɛri] *s.* mercenário / *adj.* dinheirista, interesseiro

**mer•chan•dise** [ˈmɜrtʃəndaɪz] *s.* mercadoria(s)

**mer•chant** [ˈmɜrtʃənt] *s.* 1 comerciante: *a wine merchant* um comerciante de vinhos 2 mercador

**mer•chant navy** [ˌmɜrtʃənt ˈneɪvi] *s.* marinha mercante

**mer•ci•ful** [ˈmɜrsɪfəl] *adj.* misericordioso

**mer•ci•less** [ˈmɜrsɪləs] *adj.* impiedoso, implacável

**Mer•cu•ry** [ˈmɜrkjəri] *s.* Mercúrio

**mer•cu•ry** [ˈmɜrkjəri] *s.* mercúrio

**mer•cy** [ˈmɜrsi] *s.* 1 piedade 2 misericórdia 3 **at the mercy of sth** à mercê de algo 4 **to have mercy on sb** ter piedade de alguém

**mere** [mɪr] *adj.* [*comp* **merest**] mero, simples: *the mere fact that you're here* o simples fato de você estar aqui | *He was elected by a mere 10 votes.* Ele foi eleito por meros 10 votos. | *She's a mere child.* Ela não passa de uma criança. | *the merest hint of trouble* o menor indício de problemas

**mere•ly** [ˈmɪrli] *adv.* meramente, somente

**merge** [mɜrdʒ] *v.* 1 fundir(-se) 2 **to merge into the crowd** misturar-se na multidão

**mer•ger** [ˈmɜrdʒər] *s.* fusão [de empresas]

**me•ringue** [məˈræŋ] *s.* suspiro, merengue

**mer•it** [ˈmɛrɪt] *s.* mérito / *v.* merecer

**mer•maid** [ˈmɜrmeɪd] *s.* sereia

**mer•ry** [ˈmɛri] *adj.* 1 alegre 2 **Merry Christmas** Feliz Natal

**merry-go-round** [ˈmɛrigoʊraʊnd] *s.* carrossel

**mesh** [mɛʃ] *s.* tela [tipo rede]: *wire mesh* tela de arame / *v.* enquadrar-se (***with*** *com*)

**mes•mer•ize**, BRIT tb: **-ise** [ˈmɛzməraɪz] *v.* hipnotizar

**mess** [mɛs] *adj.* 1 bagunça: *My room's a mess.* Meu quarto está uma bagunça. 2 sujeira 3 caos 4 enrascada, confusão: *It was Bob who got us into this mess.* Quem nos meteu nessa confusão foi o Bob. 5 refeitório [de oficiais militares] 6 **to make a mess** fazer bagunça/sujeira 7 **to make a mess of sth/of doing sth** atrapalhar-se com algo/ao fazer algo / *v.* **to mess with sth/sb** **a** meter-se com algo/alguém **b** mexer com algo/alguém

**mess around** 1 fazer bagunça 2 pular a cerca (***with*** *com*) 3 **to mess around with sth** mexer com/em algo 4 **to mess sb around** enrolar alguém

**mess up** 1 AM FAM pisar na bola 2 **to mess sth up** **a** estragar algo **b** bagunçar algo **c** atrapalhar-se com algo

**mes•sage** [ˈmɛsɪdʒ] *s.* 1 mensagem 2 recado 3 **to get the message** FAM tocar-se, sacar

**mes•sen•ger** [ˈmɛsəndʒər] *s.* 1 mensageiro 2 bói

**Mes•si•ah** [məˈsaɪə] *s.* Messias

**messy** [ˈmɛsi] *adj.* [*comp* **messier, messiest**] 1 bagunçado, desarrumado 2 FAM complicado 3 sujo

**met** [mɛt] *v.* ▸ *ps e pp de* MEET

**me•tabo•lism** [məˈtæbəlɪzəm] *s.* metabolismo

**met•al** [ˈmɛtl] *s.* metal / *adj.* de metal

**me•tal•lic** [məˈtælɪk] *adj.* metálico

**meta•phor** [ˈmɛtəfɔr] *s.* metáfora

**me•teor** [ˈmitiər] *s.* meteoro

**me•teor•ic** [mitiˈɔrɪk] *adj.* meteórico

**me•teor•ite** [ˈmitiəraɪt] *s.* meteorito

**me•ter** [ˈmitər] *s.* 1 medidor [de gás, água, etc.] 2 AM metro [medida]

**meth•od** [ˈmɛθəd] *s.* método

**me•thodi•cal** [məˈθɑdɪkəl] *adj.* metódico

**Meth•od•ist** [ˈmɛθədɪst] *adj, s.* metodista

**meth•od•ol•ogy** [mɛθəˈdɑlədʒi] *s.* metodologia

**me•ticu•lous** [məˈtɪkjələs] *adj.* meticuloso

**me•tre** [ˈmitər] *s.* BRIT metro [medida]

**met•ric** [ˈmɛtrɪk] *adj.* métrico

**me•tropo•lis** [məˈtrɑpəlɪs] *s.* metrópole

**Mexi•can** [ˈmɛksɪkən] *adj, s.* mexicano

**Mexi•co** [ˈmɛksɪkoʊ] *s.* México

**mg** *abrev.* (= milligram) mg

**miaouw** [miˈaʊ] BRIT *v.* miar / *s.* miau

**mice** [maɪs] *spl.* ▸ *pl de* MOUSE
**micro•phone** [ˈmaɪkrəfoʊn] *s.* microfone
**micro•pro•ces•sor** [maɪkroʊˈprɑsɛsər] *s.* microprocessador
**micro•scope** [ˈmaɪkrəskoʊp] *s.* microscópio
**micro•scop•ic** [maɪkrəˈskɑpɪk] *adj.* microscópico
**microwave** [ˈmaɪkrəweɪv] *s.* (tb **microwave oven**) micro-ondas / *v.* fazer no micro-ondas
**mid-** [mɪd] *prefixo.* **1** meados de: *by mid-August* até meados de agosto | *in the mid-eighties* em meados dos anos oitenta | *a man in his mid-thirties* um homem de uns 35 anos **2** no meio de: *We arrived mid-afternoon.* Chegamos no meio da tarde. | *in mid-sentence* no meio da frase
**mid•air** [mɪdˈɛr] *s.* **in midair** em pleno ar/voo / *adj.* **midair collision** colisão aérea
**mid•day** [mɪdˈdeɪ] *s.* meio-dia: *at midday* ao meio-dia
**mid•dle** [ˈmɪdl] *s.* **1** meio: *Fold the paper down the middle.* Dobre o papel no meio. **2** meados: *in the middle of June* em meados de junho **3** cintura: *around your middle* na cintura **4 in the middle of sth** **a** no meio de algo: *in the middle of the table* no meio da mesa **b** em pleno algo: *in the middle of winter* em pleno inverno **5 in the middle of doing sth** ocupado fazendo algo / *adj.* **1** do meio: *the middle shelf* a prateleira do meio **2** mediano
**mid•dle age** [mɪdl ˈeɪdʒ] *s.* meia-idade
**middle-aged** [mɪdl ˈeɪdʒd] *adj.* de meia-idade
**Mid•dle Ages** [mɪdl ˈeɪdʒɪz] *spl.* Idade Média
**mid•dle class** [mɪdl ˈklæs] *s.* classe média / **middle-class** *adj.* de classe média
**Mid•dle East** [mɪdl ˈist] *s.* Oriente Médio
**middle•man** [mɪdlm] *s.* [*pl* **middlemen**] **1** intermediário
**mid•dle name** [ˈmɪdl neɪm] *s.* segundo nome
**mid•dle school** [ˈmɪdl skul] *s.* **1** AM escola para alunos de 11 a 14 anos **2** BRIT escola para alunos de 8 a 12 anos
**mid•field** [mɪdˈfild] *s.* meio-campo [posição]
**mid•field•er** [mɪdˈfildər] *s.* meio-campo [jogador]
**midg•et** [ˈmɪdʒɪt] *s.* anão
**mid•night** [ˈmɪdnaɪt] *s.* meia-noite: *at midnight* à meia-noite
**mid•riff** [ˈmɪdrɪf] *s.* barriga
**midst** [mɪdst] *s.* **1 in the midst of sth** em meio a algo **2 in our/their midst** entre nós/eles
**mid•sum•mer** [mɪdˈsʌmər] *s.* **in midsummer** em pleno verão
**mid•way** [mɪdʒˈweɪ] *adv.* **1 midway between** no meio do caminho entre **2 midway through sth** **a** no meio de algo **b** pela metade de algo
**mid•week** [mɪdˈwik] *adv.* no meio da semana
**mid•wife** [ˈmɪdwaɪf] *s.* parteira
**might** [maɪt] *v auxiliar* **1** (possibilidade) poder: *It might rain later.* Pode chover mais tarde. | *The car might be small, but it's very powerful.* O carro pode ser pequeno, mas é muito potente. | *The plan might not work.* O plano pode não dar certo. ▸ Nesse sentido, significa o mesmo que ***may***. **2** (sugestão) poder: *I thought we might go to the beach today.* Pensei que podíamos ir à praia hoje. | *It might be better to call first.* De repente é melhor ligar antes. **3** (indignação) ter que: *You might at least apologize.* Você tinha que pelo menos pedir desculpas. **4 might have done sth** **a** (possibilidade) poder ter feito algo: *They might have forgotten.* Eles podem ter esquecido. | *She might not have wanted to know.* Ela talvez não quisesse saber. **b** (indignação) ter que: *He might at least have let us know.* Ele tinha que ter nos avisado. / *s.* **1** FORM poderio **2 with all his/their etc. might** com toda a força
**mightn't** [ˈmaɪtnt] *v.* ▸ = MIGHT NOT
**might've** [ˈmaɪtəv] *v.* ▸ = MIGHT HAVE

**mighty** ['maɪti] *adj.* [*comp* **mightier, mightiest**] 1 poderoso 2 vasto / *adv.* FAM bem: *It's mighty cold out.* Está bem frio lá fora.
**mi•graine** ['maɪgreɪn] *s.* enxaqueca
**mi•grant** ['maɪgrənt] *s, adj.* migrante
**mi•grate** ['maɪgreɪt] *v.* migrar
**mi•gra•tion** [maɪ'greɪʃən] *s.* migração
**mi•gra•tory** ['maɪgreɪtɔri] *adj.* migratório
**mike** [maɪk] *s.* FAM microfone
**mild** [maɪld] *adj.* [*comp* **milder, mildest**] 1 ameno [clima, tempo] 2 leve [doença, sensação, crítica, palavrão] 3 suave [comida, sabor, xampu] 4 brando 5 fraquinho [remédio] 6 moderado
**mild•ly** ['maɪldli] *adv.* 1 levemente 2 **to put it mildly** para não dizer coisa pior
**mile** [maɪl] *s.* 1 milha [= 1,609 km] 2 **miles** FAM muito longe, milhas de distância: *We walked for miles.* Andamos muito. 3 **to be miles away** FAM estar viajando [distraído] 4 **to go the extra mile** dar de tudo, fazer o máximo
**mile•age** ['maɪlɪdʒ] *s.* 1 milhagem [equivale a quilometragem] 2 **to get mileage from/out of sth** aproveitar algo
**mile•stone** ['maɪlstoʊn] *s.* marco
**mili•tant** ['mɪlətənt] *s, adj.* militante
**mili•tary** ['mɪlətɛri] *adj.* militar / 1 **the military** os militares, as forças armadas 2 **to be in the military** ser militar
**mi•li•tia** [mə'lɪʃə] *s.* milícia
**milk** [mɪlk] *s.* leite / *v.* 1 ordenhar 2 **to milk sb/sth for sth** arrancar algo de alguém/algo [dinheiro, informações etc.]
**milk•man** ['mɪlkmən] *s.* [*pl* **milkmen**] leiteiro ▸ Na Grã-Bretanha, ainda existem leiteiros, que entregam leite a domicílio
**milk shake** ['mɪlk ʃeɪk] *s.* milk-shake
**milky** ['mɪlki] *adj.* leitoso
**mill** [mɪl] *s.* 1 moinho 2 fábrica 3 **to go through the mill** passar por um mau pedaço / *v.* moer
**mill around** FAM ir e vir
**mil•len•nium** [mɪ'lɛniəm] *s.* milênio
**mil•li•gram** ['mɪləgræm] *s.* miligrama
**mil•li•li•ter**, BRIT: **mil•li•li•tre** ['mɪləlitər] *s.* mililitro
**mil•li•meter**, BRIT: **mil•li•metre** ['mɪləmitər] *s.* milímetro
**mil•lion** ['mɪljən] *num.* milhão: *a million people* um milhão de pessoas ▸ Acrescenta-se *s* para formar o plural, exceto depois de outro número: *The project cost millions of dollars.* O projeto custou milhões de dólares. | *five million cars* cinco milhões de carros
**mil•lion•aire** [mɪljə'nɛr] *s.* milionário
**mil•lionth** ['mɪljənθ] *adj, s.* milionésimo
**mime** [maɪm] *v.* fazer mímica (de) / *s.* 1 mímica 2 mímico [artista]
**mim•ic** ['mɪmɪk] *v.* [-**ck**-] imitar / *s.* imitador
**mince** [mɪns] *v.* 1 BRIT moer [carne] 2 **not to mince words** falar na lata/sem rodeios / *s.* BRIT carne moída
**mince•meat** ['mɪnsmit] *s.* 1 recheio de frutas cristalizadas e especiarias 2 **to make mincemeat of sb/sth** FAM acabar com alguém/algo
**mince pie** [mɪns'paɪ] *s.* tortinha com recheio de frutas cristalizadas que se come no Natal
**mind** [maɪnd] *s.* 1 mente 2 **frame/state of mind** estado de espírito 3 **to be in two minds** estar dividido 4 **to be on sb's mind** estar na cabeça de alguém 5 **to bear/have/keep sth in mind** **a** ter algo em mente **b** levar algo em conta 6 **to change your mind** mudar de ideia 7 **to come/spring to mind** vir à cabeça 8 **to cross sb's mind** passar pela cabeça de alguém 9 **to get/put sth/sb out of your mind** tirar algo/alguém da cabeça 10 **to have sth on your mind** estar com algo na cabeça 11 **to make up your mind** decidir-se (***about*** *sobre*): *My mind is made up.* Estou decidido. 12 **to my mind** a meu ver 13 **to put sb's mind at rest** tranquilizar alguém 14 **to take sb's mind off sth** distrair alguém de algo / *v.* 1 importar-se (com), incomodar-se (com) 2 BRIT tomar cuidado com: *Mind your head!* Cuidado com a cabeça! | *Mind you don't fall!* Cuidado para não cair! 3 **I don't mind** **a** não me importo **b** para mim

tanto faz 4 **never mind** **a** não faz mal **b** deixa para lá **c** muito menos: *I can hardly walk that far, never mind run.* Mal consigo andar tão longe, muito menos correr. **d** não importa, não se preocupe com: *Never mind that now.* Isso não importa agora. 5 **to mind doing sth** importar-se de fazer algo: *Would you mind giving me a hand?* Você se importa de me dar uma ajuda? 6 **to mind sb doing sth** importar-se que alguém faça algo 7 **mind you** BRIT se bem que 8 **to mind your own business** **a** não se meter (na vida dos outros) **b** ficar na sua

**mind•er** [ˈmaɪndər] *s.* BRIT segurança, guarda-costas

**mind•ful** [ˈmaɪndfəl] *adj.* **mindful of sth** FORM atento a algo

**mind•less** *adj.* 1 estúpido, sem sentido [ato, violência] 2 bobo, sem conteúdo [programa de TV]

**mine** [maɪn] *pron.* o(s) meu(s)/a(s) minha(s) / *s.* mina / *v.* 1 extrair [minério] 2 fazer mineração 3 minar [com bombas]

**mine•field** [ˈmaɪnfild] *s.* 1 campo minado 2 assunto delicado

**min•er** [ˈmaɪnər] *s.* mineiro

**min•er•al** [ˈmɪnərəl] *s.* mineral

**min•er•al wa•ter** [ˈmɪnərəl ˌwɔtər] *s.* água mineral

**min•gle** [ˈmɪŋgəl] *v.* 1 misturar-se (***with*** *com*) 2 confraternizar (***with*** *com*)

**minia•ture** [ˈmɪniətʃər] *adj, s.* **(in) miniature** em miniatura

**mini•bus** [ˈmɪnibʌs] *s.* BRIT van, kombi

**mini•cab** [ˈmɪnikæb] *s.* BRIT radiotáxi

**mini•mal** [ˈmɪnəməl] *adj.* mínimo

**mini•mize**, BRIT tb: **-mise** [ˈmɪnəmaɪz] *v.* minimizar

**mini•mum** [ˈmɪnəməm] *adj, s.* mínimo

**min•ing** [ˈmaɪnɪŋ] *s.* mineração / *adj.* minerador [cidade, empresa]

**mini•skirt** [ˈmɪni] *s.* minissaia

**min•is•ter** [ˈmɪnəstər] *s.* 1 ministro 2 pastor

**min•is•terial** [mɪnəˈstɪriəl] *adj.* ministerial

**min•is•try** [ˈmɪnəstri] *s.* [*pl* **ministries**] ministério

**mini•van** [ˈmɪnivæn] *s.* AM van, kombi

**mink** [mɪŋk] *s.* vison: *a mink coat* um casaco de vison

**mi•nor** [ˈmaɪnər] *adj.* 1 pequeno [erro, modificação, cirurgia] 2 leve [ferimento] 3 secundário [estrada] 4 menor [em música] / *s.* 1 menor [de idade] 2 AM matéria secundária [na graduação]

**mi•nor•ity** [məˈnɔrəti, *Brit*: maɪˈnɔrəti] *s.* [*pl* **minorities**] 1 minoria 2 **to be in a/the minority** ser minoria / *adj.* minoritário

**mint** [mɪnt] *s.* 1 hortelã 2 bala de hortelã 3 casa da moeda / *adj.* **in mint condition** novinho, sem uso / *v.* cunhar

**mi•nus** [ˈmaɪnəs] *prep.* 1 menos 2 FAM sem / *adj.* negativo: *minus 25 degrees* 25 graus negativos / *s.* (tb **minus sign**) sinal de menos

**min•ute** *s.* [ˈmɪnɪt] 1 minuto: *a ten-minute break* um intervalo de dez minutos 2 **minutes** (plural) ata [de reunião] 3 **a minute** um pouco, um instante: *Can you come here a minute?* Você pode vir aqui um pouco? 4 **(at) any minute/any minute now** a qualquer momento 5 **at the last minute** em cima da hora 6 **in a minute** daqui a pouco 7 **just a minute** só um minutinho 8 **the minute (that)** assim que: *Call me the minute you get home.* Liga para mim assim que chegar em casa. 9 **this minute** já, agora mesmo / *adj.* [maɪˈnut] 1 diminuto, minúsculo 2 **in minute detail** nos mínimos detalhes

**mira•cle** [ˈmɪrəkəl] *s.* 1 milagre 2 **to work miracles** fazer milagres

**mi•racu•lous** [mɪˈrækjələs] *adj.* milagroso

**mi•rage** [mɪˈrɑʒ] *s.* miragem

**mir•ror** [ˈmɪrər] *s.* 1 espelho 2 retrovisor / *v.* refletir

**mis•be•have** [mɪsbɪˈheɪv] *v.* comportar-se mal

**mis•cal•cu•late** [mɪsˈkælkjəleɪt] *v.* calcular mal

**mis•cal•cu•la•tion** [mɪskælkjəˈleɪʃən] *s.* erro de cálculo

**mis•car•riage** [ˈmɪskærɪdʒ] *s.* 1 aborto [espontâneo] 2 **to have a miscarriage** abortar 3 **miscarriage of justice** erro judicial
**mis•cel•la•neous** [mɪsəˈleɪniəs] *adj.* variado, diverso
**mis•chief** [ˈmɪstʃɪf] *s.* 1 arte, travessuras 2 malícia 3 **to get into/up to mischief** fazer arte, aprontar 4 **to keep sb out of mischief** manter alguém na linha
**mis•chie•vous** [ˈmɪstʃəvəs] *adj.* 1 levado, travesso 2 malicioso, sacana
**mis•con•cep•tion** [mɪskənˈsɛpʃən] *s.* 1 noção equivocada 2 **to be a popular/common misconception that ...** ser um erro comum pensar que ...
**mis•con•duct** [mɪsˈkɑndʌkt] *s.* má conduta
**mi•ser** [ˈmaɪzər] *s.* avarento, tio-patinhas
**mis•er•able** [ˈmɪzərəbəl] *adj.* 1 triste [pessoa] 2 lamentável [condições] 3 deprimente [tempo] 4 miserável [salário]
**mis•er•ably** [ˈmɪzərəbli] *adv.* **to fail miserably** fracassar redondamente
**mis•ery** [ˈmɪzəri] *s.* 1 sofrimento, desgraça 2 desolação, infelicidade 3 **to put sb out of their misery** parar de fazer suspense com alguém
**mis•fire** [mɪsˈfaɪr] *v.* 1 sair pela culatra, dar errado 2 falhar [motor]
**mis•fit** [ˈmɪsfɪt] *s.* desajustado
**mis•for•tune** [mɪsˈfɔrtʃən] *s.* infortúnio, desgraça
**mis•giv•ings** [mɪsˈgɪvɪŋz] *spl.* 1 receio 2 dúvidas
**mis•guid•ed** [mɪsˈgaɪdɪd] *adj.* 1 mal concebido 2 equivocado
**mis•hap** [ˈmɪshæp] *s.* acidente, contratempo
**mis•in•form** [mɪsɪnˈfɔrm] *v.* informar mal
**mis•in•ter•pret** [mɪsɪnˈtɜrprɪt] *v.* interpretar mal
**mis•judge** [mɪsˈdʒʌdʒ] *v.* 1 julgar mal, fazer juízo errado de 2 calcular mal
**mis•lay** [mɪsˈleɪ] *v.* [*ps e pp* **mislaid**] perder
**mis•lead** [mɪsˈlid] *v.* [*ps e pp* **misled**] 1 induzir ao erro 2 enganar (***about*** *sobre*)
**mis•lead•ing** [mɪsˈlidɪŋ] *adj.* enganoso
**mis•man•age** [mɪsˈmænɪdʒ] *v.* administrar mal
**mis•print** [ˈmɪsprɪnt] *s.* erro de impressão
**mis•pro•nounce** [mɪsprəˈnaʊns] *v.* pronunciar mal
**mis•read** [mɪsˈrid] *v.* [*ps e pp* **misread**] 1 ler mal 2 interpretar mal
**mis•rep•re•sent** [mɪsrɛprəˈzɛnt] *v.* deturpar
**miss** [mɪs] *v.* 1 perder [trem, oportunidade, programa etc.] 2 errar [alvo] 3 não acertar/atingir 4 faltar a [reunião, compromisso] 5 sentir falta/saudade de 6 deixar de ver 7 dar pela falta de 8 **to miss the boat** FAM dormir no ponto 9 **to miss the point** não entender
**miss out** 1 ficar a ver navios, dançar 2 **to miss out on sth** perder algo 3 **to miss sth out** BRIT pular/omitir algo / *s.* 1 senhorita [forma de tratamento] 2 professora, tia [forma de tratamento]
**mis•sile** [ˈmɪsaɪl] *s.* míssil
**miss•ing** [ˈmɪsɪŋ] *adj.* 1 que falta/faltava 2 desaparecido 3 **to be missing** **a** estar faltando: *There's a page missing from this book.* Está faltando uma página desse livro. **b** estar desaparecido 4 **to go missing** BRIT desaparecer, sumir
**mis•sion** [ˈmɪʃən] *s.* missão
**mis•sion•ary** [ˈmɪʃənɛri] *s.* missionário
**mis•spell** [mɪsˈspɛl] *v.* escrever de forma errada
**mist** [mɪst] *s.* nevoeiro, névoa /
**mist up: to mist (sth) up** embaçar (algo)
**mis•take** [mɪˈsteɪk] *s.* 1 erro, engano 2 **by mistake** por engano 3 **to make a mistake** cometer um erro / *v.* [*ps, pp* **mistook, mistaken**] 1 entender/interpretar mal 2 **to mistake sth/sb for sth/sb** confundir algo/alguém com algo/alguém
**mis•tak•en** [mɪˈsteɪkən] *adj.* 1 equivocado, errôneo 2 **to be mistaken** estar enganado, enganar-se: *if I'm not mistaken* se não me engano 3 **mistaken identity** erro de identificação / *v.* ▸ *pp de* MISTAKE

**mis•tak•en•ly** [mɪˈsteɪkənli] *adv.* por engano, erroneamente
**mis•ter** [ˈmɪstər] *s.* senhor
**mis•tle•toe** [ˈmɪsəltoʊ] *s.* visco
**mis•took** [mɪsˈtʊk] *v.* ▸ *ps de* MISTAKE
**mis•treat** [mɪsˈtrit] *v.* maltratar
**mis•tress** [ˈmɪstrəs] *s.* 1 amante [mulher] 2 dona [de animal]
**mis•trust** [mɪsˈtrʌst] *s.* desconfiança / *v.* desconfiar de
**misty** [ˈmɪsti] *adj.* [*comp* **mistier, mistiest**] enevoado, nevoento
**mis•under•stand** [mɪsʌndərˈstænd] *v.* [*ps e pp* **misunderstood**] entender/interpretar mal
**mis•under•stand•ing** [mɪsʌndərˈstændɪŋ] *s.* 1 mal-entendido 2 desentendimento
**mis•under•stood** *adj.* mal compreendido / *v.* ▸ *ps e pp de* MISUNDERSTAND
**mis•use** *v.* [mɪsˈjuz] 1 usar indevidamente/incorretamente 2 abusar de / *s.* [mɪsˈjus] 1 uso indevido/incorreto 2 abuso
**mix** [mɪks] *v.* misturar(-se)
**mix up** 1 **to mix sth/sb up, to get sth/sb mixed up** misturar/confundir algo/alguém (***with*** *com*) 2 **to get mixed up** a atrapalhar-se, ficar confuso b ficar embaralhado/misturado 3 **to be mixed up in sth** estar metido em algo 4 **to get mixed up in sth** meter-se em algo / *s.* mistura, mescla: *cake mix* mistura para bolo
**mixed** [mɪkst] *adj.* 1 misto 2 **mixed feelings** sentimentos conflitantes 3 **a mixed blessing** uma faca de dois gumes
**mix•er** [ˈmɪksər] *s.* 1 batedeira 2 **good mixer** pessoa sociável
**mix•ture** [ˈmɪkstʃər] *s.* 1 mistura 2 misto
**mix-up** [ˈmɪksʌp] *s.* FAM confusão
**ml** *abrev.* (= milliliter) ml
**mm** *abrev.* (= millimeter) mm
**moan** [moʊn] *v.* 1 FAM reclamar, chiar (***about*** *de*) 2 gemer / *s.* gemido
**moat** [moʊt] *s.* fosso [de castelo]
**mob** [mɑb] *s.* 1 turba, horda 2 bando 3 **the Mob** a máfia / *v.* assediar
**mo•bile** [ˈmoʊbəl, *Brit*: ˈmoʊbaɪl] *adj.* 1 móvel 2 **to be mobile** ter mobilidade / *s.* 1 BRIT celular 2 móbile
**mo•bile home** [ˌmoʊbəlˈhoʊm] *s.* AM trailer [turístico]
**mo•bile phone** [ˌmoʊbaɪlˈfoʊn] *s.* BRIT telefone celular
**mo•bil•ity** [moʊˈbɪləti] *s.* mobilidade
**mo•bi•lize**, BRIT tb: **-lise** [ˈmoʊbəlaɪz] *v.* mobilizar(-se)
**mock** [mɑk] *v.* zombar (de), ridicularizar / *adj.* 1 falso, fingido 2 de imitação 3 simulado / *s.* BRIT simulado [prova]
**mock•ery** [ˈmɑkəri] *s.* 1 zombaria 2 fiasco 3 **to make a mockery of sth** desmoralizar algo
**mod•al** [ˈmoʊdl] *s.* (tb **modal verb**) verbo modal [verbo auxiliar que expressa possibilidade, intenção etc.]
**mode** [moʊd] *s.* 1 modo 2 **in work/vacation etc. mode** FAM em ritmo de trabalho/férias etc.
**mod•el** [ˈmɑdl] *s.* 1 modelo 2 maquete 3 exemplo / *adj.* 1 em miniatura: *model trains* trens em miniatura 2 exemplar [funcionário, aluno etc.] / *v.* 1 desfilar 2 posar 3 trabalhar como modelo 4 modelar 5 **to be modeled on sth** ter algo como modelo 6 **to model yourself after/on sb** espelhar-se em alguém
▸ *Am:* ***modeling, modeled*** *Brit:* ***modelling, modelled***
**mod•el•ing**, BRIT: **mod•el•ling** [ˈmɑdlɪŋ] *s.* 1 trabalho de modelo: *a modeling career* uma carreira de modelo 2 modelagem 3 modelismo
**mo•dem** [ˈmoʊdɛm] *s.* modem
**mod•er•ate** *adj, s.* [ˈmɑdərət] moderado / *v.* [ˈmɑdəreɪt] moderar
**mod•er•ate•ly** [ˈmɑdərətli] *adv.* 1 relativamente 2 moderadamente
**mod•era•tion** [mɑdəˈreɪʃən] *s.* 1 moderação 2 **in moderation** com moderação
**mod•ern** [ˈmɑdərn] *adj.* moderno

**mod•ern•ize**, BRIT tb: **-ise** [ˈmadərnaɪz] *v.* modernizar(-se)
**mod•est** [ˈmadɪst] *adj.* 1 modesto 2 recatado
**mod•es•ty** [ˈmadəsti] *s.* 1 modéstia 2 pudor
**modi•fy** [ˈmadəfaɪ] *v.* [*ps e pp* **-fied**] modificar
**mod•ule** [ˈmadʒul] *s.* módulo
**moist** [mɔɪst] *adj.* úmido, molhadinho
**mois•ten** [ˈmɔɪsən] *v.* umedecer(-se)
**mois•ture** [ˈmɔɪstʃər] *s.* umidade
**mois•tur•ize**, BRIT tb: **-ise** [ˈmɔɪstʃəraɪz] *v.* hidratar
**moist•ur•iz•er**, BRIT tb: **-iser** [ˈmɔɪstʃəraɪzər] *s.* hidratante
**mo•lar** [ˈmoʊlər] *s.* molar [dente]
**mold**, BRIT: **mould** [moʊld] *s.* 1 mofo 2 forma / *v.* moldar (***to*** *a*)
**moldy**, BRIT: **mouldy** [ˈmoʊldi] *adj.* [*comp* **moldier, moldiest**] mofado
**mole** [moʊl] *s.* 1 toupeira 2 pinta [na pele] 3 informante
**mol•ecule** [ˈmaləkjul] *s.* molécula
**mo•lest** [məˈlɛst] *v.* molestar
**mol•ten** [ˈmoʊltn] *adj.* fundido
**mom** [mam] *s.* AM FAM mãe
**mo•ment** [ˈmoʊmənt] *s.* 1 momento 2 **a moment ago** há pouco 3 **(at) any moment/any moment now** a qualquer momento 4 **at the moment** no momento 5 **for a moment** por um momento 6 **for the moment** por enquanto 7 **in a moment** a daqui a pouco b num momento 8 **just a moment** só um momentinho 9 **the moment (that)** assim que: *the moment I saw him* assim que o vi
**mo•men•tari•ly** [moʊmənˈtɛrəli] *adv.* 1 por um momento 2 AM já, em seguida
**mo•men•tary** [ˈmoʊmɑntɛri] *adj.* momentâneo
**mo•men•tous** [moʊˈmɛntəs] *adj.* marcante, importantíssimo
**mo•men•tum** [moʊˈmɛntəm] *s.* 1 impulso 2 **to gain/gather momentum** ganhar impulso
**mom•my** [ˈmami] [*pl* **mommies**] AM FAM mamãe
**mon•arch** [ˈmanark] *s.* monarca
**mon•ar•chy** [ˈmanarki] *s.* [*pl* **monarchies**] monarquia
**mon•as•tery** [ˈmanəstɛri] *s.* [*pl* **monasteries**] mosteiro
**Mon•day** [ˈmʌndeɪ, ˈmʌndi] *s.* segunda-feira
**mon•etary** [ˈmʌnətɛri] *adj.* monetário
**mon•ey** [ˈmʌni] *s.* 1 dinheiro 2 **amount/sum of money** quantia 3 **a waste of money** dinheiro jogado fora 4 **to make money** ganhar dinheiro
**mon•grel** [ˈmʌŋgrəl] *s.* vira-lata [cão]
**moni•tor** [ˈmanətər] *s.* monitor / *v.* 1 monitorar 2 controlar 3 acompanhar
**monk** [mʌŋk] *s.* monge
**mon•key** [ˈmʌŋki] *s.* macaco
**mon•key bars** [ˈmʌŋki barz] *spl.* AM trepa-trepa
**mo•noga•mous** [məˈnagəməs] *adj.* 1 monógamo 2 monogâmico
**mono•logue** [ˈmanlɔg] *s.* monólogo
**mo•nopo•lize**, BRIT tb: **-lise** [məˈnapəlaɪz] *v.* monopolizar
**mo•nopo•ly** [məˈnapəli] *s.* monopólio
**mo•noto•nous** [məˈnatnəs] *adj.* monótono
**mon•ox•ide** [məˈnaksaɪd] *s.* monóxido: *carbon monoxide* monóxido de carbono
**mon•soon** [manˈsun] *s.* monção
**mon•ster** [ˈmanstər] *s.* monstro / *adj.* FAM monstruoso
**mon•stros•ity** [manˈstrasəti] *s.* monstruosidade
**mon•strous** [ˈmanstrəs] *adj.* monstruoso
**month** [mʌnθ] *s.* 1 mês: *a three-month-old baby* um bebê de três meses | *two months' vacation* dois meses de férias 2 **last month** (no) mês passado 3 **next month** (no) mês que vem 4 **this month** (n)este mês
**month•ly** [ˈmʌnθli] *adj.* mensal / *adv.* mensalmente
**monu•ment** [ˈmanjəmənt] *s.* monumento (***to*** *a*)
**monu•men•tal** [manjəˈmɛntl] *adj.* 1 marcante [obra, conquista] 2 sem tamanho, in-

findável [incompetência, congestionamento] **3 monumental task** tarefa hercúlea

**mooch** [mutʃ] *v.* AM FAM **1** filar (*off de*) **2 to mooch off sb** viver às custas de alguém

**mood** [mud] *s.* **1** humor: *mood swings* alterações de humor **2** clima [de tensão, romance etc.] **3** modo [verbal] **4 in a good/bad mood** de bom/mau humor **5 to be in a mood** estar de mau humor **6 to be in a strange/foul etc. mood** estar estranho/nervoso etc. **7 to be in no mood for sth/to do sth** não estar para algo/com cabeça para fazer algo **8 to be in the mood for sth/to do sth** estar a fim de algo/de fazer algo

**moody** [ˈmudi] *adj.* [*comp* **moodier, moodiest**] **1** mal-humorado **2** temperamental

**moon** [mun] *s.* lua

**moon•light** [ˈmunlaɪt] *s.* luar

**moon•lit** [ˈmunlɪt] *adj.* enluarado

**moon•shine** [ˈmunʃaɪn] *s.* AM FAM bebida alcoólica caseira

**moor** [mɔr] *v.* atracar / *s.* charneca

**moor•ing** [ˈmɔrɪŋ] *s.* **1** atracadouro **2 moorings** amarras

**moor•land** [ˈmɔrlənd] *s.* charneca

**mop** [mɑp] *s.* **1** esfregão [de assoalho] **2** grenha / *v.* [**-pp-**] **1** limpar [chão] **2** enxugar [suor, testa]

**mop up: to mop sth up** enxugar algo [água etc.]

**mope** [moʊp] *v.* ficar na fossa

**mo•ped** [ˈmoʊpɛd] *s.* lambreta, scooter

**mor•al** [ˈmɔrəl] *adj.* moral: *moral support* apoio moral / *s.* **1** moral [lição] **2 morals** (plural) moral [princípios]

**mo•rale** [məˈræl] *s.* moral [estado de espírito]

**mo•ral•ity** [məˈræləti] *s.* moralidade, moral

**mor•bid** [ˈmɔrbɪd] *adj.* mórbido

**more** [mɔr] *adv, adj, pron.* **1** mais: *three more days* mais três dias **2 more and more** cada vez mais **3 more or less** mais ou menos **4 more (...) than** mais (...) do que: *German is more difficult than English.* O alemão é mais difícil do que o inglês. | *He spent more money than he should have.* Ele gastou mais dinheiro do que devia. **5 more than** mais de: *more than 100 people* mais de 100 pessoas **6 much/a lot/far more** muito mais **7 the more ..., the more/less ...** quanto mais ..., mais/menos ...: *The more you read, the more you learn.* Quanto mais se lê, mais se aprende. **8 what's more** ainda por cima

**more•over** [mɔrˈoʊvər] *adv.* FORM além disso

**morgue** [mɔrg] *s.* necrotério

**morn•ing** [ˈmɔrnɪŋ] *s.* **1** manhã: *on Saturday morning* no sábado de manhã **2 in the morning** de manhã **3 this morning** hoje de manhã **4 tomorrow/yesterday morning** amanhã/ontem de manhã / *adj.* matinal, matutino

**Mo•roc•can** [məˈrɑkən] *adj, s.* marroquino

**Mo•roc•co** [məˈrɑkoʊ] *s.* Marrocos

**mor•on** [ˈmɔrɑn] *s.* FAM imbecil

**mor•tal** [ˈmɔrtəl] *adj, s.* mortal

**mor•tal•ity** [mɔrˈtæləti] *s.* mortalidade

**mor•tar** [ˈmɔrtər] *s.* **1** argamassa **2** morteiro: *mortar shells* obuses de morteiro **3** almofariz

**mort•gage** [ˈmɔrgɪdʒ] *s.* **1** financiamento [para compra de imóvel] **2 to take out a mortgage** fazer um financiamento / *v.* hipotecar

**mor•ti•cian** [mɔrˈtɪʃən] *s.* AM agente funerário

**mor•ti•fied** [ˈmɔrtəfaɪd] *adj.* **1** morto de vergonha **2** horrorizado

**mor•tu•ary** [ˈmɔrtʃuɛri] *s.* [*pl* **mortuaries**] **1** AM casa mortuária **2** BRIT necrotério

**mo•sa•ic** [moʊˈzeɪ-ɪk] *s.* mosaico

**Mos•lem** [ˈmɑzləm] *s, adj.* ver **Mus•lim**

**mosque** [mɑsk] *s.* mesquita

**mos•qui•to** [məˈskitoʊ] *s.* mosquito

**mos•qui•to net** [məˈskitoʊ nɛt] *s.* mosquiteiro

**moss** [mɑs] *s.* musgo

**most** [moʊst] *adv.* **1** mais [em expressões superlativas]: *the most expensive car in the world* o carro mais caro do mundo | *The third book in the series is the one I liked most.* O terceiro livro da série é o que mais gostei. 2 **most of all** acima de tudo / *adj.* 1 a maioria de: *most people* a maioria das pessoas 2 mais [de todos]: *The candidate who gets the most votes wins.* Ganha o candidato que receber mais votos. 3 **for the most part** de modo geral / *pron.* 1 a maioria, a maior parte: *The students are all Brazilian and most are teenagers.* Os alunos são todos brasileiros e a maioria é adolescente. | *most of the time* a maior parte do tempo 2 mais [em expressões superlativas]: *The students are raising money, and the one who raises most will win a prize.* Os alunos estão arrecadando dinheiro, e quem arrecadar mais, vai ganhar um prêmio. 3 **at (the) most** no máximo 4 **the most** o máximo: *The most we can spend is R$50.* O máximo que podemos gastar são R$50,00. 5 **to make the most of sth** aproveitar algo ao máximo

**most•ly** [ˈmoʊstli] *adv.* 1 principalmente 2 na maioria (dos casos)

**mo•tel** [moʊˈtɛl] *s.* ▸ Nos países de língua inglesa, ***motel*** denota um hotel para viajantes, à beira da estrada.

**moth** [mαθ] *s.* 1 mariposa 2 traça

**moth•er** [ˈmʌðər] *s.* mãe / *v.* paparicar

**moth•er•hood** [ˈmʌðərhʊd] *s.* maternidade [condição]

**mother-in-law** [ˈmʌðər ɪn lɔ] *s.* [*pl* **mothers--in-law**] sogra

**Moth•er's Day** [ˈmʌðərz deɪ] *s.* Dia das Mães

**moth•er tongue** [ˌmʌðər ˈtʌŋ] *s.* língua materna

**mo•tif** [moʊˈtif] *s.* 1 tema principal 2 desenho [em tecido etc.]

**mo•tion** [ˈmoʊʃən] *s.* 1 movimento 2 moção, proposta 3 **in motion** FORM em movimento 4 **in slow motion** em câmera lenta 5 **to go through the motions (of doing sth)** fazer (algo) por fazer 6 **to set/put sth in motion** dar andamento a algo / *v.* **to motion for/to sb to do sth** fazer sinal a alguém para fazer algo

**mo•tion•less** [ˈmoʊʃənləs] *adj.* imóvel, parado

**mo•tion pic•ture** [ˌmoʊʃən ˈpɪktʃər] *s.* AM filme: *the motion picture industry* a indústria do cinema

**mo•ti•vate** [ˈmoʊtəveɪt] *v.* 1 motivar: *highly motivated* muito motivado 2 **politically motivated** (feito) por motivos políticos

**mo•ti•va•tion** [moʊtəˈveɪʃən] *s.* 1 motivação 2 motivo (***behind*** *por trás de*, ***for*** *de*)

**mo•tive** [ˈmoʊtɪv] *s.* 1 motivo (***behind*** *por trás de*, ***for*** *de*) 2 **an ulterior motive** segundas intenções

**mo•tor** [ˈmoʊtər] *s.* motor

**motor•bike** [ˈmoʊtərbaɪk] *s.* BRIT moto

**motor•boat** [ˈmoʊtər boʊt] *s.* barco a motor, lancha

**motor•cycle** [ˈmoʊtərsaɪkəl] *s.* moto

**mo•tor•ist** [ˈmoʊtərɪst] *s.* motorista

**motor rac•ing** [ˈmoʊtərˌreɪsɪŋ] *s.* automobilismo

**motor•way** [ˈmoʊtərweɪ] *s.* BRIT autoestrada, rodovia

**mot•to** [ˈmαtoʊ] *s.* [*pl* **mottos/mottoes**] lema

**mould** [moʊld] *s, v.* BRIT ver **mold**

**mouldy** [ˈmoʊldi] *adj.* BRIT ver **moldy**

**mound** [maʊnd] *s.* 1 montículo 2 monte, pilha

**mount** [maʊnt] *v.* 1 montar [evento, campanha] 2 aumentar 3 subir (em) [cavalo, bicicleta] 4 montar [foto] 5 **to mount the sidewalk** subir na calçada

**mount up** acumular-se / *s.* 1 FORM cavalgadura 2 passe-partout 3 **Mount** Monte [em nomes]: *Mount Everest* o Monte Everest

**moun•tain** [ˈmaʊntn] *s.* 1 montanha 2 FAM monte 3 **to make a mountain out of a molehill** fazer tempestade em copo d'água

**moun•tain bik•ing** [ˈmaʊntnˌbaɪkɪŋ] *s.* mountain bike [esporte]

**moun•tain•eer** [maʊntn-ˈɪr] *s.* alpinista

**moun•tain•eer•ing** [maʊntn-ˈɪrɪŋ] *s.* alpinismo

**moun•tain•ous** [ˈmaʊntnəs] *adj.* montanhoso

**moun•tain range** [ˈmaʊntn reɪndʒ] *s.* cordilheira, cadeia de montanhas

**moun•tain•side** [ˈmaʊntnsaɪd] *s.* encosta de montanha

**mourn** [mɔrn] *v.* 1 estar de luto (por) 2 lamentar

**mourn•er** [ˈmɔrnər] *s.* acompanhante do enterro

**mourn•ing** [ˈmɔrnɪŋ] *s.* 1 luto 2 **in mourning** de luto

**mouse** [maʊs] *s.* [*pl* **mice**] 1 camundongo, rato 2 mouse ▸ Nesta acepção, existe também o plural *mouses*.

**mouse pad** [ˈmaʊs] *s.* mousepad

**mouse•trap** [ˈmaʊstræp] *s.* ratoeira

**mousse** [mus] *s.* musse

**mous•tache** [məˈstɑʃ] *s.* BRIT bigode

**mouth** [maʊθ] *s.* 1 boca 2 foz, desembocadura 3 **big mouth** FAM linguarudo 4 **by word of mouth** de boca em boca 5 **to keep your mouth shut** ficar calado

**mouth•ful** [ˈmaʊθfəl] *s.* 1 bocado [de comida] 2 gole

**mouth•piece** [ˈmaʊθpis] *s.* 1 bocal, boquilha 2 porta-voz

**move** [muv] *v.* 1 mexer(-se) 2 andar [veículo, trânsito] 3 mudar (de lugar) (***from*** *de*, ***to*** *para*) 4 deslocar, transferir 5 comover, emocionar 6 **to move away/closer** afastar-se/aproximar-se 7 **to move sb to do sth** levar alguém a fazer algo

**move back** 1 afastar-se, recuar 2 **to move sth back** afastar algo

**move in** 1 mudar-se, instalar-se 2 **to move into sth** mudar para algo [nova casa] 3 **to move in with sb** ir morar com alguém

**move off** pôr-se em movimento, arrancar

**move on** 1 seguir (***to*** *para*) 2 partir para outra: *She's moved on.* Ela está em outra. 3 prosseguir 4 seguir viagem

**move out** 1 sair, mudar-se (***of*** *de*) 2 sair de casa

**move over** chegar para lá / *s.* 1 movimento 2 jogada, lance 3 atitude, passo 4 mudança [de casa] 5 vez [em jogo]: *Whose move is it?* É a vez de quem? 6 **a good/wise move** uma decisão boa/inteligente 7 **to get a move on** FAM mexer-se 8 **to make a move** a fazer um movimento (***for*** *para pegar*, ***toward*** *em direção a*) b tomar uma atitude

**move•ment** [ˈmuvmənt] *s.* movimento

**movie** [ˈmuvi] *s.* 1 filme: *a hit movie* um filme de sucesso 2 **the movies** o cinema 3 **to go to a movie/the movies** ir ao cinema

**movie star** [ˈmuvi stɑr] *s.* astro/estrela de cinema

**movie thea•ter** [ˈmuvi ˌθiətər] *s.* cinema

**mov•ing** [ˈmuvɪŋ] *adj.* 1 comovente 2 móvel 3 em movimento

**mow** [moʊ] *v.* [*ps, pp* **mowed, mown/mowed**] cortar [grama]

**mow down: to mow sb down** a abater alguém b atropelar alguém

**mow•er** [ˈmoʊər] *s.* cortador de grama

**MP** [ɛmˈpi] *s.* BRIT (= Member of Parliament) deputado, parlamentar

**mph** *abrev.* (= miles per hour) milhas por hora

**Mr.** [ˈmɪstər] *abrev.* Sr., senhor

**MRI** *abrev.* (= magnetic resonance imaging) **MRI scan** ressonância magnética

**Mrs.** [ˈmɪsɪz] *abrev.* Sra., senhora [para mulher casada]

**M.S.** [ɛmˈɛs] *s.* (= Master of Science) mestrado em Exatas

**Ms.** [mɪz, məz] *abrev.* Sra., senhora [não especifica estado civil]

**much** [mʌtʃ] *adv, adj, pron.* 1 muito 2 **much of sth** grande parte de algo: *Much of the book is based on the author's life.* Grande parte do livro é baseada na vida do autor. 3 **as much as** a tanto quanto: *You didn't eat as much as me.* Você não comeu tanto quanto eu. | *as much as you want* quanto você quiser b até: *A car like that can cost as much as half a million.* Um carro assim pode custar até meio milhão. 4 **how much?** quanto? 5 **not much** pouco: *We don't have much time.* Temos pouco tempo. 6 **not to be much of sth** não ser grande coisa como algo 7 **so much** tanto 8 **that/this much** tanto assim 9 **too much** demais, muito: *There's too much milk in this coffee.* Tem muito leite nesse café. 10 **twice/three times etc. as much** duas/três etc. vezes mais 11 **very much** muito / **much as** *conj.* por mais que: *Much as I'd like to stay, I can't.* Por mais que eu quisesse ficar, não posso.

**muck** [mʌk] *s.* FAM sujeira / *v.* BRIT FAM
**muck about, muck around** fazer bagunça
**muck up: to muck sth up** 1 atrapalhar-se com algo 2 estragar algo

**mu•cus** [ˈmjukəs] *s.* muco

**mud** *s.* [mʌd] lama

**mud•dle** [ˈmʌdl] *s.* 1 confusão 2 **in a muddle** BRIT confuso / *v.* BRIT 1 (tb **muddle up**) embaralhar 2 (tb **muddle up**) confundir, misturar

**mud•dy** [ˈmʌdi] *adj.* [*comp* **muddier, muddiest**] lamacento

**mues•li** [ˈmjuzli] *s.* granola

**muf•fin** [ˈmʌfin] *s.* 1 muffin 2 **English muffin** pão tipo broa de trigo

**muf•fled** [ˈmʌfəld] *adj.* abafado [som]

**muf•fler** [ˈmʌflər] *s.* 1 cachecol 2 AM silencioso [de carro]

**mug** [mʌg] *s.* 1 caneca 2 BRIT FAM otário / *v.* [-**gg**-] assaltar [na rua]

**mug•ger** [ˈmʌgər] *s.* assaltante [de rua]

**mug•ging** [ˈmʌgɪŋ] *s.* assalto [na rua]

**mug•gy** [ˈmʌgi] *adj.* [*comp* **muggier, muggiest**] FAM abafado

**mule** [mjul] *s.* mula

**mull** [mʌl] *v.*
**mull over: to mull sth over** refletir sobre algo

**multi•col•ored**, BRIT: **multi•col•oured** [mʌltiˈkʌlərd] *adj.* multicolor

**multi•media** [mʌltiˈmidiə] *adj.* multimídia

**multi•na•tion•al** [mʌltiˈnæʃənl] *adj, s.* multinacional

**multi•ple** [ˈmʌltəpəl] *adj, s.* múltiplo

**multi•ple choice** [ˌmʌltəpəlˈtʃɔɪs] *adj.* de múltipla escolha

**multi•pli•ca•tion** [mʌltəpləˈkeɪʃən] *s.* multiplicação

**multi•ply** [ˈmʌltəplaɪ] *v.* [*ps e pp* **multiplied**] multiplicar(-se)

**multi•ra•cial** [mʌltiˈreɪʃəl] *adj.* multirracial

**multi-storey** [mʌltiˈstɔri] *adj.* **multi-storey car park** BRIT edifício-garagem

**multi•tude** [ˈmʌltətud] *s.* **a multitude of sth** um sem-número de algo

**mum** [mʌm] *s.* BRIT FAM mãe

**mum•ble** [ˈmʌmbəl] *v.* 1 falar para dentro 2 resmungar

**mum•my** [ˈmʌmi] *s.* [*pl* **mummies**] 1 múmia 2 BRIT FAM mamãe

**mumps** [mʌmps] *s.* caxumba

**munch** [ˈmʌntʃ] *v.* **to munch (on) sth** mastigar algo

**mun•dane** [mʌnˈdeɪn] *adj.* trivial

**mu•nici•pal** [mjuˈnɪsəpəl] *adj.* municipal

**mur•der** [ˈmɜrdər] *s.* 1 assassinato, homicídio 2 **to be murder** FAM ser um inferno 3 **to get away with murder** FAM pintar e bordar / *v.* assassinar

**mur•der•er** [ˈmɜrdərər] *s.* assassino

**murky** [ˈmɜrki] *adj.* [*comp* **murkier, murkiest**] 1 turvo 2 obscuro 3 escuso, duvidoso

**mur•mur** [ˈmɜrmər] *s.* murmúrio / *v.* murmurar

**mus•cle** [ˈmʌsəl] *s.* 1 músculo 2 muque 3 poder [político etc.]

**mus•cu•lar** [ˈmʌskjələr] *adj.* 1 musculoso 2 muscular

**muse** [mjuz] *v.* **to muse on/about sth** matutar sobre algo

**mu•seum** [mjuˈziəm] *s.* museu

**mush•room** [ˈmʌʃrum] *s.* cogumelo

**mu•sic** [ˈmjuzɪk] *s.* 1 música: *a piece of music* uma música 2 partitura

**mu•si•cal** [ˈmjuzɪkəl] *adj, s.* musical

**mu•si•cian** [mjuˈzɪʃən] *s.* músico

**Mus•lim** [ˈmʊzləm] *s, adj.* muçulmano

**mus•lin** [ˈmʌzlɪn] *s.* musseline

**mus•sel** [ˈmʌsəl] *s.* mexilhão

**must** [mʌst] *v auxiliar* 1 (ordem, instrução) dever: *Children must travel on the back seat.* As crianças devem andar no banco de trás. | *You must not talk during the test.* Não se deve falar durante a prova. 2 (necessidade) precisar: *I must phone Bob.* Preciso ligar para o Bob. | *You must read this book. It's really good.* Você precisa ler esse livro. É muito bom. 3 (suposição) dever: *They must be home by now.* Eles já devem estar em casa. 4 **must have been/done sth** dever ter sido/feito algo: *She must have forgotten.* Ela deve ter esquecido. / *s.* **to be a must** ser imprescindível/imperdível

**mus•tache** [ˈmʌstæʃ] *s.* AM bigode

**mus•tard** [ˈmʌstərd] *s.* mostarda

**mus•ter** [ˈmʌstər] *v.* 1 reunir [apoio, forças, exército] 2 criar [coragem]

**mustn't** [ˈmʌsənt] *contr.* ▸ = MUST NOT: *You mustn't tell anyone.* Você não pode contar para ninguém.

**mus•ty** [ˈmʌsti] *adj.* [*comp* **mustier, mustiest**] com cheiro de mofo

**mute** [mjut] *adj.* mudo / *s.* 1 mudo 2 surdina

**mut•ed** [ˈmjutɪd] *adj.* 1 baixo, abafado [som, voz] 2 comedido [aplauso, reação] 3 suave [cor, luz]

**mu•ti•late** [ˈmjutəleɪt] *v.* mutilar

**mu•ti•ny** [ˈmjutni] *s.* motim [de marinheiros] / *v.* [*ps e pp* **mutinied**] amotinar-se

**mut•ter** [ˈmʌtər] *v.* resmungar

**mut•ton** [ˈmʌtn] *s.* (carne de) carneiro

**mu•tu•al** [ˈmjutʃuəl] *adj.* 1 recíproco 2 mútuo 3 **mutual friend/interest** amigo/interesse em comum

**mu•tu•al•ly** [ˈmjutʃuəli] *adv.* 1 para ambas as partes [aceitável, vantajoso] 2 **to be mutually exclusive** excluir-se mutuamente

**my** [maɪ] *adj.* meu(s)/minha(s): *my house* minha casa

**my•self** [maɪˈsɛlf] *pron.* 1 (como objeto) me, mim (mesmo): *I've cut myself.* Eu me cortei. | *I was disappointed with myself.* Fiquei decepcionado comigo mesmo. 2 (enfatizando o sujeito) mesmo, sozinho ▸ Observe que ***myself*** geralmente se coloca no final da frase em inglês: *I didn't believe it myself.* Eu mesmo não acreditei. | *I repaired the bike myself.* Consertei a bicicleta sozinho. 3 **(all) by myself** sozinho: *I cleaned the whole house all by myself.* Limpei a casa inteira sozinho. | *I stayed at home by myself.* Fiquei em casa sozinho.

**mys•teri•ous** [mɪˈstɪriəs] *s.* misterioso

**mys•tery** [ˈmɪstəri] *s.* [*pl* **mysteries**] 1 mistério 2 romance/peça/filme policial

**mys•ti•cal** [ˈmɪstɪkəl] *adj.* místico

**mys•ti•fy** [ˈmɪstəfaɪ] *v.* [*ps e pp* **-fied**] deixar perplexo

**myth** [mɪθ] *s.* mito

**mythi•cal** [ˈmɪθəkəl] *adj.* mítico

**my•thol•ogy** [mɪˈθɑlədʒi] *s.* mitologia

# N

**N, n** [ɛn] *s.* N, n / **N** *abrev.* (= north) N

**nag** [næg] *v.* [-gg-] **to nag (at) sb** **a** pegar no pé de alguém (***about*** *sobre*) **b** afligir alguém [problema, dúvida]

**nag•ging** [ˈnægɪŋ] *adj.* **1** persistente [dor, dúvida] **2** chato [marido, mulher]

**nail** [neɪl] *s.* **1** unha **2** prego **3** **to bite your nails** roer as unhas / *v.* **1** pregar (*to em*) **2** AM FAM acertar em cheio **3** **to nail it** AM FAM acertar em cheio, arrebentar

**nail down** **1** **to nail sb down** fazer com que alguém se comprometa (*to a*) **2** **to nail sth down** prender algo com pregos

**nail file** [ˈneɪl faɪl] *s.* lixa de unhas

**nail pol•ish**, BRIT: **nail var•nish** [ˈneɪl ˌpɑlɪʃ,/vɑrnɪʃ] *s.* esmalte de unhas

**na•ive** [naɪˈiv] *adj.* ingênuo

**na•ked** [ˈneɪkɪd] *adj.* **1** nu, pelado **2** **naked flame** chama desprotegida **3** **with the naked eye** a olho nu

**name** [neɪm] *s.* **1** nome: *What's your name?* Qual é o seu nome? | *full name* nome completo **2** fama **3** **by name** de nome **4** **by the name of** chamado: *a man by the name of Jones* um homem chamado Jones **5** **in sb's name** no nome de alguém **6** **in the name of sb/sth** em nome de alguém/algo **7** **to call sb names** xingar alguém **8** **to make a name for yourself/make your name** criar fama, ficar famoso **9** **to put your name down for sth** inscrever-se em algo / *v.* **1** colocar nome em **2** identificar [culpado, vítima] **3** **named sth** chamado algo: *a girl named Sandra* uma menina chamada Sandra **4** **to name names** apontar nomes **5** **to name sb/sth sth** colocar o nome de algo em alguém/algo: *They named their son John.* Colocaram no filho o nome de John. **6** **to name sb/sth after sb/sth** colocar o nome de alguém/algo em alguém/algo: *He's named after his father.* Ele tem o nome do pai. **7** **to name sb/sth (as) sth** nomear alguém/algo (como) algo **8** **to name sth for sb** AM colocar o nome de alguém em algo **9** **you name it** FAM qualquer coisa

**name•less** [ˈneɪmləs] *adj.* anônimo

**name•ly** [ˈneɪmli] *adv.* a saber, no caso

**name•sake** [ˈneɪmseɪk] *s.* xará, homônimo

**nan•ny** [ˈnæni] *s.* [*pl* **nannies**] babá

**nap** [næp] *s.* **1** soneca **2** **to have/take a nap** tirar uma soneca

**nape** [neɪp] *s.* **the nape of your/the neck** a nuca

**nap•kin** [ˈnæpkɪn] *s.* guardanapo

**nap•py** [ˈnæpi] *s.* [*pl* **nappies**] BRIT fralda

**nar•cot•ics** [nɑrˈkɑtɪks] *spl.* entorpecentes

**nar•rate** [nəˈreɪt] *v.* narrar

**nar•ra•tive** [ˈnærətɪv] *s.* narrativa / *adj.* narrativo

**nar•ra•tor** [nəˈreɪtər] *s.* narrador

**nar•row** [ˈnæroʊ] *adj.* **1** estreito **2** **narrow victory/defeat** vitória/derrota apertada **3** **to have a narrow escape** escapar por um triz / *v.* 1 estreitar-se [estrada] 2 diminuir [diferença]

**narrow down: to narrow sth down** reduzir algo (*to a*)

**nar•row•ly** [ˈnæroʊli] *adv.* por pouco

**narrow-minded** [ˌnæroʊˈmaɪndɪd] *adj.* tacanho, bitolado

**na•sal** [ˈneɪzəl] *adj.* nasal

**nas•ty** [ˈnæsti] *adj.* [*comp* **nastier, nastiest**] 1 mau, maldoso (*to com*) 2 horrível, terrível 3 feio [acidente, corte, situação, tempo] 4 **nasty habit** péssimo hábito

**na•tion** [ˈneɪʃən] *s.* nação

**na•tion•al** [ˈnæʃənl] *adj.* nacional / *s.* cidadão

**na•tion•al an•them** [ˌnæʃənlˈænθəm] *s.* hino nacional

**na•tion•al•ism** [ˈnæʃnəlɪzəm] *s.* nacionalismo

**na•tion•al•ist** [ˈnæʃnəlɪst] *adj, s.* nacionalista

**na•tion•al•ity** [næʃəˈnæləti] *s.* nacionalidade

**na•tion•al•ly** [ˈnæʃnəli] *adv.* nacionalmente, em todo o país

**na•tion•al park** [ˌnæʃənl ˈpɑrk] *s.* parque nacional

**nation•wide** [neɪʃənˈwaɪd] *adj.* nacional / *adv.* por todo o país

**na•tive** [ˈneɪtɪv] *adj.* 1 nativo (*to de*) 2 natal [terra] 3 **Native American** nativo americano [refere-se aos povos indígenas dos EUA] 4 **native Londoner etc.** nativo de Londres etc. 5 **native speaker** nativo da língua: *English native speakers* nativos de inglês / *s.* 1 nativo 2 **a native of Italy etc.** um natural da Itália etc.

**Na•tiv•ity** [nəˈtɪvəti] *s.* 1 Natividade 2 **Nativity play** presépio vivo

**natu•ral** [ˈnætʃərəl] *adj.* 1 natural 2 normal 3 inato [talento] 4 nato: *a natural athlete* um atleta nato

**natu•ral•ize** BRIT tb:-**ise** [ˈnætʃərəlaɪz] *v.* **to be/become naturalized** naturalizar-se

**natu•ral•ly** [ˈnætʃərəli] *adv.* 1 naturalmente 2 logicamente 3 com naturalidade 4 **to come naturally (to sb)** ser uma coisa natural (para alguém)

**na•ture** [ˈneɪtʃər] *s.* 1 natureza: *issues of a personal nature* questões de natureza pessoal | *It's not in his nature to be mean.* Não é da natureza dele ser maldoso. 2 índole 3 **by nature** por natureza

**na•ture re•serve** [ˈneɪtʃər rɪˌzɜrv] *s.* reserva natural

**naugh•ty** [ˈnɔti] *adj.* [*comp* **naughtier, naughtiest**] 1 levado, travesso 2 BRIT malicioso, picante

**nau•sea** [ˈnɔziə, ˈnɔʃə] *s.* náusea, enjoo(s)

**nau•seat•ing** [ˈnɔzieɪtɪŋ] *adj.* 1 nauseabundo 2 repugnante, nojento

**nau•seous** [ˈnɔʃəs, ˈnɔziəs] *adj.* AM enjoado

**nau•ti•cal** [ˈnɔtɪkəl] *adj.* náutico

**nau•ti•cal mile** [ˌnɔtɪkəl ˈmaɪl] *s.* milha marítima

**na•val** [ˈneɪvəl] *adj.* naval

**na•vel** [ˈneɪvəl] *s.* umbigo

**navi•gate** [ˈnævəgeɪt] *v.* 1 navegar (por) 2 ser o copiloto, ler o mapa [na estrada]

**navi•ga•tion** [nævəˈgeɪʃən] *s.* navegação

**navi•ga•tor** [ˈnævəgeɪtər] *s.* navegador

**navy** [ˈneɪvi] *s.* [*pl* **navies**] 1 marinha 2 (tb **navy blue**) azul-marinho / *adj.* (tb **navy blue**) azul-marinho

**NE** *abrev.* (= northeast) NE

**near** [nɪr] *prep.* [*comp* **nearer, nearest**] 1 (tb **near to**) perto de: *near the station* perto da estação | *nearer São Paulo* mais perto de São Paulo | *Tom was sitting nearest the door.* O Tom estava sentado mais perto da porta. 2 lá para: *near the end of the movie* lá para o final do filme 3 **to go/come near sth/sb** chegar perto de algo/alguém / *adv.* [*comp* **nearer, nearest**] 1 perto 2 quase: *near perfect* quase perfeito 3 **nowhere near** nem de longe: *nowhere near enough* nem de longe suficiente / *adj.* [*comp* **nearer, nearest**] 1 próximo: *the nearest hospital* o hospital mais próximo 2 **a near disaster etc.** quase um desastre etc. 3 **a near miss** ◘ um chute/tiro que por pouco não acerta o alvo **b** uma quase colisão 4 **in the near future** num futuro próximo 5 **the nearest thing to sth** o que há de mais parecido com algo / *v.* FORM 1 aproximar-se de 2 **to be nearing completion** estar prestes a ser concluído

**near•by** [ˈnɪrbaɪ] *adj.* próximo: *a nearby town* uma cidade próxima / *adv.* por perto

**near•ly** [ˈnɪrli] *adv.* 1 quase: *I nearly forgot.* Eu quase esqueci. | *We nearly didn't go.* Quase não fomos. 2 **not nearly** nem de longe: *not nearly enough* nem de longe suficiente | *The second movie is not nearly as good as the first.* O segundo filme não é nem de longe tão bom quanto o primeiro. 3 **very nearly** por pouco não: *She very nearly drowned.* Por pouco ela não morreu afogada.

**neat** [nit] *adj.* [*comp* **neater, neatest**] 1 arrumado [ambiente, mesa] 2 organizado [pessoa] 3 AM FAM legal, bacana 4 elegante [solução] 5 **neat handwriting** letra caprichada 6 BRIT puro [uísque etc.]

**neat•ly** [ˈnitli] *adv.* 1 cuidadosamente 2 perfeitamente

**nec•es•sari•ly** [nɛsəˈsɛrəli] *adv.* necessariamente

**nec•es•sary** [ˈnɛsəsɛri] *adj.* 1 necessário 2 **if necessary** se for preciso 3 **to be necessary (for sb) to do sth** ser preciso (alguém) fazer algo

**ne•ces•si•tate** [nəˈsɛsəteɪt] *v.* FORM tornar necessário

**ne•ces•sity** [nəˈsɛsəti] *s.* necessidade (*for de*): *the bare necessities* as necessidades básicas

**neck** [nɛk] 1 pescoço 2 gola 3 gargalo 4 **neck and neck** FAM emparelhados [em corrida] 5 **to be up to your neck in work/debt** estar atolado até o pescoço de trabalho/em dívidas

**neck•lace** [ˈnɛkləs] *s.* colar

**neck•line** [ˈnɛklaɪn] *s.* decote

**neck•tie** [ˈnɛktaɪ] *s.* gravata

**need** [nid] *v.* 1 precisar de: *Do you need help?* Você precisa de ajuda? | *Donations are badly needed.* Precisa-se urgentemente de doações. 2 **to need doing/need to be done** precisar ser feito: *This shirt needs washing.* Essa camisa precisa ser lavada. 3 **to need sb to do sth** precisar que alguém faça algo: *I need you to help me.* Preciso que você me ajude. 4 **to need to do sth** precisar fazer algo: *You don't need to apologize.* Você não precisa pedir desculpas. / *s.* 1 necessidade (*for de*) 2 **need to do sth** necessidade de fazer algo 3 **if need be** se for preciso 4 **there is no need (for sb) to do sth** não precisa (alguém) fazer algo 5 **to be in need of sth** **a** estar necessitado/carente de algo **b** estar precisando de algo: *The roof is in need of repair.* O telhado precisa de reparos.

**nee•dle** [ˈnidl] *s.* agulha

**need•less** [ˈnidləs] *adj.* desnecessário: *needless to say* desnecessário dizer

**needle•work** [ˈnidlwɜrk] *s.* costura [atividade]

**needn't** [ˈnidnt] *v.* BRIT 1 ▸ ***needn't***, ou ***need not***, é uma forma alternativa da negativa do verbo ***need*** quando este vem seguido de outro verbo: *You needn't wait for me.* Você não precisa me esperar. ▸ Observe-se que, nesse caso, não se adiciona *s* na terceira pessoa do singular e não se usa ***to*** antes do verbo que segue: *Tell Sue she need not come.* Diga à Sue que ela não precisa vir. 2 **needn't have done sth**: *You needn't have bought me a present.* Você não precisava comprar um presente para mim.

**needy** [ˈnidi] *adj.* [*comp* **needier, neediest**] 1 necessitado 2 carente 3 **the needy** os necessitados

**nega•tive** [ˈnɛgətɪv] *adj, s.* negativo

**ne•glect** [nɪˈglɛkt] *v.* 1 negligenciar, deixar de lado 2 abandonar [jardim] 3 **to neglect to do sth** FORM omitir-se de fazer algo / *s.* 1 negligência 2 desleixo 3 abandono

**neg•li•gence** [ˈnɛglɪdʒəns] *s.* omissão, negligência

**neg•li•gent** [ˈnɛglɪdʒənt] *adj.* omisso, negligente

**neg•li•gible** [ˈnɛglɪdʒəbəl] *adj.* insignificante

**ne•go•ti•ate** [nɪˈgoʊʃieɪt] *v.* **1** negociar **2** contornar [obstáculo] **3** tomar [curva]

**ne•go•tia•tion** [nɪgoʊʃiˈeɪʃən] *s.* negociação

**neigh** [neɪ] *v.* relinchar / *s.* relincho

**neigh•bor**, BRIT: **neigh•bour** [ˈneɪbər] *s.* **1** vizinho **2** próximo

**neigh•bor•hood**, BRIT: **neigh•bour•hood** [ˈneɪbərhʊd] *s.* **1** bairro **2** vizinhança **3 in the neighborhood of sth** em torno de algo

**neigh•bor•ing**, BRIT: **neigh•bour•ing** [ˈneɪbərɪŋ] *adj.* vizinho

**nei•ther** [ˈniðər, *Brit tb*:ˈnaɪðər] *adj, pron.* **1** nenhum (dos dois): *Neither team managed to score.* Nenhum dos times conseguiu fazer gol. | *He has two cars, neither of which he uses.* Ele tem dois carros, nenhum dos quais ele usa. **2 neither of us/you/them** nenhum de nós/de vocês/deles / *conj.* **1 neither… nor…** nem… nem…: *The movie is neither original nor funny.* O filme não é nem original nem engraçado. **2** FORM nem, tampouco ▸ Depois dessa conjunção, invertem-se sujeito e verbo auxiliar: *He doesn't need to work, neither does he want to.* Ele não precisa trabalhar, nem quer. / *adv.* **1 neither do I/neither would she/neither can Bob etc.** eu/ela/o Bob etc. também não ▸ ***neither*** é usado para introduzir uma resposta ou um acréscimo, com o sentido de *também não*. Depois de ***neither***, repete-se o verbo auxiliar da frase precedente, colocando-o antes do sujeito: *"I didn't understand."* - *"Neither did I."* "Não entendi." - "Nem eu." | *I can't swim and neither can my sister* Eu não sei nadar, e minha irmã também não. **2 me neither** FAM nem eu

**neon** [ˈniɑn] *s.* neon: *neon signs* letreiros de neon

**neph•ew** [ˈnɛfju] *s.* sobrinho

**Nep•tune** [ˈnɛptun] *s.* Netuno

**nerve** [nɜrv] *s.* **1** nervo **2** coragem **3** FAM cara de pau, folga **4 nerves** nervosismo **5 to get on sb's nerves** deixar alguém nervoso, irritar alguém **6 to lose your nerve** ficar com medo, amarelar

**nerve-racking** [ˈnɜrv ˌrækɪŋ] *adj.* agoniante, angustiante

**ner•vous** [ˈnɜrvəs] *adj.* **1** com um frio na barriga, ansioso (***about*** *por*) **2** nervoso **3** medroso **4 to be nervous of sth/sb** ter medo de algo/alguém **5 to make sb nervous** deixar alguém com medo ▸ Falando do estado de ânimo de uma pessoa, ***nervous*** significa *ansioso, apreensivo* em inglês. Diferente de *nervoso* em português, nunca significa *alterado, exaltado* ou *transtornado.*

**ner•vous break•down** [ˌnɜrvəs ˈbreɪkdaʊn] *s.* esgotamento nervoso

**ner•vous•ness** [ˈnɜrvəsnəs] *s.* nervosismo

**nest** [nɛst] *s.* ninho / *v.* fazer ninho

**nes•tle** [ˈnɛsəl] *v.* **1** aconchegar(-se) **2** estar aninhado [local]

**net** [nɛt] *s.* **1** rede **2 the Net** a rede [Internet] **3** voile: *net curtains* cortinas de voile / *adj.* **1** (tb **nett**) líquido [lucro, peso] **2 net result/effect** resultado/efeito final / *v.* [**-tt-**] **1** FAM ganhar líquido **2** emplacar [contrato etc.] **3** pegar na rede

**Nether•lands** [ˈnɛðərləndz] *s.* **the Netherlands** os Países Baixos

**net•ting** [ˈnɛtɪŋ] *s.* tela de rede

**net•tle** [ˈnɛtl] *s.* urtiga

**net•work** [ˈnɛtwɜrk] *s.* **1** rede [de TV, transportes, computadores, pessoas] **2** malha [ferroviária etc.]

**neu•rot•ic** [nʊˈrɑtɪk] *adj, s.* neurótico

**neu•ter** [ˈnutər] *adj.* neutro [em gramática]

**neu•tral** [ˈnutrəl] *adj.* neutro / *s.* **1** ponto morto **2 in neutral** desengatado

**nev•er** [ˈnɛvər] *adv.* **1** nunca: *She never calls me.* Ela nunca liga para mim. | *I've never been to São Paulo.* Eu nunca estive em São Paulo. | *We'll never make it in time.* Não vamos chegar a tempo nunca. **2 never again** nunca mais ▸ pede inversão de sujeito e verbo auxiliar: *Never again did she see him.* Nunca mais ela o viu. **3 never ever** jamais

**never•the•less** [nɛvərðə'lɛss] *adv.* mesmo assim, contudo

**new** [nu] *adj.* **1** novo **2 as good as new** como novo **3 brand new** **a** novo em folha **b** zero-quilômetro **4 what's new?** AM FAM e aí? [cumprimento]

**new•bie** ['nubi] *s.* FAM novato

**new•born** ['nubɔrn] *adj.* recém-nascido

**new•comer** ['nukʌmər] *s.* **1** iniciante, novato (*to em*) **2** revelação [ator, jogador]

**new•ly** ['nuli] *adv.* recém-: *newly appointed* recém-nomeado

**newly•weds** ['nuliwɛdz] *spl.* recém-casados

**news** [nuz] *s.* **1** notícia(s): *a news item* uma notícia | *the news headlines* os destaques do noticiário **2** novidade(s) **3** noticiário, jornal [na TV]

▸ A palavra ***news*** é incontável em inglês, ou seja, não tem plural e não se pode usar com o artigo indefinido *a*.

**news•agent** ['nuzeɪdʒənt] *s.* BRIT (tb **newsagent's**) jornaleiro [loja]

**news bul•letin** ['nuz ˌbʊlətn] *s.* **1** AM boletim de plantão **2** BRIT noticiário

**news•cast** ['nuzkæst] *s.* AM noticiário

**news•caster** ['nuzkæstər] *s.* AM noticiarista

**news•letter** ['nuzlɛtər] *s.* boletim de notícias [de organização, clube]

**news•paper** ['nuzpeɪpər] *s.* jornal

**news•paper clip•ping**, BRIT: **news•paper cut•ting** ['nuzpeɪpər ˌklɪpɪŋ/ˌkʌtɪŋ] *s.* recorte de jornal

**news•reader** ['nuzridər] *s.* BRIT noticiarista

**news•stand** ['nuzstænd] *s.* AM banca de jornal

**news ven•dor** ['nuzˌvɛndər] *s.* AM jornaleiro

**New Year** [nu'jɪr] *s.* **1** ano-novo **2 New Year's** réveillon

**New Year's Day** [ˌnujɪrz'deɪ] *s.* dia do ano-novo

**New Year's Eve** [ˌnujɪrz'iv] *s.* réveillon

**New Zea•land** [nu'zilənd] *s.* Nova Zelândia / *adj.* neozelandês

**New Zea•land•er** [nu'ziləndər] *s.* neozelandês

**next** [nɛkst] *adj, pron.* **1** próximo: *in the next few months* nos próximos meses | *Next, please!* Próximo! **2** seguinte: *the next day* no dia seguinte **3 next March etc.** em março etc. do ano que vem **4 next Saturday etc.** sábado etc. que vem **5 next time** da próxima vez: *next time you come* da próxima vez que você vier **6 next week/month/year** semana/mês/ano que vem **7 the week after next** sem ser semana que vem, na outra / *adv.* **1** depois, a seguir: *Where shall we go next?* Aonde vamos agora? **2** da próxima vez / **next to** *prep.* **1** ao lado de **2 next to nothing** quase nada

**next door** [nɛkst'dɔr] *adv.* (na casa) do lado: *the house next door* a casa do lado

**next-door** ['nɛkstdɔr] *adj.* **1** vizinho **2 next-door neighbor** vizinho de porta

**next of kin** [ˌnɛkstəv'kɪn] *s.* [*pl* **next of kin**] familiar mais próximo

**nib** [nɪb] *s.* pena [de caneta]

**nib•ble** ['nɪbəl] *v.* **1 to nibble (at/on) sth** beliscar algo [comida] **2** mordiscar / *s.* **1** mordidinha **2 nibbles** FAM belisquetes, petiscos

**Ni•ca•ra•gua** [nɪkə'rɑgwə] *s.* Nicarágua

**Ni•ca•ra•guan** [nɪkə'rɑgwən] *adj, s.* nicaraguense

**nice** [naɪs] *adj.* **1** legal **2** bom **3** bonito **4** simpático (*to com*) **5 (it was) nice meeting/to meet you** foi um prazer **6 nice to meet you** prazer [cumprimento] **7 to be nice of sb (to do sth)** ser legal da parte de alguém (fazer algo) **8 to have a nice time** divertir-se **9 to look/smell/taste nice** estar bonito/cheiroso/gostoso

▸ Usado em conjunto com outro adjetivo, ***nice*** equivale ao uso do diminutivo ou aumentativo do adjetivo em português para expressar aprovação: ***a nice hot bath*** *um banho quentinho*, ***a nice big sofa*** *um sofá grandão*. Depois do verbo ***to be***, usa-se ***nice and***: ***It's nice and cool in here.*** *Está fresquinho aqui dentro.*

**nice-looking** [naɪsˈlʊkɪŋ] *adj.* bonito

**nice•ly** [ˈnaɪsli] *adv.* 1 bem 2 com jeito, educadamente

**niche** [nɪtʃ, *Brit*: niʃ] *s.* nicho

**nick** [nɪk] *s.* 1 pequeno corte 2 entalhe 3 **in the nick of time** bem na hora / *v.* cortar

**nick•el** [ˈnɪkəl] *s.* 1 moeda de cinco centavos [nos EUA e no Canadá] 2 níquel

**nick•name** [ˈnɪkneɪm] *s.* apelido / *v.* apelidar: *He's nicknamed Shorty.* Ele é apelidado de Shorty.

**nico•tine** [ˈnɪkətin] *s.* nicotina

**niece** [nis] *s.* sobrinha

**night** [naɪt] *s.* 1 noite: *a sleepless night* uma noite em branco 2 diária [de hotel]: *$200 a night* $200,00 a diária 3 **all night (long)** a noite inteira 4 **at/by night** à noite 5 **every night** toda noite 6 **good night!** boa noite! 7 **in/during the night** durante a noite 8 **last night** a ontem à noite b essa noite: *Did you sleep well last night?* Você dormiu bem essa noite? 9 **(night) night!** FAM boa noite! 10 **on Saturday etc. night** no sábado etc. à noite 11 **to go for/have a night out** sair à noite 12 **to have an early/a late night** dormir cedo/tarde 13 **tomorrow night** amanhã à noite 14 **to stay the night** passar a noite 15 **to work nights** trabalhar no turno da noite / *adj.* noturno [trem,voo]

**night•club** [ˈnaɪtklʌb] *s.* boate

**night•dress** [ˈnaɪtdrɛs] *s.* camisola

**night•fall** [ˈnaɪtfɔl] *s.* anoitecer: *at nightfall* ao anoitecer

**night•gown** [ˈnaɪtgaʊn] *s.* camisola

**nightie** [ˈnaɪti] *s.* FAM camisola

**night•in•gale** [ˈnaɪtɪŋgeɪl] *s.* rouxinol

**night•life** [ˈnaɪtlaɪf] *s.* vida noturna, night

**night•ly** [ˈnaɪtli] *adj.* de todas as noites / *adv.* todas as noites

**night•mare** [ˈnaɪtmɛr] *s.* pesadelo

**night•stand** [ˈnaɪtstænd] *s.* AM criado-mudo

**night•time** [ˈnaɪttaɪm] *s.* noite: *at nighttime* à noite

**nil** [nɪl] *s.* 1 zero

▸ No inglês britânico, usa-se *nil* em placares: ***Chelsea won two nil.*** *O Chelsea ganhou de dois a zero.*

**nim•ble** [ˈnɪmbəl] *adj.* ágil

**nine** [naɪn] *num.* nove

**nine•teen** [naɪnˈtin] *num.* dezenove

**nine•teenth** [naɪnˈtinθ] *adj.* décimo nono / *s.* dia dezenove

**nine•ti•eth** [ˈnaɪntiəθ] *adj.* nonagésimo

**nine•ty** [ˈnaɪnti] *num.* 1 noventa 2 **the nineties** os anos 90 3 **to be in your nineties** estar na casa dos noventa

**ninth** [naɪnθ] *adj.* nono / *s.* 1 dia nove 2 nono

**nip** [nɪp] *v.* [-**pp**-] 1 mordiscar 2 BRIT FAM ir rapidinho 3 **to nip sth in the bud** cortar algo pela raiz

**nip•ple** [ˈnɪpəl] *s.* 1 mamilo, bico do peito 2 AM bico [de mamadeira]

**ni•tro•gen** [ˈnaɪtrədʒən] *s.* nitrogênio

**no** [noʊ] *adv.* 1 não: *No thanks.* Não, obrigado. 2 **no later than** no mais tardar 3 **no longer** não... mais: *They no longer live there.* Eles não moram mais lá. 4 **no sooner** mal: *No sooner had we left home than it started to rain.* Mal saímos de casa, começou a chover. / *adj.* 1 nenhum: *No passengers were injured in the collision.* Nenhum passageiro foi ferido na colisão. ▸ Observe a tradução dos seguintes exemplos: *There were no complaints.* Não houve reclamações. | *They have no money.* Eles não têm dinheiro. 2 sem [em expressões sem verbo]: *No comment.* Sem comentários. 3 **no parking/smoking** proibido estacionar/fumar 4 **in no time** FAM rapidinho 5 **there's no doing sth** não há como fazer algo: *There's no denying she has talent.* Não há como negar que ela tem talento.

**no•bil•ity** [noʊˈbɪləti] *s.* nobreza

**no•ble** [ˈnoʊbəl] *adj.* nobre

**no•body** [ˈnoʊbʌdi] *pron.* ninguém / *s.* [*pl* **nobodies**] joão-ninguém

**no-brainer** [noʊˈbreɪnər] *s.* **it's a no-brainer** FAM não precisa pensar duas vezes

**noc•tur•nal** [nɑk'tɜrnəl] *adj.* noturno [animal]

**nod** [nɑd] *v.* [-**dd**-] 1 **to nod at sb to do sth** fazer sinal com a cabeça para que alguém faça algo 2 **to nod to sb** cumprimentar alguém com a cabeça 3 **to nod (your head)** **a** fazer que sim (com a cabeça) **b** balançar a cabeça [concordando]
**nod off** cochilar / *s.* 1 sinal com a cabeça 2 **to give sb the nod** FAM dar a alguém seu aval (***on*** *em*)

**noise** [nɔɪz] *s.* 1 barulho 2 **to make a noise** fazer (um) barulho

**noisi•ly** ['nɔɪzəli] *adv.* fazendo barulho

**noisy** ['nɔɪzi] *adj.* [*comp* **noisier, noisiest**] barulhento

**no•mad** ['noʊmæd] *s.* nômade

**no•mad•ic** [noʊ'mædɪk] *adj.* nômade

**nomi•nal** ['nɑmənəl] *adj.* 1 simbólico [valor, taxa] 2 nominal

**nomi•nate** ['nɑməneɪt] *v.* 1 indicar (***as*** *como*, ***for*** *a/para*) 2 nomear (***as*** *como*)

**nomi•na•tion** [nɑmə'neɪʃən] *s.* 1 indicação (***for*** *a/para*) 2 nomeação

**nomi•nee** [nɑmə'ni] *s.* indicado (***for*** *a/para*): *an Oscar nominee* um indicado ao Oscar

**non•alcoholic** [nɑnælkə'hɔlɪk] *adj.* sem álcool

**non•cha•lant** ['nɑnʃələnt] *adj.* despreocupado

**none** [nʌn] *pron.* 1 nenhum(a): *None of the students passed the test.* Nenhum dos alunos passou na prova. ▸ Muitas vezes ***none*** fica sem tradução em português: *We need to buy milk, there's none left.* Precisamos comprar leite, não tem mais. 2 nada: *None of what he said made any sense.* Nada do que ele falou fez sentido. 3 **none of this/that** nada disso/daquilo 4 **none of us/you/them** nenhum de nós/de vocês/deles 5 **none other than** ninguém menos que / *adv.* 1 **to be none the wiser**: *She did explain, but I was none the wiser.* Bem que ela explicou, mas eu fiquei na mesma. 2 **to be none the worse for sth** não ter sofrido nada com algo 3 **none too** nada: *My dad was none too pleased at the news.* Meu pai não ficou nada contente com a notícia.
▸ Quando se refere a um substantivo contável, ***none***, como sujeito da frase, vem seguido de um verbo no plural na linguagem menos formal, diferentemente do português: ***None of my friends are soccer fans.*** *Nenhum dos meus amigos é fã de futebol.* Porém, na linguagem formal, usa-se o verbo no singular: ***None of the passengers was injured.*** *Nenhum dos passageiros ficou ferido.*

**none•the•less** [nʌnðə'lɛs] *adv.* FORM mesmo assim

**non•exist•ent** [nɑnɪg'zɪstənt] *adj.* inexistente

**non•fic•tion** [nɑn'fɪkʃən] *s.* não ficção

**non•profit**, BRIT: **non•profit•mak•ing** [nɑn'prɑfɪt(meɪkɪŋ)] *adj.* sem fins lucrativos

**non•sense** ['nɑnsəns] *s.* 1 bobagem 2 palhaçada

**non•smok•er** [nɑn'smoʊkər] *s.* não fumante

**non•smok•ing** [nɑn'smoʊkɪŋ] *adj.* não fumante, para não fumantes

**non-starter** [nɑn'stɑrtər] *s.* **to be a non-starter** FAM estar fadado ao fracasso

**non•stop** [nɑn'stɑp] *adj.* 1 sem escalas [voo] 2 ininterrupto / *adv.* 1 sem parar 2 FAM direto

**noo•dles** ['nudlz] *spl.* miojo

**noon** [nun] *s.* meio-dia: *at noon* ao meio-dia

**no one, no-one** ['noʊ wʌn] *pron.* ninguém

**noose** [nus] *s.* laço da forca

**nor** [nɔr] *conj.* 1 **neither... nor...** nem... nem...: *Neither Sue nor her sister came to the party.* Nem a Sue nem a irmã dela vieram à festa. 2 FORM nem, tampouco
▸ Depois dessa conjunção, invertem-se sujeito e verbo auxiliar: *They have not returned, nor will they.* Eles não voltaram, nem vão voltar. / *adv.* BRIT **nor do I/nor would she/nor can Bob etc.** eu/ela/o Bob etc. tam-

bém não: *"I didn't understand."* - *"Nor did I."* "Não entendi." - "Nem eu." | *I can't swim and nor can my sister* Eu não sei nadar, e minha irmã também não. ver **neither**

**norm** [nɔrm] *s.* norma

**nor•mal** [ˈnɔrməl] *adj.* 1 normal 2 **to get/go back to normal** voltar ao normal, normalizar-se: *Things are now back to normal.* As coisas já voltaram ao normal.

**nor•mal•cy** [ˈnɔrməlsi] *s.* AM normalidade

**nor•mal•ity** [nɔrˈmæləti] *s.* normalidade

**nor•mal•ly** [ˈnɔrməli] *adv.* normalmente

**north** [nɔrθ] *s, adj.* norte / *adv.* 1 para o norte 2 **north of sth** ao norte de algo: *100 km north of Rio* a 100 km ao norte do Rio

**North Ameri•ca** [nɔrθəˈmɛrɪkə] *s.* América do Norte

**North Ameri•can** [nɔrθəˈmɛrɪkən] *adj, s.* norte-americano

**north•bound** [ˈnɔrθbaʊnd] *adv, adj.* em direção ao norte

**north•east** [nɔrθ ˈist] *s, adj.* nordeste / *adv.* para o nordeste

**north•eastern** [nɔrθ ˈistərn] *adj.* nordeste: *the northeastern US* o nordeste dos EUA

**nor•ther•ly** [ˈnɔrðərli] *adj.* norte: *in a northerly direction* em direção ao norte

**north•ern** [ˈnɔrðərn] *adj.* 1 setentrional, (do) norte 2 nortista

**north•ern•er** [ˈnɔrðərnər] *s.* nortista

**North Pole** [nɔrθ ˈpoʊl] *s.* Polo Norte

**north•ward** [ˈnɔrθwərd] *adj, adv.* ao norte

**north•wards** [ˈnɔrθwərdz] *adv.* para o norte

**north•west** [nɔrθ ˈwɛst] *s, adj.* noroeste / *adv.* para o noroeste

**northwest•ern** [nɔrθˈwɛstərn] *adj.* noroeste

**Nor•way** [ˈnɔrweɪ] *s.* Noruega

**Nor•we•gian** [nɔrˈwidʒən] *adj, s.* norueguês

**nose** [noʊz] *s.* 1 nariz 2 **(right) under sb's nose** a nas barbas de alguém b bem na frente de alguém 3 **to blow your nose** assoar o nariz 4 **to keep your nose out of sth** FAM não se meter em algo 5 **to stick/poke your nose into sth** FAM meter-se em algo [onde não é chamado] 6 **to turn your nose up** FAM torcer o nariz (*at* para) / *v.*

**nose around** FAM bisbilhotar

**nose•bleed** [ˈnoʊzblid] *s.* hemorragia nasal

**nose job** [ˈnoʊz dʒɑb] *s.* FAM plástica no nariz

**nos•tal•gia** [nɑˈstældʒə] *s.* nostalgia

**nos•tal•gic** [nɑˈstældʒɪk] *adj.* nostálgico

**nos•tril** [ˈnɑstrəl] *s.* narina

**nosy, nosey** [ˈnoʊzi] *adj.* [*comp* **nosier, nosiest**] abelhudo, xereta

**not** [nɑt] *adv.* 1 não 2 **not all/every** nem todos/todo 3 **not always** nem sempre 4 **not at all** a de jeito nenhum b BRIT FAM imagina! [resposta a agradecimento] 5 **not… at all** não… nada: *I didn't sleep at all last night.* Não dormi nada essa noite. 6 **not even** nem (sequer) 7 **not much/many** pouco/poucos 8 **not one** nenhum: *Not one student passed the test.* Nenhum aluno passou na prova. 9 **not only … (but) also …** não só … (mas) também …: *She not only won, she also broke the record.* Ela não só ganhou, também quebrou o recorde. ▸ Quando vem no começo da frase, seguido de um verbo, ***not only*** pede inversão de sujeito e verbo auxiliar: *Not only did she win, she also broke the record.* Não só ela ganhou, também quebrou o recorde. 10 **I hope not** espero que não

**no•table** [ˈnoʊtəbəl] *adj.* notável

**no•tably** [ˈnoʊtəbli] *adv.* 1 notadamente 2 notavelmente

**nota•rize** BRIT tb:**-rise** [ˈnoʊtəraɪz] *v.* autenticar [documento]

**no•ta•ry** [ˈnoʊtəri] *s.* [*pl* **notaries**] (tb **notary public**) tabelião

**notch** [nɑtʃ] *s.* 1 degrau [de qualidade] 2 entalhe 3 **to turn it/move things up a notch** dar um gás / *v.*

**notch up: to notch sth up** emplacar algo [vitória, pontos]

**note** [noʊt] *s.* 1 anotação 2 bilhete [com recado]: *a thank you note* um bilhete de agradecimento 3 nota [musical] 4 BRIT nota [ban-

cária]: *a ten-pound note* uma nota de dez libras **5** tom, toque [de dúvida, otimismo etc.] **6 on a personal note** com uma/como observação pessoal **7 to keep/make a note of sth** anotar algo **8 to take/make notes** fazer anotações **9 to take note** prestar atenção (*of em*), tomar nota (*of de*) / *v.* **1** observar **2** notar, constatar
**note down: to note sth down** anotar algo

**note•book** [ˈnoʊtbʊk] *s.* **1** caderninho **2** notebook

**not•ed** [ˈnoʊtɪd] *adj.* notável (*for por*)

**note•paper** [ˈnoʊtpeɪpər] *s.* papel de carta

**note•worthy** [ˈnoʊtwɜrði] *adj.* FORM notável, digno de nota

**noth•ing** [ˈnʌθɪŋ] *s.* **1** nada **2 nothing at all** absolutamente nada **3 nothing but** só: *The car has been nothing but trouble.* O carro só deu problemas. **4 nothing else** nada mais **5 nothing much/special** nada de mais **6 for nothing** **a** de graça **b** à toa **7 to have/be nothing to do with sb/sth** não ter nada a ver com alguém/algo / *adv.* **1 nothing less than/nothing short of sth** nada menos que algo **2 nothing like sth/sb** nada parecido com algo/alguém

**no•tice** [ˈnoʊtɪs] *v.* **1** notar, reparar (em) **2 to be/get noticed** chamar atenção / *s.* **1** aviso [escrito] **2** aviso prévio, pré-aviso **3 at a moment's notice** de um momento para o outro **4 on/at short notice** em cima da hora, de uma hora para a outra **5 to hand in your notice/give (your) notice** pedir demissão **6 to take no notice/not take any notice** **a** não reparar (*of em*) **b** não dar ouvidos (*of a*) **7 to take notice** prestar atenção (*of em*) **8 until further notice** até segunda ordem **9 without notice** sem aviso prévio

**no•tice•able** [ˈnoʊtɪsəbəl] *adj.* visível, perceptível

**no•tice•board** [ˈnoʊtɪsbɔrd] *s.* BRIT quadro de avisos

**no•ti•fi•ca•tion** [noʊtəfəˈkeɪʃən] *s.* FORM aviso

**no•ti•fy** [ˈnoʊtəfaɪ] *v.* [*ps e pp* **-fied**] FORM avisar (*of de*)

**no•tion** [ˈnoʊʃən] *s.* **1** noção **2** ideia

**no•to•ri•ous** [noʊˈtɔriəs] *adj.* **1** famigerado **2 to be notorious for sth** ter má fama por algo

**nought** [nɔt] *s.* BRIT **1** zero **2 noughts and crosses** jogo da velha

**noun** [naʊn] *s.* substantivo

**nour•ish** [ˈnʌrɪʃ] *v.* **1** nutrir **2** FORM alimentar [esperanças]

**nour•ish•ing** [ˈnʌrɪʃɪŋ] *adj.* nutritivo

**nour•ish•ment** [ˈnʌrɪʃmənt] *s.* FORM nutrição

**nov•el** [ˈnɑvəl] *s.* romance: *a detective novel* um romance policial / *adj.* original, inovador

**nov•el•ist** [ˈnɑvəlɪst] *s.* romancista

**nov•el•ty** [ˈnɑvəlti] *adj.* [*pl* **novelties**] **1** originalidade **2** novidade

**No•vem•ber** [noʊˈvɛmbər] *s.* novembro

**nov•ice** [ˈnɑvɪs] *s.* novato, iniciante

**now** [naʊ] *adv.* **1** agora **2 now (then)** então: *Now, how can I help you?* Então, em que lhe posso ser útil? **3 a long time/six months etc. now** já há muito tempo/seis meses etc.: *It's been a while now since I saw her.* Já faz algum tempo que não a vejo. **4 any minute/day now** a qualquer momento/dia: *They'll be here any minute now.* Eles vão chegar a qualquer momento. **5 by now** a essa altura, já: *He should have called by now.* Ele já devia ter ligado. **6 (every) now and then/now and again** vira e mexe **7 for now** por enquanto **8 from now on** de agora em diante, daqui para a frente **9 just now** agora mesmo: *I got here just now.* Cheguei agora mesmo. **10 right now** **a** já: *We need to leave right now.* Precisamos sair já. **b** nesse exato momento / *conj.* **now (that)** agora que: *now you're back* agora que você voltou

**nowa•days** [ˈnaʊədeɪz] *adv.* hoje em dia

**no•where** [ˈnoʊwɛr] *adv.* **1** a/em lugar nenhum: *He has nowhere to go.* Ele não tem aonde ir. 2 **nowhere near** ■ muito longe de: *The hotel was nowhere near the beach.* O hotel era muito longe da praia. ■ nem de longe: *nowhere near enough* nem de longe suficiente 3 **nowhere to be seen/found** ausente 4 **to get nowhere** não chegar a lugar nenhum (***with*** *com*) 5 **to get sb nowhere** não levar alguém a lugar nenhum

**nu•clear** [ˈnukliər] *adj.* nuclear

**nu•clear pow•er** [ˌnukliərˈpaʊər] *s.* energia nuclear

**nu•clear pow•er plant** [ˌnukliərˈpaʊər plænt] *s.* usina nuclear

**nu•clear re•ac•tor** [ˌnukliər rɪˈæktər] *s.* reator nuclear

**nu•clear waste** [ˌnukliərˈweɪst] *s.* lixo atômico

**nu•cleus** [ˈnukliəs] *s.* núcleo

**nude** [nud] *adj, s.* 1 nu 2 **in the nude** nu, pelado

**nudge** [nʌdʒ] *v.* cutucar [com o cotovelo] / *s.* cutucada

**nu•dity** [ˈnudəti] *s.* nudez

**nui•sance** [ˈnusəns] *s.* 1 **to be a nuisance** ser chato/inconveniente 2 **to make a nuisance of yourself** ser inconveniente 3 **what a nuisance!** BRIT que coisa chata!

**null** [nʌl] *adj.* nulo: *null and void* nulo e sem efeito

**numb** [nʌm] *adj.* 1 dormente [parte do corpo] 2 **numb with shock** paralisado com o choque / *v.* 1 anestesiar [parte do corpo] 2 tirar [dor] 3 atordoar [pessoa]

**num•ber** [ˈnʌmbər] *s.* 1 número 2 **numbers** ■ o número de pessoas: *Passenger numbers have increased.* O número de passageiros aumentou. ■ números [cifras] 3 **a number of** vários: *for a number of reasons* por vários motivos 4 **any number of** inúmeros / *v.* 1 numerar 2 chegar a [número]: *The casualties number more than 500.* As vítimas chegam a mais de 500. 3 **sb's/sth's days are numbered** alguém/algo está com os dias contados

**num•ber plate** [ˈnʌmbər pleɪt] *s.* BRIT placa [de carro]

**nu•mer•al** [ˈnumərəl] *s.* algarismo

**nu•meri•cal** [nuˈmɛrɪkəl] *adj.* numérico

**nu•mer•ous** [ˈnumərəs] *adj.* numeroso

**nun** [nʌn] *s.* freira

**nurse** [nɜrs] *s.* enfermeiro/a / *v.* 1 cuidar de [doente, lesão] 2 amamentar 3 **to nurse a grudge** guardar rancor

**nurse•ry** [ˈnɜrsəri] *s.* [*pl* **nurseries**] 1 chácara [que vende plantas] 2 berçário 3 quarto de bebê

**nurse•ry rhyme** [ˈnɜrsəri raɪm] *s.* poema infantil

**nurse•ry school** [ˈnɜrsəri skul] *s.* pré-escola

**nurs•ing** [ˈnɜrsəri] *s.* enfermagem

**nurs•ing home** [ˈnɜrsɪŋ hoʊm] *s.* casa de repouso

**nur•ture** [ˈnɜrtʃər] *v.* 1 cultivar [ideal, amizade] 2 alimentar [ódio] 3 cuidar de [planta, criança]

**nut** [nʌt] 1 fruto seco [tipo noz, amêndoa, avelã etc.] 2 porca 3 FAM doido: *a car nut* um doido por carros

**nut•case** [ˈnʌtkeɪs] *s.* FAM doido

**nut•crackers** [ˈnʌtkrækərz] *spl.* quebra-nozes

**nut•meg** [ˈnʌtmɛg] *s.* noz-moscada

**nu•tri•ent** [ˈnutriənt] *s.* nutriente

**nu•tri•tion** [nuˈtrɪʃən] *s.* nutrição

**nu•tri•tion•al** [nuˈtrɪʃənl] 1 nutricional 2 **nutritional value** valor nutritivo

**nu•tri•tion•ist** [nuˈtrɪʃənɪst] *s.* nutricionista

**nu•tri•tious** [nuˈtrɪʃəs] *adj.* nutritivo

**nuts** [nʌts] *adj.* FAM 1 louco 2 **to be nuts about sth/sb** ser louco por algo/alguém 3 **to drive sb nuts** enlouquecer alguém 4 **to go nuts** ■ enlouquecer ■ ir à loucura ■ ficar puto

**nut•shell** [ˈnʌtʃɛl] *s.* **in a nutshell** em poucas palavras

**nut•ty** [ˈnʌti] *adj.* 1 FAM doido 2 (com gosto) de nozes

**NW** *abrev.* (= northwest) NO

**ny•lon** [ˈnaɪlɑn] *s.* náilon

# O

**O, o** [oʊ] *s.* O, o

**oak** [oʊk] *s.* carvalho

**oar** [ɔr] *s.* remo

**oasis** [oʊˈeɪsɪs] *s.* [*pl* **oases**] oásis

**oath** [oʊθ] *s.* 1 juramento 2 **to swear/take an oath** prestar juramento

**oat•meal** [ˈoʊtmil] *s.* 1 AM mingau de aveia 2 BRIT farinha de aveia

**oats** [oʊts] *spl.* aveia

**obedi•ence** [əˈbidiəns] *s.* obediência (*to a*)

**obedi•ent** [əˈbidiənt] *adj.* obediente (*to a*)

**obese** [oʊˈbis] *adj.* obeso

**obey** [əˈbeɪ] *v.* obedecer (a)

**obi•tu•ary** [əˈbɪtʃuɛri] *s.* obituário

**ob•ject** *s.* [ˈɑbdʒɛkt] 1 objeto 2 objetivo 3 complemento [verbal] / *v.* [əbˈdʒɛkt] 1 fazer/ter objeção 2 **to object that ...** objetar que ... 3 **to object to sth** a fazer/ter objeção a algo b não admitir algo

**ob•jec•tion** [əbˈdʒɛkʃən] *s.* 1 objeção (*to a*) 2 **to have no objection** não se incomodar (*to com*) 3 **to make/raise an objection** fazer/levantar uma objeção

**ob•jec•tive** [əbˈdʒɛktɪv] *s, adj.* objetivo

**ob•li•gat•ed** [ˈɑbləgeɪtɪd] *adj.* AM **obligated (to do sth)** obrigado (a fazer algo)

**ob•li•ga•tion** [ɑbləˈgeɪʃən] *s.* 1 obrigação 2 **to be under no obligation to do sth** não ser obrigado a fazer algo 3 **to have an obligation to do sth** ter obrigação de fazer algo 4 **with no obligation** sem compromisso

**ob•liga•tory** [əˈblɪgətɔri] *adj.* FORM obrigatório

**oblige** [əˈblaɪdʒ] *v.* FORM 1 fazer a vontade de 2 **to be happy/glad to oblige** estar às ordens 3 **to oblige sb to do sth** obrigar alguém a fazer algo

**obliged** [əˈblaɪdʒd] *adj.* FORM 1 **obliged (to do sth)** obrigado (a fazer algo) 2 **much obliged** muito grato (*to a*) 3 **to be obliged (to sb)** agradecer (a alguém)

**oblig•ing** [əˈblaɪdʒɪŋ] *adj.* solícito, prestativo

**oblit•erate** [əˈblɪtəreɪt] *v.* 1 arrasar [cidade etc.] 2 apagar [lembrança]

**oblivi•on** [əˈblɪviən] *s.* 1 esquecimento 2 entorpecimento

**oblivi•ous** [əˈblɪviəs] *adj.* alheio (*to a*)

**ob•long** [ˈɑblɔŋ] *adj.* retangular / *s.* retângulo

**ob•nox•ious** [əbˈnɑkʃəs] *adj.* antipático, detestável

**oboe** [ˈoʊboʊ] *s.* oboé

**ob•scene** [əbˈsin] *adj.* obsceno

**ob•scen•ity** [əbˈsɛnəti] *s.* [*pl* **obscenities**] obscenidade

**ob•scure** [əbˈskjʊr] *adj.* 1 pouco conhecido 2 obscuro, incompreensível / *v.* 1 obscurecer [fato] 2 encobrir [vista, som]

**ob•scu•rity** [əbˈskjʊrəti] *s.* esquecimento
**ob•ser•vant** [əbˈzɜrvənt] *adj.* observador
**ob•ser•va•tion** [ɑbzərˈveɪʃən] *s.* 1 observação 2 **to make an observation** fazer uma observação 3 **under observation** a em observação b sob vigilância
**ob•ser•va•tory** [əbˈzɜrvətɔri] *s.* [*pl* **observatories**] observatório
**ob•serve** [əbˈzɜrv] *v.* 1 observar 2 cumprir, respeitar [lei, regra] 3 seguir [costume]
**ob•serv•er** [əbˈzɜrvər] *s.* observador
**ob•sess** [əbˈsɛs] *v.* 1 obcecar 2 **to be obsessed** estar obcecado (***with/by*** *por*) 3 **to obsess about/over sth** FAM ficar encucado com algo
**ob•ses•sion** [əbˈsɛʃən] *s.* obsessão (***with/for*** *por*)
**ob•ses•sive** [əbˈsɛsɪv] *adj.* 1 obsessivo 2 **to be obsessive about sth** ter mania de algo
**ob•so•lete** [ɑbsəˈlit] *adj.* obsoleto
**ob•sta•cle** [ˈɑbstɪkəl] *s.* obstáculo (***to*** *para*)
**ob•sti•nate** [ˈɑbstənət] *adj.* obstinado
**ob•struct** [əbˈstrʌkt] *v.* obstruir
**ob•struc•tion** [əbˈstrʌkʃən] *s.* obstrução
**ob•tain** [əbˈteɪn] *v.* FORM obter
**ob•tain•able** [əbˈteɪnəbəl] *adj.* FORM disponível
**ob•vi•ous** [ˈɑbviəs] *adj.* óbvio
**ob•vi•ous•ly** [ˈɑbviəsli] *adv.* 1 obviamente 2 **obviously not** pelo jeito não
**oc•ca•sion** [əˈkeɪʒən] *s.* 1 ocasião 2 **on several occasions/more than one occasion** várias vezes 3 **on this/that occasion** nessa/naquela ocasião
**oc•ca•sion•al** [əˈkeɪʒənl] *adj.* esporádico, ocasional: *She likes an occasional glass of wine.* Ela gosta de um copo de vinho de vez em quando.
**oc•ca•sion•al•ly** [əˈkeɪʒənli] *adv.* de vez em quando
**oc•cu•pant** [ˈɑkjəpənt] *s.* 1 inquilino, morador 2 ocupante
**oc•cu•pa•tion** [ɑkjəˈpeɪʃən] *s.* 1 profissão 2 ocupação
**oc•cu•pa•tion•al** [ɑkjəˈpeɪʃənl] *adj.* 1 ocupacional 2 **an occupational hazard** um dos ossos do ofício
**oc•cu•pied** [ˈɑkjəpaɪd] *adj.* ocupado (***with*** *com*)
**oc•cu•py** [ˈɑkjəpaɪ] *v.* [*ps e pp* **occupied**] 1 ocupar 2 **to occupy yourself** manter-se ocupado (***with*** *com*)
**oc•cur** [əˈkɜr] *v.* 1 ocorrer 2 **to occur to sb (to do sth)** ocorrer a alguém (fazer algo)
**oc•cur•rence** [əˈkɜrəns] *s.* 1 acontecimento 2 incidência
**ocean** [ˈoʊʃən] *s.* 1 oceano 2 **the ocean** AM o mar
**o'clock** [əˈklɑk] *adv.* hora(s): *It's five o'clock.* São cinco horas. | *at one o'clock* à uma hora
**oc•tave** [ˈɑktɪv] *s.* oitava [em música]
**Oc•to•ber** [ɑkˈtoʊbər] *s.* outubro
**oc•to•pus** [ˈɑktəpəs] *s.* polvo
**OD** [oʊˈdi] *v.* [*ps e pp* **OD'd**] FAM ter uma overdose (***on*** *de*)
**odd** [ɑd] *adj.* [*comp* **odder, oddest**] 1 estranho, esquisito 2 avulso 3 desemparelhado [sapato, meia] 4 ímpar [número] 5 e pouco(s): *fifty odd years ago* há cinquenta e poucos anos 6 **on the odd occasion** BRIT de vez em quando
**odd•ball** [ˈɑdbɔl] *s, adj.* FAM esquisitão
**odd•ity** [ˈɑdəti] *s.* [*pl* **oddities**] esquisitice
**odd job** [ɑd ˈdʒɑb] *s.* 1 pequeno trabalho [doméstico] 2 bico, biscate 3 **odd-job man** BRIT faz-tudo
**odd•ly** [ˈɑdli] *adv.* 1 de forma esquisita 2 **oddly enough** por incrível que pareça
**odds** [ɑdz] *spl.* 1 chances: *What are the odds of them winning?* Quais são as chances de eles ganharem? 2 **odds and ends** miudezas 3 **against all (the) odds** contra todas as expectativas 4 **the odds are against sb/sth doing sth** é pouco provável que alguém/algo faça algo 5 **the odds are that …** o mais provável é que … 6 **to be at odds** estar em desacordo (***over/on*** *sobre*, ***with*** *com*)

**odor**, BRIT: **odour** [ˈoʊdər] *s.* FORM odor

**of** [əv, ɑv] *prep.* 1 de: *a glass of milk* um copo de leite | *the coast of Brazil* a costa do Brasil | *a friend of mine* um amigo meu | *the town of Springfield* a cidade de Springfield 2 AM para [ao dizer as horas]: *It's a quarter of nine.* São quinze para as nove.

**off** [ɔf] *prep.* 1 de [de cima de]: *He fell off his bike.* Ele caiu da bicicleta. | *Will you take your stuff off the table?* Você tira as suas coisas da mesa? | *We turned off the highway.* Saímos da rodovia. | *Where do I get off the bus?* Onde eu desço do ônibus? 2 junto a: *There was a bathroom off the bedroom.* Havia um banheiro junto ao quarto. | *a street off Mulholland Drive* uma transversal da Mulholland Drive 3 ao largo de [costa]: *an island off Boston* uma ilha ao largo de Boston 4 de desconto sobre: *$50 off the normal price* $50,00 de desconto sobre o preço normal 5 **off duty** fora de serviço [policial etc.] 6 **to be off school/work** **a** faltar na escola/no trabalho **b** estar de folga da escola/do trabalho / *adv, adj.* 1 embora: *They ran off.* Eles saíram correndo. | *Off we go.* Lá vamos nós. 2 de folga, de licença: *Our teacher took a few days off.* O nosso professor tirou alguns dias de folga. 3 desligado [aparelho, luz] 4 estragado [comida, leite]: *The milk has gone off.* O leite estragou. 5 de desconto: *everything with 20% off* tudo com 20% de desconto 6 **off and on/on and off** com intervalos 7 **a long way off** longe 8 **an off day** um dia ruim ▸ Não confunda com ***a day off***, que é *um dia de folga.* 9 **to be off** **a** estar de saída, estar indo embora: *We're off to New York tomorrow.* Embarcamos para Nova York amanhã. | *She's off in Europe somewhere.* Ela está viajando em algum lugar da Europa. **b** estar cancelado: *The game's off.* O jogo foi cancelado. 10 **to be well/badly off for sth** estar bem/mal de algo: *We're still well off for time.* Ainda estamos bem de tempo. | *How are you off for money?* Como você está de dinheiro? 11 **to take sth off** tirar algo

▸ O advérbio ***off*** ocorre como segundo elemento de muitos *phrasal verbs, p.ex.,* ***to cut off, to get off, to take off*** etc. Procure o significado de tais combinações no verbete do respectivo verbo, p.ex., ***cut, get, take.***

**off-balance** *adj.* **to knock/throw sb off-balance** desequilibrar alguém

**off-chance** [ˈɔf tʃæns] *s.* **on the off-chance (that)** para ver se por acaso

**of•fence** [əˈfɛns] *s.* BRIT ver **offense**

**of•fend** [əˈfɛnd] *v.* ofender

**of•fend•er** [əˈfɛndər] *s.* 1 infrator 2 responsável [por um problema]

**of•fense** [əˈfɛns] *s.* 1 infração 2 **criminal offense** crime 3 **to take offense** ofender-se (*at* com)

**of•fen•sive** [əˈfɛnsɪv] *adj.* 1 ofensivo (***to*** *a*) 2 repugnante [cheiro] 3 **offensive weapon** arma de ataque / *s.* 1 ofensiva 2 **to go on the offensive** partir para a ofensiva

**of•fer** [ˈɔfər] *s.* 1 oferta 2 oferecimento 3 **on offer** disponível 4 **special offer** promoção / *v.* 1 oferecer 2 **to offer to do sth** oferecer-se para fazer algo

**off-guard** [ɔfˈgɑrd] *adj.* **to catch sb off-guard** pegar alguém desprevenido

**off•hand** [ɔfˈhænd] *adv.* de cabeça: *I don't know offhand.* Não sei de cabeça. / *adj.* BRIT seco, ríspido [pessoa, tom]

**of•fice** [ˈɔfɪs] *s.* 1 escritório 2 sala [de escritório] 3 AM consultório [de médico, dentista] 4 cargo 5 **office hours** **a** horário comercial **b** AM horário de atendimento 6 **head office** sede [de empresa] 7 **term of office** mandato 8 **to take office** tomar posse

**of•fic•er** [ˈɔfesər] *s.* 1 oficial [militar] 2 policial

**of•fi•cial** [əˈfɪʃəl] *adj.* oficial / *s.* oficial [do governo etc.], autoridade

**of•fi•cial•ly** [əˈfɪʃəli] *adv.* oficialmente

**of•fing** [ˈɔfɪŋ] *s.* **in the offing** à vista, por vir

**off-licence** [ˈɔflaɪsəns] *s.* BRIT loja de bebidas alcoólicas

**off-peak** [ˌɔfˈpik] *adj, adv.* BRIT fora do horário de pico
**off•set** *v.* [ɔfˈsɛt] [-**tt**-] [*ps e pp* **offset**] compensar / *s.* [ˈɔfsɛt] **carbon offsets** compensações de carbono
**off•shoot** [ˈɔfʃut] *s.* ramificação [de organização]
**off•shore** [ɔfˈʃɔr] *adj.* **1** marítimo [campo de petróleo etc.] **2** terrestre [vento] **3 offshore island** ilha costeira / *adv.* ao largo (da costa)
**off•side** [ɔfˈsaɪd] *adj.* impedido [em futebol etc.] / *adv.* em impedimento
**off•spring** [ˈɔfsprɪŋ] *s.* [*pl* **offspring**] **1** prole **2** cria
**of•ten** [ˈɔfən] *adv.* **1** com frequência: *not very often* com pouca frequência **2** muitas vezes **3 how often?** com que frequência?
**oh** [oʊ] *interj.* **1** ah: *Oh, I see.* Ah, entendi. | *"I tried to call you yesterday." - "Oh, did you?"* "Tentei te ligar ontem." - "Ah, é?" **2** ai: *Oh, no!* Ai, não!
**oil** [ɔɪl] *s.* **1** petróleo **2** óleo **3** azeite / *v.* lubrificar
**oil paint•ing** [ˈɔɪl ˌpeɪntɪŋ] *s.* pintura a óleo
**oil rig** [ˈɔɪl rɪg] *s.* plataforma de petróleo
**oil slick** [ˈɔɪl slɪk] *s.* mancha de óleo [no mar]
**oil tank•er** [ˈɔɪl ˌtæŋkər] *s.* petroleiro [navio]
**oil well** [ˈɔɪl wɛl] *s.* poço de petróleo
**oily** [ˈɔɪli] *adj.* [*comp* **oilier, oiliest**] **1** oleoso **2** gorduroso **3** manchado de óleo
**oint•ment** [ˈɔɪntmənt] *s.* pomada
**OK, okay** [oʊˈkeɪ] *interj.* tá, tá bom, tudo bem / *adj.* **1** tudo bem: *It's OK by me.* Por mim, tudo bem. | *if it's OK with you* se você está de acordo | *Is it OK if I call you back later?* Posso te ligar mais tarde? **2** bem [de saúde]: *Are you OK?* Você está bem? **3** razoável: *The movie was OK, but nothing special.* O filme foi legal, mas nada de mais. / *adv.* bem: *Did you do OK on the test?* Você foi bem na prova? / *v.* [*ps e pp* **OK'd, okayed**] FAM aprovar / *s.* FAM **to give sb/get the OK** dar a alguém/receber o sinal verde
**okra** [ˈoʊkrə] *s.* quiabo
**old** [oʊld] *adj.* [*comp* **older, oldest**] **1** velho: *an old car* um carro velho | *an old man* um velho | *My brother is three years older than me.* Meu irmão é três anos mais velho do que eu. **2** antigo: *an old TV set* um televisor antigo | *my old address* meu antigo endereço **3** ▸ falando da idade: *She's fourteen years old.* Ela tem catorze anos. | *a seven-year-old boy* um menino de sete anos **4 how old are you/is he etc.?** quantos anos você/ele etc.tem? **5 the old** os velhos
**old age** [oʊld ˈeɪdʒ] *s.* velhice
**old-fashioned** [oʊld ˈfæʃənd] *adj.* **1** antiquado **2** antigo
**olive** [ˈɑlɪv] *s.* azeitona / *adj.* (tb **olive green**) verde-oliva
**olive oil** [ˌɑlɪv ˈɔɪl] *s.* azeite de oliva
**Olym•pic** [əˈlɪmpɪk] *adj.* **1** olímpico: *the Olympic village* a vila olímpica **2 Olympic Games** Jogos Olímpicos
**Olym•pics** [əˈlɪmpɪks] *spl.* Olimpíadas
**ome•lette, ome•let** [ˈɑmlət] *s.* omelete
**omen** [ˈoʊmən] *s.* presságio, sinal
**omi•nous** [ˈɑmənəs] *adj.* sinistro, funesto
**omis•sion** [oʊˈmɪʃən] *s.* omissão
**omit** [oʊˈmɪt] *v.* **1** omitir **2 to omit to do sth** FORM deixar de fazer algo
**on** [ɔn, ɑn] *prep.* **1** em: *on the table* na mesa | *on the bus* no ônibus | *on Friday* na sexta-feira | *on May 3rd* no dia 3 de maio | *on the weekend* no fim de semana | *It was on TV.* Passou na TV. **2** sobre: *a book on trees* um livro sobre árvores **3 on business/vacation** de negócios/férias **4 on doing sth** FORM ao fazer algo: *Watch your step on leaving the train.* Tome cuidado ao descer do trem. **5 on the left/right** à esquerda/direita **6** ▸ refere-se ao que se consome: *She's on drugs.* Ela usa drogas. | *The doctor put me on antibiotics.* O médico me deu um antibiótico. / *adj.* **1** ligado [aparelho]: *Shall I leave the computer on?* Deixo o computador ligado? **2** aceso [luz] **3** aberto [torneira] **4 to be on** ◘ passar [na TV, no cinema etc.]: *What time is the news on?* A que horas passa o jornal?

**b** estar de pé: *The party's on for tomorrow.* A festa está de pé para amanhã. / *adv.* 1 ▸ expressa continuação: *He walked on without looking back.* Ele continuou andando, sem olhar para trás. 2 **on and on** sem parar: *She went on and on about her boyfriend.* Ela falava sem parar do namorado. 3 **and so on** e assim por diante 4 **from now on** de agora em diante

▸ O advérbio ***on*** ocorre como segundo elemento de muitos *phrasal verbs, p.ex.,* ***to get on, to put on, to take on*** etc. Procure o significado de tais combinações no verbete do respectivo verbo, p.ex., ***get, put, take.***

**once** [wʌns] *adv.* 1 uma vez: *once a year* uma vez por ano 2 antigamente 3 **once again/more** novamente, mais uma vez 4 **once and for all** de uma vez por todas 5 **once or twice** algumas vezes 6 **once upon a time** **a** FAM antigamente **b** (em contos) uma vez: *Once upon a time there was a princess.* Era uma vez uma princesa. 7 **all at once** de repente 8 **at once** **a** já, imediatamente **b** ao mesmo tempo 9 **(every) once in a while** de vez em quando 10 **just this once** só dessa vez / *conj.* depois que: *It's easy once you get used to it.* Depois de se acostumar, é fácil.

**on•coming** [ˈɔnkʌmɪŋ] *adj.* 1 que vem na direção contrária [veículo] 2 **oncoming traffic** trânsito em sentido contrário

**one** [wʌn] *num.* 1 um(a): *They only have one child.* Eles só têm um filho. | *thirty-one days* trinta e um dias 2 **one or two** alguns, um ou outro / *pron.* [*pl* **ones**] 1 um(a): *I have two pens, a red one and a blue one.* Tenho duas canetas, uma vermelha e uma azul. | *Houses in the US are different from Brazilian ones.* As casas nos EUA são diferentes das brasileiras. 2 FORM ▸ corresponde ao uso do *se* impessoal do português: *One should not forget that ...* Não se deve esquecer que ... | *One's home is one's castle.* A casa de uma pessoa é seu castelo. 3 **one after another/the other** um atrás do outro 4 **one another** um ao outro, se/nos [com sentido recíproco]: *They love one another.* Eles se amam. | *The students get along well with one another.* Os alunos se dão bem uns com os outros. 5 **one by one** um por um 6 **each/every one** cada um(a) 7 **that one** aquele/aquela, esse/essa [daí] 8 **the one(s)** o(s)/a(s): *Sandra is the one with long hair.* A Sandra é a de cabelo comprido. | *The books on this shelf are the ones I've read.* Os livros nessa estante são os que já li. 9 **these ones** esses/essas [daqui] 10 **this one** esse/essa [daqui] 11 **those ones** aqueles/aquelas, esses/essas [daí] 12 **which one/ones?** qual/quais? / *adj.* 1 um(a): *One day a letter arrived.* Um dia chegou uma carta. 2 único: *the one thing I remember* a única coisa que eu lembro 3 **for one thing** em primeiro lugar / *s.* [*pl* **ones**] AM nota de um (dólar)

**one-off** [wʌnˈɔf] *adj.* BRIT único

**one•self** [wʌnˈsɛlf] *pron.* FORM 1 se, si (mesmo) 2 **by oneself** sozinho

**one-shot** [ˈwʌnʃɑt] *adj.* AM único

**one-time** [ˈwʌntaɪm] *adj.* ex-, antigo

**one-way** *adj.* 1 de mão única [rua, trânsito] 2 só de ida [passagem]

**on•going** [ˈɔngoʊɪŋ] *adj.* 1 contínuo 2 em andamento

**on•ion** [ˈʌnjən] *s.* cebola

**on•line** *adv.* [ɔnˈlaɪn] 1 on-line 2 **to go online** conectar-se, entrar na Internet / *adj.* [ˈɔnlaɪn] on-line

**on•looker** [ˈɔnlʊkər] *s.* curioso [em local de acidente etc.]

**only** [ˈoʊnli] *adv.* 1 só, somente: *They only speak English.* Eles só falam inglês. | *The gym is for women only.* A academia é somente para mulheres. 2 **only too well/pleased etc.** muito bem/contente etc. 3 **if only** se pelo menos, quem dera 4 **not only ..., but also ...** não só ..., mas também ... / *adj.* 1 único: *I was the only one not wearing a tie.* Eu era o único que não estava de gravata. | *The only thing is, we don't have enough money.* O único problema é que não temos dinheiro suficiente. 2 **only child** filho único / *conj.* FAM só que: *I'd go with you, only I have to study.* Eu iria com você, só que tenho que estudar.

**on•set** [ˈɔnsɛt] *s.* início, começo

**on•slaught** [ˈɔnslɔt] *s.* investida (***on/against*** *contra*)

**onto** [ˈɔntu] *prep.* 1 em [expressa movimento]: *He got onto his bike and cycled off.* Ele subiu na bicicleta e saiu pedalando. | *The vase fell onto the floor.* O vaso caiu no chão. 2 para: *a window onto the garden* uma janela que dá para o jardim 3 **to be onto sb** **a** FAM ligar para alguém **b** estar atrás de alguém

**on•wards, on•ward** [ˈɔnwərd(z)] *adv.* **from ... onwards** a partir de ...: *from ten o'clock onwards* a partir das dez horas

**oops** [ʊps] *interj.* ui, opa

**ooze** [uz] *v.* 1 (tb **ooze out**) escorrer 2 esbanjar [charme, autoconfiança etc.] 3 exsudar

**opaque** [oʊˈpeɪk] *adj.* opaco

**open** [ˈoʊpən] *adj.* 1 aberto (***to*** *a*) 2 franco 3 em aberto [questão] 4 **in the open air** ao ar livre / *v.* 1 abrir(-se) 2 estrear [filme, peça] 3 inaugurar [prédio, ponte etc.] 4 **to open into/onto sth** dar para algo [janela, porta]

**open up** 1 abrir-se 2 **to open sth up** abrir algo

**open-air** [ˌoʊpənˈɛr] *adj.* ao ar livre

**open•er** [ˈoʊpənər] *s.* abridor [de garrafa etc.]

**open•ing** [ˈoʊpənɪŋ] *s.* 1 abertura 2 inauguração 3 estreia 4 vaga [de emprego] 5 brecha / *adj.* 1 de abertura [cerimônia etc.] 2 inaugural 3 inicial [capítulo, cena] 4 **opening hours** horário de funcionamento 5 **opening night** noite de estreia

**open•ly** [ˈoʊpənli] *adv.* abertamente

**open-minded** [ˌoʊpənˈmaɪndɪd] *adj.* de mente aberta

**op•era** [ˈɑprə] *s.* ópera

**op•era house** [ˈɑprə haʊs] *s.* ópera [prédio]

**op•er•ate** [ˈɑpəreɪt] *v.* 1 operar 2 funcionar 3 dirigir [empresa] 4 trafegar 5 trabalhar com [sistema] 6 **to operate on sth/sb** operar algo/alguém [cirurgicamente]

**op•er•at•ing sys•tem** [ˈɑpəreɪtɪŋ ˌsɪstəm] *s.* sistema operacional

**op•era•tion** [ɑpəˈreɪʃən] *s.* 1 operação 2 funcionamento 3 **to be in operation** **a** estar em vigor **b** estar em funcionamento 4 **to have an operation (on sth)** operar (algo) [paciente]: *He had to have an operation on his ankle.* Ele teve que operar o tornozelo.

**op•era•tion•al** [ɑpəˈreɪʃənl] *adj.* 1 em funcionamento 2 operacional

**op•era•tor** [ˈɑpəreɪtər] *s.* 1 telefonista 2 operador 3 operadora [empresa]

**opin•ion** [əˈpɪnjən] *s.* 1 opinião (***of/on*** *sobre*): *in my opinion* na minha opinião 2 parecer

**opin•ion•at•ed** [əˈpɪnjəneɪtɪd] *adj.* opiniático

**opin•ion poll** [əˈpɪnjən poʊl] *s.* pesquisa de opinião

**op•po•nent** [əˈpoʊnənt] *s.* 1 adversário 2 opositor (***of*** *a*) 3 **to be an opponent of sth** opor-se a algo

**op•por•tu•nity** [ɑpərˈtunəti] *s.* [*pl* **opportunities**] oportunidade

**op•pose** [əˈpoʊz] *v.* 1 opor-se a 2 concorrer com

**op•posed** [əˈpoʊzd] *adj.* 1 oposto 2 **as opposed to sth** em oposição a algo 3 **to be opposed to sth** opor-se a algo, ser contra algo

**op•pos•ing** [əˈpoʊzɪŋ] *adj.* 1 adversário 2 oposto

**op•po•site** [ˈɑpəzɪt] *adj.* 1 oposto, contrário 2 em frente: *the house opposite* a casa em frente | *on the opposite side of the street* do outro lado da rua 3 **opposite number** homólogo / *adv.* em frente / *prep.* 1 em frente a: *The restaurant is opposite the station.* O restaurante fica em frente à estação. 2 contracenando com / *s.* 1 oposto, contrário 2 **just/quite the opposite** muito pelo contrário

**op•po•si•tion** [ɑpə'zɪshen] *s.* 1 oposição (*to a*) 2 adversário
**op•press** [ə'prɛs] *v.* 1 oprimir 2 sufocar
**op•pres•sion** [ə'prɛʃən] *s.* opressão
**op•pres•sive** [ə'prɛsɪv] *adj.* 1 opressivo 2 sufocante
**opt** [ɑpt] *v.* 1 **to opt for sth** optar por algo 2 **to opt to do sth** optar por fazer algo
**opt out** optar por não participar (*of de*)
**op•ti•cal** ['ɑptəkəl] *adj.* 1 ótico 2 **optical store** AM ótica
**op•ti•cal il•lu•sion** ['ɑptəkəl ɪ'luʒən] *s.* ilusão de ótica
**op•ti•cian** [ɑp'tɪʃən] *s.* BRIT 1 oculista 2 **optician's** ótica [loja]
**op•ti•mism** ['ɑptəmɪzəm] *s.* otimismo
**op•ti•mist** ['ɑptəmɪst] *s.* otimista
**op•ti•mis•tic** [ɑptə'mɪstɪk] *adj.* otimista
**op•tion** ['ɑpʃən] *s.* opção
**op•tion•al** ['ɑpʃənl] *adj.* opcional, facultativo
**op•tom•etrist** [ɑp'tɑmətrɪst] *s.* AM oculista
**or** [ɔr] *conj.* 1 ou 2 nem [em frases negativas]: *She doesn't speak English or Portuguese.* Ela não fala inglês nem português. 3 (tb **or else**) senão: *Hurry up, or we'll be late.* Anda logo, senão a gente atrasa. 4 **... or so** mais ou menos ...: *an hour or so* mais ou menos uma hora
**oral** ['ɔrəl] *adj.* oral / *s.* prova oral
**or•ange** ['ɔrɪndʒ] *s, adj.* laranja
**or•bit** ['ɔrbɪt] *s.* 1 órbita 2 **to go into orbit** entrar em órbita / *v.* girar em torno de
**or•chard** ['ɔrtʃərd] *s.* pomar
**or•ches•tra** ['ɔrkɪstra] *s.* 1 orquestra 2 **orchestra section/seats** AM plateia [assentos]
**or•chid** ['ɔrkɪd] *s.* orquídea
**or•deal** [ɔr'dil] *s.* suplício, sufoco
**or•der** ['ɔrdər] *s.* 1 ordem 2 pedido, encomenda 3 **in order** **a** em ordem **b** por ordem 4 **in order for/that** FORM para que 5 **in order to do sth** para fazer algo 6 **in working order** em estado de funcionamento 7 **out of order** **a** com defeito **b** fora de ordem 8 **to place an order** fazer uma encomenda 9 **to put sth in order** ordenar algo 10 **to take orders** receber ordens / *v.* 1 pedir [em restaurante etc.] 2 encomendar 3 ordenar 4 **to order sb to do sth** ordenar a alguém que faça algo, mandar alguém fazer algo
**order around: to order sb around** mandar em alguém
**or•der•ly** ['ɔrdərli] *adj.* 1 ordeiro, ordenado 2 metódico / *s.* [*pl* **orderlies**] auxiliar de enfermagem
**or•di•nari•ly** [ɔrd'nɛrəli] *adv.* normalmente
**or•di•nary** ['ɔrdnɛri] *adj.* 1 comum 2 normal 3 medíocre 4 **no ordinary sth**: *This is no ordinary car.* Este não é um carro qualquer. 5 **out of the ordinary** fora do comum
**ore** [ɔr] *s.* minério
**or•gan** ['ɔrgən] *s.* órgão
**or•gan•ic** [ɔr'gænɪk] *adj.* orgânico
**or•gan•ism** ['ɔrgənɪzəm] *s.* organismo
**or•gani•za•tion** BRIT tb:**-sation** [ɔrgənaɪ'zeɪʃən] *s.* organização
**or•gan•ize** BRIT tb:**-ise** ['ɔrgənaɪz] *v.* organizar(-se)
**or•gan•ized** BRIT tb:**-ised** ['ɔrgənaɪzd] *adj.* organizado
**o•rgan•iz•er** BRIT tb:**-iser** ['ɔrgənaɪzər] *s.* organizador
**Ori•ent** ['ɔriənt] *s.* Oriente
**ori•ent** ['ɔriənt] *v.* AM 1 orientar 2 **to orient yourself** orientar-se
**ori•en•tal** [ɔri'ɛntl] *adj, s.* oriental
**ori•en•tate** ['ɔriənteɪt] *v.* BRIT orientar
**ori•en•ta•tion** [ɔriən'teɪʃən] *s.* orientação
**ori•gin** ['ɔrədʒɪn] *s.* origem
**origi•nal** [ə'rɪdʒənəl] *adj, s.* original
**origi•nal•ity** [ərɪdʒə'næləti] *s.* originalidade
**origi•nal•ly** [ə'rɪdʒənəli] *adv.* 1 originalmente 2 **originally from sth** originário de algo
**origi•nate** [ə'rɪdʒəneɪt] *v.* originar-se (***from** de*, ***in** em*)
**or•na•ment** ['ɔrnəmənt] *s.* 1 bibelô, objeto 2 ornamento

**or•na•men•tal** [ɔrnə'mɛntl] *adj.* 1 ornamental 2 de enfeite

**or•nate** [ɔr'neɪt] *adj.* ornamentado

**or•phan** ['ɔrfən] *s, adj.* órfão / *v.* **to be orphaned** ficar órfão

**or•phan•age** ['ɔrfənɪdʒ] *s.* orfanato

**ortho•dox** ['ɔrθədɑks] *adj.* ortodoxo

**os•trich** ['ɑstrɪtʃ] *s.* avestruz

**oth•er** ['ʌðər] *adj.* 1 outro 2 **every other day** dia sim, dia não 3 **some other time** outra hora 4 **the other day** outro dia, recentemente 5 **the other one** o outro/a outra / *pron.* 1 **others** outros/outras 2 **the other** o outro/a outra 3 / *adv.* 1 **other than sth** **a** além de algo **b** fora/tirando algo 2 **none other than sb** ninguém menos que alguém

**other•wise** ['ʌðərwaɪz] *conj.* senão, caso contrário / *adv.* 1 de outra forma, de forma diferente 2 fora isso: *The rain spoiled an otherwise perfect evening.* A chuva estragou uma noite que, fora isso, teria sido perfeita.

**ot•ter** ['ɑtər] *s.* lontra

**ouch** [aʊtʃ] *interj.* ai!

**ought** [ɔt] *v.* 1 **ought not to do sth** não devia(m) fazer algo: *You ought not to smoke.* Você não devia fumar. 2 **ought to do sth** devia(m)/deveria(m) fazer algo: *You ought to call the police.* Você devia chamar a polícia. | *We ought to be going.* A gente devia ir embora. | *They ought to be home by now.* Eles já deviam estar em casa. 3 **ought to have done sth** devia(m) ter feito algo: *I ought to have called first.* Eu devia ter ligado antes.

**ounce** [aʊns] *s.* onça [unidade de peso = 28,35 g]

**our** [aʊr] *adj.* nosso: *our house* nossa casa

**ours** [aʊrz] *pron.* (o) nosso/(a) nossa: *Their house is bigger than ours.* A casa deles é maior do que a nossa. | *These books are ours.* Esses livros são nossos. | *a friend of ours* um amigo nosso

**our•selves** [aʊr'sɛlvz] *pron.* 1 nos (mesmos) [uso reflexivo]: *We enjoyed ourselves.* Nós nos divertimos. 2 nós mesmos [uso enfático] 3 sozinhos: *We organized the party ourselves.* Organizamos a festa sozinhos. 4 **(all) by ourselves** sozinhos

**out** [aʊt] *adv.* 1 (para) fora 2 lá fora: *out in the yard* lá fora no quintal 3 na rua, fora de casa 4 **out front** lá na frente 5 **the sun is out** está fazendo sol 6 **to be out** **a** não estar (em casa) **b** estar fora [de competição] **c** estar à venda [livro, CD] **d** estar fora de cogitação **e** estar errado [cálculo] **f** estar apagado [fogo] 7 **to be out for sth** estar atrás de algo 8 **to be out to do sth** estar querendo fazer algo / **out of** *prep.* 1 para fora de [direção]: *out of the house* para fora da casa | *She was looking out of the window.* Ela estava olhando pela janela. ▸ Na linguagem informal costuma-se omitir o ***of*** nesta acepção, p.ex.: ***out the house***, ***out the window***. 2 de [parte de total]: *I got 16 questions right out of 20.* Acertei 16 de 20 questões. 3 por [motivo]: *I asked out of curiosity.* Perguntei por curiosidade. 4 **made out of sth** feito de algo 5 **to be out of sth** estar sem algo: *We're out of milk.* Não tem leite.

▸ O advérbio ***out*** ocorre como segundo elemento de muitos *phrasal verbs, p.ex.*, ***to get out***, ***to pour out***, ***to take out*** etc. Procure o significado de tais combinações no verbete do respectivo verbo, p.ex., ***get***, ***pour***, ***take***.

**out•age** ['aʊtɪdʒ] *s.* AM (tb **power outage**) apagão

**out•board mo•tor** [ˌaʊtbɔrd 'moʊtər] *s.* motor de popa

**out•bound** ['aʊtbaʊnd] *adj.* de ida/partida

**out•break** ['aʊtbreɪk] *s.* 1 surto [de doença] 2 explosão [de violência] 3 deflagração [de guerra]

**out•burst** ['aʊtbɜrst] *s.* 1 rompante [de raiva etc.] 2 explosão [de criatividade etc.]

**out•come** ['aʊtkʌm] *s.* resultado

**out•cry** ['aʊtkraɪ] *s.* clamor

**out•dat•ed** [aʊt'deɪtɪd] *adj.* ultrapassado

**out•do** [aʊt'du] *v.* [*ps, pp* **outdid, outdone**] superar

**out•door** [aʊtˈdɔr] *adj.* ao ar livre: *an outdoor market* uma feira ao ar livre
**out•doors** [aʊtˈdɔrz] *adv.* ao ar livre / *s.* **the (great) outdoors** a natureza
**out•er** [ˈaʊtər] *adj.* 1 externo 2 mais afastado
**out•er space** [ˌaʊtərˈspeɪs] *s.* espaço sideral
**out•fit** [ˈaʊtfɪt] *s.* roupa: *a fireman outfit* uma roupa de bombeiro
**out•going** [ˈaʊtgoʊɪŋ] *adj.* 1 extrovertido 2 demissionário 3 de saída [correio, ligações, voo]
**out•grow** [aʊtˈgroʊ] *v.* [*ps, pp* **outgrew, outgrown**] 1 ▸ não poder mais usar por ter crescido: *I've outgrown my bike.* Minha bicicleta ficou pequena para mim. 2 superar [com a idade]
**out•ing** [ˈaʊtɪŋ] *s.* 1 excursão, passeio 2 **to go on an outing (to sth)** fazer um passeio (até algo)
**out•law** [ˈaʊtlɔ] *v.* proibir / *s.* fora da lei
**out•let** [ˈaʊtlɛt] *s.* 1 AM tomada [elétrica] 2 válvula de escape (***for*** *para*) 3 ponto de venda 4 escoadouro
**out•line** [ˈaʊtlaɪn] *s.* 1 linhas gerais, resumo 2 contorno 3 esboço 4 **in outline** por alto / *v.* 1 apresentar as linhas gerais de, resumir 2 delinear
**out•live** [aʊtˈlɪv] *v.* sobreviver a
**out•look** [ˈaʊtlʊk] *s.* 1 visão (***on*** *de*) 2 perspectiva 3 previsão, prognóstico
**out•num•ber** [aʊtˈnʌmbər] *v.* estar em número maior que, superar numericamente: *The police were outnumbered.* Os policiais estavam em número menor.
**out-of-date** [ˌaʊtəvˈdeɪt] *adj.* 1 desatualizado 2 ultrapassado 3 vencido [documento]
**out•pa•tient** [ˈaʊtpeɪʃənt] *s.* paciente de ambulatório
**out•put** [ˈaʊtpʊt] *s.* 1 produção 2 potência [elétrica]
**out•rage** *s.* [ˈaʊtreɪdʒ] 1 revolta, indignação 2 atrocidade 3 absurdo / *v.* [aʊtˈreɪdʒ] revoltar, indignar
**out•ra•geous** [aʊtˈreɪdʒəs] *adj.* 1 absurdo 2 estapafúrdio
**out•right** *adj.* [ˈaʊtraɪt] 1 completo, total 2 categórico, sem rodeios 3 definitivo [vencedor] / *adv.* [aʊtˈraɪt] 1 sem rodeios 2 categoricamente 3 por inteiro [comprar, possuir] 4 **to be killed outright** morrer na hora
**out•set** [ˈaʊtsɛt] *s.* começo, início
**out•side** *adv.* [aʊtˈsaɪd] 1 (lá) fora, do lado de fora 2 para fora / *prep.* [aʊtˈsaɪd] 1 (tb **outside of**) do lado de fora de: *outside the door* do lado de fora da porta 2 em frente a: *The bus stops right outside the mall.* O ônibus para logo em frente ao shopping. 3 fora de 4 nos arredores de 5 **outside of sth/sb** AM FAM fora/tirando algo/alguém / *s.* [aʊtˈsaɪd, ˈaʊtsaɪd] 1 parte externa, lado de fora 2 **at the outside** no máximo 3 **from the outside** de fora 4 **on the outside** por fora / *adj.* [ˈaʊtsaɪd] 1 externo 2 **outside interests** interesses além dos estudos/do trabalho 3 **an outside chance** uma pequena chance
**out•sid•er** [aʊtˈsaɪdər] *s.* 1 pessoa de fora 2 forasteiro 3 azarão
**out•skirts** [ˈaʊtskɜrts] *spl.* arredores, subúrbio, periferia
**out•spo•ken** [aʊtˈspoʊkən] *adj.* 1 franco 2 categórico, veemente
**out•stand•ing** [aʊtˈstændɪŋ] *adj.* 1 excepcional, excelente 2 pendente
**out•ward** [ˈaʊtwərd] *adj.* 1 externo 2 de ida [viagem, voo] 3 aparente / *adv.* AM para fora
**out•ward•ly** [ˈaʊtwərdli] *adv.* aparentemente, por fora
**out•wards** [ˈaʊtwərdz] *adv.* para fora
**out•weigh** [aʊtˈweɪ] *v.* superar, pesar mais do que
**out•wit** [aʊtˈwɪt] *v.* [-**tt**-] burlar
**oval** [ˈoʊvəl] *adj, s.* oval
**ova•tion** [oʊˈvəɪʃən] *s.* 1 ovação 2 **to give sb a standing ovation** aplaudir alguém de pé
**oven** [ˈʌvən] *s.* forno
**over** [ˈoʊvər] *prep.* 1 sobre, em cima de: *over the door* em cima da porta 2 por cima de: *over the wall* por cima do muro 3 do outro lado de: *over the road* do outro lado

da rua 4 mais de: *over 5,000 people* mais de 5.000 pessoas | *the over-60s* as pessoas de 60 anos para cima 5 por [em vários lugares]: *clothes scattered over the floor* roupas espalhadas pelo chão 6 durante: *over the holidays* durante as festas de fim de ano 7 por [motivo]: *a fight over money* uma briga por dinheiro 8 **over and above sth** além de algo 9 **over the Internet/the phone** pela Internet/pelo telefone 10 **all over sth** por todo algo: *all over the country* por todo o país 11 **to be over sth** a ter melhorado de algo: *Are you over your cold?* Você melhorou do resfriado? b ter superado algo / *adv.* 1 para o outro lado 2 por cima 3 lá: *over in Japan* lá no Japão 4 ali: *over by the window* ali do lado da janela 5 AM de novo: *We'll have to start over.* Temos que começar de novo. 6 excessivamente, muito: *He wasn't over enthusiastic.* Ele não ficou muito entusiasmado. 7 de sobra: *if there's any money over* se sobrar algum dinheiro 8 **over and over (again)** repetidamente 9 **over here** aqui, para cá 10 **over there** a ali b lá [em outro país] 11 **all over** a em/para tudo quanto é lugar b pelo corpo inteiro 12 **all over again** tudo de novo 13 **and/or over** para cima: *$50 and over* $50,00 para cima | *people aged 16 or over* maiores de 16 anos 14 **to be (all) over** ter acabado/passado: *The worst is over.* O pior já passou. 15 **to be over (and done) with** ter passado, estar resolvido

▸ O advérbio ***over*** ocorre como segundo elemento de muitos *phrasal verbs, p.ex.,* ***to fall over, to get over, to think over*** etc. Procure o significado de tais combinações no verbete do respectivo verbo, p.ex., ***fall, get, think.***

**over•all** *adj.* [oʊvər'ɔl] 1 total, global 2 geral 3 **overall winner** vencedor absoluto / *adv.* [oʊvər'ɔl] 1 no total 2 de modo geral / *s.* ['oʊvərɔl] BRIT guarda-pó

**over•alls** ['oʊvərɔlz] *spl.* macacão

▸ No inglês americano, ***overalls*** denota uma calça com peitilho; no inglês britânico, um macacão de corpo inteiro.

**over•board** ['oʊvərbɔrd] *adv.* 1 ao mar 2 **to go overboard** extrapolar

**over•came** [oʊvər'keɪm] ▸ ps de OVERCOME

**over•cast** ['oʊvərkæst] *adj.* encoberto [céu]

**over•charge** [oʊvər'tʃɑrdʒ] *v.* cobrar a mais: *The cab driver overcharged us by $30.* O taxista nos cobrou $30,00 a mais.

**over•coat** ['oʊvərkoʊt] *s.* sobretudo [casaco]

**over•come** [oʊvər'kʌm] *v.* [*ps, pp* **overcame, overcome**] 1 superar [problema, sentimento] 2 **to be overcome by sth** ser asfixiado por algo [fumaça etc.] 3 **to be overcome with sth** ser tomado por algo [emoção, dor etc.]

**over•crowd•ed** [oʊvər'kraʊdɪd] *adj.* superlotado

**over•do** [oʊvər'du] *v.* 1 exagerar (em) 2 **to overdo it** a exagerar b esforçar-se demais

**over•done** [oʊvər'dʌn] *adj.* passado/cozido demais / *v.* ▸ pp de OVERDO

**over•dose** ['oʊvərdoʊs] *s.* overdose / *v.* ter uma overdose (***on*** *de*)

**over•draft** ['oʊvərdræft] *s.* 1 saldo negativo [da conta corrente] 2 cheque especial

**over•drawn** [oʊvər'drɔn] *adj.* no cheque especial

**over•due** [oʊvər'du] *adj.* 1 já vencido [conta] 2 atrasado 3 **long overdue** pendente há muito tempo

**over•estimate** [oʊvər'ɛstəmeɪt] *v.* superestimar

**over•flow** *v.* [oʊvər'floʊ] transbordar (***with*** *de*) / *s.* ['oʊvərfloʊ] 1 transbordamento 2 excedente [de água, pessoas] 3 ladrão [cano]

**over•grown** [oʊvər'groʊn] *adj.* 1 tomado pelo mato 2 **overgrown schoolboy** molecão

**over•haul** *s.* ['oʊvərhɔl] 1 revisão [de máquina etc.] 2 reforma [de sistema] / *v.* [oʊvər'hɔl] 1 fazer revisão de 2 reformar

**over•head** ['oʊvərhɛd] *adj.* 1 **overhead bin/locker** compartimento superior [em avião] 2 **overhead projector** retroprojetor / *s.* (tb **overheads**) despesas fixas / *adv.* [oʊvər'hɛd] acima da cabeça, no céu

**over•hear** [oʊvər'hɪr] *v.* [*ps e pp* **overheard**] ouvir (por acaso/sem querer): *I couldn't help overhearing what you said.* Não pude evitar de ouvir o que você disse.

**over•joyed** [oʊvər'dʒɔɪd] *adj.* felicíssimo (***at/with*** *com*)

**over•land** ['oʊvərlænd] *adv.* por terra / *adj.* terrestre

**over•lap** *v.* [oʊvər'læp] [-**pp**-] 1 sobrepor(-se) 2 coincidir em parte (***with*** *com*) / *s.* ['oʊvərlæp] 1 coincidência (***between*** *entre*) 2 sobreposição

**over•leaf** [oʊvər'lif] *adv.* no verso

**over•load** *v.* [oʊvər'loʊd] sobrecarregar / *s.* ['oʊvərloʊd] sobrecarga

**over•look** [oʊvər'lʊk] *v.* 1 relevar 2 deixar passar, não reparar em [erro] 3 ter vista para, dar para

**over•night** *adv.* [oʊvər'naɪt] 1 de um dia para o outro 2 à noite 3 **to stay overnight** passar a noite / *adj.* ['oʊvərnaɪt] 1 noturno [trem, viagem] 2 **overnight stay** pernoite 3 **overnight success** sucesso instantâneo

**over•pass** ['oʊvərpæs] *s.* AM viaduto

**over•pow•er** [oʊvər'paʊər] *v.* dominar

**over•pow•er•ing** [oʊvər'paʊərɪŋ] *adj.* 1 insuportável [cheiro] 2 irresistível [vontade]

**over•quali•fied** [oʊvər'kwɑləfaɪd] *adj.* superqualificado

**over•rat•ed** [oʊvər'reɪtɪd] *v.* supervalorizado

**over•react** [oʊvəri'ækt] *v.* reagir de forma exagerada (***to*** *a*)

**over•ride** [oʊvər'raɪd] *v.* [*ps, pp* **overrode, overridden**] 1 prevalecer sobre 2 reverter [decisão, política]

**over•rule** [oʊvər'rul] *v.* anular, reverter [decisão]: *The chairman was overruled.* O presidente teve sua decisão anulada.

**over•run** [oʊvər'rʌn] *adj.* **overrun by/with sth** infestado de algo

**over•seas** [oʊvər'siz] *adv.* no/para o exterior / *adj.* estrangeiro, internacional

**over•see** [oʊvər'si] *v.* [*ps, pp* **oversaw, overseen**] supervisionar

**over•shad•ow** [oʊvər'ʃædoʊ] *v.* ofuscar (o brilho de)

**over•sight** ['oʊvərsaɪt] *s.* inadvertência, descuido

**over•sleep** [oʊvər'slip] *v.* [*ps e pp* **overslept**] dormir demais e perder a hora

**overt** [oʊ'vɜrt] *adj.* aberto, manifesto

**over•take** [oʊvər'teɪk] *v.* [*ps, pp* **overtook, overtaken**] 1 ultrapassar 2 tomar conta de: *She was overtaken by emotion.* Ela foi tomada pela emoção. 3 **to be overtaken by events** ser atropelado pelos acontecimentos

**over•throw** *v.* [oʊvər'θroʊ] [*ps, pp* **overthrew, overthrown**] derrubar [ditador, governo] / *s.* ['oʊvərθroʊ] derrubada

**over•time** ['oʊvərtaɪm] *s.* horas extras

**over•tones** ['oʊvərtoʊnz] *spl.* 1 conotações 2 tom

**over•took** [oʊvər'tʊk] *v.* ▸ ps de OVERTAKE

**over•ture** ['oʊvərtʃər] *s.* 1 abertura [trecho musical] 2 **to make overtures to sb** tentar se aproximar de alguém

**over•turn** [oʊvər'tɜrn] *v.* 1 virar, entornar 2 tombar [caminhão] 3 capotar 4 derrubar, reverter [decisão, veredicto]

**over•view** ['oʊvərvju] *s.* visão geral

**over•weight** [oʊvər'weɪt] *adj.* acima do peso

**over•whelm** [oʊvər'wɛlm] *v.* **to be overwhelmed by/with sth** a ser dominado por algo [sentimento] b ser/estar sobrecarregado de algo [trabalho] c ficar impressionado com algo [generosidade etc.]

**over•whelm•ing** [oʊvər'wɛlmɪŋ] *adj.* 1 avassalador [sentimento] 2 irresistível [vontade] 3 esmagador [apoio, maioria, evidências] 4 intimidante [cidade, experiência]

**over•worked** [oʊvər'wɜrkt] *adj.* sobrecarregado (de trabalho)

**ow** [aʊ] *interj.* ai!

**owe** [oʊ] *v.* 1 dever 2 **to owe sb for sth** dever a alguém o dinheiro de algo 3 **to owe sb sth/sth to sb** dever algo a alguém

**ow•ing to** ['oʊɪŋ tu] *prep.* devido a

**owl** [aʊl] *s.* coruja

**own** [oʊn] *adj.* 1 próprio: *We took our own food.* Levamos a nossa própria comida. | *The building has its own pool.* O prédio tem piscina própria. 2 **my/your/his etc. very own** só para mim/você/ele etc.: *They have their very own jet.* Eles têm um jatinho só para eles. / *pron.* 1 **(all) on my/your/his etc. own** sozinho 2 **my/your/his etc. own** o meu/o seu/o dele etc.: *You can hire a bike or bring your own.* Você pode alugar uma bicicleta ou trazer a sua. 3 **of my/your/his etc. own** próprio: *They want a home of their own.* Eles querem uma casa própria. 4 **to get your own back** FAM dar o troco (***on*** *em*), vingar-se (***on*** *de*) / *v.* ter, ser dono de

**own up** 1 assumir, confessar 2 **to own up to (doing) sth** assumir/confessar (ter feito) algo

**own•er** [ˈoʊnər] *s.* dono, proprietário

**own•er•ship** [ˈoʊnərʃɪp] *s.* propriedade

**ox** [ɑks] *s.* [*pl* **oxen**] boi

**oxy•gen** [ˈɑksɪdʒən] *s.* oxigênio

**oys•ter** [ˈɔɪstər] *s.* ostra

**oz.** *abrev.* (= ounce(s)) onça(s) [unidade de peso = 28,35 g]

**ozone layer** [ˈoʊzoʊnˌleɪər] *s.* camada de ozônio

# P

**P, p** [pi] *s.* P, p / **p** *abrev.* BRIT (= pence) centavos de libra

**pace** [peɪs] *s.* 1 ritmo: *at a steady pace* num ritmo constante 2 passo: *at a slow pace* a passo lento 3 **to keep pace with sth** acompanhar (o ritmo de) algo / *v.* 1 **to pace up and down** andar de um lado para o outro 2 **to pace yourself** dosar o ritmo

**pace•maker** [ˈpeɪsmeɪkər] *s.* marca-passo

**Pa•cif•ic** [pəˈsɪfɪk] *s.* **the Pacific (Ocean)** o (oceano) Pacífico

**paci•fi•er** [ˈpæsəfaɪər] *s.* AM chupeta

**paci•fist** [ˈpæsəfist] *s, adj.* pacifista

**paci•fy** [ˈpæsəfaɪ] *v.* [*ps e pp* **-fied**] acalmar

**pack** [pæk] *v.* 1 **to pack (your bag/case/stuff)** fazer a mala 2 colocar/levar na mala 3 empacotar (***in/into*** *em*) 4 lotar [estádio etc.] 5 embalar, acondicionar

**pack away: to pack sth away** guardar algo

**pack in** 1 **to pack into sth** apinhar-se em algo 2 **to pack sth in** BRIT FAM largar algo

**pack off: to pack sb off to sth** despachar alguém para algo

**pack up** 1 fazer as malas 2 FAM encerrar o expediente 3 **to pack sth up** a empacotar algo b BRIT FAM largar algo / *s.* 1 pacote 2 maço [de cigarro] 3 (tb **pack of cards**) baralho 4 matilha [de cães] 5 bando [de pessoas, lobos]

**pack•age** [ˈpækɪdʒ] *s.* pacote / *v.* embalar

**pack•age tour** [ˈpækɪdʒ tʊr] *s.* pacote turístico

**pack•ag•ing** [ˈpækɪdʒɪŋ] *s.* embalagem

**pack•ed** [pækt] *adj.* 1 lotado (***with*** *de*) 2 com as malas prontas 3 **packed with sth/packed full of sth** repleto de algo

**pack•et** [ˈpækɪt] *s.* 1 AM sachê 2 BRIT pacote 3 BRIT maço [de cigarro]

**pack•ing** [ˈpækɪŋ] *s.* 1 acondicionamento 2 **to do your packing** fazer as malas

**pact** [pækt] *s.* pacto

**pad** [pæd] *s.* 1 bloco [de papel] 2 almofada, chumaço 3 **knee pad** joelheira 4 **shoulder pad** ombreira / *v.* [**-dd-**] 1 acolchoar 2 almofadar

**pad•ding** [ˈpædɪŋ] *s.* acolchoamento, enchimento

**pad•dle** [ˈpædl] *s.* 1 remo [de cabo curto] 2 AM raquete [de pingue-pongue] / *v.* 1 remar, ir remando 2 BRIT molhar os pés

**pad•lock** [ˈpædlɑk] *s.* cadeado / *v.* trancar com cadeado

**page** [peɪdʒ] *s.* página: *on page 12* na página 12 / *v.* 1 bipar 2 chamar pelo alto-falante

**pag•eant** [ˈpædʒənt] *s.* AM concurso [de misses]

**pag•eant•ry** *s.* [ˈpædʒəntri] cerimonial, pompa

**pag•er** [ˈpeɪdʒər] *s.* bipe

**paid** [peɪd] *v.* ▸ *ps e pp de* PAY

**pail** [peɪl] *s.* balde

**pain** [peɪn] *s.* 1 dor 2 **a pain (in the neck)** a FAM um saco b um pentelho [pessoa]

▸ Também existem as variantes mais chulas ***pain in the butt*** e ***pain in the ass***. 3 **in pain** sentindo dor 4 **to take (great) pains to do sth** esforçar-se (muito) para fazer algo

**pain•ed** [peɪnd] *adj.* aborrecido

**pain•ful** [ˈpeɪnfəl] *adj.* 1 dolorido 2 doloroso 3 constrangedor

**pain•ful•ly** [ˈpeɪnfəli] *adv.* 1 extremamente [tímido, lento] 2 **painfully obvious/clear** mais do que óbvio

**pain•killer** [ˈpeɪnkɪlər] *s.* analgésico

**pain•less** [ˈpeɪnləs] *adj.* 1 indolor 2 FAM fácil

**pains•taking** [ˈpeɪnzteɪkɪŋ] *adj.* 1 meticuloso 2 esmerado

**paint** [peɪnt] *s.* tinta [de pintar] / *v.* pintar: *They painted the wall green.* Pintaram a parede de verde.

**paint•brush** [ˈpeɪntbrʌʃ] *s.* 1 pincel 2 broxa

**paint•er** [ˈpeɪntər] *s.* pintor

**paint•ing** [ˈpeɪntɪŋ] *s.* 1 quadro, tela 2 pintura

**pair** [pɛr] *s.* 1 par: *a pair of glasses* um par de óculos 2 casal 3 **in pairs** aos pares / *v.* **to be paired with sb** ficar de par com alguém
**pair off** formar um casal
**pair up** formar um par/uma dupla

**pa•jam•as** [pəˈdʒæməz] *spl.* AM pijama: *a pair of pajamas* um pijama

**Pa•ki•stan** [pækɪˈstæn] *s.* Paquistão

**Pa•ki•stani** [pækɪˈstæni] *adj, s.* paquistanês

**pal** [pæl] *s.* FAM colega, companheiro

**pal•ace** [ˈpæləs] *s.* palácio

**pal•ate** [ˈpælət] *s.* 1 palato 2 paladar

**pale** [peɪl] *adj.* 1 pálido 2 claro [cor]: *pale blue* azul-claro / *v.* empalidecer

**pall** [pɔl] *v.* perder a graça

**palm** [pɑm] *s.* 1 palma 2 (tb **palm tree**) palmeira: *a coconut palm* um coqueiro / *v.*
**palm off** 1 **to palm sb off** enrolar alguém (***with*** *com*) 2 **to palm sth off on sb** impingir algo a alguém

**pal•try** [ˈpɔltri] *adj.* mísero: *a paltry $50* míseros $50,00

**pam•per** [ˈpæmpər] *v.* paparicar

**pam•phlet** [ˈpæmflət] *s.* 1 folheto 2 panfleto

**pan** [pæn] *s.* 1 panela 2 frigideira 3 AM forma [para bolo etc.] 4 AM assadeira

**Pa•na•ma** [ˈpænəmɑ] *s.* Panamá

**Pa•na•ma•nian** [pænəˈmeɪniən] *adj, s.* panamenho

**pan•cake** [ˈpænkeɪk] *s.* panqueca

**pan•da** [ˈpændə] *s.* panda

**pan•der** [ˈpændər] *v.* **to pander to sb/sth** atender a alguém/algo

**pane** [peɪn] *s.* vidro [da janela]: *a pane of glass* uma vidraça

**pan•el** [ˈpænl] *s.* painel

**pan•eled**, BRIT: **pan•elled** [ˈpænld] *adj.* revestido com painéis

**pang** [ˈpæŋ] *s.* pontada [de dor, ciúme etc.]

**pan•ic** [ˈpænɪk] *s.* pânico: *a panic attack* um ataque de pânico / *v.* [*ps e pp* **panicked**] entrar em pânico

**pant** [pænt] *v.* ofegar, arfar

**pan•ther** [ˈpænθər] *s.* pantera

**panties** [ˈpæntiz] *spl.* AM calcinha: *a pair of panties* uma calcinha

**pan•to•mime** [ˈpæntəmaɪm] *s.* na Grã-Bretanha, peça infantil montada na época de Natal

**pants** [pænts] *spl.* 1 AM calça: *a pair of pants* uma calça 2 BRIT cueca

**pan•ty•hose** [ˈpæntihoʊz] *spl.* AM meia-calça

**pa•pa•ya** [pəˈpaja] *s.* mamão

**pa•per** [ˈpeɪpər] *s.* 1 papel: *a piece of paper* um papel 2 jornal 3 dissertação 4 AM trabalho [escolar] 5 **on paper** **a** por escrito **b** em teoria / *adj.* de papel: *paper plates* pratos de papel / *v.* revestir com papel [parede]

**paper•back** [ˈpeɪpərbæk] *s.* livro de bolso

**paper•work** [ˈpeɪpərwɜrk] *s.* 1 trabalho burocrático 2 papelada

**par** [pɑr] *s.* 1 **to be on a par with sth** comparar-se com algo, não perder para algo 2 **to be par for the course** fazer parte

**para•ble** [ˈpærəbəl] *s.* parábola

**para•chute** [ˈpærəʃut] *s.* paraquedas / *v.* saltar de paraquedas

**pa•rade** [pəˈreɪd] *s.* parada, desfile / *v.* 1 desfilar 2 exibir, ostentar 3 exibir-se

**para•dise** [ˈpærədaɪs] *s.* paraíso

**para•dox** ['pærədɑks] *s.* paradoxo
**par•af•fin** ['pærəfɪn] *s.* BRIT querosene
**para•graph** ['pærəgræf] *s.* parágrafo
**Para•guay** ['pærəgwaɪ] *s.* Paraguai
**Para•guay•an** ['pærəgwaɪən] *adj, s.* paraguaio
**par•al•lel** ['pærəlɛl] *adj, s.* 1 paralelo 2 **in parallel** paralelamente (***with*** *com*)
**pa•raly•sis** [pə'ræləsɪs] *s.* paralisia
**para•lyze**, BRIT: **para•lyse** ['pærəlaɪz] *v.* paralisar
**para•lyzed** ['pærəlaɪzd] *adj.* paralítico
**para•med•ic** [pærə'mɛdɪk] *s.* paramédico
**para•mount** ['pærəmaʊnt] *adj.* FORM primordial
**para•noia** [pærə'nɔɪə] *s.* paranoia
**para•noid** ['pærənɔɪd] *adj.* paranoico
**para•pet** ['pærəpət] *s.* parapeito
**para•phrase** ['pærəfreɪz] *v.* parafrasear
**para•site** ['pærəsaɪt] *s.* parasita
**para•troop•er** ['pærətrups] *spl.* paraquedista [militar]
**par•cel** ['pɑrsəl] *s.* 1 embrulho 2 BRIT encomenda, pacote
**par•don** ['pɑrdn] *interj.* **pardon (me)?** como? [pedindo repetição] / *v.* 1 indultar 2 perdoar 3 **pardon me!** ⓐ desculpe! ⓑ AM por favor [ao abordar alguém] / *s.* indulto
**par•ent** *s.* 1 pai ou mãe 2 **parents** (plural) pais
**pa•ren•tal** [pə'rɛntəl] *adj.* dos pais
**pa•ren•thesis** [pə'rɛnθəsɪs] *s.* [*pl* **parentheses**] 1 parêntese 2 **in parentheses** entre parênteses
**par•ent•hood** ['pɛrənthʊd] *s.* paternidade ou maternidade
**par•ish** ['pærɪʃ] *s.* paróquia / *adj.* paroquial
**park** [pɑrk] *s.* parque / *v.* estacionar
**park•ing** ['pɑrkɪŋ] *s.* estacionamento
**park•ing gar•age** ['pɑrkɪŋ gə,rɑʒ] *s.* AM edifício-garagem
**park•ing lot** ['pɑrkɪŋ lɑt] *s.* AM estacionamento [local]
**park•ing me•ter** ['pɑrkɪŋ ,mitər] *s.* parquímetro
**park•ing tick•et** ['pɑrkɪŋ ,tɪkɪt] *s.* multa de estacionamento
**par•lia•ment** ['pɑrləmənt] *s.* parlamento
**par•lia•men•ta•ry** [pɑrlə'mɛntri] *adj.* parlamentar
**Par•me•san** ['pɑrməzɑn] *s.* (tb **Parmesan cheese**) (queijo) parmesão
**paro•dy** ['pærədi] *s.* paródia
**pa•role** [pə'roʊl] *s.* liberdade condicional
**par•rot** ['pærət] *s.* papagaio
**pars•ley** ['pɑrsli] *s.* salsa
**pars•nip** ['pɑrsnɪp] *s.* pastinaca [legume]
**part** [pɑrt] *s.* 1 parte 2 papel [como ator, participante] 3 peça [de máquina etc.] 4 AM repartido, risca [do cabelo] 5 **for the most part** de modo geral, na maioria dos casos 6 **in part** em parte 7 **on sb's part** da parte de alguém 8 **to be part of sth** fazer parte de algo 9 **to play a part** fazer/desempenhar/ter um papel 10 **to take part** participar (***in*** *de/em*) / *v.* 1 separar(-se) (***from*** *de*) 2 **to be parted** ficar longe (um do outro) (***from*** *de*) 3 **to part company** separar-se (***from*** *de*) 4 **to part with sth** desfazer-se de algo 5 **to part your hair** repartir o cabelo / *adv.* em parte, meio: *The room is part study, part bedroom.* O cômodo é meio escritório, meio quarto.
**par•tial** ['pɑrʃəl] *s.* 1 parcial 2 **to be partial to sth** gostar de algo
**par•tial•ly** ['pɑrʃəli] *adv.* parcialmente
**par•tici•pant** [pɑr'tɪsəpənt] *s.* participante
**par•tici•pate** [pɑr'tɪsəpeɪt] *v.* participar (***in*** *de/em*)
**par•tici•pa•tion** [pɑrtɪsə'peɪʃən] *s.* participação (***in*** *em*)
**par•ti•ci•ple** [pɑr'tɪsəpəl] *s.* particípio
**par•ti•cle** ['pɑrtɪkəl] *s.* partícula
**par•ticu•lar** [pər'tɪkjələr] *adj.* 1 específico, determinado: *at that particular time* naquele determinado momento 2 especial: *for no particular reason* sem nenhum motivo especial 3 exigente (***about*** *com*) / *s.* 1 **particulars** ⓐ detalhes ⓑ dados pessoais 2 **in particular** em particular

**par•ticu•lar•ly** *adv.* 1 especialmente 2 **not particularly** não muito

**part•ing** [ˈpɑrtɪŋ] *s.* 1 despedida 2 BRIT repartido, risca [do cabelo] 3 **on parting** ao se despedir(em)

**par•ti•tion** [pɑrˈtɪʃən] *s.* 1 divisória 2 divisão / *v.* dividir

**part•ly** [ˈpɑrtli] *adv.* em parte, parcialmente

**part•ner** [ˈpɑrtnər] *s.* 1 parceiro 2 companheiro, cônjuge 3 sócio [de empresa] 4 par [de dança]

**part•ner•ship** [ˈpɑrtnərʃɪp] *s.* 1 parceria 2 sociedade 3 **in partnership with sb** em parceria/sociedade com alguém 4 **to go into partnership** fazer uma sociedade (***with*** *com*)

**part-time** [ˈpɑrt taɪm] *adj.* de meio expediente / *adv.* **to work part-time** trabalhar meio expediente

**par•ty** [ˈpɑrti] *s.* [*pl* **parties**] 1 festa 2 partido [político] 3 grupo [de turistas etc.] 4 equipe [de busca etc.] / *v.* [*ps e pp* **partied**] FAM fazer farra

**pass** [pæs] *v.* 1 passar 2 passar por/em frente de 3 ultrapassar 4 aprovar [projeto de lei, aluno] 5 **to pass a test/an exam** passar numa prova 6 **to pass sb sth/pass sth to sb** passar algo para alguém

**pass around: to pass sth around** ir passando algo [para todos]

**pass away** falecer

**pass by** 1 passar 2 **to let sth pass you by** deixar escapar algo [chance]

**pass off** 1 **to pass sth off as sth** fazer algo passar por algo 2 **to pass yourself off as sth** fazer-se passar por algo

**pass on: to pass sth on** a passar algo adiante (***to*** *a*) b transmitir algo (***to*** *a*) c repassar algo (***to*** *a*)

**pass out** desmaiar

**pass up: to pass sth up** deixar passar algo [chance, oferta] / *s.* 1 crachá 2 passe 3 aprovação [em prova] 4 desfiladeiro 5 **to make a pass at sb** FAM tentar agarrar alguém

**pass•able** [ˈpæsəbəl] *adj.* 1 FORM sofrível, passável 2 transitável

**pas•sage** [ˈpæsɪdʒ] *s.* 1 passagem 2 corredor 3 trecho [de livro, música] 4 trânsito

**pas•sen•ger** [ˈpæsəndʒər] *s.* passageiro

**passer•by** [pæsər ˈbaɪ] *s.* [*pl* **passersby**] transeunte, passante

**pass•ing** [ˈpæsɪŋ] *s.* 1 passar [do tempo] 2 **in passing** de passagem / *adj.* 1 que passa(m): *with each passing day* a cada dia que passa 2 passageiro [interesse]

**pas•sion** [ˈpæʃən] *s.* paixão

**pas•sion•ate** [ˈpæʃənət] *adj.* 1 passional 2 ardoroso, fervoroso 3 apaixonado [beijo, discurso] 4 **to be passionate about sth** ter paixão por algo

**pas•sion fruit** [ˈpæʃən frut] *s.* maracujá

**pas•sive** [ˈpæsɪv] *adj.* passivo / *s.* voz passiva

**pass•port** [ˈpæspɔrt] *s.* passaporte

**pass•word** [ˈpæswɜrd] *s.* senha

**past** [pæst] *s.* passado: *in the past* no passado / *adj.* 1 anterior, prévio [experiência, desempenho] 2 último [mês, ano etc.]: *over the past few weeks* durante as últimas semanas 3 passado [vida, tempos] 4 ex-, antigo: *a past champion* um ex-campeão / *prep.* 1 mais de: *It's past midnight.* Já passou da meia--noite. 2 além de, depois de: *The bank is just past the church.* O banco é logo depois da igreja. 3 **I wouldn't put it past sb (to do sth)** FAM não duvido que alguém seja capaz disso (de fazer algo) 4 **to go past sth** passar por/em frente de algo / *adv.* 1 **to come/go past** passar 2 **to go right/straight past** passar direto 3 **to run/drive etc. past** passar correndo/de carro etc.

▸ Usa-se a palavra ***past*** também ao dizer as horas, p.ex.: ***ten past two*** *duas e dez*, ***a quarter past eight*** *oito e quinze*, ***at half past six*** *às seis e meia.*

**pas•ta** *s.* massa [macarrão]

**paste** [peɪst] *s.* 1 pasta 2 cola / *v.* colar (***to*** *em*)

**pas•tel** [pæsˈtɛl, *Brit*: ˈpæstl] *adj.* pastel [cor] / *s.* pastel [tinta]

**pas•time** [ˈpæstaɪm] *s.* passatempo

**pas•tor** *s.* pastor [de igreja]

**pas•try** [ˈpeɪstri] *s.* [*pl* **pastries**] 1 massa [de torta] 2 tortinha

**pas•ture** [ˈpæstʃər] *s.* pasto

**pat** [pæt] *v.* [-**tt**-] 1 afagar 2 dar palmadinhas em / *s.* 1 palmadinha, tapinha 2 **a pat on the back** FAM parabéns / *adj.* simplório [resposta] / *adv.* **to have sth down/off pat** ter algo na ponta da língua

**patch** [pætʃ] *s.* 1 remendo 2 mancha [de cor, luz] 3 pedaço [de grama, céu etc.] 4 canteiro 5 **a bad/rough patch** FAM um momento difícil, um mau pedaço 6 **bald patch** careca 7 **icy patch** trecho de gelo [na estrada] 8 **sth is not a patch on sth** BRIT FAM algo não chega aos pés de algo / *v.* remendar

**patch up: to patch things up** fazer as pazes (***with*** *com*)

**patch•work** *s.* trabalho feito com retalhos: *a patchwork quilt* uma colcha de retalhos

**patchy** *adj.* [*comp* **patchier, patchiest**] 1 incompleto, insuficiente 2 **patchy fog** bancos de neblina 3 **patchy rain** chuvas esparsas

**pâté** [pæˈteɪ] *s.* patê

**pa•tent** [ˈpeɪtənt] *s.* patente / *v.* patentear / *adj.* FORM evidente

**pa•tent leath•er** [ˌpeɪtənt ˈlɛðər] *s.* verniz [couro]

**pa•tent•ly** [ˈpeɪtəntli] *adv.* FORM 1 obviamente 2 **patently obvious** mais do que óbvio

**pa•ter•nal** [pəˈtɜrnəl] *adj.* paterno

**pa•ter•nity** [pəˈtɜrnəti] *s.* paternidade

**path** [pæθ] *s.* 1 trilha 2 caminho (***to*** *de*): *the path to success* o caminho do sucesso

**pa•thet•ic** [pəˈθɛtɪk] *adj.* patético

**pa•tholo•gist** [pəˈθɑlədʒɪst] *s.* 1 patologista 2 **criminal pathologist** médico-legista

**pa•tience** [ˈpeɪʃəns] *s.* paciência

**pa•tient** [ˈpeɪʃənt] *s, adj.* paciente

**pa•tio** [ˈpætioʊ] *s.* área externa [de casa]

**pa•tri•ot** [ˈpeɪtriət] *s.* patriota

**pat•ri•ot•ic** [peɪtriˈɑtɪk] *adj.* patriótico

**pat•ri•ot•ism** [ˈpeɪtriətɪzəm] *s.* patriotismo

**pa•trol** [pəˈtroʊl] *s.* 1 ronda 2 patrulha 3 **on patrol** patrulhando / *v.* patrulhar

**pa•trol car** [pəˈtroʊl kɑr] *s.* viatura [da polícia]

**pa•tron** [ˈpeɪtrən] *s.* 1 patrono 2 FORM freguês 3 **patron of the arts** mecenas

**pat•ron•ize** BRIT *tb*:-**ise** [ˈpeɪtrənaɪz, ˈpætrənaɪz] *v.* 1 FORM frequentar, ser freguês de 2 **to patronize sb** falar com alguém como se ele fosse criança

**pat•ron•iz•ing** BRIT *tb*:-**ising** [ˈpeɪtrənaɪzɪŋ, ˈpætrənaɪzɪŋ] *adj.* paternalista

**pat•ron saint** [ˌpeɪtrən ˈseɪnt] *s.* padroeiro

**pat•tern** [ˈpætərn] *s.* 1 padrão 2 desenho, estampa 3 molde [de costura]

**pat•terned** [ˈpætərnd] *adj.* estampado, com desenho

**paunch** [pɔntʃ] *s.* pança

**pause** [pɔz] *v.* 1 fazer uma pausa 2 pausar [vídeo etc.] / *s.* 1 pausa 2 (tb **pause button**) botão pause

**pave** [peɪv] *v.* 1 pavimentar 2 **to pave the way for sth** preparar o terreno para algo

**pave•ment** [ˈpeɪvmənt] *s.* 1 AM pavimento 2 BRIT calçada

**pa•vil•ion** [pəˈvɪljən] *s.* pavilhão

**pav•ing stone** [ˈpeɪvɪŋ stoʊn] *s.* pedra de calçamento

**paw** [pɔ] *s.* pata / *v.* 1 FAM bolinar 2 **to paw (at) sth** mexer em algo com a pata

**pawn** [pɔn] *s.* peão [em xadrez] / *v.* penhorar

**pawn•broker** [ˈpɔnbroʊkər] *s.* penhorista

**pay** [peɪ] *v.* [*ps e pp* **paid**] 1 pagar 2 compensar, valer a pena: *It pays to call ahead.* Vale a pena ligar antes. 3 dar lucro 4 **to get paid** receber [pagamento, salário] 5 **to pay attention** prestar atenção (***to*** *em*) 6 **to pay for sth** pagar (por) algo 7 **to pay sb a compliment/a visit** fazer um elogio/uma visita a alguém 8 **to pay your way** **a** pagar a sua parte **b** sustentar-se

**pay back: to pay sth/sb back** pagar algo/alguém [empréstimo, credor]

**pay in: to pay sth in** depositar algo

**pay off** 1 render, dar resultado 2 **to pay sth off** quitar algo [dívida]

**pay up** FORM pagar logo / *s.* salário

**pay•able** [ˈpeɪəbəl] *adj.* 1 a pagar [conta, quantia] 2 **payable to sb** em nome de alguém [cheque]
**pay day** [ˈpeɪ deɪ] *s.* dia de pagamento
**pay•ment** [ˈpeɪmənt] *s.* 1 pagamento 2 prestação (***on*** *de*)
**pay phone** [ˈpeɪ foʊn] *s.* telefone público
**pay raise**, BRIT: **pay rise** [ˈpeɪ reɪz, raɪz] *s.* aumento de salário
**pay•roll** [ˈpeɪroʊl] *s.* folha de pagamento
**PC** [piˈsi] *s.* PC [computador] / *adj.* politicamente correto
**PE** [piˈi] *s.* (= physical education) Educação Física
**pea** [pi] *s.* ervilha
**peace** [pis] *s.* 1 paz: *peace talks* conversações de paz 2 calma, tranquilidade 3 **peace and quiet** sossego 4 **peace of mind** tranquilidade
**peace•ful** [ˈpisfəl] *adj.* 1 pacífico 2 sossegado, tranquilo 3 pacato
**peach** [pitʃ] *s.* pêssego: *a peach tree* um pessegueiro
**pea•cock** [ˈpikɑk] *s.* pavão
**peak** [pik] *s.* 1 auge, apogeu 2 pico [de montanha] 3 BRIT pala [de boné]
**pea•nut** [ˈpinʌt] *s.* 1 amendoim 2 **peanuts** FAM uma mixaria
**pea•nut but•ter** [ˈpinʌt ˌbʌtər] *s.* manteiga de amendoim
**pear** [pɛr] *s.* pera: *a pear tree* uma pereira
**pearl** [pɜrl] *s.* pérola
**peas•ant** [ˈpɛzənt] *s.* camponês
**peat** [pit] *s.* turfa
**peb•ble** [ˈpɛbəl] *s.* seixo
**peck** [pɛk] *v.* bicar / *s.* 1 bicada 2 **peck on the cheek** FAM selinho no rosto
**peck•ish** [ˈpɛkɪʃ] *adj.* **to be (feeling) peckish** BRIT FAM estar com uma fominha
**pe•cu•liar** [pɪˈkjuljər] *adj.* 1 esquisito 2 **peculiar to sb/sth** próprio a alguém/algo
**pe•cu•li•ar•ity** [pɪkjuliˈærəti] *s.* [*pl* **peculiarities**] 1 peculiaridade 2 singularidade
**pe•cu•liar•ly** [pɪˈkjuljərli] *adv.* 1 peculiarmente 2 de forma esquisita
**ped•al** [ˈpɛdl] *s.* pedal / *v.* 1 pedalar 2 ir pedalando
▸ *Am:* ***pedaling, pedaled*** *Brit:* ***pedalling, pedalled***
**ped•an•tic** [pəˈdæntɪk] *adj.* detalhista demais
**pe•des•trian** [pəˈdɛstriən] *s, adj.* pedestre: *a pedestrian crossing* uma faixa de pedestres
**pedi•gree** [ˈpɛdəgri] *s.* 1 pedigree 2 estirpe 3 histórico / *adj.* de raça
**pee** [pi] FAM *v.* fazer xixi / *s.* xixi
**peek** [pik] *v.* **to peek (at sth/sb)** espiar (algo/alguém)
**peek out** despontar / *s.* 1 espiada 2 **to take a peek** dar uma espiada (***at*** *em*)
**peel** [pil] *v.* descascar
**peel off** 1 descascar 2 **to peel sth off** tirar algo / *s.* casca [de fruta]: *lemon peel* casca de limão
**peep** [pip] *v.* 1 espiar 2 (tb **peep out**) despontar / *s.* 1 espiada 2 **not a peep** FAM nem um pio 3 **to take a peep** dar uma espiada (***at*** *em*)
**peer** [pɪr] *s.* 1 par, colega [de idade, de turma etc.] 2 nobre [na Grã-Bretanha] / *v.* 1 **to peer at sth/sb** mirar algo/alguém [com o olhar] 2 **to peer through sth** espiar por algo
**peeved** [pivd] *adj.* FAM irritado (***at*** *com*)
**peg** [pɛg] *s.* 1 cavilha 2 gancho [para pendurar roupa] 3 estaca [de barraca] 4 BRIT pregador [de roupa] / *v.* [**-gg-**] 1 indexar (***to*** *a*) 2 **to have sb/sth pegged as sth** considerar alguém/algo algo
**peli•can** [ˈpɛləkən] *s.* pelicano
**pel•let** [ˈpɛlət] *s.* 1 bolinha, pelota 2 bala de chumbo
**pelt** [pɛlt] *v.* **to pelt sb with sth** jogar algo em alguém
**pelt down** chover a cântaros / *s.* 1 pele, couro [de animal] 2 **(at) full pelt** BRIT a toda velocidade
**pen** [pɛn] *s.* 1 caneta 2 cercado [para animais]
**pe•nal•ize** BRIT tb:**-ise** [ˈpinl-aɪz] *v.* penalizar
**pen•al•ty** [ˈpɛnlti] *s.* [*pl* **penalties**] 1 penalidade 2 pênalti: *a penalty shoot-out* uma

decisão por pênaltis 3 **to take a penalty** cobrar um pênalti

**pence** [pɛns] *spl.* BRIT centavos de libra

**pen•cil** [ˈpɛnsəl] *s.* lápis: *Please write in pencil.* Favor escrever a lápis.

**pen•cil case** [ˈpɛnsəl keɪs] *s.* estojo escolar [para lápis]

**pen•cil sharp•en•er** [ˈpɛnsəl ˌʃɑrpnər] *s.* apontador de lápis

**pen•dant** [ˈpɛndənt] *s.* pingente

**pend•ing** [ˈpɛndɪŋ] FORM *prep.* à espera de / *adj.* pendente

**pen•du•lum** [ˈpɛndʒələm] *s.* pêndulo

**pen•etrate** [ˈpɛnətreɪt] *v.* penetrar (em)

**pen•etrat•ing** [ˈpɛnətreɪtɪŋ] *adj.* 1 penetrante [olhar, som] 2 incisivo [pergunta, análise]

**pen friend** [ˈpɛn frɛnd] *s.* BRIT amigo por correspondência

**pen•guin** [ˈpɛŋgwɪn] *s.* pinguim

**pen•in•su•la** [pəˈnɪnsələ] *s.* península

**pe•nis** [ˈpinəs] *s.* pênis

**peni•ten•tia•ry** [pɛnəˈtɛnʃəri] *s.* [*pl* **penitentiaries**] AM penitenciária

**pen•knife** [ˈpɛnnaɪf] *s.* canivete

**pen•nant** [ˈpɛnənt] *s.* flâmula

**pen•ni•less** [ˈpɛnɪləs] *adj.* sem dinheiro

**pen•ny** [ˈpɛni] *s.* [*pl* **pennies**] 1 AM (moeda de um) centavo 2 pêni [moeda britânica]

**pen pal** [ˈpɛn pæl] *s.* amigo por correspondência

**pen•sion** [ˈpɛnʃən] *s.* aposentadoria

**pen•sion•er** [ˈpɛnʃənər] *s.* aposentado

**pen•tath•lon** [pɛnˈtæθlən] *s.* pentatlo

**pent•house** [ˈpɛnthaʊs] *s.* cobertura [apartamento]

**pent-up** [pɛnt ˈʌp] *adj.* contido, reprimido

**pe•nul•ti•mate** [pɪˈnʌltəmət] *adj.* penúltimo

**peo•ple** [ˈpipəl] *spl.* 1 pessoas, gente: *three people* três pessoas | *a lot of people* muita gente | *People like to enjoy themselves.* As pessoas gostam de se divertir. 2 população / *s.* [*pl* **peoples**] povo: *indigenous peoples* povos indígenas

**pep•per** [ˈpɛpər] *s.* pimenta

**pepper•mint** [ˈpɛpərmɪnt] *s.* 1 hortelã-pimenta 2 bala de hortelã

**per** [pɜr] *prep.* 1 por: *$20 per person* $20,00 por pessoa | *$100 per night* $100,00 a diária 2 **as per usual** como sempre

**per•ceive** [pərˈsiv] *v.* 1 ver, considerar 2 perceber

**per•cent**, BRIT: **per cent** [pərˈsɛnt] *adj, adv.* por cento

**per•cent•age** [pərˈsɛntɪdʒ] *s.* porcentagem

**per•cep•tion** [pərˈsɛpʃən] *s.* 1 visão 2 percepção 3 perspicácia

**per•cep•tive** [pərˈsɛptɪv] *adj.* perspicaz

**perch** [pɜrtʃ] *s.* poleiro / *v.* 1 empoleirar-se (*on em*) 2 pousar [pássaro] 3 **to be perched on sth** estar encarapitado em algo

**per•cus•sion** [pərˈkʌʃən] *s.* percussão

**per•en•nial** [pəˈrɛniəl] *adj.* 1 eterno [problema etc.] 2 perene [planta]

**per•fect** *adj.* [ˈpɜrfɪkt] 1 perfeito 2 **a perfect stranger** um desconhecido total / *s.* [ˈpɜrfɪkt] (tb **perfect tense**) pretérito perfeito / *v.* [pərˈfɛkt] aperfeiçoar, aprimorar

**per•fec•tion** [pərˈfɛkʃən] *s.* 1 perfeição 2 aperfeiçoamento, aprimoramento

**per•fec•tion•ist** [pərˈfɛkʃənɪst] *s.* perfeccionista

**per•fect•ly** [ˈpɜrfɪktli] *adv.* 1 perfeitamente 2 **to know perfectly well** saber muito bem

**per•form** [pərˈfɔrm] *v.* 1 apresentar(-se) [no palco etc.] 2 realizar, executar 3 desempenhar [função, papel] 4 sair-se, atuar: *The team performed well in yesterday's game.* O time teve um bom desempenho no jogo de ontem.

**per•form•ance** [pərˈfɔrməns] *s.* 1 apresentação [no palco etc.] 2 desempenho, atuação 3 execução, realização 4 BRIT sessão [de filme]

**per•form•er** [pərˈfɔrmər] *s.* 1 artista 2 intérprete [músico] 3 **to be a good performer** ter um bom desempenho

**per•fume** [pərˈfjum, ˈpɜrfjum] *s.* perfume

**per•haps** [pərˈhæps] *adv.* talvez

**per•il** [ˈpɛrəl] *s.* FORM perigo

**peri•lous** [ˈpɛrələs] *adj.* FORM perigoso, arriscado

**pe•ri•od** [ˈpɪriəd] *s.* 1 período: *a period of time* um tempo 2 época, era: *period costume* figurinos de época 3 menstruação: *period pains* cólica menstrual 4 AM ponto [de final de frase] 5 momento de aula

**pe•ri•od•ic** [pɪriˈɑdɪk] *adj.* periódico

**pe•ri•odi•cal** [pɪriˈɑdɪkəl] *s, adj.* periódico

**pe•riph•er•al** [pəˈrɪfərəl] *s.* periférico

**per•ish** [ˈpɛrɪʃ] *v.* perecer

**per•ish•able** [ˈpɛrɪʃəbəl] *adj.* perecível

**per•jury** [ˈpɜrdʒəri] *s.* falso testemunho

**perk** *s.* benefício adicional, mordomia / *v.* **perk up** FAM ficar mais animado

**perky** [ˈpɜrki] *adj.* [*comp* **perkier, perkiest**] FAM bem-disposto

**perm** [pɜrm] *s.* permanente [no cabelo] / *v.* **to have your hair permed** fazer permanente

**per•ma•nent** [ˈpɜrmənənt] *adj.* permanente

**per•ma•nent•ly** [ˈpɜrmənəntli] *adv.* 1 permanentemente 2 definitivamente, para sempre

**per•mis•sible** [pərˈmɪsəbəl] *adj.* FORM admissível

**per•mis•sion** [pərˈmɪʃən] *s.* permissão, autorização

**per•mit** *v.* [pərˈmɪt] FORM 1 permitir 2 **to permit sb to do sth** permitir a alguém fazer algo / *s.* [ˈpɜrmɪt] alvará, permissão

**per•pen•dicu•lar** [pɜrpənˈdɪkjələr] *adj.* perpendicular

**per•pet•ual** [pərˈpɛtʃuəl] *adj.* constante

**per•petu•ate** [pərˈpɛtʃueɪt] *v.* perpetuar

**per•plexed** [pərˈplɛkst] *adj.* perplexo

**per•secute** [ˈpɜrsɪkjut] *v.* perseguir [minoria etc.]

**per•secu•tion** [pɜrsɪˈkjuʃən] *s.* perseguição [de minorias etc.]

**per•sever•ance** [ˈpɜrsəˈvɪrəns] *s.* perseverança

**per•severe** [pɜrseˈvɪr] *v.* perseverar

**per•sist** [pərˈsɪst] *v.* 1 persistir (***with*** *com*) 2 **to persist in (doing) sth** persistir em (fazer) algo

**per•sis•tence** [pərˈsɪstəns] *s.* persistência

**per•sis•tent** [pərˈsɪstənt] *adj.* persistente

**per•son** [ˈpɛrsən] *s.* 1 pessoa 2 **in person** pessoalmente

▸ O plural de ***person*** é ***people: two people*** *duas pessoas*, ***many people*** *muitas pessoas*. Existe também o plural ***persons***, mas usa-se apenas em contextos muito formais.

**per•son•al** [ˈpɛrsənəl] *adj.* 1 pessoal: *personal details* dados pessoais | *personal belongings* objetos de uso pessoal 2 particular

**per•son•al•ity** [pɛrsəˈnæləti] *s.* [*pl* **personalities**] personalidade

**per•son•al•ized** BRIT tb:**-ised** [ˈpɛrsənəlaɪzd] *adj.* personalizado

**per•son•al•ly** [ˈpɛrsənəli] *adv.* 1 pessoalmente 2 **to take sth personally** levar algo para o lado pessoal

**per•soni•fy** [pərˈsɑnəfaɪ] *v.* [*ps e pp* **-fied**] personificar: *He is patience personified.* Ele é a paciência em pessoa.

**per•son•nel** [pɜrsəˈnɛl] *s.* 1 (quadro de) funcionários 2 (departamento de) recursos humanos

**per•spec•tive** [pərˈspɛktɪv] *s.* 1 perspectiva 2 **to keep sth in perspective** não exagerar a importância de algo 3 **to put sth into perspective** colocar algo na devida perspectiva

**per•spi•ra•tion** [pɜrspəˈreɪʃən] *s.* FORM transpiração

**per•spire** [pərˈspaɪr] *v.* FORM transpirar

**per•suade** [pərˈsweɪd] *v.* 1 convencer 2 **to persuade sb to do sth** convencer alguém a fazer algo

**per•sua•sion** [pərˈsweɪʒən] *s.* 1 persuasão 2 FORM convicção

**per•sua•sive** [pərˈsweɪsɪv] *adj.* convincente, persuasivo

**per•ti•nent** [ˈpɜrtənənt] *adj.* pertinente (***to*** *a*)

**per•turbed** [pərˈtɜrbd] *v.* desconcertado, incomodado

**Pe•ru** [pəˈru] *adj.* Peru

**Pe•ru•vian** [pəˈruviən] *adj, s.* peruano

**per•verse** [pər'vɜrs] *adj.* perverso

**per•vert** *s.* ['pɜrvɜrt] pervertido, tarado / *v.* [pər'vɜrt] perverter, corromper

**pes•si•mism** ['pɛsəmɪzəm] *s.* pessimismo

**pes•si•mist** ['pɛsəmɪst] *s.* pessimista

**pes•si•mis•tic** [pɛsə'mɪstɪk] *adj.* pessimista

**pest** [pɛst] *s.* 1 praga 2 peste

**pes•ter** ['pɛstər] *v.* 1 importunar, atazanar 2 **to pester sb for sth/to do sth** importunar alguém pedindo algo/que faça algo

**pes•ti•cide** ['pɛstəsaɪd] *s.* agrotóxico, pesticida

**pet** [pɛt] *s.* animal de estimação / *adj.* 1 de estimação: *a pet snake* uma cobra de estimação 2 favorito, predileto [tema] 3 **sb's pet peeve/hate** a coisa que mais irrita alguém / *v.* [-**tt**-] afagar

**pet•al** ['pɛtl] *s.* pétala

**pe•ter** ['pitər] *v.*

**peter out** 1 acabar [estrada] 2 morrer [interesse, conversa]

**pe•ti•tion** [pə'tɪʃən] *s.* abaixo-assinado (***for*** *a favor de,* ***against*** *contra*) / *v.* apresentar um abaixo-assinado a

**pet•ri•fied** ['pɛtrəfaɪd] *v.* 1 apavorado 2 petrificado

**pet•rol** ['pɛtrəl] *s.* BRIT gasolina

**pe•tro•leum** [pə'troʊliəm] *s.* petróleo

**pet•rol sta•tion** ['pɛtrəl pʌmp] *s.* BRIT posto de gasolina

**pet•ti•coat** ['pɛtɪkoʊt] *s.* anágua

**pet•ty** ['pɛti] *adj.* 1 insignificante 2 mesquinho 3 **petty crime** pequenos delitos

**pew** [pju] *s.* banco [de igreja]

**phan•tom** ['fæntəm] *s.* fantasma / *adj.* imaginário

**phar•ma•ceu•ti•cal** [fɑrmə'sutɪkəl] *adj.* farmacêutico

**phar•ma•cist** ['fɑrməsɪst] *s.* farmacêutico

**phar•ma•cy** ['fɑrməsi] *s.* [*pl* **pharmacies**] farmácia

**phase** [feɪz] *s.* fase / *v.*

**phase in: to phase sth in** introduzir algo gradativamente

**phase out: to phase sth out** abolir algo gradativamente

**Ph.D.** [pi eɪtʃ 'di] *s.* doutorado

**pheas•ant** ['fɛzənt] *s.* faisão

**phe•nom•enal** [fə'nɑmənl] *adj.* fenomenal

**phe•nom•enon** [fə'nɑmənən] *s.* [*pl* **phenomena**] fenômeno

**phew** [fju] *interj.* ufa!

**phi•loso•pher** [fɪ'lɑsəfər] *s.* filósofo

**philo•sophi•cal** [fɪlə'sɑfɪkəl] *adj.* filosófico

**phi•loso•phy** [fɪ'lɑsəfi] *s.* filosofia

**pho•bia** ['foʊbiə] *s.* fobia

**phone** [foʊn] *s.* telefone **on the phone** no telefone / *v.* telefonar (para), ligar (para)

**phone book** ['foʊn bʊk] *s.* lista telefônica

**phone booth**, BRIT: **phone box** ['foʊn buθ, bɑks] *s.* cabine telefônica

**phone call** ['foʊn kɔl] *s.* telefonema, ligação

**phone card** ['foʊn kɑrd] *s.* cartão telefônico

**phone-in** ['foʊnɪn] *s.* programa de telefonemas (do público)

**phone num•ber** ['foʊn ˌnʌmbər] *s.* número de telefone

**pho•net•ics** [fə'nɛtɪks] *s.* fonética

**pho•ney, pho•ny** ['foʊni] FAM *adj.* falso, falsificado / *s.* farsante, charlatão

**pho•to** ['foʊtoʊ] *s.* 1 foto: *a photo of you* uma foto sua 2 **to take a photo** tirar uma foto

**photo•copi•er** ['foʊtəkɑpiər] *s.* fotocopiadora

**photo•copy** ['foʊtəkɑpi] *s.* [*pl* **photocopies**] fotocópia, xérox / *v.* [*ps e pp* **photocopied**] fotocopiar, tirar xérox de

**photo•graph** ['foʊtəgræf] *s.* fotografia [imagem] / *v.* fotografar

**pho•tog•ra•pher** [fə'tɑgrəfər] *s.* fotógrafo

**pho•tog•ra•phy** [fə'tɑgrəfi] *s.* fotografia [arte]

**phrase** [freɪz] *s.* 1 expressão 2 frase / *v.* formular [em palavras]

**physi•cal** ['fɪzɪkəl] *adj.* físico / *s.* exame médico

**physi•cal•ly** ['fɪzɪkli] *adv.* 1 fisicamente 2 humanamente: *physically impossible* humanamente impossível

**phy•si•cian** [fɪˈzɪʃən] *s.* médico
**physi•cist** [ˈfɪzəsɪst] *s.* físico [cientista]
**phys•ics** [ˈfɪzɪks] *s.* física
**physi•ol•ogy** [fɪziˈɑlədʒi] *s.* fisiologia
**physio•thera•pist** [fɪzioʊˈθɛrəpɪst] *s.* fisioterapeuta
**physio•thera•py** [fɪzioʊˈθɛrəpi] *s.* fisioterapia
**phy•sique** [fɪˈzik] *s.* físico [corpo]
**pia•nist** [ˈpiənɪst] *s.* pianista
**pi•ano** [piˈænoʊ] *s.* piano: *She plays the piano.* Ela toca piano.
**pick** [pɪk] *v.* 1 escolher, selecionar 2 colher [flor, fruta] 3 **to pick a fight** comprar uma briga (***with*** *com*) 4 **to pick at sth** beliscar algo [comida] 5 **to pick on sb** implicar com alguém 6 **to pick sb's brains** consultar alguém 7 **to pick sb's pocket** bater a carteira de alguém 8 **to pick sth from/off sth** tirar algo de algo [com os dedos, uma pinça etc.] 9 **to pick your nose** colocar o dedo no nariz, tirar meleca do nariz 10 **to pick your teeth** palitar os dentes 11 **to pick your way through/among sth** andar com cuidado por entre algo
**pick out: to pick sth/sb out** a escolher algo/alguém b reconhecer algo/alguém
**pick up** 1 melhorar 2 **to pick sb up** a buscar alguém [de carro] b pegar alguém no colo c arrumar alguém [ficante] 3 **to pick sb up on sth** chamar a atenção de alguém para algo [reprovando] 4 **to pick sth up** a pegar algo b FAM comprar algo c FAM ganhar algo [prêmio] d AM arrumar algo [quarto etc.] e pegar o jeito de/aprender algo 5 **to pick up speed** ganhar velocidade 6 **to pick up on sth** a reparar em algo b retomar algo [tema, colocação] 7 **to pick yourself up** levantar-se / *s.* 1 escolha 2 picareta [ferramenta] 3 **the pick of sth** FAM o(s) melhor(es) de algo 4 **to have your pick of sth** poder escolher algo à vontade 5 **to take your pick of sth** escolher algo à vontade
**pick•ax**, BRIT: **pick•axe** [ˈpɪkæks] *s.* picareta [ferramenta]
**pick•et** [ˈpɪkɪt] *s.* 1 grevista 2 (tb **picket line**) piquete 3 **picket fence** AM cerca de estacas / *v.* fazer piquete (em)
**pick•le** [ˈpɪkəl] *s.* 1 AM pepino em conserva 2 BRIT picles / *v.* conservar em vinagre
**pick•pocket** [ˈpɪkpɑkɪt] *s.* batedor de carteira
**pick-up** [ˈpɪkʌp] *s.* (tb **pick-up truck**) picape
**picky** [ˈpɪki] *adj.* [*comp* **pickier, pickiest**] FAM difícil, cheio de frescura
**pic•nic** [ˈpɪknɪk] *s.* 1 piquenique 2 **to have a picnic** fazer piquenique
**pic•ture** [ˈpɪktʃər] *s.* 1 imagem 2 foto 3 desenho 4 quadro 5 figura [em livro] 6 retrato 7 filme 8 **to draw a picture** fazer um desenho (***of*** *de*) 9 **to get the picture** FAM sacar a parada 10 **to put sb in the picture** colocar alguém a par da situação 11 **to take a picture** tirar uma foto (***of*** *de*) / *v.* 1 imaginar 2 retratar
**pic•tur•esque** [pɪktʃəˈrɛsk] *adj.* pitoresco
**pie** [paɪ] *s.* 1 torta: *apple pie* torta de maçã 2 BRIT empadão
**piece** [pis] *s.* 1 pedaço 2 peça 3 ▸ usado para contar substantivos incontáveis: *a piece of furniture* um móvel | *two pieces of advice* dois conselhos | *an interesting piece of information* uma informação interessante 4 moeda: *a 50-cent piece* uma moeda de 50 centavos 5 **in one piece** FAM inteiro [ileso, intacto] 6 **to be a piece of cake** FAM ser facinho 7 **to come to pieces** a desmontar b despedaçar-se 8 **to cut/smash etc. sth to pieces** estraçalhar/estilhaçar etc. algo 9 **to fall to pieces** cair aos pedaços, despedaçar-se 10 **to give sb a piece of your mind** FAM falar poucas e boas para alguém 11 **to go to pieces** entrar em parafuso 12 **to take (sth) to pieces** desmontar (algo) / *v.*
**piece together: to piece sth together** a reconstituir algo [história etc.] b juntar algo [cacos etc.]
**pier** [pɪr] *s.* píer
**pierce** [pɪrs] *v.* 1 furar, perfurar 2 **to have sth pierced** colocar um piercing em algo 3 **to have your ears pierced** furar a orelha

**pierc•ing** [ˈpɪrsɪŋ] *adj.* 1 penetrante [olhar] 2 estridente [grito] / *s.* piercing
**pig** [pɪg] *s.* 1 porco 2 FAM guloso
**pi•geon** [ˈpɪdʒən] *s.* pombo
**pigeon•hole** [ˈpɪdʒənhoʊl] *s.* escaninho / *v.* rotular (***as*** *de*)
**piggy•back** [ˈpɪgibæk] *s.* **to give sb a piggyback** carregar alguém nas costas
**pig•head•ed** [pɪgˈhɛdɪd] *adj.* cabeça-dura, teimoso
**pig•let** [ˈpɪglət] *s.* leitão
**pig•sty** [ˈpɪgstaɪ] *s.* chiqueiro
**pig•tail** [ˈpɪgteɪl] *s.* rabo de cavalo [no cabelo]
**pile** [paɪl] *s.* 1 pilha 2 **a pile/piles of sth** FAM um monte de algo / *v.* 1 empilhar 2 **to be piled (high) with sth** estar cheio de algo empilhado
**pile into: to pile into sth** meter-se dentro de algo
**pile up** 1 acumular-se [trabalho, dívidas] 2 **to pile sth up** empilhar algo
**pile-up** [ˈpaɪlʌp] *s.* engavetamento [de veículos]
**pil•grim** [ˈpɪlgrɪm] *s.* peregrino
**pil•grim•age** [ˈpɪlgrəmɪdʒ] *s.* peregrinação, romaria
**pill** [pɪl] *s.* 1 comprimido 2 **the pill** a pílula anticoncepcional
**pil•lar** [ˈpɪlər] *s.* pilar, coluna
**pil•low** [ˈpɪloʊ] *s.* travesseiro
**pillow•case** [ˈpɪloʊkeɪs] *s.* fronha
**pil•low slip** [ˈpɪloʊ slɪp] *s.* fronha
**pi•lot** [ˈpaɪlət] *s, adj.* piloto / *v.* pilotar
**pimp** [pɪmp] *s.* cafetão / *v.* FAM incrementar
**pim•ple** [ˈpɪmpəl] *s.* espinha [na pele]
**pin** [pɪn] *s.* 1 alfinete 2 AM broche 3 pino 4 **pins and needles** formigamento 5 **to be on pins and needles** AM estar ansioso / *v.* [**-nn-**] 1 pregar (***on/to*** *em*) 2 prensar (***against*** *contra*, ***to*** *em*)
**pin down** 1 **to pin sb down** **a** imobilizar alguém **b** fazer com que alguém se comprometa 2 **to pin sb down to sth** fazer com que alguém defina algo 3 **to pin sth down** definir algo
**pin up: to pin sth up** pendurar algo [com tachinha]
**PIN, PIN num•ber** [ˈpɪn (ˌnʌmbər)] *s.* (= personal identification number) senha [de cartão etc.]
**pin•cer** [ˈpɪnsərz] *spl.* 1 pinça [de caranguejo etc.] 2 **pincers** (plural) alicate
**pinch** [pɪntʃ] *v.* 1 beliscar 2 apertar / *s.* 1 pitada [de sal etc.] 2 beliscão 3 **in/at a pinch** em último caso
**pine** [paɪn] *s.* 1 (tb **pine tree**) pinheiro 2 pinho: *a pine bookshelf* uma estante de pinho / *v.* 1 (tb **pine away**) definhar 2 **to pine for sth/sb** morrer de saudades de algo/alguém
**pine•apple** [ˈpaɪnæpəl] *s.* abacaxi: *pineapple juice* suco de abacaxi
**ping-pong** [ˈpɪŋpɑŋ] *s.* pingue-pongue
**pink** [pɪŋk] *adj, s.* cor-de-rosa
**pin•na•cle** [ˈpɪnəkəl] *s.* 1 auge, ápice 2 pico, cume
**pin•point** [ˈpɪnpɔɪnt] *v.* 1 definir exatamente 2 determinar com precisão
**pint** [paɪnt] *s.* 1 medida de líquidos, = 0,47 litro nos EUA e 0,57 litro na Grã-Bretanha 2 BRIT FAM cerveja
**pio•neer** [paɪəˈnɪr] *s.* pioneiro / *v.* 1 ser pioneiro em/de 2 **to be pioneered by sb** ser desenvolvido por alguém
**pi•ous** [ˈpaɪəs] *adj.* 1 devoto 2 moralista
**pip** [pɪp] *s.* BRIT caroço, semente
**pipe** [paɪp] *s.* 1 cano, tubulação 2 cachimbo 3 flauta 4 **pipes** (plural) gaita de foles / *v.* canalizar [água, gás]
**pipe down** FAM ficar quieto
**pipe•line** [ˈpaɪplaɪn] *s.* 1 duto, oleoduto 2 **to be in the pipeline** estar a caminho [mudanças etc.]
**pi•ra•cy** [ˈpaɪrəsi] *s.* pirataria
**pi•rate** [ˈpaɪrət] *s, adj.* pirata / *v.* piratear
**Pi•sces** [ˈpaɪsiz] *s.* 1 Peixes [signo] 2 pisciano
**piss** [pɪs] GÍR *v.* mijar
**piss off** 1 BRIT mandar-se 2 **to piss sb off** irritar alguém / *s.* 1 mijo 2 BRIT FAM **to take the piss** tirar o sarro (***out of*** *de*)
**pissed** [pɪst] *adj.* GÍR 1 AM puto (***at*** *com*) 2 BRIT bebum 3 **pissed off** chateado, de saco cheio (***at/with*** *com*)

**pis•tol** [ˈpɪstəl] *s.* pistola
**pis•ton** [ˈpɪstn] *s.* êmbolo, pistão [de motor etc.]
**pit** [pɪt] *s.* 1 fosso, buraco 2 AM caroço [de fruta] 3 FAM muquifo 4 BRIT mina de carvão 5 **to be the pits** FAM ser o fim da picada 6 **the pits** os boxes [de autódromo] / *v.* [-**tt**-] 1 **to pit sb against sb/sth** opor alguém a alguém/algo 2 **to pit your wits against sb** competir em conhecimento com alguém 3 AM descaroçar
**pi•ta bread**, BRIT: **pit•ta bread** [ˈpɪtə brɛd] *s.* pão árabe
**pitch** [pɪtʃ] *s.* 1 nível, grau [de emoção etc.] 2 altura [de nota musical] 3 arremesso [em beisebol] 4 BRIT campo [de futebol etc.] 5 **pitch black** preto como breu 6 **sales pitch** papo de vendedor 7 **to be pitch dark/black** estar um breu / *v.* 1 jogar, arremessar 2 ser jogado, cair 3 armar [barraca] 4 balançar [navio] 5 **to pitch sth at the right level** adequar o nível de algo
**pitch in** FAM colaborar
**pitch•er** [ˈpɪtʃər] *s.* 1 arremessador [em beisebol] 2 AM jarra
**pitch•fork** [ˈpɪtʃfɔrk] *s.* forcado
**pit•fall** [ˈpɪtfɔl] *s.* armadilha, cilada
**piti•ful** [ˈpɪtɪfəl] *adj.* 1 de dar dó 2 lamentável
**pit•tance** [ˈpɪtəns] *s.* miséria [quantia]
**pity** [ˈpɪti] *s.* 1 compaixão 2 **(it's a) pity (that) …** (é uma) pena que …: *It's a pity we have to leave.* É uma pena termos que ir embora. 3 **to take pity on sb** ter pena de alguém 4 **what a pity!** que pena! / *v.* [*ps e pp* **pitied**] ter pena de
**piv•ot** [ˈpɪvət] *s.* eixo
**piz•za** [ˈpitsə] *s.* pizza: *a pizza parlor* uma pizzaria
**plac•ard** [ˈplækərd] *s.* cartaz
**pla•cate** [ˈpleɪkeɪt, *Brit*: pləˈkeɪt] *v.* FORM apaziguar
**place** [pleɪs] *s.* 1 lugar, local 2 FAM casa: *at Sandra's place* na casa da Sandra 3 vaga [em curso, time etc.] 4 **all over the place** **a** em tudo quanto é lugar **b** todo bagunçado 5 **in place** **a** no lugar **b** implementado [medidas] 6 **in place of sb/sth** no lugar de alguém/algo 7 **in places** em alguns pontos 8 **in the first place** **a** para começar **b** no começo 9 **out of place** **a** fora do lugar **b** deslocado 10 **to take place** acontecer, realizar-se 11 **to take the place of sth/sb** substituir algo/alguém / *v.* 1 colocar 2 **can't place sb**: *I know that man from somewhere, but I can't place him.* Conheço aquele homem de algum lugar, mas não lembro de onde. 3 **to be well placed to do sth** estar em boa situação para fazer algo 4 **to place an order/a bet** fazer uma encomenda/uma aposta
**plac•id** [ˈplæsɪd] *adj.* calmo, tranquilo
**pla•gia•rize** BRIT tb:-**rise** [ˈpleɪdʒəraɪz] *v.* plagiar
**plague** [pleɪg] *s.* 1 peste 2 praga [de insetos etc.] / *v.* atormentar
**plaice** [pleɪs] *s.* tipo de linguado
**plain** [pleɪn] *adj.* 1 claro, evidente 2 simples, básico [roupa, móvel etc.] 3 liso [sem desenho] 4 puro e simples [fato etc.]: *It's plain ignorance.* É ignorância pura e simples. 5 feioso 6 **plain sailing** moleza 7 **in plain clothes** à paisana 8 **in plain sight** AM à vista (de qualquer um) 9 **to make it plain that** deixar claro que / *s.* planície / *adv.* FAM simplesmente: *It's just plain rude.* Não passa de falta de educação.
**plain-clothes** [pleɪnˈkloʊz] *adj.* à paisana
**plain•ly** [ˈpleɪnli] *adv.* 1 evidentemente 2 claramente 3 francamente 4 com simplicidade
**plain•tiff** [ˈpleɪntɪf] *s.* queixoso
**plait** [plæt] BRIT *s.* trança / *v.* trançar
**plan** [plæn] *s.* 1 plano 2 projeto, planta [de prédio etc.] 3 **to go according to plan** correr conforme o planejado / *v.* [-**nn**-] 1 planejar 2 **to plan to do sth/plan on doing sth** pretender fazer algo
**plane** [pleɪn] *s.* 1 avião 2 plano [nível] 3 plaina 4 **by plane** de avião
**plan•et** [ˈplænɪt] *s.* planeta

**plank** [plæŋk] *s.* tábua
**plan•ning** [ˈplænɪŋ] *s.* planejamento
**plant** [plænt] *s.* 1 planta: *a plant pot* um vaso 2 fábrica: *a car plant* uma fábrica de automóveis 3 usina: *a nuclear plant* uma usina nuclear / *v.* 1 plantar 2 colocar [bomba, drogas etc.] 3 **to plant sth on sb** colocar algo nas coisas de alguém [para incriminá-lo]
**plan•ta•tion** [plænˈteɪʃən] *s.* plantação
**plaque** [plæk] *s.* placa
**plas•ter** [ˈplæstər] *s.* 1 gesso 2 reboco 3 BRIT band-aid® 4 **in plaster** BRIT engessado / *v.* 1 rebocar, emboçar [parede] 2 **to plaster sth with sth** encher algo de algo
**plas•ter cast** [ˈplæstər kæst] *s.* gesso
**plas•tic** [ˈplæstɪk] *s.* plástico / *adj.* 1 (de) plástico: *a plastic cup* um copo de plástico 2 **plastic surgery** cirurgia plástica
**plate** [pleɪt] *s.* 1 prato 2 placa
**plat•eau** [plæˈtoʊ] *s.* 1 planalto 2 patamar [nível]
**plat•form** [ˈplætfɔrm] *s.* 1 plataforma 2 tribuna, estrado
**plati•num** [ˈplætnəm] *s.* platina
**pla•toon** [pləˈtun] *s.* pelotão
**plau•sible** [ˈplɔzəbəl] *adj.* 1 plausível 2 convincente [pessoa]
**play** [pleɪ] *v.* 1 jogar (***for*** *por*): *He plays for the Lakers.* Ele joga pelos Lakers. 2 brincar: *The children were playing hide-and-seek.* As crianças brincavam de esconde-esconde. 3 tocar [música, instrumento]: *Can you play the guitar?* Você sabe tocar violão? 4 colocar [CD, música] 5 rodar [vídeo] 6 bancar: *He always plays the innocent.* Ele sempre banca o inocente. 7 **to play (against) sb** jogar contra alguém: *Brazil will play Italy in the final.* O Brasil vai jogar contra a Itália na final. 8 **to play a trick on sb** pregar uma peça em alguém 9 **to play (it) safe** não arriscar 10 **to play (the part of) sb** fazer o papel de alguém
**play around** 1 fazer bagunça 2 pular a cerca (***with*** *com*)
**play along:** entrar no jogo (***with*** *de*)
**play back: to play sth back** reproduzir algo [gravação, vídeo]
**play down: to play sth down** minimizar algo [crise etc.]
**play off: to play sb off against sb** jogar alguém contra alguém
**play up** 1 BRIT FAM aprontar, dar problema 2 **to play sth up** fazer alarde de algo / *s.* 1 peça [teatral] 2 o brincar [de crianças] 3 jogo 4 **at play** **a** brincando [criança] **b** em jogo [fator] 5 **to bring sth into play** acionar algo 6 **to come into play** entrar em jogo
**play•er** [ˈpleɪər] *s.* 1 jogador 2 músico, intérprete 3 **bass/saxophone etc. player** baixista/saxofonista etc.
**play•ful** [ˈpleɪfəl] *adj.* 1 brincalhão, alegre 2 de brincadeira
**play•ground** [ˈpleɪgraʊnd] *s.* 1 pátio [da escola] 2 parquinho
**play•ing card** [ˈpleɪɪŋ kɑrd] *s.* carta de baralho
**play•ing field** [ˈpleɪɪŋ fild] *s.* campo de esportes
**play-off** [ˈpleɪ ɔf] *s.* jogo da fase eliminatória de uma competição: *the play-offs* a fase eliminatória
**play•wright** [ˈpleɪraɪt] *s.* dramaturgo
**plea** [pli] *s.* 1 apelo, súplica (***for*** *por*, ***to*** *a*) 2 **plea of guilty/not guilty** declaração de culpa/inocência
**plead** [plid] *v.* 1 FORM alegar [ignorância etc.] 2 **to plead for sth** suplicar por algo 3 **to plead guilty/not guilty** declarar-se culpado/inocente 4 **to plead with sb (to do sth)** suplicar a alguém (que faça algo)
**pleas•ant** [ˈplɛzənt] *adj.* agradável
**please** [pliz] *interj.* por favor / *v.* 1 agradar 2 satisfazer, contentar 3 **as you please** como você quiser 4 **to please yourself** fazer como quiser 5 **whatever/whenever etc. you please** o que/quando etc. quiser
**pleased** [plizd] *adj.* 1 satisfeito, contente (***with*** *com*) 2 **pleased to meet you** prazer

em conhecê-lo 3 **to be pleased to do sth** ter prazer em fazer algo

**pleas•ing** [ˈplizɪŋ] *adj.* agradável

**pleas•ur•able** [ˈplɛʒərəbəl] *adj.* FORM prazeroso

**pleas•ure** [ˈplɛʒər] *s.* 1 prazer 2 **it's a pleasure/my pleasure** não tem de quê [resposta a agradecimento] 3 **to take pleasure in (doing) sth** ter prazer em (fazer) algo

**pleat** [plit] *s.* prega

**pleat•ed** [ˈplitɪd] *adj.* pregueado

**pled** [plɛd] *v.* AM ▸ *ps e pp de* PLEAD

**pledge** [plɛdʒ] *s.* 1 FORM promessa 2 (promessa de) doação / *v.* prometer (***to*** *a*)

**plen•ti•ful** [ˈplɛntɪfəl] *adj.* abundante

**plen•ty** [ˈplɛnti] *pron.* 1 muito, bastante 2 **plenty of sth** bastante algo, algo de sobra: *plenty of time* tempo de sobra / *adv.* 1 **plenty big/warm etc. enough** FAM maior/mais quente etc. do que o suficiente 2 **plenty more** muito mais

**pli•ers** [ˈplaɪərz] *spl.* alicate: *a pair of pliers* um alicate

**plight** [plaɪt] *s.* situação periclitante

**plod** [plɑd] *v.* [**-dd-**] ir com passos cansados

**plot** [plɑt] *s.* 1 complô 2 trama, enredo 3 lote [de terreno]: *a plot of land* um terreno 4 AM planta [de prédio] / *v.* [**-tt-**] 1 tramar (***against*** *contra*) 2 traçar [rumo] 3 marcar [em gráfico, mapa etc.]

**plow**, BRIT: **plough** [plaʊ] *s.* arado / *v.* arar

**plow back: to plow sth back** reinvestir algo (***into*** *em*)

**plow into: to plow into sth** chocar-se contra algo

**plow on** seguir em frente

**plow through: to plow through sth** ler algo [longo e difícil]

**ploy** [plɔɪ] *s.* golpe, truque

**pluck** [plʌk] *v.* 1 depenar [galinha etc.] 2 dedilhar [corda] 3 **to pluck sth/sb from/off sth** (re)tirar algo/alguém de algo 4 **to pluck your eyebrows** tirar a sobrancelha [com pinça]

**pluck up: to pluck up (the) courage (to do sth)** criar coragem (para fazer algo)

**plug** [plʌg] *s.* 1 plugue, tomada 2 tampa [de pia, banheira] 3 FAM **to get/put in a plug (for sth)** FAM fazer um marketing (de algo) 4 **to pull the plug (on sth)** FAM cortar a verba (de algo) / *v.* [**-gg-**] 1 (tb **plug up**) tapar 2 FAM fazer marketing de

**plug in: to plug sth in** ligar algo na tomada

**plug•hole** [ˈplʌghoʊl] *s.* BRIT 1 ralo [da pia etc.] 2 tomada [na parede]

**plum** [plʌm] *s.* ameixa: *a plum tree* uma ameixeira

**plum•age** [ˈplumɪdʒ] *s.* plumagem

**plumb•er** [ˈplʌmər] *s.* encanador, bombeiro

**plumb•ing** [ˈplʌmɪŋ] *s.* encanamento

**plum•met** [ˈplʌmɪt] *v.* despencar

**plump** [plʌmp] *adj.* 1 rechonchudo, roliço 2 suculento [fruta] 3 cheio [almofada] / *v.* 1 (tb **plump up**) afofar [almofada] 2 botar

**plun•der** [ˈplʌndər] *v.* saquear

**plunge** [plʌndʒ] *v.* 1 mergulhar, afundar(-se) (***into*** *em*) 2 despencar (***off*** *de*) / *s.* 1 queda 2 **to take the plunge** lançar-se, arriscar-se

**plu•ral** [ˈplʊrəl] *s, adj.* plural

**plus** [plʌs] *prep.* mais / *s.* 1 FAM vantagem, ponto a favor 2 (tb **plus sign**) sinal de mais / *adj.* 1 positivo [ponto, grau]: *on the plus side* do lado positivo 2 mais de: *a million plus* mais de um milhão / *conj.* FAM também

**plush** [plʌʃ] *adj.* FAM chique / *s.* pelúcia

**Plu•to** [ˈplutoʊ] *s.* Plutão

**plu•to•nium** [pluˈtoʊniəm] *s.* plutônio

**ply•wood** [ˈplaɪwʊd] *s.* compensado [madeira]

**PM** [piˈɛm] *s.* BRIT FAM (= prime minister) primeiro-ministro

**p.m.**, BRIT: **pm** [piˈɛm] *adv.* da tarde/noite: *6.00 p.m.* 18h00

**PMS**, BRIT: **PMT** [piɛmˈɛs/ˈti] *s.* (= premenstrual syndrome/tension) TPM

**pneu•mat•ic drill** [nʊˌmætɪk ˈdrɪl] *s.* BRIT britadeira

**pneu•mo•nia** [nʊˈmoʊnjə] *s.* pneumonia
**P.O.**, BRIT: **PO** *abrev.* (= Post Office) ▸ Correios
**poach** [poʊtʃ] *v.* 1 cozinhar [em água, leite etc.] 2 caçar/pescar ilegalmente 3 roubar 4 **poached egg** ovo pochê
**poach•er** [ˈpoʊtʃər] *s.* caçador/pescador ilegal
**P.O. Box**, BRIT: **PO Box** [ˈpioʊ bɑks] *s.* (= Post Office Box) Caixa Postal
**pock•et** [ˈpɑkɪt] *s.* 1 bolso: *in my jacket pocket* no bolso da minha jaqueta 2 foco [de resistência etc.] 3 caçapa 4 **out of pocket** FAM no prejuízo / *adj.* de bolso: *a pocket dictionary* um dicionário de bolso / *v.* 1 guardar no bolso 2 embolsar 3 encaçapar
**pocket•book** [ˈpɑkɪt bʊk] *s.* AM 1 bolsa [de mulher] 2 carteira [de dinheiro] 3 **for every pocketbook** para todos os bolsos
**pock•et knife** [ˈpɑkɪt naɪf] *s.* [*pl* **knives**] canivete
**pock•et mon•ey** [ˈpɑkɪt ˌmʌni] *s.* 1 BRIT mesada 2 trocadinhos
**pod** [pɑd] *s.* vagem [de ervilha, semente]
**podgy** [ˈpɑdʒi] *adj.* [*comp* **podgier, podgiest**] BRIT FAM roliço
**po•dium** [ˈpoʊdiəm] *s.* pódio
**poem** [ˈpoʊəm] *s.* poema, poesia
**poet** [ˈpoʊɪt] *s.* poeta
**po•et•ic** [poʊˈɛtɪk] *adj.* poético
**po•et•ry** [ˈpoʊətri] *s.* poesia
**poign•ant** [ˈpɔɪnjənt] *adj.* comovente, pungente
**point** [pɔɪnt] *s.* 1 ponto 2 questão: *That's not the point.* Essa não é a questão. 3 colocação [argumento] 4 sentido: *I can't see the point of having two phones.* Não vejo o sentido de ter dois telefones. 5 momento, altura: *at some point* em algum momento | *at this point* nessa altura 6 ponta 7 **point of view** ponto de vista 8 **I see your point** eu entendo o que você quer dizer 9 **more to the point** mais importante 10 **that's beside the point** isso não vem ao caso 11 **there is no point (in) doing sth** não adianta fazer algo 12 **to be on the point of doing sth** estar a ponto de fazer algo 13 **to get/come to the point** ir ao assunto 14 **to have a point** ter razão 15 **to make a point** fazer uma colocação 16 **to make a point of doing sth** fazer questão de fazer algo 17 **to miss the point** não entender o xis da questão 18 **to the point** pertinente 19 **up to a point** até certo ponto 20 **what's the point (of doing sth)?** o que adianta (fazer algo)? / *v.* 1 apontar (***at/to** para*) 2 indicar [caminho] 3 **to point sth at sb/sth** apontar algo para alguém/algo
**point out: to point sth out (to sb)** 1 apontar algo (para alguém), chamar a atenção (de alguém) para algo 2 deixar claro/ressaltar algo
**point-blank** [pɔɪntˈblæŋk] *adv.* 1 terminantemente 2 à queima-roupa / *adj.* 1 **point-blank refusal** recusa terminante 2 **at point-blank range** à queima-roupa
**point•ed** [ˈpɔɪntɪd] *adj.* 1 pontudo, pontiagudo 2 mordaz [comentário, pergunta]
**point•er** [ˈpɔɪntər] *s.* 1 dica (***on** sobre*) 2 seta [do mouse] 3 ponteiro
**point•less** [ˈpɔɪntləs] *adj.* 1 sem sentido 2 inútil
**poise** [pɔɪz] *s.* desenvoltura
**poised** [pɔɪzd] *adj.* 1 desenvolto 2 **poised to do sth** prestes a fazer algo
**poi•son** [ˈpɔɪzən] *s.* veneno / *v.* 1 envenenar 2 contaminar / *adj.* venenoso
**poi•son•ing** [ˈpɔɪzənɪŋ] *s.* envenenamento, intoxicação
**poi•son•ous** [ˈpɔɪzənəs] *adj.* venenoso, tóxico
**poke** [poʊk] *v.* 1 cutucar 2 meter o dedo em: *He poked me in the eye.* Ele meteu o dedo no meu olho. 3 espetar 4 enfiar (***in** em, **through** por*): *Tim poked his head around the door to say hi.* O Tim enfiou a cabeça pela porta para dar um oi. 5 **to poke a hole (in sth)** fazer um furo (em algo) [com o dedo] 6 **to poke fun at sb** tirar o barato de alguém 7 **to poke the fire** atiçar o fogo 8

**to poke your nose into sth** meter o nariz em algo
**poke out, poke through** aparecer / *s.* cutucada

**pok•er** [ˈpoʊkər] *s.* 1 pôquer 2 atiçador

**poky, pokey** [ˈpoʊki] *adj.* FAM 1 AM lerdo, mole 2 BRIT apertado [apartamento]

**Po•land** [ˈpoʊlənd] *s.* Polônia

**po•lar** [ˈpoʊlər] *adj.* polar: *the polar ice cap* a calota polar

**po•lar bear** [ˈpoʊlər bɛr] *s.* urso polar

**Pole** [poʊl] *s.* polonês

**pole** [poʊl] *s.* 1 vara 2 haste 3 poste 4 polo 5 **to be poles apart** estar em polos opostos

**pole vault** [ˈpoʊl vɔlt] *s.* salto com vara

**po•lice** [pəˈlis] *spl.* 1 polícia 2 policiais / *adj.* policial / *v.* policiar
▸ Observe que ***the police*** é plural em inglês: ***The police have arrested a suspect.*** *A polícia prendeu um suspeito.*

**po•lice car** [pəˈlis kɑr] *s.* viatura policial

**po•lice force** [pəˈlis fɔrs] *s.* polícia

**police•man** [pəˈlismən] *s.* [*pl* **policemen**] 1 policial 2 guarda (municipal)

**po•lice of•fic•er** [pəˈlisˌɔfesər] *s.* policial

**po•lice sta•tion** [pəˈlis ˌsteɪʃən] *s.* delegacia de polícia

**police•woman** [pəˈliswʊmən] *s.* [*pl* **police-women**] policial [mulher]

**polic•ing** [pəˈlisɪŋ] *s.* policiamento

**poli•cy** [ˈpɑləsi] *s.* [*pl* **policies**] 1 política (***on*** *em relação a*) 2 apólice [de seguro]

**Po•lish** [ˈpoʊlɪʃ] *adj, s.* polonês

**pol•ish** [ˈpɑlɪʃ] *v.* 1 engraxar [sapatos] 2 lustrar 3 polir 4 lapidar [texto]
**polish off: to polish sth off** FAM acabar com algo / *s.* 1 graxa [de sapato] 2 (tb **furniture polish**) lustra-móveis 3 esmero

**pol•ished** [ˈpɑlɪʃt] *adj.* 1 polido 2 esmerado

**po•lite** [pəˈlaɪt] *adj.* educado, delicado

**po•lite•ly** [pəˈlaɪtli] *adv.* educadamente, delicadamente

**po•lite•ness** [pəˈlaɪtnəs] *s.* educação, delicadeza

**po•liti•cal** [pəˈlɪtɪkəl] *adj.* político

**poli•ti•cian** [pɑləˈtɪʃən] *s.* político

**poli•tics** [ˈpɑlətɪks] *s.* política

**poll** [poʊl] *s.* 1 pesquisa (de opinião) 2 BRIT votação 3 **the polls** as urnas / *v.* 1 questionar [em pesquisa de opinião] 2 receber [votos]

**pol•len** [ˈpɑlən] *s.* pólen: *the pollen count* a contagem de pólen

**poll•ing** [ˈpoʊlɪŋ] *s.* votação: *a polling place* uma seção eleitoral

**pol•lute** [pəˈlut] *v.* poluir

**pol•lu•tion** [pəˈluʃən] *s.* poluição

**polo** [ˈpoʊloʊ] *s.* polo [jogo]

**polo neck** [ˈpoʊloʊ nɛk] *s.* BRIT (blusa de) gola rulê

**poly•es•ter** [ˈpɑliɛstər] *s.* poliéster

**poly•sty•rene** [pɑlɪˈstaɪrin] *s.* BRIT isopor [material]

**pom•egran•ate** [ˈpaməgrænɪt] *s.* romã

**pom•pous** [ˈpɑmpəs] *adj.* pedante, pretensioso

**pond** [pɑnd] *s.* laguinho, açude

**pon•der** [ˈpɑndər] *v.* FORM 1 meditar sobre 2 **to ponder (on/over) sth** ponderar algo

**pony** [ˈpoʊni] *s.* pônei

**pony•tail** [ˈpoʊniteɪl] *s.* rabo de cavalo

**poo•dle** [ˈpudl] *s.* poodle

**pool** [pul] *s.* 1 piscina 2 poça 3 bilhar 4 reserva [de mão de obra etc.] 5 fundo comum / *v.* 1 juntar [recursos] 2 compartilhar [conhecimento etc.]

**poop**, BRIT: **poo** [pup, pu] AM FAM *s.* cocô / *v.* fazer cocô

**poor** [pʊr] *adj.* [*comp* **poorer, poorest**] 1 pobre (***in*** *em*) 2 fraco, ruim (***at*** *em*) 3 coitado: *Poor Sandra!* Coitada da Sandra! | *You poor thing!* Coitado de você! 4 **poor health** saúde abalada 5 **poor quality** (de) má qualidade 6 **the poor** os pobres

**poor•ly** [ˈpʊrli] *adv.* mal / *adj.* BRIT FAM indisposto

**pop** [pɑp] *v.* [**-pp-**] 1 estourar 2 estalar 3 BRIT FAM ir rapidinho 4 BRIT FAM botar
**pop in** 1 BRIT FAM dar uma passada 2 **to**

**pop into sth** BRIT FAM passar rapidinho em algo

**pop out** 1 escapar 2 BRIT FAM dar uma saidinha

**pop up** aparecer / *s.* 1 (tb **pop music**) música pop: *a pop singer* um cantor pop 2 estouro 3 estalo 4 **to go pop** estourar

**pop•corn** [ˈpɑpkɔrn] *s.* pipoca

**pope** [poʊp] *s.* papa: *Pope Benedict* o papa Bento

**pop•lar** [ˈpɑplər] *s.* choupo, álamo [árvore]

**pop•py** [ˈpɑpi] *s.* [*pl* **poppies**] papoula

**Pop•si•cle®** [ˈpɑpsɪkəl] *s.* AM picolé

**pop star** [ˈpɑp stɑr] *s.* astro/estrela do pop

**popu•lar** [ˈpɑpjələr] *adj.* 1 querido (***with*** *por*) 2 apreciado (***with*** *por*) 3 badalado (***with*** *por*) 4 popular 5 comum, generalizado [opinião, crença]

**popu•lar•ity** [pɑpjəˈlærəti] *s.* popularidade

**popu•lar•ize** BRIT tb:**-ise** [ˈpɑpjələraɪz] *v.* popularizar

**popu•late** [ˈpɑpjəleɪt] *v.* povoar

**popu•la•tion** [pɑpjəˈleɪʃən] *s.* população: *a population explosion* uma explosão demográfica

**popu•lous** [ˈpɑpjələs] *adj.* FORM populoso

**porce•lain** [ˈpɔrsəlɪn] *s.* porcelana

**porch** [pɔrtʃ] *s.* 1 AM varanda 2 vestíbulo

**por•cu•pine** [ˈpɔrkjəpaɪn] *s.* porco-espinho

**pore** [pɔr] *s.* poro / *v.* **to pore over sth** examinar/ler algo com muita atenção

**pork** [pɔrk] *s.* carne de porco: *a pork chop* uma costeleta de porco

**porn** [pɔrn] *s.* FAM pornô: *a porn movie* um filme pornô

**por•nog•ra•phy** [pɔrˈnɑgrəfi] *s.* pornografia

**po•rous** [ˈpɔrəs] *adj.* poroso

**por•ridge** [ˈpɔrɪdʒ] *s.* mingau de aveia

**port** [pɔrt] *s.* 1 porto 2 vinho do Porto 3 porta [de computador] 4 bombordo

**port•able** [ˈpɔrtəbəl] *adj.* portátil

**por•ter** [ˈpɔrtər] *s.* 1 carregador 2 maqueiro [de hospital] 3 AM cabineiro de trem 4 BRIT porteiro [de hotel]

**port•fo•lio** [pɔrtˈfoʊlioʊ] *s.* 1 portfólio 2 pasta

**port•hole** [ˈpɔrthoʊl] *s.* vigia [de navio]

**por•tion** [ˈpɔrʃən] *s.* 1 parte 2 porção

**por•trait** [ˈpɔrtreɪt] *s.* retrato

**por•tray** [pɔrˈtreɪ] *v.* 1 retratar, descrever 2 interpretar [personagem]

**por•tray•al** [pɔrˈtreɪəl] *s.* 1 retrato, descrição 2 interpretação [de personagem]

**Por•tu•gal** [ˈpɔrtʃəgəl] *s.* Portugal

**Por•tu•guese** [pɔrtʃəˈgiz] *adj, s.* português

**pose** [poʊz] *s.* pose / *v.* 1 representar [ameaça, problema, desafio] 2 posar (***for*** *para*) 3 exibir-se 4 **to pose a question** colocar uma questão 5 **to pose as sb** fazer-se passar por alguém

**posh** [pɑʃ] *adj.* FAM 1 chique 2 BRIT fino, grã-fino

**po•si•tion** [pəˈzɪʃən] *s.* 1 posição 2 situação 3 cargo 4 colocação [em ranking, corrida] 5 **in a sitting position** sentado 6 **in position** no lugar, posicionado 7 **in sb's position** no lugar de alguém 8 **to be in a position to do sth** estar em condições de fazer algo 9 **to be in no position to do sth** a não ter condições de fazer algo b não ter moral para fazer algo / *v.* posicionar

**posi•tive** [ˈpɑzətɪv] *adj.* 1 positivo 2 **to be positive (about sth/that ...)** ter certeza absoluta (de algo/de que ...): *"Are you sure?" - "Positive."* "Tem certeza?" - "Absoluta."

**posi•tive•ly** [ˈpɑzətɪvli] *adv.* 1 realmente: *I am positively speechless.* Estou realmente sem palavras. 2 positivamente 3 definitivamente: *positively the last time* definitivamente a última vez

**pos•sess** [pəˈzɛs] *v.* 1 possuir 2 **what possessed you/him etc. (to do sth)?** o que deu em você/nele etc. (para fazer algo)?

**pos•ses•sion** [pəˈzɛʃən] *s.* 1 pertence, bem 2 posse 3 **to take possession of sth** tomar posse de algo, apoderar-se de algo

**pos•ses•sive** [pəˈzɛsɪv] *adj.* possessivo

**pos•sibil•ity** [pɑsəˈbɪləti] *s.* [*pl* **possibilities**] 1 possibilidade 2 opção

**pos•sible** [ˈpɑsəbəl] *adj.* 1 possível 2 **as soon as possible** o mais rápido possível 3 **if possible** se for possível

**pos•sibly** [ˈpɑsəbli] *adv.* 1 possivelmente 2 **possibly can/could**: *We will do everything we possibly can.* Vamos fazer todo o possível. 3 **can't/couldn't possibly**: *You can't possibly believe that!* Não é possível que você acredite nisso! | *I couldn't possibly do that!* Não posso fazer isso de jeito nenhum! 4 **could you/I possibly ...?** será que você/eu podia ...?

**post** [poʊst] *s.* 1 post, postagem 2 BRIT correio: *by post* pelo correio 3 FORM cargo 4 poste, estaca 5 trave [em futebol] 6 posto [de militar] 7 **to put sth in the post** BRIT pôr algo no correio / *v.* 1 BRIT pôr no correio 2 BRIT mandar pelo correio (***to*** *para*) 3 postar 4 afixar (***on*** *em*) 5 enviar [diplomata, militar] 6 **to keep sb posted** manter alguém informado (***on*** *sobre*)

**post•age** [ˈpoʊstɪdʒ] *s.* 1 porte, custo de envio: *postage and handling* envio e embalagem 2 **postage stamp** selo postal

**post•al** [ˈpoʊstl] *adj.* postal

**post•box** [ˈpoʊstbɑks] *s.* BRIT caixa de correio

**post•card** [ˈpoʊstkɑrd] *s.* cartão-postal

**post•code** [ˈpoʊstkoʊd] *s.* BRIT CEP

**post•date** [poʊstˈdeɪt] *v.* pós-datar

**post•er** [ˈpoʊstər] *s.* 1 cartaz 2 pôster

**pos•ter•ity** [pɑˈsterəti] *s.* posteridade

**post•gradu•ate** [poʊst ˈgrædʒuɪt] BRIT *adj.* de pós-graduação / *s.* aluno de pós-graduação

**post•hu•mous** [ˈpɑstʃəməs] *adj.* póstumo

**post•man** [ˈpoʊstmən] *s.* [*pl* **postmen**] BRIT carteiro

**post•mark** [ˈpoʊstmɑrk] *s.* carimbo do correio

**post-mortem** [poʊst ˈmɔrtəm] *s.* autópsia

**post of•fice** [ˈpoʊst ˌɔfɪs] *s.* (agência do) correio

**post•pone** [poʊsˈpoʊn] *v.* adiar

**post•script** [ˈpoʊsskrɪpt] *s.* pós-escrito

**pos•ture** [ˈpɑstʃər] *s.* postura

**post-war** [poʊstˈwɔr] *adj.* do pós-guerra

**pot** [pɑt] *s.* 1 panela: *pots and pans* bateria de cozinha 2 vaso: *a pot plant* uma planta de vaso 3 pote 4 bule: *a coffee pot* uma cafeteira 5 FAM maconha 6 **to go to pot** FAM decair

**po•ta•to** [pəˈteɪtoʊ] *s.* [*pl* **potatoes**] batata: *mashed potato* purê de batata

**po•ta•to chip**, BRIT: **potato crisp** [pəˈteɪtoʊ tʃɪp/krɪsp] *s.* batata frita [de saquinho]

**po•tent** [ˈpoʊtnt] *adj.* potente

**po•ten•tial** [pəˈtenʃəl] *adj.* em potencial, possível / *s.* 1 potencial 2 possibilidade (***for*** *de*)

**po•ten•tial•ly** [pəˈtenʃəli] *adv.* potencialmente

**pot•hole** [ˈpɑthoʊl] *s.* buracão [na estrada]

**pot•ter** [ˈpɑtər] *s.* ceramista, oleiro / *v.* BRIT (tb **potter about**) ficar mexendo [em casa, no jardim etc.]

**pot•tery** [ˈpɑtəri] *s.* [*pl* **potteries**] 1 cerâmica 2 olaria

**pouch** [paʊtʃ] *s.* 1 pochete 2 bolsa [de canguru]

**poul•try** [ˈpoʊltri] *s.* aves (domésticas)

**pounce** [paʊns] *v.* 1 dar o bote (***on*** *em*) 2 **to pounce on sth** não deixar passar algo [erro, chance]

**pound** [paʊnd] *s.* 1 libra [moeda]: *a twenty-pound note* uma nota de vinte libras | *the pound sterling* a libra esterlina 2 unidade de peso = 0,45 kg / *v.* 1 socar 2 disparar [coração] 3 **to pound (on) sth** esmurrar algo

**pour** [pɔr] *v.* 1 servir [da garrafa, do bule]: *He poured himself some coffee.* Ele se serviu de café. 2 verter, despejar (***into*** *em*) 3 jorrar (***from/out of*** *de*) 4 (tb **pour down**) chover muito

**pour in** 1 entrar em grande quantidade [água] 2 chover [cartas, doações] 3 **to pour sth in** adicionar algo

**pour out** 1 sair em grande quantidade/em massa (***of*** *de*) 2 **to pour out your heart/**

troubles desabafar (*to com*) 3 **to pour sth out** servir algo [bebida]
**pout** [paʊt] *v.* fazer biquinho/beiço
**pov•er•ty** [ˈpɑvərti] *s.* 1 pobreza 2 **poverty line/level** linha da pobreza
**pow•der** [ˈpaʊdər] *s.* 1 pó 2 pó de arroz / *v.* passar pó de arroz em
**pow•er** [paʊr] *s.* 1 poder (***over** sobre*) 2 energia: *solar power* energia solar | *a power failure* um corte de energia 3 força 4 potência 5 **in power** no poder 6 **to be in/within sb's power (to do sth)** estar ao alcance de alguém (fazer algo): *everything in my power* tudo ao meu alcance 7 **to come to power** entrar no poder 8 **to take power** assumir o poder / *v.* mover, acionar: *battery-powered* movido à pilha
**pow•er cut** [ˈpaʊr kʌt] *s.* BRIT corte de energia, apagão
**pow•er•ful** [ˈpaʊrfəl] *adj.* 1 poderoso 2 forte 3 potente
**pow•er•less** [ˈpaʊrləs] *adj.* 1 impotente 2 **to be powerless to do sth** não ter como fazer algo
**pow•er out•age** [ˈpaʊrˌaʊtɪdʒ] *s.* AM corte de energia, apagão
**pow•er plant** [ˈpaʊr plænt] *s.* usina [de energia elétrica]
**PR** [piˈɑr] *s.* relações públicas [ramo]
**prac•ti•cable** [ˈpræktɪkəbəl] *adj.* viável
**prac•ti•cal** [ˈpræktɪkəl] *adj.* prático
**prac•ti•cal joke** [ˌpræktɪkəl ˈdʒoʊk] *s.* peça, trote
**prac•ti•cal•ly** [ˈpræktɪkli] *adv.* 1 praticamente 2 de forma prática
**prac•tice** [ˈpræktɪs] *s.* 1 prática 2 treino 3 **legal/medical practice** escritório de advocacia/consultório médico 4 **in practice** na prática 5 **out of practice** destreinado 6 **to be common/standard practice** ser de praxe 7 **to put sth into practice** pôr algo em prática / *v.* 1 treinar (***for** para*, ***on** com*) 2 praticar 3 exercer [profissão] 4 **to practice doing sth** treinar fazer algo 5 **to practice (law/medicine)** advogar/clinicar
**prac•ticed**, BRIT: **prac•tised** [ˈpræktɪst] *adj.* experiente, versado (***in** em*)
**prac•tic•ing**, BRIT: **prac•tis•ing** [ˈpræktɪsɪŋ] *adj.* praticante
**prac•ti•tion•er** [prækˈtɪʃənər] *s.* 1 praticante 2 **general practitioner** clínico geral 3 **medical practitioner** médico
**prai•rie** [ˈprɛri] *s.* pradaria, campina
**praise** [preɪz] *v.* 1 elogiar 2 louvar / *s.* 1 elogios 2 louvor
**pram** [præm] *s.* BRIT carrinho de bebê
**prank** [præŋk] *s.* trote, peça
**prawn** [prɔn] *s.* BRIT camarão
**pray** [preɪ] *v.* 1 rezar, orar (***for** por*) 2 **to pray that ...** torcer/rezar para que ...
**prayer** [ˈprɛr] *s.* oração, prece: *the Lord's Prayer* o pai-nosso
**preach** [pritʃ] *v.* 1 pregar [religião, tolerância etc.] 2 dar sermão, pontificar
**preach•er** [ˈpritʃər] *s.* pregador
**pre•ar•ranged** [priəˈreɪndʒd] *adj.* pré-combinado
**pre•cari•ous** [prɪˈkɛriəs] *adj.* precário
**pre•cau•tion** [prɪˈkɔʃən] *s.* 1 precaução 2 **to take precautions** precaver-se (***against** contra/de*)
**pre•cede** [prɪˈsid] *v.* FORM preceder (***with** de*)
**prec•edence** [ˈprɛsədəns] *s.* 1 prioridade: *in order of precedence* em ordem de prioridade 2 **to give sth/sb precedence** priorizar algo/alguém 3 **to take/have precedence over sth** ter prioridade sobre algo
**prec•edent** [ˈprɛsədənt] *s.* 1 precedente 2 **to set/create a precedent** abrir/criar um precedente
**pre•ced•ing** [prɪˈsidɪŋ] *adj.* anterior
**pre•cinct** [ˈprisɪŋkt] *s.* 1 AM distrito policial 2 AM delegacia 3 **shopping/pedestrian precinct** BRIT calçadão, área para pedestres
**pre•cious** [ˈprɛʃəs] *adj.* precioso / *adv.* **precious little/few** muito pouco/poucos
**preci•pice** [ˈprɛsəpɪs] *s.* precipício
**pre•cise** [prɪˈsaɪs] *adj.* 1 exato: *We have to get up early, at 5.30, to be precise.* Temos

que levantar cedo, às 5h30, para ser exato. 2 minucioso [descrição] 3 meticuloso [pessoa]

**pre•cise•ly** [prɪˈsaɪsli] *adv.* 1 exatamente 2 em ponto: *at six o'clock precisely* às seis horas em ponto 3 justamente, precisamente 4 com precisão

**pre•ci•sion** [prɪˈsɪʒən] *s.* precisão

**pre•clude** [prɪˈklud] *v.* FORM 1 excluir 2 **to preclude sb from doing sth** impedir alguém de fazer algo

**pre•con•ceived** [prikənˈsivd] *adj.* preconcebido

**preda•tor** [ˈprɛdətər] *s.* predador

**pre•de•ces•sor** [ˈprɛdəsɛsər] *s.* antecessor

**pre•dica•ment** [prɪˈdɪkəmənt] *s.* situação difícil, sufoco

**pre•dict** [prɪˈdɪkt] *v.* prever

**pre•dict•able** [prɪˈdɪktəbəl] *adj.* previsível

**pre•dic•tion** [prɪˈdɪkʃən] *s.* previsão

**pre•domi•nant** [prɪˈdɑmənənt] *adj.* predominante

**pre•domi•nant•ly** [prɪˈdɑmənəntli] *adj.* predominantemente

**pre-empt** [prɪˈɛmpt] *v.* antecipar-se a

**pref•ace** [ˈprɛfəs] *s.* prefácio

**pre•fer** [prɪˈfɜr] *v.* [-**rr**-] 1 preferir (***to*** *a*) 2 **to prefer sb to do sth** preferir que alguém faça algo 3 **to prefer to do sth/prefer doing sth** preferir fazer algo

**pref•er•able** [ˈprɛfərəbəl] *adj.* preferível

**pref•er•ably** [ˈprɛfərəbli] *adv.* de preferência

**pref•er•ence** [ˈprɛfərəns] *s.* 1 preferência 2 **to give preference to sb/sth** dar preferência a alguém/algo

**pref•er•en•tial** [prɛfəˈrɛnʃəl] *adj.* 1 **preferential treatment** tratamento privilegiado 2 preferencial [taxa, preço]

**pre•fix** [ˈprifɪks] *s.* prefixo

**preg•nan•cy** [ˈprɛgnənsi] *s.* [*pl* **pregnancies**] gravidez

**preg•nant** [ˈprɛgnənt] *adj.* 1 grávida: *She's five months pregnant.* Ela está grávida de cinco meses. 2 **to get pregnant** engravidar

**pre•his•tor•ic** [prihɪˈstɔrɪk] *adj.* pré-histórico

**preju•dice** [ˈprɛdʒədɪs] *s.* preconceito / *v.* 1 predispor (***against*** *contra*) 2 comprometer [chances, resultado]

**preju•diced** [ˈprɛdʒədɪst] *adj.* 1 preconceituoso 2 **to be prejudiced against sb/sth** ter preconceito contra alguém/algo

**pre•limi•nary** [prɪˈlɪmənɛri] *adj.* preliminar / *s.* 1 eliminatória 2 **preliminaries** preâmbulo

**prel•ude** [ˈprɛljud] *s.* prelúdio (***to*** *de*)

**prema•ture** [priməˈtʃʊr] *adj.* prematuro

**pre•medi•tat•ed** [prɪˈmɛdəteɪtɪd] *adj.* premeditado

**prem•ier** [prɪˈmɪr, *Brit*: ˈprɛmiə] *s.* primeiro-ministro / *adj.* FORM de primeira categoria

**premi•ère** [prɪˈmɪr, *Brit*: ˈprɛmiə] *s.* estreia / *v.* estrear

**prem•ises** [ˈprɛmɪsɪz] *spl.* 1 dependências [de escola, empresa] 2 local 3 **business premises** imóvel/sala comercial 4 **on/off the premises** no/do local

**pre•mium** [ˈprimiəm] *s.* 1 prêmio [de seguro] 2 acréscimo (de preço) 3 **to be at a premium** ser difícil de conseguir/escasso

**premo•ni•tion** [prɛməˈnɪʃən] *s.* pressentimento

**pre•oc•cu•pa•tion** [priɑkjəˈpeɪʃən] *s.* preocupação (***with*** *com*)

**pre•oc•cu•pied** [priˈɑkjəpaɪd] *adj.* 1 distraído 2 **preoccupied with sth** focado em algo, ocupado com algo

**pre•paid** [priˈpeɪd] *adj.* pré-pago

**prepa•ra•tion** [prɛpəˈreɪʃən] *s.* 1 preparação, preparo 2 **preparations** preparativos 3 **to make preparations** preparar (***for*** *para*)

**pre•para•tory** [prəˈpærətɔri] *adj.* preparatório

**pre•pare** [prəˈpɛr] *v.* 1 preparar(-se) (***for*** *para*) 2 **to prepare to do sth** preparar-se para fazer algo

**pre•pared** [prəˈpɛrd] *adj.* 1 preparado (***for*** *para*) 2 **prepared to do sth** disposto a fazer algo

**prepo•si•tion** [prɛpəˈzɪʃən] *s.* preposição

**pre•pos•ter•ous** [prɪˈpɑstərəs] *adj.* absurdo, despropositado

**prep school** [ˈprɛp skul] *s.* 1 AM curso pré--vestibular 2 BRIT escola particular de ensino fundamental

**pre•quel** [ˈprikwəl] *s.* prequela [de filme, livro]

**pre•requi•site** [prɪˈrɛkwəzɪt] *s.* pré-requisito (*for para*)

**pre•school** [ˈpriskul] *s.* AM pré-escola / *adj.* pré-escolar: *preschool children* crianças em idade pré-escolar

**pre•scribe** [prɪˈskraɪb] *v.* 1 receitar 2 FORM estipular

**pre•scrip•tion** [prɪˈskrɪpʃən] *s.* 1 receita [médica]: *prescription drugs* remédios com receita 2 **by/on prescription** sob prescrição médica, com receita

**pres•ence** [ˈprɛzəns] *s.* 1 presença 2 **in the presence of sb** FORM em presença de alguém

**pres•ence of mind** [ˌprɛzəns əv ˈmaɪnd] *s.* presença de espírito

**pres•ent** *s.* [ˈprɛzənt] 1 presente 2 **at present** FORM atualmente / *adj.* [ˈprɛzənt] 1 presente (***at/in** em*) 2 atual 3 **present tense** presente [tempo verbal] 4 **at the present time** no presente momento 5 **the present day** os dias de hoje / *v.* [prɪˈzɛnt] 1 apresentar 2 representar [problema, desafio etc.] 3 **to present sb with sth/present sth to sb** entregar algo a alguém: *She was presented with an award.* Ela recebeu um prêmio. 4 **to present itself** apresentar-se [oportunidade] 5 **to present yourself** a portar-se b apresentar-se (***as** como*)

**pre•sent•able** [prɪˈzɛntəbəl] *adj.* 1 apresentável 2 **to make yourself presentable** arrumar-se

**pre•sen•ta•tion** [prizənˈteɪʃən] *s.* 1 apresentação 2 entrega [de prêmios]

**present-day** [ˌprɛzəntˈdeɪ] *adj.* atual

**pre•sent•er** [prɪˈzɛntər] *s.* BRIT apresentador [de TV]

**pres•ent•ly** [ˈprɛzəntli] *adv.* FORM 1 em breve, daqui a pouco 2 AM atualmente 3 logo depois

**pres•er•va•tion** [prɛzərˈveɪʃən] *s.* conservação

**pre•serva•tive** [prɪˈzɜrvətɪv] *s.* conservante

**pre•serve** [prɪˈzɜrv] *v.* conservar / *s.* 1 compota, doce 2 conserva 3 terreno exclusivo [dos homens etc.]

**pre•side** [prɪˈzaɪd] *v.* **to preside (at/over sth)** presidir (algo)

**presi•den•cy** [ˈprɛzədənsi] *s.* presidência

**presi•dent** [ˈprɛzədənt] *s.* presidente

**presi•den•tial** [prɛzəˈdənʃəl] *adj.* presidencial

**press** [prɛs] *s.* 1 imprensa: *press coverage* repercussão na imprensa | *the tabloid press* a imprensa marrom 2 prelo 3 prensa 4 **to get/be given a bad press** ser criticado na imprensa / *v.* 1 apertar 2 prensar [uva, flores] 3 passar a ferro 4 **to press for sth** pressionar por algo 5 **to press on/against sth** pressionar algo 6 **to press sb for sth** pressionar alguém para dar algo 7 **to press sb to do sth** pressionar alguém para fazer algo

**press ahead: to press ahead with sth** levar algo adiante

**press on** seguir em frente (***with** com*)

**press con•fer•ence** [ˈprɛs ˌkɑnfərəns] *s.* coletiva

**pressed** [prɛst] *adj.* **to be pressed for time/money etc.** estar com pouco tempo/dinheiro etc.

**press•ing** [ˈprɛsɪŋ] *adj.* premente, urgente

**press re•lease** [ˈprɛs rɪˌlis] *s.* comunicado à imprensa

**press-up** *s.* BRIT flexão [de braço]

**pres•sure** [ˈprɛʃər] *s.* 1 pressão 2 **to be under pressure** estar sofrendo pressão 3 **to put pressure on sth/sb** fazer pressão em algo/alguém / *v.* 1 pressionar 2 **to pressure sb into doing sth/to do sth** pressionar alguém a fazer algo

**pres•sure cook•er** [ˈprɛʃərˌkʊkər] *s.* panela de pressão

**pres•sure group** [ˈprɛʃər grup] *s.* grupo de pressão

**pres•sur•ize** BRIT tb:**-ise** *v.* 1 BRIT pressionar 2 pressurizar
**pres•tige** [prɛˈstiʒ] *s.* prestígio
**pres•tig•ious** [prɛˈstɪdʒəs] *adj.* prestigioso
**pre•sum•ably** [prɪˈzuməbli] *adv.* imagino que, é de se supor que: *Presumably you've heard the news.* Você já deve estar sabendo da notícia.
**pre•sume** [prɪˈzum] *v.* 1 imaginar: *I presume you know everyone.* Você já deve conhecer todo mundo. | *I presume so.* Imagino que sim. 2 presumir: *The painting is presumed to be genuine.* Presume-se que o quadro seja autêntico. 3 **presumed dead** presumivelmente morto 4 **to presume to do sth** FORM atrever-se a fazer algo
**pre•sump•tion** [prɪˈzʌmpʃən] *s.* 1 suposição 2 FORM atrevimento
**pre•sump•tu•ous** [prɪˈzʌmptʃuəs] *adj.* FORM presunçoso
**pre•sup•pose** [prisəˈpoʊz] *v.* pressupor
**pre•tend** [prɪˈtɛnd] *v.* 1 fingir 2 fazer de conta 3 dizer: *I don't pretend it'll be easy.* Não digo que vá ser fácil. 4 **to pretend to do sth** fingir fazer algo: *He pretended to be drunk.* Ele se fingiu de bêbado. / *adj.* FAM de mentira: *a pretend girlfriend* uma namorada de mentira
**pre•tense**, BRIT: **pre•tence** [ˈpritɛns, prɪˈtɛns] *s.* 1 fingimento, encenação 2 pretexto 3 **to keep up the pretense of sth** ficar fingindo algo 4 **under/on false pretenses** à base de mentiras
**pre•ten•tious** [prɪˈtɛnʃəs] *adj.* pretensioso
**pre•text** [ˈpritɛkst] *s.* pretexto
**pret•ty** [ˈprɪti] *adj.* [*comp* **prettier, prettiest**] 1 bonito 2 **not a pretty sight** uma visão do inferno / *adv.* 1 bastante, bem: *pretty expensive* bastante caro | *I'm pretty sure.* Tenho quase certeza. 2 **pretty much/well** praticamente
**pre•vail** [prɪˈveɪl] *v.* FORM 1 existir [situação, costume] 2 prevalecer 3 **to prevail on/upon sb (to do sth)** persuadir alguém (a fazer algo)
**pre•vail•ing** [prɪˈveɪlɪŋ] *adj.* 1 vigente, existente [situação] 2 predominante [vento]
**preva•lent** [ˈprɛvələnt] *adj.* 1 comum, frequente 2 predominante
**pre•vent** [prɪˈvɛnt] *v.* 1 evitar, prevenir 2 impedir 3 **to prevent sb from doing sth** impedir alguém de fazer algo
**pre•ven•tion** [prɪˈvɛnʃən] *s.* prevenção
**pre•ven•tive** [prɪˈvɛntɪv] *adj.* preventivo
**pre•view** [ˈprivju] *s.* 1 pré-estreia 2 chamada, trailer 3 **sneak preview** pequena amostra
**pre•vi•ous** [ˈpriviəs] *adj.* 1 anterior: *the previous day* o dia anterior 2 prévio [experiência etc.] 3 **previous to sth** antes de algo
**pre•vi•ous•ly** [ˈpriviəsli] *adv.* antes, anteriormente
**prey** [preɪ] *s.* 1 presa: *easy prey* presa fácil 2 **to be/fall prey to sb/sth** ser/tornar-se vítima de alguém/algo / *v.* 1 **to prey on sb** visar alguém 2 **to prey on sb's mind** atormentar/afligir alguém 3 **to prey on sth** ter algo como presa
**price** [praɪs] *s.* 1 preço 2 **at any price** a qualquer preço 3 **(at) half price** pela metade do preço / *v.* 1 **to be priced at $25 etc.** ter um preço de $25,00 etc. 2 **to be reasonably priced** ter um preço razoável
**price•less** [ˈpraɪsləs] *adj.* 1 sem preço, inestimável 2 FAM impagável
**pricey** [ˈpraɪsi] *adj.* [*comp* **pricier, priciest**] FAM caro
**prick** [prɪk] *v.* 1 picar [com agulha etc.] 2 **to prick yourself** picar-se (***on*** *em*)
**prick up** 1 **to prick up its ears** empinar as orelhas 2 **to prick up your ears** aguçar os ouvidos / *s.* picada
**prick•le** [ˈprɪkəl] *s.* espinho / *v.* 1 pinicar 2 arder [pele]
**prick•ly** [prɪkli] *adj.* [*comp* **pricklier, prickliest**] 1 espinhoso 2 piniquento 3 ardente [pele] 4 FAM rabugento
**pricy** ver **pricey**
**pride** [praɪd] *s.* 1 orgulho 2 **to be sb's pride and joy** ser o orgulho de alguém 3 **to take**

pride in (doing) sth ter orgulho de (fazer) algo / *v.* **to pride yourself on (doing) sth** orgulhar-se de (fazer) algo

**priest** [prist] *s.* sacerdote, padre

**priest•hood** [ˈpristhʊd] *s.* sacerdócio

**pri•mari•ly** [praɪˈmɛrəli] *adv.* principalmente

**pri•ma•ry** [ˈpraɪməri] *adj.* 1 principal 2 BRIT fundamental, primário [ensino] / *s.* [*pl* **primaries**] primária [eleição]

**prime** [praɪm] *s.* **in your prime/in the prime of life** na flor da idade / *adj.* 1 principal 2 de primeira, nobre 3 **prime example** exemplo perfeito / *v.* 1 preparar (***for*** *para*) 2 **to prime sb to do sth** orientar alguém a fazer algo

**prime min•is•ter** [praɪˈmɪnəstər] *s.* primeiro-ministro

**primi•tive** [ˈprɪmətɪv] *adj.* primitivo

**prim•rose** [ˈprɪmroʊz] *s.* prímula [flor] / *adj.* amarelo-claro

**prince** [prɪns] *s.* príncipe

**prin•cess** [ˈprɪnsəs] *s.* princesa

**prin•ci•pal** [ˈprɪnsəpəl] *adj.* principal / *s.* AM diretor [de escola]

**prin•ci•ple** [ˈprɪnsəpəl] *s.* 1 princípio 2 **in principle** em princípio 3 **on principle** por princípio

**print** [prɪnt] *v.* 1 imprimir 2 publicar 3 estampar 4 escrever em letra de forma

**print out: to print sth out** imprimir algo / *s.* 1 texto 2 letra 3 impressão digital 4 pegada 5 cópia [de foto] 6 gravura 7 estampado 8 **in print** ◻a publicado ◻b disponível [livro] 9 **out of print** esgotado [livro] 10 **small/fine print** letra miúda

**print•er** [ˈprɪntər] *s.* 1 impressora 2 (tb **printer's**) gráfica 3 tipógrafo

**print•ing** [ˈprɪntɪŋ] *s.* 1 impressão [em papel etc.] 2 tipografia 3 **printing press** prelo

**print•out** [ˈprɪntaʊt] *s.* cópia impressa

**pri•or** [ˈpraɪr] FORM *adv.* **prior to (doing) sth** antes de (fazer) algo / *adj.* prévio

**pri•ori•tize** BRIT tb:**-tise** [praɪˈɔrətaɪz] *v.* priorizar

**pri•or•ity** [praɪˈɔrəti] *s.* [*pl* **priorities**] 1 prioridade: *a top priority* uma primeira prioridade 2 **to get your priorities right/straight** rever suas prioridades 3 **to have/take priority** ter prioridade (***over*** *sobre*)

**pris•on** [ˈprɪzən] *s.* 1 prisão, cadeia: *in prison* na cadeia 2 presídio 3 **prison sentence** pena de prisão 4 **to put sb in prison/send sb to prison** prender alguém

**pris•on•er** [ˈprɪzənər] *s.* 1 preso 2 presidiário 3 prisioneiro: *a prisoner of war* um prisioneiro de guerra 4 **to take sb prisoner** capturar alguém

**pris•tine** [ˈprɪstin] *adj.* 1 impecável 2 **in pristine condition** em perfeitas condições

**pri•va•cy** [ˈpraɪvəsi] *s.* privacidade

**pri•vate** [ˈpraɪvət] *adj.* 1 particular 2 privado 3 confidencial 4 privativo 5 reservado [pessoa] / *s.* 1 soldado raso 2 **in private** em particular, a sós

**pri•vate•ly** [ˈpraɪvətli] *adv.* 1 em particular 2 no fundo 3 em privado 4 **privately educated** formado em escolas particulares 5 **privately owned** privado [empresa etc.]

**pri•vat•ize** BRIT tb:**-ise** [ˈpraɪvətaɪz] *v.* privatizar

**privi•lege** [ˈprɪvəlɪdʒ] *s.* privilégio

**privi•leged** [ˈprɪvəlɪdʒd] *adj.* 1 privilegiado 2 abastado

**privy** [ˈprɪvi] *adj.* **to be privy to sth** ter conhecimento de algo

**prize** [praɪz] *s.* prêmio: *prize money* dinheiro do prêmio / *adj.* 1 (tb **prize-winning**) premiado 2 **a prize idiot** FAM o maior idiota / *v.* prezar, apreciar: *my most prized possession* meu bem mais precioso

**pro** [proʊ] *s.* 1 FAM profissional: *a tennis pro* um tenista profissional 2 **the pros and cons** os prós e os contras / *adj.* 1 FAM profissional: *pro boxing* boxe profissional 2 **to turn/go pro** tornar-se profissional

**pro•ac•tive** [proʊˈæktɪv] *adj.* proativo

**prob•abil•ity** [prɑbəˈbɪləti] *s.* [*pl* **probabilities**] 1 probabilidade 2 **in all probability** o mais provável é que

**prob•able** [ˈprɑbəbəl] *adj.* provável
**prob•ably** [ˈprɑbəbli] *adv.* provavelmente
**pro•ba•tion** [proʊˈbeɪʃən] *s.* **on probation** a em liberdade condicional b em tempo de experiência
**probe** [proʊb] *s.* 1 sonda 2 investigação (***into*** *de*) / *v.* 1 sondar 2 **to probe (into) sth** sondar/investigar algo
**prob•lem** [ˈprɑbləm] *s.* 1 problema 2 **no problem** a sem problemas 2 b de nada [resposta a agradecimento]
**pro•cedure** [prəˈsidʒər] *s.* procedimento
**pro•ceed** [prəˈsid] *v.* 1 FORM prosseguir (***to*** *a*, ***with*** *com*) 2 FORM dirigir-se (***to*** *a*): *Proceed to Gate 10.* Dirijam-se ao portão 10. 3 **to proceed to do sth**: *He sat down and proceeded to fall asleep.* Ele se sentou e em seguida dormiu.
**pro•ceed•ings** [prəˈsidɪŋz] *spl.* 1 acontecimentos 2 processo, medidas: *legal proceedings* medidas legais 3 FORM ata [de assembleia etc.]
**pro•ceeds** [ˈproʊsids] *spl.* receita [de venda, show etc.]
**pro•cess** [ˈprɑsɛs, *Brit*: ˈproʊsɛs] *s.* 1 processo 2 **in the process** ao mesmo tempo 3 **to be in the process of doing sth** estar fazendo algo / *v.* 1 processar 2 revelar [filme]
**pro•cess•ing** [ˈprɑsɛsɪŋ, *Brit*: ˈproʊsɛsɪŋ] *s.* 1 processamento 2 revelação [de filme]
**pro•ces•sion** [prəˈsɛʃən] *s.* 1 procissão 2 cortejo
**pro•claim** [proʊˈkleɪm] *v.* FORM proclamar
**pro•cure** [proʊˈkjʊr] *v.* FORM obter, conseguir
**prod** [prɑd] *v.* [**-dd-**] 1 cutucar 2 **to prod sb into doing sth** instigar alguém a fazer algo
**prodi•gy** [ˈprɑdədʒi] *s.* prodígio
**pro•duce** *v.* [prəˈdus] 1 produzir 2 apresentar [documento, prova etc.] 3 dar [resultado] 4 sacar [arma] / *s.* [ˈproʊdus, *Brit*: ˈprɑdjus] 1 produtos, produção 2 AM hortifrúti 3 **dairy produce** BRIT laticínios
**pro•duc•er** [prəˈdusər] *s.* produtor
**prod•uct** [ˈprɑdəkt] *s.* produto
**pro•duc•tion** [prəˈdʌkʃən] *s.* 1 produção 2 apresentação [de documento etc.] 3 encenação [de peça] 4 **production company** produtora 5 **production line** linha de produção
**pro•duc•tive** [prəˈdʌktɪv] *adj.* produtivo
**prod•uc•tiv•ity** [prɑdʌkˈtɪvəti] *s.* produtividade
**pro•fes•sion** [prəˈfɛʃən] *s.* 1 profissão 2 **the legal/medical/teaching profession** a a advocacia/a medicina/o magistério b os advogados/médicos/professores
**pro•fes•sion•al** [prəˈfɛʃənl] *adj, s.* profissional
**pro•fes•sion•al•ism** [prəˈfɛʃənl-ɪzəm] *s.* profissionalismo
**pro•fes•sor** [prəˈfɛsər] *s.* 1 AM professor universitário 2 BRIT catedrático
**pro•fi•cien•cy** [prəˈfɪʃənsi] *s.* competência (***in/at*** *em*)
**pro•fi•cient** [prəˈfɪʃənt] *adj.* competente (***in/at*** *em*): *He's proficient in German.* Ele fala bem alemão.
**pro•file** [ˈproʊfaɪl] *s.* 1 perfil 2 **in profile** de perfil / *v.* 1 traçar o perfil de 2 apresentar um perfil de
**prof•it** [ˈprɑfɪt] *s.* 1 lucro 2 proveito 3 **at a profit** com lucro 4 **to make a profit** ter lucro (***from*** *de*, ***on*** *com*) / *v.* 1 servir/aproveitar a 2 **to profit by/from sth** a beneficiar-se com algo b lucrar com algo
**prof•it•able** [ˈprɑfɪtəbəl] *adj.* 1 lucrativo 2 rentável 3 proveitoso
**pro•found** [prəˈfaʊnd] *adj.* profundo
**prog•no•sis** [prɑgˈnoʊsɪs] *s.* [*pl* **prognoses**] prognóstico
**pro•gram**, BRIT: **pro•gramme** [ˈproʊgræm] *s.* programa
**pro•gram•mer** [ˈproʊgræmər] *s.* programador
**pro•gram•ming** [ˈproʊgræmɪŋ] *s.* programação
**pro•gress** *s.* [ˈprɑgrəs, *Brit*: ˈproʊgrɛs] 1 progresso 2 avanço 3 **in progress** em andamento 4 **to make progress** a progredir b avançar / *v.* [prəˈgrɛs] 1 progredir 2 avançar 3 passar [tempo]

**pro•gres•sive** [prəˈgresɪv] *adj.* 1 progressista 2 progressivo
**pro•hib•it** [proʊˈhɪbɪt] *v.* FORM 1 proibir 2 **to prohibit sb from doing sth** proibir alguém de fazer algo
**proj•ect** *s.* [ˈprɑdʒekt] 1 projeto: *a research project* uma pesquisa 2 trabalho [escolar]: *a history project* um trabalho de História 3 **the projects** AM FAM uma cohab / *v.* [prəˈdʒekt] 1 projetar 2 prever 3 sobressair
**pro•jec•tion** [prəˈdʒekʃən] *s.* 1 projeção 2 saliência
**pro•jec•tor** [prəˈdʒektər] *s.* projetor
**pro•lif•ic** [prəˈlɪfɪk] *adj.* prolífico
**pro•logue** [ˈproʊlɔg] *s.* prólogo (*to de*)
**pro•long** [prəˈlɔŋ] *v.* prolongar
**pro•longed** [prəˈlɔŋd] *adj.* prolongado
**promi•nence** [ˈprɑmənəns] *s.* 1 proeminência 2 importância 3 **to come/rise to prominence** tornar-se proeminente
**promi•nent** [ˈprɑmənənt] *adj.* 1 eminente [pessoa] 2 de destaque [lugar, posição, papel] 3 proeminente [queixo]
**pro•mis•cu•ous** [prəˈmɪskjuəs] *adj.* promíscuo
**prom•ise** [ˈprɑmɪs] *s.* 1 promessa 2 **to break/keep/make a promise** quebrar/cumprir/fazer uma promessa 3 **to show promise** prometer, ser promissor / *v.* 1 prometer 2 **to promise sb sth** prometer algo a alguém 3 **to promise to do sth** prometer fazer algo
**prom•is•ing** [ˈprɑmɪsɪŋ] *adj.* promissor
**pro•mote** [prəˈmoʊt] *v.* 1 promover (*to a*) 2 **to be/get promoted** ser promovido
**pro•mot•er** *s.* 1 promotor(a) [de eventos] 2 defensor
**pro•mo•tion** [prəˈmoʊʃən] *s.* 1 promoção 2 **to get a promotion** ter uma promoção
**prompt** [prɑmpt] *adj.* 1 rápido, imediato 2 pontual / *v.* 1 levar a, provocar 2 soprar (para) [ator etc.] 3 **to prompt sb to do sth** levar alguém a fazer algo / *s.* prompt de comando
**prompt•er** [ˈprɑmptər] *s.* ponto [que lembra ao ator sua fala]
**prompt•ly** [ˈprɑmptli] *adv.* 1 pontualmente 2 rapidamente, imediatamente
**prone** [proʊn] *adj.* 1 propenso, dado (*to a*) 2 FORM de bruços 3 **to be prone to do sth** tender a fazer algo
**pro•noun** [ˈproʊnaʊn] *s.* pronome
**pro•nounce** [prəˈnaʊns] *v.* 1 pronunciar 2 declarar: *The patient was pronounced dead.* O paciente foi declarado morto.
**pro•nounced** [prəˈnaʊnst] *adj.* 1 acentuado [traço] 2 carregado [sotaque]
**pro•nun•cia•tion** [prənʌnsiˈeɪʃən] *s.* pronúncia
**proof** [pruf] *s.* 1 prova(s) 2 **proof of identity** documento de identidade
**prop** [prɑp] *v.* [-**pp**-] apoiar, encostar (***against/on*** *contra/em*)
**prop up: to prop sth up** ⓐ escorar algo ⓑ sustentar algo / *s.* 1 escora, suporte 2 objeto de cena 3 apoio
**propa•gan•da** [prɑpəˈgændə] *s.* propaganda [política]
**pro•pel** [prəˈpel] *v.* [-**ll**-] impulsionar, mover
**pro•pel•ler** [prəˈpelər] *s.* hélice
**prop•er** [ˈprɑpər] *adj.* 1 correto, certo 2 apropriado, adequado 3 propriamente dito: *the winter proper* o inverno propriamente dito 4 BRIT decente [comida, emprego etc.] 5 BRIT de verdade: *a proper holiday* férias de verdade
**prop•er•ly** [ˈprɑpərli] *adv.* direito
**prop•er•ty** [ˈprɑpərti] *s.* 1 propriedade 2 bens 3 imóvel, imóveis 4 **lost property** achados e perdidos
**proph•ecy** [ˈprɑfəsi] *s.* [*pl* **prophecies**] profecia
**proph•esy** [ˈprɑfəsaɪ] *v.* [*ps e pp* **prophesied**] profetizar
**proph•et** [ˈprɑfɪt] *s.* profeta
**pro•phet•ic** [prəˈfetɪk] *adj.* profético
**pro•por•tion** [prəˈpɔrʃən] *s.* 1 proporção (*to a*) 2 **proportions** proporções, dimensão 3

**in proportion** proporcional (***to*** *a*) 4 **in proportion to sth** em proporção a algo 5 **out of proportion** desproporcional (***with*** *a*) 6 **to get/blow sth out of proportion** exagerar algo

**pro•por•tion•al** [prəˈpɔrʃənl] *adj.* proporcional (***to*** *a*)

**pro•po•sal** [prəˈpoʊzəl] *s.* 1 proposta 2 pedido de casamento

**pro•pose** [prəˈpoʊz] *v.* 1 propor 2 **to propose to sb** pedir alguém em casamento 3 **to propose to do sth** FORM pretender fazer algo

**propo•si•tion** [prɑpəˈzɪʃən] *s.* 1 proposta 2 proposição

**pro•pri•etor** [prəˈpraɪətər] *s.* FORM proprietário, dono

**prose** [proʊz] *s.* prosa

**pros•ecute** [ˈprɑsəkjut] *v.* processar, autuar (***for*** *por*)

**pros•ecu•tion** [prɑsəˈkjuʃən] *s.* 1 processo, autuação (***for*** *por*) 2 acusação: *a prosecution witness* uma testemunha da acusação

**pros•ecu•tor** [ˈprɑsəkjutər] *s.* promotor [da Justiça]

**pros•pect** [ˈprɑspɛkt] *s.* 1 perspectiva 2 possibilidade, chance

**pros•pec•tive** [prəˈspɛktɪv] *adj.* 1 possível 2 futuro

**pro•spec•tus** [prəˈspɛktəs] *s.* prospecto

**pros•per** [ˈprɑspər] *v.* prosperar

**pros•per•ity** [prɑˈspɛrəti] *s.* prosperidade

**pros•per•ous** [ˈprɑspərəs] *adj.* próspero

**pros•ti•tute** [ˈprɑstətut] *s.* prostituta

**pros•ti•tu•tion** [prɑstəˈtuʃən] *s.* prostituição

**pro•tago•nist** [proʊˈtægənɪst] *s.* protagonista

**pro•tect** [prəˈtɛkt] *v.* proteger (***against*** *contra*, ***from*** *de*)

**pro•tec•tion** [prəˈtɛkʃən] *s.* proteção (***against*** *contra*, ***from*** *de*)

**pro•tec•tive** [prəˈtɛktɪv] *adj.* 1 de proteção 2 protetor

**pro•tein** [ˈproʊtin] *s.* proteína

**pro•test** *s.* [ˈproʊtɛst] 1 protesto (***against*** *contra*) 2 **protest march** passeata / *v.* [prəˈtɛst] protestar (***about*** *por*, ***against*** *contra*)

**Prot•es•tant** [ˈprɑtəstənt] *adj, s.* protestante

**pro•test•er** [ˈproʊtɛstər, prəˈtɛstər] *s.* manifestante

**proto•col** [ˈproʊtəkɔl] *s.* protocolo

**proto•type** [ˈproʊtətaɪp] *s.* protótipo

**pro•tract•ed** [proʊˈtræktɪd] *adj.* prolongado, demorado

**pro•trude** [proʊˈtrud] *v.* 1 projetar-se 2 sobressair

**pro•trud•ing** [proʊˈtrudɪŋ] *adj.* 1 saliente 2 **protruding teeth** dentuça

**proud** [praʊd] *adj.* 1 orgulhoso 2 **to be proud of sth/sb** ter orgulho de algo/alguém 3 **to do sb proud** FAM dar orgulho a alguém

**prove** [pruv] *v.* [*ps, pp* **proved, proved/proven**] 1 comprovar 2 **to prove sb right/wrong** demonstrar que alguém está certo/errado: *He was proven wrong.* Foi demonstrado que ele estava errado. / *v.* 1 **to prove to be** revelar-se: *This proved to be a mistake.* Isso se revelou um erro. 2 **to prove yourself** mostrar o seu valor

**prov•en** [ˈpruvən] *adj.* comprovado / *v.* ▸ *pp de* PROVE

**prov•erb** [ˈprɑvɜrb] *s.* provérbio

**pro•vide** [prəˈvaɪd] *v.* 1 fornecer 2 proporcionar 3 **to provide for sb** sustentar alguém 4 **to provide for sth** FORM prever algo 5 **to provide sb with sth** **a** fornecer algo a alguém **b** proporcionar algo a alguém

**pro•vid•ed** [prəˈvaɪdɪd] *conj.* **provided (that)** desde que, contanto que

**pro•vid•ing** [prəˈvaɪdɪŋ] *conj.* **providing (that)** desde que, contanto que

**prov•ince** [ˈprɑvɪns] *s.* 1 província 2 **the provinces** o interior [de um país]

**pro•vin•cial** [prəˈvɪnʃəl] *adj.* 1 da província 2 interiorano 3 provinciano

**pro•vi•sion** [prəˈvɪʒən] *s.* 1 provisão 2 **provisions** víveres, provisões 3 **to make provision(s) for sb** garantir o futuro de alguém

**pro•vi•sion•al** [prəˈvɪʒənl] *adj.* provisório

**pro•vi•so** [prəˈvaɪzoʊ] *s.* [*pl* **provisos**] condição

**provo•ca•tion** [prɑvəˈkeɪʃən] *s.* provocação

**pro•voca•tive** [prəˈvɑkətɪv] *adj.* 1 provocador 2 provocante

**pro•voke** [prəˈvoʊk] *v.* 1 provocar 2 **to provoke sb into doing sth/provoke sb to do sth** levar alguém a fazer algo

**prow** [praʊ] *s.* proa

**prow•ess** [ˈpraʊɪs] *s.* FORM habilidade

**prowl** [praʊl] *v.* (tb **prowl around**) rondar / *s.* **on the prowl** rondando

**pru•dent** [prudənt] *adj.* prudente

**prud•ish** [ˈprudɪʃ] *adj.* pudico

**prune** [prun] *s.* ameixa seca / *v.* podar

**pry** [praɪ] *v.* [*ps e pp* **pried**] 1 **to pry (into sth)** bisbilhotar (algo) 2 **to pry sth open** abrir algo à força

**P.S.** [piˈɛs] *s.* PS, pós-escrito

**psalm** [sɑm] *s.* salmo

**pseudo•nym** [ˈsudənɪm] *s.* pseudônimo

**psy•chi•at•ric** [saɪkiˈætrɪk] *adj.* psiquiátrico

**psy•chia•trist** [saɪˈkaɪətrɪst] *s.* psiquiatra

**psy•chia•try** [saɪˈkaɪətri] *s.* psiquiatria

**psy•chic** [ˈsaɪkɪk] *adj.* 1 paranormal 2 adivinho / *s.* vidente

**psycho•logi•cal** [saɪkəˈlɑdʒɪkəl] *adj.* psicológico

**psy•cholo•gist** [saɪˈkɑlədʒɪst] *s.* psicólogo

**psy•chol•ogy** [saɪˈkɑlədʒi] *s.* psicologia

**psycho•path** [ˈsaɪkəpæθ] *s.* psicopata

**pub** [pʌb] *s.* bar [do estilo inglês]

**pu•ber•ty** [ˈpjubərti] *s.* puberdade

**pub•lic** [ˈpʌblɪk] *adj.* público / *s.* 1 público, população: *the general public* o grande público | *a member of the public* um popular 2 **in public** em público

**pub•li•ca•tion** [pʌbləˈkeɪʃən] *s.* publicação

**pub•lici•ty** [pəˈblɪsəti] *s.* 1 repercussão [na mídia]: *The case got a lot of publicity.* O caso teve muita repercussão. 2 divulgação: *a publicity campaign* uma campanha de divulgação 3 **publicity stunt** truque de marketing

**pub•li•cize** BRIT tb:**-cise** [ˈpʌbləsaɪz] *v.* divulgar

**pub•lic•ly** [ˈpʌblɪkli] *adv.* publicamente

**pub•lic opin•ion** [ˌpʌblɪk əˈpɪnjən] *s.* opinião pública

**pub•lic re•la•tions** [ˌpʌblɪk rɪˈleɪʃənz] *s.* relações públicas [ramo]

**pub•lic school** [ˌpʌblɪk ˈskul] *s.* 1 AM escola pública 2 BRIT escola particular [tradicional]

**pub•lic trans•por•ta•tion**, BRIT: **trans•port** [ˌpʌblɪk trænspərˈteɪʃən'/trænspɔrt] *s.* transporte coletivo

**pub•lish** [ˈpʌblɪʃ] *v.* 1 publicar 2 editar

**pub•lish•er** [ˈpʌblɪʃər] *s.* editora

**pub•lish•ing** [ˈpʌblɪʃɪŋ] *s.* 1 ramo editorial 2 **publishing house** editora

**pud•ding** [ˈpʊdɪŋ] *s.* 1 pudim 2 BRIT sobremesa

**pud•dle** [ˈpʌdl] *s.* poça

**Puer•to Ri•can** [ˌpɔrtəˈrikən] *adj, s.* porto-riquenho

**Puer•to Ri•co** [ˌpɔrtəˈrikoʊ] *s.* Porto Rico

**puff** [pʌf] *v.* 1 ofegar, arfar 2 soprar [fumaça] 3 **to puff on/at sth** dar baforadas em algo **puff up** 1 inchar 2 crescer [massa] / *s.* 1 sopro 2 tragada, baforada 3 nuvenzinha [de fumaça]

**puffy** [ˈpʌfi] *adj.* [*comp* **puffier, puffiest**] inchado

**puke** [pjuk] *v.* FAM (tb **puke up**) vomitar, chamar o Hugo

**pull** [pʊl] *v.* 1 puxar 2 tirar (***from*** *de*) 3 **to pull a muscle** distender um músculo 4 **to pull at/on sth** puxar algo 5 **to pull sb's leg** brincar com alguém

**pull apart: to pull sth apart** separar algo em pedaços

**pull away** 1 arrancar [veículo] 2 afastar-se (***from*** *de*)

**pull down: to pull sth down** **a** abaixar algo [calça, persiana] **b** colocar algo abaixo, demolir algo

**pull in** 1 encostar [com o carro] 2 chegar [trem]
**pull off: to pull sth off** a arrancar/tirar algo b FAM emplacar/conseguir algo
**pull on: to pull sth on** enfiar algo [roupa]
**pull out** 1 arrancar [em veículo] 2 mudar de faixa [para ultrapassar] 3 **to pull out in front of sb** fechar alguém [no trânsito] 4 **to pull out (of sth)** a desistir (de algo) b abandonar (algo) [corrida, jogo]
**pull over** 1 encostar [com o carro] 2 **to pull sb over** parar alguém [motorista]: *He was pulled over for speeding.* Ele foi parado por excesso de velocidade.
**pull through** recuperar-se
**pull together** 1 fazer mutirão 2 **to pull yourself together** recompor-se, acalmar--se
**pull up** 1 parar 2 **to pull sth up** arrancar algo [planta] 3 **to pull up a chair** puxar uma cadeira / s. 1 puxão 2 atração 3 FAM influência
**pul•ley** [ˈpʊli] s. roldana, polia
**pull•over** [ˈpʊloʊvər] s. pulôver
**pulp** [pʌlp] s. polpa: *wood pulp* celulose
**pul•pit** [ˈpʊlpɪt] s. púlpito
**pul•sate** [pʌlˈseɪt] v. pulsar, palpitar
**pulse** [pʌls] s. 1 pulso 2 **pulses** grãos 3 **pulse rate** pulsação 4 **to take sb's pulse** medir o pulso de alguém
**pump** [pʌmp] s. 1 bomba [de bombear] 2 AM scarpin [sapato feminino] 3 BRIT sapatilha / v. 1 bombear 2 **to pump iron** FAM puxar ferro 3 **to pump money into sth** injetar dinheiro em algo 4 **to pump sb for information** FAM arrancar informações de alguém
**pump up: to pump sth up** encher algo [de ar]
**pump•kin** [ˈpʌmpkɪn] s. abóbora
**pun** [pʌn] s. trocadilho
**punch** [pʌntʃ] v. 1 socar, dar um soco em 2 furar 3 **to punch a hole in sth** fazer um furo em algo / s. 1 soco 2 ponche 3 furador [de papel]
**punch•line** [ˌpʌntʃlaɪn] s. final (da piada)
**punc•tu•al** [ˈpʌŋktʃuəl] adj. pontual
**punc•tu•al•ity** [pʌŋktʃuˈæləti] s. pontualidade
**punc•tu•ate** [ˈpʌŋktʃueɪt] v. 1 pontuar [texto] 2 **to be punctuated by/with sth** ser pontuado por algo
**punc•tua•tion** [pʌŋktʃuˈeɪʃən] s. pontuação [de texto]: *a punctuation mark* um sinal de pontuação
**punc•ture** [ˈpʌŋktʃər] s. 1 BRIT pneu furado: *I got a puncture.* Furou um pneu. 2 furo, perfuração / v. furar, perfurar
**pun•ish** [ˈpʌnɪʃ] v. 1 punir 2 castigar
**pun•ish•ment** [ˈpʌnɪʃmənt] s. 1 punição 2 castigo
**punk** [pʌŋk] s. 1 (tb **punk rock**) música punk 2 (tb **punk rocker**) punk [pessoa] 3 AM FAM marginal
**pup** [pʌp] s. filhote [de cão, foca etc.]
**pu•pil** [ˈpjupəl] s. 1 BRIT aluno 2 pupila
**pup•pet** [ˈpʌpɪt] s. 1 marionete, títere 2 fantoche
**pup•py** [ˈpʌpi] s. [pl **puppies**] 1 filhote [de cão] 2 cachorrinho
**pur•chase** [ˈpɜrtʃəs] FORM v. adquirir, comprar / s. compra
**pure** [pjʊr] adj. puro
**pu•ree** [pjʊˈreɪ] s. purê
**pure•ly** [ˈpjʊrli] adv. puramente
**purge** [pɜrdʒ] v. 1 expurgar, expulsar (***from*** *de*) 2 **to purge sth of sth/sb** depurar/livrar algo de algo/alguém / s. expurgo
**pu•ri•fy** [ˈpjʊrəfaɪ] v. [ps e pp **-fied**] purificar
**pu•rity** [ˈpjʊrəti] s. pureza
**pur•ple** [ˈpɜrpəl] adj, s. roxo
**pur•pose** [ˈpɜrpəs] s. 1 propósito, objetivo 2 motivação 3 **for ... purposes** para fins de ...: *for tax purposes* para fins de imposto de renda 4 **for the purpose of doing sth** com o objetivo de fazer algo 5 **on purpose** de propósito
**pur•pose•ful** [ˈpɜrpəsfəl] adj. decidido
**pur•pose•ly** [ˈpɜrpəsli] adv. de propósito, propositadamente
**purr** [pɜr] v. ronronar

**purse** [pɜrs] *s.* 1 AM bolsa [de mulher] 2 BRIT porta-níqueis / *v.* **to purse your lips** franzir a boca

**pur•sue** [pər'su] *v.* 1 seguir [carreira etc.] 2 buscar, ir atrás de [objetivo, meta] 3 implementar [política] 4 dar seguimento a [assunto] 5 perseguir [fugitivo etc.]

**pur•suit** [pər'sut] *s.* 1 busca 2 FORM atividade 3 **in pursuit (of sb)** no encalço (de alguém) 4 **in pursuit of sth** em busca de algo

**push** [pʊʃ] *v.* 1 empurrar 2 apertar [botão] 3 pressionar [pessoa] 4 **to be pushing 70 etc.** estar beirando os 70 etc. anos 5 **to push for sth** pressionar por algo 6 **to push sb to do sth/into doing sth** pressionar alguém a fazer algo 7 **to push it** FAM insistir, forçar a barra 8 **to push your luck** FAM querer demais: *Don't push your luck!* Você está querendo demais! 9 **to push yourself** esforçar-se 10 **to push (your way) past/through** passar empurrando

**push ahead** ir adiante (***with** com*)

**push around: to push sb around** mandar em alguém

**push on** 1 seguir viagem 2 continuar (***with** com*)

**push over: to push sth/sb over** derrubar algo/alguém / *s.* 1 empurrão 2 aperto: *at the push of a button* com o aperto de um botão 3 **when/if push comes to shove** FAM na hora do vamos ver

**push•chair** ['pʊʃtʃɛr] *s.* BRIT carrinho de bebê [tipo cadeira]

**push-up** ['pʊʃʌp] *s.* AM flexão (de braço)

**pushy** ['pʊʃi] *adj.* [*comp* **pushier, pushiest**] FAM insistente

**pussy•cat** ['pʊsikæt] *s.* FAM 1 bichano, gatinho 2 doce de pessoa

**put** [pʊt] *v.* [-**tt**-] [*ps e pp* **put**] 1 colocar, pôr 2 meter (***in/into** em*) 3 deixar [em determinado estado]: *The news put me in a good mood.* A notícia me deixou de bom humor. 4 expressar 5 **to put sth at sth** calcular/estimar algo em algo 6 **to put sth to sb** propor algo a alguém

**put across: to put sth across** passar algo [mensagem, ideia]

**put aside: to put sth aside** deixar/pôr algo de lado

**put away: to put sth away** guardar algo

**put back: to put sth back** **a** pôr algo de volta/no lugar **b** adiar algo (***to** para*) **c** BRIT atrasar algo [relógio]

**put down** 1 **to put sb down** colocar alguém para baixo: *Don't put yourself down.* Não se coloque para baixo. 2 **to put sth down** **a** largar/depor algo [no chão, na mesa etc.] **b** anotar algo **c** sacrificar algo [animal] 3 **to put sth down to sth** atribuir algo a algo

**put forward: to put sth forward** **a** propor/apresentar algo **b** BRIT adiantar algo [relógio]

**put in** 1 **to put in for sth** requerer algo 2 **to put sth in** **a** meter/inserir algo **b** instalar algo **c** investir [tempo, trabalho] 3 **to put sth into sth** investir algo em algo [dinheiro, tempo]

**put off** 1 **to put off doing sth** adiar/protelar fazer algo 2 **to put sb off** **a** enrolar alguém **b** BRIT desanimar alguém **c** BRIT desconcentrar alguém 3 **to put sb off doing sth** BRIT desanimar alguém de fazer algo 4 **to put sth off** adiar/protelar algo

**put on** 1 **to put sth on** **a** pôr/vestir algo **b** passar/aplicar algo [creme etc.] **c** ligar/acender algo **d** promover algo [show etc.] 2 **to put it on** FAM fazer tipo 3 **to put on a play** encenar uma peça 4 **to put on some music** pôr um som 5 **to put on weight** engordar: *He's put on 5 kg.* Ele engordou 5 kg. 6 **you're putting me on!** FAM você está de brincadeira comigo!

**put out** 1 **to put sb out** dar trabalho para alguém 2 **to put sth out** **a** colocar algo para fora **b** apagar algo [fogo, luz] **c** estender algo [mão, braço, roupa] 3 **to put sth/sb out of sth** tirar algo/alguém de algo 4 **to put yourself out** incomodar-se, desdobrar-se 5 **to feel/be put out** ficar sentido

**put through 1 to put sb through sth** ▣a fazer alguém passar por algo ▣b submeter alguém a algo **2 to put sb through to sth/ sb** passar a alguém algo/alguém [no telefone]: *Could you put me through to Customer Service, please?* Poderia me passar o SAC, por favor?
**put together: to put sth together** ▣a juntar algo ▣b preparar algo ▣c montar algo
**put up 1 to put sb up** hospedar alguém **2 to put sth up** ▣a levantar algo [mão, prédio] ▣b montar algo [barraca, palco] ▣c colocar/ pendurar algo **3 to put up with sth/sb** aguentar algo/alguém

**putt•er** [ˈpʌtər] *v.* AM (tb **putter around**) ficar mexendo [em casa, no jardim etc.]
**puz•zle** [ˈpʌzəl] *s.* **1** quebra-cabeça **2** enigma / *v.* **1** deixar perplexo, intrigar **2 to puzzle over sth** refletir sobre algo
**puzzle out: to puzzle sth out** desvendar algo
**puz•zled** [ˈpʌzəld] *adj.* perplexo, confuso
**puz•zling** [ˈpʌzlɪŋ] *adj.* **1** intrigante **2** estranho
**py•ja•mas** [pəˈdʒɑməz] *spl.* BRIT pijama
**py•lon** [ˈpaɪlɑn] *s.* torre de alta tensão
**pyra•mid** *s.* [ˈpɪrəmɪd] pirâmide
**py•thon** [ˈpaɪθɑn] *s.* píton

# Q

**Q, q** [kju] *s.* Q, q
**Q-tip®** [ˈkjutɪp] *s.* AM cotonete®
**quack** [kwæk] *v.* grasnar / *s.* grasnido
**quad•ru•ple** [kwɑˈdrupəl] *v.* quadruplicar / *adj.* quádruplo
**quail** [kweɪl] *s.* codorna / *v.* intimidar-se (***at*** *com*)
**quaint** [kweɪnt] *adj.* 1 pitoresco 2 antiquado
**quake** [kweɪk] *s.* terremoto / *v.* tremer (***with*** *de*)
**quali•fi•ca•tion** [kwɑləfəˈkeɪʃən] *s.* 1 (tb **qualifications**) formação, habilitação 2 requisito 3 classificação [em competição] 4 restrição, ressalva
**quali•fied** [ˈkwɑləfaɪd] *adj.* 1 formado, habilitado 2 capacitado 3 com restrições [aprovação, sucesso]
**quali•fi•er** *s.* 1 classificado [competidor] 2 jogo classificatório
**quali•fy** [ˈkwɑləfaɪ] *v.* [*ps e pp* **-fied**] 1 classificar-se (***for*** *para*) 2 ter direito (***for*** *a*) 3 fazer uma ressalva a 4 **to qualify (as sth)** **a** formar-se (algo): *She qualified as a lawyer.* Ela se formou advogada. **b** contar (como algo): *Playing videogames doesn't qualify as exercise.* Jogar videogame não conta como atividade física. 5 **to qualify sb for sth** **a** dar a alguém direito a algo **b** habilitar alguém para algo 6 **to qualify sb to do sth** habilitar alguém a fazer algo
**qual•ity** [ˈkwɑləti] *s.* [*pl* **qualities**] qualidade / *adj.* de qualidade
**qualms** [kwɑmz] *spl.* 1 receio 2 escrúpulo
**quan•da•ry** [ˈkwɑndəri] *s.* **in a quandary** num dilema
**quan•ti•fy** [ˈkwɑntəfaɪ] *v.* [*ps e pp* **-fied**] quantificar, dimensionar
**quan•tity** [ˈkwɑntəti] *s.* quantidade
**quar•an•tine** [ˈkwɔrəntin] *s.* quarantena
**quar•rel** [ˈkwɔrel] *v.* 1 discutir, brigar (***about*** *sobre*, ***with*** *com*) 2 **to quarrel with sth** contestar algo / *s.* BRIT 1 discussão, briga 2 **to have no quarrel with sth/sb** não ter nenhum problema com algo/alguém
▸ *Am:* ***quarreling, quarreled*** *Brit:* ***quarrelling, quarrelled***
**quar•ry** [ˈkwɔri] *s.* [*pl* **quarries**] 1 pedreira 2 presa
**quart** [kwɔrt] *s.* medida de líquidos, = 0,95 litro nos EUA e 1,14 litro na Grã-Bretanha
**quar•ter** [ˈkwɔrtər] *s.* 1 quarto [fração] 2 trimestre 3 moeda de 25 centavos [nos EUA e no Canadá] 4 bairro 5 **quarters** (plural) alojamento 6 **a quarter of an hour** quinze minutos 7 **at close quarters** de perto 8 **three quarters of an hour** quarenta e cinco minutos
▸ É muito comum usar a palavra ***quarter,*** no sentido de *quarto de hora,* ao dizer as horas. Por exemplo, no inglês americano, diz-se ***a quarter to*** ou ***of six*** *quinze para as seis* e ***a quarter after ten*** *dez e*

*quinze*. No inglês britânico, diz-se ***quarter to six*** e ***quarter past ten*** respectivamente.

**quarter•back** *s.* jogador de futebol americano que comanda o time de ataque

**quarter•final** *s.* quarta de final

**quar•ter•ly** [ˈkwɔrtərli] *adj.* trimestral / *adv.* trimestralmente

**quar•tet** [kwɔrˈtɛt] *s.* quarteto

**quartz** *s.* quartzo

**quash** [kwɑʃ] *v.* FORM **1** anular [decisão, condenação] **2** debelar [boatos, revolta]

**quay** [ki] *s.* cais

**queen** [kwin] *s.* **1** rainha **2** dama [em baralho]

**queer** [kwɪr] *adj.* **1** estranho **2** homossexual

**quell** [kwɛl] *v.* **1** conter [violência, distúrbios] **2** dominar [sentimento]

**quench** [kwɛntʃ] *v.* **to quench your thirst** matar a sede

**que•ry** [ˈkwɪri] *s.* [*pl* **queries**] dúvida [pergunta] / *v.* [*ps e pp* **queried**] questionar

**quest** [kwɛst] *s.* busca (*for de*)

**ques•tion** [ˈkwɛstʃən] *s.* **1** pergunta **2** questão **3 beyond question** acima de qualquer dúvida **4 in question** em questão **5 out of the question** fora de cogitação **6 there is no question of sb/sth doing sth** não existe a possibilidade de alguém/algo fazer algo **7 there is no question that ...** não há dúvida de que ... **8 to ask (sb) a question** fazer uma pergunta (a alguém) **9 to call sth into question** questionar algo **10 without question** **a** sem dúvida alguma **b** sem questionar / *v.* **1** interrogar, interpelar **2** questionar **3** duvidar de

**ques•tion•able** [ˈkwɛstʃənəbəl] *adj.* **1** questionável **2** duvidoso, suspeito

**ques•tion mark** [ˈˈkwɛstʃən mɑrk] *s.* ponto de interrogação

**ques•tion•naire** [kwɛstʃəˈnɛr] *s.* questionário

**queue** [kju] BRIT *s.* **1** fila (***for*** *de*) **2 to join/jump the queue** entrar na/furar a fila / *v.* (tb **queue up**) fazer fila: *We had to queue for tickets.* Tivemos que enfrentar fila para comprar ingresso.

**quib•ble** [ˈkwɪbəl] *v.* criar caso (***about/over*** *por*)

**quick** [kwɪk] *adj.* [*comp* **quicker, quickest**] **1** rápido **2** esperto **3 to be quick to do sth** apressar-se em fazer algo / *adv.* rápido

**quick•en** [ˈkwɪkən] *v.* **1** apressar [passo] **2** acelerar-se

**quick•ly** [ˈkwɪkli] *adv.* depressa, rápido

**quick•sand** [ˈkwɪksænd] *s.* areia movediça

**quick-witted** [ˌkwɪk ˈwɪtɪd] *adj.* **1** esperto **2** espirituoso

**quid** [kwɪd] *s.* [*pl* **quid**] BRIT FAM libra

**qui•et** [ˈkwaɪət] *adj.* [*comp* **quieter, quietest**] **1** sossegado, calmo **2** tranquilo **3** silencioso **4** baixo [voz, música] **5** calado, caladão **6** quieto: *Be quiet!* Fica quieto! **7** pouco movimentado **8 to keep quiet** ficar calado (***about*** *sobre*) **9 to keep sb quiet** **a** entreter alguém **b** calar alguém **10 to keep sth quiet** **a** manter algo em segredo **b** abafar algo [escândalo] / *s.* **1** sossego, tranquilidade **2** silêncio **3 on the quiet** BRIT FAM escondido / *v.* AM **1** (tb **quiet down**) sossegar **2 to quiet sb (down)** acalmar alguém

**qui•et•en** [ˈkwaɪətn] *v.* BRIT (tb **quieten down**) sossegar

**qui•et•ly** [ˈkwaɪətli] *adj.* **1** baixo, em voz baixa **2** silenciosamente, sem fazer barulho **3** discretamente

**quilt** [kwɪlt] *s.* edredom

**quin•tet** [kwɪnˈtɛt] *s.* quinteto

**quip** [kwɪp] *v.* [-**pp**-] brincar / *s.* dito espirituoso

**quirk** [kwɜrk] *s.* **1** capricho **2** peculiaridade

**quit** [kwɪt] *v.* [-**tt**-] [*ps e pp* **quit**] **1** largar [estudos etc.] **2** pedir demissão (de), renunciar (a) **3** AM parar (com) **4** desistir **5 to quit doing sth** parar de fazer algo

**quite** [kwaɪt] *adv.* **1** bastante: *quite expensive* bastante caro **2** totalmente: *quite different* totalmente diferente | *I'm not quite sure.* Não sei bem. | *"Have you finished?" - "Not quite."* "Você terminou?" - "Quase." **3** exatamente: *That's not quite what I meant.* Não foi exatamente isso que eu quis dizer.

4 **quite a few/a lot (of)** bastantes: *quite a few people* bastante gente 5 **quite a lot/a bit (of)** bastante: *quite a lot of money* bastante dinheiro

**quiv•er** [ˈkwɪvər] *v.* tremer (***with*** *de*)

**quiz** [kwɪz] *s.* [*pl* **quizzes**] 1 teste, sabatina 2 (tb **quiz show**) jogo de perguntas e respostas [na TV]

**quo•ta** [ˈkwoʊtə] *s.* 1 cota: *a quota system* um sistema de cotas 2 meta

**quo•ta•tion** [kwoʊˈteɪʃən] *s.* 1 citação 2 orçamento (***for*** *de*)

**quo•ta•tion marks** [kwoʊˈteɪʃən mɑrks] *spl.* aspas

**quote** [kwoʊt] *v.* 1 citar 2 dar orçamento de: *The technician quoted us $200 for the repair.* O técnico nos deu orçamento de $200,00 para o conserto. / *s.* 1 citação 2 orçamento 3 **in quotes** entre aspas

# R

**R, r** [ɑr] *s.* 1 R, r 2 AM assinala filme impróprio para menores de 18 anos
**rab•bi** [ˈræbaɪ] *s.* rabino
**rab•bit** [ˈræbɪt] *s.* coelho
**ra•bies** [ˈreɪbiz] *s.* raiva [doença]
**rac•coon** [ræˈkun] *s.* guaxinim
**race** [reɪs] *s.* 1 corrida: *a race against the clock* uma corrida contra o relógio 2 páreo 3 raça 4 **to have a race** apostar corrida (***with*** *com*) / *v.* 1 correr 2 ir/levar correndo 3 competir (com) [em corrida] 4 apostar corrida com 5 estar a mil [coração, mente]
**race car** [ˈreɪs kɑr] *s.* AM carro de corrida, bólido
**race•course** [ˈreɪskɔrs] *s.* BRIT hipódromo
**race•horse** [ˈreɪshɔrs] *s.* cavalo de corrida
**race•track** [ˈreɪstræk] *s.* 1 pista de corrida 2 AM hipódromo
**ra•cial** [ˈreɪʃel] *adj.* racial
**rac•ing** [ˈreɪsɪŋ] *s.* 1 corrida [de cavalos etc.] 2 turfe
**rac•ing car** [ˈreɪsɪŋ kɑr] *s.* BRIT carro de corrida
**rac•ism** [ˈreɪsɪzəm] *s.* racismo
**rac•ist** [ˈreɪsɪst] *s, adj.* racista
**rack** [ræk] *s.* 1 suporte: *a magazine rack* um porta-revista | *a wine rack* uma estante para vinhos 2 cabide 3 **to go to rack and ruin** cair aos pedaços [prédio] / *v.* **to rack your brains** quebrar a cabeça
**rack•et** [ˈrækɪt] *s.* 1 (tb **racquet**) raquete: *a tennis racket* uma raquete de tênis 2 FAM barulheira 3 FAM tramoia, esquema
**ra•dar** [ˈreɪdɑr] *s.* radar
**ra•di•ant** [ˈreɪdiənt] *adj.* radiante
**ra•di•ate** [ˈreɪdieɪt] *v.* irradiar(-se)
**ra•dia•tion** [reɪdiˈeɪʃən] *s.* radiação
**ra•dia•tor** [ˈreɪdieɪtər] *s.* 1 calefação 2 radiador
**radi•cal** [ˈrædɪkəl] *adj, s.* radical
**ra•dio** [ˈreɪdioʊ] *s.* 1 rádio: *a radio show* um programa de rádio 2 **on the radio** no rádio / *v.* **to radio for sth** pedir algo pelo rádio
**radio•ac•tive** [reɪdioʊˈæktɪv] *adj.* radioativo
**radio•ac•tiv•ity** [reɪdioʊækˈtɪvəti] *s.* radioatividade
**ra•dio sta•tion** [ˈreɪdioʊ ˌsteɪʃən] *s.* rádio [emissora]
**rad•ish** [ˈrædɪʃ] *s.* rabanete
**ra•dius** [ˈreɪdiəs] *s.* [*pl* **radii**] raio [de círculo]
**raf•fle** [ˈræfəl] *s.* rifa / *v.* rifar
**raft** [ræft] *s.* 1 balsa, jangada 2 **a raft of sth** uma série de algo
**raft•er** [ˈræftər] *s.* viga [do telhado]
**rag** [ræg] *s.* 1 trapo 2 FAM jornaleco 3 **in rags** em farrapos
**rage** [reɪdʒ] *s.* 1 fúria 2 **in a rage** furioso 3 **the rage for sth** a mania de algo 4 **to be all the rage** FAM fazer furor / *v.* 1 esbravejar (***at/against*** *contra*) 2 correr solto [debate, guerra etc.] 3 alastrar-se [incêndio, doença]

**rag•ged** [ˈrægɪd] *adj.* 1 esfarrapado, surrado 2 maltrapilho 3 irregular

**rag•ing** [ˈreɪdʒɪŋ] *adj.* 1 alucinante [dor, sede] 2 violento [temporal, febre] 3 revolto [mar]

**raid** [reɪd] *s.* 1 ataque (***on/against*** *a/contra*) 2 batida (policial) (***on*** *em*) 3 assalto (***on*** *a*) / *v.* 1 atacar 2 dar uma batida em 3 assaltar

**raid•er** [ˈreɪdər] *s.* assaltante

**rail** [reɪl] *s.* 1 trilho [de trem, cortina] 2 corrimão 3 parapeito 4 barra: *a towel rail* uma toalheira 5 amurada [de navio] 6 **rail network/ticket etc.** malha ferroviária/bilhete de trem etc. 7 **by rail** de trem

**rail•ing** [ˈreɪlɪŋ] *s.* (tb **railings**) grade

**rail•road,** BRIT: **rail•way** [ˈreɪlroʊd, -weɪ] *s.* AM ferrovia: *the railroad station* a estação ferroviária

**rain** [reɪn] *s.* chuva / *v.* chover: *It's raining.* Está chovendo.

**rain off: to be rained off** BRIT ser suspenso por causa da chuva

**rain out: to be rained out** AM ser suspenso por causa da chuva

**rain•bow** [ˈreɪnboʊ] *s.* arco-íris

**rain check** [ˈreɪn tʃɛk] *s.* **to take a rain check (on sth)** AM FAM deixar (algo) para mais tarde/uma outra vez

**rain•coat** [ˈreɪnkoʊt] *s.* capa de chuva

**rain•drop** [ˈreɪndrɑp] *s.* pingo de chuva

**rain•fall** [ˈreɪnfɔl] *s.* pluviosidade

**rain for•est** [ˈreɪn ˌfɔrɪst] *s.* floresta tropical

**rainy** [ˈreɪni] *adj.* [*comp* **rainier, rainiest**] chuvoso, de chuva: *a rainy day* um dia de chuva

**raise** [reiz] *v.* 1 levantar 2 aumentar 3 arrecadar [dinheiro, fundos] 4 criar [filhos, gado etc.] 5 cultivar, plantar 6 **to raise the bar** tornar-se a nova referência 7 **to raise your voice** levantar a voz (***to*** *com*) / *s.* AM aumento [salarial]

**rai•sin** [ˈreɪzən] *s.* passa [uva]

**rake** [reɪk] *s.* ancinho / *v.* revolver/limpar com ancinho

**rake in: to rake sth in** FAM faturar algo [dinheiro]

**rake up: to rake sth up** **a** recolher algo com ancinho **b** FAM trazer algo à tona [assunto]

**ral•ly** [ˈræli] *s.* [*pl* **rallies**] 1 comício 2 rali [corrida] 3 recuperação [do mercado] / *v.* [*ps e pp* **rallied**] 1 unir(-se) (***to*** *a*) 2 reagir [time, doente] 3 **to rally support** angariar apoio (***for*** *a*)

**rally around** FAM oferecer ajuda

**ram** [ræm] *v.* [**-mm-**] abalroar

**ram in** 1 **to ram into sth** chocar-se com força contra algo 2 **ro ram sth in(to sth)** meter algo (em algo) à força, fincar algo (em algo) / *s.* carneiro

**ram•ble** [ˈræmbəl] *v.* 1 divagar 2 devanear 3 BRIT caminhar / *s.* BRIT caminhada

**ram•bler** [ˈræmblər] *s.* BRIT caminhante

**ram•bling** [ˈræmblɪŋ] *adj.* 1 incoerente, desconexo 2 extenso [construção]

**ramp** [ræmp] *s.* 1 rampa 2 alça [da rodovia]

**ram•page** *v.* [ræmˈpeɪdʒ] promover quebra-quebra / *s.* [ˈræmpeɪdʒ] 1 **on the rampage** fazendo tumulto 2 **to go on the rampage** promover quebra-quebra

**ram•pant** [ˈræmpənt] *adj.* desenfreado

**ram•shack•le** [ˈræmʃækəl] *adj.* caindo aos pedaços

**ran** [ræn] *v.* ▸ *ps de* RUN

**ranch** [ræntʃ] *s.* fazenda

**ranch house** [ˈræntʃ haʊs] *s.* 1 AM casa térrea 2 casa da fazenda

**ran•cid** [ˈrænsɪd] *adj.* rançoso

**ran•dom** [ˈrændəm] *adj.* 1 aleatório, randômico 2 **at random** ao acaso, a esmo

**rang** [ræŋ] *v.* ▸ *ps de* RING

**range** [reɪndʒ] *s.* 1 gama: *a wide range of courses* uma ampla gama de cursos 2 série: *a range of options* uma série de opções 3 faixa [de idade, preço, temperatura etc.] 4 linha [de produtos] 5 alcance [de arma, voz etc.] 6 raio de ação 7 cadeia [de montanhas] 8 **at close range** a curta distância, de perto 9 **out of/within range** fora de/ao alcance (***of*** *de*) 10 **shooting range** estande de tiro / *v.* 1 variar (***between*** *entre*, ***from*** *de*, ***to*** *a*): *The tickets range in price from $10 to $500.* Os preços dos ingressos variam de $10,00 a $500,00. 2 **to range over sth** abranger algo

**rang•er** [ˈreɪndʒər] *s.* guarda-florestal

**rank** [ræŋk] *s.* 1 posto, patente [de militar, policial] 2 **the rank and file** as bases [de partido, sindicato etc.] 3 **the ranks** a as fileiras [de partido etc.] b a tropa / *v.* 1 classificar: *She is ranked number two in the world.* Ela está no segundo lugar do ranking mundial. 2 **to rank as/among sth** ser considerado algo/ entre algo: *The movie ranks as a Hollywood classic.* O filme é considerado um clássico de Hollywood. 3 **to rank with/alongside sth** equiparar-se com algo

**rank•ing** [ˈræŋkɪŋ] *s.* ranking, classificação

**ran•sack** [ˈrænsæk] *v.* 1 saquear 2 revirar [armário etc.]

**ran•som** [ˈrænsəm] *s.* resgate [por sequestrado]

**rant** [rænt] *v.* fazer arenga (***about*** *sobre*) / *s.* arenga

**rap** [ræp] *s.* 1 rap [música] 2 pancada 3 **to take the rap** pagar o pato (***for*** *por*) / *v.* [-**pp**-] 1 bater rapidamente (***at/on*** *em*) 2 fazer rap

**rape** [reɪp] *v.* estuprar / *s.* estupro

**rap•id** [ˈræpɪd] *adj.* rápido

**rap•id•ly** [ˈræpɪdlɪ] *adv.* rapidamente

**rap•ids** [ˈræpɪdz] *spl.* corredeiras

**rap•ist** [ˈreɪpɪst] *s.* estuprador

**rap•pel** [ræˈpɛl] *v.* fazer rappel

**rap•per** [ˈræpər] *s.* rapper

**rap•port** [ræˈpɔr] *s.* relação, química [entre pessoas]

**rap•ture** [ˈræptʃər] *s.* **to be in/go into raptures** BRIT estar/ficar encantado (***about/ over*** *com*)

**rap•tur•ous** [ˈræptʃərəs] *adj.* entusiasmado

**rare** [rɛr] *adj.* [*comp* **rarer, rarest**] 1 raro: *It is rare for him to be late.* É raro ele se atrasar. 2 malpassado [carne]

**rare•ly** [ˈrɛrli] *adv.* raramente

**rar•ity** [ˈrɛrəti] *s.* [*pl* **rarities**] raridade

**rash** [ˈræʃ] *adj.* precipitado, imprudente / *s.* 1 brotoeja, erupção [da pele] 2 **to come/ break out in a rash** ficar cheio de manchas vermelhas na pele

**rasp•berry** [ˈræzbɛri] *s.* framboesa

**rat** [ræt] *s.* 1 rato, ratazana 2 FAM traíra

**rate** [reɪt] *s.* 1 taxa, índice: *the success rate* a taxa de sucesso 2 tarifa, preço: *the hourly rate* o preço por hora 3 ritmo [de crescimento etc.] 4 **at any rate** a de qualquer forma b pelo menos 5 **at the rate of** à razão de 6 **at this rate** FAM desse jeito / *v.* 1 avaliar, classificar 2 AM FAM merecer 3 **to rate/ be rated as sth** ser considerado algo 4 **to rate sb/sth highly** ter alguém/algo em bom conceito

**ra•ther** [ˈræðər] *adv.* 1 um pouco: *We were rather disappointed.* Ficamos um pouco decepcionados. 2 bem: *The evening was rather fun.* A noite foi bem divertida. 3 **rather than (doing) sth** em vez de (fazer) algo 4 **but rather** mas sim 5 **or rather** ou melhor 6 **would rather** preferir: *I'd rather stay at home.* Prefiro ficar em casa. | *Would you rather I left?* Você prefere que eu vá embora? | *"Shall we go out?" - "I'd rather not."* "Vamos sair? - "Prefiro não."

**rat•ing** [ˈreɪtɪŋ] *s.* 1 avaliação, conceito: *an approval rating* um índice de aprovação 2 **the ratings** os índices de audiência

**ra•tio** [ˈreɪʃioʊ] *s.* proporção (***to*** *em relação a*)

**ra•tion** [ˈræʃən] *s.* ração [de algo escasso] / *v.* 1 racionar 2 **to ration sb/sth to sth** limitar alguém/algo a algo

**ra•tion•al** [ˈræʃənl] *adj.* racional

**ra•tion•ale** [ræʃəˈnæl] *s.* lógica, raciocínio (***behind*** *por trás de*, ***for*** *de*)

**ra•tion•al•ize** BRIT tb:**-ise** [ˈræʃnəlaɪz] *v.* 1 justificar 2 racionalizar

**ra•tion•ing** [ˈræʃənɪŋ] *s.* racionamento

**rat race** [ˈræt reɪs] *s.* **the rat race** o corre-corre da vida moderna

**rat•tle** [ˈrætl] *v.* 1 chacoalhar 2 ir chacoalhando 3 FAM desconcertar

**rattle off: to rattle sth off** repetir algo de cor / *s.* 1 chocalho 2 tinido

**rattle•snake** [ˈrætlsneɪk] *s.* cascavel

**rav•age** [ˈrævɪdʒ] *v.* devastar

**rave** [reɪv] *v.* 1 delirar 2 **to rave about/over sth** não parar de elogiar algo 3 **to rave at sb** esbravejar com alguém / *s.* festa rave

**ra•ven** [ˈreɪvən] *s.* corvo

**rav•en•ous** [ˈrævənəs] *adj.* varado de fome, esfomeado

**ra•vine** [rəˈvin] *s.* ravina

**raw** [rɔ] *adj.* 1 cru 2 em carne viva [pele] 3 à flor da pele [emoção] 4 inexperiente

**raw ma•terial** [rɔ məˈtɪriəl] *s.* matéria-prima

**ray** [reɪ] *s.* 1 raio [de luz, sol] 2 arraia 3 **a ray of hope** um fio de esperança

**ra•zor** [ˈreɪzər] *s.* 1 navalha 2 barbeador

**ra•zor blade** [ˈreɪzər bleɪd] *s.* gilete, lâmina de barbear

**Rd.** *abrev.* (= road) rua

**reach** [ritʃ] *v.* 1 chegar a 2 alcançar 3 estender-se 4 contatar 5 **to reach for sth** estender a mão para pegar algo 6 **to reach into sth** meter a mão em algo

**reach out** 1 **to reach out to sb** aproximar-se de alguém 2 **to reach out (your hand)** estender a mão / *s.* 1 **out of reach** fora de alcance 2 **out of sb's reach** fora do alcance de alguém 3 **within easy reach of sth** próximo a algo 4 **within reach (of sb)** ao alcance (de alguém)

**re•act** [riˈækt] *v.* reagir (***to*** *a*, ***against*** *contra*): *He reacted by slamming the phone down.* Ele reagiu batendo o telefone.

**re•ac•tion** [riˈækʃən] *s.* reação (***to*** *a*)

**read** [rid] *v.* [*ps e pp* **read**] 1 ler (***to*** *para*) 2 interpretar 3 dizer [texto, placa]: *The notice read: "Back in 5 mins."* O aviso dizia: "Volto em 5 minutos." 4 BRIT estudar [matéria na faculdade] 5 marcar: *The thermometer read 38 degrees.* O termômetro marcava 38 graus. 6 **to read sth aloud** ler algo em voz alta

**read into: to read too much into sth** dar importância demais a algo

**read out: to read sth out** ler algo em voz alta

**read through: to read sth through** ler algo atentamente

**read up: to read up on sth** informar-se sobre algo [lendo]

**read•able** [ˈridəbəl] *adj.* 1 agradável de ler 2 legível

**read•er** [ˈridər] *s.* leitor

**read•er•ship** [ˈridərʃɪp] *s.* leitores

**read•ily** [ˈrɛdli] *adv.* 1 facilmente 2 de boa vontade

**readi•ness** [ˈrɛdɪnəs] *s.* 1 **readiness to do sth** disposição/boa vontade para fazer algo 2 **in readiness (for sth)** em preparação (para algo)

**read•ing** [ˈridɪŋ] *s.* 1 leitura 2 interpretação 3 **to make (for) interesting etc. reading** ser uma leitura interessante etc.

**ready** [ˈrɛdi] *adj.* 1 pronto (***for*** *para*) 2 preparado (***for*** *para*) 3 **ready cash** dinheiro vivo 4 **to be ready to do sth** **a** estar pronto/preparado para fazer algo **b** estar disposto a fazer algo **c** estar prestes a fazer algo 5 **to get ready** preparar-se, aprontar-se (***for*** *para*) 6 **to get sth ready** preparar algo

**ready-made** [ˌrɛdi ˈmeɪd] *adj.* pronto [roupa etc.]

**real** [ˈriəl] *adj.* 1 de verdade: *a real diamond* um brilhante de verdade 2 real: *in real life* na vida real 3 verdadeiro: *the actor's real name* o nome verdadeiro do ator 4 **a real ...** FAM o/a maior: *It was a real relief.* Foi o maior alívio.

**real es•tate** [ˈriəl ɪˌsteɪt] *s.* (bens) imóveis

**real es•tate agent** [ˈriəl ɪˌsteɪt ˌeɪdʒənt] *s.* AM corretor de imóveis

**re•al•ism** [ˈriəlɪzəm] *s.* realismo

**re•al•is•tic** [riəˈlɪstɪk] *adj.* 1 realista [pessoa, visão] 2 real [maquete, efeito]

**re•al•ity** [riˈæləti] *s.* realidade: *in reality* na realidade

**re•al•ity check** [riˈæləti tʃɛk] *s.* FAM volta à realidade, queda na real

**re•al•ity show** [riˈæləti ʃoʊ] *s.* reality [programa de TV baseado em situação real]

**re•ali•za•tion** BRIT tb:**-sation** [riələˈzeɪʃən] *s.* 1 percepção 2 realização
**re•al•ize** BRIT tb:**-ise** [ˈriəlaɪz] *v.* 1 perceber 2 dar-se conta de, fazer ideia de 3 realizar
**re•al•ly** [ˈriəli] *adv.* 1 muito: *The party was really good.* A festa foi muito boa. 2 realmente, de verdade 3 na verdade 4 **really?** é mesmo? 5 **not really** não muito: *I don't really like rap.* Não gosto muito de rap.
**realm** [rɛlm] *s.* reino, domínio
**real time** [rilˈtaɪm] *s.* tempo real / **real-time** *adj.* em tempo real
**real•tor** [ˈriəltər] *s.* AM corretor de imóveis
**reap** [rip] *v.* colher
**re•appear** [riəˈpɪr] *v.* reaparecer
**rear** [rɪr] *s.* 1 traseira 2 fundos [de prédio etc.] 3 FAM (tb **rear end**) traseiro 4 **at the rear (of sth)** nos fundos (de algo) 5 **to bring up the rear** ser o último / *adj.* 1 traseiro 2 dos fundos / *v.* 1 criar [filho, animal] 2 (tb **rear up**) empinar-se [cavalo] 3 (tb **rear up**) erguer-se
**re•arrange** [riəˈreɪndʒ] *v.* 1 mudar de lugar, mudar a disposição de 2 reagendar, mudar [compromisso]
**rear-view mir•ror** [ˌrɪr vjuˈmɪrər] *s.* espelho retrovisor
**rea•son** [ˈrizən] *s.* 1 razão, motivo: *the reason I'm calling* o motivo pelo qual estou ligando 2 bom-senso 3 **the reason for (doing) sth** o motivo de (fazer) algo 4 **a reason to do sth** um motivo para fazer algo 5 **to listen to/see reason** criar juízo 6 **within reason** dentro do razoável / *v.* 1 raciocinar 2 **to reason with sb** chamar alguém à razão
**rea•son•able** [ˈrizənəbəl] *adj.* 1 razoável 2 sensato
**rea•son•ably** [ˈrizənəbli] *adv.* 1 razoavelmente 2 de forma sensata
**rea•son•ing** [ˈrizənɪŋ] *s.* raciocínio (***behind*** *por trás de*)
**re•assur•ance** [riəˈʃʊrəns] *s.* reafirmação, esclarecimento tranquilizador
**re•assure** [riəˈʃʊr] *v.* tranquilizar
**re•assur•ing** [riəˈʃʊrɪŋ] *adj.* tranquilizador
**re•bate** [ˈribeɪt] *s.* restituição
**re•bel** *s, adj.* [ˈrɛbəl] rebelde / *v.* [rɪˈbɛl] [**-ll-**] revoltar-se, sublevar-se (***against*** *contra*)
**re•bel•lion** [rɪˈbɛljən] *s.* rebelião
**re•bel•lious** [rɪˈbɛljəs] *adj.* rebelde
**re•boot** [rɪˈbut] *v.* reiniciar
**re•bound** *v.* [rɪˈbaʊnd] 1 ricochetear (***off*** *de*) 2 **to rebound on sb** voltar-se contra alguém / [ˈribaʊnd] **on the rebound** **a** saindo de uma relação **b** no rebote
**re•build** [rɪˈbɪld] *v.* [*ps e pp* **rebuilt**] reconstruir
**re•buke** [rɪˈbjuk] FORM *v.* repreender / *s.* reprimenda
**re•call** *v.* [rɪˈkɔl] 1 recordar, lembrar 2 reconvocar 3 fazer recall de 4 retirar [embaixador] / *s.* [ˈrikɔl] 1 memória 2 recall [de produtos defeituosos]
**re•cap** *s.* [ˈrikæp] resumo, recapitulação / *v.* [riˈkæp] [**-pp-**] recapitular
**re•cap•ture** [rɪˈkæptʃər] *v.* 1 recriar [ambiente] 2 recapturar [pessoa, animal] 3 retomar [cidade]
**re•cede** [rɪˈsid] *v.* 1 afastar-se 2 diminuir 3 baixar [águas, maré] 4 **to have a receding hairline** estar com entradas
**re•ceipt** [rɪˈsit] *s.* 1 recibo 2 recebimento
**re•ceive** [rɪˈsiv] *v.* receber
**re•ceiv•er** [rɪˈsivər] *s.* 1 fone 2 receptor [rádio etc.]
**re•cent** [ˈrisənt] *adj.* 1 recente 2 **in recent years** nos últimos anos
**re•cent•ly** [ˈrisəntli] *adv.* 1 recentemente, recém- 2 ultimamente
**re•cep•tion** [rɪˈsɛpʃən] *s.* recepção
**re•cep•tion•ist** [rɪˈsɛpʃənɪst] *s.* recepcionista
**re•cep•tive** [rɪˈsɛptɪv] *adj.* 1 receptivo 2 **receptive to sth** aberto a algo
**re•cess** [ˈrisɛs] *s.* 1 AM recreio [escolar] 2 recesso [parlamentar] 3 suspensão de sessão 4 nicho [na parede]
**re•ces•sion** [rɪˈsɛʃən] *s.* recessão
**re•charge** [rɪˈtʃɑrdʒ] *v.* recarregar

**re•charge•able** [rɪˈtʃɑrdʒəbəl] *adj.* recarregável

**reci•pe** [ˈrɛsəpi] *s.* 1 receita (***for** de*) 2 **to be a recipe for disaster** ser um desastre na certa

**re•cipi•ent** [rɪˈsɪpiənt] *s.* 1 destinatário 2 receptor

**re•cip•ro•cal** [rɪˈsɪprəkəl] *adj.* FORM recíproco

**re•cip•ro•cate** [rɪˈsɪprəkeɪt] FORM *v.* 1 retribuir 2 corresponder [amor etc.]

**re•cit•al** [rɪˈsaɪtl] *s.* recital

**re•cite** [rɪˈsaɪt] *v.* 1 recitar 2 enumerar

**reck•less** [ˈrɛkləs] *adj.* imprudente, impensado

**reck•on** [ˈrɛkən] *v.* 1 calcular, estimar: *The painting is reckoned to be worth $2 million.* O valor do quadro é estimado em $2 milhões. 2 BRIT achar: *What do you reckon?* O que você acha? 3 **sb/sth to be reckoned with** alguém/algo a não ser desprezado 4 **to be reckoned to be sth** ser considerado algo 5 **to reckon on sth** BRIT contar com algo 6 **to reckon with sth** levar algo em conta

**reck•on•ing** [ˈrɛkənɪŋ] *s.* 1 cálculos 2 **by my reckoning** pelos meus cálculos

**re•claim** [rɪˈkleɪm] *v.* 1 solicitar restituição de 2 recuperar, aterrar [terreno]

**rec•la•ma•tion** [rɛkləˈmeɪʃən] *s.* recuperação, aterramento

**re•cline** [rɪˈklaɪn] *v.* 1 recostar-se 2 reclinar

**re•clin•ing** [rɪˈklaɪnɪŋ] *adj.* reclinável [banco]

**re•cluse** [rɪˈklus] *s.* recluso: *She became a recluse.* Ela se tornou reclusa.

**rec•og•ni•tion** [rɛkəgˈnɪʃən] *s.* 1 reconhecimento 2 **to change beyond recognition** ficar irreconhecível

**rec•og•niz•able** [rɛkəgˈnaɪzəbəl] *adj.* reconhecível

**rec•og•nize** BRIT tb:**-nise** [ˈrɛkəgnaɪz] *v.* reconhecer

**re•coil** [rɪˈkɔɪl] *v.* 1 recuar 2 esquivar-se (***from** de*)

**rec•ol•lect** [rɛkəˈlɛkt] *v.* recordar(-se de)

**rec•ol•lec•tion** [rɛkəˈlɛkʃən] *s.* 1 recordação 2 **to have no recollection of sth** não ter lembrança de algo

**rec•om•mend** [rɛkəˈmɛnd] *v.* recomendar

**rec•om•men•da•tion** [rɛkəmɛnˈdeɪʃən] *s.* recomendação

**rec•on•cile** [ˈrɛkənsaɪl] *v.* 1 conciliar (***with** com*) 2 **to be reconciled (with sb)** reconciliar-se (com alguém) 3 **to reconcile yourself to sth** conformar-se com algo

**rec•on•cilia•tion** [rɛkənsɪliˈeɪʃən] *s.* reconciliação

**re•con•sid•er** [rikənˈsɪdər] *v.* repensar

**re•con•struct** [rikənˈstrʌkt] *v.* 1 reconstituir 2 reconstruir

**re•con•struc•tion** [rikənˈstrʌkʃən] *s.* 1 reconstituição 2 reconstrução

**rec•ord** *s.* [ˈrɛkərd] 1 registro 2 recorde: *a world record* um recorde mundial 3 disco [vinil] 4 histórico [de pessoa etc.] 5 antecedentes: *He has a criminal record.* Ele tem antecedentes criminais. 6 **on record** já registrado: *the hottest summer on record* o verão mais quente já registrado 7 **to beat/break a record** bater/quebrar um recorde / *v.* [rɪˈkɔrd] 1 registrar 2 gravar

**rec•ord com•pa•ny** [ˈrɛkərd ˌkʌmpəni] *s.* gravadora

**re•cord•er** [rɪˈkɔrdər] *s.* 1 gravador 2 flauta doce

**re•cord•ing** [riˈkɔrdɪŋ] *s.* gravação

**rec•ord play•er** [ˈrɛkərd ˌpleɪər] *s.* toca--discos

**re•count** [rɪˈkaʊnt] *v.* narrar

**re•cov•er** [rɪˈkʌvər] *v.* 1 recuperar(-se) (***from** de*) 2 resgatar

**re•cov•ery** [rɪˈkʌvəri] *s.* 1 recuperação (***from** de*) 2 **to make a full recovery** recuperar-se plenamente

**re•cre•ate** [rikriˈeɪt] *v.* recriar

**re•crea•tion** [rɛkriˈeɪʃən] *s.* 1 recreação: *recreation facilities* instalações recreativas 2 atividade recreativa

**re•cruit** [rɪˈkrut] *v.* recrutar / *s.* recruta

**re•cruit•ment** [riˈkrutmənt] *s.* recrutamento

**rec•tan•gle** [ˈrɛktæŋgəl] *s.* retângulo
**rec•ti•fy** [ˈrɛktəfaɪ] *v.* [*ps e pp* **-fied**] retificar
**re•cu•per•ate** [rɪˈkupəreɪt] *v.* restabelecer-se (***from*** *de*)
**re•cur** [rɪˈkɜr] *v.* [**-rr-**] repetir-se [acontecimento]
**re•cy•clable** [rɪˈsaɪkləbəl] *adj.* reciclável
**re•cy•cle** [rɪˈsaɪkəl] *v.* reciclar
**re•cy•cling** [rɪˈsaɪklɪŋ] *s.* reciclagem
**red** [rɛd] *adj.* [*comp* **redder, reddest**] 1 vermelho 2 ruivo [cabelo] 3 tinto [vinho] 4 **to go red** ▣a (pessoa) corar ▣b (semáforo) fechar / *s.* 1 vermelho 2 tinto 3 **in the red** no vermelho [endividado]
**red•dish** [ˈrɛdɪʃ] *adj.* 1 avermelhado 2 arruivado
**re•deem** [rɪˈdim] *v.* 1 redimir 2 resgatar [cupom] 3 **redeeming feature** ponto a seu favor 4 **to redeem yourself** redimir-se
**re•demp•tion** [rɪˈdɛmpʃən] *s.* redenção
**re•devel•op** [ridɪˈvɛləp] *v.* revitalizar [área]
**re•devel•op•ment** [ridɪˈvɛləpmənt] *s.* revitalização
**red-handed** [rɛd ˈhændɪd] *adj.* **to catch sb red-handed** flagrar alguém
**red•head** [ˈrɛdhɛd] *s.* ruivo
**red her•ring** [rɛd ˈhɛrɪŋ] *s.* pista falsa
**red-hot** [rɛdˈhɑt] *adj.* 1 em brasa 2 FAM queimando
**red•neck** [ˈrɛdnɛk] *s.* AM FAM caipira
**redo** [riˈdu] *v.* [*ps, pp* **redid, redone**] refazer
**red pep•per** [rɛd ˈpɛpər] *s.* pimentão [vermelho]
**red tape** [rɛdˈteɪp] *s.* burocracia
**re•duce** [rɪˈdus] *v.* 1 reduzir (***by*** *em*, ***from*** *de*, ***to*** *a*) 2 AM emagrecer 3 **to be reduced** estar em promoção/liquidação [produto] 4 **to be reduced to doing sth** ser obrigado a fazer algo 5 **to reduce sb to tears** fazer alguém chorar
**re•duc•tion** [rɪˈdʌkʃən] *s.* 1 redução (***in*** *em*) 2 desconto (***on*** *em*): *a 10% reduction* um desconto de 10%
**re•dun•dan•cy** [rɪˈdʌndənsi] *s.* [*pl* **redundancies**] 1 BRIT demissão 2 redundância
**re•dun•dant** [rɪˈdʌndənt] *adj.* 1 BRIT desempregado 2 redundante 3 **to be made redundant** BRIT ser mandado embora
**reed** [rid] *s.* 1 junco 2 palheta [de instrumento de sopro]
**reef** [rif] *s.* recife
**reek** [rik] *v.* 1 feder (***of*** *a*) 2 **to reek of sth** cheirar a algo [corrupção etc.]
**reel** [ril] *s.* 1 carretel, bobina 2 rolo 3 molinete / *v.* 1 ficar atordoado (***from*** *com*) 2 cambalear
**reel off: to reel sth off** regurgitar algo [lista]
**re•fer** [rɪˈfɜr] *v.* [**-rr-**] 1 **to refer sb/sth to sb** encaminhar alguém/algo a alguém 2 **to refer sb to sth** remeter alguém a algo 3 **to refer to sth** consultar algo 4 **to refer to sth/sb** referir-se a algo/alguém
**ref•eree** [rɛfəˈri] *s.* 1 árbitro, juiz [de jogo] 2 BRIT referência [pessoa que recomenda] / *v.* arbitrar, apitar [jogo]
**ref•er•ence** [ˈrɛfrəns] *s.* 1 referência (***to*** *a*) 2 consulta 3 carta de referências 4 **reference point** referencial 5 **to make reference to sth** fazer referência a algo
**ref•er•ence book** [ˈrɛfrəns bʊk] *s.* livro de consulta
**ref•er•en•dum** [rɛfəˈrɛndəm] *s.* referendo
**re•fill** *s.* [ˈrifɪl] 1 refil, carga [de caneta etc.] 2 outra porção de uma bebida: *Would you like a refill?* Quer mais? / *v.* [rɪˈfɪl] encher de novo
**re•fine** [rɪˈfaɪn] *v.* 1 aperfeiçoar, aprimorar 2 refinar
**re•fined** [rɪˈfaɪnd] *adj.* 1 refinado 2 polido 3 requintado, aprimorado
**re•fine•ment** [rɪˈfaɪnmənt] *s.* 1 aprimoramento 2 refinamento 3 requinte
**re•fin•ery** [rɪˈfaɪnəri] *s.* refinaria
**re•flect** [rɪˈflɛkt] *v.* 1 refletir 2 **to be reflected in sth** refletir-se em algo 3 **to reflect (badly) on sb/sth** depor contra alguém/algo 4 **to reflect on sth** refletir sobre algo
**re•flec•tion** [rɪˈflɛkʃən] *s.* 1 reflexo [imagem] 2 reflexão 3 **on reflection** pensando bem 4 **to be a reflection on sb/sth** depor contra/a favor de alguém/algo

**re•flex** [ˈriflɛks] *s.* reflexo [do corpo]
**re•flex ac•tion** [ˌriflɛks ˈækʃən] *s.* ato reflexo
**re•form** [rɪˈfɔrm] *v.* reformar(-se) / *s.* reforma(s) [de sistema etc.]
**re•frain** [rɪˈfreɪn] *v.* **to refrain from (doing) sth** abster-se de (fazer) algo
**re•fresh** [rɪˈfrɛʃ] *v.* refrescar
**re•fresh•ing** [rɪˈfrɛʃɪŋ] *adj.* 1 refrescante 2 renovador
**re•fresh•ment** [rɪˈfrɛʃmənt] *s.* 1 refresco 2 **refreshments** comes e bebes
**re•frig•er•ate** [rɪˈfrɪdʒəreɪt] *s.* refrigerar [alimentos etc.]
**re•frig•era•tor** [rɪˈfrɪdʒəreɪtər] *s.* geladeira
**re•fu•el** [rɪˈfjuəl] *v.* reabastecer [avião etc.] ▸ *Am:* ***refueling, refueled*** *Brit:* ***refuelling, refuelled***
**ref•uge** [ˈrɛfjudʒ] *s.* 1 refúgio 2 abrigo: *a women's refuge* um abrigo para mulheres 3 **to take/seek refuge** refugiar-se (***in*** *em*)
**refu•gee** [rɛfjʊˈdʒi] *s.* refugiado: *a refugee camp* um campo de refugiados
**re•fund** *s.* [ˈrifʌnd] reembolso / *v.* [rɪˈfʌnd] reembolsar
**re•fur•bish** [rɪˈfɜrbɪʃ] *v.* reformar [prédio]
**re•fus•al** [rɪˈfjuzəl] *s.* recusa
**re•fuse** *v.* [rɪˈfjuz] 1 recusar(-se) 2 **to refuse to do sth** recusar-se a fazer algo / *s.* [ˈrɛfjus] refugos
**re•fute** [rɪˈfjut] *v.* rebater, refutar
**re•gain** [rɪˈgeɪn] *v.* 1 recuperar 2 **to regain control of sth** retomar o controle de algo
**re•gal** [ˈrigəl] *adj.* FORM real, régio
**re•gard** [rɪˈgɑrd] *s.* 1 estima (***for*** *por*) 2 consideração (***for*** *por*) 3 **regards** (plural) lembranças: *My mother sends her regards.* Minha mãe mandou lembranças. ▸ ***Regards*** também se usa para fechar uma carta: *Regards, Bob* Um abraço, Bob 4 **in this/that regard** FORM a esse respeito 5 **to hold sb/sth in high regard** estimar muito alguém/algo 6 **to show little/no regard for sth/sb** menosprezar/desprezar algo/alguém 7 **with/in regard to sth** FORM com/em relação a algo 8 **without regard to sth** independentemente de algo / *v.* 1 **as regards sth** FORM quanto a algo 2 **to be highly regarded** ser bem conceituado 3 **to regard sth/sb as sth** considerar algo/alguém algo
**re•gard•ing** [rɪˈgɑrdɪŋ] *prep.* FORM em relação a, a respeito de
**re•gard•less** [rɪˈgɑrdləs] *adv.* 1 mesmo assim 2 **regardless of sth** independentemente de algo
**reg•gae** [ˈrɛgeɪ] *s.* reggae
**re•gime** [reɪˈʒim] *s.* regime
**regi•ment** [ˈrɛdʒəmənt] *s.* regimento
**re•gion** [ˈridʒən] *s.* 1 região 2 **(somewhere) in the region of** (algo) em torno de
**re•gion•al** [ˈridʒənl] *adj.* regional
**reg•is•ter** [ˈrɛdʒəstər] *s.* 1 registro 2 BRIT lista de chamada / *v.* 1 registrar(-se) 2 inscrever(-se) 3 emplacar [veículo] 4 ficar gravado [na mente] 5 reparar em
**reg•is•tered** [ˈrɛdʒəstərd] *adj.* BRIT registrado [envio]
**reg•is•trar** [ˈrɛdʒəstrɑr] *s.* oficial de registro civil
**reg•is•tra•tion** [rɛdʒəˈstreɪʃən] *s.* 1 registro 2 matrícula 3 AM documento do carro 4 emplacamento
**reg•is•tra•tion num•ber** [rɛdʒəˈstreɪʃən ˌnʌmbər] *s.* BRIT (número da) placa
**reg•is•try of•fice** [ˈrɛdʒəstri ˌɔfɪs] *s.* registro civil, cartório
**re•gret** [rɪˈgrɛt] *v.* [-tt-] 1 arrepender-se de 2 FORM lamentar 3 **to regret doing sth** arrepender-se de ter feito algo / *s.* 1 arrependimento 2 pesar 3 **to send your regrets** FORM lamentar não poder estar presente
**re•gret•table** [rɪˈgrɛtəbəl] *adj.* lamentável
**re•gret•tably** [rɪˈgrɛtəbli] *adv.* infelizmente
**regu•lar** [ˈrɛgjələr] *adj.* 1 regular: *on a regular basis* regularmente 2 habitual, frequente 3 normal 4 AM comum 5 **at regular intervals** ◘ regularmente ◙ regularmente espaçado / *s.* habitué
**regu•lar•ity** [rɛgjəˈlærəti] *s.* regularidade
**regu•lar•ly** [ˈrɛgjələrli] *adv.* regularmente

**regu•late** [ˈrɛgjəleɪt] *v.* regular
**regu•la•tion** [rɛgjəˈleɪʃən] *s.* regulamento / *adj.* regulamentar
**re•hab** [ˈrihæb] *s.* desintoxicação: *in rehab* em processo de desintoxicação
**re•ha•bili•ta•tion** [rihæbɪləˈteɪʃən] *s.* reabilitação
**re•hears•al** [rɪˈhɜrsəl] *s.* ensaio
**re•hearse** [rɪˈhɜrs] *v.* ensaiar
**reign** [reɪn] *s.* reinado / *v.* 1 reinar (***over** sobre*) 2 **reigning champion** atual campeão
**re•im•burse** [riɪmˈbɜrs] *v.* FORM ressarcir (***for** de*)
**rein** [reɪn] *s.* rédea
**re•incar•na•tion** [riɪnkɑrˈneɪʃən] *s.* reencarnação
**rein•deer** [ˈreɪndɪr] *s.* rena
**re•inforce** [riɪnˈfɔrs] *v.* reforçar
**re•inforce•ment** [riɪnˈfɔrsmənt] *s.* reforço
**re•instate** [riɪnˈsteɪt] *v.* 1 reintegrar [funcionário] 2 reinstituir [lei, pena]
**re•iter•ate** [riˈɪtəreɪt] *v.* reiterar
**re•ject** *v.* [rɪˈdʒɛkt] rejeitar / *s.* [ˈridʒɛkt] refugo
**re•jec•tion** [rɪˈdʒɛkʃən] *s.* rejeição
**re•joice** [rɪˈdʒɔɪs] *v.* regozijar-se (***at/in** com/por*)
**re•join** [rɪˈdʒɔɪn] *v.* juntar-se de novo a
**re•lapse** *v.* [rɪˈlæps] recair, reincidir (***into** em*) / *s.* [ˈrilæps] recaída
**re•late** [rɪˈleɪt] *v.* 1 relacionar(-se) (***to** a*) 2 FORM relatar 3 **to relate to sb** relacionar-se com alguém 4 **to relate to sth** identificar-se com algo 5 **to relate to sth/sb** referir-se a algo/alguém
**re•lat•ed** [rɪˈleɪtɪd] *adj.* 1 relacionado, ligado (***to** a/com*): *drug-related crime* criminalidade relacionada às drogas 2 aparentado (***to** com*) 3 **to be related to sb** ter parentesco com alguém
**re•la•tion** [rɪˈleɪʃən] *s.* 1 relação (***with** com*, ***between** entre*) 2 parente: *a close relation* um parente próximo 3 **in relation to sth** em relação a algo 4 **no relation** sem parentesco 5 **to bear no relation to sth** não ter nenhuma relação com algo
**re•la•tion•ship** [rɪˈleɪʃənʃɪp] *s.* 1 relação (***with** com*, ***to** a*, ***between** entre*) 2 parentesco (***to** com*)
**rela•tive** [ˈrɛlətɪv] *s.* parente: *a distant relative* um parente distante / *adj.* relativo (***to** a*)
**rela•tive•ly** [ˈrɛlətɪvli] *adv.* relativamente
**re•lax** [rɪˈlæks] *v.* 1 relaxar, descansar 2 descontrair(-se) 3 afrouxar, abrandar [regras, controle]
**re•laxa•tion** [rilækˈseɪʃən] *s.* 1 relaxamento, descanso 2 diversão 3 abrandamento, afrouxamento
**re•lax•ed** [rɪˈlækst] *adj.* 1 descontraído 2 descansado 3 despreocupado
**re•lax•ing** [rɪˈlæksɪŋ] *adj.* relaxante
**re•lay** *s.* [ˈrileɪ] 1 revezamento [corrida] 2 **in relays** por turnos, revezando-se / *v.* [riˈleɪ] 1 comunicar (***to** a*) 2 retransmitir
**re•lease** [rɪˈlis] *v.* 1 soltar 2 liberar 3 publicar [dados] 4 lançar [filme, disco] 5 **to release your grip/hold on sth** soltar algo / *s.* 1 libertação 2 liberação 3 lançamento 4 alívio, escape [emocional] 5 **on (general) release** em cartaz
**rel•egate** [ˈrɛləgeɪt] *v.* rebaixar (***to** a*)
**rel•ega•tion** [rɛləˈgeɪʃən] *s.* BRIT rebaixamento [de time]
**re•lent** [rɪˈlɛnt] *v.* FORM ceder
**re•lent•less** [rɪˈlɛntləs] *adj.* 1 implacável 2 incessante
**rel•evance** [ˈrɛləvəns] *s.* relevância (***to** a*)
**rel•evant** [ˈrɛləvənt] *adj.* relevante (***to** a*)
**re•li•abil•ity** [rɪlaɪəˈbɪləti] *s.* 1 confiabilidade 2 fidedignidade
**re•li•able** [rɪˈlaɪəbəl] *adj.* 1 confiável 2 fidedigno
**re•li•ance** [rɪˈlaɪəns] *s.* dependência (***on** de*)
**rel•ic** [ˈrɛlɪk] *s.* relíquia
**re•lief** [rɪˈlif] *s.* 1 alívio: *What a relief!* Que alívio! 2 socorro às vítimas 3 substituto 4 relevo

**re•lieve** [rɪˈliv] *v.* 1 aliviar 2 substituir, revezar (com) 3 **to relieve sb of sth** FORM livrar alguém de algo 4 **to relieve yourself** fazer xixi
**re•lieved** [rɪˈlivd] *adj.* aliviado
**re•li•gion** [rɪˈlɪdʒən] *s.* religião
**re•li•gious** [rɪˈlɪdʒəs] *adj.* religioso
**rel•ish** [ˈrɛlɪʃ] *v.* animar-se com [ideia, chance] / *s.* 1 tipo de molho picante 2 **with (great) relish** com (muito) gosto
**re•luc•tance** [rɪˈlʌktəns] *s.* relutância (***to do*** *em fazer*)
**re•luc•tant** [rɪˈlʌktənt] *adj.* 1 relutante 2 **to be reluctant to do sth** relutar em fazer algo
**re•luc•tant•ly** [rɪˈlʌktəntli] *adv.* com relutância
**rely** [rɪˈlaɪ] *v.* [*ps e pp* **relied**] **to rely on sth/sb** a contar com algo/alguém (***for*** *para*) b depender de algo/alguém (***for*** *para*)
**re•main** [rɪˈmeɪn] *v.* 1 permanecer 2 restar 3 **it remains to be seen** resta saber 4 **the fact remains that ...** persiste o fato de que ...
**re•main•der** [rɪˈmeɪndər] *s.* restante, resto
**re•main•ing** [rɪˈmeɪnɪŋ] *adj.* restante
**re•mains** [rɪˈmeɪnz] *spl.* 1 restos 2 restos mortais
**re•make** [ˈrimeɪk] *s.* refilmagem / *v.* [rɪˈmeɪk] [*ps e pp* **remade**] refilmar
**re•mark** [rɪˈmɑrk] *s.* observação, comentário / *v.* 1 observar, comentar 2 **to remark on/upon sth** comentar algo
**re•mark•able** [rɪˈmɑrkəbəl] *adj.* notável, excepcional
**re•mark•ably** [rɪˈmɑrkəbli] *adv.* 1 excepcionalmente 2 por incrível que pareça
**re•mar•ry** [rɪˈmæri] *v.* [*ps e pp* **remarried**] casar de novo
**rem•edy** [ˈrɛmədi] *s.* [*pl* **remedies**] remédio [solução] / *v.* [*ps e pp* **remedied**] remediar
**re•mem•ber** [rɪˈmɛmbər] *v.* 1 lembrar(-se de) 2 **remember me to sb** dê lembranças minhas a alguém 3 **to remember doing sth** lembrar de ter feito algo 4 **to remember to do sth** lembrar de fazer algo
**re•mind** [rɪˈmaɪnd] *v.* 1 lembrar 2 **that reminds me** por falar nisso 3 **to remind sb of sth** a lembrar algo a alguém b fazer alguém lembrar algo 4 **to remind sb to do sth** lembrar a alguém de fazer algo
**re•mind•er** [rɪˈmaɪndər] *s.* 1 lembrete 2 lembrança
**remi•nisce** [rɛməˈnɪs] *v.* 1 relembrar o passado 2 **to reminisce about sth** relembrar algo
**remi•nis•cent** [rɛməˈnɪsənt] *adj.* **to be reminiscent of sth** lembrar algo
**rem•nant** [ˈrɛmnənt] *s.* 1 remanescente, resto 2 retalho [de fazenda]
**re•mod•el** [rɪˈmɑdl] *v.* AM reformar [prédio]
**re•morse** [rɪˈmɔrs] *s.* remorso
**re•morse•less** [rɪˈmɔrsləs] *adj.* 1 implacável, inexorável 2 impiedoso
**re•mote** [rɪˈmoʊt] *adj.* 1 remoto 2 distante 3 isolado 4 **not the remotest** nem o mínimo: *I haven't the remotest idea.* Não tenho nem a mínima ideia. / *s.* controle remoto
**re•mote con•trol** [rɪˌmoʊt kənˈtroʊl] *s.* controle remoto
**re•mote•ly** [rɪˈmoʊtli] *adv.* 1 à distância 2 **not remotely** nem um pouco
**re•mov•able** [rɪˈmuvəbəl] *adj.* removível
**re•mov•al** [rɪˈmuvəl] *s.* 1 retirada, remoção (***from*** *de*) 2 afastamento [de cargo] 3 BRIT mudança: *a removal van* um caminhão de mudanças 4 extirpação, extração
**re•move** [rɪˈmuv] *v.* 1 retirar, remover (***from*** *de*) 2 tirar [mancha] 3 afastar [de cargo] 4 extirpar, extrair 5 FORM despir
**re•nais•sance** [ˈrɛnəzɑns, rəˈneɪsəns] *s.* renascimento, renascença
**re•name** [rɪˈneɪm] *v.* rebatizar, mudar o nome de
**ren•der** [ˈrɛndər] *v.* 1 tornar 2 prestar [serviço, auxílio] 3 dar [decisão, parecer]
**ren•dez•vous** [ˈrɑndeɪvu] *s.* 1 encontro 2 lugar/ponto de encontro / *v.* encontrar-se (***with*** *com*)

**re•new** [rɪˈnu] *v.* 1 renovar [documento] 2 retomar [busca, ataque etc.] 3 reatar [amizade, relação] 4 trocar [peça]
**re•new•able** [rɪˈnuəbəl] *adj.* renovável
**re•new•al** [rɪˈnuəl] *s.* 1 retomada, recomeço 2 renovação 3 **urban renewal** revitalização urbana
**re•nounce** [rɪˈnaʊns] *v.* renunciar a
**reno•vate** [ˈrɛnəveɪt] *v.* reformar [prédio etc.]
**reno•va•tion** [rɛnəˈveɪʃən] *s.* reforma [de prédio]
**re•nowned** [rɪˈnoʊnd] *adj.* renomado
**rent** [rɛnt] *v.* alugar
**rent out** alugar (***to*** *para*) / *s.* 1 aluguel 2 **for rent** aluga-se
**rent•al** [ˈrɛntl] 1 aluguel 2 AM carro alugado
**re•open** [rɪˈoʊpən] *v.* reabrir
**re•or•gan•ize** BRIT tb:**-ise** [rɪˈɔrgənaɪz] *v.* reorganizar(-se)
**rep** [rɛp] *s.* representante
**re•paid** [rɪˈpeɪd] ▸ *ps e pp de* REPAY
**re•pair** [rɪˈpɛr] *v.* 1 consertar 2 FORM reparar [erro] / *s.* 1 conserto 2 **beyond repair** sem conserto 3 **in a good state of repair** em bom estado de conservação 4 **under repair** em obras
**re•pay** [rɪˈpeɪ] *v.* [*ps e pp* **repaid**] 1 pagar [dívida, empréstimo] 2 retribuir 3 **to repay sb for sth** retribuir algo a alguém
**re•pay•ment** [rɪˈpeɪmənt] *s.* 1 prestação 2 pagamento [de dívida, empréstimo]
**re•peat** [rɪˈpit] *v.* 1 repetir (***after*** *com*) 2 reprisar 3 **to repeat yourself** repetir-se / *s.* 1 repeteco 2 reprise
**re•peat•ed** [rɪˈpitɪd] *adj.* repetido
**re•peat•ed•ly** [rɪˈpitɪdli] *adv.* repetidamente
**re•pel** [rɪˈpɛl] *v.* repelir
**re•pel•lent** [rɪˈpɛlənt] *adj.* repulsivo / *s.* repelente
**re•pent** [rɪˈpɛnt] *v.* arrepender-se (***of*** *de*)
**re•pent•ance** [rɪˈpɛntəns] *s.* arrependimento
**re•per•cus•sion** [ripərˈkʌʃən] *s.* 1 repercussão 2 **to have repercussions (for sth)** repercutir (em algo)
**rep•er•toire** [ˈrɛpərtwɑr] *s.* repertório
**rep•eti•tion** [rɛpəˈtɪʃən] *s.* repetição
**re•peti•tive** [rɪˈpɛtətɪv] *adj.* repetitivo
**re•place** [rɪˈpleɪs] *v.* 1 substituir (***with*** *por*) 2 repor 3 trocar [lâmpada, pilha etc.]
**re•place•ment** [rɪˈpleɪsmənt] *s.* 1 substituto 2 substituição 3 reposição: *a replacement bulb* uma lâmpada de reposição
**re•play** [ˈripleɪ] *s.* [ˈripleɪ] 1 replay 2 jogo de desempate 3 repeteco / *v.* [riˈpleɪ] 1 repetir [jogo] 2 reproduzir [gravação]
**rep•li•ca** [ˈrɛplɪke] *s.* réplica, cópia
**re•ply** [rɪˈplaɪ] *v.* [*ps e pp* **replied**] responder (***to*** *a*) / *s.* [*pl* **replies**] resposta (***to*** *a*): *There was no reply.* Ninguém atendeu.
**re•port** [rɪˈpɔrt] *s.* 1 relatório 2 relato 3 reportagem, matéria 4 BRIT boletim (escolar) / *v.* 1 relatar: *Witnesses report seeing a UFO.* Testemunhas relatam ter visto um óvni. 2 noticiar 3 denunciar (***to*** *a*) 4 comunicar (***to*** *a*) 5 apresentar-se (***to*** *em*) 6 **to be reported to be/do sth**: *The painting is reported to be worth $2 million.* Dizem que o quadro vale $2 milhões. 7 **to report for duty** apresentar-se para trabalhar/servir 8 **to report on sth** **a** cobrir algo [como repórter] **b** informar sobre algo 9 **to report sth missing/stolen etc.** dar algo como desaparecido/roubado etc. 10 **to report to sb** reportar-se a alguém
**report back** dar um retorno (***on*** *sobre*, ***to*** *a*)
**re•port card** [rɪˈpɔrt kɑrd] *s.* AM boletim (escolar)
**re•port•ed•ly** [rɪˈpɔrtɪdli] *adv.* segundo dizem, supostamente
**re•port•er** [rɪˈpɔrtər] *s.* repórter
**rep•re•sent** [rɛprəˈzɛnt] *v.* 1 representar 2 **to represent sb/sth as sth** retratar alguém/algo como algo
**rep•re•sen•ta•tion** [rɛprəzɛnˈteɪʃən] *s.* representação
**rep•re•senta•tive** [rɛprəˈzɛntətɪv] *s.* representante / *adj.* representativo

**re•press** [rɪˈprɛs] *v.* reprimir
**re•pres•sion** [rɪˈprɛʃən] *s.* repressão
**re•pres•sive** [rɪˈprɛsɪv] *adj.* repressivo
**re•prieve** [rɪˈpriv] *s.* 1 adiamento (***from*** *de*) 2 suspensão de execução / *v.* suspender a execução de
**rep•ri•mand** [ˈrɛprəmænd] *s.* reprimenda / *v.* repreender
**re•pris•al** [rɪˈpraɪzəl] *s.* represália
**re•proach** [rɪˈproʊtʃ] *s.* 1 reprovação 2 **above/beyond reproach** irrepreensível / *v.* censurar (***for/with*** *por*)
**re•pro•duce** [riprəˈdjus] *v.* reproduzir(-se)
**re•pro•duc•tion** [riprəˈdʌkʃən] *s.* reprodução
**re•pro•duc•tive** [riprəˈdʌktɪv] *adj.* reprodutor
**rep•tile** [ˈrɛptaɪl] *s.* réptil
**re•pub•lic** [rɪˈpʌblɪk] *s.* república
**re•pub•li•can** [rɪˈpʌblɪkən] *s, adj.* republicano
**re•pug•nant** [rɪˈpʌgnənt] *adj.* repugnante
**re•pul•sive** [rɪˈpʌlsɪv] *adj.* 1 nojento 2 repulsivo
**repu•table** [ˈrɛpjətəbəl] *adj.* idôneo, sério
**repu•ta•tion** [rɛpjəˈteɪʃən] *s.* reputação
**re•put•ed** [rɪˈpjutɪd] *adj.* 1 suposto 2 **to be reputed to be/do sth**: *He is reputed to be the world's richest man.* Ele é supostamente o homem mais rico do mundo.
**re•put•ed•ly** [rɪˈpjutɪdlɪ] *adv.* supostamente
**re•quest** [rɪˈkwɛst] *s.* 1 pedido, solicitação (***for*** *de*) 2 pedido de música 3 **at sb's request** a pedido de alguém 4 **on request** sob pedido 5 **to make a request** fazer um pedido (***for*** *de*) / *v.* FORM 1 solicitar, pedir (***from/of*** *a/de*) 2 **to request sb to do sth** solicitar/pedir a alguém que faça algo
**re•quire** [rɪˈkwaɪr] *v.* 1 requerer 2 exigir (***of*** *de*) 3 necessitar de 4 **to be required to do sth** ser obrigado a fazer algo
**re•quire•ment** [rɪˈkwaɪrmənt] *s.* 1 exigência, requisito 2 necessidade
**res•cue** [ˈrɛskju] *v.* resgatar, salvar (***from*** *de*) / *s.* 1 resgate: *a rescue operation* uma operação de resgate 2 **to come to sb's/the rescue** a ir/vir socorrer (alguém) b ser o salvador (de alguém)
**res•cu•er** [ˈrɛskjuər] *s.* 1 salvador 2 **rescuers** uma equipe de resgate
**re•search** [rɪˈsɜrtʃ] *s.* 1 pesquisa (***into/on*** *sobre*): *market research* pesquisa de mercado 2 **to do some research** fazer uma pesquisa / *v.* **to research (into) sth** pesquisar algo
**re•search•er** [rɪˈsɜrtʃər] *s.* pesquisador
**re•sem•blance** [rɪˈzɛmbləns] *s.* 1 semelhança (***between*** *entre*, ***to*** *a*) 2 **to bear a resemblance to sb/sth** parecer-se com alguém/algo
**re•sem•ble** [rɪˈzɛmbəl] *v.* parecer-se com, lembrar
**re•sent** [rɪˈzɛnt] *v.* levar a mal, ressentir-se de
**re•sent•ful** [rɪˈzɛntfəl] *adj.* ressentido
**re•sent•ment** [rɪˈzɛntmənt] *s.* ressentimento, rancor
**res•er•va•tion** [rɛzərˈveɪʃən] *s.* 1 reserva 2 **to make a reservation** fazer uma reserva
**re•serve** [rɪˈzɜrv] *v.* reservar / *s.* 1 reserva 2 **to keep sth in reserve** ter algo de reserva
**re•served** [rɪˈzɜrvd] *adj.* reservado
**res•er•voir** [ˈrɛzərvwɑr] *s.* reservatório
**re•set** [rɪˈsɜt] *v.* [-**tt**-] [*ps e pp* **reset**] zerar, ajustar [aparelho]
**re•shuf•fle** [ˈriʃʌfəl] *s.* **cabinet reshuffle** reforma ministerial
**re•side** [rɪˈzaɪd] *v.* residir
**resi•dence** [ˈrɛzədəns] *s.* 1 residência 2 **to take up residence** a fixar residência (***in*** *em*) b instalar-se (***in*** *em*)
**resi•dent** [ˈrɛzədənt] *s.* 1 morador 2 hóspede [de hotel] 3 residente / *adj.* 1 residente 2 **to be resident** residir (***in*** *em*)
**resi•den•tial** [rɛzəˈdɛnʃəl] *adj.* residencial
**resi•due** [ˈrɛzədu] *s.* resíduo(s)
**re•sign** [rɪˈzaɪn] *v.* 1 pedir demissão (***from*** *de*) 2 renunciar (a) [cargo] 3 **to resign yourself to (doing) sth** resignar-se a (fazer) algo
**res•ig•na•tion** [rɛzɪgˈneɪʃən] *s.* 1 demissão 2 pedido de demissão 3 renúncia 4 resigna-

ção **5 to hand in your resignation** pedir demissão

**re•signed** [rɪˈzaɪnd] *adj.* resignado (*to a/com*)

**re•sili•ence** [rɪˈzɪljəns] *s.* resiliência

**re•sili•ent** [rɪˈzɪljənt] *adj.* resiliente

**re•sist** [rɪˈzɪst] *v.* 1 resistir a **2 cannot resist doing sth** não poder deixar de fazer algo **3 cannot resist sth** não poder ver algo: *He can't resist candy.* Ele não pode ver um doce.

**re•sist•ance** [rɪˈzɪstəns] *s.* resistência (*to a*)

**re•sist•ant** [rɪˈzɪstənt] *adj.* 1 resistente (*to a*): *stain-resistant* resistente a manchas **2 to be resistant to sth** resistir a algo

**reso•lute** [ˈrɛzəlut] *adj.* firme, decidido

**reso•lute•ly** [ˈrɛzəlutli] *adv.* terminantemente, firmemente

**reso•lu•tion** [rɛzəˈluʃən] *s.* resolução: *Did you make any New Year's resolutions?* Você fez alguma resolução de ano novo?

**re•solve** [rɪˈzɑlv] *v.* 1 resolver **2 to resolve to do sth** resolver-se a fazer algo / *s.* FORM determinação

**re•sort** [rɪˈzɔrt] *s.* 1 lugar de férias: *a beach resort* um balneário | *a ski resort* uma estação de esqui 2 (tb **resort hotel**) resort **3 as a last resort** em último caso **4 without resort to sth** sem recurso a algo / *v.* **to resort to sth** recorrer a algo, lançar mão de algo

**re•sound•ing** [rɪˈzaʊndɪŋ] *adj.* 1 retumbante 2 estrondoso

**re•source** [ˈrisɔrs, rɪˈsɔrs] *s.* recurso: *natural resources* recursos naturais

**re•source•ful** [rɪˈsɔrsfəl] *adj.* criativo, despachado

**re•spect** [rɪˈspɛkt] *s.* 1 respeito (*for por*) **2 respects** FORM (plural) cumprimentos **3 in all/many/some respects** sob todos os/muitos/certos aspectos **4 in one/this respect** sob certo/este aspecto **5 to pay your last respects** prestar a última homenagem (*to a*) **6 to pay your respects** apresentar seus cumprimentos (*to a*) **7 with (all due) respect** com todo o respeito (*to a*) / *v.* respeitar (*for por*)

**re•spect•able** [rɪˈspɛktəbəl] *adj.* 1 respeitável 2 razoável [salário, resultado etc.]

**re•spect•ful** [rɪˈspɛktfəl] *adj.* respeitoso

**re•spec•tive** [rɪˈspɛktɪv] *adj.* respectivo

**re•spec•tive•ly** [rɪˈspɛktɪvli] *adv.* respectivamente

**res•pite** [ˈrɛspɪt, ˈrɛspaɪt] *s.* 1 trégua (*from em*) 2 folga **3 without respite** sem trégua

**re•spond** [rɪˈspɑnd] *v.* 1 responder (*to a*) 2 reagir (*to a*)

**re•sponse** [rɪˈspɑns] *s.* 1 resposta (*to a*) 2 reação (*to a*) **3 in response to sth** em resposta a algo

**re•spon•sibil•ity** [rɪspɑnsəˈbɪləti] *s.* 1 responsabilidade (*for por, to para com*) **2 responsibilities** atribuições [de funcionário] **3 to take responsibility for sth** **a** assumir responsabilidade por algo **b** responsabilizar-se por algo

**re•spon•sible** [rɪˈspɑnsəbəl] *adj.* 1 responsável (*for por*) **2 responsible job/position** cargo de responsabilidade **3 to be responsible to sb** responder a alguém [no trabalho] **4 to hold sb responsible for sth** responsabilizar alguém por algo

**re•spon•sive** [rɪˈspɑnsɪv] *adj.* 1 sensível (*to a*) 2 receptivo (*to a*) 3 comunicativo

**rest** [rɛst] *s.* 1 descanso 2 repouso **3 at rest** em repouso **4 the rest** **a** o resto: *the rest of the day* o resto do dia **b** os demais, os outros **5 to come to rest** ir parar **6 to give sth a rest** dar um tempo em algo **7 to have/take a rest** descansar **8 to put/set sb's mind at rest** tranquilizar alguém / *v.* 1 descansar 2 apoiar, encostar (*on em, against contra*) 3 estar apoiado/encostado (*on em, against contra*) **4 to let it/the matter rest** esquecer o assunto **5 to rest assured (that)** FORM ficar descansado que **6 to rest on/upon sth** apoiar-se em algo [argumento, teoria] **7 to rest with sb** caber a alguém [decisão]

**re•start** [ri'stɑrt] *v.* 1 reiniciar 2 recomeçar
**res•tau•rant** ['rɛstərɑnt] *s.* restaurante
**rest•ful** ['rɛstfəl] *adj.* sossegado, relaxante
**rest•less** ['rɛstləs] *adj.* irrequieto, agitado
**res•to•ra•tion** [rɛstə'reɪʃən] *s.* restauração
**re•store** [rɪ'stɔr] *v.* 1 restaurar 2 restabelecer 3 devolver (*to a*)
**re•strain** [rɪ'streɪn] *v.* 1 conter 2 **to restrain sb from doing sth** impedir alguém de fazer algo [fisicamente] 3 **to restrain yourself (from doing sth)** conter-se (para não fazer algo)
**re•strained** [rɪ'streɪnd] *adj.* comedido
**re•straint** [rɪ'streɪnt] *s.* 1 comedimento 2 restrição (*on a*) 3 contenção [física] 4 amarra
**re•strict** [rɪ'strɪkt] *v.* 1 restringir (*to a*) 2 **to restrict yourself to (doing) sth** limitar-se a (fazer) algo
**re•strict•ed** [rɪ'strɪktɪd] *adj.* restrito, limitado (*to a*)
**re•stric•tion** [rɪ'strɪkʃən] *s.* restrição (*to a*)
**rest•room** ['rɛstrum] *s.* AM banheiro
**re•sult** [rɪ'zʌlt] *s.* 1 resultado 2 consequência 3 **results** ◻a laudo [de exame médico] ◻b notas 4 **as a result** consequentemente 5 **as a result of sth** em consequência de algo 6 **to get results** fazer e acontecer / *v.* resultar (*from de, in em*)
**re•sume** [rɪ'zum] *v.* 1 retomar 2 recomeçar 3 **to resume your seat** voltar a seu lugar
**re•su•mé** ['rɛzəmeɪ] *s.* 1 AM currículo 2 resumo
**re•sur•gence** [rɪ'sɜrdʒəns] *s.* ressurgimento
**res•ur•rect** [rɛzə'rɛkt] *v.* ressuscitar
**res•ur•rec•tion** [rɛzə'rɛkʃən] *s.* ressurreição
**re•sus•ci•tate** [rɪ'sʌsəteɪt] *v.* reanimar
**re•tail** ['riteɪl] *s.* 1 varejo 2 **retail price** preço de varejo / *v.* **to retail at/for ...** custar ... no varejo / *adv.* a varejo
**re•tail•er** ['riteɪlər] *s.* varejista
**re•tain** [rɪ'teɪn] *v.* FORM reter
**re•tali•ate** [rɪ'tælieɪt] *v.* retaliar, revidar (*against contra*)
**re•talia•tion** [rɪtæli'eɪʃən] *s.* 1 retaliação 2 **in retaliation for sth** em retaliação a algo
**re•tard•ed** [rɪ'tɑrdɪd] *adj.* retardado
**retch** [rɛtʃ] *v.* ter ânsia de vômito: *The smell made me retch.* O cheiro me deu ânsia de vômito.
**re•think** [rɪ'θɪnk] *v.* repensar
**reti•cence** ['rɛtəsəns] *s.* reticência
**reti•cent** ['rɛtəsənt] *adj.* reticente
**re•tire** [rɪ'taɪr] *v.* 1 aposentar(-se) (*from de*) 2 FORM retirar-se 3 recolher-se
**re•tired** [rɪ'taɪrd] *adj.* 1 aposentado 2 reformado [militar]
**re•tire•ment** [rɪ'taɪrmənt] *s.* aposentadoria
**re•tire•ment home** [rɪ'taɪrmənt hoʊm] *s.* casa de repouso
**re•tir•ing** [rɪ'taɪrɪŋ] *adj.* 1 retraído [pessoa] 2 demissionário
**re•trace** [rɪ'treɪs] *v.* 1 percorrer [caminho feito por outros] 2 reconstituir 3 **to retrace your steps** voltar atrás
**re•tract** [rɪ'trækt] *v.* 1 retirar [comentário] 2 retrair(-se)
**re•treat** [rɪ'trit] *v.* 1 retirar-se (*from de*) 2 recuar 3 desistir (*from de*) / *s.* 1 retirada 2 recuo 3 retiro 4 **to beat a retreat** bater em retirada
**re•tri•al** ['ritraɪəl] *s.* novo julgamento
**ret•ri•bu•tion** [rɛtrɪ'bjuʃən] *s.* punição
**re•triev•al** [rɪ'trivəl] *s.* 1 recuperação 2 busca [de informações]
**re•trieve** [rɪ'triv] *v.* 1 recuperar 2 resgatar 3 buscar
**retro•spect** ['rɛtrəspɛkt] *s.* **in retrospect** em retrospecto
**retro•spec•tive** [rɛtrə'spɛktɪv] *adj.* 1 retrospectivo 2 retroativo / *s.* retrospectiva
**re•turn** [rɪ'tɜrn] *v.* 1 voltar, regressar 2 devolver (*to a*) 3 retribuir 4 retornar / *s.* 1 volta, regresso: *on our return* na nossa volta 2 devolução 3 retorno (*from de, on sobre*) 4 (tecla) enter: *Press return.* Dê enter. 5 declaração [de imposto] 6 BRIT (tb **return ticket**) bilhete de ida e volta 7 **returns** ganhos, lucros 8 **in return (for sth)** em troca (de

algo) 9 **many happy returns!** que esta data se repita por muitos anos!
**re•turn•able** [rɪˈtɜrnəbəl] *adj.* 1 retornável 2 reembolsável
**re•union** [riˈjunjən] *s.* 1 reencontro 2 reunião [familiar etc.]: *a high-school reunion* uma reunião de ex-alunos
**re•unite** [rijuˈnaɪt] *v.* 1 reunir(-se) 2 **to be reunited with sb** reencontrar alguém
**re•use** [rɪˈjuz] *v.* reutilizar, reaproveitar
**rev** [rɛv] *v.* [-**vv**-] acelerar [motor]
**rev up** 1 **to rev sth up** acelerar algo 2 **to rev up for sth** preparar-se para algo
**re•vamp** [rɪˈvæmp] *v.* FAM repaginar
**re•veal** [rɪˈvil] *v.* 1 revelar 2 mostrar
**re•veal•ing** [rɪˈvilɪŋ] *adj.* 1 revelador 2 provocante [roupa]
**rev•el** [ˈrɛvəl] *v.* **to revel in sth** deleitar-se com algo
**rev•ela•tion** [rɛvəˈleɪʃən] *s.* revelação
**re•venge** [rɪˈvɛndʒ] *s.* 1 vingança (***against/on*** *contra,* ***for*** *por*) 2 **to get/take revenge (on sb)** vingar-se (de alguém) (***for*** *por*) / *v.* vingar [morte]
**rev•enue** [ˈrɛvənu] *s.* 1 renda 2 receita [dinheiro]
**re•ver•sal** [rɪˈvɜrsəl] *s.* 1 inversão 2 revés
**re•verse** [rɪˈvɜrs] *v.* 1 inverter 2 reverter [decisão, processo etc.] 3 BRIT dar ré (em) 4 **to reverse into/out of sth** BRIT entrar em/sair de algo de ré 5 **to reverse the charges** BRIT ligar a cobrar / *s.* 1 inverso 2 revés 3 verso [de folha, moeda] 4 BRIT marcha a ré 5 **in reverse** a de ré b ao contrário 6 **quite the reverse** muito pelo contrário
**re•vert** [rɪˈvɜrt] *v.* **to revert to sth** voltar a algo
**re•view** [rɪˈvju] *s.* 1 revisão 2 resenha, crítica 3 retrospectiva 4 revista [de tropas] / *v.* 1 rever, examinar 2 resenhar, fazer crítica de 3 AM repassar [matéria] 4 fazer uma retrospectiva de 5 passar em revista [tropas]
**re•view•er** [rɪˈvjuər] *s.* crítico, resenhista [de livro, filme]
**re•vise** [rɪˈvaɪz] *v.* 1 rever 2 atualizar 3 revisar 4 BRIT repassar [matéria] 5 **to revise (for an exam)** BRIT estudar (para uma prova)
**re•vi•sion** [rɪˈvɪʒən] *s.* 1 revisão 2 BRIT estudo (para prova) 3 **to do revision** BRIT estudar [para prova]
**re•viv•al** [rɪˈvaɪvəl] *s.* 1 ressurgimento 2 reencenação
**re•vive** [rɪˈvaɪv] *v.* 1 ressuscitar 2 reanimar(-se) 3 reencenar [peça]
**re•voke** [rɪˈvoʊk] *v.* revogar
**re•volt** [rɪˈvoʊlt] *s.* 1 revolta 2 rebelião / *v.* 1 revoltar-se 2 rebelar-se
**re•volt•ing** [rɪˈvoʊltɪŋ] *adj.* horrível, nojento
**revo•lu•tion** [rɛvəˈluʃən] *s.* 1 revolução 2 rotação
**revo•lu•tion•ary** [rɛvəˈluʃənɛri] *adj, s.* revolucionário
**revo•lu•tion•ize** BRIT tb:-**ise** [rɛvəˈluʃənaɪz] *v.* revolucionar
**re•volve** [rɪˈvɑlv] *v.* girar (***around*** *em torno de*)
**re•volv•er** [rɪˈvɑlvər] *s.* revólver
**re•volv•ing** [rɪˈvɑlvɪŋ] *adj.* giratório
**re•ward** [rɪˈwɔrd] *s.* recompensa (***for*** *por*) / *v.* recompensar, premiar (***for*** *por,* ***with*** *com*)
**re•ward•ing** [rɪˈwɔrdɪŋ] *adj.* gratificante
**re•wind** [rɪˈwaɪnd] *v.* [*ps e pp* **rewound**] rebobinar, voltar [fita]
**re•write** [rɪˈraɪt] *v.* [*ps, pp* **rewrote, rewritten**] reescrever
**rheto•ric** [ˈrɛtərɪk] *s.* retórica
**rhe•tori•cal** [rɪˈtɔrɪkəl] *adj.* retórico
**rheu•ma•tism** [ˈrumətɪzəm] *s.* reumatismo
**rhi•no** [ˈraɪnoʊ] *s.* rinoceronte
**rhi•noc•er•os** [raɪˈnɑsərəs] *s.* rinoceronte
**rhu•barb** [ˈrubɑrb] *s.* ruibarbo
**rhyme** [raɪm] *s.* 1 versinho 2 rima 3 **with no rhyme or reason** sem quê nem para quê / *v.* rimar
**rhythm** [ˈrɪðəm] *s.* ritmo
**rib** [rɪb] *s.* 1 costela 2 costelinha [de carne]
**rib•bon** [ˈrɪbən] *s.* 1 fita [de enfeite] 2 AM roseta 3 **cut/torn to ribbons** em frangalhos

**rib•cage** [ˈrɪbkeɪdʒ] *s.* caixa torácica
**rice** [raɪs] *s.* arroz
**rice pud•ding** [raɪs ˈpʊdɪŋ] *s.* arroz-doce
**rich** [rɪtʃ] *adj.* 1 rico (***in*** *em*) 2 pesado [comida] 3 **the rich** os ricos
**rich•es** [ˈrɪtʃɪz] *spl.* riquezas
**rich•ly** [ˈrɪtʃli] *adv.* 1 ricamente 2 **to richly deserve sth** bem merecer algo
**rich•ness** [ˈrɪtʃnəs] *s.* riqueza
**Richter scale** [ˈrɪktər skeɪl] *s.* escala Richter
**rick•ety** [ˈrɪkəti] *adj.* bambo
**rico•chet** [ˈrɪkəʃeɪ] *v.* ricochetear (***off*** *em*)
**rid** [rɪd] *v.* [**-dd-**] [*ps e pp* **rid**] 1 **to be rid of sth/sb** estar livre de algo/alguém 2 **to get rid of sth/sb** livrar-se de algo/alguém, desfazer-se de algo/alguém 3 **to rid sb/sth of sth** livrar alguém/algo de algo
**rid•den** [ˈrɪdn] *v.* ▸ *pp de* RIDE
**rid•dle** [rɪdl] *s.* charada / *v.* crivar (***with*** *de*)
**rid•dled** [ˈrɪdəld] *adj.* **riddled with sth** carcomido por algo
**ride** [raɪd] *v.* [*ps, pp* **rode, ridden**] 1 ir/andar a cavalo 2 montar 3 ir, andar [de ônibus, carro] 4 **riding on sth** montado em algo 5 **to ride a bike/motorcycle** andar de bicicleta/moto 6 **to ride on sth** depender de algo 7 **to ride the bus** AM ir/andar de ônibus
**ride away, ride off** ir embora [a cavalo, de bicicleta]
**ride out: to ride sth out** resistir a algo / *s.* 1 carona 2 volta [de carro etc.]: *a bike ride* uma pedalada 3 viagem: *the bus ride* a viagem de ônibus | *It's a ten-minute taxi ride to the airport.* São dez minutos de táxi até o aeroporto. 4 brinquedo [em parque de diversões] 5 cavalgada 6 **to give sb a ride** dar carona a alguém 7 **to hitch a ride** ir de carona (***with*** *com*) 8 **to go for a ride** dar uma volta [de carro etc.] 9 **to take sb for a ride** ⓐ levar alguém para dar uma volta ⓑ passar a perna em alguém
**rid•er** [ˈraɪdər] *s.* 1 cavaleiro 2 jóquei 3 (moto)ciclista
**ridge** [rɪdʒ] *s.* 1 crista [de montanha] 2 saliência
**ridi•cule** [ˈrɪdəkjul] *s.* zombaria / *v.* ridicularizar
**ri•dicu•lous** [rɪˈdɪkjələs] *adj.* ridículo
**rid•ing** [ˈraɪdɪŋ] *s.* equitação: *a riding school* uma escola de equitação
**rife** [raɪf] *adj.* 1 **to be rife** imperar, correr solto [violência, corrupção] 2 **to be rife with sth** estar infestado de algo
**ri•fle** [ˈraɪfəl] *s.* fuzil, carabina
**rift** [rɪft] *s.* 1 cisão 2 afastamento
**rig** [rɪg] *v.* [**-gg-**] fraudar [eleição, competição]
**rig up: to rig sth up** improvisar algo / *s.* 1 AM FAM carreta 2 **oil rig** plataforma de petróleo
**right** [raɪt] *adj.* 1 certo: *at the right time* na hora certa 2 direito [lado, mão] 3 **that's right** isso: *"So you're Canadian?" - "That's right."* "Você é canadense, é?" - "Isso." 4 **to be right** estar certo, ter razão: *You're quite right.* Você tem toda a razão. 5 **to be right to do sth** fazer bem em fazer algo: *You were right not to say anything.* Você fez bem em não falar nada. 6 **to put/set sth right** consertar algo / *adv.* 1 bem: *right here* bem aqui | *right opposite the bank* bem em frente ao banco 2 certo, direito 3 à direita 4 ▸ enfatiza a distância: *The bullet went right through the wall.* A bala atravessou a parede de lado a lado. | *They live right at the end of the street.* Eles moram lá no finalzinho da rua. 5 já: *I'll be right there.* Já vou. | *We'll be right back.* Já voltamos. 6 **right after** logo depois (de) 7 **right away** já, em seguida 8 **right now** ⓐ nesse momento ⓑ já: *We have to leave right now.* Temos que sair já. 9 **to get sth right** acertar algo [resposta etc.] / *s.* 1 direito (***to*** *a*): *human rights* direitos humanos 2 **to have a right to be concerned/upset etc.** ter razão de estar preocupado/chateado etc.: *He has every right to be mad.* Ele tem toda a razão de estar bravo. 3 direita, lado direito 4 **by rights** de direito 5 **in its/their etc. own right** por si só 6 **on/to the right** à direita 7 **to be in the right** estar com a razão 8 **to have the**

*interj.* 1 tá: *"I'll call you later."* - *"Right."* "Te ligo mais tarde." - "Tá." 2 BRIT bom: *Right, who wants coffee?* Bom, quem quer café? / *v.* corrigir [injustiça]

right to do sth ter o direito de fazer algo /

**right an•gle** [ˈraɪtˌæŋgəl] *s.* ângulo reto

**right-click** [raɪtˈklɪk] *v.* clicar à direita (*on* em)

**right•eous** [ˈraɪtʃəs] *adj.* justo

**right•ful** [ˈraɪtfəl] *adj.* legítimo

**right-hand** [ˈraɪthænd] *adj.* direito: *the top right-hand corner* o canto direito superior | *the right-hand lane* a faixa da direita

**right-handed** [raɪtˈhændɪd] *adj.* destro

**right•ly** [ˈraɪtli] *adv.* 1 com razão: *quite rightly* com toda razão | *She was upset, and rightly so.* Ela ficou chateada, e com razão. 2 bem: *as you rightly said* como você bem disse | *if I remember rightly* se não me engano 3 **rightly or wrongly** por bem ou por mal

**right-wing** [raɪtˈwɪŋ] *adj.* de direita [na política]

**rig•id** [ˈrɪdʒɪd] *adj.* 1 rígido 2 inflexível

**ri•gor**, BRIT: **rig•our** [ˈrɪgər] *s.* 1 rigor 2 **the rigors of sth** a severidade de algo

**rig•or•ous** [ˈrɪgərəs] *adj.* rigoroso

**rim** [rɪm] *s.* 1 borda, rebordo 2 aro

**rind** [raɪnd] *s.* 1 casca [de queijo, fruta] 2 pele [de bacon]

**ring** [rɪŋ] *s.* 1 anel: *a wedding ring* uma aliança 2 argola 3 círculo 4 toque [de telefone, campainha] 5 repique, badalada 6 ringue 7 picadeiro [de circo] 8 quadrilha 9 BRIT boca [de fogão] 10 **to give sb a ring** BRIT ligar para alguém / *v.* [*ps, pp* **rang, rung**] 1 tocar [telefone, campainha] 2 dobrar [sino] 3 BRIT ligar (para) [por telefone] 4 **to ring a bell** FAM: *The name rings a bell.* O nome não me é estranho.

**ring back** BRIT **to ring (sb) back** a ligar de volta (para alguém) b voltar a ligar (para alguém)

**ring off** BRIT desligar [o telefone]

**ring up** BRIT **to ring (sb) up** ligar (para alguém) / *v.* [*ps e pp* **ringed**] cercar, rodear

**ring•leader** [ˈrɪŋlidər] *s.* chefe, cabeça [de quadrilha]

**ring•let** [ˈrɪŋlɪt] *s.* cachinho

**ring-pull** [ˈrɪŋpʊl] *s.* BRIT tampinha [de lata]

**ring road** [ˈrɪŋroʊd] *s.* BRIT anel rodoviário

**ring•tone** [ˈrɪŋtoʊn] *s.* toque [de celular]

**rink** [rɪŋk] *s.* rinque

**rinse** [rɪns] *v.* 1 passar uma água em 2 enxaguar 3 **to rinse your mouth (out)** bochechar

**riot** [ˈraɪət] *s.* 1 tumulto, motim 2 **to run riot** a correr solto [imaginação] b fazer bagunça [criança] c crescer desordenadamente [planta] / *v.* fazer tumulto/motim

**riot•er** [ˈraɪətər] *s.* 1 arruaceiro, desordeiro 2 amotinado

**riot•ing** [ˈraɪətɪŋ] *s.* distúrbios

**rip** [rɪp] *v.* [-**pp**-] rasgar: *He ripped the package open.* Ele abriu o pacote rasgando o papel.

**rip off** FAM **to rip sb/sth off** roubar alguém/algo (*from* de)

**rip out: to rip sth out** arrancar algo

**rip up: to rip sth up** rasgar algo [em pedaços] / *s.* rasgão

**ripe** [raɪp] *adj.* [*comp* **riper, ripest**] 1 maduro [fruta] 2 **ripe old age** idade avançada 3 **to be ripe for sth** estar pronto para algo

**rip•en** [ˈraɪpən] *v.* amadurecer [fruta, queijo]

**rip-off** [ˈrɪpɔf] *s.* FAM roubo, roubada

**rip•ple** [ˈrɪpəl] *v.* 1 encrespar(-se) [água] 2 agitar(-se) [grama, trigo] 3 flexionar(-se) [músculos] / *s.* ondulação [na água]

**rise** [raɪz] *v.* [*ps, pp* **rose, risen**] 1 aumentar (*by* em, *from* de, *to* para): *rising crime* criminalidade crescente 2 subir 3 FORM levantar-se 4 ascender 5 surgir, elevar-se 6 nascer [sol] 7 crescer [bolo, pão] 8 **to rise above sth** ser superior a algo / *s.* 1 aumento 2 subida 3 ascensão 4 **to give rise to sth** FORM dar origem a algo, ocasionar algo

**ris•en** [ˈrɪzən] *v.* ▸ *pp de* RISE

**risk** [rɪsk] *s.* 1 risco 2 **at risk** em risco, correndo risco 3 **at your own risk** por sua

conta e risco **4 to run the risk of doing sth** correr o risco de fazer algo **5 to take a risk** arriscar-se / *v.* **1** arriscar **2** correr risco de **3 to risk doing sth** arriscar-se a fazer algo
**risky** ['rɪski] *adj.* [*comp* **riskier, riskiest**] arriscado
**ris•qué** [rɪs'keɪ] *adj.* picante [piada, comentário]
**rite** [raɪt] *s.* rito
**ritu•al** ['rɪtʃuəl] *s, adj.* ritual
**ri•val** ['raɪvəl] *s, adj.* rival / *v.* não perder para
▸ *Am:* ***rivaling, rivaled*** *Brit:* ***rivalling, rivalled***
**ri•val•ry** ['raɪvəlri] *s.* rivalidade
**riv•er** ['rɪvər] *s.* rio: *the Hudson River* o rio Hudson
**river bank** ['rɪvərbæŋk] *s.* margem do rio
**river•side** ['rɪvərsaɪd] *s.* beira do rio
**riv•et** ['rɪvət] *s.* rebite / *v.* **1 to be riveted on/to sth** estar grudado em algo [olhos] **2 to be riveted to the spot** ficar sem ação [por medo, choque]
**riv•et•ing** ['rɪvətɪŋ] *adj.* fascinante
**roach** [roʊtʃ] *s.* AM FAM barata
**road** [roʊd] *s.* **1** estrada: *on the road* na estrada **2** BRIT rua: *across the road* do outro lado da rua **3** caminho: *on the road to recovery* no caminho da recuperação **4 to cross the road** BRIT atravessar a rua
**road ac•ci•dent** ['roʊd ˌæksədənt] *s.* acidente de trânsito
**road•block** ['roʊdblɑk] *s.* blitz
**road rage** ['roʊd reɪdʒ] *s.* violência no trânsito
**road•side** ['roʊdsaɪd] *s.* beira da estrada: *a roadside diner* uma lanchonete à beira da estrada
**road sign** ['roʊdsaɪn] *s.* placa de sinalização
**road•way** ['roʊdweɪ] *s.* pista [da estrada]
**road•work**, BRIT: **road•works** ['roʊdwɜrk] *s.* obras [na estrada]
**roam** [roʊm] *v.* perambular (por), vaguear (por)
**roar** [rɔr] *v.* **1** rugir **2** berrar **3 to roar off/past etc.** ir embora/passar etc. fazendo muito barulho **4 to roar (with laughter)** dar gargalhadas / *s.* **1** rugido **2** gritos [do público] **3** barulheira [do trânsito]
**roar•ing** ['rɔrɪŋ] *adj.* **1 a roaring fire** um fogaréu **2 to do a roaring trade in sth** BRIT FAM vender algo como água no deserto
**roast** [roʊst] *v.* **1** assar **2** torrar [café etc.] / *adj.* assado: *roast chicken* frango assado / *s.* assado, carne assada
**rob** [rɑb] *v.* [-**bb**-] **1** assaltar **2** roubar **3 to rob sb of sth** **a** roubar algo de alguém **b** privar alguém de algo
**rob•ber** ['rɑbər] *s.* **1** assaltante **2** ladrão
**rob•bery** ['rɑbəri] *s.* [*pl* **robberies**] **1** assalto: *armed robbery* assalto à mão armada **2** roubo
**robe** [roʊb] *s.* **1** roupão, robe **2** toga [de juiz]
**rob•in** ['rɑbɪn] *s.* papo-roxo [pássaro]
**ro•bot** ['roʊbɑt] *s.* robô
**ro•bust** [roʊ'bʌst] *adj.* **1** robusto **2** enérgico
**rock** [rɑk] *s.* **1** rocha, rochedo **2** AM pedra **3** (tb **rock music**) rock: *a rock band* uma banda de rock **4 on the rocks** **a** com gelo **b** FAM em crise [casamento] / *v.* **1** balançar **2** embalar [bebê] **3** abalar, sacudir
**rock bot•tom** [rɑk 'bɑtəm] *s.* FAM o fundo do poço
**rock climb•ing** ['rɑkˌklaɪmɪŋ] *s.* escalada
**rock•et** ['rɑkɪt] **1** foguete **2** rojão / *v.* disparar [preço, vendas]
**rock•ing chair** ['rɑkɪŋ tʃɛr] *s.* cadeira de balanço
**rock star** ['rɑk stɑr] *s.* astro/estrela do rock
**rocky** ['rɑki] *adj.* [*comp* **rockier, rockiest**] **1** rochoso **2** FAM instável [casamento, começo]
**rod** [rɑd] *s.* **1** vara **2** haste **3** vara de pescar
**rode** [roʊd] *v.* ▸ *ps de* RIDE
**ro•dent** ['roʊdənt] *s.* roedor
**rogue** [roʊg] *s.* malandro / *adj.* pária: *rogue states* estados párias
**role** [roʊl] *s.* **1** papel **2 to play a role** fazer/desempenhar um papel
**role mod•el** ['roʊlˌmɑdl] *s.* modelo [de comportamento]
**role-play** ['roʊlpleɪ] *s.* encenação [como recurso de aprendizagem]

**roll** [roʊl] *v.* 1 rolar 2 ir rolando 3 enrolar 4 rufar [tambores] 5 retumbar [trovão] 6 jogar [dados]
**roll down: to roll sth down** abaixar algo [vidro do carro]
**roll in** 1 entrar a rodos [dinheiro] 2 aparecer
**roll out: to roll sth out** a abrir algo [massa] b desenrolar algo [tapete etc.] c implementar algo [política]
**roll over: to roll (sb) over** virar (alguém)
**roll up** 1 **to roll sth up** a enrolar algo b levantar algo [vidro do carro] 2 **to roll your sleeves up** arregaçar as mangas 3 aparecer [pessoa] / *s.* 1 rolo [de papel etc.] 2 pãozinho 3 rol 4 rufo [de tambor] 5 **a roll of fat** uma pelanca 6 **a roll of thunder** um trovão 7 jogada [de dados] 8 **to be on a roll** FAM estar indo bem 9 **to call the roll** fazer chamada
**roll-call** [ˈroʊlkɔl] *s.* chamada de presença
**roll•er** [ˈroʊlər] *s.* 1 rolo 2 vagalhão
**Roll•er•blades®** [ˈroʊlərbleɪdz] *spl.* patins inline
**roll•er coast•er** [ˈroʊlər koʊstər] *s.* montanha-russa
**roll•er skate** [ˈroʊlər skeɪt] *s.* patim de rodas / **roller-skate** *v.* andar de patins
**roll•ing** [ˈroʊlɪŋ] *adj.* ondulado [terreno]
**roll•ing pin** [ˈroʊlɪŋ pɪn] *s.* rolo de massa
**Ro•man** [ˈroʊmən] *s, adj.* 1 romano 2 redondo [letra]
**ro•mance** [ˈroʊmæns] *s.* 1 romantismo 2 romance, namoro, caso
**ro•man•tic** [roʊˈmæntɪk] *adj, s.* romântico
**roof** [ruf] *s.* 1 telhado 2 capota [de carro] 3 teto [de túnel, caverna] 4 **roof of the mouth** céu da boca 5 **a roof over your head** um teto para morar 6 **to go through the roof** a (tb **to hit the roof**) virar bicho b disparar [preço, custo]
**roof-rack** [ˈruf ræk] *s.* BRIT bagageiro [na capota do carro]
**roof•top** [ˈruftɑp] *s.* telhado
**rook** [rʊk] *s.* 1 gralha 2 torre [em xadrez]
**rookie** [ˈrʊki] *s.* AM novato
**room** [rum] *s.* 1 cômodo, aposento 2 quarto 3 sala 4 lugar, espaço 5 **there is room for improvement** é preciso melhorar 6 **to make room (for sth/sb)** a abrir espaço (para algo/alguém) b dar passagem (a algo/alguém) 7 margem: *room for doubt* margem para dúvida / *v.* **to room with sb** AM dividir um quarto/apartamento com alguém
**room•mate** [ˈrummeɪt] *s.* colega de quarto/apartamento
**room tem•pera•ture** [ˈrumˌtɛmprətʃər] *s.* temperatura ambiente
**roomy** [ˈrumi] *adj.* [*comp* **roomier, roomiest**] espaçoso
**roost•er** [ˈrustər] *s.* galo
**root** [rut] *s.* 1 raiz 2 origem: *the root cause of the problem* a origem do problema 3 **to put down roots** criar raízes [pessoa] 4 **to take root** a enraizar-se [ideia, prática] b criar raízes [planta] / *v.* 1 **to be rooted in sth** ter sua origem em algo 2 **to root for sb** FAM torcer por alguém 3 **to root in/through sth** vasculhar algo
**root out: to root sth out** a acabar com algo [corrupção, bullying etc.] b FAM catar algo
**root beer** [ˈrut bɪr] *s.* refrigerante feito a partir das raízes de várias plantas
**rope** [roʊp] *s.* 1 corda 2 **on the ropes** FAM nas cordas 3 **to know/learn the ropes** saber/aprender os macetes 4 **to show sb the ropes** ensinar os macetes a alguém / *v.* 1 amarrar (*to a/em*) 2 laçar [animal] 3 **to rope sb into doing sth** convencer alguém a fazer algo
**rope off: to rope sth off** isolar algo com cordas
**rose** [roʊz] *s.* rosa / *v.* ▸ *ps de* RISE
**ro•sette** [roʊˈzɛt] *s.* BRIT roseta
**ros•trum** [ˈrɑstrəm] *s.* 1 tribuna 2 pódio
**rosy** [ˈroʊzi] *adj.* [*comp* **rosier, rosiest**] 1 rosado 2 promissor [futuro]
**rot** [rɑt] *v.* [-**tt**-] apodrecer
**rota** [ˈroʊtə] *s.* rodízio [de tarefas]

**ro•tate** [roʊˈteɪt] *v.* 1 (fazer) girar 2 revezar(-se)

**ro•ta•tion** [roʊˈteɪʃən] *s.* 1 rotação 2 revezamento 3 **in rotation** por revezamento

**rot•ten** [ˈrɑtn] *adj.* 1 podre 2 FAM péssimo 3 FAM mau [pessoa]

**rough** [rʌf] *adj.* [*comp* **rougher, roughest**] 1 áspero [superfície] 2 acidentado [terreno] 3 aproximado 4 difícil [dia, momento] 5 duro, violento [jogo, tratamento] 6 barra-pesada [bairro] 7 bravo, encapelado [mar] 8 tosco [acabamento, pessoa] 9 **rough copy/draft** rascunho 10 **to be rough on sb** pegar pesado com alguém / *v.* **to rough it** FAM viver sem conforto / *s.* **to take the rough with the smooth** aceitar as coisas ruins da vida / *adv.* **to sleep rough** BRIT dormir na rua

**rough•ly** [ˈrʌfli] *adv.* 1 aproximadamente, mais ou menos 2 com violência 3 **roughly speaking** falando por alto

**rou•lette** [ruˈlɛt] *s.* roleta [jogo de azar]

**round** [raʊnd] *adj.* redondo / *s.* 1 rodada: *a round of drinks* uma rodada de bebidas 2 fase [de competição] 3 sucessão [de compromissos] 4 assalto, round [em boxe, luta livre etc.] 5 cartucho, tiro 6 **a round of applause** uma salva de palmas 7 **a round of golf** uma partida de golfe 8 **the daily round** a rotina diária 9 **to make/do the rounds** circular (***of*** *por*) / *adv, prep.* BRIT ver **around** / *v.* 1 virar, dobrar [esquina, cabo] 2 arredondar

**round down: to round sth down** arredondar algo para baixo

**round off: to round sth off** encerrar algo (***with*** *com*)

**round up** 1 **to round sb up** a caçar alguém b juntar alguém 2 **to round sth up** a arredondar algo para cima b arrebanhar algo

**round•about** [ˈraʊndəbaʊt] *s.* 1 BRIT rotatória [de trânsito] 2 carrossel [de parquinho] / *adj.* indireto

**round trip** [raʊndˈtrɪp] *s.* ida e volta

**round-trip tick•et** [raʊndˌtrɪpˈtɪkɪt] *s.* passagem de ida e volta

**rouse** [raʊz] *v.* 1 FORM despertar 2 **to rouse sb to (do) sth** instigar alguém a (fazer) algo 3 **to rouse yourself** deixar a preguiça de lado

**rous•ing** [ˈraʊzɪŋ] *adj.* vibrante [discurso, música etc.]

**route** [raʊt, rut] *s.* 1 rota 2 caminho 3 itinerário [de ônibus] / *v.* enviar (***through/via*** *por*)

**rout•er** [ˈrutər] *s.* roteador

**rou•tine** [ruˈtin] *s.* rotina / *adj.* rotineiro

**rou•tine•ly** [ruˈtinli] *adv.* rotineiramente

**row**[1] [roʊ] *s.* 1 fila, fileira 2 **in a row** a seguidos: *three times in a row* três vezes seguidas b em fila, enfileirados / *v.* 1 remar 2 ir remando/a remo: *They rowed across the river.* Atravessaram o rio a remo.

**row**[2] [raʊ] BRIT *s.* 1 briga 2 barulheira / *v.* brigar

**row•boat** [ˈroʊboʊt] *s.* AM barco a remo

**row•dy** [ˈraʊdi] *adj.* bagunceiro [jovem]

**row house** [ˈroʊ haʊs] *s.* AM casa em fileira

**row•ing** [ˈroʊɪŋ] *s.* 1 remo [esporte] 2 **rowing boat** BRIT barco a remo

**roy•al** [ˈrɔɪəl] *adj.* real [da realeza]

**roy•al•ty** [ˈrɔɪəlti] *s.* 1 realeza 2 **royalties** direitos autorais

**RSI** [ɑrɛsˈaɪ] *s.* (= repetitive strain injury) lesão por esforço repetitivo (LER)

**rub** [rʌb] *v.* [**-bb-**] 1 esfregar 2 machucar 3 passar [pomada, creme] (***on*** *em*)

**rub in: to rub it in** FAM esfregar na cara

**rub off** 1 sair [por esfregação] 2 **to rub off on sb** contagiar alguém [sentimento]

**rub out: to rub sth out** BRIT apagar algo [com borracha etc.]

**rub•ber** [ˈrʌbər] *s.* borracha

**rub•ber band** [ˌrʌbər ˈbænd] *s.* elástico [para prender papéis]

**rub•bish** [ˈrʌbɪʃ] *s.* BRIT 1 lixo 2 FAM bobagem 3 FAM porcaria

**rub•bish dump** [ˈrʌbɪʃ dʌmp] *s.* BRIT depósito de lixo

**rub•ble** [ˈrʌbəl] *s.* 1 entulho 2 escombros

**ruby** [ˈrubi] *s.* [*pl* **rubies**] rubi

**ruck•sack** [ˈrʌksæk] *s.* BRIT mochila
**rud•der** [ˈrʌdər] *s.* leme
**rude** [rud] *adj.* 1 grosso, grosseiro 2 obsceno [piada, palavra etc.] 3 **rude awakening** choque de realidade 4 **it is rude to do sth** é falta de educação fazer algo
**rude•ness** [ˈrudnəs] *s.* 1 grosseria 2 falta de educação
**ru•di•men•ta•ry** [rudəˈmɛntri] *adj.* rudimentar
**ruf•fle** [ˈrʌfəl] *v.* 1 encrespar, agitar 2 despentear [cabelo]
**rug** [rʌg] *s.* tapete
**rug•by** [ˈrʌgbi] *s.* rúgbi
**rug•ged** [ˈrʌgɪd] *adj.* 1 escarpado 2 másculo [traços, aparência] 3 resistente
**ruin** [ˈruɪn] *s.* ruína / *v.* 1 arruinar 2 estragar
**ruined** [ˈruɪnd] *adj.* em ruínas [castelo etc.]
**rule** [rul] *s.* 1 regra 2 domínio, governo 3 **as a rule** em geral, geralmente 4 **rule of thumb** base, regra geral / *v.* 1 governar 2 dominar 3 decretar, julgar 4 **to rule on sth** pronunciar-se sobre algo
**rule out: to rule sth out** descartar/excluir algo
**rul•er** [ˈrulər] *s.* 1 régua 2 governante
**rul•ing** [ˈrulɪŋ] *s.* 1 decisão 2 portaria / *adj.* governante
**rum** [rʌm] *s.* rum [bebida]
**rum•ble** [ˈrʌmbəl] *v.* 1 ribombar 2 ir fazendo muito barulho 3 roncar [estômago] / *s.* ruído
**rum•mage** [ˈrʌmɪdʒ] *v.* **to rummage in/through sth** vasculhar/revirar algo
**rum•mage sale** [ˈrʌmɪdʒ seɪl] *s.* AM bazar [beneficente]
**ru•mor**, BRIT: **ru•mour** [ˈrumər] *s.* boato / *v.* 1 **it is rumored that** corre o boato que, dizem que 2 **to be rumored to be sth**: *The singer is rumored to be pregnant.* Há boatos de que a cantora está grávida.
**rump** [rʌmp] *s.* garupa, anca
**rump steak** [ˈrʌmp steɪk] *s.* (bife de) alcatra
**run** [rʌn] *v.* [-**nn**-] [*ps, pp* **ran, run**] 1 correr 2 ir correndo 3 tocar, administrar [negócio, hotel etc.] 4 organizar, promover [curso etc.] 5 circular, passar [trem, ônibus] 6 funcionar [máquina etc.] 7 operar [máquina, trens etc.] 8 rodar [software] 9 dar, publicar [matéria, anúncio] 10 FAM deixar, levar de carona: *I'll run you home.* Eu te deixo em casa. 11 AM candidatar-se (***for*** *a*) 12 estender(-se) (***along/through*** *por*) 13 passar [mão etc.] (***over*** *em*, ***through*** *por*) 14 escorrer [água, lágrimas, nariz] 15 ficar em cartaz [peça] 16 soltar tinta [roupa] 17 **to be running** **a** estar ligado [motor] **b** estar aberto [torneira] 18 **to be running short/low on sth** estar ficando sem algo 19 **to run a red light** AM avançar o sinal 20 **to run in the family** ser de família 21 **to run into problems** esbarrar em problemas 22 **to run on sth** ser movido a algo 23 **to run short/low** acabar
**run across: to run across sth/sb** topar com algo/alguém
**run after: to run after sb/sth** correr atrás de alguém/algo
**run away** fugir (***from*** *de*)
**run down: to run sb/sth down** **a** atropelar alguém/algo **b** FAM falar mal de alguém/algo
**run into** 1 **to run into sb** **a** topar com alguém **b** atropelar alguém 2 **to run into sth** chocar-se contra algo
**run off** sair correndo, fugir
**run out** 1 acabar [dinheiro, tempo etc.] 2 expirar, vencer [visto] 3 **to run out of sth** ficar sem algo: *I've run out of money.* O meu dinheiro acabou.
**run over** 1 prolongar-se [reunião, trabalhos] 2 **to run over sth** recapitular/repassar algo 3 **to run sb/sth over** atropelar alguém/algo
**run through: to run through sth** ensaiar/repassar algo / *s.* 1 corrida 2 sequência [de vitórias, derrotas] 3 maré [de sorte, azar] 4 **in the long run** com o tempo, a longo prazo 5 **on the run** **a** foragido (***from*** *de*) **b** correndo [comer etc.] 6 **to go for a run** correr [como exercício] 7 **to make a run for it** tentar fugir correndo

**run•away** [ˈrʌnəweɪ] *adj.* 1 fugitivo 2 desgovernado [veículo] 3 **a runaway success** um sucesso imediato / *s.* criança que fugiu de casa
**run-down** [rʌnˈdaʊn] *adj.* 1 caído, decadente [prédio, bairro] 2 abatido [pessoa]
**rung** [rʌŋ] *v.* ▸ *pp de* RING / *s.* 1 degrau [de escada de mão] 2 escalão
**run•ner** [ˈrʌnər] *s.* corredor [atleta]
**runner-up** [ˌrʌnər ˈʌp] *s.* segundo colocado
**run•ning** [ˈrʌnɪŋ] *adj.* 1 **running commentary** narração [de evento, jogo] 2 **running water** água corrente / *s.* 1 corrida [esporte] 2 direção, organização 3 **in the running** no páreo (***for*** *por*) 4 **out of the running** fora do páreo 5 **to go running** correr / *adv.* seguidos: *three days running* três dias seguidos
**run•ny** [ˈrʌni] *adj.* [*comp* **runnier, runniest**] 1 aguado, ralo 2 **a runny nose** coriza
**run-of-the-mill** [ˌrʌn əv ðə ˈmɪl] *adj.* corriqueiro
**run-through** [ˈrʌnθru] *s.* ensaio
**run-up** [ˈrʌnʌp] *s.* 1 corrida de impulso 2 **in the run-up to sth** nas vésperas de algo
**run•way** [ˈrʌnweɪ] *s.* pista [de aeroporto]
**ru•ral** [ˈrʊrəl] *adj.* rural
**rush** [rʌʃ] *v.* 1 ir correndo: *She rushed off to work.* Ela saiu correndo para o trabalho. 2 afobar-se 3 apressar, precipitar 4 levar às pressas: *He was rushed to the hospital.* Ele foi levado às pressas ao hospital. 5 **to rush into (doing) sth** precipitar-se em (fazer) algo 6 **to rush it/things** precipitar-se 7 **to rush to do sth** fazer algo correndo/às pressas / *s.* 1 correria 2 pressa: *There's no rush.* Não tem pressa. 3 rush 4 FAM barato [sensação]: *an adrenaline rush* uma adrenalina 5 junco 6 **in a rush** ⓐ às pressas ⓑ com pressa
**rushed** [rʌʃt] *adj.* corrido
**rush hour** [ˈrʌʃaʊr] *s.* hora do rush
**Rus•sia** [ˈrʌʃə] *s.* Rússia
**Rus•sian** [ˈrʌʃən] *s, adj.* russo
**rust** [rʌst] *s.* ferrugem / *v.* enferrujar
**rus•tic** [ˈrʌstɪk] *adj.* rústico
**rus•tle** [ˈrʌsəl] *v.* 1 farfalhar 2 estalar / *s.* farfalhar
**rusty** [ˈrʌsti] *adj.* [*comp* **rustier, rustiest**] enferrujado
**rut** [rʌt] *s.* 1 **in a rut** acomodado, preso na rotina 2 sulco
**ru•ta•ba•ga** [ˈrutəbægə] *s.* AM couve-nabo-da-suécia
**ruth•less** [ˈruθləs] *adj.* implacável, impiedoso
**ruth•less•ly** [ˈruθləsli] *adv.* implacavelmente, sem piedade
**RV** [ɑrˈvi] *s.* AM (= recreational vehicle) motorhome
**rye** [raɪ] *s.* centeio: *rye bread* pão de centeio

# S

**S, s** [ɛs] *s.* S, s
**sabo•tage** [ˈsæbətɑʒ] *s.* sabotagem / *v.* sabotar
**sac•cha•rin** [ˈsækerɪn] *s.* sacarina
**sack** [sæk] *s.* 1 saca, saco 2 **to get the sack** BRIT FAM ser mandado embora [de emprego] / *v.* BRIT FAM mandar embora [funcionário]
**sa•cred** [ˈseɪkrɪd] *adj.* sagrado, sacro
**sac•ri•fice** [ˈsækrəfaɪs] *s.* 1 sacrifício 2 **to make sacrifices** fazer sacrifício / *v.* sacrificar (*for por*)
**sac•ri•lege** [ˈsækrəlɪdʒ] *s.* sacrilégio
**sad** [sæd] *adj.* [*comp* **sadder, saddest**] triste (***about*** *por*): *She looked sad.* Ela estava com uma cara triste. | *I was sad to hear you're leaving.* Fiquei triste em saber que você vai embora.
**sad•den** [ˈsædn] *v.* entristecer
**sad•dle** [ˈsædl] *s.* 1 sela 2 selim, banco / *v.* 1 (tb **saddle up**) selar [cavalo] 2 **saddled with debt** endividado 3 **to saddle sb with sth** impor algo a alguém [tarefa, problema]
**sa•dis•tic** [səˈdɪstɪk] *adj.* sádico
**sad•ly** [ˈsædli] *adv.* 1 com tristeza 2 lamentavelmente
**sad•ness** [ˈsædnəs] *s.* tristeza
**safe** [seɪf] *adj.* [*comp* **safer, safest**] 1 seguro: *It's not safe to go out.* É perigoso sair. | *Is the water safe to drink?* Pode-se tomar a água sem perigo? 2 (a) salvo, em segurança 3 **better (to be) safe than sorry** é melhor prevenir do que remediar 4 **safe and sound** são e salvo 5 **safe in the knowledge that ...** com toda a certeza de que ... 6 **it's safe to say/assume that ...** pode ter certeza que ... 7 **to be on the safe side** por via das dúvidas 8 **to keep sth safe** guardar algo com segurança 9 **to play it safe** não correr riscos / *s.* cofre
**safe•guard** [ˈseɪfgɑrd] *v.* salvaguardar (***against*** *de*) / *s.* salvaguarda (***against*** *contra*)
**safe•ly** [ˈseɪfli] *adv.* em segurança, sem perigo
**safe•ty** [ˈseɪfti] *s.* segurança
**safe•ty belt** [ˈseɪfti bɛlt] *s.* cinto de segurança
**safe•ty net** [ˈseɪfti nɛt] *s.* rede de segurança
**safe•ty pin** [ˈseɪfti pɪn] *s.* alfinete de segurança
**sag** [sæg] *v.* [**-gg-**] 1 vergar 2 cair [pele]
**sage** [seɪdʒ] *s.* sálvia
**Sag•it•ta•rius** [sædʒəˈtɛriəs] *s.* 1 Sagitário 2 sagitariano
**said** [sɛd] *v.* ▸ *ps e pp de* SAY
**sail** [seɪl] *v.* 1 navegar, ir de barco 2 velejar 3 zarpar (***for*** *para*) 4 ir voando
**sail through: to sail through sth** tirar algo de letra / *s.* 1 vela 2 **to set sail** zarpar (***for*** *para*)

**sail•board** [ˈseɪlbɔrd] *s.* prancha de windsurfe
**sail•boat** [ˈseɪlboʊt] *s.* AM barco a vela, veleiro
**sail•ing** [ˈseɪlɪŋ] *s.* 1 navegação 2 vela [esporte] 3 **to go sailing** velejar
**sailing-boat** [ˈseɪlɪŋ boʊt] *s.* BRIT barco a vela, veleiro
**sail•or** [ˈseɪlər] *s.* marinheiro
**saint** [seɪnt] *s.* santo: *Saint John* São João
**sake** [seɪk] *s.* 1 **for God's/heaven's/goodness' sake** pelo amor de Deus 2 **for the sake of sth/sb** por algo/alguém, pelo bem de algo/alguém: *I did it for your sake.* Fiz isso por você.
**sal•ad** [ˈsæləd] *s.* salada
**sal•ad dress•ing** [ˈsæləd ˌdrɛsɪŋ] *s.* vinagrete
**sa•la•mi** [səˈlɑmi] *s.* salame
**sala•ry** [ˈsæləri] *s.* salário
**sale** [seɪl] *s.* 1 venda: *the sales manager* o gerente de vendas 2 liquidação: *The shoe store is having a sale.* A sapataria está em liquidação. 3 **for sale** à venda, vende-se: *Car for sale.* Vende-se carro. 4 **on sale** ⓐ à venda ⓑ em promoção 5 **to go on sale** começar a ser vendido 6 **to put sth up for sale** colocar algo à venda
**sales as•sist•ant** [ˈseɪlz əˌsɪstənt] *s.* vendedor [de loja]
**sales•clerk** [ˈseɪlzklɜrk] *s.* AM vendedor [de loja]
**sales•man** [ˈseɪlzmən] *s.* [*pl* **salesmen**] vendedor
**sales•per•son** [ˈseɪlzpɜrsən] *s.* [*pl* **salespeople**] vendedor
**sales rep•re•senta•tive** [ˈseɪlz rɪprəˌzɛntətɪv] *s.* (tb **sales rep**) representante de vendas
**sales tax** [ˈseɪlz tæks] *s.* imposto sobre circulação de mercadorias
**sales•woman** [ˈseɪlzwʊmən] *s.* [*pl* **saleswomen**] vendedora
**sa•li•va** [səˈlaɪvə] *s.* saliva
**salm•on** [ˈsæmən] *s.* [*pl* **salmon**] salmão
**sa•lon** [səˈlɑn] *s.* salão [de cabeleireiro etc.]
**sa•loon** [səˈlun] *s.* 1 AM bar 2 BRIT sedã
**sal•sa** [ˈsælsə] *s.* 1 salsa [música] 2 molho de pimenta
**salt** [sɔlt] *s.* sal / *v.* salgar
**salt•ed** [ˈsɔltɪd] *adj.* salgado
**salt shak•er**, BRIT: **salt cellar** [ˈsɔlt ˌʃeɪkər, sɛlə] *s.* saleiro
**salt•water** [ˈsɔltwɔtər] *adj.* de água salgada
**salty** [ˈsɔlti] *adj.* salgado
**sa•lute** [səˈlut] *v.* 1 bater continência (para) 2 saudar / *s.* 1 continência 2 saudação (***to*** *a*) 3 salva: *a 21-gun salute* uma salva de 21 tiros
**sal•vage** [ˈsælvɪdʒ] *v.* salvar [objetos de incêndio, naufrágio etc.] / *s.* salvamento
**sal•va•tion** [sælˈveɪʃən] *s.* salvação
**same** [seɪm] *adj.* 1 mesmo (***as*** *que*): *She goes to the same school as me.* Ela frequenta a mesma escola que eu. | *the same old story* a mesma história de sempre 2 **at the same time** ⓐ ao mesmo tempo ⓑ no entanto 3 **exactly the same/the very same** exatamente o mesmo, igualzinho 4 **it amounts/comes to the same thing** dá no mesmo / **the same** *pron, adv.* 1 igual (***as*** *a*): *The two houses look the same.* As duas casas parecem iguais. | *Her hair is the same as her mother's.* O cabelo dela é igual ao da mãe. 2 a mesma coisa: *His brother said the same.* O irmão dele disse a mesma coisa. 3 **(and the) same to you!** igualmente!, para você também! 4 **just/all the same** mesmo assim 5 **just/exactly the same** igualzinho (***as*** *a*) 6 **same here** FAM eu também
**same-sex** [seɪmˈsɛks] *adj.* (entre pessoas) do mesmo sexo
**sam•ple** [ˈsæmpəl] *s.* amostra / *v.* provar
**sanc•tion** [ˈsæŋkʃən] *s.* 1 sanção 2 **to impose/lift sanctions** impor/suspender sanções / *v.* sancionar
**sanc•tu•ary** [ˈsæŋktʃuɛri] *s.* 1 reserva [para animais] 2 refúgio 3 santuário
**sand** [sænd] *s.* areia / *v.* (tb **sand down**) lixar
**san•dal** [ˈsændl] *s.* sandália [um pé]

**sand•castle** ['sændkæsəl] *s.* castelo de areia
**sand•paper** ['sændpeɪpər] *s.* lixa / *v.* lixar
**sand•wich** ['sændwɪtʃ] *s.* sanduíche: *a cheese sandwich* um sanduíche de queijo / *v.* **to be sandwiched between sth** estar intercalado/prensado entre algo
**sandy** ['sændi] *adj.* [*comp* **sandier, sandiest**] 1 arenoso 2 louro [cabelo]
**sane** [seɪn] *adj.* [*comp* **saner, sanest**] 1 são 2 sensato
**sang** [sæŋ] *v.* ▸ *ps de* SING
**sani•tary** ['sænətɛri] *adj.* sanitário, higiênico
**sani•tary nap•kin**, BRIT: **sani•tary tow•el** ['sænətɛri ˌnæpkɪn] *s.* absorvente, modess®
**sani•ta•tion** [sænə'teɪʃən] *s.* saneamento
**san•ity** ['sænəti] *s.* 1 sanidade mental 2 sensatez
**sank** [sæŋk] *v.* ▸ *ps de* SINK
**Santa Claus** ['sæntə klɔz] *s.* Papai Noel
**sap** [sæp] *s.* 1 seiva 2 FAM otário / *v.* [**-pp-**] minar [força, energia]
**sap•phire** ['sæfaɪr] *s.* safira
**sar•casm** ['sɑrkæzəm] *s.* sarcasmo
**sar•cas•tic** [sɑr'kæstɪk] *adj.* sarcástico
**sar•dine** [sɑr'din] *s.* sardinha
**sash** [sæʃ] *s.* faixa [de presidente, miss]
**sass** [sæs] *v.* AM FAM responder para [de forma abusada]
**sas•sy** ['sæsi] *adj.* [*comp* **sassier, sassiest**] AM FAM respondão, abusado
**sat** [sæt] *v.* ▸ *ps de* SIT
**satch•el** ['sætʃəl] *s.* bolsa escolar [usada a tiracolo]
**sat•el•lite** ['sætəlaɪt] *s.* satélite: *satellite TV* TV por satélite
**sat•el•lite dish** ['sætəlaɪt dɪʃ] *s.* antena parabólica
**sat•in** ['sætn] *s.* cetim: *a satin dress* um vestido de cetim
**sat•ire** ['sætaɪr] *s.* sátira
**sa•tiri•cal** [sə'tɪrɪkəl] *adj.* satírico
**sat•is•fac•tion** [sætɪs'fækʃən] *s.* satisfação
**sat•is•fac•tory** [sætɪs'fæktəri] *adj.* satisfatório
**sat•is•fied** ['sætɪsfaɪd] *adj.* satisfeito (***with*** *com*)
**sat•is•fy** ['sætɪsfaɪ] *v.* [*ps e pp* **-fied**] 1 satisfazer 2 cumprir [requisitos]
**sat•is•fy•ing** ['sætɪsfaɪɪŋ] *adj.* 1 de satisfação [sentimento, momento] 2 consistente [refeição] 3 **to be satisfying (to do sth)** dar satisfação (fazer algo)
**sat-nav** ['sætnæv] *s.* FAM GPS [para carro]
**SATs** [ɛseɪ'tiz] *spl.* nos EUA, prova equivalente ao ENEM
**satu•rate** ['sætʃəreɪt] *v.* 1 encharcar 2 saturar (***with*** *de*)
**Sat•ur•day** ['sætərdi, 'sætərdeɪ] *s.* sábado
**Sat•urn** ['sætərn] *s.* Saturno
**sauce** [sɔs] *s.* 1 molho: *tomato sauce* molho de tomate 2 **chocolate sauce** caldo de chocolate
**sauce•pan** ['sɔspæn] *s.* panela
**sau•cer** ['sɔsər] *s.* pires
**sau•na** ['sɔnə] *s.* sauna
**saun•ter** ['sɔntər] *v.* ir/andar com ar blasé
**sau•sage** ['sɔsɪdʒ] *s.* linguiça
**sav•age** ['sævɪdʒ] *adj.* 1 feroz [cachorro, ataque] 2 bárbaro [assassinato, crime] 3 impiedoso [crítica, ataque] 4 drástico [cortes] / *v.* atacar ferozmente
**save** [seɪv] *v.* 1 salvar (***from*** *de*) 2 poupar, economizar 3 guardar 4 defender [bola] 5 **to save on sth** economizar algo 6 **to save sb (doing) sth** poupar alguém de (fazer) algo: *I'll run you home to save you waiting for the bus.* Eu te deixo em casa para você não ter que esperar o ônibus. 7 **to save the day** salvar a pátria
**save up** 1 **to save sth up** juntar algo 2 **to save up (for sth)** juntar dinheiro (para comprar/pagar algo) / *s.* defesa [de goleiro]
**sav•er** ['seɪvər] *s.* poupador
**sav•ing** ['seɪvɪŋ] *s.* 1 economia, poupança 2 **savings** economias / *adj.* **saving grace** qualidade redentora
**sav•ings and loan (as•so•cia•tion)** [ˌseɪvɪŋz ən 'loʊn (əsoʊʃiˌeɪʃən)] *s.* AM caixa econômica
**sav•ior**, BRIT: **sav•iour** ['seɪvjər] *s.* salvador
**sa•vor**, BRIT: **sa•vour** ['seɪvər] *v.* saborear

**sa•vory**, BRIT: **sa•voury** [ˈseɪvəri] *adj.* salgado

**sav•vy** [ˈsævi] FAM esperto: *computer-savvy* versado em informática

**saw** [sɔ] *s.* serra / *v.* [*ps, pp* **sawed, sawed/sawn**] serrar

**saw off: to saw sth off** cortar algo [com serra]

**saw up: to saw sth up** cortar algo em pedaços [com serra] / *v.* ▸ *ps de* SEE

**saw•dust** [ˈsɔdʌst] *s.* serragem [pó]

**saxo•phone** [ˈsæksəfoʊn] *s.* saxofone

**say** [seɪ] *v.* [*ps, pp* **said**] **1** dizer, falar (***to*** *a*): *She said she was tired.* Ela disse que estava cansada. | *The bridge is said to be the oldest in the world.* Dizem que a ponte é a mais antiga do mundo. **2** estar escrito: *It says here to make a left.* Aqui está escrito para virar à esquerda. | *What do the instructions say?* O que está escrito nas instruções? **3 say** digamos: *How about, say, a T-shirt for your brother?* Que tal, digamos, uma camiseta para o seu irmão? **4 let's say ...** digamos que ...: *Let's say you won the lottery ...* Digamos que você ganhasse na loteria ... **5 that is to say** ou seja **6 to say nothing of sth** para não falar de algo **7 to say the least** para não dizer mais **8 to say to yourself** dizer consigo mesmo / *s.* **1** voz ativa, poder de decisão: *We had no say in the matter.* Não pudemos falar nada a respeito. **2 the final say** a última palavra **3 to have your say** dar sua opinião

**say•ing** [ˈseɪ-ɪŋ] *s.* ditado [provérbio]

**scab** [skæb] *s.* crosta [de ferida]

**scaf•fold•ing** [ˈskæfəldɪŋ] *s.* andaime

**scald** [skɔld] *v.* escaldar / *s.* escaldadura

**scald•ing** [ˈskɔldɪŋ] *adj.* (tb **scalding hot**) escaldante

**scale** [skeɪl] *s.* **1** escala: *the full scale of the damage* a extensão dos estragos **2** (Brit: **scales** pl.) balança **3** escama **4 scale model** maquete em escala **5 on a larger/smaller etc. scale** em escala maior/menor etc. **6 to scale** em escala / *v.* escalar

**scale back, scale down: to scale sth back/down** reduzir algo

**scal•lion** [ˈskæliən] *s.* AM cebolinha

**scal•lop** [ˈskæləp] *s.* vieira

**scalp** [skælp] *s.* couro cabeludo

**scal•pel** [ˈskælpəl] *s.* bisturi

**scalp•er** [ˈskælpər] *s.* AM cambista

**scam** [skæm] *s.* golpe, falcatrua

**scam•per** [ˈskæmpər] *v.* ir saltitando

**scam•pi** [ˈskæmpi] *s, spl.* BRIT camarão empanado

**scan** [skæn] *v.* [**-nn-**] **1** esquadrinhar, examinar **2** (tb **scan through**) ler por alto **3** escanear / *s.* **1** ultrassonografia **2** (tb **CT scan**) tomografia

**scan•dal** [ˈskændl] *s.* **1** escândalo **2** fofoca

**scan•dal•ize** BRIT tb:**-ise** [ˈskændlaɪz] *v.* escandalizar

**scan•dal•ous** [ˈskændləs] *adj.* escandaloso, vergonhoso

**Scan•di•na•via** [skændəˈneɪviə] *s.* Escandinávia

**scan•ner** [ˈskænər] *s.* **1** escâner **2** tomógrafo

**scant** [skænt] *adj.* pouco

**scanty** [ˈskænti] *adj.* [*comp* **scantier, scantiest**] **1** escasso **2** sumário [roupa]

**scape•goat** [ˈskeɪpgoʊt] *s.* bode expiatório

**scar** [skɑr] *s.* cicatriz / *v.* [**-rr-**] deixar uma cicatriz em, marcar

**scarce** [skɛrs] *adj.* [*comp* **scarcer, scarcest**] escasso

**scarce•ly** [ˈskɛrsli] *adv.* mal: *He scarcely touched his food.* Ele mal tocou na comida. **scarcely ever** quase nunca

**scar•city** [ˈskɛrsəti] *s.* escassez, falta

**scare** [skɛr] *v.* assustar(-se), amedrontar(-se)

**scare away, scare off: to scare sb/sth away/off** afugentar alguém/algo / *s.* **1** susto **2 bomb scare** alerta de bomba **3 to give sb a scare** dar um susto em alguém

**scare•crow** [ˈskɛrkroʊ] *s.* espantalho

**scared** [skɛrd] *adj.* assustado, com medo (***of*** *de*): *She's scared of spiders.* Ela tem medo de aranha.

**scarf** [skɑrf] *s.* [*pl* **scarfs/scarves**] 1 cachecol 2 lenço / *v.* AM FAM (tb **scarf down**) devorar
**scar•let** [ˈskɑrlət] *adj, s.* escarlate
**scary** [ˈskɛri] *adj.* [*comp* **scarier, scariest**] FAM assustador: *The movie is really scary.* O filme dá muito medo.
**scath•ing** [ˈskeɪðɪŋ] *adj.* mordaz, impiedoso
**scat•ter** [ˈskætər] *v.* 1 espalhar(-se) 2 dispersar(-se)
**scat•tered** [ˈskætərd] *adj.* 1 espalhado 2 **scattered showers** chuvas esparsas
**scav•enge** [ˈskævɪndʒ] *v.* remexer no lixo (***for*** *à procura de*)
**scav•eng•er** [ˈskævəndʒər] *s.* 1 catador de restos 2 animal necrófago
**sce•nario** [sɪˈnɛrioʊ] *s.* hipótese: *the worst-case scenario* a pior das hipóteses
**scene** [sin] *s.* 1 cena: *a love scene* uma cena de amor 2 cenário: *the music scene* o cenário musical 3 local [de acidente, crime] 4 escândalo 5 **at/on the scene** no local 6 **behind the scenes** nos bastidores 7 **to make a scene** fazer escândalo 8 **to set the scene** descrever o cenário 9 **to set the scene for sth** criar as condições para algo
**scen•ery** [ˈsinəri] *s.* 1 paisagem 2 cenário [no palco]
**sce•nic** [ˈsinɪk] *adj.* 1 panorâmico [roteiro, vista] 2 **scenic beauty** beleza paisagística
**scent** [sɛnt] *s.* 1 aroma, cheiro 2 **to put/throw sb off the scent** despistar alguém 3 perfume
**scent•ed** [ˈsɛntɪd] *adj.* perfumado
**scep•tic** [ˈskɛptɪk] *s.* BRIT cético
**scep•ti•cal** [ˈskɛptɪkəl] *adj.* BRIT cético
**scep•ti•cism** [ˈskɛptəsɪzəm] *s.* BRIT ceticismo
**sched•ule** [ˈskɛdʒəl, ˈʃɛdjul] *s.* 1 cronograma: *a tight schedule* um cronograma apertado 2 programa, agenda: *She has a very busy schedule.* Ela tem uma agenda muito cheia. 3 AM horário [planilha] 4 **ahead of/behind schedule** adiantado/atrasado 5 **on schedule** **a** em dia **b** na hora prevista / *v.* 1 programar, agendar (***for*** *para*) 2 **scheduled flight** voo de linha 3 **to be scheduled to do sth** estar programado para fazer algo
**scheme** [skim] *s.* 1 esquema 2 BRIT programa [do governo etc.] 3 **color scheme** combinação de cores / *v.* tramar
**schizo•phre•nia** [skɪtsəˈfriniə] *s.* esquizofrenia
**schizo•phren•ic** [skɪtsəˈfrɛnɪk] *s, adj.* esquizofrênico
**schlep** [ʃlɛp] *v.* [**-pp-**] AM FAM ir carregando
**schmuck** [ʃmʌk] AM FAM otário
**schol•ar** [ˈskɑlər] *s.* 1 erudito 2 especialista: *a Latin scholar* um especialista em latim 3 bolsista
**schol•ar•ship** [ˈskɑlərʃɪp] *s.* 1 bolsa de estudo 2 erudição
**school** [skul] *s.* 1 escola, colégio: *on the way home from school* na volta da escola | *the school bus* o ônibus escolar | *a language school* uma escola de idiomas 2 as aulas: *School starts at 8.00.* As aulas começam às 8h00. 3 AM faculdade: *She's in school studying engineering.* Ela está fazendo faculdade de engenharia. 4 cardume 5 **school of thought** linha de pensamento 6 **at/in school** na escola 7 **before/after school** antes/depois das aulas 8 **law/med school** faculdade de Direito/Medicina 9 **to start/leave school** entrar na/sair da escola
▸ Sem artigo, a palavra ***school*** se refere à função da escola. Compare: ***Sue is in school*** (= *A Sue está na aula agora* ou *A Sue estuda*) e ***Sue is in the school*** (= *A Sue está dentro da escola*).
**school•bag** [ˈskulbæg] *s.* mochila escolar
**school•book** [ˈskulbʊk] *s.* livro escolar, livro didático
**school•boy** [ˈskulbɔɪ] *s.* estudante, colegial [menino]
**school•child** [ˈskultʃaɪld] *s.* [*pl* **schoolchildren**] estudante, colegial
**school•days** [ˈskuldeɪz] *spl.* época de escola
**school•girl** [ˈskulgɜrl] *s.* estudante, colegial [menina]

**school•ing** [ˈskulɪŋ] *s.* escolaridade, instrução
**school•teach•er** [ˈskultitʃər] *s.* professor
**school•work** [ˈskulwɜrk] *s.* trabalhos escolares
**sci•ence** [ˈsaɪəns] *s.* ciência
**sci•ence fic•tion** [ˌsaɪəns ˈfɪkʃən] *s.* ficção científica
**sci•en•tif•ic** [saɪənˈtɪfɪk] *adj.* científico
**sci•en•tist** [ˈsaɪəntɪst] *s.* cientista
**sci-fi** [ˈsaɪfaɪ] *s.* FAM ficção científica: *a sci-fi movie* um filme de ficção científica
**scis•sors** [ˈsɪzərz] *spl.* tesoura: *a pair of scissors* uma tesoura
**scoff** [skɑf] *v.* 1 zombar (***at*** *de*) 2 BRIT FAM devorar
**scold** [skoʊld] *v.* brigar com, dar bronca em (***for*** *por*)
**scoop** [skup] *s.* 1 furo [jornalístico] 2 concha 3 bola [de sorvete] / *v.* apanhar
**scoop out: to scoop sth out** tirar algo
**scoop up: to scoop sth up** apanhar algo
**scoot** [skut] FAM *v.* 1 correr 2 AM chegar
**scoot over** AM FAM chegar para lá
**scoot•er** [ˈskutər] *s.* 1 scooter, lambreta 2 patinete
**scope** [skoʊp] *s.* 1 âmbito, alcance 2 oportunidade (***for*** *para*)
**scorch** [skɔrtʃ] *v.* chamuscar(-se)
**scorch•ing** [ˈskɔrtʃɪŋ] *adj.* (tb **scorching hot**) escaldante
**score** [skɔr] *s.* 1 placar, pontos: *What's the score?* Em quanto está o jogo? 2 pontuação 3 partitura 4 **scores of sth** dezenas de algo 5 **on that score** quanto a isso 6 **to keep score** marcar os pontos 7 **to know the score** FAM entender das coisas 8 **to settle a score (with sb)** acertar as contas (com alguém) / *v.* 1 marcar, fazer [pontos] 2 pontuar [prova] 3 emplacar [sucesso] 4 riscar 5 **to score (a goal)** fazer gol 6 **to score points off/over sb** levar vantagem sobre alguém
**score•board** [ˈskɔrbɔrd] *s.* placar, marcador
**scor•er** [ˈskɔrər] *s.* marcador: *the top scorer* o artilheiro
**scorn** [skɔrn] *s.* desdém (***for*** *por*) / *v.* desdenhar
**Scor•pio** [ˈskɔrpioʊ] *s.* 1 Escorpião [signo] 2 escorpiano
**scor•pi•on** [ˈskɔrpiən] *s.* escorpião
**Scot** [skɑt] *s.* escocês
**Scotch** [skɑtʃ] *s.* uísque escocês
**Scotch tape®** [skɑtʃ ˈteɪp] *s.* AM durex®
**Scot•land** [ˈskɑtlənd] *s.* Escócia
**Scot•tish** [ˈskɑtɪʃ] *adj.* escocês
**scour** [skaʊr] *v.* 1 esquadrinhar minuciosamente (***for*** *em busca de*) 2 arear [panela]
**scout** [skaʊt] *s.* 1 olheiro 2 BRIT escoteiro 3 explorador [militar] / *v.*
**scout around: to scout around for sth** procurar algo
**scowl** [skaʊl] *v.* fazer cara feia (***at*** *para*) / *s.* cara feia
**scram•ble** [ˈskræmbəl] *v.* 1 atropelar-se: *The passengers scrambled onto the train.* Os passageiros se atropelaram para subir no trem. 2 **to scramble for sth/to do sth** atropelar-se para conseguir algo/para fazer algo 3 **to scramble up/down/over sth** subir/descer/pular algo com dificuldade / *s.* 1 correria 2 **a scramble to do sth** atropelo para fazer algo
**scram•bled egg** [ˌskræmbəldˈɛg] *s.* ovo mexido
**scrap** [skræp] *s.* 1 pedacinho, retalho 2 sucata: *scrap metal* ferro-velho 3 FAM briga 4 **scraps** restos (de comida) 5 **a scrap of information/evidence** uma mínima informação/prova / *v.* [-**pp**-] 1 acabar com, abandonar 2 sucatear 3 FAM brigar
**scrap•book** [ˈskræp bʊk] *s.* álbum de recortes
**scrape** [skreɪp] *v.* raspar
**scrape by** sobreviver mais ou menos [financeiramente]
**scrape off: to scrape sth off** tirar algo [raspando]
**scrape through: to scrape through (a test)** passar raspando (numa prova)

**scrape together, scrape up: to scrape sth together/up** juntar algo [dinheiro suficiente] / *s.* 1 arranhão, risco 2 FAM encrenca

**scratch** [skrætʃ] *v.* 1 coçar(-se) 2 arranhar(-se) 3 riscar

**scratch off: to scratch sth off** tirar algo raspando / *s.* 1 arranhão 2 risca 3 **from scratch** do zero 4 **up to scratch** BRIT FAM à altura

**scratch card** *s.* raspadinha

**scrawl** [skrɔl] *v.* rabiscar / *s.* garrancho

**scream** [skrim] *v.* gritar [emitindo som agudo] / *s.* 1 grito 2 **to be a scream** FAM ser hilário

**screech** [skritʃ] *v.* 1 gritar com voz estridente 2 cantar pneu: *The car screeched to a halt.* O carro parou cantando pneu. 3 chiar [freios] / *s.* 1 grito estridente 2 chiar [de freios]

**screen** [skrin] *s.* 1 tela 2 biombo 3 anteparo 4 **the (big) screen** o cinema / *v.* 1 exibir [filme, programa] 2 esconder (***from*** *de*) 3 investigar [candidato] 4 filtrar [ligações] 5 **to screen sb (for sth)** testar alguém (para algo) [doença]

**screen•ing** *s.* 1 exibição [de filme] 2 testagem (***for*** *para*) 3 investigação [de candidatos]

**screen sav•er** *s.* protetor de tela

**screw** [skru] *s.* parafuso / *v.* 1 atarraxar (***onto*** *em*) 2 **to screw sb (for sth)** GÍR roubar alguém (em algo) 3 **to screw sth to sth** parafusar algo em algo 4 GÍR trepar (com)

**screw up** 1 FAM pisar na bola 2 **to screw sb up** FAM deixar alguém sequelado 3 **to screw sth up** **a** amassar algo [papel numa bola] **b** FAM estragar algo

**screw•driver** [ˈskrudraɪvər] *s.* chave de fenda

**screwed** [skrud] *adj.* FAM ferrado: *You are so screwed!* Você está ferrado de verde e amarelo!

**scrib•ble** [ˈskrɪbəl] *v.* rabiscar / *s.* rabisco

**script** [skrɪpt] *s.* 1 roteiro [de peça, filme] 2 escrita

**scrip•ture** [ˈskrɪptʃər] *s.* Sagrada Escritura

**script•writer** [ˈskrɪptraɪtər] *s.* roteirista

**scroll** [skroʊl] *s.* rolo [de papel pergaminho etc.] / *v.* 1 rolar [na tela] 2 **to scroll through a document** rolar um documento na tela 3 **to scroll up/down** rolar para cima/baixo

**scrounge** [skraʊndʒ] *v.* FAM 1 filar (***from/off*** *de*) 2 **to scrounge for sth** mendigar algo

**scroung•er** [ˈskraʊndʒər] *s.* FAM 1 filão 2 esmoleiro

**scrub** [skrʌb] *v.* [-**bb**-] esfregar / *s.* mato

**scrub•bing brush** [ˈskrʌbɪŋ brʌʃ] *s.* escova [de esfregar]

**scruff** [skrʌf] *s.* **by the scruff of the neck** pelo cangote

**scruffy** [ˈskrʌfi] *adj.* [*comp* **scruffier, scruffiest**] 1 desleixado [aparência] 2 surrado [roupa]

**scru•ples** [ˈskrupəlz] *spl.* escrúpulos

**scru•pu•lous** [ˈskrupjələs] *adj.* escrupuloso

**scru•pu•lous•ly** [ˈskrupjələsli] *adv.* **scrupulously clean** limpinho, impecável

**scru•ti•nize** BRIT tb:-**nise** [ˈskrutnaɪz] *v.* examinar minuciosamente

**scru•ti•ny** [ˈskrutni] *s.* 1 exame minucioso 2 crivo [de alguém]

**scu•ba div•ing** [ˈskubə ˌdaɪvɪŋ] *s.* mergulho com cilindro

**scuff** [skʌf] *v.* riscar [sapato]

**scuf•fle** [ˈskʌfəl] *s.* começo de tumulto, empurra-empurra

**sculp•tor** [ˈskʌlptər] *s.* escultor

**sculp•ture** [ˈskʌlptʃər] *s.* escultura

**scum** [skʌm] *adj.* 1 espuma [de sujeira] 2 escória

**scur•ry** [ˈskɜri] *v.* [*ps e pp* **scurried**] ir às pressas

**scurry away, scurry off** ir embora às pressas

**scut•tle** [ˈskʌtl] *v.* 1 ir correndo 2 AM acabar com

**scuttle away, scuttle off** fugir

**scythe** [saɪð] *s.* foice [de cabo comprido]

**sea** [si] *s.* 1 mar: *a house by the sea* uma casa à beira-mar 2 **at sea** **a** em alto-mar **b** boiando, confuso 3 **by sea** por via marítima 4 **out to sea** para o alto-mar

**sea•bed** [ˈsibɛd] *s.* fundo do mar

**sea•food** [ˈsifud] *s.* frutos do mar

**sea•front** [ˈsɪfrʌnt] *s.* orla

**sea•gull** [ˈsigʌl] *s.* gaivota
**seal** [sil] *s.* 1 foca 2 selo 3 vedação 4 lacre 5 **seal of approval** aval / *v.* 1 selar, lacrar, vedar 2 fechar [envelope]
**seal off: to seal sth off** isolar algo [área, rua]
**sea lev•el** [ˈsi ˌlɛvəl] *s.* nível do mar
**sea lion** [ˈsi ˌlaɪən] *s.* lobo-do-mar
**seam** [sim] *s.* 1 costura 2 veio, filão
**sé•ance** [ˈseɪɑns] *s.* sessão de espiritismo
**search** [sɜrtʃ] *s.* 1 busca (***for*** *de*) 2 revista [policial] 3 **in search of sth** em busca de algo / *v.* 1 fazer uma busca (em) (***for*** *à procura de*) 2 revistar (***for*** *em busca de*) 3 **to search for sth** estar em busca de algo, procurar algo
**search through: to search through sth** vasculhar algo
**search en•gine** [ˈsɜrtʃ ˌɛndʒɪn] *s.* site de busca
**search•ing** [ˈsɜrtʃɪŋ] *adj.* incisivo [pergunta, investigação]
**search•light** [ˈsɜrtʃlaɪt] *s.* holofote
**sea•shell** [ˈsiʃɛl] *s.* concha [marinha]
**sea•shore** [ˈsiʃɔr] *s.* praia, costa
**sea•sick** [ˈsisɪk] *adj.* enjoado [pelo balanço do mar]
**sea•side** [ˈsisaɪd] *adj.* **seaside resort** balneário / *s.* **the seaside** BRIT a praia
**sea•son** [ˈsizən] *s.* 1 estação [do ano] 2 temporada 3 época [de fruta] 4 **to be in season**: *Mangoes are in season now.* Agora é época de manga. / *v.* temperar
**sea•son•al** [ˈsizənl] *adj.* sazonal
**sea•soned** [ˈsizənd] *adj.* 1 calejado, experimentado 2 temperado
**sea•son•ing** [ˈsizənɪŋ] *s.* tempero
**sea•son tick•et** [ˈsizən ˌtɪkɪt] *s.* 1 ingresso de temporada 2 bilhete múltiplo
**seat** [sit] *s.* 1 assento, lugar 2 cadeira [tb em assembleia] 3 banco [de carro etc.] 4 poltrona [de avião, cinema] 5 **to take a seat** sentar-se / *v.* 1 acomodar: *The auditorium seats 60.* O auditório acomoda 60 pessoas sentadas. 2 sentar
**seat belt** [ˈsit bɛlt] *s.* cinto de segurança
**seat•ing** [ˈsitɪŋ] *s.* assentos: *a seating plan* um mapa de assentos
**sea•weed** [ˈsiwid] *s.* algas marinhas
**se•clud•ed** [sɪˈkludɪd] *adj.* retirado [lugar]
**se•clu•sion** [sɪˈkluʒən] *s.* privacidade
**sec•ond** [ˈsɛkənd] *adj, adv.* 1 segundo: *the second largest company in Brazil* a segunda maior empresa do Brasil 2 **second to last** penúltimo 3 **every second day** dia sim, dia não 4 **on second thought(s)** pensando bem 5 **to be/come second** ficar em segundo lugar 6 **to be second only to sth/sb** só perder para algo/alguém 7 **to have second thoughts** mudar de ideia / *s.* 1 segundo [de tempo]: *a split second* uma fração de segundo | *the second hand* o ponteiro dos segundos 2 segunda [marcha] 3 **to have seconds (of sth)** FAM repetir (algo) [comida]: *Do you want seconds?* Você quer repetir? / *v.* apoiar [moção, proposta]
**sec•ond•ary** [ˈsɛkəndɛri] *adj.* 1 secundário 2 de segundo grau: *secondary education* ensino médio
**sec•ond•ary school** [ˈsɛkəndɛri skul] *s.* escola de segundo grau
**sec•ond best** [ˌsɛkənd ˈbɛst] *s.* menos do que o melhor / *adj.* segundo melhor
**sec•ond class** [ˌsɛkənd ˈklæs] *s.* segunda classe / *adv.* (viajar) de segunda classe / **second-class** *adj.* (bilhete, vagão) de segunda classe
**second•hand** [ˌsɛkəndˈhænd] *adj, adv.* 1 de segunda mão 2 **secondhand bookstore** sebo 3 **secondhand store** brechó
**sec•ond•ly** [ˈsɛkəndli] *adv.* em segundo lugar
**second-rate** [ˌsɛkənd ˈreɪt] *adj.* de segunda categoria
**se•cre•cy** [ˈsikrəsi] *s.* sigilo
**se•cret** [ˈsikrɪt] *s.* 1 segredo 2 **in secret** em segredo, sigilosamente 3 **to keep a secret** guardar um segredo / *adj.* 1 secreto 2 sigiloso 3 **to keep sth secret** manter algo em segredo
**sec•re•tar•ial** [sɛkrəˈtɛriəl] *adj.* de secretariado [curso, trabalho]

**sec•re•tary** [ˈsɛkrətɛri] *s.* [*pl* **secretaries**] **1** secretário **2** ministro: *the Secretary of Defense* o ministro da Defesa **3 Secretary of State** AM ministro das Relações Exteriores

**se•cre•tive** [ˈsikrətɪv] *adj.* reservado (***about*** *a respeito de*)

**se•cret•ly** [ˈsikrətli] *adv.* secretamente, sigilosamente

**sect** [sɛkt] *s.* seita

**sec•tion** [ˈsɛkʃən] *s.* **1** seção, parte **2** caderno [de jornal]: *the sports section* o caderno de esportes **3** trecho [de estrada] **4** segmento [da população]

**sec•tor** [ˈsɛktər] *s.* setor

**secu•lar** [ˈsɛkjələr] *adj.* laico

**se•cure** [sɪˈkjʊr] **1** seguro **2** estável [emprego] **3** firme / *v.* **1** obter, conseguir **2** assegurar **3** prender (***to*** *a*)

**se•cure•ly** [sɪˈkjʊrli] *adv.* firmemente

**se•cu•rity** [sɪˈkjʊrəti] *s.* **1** segurança: *amid tight security* sob forte esquema de segurança | *a security check* um controle de segurança **2** estabilidade: *job security* estabilidade de emprego **3** os seguranças: *She called security.* Ela chamou os seguranças.

**se•dan** [siˈdæn] *s.* AM sedã

**se•date** [sɪˈdeɪt] *adj.* **1** pacato [lugar] **2** sóbrio [ocasião] / *v.* sedar

**se•da•tion** [sɪˈdeɪʃən] *s.* sedação: *under sedation* sedado

**seda•tive** [ˈsɛdətɪv] *s.* sedativo

**sed•en•tary** [ˈsɛdntɛri] *adj.* sedentário

**se•duce** [sɪˈdus] *v.* seduzir

**se•duc•tion** [sɪˈdʌkʃən] *s.* sedução

**se•duc•tive** [sɪˈdʌktɪv] *adj.* sedutor

**see** [si] *v.* **1** ver: *Can you see that white house?* Você está vendo aquela casa branca? | *Let me see.* Deixa eu ver. **2** enxergar **3** entender: *"That's the problem." - "I see."* "O problema é esse." - "Entendi." | *Do you see what I mean?* Você entende o que eu quero dizer? **4 seeing as/that** já que **5 see you!** FAM até mais! **6 see you tomorrow/next week etc.!** até amanhã/a semana que vem etc.! **7 as far as I can see** ao que me parece **8 to be seeing sb** estar namorando alguém **9 to see about doing sth** ver se faz algo: *I'll see about buying the tickets.* Vou ver se compro os ingressos. **10 to see about sth** ver algo: *We need to see about our flight.* Precisamos ver o nosso voo. **11 to see a lot of sb** ver alguém com frequência **12 to see sb about sth** procurar alguém para tratar de algo **13 to see sb to the door/home etc.** acompanhar alguém até a porta/até em casa etc. **14 to see (that) sth is done** tratar de fazer com que algo seja feito **15 to see to (doing) sth** tratar de (fazer) algo **16 you see** **a** é que ...: *You see, I don't know.* É que não sei. **b** sabe: *That's the thing, you see.* Aí é que está, sabe.

**see off: to see sb off** **a** despedir-se de alguém **b** tirar alguém do caminho [concorrente]

**see out: to see sb out** acompanhar alguém até a porta

**see through** **1 to see sth through** levar algo até o fim **2 to see through sb/sth** não se deixar enganar por alguém/algo

**seed** [sid] *s.* semente

**seed•ling** [ˈsidlɪŋ] *s.* muda

**seedy** [ˈsidi] *adj.* [*comp* **seedier, seediest**] FAM decadente, sórdido

**See•ing Eye dog®** [ˌsiɪŋ ˈaɪ dɔg] *s.* AM cão de guia

**seek** [sik] *v.* [*ps e pp* **sought**] FORM **1** buscar, procurar **2 to seek to do sth** procurar fazer algo

**seem** [sim] *v.* **1** parecer: *Tim's girlfriend seems nice.* A namorada do Tim parece ser legal. | *It seems they're not coming.* Parece que eles não vêm. | *She doesn't seem to understand.* Parece que ela não entende. **2 to seem like sth** parecer ser algo: *It seemed like a good idea.* Parecia ser uma boa ideia.

**seem•ing•ly** [ˈsimɪŋli] *adv.* aparentemente

**seen** [sin] *v.* ▸ *pp de* SEE

**seep** [sip] *v.* infiltrar-se

**see•saw** [ˈsisɔ] *s.* gangorra

**seethe** [sið] *v.* 1 **to be seething with sth** estar fervilhando de algo 2 **to seethe (with rage)** ferver de raiva

**see-through** [ˈsiθru] *adj.* transparente

**seg•ment** [ˈsɛgmənt] *s.* 1 segmento 2 gomo [de laranja]

**seg•re•gate** [ˈsɛgrəgeɪt] *v.* segregar (***from*** *de*)

**seize** [siz] *v.* 1 agarrar 2 tomar, apoderar-se de 3 apreender [bens, criminoso] 4 **to seize control of sth** apoderar-se de algo 5 **to seize the chance/opportunity** agarrar a chance/oportunidade 6 **to seize on/upon sth** destacar algo [fato]

**seize up** travar [motor, coluna etc.]

**sei•zure** [ˈsiʒər] *s.* 1 convulsão [física] 2 apreensão [de bens]

**sel•dom** [ˈsɛldəm] *adv.* raramente

**se•lect** [sɪˈlɛkt] *v.* 1 selecionar, escolher 2 escalar [jogador, ator] / *adj.* seleto, exclusivo

**se•lec•tion** [sɪˈlɛkʃən] *s.* 1 seleção 2 variedade

**se•lec•tive** [sɪˈlɛktɪv] *adj.* seletivo

**self** [sɛlf] *s.* [*pl* **selves**] 1 **to be/feel your old self again** ter voltado ao mesmo de sempre 2 **to be your usual/normal self** ser o mesmo de sempre

**self-assured** [sɛlfəˈʃʊrd] *adj.* seguro de si

**self-catering** [sɛlf ˈkeɪtərɪŋ] *adj.* BRIT tipo flat [com cozinha]

**self-centered**, BRIT: **self-centred** [sɛlf ˈsɛntərd] *s, adj.* egocêntrico

**self-confidence** [sɛlf ˈkɑnfədəns] *s.* autoconfiança

**self-confident** [sɛlf ˈkɑnfədənt] *adj.* seguro de si

**self-conscious** [sɛlf ˈkɑnʃəs] *adj.* inibido, acanhado

**self-contained** [sɛlf kənˈteɪnd] *adj.* autônomo, independente

**self-control** [sɛlf kənˈtroʊl] *s.* autocontrole

**self-defense**, BRIT: **self-defence** [sɛlf dɪˈfɛns] *s.* 1 legítima defesa 2 autodefesa

**self-employed** [sɛlf ɪmˈplɔɪd] *adj.* autônomo [trabalhador]

**self-esteem** [sɛlf ɪˈstim] *s.* autoestima

**self-help** [sɛlfˈhɛlp] *s.* autoajuda

**selfish** [ˈsɛlfɪʃ] *adj.* egoísta

**self-pity** [sɛlf ˈpɪti] *s.* autopiedade

**self-portrait** [sɛlfˈpɔrtreɪt] *s.* autorretrato

**self-reliant** [sɛlf rɪˈlaɪənt] *adj.* autossuficiente [pessoa]

**self-respect** [sɛlf rɪˈspɛkt] *s.* amor-próprio

**self-righteous** [sɛlf ˈraɪtʃəs] *adj.* metido a moralista

**self-satisfied** [sɛlf ˈsætɪsfaɪd] *adj.* cheio de si, convencido

**self-service** [sɛlf ˈsɜrvɪs] *s.* autosserviço

**self-sufficiency** [sɛlf səˈfɪʃənsi] *s.* autossuficiência

**self-sufficient** [sɛlf səˈfɪʃənt] *adj.* autossuficiente (***in*** *em*)

**self-taught** [sɛlf ˈtɔt] *adj.* autodidata

**sell** [sɛl] *v.* [*ps e pp* **sold**] 1 vender (***for*** *por*) 2 **to sell sb sth/sth to sb** vender a alguém algo/algo a alguém

**sell off: to sell sth off** liquidar algo [bens]

**sell out** 1 esgotar-se [mercadoria]: *Tickets are sold out.* Os ingressos se esgotaram. 2 vender-se [abandonar os princípios] 3 **to sell out (of sth)** ficar com o estoque (de algo) esgotado: *They've sold out of milk.* Não têm mais leite. / *s.* **the hard sell** venda agressiva

**sell-by date** [ˈsɛlbaɪ deɪt] *s.* BRIT validade [de alimento]

**sell•er** [ˈsɛlər] *s.* vendedor

**sel•lo•tape**® [ˈsɛləteɪp] BRIT *s.* durex® / *v.* colar com durex®

**sell-out** [ˈsɛlaʊt] *s.* **to be a sell-out** **a** (show) ter lotação esgotada **b** (pessoa) ter se vendido

**selves** [sɛlvz] *spl.* ▸ *pl de* SELF

**se•mes•ter** [səˈmɛstər] *s.* semestre [período letivo]

**semi**¹ [ˈsɛmaɪ] *s.* AM carreta

**semi**² [ˈsɛmi] *s.* 1 semifinal 2 BRIT casa geminada

**semi•circle** [ˈsɛmisɜrkəl] *s.* semicírculo

**semi•colon** [ˈsɛmɪkoʊlən] *s.* ponto e vírgula

**semi-detached** [ˌsɛmi dɪˈtætʃt] *adj.* BRIT geminada [casa]
**semi•final** [ˈsɛmifaɪnl] *s.* semifinal
**semi•nar** [ˈsɛmənɑr] *s.* seminário [aula]
**sen•ate** [ˈsɛnət] *s.* senado
**sena•tor** [ˈsɛnətər] *s.* senador
**send** [sɛnd] *v.* 1 mandar, enviar 2 **to send for sb/sth** mandar buscar alguém/algo 3 **to send for sth** encomendar algo [pelo correio] 4 **to send sb/sth flying** derrubar alguém/algo 5 **to send sb sth/sth to sb** mandar para alguém algo/algo para alguém 6 **to send sb to sleep** fazer alguém dormir 7 **to send your love/regards** mandar um beijo/lembranças: *Paula sends her love.* A Paula mandou um beijo. | *Send my regards to your parents.* Mande lembranças aos seus pais.
**send away** 1 **to send away for sth** encomendar algo [pelo correio] 2 **to send sb away** mandar alguém embora
**send back: to send sth back** devolver algo, mandar algo de volta
**send in** 1 **to send sb in** a mandar alguém entrar b enviar alguém [tropas, polícia] 2 **to send sth in** mandar/enviar algo [solicitação etc.]
**send off** 1 **to send off for sth** encomendar algo pelo correio 2 **to send sb off** BRIT expulsar alguém [jogador] 3 **to send sth off** pôr algo no correio, enviar algo
**send out** 1 **to send out for sth** pedir entrega de algo 2 **to send sth/sb out** enviar algo/alguém
**send•er** [ˈsɛndər] *s.* remetente
**send-off** [ˈsɛnd ɔf] *s.* FAM bota-fora
**se•nile** [ˈsinaɪl] *adj.* senil
**sen•ior** [ˈsinjər] *adj.* 1 superior [cargo, administração] 2 AM **senior year** último ano [de colégio, faculdade] / *s.* 1 AM formando 2 AM idoso 3 ▸ em nomes: *John Smith senior* John Smith pai 4 **to be ... years sb's senior** ser ... anos mais velho do que alguém: *Her husband is ten years her senior.* O marido dela é dez anos mais velho do que ela.
**sen•ior citi•zen** [ˌsinjər ˈsɪtəzən] *s.* pessoa da terceira idade, idoso
**sen•ior•ity** [siˈnjɔrəti] *s.* antiguidade [de serviço]
**sen•sa•tion** [sɛnˈseɪʃən] *s.* sensação
**sen•sa•tion•al** [sɛnˈseɪʃənl] *adj.* 1 sensacional 2 sensacionalista
**sense** [sɛns] *s.* 1 sensação: *a sense of relief* uma sensação de alívio 2 senso 3 sentido: *in the figurative sense* no sentido figurado 4 bom-senso, juízo 5 **sense of direction/humor** senso de direção/humor 6 **sense of smell/taste/touch** olfato/paladar/tato 7 **in a sense** de certa forma 8 **there's no sense (in) doing sth** não adianta fazer algo 9 **to make sense** fazer sentido 10 **to make sense of sth** entender algo 11 **to see sense/come to your senses** voltar à razão 12 **to talk some sense into sb** FAM fazer alguém voltar à razão / *v.* 1 sentir, perceber 2 detectar
**sense•less** [ˈsɛnsləs] *adj.* 1 sem sentido 2 desacordado
**sen•sibil•ity** [sɛnsəˈbɪləti] *s.* [*pl* **sensibilities**] sensibilidade
**sen•sible** [ˈsɛnsəbəl] *adj.* sensato
**sen•sibly** [ˈsɛnsəbli] *adv.* 1 com juízo 2 adequadamente
**sen•si•tive** [ˈsɛnsətɪv] *adj.* 1 sensível (***to*** *a*) 2 suscetível 3 delicado [assunto]
**sen•si•tiv•ity** [sɛnsəˈtɪvəti] *s.* [*pl* **sensitivities**] 1 sensibilidade 2 suscetibilidade 3 delicadeza [de assunto]
**sen•sual** [ˈsɛnʃuəl] *adj.* 1 sensorial 2 sensual
**sen•su•ous** [ˈsɛnʃuəs] *adj.* sensual
**sent** [sɛnt] *v.* ▸ *ps e pp de* SEND
**sen•tence** [ˈsɛntəns] *s.* 1 frase 2 sentença, pena: *a jail sentence* uma pena de reclusão / *v.* **to sentence sb to sth** condenar alguém a algo: *They were sentenced to death.* Foram condenados à morte.
**sen•ti•ment** [ˈsɛntəmənt] *s.* 1 FORM sentimentos: *public sentiment* os sentimentos da população 2 sentimentalidade

**sen•ti•ment•al** [sɛntə'mɛntl] *adj.* sentimental

**sen•ti•men•tal•ity** [sɛntəmɛn'tæləti] *s.* sentimentalidade

**sen•try** ['sɛntri] *s.* sentinela

**sepa•rate** *adj.* ['sɛprət] 1 separado (***from*** *de*) 2 diferente: *on two separate occasions* em duas ocasiões diferentes / *v.* ['sɛpəreɪt] 1 separar(-se) (***from*** *de*) 2 desandar [molho] 3 **to separate sth into sth** dividir algo em algo

**sepa•rat•ed** ['sɛpəreɪtɪd] *adj.* separado: *legally separated* desquitado

**sepa•rate•ly** ['sɛprətli] *adv.* separadamente

**sepa•ra•tion** [sɛpə'reɪʃən] *s.* separação

**Sep•tem•ber** [sɛp'tɛmbər] *s.* setembro

**sep•tic** ['sɛptɪk] *adj.* infeccionado, séptico

**se•quel** ['sikwəl] *s.* continuação, sequência [de filme, livro]

**se•quence** ['sikwəns] *s.* sequência

**se•quin** ['sikwɪn] *s.* paetê

**ser•geant** ['sɑrdʒənt] *s.* sargento

**se•rial** ['sɪriəl] *s.* 1 seriado, novela 2 **serial number** número de série / *adj.* em série: *serial killings* assassinatos em série

**se•ries** ['sɪriz] *s.* [*pl* **series**] série: *a series of problems* uma série de problemas

**se•ri•ous** ['sɪriəs] *adj.* 1 sério 2 grave: *The patient is in a serious condition.* O paciente está em estado grave. 3 **to be serious** estar falando sério: *Are you serious?* Você está falando sério?

**se•ri•ous•ly** ['sɪriəsli] *adv.* 1 gravemente 2 seriamente 3 **seriously?** FAM sério? 4 **to take sb/sth seriously** levar alguém/algo a sério

**se•ri•ous•ness** ['sɪriəsnəs] *s.* 1 seriedade 2 gravidade 3 **in all seriousness** falando sério

**ser•mon** ['sɜrmən] *s.* sermão

**serv•ant** ['sɜrvənt] *s.* criado, serviçal

**serve** [sɜrv] *v.* 1 servir (***to*** *a*): *The recipe serves six.* A receita dá para seis pessoas. 2 atender [freguês, cidade]: *Are you being served?* Já foi atendido? | *The region is served by two bus companies.* A região é atendida por duas empresas de ônibus. 3 cumprir [pena, mandato] 4 sacar [bola] 5 **it serves sb right (for doing sth)** é bem feito para alguém (que faz/fez algo): *Serves you right!* Bem feito! 6 **to serve as sth** servir de algo 7 **to serve sb's needs/interests** atender às necessidades/aos interesses de alguém 8 **to serve to do sth** servir para fazer algo
**serve up: to serve sth up** servir algo [comida] / *s.* saque [da bola]

**serv•er** ['sɜrvər] *s.* servidor

**ser•vice** ['sɜrvɪs] *s.* 1 serviço: *the emergency services* os serviços de emergência 2 atendimento: *customer service* atendimento ao cliente 3 culto [religioso] 4 revisão [de carro etc.] 5 saque [da bola] 6 **to be at sb's service** estar ao dispor de alguém

**ser•vice charge** ['sɜrvɪs tʃɑrdʒ] *s.* taxa de serviço

**ser•vice•man** ['sɜrvɪsmən] *s.* [*pl* **servicemen**] militar [homem]

**ser•vice pro•vid•er** ['sɜrvɪs prə,vaɪdər] *s.* provedor

**ser•vice sta•tion** ['sɜrvɪs ,steɪʃən] *s.* posto de gasolina

**ser•vice•woman** ['sɜrvɪswʊmən] *s.* [*pl* **servicewomen**] militar [mulher]

**ser•vi•ette** [sɜrvi'ɛt] *s.* BRIT guardanapo

**serv•ing** ['sɜrvɪŋ] *s.* porção

**sesa•me** ['sɛsəmi] *s.* (tb **sesame seeds**) gergelim

**ses•sion** ['sɛʃən] *s.* 1 sessão 2 AM período [letivo]

**set** [sɛt] *v.* [-**tt**-] [*ps e pp* **set**] 1 pôr, colocar 2 prender, fixar 3 estabelecer, definir 4 ajustar, programar [aparelho] 5 **to set the table** pôr a mesa 6 endurecer [gelatina, cimento] 7 pôr-se [sol] 8 **to be set in sth** ser ambientado em algo [filme, livro] 9 **to set about (doing) sth** pôr-se a (fazer) algo 10 **to set an example/the tone** dar o exemplo/o tom 11 **to set a time/date for sth** marcar um horário/dia para algo 12 **to set sb/sth doing sth** fazer alguém/algo fazer algo: *That* *set me thinking.* Isso me fez pensar. 13 **to set sb/sth free** soltar/libertar alguém/algo 14 **to set sb to work** pôr alguém para trabalhar 15 **to set the alarm for 6.00 etc.** colocar o despertador para as 6h00 etc. 16 **to set the standard** tornar-se referência 17 **to set to work** pôr-se a trabalhar

**set apart: to set sb/sth apart** destacar alguém/algo (***from*** *de*)

**set aside: to set sth aside** pôr algo de lado

**set back** 1 **to set sb back ...** FAM custar a alguém ...: *The ticket set me back $100.* O ingresso me custou $100,00. 2 **to set sb/sth back** atrasar alguém/algo

**set down: to set sth down** a colocar/largar algo [no chão, na mesa etc.] b escrever algo

**set off** 1 sair, partir (***for*** *para/em direção a*) 2 **to set sth off** desencadear algo 3 **to set off an alarm** fazer disparar um alarme 4 **to set off a bomb** detonar uma bomba

**set out** 1 sair, partir (***for*** *para/em direção a*) 2 **to set out on a journey/tour etc.** partir para uma viagem/turnê etc. 3 **to set out to do sth** propor-se a fazer algo 4 **to set sth out** a expor algo [ideias etc.] b dispor algo [objetos]

**set up** 1 **to set sb up** FAM armar para alguém 2 **to set sb up (with sb)** juntar alguém (com alguém) [para namoro] 3 **to set sth up** a fundar algo b organizar algo c montar algo 4 **to set yourself up as sth** a estabelecer-se como algo b arvorar-se de algo / *s.* 1 série: *a set of problems* uma série de problemas 2 jogo, conjunto [de objetos] 3 cenário, set de filmagem 4 set [em tênis, vôlei] 5 círculo, turma [de amigos] 6 **television set** televisor / *adj.* 1 certo, fixo [horário, quantia etc.] 2 situado 3 **all set?** FAM tudo certo? 4 **to be all set (for sth/to do sth)** estar pronto (para algo/fazer algo) 5 **to be set against sth** estar recortado contra algo 6 **to be set in your ways** ser inflexível 7 **to be set on/against doing sth** estar decidido a fazer/não fazer algo 8 **to be set to do sth** a estar prestes a fazer algo b dever fazer algo: *It's set to be a close race.* Deve ser uma corrida apertada.

**set•back** [ˈsɛtbæk] *s.* revés, baque

**set•ting** [ˈsɛtɪŋ] *s.* 1 situação, local 2 cenário [de livro, filme] 3 ajuste [de aparelho]

**set•tle** [ˈsɛtl] *v.* 1 resolver [disputa, briga] 2 decidir: *That settles it.* Está decidido então. 3 assentar-se 4 povoar, colonizar 5 acomodar-se 6 sossegar 7 pousar [pássaro, mosca] 8 saldar [conta, dívida] 9 **to settle for sth** contentar-se com algo 10 **to settle on sth** concordar em algo

**settle back** acomodar-se

**settle down** 1 sossegar 2 assentar-se 3 acalmar-se [situação] 4 **to settle down to sth** dedicar-se a algo 5 **to settle sb down** sossegar alguém

**settle in** 1 adaptar-se 2 **to settle into sth** adaptar-se a algo

**settle up** fechar a conta

**set•tled** [ˈsɛtld] *adj.* 1 estável 2 adaptado, acomodado

**set•tle•ment** [ˈsɛtlmənt] *s.* 1 resolução [de disputa] 2 acordo 3 povoado 4 povoamento, colonização

**set•tler** [ˈsɛtlər] *s.* colono

**set-up** [ˈsɛt ʌp] *s.* 1 esquema 2 FAM armação

**sev•en** [ˈsɛvən] *num.* sete

**sev•en•teen** [sɛvənˈtin] *num.* dezessete

**sev•en•teenth** [sɛvənˈtinθ] *adj.* décimo sétimo / *s.* dia dezessete

**sev•enth** [ˈsɛvənθ] *adj.* sétimo / *s.* dia sete

**sev•en•ti•eth** [ˈsɛvəntiəθ] *adj.* septuagésimo

**sev•en•ty** [ˈsɛvənti] *num.* 1 setenta 2 **the seventies** os anos 70 3 **to be in your seventies** estar na casa dos setenta

**sev•er** [ˈsɛvər] *v.* FORM 1 decepar 2 romper [laços]

**sev•er•al** [ˈsɛvərəl] *adj, pron.* vários

**se•vere** [səˈvɪr] *adj.* 1 sério [problema, estragos] 2 rigoroso [clima] 3 severo 4 austero

**se•vere•ly** [səˈvɪrli] *adj.* 1 seriamente 2 severamente

**sew** [soʊ] *v.* [*ps, pp* **sewed, sewn**] costurar
**sew on: to sew on a button** pregar um botão
**sew up** 1 **to sew sth up** costurar algo [furo] 2 **to have sth sewn up** estar com algo garantido

**sew•age** [ˈsuɪdʒ] *s.* água de esgoto

**sew•er** [ˈsuər] *s.* (cano de) esgoto

**sew•ing** [ˈsoʊɪŋ] *s.* costura

**sew•ing ma•chine** [ˈsoʊɪŋ məˈʃin] *s.* máquina de costura

**sewn** [soʊn] *v.* ▸ *pp de* SEW

**sex** [sɛks] *s.* 1 sexo 2 **to have sex** fazer sexo

**sex•ism** [ˈsɛksɪzəm] *s.* machismo, sexismo

**sex•ist** [ˈsɛksɪst] *adj, s.* machista, sexista

**sex•ual** [ˈsɛkʃuəl] *adj.* sexual

**sex•ual inter•course** [ˌsɛkʃuəl ˈɪntərkɔrs] *s.* relações sexuais

**sexu•al•ity** [sɛkʃuˈæləti] *s.* sexualidade

**sexy** [ˈsɛksi] *adj.* [*comp* **sexier, sexiest**] sensual, sexy

**shab•by** [ˈʃæbi] *adj.* [*comp* **shabbier, shabbiest**] 1 surrado [roupa] 2 caído [prédio, bairro] 3 maltrapilho

**shack** [ʃæk] *s.* barraco

**shade** [ʃeɪd] *s.* 1 sombra: *in the shade* na sombra 2 cúpula [de abajur] 3 AM persiana 4 **shades** FAM óculos de sol 5 tom, matiz / *v.* 1 proteger do sol 2 (tb **shade in**) sombrear

**shad•ing** [ˈʃeɪdɪŋ] *s.* sombreado

**shad•ow** [ˈʃædoʊ] *s.* sombra: *in the shadows* nas sombras / *v.* vigiar [suspeito] / *adj.* BRIT da oposição: *the shadow cabinet* a cúpula da oposição

**shady** [ˈʃeɪdi] *adj.* [*comp* **shadier, shadiest**] 1 sombreado 2 suspeito, escuso

**shaft** [ʃæft] *s.* 1 poço [de mina, elevador] 2 haste 3 raio [de luz]

**shag•gy** [ˈʃægi] *adj.* [*comp* **shaggier, shaggiest**] peludo

**shake** [ʃeɪk] *v.* [*ps, pp* **shook, shaken**] 1 sacudir, agitar 2 tremer 3 **to shake hands** cumprimentar-se com um aperto de mãos 4 **to shake hands with sb/shake sb's hand** apertar a mão de alguém 5 **to shake your head** sacudir a cabeça, negar com a cabeça
**shake off: to shake sth/sb off** livrar-se de algo/alguém
**shake up** 1 **to shake sb up** assustar alguém 2 **to shake sth up** dar uma sacudida em algo / *s.* 1 sacudida 2 milkshake

**shak•en** [ˈʃeɪkən] *adj.* (tb **shaken up**) assustado

**shake•up** [ˈʃeɪkʌp] *s.* sacudida

**shaky** [ˈʃeɪki] *adj.* [*comp* **shakier, shakiest**] 1 trêmulo 2 inconsistente [provas, conhecimento]

**shall** [ʃəl, ʃæl] *v auxiliar* 1 **shall we ...?** vamos ...?: *Shall we order pizza?* Vamos pedir pizza? 2 **shall I ...?**: *Shall I buy some bread?* Compro pão? | *What shall I do?* O que é que eu faço? 3 FORM dever: *Candidates shall write in ink.* O candidato deverá escrever a tinta. 4 FORM haver de: *He shall be king.* Ele há de ser rei.

**shal•low** [ˈʃæloʊ] *adj.* [*comp* **shallower, shallowest**] 1 raso 2 superficial, fútil

**sham•bles** [ˈʃæmbəlz] *s.* **to be (in) a shambles** estar um caos

**shame** [ʃeɪm] *s.* 1 vergonha 2 **a shame** uma pena: *What a shame!* Que pena! 3 **to put sb/sth to shame** ser muito melhor do que alguém/algo / *v.* envergonhar

**shame•ful** [ˈʃeɪmfəl] *adj.* vergonhoso

**shame•less** [ˈʃeɪmləs] *adj.* sem-vergonha, descarado

**sham•poo** [ʃæmˈpu] *s.* xampu / *v.* lavar com xampu

**shan't** [ʃænt] *contr.* ▸ = SHALL NOT

**shan•ty town** [ˈʃænti taʊn] *s.* favela

**shape** [ʃeɪp] *s.* 1 formato: *The table is an unusual shape.* A mesa tem um formato diferente. | *What shape is the leaf?* De que formato é a folha? 2 forma [física] 3 vulto 4 **in bad shape** em mau estado 5 **in (good) shape** em (boa) forma 6 **out of shape** **a** fora de forma **b** deformado 7 **to get into shape** ficar em forma 8 **to take shape** tomar forma / *v.* 1 formar, moldar 2 **to shape sth (into sth)** dar forma (de algo) em algo
**shape up** FAM tomar jeito

**shaped** [ʃeɪpt] *adj.* em formato de: *pear-shaped* em formato de pera
**shape•less** [ˈʃeɪpləs] *adj.* disforme
**share** [ʃɛr] *v.* 1 dividir 2 compartilhar 3 (tb **share out**) repartir (***among/between*** *entre*) / *s.* 1 parte, cota 2 participação (***in*** *em*) 3 ação [de empresa]
**share•holder** [ˈʃɛrhoʊldər] *s.* acionista
**shark** [ʃɑrk] *s.* tubarão
**sharp** [ʃɑrp] *adj.* [*comp* **sharper, sharpest**] 1 pontudo, pontiagudo 2 afiado, cortante 3 apontado [lápis] 4 brusco [aumento, queda] 5 acentuado [diferença] 6 agudo [dor, som] 7 áspero [tom] 8 ácido [gosto] 9 inteligente, vivo [mente] 10 elegante 11 nítido [imagem] 12 (em música) sustenido: *fá sustenido* F sharp 13 **a sharp bend** uma curva fechada / *adv.* em ponto: *at five o'clock sharp* às cinco horas em ponto
**sharp•en** [ˈʃɑrpən] *v.* 1 afiar 2 apontar [lápis] 3 aguçar
**sharp•en•er** [ˈʃɑrpənər] *s.* apontador [de lápis]
**sharp•ly** [ˈʃɑrpli] *adv.* 1 bruscamente 2 asperamente 3 de forma acentuada
**shat•ter** [ˈʃætər] *v.* 1 estilhaçar(-se) 2 destruir, acabar com
**shat•tered** [ˈʃætərd] *adj.* 1 arrasado 2 BRIT FAM exausto
**shat•ter•ing** [ˈʃætərɪŋ] *adj.* arrasador
**shave** [ʃeɪv] *v.* 1 fazer a barba 2 raspar
**shave off: to shave sth off** tirar algo [barba, bigode]
**shav•er** [ˈʃeɪvər] *s.* barbeador
**shawl** [ʃɔl] *s.* xale
**she** [ʃi] *pron.* ela
**shear** [ʃɪr] *v.* [*ps, pp* **sheared, sheared/shorn**] tosquiar
**shears** [ʃɪrz] *spl.* tesoura para cerca-viva
**sheath** [ʃiθ] *s.* bainha
**shed** [ʃɛd] *s.* barracão, galpão / *v.* 1 desfazer-se de 2 perder [folhas] 3 mudar [pele] 4 **to shed light on sth** esclarecer algo 5 derramar [sangue, lágrimas]
**she'd** [ʃid] *contr.* 1 ▸ = SHE HAD 2 ▸ = SHE WOULD
**sheep** [ʃip] *s.* [*pl* **sheep**] ovelha
**sheep•ish** [ˈʃipɪʃ] *adj.* com cara de tacho
**sheer** [ˈʃɪr] *adj.* 1 próprio: *the sheer size of the country* o próprio tamanho do país 2 puro: *sheer luck* pura sorte 3 escarpado
**sheet** [ʃit] *s.* 1 lençol 2 folha [de papel] 3 chapa [de metal, vidro]
**sheikh** [ʃeɪk] *s.* xeque [árabe]
**shelf** [ʃɛlf] *s.* [*pl* **shelves**] 1 prateleira 2 estante
**shell** [ʃɛl] *s.* 1 casca [de ovo, noz] 2 concha 3 casco [de tartaruga, caranguejo] 4 obus 5 cartucho 6 estrutura [de prédio] / *v.* bombardear
**she'll** [ʃil] *contr.* ▸ = SHE WILL
**shell•fish** [ˈʃɛlfɪʃ] *s.* [*pl* **shellfish**] marisco
**shell-shocked** [ˈʃɛl ʃɑkt] *adj.* FAM atordoado
**shel•ter** [ˈʃɛltər] *s.* 1 abrigo 2 **to take shelter** abrigar-se / *v.* abrigar(-se) (***from*** *de*)
**shel•tered** [ˈʃɛltərd] *adj.* 1 protegido [infância] 2 abrigado [lugar]
**shelve** [ʃɛlv] *v.* 1 engavetar [plano, ideia] 2 afundar [praia]
**shelves** [ʃɛlvz] *spl.* ▸ *pl de* SHELF
**shep•herd** [ˈʃɛpərd] *s.* pastor
**sher•iff** [ˈʃɛrɪf] *s.* AM xerife, delegado de polícia
**sher•ry** [ˈʃɛri] *s.* [*pl* **sherries**] xerez [vinho]
**she's** [ʃiz] *contr.* 1 ▸ = SHE IS 2 ▸ = SHE HAS
**shh** [ʃ] *interj.* psiu! [pedindo silêncio]
**shield** [ʃild] *s.* escudo / *v.* proteger (***from*** *de*)
**shift** [ʃɪft] *v.* 1 mudar (de posição) 2 AM trocar a marcha: *He shifted into third.* Ele engatou a terceira. / *s.* 1 mudança 2 turno: *shift work* trabalho em turno | *the night shift* o turno noturno 3 tecla Shift
**shifty** [ˈʃɪfti] *adj.* [*comp* **shiftier, shiftiest**] FAM suspeito
**shil•ling** [ˈʃɪlɪŋ] *s.* xelim [antiga moeda britânica]
**shim•mer** [ˈʃɪmər] *v.* brilhar, tremeluzir
**shin** [ʃɪn] *s.* 1 canela [da perna] 2 (tb **shinbone**) tíbia
**shine** [ʃaɪn] *v.* [*ps e pp* **shone**] 1 brilhar 2 lustrar [sapato] 3 **to shine a flashlight on sth** direcionar uma lanterna para algo, iluminar algo com uma lanterna / *s.* brilho

**shin•gle** [ˈʃɪŋgəl] *s.* 1 seixos 2 telha de madeira

**shiny** [ˈʃaɪni] *adj.* [*comp* **shinier, shiniest**] brilhante, reluzente, lustroso

**ship** [ʃɪp] *s.* 1 navio 2 nau / *v.* [-**pp**-] enviar, despachar

**ship•build•ing** [ˈʃɪpbɪldɪŋ] *s.* construção naval

**ship•ment** [ˈʃɪpmənt] *s.* carregamento

**ship•ping** [ˈʃɪpɪŋ] *s.* 1 navegação, navios 2 transporte marítimo 3 AM frete: *free shipping* frete grátis

**ship•wreck** [ˈʃɪprɛk] *s.* naufrágio / *v.* **to be shipwrecked** naufragar

**ship•yard** [ˈʃɪpjɑrd] *s.* estaleiro

**shirt** [ʃɜrt] *s.* camisa

**shit** [ʃɪt] GÍR *v.* [-**tt**-] [*ps e pp* **shitted/shat**] cagar / *s, interj.* merda

**shiv•er** [ˈʃɪvər] *v.* tremer, tiritar [de frio] / *s.* calafrio

**shoal** [ʃoʊl] *s.* cardume

**shock** [ʃɑk] *s.* 1 choque 2 **in shock** em estado de choque 3 amortecedor / *v.* 1 chocar: *We were shocked by the news.* Ficamos chocados com a notícia. 2 escandalizar

**shock ab•sorb•er** [ˈʃɑk əbˌzɔrbər] *s.* amortecedor

**shock•ing** [ˈʃɑkɪŋ] *adj.* 1 chocante 2 lamentável

**shod•dy** [ˈʃɑdi] *adj.* [*comp* **shoddier, shoddiest**] malfeito, vagabundo [trabalho, acabamento]

**shoe** [ʃu] *s.* 1 sapato: *shoe size* número de sapato 2 ferradura 3 **to be/put yourself in sb's shoes** estar/colocar-se na pele de alguém / *v.* [*ps e pp* **shod**] ferrar [cavalo]

**shoe•lace** [ˈʃu leɪs] *s.* cadarço

**shoe pol•ish** [ˈʃu ˌpɑlɪʃ] *s.* graxa de sapato

**shoe store**, BRIT: **shoe shop** [ˈʃu stɔr/ʃɑp] *s.* sapataria

**shoe•string** [ˈʃustrɪŋ] *s.* 1 AM cadarço 2 **on a shoestring** FAM com pouquíssimo dinheiro

**shone** [ʃoʊn, *Brit*: ʃɑn] *v.* ▸ *ps e pp de* SHINE

**shoo** [ʃu] *interj.* xô! / *v.*

**shoo away: to shoo sb/sth away** enxotar alguém/algo

**shook** [ʃʊk] *v.* ▸ *ps de* SHAKE

**shoot** [ʃut] *v.* [*ps e pp* **shot**] 1 balear 2 atirar 3 disparar [flecha, bala] 4 fuzilar 5 caçar [a tiros] 6 ir disparado 7 dar um chute 8 filmar, fotografar 9 **to be/get shot** levar um tiro 10 **to shoot a movie** rodar um filme 11 **to shoot at sb/sth** atirar contra alguém/algo 12 **to shoot sb a look/glance** olhar de relance para alguém 13 **to shoot sb dead** matar alguém a tiros 14 **to shoot sb in the arm/leg etc.** dar um tiro no braço/na perna etc. de alguém

**shoot down** 1 **to shoot sb down** balear alguém 2 **to shoot sth down** abater algo [avião]

**shoot up** 1 (preço etc.) disparar 2 (criança) espichar / *s.* 1 rebento, broto 2 filmagem, sessão fotográfica 3 caçada / *interj.* AM FAM droga!

**shoot•ing** [ˈʃutɪŋ] *s.* 1 baleamento 2 tiros, tiroteio 3 caça de tiro

**shop** [ʃɑp] *s.* 1 AM oficina 2 BRIT loja 3 AM (tb **shop class**) aula de trabalhos manuais / *v.* [-**pp**-] 1 fazer compras 2 **to go shopping** ir fazer compras 3 **to shop for sth** comprar algo

**shop as•sis•tant** [ˈʃɑp əˌsɪstənt] *s.* BRIT vendedor [de loja]

**shop•keeper** [ˈʃɑpkipər] *s.* BRIT lojista, comerciante

**shop•lifter** [ˈʃɑplɪftər] *s.* ladrão de loja

**shop•lifting** [ˈʃɑplɪftɪŋ] *s.* furto de loja

**shop•per** [ˈʃɑpər] *s.* comprador

**shop•ping** [ˈʃɑpɪŋ] *s.* (fazer) compras: *a shopping trip* uma viagem de compras | *a shopping spree* um banho de loja

**shop•ping mall**, BRIT: **shop•ping cen•tre** [ˈʃɑpɪŋ mɔl, ˌsɛntə] *s.* shopping

**shore** [ʃɔr] *s.* 1 praia, costa, margem 2 **off shore** ao largo da costa, no mar 3 **on shore** em terra

**shorn** [ʃɔrn] *v.* ▸ *pp de* SHEAR

**short** [ʃɔrt] *adj.* [*comp* **shorter, shortest**] 1 curto 2 breve 3 baixo [de estatura] 4 **short of sth** abaixo/menos de algo 5 **a short time/while** um tempinho, pouco tempo 6 **on/at short notice** com pouca antecedência, em cima da hora 7 **to be in short supply** estar em falta 8 **to be short** estar faltando: *The money is $10 short.* Estão faltando $10,00 do dinheiro. 9 **to be short for sth** ser abreviação de algo 10 **to be short of sth** estar sem algo: *We're a bit short of time.* Estamos meio sem tempo. / *adv.* 1 **nothing short of sth** nada menos que algo 2 **to cut sth short** abreviar algo 3 **to fall short of sth** não alcançar algo, não corresponder a algo 4 **to run short** faltar 5 **to run short of sth** ficar sem algo 6 **to stop short of doing sth** não chegar a fazer algo / *s.* ver **shorts** 1 **for short** para abreviar 2 **in short** resumindo / *v.* (tb **short out**) dar curto (em)

**short•age** [ˈʃɔrtɪdʒ] *s.* escassez, falta

**short cir•cuit** [ʃɔrt ˌsɜrkɪt] *s.* curto-circuito / **short-circuit** *v.* dar curto (em)

**short•coming** [ˈʃɔrtkʌmɪŋ] *s.* defeito, falha

**short cut** [ˈʃɔrt kʌt] *s.* 1 atalho 2 **to take a short cut** cortar caminho

**short•en** [ˈʃɔrtn] *v.* encurtar, abreviar

**short•hand** [ˈʃɔrthænd] *s.* taquigrafia

**short•list** [ˈʃɔrtlɪst] BRIT *s.* pré-seleção / *v.* pré-selecionar (*for para*)

**short-lived** [ʃɔrtˈlɪvd] *adj.* de curta duração

**short•ly** [ˈʃɔrtli] *adv.* 1 daqui a pouco, em breve 2 **shortly before/after** logo antes/depois

**shorts** [ʃɔrts] *spl.* 1 bermuda, shorts: *a pair of shorts* uma bermuda 2 calção

**short-sighted** [ʃɔrt ˈsaɪtɪd] *adj.* 1 BRIT míope 2 imediatista

**short-staffed** [ʃɔrt ˈstæfd] *adj.* desfalcado [de funcionários]

**short-term** [ˈʃɔrt tɜrm] *adj.* de curto prazo

**shot** [ʃɑt] *s.* 1 tiro 2 finalização, remate [em futebol etc.] 3 jogada, tacada 4 AM injeção: *a tetanus shot* uma injeção contra tétano 5 dose [de bebida] 6 clique, foto 7 tomada [de filme] 8 **a long shot** uma chance remota 9 **a shot (at doing sth)** FAM uma tentativa (de fazer algo) 10 **big shot** manda-chuva 11 **like a shot** sem pensar duas vezes 12 **to be a good shot** ter boa mira 13 **to give it your best shot** dar o melhor de si 14 **to give sth a shot** tentar algo / *v.* ▸ *ps e pp de* SHOOT

**shot•gun** [ˈʃɑtgʌn] *s.* espingarda: *a sawed-off shotgun* uma espingarda de cano serrado

**shot put** [ˈʃɑt pʊt] *s.* arremesso de peso

**should** [ʃəd, ʃʊd] *v auxiliar* 1 (obrigação, recomendação ou correção) dever: *You should pay at the cash desk.* Você deve pagar na caixa. | *He should see a doctor.* Ele deve ir ao médico. | *The title should be in capitals.* O título deve ser em maiúscula. 2 (obrigação moral) deveria(m): *We should respect the elderly.* Deveríamos respeitar os idosos. 3 (suposição) dever: *They should be home by now.* Eles já devem estar em casa. | *We should get there around two.* Devemos chegar lá por volta das duas. 4 **should have done** **a** (obrigação não cumprida) deveria(m) ter feito: *You should have called the police.* Você devia ter chamado a polícia. **b** (suposição) deve(m) ter feito: *She should have read the letter by now.* Ela já deve ter lido a carta. 5 **should I/we ...?** (sugestão) será que eu/nós ...?: *Should I call him?* Será que eu ligo para ele? 6 **I should think/hope so** acho/espero que sim

**shoul•der** [ˈʃoʊldər] *s.* 1 ombro 2 AM acostamento / *v.* arcar com [responsabilidade, custos]

**shoul•der blade** [ˈʃoʊldər bleɪd] *s.* omoplata

**shouldn't** [ˈʃʊdnt] *contr.* ▸ = SHOULD NOT

**should've** [ˈʃʊdəv] *contr.* ▸ = SHOULD HAVE

**shout** [ʃaʊt] *v.* 1 gritar 2 **to shout at sb** gritar com alguém 3 **to shout for sth** gritar pedindo algo

**shout down: to shout sb down** gritar não deixando alguém falar

**shout out: to shout sth out** gritar algo / *s.* 1 grito 2 **to give a shout out to sb** FAM mandar um beijo/abraço para alguém

**shove** [ʃʌv] *v.* 1 empurrar 2 enfiar / *s.* empurrão

**shov•el** [ˈʃʌvəl] *s.* pá / *v.* 1 tirar/colocar com pá 2 AM tirar a neve de [com pá]
▸ *Am:* ***shoveling, shoveled*** *Brit:* ***shovelling, shovelled***

**show** [ʃoʊ] *v.* [*ps, pp* **showed, shown**] 1 mostrar 2 apresentar [documento] 3 demonstrar [qualidade] 4 conduzir, acompanhar: *The waiter showed us to the table.* O garçom nos conduziu até a mesa. 5 exibir, passar [filme, programa]: *The game will be shown live.* O jogo vai passar ao vivo. 6 aparecer, transparecer 7 expor [obras] 8 **to have nothing to show for sth** não ter ganhado nada com algo 9 **to show sb how to do sth** ensinar alguém a fazer algo 10 **to show sb sth/sth to sb** mostrar a alguém algo/algo a alguém
**show around: to show sb around (sth)** levar alguém para um tour (por algo)
**show in: to show sb in** mandar alguém entrar
**show off** 1 exibir-se (*to para*) 2 **to show sth off** exibir/ostentar algo
**show out: to show sb out** acompanhar alguém até a porta
**show up** 1 FAM aparecer 2 **to show sb up** expor alguém / *s.* 1 show, espetáculo 2 programa [de TV] 3 exposição, mostra: *a motor show* um salão de automóvel | *a fashion show* um desfile de moda 4 demonstração [de coragem, força etc.] 5 **for show** de enfeite, para inglês ver 6 **to be/go on show** estar/ser exposto [obra]

**show•biz, show business** [ˈʃoʊbɪz, ˈʃoʊ ˌbɪznəs] *s.* o mundo do espetáculo: *a showbiz personality* um artista

**show•down** [ˈʃoʊdaʊn] *s.* confronto

**show•er** [ˈʃaʊər] *s.* 1 chuveiro 2 chuveirada 3 chuvarada 4 AM chá de panela: *a baby shower* um chá de bebê 5 **to take a shower** tomar banho [de chuveiro] / *v.* 1 tomar banho 2 **to shower sb with sth** encher alguém de algo [presentes, beijos etc.] 3 **to shower sth with sth** cobrir algo de algo

**show•ery** [ˈʃaʊəri] *adj.* chuvoso

**show•ing** [ˈʃoʊɪŋ] *s.* 1 exibição 2 desempenho

**shown** [ʃoʊn] *v.* ▸ *pp de* SHOW

**show-off** [ˈʃoʊɔf] *s.* FAM exibido [pessoa]

**show•room** [ˈʃoʊrum] *s.* showroom

**shrank** [ʃræŋk] *v.* ▸ *ps de* SHRINK

**shred** [ʃrɛd] *s.* 1 tira, frangalho 2 **not a shred of sth** nem um pingo de algo / *v.* [-**dd**-] 1 esfrangalhar 2 cortar em tiras 3 triturar [documentos]

**shred•der** [ˈʃrɛdər] *s.* fragmentadora [de papel]

**shrewd** [ʃrud] *adj.* [*comp* **shrewder, shrewdest**] 1 esperto 2 inteligente [decisão, atitude]

**shriek** [ʃrik] *v.* gritar, guinchar / *s.* grito, guincho

**shrill** [ʃrɪl] *adj.* [*comp* **shriller, shrillest**] estridente

**shrimp** [ʃrɪmp] *s.* [*pl* **shrimp**] camarão

**shrine** [ʃraɪn] *s.* santuário

**shrink** [ʃrɪŋk] *v.* [*ps, pp* **shrank, shrunk**] 1 encolher(-se) 2 diminuir 3 **to shrink from (doing) sth** fugir de (fazer) algo

**shriv•el** [ˈʃrɪvəl] *v.* (tb **shrivel up**) secar, mirrar
▸ *Am:* ***shriveling, shriveled*** *Brit:* ***shrivelling, shrivelled***

**shroud** [ʃraʊd] *s.* mortalha / *v.* 1 cobrir, encobrir 2 **shrouded in mystery** envolto de mistério

**Shrove Tues•day** [ʃroʊv ˈtuzdeɪ] *s.* terça-feira gorda [de Carnaval]

**shrub** [ʃrʌb] *s.* arbusto

**shrug** [ʃrʌg] *v.* [-**gg**-] **to shrug (your shoulders)** dar de ombros
**shrug off: to shrug sth off** não dar importância a algo

**shrunk** [ʃrʌŋk] *v.* ▸ *pp de* SHRINK

**shud•der** [ˈʃʌdər] *v.* 1 estremecer (***at*** *com,* ***with*** *de*) 2 sacudir [veículo]: *The train shud-*

*dered to a halt.* O trem sacudiu e parou. / *s.* estremecimento

**shuf•fle** [ˈʃʌfəl] *v.* **1** ir arrastando os pés **2** mexer em [papéis] **3** embaralhar [cartas] **4 to shuffle your feet** mexer os pés

**shun** [ʃʌn] *v.* [-**nn**-] evitar

**shush** [ʃəʃ] *interj.* psiu! / *v.* pedir silêncio a

**shut** [ʃʌt] *v.* fechar

**shut away** **1 to shut sb away** internar alguém **2 to shut yourself away** isolar-se

**shut down** **1** fechar as portas **2** ser desativado **3 to shut sth down** **a** fechar algo **b** desativar algo

**shut in: to shut sb/sth in** trancar alguém/algo

**shut off** **1** desligar **2 to shut sth off** desligar/fechar algo **3 to shut yourself off** isolar-se (*from de*)

**shut out** **1 to shut sb out** excluir alguém (*from de*) **2 to shut sth out** **a** isolar algo [barulho, luz] **b** reprimir algo [lembrança]

**shut up** **1** calar-se, calar a boca **2 to shut sb up** mandar/fazer alguém calar

**shut•ter** [ˈʃʌtər] *s.* **1** obturador **2** veneziana [de madeira]

**shut•tle** [ˈʃʌtl] *s.* **1** ponte aérea **2** serviço de traslado **3** ônibus espacial / *v.* **to shuttle back and forth** ir e vir

**shy** [ʃaɪ] *adj.* [*comp* **shyer, shyest**] tímido, arredio / *v.* [*ps e pp* **shied**]

**shy away: to shy away from sth** evitar algo

**shy•ly** [ˈʃaɪli] *adv.* timidamente

**shy•ness** [ˈʃaɪnəs] *s.* timidez

**sib•ling** [ˈsɪblɪŋ] *s.* FORM irmão [homem ou mulher]

**sick** [sɪk] *adj.* **1** doente **2** doentio, mórbido: *a sick joke* uma piada de mau gosto **3 to be out/off sick** FAM faltar por doença **4 to be sick** vomitar **5 to be sick (and tired) of sth/sb** estar cheio de algo/alguém **6 to feel sick** ficar enjoado **7 to get sick** ficar doente **8 to make sb sick** dar ódio em alguém

**sick•en** [ˈsɪkən] *v.* revoltar

**sick•en•ing** [ˈsɪkənɪŋ] *adj.* **1** revoltante **2** assustador [estrondo, baque]

**sick•ly** [ˈsɪkli] *adj.* [*comp* **sicklier, sickliest**] **1** doentio [criança] **2** enjoativo [gosto, cheiro]

**sick•ness** [ˈsɪknəs] *s.* **1** doença **2** enjoo

**side** [saɪd] *s.* **1** lado: *on the other side of the street* do outro lado da rua **2** lateral **3** beira: *by the side of the road* na beira da estrada **4 side by side** lado a lado (*with com*) **5 on either side (of sth)** dos dois lados (de algo) **6 on/from all sides** por/de todos os lados **7 on the small/expensive etc. side** FAM meio pequeno/caro etc. **8 to be on sb's side** estar do lado de alguém **9 to get on the wrong side of sb** contrariar alguém **10 to put/leave sth to one side** deixar algo de lado **11 to take sides** tomar partido / *adj.* lateral, de lado: *a side door* uma porta lateral / *v.* **to side with sb** tomar o partido de alguém

**side•board** [ˈsaɪdbɔrd] *s.* aparador

**side•burns** [ˈsaɪdbɜrnz] *spl.* costeletas

**side ef•fect** [ˈsaɪd ɪˌfɛkt] *s.* efeito colateral

**side•line** [ˈsaɪdlaɪn] *s.* **1** bico [trabalho secundário] **2** linha lateral [de campo, quadra] **3 to stay/stand on the sidelines** **a** ficar de fora **b** ficar na beira do campo / *v.* deixar de fora [jogador]

**side or•der** [ˈsaɪd ˌɔrdər] *s.* acompanhamento [de comida]

**side road** [ˈsaɪd roʊd] *s.* rua transversal

**side-step** [ˈsaɪdstɛp] *v.* [-**pp**-] fugir a [questão]

**side street** [ˈsaɪd strit] *s.* rua transversal

**side•track** [ˈsaɪdtræk] *v.* **1** atrasar **2 to get sidetracked** dispersar-se, desviar do assunto

**side•walk** [ˈsaɪdwɔk] *s.* AM calçada

**side•ways** [ˈsaɪdweɪz] *adv.* de lado

**siege** [sidʒ] *s.* **1** cerco policial **2** assédio [a uma cidade]

**sieve** [sɪv] *s.* peneira / *v.* peneirar

**sift** [sɪft] *s.* **1** peneirar **2 to sift (through) sth** esmiuçar algo [dados, documentos]

**sigh** [saɪ] *v.* suspirar / *s.* suspiro

**sight** [saɪt] *s.* **1** visão, vista **2** cena **3 at first sight** à primeira vista **4 out of sight** invisível, escondido: *We watched until the plane was out of sight.* Ficamos olhando até o avião se perder de vista. 5 **the sights** os pontos turísticos 6 **to catch sight of sth/sb** avistar algo/alguém 7 **to know sb by sight** conhecer alguém de vista 8 **to lose sight of sth/sb** perder algo/alguém de vista 9 **within/in sight (of sth)** à vista (de algo) / *v.* avistar

**sight•ing** [ˈsaɪtɪŋ] *s.* visão

**sight•see•ing** [ˈsaɪtsiɪŋ] *s.* 1 turismo: *a sightseeing tour* um passeio turístico 2 **to go sightseeing** fazer turismo, passear

**sight•seer** [ˈsaɪtsiər] *s.* turista

**sign** [saɪn] *s.* 1 placa, letreiro 2 sinal: *a dollar sign* um cifrão | *There was no sign of Bob.* O Bob não estava. 3 indício 4 signo: *What sign are you?* Qual é o seu signo? / *v.* 1 assinar 2 contratar [jogador, banda] 3 **to sign for/with/to sth** fechar contrato com algo **sign up** 1 **to sign sb up** contratar alguém 2 **to sign up for sth/to do sth** inscrever-se para algo/fazer algo

**sig•nal** [ˈsɪgnəl] *s.* sinal / *v.* 1 fazer sinal 2 assinalar 3 **to signal (to) sb to do sth** fazer sinal para alguém fazer algo

▸ *Am:* **signaling, signaled** *Brit:* **signalling, signalled**

**sig•na•ture** [ˈsɪgnətʃər] *s.* assinatura

**sig•nifi•cance** [sɪgˈnɪfəkəns] *s.* 1 significação 2 importância

**sig•nifi•cant** [sɪgˈnɪfəkənt] *adj.* significativo

**sig•ni•fy** [ˈsɪgnəfaɪ] *v.* [*ps e pp* **-fied**] significar

**sign lan•guage** [ˈsaɪn ˌlæŋgwɪdʒ] *s.* linguagem dos sinais

**si•lence** [ˈsaɪləns] *s.* silêncio / *v.* 1 silenciar 2 fazer calar

**si•lent** [ˈsaɪlənt] *adj.* 1 silencioso 2 calado 3 mudo [filme, letra]

**si•lent•ly** [ˈsaɪləntli] *adv.* silenciosamente

**sil•hou•ette** [sɪluˈɛt] *s.* silhueta / *v.* **to be silhouetted against sth** aparecer em silhueta contra algo

**silk** [sɪlk] *s.* seda

**silk•worm** [ˈsɪlkwɜrm] *s.* bicho-da-seda

**sill** [sɪl] *s.* peitoril

**sil•ly** [ˈsɪli] *adj.* [*comp* **sillier, silliest**] 1 bobo, tonto 2 idiota

**sil•ver** [ˈsɪlvər] *s.* 1 prata 2 prataria / *adj.* 1 de prata 2 prateado 3 **silver bullet** AM solução mágica

**silver•ware** [ˈsɪlvərwɛr] *s.* 1 AM talheres 2 BRIT prataria

**sil•very** [ˈsɪlvəri] *adj.* prateado

**Sim card** [ˈsɪm kɑrd] *s.* chipe [de celular]

**simi•lar** [ˈsɪmələr] *adj.* parecido, semelhante (*to a*)

**simi•lar•ity** [sɪməˈlærəti] *s.* semelhança (*to a*)

**simi•lar•ly** [ˈsɪmələrli] *adv.* 1 da mesma forma 2 igualmente

**sim•mer** [ˈsɪmər] *v.* cozinhar em fogo brando

**sim•ple** [ˈsɪmpəl] *s.* [*comp* **simpler, simplest**] 1 simples 2 fácil

**sim•plic•ity** [sɪmˈplɪsəti] *s.* simplicidade

**sim•pli•fy** [ˈsɪmpləfaɪ] *v.* [*ps e pp* **-fied**] simplificar

**sim•plis•tic** [sɪmˈplɪstɪk] *adj.* simplista

**sim•ply** [ˈsɪmpli] *adv.* 1 simplesmente 2 apenas, só: *Simply click on 'Send'.* É só clicar em "Enviar". 3 de forma simples

**simu•late** [ˈsɪmjəleɪt] *v.* simular

**sim•ul•ta•neous** [saɪməlˈteɪniəs] *adj.* simultâneo

**sim•ul•ta•neous•ly** [saɪməlˈteɪniəsli] *adv.* simultaneamente

**sin** [sɪn] *s.* pecado / *v.* [**-nn-**] pecar

**since** [sɪns] *prep.* desde: *I haven't seen my cousin since Christmas.* Não vejo a minha prima desde o Natal. / *conj.* 1 desde que: *He's been down since his girlfriend left.* Ele anda triste desde que a namorada foi embora. 2 já que, como / *adv.* 1 desde então: *We haven't spoken since.* Não nos falamos desde então. 2 **long since** há muito tempo

**sin•cere** [sɪnˈsɪr] *adj.* 1 sincero 2 verdadeiro [pessoa]

**sin•cere•ly** [sɪnˈsɪrli] *adv.* 1 sinceramente 2 **Sincerely (yours)** (em carta) Atenciosamente
▸ No inglês britânico, escreve-se ***Yours sincerely.***
**sin•cer•ity** [sɪnˈsɛrəti] *s.* sinceridade
**sin•ful** [ˈsɪnfəl] *adj.* pecaminoso
**sing** [sɪŋ] *v.* [*ps, pp* **sang, sung**] cantar
**singe** [sɪndʒ] *v.* chamuscar
**sing•er** [ˈsɪŋər] *s.* cantor
**sing•ing** [ˈsɪŋɪŋ] *s.* canto
**sin•gle** [ˈsɪŋgəl] *adj.* 1 só, único 2 solteiro 3 **single bed/room** cama/quarto de solteiro 4 **single ticket** BRIT passagem de ida 5 **every single** cada 6 **every single day** todo santo dia 7 **not a single** nenhum … sequer: *I didn't understand a single word.* Não entendi uma palavra sequer. / *s.* 1 compacto [disco] 2 solteiro 3 **singles** (como substantivo singular) simples [em tênis]: *the men's singles* o simples masculino 4 BRIT passagem de ida / *v.*
**single out: to single sb/sth out** escolher/apontar alguém/algo
**sin•gle file** [ˌsɪŋgəl ˈfaɪl] *s.* **in single file** em fila indiana
**single-handedly** [ˌsɪŋgəlˈhændɪdli] *adv.* (tb **single-handed**) sozinho
**single-minded** [ˌsɪŋgəlˈmaɪndɪd] *adj.* determinado
**sin•gle par•ent** [ˌsɪŋgəlˈpɛrənt] *s.* pai solteiro/mãe solteira: *single-parent families* famílias sem pai ou mãe
**sin•gly** [ˈsɪŋgli] *adv.* 1 individualmente 2 um por um
**sin•gu•lar** [ˈsɪŋgjələr] *adj, s.* singular
**sin•is•ter** [ˈsɪnɪstər] *adj.* sinistro
**sink** [sɪŋk] *v.* [*ps, pp* **sank/sunk, sunk**] 1 afundar 2 baixar 3 desabar [pessoa] 4 cair [em depressão etc.] 5 **a sinking feeling** FAM uma sensação de desânimo 6 **my heart sank** desanimei
**sink in** 1 assimilar-se [informação, fato]: *It hasn't sunk in yet.* Não caiu a ficha ainda. 2 **to sink sth into sth** cravar algo em algo / *s.* pia
**sin•ner** [ˈsɪnər] *s.* pecador
**sip** [sɪp] *v.* [**-pp-**] 1 bebericar 2 tomar um gole de / *s.* gole
**sir** [sɜr] *s.* 1 senhor: *Good morning, sir.* Bom dia, senhor. 2 **Dear Sir** (em carta) Prezado Senhor 3 ▸ título honorífico conferido a homens notáveis na Grã-Bretanha, p.ex., *Sir Elton John*
**si•ren** [ˈsaɪrən] *s.* sirene
**sis•ter** [ˈsɪstər] *s.* irmã
**sister-in-law** [ˈsɪstər ɪn lɔ] *s.* [*pl* **sisters-in-law**] cunhada
**sit** [sɪt] *v.* [**-tt-**] [*ps e pp* **sat**] 1 sentar(-se) 2 ficar, estar 3 reunir-se [assembleia] 4 **to be sitting** estar sentado 5 **to sit in/on sth** ser membro de [comitê, diretoria etc.] 6 **to sit an exam** BRIT fazer uma prova
**sit around** ficar sem fazer nada
**sit back** 1 acomodar-se 2 ficar de braços cruzados
**sit down** 1 sentar-se 2 **to be sitting down** estar sentado 3 **to sit sb down** sentar alguém
**sit in: to sit in on sth** assistir algo [aula, reunião]
**sit through: to sit through sth** aguentar algo [até o final]
**sit up** 1 ficar sentado [na cama] 2 endireitar-se [na cadeira] 3 ficar acordado [até tarde]
**sit•com** [ˈsɪtkɑm] *s.* comédia [na TV]
**site** [saɪt] *s.* 1 local 2 localização 3 site 4 **a construction site** uma construção, um canteiro de obras 5 **on site** no local / *v.* **to be sited** estar localizado
**sit•ting** [ˈsɪtɪŋ] *s.* 1 turno [para comer] 2 sessão [de assembleia]
**sit•ting room** [ˈsɪtɪŋ rum] *s.* BRIT sala de estar
**situ•at•ed** [ˈsɪtʃueɪtɪd] *adj.* situado
**situa•tion** [sɪtʃuˈeɪʃən] *s.* situação
**sit•up** [ˈsɪtʌp] *s.* abdominal [exercício]
**six** [sɪks] *num.* seis
**six-pack** [ˈsɪks pæk] *s.* 1 pacote com seis latas/garrafas 2 FAM tanquinho [abdômen]
**six•teen** [sɪksˈtin] *num.* dezesseis

**six•teenth** [sɪksˈtinθ] *adj.* décimo sexto / *s.* dia dezesseis
**sixth** [sɪksθ] *adj.* sexto / *s.* 1 dia seis 2 sexto [fração]
**sixth form** [ˈsɪksθ fɔrm] *s.* Na Grã-Bretanha, os dois últimos anos do ensino médio em que os alunos se preparam para os exames equivalentes ao ENEM.
**six•ti•eth** [ˈsɪkstiəθ] *adj.* sexagésimo
**six•ty** [ˈsɪksti] *num.* 1 sessenta 2 **the sixties** os anos 60 3 **to be in your sixties** estar na casa dos sessenta
**siz•able** [ˈsaɪzəbəl] *adj.* ver **size•able**
**size** [saɪz] *s.* 1 tamanho: *The two bags are the same size.* As duas bolsas têm o mesmo tamanho. | *What size is the table?* De que tamanho é a mesa? 2 número [de sapato, roupa]: *What shoe size do you wear?* Que número você calça? / *v.*
**size up** 1 **to size sb up** medir alguém com o olhar 2 **to size sth up** avaliar algo
**size•able** [ˈsaɪzəbəl] *adj.* considerável
**siz•zle** [ˈsɪzəl] *v.* chiar [fritura]
**skate** [skeɪt] *s.* patim / *v.* patinar
**skate•board** [ˈskeɪtbɔrd] *s.* skate [prancha]
**skate•board•er** [ˈskeɪtbɔrdər] *s.* skatista
**skate•board•ing** [ˈskeɪtbɔrdər] *s.* skate [esporte]
**skate park** [ˈskeɪt pɑrk] *s.* pista de skate
**skat•er** [ˈskeɪtər] *s.* patinador
**skat•ing** [ˈskeɪtɪŋ] *s.* patinação: *skating rink* rinque de patinação
**skel•eton** [ˈskɛlətn] *s.* 1 esqueleto 2 **skeleton service/staff** serviço/pessoal mínimo
**skep•tic** [ˈskɛptɪk] *s.* AM cético
**skep•ti•cal** [ˈskɛptɪkəl] *adj.* AM cético
**skep•ti•cism** [ˈskɛptəsɪzəm] *s.* AM ceticismo
**sketch** [skɛtʃ] *s.* 1 esboço: *a rough sketch* um esboço rápido 2 quadro [humorístico] / *v.* esboçar, desenhar
**sketchy** [ˈskɛtʃi] *adj.* [*comp* **sketchier, sketchiest**] incompleto, vago [detalhes]
**ski** [ski] *v.* [*ger* **skiing**] esquiar, ir de esqui: *They skied down the mountain.* Desceram a montanha de esqui. / *s.* esqui [prancha]
**skid** [skɪd] *v.* [-**dd**-] derrapar: *The car skidded off the road.* O carro derrapou e saiu da pista. / *s.* derrapagem: *skid marks* marcas de freada
**skies** [skaɪz] *spl.* ▸ *pl de* SKY
**ski•ing** [ˈskiɪŋ] *s.* esqui [esporte]
**skil•ful** [ˈskɪlfəl] *adj.* BRIT ver **skill•ful**
**skill** [skɪl] *s.* 1 habilidade 2 qualificação 3 **skills** conhecimentos: *IT skills* conhecimentos de informática
**skilled** [skɪld] *adj.* 1 qualificado, especializado [mão de obra, trabalho] 2 habilidoso
**skil•let** [ˈskɪlɪt] *s.* AM frigideira
**skill•ful** [ˈskɪlfəl] *adj.* AM 1 habilidoso (*at em*) 2 hábil
**skim** [skɪm] *v.* [-**mm**-] 1 escumar (*from/off de*) 2 passar rente a, roçar 3 **to skim (through) sth** ler algo por alto
**skim milk**, BRIT: **skim•med milk** [skɪm(d) ˈmɪlk] *s.* leite desnatado
**skin** [skɪn] *s.* 1 pele 2 casca [de fruta] 3 nata [de leite] 4 **by the skin of your teeth** FAM por um triz / *v.* [-**nn**-] 1 descascar, tirar a pele de 2 esfolar
**skin div•ing** [ˈskɪn ˌdaɪvɪŋ] *s.* mergulho de snorkel
**skin•head** [ˈskɪnhɛd] *s.* skinhead [jovem neonazista de cabeça raspada]
**skin•ny** [ˈskɪni] *adj.* [*comp* **skinnier, skinniest**] 1 magrelo 2 com leite desnatado [café]
**skip** [skɪp] *v.* [-**pp**-] 1 pular [trecho, refeição etc.] 2 FAM faltar em [compromisso] 3 ir saltitando 4 BRIT pular corda 5 **to skip school/class** matar aula / *s.* BRIT caçamba
**skip•per** [ˈskɪpər] *s.* FAM capitão
**skip•ping rope** [ˈskɪpɪŋ roʊp] *s.* BRIT corda de pular
**skir•mish** [ˈskɜrmɪʃ] *s.* escaramuça
**skirt** [skɜrt] *s.* saia / *v.* **to skirt (around) sth** contornar algo
**skull** [skʌl] *s.* 1 crânio 2 caveira
**skunk** [skʌŋk] *s.* gambá [fedorento]
**sky** [skaɪ] *s.* [*pl* **skies**] céu
**sky•div•ing** [ˈskaɪdaɪvɪŋ] *s.* paraquedismo

**sky-high** [skaɪˈhaɪ] *adj.* altíssimo
**sky•light** [ˈskaɪlaɪt] *s.* claraboia
**sky•line** [ˈskaɪlaɪn] *s.* linha do horizonte [de cidade]
**sky•scraper** [ˈskaɪskreɪpər] *s.* arranha-céu
**slab** [slæb] *s.* 1 laje [de concreto] 2 pedaço grande [de bolo, carne etc.]
**slack** [slæk] *adj.* [*comp* **slacker, slackest**] 1 frouxo [corda] 2 parado [mercado, negócios] 3 descuidado, relaxado / *s.* 1 **slacks** (plural) calça: *a pair of slacks* uma calça 2 **to cut sb some slack** AM FAM aliviar para alguém / *v.* fazer cera
**slain** [sleɪn] *v.* ▸ *pp de* SLAY
**slam** [slæm] *v.* [-**mm**-] 1 bater [porta etc.]: *She slammed the door in his face.* Ela bateu a porta na cara dele. 2 jogar [com força] 3 malhar, criticar duramente 4 **to slam into sth** espatifar-se contra algo
**slam down: to slam the phone down** bater o telefone
**slam on: to slam on the brakes** frear com tudo / *s.* estrondo
**slam dunk** [slæmˈdʌŋk] *s.* 1 enterrada [em basquete] 2 AM FAM proeza / **slam-dunk** *v.* enterrar [bola]
**slang** [slæŋ] *s.* gíria(s)
**slant** [slænt] *v.* 1 inclinar(-se), estar inclinado 2 enviesar / *s.* 1 viés, ângulo 2 **at/on a slant** inclinado
**slant•ing** [ˈslæntɪŋ] *adj.* inclinado
**slap** [slæp] *v.* [-**pp**-] 1 dar um tapa em: *She slapped him in the face.* Ela deu um tapa na cara dele. 2 dar palmada em 3 jogar [com força] 4 **to slap against sth** bater contra algo
**slap on** 1 **to slap a ban on sth** proibir algo 2 **to slap on some make-up/paint** FAM botar uma maquiagem/tinta (***on*** *em*) / *s.* 1 tapa 2 palmada / *adv.* FAM 1 (tb **slap-bang**) com força 2 bem: *slap in the middle* bem no meio
**slap•dash** [ˈslæpdæʃ] *adj.* descuidado, malfeito
**slash** [slæʃ] *v.* 1 cortar (a facadas) 2 cortar [preços, empregos] 3 **to slash your wrists** abrir os pulsos / *s.* 1 facada 2 corte 3 barra [/]
**slate** [sleɪt] *s.* 1 ardósia 2 BRIT telha
**slaugh•ter** [ˈslɔtər] *v.* 1 abater [gado] 2 chacinar 3 FAM arrasar [adversário] / *s.* 1 abate 2 chacina, matança
**slave** [sleɪv] *s.* escravo / *v.* (tb **slave away**) ralar, trabalhar muito (***at*** *em*)
**slav•ery** [ˈsleɪvəri] *s.* escravidão
**slay** [sleɪ] *v.* [*ps, pp* **slew, slain**] matar, assassinar
**slea•zy** [ˈslizi] *adj.* [*comp* **sleazier, sleaziest**] sórdido
**sled**, BRIT: **sledge** [slɛd slɛdʒ] *s.* trenó / *v.* [-**dd**-] **to go sledding** andar de trenó
**sleek** [slik] *adj.* [*comp* **sleeker, sleekest**] 1 liso e brilhante [cabelo, pelo] 2 aerodinâmico [design]
**sleep** [slip] *v.* [*ps e pp* **slept**] 1 dormir 2 acomodar: *The cabin sleeps six.* A cabana acomoda seis pessoas. 3 **not to sleep a wink** não pregar o olho 4 **to sleep on it** FAM consultar o travesseiro 5 **to sleep together** transar 6 **to sleep with sb** transar com alguém
**sleep in** FAM dormir até tarde
**sleep off: to sleep sth off** FAM dormir até algo passar [bebedeira etc.]
**sleep over** (ficar para) dormir
**sleep through: to sleep through sth** não acordar com algo / *s.* 1 sono 2 soneca 3 **to get to sleep** pegar no sono 4 **to go to sleep** **a** dormir [pessoa] **b** ficar dormente [perna etc.] 5 **to have a sleep** dar uma dormida
**sleep•er** [ˈslipər] *s.* 1 vagão-leito 2 AM leito [em trem] 3 **to be a heavy/light sleeper** ter sono pesado/leve
**sleep•ing bag** [ˈslipɪŋ bæg] *s.* saco de dormir
**sleep•ing car** [ˈslipɪŋ kɑr] *s.* vagão-leito
**sleep•ing pill** [ˈslipɪŋ pɪl] *s.* comprimido para dormir
**sleep•less** [ˈsliplǝs] *adj.* 1 sem dormir 2 **a sleepless night** uma noite em branco

**sleep•walk** [ˈslipwɔk] *s.* ficar sonâmbulo
**sleepy** [ˈslipi] *adj.* [*comp* **sleepier, sleepiest**] 1 sonolento 2 pacato [cidade] 3 **to be/feel sleepy** estar com sono
**sleet** [slit] *s.* chuva com neve / *v.* cair chuva com neve
**sleeve** [sliv] *s.* 1 manga: *a short-sleeved shirt* uma camisa de manga curta 2 capa [de disco]
**sleeve•less** [ˈslivləs] *adj.* sem manga
**sleigh** [sleɪ] *s.* trenó [puxado a cavalo/rena]
**slen•der** [ˈslɛndər] *adj.* 1 esguio, esbelto 2 escasso [maioria, recursos]
**slept** [slɛpt] *v.* ▸ *ps e pp de* SLEEP
**slew** [slu] *v.* ▸ *ps de* SLAY
**slice** [slaɪs] *s.* 1 fatia, rodela 2 parte / *v.* 1 fatiar, cortar em fatias/rodelas 2 **to slice into/through sth** cortar algo com facilidade
**slick** [slɪk] *adj.* 1 sofisticado [apresentação] 2 cheio de lábia 3 ágil [jogada] / *s.* mancha de óleo [no mar]
**slide** [slaɪd] *v.* [*ps e pp* **slid**] 1 deslizar, ir deslizando 2 escorregar 3 esgueirar-se, deslizar-se 4 cair / *s.* 1 escorregador 2 declínio 3 slide 4 lâmina [de microscópio]
**slid•ing door** [ˌslaɪdɪŋ ˈdɔr] *s.* porta corrediça
**slight** [slaɪt] *adj.* [*comp* **slighter, slightest**] 1 leve, pequeno: *a slight headache* uma leve dor de cabeça 2 delicado [físico] 3 **the slightest chance/difference etc.** a menor chance/diferença etc.
**slight•ly** [ˈslaɪtli] *adv.* ligeiramente, um pouquinho
**slim** [slɪm] *adj.* [*comp* **slimmer, slimmest**] 1 magro, esbelto 2 escasso, pequeno [chance, maioria] / *v.* [-**mm**-] BRIT emagrecer
**slim down** 1 emagrecer 2 **to slim sth down** reduzir algo
**slime** [slaɪm] *s.* 1 gosma 2 lodo
**slimy** [ˈslaɪmi] *adj.* [*comp* **slimier, slimiest**] 1 gosmento 2 lodoso 3 pegajoso [pessoa]
**sling** [slɪŋ] *v.* [*ps e pp* **slung**] 1 tacar, jogar 2 **to sling sth around/over sth** pendurar algo em algo / *s.* tipoia: *He had his arm in a sling.* Ele estava de tipoia.
**sling•shot** [ˈslɪŋʃɑt] *s.* estilingue, atiradeira
**slink** [slɪŋk] *v.* [*ps e pp* **slunk**] esgueirar-se, ir se esgueirando
**slink away, slink off** sair esgueirando-se
**slip** [slɪp] *v.* [-**pp**-] 1 escorregar 2 ir de fininho 3 escapar [faca etc.] 4 enfiar: *She slipped the note under the door.* Ela enfiou o bilhete embaixo da porta. 5 cair 6 **to slip sb's mind**: *I meant to call him, but it slipped my mind.* Eu queria ligar para ele, mas acabei esquecendo. 7 **to slip sb sth/sth to sb** passar a alguém algo/algo a alguém: *I slipped him some money.* Passei a ele um dinheiro.
**slip away** 1 escapulir [pessoa] 2 ir se esgotando [tempo] 3 escapar [oportunidade]
**slip off: to slip sth off** tirar algo [roupa, sapato]
**slip on: to slip sth on** enfiar algo [roupa, sapato]
**slip out** 1 sair de fininho 2 escapar [objeto, palavra]: *The glass slipped out of my hand.* O copo escapou da minha mão. 3 **to slip out of sth** tirar algo [roupa]
**slip up** 1 errar 2 vacilar, bobear / *s.* 1 pedaço, tira [de papel] 2 deslize 3 combinação [roupa] 4 escorregão 5 **slip of the tongue/pen** lapso verbal/de escrita 6 **Freudian slip** ato falho 7 **to give sb the slip** FAM escapar de alguém
**slip•per** [ˈslɪpər] *s.* pantufa, chinelo
**slip•pery** [ˈslɪpəri] *adj.* escorregadio
**slit** [slɪt] *v.* [-**tt**-] [*ps e pp* **slit**] 1 cortar 2 **to slit sth open** abrir algo [com faca] / *s.* fenda, abertura
**slith•er** [ˈslɪðər] *v.* ir deslizando [pelo chão]
**sliv•er** [ˈslɪvər] *s.* 1 lasca [de vidro etc.] 2 fatia fina
**slob** [slɑb] *s.* FAM porco, relaxado
**slog** [slɑg] *v.* [-**gg**-] FAM (tb **slog away**) ralar, dar duro
**slo•gan** [ˈsloʊgən] *s.* 1 slogan 2 palavra de ordem

**slop** [slɑp] *v.* [**-pp-**] **1** transbordar **2** derrubar [líquido]

**slope** [sloʊp] *s.* **1** ladeira, encosta **2** pista [de esqui] **3** inclinação / *v.* inclinar-se
**slope down** descer [em declive]

**slop•ing** [ˈsloʊpɪŋ] *adj.* inclinado

**slop•py** [ˈslɑpi] *adj.* [*comp* **sloppier, sloppiest**] **1** malfeito [trabalho] **2** desleixado [pessoa] **3** folgado [roupa] **4** piegas

**slot** [slɑt] *s.* **1** fenda, ranhura **2** espaço [de tempo] **3 time slot** horário / *v.* **1 to slot in/together** encaixar-se **2 to slot sth in/together** encaixar algo **3 to slot sth into sth** encaixar algo em algo

**slot ma•chine** [ˈslɑt məˌʃin] *s.* caça-níqueis

**slow** [sloʊ] *adj.* [*comp* **slower, slowest**] **1** lento, demorado **2** atrasado [relógio]: *Your watch is ten minutes slow.* O seu relógio está dez minutos atrasado. **3** fraco [movimento, vendas] **4 to be slow to do/in doing sth** demorar para/em fazer algo / *v.* **1 to slow (down/up)** diminuir (a velocidade/o ritmo) **2 to slow sth (down/up)** retardar algo

**slow•down** [ˈsloʊdaʊn] *s.* greve branca

**slow•ly** [ˈsloʊli] *adj.* lentamente, devagar

**slow mo•tion** [sloʊ ˈmoʊʃən] *s.* **in slow motion** em câmera lenta

**sludge** [slʌdʒ] *s.* lodo [de esgoto, efluentes]

**slug** [slʌg] *s.* lesma

**slug•gish** [ˈslʌgɪʃ] *adj.* **1** mole [pessoa] **2** moroso [trânsito] **3** fraco [crescimento, vendas]

**slum** [slʌm] *s.* **1** cortiço: *slum housing* cortiços **2** favela

**slump** [slʌmp] *v.* **1** cair, deixar-se cair **2** despencar / *s.* **1** queda [de preços, vendas] **2** depressão [econômica]

**slung** [slʌŋ] *v.* ▸ *ps e pp de* SLING

**slunk** [slʌŋk] *v.* ▸ *ps e pp de* SLINK

**slur** [slɜr] *v.* [**-rr-**] **to slur your words/speech** arrastar as palavras / *s.* insulto (*on a*)

**slush** [slʌʃ] *s.* neve derretida

**sly** [slaɪ] *adj.* **1** manhoso, dissimulado **2** matreiro [olhar, sorriso] **3 on the sly** FAM às escondidas

**smack** [smæk] *v.* **1** dar uma palmada em **2 to smack of sth** cheirar a algo [fraude etc.] / *s.* palmada

**small** [smɔl] *adj.* **1** pequeno **2** minúsculo [letra] / *s.* **the small of your back** o lombar

**small change** [smɔl ˈtʃeɪndʒ] *s.* trocado

**small hours** [smɔl ˈaʊəz] *spl.* altas horas [da madrugada]

**small•pox** [ˈsmɔlpɑks] *s.* varíola

**small print** [ˈsmɔl prɪnt] *s.* letra miúda [de contrato]

**small-scale** [ˈsmɔlskeɪl] *adj.* de pequena escala

**small talk** [ˈsmɔl tɔk] *s.* amenidades

**smart** [smɑrt] *adj.* [*comp* **smarter, smartest**] **1** esperto, inteligente **2** abusado [pessoa, resposta] **3** BRIT elegante, chique / *v.* arder

**smart card** [ˈsmɑrt kɑrd] *s.* cartão magnético

**smash** [smæʃ] *v.* **1** espatifar(-se), quebrar **2** desarticular [quadrilha, esquema] **3 to smash sth (down) on sth** descer algo em algo **4 to smash sth into sth** bater forte com algo em algo **5 to smash the record** estraçalhar o recorde **6 to smash to pieces** estilhaçar--se, estraçalhar-se
**smash in 1 to smash into sth** bater com força contra algo **2 to smash sb's face/head in** quebrar a cara de alguém **3 to smash sth in** arrombar algo
**smash up: to smash sth up** destruir algo / *spl.* **1** (tb **smash hit**) supersucesso **2** BRIT batida, colisão

**smear** [smɪr] *v.* **1 to smear sth on sth** passar algo em algo **2 to smear sth with sth** manchar algo de algo / *s.* mancha

**smell** [smɛl] *s.* **1** cheiro: *a smell of gas* um cheiro de gás **2 (sense of) smell** olfato / *v.* [*ps e pp* **smelled/smelt**] **1** sentir o cheiro de: *Can you smell burning?* Você está sentindo um cheiro de queimado? **2** cheirar [com o nariz] **3** feder **4 to smell good/horrible etc.** ter um cheiro bom/horrível etc. **5 to smell of sth** ter cheiro de algo

**smelly** [ˈsmɛli] *adj.* [*comp* **smellier, smelliest**] fedorento

**smile** [smaɪl] *v.* sorrir (***at*** *para*) / *s.* sorriso

**smi•ley** [ˈsmaɪli] *s.* (emoticon de) sorriso / *adj.* FAM sorridente

**smirk** [smɜrk] *v.* dar um sorriso soberbo / *s.* sorriso soberbo

**smog** [smɑg] *s.* neblina de poluição [no ar]

**smoke** [smoʊk] *s.* 1 fumaça 2 **to go up in smoke** virar fumaça 3 **to have a smoke** fumar / *v.* 1 fumar 2 soltar fumaça 3 defumar: *smoked salmon* salmão defumado

**smok•er** [ˈsmoʊkər] *s.* fumante

**smok•ing** [ˈsmoʊkɪŋ] *s.* fumo, tabagismo: *passive smoking* fumo passivo

**smoky** [smoʊki] *adj.* [*comp* **smokier, smokiest**] 1 enfumaçado 2 fumacento 3 defumado [gosto]

**smol•der** [ˈsmoʊldər] *v.* AM queimar [sem chama]

**smooth** [smuð] *adj.* [*comp* **smoother, smoothest**] 1 liso 2 bom, fácil [funcionamento, processo] 3 suave [movimento, gosto] 4 tranquilo [voo, viagem] 5 homogêneo [mistura] 6 cheio de lábia / *v.* alisar

**smooth over: to smooth sth over** resolver algo

**smoothie** [ˈsmuði] *s.* 1 vitamina [de fruta] 2 FAM cara cheio de lábia

**smooth•ly** [ˈsmuðli] *adv.* bem, sem problemas: *Everything went smoothly.* Tudo correu bem.

**smoth•er** [ˈsmʌðər] *v.* 1 sufocar 2 abafar [fogo] 3 **to smother sth in/with sth** encher algo de algo: *smothered in mud* cheio de lama

**smoul•der** [ˈsmoʊldər] *v.* BRIT ver **smolder**

**smudge** [smʌdʒ] *v.* 1 borrar 2 sujar / *s.* borrão, mancha

**smug** [smʌg] *adj.* cheio de si, convencido

**smug•gle** [ˈsmʌgəl] *v.* 1 contrabandear 2 levar clandestinamente

**smuggle in: to smuggle sth in(to sth)** importar algo clandestinamente (em algo)

**smuggle out: to smuggle sth out (of sth)** exportar algo clandestinamente (de algo)

**smug•gler** [ˈsmʌglər] *s.* contrabandista

**smug•gling** [/ˈsmʌglɪŋ] *s.* contrabando

**snack** [snæk] *s.* 1 lanche 2 **snacks** salgadinhos / *v.* beliscar [entre refeições]

**snack bar** [ˈsnæk bɑr] *s.* lanchonete

**snag** [snæg] *s.* 1 porém, problema 2 **to hit/run into a snag** esbarrar num problema

**snail** [sneɪl] *s.* 1 caracol 2 **at a snail's pace** a passo de tartaruga

**snake** [sneɪk] *s.* cobra / *v.* serpentear [rio, estrada]

**snap** [snæp] *v.* [**-pp-**] 1 arrebentar 2 estalar 3 ser grosso, falar asperamente (***at*** *com*) 4 **to snap (at sb)** tentar morder (alguém) 5 **to snap sth open/shut** abrir/fechar algo com um estalo 6 **to snap your fingers** estalar os dedos

**snap off: to snap sth off (sth)** quebrar/tirar algo (de algo)

**snap up: to snap sth up** abocanhar algo [oferta] / *s.* 1 estalo 2 AM pressão [fecho] 3 BRIT FAM foto / *adj.* precipitado [juízo, decisão]

**snap•shot** [ˈsnæpʃɑt] *s.* instantâneo [retrato]

**snarl** [snɑrl] *v.* rosnar / *s.* rosnado

**snatch** [snætʃ] *v.* 1 agarrar, arrancar 2 roubar 3 raptar 4 **to snatch at sth** tentar agarrar algo / *s.* fragmento [de conversa, música etc.]

**sneak** [snik] *v.* [*ps e pp* **snuck/sneaked**] 1 ir de fininho 2 passar/levar escondido: *She snuck me a note.* Ela me passou um bilhete escondido. 3 **to sneak a look/peek (at sth)** dar uma espiadinha (em algo)

**sneak away, sneak off** ir embora de fininho

**sneak in** entrar de fininho

**sneak out** sair de fininho

**sneak up: to sneak up on/behind sb** chegar de mansinho em alguém

**sneak•er** [ˈsnikər] *s.* tênis [sapato]: *a pair of sneakers* um tênis

**sneer** [snɪr] *v.* 1 debochar 2 **to sneer at sb/sth** debochar de alguém/algo / *s.* sorriso/tom de deboche

**sneeze** [sniz] *v.* espirrar / *s.* espirro

**snick•er**, BRIT: **snig•ger** [ˈsnɪkər] *v.* dar uma risadinha (***at*** *de*) / *s.* risadinha

**sniff** [snɪf] *v.* **1** fungar **2** farejar **3 to sniff (at) sth** cheirar algo

**snip** [snɪp] *v.* [-**pp**-] cortar [com tesoura]
**snip off: to snip sth off** cortar algo / *s.* corte

**snip•er** [ˈsnaɪpər] *s.* franco-atirador

**snip•pet** [ˈsnɪpɪt] *s.* fragmento [de informação]

**snob** [snɑb] *s.* esnobe

**snob•bery** [ˈsnɑbəri] *s.* esnobismo

**snob•bish** [ˈsnɑbɪʃ] *adj.* esnobe

**snooty** [ˈsnuti] *adj.* FAM metido

**snooze** [snuz] *v.* cochilar / *s.* cochilo

**snore** [snɔr] *v.* roncar / *s.* ronco

**snor•kel** [ˈsnɔrkəl] *s.* tubo de respiração [para mergulho]

**snort** [snɔrt] *v.* **1** bufar **2** cheirar [cocaína] / *s.* bufada

**snot** [snɑt] *s.* GÍR ranho

**snot•ty** [ˈsnɑti] *adj.* **1** FAM metido **2** GÍR ranhento

**snout** [snaʊt] *s.* focinho

**snow** [snoʊ] *s.* neve / *v.* nevar: *It was snowing outside.* Estava nevando lá fora.
**snow in: to be snowed in** estar isolado pela neve
**snow under: to be snowed under (with sth)** FAM estar sobrecarregado (de algo)

**snow•ball** [ˈsnoʊbɔl] *s.* bola de neve / *v.* virar uma bola de neve

**snow•board** [ˈsnoʊbɔrd] *s.* prancha de snowboard / *v.* praticar snowboard

**snow•board•ing** [ˈsnoʊbɔrdɪŋ] *s.* snowboard [esporte]

**snow cone** [ˈsnoʊ koʊn] *s.* AM raspadinha [de gelo]

**snow day** [ˈsnoʊ deɪ] *s.* AM dia em que as escolas ficam fechadas por causa de muita neve

**snow•drift** [ˈsnoʊdrɪft] *s.* monte de neve

**snow•fall** [ˈsnoʊfɔl] *s.* nevada

**snow•flake** [ˈsnoʊfleɪk] *s.* floco de neve

**snow•man** [ˈsnoʊmæn] *s.* [*pl* **snowmen**] boneco de neve

**snow•plow**, BRIT: **snow•plough** [ˈsnoʊplaʊ] *s.* (veículo) limpa-neve

**snowy** [ˈsnoʊi] *adj.* **1** nevado, coberto de neve **2 a snowy day** um dia de neve

**snub** [snʌb] *v.* [-**bb**-] esnobar / *s.* esnobada (***to*** *para*)

**snuck** [snʌk] *v.* ▸ *ps e pp de* SNEAK

**snug** [snʌg] *adj.* **1** aconchegante **2** aconchegado **3** justo [roupa]

**snug•gle** [ˈsnʌgəl] *v.* FAM (tb **snuggle up**) aconchegar-se (***to*** *a*)

**so** [soʊ] *adv.* **1** tão: *The movie's so funny.* O filme é tão engraçado. **2** então: *So you're Brazilian?* Então você é brasileiro? **3 so do I/so would she/so can Bob etc.** eu/ela/o Bob etc. também ▸ ***So*** é usado para introduzir uma resposta ou um acréscimo, com o sentido de *também*. Depois de ***so***, repete-se o verbo auxiliar da frase precedente, colocando-o antes do sujeito: *"We enjoyed ourselves." - "Yes, so did we."* "Nós nos divertimos." - "É, nós também." | *Tim can speak Spanish, and so can his brother.* O Tim sabe falar espanhol, e o irmão também. **4 so long!** AM FAM até mais! **5 so much/many** tanto/tantos **6 so that** **a** (finalidade) para (que): *She called her parents so that they wouldn't get worried.* Ela ligou para os pais para eles não se preocuparem. **b** (resultado) de modo que: *The street was flooded, so that it was impossible to get through..* A rua estava alagada, de modo que era impossível passar. **7 so (what)?** e daí? **8 and so on** e assim por diante **9 I think/hope so** acho/espero que sim **10 if so** se for o caso **11 more/less/very much so** mais/menos/muito: *The sequel is just as exciting, if not more so.* A continuação é igualmente emocionante, se não mais. **12 … or so** … ou por aí: *It takes a half hour or so.* Leva meia hora ou por aí. **13 to be so** ser verdade: *"I can play piano." - "Is that so?"* "Sei tocar piano." - "É mesmo?" | *She said it wasn't so.* Ela disse que não era verdade. **14 to do/say so** fazer/dizer isso: *If you wish to leave, you may do so now.* Se desejar sair, pode fazer isso agora. | *Why didn't you say so?* Por que você não disse isso? / *conj.* 1 então, por isso, e daí: *It was raining hard, so we stayed at home.* Estava chovendo muito, então ficamos em casa. 2 para: *She turned off the TV so we could talk.* Ela desligou a TV para podermos conversar.

**soak** [soʊk] *v.* 1 deixar de molho 2 estar de molho 3 ensopar (***in/with*** *de/com*)
**soak up: to soak sth up** **a** chupar/absorver algo **b** embeber-se de algo

**soaked** [soʊkt] *adj.* ensopado

**soak•ing** [ˈsoʊkɪŋ] *adj.* (tb **soaking wet**) ensopado

**soap** [soʊp] *s.* 1 sabão 2 sabonete: *a bar of soap* um sabonete 3 novela

**soap op•era** [ˈsoʊp ˌɑprə] *s.* novela

**soapy** [ˈsoʊpi] *adj.* **soapy water** água de sabão

**soar** [sɔr] *v.* 1 disparar [preços etc.] 2 planar/voar alto [pássaro, bola] 3 erguer-se [prédio, montanha]

**sob** [sɑb] *v.* [-**bb**-] soluçar / *s.* soluço

**so•ber** [ˈsoʊbər] *s.* sóbrio / *v.*
**sober up** 1 ficar sóbrio 2 **to sober sb up** deixar alguém sóbrio

**so-called** [ˈsoʊ kɔld] *adj.* 1 pretenso: *a so-called expert* um pretenso especialista 2 chamado: *the so-called BRICS* os chamados BRICS

**soc•cer** [ˈsɑkər] *s.* futebol: *a soccer player* um jogador de futebol

**so•cia•ble** [ˈsoʊʃəbəl] *adj.* sociável

**so•cial** [ˈsoʊʃəl] *adj.* social

**so•cial•ism** [ˈsoʊʃəlɪzəm] *s.* socialismo

**so•cial•ist** [soʊʃəlɪst] *s, adj.* socialista

**so•cial•ize** BRIT tb:-ise [ˈsoʊʃəlaɪz] *v.* 1 relacionar-se (***with*** *com*) 2 sair [para ver gente]

**so•cial net•work** [ˌsoʊʃəl ˈnɛtwɜrk] *s.* rede social

**so•cial se•cu•rity** [ˌsoʊʃəl sɪˈkjʊrəti] *s.* previdência social

**so•cial work** [ˈsoʊʃəl wɜrk] *s.* serviço social

**so•cial work•er** [ˈsoʊʃəl ˌwɜrkər] *s.* assistente social

**so•ci•ety** [səˈsaɪəti] *s.* sociedade

**so•ci•olo•gist** [soʊsiˈɑlədʒɪst] *s.* sociólogo

**so•ci•ol•ogy** [soʊsiˈɑlədʒi] *s.* sociologia

**sock** [sɑk] *s.* meia [curta]: *a pair of socks* uma meia / *v.* FAM dar um soco em

**sock•et** [ˈsɑkɪt] *s.* 1 tomada, entrada [para plugue] 2 órbita [ocular]

**soda** [ˈsoʊdə] *s.* 1 AM refrigerante 2 (tb **soda water**) soda

**sod•den** [ˈsɑdn] *adj.* ensopado, encharcado

**sofa** [ˈsoʊfə] *s.* sofá

**soft** [sɑft] *adj.* [*comp* **softer, softest**] 1 mole 2 macio 3 suave 4 brando, condescendente 5 **soft drugs** drogas leves 6 **to be soft on sth** ser permissivo em relação a algo 7 **to have a soft spot for sb** ter uma queda por alguém

**soft•ball** [ˈsɑftbɔl] *s.* softbol

**soft drink** [ˈsɑft drɪŋk] *s.* refrigerante

**soft•en** [ˈsɑftn] *v.* 1 amolecer, amaciar 2 abrandar(-se), amenizar 3 suavizar 4 **to soften the blow** amenizar o impacto 5 **to soften toward sb** amolecer com alguém

**soft•en•er** [ˈsɑftnər] *s.* amaciante

**soft•ly** [ˈsɑftli] *adv.* 1 suavemente 2 baixinho [falar, tocar]

**soft•ware** [ˈsɑftwɛr] *s.* software

**sog•gy** [ˈsɑgi] *adj.* [*comp* **soggier, soggiest**] empapado

**soil** [sɔɪl] *s.* solo, terra / *v.* sujar

**sol•ace** [ˈsɑlɪs] *s.* consolo, conforto

**so•lar** [ˈsoʊlər] *adj.* solar: *solar power* energia solar

**sold** [soʊld] *v.* ▸ *ps e pp de* SELL

**sol•dier** [ˈsoʊldʒər] *s.* soldado

**sole** [soʊl] *adj.* 1 único 2 exclusivo / *s.* 1 sola [de sapato, pé] 2 linguado

**sole•ly** [ˈsoʊli] *adv.* unicamente

**sol•emn** [ˈsɑləm] *adj.* 1 solene 2 sério

**so•lici•tor** [səˈlɪsətər] *s.* BRIT advogado

**sol•id** [ˈsɑlɪd] *adj.* 1 sólido 2 maciço 3 consistente 4 FAM seguidos: *It rained for five days solid.* Choveu durante cinco dias seguidos. / *s.* 1 sólido 2 **solids** alimentos sólidos

**soli•dar•ity** [sɑləˈdærəti] *s.* solidariedade

**so•lidi•fy** [sə'lɪdəfaɪ] *v.* solidificar(-se)
**soli•taire** ['sɑlətɛr] *s.* AM paciência [jogo]
**soli•tary** ['sɑlətɛrɪ] *adj.* 1 solitário 2 único
**soli•tary con•fine•ment** [ˌsɑlətɛrɪ kən'faɪnmənt] *s.* (prisão de) cela solitária
**solo** ['soʊloʊ] *s, adj, adv.* solo
**solo•ist** ['soʊloʊɪst] *s.* solista
**sol•uble** ['sɑljebəl] *adj.* solúvel
**so•lu•tion** [sə'luʃən] *s.* solução (***to** para*)
**solve** [sɑlv] *v.* 1 resolver, solucionar 2 desvendar [crime, mistério] 3 matar [charada]
**sol•vent** ['sɑlvənt] *adj, s.* solvente
**som•bre** ['sɑmbər] *adj.* sombrio
**some** [sʌm, səm] *adj, pron.* 1 algum(a), alguns/algumas: *at some point* em algum momento ▸ Em muitos casos, o *some* fica sem tradução em português: *If you want some milk, there's some in the fridge.* Se você quiser leite, tem na geladeira. 2 uns/umas: *some fifteen people* umas quinze pessoas 3 **some more** a mais um pouco (de) b mais alguns/algumas
**some•body** ['sʌmbədi] *pron.* 1 alguém 2 **somebody else** a outra pessoa b mais alguém
**some•day** ['sʌmdeɪ] *adv.* um dia [no futuro]
**some•how** ['sʌmhaʊ] *adv.* 1 de alguma forma 2 por alguma razão 3 **somehow or other** de um jeito ou outro
**some•one** ['sʌmwʌn] *pron.* 1 alguém 2 **someone else** a outra pessoa b mais alguém
**some•place** ['sʌmpleɪs] *adv.* AM 1 em/para algum lugar 2 **someplace else** em/para outro lugar / *s.* um lugar: *Is there someplace to eat around here?* Tem onde comer por aqui?
**som•er•sault** ['sʌmərsɔlt] *s.* 1 salto mortal 2 cambalhota
**some•thing** ['sʌmθɪŋ] *pron.* 1 alguma coisa, algo 2 **something else** a outra coisa b mais alguma coisa 3 **or something** FAM ou uma coisa assim
**some•time** ['sʌmtaɪm] *adv.* 1 em algum momento 2 um dia [no futuro]
**some•times** ['sʌmtaɪmz] *adv.* às vezes
**some•what** ['sʌmwʌt] *adv.* 1 um tanto: *somewhat more expensive* um tanto mais caro 2 **somewhat of a ...** um certo ...: *somewhat of a surprise* uma certa surpresa
**some•where** ['sʌmwɛr] *adv.* 1 em/para algum lugar 2 **somewhere else** em/para outro lugar 3 **to get somewhere** progredir / *s.* um lugar: *We're looking for somewhere to stay.* Estamos procurando onde ficar.
**son** [sʌn] *s.* filho
**song** [sɔŋ] *s.* 1 canção 2 canto
**song•writer** ['sɔŋraɪtər] *s.* compositor [de canções]
**son-in-law** ['sʌn ɪn lɔ] *s.* [*pl* **sons-in-law**] genro
**soon** [sun] *adv.* [*comp* **sooner, soonest**] 1 daqui a pouco, em breve: *It'll soon be dark.* Vai escurecer daqui a pouco. 2 logo 3 cedo 4 **soon after** logo depois (de) 5 **sooner or later** cedo ou tarde, mais dia, menos dia 6 **as soon as** assim que: *She said she'd call me as soon as she got home.* Ela ficou de me ligar assim que chegasse em casa. 7 **as soon as possible** o mais rápido possível, quanto antes 8 **how soon?** até quando?: *How soon can you fix it?* Até quando você consegue consertá-lo? 9 **no sooner** mal: *No sooner had I sat down than the doorbell rang.* Mal me sentei tocou a campainha. 10 **the sooner (...) the better** quanto mais rápido (...), melhor 11 **too soon** cedo, antes da hora 12 **would sooner do sth** preferir fazer algo: *I'd sooner stay at home than go out in this rain.* Prefiro ficar em casa do que sair nessa chuva.
**soot** [sʊt] *s.* fuligem
**soothe** [suð] *v.* 1 acalmar 2 aliviar [dor]
**sooth•ing** ['suðɪŋ] *adj.* calmante
**sopho•more** ['sɑfəmɔr] AM *s.* segundanista / *adj.* **sophomore year** segundo ano [da faculdade]
**so•pra•no** [sə'prɑnoʊ] *s.* 1 soprano 2 sopranista
**sor•bet** ['sɔrbeɪ] *s.* sorvete à base de água

**sor•did** [ˈsɔrdɪd] *adj.* sórdido

**sore** [sɔr] *adj.* **1** dolorido **2** assado [pele] **3** AM FAM chateado, bravo (***at*** *com*) **4 sore loser** mau perdedor **5 sore point** ponto delicado (***with*** *para*) **6 a sore throat** dor de garganta / *s.* ferida, chaga

**sore•ly** [ˈsɔrli] *adv.* muito: *She will be sorely missed.* Ela vai fazer muita falta.

**sore•ness** [ˈsɔrnəs] *s.* **1** dor **2** assaduras

**so•ror•ity** [səˈrɔrəti] *s.* [*pl* **sororities**] república feminina [em faculdade norte-americana]

**sor•row** [ˈsɔroʊ] *s.* pesar, tristeza

**sor•ry** [ˈsɔri] *adj.* [*comp* **sorrier, sorriest**] **1** arrependido (***for*** *por/de*): *You'll be sorry!* Você vai se arrepender! **2** lamentável [estado, cena] **3 sorry?** BRIT FAM como? **4 (I'm) sorry** **a** desculpe: *Sorry for the delay.* Desculpe a demora. | *I'm sorry I didn't reply sooner.* Desculpe eu não ter respondido antes. | *Sorry to bother you.* Desculpe incomodar. **b** sinto muito: *I'm sorry about your loss.* Sinto muito pela sua perda. | *I'm sorry you couldn't come.* Sinto muito você não ter podido vir. **5 to feel sorry for sb** ter pena de alguém, estar/ficar com dó de alguém **6 to feel sorry for yourself** sentir pena de si mesmo **7 to say (you are) sorry** pedir desculpas (***for*** *por*): *He didn't even say sorry.* Ele nem pediu desculpas.

**sort** [sɔrt] *s.* **1** tipo, espécie: *Can you lend me a bag of some sort?* Você pode me emprestar uma bolsa de algum tipo? **2 sort of** FAM meio (que): *I felt sort of embarrassed.* Fiquei meio sem graça. | *"Do you see what I mean?" - "Sort of."* "Entende o que eu quero dizer?" - "Mais ou menos." **3 all sorts of sth** todo tipo de algo / *v.* **1** classificar, separar (***by*** *por*, ***into*** *em*) **2** ordenar (***by*** *por*)

**sort out: to sort sth out** **a** arrumar algo [gaveta, papéis etc.] **b** separar algo (***from*** *de*) **c** BRIT resolver algo

**sort through: to sort through sth** organizar algo

**so-so** [soʊˈsoʊ] *adj, adv.* FAM mais ou menos

**sought** [sɔt] *v.* ▸ *ps e pp de* SEEK

**sought after** [ˈsɔt ˌæftər] *adj.* **1** procurado **2** cobiçado

**soul** [soʊl] *s.* **1** alma **2** música soul **3 not a soul** ninguém

**sound** [saʊnd] *s.* **1** som: *the sound of voices* um som de vozes **2 by/from the sound of it** pelo jeito / *v.* **1** parecer [pelo que se ouve]: *Your parents sound nice.* Os seus pais parecem ser legais. | *She sounded tired.* Ela estava com uma voz de cansaço. **2** soar **3** tocar [sineta, buzina ] **4** pronunciar [letra]: *You don't sound the 'b'.* Não se pronuncia o b. **5 it sounds as if/though** parece que: *It sounds as though the party was a success.* Parece que a festa foi um sucesso. ▸ Na linguagem informal, diz-se ***it sounds like***: *It sounds like you had a good time.* Parece que vocês se divertiram. **6 to sound like sth** parecer/lembrar algo: *The noise sounds like a whistle.* O barulho parece um assobio. **7 to sound the alarm** dar o alarme

**sound out: to sound sb/sth out** sondar alguém/algo (***about*** *sobre*) / *adj.* **1** bom [conselho, investimento, conhecimento] **2** sólido [construção]

**sound bite** [ˈsaʊnd baɪt] *s.* frase de efeito

**sound card** [ˈsaʊnd kɑrd] *s.* placa de som

**sound ef•fects** [ˈsaʊnd ɪˌfɛkts] *spl.* efeitos sonoros

**sound•ly** [ˈsaʊndli] *adv.* **1** profundamente [dormir] **2** fragorosamente [derrotado]

**sound•proof** [ˈsaʊndpruf] *adj.* à prova de som / *v.* insonorizar

**sound•track** [ˈsaʊnd træk] *s.* trilha sonora

**soup** [sup] *s.* sopa: *tomato soup* sopa de tomate

**sour** [saʊr] *adj.* **1** azedo **2 to go/turn sour** azedar / *v.* azedar

**source** [sɔrs] *s.* **1** fonte [de energia, informação etc.] **2** nascente [de rio]

**south** [saʊθ] *s, adj.* **1** sul **2 the South** o Sul [dos EUA] / *adv.* **1** para o sul **2 south of sth** ao sul de algo: *50 km south of Curitiba* a 50 km ao sul de Curitiba

**South Af•ri•ca** [saʊθ ˈæfrɪkə] *s.* África do Sul
**South Af•ri•can** [saʊθ ˈæfrɪkən] *adj, s.* sul-africano
**South Ameri•ca** [saʊθ əˈmɛrɪkə] *s.* América do Sul
**South Ameri•can** [saʊθ əˈmɛrɪkən] *adj, s.* sul-americano
**south•bound** [ˈsaʊθbaʊnd] *adv, adj.* em direção ao sul
**south•east** [saʊθ ˈist] *s, adj.* sudeste: *Southeast Asia* o Sudeste Asiático / *adv.* para o sudeste
**south•east•ern** [saʊθˈistərn] *adj.* sudeste: *the southeastern US* o sudeste dos EUA
**south•ern** [ˈsʌðərn] *adj.* 1 meridional, (do) sul 2 sulista
**south•ern•er** [ˈsʌðərnər] *s.* sulista
**South Pole** [saʊθ ˈpoʊl] *s.* Polo Sul
**south•ward** [ˈsaʊθwərd] *adj, adv.* ao sul
**south•wards** [ˈsaʊθwərdz] *adv.* para o sul
**south•west** [saʊθ ˈwɛst] *s.* sudoeste / *adv.* para o sudoeste
**south•west•ern** [saʊθ ˈwɛstərn] *adj.* sudoeste: *the southwestern states* os estados do sudoeste
**sou•venir** [suvəˈnɪr] *s.* lembrança
**sov•er•eign** [ˈsɑvrɪn] *s, adj.* soberano
**sov•er•eign•ty** [ˈsɑvrənti] *s.* soberania
**sow**[1] [saʊ] *s.* porca [animal]
**sow**[2] [soʊ] *v.* [*ps, pp* **sowed, sown/sowed**] semear (***with*** *de*)
**soy**, BRIT: **soya** [sɔɪ] *s.* soja: *soy sauce* shoyu
**soy•bean**, BRIT: **soya bean** [ˈsɔɪbin] *s.* soja
**spa** [spɑ] *s.* 1 estância hidromineral 2 (tb health spa) spa
**space** [speɪs] *s.* espaço: *in a short space of time* num curto espaço de tempo / *v.* **to space sth (out)** espaçar algo
**space bar** [ˈspeɪs bɑr] *s.* barra de espaço
**space•craft** [ˈspeɪskræft] *s.* [*pl* **spacecraft**] espaçonave
**space•ship** [ˈspeɪsʃɪp] *s.* nave espacial
**space shut•tle** [ˈspeɪs ˌʃʌtl] *s.* ônibus espacial
**space•suit** [ˈspeɪssut] *s.* roupa de astronauta
**spa•cious** [ˈspeɪʃəs] *adj.* espaçoso
**spade** [speɪd] *s.* 1 pá 2 **spades** (plural) espadas [naipe]: *the ace of spades* o ás de espadas
**spa•ghet•ti** [spəˈgɛti] *s.* espaguete
**Spain** [speɪn] *s.* Espanha
**spam** [spæm] *s.* 1 spam [e-mail indesejado] 2 presuntado
**span** [spæn] *s.* 1 espaço [de tempo] 2 duração [de vida, atenção etc.] 3 vão [de ponte] 4 **wing span** envergadura / *v.* [-**nn**-] 1 abranger [período, área] 2 (ponte) atravessar 3 ▸ *ps de* SPIN
**Span•iard** [ˈspænjərd] *s.* espanhol
**Span•ish** [ˈspænɪʃ] *s, adj.* espanhol
**spank** [spæŋk] *v.* dar palmadas em
**span•ner** [ˈspænər] *s.* BRIT chave-inglesa
**spare** [spɛr] *adj.* 1 de reserva, de reposição 2 de sobra, sobrando 3 vago, livre [momento, hora] / *v.* 1 poupar 2 **money/time etc. to spare** dinheiro/tempo etc. sobrando 3 **to be able to spare sth** ter algo sobrando: *We can't spare the time.* Não temos tempo sobrando. 4 **to spare sb sth** **a** dar algo a alguém: *Can you spare me $10?* Você pode me dar $10,00? **b** poupar alguém de algo / *s.* 1 **a spare** um(a) de reserva [referindo-se a chave, pilha etc.] 2 estepe
**spare part** [spɛr ˈpɑrt] *s.* peça de reposição
**spare room** [spɛr ˈrum] *s.* quarto de hóspedes
**spare time** [spɛr ˈtaɪm] *s.* horas vagas
**spare tire**, BRIT: **spare tyre** [spɛr ˈtaɪr] *s.* 1 estepe 2 FAM pneuzinho [na cintura]
**spark** [spɑrk] *s.* faísca, fagulha, centelha / *v.* **to spark sth (off)** provocar/desencadear algo
**spar•kle** [ˈspɑrkəl] *v.* 1 brilhar, reluzir 2 cintilar / *s.* brilho
**spar•kler** [ˈsparklər] *s.* estrelinha
**spar•kling** [ˈspɑrklɪŋ] *adj.* 1 reluzente, cintilante 2 espumante [vinho] 3 com gás [água]
**spar•row** [ˈspæroʊ] *s.* pardal
**sparse** [spɑrs] *adj.* 1 escasso 2 disperso [população] 3 ralo [cabelo]

**spasm** [ˈspæzəm] *s.* espasmo
**spat** [ˈspæt] *v.* ▸ *ps e pp de* SPIT
**spate** [speɪt] *s.* **a spate of sth** uma onda de algo
**spat•ter** [ˈspætər] *v.* respingar, salpicar (***with*** *de*)
**speak** [spik] *v.* [*ps, pp* **spoke, spoken**] **1** falar (***about*** *sobre*, ***to/with*** *com*): *Who's speaking?* Quem fala? **2** dar uma palestra (***to*** *para*) **3** fazer um discurso **4** **speaking** (no telefone) é ele/ela: *"Is Paula there?" - "Speaking."* "A Paula está?" - "É ela." **5** **so to speak** por assim dizer. **6** **to speak your mind** falar com franqueza
**speak out** manifestar-se (***about*** *sobre*, ***against*** *contra*)
**speak up** falar mais alto
**speak•er** [ˈspikər] *s.* **1** caixa de som **2** falante: *English speakers* falantes de inglês **3** orador **4** palestrante **5** **Speaker** presidente [do congresso ou do parlamento]
**spear** [spɪr] *s.* lança / *v.* fisgar
**spe•cial** [ˈspɛʃəl] *adj.* especial / *s.* **1** prato do dia **2** **on special** em promoção
**spe•cial ef•fects** [ˌspɛʃəl ɪˈfɛkts] *spl.* efeitos especiais
**spe•cial•ist** [ˈspɛʃəlɪst] *s.* especialista (***in*** *em*)
**spe•ci•al•ity** [spɛʃiˈæləti] *s.* BRIT especialidade
**spe•cial•ize** BRIT *tb*:**-ise** [ˈspɛʃəlaɪz] *v.* especializar-se (***in*** *em*)
**spe•cial•ized** BRIT *tb*:**-ised** [ˈspɛʃəlaɪzd] *adj.* especializado (***in*** *em*)
**spe•cial•ly** [ˈspɛʃəli] *adv.* especificamente
**spe•cial•ty** [ˈspɛʃəlti] *s.* [*pl* **specialties**] AM especialidade
**spe•cies** [ˈspiʃiz] *s.* [*pl* **species**] espécie [de animal, planta]
**spe•cif•ic** [spɪˈsɪfɪk] *adj.* **1** específico **2** detalhado
**speci•fi•ca•tion** [spɛsəfəˈkeɪʃən] *s.* especificação
**speci•fy** [ˈspɛsəfaɪ] *v.* [*ps e pp* **-fied**] especificar
**speci•men** [ˈspɛsəmən] *s.* **1** amostra **2** exemplar
**speck** [spɛk] *s.* **1** grão [de poeira] **2** manchinha
**specs** [spɛks] *spl.* FAM óculos
**spec•ta•cle** [ˈspɛktəkəl] *s.* **1** espetáculo **2** **spectacles** FORM óculos
**spec•tacu•lar** [spɛkˈtækjələr] *adj.* espetacular
**spec•ta•tor** [ˈspɛkteɪtər] *s.* espectador
**spec•trum** [ˈspɛktrəm] *s.* [*pl* **spectra**] **1** gama, leque **2** espectro
**specu•late** [ˈspɛkjəleɪt] *v.* especular (***about/on*** *sobre*)
**specu•la•tion** [spɛkjəˈleɪshen] *s.* especulação (***about/on*** *sobre*)
**specu•la•tor** [ˈspɛkjəleɪtər] *s.* especulador
**sped** [spɛd] *v.* ▸ *ps e pp de* SPEED
**speech** [spitʃ] *s.* **1** discurso **2** fala **3** linguagem (falada) **4** **to give/make a speech** fazer um discurso
**speech•less** [ˈspitʃləs] *adj.* sem palavras, mudo [de raiva, choque etc.]
**speech marks** [ˈspitʃ mɑrks] *spl.* aspas
**speed** [spid] *s.* **1** velocidade: *at a speed of 100 km/h* a uma velocidade de 100 km/h **2** rapidez / *v.* **1** correr [ao dirigir] **2** ir a toda velocidade ▸ nesta acepção, a forma do *ps* e *pp* pode ser ou ***sped*** ou ***speeded***
**speed up** **1** acelerar **2** **to speed sth up** agilizar algo
**speed•boat** [ˈspidboʊt] *s.* lancha
**speed bump** [ˈspid bʌmp] *s.* lombada [na estrada]
**speed•ing** [ˈspidɪŋ] *s.* excesso de velocidade
**speed lim•it** [ˈspid ˌlɪmɪt] *s.* limite de velocidade
**speed•om•eter** [spiˈdɑmətər] *s.* velocímetro
**speed trap** [ˈspid træp] *s.* ponto de fiscalização por radar
**speedy** [ˈspidi] *adj.* [*comp* **speedier, speediest**] rápido
**spell** [ˈspidi] *v.* [*ps e pp* **spelled/spelt**] **1** escrever: *How do you spell your surname?* Como se escreve o seu sobrenome? **2** so-

letrar: *Could you spell that, please?* Pode soletrar, por favor? 3 significar, levar a **spell out: to spell sth out** a dizer algo com todas as letras b soletrar algo / *s.* 1 período, temporada: *sunny spells* períodos de sol 2 feitiço 3 fascínio 4 **dizzy spell** tontura 5 **to fall/come under the spell of sb/sth** ficar fascinado por alguém/algo 6 **under a spell** enfeitiçado

**spell•bound** [ˈspɛlbaʊnd] *adj.* fascinado

**spell-check** [ˈspɛltʃɛk] *v.* verificar a ortografia de

**spell-checker** [ˈspɛltʃɛkər] *s.* corretor ortográfico

**spell•ing** [ˈspɛlɪŋ] *s.* 1 ortografia: *a spelling mistake* um erro de ortografia 2 grafia

**spelt** [spɛlt] *v.* BRIT ▸ *ps e pp de* SPELL

**spend** [spɛnd] *v.* [*ps e pp* **spent**] 1 gastar (***on*** *em/com*) 2 passar [tempo]

**spend•ing** [ˈspɛndɪŋ] *s.* gasto, despesa

**spent** [spɛnt] *v.* ▸ *ps e pp de* SPEND

**sperm** [spɜrm] *s.* 1 esperma 2 espermatozoide

**sphere** [sfɪr] *s.* esfera

**spheri•cal** [ˈsfɛrəkəl] *adj.* esférico

**spice** [spaɪs] *s.* 1 especiaria 2 interesse / *v.* temperar

**spice up: to spice sth up** apimentar algo

**spicy** [ˈspaɪsi] *adj.* [*comp* **spicier, spiciest**] apimentado, picante

**spi•der** [ˈspaɪdər] *s.* aranha

**spider•web** [ˈspaɪdərwɛb] *s.* teia de aranha

**spied** [spaɪd] *v.* ▸ *ps e pp de* SPY

**spike** [spaɪk] *s.* 1 ponta [de ferro] 2 disparada [de preços etc.] 3 **spikes** (plural) calçados com cravos

**spill** [spɪl] *v.* [*ps e pp* **spilled/spilt**] 1 derramar, derrubar [líquido]: *He spilled coffee down his shirt.* Ele derrubou café na camisa. 2 cair [líquido]

**spill over** alastrar-se (***into*** *para*) / *s.* **oil spill** vazamento de óleo

**spilt** [spɪlt] *v.* BRIT ▸ *ps e pp de* SPILL

**spin** [spɪn] *v.* [-**nn**-] [*ps e pp* **spun**] 1 girar, rodar 2 dar voltas 3 maquiar [notícia] 4 fiar [lã, algodão] 5 tecer [teia] 6 BRIT centrifugar [roupa] / *s.* 1 rodopio, giro 2 FAM volta [de carro] 3 efeito [em bola] 4 marquetagem 5 **to go for a spin** FAM dar uma volta [de carro]

**spin•ach** [ˈspɪnɪtʃ] *s.* espinafre

**spi•nal** [ˈspaɪnl] *s.* da coluna (vertebral)

**spin doc•tor** [ˈspɪn ˌdɑktər] *s.* marqueteiro

**spine** [spaɪn] *s.* 1 coluna vertebral 2 espinho [de animal, planta] 3 lombada [de livro]

**spine•less** [ˈspaɪnləs] *adj.* pusilânime, covarde

**spin•ster** [ˈspɪnstər] *s.* solteirona

**spi•ral** [ˈspaɪrəl] *s.* 1 espiral 2 **downward/upward spiral** espiral descendente/ascendente / *adj.* espiralado / *v.* 1 espiralar 2 disparar [custo] 3 **to spiral (out of control)** sair do controle

**spire** [spaɪr] *s.* pináculo [em torre]

**spir•it** [ˈspɪrɪt] *s.* 1 espírito 2 ânimo, coragem 3 **spirits** a (estado de) ânimo: *in high spirits* animado b BRIT destilados 4 **in spirit** mentalmente 5 **to get/enter into the spirit (of sth)** entrar no clima (de algo)

**spir•itu•al** [ˈspɪrɪtʃuəl] *adj.* espiritual

**spit** [spɪt] *v.* [-**tt**-] [*ps e pp* **spat**] 1 cuspir (***at*** *em*) 2 crepitar [fogo]

**spit out** 1 **to spit sth out** cuspir algo 2 **spit it out** FAM desembuchar / *s.* 1 cuspe 2 espeto [de assar]

**spite** [spaɪt] *s.* 1 pirraça, despeito 2 **in spite of sth** apesar de algo 3 **out of spite** de pirraça / *v.* provocar

**spite•ful** [ˈspaɪtfəl] *adj.* maldoso

**splash** [splæʃ] *v.* 1 borrifar, respingar (***with*** *de/com*) 2 (tb **splash around**) chapinhar / *s.* 1 respingo 2 estardalhaço 3 **a splash of sth** um pingo de algo 4 **to make a splash** fazer estardalhaço

**splat•ter** [ˈsplætər] *v.* respingar (***with*** *de/com*)

**spleen** [splin] *s.* baço

**splen•dor**, BRIT: **splen•dour** [ˈsplɛndər] *s.* esplendor, brilho

**splint** [splɪnt] *s.* tala [para fratura]
**splin•ter** [ˈsplɪntər] *s.* 1 farpa 2 lasca, estilhaço / *v.* 1 despedaçar(-se) 2 rachar
**split** [splɪt] *v.* [-**tt**-] [*ps e pp* **split**] 1 rachar 2 rasgar 3 dividir(-se) (***into*** *em*) 4 **to split hairs** implicar com detalhes 5 **to split sth in half/in two** partir algo ao meio/em dois 6 **to split sth three/four etc. ways** dividir algo por três/quatro etc.
**split up** 1 separar-se (***from*** *de*) 2 **to split sth up** dividir algo (***into*** *em*) / *adj.* **to be split on/over sth** estar dividido sobre algo / *s.* 1 racha 2 rasgo 3 divisão, cisão 4 **to do the splits** abrir espacate
**split se•cond** [splɪt ˈsɛkənd] *s.* fração de segundo
**split•ting** [ˈsplɪtɪŋ] *adj.* **splitting headache** dor de cabeça lancinante
**splut•ter** [ˈsplʌtər] *v.* 1 balbuciar 2 tossir [motor]: *The engine spluttered into life.* O motor tossiu e pegou. 3 **to cough and splutter** tossir e pigarrear
**spoil** [spɔɪl] *v.* [*ps e pp* **spoiled/spoilt**] 1 estragar 2 mimar
**spoiled**, BRIT: **spoilt** [spɔɪld] *adj.* mimado
**spoil•sport** [ˈspɔɪlspɔrt] *s.* FAM estraga-prazeres
**spoilt** [spɔɪlt] BRIT *adj.* mimado / ▸ *ps e pp de* SPOIL
**spoke** [spoʊk] *v.* ▸ *ps de* SPEAK / *s.* raio [de roda]
**spok•en** [ˈspoʊkən] *v.* ▸ *pp de* SPEAK / *adj.* falado
**spokes•man** [ˈspoʊkzmən] *s.* [*pl* **spokesmen**] porta-voz (***for*** *de*)
**spokes•person** [ˈspoʊkspɜrsən] *s.* [*pl* **spokespeople**] porta-voz (***for*** *de*)
**spokes•woman** [ˈspoʊkswʊmən] *s.* [*pl* **spokeswomen**] porta-voz (***for*** *de*)
**sponge** [spʌndʒ] *s.* 1 esponja 2 BRIT pão de ló / *v.* 1 lavar com esponja 2 FAM **to sponge on/off sb** viver às custas de alguém
**sponge cake** [ˈspʌndʒ keɪk] *s.* pão de ló
**spong•er** [ˈspʌndʒər] *s.* parasita [pessoa]
**spon•sor** [ˈspɑnsər] *s.* patrocinador / *v.* patrocinar
**spon•sored** [ˈspɑnsərd] *adj.* **sponsored walk/run etc.** BRIT caminhada/corrida etc. beneficente em que os participantes pedem doações a amigos, familiares etc. de acordo com a distância percorrida
**spon•sor•ship** [ˈspɑnsərʃɪp] *s.* patrocínio
**spon•ta•neous** [spɑnˈteɪniəs] *adj.* espontâneo
**spook** [spuk] FAM *s.* fantasma / *v.* assustar
**spooky** [ˈspuki] *adj.* [*comp* **spookier, spookiest**] FAM sinistro, fantasmagórico
**spool** [spul] *s.* bobina, carretel
**spoon** [spun] *s.* colher / *v.* colocar com colher
**spoon•ful** [ˈspunfəl] *s.* colherada
**sport** [spɔrt] *s.* esporte / *adj.* AM esporte: *a sport coat* um paletó esporte
**sport•ing** [ˈspɔrtɪŋ] *adj.* esportivo
**sports** [spɔrts] *adj.* 1 esportivo, de esporte: *a sports field* um campo esportivo | *the sports section* o caderno de esporte 2 esporte: *a sports shirt* uma camisa esporte
**sports car** [ˈspɔrtskɑr] *s.* carro esporte
**sports cen•ter**, BRIT: **cen•tre** [ˈspɔrts ˌsɛntər] *s.* centro esportivo
**sports•man** [ˈspɔrtsmən] *s.* [*pl* **sportsmen**] esportista [homem]
**sports•man•like** [ˈspɔrtsmənlaɪk] *adj.* esportivo [comportamento]
**sports•man•ship** [ˈspɔrtsmənʃɪp] *s.* espírito esportivo
**sports•woman** [ˈspɔrtswʊmən] *s.* [*pl* **sportswomen**] esportista [mulher]
**sporty** [ˈspɔrti] *adj.* [*comp* **sportier, sportiest**] FAM esportivo [pessoa]
**spot** [spɑt] *s.* 1 lugar, local 2 mancha 3 BRIT espinha [na pele] 4 espaço [na TV] 5 **on the spot** **a** na hora, no ato **b** no local / *v.* [-**tt**-] 1 reparar em, avistar 2 salpicar (***with*** *de*)
**spot•less** [ˈspɑtləs] *adj.* impecável
**spot•light** [ˈspɑtlaɪt] *s.* 1 holofote 2 **in the spotlight** no centro das atenções

**spot•ted** [ˈspɑtɪd] *adj.* 1 de bolinhas [roupa] 2 sarapintado

**spot•ty** [ˈspɑti] *adj.* [*comp* **spottier, spottiest**] 1 AM irregular [serviço, desempenho] 2 BRIT cheio de espinhas, espinhento

**spouse** [spaʊs] *s.* FORM cônjuge

**spout** [spaʊt] *s.* 1 bico [de chaleira etc] 2 jorro / *v.* 1 jorrar 2 **to spout about sth** FAM pontificar sobre algo

**sprain** [spreɪn] *v.* torcer [tornozelo, pulso] / *s.* entorse

**sprang** [spræŋ] *v.* ▸ *ps de* SPRING

**sprawl** [sprɔl] *v.* 1 refestelar-se 2 alastrar-se [cidade] 3 **to go sprawling** levar um tombo 4 **to send sb sprawling** derrubar alguém [no chão] / *s.* **urban sprawl** aglomeração urbana

**spray** [spreɪ] *v.* 1 borrifar, pulverizar (***on/ over*** *em/sobre*, ***with*** *com*) 2 esguichar 3 **to spray sth/sb with bullets** crivar algo/ alguém de balas / *s.* 1 spray 2 borrifo [do mar, de cachoeira] 3 esguicho

**spread** [sprɛd] *v.* [*ps e pp* **spread**] 1 espalhar (-se), alastrar(-se) 2 difundir(-se) 3 passar [manteiga, creme etc.] (***on*** *em*) 4 abrir [pernas, braços] 5 escalonar [pagamento etc.] (***over*** *em*) 6 repartir [carga, riqueza] 7 **to spread its wings** (pássaro) abrir as asas 8 **to spread sth with sth** cobrir algo com/de algo

**spread out** 1 espalhar-se [pessoas] 2 **to spread sth out** **a** espalhar algo [papéis, cartas] **b** estender algo [mapa etc.] **c** parcelar algo [pagamento etc.] / *s.* 1 expansão, alastramento 2 difusão 3 pasta [para passar no pão] 4 leque, gama 5 extensão

**spread•sheet** [ˈsprɛdʃit] *s.* planilha

**spree** [spri] *s.* 1 farra: *a spending spree* uma farra de gastos 2 **to go on a shopping/ drinking spree** tomar um banho de loja/ uma bebedeira

**spring** [sprɪŋ] *s.* 1 primavera: *in the spring* na primavera 2 mola 3 fonte, manancial: *spring water* água de fonte / *adj.* primaveril / *v.* [*ps, pp* **sprung/sprang, sprung**] 1 saltar 2 **to spring a leak** começar a vazar 3 **to spring from sth** surgir de algo 4 **to spring into action** pôr-se em ação 5 **to spring sth on sb** pegar alguém de supresa com algo

**spring up** pipocar

**spring•board** [ˈsprɪŋbɔrd] *s.* trampolim

**spring break** [sprɪŋˈbreɪk] *s.* AM férias de primavera

**spring-clean** [sprɪŋˈklin] *v.* fazer uma faxina geral (em)

**spring-cleaning** [sprɪŋˈklinɪŋ] *s.* faxina geral

**spring on•ion** [sprɪŋ ˈʌnjən] *s.* BRIT cebolinha

**spring•time** [ˈsprɪŋtaɪm] *s.* primavera

**sprin•kle** [ˈsprɪŋkəl] *v.* 1 salpicar 2 AM chuviscar 3 **to be sprinkled with sth** ser entremeado de algo / *s.* 1 salpico 2 pitada 3 AM chuvisco

**sprin•kler** [ˈsprɪŋklər] *s.* 1 irrigador [de jardim] 2 sprinkler [chuveiro automático contra incêndio]

**sprint** [sprɪnt] *v.* correr a toda / *s.* 1 corrida de velocidade: *the 100 meter sprint* os 100 metros rasos 2 tiro (de velocidade)

**sprint•er** [ˈsprɪntər] *s.* velocista

**sprout** [spraʊt] *v.* 1 brotar 2 (tb **sprout up**) pipocar / *s.* 1 broto 2 BRIT couve-de-bruxelas

**spruce** [sprus] *v.*

**spruce up: to spruce sth up** FAM arrumar algo

**sprung** [sprʌŋ] *v.* ▸ *ps e pp de* SPRING

**spud** [spʌd] *s.* FAM batata

**spun** [spʌn] *v.* ▸ *ps e pp de* SPIN

**spur** [spɜr] *s.* 1 estímulo (***to*** *para*) 2 espora 3 **on the spur of the moment** na hora, de uma hora para outra / *v.* [**-rr-**] 1 estimular 2 **to spur sb into action** instigar alguém a agir 3 **to spur sb (on) (to do sth)** instigar alguém (a fazer algo)

**spurt** [spɜrt] *v.* jorrar, esguichar / *s.* 1 jorro 2 surto [de atividade, raiva] 3 disparada [de atleta] 4 **in spurts** **a** aos jorros **b** aos trancos

**spy** [spaɪ] *s.* [*pl* **spies**] espião: *a spy plane* um avião espião / *v.* [*ps e pp* **spied**] **to spy (on sb/sth)** espionar (alguém/algo) (***for*** *para*)

**spy•ing** [ˈspaɪɪŋ] *s.* espionagem

**squab•ble** [ˈskwɑbəl] *v.* discutir (***about*** *sobre,* ***over*** *por causa de,* ***with*** *com*) / *s.* discussão

**squad** [skwɑd] *s.* 1 time: *the national squad* a seleção 2 delegacia: *the drugs squad* a delegacia de entorpecentes 3 esquadrão: *the bomb squad* o esquadrão antibomba

**squad•ron** [ˈskwɑdrən] *s.* 1 esquadra 2 esquadrilha

**squal•id** [ˈskwɑlɪd] *adj.* miserável

**squal•or** [ˈskwɑlər] *s.* condições miseráveis, miséria

**squan•der** [ˈskwɑndər] *v.* esbanjar (***on*** *em/com*)

**square** [skwɛr] *adj.* 1 quadrado 2 reto [ângulo] 3 **(all) square** FAM quites 4 **square deal** tratamento justo 5 **square meal** refeição consistente 6 **square meter/kilometer etc.** metro/quilômetro etc. quadrado / *s.* 1 quadrado 2 praça 3 casa [de tabuleiro] 4 (tb **set square**) esquadro 5 **square one** estaca zero: *We're back at square one.* Voltamos à estaca zero. / *v.* 1 quadrar [número] 2 **to square sth with sth** conciliar algo com algo 3 **to square with sth** condizer com algo

**square•ly** [ˈskwɛrli] *adv.* 1 diretamente 2 nitidamente

**square root** [skwɛr ˈrut] *s.* raiz quadrada

**squash** [skwɑʃ] *v.* 1 esmagar, achatar 2 apertar 3 espremer(-se) / *s.* 1 abóbora 2 squash [jogo] 3 BRIT refresco [que se dilui com água]

**squat** [skwɑt] *v.* [-**tt**-] 1 (tb **squat down**) agachar-se, ficar de cócoras 2 morar de forma irregular (em) / *adj.* atarracado / *s.* 1 agachamento 2 AM FAM nada 3 BRIT casa invadida

**squat•ter** [ˈskwɑtər] *s.* morador irregular, invasor

**squawk** [skwɔk] *v.* grasnar

**squeak** [skwik] *v.* 1 chiar [rato, freio etc.] 2 ranger [sapato] / *s.* 1 chiado 2 rangido

**squeaky** [ˈskwiki] *adj.* 1 chiador, rangente 2 esganiçado [voz] 3 **squeaky clean** FAM perfeitinho, certinho

**squeal** [skwil] *v.* guinchar / *s.* guincho

**squeam•ish** [ˈskwimɪʃ] *adj.* 1 **the squeamish** os impressionáveis, quem tem aflição 2 **to be squeamish** ter aflição

**squeeze** [skwiz] *v.* 1 apertar 2 espremer(-se) 3 arrochar

**squeeze by, squeeze past, squeeze through** espremer-se para passar: *Can I squeeze by, please?* Me dá licença para passar, por favor?

**squeeze in** 1 espremer-se para entrar 2 **to squeeze sth/sb in(to sth)** encaixar algo/alguém (em algo) / *s.* 1 aperto 2 espremida [de suco] 3 arrocho [do crédito etc.]

**squid** [skwɪd] *s.* lula

**squint** [skwɪnt] *v.* 1 espremer os olhos 2 BRIT ser estrábico / *s.* BRIT estrabismo

**squirm** [skwɜrm] *v.* 1 retorcer-se 2 morrer de vergonha

**squir•rel** [ˈskwɜrəl] *s.* esquilo

**squirt** [skwɜrt] *v.* esguichar / *s.* esguicho

**Sr.** *abrev.* (= senior) pai

**St.** *abrev.* (= Saint) S.: *St. John* S. João

**stab** [stæb] *v.* [-**bb**-] 1 esfaquear 2 **to stab sb in the back** apunhalar alguém pelas costas 3 **to stab sb to death** matar alguém a facadas / *s.* 1 facada: *a stab wound* um corte de faca 2 pontada [de dor, culpa etc.] 3 **a stab in the back** uma punhalada pelas costas 4 **to have/take a stab at (doing) sth** FAM tentar (fazer) algo

**stab•bing** [ˈstæbɪŋ] *s.* esfaqueamento / *adj.* **a stabbing pain** uma fisgada de dor

**sta•bil•ity** [stəˈbɪləti] *s.* estabilidade

**sta•bi•lize** BRIT tb:**-lise** [ˈsteɪbəlaɪz] *v.* estabilizar(-se)

**sta•ble** [ˈsteɪbəl] *adj.* 1 estável 2 equilibrado [pessoa] / *s.* 1 cavalariça 2 baia 3 **stables** (plural) haras

**stack** [stæk] *s.* 1 pilha [de papéis, pratos etc.] 2 **a stack/stacks of sth** FAM um monte de algo / *v.* 1 abastecer [prateleiras] 2 **stacked with sth** cheio de algo empilhado 3 **to stack sth (up)** empilhar algo

**sta•dium** [ˈsteɪdiəm] *s.* estádio

**staff** [stæf] *s.* (quadro de) funcionários: *a staff member* um funcionário / *v.* formar o quadro de funcionários de: *The company is staffed by women.* O quadro de funcionários da empresa é formado por mulheres.
**stag** [stæg] *s.* cervo
**stage** [steɪdʒ] *s.* 1 etapa 2 fase 3 altura 4 palco 5 **at a later stage** mais para a frente 6 **at some stage** em algum momento 7 **at this/that stage** nessa/naquela altura 8 **in stages** por etapas 9 **on stage** em cena 10 **the stage** os palcos, o teatro 11 **to get to the stage where .../of doing sth** chegar ao ponto em que .../de fazer algo / *v.* 1 promover [greve, manifestação etc.] 2 encenar 3 **to stage a comeback** voltar à ativa
**stag•ger** [ˈstægər] *v.* 1 ir cambaleando 2 deixar pasmo 3 escalonar [trabalho etc.] / *s.* cambaleio
**stag•gered** [ˈstægərd] *adj.* pasmo (***at/by*** *com*)
**stag•ger•ing** [ˈstægərɪŋ] *adj.* estonteante
**stag•nant** [ˈstægnənt] *adj.* parado, estagnado
**stag•nate** [stægˈneɪt] *v.* estagnar
**stag night** [ˈstæg naɪtˈ/pɑrti] *s.* BRIT despedida de solteiro
**stain** [steɪn] *s.* mancha: *a coffee stain* uma mancha de café / *v.* manchar (***with*** *de*)
**stained glass** [steɪnd ˈglæs] *s.* vitral: *stained glass windows* vitrais
**stain•less steel** [ˌsteɪnləs ˈstil] *s.* aço inoxidável
**stair** [stɛr] *s.* 1 degrau 2 **stairs** (plural) escada: *a flight of stairs* um lance de escada
**stair•case** [ˈstɛrkeɪs] *s.* escada
**stair•way** [ˈstɛrweɪ] *s.* escadaria
**stake** [steɪk] *s.* 1 participação (***in*** *em*) 2 aposta 3 estaca 4 **at stake** em jogo 5 **the stakes are high** há muito em jogo 6 **to have a stake in sth** participar de algo / *v.* **to stake sth on sth** apostar algo em algo
**stale** [steɪl] *adj.* 1 velho [pão etc.] 2 viciado [ar] 3 batido, gasto [ideia, piada]
**stale•mate** [ˈsteɪlmeɪt] *s.* 1 impasse 2 empate [em xadrez]
**stalk** [stɔk] *s.* 1 talo 2 haste / *v.* 1 espreitar 2 assediar [famoso]
**stalk•er** [ˈstɔkər] *s.* stalker [admirador que assedia]
**stall** [stɔl] *s.* 1 barraca [de feira] 2 baia 3 boxe [de banheiro] 4 **stalls** BRIT poltronas [em teatro] / *v.* 1 morrer [carro, motor] 2 FAM enrolar [para não responder]
**stal•lion** [ˈstæljən] *s.* garanhão
**stami•na** [ˈstæmənə] *s.* resistência física, fôlego
**stam•mer** [ˈstæmər] *v.* gaguejar / *s.* gagueira
**stamp** [stæmp] *s.* 1 selo 2 carimbo / *v.* 1 carimbar 2 **to stamp on sth** pisar algo [inseto etc.] 3 **to stamp (your foot)** bater o pé
**stamp out: to stamp sth out** erradicar algo
**stam•pede** [stæmˈpid] *s.* debandada / *v.* debandar
**stance** [stæns] *s.* 1 posição (***against*** *contra*, ***on*** *sobre*) 2 postura [corporal] 3 **to take/adopt a stance** tomar posição
**stand** [stænd] *v.* [*ps e pp* **stood**] 1 estar/ficar em pé 2 levantar 3 encontrar-se [objeto, prédio] 4 estar/ficar parado [veículo etc.] 5 colocar 6 aguentar, suportar 7 continuar de pé [oferta, decisão] 8 BRIT concorrer, candidatar-se (***for*** *a*) 9 **could stand to do sth** deveria fazer algo: *He could stand to lose some weight.* Ele deveria emagrecer um pouco. 10 **sb can't stand sb/(doing) sth** FAM alguém odeia alguém/(fazer) algo: *I can't stand chemistry.* Odeio Química. 11 **the way/as things stand** do jeito que as coisas andam 12 **to stand a chance (of doing sth)** ter chance (de fazer algo) 13 **to stand at sth** estar a/em algo [nível]: *The score stands at 1-0.* O placar está em 1 a 0. 14 **to stand for sth** **a** ser abreviatura de algo, representar algo **b** defender algo [princípios] 15 **to stand in line** AM fazer fila 16 **to stand still** parar (quieto), ficar parado 17 **to stand to do sth** poder fazer algo: *She stands to win a million dollars.* Ela pode ganhar um milhão de dólares.

18 **where sb stands (on sth)** a posição de alguém (sobre algo)
**stand around** ficar parado [sem fazer nada]
**stand aside** sair do caminho, afastar-se
**stand back** afastar-se
**stand by** 1 ficar de braços cruzados 2 estar de prontidão 3 **to stand by sb** ficar do lado de alguém
**stand in: to stand in for sb** substituir alguém
**stand out** destacar-se
**stand up** 1 estar/ficar em pé 2 levantar 3 resistir (***to*** *a*) 4 sustentar-se, proceder [argumento, testemunho] 5 **to stand sb up** FAM dar bolo em alguém 6 **to stand up for sb/sth** defender alguém/algo 7 **to stand up to sb/sth** encarar alguém/algo / *s.* 1 suporte: *a cake stand* um suporte para bolo 2 banca, barraca 3 estande 4 posição (***on*** *sobre*) 5 **the stand** o banco das testemunhas 6 **the stands** (plural) a arquibancada 7 **to take a stand** tomar posição 8 **to take/make a stand (against sth)** tomar uma atitude (contra algo)

**stand•ard** [ˈstændərd] *s.* 1 padrão: *the standard of living* o padrão de vida 2 norma / *adj.* 1 padrão, normal: *standard procedure* procedimento padrão 2 regular [tamanho]

**stand•ard•ize** BRIT tb:**-ise** [ˈstændərdaɪz] *v.* padronizar

**stand•by** [ˈstændbaɪ] *s.* **on standby** a de prontidão b na lista de espera / *adj.* **standby ticket** passagem que depende da disponibilidade de um lugar no voo etc.

**stand-in** [ˈstændɪn] *s.* 1 substituto 2 dublê (***for*** *de*)

**stand•ing** [ˈstændɪŋ] *adj.* 1 fixo, permanente [taxa, convite] 2 **standing ovation** ovação: *She was given a standing ovation.* Ela foi ovacionada. / *s.* 1 prestígio, reputação 2 posição [num ranking] 3 **of long/many years' standing** de longa data

**stand•off** [ˈstændɔf] *s.* impasse

**stand•offish** [stændˈɔfɪʃ] *adj.* FAM seco [pessoa, jeito]

**stand•point** [ˈstændpɔɪnt] *s.* ponto de vista

**stand•still** [ˈstændstɪl] *s.* 1 **at a standstill** parado, paralisado 2 **to bring sth to a standstill** fazer algo parar, paralisar algo 3 **to come to a standstill** parar, ser paralisado

**stank** [stæŋk] *v.* ▸ *ps de* STINK

**sta•ple** [ˈsteɪpəl] *s.* 1 grampo 2 gênero de primeira necessidade / *v.* grampear (***to*** *em*) / *adj.* 1 principal 2 **staple diet** alimentação básica

**sta•pler** [ˈsteɪplər] *s.* grampeador

**star** [stɑr] *s.* 1 estrela: *a five-star hotel* um hotel cinco estrelas 2 astro 3 **the Stars and Stripes** a bandeira dos EUA / *adj.* 1 **star attraction** atrativo principal, destaque 2 **star player/pupil etc.** melhor jogador/aluno etc. 3 **star quality** qualidade de estrela [de artista] / *v.* [-**rr**-] 1 ser estrelado por: *a movie starring Johnny Depp* um filme estrelado por Johnny Depp 2 **to star in sth** estrelar algo: *a starring role* um papel de protagonista

**star•board** [ˈstɑrbərd] *s.* estibordo

**star•dom** [ˈstɑrdəm] *s.* estrelato

**stare** [stɛr] *v.* 1 olhar fixamente (***at*** *para*) 2 **to stare at sb** fitar/encarar alguém

**star•fish** [ˈstɑrfɪʃ] *s.* estrela-do-mar

**stark** [stɑrk] *adj.* [*comp* **starker, starkest**] 1 despojado 2 (nu e) cru [realidade] 3 gritante [contraste] 4 cruel [escolha] / *adv.* 1 **stark naked** nu em pelo 2 **stark raving mad** louco varrido

**start** [stɑrt] *v.* 1 começar 2 fundar, montar [empresa, negócio] 3 ligar, dar partida em [motor, carro etc.]: *He couldn't get the car started.* Ele não conseguia ligar o carro. 4 pegar [motor, carro] 5 provocar [incêndio, briga] 6 espalhar [boato] 7 **starting (from) now/tomorrow etc.** a partir de agora/amanhã etc. 8 **to get started (on sth)** começar (com algo) 9 **to start doing/to do sth** começar a fazer algo 10 **to start school/work** a entrar na escola/no trabalho b começar

a estudar/trabalhar 11 **to start with** **a** no começo **b** para começar
**start off** 1 sair 2 **to start (sth) off (with sth/by doing sth)** começar/iniciar (algo) (com algo/fazendo algo)
**start out** 1 começar (*as como*) 2 sair 3 **to start out doing sth** começar fazendo algo
**start over** AM começar de novo
**start up** 1 **to start up a business/a band** montar um negócio/uma banda 2 **to start up (the engine)** dar partida (no motor) / *s.* 1 começo, início 2 (linha de) largada [de corrida] 3 vantagem [em corrida etc.] 4 sobressalto: *She woke up with a start.* Ela acordou de sobressalto. 5 **(right) from the start** desde o começo 6 **to get (sth) off to a good/bad etc. start** começar (algo) bem/mal etc. 7 **to make a start (on sth)** começar (com algo)
**start•er** [ˈstɑrtər] *s.* 1 BRIT entrada [prato] 2 **for starters** FAM para começar
**start•ing point** [ˈstɑrtɪŋ pɔɪnt] *s.* ponto de partida
**star•tle** [ˈstɑrtl] *v.* sobressaltar, assustar
**star•tling** [ˈstɑrtlɪŋ] *adj.* espantoso
**star•va•tion** [stɑrˈveɪʃən] *s.* inanição
**starve** [stɑrv] *v.* 1 morrer/matar de fome 2 **to be starving/starved** FAM estar morrendo de fome 3 **to starve sb/sth of/for sth** privar alguém/algo de algo 4 **to starve to death** morrer de fome
**starv•ing** [ˈstɑrvɪŋ] *adj.* esfomeado, faminto
**stash** [stæʃ] *v.* **to stash sth (away)** FAM guardar algo / *s.* reserva, estoque
**state** [steɪt] *s.* 1 estado 2 **in a good/bad state of repair** em bom/mau estado de conservação 3 **in no fit state to do sth** sem condições de fazer algo 4 **the States** FAM os Estados Unidos 5 **to lie in state** estar exposto em câmara ardente / *adj.* 1 estadual 2 BRIT público 3 estatal / *v.* 1 declarar, afirmar 2 informar [nome, preço etc.]
**state•ment** [ˈsteɪtmənt] *s.* 1 declaração, afirmação: *a fashion statement* uma declaração de moda 2 extrato [de conta]: *a bank statement* um extrato bancário 3 depoimento [à polícia] 4 **to make/issue a statement** dar uma declaração
**state-of-the-art** [ˌsteɪt əv ðiˈɑrt] *adj.* de ponta, de última geração
**state school** [ˈsteɪt skul] *s.* 1 AM faculdade estadual 2 BRIT escola pública
**states•man** [ˈsteɪtsmən] *s.* [*pl* **statesmen**] estadista
**stat•ic** [ˈstætɪk] *adj.* estático / *s.* (eletricidade) estática
**sta•tion** [ˈsteɪʃən] *s.* 1 estação: *the bus station* a rodoviária 2 posto: *a gas station* um posto de gasolina | *the police station* a delegacia 3 emissora: *a TV station* uma emissora de TV / *v.* 1 postar [vigia] 2 **to be stationed in ...** estar baseado em ... [militar]
**sta•tion•ary** [ˈsteɪʃənɛri] *adj.* parado
**sta•tion•er's** [ˈsteɪʃənərz] *s.* BRIT papelaria
**sta•tion•ery** [steɪʃənɛri] *s.* 1 papel de carta 2 artigos de papelaria
**sta•tion wag•on** [ˈsteɪʃən ˌwægən] *s.* AM caminhonete
**sta•tis•tic** [stəˈtɪstɪk] *s.* 1 estatística [número] 2 **statistics** (singular) estatística [ciência]
**stats** [stæts] *spl.* FAM números
**statue** [ˈstætʃu] *s.* estátua
**stat•ure** [ˈstætʃər] *s.* estatura
**sta•tus** [ˈsteɪtəs, ˈstætəs] *s.* 1 status, posição, categoria: *a status symbol* um símbolo de status 2 **marital status** estado civil
**staunch** [stɔntʃ] *adj.* [*comp* **stauncher, staunchest**] leal, incondicional
**stave** [steɪv] *v.*
**stave off** 1 **to stave off hunger** enganar a fome 2 **to stave sth off** repelir/evitar algo
**stay** [steɪ] *v.* 1 ficar 2 estar hospedado 3 **to stay overnight/the night** passar a noite 4 **to stay put** FAM não sair do lugar
**stay away** ficar longe (*from de*)
**stay behind** ficar para trás
**stay in** ficar em casa
**stay on** continuar trabalhando/estudando
**stay out** 1 ficar na rua 2 **to stay out of sth** FAM não se meter em algo
**stay over** passar a noite [na casa de alguém]

**stay up** ficar acordado [sem se deitar] / *s.* estadia

**steadi•ly** [ˈstɛdəli] *adv.* progressivamente, sem parar

**steady** [ˈstɛdi] *adj.* [*comp* **steadier, steadiest**] 1 constante, ininterrupto 2 firme, estável 3 fixo [emprego, renda] / *adv.* **to go steady** namorar firme (***with*** *com*) / *v.* [*ps e pp* **steadied**] 1 estabilizar(-se) 2 **to steady your nerves** acalmar os nervos 3 **to steady yourself** recuperar o equilíbrio

**steak** [steɪk] *s.* 1 bife 2 posta [de peixe]

**steal** [stil] *v.* 1 roubar (***from*** *de*) 2 ir às escondidas: *She stole out of the house.* Ela saiu de casa às escondidas. 3 **to steal the show** roubar a cena

**steal•ing** [ˈstilɪŋ] *s.* furto, roubo

**stealth** [stɛlθ] *s.* furtividade

**stealthy** [ˈstɛlθi] *adj.* furtivo

**steam** [stim] *s.* 1 vapor: *a steam engine* uma máquina a vapor 2 **to let/blow off steam** esbaldar-se 3 **to pick up/gather steam** ganhar força 4 **to run out of steam** perder força 5 **under your own steam** por conta própria / *v.* 1 fumegar 2 cozinhar no vapor

**steam up** 1 ficar embaçado 2 **to be /get steamed up** a estar/ficar embaçado b FAM estar/ficar nervoso 3 **to steam sth up** embaçar algo

**steam•er** [ˈstimər] *s.* 1 vapor [navio] 2 panela cozi-vapore

**steam•roller** [ˈstimroʊlər] *s.* rolo compressor

**steel** [stil] *s.* aço: *a steel door* uma porta de aço / *v.* **to steel yourself (for sth)** preparar--se (para enfrentar algo)

**steel•works** [ˈstilwɜrks] *s.* [*pl* **steelworks**] siderúrgica

**steep** [stip] *adj.* [*comp* **steeper, steepest**] 1 íngreme 2 FAM salgado [preço] 3 brusco [aumento, queda]

**stee•ple** [ˈstipəl] *s.* agulha da torre [de igreja]

**steep•ly** [ˈstipli] *adv.* 1 abruptamente 2 bruscamente

**steer** [stɪr] *v.* 1 dirigir, pilotar 2 conduzir [pessoa, conversa] 3 **to steer clear of sth/sb** FAM passar ao largo de algo/evitar alguém / *s.* novilho [castrado]

**steer•ing** [ˈstɪrɪŋ] *s.* direção [de veículo]

**steer•ing wheel** [ˈstɪrɪŋ wil] *s.* volante

**stem** [stɛm] *s.* 1 caule 2 haste 3 radical [de palavra] / *v.* [-**mm**-] 1 refrear, deter 2 **to stem from sth** provir de algo

**stem cell** [ˈstɛm sɛl] *s.* célula-tronco

**stench** [stɛntʃ] *s.* fedor

**step** [stɛp] *s.* 1 passo 2 atitude, providência 3 etapa 4 degrau 5 **step by step** passo a passo 6 **steps** (plural) escada [em frente de prédio etc.] 7 **a step forward** um passo adiante 8 **in/out of step with sth/sb** em/fora de sintonia com algo/alguém 9 **to retrace your steps** voltar pelo mesmo caminho 10 **to take a step** dar um passo 11 **to take steps** tomar providências 12 **to watch your step** tomar cuidado / *v.* [-**pp**-] 1 dar um passo 2 ir/vir: *She stepped outside for a moment.* Ela saiu um pouco. 3 **to step in/on sth** pisar em algo: *He stepped on my toe.* Ele pisou no meu pé. 4 **to step on it/on the gas** FAM acelerar

**step down** (tb **step aside**) renunciar

**step in** intervir, interferir

**step out** dar uma saída

**step up** 1 **to step up (to the plate)** fazer a sua parte, assumir (responsabilidade) 2 **to step sth up** aumentar algo

**step•brother** [ˈstɛpbrʌðər] *s.* meio-irmão

**step-by-step** [stɛp baɪ ˈstɛp] *adj.* passo a passo [guia, instruções]

**step•child** [ˈstɛptʃaɪld] *s.* enteado

**step•daughter** [ˈstɛpdɔtər] *s.* enteada

**step•father** [ˈstɛpfɑðər] *s.* padrasto

**step•ladder** [ˈstɛplædər] *s.* escada [de abrir]

**step•mother** [ˈstɛpmʌðər] *s.* madrasta

**step-parent** [ˈstɛp ˌpɛrənt] *s.* padrasto ou madrasta

**step•ping stone** [ˈstɛpɪŋ stoʊn] *s.* 1 trampolim (***to*** *para*) 2 **stepping stones** alpondras

**step•sister** [ˈstɛpsɪstər] *s.* meia-irmã

**step•son** [ˈstɛpsʌn] *s.* enteado
**ste•reo** [ˈstɛrioʊ] *s.* 1 (tb **stereo system**) (aparelho de) som 2 **in stereo** em estéreo / *adj.* estéreo
**ste•reo•type** [ˈstɛriətaɪp] *s.* estereótipo
**ster•ile** [ˈstɛrəl, ˈstɛraɪl] *adj.* estéril
**steri•li•ze** [ˈstɛrəlaɪz] *v.* esterilizar
**ster•ling** [ˈstɜrlɪŋ] *s.* libra esterlina [moeda britânica] / *adj.* 1 excelente 2 **sterling silver** prata de lei
**stern** [stɜrn] *adj.* [*comp* **sterner, sternest**] severo / *s.* popa [de barco]
**ster•oid** [ˈstɛrɔɪd] *s.* esteroide: *anabolic steroids* anabolizantes
**stetho•scope** [ˈstɛθəskoʊp] *s.* estetoscópio
**stew** [stu] *s.* cozido, ensopado: *beef stew* cozido de carne / *v.* ensopar [carne, legumes]
**stew•ard** [ˈstuərd] *s.* comissário de bordo
**stew•ard•ess** [ˈstuərdɛs] *s.* aeromoça
**stick** [stɪk] *v.* [*ps e pp* **stuck**] 1 colar (***on/to*** *em*) 2 espetar (***in/into*** *em*) 3 FAM enfiar, tacar: *Tim stuck his head around the door to say hi.* O Tim enfiou a cabeça pela porta para dar um oi. 4 travar, emperrar 5 **to stick in sb's mind** não sair da cabeça de alguém 6 **to stick to sth** a seguir com/manter-se fiel a algo b limitar-se a algo 7 **to stick to the rules** seguir à risca as regras 8 **to stick with sb** FAM ficar do lado de alguém 9 **to stick with sth** FAM continuar com algo
**stick around** FAM ficar por aí
**stick by** 1 **to stick by sb** ficar do lado de alguém 2 **to stick by sth** manter-se fiel a algo
**stick out** 1 sobressair 2 **to stick it out** FAM aguentar firme 3 **to stick your arm out** estender o braço 4 **to stick your neck out** FAM arriscar 5 **to stick your tongue out** mostrar a língua
**stick together** FAM manter-se unidos
**stick up** 1 sobressair 2 estar/ficar espetado 3 **to stick up for sb/yourself** FAM defender alguém/defender-se / *s.* 1 graveto 2 bengala 3 vara, pau 4 taco [de hóquei] 5 **(out) in the sticks** longe de tudo, num fim de mundo
**stick•er** [ˈstɪkər] *s.* adesivo
**stick shift** [ˈstɪk ʃɪft] *s.* AM 1 alavanca de câmbio 2 (carro com) câmbio manual
**sticky** [ˈstɪki] *adj.* [*comp* **stickier, stickiest**] 1 pegajoso 2 melequento 3 abafado [tempo] 4 delicado, arriscado: *a sticky situation* um sufoco
**stiff** [stɪf] *adj.* [*comp* **stiffer, stiffest**] 1 duro [corpo, material] 2 rígido 3 consistente [mistura] 4 forte [concorrência, oposição] 5 puxado [prova] 6 severo [pena, multa] 7 **a stiff drink** uma bebida forte / *adv.* 1 **bored/scared stiff** FAM morrendo de tédio/medo 2 **frozen stiff** congelando / *v.* AM FAM dar calote em
**stiff neck** [stɪf ˈnɛk] *s.* torcicolo
**stiff•ness** [ˈstɪfnəs] *s.* dores musculares
**sti•fle** [ˈstaɪfəl] *v.* 1 sufocar 2 conter
**sti•fling** [ˈstaɪflɪŋ] *adj.* sufocante
**stig•ma** [ˈstɪgmə] *s.* estigma
**sti•let•to** [stɪˈlɛtoʊ] *s.* [*pl* **stilettos/stilettoes**] (sapato de) salto agulha
**still** [stɪl] *adv.* 1 ainda: *He still has that old car.* Ele ainda tem aquele velho carro. | *We still don't know what happened.* Ainda não sabemos o que aconteceu. 2 mesmo assim 3 **still more** ainda mais 4 **better/worse etc. still** melhor/pior etc. ainda 5 **(but) still** mas enfim: *Still, never mind.* Mas enfim, não faz mal. / *adj.* 1 quieto, parado 2 silencioso 3 sem vento 4 BRIT sem gás [água]
**still life** [stɪl ˈlaɪf] *s.* natureza-morta
**still•ness** [ˈstɪlnəs] *s.* silêncio
**stilt** [stɪlt] *s.* 1 perna de pau 2 palafita
**stilt•ed** [ˈstɪltɪd] *adj.* forçado [estilo, linguagem]
**stimu•lant** [ˈstɪmjələnt] *s, adj.* estimulante
**stimu•late** [ˈstɪmjəleɪt] *v.* estimular
**stimu•lat•ing** [ˈˈstɪmjəleɪtɪŋ] *adj.* 1 instigante 2 estimulante
**stimu•lus** [ˈstɪmjələs] *s.* [*pl* **stimuli**] estímulo (***to*** *para*)
**sting** [stɪŋ] *v.* [*ps e pp* **stung**] 1 picar 2 arder / *s.* 1 picada 2 ardência 3 BRIT ferrão
**sting•er** [ˈstɪŋər] *s.* AM ferrão

**stin•gy** [ˈstɪndʒi] *adj.* [*comp* **stingier, stingiest**] FAM sovina

**stink** [stɪŋk] *v.* [*ps, pp* **stank, stunk**] 1 feder (*of a*) 2 FAM ser uma droga
**stink up, stink out: to stink sth up/out** empestear algo / *s.* 1 fedor 2 **to kick up/cause a stink** fazer protesto

**stink•ing** [ˈstɪŋkɪŋ] *adj.* fedorento

**stint** [stɪnt] *s.* período

**stir** [stɜr] *v.* [-**rr**-] 1 mexer [líquido] 2 mexer(-se) 3 despertar [emoções, imaginação]
**stir up: to stir things up/stir up trouble** criar confusão / *s.* 1 mexida [com colher] 2 **to cause/create a stir** causar alvoroço

**stir-fry** [ˈstɜr fraɪ] *v.* [*ps, pp* **stir-fried**] refogar [rapidamente à chinesa] / *s.* [*pl* **stir-fries**] refogado

**stir•ring** [ˈstɜrɪŋ] *adj.* emocionante

**stir•rup** [ˈstɜrəp] *s.* estribo

**stitch** [stɪtʃ] *s.* 1 ponto [de costura, sutura] 2 pontada [de tanto correr] 3 malha [de tricô] 4 **in stitches** morrendo de rir (*at de*) 5 **to have stitches** levar pontos / *v.* costurar

**stitch•ing** [ˈstɪtʃɪŋ] *s.* costura

**stock** [stɑk] *s.* 1 estoque 2 AM (tb **stocks**) ações [de empresa] 3 reserva [de comida etc.] 4 caldo [de carne, galinha etc.] 5 **out of/in stock** esgotado/em estoque 6 **to take stock (of sth)** fazer um balanço (de algo) / *v.* 1 ter em estoque 2 **to stock sth with sth** abastecer algo com/de algo
**stock up: to stock up (on sth)** abastecer-se de/estocar (algo) / *adj.* costumeiro, de sempre [resposta, desculpa]

**stock•broker** [ˈstɑkbroʊkər] *s.* corretor da bolsa de valores

**stock ex•change** [ˈstɑk ɪksˌtʃeɪndʒ] *s.* bolsa de valores

**stock•ing** [ˈstɑkɪŋ] *s.* meia [de perna inteira]

**stock mar•ket** [ˈstɑk ˌmɑrkɪt] *s.* bolsa de valores

**stock•pile** [ˈstɑkpaɪl] *s.* reserva, estocagem / *v.* estocar

**stocky** [ˈstɑki] *adj.* [*comp* **stockier, stockiest**] atarracado

**stoke** [stoʊk] *v.* **to stoke sth (up)** alimentar algo

**stoked** *adj.* AM FAM empolgado, amarradão

**stole** [stoʊl] *v.* ▸ *ps de* STEAL

**sto•len** [ˈstoʊlən] *v.* ▸ *pp de* STEAL

**stom•ach** [ˈstʌmək] *s.* 1 estômago: *an upset stomach* estômago embrulhado 2 barriga / *v.* tolerar, aturar

**stom•ach ache** [ˈstʌmək eɪk] *s.* dor de estômago

**stone** [stoʊn] *s.* 1 pedra: *stone steps* escada de pedra 2 BRIT caroço [de fruta] 3 cálculo [de rim, vesícula] 4 unidade de peso usada na Grã-Bretanha para informar o peso corporal, equivalente a 6,35kg. O plural é sem s: *He weighs ten stone.* Ele pesa 63,5 kilos. 5 **a stone's throw away (from sth)** pertinho (de algo) / *v.* apedrejar

**stone-cold** [stoʊnˈkoʊld] *adj.* frio [comida, água]

**stoned** [stoʊnd] *adj.* FAM chapado

**stony** [ˈstoʊni] *adj.* [*comp* **stonier, stoniest**] 1 pedregoso 2 severo, frio [cara, olhar] 3 **stony silence** silêncio sepulcral

**stood** [stʊd] *v.* ▸ *ps de* STAND

**stool** [stul] *s.* banquinho [de bar etc.]

**stoop** [stup] *v.* 1 (tb **stoop down**) abaixar-se, curvar-se 2 andar curvado 3 **to stoop to (doing) sth** rebaixar-se a (fazer) algo / *s.* 1 postura curvada 2 AM varanda

**stop** [stɑp] *v.* [-**pp**-] 1 parar (com): *Stop it!* Para com isso! 2 impedir 3 suspender 4 **to stop at nothing to do sth** ser capaz de tudo para fazer algo 5 **to stop doing sth** parar de fazer algo 6 **to stop sb/sth (from) doing sth** impedir alguém/algo de fazer algo: *There's nothing to stop you trying again.* Nada te impede de tentar de novo. 7 **to stop short of (doing) sth** não chegar a (fazer) algo, abster-se de (fazer) algo
**stop by: to stop by (sth)** passar (em algo): *Jill said she'd stop by later.* A Jill disse que ia passar aqui mais tarde.
**stop off** dar uma parada
**stop over** fazer escala / *s.* 1 parada 2 ponto [de ônibus] 3 **to come to a stop** parar 4 **to**

make a stop dar/fazer uma parada **5 to pull out all the stops** não medir esforços **6 to put a stop to sth** pôr fim a algo, acabar com algo

**stop•gap** [ˈstɑpgæp] *s.* quebra-galho, solução temporária

**stop•light** [ˈstɑplaɪt] *s.* AM sinal [de trânsito]

**stop•over** [ˈstɑpoʊvər] *s.* escala [de viagem]

**stop•page** [ˈstɑpɪdʒ] *s.* **1** paralisação [greve] **2** interrupção

**stop•per** [ˈstɑpər] *s.* tampa, tampão

**stop•watch** [ˈstɑp wɑtʃ] *s.* cronômetro

**stor•age** [ˈstɔrɪdʒ] *s.* **1** armazenamento, armazenagem: *storage space* espaço de armazenamento **2 in storage** num guarda-móveis

**store** [stɔr] *s.* **1** loja: *a shoe store* uma sapataria **2** reserva **3** depósito [de grãos etc.] **4 in store for sb** reservado para alguém [surpresa etc.] **5 the store** AM o supermercado: *We need to go to the store.* Precisamos ir ao supermercado. **6 to have/hold sth in store (for sb)** reservar algo (para alguém) / *v.* guardar, armazenar

**store up: to store up trouble** acumular problemas [para o futuro]

**store•keeper** [ˈstɔrkipər] *s.* AM lojista, comerciante

**store•room** [ˈstɔrrum] *s.* **1** depósito **2** almoxarifado

**sto•rey** [ˈstɔri] *s.* BRIT andar [de casa etc.]

**stork** [stɔrk] *s.* cegonha

**storm** [stɔrm] *s.* **1** temporal, tempestade **2 a storm of protest/criticism** uma avalanche de protestos/críticas **3 to take sth by storm** **a** virar mania em algo: *The band took America by storm.* A banda virou mania nos EUA. **b** tomar algo de assalto / *v.* invadir

**storm in/off/out** entrar/ir embora/sair como um furacão

**stormy** [ˈstɔrmi] *adj.* [*comp* **stormier, stormiest**] tempestuoso

**sto•ry** [ˈstɔri] *s.* [*pl* **stories**] **1** história: *a ghost story* uma história de fantasmas | *a true story* uma história verdadeira **2** trama, argumento **3** matéria [de jornal]: *the cover story* a matéria de capa **4** AM andar: *a ten-story building* um prédio de dez andares **5 to be a different/the same story** ser outra/a mesma história **6 to cut/make a long story short** para encurtar a história **7 to run a story** dar/publicar uma matéria (***about*** *sobre*) **8 to tell a story** contar uma história

**stout** [staʊt] *adj.* [*comp* **stouter, stoutest**] **1** corpulento, forte **2** resistente

**stove** [stoʊv] *s.* **1** fogão **2** calefação **3** fogareiro

**stow** [stoʊ] *v.* **to stow sth (away)** acomodar/guardar algo

**strad•dle** [ˈstrædl] *v.* **1** cavalgar, escarranchar-se em **2** abranger

**strag•gler** [ˈstræglər] *s.* retardatário [em corrida etc.]

**strag•gly** [ˈstrægli] *adj.* desalinhado [cabelo]

**straight** [streɪt] *adv.* **1** reto **2** direto **3** direito **4** sem rodeios **5** seguidos: *five days straight* cinco dias seguidos **6 straight after** logo depois (de), em seguida **7 straight ahead/on** reto, em frente **8 straight away/off** BRIT logo, imediatamente **9 to go straight** FAM emendar-se [criminoso] / *adj.* [*comp* **straighter, straightest**] **1** reto: *a straight line* uma reta **2** liso [cabelo] **3** direito [dentes, gravata etc.] **4** franco, sincero **5** consecutivo: *three straight wins* três vitórias consecutivas **6** arrumado [casa etc.] **7** puro [uísque etc.] **8** FAM hetero **9** FAM quites **10 straight face** cara séria **11 to get sth straight** FAM entender algo direito **12 to keep a straight face** não dar risada **13 to set/put sb straight** explicar para alguém

**straight•away** [streɪtəˈweɪ] *adv.* imediatamente

**straight•en** [ˈstreɪtn] *v.* **1** endireitar(-se) **2** arrumar [quarto etc.] **3** alisar [cabelo]

**straighten out: to straighten sth out** **a** resolver algo **b** endireitar algo

**straighten up** **1** endireitar-se **2** AM tomar jeito **3 to straighten sth up** arrumar algo

**straight•forward** [streɪt'fɔrwərd] *adj.* 1 simples 2 franco, verdadeiro [pessoa]

**strain** [streɪn] *s.* 1 tensão, desgaste (***for/on*** *para*) 2 pressão (***on*** *sobre*) 3 estremecimento (***in*** *em*) 4 carga, peso (***on*** *sobre*) 5 distensão 6 tipo, variedade 7 **eye strain** vista cansada 8 **to stand/take the strain** a aguentar a carga b aguentar o tranco / *v.* 1 forçar [a vista etc.] 2 distender [músculo] 3 coar [legumes etc.] 4 exercer pressão sobre [finanças, recursos etc.] 5 estremecer [relação] 6 **to strain at sth** dar puxões em algo 7 **to strain to do sth** esforçar-se para fazer algo

**strained** [streɪnd] *adj.* 1 tenso 2 estremecido [relação]

**strain•er** ['streɪnər] *s.* coador

**strait** [streɪt] *s.* 1 (tb straits) estreito: *the Bering Strait* o Estreito de Bering 2 **in dire straits** em situação periclitante

**strait•jacket** ['streɪt ˌdʒækɪt] *s.* camisa de força

**strand** [strænd] *s.* 1 fio 2 elemento

**strand•ed** ['strændɪd] *adj.* preso [sem poder se deslocar]

**strange** [streɪndʒ] *adj.* 1 estranho 2 esquisito

**strange•ly** ['streɪndʒli] *adv.* 1 de forma estranha 2 estranhamente 3 **strangely enough** por mais estranho que seja

**strang•er** ['streɪndʒər] *s.* 1 estranho, desconhecido: *a perfect stranger* um completo estranho 2 forasteiro: *I'm a stranger here too.* Eu também não sou daqui. 3 **to be no stranger to sth** estar afeito a algo

**stran•gle** ['straeŋgəl] *v.* estrangular

**strap** [stræp] *s.* 1 correia, tirante 2 alça [de vestido] / *v.* [-**pp**-] prender com correia

**strap in: to be strapped in** estar com cinto de segurança

**stra•tegic** [strə'tidʒɪk] *adj.* estratégico

**strat•egy** ['strætədʒi] *s.* [*pl* **strategies**] estratégia

**straw** [strɔ] *s.* 1 palha: *a straw hat* um chapéu de palha 2 canudinho [para beber] 3 **the last straw** a gota d'água

**straw•berry** ['strɔbɛri] *s.* [*pl* **strawberries**] morango: *strawberry-flavored* com sabor de morango

**stray** [streɪ] *v.* 1 extraviar-se, desviar-se (***from*** *de*) 2 divagar (***from*** *de*) / *adj.* 1 abandonado [animal] 2 **stray bullet** bala perdida / *s.* cachorro/gato abandonado

**streak** [strik] *s.* 1 mecha [no cabelo] 2 veia [de maldade, ironia etc.] 3 **streak of lightning** relâmpago 4 **winning/losing streak** a maré de sorte/azar b sequência de vitórias/derrotas / *v.* 1 passar como um relâmpago 2 **to be streaked with sth** estar riscado de algo [cor, tinta]

**stream** [strim] *s.* 1 riacho, córrego 2 sucessão 3 corrente [de ar, água] 4 **a stream of abuse** uma chuva de impropérios / *v.* 1 jorrar 2 escorrer [lágrimas, suor] 3 ir em grande número 4 flutuar [no vento] 5 **to be streaming with sth** estar pingando de algo

**stream out** sair em grande número (***of*** *de*)

**stream•er** ['strimər] *s.* serpentina

**stream•line** ['strimlaɪn] *v.* 1 racionalizar, agilizar [processo] 2 tornar aerodinâmico

**stream•lined** ['strimlaɪnd] *adj.* aerodinâmico

**street** [strit] *s.* 1 rua: *She lives down the street.* Ela mora nessa mesma rua. 2 **the man/woman on the street** o homem/a mulher comum

**street•car** ['stritkɑr] *s.* AM bonde

**street•light** ['stritlaɪt] *s.* 1 poste de iluminação 2 **streetlights** (tb **streetlighting**) iluminação pública

**street•wise** ['stritwaɪz] *adj.* (tb **street-smart**) safo

**strength** [strɛŋθ] *s.* 1 força 2 (ponto) forte 3 resistência [de material, construção] 4 **at full strength** com efetivo completo 5 **below strength** com efetivo reduzido, desfalcado 6 **on the strength of sth** com base em algo 7 **to go from strength to strength** crescer cada vez mais

**strength•en** ['strɛŋθən] *v.* fortalecer(-se), reforçar(-se)

**strenu•ous** ['strɛnjuəs] *adj.* 1 árduo 2 extenuante [exercício] 3 determinado [esforço]

**strep throat** [strɛp'θroʊt] *s.* AM dor de garganta

**stress** [strɛs] *s.* 1 estresse 2 tensão 3 ênfase (***on*** *em*) 4 acento tônico / *v.* 1 frisar, ressaltar 2 acentuar

**stress out: to stress sb out** FAM estressar alguém

**stressed** [strɛst] *adj.* FAM (tb **stressed out**) estressado

**stress•ful** ['strɛsfəl] *adj.* estressante, desgastante

**stretch** [strɛtʃ] *v.* 1 esticar(-se) 2 estender (-se) (***for/over*** *por*) 3 alongar 4 espreguiçar-se 5 **to stretch your legs** FAM esticar as pernas

**stretch out** 1 FAM esticar-se, deitar 2 **to stretch sth out** estender algo [mão, pé etc.] / *s.* 1 trecho [de estrada, texto] 2 período 3 alongamento 4 **at a stretch** de uma vez só, direto 5 **by any stretch of the imagination** de forma alguma 6 **the home/final stretch** a reta final

**stretch•er** ['strɛtʃər] *s.* maca

**strewn** [strun] *adj.* 1 **strewn around/over sth** espalhado por algo 2 **strewn with sth** **a** cheio de algo espalhado **b** entremeado de algo

**strick•en** ['strɪkən] *adj.* FORM 1 atingido, acometido (***by/with*** *de/por*) 2 sinistrado

**strict** [strɪkt] *adj.* [*comp* **stricter, strictest**] 1 rigoroso, severo 2 estrito 3 devoto, fervoroso

**strict•ly** ['strɪktli] *adv.* 1 rigorosamente 2 terminantemente 3 estritamente 4 **strictly speaking** a rigor, estritamente falando

**strid•den** ['strɪdn] *v.* ▸ *pp de* STRIDE

**stride** [straɪd] *s.* 1 passada, passo largo 2 **to make great strides** fazer grandes avanços (***in*** *em*) 3 **to take sth in (your) stride** tirar algo de letra / *v.* [*ps, pp* **strode, stridden**] ir a passos largos

**strike** [straɪk] *v.* [*ps e pp* **struck**] 1 FORM bater em 2 FORM chocar-se contra 3 FORM atingir 4 ocorrer [ideia]: *It struck him that he might have made a mistake.* Ocorreu-lhe que poderia ter cometido um erro. 5 impressionar: *What struck me was their courage.* O que me impressionou foi a coragem deles. 6 fazer greve 7 atacar 8 descobrir [petróleo, ouro etc.] 9 dar/bater as horas [relógio]: *The clock struck four.* O relógio deu quatro horas. 10 **to strike a balance** encontrar um equilíbrio (***between*** *entre*) 11 **to strike a bargain/deal** fechar um negócio 12 **to strike a blow** desferir um golpe 13 **to strike a chord (with sb)** encontrar eco (em alguém) 14 **to strike a match** riscar um fósforo 15 **to strike sb as (being) strange/funny etc.** parecer estranho/engraçado etc. a alguém 16 **to strike your head (on sth)** bater com a cabeça (em algo)

**strike back** revidar (***at*** *contra*)

**strike out** 1 AM FAM dar-se mal, não conseguir 2 **to strike out at sb** tentar atingir alguém 3 **to strike sth out** riscar algo

**strike up** 1 **to strike up a conversation** puxar conversa (***with*** *com*) 2 **to strike up a friendship** fazer amizade (***with*** *com*) / *s.* 1 greve 2 ataque: *air strikes* ataques aéreos 3 falha [ao tentar rebater a bola em beisebol] 4 **to have two/three strikes against you** AM enfrentar duas/três desvantagens

**strik•er** ['straɪkər] *s.* 1 grevista 2 atacante [em futebol]

**strik•ing** ['straɪkɪŋ] *adj.* 1 notável 2 vistoso, chamativo

**string** [strɪŋ] *s.* 1 barbante 2 série, sequência 3 rede [de lojas, hotéis etc.] 4 corda [de instrumento]: *the string section* as cordas 5 fio [de pérolas, lâmpadas] 6 **to pull strings** mexer os pauzinhos 7 **with no strings (attached)** sem restrições / *v.* [*ps e pp* **strung**] **to string sth (up)** pendurar algo

**string along: to string sb along** FAM enrolar alguém

**string out: to string sth out** prolongar algo

**string together: to string sth together** concatenar algo

**strin•gent** ['strɪndʒənt] *adj.* rigoroso

**strip** [strɪp] *v.* [**-pp-**] **1** despir(-se) **2** fazer striptease **3 stripped to the waist** sem camisa **4 to strip sb of sth** destituir algo de alguém: *The athlete was stripped of his medal.* O atleta teve a medalha cassada. **5 to strip sth off/from sth** tirar algo de algo **6 to strip sth (down)** desmontar algo [motor etc.]
**strip down: to strip down to sth** ficar só de algo: *He stripped down to his shorts.* Ele ficou só de cueca.
**strip off 1** tirar a roupa **2 to strip sth off** tirar algo / *s.* **1** tira [de papel etc.] **2** faixa [de terra] **3** striptease

**stripe** [straɪp] *s.* **1** listra **2** divisa, galão [de militar]

**striped** [straɪpt] *adj.* listrado: *blue-striped* listrado de azul

**stripy** [ˈstraɪpi] *adj.* listrado

**strive** [straɪv] *v.* [*ps, pp* **strove, striven**] **to strive to do sth/for sth** FORM empenhar-se em fazer algo/por algo

**strode** [stroʊd] *v.* ▸ *ps de* STRIDE

**stroke** [stroʊk] *s.* **1** derrame (cerebral), AVC **2** braçada [em natação] **3** estilo de nado **4** remada **5** tacada, golpe **6** traço, pincelada **7 a stroke of luck/genius** um golpe de sorte/mestre **8 a stroke of the pen** uma penada **9 at a/one stroke** de uma só vez **10 on the stroke of six/ten etc.** às seis/dez etc. em ponto / *v.* **1** afagar, acariciar **2** alisar

**stroll** [stroʊl] *v.* passear, andar sem pressa / *s.* **1** passeio, volta [a pé] **2 to go for a stroll** ir passear

**stroll•er** [ˈstroʊlər] *s.* AM carrinho de bebê

**strong** [strɔŋ] *adj.* [*comp* **stronger, strongest**] **1** forte **2 strong language** (palavras de) baixo calão **3 5,000 etc. strong** de 5.000 etc. pessoas **4 to still be going strong** continuar firme e forte

**strong•ly** [ˈstrɔŋli] *adv.* **1** veementemente, energicamente **2 to smell/taste strongly of sth** ter um forte cheiro/gosto de algo

**strove** [stroʊv] *v.* ▸ *ps de* STRIVE

**struck** [strʌk] *v.* ▸ *ps e pp de* STRIKE

**struc•tur•al** [ˈstrʌktʃərəl] *adj.* estrutural

**struc•ture** [ˈstrʌktʃər] *s.* **1** estrutura **2** construção / *v.* estruturar

**strug•gle** [ˈstrʌgəl] *v.* **1** lutar (***against*** *contra*, ***with*** *com*) **2** ir com dificuldade **3** ter dificuldade **4 to struggle to do sth** **a** lutar para fazer algo **b** ter dificuldade para fazer algo
**struggle on** continuar com dificuldade / *s.* **1** luta (***for*** *por*, ***with/against*** *com/contra*) **2 to be a struggle (for sb)** ser muito difícil (para alguém)

**strum** [strʌm] *v.* [**-mm-**] dedilhar [violão etc.]

**strung** [strʌŋ] *v.* ▸ *ps e pp de* STRING

**strut** [strʌt] *v.* [**-tt-**] **1** andar empertigado **2 to strut your stuff** FAM mostrar seu talento

**stub** [stʌb] *s.* **1** guimba, bituca [de cigarro] **2** canhoto [de bilhete, cheque] / *v.* [**-bb-**] **to stub your toe (on sth)** dar uma topada (em algo)
**stub out: to stub sth out** apagar algo [cigarro]

**stub•ble** [ˈstʌbəl] *s.* **1** barba por fazer **2** restolho

**stub•born** [ˈstʌbərn] *adj.* **1** teimoso **2** persistente, tenaz

**stuck** [stʌk] *v.* ▸ *ps e pp de* STICK / *adj.* **1** emperrado, entalado **2** preso [em casa, no trânsito etc.] **3** FAM empacado (***on*** *em*): *I got stuck on the last question.* Empaquei na última questão. **4 to be stuck with sth/sb** FAM ter que aguentar algo/alguém

**stuck-up** [stʌk ˈʌp] *adj.* FAM metido

**stud** [stʌd] *s.* **1** piercing, pino **2** cravo [de chuteira etc.] **3** FAM garanhão [homem] **4** (tb **stud farm**) haras

**stu•dent** [ˈstudnt] *s.* estudante, aluno: *a medical student* um estudante de Medicina

**stu•dent driv•er** [ˌstudnt ˈdraɪvər] *s.* AM condutor aprendiz

**stu•dio** [ˈstudioʊ] *s.* **1** estúdio **2** ateliê **3** (tb **studio apartment**) quitinete

**stu•di•ous** [ˈstudiəs] *adj.* estudioso

**study** [ˈstʌdi] *s.* [*pl* **studies**] 1 estudo 2 escritório [em casa] / *v.* [*ps e pp* **studied**] 1 estudar 2 examinar

**stuff** [stʌf] *s.* FAM 1 negócio [refere-se a uma substância qualquer]: *There's some green stuff on your shoe.* Tem um negócio verde no seu sapato. 2 coisas: *You can leave your stuff here.* Pode deixar as suas coisas aqui. | *He likes gaming and stuff like that.* Ele gosta de games e coisas assim. 3 produto: *some stuff to remove stains* um produto para tirar manchas / *v.* 1 encher (***with*** *de*) 2 rechear (***with*** *de*) 3 empalhar 4 **to stuff sth in(to) sth** enfiar algo em algo 5 **to stuff yourself** FAM (tb **stuff your face**) empanturrar-se (***with*** *de*)

**stuff•ing** [ˈstʌfɪŋ] *s.* 1 recheio 2 enchimento

**stuf•fy** [ˈstʌfi] *adj.* [*comp* **stuffier, stuffiest**] 1 abafado [ambiente] 2 careta [pessoa]

**stum•ble** [ˈstʌmbəl] *v.* 1 tropeçar (***on/over*** *em*) 2 ir tropeçando 3 **to stumble across/on sth** deparar-se com algo 4 **to stumble over sth** tropeçar na pronúncia de algo

**stum•bling block** [ˈstʌmblɪŋ blɑk] *s.* obstáculo, empecilho

**stump** [stʌmp] *s.* 1 toco 2 coto / *v.* 1 deixar perplexo 2 **to be stumped** estar perplexo

**stun** [stʌn] *v.* [**-nn-**] 1 atordoar, aturdir 2 paralisar [temporariamente]

**stung** [stʌŋ] *v.* ▸ *ps e pp de* STING

**stunk** [stʌŋk] *v.* ▸ *pp de* STINK

**stun•ning** [ˈstʌnɪŋ] *adj.* 1 deslumbrante 2 estonteante, assombroso

**stunt** [stʌnt] *s.* 1 cena de perigo [em filme] 2 acrobacia [de avião] 3 **publicity stunt** golpe publicitário 4 **to pull a stunt** aprontar uma / *v.* atrofiar

**stu•pid** [ˈstupɪd] *adj.* [*comp* **stupider, stupidest**] idiota, burro

**stu•pid•ity** [stuˈpɪdəti] *s.* idiotice, burrice

**stu•por** [ˈstupər] *s.* torpor

**stur•dy** [ˈstɜrdi] *adj.* [*comp* **sturdier, sturdiest**] 1 sólido, firme 2 robusto 3 resoluto

**stut•ter** [ˈstʌtər] *v.* gaguejar / *s.* gagueira

**sty** [staɪ] *s.* [*pl* **sties**] 1 chiqueiro 2 (tb **stye**) terçol

**stye** [staɪ] *s.* terçol

**style** [staɪl] *s.* 1 estilo: *a buffet-style lunch* um almoço estilo bufê | *country-style chicken* frango à camponesa 2 **in style** em grande estilo / *v.* 1 desenhar [roupa, móveis] 2 pentear

**styl•ish** [ˈstaɪlɪʃ] *adj.* estiloso

**styl•ist** [ˈstaɪlɪst] *s.* 1 consultor de imagem 2 cabeleireiro

**Styro•foam®** [ˈstaɪrəfoʊm] *s.* isopor®

**sub** [sʌb] *s.* FAM 1 submarino 2 reserva [jogador] 3 AM sanduíche de baguete 4 substituto [professor]

**sub•con•scious** [sʌbˈkɑnʃəs] *s, adj.* subconsciente

**sub•due** [səbˈdu] *v.* 1 subjugar, dominar 2 conter, reprimir

**sub•dued** [səbˈdud] *adj.* 1 suave [luz, cor] 2 abatido [pessoa] 3 retraído [mercado]

**sub•ject** *s.* [ˈsʌbdʒɪkt] 1 assunto 2 matéria [escolar]: *What's your favorite subject?* Qual é a sua matéria predileta? 3 sujeito 4 FORM súdito 5 **on the subject of sth** **a** a respeito de algo **b** por falar em algo 6 **to change the subject** mudar de assunto / *adj.* [ˈsʌbdʒɪkt] sujeito (***to*** *a*) / *v.* [səbˈdʒɛkt] **to subject sb/sth to sth** submeter alguém/algo a algo

**sub•jec•tive** [səbˈdʒɛktɪv] *adj.* subjetivo

**sub•ject mat•ter** [ˈsʌbdʒɪktˌmætər] *s.* tema

**sub•junc•tive** [səbˈdʒʌŋktɪv] *s.* subjuntivo

**sub•ma•rine** [ˈsʌbmərin] *s.* submarino

**sub•merge** [səbˈmɜrdʒ] *v.* 1 submergir 2 mergulhar

**sub•mis•sion** [səbˈmɪʃən] *s.* 1 entrega, apresentação 2 **to force sb into submission** forçar alguém a se submeter

**sub•mit** [səbˈmɪt] *v.* [**-tt-**] 1 apresentar, entregar (***to*** *a*) 2 FORM submeter-se (***to*** *a*)

**sub•or•di•nate** [səˈbɔrdnət] *s, adj.* subordinado (***to*** *a*)

**sub•scribe** [səbˈskraɪb] *v.* 1 fazer assinatura 2 **to subscribe to sth** assinar algo [jornal, revista]

**sub•scrib•er** [səb'skraıbər] *s.* assinante [de jornal, serviço]

**sub•scrip•tion** [səb'skrıpʃən] *s.* 1 assinatura [de jornal etc.] 2 **to take out a subscription to sth** fazer assinatura de algo

**sub•se•quent** ['sʌbsəkwənt] *adj.* FORM posterior (***to*** *a*)

**sub•se•quent•ly** ['sʌbsəkwəntli] *adv.* FORM posteriormente

**sub•side** [səb'saıd] *v.* 1 diminuir 2 afundar, ceder

**sub•sid•ence** [səb'saıdns, 'sʌbsədəns] *s.* afundamento [de prédio]

**sub•sidi•ary** [səb'sıdiεri] *s.* [*pl* **subsidiaries**] subsidiária

**sub•si•dize** BRIT tb:**-dise** ['sʌbsədaız] *v.* subsidiar, subvencionar

**sub•si•dy** ['sʌbsədi] *s.* subsídio

**sub•sist•ence** [səb'sıstəns] *s.* subsistência

**sub•stance** ['sʌbstəns] *s.* 1 substância 2 fundamento 3 essência, teor

**sub•stan•tial** [səb'stænʃəl] *adj.* 1 importante, considerável 2 sólido

**sub•stan•tial•ly** [səb'stænʃəli] *adj.* 1 consideravelmente 2 essencialmente

**sub•sti•tute** ['sʌbstətut] *s, adj.* 1 substituto (***for*** *de*) 2 reserva [jogador] 3 **to be no substitute for sth** não substituir algo / *v.* 1 substituir 2 **to substitute A for B** substituir B por A: *Substitute lemon juice for the vinegar if you prefer.* Substitua o vinagre por suco de limão se preferir.

**sub•sti•tute teach•er** [ˌsʌbstətut 'titʃər] *s.* AM professor substituto

**sub•sti•tu•tion** [sʌbstə'tuʃən] *s.* substituição (***of A for B*** *de B por A*)

**sub•ti•tle** ['sʌbtaıtl] *s.* legenda

**sub•ti•tled** ['sʌbtaıtld] *adj.* legendado

**sub•tle** ['sʌtl] *adj.* [*comp* **subtler, subtlest**] sutil

**sub•tle•ty** ['sʌtlti] *s.* sutileza

**sub•tract** [səb'trækt] *v.* subtrair (***from*** *de*)

**sub•trac•tion** [səb'trækʃən] *s.* subtração

**sub•urb** ['sʌbзrb] *s.* 1 bairro de subúrbio 2 **the suburbs** o subúrbio

▸ Nos países de língua inglesa, ***the suburbs*** denota os bairros de classe média afastados do centro da cidade.

**sub•ur•ban** [sə'bзrbən] *adj.* suburbano, de subúrbio

**sub•way** ['sʌbweı] *s.* 1 AM metrô: *a subway station* uma estação de metrô | *You can take the subway.* Dá para ir de metrô. 2 BRIT passagem subterrânea [para pedestres]

**suc•ceed** [sək'sid] *v.* 1 conseguir 2 ter sucesso 3 suceder(-se) a 4 **to succeed in doing sth** conseguir fazer algo

**suc•ceed•ing** [sək'sidıŋ] *adj.* seguinte, posterior

**suc•cess** [sək'sεs] *s.* sucesso, êxito: *a box-office success* um sucesso de bilheteria

**suc•cess•ful** [sək'sεsfəl] *adj.* 1 bem-sucedido 2 **to be successful (in doing sth)** conseguir (fazer algo)

**suc•cess•ful•ly** [sək'sεsfəli] *adv.* com sucesso

**suc•ces•sion** [sək'sεʃən] *s.* 1 sequência, série 2 sucessão 3 **in succession** seguidos: *five times in succession* cinco vezes seguidas

**suc•ces•sive** [sək'sεsıv] *adj.* sucessivo

**suc•ces•sor** [sək'sεsər] *s.* sucessor (***to*** *a/de*)

**suc•cumb** [sə'kʌm] *v.* FORM sucumbir (***to*** *a*)

**such** [sʌtʃ] *adj, adv.* 1 tal, semelhante: *in such a case* num tal caso | *I said no such thing!* Não falei nada disso! 2 tão: *It's such a nice day.* Está um dia tão bonito. | *such interesting people* pessoas tão interessantes 3 FORM tanto, tamanho 4 **such as** tal/tais como 5 **such as?** como, por exemplo? 6 **in such a way that** de tal forma que 7 **there's no such thing as ...** não existe(m) ...: *There's no such thing as UFOs.* Não existe óvni. 8 **to such an extent that** a tal ponto que / *pron.* 1 tal 2 **and such** FAM e coisas assim 3 **as such** a como tal b de verdade: *He doesn't have a job as such.* Ele não tem um emprego de verdade.

**suck** [sʌk] *v.* 1 chupar 2 sugar 3 GÍR ser uma droga
**suck up** 1 **to suck it up** AM FAM conformar-se 2 FAM **to suck up to sb** puxar o saco de alguém
**suck•er** [ˈsʌkər] *s.* 1 FAM trouxa, otário 2 ventosa 3 AM pirulito
**sud•den** [ˈsʌdn] *adj.* 1 repentino, inesperado 2 **all of a sudden** de repente
**sud•den•ly** [ˈsʌdnli] *adv.* de repente
**suds** [sʌdz] *spl.* espuma de sabão
**sue** [su] *v.* processar (***for*** *por*)
**suede** [sweɪd] *s.* camurça
**suf•fer** [ˈsʌfər] *v.* 1 sofrer (***from*** *de/com*) 2 ficar comprometido [qualidade etc.]
**suf•fer•er** [ˈsʌfərər] *s.* vítima (***from*** *de*): *cancer sufferers* vítimas de câncer | *an asthma sufferer* um asmático
**suf•fer•ing** [ˈsʌfərɪŋ] *s.* sofrimento
**suf•fi•cient** [səˈfɪʃənt] *adj.* suficiente, bastante
**suf•fi•cient•ly** [səˈfɪʃəntli] *adv.* o bastante, suficientemente
**suf•fix** [ˈsʌfɪks] *s.* sufixo
**suf•fo•cate** [ˈsʌfəkeɪt] *v.* sufocar
**suf•fo•cat•ing** [ˈsʌfəkeɪtɪŋ] *adj.* sufocante
**sug•ar** [ˈʃʊgər] *s.* açúcar: *Do you take sugar?* Você põe açúcar?
**sug•ar bowl** [ˈʃʊgər boʊl] *s.* açucareiro
**sug•ar cane** [ˈʃʊgər keɪn] *s.* cana-de-açúcar
**sug•gest** [səgˈdʒɛst] *v.* 1 sugerir: *I suggest you call her.* Sugiro que você ligue para ela. 2 recomendar 3 indicar 4 insinuar 5 **to suggest doing sth** sugerir fazer algo
**sug•ges•tion** [səgˈdʒɛstʃən] *s.* 1 sugestão (***for*** *de*) 2 recomendação (***for*** *de*) 3 indício 4 **to make a suggestion** fazer uma sugestão
**sug•ges•tive** [səgˈdʒɛstʃɪv] *adj.* 1 malicioso, sacana 2 **suggestive of sth** sugestivo de algo
**sui•cid•al** [suəˈsaɪdl] *adj.* suicida
**sui•cide** [ˈsuəsaɪd] *s.* 1 suicídio: *attempted suicide* tentativa de suicídio 2 **suicide attack/bomber** atentado suicida/homem-bomba 3 **to commit suicide** suicidar-se
**suit** [sut] *s.* 1 terno: *He was in a suit and tie.* Ele estava de terno e gravata. 2 tailleur: *a pant suit* um terninho 3 traje, roupa [especial] 4 naipe [de cartas] 5 ação [judicial] 6 **to follow suit** seguir o exemplo / *v.* 1 convir a, estar bom para 2 ficar bem em [roupa]: *Red doesn't suit me.* Não fico bem de vermelho. 3 **suit yourself** FAM faça como quiser 4 **to suit sth to sth** adequar algo a algo 5 **well/ideally suited to/for sth** indicado/ideal para algo
**suit•able** [ˈsutəbəl] *adj.* adequado (***for*** *para*)
**suit•ably** [ˈsutəbli] *adv.* 1 adequadamente 2 devidamente
**suit•case** [ˈsutkeɪs] *s.* mala
**suite** [swit] *s.* 1 suíte 2 conjunto, jogo: *a three-piece suite* um conjunto estofado
**sul•fur** [ˈsʌlfər] *s.* AM enxofre
**sulk** [sʌlk] *v.* ficar emburrado, fazer cara feia / *s.* **in a sulk** emburrado
**sulky** [ˈsʌlki] *adj.* emburrado
**sul•len** [ˈsʌln] *adj.* mal-humorado, amuado
**sul•phur** [ˈsʌlfər] *s.* BRIT enxofre
**sul•tan** [ˈsʌltən] *s.* sultão
**sul•tana** [sʌlˈtænə] *s.* BRIT uva-passa clara
**sul•try** [ˈsʌltri] *adj.* 1 mormacento 2 sensual
**sum** [sʌm] *s.* 1 soma 2 cálculo 3 **sum (of money)** quantia / *v.*
**sum up** 1 **to sum (sth) up** resumir (algo) 2 **to sum sth/sb up** a dizer tudo sobre algo/alguém b avaliar algo/alguém
**sum•ma•rize** BRIT tb:-**rise** [ˈsʌməraɪz] *v.* resumir
**sum•mary** *s.* [*pl* **summaries**] resumo / *adj.* sumário
**sum•mer** [ˈsʌmər] *s.* verão: *next summer* no próximo verão | *a summer's day* um dia de verão
**summer time** [ˈsʌmər taɪm] *s.* BRIT horário de verão
**summer•time** [ˈsʌmərtaɪm] *s.* verão
**sum•mery** [ˈsʌməri] *adj.* de verão, estival
**sum•mit** [ˈsʌmɪt] *s.* 1 (reunião de) cúpula 2 cume

**sum•mon** [ˈsʌmən] *v.* FORM **1** chamar, convocar **2 to summon sth (up)** criar [coragem, forças]
**sun** [sʌn] *s.* sol / *v.* [-**nn**-] **to sun yourself** tomar sol
**sun•bathe** [ˈsʌnbeɪð] *v.* tomar (banho de) sol
**sun•block** [ˈsʌnblɑk] *s.* protetor solar
**sun•burn** [ˈsʌnbɜrn] *s.* queimadura de sol
**sun•burned**, BRIT: **sun•burnt** [ˈsʌnbɜrnd/-t] *adj.* com queimaduras de sol
**sun•dae** [ˈsʌndeɪ] *s.* sundae [sorvete com calda, nozes etc.]
**Sun•day** [ˈsʌndi, ˈsʌndeɪ] *s.* domingo
**sun•dry** [ˈsʌndri] *adj.* **1** FORM diversos **2 all and sundry** Deus e o mundo
**sun•flower** [ˈsʌnflaʊər] *s.* girassol
**sung** [sʌŋ] *v.* ▸ *pp de* SING
**sun•glasses** [ˈsʌnglæsɪz] *spl.* óculos de sol
**sun hat** [ˈsʌn hæt] *s.* chapéu de sol
**sunk** [sʌŋk] *v.* ▸ *ps e pp de* SINK
**sunk•en** [ˈsʌŋkən] *adj.* afundado, submerso
**sun•light** [ˈsʌnlaɪt] *s.* luz do sol
**sun•ny** [ˈsʌni] *adj.* [*comp* **sunnier, sunniest**] **1** ensolarado: *a sunny day* um dia de sol | *It's sunny all year round.* Faz sol o ano inteiro. **2** FAM alegre, solar
**sun•rise** [ˈsʌnraiz] *s.* **1** nascer do sol **2 at sunrise** ao amanhecer
**sun•roof** [ˈsʌnruf] *s.* teto solar
**sun•screen** [ˈsʌnskrin] *s.* protetor solar
**sun•set** [ˈsʌnsɛt] *s.* **1** pôr do sol **2 at sunset** ao anoitecer
**sun•shade** [ˈsʌnʃeɪd] *s.* guarda-sol, barraca [de praia]
**sun•shine** [ˈsʌnʃaɪn] *s.* sol
**sun•stroke** [ˈsʌnstroʊk] *s.* insolação
**sun•tan** [ˈsʌntæn] *s.* bronzeado
**sun•tan lo•tion** [ˈsʌntæn ˌloʊʃən] *s.* bronzeador
**sun•tanned** [ˈsʌntænd] *adj.* bronzeado
**su•per** [ˈsupər] *adj.* FAM ótimo / *s.* AM FAM zelador
**su•perb** [suˈpɜrb] *adj.* excelente
**Su•per Bowl** [ˈsupər boʊl] *s.* final do campeonato de futebol americano dos EUA
**super•fi•cial** [supərˈfɪʃəl] *adj.* superficial
**super•flu•ous** [suˈpɜrfluəs] *adj.* supérfluo
**Super•glue**® [ˈsupərglu] *s.* Super Bonder® / *v.* colar com Super Bonder® (***to*** *em*)
**super•he•ro** [ˈsupərhɪroʊ] *s.* super-herói
**super•hu•man** [supərˈhjumən] *adj.* sobre-humano
**super•im•pose** [supərɪmˈpoʊz] *v.* sobrepor (***on/onto*** *a/em*)
**super•in•ten•dent** [supərɪnˈtɛndənt] *s.* **1** superintendente **2** AM zelador
**su•peri•or** [səˈpɪrɪər] *s, adj.* superior (***to*** *a*)
**su•peri•or•ity** [səpɪriˈɑrəti] *s.* superioridade
**super•la•tive** [suˈpɜrlətɪv] *s, adj.* superlativo
**super•mar•ket** [ˈsupərmɑrkɪt] *s.* supermercado
**super•model** [ˈsupərmɑdəl] *s.* top model
**super•natu•ral** [supərˈnætʃərəl] *s, adj.* sobrenatural
**super•pow•er** [ˈsupərpaʊər] *s.* superpotência
**super•sede** [supərˈsid] *v.* substituir, suplantar
**super•son•ic** [supərˈsɑnɪk] *adj.* supersônico
**super•star** [ˈsupərstɑr] *s.* superastro, superestrela
**super•sti•tion** [supərˈstɪʃən] *s.* superstição
**super•sti•tious** [supərˈstɪʃəs] *adj.* supersticioso
**super•store** [ˈsupərstɔr] *s.* hipermercado
**super•vise** [ˈsupərvaɪz] *v.* supervisionar
**super•vi•sion** [supərˈvɪʒən] *s.* supervisão
**super•vi•sor** [ˈsupərvaɪzər] *s.* **1** supervisor **2** AM vereador
**sup•per** [ˈsʌpər] *s.* **1** jantar, ceia **2** BRIT pequeno lanche que se faz antes de dormir
**sup•ple** [ˈsʌpəl] *adj.* **1** ágil, elástico **2** flexível, macio
**sup•plement** *s.* [ˈsʌpləmənt] **1** suplemento **2** caderno, encarte [de jornal] **3** acréscimo / *v.* [ˈsʌpləmɛnt] suprir, complementar (***with*** *com*)
**sup•plemen•ta•ry** [sʌpləˈmɛntəri] *adj.* suplementar
**sup•pli•er** [səˈplaɪər] *s.* fornecedor

**sup•ply** [sə'plaɪ] *s.* 1 estoque, reserva (***of*** *de*) 2 oferta: *a plentiful supply of labor* uma oferta abundante de mão de obra 3 abastecimento [de água, gás, luz] 4 fornecimento 5 **supplies** a mantimentos b material 6 **cleaning supplies** produtos de limpeza 7 **school supplies** material escolar / *v.* [*ps e pp* **supplied**] 1 fornecer 2 abastecer (***with*** *com*) 3 **to supply sb with sth/sth to sb** fornecer algo a alguém 4 **well supplied with sth** bem abastecido de algo

**sup•port** [sə'pɔrt] *v.* 1 apoiar 2 sustentar 3 suportar 4 patrocinar 5 fundamentar, favorecer [tese] 6 BRIT torcer por [time] / *s.* 1 apoio 2 sustento 3 suporte 4 patrocínio 5 fundamento (***for*** *para*)

**sup•port•er** [sə'pɔrtər] *s.* 1 partidário, defensor 2 BRIT torcedor: *a Chelsea supporter* um torcedor do Chelsea

**sup•port group** [sə'pɔrt grup] *s.* grupo de apoio

**sup•port•ive** [sə'pɔrtɪv] *adj.* solidário

**sup•pose** [sə'poʊz] *v.* 1 supor 2 **I suppose (that) ...** a ▸ introduz uma suposição, correspondendo ao uso do verbo *dever* em português: *I suppose you're right.* Você deve ter razão. | *I suppose you think you're really clever, don't you?* Você deve se achar muito esperto, não é? b ▸ usa-se quando se aceita algo com relutância: *I suppose he can come with us.* Ele pode ir com a gente, vai. 3 **I suppose so** a acho que sim b tudo bem, vai [aceitando com relutância] 4 **I don't suppose (that) ...** a ▸ introduz uma pergunta ou pedido: *I don't suppose you've seen my cell phone, have you?* Você não viu meu celular por acaso? | *I don't suppose you could help me, could you?* Será que você podia me ajudar? b ▸ introduz uma suposição: *I don't suppose we'll see each other again.* Acho que a gente não se vê mais. 5 **I suppose not** acho que não 6 **do you suppose (that) ...?** será que ...?: *Do you suppose they're coming back?* Será que eles voltam? | *Where do you suppose he's gone?* Onde será que ele foi? 7 **suppose/supposing (that) ...** a vamos supor/supondo que ...: *Suppose you won the lottery.* Vamos supor que você ganhasse na loteria. b e se ...?: *Supposing it rains?* E se chover?

**sup•posed** [sə'poʊzd] *adj.* 1 **to be supposed to do/be sth** a ▸ corresponde ao verbo *dever* ou à expressão *é para* ... em português: *What time are we supposed to be there?* É para a gente estar lá a que horas? | *You weren't supposed to tell anyone.* Não era para contar para ninguém. | *You're supposed to wait in line, sir.* O senhor deve esperar na fila. b ▸ corresponde ao uso de *dizem que* ... em português: *The house is supposed to be haunted.* Dizem que a casa é mal assombrada. 2 suposto ▸ nesta acepção, também se pronuncia [sə'poʊzɪd]

**sup•pos•ed•ly** [sə'poʊzɪdli] *adv.* supostamente

**sup•press** [sə'prɛs] *v.* 1 reprimir [povo, rebelião, raiva] 2 suprimir [provas]

**su•prema•cy** [sə'prɛməsi] *s.* supremacia

**su•preme** [sə'prim] *adj.* supremo: *the Supreme Court* o Supremo Tribunal Federal

**sur•charge** ['sɜrtʃɑrdʒ] *s.* sobretaxa

**sure** [ʃʊr] *adj.* 1 **sure of yourself** seguro de si 2 **for sure** FAM com certeza 3 **be sure to do sth** FAM não deixe de fazer algo: *Be sure to call me if you need help.* Não deixe de me chamar se precisar de ajuda. 4 **I'm not sure how/where etc.** não sei bem como/onde etc. 5 **one thing's (for) sure** uma coisa é certa 6 **to be sure** ter certeza (***of*** *de*): *Are you sure?* Você tem certeza? 7 **to be sure (that) ...** ter certeza de que ...: *I'm sure they haven't forgotten.* Tenho certeza de que eles não esqueceram. 8 **to be sure to do sth**: *She's sure to win.* Ela vai ganhar com certeza. 9 **to make sure** verificar 10 **to make sure of sth** garantir algo 11 **to make sure (that) ...** a verificar se ... b garantir que ... c ver se ...: *Make sure you get here on time.* Vê se você não atrasa. / *adv.* 1 AM FAM realmente: *It sure* *is cold outside.* Realmente está frio lá fora. 2 **sure enough** de fato / *interj.* 1 FAM claro: *"Can I borrow your pen?" - "Sure."* "Posso pegar a sua caneta emprestada?" - "Claro." 2 AM FAM de nada

**sure•ly** [ˈʃʊrli] *adv.* 1 certamente 2 não é possível (que): *Surely you don't believe that?* Não é possivel que você acredite nisso! | *It must be a joke, surely?* Deve ser brincadeira, só pode. 3 **surely not** FAM (como resposta) mentira!

**surf** [sɜrf] *v.* 1 surfar, pegar onda 2 **to surf the web** surfar na rede / *s.* arrebentação

**sur•face** [ˈsɜrfes] *s.* superfície / *v.* 1 vir à tona 2 aflorar 3 surgir, aparecer 4 vir à superfície

**surf•board** [ˈsɜrf bɔrd] *s.* prancha de surfe

**surf•er** [ˈsɜrfər] *s.* surfista

**surf•ing** [ˈsɜrfɪŋ] *s.* surfe

**surge** [sɜrdʒ] *v.* 1 avançar com ímpeto 2 avolumar-se, subir 3 disparar [preços, adrenalina] / *s.* 1 surto [de emoção, adrenalina] 2 disparada [de preços] 3 maré [de gente] 4 pico [de força]

**sur•geon** [ˈsɜrdʒən] *s.* cirurgião

**sur•gery** [ˈsɜrdʒəri] *s.* [*pl* **surgeries**] 1 cirurgia 2 AM sala de cirurgia 3 BRIT consultório

**sur•gi•cal** [ˈsɜrdʒɪkəl] *adj.* cirúrgico

**sur•name** [ˈsɜrneɪm] *s.* sobrenome

**sur•pass** [sərˈpæs] *v.* exceder, superar

**sur•plus** [ˈsɜrpləs] *s.* 1 excesso 2 superávit / *adj.* excedente, de sobra

**sur•prise** [sərˈpraɪz] *s.* 1 surpresa: *to my surprise* para minha surpresa | *a surprise visit* uma visita de surpresa 2 **to take/catch sb by surprise** pegar alguém de surpresa / *v.* 1 surpreender 2 flagrar

**sur•prised** [sərˈpraɪzd] *adj.* surpreendido, surpreso

**sur•pris•ing** [sərˈpraɪzɪŋ] *adj.* surpreendente

**sur•pris•ing•ly** [sərˈpraɪzɪŋli] *adv.* 1 surpreendentemente 2 **not surprisingly** como não é de se surpreender

**sur•ren•der** [səˈrɛndər] *v.* 1 render-se 2 entregar(-se) (***to*** *a*) / *s.* 1 rendição 2 entrega (***to*** *a*)

**sur•ro•gate** [ˈsʌrəgət] *adj, s.* 1 substituto 2 **surrogate mother** mãe de aluguel

**sur•round** [səˈraʊnd] *v.* 1 rodear, cercar (***with*** *de*) 2 estar relacionado com [questão] 3 **surrounded by sth/sb** rodeado/cercado de algo/alguém

**sur•round•ing** [səˈraʊndɪŋ] *adj.* adjacente, vizinho: *the surrounding area* os arredores

**sur•round•ings** [səˈraʊndɪŋz] *spl.* 1 arredores 2 meio envolvente 3 entorno

**sur•veil•lance** [sərˈveɪləns] *s.* vigilância: *under surveillance* sob vigilância

**sur•vey** *s.* [ˈsɜrveɪ] 1 enquete 2 levantamento 3 panorama geral / *v.* [sərˈveɪ] 1 questionar, sondar 2 examinar 3 fazer levantamento de

**sur•viv•al** [sərˈvaɪvəl] *s.* sobrevivência

**sur•vive** [sərˈvaɪv] *v.* 1 sobreviver (a) 2 subsistir (***on*** *com/de*)

**sur•vi•vor** [sərˈvaɪvər] *s.* sobrevivente

**sus•cep•tible** [səˈsɛptəbəl] *adj.* 1 suscetível (***to*** *a*) 2 influenciável

**sus•pect** *v.* [səˈspɛkt] 1 desconfiar (de) 2 suspeitar (de) 3 **I suspect** acho 4 **to be suspected of (doing) sth** ser suspeito de (fazer/ter feito) algo 5 **to suspect sb of (doing) sth** suspeitar que alguém faça/tenha feito algo / *s, adj.* [ˈsʌspɛkt] suspeito

**sus•pend** [səˈspɛnd] *v.* suspender

**sus•pend•ers** [səˈspɛndərz] *s.* 1 AM suspensórios 2 BRIT cinta-liga

**sus•pense** [səˈspɛns] *s.* 1 suspense 2 **to keep sb in suspense** fazer suspense com alguém

**sus•pen•sion** [səˈspɛnʃən] *s.* suspensão

**sus•pen•sion bridge** [səˈspɛnʃən brɪdʒ] *s.* ponte pênsil

**sus•pi•cion** [səˈspɪʃən] *s.* 1 suspeita 2 desconfiança 3 **above suspicion** acima de qualquer suspeita 4 **on suspicion of (doing) sth** por suspeita de (fazer) algo

**sus•pi•cious** [səˈspɪʃəs] *adj.* 1 desconfiado, suspeitoso (***of*** *de*) 2 suspeito

**sus•pi•cious•ly** [səˈspɪʃəsli] *adv.* 1 com desconfiança 2 de forma suspeita

**sus•tain** [sə'steɪn] *v.* 1 sustentar 2 manter [interesse, relação] 3 sofrer [perda, prejuízo]
**sus•tain•able** [sə'steɪnəbəl] *adj.* sustentável
**SUV** [ɛsju'vi] *s.* (= sport utility vehicle) utilitário esportivo, 4x4
**swag•ger** ['swægər] *v.* ir/andar todo exibido
**swal•low** ['swɑloʊ] *v.* 1 engolir 2 comprar [história] 3 **to swallow your pride** engolir o orgulho
**swallow up: to swallow sth up** abocanhar algo / *s.* 1 andorinha 2 trago [de bebida]
**swam** [swæm] *v.* ▸ *ps de* SWIM
**swamp** [swɑmp] *s.* pântano / *v.* 1 **to be swamped with/by sth** receber uma enxurrada de algo 2 **to be swamped (with work)** estar atolado de trabalho 3 inundar
**swan** [swɑn] *s.* cisne
**swanky** [swæŋki] *adj.* [*comp* **swankier, swankiest**] FAM chique
**swap** [swɑp] *v.* [-**pp**-] trocar (de) (***for** por*) / *s.* FAM troca **to do a swap** trocar
**swap meet** ['swɔp mit] *s.* AM venda de objetos usados
**swarm** [swɔrm] *s.* enxame / *v.* 1 amontoar-se, ir em grande número [pessoas] 2 enxamear
**swat** [swɑt] *v.* [-**tt**-] esmagar [mosca etc.]
**sway** [sweɪ] *v.* 1 balançar 2 influenciar / *s.* 1 balanço 2 **to hold sway** predominar
**swear** [swɛr] *v.* [*ps, pp* **swore, sworn**] 1 falar palavrão 2 jurar 3 **I could have sworn (that) ...** eu estava crente que ... 4 **to swear an oath** prestar juramento 5 **to swear at sb** xingar alguém 6 **to swear by sth** confiar piamente em algo 7 **to swear sb to secrecy** fazer alguém jurar segredo 8 **to swear to do sth** jurar que vai fazer algo 9 **to swear to sth** dizer algo com toda a certeza
**swear in: to be sworn in** ⓐ tomar posse ⓑ prestar juramento
**swear•ing** ['swɛrɪŋ] *s.* (uso de) palavrões
**swear word** ['swɛr wɜrd] *s.* palavrão
**sweat** [swɛt] *v.* 1 suar 2 **don't sweat it** AM FAM não esquente
**sweat out: to sweat it out** ficar em suspense / *s.* 1 suor 2 **sweats** AM (plural) conjunto/calça de moletom 3 **in a cold sweat** suando frio 4 **no sweat** FAM tranquilo 5 **to work up/break a sweat** suar a camisa
**sweat•er** ['swɛtər] *s.* suéter
**sweat•pants** ['swɛtpænts] *spl.* AM calça de moletom
**sweat•shirt** ['swɛtʃɜrt] *s.* moletom [agasalho]
**sweat•suit** ['swɛtsut] *s.* AM conjunto de moletom
**sweaty** ['swɛti] *adj.* [*comp* **sweatier, sweatiest**] suado
**Swede** [swid] *s.* sueco
**Swe•den** ['swidn] *s.* Suécia
**Swe•dish** ['swidɪʃ] *adj, s.* sueco
**sweep** [swip] *v.* [*ps e pp* **swept**] 1 varrer 2 levar, arrastar [na correnteza etc.] 3 tomar conta de 4 precipitar-se 5 ir impetuosamente / *s.* 1 movimento impetuoso 2 extensão [de terra]
**sweep•ing** ['swipɪŋ] *adj.* 1 radical [mudança, corte] 2 **sweeping statement/generalization** generalização excessiva
**sweet** [swit] *adj.* [*comp* **sweeter, sweetest**] 1 doce 2 bonzinho, meigo 3 delicado 4 BRIT bonitinho 5 **to have a sweet tooth** ser formiguinha [gostar de doce] / *s.* 1 BRIT bala [de chupar] 2 BRIT sobremesa
**sweet•corn** ['switkɔrn] *s.* milho
**sweet•en** ['switn] *v.* 1 adoçar 2 tornar mais atraente
**sweet•en•er** ['switnər] *s.* adoçante
**sweet•heart** ['swithɑrt] *s.* 1 querido [forma de tratamento] 2 namorado
**sweet po•ta•to** [swit pə'teɪtoʊ] *s.* batata-doce
**swell** [swɛl] *v.* [*ps, pp* **swelled, swollen**] 1 (tb swell up) inchar 2 aumentar / *s.* ondulação [do mar] / *adj.* AM ótimo
**swell•ing** ['swɛlɪŋ] *s.* inchaço
**swept** [swɛpt] *v.* ▸ *ps e pp de* SWEEP
**swerve** [swɜrv] *v.* desviar-se / *s.* desvio
**swift** [swɪft] *adj.* 1 rápido 2 **to be swift to do sth** fazer algo logo
**swift•ly** ['swɪftli] *adv.* rapidamente

**swig** [swɪg] FAM *v.* [-**gg**-] beber em goles grandes / *s.* gole

**swim** [swɪm] *v.* [-**mm**-] [*ps, pp* **swam, swum**] 1 nadar 2 ir nadando 3 atravessar a nado 4 **my head is swimming** estou zonzo / *s.* **to go for a swim** dar um mergulho, cair na água

**swim•mer** [ˈswɪmər] *s.* nadador

**swim•ming** [ˈswɪmɪŋ] *s.* natação

**swim•ming cos•tume** [ˈswɪmɪŋ ˌkɑstjum] *s.* BRIT maiô

**swim•ming pool** [ˈswɪmɪŋ pul] *s.* piscina

**swim•ming trunks** [ˈswɪmɪŋ trʌŋks] *spl.* sunga: *a pair of swimming trunks* uma sunga

**swim•suit** [ˈswɪmsut] *s.* maiô

**swin•dle** [ˈswɪndl] *v.* defraudar (***out of*** *em*) / *s.* fraude, golpe

**swin•dler** [ˈswɪndlər] *s.* vigarista, fraudador

**swing** [swɪŋ] *v.* [*ps e pp* **swung**] 1 balançar 2 virar 3 brandir 4 **to swing at sth/sb (with sth)** tentar acertar algo (com algo) 5 **to swing into action** entrar em ação

**swing around: to swing (sth) around** virar (algo) / *s.* 1 balanço 2 virada 3 **mood swings** alterações de humor 4 **to be in full swing** estar a mil [festa, trabalho] 5 **to get into the swing of it/things** entrar no ritmo

**swipe** [swaɪp] *v.* 1 passar [cartão magnético] 2 FAM surripiar, roubar 3 **to swipe (at) sb** (tentar) bater em alguém / *s.* **a swipe at sb/sth** uma alfinetada em alguém/algo

**swirl** [swɜrl] *v.* (tb **swirl around**) fazer redemoinhos (com)

**Swiss** [swɪs] *adj, s.* 1 suíço 2 **the Swiss** (plural) os suíços

**switch** [swɪtʃ] *v.* 1 mudar (de) (***to*** *para*) 2 trocar (de) (***for*** *por*) 3 **to switch between sth and sth** alternar entre algo e algo 4 **to switch sth to sth** colocar algo em algo [aparelho]

**switch off: to switch (sth) off** desligar (algo)

**switch on: to switch (sth) on** ligar (algo)

**switch over** 1 mudar (***to*** *para*) 2 mudar de canal (***to*** *para*) / *s.* 1 interruptor, botão 2 mudança

**switch•board** [ˈswɪtʃbɔrd] *s.* mesa telefônica

**Switzer•land** [ˈswɪtsərlənd] *s.* Suíça

**swiv•el** [ˈswɪvəl] *v.* (tb **swivel around**) virar ▸ *Am:* ***swiveling, swiveled*** *Brit:* ***swivelling, swivelled***

**swol•len** [swoʊlən] *v.* ▸ *pp de* SWELL / *adj.* inchado

**swoop** [swup] *v.* 1 (tb **swoop down**) arremeter-se (***on*** *sobre*) 2 dar uma batida (***on*** *em*) / *s.* batida [policial]

**swop** [swɑp] *v, s.* BRIT = **swap**

**sword** [sɔrd] *s.* 1 espada 2 **double-edged sword** faca de dois gumes

**sword•fish** [ˈsɔrdfɪʃ] *s.* [*pl* **swordfish**] espadarte [peixe]

**swore** [swɔr] *v.* ▸ *ps de* SWEAR

**sworn** [swɔrn] *v.* ▸ *pp de* SWEAR / *adj.* jurado [inimigo etc.]

**swot** [swɑt] BRIT FAM *s.* cê-dê-efe / *v.* [-**tt**-] estudar

**swum** [swʌm] *v.* ▸ *pp de* SWIM

**swung** [swʌŋ] *v.* ▸ *ps e pp de* SWING

**syl•la•ble** [ˈsɪləbəl] *s.* sílaba

**syl•la•bus** [ˈsɪləbəs] *s.* programa de estudos

**sym•bol** [ˈsɪmbəl] *s.* símbolo (***of/for*** *de*)

**sym•bol•ic** [sɪmˈbɑlɪk] *adj.* simbólico (***of*** *de*)

**sym•bol•ize** BRIT tb:**-ise** [ˈsɪmbəlaɪz] *v.* simbolizar

**sym•met•ri•cal** [sɪˈmɛtrɪkəl] *adj.* simétrico

**sym•me•try** [ˈsɪmətri] *s.* simetria

**sym•pa•thet•ic** [sɪmpəˈθɛtɪk] *adj.* 1 compreensivo, solidário (***to/toward*** *com*) 2 **to be sympathetic toward sth** simpatizar com algo [causa]

**sym•pa•thize** BRIT tb:**-thise** [ˈsɪmpəθaɪz] *v.* 1 **to sympathize (with sb)** **a** compreender (alguém) **b** sentir muito (por alguém) 2 **to sympathize with sth** simpatizar com algo [causa]

**sym•pa•thy** [ˈsɪmpəθi] *s.* 1 pena (*for de*) 2 compreensão (*for com*) 3 solidariedade (*for/with com*) 4 **sympathies** a pêsames, sentimentos b simpatias [políticas]
**sym•pho•ny** [ˈsɪmfəni] *s.* [*pl* **symphonies**] sinfonia: *a symphony orchestra* uma orquestra sinfônica
**symp•tom** [ˈsɪmptəm] *s.* sintoma
**syna•gogue** [ˈsɪnəgɑg] *s.* sinagoga
**sync** [sɪŋk] *s.* 1 **in sync** a sincronizado (*with com*) b sintonizado (*with com*) 2 **out of sync** defasado (*with com*)
**syn•chro•nized swim•ming** [ˌsɪŋkrənaɪzd ˈswɪmɪŋ] *s.* nado sincronizado
**syn•di•cate** [ˈsɪndəkət] *s.* consórcio
**syno•nym** [ˈsɪnənɪm] *s.* sinônimo
**syn•ony•mous** [sɪˈnɑnəməs] *adj.* sinônimo (*with de*)
**syn•tax** [ˈsɪntæks] *s.* sintaxe
**syn•the•siz•er** BRIT tb:-**siser** [ˈsɪnθəsaɪzər] *s.* sintetizador
**syn•thet•ic** [sɪnˈθɛtɪk] *adj.* sintético
**sy•ringe** [səˈrɪndʒ] *s.* seringa
**syr•up** [ˈsɪrəp] *s.* 1 calda [de açúcar] 2 xarope
**sys•tem** [ˈsɪstəm] *s.* 1 sistema 2 organismo 3 aparelho [digestivo, respiratório etc.] 4 **to get sth out of your system** FAM desencanar de algo
**sys•tem•at•ic** [sɪstəˈmætɪk] *adj.* sistemático

# T

**T, t** [ti] *s.* T, t

**tab** [tæb] *s.* 1 conta (pendurada) 2 (tb **tab key**) tecla TAB 3 AM tampinha [de lata] 4 aba 5 **to keep tabs on sb/sth** FAM controlar/vigiar alguém/algo 6 **to pick up the tab** pagar a conta

**ta•ble** [ˈteɪbəl] *s.* 1 mesa: *a table for four* uma mesa para quatro 2 tabela 3 **table of contents** sumário [de livro] 4 **to set/clear the table** pôr/tirar a mesa 5 **to turn the tables** virar o feitiço contra o feiticeiro (***on** para*)

**table•cloth** [ˈteɪbəlklɑθ] *s.* toalha de mesa

**table•spoon** [ˈteɪbəlspun] *s.* colher de sopa

**tab•let** [ˈtæblət] *s.* 1 comprimido 2 AM bloco [de papel] 3 tablet [computador] 4 tábua [de pedra]

**table tennis** [ˈteɪbəl ˌtɛnɪs] *s.* tênis de mesa, pingue-pongue

**tab•loid** [ˈtæblɔɪd] *s.* 1 (tb **tabloid newspaper**) jornal sensacionalista 2 **the tabloids** (tb **the tabloid press**) a imprensa marrom

**ta•boo** [təˈbu] *s, adj.* tabu

**tac•it** [ˈtæsɪt] *adj.* tácito

**tack** [tæk] *s.* 1 tacha, tachinha 2 abordagem, tática / *v.* 1 prender com tacha 2 alinhavar 3 bordejar [com barco]

**tack•le** [ˈtækəl] *v.* 1 tratar de, atacar [problema] 2 (tentar) tirar a bola (de) 3 bloquear [em futebol americano] 4 agarrar [ladrão etc.] / *s.* 1 tirada de bola 2 bloqueio [em futebol americano] 3 apetrechos [de pesca etc.]

**tacky** [ˈtæki] *adj.* [*comp* **tackier, tackiest**] 1 brega 2 pegajoso 3 **to be tacky** AM pegar mal, não ficar bem

**tact** [tækt] *s.* tato [diplomacia]

**tact•ful** [ˈtæktfəl] *adj.* diplomático, delicado

**tac•tic** [ˈtæktɪk] *s.* 1 tática [método] 2 **tactics** (plural) tática [ciência]

**tac•ti•cal** [ˈtæktɪkəl] *adj.* 1 estratégico 2 tático

**tact•less** [ˈtæktləs] *adj.* indiscreto, indelicado

**tad•pole** [ˈtædpoʊl] *s.* girino

**taf•fy** [ˈtæfi] *s.* [*pl* **taffies**] AM (bala) puxa-puxa

**tag** [tæg] *s.* 1 etiqueta: *a price tag* uma etiqueta de preço 2 pega-pega [brincadeira] / *v.* [**-gg-**] 1 etiquetar 2 rotular (***as** de*) 3 marcar [em foto]

**tag along** ir a tiracolo (***with** com/de*)

**tail** [teɪl] *s.* 1 rabo, cauda 2 **heads or tails** cara ou coroa 3 **in/wearing tails** de/usando fraque 4 **the tail end of sth** o finalzinho de algo / *v.* FAM seguir

**tail off** ir diminuindo

**tail•back** [ˈteɪlbæk] *s.* BRIT retenção [de trânsito]

**tail•coat** [ˈteɪlkoʊt] *s.* fraque

**tail•gate** [ˈteɪlgeɪt] *s.* 1 porta traseira [de caminhonete] 2 AM (tb **tailgate party**) piquenique feito no estacionamento do estádio antes do jogo / *v.* colar na traseira (de)

**tai•lor** ['teɪlər] *s.* alfaiate / *v.* **to tailor sth to sth** adequar algo a algo

**tailor-made** [ˌteɪlər ˈmeɪd] *adj.* feito sob medida (*for para*)

**tail•pipe** ['teɪlpaɪp] *s.* AM (cano de) escapamento

**taint** [teɪnt] *v.* 1 comprometer 2 contaminar

**take** [teɪk] *v.* [*ps, pp* **took, taken**] 1 levar 2 tomar 3 pegar 4 aceitar 5 aguentar 6 exigir [coragem, paciência etc.]: *It takes luck to win.* É preciso sorte para ganhar. 7 tirar [foto, cópia] 8 assumir [culpa, responsabilidade] 9 fazer [matéria, curso, prova] 10 **I take it (that) ...** imagino que ... 11 **take it from me** vai por mim 12 **to take sth seriously/personally etc.** levar algo a sério/para o lado pessoal etc. 13 **to take to doing sth** começar a fazer algo 14 **to take to sb/sth** gostar de alguém/algo

**take after: to take after sb** puxar a alguém: *She takes after her mother.* Ela puxou à mãe.

**take apart: to take sth apart** desmontar algo

**take away** 1 **to take sth/sb away** ▣ levar algo/alguém embora (*from de*) ▣ tirar algo/alguém (*from de*) 2 **to take away** BRIT para viagem [comida etc.] 3 **to take away from sth** ofuscar o brilho de algo 4 **to take sb's breath away** tirar o fôlego de alguém

**take back** 1 **to take sth/sb back** levar algo/alguém de volta (*to a/para*) 2 **to take sth back** ▣ pegar/aceitar algo de volta ▣ devolver algo [à loja] ▣ retirar algo [comentário] 3 **to take sb back** trazer recordações a alguém (*to de*)

**take down** 1 **to take sth down** ▣ tirar algo [quadro da parede, enfeites etc.] ▣ desmontar algo [barraca etc.] ▣ anotar algo ▣ abaixar algo [calça etc.] 2 **to take sb down** AM FAM acabar com alguém

**take in** 1 **to take sth/sb in** ▣ levar algo/alguém para dentro ▣ acolher algo/alguém 2 **to take sth in** ▣ assimilar algo ▣ AM ganhar algo [como receita] ▣ visitar algo 3 **to be taken in** deixar-se enganar (*by por*)

**take off** 1 decolar (*from de*) 2 deslanchar [carreira, empresa etc.] 3 **to take sth off** tirar algo 4 **to take sth off sth** tirar algo de algo 5 **to take a day/week etc. off** tirar um dia/uma semana etc. de folga: *He decided to take the afternoon off.* Ele resolveu tirar folga à tarde. **to take time off (school/work)** tirar folga (da escola/do trabalho)

**take on** 1 **to take sb on** ▣ contratar alguém ▣ enfrentar alguém [em jogo, briga] 2 **to take sth on** ▣ assumir algo ▣ aceitar algo

**take out** 1 **to take sth/sb out** levar algo/alguém para fora 2 **to take sth out** tirar algo (*of/from de*) 3 **to take sb out** levar alguém para sair/passear 4 **to take a book out (of the library)** tomar um livro emprestado (da biblioteca) 5 **to take out insurance/a loan** fazer um seguro/um empréstimo 6 **to take sth out on sb** descontar algo em alguém [raiva etc.]: *Don't take it out on me!* Não desconte em cima de mim!

**take over** 1 assumir a vez 2 tomar conta 3 **to take over from sb** entrar no lugar de alguém 4 **to take sth over** ▣ tomar conta de algo ▣ assumir o controle de algo [empresa]

**take up** 1 **to take sth/sb up** levar algo/alguém para cima 2 **to take sth up** ▣ começar a fazer/jogar algo [como hobby] ▣ assumir algo [cargo, obrigações] ▣ aceitar algo [convite, desafio] ▣ acatar/dar seguimento a algo [proposta, reclamação] 3 **to take up sth** ocupar algo [tempo, espaço] 4 **to take sth up with sb** levantar algo com alguém [assunto] 5 **to take sb up on sth** aceitar algo de alguém [convite, oferta]: *Thanks, I'll take you up on that.* Vou aceitar, obrigado. / *s.* 1 tomada [de filme] 2 visão (*on de/sobre*): *What's your take on this?* Qual é a sua visão sobre isso? 3 AM FAM receita [de venda]

▸ O verbo ***take*** combina-se com muitos substantivos para formar frases feitas do tipo ***take care, take charge, take offense*** etc. Para encontrar o significado de uma tal frase, consulte o verbete do respectivo substantivo (p.ex., ***care, charge, offense*** etc.).

**take•away** [ˈteɪkəweɪ] *s.* BRIT **1** comida para viagem **2** restaurante de delivery

**tak•en** [ˈteɪkən] *v.* ▸ *pp de* TAKE / *adj.* ocupado [lugar]

**take-off** [ˈteɪkɔf] *s.* **1** decolagem **2** impulsão [de atleta]

**take•out** [ˈteɪkaʊt] *s.* AM comida para viagem/delivery

**take•over** [ˈteɪkoʊvər] *s.* **1** aquisição [de empresa] **2** tomada de poder (***by*** *por*)

**tak•ings** [ˈteɪkɪŋz] *spl.* receita [de venda]

**talc** [tælk] *s.* (tb **talcum powder**) talco

**tale** [teɪl] *s.* conto, história

**tal•ent** [ˈtælənt] *s.* talento (***for*** *para*)

**tal•ent•ed** [ˈtæləntɪd] *adj.* talentoso

**talk** [tɔk] *v.* **1** falar, conversar (***about*** *sobre*, ***to/with*** *com*) **2 talking of/about sth** por falar em algo **3 to talk about doing sth** falar de fazer algo **4 to talk nonsense** falar besteira **5 to talk politics/sport etc.** falar de política/esporte etc. **6 to talk to yourself** falar sozinho

**talk back** responder (***to*** *para*)

**talk down: to talk down to sb** falar com alguém como se ele fosse idiota

**talk into: to talk sb into doing sth** convencer alguém a fazer algo: *My friends talked me into it.* Meus amigos me convenceram.

**talk out of: to talk sb out of doing sth** convencer alguém a não fazer algo

**talk over, talk through: to talk sth over/through** discutir algo / *s.* **1** conversa **2** palestra (***about/on*** *sobre*) **3 talks** negociações (***with*** *com*) **4 there's talk of sth/that ...** fala-se de algo/que ... **5 to be all talk** FAM ser conversa-fiada [pessoa] **6 to have a talk** ter uma conversa (***with*** *com*)

**talka•tive** [ˈtɔkətɪv] *adj.* falante

**tall** [tɔl] *adj.* [*comp* **taller, tallest**] **1** alto: *How tall are you?* Quanto você tem de altura? | *He's six foot tall.* Ele tem 1,80 m de altura. **2 tall story** história para boi dormir **3 a tall order** FAM uma tarefa difícil

**tal•ly** [ˈtæli] *v.* conferir, bater (***with*** *com*)

**tam•bou•rine** [tæmbəˈrin] *s.* pandeiro

**tame** [teɪm] *adj.* **1** domesticado, manso **2** FAM sem sal [humor etc.] / *v.* domar

**tam•per** [ˈtæmpər] *v.* **to tamper with sth** **a** mexer em algo **b** alterar algo

**tam•pon** [ˈtæmpɑn] *s.* absorvente interno

**tan** [tæn] *v.* [**-nn-**] **1** bronzear(-se) **2** curtir [pele] / *s.* bronzeado / *adj.* **1** castanho-amarelado **2** bronzeado

**tan•gent** [ˈtændʒənt] *s.* **to go off on a tangent** FAM desviar do assunto

**tan•ge•rine** [tændʒəˈrin] *s.* tangerina

**tan•gible** [ˈtændʒəbəl] *adj.* palpável

**tan•gle** [ˈtæŋgəl] *v.* (tb **tangle up**) emaranhar (-se) / *s.* emaranhado

**tan•gled** [ˈtæŋgəld] *adj.* (tb **tangled up**) emaranhado

**tank** [tæŋk] *s.* **1** tanque, depósito **2** caixa d'água, cisterna **3** tanque (de guerra) / *v.* **tank up** abastecer

**tank•er** [ˈtæŋkər] *s.* petroleiro

**tan•ned** [tænd] *adj.* bronzeado

**tan•ta•liz•ing** BRIT tb:**-lising** [tæntəlaɪzɪŋ] *adj.* tentador

**tan•ta•mount** [ˈtæntəmaʊnt] *adj.* **to be tantamount to sth** equivaler a algo

**tan•trum** [ˈtæntrəm] *s.* birra

**tap** [tæp] *s.* **1** *BRIT* torneira: *tap water* água da torneira **2** pancadinha, palmadinha **3** (tb **tap dancing**) sapateado **4** grampo [em telefone] **5 on tap** **a** à disposição **b** em barril [cerveja] / *v.* **1** bater de leve em/com **2** aproveitar [energia, recursos etc.] **3** grampear [telefone] **4 to tap sb on the shoulder** tocar no ombro de alguém

**tap into: to tap into sth** aproveitar algo

**tape** [teɪp] *s.* **1** fita **2** fita adesiva / *v.* **1** gravar **2** prender com fita adesiva (***to*** *em*) **3** AM enfaixar

**tape up: to tape sth up** fechar/prender algo com fita adesiva

**tape meas•ure** [ˈteɪp ˌmɛʒər] *s.* trena, fita métrica

**tape re•cord•er** [ˈteɪp rɪˌkɔrdər] *s.* gravador [de fita]

**tap•es•try** [ˈtæpəstri] *s.* tapeçaria

**tar** [tɑr] *s.* **1** alcatrão **2** piche

**tar•get** [ˈtɑrgɪt] *s.* **1** meta **2** alvo: *a soft target* um alvo fácil **3 target audience** público-alvo **4 target practice** tiro ao alvo **5 on target** **a** de acordo com a meta **b** certeiro [tiro, chute] **6 to meet a target** cumprir uma meta / *v.* **1** visar [alvo, público] **2 to target sth on/at sb/sth** destinar algo a alguém/algo

**tar•mac** [ˈtɑrmæk] *s.* asfalto / *v.* [-**ck**-] asfaltar

**tar•nish** [ˈtɑrnɪʃ] *v.* **1** manchar [imagem, reputação] **2** (fazer) perder o brilho [ouro, prata]

**tart** [tɑrt] *s.* torta [sem cobertura de massa]: *a fruit tart* uma torta de frutas / *adj.* ácido

**tar•tan** [ˈtɑrtn] *s.* (tecido com) desenho xadrez [típico da Escócia]: *a tartan skirt* uma saia xadrez

**task** [tæsk] *s.* tarefa

**taste** [teɪst] *s.* **1** gosto (***for*** *por*, ***in*** *em*) **2** (tb **sense of taste**) paladar **3** bom gosto **4** experiência **5 in bad/poor taste** de mau gosto **6 to get a taste of sth** experimentar algo **7 to have a taste of sth** provar algo / *v.* **1** sentir o gosto de **2** provar, experimentar **3** degustar **4 to taste good/awful etc.** estar/ficar/ser bom/horrível etc. [comida]: *This soup tastes delicious.* Essa sopa está uma delícia. **5 to taste of/like sth** ter gosto de algo: *The juice tastes like medicine.* O suco tem gosto de remédio.

**taste•ful** [ˈteɪstfəl] *adj.* de bom gosto, elegante

**taste•less** [ˈteɪstləs] *adj.* **1** insosso, sem graça **2** de mau gosto, deselegante

**tasty** [ˈteɪsti] *adj.* [*comp* **tastier, tastiest**] gostoso, saboroso

**tat•tered** [ˈtætərd] *adj.* surrado

**tat•ters** [ˈtætərz] *spl.* **in tatters** em farrapos

**tat•tle** [ˈtætl] *v.* AM FAM **to tattle (on sb)** dedurar (alguém)

**tat•too** [tæˈtu] *s.* tatuagem / *v.* tatuar

**taught** [tɔt] *v.* ▸ *ps e pp de* TEACH

**taunt** [tɔnt] *v.* provocar, implicar com / *s.* provocação, implicância

**Tau•rus** [ˈtɔrəs] *s.* **1** Touro [signo] **2** taurino

**taut** [tɔt] *adj.* **1** esticado, retesado **2** tenso

**tax** [tæks] *s.* imposto (***on*** *em*) / *v.* **1** tributar **2** sobrecarregar, esgotar

**taxa•tion** [tækˈseɪʃən] *s.* tributação

**tax-free** [tæks ˈfri] *s.* isento/livre de impostos

**taxi** [ˈtæksi] *s.* táxi / *v.* [*ps e pp* **taxied**] taxiar

**taxi driv•er** [ˈtæksi ˌdraɪvər] *s.* taxista

**taxi stand**, BRIT: **taxi rank** [ˈtæksi stænd] *s.* ponto de táxi

**tax•payer** [ˈtækspeɪər] *s.* contribuinte

**tax re•turn** [ˈtæks rɪˌtɜrn] *s.* declaração de imposto de renda

**tea** [ti] *s.* **1** chá: *mint tea* chá de hortelã **2** BRIT chá da tarde **3** BRIT jantar

**tea•bag** [ˈtibæg] *s.* saquinho de chá

**teach** [titʃ] *v.* [*ps e pp* **taught**] **1** ensinar **2** dar aula (de), lecionar (***to*** *para*): *She teaches English.* Ela dá aula de inglês. **3** dar aula para [crianças, adultos etc.] **4 that'll teach you (to do sth)** assim você aprende (a fazer algo) **5 to teach high school/college etc.** AM ser professor colegial/universitário etc. **6 to teach sb a lesson** FAM dar uma lição em alguém **7 to teach sb (how) to do sth** ensinar alguém a fazer algo **8 to teach sb sth** ensinar algo a alguém

**teach•er** [ˈtitʃ] *s.* professor: *a physics teacher* um professor de Física

**teach•ing** [ˈtitʃɪŋ] *s.* **1** ensino: *English teaching* o ensino de inglês **2** magistério **3** ensinamento **4 to go into teaching** tornar-se professor

**tea•cup** [ˈtikʌp] *s.* xícara de chá

**tea•kettle** [ˈtikɛtl] *s.* AM chaleira

**team** [tim] *s.* **1** time **2** equipe **3** junta [de animais] / *v.*

**team up** juntar-se (***with*** *com*)

**team•mate** [ˈtimmeɪt] *s.* colega de time

**team•work** [ˈtimwɜrk] *s.* trabalho em equipe

**tea•pot** [ˈtipɑt] *s.* bule

**tear**[1] [tɪr] *s.* 1 lágrima 2 **in tears** chorando, aos prantos 3 **to burst into tears** começar a chorar

**tear**[2] [tɛr] *v.* [*ps, pp* **tore, torn**] 1 rasgar 2 ir correndo 3 romper [ligamento etc.] 4 **be torn** estar dividido (***between*** *entre*) 5 **to tear sth from/off sth** arrancar algo de algo

**tear apart** 1 **to tear sth apart** a despedaçar algo b desestruturar algo 2 **to tear sb apart** acabar com alguém

**tear away: to tear yourself away** desgrudar (***from*** *de*)

**tear down: to tear sth down** derrubar/demolir algo

**tear off: to tear sth off** a destacar algo [cupom etc.] b arrancar algo [roupa]

**tear out: to tear sth out** arrancar algo [folha de caderno]

**tear up: to tear sth up** rasgar algo [fazendo-o em pedaços] / *s.* rasgo

**tear•ful** [ˈtɪrfəl] *adj.* choroso

**tear•jerker** [ˈtɪrdʒɜrkər] *s.* FAM filme/livro lacrimogêneo

**tease** [tiz] *v.* implicar com, atormentar (***about*** *por causa de*)

**tea•spoon** [ˈtispun] *s.* 1 colher de chá 2 (tb **teaspoonful**) colherada de chá

**tea•time** [ˈtitaɪm] *s.* BRIT hora do jantar

**tea towel** [ˈti ˌtaʊəl] *s.* BRIT pano de prato

**techie** [ˈtɛki] *s.* FAM craque em tecnologia

**tech•ni•cal** [ˈtɛknɪkəl] *adj.* técnico

**tech•ni•cal•ity** [tɛknɪˈkæləti] *s.* [*pl* **technicalities**] detalhe técnico

**tech•ni•cal•ly** [ˈtɛknɪkəli] *adv.* tecnicamente

**tech•ni•cal school**, BRIT: **tech•ni•cal col•lege** [ˈtɛknɪkəl skul, ˈkɑlɪdʒ] *s.* escola técnica

**tech•ni•cian** [tɛkˈnɪʃən] *s.* técnico

**tech•nique** [tɛkˈnik] *s.* técnica

**tech•no•logi•cal** [tɛknəˈlɑdʒɪkəl] *adj.* tecnológico

**tech•nol•ogy** [tɛkˈnɑlədʒi] *s.* [*pl* **technologies**] tecnologia

**ted•dy** [ˈtɛdi] *s.* [*pl* **teddies**] (tb **teddy bear**) ursinho de pelúcia

**te•di•ous** [ˈtidiəs] *adj.* tedioso

**teem** [tim] *v.* fervilhar (***with*** *de*)

**teen** *s.* 1 FAM adolescente 2 **teens** adolescência 3 **to be in your teens** ser adolescente / *adj.* para adolescentes

**teen•age** [ˈtineɪdʒ] *adj.* 1 adolescente 2 da adolescência

**teen•ager** [ˈtineɪdʒər] *s.* adolescente

**tee shirt** [ˈti ʃɜrt] *s.* camiseta

**teeth** [tiθ] *spl.* pl de TOOTH

**teethe** [tið] *v.* 1 estar com os dentes nascendo 2 **teething troubles/problems** dificuldades iniciais

**tee•to•tal•er**, BRIT: **tee•to•tal•ler** [tiˈtoʊtlər] *s.* abstêmio

**tele•com•mu•ni•ca•tions** [tɛləkəmjunəˈkeɪʃənz] *spl.* telecomunicações

**tele•gram** [ˈtɛləgræm] *s.* telegrama

**te•lepa•thy** [təˈlɛpəθi] *s.* telepatia

**tele•phone** [ˈtɛləfoʊn] *s.* telefone / *v.* BRIT telefonar (para)

**tele•phone book** [ˈtɛləfoʊn bʊk] *s.* lista telefônica

**tele•phone booth**, BRIT: **tele•phone box** [ˈtɛləfoʊn buθ, bɑks] *s.* cabine telefônica

**tele•phone call** [ˈtɛləfoʊn kɔl] *s.* telefonema

**tele•phone di•rec•tory** [ˈtɛləfoʊn dəˌrɛktəri] *s.* [*pl* **directories**] lista telefônica

**tele•phone num•ber** [ˈtɛləfoʊn ˌnʌmbər] *s.* número de telefone

**tele•sales** [ˈtɛliseɪlz] *s.* televendas

**tele•scope** [ˈtɛləskoʊp] *s.* telescópio

**tele•vise** [ˈtɛləvaɪz] *v.* televisionar

**tele•vi•sion** [ˈtɛləvɪʒən] *s.* 1 televisão: *What's on television?* O que está passando na televisão? | *a television series* uma série de televisão 2 **to watch television** ver televisão

**tele•vi•sion show** [ˈtɛləvɪʒən ʃoʊ] *s.* programa de televisão

**tell** [tɛl] *v.* [*ps e pp* **told**] 1 falar para, dizer a 2 contar (para): *Don't tell anyone.* Não conte para ninguém. 3 avisar 4 **can/could tell**: *You can tell by her accent that she's Australian.* Dá para notar do sotaque dela que é australiana. | *I couldn't tell if he was lying.* Não deu para saber se ele estava mentindo. 5 **I told you so** bem que eu avisei 6 **tell me about it!** FAM eu que o diga! 7 **to tell on sb** **a** FAM dedurar alguém **b** afetar alguém 8 **to tell sb about sth** falar para alguém sobre algo 9 **to tell sb sth** falar algo para alguém 10 **to tell sb (that) ...** falar para alguém que ...: *He told us he was sick.* Ele nos falou que estava doente. 11 **to tell sb to do sth** **a** falar para alguém fazer algo **b** mandar alguém fazer algo 12 **to tell sth from sth** diferenciar algo de algo 13 **to tell the difference** ver/sentir a diferença (***between*** *entre*) 14 **to tell (you) the truth** para falar a verdade 15 **you're telling me!** FAM e como!

**tell apart: to tell sth apart** diferenciar algo (***from*** *de*)

**tell off** 1 **to be/get told off** levar uma bronca (***for*** *por*) 2 **to tell sb off** brigar com alguém (***for*** *por*)

▸ Observe que é incorreto dizer *tell to sb* em inglês.

**tell•ing** [ˈtɛlɪŋ] *adj.* revelador, significativo / *s.* **there is no telling ...** é impossível dizer ...

**telling-off** [ˌtɛlɪŋˈɔf] *s.* [*pl* **tellings-off**] BRIT bronca

**tel•ly** [ˈtɛli] *s.* [*pl* **tellies**] BRIT FAM TV

**tem•per** [ˈtɛmpər] *s.* 1 gênio 2 **in a bad temper** de mau humor 3 **in a temper** nervoso, exaltado 4 **to have a (bad/quick) temper** ter pavio curto 5 **to keep your temper** manter a calma 6 **to lose your temper** perder a paciência, alterar-se / *v.* FORM moderar

**tem•pera•ment** [ˈtɛmprəmənt] *s.* temperamento

**tem•pera•men•tal** [ˈtɛmprəməntl] *adj.* temperamental

**tem•per•ate** [ˈtɛmprət] *adj.* temperado [clima]

**tem•pera•ture** [ˈtɛmprətʃər] *s.* 1 temperatura 2 **to have/be running a temperature** estar com febre 3 **to take sb's temperature** tirar a temperatura de alguém

**tem•plate** [ˈtɛmpleɪt] *s.* molde

**tem•ple** [ˈtɛmpəl] *s.* 1 templo 2 têmpora

**tem•po•rari•ly** [tɛmpəˈrɛrəli] *adj.* temporariamente

**tem•po•rary** [ˈtɛmpərɛri] *adj.* temporário

**tempt** [ˈtɛmpt] *v.* 1 tentar 2 **to be tempted to do sth** estar quase fazendo algo: *I'm tempted to buy those shoes.* Estou quase comprando aquele sapato. 3 **to tempt fate** brincar com a sorte 4 **to tempt sb to do sth** tentar alguém a fazer algo

**temp•ta•tion** [tɛmpˈteɪʃən] *s.* tentação

**tempt•ing** [ˈtɛmptɪŋ] *adj.* tentador

**ten** [tɛn] *num.* dez

**ten•ant** [ˈtɛnənt] *s.* inquilino

**tend** [tɛnd] *v.* 1 **to tend to do sth** tender a fazer algo 2 **to tend toward sth** ter tendência a algo

**ten•den•cy** [ˈtɛndənsi] *s.* [*pl* **tendencies**] 1 tendência (***to/toward*** *a*) 2 **a tendency (for sb) to do sth** uma tendência a (alguém) fazer algo

**ten•der** [ˈtɛndər] *adj.* [*comp* **tenderer, tenderest**] 1 macio [carne etc.] 2 sensível, dolorido 3 terno 4 delicado / *v.* FORM apresentar

**ten•der•ness** [ˈtɛndərnəs] *s.* 1 ternura 2 sensibilidade [de machucado]

**ten•don** [ˈtɛndən] *s.* tendão

**ten•ement** [ˈtɛnəmənt] *s.* cortiço

**ten•nis** [ˈtɛnɪs] *s.* tênis [esporte]

**ten•or** [ˈtɛnər] *s.* tenor

**ten•pin bowl•ing** [ˌtɛnpɪn ˈboʊlɪŋ] *s.* BRIT boliche

**tense** [tɛns] *adj.* tenso / *s.* tempo (verbal)

**ten•sion** [ˈtɛnʃən] *s.* tensão

**tent** [tɛnt] *s.* 1 barraca [de acampar] 2 tenda

**ten•ta•cle** [ˈtɛntəkəl] *s.* tentáculo

**ten•ta•tive** [ˈtɛntətɪv] *adj.* 1 experimental, provisório 2 cauteloso

**ten•ta•tive•ly** [ˈtɛntətɪv] *adv.* cautelosamente
**tenth** [tɛnθ] *adj.* décimo / *s.* 1 décimo 2 dia dez
**tep•id** [ˈtɛpɪd] *adj.* morno, tépido
**term** [tɜrm] *s.* 1 termo [palavra] 2 prazo 3 (tb **term of/in office**) mandato 4 BRIT período (letivo) 5 **terms** condições [contratuais] 6 **in no uncertain terms** de forma curta e grossa 7 **in terms of sth** em termos de algo 8 **in the short/long term** a curto/longo prazo 9 **on equal terms** em pé de igualdade (***with*** *com*) 10 **to be on first-name terms with sb** ser íntimo de alguém 11 **to be on good terms** ter uma boa relação (***with*** *com*) 12 **to be on speaking terms with sb** falar com alguém 13 **to come to terms with sth** conformar-se com algo / *v.* 1 denominar 2 caracterizar
**ter•mi•nal** [ˈtɛrmənl] *adj, s.* terminal
**ter•mi•nate** [ˈtɜrməneɪt] 1 terminar [linha de ônibus etc.] 2 FORM interromper [contrato, gravidez]
**ter•mi•nol•ogy** [tɜrməˈnɑlədʒi] *s.* terminologia
**ter•mi•nus** [ˈtɜrmənəs] *s.* [*pl* **termini**] terminal [de linha]
**ter•mite** [ˈtɜrmaɪt] *s.* cupim
**ter•race** [ˈtɛrəs] *s.* 1 terraço 2 BRIT renque de casas 3 **the terraces** BRIT a arquibancada
**ter•rain** [təˈreɪn] *s.* terreno, topografia
**ter•ri•ble** [ˈtɛrəbəl] *adj.* 1 terrível 2 péssimo
**ter•ri•bly** [ˈtɛrəbli] *adv.* 1 muito 2 pessimamente
**ter•ri•fic** [təˈrɪfɪk] *adj.* 1 FAM sensacional 2 terrível
**ter•ri•fied** [ˈtɛrəfaɪd] *adj.* 1 apavorado 2 **to be terrified of sth** ter pavor/morrer de medo de algo
**ter•ri•fy** [ˈtɛrəfaɪ] *v.* apavorar
**ter•ri•fy•ing** [ˈtɛrəfaɪɪŋ] *adj.* apavorante
**ter•ri•tory** [ˈtɛrətɔri] *s.* território
**ter•ror** [ˈtɛrər] *s.* 1 terror 2 pavor 3 **in terror** apavorado
**ter•ror•ism** [ˈtɛrərɪzəm] *s.* terrorismo
**ter•ror•ist** [ˈtɛrərɪst] *s, adj.* terrorista
**ter•ror•ize** BRIT tb:**-ise** [ˈtɛrəraɪz] *v.* aterrorizar
**test** [tɛst] *s.* 1 prova: *a math test* uma prova de matemática 2 exame: *a blood test* um exame de sangue 3 teste 4 **to put sb/sth to the test** testar alguém/algo / *v.* 1 testar (***for*** *para*) 2 **to test positive/negative** dar positivo/negativo (***for*** *para*) 3 **to test sb on sth** testar os conhecimentos de alguém em algo
**tes•ta•ment** [ˈtɛstəmənt] *s.* testamento: *the New Testament* o Novo Testamento
**tes•ti•fy** [ˈtɛstəfaɪ] *v.* [*ps e pp* **-fied**] 1 testemunhar 2 **to testify to sth** ser testemunho de algo
**tes•ti•mo•ny** [ˈtɛstəmoʊni] *s.* [*pl* **testimonies**] testemunho
**test tube** [ˈtɛst tub] *s.* 1 tubo de ensaio 2 **test-tube baby** bebê de proveta
**teta•nus** [ˈtɛtnəs] *s.* tétano: *a tetanus shot* vacina antitétano
**teth•er** [ˈtɛðər] *s.* **to be at the end of your tether** estar no limite
**text** [tɛkst] *s.* 1 texto 2 mensagem de texto, torpedo 3 AM apostila / *v.* mandar uma mensagem para: *I'll text you the address.* Eu te mando uma mensagem com o endereço.
**text•book** [ˈtɛkstbʊk] *s.* apostila, livro escolar
**tex•tile** [ˈtɛkstaɪl] *s, adj.* têxtil
**text mes•sage** [ˈtɛkst ˌmɛsɪdʒ] *s.* mensagem de texto
**tex•ture** [ˈtɛkstʃər] *s.* textura
**than** [ðæn, ðən] *conj.* 1 do que: *better than we expected* melhor do que esperávamos 2 **no sooner/hardly ...than ...** mal ...: *No sooner had they gotten out of the car than it started to rain.* Mal desceram do carro começou a chover. 3 **other than** fora: *Other than that, everything's fine.* Fora isso, está tudo bem.

**thank** [θæŋk] *v.* 1 agradecer a (***for*** *por*): *I thanked them for helping me.* Agradeci a eles por terem me ajudado. 2 **thank God/goodness/heavens** graças a Deus / **thank you** *interj.* obrigado (***for*** *por*): *Thank you for inviting me.* Obrigado por ter me convidado.

**thank•ful** [ˈθæŋkfəl] *adj.* agradecido (***for*** *por*)

**thank•less** [ˈθæŋkləs] *adj.* ingrato [trabalho]

**thanks** *spl.* 1 agradecimentos (***to*** *a*) 2 **thanks to sth/sb** graças a algo/alguém / *interj.* obrigado (***for*** *por*)

**Thanks•giving** [θæŋksˈgɪvɪŋ] *s.* Dia de Ação de Graças [feriado nos EUA e no Canadá]

**that** [ðæt, ðət] *adj, pron.* 1 esse/essa, isso [aí] 2 aquele/aquela, aquilo 3 **that is (to say)** quer dizer 4 **that of sth/sb** FORM o/a de algo/alguém: *the grammar of Portuguese and that of English* a gramática do português e a do inglês 5 **that one** a esse/essa daí b aquele/aquela 6 **that's it** a pronto! b isso! 7 **that's that** a pronto! b acabou! 8 **like that** assim 9 (como pronome relativo) que: *the man that bought our car* o homem que comprou o nosso carro | *the things that I asked for* as coisas que eu pedi / *conj.* que: *Is it true that you're leaving?* É verdade que você vai embora? / *adv.* FAM tão ... assim: *It's not that difficult.* Não é tão difícil assim.

**thatched** [θætʃt] *adj.* 1 **thatched cottage** casa com telhado de sapé 2 **thatched roof** telhado de sapé

**thaw** [θɔ] *v.* 1 (tb **thaw out**) descongelar 2 degelar / *s.* degelo

**the** [ðə, ði] *art.* 1 o(s)/a(s) 2 **the ... the ...**: *The more I get to know Tim, the more I like him.* Quanto mais vou conhecendo o Tim, mais eu gosto dele. | *the sooner the better* quanto mais rápido melhor

**thea•ter**, BRIT: **thea•tre** [ˈθiətər] *s.* 1 teatro 2 AM (tb **movie theater**) (sala de) cinema

**the•at•ri•cal** [θiˈætrɪkəl] *adj.* teatral, de teatro

**theft** [θɛft] *s.* furto

**their** [ðɛr] *adj.* 1 o(s)/a(s) ... deles/delas, seu(s)/sua(s): *their house* a casa deles 2 ▸ No inglês falado, usa-se ***their*** para se referir a um pronome indefinido, tal como ***someone***, ***anyone***, ***everyone*** etc.: *Does everyone have their passport?* Todo mundo está com o passaporte?

**theirs** [ðɛrz] *pron.* 1 o(s)/a(s) deles/delas: *Our house is bigger than theirs.* A nossa casa é maior do que a deles. 2 ▸ No inglês falado, usa-se ***theirs*** para se referir a um pronome indefinido, tal como ***someone***, ***anyone***, ***everyone*** etc.: *I found some keys. Has anyone lost theirs?* Encontrei umas chaves. Alguém perdeu?

**them** [ðɛm] *pron.* 1 os/as: *We saw them.* Nós os vimos. 2 lhes: *I told them the truth.* Eu lhes disse a verdade. 3 eles/elas: *Let's go with them.* Vamos com eles. 4 ▸ No inglês falado, usa-se ***them*** para se referir a um pronome indefinido, tal como ***someone***, ***anyone***, ***everyone*** etc.: *If anyone calls, tell them to call back later.* Se alguém ligar, fala para a pessoa voltar a ligar mais tarde.

**theme** [θim] *s.* tema

**theme mu•sic** [ˈθim ˌmjuzɪk] *s.* (tb **theme song, theme tune**) tema musical

**theme park** [ˈθim pɑrk] *s.* parque temático

**them•selves** [ðəmˈsɛlvz] *pron.* 1 (como objeto) se, eles mesmos/elas mesmas: *They hurt themselves.* Eles se machucaram. 2 (enfatizando o sujeito) mesmos/as, sozinhos/as: *They built the boat themselves.* Eles mesmos construíram o barco. 3 (com substantivo) próprios/as: *Teachers themselves can make mistakes.* Os próprios professores podem errar. 4 ▸ No inglês falado, usa-se ***themselves*** para se referir a um pronome indefinido, tal como ***someone***, ***anyone***, ***everyone*** etc.: *Everyone must take care of themselves.* Todo mundo deve cuidar de si mesmo. ▸ Ouve-se também a forma ***themself*** nesse uso. 5 **(all) by themselves** sozinhos/as

**then** [ðɛn] *adv.* 1 então 2 depois 3 naquela época 4 naquele momento 5 nesse caso, pois então 6 **back then** naquela época 7 **but then (again)** mas ao mesmo tempo 8 **by/until then** até lá 9 **from then on** a desde então b daí por diante 10 **just then** a agora mesmo b aí de repente 11 **since then** desde então 12 **then and there** na hora

**the•ol•ogy** [θiˈɑlədʒi] *s.* teologia

**theo•reti•cal** [θiəˈrɛtɪkəl] *adj.* teórico

**theo•reti•cal•ly** [θiəˈrɛtɪkli] *adv.* teoricamente

**theo•ry** [ˈθiəri] *s.* [*pl* **theories**] 1 teoria 2 **in theory** na teoria

**thera•peu•tic** [θɛrəpjutɪk] *adj.* terapêutico

**thera•pist** [ˈθɛrəpɪst] *s.* terapeuta

**thera•py** [ˈθɛrəpi] *s.* [*pl* **therapies**] 1 terapia 2 **to be in therapy** fazer terapia

**there** [ðɛr] *adv.* 1 aí, ali, lá 2 **there and then** na hora 3 **there is/there are ...** tem, há, existe(m): *There are some envelopes in the drawer.* Tem uns envelopes na gaveta. | *There could be some disruption.* Poderia haver algum transtorno. | *There has been an accident.* Houve um acidente. | *There were six of us.* Éramos seis. 4 **there you are/there you go** toma 5 **over there** a ali b lá [em outro país] / *interj.* FAM 1 pronto! [ao terminar algo] 2 viu? [quando se tem razão]

**there•abouts** [ðɛrəˈbaʊts] *adv.* por aí

**there•by** [ˈðɛrbaɪ] *adv.* FORM dessa forma

**there•fore** [ˈðɛrfɔr] *conj.* portanto

**ther•mal** [ˈθɜrməl] *adj.* térmico

**ther•mom•eter** [θərˈmɑmətər] *s.* termômetro

**Ther•mos®** [ˈθɜrməs] *s.* garrafa térmica

**these** [ðiz] *adj, pron.* 1 estes/estas, esses/essas [aqui] 2 **these ones** esses/essas daqui

**the•sis** [ˈθisɪs] *s.* tese

**they** [ðeɪ] *pron.* 1 eles/elas: *They are Brazilian.* Eles são brasileiros. 2 ▸ No inglês falado, usa-se ***they*** para se referir a um pronome indefinido, tal como ***someone, anyone, everyone*** etc.: *Someone can sit here if they want to.* Alguém pode sentar aqui se quiser.

**they'd** [ðeɪd] *contr.* ▸ = THEY HAD, THEY WOULD

**they'll** [ðeɪl] *contr.* ▸ = THEY WILL

**they're** [ðɛr] *contr.* ▸ = THEY ARE

**they've** [ðeɪv] *contr.* ▸ = THEY HAVE

**thick** [θɪk] *adj.* [*comp* **thicker, thickest**] 1 grosso, espesso: *The walls are 50 cm thick.* As paredes têm 50 cm de espessura. 2 denso 3 carregado [sotaque] 4 BRIT FAM lerdo / *adv.* **thick and fast** em grande quantidade / *s.* 1 **in the thick of sth** no meio de algo 2 **through thick and thin** para o que der e vier

**thick•en** [ˈθɪkən] *v.* engrossar

**thick•ly** [ˈθɪkli] *adv.* 1 numa camada grossa, em fatias grossas 2 densamente

**thick•ness** [ˈθɪknəs] *s.* grossura, espessura

**thief** [θif] *s.* [*pl* **thieves**] ladrão

**thigh** [θaɪ] *s.* coxa

**thim•ble** [ˈθɪmbəl] *s.* dedal

**thin** [θɪn] *adj.* [*comp* **thinner, thinnest**] 1 magro 2 fino 3 ralo [cabelo, sopa] 4 **thin on the ground** escasso 5 **on thin ice** numa situação delicada 6 **to disappear/vanish into thin air** sumir no ar / *v.* [**-nn-**] 1 (tb **thin out**) diminuir 2 (tb **thin down**) diluir 3 afinar [molho] 4 ficar ralo [cabelo]

**thing** [θɪŋ] *s.* 1 coisa, negócio 2 **first thing (in the morning)** na primeira hora da manhã 3 **for one thing** para começar 4 **it's a good thing (that) ...** FAM ainda bem que ...: *It's a good thing I brought an umbrella.* Ainda bem que eu trouxe guarda--chuva. 5 **not a thing** absolutamente nada: *I didn't understand a thing.* Não entendi absolutamente nada. 6 **poor thing** coitado: *You poor thing!* Coitado de você! 7 **the funny/interesting/best etc. thing is ...** o engraçado/interessante/melhor etc. é ... 8 **the thing is,/the thing is that ...** FAM o negócio é que ...: *The thing is, we don't have time.* É que não temos tempo. 9 **to do your own thing** FAM ficar na sua 10 **to make a big thing of/out of/about sth** FAM fazer alarde de algo

**think** [θɪŋk] *v.* [*ps e pp* **thought**] 1 pensar (***about*** *em*) 2 achar 3 refletir 4 raciocinar 5 **do you think so?** você acha? 6 **I don't think so** acho que não 7 **I don't think (that) ...** acho que não ...: *I don't think there'll be time.* Acho que não vai dar tempo. 8 **I think so** acho que sim 9 **to think again** repensar 10 **to think of/about doing sth** pensar em fazer algo: *We're thinking of getting a dog.* Estamos pensando em pegar um cachorro. 11 **to think of sth/sb** **a** achar de algo/alguém: *What did you think of the book?* O que você achou do livro? **b** pensar em algo/alguém 12 **to think of sth/sb as sth** considerar algo/alguém algo 13 **to think sth/sb is sth** achar algo/alguém algo: *I thought the movie was boring.* Achei o filme chato. 14 **to think to yourself** pensar consigo mesmo 15 **to think twice** pensar duas vezes

**think over: to think sth over** refletir sobre algo: *Do you need some time to think it over?* Você precisa de um tempo para refletir?

**think through: to think sth through** pensar bem em algo: *Are you sure you have thought this through?* Tem certeza de que pensou bem nisso?

**think up: to think sth up** inventar/bolar algo

**think•er** [ˈθɪŋkər] *s.* pensador

**think•ing** [ˈθɪŋkɪŋ] *s.* 1 opinião, visão (***on/about*** *de/sobre*) 2 raciocínio (***behind*** *por trás de*) 3 pensamento 4 **quick thinking** presença de espírito 5 **wishful thinking** doce ilusão 6 **to do some thinking** pensar um pouco, dar uma pensada

**thin•ly** [ˈθɪnli] *adv.* 1 numa camada fina, em fatias finas 2 escassamente 3 **thinly disguised/veiled** pouco disfarçado/velado

**third** [θɜrd] *adj.* terceiro / *s.* 1 terço: *two thirds of the population* dois terços da população 2 dia três

**third•ly** [ˈθɜrdli] *adv.* terceiro

**third par•ty** [θɜrd ˈpɑrti] *s.* terceiro

**third world** [θɜrd ˈwɜrld] *s.* terceiro mundo / **third-world** *adj.* de terceiro mundo

**thirst** [θɜrst] *s.* 1 sede (***for*** *de*) 2 **to be dying of thirst** estar morrendo de sede

**thirsty** [ˈθɜrsti] *adj.* 1 sedento 2 **to be thirsty** estar com sede: *I'm really thirsty.* Estou com muita sede. 3 **to get thirsty** ficar com sede

**thir•teen** [θɜrˈtin] *num.* treze

**thir•teenth** [θɜrˈtinθ] *adj.* décimo terceiro / *s.* dia treze

**thir•ti•eth** [ˈθɜrtiəθ] *adj.* trigésimo / *s.* dia trinta

**thir•ty** [ˈθɜrti] *num.* 1 trinta 2 **to be in your thirties** estar na casa dos trinta 3 **the thirties** os anos 30

**this** [ðɪs] *adj, pron.* 1 este/esta, esse/essa [aqui] 2 isto, isso [aqui] 3 **this one** esse/essa (daqui) 4 **like this** assim / *adv.* FAM tão ... assim: *The fish was this big.* O peixe era assim de grande.

**this•tle** [ˈθɪsəl] *s.* cardo

**thong** [θɔŋ] *s.* 1 tanga 2 **thongs** AM (plural) chinelo (de dedo)

**thorn** [θɔrn] *s.* espinho

**thorny** [ˈθɔrni] *adj.* espinhoso

**thor•ough** [ˈθɜroʊ, ˈθʌrə] *adj.* 1 aprofundado, minucioso 2 meticuloso

**thor•ough•ly** [ˈθɜroʊli, ˈθʌrəli] *adj.* 1 completamente 2 a fundo, meticulosamente

**those** [ðoʊz] *adj, pron.* 1 esses/essas [aí] 2 aqueles/aquelas 3 **those of sth/sb** FORM os/as de algo/alguém: *her grades and those of her brother* as notas dela e as do irmão 4 **those ones** **a** esses/essas (daí): *Those ones are mine.* Esses daí são os meus. **b** aqueles/aquelas

**though** [ðoʊ] *conj.* 1 embora: *Though she was born in Brazil, she doesn't speak Portuguese.* Embora ela tenha nascido no Brasil, não fala português. 2 se bem que, mas: *I've never been to Europe, though I'd like to go.* Nunca estive na Europa, se bem que gostaria de ir. 3 **as though** como se 4 **even though** mesmo que: *He passed* *the test even though he hadn't studied.* Ele passou na prova, mesmo que não tivesse estudado. 5 **difficult though it is/tired though we were etc.** por mais difícil que seja/por mais cansados que estivéssemos etc. / *adv.* FAM ▸ Colocado no final da frase, dá o mesmo significado que *se bem que*: *We had fun. It rained the whole time, though.* A gente se divertiu. Se bem que choveu sem parar.

**thought** [θɔt] *v.* ▸ *ps e pp de* THINK / *s.* 1 pensamento (***about*** *sobre*) 2 ideia (***of*** *de*) 3 **deep/lost in thought** muito pensativo 4 **on second thoughts** pensando bem 5 **to give sth some thought** refletir sobre algo: *We have given the matter a lot of thought.* Refletimos muito sobre o assunto.

**thought•ful** [ˈθɔtfəl] *adj.* 1 atencioso, delicado 2 pensativo

**thought•ful.ly** [ˈθɔtfəli] *adv.* 1 com muita delicadeza, gentilmente 2 com ar pensativo

**thought•less** [ˈθɔtləs] *adj.* 1 desatencioso 2 **to be thoughtless (of sb)** ser falta de consideração (da parte de alguém)

**thou•sand** [ˈθaʊzənd] *num.* mil / *s.* 1 **thousands (of sth)** milhares (de algo) 2 **in their thousands** aos milhares

**thou•sandth** [ˈθaʊzənθ] *adj, s.* milésimo

**thrash** [θræʃ] *v.* dar uma surra em
**thrash around** debater-se

**thread** [θrɛd] *s.* 1 fio 2 linha [de costura] 3 rosca [de parafuso] 4 **to lose your thread** perder o fio da meada / *v.* 1 enfiar [agulha, contas] 2 **to thread sth through sth** passar algo por algo 3 **to thread your way through sth** ir ziguezagueando por entre algo

**threat** [θrɛt] *s.* ameaça (***to*** *a/para*)

**threat•en** [ˈθrɛtn] *v.* 1 ameaçar 2 **to threaten to do sth** ameaçar fazer algo

**threat•en•ing** [ˈθrɛtnɪŋ] *adj.* ameaçador

**three** [θri] *num.* três

**three-D** [θriˈdi] *s, adj.* (tb **3D**) 3D

**three-dimensional** [θri dɪˈmɛnʃənl] *adj.* tridimensional

**thresh•old** [ˈθrɛʃhoʊld] *s.* 1 soleira 2 limiar: *a low pain threshold* um baixo limiar de dor 3 **on the threshold of sth** à beira de algo

**threw** [θru] *v.* ▸ *ps de* THROW

**thrift shop** [ˈθrɪft ʃɑp] *s.* AM brechó

**thrill** [θrɪl] *s.* 1 emoção 2 **thrills and spills** FAM emoções fortes 3 **to get a thrill out of doing sth** vibrar/sentir muita emoção ao fazer algo / *v.* emocionar, fazer vibrar [pessoa]

**thrill•ed** [θrɪld] *adj.* 1 felicíssimo 2 **thrilled to bits** feliz da vida

**thrill•er** [ˈθrɪlər] *s.* livro/filme de suspense

**thrill•ing** [ˈθrɪlɪŋ] *adj.* emocionante

**thrive** [θraɪv] *v.* 1 crescer bem [planta] 2 prosperar [empresa] 3 **to thrive on sth** curtir algo

**thriv•ing** [ˈθraɪvɪŋ] *adj.* 1 próspero 2 florescente

**throat** [θroʊt] *s.* 1 garganta 2 **sore throat** dor de garganta 3 **to clear your throat** pigarrear 4 **to get/have a lump in your throat** ficar/estar com um nó na garganta

**throb** [θrɑb] *v.* [-**bb**-] latejar

**throne** [θroʊn] *s.* trono

**throt•tle** [ˈθrɑtl] *s.* 1 afogador 2 **at/on full throttle** **a** em potência máxima **b** a todo vapor / *v.* esganar

**through** [θru] *prep.* 1 por: *Let's cut through the park.* Vamos cortar caminho pelo parque. 2 através de: *She got the job through a friend.* Ela conseguiu o emprego através de uma amiga. 3 durante: *all through the winter* durante todo o inverno 4 AM de … a …: *Monday through Friday* de segunda a sexta 5 por motivo de, por 6 por meio de 7 **halfway through (sth)** pela metade (de algo) 8 **to go/come through sth** passar por algo 9 **to go right/straight through sth** passar direto por algo / *adv.* 1 **to be/get through** (em competição) classificar-se (***to*** *para*): *They're through to the final.* Eles se classificaram para a final. 2 **to come/get/go through** passar / *adj.* 1 **no through road** rua sem saída 2 **through road** via arterial 3 **through train** trem direto 4 **to be**

**through (with sb/sth)** FAM ter terminado (com algo/alguém): *Are you through with your homework?* Você já terminou a lição de casa? | *She told him they were through.* Ela disse a ele que a relação acabou.

▸ O advérbio ***through*** ocorre como segundo elemento de muitos *phrasal verbs*, p.ex., ***to get through***, ***to sail through***, ***to see through*** etc. Procure o significado de tais combinações no verbete do respectivo verbo, p.ex., ***get***, ***sail***, ***see***.

**through•out** [θruˈaʊt] *prep.* 1 por todo/a: *throughout the world* pelo mundo todo 2 durante todo/a: *throughout the journey* durante toda a viagem / *adv.* 1 por toda parte 2 do começo ao fim

**throw** [θroʊ] *v.* [*ps, pp* **threw, thrown**] 1 jogar, lançar (***at*** *em*, ***to*** *para*): *Can you throw me a towel?* Você me joga uma toalha? 2 desconcertar 3 **to throw a party** dar uma festa 4 **to throw sb (to the ground)** derrubar alguém 5 **to throw sth open** escancarar algo 6 **to throw yourself** jogar-se

**throw away: to throw sth away** jogar algo fora

**throw out** 1 **to throw sb out** expulsar alguém (***of*** *de*) 2 **to throw sth out** ⓐ jogar algo fora ⓑ rejeitar algo

**throw up** vomitar / *s.* 1 lançamento, arremesso 2 vez [em jogo de dados]

**throw-in** [ˈθroʊ ɪn] *s.* arremesso lateral [em futebol etc.]

**thrown** [θroʊn] *v.* ▸ *pp de* THROW

**thru** [θru] *prep, adv.* AM ver **through**

**thrust** [θrʌst] *v.* 1 meter, enfiar (***into*** *em*) 2 empurrar 3 **to thrust sth on/upon sb** impor algo a alguém / *s.* 1 estocada 2 fio condutor [de argumento] 3 empuxo [de motor]

**thud** [θʌd] *s.* baque / *v.* [-**dd**-] 1 fazer um baque 2 bater forte [coração]

**thug** [θʌg] *s.* 1 arruaceiro 2 capanga

**thumb** [θʌm] *s.* 1 polegar, dedão 2 **to be all (fingers and) thumbs** FAM ser desajeitado 3 **to get the thumbs up/down** FAM ser aprovado/rejeitado / *v.* 1 **to thumb a ride/lift** FAM pedir carona 2 **to thumb your nose at sb/sth** debochar de alguém/algo

**thumb through: to thumb through sth** folhear algo

**thumb•tack** [ˈθʌmtæk] *s.* AM tachinha

**thump** [θʌmp] *v.* 1 FAM dar uma pancada/um soco em 2 bater forte [coração] / *s.* 1 baque 2 pancada, soco

**thun•der** [ˈθʌndər] *s.* 1 trovão, trovões: *a clap of thunder* um trovão 2 ribombo / *v.* 1 trovejar: *It started to thunder.* Começou a trovejar. 2 ribombar 3 **to thunder past** passar com grande estrondo

**thunder•storm** [ˈθʌndərstɔrm] *s.* trovoada

**Thurs•day** [θɜrzdi, ˈθɜrzdeɪ] *s.* quinta-feira

**thus** [ðʌs] *adv.* FORM 1 assim 2 **thus far** até agora

**thwart** [θwɔrt] *v.* FORM frustrar

**tick** [tɪk] *s.* 1 carrapato 2 tique-taque 3 BRIT tique [sinal] 4 BRIT FAM instantinho / *v.* 1 tiquetaquear 2 BRIT ticar 3 **to tick all the boxes** FAM atender a todos os requisitos 4 **what makes sb tick** FAM a mentalidade de alguém

**tick off** 1 **to tick sb off** ⓐ AM FAM irritar alguém ⓑ BRIT FAM dar bronca em alguém 2 **to tick sth off** BRIT ticar algo [item de lista]

**ticked-off** [tɪktˈɔf] *adj.* AM zangado (***with*** *com*)

**tick•et** [ˈtɪkɪt] *s.* 1 bilhete, passagem 2 ingresso, entrada 3 multa [por infração de trânsito] 4 etiqueta

**tick•et of•fice** [ˈtɪkɪt ˌɔfɪs] *s.* bilheteria

**tick•le** [ˈtɪkəl] *v.* 1 fazer cócegas (em) 2 pinicar 3 fazer rir / *s.* coceira [na garganta]

**tick•lish** [ˈtɪklɪʃ] *adj.* 1 coceguento 2 FAM delicado [problema] 3 **ticklish/tickly cough** tosse seca 4 **to be ticklish** sentir cócegas

**tic-tac-toe** [tɪktækˈtoʊ] *s.* AM jogo da velha

**tid•al wave** [ˈtaɪdl weɪv] *s.* vagalhão, onda gigante

**tide** [taɪd] *s.* 1 maré: *The tide was coming in.* A maré estava subindo. 2 correnteza [no mar] 3 corrente [de opinião] 4 **at high/low tide**

na maré alta/baixa 5 **the tide is in/out** a maré está alta/baixa

**tidy** [ˈtaɪdi] *adj.* [*comp* **tidier, tidiest**] BRIT 1 arrumado [ambiente] 2 organizado, certinho [pessoa] 3 **a tidy profit** FAM um lucro bom / *v.* [*ps e pp* **tidied**] (tb **tidy up**) arrumar algo

**tidy away: to tidy sth away** guardar algo

**tie** [taɪ] *v.* [*ger* **tying**] 1 amarrar, atar (***to*** *em*) 2 empatar (***with*** *com*) 3 **to be tied** estar empatado 4 **to tie a knot/bow** dar um nó/laço

**tie down: to tie sb down** prender alguém (***to*** *a*)

**tie in: to tie in with sth** a condizer com algo b coincidir com algo

**tie up** 1 **to be tied up** estar ocupado/enrolado 2 **to tie sb/sth up** amarrar alguém/algo / *s.* 1 gravata 2 empate 3 **ties** laços

**tier** [tɪr] *s.* 1 camada 2 nível: *a two-tier system* um sistema de dois níveis

**ti•ger** [ˈtaɪgər] *s.* tigre

**tight** [taɪt] *adj.* [*comp* **tighter, tightest**] 1 apertado 2 justo 3 esticado 4 rigoroso [controle]: *amid tight security* sob forte esquema de segurança 5 FAM pão-duro 6 **to keep a tight hold/grip on sth** segurar firme em algo / *adv.* firme, bem: *Hold tight!* Segure-se bem!

**tight•en** [ˈtaɪtn] *v.* 1 apertar(-se) 2 retesar(-se) 3 reforçar [controle, regra] 4 **to tighten your grip/hold on sth** segurar algo com mais força

**tighten up: to tighten sth up** a apertar algo b reforçar algo

**tight•ly** [ˈtaɪtli] *adv.* 1 firmemente 2 apertadamente 3 rigorosamente

**tight•rope** [ˈtaɪtroʊp] *s.* corda bamba

**tights** [taɪts] *spl.* 1 malha [de dançarino] 2 BRIT meia-calça

**tile** [taɪl] *s.* 1 azulejo 2 telha 3 ladrilho / *v.* 1 azulejar 2 colocar telhas em 3 ladrilhar

**till** [tɪl] *prep, conj.* FAM até (que) / *s.* BRIT caixa (registradora)

**tilt** [tɪlt] *v.* inclinar(-se) / *s.* 1 inclinação 2 **(at) full tilt** a toda velocidade

**tim•ber** [ˈtɪmbər] *s.* 1 BRIT madeira de construção 2 árvores

**time** [taɪm] *s.* 1 tempo: *most of the time* a maior parte do tempo | *I'm not sure there'll be time to do everything today.* Não sei se vai dar tempo para fazer tudo hoje. 2 hora, horário: *There is a lot of traffic at this time.* Tem muito trânsito nesse horário. 3 vez: *how many times?* quantas vezes? | *three times bigger* três vezes maior 4 época: *at this time of year* nessa época do ano 5 compasso 6 **ahead of time** antes da hora, adiantado 7 **all the time** o tempo todo 8 **a long time** muito tempo 9 **at all times** em todo momento 10 **(at) any time** a qualquer hora 11 **any time now** a qualquer momento 12 **at no time** em nenhum momento 13 **at that time** naquela época 14 **at the time** a na época b na hora 15 **at times** às vezes 16 **behind time** atrasado 17 **by the time ...** até (que) ...: *by the time we got home* até chegarmos em casa 18 **each/every time** cada/toda vez (que ...) 19 **for the first/last etc. time** pela primeira/última etc. vez 20 **for the time being** por enquanto 21 **from time to time** de vez em quando 22 **half the time** muitas vezes 23 **in an hour's/two weeks' etc. time** daqui a uma hora/duas semanas etc. 24 **in good time** com tempo de sobra 25 **in no time** num instante 26 **in time** a a tempo (***for*** *para*) b com o tempo 27 **it's time for/to do sth** está na hora de (fazer) algo 28 **it's time sb did sth** está na hora de alguém fazer algo: *It's time we were getting home.* Está na hora de irmos para casa. 29 **of all time** de todos os tempos 30 **on time** no horário 31 **one/two etc. at a time** um/dois etc. de cada vez 32 **over time** com o passar do tempo 33 **some other time** outra hora 34 **(the) next/last time** da próxima/última vez (que ...) 35 **this time** dessa vez 36 **time after time/time and time again** repetidamente 37 **to have a good/great etc. time** divertir-se: *Thank you, I had a wonderful time.* Obrigado, foi maravilhoso. 38 **to take your time** ir com calma 39 **to take your time doing sth** fazer algo com calma 40 **to tell (the) time** dizer/ler as horas 41 **what time ...?** a que horas ...? 42 **what time is it?/what's the time?** que horas são? / *v.* 1 programar (***for*** *para*) 2 escolher o momento de 3 cronometrar (***at*** *em*)

**time bomb** [ˈtaɪm bɑm] *s.* bomba-relógio

**time-consuming** [ˈtaɪm kənˌsumɪŋ] *adj.* demorado

**time•ly** [ˈtaɪmli] *adj.* oportuno

**time out** [taɪm ˈaʊt] *s.* 1 desconto de tempo [em basquete etc.] 2 **to take time out (to do sth)** FAM dar um tempo (para fazer algo)

**tim•er** [ˈtaɪmər] *s.* timer

**time•table** [ˈtaɪmteɪbəl] *s.* 1 horário [escolar, de transportes etc.] 2 cronograma

**tim•id** [ˈtɪmɪd] *adj.* medroso, acanhado

**tim•ing** [ˈtaɪmɪŋ] *s.* 1 sincronização 2 (escolha do) momento 3 horário

**tin** [tɪn] *s.* 1 estanho 2 lata 3 BRIT forma [de assar]

**tin•foil** [ˈtɪnfɔɪl] *s.* papel-alumínio

**tinge** [tɪndʒ] *s.* toque, quê / *v.* [*ger* **tinging/tingeing**] 1 tingir (***with*** *de*) 2 **tinged with sth** com um toque de algo

**tin•gle** [ˈtɪŋgəl] *v.* 1 formigar: *a tingling sensation* um formigamento 2 **to tingle with sth** vibrar com algo [emoção]

**tink•er** [ˈtɪŋkər] *v.* **to tinker with sth** mexer/futucar em algo

**tin•ned** [tɪnd] *adj.* BRIT em conserva, em lata

**tin open•er** [ˈtɪn ˌoʊpnər] *s.* BRIT abridor de lata

**tin•sel** [ˈtɪnsəl] *s.* ouropel

**tint** [tɪnt] *s.* 1 tom, matiz 2 mecha [no cabelo] / *v.* tingir

**tint•ed** [ˈtɪntɪd] *adj.* fumê [vidro]

**tiny** [ˈtaɪni] *adj.* [*comp* **tinier, tiniest**] pequenininho, minúsculo

**tip** [tɪp] *s.* 1 ponta 2 gorjeta 3 dica (***on*** *sobre*) 4 FAM palpite [sobre corrida etc.] 5 BRIT depósito de lixo 6 **on the tip of your tongue** na ponta da língua / *v.* [**-pp-**] 1 inclinar(-se) 2 despejar, jogar (***into/onto*** *em*) 3 dar gorjeta (a): *We tipped the waiter $5.* Demos ao garçom $5,00 de gorjeta. 4 **to tip sb/sth to do sth** apostar que alguém/algo faz algo: *He's strongly tipped to win.* Muitos apostam que ele vai ganhar.

**tip off: to tip sb off** avisar alguém

**tip out: to tip sth out** esvaziar algo

**tip over** 1 tombar, virar 2 **to tip sth over** virar/derrubar algo

**tip up** 1 levantar 2 **to tip sth up** virar algo

**tip•sy** [ˈtɪpsi] *adj.* FAM alegre [de beber]

**tip•toe** [ˈtɪptoʊ] *s.* **on tiptoe** na ponta dos pés / *v.* [*ger* **tiptoeing**] ir na ponta dos pés

**tire** [taɪr] *s.* AM pneu / *v.* cansar(-se) (***of*** *de*)

**tire out: to tire sb out** esgotar alguém

**tired** [taɪrd] *adj.* 1 cansado 2 **tired out** exausto 3 **to be tired of (doing) sth** estar cansado de (fazer) algo

**tired•ness** [ˈtaɪrdnəs] *s.* cansaço

**tire•less** [ˈtaɪrləs] *adj.* incansável

**tire•some** [ˈtaɪrsəm] *adj.* chato

**tir•ing** [ˈtaɪrɪŋ] *adj.* cansativo

**tis•sue** [ˈtɪʃu] *s.* 1 lenço de papel 2 (tb **tissue paper**) papel de seda 3 tecido [do corpo]

**tit** [tɪt] *s.* 1 GÍR teta [de mulher] 2 **tit for tat** olho por olho

**ti•tle** [ˈtaɪtl] *s.* título

**ti•tle role** [ˈtaɪtl roʊl] *s.* papel titular

**tit•ter** [ˈtɪtər] *v.* dar risadinhas

**T-junc•tion** [ˈti ˌdʒʌŋkʃən] *s.* BRIT entroncamento em T

**TLC** [tiɛlˈsi] *s.* FAM (= tender loving care) carinho

**to** [tu, tə] *prep.* 1 a, para: *We went to the theater.* Fomos ao teatro. | *I gave the book to Sandra.* Dei o livro à Sandra. 2 ▸ precede a um verbo para assinalar o infinitivo: *To love is to suffer.* Amar é sofrer. | *We decided to go back.* Decidimos voltar. 3 ▸ antes do infinitivo, pode expressar finalidade, correspondendo a *para* em português: *To open the can, pull the tab.* Para abrir a lata, puxe a tampinha. | *John called to tell us the news.* O John ligou para nos contar a novidade. / *adv.* **to and fro** de um lado para o outro, para lá e para cá

**toad** [toʊd] *s.* sapo
**toast** [toʊst] *s.* 1 torradas: *a piece of toast* uma torrada 2 brinde 3 **to drink a toast** fazer um brinde (***to*** *a*) / *v.* 1 torrar 2 brindar
**toast•er** [ˈtoʊstər] *s.* torradeira
**to•bac•co** [təˈbækoʊ] *s.* fumo, tabaco
**to•bac•co•nist** [təˈbækənɪst] *s.* (tb **tobacconist's**) tabacaria
**to•day** [təˈdeɪ] *adv, s.* hoje: *today's paper* o jornal de hoje
**tod•dler** [ˈtɑdlər] *s.* criança pequena [que começa a andar]
**toe** [toʊ] *s.* 1 dedo (do pé) 2 **big toe** dedão (do pé) / *v.* [*ger* **toeing**] **to toe the line** andar na linha
**toe•nail** [ˈtoʊneɪl] *s.* unha do pé
**tof•fee** [ˈtɑfi] *s.* caramelo, (bala) puxa-puxa
**to•geth•er** [təˈgɛðər] *adv.* 1 juntos 2 um no outro 3 **together with sb/sth** junto com alguém/algo
**to•geth•er•ness** [təˈgɛðərnəs] *s.* companheirismo
**toil** [tɔɪl] FORM *v.* labutar / *s.* labuta
**toi•let** [ˈtɔɪlət] *s.* 1 vaso sanitário, privada 2 BRIT toalete, banheiro 3 **to go to the toilet** BRIT ir ao banheiro
**toi•let pa•per** [ˈtɔɪlət ˌpeɪpər] *s.* papel higiênico
**toi•let•ries** [ˈtɔɪlətrɪz] *spl.* artigos de higiene
**toi•let roll** [ˈtɔɪlət roʊl] *s.* BRIT papel higiênico
**toi•let•ry bag** [ˈtɔɪlətri bæg] *s.* nécessaire
**to•ken** [ˈtoʊkən] *s.* 1 ficha [de metal] 2 FORM sinal: *as a token of gratitude* em sinal de gratidão 3 **gift token** BRIT vale-presente / *adj.* simbólico
**told** [toʊld] *v.* ▸ *ps e pp de* TELL
**tol•er•ance** [ˈtɑlərəns] *s.* tolerância
**tol•er•ant** [ˈtɑlərənt] *adj.* tolerante
**tol•er•ate** [ˈtɑləreɪt] *v.* tolerar
**toll** [toʊl] *s.* 1 pedágio 2 número de vítimas 3 **death toll** número de mortos 4 **to take its toll on sb/sth** afetar alguém/algo / *v.* dobrar [sino]
**toll•booth** [ˈtoʊlbuθ] *s.* cabine de pedágio
**toll-free** [toʊlˈfri] AM *adj.* gratuito [número] / *adv.* grátis
**to•ma•to** [təˈmeɪtoʊ, *Brit*: təˈmɑtoʊ] *s.* [*pl* **tomatoes**] tomate: *tomato sauce* molho de tomate
**tomb** [tum] *s.* tumba
**tom•boy** [ˈtɑmbɔɪ] *s.* menina moleque
**tomb•stone** [ˈtumstoʊn] *s.* lápide
**to•mor•row** [təˈmɑroʊ] *adv, s.* 1 amanhã: *tomorrow's class* a aula de amanhã 2 **tomorrow morning** amanhã de manhã 3 **the day after tomorrow** depois de amanhã
**ton** [tʌn] *s.* 1 tonelada [nos EUA, equivale a 907,2 kg; na Inglaterra, a 1.016 kg] 2 **tons of sth** FAM um monte de algo 3 **to weigh a ton** FAM estar um chumbo
**tone** [toʊn] *s.* 1 tom: *in a friendly tone* num tom amigável 2 tonalidade 3 sinal [no telefone] 4 **to lower the tone** baixar o nível 5 **to set the tone** dar o tom / *v.* **to tone sth (up)** tonificar algo [músculos]
**tone down: to tone sth down** moderar algo
**tongs** [tɔŋz] *spl.* tenaz [instrumento]
**tongue** [tʌŋ] *s.* 1 língua 2 **mother tongue** língua materna 3 **to stick your tongue out** mostrar a língua (***at*** *para*)
**tongue-in-cheek** [ˌtʌŋ ɪnˈtʃik] *adj.* irônico [humor] / *adv.* ironicamente
**tongue-twister** [ˈtʌŋ ˌtwɪstər] *s.* trava-língua
**ton•ic** [ˈtɑnɪk] *s.* 1 (água) tônica 2 tônico
**to•night** [təˈnaɪt] *adv, s.* hoje à noite: *tonight's news* o noticiário de hoje à noite
**tonne** [tʌn] *s.* tonelada [1000 kg]
**ton•sil** [ˈtɑnsəl] *s.* amígdala
**ton•sil•li•tis** [tɑnsəˈlaɪtɪs] *s.* amigdalite
**too** [tu] *adv.* 1 muito, demais: *too high a price* um preço muito alto | *The case was too heavy for me to carry.* A mala estava muito pesada para eu carregar. 2 também: *She speaks Spanish too.* Ela fala espanhol também. | *"I'm tired." - "Me too."* "Estou cansado." - "Eu também." 3 AM FAM sim: *"You don't have the nerve." - "I do too!"* "Você

não tem coragem." - "Tenho sim!" 4 **too much/many** muito/muitos, demais 5 **all too** infelizmente muito 6 **far too** demais: *far too difficult* difícil demais 7 **none too pleased** nada satisfeito 8 **not too bad** razoável 9 **one etc. too many** um etc. a mais

**took** [tʊk] *v.* ▸ *ps de* TAKE

**tool** [tul] *s.* ferramenta

**tool•bar** [ˈtulbɑr] *s.* barra de ferramentas

**tool•box** [ˈtulbɑks] *s.* caixa de ferramentas

**tool kit** [ˈtul kɪt] *s.* kit de ferramentas

**tooth** [tuθ] *s.* [*pl* **teeth**] 1 dente 2 **false teeth** dentadura (postiça)

**tooth•ache** [ˈtuθeɪk] *s.* dor de dente

**tooth•brush** [ˈtuθbrʌʃ] *s.* escova de dente

**tooth•paste** [ˈtuθpeɪst] *s.* pasta de dente

**tooth•pick** [ˈtuθpɪk] *s.* palito

**top** [tɑp] *s.* 1 topo, alto 2 parte de cima 3 tampa [de caneta, garrafa etc.] 4 top [roupa] 5 copa [de árvore] 6 **at the top (of sth)** em cima/no topo (de algo): *at the top of the hill* em cima do morro 7 **at the top of your voice** o mais alto possível 8 **off the top of your head** FAM de cabeça [saber, dizer] 9 **on top** em/por cima 10 **on top of sth** **a** em cima de algo: *on top of the fridge* em cima da geladeira **b** com algo sob controle **c** além de algo: *on top of everything else* além do mais 11 **the top** o mais alto escalão [de profissão etc.] / *adj.* 1 primeiro [mais alto]: *the top drawer* a primeira gaveta 2 de primeira linha, melhor: *a top player* um jogador de primeira linha 3 superior [lábio, camada] 4 máximo [nota, velocidade] 5 **top floor** último andar / *v.* [-**pp**-] 1 superar, ultrapassar 2 encabeçar [lista, ranking] 3 **topped with sth** coberto de algo 4 **to top it all, ...** FAM o cúmulo é que ...
**top up: to top sth up** completar algo [com líquido]

**top hat** [tɑp ˈhæt] *s.* cartola

**top•ic** [ˈtɑpɪk] *s.* tema, tópico

**topi•cal** [ˈtɑpɪkəl] *adj.* atual [assunto]

**top•less** [ˈtɑpləs] *adj, adv.* 1 topless 2 **to go topless** fazer topless

**top•ping** [ˈtɑpɪŋ] *s.* 1 cobertura [de chantilly etc.] 2 recheio [de pizza]

**top•ple** [ˈtɑpəl] *v.* 1 derrubar 2 (tb **topple over**) tombar

**top-secret** [tɑp ˈsikrət] *adj.* sigiloso, ultrassecreto

**torch** [tɔrtʃ] *s.* 1 tocha 2 BRIT lanterna / *v.* FAM incendiar

**tore** [tɔr] *v.* ▸ *ps de* TEAR

**tor•ment** *s.* [ˈtɔrmɛnt] tormento: *in torment* atormentado / *v.* [tɔrˈmɛnt] atormentar

**torn** [tɔrn] *v.* ▸ *pp de* TEAR / *adj.* 1 rasgado 2 dividido (***between*** *entre*)

**tor•na•do** [tɔrˈneɪdoʊ] *s.* [*pl* **tornadoes/tornados**] tornado

**tor•pe•do** [tɔrˈpidoʊ] *s.* [*pl* **torpedoes**] torpedo / *v.* [*ps e pp* **torpedoed**] 1 torpedear 2 detonar [plano etc]

**tor•rent** [ˈtɔrənt] *s.* 1 torrente 2 enxurrada: *a torrent of abuse* uma enxurrada de impropérios

**tor•ren•tial** [təˈrɛnʃəl] *adj.* torrencial

**tor•so** [ˈtɔrsoʊ] *s.* torso, tronco

**tor•toise** [ˈtɔrtəs] *s.* cágado, tartaruga (terrestre)

**tor•ture** [ˈtɔrtʃər] *s.* tortura / *v.* torturar

**Tory** [ˈtɔri] *adj, s.* [*pl* **Tories**] BRIT conservador

**toss** [tɑs] *v.* 1 jogar, tacar 2 sacudir 3 **to toss a coin/toss up** BRIT fazer cara ou coroa 4 **to toss and turn** ficar rolando [na cama]
**toss out: to toss sth out** AM FAM jogar algo fora / *s.* 1 **the toss of a coin** um lance de cara ou coroa 2 **to win/lose the toss** ganhar/perder no cara ou coroa

**to•tal** [ˈtoʊtl] *adj, s.* total / *v.* 1 totalizar 2 AM FAM dar perda total em, acabar com
▸ *Am:* ***totaling, totaled*** *Brit:* ***totalling, totalled***

**to•tal•ly** [ˈtoʊtəli] *adv.* totalmente

**tot•ter** [ˈtɑtər] *v.* cambalear, vacilar

**touch** [tʌtʃ] *v.* 1 tocar (em), tocar-se 2 encostar em 3 **to touch on/upon sth** tocar em algo [assunto]
**touch down** aterrissar
**touch up: to touch sth up** retocar algo / *s.* 1 toque 2 tato [sentido] 3 **a touch of sth**

um pouco de algo **4 in touch** em contato (***with*** *com*) **5 out of touch** alienado (***with*** *de*) **6 to get in touch** entrar em contato (***with*** *com*) **7 to keep/stay in touch** manter o contato (***with*** *com*) **8 to lose touch** **a** perder o contato (***with*** *com*) **b** alienar-se (***with*** *de*) **9 to lose your touch** perder a mão **10 to put the final/finishing touches to sth** dar os retoques finais em algo

**touch•down** [ˈtʌtʃdaʊn] *s.* **1** aterrissagem **2** jogada no futebol americano que consiste em atravessar a linha de gol adversária com a bola, marcando seis pontos

**touched** [ˈtʌtʃt] *adj.* tocado, sensibilizado (***by*** *com*)

**touch•ing** [ˈtʌtʃɪŋ] *adj.* tocante, comovente

**touch screen** [ˈtʌtʃ skrin] *s.* tela de toque

**touchy** [ˈtʌtʃi] *adj.* **1** irritadiço, suscetível [pessoa] **2** delicado [assunto]

**tough** [tʌf] *adj.* [*comp* **tougher, toughest**] **1** duro **2** puxado **3** difícil **4** valente: *a tough guy* um valentão **5** resistente **6** severo (***on/with*** *com*) **7** barra-pesada [bairro] **8 (that's) tough (luck)** FAM o azar é seu/deles etc.

**tough•en** [ˈtʌfən] *v.* **1 to toughen sb (up)** fortalecer alguém **2 to toughen sth (up)** reforçar algo

**tour** [tʊr] *s.* **1** viagem: *a tour of India* uma viagem pela Índia **2** visita, tour (***of/around*** *por*): *a guided tour* uma visita guiada **3** turnê **4 on tour** em turnê: *The band will go on tour next year.* A banda sairá em turnê ano que vem. / *v.* **1** viajar por **2** visitar **3** fazer turnê (por)

**tour•ism** [ˈtʊrɪzəm] *s.* turismo

**tour•ist** [ˈtʊrɪst] *s.* turista / *adj.* turístico [centro, destino]

**tour•ist at•trac•tion** [ˈtʊrɪst əˌtrækʃən] *s.* ponto turístico

**tour•isty** [ˈtʊrɪsti] *adj.* FAM turístico, cheio de turistas

**tour•na•ment** [ˈtʊrnəmənt] *s.* torneio: *a tennis tournament* um torneio de tênis

**tout** [taʊt] *v.* **to tout sth/sb as sth** alardear algo/alguém como algo / *s.* BRIT (tb **ticket tout**) cambista

**tow** [toʊ] *v.* rebocar

**tow away: to tow sth away** rebocar algo [de lugar proibido] / *s.* **1** reboque **2 in tow** FAM a tiracolo: *with her boyfriend in tow* com o namorado a tiracolo **3 to take sth in tow** levar algo de reboque

**to•ward, to•wards** [tɔrd(z), təˈwɔrd(z)] *prep.* **1** em direção a **2** para com [postura] **3** lá por: *toward the end of the evening* lá pelo final da noite **4** para ajudar a pagar: *The money will go toward their education.* O dinheiro vai ajudar a pagar os estudos deles.

▸ No inglês americano, usa-se principalmente a forma ***toward***; no inglês britânico, usa-se somente ***towards.***

**tow•el** [ˈtaʊəl] *s.* toalha: *bath towels* toalhas de banho

**tow•er** [ˈtaʊər] *s.* torre / *v.* **to tower over/above sth/sb** ser muito mais alto do que algo/alguém, elevar-se sobre algo/alguém

**tow•er block** [ˈtaʊər blɑk] *s.* BRIT prédio alto

**town** [taʊn] *s.* **1** cidade **2 from out of town** de fora **3 in/into town** no/ao centro (da cidade) **4 in town** aqui [de visita] **5 night on the town** FAM noitada **6 out of town** viajando **7 to go out on the town** sair para uma noitada **8 to go to town** FAM mandar brasa (***on*** *com*)

**town hall** [taʊn ˈhɔl] *s.* câmara municipal

**town•house** [ˈtaʊnhaʊs] *s.* sobrado geminado [na cidade]

**tox•ic** [ˈtɑksɪk] *adj.* tóxico

**tox•in** [ˈtɑksɪn] *s.* toxina

**toy** [tɔɪ] *s.* brinquedo: *a toy car* um carrinho de brinquedo / *v.* **1 to toy with sth** brincar com algo **2 to toy with the idea of doing sth** namorar a ideia de fazer algo

**trace** [treɪs] *v.* **1** localizar [pessoa] **2** traçar **3** decalcar **4** rastrear [ligação] **5 to trace sth (back) to sth** encontrar a origem de algo em algo: *The name can be traced back to Roman times.* O nome tem sua origem nos tempos romanos. / *s.* **1** traço, vestígio **2** indício

**track** [ˈtræk] *s.* 1 trilha 2 pista [de corrida] 3 trilho(s) [de ferrovia] 4 AM plataforma [de estação] 5 faixa [de CD] 6 AM atletismo 7 **tracks** rastros 8 **to be on the right/wrong track** estar no caminho certo/errado 9 **to be on track** estar no rumo certo (*for para*) 10 **to keep track of sb** ficar de olho em alguém 11 **to keep track of sth** acompanhar algo 12 **to lose track of sth/sb** perder algo/alguém de vista 13 **to lose track of time** a perder a hora b perder a noção do tempo / *v.* 1 seguir a pista de 2 rastrear
**track down: to track sb/sth down** localizar alguém/algo

**track and field** [ˌtrækənˈfild] *s.* AM atletismo

**track rec•ord** [træk ˈrɛkərd] *s.* histórico

**track•suit** [ˈtræksut] *s.* BRIT agasalho esportivo

**trac•tor** [ˈtræktər] *s.* trator

**tractor-trailer** [ˌtræktərˈtreɪlər] *s.* carreta

**trade** [treɪd] *s.* 1 comércio (***in*** *de*): *the coffee trade* o comércio de café 2 ramo: *the tourist trade* o ramo do turismo 3 AM troca (***for*** *por*) 4 ofício, profissão 5 **tools of your trade** instrumentos de trabalho / *v.* 1 fazer comércio (***in*** *em*) 2 negociar [ações etc.] 3 trocar (***for*** *por*): *Would you like to trade places with a celebrity?* Você gostaria de trocar de lugar com uma celebridade? 4 BRIT funcionar [empresa] 5 **to trade on sth** aproveitar-se de algo
**trade in: to trade sth in** dar algo como parte do pagamento (***for*** *de*)

**trade•mark** [ˈtreɪdmɑrk] *s.* marca registrada

**trad•er** [ˈtreɪdər] *s.* 1 comerciante 2 negociante

**trades•man** [ˈtreɪdzmən] *s.* [*pl* **tradesmen**] 1 profissional (de ofício) 2 BRIT comerciante

**trade un•ion** [treɪd ˈjunjən] *s.* BRIT sindicato

**trad•ing** [ˈtreɪdɪŋ] *s.* 1 comércio 2 pregão [da Bolsa] / *adj.* comercial

**tra•di•tion** [trəˈdɪʃən] *s.* tradição

**tra•di•tion•al** [trəˈdɪʃənl] *adj.* tradicional

**traf•fic** [ˈtræfɪk] *s.* 1 trânsito, tráfego: *air traffic* tráfego aéreo 2 tráfico (***in*** *de*): *drug traffic* o tráfico de drogas / *v.* [**-ck-**] traficar

**traf•fic cir•cle** [ˈtræfɪk ˌsɜrkəl] *s.* AM rotatória

**traf•fic jam** [ˈtræfɪk dʒæm] *s.* engarrafamento

**traf•fick•er** [ˈtræfɪkər] *s.* traficante: *an arms trafficker* um traficante de armas

**traf•fick•ing** [ˈtræfɪkɪŋ] *s.* tráfico: *drug trafficking* tráfico de drogas

**traf•fic light**, BRIT: **traf•fic lights** [ˈtræfɪk laɪt] *s.* sinal (de trânsito), semáforo

**trag•edy** [ˈtrædʒədi] *s.* [*pl* **tragedies**] tragédia

**trag•ic** [ˈtrædʒɪk] *adj.* trágico

**trail** [treɪl] *v.* 1 arrastar(-se) 2 seguir a pista de 3 **to trail behind sb/sth** andar/estar atrás de alguém/algo / *s.* 1 trilha 2 rastro 3 roteiro: *the campaign trail* o roteiro de campanha 4 **to be on the trail of sb/sth** estar no encalço de alguém/algo

**trail•er** [ˈtreɪlər] *s.* 1 reboque 2 trailer 3 chamada [de filme, programa]

**train** [treɪn] *s.* 1 trem: *the train station* a estação de trem 2 cauda [de vestido] 3 série: *a train of events* uma série de acontecimentos 4 **by train** de trem 5 **train of thought** raciocínio / *v.* 1 treinar 2 formar(-se), qualificar(-se) (***in*** *em*): *She trained as a doctor.* Ela se formou médica. 3 adestrar [animal] 4 **to train sth on sth** mirar algo em algo

**trainee** [treɪˈni] *s.* estagiário, funcionário em treinamento: *a trainee manager* um gerente em treinamento

**train•er** [ˈtreɪnər] 1 treinador 2 adestrador 3 **trainers** BRIT tênis [sapato]

**train•ing** [ˈtreɪnɪŋ] *s.* 1 treinamento: *a training session* um treino 2 formação, qualificação

**trait** [treɪt] *s.* traço: *a personality trait* um traço de personalidade

**trai•tor** [ˈtreɪtər] *s.* traidor

**tram** [træm] *s.* BRIT bonde

**tramp** [træmp] *s.* vagabundo [sem-teto] / *v.* ir/andar pesadamente

**tram•ple** [ˈtræmpəl] *v.* 1 pisotear, pisar (***on*** *em*) 2 **to be trampled to death** morrer pisoteado

**tram•po•line** [træmpəˈlin] *s.* cama elástica

**trance** [træns] *s.* transe: *in a trance* em transe

**tran•quil** [ˈtræŋkwəl] *adj.* tranquilo, pacato

**tran•quil•iz•er**, BRIT: **tran•quil•liz•er** [ˈtræŋkwəlaɪzər] *s.* calmante

**trans•ac•tion** *s.* 1 operação [financeira] 2 movimento [da conta bancária]

**trans•fer** *v.* [trænsˈfɜr] [-**rr**-] 1 transferir (-se) (***from*** *de*, ***to*** *para*) 2 (em transportes) fazer transferência (***onto*** *para*) / *s.* [ˈtrænsfər] 1 transferência (***to*** *para*) 2 traslado [aeroporto-hotel] 3 AM bilhete de integração

**trans•form** [trænsˈfɔrm] *v.* transformar (***into*** *em*)

**trans•for•ma•tion** [trænsfərˈmeɪʃən] *s.* transformação (***into*** *em*)

**trans•fu•sion** [trænsˈfjuʒən] *s.* transfusão: *a blood transfusion* uma transfusão de sangue

**trans•it** [ˈtrænzɪt] *s.* 1 trânsito: *transit passengers* passageiros em trânsito 2 transporte(s)

**tran•si•tion** [trænˈzɪʃən] *s.* transição (***from*** *de*, ***to*** *para*)

**tran•si•tive** [ˈtrænzətɪv] *adj.* transitivo

**trans•late** [trænzˈleɪt] *v.* traduzir(-se) (***from*** *de*, ***into*** *para/em*)

**trans•la•tion** [trænzˈleɪʃən] *s.* tradução (***from*** *de*, ***into*** *para/em*): *a literal translation* uma tradução ao pé da letra

**trans•la•tor** [trænzˈleɪtər] *s.* tradutor

**trans•mis•sion** [trænzˈmɪʃən] *s.* transmissão

**trans•mit** [trænzˈmɪt] *v.* [-**tt**-] transmitir

**trans•mit•ter** [trænzˈmɪtər] *s.* transmissor

**trans•par•ent** [trænsˈpærənt] *adj.* transparente

**tran•spire** [trænˈspaɪr] *v.* FORM 1 suceder-se 2 **it transpires that ...** toma-se conhecimento de que ...

**trans•plant** *v.* [trænsˈplænt] transplantar / *s.* [ˈtrænsplænt] transplante: *a liver transplant* um transplante de fígado

**trans•port** *v.* [trænsˈpɔrt] 1 transportar 2 levar [no pensamento] / *s.* [ˈtrænspɔrt] BRIT transporte(s)

**trans•por•ta•tion**, BRIT: **transport** [trænzspərˈteɪʃən] *s.* transporte(s): *public transportation* transportes coletivos | *a means of transportation* um meio de transporte

**trap** [træp] *s.* 1 armadilha, cilada 2 **to lay/set a trap** armar uma cilada (***for*** *para*) / *v.* [-**pp**-] 1 pegar numa armadilha 2 **to be/get trapped** estar/ficar preso 3 **to trap sb into doing sth** enganar alguém de forma que faz algo

**trap•door** [ˈtræpdɔr] *s.* alçapão

**tra•peze** [trəˈpiz] *s.* trapézio: *a trapeze artist* um trapezista

**trash** [træʃ] *s.* 1 lixo 2 AM GÍR gentalha

**trash can** [ˈtræʃ kæn] *s.* AM lata de lixo

**trash•talk** [ˈtræʃtɔk] *s.* AM FAM xingamento [do adversário]

**trau•ma** [ˈtrɔmə] *s.* trauma

**trau•mat•ic** [trɔˈmætɪk] *adj.* traumatizante

**trau•ma•tize** BRIT tb:**-tise** [ˈtrɔmətaɪz] *v.* traumatizar

**trav•el** [ˈtrævəl] *v.* 1 viajar 2 percorrer [distância] 3 andar, deslocar-se 4 propagar-se [luz, notícia] 5 **to travel the world** viajar pelo mundo / *s.* viagem: *travel expenses* despesas de viagem

▸ *Am:* ***traveling, traveled*** *Brit:* ***travelling, travelled***

**trav•el agen•cy** [ˈtrævəl ˌeɪdʒənsi] *s.* agência de viagens

**trav•el agent** [ˈtrævəl ˌeɪdʒənt] *s.* agente de viagem

**trav•el•er**, BRIT: **trav•el•ler** [ˈtrævələr] *s.* viajante

**trav•el•er's check**, BRIT: **trav•el•ler's cheque** [ˈtrævələrz tʃɛk] *s.* cheque de viagem

**travel sick•ness** [ˈtrævəl ˌsɪknəs] *s.* enjoo [de locomoção]

**trawl•er** [ˈtrɔlər] *s.* traineira

**tray** [treɪ] *s.* bandeja

**treach•er•ous** [ˈtrɛtʃərəs] *adj.* 1 traiçoeiro 2 perigoso

**treach•ery** [ˈtrɛtʃəri] *s.* traição

**tread** [trɛd] *v.* [*ps, pp* **trod, trodden**] 1 BRIT pisar (***on/in*** *em*) 2 **to tread carefully** ir com cautela / *s.* banda de rodagem [de pneu]

**trea•son** [ˈtrizən] *s.* traição da pátria

**treas•ure** [ˈtrɛʒər] *s.* tesouro: *a treasure hunt* uma caça ao tesouro

**treas•ur•er** [ˈtrɛʒərər] *s.* tesoureiro

**treas•ury** [ˈtrɛʒəri] *s.* [*pl* **treasuries**] **the Treasury** o Ministério da Fazenda

**treat** [trit] *v.* 1 tratar 2 **to treat sb to sth** **a** convidar alguém para algo, pagar algo para alguém **b** dar algo a alguém de presente: *She treated herself to a new outfit.* Ela se deu de presente uma roupa nova. **c** brindar alguém com algo 3 **to treat sth as sth** considerar algo algo / *s.* 1 presente 2 prazer 3 guloseima 4 FAM **my treat** eu convido você(s)

**treat•ment** [ˈtritmənt] *s.* 1 tratamento (***of/for*** *de*) 2 abordagem (***of*** *de*) 3 **to have/get treatment** ser tratado/tratar-se (***for*** *de*)

**trea•ty** [ˈtriti] *s.* [*pl* **treaties**] tratado: *a peace treaty* um tratado de paz

**tre•ble** [ˈtrɛbəl] *s.* 1 soprano 2 agudos / *adj.* de soprano / *v.* BRIT triplicar / *adv.* BRIT três vezes

**tree** [tri] *s.* árvore

**trek** [trɛk] *s.* 1 jornada [viagem] 2 trilha, caminhada / *v.* [-**kk**-] 1 ir a pé 2 fazer trilha

**trem•ble** [ˈtrɛmbəl] *v.* tremer (***with*** *de*)

**trem•bling** [ˈtrɛmblɪŋ] *adj.* trêmulo

**tre•men•dous** [trɪˈmɛndəs] *adj.* 1 enorme 2 tremendo 3 excelente

**tre•men•dous•ly** [trɪˈmɛndəsli] *adv.* extremamente

**trem•or** [ˈtrɛmər] *s.* tremor

**trench** [ˈtrɛntʃ] *s.* 1 vala 2 trincheira

**trend** [trɛnd] *s.* tendência (***toward*** *a*)

**trendy** [ˈtrɛndi] *adj.* [*comp* **trendier, trendiest**] 1 descolado 2 fashion

**tres•pass** [ˈtrɛspæs] *v.* **to trespass on sth** invadir algo [propriedade alheia]

**tres•pass•er** [ˈtrɛspæsər] *s.* intruso, invasor

**tri•al** [ˈtraɪəl] *s.* 1 julgamento, processo 2 ensaio, teste 3 prova: *a trial period* um período de experiência 4 provação 5 **by/through trial and error** por tentativa e erro 6 **to be/go on/stand trial** ser julgado (***for*** *por*)

**tri•an•gle** [ˈtraɪæŋgəl] *s.* triângulo

**tri•ath•lon** [traɪˈæθlɑn] *s.* triatlo

**tribe** [traɪb] *s.* tribo

**tribu•tary** [ˈtrɪbjətɛri] *s.* [*pl* **tributaries**] afluente [de rio]

**trib•ute** [ˈtrɪbjut] *s.* 1 homenagem 2 **to be a tribute to sb/sth** ser a consagração de alguém/algo 3 **to pay tribute to sb** prestar homenagem a alguém

**trick** [trɪk] *s.* 1 truque 2 brincadeira 3 número [de mágico]: *a magic trick* uma mágica 4 **a dirty/mean trick** um golpe baixo 5 **to do the trick** FAM surtir efeito 6 **to play a trick on sb** pregar uma peça em alguém / *v.* 1 ludibriar 2 **to trick sb into doing sth** induzir alguém a fazer algo [enganando-o] 3 **to trick sb out of sth** enganar alguém em algo: *He was tricked out of $1,000.* Ele foi enganado em $1.000,00.

▸ ***Trick or treating*** é um costume praticado por crianças no Halloween (Dia das Bruxas) que consiste em ir de casa em casa pedindo doces com a frase ***"Trick or treat?"*** *(travessura ou doce?)*. Quem não dá algum doce pode ser vítima de uma travessura.

**trick•le** [ˈtrɪkəl] *v.* 1 escorrer 2 ir aos poucos / *s.* fio [de água etc.]

**trick ques•tion** [trɪk ˈkwɛstʃən] *s.* pergunta capciosa

**tricky** [ˈtrɪki] *adj.* [*comp* **trickier, trickiest**] 1 complicado [situação, problema etc.] 2 astucioso [pessoa]

**tri•cy•cle** [ˈtraɪsɪkəl] *s.* velocípede

**tried** [traɪd] *v.* ▸ *ps e pp de* TRY / *adj.* **tried and tested** consagrado

**tri•fle** [ˈtraɪfəl] *s.* 1 sobremesa inglesa feita de camadas de pão de ló, gelatina, frutas e creme 2 **a trifle** FORM um pouquinho / *v.* **to trifle with sb/sth** meter-se com alguém/brincar com algo

**trig•ger** [ˈtrɪgər] *s.* gatilho / *v.* **to trigger sth (off)** a desencadear algo b acionar algo [alarme, bomba]

**tril•lion** [ˈtrɪljən] *s.* trilhão: *a trillion dollars* um trilhão de dólares

**trim** [trɪm] *v.* [-**mm**-] 1 aparar 2 cortar (***from/off*** *de*) 3 enfeitar (***with*** *com*) / *adj.* [*comp* **trimmer, trimmest**] 1 esbelto 2 arrumado, bem cuidado / *s.* 1 aparada 2 **in (good) trim** a em bom estado b em boa forma 3 enfeite

**trim•mings** [ˈtrɪmɪŋz] *spl.* guarnições [de comida]

**trini•ty** [ˈtrɪnəti] *s.* trindade

**trin•ket** [ˈtrɪŋkɪt] *s.* 1 berloque 2 bugiganga

**trip** [trɪp] *s.* 1 viagem (***to*** *a/para*): *a business trip* uma viagem de negócios 2 passeio, excursão 3 **a trip** AM FAM um barato 4 **to go on/take a trip** fazer uma viagem / *v.* [-**pp**-] 1 (tb **trip up**) tropeçar (***on/over*** *em*) 2 passar uma rasteira em 3 acionar [alarme etc.]

**trip up: to trip sb up** a passar uma rasteira em alguém b pegar alguém [com pergunta capciosa etc.]

**tri•ple** [ˈtrɪpəl] *s, adj.* triplo / *v.* triplicar

**tri•ple jump** [ˈtrɪpəl dʒʌmp] *s.* salto triplo

**tri•plet** [ˈtrɪplɪt] *s.* trigêmeo

**tri•pod** [ˈtraɪpɑd] *s.* tripé

**tri•umph** [ˈtraɪəmf] *s.* triunfo / *v.* triunfar (***over*** *sobre*)

**tri•um•phant** [traɪˈʌmfənt] *adj.* 1 exultante [expressão, sorriso] 2 vitorioso 3 **to emerge triumphant** sair vitorioso

**trivia** [ˈtrɪviə] *spl.* 1 curiosidades 2 insignificâncias

**triv•ial** [ˈtrɪviəl] *adj.* insignificante, sem importância

**trod** [trɑd] *v.* ▸ *ps de* TREAD

**trod•den** [ˈtrɑdn] *v.* ▸ *pp de* TREAD

**trol•ley** [ˈtrɑli] *s.* 1 AM bonde 2 BRIT carrinho

**trom•bone** [trɑmˈboʊn] *s.* trombone

**troop** [trup] *s.* 1 tropa, bando 2 **troops** tropas / *v.* ir em bando

**tro•phy** [ˈtroʊfi] *s.* [*pl* **trophies**] troféu

**trop•ic** [ˈtrɑpɪk] 1 **the Tropic of Cancer/Capricorn** o Trópico de Câncer/Capricórnio 2 **the tropics** os trópicos

**tropi•cal** [ˈtrɑpɪkəl] *adj.* tropical

**trot** [trɑt] *v.* [-**tt**-] trotar, ir trotando

**trot out: to trot sth out** repetir algo / *s.* 1 trote 2 **on the trot** BRIT FAM consecutivo

**trou•ble** [ˈtrʌbəl] *s.* 1 problemas (***with*** *com*): *heart trouble* problemas no coração 2 confusão, briga 3 encrenca 4 **troubles** mágoas 5 **it's not worth the trouble** não vale a pena 6 **the trouble (with sb/sth) is (that) ...** o problema (com alguém/algo) é que ... 7 **to be in trouble** a estar em dificuldade b estar encrencado (***with*** *com*) 8 **to be no trouble** não dar trabalho (nenhum) 9 **to cause trouble** criar confusão 10 **to get into trouble** meter-se em encrenca (***for*** *por*, ***with*** *com*) 11 **to go to a lot of trouble (to do sth)** desdobrar-se (para fazer algo) 12 **to have trouble doing sth** ter dificuldade para fazer algo 13 **to keep/stay out of trouble** ficar longe de encrenca 14 **to put sb to trouble** dar trabalho a alguém: *I don't want to put you to any trouble.* Não quero te dar trabalho. 15 **to take the trouble to do sth** dar-se ao trabalho de fazer algo / *v.* 1 incomodar: *Sorry to trouble you.* Desculpe incomodar. 2 preocupar

**trou•bled** [ˈtrʌbəld] *adj.* 1 aflito 2 conturbado

**trouble•maker** [ˈtrʌbəlˌmeɪkər] *s.* 1 arruaceiro, encrenqueiro 2 espírito de porco [pessoa]

**trouble•shooting** [ˈtrʌbəlʃutɪŋ] *s.* solução de problemas

**trou•ble•some** [ˈtrʌbəlsəm] *adj.* 1 problemático 2 incômodo
**trough** [trɑf] *s.* 1 cocho, bebedouro [para animais] 2 **peaks and troughs** altos e baixos
**trou•sers** [ˈtraʊzərz] *spl.* BRIT calça: *a pair of trousers* uma calça
**trout** [traʊt] *s.* truta
**tru•an•cy** [ˈtruənsi] *s.* evasão escolar
**tru•ant** [ˈtruənt] *s.* 1 aluno faltante/evadido 2 **to play truant** BRIT matar aula / *adj.* **to be truant** AM faltar às aulas
**truce** [trus] *s.* trégua
**truck** [trʌk] *s.* 1 caminhão 2 BRIT vagão [de carga]
**truck•er** [ˈtrʌkər] *s.* AM caminhoneiro
**trudge** [trʌdʒ] *v.* ir caminhando pesadamente
**true** [tru] *adj.* [*comp* **truer, truest**] 1 verdadeiro 2 real [valor] 3 verídico 4 **true to life** real 5 **to be true** ser verdade 6 **to come true** realizar-se [sonho, desejo]
**tru•ly** [ˈtruli] *adv.* 1 realmente 2 com toda sinceridade 3 **well and truly** definitivamente 4 **yours truly** a cordialmente [em carta] b FAM papai aqui
**trum•pet** [ˈtrʌmpɪt] *s.* trompete
**trun•cheon** [ˈtrʌntʃən] *s.* BRIT cassetete
**trunk** [trʌŋk] *s.* 1 AM porta-malas, mala [de carro] 2 tronco [de árvore, corpo] 3 tromba [de elefante] 4 baú 5 **trunks** (plural) calção, sunga: *a pair of swimming trunks* uma sunga de banho
**trust** [trʌst] *s.* 1 confiança (***in*** *em*) 2 fundação 3 **position of trust** cargo de responsabilidade 4 **to take sth on trust** aceitar algo de boa fé / *v.* 1 confiar em 2 **trust you/her etc. (to do sth)!** FAM só você/ela etc. (para fazer algo)! 3 **to trust sb to do sth** confiar em alguém para fazer algo 4 **to trust sb with sth** confiar algo a alguém
**trust•ed** [ˈtrʌstɪd] *adj.* de confiança
**trust fund** [ˈtrʌst fʌnd] *s.* fundo fiduciário
**trust•ing** [ˈtrʌstɪŋ] *adj.* confiante
**trust•worthy** [ˈtrʌstwɜrði] *adj.* confiável, fidedigno
**truth** [truθ] *s.* 1 verdade 2 **to tell the truth** (para) falar a verdade
**truth•ful** [ˈtruθfəl] *adj.* 1 sincero 2 verídico
**try** [traɪ] *v.* [*ps e pp* **tried**] 1 tentar 2 experimentar, provar 3 julgar (***for*** *por*) 4 tentar abrir [porta] 5 **to try and/to do sth** tentar fazer algo 6 **to try doing sth** experimentar fazer algo 7 **to try hard** esforçar-se: *You need to try harder.* Você precisa se esforçar mais. 8 **to try your best/hardest (to do sth)** fazer o possível (para fazer algo) 9 **to try your hand at sth** tentar algo
**try on: to try sth on** experimentar algo [roupa]
**try out: to try sth out** testar algo / *s.* 1 tentativa: *on the first try* na primeira tentativa 2 **it's worth a try** não custa nada tentar 3 **to give sth a try** tentar algo 4 **to have a try (at sth)** tentar (algo)
**try•ing** [ˈtraɪɪŋ] *adj.* difícil, penoso
**try•out** [ˈtraɪaʊt] *s.* AM teste [para jogador, ator etc.]: *soccer tryouts* testes para jogadores de futebol
**T-shirt** [ˈti ʃɜrt] *s.* camiseta
**tub** [tʌb] *s.* 1 pote [de margarina, sorvete] 2 vaso grande [para plantar] 3 AM banheira: *a hot tub* uma banheira de hidromassagem
**tube** [tub] *s.* 1 tubo 2 **the tube** BRIT o metrô [de Londres]: *a tube station* uma estação de metrô
**tuck** [tʌk] *v.* **to tuck sth into/under sth** enfiar algo em algo
**tuck away** 1 **to be tucked away** ficar num lugar escondido 2 **to tuck sth away** guardar algo
**tuck in** 1 FAM atacar (a comida) 2 **to tuck into sth** atacar algo [comida] 3 **to tuck sb in** aconchegar alguém na cama 4 **to tuck sth in** enfiar algo na calça/saia [blusa etc.]
**tuck up** 1 **tucked up in bed** FAM na cama 2 **to tuck sb up** aconchegar alguém (na cama) / *s.* 1 prega, dobra 2 plástica: *a tummy tuck* uma plástica da barriga
**tuck•ered out** [ˌtʌkərdˈaʊt] *adj.* AM FAM exausto

**Tues•day** [ˈtuzdi. ˈtuzdeɪ] *s.* terça-feira: *on Tuesday* na terça
**tuft** [tʌft] *s.* tufo [de pelos etc.]
**tug** [tʌg] *v.* [-gg-] **to tug (at/on) sth** puxar algo / *s.* 1 puxão 2 (tb **tug boat**) rebocador
**tui•tion** [tuˈɪʃən] *s.* 1 (tb **tuition fees**) matrículas e mensalidades 2 ensino
**tu•lip** [ˈtulɪp] *s.* tulipa [flor]
**tum•ble** [ˈtʌmbəl] *v.* 1 tombar 2 despencar [preço]
**tumble down** 1 cair 2 **to come tumbling down** vir abaixo, desmoronar / *s.* tombo
**tum•bler** [ˈtʌmblər] *s.* copo
**tum•my** [ˈtʌmi] *s.* [*pl* **tummies**] FAM barriga
**tu•mor**, BRIT: **tu•mour** [ˈtumər] *s.* tumor
**tuna** [ˈtunə] *s.* atum
**tune** [tun] *s.* 1 melodia 2 **in tune** afinado 3 **out of tune** desafinado 4 **in/out of tune with sth/sb** em/fora de sintonia com algo/alguém 5 **to change your tune** mudar de tom 6 **to the tune of ...** FAM na ordem de ...: *damage to the tune of $2 million* estragos na ordem de $2 mi / *v.* 1 afinar [instrumento] 2 regular [motor] 3 **to tune sth to sth** sintonizar algo em algo
**tune in** 1 assistir/ouvir [na TV, no rádio] 2 **to tune in to sth** sintonizar algo [programa, emissora]
**tune up** 1 afinar 2 **to tune sth up** **a** regular algo **b** afinar algo
**tune•ful** [ˈtunfəl] *adj.* melodioso
**tu•nic** [ˈtunɪk] *s.* túnica
**tun•nel** [ˈtʌnl] *s.* túnel / *v.* abrir/cavar um túnel
▸ *Am:* ***tunneling, tunneled*** *Brit:* ***tunnelling, tunnelled***
**tur•ban** [ˈtɜrbən] *s.* turbante
**tur•bu•lence** [ˈtɜrbjələns] *s.* turbulência
**tur•bu•lent** [ˈtɜrbjələnt] *adj.* turbulento
**turf** [tɜrf] *s.* BRIT gramado
**Turk** [tɜrk] *s.* turco
**Tur•key** [ˈtɜrki] *s.* Turquia
**tur•key** [ˈtɜrki] *s.* peru
**Turk•ish** [ˈtɜrkɪʃ] *s, adj.* turco
**tur•moil** [ˈtɜrmɔɪl] *s.* tumulto, desordem
**turn** [tɜrn] *v.* 1 virar(-se) 2 (fazer) girar, dar voltas (em) 3 tornar(-se) 4 **to turn five/40 etc.** fazer cinco/40 etc. anos 5 **to turn the corner** dobrar a esquina 6 **to turn to page ...** abrir o livro na página ... 7 **to turn to sth/sb** **a** recorrer a algo/alguém **b** voltar-se para algo/alguém [assunto] 8 **to turn your attention to sth** voltar a atenção para algo
**turn against** 1 **to turn against sb** voltar-se contra alguém 2 **to turn sb against sb** jogar alguém contra alguém
**turn around** 1 virar(-se) 2 **to turn sth around** virar algo
**turn away** 1 virar a cara 2 **to turn sb away** dispensar alguém
**turn back** 1 voltar 2 **there's no turning back** não tem volta
**turn down: to turn sth down** **a** recusar algo [oferta, convite] **b** abaixar (o volume de) algo
**turn in: to turn sth/sb in** entregar algo/alguém
**turn into** 1 **to turn (in)to sth** transformar-se em algo 2 **to turn sth/sb (in)to sth** transformar algo/alguém em algo
**turn off** 1 **to turn sth off** **a** desligar algo [aparelho] **b** apagar algo [luz] **c** fechar algo [torneira] 2 **to turn off (sth)** sair (de algo) [estrada] 3 **to turn sb off** desanimar alguém
**turn on** 1 **to turn sth on** **a** ligar algo [aparelho] **b** acender algo [luz] **c** abrir algo [torneira] 2 **to turn sb on** despertar o interesse de alguém (*to em*)
**turn out** 1 acabar: *Everything turned out all right.* Tudo acabou bem. 2 comparecer [para votar etc.] 3 **as it turns/turned out** afinal 4 **it turns out (that) ...** acontece que ... 5 **to turn out to be sth** vir a ser algo 6 **to turn sth out** produzir algo 7 **to turn the light out** apagar a luz
**turn over** 1 BRIT virar a página 2 **to turn sth over** virar algo [de cabeça para baixo] 3 **to turn sth/sb over to sb** entregar algo/alguém a alguém

**turn round** BRIT ▸ = TURN AROUND
**turn up** 1 aparecer 2 **to turn sth up** aumentar (o volume de) algo / *s.* 1 vez: *It's your turn to play.* É a sua vez de jogar. 2 AM entrada, transversal: *Take the first turn on the right.* Pegue a primeira entrada à direita. 3 **in turn** a um atrás do outro b por sua vez 4 **the turn of the century** a virada do século 5 **to make a left/right turn** virar à esquerda/direita 6 **to take a new etc. turn** ter uma nova etc. reviravolta 7 **to take a turn for the better/worse** melhorar/piorar 8 **to take (it in) turns** revezar-se 9 **to take turns doing/to do sth** revezar-se para fazer algo
**turn•around** [ˈtɜrnəraʊnd] *s.* reviravolta
**turn•ing** [ˈtɜrnɪŋ] *s.* BRIT entrada, transversal
**turn•ing point** [ˈtɜrnɪŋ pɔɪnt] *s.* momento decisivo
**tur•nip** [ˈtɜrnɪp] *s.* nabo
**turn-off** [ˈtɜrnɔf] *s.* 1 saída [da estrada] 2 FAM corta-barato
**turn•out** [ˈtɜrnaʊt] *s.* (taxa de) comparecimento [às urnas etc.]
**turn•over** [ˈtɜrnoʊvər] *s.* 1 faturamento 2 rotatividade
**turn•pike** [ˈtɜrnpaɪk] *s.* AM rodovia com pedágio
**turn sig•nal** [ˈtɜrn ˌsɪgnəl] *s.* AM seta [de veículo]
**turn•stile** [ˈtɜrnstaɪl] *s.* catraca, borboleta
**turn•table** [ˈtɜrnteɪbəl] *s.* prato [de toca--discos]
**tur•quoise** [ˈtɜrkwɔɪz] *s, adj.* turquesa
**tur•ret** [ˈtʌrət] *s.* torreão
**tur•tle** [ˈtɜrtl] *s.* tartaruga
▸ No inglês britânico e na linguagem científica, ***turtle*** denota a tartaruga marinha, enquanto a terrestre se denomina ***tortoise***. No inglês americano, diz-se ***turtle*** em ambos os casos.
**turtle•neck** [ˈtɜrtlnɛk] *s.* (blusa de) gola rulê
**tusk** [tʌsk] *s.* presa [de elefante]
**tu•tor** [ˈtutər] *s.* professor particular
**tu•to•rial** [tuˈtɔriəl] *s.* 1 tutorial [software de ensino] 2 aula individual [na faculdade]
**tux•edo** [tʌkˈsidoʊ] *s.* (tb **tux**) smoking
**TV** [tiˈvi] *s.* 1 TV: *a TV series* uma série de TV 2 **on TV** na TV
**TV din•ner** [tiˌviˈdɪnər] *s.* comida pronta
**tweak** [twik] *v.* 1 beliscar 2 ajustar 3 lapidar
**tweet** [twit] *v.* tuitar [no Twitter] / *s.* tuíte
**twee•zers** [ˈtwizərz] *spl.* pinça [de sobrancelha]: *a pair of tweezers* uma pinça
**twelfth** [twɛlfθ] *adj.* décimo segundo / *s.* 1 dia doze 2 doze avos
**twelve** [twɛlv] *num.* doze
**twen•ti•eth** [ˈtwɛntiəθ] *adj.* vigésimo / *s.* 1 dia vinte 2 vinte avos
**twen•ty** [ˈtwɛnti] *num.* 1 vinte 2 **in your twenties** na casa dos vinte: *She's in her early twenties.* Ela tem vinte e poucos anos.
**twice** [twaɪs] *adv.* 1 duas vezes 2 **twice as many/big etc. as** duas vezes mais/maior etc. do que 3 **twice as much** o dobro (*as de*)
**twid•dle** [ˈtwɪdəl] *v.* 1 brincar com [objeto] 2 **to twiddle your thumbs** FAM ficar à toa [sem nada para fazer]
**twig** [twɪg] *s.* graveto
**twi•light** [ˈtwaɪlaɪt] *s.* crepúsculo
**twin** [twɪn] *s, adj.* gêmeo
**twinge** [twɪndʒ] *s.* pontada [de dor, remorso]
**twin•kle** [ˈtwɪŋkəl] *v.* 1 cintilar 2 brilhar [olhos]
**twirl** [twɜrl] *v.* (tb **twirl around**) (fazer) girar, rodopiar
**twist** [twɪst] *v.* 1 torcer(-se) 2 distorcer [as palavras de alguém] 3 **to twist and turn** serpentear [estrada, rio] 4 **to twist sb's arm** FAM convencer alguém / *s.* virada [de trama etc.]
**twist•ed** [ˈtwɪstɪd] *adj.* 1 retorcido, enroscado 2 doentio [pessoa, mente]
**twitch** [twɪtʃ] *v.* tremer, contrair(-se) [olho, boca etc.] / *s.* tique (nervoso)
**twit•ter** [ˈtwɪtər] *v.* gorjear, pipilar [passarinhos]
**two** [tu] *s, adj.* 1 dois/duas 2 **a day/week etc. or two** alguns dias/algumas semanas etc. 3 **in twos** dois a dois 4 **that makes two of us** FAM somos dois [na mesma situação] 5 **to**

**break/cut sth in two** partir/cortar algo em dois 6 **to put two and two together** juntar os pauzinhos, tirar conclusões

**two-faced** [tuˈfeɪst] *adj.* falso [pessoa]

**two-way** [tuˈweɪ] *adj.* 1 de mão dupla [trânsito, rua] 2 recíproco [relação]

**ty•coon** [taɪˈkun] *s.* magnata

**ty•ing** [ˈtaɪɪŋ] *v.* ▸ *ger de* TIE

**type** [taɪp] *s.* 1 tipo: *What type of music do you like?* De que tipo de música você gosta? 2 **to be sb's type** fazer o gênero de alguém / *v.* 1 digitar 2 datilografar

**type in: to type sth in** digitar algo

**type•face** [ˈtaɪpfeɪs] *s.* tipo de letra

**type•writ•er** [ˈtaɪpraɪtər] *s.* máquina de escrever

**ty•phoid** [ˈtaɪfɔɪd] *s.* tifo, febre tifoide

**typi•cal** [ˈtɪpɪkəl] *adj.* típico (***de*** *of*)

**typi•cal•ly** [ˈtɪpɪkli] *adv.* 1 tipicamente 2 como é típico dele/dela etc.

**typ•ing** [ˈtaɪpɪŋ] *s.* datilografia

**typ•ist** [ˈtaɪpɪst] *s.* datilógrafo

**ty•ran•ni•cal** [tɪˈrænɪkəl] *adj.* tirânico

**tyr•an•ny** [ˈtɪrəni] *s.* [*pl* **tyrannies**] tirania

**ty•rant** [ˈtaɪrənt] *s.* tirano

**tyre** [taɪr] *s.* BRIT pneu

# U

**U, u** [ju] *s.* U, u
**UFO** [ju ɛf ˈoʊ] *s.* [*pl* **UFOs**] (= unidentified flying object) óvni
**ugly** [ˈʌgli] *adj.* [*comp* **uglier, ugliest**] feio
**U.K.** [ju ˈkeɪ] *s.* (= United Kingdom) Reino Unido
**ul•cer** [ˈʌlsər] *s.* 1 úlcera 2 afta
**ul•te•ri•or** [ʌlˈtɪrjər] *adj.* **an ulterior motive** segundas intenções
**ul•ti•mate** [ˈʌltəmət] *adj.* 1 final 2 ▸ o/a maior, pior, melhor etc.: *the ultimate challenge* o maior desafio / *s.* **the ultimate in sth** a última palavra em algo
**ul•ti•mate•ly** [ˈʌltəmətli] *adv.* no final, afinal
**ul•ti•ma•tum** [ʌltəˈmeɪtəm] *s.* ultimato
**ultra•sound** [ˈʌltrəsaʊnd] *s.* ultrassom
**ultra•vio•let** [ʌltrəˈvaɪlət] *adj.* ultravioleta
**um•brage** [ˈʌmbrɪdʒ] *s.* **to take umbrage (at sth)** ofender-se (com algo)
**um•brel•la** [ʌmˈbrɛlə] *s.* 1 guarda-chuva 2 guarda-sol, barraca [de praia]
**um•pire** [ˈʌmpaɪr] *s.* árbitro / *v.* arbitrar
**ump•teen** [ʌmpˈtin] *adj.* FAM muitos, n: *umpteen times* n vezes
**ump•teenth** [ʌmpˈtinθ] *adj.* FAM enésimo
**UN** [ju ˈɛn] *s.* (= United Nations) ONU
**un•able** [ʌnˈeɪbəl] *adj.* **to be unable to do sth** não conseguir fazer algo: *I was unable to complete the test.* Não consegui terminar a prova.
**un•ac•cep•table** [ʌnəkˈsɛptəbəl] *adj.* inaceitável, inadmissível
**un•ac•com•pa•nied** [ʌnəˈkʌmpənɪd] *adj.* desacompanhado
**un•af•fec•ted** [ʌnəˈfɛktɪd] *adj.* 1 não afetado (*by por*) 2 (pessoa) natural
**un•afraid** [ʌnəˈfreɪd] *adj.* destemido, sem medo (*of de*)
**unani•mous** [juˈnænəməs] *adj.* unânime
**un•armed** [ʌnˈɑrmd] *adj.* 1 desarmado 2 indefeso
**un•as•sum•ing** [ʌnəˈsumɪŋ] *adj.* simples, despretensioso [pessoa]
**un•at•tain•able** [ʌnəˈteɪnəbəl] *adj.* inalcançável
**un•at•trac•tive** [ʌnəˈtræktɪv] *adj.* pouco atraente
**un•avail•able** [ʌnəˈveɪləbəl] *adj.* indisponível
**un•avoid•able** [ʌnəˈvɔɪdəbəl] *adj.* inevitável
**un•aware** [ʌnəˈwɛr] *adj.* **to be unaware of sth/that ...** desconhecer algo/que ...
**un•bal•anced** [ʌnˈbælənst] *adj.* desequilibrado
**un•bear•able** [ʌnˈbɛrəbəl] *adj.* insuportável
**un•beat•able** [ʌnˈbitəbəl] *adj.* imbatível
**un•beat•en** [ʌnˈbitn] *adj.* invicto
**un•be•liev•able** [ʌnbɪˈlivəbəl] *adj.* inacreditável
**un•bi•ased** [ʌnˈbaɪəst] *adj.* imparcial

**un•block** [ʌnˈblɑk] *v.* desentupir, desobstruir
**un•break•able** [ʌnˈbreɪkəbəl] *adj.* inquebrável
**un•bro•ken** [ʌnˈbroʊkən] *adj.* **1** ininterrupto **2** intacto **3** invicto [recorde]
**un•but•ton** [ʌnˈbʌtn] *v.* desabotoar
**un•called-for** [ʌnˈkɔld fɔr] *adj.* desnecessário
**un•can•ny** [ʌnˈkæni] *adj.* sinistro
**un•cer•tain** [ʌnˈsɜrtən] *adj.* **1** incerto **2** na dúvida: *He was uncertain what to do.* Ele não sabia bem o que fazer.
**un•cer•tain•ty** [ʌnˈsɜrtənti] *s.* incerteza
**un•changed** [ʌnˈtʃeɪndʒd] *adj.* inalterado
**un•checked** [ʌnˈtʃɛkt] *adj.* descontrolado, sem controle
**un•cle** [ˈʌŋkəl] *s.* tio
**un•clear** [ʌnˈklɪr] *adj.* **1** pouco claro **2 to be unclear about sth** não ter algo muito claro
**un•com•fort•able** [ʌnˈkʌmftərbəl] *adj.* **1** desconfortável **2** incômodo, desagradável **3 to feel uncomfortable** não se sentir à vontade
**un•com•mon** [ʌnˈkɑmən] *adj.* pouco comum, raro
**un•com•pro•mis•ing** [ʌnˈkɑmprəmaɪzɪŋ] *adj.* intransigente
**un•con•cerned** [ʌnkənˈsɜrnd] *adj.* **1** despreocupado **2** indiferente
**un•con•di•tion•al** [ʌnkənˈdɪʃənəl] *adj.* incondicional
**un•con•nect•ed** [ʌnkəˈnɛktɪd] *adj.* não relacionado, sem ligação (***to/with*** *com*)
**un•con•scious** [ʌnˈkɑnʃəs] *s, adj.* inconsciente
**un•con•scious•ly** [ʌnˈkɑnʃəsnəsli] *adv.* inconscientemente
**un•con•sti•tu•tion•al** [ʌnkɑnstəˈtuʃənəl] *adj.* inconstitucional
**un•con•trol•lable** [ʌnkənˈtroʊləbəl] *adj.* incontrolável
**un•con•ven•tion•al** [ʌnkənˈvɛnʃənəl] *adj.* não convencional, heterodoxo
**un•con•vinc•ing** [ʌnkənˈvɪnsɪŋ] *adj.* pouco convincente
**un•cool** [ʌnˈkul] *adj.* FAM cafona
**un•count•able** [ʌnˈkaʊntəbəl] *adj.* incontável

▸ O termo ***uncountable*** designa os substantivos ingleses que não têm plural e que não podem vir acompanhados do artigo indefinido ***a*** por denotarem uma substância, uma atividade ou um conceito abstrato, p.ex.: ***money, soccer, music***

**un•couth** [ʌnˈkuθ] *adj.* tosco, inculto [pessoa, modos]
**un•cov•er** [ʌnˈkʌvər] *v.* **1** descobrir **2** destampar
**un•dam•aged** [ʌnˈdæmɪdʒd] *adj.* intacto
**un•daunt•ed** [ʌnˈdɔntɪd] *adj.* inabalado
**un•de•cid•ed** [ʌndɪˈsaɪdɪd] *adj.* **1** indeciso **2** indefinido [campeonato etc.]
**un•de•ni•able** [ʌndɪˈnaɪəbəl] *adj.* inegável
**un•de•ni•ably** [ʌndɪˈnaɪəbli] *adv.* sem dúvida
**un•der** [ˈʌndər] *prep.* **1** embaixo de: *under the table* embaixo da mesa | *He had a newspaper under his arm.* Ele tinha um jornal embaixo do braço. **2** por baixo de: *They dug a tunnel under the fence.* Cavaram um túnel por baixo da cerca. **3** menos de: *under ten dollars* menos de dez dólares **4** menor de: *unsuitable for children under 16* impróprio para menores de 16 anos **5** sob: *under control* sob controle | *under new management* sob nova direção **6** sob as ordens de, sob direção de: *He works under the sales manager.* Ele trabalha sob as ordens do gerente de vendas. **7** em [em processo de]: *under construction* em construção | *under discussion* em discussão **8** segundo: *under the Constitution* segundo a Constituição **9 under age** menor de idade **10 under-fives/under-eighteens etc.** menores de cinco/dezoito etc. anos / *adv.* **1** por baixo: *The barrier was closed, but we managed to get under.* A cancela estava fechada, mas conseguimos passar por baixo.

2 menos: *$10 or under* $10,00 ou menos | *children aged 14 and under* menores de 15 anos

**under•cov•er** [ʌndər'kʌvər] *adj.* 1 infiltrado [policial] 2 clandestino [operação]

**under•de•vel•oped** [ʌndərdɪ'vɛləpt] *adj.* subdesenvolvido

**under•dog** ['ʌndərdɔg] *s.* 1 azarão 2 menos favorecido

**under•es•ti•mate** [ʌndər'ɛstəmeɪt] *v.* subestimar

**under•go** [ʌndər'goʊ] *v.* [*ps, pp* **underwent, undergone**] 1 submeter-se a 2 sofrer, passar por

**under•gradu•ate** [ʌndər'grædʒuɪt] *s.* estudante universitário [de graduação] / *adj.* (aluno, curso) de graduação

**under•ground** *adj.* ['ʌndərgraʊnd] 1 subterrâneo 2 clandestino / *adv.* [ˌʌndər'graʊnd] 1 embaixo da terra 2 na clandestinidade / *s.* ['ʌndərgraʊnd] 1 BRIT metrô 2 submundo, clandestinidade

**under•growth** ['ʌndərgroʊθ] *s.* 1 mato 2 vegetação rasteira [de floresta]

**under•lie** [ʌndər'laɪ] *v.* [*ps, pp* **underlay, underlain**] estar por trás de, motivar

**under•line** [ʌndər'laɪn] *v.* sublinhar

**under•ly•ing** [ʌndər'laɪɪŋ] *adj.* subjacente

**under•mine** [ʌndər'maɪn] *v.* minar, solapar

**under•neath** [ʌndər'niθ] *prep.* embaixo de, por baixo de / *adv.* embaixo, por baixo / *s.* **the underneath** a parte de baixo

**under•pants** ['ʌndərpænts] *spl.* 1 cueca: *a pair of underpants* uma cueca 2 AM calcinha

**under•pass** ['ʌndərpæs] *s.* passagem subterrânea

**under•privi•leged** [ʌndər'prɪvəlɪdʒd] *adj.* desfavorecido

**under•rat•ed** [ʌndər'reɪtɪd] *adj.* subestimado

**under•score** [ʌndər'skɔr] *v.* sublinhar, frisar

**under•shirt** ['ʌndərʃərt] *s.* AM camiseta de baixo

**under•side** ['ʌndərsaɪd] *s.* parte inferior

**under•stand** [ʌndər'stænd] *v.* [*ps e pp* **understood**] 1 entender 2 compreender 3 entender de: *Do you understand computers?* Você entende de computador? 4 **I understand that ...** eu soube que ...: *I understand you're Brazilian?* Eu soube que você é brasileiro. 5 **to give sb to understand that ...** dar a alguém a entender que ...

**under•stand•able** [ʌndər'stændəbəl] *adj.* compreensível

**under•stand•ably** [ʌndər'stændəbli] *adv.* com razão

**under•stand•ing** [ʌndər'stændɪŋ] *s.* 1 entendimento, compreensão 2 conhecimento: *a basic understanding of IT* um conhecimento básico de informática 3 acordo 4 interpretação 5 **on the understanding that ...** com a condição de que ... / *adj.* compreensivo

**under•stat•ed** [ʌndər'steɪtɪd] *adj.* discreto, sutil

**under•state•ment** ['ʌndərsteɪtmənt] *s.* eufemismo: *To say we were shocked would be an understatement.* Dizer que ficamos chocados é pouco.

**under•stood** [ʌndər'stʊd] *v.* ▸ *ps e pp de* UNDERSTAND / *adj.* 1 implícito, subentendido 2 **to make yourself understood** fazer-se entender

**under•take** [ʌndər'teɪk] *v.* [*ps, pp* **undertook, undertaken**] 1 encarregar-se de 2 **to undertake to do sth** comprometer-se a fazer algo

**under•tak•er** ['ʌndərteɪkər] *s.* BRIT 1 agente funerário 2 **undertaker's** funerária

**under•tak•ing** [ʌndər'teɪkɪŋ] *s.* 1 empreendimento 2 compromisso

**under•took** [ʌndər'tʊk] *v.* ▸ *ps de* UNDERTAKE

**under•value** [ʌndər'vælju] *v.* subvalorizar, subestimar

**under•wa•ter** [ʌndər'wɔtər] *adv.* embaixo d'água / *adj.* subaquático

**under•wear** ['ʌndərwɛr] *s.* roupa de baixo

**under•went** [ʌndər'wɛnt] *v.* ▸ *ps de* UNDERGO

**under•world** ['ʌndərwɜrld] *s.* submundo, mundo do crime

**un•de•served** [ʌndɪ'zɜrvd] *adj.* imerecido

**un•de•sir•able** [ʌndɪ'zaɪrəbəl] *adj.* 1 indesejável 2 mal-encarado / *s.* mal-encarado

**un•de•ter•red** [ʌndɪ'tɜrd] *adj.* **to be undeterred** não se intimidar

**un•did** [ʌn'dɪd] *v.* ▸ *ps de* UNDO

**un•dis•closed** [ʌndɪs'kloʊzd] *adj.* não revelado

**un•dis•put•ed** [ʌndɪs'pjutɪd] *adj.* incontestável, indiscutível

**un•dis•turbed** [ʌndɪ'stɜrbd] *adj.* 1 sem ser perturbado 2 sem ser tocado 3 **to be undisturbed by sth** não se abalar com algo

**un•do** [ʌn'du] *v.* [*ps, pp* **undid, undone**] 1 desfazer 2 desatar 3 desabotoar, abrir [zíper]

**un•done** [ʌn'dʌn] *adj.* 1 solto, desatado 2 desabotoado, aberto [zíper] 3 **to come undone** soltar-se, desabotoar-se, abrir-se

**un•doubt•ed•ly** [ʌn'daʊtɪdli] *adv.* sem dúvida

**un•dress** [ʌn'drɛs] *v.* tirar a roupa (de), despir(-se)

**un•dressed** [ʌn'drɛst] *adj.* 1 sem roupa, nu 2 **to get undressed** tirar a roupa

**un•due** [ʌn'du] *adj.* excessivo

**un•du•ly** [ʌn'duli] *adv.* especialmente

**un•earth** [ʌn'ɜrθ] *v.* desenterrar

**un•ease** [ʌn'iz] *s.* inquietação

**un•easy** [ʌn'izi] *adj.* 1 inquieto 2 precário [trégua, aliança] 3 irrequieto [sono]

**un•edu•cat•ed** [ʌn'ɛdʒəkeɪtɪd] *adj.* sem instrução, inculto

**un•em•ployed** [ʌnɪm'plɔɪd] *adj.* desempregado / *spl.* **the unemployed** os desempregados

**un•em•ploy•ment** [ʌnɪm'plɔɪmənt] *s.* desemprego

**un•end•ing** [ʌn'ɛndɪŋ] *adj.* interminável, sem fim

**un•equal** [ʌn'ikwəl] *adj.* 1 desigual (***to*** *a*) 2 **to be unequal to sth** não estar à altura de algo

**un•even** [ʌn'ivən] *adj.* 1 irregular, desnivelado 2 desigual

**un•event•ful** [ʌnɪ'vɛntfəl] *adj.* sem maiores incidentes, tranquilo

**un•ex•pec•ted** [ʌnɪk'spɛktɪd] *adj.* inesperado, imprevisto

**un•fair** [ʌn'fɛr] *adj.* 1 injusto (***on/to*** *com/para*) 2 desleal

**un•faith•ful** [ʌn'feɪθfəl] *adj.* infiel (***to*** *a*)

**un•fa•mil•iar** [ʌnfə'mɪljər] *adj.* 1 desconhecido 2 **to be unfamiliar with sth** não estar familiarizado com algo

**un•fash•ion•able** [ʌn'fæʃnəbəl] *adj.* fora de moda, ultrapassado

**un•fas•ten** [ʌn'fæsən] *v.* desafivelar, desabotoar, soltar, abrir

**un•favor•able**, BRIT: **un•favour•able** [ʌn'feɪvərəbəl] *adj.* desfavorável

**un•fin•ished** [ʌn'fɪnɪʃt] *adj.* inacabado, incompleto

**un•fit** [ʌn'fɪt] *adj.* 1 fora de forma 2 inapto, impróprio (***for*** *para*)

**un•fold** [ʌn'foʊld] *v.* 1 desenrolar-se [trama, fatos] 2 desdobrar

**un•fore•seen** [ʌnfɔr'sin] *adj.* imprevisto

**un•forget•table** [ʌnfər'gɛtəbəl] *adj.* inesquecível

**un•for•giv•able** [ʌnfər'gɪvəbəl] *adj.* imperdoável

**un•for•tu•nate** [ʌn'fɔrtʃənət] *adj.* 1 infeliz 2 lamentável

**un•for•tu•nate•ly** [ʌn'fɔrtʃənətli] *adv.* infelizmente

**un•friend•ly** [ʌn'frɛndli] *adj.* antipático (***to/toward*** *com*)

**un•fur•nished** [ʌn'fɜrnɪʃt] *adj.* sem móveis

**un•gain•ly** [ʌn'geɪnli] *adj.* desengonçado

**un•grate•ful** [ʌn'greɪtfəl] *adj.* mal-agradecido, ingrato

**un•hap•pi•ness** [ʌn'hæpɪnəs] *s.* infelicidade

**un•hap•py** [ʌn'hæpi] *adj.* [*comp* **unhappier, unhappiest**] 1 infeliz, triste 2 insatisfeito

(***about/with*** *com*) 3 inquieto (***about/with*** *com*)
**un•harmed** [ʌn'hɑrmd] *adj.* ileso
**un•healthy** [ʌn'hɛlθi] *adj.* 1 insalubre, prejudicial à saúde 2 doentio 3 mórbido
**un•heard-of** [ʌn'hɜrd ɑv] *adj.* inédito [fato]
**un•help•ful** [ʌn'hɛlpfəl] *adj.* 1 pouco prestativo 2 **to be unhelpful** não ajudar
**un•hurt** [ʌn'hɜrt] *adj.* ileso
**uni•form** ['junəfɔrm] *s.* 1 uniforme, farda 2 **in uniform** uniformizado, fardado / *adj.* uniforme
**uni•fy** ['junəfaɪ] *v.* [*ps e pp* **-fied**] unificar
**un•im•agi•na•tive** [ʌnɪ'mædʒənətɪv] *adj.* sem imaginação, banal
**un•im•por•tant** [ʌnɪm'pɔrtənt] *adj.* sem importância, insignificante
**un•in•hab•it•able** [ʌnɪn'hæbətəbəl] *adj.* inabitável
**un•in•hab•it•ed** [ʌnɪn'hæbətɪd] *adj.* 1 desabitado 2 despovoado
**un•in•hib•it•ed** [ʌnɪn'hɪbətɪd] *adj.* desinibido
**un•in•jured** [ʌn'ɪndʒərd] *adj.* ileso, sem ferimentos
**un•in•ten•tion•al** [ʌnɪn'tɛnʃənəl] *adj.* involuntário
**un•in•ten•tion•al•ly** [ʌnɪn'tɛnʃənəli] *adv.* sem querer
**un•in•ter•est•ed** [ʌn'ɪntrɛstɪd] *adj.* indiferente (***in*** *a*), desinteressado (***in*** *em*)
**un•in•ter•est•ing** [ʌn'ɪntrɛstɪŋ] *adj.* desinteressante
**un•in•ter•rupt•ed** [ʌnɪntə'rʌptɪd] *adj.* ininterrupto
**un•in•vit•ed** [ʌnɪn'vaɪtɪd] *adj.* sem ser convidado
**un•in•vit•ing** [ʌnɪn'vaɪtɪŋ] *adj.* pouco convidativo
**un•ion** ['junjən] *s.* 1 união 2 sindicato
**Un•ion Jack** [ˌjunjən 'dʒæk] *s.* a bandeira do Reino Unido
**unique** [ju'nik] *adj.* 1 único 2 singular, ímpar 3 **unique to sb/sth** peculiar a alguém/algo
**uni•son** ['junəsən] *s.* **in unison** em coro, em uníssono (***with*** *com*)
**unit** ['junɪt] *s.* 1 unidade 2 módulo [de curso etc.] 3 **kitchen units** BRIT móveis de cozinha
**unite** [ju'naɪt] *v.* 1 unir, unificar 2 unir-se
**unity** ['junəti] *s.* união [concórdia]
**uni•ver•sal** [junə'vɜrsəl] *adj.* universal
**uni•verse** ['junəvɜrs] *s.* universo
**uni•ver•sity** [junə'vɜrsəti] *s.* [*pl* **universities**] universidade
**un•just** [ʌn'dʒʌst] *adj.* injusto
**un•kempt** [ʌn'kɛmpt] *adj.* 1 desleixado, descuidado [na aparência] 2 despenteado [cabelo]
**un•kind** [ʌn'kaɪnd] *adj.* indelicado, cruel (***to*** *com*)
**un•known** [ʌn'noʊn] *adj.* desconhecido / *s.* 1 desconhecido 2 incógnita
**un•law•ful** [ʌn'lɔfəl] *adj.* ilícito, ilegal
**un•leash** [ʌn'liʃ] *v.* desencadear (***on/upon*** *contra*)
**un•less** [ʌn'lɛs] *conj.* 1 a não ser que, a menos que: *We're having a barbecue unless it rains.* Vamos fazer churrasco, a não ser que chova. 2 **not unless** só se: *You can't come in, not unless you have an invitation.* Você não pode entrar, só se tem convite.
**un•like** [ʌn'laɪk. 'ʌnlaɪk] *prep.* 1 diferente de: *Unlike me, my brother reads a lot.* Diferente de mim, meu irmão lê muito. 2 **it's unlike sb to ...** alguém não é de ...: *It's unlike Sandra to be late.* A Sandra não é de se atrasar. 3 **not unlike** parecido com
**un•like•ly** [ʌn'laɪkli] *adj.* [*comp* **unlikelier, unlikeliest**] 1 pouco provável: *He's unlikely to win.* É pouco provável que ele ganhe. 2 inusitado 3 inverossímil
**un•lim•it•ed** [ʌn'lɪmətɪd] *adj.* ilimitado
**un•load** [ʌn'loʊd] *v.* descarregar [mercadoria, veículo]
**un•lock** [ʌn'lɑk] *v.* 1 destrancar 2 desvendar [mistério, segredo]
**un•lucky** [ʌn'lʌki] *adj.* [*comp* **unluckier, unluckiest**] 1 sem sorte, azarado 2 azarento 3 infeliz

**un•man•age•able** [ʌnˈmænɪdʒəbəl] *adj.* difícil de controlar, difícil de manejar
**un•mar•ried** [ʌnˈmærɪd] *adj.* solteiro
**un•mask** [ʌnˈmæsk] *v.* desmascarar
**un•mis•tak•able** [ʌnmɪˈsteɪkəbəl] *adj.* inconfundível
**un•moved** [ʌnˈmuvd] *adj.* impassível
**un•named** [ʌnˈneɪmd] *adj.* anônimo, não identificado
**un•natu•ral** [ʌnˈnætʃərəl] *adj.* **1** anormal **2** afetado, forçado
**un•nec•es•sary** [ʌnˈnɛsəsɛri] *adj.* desnecessário
**un•nerve** [ʌnˈnɜrv] *v.* intimidar
**un•no•ticed** [ʌnˈnoʊtɪst] *adj.* despercebido
**un•ob•tain•able** [ʌnəbˈteɪnəbəl] *adj.* indisponível, que não se encontra à venda
**un•ob•tru•sive** [ʌnəbˈtrusɪv] *adj.* discreto
**un•oc•cu•pied** [ʌnˈɑkjəpaɪd] *adj.* **1** vago [lugar, casa] **2** desocupado
**un•of•fi•cial** [ʌnəˈfɪʃəl] *adj.* oficioso, não oficial
**un•op•posed** [ʌnəˈpoʊzd] *adj.* sem oposição
**un•ortho•dox** [ʌnˈɔrθədɑks] *adj.* heterodoxo, pouco ortodoxo
**un•pack** [ʌnˈpæk] *v.* **1** desfazer (a mala), tirar da mala **2** desempacotar, desembrulhar
**un•paid** [ʌnˈpeɪd] *adj.* **1** por pagar, não pago **2** não remunerado
**un•pleas•ant** [ʌnˈplɛzənt] *adj.* desagradável
**un•plug** [ʌnˈplʌg] *v.* [-**gg**-] desligar da tomada, desplugar
**un•popu•lar** [ʌnˈpɑpjələr] *adj.* impopular
**un•prec•edent•ed** [ʌnˈprɛsədɛntɪd] *adj.* sem precedente, inédito
**un•pre•dict•able** [ʌnprəˈdɪktəbəl] *adj.* imprevisível
**un•pre•pared** [ʌnprɪˈpɛrd] *adj.* **1** despreparado (***for** para*) **2** desprevenido
**un•pro•fes•sion•al** [ʌnprəˈfɛʃənl] *adj.* pouco profissional
**un•pro•tect•ed** [ʌnprəˈtɛktɪd] *adj.* desprotegido
**un•quali•fied** [ʌnˈkwɑləfaɪd] *adj.* **1** sem formação, sem habilitações **2** absoluto, incondicional **3** **unqualified to do sth** não habilitado para fazer algo
**un•rav•el** [ʌnˈrævəl] *v.* desenredar(-se)
▸ *Am:* ***unraveling, unraveled*** *Brit:* ***unravelling, unravelled***
**un•real** [ʌnˈril] *adj.* **1** irreal **2** FAM ótimo, demais
**un•re•al•is•tic** [ʌnriəˈlɪstɪk] *adj.* irreal, pouco realista
**un•rea•son•able** [ʌnˈriznəbəl] *adj.* **1** insensato, irracional **2** excessivo, radical
**un•rec•og•niz•able** [ʌnrɛkəgˈnaɪzəbəl] *adj.* irreconhecível
**un•re•lat•ed** [ʌnrɪˈleɪtɪd] *adj.* **1** não relacionado **2** sem parentesco
**un•re•li•able** [ʌnrɪˈlaɪəbəl] *adj.* **1** pouco confiável **2** inconstante
**un•rest** [ʌnˈrɛst] *s.* distúrbios [entre a população]
**un•ripe** [ʌnˈraɪp] *adj.* verde, não maduro
**un•roll** [ʌnˈroʊl] *v.* desenrolar
**un•ru•ly** [ʌnˈruli] *adj.* indisciplinado, rebelde
**un•safe** [ʌnˈseɪf] *adj.* perigoso, inseguro
**un•sat•is•fac•tory** [ʌnsætɪsˈfæktəri] *adj.* insatisfatório
**un•sa•vory**, BRIT: **un•sa•voury** [ʌnˈseɪvəri] *adj.* **1** desagradável **2** mal-encarado
**un•scathed** [ʌnˈskeɪðd] *adj.* ileso, incólume
**un•screw** [ʌnˈskru] *v.* desaparafusar, desatarraxar
**un•scru•pu•lous** [ʌnˈskrupjələs] *adj.* sem escrúpulos
**un•seen** [ʌnˈsin] *adj.* despercebido, não visto
**un•set•tle** [ʌnˈsɛtl] *v.* perturbar, inquietar
**un•set•tled** [ʌnˈsɛtld] *adj.* **1** incerto [situação] **2** variável, inconstante [tempo] **3** inquieto [pessoa]
**un•set•tling** [ʌnˈsɛtlɪŋ] *adj.* inquietante, perturbador
**un•shav•en** [ʌnˈʃeɪvən] *adj.* com a barba por fazer
**un•sight•ly** [ʌnˈsaɪtli] *adj.* antiestético, feio

**un•skilled** [ʌnˈskɪld] *adj.* 1 não qualificado [operário] 2 não especializado [trabalho]
**un•solved** [ʌnˈsoʊlvd] *adj.* sem solução
**un•spoiled**, BRIT: **un•spoilt** [ʌnˈspɔɪlt] *adj.* intocado, virgem [natureza]
**un•sta•ble** [ʌnˈsteɪbəl] *adj.* instável
**un•steady** [ʌnˈstɛdi] *adj.* 1 instável, vacilante 2 trêmulo [mão, voz]
**un•stuck** [ʌnˈstʌk] *adj.* 1 descolado, solto 2 **to come unstuck** a descolar(-se) b BRIT FAM dar-se mal
**un•sub•scribe** [ʌnsəbˈskraɪb] *v.* cancelar a assinatura (***from*** *de*)
**un•suc•cess•ful** [ʌnsəkˈsɛsfəl] *adj.* 1 malsucedido, fracassado 2 **to be unsuccessful (in doing sth)** não conseguir (fazer algo)
**un•suc•cess•ful•ly** [ʌnsəkˈsɛsfəli] *adv.* sem sucesso, em vão
**un•suit•able** [ʌnˈsutəbəl] *adj.* 1 inadequado, impróprio (***for*** *para*) 2 inapto (***for*** *para*)
**un•sure** [ʌnˈʃʊr] *adj.* 1 na dúvida (***about/of*** *sobre*): *She was unsure what to do.* Ela estava na dúvida sobre o que fazer. 2 **unsure of yourself** inseguro
**un•sus•pect•ing** [ʌnsəˈspɛktɪŋ] *adj.* que não desconfia de nada
**un•sym•pa•thet•ic** [ʌnsɪmpəˈθɛtɪk] *adj.* 1 incompreensivo 2 indiferente (***to/toward*** *a*) 3 antipático [personagem]
**un•tan•gle** [ʌnˈtæŋgəl] *v.* desemaranhar
**un•think•able** [ʌnˈθɪŋkəbəl] *adj.* impensável, inconcebível
**un•ti•dy** [ʌnˈtaɪdi] *adj.* 1 desarrumado 2 descuidado, desleixado [na aparência] 3 despenteado [cabelo]
**un•tie** [ʌnˈtaɪ] *v.* [*ger* **untying**] desamarrar, soltar
**un•til** [ʌnˈtɪl] *prep.* até / *conj.* até que: *Wait here until I get back.* Espere aqui até eu voltar.
**un•touched** [ʌnˈtʌtʃt] *adj.* 1 intacto 2 não tocado
**un•true** [ʌnˈtru] *adj.* falso
**un•used**[1] [ʌnˈjuzd] *adj.* não usado, sem uso
**un•used**[2] [ʌnˈjust] *adj.* **unused to sth** não acostumado a algo
**un•usual** [ʌnˈjuʒuəl] *adj.* 1 raro, insólito: *It's unusual for Pete to be late.* É raro o Pete se atrasar. | *It's not unusual to see bears in the forest.* Não é incomum ver ursos na floresta. 2 diferente, original [objeto, design] 3 inusitado
**un•usu•al•ly** [ʌnˈjuʒuəli] *adv.* excepcionalmente: *Unusually for me, I had trouble sleeping.* Eu não conseguia pegar no sono, coisa rara para mim.
**un•veil** [ʌnˈveɪl] *v.* 1 revelar [plano, produto] 2 inaugurar [estátua]
**un•want•ed** [ʌnˈwʌntɪd] *adj.* indesejado
**un•wel•come** [ʌnˈwɛlkəm] *adj.* indesejado, inoportuno: *They made us feel unwelcome.* Eles nos trataram como se estivéssemos incomodando.
**un•well** [ʌnˈwɛl] *adj.* indisposto
**un•wieldy** [ʌnˈwildi] *adj.* difícil de manejar, desajeitado
**un•will•ing** [ʌnˈwɪlɪŋ] *adj.* 1 relutante 2 **unwilling to do sth** não disposto a fazer algo
**un•will•ing•ly** [ʌnˈwɪlɪŋli] *adv.* com relutância, a contragosto
**un•will•ing•ness** [ʌnˈwɪlɪŋnəs] *s.* relutância
**un•wind** [ʌnˈwaɪnd] *v.* [*ps e pp* **unwound**] 1 relaxar 2 desenrolar(-se)
**un•wise** [ʌnˈwaɪz] *adj.* imprudente
**un•wit•ting•ly** [ʌnˈwɪtɪŋli] *adv.* inconscientemente
**un•wound** [ʌnˈwaʊnd] *v.* ▸ *ps e pp de* UNWIND
**un•wrap** [ʌnˈræp] *v.* [**-pp-**] desembrulhar
**un•zip** [ʌnˈzɪp] *v.* [**-pp-**] 1 abrir o zíper de 2 deszipar [arquivo]
**up** [ʌp] *adv.* 1 para cima 2 em cima 3 acordado, de pé 4 em pé, de pé 5 em alta: *Unemployment is up by 2%.* O desemprego aumentou em 2%. 6 preso [cabelo]: *She wears her hair up in a bun.* Ela usa o cabelo preso num coque. 7 **up there** lá em cima 8 **up to** até: *The water was up to our knees.* A água estava pelo joelho. | *Where are you*

*up to in the book?* Você já leu até onde no livro? | *A man came up to me asking for money.* Um homem me abordou pedindo dinheiro. 9 **something's up** alguma coisa está pegando 10 **time's up** acabou o tempo 11 **to be up against sth/sb** estar enfrentando algo/alguém 12 **to be up for (doing) sth** FAM topar (fazer) algo: *Are you up for it?* Você topa? 13 **to be up to doing sth** estar em condições de fazer algo 14 **to be up to sb** depender de alguém: *It's up to you.* É você que sabe. 15 **to be up to sb to do sth** caber a alguém fazer algo: *It's up to the government to take action.* Cabe ao governo tomar uma atitude. 16 **to be up to something** estar aprontando alguma 17 **to be up to sth** estar à altura de algo, dar conta de algo: *He's not up to the job.* Ele não dá conta do recado. 18 **what have you been up to?** o que é que você anda fazendo? 19 **what's up?** **a** o que é que foi? **b** FAM e aí? [cumprimento] 20 **what's up with ...?** o que é que tem ...?: *What's up with Bob?* O que é que tem o Bob? / *prep.* ▸ ***up*** como preposição não tem equivalente em português. A ideia é *subindo por*. Veja os exemplos a seguir: *He ran up the stairs.* Ele subiu a escada correndo. | *We pushed our bikes up the hill.* Subimos o morro empurrando as nossas bicicletas. | *They sailed up the Amazon.* Subiram o Amazonas de barco. | *She lives just up the street.* Ela mora do lado na mesma rua. / *s.* **ups and downs** altos e baixos / *v.* [-**pp**-] 1 aumentar 2 **to up and do sth** pegar e fazer algo: *He upped and left.* Ele pegou e foi embora.

▸ O advérbio ***up*** ocorre como segundo elemento de muitos *phrasal verbs, p.ex.,* ***to bring up, to close up, to mess up*** etc. Procure o significado de tais combinações no verbete do respectivo verbo, p.ex., ***bring, close, mess.***

**up-and-coming** [ˌʌp ən ˈkʌmɪŋ] *adj.* em ascensão, promissor

**up•bring•ing** [ʌpbrɪŋɪŋ] *s.* criação, educação

**up•com•ing** [ˈʌpkʌmɪŋ] *adj.* próximo: *the upcoming months* os próximos meses

**up•date** *s.* [ˈʌpdeɪt] 1 boletim [de notícias] 2 atualização / *v.* [ʌpˈdeɪt] atualizar

**up•grade** *s.* [ˈʌpgreɪd] upgrade / *v.* [ʌpˈgreɪd] fazer um upgrade (de)

**up•heav•al** [ʌpˈhivəl] *s.* 1 transtorno 2 transformação

**up•hill** *adv.* [ʌpˈhɪl] morro acima / *adj.* [ˈʌphɪl] **an uphill struggle/battle** um sacrifício [tarefa difícil]

**up•hold** [ʌpˈhoʊld] *v.* [*ps e pp* **upheld**] 1 defender, preservar [lei, direitos] 2 manter [decisão, tradição]

**up•hol•stery** [ʌpˈhoʊlstəri] *s.* estofamento

**up•keep** [ˈʌpkip] *s.* 1 manutenção, conservação [de prédio] 2 sustento [de criança, animal]

**up•lift•ing** [ʌpˈlɪftɪŋ] *adj.* inspirador

**up•load** [ʌpˈloʊd] *v.* fazer o upload de, postar

**up•market** [ʌpˈmɑrkɪt] *adj.* BRIT chique, nobre

**upon** [əˈpɑn] *prep.* ▸ variante formal ou antiquada da preposição ***on***

**up•per** [ˈʌpər] *adj.* 1 superior, de cima 2 alto: *the upper middle class* a classe média alta 3 **to have/gain the upper hand** ficar por cima, ter superioridade

**upper•most** [ˈʌpermoʊst] *adj.* 1 mais importante 2 **to be uppermost in sb's mind** predominar no pensamento de alguém

**up•right** [ˈʌpraɪt] *adj.* 1 vertical 2 honrado, honesto / *adv.* 1 em posição vertical 2 **to sit/stand upright** sentar/ficar direito

**up•ris•ing** [ˈʌpraɪzɪŋ] *s.* insurreição

**up•roar** [ˈʌprɔr] *s.* 1 alvoroço, tumulto 2 **in (an) uproar** em polvorosa

**up•root** [ʌpˈrut] *v.* 1 arrancar [planta com as raízes] 2 desenraizar(-se) [pessoa]

**up•scale** [ʌpˈskeɪl] *adj.* AM chique, nobre

**up•set** *adj.* [ʌpˈsɛt] 1 chateado, aflito, nervoso 2 **upset stomach** estômago embrulhado / *v.* [ʌpˈsɛt] [*ps e pp* **upset**] 1 chatear, contrariar 2 transtornar 3 virar, entornar [sem querer] 4 **to upset sb's stomach** embrulhar o estômago de alguém / *s.* [ˈʌpsɛt] 1 transtorno [emocional] 2 zebra [vitória inesperada] 3 **stomach upset** estômago embrulhado

**up•set•ting** [ʌpˈsɛtɪŋ] *adj.* impressionante, chocante

**up•shot** [ˈʌpʃɑt] *s.* resultado final

**up•side** [ˈʌpsaɪd] *s.* 1 lado bom 2 **upside down** de cabeça para baixo 3 **to turn sth upside down** a virar algo de cabeça para baixo b revirar algo [casa, quarto]: *The accident turned her life upside down.* O acidente causou uma reviravolta na vida dela.

**up•stairs** [ʌpˈstɛrz] *adv.* para cima, em cima [em casa, prédio] / *adj.* de cima, do andar de cima: *the upstairs neighbors* os vizinhos de cima / *s.* andar de cima

**up•state** [ʌpˈsteɪt] *adj.* ▸ refere-se ao interior do estado: *upstate New York* o interior do Estado de Nova York / *adv.* no interior do estado

**up•stream** [ʌpˈstrim] *adv.* rio acima, contra a corrente

**up•surge** [ˈʌpsɜrdʒ] *s.* onda, aumento (***in/of** de*)

**up•take** [ˈʌpteɪk] *s.* 1 demanda (***for** por*) 2 **to be slow/quick on the uptake** ser lerdo/esperto

**up-to-date** [ˌʌp təˈdeɪt] *adj.* 1 atualizado 2 moderno, avançado 3 **to be up to date with sth** a estar a par de algo b estar em dia com algo 4 **to bring/keep sb up to date (with sth)** pôr/manter alguém a par (de algo) 5 **to bring/keep sth up to date** atualizar algo

▸ Costuma-se escrever ***up to-date*** com hifens quando vem antes de um substantivo, e sem hifens em outros casos.

**up•turn** [ˈʌptɜrn] *s.* melhora (***in** em*)

**up•turned** [ˈʌptɜrnd] *adj.* virado de cabeça para baixo

**up•ward** [ˈʌpwərd] *adj, adv.* para cima

**up•wards** [ˈʌpwərdz] *adv.* para cima

**ura•nium** [jʊˈreɪniəm] *s.* urânio

**Ura•nus** [jʊˈreɪnəs] *s.* Urano

**ur•ban** [ˈɜrbən] *adj.* urbano

**urge** [ˈɜrdʒ] *s.* impulso, vontade (***to do** de fazer*) / *v.* **to urge sb to do sth** instar alguém a fazer algo

**urge on: to urge sb on** incitar alguém

**ur•gen•cy** [ˈɜrdʒənsi] *s.* urgência

**ur•gent** [ˈɜrdʒənt] *adj.* urgente

**uri•nate** [ˈjʊrəneɪt] *v.* urinar

**urine** [ˈjʊrɪn] *s.* urina

**URL** [ju ɑr ˈɛl] *s.* (= uniform resource locator) URL, endereço web

**urn** [ɜrn] *s.* urna [funerária]

**U.S.** [ju ˈɛs] *s.* (= United States) **the U.S.** os EUA

**us** [ʌs] *pron.* 1 (como complemento de verbo) nos: *He didn't invite us.* Ele não nos convidou. | *She gave us a present.* Ela nos deu um presente. 2 (depois de uma preposição, do verbo *to be* e em frases sem verbo) nós: *for us* para nós | *It's us.* Somos nós. | *"We're on vacation."* - *"Us too."* "Estamos passeando." - "Nós também."

**U.S.A.** *s.* (= United States of America) **the U.S.A.** os EUA

**us•age** [ˈjusɪdʒ] *s.* usos [de um idioma, palavra]

**use** *s.* [jus] 1 uso 2 **in use** em uso 3 **it's no use (doing sth)** não adianta (fazer algo) 4 **to be no use** não servir para nada 5 **to be of use** ser útil 6 **to make use of sth** a aproveitar algo b fazer uso de algo 7 **to have the use of sth** poder usar algo 8 **what's the use (of doing sth)?** o que adianta (fazer algo)? / *v.* [juz] usar, utilizar

**use up** acabar com algo [usar tudo]

**used**[1] [just] *adj.* 1 **used to do sth** fazia algo, costumava fazer algo: *We used to have a dog.* Nós tínhamos cachorro antes. | *They used to live in São Paulo.* Eles moravam em São Paulo. ▸ Omite-se o infinitivo para evitar a repetição: *"Do you have a dog?"* - *"I used to."* "Você tem cachorro?" - "Tinha antes." ▸ Observe a formação de perguntas e negativas: *Did you use to have a dog?* Você tinha cachorro antes? | *I didn't use to like math, but now I do.* Eu não gostava de matemática, mas agora passei a gostar. 2 to

**be used to (doing) sth** estar acostumado a (fazer) algo: *I'm used to getting up early.* Estou acostumado a acordar cedo. 3 **to get used to (doing) sth** acostumar-se a (fazer) algo: *You'll like it here once you get used to it.* Você vai gostar daqui depois de se acostumar.

▸ Observe a diferença entre ***She used to get up early.*** *Ela costumava acordar cedo.* e ***She's used to getting up early.*** *Ela está acostumada a acordar cedo.*

**used**[2] [juzd] *adj.* usado

**use•ful** [ˈjusfəl] *adj.* útil

**use•ful•ness** [ˈjusfəlnəs] *s.* utilidade

**use•less** [ˈjusləs] *adj.* 1 inútil 2 **to be useless at (doing) sth** FAM ser nulo em (fazer) algo

**user** [ˈjuzər] *s.* usuário

**user-friendly** [ˌjuzər ˈfrɛndli] *adj.* fácil de usar

**user•name** [ˈjuzərneɪm] *s.* nome do usuário

**ush•er** [ˈʌʃər] *s.* 1 lanterninha [de cinema] 2 indicador de lugar [em casamento, teatro] / *v.* conduzir

**usher in** 1 **to usher sb in** fazer alguém entrar 2 **to usher sth in** acarretar algo

**usher out: to usher sb out** conduzir alguém até a porta

**usu•al** [ˈjuʒuəl] *adj.* 1 de sempre, normal: *at the usual time* no horário de sempre | *better than usual* melhor do que o normal 2 usual 3 **as usual** como sempre

**usu•al•ly** [ˈjuʒuəli] *adv.* geralmente, normalmente

**uten•sil** [juˈtɛnsəl] *s.* utensílio

**util•ity** [juˈtɪləti] *s.* utilidade / **utilities** *spl.* (abastecimento de) serviços básicos [água e luz]

**uti•lize** BRIT tb:**-lise** [ˈjutəlaɪz] *v.* utilizar, aproveitar

**ut•most** [ˈʌtmoʊst] *adj.* maior: *with the utmost respect* com o maior respeito / *s.* **to do your utmost (to do sth)** fazer o possível (para fazer algo)

**ut•ter** [ˈʌtər] *adj.* total, absoluto / *v.* proferir, emitir [som, palavra]

**ut•ter•ly** [ˈʌtərli] *adv.* completamente, totalmente

**U-turn** [ˈju tɜrn] *s.* **to make/do a U-turn** dar meia-volta

# V

**V, v** [vi] *s.* V, v
**va•can•cy** [ˈveɪkənsi] *s.* [*pl* **vacancies**] vaga
**va•cant** [ˈveɪkənt] *adj.* 1 vago 2 desocupado [banheiro] 3 alienado, distraído [olhar, expressão]
**va•cate** [veɪˈkeɪt] *v.* desocupar
**va•ca•tion** [veɪˈkeɪʃən] *s.* 1 férias: *We have two months' vacation.* Temos dois meses de férias. 2 viagem [de turismo]: *a two-week vacation* uma viagem de duas semanas 3 **on vacation** ⓐ de férias ⓑ passeando, de passeio 4 **to go on (a) vacation/take a vacation** viajar, fazer uma viagem 5 **to take vacation** tirar férias / *v.* passar as férias
▸ De modo geral, ***vacation***, incontável, significa *férias*, enquanto ***a vacation***, contável, significa *uma viagem de férias.*
**va•ca•tion•er** [veɪˈkeɪʃənər] *s.* turista, veranista
**vac•ci•nate** [ˈvæksəneɪt] *v.* vacinar
**vac•ci•na•tion** [væksəˈneɪʃən] *s.* vacinação
**vac•cine** [ˈvæksin] *s.* vacina
**vacuum** [ˈvækjum] *s.* 1 vácuo 2 aspirador (de pó) 3 **in a vacuum** em isolamento / *v.* passar o aspirador (em)
**vacuum clean•er** [ˈvækjum ˌklinər] *s.* aspirador de pó
**va•gi•na** [vəˈdʒaɪnə] *s.* vagina
**vague** [veɪg] *adj.* [*comp* **vaguer, vaguest**] vago [indefinido]
**vague•ly** [ˈveɪgli] *adv.* vagamente
**vain** [veɪn] *adj.* 1 vaidoso 2 inútil, vão 3 **in vain** em vão
**val•en•tine** [ˈvæləntaɪn] *s.* 1 amado/a [pessoa que se namora ou quer namorar] 2 cartão para o Dia dos Namorados
**Val•en•tine's Day** [ˈvæləntaɪnz deɪ] *s.* Dia dos Namorados [comemora-se no dia 14 de fevereiro nos países de língua inglesa]
**val•id** [ˈvælɪd] *adj.* válido
**va•lid•ity** [vəˈlɪdəti] *s.* 1 validade 2 validez
**val•ley** [ˈvæli] *s.* vale
**valu•able** [ˈvæljəbəl] *adj.* valioso / **valuables** *spl.* objetos de valor
**valua•tion** [væljuˈeɪʃən] *s.* avaliação
**value** [ˈvælju] *s.* valor / *v.* 1 avaliar (***at*** *em*) 2 valorizar, apreciar / **values** *spl.* valores [morais]
**valve** [vælv] *s.* válvula
**vam•pire** [ˈvæmpaɪr] *s.* vampiro
**van** [væn] *s.* 1 furgão 2 van
**van•dal** [ˈvændəl] *s.* vândalo
**van•dal•ism** [ˈvændəlɪzəm] *s.* vandalismo
**van•dal•ize** BRIT tb:**-ise** [ˈvændəlaɪz] *v.* depredar
**van•guard** [ˈvængɑrd] *s.* vanguarda
**va•nil•la** [vəˈnɪlə] *s.* baunilha: *vanilla ice cream* sorvete de creme
**van•ish** [ˈvænɪʃ] *v.* desaparecer, sumir
**van•ity** [ˈvænəti] *s.* vaidade
**van•ity case** [ˈvænəti keɪs] *s.* maleta de maquiagem

**van•tage point** [ˈvæntɪdʒ pɔɪnt] *s.* 1 posição privilegiada 2 ponto de vista

**va•por**, BRIT: **va•pour** [ˈveɪpər] *s.* vapor

**vari•able** [ˈvɛriəbl] *adj.* variável / *s.* fator variável

**vari•ance** [ˈvɛriəns] *s.* **to be at variance with sb/sth** divergir de alguém/algo

**vari•ant** [ˈvɛriənt] *s, adj.* variante

**vari•ation** [vɛriˈeɪʃən] *s.* 1 variante 2 variação

**vari•cose vein** [ˌværəkəs ˈveɪn] *s.* variz

**var•ied** [ˈvɛrɪd] *adj.* variado

**va•ri•ety** [vəˈraɪəti] *s.* [*pl* **varieties**] variedade: *for a variety of reasons* por diversos motivos

**vari•ous** [ˈvɛriəs] *adj.* vários, diversos

**var•nish** [ˈvɑrnɪʃ] *s.* verniz / *v.* envernizar

**vary** [ˈvɛri] *v.* [*ps e pp* **varied**] variar

**vary•ing** [ˈvɛriɪŋ] *adj.* diferente, variado: *in varying sizes* em diferentes tamanhos

**vase** [veɪz, vɑz] *s.* vaso

**vas•eline** [ˈvæsəlin] *s.* vaselina

**vast** [væst] *adj.* vasto, imenso: *vast amounts of money* quantias enormes | *the vast majority* a grande maioria

**vast•ly** [ˈvæstli] *adv.* muitíssimo

**vast•ness** [ˈvæstnəs] *s.* vastidão

**VAT** [vi eɪ ˈti, væt] *s.* BRIT (= value-added tax) imposto sobre a circulação de mercadorias e serviços

**vat** [væt] *s.* 1 tonel 2 cuba

**Vati•can** [ˈvætɪkən] *s.* Vaticano

**vault** [vɔlt] *s.* 1 cofre [de banco] 2 túmulo 3 salto [de ginasta, com vara] 4 abóbada / *v.* **to vault (over) sth** saltar algo [com o apoio das mãos ou com vara]

**VCR** [vi si ˈɑr] *s.* (= video cassette recorder) videocassete

**veal** [vil] *s.* vitela [carne]

**veer** [vɪr] *v.* 1 (tb **to veer off**) dar uma guinada, desviar-se [veículo, motorista] 2 **to veer off course** sair da rota

**ve•gan** [ˈvigən] *adj, s.* vegano [que não consome nenhum produto animal]

**veg•eta•ble** [ˈvɛdʒtəbəl] *s.* 1 legume 2 verdura / *adj.* vegetal

**veg•etar•ian** [vɛdʒəˈtɛriən] *adj, s.* vegetariano

**veg•etate** [ˈvɛdʒəteɪt] *v.* vegetar

**veg•eta•tion** [vɛdʒəˈteɪʃən] *s.* vegetação

**veg•gie** [ˈvɛdʒi] FAM *s.* 1 vegetariano 2 legume, verdura / *adj.* vegetariano

**ve•he•ment** [ˈviəməns] *adj.* veemente

**ve•hi•cle** [ˈviɪkəl] *s.* veículo

**veil** [veɪl] *s.* véu

**veiled** [veɪld] *adj.* 1 velado [ameaça etc.] 2 **veiled in mystery/secrecy** envolto em mistério/sigilo

**vein** [veɪn] *s.* 1 veia 2 veio [de ouro etc.] 3 **in a humorous/serious etc. vein** num tom humorístico/sério etc. 4 **in the same vein** na mesma veia, no mesmo estilo

**ve•loc•ity** [vəˈlɑsəti] *s.* [*pl* **velocities**] velocidade

**vel•vet** [ˈvɛlvɪt] *s.* veludo: *velvet drapes* cortinas de veludo

**vend•ing ma•chine** [ˈvɛndɪŋ məˌʃin] *s.* máquina de venda [de bebidas, alimentos etc.]

**ven•dor** [ˈvɛndər] *s.* vendedor

**ve•neer** [vəˈnɪr] *s.* 1 folheado [de madeira, plástico] 2 fachada, aparência

**ve•netian blind** [vəˌniʃən ˈblaɪnd] *s.* persiana [horizontal]

**Ve•ne•zue•la** [vɛnəˈzweɪlə] *s.* Venezuela

**Ve•ne•zue•lan** [vɛnəˈzweɪlən] *s, adj.* venezuelano

**venge•ance** [ˈvɛndʒəns] *s.* 1 vingança 2 **with a vengeance** com força total, para valer

**veni•son** [ˈvɛnəsən] *s.* carne de veado

**ven•om** [ˈvɛnəm] *s.* 1 peçonha 2 veneno, ódio

**ven•om•ous** [ˈvɛnəməs] *adj.* 1 peçonhento 2 venenoso, maldoso

**vent** [vɛnt] *s.* 1 abertura, respiradouro 2 **to give vent to sth** dar vazão a algo, desabafar algo / *v.* 1 descarregar, desabafar [sentimentos] 2 **to vent your anger on sb** descarregar a raiva em alguém

**ven•ti•late** [ˈvɛntleɪt] *v.* ventilar, arejar
**ven•ti•la•tion** [vɛntˈleɪʃən] *s.* ventilação
**ven•trilo•quist** [vɛnˈtrɪləkwɪst] *s.* ventríloquo
**ven•ture** [ˈvɛntʃər] *s.* empreendimento / *v.* 1 aventurar-se 2 arriscar [comentário, opinião] 3 **to venture to say/ask** arriscar dizer/perguntar
**venture out** aventurar-se a sair
**venue** [ˈvɛnju] *s.* local, espaço [de evento, jogo etc.]
**Ve•nus** [ˈvinəs] *s.* Vênus
**ve•ran•da** [vəˈrændə] *s.* varanda
**verb** [vɜrb] *s.* verbo
**ver•bal** [ˈvɜrbəl] *adj.* verbal
**ver•ba•tim** [vɜrˈbeɪtɪm] *adv.* textualmente
**ver•dict** [ˈvɜrdɪkt] *s.* veredicto
**verge** [vɜrdʒ] *s.* 1 **grass verge** BRIT borda de grama [na beira da calçada] 2 **on the verge of doing sth** prestes a fazer algo 3 **on the verge of sth** à beira de algo / *v.* **to verge on sth** chegar às raias de algo
**veri•fy** [ˈvɛrəfaɪ] *v.* [*ps e pp* **-fied**] 1 verificar 2 confirmar
**veri•table** [ˈvɛrətəbəl] *adj.* verdadeiro, autêntico
**ver•min** [ˈvɜrmɪn] *spl.* animais nocivos
**ver•sa•tile** [ˈvɜrsətl, *Brit:*ˈvɜrsətaɪl] *adj.* versátil
**verse** [vɜrs] *s.* 1 estrofe [de canção, poesia] 2 poesia, versos 3 versículo [da Bíblia]
**versed** [vɜrst] *adj.* **(well) versed in sth** (muito) versado em algo
**ver•sion** [ˈvɜrʒən] *s.* versão
**ver•sus** [ˈvɜrsəs] *prep.* contra
**ver•te•bra** [ˈvɜrtəbrə] *s.* [*pl* **vertebrae**] vértebra
**ver•ti•cal** [ˈvɜrtɪkəl] *adj, s.* vertical
**ver•ti•go** [ˈvɜrtɪgoʊ] *s.* vertigem [causada pela altura]
**very** [ˈvɛri] *adv.* 1 (com adjetivo ou advérbio) muito: *very expensive* muito caro | *very much* muitíssimo 2 **very much so** (como resposta) muito 3 **my/your/his etc. very own** só meu/seu/dele etc.: *She has her very own jet.* Ela tem um jatinho só para ela. 4 (com superlativos) **the very best/worst etc.** o melhor/pior etc. possível: *the very latest technology* tecnologia de ponta | *the very next day* já no dia seguinte | *the very same place* exatamente o mesmo lugar / *adj.* 1 exato: *at this very moment* neste exato momento | *That's the very day I'm leaving.* Esse é exatamente o dia em que vou embora. 2 próprio, mesmo: *The very fact that he called is surprising.* Só o fato de ele ter ligado é surpreendente. | *I was born in this very house.* Eu nasci nessa mesma casa. | *The very thought of it makes me shudder.* Só de pensar nisso me dá calafrios. 3 **at the very beginning/end** no comecinho/finalzinho 4 **at the very top/bottom** em cima/embaixo de tudo
**ves•sel** [ˈvɛsəl] *s.* 1 embarcação 2 **blood vessel** vaso sanguíneo
**vest** [vɛst] *s.* 1 AM colete 2 BRIT camiseta de baixo
**vest•ed in•ter•est** [ˈvɛstɪd] *adj.* **to have a vested interest in sth** ter interesse (estabelecido) em algo
**ves•tige** [ˈvɛstɪdʒ] *s.* vestígio
**vet** [vɛt] *s.* 1 veterano de guerra 2 BRIT veterinário
**vet•er•an** [ˈvɛtərən] *s, adj.* veterano
**vet•eri•nar•ian** [vɛtərəˈnɛriən] *s.* veterinário
**vet•eri•nary** [ˈvɛtərənɛri] *adj.* veterinário [ciência]
**veto** [ˈvitoʊ] *s.* [*pl* **vetoes**] veto / *v.* [*ps e pp* **vetoed**] vetar
**via** [ˈvaɪə] *prep.* via, por
**vi•able** [ˈvaɪəbəl] *adj.* viável
**vibe** [ˈvaɪb] *s.* FAM (tb **vibes**) astral, energia
**vi•brate** [ˈvaɪbreɪt] *v.* vibrar
**vi•bra•tion** [vaɪˈbreɪʃən] *s.* vibração
**vic•ar** [ˈvɪkər] *s.* pastor [de paróquia anglicana]
**vic•ar•age** [ˈvɪkərɪdʒ] *s.* casa paroquial [de pastor]
**vice** [vaɪs] *s.* 1 crimes contra os costumes: *the vice squad* a delegacia de costumes 2

vício **3** BRIT torno [de carpinteiro]

**vice-president** [vaɪsˈprɛzədənt] *s.* vice-presidente

**vice ver•sa** [vaɪs ˈvɜrsə] *adv.* vice-versa

**vi•cin•ity** [vəˈsɪnəti] *s.* **in the vicinity (of sth)** nas imediações (de algo)

**vi•cious** [ˈvɪʃəs] *adj.* **1** brutal, bárbaro [agressão, assassino] **2** feroz, bravo [animal] **3** maldoso, cruel [pessoa, comentário] **4 a vicious circle/cycle** um círculo vicioso

**vi•cious•ness** [ˈvɪʃəsnəs] *s.* **1** brutalidade, barbaridade **2** ferocidade **3** crueldade

**vic•tim** [ˈvɪktɪm] *s.* vítima

**vic•tim•ize** BRIT tb:**-ise** [ˈvɪktəmaɪz] *v.* vitimizar, discriminar

**vic•tor** [ˈvɪktər] *s.* vencedor

**Vic•to•rian** [vɪkˈtɔriən] *adj.* vitoriano [da época da rainha Vitória da Inglaterra, 1837-1901]

**vic•to•ri•ous** [vɪkˈtɔriəs] *adj.* vitorioso

**vic•to•ry** [ˈvɪktəri] *s.* [*pl* **victories**] vitória

**video** [ˈvɪdioʊ] *s.* [*pl* **videos**] **1** videoclipe **2** vídeo [fita, formato] **3** BRIT videocassete **4 on video** em vídeo / *v.* [*ps e pp* **videoed**] BRIT **1** gravar [em vídeo] **2** filmar

**video ar•cade** [ˈvɪdioʊɑrˌkeɪd] *s.* fliperama [com videogames]

**video camera** [ˈvɪdioʊˌkæmrə] *s.* filmadora

**video•card** [ˈvɪdioʊkɑrd] *s.* placa de vídeo

**video dia•ry** [ˌvɪdioʊˈdaɪəri] *s.* diário em vídeo

**video game** [ˈvɪdioʊgeɪm] *s.* videogame

**video•tape** [ˈvɪdioʊteɪp] *s.* vídeo [fita] / *v.* AM gravar [em vídeo]

**vie** [vaɪ] *v.* [*ger* **vying**] **to vie with sb/sth** rivalizar com alguém/algo

**view** [vju] *s.* **1** visão, opinião **2** vista [panorama] **3 in full view of sb** diante dos olhos de alguém **4 in my view** a meu ver, na minha opinião **5 in view of sth** devido a algo, em virtude de algo **6 on view** em exposição [obra, produto] **7 to come into view** surgir, tornar-se visível **8 with a view to doing sth** com a intenção de fazer algo / *v.* **1** visualizar [na tela] **2** visitar [imóvel] **3** contemplar, ver [quadro, paisagem] **4 to view sth/sb (as sth)** ver algo/alguém (como algo)

**view•er** [ˈvjuər] *s.* telespectador

**view•finder** [ˈvjufaɪndər] *s.* visor [de câmera etc.]

**view•point** [ˈvjupɔɪnt] *s.* ponto de vista

**vig•il** [ˈvɪdʒəl] *s.* **1** vigília **2 to hold a vigil** fazer uma vigília **3 to keep vigil** fazer vigília

**vigi•lance** [ˈvɪdʒələns] *s.* vigilância

**vigi•lant** [ˈvɪdʒələnt] *adj.* vigilante, atento

**vig•or•ous** [ˈvɪgərəs] *adj.* vigoroso, enérgico

**vile** [vaɪl] *adj.* [*comp* **viler, vilest**] **1** horrível **2** infame

**vil•la** [ˈvɪlə] *s.* **1** casa de campo **2** BRIT cabana, chalé [de resort]

**vil•lage** [ˈvɪlɪdʒ] *s.* vilarejo, aldeia

**vil•lag•er** [ˈvɪlɪdʒər] *s.* aldeão, habitante do vilarejo

**vil•lain** [ˈvɪlən] *s.* **1** vilão [de filme, livro] **2** BRIT bandido

**vin•di•cate** [ˈvɪndəkeɪt] *v.* justificar [pessoa]

**vin•di•ca•tion** [vɪndəˈkeɪʃən] *s.* justificação

**vin•dic•tive** [vɪnˈdɪktɪv] *adj.* vingativo

**vine** [vaɪn] *s.* **1** videira, vinha **2** cipó

**vin•egar** [ˈvɪnɪgər] *s.* vinagre

**vine•yard** [ˈvɪnjərd] *s.* vinha, vinhedo

**vin•tage** [ˈvɪntɪdʒ] *adj.* **1** de boa safra [vinho] **2** clássico [filme, carro etc.] **3 a vintage year (for sth)** um ano de boa safra (para algo) / *s.* vindima

**vi•nyl** [ˈvaɪnl] *s.* vinil

**vio•la** [viˈoʊlə] *s.* viola [tipo de violino]

**vio•late** [ˈvaɪəleɪt] *v.* **1** violar **2** invadir

**vio•la•tion** [vaɪəˈleɪʃən] *s.* **1** AM infração **2** violação **3** invasão

**vio•lence** [ˈvaɪələns] *s.* violência

**vio•lent** [ˈvaɪələnt] *adj.* violento

**vio•let** [ˈvaɪələt] *s, adj.* violeta

**vio•lin** [vaɪəˈlɪn] *s.* violino

**vio•lin•ist** [vaɪəˈlɪnɪst] *s.* violinista

**VIP** [vi aɪ ˈpi] *s.* (= very important person) pessoa VIP / *adj.* VIP [tratamento]

**vir•gin** [ˈvɜrdʒɪn] *s.* virgem

**vir•gin•ity** [vərˈdʒɪnəti] *s.* virgindade

**Vir•go** [ˈvɜrgoʊ] *s.* [*pl* **Virgos**] **1** Virgem [signo] **2** virginiano

**vir•ile** [ˈvɪrəl, *Brit:* ˈvɪraɪl] *adj.* viril
**vir•tual** [ˈvɜrtʃuəl] *adj.* 1 virtual 2 **to be a virtual impossibility/certainty** ser praticamente impossível/certo
**vir•tu•al•ly** [vɜrtʃuəli] *adv.* 1 praticamente 2 virtualmente
**vir•tue** [vɜrtʃu] *s.* 1 virtude 2 **by virtue of sth** em virtude de algo, em razão de algo
**vir•tu•ous** [vɜrtʃuəs] *adj.* virtuoso
**vi•rus** [ˈvaɪrəs] *s.* [*pl* **viruses**] vírus
**visa** [ˈvizə] *s.* visto [em passaporte etc.]
**vis-à-vis** [vɪzəˈvi] *prep.* em relação a
**vis•cous** [ˈvɪskəs] *adj.* viscoso
**vise** [vaɪs] *s.* AM torno [de carpinteiro]
**vis•ibil•ity** [vɪzəˈbɪləti] *s.* visibilidade
**vis•ible** [ˈvizəbəl] *adj.* 1 visível 2 aparente
**vis•ibly** [ˈvɪzəbli] *adj.* visivelmente
**vi•sion** [ˈvɪʒən] *s.* visão
**vi•sion•ary** [ˈvɪʒənri] *s, adj.* visionário
**vis•it** [ˈvɪzɪt] *s.* 1 visita 2 AM bate-papo 3 **to pay sb a visit** fazer uma visita a alguém / *v.* 1 visitar 2 **to visit with sb** AM bater um papo com alguém
**vis•it•ing** [ˈvɪzətɪŋ] *adj.* 1 visitante 2 **visiting hours** horário de visitas
**visi•tor** [ˈvɪzətər] *s.* 1 visitante 2 visita [hóspede]
**vi•sor** [ˈvaɪzər] *s.* viseira
**vis•ual** [ˈvɪʒuəl] *adj.* visual
**vis•ual•ize** BRIT tb:-**ise** [ˈvɪʒuəlaɪz] *v.* visualizar, imaginar
**vi•tal** [ˈvaɪtəl] *adj.* 1 imprescindível, fundamental 2 vital
**vi•tal•ity** [vaɪˈtæləti] *s.* vitalidade
**vi•tal•ly** [ˈvaɪtəli] *adv.* **vitally important** de vital importância
**vita•min** [ˈvaɪtəmɪn, *Brit:* ˈvɪtəmɪn] *s.* vitamina
**vi•va•cious** [vɪˈveɪʃəs] *adj.* alegre, espevitado
**viv•id** [ˈvɪvɪd] *adj.* 1 vívido [lembrança, sonho] 2 vivo [imaginação, cor]
**viv•id•ly** [ˈvɪvɪdli] *adv.* vividamente
**V-neck** [ˈvi nɛk] *s.* gola em V
**V-necked** [ˈvi nɛkt] *adj.* com gola em V
**vo•cab** [ˈvoʊkæb] *s.* FAM vocabulário
**vo•cabu•lary** [voʊˈkæbjəlɛri] *s.* vocabulário
**vo•cal** [ˈvoʊkəl] *adj.* 1 veemente, barulhento [crítico, partidário] 2 vocal 3 **vocal cords/chords** cordas vocais / **vocals** *spl.* vocais: *backing vocals* vocais de apoio | *with Jim on vocals* com o Jim cantando
**vo•cal•ist** [ˈvoʊkəlɪst] *s.* vocalista
**vo•ca•tion** [voʊˈkeɪʃən] *s.* vocação (*for para*)
**vo•ca•tion•al** [voʊˈkeɪʃənəl] *adj.* 1 vocacional 2 profissionalizante
**vo•cif•er•ous** [vəˈsɪfərəs] *adj.* FORM barulhento [minoria, oposição]
**vod•ka** [ˈvɑdkə] *s.* vodca
**vogue** [voʊg] *s.* 1 moda (*for de*) 2 **in vogue** em voga
**voice** [vɔɪs] *s.* 1 voz 2 voz ativa 3 **in a loud/quiet etc. voice** em voz alta/baixa etc. 4 **to keep your voice down** falar baixo 5 **to lose your voice** ficar afônico 6 **to raise your voice** levantar a voz / *v.* expressar, manifestar
**voice•mail** [ˈvɔɪsmeɪl] *s.* 1 correio de voz 2 caixa postal [de celular]
**void** [vɔɪd] *s.* vazio / *adj.* nulo / *v.* anular
**vola•tile** [ˈvɑlətl, *Brit:* ˈvɒlətaɪl] *adj.* 1 volátil, instável 2 volúvel, inconstante [pessoa]
**vol•can•ic** [vɑlˈkænɪk] *adj.* vulcânico
**vol•ca•no** [vɑlˈkeɪnoʊ] *s.* [*pl* **volcanoes**] vulcão
**vo•li•tion** [vəˈlɪʃən] *s.* **of your own volition** de livre e espontânea vontade
**vol•ley** [ˈvɑli] *s.* 1 rajada [de tiros] 2 saraivada [de insultos etc.] 3 voleio [em tênis] / *v.* volear
**volley•ball** [ˈvɑlibɔl] *s.* vôlei
**volt** [voʊlt] *s.* volt
**volt•age** [ˈvoʊltɪdʒ] *s.* voltagem
**vol•ume** [ˈvɑljum] *s.* 1 volume 2 tomo 3 **to turn up/down the volume** aumentar/abaixar o volume
**vo•lu•mi•nous** [vəˈlumənəs] *adj.* FORM 1 folgado [roupa] 2 extenso [anotações]
**vol•un•tary** [ˈvɑlənteri] *adj.* voluntário
**vol•un•teer** [ˈvɑləntɪr] *s.* voluntário / *v.* 1 oferecer-se como voluntário 2 oferecer

[informação, seu serviço] 3 **to volunteer to do sth** oferecer-se para fazer algo

**vo•lup•tu•ous** [vəˈlʌptʃuəs] *adj.* voluptuoso, sensual

**vom•it** [ˈvɑmɪt] *s.* vômito / *v.* vomitar

**vom•it•ing** [ˈvɑmɪtɪŋ] *s.* vômitos

**vo•ra•cious** [vəˈreɪʃəs] *adj.* 1 voraz 2 ávido, insaciável

**vote** [voʊt] *v.* 1 votar 2 **to vote for sb** votar em alguém 3 **to vote for/against sth** votar a favor de/contra algo 4 **to vote on sth** votar algo, fazer a votação de algo 5 **to vote to do sth** votar para fazer algo / *s.* 1 voto (***for*** *a favor de,* ***against*** *contra*) 2 votação 3 **the vote** o direito de voto 4 **to put sth to the vote** submeter algo a votação 5 **to take a vote on sth** fazer uma votação sobre algo

**vot•er** [ˈvoʊtər] *s.* eleitor

**vot•ing** [ˈvoʊtɪŋ] *s.* votação

**vouch** [vaʊtʃ] *v.* 1 **to vouch for sb** responder por alguém, botar a mão no fogo por alguém 2 **to vouch for sth** confirmar algo

**vouch•er** [ˈvaʊtʃər] *s.* 1 vale, cupom 2 nota, recibo

**vow** [vaʊ] *s.* voto, promessa / *v.* jurar, fazer voto

**vow•el** [ˈvaʊəl] *s.* vogal

**voy•age** [ˈvɔɪɪdʒ] *s.* viagem [marítima ou espacial]

**V-shaped** [ˈvi ʃeɪpt] *adj.* em forma de V

**vul•gar** [ˈvʌlgər] *adj.* 1 chulo [piada, gesto, linguagem] 2 grosseiro, porco [comportamento] 3 vulgar [pessoa, roupa]

**vul•gar•ity** [vʌlˈgærəti] *s.* 1 chulice 2 grosseria 3 vulgaridade

**vul•ner•able** [ˈvʌlnərəbəl] *adj.* vulnerável

**vul•ture** [ˈvʌltʃər] *s.* 1 abutre 2 urubu

# W

**W, w** [ˈdʌbəlju] *s.* W, w / **W** *abrev.* (= west) oeste

**wacky** [ˈwæki] *adj.* [*comp* **wackier, wackiest**] FAM doido

**wad** [wɑd] *s.* **1** maço [de notas, papéis] **2** chumaço [de algodão]

**wad•dle** [ˈwɑdəl] *v.* ir com andar de pata choca

**wade** [weɪd] *v.* **1** AM andar com os pés na água **2** vadear [rio] **3 to wade through sth** **a** andar com dificuldade por algo [água, lama] **b** esforçar-se para ler algo

**wa•fer** [ˈweɪfər] *s.* wafer

**wafer-thin** [ˌweɪfərˈθɪn] *adj.* fininho

**waf•fle** [ˈwɑfəl] *s.* **1** waffle **2** BRIT FAM encheção de linguiça / *v.* **1** AM vacilar (*on/over* *sobre*) **2** BRIT encher linguiça

**wag** [wæg] *v.* [**-gg-**] abanar: *The dog was wagging its tail.* O cachorro abanava o rabo.

**wage** [weɪdʒ] *s.* (tb **wages**) salário, ordenado / *v.* travar [guerra, batalha, campanha]

**wag•gle** [ˈwægəl] *v.* FAM mexer(-se), sacudir(-se)

**wag•on** [ˈwægən] *s.* **1** AM carroça **2** BRIT (tb **waggon**) vagão [de carga]

**wail** [weɪl] *v.* **1** gemer, lamentar-se **2** (sirene) tocar / *s.* gemido, lamento

**waist** [weɪst] *s.* cintura

**waist•band** [ˈweɪstbænd] *s.* cós

**waist•coat** [ˈweɪstkoʊt] *s.* BRIT colete

**waist•line** [ˈweɪstlaɪn] *s.* cintura [medida], barriga

**wait** [weɪt] *v.* **1** esperar, aguardar **2 I can't wait to ...** não vejo a hora de ... **3 to keep sb waiting** fazer alguém esperar: *Sorry to keep you waiting.* Desculpe a demora. **4 to wait for sb/sth** esperar (por) alguém/algo **5 to wait on sb** **a** servir alguém [como garçom] **b** AM atender alguém [numa loja] **6 to wait on sth** aguardar algo **7 to wait tables** servir mesa / *s.* **1** espera **2 to lie in wait for sb** ficar de emboscada à espera de alguém

**wait around** ficar esperando

**wait behind** BRIT ficar para trás

**wait up: to wait up (for sb)** ficar acordado (esperando alguém)

**wait•er** [ˈweɪtər] *s.* garçom

**wait•ing list** [ˈweɪtɪŋ lɪst] *s.* lista de espera

**wait•ing room** [ˈweɪtɪŋ rum] *s.* sala de espera

**wait•ress** [ˈweɪtrɪs] *s.* garçonete / *v.* trabalhar como garçonete

**waive** [weɪv] *v.* **1** abrir mão de, renunciar a [direito, cachê] **2** não aplicar [regulamento]

**wake** [weɪk] *v.* [*ps, pp* **woke, woken**] acordar / *s.* **1** velório **2** esteira [de navio] **3 in the wake of sth** na esteira de algo, como consequência de algo **4 to bring sth in its wake** trazer algo como consequência

**wake up** 1 acordar 2 **to wake sb up** acordar alguém 3 **to wake up to sth** acordar para algo

**wake-up call** [ˈweɪkʌp kɔl] *s.* 1 serviço de despertador 2 alerta (*for a*)

**walk** [wɔk] *s.* 1 volta [a pé] 2 caminhada: *It's quite a walk to the beach.* É uma boa caminhada até a praia. | *It's five minutes' walk from here.* Fica a cinco minutos andando daqui. 3 (jeito de) andar 4 **all walks of life** todas as classes e profissões 5 **to go on/do a walk** fazer uma caminhada 6 **to go (out) for a walk/take a walk** dar uma volta / *v.* 1 andar, ir a pé 2 caminhar 3 **to walk sb home/to the bus stop etc.** acompanhar alguém até em casa/até o ponto de ônibus etc. 4 **to walk the dog** levar o cachorro para passear

**walk away, walk off** 1 ir embora 2 **to walk away/off with sth** levar algo [roubar ou ganhar]

**walk in** 1 entrar 2 **to walk into sb/sth** esbarrar em alguém/algo

**walk out** 1 sair (*of de*) 2 **to walk out on sb** abandonar alguém

**walk up** 1 subir 2 **to walk up to sb** abordar alguém

**walk•er** [ˈwɔkər] *s.* 1 andarilho, caminhante 2 andador [para idoso ou criança]

**walk•ing** [ˈwɔkɪŋ] *adj.* 1 **walking boots/shoes** botas de caminhada 2 **within walking distance (of sth)** acessível a pé (de algo) 3 ambulante / *s.* caminhar, caminhadas

**walk•ing stick** [ˈwɔkɪŋ stɪk] *s.* bengala

**walk•out** [ˈwɔkaʊt] *s.* greve-relâmpago

**walk•over** [ˈwɔkoʊvər] *s.* vitória fácil

**wall** [wɔl] *s.* 1 parede 2 muro 3 muralha 4 **to drive sb up the wall** deixar alguém louco

**walled** [wɑld] *adj.* murado, amuralhado

**wal•let** [ˈwɑlɪt] *s.* carteira [de dinheiro]

**wal•lop** [ˈwɑləp] FAM *v.* bater forte em / *s.* pancada forte

**wal•low** [ˈwɑloʊ] *v.* 1 chafurdar 2 deitar e rolar

**wall•paper** [ˈwɔlpeɪpər] *s.* papel de parede

**Wall Street** [ˈwɔl strit] *s.* o centro financeiro de Nova York

**wal•nut** [ˈwɔlnʌt] *s.* 1 noz 2 (tb **walnut tree**) nogueira

**wal•rus** [ˈwɔlrəs] *s.* [*pl* **walruses**] morsa

**waltz** [wɔlts] *s.* [*pl* **waltzes**] valsa / *v.* valsar

**wand** [wɑnd] *s.* varinha [de condão]

**wan•der** [ˈwɑndər] *v.* 1 (tb **wander around**) vagar, perambular 2 ir/andar distraidamente 3 **to wander the streets** vagar pelas ruas

**wander off** afastar-se

**wane** [weɪn] *v.* minguar

**wan•na** [ˈwɑnə] *v.* FAM ▸ = WANT TO

**wanna•be** [ˈwɑnəbi] *s, adj.* FAM 1 aspirante: *a wannabe popstar* um aspirante a popstar 2 sósia

**want** [wʌnt] *v.* 1 querer 2 procurar: *Sales clerk wanted.* Procura-se vendedor. | *You're wanted on the phone.* É telefone para você. 3 **to want sb to do sth** querer que alguém faça algo 4 **to want to do sth** querer fazer algo / *s.* 1 **for want of sth** por falta de algo 2 **sb's wants** as vontades de alguém

**want ads** [ˈwʌnt ædz] *spl.* classificados

**want•ed** [ˈwʌntɪd] *adj.* procurado [pela polícia]

**want•ing** [ˈwʌntɪŋ] *adj.* 1 deficiente 2 **to be found wanting** mostrar-se deficiente 3 **to be wanting** faltar 4 **to be wanting in sth** carecer de algo

**wan•ton** [ˈwɑntən] *adj.* gratuito, arbitrário

**war** [wɔr] *s.* 1 guerra 2 **the war against sth** a luta contra algo 3 **to declare war (on sb)** declarar guerra (a alguém)

**ward** [wɔrd] *s.* enfermaria, ala [de hospital] / *v.* **ward off: to ward sth/sb off** proteger contra algo/alguém, defender-se de algo/alguém

**war•den** [ˈwɔrdən] *s.* 1 guarda 2 AM diretor [de prisão]

**war•der** [ˈwɔrdər] *s.* BRIT carcereiro

**ward•robe** [ˈwɔrdroʊb] *s.* guarda-roupa

**ware•house** [ˈwɛrhaʊs] *s.* armazém, depósito, galpão

**war•fare** [ˈwɔrfɛr] *s.* guerra
**war•head** [ˈwɔrhɛd] *s.* ogiva
**war•like** [ˈwɔrlaɪk] *adj.* belicoso
**warm** [wɔrm] *adj.* [*comp* **warmer, warmest**] 1 quente: *warm clothes* agasalhos 2 morno, ameno 3 caloroso 4 **nice and warm** quentinho / *v.* esquentar
**warm up** 1 esquentar 2 aquecer [músculos] 3 **to warm up to sb/sth** passar a gostar mais de alguém/algo
**warm•ing** [ˈwɔrmɪŋ] *s.* aquecimento
**warm•ly** [ˈwɔrmli] *adv.* 1 calorosamente 2 **warmly dressed** bem agasalhado
**warmth** [wɔrmθ] *s.* 1 calor 2 simpatia, cordialidade
**warm-up** [ˈwɔrmʌp] *s.* aquecimento
**warn** [wɔrn] *v.* 1 alertar, avisar (***about/of*** *sobre/de*) 2 advertir 3 **to warn sb against doing sth/warn sb not to do sth** avisar alguém para não fazer algo
**warn•ing** [ˈwɔrnɪŋ] *s.* 1 aviso, alerta 2 advertência 3 **without warning** sem avisar, inesperadamente
**warp** [wɔrp] *v.* empenar [madeira]
**warped** [wɔrpt] *adj.* perverso
**war•rant** [ˈwɔrənt] *v.* justificar / *s.* mandado [de prisão, busca]: *The police had a warrant for his arrest.* A polícia estava com um mandado de prisão contra ele.
**war•ran•ty** [ˈwɔrənti] *s.* [*pl* **warranties**] garantia
**war•ren** [ˈwɔrən] *s.* 1 labirinto 2 toca [de coelho]
**war•ri•or** [ˈwɔriər] *s.* guerreiro
**war•ship** [ˈwɔrʃɪp] *s.* navio de guerra
**wart** [wɔrt] *s.* verruga
**war•time** [ˈwɔrtaɪm] *s.* tempo de guerra
**wary** [ˈwɛri] *adj.* [*comp* **warier, wariest**] 1 cauteloso, ressabiado 2 **to be wary of sth/sb** desconfiar de algo/alguém
**was** [wɑz, wəz] *v.* ▸ *ps de* BE
**wash** [wɑʃ] *v.* lavar(-se)
**wash away: to wash sth away** (água, chuva) levar/arrastar algo
**wash down** 1 **to wash sth down** lavar algo [com bastante água] 2 **to wash sth down with sth** regar algo com algo: *oysters washed down with champagne* ostras regadas com champanhe
**wash off** 1 sair com/na água 2 **to wash sth off** tirar algo com água
**wash out** 1 sair com água [mancha] 2 **to wash sth out** passar uma água em algo
**wash over: to wash over sb** inundar alguém [sentimento]
**wash up** 1 AM lavar as mãos 2 BRIT lavar a louça 3 **to be washed up** ser lançado [na praia pelo mar] 4 **to wash sth up** BRIT lavar algo / *s.* [*pl* **washes**] 1 lavada, lavagem 2 roupa para lavar, roupa lavada 3 loção [para a pele] 4 marulho 5 **to be in the wash** estar para lavar 6 **to give sth a wash** dar uma lavada em algo 7 **to have a wash** lavar-se
**wash•able** [ˈwɑʃəbəl] *adj.* lavável
**wash•basin** [ˈwɑʃbeɪsən] *s.* pia, lavatório
**wash•cloth** [ˈwɑʃklɑθ] *s.* pano para lavar o rosto
**wash•er** [ˈwɑʃər] *s.* 1 arruela 2 máquina de lavar roupa
**wash•ing** [ˈwɑʃɪŋ] *s.* 1 BRIT roupa para lavar, roupa lavada 2 lavagem 3 **to do the washing** BRIT lavar roupa
**wash•ing ma•chine** [ˈwɑʃɪŋ məˈʃin] *s.* máquina de lavar roupa
**wash•ing pow•der** [ˈwɑʃɪŋ ˌpaʊdər] *s.* BRIT sabão em pó
**washing-up** [ˌwɑʃɪŋ ˈʌp] *s.* BRIT 1 louça [a ser lavada] 2 **to do the washing-up** lavar a louça
**washing-up liq•uid** [ˌwɑʃɪŋ ˈʌp ˌlɪkwɪd] *s.* BRIT detergente [para louça]
**wash-out** [ˈwɑʃaʊt] *s.* FAM fiasco
**wash•room** [ˈwɑʃrum] *s.* banheiro [público]
**wasp** [wɑsp] *s.* vespa
**wast•age** [ˈweɪstɪdʒ] *s.* desperdício, perda
**waste** [weɪst] *v.* 1 desperdiçar 2 perder [tempo]
**waste away** definhar / *s.* 1 desperdício, perda 2 lixo, refugos 3 **a waste of time** uma perda de tempo 4 **to go to waste**

desperdiçar-se, perder-se / *adj.* 1 baldio: *a piece of waste ground* um terreno baldio 2 de refugo [material, produtos]

**waste•basket** [ˈweɪstbæskɪt] *s.* AM cesta de papéis

**wast•ed** [ˈweɪstɪd] *adj.* 1 inútil [esforço, viagem] 2 FAM chapado [de bebida ou drogas]

**waste•ful** [ˈweɪstfəl] *adj.* antieconômico

**waste•land** [ˈweɪstlænd] *s.* 1 lugar abandonado 2 deserto [industrial, cultural]

**waste-paper bas•ket** [weɪst ˈpeɪpər ˌbæskɪt] *s.* cesta de papéis

**watch** [wɑtʃ] *v.* 1 observar 2 assistir, ver [programa, jogo] 3 vigiar 4 tomar cuidado com, ficar atento a: *Watch your head!* Cuidado com a cabeça! 5 **to watch it** FAM tomar cuidado: *Watch it!* Cuidado! 6 **to watch TV** ver televisão 7 **to watch yourself** a tomar cuidado b policiar-se 8 **to watch your step** a tomar cuidado onde pisa b andar na linha

**watch out** 1 tomar cuidado, ficar esperto 2 **to watch out for sth/sb** a tomar cuidado com algo/alguém b ficar atento à chegada de algo/alguém

**watch over: to watch over sb/sth** zelar por alguém/algo / *s.* 1 relógio [de pulso ou bolso] 2 **to keep watch** ficar de vigia 3 **to keep watch on/over sth/sb** vigiar algo/alguém, ficar de olho em algo/alguém

**watch•dog** [ˈwɑtʃdɔg] *s.* órgão regulador [de empresas]

**watch•ful** [ˈwɑtʃfəl] *adj.* vigilante, atento

**wa•ter** [ˈwɔtər] *s.* 1 água: *water sports* esportes aquáticos 2 **under water** a embaixo d'água b alagado / *v.* 1 regar, dar água a [plantas] 2 (olhos) lacrimejar 3 **it makes your mouth water** dá água na boca 4 **my mouth's watering** estou com água na boca

**water down: to water sth down** a diluir algo com água b amenizar algo [declaração, relatório]

**water•color**, BRIT: **water•colour** [ˈwɔtərkʌlər] *s.* aquarela

**water•cress** [ˈwɔtərkrɛs] *s.* agrião

**water•fall** [ˈwɔtərfɔl] *s.* cachoeira, catarata

**water•front** [ˈwɔtərfrʌnt] *s.* **on the waterfront** à beira-mar, à beira do rio

**wa•ter•ing can** [ˈwɔtərɪŋ kæn] *s.* regador

**wa•ter lily** [ˈwɔtər ˌlɪli] *s.* [*pl* **lilies**] nenúfar

**water•logged** [ˈwɔtərlɔgd] *adj.* encharcado [terra]

**water•melon** [ˈwɔtərmɛln] *s.* melancia

**water polo** [ˈwɔtər ˌpoʊloʊ] *s.* polo aquático

**water•proof** [ˈwɔtərpruf] *adj.* impermeável, à prova d'água / *v.* impermeabilizar

**water•shed** [ˈwɔtərʃɛd] *s.* 1 divisor de águas: *a watershed moment* um momento decisivo 2 **the (9 o'clock) watershed** BRIT o horário a partir do qual é permitido exibir programas impróprios para menores

**water•ski** [ˈwɔtərski] *s.* esqui aquático [equipamento]

**water•skiing** [ˈwɔtərskiɪŋ] *s.* esqui aquático [esporte]

**water tank** [ˈwɔtər tæŋk] *s.* caixa d'água, cisterna

**water•tight** [ˈwætərtaɪt] *adj.* 1 à prova d'água, hermético 2 irrefutável, incontestável [argumento, álibi]

**water•way** [ˈwɔtər weɪ] *s.* hidrovia

**wa•tery** [ˈwɔtəri] *adj.* aguado

**watt** [wɑt] *s.* watt

**wave** [weɪv] *s.* 1 onda 2 aceno 3 ondulado [no cabelo] / *v.* 1 acenar, dar tchau (*to para*) 2 agitar [bandeira, os braços] 3 **to wave goodbye (to sb)** dar tchau (para alguém) [ao se despedir] 4 **to wave your hand** acenar com a mão

**wave aside: to wave sth aside** ignorar algo [críticas, protestos]

**wave•length** [ˈweɪvlɛŋθ] *s.* 1 comprimento de onda 2 **to be on the same wavelength (as sb)** FAM ter a mesma sintonia (que alguém)

**wa•ver** [ˈweɪvər] *v.* vacilar, hesitar

**wavy** [ˈweɪvi] *adj.* ondulado [cabelo, linha]
**wax** [wæks] *s.* cera: *wax crayons* lápis de cera / *v.* 1 depilar [com cera] 2 encerar [assoalho]
**way** [weɪ] *s.* 1 jeito, maneira: *I like my room the way it is.* Gosto do meu quarto do jeito que está. | *She does things her way.* Ela faz as coisas do jeito dela. 2 caminho: *Can you tell me the way to the bus station?* Pode me dizer como chegar na rodoviária? 3 direção, sentido: *They went the other way.* Foram na outra direção. | *Which way is the beach?* A praia fica por onde? 4 **way in/out** entrada/saída 5 **way of doing sth/way to do sth** maneira de fazer algo: *What's the best way to solve the problem?* Qual é a melhor maneira de resolver o problema? | *We have no way of contacting them.* Não temos como contatá-los. 6 **way to go!** AM FAM isso!, mandou bem! 7 **all the way/the whole way** por todo o caminho 8 **all the way to sth** até algo: *He ran all the way to school.* Ele foi correndo até a escola. | *We had to go all the way back.* Tivemos que voltar tudo. 9 **a long way** longe: *The airport is a long way from here.* O aeroporto fica longe daqui. 10 **by way of an example/apology** a título de exemplo/desculpa 11 **by way of sth** (passando) por algo 12 **by the way** a propósito, por sinal 13 **in a way** de certa forma 14 **(in) this/that way** desse/daquele jeito, assim 15 **in the way of sth** em matéria de algo: *What do you like in the way of food?* Do que você gosta em matéria de comida? 16 **no way!** **a** de jeito nenhum! **b** FAM mentira!: *"I won!" - "No way!"* "Eu ganhei!" - "Mentira!" 17 **on the/your way (to sth)** a caminho (de algo), indo/vindo (para algo): *The mailman is on his way.* O carteiro está vindo aí. 18 **on the way back/in/out** na volta/entrada/saída 19 **one way or another, one way or the other** de um jeito ou de outro 20 **out of the way** fora de mão [localização] 21 **sb's ways** os hábitos de alguém 22 **the other way around/up** ao contrário 23 **the wrong/right way around/up** do lado errado/certo 24 **this/that way** por aqui/ali 25 **to be/get in the way** atrapalhar, incomodar 26 **to change your ways** mudar os hábitos, emendar-se 27 **to find your way** encontrar o caminho 28 **to find your/its etc. way (in)to sth** ir parar em algo: *How did the diamonds find their way into his pocket?* Como é que os diamantes foram parar no bolso dele? 29 **to get/have your way** conseguir o que quer 30 **to get/move out of the way** sair da frente, afastar-se 31 **to get/move sth out of the way** tirar algo (do caminho), afastar algo 32 **to give way** ceder [chão, ponte] 33 **to give way (to sb/sth)** **a** ceder (a alguém/algo) **b** BRIT dar preferência (a alguém/algo) [no trânsito] 34 **to lead the way** ir na frente 35 **to lose your way** errar o caminho, perder-se 36 **to make way (for sb/sth)** abrir caminho (para alguém/algo) 37 **to make way for sth** dar lugar a algo 38 **to make your way to sth** dirigir-se a algo 39 **to pave the way for sth** abrir caminho para algo, preparar o terreno para algo 40 **to stand in the way of sth/sb** impedir algo/alguém / *adv.* muito: *way above average* muito acima da média | *way bigger* muito maior
**way-out** [ˈweɪ aʊt] *adj.* estapafúrdio
**way•side** [ˈweɪsaɪd] *s.* **to fall by the wayside** ser deixado de lado
**way•ward** [ˈweɪwərd] *adj.* indisciplinado
**WC** [ˌdʌbəlju ˈsi] *s.* toalete, lavabo
**we** [wi] *pron.* nós
**weak** [wik] *adj.* [*comp* **weaker, weakest**] 1 fraco 2 aguado [café, bebida]
**weak•en** [ˈwikən] *v.* enfraquecer
**weak•ling** [ˈwiklɪŋ] *s.* fracote
**weak•ness** [ˈwiknəs] *s.* 1 fraqueza 2 fraco 3 **to have a weakness for sth/sb** ter um fraco por algo/alguém
**wealth** [wɛlθ] *s.* 1 riqueza, patrimônio 2 abundância
**wealthy** [ˈwɛlθi] *adj.* [*comp* **wealthier, wealthiest**] abastado, rico

**weap•on** [ˈwɛpən] *s.* arma

**wear** [wɛr] *v.* [*ps, pp* **wore, worn**] 1 usar, vestir 2 gastar(-se), desgastar(-se) 3 **to wear a hole in sth** fazer um furo em algo [pelo desgaste]

**wear away** 1 desgastar-se 2 **to wear sth away** desgastar algo

**wear down** 1 desgastar-se 2 **to wear sb down** cansar alguém 3 **to wear sth down** desgastar algo

**wear off** passar [efeito, sensação, novidade]: *The anesthetic takes a while to wear off.* A anestesia demora para passar.

**wear out** 1 gastar [pelo uso] 2 **to wear sb out** acabar com alguém [por ser cansativo] 3 **to wear sth out** acabar com algo, gastar algo [pelo uso] / *s.* 1 vestuário, roupa: *casual wear* roupa informal 2 desgaste 3 uso [no corpo] 4 **wear and tear** desgaste natural 5 **to get plenty of wear out of sth** usar algo bastante

**wear•ing** [ˈwɛrɪŋ] *adj.* cansativo

**wea•ry** [ˈwɪri] *adj.* [*comp* **wearier, weariest**] cansado

**wea•sel** [ˈwizəl] *s.* doninha, fuinha

**weath•er** [ˈwɛðər] *s.* 1 tempo [clima]: *What's the weather like?* Como está o tempo? 2 **the weather** a previsão do tempo 3 **under the weather** indisposto / *v.* 1 resistir a, superar [dificuldades, crise] 2 envelhecer pela ação do tempo 3 **to weather the storm** aguentar o tranco

**weath•er fore•cast** [ˈwɛðər ˌfɔrkæst] *s.* previsão do tempo

**weather•girl** [ˈwɛðərgɜrl] *s.* moça do tempo, meteorologista [mulher]

**weather•man** [ˈwɛðərmæn] *s.* [*pl* **-men**] meteorologista [homem]

**weave** [wiv] *v.* [*ps, pp* **wove, woven**] tecer / *v.* [*ps e pp* **weaved**] 1 ziguezaguear 2 **to weave in and out of the traffic** costurar o trânsito 3 **to weave your way through sth** ir ziguezagueando por entre algo

**web** [wɛb] *s.* 1 teia [de aranha] 2 **a web of lies/intrigue/deceit** um emaranhado de mentiras/intrigas/falsidade 3 **the Web** a rede [mundial de computadores]

**web ad•dress** [ˈwɛbəˌdrɛs] *s.* endereço web

**web•bed** [wɛbd] *adj.* **with webbed feet** palmípede

**web•cam** [ˈwɛbkæm] *s.* webcam

**web•site** [ˈwɛbsaɪt] *s.* site

**wed** [wɛd] *v.* [*ps e pp* **wed**] casar(-se)

**we'd** [wid] *contr.* ▸ = WE HAD, WE WOULD

**wed•ding** [ˈwɛdɪŋ] *s.* 1 casamento [cerimônia, festa]: *wedding anniversary* aniversário de casamento 2 **golden/silver wedding** bodas de ouro/prata

**wed•ding dress** [ˈwɛdɪŋ drɛs] *s.* (tb **wedding gown**) vestido de noiva

**wed•ding ring** [ˈwɛdɪŋ rɪŋ] *s.* aliança [anel]

**wedge** [wɛdʒ] *s.* 1 calço 2 pedaço [de queijo, bolo]: *lemon wedges* quartos de limão / *v.* 1 entalar, prensar 2 **to wedge the door open** prender a porta com calço

**Wednes•day** [ˈwɛnzdi. -deɪ] *s.* quarta-feira

**wee** [wi] *adj.* FAM 1 pequenininho 2 **a wee bit** um pouquinho 3 **the wee (small) hours** altas horas da madrugada

**weed** [wid] *s.* 1 erva daninha 2 FAM maconha 3 BRIT FAM fracote / *v.* capinar

**weed out: to weed sb/sth out** excluir alguém/algo

**weed•killer** [ˈwidkɪlər] *s.* herbicida

**week** [wik] *s.* 1 semana: *twice a week* duas vezes por semana 2 **a week from Sunday** AM sem ser esse domingo, o outro ▸ no inglês britânico, diz-se ***a week on Sunday*** ou ***Sunday week*** 3 **last/next week** semana passada/que vem 4 **the week before last/after next** semana retrasada/na outra semana

**week•day** [ˈwikdeɪ] *s.* dia de semana

**week•end** [ˈwikɛnd, *Brit:* wikˈɛnd] *s.* 1 fim de semana: *a long weekend* um fim de semana prolongado 2 **on/at the weekend** no fim de semana 3 **over the weekend** durante o fim de semana

▸ No inglês americano, diz-se ***on the weekend***, no inglês britânico, ***at the weekend.***

**week•ly** [ˈwikli] *adj.* semanal / *adv.* semanalmente / *s.* [*pl* **weeklies**] semanário

**weep** [wip] *v.* [*ps e pp* **wept**] chorar
▸ O verbo ***to weep*** soa formal ou literário; o verbo mais usado é ***to cry.***

**weigh** [weɪ] *v.* 1 pesar 2 considerar, ponderar 3 **to weigh yourself** pesar-se
**weigh down** 1 **to be weighed down by sth** ser oprimido por algo 2 **to be weighed down with sth** estar carregado de algo
**weigh up** 1 **to weigh sb up** medir alguém com o olhar 2 **to weigh sth up** ponderar algo

**weight** [weɪt] *s.* 1 peso 2 **it's a weight off my mind** tirei um peso das costas 3 **to carry weight** pesar, ser importante 4 **to lose weight** emagrecer 5 **to put on weight** engordar / *v.* **to be weighted in favour of/against sb** favorecer/desfavorecer alguém

**weight•less•ness** [ˈweɪtləsnəs] *s.* imponderabilidade [no espaço]

**weight•lifter** [ˈweɪtlɪftər] *s.* levantador de peso

**weight•lifting** [ˈweɪtlɪftɪŋ] *s.* levantamento de peso

**weight training** [ˈweɪt ˌtreɪnɪŋ] *s.* musculação

**weighty** [ˈweɪti] *adj.* [*comp* **weightier, weightiest**] pesado, sério

**weir** [wɪr] *s.* açude

**weird** [wɪrd] *adj.* [*comp* **weirder, weirdest**] FAM esquisito, estranho

**weir•do** [ˈwɪrdoʊ] *s.* [*pl* **weirdos**] FAM esquisitão

**wel•come** [ˈwɛlkəm] *v.* 1 dar as boas-vindas a 2 acolher 3 saudar [decisão, atitude] 4 aceitar com prazer, agradecer [sugestão, conselho] / *adj.* 1 bem-vindo 2 **to be welcome to do sth**: *You're welcome to stay here.* Você pode ficar aqui sem problema nenhum. 3 **to be welcome to sth**: *You're welcome to these books if you want them.* Você pode ficar com esse livros se quiser. 4 **you're welcome** de nada [resposta a agradecimento] / *s.* recepção, acolhida

**wel•com•ing** [ˈwɛlkəmɪŋ] *adj.* acolhedor

**weld** [wɛld] *v.* soldar(-se)

**wel•fare** [ˈwɛlfɛr] *s.* 1 bem-estar 2 assistência social 3 **on welfare** recebendo assistência social

**well** [wɛl] *adv, adj.* [*comp* **better, best**] 1 bem 2 **well done!** muito bem! 3 **as well** também 4 **as well as** assim como 5 **could/may/might well do sth**: *You could well be right.* É bem provável que você esteja certo. | *He may well have forgotten.* É bem provável que ele tenha esquecido. 6 **it's just as well (that ...)** ainda bem (que ...) 7 **may/might (just) as well do sth**: *We might as well call it a day.* Acho melhor a gente encerrar por hoje. 8 **that's all very well, but ...** tudo bem, mas ...: *That's all very well, but what are you going to do for money?* Tudo bem, mas de onde você vai tirar dinheiro? 9 **to do well** **a** ir bem [na escola, em prova etc.] **b** passar bem [paciente] 10 **to get well** ficar bom [doente] / *s.* poço: *an oil well* um poço de petróleo / *interj.* 1 bom 2 (surpresa ou indignação) ora 3 (pedindo resposta) fala! 4 **well then** bom então 5 **well, well(, well)!** olha só!
**well up** brotar [água, lágrimas]

**we'll** [wil] *contr.* ▸ = WE WILL, WE SHALL

**well be•haved** [wɛl bɪˈheɪvd] *adj.* bem-comportado

**well-being** [wɛl ˈbiɪŋ] *s.* bem-estar

**well built** [wɛl ˈbɪlt] *adj.* 1 encorpado [homem] 2 sólido [construção]

**well done** [wɛl ˈdʌn] *adj.* bem-passado [bife]

**well earned** [wɛl ˈɜrnd] *adj.* merecido

**wel•ling•ton** [ˈwɛlɪŋtən (but)] *s.* BRIT (tb **wellington boot**) galocha

**well kept** [wɛl ˈkɛpt] *adj.* 1 bem cuidado [jardim] 2 bem guardado [segredo]

**well known** [wɛl ˈnoʊn] *adj.* conhecido (***for*** *por*)

**well mean•ing** [wɛl ˈminɪŋ] *adj.* bem-intencionado

**well off** [wɛl ˈɔf] *adj.* em boa situação (econômica)

**well-to-do** [ˌwɛl tə ˈdu] *adj.* próspero, abastado

**wel•ly** [ˈwɛli] *s.* [*pl* **wellies**] BRIT FAM galocha
**Welsh** [wɛlʃ] *s, adj.* galês
**Welsh•man** [ˈwɛlʃmən] *s.* [*pl*-**men**] galês
**wend** [wɛnd] *v.* **to wend your way** ir andando
**went** [wɛnt] *v.* ▶ *ps de* GO
**wept** [wɛpt] *v.* ▶ *ps e pp de* WEEP
**were** [wɜr, wər] *v.* ▶ *ps de* BE
**we're** [wɪr] *contr.* ▶ = WE ARE
**weren't** [wɜrnt] *contr.* ▶ = WERE NOT
**were•wolf** [ˈwɪrwʊlf] *s.* [*pl* **werewolves**] lobisomem
**west** [wɛst] *s.* 1 oeste 2 **the West** o Ocidente / *adj.* oeste, ocidental / *adv.* 1 para o oeste 2 **west of sth** ao oeste de algo: *200 km west of São Paulo* a 200 km ao oeste de São Paulo
**west•bound** [ˈwɛstbaʊnd] *adv, adj.* em direção ao oeste
**west•er•ly** [ˈwɛstərli] *adj.* oeste: *in a westerly direction* em direção ao oeste
**west•ern** [ˈwɛstərn] *adj.* ocidental / *s.* filme faroeste, bangue-bangue
**west•er•ner** [ˈwɛstərnər] *s.* ocidental [pessoa]
**west•ern•ize** BRIT tb:-**ise** [ˈwɛstərnaɪz] *v.* ocidentalizar
**West In•dian** [wɛst ˈɪndiən] *s, adj.* antilhano
**West In•dies** [wɛst ˈɪndiz] *spl.* Antilhas
**west•ward** [ˈwɛstwərd] *adv, adj.* ao oeste
**west•wards** [ˈwɛstwərdz] *adv.* para o oeste
**wet** [wɛt] *adj.* [*comp* **wetter, wettest**] 1 molhado 2 **to get wet** molhar-se / *v.* [*ps e pp* **wet/wetted**] 1 molhar 2 **to wet yourself** fazer xixi na calça
**wet blan•ket** [wɛt ˈblæŋkɪt] *s.* FAM estraga-prazeres
**wet•suit** [ˈwɛtsut] *s.* roupa de mergulho [de neoprene]
**we've** [wiv] *contr.* ▶ = WE HAVE
**whack** [wæk] FAM *s.* pancada / *v.* bater em
**whale** [weɪl] *s.* baleia: *killer whale* orca
**whal•ing** [ˈweɪlɪŋ] *s.* caça à baleia
**wharf** [wɔrf] *s.* [*pl* **wharves**] cais
**what** [wʌt, wɑt] *pron.* 1 o que: *What do you think?* O que você acha? | *I don't understand what you mean.* Não entendo o que você quer dizer. 2 qual: *What's your name?* Qual é o seu nome? | *What are you favorite movies?* Quais são os seus filmes favoritos? 3 **what about ...?** que tal ...?: *What about renting a DVD?* Que tal alugarmos um DVD? 4 **what for?** para quê? 5 **what if ...?** e se ...?: *What if we order pizza?* E se pedirmos pizza? / *adj.* que: *What time does the bank close?* A que horas fecha o banco? | *Do you know what bus to take?* Você sabe que ônibus pegar? | *What a lovely day!* Que dia lindo! / *interj.* o quê?
**what•ev•er** [wʌtˈɛvər] *pron.* 1 o que quer que, qualquer que 2 tudo o que 3 (uso enfático) o que raios: *Whatever do you mean?* Mas o que raios você quer dizer com isso? 4 **whatever the cost** custe o que custar 5 **or whatever** ou seja lá o que for / *adj.* qualquer ... que, não importa que / *adv.* (depois de palavra negativa): *nothing whatever* absolutamente nada | *no problem whatever* problema nenhum / *interj.* FAM estou nem aí!
**what•so•ev•er** [wʌtsoʊˈɛvər] *adv.* (depois de palavra negativa): *nothing whatsoever* absolutamente nada | *no problem whatsoever* problema nenhum
**wheat** [wit] *s.* trigo
**wheel** [wil] *s.* 1 roda 2 volante 3 **at the wheel** no volante 4 **spare wheel** estepe/ *v.* ir empurrando [bicicleta, carrinho]
**wheel•barrow** [ˈwilbæroʊ] *s.* carrinho de mão
**wheel•chair** [ˈwiltʃɛr] *s.* cadeira de rodas: *He's in a wheelchair.* Ele é cadeirante. | *wheelchair users* cadeirantes
**wheeze** [wiz] *v.* respirar com dificuldade
**when** [wɛn] *adv, conj.* quando: *When did you get here?* Quando é que você chegou? | *I don't know when she's coming back.* Não sei quando ela volta. | *I'll call you when I get home.* Eu te ligo quando chegar em casa. / *pron.* em que: *the day when we met* o dia em que nos conhecemos

**when•ever** [wɛn'ɛvər] *adv.* quando, sempre que: *whenever you want* quando você quiser
**where** [wɛr] *adv, conj.* onde, aonde
**where•abouts** *s.* ['wɛrəbaʊts] paradeiro / *adv.* [wɛrə'baʊts] onde, em/para que lugar: *Whereabouts are you from in Brazil?* Você é de que lugar do Brasil? | *Whereabouts on Fifth Avenue?* Em que altura da Quinta Avenida?
**where•as** [wɛr'æz] *conj.* enquanto, ao passo que
**where•by** [wɛr'baɪ] *adv.* FORM pelo qual, por meio do qual
**where•upon** [wɛrə'pɑn] *conj.* FORM depois disso
**wher•ever** [wɛr'ɛvər] *adv, conj.* 1 onde quer que: *wherever you like* onde você quiser 2 (uso enfático) onde raios: *Wherever have you been?* Onde raios você se meteu?
**whet** [wɛt] *v.* [-**tt**-] **to whet sb's appetite** a deixar alguém com água na boca b deixar alguém com vontade
**wheth•er** ['wɛðər] *conj.* 1 se: *I don't know whether it's worth it.* Não sei se vale a pena. | *It depends on whether we can afford it.* Depende se temos dinheiro suficiente. | *I'm not sure whether to tell her.* Não sei bem se conto para ela. 2 **whether (...) or not** a se ou não: *Did he say whether or not he was coming?* Ele falou se vinha ou não? b quer ... quer/ou não: *whether you like it or not* quer queira ou não
**which** [wɪtʃ] *pron, adj.* 1 qual: *Which color do you prefer?* Qual a cor que você prefere? | *Which of you is Ricardo?* Qual de vocês é o Ricardo? 2 (como pronome relativo) que: *a leaflet which explains everything* um folheto que explica tudo | *They gave me some shorts which I exchanged for two T-shirts.* Eles me deram uma bermuda que troquei por duas camisetas. 3 (referindo-se à frase anterior) o que: *She said it was my fault, which is not true.* Ela disse que a culpa era minha, o que não é verdade. | *I was late getting to the station, by which time the train had already left.* Cheguei atrasado na estação e nisso o trem já tinha saído. 4 **which one/ones** qual/quais: *Which one did you buy?* Qual você comprou?
**which•ever** [wɪtʃ'ɛvər] *pron, adj.* qualquer que, não importa qual: *whichever you want* qual você quiser | *whichever career you choose* não importa que profissão você escolher
**whiff** [wɪf] *s.* sopro, baforada [de cheiro]
**while** [waɪl] *conj.* 1 enquanto 2 **while sb is at it** enquanto alguém está com as mãos na massa: *I'll just check my e-mail while I'm at it.* Vou aproveitar para ver meus e-mails. 3 FORM embora: *while I appreciate your point ....* embora eu compreenda a sua colocação ... / *s.* 1 **a while** um tempo 2 **a while ago** há algum tempo 3 **a long while** muito tempo, um tempão 4 **all the while** o tempo todo 5 **once in a while** de vez em quando. 6 **to be worth sb's while (to do/doing sth)** valer a pena (alguém fazer algo) / *v.*
**while away: to while away the time** fazer passar o tempo
**whilst** [waɪlst] *conj.* BRIT FORM enquanto
**whim** [wɪm] *s.* 1 capricho [vontade] 2 **on a whim** por capricho
**whim•per** ['wɪmpər] *v.* choramingar / *s.* lamúria
**whine** [waɪn] *v.* 1 fazer manha, choramingar [criança] 2 reclamar (***about*** *de*) 3 ganir [cachorro] / *s.* ganido
**whip** [wɪp] *s.* chicote / *v.* [-**pp**-] 1 bater [creme] 2 chicotear, dar chicotadas em 3 **whipped cream** chantilly 4 **whipping cream** AM creme de leite [para bater]
**whip out: to whip sth out** sacar algo [de repente]
**whip up** 1 **to whip sth up** fazer algo rapidamente [comida] 2 **to whip up interest/opposition etc.** criar interesse/oposição etc.

**whir** [wɜr] AM *v.* zunir / *s.* zunido

**whirl** [wɜrl] *s.* 1 **a whirl of activity** uma atividade febril 2 **social whirl** badalação 3 **to be in a whirl** estar com a cabeça a mil 4 **to give sth a whirl** FAM experimentar algo 5 redemoinho / *v.* (tb **to whirl around**) (fazer) rodopiar, girar

**whirl•pool** [ˈwɜrlpul] *s.* redemoinho [de água]

**whirl•wind** [ˈwɜrlwɪnd] *s.* redemoinho de vento, turbilhão

**whirr** [wɜr] BRIT *v.* zunir / *s.* zunido

**whisk** [wɪsk] *s.* batedor [de ovos] / *v.* bater [ovos etc.]

**whisk away, whisk off: to whisk sb/sth away/off** levar alguém/algo sem mais nem menos

**whisk•er** [ˈwɪskər] *s.* 1 bigode [de gato, rato etc.] 2 fio de barba 3 **by a whisker** por um triz

**whis•key**, BRIT: **whis•ky** [ˈwɪski] *s.* [*pl* **whiskeys, whiskies**] uísque

**whis•per** [ˈwɪspər] *v.* cochichar / *s.* cochicho

**whis•tle** [ˈwɪsəl] *v, v.* 1 assobiar (*at/to para*) 2 apitar / *s.* 1 apito 2 assobio 3 **to blow the whistle on sb** denunciar alguém

**white** [waɪt] *adj.* [*comp* **whiter, whitest**] branco / *s.* 1 branco 2 clara [de ovo]

**white•board** [ˈwaɪtbɔrd] *s.* quadro branco

**white-collar** [waɪt ˈkɑlər] *adj.* de escritório [funcionário, emprego]: *white-collar crime* crimes do colarinho branco

**White House** [ˈwaɪt haʊs] *s.* 1 Casa Branca 2 presidência dos EUA

**whit•en** [ˈwaɪtn] *v.* branquear

**white•wash** [ˈwaɪtwɑʃ] *s.* 1 cal [para pintar] 2 encobrimento [dos fatos] / *v.* caiar

**Whit•sun** [ˈwɪtsən] *s.* Pentecostes

**whiz**, BRIT: **whizz** [wɪz] *v.* ir zunindo, ir voando / *s.* 1 FAM craque, fera 2 **to take a whiz** AM FAM fazer xixi

**whiz kid**, BRIT: **whizz•kid** [ˈwɪzkɪd] *s.* FAM jovem prodígio, fera

**who** [hu] *pron.* 1 (em perguntas) quem: *Who did you show the pictures to?* A quem você mostrou as fotos? 2 (como pronome relativo) que, quem: *This is Sheena, who is my best friend.* Essa é a Sheena, que é a minha melhor amiga. | *He introduced me to his girlfriend, who I talked to for a while.* Ele me apresentou a namorada dele, com quem fiquei conversando algum tempo.

**who•ever** [huˈɛvər] *pron.* 1 quem: *Whoever did this will be punished.* Quem fez isso será punido. 2 quem quer que: *whoever it may be* seja quem for 3 (uso enfático) quem raios: *Whoever would do such a thing?* Quem raios faria uma coisa dessas?

**whole** [hoʊl] *adj.* 1 inteiro: *the whole day* o dia inteiro 2 integral [leite, alimentos] / *s.* 1 todo 2 **as a whole** como um todo 3 **on the whole** de modo geral 4 **the whole of sth** algo inteiro: *The whole of the class failed.* A turma inteira foi reprovada.

**whole•foods** [ˈhoʊlfudz] *spl.* alimentos naturais

**whole•hearted** [hoʊl ˈhɑrtɪd] *adj.* pleno, irrestrito [apoio, cooperação]

**whole•hearted•ly** [hoʊl ˈhɑrtɪdli] *adv.* plenamente

**whole•meal** [ˈhoʊlmil] *adj.* BRIT integral [pão, farinha]

**whole•sale** [ˈhoʊlseɪl] *s.* venda por atacado / *adj.* 1 de atacado, atacadista 2 indiscriminado / *adv.* 1 por atacado 2 indiscriminadamente

**whole•sal•er** [ˈhoʊlseɪlər] *s.* atacadista

**whole•some** [ˈhoʊlsəm] *adj.* sadio

**whole•wheat** [ˈhoʊlwit] *adj.* AM integral [pão, farinha]

**whol•ly** [ˈhoʊli] *adv.* FORM inteiramente

**whom** [hum] *pron.* FORM 1 (em perguntas) quem 2 (como pronome relativo) que, quem 3 **of whom** dos quais: *There are more than 40 performers, some of whom are Brazilian.* Há mais de 40 artistas, alguns dos quais são brasileiros.

**whoop** [wup] *v.* 1 gritar "uhu!" 2 **to whoop it up** FAM esbaldar-se

**whoops** [wʊps] *interj.* opa!

**whose** [huz] *pron.* 1 (em perguntas) de quem: *Whose book is this?* De quem é esse livro? 2 (como pronome relativo) cujo: *the man whose wife we met* o homem cuja esposa nós conhecemos

**why** [waɪ] *adv.* 1 por que: *I don't know why.* Não sei por quê. | *the reason why I'm calling* o motivo por que estou ligando 2 **why on earth/ever ...?** por que cargas d'água ...? 3 **why not?** por que não?: *Why don't you come over here?* Por que você não vem para cá?

**wick•ed** ['wɪkɪd] *adj.* [*comp* **wickeder, wickedest**] 1 malvado, mau 2 FAM sacana [sorriso, humor] 3 GÍR maneiro

**wick•er** ['wɪkər] *s.* vime: *a wicker chair* uma cadeira de vime

**wide** [waɪd] *adj.* [*comp* **wider, widest**] 1 largo 2 amplo 3 **a wide range/variety of sth** uma grande variedade de algo 4 **how wide is ...?**: *How wide is the river?* Quanto tem o rio de largura? 5 **to be ... wide**: *The bed is 160 cm wide.* A cama tem 160 cm de largura. / *adv.* 1 **wide awake** bem acordado 2 **wide open** **a** escancarado [janela, olhos] **b** sem favoritos [corrida, competição] 3 **to open your mouth wide** abrir bem a boca

**wide•ly** ['waɪdli] *adv.* muito: *a widely held view* uma opinião muito difundida | *widely available* disponível em muitos lugares

**wid•en** ['waɪdən] *v.* 1 alargar(-se) 2 ampliar(-se)

**wide-ranging** [waɪd'reɪndʒɪŋ] *adj.* abrangente

**wide•spread** ['waɪdsprɛd] *adj.* generalizado, muito difundido

**wid•ow** ['wɪdoʊ] *s.* viúva

**wid•owed** ['wɪdoʊd] *adj.* 1 viúvo 2 **to be widowed** ficar/ser viúvo

**wid•ow•er** ['wɪdoʊər] *s.* viúvo

**width** [wɪdθ] *s.* largura

**wield** [wild] *v.* 1 exercer [autoridade, poder] 2 brandir, empunhar [arma]

**wife** [waɪf] *s.* [*pl* **wives**] esposa, mulher

**wig** [wɪg] *s.* peruca

**wig•gle** ['wɪgəl] *v.* mexer(-se)

**wild** [waɪld] *adj.* [*comp* **wilder, wildest**] 1 selvagem 2 silvestre 3 agreste 4 desenfreado, descontrolado 5 meio louco [olhar] 6 FAM bárbaro [muito bom] 7 sem fundamento [acusações, chute] 8 bravo [mar] 9 **sb's wildest dreams** os sonhos mais ousados de alguém 10 **to be wild about sth/sb** FAM ser louco por algo/alguém 11 **to go wild** **a** ir ao delírio [público] **b** ficar furioso 12 **to run wild** correr solto / *s.* 1 **in the wild** na natureza 2 **the wilds**: *in the wilds of Canada* nos confins do Canadá 3 **to go back/return sth to the wild** voltar/devolver algo à natureza

**wil•der•ness** ['wɪldərnəs] *s.* 1 imensidão [da natureza]: *the Amazon wilderness* a imensidão amazônica 2 deserto [área sem nada]

**wild•life** ['waɪldlaɪf] *s.* flora e fauna

**wild•ly** ['waɪldli] *adv.* 1 loucamente 2 extremamente

**will** [wɪl] *v auxiliar* 1 ▸ expressando o futuro: *The election will be held in June.* A eleição se realizará em junho. | *They will not give in.* Eles não vão ceder. | *"Will you be here tomorrow?" - "Yes, I will."* "Você vai estar aqui amanhã?" - "Vou sim." | *They will have finished the job by Friday.* Até sexta-feira já terminaram o trabalho. ▸ Na linguagem informal, ***will*** abrevia-se ***'ll***, e ***will not*** abrevia-se ***won't***: *I'll call you tomorrow.* Eu te ligo amanhã. | *She won't be back till late.* Ela não vai voltar até tarde. 2 ▸ expressando suposição: *She'll be at work now.* Ela deve estar no trabalho agora. | *They will have arrived home by now.* Eles já devem ter chegado em casa. 3 querer: *The car won't start.* O carro não quer pegar. | *They won't cooperate.* Eles não querem colaborar. 4 (em ordens): *You'll do as you're told!* Você vai obedecer! 5 **will you ...?** (fazendo pedido): *Will you lend me your pen?* Você me empresta a sua caneta? 6 **won't you ...?** (fazendo oferta) não quer ...?: *Won't you have another piece of cake?* Aceita mais um pedaço de bolo? / *s.* 1 vontade 2 testamento 3 **against your will** a contragosto 4 **at will** à vontade / *v.* **to will sb to do sth** torcer para alguém fazer algo

**will•ful**, BRIT: **wil•ful** [ˈwɪlfəl] *adj.* 1 intencional, proposital 2 voluntarioso

**will•ful•ly**, BRIT: **wil•ful•ly** [ˈwɪlfəli] *adv.* deliberadamente

**will•ing** [ˈwɪlɪŋ] *adj.* 1 prestativo 2 voluntário [vítima, cobaia] 3 **to be willing to do sth** estar disposto a fazer algo

**will•ing•ly** [ˈwɪlɪŋli] *adv.* de bom grado, com prazer

**will•ing•ness** [ˈwɪlɪŋnəs] *s.* 1 boa vontade 2 **willingness to do sth** disposição para fazer algo

**wil•low** [ˈwɪloʊ] *s.* salgueiro

**will•power** [ˈwɪlpaʊər] *s.* força de vontade

**wilt** [wɪlt] *v.* 1 murchar [planta] 2 desmaiar: *We were wilting in the heat.* Estávamos desmaiando de calor.

**wimp** [wɪmp] *s.* FAM 1 banana [homem medroso] 2 fracote

**win** [wɪn] *v.* [-**nn**-] [*ps, pp* **won**] 1 ganhar, vencer 2 conquistar

**win back: to win sth/sb back** reconquistar algo/alguém

**win over: to win sb over** conquistar/convencer alguém / *s.* vitória (***over*** *sobre*)

**wince** [wɪns] *v.* 1 fazer uma careta de dor 2 sentir vergonha alheia (***at*** *de*)

**wind**[1] [wɪnd] *s.* 1 vento 2 BRIT gases [intestinais] 3 fôlego 4 **to get wind of sth** ficar sabendo de algo / *v.* deixar sem fôlego [com soco]

**wind**[2] [waɪnd] *v.* 1 enrolar (***around*** *em*) 2 dar corda em [relógio etc.] 3 (rio, estrada) serpentear 4 **to wind its way through sth** ir serpenteando por algo

**wind back: to wind back the tape** voltar a fita

**wind down** 1 relaxar 2 **to wind down a business** encerrar as atividades de uma empresa

**wind up** 1 encerrar 2 ir parar: *He wound up in jail.* Ele foi parar na cadeia. 3 **to wind sb up** BRIT FAM sacanear alguém 4 **to wind sth up** **a** encerrar algo **b** dar corda em algo [relógio etc.]

**wind•fall** [ˈwɪndfɔl] *s.* dinheiro inesperado

**wind farm** [ˈwɪnd fɑrm] *s.* parque eólico

**wind•ing** [ˈwaɪndɪŋ] *adj.* 1 tortuoso [rio, estrada] 2 **winding staircase** escada em caracol

**wind in•stru•ment** [ˈwɪnd ˌɪnstrəmənt] *s.* instrumento de sopro

**wind•mill** [ˈwɪndmɪl] *s.* moinho de vento.

**win•dow** [ˈwɪndoʊ] *s.* 1 janela: *She sat looking out of the window.* Ela ficou sentada olhando pela janela. 2 vidro [de janela, carro] 3 vitrine 4 guichê

**win•dow box** [ˈwɪndoʊ bɑks] *s.* jardineira [do lado de fora da janela]

**win•dow ledge** [ˈwɪndoʊ lɛdʒ] *s.* peitoril da janela

**window•pane** [ˈwɪndoʊpeɪn] *s.* vidro (da janela)

**window-shopping** [ˈwɪndoʊ ˌʃɑpɪŋ] *s.* ver vitrines [sem comprar]

**window•sill** [ˈwɪndoʊsɪl] *s.* peitoril da janela

**wind•pipe** [ˈwɪndpaɪp] *s.* traqueia

**wind•screen** [ˈwɪndskrin] *s.* BRIT para-brisa

**wind•screen wip•er** [ˈwɪndskrin ˌwaɪpər] *s.* BRIT limpador de para-brisa

**wind•shield** [ˈwɪndʃild] *s.* AM para-brisa

**wind•shield wip•er** [ˈwɪndʃild ˌwaɪpər] *s.* AM limpador de para-brisa

**wind•surf** [ˈwɪndsɜrf] *v.* fazer windsurfe

**wind•surf•er** [ˈwɪndsɜrfər] *s.* 1 windsurfista 2 prancha de windsurfe

**wind•surf•ing** [ˈwɪndsɜrfɪŋ] *s.* windsurfe [esporte]

**windy** [ˈwɪndi] *adj.* [*comp* **windier, windiest**] 1 ventoso: *It suddenly got very windy.* De repente começou a ventar muito. 2 exposto ao vento 3 **to be windy** ventar

**wine** [waɪn] *s.* vinho

**win•ery** [ˈwaɪnəri] *s.* [*pl* **wineries**] vinícola

**wing** [wɪŋ] *s.* **1** asa **2** ala **3** BRIT para-lama [de carro] **4 the wings** os bastidores [no teatro]

**wing•er** [ˈwɪŋər] *s.* ponta [jogador]

**wink** [wɪŋk] *v.* piscar [de um olho como sinal]: *She winked at me.* Ela piscou para mim. / *s.* **1** piscadela [como sinal] **2 not to sleep a wink** não pregar o olho

**win•ner** [ˈwɪnər] *s.* vencedor, ganhador

**win•ning** [ˈwɪnɪŋ] *adj.* **1** vencedor: *the winning goal* o gol da vitória | *a winning streak* uma série invicta **2** premiado **3** de sucesso [fórmula] **4** cativante [sorriso] / **winnings** *spl.* dinheiro ganho [como prêmio, em jogo]

**win•ter** [ˈwɪntər] *s.* inverno: *winter sports* esportes de inverno / *v.* passar o inverno

**winter•time** [ˈwɪntərtaɪm] *s.* inverno

**win•try** [ˈwɪntri] *adj.* invernal

**wipe** [waɪp] *v.* **1** limpar, passar um pano em: *Please wipe your feet on the mat.* Favor limpar os sapatos no capacho. **2** enxugar **3 to wipe your eyes** enxugar as lágrimas

**wipe down: to wipe sth down** passar um pano em algo

**wipe off: to wipe sth off** tirar algo com um pano

**wipe out 1 wiped out** FAM exausto **2 to wipe sb/sth out** aniquilar alguém/algo **3 to wipe sth out** eliminar/erradicar algo

**wipe up: to wipe sth up** limpar algo [líquido derramado]

**wire** [waɪr] *s.* **1** arame **2** fio [elétrico] **3 to get your wires crossed** confundir-se **4 to go/come down to the wire** FAM ser disputado até o final [jogo, eleição] / *v.* **1** fazer a fiação de **2** enviar, transferir [dinheiro]

**wire up 1 to wire sth up** fazer a fiação de algo **2 to wire sth up to sth** ligar algo a algo [com fio]

**wired** [waɪrd] *adj.* **1** AM FAM a mil, acelerado **2** conectado

**wire•less** [ˈwaɪrləs] *adj.* sem fio

**wir•ing** [ˈwaɪrɪŋ] *s.* fiação

**wis•dom** [ˈwɪzdəm] *s.* **1** sabedoria **2** bom-senso, prudência

**wis•dom tooth** [ˈwɪzdəm tuθ] *s.* [*pl* **teeth**] dente de siso

**wise** [waɪz] *adj.* [*pl* **wiser, wisest**] **1** sábio **2** prudente, sensato **3 to be/get wise to sth/sb** FAM sacar algo/a de alguém **4 to be none the wiser** ficar na mesma, não ficar sabendo / *v.*

**wise up 1** FAM cair na real **2 to wise up to sth** sacar algo, abrir o olho para algo

**wise guy** [ˈwaɪz gaɪ] *s.* AM FAM sabichão, espertinho

**wish** [wɪʃ] *v.* **1** ▸ usado para expressar um desejo difícil ou impossível de se realizar. Veja os exemplos: *I wish it would stop raining.* Eu queria que parasse de chover. | *He wished he hadn't lied to her.* Ele queria não ter mentido para ela. | *I wish I had that much money!* Quem me dera ter tanto dinheiro assim! **2 to wish for sth** desejar algo **3 to wish sb sth** desejar algo a alguém: *He wished me every success.* Ele me desejou muito sucesso. **4 to wish to do sth** desejar fazer algo / *s.* **1** desejo, vontade **2 to make a wish** fazer um pedido [ao soprar as velas etc.] **3 wishes** votos: *Christmas wishes* votos de Feliz Natal **4 wish to do sth** desejo/vontade de fazer algo **5 against sb's wishes** contra a vontade de alguém **6 (With) best wishes** Abraços [fecho de carta]

**wish•ful think•ing** [ˌwɪʃfəl ˈθɪŋkɪŋ] *s.* doce ilusão

**wist•ful** [ˈwɪstfəl] *adj.* pensativo, melancólico

**wit** [wɪt] *s.* **1** humor, presença de espírito **2** espirituoso [pessoa] **3 wits** esperteza **4 scared out of your wits** apavorado **5 to be at your wits' end** não saber mais o que fazer **6 to have/keep your wits about you** ficar esperto

**witch** [wɪtʃ] *s.* bruxa

**witch•craft** [ˈwɪtʃkræft] *s.* bruxaria, feitiçaria

**with** [wɪð] *prep.* **1** (na maioria dos casos) com **2** (em descrições) de: *a boy with glasses* um menino de óculos | *the girl with the black hair* a menina do cabelo preto **3** (expressando motivo) de: *He was trembing with fear.* Ele tremia de medo. 4 **with it** FAM descolado [pessoa] 5 **with that** depois, aí 6 **Are you with me?** Entendeu? 7 **I'm not with you.** Não entendi. 8 **not with it** FAM desligado [pessoa]

**with•draw** [wɪð'drɔ] *v.* [*ps, pp* **withdrew, withdrawn**] 1 retirar(-se) 2 sacar [dinheiro] 3 FORM retratar-se de [comentário]

**with•draw•al** [wɪð'drɔəl] *s.* 1 retirada 2 saque [de dinheiro] 3 abstinência: *withdrawal symptoms* síndrome de abstinência

**with•drawn** [wɪð'drɔn] *adj.* retraído [pessoa]

**with•er** ['wɪðər] *v.* murchar, definhar

**with•er•ing** ['wɪðərɪŋ] *adj.* fulminante [olhar, comentário]

**with•hold** [wɪð'hoʊld] *v.* [*ps e pp* **withheld**] 1 reter [pagamento] 2 ocultar [informações]

**with•in** [wɪð'ɪn] *prep.* 1 dentro de 2 a menos de: *They live within five minutes of the station.* Eles moram a menos de cinco minutos da estação. 3 **within walking distance (of sth)** tão perto (de algo) que dá para ir a pé / *adv.* por dentro

**with•out** [wɪð'aʊt] *prep.* 1 sem: *without any problem* sem nenhum problema 2 **without doing sth** sem fazer algo: *without anybody realizing* sem ninguém perceber 3 **to do without sth/sb** ficar sem algo/alguém

**with•stand** [wɪð'stænd] *v.* [*ps e pp* **withstood**] resistir a

**wit•ness** ['wɪtnəs] *s.* testemunha (*to* de) / *v.* 1 presenciar, ver 2 testemunhar

**wit•ness stand**, BRIT: **wit•ness box** ['wɪtnəs stænd, bɑks] *s.* banco das testemunhas

**wit•ty** ['wɪti] *adj.* [*comp* **wittier, wittiest**] espirituoso

**wives** [waɪvz] *spl.* ▸ *pl de* WIFE

**wiz•ard** ['wɪzərd] *s.* bruxo, mago, feiticeiro

**wob•ble** ['wɑbəl] *v.* 1 balançar [mesa etc.] 2 ir balançando

**wob•bly** ['wɑbli] *adj.* [*comp* **wobblier, wobbliest**] 1 bambo 2 grogue 3 **a wobbly voice** uma voz trêmula

**woe** [woʊ] *s.* 1 desgraça 2 **woes** aflições 3 **woe betide anyone who ...!** BRIT ai de quem ...!

**wok** [wɑk] *s.* wok [panela chinesa]

**woke** [woʊk] *s.* ▸ *ps de* WAKE

**wok•en** [woʊkən] *v.* ▸ *pp de* WAKE

**wolf** [wʊlf] *s.* [*pl* **wolves**] lobo

**wom•an** ['wʊmən] *s.* [*pl* **women**] mulher

**womb** [wum] *s.* útero

**wom•en** ['wɪmɪn] *spl.* ▸ *pl de* WOMAN

**women's room** ['wɪmɪnz rum] *s.* banheiro feminino

**won** [wʌn] *v.* ▸ *ps e pp de* WIN

**won•der** ['wʌndər] *v.* 1 perguntar-se 2 **I wonder how/who/where etc. ...** como/quem/onde etc. será que ...: *I wonder when he'll be back.* Quando será que ele volta? 3 **I wonder if/whether ...** será que ...?: *I wonder if she's coming.* Será que ela vem? 4 **to wonder at sth/sb** admirar-se com algo/alguém 5 **to wonder about sth** ficar na dúvida sobre algo / *s.* 1 admiração 2 maravilha 3 **it's a wonder (that) ...** é um milagre que ... 4 **(it's) no wonder (that) ...** não admira que ... 5 **no wonder!** também pudera!

**won•der•ful** ['wʌndərfəl] *adj.* maravilhoso

**won't** [woʊnt] *v.* ▸ = WILL NOT

**wood** [wʊd] *s.* 1 madeira 2 lenha 3 bosque 4 **the woods** a mata 5 **to knock on/touch wood** bater na madeira, isolar

**wood•ed** ['wʊdɪd] *adj.* arborizado

**wood•en** ['wʊdən] *adj.* 1 de madeira: *a wooden box* uma caixa de madeira 2 duro [pessoa, movimentos] 3 canhestro [ator, atuação]

**wood•land** ['wʊdlənd] *s.* mata

**wood•pecker** ['wʊdpɛkər] *s.* pica-pau

**wood•wind** ['wʊdwɪnd] *s.* instrumentos de sopro [feitos de madeira]

**wood•work** ['wʊdwɜrk] *s.* 1 madeiramento 2 BRIT marcenaria

**wood•work•ing** ['wʊdwɜrkɪŋ] *s.* AM marcenaria

**wool** [wʊl] *s.* lã: *a wool scarf* um cachecol de lã

**wool•en**, BRIT: **wool•len** ['wʊlən] *adj.* de lã

**wooly**, BRIT: **wool•ly** ['wʊli] *adj.* de lã

**word** [wɜrd] *s.* 1 palavra: *without saying a word* sem dizer uma palavra | *What's the word for 'juice' in Portuguese?* Como se diz 'juice' em português? 2 notícia: *There's been no word from Sandra.* A Sandra não mandou notícia. 3 **words** letra [de música]: *Do you know the words to this song?* Você sabe a letra dessa música? 4 **word for word** ◼a textualmente ◼b ao pé da letra 5 **from the word go** FAM desde o início 6 **in other words** ou seja, em outras palavras 7 **in so/as many words** com todas as letras 8 **to give sb your word (that)** dar a alguém sua palavra (de que) 9 **to go back on your word** faltar com a palavra 10 **to have a word with sb** falar com alguém (*about* *sobre*) 11 **to keep your word** cumprir com a palavra 12 **to put in a (good) word for sb** mencionar o nome de alguém [para recomendá-lo] 13 **to take sb at their word** levar alguém a sério 14 **to take sb's word for it** acreditar em alguém / *v.* formular, redigir

**word•ing** ['wɜrdɪŋ] *s.* redação, formulação [de texto]

**word pro•ces•sor** ['wɜrd ˌprɑsɛsər] *s.* processador de texto

**wore** [wɔr] *v.* ▸ *ps de* WEAR

**work** [wɜrk] *v.* 1 trabalhar: *She works for Microsoft.* Ela trabalha na Microsoft. | *They've been working hard.* Eles têm trabalhado muito. 2 funcionar 3 dar certo, surtir efeito 4 **to get sth to work** fazer algo funcionar 5 **to work at/on doing sth** empenhar-se em fazer algo 6 **to work at/on sth** trabalhar em algo 7 **to work for sth** empenhar-se por algo 8 **to work in sb's favor** favorecer alguém 9 **to work loose** soltar-se, afrouxar-se 10 **to work sth** operar algo 11 **to work to do sth** empenhar-se para fazer algo 12 **to work your way through school/college** trabalhar para pagar a faculdade 13 **to work your way to/through etc. sth** ir avançando até/por etc. algo

**work out** 1 malhar, fazer exercício 2 dar certo 3 **to work out at/to sth** dar algo, sair por algo: *It works out at $20 a head.* Dá $20,00 por pessoa. 4 **to work sth out** ◼a fazer a conta de/calcular algo ◼b elaborar algo 5 **to work out cheaper/more expensive** sair mais barato/caro 6 **to work out well/badly** acabar bem/mal

**work up** 1 **to be/get worked up** ◼a estar/ficar nervoso (***about/over*** *com*) ◼b estar/ficar entusiasmado (***about/over*** *com*) 2 **to work up courage** criar coragem 3 **to work up an appetite** abrir o apetite 4 **to work up a sweat** suar a camisa 5 **to work up enthusiasm** empolgar-se 6 **to work yourself up (into a state)** ficar nervoso 7 **to work up to doing sth** preparar-se aos poucos para fazer algo 8 **to work up to sth** chegar aos poucos a algo / *s.* 1 trabalho: *a work colleague* um colega de trabalho | *She leaves work at 6.00 p.m.* Ela sai do trabalho às 18h00. 2 obra: *a work of art* uma obra de arte | *The attack was the work of terrorists.* O atentado foi obra de terroristas. 3 **works** ◼a obras: *engineering works* obras de engenharia ◼b (como substantivo singular) fábrica: *a cement works* uma fábrica de cimento 4 **factors/forces at work** fatores/forças em jogo 5 **hard work** muito trabalho, empenho 6 **in work** trabalhando 7 **out of work** desempregado 8 **the works** ◼a o mecanismo [de máquina] ◼b FAM tudo a que se tem direito 9 **to be at work** estar trabalhando 10 **to be hard work (doing/to do sth)** ser trabalhoso/difícil (fazer algo) 11 **to get to work** ◼a chegar no trabalho ◼b pôr-se ao trabalho 12 **to go to work** ir trabalhar 13 **to have work done (on sth)** a fazer reforma (em algo) b fazer plástica (em algo) 14 **to set to work/get down to work** pôr mãos à obra

**work•able** [ˈwɜrkəbəl] *adj.* viável

**worka•hol•ic** [wɜrkəˈhɑlɪk] *s.* viciado em trabalho

**work•book** [ˈwɜrkbʊk] *s.* livro de exercícios

**work•er** [ˈwɜrkər] *s.* 1 trabalhador, operário 2 funcionário

**work•force** [ˈwɜrkfɔrs] *s.* força de trabalho, mão de obra

**work•ing** [ˈwɜrkɪŋ] *adj.* 1 que trabalha, ativo [mãe, população] 2 de trabalho [condições, métodos, relação] 3 funcional [conhecimento, maquete] 4 **working day/week** dia/semana útil 5 **working hours** expediente 6 **in good working order** em boas condições de funcionamento / *s.* 1 trabalho 2 **the workings of sth** o funcionamento de algo

**work•ing class** [ˌwɜrkɪŋ ˈklæs] *s.* classe operária / *adj.* da classe operária

**work•load** [ˈwɜrkloʊd] *s.* carga de trabalho

**work•man** [ˈwɜrkmən] *s.* [*pl* **-men**] operário

**work•man•ship** [ˈwɜrkmənʃɪp] *s.* 1 habilidade [de artesão, operário etc.] 2 acabamento

**work•mate** [ˈwɜrkmeɪt] *s.* colega de trabalho

**work•out** [ˈwɜrkaʊt] *s.* sessão de malhação, treino

**work•place** [ˈwɜrkpleɪs] *s.* local de trabalho

**work•sheet** [ˈwɜrkʃit] *s.* folha de exercícios

**work•shop** [ˈwɜrkʃɑp] *s.* oficina

**work•station** [ˈwɜrksteɪʃən] *s.* estação de trabalho

**work•top** [ˈwɜrktɑp] *s.* BRIT bancada [da cozinha]

**world** [wɜrld] *s.* 1 mundo: *the tallest building in the world* o prédio mais alto do mundo | *the fashion world* o mundo da moda 2 **worlds apart** muito diferentes 3 **a world of difference** uma diferença abissal 4 **all over/around the world** no mundo inteiro 5 **not ... for the world** não ... por nada deste mundo 6 **out of this world** FAM fora de série 7 **to do sb a world of good** fazer muito bem a alguém 8 **to go around the world** dar a volta ao mundo, viajar pelo mundo 9 **to think the world of sb** adorar alguém / *adj.* mundial: *the world champion* o campeão mundial | *the Second World War* a Segunda Guerra Mundial

**world-class** [wɜrldˈklæs] *adj.* de nível mundial

**World Series** [wɜrld ˈsɪrɪz] *s.* campeonato de beisebol dos EUA

**world•wide** [wɜrldˈwaɪd] *adj.* mundial / *adv.* pelo mundo inteiro

**worm** [wɜrm] *s.* verme, minhoca

**worn** [wɔrn] *adj.* gasto / *v.* ▸ *pp de* WEAR

**worn out** [wɔrn ˈaʊt] *adj.* 1 exausto [pessoa] 2 velho, gasto [sapato, roupa]

**wor•ried** [ˈwɜrɪd] *adj.* 1 preocupado (***about*** *com*) 2 **to get worried** ficar preocupado

**wor•ry** [ˈwɜri] *v.* [*ps e pp* **worried**] preocupar(-se) (***about*** *com*): *Don't worry!* Não se preocupe! | *It's nothing to worry about.* Não é nada para se preocupar. / *s.* [*pl* **worries**] preocupação: *a source of worry* um motivo de preocupação

**wor•ry•ing** [ˈwɜriɪŋ] *adj.* inquietante, preocupante

**worse** [wɜrs] *adj, adv.* 1 pior 2 **worse luck** FAM infelizmente 3 **to be none the worse for sth** não ter sofrido nada com algo 4 **to be worse off** estar em pior situação 5 **to get worse** piorar 6 **to go from bad to worse** ir de mal a pior 7 **to make sth worse** piorar algo

**wors•en** [ˈwɜrsən] *v.* piorar

**wor•ship** [ˈwɜrʃɪp] *v.* [**-pp-**] 1 render culto a, venerar [divindade] 2 adorar [pessoa] / *s.* culto, veneração: *a place of worship* um lugar de culto

▸ *Am:* ***worshiping, worshiped*** *Brit:* ***worshipping, worshipped***

**wor•ship•er**, BRIT: **wor•ship•per** [ˈwɜrʃɪpər] *s.* devoto

**worst** [wɜrst] *adj, adv, s.* **1** o pior: *those worst affected* os mais atingidos **2 at (the) worst** na pior das hipóteses **3 if (the) worst comes to (the) worst** em último caso

**worth** [wɜrθ] *adj.* **1** no valor de, que vale: *a house worth $5 million* uma casa no valor de $5 milhões **2 to be worth doing sth** valer a pena fazer algo: *The movie is worth seeing.* Vale a pena ver o filme. **3 to be worth it** valer a pena: *Don't argue with her. It's not worth it.* Não discuta com ela. Não vale a pena. ver **while 4 to be worth sth** valer algo: *How much is the painting worth?* Quanto vale o quadro? | *It's worth a try.* Vale a pena tentar. / *s.* **1** valor **2 ... worth of sth**: *a million dollars' worth of jewelry* joias no valor de um milhão de dólares | *a week's worth of food* comida para uma semana **3 to prove your worth** mostrar o seu valor

**worth•less** [ˈwɜrθləs] *adj.* **1** sem valor **2** imprestável

**worth•while** [wɜrθˈwaɪl] *adj.* **1** merecedor, que vale a pena [causa] **2 to be worthwhile doing/to do sth** valer a pena fazer algo

**worthy** [ˈwɜrði] *adj.* [*comp* **worthier, worthiest**] **1** digno, merecedor (***of*** *de*) **2** nobre [causa, motivos]

**would** [wʊd] *v auxiliar,* **1** ▸ usado para formar o tempo condicional: *If I had the money, I would buy a car.* Se eu tivesse o dinheiro, compraria um carro. | *They said they would help us.* Disseram que nos ajudariam. | *It would be great to see you.* Seria ótimo ver você. | *I wish you wouldn't do that.* Eu preferiria que você não fizesse isso. **2** ▸ usado para falar do que se costumava fazer no passado: *In summer we would go to the beach every day.* No verão íamos à praia todos os dias. **3** ▸ expressando finalidade: *I hid behind a tree so no one would see me.* Eu me escondi atrás de uma árvore para ninguém me ver. **4 would not** não queria(m): *The door wouldn't open.* A porta não queria abrir. | *She wouldn't go with us.* Ela não quis ir com a gente. **5 would rather/sooner** preferir: *She would sooner stay at home.* Ela prefere ficar em casa. ver **rather 6 would you ...?** (fazendo pedido): *Would you open the window, please?* Você abre a janela? | *Would you please stop that!* Para com isso, por favor!

**would-be** [ˈwʊdbi] *adj.* pretenso: *a would-be actor* um pretenso ator

**wouldn't** [wʊdnt] *v.* ▸ = WOULD NOT

**wound**[1] [wund] *s.* **1** ferimento **2** ferida / *v.* ferir

**wound**[2] [waʊnd] *v.* ▸ *ps e pp de* WIND

**wound•ed** [ˈwundɪd] *adj.* ferido

**wove** [woʊv] *v.* ▸ *ps de* WEAVE

**wo•ven** [ˈwoʊvən] *v.* ▸ *pp de* WEAVE

**wow** [waʊ] *interj.* uau! / *v.* FAM deslumbrar, deixar maravilhado

**wran•gle** [ˈræŋgəl] *s.* disputa (***about/over*** *sobre*) / *v.* travar uma disputa (***about/over*** *sobre*)

**wrap** [ræp] *v.* [**-pp-**] embrulhar, envolver (***in*** *em*)

**wrap up 1** agasalhar(-se): *Be sure to wrap up warm.* Vê se você se agasalha bem. **2 to be wrapped up in sth** estar absorto em algo **3 to wrap sth up** **a** embrulhar algo **b** FAM encerrar algo / *s.* **1** xale **2** papel filme **3** sanduíche de pão de folha enrolado com recheio **4 to keep sth under wraps** manter algo em segredo

**wrap•per** [ˈræpər] *s.* embalagem, invólucro

**wrap•ping** [ˈræpɪŋ] *s.* embalagem

**wrap•ping pa•per** [ˈræpɪŋ ˌpeɪpər] *s.* papel de embrulho

**wrath** [ræθ] *s.* ira

**wreak** [rik] *v.* **to wreak havoc (on sth)** ter um efeito devastador (em algo)

**wreath** [riθ] *s.* coroa [de flores, louros]

**wreck** [rɛk] *v.* **1** arruinar, acabar com **2** destruir **3 to be wrecked** naufragar / *s.* **1** ferragens, destroços **2** AM acidente, batida: *a train wreck* um acidente de trem **3** FAM lata velha [carro] **4 a nervous wreck** uma pilha de nervos **5 to be a wreck** estar uma zona [casa, quarto] **6 to be/look a wreck** FAM estar um caco/um lixo [pessoa]

**wreck•age** [ˈrɛkidʒ] *s.* destroços, ferragens, escombros

**wrench** [rɛntʃ] *v.* arrancar (***from/out of*** *de*) / *s.* **1** chave-inglesa **2** sensação de perda **3** puxão

**wrestle** [ˈrɛsəl] *v.* **1** lutar, engalfinhar-se **2 to wrestle sb to the ground** dominar alguém [derrubando-o no chão]

**wres•tler** [ˈrɛslər] *s.* lutador [de luta livre]

**wres•tling** [ˈrɛslɪŋ] *s.* luta livre

**wretch** [rɛtʃ] *s.* [*pl* **wretches**] infeliz, desgraçado

**wretch•ed** [ˈrɛtʃɪd] *adj.* **1** desgraçado, miserável **2** cheio de remorso **3** maldito

**wrig•gle** [ˈrɪgəl] *v.* **1** remexer(-se) **2 to wriggle free** desvencilhar-se

**wring** [rɪŋ] *v.* [*ps e pp* **wrung**] **1** torcer [pano molhado] **2 wringing wet** ensopado **3 to wring sb's neck** voar no pescoço de alguém **4 to wring sth from/out of sb** arrancar algo de alguém [dinheiro, informações etc.] **5 to wring your hands** torcer as mãos
**wring out: to wring sth out** torcer algo [para tirar a água]

**wrin•kle** [ˈrɪŋkəl] *s.* ruga / *v.* **1** enrugar(-se) **2** (roupa) amassar

**wrin•kled** [ˈrɪŋkəld] *adj.* **1** enrugado **2** amassado [roupa]

**wrist** [rɪst] *s.* pulso

**wrist•band** [ˈrɪstbænd] *s.* **1** pulseira [de identificação] **2** munhequeira

**wrist•watch** [ˈrɪst wɑtʃ] *s.* relógio de pulso

**writ** [rɪt] *s.* mandado, ordem [judicial]

**write** [raɪt] *v.* [*ps, pp* **wrote, written**] **1** escrever **2 to write (to) sb** escrever a alguém
**write back: to write back (to sb)** responder (a alguém) [por escrito]
**write down: to write sth down** anotar algo
**write in 1** mandar uma carta (***to*** *para*) **2 to write sth in** inserir algo [dados num formulário]
**write off 1 to write off a car** BRIT dar perda total num carro **2 to write off a debt** cancelar uma dívida **3 to write off for sth** encomendar algo [por carta] **4 to write sb/sth off** descartar alguém/algo
**write out 1 to write out a check** fazer um cheque **2 to write sth out** copiar algo, passar algo a limpo **3 to write sth out in full** escrever algo por extenso
**write up: to write sth up** **a** redigir algo **b** escrever algo no quadro

**write-off** [ˈraɪtɔf] *s.* **1** tempo perdido **2** BRIT perda total

**writ•er** [ˈraɪtər] *s.* escritor

**writhe** [raɪð] *v.* contorcer-se [de dor]

**writ•ing** [ˈraɪtɪŋ] *s.* **1** escrita **2** letra [de pessoa] **3** escrito(s), produção literária **4** ofício de escritor **5 in writing** por escrito

**writ•ing pa•per** [ˈraɪtɪŋ ˌpeɪpər] *s.* papel de carta

**writ•ten** [ˈrɪtn] *v.* ▸ *pp de* WRITE / *adj.* escrito

**wrong** [rɔŋ] *adj.* **1** errado **2 the wrong way around** ao contrário **3 the wrong way up** de cabeça para baixo **4 there is nothing wrong** não tem problema (***with*** *com*) **5 there is something wrong/something is wrong** tem algum problema (***with*** *com*) **6 to be wrong** estar errado: *You're wrong.* Você está errado. **7 to get the wrong sth** errar de algo: *You've gotten the wrong day.* Você errou de dia. **8 to go the wrong way** errar de caminho **9 to have something wrong with sth**: *She has something wrong with her hand.* Ela tem um problema com a mão. **10 to take sth the wrong way** levar algo a mal **11 what's wrong (with sb/sth)?** o que é que tem (alguém/algo)? / *adv.* **1** errado, de forma errada **2 to get sth wrong** errar algo: *He got the answer wrong.* Ele errou a resposta. 3 **don't get me wrong** FAM não me leve a mal 4 **to go wrong** ⓐ ficar com problema [aparelho] ⓑ dar errado [plano] ⓒ errar [pessoa] / *s.* 1 injustiça 2 mal 3 **to be in the wrong** estar errado / *v.* FORM injustiçar

**wrong•ful** [ˈrɔŋfəl] *adj.* 1 sem justa causa [demissão] 2 injusto [prisão, condenação]

**wrong•ly** [ˈrɔŋli] *adv.* 1 de forma errada 2 injustamente

**wrote** [roʊt] *v.* ▸ *ps de* WRITE

**wrought iron** [rɔt ˈaɪərn] *s.* ferro batido

**wrung** [rʌŋ] *v.* ▸ *ps e pp de* WRING

**wry** [raɪ] *adj.* irônico

**wuss** [wʊs] *s.* FAM frouxo

# X

**X, x** [ɛks] *s.* X, x
**xeno•pho•bia** [zɛnəˈfoʊbiə] *s.* xenofobia
**xeno•pho•bic** [zɛnəˈfoʊbɪk] *adj.* xenofóbico
**XL** [ɛks ˈɛl] *abrev.* (= extra large) GG [tamanho]
**Xmas** [ˈɛksməs] *s.* Natal
**X-ray** [ˈɛksreɪ] *s.* **1** radiografia, raio X **2 to have an X-ray** tirar uma radiografia / *v.* tirar uma radiografia de, radiografar
**XXL** [ɛks ɛks ˈɛl] *abrev.* (= extra extra large) GGG [tamanho]
**xy•lo•phone** [ˈzaɪləfoʊn] *s.* xilofone

# Y

**Y, y** [waɪ] *s.* Y, y
**yacht** [jɑt] *s.* **1** iate **2** veleiro
**yacht•ing** [ˈjɑtɪŋ] *s.* iatismo, vela [esporte]
**yam** [jæm] *s.* inhame
**yank** [jæŋk] FAM *s.* puxão / *v.* dar um puxão em
**Yank, Yan•kee** [ˈjæŋk(i)] FAM *s, adj.* **1** AM nortista **2** BRIT americano, ianque
**yard** [jɑrd] *s.* **1** jarda [0,914m] **2** AM jardim **3** pátio, quintal
**yard•stick** [ˈjɑrdstɪk] *s.* **1** medida **2** metro [régua]
**yarn** [jɑrn] *s.* **1** fio [de algodão, seda etc.] **2** história, caso
**yawn** [jɔn] *v.* bocejar / *s.* bocejo
**yawn•ing** [ˈjɔnɪŋ] *adj.* imenso, abissal [vão]
**yeah** [jɛə] *interj.* FAM (= yes) é, sim
**year** [jɪr] *s.* **1** ano: *She's fifteen years old.* Ela tem quinze anos. | *a five-year-old child* uma criança de cinco anos | *I haven't seen my cousin for years.* Faz anos que não vejo o meu primo. **2** (de escola ou faculdade) ano, série
**year•book** [ˈjɪrbʊk] *s.* anuário
▸ Nos colégios americanos, costuma-se produzir todo ano um anuário da vida escolar (*yearbook*), com fotos dos alunos e de acontecimentos notáveis. Cada aluno recebe uma cópia do anuário como lembrança.
**year•ly** [ˈjɪrli] *adj.* anual / *adv.* anualmente
**yearn** [jɜrn] *v.* **1 to yearn for sth** ansiar por algo **2 to yearn to do sth** ansiar fazer algo
**yearn•ing** [ˈjɜrnɪŋ] *s.* **yearning for sth** anseio por algo
**yeast** [jist] *s.* fermento, levedura
**yell** [jɛl] *s.* berro, grito / *v.* **1** berrar, gritar **2 to yell at sb** gritar com alguém
**yel•low** [ˈjɛloʊ] *s, adj.* amarelo
**yel•low•ish** [ˈjɛloʊwɪʃ] *adj.* amarelado
**yelp** [jɛlp] *v.* ganir / *s.* ganido
**yes** [jɛs] *interj.* **1** sim, é **2** pois não?, oi? / *s.* [*pl* **yeses/yesses**] **1** sim **2 to say yes** dizer que sim, topar
**yes•ter•day** [ˈjɛstərdeɪ] *s, adv.* **1** ontem: *yesterday morning* ontem de manhã | *yesterday's paper* o jornal de ontem **2 the day before yesterday** anteontem
**yet** [jɛt] *adv.* **1** (em perguntas) já: *Have you finished your homework yet?* Você já terminou a lição de casa? **2** (em frases negativas) ainda: *He's not ready yet.* Ele não está pronto ainda. | *"Have you told your parents?" - "Not yet."* "Você já contou para os seus pais?" - "Ainda não." **3** (em frases afirmativas) ainda: *The construction work may take months yet.* A obra pode levar meses ainda. **4** (antes de comparativo) ainda: *yet more people* ainda mais pessoas **5** (depois de superlativo) até agora, até hoje: *the fastest time yet* o tempo mais rápido até agora **6 as**

**yet** até agora, ainda: *As yet, we haven't had any complaints.* Até agora, não recebemos nenhuma reclamação. / *conj.* porém: *The engine is small, yet powerful.* O motor é pequeno, porém potente.

**yew** [ju] *s.* teixo [árvore]

**yield** [jild] *v.* 1 render, dar 2 ceder (*to* a) 3 AM (no trânsito) dar preferência (*to* a) 4 **Yield** Dê a preferência [em placa] / *s.* rendimento

**yo•gurt**, BRIT: **yo•ghurt** [ˈjoʊgərt, *Brit*: ˈjɑgərt] *s.* iogurte

**yolk** [joʊk] *s.* gema [de ovo]

**you** [ju] *pron.* 1 você, vocês ▸ *you* também pode equivaler a *tu/te/ti* ou *o senhor/a senhora* 2 ▸ Usa-se *you* para se referir a qualquer pessoa, às pessoas em geral: *You're not allowed to drink alcohol until you're 18.* Não é permitido consumir bebida alcoólica até os 18 anos. | *If you're caught, you go to jail.* Se a pessoa for pega, vai para a cadeia. 3 (antes de forma de tratamento) seu/sua: *You idiot!* Seu idiota!

**you'd** [jud] *contr.* ▸ = YOU HAD, YOU WOULD

**you'll** [jul] *contr.* ▸ = YOU WILL

**young** [jʌŋ] *adj.* jovem, novo: *a young man* um jovem | *a young woman* uma jovem | *young people* os jovens | *He has a younger sister.* Ele tem uma irmã mais nova. | *She's four years younger than him.* Ela é quatro anos mais nova do que ele. / *spl.* 1 filhotes, crias: *a lioness and her young* uma leoa e seus filhotes 2 **the young** os jovens

**young•ster** [ˈjʌŋstər] *s.* criança, jovem

**your** [jɔr] *adj.* 1 seu(s)/sua(s) [de você], de vocês ▸ Também pode equivaler a *teu(s)/tua(s)* ou *do senhor/da senhora.* 2 ▸ *Your* também é usado em afirmações gerais para se referir a qualquer pessoa: *You should never use your real name in chat rooms.* Nunca se deve usar o nome verdadeiro em salas de chat.

**you're** [jʊr] *contr.* ▸ YOU ARE

**yours** [jɔrz] *pron.* 1 o(s) seu(s)/a(s) sua(s) [de você], o(s)/a(s) de vocês ▸ Também pode equivaler a *o(s) teu(s)/a(s) tua(s)* ou *o(s)/a(s) do senhor/da senhora* 2 (em cartas formais) **Sincerely yours** Atenciosamente ▸ Em cartas menos formais e e-mails, usa-se apenas ***Yours*** que equivale a *Um abraço.*

**your•self** [jɔrˈsɛlf] *pron.* 1 (como objeto) se, você mesmo/a: *Did you enjoy yourself?* Você se divertiu? | *You need to believe in yourself.* Você precisa acreditar em você mesma. 2 (enfatizando o sujeito) mesmo/a, sozinho/a ▸ Observe que ***yourself*** geralmente se coloca no final da frase em inglês: *You can post a comment yourself if you want.* Você mesmo pode postar um comentário se quiser. | *Did you compose the song yourself?* Você compôs a música sozinho? 3 **(all) by yourself** sozinho/a: *Did you build this all by yourself?* Você construiu isso sozinho? | *Will you be OK by yourself?* Você vai estar bem sozinha? / **yourselves** *pron.* 1 (como objeto) se, vocês mesmos/as: *Make yourselves comfortable.* Acomodem-se. 2 (enfatizando o sujeito) mesmos/as, sozinhos/as: *You can check it out yourselves.* Vocês mesmos podem conferir. 3 **(all) by yourselves** sozinhos/as

**youth** [juθ] *s.* 1 juventude 2 jovem delinquente

**youth cul•ture** [ˈjuθ ˌkʌltʃər] *s.* cultura jovem

**youth•ful** [ˈjuθfəl] *adj.* jovem, juvenil

**youth hos•tel** [ˈjuθ ˌhɑstl] *s.* albergue da juventude

**you've** [juv] *contr.* ▸ = YOU HAVE

**yuck** [jʌk] *interj.* eca!

**yucky** [ˈjʌki] *adj.* [*comp* **yuckier, yuckiest**] FAM nojento

**yum, yum-yum** [jʌm] *interj.* nham nham

**yum•my** [ˈjʌmi] *adj.* [*comp* **yummier, yummiest**] FAM gostoso

# Z

**Z, z** [zi, *Brit*: zɛd] Z, z
**zap** [zæp] *v.* [-**pp**-] FAM **1** destruir **2** zapear
**zeal** [zil] *s.* fervor, dedicação
**zeal•ous** [ˈzɛləs] *adj.* fervoroso
**zebra** [ˈzibrə, *Brit*: ˈzɛbrə] *s.* zebra
**zebra cross•ing** [ˌzɛbrə ˈkrɔsɪŋ] *s.* BRIT faixa para pedestres
**zero** [ˈziroʊ] *s.* zero
**zest** [zɛst] *s.* **1** entusiasmo: *zest for life* entusiasmo pela vida **2** (de limão, laranja) casca ralada
**zig•zag** [ˈzɪgzæg] *s.* zigue-zague / *adj.* em zigue-zague / *v.* [-**gg**-] ziguezaguear
**zilch** [zɪltʃ] *s.* FAM absolutamente nada
**zinc** [zɪŋk] *s.* zinco
**zip** [zɪp] *s.* **1** AM FAM nada, zero **2** AM CEP **3** BRIT zíper / *v.* [-**pp**-] **1** zipar [arquivo] **2** zunir **3 to zip open/shut** abrir/fechar com zíper **4 to zip sth open/shut** abrir/fechar o zíper de algo
**zip up: to zip sth up** fechar o ziper de algo
**zip code** [ˈzɪp koʊd] *s.* AM CEP
**zip file** [ˈzɪp faɪl] *s.* arquivo zipado
**zip•per** [ˈzɪpər] *s.* AM zíper
**zo•di•ac** [ˈzoʊdiæk] *s.* zodíaco
**zone** [zoʊn] *s.* zona
**zoo** [zu] *s.* [*pl* **zoos**] zoológico
**zo•olo•gist** [zoʊˈɑlədʒɪst] *s.* zoólogo
**zo•ol•ogy** [zoʊˈɑlədʒi] *s.* zoologia
**zoom** [zum] *s.* zoom / *v.* zunir, ir voando
**zoom in** fechar a imagem (***on** em*)
**zoom out** abrir a imagem
**zoom lens** [ˈzum lɛnz] *s.* zoom [objetiva]
**zuc•chi•ni** [zʊˈkini] *s.* [*pl* **zucchinis/zucchini**] AM abobrinha